# 見やすい現代国語辞典

第二版

三省堂編修所 [編]

三省堂

［装丁］　三省堂デザイン室

# まえがき

　持ち運びしやすく、手軽な大きさで、しかし紙面の見出しは大きく見やすく、すぐにそのことばが見つかるように、という工夫をもって、本書の初版が世に出たのは二〇一〇（平成二十二）年でした。以来、多くの方に好評をもって迎えられ、便利にご利用いただいてきましたが、すでに刊行から十三年が経過し、時代も平成から令和に変わりました。

　この間、東日本大震災や新型コロナウイルス感染症（COVID-19）によるパンデミック、IS（イスラム国）の侵攻やウクライナ戦争などの相次ぐ紛争、また地球温暖化による気候変動と脱炭素化への取り組みなど、世の中を大きく変える出来事が頻発してきました。また、情報通信技術（ICT）のめざましい発達やAI（人工知能）の飛躍的な拡大などの社会変動にともない、多くの新語、それもカタカナ語に加えて、アルファベットによる略語も洪水のごとくニュースや報道を通じ、私たちの日常生活にあふれかえるようになっています。

　本書は、この間の新語やカタカナ語、アルファベット略語など、より多くの語を収録するために、このたび改訂を行い、約一万五千語近く語数を増やした総語数約六万四五〇〇の第二版として刊行いたします。

　内容はできるだけ新しく、かつ解説は簡潔にして多くの語を収録するために、佐竹秀雄・三省堂編修所編『デイリーコンサイス国語辞典　第6版』（三省堂　二〇一八年刊行）をもとにし、さらに近年の語も追加して再編集しています。

　本書が読者のみなさまの傍らにあって、日常生活の用に役立つことを願ってやみません。

三省堂編修所

二〇二三（令和五）年　九月

# この辞典を使う人のために

## 1　収録語の範囲

この辞典は、佐竹秀雄・三省堂編修所編『デイリーコンサイス国語辞典　第6版』(三省堂　二〇一八年刊行)をもとに、あらたに近年の語も追加して再編集し、一般語句のほかに、新語・外来語・俗語・専門語・略語・慣用句・ことわざ、また近年特に増加するアルファベットの略語など、現代の一般社会人が日常生活でよく目にすることば約六万四五〇〇語を収録しました。固有名詞や助詞・助動詞、感動詞など、一般的な国語辞典として日常生活においてあまり引かれることのない語は割愛しました。

持ち運びしやすく引きやすい判型で、できるだけ見出しや表記を大きくして見やすくするとともに、現代の日常生活に必要な見出し語をできるだけ多く収めるようにしました。

## 2　親見出しと子見出し

①親見出しは、現代仮名遣いで、和語・漢語は、ひらがなで、外来語はカタカナで示しました。

[例]　**さくら**　**こくさい**　**アイス**

②複合語は、三拍以上の上位要素部分が見出しに立っている場合は、その語の子見出しとして示しました。

[例]　「桜狩り」は、「桜」の子見出し
「北回帰線」は、「北」の子見出しにはしない

③連語は、原則としてその最初の構成要素の子見出しとして示しました。

[例]　「汗の結晶」は連語で、「汗」の子見出し

④句は、原則としてその最初の構成要素の子見出しとして示しました。

[例]　「手を貸す」は句で、「手」の子見出し

⑤子見出しは、ーで親見出し該当部分を省略し、漢字仮名交じりで示しました。漢字には振り仮名で読みを示しました。

[例]　(さくら) **ー狩《が》り**
(こうきょう) **ー事業《じぎょう》**
(あせ) **ーの結晶《けっしょう》**
(て) **ーを貸《か》す**

## 3　見出しの配列

①親見出しは、五十音順に配列しました。

外来語の音引きは、ア行の仮名に読み替えて配列し、濁音・半濁音は清音のあと、拗音・促音は直音のあとに配列しました。

[例]　**ショー** は **ショオ** の位置にくる
**はい → ばい → ぱい**
**きやく → きゃく**

**かつて → かって**

②子見出しは、親見出しのあとに追い込んで、**ー**に続く部分の五十音順に配列しました。

## 4 表記

①表記は、「常用漢字表」(平成二二年、内閣告示)「現代仮名遣い」(昭和六一年、内閣告示。平成二二年一部改正)「送り仮名の付け方」(昭和四八年、内閣告示。平成二二年一部改正)に基づいて示しました。

②送り仮名は、「送り仮名の付け方」の本則と例外に従ったものだけを示し、原則として許容の送り仮名は示しません。

③この辞書では単に漢字での表記形を示すだけでなく、その語が実際にどのように書かれるかの情報をも示しています。ごく一般的な表記としての標準表記と、ときとして用いられる参考表記とに分けました。標準表記は【 】で囲み、参考表記は《 》で囲みました。

[例] **がいかく**【外郭】《外廓》

④カタカナの表記で、見出しと共通する場合はその部分を「—」で代行しました。

[例] **アイシータグ**【IC—】

⑤平仮名や漢字表記が重複する場合も適宜「—」で代行しています。

[例] **あけはなつ**【開け放つ・明け—】
**あしでまとい**【足手まとい】《—纏い》

## 5 外来語・アルファベット略語

①外来語は、原則として[ ]の中にその原語のスペル(綴り)を示しました。英語を除いて、その言語名も示しました。

[例] **アーケード** [arcade]
**アール** [フランス語 are]

ギリシャ語・ロシア語などローマ字を用いない言語の場合は、ローマ字綴りに直して示しました。

[例] **アガペー** [ギリシャ語 agape]
**イクラ** [ロシア語 ikra]

②アルファベットの略語見出しは、巻末付録の「アルファベットの略語・記号一覧」として収めました。本文の見出しから巻末付録の見出しに送る場合は以下のように示しています。(「付」は「付録」を示す。)

[例] **アメダス** [AMeDAS] ⇩付 AMeDAS

## 6 意味・用法

①解説は、簡潔・的確を旨としました。

②多義語の場合は ① ② ③ などに分け、基本的な意味から特殊な意味へと並べました。

③ ❶の記号で、比喩的な意味や発展的な意味、文脈や場面

などで限定された意味、特定の語とつながることによって現れる意味などを示しました。

④同じ音のことばで漢字表記が異なり、意味も大きく異なる場合は **一** **二** などと示しました。

⑤他の見出しに送る場合は、⇩を用いて、次のように示しました。

［例］ **いくすえ** ⇩ゆくすえ

## 7 補説

表記や語釈を補う情報や注記などを〔 〕に入れて示しました。また、用例の補足的な説明は(= )に入れて示しました。

## 8 その他

スペース節約のために、類似の表現の記述が連続する場合は、‐と( )を組み合わせて記述を合併して示しました。

［例］ …する‐こと(人)
→「…すること」と「…する人」の合併
…する役(‐の人)
→「…する役」と「…する役の人」の合併
(遠くへ)投げる
→「遠くへ投げる」と「投げる」の合併
…する(‐重い)もの
→「…するもの」と「…する重いもの」の合併

# 記号・略語一覧

【 】 標準表記を示す

《 》 参考表記を示す

‐ 見出し該当部分などの省略を示す

⊜ 比喩的な意味や発展的な意味を示す

◇ これ以下に示す情報が◇の前の全体にかかることを示す

〔 〕 用法の補足的な説明や注記などを示す

(= ) 用例などの補足的な説明

対 対義語を示す

類 類義語を示す

⇩ 本文中の他の見出しに送ることを示す

⇩付 巻末付録「アルファベットの略語・記号一覧」の見出しに送ることを示す

# あ

**あ【亜】**①アジア。〔亜細亜から〕②準じる。「—熱帯」

**アーカイブ**［archive］デジタルデータ化した大規模な資料。また、そのためのデータの圧縮技術。〔古文書、公文書館の意〕

**アーガイル**［argyle］洋服で、ひし形模様。

**アーキテクチャー**［architecture］①建築(—学)。②コンピューターの基本構造。

**アーケード**［arcade］①商店街で、日よけ・雨よけの屋根をつけた道。②大建造物で、丸い天井をもつ通路。

**アース**［earth］電気機器と大地を結ぶこと。また、そのコード。接地。〔大地・土の意〕

**—カラー**［earth color］大地の色。茶系統の色。

**—ワーク**［earth work］現代美術の一。ランドアート。〔大地や自然物を素材に大規模に制作される〕

**アーチ**［arch］①建築の構造で、弓形(—の門)。迫持《せりもち》。②野球で、ホームラン。「—をかける」

**アーチェリー**［archery］洋弓(—術)。また、その競技。

**アーティスティック**［artistic］芸術的。

**—スイミング**［artistic swimming］水泳競技の一。水中バレエ。

**アーティスト**［artist］芸術家。アーチスト。対アルチザン

**アーティチョーク**［artichoke］西洋野菜の一。つぼみを食べる。チョウセンアザミ。

**アーティフィシャル**［artificial］人工的。技巧的。対ナチュラル

**アート**［art］①芸術。美術。②アート紙。

**—紙**《し》 つやのある上質紙。

**—シアター**［art theater］芸術映画専門の劇場。

**—セラピー**［art therapy］芸術療法。〔ダンスや音楽を通して治療する〕

**—ディレクター**［art director］①演劇の美術監督。②広告美術の専門家。

**—フェア**［art fair］現代美術の見本市。

**アーバン**［urban］都会の。「—ライフ」

**アーベント**［ドイツ語 Abend］夜に催す—音楽会(映画会)。…の夕べ。「ショパン—」〔夕方の意〕

**アーミー**［army］軍隊。特に、陸軍。

**—ナイフ**［army knife］多機能な折り畳み式小型ナイフ。〔軍隊で日用品として採用〕

**—ルック**［army look］兵士風の服装。

**アーム**［arm］①腕。②腕状のもの。「いすの—」

**—チェア**［armchair］ひじ掛けいす。

**—ホール**［armhole］洋服のそでぐり。

**—レスト**［arm rest］①座席などのひじかけ。②デスクワークに用いる、腕用のまくら。

**—レスリング**［arm wrestling］競技としての腕相撲。

**アーメン**［ポルトガル語 amen］キリスト教で、祈りなどの後に唱える語。〔確実・まことにの意〕

**アーモンド**［almond］バラ科の小高木。実は菓子・料理の材料や薬用に。巴旦杏《はたんきょう》。

**アール**［フランス語 are］面積の単位の一。一〇〇平方メートル。

**アール**［フランス語 art］芸術。

**—デコ**［フランス語 art déco］装飾美術の様式の一。〔一九二〇年代に流行〕

**—ヌーボー**［フランス語 art nouveau］建築・工芸の新様式。〔二〇世紀初頭、フランスで流行〕

**アールエイチいんし【Rh因子】**血球中の因子の一。アールエッチ因子。〔その有無によってRhプラスとRhマイナスに分けるのがRh式血液型〕

**あい【合い】**①合い着。合い服。

**あい【愛】**①かわいがり大切に思う—こと(心)。②恋。

**—の結晶**《けっしょう》 愛し合う男女の子供。

**—の鞭**《むち》 愛するがゆえにとる厳しい態度。

**あい【藍】**①タデ科の一年草。②アイの葉や茎から採る染料(—の色)。藍色。

**アイ**［eye］目。Ⅱ目に似たもの。「カメラ—」

**あいあいがさ【相合い傘】**一本の傘を男女ふたりでさすこと。

**アイアン**［iron］ボールを打つ部分が鉄製のゴルフクラブ。〔鉄の意〕対ウッド

**あいいれない【相容れない】**互いに—一

致しない（受け入れない）。
**あいいん【合印】** 書類や帳簿で、照合のしるしに押す印。合判。
**あいいん【愛飲】** 特定の嗜好《しこう》飲料を日ごろから好んで飲むこと。
**あいうち【相打ち・相討ち・相撃ち】** 両者が同時に打ち合うこと。Ⅱあいこ。
**あいえんか【愛煙家】** タバコが好きな人。
**あいえんきえん【合縁奇縁】** 男女の気が合う合わぬは、みなふしぎな縁による。
**あいおい【相生い】** ①同じ木の根から二本の幹が生長すること。「ーの松」 ②夫婦が共に長生きすること。〔「相老い」の意〕
**あいか【哀歌】** 悲しい思いの歌。エレジー。
**あいがかり【相懸かり】** ①将棋の序盤で、双方が同様の駒《こま》組みで対すること。②敵味方が同時に互いに攻め合うこと。
**あいかぎ【合い鍵】** その錠に合う別の鍵。
**あいかた** **一**【相方】 ①相手。②《敵娼》（遊里で）客の相手の遊女。 **二**【合方】 ①能で、はやし（一方）。②歌舞伎で、せりふに合わせて入れる三味線。
**あいがも【間鴨・合鴨】** マガモとアヒルとの雑種。食用。
**アイカラー**〔eye color〕 アイシャドー。
**あいかわらず【相変わらず】** 以前と同様に。
**あいかん【哀感】** もの悲しい感じ。「ーをこめて歌う」
**あいかん【哀歓】**〔文章語〕悲しみと喜び。「ーをともにする」
**あいがん【哀願】** 哀れっぽく頼むこと。
**あいがん【愛玩】** 大切にしてかわいがること。「ー動物」
**あいぎ【合い着・間着】** ①上着と下着との間に着る衣服。②合い服。
**あいきどう【合気道】** 武道の一。護身が目的で、関節わざが中心。
**あいきゃく【相客】** 同席（同室）の客。
**アイキャッチャー**〔eye-catcher〕 広告で、人目をひくデザイン。
**あいきょう【愛敬・愛嬌】** ①にこやかでかわいいこと。②あいそ。「ーをふりまく」
**あいきょう【愛郷】** 郷土を愛すること。
ー心《しん》 郷土を愛する気持ち。
**あいくち【合口・匕首】** つばのない短刀。〔その長さから九寸《くすん》五分ともいう〕
**あいくち【合い口】** 相性。「ーが悪い」
**あいくるしい【愛くるしい】** あどけなくてかわいらしい。
**あいけん【愛犬】** かわいがっている犬。また、犬をかわいがること。「ー家」
**あいこ**《相子》 勝負なし。類ひきわけ
**あいこ【愛顧】** 引き立てること。ひいき。「ごーをいただく」 類恩顧
**あいご【愛護】** かわいがり大事にすること。
**あいこう【愛好】** 愛し好むこと。「ー者」
**あいこう【愛校】** 自分の学校を愛すること。「ー心」
**あいこく【愛国】** 母国を愛すること。
**あいことば【合い言葉】** ①仲間を確認する合図の言葉。②主義や主張を示す標語。
**あいごま【間駒】** 将棋で、防御のために相手の駒の利き筋に打つ‐こと（駒）。あい。
**アイコン**〔icon〕 コンピューターの画面に表示される、プログラムやファイルを示す絵や図形。〔イコンから〕
**アイコンタクト**〔eye contact〕 視線を合わせて意思を通じること。
**あいさい【愛妻】** 妻を愛し大切にすること。また、その妻。「ー家」
**あいさつ【挨拶】** ①「こんにちは」や「さようなら」などの言葉。②会合や集会の儀礼的な言葉（‐を述べること）。「就任のー」 ③うけこたえ。「ーに困る」 ④⇩ごあいさつ②
ー代《が》わり 交際のための、あいさつの代わりとなる‐もの（品物）。
**あいし【哀史】** 悲しい‐歴史（物語）。
**あいじ【愛児】** かわいがっている自分の子供。
**あいしあう【愛し合う】** 互いに愛する。
**アイシータグ【IC ー】** 半導体集積回路とアンテナを組み込んだ超小型通信装置。
**あいしゃ【愛車】** 愛用の‐自動車（オートバイ）。
**あいじゃく【愛着】** あいちゃく。
**アイシャドー**〔eye shadow〕 目の周りに塗って、目元を引き立たせる化粧品。〔アイシャドウとも〕
**あいしゅう【哀愁】** やるせない悲しみ。
**あいしょ【愛書】** ①本が好きなこと。「ー家」 ②愛読書。
**あいしょう【哀傷】** 悲しみに心をいためる

こと。「―歌」
**あいしょう【相性】** ふたり(男女)の気性が合うこと。
**あいしょう【愛称】** ニックネーム。あだ名。
**あいしょう【愛妾】** 気に入りのめかけ。
**あいしょう【愛唱】**(《愛誦》) 好んで口ずさむこと。
―**歌**《か》 好んで歌う歌。
**あいじょう【哀情】** 悲しい気持ち。
**あいじょう【愛情】** 愛する気持ち。
**あいじょう【愛嬢】**〔文章語〕まなむすめ。〔他人の娘についていう〕 類 令嬢 対 愛息
**あいじん【愛人】** ①恋人。②情人。
**アイシング**〔icing〕①患部を冷やすこと。②洋菓子の砂糖の衣。アイシング ザ パック。③アイスホッケーの反則の一。
**アイス**〔ice〕①こおり。②アイスクリーム・アイスキャンディーの略。③高利貸しの俗称。〔氷菓子と同音から〕
―**アリーナ**〔ice arena〕スケートリンク。
―**キャンディー**〔和製語 ice candy〕棒状の氷菓子。
―**キューブ**〔ice cube〕角氷。
―**クリーム**〔ice cream〕冷たい乳製品の一。
―**コーヒー**〔ice coffee〕冷たいコーヒー。
―**ショー**〔ice show〕アイススケートによるショー。
―**スケート** 氷上をすべるスケート。〔ice skatingから〕
―**ダンス** フィギュアスケートの種目の一。男女のペアで踊る。〔ice dancingから〕
―**ティー**〔ice tea〕冷たい紅茶。
―**ピック**〔ice pick〕氷を割る錐《きり》。
―**ペール**〔ice pail〕氷入れ。
―**ボックス**〔icebox〕氷で冷やす(-携帯用の)冷蔵庫。
―**ホッケー**〔ice hockey〕氷上でスケートをはいてするホッケー。一チーム六人。
**あいず【合図】** 前もって決めたサイン。
**アイスバーン**〔ドイツ語 Eisbahn〕積雪の表面が氷のようになった状態。
**あいすべき【愛すべき】** かわいくて親しみを感じる。
**あいする【愛する】** ①かわいがり大切にする。②好む。「酒を―」③恋する。
**あいせき【合い席・相席】**(飲食店で)他の客と同席すること。
**あいせき【哀惜】**〔文章語〕人の死などを悲しみ惜しむこと。
**あいせき【愛惜】** ①愛して大切にすること。②おしむこと。「落花に対する―」
**あいせつ【哀切】** 哀れで悲しいこと。
**あいせん【相先】** 碁や将棋で、互い先。
**アイゼン** 登山靴につけるすべり止めの金具。〔ドイツ語 Steigeisenから〕
**あいぜんごして【相前後して】** 次々に。
**あいそ【哀訴】** 涙ながらに訴えること。
**あいそ【愛想】** ①人当たりがよい-こと(言葉)。②もてなし。「何の―もない」③⇩おあいそ②◇〔「あいそう」の転〕
―**が尽**《つ》**きる** いやけがさす。
―**がない** 人当たりが悪い。
―**尽**《づ》**かし** いやになって、見捨てること。
―**もこそも尽**《つ》**き果**《は》**てる** まったくきらいになる。
**あいそう【愛想】** あいそ。
―**笑**《わら》**い** 相手にへつらうつくり笑い。
**あいぞう【愛憎】** 愛と憎しみ。
**あいぞう【愛蔵】** 大切にしまっておくこと。「―版」
**あいそく【愛息】**〔文章語〕かわいがっている息子。〔他人の息子についていう〕 類 令息 対 愛嬢
**アイソトープ**〔isotope〕同位体。同位元素。
**あいぞめ【藍染め】** アイの染料で-染めること(染めたもの)。
**あいだ【間】** ①時間・空間のへだたり。また、その範囲。②なか。「木立ちの―」③関係。「親子の―」
―**柄**《がら》 人と人との関係。
―**に立**《た》**つ** 仲介する。
**アイターン【I―】**〔和製語 I turn〕都会出身者が地方で就職、定住すること。〔Uターンのもじり〕
**あいたい【相対】** 差し向かい(対等)で物事をすること。
―**尽**《ず》**く** 互いに-承知(相談)の上ですること。
**あいたいする【相対する】** ①互いに向かい合う。②対立する。
**あいたしゅぎ【愛他主義】** 他人の利益と幸福をめざして行動する主義。対 利己

主義

**あいたずさえる【相携える】** 互いに協力する。

**あいちゃく【愛着】** 心ひかれ思い切れないこと。あいじゃく。類執着・未練

**あいちょう【哀調】** もの悲しい調子。

**あいついで【相次いで】** 次々と。

**あいつぐ【相次ぐ】** 次々に続く。

**あいづち【相槌・相鎚】** 鍛冶《かじ》で、二人が互いに鎚を打ち合うこと。

**―を打《う》つ** 人の話に受け答えをし、うなずく。

**あいて【相手】** ①対象となる―もの（人）。②仲間。「遊び―」 ③敵。「―に不足はない」

**―取《ど》る** 争いの相手とする。

**―にならない** 実力などに差がありすぎて、対抗できない。

**アイデア**［idea］ 着想。アイディア。

**―マン**［和製語 idea man］ 名案を次々に出す人。

**アイディーカード【ＩＤ―】** 身分証明書。〔identify card の略〕

**あいでし【相弟子】** 同じ先生に学ぶ者どうし。

**アイテム**［item］ ①（データの）項目。②（収集品や服の）品目。「人気の―」

**アイデンティティー**［identity］ 自分は自分であって、他人とは違うこと。自己同一性。

**あいとう【哀悼】** 人の死を悲しみいたむこと。「―の意を表する」

**あいどく【愛読】** 好んで読むこと。

**あいともなう【相伴う】** ①連れだつ。②一緒に現れる。

**アイドリング**［idling］ 機械（自動車）のエンジンを空転させること。〔回転数の調整のために行う〕

**―ストップ**［和製語 idling stop］ 自動車の駐停車時、エンジンを止めること。

**アイドル**［idol］ かわいい（かっこいい）人気者。〔もとは偶像〕

**あいなかばする【相半ばする】** 半分ずつの状態だ。「功罪―」

**あいなる【相成る】** 「なる」の改まった言い方。

**あいにく**《生憎・合憎》 具合がわるいようす。「―（―と）留守《るす》だ」

**アイヌ**［アイヌ語 ainu］ 北海道や樺太《からふと》に住む民族。〔アイヌ語で人の意〕

**あいのて【合いの手・間の手】** ①歌や踊りに合わせて入れる手拍子やかけ声。〔もとは、歌と歌の間の、三味線の演奏〕 ②話と話の間にはさむ言葉。「―を入れる」

**あいのり【相乗り】** ①乗り物に一緒に乗ること。②共同で事業などをすること。

**アイパー** こて（アイロン）を使ってかける男性用パーマ。〔和製語 iron permanent から〕

**あいはむ【相食む】** 食い合う。「骨肉―（＝血縁関係にある者どうしが争う）」

**あいはん【合判】** あいいん。

**アイバンク**［eye bank］ 失明者への角膜移植をあっせんする機関。目の銀行。

**あいはんする【相反する】** 一致しない。

**アイビー**［ivy］ ツタの一種。

**―スタイル**［和製語 ivy style］ アイビールック。

**―リーグ**［Ivy League］ アメリカ東部の八大学で結成するリーグ。

**―ルック** アイビーリーグの学生風の服装。〔Ivy League look から〕

**アイピーエスさいぼう【ｉＰＳ細胞】** 体細胞に遺伝子操作を加えてつくる細胞。さまざまな細胞に変化しうる。人工多能性幹細胞。「ヒト―」〔induced pluripotent stem cells〕

**アイピーでんわ【ＩＰ電話】** インターネットの回線を使った電話。

**あいびき【合い挽き】** 牛と豚の肉をまぜて―挽くこと（挽いた肉）。

**あいびき【逢い引き】** 男女の密会。

**アイピロー**［eye pillow］ 目に当てて目の疲れをとる小さな枕。目枕。

**あいぶ【愛撫】** かわいがりなでさすること。

**あいふく【合い服・間服】** 冬服と夏服の間に着る衣服。

**アイブロー**［eyebrow］ まゆ毛。

**あいべつりく【愛別離苦】** 〔仏教語〕愛する者と別れる苦しみ。八苦の一。

**あいべや【相部屋】** 宿屋などで、他人どうしが同じ部屋に泊まること。

**あいぼ【愛慕】** 愛し慕うこと。類恋慕

**あいぼう【相棒】** 共同で仕事をする―人（相手）。〔もとは駕籠《かご》を一緒にかつぐ相手〕

**あいぼし【相星】** 両者の勝ち数が同じ状

態。〔相撲で、勝ち負けの数が同数の意〕

**アイボリー**［ivory］象牙(—色)。

**—ホワイト**［ivory white］象牙色を帯びた白。

**あいま【合間】** ①物と物との間。②続いている物事の切れめ。「仕事の—」

**あいまい【曖昧】** はっきりしないようす。「—な態度」対明瞭《めいりょう》

**—模糊**《もこ》 ぼんやりしてはっきりしないようす。

**アイマスク**［和製語 eye mask］安眠・目隠しのために、両目をおおうもの。

**あいまって【相俟って】** 互いの力が合わさって。

**あいみたがい【相身互い】** 同じ境遇の者どうしが同情し助け合うこと。「武士は—」〔相身互い身の略。誤って相見互いとも〕

**あいみつもり【相見積もり】** 複数の業者の見積もりを比較すること。あいみつ。

**アイメイク**［和製語 eye make］目元の化粧。

**あいやど【相宿】** 同じ宿に泊まりあわせること。

**あいよう【愛用】** 好んで使うこと。

**あいよく【愛欲】**《愛慾》 異性への性的な欲望。類性欲・情欲

**アイライン**［eyeline］化粧で、目にそって描く線。目ばり。

**あいらしい【愛らしい】** かわいらしい。

**アイラッシュカーラー**［eyelash curler］まつげをカールさせるための器具。

**アイランド**［island］島。「ヒート—」

**—キッチン**［和製語 island kitchen］壁から離れた所にシンクやこんろを設けた台所。

**あいれん【愛憐】**〔文章語〕いつくしむこと。

**あいろ【隘路】**〔文章語〕狭くて険しい道。「山間の—」‖障害。

**アイロニー**［irony］①皮肉。風刺。②反語。

**アイロニカル**［ironical］皮肉な。皮肉っぽい。

**アイロン**［iron］熱で布地のしわをのばす器具。「—をかける」

**あいわ【哀話】** かわいそうな物語。類悲話

**あいわす【相和す】** 仲よくする。

**あう** **一【合う】** ①集まってひとつになる。対離れる ②あてはまる。「基準に—」③ひきあう。「割にあわない」④互いに…する。「話し—」 **二【会う】**《逢う》 ①対面する。②偶然であう。 **三【遭う】**《遇う》 経験する。「災難に—」〔多く好ましくない場合に使う〕

**—(会う)は別**《わか》**れの始**《はじ》**め** 会うことは、別れるという運命の前提である。

**アウェー**［away］サッカーなどで、相手チームの本拠地で行う試合。対ホーム

**アウター**［outer］①外部。外側。「—スペース」②上に着るもの。ジャケット・コートなど。◇対インナー

**—ウエア**［outerwear］上に着るもの。アウター。対インナーウエア

**アウト**［out］①テニスや卓球で、球が線外に出ること。②ゴルフで、前半の九ホール。◇対イン ③野球で、打者・走者がその権利を失うこと。対セーフ ④外の。外側の。「—コーナー」

**—オブデート**［out-of-date］時代(流行)おくれ。対アップツーデート

**—オブバウンズ**［out-of-bounds］球技で、ボールが—コート(競技区域)外へ出ること。

**—コース**［和製語 out course］①競走で、外側の走路。②野球で、アウトコーナー。◇対インコース

**—コーナー**［outside corner］野球で、外角。対インコーナー

**—サイダー**［outsider］局外者。対インサイダー

**—サイド**［outside］①外側。②球技で、ラインの外側。◇対インサイド

**—ソーシング**［outsourcing］①業務の外部委託。②海外での部品調達。

**—ドア**［outdoor］戸外。対インドア

**—バウンド**［outbound］①発信。送信。「—データ」②海外旅行(—客)。◇〔内から外に出る意〕対インバウンド

**—プット**［output］出力。対インプット

**—ボクシング**［outboxing］ボクシングで、相手から離れて攻撃する戦法。対インファイト

**—ライン**［outline］①輪郭。構成。②概要。

**—リーチ**［outreach］①要介護者への訪問支援。②芸術や研究分野での出張

サービス。◇〔手を伸ばす意〕
**―レット**［outlet］ 余った在庫品を安売りする(―直販)店。アウトレットストア。
**―ロー** ①［outlaw］無法者。 ②〔和製語 outlow〕野球で、外角低め。
**アウトバーン**〔ドイツ語 Autobahn〕 ドイツの自動車専用の高速道路。
**あうん【阿吽】** ①口を開いて出す「あ」の音と口を閉じて出す「うん」の音。＝呼吸。 ②一方は口を開き、一方は口を閉じる仁王やこま犬の相。◇〔梵語《ぼんご》の音訳〕
**―の呼吸《こきゅう》** ふたりで一緒に動作をする際の気合。また、それが一致すること。
**あえか**〔文章語〕かよわいようす。
**あえぐ【喘ぐ】** 苦しそうに呼吸する。＝くるしむ。「借金に―」
**あえて【敢えて】** ①わざわざ。 ②(否定表現の中で)必ずしも。「―反対しない」
**あえない【敢え無い】** はかない。あっけない。「―最期」
**あえもの【和え物】** あえた料理。
**あえる【和える】** 材料にみそ・酢などをまぜて調理する。
**あえん【亜鉛】** 金属元素の一。トタン板や合金用。記号 Zn
**あお【青】** ①空色。 ②緑色。「―信号」 ③馬で、青みがかったつやのある黒の毛色。また、その馬。 ④未熟な。「―二才」
**―は藍《あい》より出《い》でて藍《あい》より青《あお》し** 出藍《しゅつらん》の誉れ。
**あおあお【青々】** いかにも青いようす。
**あおあらし【青嵐】**〔文章語〕青葉のころのさわやかな風。せいらん。[類]薫風《くんぷう》
**あおい【葵】** アオイ科の植物。
**―の紋《もん》** 紋章の名。特に、徳川家の紋所の三つ葉葵。
**あおい【青い】**《蒼い》 ①青色である。 ②顔色が悪い。 ③未熟である。「考えが―」
**―鳥《とり》** 身近なところにあるのに気づかない幸福。〔童話の題名から〕
**あおいきといき【青息吐息】** 困りはてたようす。
**あおいろ【青色】**
**―申告《しんこく》** 所得税や法人税を申告する制度の一。〔主に事業所得に適用〕
**あおうなばら【青海原】** 青々とした広い海。
**あおうま** [一]【青馬】 青みがかった黒い毛の馬。 [二]【白馬】 白またはあし毛の馬。「―の節会《せちえ》(＝古く宮中の行事で、正月七日に行なった)」
**あおうめ【青梅】** 熟していないウメの実。
**あおえんどう【青豌豆】** グリンピース。
**あおかび【青黴】** 青緑色のカビ。ペニシリンの材料。
**あおぎみる【仰ぎ見る】** 上の方を見る。＝敬う。
**あおぎり【青桐・梧桐】** アオギリ科の落葉高木。街路樹などに使われる。ごどう。
**あおぐ【仰ぐ】** ①上を向く。 ②尊敬する。「師と―」 ③教えなどを請う。「指導を―」 ④(毒などを)一息に飲む。
**あおぐ【扇ぐ】**《煽ぐ》 風をおこす。
**あおくさ【青草】** 青々とした草。
**あおくさい【青臭い】** 青草のようなにおいがする。＝未熟。「―考え」
**あおくなる【青くなる】** 心配などのため青ざめる。
**あおこ【青粉】** ①池などの水を緑色にする植物性プランクトン。 ②アオノリの粉末。
**あおさ**《石蓴》 緑藻類の海藻。食用、飼料用。
**アオザイ**〔ベトナム語 ao dai〕 ベトナム女性の伝統的衣服。
**あおざかな【青魚】** 背が青い魚。〔サバ・イワシ・サンマなど〕
**あおざめる【青ざめる】** 顔色が青白くなる。
**あおしお【青潮】** 酸素の少ない海水で硫化水素が発生して海面が青白く見える現象。
**あおじそ【青紫蘇】** シソの一。大葉。〔薬味やさしみのつまに使う〕
**あおじゃしん【青写真】** 設計図などを青地に白く焼きつけた写真。＝将来の計画。「街づくりの―」
**あおじる【青汁】** ①緑黄色野菜のしぼり汁。 ②青い汁。
**あおじろい【青白い】**《蒼白い》 ①青みがかって白い。 ②血の気がないようす。
**あおしんごう【青信号】** 「進め」「安全」を示す交通信号。＝実行可能のしるし。ゴーサイン。[対]赤信号
**あおすじをたてる【青筋を立てる】** ひどく怒る。
**あおぞら【青空】** ①青く晴れた空。 ②屋

外での。「―駐車」

**―教室《きょうしつ》** 屋外での―授業(研修)。

**あおた【青田】** まだ実らない稲田。

**―買《が》い** ①青田売買。対青田売り ②企業などが、卒業前の学生と早い時期から入社契約を結ぶこと。

**―刈《が》り** 青田買い②。

**―売買《ばいばい》** 収穫高を予想して青田のうちに売買すること。

**あおだたみ【青畳】** 青々とした新しい畳。〔静かな海面のたとえにも使う〕

**あおてんじょう【青天井】** ①青空。②株価や物価が際限なく値上がりする状態。

**あおな【青菜】** 緑色の菜っ葉類の総称。

**―に塩《しお》** しょげ返るようす。

**あおにさい【青二才】** 年が若く未熟な男。〔軽蔑・卑下の気持ちを含む〕

**あおにび【青鈍】** 青みのあるはなだ色。〔凶事に使う〕

**あおのく【仰のく】** あおむく。

**あおのけ【仰のけ】** あおむけ。

**あおのり【青海苔】** 緑藻類の一。食用。

**あおば【青葉】** ①青々とした木の葉。②新緑。

**あおびょうたん【青瓢簞】** 未熟で青いヒョウタン。Ⅱやせて顔の青白い人をあざけって言う語。

**あおぶくれ【青膨れ・青脹れ】** 顔色が悪く、むくんで見える―こと(人)。

**あおまめ【青豆】** ①緑色で大粒のダイズ。②グリンピース。

**あおみ【青み・青味】** ①青い色(―の程度)。②料理のもりつけで添える、緑色の野菜。

**あおみずひき【青水引】** 青黒い色と白色とが半々の水引。〔凶事用〕

**あおみどろ**《水綿》 淡水産の藻の一。生理学・細胞学の実験材料に使う。

**あおむく【仰向く】** 上を向く。対うつむく

**あおむけ【仰向け】** 上を向かせること。対うつむけ

**あおむける【仰向ける】** 上を向かせる。

**あおもの【青物】** ①野菜類の総称。「―市場」②皮が青い魚。〔イワシ・サバなど〕

**あおやぎ【青柳】** ①青々と茂ったヤナギ。②バカガイのむきみ。

**あおり【煽り】** あおること。Ⅱ余勢。「―をくう」

**―立《た》てる** 盛んにあおる。

**あおり**《障泥・泥障》 馬具の一。皮製の泥よけ。

**―烏賊《かい》** ヤリイカ科のイカ。身が柔らかい。刺身用。

**あおる** 一【煽る】 ①あおぐ。「うちわで―」②ひるがえす。③あおりを打って馬を急がせる。④おだててそそのかす。「大衆を―」 二《呷る》 一気に飲む。

**あか【赤】** ①色の名の一。②共産主義―思想(者)。〔革命軍の旗が赤いことから〕③赤字の略。④まったくの。「―はだか」

**あか【垢】** 肌や水のよごれ。

**あか【銅】** あかがねの略。「―のなべ」

**あか** ①【閼伽】仏に供える水。②【淦】船底にたまった水。

**あかあか【赤々】** 真っ赤なようす。

**あかあか【明々】** いかにも明るいようす。「―と照らす」

**あかい【赤い】** 赤色である。

**―糸《とい》** 将来結婚する男女の小指を、誕生時から結びつけているという糸。「運命の―」

**アカウンタビリティー**[accountability]〔行政や企業の負う〕説明責任。

**アカウント**[account] コンピューターやネットワークで、それを利用する権利。また、その権利を示すIDとパスワード。

**あかえ【赤絵】** 陶磁器で、赤色で絵付けをしたもの。また、その陶磁器。「―の皿」

**あかがい【赤貝】** 海産の二枚貝の一。

**あかがね【銅】** 銅《どう》。〔赤金の意〕

**あかがみ【赤紙】** 〔俗語〕①旧日本軍の召集令状。②差し押さえの封印証書。◇〔紙の色が赤いことから〕

**あかぎ【赤木】** ①皮をはいだままの木材。対黒木 ②材の赤い木の総称。

**あがき**《足搔き》 あがくこと。

**―が取《と》れない** どうしようもない。「最後の―」

**あかぎれ**《皹・皸》 寒さで手足の肌がひびわれること。「―が切れる」

**あがく**《足搔く》 じたばたともがく。Ⅱあくせくと気をもむ。

**あかくなる【赤くなる】** 興奮(羞恥)のために顔面が紅潮する。

**あかげ【赤毛】** 赤みを帯びた―毛髪(毛並み)。

**あかご【赤子・赤児】** 赤ん坊。
**―の手《て》をねじるよう** いともたやすいようす。
**あかごめ【赤米】** 米の品種の一。赤く、雑穀米の材料とする。あかまい。
**あかざ《藜》** 植物の一。若葉は食用。
**あかざとう【赤砂糖】** 粗製の赤い砂糖。
**あかさび【赤錆】** 赤い錆。類鉄錆
**あかし【灯】** あかり。灯明《とうみょう》。
**あかし【証】** 証明。「身の―を立てる」
**あかじ【赤字】** ①欠損。〔不足額は赤で記すことから〕 ②校正の書き入れ。〔赤色を使うことから〕 対黒字
**―国債《こくさい》** 歳入不足を補うために発行する国の債券。
**アカシア**〔acacia〕 ①マメ科の常緑高木の一。②ニセアカシアの俗称。ハリエンジュ。◇アカシヤ。
**あかしお【赤潮】** 微生物の大量発生で、海水が赤茶色に見える現象。
**あかじみる【垢染みる】** 垢がついて汚れる。
**アカシヤ** ⇨アカシア
**あかしんごう【赤信号】** 「止まれ」「危険」を示す交通信号。Ⅱ危険が迫ったしるし。「健康に―がともる」 対青信号
**あかしんぶん【赤新聞】** 興味本位の暴露記事をのせる低俗な新聞。イエローペーパー。〔かつて淡紅色の紙を使ったことからという〕
**あかす 一【明かす】** ①夜をすごす。②明らかにする。「秘密を―」 **二《証す》** 証明する。
**あかす【飽かす】** 飽かせる。
**あかず【飽かず】** 飽きないで。
**あかずの【開かずの】** 開いたことがない。「――間《ま》(踏切)」
**あかすり【垢擦り】** あかをこすり落とす―こと(道具)。
**あかせる【飽かせる】** 惜しげもなく使う。「金とひまにあかせて遊ぶ」
**あかだし【赤出汁】** 赤みそを使った―魚肉汁(みそ汁)。
**あかちゃける【赤茶ける】** 日にやけ、色あせて赤みがかった茶色になる。
**あかちゃん【赤ちゃん】** 赤ん坊の愛称。
**―返《がえ》り** 母親を赤ん坊の弟や妹に取られる危機感から、子供が年齢不相応に幼い行動をすること。
**―言葉《ことば》** 幼児語。
**あかチン【赤―】** マーキュロクロムの俗称。
**あかつき【暁】** ①夜明け方。②(希望が実現した)その時。「当選の―には」
**―闇《やみ》** 月のない明け方(―の闇)。
**あがったり【上がったり】** 商売や事業が不振なこと。「商売が―だ」
**あかつち【赤土】** 鉄分を含む赤黄色の粘土。
**アカデミー**〔academy〕 ①学問・芸術の研究指導団体。〔プラトンがアテネ郊外に創設した学園の名から。/学士院は訳語〕 ②大学・研究所などの総称。
**―賞《しょう》** アメリカ映画の権威ある賞。オスカー。
**アカデミズム**〔academism〕 学問至上主義。Ⅱ学問・芸術上の―伝統(権威)主義。
**アカデミック**〔academic〕 ①学問的。②学風や芸術が保守的なようす。
**あかてん【赤点】**〔俗語〕落第点。〔成績表に赤字で記入する習慣から〕
**あかとんぼ【赤蜻蛉】** 小形で赤いトンボ。
**あがなう 一【購う】** 買い求める。「書を―」 **二《贖う》** 埋め合わせをする。「金で罪を―」
**あかなす【赤茄子】** トマトの別称。
**あかぬける【垢抜ける】** 洗練される。
**あかね【茜】** ①アカネ科のつる草。②アカネから採る染料(―の暗赤色)。あかね色。
**あかのたにん【赤の他人】** まったく関係のない人。
**あかはじ【赤恥】** 人前でかく大恥。「―を―かく(さらす)」
**あかはた【赤旗】** ①共産党・労働者を表す旗。〔フランス革命での血染めの旗から〕 ②危険・停止信号の旗。③平家の旗。
**あかはだ【赤肌・赤膚】** むけて赤くなった肌。
**あかはだか【赤裸】** まるはだか。
**アカハラ** 大学などの学術機関におけるパワハラ。〔アカデミックハラスメントの略〕
**あかびかり【垢光り】** 着物などが汚れて垢で光ること。
**あかふだ【赤札】** 商品につけて、特価品・見切り品・売約済みなどを示す赤い札。
**アガペー**〔ギリシャ語 agape〕 キリスト教で、

神の愛。対エロス
**アカペラ**［イタリア語 a cappella］無伴奏（―の合唱曲）。
**あがほとけたっとし【吾が仏尊し】** 自分が尊んでいるものだけを尊いとする、狭い心。
**あかまつ【赤松】** マツの一。樹皮が赤い。めまつ。〔この松林にマツタケが生える〕
**あかまんま【赤飯】** ①赤飯《せきはん》。②イヌタデの別称。◇あかのまんま。
**あかみ【赤身】** ①獣肉・魚肉の赤い部分。対白身 ②材木の中心の赤い部分。心材。対白太《しらた》
**あかみそ【赤味噌】** 赤褐色のみそ。辛口。対白みそ
**あかむけ【赤剝け】** 赤はだ（―になること）。
**あがめる【崇める】** 尊敬する。
**あからがお【赤ら顔】**《赭ら顔》 赤みを帯びた顔。
**あからさま** おおっぴら。
**あからむ【赤らむ】** 赤みがかる。
**あからむ【明らむ】** 空が明るくなる。
**あからめる【赤らめる】** 赤くする。「顔を―」
**あかり【明かり】** ①光。②灯火。
**―先《さき》** 光のさしてくる方。
**―障子《しょうじ》** ふつうの障子。
**―取《と》り** 光をとり入れる窓。
**あがり【上がり】**《騰がり》あがる（のぼる）こと。対下がり ①②収益。「店の―」③できあがり。「一丁《いっちょう》―」④以前の状態が終わって間もないこと。「病気（役人）―」〔低い地位であった場合は軽蔑の意を含む〕
**―框《がまち》** 家の上がり口の横木。
**―口《ぐち》** 階段や座敷に―上がる（上がってすぐの）所。あがりくち。
**―込《こ》む** （家に）上がってすわる。
**―端《はな》** 座敷の上がり口。
**―花《ばな》** いれたばかりのお茶。
**―目《め》** ①目じりの上がった目。②物価などの上がり始めのとき。◇対下がり目
**―物《もの》** ①神仏へのお供え。②召し上がり物。③田畑の収穫物。
**―湯《ゆ》** ふろから出るときに浴びる湯。
**アガリクス**［agaricus］ キノコの一。「―エキス」〔健康食品とされる〕
**あがりしょう【上がり性】** 人前で緊張しやすい性格。
**あがる【上がる・揚がる】** ①高くなる。類のぼる 対さがる・おりる Ⅱ「ふろから―・陸（部屋）へ―」②よくなる。「成績が―」対さがる ③現れる。「効果が―」Ⅱ「声が―（＝わきあがる）」④行くの謙譲語。⑤ポーッとなる。⑥終わる。「仕事が―」Ⅱ…ですむ。「五万円で―」⑦飲食するの尊敬語。⑧…し終わる。「焼き―」⑨すっかり…する。「のぼせ―」
**あがる【挙がる】** ①高い方に移る。「手が―」②知られるようになる。「名（証拠）が―」③犯人がつかまる。
**あかるい【明るい】** ①「―電灯」②ほがらかだ。Ⅱ期待できる。「―未来」③よく知っている。「歴史に―」◇対暗い
**あかるみ【明るみ】** 明るい所。Ⅱ公になる。
**あかるむ【明るむ】** 明るくなる。「東の空が―」
**あかん**（関西方言で）だめだ。
**―たれ**（関西方言で）意気地なし。弱虫。
**あかんたい【亜寒帯】** 温帯で、寒帯に近い地帯。対亜熱帯〔現在、冷帯という〕
**あかんぼう【赤ん坊】** 生まれてまもない子供。ベビー。
**あき【明き・空き】** あいている―こと（所・時間）。「定員に―がある」
**あき【秋】** 四季の一。〔九～一一月、旧暦で七～九月。／物事の終わりにたとえられる〕
**―の声《こえ》** 秋を感じさせる風や虫の音。
**―の日《ひ》は釣瓶《つるべ》落《お》とし** 秋の日は暮れやすい。
**あき【飽き】**《厭き》 飽きること。「―がくる」
**あきあきする【飽き飽きする】**《厭き厭きする》すっかりいやになる。
**あきあじ【秋味】** サケの別称。
**あきいろ【秋色】** 秋を感じさせる色や風情。
**あきおち【秋落ち】** ①秋になって収穫が予想より減ること。②豊作のため、秋に米価が下がること。対秋高
**あきかぜ【秋風】** 秋に吹く風。
**―が立《た》つ** 夫婦や恋人間の愛情が薄れる。〔「秋」を「飽き」にかけた表現〕

**あきくさ【秋草】** 秋に花が咲く草。
**あきぐち【秋口】** 秋のはじめ。
**あきご【秋蚕】** 夏から晩秋にかけて飼う蚕。[対]春蚕・夏蚕
**あきさく【秋作】** 秋に—栽培（収穫）する作物。
**あきざくら【秋桜】** コスモス。
**あきさむ【秋寒】** 秋になって感じる寒さ。
**あきさめ【秋雨】** 秋に降る雨。しゅうう。[対]春雨
**—前線《ぜんせん》** 秋の長雨をもたらす前線。
**あきしょう【飽き性】**《厭き性》 飽きっぽい性質。
**あきす【空き巣】** ①鳥のいない巣。●留守の家。②空き巣狙《ねら》いの略。留守をねらうこそどろ。
**あきたいぬ【秋田犬】** 秋田県原産の大形の日本犬。あきたけん。
**あきたつ【秋立つ】**〔文章語〕秋になる。〔四段活用の動詞〕
**あきたりる【飽き足りる】** 十分満足する。〔多く「飽き足りない」の形で使う〕
**あきち【空き地】**《明き地》 建物の建っていない（使用していない）土地。
**あきつしま【秋津島】**《蜻蛉洲》〔古語〕大和《やまと》の国、また、日本の異称。秋津島根。
**あきっぽい【飽きっぽい】** すぐに飽きる。
**あきない【商い】** ①商売。②売り上げ（—高）。
**—口《ぐち》** 商売上の口上。
**あきなう【商う】** 商売をする。
**あきなすび【秋茄子】** 秋に熟すナス。あきなす。
**—は嫁《よめ》に食《く》わすな**〔うまいので食わすな、体が冷えるので食わすな、種が少ないので子供ができないとの縁起をかつぐ、などの諸説がある〕
**あきのななくさ【秋の七草】** ハギ・オバナ・クズ・ナデシコ・オミナエシ・フジバカマ・キキョウ。
**あきばれ【秋晴れ】** 秋に空が晴れ渡ること。
**あきびより【秋日和】** 秋晴れのよい天気。
**あきま【空き間】**《明き間》 ①すきま。②使ってなくてあいている部屋。
**あきまき【秋蒔き】** 秋に種をまくこと。[対]春蒔き
**あきまつり【秋祭り】** 秋の（—収穫を感謝する）祭り。
**あきめく【秋めく】** 秋らしくなる。
**あきや【空き家】**《明き家》 人が住んでいない家。「—をさがす」
**あきらか【明らか】** ①明るい。②はっきりしている。
**あきらめる【諦める】** 断念する。「旅行を—」
**あきる【飽きる】** ①十分に満足する。②《厭きる》いやになる。
**あきれ【呆れ】**
**—返《かえ》る**「あきれる」を強めた言い方。
**—果《は》てる** すっかりあきれる。[類]あきれかえる
**アキレスけん【—腱】** かかとの骨の上の筋。●強いものの弱点。◇〔アキレスはギリシャ神話の英雄の名。／不死身のアキレスの弱点であったことから〕
**あきれる【呆れる】**《惘れる》 意外さ（腹立たしさ）に驚く。
**あきんど【商人】** 商売人。
**あく** ①**【灰】**灰《はい》。②**【灰汁】**灰を水に浸した上澄み液。③野菜などに含まれる渋み。④個性のどぎつさ。「—の強い人」
**あく【悪】** ①わるいこと。[対]善 ②かたき役。③わるい。「—条件（循環）」
**あく** ①**【開く】**ひらく。②**【空く】**空間ができる。「席が—」③**【明く・空く】**使えるようになる。「手が—」
**アクア**〔aqua〕水（—色）の。
**—マリン**〔aquamarine〕宝石の一。青緑色。アクアマリーン。〔三月の誕生石〕
**—ラング**〔aqualung〕ボンベ式水中呼吸器。スキューバ。〔商標〕
**—リウム**〔aquarium〕①水族館。②魚などを飼う水槽。
**あくあらい【灰汁洗い】**（柱などの）よごれを灰汁《あく》②で落とすこと。
**あくい【悪意】** ①わるい心。②わるい意味。「—に解釈する」③法律上問題となる、一定の事情を意識していること。◇[対]善意
**あくうん【悪運】** ①不運。②わるいことをしても、結果がよくなる運命。「—が強い」
**あくえき【悪疫】** 悪性の流行病。
**あくえん【悪縁】** ①わるい縁。②くされえ

ん。〔主に男女関係についていう〕

**あくかんじょう【悪感情】** 相手を不快に思う気持ち。

**あくぎゃく【悪逆】** 人道にそむいた行い。

**―無《ぶ》道《どう》** 悪逆を強めた言い方。悪逆非道。

**あくぎょう【悪行】** わるい行い。対善行

**あくごう【悪業】**〔仏教語〕前世で犯した悪事。

**あくさい【悪妻】** 夫にとってわるい妻。対良妻

**アクサン**〔フランス語 accent〕①アクセント。②フランス語で用いる記号。〔アクサングラーブ（ˋ）、アクサンテギュ（ˊ）、アクサンシルコンフレックス（ˆ）の三種〕

**あくじ【悪事】** わるい行い。「―をはたらく」

**―千《せん》里《り》を走《はし》る** 悪事はたちまち知れわたる。

**あくじき【悪食】** ①粗末な食物（―を食べること）。 ②普通、人が口にしない物を食べること。

**あくしつ【悪疾】** たちのわるい病気。

**あくしつ【悪質】** たち（品質）がわるいようす。「―な犯罪（素材）」対良質

**アクシデント**〔accident〕 予想外の（突発）事件。

**あくしゅ【悪手】** 囲碁や将棋で、まずい手。

**あくしゅ【握手】** 手を握りあうあいさつ。Ⅱ協力すること。

**あくしゅう【悪臭】** わるい（いやな）におい。「―が鼻をつく」

**あくしゅう【悪習】** わるい習慣。

**あくしゅみ【悪趣味】** ①下品な趣味。②人のいやがることをして喜ぶこと。

**あくじゅんかん【悪循環】** 互いに関係しあって限りなく悪化すること。

**あくしょ【悪書】** 有害な（愚劣な）本。対良書

**あくじょ【悪女】** ①気立てのわるい女。②醜女。

**―の深《ふか》情《なさけ》** 醜女は、美女よりも愛情深く、嫉《しっ》妬《と》心が強いこと。Ⅱありがた迷惑。

**アクション**〔action〕 ①行動。動作。 ②動きの激しい演技。「―ドラマ（俳優）」

**―プログラム**〔action program〕 行動計画。

**あくせい【悪声】** ①対美声 ②わるいうわさ。

**あくせい【悪性】** たちがわるいこと。「―腫《しゅ》瘍《よう》」対良性

**あくせい【悪政】** わるい政治。対善政

**あくぜい【悪税】** 不当な税金。類酷税

**あくせく（齷齪・偓促）** ゆとりや落ちつきがないようす。「―働く」

**アクセサリー**〔accessory〕 ①装身具。②付属品。「カメラの―」

**アクセシビリティー**〔accessibility〕（年齢や身体的条件にかかわらない）情報やサービスなどの利用のしやすさ。利便性。「ウェブ―」

**アクセス**〔access〕 ①情報処理で、データの読み書きをすること。 ②情報を入手する権利。「―権」 ③ある所へ行く手段。「―道路」

**―ポイント**〔access point〕 無線LANや電話回線を用いて、端末をネットワークに接続する中継器（―のある場所）。

**アクセル** 加速装置。〔accelerator の略〕

**あくせん【悪戦】** 苦しい戦い。

**―苦闘《とう》** 死にものぐるいの苦しい戦い。Ⅱ困難に対して苦しみながら努力すること。

**あくせん【悪銭】** 不正な手段で得たお金。

**―身《み》につかず** 悪銭は浪費しがちだ。

**アクセント**〔accent〕 ①単語で常に―強く（高く）発音すること。〔日本語は高低アクセント〕 ②強調（―する点）。 ③語調。

**あくそう【悪相】** ①わるい人相。 ②不吉な兆し。

**アクター**〔actor〕 男の俳優。男優。対アクトレス

**あくたい【悪態】** にくまれ口。「―をつく」

**あくだま【悪玉】** ①悪人。 ②悪い働きをするもの。「―コレステロール」 ◇対善玉→善玉

**あくたれ【悪たれ】** いたずら（―な子供）。

**アクチュアリティー**〔actuality〕 現実（―性）。

**アクティビティー**〔activity〕 活動。行動。

**アクティブ**〔active〕 ①活動的。能動的。対パッシブ ②陽性②。

**―ラーニング**〔active learning〕 学習

者が主体的に取り組む能動的学習。
**あくてん【悪天】** わるい天気。対好天
**あくどい** ①しつこい。「—化粧」②たちがわるい。「—商売」
**あくとう【悪投】** 野球で、味方が捕れないような球を投げること。類暴投
**あくどう【悪童】** いたずらっ子。
**あくとく【悪徳】** 道徳にそむいた行為。「—業者」対美徳
**アクトレス**［actress］女の俳優。女優。対アクター
**あくなき【飽くなき】** 満足することのない。「—追求」
**あくにん【悪人】** わるもの。類悪漢 対善人
**あくぬき【灰汁抜き】** 野菜などの渋みを取り去ること。「わらびの—」
**あぐねる《倦ねる》** あぐむ。「思い—」
**あくねん【悪念】**〔文章語〕わるい心。
**あくば【悪罵】** 口ぎたなくののしること。また、その言葉。
**あくび【欠】** ①《欠伸》生理現象の一。「—をかみ殺す」②漢字の部首の一。次・歌などの「欠」。
**あくひつ【悪筆】** へたな字。字がへたなこと(人)。対達筆・能筆
**あくひょう【悪評】** わるい評判。対好評
**あくびょうどう【悪平等】** 形式だけの平等。〔実際には不公平〕
**あくふう【悪風】** わるい風習。類悪習・悪弊
**あくぶん【悪文】** わかりにくい(へたな)文章。
**あくへい【悪弊】** わるい習慣。「—を根絶する」類悪習
**あくへき【悪癖】** わるいくせ。
**あくほう【悪法】** わるい法律。
**あくま【悪魔】** ①〔仏教語〕悪い神。「—払い」②キリスト教で、サタン。⊜極悪人。
**あくまで《飽く迄》** 徹底的に。
**あくみょう【悪名】** あくめい。
**あくむ【悪夢】** 恐ろしい夢。⊜恐ろしい現実。
**—から覚《さ》める** 本心にたちかえる。
**あぐむ《倦む》** もてあます。「攻め—」
**アクメ**［フランス語 acmé］性交時の興奮の絶頂。類オルガズム
**あくめい【悪名】** わるい評判。類汚名
**あくやく【悪役】** かたき役。
**あくゆう【悪友】** わるい友人。⊜親友。「愛すべき—」
**あくよう【悪用】** わるい目的に使うこと。
**あぐら《胡坐》** 対正座
**—鼻《ばな》** 平たく横に広い鼻。
**—をかく** あぐらで座る。⊜努力を怠る。
**あくらつ【悪辣】** たちがわるいようす。
**アグリ**［agri］農業の。農産物の。「—事業」
**—ビジネス**［agribusiness］農業関連の(—多国籍)企業。
**アグリーメント**［agreement］合意。
**アグリカルチャー**［agriculture］農業。
**あくりょう【悪霊】** たたりをする死人の霊。
**あくりょく【握力】** 物を握る力。
**アクリル**［ドイツ語 Acryl］アクリル樹脂・アクリル繊維の略。
**—樹脂《じゅし》** 合成樹脂の一。接着剤・塗料用。
**—繊維《せんい》** 合成繊維の一。〔柔らかで保温力がある〕
**あくる【明くる】** 翌。
**—朝《あさ》** 翌朝。
**—年《とし》** 翌年。
**—日《ひ》** 翌日。
**あくれい【悪例】** わるい先例。
**アグレッシブ**［aggressive］積極的。攻撃的。
**アグレマン**［フランス語 agrément］大使・公使の派遣に際して、相手国に求める承認。
**あくろ【悪路】** わるい道。類難路
**アクロバット**［acrobat］軽業《かるわざ》(—師)。
**アクロバティック**［acrobatic］軽業《かるわざ》的。
**あけ【朱・緋】** 朱色。⊜血。「—に染まる」
**あけ【明け】** ①夜明け。「—の明星」対暮れ ②終わること。「連休—」③馬の年齢の数え方。「—三歳(=数え年三歳)」
**あげ【上げ・揚げ】** ①あげること。②相場の上昇。◇対下げ ③ぬいあげ。「肩—」④油揚げ。
**あげあし【揚げ足・挙げ足】** 足をあげること。また、その足。
**—を取《と》る** 相手の言葉じりをとらえてやりこめる。
**あげあぶら【揚げ油】** 揚げ物に使う油。

**あげいた**【上げ板・揚げ板】①板の間で、物入れのふたを兼ねる板。②ふろ場などの流しの上の板。③劇場で、舞台と花道をつなぐ板敷き。

**アゲイン**〔again〕テニスや卓球で、ジュースを重ねること。アゲーン。〔再びの意〕

**あけがた**【明け方】夜が明けようとするころ。対暮れ方

**あけがらす**【明け烏】夜明けに鳴くカラス。

**あげく**【挙句・揚句】①連歌・俳諧《はいかい》の最後の七・七の句。対発句 ②【挙げ句・揚げ句】物事の終わり。

**―（挙げ句・揚げ句）の果《は》て** あげく②の強め。

**あけくれ**【明け暮れ】①朝晩。毎日。②明けても暮れても。

**あけくれる**【明け暮れる】月日を送る。Ⅱ没頭する。「読書に―」

**あげさげ**【上げ下げ】①上げることと下げること。②ほめることとけなすこと。③潮の満ち引き。④物価の高騰と下落。

**あげしお**【上げ潮】満ち潮。対下げ潮

**―に乗《の》る** 好運に恵まれて調子が上向く。

**あげず**【上げず】間をおかず。「三日に―通う」

**あけすけ**【明け透け】包みかくしのないようす。「―な話し方」類露骨

**あげぜんすえぜん**【上げ膳据え膳】まわりが全部世話をしてくれる状態。

**あげぞこ**【上げ底】箱などの底を、高く上げて―作ること（作ったもの）。Ⅱ見かけより内容が少ないこと。

**あげだし**【揚げ出し】豆腐やナスを油で揚げた料理。

**あけたて**【開け閉て】戸などをあけたりしめたりすること。

**あげだま**【揚げ玉】天かす。

**あげちょう**【揚げ超】民間からの資金が政府に多く引きあげられている状態。

**あけっぱなし**【開けっ放し・明けっ―】①あけたままにしておくこと。②あけっぴろげ。◇あけはなし。

**あけっぴろげ**【開けっ広げ・明けっ―】隠しだてをしないこと。「―の性格」

**あげつらう**《論う》是非・可否について、あれこれ言う。

**あけて**【明けて】新年になって。

**―も暮《く》れても** いつでも。

**あげて**【挙げて】こぞって。「国を―」類残らず

**あげど**【揚げ戸】上に押し上げて開く戸。

**あげどまり**【揚げ止まり・上げ止まり】上がっていた数値や株価などが、横ばいになるようす。対下げ止まり

**あけに**【明け荷】関取の、道具や着物を入れる箱。

**あけのこる**【明け残る】夜が明けても、星や月の光が残っている。

**あけのみょうじょう**【明けの明星】明け方、東の空に輝く金星。対宵の明星

**あげはちょう**【揚げ羽蝶】チョウの一。黄色の羽に黒い筋やまだらがある。あげは。

**あけはなす**【開け放す・明け―】（戸などを）あけたままにしておく。あけはなつ。

**あけはなつ**【開け放つ・明け―】〔文章語〕あけはなす。

**あけはなれる**【明け離れる】夜がすっかり明ける。

**あげはば**【上げ幅】値上げ後の値段ともとの値段のちがい。「―が大きい」

**あげはま**【揚げ浜】①囲碁で、相手から取った石。〔ふつう、片仮名書き〕②製塩法の一。「―式塩田」

**あけはらう** ①【開け払う】あけわたす。②【明け―】あけはなす。

**あけばん**【明け番】（徹夜などの）勤務をとかれること。その翌日の休日。

**あけび**《木通・通草》つる性落葉低木。秋に熟す実は食用。つるは細工用。

**あげびたし**【揚げ浸し】材料を油で揚げ、熱いうちに汁に浸した料理。

**あけぼの**【曙】夜明け方。Ⅱ黎明《れいめい》期。「文明の―」

**あげまく**【揚げ幕】楽屋と橋懸かり（花道）の境に下げる幕。

**あげまん**〔俗語〕結婚相手や恋愛相手の運気を上げる女性。対さげまん

**あけむつ**【明け六つ】〔文章語〕昔、午前六時ごろ。

**あげもの**【揚げ物】油で揚げた食品。

**あけやらぬ**【明けやらぬ】夜が明けきっていない。「―空」

**あける** Ⅰ【明ける】①時が経過して次の―年（日・季節）が始まる。対暮れる「年

〔夜〕が―」②おわる。「年季が―」㊁【開ける】ひらく。㊌とじる・しめる ㊂【空ける】①空間を作る。「席を―」②からにする。「部屋を―」③ひまを作る。「時間を―」

**あげる**【上げる・揚げる】①高くする。㊌さげる・おろす ‖「陸（部屋）へ―」②よくする。「成績を―」③現す。「効果を―」④口から吐く。⑤油の中に入れて熱する。⑥終える。「仕事を―」⑦「与える・やる」の丁寧語。㊌くれる ⑧芸者などを呼んで遊ぶ。⑨（「…てあげる」の形で）「…てやる」の丁寧語。「教えて―」⑩…しとげる。「書き―」

**あげる**【挙げる】挙がるの他動詞形。

**あけわたす**【明け渡す】立ち退いて他人に渡す。

**あけわたる**【明け渡る】 夜がすっかり明ける。

**アゲンスト**〔against〕（スポーツで）向かい風。アゲインスト。〔和製語 against wind の略〕

**あご** トビウオの異名。「―の焼き干し」

**あご**【顎】《腭・頤》①器官の一。「上―」②したあご。「―ひげ」

**―が落《お》ちる** 非常においしい。

**―が干上《あひ》がる** 貧しくて生活できない。

**―で使《つか》う** いばった態度で人を使う。

**―を出《だ》す** ひどく疲れる。

**―を外《はず》す** 大笑いする。

**あごあしつき**【顎足付き】 食事代と交通費が支給されること。「―で招待する」〔顎は食事の意、足は足代の略〕

**アコースティック**〔acoustic〕 楽器で、音を電気的に増幅しない。生の。「―ギター」

**アコーディオン**〔accordion〕 楽器の一。〔手風琴とも書いた〕

**―ドア**〔accordion door〕 じゃばら式の間仕切り。

**あこがれ**【憧れ・憬れ】 あこがれること。

**あこがれる**【憧れる・憬れる】 思いこがれる。

**あこぎ**《阿漕》 飽くことのない欲ばり。〔三重県津市の地名、阿漕ヶ浦。密漁を重ねていた漁夫がとらえられた伝説から〕

**あこやがい**【阿古屋貝】 養殖して真珠をとる二枚貝。真珠貝。

**あさ**【麻】①植物の一。皮から繊維をとる。②麻糸や麻布。

**あさ**【朝】 夜が明けてからの数時間。㊌夕・晩

**あざ**【字】 町・村内の小区域。〔大字《おおあざ》・小字《こあざ》がある〕

**あざ**《痣》 皮膚にできる-赤い（青い）まだら。〔生まれつきのものは母斑《ぼはん》〕

**アサーション**〔assertion〕 相手を尊重しつつ自己主張をする表現技法。

**あさい**【浅い】①底や奥までの距離が短い。②程度や量が少ない。「考えが―」◇㊌深い ③度合いが弱い。「歴史が―」

**あさいち**【朝一】〔俗語〕朝一番の略。「明日―で送ります」

**あさいち**【朝市】 朝に開かれる市。

**アサイン**〔assign〕 割り当てること。

**あさおき**【朝起き】 早起き。「―（=朝、起きたときのきげん）がいい」㊌朝寝

**―は三文《さんもん》の徳《とく》** 早起きすると利益がある。

**あさがえり**【朝帰り】 遊びまわって（-外泊して）朝に帰宅すること。

**あさがお**【朝顔】 ①ヒルガオ科のつる草。夏の朝に開花。②男性用小便所の受け筒。

**あさがけ**【朝駆け】《朝懸け》 ①朝早く、不意に攻撃すること。‖早朝の取材。「夜討ち―」②朝早く出かけること。

**あさかぜ**【朝風】 朝吹く風。㊌夕風

**あさがた**【朝方】 朝のころ。㊌夕方

**あさぎ** ㊀【浅黄】 薄い黄色。㊁【浅葱】 ①緑がかった薄い藍色《あいいろ》。水色。②浅葱裏の略。

**―（浅葱）裏《うら》** ①あさぎの裏地。②田舎侍。〔浅葱裏の着物を着たやぼな侍をばかにした表現〕

**あさぎり**【朝霧】 朝に立ち込める霧。㊌夕霧

**あさくさのり**【浅草海苔】 アマノリ（-で作る干しのり）。

**あさぐもり**【朝曇り】 朝、曇っていること。

**あさぐろい**【浅黒い】 肌の色が薄黒い。

**あさげ**【朝餉】〔文章語〕朝食。㊌夕餉

**あざける**【嘲る】 ばかにして笑う。

**あさしお**【朝潮】 朝、満ちてくる潮。㊌夕潮

**あさじめり【朝湿り】** 朝の露や霧で、物が湿っていること。

**あさせ【浅瀬】** 海や川で、浅い所。

**あさだち【朝立ち】** 朝早く出発すること。対夜立ち

**あさぢえ【浅知恵】** あさはかな考え。

**あさつき**《浅葱》ネギに似た野菜。

**あさづけ【浅漬け】** 塩やぬかで短期間漬けた漬物。

**あさって**《明後日》あすの翌日。**―(―の方《ほう》)を向《む》く** 見当違いの方を向く。

**あさっぱら【朝っぱら】**〔俗語〕早朝。「―から」〔朝食前の空腹の意〕

**あさづみ【朝摘み】** その日の朝、摘み取って出荷すること。また、出荷したもの。

**あさつゆ【朝露】** 朝おりている露。対夜露

**あさで【浅手】**《浅傷》軽い傷。対深手

**あざとい** ぬけめがない。

**あさどり【朝採り】**《朝取り》当日の朝に収穫して売る農作物。「―野菜」

**あざな【字】** ①本名以外につけた名。②あだな。

**あざなう【糾う】**〔文章語〕よりあわせる。「禍福はあざなえる縄のごとし」

**あさなぎ【朝凪】** 海岸近くで、朝方しばらく風がやむこと。対夕凪

**あさなゆうな【朝な夕な】** 朝に夕に。

**あさなわ【麻縄】** 麻糸でなった縄。

**あさね【朝寝】** 朝、遅くまで寝ていること。対朝起き

**あさねぼう【朝寝坊】** 朝寝をする―こと（人）。

**あさはか【浅はか】** 考えが浅いようす。類軽薄

**あさはん【朝飯】** 朝食。対夕飯

**あさばん【朝晩】** ①朝と晩。②毎日。

**あさひ【朝日】**《旭》朝のぼる太陽。また、その光。対夕日

**あさぼらけ【朝ぼらけ】** 夜明け。〔雅語〕

**あさましい【浅ましい】** ①みじめだ。「―姿」②卑しくて嘆かわしい。「―根性」

**あさまだき【朝まだき】**〔文章語〕早朝。

**あざみ【薊】** キク科の多年草。花は紅紫色で、葉にとげがある。

**あさみどり【浅緑】** 薄い緑色。

**あざむく【欺く】** だます。

**あさめし【朝飯】** 朝食。**―前《まえ》** 朝食前にできるほど簡単だ。

**あさもや【朝靄】** 朝立つもや。

**あざやか【鮮やか】** ①美しく印象が強い。②みごと。「―な手ぎわ」

**あさやけ【朝焼け】** 日の出の際、東の空が赤くなること。対夕焼け

**あさゆ【朝湯】** 朝の入浴。類朝風呂

**あさゆう【朝夕】** 類毎日・朝晩

**あざらし【海豹】** 海獣の一。

**あさり**《浅蜊》二枚貝の一。浅い海の砂地にすむ。食用。

**あさる【漁る】**（えさ・ほしいものを）さがしまわる。

**アザレア**［azalea］ツツジの一。

**あざわらう【嘲笑う】** ばかにして笑う。

**あし【足・脚】** ①体の一部。Ⅱ支えるもの。「机の―」②歩行。「―が弱い」③過ぎていく動き。「日の―」④交通の便。⑤漢字の部首の一。「無」の「灬」や「思」の「心」。⑥(「お～」の形で)金銭。〔すぐ出ていくので。/やや古い言い方〕
**―が地《ち》につかない** ①落ちつかない。②着実でない。
**―がつく** 逃亡者や盗品のゆくえがわかる。犯人がだれか知れる。
**―が出《で》る** 予算を超過する。
**―が早《はや》い** 腐りやすい。
**―が棒《ぼう》になる** 歩き回って疲れはてる。
**―に任《まか》せる** 当てもなく歩く。
**―を洗《あら》う(抜《ぬ》く)** 堅気になる。
**―を奪《うば》われる** 交通機関が止まる。
**―を掬《すく》う** 相手のすきにつけこんで失敗に導く。
**―を取《と》られる** 歩行が乱れる。「ぬかるみに―」
**―を伸《の》ばす** ①楽な姿勢になる。②さらに遠くへ行く。
**―を引《ひ》っ張《ぱ》る** 進行や成功のじゃまをする。
**―を向《む》ける**（「足を向けて寝られない」の形で）恩人に感謝の気持ちを忘れない。

**あし【葦】**《蘆》イネ科の多年草。茎でよしずを作る。はまおぎ。〔あしが悪《あ》しに通じるのをきらって、「よし」ともいう〕

**あじ【味】** ①舌の感覚。「―をみる」②体験で知った感じ。「貧乏の―」③おもむき。「―のある文章」

**—も素《そ》っ気《け》もない** 何の趣もない。

**—を占《し》める** 一度やって成功したのでまたやりたがる。

**あじ【鰺】** アジ科の海産魚の総称。特にマアジ。食用。

**アジ** アジテーションの略。

**あしあと【足跡】** ①歩いたあとの足の形。②足どり。◍業績。

**アジール**［ドイツ語 Asyl］ 世俗の力の及ばない聖域。

**あしうら【足裏】**《蹠》 足の裏。「—マッサージ」

**アジェンダ**［agenda］（国際機関の）行動計画。政策課題。

**あしおと【足音】**《跫音》 歩くときの足の音。

**あじおんち【味音痴】** 味がよくわからない‐こと（人）。類味痴《あじち》

**あしか**《海驢》 海獣の一。

**あしがかり【足掛かり】** ①足をかける所。②きっかけ。「—をつける」類てがかり

**あしかけ【足掛け】** 期間を数える際、最初と最後の半端な‐年（月・日）も一として数えること。「—三年」

**あじかげん【味加減】** 味のつけぐあい。

**あしかせ【足枷】** 昔、罪人の足にはめた刑具。◍自由を束縛するもの。

**あしがため【足固め】** ①登山前などの足慣らし。②基礎を固めること。③柔道やレスリングで、足の自由を奪うわざ。

**あしからず【悪しからず】** 悪く思わないで。よろしく。

**あしがる【足軽】** 最下級の武士。

**あしき【悪しき】** ①悪いもの。「—を捨てる」②［文章語］悪い。「—前例」

**あじきない【味気無い】** あじけない。

**あしきり【足切り】** 予備試験で一定水準以下の者を切り捨てること。

**あしくせ【足癖】** ①歩き方・足の置き方のくせ。②相撲で、足わざ。

**あしくび【足首】** くるぶしの上の部分。

**あしげ【葦毛】** 白い中に‐黒（茶）色などの毛がまじった馬の毛色。また、その馬。

**あじけない【味気無い】** つまらない。

**あしげにする【足蹴にする】** 足でける。◍ひどい仕打ちをする。

**あしこし【足腰】** 足と腰。「—を鍛える」

**あしごしらえ【足拵え】** 歩きやすいように準備を整えること。

**あじさい【紫陽花】** 植物の一。梅雨から夏に青紫や紅色の花が咲く。

**あしざま【悪し様】** 実際よりも悪いように。「—に言う」

**あししげく【足繁く】** 頻繁に行くようす。「—通う」

**アシスタント**［assistant］ 補助（‐者）。

**アシスト**［assist］ ①サッカー・ホッケーで、味方にパスしてシュート‐させること（させた人）。②手助けすること。「電動—自転車」

**あした**《朝》［文章語］あさ。「—に道を聞かば夕べに死すとも可なり」対夕べ

**あした【明日】** あす。対きのう

**—葉《ば》** 野菜の一。「—茶」［今日摘んでも明日にはまた若葉が出るところから］

**—は明日《あした》の風《かぜ》が吹《ふ》く** 先のことをくよくよと心配しても始まらない。

**あしだ【足駄】** はきものの一。高下駄《たかげた》。

**あしだい【足代】** 交通費。

**あしついで【足序で】** 外出したついで。

**あしつき** ①【足つき】足どり。②【足付き】足がついている‐こと（物）。

**あじつけ【味付け】** 味をつけること。また、味をつけたもの。「—のり」

**アジテーション**［agitation］ 扇動。

**アジテーター**［agitator］ 扇動者。

**あしでまとい【足手まとい】**《—纏い》 活動のじゃま。てあしまとい。

**アジト** かくれが。［agitating と point から］

**あしどめ【足止め・足留め】** 外出禁止。また、それ以上進めないこと。「—をくう」

**あしどり【足取り】** ①歩調。「軽い—」②歩いた道すじ。「—を洗う」③相場の変動。

**あじな【味な】** 気のきいた。「—まね」

**あしなみ【足並み】** 歩調。◍共同態勢。

**—を揃《そろ》える** 統一的行動をとる。

**あしならし【足慣らし】**《足馴らし》 歩く練習。◍準備行動。「本番前の—」

**あしぬけ【足抜け】** ①ある集団や境遇から抜け出すこと。②遊女などが、前借り金を返済しないまま逃げ出すこと。◇足抜き。

**あしば【足場】** ①足をかける所。「工事の—を組む」②◍よりどころ。「—を固める」③交通の便。「—のよい地」

**あしばや【足早・足速】** 速く歩くようす。

**あしばらい【足払い】** 柔道で、相手の足を払うわざ。あしはらい。
**あしび【馬酔木】** アセビ。
**あしびょうし【足拍子】** 足でとる拍子。対手拍子
**あしぶみ【足踏み】** 立ち止まって足を上下させること。Ⅱ停滞。
**あしまかせ【足任せ】** 気のむくままに（足の力の続くかぎり）歩くこと。
**あしまめ【足まめ】** 面倒がらずに出歩く-ようす（人）。
**あしまわり【足回り】**（自動車などの）車輪に関する機能。「─の丈夫な車」
**あじみ【味見】** 味加減をみること。
**あしもと【足下・足元】**《足許》①足のまわり。②歩きぶり。「─がおぼつかない」③手近な所。
**─から鳥《とり》が立《た》つ** 身近に事件が起こる。Ⅱあわただしく行動をおこすようす。
**─が悪《わる》い** 雨や雪で歩きにくい。
**─につけ込《こ》む** 足元を見る。
**─に火《ひ》がつく** 危険が身に迫る。
**─にも及《およ》ばない** くらべものにならない。
**─の明《あか》るいうち** 日が暮れないうち。Ⅱ立場が悪くならないうち。
**─へも寄《よ》りつけない** 足元にも及ばない。
**─を見《み》る** 弱みにつけこむ。
**アジャスター** [adjuster] ①サイズを調節する器具。②調整者。
**アジャスト** [adjust] 調整。調節。調停。
**あしやすめ【足休め】** 足を休めること。

**あじゃり【阿闍梨】**〔仏教語〕天台宗・真言宗の高僧の位。また、その僧。〔梵語の音訳。規範師の意〕
**あしゆ【足湯】** 足を温泉などにつけること。また、そのための入浴施設。
**あしゅ【亜種】** 生物分類上の階級の一。種《しゅ》の下位。
**あしゅら【阿修羅】**〔仏教語〕仏法の守護神の一。戦いを好む鬼神。〔梵語の音訳〕
**あしよわ【足弱】** 歩く力が弱い-こと（人）。
**あしらう** ①応対する。「鼻で─（=ばかにする）」②とりあわせる。「花を─」
**アジる** 扇動する。〔アジの動詞化〕
**あじろ【網代】** ①川に竹・木を並べ、魚を捕るしかけ。②竹・ヒノキなどを編んだもの。垣根・天井に使う。
**あじわい【味わい】** ①食物のうまみ。類風味 ②おもしろみ。類妙味
**あじわう【味わう】** ①味をみる。②鑑賞する。③体験する。「苦しさを─」
**あしわざ【足技・足業】** 柔道や相撲で、足を使って相手を倒すわざ。
**アシンメトリー** [asymmetry] 左右非対称。対シンメトリー
**あす【明日】** あした。対きのう
**あすかじだい【飛鳥時代】** 時代区分の一。六世紀後半～七世紀。仏教文化が興隆。
**あずかって**《与って》 ものごとに関係して。

**─力《ちから》がある** そのことに大いに寄与する。
**あずかり【預かり】** ①預かる-こと（人）。②勝負の保留。
**─証《しょう》** 預かった証拠の書類。
**あずかりしらぬ**《与り知らぬ》 関知しない。
**あずかる**《与る》 ①関係する。「立案に─」②うける。「おほめに─」
**あずかる【預かる】** ①保管する。「荷物を─」②勝負を決めずにおく。③任せられる。「台所を─」
**あずき【小豆】** マメの一。あん・赤飯に使う。
**─色《いろ》** 黒みを帯びた赤色。
**あずけいれる【預け入れる】** 預金する。
**あずける【預ける】** ①保管を頼む。「体を─」②処理を任せる。③もたせかける。
**アスコットタイ** [ascot tie] スカーフ風の幅広のネクタイ。〔英国のアスコット競馬の観客がしていた〕
**アスコルビンさん【─酸】** ビタミンC。
**あずさ【梓】** ①落葉高木の一。昔、弓を作った。②昔、中国で版木に使った木。
**─に上《のぼ》す** 出版する。
**アスター** [aster] エゾギク。
**アステリスク** [asterisk] 星印。アステ。「*」
**アステロイド** [asteroid] 小惑星。
**アストリンゼン(ート)** [astringent] 酸性化粧水の一。肌をひきしめる。
**アストロノート** [astronaut] 宇宙飛行

士。
**あすなろ**《翌檜》ヒノキ科の常緑高木。ヒノキに似る。〔あすはヒノキになろうの意〕
**アスパラガス**［asparagus］西洋野菜の一。
**アスパラギンさん**【―酸】アミノ酸の一。
**アスピーテ**［ドイツ語 Aspite］火山の形態の一。楯状《たてじょう》火山。〔月山《がっさん》・霧ヶ峰がその例〕
**アスピリン**［Aspirin］解熱・鎮痛剤の一。〔アセチルサリチル酸の商標〕
**アスファルト**［asphalt］道路の舗装・防水などに使う黒い物質。
**アスペクト**［aspect］①姿。様相。②言語学で、動詞の相（―を表す文法形式）。
**アスベスト**［オランダ語 asbest］いしわた。〔吸い込むと健康被害をひきおこす〕
**アスペルガーしょうこうぐん**【―症候群】発達障害の一。
**あずま**【東】日本の東部地方。京都からみて東の国。
**―歌《うた》** 万葉集や古今集にある東国地方の歌。
**―夷《えびす》** 東国の人。〔京都の人が関東の男をあざけっていった語〕
**―男《おとこ》** ①東国の男。②江戸の男。
**―男《おとこ》に京女《きょうおんな》** 男はたくましい関東の男がよく、女は優雅な京の女がよい。
**あずまや**《四阿・東屋》屋根と柱だけの小屋。〔庭園の休憩所など〕
**アスリート**［athlete］（陸上競技の）運動選手。
**アスレチック**［athletic］体育。運動。「―クラブ」
**あせ**【汗】「―をかく」Ⅱ水滴。「コップの―」
**―の結晶《けっしょう》** 苦労の結果、得たもの。
**―をかく** 皮膚から汗が出る。Ⅱ㋐懸命に働く。㋑恥ずかしい思いや緊張をする。冷や汗をかく。㋒器の表面などが結露する。
**―を流《なが》す** ①汗を洗い流す。②大量に汗をかく。Ⅱ一生懸命にする。
**あぜ**【畔・畦】田と田の間の土を盛りあげた境。くろ。
**あせかき**【汗掻き】汗をよくかく―人（こと）。あせっかき。
**あぜくらづくり**【校倉造り】古代の建築様式の一。長い木材を井桁《いげた》に組む。
**あせじみる**【汗染みる】衣服などに汗がしみる。
**あせしらず**【汗知らず】天花粉・タルカムパウダーなど。
**アセス**［assess］①評価（査定）すること。②アセスメントの略。「環境―」
**アセスメント**［assessment］評価。査定。
**あせする**【汗する】汗をかく。Ⅱ一生懸命に働く。「額に―」
**あせだく**【汗だく】汗をびっしょりかくようす。類汗みどろ Ⅱ一生懸命。
**アセチルコリン**［acetylcholine］神経伝達物質の一。興奮の伝達にかかわる。
**アセチレン**［acetylene］無色・悪臭のガス。燃えやすく有毒。灯火・溶接用。
**アセット**［asset］資産。財産。
**アセテート**［acetate rayon］人造絹糸。軽くて絹のような光沢がある。
**アセトアルデヒド**［acetaldehyde］無色・刺激臭の液体。合成ゴムなどの製造に利用。
**あせとり**【汗取り】汗を吸い取るための肌着。
**アセトン**［acetone］無色・芳香の液体。ヨードホルムなどの原料。溶媒用。
**あせばむ**【汗ばむ】汗でじっとりする。「―陽気」
**あせび**【馬酔木】ツツジ科の常緑低木。あしび。〔馬が食べると酔ったようになるという〕
**あせみずく**【汗みずく】《汗水漬く》汗びっしょりになること。汗みどろ。
**あぜみち**【畔道・畦道】田と田の境の細い道。なわて。
**あせみどろ**【汗みどろ】汗みずく。
**あせも**《汗疹・汗疣》汗のためにできる発疹《はっしん》。あせぼ。
**あせる**【焦る】いらいら気をもむ。「気が―・功を―」
**あせる**【褪せる】①（色が）薄くなる。②美しさを失う。「色香が―」
**アセロラ**［acerola］サクランボに似た、果樹の実。ビタミンCが豊富。
**あぜん**【唖然】あきれて言葉も出ないようす。
**アソート** 詰め合わせ（―ること）。「―キャン

ディー」〔assortedから〕

**あぞく【亜族】** 元素の周期表の各族を、さらに二分したときの単位。

**あそこ**《彼処》 ①あの場所。②あの―段階(局面)。◇あすこ。〔遠称〕

**アソシエーション**〔association〕 人為的に作られた集団。協会。組合。連盟。

**アソシエーツ**〔associates〕代理店。〔「共同経営者」の意。会社名に使う〕

**あそばす【遊ばす】** ①遊ばせる。「機械を―」 ②するの尊敬語。なさる。「何を―の？」③…なさる。「お読み―」

**あそばせことば【遊ばせ言葉】**「遊ばせ」をつけて上品に言う女性の言葉づかい。〔ごめんあそばせなど〕

**あそばせる【遊ばせる】** 遊ぶようにさせる。「子供(機械)を―」

**あそび【遊び】** ①遊ぶこと。 ②ぴったりしないでゆとりがあること。

**―癖**《ぐせ》 なまける癖。

**―暮**《く》**らす** 働かないで日を暮らす。

**―心**《ごころ》 ①ゆとりやしゃれっ気のあること(―を追求する気持ち)。 ②遊び半分の気持ち。

**―人**《にん》 ①遊ぶことの―好きな(上手な)人。②ばくち打ち。

**―半分**《はんぶん》 あまり真剣でないこと。

**―惚**《ほう》**ける** 夢中になって遊ぶ。

**あそぶ【遊ぶ】** ①好きなことをして楽しむ。 ②ぶらぶらする。対働く ③酒色にふける。④むだになる。「機械が―」 ⑤他の土地へ行く。

**あだ【仇】** ①かたき。「―討ち」 ②うらみ。「―を返す」③迷惑や害。「恩を―で返す」

**あだ【徒】** むだ。「親切が―になる」

**あだ【婀娜】** なまめかしく色っぽい。

**アダージョ**〔イタリア語 adagio〕音楽の演奏標語の一。ゆるやかに。アダジオ。

**あたい【価・値】** ①値段。代金。「商品の―」②ねうち。③数で示す数量。「$x$の―」

**―する** ねうちがある。「同情に―」

**あたいりく【亜大陸】** 大陸の一部であるが大陸に準ずる広さの地域。〔インド半島を指すことが多い〕

**あたう【能う】** できる。「―限りの援助」〔終止形・連体形は「アトー」と発音することが多い〕

**あだうち【仇討ち】** かたきうち。

**あたえる【与える】** ①くれてやる。「金を―」②あてがう。「仕事を―」③こうむらせる。「損害を―」

**あだおろそか**《徒疎か》いいかげん。

**あたかも**《恰も》まるで。ちょうど。

**あだざくら【徒桜】**〔文章語〕散りやすい桜。⊜はかないもの。

**あたじけない**〔俗語〕けちだ。

**あたたか【暖か・温か】** ①「―な気候」②「―な心」③「ふところが―」(=所持金が多い)」

**あたたかい** 一【暖かい】対寒い 二【温かい】対冷たい

**あたたまる【暖まる・温まる】** あたたかになる。対冷える

**あたためる【暖める・温める】** ①あたたかくする。対冷やす ②表に出さない。「構想を―」

**アタッカー**〔attacker〕 バレーボールで、アタックする(=敵陣に打ち込む)人。

**アタック**〔attack〕攻撃。挑戦。

**アタッシェ**〔フランス語 attaché〕大使館・公使館付きの官吏。特に武官。

**―ケース**〔attaché case〕角型の書類かばん。アタッシュケース。

**アタッチメント**〔attachment〕 器具・機械の付属品。

**あたってくだけろ【当たって砕けろ】** 成否にかかわらず、思いきってやってみろ。

**あだっぽい**《婀娜っぽい》(女性が)なまめかしい。

**あだな【徒名】**〔文章語〕浮き名。

**あだな【あだ名】**《諢名・渾名》 ニックネーム。

**あだなみ【徒波】**《仇浪》〔文章語〕風もないのに立つ波。⊜変わりやすい心。

**あだばな【徒花】** 咲いても実を結ばない花。⊜内容のないものやはかない恋。

**あたふた** あわて騒ぐようす。

**アダプター**〔adapter〕 機械類に、付属品を取り付けるための器具。

**あたま【頭】** ①体の一部。類こうべ ②頭脳の働き。③頭髪。「―を刈る」④ものの―上部(先端)。「鼻の―」 ⑤最初。「―から読む」⑥トップ。類かしら ⑦人数。「―をそろえる」

**―打**《う》**ち** 上昇が止まること。〔昇給などにもいう〕

―が上《あ》がらない（弱みやひけめがあって）相手と対等になれない。

―が痛《いた》い ①頭痛がする。②対処に苦労する。

―が堅《かた》い 考え方が柔軟でない。

―が切《き》れる 頭脳の働きが鋭い。

―隠《かく》して尻《しり》隠《かく》さず 一部だけをかくして、他の部分が現れていることに気がつかない。〔悪事や欠点について言う〕

―が下《さ》がる 敬服する。

―が白《しろ》くなる（年取って）白髪になる。

―数《かず》 人数。

―株《かぶ》 おもだった人。

―から はじめから。

―から湯気《ゆげ》を立《た》てて かんかんに怒るようす。

―金《きん》 手付金。

―越《ご》し ①頭の上を越して何かをすること。②中間段階をとばして直接交渉すること。

―ごなし 相手の言い分を聞かずにしかること。

―差《さ》 競馬で、馬の首ぐらいの差。

―でっかち〔俗語〕頭（上部）がふつりあいに大きい―こと（人・物）。Ⅱ理屈ばかりで行動の伴わない―こと（人）。

―に来《く》る しゃくにさわる。

―の上《うえ》の蠅《はえ》も追《お》えない 自身の始末さえろくにできない。

―の黒《くろ》い鼠《ねずみ》 主人の家の物を盗む雇い人（―のような油断できない人）。

―一《ひと》つ抜《ぬ》ける 競い合う大勢の中で、特に優れている。

―割《わ》り 金額や仕事を各人に平等に割り当てること。

―をかく 失敗などを恥じて頭に手をやる。

―を下《さ》げる ①おじぎをする。②あやまる。

―をはねる ピンはねをする。

―を捻《ひね》る 頭を傾けてあれこれ考える。

―を冷《ひ》やす 冷静になって考える。

―を丸《まる》める ①出家する。②頭を丸坊主にする。

**あだめく**《婀娜めく》 色っぽく見える。類なまめく

**あだやおろそか**《徒や疎か》 あだおろそか。

**あたら**《可惜》〔文章語〕惜しいことに。

**アタラクシア**〔ギリシャ語 ataraxia〕〔哲学用語〕平静な心の状態。

**あたらしい**【新しい】①今までなかったさまだ。②できたばかりだ。③なまものが取れたばかりで、生き生きしている。④現代的だ。◇対古い
―一《いち》ページを加《くわ》える 画期的なことが起こる。
―酒《さけ》を古《ふる》い皮袋《かわぶくろ》に入《い》れる 新しい内容を古い形式に盛る。〔新約聖書から〕

**あたらしがりや**【新しがり屋】 新しいものを好む人。

**あたらず**【当たらず】 当たっていない。

―障《さわ》らず さしさわりがないように行動するようす。

―といえども遠《とお》からず 推量などが大体あたっている。

**あたらない**【当たらない】 ①該当しない。②必要がない。「ほめるには―」

**あたり**【辺り】 ①付近。②大体それぐらい。
―を払《はら》う 威勢がよくて近寄れない。

**あたり**【当たり】 ①命中。成功。対はずれ ②見当。「―をつける」③応対。「人―」④打撃の調子。「―が出る」⑤釣りで、魚がえさをくわえること。魚信。⑥囲碁用語の一。⑦割り当て。「一人―」⑧【中り】中毒。「食（暑気）―」

―狂言《きょうげん》 評判がよい芝居。

―籤《くじ》 くじびきで選ばれ、賞品・賞金がもらえるくじ。対はずれくじ
―芸《げい》 俳優が好評を博した芸。

―障《さわ》り さしさわり。

―散《ち》らす やつあたりする。

―外《はず》れ 思惑どおりとそうでないこと。

―年《どし》 ①豊作の年。②運のいい年。

―鉢《ばち》 すりばち。

―前《まえ》 ①当然。②ふつう。

―め するめ。

―屋《や》 ①相場・賭け事でもうける人。②野球で、打撃好調の人。③わざと車にぶつかって賠償金をゆすりとる者。

―役《やく》 俳優の、よい評判を得た役。

**あたる**【当たる】 きたる。「―九月一日開幕」〔劇場や寄席で縁起をかついだ言い方〕

**あたる【当たる】** ①ぶつかる。類命中する ②光・風を受ける。「太陽に―」③担当する。「事(敵)に―」④つらいめにあわせる。⑤調べる。「辞書に―」⑥相当する。「死刑に―・西北に―方角」⑦割り当てられる。「当番に―」⑧成功する。「興行が―」⑨《中る》中毒する。⑩剃《そ》るの忌み言葉。「ひげを―」

**―も八卦《はっけ》当《あ》たらぬも八卦《はっけ》** 占いは、あたることもはずれることもある。

**―を幸《さいわ》い** 手当たり次第に。

**アダルト**[adult] おとな。成人。

**―チルドレン**[adult children] 親との関係が原因のトラウマにより、成人後も苦しんでいる人。AC。

**あたん【亜炭】** 下等な石炭。

**アチーブメントテスト**[achievement test] 学習達成度を測るテスト。学力テスト。

**あちら《彼方》** ①あの場所。Ⅱ欧米。「―帰り(=洋行帰り)」②あの人。◇〔遠称〕

**―こちら** いろいろな―場所(方向)。

**あつ【圧】** 圧力。「―を加える」

**あっ** 驚いたときなどに発する語。

**―と言《い》う間《ま》** 非常に短い間。

**―と言《い》わせる** ①驚かせる。②感心させる。

**あつあげ【厚揚げ】** なまあげ。

**あつあつ【熱々】**〔俗語〕①非常に熱いようす。②(男女が)熱愛しているようす。

**あつい【厚い】** ①厚みがある。②心がこもっている。「厚く感謝する」◇対薄い

**あつい ■【熱い】** ①対冷たい ②熱中している。**■【暑い】** 対寒い

**あつい【篤い】** 病気が重い。

**あつえん【圧延】** 圧力をかけて金属を―板(棒)状に延ばすこと。

**あっか【悪化】** わるくなること。「―の一途をたどる」

**あっか【悪貨】** 質のわるい貨幣。

**―は良貨《りょうか》を駆逐《ちく》する** 良貨は保存され悪貨だけが流通するようになる。〔グレシャムの法則〕Ⅱ悪行がはびこる。

**あつかう【扱う】** ①処理する。「事件を―」②使用・操作する。「機械を―」③もてなす。「大人として―」

**あっかく【圧覚】** 触覚の一。圧点で感じる。

**あつがけ【厚掛け】** ①かけ布団・こたつ布団で、厚手のもの。②陶芸で釉薬《ゆうやく》を厚くかけること。◇対薄掛け

**あつかましい【厚かましい】** ずうずうしい。

**あつがみ【厚紙】** ボール紙などの厚い紙。

**あつがり【暑がり】** 暑さをふつう以上に感じる―こと(人)。「―屋」対寒がり

**あつかん【熱燗】** 燗の熱い―こと(酒)。対温燗《ぬるかん》

**あっかん【圧巻】** 最もすぐれている―部分(もの)。類出色《しゅっしょく》

**あっかん【悪漢】** 悪事をする男。類悪人

**あつぎ【厚着】** 衣服を何枚も重ねて着ること。対薄着

**あつぎり【厚切り】** 厚く―切ること(切ったもの)。「―の食パン」対薄切り

**あつくるしい【暑苦しい】** ①暑くて不快だ。②暑そうに見える。「―服装」

**あっけ【呆気】**

**―ない** はりあいがない。

**―にとられる** 驚きあきれてぼんやりする。

**あつげしょう【厚化粧】** 濃くて派手な化粧。対薄化粧

**あっけらかん** ①ぽかんとしているようす。②けろっとしているようす。

**あっこう【悪口】** わるくち。

**―雑言《ぞうごん》** さんざんに悪口を言うこと。

**あつさ【暑さ】** 暑い―こと(度合い)。

**―寒《さむ》さも彼岸《ひがん》まで** 春秋の彼岸を過ぎると気候がよくなる。

**―指数《しすう》** 熱中症予防のための、暑さを示す指標。湿球黒球温度。WBGT。

**―凌《しの》ぎ** 暑さをまぎらす―こと(方法)。

**あっさい【圧砕】** 押しくだくこと。

**あっさく【圧搾】** 圧縮。「―空気」

**あっさつ【圧殺】** ①押しつけて殺すこと。②抑圧。

**あっさり** ①さっぱり。「―した味」②簡単に。「―白状した」

**あっし【圧死】** 押しつぶされて死ぬこと。

**あつじ【厚地】** 厚い布地。対薄地

**アッシュ**[ash] ①灰(―色)。②トネリコの材。バット・家具用。

**あっしゅく【圧縮】** 圧力を加えて押し縮めること。「―空気」Ⅱコンピューターで、ファイルの容量を小さくすること。

**あっしょう【圧勝】** 圧倒的な勝利。

**あっする【圧する】** 圧力で押さえつける。類圧倒する

**あっせい【圧制】** 権力・暴力でむりに従わせること。類圧迫

**あっせい【圧政】** 権力でおさえつける政治。

**あっせつ【圧雪】** 新雪を踏み固めて滑りやすく―する(なる)こと。「―車(路)」

**あっせん【斡旋】** 世話。類周旋

**―収賄罪《しゅうわいざい》** 不正行為を他の人に斡旋して、わいろをとる罪。

**あつぞこ【厚底】** 底が厚い―こと(もの)。「―ブーツ」

**あったか【暖か・温か】** あたたかの転。

**あったかい【暖かい・温かい】** あたたかいの転。

**あったまる【暖まる・温まる】** あたたまるの転。

**あっためる【暖める・温める】** あたためるの転。

**あづちももやまじだい【安土桃山時代】** 時代区分の一。一六世紀後半。織田信長・豊臣秀吉が政権をとった。

**あっつう【圧痛】** 圧迫したときに感じる痛み。

**あつで【厚手】** 紙・布や陶器の厚い作りのもの。対薄手

**あってん【圧点】** 圧力を感じる、皮膚の感覚点。

**あつでんき【圧電気】** 圧力・張力を加えたとき起こる電気。

**アット**〔at〕

**―バット**〔at bat〕野球で、打席に立つこと。また、打数。

**―ホーム**〔at home〕家庭的。

**―マーク**〔at mark〕記号の一。単価を表す。「@」Ⅱ電子メールのアドレス表記で、利用者の属する組織名の前につける。

**あっとう【圧倒】**（力や勢いで）段ちがいに他をしのぐこと。

**―的《てき》** 段ちがいなようす。「―多数」

**アッパー**〔upper〕上方の。上流の。「―ミドル」

**―カット**〔uppercut〕ボクシングの攻撃法の一。あごをつきあげるように打つ。

**あっぱく【圧迫】** ①おさえつけること。「―感」②力で従わせること。

**あっぱれ【天晴れ】**《適》①偉い。類でかした②見事だ。◇〔「あはれ」の転〕

**アップ**〔up〕①高くすること。対ダウン②アップスタイルの略。③完了。「クランク―」④クローズアップ。対ロング

**―グレード**〔upgrade〕格上げ。特に、ハードウエア・ソフトウエアの性能を高めること。

**―スタイル**〔和製語 up style〕後ろの髪を上げた女の髪型。

**―ダウン**〔up and down〕①(ゴルフで)起伏の多いコース。②浮沈。

**―ツーデート**〔up-to-date〕最新式。

**―デート**〔update〕①データファイルを更新すること。②最新版。

**―テンポ**〔up-tempo〕音楽で、速いテンポ。対スローテンポ

**―ライト** たて型ピアノ。〔upright piano から〕対グランドピアノ

**―ロード**〔upload〕コンピューターネットワークで、端末装置からホストコンピューターにデータを転送すること。対ダウンロード

**あっぷあっぷ**〔俗語〕おぼれかけたようす。Ⅱ困難にもがき苦しむようす。

**あっぷく【圧伏・圧服】** 力でおさえつけて従わせること。

**アップリケ**〔フランス語 appliqué〕手芸で、布に種々の図案のきれを縫いつけるもの。

**アップル**〔apple〕リンゴ。

**―パイ**〔apple pie〕洋菓子の一。リンゴを入れたパイ。

**あつぼったい【厚ぼったい】** 厚くて重たい。

**あつまり【集まり】** ①集まりぐあい。「―が悪い」②会合。

**あつまる【集まる】** 寄ってくる。対散る

**あつめる【集める】** 一か所に寄せる。

**あつもの【羹】** 熱い汁。吸い物。〔熱い物の意〕

**―に懲《こ》りて膾《なます》を吹《ふ》く** 前の失敗にこりて必要以上に用心深くなる。

**あつもり【熱盛り】** 熱い盛りそば。

**あつやき【厚焼き】** 対薄焼き「―卵」

**あつらえ《誂え》** 注文。「―物(=注文品)」対出来合い

**あつらえる《誂える》** 注文して作らせる。

**あつりょく【圧力】** ①おさえつける力。

②圧迫。「ーをかける」
**ー釜《がま》** 密閉・加熱して高圧状態になる釜。〔早く煮える〕類圧力鍋
**ー計《けい》** 圧力の測定器。
**ー団体《だんたい》** 政府などに政治的圧力をかける団体。

**あつれき【軋轢】** 反目。「ーを生じる」〔車輪がきしる意〕

**あて** [一]**【当て】** ①見当。「ーがない」 ②期待。頼り。「ーがはずれる」 ③保護するためのもの。「すねー」 [二]**【宛】** ①…あたり。「ひとりー一万円」 ②送り先を表す語。「会社ー」
**ーにならない** 頼りがいがない。

**アディオス**〔スペイン語 adiós〕さようなら。

**あてうま【当て馬】** 雌馬の発情を調べる(促す)ために近づける雄馬。⓫相手のようすを探るために近づける人。

**あてがい《宛行》** あてがうこと(もの)。
**ー扶持《ぶち》** 相手の希望をきかず、見計らいで与えること(もの)。〔もとは扶持米の意〕

**あてがう《宛行う》** ①適当に与える。②ぴったり当てる。「耳に手をー」

**あてがき【当て書き】** 演劇などで、演じる俳優を先に決めて脚本を書くこと。

**あてこする【当て擦る】** (本人の前で)他のことにかこつけて、皮肉を言う。

**あてこむ【当て込む】** 期待する。

**あてさき【宛先】** 郵便や荷物の届け先。

**あてじ【当て字・宛字】** ①同じ音《おと》の漢字を当てる表記法。〔目出度い・矢鱈《やたら》など〕 ②熟字訓。〔田舎《いなか》・煙草《たばこ》など〕

③誤字。

**あてしょく【当て職・充て職・宛職】** ある役職につくことによって、自動的に兼任することになる別の役職。

**あてずいりょう【当て推量】** 根拠のない推測。類臆測

**あですがた【艶姿】** あでやかな姿。

**あてずっぽう【当てずっぽう】**〔俗語〕当て推量。

**あてつけがましい【当て付けがましい】** あてつけるようなようすだ。

**あてつける【当て付ける】** ①あてこする。 ②(男女の仲のいいところを)見せつける。

**あてど【当て所】** めあて。「ーのない旅」

**あてな【宛名】** 宛先となる相手の氏名。

**あてにげ【当て逃げ】** 衝突・接触事故を起こした車や船が、そのまま逃げること。

**あてぬの【当て布】** 衣服の補強や(ー体の)保護のために当てる布。

**アデノイド** 扁桃腺《へんとうせん》がはれる病気。鼻や耳に障害を起こし、記憶力が衰える。〔ドイツ語 adenoide Vegetation から〕

**あてはずれ【当て外れ】** 期待はずれ。

**あてはまる【当て嵌まる】** うまく合う。

**あてはめる【当て嵌める】** 適用する。

**あてみ【当て身】** 柔術のわざの一。急所を突いて気絶させたりする。

**あでやか【艶やか】** なまめかしく美しい。類妖艶《ようえん》

**アデュー**〔フランス語 adieu〕さようなら。

**あてられる【当てられる】** 当てるの受け身形。「仲がよくてー(=見せつけられる)」

**あてる【当てる】** ①あてがう。「額に手をー」 ②命中させる。「的にー」 ③(経験や勘で)正しい結果を予測する。 ④「日(風)にー」 ⑤**【充てる】** 使う。「食費にー」 ⑥**【宛てる】** 向ける。「親に宛てた手紙」 ⑦成功する。「企画をー」

**あてレコ【当てー】**(テレビや映画で)吹き替え。〔アフレコのもじり〕

**アテンション**〔attention〕注目。
**ープリーズ**〔Attention please!〕お知らせします。〔注意してくださいの意〕

**アテンダント**〔attendant〕接客係や案内係(ーの乗務員)。「フライトー」

**アテンポ**〔イタリア語 a tempo〕音楽の演奏標語の一。もとの速さで。

**あと【後】** ①後ろ。対前 ②のち。対さき ③未来に続くもの。「ーが絶える・ーを絶たない」 ④残り。「ー三人」
**ーがない** これきりで、この先にチャンスはない。
**ーは野《の》となれ山《やま》となれ** 後はどうなってもかまわない。
**ーを追《お》う** その人の死に続いて死ぬ。
**ーを付《つ》ける** 尾行する。
**ーを引《ひ》く** 一応終わっても完全にはやまない。

**あと** [一]**【跡】** ①遺跡。痕跡。「城(足)のー」 ②いない人の地位。「ーをつぐ」 [二]**【痕】** 傷などのしるし。「灸《きゅう》のー」
**ーを絶《た》つ** まったくなくなる。
**ーを濁《にご》す** 去った後に醜い事柄を残す。

**アト**［atto］国際単位系で、単位につけて一〇のマイナス一八乗分の一を表す。記号a

**あど【アド】**能・狂言で、わき役。対シテ

**アド** アドレスの略。

**アド**［ad］広告。［advertisement の略］

**あとあし【後足・後脚】**後ろ足。対前足

**—で砂《すな》をかける** 去りぎわに、他人に迷惑をかける。

**あとあじ【後味】**飲食後、口に残る味の感じ。Ⅱ物事を済ませたあとの気分。

**あとあと【後々】**のちのち。

**あとおいしんじゅう【後追い心中】**死んだ恋人や配偶者などの後を追って死ぬこと。

**あとおし【後押し】**重いものを後ろから押す—こと（人）。Ⅱ援助（—者）。

**アドオン**［add-on］アドオン方式の略。

**—方式《ほうしき》** 割賦支払いの金利のつけ方の一。［実質金利は表面金利より高くなる］

**あとがき【後書き】**本文のあとに書き添える言葉。類追記 対前書き

**あとかた【跡形】**何かがあった跡。

**あとかたづけ【後片付け・跡—】**物事の終わったあと、かたづけること。

**あとかぶ【後株】**「〇〇株式会社」のように、株式会社が社名の後ろにつくこと。うしろかぶ。対前株

**あとがま【後釜】**後任。「—に座る」

**あときん【後金】**①残金。②後払い（—の金）。対前金《まえきん》

**あとくされ【後腐れ】**事後に問題が残ること。あとぐされ。「—がない」

**あとくち【後口】**①あと味。②（申し込みなどで）あとの順番。対先口《せんくち》

**あとげつ【後月】**先月。［古風な言い方］

**あどけない** 無邪気でかわいい。「—寝顔」

**あとさき【後先】**①前と後。②物事の順序。「話が—になる（＝順序が逆になる）」

**あとざん【後産】**お産の後、残っている胎盤などが排出されること。のちざん。

**あとしまつ【後始末・跡—】**①後片付け。②事後処理。

**あとずさり【後退り】**前を向いたまま後ろへ下がること。あとじさり。

**あとぜめ【後攻め】**後攻《こうこう》。対先攻め

**あとぞなえ【後備え】**後方に陣取っている軍勢。後陣。対先備え

**あとぞめ【後染め】**織った布地をあとから染めること。対先染め

**あとだし【後出し】**

**—じゃん拳《けん》** じゃん拳で、相手が出した手を見てから手を出すこと。Ⅱ成り行きを見てから得な言動をする卑怯な行為。

**あとち【跡地】**建物などを撤去した跡の土地。

**あとぢえ【後知恵】**あとになって出る知恵。「下種《げす》の—」

**あとつぎ** 一**【跡継ぎ】**跡とり。二**【後継ぎ】**後継者。

**あとづけ【後付け】**あとから追加すること。「部品を—する／—の理由」

**あととり【跡取り】**家名をつぐ人。

**アトニー**［ドイツ語 Atonie］体の組織がたるむ症状。

**あとのまつり【後の祭り】**手遅れ。［祭礼の済んだ翌日の意］

**アドバイザー**［adviser］助言者。顧問。

**アドバイザリー**［advisory］（専門家による）助言。勧告。

**アドバイス**［advice］助言。忠告。

**アドバタイジング**［advertising］広告（—活動）。

**あとばら【後腹】**①産後の腹痛。②後妻の産んだ子。Ⅱ事後の—迷惑（障害）。

**あとばらい【後払い】**代金や賃料をあとで払うこと。対前払い

**アドバルーン**［和製語 ad balloon］広告用の気球。

**—を揚《あ》げる** 反響をみるために部分的な発表をする。

**アドバンス**［advance］前貸し。前払い。

**アドバンテージ**［advantage］①利点。優位性。②テニスなどで、ジュース後に一点取ること。

**アトピー**［atopy］生まれつきの過敏症。「—性皮膚炎」

**アドベンチャー**［adventure］冒険。

**アドホック**［ラテン語 ad hoc］①特定。臨時。「—館」②専門店や飲食店を一か所に集めた総合店舗。

**あとまわし【後回し】**処理をあとにのばすこと。「—にする」

**アトミック**［atomic］原子力の。

**アドミッション**［admission］①（入場・入学・入国などの）許可。②入場料。入

会金。
―オフィス入試《にゅうし》 AO入試。
**アドミニストレーター**[administrator] ①(情報システムの)管理者。②行政官。
**アドミラル**[admiral] 提督。
**アトム**[atom] 原子。
**あとめ【跡目】** 跡継ぎ。「―相続」
**アトモスフィア**[atmosphere] ①大気。②雰囲気。
**あともどり【後戻り】** 元へ戻ること。
**あとやく【後厄】** 厄年の翌年。対前厄
**アトラクション**[attraction] 主となる催し物に添える客寄せの出し物。
**アトラクティブ**[attractive] 魅力的。
**アトラス**[atlas] 地図帳。〔もとはギリシャ神話の巨人神の名〕
**アトランダム**[at random] 手当たり次第。
**アトリウム**[ラテン語 atrium] ロビーやエントランスに設けられた大きな中庭や屋内広場。〔もと古代ローマの邸宅にあった広間〕
**アトリエ**[フランス語 atelier] 画家や彫刻家の仕事部屋。
**アドリブ**[ad lib] 即興的なせりふや演奏。
**アドレス**[address] ①住所。②メールアドレス。③コンピューターで、データの認識番号。④ゴルフで、ボールを打つ際の構え。
**アドレナリン**[Adrenalin] 副腎《ふくじん》から出るホルモン。
**あな【穴】**《孔》 ①「庭の―」 ②「障子の―」 ③欠損。「―を―あける(うめる)」 ④競輪・競馬などの番狂わせ。⑤穴場①。
**アナ** アナウンサーの略。「女子―」
**アナーキー**[anarchy] 無秩序。
**アナーキスト**[anarchist] 無政府主義者。アナキスト。
**アナーキズム**[anarchism] 無政府主義。アナキズム。
**あなうま【穴馬】** 競馬で、番狂わせを起こして勝ちそうな馬。〔勝てば配当が高い〕
**あなうめ【穴埋め】** ①穴を埋めること。②(金銭の)不足を補うこと。
**アナウンサー**[announcer] テレビ・ラジオで、ニュースを読んだり司会をしたりする人。
**アナウンス**[announce] 放送。告知。「場内―」
**―メント**[announcement] 発表。
**あなかがり【穴かがり】**《穴縢り》 ボタン穴などのふちを糸でかがること。
**あなかしこ** 手紙の結びの語。〔多く女性が使った〕
**あながち**《強ち》 (否定表現の中で)必ずしも。
**アナキスト** ⇩アナーキスト
**アナキズム** ⇩アナーキズム
**あなぐま【穴熊】** イタチ科の獣。むじな。
**あなぐら【穴蔵】**《窖》 地下の貯蔵所。
**アナグラム**[anagram] 言葉のつづりの順序をかえて別の言葉を作る遊び。
**アナクロニズム**[anachronism] 時代錯誤。アナクロ。
**あなご【穴子】** アナゴ科の海産魚。食用。
**あなた** 一《彼方》〔文章語〕あちら。〔遠称〕対こなた 二《貴方》相手をさす語。〔女性の相手の場合は貴女。/対称〕
**―方《がた》** あなたたち。〔対称〕
**―任《まか》せ** 他人(なりゆき)に任せること。
**あなづり【穴釣り】** 湖沼で、氷結した氷にあけた穴から魚を釣ること。
**あなどる【侮る】** ばかにする。
**あなば【穴場】**〔俗語〕①一般に知られていない、よい場所。「釣りの―」 ②競輪・競馬などの券売り場。
**アナフィラキシー**[ドイツ語 Anaphylaxie] 急激で、重い症状のアレルギー反応。「―ショック」
**アナリシス**[analysis] 分析。
**アナリスト**[analyst] 分析し判断を下す専門家。
**アナログ**[analog] 数値を連続的な物理量で表すこと。対デジタル
**アナロジー**[analogy] 類推。
**あに【兄】** ①親を同じくする年上の男。②姉の夫。配偶者の兄①。◇対弟
**あに【豈】**〔文章語〕(反語を伴って)どうして。
**―図《はか》らんや** 意外にも。
**あにい**《兄い・哥兄》 ①あにき。②〔俗語〕勇み肌の若者。
**あにうえ【兄上】** 兄の敬称。
**あにき【兄貴】** ①兄の―敬称(愛称)。②若者仲間で年長者や先輩の男を呼ぶ敬称。
**―分《ぶん》** 兄弟の約束をした人のうち目上の

人。Ⅱ先輩格。対弟分

**アニサキス**［ラテン語 Anisakis］魚類の寄生虫の一。〔激しい腹痛を起こす〕

**あにさん【兄さん】**①にいさん。〔古風な言い方〕②芸人や職人の世界で、先輩。

**アニス**［anise］セリ科の植物。種子は薬用。

**アニソン** アニメソングの略。

**あにでし【兄弟子】**男の先輩弟子。対弟弟子

**アニバーサリー**［anniversary］〔毎年の〕記念日。

**アニマル**［animal］動物。

**―セラピー**［animal therapy］動物が人に与えるやすらぎを利用した精神療法。動物介在療法。

**アニミズム**［animism］自然界の万物に霊魂が宿っているという考え方。精霊崇拝。

**アニメ** アニメーションの略。

**アニメーション**［animation］映画で、ひとこまずつの画像を連続映写して動きを与える技法。また、その作品。アニメ。動画。

**アニュアル**［annual］①年間の。年一回の。②年報。年鑑。

**あによめ【兄嫁】**《嫂》兄の妻。

**アニリン**［anilin］合成染料の原料。液体で、空気中で褐色にかわる。アミノベンゼン。

**アヌス**［ラテン語 anus］肛門。

**あね【姉】**①親を同じくする年上の女。②兄の妻。配偶者の姉①。◇対妹

**あねうえ【姉上】**姉の敬称。

**あねき【姉貴】**姉の‐敬称（愛称）。

**あねご【姉御】**①姉の‐敬称（愛称）。②**【姐御】**女親分や親分の妻などの敬称。

**―（姐御）肌**《はだ》 女性の、きっぷがよく面倒見のいい気性。

**あねさん【姉さん】**①あねご②。〔姐さんとも書く〕②女性に対する、親しみをこめた敬称。

**―被**《かぶ》**り** 女性のてぬぐいのかぶり方の一。〔掃除のときなどにする〕

**―女房**《にょうぼう》 夫より年上の妻。姉様女房。

**アネックス**［annex］別館。離れ。

**あねったい【亜熱帯】**温帯で、熱帯に近い地帯。対亜寒帯

**あねむこ【姉婿】**姉の夫。

**アネモネ**［anemone］キンポウゲ科の多年草の一。春に花が咲く。観賞用。

**あのかた【あの方】**《彼の―》「あの人」の尊敬語。

**あのへん【あの辺】**あのあたり。

**あのまま** あの状態で。あのまんま。

**あのよ【あの世】**死後の世界。類来世 対この世

**アノラック**［anorak］フードつきの防寒・防風の上着。

**アパート** 集合住宅。［apartment house の略］

**アバウト**［about］〔俗語〕大ざっぱ。「―な性格」〔もとは「およそ」の意〕

**あばきだす【暴き出す】**暴露する。

**あばく【暴く】**《発く》隠れているものを明るみに出す。「悪事（墓）を―」

**あばずれ**《阿婆擦れ》すれっからし（―の女）。

**あばた**《痘痕》天然痘にかかったあとの傷。「―づら」

**―もえくぼ** 好意をもてば欠点も長所に見える。

**アバター**［avatar］チャットなど、インターネット内で、自分の分身として登場させる（―マンガ風の）キャラクター（―を作成するサービス）。

**あばよ**〔俗語〕さようなら。

**あばら【肋】**あばら骨。

**―骨**《ぼね》 ろっこつ。

**あばらや【荒家・荒屋】**荒れはてた粗末な家。

**アパルトヘイト**［アフリカーンス語 apartheid］南アフリカ共和国の人種差別政策。〔隔離の意。一九九一年に撤廃された〕

**アパルトマン**［フランス語 apartement］アパート。

**あばれうま【暴れ馬】**あれ狂う馬。

**あばれがわ【暴れ川】**よく氾濫《はんらん》する川。

**あばれる【暴れる】**乱暴な行いをする。「酔って―」

**アパレル**［apparel］衣類。服飾。「―業界」

**あばれんぼう【暴れん坊】**乱暴者。Ⅱ大胆な行動をする人。

**アバンギャルド**［フランス語 avant-garde］第一次大戦後の芸術革新運動。またその

芸術家。前衛派。〔前衛の意〕

**アバンゲール**〔フランス語 avant guerre〕戦前の思想・生活態度を保っている人々。戦前派。〔戦前の意〕対アプレゲール

**アバンチュール**〔フランス語 aventure〕（恋愛のからむ）冒険。

**アピール**〔appeal〕①人々に訴えること。②人々をひきつけること。「セックスー」

**あびきょうかん【阿鼻叫喚】**〔仏教語〕阿鼻地獄で泣き叫ぶようす（ーのような惨状）。

**あびせかける【浴びせ掛ける】** 上からかける。「水（罵声《ばせい》）をー」

**あびせたおし【浴びせ倒し】** 相撲のわざの一。

**あびせる【浴びせる】** ①注ぎかける。②相手にぶつける。「一太刀（非難）をー」

**アビタシオン**〔フランス語 habitation〕中高層建築の集合住宅の呼び名の一。〔住居の意〕

**アビリンピック**〔和製語 abilympic〕身体障害者の全国技能競技会。〔abilityとOlympicから〕

**あひる【家鴨】** 鳥の一。マガモを家畜化したもの。

**あびる【浴びる】** ①（湯・水などを）かぶる。②受ける。「非難をー」

**あぶ【虻】** 昆虫の一。雌は人畜の血を吸う。

**ー蜂《はち》取《と》らず** ふたつのものを取ろうとして両方とも取りそこなう。

**アフォリズム**〔aphorism〕金言。警句。

**あぶく**《泡》あわ。

**ー銭《ぜに》** 不正な方法（苦労しない）で得たお金。類悪銭

**アブサン**〔フランス語 absinthe〕リキュールの一。緑色で、アルコール度数が高い。

**アブストラクト**〔abstract〕①抽象（ー的）。「ーアート（＝抽象芸術）」②抄録。

**アブソーバー**〔absorber〕吸収装置。緩衝材。「ショックー」

**アフター**〔after〕あとの。

**ーケア**〔aftercare〕商品販売後の保証・修理サービス。〔本来は病後の療養〕

**ーコロナ** 新型コロナウイルス感染症（COVID-19）の流行が収まった後の社会・生活の状態。〔和製語 after＋corona〕

**ーサービス**〔和製語 after service〕販売後も、その品物について客の便宜をはかること。

**ーファイブ**〔after five〕終業後の私的な時間。〔五時以降の意から〕

**アフタヌーン**〔afternoon〕①午後。②アフタヌーンドレスの略。

**ードレス**〔afternoon dress〕昼に着る女性用礼服。

**あぶない【危ない】** 危険だ。あやうい。

**ー橋《はし》を渡《わた》る** 危険な手段を使う。危険を承知で違法行為をする。

**あぶなげない【危なげない】** 危ない感じがしない。

**あぶなっかしい【危なっかしい】** 見るからに危ない。

**アブノーマル**〔abnormal〕異常。対ノーマル

**あぶみ【鐙】** 馬具の一。〔足踏みの意〕

**あぶら【油】** 植物油・魚油・石油など。

**ー揚《あ》げ** 豆腐を薄く切り、油で揚げた食品。あぶらげ。

**ー炒《いた》め** 油で炒める一こと（料理）。

**ー色《いろ》** 赤みを帯びた黄色。

**ー絵《え》** 油絵の具で描いた絵。

**ー絵《え》の具《ぐ》** 顔料を油で練った絵の具。

**ーが切《き》れる** 活力や勢いがなくなる。

**ー粕《かす》** 菜種や大豆から油を搾り取ったあとのかす。肥料用。

**ーが疲《つか》れる** 何度も（長時間）使って油が酸化する。

**ー紙《がみ》** 桐油《とうゆ》を引いた防水用の紙。〔湿気防止に使う〕

**ー気《け》** 油を含んでいること。あぶらっけ。

**ーげ** 油あげの転。

**ー染《じ》みる** 油がしみついてよごれる。

**ー蟬《ぜみ》** 夏、最もふつうに見るセミ。

**ー蕎麦《そば》** スープのないラーメン。

**ー照《で》り** 薄曇りで風がなく、じりじりと照って蒸し暑いこと。

**ー通《どお》し** 料理の下ごしらえで、食材を熱した油にくぐらせること。

**ー菜《な》** 春、黄色の花が咲く植物。なたね。なのはな。

**ー抜《ぬ》き** 料理の下ごしらえで、食材の余分な油を熱湯で落とすこと。

**ー虫《むし》** ①アブラムシ科の昆虫の総称。アリマキ。②ゴキブリ。

**ーを売《う》る** むだ話などで仕事を怠ける。

**ーを絞《しぼ》る** きびしく責める。

**—を注《そそ》ぐ** 勢いをさらに強くさせる。

**あぶら【脂】**《膏》動物の脂肪。「鼻の—」

**—足《あし》** 脂気の多い足。

**—汗《あせ》** ねばねばした汗。

**—が乗《の》る** 魚などが、脂肪がふえて十分発育する。Ⅱ調子が出てくる。

**—ぎる** 脂がのって(—ぎらぎらして)いる。

**—気《け》** あぶらを含んでいること。あぶらっけ。

**—性《しょう》** 脂肪の分泌が多い体質。対荒れ性

**—っ濃《こ》い** 脂気が強い。

**—取《と》り紙《がみ》** 顔のあぶらをとるための化粧用の紙。

**—太《ぶと》り** 脂肪太り。

**—身《み》** 脂肪の多い肉。

**—焼《や》け** 魚の干物などが褐色になること。

**アプライアンス**［appliance］ 装置。器具。「インターネット—」

**あぶり【炙り】**

**—出《だ》し** 火にあぶると文字や絵が現れるようにしたもの。酒やみょうばんで書く。

**—出《だ》す** あぶり出しをする。Ⅱ隠れているものを現れるようにしむける。

**—物《もの》** 焼きざかな。

**アプリ** アプリケーションの略。

**アプリオリ**［ラテン語 a priori］ 先験的。対アポステリオリ

**アプリケーション**［application］ コンピューターで、ある具体的な作業のためのプログラム。ワープロソフト・表計算ソフトなど。アプリケーションソフト(—ウエア)。〔「応用」「適用」の意〕

**アプリコット**［apricot］アンズ(—色)。

**あぶる【炙る】**《焙る》火にかざして—焼く(かわかす)。

**あふれかえる【溢れ返る】**「あふれる」を強めた言い方。Ⅱ収まりきらないほど—ある(いる)。「駅が人で—」

**アプレゲール**［フランス語 après-guerre］戦前の習慣や観念などにとらわれない人々。戦後派。〔戦後の意〕対アバンゲール

**アフレコ** テレビ・映画で、映像に後から音やせりふをふきこむこと。〔after recordingの略〕

**あふれでる【溢れ出る】** あふれて外へこぼれる。類溢れ出す

**あふれる【溢れる】**いっぱいになって、こぼれる。「水が—」Ⅱ満ちる。「若さに—」

**あぶれる** ①仕事にありつけない。②(狩りなどで)獲物にありつけない。

**アフロ**［Afro］アフリカの。

**—ヘア**［Afro-hair］ パーマでちりちりに縮らせ、丸くて量感のある髪形。

**—ユーラシア**［Afro-Eurasia］ アジア・アフリカ・ヨーロッパ州。

**アプローチ**［approach］ ①接近。Ⅱ(異性へ)言い寄ること。②門から玄関口までの通路。③研究法。④ゴルフで、ホールに近い所からの打ち方。寄せ打ち。「—ショット」⑤ボウリングの助走路。⑥スキーのジャンプ競技の助走滑走路。

**あべかわもち【安倍川餅】** きな粉をまぶした焼き餅。〔もと静岡県安倍川の名産〕

**あべこべ**〔俗語〕さかさま。

**アベック**［フランス語 avec］ 男女ふたりづれ。類カップル〔一緒にの意〕

**アヘッド**［ahead］ スポーツで、先行。先取得点。対ビハインド

**アベニュー**［フランス語 avenue］ 大通り。並木道。

**アベマリア**［ラテン語 Ave Maria］ キリスト教で、聖母マリアを賛美する—言葉(曲)。

**アペリティフ**［フランス語 apéritif］ 食前酒。アペリチフ。〔ベルモット・シェリーなど〕

**アベレージ**［average］ ①平均。②野球で、打率。③ボウリングで、平均得点。

**あへん【アヘン】**《阿片》 麻薬の一。未熟なケシの実の乳液から作る。〔主成分はモルヒネ〕

**アペンディックス**［appendix］ 付録。

**あほ**《阿呆》あほう。〔口語〕

**アポ** アポイントメントの略。「—なし」

**アポイント** アポイントメントの略。

**—メント**［appointment］面会の約束。

**あほう**《阿呆・阿房》おろか(—者)。あほ。

**—鳥《どり》** 海鳥の一。〔動作がにぶく捕らえられやすいところから。/信天翁とも書く〕

**アボカド**［avocado］熱帯産の果実の一。

**アボジ**［朝鮮語 abŏji］父。対オモニ

**アポステリオリ**［ラテン語 a posteriori］後天的。対アプリオリ

**アポストロフィー**［apostrophe］符号の一。「'」〔英語では省略や所有格を表す〕

**アポトーシス**［apoptosis］細胞が自分のもつプログラムに従って計画的に死ぬこと。

**あほらしい**《阿呆らしい》 ばからしい。［類］あほくさい

**あま【尼】** ①仏門にはいった女性。②キリスト教で、修道女。◇尼僧。③〔俗語〕女をののしっていう語。あまっこ。

**あま【亜麻】** アマ科の一年草。茎の繊維はリンネルの原料。種から油をとる。

**あま【海士・海女】** 海にもぐって貝などをとる職業(ーの人)。〔女性には「海女」、男性の場合や性別を限定しない場合には「海士」と書く〕

**アマ** アマチュアの略。［対］プロ

**あまあい【雨間】** 雨のやんでいる合間。

**あまあし【雨脚・雨足】** ①雨が移り過ぎていくこと。②筋のように見えて降る雨。

**あまい【甘い】** ①［対］しょっぱい・からい・すい・にがい ◍「ーーメロディー(言葉)」②きびしくない。「考えがー」③ゆるい。「ねじがー」

**ー汁《しる》** 苦労しないで得る利益。「ーを吸う」

**あまいろ【亜麻色】** 黄色がかった褐色。

**あまえび【甘海老】** ホッコクアカエビの通称。海産の小エビ。食用。

**あまえる【甘える】** ①ねだったりじゃれたりする。②「好意にー」

**あまえんぼう【甘えん坊】** すぐ甘えたがる人。甘えんぼ。

**あまおと【雨音】** 雨の降る音。

**あまがえる【雨蛙】** カエルの一。〔雨ふりの前によく鳴く〕

**あまがき【甘柿】** 木になったまま甘くなる柿。［対］渋柿

**あまがける【天翔る】** 〔文章語〕大空を飛ぶ。

**あまがさ【雨傘】** 雨の降るときにさす傘。

**あまガッパ【雨合羽】** 雨降り用のカッパ。

**あまがみ【甘噛み】** (子犬などが)じゃれて軽くかむこと。

**あまかわ【甘皮】** ①木や果実の内側の薄い皮。［対］粗皮《あらかわ》 ②爪のはえぎわの薄い皮。

**あまぐ【雨具】** かさ・レインコートなどの総称。

**あまくだり【天下り】**《天降り》①退職した高級官僚が関連民間会社に迎えられること。②上からの強制的命令。

**あまくだる【天下る】**《天降る》①天から人間界へ降りる。②天下りをする。

**あまくち【甘口】** ①甘みが強いこと。◇［対］辛口 ②甘いものを好むーこと(人)。

**あまぐつ【雨靴】** 長靴。レインシューズ。

**あまぐも【雨雲】** 雨を降らせる雲。

**あまぐもり【雨曇り】** 雨が降りそうな曇った空。

**あまぐり【甘栗】** 蒸し焼きの甘いクリ。

**あまご【甘子】**《天魚》 サケ科の渓流魚。食用。日本特産種。

**あまごい【雨乞い】** 日照り続きのとき、雨が降るように神仏に祈ること。

**あまざけ【甘酒】** こうじや酒かすで作る甘い飲み物。

**あまざらし【雨曝し】** 雨にぬれるままにしておくこと。

**あまじお【甘塩】** 塩けの薄い味。［類］薄塩

**あまじたく【雨支度】** 雨にあってもよい用意。

**あまじまい【雨仕舞い】** 雨水が建物に浸入するのを防ぐーこと(施工方法)。

**あましょく【甘食】** 菓子パンの一。

**あます【余す】** あまるようにする。

**ー所《ところ》なく** 残らず。

**あまず【甘酢】** 甘みをつけた酢。

**あまずっぱい【甘酸っぱい】** 甘くて酸っぱい。◍うっとりした気分と感傷的な気分が入りまじった感情。

**あまぞら【雨空】** 雨のー降りそうな(降っている)空。

**あまた**《数多》 〔文章語〕たくさん。「引く手ー」

**あまだい【甘鯛】** アマダイ科の海魚。食用。

**あまだれ【雨垂れ】** 軒などから落ちる雨水。

**ー石《いし》を穿《うが》つ** 微力でも継続すればいつか成功する。

**あまちゃ【甘茶】** ①ユキノシタ科の落葉低木。②アマチャ・アマチャヅルの葉を煮出した甘い飲料。灌仏会《かんぶつえ》に釈迦《しゃか》の像にかける。

**アマチュア** 〔amateur〕 しろうと。アマ。［対］プロフェッショナル

**ー蔓《づる》** ウリ科の多年草。葉に甘みがある。

**ー無線《むせん》** 私設の無線通信。

**ーリズム** 〔amateurism〕 アマチュア精神。

**あまつさえ**《剰え》その上に。

**あまったるい【甘ったるい】** ひどく甘い。
**あまったれる【甘ったれる】** ひどく甘える。
**あまっちょろい【甘っちょろい】** 〔俗語〕(考え方などが)安易だ。
**あまでら【尼寺】** 尼(修道女)の住む寺。
**あまど【雨戸】** 窓や縁側にたてる戸。
**あまどい【雨樋】** 雨水を受けて流す樋。
**あまとう【甘党】** 甘い物が好きな人。対辛党
**あまなつ【甘夏】** ナツミカンの品種の一。酸味が少ない。甘夏柑《かん》。
**あまなっとう【甘納豆】** 豆菓子の一。
**あまに【甘煮】** 甘く煮た料理。対辛煮
**あまに【亜麻仁】** 植物のアマの種子。
**—油《ゆ》** 亜麻仁から搾った油。
**あまねく【遍く】**《普く》〔文章語〕広く。
**あまのがわ【天の川・天の河】** 川のように見える、無数の星の集まり。銀河。
**あまのじゃく【天の邪鬼】** ①わざと他人の言行にさからう人。②仁王《におう》が踏みつけている鬼。
**あまみ【甘み・甘味】** ①甘い-味(程度)。対辛み ②甘い菓子。「—処《どころ》」
**あまみそ【甘味噌】** 塩気の少ない味噌。対辛味噌
**あまもや【雨靄】** 靄のようにけむる霧雨。
**あまもよい【雨もよい】**《雨催い》雨模様。
**あまもよう【雨模様】** 今にも雨が降りそうな空模様。〔誤って「小雨が降ったりやんだりのようす」の意にも〕
**あまもり【雨漏り】** 雨が屋根から室内に漏ること。
**あまやかす【甘やかす】** わがままにさせる。
**あまやどり【雨宿り】** 一時、雨をさけること。「軒下での—」
**あまやみ【雨止み】** ①雨がやむこと。②雨宿り。
**あまよ【雨夜】** 〔古語〕雨の降る夜。
**あまよけ【雨避け】** ①雨を防ぐおおい。②雨やどり。
**あまり【余り】** ①残り。②度を越した。「—の仕打ち」③(「—に(—も)」の形で)たいそう。「—にも強い」④(否定表現の中で)たいして。「—よくない」⑤…しすぎた結果。「驚きの—」⑥それ以上。「三年—」
**—有《あ》る** …してもまだ不足だ。「察するに—」
**—と言《い》えば** ひどすぎるようす。
**—物《もの》** 余ったもの。
**アマリリス**〔amaryllis〕初夏に咲く花の一。
**あまる【余る】** ①多すぎて残る。②限度を超える。「身(手)に—」
**アマルガム**〔amalgam〕水銀と他金属との合金。
**あまんじる【甘んじる】** それ以上望まない。あまんずる。
**あみ【網】** 糸や針金で編んだもの。‖捕らえるためにはりめぐらしたもの。「警察の—」
**—を張《は》る** 準備して待ちかまえる。
**あみ**《醤蝦》エビに似た小さな動物。つくだ煮・魚のえさ用。
**アミ**〔フランス語 ami(e)〕恋人。友人。
**あみあげぐつ【編み上げ靴】** 甲の部分をひもでしめあげてはく靴。編み上げ。
**アミーゴ**〔スペイン語 amigo〕(男の)友人。〔女の友人は「アミーガ」〕
**あみがさ【編み笠】** スゲやわらで編んだ笠。
**あみだ【阿弥陀】** ①浄土宗・真宗の本尊。②くじ引きの一。あみだくじ。③「帽子を—に(=後ろに傾けて)かぶる」
**あみだす【編み出す】** 考え出す。
**あみだな【網棚】**「電車の—」
**あみど【網戸】** 網を張った防虫用の戸。
**アミノさん【—酸】** たんぱく質の構成単位となる化合物の総称。
**あみのめ【網の目】** 網のすき間。
**あみばり【編み針】** 編み棒。
**あみぼう【編み棒】** 編み物用の細い棒。
**あみめ【網目】** 網の目。
**あみめ【編み目】** 編み物の目。
**あみもと【網元】** 漁夫の雇い主。類網主
**あみもの【編み物】** 編んで-作ること(作った物)。
**あみやき【網焼き】** 金網の上で焼く料理。
**アミューズ**〔フランス語 amuse〕フランス料理で、突き出し。また、前菜の前の小品料理。アミューズ・グール。アミューズ・ブーシュ。
**アミューズメント**〔amusement〕娯楽。

―パーク［amusement park］遊園地。

アミラーゼ［amylase］酵素の一。消化剤用。ジアスターゼ。〔でんぷんを糖化する〕

あむ【編む】①「セーター（髪）を―」②編集する。「全集を―」

アムール〔フランス語 amour〕愛。

あめ【天】〔文章語〕てん。対つち

あめ【雨】「―が降る」‖つづけざまに落ちるもの。「涙（爆弾）の―」

―降《ふ》って地《じ》固《かた》まる もめごとの後、かえって事がおちつき治まる。

あめ【飴】キャンディー。

―と鞭《むち》 硬軟とりまぜた政策。〔特にビスマルクの政策をいう〕

―をしゃぶらせる 甘い言葉で（小利を与えて）人をなだめすかす。

あめあがり【雨上がり】雨のやんだ直後。

あめあし【雨脚】あまあし。

あめあられ【雨霰】激しく降りそそぐようす。「―と飛んでくる弾丸」

あめいせんそう【蛙鳴蟬噪】〔文章語〕（蛙《かえる》や蟬《せみ》のように）騒がしい状態。‖内容のない―文章（議論）。

あめいろ【飴色】透明な黄褐色。

アメーバ〔ドイツ語 Amöbe〕単細胞の微細な原生動物。

―赤痢《せきり》 感染症の一。

あめおとこ【雨男】旅行やスポーツなどの行事の際に雨をもたらす、といわれる男。

あめおんな【雨女】雨男の女の場合。

あめかぜ【雨風】雨や風。「―をしのぐ」

あめざいく【飴細工】あめでいろいろの形を作ったもの。‖見かけだけで、内容のないもの。

アメシスト［amethyst］紫水晶。アメジスト。〔二月の誕生石〕

あめたいふう【雨台風】風よりも雨の被害が大きい台風。対風台風

アメダス［AMeDAS］⇩付AMeDAS

あめつち【天地】〔文章語〕天地《てんち》。

あめつゆ【雨露】雨や露。「―をしのぐ」

あめに【飴煮】甘く煮る―こと（料理）。

アメニティ［amenity］（都市の）快適な環境。

―グッズ［amenity goods］ホテルに用意されている洗面・浴用の品。

アメフト アメリカンフットボールの略。

あめふり【雨降り】雨が降る―こと（天気）。

あめもよい【雨もよい】《雨催い》雨模様《あまもよう》。

あめもよう【雨模様】あまもよう。

アメラグ ⇩アメリカンフットボール

アメリカざりがに 節足動物の一。

アメリカナイズ［Americanize］アメリカ風に―なる（する）こと。

アメリカン［American］アメリカの。

―コーヒー［American coffee］薄めにいれたコーヒー。〔アメリカンとも〕

―ドリーム［American dream］アメリカでの成功（―を望む気持ち）。また、アメリカでは努力次第でだれもが成功者になれるということ。

―フットボール［American football］球技の一。一チーム一一人。アメフト。アメラグ。

―リーグ［American League］アメリカのプロ野球の大リーグの一。対ナショナルリーグ

あめんぼ《水黽》昆虫の一。水面を走る。飴《あめ》のようなにおいがする。アメンボウ。

アモーレ〔イタリア語 amore〕愛。また、恋人。「―ミオ（＝愛しい人よ）」

あもく【亜目】生物分類上の階級の一。目と科の間。

アモルファス［amorphous］結晶のような規則的な配列をしていない―状態（物質）。非結晶。「―金属」

あや【文・綾】①模様。特に、斜めに走る模様。「―織物」②すじみち。「事件の―」③「言葉の―」（＝言い回し）

あやいと【綾糸】①美しい彩色糸。②綾取りのひも。

あやうい【危うい】〔文章語〕あぶない。

あやうく【危うく】①かろうじて。「―逃れる」②もう少しで。「―落ちそうになる」

あやおり【綾織り】斜めの模様を表す織り方（―の織物）。綾織物。

あやかし 海上に現れる化け物。‖不可思議なこと。

あやかる《肖る》幸運な人や偉い人に似る（―ように願う）。「先生に―」

あやしい【怪しい】①ふしぎだ。「―魅力」〔妖しいとも書く〕②疑わしい。「そぶりが―」③男女間の関係がありそうだ。

**あやしむ【怪しむ】** 怪しいと思う。
**あやす** 赤ん坊や幼児のきげんをとる。
**あやつ《彼奴》** あいつ。類きゃつ
**あやつり【操り】** ①操ること。②操り芝居（人形）。
**―芝居《しばい》** 浄瑠璃に合わせて、人形を操る芝居。
**―人形《にんぎょう》** 操り芝居（―の人形）。Ⅱ言いなりになる人。
**あやつる【操る】** ①人形などを仕掛けた糸で動かす。Ⅱ「かげで人を―」②うまく扱う。「二か国語を―」
**あやとり【綾取り】** 輪にしたひもでいろいろな形を作る遊び。
**あやなす【綾なす】** 〔文章語〕美しい模様を作る。
**あやにしき【綾錦】** 美しい―着物（紅葉）の形容。〔綾と錦〕
**あやぶむ【危ぶむ】** 疑わしいと思う。「健康を―」
**あやふや** はっきりしないようす。
**あやまち【過ち】** ①失敗。②過失。③男女の不道徳な関係。
**あやまつ【過つ】** ①失敗する。②気づかずに罪を犯す。
**あやまり【誤り】** まちがい。
**あやまる【誤る】《謬る》** ①まちがえる。「誤った判断」②悪い結果に導く。「身を―」
**あやまる【謝る】** わびる。
**あやめ【文目】** 〔文章語〕①模様。②区別。
**―も分《わ》かぬ** 物事の区別もつかない。
**あやめ【菖蒲】** ①初夏に咲く花の一。ハナショウブに似る。②ショウブの古名。
**あやめる《殺める》** 危害を―加える（加えて殺す）。
**あゆ【鮎】** 清流にすむ魚。独特の香りがある。〔香魚・年魚とも書く〕
**あゆ【阿諛】** 〔文章語〕へつらい。「―追従《ついしょう》」
**あゆみ【歩み】** ①歩くこと。Ⅱ進行。「歴史の―」②足並み。③歩いて渡るための板。歩み板。
**―寄《よ》る** 歩いて近寄る。Ⅱ互いに譲り合う。
**あゆむ【歩む】** 歩く。
**あら【荒】** ①荒れている。「―野」②激しい。「―かせぎ（療治）」③乱暴な。「―法師」
**あら【粗】** ①魚の主な魚肉を取り去った残り。「魚の―を煮る」②米の中にまじるもみ。③人の欠点。「―さがし」④大ざっぱな。「―塗り」
**あら【鯇】** 海魚の一。食用。
**アラー**〔Allah〕 イスラム教で、唯一最高の神。
**アラート**〔alert〕 警報。警戒状態。
**アラーム**〔alarm〕 （時計の）目ざまし。
**あらあら【粗々】** だいたい。
**―かしこ** 手紙の結語の一。〔多く女性が使った〕
**あらあらしい【荒々しい】** 非常に乱暴だ。
**あらい【洗い】** ①洗うこと。②さしみの一種。冷水で身をしめる。
**―上《あ》げる** すっかり洗う。Ⅱ調べあげる。
**―髪《がみ》** 洗ったばかりのぬれた髪。
**―熊《ぐま》** タヌキに似た動物。
**―浚《ざら》い** 何もかも。すっかり。
**―晒《ざら》し** 何度も洗って、染め色があせた―こと（もの）。
**―出《だ》す** 調べて明らかにする。
**―立《た》て** 洗ったばかり。
**―立《た》てる** 秘密・欠点をあばく。
**―直《なお》す** 調べ直す。
**―流《なが》す** 水で洗って落とす。Ⅱすっかりなくす。「わだかまりを―」
**―張《は》り** 着物をほどいて洗い、―板に張って（伸子《しんし》を使って）ほすこと。
**あらい【荒い】** ①乱暴だ。②激しい。「―息」
**あらい【粗い】** ①細かくない。②ざらざらしている。対なめらか ③おおざっぱ。◇〔荒いとも書く〕
**アライアンス**〔alliance〕 （国際的な）企業連合。〔「提携」「同盟」の意〕
**あらいそ【荒磯】** 波が荒く岩の多い海岸。
**あらう【洗う】** ①汚れを落とす。Ⅱ「心があらわれる（＝すがすがしい気持ちになる）」②波が寄せては返す。「岸を―波」③しらべだす。「身元を―」
**あらうま【荒馬】** あばれ馬。
**あらうみ【荒海】** 波の荒い海。
**あらがう《抗う》** 〔文章語〕抵抗する。
**あらかじめ【予め】** 前もって。「―用意する」類かねて

**あらかせぎ【荒稼ぎ】** 荒っぽい方法で大もうけすること。

**あらかた《粗方》** ほとんど。

**アラカルト**〔フランス語 à la carte〕 一品料理。

**あらかわ【粗皮】** ①木や穀粒の表皮。対甘皮 ②なめしていない動物の皮。

**あらぎも【荒肝】** 度胸。
**―をひしぐ** 恐れさせる。度肝を抜く。

**あらぎょう【荒行】** きびしい修行。

**あらくれ【荒くれ】** 乱暴な‐人（性格）。「―者」動―る

**あらけずり【粗削り・荒―】** ①ざっと‐削る（削ってある）こと。②仕上げが不十分な。「―の魅力」

**あらげる【荒げる】** あららげる。

**あらごと【荒事】** 歌舞伎で勇猛な主役の出る芝居。また、その演技。対和事《わごと》・実事《じつごと》
**―師《し》** 荒事を得意とする役者。

**あらごなし【粗ごなし・荒―】** 粗く砕くこと。Ⅱだいたいの処理をしておくこと。

**アラサー**〔俗語〕三〇歳前後の人。〔和製語 around thirty から〕

**あらさがし【粗探し・粗捜し】** 他人の欠点を‐捜す（捜して悪口を言う）こと。

**あらし【嵐】** 暴風雨。Ⅱ㋐激しいこと。「感情（拍手）の―」㋑騒ぎ。もめごと。「革命の―」
**―の前《まえ》の静《しず》けさ** 変事の前の無気味な静けさ。

**あらじお【粗塩・荒塩】** 精製していない塩。あらしお。

**あらしごと【荒仕事】** ①力仕事。②強盗や殺人。

**あらす【荒らす】** ①荒れさせる。②きずつけたり盗んだりする。「ホテルを―」

**あらず《非ず》**〔文章語〕打消しの語。「さに―」
**―もがな**〔文章語〕ない方がよい。

**あらすじ【粗筋・荒筋】** 大体の筋。梗概。「―を述べる・前回までの―」

**あらせいとう《紫羅欄花》** アブラナ科の植物。四～五月に開花。ストック。

**あらせられる** 「いらっしゃる」より敬意の高い尊敬語。

**あらそい【争い】** けんか。

**あらそう【争う】** ①競争する。②けんかする。

**あらそえない【争えない】** 否定できない。争われない。「血は―」

**あらそって【争って】** 我先に。

**あらた【新た】** あたらしいようす。
**―に** 新しく。

**あらたか《灼か》** 著しい。「霊験―」

**あらだてる【荒立てる】** 荒立つの他動詞形。

**あらたまる【改まる】** ①新しくなる。「年が―」②改善される。③堅苦しい態度をとる。「改まった物言い」

**あらたまる【革まる】** 病気が悪くなる。「病《やまい》―」

**あらため【改め】**「海老蔵《えびぞう》―団十郎」

**あらためて【改めて】** ①新たに。「―検討する」②今さらながら。「―感心する」

**あらためる【改める】** 改まるの他動詞形。

**あらっぽい【荒っぽい】** ①あらあらしい。②粗い‐手段（方法）。

**あらて【新手】** ①新しい仲間。対古手 ③まだ戦っていない軍勢。「―を繰り出す」「―の詐欺」

**あらなみ【荒波】** 荒れ狂う波。Ⅱ「世の―にもまれる」

**あらなわ【荒縄】** わらで編んだ太い縄。

**あらに【粗煮】** 魚のあらの煮物。あらだき。

**あらぬ** ①別の。「―方《かた》を見る」②的はずれな。よくない。「―うわさ」

**あらぬり【粗塗り・荒―】** 下塗り。対上塗り

**あらねつ【荒熱】**
**―を取《と》る** 調理で、煮立ったものを室温程度に冷ます。

**あらの【荒野】《曠野》** あれの。

**あらばこそ**〔文章語〕絶対にない。「訪れる人も―」

**アラビア**
**―ゴム** アラビアゴムノキの樹液。〔Arabia と ポルトガル語 gom から〕
**―数字《すうじ》** 算用数字。〔〇・一・二・三…〕
**―文字《もじ》** アラビア語などに使う表音文字。

**アラビアータ**〔イタリア語 arrabbiata〕 パスタソースの一。唐辛子のきいたトマトソース。〔怒りの意〕

**あらびき【粗碾き・荒挽き】** 粗く‐ひくこと（ひいた物）。「―ウインナー」

**あらひとがみ【現人神】** 人の姿をした神。〔かつて、天皇のことをいった〕

**アラブ**［Arab］①アラビア人。②アラビア馬。

**アラフォー** 〔俗語〕四〇歳前後の人。〔和製語 around forty から。五〇歳前後をアラフィフ、六〇歳前後をアラカン（＝around 還暦）ともいう〕

**あらぶる【荒ぶる】** 荒々しく乱暴な。「ー神」〔古語動詞「荒ぶ」から〕

**アラベスク**［フランス語 arabesque］アラビア風の−模様（音楽）。

**あらぼとけ【新仏】** 初めて盂蘭《うら》盆《ぼん》に祭られる死者の霊。しんぼとけ。

**あらまき【荒巻き】** 甘塩のサケ。〔もと荒縄で巻いた。／新巻きとも書く〕

**あらまし** ①あらすじ。②だいたい。

**あらまほしい** 望ましい。

**あらみじん【粗微塵】** 粗めにきざむみじん切り。「ーに切る」

**あらむしゃ【荒武者】** 荒々しい武士。Ⅱ乱暴者。

**あらめ【荒布】** コンブ科の海藻。食用。

**アラモード**［フランス語 à la mode］最新流行（ーの型）。

**あらもの【荒物】** 家庭用雑貨。「ー屋」

**あらゆる** すべての。

**あららげる【荒らげる】** 荒くする。

**あらり【粗利・荒利】** 粗利益。

**あらりえき【粗利益・荒ー】** 売上高から原価をひいた金額。

**あらりょうじ【荒療治】** ①手荒な治療。②思いきった処置。Ⅱ思いきった処置。

**あられ【霰】** ①気象の一。雹《ひょう》より小さい。②賽《さい》の目に切った食品。「ーもち」

**あられもない** ①似つかわしくない。「ー姿」②あるはずがない。「ーうわさ」

**あらわ《露》** ①むきだし。「肌もーに」②公然。「ーになる」

**あらわざ【荒業・荒技】** 荒々しいわざ。

**あらわす** ①【現す】見えるようにする。②【表す】はっきり示す。③【著す】書物にして発表する。

**あらわれる** ㊀【現れる】《顕れる》①出現する。対消える ②発覚する。㊁【表れる】表面に出てくる。

**あらんかぎり【有らん限り】** あるだけ全部。「ーの力」

**あり【蟻】** 昆虫の一。〔勤勉なたとえに使う〕

**ーの穴《あな》から堤《つつみ》も崩《くず》れる** わずかな油断が大事を招く。

**ーの這《は》い出《で》る隙《すき》もない** 少しのすきまもないほど警固が厳重だ。

**あり【有り・在り】** 〔文章語〕ある。「扶養家族ー」対なし〔ラ行変格活用の動詞〕

**ー得《う》べからざる** 〔文章語〕あるはずのない。

**ー得《う》べき** 〔文章語〕あり（起こり）そうな。

**ーとあらゆる** 「あらゆる」を強めた言い方。

**アリア**［イタリア語 aria］歌劇・オラトリオで、叙情的な独唱歌曲。

**ありあけ【有り明け】** 空に月が残ったまま夜が明けること。また、その月。「ーの月」〔有明とも書く〕

**ありあまる【有り余る】** 必要以上にある。

**ありありと** はっきりと。「ー目に浮かぶ」類まざまざと

**ありあわせ【有り合わせ】** 都合よくその場に−あること（あったもの）。

**アリーナ**［arena］競技場。演技場。「アイスー」

**ありうる【有り得る】** ありそうだ。ありえる。

**ありか《在り処》** ①物のある所。②所在。Ⅱかくれが。

**ありかた【在り方】** あるべき状態。

**ありがた《有り難》**

**ー涙《なみだ》** ありがたさのあまり流す涙。

**ー迷惑《めいわく》** 人の親切がかえって迷惑なようす。

**ありがたい《有り難い》** ①貴重だ。②うれしく思う。類かたじけない

**ありがち《有り勝ち》** よくあるようす。

**ありがね【有り金】** 所持金。「ーをはたく」

**ありきたり《在り来り》** 珍しくないこと。

**アリゲーター**［alligator］ワニの一。

**ありさま《有り様》** 状態。様子。

**ありじごく【蟻地獄】** ウスバカゲロウの幼虫。〔すり鉢状の穴を掘り、落ちてくるアリなどを食う。この穴も蟻地獄という〕Ⅱ苦しい状況。「ーの生活」

**ありしひ【在りし日】** ①以前。②生前。

**ありだか【有り高】** 現在高。

**ありづか【蟻塚】** アリの巣の周りの土の塚。

**ありつく《在り付く》** なんとか手に入れる。「職（ごちそう）に―」

**ありったけ《有りっ丈》** あるだけすべて。「―の力を出す」

**ありてい《有り体》** ありのまま。

**ありのとわたり【蟻の門渡り】** ①狭い道。②会陰《えいん》。

**ありのまま《有りの儘》** 実際のとおり。

**ありのみ【有りの実】** 梨《なし》。〔「無し」をさけた忌み言葉〕

**アリバイ**〔alibi〕現場にいなかった証明。

**ありふれる** （「ありふれた」「ありふれている」の形で）どこにでもある。

**ありゅう【亜流】** 独創性のない模倣者。類エピゴーネン

**ありゅうさんガス【亜硫酸―】** 硫黄《いおう》を燃やすと出る無色・刺激性の有毒ガス。漂白・還元剤用。

**ありよう《有り様》** ①実情。類ありのまま ②あるべきようす。

**ある【在る・有る】** ①存在する。②…の状態にある。③起こる。「地震が―」④時がたつ。「ややあって動き出した」⑤状態にある。「用意して―」

**―かなきか** あるかないか（居るか居ないか）わからない。

**―かなし** わずか。

**あるいは《或は》** ①または。②もしかすると。

**アルカイック**〔フランス語 archaïque〕古風で素朴なようす。「―スマイル（芸術）」

**アルカディア**〔Arcadia〕古代ギリシャの景勝地。＝理想郷。

**あるがまま《在るが儘》** そのまま。

**アルカリ**〔オランダ語 alkali〕水に溶ける塩基の総称。対酸

**―性《せい》** 塩基の示す性質。対酸性〔赤いリトマス紙を青変するなど〕

**―性食品《せいしょくひん》** 体内でアルカリ性になる物質を多く含む食品。〔野菜・牛乳など〕対酸性食品

**アルカロイド**〔alkaloid〕植物中の、窒素を含むアルカリ性有機物。有毒。〔モルヒネ・コカインなど〕

**あるきスマホ【歩きスマホ】** スマートフォンを操作しながら歩くこと。

**アルギンさん【―酸】** 海藻からとるねばりのある酸。接着剤などに利用。

**あるく【歩く】** ①歩行する。②めぐる。「世界を―」③（「…て～」の形で）あちこちで…する。「しゃべって―」

**アルコーブ**〔alcove〕部屋や廊下の壁の一部を凹状に引っ込めた空間。

**アルコール《酒精》**〔オランダ語 alcohol〕①酒類の主成分。②〔俗語〕酒。

**―依存症《いそんしょう》** 常習的な飲酒のために、飲酒をやめられなくなる状態。

**―中毒《ちゅうどく》** アルコール依存症の俗称。アル中。

**―ランプ**〔和製語 alcohol lamp〕アルコールを燃料とするランプ。

**アルゴリズム**〔algorism〕計算（問題解決）のための手順。

**アルゴン**〔argon〕希ガス元素の一。ネオンサインに使う。記号 Ar

**あるじ【主】** 主人。類ぬし

**アルチザン**〔フランス語 artisan〕職人。＝職人的で芸術性のうすい芸術家。対アーティスト

**アルちゅう【―中】** アルコール中毒。

**アルツハイマーびょう【―病】** 主として高齢期に発症する認知症の一。脳の神経細胞が萎縮して記憶障害や判断力低下などの症状を起こす。／Alzheimer's disease の訳語。〔Alzheimerは人名〕

**アルティメット**〔ultimate〕スポーツの一。フライングディスクを用いる。一チーム七人。

**アルデヒド**〔aldehyde〕アルデヒド基をもつ化合物の総称。「アセト―」

**アルデンテ**〔イタリア語 al dente〕パスタのゆで加減の一。歯ごたえのある固さ。

**アルト**〔イタリア語 alto〕①音楽で、女声の低音域（―の歌手）。②中音域を受けもつ管楽器。

**―サックス**〔alto sax〕サキソフォンのうち、中音域を出すもの。アルトサキソフォン。

**あるときばらい【有る時払い】** 支払いの期限を定めず、お金のあるときに代金を支払うこと。「―の催促なし」

**アルパ**〔スペイン語 arpa〕弦楽器の一。ラテン音楽に用いる中南米の民族楽器。〔ハープの意〕

**アルバイター**［ドイツ語 Arbeiter］ アルバイトをする人。

**アルバイト**［ドイツ語 Arbeit］ 本業（学業）以外の仕事。バイト。類内職

**アルパカ**［alpaca］ ラクダ科の獣（―の毛から作った織物）。

**アルバトロス**［albatross］ ゴルフで、パーより三打少ない打数。ダブルイーグル。［アホウドリの意］

**アルバム**［album］ ①写真帳・切手帳・記念帳など。②一連の楽曲を集めたもの。「ニュー―」

**アルピニスト**［alpinist］（アルプス）登山家。

**アルピニズム**［alpinism］ 登山家精神。

**アルビノ**［albino］ 先天的に毛や皮膚が白く生まれる症状（―をもつ動物）。先天性白皮症。［メラニンの欠乏による］

**アルファ【α】**［ギリシャ語 alpha］ ①ギリシャ字母の最初の字。②最初。◇対オメガ ②ある未知数。「プラス―」◇アルファー。

**―星**《せい》 その星座で最も明るい星。

**―線**《せん》 放射線の一。

**―波**《は》 八ヘルツ以上一三ヘルツ未満の周波数の脳波。

**―米**《まい》 米の澱粉《でんぷん》を消化しやすいα澱粉に変えた加工米。

**アルファベット**［alphabet］ A・B・C…Zの二六のローマ字。

**アルファルファ**［alfalfa］ 牧草の一。サラダ用のもやしとして食用にも。マメ科。ムラサキウマゴヤシ。

**アルプス**［Alps］ ヨーロッパの山脈の名。

**―スタンド**［和製語 Alps stand］ 甲子園球場の大観覧席の通称。

**アルヘイとう【有平糖】**［ポルトガル語 alféloa から］ 砂糖を煮つめた棒状の菓子。

**あるべき** そうあるはずの。「―姿」

**アルペッジョ**［イタリア語 arpeggio］ 音楽の演奏で、和音を連続的に分散すること。分散和音。

**アルペン**［ドイツ語 Alpen］ アルプス。

**―シュトック**［ドイツ語 Alpenstock］ 登山用のつえ。

**―種目**《しゅもく》 スキーで、滑降・回転・大回転・スーパー大回転と、その複合競技の総称。

**―スキー**［和製語 Alpen ski］ ①スキー技術の一。山岳スキー。②アルペン種目。

**―ホルン**［ドイツ語 Alpenhorn］ アルプス地方の楽器の一。

**アルマイト**［Alumite］ アルミニウムの表面を酸化膜でおおったもの。［商標］

**アルマゲドン** ⇩ハルマゲドン

**あるまじき**［文章語］ あってはならない。

**アルマジロ**［armadillo］ よろいのように固い背中をもつ小動物。中南米にすむ。敵にあうと体を丸める。

**アルミ** アルミニウムの略。

**―サッシ** アルミニウム製窓わく。

**―箔**《はく》 アルミニウムを箔状にしたもの。

**―ホイル** 食品用アルミ箔《はく》。

**アルミナ**［alumina］ 酸化アルミニウムの別称。

**アルミニウム**［aluminium］ 金属元素の一。銀白色で軽く、やわらかい。記号Al

**あれ【荒れ】** 荒れること。「――どめ（模様）」

**あれい【亜鈴】**《啞鈴》 体操用具の一。ダンベル。「鉄―」

**あれかし** あってほしい。「幸《さち》―」

**あれくるう【荒れ狂う】** 荒々しく狂ったようにあばれる。「―波」

**アレグレット**［イタリア語 allegretto］ 音楽の演奏標語の一。少し速く。

**アレグロ**［イタリア語 allegro］ 音楽の演奏標語の一。速く。

**アレゴリー**［allegory］ 寓話《ぐうわ》。

**あれこれ** いろいろ。

**あれしき**（たった）あれぐらい。

**あれしょう【荒れ性】** 皮膚がかさかさする体質。対脂《あぶら》性

**あれち【荒れ地】** ①利用されず荒れたままの土地。②不毛の地。

**あれっきり** あのとき以来。あれきり。

**あれっぽっち** あれくらい。わずか。

**あれの【荒れ野】** 荒れはてた野原。あらの。

**あれはてる【荒れ果てる】** すっかり荒れる。

**あれほど** あんなに。「―たのんだのに」

**あれもよう【荒れ模様】** 天気が荒れそうなようす。Ⅱ「会議（部長）は―だ」

**あれやこれや** あれこれ。

**あれよあれよ** 意外さに（はらはらして）驚く気持ちを表す語。「―といううちに」

**あれる【荒れる】** ①ひどくなる。「天気（生活）が―」②さびれる。「田畑が―」③かさかさになる。「肌が―」

**アレルギー**［ドイツ語 Allergie］ある物質に対する過敏な反応。⊜精神的拒絶反応。「核―」
**アレルゲン**［ドイツ語 Allergen］アレルギーを起こす物質。花粉・薬品・食物など。
**アレンジ**［arrange］①配置。調整。②編曲。脚色。
**アロエ**［オランダ語 aloë］熱帯植物の一。〔種類が多く、薬用にも。／俗に「医者いらず」〕
**アロケーション**［allocation］割り当て。配分。
**アロハ**［aloha］①ハワイの、あいさつの語。②アロハシャツ。
**―オエ**［ハワイ語 Aloha Oe］代表的ハワイ民謡。
**―シャツ**［aloha shirt］はでな色や模様の半袖開襟シャツ。
**アロマ**［aroma］芳香。
**―オイル**［aroma oil］（よい）香りをもつ油。
**―テラピー**［フランス語 aromathérapie］ハーブなどを使って心身の疲れをとる療法。アロマセラピー。
**アロワナ**［arowana］大型の熱帯魚の一。観賞用。
**あわ【泡】**「石けん（ビール）の―」
**―を食《く》う** 驚きあわてる。
**―を吹《ふ》かせる** ひとあわ吹かせる。
**あわ【粟】**五穀の一。イネ科。
**アワー**［hour］時間。「ラッシュ―」
**あわい【間】**あいだ。〔古風な言い方〕
**あわい【淡い】**①うすい。対濃い ②ほのか。「―恋心」
**あわおどり【阿波踊り】**徳島市近辺の盆踊り。通りを踊り歩く。
**あわさる【合わさる】**ひとつになる。
**あわす【合わす】**合わせる。
**あわせ【合わせ】**合わせること。
**―鏡《かがみ》** 二枚の鏡を使って自分の後ろ姿を見ること。
**―酢《ず》** 塩・酒・砂糖など調味料を加えた酢。
**―味噌《みそ》** 異なる種類を調合したみそ。〔赤みそと白みそなど〕
**―物《もの》は離《はな》れ物《もの》** 夫婦仲など、くっつけたものは離れやすい。
**あわせ【袷】**裏布をつけた和服。対ひとえ
**あわせて【併せて】**それとともに。
**あわせもつ【合わせ持つ・併せ―】**兼ね備える。
**あわせる【合わせる】**①一緒にする。〔併せるとも書く〕②一致させる。③照合する。
**―顔《かお》がない** 申し訳ない（―ので会いづらい）。
**あわただしい【慌ただしい】**《遽しい》忙しくて落ちつかない。「―一日」
**あわだつ【泡立つ】**泡がたくさんできる。
**あわだつ【粟立つ】**身の毛がよだつ。
**あわだてき【泡立て器】**調理器具の一。食材を泡立てたり混ぜたりする。
**あわだてる【泡立てる】**泡を立たせる。
**あわつぶ【粟粒】**植物のアワの粒。⊜非常に小さい物。
**あわて【慌て】**
**―ふためく** ひどくあわて騒ぐ。
**―者《もの》** そそっかしい人。
**あわてる【慌てる】**《周章てる》落ちつきをなくして、うろたえる。
**あわび【鮑】**《鰒》巻き貝の一。食用。
**―の片思《かたおも》い** 片思い。〔アワビの貝殻が片方だけであることにかけた表現〕
**あわもり【泡盛】**焼酎《しょうちゅう》の一。〔沖縄特産。／アルコール分が強いものが多い〕
**あわや** あやうく。「―落ちそうになる」
**あわゆき【泡雪】**泡のように溶けやすい雪。
**あわゆき【淡雪】**（春先の）消えやすい雪。
**あわよくば** うまくいけば。
**あわれ【哀れ】**①悲哀。②おもむき。③かわいそう。④みじめだ。⑤ああ。類ふぜい〔古い表現〕
**―っぽい** 人の同情をさそうようすだ。「―声」
**あわれみ【哀れみ】**《憐れみ》あわれむこと。「―の情」
**あわれむ【哀れむ】**《憐れむ》かわいそう（気の毒）に思う。
**あん【案】**考え。類アイデア
**―に相違《そうい》して** 予想と違って。
**あん【庵】**①いおり。②文人の雅号・屋号に添える語。「芭蕉《ばしょう》―」
**あん【餡】**①甘い食品。あんこ。②片栗粉などでとろみをつけた汁。くずあん。
**あんあんり【暗々裏】**《―裡》（「～に」「～の」の形で）ひそかに。

**あんい【安易】** ①たやすい。②いいかげん。「―な態度」

**あんいつ【安逸】**《安佚》何もせず気楽に−する(暮らす)こと。

**アンインストール**[uninstall] インストールされたソフトウエアを削除すること。

**あんうつ【暗鬱】** 陰気でうっとうしいようす。「―な空模様」

**あんうん【暗雲】** 雨が降りそうな黒雲。⊜悪いことが起こりそうなけはい。「―漂う」

**あんえい【暗影】**《暗翳》暗いかげ。⊜不吉な前兆。

**あんか【安価】** 値段の安いこと。対高価 ⊜安っぽいこと。「―な同情」

**あんか【行火】** 手足をあたためる器具。

**あんか【案下】**〔文章語〕手紙の脇付の一。敬意を表す。〔机の−下(そば)の意〕

**あんが【安臥】** ゆったりと−横になる(寝る)こと。

**アンカー**[anchor] ①いかり。②リレーの最後の選手。

**―パーソン**[anchorperson] 取材したデータをまとめる役。また、ニュース番組でメインキャスター。〔性差別をなくすため「アンカーマン」に代えて用いる〕

**あんがい【案外】** 思いのほか。

**あんかけ【餡掛け】** くずあんをかけた料理。

**あんかん【安閑】** 気楽−な(に暮らす)ようす。

**あんき【暗記】**《諳記》書いたものを見ずに言えるように覚えること。

**あんきも【鮟肝】** アンコウの肝。珍味の一。

**あんぎゃ【行脚】** ①修行のため、僧が各地を巡り歩くこと。「―僧」②方々を旅行すること。

**あんきょ【暗渠】** 地下に造った(−排)水路。対開渠

**あんぐ【暗愚】**〔文章語〕おろか。

**あんぐう【行宮】** 天皇の旅先に設ける仮の住まい。行在所《あんざいしょ》。

**アングラ** 実験的・前衛的な映画・演劇。⊜出所不明。「―情報」〔underground の略〕

**―マネー** 非合法な資金。〔underground money の略〕

**アングラー**[angler] 釣り愛好家。釣り師。

**アンクル**[ankle] くるぶし。足首。「―ブーツ」

**アンクル**[uncle] おじさん。「―サム(=アメリカ−政府(国民)の俗称)」

**アングル**[angle] 角度。「カメラ―」

**アンクレット**[anklet] ①足首につけるアクセサリー。②くるぶしまでの短いソックス。

**あんくん【暗君】**〔文章語〕愚かな君主。対明君

**アンケート**[フランス語 enquête] 多数の人に同じ質問をし、回答を求める−こと(調査法)。

**あんけん【案件】** ①類議題 ②訴訟事件。

**あんこ**《餡子》〔俗語〕餡《あん》。〔「こ」は接尾語〕⊜クッションなどの詰め物。

**あんこう【鮟鱇】** 深海魚の一。食用。

**あんごう【暗号】** 秘密の通信用の符号。「―の解読」

**―資産《しさん》** インターネット上で送金や決済に利用される電子データ。暗号化技術により、真正性や取引の安全性を確保する。仮想通貨。

**あんごう【暗合】** 偶然に一致すること。「歴史の―」

**あんこうしょく【暗紅色】** 黒みがかった紅色。

**アンコール**[フランス語 encore] 音楽・演劇で、終了後に聴衆・観客が再演を望むこと。そのときに言う語。〔もう一度の意〕

**あんこく【暗黒】**《闇黒》暗いこと。⊜秩序・道徳の乱れ。「――街(時代)」

**―星雲《せいうん》** 銀河系内にあるガスやちりの集合体。

**―大陸《たいりく》** もと、アフリカ大陸の別称。〔差別的表現〕

**―物質《ぶっしつ》** 宇宙に存在するが、光を放出しないため観測されない物質。ダークマター。

**―面《めん》** 物事の醜い面。

**アンゴラ**[Angora] アンゴラウサギの毛(−の織物)。〔トルコのアンカラの旧称から〕

**―兎《うさぎ》** ウサギの一。長い毛は織物の原料。

**―山羊《やぎ》** ヤギの一。長い毛はモヘアといい、織物の原料。

**あんころもち【餡ころ餅】** あんで包んだ餅。

**あんざ【安座】**《安坐》 落ちついてすわる—こと(場所)。

**あんざいしょ【行在所】** 行宮《あんぐう》。

**あんさつ【暗殺】** やみうち。「—者」

**あんざん【安産】** 対難産

**あんざん【暗算】** 頭の中で計算すること。

**あんざんがん【安山岩】** 火山岩の一。暗灰色で緻密《ちみつ》。建築材料。

**アンサンブル**［フランス語 ensemble］ ①上着とスカートなどを、共布で作った一組みの婦人服。②音楽・演劇で、全体の調和。③(少人数の)合奏(—団)や合唱(—団)。

**あんし【暗視】** 暗い所でも見えること。「—カメラ」

**あんじ【暗示】** それとなく—示す(思いこませる)こと。類示唆《しさ》

**—にかける** そう思いこませる。

**あんししょく【暗紫色】** 黒みがかった紫色。

**あんしつ【庵室】** いおり。あんじつ。

**あんしつ【暗室】** まっ暗にできる部屋。〔写真現像用など〕

**アンシャンレジーム**［フランス語 ancien régime］ (フランス革命以前の) 古い政治・社会制度。旧制度。

**あんしゅ【庵主】** 庵室の主人(—の尼僧)。あんじゅ。

**あんじゅう【安住】** 安心して住むこと。「—の地」Ⅱ満足。「現状に—する」

**あんしゅつ【案出】** 考え出すこと。

**あんしょう【暗唱】**《諳誦》 そらんじて唱えること。

**あんしょう【暗証】** 本人だけが知っている数字や記号。「—番号」

**あんしょう【暗礁】** 海中に隠れている岩。

**—に乗《の》り上《あ》げる** 思わぬ障害で進行が妨げられる。

**あんじょう【鞍上】** 馬のくらの上。

**—人《ひと》無《な》く鞍下《あんか》馬《うま》無《な》し** 人馬一体となって馬を巧みに乗り回すようす。

**あんしょく【暗色】** 暗い色。対明色

**あんじる【案じる】** ①考えをめぐらす。②心配する。「容態を—」◇案ずる。

**あんしん【安心】** ①気がかりなことがないようす。対心配 ②阿弥陀仏を信じて極楽往生を願う心。

**—立命《りつめい》** 信仰によって心が安定し、何があっても落ちついていること。

**あんず【杏】** バラ科の落葉果樹。実はジャムなどにし、種は杏仁《きょうにん》といい薬用。

**あんすう【暗数】** 報告がないために統計に現れない数。「犯罪被害の—調査」

**あんずる【案ずる】** 案じる。

**—に** 考えてみるに。

**—より生《う》むが易《やす》い** 実行してみると、やらずに心配していたよりも案外たやすい。

**あんせい【安静】** (病人などが)体を動かさず、静かに寝ていること。

**あんぜん【安全】** 対危険

**—剃刀《かみそり》** 皮膚を傷つけないようにしたかみそり。

**—器《き》** 電流が流れすぎるのを防ぐ装置。

**—靴《ぐつ》** 工事作業者などの足を保護する頑丈な靴。

**—装置《そうち》** 機械・器具の危険防止装置。「ピストルの—」

**—地帯《ちたい》** 危険のない場所。〔特に路面電車の停留所として設けたもの〕

**—パイ** マージャンで、ふりこむ心配のない牌《パイ》。Ⅱ自分に害のない—人(もの)。

**—ピン** 留め針の一種。

**—弁《べん》** ボイラーなどの圧力を調節する弁。Ⅱ危険を防ぐためのもの。

**—保障《ほしょう》** 他国の侵略に対し、その国家の安全を保障すること。

**あんぜん【暗然】**《黯然》 ①暗いようす。②悲しくて心が重いようす。

**あんそく【安息】** 静かに休むこと。

**—香《こう》** 落葉高木アンソクコウの樹脂。〔薬用・香料用〕

**—日《び》** ①ユダヤ教で、土曜日。②キリスト教で、日曜日。

**アンソロジー**［anthology］ 詩歌・文学作品の選集。

**あんだ【安打】** 野球で、ヒット。

**アンダー**［under］ ①下。②アンダーパーの略。◇対オーバー

**—ウエア**［underwear］ 下着。

**—カット**［undercut］ バックスピン。

**—グラウンド**［underground］ 地下。

**—スロー** 野球で、下手投げ。〔under-hand throwから〕対オーバースロー

**—バー**［和製語 under bar］ 下線符号。「＿」「＿」。〔メールアドレスなどで、空白の代用にも〕

**—パー**［under par］ ゴルフで、標準打数

より少ない打数。
**ーパス**［underpass］立体交差で掘り下げになっている下の道路。
**ーバスト**［under bust］バストの下の胸まわり。
**ーハンド** アンダースロー。
**ーライン**［underline］下線。
**あんたい【安泰】** 心配のないこと。
**アンタッチャブル**［untouchable］①もと、インドの賤民。②アメリカの連邦捜査局員。◇〔不可触の意〕
**あんたん【暗澹】** ①暗いようす。②絶望的。「ーとした気分」
**アンダンテ**［イタリア語 andante］音楽の演奏標語の一。ゆるやかに。〔アダージョよりは速い〕
**ーカンタービレ**［イタリア語 andante cantabile］音楽の演奏標語の一。流れるようにゆるやかに。
**あんち【安置】** 大切に置いておくこと。
**アンチ**［anti］反・非の意。
**ーエイジング**［anti-aging］老化の予防。若返り。抗加齢。
**ーテーゼ**［ドイツ語 Antithese］弁証法で、ある命題に対立する命題。反定立。
**あんちくしょう【あん畜生】**〔俗語〕あの野郎。〔ののしるときの語〕
**アンチック**［フランス語 antique］①かな文字活字の書体の一。〔「アンチック・あんちっく」〕②⇩アンティーク
**アンチモニー** ⇩アンチモン
**アンチモン**［ドイツ語 Antimon］金属元素の一。銀白色でもろい。合金は活字用。アンチモニー。記号Sb
**あんちゃく【安着】** 無事に到着すること。
**あんちゃん《兄ちゃん》** ①兄(年上の男)をさす語。②〔俗語〕不良じみた若い男。「ーふう」
**あんちゅうもさく【暗中模索】** くらやみの中を手探りで捜すこと。●手がかりもないままに、いろいろやってみること。
**あんちょく【安直】** ①値段が安い。②手軽。類安易
**アンチョビー**［anchovy］カタクチイワシ(ーの油漬け)。
**あんてい【安定】** 状態が落ちついていること。「ー保つ・物価のー」対変動
**ー剤《ざい》** 安定させるための‐薬(物質)。「精神(義歯)ー」
**ー所《じょ》** 公共職業安定所の略。
**ー成長《せいちょう》** バランスのとれた経済成長。
**ー多数《たすう》** 与党にとって思いどおりの国会運営をするのに必要な議席数。
**アンティーク**［フランス語 antique］①古美術品。骨董《こっとう》品。②年代をへて品格が備わっているもの。◇アンチック。
**アンディーブ**［フランス語 endive］チコリ。
**アンティパスト**［イタリア語 antipasto］前菜。
**アンテナ**［antenna］電波を送受信するための装置。
**ーショップ**［antenna shop］消費者の動向を知る目的でメーカーが直営する店。
**ーを張《は》る** アンテナを立てる。●情報収集をする。
**アンデパンダン**［フランス語 indépendents］フランスの独立美術家協会。●無審査・無賞の展覧会。
**あんてん【暗転】** ①演劇で、舞台を暗くして行う場面転換。②わるい状態に転じること。「運命のー」
**あんど【安堵】** 安心。
**アンド**［and］…と…。「ギブーテイク」
**あんとう【暗闘】** ①内部でひそかに争うこと。②(歌舞伎の)だんまり。
**アントニム**［antonym］対義語。対シノニム
**アントルメ**［フランス語 entremets］西洋料理のコースで、デザートに出る甘い菓子。
**アントレ**［フランス語 entrée］西洋料理で、スープのあとの本料理の最初の皿。
**アントレプレナー**［entrepreneur］起業家。
**アンドロイド**［android］人造人間。
**あんどん【行灯】** 昔の照明具の一。
**あんない【案内】** ①導く‐こと(人)。②取り次ぎ。「ーを乞う」③通知。「ー状」④承知していること。「ごーのとおり」
**あんに【暗に】** それとなく。
**アンニュイ**［フランス語 ennui］ものうい気分。倦怠感。
**あんにんどうふ【杏仁豆腐】** 中国料理のデザートの一。中華風みつまめ。
**あんねい【安寧】**〔文章語〕安らかなこと。
**ー秩序《ちつじょ》** 社会が平和で乱れないこと。
**あんのじょう【案の定】** 思っていたとお

り。

**あんのん【安穏】** 無事で穏やかなこと。〔「あんおん」の連声《れんじょう》〕

**あんば【鞍馬】** 体操競技の種目の一。また、その用具。

**アンバー** [amber] こはく(―色)。

**あんばい【案配】**《按排》 うまく―処理(都合・整理)すること。

**あんばい【塩梅・按配】** ①味かげん。「―をみる」②体(物事)のぐあい。

**アンパイア** [umpire] 競技の審判員。

**アンパサンド** [ampersand] [and]を表す記号。「&」。アンパーサンド。

**アンバランス** [unbalance] 不均衡。

**あんパン【餡―】** 菓子パンの一。〔明治のはじめ、東京の木村屋がはじめた〕

**あんはんのう【暗反応】** 光合成で、光を必要としない反応。

**あんぴ【安否】** 無事であるかどうか。「―を問う(気づかう)」

**アンビギュイティ** [ambiguity] あいまいさ。多義性。

**アンビシャス** [ambitious] 野心的。

**アンビバレンス** [ambivalence] 正反対の感情を同時にいだくこと。〔心理学用語〕

**あんぶ【暗部】** 暗い部分。Ⅱ隠された部分。「事件の―」

**あんぶ【鞍部】** 山の尾根で、馬のくらのように少し低くなった所。コル。

**あんぷ【暗譜】**《諳譜》 楽譜を暗記すること。

**アンプ** ステレオなどの増幅器。〔amplifierの略〕

**アンフェア** [unfair] 不公正。

**アンプル** [フランス語 ampoule] 薬液を密封した小さいガラス容器。

**アンブレラ** [umbrella] かさ。

**あんぶん【案文】** 下書きの文書(―を考えること)。

**あんぶん【案分】**《按分》 割合に応じて分けること。

**―比例《ひれい》** 比例配分。

**アンペア** [ampere] 電流の強さを表す単位。記号A

**アンペイドワーク** [unpaid work] 家事・育児など、賃金の支払われない労働。

**あんぽ【安保】** 安全保障の略。「―条約」

**あんぽう【罨法】** 湿布。「―薬」

**あんぽんたん** ばか。〔ののしって言う語〕

**あんま【按摩】** マッサージによる治療をする―こと(人)。

**あんまく【暗幕】** 光をさえぎる黒い幕。

**あんみつ【餡蜜】** あん入りみつまめ。

**あんみん【安眠】** ぐっすり眠ること。

**あんもく【暗黙】** 黙って何も言わないこと。「―のうちに」

**―の了解《りょうかい》** 何も言わなくても承知していること。

**アンモナイト** [ammonite] 化石動物の一。古生代〜中生代の巻き貝。菊石。

**アンモニア** [ammonia] 水素と窒素の化合物で、無色・刺激臭の気体。肥料製造・冷凍用。

**アンモラル** [unmoral] 不道徳。

**あんや【暗夜】**《闇夜》 暗い夜。類やみよ

**あんやく【暗躍】** 裏面で活躍すること。

**あんゆ【暗喩】** 隠喩。

**あんらく【安楽】** 苦痛(心配)がなくやすらかなこと。

**―椅子《いす》** 大形のひじかけ椅子。

**―死《し》** 助かる見込みのない患者を本人の希望で死なせること。ユータナジー。

**アンラッキー** [unlucky] 不運。対ラッキー

**あんりゅう【暗流】** 水面下の流れ。Ⅱ表面に出ない(不穏な)動き。

**あんるい【暗涙】** 人知れず流す涙。

# い

**い【イ】** 音名の一。ハ長調のラにあたる。

**い【井】** 井戸。

**―の中《なか》の蛙《かわず》** 見識のせまい―人(こと)。〔「井の中の蛙大海を知らず」から〕

**い【衣】** 着るもの。「―・食・住」

**い【亥】** 十二支の一二番目。イノシシ。〔昔、時刻で午後一〇時ごろ、方角で北北西〕

**い【伊】** イタリア。〔伊太利から〕

**い【医】** ①医療。医術。②医者。「眼科―」

**―は仁術《じんじゅつ》** 医術は損得ぬきで人に仁徳を施す術である。

**い【委】** 委員(―会)。「公取―」

**い【胃】** 内臓の一。消化器の主要部。

**い【威】** 勢力。「虎《とら》の―を借《か》る」

い【異】①違った―こと（考え）。②ふしぎなようす。「縁は―なもの」

―を立《た》てる 違った意見を出す。異を唱える。

い【意】①意味。②気持ち。考え。「―を決する(=決断する)」

―に介《かい》さない 気にしない。

―に沿《そ》う 希望や要求に応える。

―に染《そ》まぬ 気に入らない。

―のあるところ 本当に言いたい点。真意。

―のまま 思いどおり。

―を得《え》ない 考えが伝わらない。

―を汲《く》む 人の考えや気持ちを察する。

―を尽《つ》くす 自分の考えをすべて出す。

―を強《つよ》くする 自信をもつ。

―を迎《むか》える 迎合する。

―を用《もち》いる 気をくばる。

い【緯】①よこ糸。②緯度。緯線。◇対経

い【藺】いぐさ。

いあい【居合い】刀をすばやく抜いて切るわざ。

―抜《ぬ》き 居合いを見せる芸。

いあい【遺愛】生前、大事にしていたもの。「―の品《しな》」

いあつ【威圧】威力で押さえつけること。

いあわす【居合わす】居合わせる。

いあわせる【居合わせる】ちょうどその場にいる。居合わす。

いあん【慰安】気持ちをなごやかにすること。「―旅行」

―婦《ふ》 軍が性奴隷とした女性の称。「従軍―」

いい【謂】〔文章語〕意味。わけ。「個の尊重とは何の―ぞ」

いい《好い・善い・良い》①「よい」の口語的表現。対悪い ②簡単に…できる。「暮らし―土地」類やすい

―顔《かお》 顔がきく―こと（人）。

―顔《かお》をしない 好意的ではない。

―気《き》 得意がるようす。「―になる」

―気味《きみ》 人の災難や失敗を喜ぶ言葉。類ざまをみろ

―事《こと》 ①うれしいこと。②（「…を～にして」の形で）…をよい口実にして。

―子《こ》になる （自分だけ）人によく思われるようにふるまう。

―線《せん》 かなりいいレベル。

―面《つら》の皮《かわ》 とんだ恥さらしだ。

―年《とし》 分別のある年ごろ。「―をして」〔あざけりの気持ちで使う〕

―仲《なか》 愛し合っている関係。

―人《ひと》 恋人。

―目《め》が出《で》る 運が開ける。

いいあい【言い合い】口論。

いいあう【言い合う】①言い争う。②互いに言う。

いいあてる【言い当てる】予言して的中させる。

いいあらそう【言い争う】口げんかをする。

いいあらわす【言い表す】言葉で表現する。

いいあわせる【言い合わせる】申し合わせる。

いいえてみょう【言い得て妙】実にうまく言ったものだ。

いいおく【言い置く】言い残す②。

いいおくる【言い送る】①順々に言い伝える。②手紙などで言ってやる。

いいおとす【言い落とす】言い忘れる。

いいかえす【言い返す】①繰り返して言う。②返答する。③口答えする。

いいかえる【言い換える】①別の表現で言う。②前とは違うことを言う。

いいがかり【言い掛かり】根拠のないこじつけで相手にからむこと。「―をつける」

いいかける【言い掛ける】①言葉をかける。②途中まで言う。

いいかげん【好い加減】①かなり。「―疲れた」②ちょうどよい程度だ。③でたらめ。類おざなり

いいがたい【言い難い】言うのがむずかしい。「いわく―」類言いにくい

いいかねる【言い兼ねる】言うのがためらわれる。

いいかわす【言い交わす】①（結婚の）約束をする。②互いに言葉をかけあう。

いいき【異域】〔文章語〕外国。類異国

いいきかす【言い聞かす】言い聞かせる。

いいきかせる【言い聞かせる】納得するように教えさとす。言い聞かす。

いいきる【言い切る】①言い終わる。②断言する。

**いいぐさ【言い種・―草】** ①言っている内容。「―が気にくわない」②何かにつけて口にする言葉。「世間の―」③ものの言い方。

**イーグル**〔eagle〕①鳥の、ワシ。②ゴルフで、パーより二打少ない打数。

**いいくるめる【言いくるめる】** 言葉たくみに言って、その場をごまかす。

**イーコマース【E―】** 電子商取引。〔e-commerce〕

**いいこめる【言い込める】** 議論して相手を屈服させる。

**いいさす【言いさす】** 言いかけて途中でやめる。

**イーサネット**〔Ethernet〕 コンピューターのネットワークシステムの一。LANの代表的なもの。イーサーネット。

**イージー**〔easy〕簡単。

**―オーダー**〔和製語 easy order〕用意された型や服地をもとに手軽にあつらえる洋服(方法)。

**―ゴーイング**〔easygoing〕 安易。気楽。

**―ミス**〔和製語 easy miss〕単純な失敗。

**―リスニング**〔easy listening〕(強烈なロックなどに対し)気軽に聞けるポピュラー音楽。

**イージスかん【―艦】** 爆撃機とミサイルの同時多数攻撃にも対応できる艦艇。

**いいしぶる【言い渋る】** 言うのをためらう。

**いいじょう【言い条】** (「…とは～」の形で)…とはいうものの。

**いいしれぬ【言い知れぬ】** 言うに言われない。

**いいすぎる【言い過ぎる】** 言わなくていいことまで言う。類言い過ごす

**イースター**〔Easter〕復活祭。

**イースタン**〔Eastern〕 東の。東部の。「―リーグ」対ウエスタン

**いいすてる【言い捨てる】** はきすてるように言う。

**イースト**〔east〕東。東部。東方。対ウエスト

**イースト**〔yeast〕酵母菌の一。〔パンなどをふくらませるのに使う〕

**イーゼル**〔easel〕画架。

**いいそこなう【言い損なう】** ①言いまちがえる。②言いそびれる。

**いいそびれる【言いそびれる】** 言う機会を失う。

**いいだくだく【唯々諾々】** 人に従うようす。〔唯々だけでも同じ意味に使う〕

**いいだこ【飯蛸】** 小形のタコの一。腹に米粒のような卵が詰まっている。食用。

**いいだしっぺ【言い出しっ屁】** 最初に言った人(―がまず始めること)。〔くさいと言い出した人が実はおならをした本人であるる意から〕

**いいたてる【言い立てる】** 強調して言い張る。

**いいたる【易々たる】** 非常にたやすい。「―こと」

**いいちがい【言い違い】** 言い違えること。また、その言葉。

**いいちがえる【言い違える】** まちがって言う。

**いいちらす【言い散らす】** やたらに言う。類言いふらす

**いいつかる【言い付かる】** 命令される。言い付けられる。

**いいつぐ【言い継ぐ】** 言い伝え語り続ける。

**いいつくす【言い尽くす】** 全部言ってしまう。対言い残す

**いいつくろう【言い繕う】** 言葉でうまくごまかす。

**いいつけ【言い付け】** 命令。

**いいつける【言い付ける】** ①命令する。②つげぐちする。③口ぐせのように、よく言う。

**いいつたえ【言い伝え】** 昔から語り伝えられてきた―こと(話)。類伝説

**いいつたえる【言い伝える】** ①後世に語り伝える。②伝言する。

**いいつのる【言い募る】** ますます激しく言う。

**イートイン**〔和製語 eat in〕(ファストフード店で)店内での飲食。対テークアウト

**いいとおす【言い通す】** どこまでも言い張る。

**いいとこどり【いいとこ取り】** 長所や都合のいい点だけを取りこむこと。

**いいなおす【言い直す】** ①(誤りを訂正して)もう一度言う。②別の言葉で言う。

**いいなす【言いなす】** ①事実でないこと

を事実のように言う。②とりなす。

**いいなずけ**【許嫁・許婚】 婚約者。フィアンセ。〔もとは、親どうしで子が幼少のうちから婚約をする場合〕

**いいならわす**【言い習わす】《―慣わす》昔から世間で習慣的に言う。

**いいなり**【言いなり】 相手の言うとおりにしたがうこと。「―放題」

**いいにくい**【言い難い】 ①発音しにくい。②言うのがためらわれる。

**いいぬける**【言い抜ける】 言い逃れる。

**いいね**【言い値】 売り手の言うままの値段。対付け値

**いいのがれる**【言い逃れる】 うまく言い繕って責任や罪をのがれる。

**いいのこす**【言い残す】 ①言うべきことを言わないでしまう。対言い尽くす ②後の人に言っておく。「死ぬ前に―」

**いいはなつ**【言い放つ】 遠慮なくはっきり言う。

**いいはる**【言い張る】 主張する。

**いいひらき**【言い開き】 弁解。言い訳。「―が立たない」

**いいふくめる**【言い含める】 よく言い聞かせる。

**いいふらす**【言い触らす】 多くの人に言って広める。

**いいふるされる**【言い古される】 多くの人が言って珍しくなくなる。

**いいぶん**【言い分】 主張したい事柄。「―がある・―を聞く」

**イーブン**〔even〕(点数が)互角。

**―パー**〔even par〕 ゴルフで、標準打数でプレーを終えること。

**いいまかす**【言い負かす】 言い争って相手を負かす。類言いふせる

**いいまぎらわす**【言い紛らわす】 話題をそらしてうまくごまかす。言い紛らす。

**いいまわし**【言い回し】 言い表し方。

**イーメール**【e―】 インターネットを利用した端末間のメッセージ(データ)通信。電子メール。

**いいもらす**【言い漏らす】 ①言い忘れる。②秘密を人に話す。

**いいよう**【言いよう】《―様》 言い表し方。話し方。「物は―」

**いいよどむ**【言い淀む】 言おうとしてためらう。類口ごもる

**いいよる**【言い寄る】 言葉をかけて近づく。〔多く「異性を口説く」の意で使う〕

**いいわけ**【言い訳】 弁解。類言い分

**いいわたす**【言い渡す】 命令を告げる。宣告する。

**いいん**【医院】 医者が個人的に経営する診療所。〔病院より規模が小さい〕

**いいん**【委員】 集団から選出されて仕事にあたる人。「―会(長)」

**いう**【言う】《云う》 ①話す。②(「…と～」の形で)名付ける。③音がする。「戸がガタガタ―」◇ゆう。

**―所《とこ》の** 世間で言う。いわゆる。

**―ならば** 言ってみれば。

**―なれば** 言うならば。

**―に言《い》われぬ** 言葉では表現のしようがない。

**―に事《こと》を欠《か》いて** ほかに言い方もあろうによりによって。

**―は易《やす》く行《おこな》うは難《かた》し** 言うだけなら簡単だが、実行するのは難しい。

**―までもない** わざわざ言う必要がないくらい当然だ。

**―もおろか** 言うまでもなく。

**いえ**【家】 ①人が住むための建物。家屋。②家庭。◇類うち ③家名。

**いえい**【遺詠】 故人の残した詩歌。〔そのうち特別なものを辞世という〕

**いえい**【遺影】 故人の写真や肖像画。

**いえがまえ**【家構え】 家のつくり。

**いえがら**【家柄】 その家の品位・格式。

**いえき**【胃液】 胃に分泌される消化液。酸性で、主にたんぱく質を分解する。

**いえじ**【家路】 自宅へ帰る道。「―をたどる」

**イエス**〔yes〕 はい。そのとおり。対ノー

**―マン**〔yes-man〕 他人の言いなりになる人。

**いえすじ**【家筋】 家系。素性《すじょう》。

**いえつき**【家付き】 ①家屋がついていること。②ずっと生家にいること。「―娘」

**いえづと**【家苞】 〔文章語〕家へのみやげ。〔雅語〕

**いえで**【家出】 帰らないつもりで家を出てよそへ行くこと。

**イエティ**〔チベット語 yeti〕 ヒマラヤ山中にすむといわれるなぞの動物。雪男。

**いえでん**【家電】 〔俗語〕家庭の固定電

話。対携帯電話

**いえども《雖も》**（「…と～」の形で）…ではあるが。たとえ…でも。

**いえなみ【家並み】** 並んだ家々。類やなみ

**いえぬし【家主】** やぬし。対店《たな》子《こ》

**いえのみ【家飲み】** 自宅で酒を飲むこと。

**いえもと【家元】** 芸道の流派の本家（―の当主）。

**いえやしき【家屋敷】** 家とその敷地。

**いえる【言える】** 言うことができる。「それは―（＝そのとおりだ）」

**いえる【癒える】**（病気や傷が）治る。

**イエロー** [yellow] 黄色。

**―カード** ①［yellow card］サッカーで、非紳士的プレーや反則を繰り返す選手に主審が示す警告の黄色いカード。〔一試合二度で退場〕 ②［Yellow Card］国際予防接種証明書。海外旅行に必要。イエローブック。〔表紙が黄色〕

**いえん【以遠】** そこより遠い―こと（所）。「名古屋―」

**―権《けん》** 航空協定で、相手国の空港を経由してさらに第三国へ運航する権利。

**いえん【胃炎】** 胃内壁の炎症。「慢性―」

**いお《庵》** いおり。

**いおう【以往】** 以後。以降。対既《き》往《おう》

**いおう【硫黄】** 元素の一。マッチ・火薬・医薬品の原料。記号S

**いおとす【射落とす】** 射てしとめる。Ⅱねらったものを得る。「愛する人の心を―」

**いおり【庵】** 僧・修行者などが住む、簡素な住まい。草《そう》庵《あん》。庵《いお》。

**いおん【異音】** ①故障のために出る異常音。②言語学で、同一音素に該当する異なる音。〔「ざる」の「dz」と「ひざ」の「z」など〕

**イオン** [ion] 電気を帯びた原子（―団）。「陽（陰）―」

**―交換《こうかん》樹脂《じゅし》** 合成樹脂の一。溶液の精製などに使う。

**いおんびん【イ音便】** 音便の一。〔例、歩きて→歩いて〕

**いか【以下】** ①それを含んでより下。「一〇〇円―」類未満 ②それ（そこ）よりあと。「―同文」③…を始め、全部で。「課長―一〇名」◇対以上

**いか【医科】** 医学に関する学科。また、医学部。「―大学」

**いか【易化】** 易しく―なる（する）こと。「入試問題が―する」対難化

**いか《烏賊》** 軟体動物の一。一〇本足。食用。〔「一杯、二杯」と数える〕

**いか【異化】** 生物が、外界から取り入れた物質をより単純な物質に分解すること。「―作用」対同化

**いが【毬】** クリなどのとげ（―のある外皮）。

**いかい【位階】** 功労があった人に国が与える―位《くらい》（等級）。「―勲等」

**いかい【異界】** 日常生活の時空間の外にある世界。〔死者や鬼のすむ世界など〕

**いかい【遺戒】《遺誡》** 故人が戒めとして言い残したこと。ゆいかい。

**いがい【以外】** それのほか。「日曜―の日」

**いがい【貽貝】** 海産の二枚貝。食用。

**いがい【意外】** 思いのほか。類案外

**いがい【遺骸】** 遺体。

**いかいよう【胃潰瘍】** 胃壁にできる潰瘍。

**いかが《如何》** どう。「ごきげん―・―いたしますか」

**―な** どんな。「―ものか」

**いかがわしい《如何わしい》** ①疑わしい。Ⅱ素性がはっきりしない。②道徳上よくない。「―場所」

**いがき【斎垣】** 神社の垣根。玉垣。

**いかく【威嚇】** おどすこと。「―射撃」

**いがく【医学】** 病気の治療・予防の方法を研究する学問。

**いかくちょう【胃拡張】** 胃の病気の一。大きくなったまま元にもどらなくなる。

**いがぐり【毬栗】** いがのついたクリの実。Ⅱ「―頭（＝坊主頭）」

**いかける【射掛ける】** 敵に向かって矢を射る。

**いかさま《如何様》** ①いんちき。②〔文章語〕いかにも。

**―師《し》** 詐欺師。

**いかす** 〔俗語〕魅力がある。「いかした（＝しゃれた）かっこう」

**いかす【生かす・活かす】** ①生きるようにする。②活用する。◇対殺す

**いかすい【胃下垂】** 胃の病気の一。胃の位置が異常に下がる。

**いかずち【雷】** かみなり。〔古語的〕

**いかそうめん《烏賊素麺》** イカを細く切った刺身。

**いかぞく【遺家族】** 遺族。
**いかだ【筏】** 木や竹を結び合わせた舟の一種。「—を組む・—師(流し)」
**いがた【鋳型】** 鋳物の製造で、金属をとかして流し入れる型。
**—にはめる** 同じ型につくる。
**いカタル【胃—】** 胃炎。
**いかつい**《厳つい》いかめしい。「—顔」
**いかな**《如何な》〔文章語〕いかなる。
**いかなご【玉筋魚】** 近海魚の一。食用。コウナゴ。
**いかなる**《如何なる》〔文章語〕どんな。「—場合でも」
**いかに**《如何に》①どのように。②(仮定表現を伴って)どれほど。「—強くても」
**—も** ①どう見ても。「—先生らしい」②なるほど。「—そのとおり」
**いかのぼり**《凧・紙鳶》(関西で)空にあげる、たこ。いか。
**いかばかり【如何ばかり】**〔文章語〕どれほど。「悲しみは—かと…」
**いかほど**《如何程》 どのくらい。いくら。「お代は—」
**いがみあう【いがみ合う】**《啀み—》憎んで争いあう。
**いがむ**《歪む》ゆがむ。
**いかめしい【厳めしい】** 立派で近よりがたい。Ⅱものものしい。「—警備態勢」
**いカメラ【胃—】** 口や鼻から入れて胃の内側を撮影する極小カメラ。
**いかもの**《如何物》①にせもの。②異常なもの。
**—食《ぐ》い** 変なものを好んで食べる—こと(人)。
**いからす【怒らす】** いからせる。
**いからせる【怒らせる】** ①相手をおこらせる。②かどだたせる。「目(肩)を—」
**いがらっぽい** えぐみがあって、のどが不快だ。えがらっぽい。
**いかり【怒り】** 怒る—こと(気持ち)。
**—肩《がた》** 角張った肩。対なで肩
**—狂《くる》う** 度をこして激しく怒る。
**—心頭《しんとう》に発《はっ》する** ひどく腹を立てる。
**いかり【錨・碇】** 船をとめておく重り。アンカー。「—を下ろす(=停泊する)」
**いかる【怒る】**〔文章語〕①おこる。②かどばる。「肩が—」
**いかれる**〔俗語〕①こわれる。「機械がいかれた」Ⅱ異常である。「いかれたやつ」②夢中になる。「彼女にすっかりいかれている」③相手にしてやられる。「まんまといかれた」◇〔いくの自発形から〕
**いかん【衣冠】** 昔、宮中で着た、略式の男性用衣服。「—束帯」
**いかん**《如何》〔文章語〕①どうであるか。「結果は—」②ようす。次第。「事の—によって」
**—せん**〔文章語〕どうにもならない。
**—ともしがたい** どうにもしようがない。
**いかん【尉官】** 軍隊で、大尉・中尉・少尉。また、自衛隊で、一尉・二尉・三尉。
**いかん【移管】** 管理・責任を他へ移すこと。
**いかん【移監】** 囚人を他の刑務所に移すこと。
**いかん【遺憾】** 残念に思うこと。
**—なく** 十分に。「—力を発揮した」
**いかん** いけない。だめだ。「入っては—」
**いがん【胃ガン・胃癌】** 胃壁にできるガン。
**いがん【依願】** 本人が希望して申し出ること。「—退職(免官)」
**いかんそく【維管束】** 植物体を貫く、水分・養分の通路となる組織。
**いき【生き】** ①生きること。対死に ②《活き》新鮮さ。「—がいい魚」
**いき【行き】**《往き》行く—こと(途中)。ゆき。対帰り
**いき【息】** ①口・鼻でする呼吸(—によって出る空気)。②相手との調子。「—が合う」
**—が上《あ》がる** (運動して)呼吸が荒くなる。
**—がかかる** 有力者の傘《さん》下《か》に入る。
**—が切《き》れる** 長くつづかない。
**—が絶《た》える** 死ぬ。
**—が詰《つ》まる** いきづまる。
**—が長《なが》い** 活動期間が長い。
**—を凝《こ》らす** 大いに緊張する。
**—を殺《ころ》す** 息をとめてじっとしている。
**—をつく** ①ほっとする。②一休みする。
**—を抜《ぬ》く** 緊張をゆるめる。一休みする。
**—を飲《の》む** はっと驚く。
**—を引《ひ》き取《と》る** 死ぬ。
**—を潜《ひそ》める** 息をおさえて静かにしている。
**—を吹《ふ》き返《かえ》す** 生き返る。Ⅱ立ち直

る。

**いき【粋】** あかぬけしたようす。‖色気があるようす。「―な話」◇対やぼ

**いき【域】** ①地域。②程度。範囲。「名人の―に達する」

**いき【位記】** 位を授ける旨を書いた文書。

**いき【意気】** 気持ち。

**いき【遺棄】** そのまま捨てておくこと。

**―天《てん》を衝《つ》く** 意気衝《しょう》天《てん》。

**いぎ【威儀】** 作法にかなった動作。「―を正す」

**いぎ【異義】** 異なった意味。「同音―」

**いぎ【異議】** 不賛成の意見。「―申し立て・―を唱える」

**いぎ【意義】** ①意味。②価値。

**いきあう【行き合う】**《―逢う》 出会う。ゆきあう。

**いきあたり【行き当たり】** 行き当たること(所)。ゆきあたり。

**―ばったり** なりゆき任せ。ゆきあたりばったり。

**いきあたる【行き当たる】** 進んでいってつきあたる。‖進退に窮する。類行きづまる◇ゆきあたる。

**いきあわせる【行き合わせる】** ちょうどその場に-行く(出あう)。ゆきあわせる。

**いきいき【生き生き・活き活き】** 活気のあるようす。

**いきいそぐ【生き急ぐ】** 人生がごく短いかのように、先を急いで生きる。

**いきうつし【生き写し】** よく似ていること。

**いきうまのめをぬく【生き馬の目を抜く】** すばしっこく油断がならない。

**いきうめ【生き埋め】** 生きたまま地中に-うめる(うまる)こと。

**いきえ【生き餌】** えさにする、生きたままの虫や小動物。

**いきおい【勢い】** ①力。元気。②権力。③なりゆき。「時の―」④そのなりゆきで。必然的に。

**―込《こ》む** 意気込む。

**いきがい【生きがい】**《―甲斐》 生きていくはりあい。

**いきかう【行き交う】** 行ったり来たりする。ゆきかう。

**いきかえり【行き帰り】** 往復。ゆきかえり。

**いきかえる【生き返る】** 命を取りもどす。よみがえる。

**いきがかり【行き掛かり】** 物事をやりかけた勢い。ゆきがかり。「―上しかたない」

**いきがけ【行き掛け】** 行く-ついで(途中)。ゆきがけ。

**―の駄賃《だちん》** 事のついでに-他のことをする(利益を得る)こと。

**いきがる【粋がる】** 粋なつもりでふるまう。

**いきき【行き来】**《往き来》 往来。ゆきき。

**いきぎれ【息切れ】** 呼吸が苦しくなること。‖長続きしないこと。「―がする」

**いきぐされ【生き腐れ】** 魚などが、新鮮そうに見えながらくさっていること。生き腐り。「サバの―」

**いきぐるしい【息苦しい】** 呼吸が苦しい。‖㋐ひどく緊張する。㋑窮屈だ。

**いきけんこう【意気軒昂】** 元気がよいようす。

**いきごむ【意気込む】** 勢いを込める。張り切る。

**いきさき【行き先】** ①行った場所。②目的地。◇ゆきさき。

**いきさつ**《経緯》 経過。それまでの細かい事情。

**いきざま【生き様】** 生きていく上での姿勢・あり方。〔「死に様」との対比から造られた語〕

**いきじ【意気地】** いくじ。

**いきじごく【生き地獄】** この世で味わう悲惨な苦しみ。

**いきしに【生き死に】** 生きるか死ぬか。「―に関わる問題」

**いきじびき【生き字引】** 何事もよく知っている人。

**いきじめ【生き締め】** 鮮度を保つため、魚をとってすぐに血を抜くこと。

**いきしょうてん【意気衝天】** 意気込みが盛んなこと。

**いきしょうにん【生き証人】** 現にいる証人。〔証人の強め〕

**いきすぎる【行き過ぎる】** ①通り過ぎる。②目的地よりも先へ行く。‖限度を越える。◇ゆきすぎる。

**いきすじ【粋筋】** 花柳界に関する方面。「―の女性」

**いきせききって【息せき切って】** 息をきらすほど非常に急いで。「―かけつける」

**いきそそう【意気阻喪】** しょげ返ること。

**いきた【生きた】**

**―化石《かせき》** 太古の昔から現在も変わらない姿の動植物。残存種。〔化石と同じ形であることから〕Ⅱ〔俗語〕古い価値観の人。

**―空《そら》もない** （恐ろしくて）生きたここちもしない。

**いきだおれ【行き倒れ】** 飢え・寒さ・病気などで、道ばたに―倒れる（倒れて死ぬ）こと。その人。ゆきだおれ。

**いぎたない《寝穢い》** ①寝坊だ。対いざとい ②寝相がわるい。◇〔古風な言い方〕

**いきち【生き血】** 生きた動物の血。

**―を吸《す》う** 人を残酷に扱って利益を得る。

**いきち【閾値】** ある反応や現象を引き起こすための最小のエネルギーの値。

**いきちがい【行き違い】** すれ違うこと。すれ違って会わないこと。Ⅱ食いちがい。◇ゆきちがい。動いきちがう

**いきづかい【息遣い】** 呼吸の仕方。

**いきつぎ【息継ぎ】** ①歌や水泳で、途中で息を吸うこと。②一休み。

**いきつく【行き着く】** 到着する。Ⅱ行くところまで行く。◇ゆきつく。

**いきづく【息づく】《息衝く》** 息をする。Ⅱ㋐暮らす。「ひっそりと―」㋑活気がある。「文化の―街並み」

**いきづくり【生き作り・活き―】** いけづくり。

**いきつけ【行き付け】** いつも行っていること。ゆきつけ。類なじみ

**いきづまる【息詰まる】** 呼吸が苦しくなる。Ⅱ緊張して重苦しく感じる。

**いきづまる【行き詰まる】** 先へ行けなくなる。Ⅱ進退に窮する。「仕事に―」◇ゆきづまる。

**いきとうごう【意気投合】** 互いにすっかり気が合うこと。

**いきどおる【憤る】** 憤慨する。

**いきどおろしい【憤ろしい】** 腹立たしく、不満だ。

**いきとしいけるもの【生きとし生けるもの】** 生きているすべてのもの。

**いきとどく【行き届く】** すみずみまで行き渡る。ゆきとどく。「注意が―」

**いきどまり【行き止まり】** その先へは行けない―こと（所）。ゆきどまり。

**いきながらえる【生き長らえる・―永らえる】** 生き（―延び）ている。

**いきなやむ【行き悩む】** 先へ進めず困る。Ⅱ物事が思うようにはかどらない。◇ゆきなやむ。

**いきなり《行き成り》** 突然。急に。

**いきぬき【息抜き】** 一休み。気分転換。

**いきぬく【生き抜く】** 困難を克服して生きていく。

**いきのこる【生き残る】** 他の人が死んだ中で死なずにいる。

**いきのね【息の根】** いのち。

**―を止《と》める** 殺す。Ⅱ徹底的にやっつける。

**いきのびる【生き延びる】** ①生き残る。②長生きする。

**いきば【行き場】** 行くべき場所。ゆきば。

**いきはじ【生き恥】** 生前に受ける恥。「―をさらす」対死に恥

**いきばる【息張る】** いきむ。

**いきまく【息巻く】** 語気強く言い立てる。類いきりたつ

**いきまよう【行き迷う】** どう進むべきか迷う。ゆきまよう。

**いきみ【生き身】** 生きている体。なまみ。「―の人間」

**いきむ【息む】** 下腹に力を入れる。

**いきもの【生き物】** 生きているもの。〔動植物の総称〕類生物

**いきょ【依拠】** よりどころ（―とすること）。

**いきょう【異郷】** 故郷でない土地。外国。「―をさすらう」対故郷

**いきょう【異教】** キリスト教で、他の宗教。

**―徒《と》** 異教を信じている人。

**いきょう【異境】** 外国。類異土

**いぎょう【異形】** ふつうでない―形（ようす）。「―の者」

**いぎょう【偉業】** 偉大な事業。

**いぎょう【遺業】** 故人が行なった事業。

**いきようよう【意気揚々】** 得意なようす。

**いきょく【医局】** 病院で、―医務を扱う（医者・看護師が詰める）所。

**いきょく【委曲】** 詳細。「―を尽くす」

**イギリスパン** 山形の食パン。〔ポルトガル語 Inglez と ポルトガル語 pão から〕

**いきりたつ【いきり立つ】**《熱り―》はげしく―興奮する（怒る）。類いきまく

**いきりょう【生き霊】** 生きている人の怨霊《おんりょう》。対死霊

**いきる【生きる・活きる】** ①生存する。②暮らす。③役立つ。④引き立つ。◇〔いきる①③④は対死ぬ〕

**いきわかれ【生き別れ】** 生きたまま別れること。類生別 対死にわかれ

**いきわたる【行き渡る】** もれなく全体に及ぶ。ゆきわたる。

**いく【幾】** どれほどの。「―年（百）」

**いく【行く】**《往く》①出かける。対来る・帰る ②通じている。「駅へ―道」③物事がすすむ。「うまく―」④とどく。「連絡が―」⑤ある状態になる。「納得が―」⑥（「…て～」の形で）ある方向に進む。「出て―」⑦（「…て～」の形で）続ける。「生きて―」◇ゆく。

**いく【逝く】** ⇩ゆく

**イグアナ**［スペイン語 iguana］ 中南米にすむ大形のトカゲ。草食。

**いぐい【居食い】** 職をもたず、財産を使って生活すること。座食《ざしょく》。

**いくいく【郁々】** ①文化が盛んなようす。②香気の盛んなようす。

**いくえ【幾重】** 多くの重なり。
**―にも** 何度も繰り返し。

**いくえい【育英】** 才能ある青少年を教育すること。

**いくきゅう【育休】** 育児休業の略。

**いくさ【戦】**《軍》戦争。戦い。

**いぐさ【藺草】** 植物の一。茎は畳表用。イ。

**いくさき【行く先】** 行こうとする目的地。いきさき。⑪将来。◇ゆくさき。

**いくじ【育児】** 幼児を育てること。
**―休業《きゅうぎょう》** 一歳未満の子をもつ労働者に法律で認められている休暇。育休。

**いくじ【意気地】** 自分の意志を貫こうとする気力。〔いきじの変化〕
**―がない** 度胸がない。
**―無《な》し** 気力のない―こと（人）。類弱虫・腰抜け

**いくしゅ【育種】** 家畜や作物の改良種を作り出すこと。

**いくすえ** ⇩ゆくすえ

**いくせい【育成】** 立派に育てること。

**いくた【幾多】** 多数。「―の苦難」類あまた

**いくたび【幾度】** いくど。

**いくたり【幾人】**〔古語〕なんにん。

**いくつ【幾つ】** どのくらいの数。類何個・何歳
**―か** あまり多くない数。
**―も** ①たくさん。②（否定表現の中で）わずかしか。「―残っていない」

**いくど【幾度】** 何度。何回。

**いくどうおん【異口同音】**（多くの人が）口をそろえて同じことを言うこと。

**いくとせ【幾年】**〔文章語〕何年。

**イグニッション**［ignition］ 点火（―装置）。
**―キー**［ignition key］ エンジンを始動するかぎ。エンジンキー。

**いくばく【幾許】**〔文章語〕①どれほど。②「余命―もない（=少ししかない）」

**いくび【猪首】** 短くて太い首。〔イノシシの首のようにの意〕

**いくひさしく【幾久しく】** いつまでも。

**いくびょう【育苗】** 作物や樹木の苗を育てること。

**いくぶん【幾分】** ①少し。「―暖かくなる」②一部分。「―かを譲る」

**いくメン【イクメン・育―】**〔俗語〕育児に積極的に関わる男性。〔イケメンのもじり〕

**いくもう【育毛】** 髪の毛を発育させること。「―剤」

**いくら【幾ら】** ①どれほど（―の値段）。②おおよその数量や程度を表す。「千―の出費」③どんなに。「―好きでも」
**―か** 少しばかり。多少。
**―何《なん》でも** どう考えても（―ひどすぎて）。
**―も** ①たくさん。②（否定表現の中で）わずかしか。「―持っていない」

**イクラ**［ロシア語 ikra］ サケの卵の塩漬け。食用。

**いくりん【育林】** 森林を育てること。

**いくん【偉勲】** 偉大な手柄。類偉功

**いくん【遺訓】** 故人が残した―言葉（教え）。

**いけ** 嫌う気持ちを表す。「―すかない」

**いけ【池】** ①くぼ地に水―がたまった所（をためたもの）。類沼・湖 ②すずりの、うみ。対陸《おか》

**いけい【畏敬】** うやまうこと。「―の念」

**いけい【異形】** いぎょう。

**いけいけ【行け行け】** ノリがよくて勢いのあるようす。〔イケイケとも書く〕

**いけいれん【胃痙攣】** 胃が突発的に痛む症状。

**いけうお【生け魚・活け魚】** いけすに飼っている魚。「―料理」

**いけがき【生け垣】** 植木でつくったかきね。

**いけしゃあしゃあ** 嫌なくらい厚かましいようす。

**いけす【生け簀】** 魚を生かしたまま飼っておく所。

**いけず** いじわる(―な人)。「―やわ」〔関西方言〕

**いけずうずうしい【いけ図々しい】** 嫌になるほどずうずうしい。

**いけすかない【いけ好かない】**〔俗語〕いやらしく好きになれない。

**いげた【井桁】** ①井の字の形に組んだ井戸の縁。②井桁①の形。

**いけづくり【生け作り・活け―】** 料理の一。魚の刺身を、もとの魚の形に盛りつける。

**いけてる** 〔俗語〕魅力的である。「―ファッション(店)」〔イケてるとも書く〕

**いけどり【生け捕り】** ①生きたまままつかまえること。②捕虜。

**いけにえ【生け贄】** 神に供える生きたままの動物。⓫犠牲。

**いけばな【生け花・活け花】** 草木を生けて鑑賞用の作品とすること。華道。生花《せいか》。

**イケメン** 〔俗語〕外見のかっこいい男。〔いけてる面のmenから〕

**いける【生ける・活ける】** 花や枝などを器にさす。「花を―」

**いける** ①【行ける】行くことができる。②できる。「英語も―」③酒に強い。「―口」④おいしい。

**いける【埋ける】** ①炭火を灰の中に入れる。②土にうめる。

**いける【生ける】** 生きている。

**―屍《しかばね》** 生きてはいるが死んだも同然の人。

**いけん【威権】**〔文章語〕威力と権力。

**いけん【異見】** 異なった見解・意見。

**いけん【意見】** ①考え。②忠告。

**―広告《こうこく》** 団体や個人が意見を訴えるために出す広告。

**いけん【違憲】** 憲法に違反すること。対合憲

**―立法《りっぽう》審査権《しんさけん》** 法令が憲法違反かどうかを審査する裁判所の権限。

**いげん【威厳】** おごそかなようす。

**いげんびょう【医原病】** 医療行為が原因で起こる病気。

**いご【以後】** ①今後。②その時よりあと。以降。◇対以前

**いご【囲碁】** ゲームの一。碁。

**いこう【以降】** 以後②。

**いこう【衣桁】** 家具の一。和服をかける。

**いこう【威光】** 人を従わせる―力(雰囲気)。

**いこう【移行】** 移り変わること。「新体制への―期間」類推移

**―措置《そち》** 新制度に移る間の一時的な措置。

**いこう【移項】** 数学で、式の一方の辺の項を他辺に移すこと。

**いこう【偉功】** 偉勲。

**いこう【意向】**(どうするかについての)考え。類思惑《おもわく》

**いこう【遺構】** 昔の建物や集落を知る手がかりとなる跡。

**いこう【遺稿】** 生前に発表されなかった原稿。

**いこう【憩う】** くつろぐ。休息する。

**イコール**[equal] ①数学で、等号。「=」②等しい。

**いこく【異国】** 外国。

**―情緒《じょうちょ》** 外国独特の雰囲気・風物。類エキゾチック

**いごこち【居心地】** その―場所(地位)にいるときの感じ。「―がいい」

**いこじ【依怙地】** 強情でがんこなこと。えこじ。「―になる」類片いじ

**いこつ【遺骨】** 死者の骨。〔特に戦死者の骨をさすことがある〕

**いごっそう**(高知県の方言で)がんこ者。

**イコノグラフィー**[iconography] 美術史で、図像学。図像表現の分類・記述。

**いこむ【鋳込む】** 金属を溶かして型に流し込む。

**いこん【遺恨】** いつまでも深く残る恨み。「―を晴らす」

**イコン**〔ドイツ語 Ikon〕ギリシャ正教で、聖画像。
**いごん【遺言】** ゆいごん。〔法律用語〕
**いざ** さあ。〔勧誘や行動開始のときに使う〕
**―鎌倉《かまくら》** 一大事の起こった時。〔鎌倉幕府へ急遽《きゅうきょ》召集されて駆けつけたことから〕
**―知《し》らず** さあどうだかわからないが。〔元来は「いさ知らず」〕
**―構《かま》わず** どんな事情があってもかまわないで。
**いさい【委細】** 詳細。
**いさい【異彩】** きわだった色。
**―を放《はな》つ** 一段とすぐれて（目立って）いる。
**いさい【偉才・異才】** すぐれた才能（―の持ち主）。
**いざい【偉材】** 優れた人材。「―を探し当てる」
**いさお【勲・功】** 功績。〔雅語〕
**いさかい【諍い】** 言い争い。
**いざかや【居酒屋】** 大衆的な飲み屋。
**いさき《伊佐木》** 海産魚の一。食用。
**いさぎよい【潔い】** 思いきりがよく立派だ。
**いさく【遺作】** 死後に残された作品。
**いさご【砂】** すな。〔雅語〕
**いざこざ** もめごと。ごたごた。
**いささか《些か・聊か》** 少し。「―こたえた」
**―ならず** ひどく。かなり。
**いさな【勇魚】** クジラの古称。

**いざなう【誘う】** さそう。〔雅語的〕
**いさましい【勇ましい】** ①勢いが強い。②元気だ。
**いさみ【勇み】**
**―足《あし》** 相撲で、攻勢の者が先に足を土俵から出してしまうこと。Ⅱ調子に乗って失敗すること。
**―立《た》つ** 勢い込む。奮起する。
**―肌《はだ》** 威勢がよく義侠《ぎきょう》心のある性格（―の人）。
**いさむ【勇む】** はりきる。
**いさめる【諫める】** 忠告する。〔目上の人に対する場合に使う〕
**いざよい【十六夜】**〔文章語〕陰暦一六日の夜（―の月）。〔特に八月一六日をいうことがある〕
**いざよう** 進もうとして進めない。ためらう。〔もとは「いさよう」。／雅語〕
**いさりび【漁り火】** 夜の漁で、魚などを誘い寄せるためにたく火。ぎょか。
**いさん【胃散】** 胃病用の粉薬。
**いさん【胃酸】** 胃液に含まれる酸。消化をたすける。「―過多」
**いさん【遺産】** 死後に残した財産。
**いし【石】** ①（小さい）岩石。②宝石。③碁石。④じゃんけんの、グー。対かみ・はさみ
**―にかじりついても** どんなに苦しくても耐え忍んで。
**―の上《うえ》にも三年《ねん》** がまんをすれば、やがて報われる。
**いし【医師】** 医者。

**いし【意志】** 何かをしようとする（―積極的な）気持ち。「―薄弱」
**いし【意思】** 考え。気持ち。
**いし【遺子】** 遺児。
**いし【遺志】** 死んだ人の生前の意志。
**いし【頤使】**〔文章語〕見下して、あごや目つきで指示をすること。〔もと頤指と書き、あごでさしずする意〕
**いし【縊死】** 首をくくって死ぬこと。
**いじ【医事】** 医学に関する事柄。
**いじ【意字】** 表意文字。対音字
**いじ【意地】** ①気持ち（―のもち方）。②やりとおそうとする気持ち。「―がわるい」「―を張る」③欲。
**いじ【維持】** もち―こたえる（続ける）こと。「現状―」
**いじ【遺児】** 親が死んで残された子供。遺子。「交通―」
**いしあたま【石頭】** 堅い頭。Ⅱ㋐ものわかりのわるいこと。㋑融通がきかないこと。
**いしうす【石臼】** 石のうす。ひきうす。
**いしがき【石垣】** 石を積み重ねて作った塀。
**―苺《いちご》** 南向きに組んだ石垣の間に植えて促成栽培したイチゴ。
**いしかりなべ【石狩鍋】** 鍋料理の一。みそ味のだしにサケを入れる。
**いしき【意識】** ①目ざめているときの心の状態。「―不明」②自覚。③認識。
**―的《てき》** わざとするようす。
**いじきたない【意地汚い】** 金銭や食べ物についてがつがつしている。

**いしぐみ【石組み】** 庭石を見ばえよく配置する―こと(方法)。
**いじくる**《弄る》いじる。
**いしくれ【石くれ】**《石塊》石ころ。
**いしけり【石蹴り】** 子供の遊びの一。
**いじける** ①元気がなくなる。「寒さで―」②ひねくれてものおじする。
**いじげん【異次元】**(三次元の世界とは)別の世界。⊜常識を超えるものごと。
**いしずえ【礎】** 建物の土台(―の石)。⊜物事の基礎。
**いしずり【石摺り】** 拓本。
**いしだい【石鯛】** 海産魚の一。青灰色。食用。〔幼魚はシマダイ〕
**いしだたみ【石畳】** ①(平らな)石を敷き並べた所。②石段。〔雅語〕③市松模様。
**いしだん【石段】** 石でつくった階段。
**いしつ【異質】** 性質が違うこと。「―の文化」対同質
**いしつ【遺失】**〔文章語〕落としたり置き忘れたりしてなくすこと。「―物」
**いしづき【石突き】** ①やり・ステッキ・ピッケルなどの先端を包む金具。②キノコの根元のかたい部分。
**いしづくり【石造り・石作り】** 石材で物をつくること。また、その物。
**いじっぱり【意地っ張り】** 強情な―人(ようす)。
**いしづみ【石積み】** 石を積み上げ―ること(てつくったもの)。「―の壁」
**いじどうくん【異字同訓】** 違う漢字だが訓が同じもの。同訓異字。〔「町・街」など〕
**いしばし【石橋】** 石の橋。〔橋が木で作られていたころは、丈夫なものの意で使われた〕
**―をたたいて渡《たわ》る** 大変用心深い。
**いしひょうじ【意思表示】**(契約の申し込みや遺言など、法的効果を生じさせるために)意思を表明すること。
**いしぶみ【碑・石碑】** せきひ。
**いしべきんきち【石部金吉】** 融通のきかない男。きまじめな男。〔人名化した言い方〕
**いじましい** あわれなほどけちくさい。
**いしめ【石目】** ①岩石の割れやすい方向。②彫金で、金属の表面に打ち出した細かい点。
**いじめる【苛める】**(弱い者を)苦しめる。困らせる。対かわいがる
**いしもち【石持ち・石首魚】** 海産魚の一。食用。グチ。〔頭に硬い骨がある〕
**いしもの【石物】** ①石でできたもの。「―の印鑑」②〔俗語〕釣りで、磯魚《いそうお》の総称。イシダイやイシガキダイなど。③磁器。
**いしゃ【医者】** 病気や傷を診察・治療する人。医師。
**いしゃ【慰謝】**《慰藉》〔文章語〕なぐさめていたわること。「―の言葉・―料」
**いしやき【石焼き】** 熱した石で材料を焼く料理。「―芋」
**いじゃく【胃弱】** 胃の働きが弱る症状。
**いしゅ【異種】** ちがった種類。対同種
**いしゅ【意趣】** うらみ。
**いしゅう【異臭】** 不快なにおい。
**いしゅう【蝟集】** たくさん集まること。「群衆が―する」
**イシュー** [issue] ①発行(―物)。②論争点。論点。◇イッシュー。
**いじゅう【移住】**(外国へ)移り住むこと。「―者(地)」
**いしゅがえし【意趣返し】** しかえし。復讐《ふくしゅう》。意趣晴らし。
**いしゅく【萎縮】** しなびて縮むこと。⊜元気がなくなること。
**いしゅく【畏縮】** 恐れてちぢこまること。類恐縮
**いしゅつ【移出】** 他の土地へ送ること。対移入
**いしょ【遺書】** 死後のために書き残した文書。「―をしたためる」
**いしょう【衣装】**《衣裳》衣服。着物。
**いしょう【異称】** 別の呼び方。別称。
**いしょう【意匠】** くふう。趣向。デザイン。
**―登録《とうろく》** 新しい意匠が特許庁の原簿に登録されること。
**いじょう【以上】** ①いままで。「―のとおり」対以下 ②(文章や発表で)終了。③それ(―を含んで)より上。対以下 ④…したからには。「決めた―」〔接続助詞のように使う〕
**いじょう【委譲】** 権限などを譲り任せること。「政権―」
**いじょう【異状】** ふつうと違った状態。「何の―もない」
**いじょう【異常】** ふつうでないこと。「―気

象」対正常

**いじょう【移乗】** 他に乗り移ること。

**いじょう【移譲】** 他へ移しゆずること。

**いじょうふ【偉丈夫】** 立派な男子。いじょうぶ。「堂々たるー」

**いしょく【衣食】** 衣服と食べ物。Ⅱ生活。

**ー足《た》りて礼節《れいせつ》を知《し》る** 生活が安定して初めて礼儀のことを考えられる。

**いしょく【医食】**

**ー同源《どうげん》** 医療も食事も健康保持に重要で、その源は同じだということ。〔中国の昔からの考え〕

**いしょく【委嘱・依嘱】** (仕事を)人にたのみ、任せること。類委託

**いしょく【異色】** 変わった特色(ーがあること)。「ーな存在」

**いしょく【移植】** ①植えかえること。②別のー体(部分)で生かすこと。「心臓ー」

**いじょく【居職】** 自宅で仕事をするー職業(職人)。対出職《でじょく》

**いしょくじゅう【衣食住】** 衣服と食べ物と住宅。Ⅱ生活。

**いじらしい** けなげでーかわいい(かわいそうだ)。

**いじる【弄る】** 手・指でさわる。Ⅱ㋐扱う。「コンピューターをー」㋑表面的な改変をする。「機構をー」

**いしわた【石綿】** 耐火・絶縁用の繊維状鉱石。せきめん。アスベスト。〔発ガン性があり、製造が禁止されている〕

**いじわる【意地悪】** 意地悪いーこと(人)。

**いじわるい【意地悪い】** わざと人に冷たいしうちをするようすだ。Ⅱ都合がわるい。「ー天気」

**いしん【威信】** 威光と信頼。

**いしん【異心】** 裏切りの心。「ーを抱く」類ふたごころ

**いしん【維新】** ①すべてが改まって新しくなること。②特に、明治維新。

**いしん【遺臣】** 先代からの臣下。類旧臣

**いじん【異人】** 外国人。〔古風な言い方〕

**ー館《かん》** 昔、西洋人の住んでいた洋館。〔神戸や横浜に多い〕

**いじん【偉人】** すぐれた人。「ー伝」

**いしんでんしん【以心伝心】** 無言で気持ちが通じ合うこと。〔もとは、禅宗で仏法を言葉によらずに直接弟子に伝えること〕

**いす【椅子】** 腰かけ。Ⅱ地位。「社長のー」

**いすう【異数】** 特別。異例。「ーの出世」

**いすか【鶍】**《交喙》 小鳥の一。くちばしが上下にくいちがっている。

**ーの嘴《はし》(ーの食《く》い違《ちが》い)** 物事がくいちがって思うようにならないこと。

**いずかた**《何方》 どちら。〔雅語〕

**いずく**《何処》 どこ。いずこ。〔雅語〕

**いすくめる【射竦める】** 矢を射て敵を動けないようにする。Ⅱじっと見つめてちぢみあがらせる。

**いずくんぞ**《安んぞ・焉んぞ》 〔文章語〕どうして。〔反語を表す〕

**いずこ**《何処》 どこ。〔雅語〕

**いずまい【居住まい】** すわった姿勢。「ーを正す」

**いずみ【泉】** 自然にわきでる水(ーのある所)。Ⅱ物事の発生源。「知識のー」

**いずみねつ【泉熱】** 猩紅《しょうこう》熱に似た感染症。〔報告者の名から〕

**イズム**［ism］ 主義。学説。「エゴー」

**いずも【出雲】** 旧国名の一。

**ーの神《かみ》** 縁結びの神。

**イスラム**［Islam］ イスラム教(ーの国々)。

**ー教《きょう》** 世界三大宗教の一。アラーの神を信仰。開祖ムハンマド(マホメット)。経典コーラン。聖地メッカ。マホメット教。回教。フィフィ教。

**いずる【出ずる】** でる。〔文語動詞「いづ」の連体形〕

**いずれ**《何れ》 ①どれ。②どうせ。「ーなんとかなる」③近いうちに。「ーうかがいます」

**ー菖蒲《あやめ》か杜若《かきつばた》** どちらもすばらしくて選択に迷う。

**ーにせよ** どちらにしても。どうせ。

**いすわる【居座る】** すわりこんで動かない。Ⅱずっと同じ地位にいる。

**いせい【為政】** 政治を行うこと。「ー者」

**いせい【威勢】** いきおい。元気。「ーよく」

**いせい【異性】** 性が違うーこと(人)。対同性

**いせい【異星】** 地球以外の星。「ー人」

**いせい【遺制】** 〔文章語〕今も残る昔の制度。

**いせえび【伊勢海老】** 大形のエビの一。食用。祝儀用。

**いせき【移籍】** 籍を他へ移すこと。Ⅱスポーツ選手が所属団体を変わること。

**いせき【遺跡】** 過去に建物や事件のあった

場所。類旧跡・古跡

**いせこむ【いせ込む】** 裁縫で、長短二枚の布を、長い方にしわを寄せながら縫い合わせる。

**いせつ【異説】** 通説・定説とは違った説。

**いせん【緯線】** 緯度を表す線。対経線

**いぜん【以前】** ①今より(ずっと)前。②その時(—を含めて)より前。◇対以後

**いぜん【依然】** もとのまま。

**いぜんけい【已然形】** 古語の活用形の一。〔係助詞「こそ」の結びになる〕

**いそ【磯】** 岩場の海岸。

**イソ【ISO】** ⇩付ISO

**いそあけ【磯明け】** 漁が解禁となる—こと(日)。

**いそいそ** うれしくて動作が調子づくようす。

**いそう【位相】** ①周期運動の中の特定の状態・位置。②性・年齢や暮らす社会の違いによる言葉(—づかい)の違い。

**いそう【異相】** ふつうと違った人相・姿。

**いそう【移送】** よそへ移し送ること。Ⅱ事件の所管を他の—裁判所(検察庁)に移すこと。

**いぞう【遺贈】** 遺言によって、遺産を与えること。

**いそうお【磯魚】** 海岸近くにすむ魚の総称。対沖魚

**いそうがい【意想外】** 思いのほか。類意外

**いそうろう【居候】** 他人の家で養ってもらう人。類食客



**いそがしい【忙しい】** ひまがなくせわしい。

**いそがす【急がす】** 急がせる。

**いそがせる【急がせる】** せきたてる。

**いそがばまわれ【急がば回れ】** 性急な手段をとるよりも、手間はかかっても安全な道をとる方が結局は早い。

**いそぎ【急ぎ】** 急ぐこと。

**—足《あし》** 急いで歩くこと。類早足

**—物《もの》** 急いで—作ら(届け)なければならない物。

**いそぎんちゃく【磯巾着】** 海の生物の一。〔腔腸動物〕

**いそぐ【急ぐ】** ①早く—しよう(行きつこう)とする。②あせる。「勝ちを—」

**いぞく【遺族】** 死後、残された家族。

**—年金《ねんきん》** 公的年金の一。〔生活の中心者の遺族に支給〕

**いそくさい【磯臭い】** 海岸特有のにおいがする。

**いそじ【五十路】** 〔文章語〕五〇歳(—代)。「—の坂を越す」

**いそしむ【勤しむ】** (仕事などに)励む。「家業に—」

**イソップ**〔Aesop〕 イソップ物語の作者とされる、古代ギリシャの人。

**いそづり【磯釣り】** 海岸でする釣り。対沖釣り

**イソフラボン**〔isoflavon〕 フラボノイドの一。大豆などに多く含まれる。

**いそべ【磯辺】** いそのほとり。類海辺

**—揚《あ》げ** 海苔《のり》を衣に使って揚げた料理。

**—餅《もち》** 焼きもちにしょうゆを塗り、海苔《のり》を巻いた食品。磯辺焼き。

**いそやけ【磯焼け】** 沿岸の藻類が枯れてしまう現象。

**いそん【依存】** 他のものに頼って—存在(成立)すること。いぞん。

**—症《しょう》** それなしでは平常でいられない、病的な状態。「アルコール(スマホ)—」

**いそん【遺存】** 現在にまで残っていること。類残存

**いぞん【異存】** 違った意見。「—なし」

**いた【板】** ①うすく平たい—材木(もの)。②まな板。③板前。「—さん」④舞台。「—に乗る」⑤株式などの指し値ごとの需給情報。

**—に付《つ》く** その仕事や役柄にぴったり合う。

**いたい【異体】** ①ふつうと違った—姿(形)。②別のからだ。「—同心」対同体

**—字《じ》** 標準とは違う字体の漢字。

**いたい【遺体】** なきがら。遺骸。〔死体より丁寧な言い方〕

**いたい【痛い】** ①痛みを感じるようす。Ⅱつらい。苦しい。「—失敗」②的外れで見るにたえない。

**—所《ところ》を突《つ》く** 弱点をつく。

**—目《め》** つらく苦しい思い。「—をみる」

**いだい【医大】** 医科大学の略。

**いだい【偉大】** すぐれている。大きく立派だ。

**いたいけ** いたいけない。

**—ない** ①幼くてかわいらしい。②いじら

しい。

**いたいたしい【痛々しい】** たいへん痛ましい。

**いたがこい【板囲い】** 板で仮に作った囲い。

**いたがね【板金】** 金属板。類ばんきん

**いたがみ【板紙】** ボール紙。

**いたガラス【板―】** 薄く平らなガラス。

**いたく【痛く】** 非常に。「―感動した」

**―も痒《かゆ》くもない** 何の苦痛も感じない。

**―もない腹《はら》を探《さぐ》られる** うしろ暗いところがないのに疑われる。

**いたく【依託】** ①委託。②もたせかけること。「―射撃」

**いたく【委託】** 人にたのみ、任せること。

**いだく【抱く】**《懐く》 だく。‖心にもつ。「希望を―」

**いたけ【居丈】** 座高。

**―高《だか》** 威圧するようなようす。「―な物言い」

**いたこ** 東北地方で、死霊の口寄せをする巫女《みこ》。

**いたご【板子】** 和船の底の板。

**―一枚《いちまい》下《した》は地獄《じごく》** 船乗りの仕事は危険だ。

**いたしかゆし【痛し痒し】** どちらにしてもぐあいが悪いこと。

**いたじき【板敷き】** 板を張った所。

**いたす【致す】** ①するの‐謙譲（丁重）語。〔多く「致します」の形で使う。また補助動詞としても使う〕②力や心を尽くす。「思いを―」③ひきおこす。「不徳の―ところ」

**いだす【出す】**〔文章語〕だす。〔四段活用の動詞〕

**いたずら【徒ら】** むだ。「―に過ごす」

**いたずら**《悪戯》 ①ふざけて、悪さをすること。‖道楽。「―で描いた絵」②異性に対するみだらな行為。〔ぼかした言い方〕

**―っ子《こ》** いたずら好きの子。類悪童

**いたずり【板摺り】** フキやキュウリに塩をふり、まな板の上でころがすこと。

**いただき【頂】** 頂上。いちばん高い所。

**いただき【頂き・戴き】**（勝ちなどを）労せず手に入れること。

**―立《だ》ち** ごちそうになってすぐ帰ること。

**―物《もの》**「もらいもの」の丁寧語。

**いただく【頂く・戴く】** ①（頭に）のせる。「雪をいただいた山」②長になってもらう。「会長に―」③もらうの謙譲語。〔補助動詞としても〕④食べる・飲むの謙譲語・美化語。

**いただけない【頂けない・戴けない】** ①もらえない。②感心できない。

**いたたまれない【居たたまれない】** 不安や心配がつのって、じっとしていられない。

**いたち【鼬】** 哺乳動物の一。毛皮を利用。

**―ごっこ** 同じことを繰り返して進展のないこと。

**―の最後《さいご》っ屁《ぺ》** どたんばに取る非常手段。〔イタチは追いつめられたとき悪臭を放って逃げることから〕

**いたちょう【板長】** 日本料理店の調理場を仕切る責任者。

**いたチョコ【板―】** 板状のチョコレート。

**いだつ【遺脱】** 抜け落ちること。

**いたって【至って】** きわめて。「―元気」

**いたで【痛手】** 重傷。‖大損害。

**いだてん【韋駄天】** 仏法の守護神。足が速い。‖足の速い人。

**―走《ばし》り** 非常に速く走ること。

**いたどり【虎杖】** 草の一。葉・茎は食用。地下茎は薬用。

**いたのま【板の間】** 板を張った部屋。

**―稼《かせ》ぎ** 銭湯の脱衣場で金品をとる盗人。

**いたば【板場】** 料理屋の調理場。‖板前。

**いたばさみ【板挟み】** 対立する二者の間で迷うこと。「―になる」類ジレンマ

**いたばり【板張り】** ①板を‐張ること（張った所）。②布をのりづけして板に張って干すこと。類洗い張り

**いたぶる** もてあそんでいじめる。

**いたべい【板塀】** 板で作った塀。

**いたまえ【板前】**（日本料理の）調理人。

**いたましい【痛ましい】** 気の毒だ。

**いたみ【痛み・傷み】** いたむこと。

**―入《い》る** 恐れ入る。恐縮する。

**―（痛み）止《ど》め** 痛みを止める‐薬（こと）。

**―分《わ》け** 相撲で、けがが原因による引き分け。‖どちらも得にならなかった（引き分けの）勝負。

**いたむ【悼む】** 人の死を嘆き悲しむ。

**いたむ** ［一］**【痛む】** 体に苦痛を感じる。‖苦しく思う。「心が―」［二］**【傷む】** わるく

なる。「タイヤが―」

**いため【板目】** ①板の合わせめ。②木目の一。対まさめ

**イタめし【―飯】** 〔俗語〕イタリア料理。「―屋」

**いためつける【痛め付ける】** ひどく苦しめる。

**いためもの【炒め物】** 油でいためた料理。

**いためる【炒める】** 食物を油でいる。

**いためる** ㊀【痛める】痛くする。Ⅱ苦しめる。「心を―」㊁【傷める】傷つける。

**いたらない【至らない】** ゆきとどかない。未熟だ。

**いたり【至り】** ①結果。「不徳の―」②きわみ。「光栄の―」

**イタリック**［italic］欧文活字の書体の型の一。斜体。〔*italic*〕

**いたる【至る】**《到る》①到達する。②…になる。「解散に―」

**―所《ところ》** どこでも。行く先々。

**いたれりつくせり【至れり尽くせり】** 配慮がよく行き届いていること。

**いたわさ【板わさ】**《板山葵》かまぼこにわさびを添えた料理。

**いたわしい【労しい】** 気の毒だ。「お―」

**いたわる【労る】** ①ねぎらう。②同情して大切に扱う。

**いたん【異端】** 正統でないとされる学説や宗教。類邪道 対正統 Ⅱ風変わりな考え方。「―者」

**―視《し》** 正統ではないとみること。

**いち【一】** ①《壱》数の名。〔壱は領収書などに書く〕②はじめ。「―からやり直す」③最高。最上。「日本―」④ひとつの。ある。「―市民」⑤ひとかどの。「―学説」

**―か八《ばち》か** 運に任せて、思い切って。

**―から十《じゅう》まで** 何から何まで。

**―富士《ふじ》二《に》鷹《たか》三《さん》茄子《なすび》** 縁起のよい夢。

**―も二《に》もなく** 即座に。

**―を聞《き》いて十《じゅう》を知《し》る** 理解がはやい。

**いち【市】** 人々が品物を持ち寄って売買する―こと（所）。Ⅱ多くの人が集まる所。「―をなす」

**―が立《た》つ** 市が開かれる。

**いち【位置】** ①存在する場所。②地位。立場。

**いちあん【一案】** ひとつの（―もっともな）案。「それも―だ」

**いちい【櫟・一位】** 針葉樹の一。アララギ。

**いちい【一位】** 最高の位。類首位・一等

**いちい【一尉】** 自衛隊の階級の一。〔旧軍隊の大尉〕

**いちいせんしん【一意専心】** ひとつのことに心を集中すること。

**いちいたいすい【一衣帯水】** 狭い―川（海）。Ⅱ距離が近いこと。

**いちいち【一々】** ①ひとつひとつ。②どれもこれも。もれなく。

**いちいん【一因】** ひとつの原因。

**いちいん【一院】** ①単一（一方）の議院。②ひとつの寺院。

**―制《せい》** 議会が単一の議院からなる制度。対二院制

**いちう【一宇】** 一軒の家。〔古語的〕

**いちえん【一円】** ①ある地域。一帯。「関東―」②わずかのお金。類一銭・一文

**いちおう【一応】**《一往》①だいたい。ひととおり。②とりあえず。「―行く」

**いちおし【一押し・一推し】** 〔俗語〕最も推薦できる―こと（もの）。

**いちがいに【一概に】** ひっくるめて一様に。「―そうは言えない」

**いちがつ【一月】** 年の最初の月。睦月《むつき》。正月。

**いちがん【一丸】** ひとかたまり。類一団

**―となる** 強く団結する。

**いちがん【一眼】** ①ひとつの―目（レンズ）。②独眼。片目。

**―レフ** カメラの一。撮影用レンズが焦点調節用のファインダーレンズを兼ねる。〔レフはreflex〕対二眼レフ

**いちぎ【一義】** ①ひとつの意味。「それも―ある」類一理 ②第一の意味。

**いちぎにおよばず【一議に及ばず】** 相談するまでもない。

**いちく【移築】** 建物をよそに移して建てること。

**いちぐう【一隅】** 片すみ。一角。「庭の―」

**いちぐん【一軍】** ①プロ野球で、レギュラー選手によるチーム。〔第一軍の略〕対二軍 ②ひとつの軍勢。③全軍。

**いちげい【一芸】** ひとつの芸能・技術。「―に秀でる」

**いちげき【一撃】** 一回の打撃や攻撃。「―

で倒す」

**いちげん【一元】** ①ひとつの原理（―に基づくこと）。対多元 ②ひとつの年号。「一世―」 ③数学で、未知数がひとつ。「―一次方程式」対多元

**―化《か》** ひとつにまとめること。類一本化

**―論《ろん》** 原理はただひとつであるとする考え方。

**いちげん【一見】** 料理屋などで、はじめて（―の客）。「―さん」対なじみ

**いちげん【一言】** ひとこと。いちごん。

**―居士《こじ》** 何かにつけて、自分の意見をひとこと言わないと気のすまない人。

**いちご【苺】** 果物の一。ジャムなどにもする。ストロベリー。「―狩り」

**いちご【一期】** 一生。一生涯。

**―一会《いちえ》** 一生に一度だけ会うこと。人との出会いを大切にしようの意。〔もと、茶道の語〕

**いちごいっく【一語一句】** ひとつひとつの言葉。〔「一言一句」との混同から生じた〕

**いちごう【一毫】** 〔文章語〕ほんのわずか。「―も違わない」 類寸毫 〔「毫」は毛筋の意〕

**いちこじん【一個人】** （公の立場を離れた）ひとりの人。いっこじん。類一私人

**いちごん【一言】** ひとこと。

**―一句《いっく》** ひとつひとつの言葉。

**―のもとに** 即座にきっぱりと。

**―半句《はんく》** 短い言葉（―のひとつひとつ）。

**―もない** 弁解できない。

**いちざ【一座】** ①そこにいる人全部。類満座 ②芝居などで、興行のグループ。

**いちじ【一次】** ①一回目。「―試験」 ②数学で、二乗以上の項を含まないこと。「―方程式」

**―エネルギー** 石炭・原油など自然の物質から得られるエネルギー。

**―産業《さんぎょう》** 第一次産業。

**―冷却水《れいきゃくすい》** 原子炉で、炉心部分を冷却する水。これで核分裂による熱エネルギーを取り出す。対二次冷却水

**いちじ【一字】**

**―一句《いっく》** （文章の）わずかの部分。

**―千金《せんきん》** すぐれた―詩文（文字）。

**いちじ【一事】** ひとつのこと。

**―が万事《ばんじ》** 一事を見れば他のすべてのことが推測できる。

**―不再議《ふさいぎ》** 議会で、一度議決したことを同じ会期中に再審議できないこと。

**―不再理《ふさいり》** 刑事訴訟法で、判決が確定した事件にはもう公訴を起こせないこと。

**いちじ【一時】** ①しばらくの間。「―預かり」類当分 ②そのとき（―だけ）。

**―帰休《ききゅう》** 不況対策の一。労働者を一時休職させること。

**―金《きん》** ①そのときだけ支給されるお金。②ボーナス。

**―凌《のし》ぎ** 一時のまにあわせ。

**―的《てき》** そのときだけ。対恒常的

**―に** 同時に。一度に。いちどきに。

**―逃《のが》れ** その場だけつくろって苦境をのがれること。

**―払《らば》い** 一度に支払うこと。対分割払い

**いちじき【一時期】** ある時期。

**いちじく【無花果】** 果物の一。

**いちじだい【一時代】** （ほかとは違って目立つ）ある長さを伴う時代。「―を築く」

**いちしちにち【一七日】** 初七日《しょなのか》。

**いちじつ【一日】** 〔文章語〕いちにち。

**―千秋《せんしゅう》** 待ち遠しくてたまらないこと。

**―の長《ちょう》** 技術などが他より（―わずかに）すぐれていること。

**いちじゅういっさい【一汁一菜】** 粗末な食事。〔一種類の汁と一種類のおかずの意〕

**いちじゅん【一旬】** 一〇日間。旬日。

**いちじゅん【一巡】** ひとめぐり。類一周

**いちじょ【一女】** ①一人の娘。②長女。

**いちじょ【一助】** 少しの助け。何かのたし。「―になれば幸い」〔けんそんして言う〕

**いちじょう【一条】** ①ひとすじ。一本。「―の煙」②箇条書きのひとくだり。

**いちじょう【一場】** ①その場限り。「―の夢」②まとまった、ひとくぎり。「―の訓示」

**いちじるしい【著しい】** はっきりわかるほど目立つ。類顕著

**いちじん【一陣】** 雨や風がさっと通りぬけること。「―の風」

**いちず【一途】** ひたすら。ひたむき。「―に思いこむ」

**いちせいめん【一生面】** 新機軸。いっせいめん。「―を開く」

**いちぞく【一族】** 血のつながりのある（―全部の）人。「―郎党」類同族・一門 ⓪仲

間。

**いちぞん【一存】** 自分だけの考え。「―では決められない」類独断

**いちだい【一大】** ひとつの大きな。重要な。「―発見」

**いちだい【一代】** ①一生。②ある地位にいる期間。③その時代。「―の名優」

**―記《き》** 伝記。

**いちだいじ【一大事】** 重大な事件。

**―雑《ざつ》種《しゅ》** 異なる純系品種どうしの交配によって生じた一代目の子。

**いちだん【一団】** ひとつの集まり。一群。

**いちだん【一段】** ①ひとつの段。②文章のひとくぎり。類一節 ③ひときわ。「―と腕をあげる」

**いちだんらく【一段落】** 物事がひとくぎりすること。「―つく」

**いちづける【位置付ける】** ふさわしい―位置(評価)を与える。

**いちどう【一同】** 同じ―立場(場所)にある人全部。「兄弟―」類全員

**いちどう【一堂】** 同じ―場所(建物)。

**―に会《かい》する** 大勢が同じ場所に集まる。

**いちどきに【一時に】** いちじに。

**いちどく【一読】** ひととおり読むこと。

**いちどならず【一度ならず】** 何度も。再三。

**いちどに【一度に】** いちじに。

**いちなん【一男】** ①一人の息子。②長男。

**いちなん【一難】** ひとつの災難。

**―去《さ》ってまた一難《いちなん》** 次々と災難におそわれること。

**いちにち【一日】** ①二四時間の一昼夜。②終日。③ある日。④わずかの時。「―たりとも」

**―千秋《せんしゅう》** いちじつ千秋。

**―延《の》ばし** ぐずぐずと期日を先にのばすこと。

**―二日《ふつか》** わずかの時間。

**いちにょ【一如】** 〔文章語〕決して分けられない一つの物であること。「物心―」〔もと仏教用語〕

**いちにん【一人】** ひとり。

**―称《しょう》** 文法で、人称の一。話し手(―を含む仲間)をさす。第一人称。自称。〔「私・僕」など〕

**―前《まえ》** ①ひとり分。②大人と認められること。類人なみ

**いちにん【一任】** すべてまかせること。

**いちねん【一年】** ①一月一日から一二月三一日まで。②一二か月。

**―忌《き》** 一周忌。

**―生《せい》** ①第一学年の生徒・学生。Ⅱその社会に入って間もない人。②植物が発芽した年に結実して枯れること。「―植物」

**―草《そう》** 一年生植物。

**いちねん【一念】** いちずな、深い思い。「―をこめる」

**―発起《ほっき》** 何かをしようと決意すること。

**いちのぜん【一の膳】** 本膳。対二の膳・三の膳

**いちのとり【一の酉】** 一一月の最初の酉の日。初酉《はつとり》。〔酉の市がある〕

**いちば【市場】** ①生産物を持ち寄って業者が売買する所。「青物(魚)―」②日用品や食料品の商店が集まった所。類マーケット

**―町《まち》** 市《いち》のたつ所に発達した町。

**いちばい【一倍】** ①一をかけること。その数自体。②(古い言い方で)二倍。「人―」

**いちはつ《一八・鳶尾》** 植物の一。アヤメに似た花。

**いちばつひゃっかい【一罰百戒】** 一人を罰して他の大勢のいましめとすること。

**いちはやく【逸速く】** 他よりすばやく。

**いちばん【一番】** ①最初。「―星」②最高。③一回の勝負。④最も。「―強い」

**―茶《ちゃ》** ①その年最初に摘んだお茶。良質。②最初にいれるお茶。

**―手《て》** 先頭を行くもの。

**―乗《の》り** 最初に目的地に―着くこと(着いた人)。

**―槍《やり》** 戦場で、敵陣にまっ先に槍を突き入れる―こと(人)。Ⅱ最初に手柄をたてる―こと(人)。

**いちび【市日】** 市のたつ日。

**いちひめにたろう【一姫二太郎】** 女、男の順で子供が生まれること。〔理想的な順序とされる〕

**いちびょうそくさい【一病息災】** ひとつぐらい病気のある方が、常に気をつけて長生きすること。対無病息災

**いちぶ【一分】** ①一〇分の一。②一〇〇分の一。Ⅱごくわずか。「―のすきもない」

**いちぶ【一部】** ①一部分。対全部 ②書物

のひとそろい。
―形式《けいしき》 八小節からなる楽曲の形式。
―始終《しじゅう》 全体の詳しい事情。⊜始めから終わりまで。
**いちぶつ【逸物】** いちもつ。
**いちぶぶん【一部分】** 全体の中のある(―小さな)部分。
**いちぶん【一文】** ひとつの文。⊜ちょっとした文章。「―を草する」
**いちぶん【一分】** 面目。「―がたたない」
**いちべつ【一瞥】** ちらっと見ること。「―だにしない」
**いちべついらい【一別以来】** 別れてから。
**イチボ** [aitchbone] 牛肉で、骨つきの尻肉。ステーキ用。
**いちぼう【一望】** (広い範囲を)見渡すこと。「―千里」
**いちぼく【一木】** 一本の木。「―一草」
―造《づく》り 一本の木材から像を彫る方法。また、その像。[対]寄せ木造り
**いちまい【一枚】**「紙―」⊜㋐ひとり。㋑いちだん。「―うわて」
―岩《いわ》 団結の固いこと。
―噛《か》む 一役買う。
―看板《かんばん》 主役。代表。〔歌舞伎の看板から〕
**いちまつ【一抹】** ほんの少し。「―の不安」
**いちまつ【市松】**
―人形《にんぎょう》 土焼きのおもちゃの人形。いちま(―人形)。市松。
―模様《もよう》 (黒と白の)四角を交互にならべた模様。市松。〔役者の名から〕
**いちみ【一味】** ①仲間。一党。「―徒党」〔主に悪人に使う〕 ②(漢方で)一種類。「―とうがらし」 ③一種の趣。「―の涼風」
**いちみゃく【一脈】** ひとすじのつながり。
―相通《あいつう》じる (性質・考え方が)どことなく共通する。
**いちめい【一名】** ①一人。②別名。
**いちめい【一命】** いのち。「―を取りとめる」〔大切な、唯一のという気持ちで使う〕
**いちめん【一面】** ①ひとつの側面。②あたり全体。[類]一帯 ③新聞の第一ページ。
―的《てき》 (考え方が)一方にかたよっているようす。
**いちもうさく【一毛作】** 同じ田畑に、一年に一回だけ作物をつくること。[類]単作
**いちもうだじん【一網打尽】** 一度に(―悪者の一味などを)捕らえてしまうこと。
**いちもく【一目】** ①囲碁で、ひとつの―石(目)。[類]一子 ②ちらっと見ること。
―置《お》く 相手を認め尊敬する。
―散《さん》に わき目もふらず。
―瞭然《りょうぜん》 ちらっと見ただけではっきりわかるようす。
**いちもつ【一物】** ひとつの物。⊜㋐たくらみ。「腹に―」㋑〔俗語〕陰茎。
**いちもつ【逸物】** 特別にすぐれているもの。いちぶつ。いつぶつ。
**いちもん【一文】** ごくわずかのお金。
―半銭《きなか》 ほんのわずかのお金。いちもんはんせん。〔「きなか」は、一寸(＝一文銭の直径)の半分の意〕
―無《な》し 全然お金を持っていない―こと(人)。無一文。おけら。
**いちもん【一門】** ①一族。②同門。
―半銭《はんせん》 いちもんきなか。
**いちもんいっとう【一問一答】** 一回の質問ごとに答えること。「記者会見で―する」
**いちもんじ【一文字】** 横にまっすぐなこと。「口を―に結ぶ」⊜ひたすら突進すること。
**いちや【一夜】** ①ひと晩。②ある晩。
―作《づく》り 間に合わせに急いで―作ること(作ったもの)。
―漬《づ》け ひと晩だけ漬けた漬物。⊜にわか勉強。
―干《ぼ》し 魚を一晩―干すこと(干したもの)。
**いちやく【一躍】** 急に。いっぺんに。
**いちゃもん** 〔俗語〕言いがかり。文句。
**いちゆう【一揖】** 〔文章語〕軽くおじぎをすること。
**いちゅう【移駐】** (軍隊などが)他所に移って、とどまること。
**いちゅう【意中】** 心の中(―の思い)。
―の人《ひと》 心に思っている人。恋人。
**いちょ【遺著】** 死後に残された著作。
**いちよう【一葉】** 一枚の葉。⊜一枚。一艘《そう》。「―の―写真(舟)」
―落《お》ちて天下《てんか》の秋《あき》を知《し》る 目前の小さなできごとから、世間の―動き(大事)を知る。
**いちよう【一様】** 同様。「―に高い」

**いちょう【医長】** 病院で、各科の医者の長。
**いちょう【胃腸】** 胃と腸。消化器官。「—薬」
**いちょう【移牒】** 〔文章語〕他の役所へ文書で通知すること。類移達
**いちょう【移調】** 音楽で、曲の形式を変えず、音域を他の調子に移すこと。
**いちょう【銀杏】**《公孫樹》落葉高木の一。秋に黄葉する。実はぎんなん。
**—返《がえ》し** 日本髪の一。
**—切《ぎ》り** 料理の材料の切り方の一。〔切った面がイチョウの葉形〕
**いちようらいふく【一陽来復】** 冬が去って春が来ること。〔冬至のこともいう〕Ⅱ不運が続いた後に、幸運がめぐってくること。
**いちよく【一翼】** 全体の中の一部の役割。「—をになう」類一端
**いちらん【一覧】** ①ざっと目をとおすこと。②ひと目でわかるようにまとめたもの。「—表・季語—」
**いちらんせい【一卵性】** 一個の受精卵の。
**—双生児《そうせいじ》** 一個の受精卵から生まれたふたご。〔同性で、外見もそっくり〕対二卵性双生児
**いちり【一理】** 一応の理由(道理)。
**いちりいちがい【一利一害】** よい面とわるい面が同じくらいあること。類一得一失
**いちりつ** [一]**【一律】** ①同じ調子で続くようす。「千編—」②差別のないようす。「—に支給」[二]**【一率】** 一定の比率。
**いちりつ【市立】** しりつ。〔私立《しりつ》と区別するための言い方〕
**いちりゅう【一流】** ①すぐれていること。②独特であること。「名人—の方法」③一つの流派。「—を立てる」
**いちりょうじつ【一両日】** 短い期間。類二三日《にさんにち》
**いちりん【一輪】** ①一つの咲いた花。②一つの車輪。
**—挿《ざ》し** (一輪だけ入れる)小さな花瓶。
**—車《しゃ》** ①車輪が一個の手押し車。ねこぐるま。②車輪が一個の曲乗り用自転車。
**いちる【一縷】** ごくわずか。「—の望み」
**いちるい【一塁】** 野球で、最初の塁。また、一塁手。ファースト(—ベース)。
**—手《しゅ》** 一塁を守る選手。ファースト。
**いちれい【一礼】** 一度(軽く)おじぎをすること。「—して去る」
**いちれつ【一列】** ①ひとならび。「—縦隊」②第一の列。③同列。「—に見なす」
**いちれん【一連】** ひとつながり。「—の事件」
**いちれんたくしょう【一蓮托生】** 〔仏教語〕死後、極楽浄土で同じ蓮《はす》の上に生まれかわること。托生。Ⅱ運命をともにすること。
**いちろ【一路】** ①まっすぐ。「—東へ向かう」②ひとすじの道。「真実—」③囲碁で一つ隣の筋。
**いつ《何時》** 不定の時を表す語。
**いついつまでも《何時何時までも》** いつまでもの強め。
**いつう【胃痛】** 胃の痛み。
**いつか【五日】** ①月の五番目の日。②一日の五倍。「—間」
**いつか《何時か》** ①いつの間にか。②過去のいつのころか。以前。③そのうち。
**いっか【一下】** ひとたびくだること。「命令—」
**いっか【一家】** ①ひとつの家(家族)。Ⅱひとつの団体。「次郎長—」②独自の流派。
**—言《げん》** 独自の考え。「教育については—もっている」
**—を成《な》す** (学問や芸術で)権威となる。
**いっか【一荷】** ①てんびん棒の両端にかけて、一人がかつげる荷物(—の分量)。②釣りで、一本の釣り糸で一度に釣れた魚二匹。
**いっか【一過】** さっと過ぎてゆくこと。「台風—」
**いっかい【一介】** とるに足りないひとり。「—の会社員」〔自分をけんそんしていう〕
**—性《せい》** (症状が)短期で消えるようす。
**いっかい【一回】** 一度。
**—忌《き》** 死後一年目の忌日(法要)。一周忌。
**—生《せい》** ①大学の一年生。〔関西方言〕②第一年度の卒業生。類一期生
**いっかく【一角】** ①かたすみ。一部分。「氷山の—」②イルカに似た海獣。一角獣。
**—獣《じゅう》** ①⇩いっかく② ②西洋の想像上

の動物。ユニコーン。〔馬に似た体で、額に一本の角がある〕

**いっかく【一画】** ①漢字で、ひとつの画。「一点─」 ②《一劃》（土地の）ひとくぎり。

**いっかくせんきん【一獲千金】**《一攫─》 一時に（─簡単に）大金を得ること。

**いっかげつ【一箇月・一か月】** ひとつき。〔俗に「一ケ月」とも書く〕

**いつかしら**《何時かしら》 いつの間にか。

**いっかつ【一括】** ひとまとめ。「─審議」

**いっかつ【一喝】** 大声で（─ひと声）しかりつけること。

**いっかん【一貫】** 始めから終わりまで同じ立場や方法を貫くこと。

**いっかん【一環】** 全体で関連するものの一部分。〔もと、鎖の輪の一個の意〕

**いっかんのおわり【一巻の終わり】** すべてが終わること。特に、一生の終わり。

**いっき【一気】** ひといき。

**─呵成《かせい》** すごい勢いでやり遂げること。

**いっき【一期】** ①ひとくぎりの時期。 ②第一の時期。第一回。「─生」

**いっき【一揆】** 昔、幕府や領主の圧政に反抗して領民が抵抗したこと。「百姓─」

**いっき【一騎】** 一人の騎士。

**─討《う》ち** 一対一のたたかい。

**─当千《とうせん》** 一人で大勢を相手にできるほど強いこと。

**いっき【逸機】** チャンスを逃すこと。

**いっきいちゆう【一喜一憂】** 情勢の変化で、喜んだり心配したりすること。

**いっきく【一掬】**〔文章語〕ひとすくい。

**─の涙《なみだ》** 思わず流れる一滴の涙。

**いっきゅう【一級】** ①ひとつの階級。 ②一学年。一学級。 ③第一位の等級。「─品」

**いっきゅう【逸球】** 野球で、パスボール。

**いっきょ【一挙】** ①ひとつの動作。 ②一度に。ひといきに。

**─一動《いちどう》** ひとつひとつの動作・行動。

**─両得《りょうとく》** ひとつでふたつの利益を得ること。類一石二鳥

**いっきょう【一興】** ちょっとしたおもしろみ。

**いっきょしゅいっとうそく【一挙手一投足】** 一挙一動。

**いつく【居着く】**（そこに）住みつく。

**いっく【一句】** ①俳句ひとつ。 ②（文章などの）ひとくぎり。「一言─」

**いつくしむ【慈しむ】** かわいがる。大切にする。

**いっけい【一系】** 同じ─血筋（血統）。類同系

**いっけい【一計】** ひとつの計画。「─を案じる」

**いっけつ【一決】** 議論や相談がひとつにまとまって決定すること。

**いっけつ【溢血】** 小さい内出血。「脳─（＝脳出血）」

**いっけん【一件】** ①ひとつの事件。「─落着」 ②あのこと。類件《くだん》

**いっけん【一見】** ①ちょっと見ること。類一瞥《いちべつ》 ②ちょっと見たところでは。

**いっけん【一軒】** ひとつの家屋。類一戸

**─家《や》** ①一軒だけぽつんとある家。 ②一戸建ての家。◇〔一軒屋とも書く〕

**いっこ【一戸】** 一世帯。一軒の家。類一軒

**─建《だ》て** 一戸で独立した家屋。こだて。

**いっこ【一個】**《一箇》 ①ひとつ。〔俗に「一ケ」とも書く〕 ②【一己】一個人。

**いっこ【一顧】** ちらっと見ること。「─だにしない」 ⓘ心にとめること。

**いっこう【一向】** すこしも。まったく。「─に変わらない」

**いっこう【一行】** 一緒に行動する人々。

**いっこう【一考】** ちょっと考えること。

**いっこく【一刻】** ①わずかな時間。「─を争う」 ②《一国》がんこ。「─者《もの》」

**いっこく【一国】** ①一つの国。 ②国全体。「─をあげた行事」

**─一城《いちじょう》の主《あるじ》** 他人を頼らず独立している人。

**いっこん【一献】** 一杯の酒（─をすすめること）。ⓘちょっとした酒宴。

**いっさ【一佐】** 自衛隊の階級の一。〔旧軍隊の大佐〕

**いっさい【一切】** ①すべて。「─を任せる」 ②（否定表現の中で）全然。「─知らない」

**─合切《がっさい》** すべて。

**─衆生《しゅじょう》**〔仏教語〕生きとし生けるもの。

**いっさい【一再】** 一、二回。

**─ならず** 何度も。

**いつざい【逸材】** すぐれた才能をもつ人。

**いっさいたふ【一妻多夫】** 一人の妻が複数の夫をもつ結婚形態。

**いっさく【一昨】** 前の前の。「—晩」

**—日《じつ》** おととい。

**—年《ねん》** おととし。

**いっさく【一策】** ひとつのはかりごと。「—を案ずる・窮余の—」

**いっさつ【一札】**（一枚の）証書。「—入れる」

**いっさつたしょう【一殺多生】** いっせつたしょう。

**いっさんかたんそ【一酸化炭素】** 炭などが不完全焼燃するときに発生する有毒ガス。「—中毒」

**いっさんに【一散に・逸散に】** 一目散《いちもくさん》に。

**いっし【一士】** 自衛隊の階級の一。〔旧軍隊の上等兵〕

**いっし【一子】** 一人の子供。

**—相伝《そうでん》** 奥義を子供一人だけに伝えること。

**いっし【一矢】** 一本の矢。

**—を報《むく》いる** わずかの反撃をする。

**いっし【一死】** ①〔文章語〕命を捨てること。「—をもって恩に報いる」 ②野球で、ワンアウト。

**いっし【一糸】** 一本の糸。

**—乱《みだ》れず** 整然と。

**—もまとわず** まっぱだか。

**いっし【一指】** ゆび一本。「—も触れない」

**いっし【逸史】**〔文章語〕正史にもれた史実。

**いつじ【逸事】**（世間に知られていない）隠れた事実。

**いっしき【一式】** ひとそろい。「道具—」

**いっしちにち【一七日】** 初七日《しょなのか》。

**いっしつ【一失】** ひとつの失敗（損失）。「千慮の—」

**いっしつりえき【逸失利益】** 事故にあわなければ得ていたはずの収入・利益。

**いっしどうじん【一視同仁】** すべてを同等に愛すること。〔一視同人は誤記〕

**いっしゃせんり【一瀉千里】** 物事が勢いよく進むこと。

**いっしゅ【一首】** 和歌ひとつ。「百人—」

**いっしゅ【一種】** ①ひとつの種類。②（同種の中で）ちょっと変わったもの。「—独特」

**いっしゅう【一周】** ひとまわりすること。

類 一巡

**—忌《き》** 一回忌。

**いっしゅう【一週】** 一週間。

**—間《かん》**（日曜から土曜までの）七日間。ウイーク。

**いっしゅう【一蹴】** ①敵を簡単に負かすこと。②すげなく断ること。類 ける

**いっしゅくいっぱん【一宿一飯】** 一泊と一食の世話になること。「—の恩義」

**いっしゅつ【逸出】** ①逃れ出ること。②抜きんでること。「—した人物」

**いっしゅん【一瞬】** ごくわずかの時間。類 瞬間

**いっしょ【一所】** ひとつの所。

**—懸命《けんめい》** 一生《いっしょう》懸命。

**いっしょ【一緒】** ①同じであること。類 同一 ②同行すること。③ひとつにまとめること。

**—くた** 区別なく同じに扱うこと。

**いっしょ【逸書】** 名だけ残って、実物の伝わっていない書物。

**いっしょう【一生】** 生まれてから死ぬまで。「—のお願い」類 終生・生涯

**—懸命《けんめい》** 命がけでひとつのことに立ち向かうこと。〔一所懸命の転〕

**—物《もの》** 一生使い続けられる（続けるつもりの）物。「—のバッグ」

**いっしょう【一将】**〔文章語〕一人の大将。

**—功《こう》成《な》りて万骨《ばんこつ》枯《か》る** 成功者の後ろには、多くの犠牲者がいる。

**いっしょう【一笑】** 軽く笑うこと。

**—に付《ふ》す** 笑って済ます（相手にしない）。

**いっしょうがい【一生涯】** 一生。終生。

**いっしょうびん【一升瓶】** 一升入りの（酒の）びん。

**いっしょく【一色】** ひとつの色。ひといろ。Ⅱひとつの傾向。「受験—に染まる」

**いっしょくそくはつ【一触即発】** たいへん緊迫した状態（情勢）。

**いっしん【一心】** ①思いをひとつに集中すること。②多くの人の気持ちが同じになること。

**—同体《どうたい》** 二人以上が心をひとつにして力を合わせること。

**—に** いちずに。ひたすら。

—不乱《ふらん》 気持ちが集中して乱されないこと。

いっしん【一身】自分の体。

—上《じょう》 個人的なこと。「—の都合」

いっしん【一新】すべて新しく—する（なる）こと。「気分—」類刷新

いっしん【一審】最初の裁判所での審判。第一審。「—判決」

いっしんいったい【一進一退】よくなったり悪くなったりすること。

いっしんきょう【一神教】ただひとつの神だけを信じる宗教。対多神教

いっしんとう【一親等】いちばん近い親等。一等親。〔親子の関係〕

いっすい【一睡】ひとねむり。「—もせずに」

いっすい【溢水】水があふれること。

いっすいのゆめ【一炊の夢】邯鄲《かんたん》の夢。

いっする【逸する】①はずれる。「常軌を—」②逃がす。「チャンスを—」

いっすん【一寸】尺貫法で、約三センチメートルの長さ。Ⅱごく短い時間（長さ）。

—刻《きざ》み 少しずつ進行すること。

—先《さき》は闇《やみ》 将来のことは全く予測できない。

—の虫《むし》にも五分《ぶ》の魂《たましい》 どんなものでもその身に応じた考え（誇り）がある。

—法師《ぼうし》 おとぎ話の主人公の小人。

いっせ【一世】①〔仏教語〕三世の一。②一生涯。

—一代《いちだい》 一生に一度。「—の晴れ姿」

いっせい【一世】①一生。②ひとつの時代。③初代。④（移民の）最初の代の人。

—一元《いちげん》 天皇一代にひとつの年号だけを使うこと。

—を風靡《ふうび》する その時代の人々に広く知れわたる（流行する）。

いっせい【一声】ひとこえ。「汽笛—」

いっせい【一斉】同時。いちどき。「—射撃」

いっせいめん【一生面】いちせいめん。

いっせき【一夕】①ひと晩。「一朝—」②ある晩。

いっせき【一石】

—二鳥《にちょう》 一挙両得。

—を投《とう》ずる 問題を投げかける。

いっせき【一席】①演説・講談・宴会などの一回。②首位。「—に入選」

—伺《うかが》う 落語や講談を演じる。

—ぶつ 演説する。

—設《もう》ける 宴会を開き、招待する。

いっせつ【一節】ひと区切り。「詩の—」

いっせつ【一説】①ひとつの説。②別の説。あるうわさ。「—によると」

いっせつたしょう【一殺多生】〔仏教語〕一人を殺して多くを生かすこと。いっさつたしょう。

いっせん【一閃】〔文章語〕刀や光が一瞬ひらめくこと。

いっせん【一戦】ひといくさ。ひと勝負。「—を交える」

いっせん【一線】①一本の線。②第一線。Ⅱ区切り。けじめ。「最後の—を守る」

—を画《かく》する はっきり区切りをつける。

いっせん【一銭】わずかなお金。

いっそう【一双】ふたつで一組みのもの。一対《いっつい》。「—のびょうぶ」

いっそう【一曹】自衛隊の階級の一。〔旧軍隊の曹長〕

いっそう【一掃】すっかり取り払うこと。「弊風を—する」

いっそう【一層】いちだんと。さらに。

いっそう【逸走】逃げて（それて）走ること。

いっそく【一足】はきもの一組み。

—飛《と》び 順序を飛び越して進むこと。

いつぞや《何時ぞや》いつだったか。

いったい【一体】①ひとつのもの。「表裏—」②強い疑問を表す語。「—どういうわけだ」③そもそも。元来。〔多く「一体に」の形で〕

—化《か》 ひとつにまとまること。

—全体《ぜんたい》 一体②の強め。

いったい【一帯】そのあたり（—全体）。「九州—」類一円

いつだつ【逸脱】本筋からはずれること。「目的から—する」

いったん【一旦】一度。一時。

—緩急《かんきゅう》あれば ひとたび大事が起こったときには。

いったん【一端】①一方のはし。②一部分。「—を担う」

いっち【一致】同じ（ひとつ）になること。

いっちはんかい【一知半解】知識が浅く、理解が不十分なこと。類なまかじり

いっちゃく【一着】①競走などの一位。

②衣服の一組。また、衣服を着ること。「―に及ぶ」

**いっちゅうや【一昼夜】** まる一日。

**いっちょう【一丁】** ①豆腐・刃物・料理などで、ひとつ。「ラーメン―」②長さで、一町に同じ。③〔俗語〕(勝負や仕事で)ひとつ。それでは。「―やろうか」

**―上《あ》がり** 〔俗語〕ひとつが仕上がること。

**―前《まえ》** 〔俗語〕いちにんまえ。

**いっちょう【一朝】** ①ある朝。②ひとたび。「―事あれば」

**―一夕《いっせき》** わずかの時日。「―ではできない」

**いっちょういったん【一長一短】** 長所もあるが短所もあること。完全ではないこと。

**いっちょうら【一張羅】** 一枚しかもっていない晴れ着(服)。

**いっちょくせん【一直線】** 一本の直線。⏸㋐まっすぐ。「―に進む」㋑ひたすら。

**いつつ【五つ】** (個数・年齢で)五。

**いづつ【井筒】** 井戸のふちの囲い。

**いっつい【一対】** ふたつで一組みのもの。

**いって【一手】** ①自分だけがすること。「―に引き受ける」②ひとつの方法。「押しの―」

**いってい【一定】** 定まって変化しないこと。

**―限《げん》** 一定の限度。ある程度。

**いっていじ【一丁字】** 文字一つ。「目に―もない(=全く文字が読めない)」

**いってつ【一徹】** がんこ。「老いの―」

**いってん【一天】** ①空一面。②天下。

**―万乗《ばんじょう》** 天子。

**いってん【一点】** 一か所。少し。「―のかげりもない」

**―張《ば》り** そのひとつのことだけを押し通すこと。

**いってん【一転】** ①がらりと変わること。「心機―」②ひとまわり。

**いっと【一途】** ひとすじの道。⏸ひとつの方向。「…の―をたどる」

**いっとう【一刀】**

**―彫《ぼ》り** 一本の小刀でする木彫り。

**―両断《りょうだん》** ①一太刀で真っ二つにすること。②思いきった決断で処理すること。

**いっとう【一灯】** ひとつの明かり。「貧者の―」

**いっとう【一党】** ①仲間。②ひとつの政党。

**いっとう【一等】** ①(等級・順位の)一番。最上。「―賞(席)」②一段階。「罪を―減じる」③最も。類いちばん

**―親《しん》** いっしんとう。

**―星《せい》** 最も明るい恒星。

**―地《ち》** 立地条件の最もよい土地。「都心の―」

**―兵《へい》** 旧陸軍の兵の階級の一。二等兵の上、上等兵の下。

**いっとう【一統】** ①一同。一行。「ご―様」②統一。「天下―」

**いっとう【一頭】** 頭ひとつ。

**―地《ち》を抜《ぬ》く** 他と比べて一段とすぐれている。

**いっとき【一時】** しばらくの間。いちじ。

**いっとくいっしつ【一得一失】** 利益がある一方、損もあること。類一利一害

**いっとはなしに《何時とは無しに》** いつのまにか。

**いつに【一に】** 〔文章語〕①ひとえに。②ひとつには。または。

**いつになく《何時になく》** ふだんと違って。

**いつのまにか《何時の間にか》** いつか知らないうちに。

**いっぱ【一波】** ひとつの波。⏸次々に起こるものの、一回。「第―のスト」

**いっぱ【一派】** ひとつの流派(仲間)。

**いっぱい【一杯】** ①酒を少し飲むこと。「―やる」②満ちているようす。「元気―」③たくさん。

**―機嫌《きげん》** 少し酒に酔ったいい気分。類ほろ酔い

**いっぱい【一敗】** 一度負けること。

**―食《く》わせる** うまくだます。

**―地《ち》に塗《まみ》れる** 徹底的に負かされる。

**いっぱく【一泊】** ひと晩泊まること。

**いっぱし【一端】** 一人前。人並み。

**いっぱつ【一発】** 一回の発射。⏸〔俗語〕一回。

**―勝負《しょうぶ》** 一回きりの勝負。

**―屋《や》** 一回のチャンスにすべてをかける人。

**いっぱん【一半】** 半分。なかば。「―の責任」

**いっぱん【一般】** ①全体。「世間―」類全般 ②ふつう。「―市民」
**―化《か》** 普遍化。対特殊化
**―会計《かいけい》** 財政法に基づく、国のふつうの会計。対特別会計
**―教書《きょうしょ》** アメリカ大統領が年頭に議会へ送るメッセージ。年頭教書。
**―教養《きょうよう》** だれにでも共通して必要な基礎的な教養。
**―財源《ざいげん》** 国や地方公共団体で、どんな経費にも使える財源。対特定財源
**―職《しょく》** ①特別職以外の公務員の職。②会社で、限られた業務を行う仕事。〔昇進が一定範囲に限られる〕対総合職
**―人《じん》** ごくふつうの人々。
**―的《てき》** 広く全体に通じるようす。類普遍的 対特殊的・専門的
**―に** 全体に。概して。
**―論《ろん》** 対象全体についての(―抽象的な)議論。

**いっぱん【一斑】** 一部分。
**―を見《み》て全豹《ぜんぴょう》を卜《ぼく》す** 物事の一部だけを見て全体を推測する。〔斑はヒョウの皮のまだら〕

**イッヒ**〔ドイツ語 Ich〕 私。〔ドイツ語の一人称代名詞〕
**―ドラマ**〔ドイツ語 Ich-Drama〕 自己告白の形式の戯曲。
**―ロマン**〔ドイツ語 Ich-Roman〕 自己告白の形式の小説。類私小説

**いっぴ【一臂】** 片方のひじ。⓪助力。「―の力をかす」

**いっぴきおおかみ【一匹狼・一疋狼】** 仲間をつくらず独力で行動をする人。

**いっぴつ【一筆】** ①墨つぎなしで書くこと。類ひとふで ②ちょっとした文章(―を書くこと)。「―したためる」
**―入《い》れる** 〔俗語〕誓約書など、後に証拠となる書類を書く。
**―啓上《けいじょう》** 手紙の書き出しの一。主に男性が用いる。
**―箋《せん》** 添え状に使う、小さな便箋。

**いっぴん【一品】** ①ひとしな。②最上の品。「天下―」類逸品
**―料理《りょうり》** ①(料理店で)客が一皿ずつ選ぶ料理。アラカルト。対定食 ②一皿だけの手軽な料理。

**いっぴん【逸品】** 特にすぐれた品。類絶品

**いっぴんいっしょう【一顰一笑】** 顔に表れる感情の動き。顔色。「―をうかがう」〔顔をしかめたり笑ったりする意〕

**いっぷ【一夫】** ①一人の夫。②一人の男。
**―一婦《いっぷ》** 夫一人、妻一人の結婚形態。一夫一妻。
**―多妻《たさい》** 一人の夫が複数の妻をもつ結婚形態。

**いっぷう【一風】** どことなく。
**―変《か》わった** どことなく他と違う。

**いっぷく【一服】** タバコ・お茶・薬などの一回分(―を飲むこと)。⓪ひと休み。
**―の清涼剤《せいりょうざい》** すがすがしい事柄。
**―盛《も》る** 毒薬を飲ませる。

**いつぶす【鋳潰す】** 金属製品をとかして地金にする。

**いつぶつ【逸物】** いちもつ。

**いつぶん【逸文】** ①逸書から引用された文。②すぐれた文章。類名文

**いつぶん【逸聞】**〔文章語〕逸話。

**いっぺいそつ【一兵卒】** 一人の下級兵士。⓪したっぱの一人。

**いっぺん【一片】** ①一枚。「―の花びら」②一部分。⓪わずか。「―の良心」

**いっぺん【一辺】** 多角形の辺のひとつ。

**いっぺん【一変】** がらりと変わること。「病状が―する」類一転

**いっぺん【一遍】** ①一度。②ただ…だけ。「正直―の人」
**―に** ①同時に。②たちまち。「―やられた」

**いっぺんとう【一辺倒】** 一方に―気持ち(力)を向けること。類一本やり

**いっぽ【一歩】** ひとあし。⓪一段階。わずか。「失敗の―手前」
**―抜《ぬ》け・出る** ①競争相手より少し前に出る。②ある範囲から少し外に出る。「現状から―」
**―(―を)譲《ゆず》る** ①ちょっと譲歩する。②一段階劣る。ひけをとる。

**いつぼう【鷸蚌】** シギとハマグリ。
**―の争《あらそ》い** 類漁夫《ぎょふ》の利《り》

**いっぽう【一方】** ①ひとつの方面。②片方。③…ばかり。「悪くなる―」④もうひとつの側について言えば。
**―通行《つうこう》** 車を道路の一方向だけにしか通さないこと。一方交通。⓪伝達が一方だけからしかされないこと。
**―的《てき》** ①一方だけに偏るようす。②自分

の都合だけでするようす。「—に決める」

**いっぽう【一報】** ①（簡単に）知らせること。②第一報。

**いっぽん【一本】** ①柔道・剣道で、わざが決まること。「—勝ち」②文献学で、異本。③それだけであること。「まじめ—の人」

**—化**《か》 ばらばらな（複数の）ものをひとつにまとめること。

**—気**《ぎ》 ひとすじに思い込む性質。

**—勝負**《しょうぶ》 （武術で）一回きりの試合。

**—立ち**《だち》 独立。

**—調子**《ぢょうし》 単調。

**—釣り**《づり》 魚を一匹ずつ釣り上げる方法。Ⅱ個別に当たって—人材（味方）を獲得すること。

**—槍**《やり》 ひとつの方法で押し進めること。類一辺倒

**いつみん【逸民】** 俗世間を逃れて暮らしている人。類隠者

**いつも《何時も》** ①いつでも。②ふだん。「—の調子」

**いつらく【逸楽】** 気楽に遊び楽しむこと。「—にふける」

**いつわ【逸話】** かくれた—一面（事柄）がわかるおもしろい話。類エピソード

**いつわり【偽り・詐り】** うそ。「看板に—なし」

**いつわる【偽る】** うそを言う。「経歴を—」類あざむく

**いて【射手】** 弓を射る—人（名手）。

**イデア** [ギリシャ語 idea] 〔哲学用語〕観念。理念。理想。

**イディオム** [idiom] 慣用句。

**イデー** [ドイツ語 Idee] イデア。

**イデオローグ** [フランス語 idéologue] ①観念論者。②（政治で）理論的指導者。

**イデオロギー** [ドイツ語 Ideologie] 観念形態。思想傾向。

**いてき【夷狄】** 〔文章語〕外国人。〔古代中国で、夷も狄も外国の未開人。／軽蔑した言い方〕

**いでたち【出で立ち】** 服装。身なり。

**いてつく【凍て付く】** こおりつく。

**いてもたってもいられない【居ても立ってもいられない】** じっと落ち着いていられない。

**いでゆ【出で湯】** 温泉。「—の町」

**いてる【凍てる】** こおる。

**いてん【移転】** 引っ越し。類転居

**いでん【遺伝】** 親から子に、形態・性質が伝わること。「—形質・隔世—」

**—子**《し》 染色体上にあって遺伝をつかさどるもの。本体はＤＮＡ。「—工学」

**—子**《し》**組**《く》**み換**《か》**え** 遺伝子を人工的に組み換えて、従来なかった形質の生物を作り出す操作。〔有用物質の合成や遺伝子治療に応用〕

**—子**《し》**工学**《こうがく》 遺伝子組み換えの技術など、遺伝子の有効利用をめざす学問。

**—子**《し》**治療**《ちりょう》 欠損や異常のある患者の遺伝子を人為的に補ったり制御したりする治療法。

**いと【糸】** 《絃》琴や三味線の弦。㋑釣り糸。「—を垂れる」

**—の切**《き》**れた凧**《こた》 行き先の見当が全くつかない—人（こと）のたとえ。

**—を引**《ひ》**く** ①裏にいて人をあやつる。②糸のように細長くのびる。「納豆が—」③長く続く。

**いと【意図】** しようと思う—こと（考え）。類意向

**いど【井戸】** 地下水をくみあげる設備。〔ポンプやつるべを利用〕

**いど【緯度】** 地球上の位置を示す座標の一。〔赤道が〇度、南極・北極が九〇度〕対経度

**いとう【厭う】** 〔文章語〕①いやがる。「世を—」②いたわる。「我が身を—」

**いどう【異同】** 異なっている点。類相違

**いどう【異動】** 人事の動き。「人事—」

**いどう【移動】** 場所を変えること。

**—性**《いせ》**高気圧**《こうきあつ》 大陸の方から移動してくる高気圧。春・秋に多い。

**いとおしい《愛おしい》** いとしい。〔「いとう」の変化〕

**いとおしむ《愛おしむ》** 〔文章語〕大切に思う。かわいがる。

**いどがわ【井戸側】** 井戸の—周囲（内側）を保護する囲い。

**いときりば【糸切り歯】** 〔俗語〕犬歯《けんし》。〔歯で糸を切るときに使うことから〕

**いとく【威徳】** 威厳と人徳。

**いとく【遺徳】** 死後に残る徳。

**いとぐち【糸口・緒】** てがかり。「話の—」類端緒〔もと、巻いてある糸の先端のこと〕

**いとぐるま【糸車】** 糸を紡ぐ車。
**いとけない【幼けない】**《稚い》 おさない。
**いとこ【従兄弟・従姉妹】** おじ・おばの子供。〔従兄・従弟・従姉・従妹とも書く〕
**―煮《に》** アズキと各種の野菜との煮物。〔「追い追い」入れて煮るのを「甥々《おいおい》」にかけた命名という〕
**いどころ【居所】** いる所。居場所。「―を突きとめる・虫の―が悪い」
**いとさばき【糸捌き】** ①糸の扱い方。②琴や三味線のひき方。
**いとしい**《愛しい》 ①かわいい。「―我が子」②恋しい。「―人」
**いとしご【愛し子】** かわいく思う（―わが）子。
**いとしむ**《愛しむ》 いとおしむ。
**いとじり【糸尻】** いとぞこ。
**いとすぎ【糸杉】** スギの一。〔西欧で悲しみの象徴として墓地に植える〕
**いとぞこ【糸底】** 陶器の底の輪状の台のような部分。糸じり。〔糸でろくろから切り離すことから〕
**いとづくり【糸作り】** 糸のように細く切ったさしみ。「イカの―」
**いとなむ【営む】** ①行う。「生活（法事）を―」②仕事（経営）をする。「食堂を―」③用意する。「巣を―」
**いとのこ【糸鋸】** 細く薄い刃ののこぎり。〔板が曲線に切れる。／「糸のこぎり」から〕
**いどばた【井戸端】** 井戸のそば。
**―会議《かいぎ》** 何人かが（立ち話で）する雑談。
**いとはん**《嬢はん》 〔関西で〕おじょうさん。いとさん。
**いとへん【糸偏】** ①漢字の部首の一。紙・結などの「糸」。②〔俗語〕繊維産業。「―景気」
**いとま【暇】** ①ひま。②別れ。「―を告げる」◇〔雅語〕
**―がない** ひっきりなしだ。非常に多い。〔「応接（枚挙）に～」の形で使う。／遑がないとも書く〕
**―乞《ご》い** ①別れを告げること。②辞職を願い出ること。
**いとまき【糸巻き】** ①糸を巻きつける―こと（もの）。②三味線の上部にあるねじ。
**いとみみず【糸蚯蚓】** どぶなどに群生する糸のようなミミズ。
**いどむ【挑む】** 挑戦する。
**いとめ【糸目】** ①凧《たこ》の、釣り合いをとるための糸。②陶器につけた細い筋模様。③虫の一。釣りえさにする。
**―をつけない** 惜しみなく使う。「金に―」
**いとめる【射止める】** 矢や鉄砲で殺す。Ⓘねらったものを手に入れる。「ハートを―」
**いとも** 非常に。「―簡単に」
**いとようじ【糸楊枝・糸楊子】** デンタルフロス。
**いとわしい【厭わしい】** 〔文章語〕いやだ。類うとましい
**いな【否】** 〔文章語〕打消し・不同意を表す。
**いな【異な】** 変な。妙な。「―もの」
**いな【鯔】** ボラの幼魚。
**いない【以内】** それを含んで、より内の範囲。「一〇分―」類以下
**いなおりごうとう【居直り強盗】** 空き巣ねらいが見つかって強盗に変わること。
**いなおる【居直る】** ①正しい姿勢にすわり直す。②急に強い態度に変わる。
**いなか【田舎】** ①都会から離れた土地。類地方 対都会 ②ふるさと。
**―芝居《しばい》** 地方で演じられる（―へたな）芝居。
**―汁粉《じるこ》** つぶしあんの汁粉。対御膳《ごぜん》汁粉
**―者《もの》** いなか（―育ち）の人。Ⓘ粗野な人をあざけって言う語。
**いなかけ【稲掛け・稲架け】** いねかけ。
**いながら【居ながら】** 動かないで。〔「すわったままで」の意〕
**いなご【蝗】** バッタに似た昆虫。稲の害虫。
**いなさく【稲作】** 稲の栽培・収穫量。
**いなす【往なす】** ①相撲で、身をかわす。②相手の追及をかわす。◇〔もと、行かせる意〕
**いなずま【稲妻】**《電》 雷の光。いなびかり。「―が走る」
**いなせ**《鯔背》 いきで、勇ましい。「―な若者」
**いなだ** ブリの幼魚。
**いなだ【稲田】** 稲を植えてある田。たんぼ。
**いなづま【稲妻】**《電》 ⇩いなずま 〔「いなづま」は許容仮名遣い〕
**いななく**《嘶く》 馬が声高く鳴く。

**いなびかり【稲光】** いなずま。
**いなほ【稲穂】** 稲の穂。
**いなむ【否む】** ①拒否する。「すげなく—」②否定する。
**いなむら【稲叢】** 刈り取った稲を積み重ねたもの。にお。わらづか。
**いなめない【否めない】** 否定できない。「—事実」
**いなや【否や】** ①承知か不承知か。②不承知。「—はない」③(「…や～」の形で)…と同時に。…とすぐに。「夜が明けるや—」④…かどうか。「有りや—」
**いならぶ【居並ぶ】** ならんで座る。「—面々」同並ぶ。
**いなり【稲荷】** 穀物の神(—を祭った社)。〔キツネはその使い〕
**—鮨《ずし》** 煮た油揚げに酢飯をつめたもの。しのだずし。おいなりさん。
**いなわら【稲藁】** イネのわら。いねわら。
**イニシアチブ**［initiative］主導権。イニシアティブ。
**—を取《と》る** 先頭に立って行う。
**いにしえ【古】** 過去。昔。
**イニシエーション**［initiation］①特定の集団に入る時に行われる儀礼。成人式など。加入儀礼。②秘伝の伝授。
**イニシャル**［initial］(ローマ字で姓名を書いたときの)頭文字。イニシアル。
**—コスト**［initial cost］初期費用。初期投資。
**いにゅう【移入】** ①他の土地から物資を運び入れること。対移出 ②移し入れること。「感情—」
**いにょう【囲繞】** 取り囲むこと。いじょう。
**いにょう【遺尿】** 寝小便。「—症」
**いにん【委任】** (仕事や決定を)他人にまかせること。「—状」
**イニング**［inning］野球の試合で、回。
**いぬ [一]【犬】** ①動物のイヌ。同スパイ。②むだ。「—死に」③似ているが違う。「—タデ」
**—と猿《さる》** 仲が悪いこと。類犬猿の仲
**—の遠吠《とおぼ》え** 臆病者がかげで虚勢をはること。
**—も歩《ある》けば棒《ぼう》に当《あ》たる** 出歩くと思わぬ—幸運(災難)にあう。
**—も食《く》わない** 非常にいやがられる。また、だれも相手にしない。「夫婦げんかは—」
**[二]【戌】** 十二支の一一番目。〔昔、時刻で午後八時ごろ、方角で西北西〕
**いぬい【乾・戌亥】** 北西の方角。
**イヌイット**［Inuit］⇩エスキモー
**いぬかき【犬掻き】** 泳法の一。犬の泳ぎ方に似る。
**いぬき【居抜き】** 店や工場を、商品や設備をそのままに—売買(貸借)すること。
**いぬく【射貫く・射抜く】** 放った矢で対象物を貫き通す。「的を—」同強く魅了する。「心を—」
**いぬじに【犬死に】** むだな死に方。
**いぬぞり【犬橇】** 犬に引かせて走らせるそり。「—レース」
**いぬたで【犬蓼】** 雑草の一。アカマンマ。
**いぬちくしょう【犬畜生】** 人でなし。〔ののしって言う語〕
**いぬつげ【犬黄楊】** 常緑低木の一。山野に生え、また、庭木にもする。
**いぬのひ【戌の日】** 十二支の戌に当たる日。〔俗に犬は安産とされ、妊婦が妊娠五か月めのこの日に腹帯をして安産を祈る〕
**いぬのふぐり《犬の陰嚢》** 雑草の一。〔実が犬の陰嚢に似る〕
**いぬばしり【犬走り】** ①建物の外壁に沿って設けられた、壁と溝の間の狭い通路。②城で、石垣や土塁と堀との間の平らな所。
**いぬやらい【犬矢来】** 建物の壁の下部に湾曲した竹を並べた柵。〔京都の町屋に多い〕
**いね【稲】** 植物の一。米をとる。イネ科。
**いねかけ【稲掛け・稲架け】** 刈った稲を掛けてかわかす木組み。はせ。いなかけ。
**いねかり【稲刈り】** 実った稲を刈ること。
**いねこき【稲扱き】** 脱穀(—の道具)。
**いのいちばん【いの一番】** まっさき。〔下足札の最初の番号が「いの一」だったことから〕
**いのう【異能】** 非凡な才能。類異才
**いのこずち【牛膝】** 雑草の一。実にとげがあり、衣服などによくつく。
**いのこる【居残る】** ほかの人が帰ったあとに残る。
**いのしし【猪】** 動物の一。ブタに似る。牙《きば》がある。凶暴。
**—武者《むしゃ》** むやみに突進するだけの—武士(人)。

**イノシンさん【—酸】** 化学調味料の主原料。かつおぶしの主成分。

**イノセント**［innocent］①純粋無垢《むく》。②無罪。

**いのち【命】** ①生命。● 最も大切なもの。「信用が—だ」②寿命。

**—あっての物種《ものだね》** 何事も生きていればこそできるということ。

**—懸《が》け** 死ぬ覚悟で立ち向かうこと。

**—辛々《からがら》** やっとのことで。

**—乞《ご》い** ①殺さずに命を助けてくれと頼むこと。②神仏に長寿を祈ること。

**—知《し》らず** 死を恐れないこと。類 無鉄砲

**—綱《づな》** 危険に備えて体につける綱。● 命や生活を支える頼り。

**—取《と》り** 致命的な—原因（欠点）。

**—の恩人《おんじん》** 命を助けてくれた恩人。命の親。

**—の洗濯《せんたく》** 日ごろの苦労を忘れての気ばらし。

**—の綱《つな》** 命を支える頼り。

**—拾《ひろ》い** 死ぬ寸前で危うく助かること。

**—冥加《みょうが》** 死ぬべき命が、神仏のおかげで助かること。

**—を落《お》とす** 死ぬ。

**いのふ【胃の腑】** 胃。〔古めかしい表現〕

**いのぶた【猪豚】** イノシシとブタの雑種。食用。

**イノベーション**［innovation］ 技術革新。

**イノベーター**［innovator］革新者。

**いのる【祈る】** ①神仏に願う。②望み願う。「健康を—」

**いはい【位牌】** 死者の戒名を記した木の札。仏壇にまつる。

**いはい【違背】**（命令・規則に）そむくこと。

**いばく【帷幕】** 本陣。● 重要なことを相談する場所。

**いばしょ【居場所】** いる場所。いどころ。

**いばしんえん【意馬心猿】**〔仏 教 語〕本能による心の乱れをおさえられないこと。〔馬が走り、猿が騒ぐのはおさえられないことから〕

**いはつ【衣鉢】** 仏教や芸道の奥義。えはつ。〔師僧から弟子に伝える袈裟《けさ》と鉢《はち》から〕

**—を継《つ》ぐ** 師から奥義を受け継ぐ。● 前人の事業を受け継ぐ。

**いはつ【遺髪】** 死んだ人の形見の髪。

**いばら【茨】** とげのある木の総称。● 苦難。

**—の道《みち》** 苦難の多い—道のり（人生）。

**いばりかえる【威張り返る】**「いばる」の強調。

**いばる【威張る】** 強そう（偉そう）に見せる。

**いはん【違反】** 規則や契約にそむくこと。

**いはん【違犯】** 法律にそむくこと。「交通—」

**いび【萎靡】**〔文章語〕力や気力がなえしおれること。

**いびき《鼾》** 寝ているときに呼吸とともに出るうるさい音。「—をかく」

**いひつ【遺筆】** 故人の残した未発表の文章や手紙など。

**いびつ【歪】** ゆがんでいるようす。

**いひょう【意表】** 思いのほか。

**—を突《つ》く** 予想外のことをする。

**いびりだす【いびり出す】** いびって追い出す。

**いびる** 類 いじめる・いたぶる

**いひん【遺品】** 死後に残された品。類 形見

**いふ【畏怖】**〔文章語〕恐れおののくこと。「—の念を抱く」

**いふ【異父】** 母が同じで父が違うこと。「—姉妹」対 異母

**いぶ【威武】** 力が強く勇ましいこと。

**いぶ【慰撫】**〔文章語〕なだめて人の心を穏やかにすること。

**イブ**［eve］ 前夜（—祭）。特に、クリスマスイブ。

**いふう【威風】** 威厳のあるようす。「—堂々」

**—辺《あた》りを払《はら》う** 威厳があってとても立派に見える。

**いふう【遺風】** 今に残る—昔の風習（故人の教え）。

**いぶかしい【訝しい】** うたがわしい。

**いぶかる【訝る】** うたがわしく思う。

**いぶき【息吹】** 呼吸。● 活気のある雰囲気。「春（青春）の—」

**いふく【衣服】** 着るもの。

**いぶくろ【胃袋】**〔俗語〕胃。

**いぶしぎん【燻し銀】** いぶして表面を濃い灰色にした銀（—の色）。● 地味で渋い味わい。

**いぶす【燻す】** ①燃やして煙を出す。②

煙で黒くなるようにする。③薫製をつくる。
**いぶつ【異物】** 体内にあるべきでないもの。〔結石など〕
**いぶつ【遺物】** ①遺品。②過去の時代から残されたもの。「前世紀の―」
**イブニング**〔evening〕①夕方。②イブニングドレスの略。
**―ドレス**〔evening dress〕女性用の夜会服。
**いぶん【異文】** 異なった文章。特に、異本の、他の本と異なっている文章。
**いぶん【異聞】**〔文章語〕珍しい―話（うわさ）。
**いぶん【遺文】** 遺筆。
**いぶんし【異分子】**（個性的で）集団になじまない人。類異端者
**いへき【胃壁】** 胃を形づくるかべ。
**イペリット**〔ドイツ語 Yperit〕猛毒のガスの一種。マスタードガス。
**いへん【異変】** ①変わった事件。②目立った変化。
**イベント**〔event〕①できごと。行事。②競技種目。試合。◇エベント。
**いぼ《疣》** 皮膚上の突起物。Ⅱ表面上の突起物。
**いぼ【異母】** 父が同じで母が違うこと。「―兄弟」対異父
**いぼいぼ《疣々》** たくさんの突起物。
**いほう【異邦】**〔文章語〕外国。「―人」
**いほう【移封】** 領地を他へ移すこと。類国替え
**いほう【彙報】** 種類別に集めた報告。
**いほう【違法】** 法律に違反すること。対合法・適法
**いぼく【遺墨】** 故人が書き残した書画。
**いぼじ【疣痔】** 痔《じ》疾《しつ》の一。痔核。
**いぼだい【いぼ鯛】** 海産魚の一。食用。エボダイ。
**いほん【異本】** 定本と字句などに違いのある本。
**いま【今】** ①現在。現代。②すぐに。③もう。さらに。「―少し」
**―か今《いま》かと** 待ち望むようす。
**―に始《はじ》めぬ** 以前からあった。
**―に見《み》ろ** 近いうちにきっと自分の思いどおりに―する（なる）。〔捨てぜりふとして使う〕
**―の今《いま》まで** たった今まで。
**―の所《ところ》** 現在。今。
**―は昔《むかし》** 今ではもう昔のことだが。
**―や遅《おそ》し** 今か今かと待ちかねるようす。
**―を時《とき》めく** 今、世に栄えている。
**いま【居間】** 家族だんらんの部屋。リビングルーム。
**イマージェンシー**〔emergency〕エマージェンシー。
**イマージョン**〔immersion〕①足にヒレをつけ潜水して泳ぐ泳法の一。②外国語以外の教科もその言語で行う言語学習法。没入法。「―プログラム」〔浸す意〕
**いまいち【今いち】**〔俗語〕いまひとつ。
**いまいましい【忌ま忌ましい】** しゃくにさわる。
**いまうらしま【今浦島】** 時代に取り残された人。〔「現代の浦島太郎」の意〕
**いまげんざい【今現在】**「いま」の強調。
**いまごろ【今頃】** ①だいたい今。今時分。②今になってから。「―謝っても遅い」
**いまさら【今更】** ①今になって。「―変更できない」②あらためて。「―のように」
**いまし【今し】** たった今。〔「し」は強め〕
**―方《がた》** 少し前。
**―も** ちょうど今。
**イマジネーション**〔imagination〕想像力。
**いまじぶん【今時分】** 今ごろ。
**いましめ** ㊀**【戒め】** いましめる―こと（もの）。㊁**【縛め】** 体をしばる―こと（縄）。
**いましめる【戒める】** ①教え、注意する。②禁じる。③こらしめる。④用心する。
**いまだ【未だ】** まだ。
**―かつて** まだ一度も。
**―し**〔文章語〕まだ―十分（その時）でない。〔シク活用形容詞の終止形〕
**―に** 今でもまだ。〔今だにとも書く〕
**いまちのつき【居待ちの月】**〔文章語〕陰暦一八日の月。いまちづき。〔すわって待つ程度の時間に出る〕
**いまどき【今時】** ①現代。このごろ。②今ごろ。
**いまに【今に】** ①そのうちに。「―見ていろ」②今になっても。
**―して** 今になって。「―思えば」
**―も** 今すぐにも。
**いまは** ⇩いまわ
**いまひとつ【今一つ】** ①もうひとつ。②

もう少し。

**いまふう【今風】** 現代風。

**いまもって【今以て】** まだ。

**いまよう【今様】** ①現代風。②平安時代の流行歌謡。七五調四句からなる。

**いまわ【今際】** 死にぎわ。

**―の際《きわ》** いまわの強め。

**いまわしい【忌まわしい】** 不吉だ。Ⅱなんともいやだ。

**いみ【意味】** ①言葉・文字・記号などが表す内容。類意義 ②価値。③意図。

**いみあい【意味合い】**〔背景の事情を含めた〕意味。

**いみあけ【忌み明け】** 喪の期間が終わること。きあけ。

**いみありげ【意味有りげ】** 何か特別な意味がありそうなようす。

**いみきらう【忌み嫌う】** きらって避ける。

**イミグレーション**〔immigration〕①他国からの移住。対エミグレーション ②出入国管理。

**いみことば【忌み言葉】**《忌み詞》縁起が悪いと使用を避ける語。〔結婚式で「帰る・切る・別れる」などを避ける、すずり箱をあたり箱、ナシを有りの実と言うなど〕

**いみじくも**〔文章語〕うまく。「―言う」

**いみしん【意味深】**〔俗語〕意味深長の略。

**いみしんちょう【意味深長】** 奥深い意味があるようす。

**いみづける【意味付ける】** 物事に意義・価値を与える。

**イミテーション**〔imitation〕模造品。

**いみな【諱】** ①生前の実名。②おくりな。

**いみょう【異名】** いめい。

**いみん【移民】** 働く目的で外国に移住すること(人)。

**いむ【忌む】**（不吉なことを）嫌って避ける。

**いめい【依命】** 命令によること。「―通達」〔官庁用語〕

**いめい【威名】** 人を従わせるほどの名声。

**いめい【異名】** ①別名。②あだな。◇いみょう。

**イメージ**〔image〕①印象。「―を変える」②想像した姿・形。「―をふくらませる」

**―アップ**〔和製語 image up〕対イメージダウン

**―キャラクター**〔和製語 image character〕特定の商品や企業のイメージアップのために、その広告に出る人。

**―スキャナー**〔image scanner〕スキャナー。

**―ソング**〔和製語 image song〕印象づけをねらった宣伝用の楽曲。〔俗に、イメソンとも〕

**―ダウン**〔和製語 image down〕印象が悪くなること。対イメージアップ

**―チェンジ**〔和製語 image change〕見かけを変えて違う印象に―なる（する）こと。

**―トレーニング**〔image training〕スポーツで、ビデオを見たりして、競技中の動きを頭にえがきながらフォームなどを覚え込む訓練法。

**イメチェン**〔俗語〕イメージチェンジの略。

**いも【芋】** 野菜で、ジャガイモ・サツマイモ・サトイモなど。Ⅱやぼないなか者。

**―の煮《に》えたもご存《ぞん》じない** 世間知らずだ。

**―を洗《あら》うよう** 狭い所に人が大勢いるようす。

**いもうと【妹】** ①親を同じくする年下の女。②弟の妻。配偶者の妹①。◇対姉

**―御《ご》** 他人の妹の敬称。お妹さん。

**―婿《むこ》** 妹の夫。

**いもがゆ【芋粥】** ①ヤマイモを甘く味つけしたかゆ。②サツマイモを入れたかゆ。

**いもがら【芋幹】** 干したサトイモの茎。

**いもせ【妹背】**〔文章語〕夫婦（―の仲）。「―の契り」

**いもちびょう【いもち病】**《稲熱病》稲の病気の一。葉や茎にまだらができ、発育に害を与える。

**いもづる【芋蔓】** サツマイモ・ヤマイモのつる。

**―式《しき》に** 次から次へと。

**いもに【芋煮】** 東北地方の郷土料理。里芋と肉などを入れた鍋。「―会」〔多く、野外で作る〕

**いもの【鋳物】** 金属を溶かし、型に入れて作った器物。「―師」対打ち物

**イモビライザー**〔immobilizer〕自動車盗難防止装置の一。エンジンキーに組み込む。

**いもめいげつ【芋名月】** 陰暦八月一五日の夜の月。中秋の名月。〔サトイモを供えて月見をする〕

**いもり【井守・蠑螈】** トカゲに似た両生類。淡水にすむ。

**いもん【慰問】** 励まし見舞うこと。「―に訪れる・―団」

**いや《否》** 否定・不同意を表す語。「―、違う」

**―が応《おう》でも** 何としてでも。

**―も応《おう》もない** 有無を言わせない。

**いや《弥》** ますます。「―高く」〔雅語〕

**いや【嫌】《厭》** きらい。

**―というほど** 十分すぎるほど。

**―も糸瓜《へちま》もない** いやだなんてとんでもない。

**イヤー**〔year〕 年。「ニュー―」

**―ブック**〔yearbook〕 年鑑。年報。

**いやいや【嫌々】《厭々》** ①幼児がいやがって首を振ること。②気がすすまないようす。「―（―ながら）承知した」類しぶしぶ

**いやおう【否応】** 承知と不承知。

**―なしに** むりやり。類有無を言わせず

**いやがうえにも【弥が上にも】** なおその上に。ますます。

**いやがらせ【嫌がらせ】《厭がらせ》** 人がいやがる言動をわざとすること。

**いやがる【嫌がる】《厭がる》** いやだと思う。

**いやき【嫌気】《厭気》** ①いやけ。②相場が期待に反し、人気が下がること。

**いやく【医薬】** ①治療用の薬。「―品」②診療と薬。

**―部外品《ぶがいひん》** 人体への作用が弱いため、薬事法で医薬品とは区別されているもの。〔蚊取り線香・歯みがきなど〕

**―分業《ぶんぎょう》** 医師が診療して処方箋を出し、薬剤師が調剤・投薬する制度。

**いやく【意訳】** 原文を、全体の意味をくみとって訳すこと。対直訳

**いやく【違約】** 約束を破ること。「―金」

**いやけ【嫌気】《厭気》** いやに思う気持ち。いやき。

**―がさす** いやになる。

**いやし【癒やし】** 苦痛や心の傷をなおしたりやわらげたりする―こと（もの）。「―の音楽」

**いやしい【卑しい】《賤しい》** ①身分・地位が低い。②みすぼらしい。③下品だ。④さもしい。「食べ物に―」

**いやしくも《苟も》** かりにも。「―学生たるもの…」〔改まった場面で使う〕

**いやしめる【卑しめる】《賤しめる》** 見下す。類さげすむ

**いやしんぼう【卑しん坊】** 〔俗語〕くいしんぼう。

**いやす【癒やす】** 病気や苦痛をなおす。「傷を―」

**いやでも【否でも】** たとえ不承知でも。

**いやに【嫌に】《厭に》** ①妙に。「―親切だ」②ひどく。「―暑いね」

**いやはや** 驚きあきれたときに発する語。

**イヤホン**〔earphone〕 耳に当てて機器の音を聞く器具。イヤホーン。

**いやまさる【弥増さる】** 〔文章語〕ますますまさる。いやます。

**いやます【弥増す】** 〔文章語〕いやまさる。

**いやみ【嫌味】《厭味》** 相手に不快感を与える―言動（ようす）。「―を言う・―な奴《やつ》」

**―ったらしい** いかにもいやみだ。いやみたらしい。

**いやらしい【嫌らしい】《厭らしい》** いやな感じがする。〔下品で、みだらな対象によく言う〕

**イヤリング**〔earring〕 耳飾り。イアリング。

**いゆう【畏友】** 〔文章語〕尊敬している友人。

**いよいよ《愈》** ①ますます。②ついに。③確かに。

**いよう** はやしたてる声。いよっ。

**いよう【威容】** 威厳のある姿。

**いよう【異様】** 変わっているようす。

**いよう【偉容】** 立派な姿。

**いよく【意欲】** 積極的に何かをしようと思う気持ち。「―に燃える」

**―的《てき》** 意欲にみちているようす。

**いらい【以来】** ①その時から今まで。「一別―」②今後。

**いらい【依頼】** ①たのむこと。「―状」②たよること。

**―心《しん》** 自分でしようとせず、人をたよりにする気持ち。

**いらいら** ①思いどおりにならず、気持ちが高ぶるようす。②とげなどが触れて不快なようす。

**いらえ【応え・答え】** 〔文章語〕返事。こたえ。

**いらか【甍】** かわら屋根。屋根がわら。〔雅

語」

ーを並《なら》べる 家が建ち並ぶ。

いらくさ【刺草・蕁麻】山野に生える、とげのある多年草。茎から繊維をとる。

いらざる【要らざる】いらない。不要な。

イラスト 文章や広告の挿し絵。イラストレーション。

ーレーション［illustration］イラスト。

ーレーター［illustrator］イラストを描く職業の人。

いらだたしい【苛立たしい】いらいらする感じだ。

いらだつ【苛立つ】いらいらする。

いらっしゃる 「行く・来る・いる」の尊敬語。

いり【入り】はいること。Ⅱ㋐収入。「ーの多い仕事」対出《で》 ㋑初日。「彼岸のー」対明け ㋒沈むこと。「日のー」対出《で》

いりあい【入会】ある地域の住民が、一定の山林・原野を共同利用すること。「ー地」

いりあい【入相】夕暮れ。「ーの鐘」〔雅語〕

いりうみ【入り海】陸地に入り込んだ海。

いりえ【入り江】海・湖が陸地に入り込んでいる所。

いりぐち【入り口】中へ入っていく口。はいりぐち。対出口 Ⅱ物事のはじめ。

いりくむ【入り組む】①入りまじる。②込み入る。

いりこ【炒り子】《熬り子》イワシの煮干し。「ーだし」

いりこむ【入り込む】①はいりこむ。②込み入る。

イリジウム［iridium］金属元素の一。銀白色。白金との合金はペン先用。記号Ir

いりしお【入り潮】《ー汐》①引きしお。対出潮 ②満ちしお。

いりに【煎り煮・炒り煮】油でいためてから-煮つけること（煮つけた料理）。

いりはまけん【入浜権】住民運動で主張される環境権の一。〔海は国民すべてのものだとする〕

いりひ【入り日】夕日。落日。

いりびたる【入り浸る】よその家や場所に-居続ける（よく行く）。

いりふね【入り船】港へ入ってくる船。対出船

いりまじる【入り交じる・ー混じる】いろいろのものがまじりあう。

いりまち【入り待ち】ファンが有名人を仕事場の入り口で待つこと。対出待ち

いりまめ【煎り豆・炒り豆】いった大豆。

いりみだれる【入り乱れる】入りまじりみだれる。ごちゃごちゃにまじる。

いりむこ【入り婿】娘の家に婿として-入ること（入った人）。類婿養子

いりもや【入り母屋】上方は切り妻造りで、下方は四方にひさしのようにはり出ている屋根。「ー造り」

いりゅう【遺留】①置き忘れ。「ー品」②死後に残すこと。◇〔警察・鉄道・法律などで使う〕

ー分《ぶん》 遺言の有無に関係なく、相続人が必ず受けとれる遺産の部分。

いりゅう【慰留】思いとどまらせること。「ーにつとめる」

イリュージョン［illusion］幻影。幻想。

いりよう【入り用】①費用。②必要。「ーの品《しな》」

いりょう【衣料】衣類（-の材料）。「ー品」

いりょう【医療】病気やけがをなおすこと。

ー過誤《かご》 医療従事者の過失により、患者が予期せぬ損害を受けること。

ー費《ひ》控除《こうじょ》 医療費を支払った場合の所得控除。

ー法人《ほうじん》 医療を行う法人。

ー保険《ほけん》 病気やけがを対象とした社会保険。

いりょく【威力】①人をおさえつける力。「ー業務妨害」②【偉力】すばらしい力。

いりょく【意力】意志の力。類気力

いる【煎る】《炒る》熱を加えながら水分をとる。「豆をー」

いる【要る】必要とする。

いる【居る】①人や動物がそこに存在する。②動作・作用・状態の継続・進行中を表す。「まだ遊んでー・今作ってー」

いる【射る】（矢を）はなつ。Ⅱ鋭く照らす。「人をー目つき」

いる【鋳る】金属を溶かして型に入れ、器物をつくる。類鋳造する

いるい【衣類】着るもの。類衣服・衣料

いるい【異類】①種類の異なるもの。「ー婚（＝人間と動物・精霊などとの婚姻）」

②人間以外の動物。

**いるか**《海豚》 海にすむ哺乳動物の一。クジラ類の小さなもの。

**いるす**【居留守】

**―を使《つか》う** そこにいるのに、いないふりをする。

**イルミネーション**［illumination］ 多くの電球やネオンによる飾り。電飾。

**いれあげる**【入れ揚げる】 好きな―人（こと）にお金を使いはたす。類つぎ込む

**いれい**【威令】 威力のある命令。

**いれい**【異例・違例】 前例のない、特別な例。「―の事態」

**いれい**【遺例】 後世に残された例。前例。

**いれい**【慰霊】 故人の霊をなぐさめること。「―の碑」

**いれかえる**【入れ替える・―換える】 ①かわりに他のものを入れる。②入れ場所をかえる。

**いれがかり**【入れ掛かり】 入れ食い。

**いれかわり**【入れ代わり】《―替わり》交代。いりかわり。

**―立《た》ち代《か》わり** 多くの人が次々と来ては帰るようす。いりかわりたちかわり。

**イレギュラー**［irregular］ ①不規則。変則的。対レギュラー ②イレギュラーバウンド。

**―バウンド**［irregular bound］ 球技で、球が急に不規則にはねること。

**いれぐい**【入れ食い】 釣りで、糸をたらすとすぐに魚がかかること。入れ掛かり。

**いれこ**【入れ子】 大きさの順に重ね入れるようにした箱。「―細工」

**いれこむ**【入れ込む】 ①他の中に押しこんでいれる。②意気込む。「仕事に―」③興奮する。

**いれずみ**【入れ墨】《刺青・文身》 皮膚に絵や文字をほりつけること。その絵や文字。タトゥー。類ほりもの

**いれぢえ**【入れ知恵】 他人にある考えを教えること。〔多く、目的や内容がよくない場合〕

**いれちがう**【入れ違う】 ①入れまちがう。②一方が入ると他方が出る。

**いれば**【入れ歯】 人工の歯。義歯。

**いれふだ**【入れ札】 入札《にゅうさつ》。

**イレブン**［eleven］ 十一。⊜サッカーチーム（―の選手）。

**いれもの**【入れ物】《容れ物》 容器。物を入れるもの。

**いれる**【入れる】 外側から内側へ移動する。対出す ⊜㋐加える。含める。「仲間（考え）に―」㋑《淹れる》つくる。「コーヒーを―」㋒「電話を―（=かける）」

**いろ**【色】 ①「花の―」②顔色。表情。「―に出る」③気配。風情。「秋の―」④調子。「音《ね》―」⑤恋愛。恋人。「―を好む」⑥種類。「十人十《と》―」

**―が飛《と》ぶ** その色が消えてしまう。

**―の白《しろ》いは七難《しちなん》隠《かく》す** 女性の肌の白いのは欠点を隠して得だ。

**―を失《うしな》う** 青ざめる。

**―を好《この》む** 好色である。

**―を付《つ》ける** おまけをする。

**―をなす** おこって顔色を変える。

**いろあい**【色合い】 色の具合。類色調 ⊜「…の―を帯びる（=…になりそうだ）」

**いろあげ**【色揚げ】 美しく染め直すこと。

**いろあせる**【色褪せる】 色がさめる。⊜新鮮さがなくなる。

**いろいろ**【色々】《種々》 さまざま。あれこれ。

**いろう**【胃瘻】 管を通して胃に直接栄養分を送り込むための方法。〔飲食できない患者の治療法〕

**いろう**【遺漏】 うっかりもれること。

**いろう**【慰労】 苦労をいたわること。

**いろえんぴつ**【色鉛筆】 しんが種々の色をした鉛筆。

**いろおち**【色落ち】 洗ったときに、布や糸の色が落ちること。

**いろおとこ**【色男】 ①美男子。②情夫。◇対色女

**いろおんど**【色温度】 発光体の光の色を数値として表したもの。〔単位は絶対温度と同じ〕

**いろおんな**【色女】 ①美人。②情婦。◇対色男

**いろか**【色香】 色とかおり。⊜女性の魅力。「―に迷う」

**いろがわり**【色変わり】 ①変色。②色ちがい。③風変わり。

**いろけ**【色気】 ①性的な魅力。⊜女っけ。「―のない席」②性的な関心。「―がつく」③意欲。野心。「…に―を見せる」

**―を出《だ》す** 野心を示す。

**いろこい【色恋】** 恋愛。情事。「―沙汰《ざた》」

**いろこい【色濃い】** そのようすや可能性が著しい。

**いろごと【色事】** 情事。

**―師《し》** ぬれごとを得意とする役者。◉好色な男。

**いろごのみ【色好み】** 好色。

**いろじかけ【色仕掛け】** 異性を色気でたぶらかして利用すること。

**いろちがい【色違い】** 形や柄は同じで、色が違う―こと(もの)。「―の服」

**いろづく【色付く】** (葉や実に)色がつく。「木の葉が―」

**いろっぽい【色っぽい】** なまめかしい。類セクシー

**いろつや【色艶】** (肌の)色とつや。

**いろどめ【色止め】** 染めた色が落ちたりあせたりしないようにすること。

**いろどり【彩り】** 色の取り合わせ。類配色 ◉美しさやおもしろみ。「―をそえる」

**いろどる【彩る】** 色をつける。類彩色 ◉化粧する。飾る。

**いろなおし【色直し】** ①⇩お色直し ②染め直し。

**イロニー** [フランス語 ironie] アイロニー。

**いろは**《伊呂波・以呂葉》いろは歌。「―順」◉初歩。「経営の―」

**―歌《うた》** かな文字を一度ずつ使って作った歌。

**―ガルタ** いろはの各文字ではじまることわざのカルタ。

**いろまち【色町】** 花柳街。色里《いろざと》。

**いろむら【色むら】** 色の濃さが一様でないこと。

**いろめ【色目】** ①色あい。②色っぽい目つき。「―を使う」類秋波《しゅうは》・流し目

**いろめがね【色眼鏡】** 色のついたレンズの眼鏡。◉先入観にとらわれた見方。「―で見る」類偏見

**いろめきたつ【色めき立つ】** 興奮して活気づく。

**いろめく【色めく】** ①活気づく。②色っぽくなる。

**いろもの【色物】** ①白地・黒地に対して、色のついた織物。②寄席で、講談や落語以外のもの。漫才・曲芸など。

**いろもよう【色模様】** ①いろどられた模様。②歌舞伎などで、恋愛の場面。◉恋愛にからむ人間関係。

**いろよい【色好い】** 好ましい。「―返事」

**いろり【囲炉裏】** 床を四角に切って火を使えるようにした所。暖房・炊事用。「―端《ばた》」

**いろわけ【色分け】** ①色をつけて区別すること。②分類。

**いろん【異論】** 他と違った意見。「―をとなえる」[ふつう反対意見] 類異議

**いわ【岩】** 岩石。

**いわいごと【祝い事】** 祝うべきめでたいこと。祝儀。慶事。

**いわいざけ【祝い酒】** 慶事を祝って飲む酒。

**いわいばし【祝い箸】** 祝儀用の箸。柳の丸箸。

**いわう【祝う】** 言葉や儀式で、よいことを喜び合う。「結婚を―」

**いわえのぐ【岩絵の具】** 鉱石を砕いて作った絵の具。日本画用。

**いわお【巌】** [文章語] (大きな)岩。

**いわかん【違和感】** うまく調和していない感じ。「―を覚える」

**いわく【曰く】** [文章語] ①わけ。事情。②言うこと(―には)。「ある人―」

**―言《い》い難《がた》し** (事情が複雑で)簡単には言い表しにくい。

**―因縁《いんねん》** 込み入った事情。

**―付《つ》き** 込み入った事情があること。◉不都合な経歴。「―の人物」

**いわし【鰯】** 海産魚の一。食用。

**―雲《ぐも》** 巻積雲。[イワシのとれる秋に出る]

**―の頭《あたま》も信心《じんしん》から** 何でもないものでも信心すれば尊いものにみえる。

**いわしみず【岩清水】** ①岩の間からわき出る水。②京都の「石清水八幡宮」の略。

**いわずかたらず【言わず語らず】** [文章語] 無言。

**いわずとしれた【言わずと知れた】** 言わなくてもわかる。

**いわずもがな【言わずもがな】** [文章語] 言わない方がいい。「―のこと」

**いわたおび【岩田帯】** 妊婦が五か月目から締める帯。[五か月目の戌《いぬ》の日に巻く]

**いわだな【岩棚】** がけの途中に棚のように張り出した岩。テラス。

**いわでも【言わでも】** 言わなくてもいい。「―のこと」

**いわな【岩魚】** 渓流の釣り魚の一。

**いわぬがはな【言わぬが花】** はっきり言わないほうが趣がある（さしさわりがない）。

**いわば【言わば】** たとえて言えば。

**いわば【岩場】** 岩の多い所。

**いわはだ【岩肌】** 岩の表面。

**いわむろ【岩室】** いわや。

**いわや【岩屋】**《窟》 岩のほら穴（―の住居）。

**いわやま【岩山】** 岩の多い山。

**いわゆる【所謂】** 一般的によく言う。

**いわれ【謂れ】** ①由来。②理由。

**―ない** 正当な理由がない。「―非難」

**いわんかたなし【言わん方無し】** 言いようがない。

**いわんや【況や】**〔文章語〕まして。〔「―〜…（―において）をや」の形で、「まして…の場合は言うまでもない」の意〕

**いん【因】** ①原因。「…の―をなす」②〔仏教語〕直接の原因。◇対果

**いん【印】** ①はんこ。「―を押す（もらう）」②〔仏教語〕指を組み合わせた形。悟りや誓願を表す。「―を結ぶ」

**いん【院】** ①国費で営む施設・機関。「衆議（学士）―」②建物。特に、病院。「修道（美容）―」③〔仏教語〕戒名に添える語。

**いん【陰】** ①易《えき》で、消極的なもの（こと）。②表から見えない所。③マイナス。「―電気」◇対陽

**―にこもる** 表に発散しない。

**―に陽《よう》に** かげになり日なたになり。

**いん【韻】** ①詩文で、一定の位置に配置する同じ響き（―の語）。②漢字音の一部分。「―学」

**―を踏《ふ》む** 詩文で、一定の位置に同じ韻の語を配置する。

**イン**〔in〕①テニスや卓球で、球が線内（線上）にあること。②ゴルフで、後半の九ホール。◇対アウト ③中の。内側の。「―コーナー」④入ること。始まり。「クランク―」

**いんあつ【陰圧】** 内部の圧力が外部より低いこと。

**いんいつ【隠逸】** 俗世間を逃れて住むこと。

**いんいん【陰々】** ①うす暗く、ものさびしいようす。②陰気なようす。

**―滅々《めつめつ》** 非常に陰気なようす。

**いんう【淫雨】**〔文章語〕ながあめ。

**いんう【陰雨】**〔文章語〕じめじめと続く雨。

**いんうつ【陰鬱】** 気分が晴れないようす。「―な気分」

**いんえい【印影】** 印鑑を押したあと。

**いんえい【陰影】**《陰翳》 かげ。Ⓘ深みや味わいの調子。「―に富む文章」類ニュアンス

**いんか【允可】** ①許可。類允許 ②**【印可】**芸道で、奥義の許しを与えること。

**いんか【引火】** ほかから移って火がつくこと。「―しやすい物質」

**いんが【因果】** ①原因と結果。「―関係」②〔仏教語〕前世の報い。③不運。「―な性分」

**―応報《おうほう》**〔仏教語〕人の行いに応じた報いが必ずあること。

**―律《りつ》**〔哲学用語〕物事はすべて原因があって生じるという法則。

**いんが【印画】** 写真のプリント。

**―を含《ふく》める** 納得させてあきらめさせる。

**―紙《し》** ネガを焼き付ける感光紙。

**いんが【陰画】** 写真のネガ。対陽画

**いんがい【員外】** 定員以外。「―教授」

**いんがい【院外】** 院、特に衆議院・参議院の外部。対院内

**―団《だん》** 国会議員以外の政党員の集団。

**いんかく【陰核】** クリトリス。

**いんかしょくぶつ【隠花植物】** 花や種子のできない植物。シダ類・コケ類・菌類など。対顕花植物

**インカム**〔income〕収入。所得。「ダブル―」

**―ゲイン**〔和製語 income gain〕利子や配当による利益。対キャピタルゲイン

**インカレ** インターカレッジの略。

**いんかん【印鑑】** ①はんこ。②実印。

**―証明《しょうめい》** その印影が本人の印鑑のものであるとする、市区町村長の証明（―書）。

**いんかん【殷鑑】** いましめとすべき失敗例。

**―遠《とお》からず** いましめとなる前例は目の前にある。

**いんき【陰気】** 暗く、うっとうしい。「―な顔」対陽気

**―臭《くさ》い** 陰気な感じがする。

**インキ**〔オランダ語 inkt〕インク。

**いんぎ【院議】** 衆議院・参議院の議決。

**いんきゃく【韻脚】** 漢詩で、句末の韻字。

**インキュベーション**〔incubation〕 創業期の企業や起業家に必要な支援を与えること。〔抱卵、孵化《ふか》の意〕

**インキュベーター**〔incubator〕 孵化《ふか》器。＝起業に対する支援‐者(制度)。

**いんきょ【允許】** 允可《いんか》。

**いんきょ【隠居】** 社会の第一線から退く‐こと(人)。「楽‐」＝老人。〔旧民法では、戸主が家督を相続人に譲ること〕

**いんぎょう【印形】**〔文章語〕はんこ。

**いんきょく【陰極】** 電池などのマイナス極。負極。対陽極

**いんきん【陰金】** 陰金田虫。

**―田虫《たむし》** 陰部に生じる、かゆい湿疹《しっしん》。

**いんぎん【慇懃】** ていねい。

**―無礼《ぶれい》** 表面上は丁寧だが、内心ではばかにしているようす。

**インク**〔ink〕 筆記・印刷に使う、着色した液。インキ。「―消し」

**―ジェット**〔ink jet〕 印刷方法で、インクの細かい粒子を紙などに吹きつける方式。「―プリンター」

**イングリッシュ**〔English〕 ①英語。 ②イギリス人。

**―ホルン**〔English horn〕 木管楽器の一。コールアングレ。

**いんくんし【隠君子】**〔文章語〕①俗世間を逃れた君子。 ②菊の別称。

**いんけい【陰茎】** 男性生殖器の一部。ペニス。

**いんけん【引見】**（目上の人が）招き入れて会うこと。

**いんけん【陰険】** 見かけに反して実は悪意をもっているようす。「―な目つき」

**いんけん【隠見・隠顕】** 見え隠れすること。「木々の間から湖が―する」

**いんげん【隠元】** インゲンマメ。

**―豆《まめ》** マメ科の一年草。食用。

**いんこ《鸚哥》** オウム科の鳥の一。〔羽の色が美しい〕

**いんご【隠語】** 仲間だけに通用する言葉。

**いんこう【引航】** 曳航《えいこう》。

**いんこう【咽喉】** のど。＝重要な通路。「―を扼《やく》する(＝重要な通路を押さえる)」◇〔咽頭と喉頭から〕

**いんこう【淫行】** みだらな行い。

**いんごう【因業】** ①〔仏教語〕報いの原因となる行い。 ②残酷で欲深いようす。

**いんごう【院号】** 上皇や貴人、また戒名における「…院」という称号。

**インコース**〔和製語 in course〕 ①競走で、内側の走路。 ②野球で、インコーナー。「―低め」◇対アウトコース

**インコーナー**〔inside corner〕 野球で、内角。対アウトコーナー

**インゴール**〔in-goal〕 ラグビーで、ゴールラインの後方の区域。〔ここに球をもちこむとトライ〕

**いんこく【印刻】** 印章を彫ること。

**いんこく【陰刻】** 文字や絵の部分をくぼませて彫ること。対陽刻

**インゴット**〔ingot〕 鋳型に入れて固めた金属塊。

**インサート**〔insert〕 挿入。

**インサイダー**〔insider〕 ①消息通。 ②集団・体制の内側の人。対アウトサイダー

**―取引《とりひき》** 自社の未公開情報を不正利用した、株式の売買取引。

**インサイド**〔inside〕 ①内側。「―ベルト」 ②球技で、ラインの内側。◇対アウトサイド ③内幕。「―ストーリー」

**―ベースボール**〔inside baseball〕 データや心理を重視する頭脳的な野球。

**―ワーク**〔和製語 inside work〕 スポーツで、頭脳的なプレー。

**いんさつ【印刷】** 文字・絵などを版を作って一時にたくさん刷ること。「―機」

**いんさん【陰惨】** 暗く、むごたらしいようす。類凄惨《せいさん》

**いんし【因子】** 原因となる要素。ファクター。「遺伝―」

**いんし【印紙】** 税や手数料を納めたしるしに証書などにはる紙。「収入―」〔切手に似る〕

**―税《ぜい》** 経済取引に関する文書にかかる国税。〔印紙をはることにより納める〕

**いんし【淫祀】** 邪神を祭ること。

**いんし【淫祠】** 邪神を祭った社。

**いんし【隠士】** 隠者。

**いんじ【印字】** 文字を印刷機械で打ちしるすこと。「―機」

**いんじ【印璽】** 国家の印章と天皇の印章。

**いんじ【韻字】** 漢詩で、韻をふむために句末におく字。‖連歌・俳諧で、結びの字。
**インジケーター**［indicator］ ①表示器。計数器。②指示薬。◇インディケーター。
**インジゴ**［オランダ語 indigo］ 藍色（ーの染料）。インディゴ。
**いんしつ【陰湿】** 暗くじめじめしているようす。「ーな土地（いじめ）」
**インシデント**［incident］ できごと。事故。
**いんじゃ【隠者】** 俗世間をさけて暮らす人。
**いんしゅ【飲酒】** 酒を飲むこと。
**いんじゅ【印綬】** 官職を示す印とそれを下げる組みひも。「ーを帯びる（＝官職につく）・ーを解く（＝官職を辞める）」
**インジュアリータイム**［injury time］ スポーツで、選手の負傷による試合の中断時間。
**いんしゅう【因習・因襲】** 今では不都合な、昔からの習慣やしきたり。
**インシュリン**［insulin］ すい臓から出るホルモン。主に、体内の糖分を調整する。インスリン。
**いんじゅん【因循】** ①因習に従うだけ。②ぐずぐずするようす。「ー姑息《こそく》」
**いんしょう【引証】** 証拠となる事実を示すこと。
**いんしょう【印章】** はんこ。
**いんしょう【印象】** 見たり聞いたりしたものが心に残る感じ。
**ー主義《しゅぎ》** 美術で、印象をそのまま表現しようとする考え方。
**ー的《てき》** 強い印象を与えるようす。
**ー派《は》** 印象主義の芸術家。
**ー批評《ひひょう》** 印象を中心にした主観的な批評。
**いんしょく【飲食】** 飲むことと食べること。「ー店」
**ー税《ぜい》** 飲食店で飲食した金額にかかる税金。〔二〇〇〇年三月に廃止〕
**いんしん【音信】** おんしん。
**いんしん【殷賑】** 〔文章語〕活気があってにぎやかなこと。
**いんしん【陰唇】** 女性の外部生殖器を形づくるひだ。
**いんすう【因数】** 数学で、ある数や式が、いくつかの数や式の積からなる場合、その個々の数や式。
**ー分解《ぶんかい》** 数学で、数式を因数の積の形に直すこと。
**いんずう【員数】** （一定の）かず。「ー外」
**インスタグラム**［Instagram］ インターネット上で画像を公開・共有できるサービスの一。〔商標〕
**インスタンス**［instance］ 具体的な例。
**インスタント**［instant］ 即席。
**インストール**［install］ 取り付けること。装備。特にコンピューターで、ソフトウエアを使えるように設定すること。
**インストラクター**［instructor］ （訓練・講習などの）指導者。
**インストルメンタル**［instrumental］ 歌のない（ーポップス系の）器楽曲。
**インスパイア**［inspire］ 鼓舞。鼓吹。
**インスピレーション**［inspiration］ 霊感。
**インスペクター**［inspector］ 検査員。監督官。
**インスリン**［insulin］ インシュリン。
**いんする【印する】** 〔文章語〕あとを残す。
**いんする【淫する】** 〔文章語〕①度がすぎる。「書にー」②みだらなことをする。
**いんせい【院政】** 昔、上皇や法皇が行なった政治。〔白河上皇が一〇八六年にはじめた〕‖引退した人が実権を握ること。
**いんせい【殷盛】** 〔文章語〕殷賑《いんしん》。
**いんせい【陰性】** ①性質が暗く、消極的。②検査に対する反応がないこと。ネガティブ。◇対陽性
**いんせい【隠棲】** 世間から逃れて静かに暮らすこと。
**いんぜい【印税】** 発行者が著作者に支払う著作権使用料。
**いんせき【引責】** 責任をとること。
**いんせき【姻戚】** 結婚によってできた親類。姻族。
**いんせき【隕石】** 地上に落ちてきた流星（ーの破片）。
**いんせつ【引接】** 引見。
**いんせん【飲泉】** 治療のために飲む温泉の湯。
**いんぜん【隠然】** 表には出ないが、強い影響力をもっているようす。「ーたる勢力を保つ」
**インセンティブ**［incentive］ 誘因。目標

達成のための刺激。Ⅱ売り上げ促進のための報奨金。

**インソール**〔insole〕靴の中敷き。

**いんぞく【姻族】**姻戚《いんせき》。

**いんそつ【引率】**引き連れて行くこと。「生徒を—する」

**インター**〔inter〕①インターナショナル。②インターチェンジ。

**—カレッジ**〔intercollege〕（全国）大学対抗競技大会。インカレ。〔intercollegiate gamesから〕

**—セプト**〔intercept〕サッカーなどで、相手のパスを途中で奪うこと。

**—チェンジ**〔interchange〕高速道路の出入り口。インタチェンジ。

**—ナショナル**〔international〕①国際的。②〔International〕社会主義運動の国際組織。インター。③〔International〕革命歌の一。インター。

**—ネット**〔Internet〕世界規模のコンピューターネットワーク。

**—ネットカフェ**〔Internet café〕インターネットの設備が使える喫茶店。

**—ネットショッピング**〔Internet shopping〕オンラインショッピング。電子商取引。

**—ネットバンキング**〔Internet banking〕金融機関で、インターネットを利用した、一部業務の顧客向けサービス。〔残高照会や振り込みができる〕

**—ハイ** 全国高等学校総合体育大会。インタハイ。〔和製語 inter high schoolから〕

**—バル**〔interval〕間隔。合い間。インタバル。〔劇場の休憩時間、野球の投球間隔、スポーツの休憩時間など〕

**—バルトレーニング**〔interval training〕中・長距離走の練習法の一。疾走と緩走とを繰り返す。

**—フェア**〔interfere〕スポーツで、妨害する反則。

**—フェース**〔interface〕ふたつの装置をつなぐ機器（手段）。インタフェイス。

**—フェロン**〔interferon〕体内に侵入したウイルスの増殖をおさえるたんぱく質。ウイルス抑制因子。インタフェロン。

**—ポール**〔Interpol〕国際刑事警察機構。警察の国際協力を目的とした組織。⇩付ICPO

**—ホン**〔interphone〕受話器と送話器をかねた小型の有線通話装置。インタホン。

**インターン**〔intern〕国家試験を控えた実習生。インタン。〔美容師や理容師など。／古くは医師にもあった〕

**—シップ**〔internship〕学生が在学中にする、企業での実習。

**いんたい【引退】**役職・地位から退くこと。

**いんたい【隠退】**社会から退いてのんびり暮らすこと。退隠。類隠居

**いんたいぞう【隠退蔵】**しまったり隠したりすること。〔隠匿・退蔵から〕

**インダストリアル**〔industrial〕工業の。産業の。

**—エンジニアリング**〔industrial engineering〕経営工学。生産工学。

**—デザイン**〔industrial design〕工業製品のためのデザイン。ＩＤ。

**インダストリー**〔industry〕工業。産業。

**インタビュアー**〔interviewer〕インタビューする—人（記者）。

**インタビュー**〔interview〕記者などが取材のために話をきくこと。また、その記事。

**インタラクティブ**〔interactive〕相互の。対話式の。双方向の。「—テレビ」

**インタレスト**〔interest〕①関心。興味。②利害関係。

**インタロゲーションマーク**〔interrogation mark〕疑問符。クエスチョンマーク。「?」

**いんち【引致】**容疑者や被告人を強制的に連行すること。

**いんち【韻致】**〔文章語〕風流な趣。

**インチ《吋》**〔inch〕ヤードポンド法の長さの単位の一。約二・五四センチメートル。

**インディアペーパー**〔India paper〕西洋紙の一。辞書やタバコの巻紙に使う。

**インディアン**〔Indian〕アメリカインディアン。インデアン。

**—サマー**〔Indian summer〕晩秋から初冬の暖かい日和《ひより》。小春日和。Ⅱ晩年の落ちついた生活の一時期。

**インディーズ**〔indies〕（大手の）企業に属さず製作・販売・発表などを独自に行うアーティストやプロダクション。〔インディペンデントから〕

**インディオ**〔スペイン語 Indio〕中南米に住む

先住民。

**インディケーター** ⇩インジケーター

**インディペンデント** [independent] 独立。インデペンデント。

**インテグレーション** [integration] 統合。

**インデックス** [index] 見出し。索引。

**インテリ** 知識階級（―の人）。〔インテリゲンチア（＝ロシア語 intelligentsiya）から〕

**インテリア** [interior] 室内の装飾や設計。

**インテリジェンス** [intelligence] ①知性。②諜報《ちょうほう》。

**インテリジェント** [intelligent] 情報処理能力があること。機械が識別能力をもつこと。「―ビル」

**インテルサット** ⇩付 Intelsat

**インテルメッツォ** 〔イタリア語 intermezzo〕間奏曲。

**インデント** [indent] ワープロなどで、用紙の端（行の頭）から一定の空間を設けること。

**インドア** [indoor] 屋内。室内。「―スポーツ（ゴルフ）」対アウトドア

**いんとう【咽頭】** のど。

**いんとう【淫蕩】** 酒色にふけること。

**いんどう【引導】** 〔仏教語〕葬式のとき、僧が死者に経文・法語を唱えること。

**―を渡《わた》す** 最終的な宣告をする。

**いんとく【陰徳】** 表立たない善行。

**―あれば陽報《ようほう》あり** 陰徳を重ねると、よい報いがある。

**いんとく【隠匿】** （不正に）隠すこと。「―物資」類隠蔽《いんぺい》

**イントネーション** [intonation] 抑揚。音調。

**イントラネット** [intranet] インターネットを利用した組織内情報通信網。

**イントロ** イントロダクション。

**―ダクション** [introduction] ①序論。②序奏。③入門。

**いんとん【隠遁】** 世間から逃れて、隠れ住むこと。「―生活」

**インナー** [inner] ①内側。内部。②下着。◇対アウター

**―ウエア** [innerwear] 下着やシャツ。インナー。対アウターウエア

**―シティー** [inner city] 都会の中心部の地域。商店・工場・住宅などが混在。

**いんない【院内】** ①院、特に衆議院・参議院の内部。「―交渉団体」②病院内。

**―感染《かんせん》** 病院内で、他の患者や医療器具を通して病原体に感染すること。

**いんに【陰に】** こっそりと。

**いんにく【印肉】** 印を押すときに使う、朱や墨の顔料をしみこませたもの。にく。

**いんにん【隠忍】** 我慢すること。「―自重《じちょう》の日々」

**いんねん【因縁】** 〔仏教語〕ものごとの直接・間接の原因。❶㋐運命（―による関係）。「前世からの―」㋑由来。㋒言いがかり。「―をつける」

**いんのう【陰嚢】** 睾丸《こうがん》をつつむふくろ。

**インバーター** [inverter] 直流電力から交流電力へ変換する装置。「―エアコン」

**インハイ** [和製語 in high] 野球で、内角高め。

**いんばい【淫売】** 売春。「―婦」

**インバウンド** [inbound] ①受信。「―ファイル」②訪日旅行（―客）。◇〔外から中に入る意〕対アウトバウンド

**インパクト** [impact] ①衝撃。②球技で、球がバットやラケットに当たった瞬間。

**―投資《とうし》** [impact investing] 社会課題・環境課題の解決と、財務的な利益の両立を目指す投資手法。社会的インパクト投資。

**インパネ** 自動車で、運転席の計器盤。〔インストルメントパネル（＝計器盤）の略〕

**インパルス** [impulse] ①心理学で、衝動。刺激。②衝撃電流（電圧）。③物理学で、力積。④神経繊維を伝わる活動電流。

**いんばん【印判】** はんこ。

**いんび【淫靡】** 〔文章語〕みだら。

**いんび【隠微】** 〔文章語〕かすかでわかりにくいこと。

**インビテーション** [invitation] 招待（―状）。「―カード」

**いんぶ【陰部】** 体外の生殖器。

**いんぷ【印譜】** いろいろな印影を集めた本。

**インファイト** ボクシングで、接近戦法。〔infighting から〕対アウトボクシング

**インフィールド** [infield] 野球で、内野。対アウトフィールド

**―フライ** [infield fly] 野球で、補球以

前に審判の宣告でアウトとなる内野フライ。

**インフィニティ**[infinity] 無限。無数。

**インフェリオリティーコンプレックス**[inferiority complex] 劣等感。コンプレックス。対シュペリオリティーコンプレックス

**インフェルノ**[inferno] 地獄。

**インフォーマル**[informal] 非公式・略式(―の服装)。対フォーマル

**インフォーマント**[informant] 被験者。

**インフォームドコンセント**[informed consent] 患者が医師からの説明に同意した上で治療を受けること。

**インフォマーシャル**[infomercial] 広告的情報番組。〔インフォメーションとコマーシャルの合成語〕

**インフォメーション**[information] ①情報。②案内所。◇インフォーメーション。

**―テクノロジー**[information technology] 情報技術。〔ITと略す〕

**インプット**[input] 入力。対アウトプット

**インフラ** インフラストラクチャーの略。

**―ストラクチャー**[infrastructure] 基礎構造。社会生活の基盤となる構造物の総称。道路・水道・電気・通信施設などを含む。

**インプラント**[implant] 骨に埋め込む義歯。人工歯根。〔埋め込む、移植の意〕

**インプリメント**[implement] 実装。

**インプリンティング**[imprinting] 刷り込み。

**インフルエンザ**[influenza] 流行性感冒。

**インフルエンサー**[influencer] SNSなどを通じて影響力を及ぼす-人(もの)。

**インフレ** インフレーションの略。対デフレ

**インプレー**[in play] 競技中。試合中。対アウトオブプレー

**インフレーション**[inflation] 貨幣価値や金利が下がり物価が上がる現象。インフレ。対デフレーション

**インプレッション**[impression] 印象。感銘。

**いんぶん【韻文】** 韻律のある文。〔詩など〕対散文

**いんぺい【隠蔽】** おおい隠すこと。

**インベーダー**[invader] 侵略者。侵入者。

**インベストメント**[investment] 投資。

**インペリアル**[imperial] ①帝国の。皇帝の。②上質の。特製の。

**インベンション**[invention] ①発明(―品)。②小即興曲。「バッハの―」

**インポ**〔俗語〕インポテンツの略。

**―テンツ**[ドイツ語 Impotenz] 男性器が勃起しない-状態(病気)。インポ。インポテ。

**インボイス**[invoice] ①(荷物の)送り状。②消費税額等一定の事項が記載された請求書や納品書。

**いんぼう【陰謀】** こっそり企てる悪い計画。

**インポータント**[important] 重要。

**インポート**[import] 輸入(―品)。「―グッズ」対エクスポート

**インポッシブル**[impossible] 不可能。ありえない。インポシブル。

**いんぽん【淫奔】** 淫乱《いんらん》。

**いんめつ【隠滅】**(湮滅) すっかり-なくす(なくなる)こと。「証拠―」類消滅

**いんもう【陰毛】** 陰部に生える毛。恥毛。

**インモラル**[immoral] 不道徳。対モラル

**いんもん【陰門】** 女性の外部生殖器。

**いんゆ【引喩】** 修辞法の一。故事・成句などを引用して述べる。

**いんゆ【隠喩】** 修辞法の一。暗喩。〔「ような・ごとく」などを使わない。「雪の肌」など〕対直喩

**いんよう【引用】** 他人の言葉や事例を引いてくること。「―文(句)」

**―符**《ふ》 文中で他人の言葉の引用であることを示す符号。〔「」“”など〕

**いんよう【陰陽】** ①易学で、陰と陽。②陰極と陽極。

**いんよう【飲用】** 飲むために使うこと。「―に適する」

**いんよく【淫欲】** むやみな性欲。

**いんらん【淫乱】** 性的にだらしないこと。

**いんりつ【韻律】** 言葉の音楽的なリズム。〔音節数や音声の組み合わせなどによる〕

**いんりょう【飲料】** のみもの。「―水」

**いんりょく【引力】** 物体が互いに引き合う力。「万有―」対斥力《せきりょく》

**いんれい【引例】** 証拠として例を引くこ

と。その例。

**いんれき【陰暦】** 太陰暦。類旧暦 対陽暦

**いんろう【印籠】** 昔、腰に下げた小箱。薬や印鑑を入れた。類薬籠

**インロー**〔和製語 in low〕 野球で、内角低め。

**いんわい【淫猥】** みだら。類猥褻《わいせつ》

# う

**う【卯】** 十二支の四番目。ウサギ。〔昔、時刻で午前六時ごろ、方角で東〕

**う【鵜】** 水鳥の一。〔鵜飼いに使う〕

**ーのまねをする烏《からす》** 自分の能力も考えずにただ人まねをすると失敗するの意。

**ーの目《め》鷹《たか》の目《め》** 〔鵜や鷹が獲物を捜すように〕鋭い目で物を捜すようす。

**う【得】** 〔文章語〕得る。〔下二段活用の動詞〕

**ヴ…** ⇩ブ…

**ヴァ…** ⇩バ…

**うい【初】** 初めての。「ー孫」

**うい【有為】** 〔仏教語〕現世の万物。対無為

**うい《愛い》** 感心な。「ー奴《やつ》」〔目下に使う〕類かわいい

**うい【憂い】** 苦しく（悲しく）つらい。「ものー」

**ウイ**〔フランス語 oui〕 はい。類イエス 対ノン

**ヴィ…** ⇩ビ…

**ウイーク**〔week〕 週。週間。「バードー（＝愛鳥週間）」

**ーエンド**〔weekend〕 週末。

**ーデー**〔weekday〕 平日。

**ウイークポイント**〔weak point〕 弱点。

**ウイークリー**〔weekly〕 週刊（ー誌）。

**ーマンション**〔和製語 weekly mansion〕 週単位で家賃を定めた賃貸マンション。〔多く、家具などの設備付き〕

**ういういしい【初々しい】** 清純ですれていない。

**ういきょう《茴香》** セリ科の多年草。実は香辛料・薬用。

**ういご【初子】** 初めて生まれた子。はつご。

**ウィザード**〔wizard〕 ①コンピューターの達人。②コンピューターで、複雑な操作を可能にするガイド機能。◇〔魔法使いの意〕

**ういざん【初産】** 初めてのお産。はつざん。

**ういじん【初陣】** 初めての出陣。Ⅱ初出場。

**ウイスキー**〔whiskey〕 洋酒の一。〔蒸留酒〕

**ーボンボン**〔和製語 whiskey フランス語 bonbon〕 ウイスキー入りのキャンディーやチョコレート。

**ウイズコロナ** 新型コロナウイルス感染症（COVID-19）の感染が完全に収まらない状況で社会生活を送る状態をいう語。〔和製語 with + corona〕

**ういた【浮いた】** 恋愛に関する。「ー噂《うわさ》」

**ウイッグ**〔wig〕 かつら。類ヘアピース

**ウイット**〔wit〕 機知。とんち。類ユーモア

**ういてんぺん【有為転変】** 〔仏教語〕万物は常に移り変わるということ。〔世の中のはかなさを意味する〕

**ウイドー**〔widow〕 未亡人。「ゴルフー（＝夫が始終ゴルフで、留守番ばかりの妻）」

**ウイナー**〔winner〕 勝者。

**ウイニング**〔winning〕 勝利を決める。

**ーショット**〔和製語 winning shot〕 ①野球で、得意の決め球。②テニスで、勝利を決めたショット。

**ーボール**〔和製語 winning ball〕 野球で、最後のアウトをとって勝利を決めたときの球。

**ーラン**〔winning run〕 ①球技で、決勝の得点。②陸上競技などで、競技終了直後、勝利者が競技場を一周すること。

**ういまご【初孫】** 初めての孫。はつまご。

**ウイルス**〔ドイツ語 Virus〕 ①細菌より小さい病原体。ビールス。②⇩コンピューターウイルス

**ういろう《外郎》** ①蒸した和菓子の一。〔もとは、ういろう②の口直しに作られたという〕②江戸時代、たんを切るための薬。透頂香《とうちんこう》。「ー売り」〔小田原名物〕

**ウィンウィン**〔win-win〕 交渉などで、双方に利益があること。「ーの関係」

**ウインカー**〔winker〕 自動車の、点滅式の方向指示器。

**ウインク**〔wink〕 片目のまばたきによる合図。Ⅱ色目。

**ウイング**［wing］①サッカーやラグビーで、両端の位置（―の選手）。②建物（空港）の両端。③舞台の両そで。◇〔翼《つばさ》の意〕

**ウインター**［winter］冬。

**―スポーツ**［winter sports］冬に雪や氷の上で行うスポーツ。スキー・スケートなど。

**ウインチ**［winch］巻き揚げ機。

**ウインド**［wind］風。「―ファン（＝窓に取り付ける換気装置）」

**―サーフィン**［windsurfing］帆をつけた波乗り板で水上を走るスポーツ。ボードセーリング。

**―ブレーカー**［windbreaker］スポーツ用ジャンパー。

**ウインドー**［window］①窓。「ショー―（＝陳列窓）」②パソコン画面で、別々の情報が四角く囲って表示される各部分。

**―ショッピング**［window shopping］陳列されている商品を見て歩いて楽しむこと。

**ウインナー**［Vienna］ウインナーソーセージ。ウインナ。

**―コーヒー**［Vienna coffee］泡立てた生クリームを浮かべたコーヒー。

**―ソーセージ**［Vienna sausage］小型ソーセージ。〔ウィーンで作り始めた〕

**ウインナーワルツ**［ドイツ語 Wiener Walzer］一九世紀初め、ウィーンに生まれたテンポの速いワルツ。

**ウーマン**［woman］女性。対マン

**―リブ**［Women's Lib］女性解放運動。リブ。

**ウール**［wool］①羊毛。②毛織物。③毛糸。

**―マーク**［wool mark］国際羊毛事務局が品質証明をしているしるし。

**ウーロンちゃ【―茶】**《烏竜茶》［中国語 wūlóngchá］中国茶の一。

**うえ【上】**①高い方。類上方・上位 ②地位・程度や年齢が高いこと。③表面。外側。◇対下 ④関すること。「仕事の―の話」⑤「…した―に（＝…したのに加えて）」⑥「…した―で（＝…したあとで）」⑦「…した―は（＝…したからには）」◇④～⑦は形式名詞。⑧目上の人を呼ぶときに添える敬称。「母―」

**―から目線《めせん》** 相手を見下すような接し方。「―で話す」

**―には上《うえ》がある** それが最高と思ってもさらにすぐれたものがある。

**―を下《した》へ** 入り乱れてごったがえすようす。

**うえ【飢え】**《餓え・饑え》 飢えること。飢餓。「―に苦しむ」

**ウエア**［wear］衣服。「スポーツ―」

**ウエアラブル**［wearable］着用できるようす。「―コンピューター」

**ウエイクボード**［wakeboard］水上競技の一。モーターボートに引かれて、ボードに乗って水面を滑る。

**ウエイティング**［waiting］待つこと。野球で、待球。

**―サークル**［和製語 waiting circle］野球で、次の打者が待つ場所。

**―リスト**［waiting list］順番（キャンセル）待ちの名簿。

**ウエイト**［weight］①重さ。②重要度。「―をおく」◇ウエート。

**―トレーニング**［weight training］バーベルや鉄亜鈴を用いた筋力トレーニング。

**―リフティング**［weight lifting］重量挙げ。

**ウエー**［way］道路。ウエイ。「ドライブ―」

**ウエーター**［waiter］男の給仕人。ウエイター。対ウエートレス

**ウエートレス**［waitress］女の給仕人。ウエイトレス。対ウエーター

**ウエーバー**［waiver］①プロ野球で、新人選択会議の選択方法の一。ウエーバー方式。〔その年の下位チームから順に指名権が与えられる〕②プロスポーツで、所属選手の契約を解除しようとするとき、それを公示すること。ウエーバー公示。

**ウエーブ**［wave］①（音・電波などの）波。②髪が波打つこと。また、その髪形。③スポーツで、観客が順番に立ち上がり座る動作を繰り返すようす。

**うえこみ【植え込み】** 庭園で、草木を集めて植えた所。

**ウエザー**［weather］天気。天候。

**うえさま【上様】**①身分の高い人の敬称。②領収書などで、相手の名前の代わりに書く敬称。

**うえじに【飢え死に】** うえて死ぬこと。餓

死すること。

**ウエス** 機械清掃用のぼろ布。〔waste から〕

**ウエスタン**〔western〕①西部劇。②ウエスタンミュージック。

**—ミュージック**〔western music〕アメリカの西部開拓時代の音楽。

**ウエスト**〔waist〕胴。胴回り。

**—ポーチ**〔和製語 waist pouch〕腰に取り付ける小型のバッグ。

**ウエスト**〔waste〕ウエストボール（—を投げること）。

**—ボール**〔和製語 waste ball〕野球で、わざとストライクゾーンをはずして投げる球。

**ウエスト**〔west〕西。西方。対イースト

**うえつける【植え付ける】**①植物を他の場所に移し植える。②思想や感情を心に刻みつける。

**ウェッジ**〔wedge〕①くさび（—形）。②くさび形をしたゴルフのクラブ。

**ウエット**〔wet〕①湿っている。ぬれている。②情にもろいようす。感傷的。◇対ドライ

**—スーツ**〔wet suit〕潜水服。

**ウエディング**〔wedding〕結婚（—式）。「—ドレス（ケーキ）」

**—ベル**〔wedding bell〕結婚式に教会で鳴らす鐘。

**—リング**〔wedding ring〕結婚指輪。マリッジリング。

**ウエハー**〔wafer〕集積回路の基板。

**ウエハース**〔wafers〕菓子の一。アイスクリームに添える。ウエファース。ウエハー。

**ウェビナー**〔webinar〕インターネットのウェブ上でオンラインで行う講習会。〔ウェブとセミナーを合わせた造語。オンラインセミナー・ウェブセミナーとも〕

**ウェブ**〔web〕ワールドワイドウェブの略。インターネットで、情報やサービスの大規模なネットワーク。WWW。ウェッブ。〔世界中にはりめぐらしたクモの巣の意〕

**ウェブサイト**〔web site〕①ウェブページ（—のまとまり）。②ウェブページが置かれているサーバー。

**ウェブページ**〔web page〕ウェブ上で公開されている個々の文書。

**ウェブログ**〔weblog〕ブログ。

**うえぼうそう【植え疱瘡】**種痘。〔古風な言い方〕

**うえる【飢える】**《餓える・饑える》ひどく腹がへる。Ⅱひどく欲しがる。「愛情に—」

**うえる【植える】**①「木を—」②小さなものを入れ込む。「毛を—」

**ウエルカム**〔welcome〕歓迎の気持ちを表す語。ようこそ。

**—ドリンク**〔和製語 welcome drink〕ホテルの到着時やパーティーの待合室などで、無料で提供される飲み物。

**ウエルダン**〔well-done〕ステーキの焼き方で、中までよく焼くこと。対レア・ミディアム

**ウエルネス**〔wellness〕健康。「—運動」

**うえん【有縁】**①互いに関係があること。②〔仏教語〕仏に縁があること。◇対無縁

**うえん【迂遠】**遠回りしているようす。「—な方法」

**ウエンズデー**〔Wednesday〕水曜日。〔Wed. と略す〕

**うお【魚】**さかな。

**—と水《ずみ》** 密接な関係のたとえ。

**うおうさおう【右往左往】**うろたえて、あちらこちら動き回ること。

**ウォー**〔war〕戦争。戦い。

**ウォーキング**〔walking〕歩くこと。

**—シューズ**〔walking shoes〕散歩用のくつ。

**ウォークインクローゼット**〔walk-in closet〕（衣類の）収納用小部屋。納戸《なんど》。〔歩いて入れる押し入れの意〕

**ウォーター**〔water〕水。飲み水。ウォーター。

**—シュート**〔water chute〕遊戯施設の一。高所からボートで水上にすべりおりる。

**—スライダー**〔和製語 water slider〕水を流した滑り台。プールなどに設置。

**—ハザード**〔water hazard〕ゴルフコースの障害物。水路など。

**—プルーフ**〔waterproof〕防水（—性）。

**—フロント**〔waterfront〕水辺。海岸や川べり。

**—ポロ**〔water polo〕水球。

**ウォーミングアップ**〔warming-up〕競技（試合）前の準備運動。ウォームアップ。対クールダウン

**ウォームビズ**〔和製語 WARM BIZ〕過度に暖房に頼らない、秋冬用のビジネス

ファッション。対クールビズ〔環境省が提唱。ウォームは暖かい意、ビズはビジネスの略〕

**ウォールナット**［walnut］くるみ（―の材）。ウォルナット。オールナット。

**うおがし【魚河岸】** 魚市場（―のある河岸）。特に、東京築地の魚市場。

**うおかす【魚滓】** 魚から肉をとった残り。肥料用。

**うおごころあればみずごころ【魚心あれば水心】** 相手の出方しだいでこちらもそれに応じる気がある。

**ウオツカ**［ロシア語 vodka］ロシア名産の強い蒸留酒。ウオトカ。ウォッカ。

**ウォッシャブル**［washable］①家庭で洗濯できること。「―カーテン」②水で洗い流せること。「―クリーム」

**ウォッチ**［watch］①腕時計。②見張り。◇ウオッチ。

**ウォッチャー**［watcher］観察者。監視者。消息筋。

**ウォッチング**［watching］観察。ウオッチング。「バードー」

**うおつり【魚釣り】** さかなを釣ること。

**ウオトカ** ⇩ウオツカ

**うおのめ【魚の目】** 足の裏や手のひらの皮膚の一部がかたくなって、真皮内にくいこんだもの。いおのめ。

**ウォレット**［wallet］財布（―の代用となるアプリやICカード）。ワーレット。

**ウォンテッド**［wanted］指名手配中。

**うおんびん【ウ音便】** 音便の一。〔例、高く→高う〕

**うか【羽化】** 成虫になって羽がはえること。

**うかい【迂回】** 遠回り。「―路（=回り道）」

**うかい【鵜飼い】** 鵜を飼いならして魚をとらせる―こと（人）。

**うがい**《嗽》水や薬液で口をすすぐこと。

**うかうか** ①うっかり。②のんびり。「―と日を過ごす」

**うかがい【伺い】** 伺うこと。「進退―」

**―を立《た》てる** お伺いを立てる。

**うかがう【伺う】**「問う・聞く・訪れる」の謙譲語。

**うかがう【窺う】** ①そっとのぞく。②おしはかる。「うかがい知る」③機会をねらう。「すきを―」

**うかされる【浮かされる】** ①心を奪われて落ち着きがなくなる。②「熱に―（=高熱で、意識がはっきりしなくなる）」

**うかす【浮かす】** 浮かせる。

**うかせる【浮かせる】** ①浮くようにする。②金を余るようにする。「旅費を―」

**うがちすぎ【穿ち過ぎ】** せんさくをしすぎて、真実から離れること。

**うかつ【迂闊】** うっかりすること。

**うがつ**《穿つ》①穴をあける。つきぬく。②真相をつく。「うがった話」

**うかとうせん【羽化登仙】** 人間に羽がはえ、仙人となって天に昇ること。〔酒に酔った、よい気分のたとえ〕

**うかぬかお【浮かぬ顔】** 沈んだ顔つき。浮かない顔。

**うかばれる【浮かばれる】** 死者の霊が成仏できる。

**うかびあがる【浮かび上がる】** ①水面（空中）へ上がってくる。②表面に出てくる。③生活や地位がよくなる。

**うかぶ【浮かぶ】** ①浮く。対沈む ②表面に現れる。「涙が―」③意識にのぼる。「心に―」④⇩うかばれる

**―瀬《せ》** 出世する機会。報われるとき。

**うかべる【浮かべる】** 浮かぶようにする。「涙を―」対沈める

**うから【親族】** 血族。しんぞく。

**うかる【受かる】**（試験に）合格する。

**うかれ【浮かれ】**

**―調子《ちょうし》** 心が浮きたつような調子。

**―出《で》る** 心がうきうきして外へ出る。

**―女《め》** 遊女。

**うかれる【浮かれる】** 楽しくてうきうきする。

**うがん【右岸】** 川の下流に向かって右側の岸。対左岸

**うき【浮き】** ①浮く―こと（ぐあい）。②浮きぶくろ。③《浮子》釣り道具の一。

**うき【右記】**〔文章語〕（縦書きの文章で）その―前（右）に記した部分。対左記

**うき【雨季・雨期】** 雨の多い季節・時期。対乾季・乾期

**うきあがる【浮き上がる】** ①水面（空中）にあがる。②意識に現れてくる。③形や輪郭がはっきり現れる。④周囲から遊離する。「仲間から―」

**うきあし【浮き足】** ①しっかり地についていない足つき。②逃げ腰。「―になる」

**―立《だ》つ** 逃げ腰になる。

**うきいし【浮き石】** ①軽石。②不安定に積み重なっている石。

**うきうお【浮き魚】** 海面近くにすむ魚の総称。〔イワシ・サンマ・カツオなど〕対底魚

**うきうき【浮き浮き】** 楽しくて（うれしくて）落ち着かないようす。

**うきがし【浮き貸し】** 銀行員などが不正な方法で金を貸しつけること。

**うきぎ【浮き木】** ①川や海に浮いている木片。②舟やいかだ。

**うきくさ【浮き草】**《萍》水面に浮かんで生える草。Ⅱ不安定なもの。

**―稼業《かぎょう》** 各地を転々とする（不安定な）職業。

**うきぐも【浮き雲】** 空に漂う雲。Ⅱ不安定な物事。

**うきしずみ【浮き沈み】** 浮いたり沈んだりすること。Ⅱ栄枯盛衰。

**うきしま【浮き島】** ①蜃気楼《しんきろう》で、水面から浮かんで見える島。②湖や沼で、水草が密生して島のようになったもの。

**うきす【浮き州】** 浮き島②。

**うきす【浮き巣】** 水鳥が水上に作る巣。

**うきだす【浮き出す】** ①表面に浮いて出る。②背景から抜け出たようにはっきり見える。

**うきたつ【浮き立つ】** 心がうきうきする。「気分が―」

**うきでる【浮き出る】** うきだす。

**うきドック【浮き―】** 船を水上で修理できるドック。対乾ドック

**うきな【浮き名】** 恋愛に関するうわさ。「―を流す」類艶聞《えんぶん》

**うきね【浮き寝】** ①水鳥が浮いたまま寝ること。②船中で寝ること。「―の旅」Ⅱ落ち着かない状態で寝ること。

**うきはし【浮き橋】** 舟やいかだを並べて橋としたもの。類船橋《ふなばし》

**うきぶくろ【浮き袋】** ①人を水に浮かせる道具。うき。②《鰾》魚の体内にある袋状の器官。ふえ。

**うきぼり【浮き彫り】** 地から浮き出るように彫った彫刻。レリーフ。

**―にする** 物事を目立つようにはっきりさせる。

**うきみ【浮き身】** 水泳の泳法の一。あおむけになって水面に浮く。

**うきみ【浮き実】** スープに浮かせるもの。クルトン・アサツキなど。

**うきみ【憂き身】** つらいことの多い身の上。

**―をやつす** やせるほど物事に熱中する。

**うきめ【憂き目】** つらい体験。「―をみる」

**うきよ【浮き世】** ①《憂き世》はかない（つらく苦しい）世の中。②現実社会。世間。

**―絵《え》** 江戸時代におこった風俗画。〔浮世絵と書く〕

**―の波《なみ》** この世での浮き沈み。

**―の習《なら》い** 世間の、逃れられないならわし。

**うきわ【浮き輪】** 輪状の浮きぶくろ。

**うく【浮く】** ①水面や空中に上がる。対沈む ②表面に現れる。③遊離する。「周囲から―」④余分が出る。「食費が―」⑤⇩ういた

**うぐい**《鯎・石斑魚》淡水魚の一。はや。

**うぐいす【鶯】** 小鳥の一。春告げ鳥。「鳴き声が美しい」Ⅱ声の美しい（⌐女の）人。「―嬢」

**―色《いろ》** ウグイスの羽の色。オリーブ色。

**―鳴《な》かせたこともある** 昔は美しいと評判になったものだ。

**―の谷渡《たにわた》り** ウグイスが鳴きながら⌐谷から谷（枝から枝）へ渡ること。また、その声。

**―張《ば》り** 廊下の床板の張り方の一。踏むとウグイスの鳴き声のような音がする。

**―豆《まめ》** 青エンドウを甘く煮た食品。

**―餅《もち》** あんを包み、青きなこをまぶした餅菓子。

**ウクレレ**〔ukulele〕ギターに似た小型の楽器。〔ハワイアン音楽用〕

**うけ** 一【受け】①受ける（支える）物。「軸―」②評判。「世間の―がいい」③守り。「―に回る」④承諾。二【請け】請け人。

**うけ【筌】** 魚をとる道具の一。うえ。

**うけ【有卦】** 陰陽《おんよう》道で、幸運の年回り。

**―に入《い》る** 幸運にめぐまれてよいことが続く。

**うけあい【請け合い】** 確実だと保証すること。「気に入ること―だ」

**うけあう【請け合う】**《受け―》引き受ける。保証する。

**うけい**【右傾】①右に傾くこと。②国粋的・保守的になること。「―化」◇対左傾

**うけいれる**【受け入れる】①受け取っておさめる。②迎え入れる。③承知する。「提案を―」

**うけうり**【受け売り】他人の説をそのまま、自分の説のようにして述べること。

**うけおい**【請負】うけおうこと。**―師**《し》 土木・建築工事を請け負う職業の人。

**うけおう**【請け負う】仕事を引き受ける。

**うけぐち**【受け口】①物を受け入れる所。②下唇が上唇より突き出た口。

**うけこ**【受け子】特殊詐欺で、だました相手から金などを受け取る役。

**うけこたえ**【受け答え】聞かれたことに答えること。類応答

**うけざら**【受け皿】カップなどの下で、しずくを受ける皿。Ⅱ物事を受け入れる態勢。

**うけしょ**【請け書】承諾（保証）した旨を記した書類。

**うけだす**【請け出す】金銭を払って質入れの品（遊女・芸者）を引きとる。

**うけだち**【受け太刀】切りつけられた太刀を受けとめる太刀。Ⅱ受け身。類守勢

**うけたまわる**【承る】「聞く・伝え聞く・引き受ける・承諾する」の謙譲語。

**うけつぐ**【受け継ぐ】継承する。「伝統（学風）を―」

**うけつけ**【受け付け】①受けつけること。②【受付】会社や会場で外来者の取りつぎをする人（係・所）。

**うけつける**【受け付ける】①受け取る。②聞き入れる。③体内におさめる。「願書を―」「食物をうけつけない」

**うけて**【受け手】受け取る人。対送り手

**うけとめる**【受け止める】進んでくるものを受けてとめる。Ⅱ逃げずに対処する。「事態を深刻に―」

**うけとり**【受け取り】①受け取ること。②【受取・請取】領収書。**―人**《にん》 品物やお金を受け取る人。対差出人・振出人

**うけとる**【受け取る】①手にとっておさめる。②解釈する。理解する。

**うけながす**【受け流す】①反論もせず適当にあしらう。「柳に風と―」②相手の太刀《たち》を受けてかわす。

**うけにん**【請け人】保証人。

**うけみ**【受け身】①他からの働きかけや攻撃を受ける（受けて守る）立場。②柔道で、けがをしないように倒れるわざ。③文法で、受動態。

**うけもち**【受け持ち】受けもつこと（人）。

**うけもつ**【受け持つ】引き受けて扱う。類担当する

**うける** 一【受ける】①うけとめる。「ボールを―」②（身に）こうむる。③もらう。「賞を―」④しむけられたものに応じる。「試験を―」⑤承知する。「注文を―」⑥好評を得る。「客に―」 二【請ける】①金を出して引きとる。②引き受ける。

**うけわたし**【受け渡し】①受け取ることと渡すこと。②取引で、代金と引き替えに品物を渡すこと。

**うげん**【右舷】船首に向かって右側のふなばた。対左舷

**うご**【雨後】雨上がり。**―の筍**《たけのこ》 同じような物事が続出するたとえ。

**うごう**【烏合】〔カラスの集まりの意〕**―の衆**《しゅう》 数が多いだけでまとまりのない人々。

**うごかす**【動かす】動くようにする。「機械を―」

**うごき**【動き】動くこと（ようす）。**―が取**《と》**れない** 思うように動けない。**―回**《まわ》**る** あちらこちらとよく動く。Ⅱ活躍する。

**うごく**【動く】①（位置・状態が）変わる。移る。②活動する。作動する。「警察（エンジン）が―」**―歩道**《ほどう》 歩行者用のベルトコンベアー設備。オートウォーク。

**うこさべん**【右顧左眄】周囲の情勢を気にして決断できないこと。左顧右眄。

**うこっけい**【烏骨鶏】ニワトリの品種の一。食用。〔肉も骨も黒い〕

**うごめかす**【蠢かす】ぴくぴく動かす。「小鼻を―」

**うごめく**【蠢く】（虫などが）もぞもぞと動く。

**うこん**【鬱金】①ショウガ科の多年草。

〔根からとれる黄色の色素は、染料・カレー粉の原料〕②うこん色。

—色《いろ》 濃く鮮やかな黄色。

**うさ【憂さ】** 不愉快な気分。「—をはらす」

**うざい** 〔俗語〕じゃまでわずらわしい。目障りだ。〔「うざったい」の変化〕

**うさぎ【兎】** 小形のけもの。耳が長く、尾が短い。よくはねる。

**—馬《うま》** ロバ。

**—小屋《ごや》** ウサギを飼う小屋。Ⅱ〔日本の〕狭い家。

**—跳《と》び** しゃがんだ姿勢で前にとぶ運動。

**うさばらし【憂さ晴らし】** 気晴らし。

**うさん《胡散》** 怪しいようす。

**—臭《くさ》い** 何となく怪しい。

**うし 一【牛】** 家畜の一。肉・乳は食用。

**—に引《ひ》かれて善光寺《ぜんこうじ》参《まい》り** 他人に誘われ、知らぬまによいことを行うこと。

**—の歩《あゆ》み** 物事の進み方が遅いたとえ。

**—の涎《よだれ》** 細く長く続くことのたとえ。

**—を馬《うま》に乗《の》り換《か》える** 都合のよい方にきりかえる。馬を牛に乗り換える。

**二【丑】** 十二支の二番目。〔昔、時刻で午前二時ごろ、方角で北北東〕

**—の刻《こく》詣《もう》で** 人をのろい殺すため、丑の時刻に神社に詣でること。丑の時参り。〔一定の装束で、人形を神木などに打ちつける〕

**うし【齲歯】** 〔文章語〕虫歯。

**うじ【氏】** ①氏族。②家系を表す名称。みょうじ。Ⅱ家柄。③昔、姓に添えた敬称。

**—より育《そだ》ち** 家柄より育った環境が大事だ。

**うじ【蛆】** ハエやハチの幼虫。

**うしお【潮】** ①海水。②潮汁。③潮煮。

**—汁《じる》** 塩で味つけした魚や貝のすまし汁。

**—煮《に》** 骨つきの白身魚を塩で味つけして煮た料理。

**うしかいめんじょうのうしょう【牛海綿状脳症】** 脳がスポンジ状になり死に至る病気。主に牛が感染。BSE。狂牛病。〔その牛を摂取することで人間にも感染する〕

**うしがえる【牛蛙】** 大形のカエルの一。食用ガエル。牛のような鳴き声を出す。

**うじがみ【氏神】** ①一族の祖先として祭る神。②うぶすな神。

**うじこ【氏子】** ひとつの神社に属する信者。〔もと、氏神の子孫の意〕

**うじすじょう【氏素性】** 家柄や経歴。

**うしとら【艮・丑寅】** 北東の方角。〔俗に、鬼門という〕

**うしなう【失う】** ①なくす。Ⅱ人に死なれる。「親を—」②逃がす。「機会を—」

**うしのひ【丑の日】** 十二支の丑に当たる日。〔夏の土用の丑の日にウナギを食べる風習がある〕

**うしみつ【丑三つ】**《丑満》午前三時ごろ。「—時《どき》」〔丑の刻を四分した、その三番目〕

**うじむし【蛆虫】** うじ。Ⅱつまらない人間に対して、ののしって言う語。

**うしょう【鵜匠】** 鵜飼いを職業とする人。うじょう。

**うじょう【有情】** 〔仏教語〕いっさいの動物。対非情
**うじょう【羽状】** 羽のような形や状態。

**うしろ【後ろ】** ①あと。背後。対前 ②背中。③物のかげ。

**—足《あし》** 動物のあとあし。対前足
**—合《あ》わせ** 背中合わせ。

**—押《お》し** あとおし。

**—株《かぶ》** あとかぶ。対前株
**—髪《がみ》を引《ひ》かれる** 未練が残る。

**—傷《きず》** 背中など体の後ろに受けたきず。〔多く逃げるときにできるので不名誉なものとされた〕対向こう傷
**—暗《ぐら》い** やましい。

**—姿《すがた》** 後ろから見た人の姿。

**—楯《だて》** 後援（—者）。

**—手《で》** 両手を後ろに回すこと。

**—前《まえ》** 後ろと前が反対になること。

**—向《む》き** 背中を向けること。Ⅱ過去にこだわって消極的なこと。◇対前向き
**—めたい** 後ろ暗い。

**—指《ゆび》を指《さ》される** 陰で非難される。

**—を見《み》せる** ①逃げ出す。②弱みを見せる。

**うしん【有心】** ①中世の美的理念の一。②和歌の別称。〔狂歌を無心という〕

**うす【臼】** ①餅《もち》や穀物をつく道具。②ひきうす。「—をひく」

**うず【渦】** 螺旋《らせん》状に回る水や空気の流れ。「—を巻く」Ⅱ混乱している状態。

**うすあかり【薄明かり】** ①ほのかな光。「—がさす」②日の出前（日の入り後）の

空がほんのり明るいこと。

**うすあじ【薄味】** あっさりした味つけ。

**うすい【雨水】** ①雨の水。②二十四気の一。二月一九日ごろ。

**うすい【薄い】** ①厚みが少ない。対厚い ②淡い。「―味」対濃い ③少ない。深くない。「印象が―」

**うすいた【薄板】** ①薄い板。②地の薄い織物。◇対厚板 ③花びんの下に敷く板。

**うすうす【薄々】** なんとなく。おぼろげに。「―気づく」

**うずうず** 心がはやるようす。

**うすがけ【薄掛け】** ①かけ布団・こたつ布団で、薄手のもの。②陶芸で釉薬《ゆうやく》を薄くかけること。◇対厚掛け

**うすがた【薄型】** 厚みや奥行の薄い型。「―テレビ」

**うすがみ【薄紙】**

**―を剝《は》ぐよう** 病気が少しずつよくなっていくたとえ。

**うすかわ【薄皮】** 薄い皮・膜。

**―饅頭《まんじゅう》** 皮が薄く餡《あん》の多いまんじゅう。

**うすぎ【薄着】** 衣類を少ししか重ねて着ないこと。対厚着

**うすぎたない【薄汚い】** どことなくよごれている。

**うすぎぬ【薄絹】**《羅》薄い絹織物。

**うすきみわるい【薄気味悪い】** なんとなく不気味である。

**うすぎり【薄切り】** 薄く―切ること（切ったもの）。対厚切り

**うずく《疼く》** ずきずき痛む。「古傷が―」

**うすくち【薄口】** ①色や味の薄いもの。対濃い口 ②茶碗やちょこの、うすでのもの。

**うずくまる《蹲る》** 体を丸くしてしゃがむ。

**うすぐも【薄雲】** 薄くたなびく雲。

**うすぐもり【薄曇り】** 薄い雲が空一面にかかって曇る―こと（天候）。

**うすぐらい【薄暗い】** 光が少なく、ほの暗い。

**うすくらがり【薄暗がり】** 光が少なく、少し暗くなっている所。

**うすくれない【薄紅】** 薄いべに色。

**うすげ【薄毛】** 髪の毛の分量が少ないこと。

**うすげしょう【薄化粧】** 目立たない程度の淡い化粧。対厚化粧 ‖山が雪で少し白くなること。

**うすじ【薄地】** 薄い布地。対厚地

**うすじお【薄塩】** ①塩かげんが薄いこと。②料理で、材料に塩を軽くふること。

**うずしお【渦潮】** 渦を巻いて流れる海水。

**うすずみ【薄墨】** うすい墨色（―の紙）。

**ウスターソース** ふつうの食卓用ソース。ウースターソース。〔Worcestershire sauceから〕

**うずたかい《堆い》** もりあがって高い。

**うすちゃ【薄茶】** ①抹茶《まっちゃ》のたて方の一。お薄。対濃茶《こいちゃ》 ②薄い茶色。

**うすづくり** ①【薄造り】うすく切った刺身。「ヒラメの―」②【薄作り】ガラスや陶器で、薄手のもの。「―コップ」◇〔薄づくりとも書く〕

**うすっぺら【薄っぺら】** 非常に薄い。‖軽薄で内容に乏しい。「―な知識」

**うすで【薄手】** ①紙・布や陶器の、薄い作りのもの。対厚手 ②浅い傷。対深手 ③浅薄。「―な論理」

**うすなさけ【薄情け】** 見せかけほどには愛情がないこと。

**うすのろ《薄鈍》** 動作や反応がにぶい―こと（人）。

**うすば【薄刃】** 刃の薄い刃物。

**うすばか【薄馬鹿】** 少しばかな―こと（人）。〔ののしるときの言葉〕

**うすばかげろう【薄羽蜻蛉】** 昆虫の一。トンボに似る。〔幼虫はアリジゴク〕

**うすび【薄日】**《薄陽》弱い日ざし。

**うすべに【薄紅】** ①うすくれない。②ほんのり塗った口紅や頬紅。

**うすべり【薄縁】** ふちをつけたござ。

**うずまき【渦巻き】** ①渦（―をまいた形）。‖物事が混乱している状態。②蚊取り線香。

**うずまく【渦巻く】** 水流などが渦になる。‖感情などが激しく動く。

**うすまる【薄まる】** 薄くなる。

**うずまる【埋まる】** ①おおわれて見えなくなる。「雪で―」②すきまなくいっぱいになる。「穴が―」◇類うまる・うずもれる

**うすみどり【薄緑】** 薄い緑色。若草色。

**うずみび【埋み火】** 灰に埋めてある炭火。〔早く燃えてしまわないようにするため〕

**うすむらさき【薄紫】** 薄い紫色。

**うすめ【薄目】** 少し開いた目。類細目《ほそめ》

**うずめつくす【埋め尽くす】** ①すきまなくおおう。②すっかりうめる。

**うすめる【薄める】** 薄くする。

**うずめる【埋める】** ①（土の）中に入れて見えなくする。②すきまなくいっぱいにする。◇類うめる

**うすもの【薄物】** 薄い布地（ーの衣類）。

**うすもや【薄靄】** 薄くかかったもや。

**うすもよう【薄模様】** ①薄紫に染めた模様。②品が不足がちの状況。

**うずもれる【埋もれる】** 物にかくれて見えなくなる。「雪にー」●世に知られずにいる。「田舎にー」

**うすやき【薄焼き】** 薄く焼いた食品。「ーたまご」対厚焼き

**うすやみ【薄闇】** かすかに物の形がわかるほどの暗さ。

**うすゆき【薄雪】** うっすら積もった雪。

**うすよごれる【薄汚れる】** 全体によごれた感じになる。

**うすら【薄ら】** ①程度が少ない。「ー-笑い（明かり）」②なんとなく。「ー寒い」

**ー馬鹿《ばか》** 少しばかなーこと（人）。〔ののしるときの言葉〕

**うずら【鶉】** キジ科の鳥。羽の色はまだら。肉と卵は食用。

**ー豆《まめ》** インゲンマメの一。〔種子に斑点がありウズラに似る〕

**うすらぐ【薄らぐ】** 薄く（少なく）なる。うすれる。「痛み（関心）がー」

**うすれる【薄れる】** うすらぐ。

**うせい【雨声】** 〔文章語〕雨の降る音。

**うせつ【右折】** 右へ曲がること。対左折

**うせもの【失せ物】** なくした物。類紛失物

**うせる【失せる】** ①無くなる。消える。②死ぬ。③〔俗語〕去る。

**うそ** なんとなく。「ー寒い」〔「うす（＝薄）」の転〕

**うそ【嘘】** 事実でないこと。「ーをつく」〔「…しなければ〜だ」は「…するべきだ」の意〕類いつわり・ほら 対本当・まこと

**ーから出《で》たまこと** 初めはうそであったことが偶然に事実となること。

**ーつけ** 「うそを言うな」の反語的表現。

**ーも方便《ほうべん》** うそも時には必要な手段となる。

**うそ《鷽》** スズメ科の小鳥。

**うそいつわり【嘘偽り】** うその強調。

**うぞうむぞう【有象無象】** ①とるに足らない人々。②〔仏教語〕有形無形のすべてのもの。

**うそく【右側】** みぎがわ。「ー通行」対左側

**うそくさい【嘘臭い】** 本当のこと（本物）には思えない。「ー話」

**うそさむい【うそ寒い】** なんとなく寒い。

**うそじ【嘘字】** まちがった字。誤字。

**うそつき【嘘つき】** うそを言う-こと（人）。

**うそっぱち【嘘っぱち】** 〔俗語〕まったくのうそ。

**うそのかわ【嘘の皮】** まったくのうそ。

**うそはっけんき【嘘発見器】** 生理的変化を測定してうそを見破ろうとする装置。

**うそはっぴゃく【嘘八百】** うそばかり。「ーを並べる」〔八百は数が多い意〕

**うそぶく《嘯く》** ①とぼけて知らないふりをする。②大げさなことを言う。

**うた【歌】** ①《唄》うたうもの。②和歌。

**うたい【謡】** 謡曲。能の文句（ーに節をつけたもの）。

**ー物《もの》** 邦楽で、うたうものの総称。対語り物

**うたい【歌い】**

**ー上《あ》げる** ①詩歌や小説に表現する。②声をあげて歌う。

**ー込《こ》む** ①詩歌の中に表現する。「感情をー」②何度も歌って練習する。

**ー手《て》** ①プロ歌手。②歌を歌う人。

**うたいもんく【謳い文句】** キャッチフレーズ。

**うたう** 一【歌う】①《謡う・唄う》節をつけて声を出す。「歌をー」②和歌や詩をつくる。類詠む 二【謳う】①⇩うたわれる ②言明する。「大改革をー」

**うたがい【疑い】** 疑うこと。「ーを生じる」

**ーが晴《は》れる** 疑いがなくなる。

**ーない** 確実である。

**ー深《ぶか》い** 疑う心が強い。

**うたかいはじめ【歌会始め】** 毎年、宮中で行われる、年頭の歌会。歌御会始《うたごかいはじめ》

**うたがう【疑う】** ①確かでないと思う。「常識をー」②そうではないかと思う。「犯人か

と—」◇類あやしむ

—らくは　〔文章語〕疑ってみるに。うたごうらくは。

**うたかた**《泡沫》　水にうかぶ泡。Ⅱはかないもの。「—の恋」

**うたガルタ**【歌—】　和歌を書いたカルタ（—を使ってする遊び）。

**うたがわしい**【疑わしい】①不確実だ。②怪しい。

**うたぐりぶかい**【疑り深い】〔俗語〕うたがいぶかい。

**うたぐる**《疑る》〔俗語〕うたがう。

**うたげ**【宴】酒宴。宴会。

**うたごえ**【歌声】歌を歌っている声。

**うたせゆ**【打たせ湯】　温泉場などで、高所から落ちる湯に当たること。また、その設備。

**うたた**《転た》〔文章語〕①ますます。いっそう。「山川草木《さんせんそうもく》—荒涼」②はなはだ。

—**寝**《ね》　床に入らず、うとうとすること。類仮眠

**うだつ**【梲】　梁《はり》の上に立てて、棟木《むなぎ》を支える短い柱。

—**が上**《あ》**がらない**　思うように出世しない。

**うたびと**【歌人】〔古語〕①かじん。②歌手。③詩人。

**うたひめ**【歌姫】　①女性歌手。②歌の上手な女性。

**うたまくら**【歌枕】①古歌によまれた名所。②枕詞《まくらことば》や名所を集めた書物。

**うたものがたり**【歌物語】〔平安時代の〕和歌を中心とした物語。〔伊勢物語など〕

**うたよみ**【歌詠み】　和歌を上手に作る人。歌人。

**うだる**《茹る》①ゆだる。②暑さでぐったりする。「—ような暑さ」

**うたれづよい**【打たれ強い】　非難や攻撃などにあっても、容易にくじけない。

**うたわれる**【謳われる】　ほめて言われる。「手腕を—」

**うち**【内】　①《中》なか。内部。対外　②《中》期間内。「朝の—」③【家】自分の家・家庭。対よそ　④自分の夫または妻。⑤自分が属するところ。「—の会社」対よそ　⑥【家】住宅。⑦関西で、私。〔仮名書き〕

**うちあう**【打ち合う】　互いに打つ。

**うちあげ**【打ち上げ】①打ち上げること。②打ち上げ花火。③興行・仕事の終わり。また、その後の慰労会。

—**花火**《はなび》　空高く打ち上げる花火。

**うちあけばなし**【打ち明け話】　自分のことを隠さず話す話。

**うちあける**【打ち明ける】　告白する。「気持ちを—」

**うちあげる**【打ち上げる】　①空中高くあげる。「花火を—」②波が物を岸に運んでくる。③興行・仕事を終える。

**うちあわせ**【打ち合わせ】①準備のための相談。②洋服の左右の前身頃のあわさった所。

**うちあわせる**【打ち合わせる】　①前もって話しあう。②物と物をぶつける。

**うちいり**【討ち入り】　敵の陣営に攻め入ること。

**うちいわい**【内祝い】　身内の祝い事を内輪だけで祝うこと。その記念に配る贈り物。

**うちうち**【内々】　うちわ。ないない。

**うちうみ**【内海】　①みずうみ。②陸地に囲まれた海。いりうみ。ないかい。対外海《そとうみ》

**うちおとす**　一【打ち落とす】①たたいて落とす。②切って落とす。「首を—」二【撃ち—】銃などでうって落とす。

**うちかえす**【打ち返す】①しかえしにたたき返す。②古い綿を再生する。③田畑をすきかえす。④引いた波がまた寄せてくる。

**うちかけ**【打ち掛け】《裲襠》　和装で、女性が帯をしめた上から着る式服。〔江戸時代、武家婦人の礼服〕

**うちがけ**【内掛け】相撲のわざの一。足を相手の足の内側にかけて倒す。対外掛け

**うちかさなる**【打ち重なる】　重なるの強調。

**うちかつ**【打ち勝つ】　①勝つの強調。②《—克つ》のりこえる。「困難に—」③野球で、打力で相手に勝つ。対打ち負ける

**うちがま**【内釜】①炊飯器で、米を入れる内側の容器。②ふろで、かまの部分が浴室内にあるもの。対外釜

**うちき**【内気】気が弱く、消極的な性質。

**うちき**【打ち気】　野球で、打とうとする気持ち。「—にはやる」

**うちきず**【打ち傷】打ってできた傷。
**うちきり**【打ち切り】中止。「講演の—」
**うちきる**【打ち切る】①切るの強調。②途中で終わりにする。
**うちきん**【内金】前もって支払う、代金の一部。「—を入れる」類手付け金
**うちくだく**【打ち砕く】たたいて砕く。Ⅱ徹底的にやっつける。
**うちくび**【打ち首】昔、刀で首を切る刑罰。
**うちげいこ**【内稽古】師匠が自宅で行う稽古。対出稽古
**うちけし**【打ち消し】打ち消すこと。否定。
**うちけす**【打ち消す】①消すの強調。②否定する。
**うちげんかん**【内玄関】家人が使う玄関。対表玄関
**うちこ**【打ち粉】①刀の手入れに使う砥《と》の粉。②天花粉《てんかふん》。③めんや餅をのばすときにふりかける粉。
**うちこむ**【打ち込む】①打って中へ入れる。②コンピューターやスマートフォンなどに入力する。③【撃ち—】弾丸などをうって中に入れる。「標的に—」④没頭する。
**うちころす** [一]【打ち殺す】なぐって殺す。[二]【撃ち—】銃などでうって殺す。
**うちこわす**【打ち壊す】①こわすの強調。②たたいてこわす。
**うちじに**【討ち死に】敵と戦って死ぬこと。類戦死
**うちしょく**【内食】家庭で調理して食べる食事。ないしょく。対外食・中食
**うちすえる**【打ち据える】①すえるの強調。②強くたたく。
**うちすてる**【打ち捨てる】すてるの強調。
**うちぜい**【内税】消費税で、それが価格に含まれているもの。対外税
**うちそろう**【打ち揃う】そろうの強調。「一同打ち揃って」
**うちたおす**【打ち倒す】①たおすの強調。②なぐって倒す。Ⅱひどく負かす。
**うちだし**【打ち出し】①一日の興行の終わり。はね。②金属板などを裏から打って表に模様を出すこと。
**うちだす**【打ち出す】①打ち始める。②打って出す。③金属板などを裏から打って表に模様を出す。④はっきり表す。「方針を—」
**うちたてる**【打ち立てる・—樹てる】しっかりたてる。類確立する
**うちつける**【打ち付ける】①強く打つ(ぶつける)。②打ってくっつける。
**うちっぱなし**【打ちっ放し】①打ったままほうっておくこと。②ゴルフ練習場。
**うちづら**【内面】うちわの人に対する態度。「—がいい(わるい)」対外面《そとづら》
**うちつれる**【打ち連れる】つれるの強調。
**うちでし**【内弟子】住み込みの弟子。
**うちでのこづち**【打ち出の小槌】振れば望みのものが出るという、小さな槌。
**うちとける**【打ち解ける】①へだてのない気分で親しむ。②くつろぐ。
**うちどころ**【打ち所】体などの、物にぶつけた場所。「—がわるい」
**うちどめ**【打ち止め】①興行の終わり。②パチンコで、一定量の玉が出たときの使用停止。Ⅱ物事の終わり。
**うちとめる**【撃ち止める・討ち—】撃って(討って)殺す。類しとめる
**うちとる**【撃ち取る・討ち—】敵やかたきを殺す。Ⅱ【打ち—】競技などで、相手を負かす。「打者を—」
**うちなあ**【ウチナー】沖縄。〔沖縄方言〕—口《ぐち》 沖縄方言。
**うちなおし**【打ち直し】ふとんなどの古い綿や羽毛を再生すること。
**うちなる**【内なる】内側にある。
**うちなんちゅう**【ウチナンチュー】沖縄県人が自らを呼ぶ語。〔沖縄方言〕対やまとんちゅう
**うちにわ**【内庭】中庭。
**うちぬく** [一]【打ち抜く】①ぶちぬく。「壁を—」②紙や金属板に型をぬく。③最後まで行う。「ストを—」[二]【撃ち—】銃などで穴をあける。
**うちのひと**【内の人】《家—》①家族の人。②自分の夫。〔他人に対して言う〕
**うちのめす**【打ちのめす】なぐり倒す。Ⅱ大打撃を与える。
**うちのり**【内のり】《内法》〔器物の〕内側の寸法。対外のり
**うちはたす**【討ち果たす】斬り殺す。うち殺す。

**うちばらい【内払い】** 代金や借金の一部を支払うこと。

**うちはらう【打ち払う】** ①（たたいて）払いのける。②【撃ち—】銃などをうって追い払う。

**うちひしがれる【打ち拉がれる】** 意欲や気力がくじかれる。「労苦に—」

**うちひも【打ち紐】** 組み紐。

**うちびらき【内開き】** ドアなどが内側に開くこと。対外開き

**うちぶ【打歩】** ①二種の通貨で、同じ額面に対する実質価値の差額。②株式などで、割増金。類プレミアム

**うちぶところ【内懐】** 肌に近い方のふところ。対外懐 ❷内情。「—を見すかされる」

**うちぶろ【内風呂】**《家—》 家庭にあるふろ。類内湯 対外ぶろ

**うちべんけい【内弁慶】** 外では意気地がないが、家庭では威張っている—こと（人）。陰弁慶。

**うちぼり【内堀】** 城で、内側にある堀。対外堀

**うちほろぼす【討ち滅ぼす】** 攻めてほろぼす。

**うちまかす【打ち負かす】** ①負かすの強調。②打って相手を負かす。

**うちまく【内幕】** 内部の事情。「—をさらけだす・金融界の—」

**うちまける【打ち負ける】** 野球で、打力で相手に負ける。対打ち勝つ

**うちまご【内孫】** 跡をつぐ子供の子供。対外孫〔旧民法的発想の言葉〕

**うちまた【内股】** ①ももの内側。②足先が内側を向く歩き方。うちわ。対外股 ③柔道のわざの一。〔片足を相手のももの内側にかけて倒す〕

**—膏薬《こうやく》** あちらについたり、こちらについたりで、節操がない—こと（人）。二股膏薬。

**うちまど【内窓】** 二重窓の、内側の窓。対外窓

**うちまわり【内回り】** ①家の内部。②内側を回ること。「環状線の—」 ◇対外回り

**うちみ【打ち身】** 打ってできた傷。打撲傷。

**うちみず【打ち水】** 庭や門前に水をまくこと。また、その水。

**うちもの【打ち物】** ①打ち鍛えて作った武器や金属器具。対鋳物 ②型に入れて作った干菓子。③打楽器。

**うちもも【内股】** ももの内側。内また。

**うちやぶる【打ち破る】** ①破るの強調。②【撃ち—・討ち—】攻めて負かす。

**うちゆ【内湯】**（温泉旅館などで）家の中に造った浴場。類内ぶろ 対外湯

**うちゅう【宇宙】** ①すべての天体を含む全空間。②あるまとまりをもった世界。

**—空間《くうかん》** ①天体と天体の間の空間。②飛行機が飛べる限界以遠の空間。〔高度三〇キロメートル以上〕

**—工学《こうがく》** ロケットや人工衛星の宇宙飛行に関する工学の総称。

**—食《しょく》** 宇宙飛行中のための特製の食べ物。

**—人《じん》** 地球以外の天体に生存するとされる、人間に似た生物。

**—塵《じん》** 宇宙空間に漂う、細かなちり。スペースダスト。

**—線《せん》** 宇宙から絶えず地球に飛んでくる放射線の総称。

**—船《せん》** 宇宙空間を航行する飛行体。

**—飛行士《ひこうし》** 宇宙船の乗組員。

**—兵器《へいき》** 宇宙空間にあって、偵察・監視・迎撃などの能力をもつ軍事衛星の総称。

**うちゅうかん【右中間】** 野球で、ライトとセンターの間。対左中間

**うちょうてん【有頂天】** 得意の絶頂。〔もと仏教で、形ある世界で最高に位する所の意〕

**うちよせる【打ち寄せる】** 寄せて来る。「波が—」

**うちわ【内輪】** ①内部。②内密。「—に済ませる」③ひかえめ。「—に見積もる」④内また②。対外輪

**—もめ** 仲間どうしの争い。

**うちわ【団扇】** あおいで風を起こす道具。

**—太鼓《たいこ》** うちわのような形の太鼓。〔日蓮宗の信者がたたく〕

**うちわく【内枠】** ①内側のわく。②割り当てられた数の中。◇対外枠

**うちわけ【内訳】** 全体の数量を項目ごとに分類—すること（したもの）。

**うちわたし【内渡し】** 内金を渡すこと。

**うつ【鬱】** 気が晴れない（気力のない）状態。対躁《そう》

**うつ** ㊀【打つ】①たたく。②仕事をしたり何かを作ったりする。「電報（注射）を―」④感動を与える。「胸を―」⑤必要な処置をほどこす。③しるしをつける。「点を―」㊁【討つ】攻めてやっつける。「手を―」「敵を―」㊂【撃つ】射撃する。「鉄砲を―」

**うつうつ**【鬱々】〔文章語〕①心が晴れないようす。②うっそう。

**うっかり** 不注意で気がつかないようす。類ぼんやり

**うつぎ**【空木・卯木】ユキノシタ科の落葉低木。〔幹がうつろ〕

**うづき**【卯月】陰暦で、四月。

**うつくしい**【美しい】きれい。

**うっくつ**【鬱屈】気がふさぐこと。

**うつけ**《空け》まぬけ。「―者《もの》」

**うっけつ**【鬱血】静脈内の血が一部にたまること。→充血

**うっこんこう**【鬱金香】チューリップ。〔明治時代の語〕

**うつし**【写し】写すこと。写したもの。コピー。

**―取《と》る** ①原文を書き写す。②模写する。

**うつしえ** ㊀【写し絵】①影絵。②幻灯の古称。◇〔映し絵とも書く〕③かきうつした絵。類肖像画 ㊁【移し絵】おもちゃの一。〔水にぬらして物にはり、そっとはがすと印刷した絵だけが残る〕

**うつしだす**【映し出す・写し―】物の像を現す。「スクリーンに―」

**うつしみ**【現身】うつせみ。

**うつしよ**【現世】この世。現《げん》世《せ》。

**うつす** ㊀【写す】①撮影する。②コピーする。㊁【映す】①鏡や水面に物の姿を現し出す。②映写する。

**うつす**【移す】移るようにする。

**うっすら**《薄ら》かすかに。

**うっする**【鬱する】〔文章語〕気持ちがふさぐ。

**うっせき**【鬱積】不満や怒りがたまること。「不満が―する」

**うつせみ**【空蟬】セミ（―のぬけがら）。

**うつせみ**【現身】この世（―に生存している身）。うつしみ。うつそみ。

**うつぜん**【鬱然】①うっそう。②勢いが盛んである。③気がめいるようす。

**うっそう**【鬱蒼】多くの草木がよく茂っているようす。

**うったい**【鬱滞】①血流などが停滞すること。「―性皮膚炎・胆汁―」②気分の晴れないこと。

**うったえる**【訴える】①裁判所に申し出る。②同意を求めて働きかける。③解決の手段とする。「腕力に―」

**うっちゃらかす**〔俗語〕ほったらかす。

**うっちゃり** 相撲のわざの一。土俵ぎわで、押してくる相手を逆転して土俵外に投げ落とす。

**―を食《く》う** 相撲で、うっちゃりをかけられる。Ⅱ最後に逆転される。

**うっちゃる** ①投げすてる。②すてておく。③相撲で、うっちゃりを食わす。Ⅱ最後に形勢を逆転する。

**うつつ**【現】①現実。「夢か―か」②正気。「―に返る」

**―を抜《ぬ》かす** 夢中になる。

**うつて**【打つ手】とるべき手段（方法）。

**うって**【討っ手】敵を追いかけて討つ人。

**ウッディー**〔woody〕木質の。木の部分が多いようす。

**うってかわる**【打って変わる】急にすっかり変わる。

**うってつけ**【打って付け】ぴったりであること。

**うってでる**【打って出る】自ら進んで出る。「選挙に―」類のりだす

**ウッド**〔wood〕①木材。木製。②ゴルフクラブの種類の一。対アイアン〔かつては打球部が木製だったが今は金属製がふつう〕

**―デッキ**〔wood deck〕（掃き出し窓の高さにそろえた）木製のテラス。

**―ブロック**〔woodblock〕打楽器の一。木製で筒形（箱形）。

**うっとうしい**《鬱陶しい》①心が晴れない。「―気分」②重苦しい。「―天気」

**うっとり** 心を奪われているようす。

**うつびょう**【鬱病】ゆううつになって、気力がなくなる精神障害。対躁《そう》病《びょう》

**うつぶす**【俯す】うつぶせる。

**うつぶせる**【俯せる】①体を下向きに伏せる。②物を下向きに置く。

**うっぷん**【鬱憤】心にたまった怒りや不満。「―を晴らす」

**うつぼ**《鱓》ウナギに似た海魚。皮をなめし

て使う。
**うつぼかずら**《靫蔓》 食虫植物の一。熱帯産。ネペンテス。
**うつぼつ**【鬱勃】〔文章語〕心中にこもった意欲があふれ出るようす。
**うつむく**【俯く】下を向く。対あおむく
**うつむける**【俯ける】 下へ向ける。「顔を―」
**うつらうつら** 眠りかけているようす。類うとうと
**うつり**【移り】①移ること。②⇩おうつり
**―香**《が》 香《こう》などが衣服に移って残っているにおい。
**―変**《か》**わる** 時とともに次々に変わっていく。〔遷り変わるとも〕類変遷する
**―気**《ぎ》 興味の対象が変わりやすいこと。
**―箸**《ばし》 和食で、ひとつのおかずを食べた後、すぐほかのおかずを食べること。〔無作法とされる〕
**うつり**【映り】①【写り】影や像がうつること。②色のとりあわせ。
**うつりこむ**【写り込む】 写真や動画の中に偶然に写る。「通行人が―」
**うつる** ㊀【写る】①すけて見える。②写真にとられる。㊁【映る】①「鏡(水面)に―」②目に入る。③似あう。
**うつる**【移る】①移動する。②感染する。「風邪が―」③違った状態になる。「行動に―」④違った方に向く。「心が―」⑤変わっていく。「季節が―」⑥「香り(におい)が―」
**うつろ**《虚ろ・空ろ》①からっぽ。②生気がなく、ぼんやりしている。「―な目」
**うつろう**【移ろう】〔文章語〕変わっていく。
**うつわ**【器】①物を入れるもの。容器。②(任に堪える)才能。「大将の―」
**うで**【腕】①身体の一部。かいな。②腕のように突き出たもの。③腕力。④才能や技量。
**―が上**《あ》**がる** 上達する。
**―が立**《た》**つ** 技術(剣術)の能力がすぐれている。
**―が鳴**《な》**る** 腕前を発揮したくてうずうずする。
**―に覚**《おぼ》**えがある** 腕前に十分自信がある。
**―によりをかける** 腕前を発揮しようと張りきる。
**―を拱**《こまぬ》**く** 何もしないでわきで見ている。
**―をさする** 腕前を発揮したいと思いながら実行できずにこらえている。
**―を振**《ふ》**るう** 腕前を発揮する。
**―を磨**《みが》**く** 腕前・技術を立派なものにしようと努力する。
**うてき**【雨滴】雨のしずく。類あまだれ
**うでぎ**【腕木】 柱から突き出るようにとりつけた横木。
**うできき**【腕利き】 腕前のすぐれている―こと(人)。類敏腕(―家)・やり手
**うでぐみ**【腕組み】 胸の前で両腕を組むこと。
**うでくらべ**【腕比べ・腕競べ】技量(腕力)をきそうこと。
**うでずく**【腕ずく】《腕尽く》 腕力を使うこと。類力ずく
**うでずもう**【腕相撲】 二人がひじをたてて、手を握りあい、相手の腕を倒す遊び。
**うでたてふせ**【腕立て伏せ】 運動の一。両手を床につき、両足を伸ばしたまま、ひじを曲げ伸ばしする。
**うでだめし**【腕試し】 自分の腕前を確かめるために試すこと。
**うでっこき**【腕っ扱き】うできき。
**うでっぷし**【腕っ節】腕力。うでぶし。
**うでどけい**【腕時計】 手首にはめる小型の時計。
**うてな** ㊀《台》①高殿《たかどの》。高楼《こうろう》。②物をのせる台。「蓮《はす》の―」㊁【萼】 植物の、がく。
**うでぬき**【腕貫】①手首からひじまでを包むカバー。②刀の柄《つか》やむちの先につけて手首を通す輪状のひも。
**うてば**【打てば】
**―響**《ひび》**く** 少しの言動に、すぐ的確な反応を示す。
**うでまえ**【腕前】能力や技量。
**うでまくり**【腕捲り】 そでをまくって腕を出すこと。Ⅱ意気込んでいるようす。
**うでる**《茹でる》ゆでる。
**うでわ**【腕輪】 腕にはめるアクセサリー。ブレスレット。
**うてん**【雨天】 雨降り(―の日)。対晴天・曇天
**―順延**《じゅんえん》 予定日が雨の場合、晴れるま

で日程を一日ずつ順々に延ばすこと。

**うど**《独活》山菜の一。若い茎を食べる。ウコギ科。

**―の大木**《たいぼく》 大きいだけで、役に立たない人のたとえ。

**うとい**【疎い】①親しくない。②よく知らない。「世事に―」

**うとう**【右党】①保守党。②〔俗語〕甘党。[類]下戸《こげ》◇[対]左党

**うとうと** 眠りかけているようす。[類]うつらうつら・とろとろ

**うとうとしい**【疎々しい】 よそよそしい。[類]冷淡だ

**うとく**【有徳】〔文章語〕①徳のある―こと（人）。②裕福。

**うとそうそう**【烏兎匆々】月日のたつのが早いこと。〔太陽には烏《からす》、月には兎《うさぎ》がすむという中国の伝説から、烏兎は太陽と月、転じて歳月の意〕

**うとましい**【疎ましい】 気にそわなくていやだ。[類]いとわしい [対]好ましい

**うとむ**【疎む】うとんじる。

**うどん**《饂飩》めん類の一。〔「うんどん」の転〕

**―粉**《こ》 小麦粉。

**―粉**《こ》**病**《うびょう》 植物の病気の一。葉などが、うどん粉をまぶしたように白くなる。

**―すき** うどんを入れた、なべ料理。

**うどんげ**【優曇華】①〔仏教語〕インドの想像上の植物。三千年に一度花を開くという。Ⅱごくまれなこと。②枯れ枝などに産みつけられたクサカゲロウの卵。〔形が花に似る〕

**うとんじる**【疎んじる】 きらって遠ざける。うとむ。うとんずる。

**うながす**【促す】催促（促進）する。「返事を―」

**うなぎ**【鰻】 細長い川魚。食用。〔海で産卵する〕

**―の寝床**《ねどこ》 間口が狭くて奥行きの深い場所。

**―登**《のぼ》**り** 物価や温度がどんどん上がること。〔ウナギが水中をのぼるようすから〕

**うなされる**《魘される》 こわい夢を見て思わずうめき声をあげる。

**うなじ**《項》首のうしろ。[類]えりくび

**うなじゅう**【鰻重】 重箱の上の箱にウナギのかばやき、下の箱にごはんを入れた料理。〔重箱に入れたごはんの上にウナギをのせたものもいう〕

**うなずく**【頷く】《首肯く》首をたてにふる。〔理解・同意の意を表す〕

**うなずける**【頷ける】 理解（同意）できる。

**うなだれる**《項垂れる》力なく顔を下向ける。[類]うつむく

**うなばら**【海原】ひろびろと広がった海。

**うなり**【唸り】 ①うなる―こと（音）。「―声」 ②振動数の少し違う音が干渉しあって、音が強くなったり弱くなったりする現象。

**うなる**【唸る】 低く長い声を出す。Ⅱ㋐長く鳴りひびく。「モーターが―」 ㋑たくさんある。「金庫に金がうなっている」 ㋒（「うならせる」の形で）感動させる。

**うに** [一]【海胆】 棘皮《きょくひ》動物の一。海産。形は、クリのいがに似る。 [二]【雲丹】 食品の一。「練り―」〔ウニ[一]の卵巣〕

**うぬ**《汝》 おまえ。〔相手をののしる、古い言い方〕

**うぬぼれる**《自惚れる》 自分が実力以上にすぐれていると思う。

**うね**【畝・畦】畑に作物を植えるため、細長く土を盛り上げた所。

**うねうね** 高く低く（曲がりくねって）長く続くようす。[類]くねくね

**うねおり**【畝織り】 畝のように、高低のある模様の織物。あぜ織り。

**うねり** ①うねること。②ゆるやかで大きな波。Ⅱ起伏や曲折。「歴史の―」

**うねる** ①曲がりくねる。②（山・波が）起伏する。

**うのう**【右脳】大脳の右半分。〔言語以外の認識を行うとされる〕[対]左脳

**うのけ**【兎の毛】ウサギの毛。

**―で突**《つ》**っいたほど** ごく―小さい（わずかな）こと。

**うのはな**【卯の花】①ウツギの花。六月ごろ咲く。②おから。

**―腐**《くた》**し** つゆの長雨。さみだれ。〔卯の花①を腐らせる意〕

**うのみ**《鵜呑み》 丸のみにすること。Ⅱ物事の内容を理解せずに受け入れること。

**うは**【右派】政党などの、保守派。[対]左派

**うばう**【奪う】①むりに取り上げる。②引きつける。「心を―」

**うはうは** うれしくてたまらないようす。

**うばぐるま【乳母車】** ベビーカー。

**うばすてやま【姥捨山】** 年寄りを遠ざけ、移しておく場所・地位。〔老女を捨てたという伝説のある、長野県の姥《おば》捨《すて》山から〕

**うひょう【雨氷】** 雨が樹木や地面について氷となったもの。

**うぶ【初】**《初心》 世間ずれしていないようす。

**うぶぎ【産着】**《産衣》 生まれたばかりの赤ん坊に着せる着物。

**うぶげ【産毛】** ①生まれたときからはえている髪の毛。②顔などの薄く柔らかい毛。

**うぶごえ【産声】** 生まれたときに初めて出す泣き声。呱々《ここ》の声。

**―を上《あ》げる** 生まれる。● 新しくできる。

**うぶすな【産土】** ①生まれた土地。②うぶすながみ。「―参り(＝宮参り)」

**―神《がみ》** 生まれた土地の守護神。氏神。

**うぶや【産屋】** 出産のための部屋。〔昔は別に小屋を建てた〕

**うぶゆ【産湯】** 生まれたばかりの子を初めて湯に入れること。また、その湯。

**うべかりし【得べかりし】**〔文章語〕手に入れるはずであった。「―利益(＝逸失利益)」

**うべなう**《諾う・宜う・肯う》〔文章語〕同意(承諾)する。

**うべなるかな【宜なるかな】**〔文章語〕むべなるかな。

**うへん【右辺】** 等式や不等式で、右側の数や式。対左辺

**うま ■一【馬】** ①家畜の一。顔が長く、足が速い。耕作・運搬・乗用に使う。②将棋で、桂馬《けいま》。

**―が合《あ》う** 気が合う。

**―には乗《の》ってみよ、人《ひと》には添《そ》うてみよ** パートナーのよしあしは実際に組んでみないとわからない。

**―の背《せ》を分《わ》ける** 夕立などがある地域で降っているのに、すぐ近くでは降っていない様子。〔馬の片方の背には降り、他方には降らない意から〕

**―の耳《みみ》に念仏《ねんぶつ》** 意見(忠告)しても意に介さないこと。

**■二【午】**十二支の七番目。〔昔、時刻で昼の一二時ごろ、方角で南〕

**うまい** ①《旨い・甘い・美味い》味がよい。対まずい ②《旨い》都合がよい。「―話」 ③《上手い・巧い》じょうずだ。対まずい

**―汁《しる》を吸《す》う** 努力をせずに利益を得る。

**うまうま** まんまと。

**うまかた【馬方】** 荷物や客を乗せた馬をひく人。馬《ま》子《ご》。馬追い。

**うまざけ【美酒】**《旨酒》〔文章語〕心地よく飲む酒。「勝利の―」

**うまずたゆまず【倦まず撓まず】** 飽きもせず怠けもせずに。

**うまづら【馬面】** ①馬のように長い顔。〔あざけって言う〕 ②海魚の一。ウマヅラハギ。食用。〔顔の部分が長い〕

**うまとび【馬跳び】** 遊びの一。かがんだ背の上を、他の者が手をついてとびこえる。

**うまに【旨煮】**《甘煮》 甘く濃い味で煮つけた料理。

**うまのあし【馬の脚】**《馬の足》 芝居で、作り物の馬の脚になる役者。● 下級の(へたな)役者。

**うまのほね【馬の骨】** 素性のわからない人をののしって言う語。「どこの―だ」

**うまのり【馬乗り】** ①馬に乗るように人にまたがること。②馬に乗る-こと(人)。類乗馬

**うまみ【旨み】** ①《旨味・甘味》おいしい-味(感じ)。②巧みさ。③利得。「―のある仕事」

**―調味料《ちょうみりょう》** 人工的につくった、うまみの元となる成分。化学調味料。

**うまや【馬屋】**《厩》馬小屋。

**うまる【埋まる】** ①うずまる。うずもれる。②(不足が)補われる。「赤字が―」

**うまれ【生まれ】** ①生まれること。類誕生 ②生まれた土地。③家柄。

**―合《あ》わせる** 同じ(その)時期に生まれる。生まれ合わす。

**―落《お》ちる** 生まれ出る。

**―変《か》わる** 死んだものが姿をかえてこの世に現れる。● 心を入れかえて別人のようになる。

**―故郷《こきょう》** 生まれた土地。類ふるさと

**―付《つ》き** ①生まれたときからもっている-こと(性質)。類天性 ②生まれたときから。

**―つく** その性質や能力をもったものとして生まれる。

**―ながら** 生まれつき。
**―持《も》つ** 生まれつく。
**―もつかぬ** 生まれつきではない。
**うまれる【生まれる・産まれる】** ①対死ぬ ②新しく作り出される。
**うみ【海】** ①対陸・山 Ⅱ大きく広がるもの。「火の―」 ②【湖】みずうみ。「鳰《にお》の―〔＝琵琶湖〕」 ③すずりで、水をためる所。池。対陸《おか》
**―の藻屑《もくず》となる** 海に―沈む（沈んで死ぬ）。
**―のものとも山《やま》のものともつかない** 正体や本質がわからず、将来どうなるかの見当がつかない。
**うみ《膿》** 化膿した所から出る不透明な液。Ⅱ長年蓄積されてきた弊害。
**うみおとす【生み落とす・産み―】** 子供（卵）をうむ。
**うみかぜ【海風】** 海上を（海から）吹く風。
**うみさち【海幸】** うみのさち。対山幸
**うみせんやません【海千山千】** 種々の体験を重ね世間ずれして悪賢い―こと（人）。〔海と山に千年ずつすんだ蛇は竜になるということから〕
**うみだす【生み出す・産み―】** 子供（卵）をうむ。Ⅱ新しいものを作りだす。
**うみづき【産み月】** 臨月。
**うみつける【産み付ける】** 昆虫などが卵を物にくっつけてうむ。
**うみつばめ【海燕】** ツバメに似た小形の海鳥。
**うみづり【海釣り】** 海で魚を釣ること。

**うみなり【海鳴り】** 海の方から響いてくる遠雷や風のような音。〔暴風雨の前兆〕
**うみねこ【海猫】** カモメ科の海鳥。〔鳴き声がネコに似る〕
**うみの【生みの・産みの】**
**―親《おや》** その人を産んだ親。対うみの子 Ⅱそれを作り出した―人（もとになるもの）。
**―親《おや》より育《そだ》ての親《おや》** 産んでくれた親より育ててくれた親の方がありがたい。
**―苦《くる》しみ** 出産のときの苦しみ。Ⅱ物事を作り出すときの苦しみ。
**うみのさち【海の幸】** 海産物。うみさち。対山の幸
**うみのひ【海の日】** 国民の祝日の一。七月の第三月曜日。
**うみびらき【海開き】** 海水浴場で、その年はじめて一般に公開する―こと（日）。
**うみぶどう【海葡萄】** 海藻の一。くびれづた。食用。〔ブドウの房に似た形状〕
**うみべ【海辺】** 海に近い所。類海岸 対山辺
**うみへび【海蛇】** ①ウミヘビ科の海魚。②海産のヘビ。有毒。
**うみぼうず【海坊主】** ①海上に現れるという、坊主頭の化け物。②アオウミガメ。
**うみほおずき《海酸漿》** テングニシ、アカニシなどの貝の卵の袋。〔ホオズキと同じように鳴らして遊ぶ〕
**うみやま【海山】** ①海と山。②恩恵が深いことのたとえ。〔海のように深く山のように高い意〕
**うむ【有無】** ①あることとないこと。②承知かどうか。いやおう。
**―相《あい》通《つう》じる** あるものとないものとを融通しあう。
**―を言《い》わせず** むりやりに。
**うむ【生む・産む】** ①卵・子を出産する。②新しく作り出す。「利益を―」
**うむ《倦む》** 〔文章語〕①飽きる。②疲れる。
**うむ** 一《熟む》果物などがうれる。二《膿む》うみをもつ。化膿《かのう》する。
**ウムラウト** 〔ドイツ語 Umlaut〕 ドイツ語の母音変化（―の記号）。〔母音 a, o, u が ä, ö, ü に変化〕
**うめ【梅】** ①バラ科の植物。春先に開花。実は食用。②三等級に分けて、―三番め（一番め）。→松③
**―に鶯《うぐいす》** とりあわせのよいたとえ。
**うめあわせる【埋め合わせる】** 不足分を―つぐなう（補う）。うめあわす。
**うめき【埋め木】** すきまを木片で埋めること。「―細工」
**うめく【呻く】** 苦しくてうなる。「苦痛に―」
**うめくさ【埋め草】** 紙面の余白をうめるための―記事（文章）。
**うめこむ【埋め込む】** ①埋めるように設置する。「壁にライトを―」 ②インターネットで、―文書に図などをはりつける（サイト上で外部の情報を利用可能にする）。「ブログに動画を―」
**うめしゅ【梅酒】** 梅の実を氷砂糖と共に焼酎《しょうちゅう》につけてつくった酒。

**うめず【梅酢】** 梅の実を塩づけにした汁。

**うめたてる【埋め立てる】** 海や川をうめて陸地にする。

**うめづけ【梅漬け】** ①塩（焼酎《しょうちゅう》）につけた梅の実。②梅酢《うめず》につけたショウガ。

**うめびしお【梅醤】** 梅干しの果肉と砂糖をねりまぜた食品。

**うめぼし【梅干し】** 梅の実を塩づけにした食品。

**―婆《ばばあ》** 梅干しのようにしわが多い老女を、ののしって言う語。

**うめもどき【梅擬】** モチノキ科の落葉低木。〔葉が梅に似る〕

**うめる【埋める】** ①うずめる。②穴やくぼみをふさぐ。③（不足を）補う。④水を入れてぬるくする。

**うもう【羽毛】** 鳥のふわふわした羽。

**うもれぎ【埋もれ木】** 長く土中にうもれて炭化した木。Ⅱ捨てられてかえりみられない境遇（―の人）。

**―に花《はな》が咲《さ》く** 長く不遇であった人が意外な幸運にめぐりあう。

**うもれる【埋もれる】** うずもれる。

**うやうやしい【恭しい】** 敬い慎むようす。

**うやまう【敬う】** とうとぶ。尊敬する。

**うやむや**《有耶無耶》 はっきりしないこと。[類]あいまい

**うゆう【烏有】** 何もないこと。〔「烏《いずく》んぞ有らんや」から〕[類]皆無

**―に帰《き》す** （火事などで）何もかもなくなる。

**うようよ** たくさん群がってうごめいているようす。[類]うじゃうじゃ

**うよきょくせつ【紆余曲折】** 曲がりくねること。Ⅱ事情がこみいっていて複雑な経過をたどること。

**うよく【右翼】** ①右のつばさ。Ⅱ㋐右側の一部分（位置）。㋑野球で、外野の一。本塁から見て右側。ライト。「―手」②保守的・国粋的思想。また、そういう人（―の集団）。右派。◇[対]左翼

**うら【裏】** ①「紙の―」②表に現れない内情。③野球で、後攻チームが攻撃する番。◇[対]表

**―には裏《うら》がある** 物事の事情やしくみは複雑で、表面からはうかがいしれない。

**―をかく** 相手が予期しない行動をとる。裏を行く。

**―を取《と》る** 裏付けのため調べて確かめる。

**うらうち【裏打ち】** ①裏面に紙や布をはって補強すること。②さらに確実にすること。「体験に―された話」

**うらうつり【裏写り】** 表の手書きや印刷が、紙の裏に透けて見えること。

**うらおもて【裏表】** ①裏と表。②裏返し。③外見と中身がくい違うこと。「―がある」

**うらかいどう【裏街道】** 正式の街道でない道。Ⅱまともでない人生。◇[対]表街道

**うらがえす【裏返す】** 表を裏にする。ひっくり返す。

**うらがえる【裏返る】** ①ひっくり返る。②うらぎる。

**うらがき【裏書き】** ①確かであるという証明。②手形や小切手の裏に、保証や確認のために署名などをすること。

**うらかた【裏方】** 舞台裏で働く人。[対]表方 Ⅱかげで働いて仕事を支える人。

**うらがなしい【うら悲しい】** なんとなく悲しい。

**うらがね【裏金】** 取引で、内密に支払われる金銭。

**うらがれる【うら枯れる】**《末―》 草木の先が枯れる。

**うらきど【裏木戸】** ①裏口の木戸。②芝居小屋の裏手の出入り口。

**うらきもん【裏鬼門】** 迷信で、鬼門とともに不吉とされる未申《ひつじさる》（＝南西）の方角。

**うらぎり【裏切り】** 裏切る―こと（行為）。

**うらぎる【裏切る】** ①敵方につく。[類]ねがえる ②期待や信頼にそむく。

**うらぐち【裏口】** 裏側の出入り口。[対]表口 Ⅱ不当な手段で物事を行うこと。「―入学」

**うらげい【裏芸】** ふだんは見せない特別の芸。[類]かくし芸 [対]表芸

**うらごえ【裏声】** 音楽で、自然の音域よりも高く出す声。ファルセット。

**うらごし【裏漉し】** 餡《あん》や芋をこす器具。また、それでこすこと。「―にかける」

**うらさく【裏作】** 主作物を収穫した後に他の作物を作ること。また、その作物。[対]表作

**うらさびしい【うら寂しい】** なんとなく

寂しい。

**うらじ【裏地】** 衣服などの裏につける布地。対表地

**うらしまたろう【浦島太郎】** 昔話の主人公の一。Ⅱ戻ったのが久しぶりなので、元の場所の事情がわからなくなった人。「―の心境」

**うらじろ【裏白】** ①紙などの裏が白いこと。②シダ植物の一。葉の表は鮮緑色で裏は白い。正月の飾り用。

**うらだな【裏店】** 裏通りや路地にある(―粗末な)貸家。類裏長屋

**うらちょうぼ【裏帳簿】** 表向きの帳簿とは別の帳簿。〔公表すると不都合な事実が記載される〕

**うらづけ【裏付け】** ①証明のための証拠。「―をとる」 ②紙や布に裏打ちをすること。

**うらづける【裏付ける】** 別の事柄によって証明する。

**うらて【裏手】** 裏のほう。「建物の―」

**うらどおり【裏通り】** 裏側の(―狭い)道。対表通り Ⅱ正当でないこと。「―の人生」

**うらどし【裏年】** 果物がよく実らない年。対なり年

**うらない【占い】** うらなう―こと(人・方法)。「―を立てる」

**うらなう【占う】** 将来のなりゆきや吉凶を予想する。

**うらなみ【浦波】** 海岸に打ち寄せる波。

**うらなり《末生り・末成り》** つるの先に実がなること。その実。対もとなり Ⅱ顔色が青白く弱々しい人。〔あざけって言う語〕

**うらにわ【裏庭】** 建物の裏手にある庭。対前庭

**ウラニウム**〔uranium〕 ウラン。

**うらば【末葉】** 草木の先端の葉。対本葉

**うらばなし【裏話】** 一般に知られていない、かくれた事情に関する話。類秘話

**うらはら【裏腹】** 反対。不一致。「―なことを言う」

**うらばんぐみ【裏番組】** ある番組と同時間に放送される他局の番組。

**うらぶれる** みすぼらしい姿になる。

**うらぼん【盂蘭盆】** 陰暦七月一五日に祖先の冥福《めいふく》を祈る仏事。ぼん。うらぼん会《え》。

**うらみ【恨み・怨み】** うらむ―こと(気持ち)。

**―がましい** うらんでいるようすだ。

**―骨髄《こつずい》(―に徹《てっ》する)** 心の底から恨む。

**―言《ごと》** うらみの言葉。

**―っこ** 互いにうらむこと。「―なし」

**―つらみ** 数多くのうらみ。

**―節《ぶし》** ①うらみを表現した歌。②(しつこい)うらみ言。

**―を買《か》う** うらまれる。

**―をのむ** くやしさをこらえる。

**うらみ【憾み】** 不満に思う点。「病弱の―がある」類きらい・欠点

**うらみち【裏道】** ①裏口から通じる道。②抜け道。Ⅱ正当でない手段。

**うらむ【恨む・怨む】** 不満に思って憎む。

**うらむ【憾む】** 残念に思う。

**―らくは**〔文章語〕 残念なことには。

**うらめ【裏目】** さいころばくちで、ねらった目の裏側の目(―が出ること)。

**―に出《で》る** 期待と逆の結果になる。

**うらめしい【恨めしい・怨めしい】** ①恨みたい気持ちだ。②残念だ。

**うらめん【裏面】** うらの面。りめん。対表面《おもて》

**うらもん【裏門】** 裏の方にある門。対表門

**うらやま【裏山】** 建物や市街地の後ろの山。

**うらやましい【羨ましい】** うらやむ気持ちをもつようす。

**うらやむ【羨む】** 幸せな他人を見て、自分もそうなりたいと思う。類ねたむ

**うらら《麗》** うららか。「春―」

**うららか《麗らか》** 日が明るく柔らかに照っているようす。類うらうら・のどか

**うらわかい【うら若い】** 若くてういういしい。

**うらわざ【裏技】** 一般に―知られて(公開されて)いない有効な方法や技術。

**ウラン**〔ドイツ語 Uran〕 元素の一。放射能が強く、原子力に利用。ウラニウム。記号U

**うらんかな【売らん哉】** 何としても売ってもうけようとするようす。

**うり【瓜】** ウリ科植物の総称。また、その実。

**―のつるに茄子《なすび》はならぬ** 平凡な親からは平凡な子しか生まれない。

**うり【売り】** ①売ること。②取引で、相場

を見込んで売ること。◇対買い ③セールスポイント。「新鮮さが―だ」

**うりあげ**【売り上げ】商品を売って得た代金の総額。「―金（高）」〔売上とも〕

**うりいえ**【売り家】うりや。

**うりいそぐ**【売り急ぐ】急いで売ろうとする。対売り惜しむ

**うりおしむ**【売り惜しむ】なかなか売ろうとしない。対売り急ぐ

**うりオペレーション**【売り―】公開市場操作の一。中央銀行が、市中銀行に債券や手形を売って市場の通貨を吸収する。売りオペ。対買いオペレーション

**うりかい**【売り買い】売ったり買ったりすること。売買《ばいばい》。

**うりかけ**【売り掛け】かけ売り（―の代金）。「―金」〔売掛とも〕対買い掛け

**うりき**【売り気】売ろうとする‐気持ち（気配）。対買い気

**うりきる**【売り切る】全部売ってしまう。「在庫を―」

**うりきれる**【売り切れる】全部売れてしまう。

**うりぐい**【売り食い】家財を少しずつ売って、そのお金で暮らすこと。

**うりくち**【売り口】商品を売りこむ‐相手（方法）。

**うりこ**【売り子】品物を売る人。類販売員

**うりこうじょう**【売り口上】商品を前にして、売るために述べる言葉。「がまの油の―」

**うりごえ**【売り声】品物を売り歩くときに唱える声。

**うりこし**【売り越し】取引で、一定期間内の売りが、買いを上回った状態。対買い越し

**うりことば**【売り言葉】けんかをしかける言葉。

**―に買《か》い言葉《ことば》** 売り言葉に、負けずに乱暴な言葉で言い返すこと。

**うりこむ**【売り込む】①強く勧めて買わせる。②名前や信用を広める。

**うりざねがお**【瓜実顔】色白で細おもての顔。〔ウリの種に似た顔の意〕

**うりさばく**【売り捌く】（残らないように）うまく売る。

**うりだす**【売り出す】①発売する。②大いに売る。③有名になる。

**うりたて**【売り立て】所蔵品を集めて、一定期間に売り払うこと。

**うりつける**【売り付ける】むりに買わせる。

**うりて**【売り手】売る（―側の）人。対買い手

**―市場《しじょう》** 需要が供給より多くて、売り手が買い手より有利な取引市場。対買い手市場

**うりどき**【売り時】売るのによいタイミング。対買い時

**うりとばす**【売り飛ばす】惜しげもなく売る。「二束三文で―」

**うりにげ**【売り逃げ】取引で、手持ちのものをすっかり売ってしまうこと。売り抜け。

**うりぬける**【売り抜ける】取引で、値が下がらないうちに、すっかり売ってしまう。

**うりぬし**【売り主】その物を売る人。対買い主

**うりね**【売値】売るときの値段。対買値

**うりのがす**【売り逃す】取引で、売るべきものを、タイミングを逸して手もとに残してしまう。

**うりば**【売り場】①物を売る場所。「切符―」②売るのによい時機。類売り時 対買い場

**うりはらう**【売り払う】すっかり売ってしまう。

**うりふたつ**【瓜二つ】二人の顔や姿がよく似ていること。

**うりもの**【売り物】①商品。②関心を集めるもの。③芸人のあたり芸。

**うりや**【売り家】売る予定の家。売りいえ。

**うりょう**【雨量】降った雨の量。類降水量

**うりわたす**【売り渡す】①売って相手に渡す。②味方を裏切って敵に利する。

**うる**【売る】①代金とひきかえに渡す。対買う ②名声を広める。「名を―」③裏切る。「仲間を―」

**うる**【得る】①える。②…できる。「読み―」◇〔下二段活用の動詞〕

**うるう**【閏】平年より日数・月数が多いこと。〔太陽暦では四年に一度、二月が二九日となり、太陰暦では五年に二度、一三か月となる〕

―月《づき》 閏にあたる月。
―年《どし》 閏のある年。
―秒《びょう》 地球の自転による時間と原子時計とのずれを調整する余分な秒。〔一年に約一秒のずれが生じる〕
**うるおい【潤い】** ①しめりけ。②心のあたたかさ。「―のある生活」③もうけ。
**うるおう【潤う】** ①しめる。②ゆとりができる。「心が―」③もうかる。
**うるおす【潤す】** ①しめらせる。②恩恵（利益）を与える。
**うるか《鱁鮧・潤香》** アユの卵・内臓の塩づけ。〔酒のさかな〕
**うるさい【煩い】**《五月蝿い》①やかましい。②しつこくてわずらわしい。③口やかましい。「料理には―」
**うるさがた【うるさ型】** 文句を言いたがる―性質（人）。類一言居士
**うるし【漆】** ①ウルシ科の落葉高木。樹液は塗料、実は蠟《ろう》の原料。②ウルシから採った塗料。
―かぶれ ウルシの毒で起こる皮膚の炎症。
―負《ま》け うるしかぶれ。
**うるち《粳》** 粘りの少ないふつうの米。対もちごめ
**ウルトラ**［ultra］超。
―C［和製語 ultra C］難しい（意表をつく）わざや策略。〔体操競技で、難度が高いCよりさらに難しいわざを言った〕
―マリン［ultramarine］群青（―色）。
**ウルフ**［wolf］オオカミ。
**うるむ【潤む】** ①しめりけを含む。②かすんで見える。③「声が―（＝涙声になる）」
**うるめいわし《潤目鰯》** イワシの一。干物にする。ウルメ。〔目がうるんで見える〕
**うるわしい【麗しい】** ①美しい。②心あたたまるようすだ。「―友情」③いい。「ごきげん―」
**うれあし【売れ足】** 商品の売れ具合。
**うれい** ①【愁い】悲しみ。「―に沈む」②【憂い】心配。不安。「後顧の―」
**うれえ【憂え・愁え】** うれい。
**うれえる** ①【愁える】悲しみ嘆く。②【憂える】心配する。
**うれくち【売れ口】** 品物の売れていく先。
**うれし【嬉し】**
―がらせ 相手をうれしがらせる―言葉（態度）。
―泣《な》き うれしさのあまり泣くこと。
―涙《なみだ》 うれしさのあまり流す涙。
**うれしい【嬉しい】** 喜ばしい。心楽しい。対悲しい
―悲《ひ》鳴《めい》を上《あ》げる 悲鳴をあげるほど（―忙しいが）うれしい。
**うれすじ【売れ筋】** よく売れる（人気）商品。
**うれせん【売れ線】** 〔俗語〕売れ筋。
**うれだか【売れ高】** 売り上げ（―高）。
**ウレタン**［ドイツ語 Urethan］合成ゴムの一。靴底やタイヤに用いる。
**うれっこ【売れっ子】** 人気があって、もてはやされる人。
**うれのこる【売れ残る】** 売れないで残る。Ⅱ〔俗語〕婚期を過ぎても独身でいる。〔軽侮した言い方〕
**うれゆき【売れ行き】** 商品の売れ具合。
**うれる【売れる】** ①よく買われる。②広く知られる。「顔が―」
**うれる【熟れる】** 実が熟す。
**うれわしい【憂わしい】** 〔文章語〕なげかわしい。
**うろ《虚・洞・空》** 空洞。「木（歯）の―」
**うろ【迂路】** まわり道。
**うろ【雨露】** 雨と露。Ⅱ恩恵。
**うろ【烏鷺】** カラスとサギ。Ⅱ㋐黒と白。㋑囲碁。「―を戦わせる」
**うろうろ** 迷って（あてもなく）あちこちと動き回るようす。
**うろおぼえ【うろ覚え】** 不確かな記憶。「―の歌詞」
**うろこ【鱗】** ①魚類・爬虫類の体表をおおう薄片。②三角形の模様。
―雲《ぐも》 巻積雲。いわし雲。
**うろたえる** あわて惑う。類狼《ろう》狽《ばい》する
**うろちょろ** 落ち着きなく、あちこち動き回るようす。
**うろつく** あてもなくあちこち歩き回る。
**うろん【胡乱】** 怪しい（疑わしい）ようす。類うさんくさい
**うわ【上】** 上《うえ》の意。「―靴（あご）」
**うわえ【上絵】** ①布などで、白く染め抜いた上に別の色でかいた―絵（模様）。②陶磁器にかいた絵。
**うわがき【上書き】** ①郵便物や届け物の表面に書く―文字（あて名）。類表書き②

入力画面で、古いデータに重ねて新しいデータを書くこと。対挿入

**うわがけ**【上掛け】①上にかけるふとん。②荷物の外側にかけるひも。

**うわがみ**【上紙】①つつみ紙。②表紙。

**うわかわ**【上皮】①表面をおおっている皮。類表皮 ②上包み。

**うわき**【浮気】①心が移りやすい性質。②他の異性を(一時的に)愛すること。

**—の虫**《むし》 浮気をしたくなる心。

**うわぎ**【上着】《上衣》①上半身につける衣服。②いちばん外に着る衣服。対下着

**うわぐすり**【上薬】《釉薬・釉》素焼きの陶磁器の表面に塗って、つやを出す溶液。

**うわぐつ**【上靴】屋内ではく靴。類上ばき

**うわごと**《囈言》熱などにうかされて無意識に発する言葉。「—を言う」Ⅱ筋道の立たない発言。

**うわさ**【噂】①世間の評判。風説。「—が立つ」②その場にいない人についての話(—をすること)。

**—をすれば影**《かげ》(—がさす) うわさをしていると、当人が現れるものだ。

**うわしき**【上敷き】畳や床の上に敷く物。うわじき。

**うわすべり**【上滑り】《上辷り》①表面がすべりやすいこと。②理解が浅く軽薄である。

**うわずみ**【上澄み】液体で、まざり物が沈んで、上の方にできる澄んだ部分。

**うわずる**【上擦る】①声が不自然に高くなる。②落ち着きがなくなる。

**うわぜい**【上背】背たけ。身長。「—がある」

**うわちょうし**【上調子】言動に落ち着きがないこと。うわっちょうし。

**うわつく**【浮つく】うかれて落ち着かない状態になる。

**うわづつみ**【上包み】いちばん外側の包み。類カバー・包装

**うわっつら**【上っ面】物の表面。Ⅱ外見。うわべ。◇うわつら。

**—を撫**《な》**でる** 表面をなでる。Ⅱ中身を十分に調べない。

**うわっぱり**【上っ張り】汚れよけの上着。

**うわづみ**【上積み】①上にさらに積む—こと(荷物)。②上乗せ。「千円—する」

**うわて**【上手】①上の方。対下手《したて》・《しもて》 ②よりすぐれている—こと(人)。③相撲で、組んだとき、相手の腕の上からまわしをつかむ—状態(手)。対下手《したて》

**—投**《な》**げ** ①野球で、投手の投法の一。オーバースロー。②相撲で、投げわざの一。◇対下手《したて》投げ

**—に出**《で》**る** 高圧的な態度に出る。

**—回**《まわ》**し** 相撲で、相手の腕の上からつかんだ、相手のまわし。対下手《したて》回し

**うわぬり**【上塗り】(壁などの)仕上げ塗り。対下塗り Ⅱ重ねてすること。「恥の—」

**うわね**【上値】相場で、今までより高い値段。対下値

**うわのせ**【上乗せ】従来の数量に追加をすること。

**うわのそら**【上の空】よそに心が奪われて、落ち着かないこと。類放心

**うわばき**【上履き】屋内ではく、はきもの。類上靴 対下履き

**うわばみ**《蟒》①大蛇。②〔俗語〕大酒飲み。

**うわばり**【上張り】《上貼り》ふすまや壁で、仕上げとして張る—こと(紙・布)。対下張り

**うわぶれ**【上振れ】業績や景気などが、想定を上回ること。対下振れ

**うわべ**【上辺】外観。「—を飾る」

**うわまえ**【上前】①着物を前で合わせるとき、外側になる部分。対下前 ②《上米》他人に取り次ぐ代金などの一部。

**—をはねる** 取り次ぐ代金の一部をかすめとる。

**うわまわる**【上回る】ある基準をこえる。対下回る

**うわむき**【上向き】①上を向くこと。Ⅱ相場があがる(なりゆきがよくなる)傾向にあること。◇対下向き ②表向き。

**うわむく**【上向く】上(—の方)に向く。Ⅱ調子や相場が上がりはじめる。◇対下向く

**うわめ**【上目】①目を上に向けること。対下目 ②数量の超過。

**—遣**《づか》**い** 顔はあげずに目だけを上向けて見ること。

**うわもの**【上物】不動産関係で、土地の上にある建物など。

**うわや【上屋・上家】** 駅のホームなどの、柱と屋根だけの建物。
**うわやく【上役】** 同じ組織で地位が上の人。類上司 対下役
**うわん【右腕】** 右のうで。Ⅱ右きき。「—投手」◇対左腕
**うん【運】** ①めぐりあわせ。②幸運。「—が向く」対不運
**—の尽《つ》き** 命運がつきて最後の時がきたこと。
**—を天《てん》に任《まか》せる** 運命のままに従う。
**うん【暈】** 太陽や月の周囲にできる光の輪。かさ。
**うんうん** ①肯定・承諾の「うん」の強調。②苦しがってうなるようす。「—うなる」③力をこめるようす。「—と押す」
**うんえい【運営】** 物事や組織を動かすこと。類経営
**うんえん【雲煙】** 雲とけむり(かすみ)。
**—過眼《かがん》** 雲や煙を目にとめないのと同じように、物事に執着しないこと。
**うんおう【蘊奥】** 学問や芸術の奥深いところ。うんのう。「—をきわめる」類奥義
**うんか【雲霞】** 〔文章語〕くもとかすみ。Ⅱ人の多く集まる形容。「—のごとき大軍」
**うんか≪浮塵子≫** 緑色の小さな昆虫。イネの害虫。〔大群をなして飛ぶ〕
**うんが【運河】** 陸地を掘ってつくった人工の水路。
**うんかい【雲海】** 上から見下ろしたときの、海のように広がった雲。
**うんき【温気】** むっとする暑さ。類熱気
**うんき【運気】** 運勢。
**うんきゅう【運休】** 運転・運航を休むこと。類欠航
**うんきゅう【雲級】** 雲の、形と高さによる分類。
**うんこう【運行】** ①列車やバスが路線を行くこと。②天体が軌道上を進むこと。
**うんこう【運航】** 船(航空機)が航路を行くこと。
**うんざ【運座】** 出席者が同じ題で俳句を作り、それを互いに選句する会。
**うんざり** すっかりいやになるようす。
**うんさん【雲散】** (雲が散るように)あとかたもなく消えること。
**—霧消《むしょう》** (雲や霧のように)あとかたもなく消えること。霧消。
**うんざん【運算】** 式のとおりに計算すること。類演算
**うんし【運指】** 楽器を演奏する際の指づかい。「—法」
**うんしゅう【雲集】** たくさん集まること。
**うんじょう【醞醸】** 醸造。Ⅱ感情などが固まっていくこと。
**うんしん【運針】** 裁縫で針の運び方。
**うんすい【雲水】** 〔文章語〕(雲や水が流れるように)各地を旅して歩く僧。
**うんせい【運勢】** 運・不運のめぐりあわせ。「—を見る」
**うんそう【運送】** 貨物(旅客)を運ぶこと。「—業(料)」類輸送・運輸・運搬
**うんそう【運漕】** 船で貨物を運ぶこと。
**うんだめし【運試し】** かけなどをして、運のよしあしをためすこと。
**うんちく【蘊蓄】** 積みたくわえた知識。
**—を傾《かたむ》ける** 自分の知識をすべてその場に出す。
**うんちん【運賃】** 運送の代金。
**うんでい【雲泥】** 天の雲と地の泥。
**—の差《さ》** 非常に大きな違い。
**うんてん【運転】** ①機械や乗り物を動かすこと。「—手」類操縦 ②お金を活用すること。「—資金」類運用
**うんと** 〔俗語〕たくさん。非常に。
**うんどう【運動】** ①物が動くこと。対静止 ②体を動かすこと。類スポーツ ③目的をもって人々に働きかけること。「選挙—」
**—会《かい》** 多くの人が集まって、各種の運動競技を楽しむ会。
**—失調《しっちょう》** 筋肉相互の協調が悪くなり、円滑な運動が困難になる症状。〔小脳の障害などによる〕
**—場《じょう》** 運動をするための広場。類グラウンド
**—神経《しんけい》** 筋肉の運動を調節する末梢《まっしょう》神経。対感覚神経 Ⅱスポーツをこなす能力。
**—療法《りょうほう》** 運動機能を回復させるための運動訓練。
**うんともすんとも** 一言も言わないようす。「—言わない」
**うんぬん【云々】** ①あとを略すときに使う言葉。類しかじか ②とやかく言うこと。
**—かんぬん** うんぬん②の強調。
**うんぱん【運搬】** 物品を運ぶこと。

**うんぴつ【運筆】**　筆遣い。「—の妙」

**うんぴょう【雲表】**〔文章語〕雲の上。

**うんぷてんぷ【運否天賦】**　運を天に任せること。

**うんまかせ【運任せ】**　運を天に任せること。

**うんめい【運命】**　人生・社会のなりゆきを支配し、人間の意志ではどうすることもできない力。また、そのなりゆき。「—に甘んじる」

**—共同体《きょうどうたい》**　一方がだめになると他方も必ずだめになる関係(—の両者)。

**—論《ろん》**　宿命論。

**うんも【雲母】**　鉱物の一。うすくはがれる。耐火、電気絶縁用。きらら。

**うんゆ【運輸】**　人や貨物を運び送ること。類輸送・運搬・運送

**—省《しょう》**　旧省庁名の一。運輸や観光などに関する行政事務を扱った。現在は国土交通省に統合。

**うんよう【運用】**　働かせて使うこと。「資金の—」類活用

**うんりょう【雲量】**　全天に占める雲の割合。〔〇〜一〇の一一段階〕

## え

**え【重】**　ものの重なりを数える語。「一《ひと》—《え》・二《ふた》—《え》」類重《じゅう》

**え【枝】**〔古語〕(木の)えだ。「松が—」

**え【柄】**　細長い取っ手。「ひしゃくの—」

**え【絵】**　絵画。Ⅱテレビなどの映像。

**—に描《か》いた餅《もち》**　実現できそうもない計画。類画餅《がべい》

**—に描《か》いたよう**　できすぎの感じがするようす。

**え【餌】**　えさ。「すり—・まき—」

**エア**〔air〕①空気。②フリースタイルスキーの空中演技。◇エアー。

**エアカーゴ**〔air cargo〕航空貨物。

**エアカーテン**〔air curtain〕建物の出入り口で、空気を吹き出して外気を遮断する装置。

**エアガン**〔air gun〕空気銃。

**エアギター**〔air guitar〕何も持たずにギターの弾きまねをする演技。

**エアクッション**〔air cushion〕①空気枕。②緩衝装置の一。空気ばね。

**エアクラフト**〔aircraft〕航空機。〔飛行機・ヘリコプター・飛行船などの総称〕

**エアクリーナー**〔air cleaner〕空気清浄器。

**エアコン**　①エアコンディショナーの略。②エアコンディショニングの略。

**エアコンディショナー**〔air conditioner〕屋内の空気を快適な温度・湿度に保つ装置。エアコン。

**エアコンディショニング**〔air conditioning〕屋内の空気を快適な温度・湿度に保つこと。空気調節。エアコン。

**エアコンプレッサー**〔air compressor〕圧縮空気をつくる機械。

**エアシュート**〔和製語 air chute〕建物内のパイプを通し、カプセルに入れた書類を圧縮空気で他所に送る装置。エアシューター。気送管。

**エアゾール**〔aerosol〕缶の中に密封した薬剤を噴霧して使用するもの。エアゾル。

**エアターミナル**〔air terminal〕空港ビル。

**エアタオル**〔air towel〕空気を吹き出して手などを乾燥させる装置。

**エアチェック**〔air check〕放送電波を受信して、録音・録画すること。

**エアドーム**〔air dome〕空気圧で屋根を支えた建物。

**エアバス**〔airbus〕中・短距離の大量輸送用旅客機。〔商標〕

**エアバッグ**〔air bag〕自動車の衝突時の安全装置の一。瞬時に膨らんで、乗員への衝撃を緩和する空気袋。

**エアブラシ**〔airbrush〕圧縮空気で、絵の具や塗料を霧状に吹き付ける器具(—で描く技法)。

**エアブレーキ**〔air brake〕圧縮空気を利用したブレーキ。

**エアプレーン**〔airplane〕飛行機。

**エアポート**〔airport〕空港。

**エアポケット**〔air pocket〕激しい下降気流があって、飛行機が急激に下降する所。Ⅱ計画や論理の思いがけない落とし穴。

**エアポンプ**〔air pump〕空気を圧縮して押し出すポンプ。空気ポンプ。

**エアメール**〔airmail〕航空便。

**エアライフル**［air rifle］空気銃（ーを用いるスポーツ競技）。

**エアライン**［airline］航空路線。航空会社。

**エアリアル**［aerial］フリースタイルスキーの一。ジャンプ台から飛び出し、アクロバティックな空中演技を競う。

**エアリー**［airy］（空気のような）軽くふわっとしたようす。「ーヘア」

**エアロゾル**［aerosol］空気中に漂う微粒子。〔ちりや黄砂など〕

**エアロバイク**［Aerobike］自転車の形をした有酸素運動用器具。フィットネスバイク。〔商標〕

**エアロビ** エアロビクスの略。

**エアロビクス**［aerobics］体内に酸素を多く取り入れる運動。有酸素運動。

**えい【英】** イギリスの略。「日ー関係」

**えい【栄】** 名誉。「…のーに浴す」

**えい【詠】**〔文章語〕詩歌を作ること。その詩歌。「選者のー」

**えい【嬰】** 音楽で、半音高くすること。「ーハ短調」 対 変

**えい【鱏】** 海底にすむ軟骨魚。体は菱形で平たい。アカエイ・シビレエイなど。

**えいい【栄位】** 名誉ある地位。

**えいい【営為】**〔文章語〕いとなみ。

**えいい【鋭意】** 一生懸命に。「ー努力する」 類 専心

**えいえい【営々】** せっせと仕事に励むようす。「ーとして働く」

**えいえいおう** 勝ちどきの叫び声。出陣前に士気を鼓舞するかけ声。〔エイエイオーとも書く〕

**えいえん【永遠】** ①限りなくながい時間。②いつまでも続くこと。◇ 類 永久・とわ・久遠《くおん》

**えいか【詠歌】** ①歌をよむこと。その歌。②〔仏教語〕ごえいか。

**えいが【映画】** 類 活動写真・キネマ・シネマ・ムービー

**ー化《か》** 小説などを映画作品にすること。

**ー界《かい》** 映画に関係する人々の社会。

**ー館《かん》** 映画を上映する建物。

**ー人《じん》** 映画（ー製作）に携わる人。

**えいが【栄華】** 富み栄えること。「ーの夢」

**えいかく【鋭角】** 直角より小さい角。対 鈍角 Ⓘ「ーに切り込む（＝鋭く追究する）」

**ー的《てき》**（角度や視点が）鋭いようす。

**えいかん【栄冠】**（勝利の）栄誉。

**えいかん【叡感】** 天子が感心すること。

**えいき【英気】** ①すぐれた才気（気性）。②元気。「ーを養う（＝休養をとる）」

**えいき【鋭気】** 強い気性。

**えいきごう【嬰記号】** 音楽で、シャープ。対 変記号

**えいきゅう【永久】** 永遠。

**ー欠番《けつばん》** プロ野球で、名選手の退団後その背番号を永久に使わないこと。〔選手の栄誉をたたえ記念するため〕

**ー歯《し》** 乳歯が抜けたあとに生える歯。〔人間はふつう三二本〕

**ー磁石《じしゃく》** 磁力を長期間もち続ける磁石。

**ー凍土《とうど》** 年中凍結している土地。地中の温度は氷点下。

**えいきょ【盈虚】**〔文章語〕月の満ち欠け。Ⓘ 栄枯盛衰。

**えいきょう【影響】** あるものの働きが他に及んで変化を起こすこと。その結果。

**ー下《か》** 影響する範囲内にいること。

**ー力《りょく》** 影響を与える力。

**えいぎょう【営業】** ①利益を得る目的で事業を行うこと。②商品の販売業務。「ー部」

**ーキロ** 鉄道やバスなどの営業区間距離。

**ー費《ひ》** 営業を続けるために必要な経費。〔販売費・一般管理費など〕

**えいぎん【詠吟】** 詩歌をうたうこと。

**えいくん【英君】** すぐれた君主。

**えいけつ【永訣】**〔文章語〕永遠の別れ。Ⓘ 死別。

**えいけつ【英傑】** すぐれた人物。類 英雄

**えいけん【英検】** 実用英語技能検定の略。

**えいこ【栄枯】** 栄えることと衰えること。

**ー盛衰《せいすい》** 栄えたり衰えたりすること。

**えいこう【曳行】** 引っ張って行くこと。「山車《だし》をーする」

**えいこう【曳航】** 船が他の船を引っ張って航行すること。

**えいこう【栄光】** ほまれ。光栄。

**えいごう【永劫】** 非常に長い年月。「未来ー」 類 永遠

**えいこうだん【曳光弾】** 夜間でも弾道が追えるように、光を出して飛ぶ弾丸。

**エイコサペンタエンさん**【―酸】 ⇩ 付EPA②

**えいこん**【英魂】死者の魂に対する敬称。

**えいさい**【英才】《穎才》すぐれた才知(―をもつ人)。「―教育」

**えいさい**【鋭才】するどい才能(―をもつ人)。

**えいし**【英姿】りっぱな姿。類雄姿

**えいし**【英資】生まれつきのすぐれた素質。

**えいし**【衛視】国会内を警備する職員。

**えいじ**【英字】英語を書き表す文字。アルファベット。「―新聞」

**えいじ**【嬰児】①生まれて間もない子供。類みどりご ②生後三年ぐらいまでの子供。

**エイジ**[age] エージ。

**エイジズム**[ageism] 高齢者に対する差別。また、年齢による差別。

**えいじつ**【永日】昼間の長い春の日。

**えいしゃ**【泳者】競泳の選手。「第三―」

**えいしゃ**【映写】映画やスライドを映し出すこと。

**―機**《き》 フイルム画像をスクリーンに拡大映写する機械。

**えいしゃ**【営舎】兵隊が住む建物。

**えいしゃく**【栄爵】栄誉ある爵位。

**えいしゅ**【英主】すぐれた君主。類英君

**えいじゅう**【永住】長く(死ぬまで)その土地に住むこと。「―権」類安住

**―の地**《ち》 死ぬまで住む土地。

**えいしゅん**【英俊】資質が他に抜きん出てすぐれていること(人)。

**えいしょう**【詠唱】①情感をこめてうたうこと。②アリア。

**えいしょく**【栄職】名誉ある地位(役職)。

**えいじょく**【栄辱】〔文章語〕名誉とはずかしめ。

**えいじる**【映じる】①(反射して)うつる。②「目に―」(=印象を与える)」

**えいじる**【詠じる】詩や歌を声に出してうたう(作る)。

**エイジレス**[ageless] 年齢を問わない(にこだわらない)こと。「―社会」

**えいしん**【栄進】高い地位に進むこと。

**えいしん**【詠進】詩歌をよんで宮中や神前に献ずること。「―歌」

**エイジング**[aging] ①加齢。老化現象。②熟成。「ワインの―」

**―ケア**〔和製語 aging care〕加齢により変化した肌や髪の手入れ。「―化粧品」

**エイズ**[AIDS] 後天性免疫不全症候群。HIVウイルスの感染による疾患。[acquired immune deficiency syndromeから]

**えいずる**【映ずる】映じる。

**えいずる**【詠ずる】詠じる。

**えいせい**【永世】限りなく長い年月。

**―中立**《ちゅうりつ》 ある国が、永久に他国を攻撃せず、戦争に加担しないこと。「―国」

**えいせい**【永逝】死ぬこと。永眠。

**えいせい**【衛生】健康を守り、病気を予防すること。「―を心がける・―管理」

**―的**《てき》 清潔なようす。

**えいせい**【衛星】①惑星の周囲を公転する小さな星。「人工―」(月は地球の衛星)②近くに位置し、従属的な地位にあるもの。「―都市」

**―国**《こく》 大国の周囲にあって支配や影響を受ける小国。

**―中継**《ちゅうけい》 通信衛星を使ってテレビなどの中継をすること。

**―放送**《ほうそう》 静止軌道上の放送衛星から受信者に直接電波を送る放送。

**えいせん**【曳船】引き船。

**えいぜん**【営繕】建物の新築と修繕。

**えいそう**【泳層】釣りで、棚②。魚層。

**えいそう**【営倉】軍隊で、規律違反者を拘置した建物。また、その罰。「重―」

**えいそう**【営巣】動物が巣を作ること。

**えいそう**【詠草】和歌の草稿。

**えいぞう**【映像】①光線の屈折などによって出現する物体の像。特に映画やテレビの画像。②イメージ。

**えいぞう**【営造】建造すること。類造営

**―物**《ぶつ》 建造物。特に、国や公共団体が公共の使用のために造った施設。

**えいぞう**【影像】①映像。②絵画や彫刻に表した神仏(人)の姿。類肖像

**えいぞく**【永続】長く続くこと。

**えいたい**【永代】永世。「―小作(=永小作)」

**―供養**《くよう》 寺にお金を納め、毎年の忌日・彼岸などの供養をしてもらうこと。

**えいたつ**【栄達】立身出世すること。「―を求める」

**えいだつ**【穎脱】才能が群を抜いてすぐれ

ていること。〔袋の中の錐《きり》の先が突き抜けて出る意〕

**えいたん【詠嘆】**《詠歎》思わず声を出すほど感動すること。

**えいだん【英断】**思いきった決断。

**えいち【英知】**《叡智》深く優れた知恵。

**えいてん【栄典】**①めでたい儀式。②名誉のしるしとしての位階や勲等。

**えいてん【栄転】**今までよりもよい地位や職にかわること。対左遷

**エイト**〔eight〕①八。八個。②八人こぎの競漕《きょうそう》用ボート。③ラグビーで、八人で組むスクラム。

**—ビート**〔eight beats〕リズムの一。四分の四拍子で、一小節に八個の音をもつ。

**えいねん【永年】**〔文章語〕長い年月。「—勤続」

**えいのう【営農】**農業をいとなむこと。

**えいびん【鋭敏】**①感覚が鋭いようす。「—な神経」類敏感 ②才知が鋭くて賢いようす。

**エイプリル** ⇩エープリル

**えいぶん【英文】**①英語の文章。②英文学(—科)の略。

**—和訳《わやく》** 英文を日本語に訳すこと。訳した文。

**えいぶん【叡聞】**〔文章語〕天子が聞くこと。

**えいへい【衛兵】**警備のための兵士。

**えいべつ【永別】**〔文章語〕死別。類永訣《えいけつ》

**えいほう【泳法】**泳ぎ方。「古式—」

**えいほう【鋭鋒】**鋭いほこさき。Ⅱ〔言論による〕鋭い攻撃。

**えいまい【英邁】**〔文章語〕（君主の）資質や才能がすぐれているようす。

**えいみん【永眠】**死ぬこと。

**えいめい【英名】**〔文章語〕すぐれた名声。

**えいめい【英明】**判断力にすぐれて賢いようす。類賢明

**えいやく【英訳】**英語に翻訳すること。その翻訳。

**えいゆう【英雄】**才知・武勇の特にすぐれた人。Ⅱ偉大なことをなしとげた人。◇類ヒーロー

**—色《いろ》を好《この》む** 英雄は精力があって、女色を好むものだ。

**—譚《たん》** 英雄の活躍を描いた物語。

**えいよ【栄誉】**ほまれ。名誉。「—に輝く」

**—礼《れい》** 軍隊が、国の元首などに対して行う儀礼。

**えいよう【栄養】**《営養》生きるために体外から養分を取り入れること。その養分。

**—価《か》** 食物の栄養としての価値。

**—機能食品《きのうしょくひん》** 栄養成分の補給に利用する食品。〔国の規格基準に適合し、栄養成分の機能が表示されている〕

**—士《し》** 料理や給食の栄養指導をする資格をもつ人。

**—失調《しっちょう》** 栄養不良による全身の異状。むくみや貧血など。

**—素《そ》** 栄養となる物質。〔たんぱく質・脂肪・炭水化物・無機質・ビタミン〕

**—不良《ふりょう》** 栄養が十分でない状態。類栄養障害

**—補助食品《ほじょしょくひん》** サプリメント。

**えいよう【栄耀】**ぜいたくな暮らし。えよう。

**—栄華《えいが》** 権力や富を得て、栄えること。

**えいらん【叡覧】**〔文章語〕天子が見ること。

**えいり【営利】**利益を得ようとはかること。「—事業」類金もうけ

**—主義《しゅぎ》** 金もうけを第一に考えること。

**—誘拐罪《ゆうかいざい》** 身の代金目的の誘拐罪。

**えいり【鋭利】**鋭くてよく切れるようす。Ⅱ才気が鋭いようす。

**エイリアン**〔alien〕異星人。Ⅱ感覚や発想の異なる人。

**えいりょ【叡慮】**天子の考え。

**えいりん【営林】**森林を管理・経営すること。

**—署《しょ》** 国有林・公有林の管理・経営に当たる役所。〔一九九九年森林監理署に改組〕

**えいれい【英霊】**戦死者の霊に対する敬称。

**えいん【会陰】**陰部と肛門《こうもん》との間。ありのとわたり。

**エウスタキオかん【—管】**中耳と口腔をつなぐ管。耳管。

**エーオーにゅうし【AO入試】**大学の入試制度の一。出願者の能力や適性を、面接などで多面的・総合的に評価する。アドミッション・オフィス入試。〔admission office（=入学事務局）の略。国立大学で

は総合型選抜という〕
**エーカー**［acre］ ヤードポンド法の面積の単位の一。約四〇五〇平方メートル。〔主に米・英で使う〕
**エーがた【A型】** ABO式血液型の一。
**エーきゅう【A級】** Aクラス。「—-戦犯（ライセンス）」
**エークラス【A—】** 第一級。最上級。
**エージ**［age］ ①時代。②年代。年齢。「ミドル—」◇〔エイジとも〕
**エージェンシー**［agency］ ①代理店。②広告代理店。
**エージェント**［agent］ ①代理-人（店）。②仲介業者。③スパイ。
**エース**［ace］ ①（トランプの）一。②第一人者。③野球で、主戦投手。④サービスエース。
**エーテル**〔オランダ語〕ether ①ある同一の構造をもつ有機化合物の総称。大体は揮発性液体。特にエチルエーテル。②昔、光や磁力を伝えると考えられた物質。
**エーデルワイス**〔ドイツ語〕Edelweiss 高山植物の一。夏、白い花が咲く。西洋ウスユキソウ。
**エード**［ade］ 果汁に水と甘味を加えた飲料。「オレンジ—」
**エートス**〔ギリシャ語〕ethos ①〔哲学用語〕性格。人柄。〔アリストテレス倫理学の概念〕②社会集団を特徴づける性格。③芸術作品の（-気品ある）特性。◇エトス。
**エーばん【A判】** 印刷用紙の寸法の系列の一。〔文庫本がほぼA六判〕
**エービー【AB】**
**—型《がた》** ABO式血液型の一。
**—O式《しき》** 血液型分類法の一。A型・B型・O型・AB型に分ける。
**エープリル**［April］ 四月。
**—フール**［April fool］ 四月一日にうそをついて、人をからかってもいいとされる習慣。四月馬鹿《ばか》。
**エーライン【A—】** 洋服で、肩（胸元）が細く、すそにかけて広がる形。「—コート」〔Aの字の形から〕
**エーリアン** ⇩エイリアン
**エール**［ale］ 英国のビールの一種。苦みが強い。
**エール**［yell］ 対抗試合で、（-相手に送る）声援・応援歌。「—を交換する」
**ええん【会厭】** 喉頭《こうとう》の入り口にあり、食物が気管に入るのを防ぐ器官。喉頭蓋《がい》。
**えがお【笑顔】** 笑い顔。「—がもれる」
**えかき【絵描き】** 画家。
**えがきだす【描き出す】** 絵や文章で表現する。
**えがく【描く】** ①《画く》絵をかく。②描写する。
**えがたい【得難い】** 手に入れにくい。貴重だ。
**えがら【絵柄】** 工芸品などの絵や図案。
**えき【役】** 戦争。「西南の—」〔古風な言い方〕
**えき【易】** 陰陽の原理による吉凶の占い。「—を-見る（立てる）」
**えき【疫】**〔文章語〕流行性の病気。
**えき【益】** ①もうけ。対損 ②ためになること。対害
**えき【液】** 液体。「水溶—」
**えき【駅】** 鉄道の停車場。類ステーション
**えきうり【駅売り】** 駅の構内で売ること。
**えきか【液化】** 気体（固体）が液体に変わること。えっか。「—天然ガス」↔気化
**えきか【液果】** 多汁の果実の総称。
**えきか【腋下】**〔文章語〕わきのした。
**えきか【腋窩】**〔文章語〕わきのした（-のくぼみ）。
**えきが【腋芽】** 葉のつけ根に生ずる芽。
**えきがく【易学】** 易を研究する学問。
**えきがく【疫学】** 感染症などの原因や流行の状況を調査研究する学問。
**えきぎゅう【役牛】** 農耕や運搬に使う牛。対肉牛・乳牛
**えききん【益金】** 利益金。対損金
**えきざい【液剤】** 液体の薬剤。
**エキサイティング**［exciting］ 興奮-している（させる）ようす。エクサイティング。
**エキサイト**［excite］ 興奮すること。エクサイト。
**エキジビション**［exhibition］ ①展覧会。②公開。◇エキシビション。
**—ゲーム**［exhibition game］ 公開競技。模範試合。
**えきしゃ【易者】** 易で占いをする人。
**えきしゃ【駅舎】** 駅の建物。
**えきしゅう【腋臭】** わきが。
**えきじゅう【液汁】** しる。つゆ。
**えきしょう【液晶】** 液体であって固体の

性質をもつ物質。時計や電卓の表示に利用。「―テレビ」

**えきじょう【液状】** 液体の状態。

**―化《か》** 大地震などで、地盤が泥状になり、くずれてしまうこと。

**エキス** 薬物・食物の有効成分を濃い液体にしたもの。「梅肉―」⊜物事の精髄。類粋◇〔オランダ語 extractから〕

**エキストラ**〔extra〕①(映画や演劇で)臨時に雇われて端役に出演する人。②臨時のもの。「―ベッド」

**エキスパート**〔expert〕専門家。

**エキスパンダー**〔expander〕筋力鍛練用の器具の一。強いばねでできている。

**エキスプレッション** ⇩エクスプレッション

**エキスポ**〔expo〕博覧会。展覧会。エクスポ。〔expositionから〕

**えきする【益する】** 利益を与える。「世を―」対毒する

**えきぜい【益税】** 消費税で、徴収しながら、税法上国庫に納められず事業者の手もとに残ったもの。

**えきせいかくめい【易姓革命】** 中国古来の政治思想。徳のある人が天命により王位につくとする。

**エキセントリック**〔eccentric〕考えや行動が風変わりだ。エクセントリック。

**エキゾチシズム**〔exoticism〕異国情緒。異国趣味。エキゾチズム。

**エキゾチック**〔exotic〕異国情緒がある。

**えきたい【液体】** 体積は有するが形は自由に変わる物質。対固体・気体

**えきだれ【液垂れ】** 容器から余分な液体がたれること。

**えきちか【駅近】** 駅から近いこと。「―のホテル」

**えきちく【役畜】** 農耕や運搬に使う家畜。

**えきちゅう【益虫】** 人間にとって有益な昆虫。対害虫

**えきちょう【益鳥】** 人間にとって有益な鳥。対害鳥

**えきでん【駅伝】** ①駅伝競走の略。②昔、宿場ごとに乗り継ぐ車馬(―の制度)。

**―競走《きょうそう》** 道路を走る長距離のリレー競走。

**えきとう【駅頭】** 駅(―の近く)。

**えきなか【駅中】** 駅の構内。「―のカフェ」

**エキノコックス**〔echinococcus〕イヌ・キツネなどの小腸に寄生する条虫。ヒトの体内に入ると肝臓などに障害を起こす。

**えきばしゃ【駅馬車】** 鉄道の開通前、人や荷物を定期的に運搬した馬車。

**えきひ【液肥】** 液体の肥料。

**えきびょう【疫病】** 流行性の病気。

**えきビル【駅―】** 鉄道の駅舎とデパートなどがいっしょに入ったビル。

**えきべん【液便】** 液状の大便。

**えきべん【駅弁】** 駅で売る弁当。⊜「―大学(=俗に、新制地方大学を言った)」

**えきむ【役務】** 労力によってはたす務め。

**えきむ【駅務】** 鉄道で、駅で行う業務。「―員」対乗務

**えきり【疫痢】** 感染症の一。発熱と下痢を伴い、子供に多い。

**えきれい【疫癘】**〔文章語〕流行病。疫病。

**えぐい(蘞い)** ①あくが強くてのどが刺激される。類いがらっぽい ②どぎつい。③すばらしい。

**エクサ**〔exa〕量を表す単位につける語。一〇の一八乗倍。記号E「―メーター」

**エクササイズ**〔exercise〕①練習(―問題)。②運動。体操。

**エグジット**〔exit〕出口。

**エクスキューズ**〔excuse〕弁解。言いわけ。

**―ミー**〔excuse me〕①失礼ですが。②失礼しました。

**エクスクラメーションマーク**〔exclamation mark〕感嘆符。「!」〔俗に、びっくりマークとも〕

**エクスタシー**〔ecstasy〕恍惚《こうこつ》。

**エクスチェンジ**〔exchange〕①交換(―所)。②両替。為替《かわせ》(―相場)。③取引所。

**エクステリア**〔exterior〕建物の外回りの装飾・設備。対インテリア

**エクステンション**〔extension〕①髪の毛・まつげのつけ毛。エクステ。②大学などの公開講座。「―センター」◇〔拡張の意〕

**エクストラ**〔フランス語 extra〕①料理で、メニュー以外の特別料理。②追加料金。

**エクスプレス**〔express〕①列車やバスの

急行便。②郵便や荷物の、速達便。

**エクスプレッション**〔expression〕①表現。②音楽で、曲の発想やその表現。

**エクスペンシブ**〔expensive〕高価な。費用のかかる。

**エクスポ** ⇩エキスポ

**エクスポート**〔export〕輸出（–品）。対インポート

**エグゼクティブ**〔executive〕①上級の。②上級管理職。経営者。行政官。

**エクセレント**〔excellent〕優れた。優秀な。

**エクソシスト**〔exorcist〕カトリック教で、悪魔払いの祈禱《きとう》師。

**えくぼ**《笑窪・靨》笑うとほおにできる小さなくぼみ。「あばたも―」

**えぐみ**《蘞み》あくが強く、のどを刺激する味。

**エクモ**【ECMO】〔extracorporeal membrane oxygenation〕⇩付ECMO

**えぐりだす**【抉り出す】えぐって引き出す。⊜無理に表面化させる。

**エクリチュール**〔フランス語 ecriture〕書くこと。書かれたもの。〔構造主義での用語〕

**えぐる**【抉る】刃物を突っ込んでくり抜く。⊜強い刺激を与える。「心を―」

**エクレア**〔フランス語 éclair〕洋菓子の一。シュークリームの上面にチョコレートを塗ったもの。エクレール。

**えげつない** ①あくどく、品がない。「―商売」②薄情だ。「―しうち」

**エゲレス** イギリス。〔近世の言い方〕

**エコ** エコロジーの略。「― –マーク（ビジネス）」

**エゴ**〔ラテン語 ego〕①自我。②エゴイズムの略。

**エゴイスティック**〔egoistic〕利己的。

**エゴイスト**〔egoist〕利己主義者。

**エゴイズム**〔egoism〕利己主義。

**えこう**【回向】〔仏教語〕仏事を営んで死者の冥福《めいふく》を祈ること。

**エコー**〔echo〕①こだま。②残響（–装置）。

**―検査**《けんさ》 超音波を利用して生体内の状態を調べる画像診断法。

**―チェンバー**〔echo chamber〕①放送で、エコー効果を出すために特に設けられた部屋。反響室。また、エコー効果をつくり出す電子機器。②SNSで、主義主張や好みの似通った人どうしで交流したり、それらの人々の意見ばかりを見続けると、自分たちの意見が多数で、正しいと思うようになる現象。

**エコカー**〔和製語 eco car〕二酸化炭素排出量が少なく、燃費もいい自動車。環境対応車。「―減税」

**えごころ**【絵心】①絵をかきたいと思う気持ち。②絵を理解する能力。「―がある」

**エゴサーチ** インターネット上で自分に対する評価を確認すること。エゴサーフィン。〔略してエゴサとも。／ego searchingから〕

**エコサイド**〔ecocide〕大規模な生態系破壊。

**えこじ**【依怙地】いこじ。

**エゴチスト**〔egotist〕自己中心主義者。

**エゴチズム**〔egotism〕自己中心主義。

**エコツーリズム**〔ecotourism〕環境に配慮しながら地域の自然や文化、人と触れ合う観光のありかた。

**えことば**【絵詞】絵巻物（–の説明のことば）。

**エコノミー**〔economy〕①経済。②倹約。

**―クラス**〔economy class〕（船や飛行機で）普通席。

**―クラス症候群**《しょうこうぐん》 長時間狭い座席に座り続けることで発症する急性肺動脈塞栓症。ロングフライト血栓症。

**―ラン**〔economy run〕自動車レースの一。燃料消費の最も少ないものが優勝となる。

**エコノミクス**〔economics〕経済学。

**エコノミスト**〔economist〕経済学者。

**エコノミック**〔economic〕経済的な。経済上の。

**えごのり**【恵胡海苔】海藻の一。寒天の材料。

**えこひいき**《依怙贔屓》特定の人に目をかけて、特別に有利に扱うこと。

**エコビジネス**〔和製語 eco business〕環境保護に関する企業活動。

**えごま**【荏胡麻】シソ科の一年草。種子から「えのあぶら」を採る。

**エコマーク**〔和製語 eco-mark〕資源を再利用した商品や環境保全のための商品につけられるマーク。〔「エコ」はエコロジーの

略〕
**エコロジー**〔ecology〕生態学。生態の環境。
**エコンテ【絵―】** 映画などで、各場面を絵で示した撮影台本。
**えさ【餌】** 動物に与える食物。え。「―をあさる」Ⅱ人を誘いこむために与えるもの(利益)。「甘い―に釣られる」
**えさば【餌場】** えさのある場所。
**えし【絵師】**《画師》絵かき。〔古風な言い方〕
**えし【壊死】** 身体組織の一部が生命力を失うこと。
**エシカル**〔ethical〕環境や人権に配慮のあるようす。「―消費」〔倫理的・道徳上の意〕
**えしき【会式】**〔仏教語〕①法会の儀式。②日蓮宗で、日蓮の忌日に行う法会。御会式《おえしき》。
**えじき【餌食】** えさ。Ⅱ邪悪な欲望の犠牲。
**えしゃく【会釈】** ①軽く頭を下げるあいさつ。②思いやり。「遠慮―なく」
**えしゃじょうり【会者定離】**〔仏教語〕会った者は必ず別れる運命にあるということ。
**エシャロット**〔フランス語 échalote〕ラッキョウに似た西洋野菜。
**えず【絵図】** ①絵。②町並みや屋敷の平面図。絵図面。
**エスカルゴ**〔フランス語 escargot〕フランス料理で、食用カタツムリ。
**エスカレーション**〔escalation〕段階的拡大。
**エスカレーター**〔escalator〕階段式の自動昇降機。Ⅱ苦労せずに上級の学校に進学すること。「―式」
**エスカレート**〔escalate〕物事が段階を追って拡大すること。
**エスキス**〔フランス語 esquisse〕スケッチ。下絵。
**エスキモー**〔Eskimo〕北アメリカ北部などの氷雪地帯に住む狩猟民族。〔一部の部族は自らをイヌイットという〕
**エスケープ**〔escape〕①逃げること。②〔俗語〕授業・講義を怠けて抜け出すこと。
**エスコート**〔escort〕パーティーや外出で男性が女性に付き添って行くこと。
**エスサイズ【S―】** 洋服などのサイズで、小型判。S判。
**エスジーマーク【SG―】** 製品安全協会が安全を保証するマーク。〔SGはsafe goods(安全な製品)の略〕
**エスタブリッシュメント**〔establishment〕既成の権威・体制。支配階級。
**エステ** エステティックの略。「―サロン」
**―ティシャン**〔フランス語 esthéticien〕エステティックの施術者。エステシャン。
**―ティック**〔フランス語 esthétique〕総合的な美容術。全身美容。「―サロン」
**エスディーカード【SD―】** ①小さいカード形のフラッシュメモリー。著作権保護機能を搭載。SDメモリーカード。〔secure(=安全な) digitalの略。/商標〕②無事故無違反の携帯用証明書。〔自動車安全運転センターが発行。safe driverの略〕
**エスティーマーク【ST―】** おもちゃの安全基準合格のマーク。〔safety toy markの略〕
**エステート**〔estate〕不動産業者。〔地所・財産の意〕
**エステル**〔ドイツ語 Ester〕酸とアルコールの化合物。芳香があり、食品の香料に利用。
**エストラゴン**〔フランス語 estragon〕キク科の多年草。葉を香辛料とする。カワラヨモギ。タラゴン。
**エストロゲン**〔estrogen〕発情ホルモン。
**エスニック**〔ethnic〕民族的。
**―料理《りょうり》** アジア・アフリカや中南米の民族料理。
**エスノロジー**〔ethnology〕民族学。
**エスは【S波】** 地震波の一。横波。〔secondary waveから〕→P波
**エスパー**〔esper〕超能力者。〔ESP(=超感覚的知覚)をもつ人の意〕
**エスパニョル**〔フランス語 à l'éspagnole〕スペイン風料理。
**エスばん【S判】** Sサイズ。
**エスプリ**〔フランス語 esprit〕才気。機知。
**エスプレッソ**〔イタリア語 espresso〕イタリア式の濃いコーヒー(―を入れる器具)。
**エスペラント**〔Esperanto〕人工言語の一。〔ザメンホフが国際共通語を目指して考案〕
**エスマーク【S―】** 安全基準合格のマー

ク。〔safety mark の略〕
**えずめん【絵図面】** 絵図。
**えせ《似非・似而非》** 似てはいるが実際はそうでない。「―学者」
**えそ【壊疽】** 壊死《えし》した組織が黒く変化すること。「肺―」
**えぞ【蝦夷】** ①古代、日本北部に住み、朝廷に抵抗した部族。②北海道の古称。
**えそらごと【絵空事】** 現実にはありそうもない夢のような話。作りごと。
**えだ【枝】** 植物の幹や茎から分かれた部分。「―をのばす」Ⓘ本《もと》から分かれ出たもの。◇類枝葉《えだは》
**エターナル**〔eternal〕永遠。
**えたい【得体】** 正体。
**―が知《し》れない** 正体がわからない。
**えだうち【枝打ち】** 木の下枝や余分な枝を切り落とすこと。枝下ろし。
**えだおろし【枝下ろし】** 枝打ち。
**えだげ【枝毛】** いたんで枝分かれした髪の毛。
**えだずみ【枝炭】** 枝の部分でつくった炭。〔茶の湯で使う〕
**えだにく【枝肉】** 牛・豚の頭や内臓を取り除いた骨付きの肉。
**エタノール**〔ドイツ語 Äthanol〕 エチルアルコール。
**えだは【枝葉】** 枝と葉。Ⓘ物事の重要でない部分。類枝葉末節
**えだばん【枝番】** 分類した番号を、さらに下位分類するときの番号。一五－三の三の類。
**えだぶり【枝振り】** 枝のさし出た格好。「―のよい松」
**えだまめ【枝豆】**（枝に付いたまま切り取った）若いダイズ。さやごとゆでて実を食べる。
**えだみち【枝道】** 本道から分かれた横道。Ⓘ本筋からずれた重要でない部分。
**エダムチーズ**〔Edam cheese〕オランダのエダム産のナチュラルチーズ。〔表面を赤く着色してあるため「赤玉チーズ」とも〕
**えたり【得たり】**〔文章語〕しめた。「―とばかり」〔自分に都合のいい情勢になったときのうれしさを表す語〕
**―賢《かしこ》し**「えたり」に同じ。
**―や応《おう》** しめたと思ったときの気持ちを表す語。
**えだわかれ【枝分かれ】** 木の枝が分かれること。Ⓘ中心となるものから分岐すること。
**エタン**〔ethane〕天然ガスなどに含まれる無色・無臭の気体。
**エチケット**〔フランス語 étiquette〕①礼儀。作法。②ワインボトルのラベル。
**―袋《ぶくろ》** 乗り物酔いで吐いた物を入れるための袋。
**エチモロジー** ⇩エティモロジー
**エチュード**〔フランス語 étude〕①習作。②練習曲。
**エチル**〔ドイツ語 Äthyl〕 エチルアルコールの略。
**―アルコール**〔ドイツ語 Äthylalkohol〕酒に含まれるアルコール。酒精。エタノール。〔単にアルコールとも〕
**―エーテル**〔ドイツ語 Äthyläther〕芳香のある無色の液体。麻酔作用がある。〔単にエーテルとも〕
**エチレン**〔ethylene〕 無色の気体。ポリエチレンなどの合成化学物質の原料。
**えつ【閲】**〔文章語〕よく調べること。
**えっきょう【越境】** 国境（境界）を越えること。
**―入学《にゅうがく》** 本来の学区外の学校に入学すること。
**エッグ**〔egg〕 鳥（鶏）の卵。「スクランブル―」
**―スタンド**〔egg stand〕ゆで卵立て。
**えづく【餌付く】** 動物が飼育用のえさを食べるようになる。
**エックス【X・x】** ①英文字の一。②未知数を表す記号。③ローマ数字で、一〇を表す記号。〔大文字を使う〕
**―脚《きゃく》** 直立したとき両足の膝《ひざ》が内側によっていること。対O脚
**―線《せん》** 透過力の強い電磁波。医療などに利用。レントゲン線。
**―染色体《せんしょくたい》** 性染色体の一。対Y染色体
**―デー**〔和製語 X day〕重大事の行われる予定の日。
**えづけ【餌付け】** 野生の動物にえさを与えてなつかせること。
**えっけん【越権】** 本来の権限を越えて他の権利範囲をおかすこと。「―行為」
**えっけん【謁見】** 身分の高い人に会うこ

と。「―を賜る」対引見

**エッジ**[edge] ①へり。ふち。②スキー板の両側のふち(―の金具)。③スケートの靴の下につける金具(―の滑走面のふち)。

**エッジング**[edging] ①洋服のふち取り。②スキーやスケートで、エッジを立てること。

**えっすい【越水】** 川やダムの水が堤防を越えてあふれること。

**えっする【謁する】** 〔文章語〕身分の高い人に会う。

**えっする【閲する】** 〔文章語〕書物などに目を通して調べる。

**エッセイスト**[essayist] 随筆家。

**エッセー**[essay] 随筆。小論文。エッセイ。

**エッセンシャル**[essential] 必要不可欠。本質的。

**―ワーカー**[essential worker] 社会生活やインフラを維持するために必要不可欠な分野の労働者。

**エッセンス**[essence] ①本質。精髄。②香料の一。菓子用。「バニラ―」

**えっちらおっちら** かろうじて歩くようす。

**エッチング**[etching] 銅版画の技法の一。その作品。

**えっとう【越冬】** 冬を越すこと。「―隊」

**えつどく【閲読】** 〔文章語〕本や文書の内容を調べながら読むこと。

**えつにいる【悦に入る】** 独りで喜ぶ。

**えつねん【越年】** 年越し。おつねん。

**―生《せい》** 植物が秋に発芽して翌年に結実し枯れること。二年生。「―植物」

**―草《そう》** 越年生植物。

**えっぺい【閲兵】** (元首などが)整列した兵隊を検閲すること。「―式」

**えつぼにいる【笑壺に入る】** 思い通りになり、笑みを浮かべる。

**えつらく【悦楽】** 喜び楽しむこと。

**えつらん【閲覧】** (図書館などで)本や文書を調べ見ること。「―室」

**えつりゅう【越流】** 堤防などから水があふれ出ること。また、その水。

**えつれき【閲歴】** 〔文章語〕経歴。履歴。

**えて【猿】** サルの別称。えてこう。〔サルが「去る」に通じるのをきらっていう〕

**えて【得手】** 最も得意なこと。

**―に帆《ほ》を上《あ》げる** 自分の得意の分野で好調に事を進める。

**エディション**[edition] 書物の版。「ファースト―(=初版)」

**エディター**[editor] ①編集者。②フィルムやテープを編集する装置。II コンピューターでデータを作成・編集するためのソフト。

**エディプスコンプレックス**[Oedipus complex] 心理学で、男児が父親を憎み母親を思慕する傾向。対エレクトラコンプレックス

**エティモロジー**[etymology] 語源(―学)。

**えてかって【得手勝手】** わがまま。「―が過ぎる」

**えてがみ【絵手紙】** 自作の絵に短い文を添えたはがき(手紙)。

**えてこう【猿公】** サルの別称。えて。

**えてして【得てして】** とかく。ともすると。

**エデュケーション**[education] 教育。

**えと【干支】** 十干と十二支の組み合わせ。六〇を一回りとし、年月日などにあてる。かんし。〔特に年にあてた十二支をいう〕

**えど【江戸】** ①東京の旧称。②江戸時代の略。

**―の仇《かたき》を長崎《ながさき》で討《う》つ** 意外な場所で(筋違いなことで)仕返しをする。

**―八百八町《はっぴゃくやちょう》** 江戸市中。〔江戸の町の数が多いことから〕

**えど【穢土】** 〔仏教語〕この世。現世。「厭離《おんり》―」対浄土

**エトアール** ⇩エトワール

**えとき【絵解き】** ①絵の意味の説明。②絵による説明。③なぞを解くこと。

**えとく【会得】** 十分に理解し、自分のものにすること。「コツを―する」

**えどじだい【江戸時代】** 時代区分の一。江戸に徳川幕府があった時代。一六〇三〜一八六七年。

**エトス** ⇩エートス

**エトセトラ**[ラテン語 et cetera] …など。〔略してetc.〕

**えどっこ【江戸っ子】** きっすいの東京人。

**えどまえ【江戸前】** ①東京湾でとれる魚。②江戸ふう。「―のすし」

**えどむらさき【江戸紫】** 青のかった、くすんだ紫。〔江戸で染め始めたことから〕

**エトランゼ**[フランス語 étranger] 外国人。異邦人。エトランジェ。

**エトワール**〔フランス語 étoile〕星。スター。

**えな【胞衣】**胎児を包んでいる膜や胎盤。

**エナジー**〔energy〕エネルギー。

**エナメル**〔enamel〕①ほうろう。②ワニスに顔料を加えた塗料。光沢がある。エナメルペイント。また、それを塗った革(―製品)。

**―質《しつ》**歯のいちばん外側の硬い部分。琺瑯《ほうろう》質。

**えにし【縁】**〔文章語〕えん。ゆかり。

**エニシダ**《金雀枝》〔スペイン語 hiniesta〕庭木の一。初夏、黄色の蝶形の花が咲く。マメ科。

**えにっき【絵日記】**絵をまじえた日記。

**エネルギー**〔ドイツ語 Energie〕①物体が仕事をすることのできる能力。「電気―」②精力。活力。

**―交代《こうたい》**生物体におけるエネルギーの出入りと転換。〔植物が光エネルギーを化学エネルギーにかえるなど〕

**―資源《しげん》**電力・原子力などのエネルギーを得るための資源。〔石油・ウランなど〕

**エネルギッシュ**〔ドイツ語 energisch〕精力的。

**えのき【榎】**①ニレ科の落葉高木。②エノキ茸《だけ》。

**―茸《だけ》**食用キノコの一。

**えのぐ【絵の具】**絵に色をつける材料。

**えのころぐさ**《狗尾草》イネに似た雑草。犬の尾のような花をつける。ネコジャラシ。

**エバー**〔ever〕常に。「―グリーン」

**えはがき【絵はがき】**《絵葉書》裏面に絵や写真を印刷したはがき。

**エバミルク**無糖の濃縮牛乳。〔evaporated milkから〕類練乳

**えび【海老・蝦】**節足動物甲殻類の一。イセエビ・クルマエビなど。

**―で鯛《たい》を釣《つ》る**わずかな元手で大きな利益を得る。えびたい。

**えびいろ【葡萄色】**紫に近い暗い赤色。

**えびがため【海老固め・蝦―】**レスリングのわざの一。相手の体をエビのようにまるめて押さえ込む。

**えびがに**《海老蟹・蝦蟹》ザリガニ。特に、アメリカザリガニ。

**エピキュリアン**〔epicurean〕快楽主義者。

**エピグラム**〔epigram〕警句。風刺詩。

**エピゴーネン**〔ドイツ語 Epigonen〕模倣者。亜流。

**えびす【夷】**〔古語〕①えぞ。②未開の民。③荒々しい武士。「あずま―」

**えびす【恵比須・恵比寿】**七福神の一。商家の福の神。

**―顔《がお》**恵比須のようなにこにこ顔。

**―講《こう》**陰暦一〇月二〇日に、商売繁盛を祈って恵比須を祭る行事。二十日《はつか》恵比須。

**エピセンター**〔epicenter〕感染拡大の中心となっている場所。〔震央・爆心地の意〕

**エピソード**〔episode〕①挿話。②ある事柄や人に関するちょっとした話。類逸話

**えびぞり【海老反り】**(手をかざして)体をえびのように反らせること。〔もと歌舞伎《かぶき》の演技の名。相手の強さに圧倒される姿を示す〕

**えびたい【海老鯛】**⇩えびで鯛を釣る

**えびちゃ【海老茶】**《葡萄茶》えび茶色。

**―色《いろ》**黒みがかった赤茶色。

**―式部《しきぶ》**女学生。〔明治時代の言い方〕

**えびチリ【海老―】**えびのチリソース煮の略。

**エビデンス**〔evidence〕証拠。科学的根拠。

**えびね【海老根】**ラン科の野草の一。

**エピローグ**〔epilogue〕小説や戯曲の、終わりの部分。㊀結末。◇対プロローグ

**エフェクト**〔effect〕効果。結果。

**エフェドリン**〔ephedrine〕アルカロイドの一。ぜんそくの治療薬。〔漢方薬の麻黄の成分〕

**エフち【F値】**レンズの明るさを表す数値。

**エプロン**〔apron〕①洋風の前掛け。②飛行場で、格納庫やターミナルの前の舗装された所。

**―ステージ**〔apron stage〕客席の中まで突き出した舞台。張り出し舞台。

**エペ**〔フランス語 épée〕フェンシングの種目の一。それに使う剣。

**エベント**⇩イベント

**えほう【恵方】**《吉方》吉とされる方角。

**―巻《ま》き**節分にその年の恵方を向いて食べる太巻きずし。〔大阪発祥の縁起物〕

**エポキシじゅし【―樹脂】**合成樹脂の一。接着剤として用いる。

**えぼし【烏帽子】** 昔の成人男子のかぶりもの。〔現在、神主などが使う〕
**えぼだい【えぼ鯛】** イボダイの別称。
**エポック**〔epoch〕新しい―時代(時期)。
**―メーキング**〔epoch-making〕 画期的。
**エボナイト**〔ebonite〕黒くつやのある硬質ゴム。電気器具の絶縁材料。
**エボラしゅっけつねつ【―出血熱】** ウイルス性出血熱の一。全身から出血し、死亡率が高い。〔エボラはザイールの川の名〕
**エボリューション**〔evolution〕 発達。進化。
**えほん【絵本】** 子供向けの、絵が中心の本。
**えま【絵馬】** 社寺に奉納する、絵をかいた額。「―堂」
**エマージェンシー**〔emergency〕 非常事態。
**えまき【絵巻】** 物語などを、絵を主体につづった巻き物。絵巻物。⊜壮大なスケールの作品。〔映画など〕類スペクタクル
**エマルジョン**〔emulsion〕①乳濁液。乳剤。②化粧品の乳液。◇エマルション。
**えみ【笑み】**〔文章語〕微笑。ほほえみ。「―がこぼれる・―を浮かべる」
**えみくずれる【笑み崩れる】** 笑って表情がゆるむ。
**エミグレーション**〔emigration〕他国への移住。対イミグレーション
**エミュレーター**〔emulator〕 コンピューターで、ある機種用のプログラムを別の機種に解読・実行させる装置。
**えみわれる【笑み割れる】** 栗《くり》のいがや果実が熟して自然に割れる。えむ③。
**えむ【笑む】** ①ほほえむ。②花が咲く。③えみわれる。
**エムエヌしき【MN式】** 血液型分類法の一。M型・N型・MN型に分ける。
**エムケーエスたんいけい【MKS単位系】** メートル(＝m)・キログラム(＝kg)・秒(＝s)を基本単位とする単位系。MKS。
**エムサイズ【M―】** 洋服などのサイズで、普通判。M判。
**エムばん【M判】** Mサイズ。
**エメラルド**〔emerald〕 宝石の一。緑玉。翠玉《すいぎょく》。〔五月の誕生石〕
**―グリーン**〔emerald green〕 すんだ濃い緑色。
**―婚式**《こんしき》 結婚後五五年目の祝い。
**エメンタールチーズ**〔Emmental cheese〕 スイスのエメン原産のナチュラルチーズ。〔大きな円盤状で「チーズの王様」とも〕
**えもいわれぬ【得も言われぬ】** 何とも言いようがないほどすばらしい。
**エモーショナル**〔emotional〕 感情的。情緒的。
**エモーション**〔emotion〕感情。情緒。
**えもじ【絵文字】** ①絵で表した文字。②記号・言葉の代用にする簡単な絵。
**えもの【得物】** うまく使いこなせる―武器(道具)。⊜武器・武具。
**えもの【獲物】** 猟や漁でとった生き物。
**えものがたり【絵物語】** 絵―でかいた(が入っている)物語。⊜ありえない話。
**えもん【衣紋】** 和服の襟もと。
**―掛**《か》**け** ①ハンガー。主に和服用。②衣桁《いこう》。
**―竹**《だけ》 竹製のえもんかけ。
**―を繕**《つくろ》**う** 和服の着くずれを直す。
**えら【鰓】** 水生動物の呼吸器。⊜人の両あご。「―が張る」
**エラー**〔error〕失敗。失策。
**えらい【偉い】**《豪い》①地位が高い。②すぐれている。③程度がはなはだしい。「―目にあう」「―騒ぎ」④とんでもない。
**えらいさん【偉いさん】**〔俗語〕社会的な地位・身分の高い人。類おえらがた
**えらく** たいへん。ひどく。「―疲れた」〔方言的な使い方〕
**えらぶ【選ぶ】** [一]《択ぶ》選択する。[二]【撰ぶ】書物を編纂《へんさん》する。
**―所**《とこ》**がない** 同じである。
**えらぶつ【偉物】**〔俗語〕すぐれた人。やり手。えらもの。
**えらぶる【偉ぶる】** えらく見せようとする。
**えり【襟】**《衿》①衣服の首のあたりの布。②首筋。うなじ。
**―に付**《つ》**く** 権力者に追従《ついしょう》する。
**―を正**《ただ》**す** 姿勢や服装をきちんとする。⊜気持ちをひきしめる。
**エリア**〔area〕区域。地域。「サービス―」
**えりあか【襟垢】** 衣服の襟につくあか。布団の首のあたる部分につくあか。

**えりあし【襟足】** 首筋の髪の生え際。
**エリート** ［フランス語 élite］ 選ばれた優秀な人。
**エリカ** ［ラテン語 Erica］ ツツジ科の低木。ヒース。
**えりがみ【襟髪】** 首の後ろに生える髪の毛。また、首の後ろ。えりかみ。
**えりくび【襟首】** 首筋。うなじ。
**えりぐり【襟刳り】** 洋服の、首回りの線。ネックライン。
**えりごのみ【選り好み】** 好きなものだけを選ぶこと。よりごのみ。
**えりしょう【襟章】** 襟につける記章。
**えりすぐる【選りすぐる】** たくさんの中から、よいものを選ぶ。よりすぐる。
**えりぬき【選り抜き】** 多くの中から選んで抜き出すこと。よりぬき。
**えりぬく【選り抜く】** 多くの中から選んで抜き出す。よりぬく。
**えりまき【襟巻き】** 首巻き。マフラー。
**えりもと【襟元】** 衣服の襟のあたり。
**えりわける【選り分ける】** 選んでよしあしを区別する。よりわける。
**エリンギ** ［イタリア語 eryngi］ ヨーロッパ産のキノコの一。食用。
**エリント【ＥＬＩＮＴ】** ［electronic intelligence］ 電子機器を搭載した艦船・航空機で、相手側のレーダーを傍受する情報収集活動。
**える【彫る】** ①彫《ほ》る。刻む。②くりぬく。◇〔古い言い方〕
**える【選る】** 〔文章語〕えらぶ。

**える【得る】** ①手に入れる。②こうむる。「病を―」③…できる。「あり―」
**エルエルサイズ【ＬＬ―】** 洋服などの特大サイズ。ＬＬ判。
**エルグ** ［erg］ 仕事・エネルギーの単位。
**エルゴノミクス** ［ergonomics］ 人間工学。
**エルサイズ【Ｌ―】** 洋服などのサイズで、大判。Ｌ判。
**エルドラド** ［スペイン語 El Dorado］ 南アメリカにあると信じられた黄金郷。
**エルニーニョ** ［スペイン語 El Niño］ 南米ペルー沖海域におこる水温の上昇現象。〔世界各地に異常気象をもたらす。／エルニーニョは幼いキリストの意〕
**エルばん【Ｌ判】** Ｌサイズ。
**エルピー【ＬＰ】** ＬＰガスの略。
**―ガス** 液化石油ガス。ＬＰＧ。〔liquefied petroleum gas〕
**エルボー** ［elbow］ ひじ。
**エルム** ［elm］ ニレの木。
**エレガンス** ［フランス語 élégance］ 上品。優雅。
**エレガント** ［elegant］ 上品で優雅なようす。
**エレキ** ①〔古語〕電気。〔エレキテルの略〕②エレキギターの略。
**―ギター** 電気ギター。〔和製語 electric guitar から〕
**エレキテル** ［オランダ語 electriciteit］ 電気。〔江戸時代の語〕
**エレクト** ［erect］ 直立させること。勃起《ぼっき》。

**エレクトーン** ［Electone］ 電子オルガンの一。〔商標〕
**エレクトラコンプレックス** ［Electra complex］ 心理学で、女児が母親を憎み父親を思慕する傾向。対エディプスコンプレックス
**エレクトリック** ［electric］ 電気の。
**エレクトロ** ［electro］ 電気の。電子の。
**エレクトロニクス** ［electronics］ 電子工学。電子技術。
**エレクトロニック** ［electronic］ 電子工学の。電子技術の。「―メール（＝電子郵便）」
**―コマース** ［electronic commerce］ Ｅコマース。
**エレクトロン** ［electron］ ①電子。②超軽合金の一。〔エレクトロメタルの略〕
**エレジー** ［elegy］ 哀歌。悲歌。
**エレベーター** ［elevator］ （箱型）昇降機。
**エレメント** ［element］ 要素。成分。
**エロ** エロティック・エロティシズムの略。
**エロキューション** ［elocution］ 発声法。せりふまわし。
**エログロ** エロチックでグロテスクなこと。猟奇趣味。
**―ナンセンス** 猟奇的でばかげていること。
**エロス** ①［ギリシャ語 Eros］ギリシャ神話の愛の神。②［eros］〔哲学用語〕精神的愛。〔プラトンの概念〕③［eros］性愛。

**エロティシズム**【eroticism】性的なものを強調する傾向（表現）。エロ。エロチシズム。
**エロティズム**【erotism】エロティシズム。
**エロティック**【erotic】扇情的。肉感的。エロ。エロチック。
**エロほん**【―本】〔俗語〕情欲をそそらせる雑誌や写真集。
**えん**【炎】炎症。「虫垂―」
**えん**【園】①果実や野菜を栽培する所。「ぶどう―」②人に見せて楽しませる所。「動物―」③教育機関。「保育―」
**えん**【円】①まる。②日本の通貨単位。
**えん**【宴】〔文章語〕宴会。うたげ。「送別の―」
**えん**【塩】酸と塩基の中和反応によって生ずる化合物。「硫酸―」
**えん**【遠】遠いこと。「―赤外線」
**えん**【縁】①〔仏教語〕めぐりあわせ。「前世の―」類因縁《いんねん》 ②結びつき。関係。「―を切る」③きっかけ。「…が―となって」④縁側。
**―なき衆生《しゅじょう》は度《ど》し難《がた》し** 忠告を聞き入れない人は救いようがない。
**―は異《い》なもの（―味《あじ》なもの）** 男女の縁はふしぎで面白いものだ。
**―もゆかりもない** 全く関係がない。
**えん**【艶】〔文章語〕あでやかで美しいようす。なまめかしいこと。「―を競う」
**えんあって**【縁あって】偶然のめぐりあわせで。
**えんいん**【延引】予定より遅れること。
**えんいん**【援引】他の文章や説を引いて自説を証拠だてること。
**えんいん**【遠因】間接的な原因。「紛争の―をなす」対近因
**えんう**【煙雨】〔文章語〕煙るように降る細かい雨。類霧雨・ぬか雨
**えんえい**【遠泳】長距離を泳ぐこと。
**えんえき**【演繹】一般的な原理から、論理的に推論して特殊的、個別的な命題を結論づけること。「―法」対帰納
**えんえん**【奄々】息が絶え絶えなようす。「気息―」
**えんえん**【延々】長く続くようす。
**えんえん**【蜿蜒】うねり曲がって長く続くようす。「―長蛇《ちょうだ》の列」
**えんおう**【鴛鴦】オシドリ。Ⅱ仲のよい夫婦。〔オシドリは雌雄がいつもいっしょにいることから〕
**―の契《ちぎ》り** 仲むつまじい夫婦の間。
**―の衾《ふすま》** 男女が共寝する寝床。
**えんか**【円価】円の為替相場。円の価値。
**えんか**【円貨】日本の円単位の貨幣。
**えんか**【塩化】塩素と化合すること。
**―ナトリウム** 塩《しお》。食塩。
**―ビニール** 無色の気体。塩化ビニール樹脂の原料。
**―物《ぶつ》** 塩素と他の元素との化合物。
**えんか**【煙火】〔文章語〕のろし。
**えんか**【演歌・艶歌】こぶしをきかせた歌い方で心情を歌う日本の流行歌。
**―師《し》** 大正時代ごろ、盛り場などで、バイオリンやアコーディオンの伴奏で歌を歌い、歌の本を売った人。
**えんか**【燕窩】えんそう（燕巣）。
**えんか**【嚥下】〔文章語〕物を飲み下すこと。えんげ。
**えんかい**【延会】①会議の日程を延期すること。②会議で、議事を打ち切って次回に延期すること。
**えんかい**【沿海】①陸沿いの海。「―漁業」②海沿いの陸地。
**えんかい**【宴会】さかもり。酒宴。
**えんかい**【遠海】陸地から遠く離れた海。
**―魚《ぎょ》** 遠海にいる魚。類遠洋 対近海
**えんかい**【縁海】大陸の周辺にあって半島や島で囲まれた海。〔日本海・北海など〕
**えんがい**【円蓋】ドーム。
**えんがい**【掩蓋】おおい。カバー。
**えんがい**【塩害】海水の侵入や潮風による農作物などの被害。
**えんがい**【煙害】鉱山や工場、火山などの煙による農作物などの被害。
**えんかく**【沿革】物事の移り変わり。変遷。
**えんかく**【遠隔】遠く離れていること。「―操作」
**―制御《せいぎょ》** リモートコントロール。
**―地《ち》** 遠く離れた土地。
**えんかつ**【円滑】①丸くなめらか。②物事が支障なく行われるようす。「事を―に運ぶ」
**えんがわ**【縁側】①家屋の一部。縁。②魚のひれの基部にある骨。そのあたりの肉。

**えんかん【円環】** まるくつながった輪。
**えんかん【煙管】**《烟管》キセル。
**えんかん【鉛管】** なまりで作った管。
**えんがん【沿岸】** ①川や海に沿った土地。②岸に沿った水域。
**―漁業《ぎょぎょう》** 沿岸で行う漁業。
**えんかんぎょ【塩乾魚・塩干魚】** 塩漬けにしてほした魚。
**えんき【延期】** 予定の日時や期限を延ばすこと。
**えんき【塩基】** 酸と化合して塩《えん》を作る化合物。
**―性《せい》** アルカリ性。対酸性
**―性岩《せいがん》** 火成岩の一。二酸化ケイ素の含有量が少ない。玄武岩など。対酸性岩
**えんき【遠忌】**〔仏教語〕おんき。
**えんぎ【演技】** 観客の前で技芸を演ずること。その芸。‖見せかけ。ふり。
**えんぎ【演義】**〔文章語〕①事実を平易に述べること。②中国の宋・元時代の通俗的な歴史小説。「三国史―」
**えんぎ【縁起】** ①〔仏教語〕物事の起源。特に社寺や宝物の由来を書いた文書。「石山寺―」②前兆。「―がいい」
**―棚《だな》** 商売繁盛を祈るための、神仏混交の神棚。
**―でもない** とんでもない。さいさきが悪い。
**―直《なお》し** 縁起の悪いのをよくなるように祝い直すこと。
**―物《もの》** 縁起を祝うための物。〔正月のしめ飾りや招き猫など〕
**―を担《かつ》ぐ** 縁起の良し悪しを気にかける。
**えんきょく【婉曲】** 遠まわし。
**えんきょり【遠距離】** 遠く離れていること。対近距離
**えんきり【縁切り】** 親子や夫婦の関係を絶って他人となること。
**―寺《でら》** 昔、離縁を望む女性がかけ込んだ寺。かけこみ寺。
**えんきん【遠近】** 遠くと近く。
**―法《ほう》** 絵画で、遠近の距離感を描き出す技法。
**えんぐみ【縁組み】** 夫婦・養子の関係を結ぶこと。
**えんグラフ【円―】** 円を分割した部分の大きさで割合を示すグラフ。
**えんぐん【援軍】** 応援の軍勢。「―を請う」‖加勢の仲間。
**えんげ【嚥下】** えんか。
**えんけい【円形】** まるい形。「―脱毛症」
**えんけい【遠景】** 遠くの景色。対近景
**えんげい【園芸】** 野菜・果樹・草花などの栽培。「―作物」
**えんげい【演芸】** 大衆的な舞踊・落語・講談などの芸。「大衆―」
**エンゲージ**〔engage〕婚約。
**―リング** 婚約指輪。〔engagement ringから〕
**えんげき【演劇】** 俳優が脚本に従って演技して観客に見せる芸術。類芝居
**エンゲルけいすう【―係数】** 家計費のうち、食費の占める割合。〔エンゲルは、ドイツの統計学者の名〕
**えんげん【淵源】**〔文章語〕物事の起こり。根源。「―をたずねる」
**えんこ【円弧】** 円周の一部分。類弧
**えんこ【塩湖】** 塩分の高い湖。水一リットル中の塩類が五〇〇ミリグラム以上。鹹湖《かんこ》。〔カスピ海や死海〕対淡湖
**えんこ【縁故】** ①〔人と人の〕つながり。類コネ ②縁続き。
**―採用《さいよう》** 縁故のある人を就職させること。
**えんご【援護】** ①助けること。②《掩護》敵の攻撃から味方を守ること。「―射撃」
**えんこうきんこう【遠交近攻】** 遠い国と親しくして、近い国を攻める政策。
**エンコーダー**〔encoder〕 情報を必要な符号に変換する装置。
**エンコード**〔encode〕 入力信号やデータを符号化すること。対デコード
**えんごく【遠国】** 遠くにある国（地方）。
**えんこん【怨恨】** うらみ。
**えんさ【怨嗟】**〔文章語〕恨み嘆くこと。「―の声（的）」
**えんざ【円座】** ①渦巻き状に丸く編んだ敷物。②《円坐》くるまざ。
**えんざい【冤罪】** 罪の事実がないのに罪があるとされること。無実の罪。
**エンサイクロペディア**〔encyclopaedia〕百科事典。百科全書。
**えんさき【縁先】** 縁側のはし。
**えんさん【塩酸】** 塩化水素の水溶液。
**えんざん【遠山】** 遠くに見える山。

**えんざん【演算】** 計算。運算。

**えんし【遠視】** 近くの物がはっきり見えないこと（目）。「―眼」対近視

**えんじ【衍字】** 語句の中に誤って入った不要な文字。対脱字

**えんじ【臙脂】** 黒みがかった赤色。「―色」

**エンジェル** ⇩エンゼル

**えんじつてん【遠日点】** 太陽系の天体が、太陽から最も離れる位置。対近日点

**エンジニア** ［engineer］ 技師。技術者。

**エンジニアリング** ［engineering］ 工学（―技術）。

**えんじゃ【演者】** 演ずる人。

**えんじゃ【縁者】** 身内の者。親類。

**えんじゃく【燕雀】** 〔文章語〕ツバメとスズメ。Ⅱ小人物。

**―安《いずく》んぞ鴻鵠《こうこく》の志《こころざし》を知《し》らんや** 小人物には、大人物の胸中は理解できない。

**えんじゅ【槐】** マメ科の落葉高木。花は止血薬。材は建築・器具材。

**えんしゅう【円周】** 円を形成する曲線。

**―率《りつ》** 円周の直径に対する比。約三・一四。記号π（＝パイ）で表す。

**えんしゅう【演習】** ①実地の練習。②大学で、ゼミナール。

**えんじゅく【円熟】** ①十分に熟達し、内容が豊かになること。類成熟 ②人柄が円満になること。

**えんしゅつ【演出】** ①脚本に従って劇や映画を表現すること。また、その指導。②物事を企画し、実現すること。

**えんしょ【炎暑】** 真夏のきびしい暑さ。

**えんしょ【艶書】** 〔文章語〕ラブレター。恋文。

**えんじょ【援助】** 救い助けること。

**―交際《こうさい》** （女子学生が）性交渉で金品の提供を受けること。〔略して援交とも〕

**エンジョイ** ［enjoy］ 楽しむこと。享受。

**えんしょう【延焼】** 火事が火元から他に燃え広がること。類類焼

**えんしょう【炎症】** 細菌や薬の作用で、体の一部に赤み・熱・痛みなどを起こす症状。

**えんしょう【遠称】** 話者から遠い物・場所・方向を指す代名詞。「かれ・あれ・あそこ・あちら」など。対近称・中称

**えんしょう【煙硝】** ①硝石。②煙の出る火薬。

**えんしょう【艶笑】** 〔文章語〕性的な表現の中に笑いをふくんでいること。「―小噺《こばなし》」

**えんじょう【炎上】** ①（大きな建物や船が）焼けること。②〔俗語〕SNSなどで、大量の批判コメントが書き込まれること。

**えんしょく【炎色】** ほのおの色。「―反応」

**えんじる【演じる】** ①演技をする。②行う。「醜態を―」◇演ずる。

**えんしん【延伸】** のばす（のびる）こと。「地下鉄（任期）を―する」

**えんしん【遠心】** 中心から遠ざかること。対向心

**―分離機《ぶんりき》** 遠心力を利用して、液体と固体などを分離する機械。

**―力《りょく》** 円運動をする物体にはたらく、中心から遠ざかろうとする力。対向心力

**えんじん【円陣】** 円形に並ぶこと。「―を組む」

**えんじん【猿人】** 最も原始的な人類。

**エンジン** ［engine］ 発動機。原動機。

**―がかかる** ①仕事を始める。②調子が出てくる。

**えんすい【円錐】** 数学で、とんがり帽子型の立体。対角錐

**えんすい【塩水】** しおみず。

**えんずい【延髄】** 中枢神経の一部。脳の下端で脊髄《せきずい》に続く部分。呼吸や心拍の働きを支配する中枢。

**エンスト** エンジンが故障で止まること。〔和製語 engine stop の略〕

**えんずる【演ずる】** 演じる。

**えんせい【延性】** 物体が破壊されずに引き延ばされる性質。

**えんせい【遠征】** 征伐や試合のために、遠くへ行くこと。「―軍」

**えんせい【厭世】** 世の中をはかなみ、生きているのをいやだと思うこと。対楽天

**―主義《しゅぎ》** ①人生に失望し、この世は生きる価値がないとする考え方。厭世観。②悲観主義。対楽天主義

**えんせき【宴席】** 宴会の席。

**えんせき【遠戚】** 血縁の遠い親戚。

**えんせき【縁戚】** 親類。親戚。

**えんせきがいせん【遠赤外線】** 波長が長い赤外線。加熱効率が高い。波長二五

（ないし五〇）マイクロメートルから一ミリメートル。対近赤外線

**えんぜつ【演説】** 大勢の前で自分の主義・主張を述べること。「―会」

**エンゼル**［angel］ 天使。エンジェル。

**―フィッシュ**［angelfish］ 熱帯魚の一。観賞用。

**えんせん【沿線】** 線路に沿った所。

**えんせん【厭戦】** 戦争をいやがること。「―気分（思想）」

**えんぜん** ［文章語］㊀**【婉然】** しとやかで美しいようす。㊁**【艶然・嫣然】** 女性がにっこり笑うようす。

**えんぜん【宛然】**［文章語］そっくりであるようす。「―と地獄の様相を呈す・―たる英雄列伝中の人」

**えんそ【塩素】** 元素の一。刺激臭のある気体。有毒。殺菌・酸化・漂白剤用。記号 Cl

**えんそ【遠祖】** 遠い祖先。

**えんそう【演奏】** 楽器をかなでること。

**―会**《かい》 演奏の発表会。

**えんそう【燕巣】** 中国料理の材料の一。ウミツバメの巣。燕窩《えんか》。つばめのす。

**えんそくこ【偃塞湖】** 水流がせき止められてできた湖。せきとめ湖。

**エンターテイナー**［entertainer］ 大衆性のある芸能人。芸人。エンターテーナー。

**エンターテインメント**［entertainment］ 娯楽。余興。演芸。エンターテイメント。エンターテーメント。

**えんたい【延滞】** 支払いが遅れてたまること。

**―金**《きん》 地方税（金銭債務）の滞納に対して課される徴収金。

**えんだい【遠大】** 志や計画が、遠く将来を見通し、規模が大きいようす。

**えんだい【演台】** 講演や演説をする人の前に置く机。また、演壇。

**えんだい【演題】** 演説や講演の題目。

**えんだい【縁台】** 夕涼みなどに使う長い腰掛け台。

**―将棋**《しょうぎ》 縁台に座ってする将棋。◍へぼ将棋。

**エンタイトルツーベース** 野球で、二つ先の塁に進む権利を得られること（打球）。［entitled two-base hit から］

**エンダイブ**［endive］ 西洋野菜の一。生食する。［チコリと混同されることもある］

**えんだか【円高】** 為替相場で、外貨に対して円の価値が高いこと。対円安

**えんたく【円卓】** 丸いテーブル。

**―会議**《かいぎ》 円卓を囲んで、席次に上下をつけずに行う会議。

**エンタシス**［entasis］ 古代の建築で、柱の中ほどにつけたふくらみ。［ギリシャ・ローマの建築物や法隆寺金堂などにも］

**えんだて【円建て】** 為替相場で外国通貨に対して、円価いくらと決める方式。

**エンタメ** エンターテインメントの略。

**えんだん【演壇】** 演説や講演をする人が立つ壇。「―に立つ」

**えんだん【縁談】** 縁組みの相談。［主に結婚についての相談］

**えんちてん【遠地点】** 月や人工衛星の軌道上で、地球から最も遠い位置。対近地点

**えんちゃく【延着】** 予定（定刻）より遅れて到着すること。対早着

**えんちゅう【円柱】** ①丸い柱。 ②数学で、円筒の形をした立体。

**えんちょう【円頂】** ①坊主頭。 ②僧。

**―黒衣**《こくい》 僧の姿。

**えんちょう【延長】** ①延ばす（延びる）こと。対短縮 ②延べの長さ。「―三千km」 ③ひとつづき。

**―線**《せん》 数学で、線分を延長した半直線。

**―線上**《せんじょう》 ひとつづきの中にふくまれていること。「…の―にある」

**―戦**《せん》 スポーツで、規定の回数・時間内に結着がつかなかった場合に続行する試合。

**えんちょく【鉛直】** 水平面に垂直なこと。

**―線**《せん》 重力の方向を示す線。

**えんづく【縁付く】** 結婚する。

**えんつづき【縁続き】** 血縁や婚姻による関係でつながっていること。

**えんてい【炎帝】** 中国で、夏をつかさどる神。［太陽］

**えんてい【堰堤】**［文章語］ダム。

**えんてい【園丁】** 庭師。

**エンディング**［ending］ 終わり。結末。類フィナーレ・エピローグ 対オープニング

**―ノート**［和製語 ending note］ 死後に備え、周囲への伝達事項を書いておくノート。

**エンデミック**［endemic］感染症が一定の地域に、ある割合で繰り返し発生すること。

**えんてん【炎天】** やけつくような暑い夏の空。その天気。「—下」

**えんでん【塩田】** 海水から塩をとるために設けた砂田。塩浜。

**えんてんかつだつ【円転滑脱】** 円滑に事を運ぶようす。

**エンド**［end］①結末。終わり。「ハッピー—」②スポーツで、交互の攻防（陣地）。「—を替わる」

**—ユーザー**［end user］最も末端の消費者。

**—レス**［endless］無限。終わりがないこと。

**—ロール**［和製語 end roll］映画などの最後に流れる、出演者やスタッフの名の一覧。

**えんとう【円筒】** ①丸い筒。②《円壔》数学で、円柱の旧称。

**えんとう【遠投】** 遠くへ投げること。

**えんとう【遠島】** ①陸地から遠く離れた島。②江戸時代の島流しの刑。流罪。

**えんどう【沿道】** 道に沿った所。類道ばた

**えんどう【豌豆】** マメ科の越年草。種と若いサヤは食用。

**—豆《まめ》** エンドウの種子。

**えんどおい【縁遠い】** ①結婚の機会に恵まれない。②関係が薄い。

**えんどく【煙毒】** 精錬所や工場から出る煙に含まれる毒。

**えんどく【鉛毒】** ①鉛に含まれる毒。②鉛の毒による中毒症。

**えんとつ【煙突】**《烟突》①煙を出す丸い筒。②〔俗語〕タクシーが空車標示のまま客を乗せて走り、料金をごまかすこと。

**エンドラン** ヒットエンドランの略。

**エントランス**［entrance］入り口。入場。「—ホール」

**エントリー**［entry］競技会への参加登録。

**—シート**［entry sheet］採用試験などで使われる、各企業が独自に作成した応募書類。

**—モデル**［和製語 entry model］初心者向けの製品。

**エンドルフィン**［endorphin］脳内で機能する神経伝達物質の一。〔鎮痛効果や幸福感が得られ、脳内麻薬とも〕

**エントロピー**［entropy］物体の熱力学的状態を示す基本的・抽象的な量の一。

**えんにち【縁日】** 特定の神仏に縁のある日。祭りや供養が行われる。

**えんねつ【炎熱】** 炎暑。

**えんのう【延納】** 期限より遅れて納めること。

**えんのしたのちからもち【縁の下の力持ち】** 人目につかない陰で頑張る—こと（人）。

**えんばく【燕麦】** 麦の一。家畜の飼料用。オートミールとして食用にも。オートムギ。

**えんぱく【延泊】** ホテル・旅館などで、予定より長く宿泊すること。

**エンパシー**［empathy］共感。

**えんぱつ【延発】** 予定の時間や期日よりも遅れて出発すること。

**エンパワーメント**［empowerment］①力をつけること。②能力を引き出し、権限を与えること。

**えんばん【円板】** 円形の板。

**えんばん【円盤】** ①平たく丸い板状のもの。②円盤投げに使う盤。③レコード盤。

**—投《な》げ** 陸上競技のフィールド種目の一。

**エンハンス**［enhance］強化。向上。

**えんビ【塩ビ】** 塩化ビニールの略。

**えんぴ【猿臂】** サルのように長い手。「—を伸ばす」

**えんぴつ【鉛筆】** 筆記用具の一。

**—削《けず》り** 鉛筆の芯《しん》を削る器具。

**えんびふく【燕尾服】** 男性の洋装の礼服の一。上着のうしろがツバメの尾のように割れて長い。

**えんぶ【円舞】** ①輪になって踊るダンス。ロンド。②社交ダンスの一。男女一組でまわりながら踊る。〔ワルツ・ポルカなど〕

**—曲《きょく》** ワルツ。

**えんぶ【演武】** 武芸を練習すること。

**えんぶ【演舞】** 舞を舞って見せること。

**エンフォースメント**［enforcement］法の執行。

**えんぷく【艶福】** 多くの異性に愛されること。「—家」〔多く男性についていう〕

**エンブレム**［emblem］標章。紋章。Ⅱブレザーなどのワッペン。

**えんぶん【塩分】** 物質の中に含まれている塩の量。「—控えめ」[類]塩気《しおけ》

**えんぶん【艶聞】** 恋愛関係があるというううわさ。「—が絶えない」

**えんぺい【掩蔽】** ①おおい隠すこと。②星食。

**えんぺい【援兵】** 応援の兵。援軍。

**エンペラー**〔emperor〕皇帝。天皇。

**えんぺん【縁辺】** ①周辺。「市街地—集落」②縁続きの人。

**えんぼう【遠望】** 遠方を見渡すこと。

**えんぼう【遠謀】** 遠い将来まで考えに入れたはかりごと。「—深慮」

**えんぽう【遠方】** 遠く離れた所。

**エンボス**〔emboss〕布・紙などに、型押しで模様を浮き彫りにすること。「—加工」

**えんま【閻魔】**〔仏教語〕死者の生前の行いを裁くという地獄の王。「—大王」

**—顔《がお》** 閻魔のようなしかめっ面。「借りるときの地蔵顔、返すときの—」

**—こおろぎ** コオロギの一。日本のコオロギでは最大。

**—帳《ちょう》**〔仏教語〕閻魔が死者の生前の行状を書いておくという帳面。●教師が生徒の成績や行状を記入しておく帳面。

**えんまく【煙幕】** 敵の目をくらますためにたく煙。

**—を張《は》る** 巧みに相手を惑わして、真意を隠す。

**えんまん【円満】** 角が立たず穏やかなようす。「人格—」

**えんむ【煙霧】** ①けむりときり。②スモッグの薄いもの。

**えんむすび【縁結び】** ①縁組み。結婚。②縁結びの祈願。

**えんめい【延命】** 寿命を延ばすこと。「—を図る・—医療」

**えんもく【演目】** 上演される演劇や演芸の題目。

**えんもく【鳶目】** よく見える目。

**—兎耳《とじ》** よく見える目とよく聞こえる耳。飛耳張目。

**えんや【艶冶】** 女性がなまめかしく、美しいようす。

**えんやす【円安】** 為替相場で、外貨に対して円の価値が低いこと。[対]円高

**えんゆうかい【園遊会】** 多くの客を招き、庭園で食事や余興をしてもてなす会。

**えんよう【援用】** 自説の助けに他から引用すること。

**えんよう【遠洋】** 陸地から遠い海。「—漁業」[対]近海

**えんらい【遠来】** 遠方から来ること。「—の客」

**えんらい【遠雷】** 遠くで鳴るかみなり。

**エンリッチ**〔enriched〕食品にビタミンなどを加えて栄養価を高くすること。

**えんりょ【遠慮】** ①控えめにすること。●辞退。②遠い将来に対する深い考え。「深謀—」

**—会釈《えしゃく》もない** 控えめにも、手加減もしない。

**—なく** なにも控えることなく。

**—深《ぶか》い** 慎み深い。

**えんれい【艶麗】**〔文章語〕なまめかしく美しいようす。

**えんろ【遠路】** 遠い道のり。

**—はるばる** 遠い所からたいへんな思いをして。

# お

**お《御》** ①尊敬の意を表す。「—顔・—帰りになる」②丁寧の意を表す。「—酒」③謙譲の意を表す。「—知らせする」④親しみの意を表す。「—富さん」

**お【雄】**《牡》おす。「—牛」[対]雌《め》

**お【男】** 対のもので、勢いの強い方。「—滝」[対]女《め》

**お【尾】** しっぽ。●後方に長くのび出たもの。

**—を引《ひ》く** 後まで影響が残る。

**お【緒】** ①ひも。「げたの—」②弦。「琴の—」

**おあいそ【お愛想】** ①お世辞。②飲食店で、勘定。〔本来は、店側から言う語〕

**おあいにくさま【お生憎様】** 断るときや皮肉をこめて返事をするときの語。

**おあし【お足】**〔俗語〕お金。

**オアシス**〔oasis〕砂漠の中の緑地。●心のやすらぐ所。「都会の—」

**おあずけ【お預け】** 犬に食べ物を見せて、許しを与えるまで食べさせないこと。●約束や計画が実行されないでいる状態。

**おあつらえむき【お誂え向き】** 望みどおり。

**オアペック【OAPEC】** ⇩ 付

OAPEC

**おい【老い】** ①年をとっていること。②老人。「―も若きも」

**―の一徹**《いってつ》 老人のがんこさ。

**おい【甥】** 兄弟姉妹のむすこ。対姪《めい》

**おいあげる【追い上げる】** ①激しく追って迫る。②高所へ追い詰める。

**おいうち【追い討ち・―撃ち】** 追いかけてうつこと。「―をかける」

**おいえ【お家】** ①家の尊敬語。②主人の家。

**―芸**《げい》 ①家に伝わる芸。②得意の芸。

**―騒動**《そうどう》 身分の高い家でおこる騒動。Ⅱ組織内での騒動。

**―流**《りゅう》 和風書体の一。尊円流。〔御家流と書く〕

**おいおい【追い追い】** 次第に。

**おいおとす【追い落とす】** 後から追って先の者の地位を奪う。

**おいかえす【追い返す】** 追い払ってもとの方へもどす。

**おいかけっこ【追い掛けっこ】** 先を走る人を追いかけて捕まえる遊び。

**おいかける【追い掛ける】** 後から追う。「流行(事件・夢)を―」

**おいかぜ【追い風】** 後ろから吹く風。おいて。順風。「―が吹く」対向かい風

**おいがつお【追い鰹】** かつお節でとった出汁《だし》に、さらにかつお節を加えて香りやうま味を出すこと。差し鰹。

**おいかわ【追河】** 川魚の一。〔東京ではヤマベ、関西ではハヤとも〕

**おいき【老い木】** 樹齢の古い木。対若木

**―に花**《はな》 衰えたものが再び勢いを取り戻すこと。

**おいきり【追い切り】** 競馬で、レースの数日前に行う仕上げの調教。

**おいくちる【老い朽ちる】** 木が古くなって腐る。Ⅱ人が年をとり、役に立たなくなる。

**おいご【甥御】** 他人の甥の敬称。対姪御《めいご》

**おいこす【追い越す】** 追いかけてきたものが前に出る。

**おいこみ【追い込み】** ①最終段階〔―のがんばり〕。「―をかける」②印刷で、改行しない組み方。③食堂・料理屋(昔の劇場)で、人数を限らず、つめこむこと。

**おいこむ【老い込む】** 年寄りくさくなる。ふけこむ。

**おいこむ【追い込む】** ①追って中に入れる。②追いつめる。③印刷で、改行せずに活字を前の行に続けて入れる。

**おいさき【生い先】** 成長していく先。「―が楽しみ」

**おいさき【老い先】** 老人の余生。「―が短い」

**おいさらばえる【老いさらばえる】** 老いて見すぼらしくなる。

**おいしい【美味しい】** 味がいい。

**おいしげる【生い茂る】** 草木が生長して茂る。

**おいしょう【追(い)証】** 追加保証金の略。

**おいすがる【追い縋る】** 追いついてすがりつく。

**オイスター**〔oyster〕牡蠣《かき》。

**―ソース**〔oyster sauce〕中華料理の調味料の一。塩漬けした牡蠣《かき》から作る。牡蠣油。

**おいそれと** 〔否定表現の中で〕簡単に。

**おいだき** 一【追い炊き】御飯が足りないとき追加してたくこと。二【追い焚き】風呂の湯がぬるいとき追加してたくこと。

**おいだす【追い出す】** (場所や集団から)追い払って外へ出す。

**おいたち【生い立ち】** 成長すること。その経歴。「―の記」

**おいたてる【追い立てる】** ①むりに立ちのかせる。②激しく追う。

**オイタナジー**〔ドイツ語 Euthanasie〕安楽死。

**おいちょかぶ** 花札賭博の一。〔「おいちょ」は八、「かぶ」は九の意〕

**おいちらす【追い散らす】** 追い立てて散らばらせる。

**おいつおわれつ【追いつ追われつ】** 追ったり追われたり。激しく競いあうようす。

**おいつく【追い付く】** 追いかけて先行のものに並ぶ。

**おいつめる【追い詰める】** 追って逃げられなくする。追及する。

**おいて【追い風】** おいかぜ。

**おいて《於て》**〔文章語〕(「…に～」の形で)時・所・範囲を表す。「今日(仕事)に

—」〔「おきて」の音便〕

**—をや** …の場合はなおさら。「大人はもちろん、子供に—」

**おいで【お出で】**「出る・行く・来る・居る」の尊敬語。「—になる」

**おいてきぼり【置いてきぼり】** 置きざり。おいてけぼり。「—を食う」

**おいなりさん【お稲荷さん】** ①稲荷神社。②いなりずし。

**おいぬく【追い抜く】** 追いついて前に出る。

**おいはぎ【追い剝ぎ】** 通行人の持ち物を奪い取る—人(こと)。

**おいばら【追い腹】** 死んだ主君を追ってする切腹。「—を切る」

**おいはらう【追い払う】** 追って退かせる。「のら犬を—」

**おいぼれ【老い耄れ】** 老いて鈍く—なった人(なること)。〔侮蔑的に、また自らを卑下するときに使う〕動—る

**おいまわす【追い回す】** しつこく追いかける。Ⅱこき使う。

**おいめ【負い目】** ①精神的な負担。「—になる」②負債。

**おいもとめる【追い求める】** ずっと追いつづけ求める。

**おいやる【追い遣る】** 追い払う。Ⅱせきたてて行かせる。

**おいら《俺等》**〔俗語〕おれ(—たち)。

**おいらく【老いらく】**〔文章語〕老年。「—の恋」

**おいらん【花魁】**(格の高い)遊女。

**—草**《そう》 ハナシノブ科の多年草。夏、白や赤紫の花が咲く。

**おいる【老いる】** 年を—とる(とって衰える)。

**オイル**〔oil〕油。石油。

**—クロス**〔oilcloth〕合成樹脂で防水加工した布。

**—シェール**〔oil shale〕乾留して原油を得られる岩石。油頁岩《ゆけつがん》。「—ガス(=オイルシェールを加熱して得るガス)」

**—ショック**〔和製語 oil shock〕一九七〇年代、産油国の石油戦略によって生じた経済的打撃。

**—ダラー**〔oil dollars〕オイルマネー。

**—フェンス**〔oil fence〕流れ出た油が広がらないように設けた囲い。

**—マネー**〔和製語 oil money〕産油国が石油売買で得た余剰外貨。オイルダラー。

**おいろなおし【お色直し】** 結婚式で、花嫁・花婿が衣装を着替えること。Ⅱ(表面を)きれいにし直すこと。

**おいわけ【追分】** ①道が分かれる所。②追分節。「江差—」

**おう【王】** ①(男の)君主。Ⅱ最もすぐれたもの。「百獣の—」②天皇から三親等以下の皇族の男子。③王将。

**おう【翁】** 男の老人(—の敬称)。「福沢諭吉—」対嫗《おう》

**おう【負う】** ①せおう。「荷を—」②身に受ける。「傷を—」

**おう【追う】** ①先を行くものにゆき着こうと進む。②従う。「順を—」③去らせる。「ハエを—」

**おうあ【欧亜】** ヨーロッパとアジア。

**おうい【王位】** 王の位。

**おういつ【横溢】** 満ちあふれること。「気力が—する」

**おういん【押印】** 判を押すこと。類捺印《なついん》

**おういん【押韻】** 詩歌で、韻を踏むこと。

**おうう【奥羽】** 東北地方。

**おうえき【応益】** 受ける利益に応じること。「—負担」

**おうえん【応援】** ①加勢。類救援 ②競技で、選手を励ますこと。「—団」

**おうおう【往々】** 時々。「—にして」

**おうおう【怏々】**〔文章語〕不平・不満のあるようす。「—として楽しまず」

**おうか【欧化】** ヨーロッパ風に—する(なる)こと。「—主義」

**おうか【桜花】** サクラの花。

**おうか【謳歌】** 声をそろえてほめたたえること。類賛美

**おうが【枉駕】**〔文章語〕来訪の尊敬語。

**おうが【横臥】** 横になって寝ること。

**おうかがいをたてる【お伺いを立てる】** ①神仏のお告げを願う。②目上の意見をきく。

**おうかくまく【横隔膜】** 胸腔《きょうこう》と腹腔との境の筋肉の膜。

**おうかん【王冠】** 王のかぶる冠。Ⅱびんの口がね。

**おうかん【往還】**〔文章語〕①行き来。②街道。◇類往来

**おうぎ【扇】** 扇子《せんす》。「—形」

—の要《かなめ》 物事をまとめる中心となる‐こと(人)。

**おうぎ【奥義】** おくぎ。

**おうきゅう【王宮】** 王の住む宮殿。

**おうきゅう【応急】** 急場しのぎ。「—処置」

**おうぎょく【黄玉】** 鉱物の一。黄色のものは宝石のトパーズ。

**おうけ【王家】** 王の‐一族(血統)。

**おうけん【王権】** 王の権力。

**おうこ【往古】** 〔文章語〕(大)昔。

**おうこう【王侯】** 王と諸侯。

**おうこう【往航】** 行きの航行。対復航

**おうこう【横行】** 気ままに‐歩き回る(ふるまう)こと。Ⅱ公然と悪事が行われること。「汚職の—」

**おうこく【王国】** 王が治める国。Ⅱひとつの大勢力。「笑いの—」

**おうごん【黄金】** ①金《きん》。類こがね Ⅱ価値ある‐もの(こと)。「—の腕」②お金。

**—時代《じだい》** 最盛期。

**—週間《しゅうかん》** ゴールデンウイーク。

**—比《ひ》** 黄金分割。

**—分割《ぶんかつ》** 一本の線分を一対一・六一八の比に分けること。黄金比。〔最も調和がとれるとされる〕

**おうざ【王座】** 王の座席。Ⅱ最上の地位。「—につく」

**おうさつ【応札】** 入札に応じること。

**おうさつ【殴殺】** なぐり殺すこと。

**おうさま【王様】** 王の敬称。Ⅱ最高のもの。「サッカーの—」

**おうし【雄牛】《牡牛》** おすの牛。対牝牛《めうし》

**おうし【横死】** 災難で死ぬこと。

**おうじ【王子】** ①王の息子。②皇族(王族)の男子。◇対王女

**おうじ【往事】** 〔文章語〕過去のできごと。「—を‐語る(思い起こす)」

**おうじ【往時】** 〔文章語〕過去。「—茫《ぼう》として夢のごとし」対近時

**おうじ【皇子】** 天皇(皇帝)の息子。みこ。対皇女

**おうしつ【王室】** 王の一族。類皇室

**おうじつ【往日】** 〔文章語〕昔。類昔日

**おうしゃ【応射】** 敵の射撃に対して撃ち返すこと。

**おうじゃ【王者】** ①帝王。Ⅱ第一人者。②王道で国を治める人。対覇者 ◇おうしゃ。

**おうじゃく【尫弱】** 〔文章語〕かよわいこと。

**おうしゅ【応手】** 囲碁や将棋で、相手の攻撃に応じて打つ手。

**おうじゅ【応需】** 要求に応じること。

**おうしゅう【応酬】** ①やり返すこと。②議論(さかずき)のやりとり。

**おうしゅう【押収】** (裁判所が)証拠品などを差し押さえて取り上げること。

**おうしゅう【欧州】** ヨーロッパ。

**おうしゅう【奥州】** ①陸奥《むつ》の国。②東北地方の旧称。

**おうじゅく【黄熟】** (イネ・ムギなどが)熟して黄色くなること。こうじゅく。

**おうじょ【王女】** ①王の娘。②皇族(王族)の女子。◇対王子

**おうじょ【皇女】** 天皇(皇帝)の娘。こうじょ。対皇子

**おうしょう【王将】** 将棋の駒《こま》の一。いちばん大事。〔王将と玉将が一枚ずつあり、上位者が王将をもつ〕類玉将

**おうしょう【応召】** ①呼び出しに応じること。②在郷軍人が召集に応じて入隊すること。「—兵」

**おうじょう【王城】** 王の住む城。Ⅱ都。特に京都。

**おうじょう【往生】** ①〔仏教語〕極楽に生まれかわること。②死ぬこと。③閉口。

**—際《ぎわ》** 死にぎわ。Ⅱあきらめ。「—が悪い」

**おうしょく【黄色】** きいろ。こうしょく。

**—人種《じんしゅ》** 肌の色が黄色い人種。

**おうじる【応じる】** ①こたえる。「呼びかけに—」②対応する。◇応ずる。

**おうしん【往信】** 返事を求めて出す手紙。対返信

**おうしん【往診】** 患者の家へ行って診察すること。対宅診

**おうす【お薄】** 薄茶の美化語。

**おうすい【王水】** 塩酸三対硝酸一の割合の混合液。金や白金をも溶かす。

**おうずる【応ずる】** 応じる。

**おうせ【逢瀬】** 男女が(‐ひそかに)会う機会。

**おうせい【王制】** 王が主権をもつ政治制度。

**おうせい【王政】** 王の行う政治。「—復

古」

**おうせい【旺盛】** 非常に盛んなようす。

**おうせき【往昔】** 〔文章語〕昔。類往時

**おうせつ【応接】** 相手をすること。「—間」類応対

**—に暇《いとま》がない** 次々に来客があったり事が起こったりして忙しいようす。

**おうせん【応戦】** 敵の攻撃に応じて戦うこと。類抗戦

**おうせん【横線】** 横に引いた線。対縦線

**—小切手《こぎって》** 一度銀行口座に預け入れた後にはじめて支払われる小切手。線引き小切手。右肩に二本の斜線がひかれている。

**おうそ【応訴】** 相手の訴訟に応じ、被告となって争うこと。対提訴

**おうそう【押送】** 受刑者や刑事被告人を他の場所へ送り移すこと。類護送

**おうぞく【王族】** 王の一族。

**おうだ【殴打】** なぐること。

**おうたい【応対】** 相手になって受け答えすること。類応接

**おうたい【横隊】** 横に並ぶ隊形。対縦隊

**おうたいホルモン【黄体—】** 受胎できるようにし、妊娠を維持させるホルモン。

**おうだく【応諾】** 承知すること。承諾。

**おうだく【黄濁】** こうだく。

**おうたこにおしえられる【負うた子に教えられる】** 年少者（未熟な者）に教えられることがある。「負うた子に教えられて浅瀬を渡る」とも

**おうだん【黄疸】** 胆汁の色素のために皮膚などが黄色になる病気。

**おうだん【横断】** ①横に断ち切ること。②横ぎること。「—歩道」◇対縦断

**おうち【凹地】** へこんで、周囲より低い土地。

**おうちゃく【横着】** ずうずうしくずるいこと。Ⅱなまけること。「—をきめる」

**おうちょう【王朝】** ①帝王の朝廷。②王朝時代の略。「—文学」

**—時代《じだい》** 国王・天皇が統治する時代。特に奈良・平安時代。王朝期。対武家時代

**おうつり【お移り】** 物をもらったとき、その容器に入れて返すお返し。

**おうて【王手】** 将棋で、敵の王将を直接攻める手。「—をかける」Ⅱもう一歩で勝利を得られる最後の段階。

**おうてっこう【黄鉄鉱】** 硫化鉄を含む鉱物。硫黄・硫酸の製造用。

**おうてん【横転】** ①横に倒れること。②左右に回転すること。

**おうと【王都】** 国王の住む都市。

**おうと【嘔吐】** 食べた物をはくこと。

**おうど【王土】** 王の統治する地。

**おうど【黄土】** ①黄色の顔料。「—色」②中国北部の黄色の土。こうど。

**おうとう【王統】** 帝王の一族（血筋）。

**おうとう【応答】** 受け答え。類応対

**おうとう【桜桃】** サクラの一種。さくらんぼがなる。また、さくらんぼ。

**おうとう【黄桃】** 果肉の黄色いモモ。

**おうどう【王道】** ①王の仁徳で国を治める方法。対覇道 Ⅱ正攻法。②安易な方法。「学問に—なし」〔royal road の訳語〕

**—楽土《らくど》** 王道によって統治された平和な土地。

**おうどう【黄道】** ⇩こうどう

**おうどう【黄銅】** 真鍮《しんちゅう》。

**おうとつ【凹凸】** でこぼこ。

**おうな【嫗】**（媼）女の老人。〔古風な言い方〕対翁《おきな》

**おうなつ【押捺】** 判や指紋を押すこと。

**おうねつびょう【黄熱病】** 急性感染症の一。熱帯地方に流行する。こうねつびょう。

**おうねん【往年】** 昔。往時。

**おうのう【応能】**（支払い）能力に応じること。「—負担」

**おうのう【懊悩】** 〔文章語〕ひどく悩むこと。

**おうばい【黄梅】** 観賞用の落葉小低木。早春、黄色い花が咲く。モクセイ科。

**おうばんぶるまい【椀飯振る舞い】** 盛大なもてなし。〔椀飯はわんに盛った飯の意。／最近は、大盤《おおばん》振る舞いとも書く〕

**おうひ【王妃】** 王のきさき。

**おうふう【欧風】** ヨーロッパ風。

**おうふく【往復】** ①行き帰り。「——切符（びんた）」②手紙のやりとり。「—葉書」

**おうぶん【応分】** 分《ぶん》相応。「—の寄付」

**おうぶん【欧文】** 欧米の文字（文章）。対和文・邦文

**おうへい【横柄】** いばっているようす。大柄《おおへい》。「—な口をきく」類尊大・傲慢《ごうまん》 対謙虚

**おうべい【欧米】** ヨーロッパとアメリカ。

**おうへん【応変】** 不意の出来事に対して適当な処置をすること。「臨機―」

**おうへん【黄変】** 色が黄色に変わること。

**おうぼ【応募】** 募集に応じること。

**おうほう【応報】** 〔仏教語〕行いに対する報い。「因果―」類果報

**おうほう【往訪】** 訪問すること。対来訪

**おうぼう【横暴】** わがままで乱暴なこと。「―なふるまい」

**おうまがとき【逢魔が時】** 夕方うす暗くなったころ。たそがれ。〔大禍《おおまが》時から〕

**おうむ【鸚鵡】** 鳥の一。人の言葉をまねる。

**―返《がえ》し** 相手の言葉をそのまま言い返すこと。

**―病《びょう》** ペットの鳥類の病気。人にもうつる。

**おうめん【凹面】** くぼんだ面。対凸面

**―鏡《きょう》** 反射面が凹面の球面鏡。対凸面鏡

**おうもんきん【横紋筋】** 横じまがある筋肉。心筋以外は随意筋。対平滑筋

**おうよう【応用】** 原理を実地に用いること。「―化学・―がきく」類利用・活用

**おうよう【鷹揚】** おおらか。「―に構える」類大様《おおよう》

**おうらい【往来】** ①行き来。「―止め(=通行止め)」 ②道路。◇類往還 ③手紙ふうの昔の教科書。往来物《もの》。「庭訓《ていきん》―」

**おうりつ【王立】** 王室が設立すること。

**おうりょう【横領】** 他人や公共のものを不法に手に入れること。「公金―」類着服

**おうりん【黄燐】** リンの一。ろう状の固体。有毒。マッチなどの原料。

**おうれつ【横列】** 横に並んだ列。対縦列

**おうレンズ【凹―】** 中央がくぼんだレンズ。〔近眼用〕対凸レンズ

**おうろ【往路】** 行きの道。対復路・帰路

**オウンゴール〔own goal〕** サッカーで、誤って味方ゴールに球を入れてしまって相手に与える点。〔もと、自殺点といった〕

**おえしき【御会式】** えしき②。

**おえつ【嗚咽】** むせび泣くこと。

**おえらがた【お偉方】** 身分や地位の高い人たち。〔ちゃかした言い方〕

**おえる【負える】** ひきうけることができる。〔多く「手に負えない」など打消しの表現で用いられる〕

**おえる【終える】** 済ませる。対始める

**おおあきない【大商い】** 多額の売買。大きい商売。対薄商い・小商い

**おおあざ【大字】** 町・村の中の区画。〔その中にさらに小字がある〕

**おおあじ【大味】** 味がおおまかだ。●こまやかさがなく趣に乏しい。◇対小味

**おおあたり【大当たり】** 的中。●大成功。「興行が―する」

**おおあな【大穴】** ①大きな穴。 ②多額の欠損。 ③競馬などで、大きな番狂わせ(―による高配当)。「―をねらう」

**おおあばれ【大暴れ】** ひどく暴れること。●大活躍。「新天地で―する」

**おおあめ【大雨】** 強く多量に降る雨。類豪雨 対小雨《こさめ》

**おおあれ【大荒れ】** 非常に荒れること。「―の天気」

**おおあわて【大慌て】** 非常に慌てること。

**おおい【覆い】** 覆う―こと(もの)。カバー。

**―被《かぶ》さる** 上からかぶさる。●身に負わされる。「責任が―」

**おおい【多い】** たくさんである。対少ない

**おおいちばん【大一番】** 相撲で、優勝にかかわるような大事な取組。●大事な勝負。

**おおいちょう【大銀杏】** 武士の髪型の一。〔現在は十両以上の力士が結う〕

**おおいなる【大いなる】** 〔文章語〕大きい。偉大な。「―大地」

**おおいに【大いに】** 非常に。類はなはだ

**おおいばり【大威張り】** ①非常にいばること。②遠慮せず大っぴらにふるまうこと。

**おおいり【大入り】** 興行で、客が多いこと。「―満員」

**―袋《ぶくろ》** 大入りのとき従業員に出す金一封。

**おおう【覆う】**《被う・蔽う・蓋う》①かぶせる。●つつみかくす。「両手で顔を―」 ②一面に広がってつつむ。「雪が山頂を―」

**おおうち【大内】** 宮中。〔雅語〕

**おおうつし【大写し】** 被写体を大きく写すこと。クローズアップ。

**おおえど【大江戸】** 江戸の美称。

**おおおかさばき【大岡裁き】** 人情味のある立派な―裁判(処置)。〔江戸時代の名奉行大岡越前守の裁判から〕

**おおおく【大奥】** (江戸城で)将軍の夫人

や側室の居所。〔将軍以外、男子禁制〕
**おおおじ**【大伯父・大叔父】 親のおじ。対大おば
**おおおば**【大伯母・大叔母】 親のおば。対大おじ
**おおがい**【大貝】 漢字の部首の一。頒・順などの「頁」。
**おおがかり**【大掛かり】 大規模。
**オーガスト**〔August〕八月。
**オーガズム**⇨オルガズム
**おおかぜ**【大風】 激しく強い風。類暴風
**おおかた**【大方】 ①大部分。②世間一般。③ほとんど。④おそらく。
**おおがた**【大形】 形の大きい–こと(もの)。対小形
**おおがた**【大型】 型・規模の大きい–こと(もの)。「–車(台風)」対小型
**オーがた**【O型】 ABO式血液型の一。
**オーガナイズ**〔organize〕組織(編制)すること。
**オーガニゼーション**〔organization〕組織。オーガナイゼーション。
**オーガニック**〔organic〕有機栽培。
**おおかみ**【狼】 猛獣の一。イヌ科。⊜乱暴な男。「送り–」
**–少年**《しょうねん》 ①オオカミに育てられた少年。②うそつき。実現しないことを言う人。〔童話から〕
**おおがら**【大柄】 ①体格が大きいこと。②布地の模様が大きいこと。◇対小柄
**おおかれ**【多かれ】 多くあるように。「幸–」〔「多し」の命令形〕
**–少**《すく》**なかれ** 多少とも。どちらにしても。
**おおかわ**【大鼓】 大きな鼓《つづみ》。大つづみ。
**オーガンジー**〔organdy〕 ごく薄手で半透明の布。オーガンディ。
**おおかんばん**【大看板】 大きな看板。⊜興行で、第一流の人。
**おおきい**【大きい】 数量・程度が他を上回る。対小さい ⊜大げさだ。「–口をたたく」
**おおきくでる**【大きく出る】 実現は無理だと思われることを言う。
**オーキシン**〔auxin〕植物生長ホルモン。
**オーキッド**〔orchid〕①洋ラン。②淡紫色。
**おおきな**【大きな】 大きい。対小さな
**–顔**《かお》 いばった態度。大きい顔。
**おおきに** ①【大きに】大いに。②〔関西方言で〕ありがとう。
**おおきめ**【大きめ】 基準よりやや大きいこと。対小さめ
**オーきゃく**【O脚】 直立したとき、両足の膝《ひざ》が離れてOの字の形になること。対X脚
**おおぎょう**【大仰・大形】 おおげさ。「–なしぐさ」
**おおぎり**【大切り】 ①大きく–切ること(切ったもの)。②芝居や寄席《よせ》で最後の演目。〔大喜利と書く〕⊜物事の終わり。
**おおく**【多く】 ①たくさん。②たいてい。
**オーク**〔oak〕カシやナラの–木(木材)。
**おおぐい**【大食い】 たくさん食べる–こと(人)。大食らい。
**オークション**〔auction〕競り売り。
**オークス**〔Oaks〕競馬のレースの一。〔日本では三歳牝馬《ひんば》のレース〕
**おおぐち**【大口】 ①大きな口。②「–をたたく(=大げさなことを言う)」③多額。「–の寄付」
**おおくら**【大蔵】 大蔵省の略。
**–省**《しょう》 旧省庁名の一。国の財政を扱う中央官庁。現在の財務省。
**–大臣**《だいじん》 かつての大蔵省の長官。⊜会計の担当者。特に、主婦。
**おおぐらい**【大食らい】 大食い。
**オークル**〔フランス語 ocre〕黄土(–色)。オーカー。
**オーケー**【OK】 ①よろしい。②同意。「–を取る」◇オーケイ。オッケー。
**おおげさ**【大袈裟】 実際(普通)以上であるようす。おおぎょう。オーバー。
**オーケストラ**〔orchestra〕 管弦楽(–団)。
**–ボックス**〔和製語 orchestra box〕劇場でオーケストラのいる場所。舞台のすぐ前。
**オーケストレーション**〔orchestration〕管弦楽に編曲する–こと(技法)。
**おおごえ**【大声】 大きい声。対小声
**おおごしょ**【大御所】 隠居した将軍(–の居所)。⊜勢力をもつその道の大家。「文壇の–」
**おおごと**【大事】 大変なこと。大事件。
**おおさかずし**【大阪鮨】 押しずし。対江戸前ずし

**おおざけ【大酒】** たくさんの酒。「―飲み」

**おおさじ【大匙】** ①大きなさじ。②料理で、計量用の一五cc入りのさじ。

**おおざっぱ【大雑把】** おおまか。粗雑。「―に見積もる」

**おおざと【邑】** 漢字の部首の一。郡・部などの「阝」。

**オーサリング**〔authoring〕マルチメディアで、音声・動画・文字などを組み合わせる編集作業。

**おおさわぎ【大騒ぎ】** ひどく騒ぐこと。

**おおじ【大路】** 大通り。「都―」対小路《こうじ》

**おおしい【雄々しい】**《男々しい》勇ましい。対めめしい

**オージー**〔Aussie〕オーストラリア(―人)。「―ビーフ」

**おおしお【大潮】** 潮の干満の差が最も大きい―こと(とき)。〔満月・新月のころ〕対小潮

**おおじかけ【大仕掛け】** 仕掛けの大きいようす。類大がかり・大規模

**おおじだい【大時代】** ひどく古風な―こと(ようす)。

**おおしま【大島】** 大島つむぎ。

**―紬《つむぎ》** かすり織りのつむぎ。〔鹿児島県大島産〕

**オーシャン**〔ocean〕海。大洋。

**―ビュー**〔oceanview〕海辺の建物で、広々とした海が見える―こと(部屋)。オーシャンフロント。

**おおじょたい【大所帯】** 家族の多い家。Ⅱ人数の多い団体。

**おおす【果す・遂す】**「おおせる」の文語形。〔下二段活用〕

**おおすじ【大筋】** だいたいの筋。あらまし。

**オーストリッチ**〔ostrich〕ダチョウの革。オストリッチ。

**おおずもう【大相撲】** ①日本相撲協会による相撲の興行。②力のこもった相撲。

**おおせ【仰せ】**「言いつけ・言うこと」の尊敬語。

**―付《つ》かる**「言いつかる」の尊敬語。

**―られる** おっしゃる。

**おおぜい【大勢】** 多くの人。対小勢《こぜい》

**おおぜき【大関】** 力士の階級の一。三役の最上位。→よこづな

**おおせる【果せる・遂せる】**〈動詞の連用形に付いて〉…しとげる。…しおえる。「逃げ―」〔下一段活用〕

**オーセンティック**〔authentic〕本物(―志向)だ。正統的。「―な家具」

**おおそうじ【大掃除】** 特に念入りな掃除。Ⅱじゃま者を一掃すること。

**おおぞこ【大底】** 相場で、一定期間内の最安値。対大天井

**オーソドックス**〔orthodox〕正統―派(的)。伝統―派(的)。

**おおぞら【大空】** 大きな空。

**オーソライズ**〔authorize〕正当と認めること。

**オーソリティ**〔authority〕権威(―者)。

**おおそれた【大それた】**⇩だいそれた

**オーダー**〔order〕①順序。②注文。

**―ストップ**〔和製語 order stop〕飲食店などで、閉店まぎわに注文をうち切ること。

**―メード**〔和製語 order made〕あつらえ。対レディーメード

**おおだい【大台】** 大きな境目となるけた。「一億の―にのる」〔相場では一〇〇円単位〕

**おおたちまわり【大立ち回り】** 激しい立ち回り。Ⅱ大げんか。「―を演ずる」

**おおだてもの【大立て者】** 一座でいちばんすぐれた役者。Ⅱその社会の有力者。

**おおだな【大店】** 大きな商家。

**オータム**〔autumn〕秋。

**おおだんな【大旦那】** ①若旦那の父親。②**【大檀那】** 有力な檀家。だいだんな。

**おおづかみ【大摑み】** おおざっぱ。

**おおつづみ【大鼓】** おおかわ。

**おおっぴら【大っぴら】** 公然。

**おおづめ【大詰め】** 芝居で、最後の場面。Ⅱ物事の終局。

**おおて【大手】** ①城の表門。②正面から攻める部隊。◇対搦手《からめて》③大規模な会社。

**―筋《すじ》** 相場で、多額を扱う―人(会社)。

**おおてあい【大手合い】** 囲碁で、昇段を決める対局。

**オーディエンス**〔audience〕聴衆。観客。視聴者。

**オーディオ**〔audio〕①テレビ・ラジオの音声部分。②良質の音響を再生する―こと(装置)。

**オーディション**〔audition〕歌手や俳優を登用するための実技試験。

**おおでき【大出来】** とてもよい結果。

**オーデコロン**〔フランス語 eau de Cologne〕薄い香りの化粧水。

**おおでをひろげる【大手を広げる】** 両手を大きく広げる。〔歓迎または通せんぼを表す〕

**おおでをふる【大手を振る】** 堂々と行動する。

**おおてんじょう【大天井】** 相場で、一定期間内の最高値。対大底

**オート**〔auto〕①自動車。〔ーショー〕〔au-tomobileから〕②自動の。〔ードア〕

**ーキャンプ**〔和製語 auto camp〕自動車で出かけて寝泊まりする旅。

**ーグラフ**〔autograph〕サイン。署名。

**ーチャージ**〔和製語 auto charge〕一定の残高以下になると自動的に入金されるシステム。〔ICカードや電子マネーで利用〕

**ーバイ** 自動二輪車。単車。〔和製語 auto bicycleの略〕

**ーパイロット**〔automatic pilot〕航空機の自動操縦装置。

**ーファジー**〔autophagy〕細胞がその細胞内の不要なたんぱく質を分解する仕組み。自食。

**ーフォーカス**〔autofocus〕カメラで、自動焦点。

**ーマチック**〔automatic〕①自動-的(式)。②クラッチのない車。オートマチック車。オートマ。

**ーメーション**〔automation〕自動制御装置。

**ーレース**〔auto race〕オートバイ・自動車の競走。

**ーロック**〔和製語 autolock〕閉じると自動的にかかる錠。

**おおどうぐ【大道具】** 舞台装置で大きなもの。木・書割《かきわり》など。対小道具

**おおどおり【大通り】** 幅の広い通り。

**おおどか** おおらか。

**オートクチュール**〔フランス語 haute couture〕高級洋装店。高級注文服。〔パリの高級衣装店協会加盟店をいう〕

**おおどころ【大所】** ①大家《たいか》。重鎮。②資産家。大家《たいけ》。

**オードトワレ**〔フランス語 eau de toilette〕化粧品の一。香水とオーデコロンの中間の濃さ。

**オードブル**〔フランス語 hors-d'œuvre〕前菜。

**オートミール**〔oatmeal〕燕麦《えんばく》を精白した食品(ーを煮て牛乳・砂糖を加えたもの)。

**オートメ** オートメーションの略。〔ー化〕

**おおとら【大トラ】**《大虎》〔俗語〕ひどい酔っぱらい。

**おおとり【大鳥】** 大形の鳥。〔鴻・鳳・鵬とも書く〕

**おおとろ【大トロ】** マグロの最もあぶらののった肉(ーの部分)。

**オーナー**〔owner〕所有者。

**ーシェフ**〔和製語 owner フランス語 chef〕レストランで、経営者も兼ねている料理長。

**ードライバー**〔owner driver〕自分の車を自分で運転する人。

**おおなたをふるう【大鉈を振るう】** 思い切った縮小・整理をする。

**おおなみ【大波】** 大きい波。Ⅱ大きい変化。

**オーナメント**〔ornament〕装飾(ー品)。

**おおにゅうどう【大入道】** 坊主頭の大男(ーのようすをした化け物)。

**おおば【大葉】** アオジソ。

**オーバー**〔over〕①越えること。②オーバーコート。③オーバーパーの略。④大げさ。

**ーアクション**〔overaction〕演技過剰。

**ーウエート**〔overweight〕レスリングやボクシングで、体重超過。

**ーオール**〔overall〕胸当てつきの作業ズボン。

**ーコート**〔overcoat〕洋服の上に着る、防寒用の衣服。外套《がいとう》。オーバー。

**ーステイ**〔overstay〕外国での不法滞在。超過滞在。〔長居の意〕

**ースロー** 野球で、上手投げ。〔overhand throwから〕対アンダースロー

**ータイム**〔overtime〕①バレーボールやハンドボールで、一定-時間(回数)以上ボールを持つこと。②超過勤務。

**ードーズ**〔overdose〕薬物の過剰摂取。

**ードクター**〔和製語 over doctor〕大学院博士課程修了後、就職できないでいる-こと(人)。博士浪人。

**ーパー**〔over par〕ゴルフで、打数がパー

より多いこと。

**―ハング**〔overhang〕 ひさしのように突き出た岩壁。〔登山用語〕

**―ハンド**〔overhand〕 球技で、腕が肩より上に上がること。

**―ヒート**〔overheat〕 過熱すること。

**―ブッキング**〔overbooking〕 航空機やホテルで、定員以上の予約をとること。

**―ブラウス**〔overblouse〕 すそをスカートなどの上に出して着るブラウス。

**―フロー**〔overflow〕 ①あふれ出すこと。また流通過剰。②排水溝。

**―ペース**〔和製語 over pace〕 調子を実力以上に上げること。

**―ヘッド**〔overhead〕 ①間接費。②コンピューターで、実行作業に間接的に必要な処理。

**―ホール**〔overhaul〕 機械の分解手入れ。

**―ユーズ**〔overuse〕 使い過ぎ。酷使。特に、体の一部の使い過ぎ。オーバーユース。「―症候群」

**―ライト**〔overwrite〕 コンピューターやワープロで、上書き。

**―ラップ**〔overlap〕 映画の二重写し。㊀重なること。重複。

**―ラン**〔overrun〕 ①(野球や飛行機の滑走で)走りすぎ。②機械が限界以上に運転されること。

**―ローン**〔overloan〕 銀行の貸し出し超過。

**―ワーク**〔overwork〕 過労。働きすぎ。


**おおばけ【大化け】**〔俗語〕目立たなかったものの価値が上がり、突然脚光を浴びること。「―した役者・―株」

**おおばこ**《車前草》 雑草の一。葉・種子は薬用。オンバコ。オバコ。

**おおはば【大幅】** ①変動の幅が大きい。「―な値上げ」②幅の広い布。〔和服用七二センチメートル、洋服用一四〇センチメートル〕◇対小幅
**おおはらい【大祓】** 罪や汚れを清める神事。おおはらえ。〔六月・一二月の末日に行う〕

**オーバル**〔oval〕 卵形。楕円。「―ルーム(=ホワイトハウスの大統領執務室)」

**おおばん【大判】** ①ふつうより大きな寸法。②昔の金貨の一。対小判
**おおばんぶるまい【大盤振る舞い】** おうばんぶるまい。

**おおびけ【大引け】** 取引で、最終回の売買(―の相場)。対寄り付き
**おおふう【大風】** おうへい。尊大。

**オープナー**〔opener〕 ①栓抜き。缶切り。②第一戦。

**オープニング**〔opening〕 始まり。開始。

**―ゲーム**〔opening game〕 シーズン最初の試合。

**―ナンバー**〔opening number〕 番組やコンサートの最初の曲。

**おおぶね【大船】** 大きな船。

**―に乗《の》ったよう**(―な気分《きぶん》) 信頼し安心しきったようす。

**おおぶり【大振り】**①【大ぶり】大きめ。②大きく振ること。◇対小振り
**おおぶり【大降り】** 雨や雪がひどく降ること。対小降り
**おおぶろしき【大風呂敷】**

**―を広《ひろ》げる** 大げさなことを言う。ほらをふく。

**オーブン**〔oven〕 天火。

**―トースター**〔和製語 oven toaster〕 天火式トースター。

**―レンジ**〔和製語 oven range〕 オーブン(―機能付きの電子レンジ)。

**オープン**〔open〕 ①開くこと。②開放的。

**―エア**〔open air〕 屋外。戸外。「―のカフェ」

**―カー**〔open car〕 屋根の―ない(折り畳める)車。

**―価格《かかく》** 販売価格を小売店が自由に設定すること。またその価格。

**―カフェ**〔和製語 open フランス語 café〕 飲食店で、席の一部を屋外に設けた形式のもの。

**―キャンパス**〔open campus〕 大学などが入学志望者に学内を公開して行う説明会や見学会。

**―ゲーム**〔open game〕 ①だれでも参加できる競技。②(プロ野球の)非公式戦。

**―コース**〔open course〕 陸上競技やスケートで、走者別に分かれていないコース。中・長距離に使う。対セパレートコース
**―サンド**〔open sandwich〕 パンの上に具をのせた型のサンドイッチ。

**―シャツ**〔open shirt〕 開襟シャツ。

―ショップ〔open shop〕雇用制度の一。労働組合加入の有無にかかわらず雇用条件に差をつけない。対クローズドショップ

―スタンス〔open stance〕野球やゴルフで、足の構えの一。体を開いた構え方。対クローズドスタンス

―スペース〔open space〕（ゆとりの）空間。

―セット〔和製語 open set〕撮影所内の野外装置。

―戦《せん》 オープンゲーム②。

―選手権《せんしゅけん》 テニスやゴルフで、プロ・アマがいっしょに争う選手権。

―ソースインテリジェンス〔open source intelligence〕機密情報ではなく、新聞・インターネット・政府発表など一般的に入手できる公開情報を収集し分析する諜報活動。OSINT。オシント。

―テラス〔open terrace〕建物の外側に広く張り出したテラス。

―ハウス〔open house〕販売・見本用に内部を公開している住宅。

**おおへい【大柄】** 横柄《おうへい》。

**おおべや【大部屋】** ①大きな部屋。②下級俳優（―の楽屋）。③病院で、多くのベッドのある部屋。対個室

**オーベルジュ**〔フランス語 auberge〕宿泊施設のあるレストラン。

**オーボエ**〔イタリア語 oboe〕木管楽器の一。オーボー。

**おおぼら【大法螺】** おおうそ。

**おおまか【大まか】** おおざっぱ。「万事―に過ぎる」

**おおまけ【大負け】** ①大敗。②大きく値引きすること。「―に負けて」

**おおまた【大股】** 両足を広く開くこと。

**おおまわり【大回り】** 大きく（―遠くを）回ること。対小回り

**おおみえ【大見得】**

―を切《き》る 俳優が目立った表情・姿勢をする。●大げさなことを言って自信のほどを示す。

**おおみず【大水】** 大雨で、川の水があふれること。類洪水

**おおみそか【大晦日】** 一年の最後の日。

**オーム**〔ohm〕電気抵抗の単位。記号Ω

**おおむかし【大昔】** 遠い昔。

**おおむぎ【大麦】** 麦の一。食用。ビール・みそなどの原料。

**おおむこう【大向こう】** 劇場で、立見席。●一般の観客。「―をうならす（＝大衆の人気を得る）」

**おおむね**《概ね》大体。類おおよそ

**おおむらさき【大紫】** チョウの一。黒褐色の地に白と黄色の小紋。〔日本の国蝶〕

**おおめ【多め】** やや多いこと。対少なめ

**おおめだま【大目玉】** 大きな目玉。●ひどくしかること。「―を食う」

**おおめにみる【大目に見る】** 寛大に扱う。

**おおもじ【大文字】** ①ローマ字で、文頭などに使う字体。A・B…など。キャピタルレター。②大きな文字。◇対小文字

**おおもと【大本】** 根本。

**おおもの【大物】** 大きな物。●大きな勢力・能力のある人。◇対小物

―食《ぐ》い スポーツで、自分よりずっと実力ある者を負かす―人（チーム）。

**おおもり【大盛り】** たくさん盛ること。

**おおもん【大門】** ①正門。類表門 ②遊郭の入り口の門。

**おおや【大家・大屋】** 家主。対店子《たなこ》

**おおやけ【公】** ①国家。②公共。③公然。「―にする」◇対私《わたくし》

―沙汰《ざた》 公然のこと。おもてざた。

**おおやしま【大八洲】**〔古語〕日本の美称。

**おおゆき【大雪】** たくさん―降る（積もった）雪。

**おおよう【大様】** おおらか。類鷹揚《おうよう》

**おおよそ**《大凡》だいたい。

**オーラ**〔aura〕①（人の）独特の雰囲気。②霊気（―の光）。

**オーライ** オーケー。〔all right から〕

**おおらか** こせこせしないようす。類おうよう

**オーラス** マージャンで、一ゲームの最後の局。●コンサートツアーで、最後の公演。〔all last から〕

**オーラル**〔oral〕口（―でする）の意。

―セックス〔oral sex〕口唇による性行為。

―ヒストリー〔oral history〕政治学や歴史学で、口述記録。

―メソッド〔oral method〕会話中心の外国語教授法。

**オール**[all] ①全。②オールナイトの略。
**―インワン**[all-in-one] ①女性用下着の一。②パソコンや音響機器などで、必要な装置やソフトを一体化したタイプ。
**―ウエザー**[all-weather] 全天候に対応できること。
**―オアナッシング**[all or nothing] すべてか無か。譲歩・妥協のないこと。
**―シーズン**[all-season] 四季を通じて使えること。
**―スター**[all-star] 人気者をそろえること。
**―スターゲーム**[all-star game] プロスポーツで、ファン投票などで選ばれたスター選手によって行われる試合。
**―スパイス**[allspice] 香辛料の一。〔何種かの香辛料を混ぜたような味・風味がすることから〕
**―ナイト**[all-night] 夜通し。
**―バック**[和製語 all back] 髪形の一。
**―ラウンダー**[all-rounder] 万能選手。
**―ラウンド**[all-round] 万能。「―プレーヤー」
**オール**[oar] ボートのかい。
**オールディーズ**[oldies] 昔はやったポピュラー音楽や映画。
**オールド**[old] 古い。年とった。
**―タイマー**[old timer] 時代遅れの人やもの。
**―ファッション**[old fashioned] 旧式。昔風。
**―ファン**[old fan] 往年のファン。
**オールマイティー**[almighty] ①(全知)全能。②トランプで、いちばん強い札。
**オーロラ**[aurora] 両極地方の空に幕のような光が見られる現象。極光。
**―ビジョン**[Aurora Vision] 屋外に設置する大型画面。〔商標〕
**おおわざ【大業・大技】** 相撲や柔道などで、大胆なわざ。対こわざ
**おおわざもの【大業物】** よく切れる刀。
**おおわらわ【大童】** 力の限り奮闘するようす。「―になる」〔髪を乱して奮戦するようすの意〕
**おか【丘】**《岡》小高い土地。
**おか【陸】** りく。＝㋐すずりの、墨をする所。◇対海・池 ㋑ふろの流し場。
**―に(へ)上《あ》がった河童《かっぱ》** 環境が変わり力が出せないこと。
**おかいこぐるみ【お蚕ぐるみ】** 絹物ばかり着て(―ぜいたくに暮らして)いること。
**おかえし【お返し】** ①返礼として送る―こと(物)。＝報復。②客に渡すおつり。
**おかえり【お帰り】** ①「帰り」の尊敬語。②お帰りなさい。
**―なさい** 帰ってきた人に言うあいさつ。〔「お帰り」より丁寧〕
**おかか** かつおぶし。〔もと、女性語〕
**おかかえ【お抱え】** 個人的に専従の人を雇うこと。また、その人。「―運転手」
**おかき**《お欠き・お掻き》かきもち。〔主に関西で使う〕
**おがくず【おが屑】**《大鋸屑》のこぎりのひきくず。
**おかくれ【お隠れ】**「死ぬこと」の尊敬語。「―になる」〔身分の高い人に使う婉曲《えんきょく》表現〕
**おかげ【お陰】**《お蔭》(神仏や人の)ありがたい助け。「―(―さま)で」
**おかざり【お飾り】** ①神前・仏前の―飾り(供物)。②正月のしめかざり。＝名目だけで役に立たない―もの(人)。
**おかしい**《可笑しい》①こっけいだ。②変だ。
**おかしがたい【犯し難い】** 気安くできない。
**おかしらつき【尾頭付き】** 尾も頭もつけたままの(―祝儀用の)焼き魚。
**おかす【犯す】** ①そむく。「法を―」②**【侵す】** そこなう。「所有権を―」③強姦《ごうかん》する。
**おかす【冒す】** ①おしきる。「危険を―」②病がとりつく。「病魔に冒される」③他人の姓を名乗る。
**おかず**《お数・お菜》副食物。類おさい
**おかたい【お固い】** 性質や考え方が固い。〔ちゃかした言い方〕
**おかって【お勝手】** 台所。
**おかっぱ【お河童】** 女の子の髪型の一。前は眉の上、後ろは肩の上で切りそろえる。
**おかっぴき【岡っ引き】** 江戸時代、同心の手下。類目明かし・手先
**おかづり【陸釣り】** ①岸でする釣り。②〔俗語〕女性をあさること。
**おかどちがい【お門違い】** 見当違い。

〔家や方向をまちがえる意〕
**オカピ**[okapi] コンゴの密林にすむキリン科の動物。
**おかぶ【お株】** 得意な━わざ（やり方）。「━を奪う」
**おかぼ【陸稲】** りくとう。
**おかぼれ【傍惚れ・岡━】** わきからひそかに恋すること。類横恋慕《よこれんぼ》
**おかま【お釜】** ①釜の美化語。②火山の火口。③〔俗語〕男性同性愛者。〔揶揄《やゆ》的表現。/尻《しり》の隠語から〕対おなべ
━**を掘《ほ》る** 男色の行為をする。Ⅱ自動車が前の自動車に追突する。
**おかまい【お構い】** もてなし。気を使うこと。「━━なし（なく）」
**おかみ【お上】**（料理屋などの）女主人。〔女将とも書く〕
━**さん** ①他人の妻。②（商店などの）女主人。
**おかみ【御上】** ①天皇。朝廷。②政府。
**おがみたおす【拝み倒す】** 頼んで無理に承知させる。
**おがむ【拝む】** ①合掌する。Ⅱ頼む。②見るの謙譲語。
**おかめはちもく【傍目八目・岡目━】** 第三者の方がかえって物事の得失がよくわかること。〔碁はわきで見ている方が八目も先まで読める意〕
**おかもち【岡持ち】** 出前用のおけ。手とふた付き。
**おかやき【傍焼き・岡━】** 他人の仲を第三者がねたむこと。

**おから**《雪花菜》豆腐のしぼりかす。うのはな。きらず。
**おがら【麻幹】** 皮をはいだアサの茎。あさがら。〔盂蘭盆《うらぼん》の迎え火・送り火に使う〕
**オカリナ**〔イタリア語 ocarina〕 陶製のハト型のふえ。
**オカルト**[occult] 超自然的な━現象（術）。
**おがわ【小川】** 小さな川。
**おかわり【お代わり】** 同じ物を続いて飲食すること。また、その飲食物。
**おかん** おかあさん。〔おもに関西の方言。/親しみをこめた（やや乱暴な）言い方〕対おとん
**おかん【お燗】** 酒のかん。「━番」
**おかん【悪寒】** 発熱の際の寒け。
**おかんむり【お冠】** 〔俗語〕不機嫌。「━だ」
**おき【置き】** 間を置くこと。「一日━」
**おき【沖】** 岸から遠い━海（湖）上。
**おき【燠】**《熾》①赤くなった炭火。②炭のようになったまき。
**おぎ【荻】** ススキに似た草。秋に穂を出す。水辺・湿地に多い。
**おきあい【沖合い】** 沖の方。
━**漁業《ぎょぎょう》** 近海漁業。
**おきあがる【起き上がる】** 横になっていた体を起こす。
**おきあみ**《沖醤蝦》 エビに似たプランクトン。食用。
**おきいし【置き石】** ①線路などに石を置くこと。その石。②庭に置く観賞用の石。③軒下の敷石。④置き碁で、最初に置いた黒石。
**おきかえる【置き換える】** ①置く場所を変える。②他の物を代わりに置く。類とりかえる
**おきがけ【起き掛け】** 寝床から起きてすぐ。おきぬけ。
**おきがさ【置き傘】** 不意の雨に備えて置いておく傘。
**おきぐすり【置き薬】** 行商の薬屋が置いていく薬。使った分だけ代金を払う。
**おきご【置き碁】** 囲碁で、弱い方が最初に二子《し》以上置いて打つ碁。
**おきごたつ【置き炬燵】** 移動できるこたつ。対切りごたつ・掘りごたつ
**おきざり【置き去り】** そこに残して立ち去ること。「━にする」
**おきじ【置き字】** 漢文の助字。〔乎《こ》・焉《えん》など〕
**オキシダント**[oxidant] 排気ガスなどが紫外線に当たって生じる有害物質。目やのどを冒し、植物にも有害。ox。
**オキシドール**〔ドイツ語 Oxydol〕 殺菌消毒用の薬品。過酸化水素水に安定剤を加えたもの。
**オキシフル**[Oxyful] オキシドールの商標名。
**おきづり【沖釣り】** 沖でする釣り。対磯《いそ》釣り
**おきて【掟】** ①定め。「世の━」②法制。
**おきてがみ【置き手紙】** 書いて残していく手紙。「━を残す」

**おきどけい【置き時計】** 机や棚の上に置いて使う時計。

**おきどころ【置き所】** 置くべき場所。「身の—がない」

**おきな【翁】** ①男の老人。〔古風な言い方〕 対媼《おうな》 ②翁①の仮面（—をつけて舞う能楽）。

**—草《ぐさ》** 多年草の一。花の後、めしべが白い髪のようになる。

**おぎなう【補う】** 不足を満たす。「赤字を—」

**おきなおる【起き直る】** 起き上がって座る。

**おきなかし【沖仲仕】** 港で、船の荷を積み降ろしする港湾労働者。

**おぎなってあまりある【補って余りある】** 不足・損失を補った以上の効果がある。

**おきにいり【お気に入り】** 気に入っている‐物（人）。

**おきぬけ【起き抜け】** 起きがけ。

**おきはい【置き配】** 宅配便などの荷物の配達で、手渡しではなく、玄関前や車庫など指定した場所に置いて届けること。

**おきばな【置き花】** 華道で、床の間や卓上に置く‐いけ方（花）。対掛け花

**おきび【燠火】**《熾火》おき。

**おきびき【置き引き】** 置いてある他人の物を持ち去る‐こと（人）。

**おきふし【起き伏し】**《—臥し》①起きることと寝ること。Ⅱ毎日の生活。②つねづね。

**おきまり【お決まり】** いつも決まっていること。「—の自慢話」

**おきみやげ【置き土産】** 後に残していく‐品（事柄）。

**おきもの【置物】** 置いて飾るもの。Ⅱ名前だけで実質のない‐物（人）。

**おきゃん**《お俠》おてんば。

**おきる【起きる】** ①立ち上がる。②目ざめる。③起床する。④生じる。「事故が—」⑤《熾きる》炭火の火力が強くなる。おこる。

**おきわすれる【置き忘れる】** 置いた場所を忘れる。持ち帰るのを忘れる。

**おく【奥】** ①深く入った所。「山の—」②家の中で、家族の過ごす所。対表 ③奥義。

**—が深《ふか》い** 容易に理解し尽くせるものではない。Ⅱ専門家には問題らしいが、しろうとにはよくわからない。

**おく【億】** 数の単位。一万の一万倍。

**おく【措く】** さしおく。「あの人をおいて適任者はいない」

**—能《あた》わず** せずにはおれない。「感嘆—」

**おく【置く】** ①位置させる。②へだてる。「間を—」③放置する。「本を—」「ただではおかん」④設ける。「事務所を—」⑤前もってする。「書いて—」〔ふつう仮名書き〕

**おく【擱く】** やめる。「筆を—」

**おくいぞめ【お食い初め】** くいぞめの美化語。

**おくいん【奥印】** 書類の終わりに押す、記載内容を証明する印。

**おくがい【屋外】** 家・建物の外。対屋内

**おくがき【奥書】** ①書物の終わりに、発行・筆写の事情などを記した文。②文書の最後の、記述内容を証明する文章。

**おくがた【奥方】** 身分の高い人（他人）の妻。〔古風な言い方〕

**おくぎ【奥義】** 学芸・武術の極意《ごくい》。おうぎ。「—をきわめる」

**おくさま【奥様】** 他人の妻の敬称。

**おくさん【奥さん】** 奥様より敬意の軽い語。

**おぐし【お髪】** 頭髪の尊敬語。〔もと、女房ことば〕

**おくしゃ【屋舎】**〔文章語〕建物。家。

**おくじょう【屋上】** ①屋根の上。②最上階の上に設けた平らな所。

**—屋《おく》を架《か》す** 余計なことを重ねてする。

**おくする【臆する】**〔文章語〕気おくれする。「—ことなく」

**おくせつ【臆説・憶説】** 推測や仮定による意見・考え。

**おくそく【臆測・憶測】** あて推量。

**おくそこ【奥底】** ①奥深い所。②本心。

**オクターブ**〔octave〕音階で、音程が八度隔たっている‐音（こと）。

**—が上《あ》がる** 話の調子が上がる。

**おくだん【臆断・憶断】** 臆測によって判断すること。

**オクタンか【—価】** ガソリンの耐爆性を表す単位。〔数値が高いほど良質〕

**おくち【奥地】** 都市や海岸から遠い地域。

**おくちょう【億兆】** ①無限に多い数。②万民。「—の民」

**おくつき【奥津城】** 墓所。〔雅語〕
**おくづけ【奥付】** 書物の巻末の、著者・出版者・発行年月日などを記した部分。
**おくて【奥手・晩生】** 成熟のおそいもの。〔イネの場合は晩稲とも書く〕対わせ
**おくでん【奥伝】** 奥許し。
**オクトーバー**〔October〕 一〇月。
**オクトパス**〔octopus〕 蛸《たこ》。
**おくない【屋内】** 家・建物の中。対屋外
**おくに【お国】** ①郷里。「—自慢」 ②地方。③大名の領地の敬称。④自分の国。
**—入《い》り** 大名が領地に帰ること。Ⅱ著名人が故郷に（代議士が選挙区に）帰ること。
**—言葉《ことば》** 方言。
**おくのいん【奥の院】** 本堂より奥にある、本尊などをまつった堂。
**おくのて【奥の手】** ①最後の手段。②奥義。
**おくば【奥歯】** 臼歯。
**—に物《もの》が挟《はさ》まる** 思うことをわざと率直に言わない。
**おくび**《噯気》 げっぷ。
**—にも出《だ》さない** 秘密にしてそぶりにも見せない。
**おくびょう【臆病】** 恐れやすい性質。「—者」
**—風《かぜ》を吹《ふ》かす** おじけづく。
**おくぶかい【奥深い】** ①入り口から遠い。②意味が深い。◇奥ふかい。
**おくまる【奥まる】** 奥深くなる。
**おくまんちょうじゃ【億万長者】** たいへんな金持ち。類大富豪
**おくみ【衽】** 和服の前身頃に縫い足す細長い布。
**おくむき【奥向き】** ①家の奥の方。②（上流家庭の）家事に関すること。
**おくめん【臆面】** 気おくれしたようす。
**—もなく** ずうずうしく。
**おくやま【奥山】** 人里離れた深山。
**おくゆかしい【奥床しい】** 上品でつつしみぶかい。
**おくゆき【奥行】** （家や土地の）表から裏までの長さ。対間口
**おくゆるし【奥許し】** 奥義を伝授されること。類奥伝 対初《しょ》許し・中許し
**おくら【お蔵】** 公開せず、しまっておくこと。「—入り・—にする」
**オクラ**〔okra〕 野菜の一。実を食べる。切り口はぬるぬるしている。
**おぐら【小倉】** おぐらあん・おぐらじるこの略。「—アイス」
**—餡《あん》** 蜜《みつ》漬けのアズキのつぶ入りあん。
**—汁粉《じるこ》** 小倉餡で作った汁粉。
**—百人一首《ひゃくにんいっしゅ》** 藤原定家撰といわれる歌人一〇〇人の一首ずつの歌。〔歌ガルタとして使われる〕
**おぐらい【小暗い】** 薄暗い。
**おくらす【遅らす・後らす】** おくらせる。
**おくらせる【遅らせる・後らせる】** おくれるようにする。
**おくり ㊀【送り】** ①（見）送ること。②送り状。
**—狼《おおかみ》** 女性を送る途中で、害を加えようとする男。
**—仮名《がな》** 漢字の読みを助けるために、漢字の後につける仮名。
**—込《こ》む** ①目的地まで届ける。②団体や組織に人を差し向ける。
**—状《じょう》** 荷物の発送人から受取人に送る、内容の明細・勘定書き。
**—出《だ》す** ①出て行く人を送る。②先方へ物を送る。③相撲で、相手を後ろから押して出す。
**—付《つ》ける** 欲しがらない相手に無理に届ける。
**—バント** 野球で、ランナーを進塁させるためのバント。
**—火《び》** 盂蘭盆《うらぼん》の最終日に、死者の霊を送り出すためにたく火。対迎え火
**㊁【贈り】**
**—名《な》** 死後に贈る称号。諡号《しごう》。〔諡とも書く〕
**—物《もの》** 人に贈る物（こと）。
**おくる【送る】** ①届ける。②去る人と別れる。③過ごす。④順に移す。⑤送り仮名をつける。
**おくる【贈る】** ①与える。②死後に官位・称号を授ける。
**おくるみ【お包み】** 防寒用に赤ん坊を衣服の上から包む物。
**おくれ【後れ】** ①【遅れ】 おくれること。②劣ること。「—をとる」
**—毛《げ》** 結った髪からはずれた毛。
**—馳《ば》せ** 時機におくれること。「—ながら」〔遅れ馳せとも〕

**おくれる** 一【遅れる】①おそくなる。②時刻に間に合わない。二【後れる】①取り残される。②劣る。
**おけ**【桶】板を組んだ容器。「風呂—」
**オケ** オーケストラの略。
**おけら** ①動物の、ケラ。②〔俗語〕文無し。
**おけら**【朮】野草の一。キク科。根は漢方薬用。「—祭《まつ》り（＝京都八坂神社の大みそかから元旦にかけての行事）」
**おける**【於ける】（「…に～」の形で）①…での。②…に対する。
**おこ**【烏滸・尾籠】〔文章語〕愚か（—な人）。「—の沙汰《さた》」
**おこえがかり**【お声掛かり】目上の人や有力者の口添え。
**おこがましい**【烏滸がましい】①差し出がましい。②ばからしい。
**おこし**【お越し】「行くこと・来ること」の尊敬語。「どちらへ—ですか」
**おこし**【粔籹】菓子の一。炒《い》った穀類で作る。
**おこしいれ**【お輿入れ】嫁入りの尊敬語。〔嫁の輿を婿の家に入れるの意〕
**おこじょ** イタチに似た小動物。〔英名はアーミン。／毛皮は高級品〕
**おこす**【起こす】①立たせる。②目をさまさせる。③掘り返す。④生じさせる。⑤【興す】盛んにする。⑥【熾す】炭火をよく燃えるようにする。
**おこぜ**【鰧・虎魚】近海魚の一。頭がでこぼこで形が醜い。食用。Ⅱ顔の醜い人。
**おごそか**【厳か】いかめしく重々しい。「—に執り行う」
**おこたる**【怠る】①なまける。②油断する。「注意を—」
**おこつ**【お骨】遺骨の尊敬（美化）語。
**おこない**【行い】①行為。②品行。③仏道の修行。
**—澄《す》ます** 仏道の修行に励む。Ⅱ殊勝らしくする。
**おこなう**【行う】する。〔古くは仏道修行する意にも使われた〕
**おこなわれる**【行われる】①実行される。②広く用いられる。
**おこのみやき**【お好み焼き】魚介・肉・野菜を、といた小麦粉にまぜて焼く料理。
**おごのり**【海髪海苔】刺身のつまにする赤い海藻。
**おこぼれ**【お零れ】他人の余りの恩恵や利益。「—にあずかる」
**おこり**【起こり】①はじまり。「名の—」②原因。「事の—」
**おこり**【怒り】
**—上戸《じょうご》** 酒に酔うと怒りっぽくなる性質（—の人）。
**—っぽい** すぐ怒るようす。
**—ん坊《ぼう》** なにかと怒りだす人。
**おごり**【奢り】①ぜいたく。「—をきわめる」②ごちそうすること。
**おごり**【驕り】いい気になり、わがままにふるまうこと。慢心。
**おこる**【起こる】①生ずる。②【興る】盛んになる。③【熾る】炭火の火力が強くなる。
**おこる**【怒る】腹を立てる。類いかる
**おごる**【奢る】①ぜいたくをする。②人にごちそうする。
**おごる**【驕る】権力に任せて、わがままにふるまう。
**おこわ**【お強】赤飯。こわめし。
**おさえ**【押さえ・抑え】①おさえること。②おもし。③しんがり。④支配力。「—がきく」
**—込《こ》む** ある範囲の中に押さえ、動けなくする。
**—つける** ①押さえて、動けなくする。②無理に従わせる。
**おさえる**【押さえる・抑える】①動かないようにする。「指で—」②くいとめる。「支出を—」③耐える。
**おさおさ**〔文章語〕（否定表現の中で）ほとんど（—まったく）。「—怠りない」
**おさがり**【お下がり】①目上の人の使い古し。類お古 ②供物《もつ》を下げたもの。
**おさき**【お先】先の丁寧語。「—に」
**—真《ま》っ暗《くら》** 将来の見通しがまったく立たないようす。
**おさきぼう**【お先棒】⇩さきぼう
**—を担《かつ》ぐ** 人の手先となって働く。
**おさげ**【お下げ】①少女の髪型の一。②女の帯の結び方の一。
**おざしき**【お座敷】座敷の丁寧語。
**—がかかる** ①芸者や芸人が客によばれる。②さそわれる。
**おさだまり**【お定まり】お決まり。〔皮肉を含む言い方〕

**おさと【お里】** ①実家の敬称。②生い立ち。
**—が知《し》れる** 生い立ちの悪さが露呈する。
**おさな【幼】**
**—顔《がお》** 子供のときの顔つき。
**—子《ご》** 幼い子供。〔幼児とも書く〕
**—心《ごころ》** 子供心。
**—妻《づま》** 年若い妻。一〇代の妻。
**—友達《ともだち》** 幼なじみ。
**—馴染《なじ》み** 子供のころの仲よし。
**おさない【幼い】** ①年が少ない。②未熟だ。
**おざなり【お座なり】** 当座の間に合わせ。
**おさまる** ㊀【収まる】①きちんと入る。「箱に—」②片づく。「紛争が—」㊁【納まる】①きちんと相手に渡る。「国庫に—」②地位につく。「会長に—」
**おさまる** ㊀【治まる】 静まる。「世の中（痛み）が—」㊁【修まる】 行いが正しくなる。「身持ちが—」
**おさむい【お寒い】** 〔俗語〕貧弱だ。心細い。「—しろもの」
**おさめる** ㊀【収める】①きちんとしまう。「箱に—」②得る。「成果を—」③取り入れる。「全集に—」④落ち着かせる。「その場を—」㊁【納める】①支払う。「月謝を—」②終わりにする。「舞い—」③しまう。「胸に—」
**おさめる** ㊀【治める】①支配する。「国を—」②静める。㊁【修める】①正しくする。「身を—」②修得する。「学問を—」
**おさらい《お復習い》** ①復習。②芸事で、発表会。
**おさらば** 〔俗語〕さようなら。
**おさん【お産】** 出産。
**おさんじ【お三時】** おやつ。
**おさんどん【お三どん】** 台所仕事。〔古風な言い方〕
**おし** ㊀【押し】《圧し》①押すこと。②自分の望みを通すこと。「—が強い」③押さえつける—もの（力）。「—がきく」④意味を強める。「—開く」㊁〔俗語〕【推し】①推薦すること。②ファンであること。
**—も押《お》されもしない** 実力があって、びくともしない。
**おし【啞】** 口がきけない—こと（人）。〔差別的に使われる〕
**おじ** ㊀【伯父】 父母の兄。㊁【叔父】 父母の弟。◇対おば
**おしあいへしあい【押し合い圧し合い】** 大勢が押しあって混雑すること。
**おしあげる【押し上げる】** ①押して上げる。②引き立てて地位につける。
**おしあてる【押し当てる】** おしつける①。「ドアに耳を—」
**おしい【惜しい】** ①失い（むだにし）たくない。「命が—」②残念だ。「—ことをした」
**おじいさん** ㊀【お祖父さん】 祖父の敬称。㊁【お爺さん】 男性の老人—を親しんで呼ぶ語（の敬称）。◇対おばあさん
**おしいただく【押し頂く】**《—戴く》①（うやうやしく）ささげ持つ。②長として敬い迎える。「A氏を会長に—」
**おしいる【押し入る】** 無理にはいる。「家に—」
**おしうり【押し売り】** 無理に売りつける—こと（人）。Ⅱ無理じい。「善意の—」
**おしえ【教え】** ①教えること。②宗旨。
**—子《ご》** 生徒。弟子。
**—込《こ》む** 完全にできるまで（—繰り返し）教える。
**おしえ【押し絵】** 羽子板などにはる絵。立体感がある。
**おしえる【教える】** ①教育する。②知らせる。
**おしおき【お仕置き】** ①子供にこらしめのために加える罰。②江戸時代の刑罰。
**おしかえす【押し返す】** 押して戻す。
**おしかくす【押し隠す】** ひたすら隠す。
**おしかける【押し掛ける】** ①招かれないのに無理に行く。②押し寄せる。類つめかける
**おじき【伯父貴・叔父貴】** おじの—敬称（愛称）。〔「き」は君の略〕
**おじぎ【お辞儀】** 頭を下げる礼。
**—草《そう》** 触れると葉をたたみ、葉柄から垂れ下がる草。ネムリグサ。〔含羞草とも書く〕
**おしきせ【お仕着せ】** 従業員に与える制服。Ⅱ上から与えられたまま。「—の計画」
**おしきる【押し切る】** 強引にやり通す。
**おしくら【押しくら】** 大勢が一か所に固まってからだで押し合うこと。
**—饅頭《まんじゅう》** おしくらをする遊び。
**おしげ【惜し気】** 失いたくないという気持

ち。

―(‐も)なく 惜しいとも思わず。

**おじけ【怖じ気】** 恐れる心。おぞけ。「―をふるう」

**―付《づ》く** こわいと感じる。おじけだつ。

**おしこみ【押し込み】** 強盗。

**おしこむ【押し込む】** ①無理に‐入る(入れる)。②強盗に入る。

**おしこめる【押し込める】** ①無理に入れる。②閉じ込める。

**おしころす【押し殺す】**《圧し―》(声や感情を)無理に押さえる。

**おじさん** 一【伯父さん・叔父さん】「おじ」の敬称。二【小父さん】中年の男性‐を親しんで呼ぶ語(の敬称)。◇対おばさん

**おしずし【押し鮨】** 型に飯と具を入れ、押して固めたすし。

**おしすすめる【推し進める】** 物事をはかどらせる。

**おしたじ【お下地】** しょう油。

**おしだし【押し出し】** ①人なかへ出た態度。「―が立派だ」類風采《ふうさい》 ②相撲のわざの一。③野球で、満塁のとき、四死球で得点が入ること。

**おしだす【押し出す】** ①押して外へ出す。②大勢で出かける。類くり出す ③人なかへ出ていく。

**おしたてる【押し立てる】** ①勢いよく立てる。②表面(先頭)に立たせる。

**おしだまる【押し黙る】** じっと黙る。

**おしちや【お七夜】** 子が生まれて七日目の夜(‐の祝い)。

**おしつけがましい【押し付けがましい】** 無理にやらせるようす。

**おしつける【押し付ける】** ①ぎゅっと押さえる。②無理に‐させる(受け取らせる)。「仕事(責任)を―」

**おしつぶす【押し潰す】** ①上から押してつぶす。②強い勢力でつぶす。「世論が悪政を―」

**おしつまる【押し詰まる】** ①年の暮れになる。②差し迫る。

**おして【押して】** むりに。しいて。

**おしてしるべし【推して知るべし】** 想像すればだれにでもわかる。

**おしとおす【押し通す】** ①無理に通す。②やりぬく。

**おしとどめる【押し止める】** (他人の行動を)制止してやめさせる。「離婚を―」

**おしどり《鴛鴦》** カモに似た水鳥。〔仲がよい夫婦にたとえられる〕

**おしながす【押し流す】** 水の勢いでものを動かす。⊜大きな力が物事を変える。「時代の波に押し流される」

**おしなべて【押し並べて】** ①一様に。②だいたい。「―正しい」

**おしのける【押し退ける】** 押してどける。「群衆を―」⊜無理に人‐より前に出よう(に勝とう)とする。

**おしのび【お忍び】** 身分の高い人が、こっそり出かけること。

**おしはかる【推し量る】** 推量する。「胸中を―」

**おしひろめる【押し広める】**《推し弘める》世間に広める。

**おしピン【押しピン】** 画びょう。〔西日本方言〕

**おしべ【雄蕊】** 種子植物で、花粉を出す雄性生殖器官。ゆうずい。対めしべ

**おしボタン【押しボタン】** 押して機械・装置を作動させるボタン。

**おしぼり【お絞り】** ぬらしてしぼった手拭《てぬぐい》やタオル。手や顔をふく。

**おしみない【惜しみない】** 出し惜しみをしないようす。「―努力」

**おしむ【惜しむ】** 惜しいと思う。

**―らくは** 〔文章語〕惜しいことには。

**おしむぎ【押し麦】** 圧搾した大麦・はだか麦。米にまぜて炊く。ひらむぎ。押し割り。

**おしめ《襁褓》** おむつ。

**おじめ【緒締め】** 袋物の口ひもを束ねて通し、袋の口を締めるための、穴のあいた玉。

**おしめがい【押し目買い】** 取引で、上がり続けていた相場が一時的に下がったときに買いつけること。

**おしめり【お湿り】** 適度にぬらす雨。

**おしも【お下】** 大小便の美化語。

**おしもんどう【押し問答】** 互いに言い張って譲らないこと。

**おじや** 雑炊《ぞうすい》。

**おしゃか《お釈迦》** 〔俗語〕①できそこないの製品。②だめな状態。「―になる」

**おしゃぶり** 赤ん坊にしゃぶらせるおもちゃ。

**おしゃべり《お喋り》** よくしゃべる‐こと

（人）。

**おしゃま**〔俗語〕ませている‐こと（女児）。「―な娘」

**おしやる【押し遣る】**①押して向こうへやる。②押しのける。

**おしゃれ【お洒落】**①化粧や服装に気を配る‐ようす（人）。「―上手」②気がきいているようす。「―なカフェ」

**おじゃん**〔俗語〕だめな状態。「―になる」

**おしゅう【汚臭】**くさいにおい。類悪臭

**おじゅう【お重】**重箱。〔女性語的〕

**おじゅけん【お受験】**〔俗語〕有名‐私立（国立）幼稚園・小学校への受験。「―スーツ」

**おしょう【和尚】**①僧。住職。②師僧の敬称。◇〔元来は禅宗の語〕

**おじょうさま【お嬢様】**①他人の娘の敬称。②名家の娘。◇対おぼっちゃま

**おじょうさん【お嬢さん】**他人の娘・若い女性‐を親しんで呼ぶ語（の敬称）。

**おじょうず【お上手】**①上手の尊敬語。②おせじ。〔からかって言うときにも使う〕「―を言う」

**おしょく【汚職】**公の職権を利用して不正行為をすること。〔瀆職《とくしょく》の言いかえ〕

**おじょく【汚辱】**〔文章語〕はじ。はずかしめ。

**おじょく【汚濁】**おだく。

**おしよせる【押し寄せる】**勢いよく迫る。「ファンが―」

**おしろい《白粉》**化粧品の一。〔「お白い」の意〕

**―花《ばな》** 草花の一。夏の夕方、赤や黄・白の花が咲く。

**―焼《や》け** おしろいの常用のため皮膚が茶色になること。

**オシログラフ**〔oscillograph〕電流・電圧の変化を波型で記録する装置。

**オシロスコープ**〔oscilloscope〕電流・電圧の変化を波型で映像化する装置。

**おしわける【押し分ける】**むりにかきわける。

**おしん【悪心】**胸のむかつき。

**おしんこ【お新香】**漬物。

**オシント【ＯＳＩＮＴ】**〔open source intelligence〕⇩オープンソースインテリジェンス

**おす【雄】《牡》**動物の男性。〔オスとも書く〕対雌《めす》

**おす【押す】**①手前から向こうへ力を加える。対引く ②《圧す》上から重みを加える。③強行する。「病気をおして」④圧倒する。⑤（放送などで）予定の時間がおしつまる。⑥《捺す》「印鑑を―」

**おす【推す】**①推挙する。②推量する。「推して知るべし」

**おすい【汚水】**〔文章語〕よごれた水。対浄水

**おずおず《怖ず怖ず》**恐る恐る。

**おすすめひん【お勧め品】**客に勧める‐よい（安い）品。

**おすそわけ【お裾分け】**もらった物の一部を他の人にわけること。また、その物。

**オストメイト**〔ostomate〕人工肛門《こうもん》や人工膀胱《ぼうこう》を使用している人。

**オストリッチ**〔ostrich〕オーストリッチ。

**おすなおすな【押すな押すな】**大勢の人が詰めかけるようす。「―の盛況」

**おすまし【お澄まし】**①とり澄ました‐ようす（人）。②すましじる。〔女性語的〕

**おすみつき【お墨付き】**権威者の証明（‐書）。〔もと、幕府・大名が証明のために与えた墨印の押してある文書〕

**おせいぼ【お歳暮】**歳暮の美化語。〔御歳暮とも〕

**おせおせ【押せ押せ】**①物事がたてこみ、後の物事に時間の余裕がなくなること。②圧倒すること。「―ムード」

**おせじ【お世辞】**世辞の美化語。

**おせち【お節】**正月の特別な料理。お節料理。〔もと、節句の料理〕

**おせっかい【お節介】**余計な世話をやく‐こと（人）。

**オセロ**〔Othello〕ゲームの一。盤上に白黒の駒を並べ、相手の駒を取り合う。〔商標〕

**おせわ【お世話】**世話の‐謙譲（美化）語。

**―様《さま》** 相手の世話に対する感謝の語。

**おせん【汚染】**よごれること。「大気―」

**おぜんだて【お膳立て】**食膳を整えること。Ⅱ準備。

**おそ【悪阻】**〔文章語〕つわり。

**おそい【遅い】**対はやい

**おそいかかる【襲い掛かる】**急に襲っていく。

**おそう【襲う】**①不意に攻める。②受け

継ぐ。「地位を—」

**おそうまれ【遅生まれ】** 四月二日から一二月三一日までに生まれた―こと（人）。対早生まれ

**おそかりし【遅かりし】** 遅かった。

**—由良之助《ゆらのすけ》** 手遅れになったときに言う語。〔『仮名手本忠臣蔵』から〕

**おそかれはやかれ【遅かれ早かれ】** いつかは。「—認められるだろう」類早晩

**おそきにしっする【遅きに失する】** 遅すぎる。

**おぞけ【怖気】** おじけ。「—をふるう」

**おそざき【遅咲き】** 同種のものよりも遅く咲くこと。対早咲き Ⅱ人より遅れて力を発揮すること。

**おそし【遅し】** 遅いの文語形。「今や—と」

**おそじも【遅霜】** 春におりる霜。ばんそう。

**おそぢえ【遅知恵】** ①不要になったころに浮かぶ知恵。②知恵の発達が遅いこと。

**おそで【遅出】** ①いつもより出勤が遅いこと。②遅番。◇対早出

**おそなえ【お供え】** 「鏡もち・供え物」の尊敬語。

**おそね【遅寝】** 夜遅くなってから寝ること。対早寝

**おそばん【遅番】** 遅く勤務につく番。対早番

**おそまき【遅蒔き】** 時期より遅れて種をまくこと。対早まき Ⅱ時機に遅れること。「—ながら」

**おぞましい** ぞっとするような、いやな感じだ。

**おそまつ【お粗末】** 不十分だ。「—な芸」〔謙遜《けんそん》にも使う〕

**おそらく【恐らく】** たぶん。

**おそるおそる【恐る恐る】** こわごわ。

**おそるべき【恐るべき】** 〔文章語〕恐ろしいほどの。

**おそれ【恐れ】**《怖れ》①恐れる―こと（気持ち）。「—をなす」②【虞】心配。「津波の—がある」③【畏れ】はばかりつつしむ気持ち。

**—入《い》りました** まいりました。

**—入《い》ります** ありがとうございます。

**—入《い》る** ①恐縮する。②降参する。③あきれる。◇〔畏れ入るとも書く〕

**—多《おお》い** もったいない。〔畏れ多いとも書く〕

**—気《げ》** 恐れるようす。「—もなく」

**—ながら** 恐縮ですが。

**おそれる【恐れる】**《怖れる》①こわがる。②【畏れる】畏敬《けい》する。③心配する。類あやぶむ

**おそろしい【恐ろしい】** ①こわい。②はなはだしい。

**おそわる【教わる】** 教えてもらう。

**おそわれる【魘われる】** 夢にうなされる。「夢魔に—」

**おそん【汚損】** 汚して（汚れて）だめになること。

**オゾン** ［ozone］ 酸素の同素体。臭気のある気体。防腐・漂白・殺菌用。化学記号 $O_3$

**—層《そう》** 成層圏中のオゾン濃度の高い層。太陽からの紫外線を吸収する。

**—ホール** ［ozone hole］ オゾン層で、穴があいたようにオゾン濃度が低下した部分。〔大気中のフロン増加が原因〕

**おだ** 〔俗語〕勝手な気炎。「—をあげる」〔お題目の略〕

**おだい【お代】** 代金の美化語。

**おだいじに【お大事に】** 体を大切にしてください。

**おだいもく【お題目】** ①南無妙法蓮華経《なむみょうほうれんげきょう》。②言うだけで実行できそうもない主張。「—を唱える」

**おたいらに【お平らに】** 楽に座ってください。

**おたおた** あわてまごつくようす。

**おたがいさま【お互い様】** 両方同じ立場だということ。

**おたかくとまる【お高くとまる】** 人を見下した態度をとる。

**おたから【お宝】** ①〔俗語〕お金。②大切なもの。

**おだき【雄滝】**《男滝》 一対の滝の、大きい方。対雌滝

**おたく【お宅】** ①相手の―家（所属）の敬称。②〔俗語〕ひとつのことがらに異常にこだわる人。〔ふつう仮名書き〕③あなた。

**おだく【汚濁】** よごれ。「—に染まる」〔おじょくとも〕

**おたけび【雄叫び】** 〔文章語〕雄々しい叫び声。「—を上げる」

**おたずねもの【お尋ね者】** 捜索中の―犯罪（容疑）者。

**おたち【お立ち】** 「出発」「客が帰ること」の尊敬語。
**おたちだい【お立ち台】** 身分の高い人があいさつをするときに立つ台。Ⅱスポーツで、インタビューを受ける殊勲選手が立つ台。
**おだてる《煽てる》** ほめて得意にさせる。
**おたふく【お多福】** おかめ。
**ー風邪《かぜ》** 耳下腺がはれる病気。流行性耳下腺炎。
**ー豆《まめ》** 大粒のソラマメの甘煮。
**おだぶつ【お陀仏】** 〔俗語〕死ぬこと。だめになること。「ーになる」
**おたま【お玉】** お玉杓子《じゃくし》の略。〔女性語的〕
**ー杓子《じゃくし》** ①汁をすくうまるい杓子。②《蝌蚪》カエルの子。Ⅱ音符。
**おだまき【苧環】** ①初夏に青紫や白の花が咲く多年草。②紡いだ麻糸を巻いた玉。
**おたまや【御霊屋】** 〔文章語〕身分の高い人の霊廟《れいびょう》。みたまや。
**おためごかし【お為ごかし】** 相手のためにするように見せかけて、自分の利益をはかること。
**おだやか【穏やか】** ①安らか。②もの静か。
**ーでない** 落ち着いていられない。
**おだわらひょうじょう【小田原評定】** いつまでも結論の出ない相談。〔小田原城が秀吉に攻められたとき、城中で和戦の相談がなかなかまとまらなかったことから〕類小田原評議
**おたんこなす** 〔俗語〕ばか。まぬけ。
**おたんちん** 〔俗語〕おたんこなす。
**おち【落ち】** ①落ちること。②手落ち。③結末。「しかられるのがーだ」④落語や話の最後の部分。「ーがつく」〔しゃれなどで効果的に終わる。／関西では、下げともいう〕
**おちあう【落ち合う】** 出合っていっしょになる。類合流する
**おちあゆ【落ち鮎】** 秋、産卵のため川を下るアユ。類下り鮎・さび鮎
**おちいる【陥る】** ①落ちて入る。②悪い状態になる。「危篤にー」③計略にかかる。「術中にー」
**おちうお【落ち魚】** ①産卵のために川を下る魚。類落ちあゆ ②水温が下がると深い川へ移る魚。③死んだ魚。
**おちうど【落人】** 〔古語〕いくさに負けて隠れ逃げる人。おちゅうど。
**おちおち【落ち落ち】** 〔否定表現の中で〕落ち着いて。「ー眠れない」
**おちくぼむ【落ち窪む】** くぼんで見える。「目がー」
**おちこぼれ【落ち零れ】** ①授業についていけない児童・生徒。Ⅱ世の中の変化についていけない人。②作業過程でこぼれた穀物。③余った−物(利益)。動ーる
**おちこむ【落ち込む】** ①落ちてはまる。②周りよりくぼむ。③悪い状態になる。Ⅱ気がめいる。
**おちしお【落ち潮】** ひきしお。
**おちつきはらう【落ち着き払う】** すっかり落ち着いている。
**おちつく【落ち着く】** ①安定する。②冷静になる。③居着く。④話の結論がでる。⑤地味である。「落ち着いた色」
**おちど【落ち度】《越度》** 過失。
**おちのびる【落ち延びる】** 遠くへ逃げおおせる。
**おちぶれる【落ちぶれる】《落魄れる・零落れる》** 暮らしや地位がみじめになる。類零落《れいらく》する
**おちぼ【落ち穂】** 刈り入れの後に残った穂。
**ー拾《ひろ》い** おちぼを拾うこと。Ⅱ人がとり残したものを集めること。
**おちめ【落ち目】** 落ちぶれ始めた状態。「ーになる」
**おちゃ【お茶】** ①飲み物としての、茶。②仕事の間の休憩。「ーにする」③茶の湯。「ーをたてる」
**ーする** 〔俗語〕(一休みして)お茶を飲む。
**ーを濁《にご》す** いいかげんなことでその場をごまかす。
**ーを挽《ひ》く** 客がなくひまにしている。
**おちゃうけ【お茶請け】** お茶を飲みながら食べる菓子や漬物。
**おちゃがし【お茶菓子】** お茶を飲みながら食べる菓子。
**おちゃっぱ【お茶っ葉】** お茶の葉。
**おちゃっぴい** 〔俗語〕ませておしゃべりな−ようす(少女)。
**おちゃのこ【お茶の子】** 〔俗語〕たやすいこと。「ーさいさい」
**おちゃめ【お茶目】** 「茶目」の親しみをこ

めた言い方。
**おちゃらかす**〔俗語〕ちゃかす。
**おちゅうげん【お中元】** 中元の美化語。〔御中元とも〕
**おちゅうど【落人】** おちうど。
**おちょう【雄蝶】** おすのチョウ。対雌蝶
**おちょうしもの【お調子者】** 調子にのりやすい人。おっちょこちょい。
**おちょくる** からかう。〔関西方言〕
**おちょこ【お猪口】** ちょこの美化語。
**―になる** 風で傘の開き方が逆になる。
**おちょぼぐち【おちょぼ口】** 小さく（―つぼめた）かわいい口。おつぼ口。
**おちる【落ちる】** ①落下する。②はまりこむ。「計略に―」③低下する。「品が―」④とれる。「汚れが―」⑤もれる。⑥逃げる。⑦落第する。⑧攻め落とされる。
**おつ【乙】** ①十干の第二。きのと。Ⅱ第二位。②しゃれている。「―な味」③気取っている。「―にすます」
**おつうじ【お通じ】** 便通。
**おっかあ** おかあさん。〔古風な話しことば。／親しみをこめた言い方〕対おとう
**おつかい【お使い】** ちょっとした用足しや買い物。「―に行く」
**おつかいもの【お遣い物】** 贈り物。
**おっかけ【追っ掛け】** ①スターを追いかける―こと（人）。②間をおかずに。
**おっかける【追っ掛ける】** 追いかける。
**おっかさん** おかあさん。〔古風な言い方。／親しみをこめた言い方〕対おとっつぁん
**おっかない**〔俗語〕恐ろしい。こわい。

**おっかなびっくり** おそるおそる。
**おっかぶせる【押っ被せる】** ①おおいかぶせる。②なすりつける。「責任を―」
**おつかれさま【お疲れさま】** 仕事が終わった後のねぎらいの語。
**おっくう【億劫】** めんどう。
**オックステール**〔oxtail〕ウシの尾。食用。
**おつくり【お造り・お作り】** ①刺身。〔主に西日本でいう〕②化粧。
**おつげ【お告げ】** 神仏の予言・知らせ。
**オッケー** ⇩オーケー
**おっこちる【落っこちる】**〔俗語〕落ちる。
**おっことす【落っことす】**〔俗語〕落とす。
**おっしゃる**《仰る》言うの尊敬語。
**オッズ**〔odds〕賭け事の概算配当率。
**おっちょこちょい** 軽率な―こと（人）。
**おっつかっつ** 程度の差がないようす。
**おっつけ【追っ付け】** まもなく。やがて。
**おっつける【押っ付ける】** ①〔俗語〕押しつける。②相撲で、腕を押さえて差し手を防ぐ。
**おって【追って】** ①《逐って》後ほど。「―知らせる」②《追而》なお。〔手紙や掲示に使う〕
**―書《が》き** 手紙で、本文のあとに追加して文章を書くこと。書いた文章。追伸。〔追而書きとも〕
**おって【追っ手】** 逃げる人を追いかける人。「―をかける」

**おっと【夫】**《良人》夫婦の男の方。対妻
**オットセイ**《膃肭臍》北海にすむ海獣。毛皮・肉は有用。〔アイヌ語から〕
**おつとめ【お勤め】** ①勤めの―尊敬（美化）語。②毎日の読経。
**―品《ひん》** サービス品。
**おっとり** おうよう。ゆったり。
**おっとりがたな【押っ取り刀】** 大急ぎ。「―でかけつける」〔腰にさす暇もなく、手に持ったままの刀の意〕
**おつねん【越年】** えつねん。
**おっぱらう【追っ払う】**〔俗語〕追い払う。
**おつぼね【お局】**〔俗語〕部署内―で最も先輩格の（を取り仕切る）女性社員。お局様。〔江戸時代に奥女中を取り締まった老女の敬称〕
**おっぽりだす【押っ放り出す】**〔俗語〕ほうり出すの強調。
**おつむ【お頭】** あたまの幼児語。
**おつもり【お積もり】** 酒の席で、その酒を最後とすること。また、その酒。
**おつり【お釣り】** つり銭の美化語。
**―が・来《く》る** 十分過ぎて、余りがある。
**おて【お手】** 動物、特に犬の芸の一。前足を人の手にのせさせる。
**―の物《もの》** 得意わざ。
**―を拝借《はいしゃく》** 手拍子を頼むときの語。
**おてあげ【お手上げ】** 行きづまること。〔降参のとき両手を上げることから〕類降参
**おでい【汚泥】**〔文章語〕きたないどろ。

**おていさい【お体裁】**

**―を言《い》う** 口先だけのことを言う。

**おでかけ【お出掛け】** 外出の―尊敬（美化）語。「―になる」

**おでき《お出来》** できもの。

**おでこ** ひたい（―が高く出ていること）。

**おてだま【お手玉】** 布の袋に小豆などを入れたもの。それを使った遊び。Ⅱ野球で、受けた球を、グラブの中ではずませること。ジャッグル。

**おてつき【お手付き】** ①歌ガルタでまちがった札に手をつけること。お手つけ。②男主人が侍女や女中と関係をもつこと。また、その女性。

**おてまえ【お手前】** ①【お点前】茶の湯の作法。②あなた。〔昔、武士が言った〕

**おでまし【お出まし】**「出て―行く（来る）こと」の尊敬語。

**おてもと【お手元・お手許】** ①手元の尊敬語。②箸の美化語。

**おてもり【お手盛り】** 自分に都合よくとりはからうこと。「―予算」

**おてやわらかに【お手柔らかに】** ほどほどに扱ってください。

**おてん【汚点】** よごれ。Ⅱ不名誉。

**おでん** 野菜・こんにゃく・ちくわなどを煮込んだ料理。〔田楽《でんがく》の女房言葉から〕

**おてんきや【お天気屋】** 機嫌の変わりやすい人。

**おてんとうさま【お天道様】** 太陽を敬い親しみをこめた言い方。

**おてんば【お転婆】** 少女が活発に動きまわること。また、その少女。

**おと【音】** ①「風の―」②うわさ。

**―に聞《き》く** 名高い。

**―もなく** 静かに。

**―を立《た》てて崩《くず》れる** 音を立てながら勢いよく崩れる。Ⅱ「くずれる」の強調形。「信念が―」

**おとあわせ【音合わせ】** ①演奏前に楽器の音を調整し合うこと。②放送・演劇で、前もって音声をテストすること。

**おといれ【音入れ】**〔俗語〕録音。

**おとう** おとうさん。〔古風な話しことば。／親しみをこめた言い方〕対おっかあ

**おとうさま【お父様】**「おとうさん」のより丁寧な言い方。対おかあさま

**おとうさん【お父さん】** 対おかあさん

**おとうと【弟】** ①親を同じくする年下の男。②妹の夫。配偶者の弟①。◇対兄

**―弟子《でし》** 同じ師匠に後からついた男の弟子。対兄弟子

**―分《ぶん》** 兄弟の約束をした人のうち目下の人。対兄貴分

**おとおし【お通し】** 料理屋で、注文の品の前に出る簡単な料理。類つきだし

**おどおど** 恐れて落ち着かないようす。

**おとがい【頤】** 下あご。〔古風な言い方〕

**―をたたく** ①口をきく。②悪口をいう。

**おどかす【脅かす】《威かす》** こわがらせる。びっくりさせる。

**おとぎばなし【御伽噺】** 子供に聞かせる昔話。童話。〔お伽話とも書く〕

**おとくい【お得意】** 得意の尊敬語。よく買ってくれる客。「――先（様）」

**おどける** 戯れる。類ふざける

**おとこ【男】** ①対女 ②一人前の男（―の面目）。「―がたつ・―がすたる」③情夫。「―をつくる」④下男。

**―一匹《いっぴき》** 男②の強調。

**―運《うん》** 女性がよい男性とめぐり会えるかどうかの運。「―が悪い」

**―帯《おび》** 幅の狭い帯。角帯や兵児帯《へこおび》。

**―親《おや》** 父親。対女親

**―気《ぎ》** 義侠《ぎきょう》心。

**―狂《ぐる》い** 女が色事にふけること。対女狂い

**―殺《ごろ》し** 男をとりこにする女。対女殺し

**―坂《ざか》** ふたつある坂のうち傾斜の急な方。対女坂

**―盛《ざか》り** 男の人生半ばの充実した年ごろ。対女盛り

**―所帯《じょたい》** 男だけの所帯。対女所帯

**―好《ず》き** ①（「～のする」の形で）男の好みに合うこと。②色事の好きな女。◇対女好き

**―伊達《だて》** 義侠《ぎきょう》心がある―こと（男）。類侠客《きょうかく》

**―っぽい** 男性的だ。対女っぽい

**―手《で》** ①男の労働力。②男の筆跡。③漢字。◇対女手

**―出入《でい》り** 男に関するもめごと。〔女性についていう〕対女出入り

**―泣《な》き** 男がこらえかねて泣くこと。

**―の子《こ》** 男の子供。Ⅱ若い男。◇対女の子

—の中《なか》の男《おとこ》 非常に男らしいこと。

—旱《ひでり》 男が少なくて、女が恋愛・結婚に不自由する状態。対女ひでり
—振《ぶ》り 男として好ましい容姿・態度。男っぷり。対女振り
—前《まえ》 よい男ぶり。

—勝《まさ》り 男以上に気丈な—こと(女)。

—冥利《みょうり》 男と生まれたことの幸せ。対女冥利
—文字《もじ》 ①漢字。②男の筆跡。◇対女文字
—鰥《やもめ》 妻を失った男。対女やもめ
—らしい 男性的だ。対女らしい
—を上《あ》げる 一人前の男としての名をあげる。

—を立《た》てる 男としての面目をたてる。

**おところ【お所】**「住所」の尊敬語。

**おとさた【音沙汰】** たより。消息。

**おとし【落とし】** ①わな。②話の落ち。③木製火ばちの灰を入れる所。④戸の桟から敷居の穴に差し込むしかけ。類くるる
—穴《あな》 人を落とすために掘った穴。Ⅱ人を陥れる計画。◇類陥穽
—紙《がみ》 トイレットペーパー。

—子《ご》 落としだね。Ⅱ予想外の副産物。

—胤《だね》 身分の高い男性が妻以外の女性に生ませた子。

—所《どころ》 話し合いで、互いに妥当だとする—結論(決着)。

—話《ばなし》 落語。〔落とし噺とも〕

—蓋《ぶた》 ①なべなどの中に落としこんで使うふた。②上下に開閉するふた。出前箱のふたなど。

—前《まえ》〔俗語〕(けんかの)決着。

—物《もの》 落としてなくした物。

**おどし【脅し】《威し》** おどすこと。「—をかける」

—付《つ》ける 強くおどす。

—取《と》る 人を脅して金品をとる。

**おとしいれる【陥れる】** ①落として入れる。②計略にかける。③攻め落とす。

**おとしこむ【落とし込む】** 抽象的な(—まとまりのない)物事を、具体化して使えるようにする。「意見を企画書に—」

**おとしめる【貶める】** ①見下げる。②名誉を傷つける。

**おとす【落とす】** ①落ちるの他動詞形。②落札する。③話などをしゃれでしめくくる。

**おどす【脅す】《威す》** こわがらせる。おどかす。「武力で—」

**おどす【縅す】** 鎧《よろい》の札《さね》を革・糸でつづる。

**おとずれる【訪れる】**〔文章語〕①訪問する。②「春が—(=やってくる)」

**おとそ【お屠蘇】** ⇩とそ②
**おとつい【一昨日】** おととい。

**おとっつぁん** おとうさん。〔古風な言い方。/親しみをこめた言い方〕対おっかさん
**おととい【一昨日】** 昨日の前日。

—おいで 二度と来るな。〔ののしって追い返すときの言葉〕

**おととし【一昨年】** 昨年の前年。

**おとな【大人】** ①一人前の人。対子供 ②(「—だ」「—に」の形で)おとなしいようす。

—買《が》い〔俗語〕経済力にまかせて、本来子供向けの商品を一度に大量に買うこと。

—気《げ》ない 大人らしい分別がない。

—しい ①穏やかだ。②すなおだ。③派手でない。

—びる 大人らしくなる。

—ぶる 大人のようなふるまいをする。

**おとなう【訪う】**〔文章語〕①訪問する。②音(声)をたてる。

**おとなし【音無し】** 音を立てないこと。Ⅱ行動を起こさないこと。

**おとめ【乙女】《少女》** 若い娘。少女。

—子《ご》 おとめ。〔雅語〕

**オドメーター**［odometer］ 自動車の走行距離計。

**おとも【お供・お伴】** 付き従う—こと(人)。

**おともれ【音漏れ】** 音が外部に聞こえてしまうこと。「イヤホンの—」

**おどらす【躍らす】**「胸を—(=どきどきさせる)」

**おとり【囮】** 鳥獣を誘い寄せるための同類の鳥獣。Ⅱ誘い寄せるために利用するもの。

**おどり【踊り】** ①舞踊。②踊り歩《ぶ》の略。江戸時代、借金証書書き換えの際に払う二重の利子。

—食《ぐ》い 魚などを生きたまま食べること。「エビの—」

—子《こ》 踊りを(—職業と)する女。

—字《じ》 同じ字を重ねるときの符号。「々・

ゞ」など。繰り返し符号。畳《じょう》字《じ》。

**おどり【躍り】**
**―場《ば》** ①踊る所。②階段の途中の広い所。③景気が上昇の局面で一時小休止している段階。「景気の―状態」
**―上《あ》がる** 勢いよく飛びはねる。
**―掛《か》かる** 勢いよくとびかかる。
**―出《で》る** 勢いよく出る。

**おとりさま【お酉様】** 「酉の市」の美化語。

**おとる【劣る】** 他よりわるい。対まさる

**おどる【踊る】** 音楽にあわせて体を動かす。

**おどる【躍る】** ①はねる。②動揺する。

**おどろ【棘】** 〔文章語〕髪の毛などのひどく乱れたようす。

**おとろえる【衰える】** 弱る。「雨脚（火勢）が―」対さかえる

**おどろおどろしい** 気味のわるい、恐ろしいようす。

**おどろかす【驚かす】** びっくりさせる。驚かせる。

**おどろきいる【驚き入る】** ひどく驚く。「驚き入った話」

**おどろく【驚く】**《愕く》びっくりする。
**―勿《かな》れ** 驚くな。〔「非常に驚いたことに」の意で使う〕
**―べき** 驚いて当然の。

**おとん** おとうさん。〔おもに関西の方言。／親しみをこめた（やや乱暴な）言い方〕対おかん

**おないどし【同い年】** 同じ年齢。

**おなか**《お中・お腹》腹。「―いっぱい」

**おながれ【お流れ】** ①中止。②目上の人からもらう一杯の酒（不用品）。

**おなぐさみ【お慰み】** ちょっとした楽しみ。座興。「うまくいったら―」

**おなご**《女子》女（―の子）。女中。〔関西・東北で使う。／「おんなご」の転〕

**おなさけ【お情け】** 特別な同情。

**おなじ【同じ】** ①同一。②（「同じ…なら」の形で）どうせ。「―乗るなら」◇おんなじ。おなし。
**―穴《あな》の狢《むじな》（狐《きつね》）** 同類の悪者。
**―い** 同一だ。
**―釜《かま》の飯《めし》を食《く》う** 一緒に生活する。
**―く** 同様に。類並びに
**―くは** 同じことなら。
**―轍《てつ》を踏《ふ》む** 同じ失敗をする。

**オナニー** 〔ドイツ語 Onanie〕自慰。

**オナペット** オナニーのとき思い浮かべる対象となる人。〔和製語 onanie pet から〕

**おなみ【男波】** 打ち寄せる高低のある波で、高い方の波。対女波《めなみ》

**おなみだちょうだい【お涙頂戴】** 泣かせることを目的とすること。また、その作品。

**おなら** 屁《へ》。〔「鳴らす」から〕

**おなり【お成り】** 「身分の高い人が外出・出席すること」の尊敬語。

**おに【鬼】** ①想像上の怪物。怪力・勇猛・無慈悲。⓫無慈悲な人。②死人の霊魂。「護国の―」③熱中している人。「仕事の―」④遊戯で、人を捕まえる役。⑤無慈悲な。「―ばばあ」⑥勇猛な。「―将軍」⑦大きな。「―あざみ」⑧〔俗語〕非常に。「―ムズ（＝非常に難解だ）」
**―が出《で》るか蛇《じゃ》が出《で》るか** どうなるか予測できない。
**―に金棒《かなぼう》** 強い者にさらに強さが加わること。
**―の居《い》ぬ間《ま》に洗濯《せんたく》** こわい人のいないうちに十分にくつろぐこと。
**―の霍乱《かくらん》** ふだんごく丈夫な人が病気にかかること。
**―の首《くび》を取《と》ったよう** 大変な手柄をたてて得意なようす。
**―の目《め》にも涙《なみだ》** 非情な人もときには情に負けて涙を流すことがある。
**―は外《そと》、福《ふく》は内《うち》** 節分の豆まきのときに言う言葉。
**―も十八《じゅうはち》、番茶《ばんちゃ》も出花《でばな》** 醜い女でも年ごろになれば美しくみえる。
**―をも拉《ひし》ぐ** 鬼をも倒す。〔力の強いことの形容〕

**おにあざみ【鬼薊】** アザミの一。大形。

**おにいさん【お兄さん】** 兄の敬称。〔若い男性への呼びかけにも使う〕対おねえさん

**オニオン** 〔onion〕たまねぎ。「―スープ」

**おにかわ【鬼カワ】** 〔俗語〕非常にかわいい。

**おにかわ【鬼皮】** クリやギンナンなどの、外側のかたい皮。

**おにがわら【鬼瓦】** 屋根の棟の端に置く大きな瓦。〔多く鬼の顔をかたどる〕

**オニキス** 〔onyx〕宝石の一。〔多く、漆黒のブラックオニキスを指す〕

**おにぎり【お握り】** にぎりめし。おむすび。
**おにご【鬼子】** ①親に似ない子。おにっこ。②歯がはえて生まれた子。
**おにごっこ【鬼ごっこ】** 子供の遊びの一。
**おにばばあ【鬼婆】** 残酷・無慈悲な老女。おにばば。〔ののしって言う語〕
**おにび【鬼火】** 夜、湿地などで燃える青白い火。類きつね火・燐火
**おにもつ【お荷物】** 人の負担になる—もの(人)。
**おにやらい【鬼遣らい】《追儺》** 節分の夜、豆まきをする行事。ついな。おにうち。
**おにやんま《鬼蜻蜓》** 大形のトンボの一。日本産で最大。
**おニュー** 〔俗語〕新しいもの。
**おぬし【お主】** おまえ。〔古風な言い方〕
**おね【尾根】** 山頂と山頂をつなぐ峰すじ。山稜《さんりょう》。
**おねえさん【お姉さん】** 姉の敬称。〔若い女性への呼びかけにも使う〕対おにいさん
**おねじ【雄ねじ】** 雌《め》ねじのくぼみにはめるようにしたねじ。〔雄ネジとも〕対雌ねじ
**おねしょ** 寝小便の幼児語。
**おねば【お粘】** 飯を炊いたときに出る粘液。
**おねり【お練り】《お邌り》** 行列がゆっくり進むこと。また、その行列。
**おの【斧】** 鉄の刃で木を割る道具。
**おのおの【各々・各】** ①それぞれ。各自。②〔古語〕皆さん。「—がた」
**おのが【己が】** 自分の。
**—じし** めいめい(—自由に)。
**おのこ【男】** 〔文章語〕おとこ(—の子)。対めのこ
**おのずから【自ずから】** ひとりでに。
**おのずと【自ずと】** おのずから。
**おののく《戦く》** 恐怖や寒さでふるえる。わななく。
**おのぼりさん【お上りさん】** 〔俗語〕大都会に出て来たいなか者。
**オノマトペ** 〔フランス語 onomatopée〕擬音語。擬態語。
**おのれ【己】** 〔文章語〕①自分自身。②私。③おまえ。④怒って発する語。
**—を虚《むな》しくする** 私情を捨てる。
**おは【尾羽】** 鳥の尾と羽根。
**—うち枯《か》らす** 落ちぶれてみすぼらしくなる。
**おば** 一【伯母】父母の姉。 二【叔母】父母の妹。◇対おじ
**おばあさん** 一【お祖母さん】祖母の敬称。 二【お婆さん】女性の老人—を親しんで呼ぶ語(の敬称)。◇対おじいさん
**オパール** 〔opal〕宝石の一。乳白色。たんぱく石。〔一〇月の誕生石〕
**おはぎ《お萩》** ぼたもち。〔もと女房言葉〕
**おばけ【お化け】** 化け物。
**おはこ【十八番】** 得意(—の芸)。十八番。
**おはこび【お運び】** 「来る(行く)こと」の尊敬語。「—をいただき恐縮です」
**おばさん** 一【伯母さん・叔母さん】「おば」の敬称。二【小母さん】中年の女性—を親しんで呼ぶ語(の敬称)。◇対おじさん
**おばすてやま【姨捨山】** ⇩うばすてやま
**おはち【お鉢】** ①飯びつの美化語。②火山の火口。
**おはつ【お初】** 初めて(—の物事)。「—にお目にかかる」
**—が回《わま》る** 順番がくる。
**おはな【お花】** ①華道。②花の美化語。
**おばな【尾花】** ススキ(—の花や穂)。
**おばな【雄花】** 雄しべしかない花。対雌花
**おはなばたけ【お花畑】** (高山などで)高山植物が咲き乱れている所。
**おばね【尾羽】** 鳥の尾の羽。
**おはよう【お早う】** 朝のあいさつ。
**おはらい【お払い】** ①支払いの美化語。②捨てる—こと(不要品)。
**—箱《ばこ》** 不要品を捨てること。〔お祓い箱から〕比解雇。
**おはらい【お祓い】** 神社の厄除《やくよ》けの—儀式(お札)。
**—箱《ばこ》** 伊勢神宮のお祓いの札を入れる箱。〔毎年、古いのを捨てて新しい物にとりかえた〕
**おはり【お針】** ①裁縫。②お針子。
**—子《こ》** 裁縫を職業とする女性。
**おばんざい【御番菜・御飯菜】** 家庭でのふだんのおかず。〔京都方言〕
**おび【帯】** 和服の上から巻く細長い布。「—を結ぶ」比物に巻く細長い物。「新刊書の—」
**—に短《みじか》し襷《たすき》に長《なが》し** 中途半端で

**おびあげ【帯揚げ】** 女性用の帯が下がらないように結ぶ布。類しょいあげ 役に立たない。

**おびいわい【帯祝い】** 岩田帯をしめる祝い。

**おびえる【脅える】《怯える》** 恐れる。「不安に—」

**おびがね【帯金】** 箱やたるに巻きつける帯状の金具。

**おびきだす【誘き出す】** だまして誘い出す。

**おびきよせる【誘き寄せる】** だまして招き寄せる。

**おびグラフ【帯—】** 細長い長方形全体を一〇〇パーセントとし、区切った分量の比で表したグラフ。

**おひさま【お日様】** 太陽。〔敬意・親しみをこめた言い方〕

**おひざもと【お膝下・お膝元】** ①身分の高い人のそば。⦿本拠地。②天皇や将軍の住んでいる土地。

**おびじ【帯地】** 帯にする布地。

**おびじめ【帯締め】** 帯の上からしめるひも。

**おひたし【お浸し】** 料理の一。野菜をゆでて、しょう油・かつおぶしをかける。

**おびただしい《夥しい》** ①非常に多い。②はなはだしい。

**おひつ【お櫃】** 飯びつの美化語。

**おひとかた【お一方】** 「ひとり」の尊敬語。

**おびどめ【帯留め】** 帯締めに—ついた〔通す〕飾り。

**おひとよし【お人好し】** 善良でだまされやすい—こと(人)。類好人物

**おびな【男雛】** 男の内裏《だいり》びな。対めびな

**おひなさま【お雛様】** ひな人形。ひな祭り。

**オピニオンリーダー**〔opinion leader〕 大勢の意見、特に世論を方向づける人。

**おひねり【お捻り】** お金を紙に包んでひねったもの。〔神仏へのお供えや祝儀に使う〕

**おびのこ【帯鋸】** 薄い帯状ののこぎり。回転させて切る。

**おびばんぐみ【帯番組】** 毎日、同時刻に続けて放送される番組。

**おひや【お冷や】** 冷たい飲み水。〔もと女性語〕

**おびやかす【脅かす】** おびえさせる。「平和(健康)を—」

**おひゃくど【お百度】** お百度参り。

**—参《まい》り** 寺社で、一定距離を一〇〇回往復して祈願すること。⦿何度も頼みに行くこと。

**—を踏《ふ》む** お百度参りをする。⦿何度も訪れる。

**おひょう《大鮃》** カレイに似た、北海の魚。大形。食用。

**おひらき【お開き】** 閉会。〔終わりの忌み言葉〕

**おひる【お昼】** 昼食の美化語。「—どき」

**おびる【帯びる】** ①身につける。②ひきうける。「使命を—」③含みもつ。「赤みを—」

**おひれ【尾鰭】** 尾と鰭。

**—をつける** 誇張する。

**おひろい【お拾い】** 「歩くこと」の尊敬語。

**おひろめ【お披露目】** 披露の美化語。

**オフ**〔off〕 ①スイッチを切った状態。対オン ②休み。シーズンオフ。③値下げ。「二〇パーセント—」④オフタイム。

**オファー**〔offer〕 ①提案。申し入れ。②経済で、契約の申し込み。

**オフィサー**〔officer〕 ①士官。②高級船員。③上級職員。

**オフィシャル**〔official〕 公式。公認。

**—レコード**〔official record〕 公式記録。

**オフィス**〔office〕 事務所。事務室。

**—オートメーション**〔office automation〕⇩付OA

**—ビル**〔office building〕 事務所用に建設された建物。

**おぶいひも【負ぶい紐】** 乳幼児を背負うためのひも。

**おぶう【負ぶう】**〔俗語〕背負う。

**オフェンス**〔offense〕 攻撃。対ディフェンス

**オフかい【—会】** インターネット上で知り合った人たちが直接会う会合。〔オフラインの会の意〕

**おふくろ【お袋】** 母。〔自分の母に使う。／男性語的〕対おやじ

**おふくわけ【お福分け】** おすそわけ。

**オブザーバー**〔observer〕 会議で、発言

権はあるが議決権のない人。

**オフサイド**［offside］サッカーやラグビーで、反則の一。ボールを持たない選手がボールの位置より前方にいるなど。

**―トラップ**［offside trap］サッカーで、相手側のオフサイドを誘う守備戦術。

**おぶさる【負ぶさる】**背負われる。Ⅱたよる。

**オフシーズン**［off-season］シーズンオフ。

**オブジェ**［フランス語 objet］①美術で、表現のための材料に使う石などの物体。②生け花で、花以外の材料。

**オブジェクション**［objection］異議。反対。

**オブジェクト**［object］①目的語。②対象。客体。◇対サブジェクト

**オフショア**［offshore］海外での。域外での。「―市場（生産）」

**オプショナルツアー**［optional tour］団体旅行で、規定のコース以外のツアー。料金は別途。

**オプション**［option］選択（―して追加・参加すること）。

**オブストラクション**［obstruction］球技で、反則となる妨害行為。野球では走塁妨害。

**オフセット**［offset］平版印刷の一。ゴム布に転写して印刷する。オフセット印刷。

**オフタイム**［和製語 off-time］仕事をしない―日（時間）。対オンタイム

**おふたかた【お二方】**「ふたり」の尊敬語。

**おぶつ【汚物】**きたない物。特に、大小便。

**オプティカル**［optical］視覚の。光学の。「―アート」

**オプティミスト**［optimist］楽天家。オプチミスト。対ペシミスト

**オプティミズム**［optimism］楽観主義。オプチミズム。対ペシミズム

**オフビート**［offbeat］①風変わり。型破り。「―な映画」②ジャズなどで、弱拍にアクセントを置くこと。アフタービート。

**オフホワイト**［off-white］純白でない白。生成《きな》りの白。

**オブラート**［ドイツ語 Oblate］でんぷんで作った薄い膜。菓子・粉薬を包む。Ⅱ「―に包む（＝ぼやかして遠回しに言う）」

**オフライン**［off-line］コンピューターで、端末装置―とホストコンピューターの回線が（インターネットと）結ばれていない―状態（システム）。対オンライン

**オブリガート**［イタリア語 obbligato］助奏。

**オフリミット**［off limits］立入禁止。オフリミッツ。

**おふれ【お触れ】**政府・役所から出す通達・命令。おふれがき。

**オフレコ** 記録（報道）をしないこと。〔off the record から〕

**オフロード**［off-road］（山野や海浜の）未整備の道。「―レース」

**オペ** ①オペレーターの略。②オペレーション①③の略。

**おべっか**〔俗語〕へつらう―こと（言葉）。おべんちゃら。「―を使う」

**オペラ**［イタリア語 opera］歌と音楽を中心とした劇。歌劇。

**―グラス**［opera glass］観劇用の小型双眼鏡。

**―コミック**［フランス語 opéra-comique］対話のせりふが入るオペラ。

**オベリスク**［obelisk］古代エジプトで、神殿の前に建てた、先のとがった方形の石柱。

**オペレーション**［operation］①金融の操作。②機械の操作。③手術。④軍事上の作戦。

**オペレーター**［operator］機器を操作する人。

**オペレーティングシステム**［operating system］コンピューターで、プログラムの実行を制御する基本ソフトウエア。OS。

**オペレッタ**［イタリア語 operetta］軽いオペラ。軽歌劇。〔陽気で風刺的な内容が特色〕

**おべんちゃら**〔俗語〕おべっか。

**おぼえ【覚え】**①記憶。②自信。「腕に―がある」③覚え書き。

**―書《が》き** ①メモ。②【覚書】略式の外交文書。

**―がめでたい**（目上の人に）信頼されている。気に入られている。

**―ず** 思わず。

**おぼえる【覚える】**①記憶する。②身につける。「わざを―」③感じる。「寒さを―」

**おぼこ** ①世慣れない―こと（娘）。②処女。

**おぼしい【思しい】** 思われる。「主人公と―人」
**オポジション**［opposition］反対。
**おぼしめし【思し召し】** ①考え・気持ちの尊敬語。②（異性への）特別な関心。
**おぼしめす【思し召す】** 思うの尊敬語。［「お思いになる」より敬意が高い］
**オポチュニスト**［opportunist］ ご都合主義者。日和見《ひよりみ》主義者。
**おぼつかない**《覚束無い》①疑わしい。「合格は―」②不安だ。「―足どり」
**おぼっちゃま【お坊ちゃま】** ①他人の息子の敬称。②世間知らずの男を軽んじて言う語。◇対お嬢様
**おぼっちゃん【お坊ちゃん】**「おぼっちゃま」のややくだけた言い方。
**おぼれる【溺れる】** ①泳げずに、水中で-死にそうになる（死ぬ）。②熱中しすぎる。「酒色に―」
**―者《もの》は藁《わら》をも摑《つか》む** とても困ったときにはどんなささいなことにもすがろうとする。
**おぼろ【朧】** ①かすんでいるようす。②でんぶ。
**―気《げ》** はっきりしないようす。「―な記憶」
**―昆布《こんぶ》** 薄く削った昆布。おぼろこぶ。とろろ昆布。
**―月《づき》**（春の）かすみのかかった月。
**―月夜《づきよ》** 朧月の夜。
**―夜《よ》** 朧月夜。
**おぼん【お盆】** 盂蘭盆《うらぼん》。
**オマージュ**［フランス語 hommage］尊敬。賛辞。

**おまえ【お前】** ①神仏や身分の高い人の前。②相手を呼ぶぞんざいな言い方。［昔は敬称］
**おまかせ【お任せ】** ①任せるの丁寧語。②メニューやセット商品の組み合わせで、店が選んで客に提供すること。「―ディナーコース」
**おまけ【お負け】** ①値引き。②景品・付録。③付け加え。
**―に** その上に。
**おまじり【お交じり】** 飯粒のまじったおもゆ。病人食・乳児食用。
**おませ** ませている-こと（子供）。「―な女の子」
**おまつ【雄松】** クロマツ。対めまつ
**おまつり【お祭り】**
**―騒《さわ》ぎ**（祭りのときの）大さわぎ。
**おまもり【お守り】** 身を守る-お札（品物）。
**おまる**《御虎子》携帯用便器。
**おまわりさん【お巡りさん】** 巡査・警察官の愛称。
**おまんま**《お飯》［俗語］めし。ごはん。
**おみあし【おみ足】** 足の尊敬語。
**おみえ【お見え】**「来ること」の尊敬語。「―になる」
**おみおつけ** みそ汁の美化語。
**おみき【お神酒】**（神に供える）酒。
**―徳利《どっくり》** 神棚に供える一対の徳利。Ⅱいつもいっしょにいる二人。◇おみきどくり。

**おみくじ【お神籤】**《御籤》神社や寺にある、運勢を占うくじ。
**おみしりおき【お見知り置き】** 初対面のあいさつに使う語。「―ください」［自分を知っておいてほしい意］
**おみそれ【お見逸れ】**「見忘れる（見落とす）こと」の謙譲語。「―しました」
**オミット**［omit］除外。
**おみとおし【お見通し】** すっかり見すかしていること。
**おみなえし【女郎花】** 秋、黄色い小花を開く草。秋の七草の一。
**おみみ【お耳】** 耳の美化語。
**―を汚《けが》す** 聞かせることの謙譲表現。
**―を拝借《はいしゃく》** ちょっと聞いてください。
**おみや** みやげの美化語。
**おみや【お宮】** 神社の尊敬語。
**―入《い》り** 迷宮入りの隠語。
**おむかえ【お迎え】**［俗語］あの世からの迎え。「―が来る（＝死ぬ）」
**おむすび【お結び】** にぎりめし。
**おむつ**《御襁褓》乳幼児や病人のしりに巻いて大小便を受ける布や紙。おしめ。むつき。
**オムニバス**［omnibus］①いくつかの短編をひとつにまとめた作品。②乗合馬車。
**オムライス**［和製語 フランス語 omlette rice］洋食の一。ケチャップ味のいためご飯を薄焼き卵で包む。
**オムレツ**［フランス語 omelette］卵料理の一。
**おめ【お目】**
**―に掛《か》かる** 会うの謙譲表現。

―に掛《か》ける 見せるの謙譲表現。

―を汚《けが》す 見せるの謙譲表現。

**おめあて【お目当て】** 目をつけている―もの(人)。「―の―商品(俳優)」

**おめい【汚名】** 不名誉(―な評判)。「―をすすぐ・―返上」

**おめおめ** 恥ずかしげもなく。のめのめ。

**オメガ【Ω・ω】**［ギリシャ語 omega］ギリシャ字母の最終の字。●最終。◇対アルファ
**おめかし《御粧し》** おしゃれ(―をすること)。「―して出かける」

**おめざ** 子供が目を覚ましたときに与えるおやつ。［幼児語。／「お目覚め」の意］

**おめし【お召し】** ①「呼ぶ・来る・乗る・着る・食べる」ことの尊敬語。「―になる」②お召し物。③お召し縮緬《ちりめん》。

―替《か》え 着替えの尊敬語。

―縮緬《ちりめん》 ねり糸で織り、しぼを寄せた布。

―物《もの》 着物の尊敬語。

―列車《れっしゃ》 天皇のための特別列車。

**おめずおくせず《怖めず臆せず》** 少しも恐れず。

**おめだまをくう【お目玉を食う】** しかられる。

**おめつけやく【お目付役】** 監視役。

**おめでた** めでたいことの―美化(尊敬)語。［結婚・妊娠・出産など］

―婚《こん》 妊娠をきっかけに結婚すること。できちゃった婚。

**おめでたい** ①めでたいの―美化(尊敬)語。②［俗語］お人よしだ。

**おめでとう《御目出度う》** お祝いのあいさつ。「―ございます」

**おめみえ【お目見得】** ①拝謁。②奉公人が試みに使われること。③その土地での俳優の初舞台。

**おめもじ【お目文字】** お目にかかること。［女房言葉から］

**おめよごし【お目汚し】** 「見せること」の謙譲語。

**おも【面】** ①顔。②表面。「水の―」

**おもい【思い】** ①考え。②気持ち。③希望。④心配。⑤恨み。⑥予想。

―上《あ》がる うぬぼれる。

―あぐねる あれこれ思い迷う。

―当《あ》たる なるほどと気づく。

―余《あま》る 自分一人で解決できなくなる。

―合《あ》わせる 比べて(結びつけて)考える。

―至《いた》る 考えが及ぶ。

―入《い》れ ①深く思うこと。②芝居で、無言で心情を表す身ぶり。

―浮《う》かべる 想起する。

―描《えが》く 想像する。

―起《お》こす 思い出す。

―思《おも》い 各自、思うまま。「―に(の)」

―返《かえ》す ①もう一度考える。②考え直す。

―掛《が》けない 意外だ。

―切《き》った 大胆な。

―きや ［文章語］意外にも。

―切《き》り ①あきらめ。②思う存分。おもいっきり。

―切《き》る ①決心する。②断念する。

―込《こ》む 強く―決意する(信じる)。

―定《さだ》める 決心する。

―知《し》らせる はっきりわからせる。

―過《す》ごし 考えすぎ。

―出《だ》し笑《わら》い 後で思い出して笑うこと。

―出《だ》す (忘れていた)過去のことを再び思う。

―立《た》つ しようと思う。

―立《た》ったが吉日《きちにち》 思いたったらすぐ実行すべきだ。

―違《ちが》い 勘違い。

―付《つ》く ①考えが浮かぶ。②思い出す。

―詰《つ》める 深く思い込む。

―出《で》 思い出す過去の記憶。

―通《どお》り 思っていたとおり。

―止《とど》まる あきらめる。

―半《なか》ばに過《す》ぎる 思いあたることが多い。ほぼ推察できる。

―なしか そう思うからか。

―に沈《しず》む もの思いにふける。

―残《のこ》す 未練を残す。

―の丈《たけ》 恋する気持ちの全部。

―の外《ほか》 意外に。

―巡《めぐ》らす あれこれ考える。

―も寄《よ》らない 思いがけない。

―遣《や》る ①想像する。②同情する。

―煩《わずら》う 考え苦しむ。

―を致《いた》す あることをとりあげてよく考える。

―を晴《は》らす ①望みをかなえる。②恨みを晴らす。

―を寄《よ》せる 心をそちらに向ける。

**おもい【重い】** ①目方が多い。②重要。「—役目」③程度が大きい。「—傷」④晴れない。「気(頭)が—」⑤動きがにぶい。「腰(口)が—」

**おもう【思う】**《想う》①考える。②感じる。③想像する。④追想する。⑤願う。⑥恋する。

**—様《さま》** 思う存分。

**—存分《ぞんぶん》** したいと思うだけ十分に。

**—壺《つぼ》** 予期したところ。「—にはまる」

**—に** 考えてみると。

**—に任《まか》せない** 思いどおりにならない。

**おもえる【思える】** 思われる。

**おもおもしい【重々しい】** ①どっしりしている。②厳重だ。

**おもかげ【面影】**《俤》心に浮かぶ姿。「幼いころ(武蔵野)の—」

**おもかじ【面舵】** ①船首を右へ向ける舵の取り方。②右舷《うげん》。◇対取舵《とりかじ》

**おもがわり【面変わり】** 顔つきが変わること。

**おもき【重き】**

**—を置《お》く** 重視する。

**—を成《な》す** 重んじられる。

**おもくるしい【重苦しい】** 押さえつけられるようで苦しい。

**おもざし【面差し】** 顔つき。

**おもし【重し・重石】** 物を押さえつけるもの。おし。「漬物の—」Ⅱ人を制圧する力。

**おもしろ【面白】**

**—い** ①興味が感じられる。②こっけいだ。

**—おかしい** とてもおもしろい。

**—くない** ①つまらない。②好ましくない。「病状が—」

**—半分《はんぶん》** 半ばふざけた態度。

**おもたい【重たい】** 重い(—感じだ)。

**おもだか【沢瀉】** 水辺に生える多年草。夏、白い三弁の花を開く。

**おもたせ【お持たせ】**「人の持ってきたみやげ」の尊敬語。

**おもだち【面立ち】** 顔だち。類顔つき

**おもだった【主立った・重—】** 主となる。「—面々」

**おもちゃ**《玩具》子供の遊び道具。

**—にする** なぐさみものにする。

**—箱《ばこ》を引《ひ》っ繰《く》り返《かえ》したよう** 乱雑なようす。

**おもったるい【重ったるい】** ①体がだるい。②(雰囲気が)重い。

**おもて【表】** ①表面。外側。②正面。③正式。おおやけ。④野球で、イニングの前半。◇対裏

**—街道《かいどう》** 本街道。Ⅱ目立つ(正しい)生き方。対裏街道

**—替《が》え** 畳の表を取り替えること。

**—書《が》き** 手紙のあて名(—を書くこと)。

**—構《がま》え** 家の正面の造り。

**—看板《かんばん》** 劇場の正面に掲げる看板。Ⅱ表面上の名目。

**—口《ぐち》** ①正面口。対裏口 ②間口。

**—芸《げい》** 本業としての技芸。対裏芸

**—玄関《げんかん》** 家の主な玄関。対内《うち》玄関 Ⅱ国の主な空港。地域の主な駅。

**—作《さく》** 同じ土地に作る作物のうち、主なもの。対裏作

**—沙汰《ざた》** ①表立つこと。②訴訟事件。

**—立《だ》つ** 公然と世間に知れる。

**—通《どお》り** 主な大通り。対裏通り

**—舞台《ぶたい》** 人目にふれて目立つ場所。

**—向《む》き** ①公然。②うわべ。③官庁に関すること。

**—門《もん》** 正面の門。対裏門

**おもて【面】**〔文章語〕①顔。②仮面。③表面。◇〔表《おもて》と同源〕

**—も振《ふ》らず** 一心に。

**おもと【御許】**〔文章語〕女性の手紙の脇《わき》付《づけ》の一。「—に」〔おそばの意〕

**おもと【万年青】** 観葉植物の一。

**おもな【主な】**《重な》主要な。

**おもなが【面長】** 顔が長めなこと。

**おもに【重荷】** 重い荷物。Ⅱ負担。

**オモニ**〔朝鮮語 ŏmŏni〕母。対アボジ

**おもねる**《阿る》こびる。へつらう。「時流(大衆)に—」

**おもばば【重馬場】** 競馬で、雨や雪のために水分が多く走りにくい馬場。対良馬場

**おもはゆい【面映ゆい】** きまりがわるい。照れくさい。

**おもみ【重み】** 重い—こと(感じ)。Ⅱ重要さ。

**おもむき【趣】** ①味わい。②ようす。気分。③意図する内容。「申し入れの—」

**おもむく【赴く】**《趣く》〔文章語〕向かって行く。

**おもむろに**《徐に》ゆっくり。

**おももち【面持ち】** 顔つき。表情。「不安

げなー」

**おもや【母屋・母家】** ①屋敷内の主な建物。対離れ ②寝殿造りの中央の部分。③本家。

**おもやつれ【面窶れ】** 顔がやつれて見えること。

**おもゆ【重湯】** 水を多くして煮た米の汁。〔病人・乳児用〕

**おもり【重り】《錘》** ①分銅《ふんどう》。②釣り糸を沈める物。類しずみ

**おもり【お守り】** 子供や老人の一相手（世話）をすること。

**おもる【重る】** 〔文章語〕（体重・病気が）重くなる。

**おもろい** おもしろい。〔関西方言〕

**おもわく【思惑】** ①意図。②評判。気受け。③相場の予想。

**一買《が》い** 相場で、思惑で買うこと。

**一違《がち》い** 予想が外れること。

**おもわしい【思わしい】** 望ましい。

**おもわず【思わず】** 無意識に。

**一知《し》らず** 思わず。

**おもわすれ【面忘れ】** 人の顔を忘れること。

**おもわせぶり【思わせ振り】** 意味ありげな言葉や態度。

**おもわぬ【思わぬ】** 予想もしない。

**おもんじる【重んじる】** 大切に扱う。尊重する。対軽んじる

**おもんずる【重んずる】** 重んじる。

**おもんぱかり【慮り】** 〔文章語〕①考え。②取りはからい。③はかりごと。◇おもんばかり。

**おもんぱかる【慮る】** 〔文章語〕深く考える。おもんばかる。

**おもんみる【惟る】** 〔文章語〕よく考える。

**おや【親】** 対子 Ⅱ㋐物の生ずるもと。㋑大小あるものの大きい方。㋒中心となるもの。㋓ばくちやトランプで、札を配る人。

**一の顔《かお》が見《み》たい** よその子の言動にあきれて、親の育て方を非難する表現。

**一の心《こころ》子《こ》知《し》らず** 子を思う親の心を子は知らない。

**一の脛《すね》を齧《かじ》る** 経済的に親の世話になる。

**一の七光《ななひかり》** 親の世間的な力（一によって、子が利益を受けること）。

**一はなくとも子《こ》は育《そだ》つ** 世の中のことは心配するほどのことでもない。

**おやおもい【親思い】** 親を大事にする一こと（人）。

**おやがいしゃ【親会社】** ある会社に対し、資本を出して支配している会社。対子会社

**おやがかり【親掛かり】** （成人した）子が親に養われていること。

**おやかた【親方】** ①親代わりになる人。②技芸の師匠。③職人・徒弟などのかしら。

**一日《ひ》の丸《まる》** 日本の国家が経営する一こと（もの）。また、それによる甘え。

**おやがちゃ【親ガチャ】** どのような親のもとに生まれるかで人生の運不運が左右されること。

**おやがわり【親代わり】** 親のように世話をする一こと（人）。

**おやき【お焼き】** ①小麦粉をねって焼いた菓子。②焼き豆腐。

**おやくしょしごと【お役所仕事】** 官庁の、融通の利かない非能率的な仕事ぶりを皮肉った言い方。

**おやこ【親子】** ①親と子。②大小の一対。③旧株と新株。④親子丼《どんぶり》。

**一鷹《だか》** ①目標を定めて一緒に突き進む親子。②ともに優れた親子。◇〔父と子の場合は父子鷹とも書く。／小説の題名から〕

**一は一世《いっせ》** 親子の関係は現世限り。

**おやご【親御】** 他人の親の敬称。

**おやこうこう【親孝行】** 親を大事にし、よく従う一こと（人）。対親不孝

**おやごころ【親心】** 親が子を思う（一ような）情愛。「親思う心にまさるー」

**おやじ【親父】《親仁》** ①父。〔自分の父に使う〕対おふくろ ②職場の長や店の主人。③中年以上の男性（一を親しみや軽蔑をこめて言う語）。◇〔男性語的〕

**一ギャグ** おやじ③が言うような、安直なギャグ。

**おやじ【親字】** 漢和辞典で、見出しになる漢字。

**おやしお【親潮】** 日本の東側を南下する寒流。千島海流。対黒潮

**おやしらず【親知らず】** 遅くはえる四本の奥歯。知歯。知恵歯。

**おやすい【お安い】** たやすい。
**―御用《ごよう》** 簡単なことだ。
**おやすくない【お安くない】** 男女が特別な間柄だ。〔からかって使う〕
**おやだま【親玉】** 中心になる人物。かしら。〔じゅずの中の大きな玉の意〕
**おやつ**《お八つ》（午後三時の）間食。
**おやばか【親馬鹿】** わが子かわいさのため愚かになる―こと（親）。
**おやばしら【親柱】** 階段の両端や曲がり角にある太い柱。
**おやばなれ【親離れ】** 子が精神的に自立して親を頼らなくなること。対子離れ
**おやふこう【親不孝】** 親を粗末にし、悲しがらせる―こと（人）。対親孝行
**おやぶね【親船】** 小船を従えた大船。類母船・本船《もとぶね》
**おやぶん【親分】** かしらと頼む人。対子分
**おやま【女形】** 歌舞伎で、女の役をする男優。おんながた。
**おやまのたいしょう【お山の大将】** 子供の遊びの一。Ⅱ狭い世界でいばっている人。
**おやみ【小止み】** こやみ。
**―なく**（雨や雪が）少しもやまないで。
**おやみだし【親見出し】** 辞書で、主となる見出し。対子見出し
**おやもと【親元】**《親許》親のところ。
**おやゆずり【親譲り】** 親から譲り受けた―こと（もの）。
**おやゆび【親指】** 指の一。いちばん太い。
**およがす【泳がす】** ①泳ぐようにする（動く）。②容疑者などを捕まえず、自由に行動させる。③相撲で、よろめかせる。
**およがせる【泳がせる】** およがす。
**およぐ【泳ぐ】**《游ぐ》手足を動かして水の―上（中）を進む。Ⅱ世渡りをする。「政界を―」
**およそ**《凡そ》①大体。②ふつう。③まったく。
**およばずながら【及ばず乍ら】** 不十分ではあるが。
**およばない【及ばない】** ①かなわない。②（「…には～」の形で）必要がない。
**およばれ【お呼ばれ】**（食事などに）招かれること。
**および【及び】** また。ならびに。
**―腰《ごし》** 中腰で手を伸ばした不安定な姿勢。Ⅱ確信がなく中途半端な態度。
**―もつかない** 到底かなわない。
**およびでない【お呼び】**
**―が掛《か》かる** 呼ばれる。
**―でない**〔俗語〕不必要だ。
**およぶ【及ぶ】** ①達する。行き渡る。②匹敵する。③かなう。「およばぬ恋」④必要だ。「言うにおよばず」
**およぼす【及ぼす】** 行き渡らせる。
**およんで【及んで】**（「…に～」の形で）…までできて。「この場に―何を言うか」
**おら**《己・俺》おれ。〔方言〕
**―が** わたしの。「―村」
**オラクル**〔oracle〕神のおつげ。神託。
**オラトリオ**〔イタリア語 oratorio〕（聖書に題材をとった）大規模な宗教的合唱曲。聖譚《せいたん》曲。
**オランウータン**〔orangutan〕類人猿の一。猩々《しょうじょう》。〔マレー語で森の人の意から〕
**おり【折り】** ①機会。「―をみて」②そのとき。◇〔折と書くことが多い〕③折ること。④折り箱・折り詰め（―を数える語）。
**―に触《ふ》れ** 機会があるごとに。
**―も折《おり》** ちょうどそのとき。
**おり【澱】** 沈殿物。
**おり【織】** 織物。「西陣―」
**おり【檻】** 猛獣や罪人を入れる―箱（室）。
**おりあい【折り合い】** ①仲。「―がわるい」②妥協。「―をつける」
**おりあう【折り合う】** 妥協する。折れ合う。「値段が―」
**おりあしく【折悪しく】** 都合のわるいことに。類あいにく
**おりいって【折り入って】** 特別に。〔依頼・相談するときの語〕
**オリーブ**〔olive〕地中海岸原産の常緑高木。実から油を採る。橄欖《かんらん》。「―オイル」
**―色《いろ》** 黄色がかったくすんだ緑色。
**おりえり【折り襟】** 外に折り返す襟。
**オリエンタル**〔oriental〕東洋―的（風）。
**オリエンテーション**〔orientation〕新人指導のための講習。方向づけ。
**オリエンテーリング**〔orienteering〕地図と磁石を使って指定のポイントを通り、ゴールまでの時間を競う競技。OL。
**オリエント**〔Orient〕東方。東洋。「―文明」〔主に中近東〕

**おりおり**【折々】①その時々。「四季—の花」②時折。

**オリオン**〔ギリシャ語 Orion〕冬の星座の一。〔ギリシャ神話の猟師の名から〕

**おりかえし**【折り返し】①折り-返すこと(返したもの)。②ひき返す-こと(所)。③リフレイン。③すぐに。「—返事をする」

**おりかえす**【折り返す】①折って二重にする。②引き返す。③繰り返す。

**おりかさなる**【折り重なる】重なり合う。「折り重なって倒れる」

**おりがみ**【折り紙】①四角い色紙(-を折る遊び)。②(美術品などの)鑑定書。

—**付**《つ》**き** 保証付き。

**おりから**【折から】①ちょうどそのとき。「—の雨」②【折柄】…のときである-から(が)。「お寒い—」〔接続助詞的に使う〕

**オリゴとう**【—糖】蔗糖《しょとう》や麦芽糖などの少糖類。

**おりこみ**【折り込み】新聞・雑誌にはさんである広告や付録。「—広告」

**おりこみずみ**【織り込み済み】事前に結果を予想し、対応してあること。

**おりこむ**【折り込む】①中へ折り曲げる。②広告などを新聞にはさみ込む。

**おりこむ**【織り込む】別の糸を入れて織る。Ⅱ別の物事を組み入れる。

**オリジナリティー**〔originality〕独創性。

**オリジナル**〔original〕①原型。原作。②もととなったものがないこと。③独創的。

**おりしも**【折しも】ちょうどそのとき。

**オリジン**〔origin〕起源。出どころ。

**おりたたむ**【折り畳む】折って小さくする。

**おりたつ**【下り立つ・降り—】おりて-行く(行って立つ)。「ホームに—」

**オリックス**〔oryx〕シカに似た動物。角が長い。アフリカにすむ。ウシ科。

**おりづめ**【折り詰め】食べ物を折り箱に-詰めること(詰めたもの)。

**おりづる**【折り鶴】折り紙を鶴の姿に折ったもの。

**おりど**【折り戸】蝶番《ちょうがい》で折りたためるようにした戸。

**おりなす**【織り成す】織って(-模様などを)作る。Ⅱさまざまなものを組み合わせて構成する。「人間模様を—小説」

**おりひめ**【織り姫】織女星。

**おりふし**【折節】〔文章語〕①その時々。②季節。「—のあいさつ」③ちょうどそのとき。④時々。「—見かける人」

**おりめ**【折り目】折りたたんだ境目。Ⅱ物事のけじめ。「仕事の—」

—**正**《ただ》**しい** 行儀よく作法にかなっている。

**おりめ**【織り目】布の糸と糸のすきま。

**おりもと**【織り元】織物の製造元。

**おりもの**【下り物】①子宮から出る(-異常な)粘液。②後産《あとざん》。③月経。

**おりもの**【織物】糸を織って作った布。

**おりる** 一【降りる】①高所から下に移る。②乗り物から出る。対乗る ③退く。「役を—」④露・霜などがおく。二【下りる】①たれ下がる。「幕が—」対上がる ②体外へ出る。③許可される。④錠がしまる。

**オリンピア**〔Olympia〕古代ギリシャの地名。また、そこで行なった祭り。〔オリンピックの起こり〕

**オリンピアン**〔Olympian〕オリンピック選手。

**オリンピック**〔Olympic〕国際運動競技大会。四年ごとに開く。オリンピック競技。

**オリンポス**〔ギリシャ語 olympos〕ギリシャ神話で、神々の住む山。

**おる**【折る】①たたむ(-ように曲げる)。「紙(指)を—」②強く曲げて-取る(痛める)。「枝(足)を—」③くじく。「我《が》を—」

**おる**《居る》「いる」のやや改まった語。〔目上についていうのは失礼になる〕

**おる**【織る】糸を組み合わせて布を作る。Ⅱ組み合わせて作る。

**オルカ**〔orca〕シャチ。

**オルガズム**〔orgasm〕性的絶頂感。オルガスムス。

**オルガスムス**〔ドイツ語 Orgasmus〕オルガズム。オーガズム。

**オルガニスト**〔organist〕オルガン奏者。

**オルガニズム**〔organism〕有機体。組織体。

**オルガン**〔ポルトガル語 orgão〕鍵盤《けんばん》楽器の一。風を送って音を出す。風琴。

**オルゴール**〔オランダ語 orgel〕ぜんまいじかけで音楽を奏する装置。

**オルターナティブ**〔alternative〕①代替物。②代わりの(-新しい)もの。◇オルタナティブとも。

**オルドビスき【—紀】** 地質時代の区分の一。古生代の初め。

**オルニチン**〔ornithine〕 アミノ酸の一。肝臓の働きを助ける。〔シジミに多く含まれる〕

**おれ【俺】** 自称。〔「僕」よりぞんざいな語〕

**おれあう【折れ合う】** 譲り合って妥協する。折り合う。

**おれい【お礼】** 感謝。感謝の—言葉（品物）。

**—奉公《ぼうこう》** 恩返しに、奉公期間の後ただで働くこと。

**—参《まい》り** かけた願が成就したお礼に参詣すること。Ⅱ仕返し。

**おれおれさぎ【オレオレ詐欺】** 振り込め詐欺の一。電話で「オレだよ、オレ」と親族を装う。

**オレガノ**〔スペイン語 oregano〕 香辛料の一。シソ科。

**おれきれき【お歴々】** えらい人々。

**おれくぎ【折れ釘】** 折れ曲がった（曲げてある）釘。

**—流《りゅう》** 字が下手なこと。

**おれせんグラフ【折れ線—】** 数量を示す点を直線で結んで、数量変化を表すグラフ。

**おれる【折れる】** ①折った状態になる。②道路などを曲がる。「右に—」③相手に譲る。

**オレンジ**〔orange〕 ①ミカン類の一。「——エード（ジュース）」②だいだい色。

**おろ【悪露】** 産後の子宮からの分泌物。

**おろおろ** うろたえるようす。

**おろか【愚か】** ばか。「—者《もの》」〔「疎か」と同語源〕

**—しい** ばか（—みたい）だ。

**おろか《疎か》**（「…は～」の形で）言うまでもなく。〔「愚か」と同語源〕

**おろし【下ろし】** ①おろすこと。②大根下ろし。わさび下ろし。③**【颪・降ろし】** 山から吹きおろす風。

**—和《あ》え** 大根下ろしであえた料理。

**—金《がね》** 大根・わさびなどをすり下ろす器具。

**おろし【卸】** 卸売りの略。問屋が商品を小売店に売り渡すこと。「——商（値）」対小売り

**—売《う》り** 卸。「—商」対小売り

**おろす** 一**【降ろす】** 降りるようにさせる。二**【下ろす】** ①下りるようにする。②掲示物を外す。③新品を使い始める。④下ろし金でする。⑤堕胎する。⑥切り（そり）落とす。「枝を—」⑦払い戻す。「貯金を—」三**【卸す】** 卸売りをする。

**おろそか【疎か】** いいかげん。

**おろち【大蛇】**〔文章語〕うわばみ。

**おろぬき【疎抜き】** 間引き。「—大根」動おろぬく

**おわい【汚穢】** 大小便。おあい。

**おわせる【負わせる】** 負うようにする。「傷を—」

**おわらい【お笑い】** ①笑わせる演芸。特に、落語。②笑うべき事柄。「とんだ—だ」

**おわり【終わり】** 対はじめ

**—値《ね》** 取引時間の最後に成立した値段。対始め値

**—を全《まっと》うする** 最後まできちんとやりとげる。

**おわる【終わる】** ①しまいになる。対始まる ②やめにする。対始める

**おん【御】** 尊敬・丁寧の意。〔「お」より敬意が高い〕

**おん【音】** ①おと。音声。②漢字の字音。対訓

**おん【恩】** 恵み。情け。

**—に着《き》せる** 施した恩をありがたがらせる。

**—に着《き》る** 受けた恩に感謝する。

**—を仇《あだ》で返《かえ》す** 恩を受けた人に害を与える。

**—を売《う》る** 感謝されようとして恩を施す。

**オン**〔on〕 ①スイッチを入れた状態。対オフ ②ゴルフで、ボールがグリーン上に乗ること。③オンタイム。

**おんあい【恩愛】** 親子・夫婦間の愛情。おんない。「—の情」

**おんあつ【音圧】** 音波による、空気の圧力の変動の幅。「—レベル」〔同じ音量でも音圧が高いと大きく聞こえる〕

**おんいき【音域】** 出せる音・声の高低の範囲。

**おんいん【音韻】** ①漢字の音と韻。②意味の区別のできる単位としての音。「—論」

**おんうち【御内】**〔文章語〕手紙の脇付《わきづけ》の一。

**オンエア** 放送すること。放送中。〔on the air から〕

**オンオフ**〔on-off〕①オン①とオフ①。②仕事の時間と私的な時間。③インターネット上での活動とそれ以外での活動。

**おんが【温雅】**〔文章語〕上品で、おだやか。「—なふるまい」

**おんかい【音階】** 音楽で、楽音を一定の音程によって順に並べたもの。

**おんがえし【恩返し】** 受けた恩に報いること。

**おんかく【温覚】** 高温を感じる感覚。対冷覚

**おんがく【音楽】** 音による芸術。

**—配信《はいしん》** インターネットを通じて音楽を利用者に｜提供（販売）すること。

**おんかん【音感】** 楽音の高低・強弱を聞きわける能力。「—教育」

**おんかん【温感】** ①温度感覚の略。②あたたかい感じ。「—湿布」対冷感

**おんがん【温顔】** 優しく穏やかな顔つき。「師の—に接する」

**おんき【遠忌】**〔仏教語〕宗祖などの五〇年忌以後、五〇年ごとに行う法会《ほうえ》。えんき。

**おんぎ【恩義】**《恩誼》恩。

**おんきせがましい【恩着せがましい】** いかにも恩を着せる感じだ。

**おんきゅう【恩給】** 公務員に支給される（｜退職）年金。〔現在は共済年金〕

**おんきゅう【温灸】** 灸の一。容器にモグサを入れて火をつけ、間接的にあたためる。

**おんきょう【音響】** おと。ひびき。

**—効果《こうか》** ①放送・映画・演劇で、擬音などによる効果。②建物の中での、音の響き具合。

**おんぎょく【音曲】** 和風楽曲や謡物《うたいもの》。

**オングストローム**〔angstrom〕長さを表す単位の一。一〇〇〇万分の一ミリメートル。光の波長や分子の大きさに使う。記号ÅまたはA

**おんくん【音訓】** 漢字の音と訓。「—表」

**おんけい【恩恵】** 情け。めぐみ。

**おんけつどうぶつ【温血動物】** 恒温動物。対冷血動物

**おんけん【穏健】** 穏当で適度なようす。「—派」対過激

**おんげん【音源】** 音の出所。

**おんこ【恩顧】**（目上の人が）情けをかけて引き立てること。「—を受ける」

**おんこう【温厚】** 穏やかでまじめなようす。「—な人物」

**オンコール**〔on call〕（病院などで）呼び出しにそなえて待機をすること。

**おんこちしん【温故知新】** 昔のことを調べて、そこから新しい知識を得ること。

**おんさ【音叉】** U字形の鋼鉄に柄をつけた器具。たたくと、一定振動数の単純音を発する。調律などに使う。

**オンザロック**〔on the rocks〕氷塊を入れてウイスキーなどを注いだ飲み物。ロック。

**おんし【恩師】** 教えを受けた恩のある先生。

**おんし【恩賜】** 天皇から｜もらうこと（もらったもの）。類下賜

**おんじ【音字】** 表音文字。対意字・義字

**おんしつ【音質】** 音の性質。

**おんしつ【温室】** 植物栽培のため、冬でも適温を保つように作った建物。「—栽培」

**—効果《こうか》** 大気中の二酸化炭素や水蒸気などが温室のガラスの役割をし、地球の気温を上昇させること。「—ガス」

**—育《そだ》ち** 苦労知らず（｜の人）。

**おんしっぷ【温湿布】** はると温かく感じる湿布。血行をよくする。

**おんしゃ【恩赦】** 国家が特別の恩典で刑を減免すること。

**おんしゃ【御社】** 相手の会社・神社の尊敬語。貴社。

**おんしゅう【恩讐】**〔文章語〕情けと恨み。

**おんしゅう【温習】**（芸事の）おさらい。復習。「—会」

**おんじゅん【温順】**〔文章語〕おとなしく素直なこと。

**おんしょう【恩賞】** ほうびに地位・金品を与えること。また、その金品。

**おんしょう【温床】** 温度を高くして、苗の発育を早める苗床。類フレーム 対冷床 ⑪物事を生じさせる｜こと（場所）。「悪の—」

**おんじょう【恩情】**〔文章語〕情け深い心。

**おんじょう【温情】** 優しい心。「—主義」

**おんしょく【音色】** ねいろ。

**おんしょく【温色】**〔文章語〕①穏やかな

顔つき。②暖色。対寒色

**おんしらず【恩知らず】** 受けた恩に感謝しない—こと（人）。

**おんしん【音信】** たより。いんしん。「—不通」

**おんじん【恩人】** 恩をかけてくれた人。

**オンス**〔ounce〕①ヤードポンド法で、重さの単位の一。記号oz ②ヤードポンド法で、体積の単位の一。記号oz

**おんすい【温水】** あたたかい水。湯。

**おんすう【音数】** 言葉の音の数。

**—律**《りつ》 音数でできるリズム。七五調など。

**オンステージ**〔onstage〕舞台の上（—での上演）。

**おんせい【音声】** 人間が出す声。「—言語」

**おんせつ【音節】** 語を構成する音声の単位。シラブル。

**—文字**《もじ》 一字が一音節にあたる文字。〔日本語の仮名など〕

**おんせん【温泉】** 地中からわき出る温水（—のある土地）。類いでゆ 対冷泉

**—卵（玉子）**《たまご》 卵黄は半熟、卵白は半凝固のゆで卵。

**おんそ【音素】** 言語の音声の最小単位。フォネーム。

**—文字**《もじ》 一字が一音素にあたる文字。〔ローマ字など〕

**おんぞうし【御曹司】**《御曹子》名門の子息。〔昔、公家《くげ》などの、部屋住みの子の敬称〕

**おんそく【音速】** 音が伝わる速度。〔常温の空気中では秒速約三四〇メートル〕

**おんぞん【温存】** 大事に保存すること。「体力を—する」

**おんたい【御大】** 御大将の略。頭だつ人を親しんでいう語。

**おんたい【温帯】** 熱帯と寒帯の間の温暖な地帯。

**—気候**《きこう》 温帯地域の気候。四季の区別が顕著。

**—低気圧**《ていきあつ》 温帯で発生する低気圧。

**おんだい【音大】** 音楽大学の略。

**オンタイム**〔和製語 on-time〕①勤務中。対オフタイム ②定刻。約束どおりの時間。

**おんたく【恩沢】**〔文章語〕恩恵。

**おんだん【温暖】** 気候が暖か。対寒冷

**—化**《か》 人為的な原因により、平均気温が上昇すること。「地球—」

**—前線**《ぜんせん》 不連続線の一。暖かい空気が冷たい空気を押し上げて生じる。本降りの雨を降らせ気温を上げる。対寒冷前線

**おんち【音痴】** 歌がうまく歌えない—こと（人）。Ⅱある感覚がにぶい—こと（人）。「方向—」

**おんち【御地】** 「相手のいる土地」の尊敬語。

**おんちゅう【御中】**〔文章語〕郵便物で、団体などのあて名の下に添える語。

**おんちょう【音調】** ①音の高低。②音楽のふし。③詩歌の調子。

**おんちょう【恩寵】**〔文章語〕主君・神のめぐみ。

**おんてい【音程】** 二音間の高低の差。

**おんてい【温低】** 温帯低気圧の略。

**おんてき【怨敵】**〔文章語〕うらみのある敵。かたき。類仇敵《きゅうてき》

**オンデマンド**〔on demand〕利用者の要求に応じて行うこと。「—印刷」

**おんでる【追ん出る】**〔俗語〕自分から出る。

**おんてん【恩典】** 情けあるはからい。

**おんてん【温点】** 高温を感じる感覚点。皮膚にある。対冷点

**おんど【音頭】** ①大勢で歌うときなど、先に発声して皆を導く—こと（人）。Ⅱ先に立ってすること。「企業誘致の—をとる」②大勢が歌にあわせて踊る—踊り（曲）。「東京—」

**—取**《と》**り** 音頭をとる—こと（人）。

**おんど【温度】** 温かさ・冷たさの度合い。

**—差**《さ》 温度の差。Ⅱ認識や見解の微妙なずれ。

**おんとう【温湯】** 温かい湯。

**おんとう【穏当】** 穏やかで無理がない。「—を欠く」

**おんどく【音読】** ①声を出して読むこと。対黙読 ②漢字・漢文を字音で読むこと。対訓読

**おんどり【雄鳥】** おすの—鳥（ニワトリ）。〔ニワトリの場合は雄鶏と書く〕 対めんどり

**オンドル**《温突》〔朝鮮語 on-dor〕暖房装置の一。床下に煙を通して温める。朝鮮半島・中国東北地方で使われる。

**おんとろうろう【音吐朗々】** 声量が豊

かでよく通るようす。

**おんな【女】** ①対男 ②一人前の女性。③情婦。「—をつくる」

**—運《うん》** 男性がよい女性とめぐり会えるかどうかの運。「—がいい」

**—親《おや》** 母親。対男親

**—形《がた》** おやま。

**—癖《ぐせ》** 「—が悪い（=女に関してだらしない）」

**—狂《ぐる》い** 男が色事にふけること。対男狂い

**—子供《こども》** 女や子供。〔差別的な言い方〕

**—殺《ごろ》し** 女をとりこにする男。対男殺し

**—坂《ざか》** ふたつある坂のうち傾斜のゆるい方。対男坂

**—盛《ざか》り** 女の人生半ばの充実した年ごろ。対男盛り

**—所帯《じょたい》** 女だけの所帯。対男所帯

**—好《ず》き** ①色事の好きな男。②（「〜の する」の形で）女の好みに合うこと。◇対男好き

**—誑《たら》し** 女をだましてもてあそぶ男。色魔。

**—っ気《け》** 女のいる雰囲気。

**—っぽい** 女性的だ。対男っぽい

**—手《で》** ①女の労働力。②女の筆跡。③平仮名。◇対男手

**—出入《でい》り** 女に関するもめごと。〔男性についていう〕

**—道楽《どうらく》** 女色にふけること。

**—になる** 一人前の女になる。⊜処女でなくなる。

**—の子《こ》** 女の子供。⊜若い女。◇対男の子

**—旱《ひでり》** 女が少なくて、男が恋愛・結婚に不自由する状態。対男ひでり

**—振《ぶ》り** 女として好ましい容姿・態度。女っぷり。対男振り

**—冥利《みょうり》** 女と生まれたことの幸せ。対男冥利

**—文字《もじ》** ①平仮名。②女の筆跡。◇対男文字

**—らしい** 女性的だ。対男らしい

**おんなじ**《同じ》⇩おなじ

**おんねつ【温熱】** ①暖かさ。②熱。

**—療法《りょうほう》** 患部を温める治療法。

**おんねん【怨念】** 〔文章語〕恨みの思い。

**おんのじ【御の字】** 〔俗語〕じゅうぶんで、ありがたいこと。

**おんば【乳母】** うば。

**—日傘《ひがさ》** 子供が大切に育てられること。

**おんぱ【音波】** 空気（水）中を伝わる音の波動。「—を発する」

**オンパレード**〔on parade〕勢ぞろい。

**おんびき【音引き】** ①辞書で、語や漢字を発音や字音で引くこと。対画《かく》引き ②長音符号。「ー」

**おんぴょうもじ【音標文字】** 表音文字。〔仮名・ローマ字など〕

**おんびん【音便】** 発音の便宜上、単語の一部におこる音の変化。〔イ音便・ウ音便・撥《はつ》音便・促音便がある〕

**おんびん【穏便】** 穏やかで事を荒だてないようす。「—に済ます」

**おんぶ【負んぶ】** 背負うことの幼児語。⊜人にたよること。「—に抱っこ」

**おんぷ【音符】** ①音楽で、音を表す符号。②発音を示すための補助符号。「゛」「゜」「々」など。③漢字の字音を表す部分。「銅」の「同」、「晴」の「青」など。

**おんぷ【音譜】** 楽譜。

**おんぷう【温風】** 温かい風。

**おんぶきごう【音部記号】** 五線譜の左端の記号。低・中・高の音部の別を示す。

**オンブズマン**〔スウェーデン語 ombudsman〕行政監察官。行政機関のやり方を監視し、国民の苦情処理をする—役人（制度）。

**おんぼろ** 〔俗語〕ぼろぼろ。

**おんみ【御身】** 「相手の体」の尊敬語。〔おからだより敬意は上〕

**おんみつ【隠密】** ①ひそか。「—裏《り》」②江戸時代の探偵。

**おんみょう【陰陽】** ⇩おんよう

**おんめい【音名】** 音の絶対的な高さの名。ハ・ニ・ホ・ヘ・ト・イ・ロなど。対階名

**おんやく【音訳】** 漢字の音を借りて外国語を表記すること。〔仏陀《ぶっだ》・瓦斯《ガス》など〕

**おんやさい【温野菜】** 温かく調理した野菜。

**おんよう【陰陽】** ①いんよう。②陰陽道の略。◇おんみょう。

**—道《どう》** 陰陽《いんよう》五行説による暦数・卜筮《ぼくぜい》の学問。

**おんよう【温容】** 〔文章語〕穏やかな—顔つき（ようす）。

**おんよく【温浴】** 〔文章語〕湯にはいるこ

と。対水浴

**おんよみ【音読み】** 漢字を字音でよむこと。対訓読み

**オンライン**〔on-line〕①コンピューターで、端末装置―とホストコンピューターの回線が（がインターネットと）結ばれている―状態（システム）。対オフライン ②テニスなどで、球がコートの線上に落ちること。

**―会議《かいぎ》** インターネットを介して互いに離れた場所から参加して行う会議。リモート会議。

**―授業《じゅぎょう》** 教師がインターネットを介して離れた場所の学生・生徒に対して行う授業。

**―ショッピング**〔on-line shopping〕商品情報をインターネットで提供する通信販売。インターネットショッピング。

**―診療《しんりょう》** インターネットを介して離れた場所にいる患者に行う診療。

**オンリー**〔only〕①ただそれだけ。「仕事―の人」〔接尾語的に使う〕②駐留外国人のめかけの俗称。〔第二次大戦後まもなくの語〕

**おんりつ【音律】** 音楽の調子。

**おんりょう【音量】** 音の大きさ。ボリューム。

**おんりょう【怨霊】** 恨みをもつ死者の魂。

**おんりょう【温良】** 穏やかで素直なようす。

**おんれい【御礼】** 感謝の語。「満員―」

**おんわ【温和】** ①気候が暖かで穏やかなようす。②【穏和】穏やかでおとなしいようす。「―な性質」

# か

か【日】日数を数える語。「二〇―」

か【荷】荷物を数える語。「二―入り」

か【禍】災難。「台風―」

か【顆】果物や宝石を数える語。

か【化】①化学の略。②…に‐変わる（する）。「自動（映画）―」

か【火】火曜日の略。

か【可】①よしとすること。「…を―とする」対否・不可 ②成績を示す語。「優・良・―」

―も無《な》く不可《かふ》も無《な》い 特によくもないが、特にわるくもない。

か【加】カナダ。〔加奈陀から〕

か【果】①結果。「因となり―となる」対因 ②〔仏教語〕さとり。「―を得る」

か【科】①専門の区分け。「国語―」②生物分類上の階級の一。「霊長目ヒト―」

か【香】かおり。「梅の―」

か【蚊】小型の昆虫の一。雌は人畜の血を吸う。幼虫はボウフラ。

か【課】機構や組織の小区分。「総務―」

が【我】①自分自身。対彼《ひ》 ②自分の主張。「―を通す」「―を張る」

が【賀】祝い。特に、長寿の祝い。「六十の―」

―の祝《わい》い 長寿の祝い。〔還暦（＝六〇歳）・古希（＝七〇歳）など〕

が【雅】正統。みやび。対俗
が【蛾】チョウに似た昆虫。多くは夜行性。

が【駕】〔文章語〕乗り物。

―を枉《ま》げる わざわざおいでになる。

カー［car］自動車。「レンタ―」

カーキ［ヒンディー語 khaki］〔土ぼこりの意〕

―色《いろ》 枯れ草色。

カーゴ［cargo］貨物。「エア―」

―パンツ［cargo pants］両足の部分にポケットのついたズボン。〔もと貨物船の乗組員・軍人が着用〕

カーサ［スペイン語 casa］住居。〔建物の名称などに使う〕

かあさま【母様】母さんの丁寧な言い方。対父様《とうさま》
かあさん【母さん】対父さん
カースト［caste］インドの世襲的階級制度。四姓。「―制」〔大きくは、バラモン・クシャトリヤ・バイシャ・スードラの四階級。／一九五〇年禁止〕

ガーゼ［ドイツ語 Gaze］目のあらい柔らかい綿布。「傷口に―を当てる」

カーソル［cursor］①コンピューターなどの表示画面で、入力位置を示すしるし。②計算尺の部品の一。

ガーター［garter］靴下どめ。

―編《あ》み 棒針編みの編み方の一。

カーチェイス［car chase］自動車同士の追跡（―シーン）。

かあつ【加圧】圧力を加えること。

カーディガン［cardigan］前あきのセーター。

カーディナル［cardinal］カトリック教で、枢機《すうき》卿《きょう》。

ガーデニング［gardening］（英国風の）園芸。庭いじり。

カーテン［curtain］窓掛け。幕。Ⅱさえぎる物。「鉄の―」

―コール［curtain call］演劇や音楽会で、終演後に退場した演者を拍手で呼び戻すこと。

ガーデン［garden］庭園。「ビア―」

カート［cart］手押し車。

カード［card］①札状の紙など。「クリスマス（キャッシュ）―」②トランプ（―の札）。③試合の組み合わせ。「好―」

―キー［card-key］カード形のかぎ。

―ローン［和製語 card loan］クレジットカードと自動支払い機を利用して行う貸し付け。

ガード 道路をまたぐ鉄道橋。「―下」〔girder bridgeから〕

ガード［guard］①護衛。「ボディー―」②防護。「―フェンス」③ボクシングで、守りの構え。

―マン［和製語 guard man］警備員。

―レール［guardrail］歩道と車道の境やカーブなどの路肩に設けた防護柵。

―を固《かた》める しっかりと守る。

カートリッジ［cartridge］はめこみ式で交換可能な部分。〔プリンター用のインク容器や万年筆のインクの容器など〕

ガードル［girdle］女性用下着の一。

カートン［carton］①（ろう引きの）厚紙の箱。②巻きタバコの‐一〇箱（二〇箱）入

りの包み。③金銭や伝票の受け渡しに使う皿。

**カーナビ** カーナビゲーションシステムの略。画面に地図や道路状況を示して、自動車を目的地まで誘導する−システム(装置)。

**カーナビゲーションシステム**［car navigation system］カーナビ。

**カーニバル**［carnival］謝肉祭。‖お祭り騒ぎ。

**カーネーション**［carnation］ナデシコに似た花。赤・白・ピンクなど。〔母の日に使う〕

**ガーネット**［garnet］宝石の一。ざくろ石。〔一月の誕生石〕

**カーバ**［アラビア語 Ka'ba］イスラム教で、メッカにある最も神聖な建物。聖体を安置する。

**カーバイド**［carbide］炭化カルシウムの俗称。

**カービング**［carving］①(タイの伝統工芸の)彫刻。「フルーツー」②スキー・スノーボードで、ずれの少ないターン。「ー−スキー(ターン)」

**カーフ**［calf］子牛(−の皮)。カーフスキン。

**カーブ**［curve］①曲がること。曲がっている所。②野球で、変化球の一。曲球。

**ーミラー**［和製語 curve mirror］曲がり角につける凸面鏡。

**カーフェリー**［和製語 car ferry］自動車と乗客を同時に運ぶ船。フェリー。

**カーペット**［carpet］じゅうたん。

**ガーベラ**［gerbera］タンポポに似た花。初夏に咲く。観賞用。

**カーポート**［carport］屋根と柱だけの車庫。

**カーボン**［carbon］①炭素。②カーボン紙。

**ー紙**《し》 複写用の紙。

**ーファイバー**［carbon fiber］繊維状の炭素。樹脂の強化材に利用。

**ーレスペーパー**［carbonless paper］炭素を用いない複写用紙。ノーカーボン紙。

**ーロッド** 釣りざおの一。炭素繊維が主材料で軽くて強い。〔carbon fiber rod から〕

**カーマイン**［carmine］深紅色(−の顔料)。

**カーラー**［curler］髪の毛をカールさせるのに使う器具。

**ガーリー**［girly］ファッションで、女の子らしさを楽しむデザイン。「ーなTシャツ」

**カーリーヘア**［curly hair］髪型の一。

**ガーリック**［garlic］ニンニク。

**カーリング**［curling］氷上でする競技の一。リンク上の円の中心に、ストーン(=円盤状の石)を滑らせて入れる。

**カール**［curl］髪の毛を巻き毛にすること。また、巻き毛。「ピンー」

**カール**［ドイツ語 Kar］氷河の浸食によって山地にできた馬蹄《ばてい》形の地形。圏谷。

**ガール**［girl］少女。対ボーイ

**ースカウト**［the Girl Scouts］少女の健全育成を目的とする団体。対ボーイスカウト

**ーハント**［和製語 girl hunt］男性が、遊び相手になる女性を探して近づくこと。対ボーイハント

**ーフレンド**［girl friend］女性の友人。〔男性の側からいう〕

**かい【怪】**①不思議。「役員人事のー」②あやしい。「ー−人物(文書)」

**かい【会】**①集まり。「ーを催す」②人が集まってつくる組織。「同窓ー」

**かい【回】**①回数。「ーを重ねる」②野球で、イニング。③回数を数える語。

**かい【貝】**堅い殻をもつ軟体動物。また、その殻。

**かい【戒】**《誡》〔仏教語〕戒律。いましめ。

**かい【界】**①さかい。②生物分類の最高次の区分。門の上。「動物ー」③範囲。社会。「生物(文学)ー」

**かい【買い】**①買うこと。②取引で、相場を見込んで買うこと。◇対売り

**かい【階】**①階段。「ーをのぼる」②建物の層。「最上ー」③階数を数える語。

**かい【開】**開くこと。開いた状態。対閉

**かい【解】**解釈。解答。「ーを与える」

**かい【櫂】**船具の一。オール。

**かい【下位】**低い−地位(順位)。対上位

**かい【下意】**しもじも(大衆)の意見。「ー上達」対上意

**かい【甲斐】**効果。はりあい。

**ーがない** ①ききめがない。②はりあいがない。

**かい【歌意】**うたの意味。

**がい【我意】** 自分勝手な気持ち。「—を通す」
**がい【該】** 問題になっている。「—事件」
**がい【害】** 悪影響。「飲酒の—」対利・益
**がい【垓】** 数の名。一京《けい》の一万倍。
**ガイ**［guy］〔俗語〕男。やつ。「ナイス—」
**ガイア**［ギリシャ語 Gaia］ ギリシャ神話で、大地の女神。‖ 一つの生命体としての、地球。
**かいあく【改悪】** 改めたことで悪くなること。対改善
**がいあく【害悪】** 害となる物事。「—を流す」
**かいあげ【買い上げ】** ①買い上げること。②（「お～」の形で）買うことの丁寧な表現。
**かいあげる【買い上げる】** 政府や企業が民間や個人から買い入れる。
**かいあさる【買い漁る】** 盛んに買い集める。
**がいあつ【外圧】** 外部からの圧力。「—が強まる」対内圧
**かいい【会意】** 六書《りくしょ》の一。ふたつ以上の字をあわせて新しい字を作る。例、人＋言→信。
**かいい【怪異】** ①ふしぎだ。「—な現象」②化け物。
**かいい【海尉】** 海上自衛隊の階級の一。海佐の下、海曹の上。
**かいい【魁偉】** （男の）体格や顔つきが大きく立派なようす。「容貌《ようぼう》—」
**がいい【害意】** 危害を加えようとする心。「—を抱く」
**かいいき【海域】** 海面の区域。
**かいいぬ【飼い犬】** 家で飼っている犬。対のら犬
**—に手《て》をかまれる** ふだんかわいがっている人から害を受ける。
**かいいれる【買い入れる】** 代金を払って品物を手に入れる。
**かいいん【会員】** 同じ会の仲間。類メンバー
**—券《けん》** 会員の特典を保証する券。
**—権《けん》** 会員としての権利。メンバーシップ。
**かいいん【改印】** 印鑑を別のものに変えること。
**かいいん【海員】** 船の乗組員。〔船長を除く〕
**かいいん【開院】** 院のつく機関を-開業（始業）すること。対閉院
**がいいん【外因】** 外部にある原因。対内因
**かいう【海芋】** 植物の一。カラー。
**かいうける【買い受ける】** 品物を買って引き取る。対売り渡す
**かいうん【海運】** 船で貨物・旅客などを運送すること。「—業」対陸運・空輸
**かいうん【開運】** 運が開けること。
**かいえん【海淵】** 海洋中で特に深い所。
**かいえん【開園】** 園のつく機関を-開業（始業）すること。対閉園
**かいえん【開演】** 上演を始めること。「—時間」対終演
**がいえん【外延】** 〔哲学用語〕概念が適用される事物の範囲。〔動物という概念の外延は、イヌ・ウマ・ゾウ…など〕対内包
**がいえん【外苑】** 神社などの外側の庭園。対内苑
**がいえん【外縁】** ①外戚《がいせき》。②外回り。
**かいおうせい【海王星】** 太陽系の惑星の一。ネプチューン。
**かいおき【買い置き】** 余分に買って-おくこと（あるもの）。類ストック
**かいオペレーション【買い—】** 公開市場操作の一。中央銀行が市中銀行の債券を買い上げることで通貨を市場に放出する。買いオペ。対売りオペレーション
**かいおんせつ【開音節】** 母音で終わる音節。対閉音節
**かいか【階下】** 階段の下。対階上
**かいか【開化】** 知識や文化が開けて進むこと。「文明—」
**—丼《どんぶり》** 牛肉（豚肉）と玉ねぎの卵とじをのせた丼飯。他人丼。〔関東での呼称。具材が文明開化の象徴〕
**かいか【開花】** 花が開くこと。「—予想」‖盛んになること。「天平文化の—」
**かいか【開架】** 図書館で、閲覧者が書籍を自由に取り出して利用できること。「—式」対閉架
**かいが【絵画】** 絵《え》。
**がいか【外貨】** ①外国の貨幣。対邦貨 ②外国の商品。
**がいか【凱歌】** 戦勝を祝う歌。
**—を-あげる（奏《そう》する）** 戦いに勝つ。
**ガイガーカウンター**［Geiger counter］

放射線検出器の一。ガイガー‐ミュラー計数管。〔ガイガーとミュラーは人名〕

**かいかい【開会】** 対閉会

**かいがい【海外】** 海を隔てた外国。

**がいかい【外海】** 陸をとり囲む外の海。そとうみ。対内海

**がいかい【外界】** 自分をとりまく外部の世界。対内界

**かいがいしい【甲斐甲斐しい】** けなげできびきびしている。

**かいかく【改革】** 制度などを、改め変えること。「機構—」

**かいがく【開学】** 学校を開設すること。

**がいかく【外角】** ①野球で、ホームプレートの、打者から遠い側。アウトコーナー。「—球」②多角形の一辺と、隣り合う辺の延長とが挟む角。◇対内角

**がいかく【外核】** 地球の、内核の外側の部分。マントルの内側。液状。

**がいかく【外郭】**《外廓》外囲い。

**—団体《だんたい》** 官庁などの外部にあって、その活動を援助する団体。

**がいかく【外殻】** 外側のから。

**かいかけ【買い掛け】** 掛け(=代金後払い)で物を買うこと。対売り掛け

**かいかた【買い方】** 買い手。対売り方

**かいかつ【快活】**《快闊》明るくて、元気がよいようす。

**かいかつ【開豁】**〔文章語〕①ながめが開けているようす。②度量が広いようす。

**がいかつ【概括】** 大体の内容をまとめること。類総括

**かいかぶる【買い被る】** 実際よりも高く評価する。

**かいがら【貝殻】** 貝のから。

**—骨《ぼね》** 肩甲骨。

**—虫《むし》** 樹木について樹液を吸う害虫。〔分泌物が貝殻状になる〕

**かいかん【会館】** ある会の使用する建物。また、会合などに使う建物(—の名称)。

**かいかん【快感】** こころよい感じ。

**かいかん【開館】** 館のつく機関を‐開業(始業)すること。「—時間」対閉館

**かいがん【海岸】** うみべ。

**—線《せん》** ①海と陸の境の線。②海岸に沿った鉄道線路。

**—段丘《だんきゅう》** 海岸ぞいの階段状の地形。

**かいがん【開眼】** ①視力を回復させること。②⇩かいげん

**がいかん【外患】** 外部(外国)から受ける心配。「内憂—」対内患

**がいかん【外観】** 外から見たようす。外景。

**がいかん【概観】** 全体のあらまし(—を見ること)。

**かいき【回忌】** 毎年めぐってくる命日の回数を数える語。年忌。周忌。

**かいき【会期】** 会の‐時期(期間)。

**かいき【回帰】** もとへ帰ること。「—性」

**—線《せん》** 太陽が最も‐南(北)を通るときの緯線。南緯(北緯)二三・二七度。

**—熱《ねつ》** 高熱・平熱を繰り返す急性感染症。再帰熱。

**—本能《ほんのう》** サケなどが産卵の際、うまれた川に戻る本能。

**かいき【快気】** 全快。

**—祝《いわ》い** 退院や病気全快の内祝い。

**かいき【怪奇】** 気味がわるく、ふしぎなようす。「複雑—」

**かいき【皆既】**

**—月食《げっしょく》** 月が地球の影に隠れて見えなくなる現象。

**—食《しょく》** 皆既月食・皆既日食の総称。

**—日食《にっしょく》** 太陽が月に隠れて見えなくなる現象。

**かいき【買い気】** 買いたい気持ち。人々が買おうとする傾向。対売り気

**かいき【開基】** ①基礎をつくること。②寺院や宗派を創立‐すること(した僧)。開山。

**かいぎ【会議】** ①集まって相談・検討すること。その集まり。②評議の機関。

**かいぎ【懐疑】** ①疑いをもつこと。②決断しかねること。

**がいき【外気】** 戸外の空気。「—に当てる」

**—浴《よく》** 乳児や高齢者を戸外の空気や陽光にふれさせること。

**かいきえん【怪気炎】** 威勢のよすぎる意気込み。「—を上げる」

**かいきゃく【開脚】** 両足を大きく開く‐こと(姿勢)。「—ストレッチ」

**かいぎゃく【諧謔】** ユーモア。しゃれ。「—を交える」

**かいきゅう【階級】** ①段階。類等級 ②地位。③経済的利害などが同じような条件にある人々の集団。類階層

**—闘争《とうそう》** 支配階級と被支配階級との

闘争。
**かいきゅう**【懐旧】懐古。「—談」
**かいきょ**【快挙】胸のすくような行動。
**かいぎょ**【海魚】海にすむ魚。
**かいきょう**【回教】イスラム教。
**かいきょう**【海況】海の気象や潮・波のようす。
**かいきょう**【海峡】ふたつの陸地にはさまれた、せまい海。「関門—」
**かいぎょう**【改行】続けて書かずに行を変えること。
**かいぎょう**【開業】①事業を始めること。②営業をしていること。
**—医**《い》 個人で医院を開き診療を行う医者。
**がいきょう**【概況】大体の状況。
**かいきょく**【開局】放送局や郵便局を開設すること。
**がいきょく**【外局】中央官庁に従属しながら比較的独立性のある機関。対内局
**かいきり**【買い切り】①貸し切り。②小売店が返品しない約束で商品を買うこと。
**かいきる**【買い切る】品物や切符を、全部残らず買ってしまう。
**かいきん**【皆勤】無欠勤。無欠席。
**かいきん**【開襟】《開衿》開いた襟。
**—シャツ** 前襟を折って開いたシャツ。オープンシャツ。
**かいきん**【解禁】禁止していたことを許可すること。「アユの—・—日」
**がいきん**【外勤】外部での勤務。対内勤

**かいく**【海区】漁業に関しての海域。
**かいぐい**【買い食い】（子供が）菓子などを買って食べること。
**かいくぐる**《掻い潜る》くぐる。
**かいぐすり**【買い薬】売薬。
**かいくん**【回訓】本国政府からの回答としての訓令。対請訓
**かいぐん**【海軍】海防に当たる軍隊。
**かいけい**【会計】①金銭や物品の出し入れを管理すること。また、その係（—の人）。②代金の支払い。
**—監査**《かんさ》 収支決算などが正確かどうかを調査する—こと（人）。
**—検査院**《けんさいん》 行政機関の一。国の決算を検査する。
**—士**《し》 公認会計士。
**—年度**《ねんど》 会計上の年度。〔日本政府は四月一日から翌年三月三一日まで〕
**かいけい**【塊茎】養分をたくわえた塊状の地下茎。〔ジャガイモなど〕
**がいけい**【外形】外からみた形。
**がいけい**【外景】①中から見た外の景色。②外観。
**かいけいのはじ**【会稽の恥】人から受けた、忘れられない恥。〔中国の故事から〕
**かいけつ**【怪傑】非凡な手腕のある人。
**かいけつ**【解決】事件（問題）を処理し、きまりをつけること。「—策」
**かいけつびょう**【壊血病】ビタミンCの欠乏症。貧血や歯茎の出血を起こす。
**かいけん**【会見】面会。〔ふつう、公的なものについて使う〕

**かいけん**【改憲】憲法を修正すること。
**かいけん**【懐剣】ふところに入れる短刀。〔主に女性の護身用〕
**かいげん**【改元】年号を改めること。
**かいげん**【戒厳】非常の際、軍が行政権・司法権を握り、軍隊が一定地域を警備すること。
**—令**《れい》 戒厳を布告する命令。
**かいげん**【開元】開基①。
**かいげん**【開眼】①新しくできた—仏像（仏画）に、目を入れる儀式。②〔仏教語〕真理をさとること。Ⅱ芸などのさとりを開くこと。
**がいけん**【外見】外から見たようす。
**かいこ**【蚕】カイコガの幼虫。繭から絹糸をとる。
**かいこ**【回顧】昔のことを思い出して考えること。類回想
**かいこ**【解雇】雇い人をやめさせること。類免職
**かいこ**【懐古】昔をなつかしく思い出すこと。「—趣味（談）」類懐旧
**かいご**【介護】世話や看護をすること。
**—休業**《きゅうぎょう》 家族の介護のために、労働者に認められた一定期間の休業。
**—福祉**《ふくし》**士**《し》 障害者や高齢者の介護及びその家族の介護者への助言・指導をする専門家。
**—保険**《ほけん》 要介護状態の人に対して介護サービスなどの日常生活の支援を行うための保険。
**—予防**《よぼう》 要介護状態になるのを防ぐこ

と。

**かいご【改悟】**〔文章語〕罪や過ちを悟り改めること。

**かいご【悔悟】** まちがいを悟り悔いること。「—の色を表す」

**かいご【解語】** 言葉を理解すること。「—の花(=美人)」

**かいこう【回航】**《廻航》①あちこち航海すること。②特定の場所へ船をさし向けること。

**かいこう【改稿】** 原稿を書き直すこと。

**かいこう【海港】** 海岸にある港。

**かいこう【海溝】** 海底の、溝のように細長くて深いくぼみ。

**かいこう【開口】** ①言葉を発すること。②口のように開いた部分。「—部」

**—一番《いちばん》** まず言うことには。

**かいこう【開校】** 学校を開設すること。対閉校

**かいこう【開港】** ①貿易・通商のために港を開放すること。②空港を開設すること。

**かいこう【開講】** 講座などを開くこと。対閉講

**かいこう【邂逅】**〔文章語〕めぐりあい。

**かいごう【会合】** ①集まり。②太陽・惑星・地球が一列に並んだ状態。

**—周期《しゅうき》** 会合②から次の会合②までの時間。

**かいごう【改号】** 称号(年号)を改めること。

**がいこう【外向】** 活発で社交的であること。対内向

**がいこう【外交】** ①外国との交際(交渉)。②会社などの外部での業務。

**—員《いん》** セールスマン。

**—官《かん》** 外国で外交に当たる国家公務員。

**—辞令《じれい》** 社交上のほめ言葉。社交辞令。

**—特権《とっけん》** 外交官に認められた特別な権利。外交官特権。〔不可侵権や治外法権〕

**がいこう【外光】** 戸外の光線。

**がいこう【外港】** ①入港する船が一時停泊する所。②内陸に位置する大都市に対して出入り口となる港。

**がいごうないじゅう【外剛内柔】** ⇩内柔外剛

**がいこきゅう【外呼吸】** 酸素をとり入れ、二酸化炭素を排出する作用。対内呼吸

**かいこく【戒告】**《誡告》①公務員に対する懲戒処分の一。戒告処分。〔最も軽い〕②行政機関が、行政義務を履行しない者に対してその履行を促す通知。

**かいこく【海国】** 海で囲まれた国。類島国

**かいこく【開国】** ①建国。②外国と交渉を始めること。対鎖国

**がいこく【外国】** 自国以外の国。

**—為替《かわせ》** 外国との貸借関係を決済する方法。現金ではなく為替手形によって行う。外《がい》為《ため》。

**—語《ご》** 外国の言語。

**—人《じん》** その国の国籍をもたない人。類外人

**かいこし【買い越し】** 取引で、一定期間内の買いが売りを上回った状態。対売り越し

**がいこつ【骸骨】** 骨だけになった死骸。「—を乞《こ》う(=辞職を願う)」

**かいことば【買い言葉】** ⇩うりことばにかいことば

**かいこむ【買い込む】** 多量に買い入れる。「食料品を—」

**かいごろし【飼い殺し】** 役にたたなくなった家畜などを、死ぬまで飼うこと。⑪能力を発揮させることなく、使用人をただやとっておくこと。

**かいこん【悔恨】** 悔やんで残念に思う気持ち。「—の情」

**かいこん【開墾】** 山野を切り開いて新たに耕地を作ること。「—地」

**かいこん【塊根】** 養分をたくわえた塊状の根。〔サツマイモ・ダリアなど〕

**かいさ【海佐】** 海上自衛隊の階級の一。海将補の下、海尉の上。

**かいさい【快哉】**〔「こころよいかな」の意〕

**—を叫《さけ》ぶ** 喜びの声をあげる。

**かいさい【皆済】**(支払いを)全部済ませること。類完納

**かいさい【開催】** 会や催しを行うこと。

**かいざい【介在】** 間に挟まって存在すること。「難問が—する」

**がいさい【外債】** 外国で募集する公債・社債。対内債

**がいざい【外在】** 外部に存在すること。「—性」対内在

**がいざい【外材】** 輸入した木材。

**かいざいく【貝細工】** ①貝殻を使った細工物。②植物の一。キク科。切り花用など。

**かいさく【改作】** 旧作を作り直すこと。

**かいさく【開削】**（《開鑿》） 道路や運河を通すこと。

**かいささえ【買い支え】** 相場が下がるのを食い止めるために買い続けること。動—る

**かいさつ【改札】** 駅で、切符を調べる—こと（所）。「—口」対集札

**かいさつ【開札】** 箱を開いて、入札の結果を調べること。類開票

**かいさん【海産】** 海からとれること。

**—物《ぶつ》** 海からとれる魚貝など（—の加工品）。

**かいさん【開山】** 寺院の創始者。宗派の開祖。類開基 ＝創始者。

**かいさん【解散】** ①集まった人々が別れ散ること。「流れ—」②衆議院で任期中の全議員の資格を解くこと。「国会—」③会社や法人が組織を廃止すること。

**かいざん【改竄】**（悪用するため）文字や語句を書きかえること。

**かいざん【海山】** 海中の地形の一。海底から一〇〇〇メートル以上の高さの、山のような地形。

**かいざん【開山】** ①山開き。②新しく鉱山を開くこと。◇対閉山

**がいさん【概算】** 大体の計算。対精算

**—要求《ようきゅう》** 各省庁が財務省に出す予算原案。

**かいし【会誌】** 会の機関誌。

**かいし【海士】** 海上自衛隊の最下位の階級。海士長の下。

**—長《ちょう》** 海上自衛隊で、海士の上の階級。海曹の下。

**かいし【海市】**〔文章語〕蜃気楼《しんきろう》。

**かいし【開始】** スタート。対終了

**かいし【懐紙】** ①たたんでふところに入れておく白紙。②和歌や連歌を書く紙。

**かいじ【海自】** 海上自衛隊の略。

**かいじ【海事】** 海上における船の運航に関する事柄。「—公法」

**かいじ【開示】** 示すこと。「勾留理由の—」

**がいし【外史】** 民間で書いた歴史。〔特に頼山陽著『日本外史』〕類野史

**がいし【外紙】** 外国の新聞。

**がいし【外資】** 外国資本。

**がいし【碍子】** 電柱などで、電線を支持・絶縁するための器具。

**がいじ【外耳】** 耳の、鼓膜より外側の部分。

**—道《どう》** 耳の穴から鼓膜までの管。

**がいじ【外字】** ①外国の文字。②常用漢字以外の漢字。類表外字 ③JISコード表やUNICODE表にない文字。また、ある機器で入力できない文字。

**—紙《し》** 外紙。

**かいしき【開式】**〔文章語〕儀式を始めること。対閉式

**かいしつ【開室】** 室のつく機関を—開業（始業）すること。対閉室

**かいして【介して】**（「…を〜」の形で）…を仲立ちとして。

**がいして【概して】** 一般に。大体。

**かいしめる【買い占める】**（多量に）買い集めて占有する。

**かいしゃ【会社】** 営利を目的とした社団法人。

**かいしゃ【膾炙】** ⇩人口《じんこう》に膾炙する

**がいしゃ【外車】** 外国製の自動車。

**がいしゃ【害者】**〔俗語〕被害者。

**かいしゃく【解釈】** 意味を理解し、説明すること。

**がいしゃし【外斜視】** 斜視の一。一方の目の視線が外側を向く。対内斜視

**がいじゅ【外需】** 国外での需要。「—景気」対内需

**かいしゅう【会衆】** 寄り集まった人々。

**かいしゅう【回収】** 集めてもとへ戻すこと。「廃品—」

**かいしゅう【改宗】** 他の—宗派（宗教）にかえること。類宗旨がえ

**かいしゅう【改修】** 修理し、直すこと。

**かいじゅう【怪獣】** 正体のはっきりしないけもの。

**かいじゅう【海獣】** 海にすむ哺乳動物の総称。クジラ・アザラシなど。

**かいじゅう【晦渋】** 言葉や文章が難しくて、わかりにくいようす。類難解

**かいじゅう【懐柔】** 手なずけて味方にすること。

**がいしゅう【外周】** 外側の周囲（—の距離）。対内周

**がいじゅう【害獣】** 人や家畜に害を与えるけもの。

**がいしゅういっしょく【鎧袖一触】** 簡単に負かすこと。〔鎧《よろい》の袖《そで》でちょっと払う意〕

**がいじゅうないごう【外柔内剛】** ⇩内剛外柔

**がいしゅつ【外出】** 出かけること。

**かいしゅん【回春】** ①（精力が）若返ること。②春が再び巡ってくること。③病気が治ること。

**かいしゅん【改悛・悔悛】** あやまちを悔い改めること。「―の情」

**かいしゅん【買春】** 代金を払って性交すること。ばいしゅん。「―ツアー」対売春〔買う側の責任を問うために作られた。／同音の売春と区別する言い方〕

**かいしょ【会所】** 集会をする所。「碁―」

**かいしょ【開所】** 所のつく機関を―開業（始業）すること。対閉所

**かいしょ【楷書】** 漢字の字体の一。真書。対行書・草書

**かいじょ【介助】** （病人の）手助けをすること。類介添え

**―犬《けん》** 障害者や高齢者の生活を介助するように訓練された犬。

**かいじょ【解除】** 制限や禁止をなくし、自由な状態にもどすこと。「武装―」

**かいしょう【会商】** 〔文章語〕集まって相談すること。「日英―」類会議・会談

**かいしょう【回章】**《廻章》〔文章語〕①順に回覧して読む文書。回状。②返信。

**かいしょう【改称】** 名称を改めること。また、改めた名称。

**かいしょう【快勝】** 胸のすくようなすばらしい勝利。

**かいしょう【海将】** 海上自衛隊の階級の一。最高位。

**―補《ほ》** 海上自衛隊の階級の一。海将の下、海佐の上。

**かいしょう【海嘯】** ①満潮の際、三角状に開いた河口などを潮流が逆流して起こる高い波。②〔俗語〕つなみ。

**かいしょう【解消】** 契約や組織をなくすこと。「婚約―」

**かいしょう【甲斐性】** たよりがい。

**―無《な》し** 生活力がなく頼りにならない―こと（人）。かいしょなし。

**かいじょう【会場】** 会を行う場所。

**かいじょう【回状】**《廻状》回章①。

**かいじょう【海上】** 海の―表面（上空）。

**―交通《こうつう》** 船舶による交通手段。

**―自衛隊《じえいたい》** 自衛隊の組織の一。海防にかかわる。

**―封鎖《ふうさ》** 軍事力で海路をふさぐこと。

**―保安庁《ほあんちょう》** 海上の安全確保、治安の維持に当たる機関。〔国土交通省の外局〕

**―保険《ほけん》** 損害保険の一。〔海難事故や積み荷の損害を補償〕

**かいじょう【階上】** 階段の上。対階下

**かいじょう【階乗】** 一から$n$までの自然数の積。$n!$で表す。〔三の階乗は$3!$で、$1\times2\times3=6$〕

**かいじょう【開城】** 降参して敵に城を明け渡すこと。「無血―」

**かいじょう【開場】** 会場を開いて―人を入れる（営業を始める）こと。対閉場

**かいじょう【塊状】** かたまりになった形。

**かいじょう【解錠】** 錠をあけること。対施錠

**がいしょう【外相】** 〔文章語〕外務大臣。

**がいしょう【外商】** ①外国の商人。②デパートなどで、売り場を通さず客に直接販売すること。「―部」

**がいしょう【外傷】** 体の表面の傷。

**―後《ご》ストレス障害《しょうがい》** 生命の危機や強度の精神的苦痛の体験後に発症するストレス障害。ＰＴＳＤ。〔体験から一か月以上を経ての発症をさす〕

**がいじょう【街上】** 〔文章語〕みちばた。路上。

**かいじょうたつ【下意上達】** 下の立場の人の意見が上にいる人によく伝わること。対上意下達

**かいしょく【会食】** 集まって食事をすること。

**かいしょく【快食】** 〔文章語〕気持ちよくおいしく食べること。「―快眠」

**かいしょく【海食】**《海蝕》潮流や海の波などによる浸食。

**かいしょく【解職】** 職をやめさせること。免職。類解雇

**がいしょく【外食】** 食堂など、家庭外で食事をすること。対内《うち》食・中《なか》食

**かいしん【会心】** これならば満足できると思うこと。「―の作」

―の友《とも》 親友。
**かいしん【回心】** キリスト教で、正しい信仰にめざめること。
**かいしん【回診】** 病院で、医師が診察して回ること。
**かいしん【戒心】** 〔文章語〕油断しないこと。
**かいしん【改心】** 悪かったとさとって、心を改めること。
**かいしん【改新】** 制度などを新しくすること。「大化の―」
**かいじん【灰燼】**
―に帰《き》する すっかり焼けてあとかたもなくなる。
**かいじん【怪人】** あやしげな人。
**かいじん【海神】** 海の神。類わたつみ
**がいしん【外心】** 数学で、多角形に外接する円の中心。
**がいしん【外信】** 外国からの通信。「―部」
**がいじん【外人】** 外国人。〔排他的に使われることが多い〕
**がいじん【外陣】** げじん。
**かいず【海図】** 海洋の状況を記した航海用の地図。
**かいすい【海水】** 海の水。
―浴《よく》 海で泳いだり遊んだりすること。「―場」
**かいすう【回数】** 何回起こったかを示す数。類度数
―券《けん》 (乗り物や劇場などで利用する)数枚を一つづりにした券。
**がいすう【概数】** およその数。
**かいする【介する】** ①心にかける。「意に介さない」②間に置く。「人を―」◇介す。
**かいする【会する】** 〔文章語〕①あつまる。あつめる。「一堂に―」②会う。◇会す。
**かいする【解する】** ①解釈する。②理解する。◇解す。
**がいする【害する】** ①害を与える。②殺す。◇害す。
**がいすん【外寸】** 容器の外側(―がきっちり収まる直方体)の寸法。類外のり 対内寸
**かいせい【改正】** 正しく改めること。類改善・改良 対改悪
**かいせい【改姓】** 姓をかえること。
**かいせい【快晴】** 空が気持ちよく晴れること。〔気象学上は、雲量二以下〕
**がいせい【外征】** 外国へ軍隊を派遣して戦争すること。
**がいせい【外政】** 外国と関わる政治。対内政
**がいせい【慨世】** 世のありさまを嘆くこと。「―の士」
**がいせい【蓋世】** 〔文章語〕世をおおうほどの気力。「抜山《ばつざん》―」
**かいせき【会席】** ①会合の席。②連歌・俳諧《はいかい》の席。③会席料理の略。
―膳《ぜん》 会席料理をのせる膳。
―料理《りょうり》 膳《ぜん》つきの上等な料理。
**かいせき【怪石】** 奇妙な形の石。「奇岩―」
**かいせき【解析】** ①物事を細かく分析し、理論的に研究すること。②数学の分野の一。「―幾何学」
**かいせき【懐石】** 懐石料理の略。
―料理《りょうり》 茶席で茶の前に出す簡単な料理。
**がいせき【外戚】** 母方(妻)の親類。対内戚
**かいせきこ【海跡湖】** 海が砂州などで閉じられてできた湖。〔サロマ湖など〕
**かいせつ【回折】** 音波や電波が障害物の影にまわって伝わる現象。
**かいせつ【開設】** 施設を新たにつくること。
**かいせつ【解説】** 内容をわかりやすく説明すること。その説明。
**がいせつ【外接】**《外切》 図形が他の図形に外側で接すること。「―円」対内接
**がいせつ【剴切】** 〔文章語〕非常に適切なようす。
**がいせつ【概説】** 大要の説明。類概論
**かいせん【会戦】** 大部隊どうしの戦闘。
**かいせん【回線】** 電話・電信の回路。「通信(電話)―」
**かいせん【改選】** 議員などの任期満了後に改めて選挙すること。
**かいせん【海戦】** 海上の戦闘。
**かいせん【海鮮】** 新鮮な魚介類。「―料理」
―丼《どん》 魚介類の刺身などをのせた丼飯。
**かいせん【疥癬】** 感染性皮膚病の一。疥癬虫の寄生による。ひぜん。
**かいせん【改撰】** 詩集や歌集を編集し直すこと。

**かいせん【開栓】** 栓を開けること。「ガス(ボトル)を―する」

**かいせん【開戦】** 戦争を始めること。対終戦

**かいぜん【改善】** わるい点を改めてよくすること。類改正・改良 対改悪

**がいせん【外線】** ①屋外の電線。②外部へ通ずる電話。◇対内線

**がいせん【崖線】** 崖地の連なり。「国分寺―」

**がいせん【凱旋】** 戦いに勝って帰ること。「―門」Ⅱ成功して帰ること。

**がいぜん【蓋然】** ある程度確実であること。

**―性**《せい》 確実性の度合い。

**―的**《てき》 そうなる可能性もそうならない可能性も、ともにあるようす。

**がいぜん【慨然】**〔文章語〕①憤り嘆くようす。②心を奮いおこすようす。

**かいせんきょく【回旋曲】** ロンド。

**かいそ【改組】** 組織を改めること。

**かいそ【開祖】** ①宗派を開いた人。開山《かいさん》。②芸能で、一派を開いた人。

**かいそう【会葬】** 葬式に参列すること。

**かいそう【回送】**《廻送》①からのまま戻すこと。「―車」②転送。「―郵便」

**かいそう【回想】** 昔のことを思い返すこと。類回顧

**かいそう【回漕】**《廻漕》船で運送すること。「―船」類運漕

**かいそう【改葬】** 一度葬った死体を、あらためて他の場所へ葬りなおすこと。

**かいそう【改装】** 建物の設備や外観を改めること。類もようがえ

**かいそう【海草】** 海中にはえる植物。

**かいそう【海曹】** 海上自衛隊の階級の一。海尉の下、海士長の上。

**かいそう【海藻】** 海中にはえる藻類の総称。

**かいそう【階層】** ①建物の階のかさなり。②【界層】社会を構成する人々を類別した集まり。性別・年齢別・職業別など。

**かいそう【壊走・潰走】**〔文章語〕戦いに負けて逃げること。

**かいぞう【改造】** 造りかえること。

**がいそう【外装】** ①品物の包み。類包装 ②建物や車両の外側の装飾。対内装

**かいぞうど【解像度】** ディスプレー表示や印刷における細かさの程度。

**かいぞうりょく【解像力】** 映像の細かい部分を識別できるレンズの能力。

**かいぞえ【介添え】** 付き添って世話をすること(人)。

**かいそく【会則】** 会のきまり。

**かいそく【快足】** 走るのが速いこと。

**かいそく【快速】** 気持ちがいいぐらい速いこと。

**かいぞく【海賊】** 海上の盗賊。「―船」対山賊

**―版**《ばん》 著作権者の許可なく複製した出版物やソフトウエアなど。

**がいそふ【外祖父】**〔文章語〕母方の祖父。

**がいそぼ【外祖母】**〔文章語〕母方の祖母。

**かいぞめ【買い初め】** 新年になって初めて買い物をすること。

**がいそん【外孫】**〔文章語〕そとまご。対内孫

**かいたい【拐帯】**〔文章語〕持ち逃げ。「公金―」

**かいたい【解体】** ①ばらばらに離れる(分ける)こと。類分解 ②解剖。

**かいたい【懐胎】**〔文章語〕妊娠。

**かいだい【海内】**〔文章語〕四海の内。国内。

**かいだい【解題】** 書物の成立・体裁・内容・著者などの解説。「国書―」

**かいたく【開拓】** 荒れ地を開いて耕地にすること。Ⅱ新しい分野を切り開くこと。

**―者**《しゃ》 土地を切り開く人。Ⅱ新分野を切り開く人。◇類パイオニア

**―地**《ち》 開拓によってできた耕地。

**かいだく【快諾】** 快く承諾すること。「―を得る」

**かいだし【買い出し】** 買いに出かけること。

**かいだす【掻い出す】** くみ出す。

**かいたたく【買い叩く】** 売り手の足もとを見て、値切って安く買う。

**がいため【外為】** 外国為替《かわせ》。

**かいだん【会談】** 公的な話し合い。

**かいだん【戒壇】**〔仏教語〕僧に戒律を授けるために設けた壇。

**かいだん【怪談】** 幽霊や化け物に関する話。Ⅱ複雑でわけのわからない話。

**かいだん【階段】** はしご段(―状の通路)。

**かいだん【解団】** 団体の組織を解散すること。対結団

**がいたん【慨嘆】**《慨歎》〔文章語〕なげき、いきどおること。

**がいだんこうせつ【街談巷説】** 世間のうわさ。

**かいだんじ【快男児】** さっぱりした気持ちのいい男。快男子。

**ガイダンス**〔guidance〕 生徒の個性に応じて、学習や進路を指導すること。Ⅱ入学時の説明会。

**がいち【外地】** 内地以外の領土。

**かいちく【改築】** 建物を建てかえること。

**かいちゅう【回虫】**《蛔虫》 寄生虫の一。

**かいちゅう【改鋳】** 鋳つぶして作り直すこと。「貨幣の―」

**かいちゅう【海中】** 海の中。

**かいちゅう【懐中】** ①ふところの中。②携帯。

**―電灯《でんとう》** 携帯用の電灯。

**―時計《どけい》** ポケットなどに入れて携帯する時計。

**―物《もの》** さいふや時計など。

**がいちゅう【外注】**《外註》 外部の業者に注文すること。

**がいちゅう【害虫】** 人や家畜、農作物に害を与える昆虫。対益虫

**かいちょう【会長】** ①会の代表者。②会社で、社長の上の役職。

**かいちょう【快調】** 調子がよい。

**かいちょう【海鳥】** うみどり。

**かいちょう【階調】** 色の濃淡の変化(―をあらわす段階)。「各色を二五六―で表現する」

**かいちょう【開庁】** 新しく官庁を設置すること。対閉庁

**かいちょう【開帳】** ①厨子《ずし》の戸を開いて、仏像を見せること。②ばくちの座をひらくこと。開張。

**かいちょう【諧調】**〔文章語〕(音楽や絵画で)よく調和のとれた調子。

**がいちょう【害鳥】** 農作物などに害を与える鳥。対益鳥

**かいちん【開陳】** 自分の意見を述べること。類陳述

**かいつう【開通】** 道路や鉄道が通じること。「新線が―する」

**かいづか【貝塚】** 古代人が食べた貝の殻が堆積した遺跡。

**かいつけ【買い付け】** ①いつも買っていること。②品物を大量に買い入れること。

**かいつける【買い付ける】** ①いつも買っている。②大量に買い入れる。

**かいつなぎ【買い繋ぎ】** 株式で取引形態の一。

**かいつぶり**《鸊鷉》 水鳥の一。水上に浮き巣をつくる。にお。

**かいつまむ**《掻い摘む》 要約する。「かいつまんで話す」

**かいて【買い手】** 買う(―側の)人。対売り手

**―市場《しじょう》** 売り手より買い手が優位にある市場。対売り手市場

**かいてい【改定】** 制度や決まりを改め、新しく定めること。「運賃―」

**かいてい【改訂】** 書物や文章の内容を直してよくすること。「―版」

**かいてい【海底】** 海の底。

**―ケーブル** 海底に敷設する通信・電力用電線。海底電線。

**かいてい【階梯】**〔文章語〕階段。Ⅱ入門書。

**かいてい【開廷】** 法廷で裁判を開くこと。対閉廷

**かいてき【快適】** 調子がよく、快い。「―な暮らし」

**がいてき【外的】** ①外部にある状態。②精神に対して肉体的。「―生活」◇対内的

**がいてき【外敵】** 外部(外国)から攻めて来る敵。対内敵

**かいてん【回天】**《廻天》〔文章語〕衰えた勢いを盛り返すこと。天下の形勢を変えること。

**かいてん【回転】**《廻転》 ①くるりと回ること。Ⅱ「頭の―(=働き)」②順番に交替すること。「客の―」③資金の運用。

**―儀《ぎ》** ジャイロスコープ。

**―競技《きょうぎ》** スキー競技の一。ポールの間を通りながら滑降する。

**―資金《しきん》** 事業の運営のために投資と回収が繰り返される資金。

**―軸《じく》** 回転の中心になる軸。

**―数《すう》** レコードやエンジンの、一定時間内

に回転する回数。
—寿司《ずし》 店内をめぐるコンベアー上に置かれた品を、客が選び取って食べる方式のすし店。
—木馬《もくば》 メリーゴーランド。
—翼《よく》 （ヘリコプターで）回転によって推力・揚力を得る翼。
**かいてん【開店】** ①店を新しく始めること。②店をあけてその日の営業を始めること。◇対閉店
—休業《きゅうぎょう》 店が開業していても客が入らず、休んでいるのと同じ状態であること。
**かいでん【皆伝】** 技芸や武術で、師匠から奥義をすべて伝授されること。「免許—」
**がいでん【外電】** 外国からの電報。特に、通信社からのニュース。
**カイト**［kite］ 西洋だこ。
**ガイド**［guide］ ①観光地の案内人。②案内書。
—ブック［guidebook］ 案内書。
—ライン［guideline］ 計画の指針や概要。
**かいとう【会頭】** 会長。「商工会議所—」
**かいとう【回答】** 返事。
**かいとう【快刀】** よく切れる刀。
—乱麻《らんま》（—を断《た》つ） 複雑な問題を明快に処理し解決する。
**かいとう【怪盗】** 得体の知れない盗賊。
**かいとう【開湯】** 温泉を発見し、使い始めること。
**かいとう【開頭】** 頭蓋骨《ずがいこつ》を開けること。「—手術」
**かいとう【解凍】** 冷凍した物を、もとの状態に戻すこと。Ⅱコンピューターで、圧縮したファイルをもとの状態に戻すこと。
**かいとう【解党】** 〔文章語〕政党などが解散すること。対結党
**かいとう【解答】** 問題を解いて答えること。その答え。
**かいどう【会同】** 会議のために集まること。
**かいどう【会堂】** 集会を行う建物。
**かいどう【怪童】** ふしぎな力をもつ子供。
**かいどう【海道】** 〔文章語〕海に沿った街道《かいどう》。特に東海道。
—筋《すじ》 海道の道筋。特に東海道の道筋。
**かいどう【海棠】** 庭木の一。花は淡紅色。〔バラ科〕
**かいどう【街道】** 交通上重要な広い道路。
—筋《すじ》 街道の道筋。
**がいとう【外灯】** 戸外を照らす電灯。
**がいとう【外套】** オーバー。
**がいとう【街灯】** 街路を照らす電灯。
**がいとう【街頭】** まちの大きな通り。町かど。「—演説（録音）」
**がいとう【該当】** あてはまること。
**かいどき【買い時】** 買うのによいタイミング。対売り時
**かいどく【回読】** 書物を多くの人が順に回して読むこと。回し読み。
**かいどく【買い得】** 安くて損がないこと。
**かいどく【解読】** 暗号を読み解くこと。Ⅱわかりにくい文章を読むこと。
**がいどく【害毒】** 心身に害を与えるもの。「—を流す」
**かいとる【買い取る】** 買って自分のものにする。
**かいな【腕】** 〔文章語〕うで。
**かいない【甲斐無い】** 〔文章語〕ききめがない。報いられない。
**かいなで【掻い撫で】** うわべだけであること。通りいっぺん。「—の知識」
**かいなん【海難】** 航海中に起こる災難。
—審判《しんぱん》 海難の原因と責任を究明するための審判。〔裁判の一種〕
—審判所《しんぱんしょ》 海難審判を担当する国土交通省の機関。
**かいなんぷう【海軟風】** 海風②。対陸軟風
**かいにゅう【介入】** 事件や問題に入り込んで関係すること。
**かいにん【解任】** 官職（任務）を解くこと。類免職 対任命
**かいにん【懐妊】** 妊娠。
**かいぬし【買い主】** 買う人。対売り主
**かいぬし【飼い主】** その動物を飼っている人。
**かいね【買値】** ①買い取る値段。②仕入れの値段。◇対売値
**かいねこ【飼い猫】** 飼われているネコ。対のら猫
**がいねん【概念】** ①〔哲学用語〕個々の具体物から共通部分を取り出し、総合して得た内容。②大まかな認識。
—図《ず》 骨子をわかりやすく示した図。

―的《てき》 ①個々の事物の特殊性には触れず、共通性を扱うようす。②表面的（大まか）であるようす。
**かいのう【皆納】** 残りなく納めること。
**かいは【会派】** 政党（組織）内の派閥。
**かいば【海馬】** ①タツノオトシゴ。②セイウチ。〔ジュゴンを指す場合もある〕③大脳の一部。記憶の形成に関与する。
**かいば【買い場】** 買うのによい時機。類買い時 対売り場
**かいば【飼い葉】** 牛馬の飼料にするわらや枯れ草。「―桶《おけ》」類まぐさ
**かいはい【改廃】** 改正と廃止。
**がいはく【外泊】** （他人の家など）いつも寝る所以外に泊まること。
**がいはく【該博】** 〔文章語〕学識が広いようす。類博学
**かいはくしょく【灰白色】** 灰色がかった白色。
**かいはつ【開発】** ①土地や天然資源を新しく利用できるようにすること。②実用化すること。「技術―」
―途上国《とじょうこく》 発展途上国。
**かいばつ【海抜】** 平均海水面から測った陸地の高さ。
**がいはんぼし【外反母趾】** 足の親指が隣の指の方に曲がった状態。〔先細の靴が原因〕
**かいひ【会費】** 会員（出席者）が負担する、会の運営費。
**かいひ【回避】** 避けること。
**かいひ【開披】** 〔文章語〕開封。
**かいひ【開扉】** 扉を開けること。
**がいひ【外皮】** 外側の皮。類表皮 対内皮
**かいびかえ【買い控え】** 買うのを見合わせる（少なくする）こと。
**かいびゃく【開闢】** 天地（世界）のはじめ。Ⅱ物事のはじめ。「わが校―以来」
**かいひょう【海氷】** 海水が凍った氷。
**かいひょう【海豹】** アザラシ。
**かいひょう【開票】** 投票箱を開いて、投票結果を調べること。
**かいひょう【解氷】** 氷がとけること。
**がいひょう【概評】** 全体の大まかな批評。
**かいひん【海浜】** 〔文章語〕はまべ。
**がいひん【外賓】** 〔文章語〕外国からの客人。
**かいふ【回付】** 《廻附》回送して渡すこと。類送達
**がいぶ【外部】** ①外側。②その組織に属していないこと。◇対内部
**かいふう【海風】** ①海上を吹く風。②昼、海から陸へ吹く風。海軟風。対陸風
**かいふう【開封】** ①封を開くこと。②封をしない手紙。ひらきふう。
**かいふく【回復】** 《恢復》もとどおりになる（する）こと。「景気の―」類復旧
**かいふく【快復】** 病気がよくなること。
**かいふく【開腹】** 内臓の手術のために、腹部を切開すること。「―手術」
**かいぶつ【怪物】** ①怪しい生物。②行動や力量が人並みはずれた人。
**かいぶん【回文】** 《廻文》①回状。②上から読んでも下から読んでも同じになる文句。
**かいぶん【怪聞】** 怪しいうわさ。
**がいぶん【外聞】** ①世間に知られること。「―をはばかる」②世間の評判。③体裁。「―が悪い（＝みっともない）」
**かいぶんしょ【怪文書】** 暴露的（中傷的）なことを書いた出所不明の文書。
**がいぶんぴつ【外分泌】** 体表や消化器に分泌すること。がいぶんぴ。対内分泌
**かいへい【海兵】** ①海軍の兵士。②海軍兵学校の略。
**かいへい【皆兵】** 全国民に兵役の義務を課すこと。「国民―」
**かいへい【開平】** 数学で、平方根を求めること。
**かいへい【開閉】** あけたて。
―器《き》 スイッチ。
**がいへき【外壁】** 外側の（外に面した）壁。対内壁
**かいへん【改変】** 改めること。「制度の―」
**かいへん【改編】** 編成を変えること。
**かいへん【海辺】** 〔文章語〕うみべ。
**かいべん【快便】** 健康的な排便。「快食―」
**がいへん【外編】** 《外篇》〔文章語〕書物で、主要部のほかに編まれた部分。対内編
**かいほう【介抱】** 病人やけが人の世話をすること。類看病
**かいほう【会報】** 会の機関誌（文書）。
**かいほう【回報】** 《廻報》①返事。②回状。

**かいほう【快方】** 病気やけががなおり始める。
**—に向《む》かう**
**かいほう【開放】** ①あけ放しにすること。②自由な出入りを許すこと。「門戸—」◇対閉鎖
**かいほう【解放】** 束縛を解いて自由を与えること。対束縛
**—的《てき》** 飾らずにありのままであるようす。
**かいぼう【海防】** 海岸(海上)の防備。
**かいぼう【解剖】** 生物の体を切り開いて、内部を調べること。Ⅱ細かく分析して調べること。
**がいぼう【外貌】** ①顔かたち。②外見。
**かいぼつ【海没】** 海中に沈むこと。
**かいぼり【掻い掘り】** 堀や池の水をくみほして魚などをとること。
**がいまい【外米】** 輸入米。対内地米
**かいまき【掻い巻き】** 綿を入れた袖付きの夜着《よぎ》。
**かいまく【開幕】** 映画や演劇の幕があいて始まること。類開演 Ⅱ物事が始まること。◇対閉幕
**かいまみる【垣間見る】** (すきまから)ちらっと見る。
**かいみょう【戒名】** ①僧が死者に授ける名前。②仏門に入った者に授ける名前。◇対俗名
**かいみん【快眠】** 健康的な睡眠。「快食—」
**かいむ【皆無】** 〔文章語〕まったく無いこと。

**がいむ【外務】** 〔文章語〕①外国に関する政務。対内務 ②外勤。
**—省《しょう》** 中央官庁の一。外交や外国に関する行政事務を担当。
**—大臣《だいじん》** 国務大臣の一。外務省の長官。
**かいめい【改名】** 名前を改めること。
**かいめい【階名】** 音階のそれぞれの音の名。〔長音階の第一音はド、第二音はレなど〕対音名
**かいめい【開明】** 人知が開け、文明が進むこと。文明開化。
**かいめい【解明】** 解き明かすこと。「事件の全容を—する」
**かいめつ【壊滅・潰滅】** こわれてすっかりなくなること。「—に帰する」
**かいめん【海面】** 海の表面。類海上
**かいめん【海綿】** ①海綿動物の骨格を乾燥した製品。事務・化粧用。スポンジ。②海綿動物。
**—動物《どうぶつ》** 最も原始的な多細胞動物。体表面に大小の穴がある。
**がいめん【外面】** 外側の面。表面。Ⅱうわべ。◇対内面
**—的《てき》** ①外面にかかわるようす。②表面的。◇対内面的
**かいめんかっせいざい【界面活性剤】** 油分と水分を混合しやすくする物質。
**かいもく【皆目】** (否定表現の中で)全然。「—わからない」
**かいもどす【買い戻す】** 一度売ったものを再び買って取り返す。

**かいもとめる【買い求める】** 買って手に入れる。
**かいもの【買い物】** ①物を買うこと。②買った(買う)品物。③買い得な商品。
**—弱者《じゃくしゃ》** 日常の買い物に困難を感じる人々。買い物難民。
**かいもん【開門】** 門を開くこと。対閉門
**がいや【外野】** 野球で、内野の後ろの方。対内野 Ⅱ第三者。「—がうるさい」
**—手《しゅ》** 外野を守る選手。外野。対内野手
**—席《せき》** 外野手の後方のバックスクリーンの左右の席。対内野席 Ⅱ傍観的な立場。
**かいやく【解約】** 契約を取り消すこと。
**かいゆ【快癒】** 病気が治ること。類全快
**かいゆう【回遊】**《廻遊》①方々を巡りまわること。②**【回游】**《廻游》魚群の季節的な移動。〔産卵期など〕
**がいゆう【外遊】** 外国に旅行(留学)すること。
**がいゆう【外憂】** 外部(外国)が原因の心配事。外患。対内憂
**かいよう【海洋】** 広い海。
**—気候《きこう》** 海洋の影響が強い気候。気温差が小さく、雨量が多い。海洋性気候。対大陸気候
**—国《こく》** 海に囲まれた国。
**—深層水《しんそうすい》** 深海の水。ミネラルや栄養塩に富む。
**—投棄《とうき》** 廃棄物を海洋へ捨てること。
**かいよう【海容】** 〔文章語〕大きな心で、人の罪や過ちを許すこと。「ご—ください」
**かいよう【潰瘍】** 皮膚や粘膜が深部まで

そこなわれること。「胃ー」

**がいよう【外洋】** そとうみ。対内洋・内海

**がいよう【概要】** あらまし。類大要

**がいよう【概容】** おおまかな内容。「計画のーを示す」

**がいようやく【外用薬】** 皮膚など体の外側に用いる薬。対内用薬

**かいよりはじめよ【隗より始めよ】** 言い出した人から始めなさい。〔中国の故事から〕

**かいらい【傀儡】** 〔文章語〕あやつり人形。⊜人にあやつられ利用される人。

**ー師《し》** 人形つかい。⊜陰であやつる黒幕。

**ー政権《せいけん》** 他国にあやつられ、実権をもたない政権。

**がいらい【外来】** ①外国（外部）から来ること。②通院する患者を受け入れる診察科。

**ー語《ご》** その国の言葉として用いられるようになった外国語。

**ー種《しゅ》** 自然の分布域外に人為的に持ちこまれ、そこに定着するようになった生物種。対在来種

**かいらく【快楽】** 気持ちがよくて〔欲望が満たされて〕楽しいこと。

**かいらん【回覧】**《廻覧》 何人かの人が順に回して見ること。「ー板」

**かいらん【解纜】** 〔文章語〕〔船のともづなを解いて〕出航すること。

**かいらん【壊乱・潰乱】** 〔文章語〕ひどく乱れること。「風俗ー」

**かいり【乖離】** 〔文章語〕離れること。「人心がーする」

**かいり【海里・浬】** 海上距離の単位。一海里は一八五二メートル。記号nm

**かいり【海狸】** ビーバー。

**かいり【解離】** ①はがれて離れること。「大動脈ー」②分子や結晶が、より小さな分子や原子団などに分解すること。「熱ー」③記憶・意識・知覚などの精神機能が正常に統一されていないこと。「ー性障害」

**かいりき【怪力】** おそるべき力。かいりょく。

**かいりく【海陸】** 海と陸。類水陸

**ー風《ふう》** 海岸部で、昼は海から陸に、夜は陸から海に吹く風。

**かいりつ【戒律】** 僧の守るべき規律。

**がいりゃく【概略】** あらまし。「ーを記す」類概要

**かいりゅう【回流】**《廻流》 循環する流れ。

**かいりゅう【海流】** 常に一定の方向へ流れる海水の動き。「日本ー」類潮流

**ー発電《はつでん》** 海流から得られる動力を利用する発電。潮流発電。

**かいりょう【改良】** 欠点を改めてよくすること。「品種ー」

**がいりょく【外力】** 外部から作用する力。

**かいりょくらんしん【怪力乱神】** 理性で説明できない不思議な存在や現象。〔『論語』から〕

**がいりん【外輪】** 外側の輪。そとわ。

**ー山《ざん》** 二重火山の外側にある古い方の火口壁。対内輪山

**かいれい【回礼】** 礼（年賀）に回ること。

**かいれい【海嶺】** 海底山脈。

**かいれき【改暦】** ①暦法を改めること。②新年。

**かいろ【回路】** 電流などの通路。

**かいろ【海路】** 船の通るみち。また、船で行くこと。類航路 対陸路・空路

**かいろ【懐炉】** 衣服の下に入れて体を温める器具。

**がいろ【街路】** 市街の道路。

**ー樹《じゅ》** 大通りに沿って植えられた樹木。〔プラタナス・イチョウなど〕

**かいろう【回廊】**《廻廊》 建物をとりまくような長い廊下。

**かいろうどうけつ【偕老同穴】** ①夫婦がともに老い、同じ墓穴に葬られること。〔『詩経』から〕②深海にすむ海綿動物の一。⊜夫婦の愛情が深いこと。

**カイロプラクチック** 〔chiropractic〕脊椎徒手療法。

**がいろん【概論】** 論説のあらまし。「社会学ー」類概説

**かいわ【会話】** 話のやりとり。その話。類対話

**ー文《ぶん》** 文章中で会話を記した部分。〔通常「」でくくる〕対地の文

**かいわい【界隈】** あたり。類近辺

**がいわくせい【外惑星】** 地球の軌道の外側を公転する惑星。対内惑星

**かいわれ【貝割れ】**《穎ー》 〔野菜の〕ふたば。かいわり。

**―大根《だいこん》** 野菜の一。
**かいん【下院】** 二院制で、公選で選ばれた議員によって構成される議院。対上院
**かいん【課員】** 課の構成員。
**カイン**〔kine〕 地震動を速度で表した単位。記号kine〔一カインは一秒間に一センチメートル動くこと〕
**かう**《支う》 ささえにする。
**かう【買う】** ①購入する。対売る ②評価する。③身に受ける。「反感を―」
**かう【飼う】** 動物を養う。
**ガウス**〔gauss〕 磁束密度(=磁場の強弱を表す量)の単位の一。記号G
**カウチ**〔couch〕 (背が低めでひじ掛けが一つの)ソファー。
**ガウチョ**〔スペイン語 gaucho〕 南米地方の牧童。
**―パンツ**〔gaucho pants〕 すその広がった七分丈のパンツ。〔南米のカウボーイ「ガウチョ」が着用〕
**カウボーイ**〔cowboy〕 (アメリカ西部などの)牧場で働く牧童。
**―ハット**〔cowboy hat〕 カウボーイのかぶる帽子。つばが大きい。
**かうん【家運】** 一家の運勢。
**ガウン**〔gown〕 ゆったりした長い上着。〔室内着・法服など〕
**カウンシル**〔council〕 評議会。審議会。
**カウンセラー**〔counselor〕 カウンセリングを職業とする人。
**カウンセリング**〔counseling〕 悩みについて相談を受け、助言すること。

**カウンター**〔counter〕 ①銀行や飲食店で、従業員と客の間を仕切る台。②数取り器。

**カウンター**〔counter〕 反対の。

**―アタック**〔counterattack〕 逆襲。反撃。

**―カルチャー**〔counterculture〕 主流となる文化に批判的な文化。対抗文化。

**―テナー**〔countertenor〕 男声で、最高音域(―を歌う歌手)。〔女声のアルトと同じ声域〕

**―パート**〔counterpart〕 対の片方。写し。

**―パンチ**〔counterpunch〕 ボクシングで、相手が攻撃する瞬間に、先んじて反撃すること。カウンターブロー。

**カウント**〔count〕 ①数えること。数えた数。「ボール―」 ②ガイガー計数管で数える、単位時間あたりの放射線粒子の数。

**―アウト**〔count-out〕 ボクシングで、ダウンの時間が一〇秒になって負けること。

**―ダウン**〔countdown〕 秒読み。残り時間を数えること。「ロケット打ち上げの―」

**かえ【替え】** 代わりのもの。「洋服の―」

**かえい【火映】** 火山の火口の上が赤く照らし出される現象。火山ガスの火炎やマグマが噴煙や雲に反射して起こる。

**かえうた【替え歌】** 元歌に別の歌詞をつけた歌。

**かえぎ【替え着】** 着替えの衣服。

**かえし【返し】** ①返すこと。②返すもの。特に返事・返歌・返礼。③波や地震が、一度おさまった後また起こること。④醤油にみりんや砂糖をまぜて寝かせたもの。蕎麦《そば》つゆの材料。

**―技《わざ》** 相手のわざを切り返してかけるわざ。

**かえす【返す】** ①もとに戻す。②相手の行為に応じる。「恩を―」③《反す》向きを反対にする。④「田を―(=耕す)」⑤何度もする。「読み―」

**―返《がえ》す** ①何度も繰り返して。②本当に。

**―刀《かたな》で** 刀で切りつけてからすばやく次の攻撃に移るようす。‖一方を攻めたと思うとすぐに他方を攻め始めるようす。

**―言葉《ことば》もない** 返事のしようがない。

**―時《とき》の閻魔顔《えんまがお》** 物を返すときには、機嫌がわるくなること。対借りる時のえびす顔
**かえす【帰す】** 人を帰らせる。

**かえす【孵す】** 卵を―ひな(子)にする。

**かえだま【替え玉】** かわりの―人(もの)。

**かえち【替え地】** ①土地をかえること。②かわりの土地。代替地。

**かえって【却って】** 逆に。

**かえで【楓】** 紅葉が美しい高木。もみじ。

**かえらぬひととなる【帰らぬ人となる】** 死ぬ。

**かえり【返り】**

**―討《う》ち** 討とうとしたかたきに逆に討たれること。

**―咲《ざ》き** 季節はずれに花が咲くこと。類狂い咲き ‖もとの地位や役職への復帰。

—咲《ざ》く 再び以前のように活躍する。

—血《ち》 切りつけた相手の血。

—点《てん》 漢文訓読に用いる記号。〔レ、一・二など〕

**かえり【帰り】** 帰る-こと(途中)。対行き
—掛《が》け 帰る途中。類かえりしな
—支度《じたく》 帰るための準備。

—しな 帰りがけ。

—新参《しんざん》 一度やめた職場などにまた復帰する-こと(人)。

—なん〔文章語〕さあ、帰ろう。

**かえりみる【顧みる】** ①ふりかえる。「来し方を—」②【省みる】反省する。「わが身を—」③気にかける。

**かえる【蛙】** 両生類の一。類かわず
—泳《およ》ぎ ひらおよぎ。

—の子《こ》は蛙《かえる》 子供は親に似るものだ。〔「凡人の子は凡人」が本来の意〕

—の面《つら》に水《みず》 どんな仕打ちもこたえない。

**かえる【返る】** ①もとの状態に戻る。②反応する。「返事が—」③《反る》向きが反対になる。④すっかり…する。「静まり—」

**かえる【帰る】** 人がもといた所に戻る。

—さ 帰る途中。

**かえる【孵る】** 卵が-ひな(子)になる。

**かえる【代える・替える・換える】** 交替させる。

**かえる【変える】** 変化させる。

**かえん【火炎】**《火焰》ほのお。

—太鼓《だいこ》 周囲に炎の装飾のある太鼓。

—瓶《びん》 ガソリンを入れて発火するようにしたびん。〔武器として投げて使う〕

**がえん【賀宴】**〔文章語〕祝宴。

**がえんずる【肯んずる】**〔文章語〕承知する。同意する。がえんじる。

**かお【顔】** 顔面。Ⅱ表情。「いやな—をする」

—が合《あ》わせられない 面目を失って人に会えない。

—が売《う》れる 有名になる。

—がきく 相手に無理が言える。

—が立《た》つ 面目がたつ。

—が広《ひろ》い 知人が多い。

—が見《み》える ①生産者の素性がわかる。「—野菜」②関係者相互のようすがわかる。「—サービス」

—から火《ひ》が出《で》る 赤面するほど恥ずかしい。

—に泥《どろ》を塗《ぬ》る 恥をかかせる。面目をなくさせる。

—に紅葉《もみじ》を散《ち》らす (女性が)赤面する形容。

—を貸《か》す 頼まれて人に会う。

—を出《だ》す 姿を見せる。

—を作《つく》る ①化粧をする。②内心と違う表情を装う。

—をつなぐ 縁が切れないようにする。

—を潰《つぶ》す 面目を失わせる。

**かおあわせ【顔合わせ】** ①初めての会合。②試合の組み合わせ。③共演。

**かおいろ【顔色】** 血色。Ⅱ機嫌。

—を伺《うかが》う 相手の機嫌をおしはかる。

**かおう【花押】** (古文書で)署名の下に筆で書く判。書き判。

**かおかたち【顔形】** 容貌《ようぼう》。類顔立ち
**かおく【家屋】** 建物としての家。

**かおじゃしん【顔写真】** 顔つきがわかるように撮った写真。〔身分証明などに使う〕

**カオス**〔ギリシャ語 khaos〕混沌《こんとん》。対コスモス
**かおだち【顔立ち】** 容貌《ようぼう》。

**かおつき【顔付き】** ①容貌《ようぼう》。②表情。

**かおつなぎ【顔繋ぎ】** ①知らない人同士を会わせること。②縁が切れないように顔を出すこと。

**かおなじみ【顔馴染み】** よく会う-こと(人)。「—になる」

**かおパス【顔—】**〔俗語〕顔が知られていて-規制なしに(無料で)通行できること。

**かおぶれ【顔触れ】** メンバー。

**かおまけ【顔負け】** 相手の態度や能力に圧倒されて、自分が恥ずかしくなること。「おとな—」

**かおみしり【顔見知り】** 知人。

**かおみせ【顔見世】** ①【顔見せ】初めて人の前に出ること。②一座の俳優が顔をそろえること。「—興行」

**かおむけ【顔向け】**

—ができない 面目なくて顔が合わせられない。

**かおもじ【顔文字】** 電子メールなどで、文字や記号を組み合わせて顔の表情を表したマーク。^o^など。

**かおやく【顔役】** 勢力のある人。類有力

者

**かおり【香り・薫り】**（いい）におい。●けはい。「文化の―」

**かおりたつ【香り立つ】** よい香りが強く感じられる。

**かおる【香る・薫る】** かおりがする。

**かおん【加温】**（一定の温度になるよう）熱を加えること。「―器」

**かおん【訛音】** なまった音。

**かか【呵々】** 大声で笑うようす。

**がか【画架】** カンバスをのせる台。イーゼル。

**がか【画家】** 絵をかくことを職業とする人。

**がが【峨々】**〔文章語〕山や岩が険しいようす。

**かかあ《嬶・嚊》**〔俗語〕妻。

**―天下《でんか》** 夫より妻がいばっていること。対亭主関白

**かかい【歌会】** 歌作りを楽しむ会。歌の会。

**かがい【加害】** 他人に危害（損害）を与えること。

**―者《しゃ》** 害を与えた人。対被害者

**かがい【花街】** 花柳《かりゅう》街。はなまち。

**かがい【課外】** ①正規の学科や課程ではないこと。②部署としての課の外部。対課内

**がかい【瓦解】** 組織などが急激にくずれること。類崩壊

**かかえ【抱え】** ①雇うこと。「お―の運転手」②手でかかえられる大きさ（太さ）。「ひと―」

**―込《こ》む** ①抱くようにして持つ。②引き受ける。類しょいこむ

**かかえる【抱える】** ①腕を回して、物を持つ。②雇い入れる。●引き受ける。「仕事を―」

**カカオ**〔cacao〕 熱帯で栽培される木。実はチョコレートやココアの材料。

**かかく【価格】** 値段。

**かかく【家格】** 家の格式。類家柄

**かかく【過客】**〔文章語〕旅人。〔通り過ぎて行く人の意〕

**かがく【下顎】**〔文章語〕したあご。対上顎

**かがく【化学】** 自然科学の一分野。〔科学と区別して「ばけがく」とも〕

**―記号《きごう》** 元素記号。

**―工業《こうぎょう》** 化学反応を利用し製品を開発する工業。

**―合成《ごうせい》** 細菌が無機化合物から有機化合物を合成すること。

**―式《しき》** 物質の化学組成を、元素記号で表した式。〔実験式や分子式など〕

**―繊維《せんい》** 合成繊維。〔ナイロンなど〕

**―調味料《ちょうみりょう》** うまみ調味料。

**―的《てき》** 化学に関連しているようす。

**―反応《はんのう》** 化学変化の過程。

**―肥料《ひりょう》** 有効成分を合成して作った肥料。

**―物質《ぶっしつ》過敏症《かびんしょう》** 一定の化学物質に過敏に反応して、健康障害が出る疾患。〔シックハウス症候群など〕

**―分析《ぶんせき》** 物質の成分や組成を化学的に検出すること。

**―兵器《へいき》** 有毒化学剤（毒ガス）をまきちらす兵器。C兵器。

**―変化《へんか》** 原子の結合に変化が起こり、ある物質が他の物質に変わること。対物理変化

**―薬品《やくひん》** 化学実験に使う薬品。

**―療法《りょうほう》** 抗生物質や化学薬品を利用した治療法。

**かがく【価額】** 値段に相当する金額。

**かがく【科学】** 人文科学・社会科学・自然科学の総称。〔狭義では、自然科学〕

**―的《てき》** 体系的な理論に基づいているようす。

**かがく【家学】** 家に伝わる学問。

**かがく【歌学】** 和歌についての学問。

**ががく【雅楽】** 日本古代の宮廷音楽。〔俗楽に対し、正しい音楽の意〕

**かかげる【掲げる】** ①高くあげる。②人目につくように示す。

**かかし【案山子】** 鳥獣をおどすために田畑にたてる人形。●見かけだおし。

**かかす【欠かす】** おこたる。欠く。「一日も欠かさず」

**かかずらう**〔厄介なことに〕関係する。かかずらわる。

**かかたいしょう【呵々大笑】** 大声で笑うこと。

**かかって【掛かって】** もっぱら。〔「～…にある」の形で使う〕

**かかと【踵】** 足（靴）の裏の後部。

**かがみ【鏡】** ①姿を写すもの。②【鑑】手本。③酒だるのふた。

**―板《たい》** ①戸や天井に張るなめらかな板。

②能舞台の背景の板。
**—開き**《びらき》 一月一一日または二〇日に鏡餅を割って食べる行事。

**—文字**《もじ》 左右裏返しに書かれた文字。

**—餅**《もち》 丸く平たいもち。〔大小二枚重ねて神前などにそなえる〕

**—を抜**《ぬ》**く** 酒だるのふたを割る。

**かがむ【屈む】** 腰を曲げる。

**かがめる【屈める】** かがむようにする。「身を—」

**かがやかしい【輝かしい】**《耀かしい》 まばゆい。Ⅱ素晴らしい。

**かがやかす【輝かす】**《耀かす》 光りきらめかせる。かがやかせる。「目を—」

**かがやく【輝く】**《耀く》 光りきらめく。Ⅱはれやかに見える。「栄誉に—」

**かかり** 釣りで魚の釣れ具合。「—がよい」

**かかり【掛かり】** ①かかること。②費用。③囲碁で攻め手の一。

**—合**《あ》**う** 〔悪いことに〕関係する。

**—切**《き》**り** ずっとあることにたずさわっていること。動—る
**—付**《つ》**け** いつも特定の医師にかかること。

**かかり【掛】** ①担当〔—の人〕。「出札(教務)—」〔官庁・鉄道で使う〕 ②【係】担当〔—の人〕。「会計—」

**—員**《いん》 担当の人。

**—官**《かん》 担当の公務員。

**かがり【篝】** かがり火〔—を燃やす鉄のかご〕。

**—火**《び》 照明として燃やす火。「—をたく」〔警護・漁獲用〕

**がかり【掛かり】** ①数詞に付いてそれだけ費やすこと。「三人(三日)—」 ②似た感じがすること。「芝居—」
**かかる**《斯かる》 こういう。
**かかる【掛かる・懸かる】** ①ぶらさがる。「壁にかかっている」 ②のせる。「火にかかっている」 ③つかまえられる。「あみに—」 ④上から覆う。「布団が—」 ⑤始める。「仕事に—」 ⑥扱われる。「医者に—」 ⑦要る。「金が—」 ⑧働きが及ぶ。「麻酔が—」 ⑨渡される。「橋が—」〔「橋が架かる」とも書く〕 ⑩…しそうになる。「落ち—」
**かかる**《罹る》 病気になる。「はしかに—」
**かがる**《縢る》 布の破れ目や縁を縫う。
**がかる** …に似た性質を帯びる。「芝居—」〔五段活用〕
**かかわらず**《拘らず》 〔「…に(—も)〜」の形で〕関係なく。「雨に—出かけた」
**かかわり【関わり・係わり】** 関連。
**—合**《あ》**う** 互いに関係しあう。
**かかわる【関わる・係わる】** 関連する。
**かかわる**《拘る》 こだわる。
**かかん【下浣・下澣】** 〔文章語〕下旬。げかん。
**かかん【花冠】** 花弁の総称。
**かかん【果敢】** 思いきってするようす。「勇猛—」類勇敢
**かがん【河岸】** 川の岸。
**—段丘**《だんきゅう》 川岸に沿った斜面が階段状になった地形。
**かかんきしょうこうぐん【過換気症候群】** 心身症の一。ストレスや不安が原因で過呼吸になり、呼吸困難・動悸《どうき》・しびれ・けいれんなどの症状が生じる。

**かき【垣】** 土地の周囲にめぐらす囲い。
**かき【柿】** 秋の果物の一。〔カキノキ科〕
**かき【下記】** 〔文章語〕下に書かれていること。「—のとおり」対上記
**かき【火気】** ①火のけ。②火の勢い。
**かき【火器】** ①火を入れる器。②銃砲などの総称。
**かき【花卉】** 観賞用の、花の咲く草花。
**かき【花期】** 花の咲く時期。
**かき【牡蠣】** 海産の二枚貝。食用。
**かき【夏季】** 夏の季節。対冬季
**かき【夏期】** 夏の期間。対冬期
**かぎ 一【鉤】** 先の曲がった金具。**二【鍵】** ①錠を開閉する道具。Ⅱ問題を解決するヒント。②錠。
**がき【餓鬼】** ①〔仏教語〕餓鬼道〔—に落ちた亡者〕。②〔俗語〕子供をののしって言う語。
**かきあげ【掻き揚げ】** てんぷらの一。細かく切った具を衣でつないであげる。
**かきあげる【書き上げる】** 最後まで書く。
**かきあげる【掻き上げる・—揚げる】** 上へ引きあげる。「髪を—」
**かきあじ【書き味】** 書くときの感じ。「—を試す・ペンの—」
**かきあつめる【掻き集める】** 寄せ集める。
**かぎあてる【嗅ぎ当てる】** においをかいでありかや中身を当てる。Ⅱ探り当てる。

**かぎあな【鍵穴】** 鍵をさし込む穴。
**かきあらわす** 一 **【書き表す】** 書いて表現する。 二 **【―著す】** 書いて書物にまとめる。
**かきあわせる【掻き合わせる】** (襟などを)手で寄せて合わせる。
**かきいだく【掻き抱く】** 〔文章語〕しっかり抱く。
**かきいれ【書き入れ】** ①書き込み。②書き入れ時。
**―時《どき》** 商売が繁盛するとき。〔帳簿の記入が多いの意〕
**かきおき【書き置き】** 書き残した手紙。特に遺書。
**かきおくる【書き送る】** 書いて送る。
**かきおこす【書き起こす】** 書きはじめる。
**かきおこす【掻き起こす】** 火鉢の炭や灰を動かして火力を強める。
**かきおろし【書き下ろし】** 新たに執筆した作品。動かきおろす
**かきかえる【書き換える・―替える】** ①書き直す。②証書などを更新する。
**かききえる【掻き消える】** すっかり(ぱっと)消える。
**かききる【掻き切る】** 一気に切る。
**かきくだし【書き下し】** 書き下し文。
**―文《ぶん》** 漢文を訓読し、仮名まじりで書き換えた文。
**かきくだす【書き下す】** ①上から下に順に書く。②漢文を書き下し文にする。③筆にまかせて書く。
**かきくどく【掻き口説く】** 熱心にくどく。
**かきくもる【掻き曇る】** 一瞬のうちにくもる。「一天にわかに―」
**かきくれる【掻き暮れる】** ①すっかり暗くなる。②「涙に―(=泣きしずむ)」
**かきけす【掻き消す】** すっかり消す。
**かきごおり【欠き氷】** 氷を細かく砕いた食べ物。〔関西では、かちわり〕類氷水
**かきこみ【書き込み】** ①(行間などに)書き入れること。書き入れた文字。②(コンピューターで)データを記憶媒体に入力すること。入力されたデータ。
**かきこむ【掻き込む】** ①急いで食べる。かっこむ。②手で寄せ集める。
**かぎざき【鉤裂き】** 布の鉤状の裂け目。
**かきしぶ【柿渋】** 渋柿の絞り汁。防腐用。
**かきしるす【書き記す】** 書きつける。類したためる
**かきすて【掻き捨て】** 恥をかいても気にとめないこと。「旅の恥は―」
**かきそえる【書き添える】** (文章や絵のそばに)そえて書く。
**かきぞめ【書き初め】** 新年に初めて字を書く行事。〔一月二日にする〕
**がきだいしょう【餓鬼大将】** 子供の遊び仲間のボス。
**かきだし【書き出し】** ①文章の冒頭。②勘定書き。〔古い言い方〕
**かきだす【書き出す】** ①書き始める。②抜き出して書く。
**かぎだす【嗅ぎ出す】** においで探り出す。＝さぐりあてる。「秘密を―」
**かきたてる【書き立てる】** 盛んに(目立つように)書く。
**かきたてる【掻き立てる】** ①火を強くする。②気持ちをあおる。「不安を―」
**かぎタバコ【嗅ぎ煙草】** においを味わうタバコ。
**かきちらす【書き散らす】** (いろんな所に)無造作に書く。
**かきつけ【書き付け・書付】** ①書き付けた文書。メモ。②勘定書き。
**かきつける【書き付ける】** 文字や文章を書いておく。
**かぎつける【嗅ぎ付ける】** においで探り当てる。＝うまく探り当てる。
**かぎっこ【鍵っ子】** 〔俗語〕共働きなどで、親が昼間いない家の子供。〔鍵を持っていることから〕
**かきつばた【杜若】** アヤメに似たアヤメ科の多年草。五月ごろ紫色の花が咲く。
**かきつらねる【書き連ねる】** 並べて書き上げる。ながながと書く。
**かきて【書き手】** ①書く人。対読み手 ②巧みに書く人。
**がきどう【餓鬼道】** 〔仏教語〕死後に行くとされる世界の一。ここの亡者は常に飢えに苦しむ。
**かきとめ【書留】** 確実に届けるための特殊郵便。書留郵便。
**かきとめる【書き留める】** 書いておく。
**かきとり【書き取り】** ①書き写すこと。②文字・語句を書くテスト。

**かきとる【書き取る】** 見聞きしたことを筆記する。

**かきな【かき菜】** アブラナ科の野菜。〔北関東の伝統野菜〕

**かきなおす【書き直す】** 新しく(もう一度)書く。

**かきながす【書き流す】** あまり考えずにすらすらと書く。

**かきなぐる【書き殴る】** 乱暴に書く。

**かきならす【掻き鳴らす】** (弦楽器を)ひく。

**かぎなわ【鉤縄】** 先に鉤をつけた縄。

**かきぬき【書き抜き】** 要点などの抜き書き。〔特に芝居で、台本からの一役分のせりふの抜き書き〕

**かきぬく【書き抜く】** 必要な部分を抜き出して書く。

**かきね【垣根】** 垣。Ⅱへだてとなるもの。

**—越《ご》し** 垣根をはさんでいること。

**かきのこす【書き残す】** ①書いて残しておく。②書くべきことを書かずに残す。

**かきのたね【柿の種】** 菓子の一。酒のつまみ用。

**かぎのて【鉤の手】** 鉤の形に曲がっている-こと(もの)。

**かぎばな【鉤鼻】** 鉤のように曲がった鼻。類わしばな

**かぎばり【鉤針】** 先が鉤のように曲がった針。「—編み」

**かきはん【書き判】** 花押《かおう》。

**かきまぜる【掻き混ぜる】** 手や箸でかきまわしてまぜあわせる。

**かきまわす【掻き回す】** 手や箸を中に入れて-回す(回してまぜる)。Ⅱ雰囲気や秩序を混乱させる。

**かきみだす【掻き乱す】** 騒ぎを起こして混乱させる。「心を—」

**かきむしる《掻き毟る》** ひっかいてむしる。「髪を—」

**かきもち【欠き餅】** ①薄く-切った(切って焼いた)もち。おかき。②欠いた鏡餅。

**かきもの【書き物】** ①文字や文章を書くこと。「—をする」②書いた文章。

**かぎゃく【可逆】** もとの状態に戻れること。対不可逆

**—反応《はんのう》** 化学で、物質Aから物質Bが生成される反応と、物質Bから物質Aができる反応が同時に起こる反応。

**かきゃくせん【貨客船】** 旅客も乗せる貨物船。

**かきゅう【下級】** したの等級。「—生」対上級

**—裁判所《さいばんしょ》** 最高裁判所に対して、高等裁判所・地方裁判所・家庭裁判所・簡易裁判所の総称。

**かきゅう【火急】** 大急ぎ。「—の用」

**かきゅう【火球】** 流星などのうち特に明かるいもの。

**かぎゅう【蝸牛】** 〔文章語〕①カタツムリ。②内耳の一部で、カタツムリの殻状をした器官。

**—角上《かくじょう》の争《あらそ》い** つまらないこぜりあい。

**かきゅうてき【可及的】** 〔文章語〕できるだけ。「—すみやかに」

**かきょう【佳境】** いちばんよいところ。「話が—に入る」

**かきょう【架橋】** 橋(-をかけること)。

**かきょう【華僑】** 外国で生活し、主に商業を営む中国人。華商。

**かぎょう【カ行】**

**—変格活用《へんかくかつよう》** 動詞の活用の型の一。カ変。〔「来る」の一語だけ〕

**かぎょう【家業】** 家の職業。

**かぎょう【稼業】** 仕事。商売。

**かぎょう【課業】** なすべき-仕事(学科)。

**がぎょう【画業】** 〔文章語〕絵をかく仕事。

**かきょく【歌曲】** (声楽用の)歌。

**かきよせる【掻き寄せる】** 手や道具でかいて一か所に集める。

**かぎり【限り】** ①限界。②限界までの範囲内。「見る—・声の—」③だけ。「本日—」

**—ない** 際限がない。Ⅱ最上である。

**かぎる【限る】** ①限定する。②(「…は…に〜」の形で)それよりいいものはない。「サンマは目黒に—」

**かぎろい【陽炎】** 〔古語〕①かげろう。②明け方の光。曙光《しょこう》。

**かきわける【書き分ける】** 区別して書く。

**かきわける【掻き分ける】** 手の先でかくようにしておしひらく。

**かぎわける【嗅ぎ分ける】** においで区別する。

かきわり【書き割り】舞台の背景。

かきん【家禽】飼育する鳥。〔ニワトリ・アヒルなど〕対野禽
かきん【瑕瑾】〔文章語〕きず。欠点。

かきん【課金】①料金を課すこと。課した料金。②〔俗語〕①を支払うこと。

がきんちょ〔俗語〕がき②。

かく【角】①角度。「傾斜―」②将棋の駒の一。〔角行の略〕③四角。「―材」

かく【画】①漢字を構成する点や線。字画。②漢字の画数を数える語。

かく【核】①ものの中心。⊜大事な部分。②生物の細胞の中心にある球状の小体。③原子核の略。④核兵器の略。「―の傘」

かく【格】①格式。ランク。「―が違う」②決まり。「―にはまらない」③文法で、文中における他の語との関係。「―助詞」

かく《斯く》〔文章語〕このように。

―の如《ごと》し〔文章語〕このようである。

かく【佳句】すぐれた俳句（詩歌）。

かく【欠く】①一部が破損する。「茶碗を―」②（必要なものが）欠けている。「配慮を―」

―可《べ》からざる 欠くことができない。

かく《舁く》二人以上で肩に担ぐ。「かごを―」

かく【書く】①「字（小説）を―」②【描く】《画く》「絵を―」

かく【掻く】①物の表面をこする。「背中を―」②かくような動きをする。「水を―」③外に見せる。「いびき（恥）を―」

かぐ【家具】室内の道具。


かぐ【嗅ぐ】においを感じる。

がく【学】知識。学問。「―がある・論理―」

がく【萼】花の一部。多く花びらの外側。

がく【額】①金額。②書画を入れて（書いて）飾る物。

かくあげ【格上げ】地位・資格を高くすること。対格下げ
かくい【各位】〔文章語〕みなさま。

かくい【隔意】〔文章語〕遠慮。「―なく話す」〔うちとけない心の意〕

がくい【学位】論文を出し、合格した者に与えられる称号。学士・修士・博士の総称。「―を授与する」

かくいつ【画一】《劃一》すべて同じにすること。「―化」類均一
かくいん【各員】おのおの。めいめい。

かくいん【客員】きゃくいん。

がくいん【学院】学校。〔多く私立学校の校名で固有名詞につけて使う〕

かくう【架空】①想像上。実際にはない。類虚構 ②空中にかけ渡すこと。

かぐう【仮寓】〔文章語〕かりのすまい。

がくえん【学園】学校。特に初級から上級まで一貫した教育組織をもつ学校。

かくおち【角落ち】将棋で、上位者が角行を除いてさすこと（対局）。

かくおち【格落ち】格が下がること。⊜事故のために、自動車の査定額が下がること。評価損。

かくおび【角帯】幅が狭く、しんのある男帯。

がくおん【学恩】〔文章語〕学問の上で受けた恩。

がくおん【楽音】規則正しく周期的に振動する音。楽器の音など。
かくかい【角界】⇩かっかい
かくがい【閣外】内閣の外部。対閣内
がくがい【学外】学校の外部。対学内
かくかく《斯々》〔文章語〕これこれ。「―しかじか」〔説明の省略を示す〕
かくかく【赫々】⇩かっかく
がくがく ①はめこんだものがゆるんでゆれるようす。類ぐらぐら ②小さく震えるようす。
がくがく【諤々】正しいことを遠慮なく言うようす。「侃《かん》々《かん》―」
かくかぞく【核家族】夫婦と未婚の子供からなる家族。「―化」
かくぎ【格技】《挌技》格闘技。
かくぎ【閣議】内閣総理大臣が主宰する大臣の会議。
かくぎょう【角行】将棋の駒の一。角。
がくぎょう【学業】〔文章語〕学問。勉強。
がくげい【学芸】学問と芸術。
―員《いん》 博物館の専門職員。
―会《かい》 生徒が劇・音楽などの成果を発表する会。
がくげき【楽劇】オペラの形式の一。音楽と劇の融合をはかる。〔ワーグナーが提唱〕
かくげつ【隔月】〔文章語〕ひと月おき。
かくげん【格言】処世の戒めを簡潔に述べた言葉。類金言
かくげん【確言】はっきり言い切ること。
かくご【覚悟】（悪い事態に対する）決意。

「―を決める」

**かくさ【格差】** レベルの違い。「賃金―」

**かくさ【較差】** 最高と最低、最大と最小などの差。〔「こうさ」の慣用読み〕

**かくざ【擱坐】** ①〔文章語〕座礁。②〔戦車などが〕動けなくなること。

**かくざい【角材】** 断面が四角の材木。

**がくさい【学祭】** 学園祭の略。

**がくさい【学債】** 学校の発行する債券。

**がくさい【学際】** いくつもの学問分野にまたがること。「―的」

**かくさく【画策】** 策をめぐらすこと。

**かくさげ【格下げ】** 地位・資格を低くすること。対格上げ

**かくさん【拡散】** ①広く散らばること。②気体や液体が一様な濃度にまじりあうこと。③広く知らせること。

**かくさん【核酸】** 生体内に含まれ、重要な働きをする高分子化合物。

**がくさん【学参】** 学習参考書の略。

**かくし【隠し】** ①隠すこと。②ポケット。〔古い言い方〕

**―味《あじ》** こくや味わいを出すために少し入れる調味料。

**―金《がね》** 表面に出ないように隠し持っている金。

**―芸《げい》** 宴会などの座興の芸。

**―子《ご》** 世間に秘密にしている子。

**―事《ごと》** 秘密にしていること。

**―だて** しいて秘密にすること。

**―球《だま》** 野球で、すきをみて球を隠し走者をアウトにすること。⊜秘策。

**―撮《ど》り** 気づかれないように撮影すること。

**―縫《ぬ》い** 表に縫い目が見えないように縫うこと。

**―包丁《ぼうちょう》** 食材の裏面などに切り目を入れること。〔火の通り・味のしみこみをよくする〕

**かくし【客死】** 異郷で死ぬこと。きゃくし。

**かくし【客思】** 〔文章語〕旅情。

**かくじ【各自】** おのおの。類各人

**がくし【学士】** 大学の学部卒業者に与えられる学位。

**がくし【学資】** 教育を受けるのに必要な費用。

**がくし【楽士・楽師】** 演奏者。〔本来雅楽の演奏者。この意では、楽師〕

**がくじ【学事】** 教育や学校に関する事務。

**かくシェルター【核―】** 核兵器の害から避難する場所。

**かくしき【格式】** 家柄や身分。

**―ばる** 礼儀作法をうるさくいう。堅苦しくする。

**がくしき【学識】** 学問的な見識。

**―経験者《けいけんしゃ》** 学識をもつ人。

**かくしつ【角質】** 毛・羽・うろこなどを形成する物質。ケラチン。

**かくしつ【確執】** 互いに自分の意見を譲らないこと〔―による争いや不和〕。

**かくじつ【隔日】** 〔文章語〕一日おき。

**かくじつ【確実】** 確かだ。

**かくじっけん【核実験】** 核分裂・核融合の実験。特に核爆発の実験。

**かくして《斯くして》** 〔文章語〕このようにして。

**かくしゃ【各者】** それぞれの立場の人。

**がくしゃ【学舎】** 〔文章語〕学校〔―の建物〕。

**がくしゃ【学者】** 学問の研究を専門とする人。⊜物知り。

**かくしゃく【矍鑠】** 年老いても元気なようす。類壮健

**かくしゅ【各種】** さまざまな種類。

**―学校《がっこう》** 学校教育に準じた教育を行う学校。〔予備校・料理学校など〕

**かくしゅ【馘首】** 〔文章語〕解雇。

**かくしゅ【鶴首】** 〔文章語〕〔首を長くして〕待ちわびること。

**かくしゅう【隔週】** 〔文章語〕一週間おき。

**かくじゅう【拡充】** 〔組織や設備を〕拡大し充実させること。

**がくしゅう【学習】** ①勉強。②心理学で、新しい適応のしかたを習得すること。

**―指導要領《しどうようりょう》** 文部科学省が示す小学校・中学校・高等学校の教育内容などの基準。

**―障害《しょうがい》** 知能・身体機能に問題はないが、読み書き・計算・集中力などに欠け、学習が困難であること。LD。

〓【学修】 学問を身につけること。

**がくじゅつ【学術】** 学問〔―と芸術・技術〕。

**かくしょ【各所】** いたるところ。

**かくしょう【確証】** 確かな証拠。

**がくしょう【学匠】** ①〔文章語〕学者。②〔仏教語〕師匠の資格のある人。
**がくしょう【楽匠】**〔文章語〕大音楽家。
**がくしょう【楽章】** 交響曲やソナタを構成するひとまとまり。
**がくしょく【学殖】**〔文章語〕学識。
**かくしん【革新】** 現状を改めて新しくすること。「―政党」対保守
**―的**《てき》 それまでと違って斬新なようす。対保守的
**かくしん【核心】** 物事の最も重要な点。「―に触れる」
**かくしん【確信】** かたく信じること。
**―犯**《はん》 ①自己の使命を確信して行う犯罪(―人)。〔思想犯や政治犯をいう〕②悪いと知りながらする行為・犯罪(―人)。〔本来の意味から転じた用法〕
**かくじん【各人】** それぞれの人。類各自
**―各様**《かくよう》 人によって方法がさまざまであること。
**がくじん【楽人】**〔文章語〕音楽を演奏する人。
**かくす【画す】**《劃す》画する。
**かくす【隠す】** 人の目に触れないようにする。＝秘密にする。
**かくすい【角錐】** ひとつの頂点に対して、底面が多角形である立体。
**かくすう【画数】** 漢字を構成する線や点の数。
**かくする【画する】**《劃する》〔文章語〕①区切る。「一線を―(=はっきり区別する)」②計画する。◇画す。

**かくせい【郭清・廓清】** がんの手術で、周辺のリンパ節も切除すること。〔転移を防ぐため〕
**かくせい【覚醒】** 目がさめること。
**―剤**《ざい》 神経系に作用する薬剤。眠気などを押さえる。常用すると中毒を起こす。
**かくせい【隔世】** ①世代を隔てること。②時代が違うこと。
**―遺伝**《いでん》 一代以上隔てて現れる遺伝。
**―の感**《かん》 時代がまったく違うという感じ。
**がくせい【学生】** 学校で学んでいる人。特に大学生。〔ふつう、中高生は「生徒」、小学生は「児童」〕
**がくせい【学制】** 学校・教育に関する制度。
**がくせい【楽聖】** 偉大な音楽家。〔特にベートーベン〕
**がくせき【学績】**〔文章語〕①学業成績。②学問上の業績。
**がくせき【学籍】** 学生・生徒・児童の学校における籍。
**―簿**《ぼ》 学生や生徒の住所・成績などを記入した名簿。〔現在は指導要録〕
**かくぜつ【隔絶】** 隔たり離れていること。
**がくせつ【学説】** 学問上の説。
**がくせつ【楽節】** 音楽で、楽章を構成する単位。
**かくぜん【画然】**《劃然》〔文章語〕区別が明確なようす。
**かくぜん【確然】**〔文章語〕確かなようす。
**がくぜん【愕然】** 非常に驚くようす。類唖然《あぜん》

**かくせんせき【角閃石】** 造岩鉱物の一。
**かくせんそう【核戦争】** 核兵器を使った戦争。
**がくそう【学窓】** 学校。
**がくそう【学僧】** 学問のある(を学ぶ)僧。
**がくそう【楽想】** 音楽で、楽曲の構想。
**がくそく【学則】** 学校の規則。類校則
**がくそつ【学卒】** 大学卒業(―者)の略。
**―者**《しゃ》 大学卒業者の略。
**かくそで【角袖】** ①(和服の)四角い袖。②角袖①のついた和服。③明治時代の私服警官。〔角袖②を着ていた。/デカの語源〕
**かくだい【拡大】**《廓大》広げて大きくすること。対縮小
**―解釈**《かいしゃく》 意味を勝手に広げて解釈すること。
**がくたい【楽隊】** 吹奏楽を演奏する一団。
**―再生産**《さいせいさん》 規模を広げて行う再生産。
**かくたる【確たる】** 確かな。「―証拠」
**かくたん【喀痰】**〔文章語〕痰を吐くこと。その痰。
**かくだん【格段】** 段違い。「―の差」類格別
**がくだん【楽団】** 音楽を演奏する団体。
**がくだん【楽壇】** 音楽家の社会。音楽界。
**かくだんとう【核弾頭】** 核兵器の弾頭。
**かくち【各地】** いろいろな所。
**かくち【画地】** 宅地を財産評価する際にひとまとまりとされる土地。

**かくち【覚知】** ①気づくこと。「自己―」②警察や消防が事件や火事を知ること。

**かくちく【角逐】** 〔文章語〕互いに争うこと。「二国間の―」

**かくちゅう【角柱】** 切断面が‐四角（多角形）の柱。

**かくちょう【拡張】** 規模を広げること。対縮小

**―子**《し》 コンピューターで、ファイルの種類や形式を表すための文字列。〔ファイル名の最後につけられる。「txt」など〕

**かくちょう【格調】** 文章などの体裁や風格。「―が高い」

**がくちょう【学長】** 大学の長。〔大学により総長とも〕

**がくちょう【楽長】** 楽団の長。指揮者。

**がくっ** 急に支えがはずれてくずれるようす。Ⅱがっかりするようす。

**かくつう【角通】** 相撲通。

**かくづけ【格付け】** 等級をつけること。

**かくて【斯くて】** 〔文章語〕こうして。

**かくてい【画定】**《劃定》 はっきり区切ること。「国境―」

**かくてい【確定】** はっきり決めること。

**―申告**《しんこく》 納税義務者が所得や税額を税務署に申告すること。

**―的**《てき》 ほぼまちがいのないようす。

**カクテル**［cocktail］①混合酒。②西洋料理のオードブルの一。③種類の異なるものの混合。「フルーツ―」

**―グラス**［cocktail glass］カクテル用グラス。足付きで、口が広い。

**―光線**《こうせん》 数種の光線をまぜて太陽光線に近くした光線。〔夜間照明用など〕

**―ドレス**［cocktail dress］カクテルパーティーなどに着るドレス。

**―パーティー**［cocktail party］カクテルに簡単な食事だけの立食パーティー。

**―ラウンジ**［cocktail lounge］バーを備えた‐休憩室（談話室）。

**がくてん【楽典】** 西洋音楽の楽譜に関する決まりを記した書物。

**かくど【角度】** 角の大きさ。Ⅱ視点。

**かくど【確度】** 確からしさ。「―が高い」

**がくと【学徒】** ①学生・生徒。②研究者。

**がくと【学都】** 〔文章語〕学校や研究所が集まった都市。学園都市。

**かくとう【格闘】**《挌闘》 とっくみあいの争い。Ⅱ困難に苦労しながら取り組むこと。

**―技**《ぎ》 組み合って勝負をする競技。格技。〔柔道やレスリングなど〕

**かくとう【確答】** はっきりとした回答。

**がくとう【学統】** 〔文章語〕学問の系統。

**がくどう【学童】** 小学校の児童。「―疎開」

**―保育**《ほいく》 共働きなどで保護者が不在の学童を、放課後の一定時間預かる事業。

**かくとく【獲得】** 手に入れること。「資格を―する」

**がくとく【学徳】** 学問と徳行。「―兼備」

**かくとした【確とした】** 確かな。

**かくない【閣内】** 内閣の内部。対閣外

**がくない【学内】** 学校の内部。対学外

**かくに【角煮】** 料理の一。角切りの肉や魚を煮込んだもの。「豚の―」

**かくにん【確認】** 確かめること。

**―団体**《だんたい》 公職選挙で、一定数以上の所属候補者を有し、総務大臣から確認書を交付された政党や政治団体。

**がくにん【楽人】** 雅楽の演奏家。類伶人

**かくねん【客年】** 〔文章語〕去年。

**かくねん【隔年】** 〔文章語〕一年おき。

**がくねん【学年】** ①学校の一年の修学期間。「―末」②学年①による段階。「第一―」

**かくねんりょう【核燃料】** 原子炉でエネルギーを生みだすもとになる物質。

**―サイクル** 原子力発電で、使用済み核燃料を貯蔵・再処理する過程。

**かくのう【格納】** しまっておくこと。

**―庫**《こ》 倉庫。〔特に飛行機をしまう建物〕

**がくは【学派】** 学問上、同じ考え方をする学者のまとまり。「ストア―」

**がくは【楽派】** 音楽上の流派。「国民―」

**かくばくはつ【核爆発】** 核の融合・分裂による爆発。

**がくばつ【学閥】** 同じ‐学校出身者（学派）の派閥。

**かくばる【角張る】** 四角である。また、かどができる。Ⅱ態度などがかたくなる。

**かくはん【拡販】** 販売量を増やすこと。

**かくはん【攪拌】** 〔文章語〕かきまぜること。「―機」〔「こうはん」の慣用読み〕

**かくはんのう【核反応】** 原子核の衝突により、別の原子核ができること。

**がくひ【学費】** 勉学に必要な費用。類学資

**かくひつ【擱筆】**〔文章語〕文章を書き上げること。〔筆をおくの意〕対起筆

**がくふ【岳父】**〔文章語〕妻の父〔―の敬称〕。類舅《しゅうと》

**がくふ【学府】**〔文章語〕〔学問や研究の中心となる〕学校。「最高―」

**がくふ【楽譜】** 曲を記号化し記したもの。

**がくぶ【学部】** ①大学の専攻別の組織。「教育―」 ②旧制大学で、予科に対する本科。

**がくふう【学風】** ①学問に対する態度の傾向。 ②校風。

**かくふく【拡幅】** 幅を広げること。

**かくぶそう【核武装】** 核兵器を装備すること。

**がくぶち【額縁】** 書画を入れて飾るわく。

**かくぶっしつ【核物質】** 核燃料の原料となる物質。〔ウランやプルトニウムなど〕

**かくぶんれつ【核分裂】** ①原子核がふたつ以上に分裂すること。〔大エネルギーを放出する〕 ②細胞分裂で、核が分裂すること。

**かくへいき【核兵器】** 核の分裂・融合の際のエネルギーを利用した兵器。

**かくへき【隔壁】** 仕切りの壁。「圧力―」

**かくべつ【格別】** とりわけ。

**かくほ【確保】** ①手に入れて守ること。 ②〔登山で〕ザイルで身の安全を保つこと。

**かくほう【確報】** 確かな知らせ。

**かくぼう【角帽】** 上部が四角い帽子。〔主に大学生の制帽〕 ⏸大学生。

**がくほう【学報】** ①学内報。 ②学術上の―報告〔雑誌〕。

**がくぼう【学帽】** 学校で決めた帽子。

**かくぼん【角盆】** 角型の盆。

**かくまう【匿う】** 人をかばい隠す。

**かくまく【角膜】** 眼球の前面の透明な膜。

**―移植《いしょく》** 角膜を移植して視力を回復させる手術。

**かくまく【隔膜】** 生物体の組織や器官を区切る膜状物。〔横隔膜など〕

**がくむ【学務】** 学校・教育関係の事務。

**かくめい【革命】** 社会の組織や体制を急激に変えること。〔もと、古代中国で王朝が変わること〕 ⏸急激な変化。「産業―」

**―児《じ》** 新たな発想で物事を行う人。

**―的《てき》** まったく新しい展開を導くようす。

**がくめい【学名】** ①動植物の、学術上の名称。ラテン語で世界共通。 ②学問上の名声。

**がくめん【額面】** ①額〔―の表面〕。 ②債券や貨幣に記された金額。 ⏸表面の意味。みかけ。

**―通《どお》り** 表面に記載された金額どおり。 ⏸言葉そのまま。

**―割《わ》れ** 公債や株券の市場価格が額面より安くなること。

**がくもん【学問】** ①学び習うこと。「耳―」 ②体系的な知識。

**―的《てき》** 学問にかかわるようす。

**かくや【斯くや】**〔文章語〕こうであろうか。

**がくや【楽屋】** 劇場で、出演者の支度部屋。 ⏸内幕。「―話」

**―落《お》ち** 関係者だけにわかること。

**―雀《すずめ》** 芝居通。 ⏸事情通。

**かくやく【確約】** 確かな約束。

**かくやす【格安】** 格別に安いこと。「―の値段」

**がくゆう【学友】** ①学校の友人。 ②学問上の友人。

**かくゆうごう【核融合】** 軽い原子核を衝突させて重い原子核に融合させること。〔大きなエネルギーを放出する〕

**がくよう【学用】** 学習に使うこと。

**―品《ひん》** 勉強するときに使う道具。

**かぐら【神楽】** ①神前で行う歌舞。「太々《だいだい》―」 ②里神楽。

**かくらん【霍乱】** 暑さのために、下痢や吐き気をともなう夏の急病。「鬼の―」

**かくらん【攪乱】** かき乱し、混乱させること。「―戦術」〔「こうらん」の慣用読み〕

**がくらん【学ラン】**〔俗語〕つめえりの学生服。特に、上着丈の長いもの。

**かくり【隔離】** 隔てること。特に他の人から引き離すこと。「―病棟」

**がくり【学理】** 学問上の理論・原理。

**かくりつ【確立】**〔基礎や計画を〕しっかり打ち立てること。

**かくりつ【確率】** 確からしさ〔―を数量化したもの〕。

**―論《ろん》** 数学の分野の一。

**かくりょう【閣僚】** 国務大臣。内閣を構

成する。「主要—」
**がくりょう【学寮】** 学校の寮。
**がくりょく【学力】** 学習で得た力量。
**かくれ【隠れ】** ⇩おかくれ
**—家**《が》 隠れて住む家。
**—キリシタン** 江戸時代、キリスト教禁制下の信者。
**—里**《ざと》 ①山中の奥深い所にある村里。②江戸時代、公認されていない遊里。
**—肥満**《ひまん》 太ってはいないが、体脂肪率の高いこと（人）。
**—蓑**《みの》 本当のことを隠すもの。〔着ると姿が隠れる想像上の蓑から〕
**—もない** よく知られている。
**がくれい【学齢】** ①義務教育を受けている年齢。②小学校に入る年齢。「—に達する」〔満六歳〕
**がくれき【学歴】** 学業に関する経歴。
**かくれる【隠れる】** ①他から見えなくする。②知られないでいる。「隠れた才能」③死ぬの尊敬語。
**かくろん【各論】** 個々に関する論。対総論
**かぐわしい**《香しい・芳しい・馨しい》〔文章語〕かおりがよい。⊜美しい。
**がくわり【学割】** 学生・生徒に対する割引。
**かくん【家君】**〔文章語〕自分の父の称。
**かくん【家訓】**〔文章語〕代々伝わる家庭の教訓。
**がくん** 急にはずれるようす。⊜落胆するようす。

**かけ【欠け】** 欠けること。かけら。
**かけ【掛け】** ①掛けるもの。「帽子—」②掛け売り・掛け買いの略。③かけそば・かけうどんの略。④動作が途中であること。「食べ—」
**かけ【賭け】** 勝負に金品を出しあい、勝った者がもらうこと。⊜一か八《ばち》かの勝負。
**かげ【陰】**《蔭》光があたらない場所。⊜人に見えない所。「—ながら祈る」
**—で糸**《いと》**を引**《ひ》**く** 表に出ないで人をあやつる。
**—になり日向**《ひなた》**になり** 何かと世話をするようす。
**かげ【影】** ①かげぼうし。②（水や鏡に映った）姿。⊜ようす。「見る—もない」③光。「月—」④暗い印象。「—を落とす」
**—が薄**《うす》**い** 存在感が弱い。
**—も形**《かたち》**もない** 跡形もない。
**—を潜**《ひそ》**める** 人目につかなくなる。
**かげ【鹿毛】** 馬の毛色の一。茶褐色。
**がけ【掛け】** ①身に着けること。「たすき—」②掛け算をすること。「八—（＝八割）」③腰掛けること。「三人—」④途中。「帰り—」
**がけ【崖】** 山などの切りたった地形。
**かけあい【掛け合い】** ①交渉。②演芸などで、複数の人が交互に話したり演奏したりすること。「—漫才」
**かけあう【掛け合う】** ①互いにかける。②交渉する。
**かけあし【駆け足】** ①走ること。②馬のギャロップ。対並み足

**かけあわせる【掛け合わせる】** ①掛け算をする。②交配させる。
**かけい【筧】** かけひ。
**かけい【下掲】** 下に示すこと。対上掲
**かけい【火刑】**〔文章語〕火あぶりの刑。
**かけい【花茎】** 花をつける茎。
**かけい【佳景】**〔文章語〕よい景色。
**かけい【家兄】**〔文章語〕自分の兄の称。類愚兄
**かけい【家系】** 家の系統。類血統
**かけい【家計】** 一家の経済。類生計
**—簿**《ぼ》 一家の収支を記入する帳簿。
**がけい【雅兄】** 手紙などで、男性（—の友人）に対する敬称。類貴兄
**かけうり【掛け売り】** 代金後払いで売ること。対掛け買い
**かげえ【影絵】** 紙や指でいろいろの形を作り、障子や幕にその影を映す遊び。
**かけおち【駆け落ち】**〔恋人どうしが〕よその土地へ逃げること。
**かけがい【掛け買い】** 代金後払いで買うこと。対掛け売り
**かけがえ【掛け替え】** かわり。
**—のない** 他にかわるものがない。
**かけがね【掛け金】** 戸や箱の止め金。
**かげき【過激】** 度をこして激しい。類先鋭
**—派**《は》 過激な行動をおこす党派。対穏健
**かげき【歌劇】** オペラ。
**かけきん【掛け金】** ①日掛けや月掛けで積み立てるお金。②掛け売りの代金。
**がけくずれ【崖崩れ】** 崖の土砂が崩れる

こと。「―を起こす」

**かげぐち【陰口】** 本人に隠れて言う悪口。「―をたたく」

**かけくらべ【駆け比べ】**《―競べ》かけっこ。

**かけこ【掛け子】** 特殊詐欺で、電話をかける役。

**かけごえ【掛け声】** ①人に呼びかける声。〔特に芝居や競技で、役者・選手にかける声〕②拍子をとったり、気勢をつけたりする声。

**かけごと【賭け事】** 金品を賭ける勝負事。ギャンブル。類賭博《とばく》

**かけことば【掛け詞・懸け詞】** 修辞法の一。ひとつの語にふたつの意味をもたせる。

**かけこみ【駆け込み】** 走りこむこと。「―乗車」Ⅱ間にあうように急ぐこと。「―申請」

**―需要《じゅよう》**（ある事態の直前に）急に需要が増えること。「増税前の―」

**―寺《でら》** 縁切り寺。Ⅱ困ったときに援助してくれる組織。

**かけこむ【駆け込む】** 走って入る。

**かけざん【掛け算】** 乗法。対割り算

**かけじく【掛け軸】** 床の間などにかける書画。

**かけす【懸巣】** カラス科の鳥。音や言葉をまねるのがうまい。カシドリ。

**かけすて【掛け捨て】** 保険で、掛け金の割り戻しなどがないこと。

**かけずりまわる【駆けずり回る】** あちこちかけまわる。

**かげぜん【陰膳】** 遠く離れて家にいない人の無事を祈って供える食事。

**かけだおれ【掛け倒れ】** ①掛け金が回収できずに損すること。②費用にみあう利益がないこと。

**かけだし【駆け出し】** しんまい②。「―記者」

**かけちがう【掛け違う】** ①行き違う。②食い違う。

**かけつ【可決】** 会議で、議案を承認すること。対否決

**かげつ【花月】** 花と月。Ⅱ風流な遊び。

**かけつけ【駆け付け】**

**―警護《けいご》** 自衛隊の任務で、国連職員や非政府組織の職員などが襲撃された際、武器を持って助けに向かうこと。

**―三杯《さんばい》** 宴会などで、遅れた人に罰としてたてつづけに酒を三杯飲ませること。

**かけつける【駆け付ける】** 走って（急いで）来る。

**かけっこ【駆けっこ】** 走る速さを競う競走。かけくらべ。かけっくら。類徒競走

**かけて**《掛けて》①（「…から…に～」の形で）…から…まで。「土曜から月曜に―」②（「…に～は」の形で）…に関しては。「乗物に―は詳しい」③「神―（＝神に誓って）」

**かけどけい【掛け時計】** 柱や壁にかける時計。

**かけとり【掛け取り】** 掛け売りの代金を取り立てる‐こと（人）。

**かけながし【掛け流し】** 温泉で、あふれた湯を循環させず流れるままにする供給方式。「源泉―」

**かげながら【陰ながら】** ひそかに。

**かけぬける【駆け抜ける】** 一気に走り抜ける。「通りを―・激動の時代を―」

**かけね【掛け値】** 高くつけた値段。Ⅱ誇張。「―なし」

**かげのないかく【影の内閣】** 野党が政権交代に備え、各分野の担当者を決めて内閣を組織しておくこと。シャドーキャビネット。

**かけはぎ【掛け接ぎ】** 衣服の破れ目などをわからないようにはぎあわせること。

**かけはし【掛け橋・懸け橋・架け橋】** 橋。特に、険しい所にかけた簡単な橋。Ⅱ仲介。「両国の―となる」

**かけはなれる【掛け離れる・懸け―】** とても離れる。Ⅱまったくちがう。

**かけひ【筧】**《懸け樋》水を引くため地上に通したとい。かけい。対埋《うず》み樋《ひ》

**かけひき【駆け引き】** 交渉などで、相手の出方に応じた対処のしかた。

**かげひなた【陰日向】** 人が見ている所と見ていない所で態度が変わること。

**かけぶとん【掛け布団】**《―蒲団》体の上にかけるふとん。対敷き布団

**かげふみ【影踏み】** 相手の影を踏みあう子供の遊び。

**かけへだたる【掛け隔たる・懸け―】** とても離れる。

**かげべんけい【陰弁慶】** 内弁慶。

**かげぼうし**【影法師】影。特に人の影。

**かげぼし**【陰干し】《陰乾し》直接日光に当てないで干すこと。対日干し

**かげまつり**【陰祭り】本祭りのない年の、簡単な祭り。対本祭り

**かけまわる**【駆け回る】走りまわる。‖忙しく動きまわる。

**かげむしゃ**【影武者】①敵を欺くため、大将の身代わりとなる人。②黒幕。

**かけめ**【欠け目】①目方の不足分。②欠けた部分。③囲碁で、目のような形だが目ではない所。

**かけめ**【掛け目】はかりではかった重さ。類量目

**かけもち**【掛け持ち】ふたつ以上のことに同時にかかわること。動かけもつ

**かけもの**【掛け物】掛け軸。

**かけや**【掛け矢】大きな木槌《づち》。杭《くい》などを打つ。

**かけよる**【駆け寄る】走り寄る。

**かけら**【欠けら】《欠片》物の欠けた一部分。‖ほんの少し。「―もない(=少しもない)」

**かける**【翔る】〔文章語〕空を飛ぶ。「天《あま》―」

**かける**【欠ける】①一部が損なわれる。②(必要なものが)足りない。「誠意に―」

**かける**【掛ける・懸ける】①かかるの他動詞形。〔「橋をかける」は「架ける」とも書く〕②掛け算をする。③…する途中である。「言い―」

**かける**【駆ける】《駈ける》走る。

**かける**【賭ける】賭けをする。「金を―」

**かげる**【陰る】《翳る》日の光が弱くなる。特に日が傾く。

**かげろう**【陽炎】春や夏、地面から湯気がゆらゆらたちのぼるように見える現象。「―が立つ」

**かげろう**【蜉蝣】トンボに似た昆虫。〔短命なので、はかなさのたとえに使う〕

**かけわたす**【掛け渡す・架け―】渡してかける。

**かけん**【家憲】家のおきて。類家法・家訓

**かげん**【下弦】弦が下を向いた半月の形。「―の月」〔満月から新月までの間〕対上弦

**かげん**【下限】数量や時代の下の限界。対上限

**かげん**【加減】①足すことと引くこと。②量や程度の調節。調節した具合。「―をみる・味―」③体の状態。④やや…である。「ほろよい―」

**―乗除**《じょうじょ》 足し算・引き算・掛け算・割り算。

**かげん**【寡言】口数の少ないこと。寡黙。対多言

**がげん**【雅言】〔文章語〕正しく上品な言葉。特に和歌などの、平安時代風な言葉。対俚言《りげん》・俗言

**かこ**【水夫】〔古語〕船乗り。

**かこ**【過去】①過ぎた時。対現在・未来 ②〔仏教語〕三世の一。前世。

**かご**【籠】竹などで編んだ容器。

**―の鳥**《とり》 とらわれの身。

**かご**【加護】神仏が守り助けること。

**かご**【過誤】〔文章語〕あやまち。

**かご**【歌語】和歌に使う独特な言葉。

**かご**【駕籠】乗り物の一。人がかつぐ。

**がご**【雅語】雅言。対俗語・俚言《りげん》

**かこい**【囲い】①囲う｜こと(もの)。特に塀や垣根。②野菜などを貯蔵すること。

**―込**《こ》**む** 囲って中に取り込む。‖取り込んで、よそに行かないようにする。

**かこう**【下降】くだること。対上昇

**―気流**《きりゅう》 大気の下向きの流れ。対上昇気流

**かこう**【火口】火山の噴火口。

**―丘**《きゅう》 火口内にできた新しい火口。

**―原**《げん》 火口丘と外輪山の間の平原。

**―湖**《こ》 火口に水がたまってできた湖。

**かこう**【加工】手を加えること。「―品」

**かこう**【仮構】つくりごと。類フィクション

**かこう**【河口】川が海や湖に流れ込む所。

**かこう**【河港】河口や川岸にある港。

**かこう**【佳肴・嘉肴】うまい｜酒のさかな(料理)。「珍味―」

**かこう**【華甲】〔文章語〕還暦。〔「甲」は十干の第一、「華」の字は分解すると六つの十と一になることから〕

**かこう**【囲う】①周囲を囲む。②貯蔵する。「野菜を―」③かくまう。④めかけをもつ。

**かごう**【化合】複数の物質が化学的に結合して別の物質を作り出すこと。

**―物**《ぶつ》 化合によってできた物質。

**がこう**【画工】画家。

**がこう【画稿】** 絵の下書き。

**がごう【雅号】** 文人や画家がつける、風流な別名。〔漱石・鷗外など〕

**かこうがん【花崗岩】** 深成岩の一。淡灰色で堅い。石材用。みかげいし。

**かこうち【可耕地】** 耕作できる土地。

**かこきゅうしょう【過呼吸症】** 肉体的疲労や精神的ストレスにより、過剰な呼吸をしてパニックに陥ること。

**かこく** ㊀【過酷】度をこえてひどいようす。「—な気候」㊁【苛酷】きびしく、むごいようす。「—な取り扱い」

**かこけい【過去形】** 文法で、過去の時制を表す語形。

**かこちょう【過去帳】** 寺院で、死者の法名や生没年を記した帳面。類鬼籍・点鬼簿

**かこつ**《託つ》〔文章語〕不平・不満を言う。「不運を—」

**かこつける**《託つける》 他のもののせいにする。口実にする。

**かごぬけ【籠抜け】** ①詐欺の一。建物を利用する。籠脱け詐欺。②曲芸の一。

**かこみ【囲み】** 囲む—こと(もの)。Ⅱ戦闘で、包囲。「—を解く」

**かこむ【囲む】** 周囲を取り巻く。Ⅱ「一局—(=碁を打つ)」

**かごめ【籠目】** かごの編み目(—の模様)。

**かごめかごめ** 子供の遊びの一。

**かこん【仮根】** 苔類などで、根に似た組織。

**かこん【禍根】**〔文章語〕わざわいの原因。「—を断つ」

**かごん【過言】**〔文章語〕言いすぎ。

**かさ【笠】** かぶりがさ。「—をかぶる」Ⅱかさの形をしたもの。「電灯の—」

**—に着《き》る** ①権力者の力をバックに威張る。②恩きせがましくする。

**かさ**《毬》(マツなどの)実のから。

**かさ【傘】** さしがさ。「—をさす」

**かさ【嵩】** 量。大きさ。

**—にかかる** 威圧的な態度をとる。

**かさ【暈】** 太陽・月の周囲にできる光の輪。

**かさ【瘡】** ①皮膚のできもの。②梅毒。

**がさ**〔俗語〕(警察の)捜索。がさいれ。

**かさあげ【嵩上げ】** 堤防などをさらに高くすること。Ⅱ交渉で、金額を上乗せすること。

**かざあし【風脚・風足】** 風の速さ。

**かざあな【風穴】** ①風の通る穴。②山腹にある深い穴。

**—をあける** 胴に刃物や銃弾を貫通させる。

**かさい【火災】** 火事。

**—保険《ほけん》** 火災の損害を補う目的の保険。

**かさい【花菜】** 花の部分を食べる野菜。

**かさい【果菜】** 実を食べる野菜。

**かさい【家裁】** 家庭裁判所の略。

**かざい【家財】** ①家具。②一家の財産。

**—道具《どうぐ》** 家にある生活のための道具。家具・衣類などの総称。

**がさい【画才】** 絵をかく才能。

**がざい【画材】** ①絵にかく題材。②絵をかく—材料(道具)。「—店」

**かさいサージ【火砕—】** 火山から噴出した、火山灰を含むガスが高速で流動する現象。

**かさいりゅう【火砕流】** 火山から噴出した火山灰などの流れ。

**かざおれ【風折れ】** 木などが風で折れること。

**かさかさ** ①水気がなくかわいたようす。②かわいたものが触れあう音。

**がさがさ** ①かわいてざらざらするようす。②かわいたものが触れあう大きい音。

**かざかみ【風上】** 風の吹いてくる方向。対風下

**—に(—も)置《お》けない** (仲間に入れられない)卑劣な奴だ。

**かさぎ【笠木】** 鳥居や門の上に横に渡す木。

**かさく【仮作】** ①かりに作ること。②仮構。「—物語」類フィクション

**かさく【佳作】** ①できのよい作品。類秀作 ②選外佳作。

**かさく【家作】** ①家をつくること。②貸し家。

**かさく【寡作】** 作品を多く作らないこと。対多作

**かざぐるま【風車】** ①風で回る、羽根車のおもちゃ。②ふうしゃ。

**かざけ【風邪気】** 風邪ぎみ。かぜけ。

**かさご【笠子】** 海産魚の一。食用。

**かささぎ【鵲】** カラス科の鳥。尾が長い。

**かざしも【風下】** 風の吹いていく方向。対

風上

**かざす**《翳す》 手に持って掲げる。「たいまつを―」

**がさつ** 洗練されず、あらっぽいようす。類粗野

**かさつく** かさかさする。「肌（くちびる）が―」

**かさなりあう【重なり合う】** いくつかのものが互いに重なる。

**かさなる【重なる】** あるものに同種のものが加わる。

**かさね【重ね】** ①重ねること。重ねたもの。特に重ね着。②和服の一。〔礼服などに用いる〕 ③【襲】平安時代ごろの衣服の一。④重ねたものを数える語。

**―合《あ》わせる** ふたつ以上のものを重ねる。

**―重《さが》ね** 何度も。

**―着《ぎ》** 衣服を重ねて着ること。

**―て** 繰り返して。

**―餅《ちも》** 二段重ねたかがみもち。

**かさねる【重ねる】** 重なるようにする。

**かざばな【風花】** ①風に吹かれて飛んできた雪。②晴天にちらつく雪。◇かざはな。

**かさばる【嵩ばる】** 容積が大きくなる。「荷物が―」

**かざびえ【風冷え】** 強風によって冷える―こと（寒さ）。

**かさぶた**《瘡蓋》 治りかけの傷跡などを覆う皮。

**かざまち【風待ち】** 船が、出港するのによい順風を待つこと。かぜまち。

**かざみ【風見】** 風向きをみる道具。

**―鶏《りど》** ニワトリ型の風見。●時勢にあわせてたやすく態度を変える人。

**がざみ**《蝤蛑》 海産のカニの一。食用。ワタリガニ。

**かさむ【嵩む】** 出費（かさ）が大きくなる。「経費が―」

**かざむき【風向き】** 風の吹いてくる方向。●機嫌。形勢。「―が変わった」 ◇かぜむき。

**かざよけ【風除け】** 強風を防ぐもの。かぜよけ。

**かざり【飾り】** ①飾る―こと（もの）。②（「お～」の形で）松飾り。しめ飾り。

**―気《け》** 自分をよく見せようとする気持ち。「―のない人」

**―立《た》てる** あれこれ飾って立派に見せる。

**―付《っ》け** ①飾ること。飾り。②商品の配置。

**―付《っ》ける** かざって整える。

**―包丁《ぼうちょう》** 食材の表面に切り目を入れること。〔見た目・火の通り・味のしみこみをよくする〕

**―物《のも》** ①飾りに使うもの。②みかけだけのもの。

**かざる【飾る】** 美しく見えるようにする。●みかけを取り繕う。

**かさん【加算】** ①他のものを加えて計算すること。②足し算。対減算

**―税《いぜ》** 過少申告などに対して追徴される税金。

**かさん【加餐】** 〔文章語〕養生。

**かさん【夏蚕】** なつご。

**かさん【家産】** 〔文章語〕一家の財産身代《しんだい》。

**かざん【火山】** マグマが噴出してできた山。

**―岩《んが》** マグマが急に冷えて固まった岩石。〔玄武岩・安山岩など〕

**―性《いせ》地震《じしん》** 火山活動が原因で起こる地震。

**―帯《いた》** 火山が分布している帯状の地域。

**―弾《んだ》** 噴出したマグマが固まったもの。〔小さいものは、火山礫《かざんれき》〕

**―灰《いば》** 火山から噴出される灰のようなもの。

**がさん【画賛】**《画讃》 絵にそえる賛。

**かさんかすいそ【過酸化水素】** 無色・透明の液体。酸化力が強い。消毒・漂白用。

**かし【貸し】** 貸すこと。貸したもの。●相手に恩をきせること。「―をつくる」◇対借り

**かし【樫】** 常緑高木の一。材は堅く、家具材。実はどんぐり。

**かし【下肢】** 〔文章語〕人間の足や動物の後足。対上肢

**かし【下賜】** 身分の高い人が目下の人にものをくださること。

**かし【可視】** 目で見えること。「―光線」「―状態」

**かし【仮死】** ほとんど死んだようになること。

**かし【河岸】** ①川岸。②魚河岸。③場所。「―をかえる」

**かし【菓子】** 間食に食べる嗜好《しこう》品。

**かし【瑕疵】** 〔文章語〕欠点。きず。

かし【歌詞】歌謡曲や歌曲などの詩。

かし【カ氏・華氏】温度の測り方の一。記号F〔三二°Fのように書く。/華氏は考案者Fahrenheit《ファーレンハイト》の中国音訳「華倫海」による〕

かじ【梶】カジノキ。

かじ 一【舵】①船の後部にあり、方向をとる道具。「おも―」②飛行機の方向をとる装置。 二【梶】車の梶棒。 三【楫】水をかいて船を進める道具。類かい

―(舵)を切《き》る 船の進行方向を変える。‖方針を大きく変える。

―(舵)を取《と》る (うまく)導く。

かじ【火事】類火災

かじ【加持】(密教で)呪文《じゅもん》を唱え、仏の加護を祈ること。「―祈禱《きとう》」

かじ【家事】①家のなかの仕事。〔炊事・洗濯・掃除など〕②家庭の事情。

かじ【鍛冶】金属を熱して打ってきたえ、道具などをつくる―こと(職人)。「刀―」

がし【賀詞】〔文章語〕祝いの言葉。

がし【餓死】飢え死に。「―者」

かしあたえる【貸し与える】無料で貸す。類貸与する

ガジェット〔gadget〕①気のきいた小道具や装置。②パソコンのデスクトップ上で動く小型のアプリ。

かしおり【菓子折り】(贈答用の)菓子を入れた箱。

かしか【可視化】①見えないものや現象を視覚化してわかりやすくすること。②外部関係者にもわかるように、容疑者の取調べ状況を録音・録画すること。

かじか【鰍】淡水魚の一。食用。

かじか【河鹿】カジカガエル。

―蛙《がえる》 カエルの一。川の瀬にすみ、澄んだ声で鳴く。かじか。

かしかた【貸し方】①貸し手。②【貸方】複式簿記で、帳簿の右欄。負債・資本の増加などを記入。◇対借り方

かじかむ《悴む》寒さで手が動かしにくくなる。

かしかり【貸し借り】貸しと借り。

かしかん【下士官】軍隊の階級の一。士官・准士官の下、兵の上。

かじき《梶木》海産魚の一。食用。カジキマグロ。

―鮪《まぐろ》 カジキ。

かしきり【貸し切り】貸し切ること。

かしきる【貸し切る】①契約期間、その人だけに貸す。②全部貸す。

かしきん【貸し金】貸したお金。

かしきんこ【貸し金庫】金融機関などの施設内に設けた小型の金庫(―を有料で貸すサービス)。

かしく《畏》かしこ。

かしぐ【炊ぐ】〔古語〕ごはんをたく。

かしぐ【傾ぐ】傾く。

かしげる【傾げる】傾ける。

かしこ《畏》〔文章語〕手紙の結語の一。かしく。〔女性が使った〕

かしこ《彼処》〔古語〕あそこ。

かしこい【賢い】利口だ。‖抜け目がない。

かしこうせん【可視光線】人間の目に見える光線。

かしこくも【畏くも】おそれ多くも。

かしこし【貸し越し】銀行が当座預金の残高以上に小切手の振り出しを認めること。当座貸し越し。対借り越し 動かしこす

かしこまりました「了解しました」の謙譲表現。

かしこまる【畏まる】①恐れて態度を慎む。②正座する。

かししぶる【貸し渋る】金をなかなか貸したがらない。

かじしんぱん【家事審判】家庭内・親族間の紛争について、家庭裁判所が行う審判。

カシス〔フランス語 cassis〕落葉低木の一。実をジャム・ゼリーにする。クロスグリ。

かしずく《傅く》仕えて世話する。

かしせき【貸し席】会合や飲食のための部屋を貸す職業。また、その部屋。

かしだおれ【貸し倒れ】貸した金が回収できないこと。

かしつ【加湿】(室内の)湿度を上げること。「―器」

かしつ【過失】(不注意による)あやまち。しくじり。「―を犯す」対故意

かじつ【佳日・嘉日】〔文章語〕よい(めでたい)日。類吉日

かじつ【果実】植物の実。くだもの。‖付随的な利益。家賃・利子など。

―酒《しゅ》 果実を―原料に(焼酎《しょうちゅう》などに漬

けて)つくった酒。〔ワイン・梅酒など〕

**かじつ【過日】**〔文章語〕先日。

**がしつ【画質】** 画像のうつり具合。「高―」

**かしつかさ【菓子司】**（格式の高い）和菓子屋。かしし。

**かしつけ【貸し付け】** 利子や期限を決め金品を貸すこと。「―金」
**―信託《しんたく》** 信託銀行が、委託された金を貸し付け、その利益を委託者に配当する仕組み。

**かしつける【貸し付ける】** 利子や期限を決めて金品を貸す。

**かして【貸し手】** 金品を貸す人。対借り手

**かじてつだい【家事手伝い】** 定職をもたず家事の手伝いをしていること。

**かじとり【舵取り】** 船の舵を操作する―こと(人)。Ⅱ全体の進行を導く―こと(人)。

**カジノ**〔イタリア語 casino〕 賭博を中心とする娯楽場。

**かじば【火事場】** 火災の現場。
**―泥棒《どろぼう》** 火事の混乱に乗じての泥棒。Ⅱ他の騒ぎのすきに利益を得ること。◇火事どろ。

**かしはがし【貸し剥がし】** 融資している資金を、返済期限以前に(―無理やり)回収すること。

**かしパン【菓子―】** 菓子のようなパン。

**かしビル【貸し―】** 料金を取って貸すことを目的とするビル。

**かじぼう【梶棒】** 荷車などの、ひっぱる棒。

**かしま【貸し間】** 料金をとって貸す部屋。

**かしましい**《姦しい》やかましい。

**かしまだち【鹿島立ち】** 長旅に出発すること。〔鹿島の神に安全を祈って出発したことから〕

**カシミア**〔cashmere〕 高級な毛織物の一。服地用。カシミヤ。

**かじみならい【家事見習い】** 家事を手伝い修業すること。

**かじみまい【火事見舞い】** 火災にあった人を見舞うこと。

**カシミヤ** ⇩カシミア

**かしもと【貸し元】** ①金を貸す人。②ばくち―打ち(場)の親分。

**かしや【貸家】** 家賃をとって貸す家。対借家

**かしゃ【仮借】** 六書《りくしょ》の一。意味に関係なく同音の漢字を使うもの。

**かしゃ【華奢】** ぜいたく。〔「きゃしゃ」と読めば別語〕

**かしゃ【貨車】** 貨物運送用の鉄道車両。対客車

**かしゃく【仮借】** ①借りること。②許すこと。「―なく責める」③かしゃ(=仮借)。

**かしゃく【呵責】** ひどく責め苦しめること。「良心の―」

**かしゅ【火酒】** 強い酒。

**かしゅ【歌手】** 歌うことを職業とする人。

**かじゅ【果樹】** 果物のなる木。
**―園《えん》** 果樹を育てる農園。

**がしゅ【画趣】** 絵のようなおもむき。

**がしゅ【雅趣】** 風流な感じ。雅致。

**がじゅ【賀寿】**〔文章語〕賀の祝い。

**カジュアル**〔casual〕（服装が）気軽でくつろいでいる。
**―ウエア**〔casual wear〕 普段着。対フォーマルウエア
**―ダウン**〔casual down〕 わざとカジュアルに着こなすこと。

**かしゅう【家集】** 個人の和歌集。

**かしゅう【歌集】** 和歌（歌曲）を集めた本。

**カシュー**〔cashew〕 ①南米原産の木。実は食用。樹脂は塗料用。②カシュー①から作る塗料。
**―ナッツ**〔cashew nuts〕 カシュー①の実。

**かじゅう【加重】**（重量や刑を）さらに重くすること。
**―平均《へいきん》** 各項の重要度も考慮に入れて計算した平均値。

**かじゅう【果汁】** 果物のしぼり汁。

**かじゅう【荷重】** 建造物や車の耐えられる限界の重量。

**かじゅう【過重】**（負担が）重すぎるようす。

**がしゅう【我執】** 我を通すこと。〔仏教語から〕

**がしゅう【画集】** 絵を集めた本。

**かじゅつ【下述】** 後に述べること。対上述

**がしゅん【賀春】**〔文章語〕年賀状に書くあいさつ言葉の一。

**がじゅん【雅馴】**〔文章語〕言葉づかいが、正しく上品なようす。

**かしょ【箇所】**《個所》 ①場所。部分。

②【か所】該当部分を数える語。
かしょ【家書】〔文章語〕①家からの手紙。②家にある本。

かしょ【歌書】和歌に関する本。

かじょ【加除】加えることと除くこと。

かじょ【花序】花軸につく花の並び方。

かしょう【火傷】やけど。

かしょう【仮称】かりの呼び名。

かしょう【花椒】中国原産の落葉低木。実は中国料理の香辛料。ホアジャオ。

かしょう【河床】川の底(ーの地盤)。

かしょう【和尚】天台宗などで、高僧の敬称。→おしょう
かしょう【華商】華僑《かきょう》。

かしょう【過小】小さすぎるようす。対過大
ー評価《ひょうか》 実際よりも低く評価すること。対過大評価
かしょう【過少】少なすぎるようす。対過多
かしょう【嘉賞】〔文章語〕よいとほめること。

かしょう【寡少】〔文章語〕非常に少ないようす。

かしょう【歌唱】歌を歌うこと。その歌。

かじょう【下情】(身分の高い人からみた)庶民のようす。「ーに通じる」類世情
かじょう【渦状】〔文章語〕渦巻き状。「ー星雲」

かじょう【過剰】多すぎるようす。「自意識ー」

かじょう【箇条】《個条》①分類したもののひとつひとつ。類条項 ②【か条】条項を数える語。

ー書《が》き 箇条に分類して書くこと。「ーにする」

がしょう【画商】絵画を商う人(店)。

がしょう【臥床】〔文章語〕ねどこ(ーにつくこと)。

がしょう【賀正】〔文章語〕年賀状に書くあいさつ言葉の一。

がしょう【雅称】〔文章語〕風流な呼び名。

がじょう【牙城】城の本丸。‖手ごわい相手の本拠地。

がじょう【賀状】祝いの手紙。特に年賀状。

かしょく【火食】〔文章語〕火を通して食べること。対生食
かしょく【仮植】植木などを定植する前に一時植えること。仮植え。対定植
かしょく【河食】《河蝕》川の浸食作用。

かしょく【家職】家の職業。類家業
かしょく【貨殖】〔文章語〕財産をふやすこと。

かしょく【過食】食べすぎ。

ー症《しょう》 摂食障害の一。異常な食欲により過食する。

かしょくのてん【華燭の典】(他人の)結婚式。

かしょぶんしょとく【可処分所得】所得のうち、税金などを除いた、自由に使える部分。

かしら【頭】あたま。‖いちばん上のー(人)。首領。

ー立《だ》つ 人の上に立つ。

ー分《ぶん》 親分。首領。

ー文字《もじ》 欧文で、文頭・固有名詞のはじめの大文字。特に、名前を欧文で書いたときの最初の字。

ーを下《お》ろす 髪の毛をそって出家する。

かじりつく【齧り付く】かみつく。‖離れないようにしっかりつく。

かじる【齧る】物の一部をかみ切る。‖部分的に習得する。「聞きー」

かしわ【柏】《槲・檞》ブナ科の高木。葉をかしわもちに使う。

ー手《で》 神前で手をたたくこと。〔拍手とも書く〕

ー餅《もち》 かしわの葉を巻いたあん入り餅。‖一枚の布団をふたつ折りにしてその中に寝ること。

かしわ【黄鶏】鶏肉。〔主に関西で〕

かしん【花芯・花心】花の中心。おしべとめしべ。

かしん【花信】桜などの花が咲いたという便り。花だより。

かしん【佳辰・嘉辰】〔文章語〕めでたい日。

かしん【家臣】家来。

かしん【過信】過度に信じること。

かじん【佳人】〔文章語〕美人。「ー薄命」

かじん【家人】家の者。

かじん【華人】移住先の国籍を持つ中国人。

**かじん【歌人】** 和歌を詠む人。類歌詠み

**がしんしょうたん【臥薪嘗胆】**〔文章語〕屈辱をはらすために苦労し辛抱すること。〔中国の故事から〕

**かす** ■一【滓】①液体の底にたまる、おり。②必要なものをとった残り。■二【粕・糟】酒かす。

**かす【化す】** 化する。

**かす【仮す】**《藉す》〔文章語〕かりに与える。

**かす【科す】** 科する。

**かす【貸す】** ①自分の物をしばらく使わせる。②自分の知恵や力を与える。◇対借りる

**かす【嫁す】** 嫁する。

**かす【課す】** 課する。

**かず【数】** ①「ーを数える」②多数。「ーをたのむ」③数える価値があるもの。「ーに入る」

**ー限《かぎ》りない** 数に限度がない。

**ー知《し》らず** 数えきれない。

**ー知《し》れない** 数えることができないほど多い。

**ーならぬ** 数に入らない。Ⓗ卑しい。「ー身」

**がす【賀す】** 祝う。「新春をー」

**ガス**《瓦斯》〔オランダ語 gas〕気体。〔燃料用の気体・毒ガス・濃霧・おならなど〕

**かすい【下垂】**〔文章語〕たれさがること。「胃ー」

**かすい【加水】** 水を加えること。

**ー分解《ぶんかい》** 化合物が水と反応して分解すること。

**かすい【仮睡】**〔文章語〕うたたね。

**かすい【花穂】** 穂状になって咲く花。

**かすい【河水】** 川の水。

**かずい【花蕊】** おしべとめしべ。花心。

**かずおおく【数多く】** 数が多いようす。

**かすか**《幽か・微か》 わずかで弱々しいようす。「ーな光」

**かすがい【鎹】** ふたつの材木をつなぐコの字形の金具。Ⓗふたつをつなぎとめるもの。「子はー」

**かすかす** ①すれすれ。「ーで間に合う」②水分が少ないようす。

**かずかず【数々】** 多くのもの。たくさん。「ーのご厚意」

**カスケード**〔cascade〕（階段状の）滝。

**ガスけつ【ー欠】**〔俗語〕ガソリンがきれること。

**ガスじゅう【ー銃】** ①催涙弾など、ガスを詰めた砲弾用の銃。②ガスの力で弾丸を発射する銃。

**かすじる【粕汁】** 酒かすで味をつけた汁。

**カスタード**〔custard〕①カスタードプリンの略。②カスタードクリームの略。

**ークリーム**〔custard cream〕牛乳・卵などで作るうす黄色のどろりとした食品。クリーム。

**ープリン** 洋菓子の一。カスタードプディング。プリン。〔custard puddingから〕

**カスタネット**〔castanets〕打楽器の一。

**カスタマー**〔customer〕顧客。取引先。「ーサービス」

**カスタマイズ**〔customize〕自動車や機械、コンピューターなどで、使用者の使いやすいように設定を変更すること。

**カスタム**〔custom〕特別注文。「ーカー」

**ガスちゅうどく【ー中毒】** 有毒ガスによる中毒。

**かすづけ【粕漬け】** 魚や野菜を酒かすに漬けること。その食品。

**カステラ**〔ポルトガル語 castella〕洋菓子の一。カステーラ。〔スペインの地名から〕

**ガスとう【ー灯】** ガス燃料を使った街灯。

**ガスぬき【ー抜き】** 炭坑などで、ガス爆発の予防のためにガスを除くこと。Ⓗ（集団や個人の）不満やストレスを少ないうちに発散させること。

**かずのこ【数の子】** ニシンの卵を干した食品。〔「かど（＝ニシン）の子」の意〕

**ガスバーナー**〔gas burner〕ガスを燃焼させる器具。

**ガスパチョ**〔スペイン語 gazpacho〕スペイン料理で、冷たい野菜スープ。

**ガスマスク**〔gas mask〕毒ガスを防ぐマスク。

**かすみ【霞】** ①春にかかる霧のようなもの。「ーたつ・ーがかかる」Ⓗぼんやりすること。「目にーがかかる」②霞網。

**ー網《あみ》** 小鳥をとる目の細かい網。〔現在、使用禁止〕

**ー目《め》** 眼病の一。視界がぼやける。〔翳み目とも書く〕

**ーを食《く》う** 超自然的な生活をする。〔仙人の形容〕

**かすむ【霞む】** 霞がかかる。Ⅱ《翳む》はっきり見えない。「目が━」

**かすめとる【掠め取る】**（人目を盗んで）奪い取る。

**かすめる** 一【掠める】盗む。Ⅱごまかす。 二【擦める】かする。

**かずもの【数物】** ①安物。②数の多いもの。③セットもの。④限られた数のもの。

**かずら【葛】** つる草の総称。

**かすり【絣】**《飛白》かすったような模様（━のある織物）。

**かすりきず【擦り傷】** 表皮をかすってできた傷。Ⅱ軽傷。

**かする** 一【擦る】表面に触れる。 二【掠る】上前をはねる。

**かする【化する】** …となる。変わる。化す。「別人（廃墟）と━」

**かする【架する】** かけ渡す。「橋を━」

**かする【科する】** 罰を加える。

**かする【嫁する】** ①嫁にいく。②転嫁する。「責任を他に━」

**かする【課する】** 割り当てる。

**がする【賀する】**〔文章語〕祝う。「長寿を━」

**がする【駕する】**〔文章語〕①車や馬に乗る。②凌駕《りょうが》する。

**ガスる**〔俗語〕霧がかかる。

**かすれる【掠れる】** ①墨や絵の具がつかないところができる。②声がしわがれる。「声が━」

**ガスレンジ**〔gas range〕ガスこんろやオーブンを組み込んだ調理器具。

**かせ【枷】** 首や手足の自由を奪う刑具。Ⅱ行動を妨げる障害。

**かぜ【風】** ①「━が吹く」②【風邪】病気の一。感冒。③態度。そぶり。「役人━」

**━薫《かお》る** さわやかな風が吹く。〔初夏の形容〕

**━の吹《ふ》き回《まわ》し**「どういう━か（=どういうなりゆきかわからないが）」

**━（風邪）は万病《まんびょう》の本《もと》** 風邪が悪化して大病にかわることが多いから注意せよ。

**━光《ひか》る** 陽光の中をさわやかに吹く風の形容。

**━を切《き》る** ①鋭く速く動く。②⇩肩で風を切る

**━を食《く》らって**「━（=悪事の露見を察知して素早く）逃げる」

**━（風邪）を引《ひ》く** ①感冒にかかる。②〔俗語〕薬や香辛料が古くなって効能がなくなる。

**がせ**〔俗語〕にせもの。「━ねた（=うその情報）」

**かぜあたり【風当たり】** 風があたること。Ⅱ他人からの非難。

**かせい【火星】** 太陽系惑星の一。内側から四番目。赤く見える。マルス。

**かせい【火勢】** 炎の勢い。類火気

**かせい【加勢】** 力をかすこと。

**かせい【仮性】** 原因は異なるが病状が真性の病気に似ていること。「━コレラ」対真性

**━近視《きんし》** 一時的な近視の症状。

**かせい【苛性】** 皮膚などの組織をただれさせる性質。

**━ソーダ** 水酸化ナトリウム。石鹼・製紙に使用。

**かせい【苛政】**〔文章語〕苛酷な政治。

**かせい【家政】** ①家事（━をとりしきること）。②暮らし向き。

**━学《がく》** 家事運営に関する学問。

**━婦《ふ》** 雇われて家事を手伝う女性。

**かせい【歌聖】**〔文章語〕たいへんすぐれた歌人。〔特に柿本人麻呂《かきのもとのひとまろ》〕

**かぜい【課税】** 税金をかけること。その税金。

**━標準《ひょうじゅん》** 税額を決める基準となる価格・数量など。

**かせいがん【火成岩】** マグマが固まってできた岩石。〔花崗《かこう》岩・安山岩など〕

**かせいひりょう【化成肥料】** 化学肥料の一。チッソ・リン酸・カリのうち二成分以上を含む。

**かせき【化石】** ①地質時代の生物やその跡が、石になって残ったもの。「恐竜の━」Ⅱ時代おくれ。②石になること。

**━人類《じんるい》** 化石によりその存在が認められている人類。〔猿人・原人・旧人・新人に大別〕

**━燃料《ねんりょう》** 大昔の生物の遺骸が堆積《たいせき》してできた燃料。〔石油・石炭・天然ガスなど〕

**かせぐ【稼ぐ】** ①働いて収入を得る。②得点する。Ⅱ自分の有利になるようにして評価を高める。「贈り物で点数を━」③機会をうかがって時をすごす。「時間を━」

**かぜしりぐさ【風知草】** イネ科の多年草。かぜくさ。
**かぜたいふう【風台風】** 雨よりも風の被害の方が大きい台風。対雨台風
**かせつ【仮設】** ①かりに設置すること。Ⅱ〔俗語〕仮設住宅の略。「―で暮らす」②論理学で、かりの前提。
**かせつ【仮説】** 事実を説明するための仮定。「―を立てる」
**かせつ【佳節】** 〔文章語〕めでたい日。
**かせつ【架設】** (橋や電線を)かけわたすこと。「―工事」
**カセット** 〔cassette〕録音テープやフィルムなどを内蔵した容器。また、そのテープやフィルム。
**―焜炉《こんろ》** 小型ガスボンベを使う卓上用こんろ。〔カセットコンロとも書く〕
**―デッキ** 〔cassette deck〕カセットテープ用のデッキ。
**かぜとおし【風通し】** 風の通り具合。「―がよい」Ⅱ(組織内などで)情報や意思の通じ具合。「社内の―」
**カセドラル** 〔cathedral〕カテドラル。
**かぜのたより【風の便り】** どこからともなく伝わってきたうわさ。
**かぜひき【風邪引き】** かぜにかかること。かぜにかかった人。
**かせる《痂せる》** 傷の表面が乾く。
**かせん【下線】** 横書きの語句や文章の下に引いた線。アンダーライン。
**かせん【化繊】** 化学繊維。
**かせん【河川】** かわ。
**―敷《しき》** 川から堤防までの土地。かせんじき。
**かせん【架線】** 電線をかけわたすこと。その電線。〔工事関係者は「がせん」とも〕
**かせん【寡占】** 少数の企業で市場の大半を占めること。類独占
**かせん【歌仙】** すぐれた歌人。「六―」
**かぜん【果然】** 〔文章語〕やはり。
**がせん【画仙】** すぐれた画家。
**―紙《し》** 書画用紙。縦長で大判。〔画箋紙とも書く〕
**がせん【架線】** かせん。
**がぜん【俄然】** ①急に。②断然。
**かそ【過疎】** 地域の人口が異常に少ないこと。対過密
**がそ【画素】** (コンピューターの)ディスプレーなどの画像を構成する最小単位。ピクセル。
**かそう【下層】** ①下に位置する部分。②下の階層。「―民」対上流 ◇対上層
**かそう【火葬】** 死体を焼いて葬ること。「―に付す」
**かそう【仮装】** ①他のものの姿に扮装すること。「―行列」類変装 ②かりの装備。
**かそう【仮想】** かりに想定すること。
**―敵国《てきこく》** 戦略上、敵国と仮定する国。
**―通貨《つうか》** ⇩暗号資産
**かそう【家相】** 家の方向や位置。〔これによって吉凶を判断する〕
**かぞう【加増】** (領地や禄高を)増やすこと。
**かぞう【架蔵】** 〔文章語〕(本を)所蔵すること。
**かぞう【家蔵】** 〔文章語〕家に所蔵すること。その物。
**がぞう【画像】** ①画面に映る像。「―診断」②肖像画。
**かぞえ【数え】** 数え年。対満《まん》
**―上《あ》げる** 数えたてる。
**―歌《うた》** 一から順に、数をよみこんだ歌詞を並べた歌。
**―立《た》てる** ひとつひとつ取りたてて言う。
**―年《とし》** 生まれた年を一歳として、新年になるたびに一歳ずつ加える年齢。対満年齢
**かぞえる【数える】** ①勘定する。②列挙する。
**―程《ほど》** ほんの少し。
**かそく【加速】** 速度を増すこと。対減速
**―器《き》** 粒子を加速して高いエネルギーを与える装置。
**―度《ど》** ①速度変化の割合。②しだいに速くなること。
**―度的《どてき》** しだいに速くなるようす。
**かぞく【家族】** 親族関係にあり、共に住む集団。
**―制度《せいど》** ①社会制度としての家族。②家族を社会組織の基礎単位とする制度。
**―葬《そう》** 身内の者だけで行う葬式。
**かぞく【華族】** 爵位をもつ‐人(家族)。〔第二次世界大戦前の族称の一〕
**がぞく【雅俗】** 風雅と卑俗。
**かそけし《幽し》** 〔古語〕かすか。〔ク活用の形容詞〕
**かそせい【可塑性】** 固体に外力を加えた

とき、変形したままの形を残す性質。
**カソリック**〔Catholic〕カトリック。
**ガソリン**〔gasoline〕内燃機関の燃料とする液体。原油を蒸留して最初に得られる。揮発油。〔塗料などにも使う〕
**─エンジン**〔gasoline engine〕ガソリンで動く内燃機関。
**─が切《き》れる** 燃料がなくなる。● 資金(ちから)がなくなる。
**─スタンド**〔和製語 gasoline stand〕道路に面したガソリンの販売・給油所。サービスステーション。
**かた【方】** ①方角。②人。「あの─」〔敬称〕③昔の貴婦人の名につける敬称。「お豊の─」④方法。「書き─」⑤係。「道具─」⑥…をすること。「周知─」⑦寄宿先の名につける語。「高橋様─」⑧方面。「父─のいとこ」
**─が付《つ》く** 解決がつく。
**かた** [一]**【形】** 抵当。「─にとる」[二]**【型】** ①もとになる形。「鋳物の─」②決まったやり方。「柔道の─」③タイプ。
**─に嵌《は》まる** 形式的でありふれている。
**─に嵌《は》める** 個性をなくし、ありふれたさまにしてしまう。
**─の如《ごと》く** 形式どおり。
**かた【肩】** 体の部分の一。● 肩に似た部分。「山(道路)の─」
**─がいい** 野球で、遠くまで投げられる。
[類]肩が強い
**─が凝《こ》らない** 気軽である。
**─が凝《こ》る** 肩が張る。● 重荷に感じて疲れる。
**─で息《いき》をする** 大きく苦しげに呼吸する。
**─で風《かぜ》を切《き》る** 意気揚々としている。
**─の荷《に》が下《お》りる** 責任(気になること)から解放される。
**─を怒《いか》らす** 威圧的な態度をとる。
**─を入《い》れる** 応援する。
**─を落《お》とす** がっくりする。
**─を貸《か》す** 手助けをする。
**─を竦《すく》める** 肩をちぢめる。〔不満や驚きを表す〕
**─をすぼめる** 肩をちぢめる。〔萎縮したようす〕
**─を叩《たた》く** 退職をすすめる。
**─を並《なら》べる** 同程度の力をもつ。
**─を持《も》つ** 味方する。
**かた【潟】** ①外海から分離してできた湖。ラグーン。②ひがた。③入り江。
**かた【過多】** 多すぎるようす。「脂肪─」[対]過少
**かた【夥多】** 〔文章語〕はなはだしく多いこと。
**がた【方】** ①二人以上の人を尊敬した言い方。「皆様─」②だいたいの割合。「二割─」③所属を示す語。「豊臣─」
**がた** 〔俗語〕機械などが古くなって調子が悪くなること。「─がくる」〔比喩的に人間についても使う〕
**かたあがり【肩上がり】** 文字が右上がりに傾いていること。[対]肩下がり
**かたあし【片足】** 片方の足。[対]両足
**─を突《つ》っ込《こ》む** 少しだけ関係する。
**かたあて【肩当て】** ①肩に縫いつける布。②肩の部分に─置く(当てる)もの。
**かたい【下腿】** ひざから足首までの部分。[対]上腿
**かたい【過怠】** ①あやまち。過失。②過失に対する─償い(罰)。「─金」
**かたい【固い・堅い・硬い】** ①[対]柔らかい ②確かだ。しっかりしている。「─商売」③きびしい。「かたく禁じる」
**かたい【難い】** むずかしい。〔多く「…にかたくない」の形で使う〕[対]やすい
**かだい【仮題】** かりにつけた題名。
**かだい【架台】** 物を支える台や骨組み。「室外機(橋)の─」
**かだい【過大】** 大きすぎるようす。[対]過小
**─評価《ひょうか》** 実際以上に評価すること。[対]過小評価
**かだい【課題】** ①与えられた題目。「─曲」②解決すべき問題。「今後の─」
**がたい** 〔俗語〕(いい)体格。図体《ずうたい》。
**がだい【画題】** 絵の─テーマ(題材)。
**かたいき【片息・肩息】** 苦しげな息。
**かたいじ【片意地】** 強情。「─をはる」
**かたいっぽう【片一方】** かたほう。
**かたいなか【片田舎】** へんぴな地方。
**かたいれ【肩入れ】** 助力。
**かたうで【片腕】** 片方の腕。● 信頼のおける(─目下の)人。
**かたうらみ【片恨み】** 一方的な恨み。
**かたえ《片方・傍》** そば。「─の人」
**かたおし【型押し】** 革や布などに、熱と圧

力で凹凸模様をつけること。「―レザー」

**かたおち**【型落ち】最新型の発売で、製品が古くなること。また、その製品。「―品」

**がたおち**【がた落ち】落ち方が激しいこと。類急落

**かたおもい**【片思い】一方的な恋愛感情。片恋。

**かたおや**【片親】両親のいずれか一方(―しかいないこと)。対二親《ふたおや》

**かたがき**【肩書き】姓名の―上(右上)に書く職名や学位など。⊜社会的地位。

**かたかけ**【肩掛け】①衣類の一。類ショール ②肩にかけること。「―かばん」

**かたがた**《旁》…のついでに。「ごあいさつ―」

**かたがた**【方々】人々の尊敬語。

**がたがた** ①堅いものどうしがぶつかってたてる大きい音。②体が震えるようす。③不平を言うようす。④こわれかかっているようす。

**かたかな**【片仮名】日本語の文字の一。外来語や擬音語の表記に使う。対平仮名

**かたがみ**【型紙】裁断や染め付けの型にする紙。

**かたがわ**【片側】一方の側。対両側

**かたがわり**【肩代わり・肩替わり】他人の負担や借金を引き受けること。

**かたき**【敵】①《仇》恨みの相手。「―を討つ」②恨みの原因。「金が―の世の中」

**―討**《う》**ち** ①あだ討ち。②仕返し。

**―役**《やく》 ①憎まれ役。②芝居で、悪人の役。

**かたぎ**【気質】きしつ。「職人―」

**かたぎ**【堅気】①まじめな職業(―の人)。②りちぎ。

**―になる** やくざや水商売から足を洗う。

**かたく**【火宅】〔仏教語〕現世。〔煩悩に悩まされることを火事の家にたとえる〕

**かたく**【仮託】かこつけること。

**かたく**【家宅】住居。「―侵入」

**―捜索**《そうさく》 警察などが、証拠物件発見のために家などを捜索すること。

**かたくずれ**【型崩れ】洋服の型がくずれること。

**かたくち**【片口】一方にだけつぎ口のある―鉢(銚子)。

**―鰯**《いわし》 近海魚の一。煮干しやしらすぼしにする。ひしこいわし。しこいわし。

**かたぐち**【肩口】肩の上側。

**かたくな**【頑な】がんこ。強情。

**かたくなる**【固くなる】緊張してこわばる。

**かたくり**【片栗】ユリ科の草。春、紫色の花が咲く。

**―粉**《こ》 でんぷん粉。〔かつてはカタクリの地下茎から作った。現在はジャガイモから作る〕

**かたくるしい**【堅苦しい】まじめすぎてゆとりがない。

**かたぐるま**【肩車】①人を肩にまたがらせのせること。②柔道の投げわざの一。

**かたこい**【片恋】片思い。

**かたごし**【肩越し】肩の上を過ぎること。

**かたこと**【片言】①幼児やその言語を覚えている途中の人の未熟な言い回し。②言葉の一部。

**かたこり**【肩凝り】肩がこること。

**かたさき**【肩先】肩の腕寄りの部分。

**かたしき**【型式】機械や自動車の種類・形式。

**かたじけない**《辱い・忝い》①おそれおおい。②ありがたい。「…をかたじけなくする(⊜…を受けてありがたく思う)」◇〔古風な言い方〕

**かたしろ**【形代】①紙で作った人形《ひとがた》。みそぎやはらいに使う。⊜身代わり。②御神体の代わり。

**かたす**【片す】かたづける。〔関東・東北の方言〕

**かたすかし**【肩透かし】相撲の手の一。

**―を食**《く》**う** 勢い込んで出たところを相手にうまくかわされる。

**カタストロフィー**〔catastrophe〕①(悲劇的な)終末。②戯曲などで、終幕。◇カタストロフ。キャタストローフ。

**かたすみ**【片隅】すみ。⊜(目立たない)一部分。「都会の―」

**かたずみ**【堅炭】堅い炭。〔ナラやカシで作る。/火力が強い〕

**かたずをのむ**【固唾を呑む】息を殺して緊張している。

**かたぞめ**【型染め】染色法の一。型紙を使って模様を染め出す。

**かたたたき**【肩叩き】〔肩のこりをほぐすため〕肩をたたく―こと(もの)。⊜辞職などの勧告。

**かたち**【形】外見の状態。⊜形式・体裁。

「—をつくろう」

**—作《づく》る** 形になる。構成する。

**—許《ばか》り** 形式だけ。ほんの少し。「—のあいさつ」

**かたつ【下達】** 上の者の意向を下の者に伝えること。「上意—」

**かたづく【片付く】** もとの(あるべき)場所におさまる。Ⅱ㋐解決する。㋑《嫁く》嫁にいく。〔女性への差別的表現〕

**がたつく** ①がたがた音がする。②不安定な状態になる。

**かたづける【片付ける】** かたづくの他動詞形。Ⅱ殺す。

**かたっぱし【片っ端】** かたはしの強め。

**—から** 手当たり次第に。

**かたつむり【蝸牛】** 軟体動物の一。でんでんむし。

**かたて【片手】** 片方の手。Ⅱ㋐一方。㋑〔俗語〕五。

**—桶《おけ》** 取っ手がひとつだけの桶。

**かたておち【片手落ち】** 物事の一方だけを考えること。類不公平

**かたてま【片手間】** 本来の仕事のあいま。「—仕事」

**かたどおり【型通り】** 形式どおり。

**かたとき【片時】** ほんのわずかの時間。

**かたどまり【片泊まり】** 宿屋に泊まるとき、朝夕どちらかだけの食事を付けること。「—の宿」

**かたどる【象る】** 形を写しとる。似せて作る。「木をかたどったクッキー」〔形取る意〕

**かたな【刀】** (武器としての)刃物。

**—傷《ずき》** 刀でできた傷(—のあと)。

**かたなし【形無し】** ①だいなし。②面目がつぶれること。「孫の前では社長も—だ」

**かたは【片刃】** 片側だけが刃になっていること。かたば。対両刃

**かたはい【片肺】** 片方の肺。Ⅱ飛行機のエンジンの一方が止まること。「—飛行」

**かたはし【片端】** 一方の端。対両端 Ⅱ一部分。◇かたっぱし。

**—から** かたっぱしから。

**かたはだ【片肌】** 対諸肌《もろはだ》

**—(を)脱《ぬ》ぐ** 片方の袖を脱いで、肩を出す。Ⅱ手助けする。

**かたはば【肩幅】** 肩の横の広がり。

**かたばみ《酢漿草》** 雑草の一。

**かたはらいたい【片腹痛い】** 見ていて滑稽だ。〔本来は「傍《かたはら》痛し」で、そばで見ているのもやりきれない意〕

**カタパルト**［catapult］ 滑走路のない艦船の甲板から飛行機を発進させる装置。

**かたひざ【片膝】** 片方のひざ。

**かたひじ【片肘】** 片方のひじ。「—をつく」

**かたひじ【肩肘】** 肩と肘。

**—張《は》る** 気負って構えた態度をとる。

**がたぴし** たてつけがわるくうまく動かないときの音。Ⅱ進行や運営が円滑にいかないようす。

**かたひも【肩紐】** ①かばんなどを肩にかけるためのひも。②衣服の、腕を通し肩にかけるひも。(ショルダー)ストラップ。「ブラジャーの—」

**かたびら【帷子】** 麻や木綿のひとえもの。

**かたびらき【片開き】** 対両開き

**かたぶつ【堅物】** まじめで融通のきかない人。

**カタピラ** ⇩キャタピラ

**かたぶとり【固太り】** 太ってはいるが、筋肉がしまっていること。対脂肪ぶとり

**がたべり【がた減り】** 急激に減ること。

**かたほ【片帆】** 帆を一方に寄せて張ること。対真帆

**かたほう【片方】** ふたつのものの一方。かたっぽう。対両方

**かたぼう【片棒】** 二人のかごかきの一方。

**—を担《かつ》ぐ** 仕事(悪事)をいっしょにする。

**かたぼうえき【片貿易】** 輸出・輸入いずれかにかたよった貿易。

**かたまり【固まり・塊】** ①固まること。固まったもの。「血の—」②集団。「高校生の—」③極端さのたとえ。「うその—」

**かたまる【固まる】** ①固くなる。Ⅱ確かになる。「考えが—」②寄り集まる。③こりかたまる。④〔俗語〕驚きやショックで体が動かなくなる。⑤〔俗語〕パソコンなどが動作しなくなる。

**かたみ【片身】** ①さかなの半身。②(洋服で)身頃の半分。

**かたみ【形見】** 思い出のよすがとなる遺品。

**—分《わ》け** 故人の遺品を家族や友人に分けること。

**かたみ【肩身】**

**—が狭《せま》い** 世間に対して、ひけめを感じる。

ーが広《ひろ》い 世間に対して、ほこらしい。

**かたみち【片道】** 往復の一方。

ー切符《きっぷ》 片道用の切符。●行ったら二度と戻れないこと。「地獄へのー」

**かたむき【傾き】** 傾斜。●傾向。

**かたむく【傾く】** 斜めになる。●㋐一方へ片寄る。「気持ちがー」㋑衰える。「国がー」㋒日が沈みかける。

**かたむける【傾ける】** 斜めにする。●㋐集中させる。「力をー」㋑飲む。「杯をー」

**かため【固め】** ①固くすること。②約束。③防備。

ーの杯《さかずき》 約束を確かにするために酒杯をくみ交わすこと。

ー技《わざ》 柔道で、押さえ込みわざ・絞めわざ・関節わざの総称。

**かため【片目】** 片方の目。

ーが開《あ》く （スポーツで）やっと一勝する。

**かためる【固める】** ①固まらせる。②確かにする。③防備する。

**かためん【片面】** 片方の面。対両面

**かたや【片や】** 一方は。〔相撲で、行司が力士を土俵上で呼びあげるときに使う〕

**かたやぶり【型破り】** 類例をみないこと。「ーな人物」

**かたよせる【片寄せる】** 片方へ寄せる。

**かたよる【片寄る・偏る】** ある方向に傾く。「栄養がー」●不公平・不均衡になる。

**かたらい【語らい】** くつろいだ会話。

**かたらう【語らう】** ①親しく話し合う。②勧誘する。

**かたり【語り】** ①語ること。②能楽や狂言で、節をつけずに語る文句。③ナレーション。

ー明《あ》かす 朝まで語り合う。

ー下《お》ろし その人が話した事柄をもとにして著した書物や記事。「元首相のー」

ー掛《か》ける 話しかける。

ー草《ぐさ》 話の材料。「のちのちまでのー」

ー口《くち》 語りの調子。口調。

ー継《つ》ぐ 次の世代へ語り伝える。

ー伝《つた》える （忘れないように）人々に話して伝える。

ー手《て》 ①話者。筆者。②ナレーター。

ー部《べ》 （史実や伝説の）語りを職業とする人。

ー物《もの》 節をつけて物語を語るもの。浄瑠璃や浪曲。対謡物《うたいもの》

**かたり【騙り】** 騙るーこと（人）。詐欺師。「ーをはたらく」

**かたる【語る】** ①話す。②節をつけて物語を読む。

ーに落《お》ちる 話しているうちに本音をもらす。

**かたる【騙る】** ①偽称する。「人の名をー」②人をだまして金品を取る。

**カタル**《加答児》〔オランダ語 catarre〕 粘膜におこる炎症。「大腸ー」

**カタルシス**〔ギリシャ語 katharsis〕 悲劇や音楽による精神の浄化。●抑圧された感情の浄化。

**カタログ**《型録》〔catalogue〕 目録。

**かたわく【型枠】** コンクリートを流し込むときの枠。

**かたわら【傍ら】** ①そば。②…する一方で。「製作するー批評もする」

ー痛《いた》い かたはらいたい。

**かたわれ【片割れ】** ①〔俗語〕（悪い）仲間の一人（一部）。②割れた一片。

**かたん【下端】** 下側の端。対上端

**かたん【加担・荷担】** 手助けすること。「陰謀にーする」

**かだん【下段】** 下の段。対上段・中段

**かだん【花壇】** 土を盛り上げ、草花を植えた所。

**かだん【果断】** 思いきってすること。「ーな処置」

**かだん【歌壇】** 歌人の社会。

**がだん【画壇】** 画家の社会。

**カタンいと【ー糸】** 堅くよった木綿糸。主にミシン用。

**かち【徒】** 徒歩。〔古風な言い方〕

**かち【勝ち】** 勝つこと。対負け

ーに行《い》く 勝つための行動をとる。

ーに乗《じょう》ずる 勝った勢いにのる。

**かち【価値】** ねうち。「ーある一勝」

**がち【ガチ】** 〔俗語〕本気。真剣。「ーで勉強した」〔「がちんこ」から〕

**がち【雅致】** 〔文章語〕雅趣。

**かちあう【搗ち合う】** ぶつかる。「会合がー」

**かちいくさ【勝ち戦】**《ー軍》 戦って勝つこと。また、その戦い。対負け戦

**かちうま【勝ち馬】** 競馬で、優勝した馬。

ーに乗《の》る （ようすを見て）勝つ側につく。

**かちえる【勝ち得る】** ①勝って自分のも

のにする。②勝つことができる。

**かちかん**【価値観】 何に価値を見いだすかに関するそれぞれの考え方。

**かちき**【勝ち気】 人に負けまいとする性質。類気丈《きじょう》

**かちく**【家畜】 人が飼育する動物。特に、牛やニワトリのように生活に直接役立つもの。

**かちぐみ**【勝ち組】 競争に勝った人(集団)。〔企業間の競争・個人の学歴や生活レベルなど、広範囲に使われる〕対負け組

**かちぐり**【搗ち栗・勝ち栗】 クリの実を干し、殻と渋皮を取ったもの。〔縁起もの〕

**かちこし**【勝ち越し】 勝ち数が負け数を上回ること。対負け越し

**かちこす**【勝ち越す】 ①勝ち数が負け数を上回る。②相手の得点を上回る。◇対負け越す

**かちすすむ**【勝ち進む】 試合に勝って次の段階へ進む。

**かちてん**【勝ち点】 スポーツのリーグ戦で、勝敗に応じて与えられる点数。「引き分けて―一を得る」

**かちどき**【勝ち鬨】 勝利の鬨《とき》の声。「―をあげる」類凱歌《がいか》

**かちとる**【勝ち取る】 努力して手に入れる。

**かちなのり**【勝ち名乗り】 相撲で、行司が勝った力士の名を呼び、軍配を上げること。Ⅱ勝利を宣言すること。「―をあげる」

**かちぬき**【勝ち抜き】 勝者が負けるまで次々相手をかえて勝負を続ける方式。

**かちぬく**【勝ち抜く】 勝ち進む。「生存競争を―」

**かちのこる**【勝ち残る】 試合や勝負に勝って次の段階に進む。

**かちほこる**【勝ち誇る】 勝ったことを自慢する。

**かちぼし**【勝ち星】 ①勝ったしるしの白い丸。類白星 ②勝負に勝つこと。「―をあげる」

**かちめ**【勝ち目】 ①勝つ見込み。「―がうすい」②優勢。

**ガチャガチャ** 自動販売機で売られるカプセル入りのおもちゃ。ガシャポン。ガチャポン。〔ガチャガチャ・ガシャポン・ガチャポンいずれも商標〕

**がちゃぽん**【ガチャポン】 ガチャガチャ。〔商標〕

**かちゅう**【家中】 ①家の中(―の人)。②大名の家来の総称。

**かちゅう**【渦中】 うずの中。Ⅱ事件の中。「―の人物」

**かちゅうのくりをひろう**【火中の栗を拾う】 他人の利益のために、危険を冒す。

**かちょう**【家長】 一家の長。

**かちょう**【課長】 役所や会社で、課の責任者。

**がちょう**【画帳】 スケッチブック。画帖《がじょう》。

**がちょう**【鵞鳥】 ガンの飼育変種。肉・卵は食用。羽毛は防寒服などに使用。

**かちょうきん**【課徴金】 税としてかけられる金額。「輸入―」

**かちょうふうげつ**【花鳥風月】 ①自然の美しい景色。②風流。

**かちわり** (関西で)かき割った氷。

**かちん** かちり。

**―かちん** かたくなったようす。

**―と・来《く》る** 気にさわる。

**かちんこ**【カチンコ】 映画で撮影開始の合図に使う道具。

**がちんこ**【ガチンコ】 真剣勝負。〔もとは相撲界の語〕

**かつ**【且つ】 …と同時に。その上。

**かつ**【活】 生きること。「死中に―を求める」

**―を入《い》れる** ①気絶した人を正気に戻す。②元気づける。

**かつ**【渇】 のどのかわき。「―をいやす」

**かつ**【喝】 (禅宗で)励まし悟らせる声。

**かつ**【勝つ】⦅克つ⦆ ①勝利する。「己に―(=誘惑などをおさえる)」対負ける ②耐えきれない。「荷が―」③傾向が強い。「塩味が―」

**カツ** カツレツの略。「チキン―」

**ガツ** 料理で、豚などの胃袋。〔内臓の意のgutsから〕

**かつあい**【割愛】 惜しいと思いながら手放したり省略したりすること。〔誤って「不必要なものを切り捨てる」意で使われる〕

**かつあげ** 〔俗語〕恐喝。

**かつえき**【滑液】 体液の一。関節の動きをなめらかにする。

**かつえじに**【飢え死に】 うえじに。

**かつえる**【飢える】 〔文章語〕うえる。Ⅱ

欠乏しているものをとても欲しがる。

**かつお【鰹】** サバ科の遠海魚。食用。鰹節の原料。

**ー木《ぎ》** 鰹節形の木。神社や宮殿の棟に並べる。

**ー節《ぶし》** カツオを煮て干したもの。だしをとる。かつぶし。〔祝儀には勝魚武士・勝男節とも書く〕

**かっか【核果】** 外果皮が薄く、中果皮が多肉で、内果皮が厚く硬い果実。〔桃など〕

**かっか【閣下】** 高位高官の人の敬称。

**がっか【学科】** ①学問の科目。②大学の学部の下の組織。

**がっか【学課】** 学問の課程。

**かっかい【各界】** 職業や専門別のそれぞれの社会。かくかい。「ーの代表」

**かっかい【角界】** 角力《すもう》の社会。かくかい。

**がっかい【学会】** 同じ学問を研究する学者の団体（ーの会合）。

**がっかい【学界】** 学者の社会。

**かっかく【赫々】** 〔文章語〕①赤く輝いているようす。②成果や手柄が著しい形容。◇かくかく。

**かっかくしかじか《斯々然々》** かくかくしかじか。

**かっかざん【活火山】** 活動ーしている（の可能性のある）火山。

**かっかそうよう【隔靴掻痒】** 〔文章語〕もどかしいこと。〔靴の上からかゆいところをかく意〕

**かつかつ《戛々》** かたいものどうしがあたる音。

**がつがつ** 飢えているようす。Ⅱ欲が深いようす。

**がっかり** 落胆したようす。

**かっかん【客観】** きゃっかん。

**かつがん【活眼】** 道理・真理を見抜く見識。

**がっかん【学監】** 学生の監督や校務にあたる人。

**かっき【客気】** 〔文章語〕血気。

**かっき【活気】** 活動的なー気分（雰囲気）。「ーづく（＝元気が出る）」

**かつぎ【担ぎ】** かつぐこと。

**ー出《だ》す** 押したてる。「選挙にー」

**ー屋《や》** ①縁起や迷信を気にする人。②人をだまして喜ぶ人。

**がっき【学期】** 学校で、学年をいくつかに区分した単位。

**がっき【楽器】** 音楽を演奏する器具。

**かっきてき【画期的】《劃期的》** 新しい時代を始めるようす。エポックメーキング。「ーな発明」

**がっきゅう【学究】** 学問にうちこむ人。「ー肌」類学者

**がっきゅう【学級】** 学校の組。類クラス

**かっきょ【割拠】** それぞれが地域にたてこもり勢力をもっていること。「群雄ー」

**かつぎょ【活魚】** 生きている魚。「ー料理」

**かっきょう【活況】** 活気のある状況。〔多く、商売や株式市場についていう〕

**がっきょく【楽曲】** 音楽の曲。声楽曲・器楽曲などの総称。

**かっきり** ①はっきり区別できるようす。②時間どおり。「一二時ー」

**かっきん【恪勤】** 〔文章語〕まじめに職務に励むこと。「精励ー」

**かつぐ【担ぐ】** ①肩にのせて支える。②だます。③縁起・迷信を気にする。④人を押したてる。

**がっく【学区】** 公立学校の通学区域。

**かっくう【滑空】** エンジンの力によらず、風に乗って飛ぶこと。

**ー機《き》** グライダー。

**がっくり** 急に折れ曲がりくずれるようす。Ⅱ体力や気力がなくなるようす。

**かっけ【脚気】** ビタミン$B_1$の欠乏症。足にむくみやしびれがおこる。

**がっけい【学兄】** 〔文章語〕学問上の先輩・友人の敬称。

**かつげき【活劇】** 立ち回り中心の映画・演劇。Ⅱ格闘。

**かっけつ【喀血】** 肺や気管支から血を吐くこと。→吐血《とけつ》

**かっこ【各戸】** それぞれの家。かくこ。

**かっこ【各個】** それぞれ。ひとつひとつ。かくこ。「ー撃破」

**かっこ【カッコ・括弧】** 記号の一。他の文字や数字を区別して囲む。「かぎー」（（ ）「 」など）

**ー付《つ》き** 条件付き。

**かっこ【確固】《確乎》** しっかりとしているようす。

**かっこ《格好》** かっこう。

**ー好《い》い** 見た目がいい。対かっこわるい

―付《つ》ける　かっこうつける。
―悪《わる》い　見た目がよくない。体裁がわるい。対かっこいい
**かっこう【角行】**将棋の、角。かくぎょう。
**かっこう【格好・恰好】**①姿。②ちょうどよい。「―の場所」③見た目で…ぐらい。「四十―の男」
―が付《つ》く　体裁が整う。
―(を)付《つ》ける　外見をかざる。体裁を整える。
**かっこう【郭公】**ホトトギス科の鳥。他の鳥の巣に卵を産みつける。閑古鳥。呼子《よぶこ》鳥。
**かっこう【滑降】**（スキーで）すべりおりること。「直―」
―競技《きょうぎ》　スキーの種目の一。急斜面を滑降する速さを競う。
**かつごう【渇仰】**①〔仏教語〕仏道を深く信仰すること。②〔文章語〕あこがれ慕うこと。
**がっこう【学校】**教育施設の一。
―医《い》　校医。
―法人《ほうじん》　私立学校を経営する法人。
**かっこんとう【葛根湯】**漢方薬の一。風邪薬に用いる。
**かっさい【喝采】**声をあげてほめること。また、その声。「拍手―」
**がっさく【合作】**共同製作。類共作
**かっさつ【活殺】**〔文章語〕生かすことと殺すこと。
―自在《じざい》　思いのままに扱うこと。類生殺自在

**がっさつ【合冊】**二冊以上の本を綴じ合わせて一冊に―した本(すること)。類合本
**かっさらう(掻っ攫う)**　すばやく奪いとる。
**がっさん【合算】**加算。合計。
**かっし【甲子】**①きのえね。②えと。
**かつじ【活字】**活版印刷に使う文字の型。
―体《たい》　①活字の字体。〔明朝《みんちょう》体、ゴシック体など〕②和文の草書やローマ字の筆記体に対して、活字のような字体。
**かっしゃ【活写】**〔文章語〕いきいきと描写すること。
**かっしゃ【滑車】**綱やベルトをかけて回し、力の方向や大きさを変える車。
**かっしゃかい【活社会】**現実の社会。
**ガッシュ**〔フランス語 gouache〕水彩画用の絵の具。不透明な顔料で作る。グアッシュ。グワッシュ。
**がっしゅうこく【合衆国】**①いくつかの国が連合して構成する国家。②特に、アメリカ合衆国。
**がっしゅく【合宿】**一定期間同じ宿舎に泊まって練習・勉強などをすること。
**かっしょう【滑翔】**〔文章語〕滑空。
**かつじょう【割譲】**物や土地の一部分を譲ること。
**がっしょう【合従】**（小国どうしの）攻守同盟。〔中国の戦国時代の政策から〕
―連衡《れんこう》　合従と連衡。力をあわせて敵に対抗すること。Ⅱ権力をめぐる同盟や連合の策。
**がっしょう【合唱】**コーラス。対独唱

**がっしょう【合掌】**手のひらをあわせて拝むこと。
―造《づく》り　日本建築の一。木材を山形に組み合わせて屋根を作る。
**かっしょく【褐色】**濃い茶色。
**がっしり**　体つきや組み立てがしっかりと強いようす。
**かっすい【渇水】**水がかれること。
―期《き》　降水の少ない時期。類乾期
**かっする【渇する】**①のどがかわく。②水がかれる。
**がっする【合する】**ひとつに―なる(する)。
**かっせい【活性】**化学的に活発であること。
―化《か》　いきいきと働くようにすること。「職場の―」
―酸素《さんそ》　原子状態の酸素や電子状態が不安定な酸素分子。〔生体内でも生じ、老化の一因とされる〕
―炭《たん》　吸着性の強い炭素性物質の総称。脱色・浄化などに使う。
**かつぜつ【滑舌】**話すときのなめらかさ。「―が悪い」
**かっせん【合戦】**戦い。〔古風な言い方〕
**かっせん【活栓】**（水道やガスの）コック。
**かっせん【割線】**円周や曲線を二点以上で分割する直線。
**かつぜん【豁然】**視界がぱっと開けるようす。Ⅱ迷いや疑いがぱっと消えるようす。
**かっそう【滑走】**すべるように進むこと。Ⅱ飛行機が離着陸の際、地上や水面を走ること。



か

**—路**《ろ》 飛行機の離着陸用走路。

**がっそう【合奏】** 複数の楽器による演奏。対独奏

**がっそう【合葬】** 複数の（家族ではない）遺骨や遺体をひとつの墓に埋葬すること。「—墓」

**かっそうしょくぶつ【褐藻植物】** 褐色をした海藻。褐藻類。〔コンブ・ワカメなど〕

**カッター**〔cutter〕①裁断用の刃物や道具。②艦船にのせるボート。後部が方形。③カッターシャツ。④カッターナイフ。

**—シャツ** 折り襟とカフスのついたシャツ。〔「勝った」をカッターにかけたもと商標〕

**—ナイフ**〔和製語 cutter knife〕工作用ナイフの一。多く、薄い刃が繰り出し式になっている。

**がったい【合体】** 一体になること。

**かったつ【闊達】**《豁達》〔文章語〕度量が大きく、小事にこだわらないようす。「—な人柄」

**かつだつ【滑脱】**〔文章語〕変化が激しくとらえどころがないようす。「変転—」

**かったるい**〔俗語〕①体がだるい。②めんどうだ。③もどかしい。

**かったん【褐炭】** 石炭の一。〔火力が弱い〕

**かつだんそう【活断層】** 活動の可能性がある断層。

**がっち【合致】** 一致。

**かっちゃく【活着】** 挿し木や移植をした植物が、根をはり生長すること。

**かっちゅう【甲冑】** よろいかぶと。具足。

**ガッツ**〔guts〕元気。根性。

**—ポーズ**〔和製語 guts pose〕勝ったぞというポーズ。

**がっつり**〔俗語〕たっぷり。しっかり。「—食べる」

**かつて**《曽て・嘗て》①以前。むかし。②（否定表現の中で）今まで。「いまだ—ない」◇かって。

**—ない** 前例がない。

**かって【勝手】** ①台所。‖暮らし向き。②事情。③わがまま。

**—が違**《ちが》**う** いつもとようすがちがう。

**—気儘**《きまま》 思いのままにふるまうこと。類したい放題

**—口**《ぐち》 台所の出入り口。

**—向**《む》**き** 台所に関すること。‖暮らし向き。

**—元**《もと》 勝手向き。

**—連**《れん》 市民活動の一。ある人物やテーマに賛同する人々が自発的に集まって支援する。

**カッティング**〔cutting〕切り取ること。洋裁の裁断・映画の編集など。

**カッテージチーズ**〔cottage cheese〕軟らかいナチュラルチーズの一。脂肪分がやや少ない。

**かってでる【買って出る】** 進んで申し出る。

**がってん【合点】** ①承知。②和歌や連歌・俳句の評点。〔合点と漢字で書く〕

**カット**〔cut〕①切ること。‖削除。省略。②髪を切ること。③テニスや卓球で、球を斜めに切るように打つこと。④球技で、送球の途中で球をうばいとること。⑤小さい挿し絵。⑥映画の一場面。

**—アンドペースト**〔cut and paste〕コンピューターで、データの一部を切り取って他の場所にはりつける編集作業。

**—イン**〔cut-in〕①映画で、長い場面中に短い一場面を入れること。②バスケットボールで、守備方に切りこんで攻撃すること。

**—グラス**〔cut glass〕切り込み細工をしたガラス容器。

**—ソー** 編んだ生地を裁断して縫った服。〔cut and sewn から。／編む段階で形に仕立てるセーターなどと区別した称〕

**—バック**〔cutback〕映画の手法の一。時間や場所の異なる場面を交互に出す。

**—プレー**〔和製語 cut play〕野球で、球の中継プレー。

**—ボール**〔cut ball〕野球で、変化球の一。〔小さく変化する〕

**ガット**〔gut〕羊や豚の腸で作った糸。楽器の弦やラケットに使う。腸線。‖ラケットに張った糸。〔腸線でない場合にも〕

**かっとう【葛藤】** 争い。板ばさみ。「心に—が生じる」

**かつどう【活動】** ①（活発な）動き。②活動写真の略。

**—写真**《しゃしん》 映画の旧称。

**—的**《てき》 積極的に動くようす。

**かっとばす【かっ飛ばす】** 強く遠くに

飛ばす。

**かつは【且つは】**〔文章語〕さらに。一方では。

**かっぱ【河童】** 想像上の動物の一。水陸両生。頭の上に皿があり、水が入っている。‖泳ぎの上手な人。

**―の川流《かわなが》れ** 達者な人でも失敗はある。

**―の屁《へ》** たやすいこと。へのカッパ。

**―巻《ま》き** すしの、きゅうり巻き。〔カッパがキュウリを好むことから〕

**かっぱ【喝破】** 真実を見抜いてはっきり言うこと。

**カッパ【合羽】**〔ポルトガル語 capa〕雨天用の外套《がいとう》。

**かっぱつ【活発】**《活潑》動作や行動がいきいきとしているようす。「取引の―な市場・不―」

**かっぱらい【掻っ払い】** 相手のすきをねらって盗む―こと(人)。

**かっぱらう【掻っ払う】** ①すきをねらってす早く盗む。②横になぎ払う。

**かっぱん【活版】** 活字を組み合わせて作った印刷版(―による印刷)。「―印刷」

**がっぴ【月日】** 月と日の日付け。「生年―」

**がっぴつ【合筆】** 分割して登記されている土地を一区画にまとめること。ごうひつ。対分筆

**がっぴょう【合評】** 数人が集まって批評すること。「―会」

**かっぷ【割賦】** 分割払い。わっぷ。「―販売」

**カップ**〔cup〕①茶碗。②賞杯。③計量カップ。〔助数詞としても使う〕④ゴルフで、ホール。

**―イン**〔和製語 cup in〕ゴルフで、球がホールに入ること。

**―ケーキ**〔cupcake〕洋菓子の一。カップに入れて焼く。

**―ボード**〔cupboard〕食器棚。

**―麺《めん》** 容器に入った即席めん。

**かっぷく【恰幅】**(立派な)からだつき。

**かっぷく【割腹】** 切腹。

**かつぶし【鰹節】** かつおぶし。

**かつぶつ【活仏】** いきぼとけ。‖チベットのラマ教の首長。

**かつぶつ【活物】** 生きもの。対死物

**がっぷり** 相撲で、深く組み合うようす。‖対等にわたりあうようす。

**カップリング**〔coupling〕二つのものを組み合わせること。‖CDなどで、タイトルの曲と一緒に収録される曲。

**カップル**〔couple〕(男女の)一組。特に夫婦・恋人。

**がっぺい【合併】** 合わせて、ひとつになること。「町村―」類併合

**―症《しょう》** 合わせておこる別の病気。

**かつべん【活弁】** 無声映画の弁士。〔活動写真の弁士の意〕

**かっぽ【闊歩】** ゆうゆうと歩くこと。‖いばって自由に行動すること。

**かつぼう【渇望】** せつに望むこと。

**かっぽう【割烹】** ①調理。②日本料理店。

**―着《ぎ》** 家事用の前掛けの一。

**がっぽがっぽ**〔俗語〕お金などがどんどん入ってくるようす。

**がっぽり**〔俗語〕お金がたくさん入るようす。

**がっぽん【合本】** 何冊かの本を一冊に製本―すること(した本)。

**かつまた【且つ又】**〔文章語〕そのうえまた。

**かつもく【刮目】** 注目。

**かつやく【活躍】** めざましく活動すること。

**かつやくきん【括約筋】** 肛門や尿道の周囲にある筋肉。内容物の出方を調節する。

**かつゆ【活喩】** 修辞法の一。擬人法。

**かつよう【活用】** ①そのものの性質を生かして使うこと。②文法で、用言・助動詞の語尾変化。

**―形《けい》** 文法で、活用語が活用したときの語形。

**―語《ご》** 文法で、語尾変化する語。用言と助動詞。

**―語尾《ごび》** 文法で、活用する部分。対語幹

**かつようじゅ【闊葉樹】** 広葉樹の旧称。

**かつら【桂】** カツラ科の木。材は建築・器具用。

**―剝《む》き** 野菜の切り方の一。大根などを輪切りにし、側面を帯状に薄くむくこと。

**かつら【鬘】** 髪型を変えたり、頭髪を多くみせるためにかぶるもの。かずら。

**かつらく【滑落】**(登山で)すべり落ちること。「―事故」

**かつりょく【活力】** エネルギー。「—に満ちる」類精力

**かつれい【割礼】** 陰茎の包皮を切り取る風習。〔ユダヤ教などで〕

**カツレツ**〔cutlet〕洋食の一。カツ。

**かつろ【活路】** 生きのびる方法。

**かて【糧】** 食料。⊜養うもの。「心の—」

**かてい【下底】** 台形の下の辺。対上底

**かてい【仮定】** かりにそうしておくこと。

**—形**《けい》 口語の活用形の一。助詞「ば」のつく形。

**かてい【家庭】** 家族(—がともに生活する場)。

**—医**《い》 その家のかかりつけの医者。

**—科**《か》 教科の一。家庭生活に必要な知識や技能の習得が目的。

**—教師**《きょうし》 生徒の家庭へ出向き個人的に教える人。

**—菜園**《さいえん》 自宅の庭や貸し農地などで栽培する、小規模な野菜畑。

**—裁判所**《さいばんしょ》 家庭内の紛争や未成年の審判を扱う裁判所。

**—的**《てき》 家庭生活にふさわしいようす。

**かてい【過程】** 進行・変化の途中の段階。プロセス。類経過

**かてい【課程】** 学習の範囲や順序。

**カテーテル**〔オランダ語 katheter〕医療器具の一。細い管。

**カテキン**〔catechin〕緑茶の渋みの成分。〔成人病の抑制作用や抗菌作用がある〕

**カテゴリー**〔ドイツ語 Kategorie〕範疇《はんちゅう》。

**かててくわえて【糅てて加えて】** その上。さらに。

**カテドラル**〔フランス語 cathédrale〕カトリック教会の大聖堂。カセドラル。

**かてばかんぐん【勝てば官軍】** 争いに勝てば正しくないことも通ること。

**がてら** ついで。「見舞い—」

**かてん【加点】** ①点を上乗せすること。対減点 ②漢文に訓点などを記入すること。

**かでん【瓜田】**〔文章語〕ウリの畑。

**—の履**《くつ》 疑われるようなことはするなというたとえ。〔中国の故事から〕類李下《りか》の冠

**かでん【架電】** 電話をかけること。

**かでん【家伝】** その家に代々伝わること。

**かでん【家電】** ①家庭電化の略。「—製品(=電気器具)」②家庭電器の略。

**かでん【荷電】** 物体が電気を帯びること。その電気。

**がてん【合点】** がってん①。

**—がいく** 納得できる。

**がでんいんすい【我田引水】** 自分の都合のいいようにすること。〔自分の田に水を引くの意〕

**カデンツァ**〔イタリア語 cadenza〕音楽で、楽曲の終わりの、独奏者の技巧にまかされる部分。カデンツ。

**かと【過渡】** 時代や状態が新しく移り変わること。「—期(的)」

**かど【角】** ①物の突出した部分。②曲がりかど。③人を刺激するような性質。「言葉に—がある」

**—が立**《た》**つ** 事が荒立つ。

**—が取**《と》**れる** 経験を積んで穏やかな性格になる。

**かど【門】** もん。⊜家。一家。「笑う—には福来たる」

**かど《廉》** 理由。「…の—で逮捕する」

**かど【過度】** 適当な程度を超えること。「—の飲酒」類過分・過大

**かとう【下等】** 下の等級。⊜下品。◇対上等

**かとう【果糖】** 果実や蜂蜜に含まれる糖。

**かとう【過当】** 度を超したようす。

**—競争**《きょうそう》 度を超した激しい競争。

**かどう【可動】** 作動できること。

**—橋**《きょう》 船が運航できるよう、橋桁《はしげた》が動く橋。

**かどう【河道】** 川の水が流れる道筋。

**かどう【華道・花道】** 生け花(—の作法)。

**かどう【稼働・稼動】** ①人が働くこと。②機械を動かすこと。

**—率**《りつ》 設備が稼働している比率。

**かとうせいじ【寡頭政治】** 少数の指導者による独裁政治。

**ガトー**〔フランス語 gâteau〕菓子。ケーキ。「—ショコラ」

**かどかどしい【角々しい】** 性質がいかにも穏やかでない。

**かとき【過渡期】** 移行する過程の時期。

**かとく【家督】** ①家を相続する—こと(人)。②旧民法で、戸主のもつ権利と義務。

**かどぐち【門口】** 家の出入り口。

**かどち【角地】** 曲がりかどにある土地。

**かどづけ【門付け】** 門口で歌ったり語ったりして金品をもらい歩く—こと(芸人)。
**かどで【門出】**《首途》 旅立つこと。Ⅱ出発。「人生の—」
**かどばる【角張る】** かくばる。
**かどばん【角番】** ①囲碁や将棋の一連の試合で、それで勝負が決まる試合。②相撲で、負け越すと地位が下がる場所。Ⅱ運命の分かれ目。◇〔カド番とも書く〕
**かどび【門火】** 門の前でたく火。〔盆や葬式・婚礼などにたく〕
**かどべや【角部屋】** 建物の各階の端にある部屋。対中部屋
**かどまつ【門松】** 新年に、門口に立てる松。
**カドミウム**〔cadmium〕 金属元素の一。亜鉛に似て軟らかい。有毒。記号Cd
**かどみせ【角店】** 曲がりかどにある店。
**カトラリー**〔cutlery〕 食卓用のナイフ・フォークなどの道具類。
**かとりせんこう【蚊取り線香】** 蚊をいぶして殺すために使う線香。
**カトリック**〔Catholic〕 カトリック教(—の信者)。カソリック。対プロテスタント
**—教《きょう》** キリスト教の一派。旧教。ローマカトリック教とギリシャ正教の総称。特に、ローマカトリック教。
**カトレア**〔cattleya〕 ランの一。カトレヤ。
**かどわかす**《勾引かす・拐かす》 誘拐する。
**かとん【火遁】** 忍術の一。火を利用して身を隠す。

**かとんぼ【蚊蜻蛉】** 蚊に似た昆虫。血は吸わない。Ⅱやせて背の高い人。
**かな【仮名】** 日本語の文字の一。平仮名と片仮名。〔広義では万葉仮名も含む〕
**かなあみ【金網】** 針金で作った網。
**かない【家内】** ①家の中。家庭。②自分の妻。
**—工業《こうぎょう》** 自宅で営む手工業。
**かない【課内】** ある課の内部。対課外
**かなう** ①【適う】適合する。②【叶う】望みどおりになる。③【敵う】匹敵する。④【敵う】(「かなわない」の形で)我慢できない。「寒くてかなわない」
**かなえ【鼎】** 三本足の金属製のかま。〔古代中国で、帝位の象徴〕
**—の軽重《けいちょう》を問《と》う** 物事の真偽・その人の能力を疑う。
**かなえる【叶える】** 希望どおりの状態にする。
**かながき【仮名書き】** 仮名で書くこと。
**かながた【金型】** 金属で作った型。
**かなかな【蜩】** ヒグラシの別称。
**かなきりごえ【金切り声】** (女性の)かん高い声。「—を上げる」
**かなぐ【金具】** 金属製の部品。
**かなくぎ【金釘】** 金属製の釘。
**—流《りゅう》** 字が下手なことをあざけって言う語。
**かなくさい【金臭い】** 水などに金属のにおいがする。
**かなくず【金屑】** 金属を細工するときに出るくず。

**かなぐりすてる【かなぐり捨てる】** 乱暴にぬぎ捨てる。Ⅱ思いきって捨てる。
**かなけ【金気】** ①水中に溶けた鉄分。②新しい鍋や釜を火にかけたときに出る赤黒い物。③〔俗語〕お金。
**かなしい【悲しい】**《哀しい》 泣きたいような感じだ。対うれしい
**かなしき【金敷き】**《鉄—》 かなとこ。
**かなしばり【金縛り】** ①堅く縛りつけること。Ⅱ〔俗語〕金銭で自由を奪うこと。②就寝中などに、体が動かせないと感じる状態。
**かなしみ【悲しみ】**《哀しみ》 悲しく思う気持ち。対喜び
**かなしむ【悲しむ】**《哀しむ》 悲しいと思う。対喜ぶ
**かなぞうし【仮名草子】** 昔の、仮名書きの小説や実用書。特に江戸初期の小説。
**かなた**《彼方》 あちらの方。
**かなづかい【仮名遣い】** 仮名の表記のしかた。「現代—」
**ガナッシュ**〔フランス語 ganache〕 チョコレートの一。〔トリュフの中身などに使用〕
**かなづち【金槌】**《鉄槌》 くぎなどをたたく工具。類とんかち Ⅱ泳げない人。
**—頭《あたま》** 頭が堅く頑固なこと。
**カナッペ**〔フランス語 canapé〕 オードブルの一。カナペ。
**かなつぼ【金壺】** 金属製の壺。
**—眼《まなこ》** くぼんで丸い目。
**かなてこ【金梃】**《鉄梃》 鉄製のてこ。
**かなでる【奏でる】** 演奏する。

**かなとこ【金床】**《鉄床》金属を鍛えるときに使う鉄の台。かなしき。

**かなばさみ【金鋏】**①金属を切るはさみ。②鍛冶屋が熱した鉄をはさむのに使う道具。

**かなぶつ【金仏】** 金属製の仏像。Ⅱ心の冷たい人。

**かなぶん【金蚉】** コガネムシ科の昆虫。青銅色で光沢がある。

**かなぼう【金棒】**《鉄棒》①鉄製の棒。「鬼にー」②先に鉄の輪をつけた鉄の棒。〔夜回りが使った〕

**ー引《ひ》き** うわさをあれこれ触れまわる人。〔夜回りの金棒がうるさいところから〕

**かなめ【要】** 扇の骨をまとめる小さなくぎ。Ⅱ物事の要点。

**ー石《いし》** ①建築で、アーチの頂部を押さえる石。キーストーン。Ⅱ重要な-人物(物事)。②神社に祭られる、大部分が埋まった巨石。〔地震を鎮めるとされる〕 ③囲碁で、勝負に関わる重要な石。

**かなもじ【仮名文字】**平仮名と片仮名。

**かなもの【金物】**金属製の道具。「ー屋」

**かならず【必ず】**きっと。

**ーしも** (否定表現の中で) 必ず…とは限らない。

**ーや** (推量表現を伴って) 必ずの強調。

**かなり**《可成り》相当。

**カナリア**《金糸雀》［スペイン語 canaria］小鳥の一。ペット用。鳴き声が美しい。カナリヤ。

**がなる** 〔俗語〕大声を出す。わめく。

**かなわぬ【叶わぬ】**①許されない。②願いが実らない。「ーときの神だのみ」

**かなん【火難】** 〔文章語〕火による災難。火事。

**かに【蟹】** 甲殻動物の一。一対のはさみと四対の足がある。

**ーは甲羅《こうら》に似《に》せて穴《あな》を掘《ほ》る** 人は身に応じた望みをもつ。

**かにかくに** 〔古語〕あれこれと。

**かにかま【蟹蒲】**形や食感をカニの身に似せてつくったかまぼこ。かにかまぼこ。

**かにく【果肉】**果実の肉の部分。

**かにばば**《蟹屎》 赤ん坊が初めてする大便。かにくそ。胎便。

**カニバリズム**［cannibalism］人肉を食べること。食人。

**がにまた**《蟹股》両足が膝のところで外に開いていること。「ーで歩く」

**かにみそ【蟹味噌】**カニの甲羅の中にある臓物。食用。

**かにゅう【加入】** 組織や団体に入ること。対脱退

**カニューレ**［ドイツ語 Kanüle］医療用の管。

**カヌー**［canoe］丸木船。

**ーイング**［~ing］川や海でカヌーを漕いで楽しむこと。

**カヌレ**［フランス語 cannelé］縦溝のある型で生地を焼いた洋菓子。〔縦溝の意〕

**かね【金】**①金属。特に、鉄。②金銭。

**ーが唸《な》る** 有り余るほどお金の蓄えがある。

**ーが敵《かたき》** ①お金が苦労や破滅の原因になるたとえ。②お金にめぐりあえないたとえ。

**ーが物《もの》を言《い》う** お金が威力を発揮する。

**ーで面《つら》を張《は》る** お金の力で相手を従わせようとする。

**ーに飽《あ》かす** お金を惜し気もなく使う。

**ーに糸目《いとめ》をつけない** お金を惜しまずに使う。

**ーの切《き》れ目《め》が縁《えん》の切《き》れ目《め》** お金がなくなるとたんに相手が冷淡になること。

**ーの生《な》る木《き》** たえず利益を生む財源。

**ーのわらじで捜《さが》す** 方々を一生懸命捜す。〔鉄のわらじならすり切れない〕

**ーは天下《てんか》の回《まわ》りもの** お金は一か所にとどまらず、世間を回るものである。

**ーを食《く》う** 多くの(ーむだな)費用がかかる。

**かね** 一【鐘】つりがね。二【鉦】たたきがね。

**ー(鉦)や太鼓《たいこ》で捜《さが》す** 大騒ぎで捜す。

**かねあい【兼ね合い】** 折り合い。釣り合い。

**かねいれ【金入れ】** さいふ。

**かねかし【金貸し】** お金を貸して利息をとる商売(ーの人)。

**かねがね**《予々》常々。以前から。

**かねくいむし【金食い虫】** やたらにお金のかかるーこと(人)。

**かねぐら【金蔵】** 財宝を入れる蔵。Ⅱ金づる。

**かねぐり【金繰り】** お金のやりくり。

**かねじゃく【曲尺・矩尺】** ①直角に曲がった金属製のものさし。かねざし。類さしがね ②長さの単位の一。一尺は鯨尺《くじらじゃく》の八寸にあたり、約三〇・三センチメートル。

**かねずく【金尽く】** お金で物事を解決しようとすること。

**かねそなえる【兼ね備える】** ふたつ以上の要素を同時にもっている。兼備する。

**かねだか【金高】** 金額。

**かねたたき【鉦叩き】** ①撞木《しゅもく》。②鉦をたたき経文を唱えてまわる乞食。③昆虫の一。秋、鉦をたたくような音で鳴く。

**かねつ【火熱】** 火の熱さ。

**かねつ【加熱】** 熱を加えること。

**かねつ【過熱】** ①熱くなりすぎること。②沸点以上に熱すること。Ⅱ度がすぎること。

**かねづかい【金遣い】** お金のつかい方。「—が荒い」

**かねづまり【金詰まり】** お金のやりくりがつかないこと。Ⅱ不景気。

**かねづる【金蔓】** お金が得られる手づる。

**かねて《予て》** 以前から。

**かねない【兼ねない】** …しそうだ。「あの人ならやり—」〔多く、よくないことについていう〕

**かねばなれ【金離れ】** お金の使いっぷり。〔主に「～がいい」の形で使う〕

**かねばらい【金払い】** お金を払うときの気前やタイミングのよしあし。「—がいい」

**かねへん【金偏】** 漢字の部首の一。鉄・銅などの「金」。Ⅱ〔俗語〕金属関係の産業。〔金偏の字に関する産業の意〕

**かねまわり【金回り】** お金の移動。Ⅱふところ具合。「—がいい」

**かねめ【金目】** 金銭的な価値（—が高いこと）。「—のもの」

**かねもうけ【金儲け】** お金をもうけること。

**かねもち【金持ち】** お金をたくさん持っている人。

**—喧嘩《けんか》せず** 金持ちは利にさとく、自分が損するようなけんかをしない。

**かねる【兼ねる】** ①ふたつ以上の働きをあわせもつ。②…しにくい。「行き—」③⇩かねない

**かねん【可燃】** 火をつけると燃えること。対不燃

**—性《せい》** よく燃える性質。

**—物《ぶつ》** 燃えやすい物。

**かねんど【過年度】** 過去の（—会計）年度。

**かの《彼の》** 〔文章語〕あの。

**かのう【化膿】** うみをもつこと。

**かのう【可能】** できる（—見込みがある）こと。

**—性《せい》** ①実現性。②潜在的能力。

**—動詞《どうし》** 可能の意味を表す下一段活用動詞。〔「書ける・行ける」など〕

**かのえ【庚】** 十干の第七。こう。〔金《かね》の兄《え》の意〕

**かのこ【鹿の子】** 鹿の子絞り・鹿の子斑・鹿の子餅の略。

**—絞《しぼ》り** 絞り染めの一。白い斑点を染め出す。

**—斑《まだら》** シカの毛のような白いまだら。

**—餅《もち》** 和菓子の一。〔外側にアズキの粒をつける〕

**かのじょ【彼女】** 話し手・聞き手以外の女性をさす語。〔最近の若者は、呼びかけ語としても使う〕Ⅱ〔俗語〕恋人の女性。◇対彼氏

**かのと【辛】** 十干の第八。しん。〔金《かね》の弟《と》の意〕

**カノン〔canon〕** ①音楽で、楽曲の形式の一。②キリスト教で、聖書の正典。

**カノン〔オランダ語 kanon〕** カノン砲。

**—砲《ほう》** 砲身の長い、長距離射撃用大砲。

**かば【蒲】** ガマの別称。

**かば【樺】** ①シラカバ。②カバノキ。

**かば【河馬】** カバ科の獣。草食。

**カバー〔cover〕** ①おおい。②おおうこと。③失敗や損失を補うこと。④オリジナル（往年のヒット）曲を別の人が歌う（演奏する）こと。「—曲」

**かはい【加配】** ①配給や配当を普通より増やすこと。②人員の配置を普通より増やすこと。「教員を—する」

**かばいだて【庇い立て】** かばうこと。

**かばう【庇う】** 庇護《ひご》する。

**がばがば** ①服や靴が大きすぎるようす。類ぶかぶか ②がっぽり。

**かはく【下膊】** 下腕《かわん》。類前膊 対上膊

**かはく【仮泊】** 船が一時停泊すること。

**かはく【科白】**〔文章語〕せりふ。
**がはく【画伯】** 画家の敬称。
**かばしら【蚊柱】** 群れた蚊が柱のように見えること。
**ガバナー**〔governor〕エンジン・モーターの速度を一定に調節する装置。
**ガバナビリティー**〔governability〕統治しやすさ。「—に欠ける（＝支配しにくい）」〔誤って統治能力の意にも〕
**ガバナンス**〔governance〕統治（—能力）。「コーポレート—」
**かばね【屍】** 死体。しかばね。
**かばのき【樺の木】** 落葉高木の一。カバ。
**ガバメント**〔government〕政府。
**かばやき【蒲焼き】** 料理の一。ウナギなどを開いてくしに刺し、たれをつけて焼く。
**かばらい【過払い】** 代金や給料の払いすぎ。
**かはん【可搬】** 運搬ができること。「—式（性）」
**かはん【河畔】**〔文章語〕川のほとり。川岸。
**かはん【過半】**〔文章語〕半分以上。
**かはん【過般】**〔文章語〕先日。この間。類先般
**かばん【鞄】** ものを入れて運ぶ道具。〔カバンとも書く〕
**—持《も》ち** 上役のお供。Ⅱ上役にへつらってばかりいる人。
**がばん【画板】** ①絵をかくときの台の板。②油絵をかく板。
**かはんしん【下半身】** 体の、腰から下の部分。対上半身
**かはんすう【過半数】** 全体の半数以上。
**かひ【下婢】**〔文章語〕下女《げじょ》。
**かひ【可否】** ①よしあし。類是非 ②賛否。
**かひ【果皮】** 果実の種をとりまく部分。特に、かわ。
**かひ【歌碑】** 歌を彫りつけた記念碑。
**かび《黴》** 下等な菌類。「—がはえる」
**かび【華美】** はなやかで美しいこと。「—な服装」
**がび【蛾眉】**〔文章語〕女性の三日月形の眉《まゆ》。Ⅱ美人。
**かびくさい【黴臭い】** かびのにおいがする。Ⅱ古くさい。
**かひつ【加筆】** 絵や文章に手を加えること。類添削・補筆
**がひつ【画筆】** えふで。
**カピバラ**〔capybara〕現生種最大のネズミ。〔穏やかな性質。温暖を好む〕
**がびょう【画鋲】** 紙を板や壁にとめるびょう。
**かびる《黴る》** かびがはえる。
**かひん【佳品】**〔文章語〕よい品物（作品）。
**かびん【花瓶】** 花をいける瓶。類花器
**かびん【過敏】** 非常に感じやすいこと。「神経—」
**かふ【下付】** 役所から民間へ物品を渡すこと。対上納
**かふ【花譜】**〔文章語〕花の絵の本。開花順やある分類で並んでいる。
**かふ【家父】**〔文章語〕自分の父。
**かふ【寡夫】** 妻に死別した男。
**かふ【寡婦】** 夫に死別した女。
**かぶ【株】** ①切り株。②根付きの草木のひとまとまり。③株式。株券。④⇩おかぶ ⑤身分。「年寄り—」⑥根付きの植物や株券を数える語。
**—が上《あ》がる** 評価が上がる。
**かぶ【蕪】** 野菜の一。根は球形。かぶら。
**かぶ【下部】** 下の方の部分。対上部
**かぶ【歌舞】**〔文章語〕歌と舞。「—音曲」
**がふ【画布】** カンバス。
**がふ【画譜】** 絵を集めた本。種類別になっている。画集。
**かふう【下風】**〔文章語〕かざしも。Ⅱ人の下位。「—に立つ」
**かふう【家風】** その家特有の気風や習慣。「—に合う」
**かふう【歌風】** 和歌の作風。
**がふう【画風】** 絵画の作風。
**カフェ**〔フランス語 café〕①コーヒー。②（チェーン店の）喫茶店。
**カフェイン**〔ドイツ語 Kaffein〕アルカロイドの一。コーヒーや茶に含まれ、興奮作用がある。
**カフェー**〔フランス語 café〕（第二次世界大戦前の）酒場風の飲食店。女給がいた。また、喫茶店。
**カフェエスプレッソ**〔イタリア語 caffè espresso〕イタリア風の濃いコーヒー。エスプレッソ。
**カフェオレ**〔フランス語 café au lait〕ミルクコーヒー。

**カフェテラス** 喫茶店で、屋外にテーブルを並べた所。〔フランス語 café と フランス語 terrasse から〕

**カフェテリア**〔cafeteria〕洋食の飲食店の一。客が好みのものを自分で運ぶ。

**カフェバー**〔和製語 café bar〕(しゃれた造りの)喫茶店とバーを兼ねた店。

**カフェラテ**〔イタリア語 caffè latte〕エスプレッソに温かい牛乳を入れた飲み物。カフェラッテ。

**カフェロワイヤル**〔フランス語 café royal〕ブランデーをかけた角砂糖に火をつけ、アルコール分をとばしたものを入れたコーヒー。

**かぶか【株価】** 株式の相場の値段。

**かぶき【歌舞伎】** 江戸時代に発達・完成した日本固有の演劇。

**—十八番《じゅうはちばん》** 市川家に伝わる、一八種の当たり狂言。

**かぶきもん【冠木門】** 二本の柱の上に横木を渡しただけの門。屋根がない。

**かふきゅう【過不及】** 過不足。「—なく(=適度に)」

**かふく【下腹】** 腹の下部。したはら。

**—部《ぶ》** したはら。また、陰部。

**かふく【禍福】**〔文章語〕災いと幸福。

**—はあざなえる縄《なわ》の如《ごと》し** 災いと幸福は、より合わせた縄のようにめぐるものである。

**がふく【画幅】** 絵の掛け物。

**かぶけん【株券】** 株主の権利・義務を表す有価証券。〔二〇〇九年から電子化された〕

**かぶこうぞう【下部構造】**(唯物史観で)社会の経済的構造。対上部構造

**カプサイシン**〔capsaicin〕唐辛子に含まれる辛み成分。

**かぶさる【被さる】** かぶった状態になる。「責任が—」

**かぶしき【株式】** ①株式会社の資本の単位。②株券。

**—会社《がいしゃ》** 株主が組織する有限責任会社。

**カフス**〔cuffs〕①(ワイシャツの)袖口。②カフスボタンの略。

**—ボタン**〔和製語 cuffs ポルトガル語 botão〕カフスをとめる飾りボタン。

**かぶせる【被せる】** ①かぶった状態にする。「ふたを—」②負わせる。「罪を—」

**カプセル**〔ドイツ語 Kapsel〕①薬をつめたゼラチン製容器。そのまま飲み込む。②気密容器。「タイム—」

**—ホテル**〔和製語 Kapsel hotel〕ベッドのある箱状の小部屋が並んだ簡易ホテル。

**かふそく【過不足】** 過多と不足。過不及。

**カプチーノ**〔イタリア語 cappuccino〕生クリーム・シナモンなどを加えたイタリア風コーヒー。

**かふちょう【家父長】** 家長である父親。

**—制《せい》** 父親が一家の長として大きな権力をもつ家族形態。

**かぶと【兜】**《冑》武具の一。頭部を保護する。

**—蟹《がに》** 瀬戸内海などにすむ節足動物。〔生きた化石といわれる〕

**—町《ちょう》** 東京証券取引所のある場所。Ⅱ東京の株式市場。

**—の緒《お》を締《し》める** ひき続き油断しない。「勝って兜の緒を締めよ」

**—虫《むし》** 昆虫の一。雄は大きい角《つの》をもつ。〔甲虫とも書く〕

**—を脱《ぬ》ぐ** 降参する。

**かぶぬし【株主】** 株式の持ち主。

**—総会《そうかい》** 株主が集まって会社の意思を決定する会議。

**かふねんきん【寡婦年金】** 国民年金の給付の一。夫が年金をもらわずに死亡した場合に妻に支給される年金。

**がぶのみ【がぶ飲み】** がぶがぶ飲むこと。「ビールを—する」

**かぶや【株屋】**〔俗語〕金融商品の売買をする職業(—の人)。

**かぶら【蕪】**《蕪菁》かぶ。

**カプリチオ**〔イタリア語 capriccio〕音楽で、一定の形式をもたない曲。狂想曲。奇想曲。

**かぶりつき【齧り付き】** 舞台のすぐそばの席。

**かぶりつく【齧り付く】** かみつく。かじりつく。

**かぶる【被る】** ①上にのせる。上から浴びる。「帽子(水)を—」Ⅱ身に引き受ける。「罪を—」②露出の失敗で、写真がぼやける。③重なる。重複する。「予定(話題)が—」〔仮名書き〕

**がぶる** ①荒波で船が揺れる。②相撲で、

四つに組んで相手を激しくゆすって寄る。
**かぶれ**《気触れ》①皮膚の炎症。②感化されること。「西洋―」〔接尾語的に使う〕
**かぶれる**《気触れる》①漆や薬の刺激で発疹やただれが起こる。②過度に感化される。
**かぶわけ**【株分け】株②をいくつかに分けて植えること。
**かふん**【花粉】おしべの先にできる粉状の細胞。めしべについて実を作る。
**―症**《しょう》 花粉によって起こるアレルギー症状。
**かぶん**【過分】過度。
**かぶん**【寡聞】見聞が少ないこと。「―にして存じません」〔謙遜して言う〕
**がぶん**【雅文】〔文章語〕平安時代の仮名文。また、擬古文。
**かぶんすう**【仮分数】分子が分母以上である分数。〔$\frac{3}{3}$、$\frac{4}{3}$など〕対真分数
**かべ**【壁】建築物の、一部分。他と隔てるもの。⊜障害。
**―に突**《つ》**き当**《あ》**たる** 困難に直面する。行き詰まる。
**―に耳**《みみ》**(―あり)** 密談もどこで聞かれているかわからない。〔「壁に耳あり障子に目あり」ともいう〕
**かへい**【花柄】花を支えている柄。花梗《かこう》。
**かへい**【貨幣】お金。
**―価値**《ちか》 お金の価値。〔ある金額でどれだけの物が買えるか、など〕
**―経済**《けいざい》 貨幣によって商品の交換を行う経済。
**―制度**《せいど》 貨幣に関する制度。
**がべい**【画餅】〔文章語〕絵にかいたもち。
**―に帰**《き》**す** 実現せずに終わる。
**かべかけ**【壁掛け】壁にかける飾り。
**かべがみ**【壁紙】装飾用に壁に張る紙。⊜パソコンのデスクトップや携帯電話の待ち受け画面の装飾用画像。
**かべつち**【壁土】壁を塗るのに使う土。
**かべどなり**【壁隣】壁で隔てられた隣家。
**かべのはな**【壁の花】舞踏会で、踊らずに壁際に立っている女性。⊜パーティーなどで、会話に参加できずに、ぽつんといる人。
**かべひとえ**【壁一重】わずか壁一枚の隔て。⊜非常に接近していること。
**かへん**【下編】《下篇》書物の最後の編。
**かへん**【可変】変える(変わる)ことができること。対不変
**―資本**《しほん》 賃金として使われる資本。対不変資本
**かへん**【花片】はなびら。
**かへん**【佳編】《佳篇》〔文章語〕すぐれた作品。
**かべん**【花弁】はなびら。
**かほ**【菓舗】菓子屋。〔店の名に付ける〕
**かほう**【下方】下のほう。対上方
**かほう**【火砲】口径の大きい火器。〔大砲や高射砲など〕
**かほう**【加法】足し算。対減法
**かほう**【加俸】本俸以外に付け加えられる給与。
**かほう**【果報】①報い。②幸運。
**―は寝**《ね》**て待**《ま》**て** 幸運は、自然とやってくるのをあせらず待つのがよい。
**―者**《もの》 しあわせ者。
**かほう**【家宝】家のたから。
**かほう**【家法】①家のきまり。②家伝の方法。
**かほう**【過褒】〔文章語〕ほめすぎること。
**がほう**【画法】絵のかき方。
**がほう**【画報】写真や絵が中心の雑誌。
**かほうわ**【過飽和】蒸気や溶液中の溶質が飽和量以上にあること。
**かぼく**【花木】〔文章語〕①花と木。②美しい花の咲く木。
**かぼく**【家僕】〔文章語〕下男。類従僕
**かほご**【過保護】必要以上に大事にし、世話をやきすぎること。
**かぼす** ユズに似た柑橘《かんきつ》類。大分特産。
**かぼそい**【か細い】とても細く弱々しいようす。
**かぼちゃ**【南瓜】野菜の一。実は黄色。〔地名のカンボジア(=ポルトガル語 Cambodia)から〕⊜ぶかっこうなことのたとえ。「―に目鼻」
**カポック**〔kapok〕熱帯産落葉高木の一。種子の綿毛を枕などの詰め物にする。カポックノキ。
**ガボット**〔フランス語 gavotte〕舞踏曲の一。軽快で優雅。
**かま**【釜】ご飯を炊く道具。
**かま**【罐】ボイラー。

**かま【窯】** 炭や陶磁器を焼く装置。
**かま【竈】** かまど。
**かま【鎌】** 稲や草を刈る農具。
**—をかける** 話を引き出そうと誘いかける。
**がま【蒲】** 多年草の一。水辺に生える。赤褐色の穂がつく。
**がま**《蝦蟇》ヒキガエル。
**かまあげうどん**《釜揚げ饂飩》ゆでたてを釜から出して、そのままつけ汁で食べるうどん。
**かまいたち**《鎌鼬》何もしていないのに鎌で切ったような傷ができること。〔昔、イタチのような魔物の仕業と考えられていた〕
**かまう【構う】** ①かかわる。②からかう。③⇩かまわない ④⇩おかまい
**かまえ【構え】** ①造り。「家の—」②姿勢。「上段の—」③漢字の部首の分類の一。「門がまえ」
**—て**（否定表現の中で）決して。
**かまえる【構える】** ①作る。「新居を—」②姿勢をとる。「上段に—」③わざと作る。「事を—（=ことさら問題をおこす）」
**かまきり**《螳螂》昆虫の一。鎌状の前足で小さな虫を捕らえて食べる。
**がまぐち【蝦蟇口】** 口金のついた財布。
**かまくび【鎌首】** 鎌のような形の首。特に蛇が首をもちあげた状態。
**かまくらえび【鎌倉海老】** イセエビの別称。
**かまくらじだい【鎌倉時代】** 時代区分の一。幕府が鎌倉にあった。一一九二～一三三三年。
**かまくらぼり【鎌倉彫】** 彫刻細工の一。〔木地に模様を彫り漆を塗って仕上げる〕
**かまける** 他のことを考えられないほどあることに集中する。「育児に—」
**かます【魳】** 近海魚の一。食用。
**かませいぬ【噛ませ犬】** 闘犬の調教で、犬に自信をつけるために噛ませる役の弱い犬。⏸ある人の強さを引き立てる役の人。「—のボクサー」
**かませる【噛ませる】** ①かむようにする。②〔俗語〕⏸物と物の間に何かを挟む。⏸強い言葉などを与える。「一発—」
**かまち【框】** ①床《ゆか》の端の横木。「上がり—」②戸・障子の周囲のわく。
**かまど【竈】** 鍋や釜をかけ、煮炊きする所。⏸独立した所帯。「—を分ける」
**—馬《うま》** 昆虫の一。コオロギに似るが羽がない。
**かまとと** 〔俗語〕知らないふりをして上品（無邪気）に見せること。また、そういう人。〔多く女性にいう〕
**かまびすしい**《囂しい》〔文章語〕騒がしい。やかましい。
**かまぼこ【蒲鉾】** 練り製品の一。⏸かまぼこ形のもの。特に宝石がはめ込まれていない金属製の指輪。
**—形《がた》** かまぼこのように中央が丸く盛り上がった形。
**かまめし【釜飯】** 小さい釜で一人前ずつ炊いた、具入りの味付けご飯。
**かまもと【窯元】** 陶磁器を作る所（人）。
**かまゆで【釜茹で】** 釜でゆでること。⏸昔の刑罰の一。人を釜に入れて煮殺す。
**かまわない【構わない】** さしつかえない。気にしない。
**がまん【我慢】** ①耐えること。②〔仏教語〕自慢。
**—強《づよ》い** 辛抱強い。
**カマンベール** 〔フランス語 camembert〕フランス産のチーズの一。
**かみ【上】** ①もののはじめの方。「川の—（=上流）・その—（=むかし）」②上部。「—半身」③支配階級の人。天皇や将軍など。◇対下《しも》
**かみ【神】** かみさま。
**—かけて** 神に誓って。
**—ならぬ身《み》** 神でない、凡庸な人間の身。
**—に召《め》される** 死ぬ。〔キリスト教でいう〕
**かみ【紙】** ①植物の繊維などから作った薄いもの。「—に書く・—を漉《す》く」②じゃんけんの、パー。対はさみ・いし
**かみ【髪】** 頭髪（—を結った形）。
**—を下《お》ろす** 頭髪をそり僧（尼）になる。
**かみ【加味】** 他の要素を加えること。
**かみ【佳味】** よい味（—の食べ物）。
**がみ【雅味】** 〔文章語〕上品な趣。
**かみあう【噛み合う】** ①かみつき合う。②ぴったり組み合わさる。「歯車が—」
**かみあわせ【噛み合わせ】** 歯や歯車のかみ合う具合。また、かみ合って触れる部

分。

**かみあわせる**【嚙み合わせる】 かみ合うようにする。Ⅱ㋐喧嘩させる。㋑ぴったりはまるようにする。

**かみいちだんかつよう**【上一段活用】動詞の活用の型の一。上一。〔「見る・着る」など〕

**かみいれ**【紙入れ】札入れ。

**かみがかり**【神憑り】 神霊がのりうつった状態(—の人)。Ⅱ正気とは思えないこと(—をする人)。

**かみがき**【神垣】神社の周囲の垣根。

**かみかくし**【神隠し】 子供などが急に行方不明になること。かみがくし。「—にあう」

**かみかざり**【髪飾り】髪につける飾り。

**かみかぜ**【神風】①神が国を救うために起こすとされた風。②〔俗語〕命知らず。「—タクシー」

**かみがた**【上方】京都・大阪地方の称。[対]江戸

—**歌舞伎**《かぶき》 上方で発達した歌舞伎。[対]江戸歌舞伎

—**贅六**《ぜいろく》 江戸の人が、上方の人をののしって言った語。〔「ぜいろく」は上方で丁稚《でっち》の俗語〕

—**落語**《らくご》 上方で発達した落語。

**かみがた**【髪形・髪型】ヘアスタイル。

**かみがみ**【神々】多くの神。

**がみがみ** 強く叱ったり、口やかましく文句を言ったりするようす。

**かみき**【上期】上半期。[対]下期

**かみきり**【紙切り】①紙を切って人や物の形を作る寄席芸。②ペーパーナイフ。

**かみきれ**【紙切れ】紙片。紙の切れはし。

**かみくず**【紙屑】不用になった紙。

**かみくだく**【嚙み砕く】 かんで細かくする。Ⅱわかりやすく説明する。

**かみごいちにん**【上御一人】 天皇の尊称。〔古風な言い方〕

**かみころす**【嚙み殺す】①かんで殺す。②口を閉じてあくびや笑いをこらえる。

**かみこんしき**【紙婚式】 結婚一年目の祝い。

**かみざ**【上座】 上位の人の着く席。「—につく」[対]下座

**かみざいく**【紙細工】紙で細工—すること(した物)。

**かみさびる**【神さびる】 ①神々しくなる。②年を経て古くなる。◇かんさびる。

**かみさま**【神様】神の敬称。Ⅱその分野で非凡な能力をもつ人。

**かみさん**【上さん】妻。〔くだけた言い方〕

**かみしばい**【紙芝居】 絵を見せながら物語を聞かせる、簡単な劇の一種。

**かみしめる**【嚙み締める】力を入れてかむ。Ⅱよく味わう。「勝利の喜びを—」

**かみしも**【上下】 ①上と下。 ②【裃】江戸時代の、武士の礼服。

—**を脱**《ぬ》**ぐ** かたくるしい態度をやめてうちとける。

**かみすき**【紙漉き】 紙を漉く—こと(職業の人)。

**かみせき**【上席】 寄席で、月の上旬の興行。[対]中席・下席

**かみそり**【剃刀】刃物の一。刃は薄く、鋭利。Ⅱ頭が切れる人。

—**負**《ま》**け** (ひげそりで)かみそりの使い方がまずく、皮膚を傷めること。

**かみだな**【神棚】家庭で、神を祭る棚。

**かみだのみ**【神頼み】 神に加護を頼むこと。「苦しいときの—」

**かみつ**【過密】 密度が高すぎること。「—ダイヤ」[対]過疎

**かみつく**【嚙み付く】 傷を与えるほど強くかむ。Ⅱくってかかる。「上司に—」

**かみづつみ**【紙包み】紙で包んだもの。

**かみつぶて**【紙礫】 ぶつけるために硬く丸めた紙。

**カミツレ** カモミール。〔オランダ語 kamille を加密列と表記したことからの名〕

**かみて**【上手】 ①上の方。 ②舞台で、向かって右の方。◇[対]下《しも》手《て》

**かみなり**【雷】雲と—地表(雲)との間の放電現象。Ⅱ大声で叱ること。

—**親**《おや》**父**《じ》 すぐどなりつけるおやじ。

—**雲**《ぐも》 かみなりをもたらす雲。積乱雲。らいうん。

—**に打**《う》**たれたよう** 動けなくなるほどの衝撃を受けるようす。

—**を落**《お》**とす** どなりつける。

**かみにだんかつよう**【上二段活用】文語動詞の活用の型の一。五十音図のイ・ウの二段に活用。上二。〔「落つ・過ぐ」など〕

**かみねんど**【紙粘土】 パルプ状にした紙にのりを加えて作った粘土。

**かみのく**【上の句】 短歌で、初めの五・

七・五の三句。対下の句
**かみのけ【髪の毛】** 頭髪。かみ。
**かみばさみ【紙挟み】** 紙をはさんでおく文房具。〔ペーパーホルダーやクリップ〕
**かみはんき【上半期】** 年度の最初の六か月。対下半期
**かみひとえ【紙一重】** 違いや差が、ごく小さいこと。「―の差」
**かみふうせん【紙風船】** 色紙を風船状にはり合わせた玩具。
**かみぶくろ【紙袋】** 紙で作った袋。
**かみふぶき【紙吹雪】** 小さく切ったたくさんの紙をまき散らすこと。〔歓迎・祝賀用〕
**かみまき【紙巻き】** 紙巻きタバコの略。
**―タバコ** 刻みタバコを紙で巻いたもの。シガレット。
**かみやしき【上屋敷】** 江戸時代、大名が江戸で通常の住居とした屋敷。対下屋敷
**かみやすり【紙鑢】** 金属・木工品をみがく道具。サンドペーパー。
**かみゆい【髪結い】** 髪を結う―こと(人)。
**―の亭主《ていしゅ》** 妻に稼がせ自分はあまり仕事をしない夫。
**かみよ【神代】** 神が治めていたという時代。
**かみわざ【神業】** 神のする(―ふつうの人間ではできないような)こと。神技。
**かみん【仮眠】** うたたね。
**かみん【夏眠】** 夏の間、動物が休眠してすごすこと。対冬眠
**カミングアウト**〔coming-out〕 社会から偏見を受ける少数派、特に同性愛者であることを公表すること。カムアウト。
**かむ【擤む】**「鼻を―」
**かむ【噛む】** ①歯で―はさむ(つぶす)。「舌を―」‖歯車などの歯が合う。②〔俗語〕関係する。「一枚―」③〔俗語〕(せりふを)つっかえながら発音する。
**カム**〔cam〕 機械で、軸の回転を種々の運動に変える部品。
**ガム**〔gum〕 ①チューインガム。②ガムシロップ。
**カムイ**〔アイヌ語 kamui〕 アイヌ語で、神。
**がむしゃら**《我武者羅》 向こう見ず。
**ガムシロップ**〔gum syrup〕 飲み物に甘みをつけるシロップ。ガム。
**ガムテープ**〔和製語 gum tape〕 荷造りなどに使う、幅広の粘着テープ。
**カムバック**〔comeback〕 復帰。再起。
**カムフラージュ**〔フランス語 camouflage〕 (変装・偽装して)人の目をごまかすこと。カモフラージュ。
**ガムラン**〔インドネシア語 gamelan〕 インドネシアの民族音楽。打楽器が中心。ガメラン。
**かめ【亀】** 爬虫類の一。〔鶴とともに長寿の象徴〕
**かめ【瓶・甕】** ①底の深い容器。②花瓶。
**かめい【下命】** 命令(―を下すこと)。
**かめい【加盟】** 団体に参加すること。対脱退
**かめい【仮名】** かりの名前。対実名・本名
**かめい【家名】** ①家の名。②家の体面や名誉。「―をあげる」
**がめい【雅名】** ①雅号。②優雅な名称。
**カメオ**〔cameo〕 めのうや貝殻に浮き彫りをほどこした細工。装身具用。
**がめつい** 〔俗語〕欲が深く厚かましいようす。
**かめのこう【亀の甲】** カメの甲羅。
**―より年《とし》の劫《こう》** 長年の経験が大切である。
**かめむし**《椿象》 草木の液を吸う害虫。さわると臭い。ヘッピリムシ。
**カメラ**〔camera〕 写真撮影機。写真機。キャメラ。
**―アイ**〔camera-eye〕 カメラで被写体を(―効果的に)とらえる能力。
**―マン**〔cameraman〕 カメラを操作する人。
**―リハーサル**〔camera rehearsal〕 本番前のテスト撮影。カメリハ。
**―ワーク**〔camerawork〕 映画やテレビで、カメラの動かし方。撮影技術。
**ガメラン**〔インドネシア語 gamelan〕 ガムラン。
**カメリア**〔camellia〕 ツバキ。
**カメリハ** カメラリハーサルの略。
**がめる** 〔俗語〕ごまかして盗む。
**カメレオン**〔chameleon〕 爬虫《はちゅう》類の一。トカゲに似る。周囲の色に応じて体色を変える。
**かめん【仮面】** めん。
**―をかぶる** 実態を隠す。
**―を脱《ぬ》ぐ** 正体・本性を現す。
**がめん【画面】** ①スクリーンやブラウン管に映し出された映像。②絵の表面。
**かも【鴨】** 小型の水鳥の一。‖(金儲けや

勝負事の対象として）利用しやすい人。「いい—」
**—がねぎをしょってくる** 都合のいいことが重なる。かもねぎ。
**—にする**〔俗語〕だまして利益を得る。
**かもい【鴨居】** 引き戸や障子をたてる溝のある横木の、上の方。対敷居
**かもく【科目】** ①小区分した項目。②【課目】学科の区分。
**かもく【寡黙】** 言葉数が少ないようす。
**かもしか《羚羊》** ①山岳にすむヤギに似た動物。〔特別天然記念物〕②レイヨウの俗称。シカに似た、優美な獣。「—のような足」
**かもしだす【醸し出す】**（雰囲気などを）自然に作り出す。
**かもす【醸す】** ①醸成する。「酒を—」②生じさせる。「物議を—」
**かもつ【貨物】** 運送する荷物。「—列車」
**かもなんばん【鴨南蛮】** カモ肉とネギを入れた、かけ–うどん（そば）。かもなん。
**かもねぎ【鴨葱】** ⇩鴨がねぎをしょってくる
**かものはし【鴨の嘴】** 卵生の哺乳動物。オーストラリア特産。〔口がカモのくちばしに似る〕
**カモフラージュ**〔フランス語 camouflage〕カムフラージュ。
**カモミール**〔chamomile〕ハーブの一。花は強壮剤・発汗剤。カミツレ。カミルレ。
**かもめ【鷗】** 海鳥の一。海岸で多く見られる。日本には冬鳥として渡来。
**かもる《鴨る》**〔俗語〕カモにする。
**かもん【下問】**〔文章語〕（身分の高い人が）目下の人に尋ねること。
**かもん【家門】**〔文章語〕①一家一門。②家柄。
**かもん【家紋】** その家の紋どころ。
**かや【茅】《萱》** イネ科で葉が細長い、スゲやススキの総称。屋根をふくのに使う。
**かや【榧】** 常緑高木の一。材は碁盤用。
**かや【蚊帳】《蚊屋》** 蚊を防ぐために寝室に下げる網状のおおい。
**かやく【火薬】** 爆発する薬品。硝石・木炭・硫黄などを混合したもの。
**かやく【加薬】** ①補助の薬品を加えること。その薬品。②薬味。③五目飯に入れる具。◇〔②③は関西方言的〕
**—御飯《ごはん》** 五目飯。かやくめし。
**カヤック**〔kayak〕①イヌイットの使う小船。一本のかいでこぐ。②競技用の小艇の一。
**かやぶき【茅葺き】** 茅で屋根をふくこと。その屋根。類わらぶき
**かやり【蚊遣り】** 蚊を追い払うためにいぶす–こと（もの）。特に、蚊取り線香。「—火」
**かゆ【粥】** 水を多くして炊いたご飯。
**かゆい【痒い】** 皮膚をかきたくなる感じだ。
**—所《ところ》に手《て》が届《とど》く** 細部にまで気が配られている。
**かゆみ【痒み】** かゆい–感じ（程度）。
**かよい【通い】** ①通うこと。②通勤。
**—路《じ》** 行き通う道。
**—詰《つ》める** ひたすら通い続ける。
**かよう【火曜】** 月曜と水曜の間。火曜日。チューズデー。
**かよう【加養】** 養生すること。
**かよう【可溶】** 液体によく溶けること。「—性」
**かよう《斯様》** このよう。〔古風な言い方〕
**かよう【歌謡】** 節をつけて歌われる歌。
**—曲《きょく》** 日本の流行歌。
**がようし【画用紙】** 絵をかく厚手の紙。
**かよく【寡欲】**〔文章語〕欲が少ないこと。「—な人」対多欲
**がよく【我欲】** 自分のためだけの欲望。
**かよわい【か弱い】** いかにももろくて弱い。
**かよわす【通わす】** 通うようにする。「心を—」
**かよわせる【通わせる】** 通わす。
**から【空】** ①中に何もないこと。②実質がないようす。「—元気」
**から【唐】** ①昔、中国をさしていった語。②中国（外国）から渡来した。「—錦」
**から【殻】** ①外側のかたい皮。②抜け殻。‖隔てとなるもの。「—にこもる」③おから。
**—を破《やぶ》る** とらわれていた制限や枠組みを打ち破る。
**がら** ①肉を取った後の鶏の骨。②質のわるいコークス。
**がら【柄】** ①模様。②体格。③性質。品位。④そのもののようすや状況。「仕事—」
**—にもない** 似つかわしくない。
**がら【ガラ】《瓦落》** 相場の暴落。
**カラー**〔calla〕ラッパ形の白い花が咲く多

年草。切り花用。カイウ。

**カラー**［collar］洋服の（－取り替えのできる）襟。

**カラー**［color］①色。対モノクロ ⏸特色。「ローカル－」②絵の具。「ポスター－」

**－コーディネーター**［color coordinator］ファッションやインテリアの色彩についてアドバイスする専門家。

**－テレビ** 画像が天然色のテレビ。〔color television の略〕

**－ド**［colored］有色人種。〔多く侮蔑的に使われる〕

**－ボール**［color ball］①白以外の色のついたボール。「ゴルフの－」②防犯用具の一。当たった衝撃で強力な塗料が付着する。

**－リング**［coloring］（衣服・インテリア・髪の）着色。また、その彩色の具合。

**がらあき【がら空き】** がらがらにすいていること。

**からあげ【唐揚げ・空－】** 衣をつけずに（粉だけつけて）油で揚げた料理。

**からあし【空足】** むだ足。「－を踏む（＝段の高さを読み違え、足によけいな力がかかる）」

**からい【花蕾】** はなとつぼみ。「－類（＝つぼみを食べる野菜）」

**からい【辛い】** ①味覚の形容の一。〔トウガラシ・コショウなどの味〕②きびしい。「採点が－」③つらい。「－目」④《鹹い》しおからい。◇対甘い

**からいばり【空威張り】** 実力がないのに、うわべだけいばること。

**からいも【唐芋】** サツマイモ。〔中国（唐）から渡来したイモの意〕

**からいり【乾煎り・空炒り】** 油をひかずにいって水分をとること。

**からうり【空売り】** 取引で、現物をもたずに売ること。対空買い

**からオケ【カラ－】**《空－》伴奏だけを演奏する装置（－で歌うこと）。〔オケはオーケストラの略〕

**からがい【空買い】** 取引で、現物を引き取る意志がないのに買うこと。対空売り

**からかう** 相手をもてあそび面白がる。

**からかさ【傘】** 傘の一。竹の骨に紙を張ったもの。〔番傘など〕

**からかね【唐金】**《青銅》青銅《せいどう》。

**からかぶ【空株】** 取引で、実際には所有していない株式。くうかぶ。対実株

**からかみ【唐紙】** ①ふすま。〔唐紙障子の略〕②模様や金銀泥のついた紙。

**からがら【辛々】** 命辛々。

**がらがらぽん**〔俗語〕①福引きの道具（－による抽選）。②白紙に戻して－再編成する（やりなおす）こと。

**からきし**（否定表現の中で）全然。からっきし。「－意気地がない」

**からくさ【唐草】** 唐草模様の略。

**－模様《もよう》** つる草がはっている模様。

**からくじ【空籤】** 景品の当たらないくじ。

**がらくた** 価値のなくなった道具や品物。

**からくち【辛口】** 対甘口 ①辛い味（－を好むこと）。「－の酒」②きびしいこと。「－の批評」

**ガラクトース**［galactose］糖類の一。乳糖などに含まれる。

**からくも【辛くも】** どうにかこうにか。

**からくり【絡繰り】**①糸仕掛けや簡単な装置で操る－こと（もの）。②計略。

**からくれない【唐紅】**《韓紅》濃い紅色。

**からげいき【空景気】** うわべだけ景気がよさそうに－見える（見せる）こと。

**ガラケー** 日本国内でのみ通用する携帯電話。〔ガラパゴス携帯の略。世界標準から外れた状態を揶揄《やゆ》した名称〕

**からげる【絡げる】**①くくる。②着物の裾《すそ》をめくりあげてとめる。

**からげんき【空元気】** うわべだけの元気。

**からこ【唐子】** 唐ふうの姿をした子供の人形。「－人形」

**ガラコンサート**［gala concert］特別公演。記念音楽会。〔「ガラ」は祝祭の意〕

**カラザ**［chalaza］卵の黄身と白身をむすぶひも状のもの。

**からさわぎ【空騒ぎ】** むやみな大騒ぎ。

**からし【芥子】** 香辛料の一。カラシナの種を粉末にしたもの。

**－菜《な》** アブラナ科の一年草。

**からじし【唐獅子】** 獅子（－の模様）。からしし。

**からしょうもん【空証文】**「そらしょうもん」のあやまり。

**からす【烏】**《鴉》鳥の一。全身黒い。雑食性。⏸つやのある黒色。「－猫」

—瓜《うり》 ウリ科の多年生つる草。赤い実がなる。
—貝《がい》 淡水産の二枚貝。殻は黒い。
—勘左衛門《かんざえもん》 カラス。〔擬人化した語〕
—口《ぐち》 製図用具の一。線を引く。
—天狗《てんぐ》 カラスに似たてんぐ。
—の足跡《あしあと》 目じりのしわ。
—の行水《ぎょうずい》 入浴時間が短いこと。
—の濡《ぬ》れ羽色《ばいろ》 (髪が)つやのある黒色。
—麦《むぎ》 ①エンバクの通称。②エンバクに似た雑草。チャヒキグサ。
**からす** 一【枯らす】 枯れさせる。二【嗄らす】 (のどを)しゃがらせる。三【涸らす】 水をなくならせる。
**ガラス**《硝子》〔オランダ語 glas〕 類玻璃《はり》・ギヤマン・ビードロ
—細工《ざいく》 ガラスを熱してする細工。
—質《しつ》 ガラスのような非結晶質の物質。
—繊維《せんい》 グラスファイバー。
—の天井《てんじょう》 昇進や社会進出を妨げる目に見えない障害。〔glass ceiling の訳〕
—張《ば》り ガラスをはめてあること。Ⅱ公明正大で隠しだてがないこと。
**からすみ**《鱲子》 ボラの卵巣を塩漬けにして干した食品。
**からせき**【空咳】 たんの出ない咳。Ⅱわざとする咳。
**からそうば**【空相場】 からとりひき。
**からだ**【体】《身体》身体。
—が空《あ》く 暇になる。
—付《つ》き 体の格好。
—をこわす 健康をそこねる。
—を張《は》る 命がけで行動する。
**からだき**【空焚き】 水の入っていないなべや風呂をたくこと。
**からたけ**【唐竹・幹竹】 マダケ。
—割《わ》り 竹を縦に割るように切りさくこと。
**からたち**【枳殻】 ミカン科の落葉低木。白い花が咲く。生け垣にする。きこく。
**からちゃ**【空茶】 お茶菓子がなくお茶だけ飲むこと。
**からっかぜ**【空っ風】《乾っ風》 乾燥した風。
**からっきし** 全然。〔からきしの強め〕
**からっけつ**【空っけつ】〔俗語〕 無一文。
**カラット**〔carat, karat〕 ①宝石の重さの単位。一カラットは〇・二グラム。記号K またはct ②金合金中の金の割合を表す単位。純金は二四カラット。記号K
**がらっぱち** 粗野でがさつな―こと(人)。
**からっぽ**【空っぽ】 中に何もないようす。
**からつゆ**【空梅雨】 雨の少ない梅雨。
**からづり**【空釣り】 えさをつけない針で魚を釣ること。
**からて**【空手】 ①【唐手】武術の一。②てぶら。類徒手
**からてがた**【空手形】 支払資金が用意されていない手形。Ⅱ実行されない約束。
**からとう**【辛党】 酒好き。類左党 対甘党
**からとりひき**【空取引】 現物の受け渡しをせず、相場の高低によって差額金の計算をする取引。空相場。くうとりひき。
**ガラナ**〔guarana〕 ブラジル産のつる植物。また、その実から作る飲み物。〔ムクロジ科〕
**からに**【辛煮】 塩味を強くして―煮ること(煮た物)。対甘煮
**からにしき**【唐錦】 中国産の錦。
**からねんぶつ**【空念仏】 口先だけの念仏。Ⅱ実行の伴わない主張。
**からばこ**【空箱】 何も入っていない箱。
**からはふ**【唐破風】 神社の屋根などの、弓なりにそった破風。
**からふかし**【空吹かし】 停車したままエンジンを吹かすこと。
**からぶき**【乾拭き】 乾いた布でふくこと。
**からぶり**【空振り】 振ったバットなどが球に当たらないこと。Ⅱ不成功に終わること。
**カラフル**〔colorful〕 彩りが豊かなようす。
**からへた**【空下手】 まったくへた。
**からぼり**【空堀】 水のない堀。
**からます**【絡ます】 からませる。
**からませる**【絡ませる】 からむようにする。からます。
**からまつ**【唐松】《落葉松》 マツ科の落葉高木。建築・土木用材。
**からまる**【絡まる】 巻きつきもつれる。「ひもが―」Ⅱ密接に関係する。
**からまわり**【空回り】 車輪や機械がむだに回転すること。Ⅱ効果があがらないこと。
**からみ**【辛み・辛味】 辛い味(―のもの)。対甘味
**からみ**【絡み】 からむこと。
—合《あ》う もつれあう。Ⅱ物事が互いに複

雑に関係する。
**ー付っく** まといつく。‖うるさくつきまとう。
**からみ【空身】** ①（親族や同行者がなく）身一つであること。②何ももたないこと。
**がらみ《絡み》** からむこと。「利権ー」
**がらみ《搦み》**（価格や年齢について）…くらい。「四十ー」
**からみそ【辛味噌】** 塩けのきついみそ。[対]甘味噌
**からみだし【空見出し】** 辞書などで、他の見出しを参照させるようにした見出し。
**からむ【絡む】** ①巻きつきもつれる。「ロープがー」②密接に関係する。「利害がー」③しつこく難癖をつける。
**カラム**［column］ 表計算ソフトなどで、縦の列。[対]ロー
**からむし【苧・苧麻】** イラクサ科の多年草。茎の繊維で織物を作る。マオ。チョマ。
**ガラムマサラ**［garam masala］ インド料理の混合香辛料の一。
**からめて【搦め手】** ①城の裏門。‖物事の裏側。②城の裏門から攻める部隊。◇[対]大手 ③捕り手。
**からめとる【搦め捕る】** 捕らえて縛る。
**からめる【絡める】** ①からむようにする。特に、料理であめやあんを全体につける。②【搦める】縛る。〔古風な言い方〕
**カラメル**［フランス語 caramel］ 砂糖を高温で熱してできる黒茶色の物質。食品の着色や製菓用。
**ーソース**［caramel sauce］ 砂糖に水を加えて煮つめた菓子用のソース。
**がらもの【柄物】** 模様や絵のついた布・紙など（ーでできた品物）。
**からもん【唐門】** 屋根を唐破風《からはふ》造りにした門。
**からよう【唐様】** 中国ふう。[対]和様
**カラリスト**［colorist］ ①色彩表現に特色のある画家。②服飾や化粧で、色彩を専門に担当する人。
**かられる【駆られる】** 心をおさえきれない。「嫉妬《しっと》にー」
**カラン**［オランダ語 kraan］ 水道の蛇口。
**がらん【伽藍】** 寺院の建物。
**カランコエ**［ラテン語 kalanchoe］ ベンケイソウ科の多年草。葉は多肉質。園芸用。
**ガランティーヌ**［フランス語 galantine］ 西洋料理の一。鶏肉などを使って煮た料理。冷製。
**がらんどう** 中に何も入っていない状態。
**かり【甲・上】** 邦楽で、調子を高く上げること。こう。[対]めり
**かり【仮】** 臨時。‖にせ。
**かり【狩り】《猟》** ①狩猟。②季節のものを一取り（見）に行くこと。「もみじー」
**かり【借り】** 借りること。借りたもの。‖相手から受けた仕打ち。◇[対]貸し
**かり【雁】《鴈》** 鳥の、ガン。
**カリ**［オランダ語 kali］ ①カリウムの略。「青酸ー」②炭酸カリウムの俗称。
**ガリ**［俗語］ ①ガリ版の略。「ーを切る」②すし屋で、ショウガの酢漬け。
**がり【我利】** 自分だけの利益。「ー我欲」
**かりあげる【刈り上げる】** ①残らず刈る。②後ろ髪を上まで短く刈る。
**かりあげる【借り上げる】** 政府や目上の者が民間や目下の者から金品を借りる。
**かりあつめる【駆り集める】** 人や物資を急いで集める。
**カリー**［curry］ カレー。
**かりいれ【刈り入れ】**（穀物の）収穫。
**かりいれ【借り入れ】** 借り入れること。[対]貸し出し
**ー金《きん》** 銀行などから借りたお金。〔借入金と書く〕[対]貸出金
**かりいれる【刈り入れる】** 穀物を収穫する。
**かりいれる【借り入れる】** 資金などを他から借りる。[対]貸し出す
**かりうえ【仮植え】** 仮植《かしょく》。
**かりうける【借り受ける】** 借りて受け取る。
**かりうど【狩人】《猟人》** かりゅうど。
**カリウム**［ドイツ語 Kalium］ 金属元素の一。肥料や火薬の原料。記号K
**カリエス**［ドイツ語 Karies］ 骨の炎症。骨がとけ、うみが出る。「脊椎《せきつい》ー」
**かりおや【仮親】** ①親代わりの人。②養父母。
**かりかえる【借り換える】** 前の借りを返して、新しく借りる。
**かりかし【借り貸し】** 借りと貸し。
**かりかた【借り方】** ①借り手。②【借方】複式簿記で、帳簿の左欄。負債・資本の減少などを記入。◇[対]貸し方

**カリカチュア**［caricature］風刺画。Ⅱ風刺的に誇張されたもの。

**かりがね【雁・雁が音】**《雁金》ガン（—の鳴き声）。

**がりがり** ①ひどくやせている形容。②ゆとりがないようす。「—勉強する」③かたい物をひっかく音。

**—点**《てん》 返り点の一。レ点。

**がりがり【我利我利】** 自分の利益だけを求めること。

**—亡者**《もうじゃ》 利己主義者をののしって言う語。

**かりぎ【借り着】** 衣服を借りて着ること。また、その衣服。

**カリキュラム**［curriculum］教育課程。

**かりきる【借り切る】** 場所や乗り物をある期間、専用に借りる。対貸し切る

**カリグラフィー**［calligraphy］西洋で、文字を装飾ふうに書く技術。西洋書道。

**かりこす【借り越す】** 一定の限度より多く借りる。対貸し越す

**かりこむ【刈り込む】** 草木や髪の毛を切ってととのえる。

**かりしゃくほう【仮釈放】** 収容期間満了前に条件付きで社会復帰を許すこと。仮出所。

**かりしゅつごく【仮出獄】** 仮釈放の旧称。

**かりしょぶん【仮処分】** ①正式な処置ができない場合などにかりにとる処置。②［法律用語］保全処分の一。裁判所が定める。

**カリスマ**［ドイツ語 Charisma］①超能力。②大衆を心服させる教祖的能力。「—的」

**かりずまい【仮住まい】** かりに住む—こと（所）。

**かりそめ**《仮初め》①その場限り。②なおざり。

**—にも** かりにも。

**かりたおす【借り倒す】** 借りたものを返さずにすます。踏み倒す。

**かりだす【駆り出す】** 追い立てて出す。Ⅱかつぎだす。

**かりたてる【駆り立てる】** 追い立てる。Ⅱそそのかす。

**かりちん【借り賃】** 物を借りるための料金。類損料

**かりつや【仮通夜】** 正式の通夜の前にとりあえず行う通夜。

**かりて【借り手】** 金品を借りる人。借り方。対貸し手

**かりとる【刈り取る】** 作物を刈ってとり入れる。Ⅱ取り除く。「非行の芽を—」

**かりに【仮に】** ①一時の間にあわせに。②もし。［仮定を表す］

**—も** ①（否定表現の中で）どんなことがあっても。②いやしくも。◇類かりそめにも

**かりぬい【仮縫い】** ①かりに縫うこと。②洋服をかりに縫って体に合わせること。下縫い。

**かりね【仮寝】** ①うたたね。「—の夢」②旅寝。「—の宿」

**ガリバー**［Gulliver］他と比べてとび抜けて大きいたとえ。「—商品」［小説の主人公の名］

**カリひりょう【—肥料】** カリウムを多く含む肥料。

**かりぶしん【仮普請】** 間にあわせの簡単な建築。対本普請

**カリフラワー**［cauliflower］野菜の一。白いつぼみの部分を食べる。ハナヤサイ。

**がりべん【ガリ勉】** 遊ばないで勉強ばかりする—こと（人）。

**かりめん【仮免】** 正式の免許が与えられる前にかりに出される免許。特に自動車運転の免許。

**かりもの【借り物】** 借りた物。

**かりゃく【下略】** 後の部分を略すこと。

**かりゅう【下流】** ①川の河口に近い方。かわしも。②下層階級。◇対上流

**かりゅう【花柳】** 芸者のいる町。また遊郭。

**—界**《かい》 芸者や遊女の社会。

**—病**《びょう》 性病。

**かりゅう【顆粒】** つぶ。「—状」

**がりゅう【我流】** 自己流。

**がりゅうてんせい【画竜点睛】** ⇩がりょうてんせい

**かりゅうど【狩人】**《猟人》猟師。

**かりゆし【カリユシ】** 沖縄の半そで開襟シャツ。［沖縄方言で、めでたい、栄えている意］

**かりょう【加療】** 治療すること。

**かりょう【佳良】**（まずまず）よい。

**かりょう【科料】** 軽い犯罪に刑罰として

課すお金。罰金より軽い。〔過料と区別して、「とがりょう」とも〕

**かりょう【過料】** 軽い違反に課すお金。〔刑罰ではない。／科料と区別して「あやまちりょう」とも〕

**かりょう【過量】** 量が多すぎること。

**がりょう【臥竜】** 寝ている竜。Ⅱ世に知られていない大人物。

**がりょう【雅量】** 寛大な気持ち。

**がりょうてんせい【画竜点睛】** 最も重要な最後の仕上げ。点睛。「—を欠く」〔竜をかいて最後に睛《ひとみ》をかき入れると天に上ったという中国の故事から〕

**かりょく【火力】** 火(火器)の力。

**—発電《はつでん》** 石油やガスを燃やして作った蒸気で発電機を回し、電力を得る方法。

**カリヨン**［フランス語 carillon］ 音律の異なる多数の鐘を並べた楽器。鍵盤や機械で打ち鳴らす。

**かりる【借りる】** 対貸す

**—時《とき》の地蔵顔《じぞうがお》、返《かえ》す時《とき》の閻魔顔《えんまがお》** 借りるときはうれしそうだが、返すときは渋い顔をすること。

**かりわたし【仮渡し】** 概算でかりに支払うこと。

**かりん【榠櫨】** 落葉高木の一。実は砂糖漬け、材は器具用。

**かりんさんせっかい【過燐酸石灰】** 化学肥料の一。リン酸塩と硫酸カルシウムの混合物。

**かりんとう【花林糖】** 菓子の一。

**かる【刈る】** 頭髪や草木を短く切りつめる。「イネを—」

**かる【狩る】** ①狩りをする。②魚を捕らえる。③捕らえようとして捜す。

**かる【駆る】《駈る》** ①追い立てる。②走らせる。「馬を—」

**がる** ①…と感じていることを外に現す。「行きた—」②…そうにする。「強—」◇〔五段活用〕

**ガル**［gal］ 加速度の単位。一ガルは毎秒、秒速一センチメートルずつ加わること。記号 Gal

**かるい【軽い】** 対重い

**かるいし【軽石】** 垢《あか》おとしなどに使う石。

**かるがも【軽鴨】** 水鳥の一。日本全国にいる留鳥。ナツガモ。

**かるかや【刈萱】** イネ科の多年草の一。秋、長い穂をつける。

**かるがる【軽々】** いかにも軽そうに。

**—しい** 軽率だ。

**かるかん【軽羹】** 和菓子の一。〔九州特産〕

**カルキ**［オランダ語 kalk］ 石灰。さらし粉。

**かるくち【軽口】** ①滑稽な話。「—をたたく」②しゃれや地口・秀句。

**カルシウム**［オランダ語 calcium］ 金属元素の一。石灰石や骨に多く含まれる。記号 Ca

**カルスト**［ドイツ語 Karst］ 地形の一。雨や地下水に浸食された石灰岩台地。〔秋吉台など〕

**カルソン**［フランス語 caleçon］ スパッツ①。

**カルタ《歌留多・骨牌》**［ポルトガル語 carta］ 遊戯に使うカード。それを使った遊び。〔かるたとも書く〕

**カルダモン**［cardamon］ ショウガ科の多年草。種は香辛料。

**カルチャー**［culture］ 文化。教養。カルチュア。「—センター」

**—ショック**［culture shock］ 異文化に出会ったときに受けるショック。

**カルテ**［ドイツ語 Karte］ 診療記録カード。

**カルテット**［イタリア語 quartetto］ 四重奏(—団)。四重唱(—団)。

**カルデラ**［スペイン語 caldera］ 火山の中の大きなくぼ地。〔阿蘇山など〕

**—湖《こ》** カルデラ内に水がたまった湖。〔十和田湖や田沢湖〕

**カルテル**［ドイツ語 Kartell］ 企業連合。

**カルト**［cult］ 宗教的な崇拝。Ⅱ㋐一部のファンによる熱狂的な支持。「—ムービー」㋑狂信的な信者の集まる小規模な宗教団体。「—教団」

**カルトン**［フランス語 carton］ ①ボール紙製の画板。②カートン。

**ガルニ** 西洋料理のつけ合わせ。ガルニチュール。〔フランス語 garniture から〕

**かるはずみ【軽はずみ】** 軽率。

**カルパッチョ**［イタリア語 carpaccio］ 生肉(生魚)の薄切りにソースをかけた料理。

**カルバドス**［フランス語 calvados］ リンゴでつくった蒸留酒。

**カルビ**［朝鮮語 kal-bi］ (朝鮮料理で)ばら肉。〔焼き肉用〕

**カルボキシき【—基】** 化学で、原子団の一。COOHで表す。
**カルボキシルき【—基】** カルボキシ基の旧称。
**カルボナーラ**［イタリア語 carbonara］ベーコン・卵・黒コショウを入れたスパゲティ。〔炭焼き風の意で、黒コショウが炭粒のように見えることから〕
**カルマ**［サンスクリット語 karma］業《ごう》。
**かるみ【軽み】** 軽い感じ。対重み Ⅱ蕉風《しょうふう》俳諧の理念の一。平淡・軽妙な趣。◇かろみ。
**かるめ【軽め】** やや軽いこと。対重め
**カルメやき【—焼き】** ざらめを熱し重曹を加えて固めた菓子。カルメラ。
**カルメン**［Carmen］①メリメの小説（—をもとにしたビゼーの歌劇）。②カルメン①のヒロイン。Ⅱ情熱的な女性。
**かるわざ【軽業】** アクロバット。Ⅱあぶなっかしい行動。
**—師《し》** 軽業をする芸人。Ⅱ危険の多い仕事をする人。
**かれ【彼】** ①話し手・聞き手以外の男性をさす語。類彼氏 対彼女 ②あれ。③〔俗語〕恋人（夫）である男性。類彼氏 対彼女
**がれ** 登山用語で、崖くずれで岩石のごろごろしている斜面。「—場《ば》」
**がれ [一]【枯れ】** そのために枯れること。「冬—」[二]【涸れ】 なくなること。「資金—」
**かれい【鰈】** 海産魚の一。両目が体の右側にある。白身で食用。
**かれい【加齢】** 年を取ること。
**—黄斑《おうはん》変性《へんせい》** 網膜中心部の黄斑の老化で視力が低下する病気。
**—臭《しゅう》** 中高年者に特有の体臭。男性に顕著。おやじ臭。
**かれい【佳麗】** 美しく麗しいようす。
**かれい【華麗】** 美しく華やかなようす。「—を競う」
**かれい【過冷】** 液体を凝固点以下に冷やしても、液体のままであること。過冷却。
**かれい【佳例・嘉例】** めでたい先例。吉例。
**カレイドスコープ**［kaleidoscope］万華鏡《まんげきょう》。
**カレー**［curry］①香辛料の一。カレー粉。②カレーライスの略。
**—パン** カレーを詰めて—揚げた（焼いた）パン。〔curry ＋ ポルトガル語 pão〕
**—ライス** 大衆的なインド風料理。カレー味の煮込み汁をご飯にかける。ライスカレー。〔curry and rice から〕
**ガレージ**［garage］車庫。
**—セール**［garage sale］不用品を処分するバザー。ガレージなどを利用する。
**かれえだ【枯れ枝】** ①葉の枯れ落ちた枝。②枯死した枝。
**かれおばな【枯れ尾花】** 枯れススキ。
**かれがれ【枯れ枯れ】** 草木が枯れようとしているようす。
**かれき【枯れ木】** 枯れた木。
**—に花《はな》** 衰えたものが再び栄えること。
**—も山《やま》の賑《にぎ》わい** つまらないものでも、ないよりましであること。〔誤って「人が集まればにぎやかになる」意にも〕
**がれき【瓦礫】** 瓦《かわら》と小石（—やコンクリートなど）。Ⅱ役に立たないもの。
**かれくさ【枯れ草】** 枯れた草。
**かれこれ**《彼此》 ①とやかく。「—言う」②およそ。「—二〇年」
**かれさんすい【枯れ山水】** 水を使わず、石や砂で山水を表した日本庭園。
**かれし【彼氏】** ①彼。②〔俗語〕恋人の男性。◇対彼女
**かれすすき【枯れ薄】** 枯れたススキ。
**かれつ【苛烈】** きびしく激しいこと。「—な競争」
**カレッジ**［college］単科大学。専門学校。対ユニバーシティー
**かれの【枯れ野】** 草木の枯れた野原。
**かれは【枯れ葉】** 草木の枯れた葉。
**—剤《ざい》** 植物を枯らす薬剤。環境破壊兵器の一。〔人体にも被害を与える〕
**かれら【彼ら】**《彼等》 彼の複数形。
**かれる [一]【枯れる】**「草が—」Ⅱ老熟する。[二]【嗄れる】 声がしゃがれる。[三]【涸れる】 川や池の水がなくなる。Ⅱ必要なものがなくなる。「才能が—」
**かれん【可憐】** かわいらしくいじらしいようす。「—な花をつける」
**かれん【苛斂】**
**—誅求《ちゅうきゅう》** 税金を苛酷に取り立てること。
**カレンダー**［calendar］こよみ。
**カレント**［current］①現行の。②潮流。時流。
**—トピックス**［current topics］時事問

題。

**かろ【火炉】**（ボイラーの）火をたく所。

**かろう【家老】**大名の家臣の最高位。

**かろう【過労】**働きすぎて疲れること。

**―死《し》** 働きすぎによる急死。

**がろう【画廊】**ギャラリー。

**かろうじて【辛うじて】** どうにかこうにか。やっとのことで。

**カロチン**［carotene］ 黄赤色の色素。ニンジンに多く含まれ、動物体内でビタミンAになる。

**かろとうせん【夏炉冬扇】**時節はずれで役に立たないもの。冬扇夏炉。

**かろやか【軽やか】** いかにも軽そうなようす。軽快。かるやか。かろらか。「―な身のこなし」

**カロリー**［ドイツ語 Kalorie］①熱量。②熱量の単位。記号cal〔物理学では、一カロリーを四・一八五五ジュールとする〕③栄養学で熱量の単位。カロリー②の一キロカロリーを一カロリーとする。大カロリー。記号Cal

**かろん【歌論】** 和歌に関する―理論（評論）。

**がろん【画論】** 絵画に関する―理論（評論）。

**ガロン**［gallon］ヤードポンド法の体積の単位の一。記号gal〔英国で約四・五五リットル、アメリカで約三・七九リットル。日本では後者〕

**かろんじる【軽んじる】** 軽くみてあなどる。大切にしない。対重んじる

**かろんずる【軽んずる】**かろんじる。

**かわ【川・河】**地形の一。河川。

**かわ【皮】**①動植物やものの外側をおおうもの。「ばけの―」②【革】なめしがわ。

**かわ【側】**（物の）一方。がわ。

**かわ【歌話】**和歌に関する話。

**がわ【側】**①（相対するものの）一方。かわ。②ふち。「時計の―」③かたわら。④方面。方。「右―」「敵の―」

**かわあかり【川明かり】**（暗い中で）川面が明るく見えること。

**かわあそび【川遊び】** 川で（―船を浮かべて）遊ぶこと。

**かわいい**《可愛い》小さく愛らしい。

**―子《こ》には旅《たび》をさせよ** 子供がかわいければ、甘やかすより世間に出して苦労させる方がいい。

**かわいがる**《可愛がる》 大事にする。対いじめる ‖いためつける。〔反語的な表現〕

**かわいさ**《可愛さ》

**―余《あま》って憎《にく》さ百倍《ひゃくばい》** かわいく思う心が強いだけ、憎いとなると憎しみは特別に強い。

**かわいそう**《可哀相》気の毒。

**かわいらしい**《可愛らしい》 いかにもかわいい。

**かわうお【川魚】**川にすむ魚。川ざかな。

**かわうそ【川獺】**《獺》 川にいるイタチに似た動物。足の指に水かきがある。

**かわおび【革帯】**ベルト。

**かわかす【乾かす】**乾くようにする。

**かわかぶり【皮被り】** 皮をかぶっている―こと（もの）。‖〔俗語〕包茎。

**かわかみ【川上】**川の上流。対川下

**かわがり【川狩り】**川で魚をとること。

**かわき** ㊀**【乾き】**乾く―こと（程度）。㊁**【渇き】** のどがかわくこと。‖欲望が満たされず、欲しがること。「心の―」

**かわぎし【川岸・河岸】**川の岸。河岸《かし》。

**かわきり【皮切り】**物事のしはじめ。

**かわく【乾く】**①水分がなくなる。②**【渇く】**水を飲みたくなる。‖うるおいに欠ける。

**かわくだり【川下り】** 川（急流）を船で下ること。

**かわぐつ【革靴】**革で作った靴。

**かわごろも【皮衣】**《裘》毛皮の衣服。

**かわざかな【川魚】**川にすむ魚。

**かわさきびょう【川崎病】** 乳幼児の急性熱病。原因不明。〔発見者の名から〕

**かわざんよう【皮算用】** 捕らぬ狸《たぬき》の皮算用の略。

**かわしも【川下】**川の下流。対川上

**かわじり【川尻】**河口。また、川下。

**かわす【交わす】**①やりとりする。「言葉を―」②交差させる。…しあう。「握手を―」③《躱す》動いて危難を避ける。「身を―」‖避ける。「追及を―」④互いに…する。「取り―」

**かわず【蛙】**カエル。〔古風な言い方〕

**かわすじ【川筋】**①川沿いの―道（所）。②川の流れるみちすじ。

**かわせ【為替】** 現金ではなく、手形や小切手・証書で送金する方法。その手形や小

切手・証書。「郵便ー」
**ー相場**《そうば》 為替レート。
**ー手形**《てがた》 手形の一。発行者が、受取人への支払いを第三者である支払人に委託する。
**ーレート** 二国間の貨幣の交換比率。
**かわせがき【川施餓鬼】** 水死人の冥福を祈り、川辺や船中で行う法会。
**かわせみ【翡翠】** 水辺の小鳥。緑青色で腹はくり色。魚をとる。
**かわそう【革装】** 本を革で装丁すること。
**かわぞこ【川底】** 川の底。対川面《かわも》
**かわたれどき**《彼者誰時》 夜明けごろ。対たそがれどき
**かわたろう【河太郎】** 河童《かっぱ》。
**かわづたい【川伝い】** 川に沿って行くこと。
**かわっぷち【川っ縁】** 川のふち。川ばた。
**かわづら【川面】** 川の水面。かわも。
**かわづり【川釣り】** 川で魚を釣ること。
**かわと【革砥】** 刃物をとぐ革。
**かわどこ【川床・河床】** 河床《かしょう》。
**かわとじ【革綴じ】** ①本の表紙を革で作ること。②革ひもでとじること。
**かわなか【川中】** 川の中央。川の水の中。
**かわのじ【川の字】**
**ーに寝**《ね》**る** （子供を中に挟んで親子）三人が並んで寝る。
**かわはぎ【皮剝ぎ】** 海産魚の一。食用。
**かわばた【川端】** 川岸のあたり。
**かわはば【川幅・河幅】** 川の両岸の間の距離。
**かわばり【革張り】** 表面を革で張ること（張ったもの）。
**かわひも【革紐】** 革で作ったひも。
**かわびらき【川開き】** 年中行事の一。納涼の時期の始まりを祝う。「両国のー」
**かわぶくろ【革袋】** 革で作った袋。
**かわぶね【川船】** 河川用の底の浅い船。
**かわべ【川辺】** 川のほとり。川ばた。
**かわほね【河骨】** コウホネ。
**かわも【川面】** 川の水面。対川底
**かわや【厠】** 便所。
**かわやなぎ【川柳】** ①【楊柳】川辺にはえるヤナギ。②上等の番茶。
**かわゆい**《可愛い》 かわいい。
**かわよど【川淀】** 川の水がよどんでいる所。
**かわら【瓦】** 粘土の焼き物の一。屋根をふくのに使う。
**ー煎餅**《せんべい》 屋根がわらの形に焼いたせんべい。
**ー版**《ばん》 江戸時代、ニュースを印刷したちらし。
**ー葺**《ぶ》**き** 屋根をかわらでふくこと。また、その屋根。
**かわら【川原・河原】** 川の、水のない石や砂の多い所。
**ー撫子**《なでしこ》 ナデシコの別称。
**かわらけ**《土器》 素焼きの陶器（杯）。
**かわり【代わり・替わり】** 代理。代用。
**ー映**《ば》**え（ーが）しない** 代わったことでよくなるということがない。
**ー番**《ばん》**こ** かわりあってすること。交互。
**ー目**《め》 交替するとき。
**かわり【変わり】** 変化。
**ー種**《だね》 ふつうと違った種類（人）。
**ー果**《は》**てる** 前とすっかり変わる。
**ー雛**《びな》 その時々の話題にあわせて作る雛人形。
**ー身**《み》 とっさに体の位置を変えること。⏸情勢に応じて考えや態度を変えること。
**ー目**《め》 移り変わるとき。「季節のー」
**ー者**《もの》 変人。
**かわりょう【川猟】** 川狩り。
**かわる【代わる・替わる】** 交替する。代用する。
**ー代**《が》**わる** 次々交替で。
**かわる【変わる】** ①変化する。移動する。②普通のものと違う。
**かわれる【買われる】** （人物や才能を）認められる。「腕をー」
**かわん【下腕】** ひじから下の部分。下膊《かはく》。対上腕
**かん【館】** （公共の）建物。「図書ー」（旅館や映画館の名にもつけられる）
**かん【奸】** 〔文章語〕悪者。「君側のー」
**かん【完】** 〔文章語〕①終わり。②完備。「ガス・水道ー」
**かん【肝】** 肝臓。「ー機能」
**かん【官】** おおやけの機関（に勤める人）。
**かん【冠】** 〔文章語〕かんむり。「月桂ー」
**かん【巻】** ①巻き物。⏸書物。②巻いた物を数える語。③書物を数える語。「全三〇ー」④映画のフィルムの長さの単位。
**かん【疳】** ひきつけなどの（神経質な子供

の）病気。
**―の虫《むし》** 疳を起こすと考えられた虫。
**かん【貫】** ①尺貫法の重さの単位の一。一貫は三・七五キログラム。②昔の貨幣単位。千文。
**かん【勘】** すぐに悟る力。「―がいい」
**かん【寒】** 暦の上で、立春前の三〇日間。
**かん【棺】** ひつぎ。
**―を蓋《おお》いて事《こと》定《さだ》まる** 人の真価はその死後わかる。
**かん【款】** ①よしみ。②予算や勘定科目の区分の単位の一。
**―を通《つう》ずる** ①親しく付き合う。②（敵に）内通する。
**かん【間】** ①あいだ。「指呼の―」②すき。「―に乗ずる」
**―髪《はつ》を入《い》れず** わずかのゆとりもなく次のことが起こるたとえ。
**かん【閑】** ひま。「忙中―あり」
**―を生《しょう》ずる** 仲たがいする。
**かん【感】** 心の動き。「隔世の―・満足―」
**―極《きわ》まる** 非常に感動する。
**―に堪《た》えない** 深く感動する。
**かん【管】** ①くだ。②管楽器。③笛や筆を数える語。
**かん【緘】** （封筒などの）封。〔この字を封じ目に書く〕
**かん【歓】** 〔文章語〕よろこび。
**―を尽《っ》くす** この上なく楽しむ。
**かん【燗】** 酒をあたためること。
**―をつける** 酒をあたためる。
**かん【癇】** ①ひきつけなどを起こす神経性の病気。②怒りっぽい性質。「―が高ぶる」◇疳。
**かん【簡】** ①簡単。「―に過ぎる」②昔、記録に使われた竹の札。
**―に障《さわ》る** しゃくにさわる。
**―にして要《よう》を得《え》る** 簡単でしかも要点をおさえている。
**かん【観】** ①見た目。「別人の―がある」②考え方。見方。「人生―」
**かん【艦】** 〔文章語〕軍艦。
**かん【鐶】** （金属製の）輪。「たんすの―」
**カン【缶】**《罐》〔オランダ語 kan〕①金属製の容器。「ドラム―」②缶詰。◇「かん」とも書く。
**がん【眼】** ①め。「―のくばり」②レンズ。「二―レフ」③見抜く力。「審美―」
**―をつける** （因縁をつけるため）相手をじっと見る。
**がん【雁】**《鴈》日本に冬来る渡り鳥。肉は食用。マガンなど。かり。かりがね。
**がん【ガン・癌】** 悪性の腫瘍。‖大きな障害。
**がん【願】** 願い。「―をかける」
**ガン**〔gun〕銃。鉄砲。「ショット―」‖小銃型の道具。「フラッシュ―」
**かんあく【奸悪】**《姦悪》〔文章語〕心が邪悪なこと（人）。
**かんあけ【寒明け】** 寒があけて立春になること。
**がんあつ【眼圧】** 眼球の内圧。
**かんあん【勘案】** いろいろと考えること。
**かんい【官位】** ①官職と位階。②官職と等級。
**かんい【寛衣】** ゆったりした着物。
**かんい【簡易】** 簡単で手軽なようす。
**―裁判所《さいばんしょ》** 最下級の裁判所。〔軽い訴訟を扱う〕
**―保険《ほけん》** もと、郵便局で取り扱った手軽な生命保険。簡易生命保険。
**がんい【含意】** 〔文章語〕言葉がその意味を含むこと。
**がんい【願意】** 〔文章語〕願いの内容。
**かんいっぱつ【間一髪】** 事態が急迫すること。あぶないところ。
**かんいん【官印】** 官庁・官吏が職務上使う印。類公印 対私印
**かんいん【姦淫】** 倫理にもとる肉体関係。類姦通・密通
**かんえい【完泳】** 目標の距離を泳ぎきること。
**かんえい【官営】** 政府の経営。対民営
**かんえつ【観閲】** 軍隊を検閲すること。「―式」
**かんえん【肝炎】** 肝臓の炎症。「B型―」
**がんえん【岩塩】** 岩石中に層を作っている結晶体の塩。類山塩
**かんおう【感応】** かんのう。
**かんおう【観桜】** 桜の花を観賞すること。
**かんおけ【棺桶】** 遺体を納める桶（箱）。
**―に片足《かたあし》を突っ込《こ》む** 年老いて死が近いようす。
**かんおん【漢音】** 漢字音の一。古代中国北部で使われた音が伝わったもの。〔行をコウ、人をジンと読む類〕

**かんか【干戈】**〔文章語〕たてとほこ。Ⅱ武器。
**―を交《まじ》える** 戦争をする。

**かんか【看過】**〔文章語〕見過ごす(見逃がす)こと。「過失を―する」

**かんか【患家】** 患者の家。〔医者の側からの語〕

**かんか【閑暇】**〔文章語〕ひま。

**かんか【感化】** 人に影響を与えること。
**―院《いん》** 教護院の旧称。〔現在は、児童自立支援施設〕

**かんか【管下】** 管轄の範囲内。類管内

**かんが【官衙】**〔文章語〕役所。

**かんが【閑雅】**〔文章語〕①しとやかで上品だ。②景色が静かで趣がある。

**がんか【眼下】**(見おろした)目の下の方。

**がんか【眼科】** 医学で、目に関する部門。

**がんか【眼窩】** 眼孔。

**かんかい【官界】**《官海》官吏の社会。

**かんかい【感懐】**〔文章語〕心に感じ思うこと。

**かんかい【緩解・寛解】**(白血病などの)症状が軽くなること。

**かんかい【環海】**〔文章語〕海にとり囲まれていること。その海。

**かんがい【干害】**《旱害》ひでりの害。

**かんがい【寒害】** 寒さのために受ける農作物の害。類冷害

**かんがい【感慨】** 身にしみて感じること。
**―無量《むりょう》** はかりきれないほど感慨が深いようす。

**かんがい【灌漑】** 農業用水をひくこと。

**がんかい【眼界】** 視界。Ⅱ考えの及ぶ範囲。

**かんがえ【考え】** 考えること。その内容。
**―及《およ》ぶ** 考えがそこまで達する。
**―事《ごと》** いろいろと考えること。特に心配事。
**―込《こ》む** (悩んで)深く考える。
**―過《す》ぎ** 必要以上に深く考えること。
**―出《だ》す** ①考案する。②考えはじめる。
**―直《なお》す** ①もう一度考える。②考えを変える。
**―物《もの》** 慎重に考えなければいけないこと。

**かんがえる【考える】** ①頭を働かせる。②思いをめぐらす。
**―葦《あし》** 人間。〔パスカルの言葉から〕

**かんかく【間隔】** へだたり。

**かんかく【感覚】** ①外界の刺激を感じとる働き。②物事のとらえ方。「美的―」
**―器《き》** 感覚をつかさどる器官。感覚器官。
**―神経《しんけい》** 感覚器に生じた興奮を中枢神経に伝える神経。対運動神経
**―的《てき》** 感覚に―基づく(うったえる)ようす。

**かんがく【官学】** ①官立の学校。対私学 ②昔、政府が正しいと認めた学問。〔江戸時代の朱子学など〕

**かんがく【漢学】** 漢文・漢籍についての学問。「―者」対和学・洋学

**がんかけ【願掛け】** 神仏に願をかけること。

**かんかつ【管轄】** 公的な権限による支配(―の及ぶ範囲)。

**かんがっき【管楽器】** 木管楽器と金管楽器の総称。

**かんがみる【鑑みる】** 他と照らし合わせて考える。

**カンから【缶から】**〔俗語〕空き缶。

**カンガルー**［kangaroo］ 哺乳動物有袋類の一。とびはねる力が強い。

**かんかん【閑々】** のんびりと落ち着いている。

**かんかん【漢奸】**(中国で)売国奴。

**かんかん【感官】** 感覚器官。

**カンカン**［フランス語 cancan］ ショーダンスの一。女性ダンサーが並び、客席に向かって足を高く上げる。フレンチカンカン。

**かんがん【汗顔】**〔文章語〕(汗をかくほど)非常に恥ずかしいこと。「―の至り」

**かんがん【宦官】** 後宮に仕えた去勢された男性。

**かんかんがくがく【侃々諤々】** 遠慮なく主張するようす。

**かんかんしき【観艦式】** 元首が自国の軍艦を観閲する儀式。

**かんかんでり【かんかん照り】** 日光が強く照りつけること。

**かんかんになる** 激しく怒る。

**かんき【刊記】** 昔の書物の奥付。

**かんき【官紀】** 官吏の守るべき規律。

**かんき【官記】** 官吏に渡される任命書・辞令。

**かんき【勘気】** 君主や父にしかられること。「―に触れる」

**かんき【乾季・乾期】** 雨の少ない季節・時期。対雨季・雨期

**かんき【喚起】** 呼び起こすこと。「イメージ（興味）を—する」

**かんき【寒気】** 冬の寒さ。対暑気

**かんき【寒季・寒期】** 寒い季節・時期。冬。

**かんき【換気】** 空気を入れ替えること。「—が悪い」

**—孔《こう》** 室内の換気用の穴。通風口。

**—扇《せん》** 汚れた空気を外に出すためのファン。

**かんき【歓喜】** よろこぶこと。よろこび。

**がんぎ【雁木】** ①雪国で、雪が積もらないようにひさしをのばして下を通路にした設備。②ガンの列のようにぎざぎざのあるもの。桟橋の階段など。

**かんぎく【寒菊】** 菊の一。秋から冬に咲く。

**かんぎく【観菊】** 菊の花を見て楽しむこと。菊見《きくみ》。

**かんきだん【寒気団】** 寒い地方から暖かい地方へ流れこむ冷たい気団。対暖気団

**かんきつるい【柑橘類】** ミカン科の果樹の総称。

**かんきゃく【閑却】** 〔文章語〕ほっぽらかしにしておくこと。類等閑

**かんきゃく【観客】** （興行を）見物する人。

**かんきゅう【官給】** 政府から支給すること。その金銭・物品。

**かんきゅう【感泣】** 感激して泣くこと。

**かんきゅう【緩急】** ①ゆるやかなことと急な（きびしい）こと。「—自在」②危急。

**がんきゅう【眼球】** 目のたま。めだま。

**かんぎゅうじゅうとう【汗牛充棟】** 〔文章語〕蔵書が非常に多いこと。

**かんきゅうちゅう【肝吸虫】** 肝臓に寄生する寄生虫。肝臓ジストマ。

**かんきょ【官許】** 〔文章語〕政府の許可。

**かんきょ【閑居】** 〔文章語〕①静かなすまい。②世俗を離れて暮らすこと。③暇に暮らすこと。「小人—して不善をなす」

**かんきょう【感興】** 興味（—を感じること）。「—がわく」

**かんきょう【環境】** まわりの状況。

**—アセスメント** 開発が環境に及ぼす影響についての事前調査・予測。環境影響評価。

**—権《けん》** 良好な環境を求める権利。〔日照権・静穏権など〕

**—省《しょう》** 中央官庁の一。公害防止や自然保護に関する行政を行う。〔かつての環境庁が昇格した〕

**—庁《ちょう》** 旧省庁名の一。現在の環境省。

**—ホルモン** 人間の体内に入り、ホルモンと似た働きをする人工的な化学物質。生物の生殖・代謝機能を攪乱する。内分泌攪乱化学物質。

**かんきょう【艦橋】** 軍艦の甲板上にあり、将校が指揮する所。ブリッジ。

**かんぎょう【官業】** 国営の事業。対民業

**かんぎょう【寒行】** 〔仏教語〕寒さに堪えることにより自己を鍛える修行。

**かんぎょう【勧業】** 産業の発達を奨励すること。

**がんきょう【眼鏡】** めがね。〔古風な言い方〕

**がんきょう【頑強】** 頑固で屈しないようす。類屈強

**かんきょく【寒極】** 地球上で最も気温の低い地点。

**カンきり【缶切り】** 缶詰をあける道具。

**かんきん【桿菌】** 棒状の細菌。〔チフス菌・赤痢菌など〕

**かんきん【換金】** 現金化すること。

**—作物《さくもつ》** 現金収入を得るために作る作物。野菜や花など。

**かんきん【監禁】** 閉じ込めて拘束すること。「—罪」

**かんぎん【閑吟】** 〔文章語〕静かに詩歌を口ずさむこと。

**がんきん【元金】** 利息に対して、もときん。

**かんく【甘苦】** 〔文章語〕楽しいことと苦しいこと。Ⅱいろいろな経験。

**かんく【寒苦】** 寒さに苦しむこと。苦しいほどの寒さ。「—に責められる」

**かんく【管区】** 管轄する区域。「仙台—気象台」

**かんく【艱苦】** 苦難。「—をともにする」

**がんぐ【玩具】** おもちゃ。

**がんぐ【頑愚】** 〔文章語〕頑固で道理を知らないこと。類頑迷

**がんくつ【岩窟】** 岩屋。岩穴。

**がんくび【雁首】** キセルの頭の部分。

**—を揃《そろ》える** 〔俗語〕全員が揃う。

**かんぐる【勘繰る】** あやしむ。邪推する。

**かんぐん【官軍】** 朝廷（政府）側の軍。「勝

てば―」対賊軍

**かんげ【勧化】**〔仏教語〕①人に仏道をすすめること。②勧進。

**かんけい【奸計】**《姦計》〔文章語〕わるだくみ。「―をめぐらす」

**かんけい【関係】**①むすびつき。かかりあい。②肉体関係。

**―付《づ》ける** つながりをもたせる。

**かんげい【歓迎】** 喜んで迎えること。「―会」対歓送

**かんげいこ【寒稽古】** 寒中にする武道や芸事の稽古。

**かんげき【間隙】** すき。

**―を生《しょう》じる** すきまができる。Ⅱ仲が悪くなる。

**―を縫《ぬ》う** すきまを進む。すきを見て行う。

**かんげき【感激】** とても感動すること。「―にひたる」

**かんげき【観劇】** 演劇を見ること。

**かんげざい【緩下剤】** 効き目がゆるやかな下剤。

**かんけつ【完結】** 完全に終わること。

**かんけつ【間欠】**《間歇》 一定時間ごとに繰り返されること。

**―泉《せん》** 一定の時間をおいて噴き出す温泉。

**―熱《ねつ》** 発熱してはさめることを繰り返す熱病。

**かんけつ【簡潔】** 短く、要を得ているようす。類簡明 対冗長

**かんげつ【寒月】** 寒空に光る月。

**かんげつ【観月】** 月見。「―会」

**かんけつのうま【汗血の馬】** 名馬。駿馬。〔走る時、血のような汗を流すとされたことから〕

**かんけん【官憲】** ①役所。特に警察。②役人。特に警官。

**かんけん【管見】**〔文章語〕自分のわずかな知識や意見。〔謙遜していう〕

**かんげん【甘言】** 相手に取り入る甘い言葉。「―を弄《ろう》する」対苦言

**かんげん【換言】** 言い換えること。「―すれば」

**かんげん【管弦】**《管絃》 ①管楽器と弦楽器。類糸竹 ②雅楽の演奏。「詩歌―」

**―楽《がく》** 西洋音楽で、管楽器・弦楽器・打楽器などによる合奏。

**―楽団《がくだん》** 管弦楽を演奏する楽団。オーケストラ。

**かんげん【還元】** ①もとに戻すこと。②化学変化の一。酸化物が酸素を失うこと。また、水素を得ること。「―作用」対酸化

**かんげん【諫言】** 諫《いさ》める―こと(言葉)。

**がんけん【眼瞼】** まぶた。「―痙攣《けいれん》」

**がんけん【頑健】** 体ががっしりして健康なようす。類強健

**かんこ【喚呼】** 大声でわめくこと。特に、鉄道で、信号確認の旨を唱えること。

**かんこ【歓呼】** 喜びの声をあげること。「―して迎える」

**かんこ【鹹湖】** 塩湖。

**かんご【看護】** 病人の世話をすること。「―人」

**―士《し》** 男性の看護師の旧称。

**―師《し》** 病人の看護や医師の補助をする資格のある人。〔「看護婦」「看護士」の正式名称〕

**―婦《ふ》** 女性の看護師の通称。

**かんご【閑語】**〔文章語〕①むだ話。②静かに話すこと。◇類閑話

**かんご【漢語】** ①中国伝来の語。また、字音語。対和語 ②言語の一。中国語。

**がんこ【頑固】** 自分の意見をまげない性質。Ⅱしつこい。「―なよごれ」

**かんこう【刊行】** 出版。「―物」

**かんこう【完工】** 工事が完了すること。竣工《しゅんこう》。対起工

**かんこう【勘考】**〔文章語〕考えること。考え。

**かんこう【勘校】** ふたつの文書を比較し正すこと。

**かんこう【敢行】** 断行。

**かんこう【感光】** 光により化学変化すること。

**―紙《し》** 印画紙。

**かんこう【慣行】** 習慣として行われていること。類慣例

**かんこう【箝口】** 発言させないこと。〔「けんこう」の慣用読み〕

**―令《れい》** 口どめの命令。「―をしく」

**かんこう【緩行】** ゆっくり進むこと。

**かんこう【緩効】** 効果がゆっくりあらわれ、持続すること。「―性肥料」対即効

**かんこう【緘口】**〔文章語〕発言しないこと。

**かんこう【観光】** 風景や名所を見物すること。
**—地《ち》** 観光客の多く訪れる土地。
**—ビザ** 観光や訪問を目的とする人に発行されるビザの通称。
**かんごう【勘合】** つきあわせて調べること。
**がんこう【眼孔】** 眼球の納まっている穴。⊜見識。「—が広い」
**がんこう【眼光】** 目の光。⊜物事を見きわめる力。
**—紙背《しはい》に徹《てっ》す** 書物の字面の解釈だけでなく、その真意を理解する。
**—人《ひと》を射《い》る** 目つきが鋭い。
**がんこう【雁行】** 〔文章語〕斜めに並んで行くこと。〔空を飛ぶ雁の列の意から〕
**がんこうしゅてい【眼高手低】** 〔文章語〕理念ばかりで実行が伴わないこと。
**かんこうちょう【官公庁】** 国や地方公共団体の役所。
**かんこうへん【肝硬変】** 慢性肝臓病。肝臓が小さく硬くなる。
**かんごえ【寒肥】** 寒中にまく肥料。
**かんこく【勧告】** そうするように勧めること。
**かんごく【監獄】** 刑務所の旧称。
**かんごしゃ【監護者】** 離婚で、未成年の子の監督保護の権利義務を与えられた当事者の一方。
**かんこつ【顴骨】** 〔文章語〕ほおぼね。
**かんこつだったい【換骨奪胎】** 〔文章語〕古い詩文をもとに新しい詩文を作ること。⊜〔俗語〕焼き直し。

**かんこどり【閑古鳥】** カッコウの別称。
**—が鳴《な》く** (店などが)さびれて寂しい。
**かんごり【寒垢離】** 寒中に行う水ごり。
**かんこんそうさい【冠婚葬祭】** 人生の節目の儀式。元服・結婚・葬式・祖先の祭り。
**かんさ【感作】** 医学で、抗原に対して過敏な反応をする状態にすること。「減—」
**かんさ【監査】** 監督し検査すること。
**—役《やく》** 会社の会計や、業務の監査をする役(—の人)。
**かんさ【鑑査】** 検査し鑑定すること。
**かんさい【完済】** (借金などを)払い終わること。
**かんさい【漢才】** 〔文章語〕漢学に通じていること。「和魂《わこん》—」
**かんさい【関西】** 京阪神を中心とする地域。対関東
**かんさい【簡裁】** 簡易裁判所の略。
**かんさい【艦載】** 軍艦にのせること。
**かんざい【寒剤】** 冷やすのに使う混合剤。
**かんざい【管財】** 財産を管理すること。「—人」
**かんさいぼう【幹細胞】** さまざまな組織の細胞に分化する能力をもつ細胞。自ら増殖する。
**かんさく【間作】** ①ふたつの作物の栽培期間の間に他の作物を栽培すること。②うね(株)の間に他の作物を栽培すること。
**がんさく【贋作】** にせの作品。類偽作
**かんざくら【寒桜】** 桜の一。二月ごろ開花。

**かんざけ【燗酒】** 燗をつけた酒。対冷や酒
**かんざし【簪】** 髪に挿す髪飾り。
**かんさつ【監察】** 監督し視察する—こと(—人)。
**かんさつ【観察】** 物事を注意して細かく見ること。
**—医《い》** 変死者などの死因を調べる医師。
**—眼《がん》** 観察する能力。
**かんさつ【鑑札】** 役所が発行する—許可証(免許証)。〔古い言い方〕
**がんさつ【贋札】** 〔文章語〕にせさつ。
**かんざまし【燗冷まし】** 燗酒の冷えたもの。
**かんざらし【寒晒し】** ①(穀物などを)寒中にさらすこと。②白玉粉。
**かんさん【換算】** ある単位の数量を別の単位で数え直すこと。
**かんさん【閑散】** ひっそりしているようす。暇なようす。〔「〜と」の形でも使う〕
**かんし【干支】** えと。十干十二支。
**かんし【看視】** 注意して見守ること。
**かんし【冠詞】** 印欧語の品詞の一。「定(不定)—」〔a, the など〕
**かんし【漢詩】** 漢字で作った中国(—ふう)の詩。
**かんし【鉗子】** 手術用具の一。はさみ状。
**かんし【監視】** (悪いことが起こらないように)注意して見張ること。
**かんし【諫止】** 〔文章語〕いさめてやめさせること。
**かんし【諫死】** 〔文章語〕命をかけていさめること。

**かんし【環視】**（大勢が）周りで見ていること。「衆人―」
**かんじ【感じ】**①感じること。感覚。②印象。③それらしい雰囲気。
**―入《い》る** 非常に感心する。
**―取《と》る** 心に感じてさとる。
**―易《やす》い** 少しのことにも感情が動く（傷つく）ようす。
**かんじ【完治】**かんち。
**かんじ【莞爾】**にっこり笑うようす。
**かんじ【漢字】**文字の一。
**―仮名《かな》交《ま》じり文《ぶん》** 漢字とかなとを使って書いた日本語の文。
**かんじ【幹事】** 会や団体の世話役（―の人）。
**かんじ【監事】** ①団体の庶務を受け持つ人。②法人の業務を監督する機関。
**がんじがらめ**《雁字搦め》縄などをしっかり巻きつけること。‖自由を奪われた状態。
**かんしき【乾式】**（機械で）液体や溶剤を使わない方式。「―複写機」対湿式
**かんしき【鑑識】** ①ものを鑑定する力。②警察が犯罪に関して行う鑑定。その係。
**かんじき【樏】** 雪や氷の上を歩きやすいように履物の底につける輪型・つめ型の用具。
**がんしき【眼識】** 物事の真偽を見極める力。
**かんじこみ【寒仕込み】**かんづくり。
**カンジダしょう【―症】** カビの一種のカンジダによって起こる病気。モニリア症。

**かんしつ【乾湿】**乾燥と湿気。
**―球《きゅう》湿度計《しつどけい》** 湿度計の一。一対の温度計の、一方の球を湿らせて、両方の目盛りの差から湿度を知る。
**―計《けい》** 乾湿球湿度計。
**かんしつ【乾漆】**①うるしの液がかわいたもの。〔漢方薬の一〕②仏像を作る方法の一。漆を塗り固める。「―像」
**がんしつ【眼疾】**目の病気。類眼病
**がんじつ【元日】** 一年の最初の日。一月一日。国民の祝日の一。
**かんじつげつ【閑日月】** 暇な月日。‖心にゆとりがあること。「英雄―あり」
**かんしゃ【甘蔗】**さとうきび。かんしょ。
**かんしゃ【官舎】**公務員の住宅。
**かんしゃ【感謝】** ありがたいと思う気持ち。
**―感激《かんげき》雨霰《あめあられ》** 〔俗語〕深く感謝し感激すること。
**―祭《さい》** アメリカの祝日の一。〔一一月の第四木曜日。Thanksgiving Day の訳〕
**かんじゃ【患者】**医者にかかっている人。
**かんじゃ【間者】**スパイ。間諜《かんちょう》。
**かんしゃく【癇癪】**①おこりっぽい性質。②怒りをぶつけること。
**―玉《だま》** ①〔俗語〕かんしゃく。②火薬を紙に包んだおもちゃ。
**―持《も》ち** すぐかんしゃくを起こす性質（―の人）。
**―を起《お》こす** 怒りをぶちまける。
**かんじゃく【閑寂】**〔文章語〕静かなこと。

**かんしゅ【看守】** 刑務所で、監視や警備をする人。
**かんしゅ【看取】**見てそれと知ること。
**かんしゅ【巻首】**〔文章語〕書物の最初の部分。類巻頭
**かんしゅ【感取】**感じとること。
**かんしゅ【管主】**貫首《かんじゅ》。
**かんしゅ【緩手】**（囲碁・将棋で）相手を鋭く攻めることのない手。
**かんしゅ【艦首】**軍艦のへさき。対艦尾
**かんじゅ【甘受】**甘んじて受けること。「運命を―する」
**かんじゅ【官需】**政府の需要。対民需
**かんじゅ【貫首・貫主】**①天台宗の最高の僧職。②各宗総本山・大寺の管長。
**かんじゅ【感受】**感じとること。
**―性《せい》**（敏感に）感じとる力。類感性
**がんしゅ【癌腫】**癌。
**がんしゅ【願主】**（神仏に）願をかける人。
**かんしゅう【慣習】**（伝統的な）ならわし。
**―法《ほう》** 法的な効力をもつ慣習。不文法。
**かんしゅう【監修】** 著述や編集の監督をすること。「―者」
**かんしゅう【観衆】**（大勢の）見物人。
**がんしゅう【含羞】**はにかみ。
**かんじゅく【完熟】** 実や種が完全に熟すること。類成熟
**かんしょ【甘蔗】**さとうきび。
**かんしょ【甘薯・甘藷】**さつまいも。
**かんしょ【官署】**〔文章語〕役所。
**かんじょ【官女】**宮仕えの女性。かんにょ。「三人―」類女官

**かんじょ【寛恕】**〔文章語〕①心が広く思いやりがあること。②広い心で許してやること。
**がんしょ【雁書】**〔文章語〕手紙。〔中国の故事から〕
**がんしょ【願書】** 願いの趣旨を書いた書類。特に入学願書。
**かんしょう【干渉】**①当事者でない者がさしでること。②音波や光波が重なって、強まったり弱まったりする現象。
**かんしょう【奸商】**《姦商》〔文章語〕悪徳商人。
**かんしょう【完勝】** 文句のない勝ち方をすること。対完敗
**かんしょう【冠省】**手紙で、時候のあいさつなどを省略するときに書く語。類前略
**かんしょう【感傷】**ものに感じて寂しい気分になること。
**―的**《てき》 寂しい感じをもちやすいようす。類センチメンタル
**かんしょう【勧奨】**勧め、奨励すること。
**かんしょう【勧賞】**ほめて励ますこと。
**かんしょう【管掌】** 管轄下におき、取り扱うこと。「政府―」
**かんしょう【緩衝】** 中間にあって対立をやわらげる―こと(もの)。バッファ。
**―地帯**《ちたい》 対立する二国間に設けた中立地帯。
**かんしょう【環礁】**環状の珊瑚《さんご》礁。
**かんしょう【癇性】**神経質。
**かんしょう【観照】** 物事の本質を冷静に認識すること。「自然(人生)を―する」

**かんしょう【観賞】** 見て楽しむこと。「花を―する」

**かんしょう【鑑賞】** 芸術作品を味わい理解すること。「音楽―」

**かんじょう【冠状】**かんむりのような形。

**―動脈**《どうみゃく》 冠《かん》動脈。

**かんじょう【勘定】** ①計算。②代金。③「―(=考慮)にいれない」

**―書**《が》**き** 代金の請求書。勘定書《かんじょうしょ》。

**―科目**《かもく》 簿記で、計算・記録の便宜上分類した単位の名称。

**―尽**《ず》**く** 損得だけを基準に行動すること。

**―高**《だか》**い** お金に細かくけちだ。類打算的
**かんじょう【感状】**軍隊で、手柄のあった者に与える賞状。

**かんじょう【感情】**気持ち。

**―移入**《いにゅう》 自分の気持ちを対象と同一化すること。

**―的**《てき》 感情が出やすいようす。

**―労働**《ろうどう》 自分の感情の抑制が絶対に必要とされる仕事。接客業など。対肉体労働・頭脳労働
**―論**《ろん》 感情に走って冷静さを欠いた議論。

**かんじょう【管状】**くだのような形。

**かんじょう【環状】**輪のような形。

**―線**《せん》 環状の道路・鉄道線路。

**かんじょう【灌頂】**①〔仏教語〕真言宗の儀式の一。②〔仏教語〕墓参りで墓石に水を注ぐこと。③雅楽などで、秘曲の伝授。

**がんしょう【岩床】** 地中に板状に広がった岩。
**がんしょう【岩漿】**マグマ。
**がんしょう【岩礁】**海面下に隠れている岩。
**がんじょう【頑丈】** 人や物が丈夫でがっしりしているようす。
**かんしょく【完食】**〔俗語〕残さずすべて食べること。
**かんしょく【官職】**①官と職。②公務員の職務。
**かんしょく【寒色】** 青・緑・紫など。対暖色
**かんしょく【間色】** 原色と原色の中間の色。
**かんしょく【間食】** 食事と食事の間にちょっと食べる―こと(もの)。
**かんしょく【閑職】** ひまな(重要でない)職。
**かんしょく【感触】** 物事に接したときの感じ。「―をつかむ」
**がんしょく【顔色】**かおいろ。
**―なし** 圧倒されること。顔色を失う。
**かんじる【感じる】**①感覚を生じる。「痛みを―」②心に思う。「疑問を―」③感心する。「熱意に―」◇感ずる。
**かんじる【観じる】**観ずる。
**かんしん【甘心】**満足(納得)すること。
**かんしん【奸臣】**《姦臣》 主君に対し悪だくみをする家来。
**かんしん【寒心】**ぞっとすること。
**かんしん【感心】**①心に深く感じること。

②ほめられるようすである。
**―しない** 賛成できない。
**かんしん【関心】** 興味。気がかり。
**かんしん【歓心】** 喜ぶ心。
**―を買《か》う** きげんをとる。
**かんじん【肝心・肝腎】** とても大切だ。類肝要
**―要《かなめ》** 肝心の強め。
**かんじん【閑人】** 〔文章語〕ひまな人。ひま人。
**かんじん【勧進】** 寺院や仏像の建立・修繕のための寄付を集めること。勧化《かんげ》。
**―帳《ちょう》** ①勧進の趣旨を書いた巻き物。②歌舞伎十八番の一。
**―元《もと》** ①興行の主催者。②発起人。世話人。
**かんしんせい【完新世】** 沖積世。
**かんすい【完遂】** 完全に成し遂げること。「任務を―する」
**かんすい【冠水】** （田畑や商品が）大水で水をかぶること。
**かんすい【梘水】** 中華めんを作るときに混ぜる炭酸カリウムや炭酸ナトリウムの溶液。
**かんすい【灌水】** 水をかけること。
**かんすい【鹹水】** しおみず。Ⅱ海水。対淡水
**―魚《ぎょ》** 海にすむ魚。対淡水魚
**がんすい【含水】** 水を含むこと。「―化合物」
**―炭素《たんそ》** 炭水化物の旧称。
**かんすう【関数】**《函数》ふたつ（以上）の変数で、ひとつが定まれば他が規則的に定まるような関係。
**かんすうじ【漢数字】** 数を表す漢字。〔一・二・十・百・千など〕
**かんすぼん【巻子本】** 巻き物の形の本。けんすぼん。
**かんする【冠する】** 上にかぶせる。
**かんする【関する】** 関係する。
**かんする【緘する】** 封をする。「口を―」（＝閉じる）」
**かんずる【感ずる】** 感じる。
**かんずる【観ずる】** 心に思い浮かべ、真理を悟る。観じる。
**かんせい【完成】** しあがること。
**かんせい【官制】** 行政機関の設置や廃止などに関する規定。
**かんせい【官製】** 政府で作ること。また、作ったもの。対私製
**かんせい【陥穽】** 〔文章語〕おとしあな。Ⅱはかりごと。
**かんせい【乾性】** 乾きやすい性質。水気の少ない性質。対湿性
**かんせい【喚声】** 叫び声。
**かんせい【喊声】** 〔文章語〕鬨《とき》の声。
**かんせい【閑静】** （環境が）静かでひっそりしているようす。
**かんせい【感性】** ①感受性。②外界の刺激に対する心の働き。「―的」
**かんせい【慣性】** 物体の性質の一。外部からの力がない限り現在の状態を続ける。惰性。「―の法則」
**かんせい【管制】** （強制的に）管理・制御すること。
**―塔《とう》** 空港で、航空機の発着・飛行を管制する設備。コントロールタワー。
**かんせい【歓声】** 喜びを表す叫び声。「―をあげる」
**かんぜい【関税】** 外国からの輸入（持ち込み）品にかける税。「―率」
**がんせいひろう【眼精疲労】** 目が疲れやすい状態。頭痛や吐き気を催すこともある。
**かんぜおん【観世音】** 菩薩《ぼさつ》の一。観音。
**かんせき【漢籍】** （中国の）漢文で書かれた書籍。
**がんせき【岩石】** いわ。
**かんせつ【冠雪】** 山などに雪が降り積もること。
**かんせつ【間接】** 間に他の物事を置いて対すること。Ⅱ遠回し。◇対直接
**―喫煙《きつえん》** 喫煙者のそばでその煙をやむなく吸わされること。受動喫煙。
**―証明《しょうめい》** 結論以外の場合が誤りであることを示して結論が正しいとする証明。対直接証明
**―照明《しょうめい》** いったん反射させた光で照明する方法。対直接照明
**―税《ぜい》** 消費者が負担し、製造・販売者が納税する税金。〔酒税や入場税など〕対直接税
**―選挙《せんきょ》** 有権者が選んだ選挙人が代表者を選ぶ選挙。対直接選挙
**―話法《わほう》** 話法の一。他人の発言を話し

手の立場で言いかえて述べる。対直接話法

**かんせつ【関節】** 骨と骨の連結部。

**かんぜつ【冠絶】**〔文章語〕最も優れていること。

**がんぜない【頑是ない】** 幼くて聞き分けがない。

**かんぜより【観世縒り】** こより。

**かんせん【汗腺】** 汗を分泌する管状の腺。

**かんせん【官選】** 政府が選ぶこと。国選。

**かんせん【乾癬】** 慢性の皮膚病の一。〔感染はしない〕

**かんせん【感染】** 病気がうつること。「ウイルスに―する」‖影響を受けること。

**―症**《しょう》 病原体が体内に侵入して起こる病気。〔伝染病より広義〕

**かんせん【幹線】** 主要な路線。対支線

**かんせん【観戦】** 戦いや試合を見ること。

**かんせん【艦船】** 軍艦と船。

**かんぜん【完全】** 必要な物事がすべてそろっていること。類完璧《かんぺき》

**―雇用**《こよう》 職につきたい人すべてに職を与えること。

**―試合**《じあい》 野球で、相手チームの走者を一人も出さずに一人の投手が完投して勝った試合。パーフェクトゲーム。

**―燃焼**《ねんしょう》 完全に燃焼すること。‖満足のいくまでできること。

**―無欠**《むけつ》 完全で少しも欠点のないこと。

**かんぜん【敢然】** 思いきってするようす。

**がんぜん【眼前】** 目の前。すぐ近く。類目前

**かんぜんするところがない【間然するところがない】** 完璧《かんぺき》である。

**かんぜんちょうあく【勧善懲悪】** 善をほめ、悪をこらしめること。勧懲。

**かんそ【簡素】** 必要なものだけあり、むだや飾り気がないようす。

**がんそ【元祖】** 一家の先祖。‖創始者。

**かんそう【完走】** ゴールまで走りぬくこと。

**かんそう【乾燥】** 乾く（乾かす）こと。「―剤」‖おもしろみがないこと。「無味―」

**―気候**《きこう》 雨量の少ない乾燥した気候。

**かんそう【間奏】** 一曲の途中に挟んで演奏される部分。

**―曲**《きょく》 歌劇の幕間や楽曲の途中に演奏される小曲。インテルメッツォ。

**かんそう【感想】** ある物事に対して思い感じたこと。類所感

**かんそう【歓送】** 出発を祝って送り出すこと。「―会」対歓迎

**かんそう【観相】** 人相を見ること。

**かんぞう【甘草】** マメ科の多年草の一。根は漢方薬。

**かんぞう【肝臓】** 内臓の一。胆汁を作り栄養分を貯蔵。

**―ジストマ** 肝吸虫の旧称。

**かんぞう【萱草】** ユリ科の多年草。

**がんそう【含嗽】**〔文章語〕うがい。「―薬」

**がんぞう【贋造】** にせもの（―を作ること）。

**かんそうげいかい【歓送迎会】** 出る人を歓送し、来る人を歓迎する会。

**かんそく【観測】**（天体や気象の状態を）観察・測定すること。‖物事の状態を見て判断すること。

**―気球**《ききゅう》 気象観測や敵地偵察のための気球。‖世論や相手の反応を探るために流す情報や見解。バロンデッセ。

**かんぞく【奸賊】**《姦賊》〔文章語〕ひどい悪人。

**かんそん【寒村】** もの寂しい、さびれた村。

**かんそんみんぴ【官尊民卑】** 政府・役人を尊び、民間を一段下に見ること。

**カンタータ**〔イタリア語 cantata〕交声曲。オーケストラの伴奏に独唱・重唱・合唱が加わる。

**カンタービレ**〔イタリア語 cantabile〕音楽の演奏標語の一。歌うように美しく。

**かんたい【寒帯】** 気候による地域区分の一。緯度六六・三三度から両極までの地帯。

**―気候**《きこう》 寒帯の非常に寒冷な気候。

**かんたい【歓待】**《款待》喜んで手厚くもてなすこと。類歓迎

**かんたい【艦隊】** 複数の軍艦による部隊。

**かんだい【寛大】** 心が広く思いやりがあるようす。類寛容

**がんたい【眼帯】** 目を保護し、覆うもの。

**かんたいじ【簡体字】** 中国で、文字改革で制定された簡略化された漢字。対繁体字

**かんたいへいよう【環太平洋】** 太平洋をとりまくこと。

**かんだかい【甲高い】**《疳―》声の調子が高い。

**かんたく【干拓】** 海や湖の水を除いて|陸地(耕地)にすること。「―地」
**かんたまご【寒卵】** 寒中に産んだ鶏卵。
**かんたる【冠たる】** とびぬけて優れている。「世界に―」
**がんだれ【雁垂れ】** 漢字の部首の一。厚・原などの「厂」。
**かんたん【肝胆】** 〔文章語〕肝《きも》と胆《い》(=胆のう)。Ⅱ心の奥底。
**―相《あい》照《て》らす** 心の奥底を打ち明け、親しくつきあう。
**かんたん【感嘆】**《感歎》驚き感心すること。
**―詞《し》** 感動詞。
**―符《ふ》** 感嘆を表す符号。エクスクラメーションマーク。「!」
**かんたん【簡単】** 対複雑
**かんだん【寒暖】** 寒さと暖かさ。「―の差」
**―計《けい》** 温度計。
**かんだん【間断】** 切れめ。
**―なく** 絶え間なく。
**かんだん【閑談】** むだ話。
**かんだん【歓談】** うちとけて話をすること。
**がんたん【元旦】** 元日の朝。Ⅱ元日。
**かんたんのゆめ【邯鄲の夢】** 栄枯盛衰がはかないたとえ。一炊の夢。盧生《ろせい》の夢。〔中国の故事から〕
**かんち【奸知・奸智】** 〔文章語〕悪知恵。
**かんち【完治】** 病気やけがが完全になおること。かんじ。
**かんち【寒地】** 寒さの厳しい土地。対暖地
**かんち【換地】** 土地を交換すること。かえ地。
**かんち【閑地】** ①静かな土地。②あき地。③閑職。
**かんち【感知】** 感じとって知ること。「煙を―する」
**かんち【関知】** 関係して知ること。
**かんちがい【勘違い】** 思い違い。
**がんちく【含蓄】** 深い含みがあること。「―のある言葉・―に富む」
**かんちゅう【寒中】** 小寒から大寒までの期間。Ⅱ寒さの厳しい時期。◇対暑中
**かんちゅう【閑中】** 〔文章語〕ひまな時。対忙中
**―忙《ぼう》有《あ》り** ひまなようでもたまには忙しいことがあるものだ。
**がんちゅうにない【眼中にない】** 問題外だ。
**かんちょう【干潮】** ひきしお。対満潮
**かんちょう【完調】** 体調が完全なこと。ベストコンディション。
**かんちょう【官庁】** 国家の事務を処理する機関。役所。「―街」
**かんちょう【浣腸】**《灌腸》肛門から直腸に|薬剤(滋養分)を注入すること。
**かんちょう【貫長・貫頂】** 貫首《かんじゅ》。
**かんちょう【間諜】** スパイ。
**かんちょう【管長】** (仏教や神道で)一宗派を管理する長。
**かんちょう【館長】** 館とよばれる所の長。
**かんちょう【灌頂】** かんじょう。
**かんちょう【艦長】** 軍艦の長。
**がんちょう【元朝】** 元日の朝。類元旦
**かんつう【姦通】** 男女の不義の関係。
**かんつう【貫通】** つらぬき通ること。
**カンツォーネ** 〔イタリア語 canzone〕イタリア(|民謡ふう)の歌謡曲。
**かんづく【感付く】**《勘―》気づく。
**かんづくり【寒造り】** 冬の寒さを利用してつくる|こと(酒)。寒仕込み。
**カンづめ【缶詰】** 缶につめて密封した保存食品。Ⅱある場所に閉じ込めること。
**カンテ** 〔ドイツ語 Kante〕①スキーで、ジャンプの踏み切り点。②岩壁の突き出た所。〔登山用語〕
**かんてい【官邸】** 大臣などの公式の邸宅。類公邸 対私邸
**かんてい【鑑定】** 物事の真偽や良否を調べ判定すること。
**―家《か》** 美術品などの鑑定をする人。
**―人《にん》** 裁判所などの依頼で事件についての鑑定をする学識経験者。
**かんてい【艦艇】** 軍艦の総称。
**がんてい【眼底】** 眼球内部の後ろの面。「―出血」
**かんてつ【完徹】** 〔俗語〕完全な徹夜。
**かんてつ【貫徹】** やりぬくこと。「初志を―する」
**かんではきだすよう【嚙んで吐き出すよう】** 不機嫌でぶっきらぼうに言うようす。
**かんでふくめる【嚙んで含める】** 理解しやすいようにわかりやすく言う。
**カンテラ** 〔オランダ語 kandelaar〕携帯用の照明器具の一。ブリキ製。石油やろうそくが

燃料。
**カンデラ**［candela］ 光度の基本単位。記号cd
**かんてん【干天】**《旱天》（夏の）ひでりの空。
**―の慈雨《うじ》** ひでり続きに降る恵みの雨。⑪待望のものがやっと手に入ること。
**かんてん【寒天】** ①〔文章語〕（冬の）さむぞら。②食品の一。テングサの加工品。
**かんてん【寒点】** 冷点。対温点
**かんてん【観点】** 物事を見る立場。見地。
**かんでん【乾田】** 水はけがよい田。対湿田
**かんでん【感電】** 電流が体内を通り、ショックを受けること。
**かんでんち【乾電池】** 電池の一。陽極が炭素棒、陰極が亜鉛。
**かんてんぼうき【観天望気】** 空のようすなどを見て、過去の経験から天気予報をすること。
**かんと【官途】** 役人としての職務・地位。「―に就く」
**かんど【漢土】** 中国の古称。
**かんど【感度】**（計器・フイルムなどが）刺激に対して反応する度合い。「高―」
**かんとう【完投】** 野球で、一人の投手が一試合を最後まで投げ通すこと。
**かんとう【巻頭】** 書物や雑誌のいちばん初め。対巻末・巻尾
**―言《げん》** 巻頭にのせる短い文章。
**かんとう【敢闘】** 一生懸命に戦うこと。
**―賞《しょう》** 敢闘をたたえて与える賞。
**かんとう【関東】** ①東京とその近県一帯。関東地方。対関西 ②中国河南省にあった函谷関より東の地域。
**―煮《だ》き**（関西で）煮込みおでん。関東煮に。
**かんとう【関頭】**〔文章語〕わかれ目。「生死の―に立つ」
**かんどう【完動】**（中古で）完全な状態に作動すること。「―品」
**かんどう【勘当】** 親や師が子や弟子との縁を切ること。類義絶
**かんどう【間道】** 抜け道。わき道。対本道
**かんどう【感動】** 深く心を動かされること。
**―詞《し》** 品詞の一。感動・応答・呼びかけを表す語。「おお・はい・おい」など。感嘆詞。間投詞。
**―的《てき》** 感動を与えるようす。
**がんとう【岩頭】**《巖頭》 岩の―突端（上）。
**がんどう【龕灯】**《強盗》 前だけを照らすしくみのちょうちん。がんどうぢょうちん。
**―返《がえ》し** 芝居の場面転換方法の一。大道具を倒すと次の大道具がせり上がる。
**かんとうし【間投詞】** 感動詞。
**かんどうみゃく【冠動脈】** 心臓壁に冠状にあって心臓に栄養を供給する動脈。
**かんとく【感得】**（真理を）感じて会得すること。類感知
**かんとく【監督】** 全体をまとめ、指図し、取り締まる―こと（人）。「―者」
**かんどころ【勘所】**（三味線や琵琶《びわ》で）弦を押さえるべき所。⑪肝心な点。
**がんとして【頑として】** 頑強に。自説を主張してゆずらないようす。
**かんドック【乾―】** 陸地を掘り、水を出し入れできるようにしたドック。対浮きドック
**カントリー**［country］ 郊外。いなか。
**―アンドウエスタン**［country and western］ アメリカ西部・南部でおこった白人の大衆音楽。C&W。
**―クラブ**［country club］（郊外にある）ゴルフ場を中心とする施設。
**―ミュージック**［country music］ カントリーアンドウエスタン。カントリー。
**かんな【鉋】** 大工道具の一。材木の面をなめらかにする。
**カンナ**［canna］ カンナ科の多年草。夏から秋にかけて赤や黄色の大きな花が咲く。
**かんない【管内】** 管轄区域内。対管外
**かんなづき【神無月】** 陰暦で一〇月。
**かんなめさい【神嘗祭】** 一〇月一七日、天皇がその年の新米を伊勢神宮に奉納する祭り。しんじょうさい。
**かんなん【艱難】** つらく苦しいこと。
**―辛苦《しんく》** たいへんな苦労。
**―汝《なんじ》を玉《たま》にす** 人間は苦労してこそ大成する。
**かんにゅう【陥入】** くぼむこと。類陥没
**かんにゅう【貫乳】**《貫入》 陶磁器の表面に出る細かいひび。
**かんにゅう【嵌入】**〔文章語〕はめ込むこと。
**かんにょ【官女】** かんじょ。

**かんにん【堪忍】** 他人の失敗や過失を許すこと。「なさぬ―するが―」
**―袋《ぶくろ》の緒《お》が切《き》れる** 我慢の限度を過ぎる。
**カンニング**〔cunning〕 試験時の不正行為。「―ペーパー」
**かんぬき【閂】** 門や戸を堅くしめるための横木。
**かんぬし【神主】** 神社で、神に仕えることを職業にしている人。神官。
**かんねつし【感熱紙】** 熱によって発色する記録紙。
**かんねん【観念】** ①あきらめること。②対象の心の中でのとらえかた。考え。類概念
**―的《てき》** 現実を離れ抽象的。
**―の臍《ほぞ》を固《かた》める** もうこれまでと覚悟する。
**―論《ろん》** ①〔哲学用語〕精神や理念を本源的な存在と考える立場。対実在論 ②現実に即さない考え。
**がんねん【元年】** 年号が改まって最初の年。「令和―」
**かんのいり【寒の入り】** 寒の季節に入ること。一月六日ごろ。
**かんのう【完納】** 残らず納入すること。
**かんのう【官能】** 感覚（―器官の働き）。Ⅱ性的感覚。
**―的《てき》** 肉感的。
**かんのう【間脳】** 脳の一部。自律神経の中枢がある。〔大脳と中脳との間にある〕
**かんのう【感応】** ①心が物事に感じ、動くこと。②誘導②。
**かんのもどり【寒の戻り】** 春になってから一時的に寒くなること。
**かんのん【観音】** 観世音の略。「―様」
**―開《びら》き** 真ん中から左右に引いて開くこと（戸）。両開き。
**かんば【汗馬】** 汗血《かんけつ》の馬《うま》。
**―の労《ろう》** 戦場での功労。
**かんば【悍馬】**《駻馬》 あばれうま。
**かんぱ【看破】** 見やぶる（見ぬく）こと。「たくらみを―する」
**かんぱ【寒波】** 寒気の襲来によって、温度が急激に下がること。その気流。対熱波
**カンパ**〔ロシア語 kampanija〕 大衆から運動に対する寄付を集めること。資金カンパ。
**カンパーニュ** 丸く大きいフランスパン。〔フランス語 Pain de campagne から。田舎風パンの意〕
**かんばい【完売】** 売りつくすこと。
**かんばい【寒梅】** 寒中に咲く梅。
**かんばい【観梅】** 〔文章語〕梅の花を見て楽しむこと。梅見。
**かんぱい【完敗】** 完全に負けること。対完勝
**かんぱい【乾杯】** 祈りや祝いのために杯をさしあげ、酒を飲み干すこと。〔その際、「乾杯」と発声する〕
**かんぱく【関白】** 昔、天皇を補佐した最高位の職。Ⅱ最もいばっている人。「亭主―」
**かんばしい【芳しい】**《馨しい》 ①香りがよい。②（否定表現の中で）立派だ。よい。「芳しくないうわさ」
**かんばしる【甲走る】** （声が）高く鋭く響く。
**カンバス**〔canvas〕 ①（油絵の）画布。②綿や麻の、粗い布。◇キャンバス。
**かんばせ【顔】** かお。「花の―」〔雅語〕
**かんぱち【間八】** ブリに似た海魚。食用。
**かんばつ【干魃・旱魃】** ひでり。
**かんばつ【間伐】** 山林の樹木の発育のため、不適当な木を切り、空間を作ること。
**かんぱつ【渙発】** 〔文章語〕詔勅を発すること。
**かんぱつ【間髪】** 〔俗語〕間一髪。「―を入れず」〔正しくは、「間、髪《はつ》を入れず」〕
**かんぱつ【煥発】** 〔文章語〕輝きが現れること。「才気―」
**カンパニー**〔company〕 （株式）会社。
**がんばり【頑張り】** がんばること。
**―屋《や》** 一生懸命努力をする人。
**がんばる【頑張る】** ①一生懸命努力する。②我意をあくまで通す。
**かんばん【看板】** ①宣伝のため屋号や商品名を大きく記したもの。Ⅱスローガン。②飲食店などの閉店時刻。
**―が泣《な》く** 実際が建て前と違いすぎて、恥ずべきありさまだ。
**―倒《だお》れ** 内実が外見の立派さと釣り合わないこと。
**―娘《むすめ》** 店先にいて客をひきつける美しい娘。
**―を下《お》ろす** 廃業する。
**かんパン【乾―】** 保存・携帯用の小型のパン。

かんぱん【甲板】 船舶の上部の広い床《ゆか》。デッキ。
がんばん【岩盤】 基盤となる岩石層。
―浴《よく》 熱した鉱石の上に横になって体を温める設備。
かんび【甘美】 甘くおいしいようす。⊜甘く快いようす。
かんび【完備】 完全に備わっていること。対不備
かんび【巻尾】 本の終わり。巻末。対巻頭
かんび【艦尾】 軍艦の後部。対艦首
かんぴ【官費】 政府の支出するお金。対私費
がんぴ【雁皮】 落葉低木の一。樹皮は和紙の原料。
―紙《し》 上質の和紙。
かんびょう【看病】 病人の世話をすること。「寝ずに―する」
かんぴょう【干瓢】《乾瓢》 食品の一。ユウガオの実をひも状にむいて干したもの。
がんびょう【眼病】 目の病気。
かんぴょうき【間氷期】 氷河期と氷河期の間の期間。〔現在は第四間氷期〕
かんぶ【患部】 病気や傷のある部分。
かんぶ【幹部】 組織や団体の中心となる人（―たち）。
かんぷ【姦夫】 〔文章語〕他人の妻と私通した男。
かんぷ【姦婦】 〔文章語〕夫以外の男と私通した女。
かんぷ【悍婦】 気の荒い女。
かんぷ【乾布】 乾いた布。
―摩擦《まさつ》 乾いた布で体をこすること。
かんぷ【還付】 国や政府が借りていたものをもとの持ち主に返すこと。「―金」
カンファレンス〔conference〕 ①会議。特に、病院で症例検討会。②連盟。◇コンファレンス。
カンフー《功夫》〔中国語 gōngfu〕 中国拳法。クンフー。「―映画」
かんぷう【完封】 ①完全に動きを封じること。②野球で、相手チームに得点を与えずに勝つこと。
かんぷう【寒風】 冬の寒い風。
かんぷく【官服】 政府支給の制服。対私服
かんぷく【感服】 感心し敬服すること。
がんぷく【眼福】 目の保養。「―を得る」
かんぶつ【乾物】 乾燥した食品の総称。
かんぶつ【換物】 （財産を守るために）お金を物にかえること。対換金
かんぶつ【灌仏】 仏像に香水《こうずい》（＝香《こう》を入れた水）を注ぎかけること。
―会《え》 釈迦《しゃか》誕生の日（＝四月八日）にその像に甘茶を注ぐ行事。花祭り。
がんぶつ【贋物】 〔文章語〕にせもの。対真物
がんぶつそうし【玩物喪志】 （珍しい）物にとらわれて、大切な志を失うこと。
かんぷなきまで【完膚なきまで】 徹底的に。
カンブリアき【―紀】 地質時代の区分の一。古生代の最古の時代。
カンフル〔オランダ語 kamfer〕 ①精製した樟脳《しょうのう》。カンフル注射。〔かつて強心剤として使われた〕②
―注射《ちゅうしゃ》 心不全に対して使われた注射。〔血圧を高め呼吸を増大させる〕⊜衰退したものに活力を与えるきっかけ。
かんぶん【漢文】 中国古来の文章（―に似せた文章）。対和文
―訓読《くんどく》 漢文を日本語ふうの文になおして読むこと。
かんぶんがく【漢文学】 中国の古典（―を研究する学問）。
かんぺいしき【観兵式】 元首などが兵を観閲する式。類閲兵式
カンペ〔俗語〕カンニングペーパーの略。
かんぺいしゃ【官幣社】 もと、格式の高い神社。宮内省から幣帛《へいはく》を奉った。
かんぺき【完璧】 欠点がまったくないこと。〔「きずのない玉」の意〕
かんぺき【癇癖】 かんしゃくもち。
がんぺき【岩壁】 壁のようにきり立った岩。
がんぺき【岸壁】 ①船が横づけできる波止場。②壁のようにきり立った岸。
かんべつ【鑑別】 調べ、分けること。
かんべに【寒紅】 寒中に作る紅。〔色が鮮明。／最上品とされる〕
かんべん【勘弁】 失敗や罪を許すこと。
かんべん【簡便】 手軽で便利なこと。
かんぼう【奸謀】《姦謀》 〔文章語〕わるだくみ。
かんぼう【官房】 内閣や官庁の長官に直属して、人事や文書などの事務を扱う機

関。
―長官《ちょうかん》 内閣官房長官。
**かんぼう【感冒】** 風邪。
**かんぼう【監房】** 刑務所の、服役者を入れる部屋。
**かんぽう【官報】** 政府が国民に知らせる事柄を編集して毎日発行する文書。
**かんぽう【漢方】** 中国伝来の医術。
**―医《い》** 漢方で治療する医者。
**―薬《やく》** 漢方で使う薬。〔主に草根木皮〕
**かんぽう【艦砲】** 軍艦に装備された大砲。
**がんぼう【顔貌】** 〔文章語〕顔かたち。
**がんぼう【願望】** 願い望むこと。
**かんぽうのまじわり【管鮑の交わり】** 非常に親密な交友。〔中国の故事から〕
**かんぼく【灌木】** 低木の旧称。対喬木《きょうぼく》
**かんぼつ【陥没】** その部分が落ち込むこと。「道路が―する」
**かんぽん【刊本】** 印刷・出版された本。対写本・稿本
**かんぽん【完本】** (シリーズもので)全巻そろっているもの。丸本。対欠本・端本・零本
**がんぽん【元本】** 後に利益や収入をうむ財産。もとで。〔貸家・株券・預金など〕
**―割《わ》れ** その価値が、投資した元の額より少なくなった状態。
**カンマ** 〔comma〕コンマ。
**ガンマ【γ】** 〔ギリシャ語 gamma〕 ギリシャ字母の第三の字。ガンマー。
**―グロブリン** 〔gamma globulin〕 血液中の血漿《けっしょう》たんぱく質の成分の一。さまざまな感染症の抗体を含み、予防や治療に用いられる。
**―線《せん》** 放射線の一。波長が短い電磁波。癌《がん》の治療に利用。γ線。ガンマー線。
**かんまいり【寒参り】** 寒の間、毎夜、神仏に参詣すること(人)。寒もうで。
**かんまつ【巻末】** 本の終わり。巻尾。対巻頭
**かんまん【干満】** 干潮と満潮。
**かんまん【緩慢】** ①ゆっくりしているようす。②手ぬるいようす。
**かんみ【甘味】** 甘み(―のある食品)。
**―処《どころ》** 主に和菓子を食べさせる店。
**―料《りょう》** 甘みをつける調味料。〔砂糖など〕
**かんみ【鹹味】** 塩け(―のある食品)。
**がんみ【含味・玩味】** (食物や意味を)よく味わうこと。「熟読―」
**かんみん【官民】** 政府(役人)と民間。
**かんみんぞく【漢民族】** 中国の人口の大部分を占める民族。
**かんむり【冠】** ①(衣冠束帯のとき)頭にかぶるもの。②漢字の部首の分類の一。上に書く。「草―」 ③スポンサーの名を冠した。「―コンサート」
**―を曲《ま》げる** 機嫌をわるくする。類おかんむり
**かんむりょう【感無量】** 感慨無量。
**かんめ【貫目】** ①めかた。貫。〔単位としても使う〕②貫禄。「―がついた」
**かんめい【官命】** 〔文章語〕政府の命令。
**かんめい【漢名】** (動植物などの)中国での名称。対和名
**かんめい【感銘】《肝銘》** 忘れられないほど感動すること。「―を受ける」
**かんめい【簡明】** 簡単明瞭。
**がんめい【頑迷・頑冥】** 頑固でものわかりがわるいこと。「―固陋」
**かんめん【乾麺】** 干しためん類。
**がんめん【顔面】** 顔(―の表面)。
**かんもうで【寒詣で】** 寒参り。
**かんもく【完黙】** 完全黙秘の略。
**がんもく【眼目】** 主眼。要点。
**かんもち【寒餅】** 寒中につく餅。
**がんもどき【雁擬き】** 細かく刻んだ野菜などを入れた油揚げ。がんも。飛竜頭《ひりょうず》。
**かんもん【喚問】** 公的に呼び出し、質問すること。類召喚
**かんもん【関門】** 関所。Ⅱ通過するのが難しい所。
**がんもん【願文】** 神仏にたてる願の趣意を記した文書。
**かんや【寒夜】** 冬の寒い夜。
**かんやく【完訳】** 全訳。対抄訳
**かんやく【漢訳】** 漢文に訳すこと。
**かんやく【監訳】** 書物の翻訳の監督をし、その責任を負うこと。
**かんやく【簡約】** 簡単に要約すること。類簡略
**がんやく【丸薬】** 丸く固めた薬。対粉薬・水薬
**かんゆ【肝油】** 魚類の肝臓からとった脂肪分。主に薬用。「―ドロップ」

**かんゆ【換喩】** 修辞法の一。表現したいものをそれと関係の深いもので表現する。〔「お膳」で「食事」を表すなど〕
**かんゆう【官有】** 政府の所有。国有。対民有
**―地**《ち》 国有地。
**かんゆう【勧誘】** すすめてさそうこと。
**がんゆう【含有】** 含んでいること。
**―量**《りょう》 その成分の含まれている量。含量。
**かんよ【関与】**《干与》関係すること。
**かんよう【肝要】** 最も大事だ。
**かんよう【涵養】** だんだんに養成すること。
**かんよう【寛容】** 心が広く、よく人を受け入れること。
**かんよう【慣用】** 一般によく使われること。
**―音**《おん》 漢字の音の一。漢音・呉音・唐音以外で昔から使われる音。〔輸をユと読むなど〕
**―句**《く》 二語以上の連結がひとつの意味を表すもの。〔「猫をかぶる」など〕
**―語**《ご》 ①日常のきまり文句。〔「すみません・お供します」など〕②慣用句。
**―読**《よ》**み** 本来の読みとは別の、慣用による読み。〔攪《こう》拌《はん》を「かくはん」と読むなど〕
**かんようしょくぶつ【観葉植物】** 主に葉を観賞する植物。〔ポトス・ゴムノキなど〕
**がんらい【元来】** もともと。類本来
**がんらいこう【雁来紅】** ハゲイトウの別称。〔ガンの来るころに葉が紅色になる〕
**かんらかんら** 豪傑などが高笑いする声。かんらから(―から)。
**かんらく【陥落】** ①(土地などが)落ち込むこと。②攻め落とされること。③〔俗語〕くどきおとされること。
**かんらく【歓楽】** 喜び楽しむこと。類享楽・快楽
**―街**《がい》 盛り場。
**かんらん【甘藍】** キャベツ。
**かんらん【橄欖】** ①カンラン科の常緑高木の一。東南アジア産。②オリーブ。
**―石**《せき》 造岩鉱物の一。多くオリーブ色。〔透明度が高いものはペリドットとよばれ宝石とされる〕
**かんらん【観覧】** 見物すること。「―席」
**―車**《しゃ》 遊園地にある、水車のように回って眺めを楽しませる装置。
**かんり【官吏】** 役人の古い言い方。特に国家公務員。
**かんり【管理】** よい状態が続くよう処理すること。
**―社会**《しゃかい》 社会組織が巨大化し、人間があらゆる面で管理されるようになった(―現代の)社会。
**―職**《しょく》 会社や官公庁で、部下を統率して仕事を管理する職(―の人)。
**―通貨制度**《つうかせいど》 財務省や中央銀行が金準備量に拘束されずに通貨量を管理・調節できる制度。対金本位制度
**―人**《にん》 施設などの管理をする人。
**かんり【監理】** 監督・指導し管理すること。「設計―」
**がんり【元利】** 元金と利子。「―合計」
**がんりき【眼力】** 物事の真偽や善悪などを見ぬく力。
**がんりき【願力】** ①願望を貫こうとする力。類念力 ②阿弥陀仏《あみだぶつ》の本願の力。
**かんりつ【官立】** 国立。対私立
**かんりゃく【簡略】** 省略して簡単にするようす。類簡潔
**かんりゅう【貫流】** (川などが)つらぬいて流れること。
**かんりゅう【乾留】**《乾溜》空気を遮断して固体を熱し揮発分を回収すること。
**かんりゅう【寒流】** 海流の一。寒帯から赤道方向に流れ、低温。〔親潮など〕対暖流
**かんりゅう【還流】** 流れが元へ戻ること。
**かんりょう【完了】** 完全に終わること。
**かんりょう【官僚】** 役人。
**―主義**《しゅぎ》 役人にありがちな考え方や行動の様式。〔形式的、横柄など、悪い意味で使うことが多い〕
**―制**《せい》 各省の上級官僚が政治の実権を握っている制度。
**―政治**《せいじ》 一部の特権的な官僚が権力を握って行う政治。
**―的**《てき》 官僚主義であるようす。
**かんりょう【感量】** 計器の針が感じる最低の量。
**がんりょう【含量】** 含有量。
**がんりょう【顔料】** ①着色に用いる物質。水や油に溶けない。塗料や化粧品の原料。②絵の具。
**がんりょく【眼力】** がんりき。

**かんりん【翰林】**〔文章語〕①学者の仲間。②翰林院。〔翰は筆、林は多い意〕
**—院《いん》** ①アカデミー。②昔の中国の役所。詔勅や国史を取り扱った。
**かんるい【感涙】** 感激して流す涙。
**かんれい【寒冷】** 寒く、また冷たいこと。対温暖
**—紗《しゃ》** 綿（麻）織物の一。目があらく薄い。
**—前線《ぜんせん》** 不連続線の一。冷たい空気が暖かい空気を押し上げて生じる。にわか雨を降らせ気温を下げる。対温暖前線
**かんれい【慣例】** しきたり。慣習。
**かんれき【還暦】** 数え年六一歳。本卦《ほんけ》がえり。華甲。「—の祝い」〔生年の干支《えと》が戻ってくる年〕
**かんれん【関連】**《関聯》つながり（—があること）。
**—性《せい》** 関連の程度・具合。
**—付《づ》ける** つながりをもたせる。類関係づける
**かんろ【甘露】** ①中国の伝説で、天下がうまく治まっているときに降る甘いつゆ。②とてもおいしいこと。「ああ、—、—」
**—煮《に》** 小魚やクリを甘く煮つめた食品。
**かんろ【寒露】** ①二十四気の一。一〇月八日ごろ。②晩秋から初冬の冷たい露。
**がんろう【玩弄】** もてあそぶこと。
**かんろく【貫禄・貫録】** 身にそなわる威厳・重み。「—がある」
**—負《ま》け** 相手の貫禄に圧倒されること。
**かんわ【閑話】** ①むだ話。②もの静かに話すこと。
**—休題《きゅうだい》** それはさておき。〔余談から本筋にかえるときに接続詞ふうに使う語〕
**かんわ【漢和】** 漢字（漢語）と日本語。
**—辞典《じてん》** 漢字・漢語の読みや意味を記した辞典。
**かんわ【緩和】** 厳しさや激しさが弱まること。
**—ケア** 身体的・精神的な苦痛を緩和するためのケア。

# き

**き【基】** ①化学変化で、まとまったまま反応する原子団。「水酸—」②もとになるもの。「培養—」③すえつけたものを数える語。

**き【騎】** 馬にのった人を数える語。

**き【木】**《樹》①かたい幹をもつ植物。樹木。対草 ②材木。③**【柝】** 拍子木《ひょうしぎ》。「—が入る」

**—から落《お》ちた猿《さる》** 頼りにするものがなくなった状態。

**—で鼻《はな》をくくる** 無愛想に応対する。

**—に竹《たけ》を継《つ》ぐ** 物事が調和しない。

**—に縁《よ》って魚《うお》を求《もと》む** 方法が見当違いで、目的が達せられない。

**—を見《み》て森《もり》を見《み》ず** 物事の細部にこだわって全体を理解しない。

**き【生】** ①まじりけのないこと。「—で飲む」②純粋。「—まじめ」③手を加えていない。「—醤油《じょうゆ》」④まぜ物のない。「—糸」

**き【気】** ①性質。「—が弱い」②気持ち。感情。「—が変わる」③心のはたらき。「—（=意識）を失う・やる—（=意志）がない」④雰囲気。「陰惨の—」⑤特有の味・かおり。「—の抜けたビール」

**—がある** 関心（恋ごころ）をもつ。

**—が多《おお》い** 移り気だ。

**—が置《お》けない** 気がね（遠慮）がない。〔誤って「気配り（遠慮）が必要だ」の意にも〕

**—が利《き》く** ①心配りが行き届く。②しゃれている。

**—が気《き》でない** 気にかかって落ち着かない。

**—が差《さ》す** やましく思う。

**—が進《すす》まない** やりたくない。いやだ。

**—が済《す》む** 満足がゆく。

**—が立《た》つ** いらいらする。

**—が散《ち》る** 注意が集中しない。

**—が付《つ》く** ①意識が戻る。②心配りが行き届く。

**—が詰《つ》まる** 堅苦しくきゅうくつである。

**—が遠《とお》くなる** 意識がなくなる。

**—が咎《とが》める** やましさを感じる。

**—がない** 関心（元気）がない。

**—が長《なが》い** 辛抱強い。

**—が抜《ぬ》ける** ①緊張感がなくなる。②味や香りが失われる。「気が抜けたビール」

**—が張《は》る** 緊張する。

**—が引《ひ》ける** 引け目を感じる。

**—が触《ふ》れる** 気がちがう。

**—が回《まわ》る** 細かなことに気づく。

**—が短《みじか》い** おこりっぽい。

―が向《む》く しようとする気になる。

―に入《い》る 好みに合って満足する。

―にかかる 心配になる。

―に食《く》わない 気に入らず不愉快だ。

―にさわる 不愉快に思う。

―にする あれこれ心配する。

―にとめる 忘れないでおく。

―になる 心配になる。

―に病《や》む 心配してくよくよする。

―は心《こころ》 わずかだが、真心がこもっていること。「―、少しですがどうぞ」〔わずかの―お金(もの)を与えるときに使う〕

―を入《い》れる 真剣になる。

―を落《お》とす がっかりする。

―を配《くば》る いろいろと注意を払う。

―を抜《ぬ》く ①緊張感をなくす。②いいかげんにやる。

―を吐《は》く 意気盛んなところを示す。

―を引《ひ》く それとなく相手の気持ちを―探る(ひきつける)。

―を回《まわ》す 邪推する。

―を持《も》たせる 思わせぶりをする。

―を揉《も》む 心配していらいらする。

―を許《ゆる》す 警戒をとく。

―を良《よ》くする いい気分になる。

―を悪《わる》くする 不愉快になる。

**き【忌】** ①服喪(―の期間)。「―があける」②命日。「十三回―」

**き【奇】** ①風変わりなこと。「―をてらう(=風変わりなことをして目立とうとする)」②奇数の略。対偶

**き【紀】** ①紀伝体の記録。本紀。②地質地代の区分の一。代と世の間。「ジュラ―」

**き【黄】** 色の名。黄色。きい。〔三原色の一〕

**き【期】** 時期。「青年(反抗)―」

**き【機】** ①機会。「―を失う」②飛行機。③機械。「計算―」④飛行機を数える語。

―が熟《じゅく》する ちょうどいい時機になる。

―を見《み》るに敏《びん》 チャンスをつかまえるのがうまい。

**ぎ【義】** 〔文章語〕①正しい道理。「―を見てせざるは勇なきなり」〔五常の一〕②意味。わけ。③義理の。「―兄弟」

**ぎ【儀】** ①儀式。②事柄。「その―ばかりは」③「私―(=私に関しては)このたび」

**ギア**［gear］①歯車。また、ギアシフト。②装備。用具(―一式)。◇ギヤ。

**きあい【気合】** ①精神を集中した―勢い(かけ声)。②呼吸。いき。「二人の―があう」

―を入《い》れる ①発奮して事にあたる。②人をしかりつけ発奮させる。

**ぎあく【偽悪】** わざと悪く見せること。〔偽善に対して造った語〕

**きあけ【忌明け】** いみあけ。

**ギアシフト**［gear shift］車の変速レバー。ギア。

**ギアチェンジ**［gear change］車で、ギアシフトを入れかえること。

**きあつ【気圧】** ①大気の圧力。「―配置」②気圧の単位。一気圧は一〇一三ヘクトパスカル。

**きあわせる【来合わせる】** 偶然にそこに来て出あう。来合わす。

**きあん【起案】** 草案を作ること。類起草

**ぎあん【議案】** 会議に出す案。

**きい【忌諱】** 「きき」の慣用読み。

**きい【奇異】** ふしぎ。奇妙。

**きい【貴意】** 〔文章語〕「相手の意志・意見」の尊敬語。お考え。

**キー**［key］①ピアノ・タイプライターなどの鍵《けん》。「―を―打つ(たたく)」②かぎ。

**キーステーション**［key station］放送網の中心となって、番組の制作・供給を行う放送局。キー局。

**キータッチ**［和製語 key touch］パソコンなどのキーボードを打つこと。

**きいたふう【利いた風】** 知ったかぶり。「―な口をきく」

**きいちご【木苺】** バラ科の落葉低木。とげがある。実は食べられる。

**きいつ【帰一】** 〔文章語〕種々の物事が結局ひとつになること。

**きいっぽん【生一本】** 純粋でまじりけのないこと。「―な人・灘《なだ》の―」

**きいてごくらくみてじごく【聞いて極楽見て地獄】** 話ではすばらしいが実際はひどいこと。

**きいと【生糸】** 繭からとったままで練っていない絹糸。対練り糸

**キーノート**［keynote］①音階の第一音。主音。②基調。

**キーパー**［keeper］球技で、ゴールキーパー。

**キーパーソン**［key person］中心人物。決定権をもつ人。〔性差別を避け「キーマ

ン」を言い換えた語〕
**キープ**〔keep〕維持。保持。「ボトル―」
**キーポイント**〔和製語 key point〕要点。解決点。
**キーボード**〔keyboard〕①ピアノやコンピューター端末の鍵盤《けんばん》。②鍵盤楽器の一。
**キーホルダー**〔和製語 key holder〕いくつもの鍵《かぎ》をまとめておくもの。
**キーマカレー**〔keema curry〕ひき肉を使ったカレー。〔キーマはヒンディー語でひき肉の意〕
**キーマン**〔keyman〕キーパーソン。
**キール**〔keel〕竜骨《りゅうこつ》。
**きいろ【黄色】**黄のいろ。イエロー。
**きいろい【黄色い】**黄色である。
**―声《ごえ》**かん高い声。
**キーワード**〔key word〕手がかりとなる重要語。
**きいん【気韻】**〔文章語〕気品のある趣。
**―生動《せいどう》**（絵などに）気品があふれていること。
**きいん【起因】**起こる原因（―となること）。
**きいん【貴院】**「相手の病院・寺院」の尊敬語。
**ぎいん【議員】**合議制の機関を組織し、議決権をもつ人。「衆議院―」
**―立法《りっぽう》**国会で議員の提案による立法。
**ぎいん【議院】**議会。国会。「衆（参）―」
**―内閣制《ないかくせい》**内閣が議会の信任によって存在し、議会に責任を負う制度。

**きう【気宇】**〔文章語〕心の広さ。「―雄大」
**キウイ**〔kiwi〕①果物の一。キウイフルーツ。②キウイ科の鳥（―の総称）。
**きうけ【気受け】**その人の評判。「―がいい」
**きうつ【気鬱】**気がふさぐこと。
**きうら【木裏】**板の面で、樹心に近い方。対木表
**きうん【気運】**時勢のなりゆき。
**きうん【機運】**時の回り合わせ。時機。
**きえ【帰依】**神仏を信じ、その力にたよること。〔もとは仏教語〕
**きえい【気鋭】**意気込みの鋭いこと。「新進―」
**きえい【帰営】**兵営に帰ること。
**きえいる【消え入る】**①息が絶える。「―ような声」②気絶する。
**きえうせる【消え失せる】**消えてなくなる。
**きえぎえ【消え消え】**今にも消えそうなようす。
**きえつ【喜悦】**喜び。
**きえのこる【消え残る】**消えずに残る。
**きえる【消える】**①なくなる。「火（雪）が―」②見えなくなる。③いなくなる。
**きえん【気炎】**《気焔》盛んな意気。
**―を上《あ》げる**威勢のよいことを言う。
**きえん【奇縁】**ふしぎな縁。「合縁《あいえん》―」
**きえん【機縁】**①仏の教化を受ける縁があること。②機会。きっかけ。
**ぎえん【義援・義捐】**慈善・公益のための寄付。

**―金《きん》**義援のために出すお金。義金。
**きおい【気負い】**意気込み。
**―立《た》つ**意気込む。はりきる。
**きおう【既往】**過去（―のこと）。類以前
**―症《しょう》**以前にかかった病気。
**きおう【競う】**はりあう。
**きおう【気負う】**勇み立つ。「気負った文体」
**きおく【記憶】**覚えている―こと（内容）。
**―媒体《ばいたい》**データを記録・保存しておく部品や装置。USBメモリー、CD-ROMなど。
**―力《りょく》**記憶する能力。
**きおくれ【気後れ】**弱気になり、ひるむこと。「―がする」
**きおち【気落ち】**がっかりすること。
**きおも【気重】**気分が晴れないようす。
**きおもて【木表】**板の面で、樹心から遠い方。対木裏
**きおん【気温】**大気の温度。〔ふつう地上一・五メートルで測る〕
**きおん【基音】**複合した音の中で最も振動数の少ない音。
**ぎおん【擬音】**演劇や放送で、実際の音に似せて出す人工的な音。
**―語《ご》**音や声をまねて表す語。擬声語。〔ゴロゴロ・ワンワンなど〕
**きか【机下】**〔文章語〕脇付《わきづけ》の一。〔おそばの意〕
**きか【気化】**液体（固体）が気体に変わること。「―熱」→液化

**きか【奇貨】** 意外な利益を得られそうな品物（機会）。「…を—とする」
**—居《お》くべし** 好機は逃してはいけない。〔珍しいものは後日の利益のために買っておいた方が良い意から〕
**きか【奇禍】** 〔文章語〕思いがけない災難。「—にあう」
**きか【季夏】** 〔文章語〕夏の末。晩夏。〔陰暦六月〕
**きか【帰化】** ①国籍を得てその国民になること。「—人」〔君主の徳に感化され帰服する意から〕②外国からの動植物が、その国の環境に適応して繁殖すること。
**きか【幾何】** 幾何学の略。
**きか【貴下】** 〔文章語〕相手の敬称。〔男が手紙で同輩以下に対して使う〕類貴殿
**きか【貴家】** 〔文章語〕「あなたの家」の尊敬語。〔手紙で使う〕類尊家
**きか【麾下】** ①指揮下（—の者）。②将軍の家来。
**きが【起臥】** 〔文章語〕寝起き。Ⅱ毎日の生活。「—を共にする」
**きが【飢餓】** 《饑餓》飢え。
**ぎが【戯画】** こっけいな風刺画。「鳥獣—」
**ギガ**［giga］①量を表す単位につける語。一〇の九乗倍。記号G「—トン」②〔俗語〕スマートフォンなどの一定期間の通信の制限容量。
**きかい【奇怪】** 怪しくふしぎなようす。「—な事件」
**きかい【棋界】** 囲碁・将棋の社会。
**きかい【貴会】** 「相手の会」の尊敬語。

**きかい【器械】** 動力をもたない道具。
**—体操《たいそう》** 鉄棒・平均台などの器械で行う体操。対徒手体操
**きかい【機会】** ちょうどよいおり。チャンス。
**—均等《きんとう》** 機会を平等に与えること。「教育の—」
**きかい【機械】** 動力によって仕事をする装置。
**—化《か》** 生産や作業を機械で行うようにすること。
**—的《てき》** ①機械で動くようす。②単調で型にはまっているようす。
**きがい【気概】** 困難に屈しない強い意気。「—を示す」
**きがい【危害】** 生命・身体に及ぼす危難。「—を加える」
**きがい【機外】** 航空機の外。対機内
**ぎかい【議会】** 立法や決議を行う合議制の機関。「—政治」
**きがいしゅうしゅく【期外収縮】** 不整脈の一。脈がとんだり消えたりする。
**きがえる【着替える】** 着ているものを脱いで別の衣服を着る。
**きかがく【幾何学】** 数学の一部門。対代数
**—模様《もよう》** 円や直線を基本とする抽象的な模様。
**きがかり【気掛かり】** 気にかかって不安なこと。
**きがき【記書き】** 「記」で始まり「以上」で結ぶ文書の形式。
**きかきゅうすう【幾何級数】** 等比級数。

**きかく【企画】** 《企劃》計画（—を立てること）。
**きかく【規格】** 製品の質や形について定めた標準。「ＪＩＳ—」
**—判《ばん》** 紙の大きさの規格。〔Ａ５・Ｂ４など〕
**きかく【棋客】** 〔文章語〕碁や将棋をする人。ききゃく。
**きがく【貴学】** 「相手の学校」の尊敬語。
**きがく【器楽】** 楽器で演奏する音楽。「—曲」対声楽
**きかげき【喜歌劇】** 喜劇仕立ての歌劇。コミックオペラ。
**きかざる【着飾る】** 美しい衣服で身を飾る。
**きかじん【帰化人】** 帰化した人。特に、古代の渡来人の旧称。
**きかす【利かす】** 利かせる。
**きかす【聞かす】** 聞かせる。
**きガスるい【希—類】** 大気中に含まれ、他の元素と化合しない気体元素。ヘリウム・ネオン・アルゴン・クリプトン・キセノン・ラドンの六種。
**きかせる【利かせる】** 効果があるようにする。「塩（幅）を—」
**きかせる【聞かせる】** ①聞こえるようにする。②（上手で）思わず聞き入らせる。
**きがた【木型】** 製陶・鋳金用の木製の型。
**きかつ【飢渇】** 〔文章語〕うえとかわき。
**きがね【気兼ね】** 他人に気を使うこと。
**きかねつ【気化熱】** 気化する際に要する

熱量。
**きかへいきん【幾何平均】** 相乗平均。
**きがまえ【気構え】** ①心構え。②漢字の部首の一。気などの「气」。
**きがる【気軽】** あっさりしてこだわらないようす。類気さく
**きかん【気管】** のどから肺に続く空気の通路。
**—支**《し》 気管が左右に分かれて肺に至る部分。「—炎（喘息《ぜんそく》）」
**きかん【汽缶】**《汽罐》〔文章語〕ボイラー。
**きかん【奇観】** 珍しいながめ。
**きかん【季刊】** 一年に四回の刊行。クォータリー。「—雑誌」
**きかん【軌間】** 鉄道のレールの間隔。
**きかん【帰還】** （戦地から）基地や母国に帰ること。
**きかん【帰館】** 帰宅すること。「ご—」〔もとは館《やかた》に帰る意〕
**きかん【帰艦】** 自分の艦船に帰ること。
**きかん【亀鑑】** 〔文章語〕手本。模範。〔亀は占いの道具、鑑は鏡の意〕
**きかん【基幹】** 物事のおおもと。類根幹
**—産業**《さんぎょう》 一国の産業の基本となる重要な産業。
**きかん【期間】** 一定の期日の間。「試験—」
**—従業員**《じゅうぎょういん》 製造業などで、期間限定で働く契約社員。期間工。
**きかん【旗艦】** 艦隊の司令（—長）官が乗っている軍艦。
**—店**《てん》 チェーン店で、販売戦略上の中心となる店。
**きかん【器官】** 一定の形・働きをもつ、生物体の部分。「消化（感覚）—」
**きかん【機関】** ①ある目的のための組織。「報道—」②火力や電力で機械を動かす装置。「蒸気—」
**—紙**《し》 個人や団体が宣伝や報告のために出す新聞。〔雑誌は機関誌〕
**—車**《しゃ》 鉄道で、列車を引く車両。「電気—」
**—銃**《じゅう》 弾丸を自動的に連発できる銃。「重（軽）—」
**—投資家**《とうしか》 株式投資を主な収益源とする企業体。保険会社・投資信託など。
**—砲**《ほう》 口径が二〇ミリメートル以上の機関銃。
**きがん【奇岩】**《奇巌》珍しい形の岩。
**きがん【祈願】** 神仏に祈り願うこと。
**きがん【帰雁】** 春、南から北へ帰るガン。
**ぎかん【技官】** 技術・学芸関係の仕事をする国家公務員。対教官・事務官
**ぎかん【技監】** 技官の中で特に高い地位（—の人）。
**ぎがん【義眼】** 人工の眼球。
**きかんき【利かんき】** 勝ち気。いじっぱり。
**きき【危機】** 危険な状態。ピンチ。
**きき【忌諱】** 忌みきらうこと。
**—に触**《ふ》**れる** 忌みきらっていることをして相手の機嫌を損ねる。
**きき【鬼気】** 恐ろしいけはい。「—迫る」
**きき【毀棄】** こわしたり捨てたりすること。「—罪」
**きき【嬉々・喜々】** うれしそうに楽しむようす。「—として遊ぶ」
**きき【機器・器機】** 機械・器具・器械の総称。「電子—」
**きぎ【機宜】** （適切な）機会。類時宜
**ぎぎ【疑義】** 疑わしい意味・事柄。「—を生ずる」類疑点
**ぎぎ【巍々】** 〔文章語〕（山の）高く大きいようす。
**ききあわせる【聞き合わせる】** （あちこちに）問い合わせる。
**ききいっぱつ【危機一髪】** 危ないせとぎわ。
**ききいる【聞き入る】** 熱心に聞く。
**ききいれる【聞き入れる】** 聞いて承知する。
**ききうで【利き腕】** よりうまく使える方の腕。〔多く右腕。きき手〕
**ききおく【聞き置く】** 黙って聞いておく。〔目上が目下に対して使う〕
**ききおさめ【聞き納め】** 聞くことのできる最後。
**ききおとす【聞き落とす】** 聞くべきことをうっかり忘れる。聞きもらす。
**ききおぼえ【聞き覚え】** ①前に聞いた覚え。②聞いて覚えること。類耳学問
**ききおよぶ【聞き及ぶ】** 他から聞いて知る。「以前から—」
**ききかいかい【奇々怪々】** 〔文章語〕非常に怪しくふしぎなようす。

**ききかえす【聞き返す】** ①繰り返し聞く。②聞かれたときに逆に質問する。問い返す。「質問の意味を―」

**ききがき【聞き書き】** 話を聞いて書き‐とること(とったもの)。

**ききかじる【聞き齧る】** 一部だけ聞いて知っている。

**ききかんり【危機管理】** 不測の緊急事態に対する組織的な対応策。

**ききぐるしい【聞き苦しい】** ①聞いていて不愉快だ。②聞きとりにくい。

**ききこみ【聞き込み】** 犯罪捜査で情報を聞いて回ること。その情報。

**ききこむ【聞き込む】** 聞いて情報を知る。

**ききざけ【利き酒・聞き酒】** 酒の味の鑑定。また、そのための酒。

**ききしにまさる【聞きしに勝る】** 聞いて想像していた以上だ。

**ききじょうず【聞き上手】** 相手にうまく話をさせる‐こと(人)。対聞き下手《べた》

**きぎす【雉子】** キジの古名。

**ききすごす【聞き過ごす】** 聞きながす。

**ききずて【聞き捨て】** 聞いてもほうっておくこと。「―にできない」

**―ならない** 聞き過ごすわけにいかない。

**ききすます【聞き澄ます】** よく注意して聞く。

**ききそこなう【聞き損なう】** ①聞き誤る。②聞き落とす。

**ききだす【聞き出す】** ①聞いて探り出す。②聞き始める。

**ききただす【聞き糺す】**《―質す》聞いて確かめる。類問いただす

**ききちがい【聞き違い】** 聞き違えること。

**ききちがえる【聞き違える】** 内容を誤って聞く。聞き誤る。

**ききつける【聞き付ける】** ①聞き込む。「うわさを―」②聞いて慣れている。

**ききつたえる【聞き伝える】** 人から伝え聞く。

**ききづらい【聞き辛い】** ①聞いていて不愉快だ。「人の悪口は―」②聞きとりにくい。「小さい声で―」③尋ねにくい。

**ききて【利き手】** ①きき腕。②腕前のすぐれた人。

**ききて【聞き手】** ①聴衆。「―に回る」対話し手 ②質問者。

**ききとがめる【聞き咎める】** 聞いて非難する。

**ききどころ【利き所】** ①ききめのあるところ。②要所。急所。

**ききどころ【聞き所】** 注意して聞く‐べき(ねうちのある)ところ。類さわり

**ききとどける【聞き届ける】** 聞いて許す。「願いを―」

**ききとる【聞き取る・聴き―】** ①聞いて知る。②詳しく聞く。聴取する。

**ききながす【聞き流す】** 聞いても心にとめないでおく。聞き捨てにする。聞き過ごす。

**ききにくい【聞き難い】** 聞きづらい。

**ききのがす【聞き逃す】** 聞き落とす。

**ききふるす【聞き古す】** 何度も聞いて新しさがなくなる。

**ききほれる【聞き惚れる】** 聞いて心を奪われる。

**ききまちがい【聞き間違い】** 聞きちがい。

**ききみみ【聞き耳】**

**―を立《た》てる** 聞こうとして、注意を集中する。

**ききめ【効き目】** 効果。効能。

**ききもらす【聞き漏らす】**《―洩らす》聞き落とす。

**ききやく【聞き役】** 聞き手。「―にまわる」

**ききゃく【棄却】** すてて取り上げないこと。特に裁判所が申し立てをしりぞけること。

**ききゅう【企及】**〔文章語〕(努力の結果)ある程度にまで達すること。

**ききゅう【気球】** 空中へ揚げる球形の袋。

**ききゅう【危急】**〔文章語〕危険が迫っていること。

**―存亡《そんぼう》** 生き残るか滅びるかのせとぎわ。

**ききゅう【希求】**《冀求》〔文章語〕強く願い求めること。

**ききゅう【帰休】** 家(郷里)に帰って休むこと。「―兵」

**ききょ【起居】**〔文章語〕たちいふるまい。Ⅱ日常の生活。

**ききょ【寄居】** ①居候。②仮ずまい。

**ぎきょ【義挙】** 正義のための行動・計画。

**ききょう【気胸】** ①肋膜腔《ろくまくこう》に空気がたまる症状。「自然―」②肋膜腔内に空気を送る、肺結核の治療法。人工気胸療

法。

**ききょう【奇矯】** 言動が風変わりなようす。類奇抜

**ききょう【帰京】** 東京（みやこ）へ帰ること。

**ききょう【帰郷】** ふるさとへ帰ること。

**ききょう【桔梗】** 秋の七草の一。つりがね形の紫の花が咲く。

**きぎょう【企業】** 営利目的で行う事業。
**―合同《ごうどう》** トラスト。
**―戦士《せんし》** 企業のため献身的に働く社員を、戦場の兵士にたとえた語。
**―年金《ねんきん》** 企業が支給する年金制度。
**―秘密《ひみつ》** 外部に知られてはならない企業の情報。
**―連合《れんごう》** カルテル。

**きぎょう【起業】** 新しく事業を始めること。「―家」

**ぎきょうしん【義侠心】** 正義を重んじ弱者の味方をする気持ち。おとこぎ。

**ぎきょうだい【義兄弟】** ①義理の兄弟。②兄弟の約束をした人どうし。

**ききょく【危局】** 〔文章語〕急迫した危ない場面・時局。

**ぎきょく【戯曲】** 脚本の形式の文学作品。

**ききょらい【帰去来】** 〔文章語〕官職を辞し故郷へ帰ること。〔晋《しん》の陶淵明《とうえんめい》の詩の題から。/訓読は「かえりなんいざ」〕

**ききわけ【聞き分け】** 聞いて納得すること。「―がいい」〔ふつう、子供に対して使う〕

**ききわける【聞き分ける】** ①聞いて区別する。②納得する。

**ききん【飢饉】**《饑饉》 不作で食料が欠乏すること。類凶作 ⓑ物の不足。「水―」

**ききん【基金】** 事業のための資金。ファンド。「救済―」

**ききん【寄金】** 寄付金。

**ぎきん【義金】** 義援金。

**ききんぞく【貴金属】** 産出量が少なく貴重な金属。金・銀など。〔酸化・化学変化しにくい〕対卑金属

**きく【菊】** 秋の代表的な草花。四君子の一。〔皇室の紋章で、皇室のたとえにも〕

**きく【危懼】** 〔文章語〕危惧《きぐ》。

**きく【起句】** 詩文、特に漢詩の最初の句。

**きく【規矩】** 〔文章語〕手本。規則。〔規はコンパス、矩はかねじゃく〕

**きく** ■一【効く】 効き目がある。■二【利く】 ①うまく働く。「鼻が―」②できる。「無理が―」

**きく【聞く・聴く】** ①音・声を耳に感じる。②承知する。③《訊く》尋ねる。④味わい試す。「香《こう》を―」◇〔「注意してきく」意では多く「聴く」を使う〕
**―は一時《いっとき》の恥《はじ》、聞《き》かぬは一生《いっしょう》の恥《はじ》** 知らないことは素直に聞いた方がいい。
**―耳《みみ》を持《も》たない** だれの言うこともきかない。
**―も涙《なみだ》、語《かた》るも涙《なみだ》** 聞く方も話す方も泣けるほど悲しい。

**きぐ【危惧】** 〔文章語〕危ぶみ恐れること。「―の念を抱く」

**きぐ【器具】** 簡単な道具・器械。「電気―」

**きくいただき【菊戴】** 小鳥の一。背中はオリーブ色。〔雄の頭に菊花状の模様〕

**きくいむし【木食い虫】** ①木を食べる昆虫。〔マックイムシなど〕②甲殻類の一。海中の木材を食う。

**きくいも【菊芋】** キク科の多年草。塊茎は家畜の飼料やアルコールの原料用。

**きぐう【奇遇】** 思いがけない出会い。

**きぐう【寄寓】** 他人の家に身を寄せること。類寄宿

**ギグエコノミー**〔gig economy〕 正規の職員ではなく、臨時雇いとしての単発の仕事で成り立つ経済活動。また、そのような働き方。

**きくじゅんじょう【規矩準縄】** 〔文章語〕手本。規則。〔準はみずもり、縄はすみなわ〕

**きくずす【着崩す】** 洋服や着物を決まった型をわざと崩して着る。

**きぐすり【生薬】** しょうやく。

**きくする【掬する】** 〔文章語〕①両手ですくう。②（心情を）おしはかる。◇きくす。

**きくずれ【着崩れ】** 衣服の着付けのくずれ。「―を直す」

**きぐち【木口】** ①材木の種類・質。②こぐち。③木の取っ手。

**きくな【菊菜】** シュンギク。

**きくならく【聞くならく】**《聞道・聞説》〔文章語〕聞くところによれば。

**きくにんぎょう【菊人形】** 多数の菊で

着物部分を形づくった見世物人形。

**きくのせっく【菊の節句】** 重陽《ちょうよう》。

**きくばり【気配り】** 細かく気を遣うこと。類配慮

**きくばん【菊判】** ①洋紙の規格寸法の一。縦九三・九センチメートル、横六三・六センチメートル。②書物の判型の一。A5判より少し大きい。

**きくびより【菊日和】** 秋、菊が咲くころの好天。

**きくみ【菊見】** 観菊。

**きぐみ【木組み】** 材木を組むこと。

**きぐみ【気組み】** 意気込み。類気構え

**きぐらい【気位】** 自分の品位を高くみる気持ち。「—が高い」類自負

**きくらげ【木耳】** 中国料理に使うキノコ。暗褐色で形は人の耳に似る。

**きぐるみ【着包み】** 中に人間が入るぬいぐるみ。

**きぐろう【気苦労】** 精神的な苦労。「—が絶えない」

**ギグワーカー** 〔gig worker〕 ギグワークをする人。

**ギグワーク** 〔gig work〕 インターネット経由で発注先から直接個人で請け負う単発の仕事。

**きくん【貴君】** 相手の敬称。〔男が手紙で同輩以下の男に対して使う。／「きみ」より丁寧〕

**ぎぐん【義軍】** 〔文章語〕正義の戦いの名のもとに集められた軍隊。

**きけい【奇形】**《畸型》 生物の、異常・不完全な形。「—児」

**きけい【奇計】** 奇抜でうまい計略。類奇策

**きけい【奇警】** 〔文章語〕奇抜。

**きけい【貴兄】** 相手に対する敬称。〔男が同輩または目上の男に対して使う〕

**きけい【詭計】** 〔文章語〕ぺてん。

**ぎけい【偽計】** 人を欺く計略。「—業務妨害」

**ぎけい【義兄】** ①義理の兄。配偶者の兄、または姉の夫。対実兄 ②約束して兄となった人。

**ぎげい【伎芸】** 歌舞・音曲などの芸。

**ぎげい【技芸】** 美術工芸に関する技術。

**きげき【喜劇】** コメディー。⊜こっけいな出来事。◇対悲劇

**きけつ【気血】** 人の生気と血液。〔漢方で、人の生命力の源〕

**きけつ【帰結】** 物事が落ち着く—こと（ところ）。類決着

**きけつ【既決】** すでに決まったこと。対未決

**きけつ【起結】** ①はじめとおわり。②詩文の起句と結句。

**ぎけつ【議決】** 合議による決定（—事項）。

**—権《けん》** 議決に参加する権利。

**きけもの【利け者】** 才覚があり、はばのきく人。

**きけん【気圏】** 大気圏。

**きけん【危険】** あぶないこと。対安全

**—球《きゅう》** 野球で、打者の身に危険を与えるような、投手の投球。

**きけん【貴顕】** 〔文章語〕身分が高く名声のある人。類貴人

**きけん【棄権】** 権利を放棄すること。

**きげん【危言】** 〔文章語〕高尚な言葉（—を使うこと）。〔『論語』から〕

**きげん【紀元】** ①建国の最初の年。②年数を数えるもとになる年。「—前（＝B.C.）・—後（＝A.D.）」

**—節《せつ》** もと、神武天皇即位の日として定めた祝日。二月一一日。

**きげん【起源・起原】** 物事のおこり。

**きげん【期限】** 前もって決めた時期。「—を—定める（きる）」

**きげん【機嫌】** ①気分。「ご—（＝いい気分）だ」②安否。「—伺い」

**—（—気褄《づま》）を取《と》る** 人の気に入るようにする。

**きこ【帰庫】** （タクシーが）車庫に帰ること。

**きこ【旗鼓】** 〔文章語〕軍旗と太鼓。⊜戦場で戦う軍隊。「—堂々」

**きご【季語】** 俳句で季節感を表すために、読みこむように定められた語。季題。

**きご【綺語】** 〔文章語〕うわべを飾った言葉。きぎょ。「狂言—」〔仏教では十悪の一〕

**ぎこ【擬古】** 〔文章語〕昔の形式・方法をまねること。「—主義」

**きこう【気孔】** 植物の葉にある小さな穴。空気・水蒸気の出入りする口。

**きこう【気功】** 中国古来の健康法の一。呼吸法と体操によって病気の予防と治療をはかる。

**きこう【気候】** その地域の長期間にわたる

天気の状態。「海洋―」
**―帯**《たい》 地球上の気候を気温や緯度で分類したもの。寒帯・温帯・熱帯など。
**きこう【奇行】** 風変わりな行動。
**きこう【季候】** 季節。時候。
**きこう【紀行】** 旅行記。「―文」
**きこう【帰耕】** 帰農。
**きこう【帰港】** 船が港に帰ること。対出港
**きこう【帰航】** 帰りの‐航海（飛行）。対出航
**きこう【起工】** 工事を始めること。着工。対完工・竣工《しゅんこう》
**きこう【起稿】** 原稿を新たに書き始めること。対脱稿
**きこう【寄航・寄港】** 船・航空機が途中の港・空港に寄ること。
**きこう【寄稿】** 頼まれて原稿を新聞・雑誌に寄せること。→投稿
**きこう【貴公】** 対称。〔武士ことば〕
**きこう【貴校】** 「相手の学校」の尊敬語。
**きこう【機甲】** 新兵器・機械力で武装すること。「―部隊」
**きこう【機構】** 組織のしくみ。「―改革」
**きごう【記号】** 一定の内容を表すしるし。
**きごう【揮毫】** 書画をかくこと。潤筆。染筆。
**ぎこう【技工】** 手で加工する技術（‐をもった人）。「歯科―士」
**ぎこう【技巧】** テクニック。
**―的**《てき》 技巧がすぐれているようす。Ⅱ技巧にはしりすぎているようす。
**きこうし【貴公子】** 貴族の（‐気品のある）男子。「―然とした」
**きこえ【聞こえ】** ①聞こえること。「―がよい」②うわさ。評判。「名医の―が高い」
**―よがし** 悪口・皮肉をわざと本人に聞こえるように言うようす。
**きこえる【聞こえる】** ①音・声が耳に感じられる。Ⅱ「音（世）に聞こえた（=有名な）」②うけとられる。「皮肉に―」
**きこく【帰国】** 故国・故郷に帰ること。
**―子女**《しじょ》 外国で育ったのち帰国した子供。帰国生。
**―生**《せい》 「帰国子女」の新しい言い方。〔「子女」が旧弊な語のため〕
**きこく【鬼哭】**
**―啾々**《しゅうしゅう》 〔文章語〕死者の魂が悲しげに泣くようす。鬼気迫るようす。
**きこく【貴国】** 「相手の国」の尊敬語。
**きこく【旗国】** 船舶や航空機が登録している国。
**ぎごく【疑獄】** 証拠がはっきりせず、罪状をきめにくい裁判事件。特に、政府高官のかかわる、大規模な汚職事件。
**きごこち【着心地】** 衣服を着たときの感じ。
**きごころ【気心】** 気持ち。気だて。
**きこしめす【聞こし召す】** 酒を飲む。「一杯―」〔しゃれた言い方。/もと「聞く・飲む・食う」などの尊敬語〕
**ぎごちない** （動作などが）なめらかでない。
**きこつ【気骨】** 信念を貫こうとする強い心。「―がある」
**きこつ【奇骨】** 〔文章語〕風変わりな性格。
**きこなす【着こなす】** 自分に似合うようにうまく着る。
**きこのいきおい【騎虎の勢い】** 勢いがついて中途でやめられないこと。
**ぎこぶん【擬古文】** （江戸時代の国学者が）平安時代の和文の文体をまねて作った文章。
**きこむ【着込む】** ①重ねて着る。②着るの強調。
**きこり【樵】** 山林の木を切る職業（‐の人）。
**きこん【気根】** 茎や枝から空中に出た根。
**きこん【既婚】** すでに結婚していること。対未婚
**きざ【気障】** きどっていて、いやみなようす。〔気ざわりの略〕「―者」対未婚
**きざ【起座】**《起坐》〔文章語〕立ち上がる（起きなおる）こと。
**きざ【跪坐】** 〔文章語〕ひざまずくこと。
**きさい【奇才】** 世にもまれな才能（‐の人）。
**きさい【鬼才】** 非常に鋭い才能（‐の人）。
**きさい【既済】** すでに済んでいること。類既決 対未済
**きさい【記載】** 書いてのせること。
**きさい【起債】** 公債の発行・募集。
**きさい【機才】** 〔文章語〕機敏な才気。
**きざい【基材】** ①化粧品や薬品で、各原料を溶解させる原料。②製品の芯《しん》となる材料。「化粧板の―」
**きざい【器財】** 器物。道具。
**きざい【機材】** ①（仕事に必要な）機械類や材料。②機械の材料。

**きざがき【きざ柿】** 木で甘く熟した柿。

**きさき【后】** 天皇や王の妻。

**きさく【気さく】** さっぱりしていて気軽だ。

**ぎさく【偽作】** にせて作ること（作ったもの）。にせ作。対真作

**きざけ【生酒】** まぜ物のない純粋な酒。

**きさご《細螺》** 巻き貝の一。貝殻はおはじき用。きしゃご。

**きざし【兆し】**《萌し》前ぶれ。徴候。「春（回復）の—」

**きざす【兆す】**《萌す》①物事がおころうとする。②芽生える。

**きざっぽい【気障っぽい】** きざだ。

**きざはし【階】** 階段。〔雅語〕

**きさま【貴様】** 対称。男が親しい人を（相手をののしって）呼ぶ語。〔昔は、目上に対する敬称〕

**きざみ【刻み】** ①刻むこと。刻み目。②刻みタバコ。③（接尾語的に）区切りごと。「一〇〇円—」

**—タバコ** キセルにつめて吸う、刻んだタバコ。

**きざむ【刻む】** ①細かく切る。Ⅱ「時を—（＝刻々と時がたつ）」②彫刻する。Ⅱ「心に—（＝はっきりと記憶する）」

**—付《っ》ける** ①きざんでほりつける。②心に深く印象づける。

**きさらぎ【如月】** 陰暦で、二月。

**きざわり【気障り】** 気にさわること。

**きさん【帰山】** 僧が自分の寺へ帰ること。

**きさん【帰参】** 帰ってくること。特に、かつての主人に再び仕えること。

**きさん【起算】** そこから数え始めること。

**ぎさん【蟻酸】** アリやハチがもつ刺激臭のある脂肪酸。

**きさんじ【気散じ】** ①気晴らし。②気楽。〔古風な言い方〕

**きし【岸】** ①水辺の陸地。②〔文章語〕がけ。

**きし【棋士】** 囲碁・将棋を職業にする人。

**きし【貴紙】**「相手の新聞」の尊敬語。

**きし【貴誌】**「相手の雑誌」の尊敬語。

**きし【愧死】**〔文章語〕慙死《ざんし》。

**きし【旗幟】**〔文章語〕旗じるし。Ⅱ立場。主張。「—鮮明」

**きし【騎士】** ①馬に乗った武士。②ヨーロッパ中世の武人の称号。ナイト。

**きじ【雉・雉子】** 日本の国鳥。山野にすむ。

**—も鳴《な》かずば撃《う》たれまい** よけいなことを言ったばかりに災難を招く。

**きじ【木地】** ①木目。②白木のままの木。③木目を現した漆塗り（—の器具）。木地塗り。

**きじ【生地】**《素地》①自然のままの性質。「—が出る」②織物（—の地質）。③まだ上薬を塗らない陶磁器。

**きじ【奇事】** 不思議なこと。珍しいこと。

**きじ【記事】** 事実を伝える文章。「三面—」

**ぎし【技士】** 特定の技術の有資格者。「臨床工学—」

**ぎし【技師】** 高度な技術をもつ専門家。エンジニア。「設計—」

**ぎし【義士】**〔文章語〕正義を守り行う人。「赤穂《あこう》—」

**ぎし【義子】** 義理の子。対実子

**ぎし【義姉】** ①義理の姉。配偶者の姉、または兄の妻。対実姉 ②約束して姉となった人。

**ぎし【義肢】** 義手・義足の総称。

**ぎし【義歯】** 入れ歯。

**ぎし【擬死】** 動物が攻撃を受けたときに、死んだように動かなくなること。

**ぎじ【義字】** 表意文字。意字。対音字

**ぎじ【疑似】**《擬似》症状が本物によく似ていること。「—赤痢」対真性

**ぎじ【擬餌】** 釣りで、生き餌《え》に似せた加工物。ルアー。「—鉤《ばり》」

**ぎじ【議事】** 会議で討議すること（事柄）。

**きしかいせい【起死回生】** 絶望的な状態から立ち直らせること。「—のホームラン」

**きしかた【来し方】** こしかた。

**きしがたい【期し難い】** 期待しにくい。

**きしかん【既視感】** 初めてなのに、以前見た（経験した）ことがあるという感じ。デジャビュ。

**ぎしき【儀式】** 一定の作法で行う行事。「—を執り行う」

**きじく【基軸】** 物事の基準。

**きじく【機軸】** ①活動の中心。②方法。方式。「新—」

**きしつ【気質】** ①気だて。気性。「職人—」②心理学で、人の性格を特徴づける感情傾向。〔多血質・胆汁質・粘液質など〕

**きじつ【忌日】** きにち。

**きじつ【期日】** 期限の日。

—前《まえ》投票《とうひょう》 選挙で、投票日に都合の悪い人が、投票日以前の一定期間にする投票。〔「きじつぜんとうひょう」とも〕

**きしどう【騎士道】** 騎士②の規範となった道徳。〔勇気・忠節・名誉を重んじた〕

**ぎじどう【議事堂】** 議事を行う建物。特に国会議事堂。

**きしな【来しな】** 来る途中。来がけ。

**きしべ【岸辺】** 岸の近く。

**きしむ《軋む》** こすれあってギシギシ音をたてる。Ⅱ対立関係が生じる。

**きしめく《軋めく》** きしんで音がする。

**きしめん《棊子麺》** 平たく打ったうどん。ひもかわ(—うどん)。

**きしゃ【汽車】** ①蒸気機関車に引かれて走る列車。②気動車。

**きしゃ【帰社】** 自分の会社に帰ること。

**きしゃ【記者】** 記事を取材・執筆・編集する人。「新聞(放送)—」

**きしゃ【喜捨】** 〔仏教語〕寺や貧者への金品の寄付。類寄進

**きしゃ【貴社】** 「相手の会社・神社」の尊敬語。御社《おんしゃ》。

**きしゃ【騎射】** 馬上で弓を射ること。特に、やぶさめ。

**きじやき【雉焼き】** 魚肉やとり肉の切り身をたれにつけて焼いた料理。〔もとキジの肉を用いた料理の名〕

**きしゃく【希釈】《稀釈》** 溶液に水などを加えて薄めること。

**きしゃクラブ【記者—】** 国会や官公庁に出入りする各社の記者が集まって組織した団体。また、その詰め所。

**きしゃご** キサゴ。

**きしゅ【奇手】** 奇抜なやり方。

**きしゅ【起首】** 物事のはじまり。類冒頭

**きしゅ【鬼手】** 囲碁や将棋で、大胆で厳しい手。

—仏心《ぶっしん》 外科医が残酷なほど大胆に手術するのは、患者を救おうとする心によるということ。仏心鬼手。

**きしゅ【期首】** 期間のはじめ。対期末

**きしゅ【旗手】** (団体の)旗を持つ人。Ⅱ代表的な人。「反対運動の—」

**きしゅ【機首】** 航空機の機体の前部分。

**きしゅ【機種】** 航空機(機械)の種類。

**きしゅ【騎手】** (競馬で)馬の乗り手。

**きじゅ【喜寿】** 七七歳(—の祝い)。喜の(—字の)祝い。〔喜の字の草書体「㐂」から〕

**ぎしゅ【技手】** 技師の下の技術担当者。

**ぎしゅ【義手】** 人工の手。対義足

**きしゅう【奇習】** 風変わりな風習。

**きしゅう【奇襲】** 不意をついて敵を襲うこと。「—攻撃」

**きしゅう【季秋】** 秋の末。晩秋。〔陰暦九月〕

**きしゅう【既習】** すでに学んだこと。対未習

**きしゅう【貴酬】** 〔文章語〕脇付《わきづけ》の一。返事の手紙に使う。

**きじゅう【機銃】** 機関銃。

—掃射《そうしゃ》 機関銃で敵を一掃するように撃つこと。

**ぎしゅう【蟻集】** 〔文章語〕アリのように群がり集まること。

**きじゅうき【起重機】** クレーン。

**きしゅく【寄宿】** 他家に身を寄せていること。「—先」

—舎《しゃ》 学校・会社などの共同宿舎。

**きしゅつ【既出】** すでに提示・掲示されていること。対未出

**きじゅつ【奇術】** 手品。マジック。「—師」

**きじゅつ【既述】** 〔文章語〕すでに述べたこと。「—のとおり」

**きじゅつ【記述】** 文章に書きしるすこと。

**ぎじゅつ【技術】** ①わざ。②科学を実際に応用する方法・手段。

—的《てき》 ①技術に関するようす。②実際の運営・実行をするようす。

—屋《や》 技術者。〔からかい、卑下した言い方〕

**きしゅん【季春】** 春の末。晩春。〔陰暦三月〕

**きじゅん【帰順】** 反抗をやめて服従すること。「—を誓う」

**きじゅん【規準】** 判断・行為の手本となる標準。

**きじゅん【基準】** 基礎となる標準。

**きしょ【奇書】** 〔文章語〕内容上、珍しい書物。

**きしょ【寄書】** 〔文章語〕①手紙を送ること。②寄稿。

**きしょ【希書】《稀書》** 〔文章語〕数が少なく珍しい本。稀覯本《きこうぼん》。

**きしょ【貴所】** ①「相手の居所」の尊敬語。②手紙で、相手の敬称。あなたさま。

**きしょ【貴書】**〔文章語〕「相手の手紙」の尊敬語。お手紙。

**きじょ【鬼女】**①女の姿をした鬼。②鬼のように残酷な女。

**きじょ【貴女】** 手紙で、「相手の女性」の尊敬語。

**ぎしょ【偽書】** にせの手紙・書物。

**きしょう【気性】** 生まれつきの性質。「—がさっぱりしている・進取の—」

**きしょう【気象】**①〔晴雨・気温など〕大気の現象。②気性。

**—衛星《えいせい》** 気象を観測する人工衛星。

**—台《だい》** 気象の観測・通報をする施設。

**—庁《ちょう》** 国土交通省の外局の一。気象台を総括する。

**—病《びょう》** 気象の変化により発病・悪化する病気。

**—予報士《よほうし》** 気象予報を行う資格（—を持った人）。

**きしょう【希少】**《稀少》非常に少ないようす。「—価値」

**—癌《がん》** 症例数が人口一〇万人あたり年間六例未満のがん。個々には少ないが種類は二〇〇近くある。

**きしょう【奇勝】**①すぐれた景色（—の所）。②変わった方法で勝つこと。

**きしょう【記章】**①《徽章》身分や職業を示すバッジ。②記念として与えるしるし。

**きしょう【起床】** 起きて寝床から出ること。対就寝

**きしょう【起請】**①昔、主君に願い出る—こと（文書）。②偽りのないことを神仏に誓う—こと（文書）。起請文。⊜固い約束。

**きじょう【気丈】** 心がしっかりしているようす。「—にふるまう」

**きじょう【机上】** 机の上。

**—の空論《くうろん》** 頭で考えただけで、実際の役に立たない論。

**きじょう【軌条】** レール。

**きじょう【機上】** 航空機の中。「—の人」

**きじょう【騎乗】**〔文章語〕馬に乗ること。

**ぎしょう【偽称】** うその名（—をいうこと）。

**ぎしょう【偽証】** 偽りの—証明（証言）。

**ぎじょう【議定】**〔文章語〕議定《ぎてい》。

**ぎじょう【議場】** 会議場。

**きしょうてんけつ【起承転結】** 漢詩の句の配列法。〔言い起こし、うけ、意を転じ、全体を結ぶという構成〕⊜物事の順序。

**ぎじょうへい【儀仗兵】** 儀式の際、元首や国賓の警護などをする兵士。儀礼兵。

**きじょうゆ【生醤油】**①まぜ物のないしょう油。②製造段階で火入れをしていないしょう油。

**きしょく【気色】**①快・不快の顔色。「—をうかがう」②気分。

**—が悪《わる》い** ①不愉快だ。②気味がわるい。③気分がわるい。

**きしょく【寄食】** いそうろう。

**きしょく【貴職】**〔文章語〕「役人・相手の役職」の尊敬語。

**きしょく【喜色】** うれしそうな表情。「—満面」

**キシリトール**［xylitol］ 糖アルコールの一。虫歯の発生・進行を抑制するとされる。

**きしる**《軋る》きしむ。

**ぎじろく【議事録】** 議事の記録。

**きしん【鬼神】**①死者の霊。②荒々しく恐ろしい鬼。おにがみ。

**きしん【帰心】**〔文章語〕帰りたいと思う気持ち。「—矢のごとし」

**きしん【寄進】** 社寺に寄付すること。

**きしん【貴紳】**〔文章語〕身分の高い男性。

**きじん【奇人】** 言動の風変わりな人。変人。

**きじん【鬼神】** きしん。

**きじん【帰陣】**〔文章語〕戦場から陣営に帰ること。

**きじん【貴人】** 地位や身分の高い人。

**ぎしん【義心】** 義のために勇む心。

**ぎしん【疑心】**〔文章語〕疑う心。

**—暗鬼《あんき》** 一度疑いだすと、何でもないことまで信じられず恐ろしく思える。

**ぎじん【義人】** 正義感の強い人。

**ぎじん【擬人】** 人間でないものを人間にたとえること。「—化」

**—法《ほう》** 修辞法の一。〔「風が歌う」など〕

**きす【鱚】** 近海魚の一。食用。

**キス**［kiss］ 接吻《せっぷん》。口づけ。キッス。

**きず【傷】**《疵》①けが（—の跡）。②物のいたみ。③《瑕》不完全な部分。「玉に—」

**きず【生酢】** まぜ物のない酢。

**きずあと【傷跡】**《疵痕》傷の治ったあと。⊜「心の—（＝つらい思い出）」

**きすい【汽水】** 淡水と海水の混じり合っている場所の水。
**きすい【既遂】** すでにしてしまったこと。対未遂
**きずい【気随】** 好きかって。「━気まま」
**きずい【奇瑞】**〔文章語〕ふしぎでめでたい前兆。
**きすう【奇数】** 二で割りきれない整数。対偶数
**きすう【帰趨】**〔文章語〕物事が行き着く━こと(ところ)。類帰結
**きすう【基数】** 数を表す基になる数。〔十進法では〇～九〕
**きずく【築く】** 基礎を固めて作り上げる。「城(富)を━」
**きずぐち【傷口】**《疵口》傷ができたところ。Ⅱ触れられたくない事柄。物事の欠点。
**きずし【生寿司・生鮨】** サバなどの青魚を酢でしめたもの。〔西日本の言い方〕
**きずつく【傷付く】**《疵━》 傷がつく。「足(心・名誉)が━」
**きずつける【傷付ける】**《疵━》 きずつくの他動詞形。
**きずな【絆】**《紲》①動物をつなぐ綱。②断ちがたいつながり。「恩愛の━」
**きずもの【傷物】**《疵物》傷のあるもの。
**きする【帰する】**〔文章語〕帰着する。「水泡に━」
━**所**《ところ》 つまり。結局。
**きする【記する】**〔文章語〕しるす。記す。
**きする【期する】** ①期待する。「再会を━」②覚悟する。「心中━ところ」③期限をきめる。「来年度を期して」◇期す。
**ぎする【擬する】**〔文章語〕①(武器を)つきつける。②なぞらえる。「池を大海に━」◇擬す。
**ぎする【議する】**〔文章語〕審議する。議す。
**きせい【気勢】** 意気込み。「━を上げる」
**きせい【奇声】** 奇妙な(━かんだかい)声。
**きせい【祈誓・祈請】**〔文章語〕神仏に誓いをたてて祈ること。
**きせい【帰省】**(一時)故郷に帰ること。
**きせい【既成】** すでに成り立っていること。「━事実」
**きせい【既製】** すでにできていること。「━品」
**きせい【寄生】** 生物が他の生物に付いて養分を奪って生活すること。Ⅱ他人に依存して生活すること。
━**虫**《ちゅう》 体内に寄生する虫。サナダムシ・カイチュウなど。
**きせい【規正】**(規則に従って)悪い点をなおすこと。
**きせい【規制】** 規則をたてて制限すること。「交通━・━緩和」
━**線**《せん》 立ち入り禁止を示すロープ。
**きせい【期成】** 成就をめざすこと。「━同盟」
**ぎせい【擬制】** ①みせかけ。②〔法律用語〕異なるものを同一のものと見なすこと。
━**資本**《しほん》 将来、収益を生み出すと想定される、架空の資本。株式・地価など。対投下資本
**ぎせい【擬勢】**〔文章語〕見せかけだけの勢い。
**ぎせい【擬製】** まねて作る━こと(もの)。
━**豆腐**《どうふ》 豆腐に卵や野菜をまぜて焼いたもの。
**ぎせい【犠牲】** ①いけにえ。②目的のために大切なものを投げ出すこと。「━を払う」③不慮の災難で死ぬこと。「━者」
━**的**《てき》 進んで他のために尽くすようす。
━**フライ** 野球で、打者はアウトになっても走者が進めるように打つフライ。犠飛。
**ぎせいご【擬声語】** 擬音語。
**きせかえ【着せ替え】** 着ている衣服をかえてやること。「━人形」
**きせき【奇石】** 珍しい形や色の石。
**きせき【奇跡】**《奇蹟》 常識では考えられないふしぎな出来事。
**きせき【軌跡】** 幾何で、与えられた条件を満たす点が描く図形。Ⅱ人や物事のたどってきたあと。「人生の━」
**きせき【鬼籍】**〔仏教語〕過去帳。
━**に入**《い》**る** 死ぬ。
**きせき【輝石】** 鉱物の一。黒色の結晶。
**ぎせき【議席】** 議場での議員の席。Ⅱ議員の資格。「━を得る(=当選する)」
**きせずして【期せずして】** 思いがけず。偶然に。類はからずも
**きせつ【季節】** 四季のそれぞれ。
━**風**《ふう》 冬は陸から海へ、夏はその反対に吹く風。モンスーン。
**きせつ【既設】** すでにそなえてあること。対未設

**きぜつ【気絶】** 一時気を失うこと。
**ぎぜつ【義絶】** 君臣や肉親の縁を断つこと。類勘当
**キセノン**［xenon］ 希ガス元素の一。記号Xe「―ランプ」
**きせる【着せる】** 身につけさせる。Ⅱこうむらせる。「罪を―」
**キセル【煙管】**［カンボジア語 khsier］ ①喫煙具の一。②［俗語］乗車駅・下車駅に近い区間だけの切符を持ち、中間を無賃乗車する不正行為。［キセルは両端にだけ金《かね》を用いることから］
**きぜわ【生世話】** 歌舞伎で、写実的な世話物。生世話物。
**きぜわしい【気忙しい】** ①せかされて落ち着かない。②気が短い。
**きせん【汽船】** 大型の船。［もと、蒸気機関で進む船］
**きせん【基線】** ①投影図で、立画面と平画面の交線。②三角測量の基準となる直線。
**きせん【貴賤】** とうとい-こと（人）と卑しい-こと（人）。
**きせん【輝線】** スペクトル中の輝いた線。対暗線
**きせん【機船】** 発動機船。
**きぜん【毅然】** 意志が強く動じないようす。「―たる態度」
**ぎぜん【偽善】** みせかけの善行。「―者」
**ぎぜん【巍然】**［文章語］ひときわ高くそびえ立つようす。
**きせんをせいする【機先を制する】** 先手を打つ。
**きそ【起訴】** 検察官が裁判所に訴えを起こすこと。「―猶予」類告訴
**きそ【基礎】** 土台。類基本
**きそう【奇想】** 奇抜な考え。
**―曲《きょく》** カプリチオ。［綺想曲とも書く］
**―天外《てんがい》** 思いつきが非常に奇抜なようす。
**きそう【帰巣】** 巣に帰ること。「―本能」
**きそう【起草】** 草案を書き始めること。
**きそう【基層】** 物事の根底に横たわる-層（存在）。基盤。
**きそう【競う】** 互いに争う。はりあう。
**きぞう【寄贈】** 品物を贈ること。きそう。
**ぎそう【偽装・擬装】** カムフラージュ。
**ぎそう【艤装】** 船に、航海に必要な装備を施すこと。
**ぎぞう【偽造】** 本物に似せて造ること。
**ぎそうかん【蟻走感】** 体を虫がはうようなむずむずした感じ。
**きそく【気息】**［文章語］呼吸。
**―奄々《えんえん》** 息が絶え絶えで死にそうだ。
**きそく【規則】** きまり。「―的」
**きぞく【帰属】** 特定のものに属すること。「―意識」
**きぞく【貴族】** 身分や家柄によって、特権をもつ上層階級。
**―院《いん》** 明治憲法で、衆議院とともにおかれた議会。
**―政治《せいじ》** 少数の貴族による政治。
**―的《てき》** 上品で気位が高いようす。対庶民的
**ぎそく【義足】** 人工の足。対義手
**ぎぞく【義賊】** 金持ちから金品を盗んで、貧者に施す賊。
**きそこうじょ【基礎控除】** 税金で、所得から一定額を課税対象外として差し引くこと。また、その差し引く金額。
**きそたいおん【基礎体温】** 安静時の体温。
**きそたいしゃ【基礎代謝】** 生命を維持するのに最低限必要なエネルギー。
**きそつ【既卒】** その年度以前に卒業している-こと（人）。対新卒
**きそねんきん【基礎年金】** 法律に定められた基礎的な年金。［老齢基礎年金・障害基礎年金・遺族基礎年金の三種］
**きそば【生蕎麦】** そば粉だけで作ったそば。［今は、多少小麦粉をまぜたものもいう］
**きそゆうよ【起訴猶予】** 検察官が容疑者の諸事情を考慮して、起訴を見合わせる処分。
**きそん【既存】** すでに存在していること。きぞん。
**きそん【棄損・毀損】** こわす（こわれる）こと。傷つけること。「名誉―」
**きた【北】** 方角の一。［地図では上。／略記号N］対南
**ぎだ【犠打】** 野球で、打者はアウトになっても走者が進塁できるような打撃。
**ギター**［guitar］ 弦楽器の一。［弦は六本］
**きたい【気体】** 一定の形・体積がなく、自由に流れ動く物質（-の状態）。対固体・液体

**きたい【危殆】**〔文章語〕非常にあぶないこと。「—に瀕《ひん》する」類危急

**きたい【希代】**《稀代》きだい。

**きたい【奇体・奇態】** 風変わりで珍しいようす。

**きたい【期待】** あてにして待つこと。

**—値《ち》** ある確率で起こりうる値の平均値。Ⅱ物事に対する期待の程度。

**きたい【機体】** 航空機の—全体（エンジン以外の部分）。

**きだい【希代】**《稀代》〔文章語〕世にもまれなこと。きたい。「—の英雄」

**きだい【季題】** 季語。

**きだい【貴台】** 手紙で、相手の敬称。高台《こうだい》。〔貴殿より丁寧〕

**ぎたい【擬態】** 動物が形や色をまわりの物に似せること。

**—語《ご》** 身ぶりや状態をそれらしい音で描写した語。〔ひらひら・にっこりなど〕

**ぎだい【議題】** 会議で討議する問題・題目。

**きたえあげる【鍛え上げる】** 十分にきたえる。

**きたえる【鍛える】** ①金属を何度も熱し、打って強くする。②心身を繰り返し訓練して強くする。「足腰を—」◇鍛錬する。

**きだおれ【着倒れ】** 衣服にお金をかけすぎて破産すること。「京の—」対食い倒れ

**きたかいきせん【北回帰線】** 北緯二三度二七分の緯線。太陽がその真上を通る、北の限界。対南回帰線

**きたかぜ【北風】** 北からの風。朔風《さくふう》。対南風

**きたきりすずめ【着た切り雀】** いつも同じ衣服を着ている—こと（人）。〔舌切り雀のもじり〕

**きたく【帰宅】** 家に帰ること。類帰館

**きたく【寄託】** 人に物を預けて、保管してもらうこと。類委託

**きたく【貴宅】**「相手の家」の尊敬語。

**きたぐに【北国】** 寒さのきびしい北の—国（地方）。ほっこく。

**きたけ【着丈】** 身長にあわせた着物のたけ。

**きたす【来す】** 事態が起こるようにする。「支障を—」類招く

**きだち【木太刀】** 木刀《ぼくとう》。

**きたつ【既達】**〔文章語〕すでに通達してあること。

**きだて【気立て】** 気性。〔多くよい場合に使う〕類性質・気持ち

**きたない【汚い】**《穢い》①よごれている。②乱れていて不快だ。「—字」③ひきょうだ。「—手口」

**きたならしい【汚らしい】**《穢らしい》いかにもきたなくて不潔な感じだ。

**きたはんきゅう【北半球】** 地球の赤道以北。対南半球

**きたまえぶね【北前船】** 江戸中期から明治時代、北国と西国の間の日本海を就航した回船。〔上方の呼び方〕

**きたまくら【北枕】** 頭を北に向けて寝ること。〔死者を寝かせるときにする〕

**ぎだゆうぶし【義太夫節】** 江戸時代、竹本義太夫が始めた浄瑠璃の一派。ぎだゆう。

**ギタリスト**〔guitarist〕ギターを演奏する人。

**きたる【来たる】**〔文章語〕くる。「待ち人来たらず」

**—べき** この次の。次に来るはずの。

**きたる【来る】** 今度の。「—五日」対去る

**きたん【忌憚】** 言うのを遠慮すること。〔多く「〜のない・〜なく」の形で使う〕

**きだん【気団】** 同じ気温や湿度の空気のかたまり。「寒—」

**きだん【奇談】** 珍しく、ふしぎな話。

**きだん【綺談】**〔文章語〕面白くこしらえた話。

**きち【吉】** 占いで、めでたいこと。対凶

**きち【危地】** 危険な場所・立場。

**きち【奇知】**《奇智》奇抜な知恵。

**きち【既知】** すでに知っていること。対未知

**きち【基地】** 軍隊・探検隊の拠点。

**きち【貴地】**「相手のいる土地」の尊敬語。御地。

**きち【機知】**《機智》ウイット。

**きちがい【気違い・気狂い】**「精神障害（—者）」の差別語。Ⅱ（接尾語的に）マニア。「釣り—」

**—沙汰《ざた》** とんでもないふるまい。

**きちく【鬼畜】** 残酷な人。〔鬼と畜生の意〕

**きちじ【吉事】** めでたい事柄。対凶事

**きちじつ【吉日】** きちにち。

**きちじょう【吉祥】** きっしょう。

**きちすう【既知数】** 方程式で、値がわかっ

き

ている数。対未知数

**きちにち【吉日】** 物事をするのに日柄のよい日。きちじつ。きつじつ。「大安―」 対凶日

**きちゃく【帰着】** ①帰り着くこと。②議論などが最後にある状態に落ち着くこと。

**きちゅう【忌中】** 喪中。

**きちょ【貴著】**「相手の著書」の尊敬語。

**きちょう【几帳】** 昔、部屋のしきりに使ったもの。

**―面《めん》** 性格ややり方がきちんとしているようす。

**きちょう【帰朝】** 外国から帰ること。帰国。〔古風な言い方〕

**きちょう【記帳】** 帳簿・帳面に記すこと。

**きちょう【基調】** ①全体の調子の基本となるもの。「―報告」②楽曲の主となる音階。

**きちょう【貴重】** 非常に大切なようす。「―な体験」

**きちょう【機長】** 航空機の乗務員の長。

**ぎちょう【議長】** 会議を運営する人。また、会議・議会を代表する人。

**きちれい【吉例】** めでたいしきたり。

**キチン**［chitin］ 節足動物の外皮や菌類の細胞壁などの主成分となる物質。「―質」

**キチン** ⇩キッチン

**きちんやど【木賃宿】** 粗末な安宿。〔もと、客が自炊して木賃(=燃料代)だけを払った安宿〕

**きつい** ①激しく、強い。②きびしい。つらい。「―仕事」③窮屈だ。

**きつえん【喫煙】** タバコを吸うこと。

**きつおん【吃音】**〔文章語〕どもる―音声(こと)。

**キッカー**［kicker］ ①サッカーやラグビーで、球をけるプレーヤー。②スノーボードやフリースタイルスキーで、ジャンプ台。

**きっかい【奇っ怪】** きかいの強調。

**きづかい【気遣い】** 心配。類配慮・心労

**きづかう【気遣う】** あれこれ心配する。

**きっかけ【切っ掛け】** 始める手がかりや機会。「話の―」

**きっかり** ①はんぱのないようす。きっちり。②くっきり。

**きづかれ【気疲れ】** 心・神経が疲れること。

**きづかわしい【気遣わしい】** 気がかりだ。

**きっきゅうじょ【鞠躬如】**〔文章語〕身をかがめて恐れ慎むようす。

**きっきょう【吉凶】** 縁起のよしあし。

**きっきょう【喫驚・吃驚】**〔文章語〕驚くこと。類仰天《ぎょうてん》・驚愕《きょうがく》

**きっきん【喫緊】** さしせまって大事なこと。「―事」

**キック**［kick］(球を)けること。

**―オフ**［kickoff］ サッカーなどで、試合開始(―のキック)。

**―バック**［kickback］ 収入をもたらした人に対して支払う、その収入の一部。バックチャージ。〔後ろ暗い金を言う〕

**―ボクシング**〔和製語 kick boxing〕 足や肘などを使うことが認められているボクシング。

**きづく【気付く】** ①感じとって知る。「誤りに―」類感づく ②正気に戻る。

**ぎっくりごし【ぎっくり腰】** 腰をひねったり曲げたりしたときに急激に起こる腰痛。

**きつけ【気付け】** ①気絶した人を正気づかせること。「―薬」②**【気付】** きづけ。

**きつけ【着付け】** 着物をきちんと着せること。「―教室」

**きづけ【気付】** 郵便物を相手の立ち寄り先にあてて送るとき、あて名の下に書く語。

**きっこう【拮抗】**(《頡頏》)〔文章語〕互いにはりあうこと。〔「けっこう」の慣用読み〕

**きっこう【亀甲】** 六角形の続き模様。〔カメの甲羅の意〕

**きっさ【喫茶】** 茶を飲むこと。

**―店《てん》** 飲み物や菓子・軽食などを出す店。

**きっさき【切っ先】**(《鋒》) 刃物などのとがった物の先。Ⅱ鋭さ。「批判の―がにぶる」

**きつじつ【吉日】** きちにち。

**ぎっしゃ【牛車】** 昔、牛に引かせた貴族の乗り物。

**キッシュ**〔フランス語 quiche〕 フランスの郷土料理の一。卵とクリームを使ったパイ。

**きっしょう【吉祥】** めでたいしるし。きちじょう。

**きっしょく【喫食】**〔文章語〕食べる(食事をする)こと。「―障害」

**きっしん【吉辰】**〔文章語〕めでたい日。吉日。

**キッス**［kiss］ キス。

**キッズ**［kids］子供（―用）。「―コーナー」

**きっすい【生っ粋】** まじりけのないこと。「―の江戸っ子」類純粋

**きっすい【喫水】**《吃水》 水上にある船の、水面から船底までの深さ。「―線」

**きっする【喫する】** ①（わるい結果を）こうむる。「惨敗を―」②飲む。食べる。

**きつぜん【屹然】**〔文章語〕①山が高くそびえ立つようす。②毅然《きぜん》。

**きっそう【吉相】**〔文章語〕①よいことの前兆。②よい人相。

**きっそう【吉左右】** ①吉報。②善悪いずれかの知らせ。◇〔古風な言い方〕

**きったはった【切った張った】** けんか。争いごと。

**きづち【木槌】** 木製のハンマー。

**キッチュ**［ドイツ語 Kitsch］安っぽい、まがいもの。

**ぎっちょ**〔俗語〕左きき。左ぎっちょ。

**きっちょう【吉兆】** めでたいしるし。吉祥。「―を示す」対凶兆

**キッチン**［kitchen］台所。調理場。キチン。

**―ドリンカー**［和製語 kitchen drinker］飲酒が習慣となっている（アルコール依存症の）主婦。

**きつつき【啄木鳥】** 野鳥の一。鋭いくちばしで木の幹をつつき、中の虫を食う。

**きって【切手】** 郵便切手の略。

**きっての**《切っての》 …の中でいちばんの。「町内―物知り」

**きっと**《屹度》 ①確かに。必ず。「―来る」②きびしく。「―にらむ」

**キット**［kit］組み立て部品の一そろい。

**キッド**［kid］子ヤギ（―の皮）。「―の手袋」

**きつね【狐】** ①褐色の野生動物。毛皮を利用。〔俗に、油揚げが好物で、人をだますといわれる。また、稲荷《いなり》の神の使いとされる〕Ⅱずるがしこい人。②きつねうどん・きつねそばの略。

**―付《つ》き** 昔、キツネが取りついたとされた精神病（―の人）。〔狐憑きとも〕

**―につままれたよう** どうなっているかわからずぽかんとするようす。

**―の嫁入《よめい》り** ①日照り雨。②狐火が連なって見えること。

**―火《び》** 夜光る燐火。鬼火。

**きっぱり** 断固とした言動をとるようす。「―（―と）断る」

**きっぷ【切符】** ①乗車券や入場券。チケット。Ⅱ権利や資格。「大会出場の―」②交通違反をしたときに渡される書類。「―を切られる」

**きっぷ【気っ風】** きまえ。「―がいい」〔きふうの転〕

**きっぽう【吉報】** めでたい知らせ。対凶報

**きづまり【気詰まり】** 気持ちが窮屈に感じられること。

**きつもん【詰問】** なじって、問いただすこと。

**きつりつ【屹立】**〔文章語〕（山が）そびえ立つこと。

**きて【来手】** 来てくれる人。「嫁の―」

**ぎて【技手】** ぎしゅ。〔音の似た技師と区別する言い方〕

**きてい【既定】** すでに決まっていること。「―の方針」対未定

**きてい【規定】** 規則（―として定めること）。「概念を―する（=はっきりと定める）」

**―打席《だせき》** 野球で、打率争いの資格を得る一定の打席数。〔試合数×三・一〕

**きてい【規程】** 官庁などの執務上の規則。

**きてい【基底】** 基礎となる事柄。

**きてい【旗亭】**〔文章語〕料理屋。旅館。〔昔中国で、目印に旗を掲げたことから〕

**ぎてい【義弟】** ①義理の弟。配偶者の弟、または妹の夫。対実弟 ②約束して弟となった人。

**ぎてい【議定】** 評議して―決めること（決めた定め）。ぎじょう。「―書」

**きているい【奇蹄類】** 哺乳動物で、後肢の指が―一本（三本）である動物の総称。〔ウマやサイなど〕

**きてき【汽笛】**（汽車などの）蒸気の力で音を出す笛。

**きてれつ**《奇天烈》「奇妙―（=非常に奇妙なようす）」

**きてん【起点】** 始まる所。出発点。対終点

**きてん【基点】**（距離を測る）もとになる点。

**きてん【貴店】**〔文章語〕「相手の店」の尊敬語。

**きてん【機転】** 機敏な判断。「―が利く」

**きでん【貴殿】**〔文章語〕相手の敬称。〔多く、改まった文書で使う。／もと、武士ことば〕

**ぎてん【疑点】** 疑わしい点。

**ぎてん【儀典】**〔文章語〕儀式の規定。典例。

**きでんたい【紀伝体】** 歴史書の記述法の一。個人の伝記を連ねる。対編年体

**きと【企図】** 企てること。類計画

**きと【帰途】** 帰り道。帰路。「—につく」

**きど【木戸】** ①庭や通路にある簡単な開き戸。「裏—」②興行場の出入り口。

**きど【喜怒】** 喜びと怒り。

**きど【輝度】** 物理学で、発光体の表面の明るさを示す量。

**きどあいらく【喜怒哀楽】** 喜びと怒りと悲しみと楽しみ。Ⅱ人間の種々の感情。

**きとう【気筒】**《汽筩》①〔文章語〕シリンダー。②エンジンのシリンダーの数を表す語。

**きとう【祈禱】** 神仏に祈ること。

**きとう【季冬】** 冬の末。晩冬。〔陰暦一二月〕

**きとう【帰投】** 航空機や艦船が基地に戻ること。

**きとう【亀頭】** 陰茎の先の部分。

**きどう【気道】** 鼻から肺に至る、息の通路。

**きどう【軌道】** ①汽車・電車の線路。②天体の運行する道筋。Ⅱ物事の進むべき道。「—修正」

**—に乗《の》る** 順調に進むようになる。

**きどう【起動】** 機械が運転を始めること。

**きどう【機動】** 状況に応じた敏速な活動。「—性(力)」

**ぎとう【擬闘】** 演技として行う格闘。

**きどうしゃ【気動車】** 内燃機関を備えている鉄道車両。〔ディーゼルカーなど〕

**きどうらく【着道楽】** 着るものに金をかけ、着ることを楽しむ—こと(人)。

**きとく【危篤】** 病気・けがで命が危ない状態。「—に陥る」

**きとく【奇特】** すぐれていて感心なようす。類殊勝

**きとく【既得】** すでに手に入れていること。

**—権《けん》** すでに持っている権利。

**きどく【既読】** すでに読んだこと。

**キトサン**［chitosan］甲殻類の殻や昆虫の外皮の構成成分。繊維や食品、医療用材料に用いる。

**きどせん【木戸銭】** 興行場の入場料。

**きどり【気取り】** ①気どること。「—屋」②…を気どること。「英雄—」

**きどる【気取る】** ①もったいぶる。②ようすをまねてふるまう。

**きどるい【希土類】**《稀土類》産出量が非常に少ない一七元素の総称。希土類元素。〔スカンジウムなど〕

**キナ**［オランダ語 kina］南米原産の常緑樹。キニーネの原料。〔昔、「規那」とあてた〕

**きない【畿内】** 京都付近の五国の称。山城・大和《やまと》・河内《かわち》・和泉《いずみ》・摂津。〔もと、王城付近の地の意〕

**きない【機内】** 航空機の中。「—食」対機外

**きなが【気長】** のんびりして焦らないようす。類悠長 対気短《きみじか》

**きながし【着流し】** 男の、袴《はかま》を着けない和服姿。〔くだけた身なり〕

**きなくさい【きな臭い】** 焦げ臭い。Ⅱ戦争・もめ事の気配がするようす。「—話」

**きなぐさみ【気慰み】** 気晴らし。

**きなこ【黄な粉】** 大豆の粉。「—餅」〔黄色の粉の意〕

**きなり【生成り】** ①生地のままで、飾りのないこと。②糸や布地のさらさないもの。

**きなん【危難】** 危険な災難。

**キニーネ**［オランダ語 kinine］キナの樹皮から作るアルカロイド。マラリアの特効薬。

**きにいり【気に入り】** 心にかなう—こと(人・物)。「お—」

**きにち【忌日】** 命日。きじつ。

**きにゅう【記入】** 書き入れること。

**ギニョール**［フランス語 guignol］指人形(—の芝居)。

**きにん【帰任】** 任地・任務に帰ること。

**きぬ【絹】** ①蚕の繭からとった繊維。②絹織物。

**—の道《みち》** シルクロード。

**—を裂《さ》くよう** 叫び声がかん高いようす。

**キヌア**［スペイン語 quinoa］穀物の一。南米原産で栄養価が高い。

**きぬいと【絹糸】** 蚕の繭からとった糸。

**きぬおりもの【絹織物】** 絹糸で織った織物。

**きぬかつぎ【衣被ぎ】** サトイモの子を皮のままゆでたもの。

**きぬけ【気抜け】** はりあいがなくなること。類気落ち

**きぬごし【絹漉し】** ①絹で細かく-こすこと(こしたもの)。②絹漉し豆腐の略。きめの細かい豆腐。
**きぬじ【絹地】** ①絹の布地。②日本画をかくための絹の布。
**きぬずれ【衣擦れ】** 身動きにともなって着物がすれあう-こと(音)。
**きぬた【砧】** 柔らかくしたりするために布を打つときの、木や石の台。
**きぬばり【絹針】** 絹布を縫うのに使う細い針。〔木綿針より細い〕
**きぬわた【絹綿】** (くず繭から作った) 真綿。
**きね【杵】** うすに入れた穀物をつく道具。
**キネマ** 映画。シネマ。〔古風な言い方。/kinematograph の略〕
**きねん【祈念】** 祈願。「平和—式典」
**きねん【紀年】** 紀元から数えた年数。
**きねん【記念】** 思い出にする-こと(もの)。「—日」
**—碑《ひ》** 記念にたてた石碑。⊕記憶にとどめるべき重要な物事。
**ぎねん【疑念】** 疑う気持ち。「—を抱く」
**きねんさい【祈年祭】** その年の豊作を願う祭り。二月に行われる。
**きのう【気嚢】** ①鳥の肺に続く、空気の入った袋。②気球などの、ガスを入れる袋。
**きのう【昨日】** きょうの前日。対あした ⊕過去。
**—今日《きょう》** ①昨日と今日。②近ごろ。ごく最近。
**—の今日《きょう》** そのことがあって間もなく。
**—の淵《ふち》は今日《きょう》の瀬《せ》** 人の世が移ろいやすいことのたとえ。
**きのう【帰納】** 個々の具体的な事柄から一般的法則を導くこと。「—法」 対演繹《えんえき》
**きのう【帰農】** 故郷に帰って農業をすること。
**きのう【機能】** 働き。作用。「運動—」
**—障害《しょうがい》** 体の各部の機能が十分に発揮できなくなること。
**—性《せい》食品《しょくひん》** 生体の調節に有効な成分を含む食品。〔生活習慣病の予防などに用いる〕
**ぎのう【技能】** 腕前。類技巧
**—オリンピック** 国際職業訓練競技大会の通称。
**—士《し》** 国の技能検定試験に合格した人に与えられる資格。「一級—」
**きのえ【甲】** 十干の第一。こう。〔「木の兄《え》」の意〕
**—子《ね》** 十干の「きのえ」で、十二支の「ね」にあたる-年(月・日)。こうし。かっし。〔干支《えと》の一番目〕
**きのか【木の香】** (新しい)材木の香り。
**きのこ【茸】**《菌》 大形菌類の俗称。シイタケ・マツタケの類。〔木の子の意〕
**—狩《が》り** きのこを探してとること。たけがり。
**—雲《ぐも》** 核爆発や火山噴火などで生じる、きのこの形の巨大な雲。
**きのじ【喜の字】** 喜寿《きじゅ》。七七歳。
**—の祝《わい》い** 喜寿。
**きのと【乙】** 十干の第二。おつ。〔「木の弟《と》」の意〕
**きのどく【気の毒】** ①同情し、心をいためること。②すまなく思うこと。
**キノホルム**〔chinoform〕 腸の薬に使われた化合物。〔スモン病の原因物質とされ、現在は発売禁止〕
**きのみ【木の実】** 木になる実。このみ。
**きのみきのまま【着のみ着の儘】** 今着ているもの以外何も持っていないこと。
**きのめ【木の芽】** ①木の新芽。②サンショウの芽。
**—和《あ》え** サンショウの新芽をすりまぜたみそであえた料理。
**—時《どき》** 早春。
**きのやまい【気の病】** 精神の疲れから起こる病気。〔古風な言い方〕類ノイローゼ
**きのり【気乗り】** 興味がわくこと。
**きば【牙】** 動物の歯で、特に発達したもの。
**—を研《と》ぐ** 相手を害そうと準備をする。
**きば【木場】** ①貯木場。②材木商が多く集まっている所。
**きば【騎馬】** 馬に乗る-こと(人)。「—戦」
**きはい【気配】** 取引で、人気。相場。
**きはい【跪拝】** 〔文章語〕ひざまずいて拝むこと。
**きばい【木灰】** 木・草を焼いて作った灰。
**きばえ【着映え】** 衣服を着たとき、立派に見えること。
**きはく【気迫】**《気魄》 (相手にたちむかう)強い気力。「—に押される」 類気概
**きはく【希薄】**《稀薄》 (密度・濃度が)

薄いようす。

**きばく【起爆】** 火薬を爆発させること。
**—剤《ざい》** 爆発させるための火薬。⊜事件をおこすきっかけ。

**きはずかしい【気恥ずかしい】** 何となく恥ずかしい。

**きばせん【騎馬戦】** 遊技の一。四人で騎馬を構成し、敵・味方で帽子などを取りあう。

**きはだ【木肌】** 木の外皮。

**きはだ【黄蘗】** きわだ。

**きばたらき【気働き】** 気がきくこと。

**きはつ【揮発】** 常温で液体が気体となること。
**—油《ゆ》** 溶剤用のベンジン・テレビン油など。

**きばつ【奇抜】** 非常に風変わりだ。

**きばむ【黄ばむ】** 黄色を帯びる。「イチョウの葉が—」

**きばらい【既払い】** すでに支払ってあること。対未払い

**きばらし【気晴らし】** 沈んだ気分を晴らすこと(もの)。類うさ晴らし

**きばる【気張る】** ①いきむ。②意気込む。③気前よくお金を出す。

**きはん【帰帆】** 〔文章語〕ヨット・ほかけ船が港に帰ること。また、その船。

**きはん【規範・軌範】** (判断・行為の)規準。手本。「—意識」

**きはん【羈絆】** 〔文章語〕つなぎとどめるもの。

**きばん【基盤】** 土台。基礎。

**きばんごう【記番号】** 紙幣などで、記号と番号による通し番号。

**きはんせん【機帆船】** 発動機付きの小型の帆船。

**きひ【忌避】** きらって避けること。「徴兵—」〔裁判では訴訟当事者がその裁判官の裁判を拒むこと〕

**きひ【基肥】** もとごえ。対追肥

**きび【黍・稷】** 穀物の一。実は黄色。

**きび【気味】** 「きみ」の転。「—がわるい」

**きび【機微】** 微妙な事情。「人情の—」

**きび【驥尾】** 〔文章語〕駿馬《しゅんめ》の尾。
**—に付く** すぐれた人につき従って行動すれば実力以上のことができる。驥尾に付《ふ》す。〔謙遜の表現〕

**ぎひ【犠飛】** 犠牲フライ。

**きびき【忌引き】** 近親者の通夜・葬式のために欠勤・欠席すること。

**きびしい【厳しい】** ①厳格だ。容赦がない。「警戒(条件)が—」②はなはだしい。「—暑さ」

**きびす【踵】** 〔文章語〕かかと。くびす。
**—を返《かえ》す(めぐらす)** 引き返す。
**—を接《せつ》する** 次から次へと続く。

**きびたき【黄鶲】** 小鳥の一。スズメほどの大きさ。鳴き声が美しい。

**きびだんご【黍団子】** 《吉備—》キビの粉で作っただんご。

**きひつ【起筆】** 書き始めること。対擱筆《かくひつ》

**ぎひつ【偽筆】** 他人の筆跡に似せて書いた文字や絵。類偽書 対真筆

**きびなご【黍魚子・吉備奈仔】** 海産魚の一。食用。

**きびょう【奇病】** 珍しい病気。類難病

**ぎひょう【戯評】** 漫画などでする社会批評。

**きひん【気品】** 上品で気高い感じ。

**きひん【気稟】** 〔文章語〕生まれつきの性質。

**きひん【貴賓】** 身分の高い客。「—席」

**きびん【機敏】** (動作・判断が)すばしこいようす。「—な動き」

**きふ【寄付】** 《寄附》(公的事業などに)金品を差し出すこと。「—金」

**きふ【棋譜】** 囲碁・将棋の対局での手順の記録。

**きぶ【基部】** 基礎となる部分。類基盤

**ぎふ【義父】** 義理の父。配偶者の父、または養父・継父。対実父

**ギブアップ** [give up] 降参。お手上げ。

**ギブアンドテーク** [give-and-take] 相手に利益を与え、同時に、自分も利益を得ること。

**きふう【気風】** ある集団に共通の気質。個性。

**きふう【棋風】** 囲碁・将棋の戦い方にでる個性。

**きふく【帰服・帰伏】** 〔文章語〕帰順。降伏。

**きふく【起伏】** ①土地の高低。②変化。盛衰。「感情の—」

**きぶく【忌服】** 近親者が死んで喪に服すこと。

**きぶくれ【着膨れ・着脹れ】** 太ってみえるほどたくさん着ること。「—ラッシュ」

**きふじん【貴婦人】** 身分の高い婦人。

き

**ギプス**〔ドイツ語 Gips〕石膏で固めた包帯。骨折箇所などの固定用。ギブス。

**ぎふぢょうちん【岐阜提灯】** 岐阜特産のちょうちん。卵型で、盆提灯としてよく使われる。

**きぶつ【木仏】** 木製の仏像。きぼとけ。⊜情けのうすい人。

**きぶつ【器物】** 器具。道具。

**キブツ**〔ヘブライ語 kibbutz〕イスラエルの協同組合的な生活共同体。

**ぎぶつ【偽物】** にせもの。[対]真物

**きぶっせい【気ぶっせい】** 気詰まりなようす。

**ギフテッド**〔gifted〕傑出した知的能力を持つ人。特に、同年代に比して特異な才能を示す子供。〔天賦の才を授かった人の意〕

**ギフト**〔gift〕贈り物。

**―カード**〔和製語 gift card〕①贈答に用いる商品券。②贈答品に添えるカード。

**―ショップ**〔gift shop〕贈答用品（外国向けのみやげ物）を扱う店。

**きぶとり【着太り】** 衣服を着ると実際より太ってみえること。[対]着やせ

**きふるす【着古す】** 古くなるまで着る。

**きふワイン【貴腐―】** 貴腐ブドウ（=枝についたまま半乾燥したブドウ）だけで作った高級な白ワイン。

**きぶん【気分】** ①気持ち。心持ち。「愉快なー」②心身の調子。「―がよい」③雰囲気。「お祭り―」

**―屋**《や》〔俗語〕言動が気分次第でころころ変わる人。

**きぶん【奇聞】**〔文章語〕珍しい話。「―珍談」

**ぎふん【義憤】** 世の不正に対する憤り。「―に駆られる」

**ぎぶん【戯文】** いたずら半分に書いた文章。

**きへい【騎兵】** 馬に乗った兵士。「―隊」

**ぎへい【義兵】** 正義のための戦争（―で戦う兵）。

**きへき【奇癖】** 奇妙な癖。

**きへん【机辺】**〔文章語〕机のそば。[類]座右

**きべん【奇弁・詭弁】** こじつけ・ごまかし（―の議論）。「―を弄《ろう》する」

**きぼ【規模】** しくみの大きさ。[類]スケール

**ぎぼ【義母】** 義理の母。配偶者の母、または養母・継母。[対]実母・生母

**きほう【気泡】** あわ。あぶく。

**きほう【気胞】** 魚の浮き袋。

**きほう【既報】** すでに報告・報道してあること。

**きほう【貴方】**〔文章語〕相手の敬称。〔公文書などで使う。／「あなた」とも読む〕

**きぼう【希望】** 願い望むこと。[類]期待・願望

**―的**《てき》 希望がもてるようす。

**ぎほう【技法】** 技術の方法。[類]手法

**ぎぼうし【擬宝珠】** ぎぼし。

**きぼく【亀卜】** 昔、カメの甲羅を焼いて行なった占い。

**ぎぼし【擬宝珠】** ①欄干の柱頭のネギの花に似た形の飾り。②「ネギの花」の別称。③植物の一。ユリ科の多年草。ホスタ。◇〔「ぎぼうし・ぎぼうしゅ」とも〕

**きぼとけ【木仏】** きぶつ。

**きぼね【気骨】**〔「きこつ」は別語〕

**―が折**《お》**れる** 気疲れがする。

**きぼり【木彫り】** 木を彫って―作ること（作ったもの）。

**きほん【基本】** 物事のおおもと。[類]土台・基礎

**―給**《きゅう》 給料の中で諸手当を除いた賃金。本給。本俸《ほんぽう》。

**―的**《てき》**人権**《じんけん》 人間としての当然の権利。〔憲法で保障されている〕

**ぎまい【義妹】** ①義理の妹。配偶者の妹、または弟の妻。[対]実妹 ②約束して妹となった人。

**きまえ【気前】** 金品を惜しみなく出す気質。「―がいい」

**きまかせ【気任せ】** その時々の思った通りにすること。

**きまぐれ【気紛れ】** ①気が変わりやすいこと。⊜予測がつかないこと。「―な天気」②一時の思いつき。

**きまじめ【生真面目】** まじめすぎるほどまじめなこと。

**きまずい【気不味い】** 互いの気持ちがしっくりいかず具合が悪い。

**きまつ【期末】** 期間・期限の終わり。[対]期首

**きまって【決まって】**《極まって》必ず。いつも。

**きまま【気儘】** 思いのままにふるまうこと。「勝手—」[類]わがまま

**きまり【決まり】《極まり》** ①規則。ルール。「—をつける」「—を守る」②決着。くぎり。「—文句」③いつも同じこと。

**—が悪《わる》い** 恥ずかしい。

**—きった** ①明白な。「—事実」②いつも同じ。

**きまる【決まる】《極まる》** ①定まる。「わざが—」③（「…にきまっている」の形で）必ず…だ。「冬は寒いにきまっている」②ねらいどおりにできる。

**—手《て》** 相撲で、勝負がついたときのわざ。

**きまわし【着回し】** 服の組み合わせを変えて違う装いをすること。「—がきく」

**ぎまん【欺瞞】** うそをついてだますこと。

**きみ【君】** ①君主。主君。②人の敬称。「源氏の—」③対称。「—僕の間柄」〔同輩（—以下）に使う。／「おまえ」より丁寧〕

**きみ【気味】** ①気持ち。「いい—だ」②傾向。「高血圧の—」◇→ぎみ（気味）

**—が悪《わる》い** なんとなく恐ろしく、不快だ。

**きみ【黄身】** 卵の黄色の部分。卵黄。[対]白身

**ぎみ【気味】** ようすや傾向。「かぜ—」

**きみかげそう【君影草】** スズランの別称。

**きみがよ【君が代】** 日本の国歌。〔一九九九年に法制化された〕

**きみじか【気短】** せっかち。[対]気長

**きみず【黄身酢】** 卵黄にだし汁や酢を加えたもの。

**きみつ【気密】** 気体が流通しないこと。「—室」

**きみつ【機密】** （政治・軍事上の）重大な秘密。「—書類」

**ギミック**［gimmick］（映像や音の）くふう。仕掛け。

**きみゃくをつうじる【気脈を通じる】** 意志を通じる。ぐるになる。〔気脈は血管の意〕

**きみょう【奇妙】** ふしぎなようす。

**—奇天烈《きてれつ》** まったく奇妙であるようす。

**きみわるい【気味悪い】** 何となく怖くていやな感じだ。

**きみん【棄民】** 〔文章語〕被災者を国家が救済せず見すてること。また、その人々。

**ぎみん【義民】** 〔文章語〕江戸時代、身を捨てて一揆《いっき》の先頭に立った農民。

**ぎむ【義務】** （法律上・道徳上）なすべきこと。「—的（＝しかたなくするようす）」[対]権利

**ぎむきょういく【義務教育】** 国民の義務として、子供に受けさせなくてはならない、小学校・中学校の九年間の教育。

**—学校《がっこう》** 普通教育を一貫して施すための学校。修業年限は満六歳から九年間。

**きむずかしい【気難しい】** きげんをとりにくい。[類]神経質

**きむすめ【生娘】** 処女。

**キムチ**［朝鮮語 gim-chi］ 朝鮮の代表的漬物。〔白菜を主とし、唐辛子やニンニクを入れる〕

**ギムナジウム**［ドイツ語 Gymnasium］ ドイツの高等中学校。〔日本の高校にあたる〕

**ギムレット**［gimlet］ ジンをベースにしたカクテルの一。

**きめ【決め】《極め》** きまり。約束。

**きめ【木目】** ①もくめ。②《肌理》皮膚や物の表面の細かいあや・手ざわり。Ⅱ配慮。「—の細かい（粗い）仕事」

**きめい【記名】** 姓名を記すこと。「無—」

**きめい【記銘】** 記憶のプロセスの第一段階で、新情報を覚えること。

**ぎめい【偽名】** にせの名前。[対]実名

**きめうち【決め打ち】** マージャンの手役、野球のボールなど、ねらいをあらかじめ決めて打つこと。Ⅱねらいを一つにしぼって物事を行うこと。

**きめこむ【決め込む】** ①ひとりぎめする。[類]思い込む ②（よくない行為を）意図的にする。「ずる休みを—」

**きめだま【決め球】** 野球で、ウイニングショット。

**きめつける【決め付ける】** ①一方的に断定する。②きびしくしかる。

**きめて【決め手】** ①決める人。②決着をつけるよりどころ。「—を欠く」[類]確証

**きめる【決める】《極める》** ①定める。決定する。「予定を—・心に—」②ねらいどおりにうまくやる。「わざを—・ポーズを—・スーツで—」

**きも【肝】** ①肝臓。「牛の—」②臓腑《ぞうふ》。③【胆】きもったま。

**—が据《す》わっている** 何事にも動じない。度胸がある。

**ーが太《ふと》い** 大胆だ。
**ーに銘《めい》ずる** 深く心に刻み込む。
**ーを潰《つぶ》す** ひどく驚く。
**ーを冷《ひ》やす** ぞっとする。
**きもい**〔俗語〕気持ち悪い。
**きもいり【肝煎り】** 世話(ー人)。
**きもう【起毛】** 織物などで、仕上げに表面をけば立てること。
**きもう【欺罔】**(「ぎもう」「きぼう」とも)あざむくこと。詐欺行為で錯覚に陥らせること。
**きもすい【肝吸い】** ウナギのきもを入れた吸い物。
**きもだめし【肝試し】** 勇気の有無をためすこと。
**きもち【気持ち】** ①思い。類感情・心・気 ②気分。心地。「ーよく(=快く)引き受ける」
**きもったま【肝っ玉】** 勇気。度胸。胆力。
**きもの【着物】** ①衣服。②和服。「ー姿」対洋服
**ー地《じ》** 着物を作るための生地《きじ》。
**きもん【奇問】** 奇妙(奇抜)な質問。
**きもん【鬼門】** 迷信で、忌み避けるべき方角。艮《うしとら》(=東北)のすみ。⊜にがて。「数学はーだ」
**きもん【旗門】** スキーの回転競技で、コースを示す旗。
**ぎもん【疑問】** 疑わしい(わからない)こと。
**ー視《し》** 疑わしいと見なすこと。「効果をーする」
**ー詞《し》** 文法で、疑問や不定の事物・事柄を表す言葉。〔「なに・だれ」など〕
**ー符《ふ》** クエスチョンマーク。
**ー文《ぶん》** 文法で、疑問を表す文。
**ギヤ** ⇩ギア
**きやく【規約】** 協議して決めた規則。
**きゃく【客】** ①たずねてくる人。対主人 ②料金を払う側。「ーの入り」類おとくい ③道具を数える語。「おわん五ー」
**きゃく【脚】** 足のある道具を数える語。「いす三ー」
**ぎやく【偽薬・擬薬】** 本物そっくりのにせの薬。プラシーボ。〔新薬のききめの試験などに使う〕
**ぎゃく【逆】** 反対。さかさま。「立場がーになる」対正・順
**ギャグ**〔gag〕演劇や寄席で、客を笑わせるための場あたりのせりふやしぐさ。
**きゃくあし【客足】** 商店・興行場に来る客(ーの数)。「ーが落ちる」
**きゃくあしらい【客あしらい】** 客への応対。
**きゃくあつかい【客扱い】** 客あしらい。
**きゃくいん【客員】** 団体や大学で、客分として待遇される人。「ー教授」
**きゃくいん【脚韻】** 詩の行や句の終わりの韻をそろえること。対頭韻
**きゃくうけ【客受け】** 客の評判。
**ぎゃくうん【逆運】** 不運。類逆境
**きゃくえん【客演】** 他の劇団や楽団に招かれて出演すること。
**ぎゃくえん【逆縁】**〔仏教語〕①親が子の供養をすること。②悪い行いがかえって仏道に入る縁になること。◇対順縁
**ぎゃくぎれ【逆切れ】**〔俗語〕怒られる立場の人が怒りだすこと。
**きゃくご【客語】** 文法で、目的語。
**ぎゃくこうか【逆効果】** 期待とは反対の効果。「ーをもたらす(招く)」
**ぎゃくこうせん【逆光線】** 物の後ろからさす光。逆光《ぎゃっこう》。対順光線
**ぎゃくコース【逆ー】** ふつうと反対の道順。⊜社会の進歩に逆らう動き・思想。「ーの教育改革」〔一九五一年ごろの流行語〕
**きゃくさき【客先】** 顧客の所。取引先。
**ぎゃくさつ【虐殺】** むごい方法で殺すこと。「南京大ー」類惨殺
**ぎゃくさべつ【逆差別】** 差別を是正しようとした結果、かえって優遇してしまい、全体として公平でなくなること。
**ぎゃくざや【逆鞘】** 本来あるべき差が逆転していること。〔生産者価格が消費者価格よりも高い場合など〕
**ぎゃくさん【逆算】** 結果から逆に計算すること。「没年からーする」
**きゃくし【客死】** かくし。
**きゃくしつ【客室】** ①客をもてなす部屋。類客間 ②乗り物で、乗客が座る所。
**ー乗務員《じょうむいん》** 乗り物の客室で接客などをする乗務員。キャビンアテンダント。〔旅客機の女性乗務員を指すことが多い〕
**きゃくしゃ【客車】** 旅客を乗せる車両。対貨車
**ぎゃくしゅう【逆襲】** 守勢だった側が逆

に攻撃に出ること。

**ぎゃくじょう【逆上】** かっとなること。

**きゃくしょうばい【客商売】** 旅館・飲食店など、客の接待をする商売。

**きゃくしょく【脚色】** 小説や事件を映画・演劇の脚本に書きかえること。‖事実を飾っておもしろくすること。「―して話す」

**きゃくじん【客人】** 客。〔古風な言い方〕

**ぎゃくしん【逆心】** 謀反の心。類逆意

**ぎゃくしん【逆臣】** 主君にそむく家来。対忠臣

**ぎゃくすう【逆数】** ある数で一を割った値の、その数に対する称。〔4の逆数は$\frac{1}{4}$〕

**きゃくすじ【客筋】** ①客だね。②顧客。

**ぎゃくせい【虐政】** 〔文章語〕人民を苦しめる政治。類暴政

**きゃくせき【客席】** 客のための座席。

**ぎゃくせつ【逆接】** 文法で、接続法の一。前述の内容に反することを述べる場合。対順接

**ぎゃくせつ【逆説】** 一見真理に反するようで、その実、真理を表す説。「急がば回れ」の類。パラドックス。

**きゃくせん【客船】** 旅客を輸送する船。対貨物船

**きゃくぜん【客膳】** 客に出す食事(―の膳)。

**ぎゃくせんでん【逆宣伝】** 相手の宣伝を利用して、逆に相手に不利な宣伝をすること。また、その宣伝。

**きゃくせんび【脚線美】** 女性の脚の曲線の美しさ。

**きゃくそう【客層】** 年齢・職業で分けた客の種類。客筋。

**ぎゃくそう【逆走】** 本来の方向とは逆の方向に走ること。

**ぎゃくそう【逆送】** 刑事処分の必要が認められた少年事件を、家庭裁判所が検察庁に送り返すこと。

**ぎゃくぞく【逆賊】** 謀反を起こした悪者。

**きゃくたい【客体】** ①意志・行為の対象物。「―化」②外界に存在するもの。客観。◇〔「かくたい」とも〕対主体

**ぎゃくたい【虐待】** 残酷な扱い。「児童―」

**きゃくだね【客種】** 客の種類。客筋。

**ぎゃくたんち【逆探知】** 電話や電波の発信元をつきとめること。

**きゃくちゅう【脚注】**《脚註》本文の下にある注釈。対頭注

**ぎゃくて【逆手】** ①腕を後ろにねじり上げること。②相手の攻撃を逆用すること。「相手の言葉を―にとる」③鉄棒の握り方の一。対順手 ◇〔②③は「さかて」とも〕

**ぎゃくてん【逆転】** ①反対方向へ-回る(回す)こと。類反転 ②反対に-なる(する)こと。「形勢―」③宙返り。

**きゃくど【客土】** 土質をよくするため、他から土を持ってくること。いれつち。置き土。かくど。

**ぎゃくと【逆徒】** 謀反人ども。反逆者。

**きゃくどめ【客止め】** 満員のため、客の入場を断ること。類札止め

**きゃくひき【客引き】** 客を旅館や店に誘う-こと(人)。

**ぎゃくひれい【逆比例】** 反比例。

**きゃくぶ【脚部】** 脚(―の部分)。

**ぎゃくふう【逆風】** むかいかぜ。‖困難な(不都合な)状況。◇対順風

**きゃくぶん【客分】** 客として待遇される-こと(人)。

**きゃくほん【脚本】** 演劇・映画のせりふや動作を書いた本。台本。シナリオ。「―家」

**きゃくま【客間】** 客をもてなす部屋。

**きゃくまち【客待ち】** タクシーなどが客を待っていること。

**ぎゃくもどり【逆戻り】** もとの方向に戻ること。

**ぎゃくゆしゅつ【逆輸出】** いちど輸入した物を(-加工して)、また輸出すること。対逆輸入

**ぎゃくゆにゅう【逆輸入】** いちど輸出した物を(-加工して)、また輸入すること。対逆輸出

**ぎゃくよう【逆用】** (本来の目的とは)逆の目的に利用すること。

**きゃくよせ【客寄せ】** 客を誘い寄せること。

**―パンダ** 客寄せのために使われる人や物。〔動物園で、パンダが多くの客を集めることから〕

**ぎゃくりゅう【逆流】** 逆方向に流れること。また、その流れ。

**きゃくりょく【脚力】** 歩く(走る)足の強

さ。

**ぎゃくろう【逆浪】**〔文章語〕さかまく波。げきろう。

**ギャザー**〔gather〕洋服の細かいひだ。

**きゃしゃ【華奢】**《花車》ほっそりして上品だ。美しいが弱々しい。

**きやすい【気安い】**気楽だ。心安い。

**キャスター**〔caster〕①家具などにつける移動用の車。②ニュースキャスター。

**キャスティング**〔casting〕①配役。②釣りで、釣り糸を遠くに投げ入れること。

**—ボート**〔casting vote〕賛否同数の場合、議長が行う決定投票。Ⅱ決定権。「—を握る」

**—リール**〔casting reel〕釣りのリールで、スプールを回転させて糸を巻き取るもの。

**キャスト**〔cast〕配役。「ミス—」

**きやすめ【気休め】**一時だけの安心（慰め）。

**きやせ【着痩せ】**衣服を着ると、実際よりやせて見えること。「—する質《たち》」対着太り

**キャセロール**〔フランス語 casserole〕厚手のふたつきなべ（—を使った西洋料理）。

**きゃたつ【脚立】**《脚榻》はしご状の踏み台。

**キャタピラ**〔caterpillar〕戦車などの車輪につけた帯状の装置。無限軌道。〔商標〕

**きゃつ**《彼奴》あいつ。〔男が軽蔑や親しみの気持ちでいう〕

**きゃっか【却下】**申請・訴訟を取り上げないこと。→棄却

**きゃっかん【客観】**主観の対象となるもの。また、主観とは独立に存在するもの。

**—性《せい》**客観的であること。対主観性

**—的《てき》**①外界に存在するようす。②個人的な判断を交えないようす。◇対主観的

**ぎゃっきょう【逆境】**不幸な境遇。「—にある」対順境

**きゃっこう【脚光】**フットライト。

**—を浴《あ》びる**舞台に立つ。Ⅱ社会の注目の的になる。

**ぎゃっこう【逆光】**逆光線《ぎゃくこうせん》。

**ぎゃっこう【逆行】**反対の方向に進むこと。「時代に—する」対順行

**キャッサバ**〔cassava〕熱帯低木の一。塊根からでんぷんをとる。

**キャッシュ**〔cash〕現金。即金。

**—オンデリバリー**〔cash on delivery〕現金着払い。代金引き替え払い。COD。

**—カード**〔cash card〕銀行や郵便局の現金自動支払い機に使うカード。

**—ディスペンサー**〔cash dispenser〕現金自動支払い機。CD。

**—バック**〔和製語 cash back〕支払った金額の一部（全額）が返ってくること。

**—フロー**〔cash flow〕①現金の収入と支出。②投資に必要な資金とそれから得られる収益。

**—レス**〔cashless〕現金を使わずに支払いをすませること。

**キャッシュメモリー**〔cache memory〕コンピューターのメモリーの一。プログラムやデータを一時的に保持して処理を高速化する。

**キャッシング**〔cashing〕（主に自動支払い機を使って受ける）小口の貸し付け。「—サービス」

**キャッチ**〔catch〕①とらえること。受けること。②〔俗語〕キャッチャー。

**—アップ**〔catch up〕（発展途上国が先進国に）追いつくこと。

**—コピー**〔和製語 catch copy〕人を引きつける宣伝文句。

**—セールス**〔和製語 catch sales〕路上で通行人をつかまえて—物を売りつける（契約させる）行為。

**—バー**〔和製語 catch bar〕客引きが客を店に連れ込み、法外な料金を請求する酒場。

**—フレーズ**〔catch phrase〕簡潔で印象的な宣伝文句。

**—ボール**〔和製語 catch ball〕ボールを投げあう—野球の練習（遊び）。

**キャッチャー**〔catcher〕野球で、捕手。

**キャッツアイ**〔cat's-eye〕宝石の一。猫目石。

**キャップ**責任者。主任。〔captainから〕

**キャップ**〔cap〕物にかぶせるもの。「鉛筆（瓶）の—」〔「縁なしの帽子」の意〕

**—数《すう》**サッカーやラグビーで、その選手が認定試合に出場した回数。

**ギャップ**〔gap〕みぞ。へだたり。「世代の—」

**きゃつら**《彼奴等》きゃつの複数形。

**キャディー**［caddie］ゴルファーについて道具を運搬する人。

**キャニスター**［canister］円筒形の保存容器。

**キャパシティー**［capacity］容量。収容能力。

**ギャバジン**［gabardine］綾織《あや》物の一。コート・スーツ用。ギャバ。

**キャバレー**［フランス語 cabaret］舞台などがあり、ホステスのいる酒場。類ナイトクラブ

**キャビア**［caviar］チョウザメの卵の塩づけ。

**キャピタリズム**［capitalism］資本主義。

**キャピタル**［capital］①資本。②キャピタルレター。

**—ゲイン**［capital gain］資産の売却、値上がりなどで得た利益。対インカムゲイン

**—レター**［capital letter］大文字。頭文字。

**キャビネ**［フランス語 cabinet］写真判の大きさの一。〔一二センチメートル×一六・五センチメートル〕

**キャビネット**［cabinet］箱。戸棚。

**キャビン**［cabin］船室。飛行機の客室。

**—アテンダント**［cabin attendant］客室乗務員。

**キャプション**［caption］さし絵・写真の説明文。

**キャプテン**［captain］①チームの主将。②船長。機長。

**キャブレター**［carburetor］ガソリンエンジンの気化器。

**キャベツ**［cabbage］野菜の一。

**ギヤマン** 昔、ガラス（—製品）の称。〔オランダ語 diamant（=ダイヤ）の転。ダイヤでガラスを切って細工した「ギヤマン細工」から〕

**キャミソール**［camisole］上半身に着る、女性用の下着。

**キャメラ**〔俗語〕⇩カメラ

**キャラ**〔俗語〕キャラクターの略。

**ギャラ** 出演料。〔guarantee から〕

**キャラウエー**［caraway］香草の一。セリ科。種子を香辛料にする。ヒメウイキョウ。

**ギャラクシー**［galaxy］銀河。

**キャラクター**［character］①性格。個性。②小説や漫画の登場人物。

**—商品《しょうひん》** キャラクター②をデザインなどにとりいれた商品。

**キャラバン**［caravan］隊商。Ⅱ隊を組んだ、宣伝・販売の旅。「全国—」

**きゃらぶき**【伽羅蕗】フキをしょう油で伽羅色（=濃い茶色）に煮たもの。

**キャラメル**［caramel］あめ菓子の一。

**ギャラリー**［gallery］①美術品陳列室。画廊。②（ゴルフ・テニスの）観衆。

**ギャランティー**［guarantee］出演料。ギャラ。

**きやり**【木遣り】大木などを、大勢で音頭《おんど》をとって運ぶ—こと（ときの歌）。

**キャリア**［career］①実地の経験。経歴。「—ウーマン（=専門的職業につく女性）」②国家公務員—採用試験Ⅰ種（のかつての上級甲試験）の合格者。「—組」対ノンキャリア

**—アップ**［和製語 career up］①より高い資格や能力を身につけること。②高い地位や高給職への転職。

**キャリア**［carrier］運び手。Ⅱ病原体の保菌者。「肝炎の—」

**キャリー**［carry］ゴルフで、打球の飛距離。

**—バッグ**［carry bag］軽い素材でできた大型かばん。キャスター付きの旅行用、ペットの運搬用など。

**キャリブレーション**［calibration］規格や標準に合うように機器を調節すること。

**ギャル**［gal］〔俗語〕若い女性。

**ギャルソン**［フランス語 garçon］ボーイ。給仕。

**キャロット**［carrot］ニンジン。

**ギャロップ**［gallop］（馬術で）馬の最も速い走り方。

**ギャロップ**［galop］四分の二拍子の急テンポの輪舞（—曲）。

**キャロル**［carol］クリスマス・イースターの祝歌。カロル。

**ギャング**［gang］大がかりな強盗団（—組織）。

**—エイジ**［gang age］いたずらざかり。

**キャンセル**［cancel］解約。

**キャンター**［canter］（馬術で）馬のトロットとギャロップの中間の速さの走り方。

**キャンディー**［candy］洋風のあめ。キャ

ンデー。

**キャンドル**［candle］ろうそく。

**―サービス** 結婚披露宴で新郎・新婦が客のテーブルのろうそくに点火していくこと。〔もとは教会のミサでの儀式。／candle-light serviceから〕

**キャンバス**［canvas］①油絵の画布。②麻布。帆《ほ》布《ぬの》。◇〔①②はカンバスとも〕③野球で、ベース。④ボクシングの試合場。

**キャンパス**［campus］大学の構内・敷地。

**キャンピング**［camping］キャンプ①。

**―カー**［和製語 camping car］キャンプ用の自動車。

**キャンプ**［camp］①野営。テント旅行。「―場」②スポーツで、トレーニングのための合宿。③兵営。「米軍―」④収容所。

**―イン**［和製語 camp in］キャンプ②を始めること。

**―ファイヤー**［campfire］キャンプ地でたく、たき火。

**ギャンブラー**［gambler］ばくち打ち。⊜かけごとの強い人。

**ギャンブル**［gamble］かけごと。ばくち。

**―依存症**《いそんしょう》 かけごとがやめられない精神疾患。

**キャンペーン**［campaign］世論をつくるための組織的・継続的な宣伝活動。

**キュイジーヌ**［フランス語 cuisine］料理。「ヌーベル―」

**きゆう【杞憂】** 取り越し苦労。〔中国の故事から〕

**きゅう【九】** 数の名。く。ここのつ。

**きゅう【灸】** やいと。「―を据える」

**きゅう【急】** ①急ぐこと。「―を要する」②さし迫った状態。「風雲―を告げる」③舞楽で、最後のテンポの速い部分。④速い。⑤突然。「―な話」⑥傾斜が大きい。

**きゅう【級】** ①等級。階級。「ヘビー―」〔珠算・書道などの技能段階にもいう。段の下で、級では一級が最高〕②学級。組。③（写真植字で）文字の大きさの単位。記号Q

**きゅう【球】** ①たま。ボール。②球の数を表す語。

**キュー**［cue］①ビリヤードの棒。②【Q】放送で、合図。

**ぎゆう【義勇】** 正義のために戦う勇気。「―軍」

**ぎゅう【牛】** ウシ。また、牛肉。

**キューアールコード【QR―】** 四角形の中の模様のようなパターンで情報を示す二次元コード。〔バーコードより情報量が多い。／quick responseから。／商標〕

**きゅうあい【求愛】** 異性の愛を求めること。

**きゅうあく【旧悪】** 昔の悪事。

**キューアンドエー【Q&A】** 質疑応答。〔Qはquestion、Aはanswer〕

**きゅうい【球威】** 野球で、投手の投球の威力。

**きゅういん【吸引】** 吸い込むこと。

**きゅういん【吸飲】** 吸って飲むこと。

**ぎゅういんばしょく【牛飲馬食】** 多量に飲食すること。鯨《げい》飲馬食。類暴飲暴食

**きゅううん【球運】** 球技における勝負運。

**きゅうえん【旧怨】**〔文章語〕昔のうらみ。

**きゅうえん【旧縁】** 古い縁故。昔なじみ。

**きゅうえん【休園】** 動物園・幼稚園などが休むこと。

**きゅうえん【休演】** 出演・公演を休むこと。類休場

**きゅうえん【求縁】**〔文章語〕縁談をもとめること。

**きゅうえん【球宴】** 野球で、豪華メンバーによる試合。オールスター戦など。

**きゅうえん【救援】** 助けること。

**きゅうおん【旧恩】**〔文章語〕昔、受けた恩。「―に報いる」

**きゅうおん【吸音】** 音を吸収して反射させないこと。「―材」対遮《しゃ》音《おん》

**きゅうか【九夏】** 夏の九〇日間。

**きゅうか【旧家】** 古い名家。

**きゅうか【休暇】** 休日以外の休み。

**きゅうかい【旧懐】**〔文章語〕昔をなつかしく思う心。

**きゅうかい【休会】** 会・議会を休みとすること。

**きゅうかい【球界】** プロ野球の世界。

**きゅうかく【嗅覚】** 五感の一。においに対する感覚。⊜勘。本能。「本探しの―が働く」

**きゅうがく【休学】** 学生・生徒が長期

間、学校を休むこと。
**きゅうかざん【休火山】** 長く噴火していない火山。〔昔の火山の分類の一で、現在は使わない〕対活火山・死火山
**きゅうかつをじょする【久闊を叙する】**〔文章語〕ごぶさたのあいさつをする。
**きゅうかなづかい【旧仮名遣い】** 歴史的仮名遣い。対新仮名遣い
**きゅうかぶ【旧株】** 増資以前に発行した株式。親株。対新株・子株
**ぎゅうがわ【牛革】** なめした牛の革。〔靴・カバン用〕
**きゅうかん【旧館】** 古いほうの建物。対新館
**きゅうかん【休刊】** 新聞・雑誌が刊行を休むこと。「―日」
**きゅうかん【休閑】** 耕地を休ませること。**―地《ち》** ①栽培を休んでいる田畑。②あき地。
**きゅうかん【休館】** 図書館や博物館がその日の仕事を休むこと。「―日」
**きゅうかん【急患】** 急病の患者。
**きゅうかんちょう【九官鳥】** 黒色の鳥。人の言葉をまねる。
**きゅうかんび【休肝日】**〔俗語〕(酒好きの人が)酒を飲まずに肝臓を休ませる日。
**きゅうき【吸気】** 吸い込む‐息(気体)。対呼気・排気
**きゅうぎ【球技】** ボールを使うスポーツ。
**きゅうぎ【球戯】** ①ビリヤード。②球を使う遊び。
**きゅうきゅう【汲々】**〔文章語〕あくせくするようす。「保身に―とする」
**きゅうきゅう【救急】** 急場を救うこと。特に、急病・けがの手当て。「―車」**―救命士《きゅうめいし》** 病院への搬送中に救急救命処置を行うことのできる救急隊員。
**きゅうぎゅうのいちもう【九牛の一毛】** とるに足りないこと。
**きゅうきょ【旧居】** 以前のすまい。対新居
**きゅうきょ【急遽】** にわかに。
**きゅうきょう【旧教】** カトリック。対新教
**きゅうきょう【究竟】**〔文章語〕結局。
**きゅうきょう【窮境】**〔文章語〕苦しい境遇・立場。「―を脱する」
**きゅうぎょう【休業】** 仕事・営業を休むこと。「本日―」
**きゅうきょく【究極・窮極】** 最後にいきつくところ。「―の目的」類きわみ
**きゅうきん【球菌】** 球状の細菌。
**きゅうきん【給金】** 給料。**―直《おな》し** 相撲で、力士が勝ちこすこと。
**きゅうくつ【窮屈】** ①狭苦しい。きつい。「―な服」②気づまりだ。「―な雰囲気」③ゆとりがない。「―な暮らし」
**きゅうけい【弓形】** ①ゆみがた。②数学で、弦と弧で囲まれた図形。
**きゅうけい【休憩】** ひと休み。類休息
**きゅうけい【求刑】** 検事が裁判長に、被告人への刑罰を請求すること。
**きゅうけい【急啓】**〔文章語〕手紙の頭語の一。〔急ぎ申し上げますの意〕
**きゅうけい【球形】** たまのような丸い形。
**きゅうけい【球茎】** 植物の球状の地下茎。
**きゅうげき【旧劇】** 歌舞伎。対新派・新劇
**きゅうげき【急激】** にわかで激しい。
**きゅうけつ【吸血】** 血を吸うこと。**―鬼《き》** 人血を吸うという魔物。バンパイア。‖搾取者。高利貸し。
**きゅうけつ【給血】** 輸血に使う血を提供すること。類献血・売血
**きゅうご【救護】** 傷病者を助け保護すること。「―班」類救助・救援
**ぎゅうご【牛後】** ⇩鶏口《けいこう》となるも牛後となるなかれ
**きゅうこう【旧交】** 昔(―から)の交際。**―を温《あた》める** ひさしぶりに会い、昔のようにつきあう。
**きゅうこう【旧稿】** 以前に書いた原稿。
**きゅうこう【休工】** 工事などの作業を休むこと。
**きゅうこう【休校】** 学校が休みであること。
**きゅうこう【休耕】** 耕作を一時やめること。「―田」
**きゅうこう【休航】** 運航を休むこと。
**きゅうこう【休講】** 予定の講義‐が休みであること(を休むこと)。
**きゅうこう【急行】** ①急いで行くこと。②急行列車。急行電車。対普通・鈍行
**きゅうこう【躬行】**〔文章語〕自ら実行すること。「実践―」

**きゅうこう【救荒】**〔文章語〕饑饉《ききん》で困っている人を救うこと。「―作物」
**きゅうごう【糾合】**《鳩合》〔文章語〕(多くの人を)寄せ集めること。
**きゅうこうか【急降下】** 急に―おりる(下がる)こと。対急上昇
**きゅうこく【急告】** 急ぎの知らせ。
**きゅうこく【救国】** 国の危機を救うこと。
**きゅうごしらえ【急拵え】** にわかづくり。「―の英雄」
**きゅうこん【求婚】** プロポーズ。
**きゅうこん【球根】** 球状・塊状の地下茎・根。
**きゅうさい【休載】** 連載物の掲載を一時休むこと。
**きゅうさい【救済】** 困っている人を救うこと。類救援
**きゅうさく【旧作】** 以前の作品。対新作
**きゅうし【旧址】**〔文章語〕昔、有名な建物などのあった跡。類旧跡
**きゅうし【旧師】**〔文章語〕以前に教わった先生。類恩師
**きゅうし【休止】** 休むこと。やめること。
**―符《ふ》** 楽譜で、音の休止を示す符号。休符。
**―符《ふ》を打《う》つ** 一段落つける。
**きゅうし【臼歯】** 奥歯。「大(小)―」
**きゅうし【急死】** 突然死ぬこと。類急逝
**きゅうし【急使】** いそぎの使い。
**きゅうし【給紙】** プリンターやコピー機で、用紙を―セットする(印刷する部分に送る)こと。

**きゅうし【窮死】**〔文章語〕貧乏に苦しんで死ぬこと。
**きゅうじ【旧字】** 旧字体(―の文字)。
**きゅうじ【旧時】** 昔。往時。
**きゅうじ【灸治】** 灸《きゅう》。
**きゅうじ【球児】** 野球にうちこむ青少年。
**きゅうじ【給仕】** ①そばで食事の世話をする―こと(人)。②昔、会社などの雑用係。
**きゅうじ【給餌】** えさを与えること。
**ぎゅうし【牛脂】** 牛の脂肪。ヘット。
**きゅうしき【旧式】** 古い、型・やり方。類時代遅れ 対新式
**きゅうじたい【旧字体】** 新字体に対して、従来使われていた漢字の字体。
**きゅうしつ【吸湿】** 湿気を吸いとること。「―剤」
**きゅうじつ【休日】** 休みの日。
**きゅうしにいっしょうをえる【九死に一生を得る】** 死にそうなところをどうにか助かる。
**きゅうしゃ【厩舎】** うまや。馬小屋。
**ぎゅうしゃ【牛舎】** 牛を飼う建物。
**きゅうしゅ【旧主】**〔文章語〕以前の主君・主人。
**きゅうしゅ【鳩首】**〔文章語〕首を集めて相談すること。「―会談」〔鳩は集めるの意〕
**きゅうしゅう【旧習】** 古くからの習慣。
**きゅうしゅう【吸収】** 吸い込むこと。取り入れること。「熱(知識)を―する」
**きゅうしゅう【急襲】** 不意に襲うこと。
**きゅうしゅつ【救出】** 救い出すこと。

**きゅうじゅつ【救恤】**〔文章語〕困っている人に金品などを与えること。「―金」類救援
**きゅうしゅん【急峻】** 地勢が険しい―こと(所)。
**きゅうしょ【急所】** ①体で命にかかわる大事な所。②要点。「―をつく」
**きゅうじょ【救助】** 救い助けること。
**―袋《ぶくろ》** 緊急のとき、窓から地面へ脱出するための長い袋。
**きゅうしょう【旧称】** 以前の名称。
**きゅうじょう【休場】** ①興行を休むこと。類休演 ②出場しないこと。類欠場
**きゅうじょう【宮城】** 皇居の旧称。
**きゅうじょう【球状】** たまのように丸いようす。
**きゅうじょう【球場】** 野球場。
**きゅうじょう【窮状】** 困り苦しんでいる状態。「―を訴える」
**きゅうしょうがつ【旧正月】** 旧暦の正月(―の行事)。
**きゅうじょうしょう【急上昇】** 急に―のぼる(上がる)こと。対急降下
**きゅうしょく【休職】** 身分はそのままで、勤務を一定期間休むこと。
**きゅうしょく【求職】** 職を求めること。対求人
**きゅうしょく【給食】** 学校や職場で食事を出すこと。また、その食事。
**ぎゅうじる【牛耳る】** 団体・党派の中心となって支配する。牛耳をとる。
**ぎゅうじをとる【牛耳を執る】** 牛耳

る。

**きゅうしん【休心・休神】**〔文章語〕安心。「ご―ください」〔手紙文で使う〕類放念

**きゅうしん【休診】** 診察を休むこと。

**きゅうしん【急伸】** 急に伸びる(相場が上がる)こと。

**きゅうしん【急信】** 急ぎの通信。急報。

**きゅうしん【急進】** ①急いで進むこと。②目的の実現を急ぐこと。「―派」◇対漸進

**きゅうしん【急診】** 急いで診察すること。

**きゅうしん【球心】** 数学で、球の中心。

**きゅうしん【球審】** 野球で、捕手の後ろにいる審判。主審。類塁審

**きゅうじん【旧人】** ①古くからいる人。新しみのない人。対新人 ②猿人・原人に次ぐ化石人類。ネアンデルタール人など。

**きゅうじん【求人】** 働く人を探すこと。対求職

**きゅうじんのこうをいっきにかく【九仞の功を一簣に欠く】** 多くの努力・苦労をわずかなことでむだにする。〔高い山を築くのに、最後の一簣(=もっこ一杯)の土がなければ完成しない意〕

**きゅうしんりょく【求心力】** 向心力。

**きゅうす【急須】** お茶をいれる道具の一つ。

**きゅうすい【給水】** 水を供給すること。

**きゅうすう【級数】** ①数列の和。「等差(等比)―」②(写真植字で)文字の大きさを級③で示した数値。

**きゅうする【給する】** 支給する。

**きゅうする【窮する】** 行きづまる。困る。「言葉に―」

**きゅうすればつうず【窮すれば通ず】** 行きづまるとかえって活路が開ける。

**きゅうせい【旧制】** 以前の制度。対新制

**きゅうせい【旧姓】** 以前の姓。対現姓

**きゅうせい【急性】** 病気で、急激に発病・進行する性質。「―肺炎」対慢性

**きゅうせい【急逝】** 急に死ぬこと。〔急死の丁寧な言い方〕

**きゅうせい【救世】** 人々を世の不幸・混乱から救うこと。

**―主**《ゆし》 ①(キリスト教で)キリスト。②人類を救う人。Ⅱ困難な状況に陥ったとき助けてくれる人。

**きゅうせかい【旧世界】** アジア・ヨーロッパ・アフリカの三大陸。〔アメリカ大陸を知る前にヨーロッパ人が知っていた世界の意〕対新世界

**きゅうせき【旧跡】**《旧蹟》昔の有名な建物や出来事のあと。「名所―」類古跡

**きゅうせつ【旧説】** 以前の学説や意見。対新説

**きゅうせっきじだい【旧石器時代】** 石器時代の前期。打製石器が使われ、狩猟・採集が中心。対新石器時代

**きゅうせん【休戦】** 戦争を一時やめること。類停戦

**きゅうせんぽう【急先鋒】** 先頭に立って行動する-こと(人)。

**きゅうそう【急送】** 急いでおくること。

**きゅうぞう【急造】** 急ごしらえ。

**きゅうぞう【急増】** 急にふえること。

**きゅうそく【休息】** からだを休めること。

**きゅうそく【急速】** 速いようす。すみやか。類急激

**きゅうそく【球速】** 野球で、投球のはやさ。

**きゅうぞく【九族】** 自分を中心に、先祖・子孫各四代の、九代の親族。

**きゅうそねこをかむ【窮鼠猫を噛む】** 弱者でも、どたん場になると強者を苦しめることがある。

**きゅうたい【旧態】**〔文章語〕昔からの状態。

**―依然**《いぜん》 昔のままで少しも進歩や発展がないようす。

**きゅうたい【球体】** 球(―の形の物体)。

**きゅうだい【及第】** 試験に合格すること。対落第

**きゅうたいりく【旧大陸】** 旧世界。対新大陸

**きゅうたく【旧宅】** 以前に住んでいた家。類旧居 対新宅

**きゅうたん【急湍】**〔文章語〕流れの速い浅瀬。

**きゅうだん【糾弾】**《糺弾》罪状を追及して非難すること。類弾劾《だんがい》

**きゅうだん【球団】** プロ野球のチーム。

**ぎゅうタン【牛―】** 料理で、牛の舌肉。「―焼き」

**きゅうち【旧知】** 昔からの知人。「―の間柄」類旧友

**きゅうち【窮地】** 苦しい境遇・立場。「―

に立つ」

**きゅうちゃく【吸着】** 吸いつくこと。

**きゅうちゅう【吸虫】** 人や動物の体内に吸いつく寄生虫。〔ジストマなど〕

**きゅうちゅう【宮中】** 皇居の中。禁中。

**きゅうちょう【九重】** 〔文章語〕宮中。

**きゅうちょう【急調】** 〔文章語〕急な調子。

**きゅうちょう【窮鳥】** 〔文章語〕追いつめられた鳥。

**—懐《ふところ》に入《い》る** 窮地に陥った者が助けを求めてくる。

**きゅうつい【急追】** 〔文章語〕激しい勢いで追うこと。

**きゅうてい【休廷】** 法廷の裁判の進行を一時休むこと。

**きゅうてい【泣涕】** 〔文章語〕涙を流して泣くこと。

**きゅうてい【宮廷】** 宮中（—の社会）。

**キューティクル** 〔cuticle〕毛髪の表皮や爪の甘皮など、体表細胞からの分泌物によるかたい層。

**きゅうてき【仇敵】** 〔文章語〕憎い敵。

**きゅうてき【旧敵】** 〔文章語〕昔からの憎い敵。

**きゅうてん【急転】** 情勢が急に変わること。

**—直下《ちょっか》** 形勢が急変して終結に向かうこと。

**きゅうでん【宮殿】** 帝王の御殿。

**きゅうでん【給電】** 電気を供給すること。類配電

**きゅうテンポ【急—】** 調子が早いこと。「—で進む」

**きゅうと【旧都】** もとのみやこ。類古都

**キュート** 〔cute〕魅力的。かわいい。

**きゅうとう【旧冬】** 〔文章語〕去年の冬（暮れ）。昨冬。〔新年にいう語〕

**きゅうとう【急騰】** 物価・相場が急に上がること。対急落

**きゅうとう【給湯】** 配管して、湯が出るようにすること。「—設備」

**きゅうどう【弓道】** 武道の一。弓を射る技術。弓術。

**きゅうどう【旧道】** 古くからある道。対新道

**きゅうどう【求道】** 〔文章語〕ぐどう。「—心」

**ぎゅうとう【牛刀】** 牛をさばくための大きな包丁。

**—をもって鶏《にわとり》を割《さ》く** ささいなことを処理するのに大がかりな手段を用いる。

**ぎゅうとう【牛痘】** 牛の疱瘡《ほうそう》。「種痘に使う」

**きゅうなん【急難】** 〔文章語〕差し迫った災難。

**きゅうなん【救難】** 災難を救うこと。

**きゅうに【急に】** とつぜん。にわかに。

**ぎゅうにく【牛肉】** 牛の肉。ビーフ。

**きゅうにゅう【吸入】** 吸い込むこと。「酸素—」

**ぎゅうにゅう【牛乳】** 牛のちち。ミルク。

**きゅうねつ【吸熱】** 熱を吸収すること。

**キューねつ【Q熱】** 主に家畜などの体内にいる微生物が病原体となる感染症。〔Qは当初原因不明で、query（疑問符）の頭文字から〕

**きゅうねん【旧年】** 去年。昨年。「—中はお世話になりました」〔新年にいう語〕対新年

**きゅうは【旧派】** ①古くからの流派・流儀。②歌舞伎。旧劇。◇対新派

**きゅうは【急派】** 急いで派遣すること。

**きゅうば【弓馬】** 弓術と馬術。＝武芸。

**きゅうば【急場】** 差し迫った場合。「—をしのぐ」類危急

**ぎゅうば【牛馬】** 牛と馬。

**—のごとく使《つか》う** 酷使する。

**きゅうはい【九拝】** ①何度もおじぎして敬意を表すこと。「三拝—」②手紙の終わりに書いて敬意を表す語。

**きゅうはい【休配】** 配達を休むこと。

**きゅうはいすい【給排水】** 給水と排水。

**きゅうはく【急迫】** せっぱつまること。「情勢が—する」

**きゅうはく【窮迫】** せっぱつまって困ること。類困窮

**きゅうはん【旧版】** 出版物で、以前のもの。対新版

**きゅうはん【急坂】** 傾斜の急な坂。

**きゅうばん【吸盤】** タコなどの吸着器官。

**きゅうひ【給費】** 学資などの費用を与えること。「—生」

**きゅうひ【厩肥】** 家畜のふん尿と敷きわらで作った肥料。

**ぎゅうひ【牛皮】** 牛のかわ。

**ぎゅうひ【求肥】** もちに似た和菓子。〔もと牛皮と書いた〕

**キューピー** [Kewpie] キューピッドに似せたかわいい人形。〔商標〕

**キューピッド** [Cupid] ローマ神話で、恋愛の神。ビーナスの子。〔ギリシャ神話のエロス〕

**きゅうびょう【急病】** 急に起こった病気。「—にかかる」

**きゅうびん【急便】** 急ぎの—たより(運送)。

**きゅうふ【休符】** 音楽で、休止符。

**きゅうふ【給付】** (公の機関が)金品を渡し与えること。「保険金の—」

**きゅうぶ【休部】** 部の活動を休むこと。

**キューブ** [cube] 立方体(—の形)。

**きゅうぶん【旧聞】** 古い話。「—に属する」

**きゅうへい【旧弊】** ①古くからの弊害。②古くさい習慣や考え方を守るようす。

**きゅうへん【急変】** ①急に(—悪く)変わること。類急転 ②急な変事。

**きゅうぼ【急募】** 〔文章語〕急いで募集すること。

**ぎゅうほ【牛歩】** のろい進み方。

**—戦術《せんじゅつ》** 議会で、わざとゆっくり投票し、議事進行をおくらせるやり方。

**きゅうほう【旧法】** ①廃止された、古い法律・規則。②古い方法。◇対新法

**きゅうほう【臼砲】** 口径に比べ砲身が短い大砲。

**きゅうほう【急報】** 急ぎの知らせ。

**きゅうぼう【窮乏】** 貧乏に苦しむこと。

**キューポラ** [cupola] 鋳物工場で、鉄を溶かす円筒形の炉。溶銑《ようせん》炉。

**きゅうぼん【旧盆】** 旧暦での盂蘭盆《うらぼん》。

**きゅうみん【休眠】** 動植物が一定期間活動を休むこと。‖活動しないこと。

**きゅうみん【救民】** 〔文章語〕困っている人民を救うこと。

**きゅうみん【窮民】** 〔文章語〕貧乏に苦しんでいる人民。貧民。

**きゅうむ【急務】** 急いですべき仕事。

**きゅうめい【究明】** 詳しく調べて明らかにすること。「原因—」

**きゅうめい【糾明】**《糺明》 罪状や不明の点を追及して明らかにすること。

**きゅうめい【救命】** 人命を救うこと。

**きゅうもん【糾問】**《糺問》 罪状や不明の点を問いただすこと。類糾明

**きゅうやく【旧約】** ①昔の約束。②旧約聖書の略。◇対新約

**—聖書《せいしょ》** ユダヤ教・キリスト教の聖典。〔キリスト降誕以前の事柄が集められ、キリストの出現を約束している〕対新約聖書

**きゅうやく【旧訳】** 以前の翻訳。対新訳

**きゅうゆ【給油】** ①燃料油を補給すること。②機械に潤滑油をさすこと。

**きゅうゆう【旧友】** 昔(—から)の友人。

**きゅうゆう【旧遊】** 〔文章語〕昔、旅行したことがあること。「—の地」類曽遊

**きゅうゆう【級友】** クラスメイト。

**きゅうよ【給与】** ①給料。「—所得」②金品を与えること。類給付

**きゅうよ【窮余】** 苦しまぎれ。

**—の一策《いっさく》** 苦しまぎれに思いついた手段。

**きゅうよう【休養】** 休んで体力を養うこと。類保養

**きゅうよう【急用】** 急ぎの用事。

**きゅうらい【旧来】** 以前から。類従来

**きゅうらく【及落】** 及第と落第。

**きゅうらく【急落】** 物価・相場が急に下がること。対急騰

**ぎゅうらく【牛酪】** 〔文章語〕バター。

**きゅうり【究理】** 物事の道理をきわめること。

**きゅうり【胡瓜】** 野菜の一。ウリ科。

**きゅうりゅう【穹窿】** 〔文章語〕①晴れた大空。②ドーム。

**きゅうりゅう【急流】** 勢いの強い水の流れ。類激流

**きゅうりょう【丘陵】** 小山。おか。

**きゅうりょう【旧領】** もとの領地。

**きゅうりょう【休猟】** 猟を休むこと。

**きゅうりょう【休漁】** 漁を休むこと。

**きゅうりょう【給料】** 労働の報酬としての金銭。給与。俸給。サラリー。

**きゅうれい【旧例】** 昔からの慣習。類前例

**きゅうれい【急冷】** 急激に—ひやす(ひえる)こと。

**きゅうれき【旧暦】** 太陰太陽暦。旧。対新暦

**きゅうろう【旧臘】** 〔文章語〕去年の

暮れ。客臘。〔新年にいう語。臘は、陰暦一二月の意〕

**キュラソー**〔フランス語 curaçao〕リキュールの一。甘口。〔西インド諸島キュラソー島で作られた〕

**キュリー**〔curie〕放射能の単位。記号Ci〔フランスの科学者キュリー夫妻の名にちなむ〕

**キュレーター**〔curator〕博物館や美術館の学芸員。

**キュロット**〔フランス語 culotte〕スカート風の女性用ズボン。キュロットスカート。

**きよ【寄与】** 役にたつこと。「―するところ大」類貢献

**きょ【居】**〔文章語〕住居。類すまい

**きょ【挙】**〔文章語〕行動。行為。「…の―に出る」

**きょ【虚】**〔文章語〕①油断。すき。②うわべだけで中身がないこと。対実

**―を突《つ》く** 相手のすきをついて攻撃する。

**きょあく【巨悪】** 大きな悪。

**きよい【清い】** 濁りやよごれがない。Ⅱ欲心に汚されていない。「清き一票」

**ぎょい【御意】** ①〔文章語〕お考え。②ごもっとも。〔「御意のとおり」の意〕

**―を得《え》る** ①お考えを承る。②お目にかかる。

**きよう【紀要】** 大学・研究所の定期的な研究報告書。

**きよう【起用】** 人をとりたてて用いること。類登用・抜擢《ばってき》

**きよう【器用】** ①技芸が上手だ。②要領がいい。

**―貧乏《びんぼう》** 器用なために一事に徹することができず、大成しないこと。

**きょう【今日】** 本日。対あす・きのう

**きょう【凶】** 占いで、わるい運勢。不吉。対吉

**きょう【京】** ①みやこ。首都。「平安―」②京都。「―人形(言葉)」

**―の着倒《きだお》れ** 京都の人は財産を失うほど衣服にぜいたくをする。

**きょう【香】** 香車《きょうしゃ》。

**きょう【強】** ①強いこと(もの)。「三―が出揃う」②端数を切り捨てたことを表す語。「一キロメートル―」◇対弱

**きょう【経】** 仏の教えを書いたもの。お経。

**きょう【卿】** ①(英国で)爵位をもつ人の名につける敬称。②昔、各省の長官や公卿《くぎょう》(―の敬称)。

**きょう【境】** ①境地。心境。「無我の―」②場所。「無人の―」

**きょう【興】** おもしろみ。「―に乗る」

**―に入《い》る** おもしろくて夢中になる。

**ぎよう【儀容】**〔文章語〕礼儀にかなった姿・態度。類威儀

**ぎょう【行】** ①文字の並び。「―を改める」②仏道修行。③行書。対楷《かい》・草《そう》

**きょうあい【狭隘】**〔文章語〕狭くるしいこと。Ⅱ狭量。「―な心」

**きょうあく【凶悪】**《兇悪》非常に残酷で悪い。極悪。「―犯」

**きょうあす【今日明日】** ごく近い将来。

**きょうあつ【強圧】**〔文章語〕強い力でおさえること。「―手段」

**ぎょうあん【暁暗・暁闇】** 日の出前のうす暗さ。あかつきやみ。

**きょうい【胸囲】** 胸の周りの寸法。バスト。

**きょうい【脅威】** 危害を加えられるのではないかと感じるおそれ。類恐怖

**きょうい【強意】** 表現で、意味を強めること。「―の助詞」

**きょういく【教育】** 教え育てること。「―学」

**―委員会《いいんかい》** 都道府県や市町村に設置される教育行政の機関。

**―課程《かてい》** 学校で教える科目や時間数を学年別にわりあてたもの。

**―漢字《かんじ》** 小学校で読み書きを学習するように定められた漢字の通称。〔一〇〇六字〕

**―産業《さんぎょう》** 予備校や教育機器販売業者など、教育と密接に結びついた企業の総称。

**―的《てき》** ①教育上効果のあるようす。②教育に関係のあるようす。

**きょういそん【共依存】** 不自然な人間関係にとらわれ逃れられない状態。例えば、暴力を振るう夫とそれに耐える妻の関係や、過剰に世話をしたがる親とそれに浸る子供の関係。

**きょういん【教員】** 学校の教師。類教官

**きょううん【凶運】** 非常に悪い運勢。

**ぎょううん【暁雲】**〔文章語〕明け方の雲。

**きょうえい【共栄】**〔文章語〕ともに栄え

ること。「共存—」
**きょうえい【競泳】** 水泳の競争。
**きょうえき【共益】** 共同の利益。「—費(＝団地などで各戸が共同で負担する費用)」
**きょうえつ【恐悦】** 〔文章語〕かしこまり喜ぶこと。「—至極に存じます」〔目上の人に対して使う〕
**きょうえん【共演】** (主役になる人と)いっしょに出演すること。
**きょうえん【競演】** 演技の優劣を競うこと。「二大スターの—」
**きょうえん【供宴】**《饗宴》客をもてなす盛大な酒宴。
**きょうおう【胸奥】** 〔文章語〕胸の奥底。心中。
**きょうおう【供応】**《饗応》ごちそうしてもてなすこと。
**きょうおく【胸臆】** 〔文章語〕心。心中の思い。
**きょうおんな【京女】** 京都の女性。「東男《あずまおとこ》に—」〔優美な女性の代表の意〕
**きょうか【供花】** 仏前に花をそなえること。また、その花。くげ。
**きょうか【強化】** 強く—する(なる)こと。「—ガラス」対弱化
**—米《まい》** 強化食品の一。ビタミン$B_1$やカルシウムを加えた米。
**きょうか【教化】** 人を善に感化すること。
**きょうか【教科】** 学校で教える科目。
**—書《しょ》** 教科の教材として編集した書物。
**—書体《しょたい》** 主に小学校の教科書に使われている活字の書体。〔「教科書」〕
**きょうか【橋架】** 〔文章語〕橋げた。橋。
**きょうが【恭賀】** 〔文章語〕うやうやしく祝うこと。「—新年」
**ぎょうが【仰臥】** あおむけに寝ること。対伏臥
**きょうかい【協会】** ある目的のために会員が協力して維持する会。
**きょうかい【胸懐】** 〔文章語〕心の中。類胸襟《きょうきん》
**きょうかい【教会】** (特にキリスト教で)①教徒の組織。②教徒の会合・礼拝に使う建物。
**きょうかい【教戒】**《教誨》〔文章語〕(受刑者を)教えさとすこと。「—師」
**きょうかい【境界】** (土地の)さかい。「—線」
**きょうがい【境界】** 〔仏教語〕果報としてこの世で受ける境遇。
**きょうがい【境涯】** 境遇。身の上。
**ぎょうかい【業界】** 同業者の社会。「—紙」〔特にマスコミや芸能の社会を指すこともある〕
**ぎょうかいがん【凝灰岩】** 火山噴出物が水底や地上で固まった岩石。建築用。
**きょうかく【侠客】** 江戸時代、任侠を看板にしていた男。おとこだて。
**きょうかく【胸郭】** 胸部を作る骨格。
**きょうがく【共学】** (男女が)同じ学校でいっしょに学ぶこと。対別学
**きょうがく【教学】** 〔文章語〕教育と学問。
**きょうがく【驚愕】** ひどく驚くこと。
**ぎょうかく【行革】** 行政改革の略。
**ぎょうかく【仰角】** 高い所にある物を見る視線と水平面とのなす角。対俯角《ふかく》
**きょうかたびら【経帷子】** 〔仏教語〕死者に着せる白い着物。
**きょうかつ【恐喝】** (金品をゆすろうと)人の弱みにつけこんでおどすこと。「—罪」
**きょうがる【興がる】** おもしろがる。
**きょうかん【凶漢】**《兇漢》悪漢。悪者。
**きょうかん【叫喚】** 〔文章語〕わめき叫ぶこと。「阿鼻—」
**きょうかん【共感】** 他人の考え・感情をそのとおりだと感じること。対反感
**きょうかん【教官】** 国公立の学校・研究所につとめる国家公務員。類教師 対事務官・技官
**きょうかん【胸間】** ①胸のあたり。②胸のうち。心中。
**きょうかん【郷関】** 〔文章語〕故郷。
**ぎょうかん【行間】** 文章の、行と行との間。⊜表には出ていない筆者の心。「—を読む」
**きょうき【凶器】**《兇器》人を殺傷する(—のに使われた)道具。
**きょうき【狂気】** 心が常軌を逸していること。対正気
**きょうき【狂喜】** 我を忘れて喜ぶこと。「—乱舞する」
**きょうき【侠気】** 義侠《ぎきょう》心。「—に富む」
**きょうき【狭軌】** レールの間隔が標準(＝一・四三五メートル)未満のもの。対広軌

**きょうぎ【協議】** 話し合って決めること。「―離婚」
**きょうぎ【狭義】** 狭い方の意味。対広義
**きょうぎ【経木】** 木材を紙状に削ったもの。〔食品を包むのに使う。／昔、経文を書くのに使った〕
**きょうぎ【教義】** 宗教上の教え。類教理
**きょうぎ【競技】** わざの優劣を競うこと。スポーツ（―の試合をすること）。
**ぎょうぎ【行儀】** 礼儀の面からみた動作の作法。「―よく（＝きちんと）並べる」
**きょうきゃく【橋脚】** 橋をささえる柱。
**きょうきゅう【供給】** 要求に応じて物を与えること。特に、商品を市場に出すこと。「原料（労働力）を―する」対需要
**きょうぎゅうびょう【狂牛病】** 牛海綿状脳症の通称。ＢＳＥ。
**きょうきょう【恐々】** ①〔文章語〕手紙の結びに使う語。「―謹言」〔おそれながらの意〕 ②《兢々》〔文章語〕恐れてびくびくするようす。「戦々―」
**きょうぎょう【協業】** 労働者がひとつの仕事を分担し、協同して働くこと。
**ぎょうきょう【業況】** 業種別や企業規模別の景気状況。
**ぎょうぎょうしい【仰々しい】** おおげさだ。
**きょうきん【胸襟】** 心の中。〔「胸とえり」の意〕
**―を開《ひら》く** 心中を打ち明ける。
**きょうく【恐懼】** 〔文章語〕恐れかしこまること。

**きょうくう【胸腔】** ⇩きょうこう
**きょうぐう【境遇】** 身の上。類境涯
**きょうくん【教訓】** 教えさとすこと。また、その教え。
**きょうげ【教化】** 〔仏教語〕仏法を説き教えて人を善に導くこと。きょうけ。
**きょうげき【京劇】** 中国の古典劇。けいげき。〔北京で発達した〕
**きょうげき【挟撃】**《夾撃》 はさみうち。
**きょうけつ【供血】** 輸血用の血液を提供すること。「―者」類献血
**ぎょうけつ【凝血】** 血が固まること。
**ぎょうけつ【凝結】** ①こり固まること。 ②気体が圧縮して液体になること。 ③コロイド粒子が集まって沈殿すること。
**きょうけん【狂犬】** 狂犬病にかかった犬。
**―病《びょう》** 犬の感染症。恐水病。〔その犬にかまれると人にもうつり危険〕
**きょうけん【強肩】** 野球で、球を遠方にまで投げられる強い肩（―の人）。
**きょうけん【強健】** 体が丈夫なこと。
**きょうけん【強権】** 国家の強制的な権力。「―を発動する」
**きょうけん【教権】** 宗教上の権力。〔特に、カトリックで教会・法王の権力〕
**きょうげん【狂言】** ①日本の古典劇の一。 ②歌舞伎（―の出し物）。「顔見世―」 ③人をだます芝居。「―強盗」
**―綺語《きご》** おおげさに飾りたてた言葉。きょうげんきぎょ。
**―回《まわ》し** 芝居で、筋の進行を受けもつ役者。

**きょうこ【強固】**《鞏固》 強くてしっかりしているようす。「意志―」
**きょうご【向後】** 今後。以後。〔「きょうこう・こうご」とも〕
**ぎょうこ【凝固】** ①こり固まること。 ②液体（気体）が固体になること。対融解
**きょうごいん【教護院】** 児童自立支援施設の旧称。
**きょうこう【凶行】**《兇行》 凶悪な犯行。
**きょうこう【凶荒】** 〔文章語〕飢饉《ききん》。凶作。
**きょうこう【恐慌】** ①恐れあわてること。「―をきたす」 ②急に不景気になっておこる経済の大混乱。パニック。「金融―」
**きょうこう【恐惶】** 〔文章語〕恐れ慎むこと。
**―謹言《きんげん》** 手紙の結びに使う語。
**きょうこう【胸腔】** 心臓や肺などを納める、胸の内側の部分。きょうくう。
**きょうこう【強行】** むりやり行うこと。「―突破」
**―軍《ぐん》** 厳しいスケジュールで―行軍（物事）を行うこと。
**きょうこう【強攻】** 強引に攻めること。
**きょうこう【強硬】** 強く押し通すようす。「―手段」類強固 対軟弱
**きょうこう【教皇】** ローマカトリック教会の長。（ローマ）法王。
**きょうごう【校合】** 異本と照合して、本文の異同を検討すること。校訂。
**きょうごう【強豪】** 強く手ごわい―こと

(人)。「—チーム」

**きょうごう【競合】** 互いにせりあうこと。

**ぎょうこう【暁光】** 〔文章語〕夜明けの光。

**ぎょうこう【僥倖】** 〔文章語〕偶然の幸運。

**きょうこく【峡谷】** 幅が狭くて深い谷。

**きょうこく【強国】** 軍事力や経済力の強い国。対弱国

**きょうこつ【侠骨】** 義侠心の強い気質。

**きょうこつ【胸骨】** 胸部の前の中央にある扁平な骨。

**きょうさ【教唆】** 教えそそのかすこと。

**ギョウザ** ⇩ギョーザ

**きょうさい【共済】** 共同して助けあうこと。

**—組合《くみあい》** 組合員がお金を積み立て、必要に応じて助けあう組織。

**—年金《ねんきん》** 共済組合の組合員に給付される公的年金。

**きょうさい【共催】** 複数の団体や組織による共同主催。

**きょうさい【恐妻】** 夫が妻に頭があがらないこと。「—家」

**きょうざい【教材】** 教授・学習に使う材料。

**ぎょうさい【業際】** 〔文章語〕いくつもの事業分野にまたがること。

**ぎょうざいせい【行財政】** 行政と財政。

**きょうさく【凶作】** ひどい不作。対豊作

**きょうさく【狭窄】** 〔文章語〕狭くすぼまっていること。「視野—」

**きょうさく【競作】** 〔類似の題材で〕競いあって作品を作ること。

**きょうさつ【挟殺】** 野球で、走者を塁の間にはさんでアウトにすること。

**きょうざめ【興醒め】** おもしろみがなくなること。

**きょうさん【共産】** 財産を共有すること。

**—主義《しゅぎ》** 生産手段を社会の共有とし、平等な社会を実現しようとする考え方。〔マルクスとエンゲルスによって体系化〕

**きょうさん【協賛】** 計画に賛成して協力すること。類賛助

**ぎょうさん【仰山】** ①たくさん。②おおげさ。

**きょうし【狂詩】** こっけいな漢詩。

**—曲《きょく》** ラプソディー。

**きょうし【教士】** 剣道で、高段者の称号の一。範士の下、錬士の上。

**きょうし【教師】** 類先生・教員

**きょうじ【凶事】** 不吉なこと。対吉事

**きょうじ【夾侍】** 本尊像の左右に立っている像。わきじ。

**きょうじ【矜持】** 《矜恃》〔文章語〕誇り。〔「きんじ」は慣用読み〕類自負

**きょうじ【教示】** 教えしめすこと。

**きょうじ【驕児】** 〔文章語〕わがままな子。Ⅱ思い上がった人。

**ぎょうし【仰視】** あおぎ見ること。Ⅱ尊敬すること。

**ぎょうし【凝脂】** 〔文章語〕こり固まった脂肪。Ⅱ白くきめ細かな肌。

**ぎょうし【凝視】** じっと見つめること。

**ぎょうじ【行司】** 相撲で、勝負の判定役。

**ぎょうじ【行事】** 恒例として行う‐事柄(催し)。「年中—」

**きょうしつ【教室】** ①「小学校の—」②大学の研究室。③技芸の講習。「料理—」

**きょうじつ【凶日】** 縁起の悪い日。対吉日

**きょうじてき【共時的】** 一時点における現象や構造を体系的に記述するようす。対通時的

**きょうしゃ【香車】** 将棋の駒《こま》の一。やり。香《きょう》。きょうす。

**きょうしゃ【強者】** 強い(‐立場の)人。対弱者

**きょうしゃ【驕奢】** 〔文章語〕ぜいたくな(思い上がった)ようす。

**ぎょうしゃ【業者】** ①商業・工業の経営者。②同業者。

**ぎょうじゃ【行者】** ①仏道の修行者。②修験者《しゅげんじゃ》。山伏。

**きょうじゃく【強弱】** 強さと弱さ。

**きょうしゅ【凶手】** 《兇手》〔文章語〕悪漢(‐のしわざ)。「—に倒れる」

**きょうしゅ【拱手】** 何もしないこと。〔腕を組む意。/「こうしゅ」は慣用読み〕

**きょうしゅ【強手】** 〔囲碁・将棋で〕鋭い攻撃の手。

**きょうしゅ【教主】** 教祖。宗祖。〔特に、釈迦《しゃか》をいうこともある〕

**きょうしゅ【梟首】** 〔文章語〕さらし首。

**きょうしゅ【興趣】** おもむきのあるおもしろみ。

**きょうじゅ【享受】** 存分に受け入れること。⊜味わい楽しむこと。「芸術を—する」
**きょうじゅ【教授】** ①学問・技芸を教えること。②大学の教員(—の職名)。「—会」
**ぎょうしゅ【業種】** 事業・営業の種類。
**きょうしゅう【強襲】** はげしく襲うこと。類猛攻
**きょうしゅう【郷愁】** 故郷をなつかしむ気持ち。ノスタルジア。
**きょうしゅう【教習】** 教えて習得させること。「—所」
**ぎょうしゅう【凝集】** 集まって固まること。類凝固・凝結
**ぎょうじゅうざが【行住坐臥】**〔文章語〕日常(—のたちいふるまい)。〔「行く・止まる・座る・臥《ふ》す」の意で、もと仏教語〕
**きょうしゅく【恐縮】** 恐れ入ること。「—の至り」
**ぎょうしゅく【凝縮】** ぎゅっとまとまり固まること。「気体(考え)が—する」
**きょうしゅつ【供出】** 物資・食糧を政府の求めで‐さし出す(売り渡す)こと。
**きょうじゅつ【供述】** 裁判官や検察官の尋問に対して答えを述べること。「—書」
**きょうじゅん【恭順】**〔文章語〕慎んで服従すること。「—の意を表する」
**きょうしょ【教書】** ①アメリカ大統領が議会に出す意見書。「予算—」②ローマ法王の出す訓告の文書。
**ぎょうしょ【行書】** 漢字の字体の一。〔楷書を少しくずしたもの〕対楷書・草書
**きょうしょう【協商】** 国家間の協定。「三国—」〔同盟にまで至らないもの〕
**きょうしょう【狭小】** せまく小さいこと。対広大
**きょうしょう【胸章】** むねにつけるバッジ。
**きょうしょう【嬌笑】**〔文章語〕(女性の)色っぽい笑い。
**きょうじょう【凶状】**《兇状》 犯罪。罪状。「—持ち(=前科者)」
**きょうじょう【教条】** ①キリスト教で、教会公認の教え。ドグマ。②特定の権威者の思想・理論。
**—主義《しゅぎ》** 特定の権威者の説をそのまま絶対のものとする考え方。
**きょうじょう【教場】** 教室。類道場〔古風な言い方〕
**ぎょうしょう【行商】** 商品を持って売り歩く‐こと(人)。
**ぎょうしょう【暁鐘】**〔文章語〕夜明けの鐘。
**ぎょうしょう【驍将】**〔文章語〕勇将。
**ぎょうじょう【行状】** 日ごろの行い。
**きょうしょく【教職】** 教育者としての職。「—につく」
**きょうじる【興じる】** おもしろがって楽しむ。興ずる。
**きょうしん【共振】** 共鳴。特に、電気回路での共鳴。
**きょうしん【狂信】** 異常なほどはげしく信じこむこと。「—的」類妄信
**きょうしん【強震】** かつての地震の段階表示の一。烈震と中震の間。〔現在は使わない〕
**きょうじん【凶刃】**《兇刃》 凶行に使った刃物。類凶弾
**きょうじん【狂人】** 常軌を逸した人。
**きょうじん【強靭】** 強くてしなやか。「—な意志」
**きょうしんざい【強心剤】** 心臓の衰弱を回復させる薬。
**きょうしんしょう【狭心症】** 心臓に突然痛みや、けいれんのおこる病気。
**きょうす【香子】** 香車《きょうしゃ》。
**きょうすい【胸水】** 胸膜腔《きょうまくこう》に異常にたまった水分。
**ぎょうずい【行水】** たらいの湯・水で体の汗を流すこと。「—を使う」
**きょうすいびょう【恐水病】** 狂犬病。
**きょうする【供する】** ①差し出す。「茶菓を—」②役立たせる。「閲覧に—」
**きょうする【饗する】**〔文章語〕ごちそうする。もてなす。
**きょうずる【興ずる】** 興じる。
**きょうせい【共生】**《共棲》 異種の生物が共同して生活すること。〔ヤドカリとイソギンチャクなど〕
**きょうせい【匡正】**〔文章語〕誤りや不正を正すこと。
**きょうせい【強制】** むりに行わせること。「—労働」
**—執行《しっこう》** 債権者の請求権を、国家権力で強制的に行う手続き。
**—処分《しょぶん》** 逮捕・召喚・押収など、刑法上強制的に行われる処分。

―性交《せいこう》 強姦《ごうかん》の言い換え。
―送還《そうかん》 外国人の犯罪者を強制的に本国に帰国させること。

**きょうせい【強請】**〔文章語〕おどして金品をとること。ゆすり。

**きょうせい【強勢】**①勢いが強い。②ことばのアクセントで、強めの部分。

**きょうせい【嬌声】**（女性の）なまめかしい声。

**きょうせい【矯正】** 欠点を直して正しくすること。

**ぎようせい【擬陽性】** ツベルクリン反応で、陽性に近い反応を示すこと。

**ぎょうせい【行政】** 法律に従って国を治めていくこと。対司法・立法
―改革《かいかく》 行政の組織・機構を改革すること。
―官《かん》 国の行政事務を行う官吏。
―官庁《かんちょう》 国の行政機関。内閣に属す。
―指導《しどう》 行政官庁が、業界や地方公共団体に与える助言や勧告。
―書士《しょし》 官公署への提出書類の作成代行を職業とする人。
―処分《しょぶん》 行政機関が、法規に基づいて行う処分。
―訴訟《そしょう》 行政官庁の行為によって損害を受けたと思う者が、その取り消し・変更を求める訴訟。

**ぎょうせい【暁星】**〔文章語〕①夜明けの星。②明けの明星。金星。

**ぎょうせき【行跡】** 日々の行い。類行状

**ぎょうせき【業績】** 事業・学問上の実績。

**ぎょうぜん【凝然】**〔文章語〕じっと動かないようす。

**きょうそ【教祖】** 宗教・宗派の創始者。開祖。宗祖。Ⅱ新しい傾向を生み出した人。

**きょうそう【狂騒】**《狂躁》〔文章語〕常軌を逸した大騒ぎ。
―曲《きょく》〔俗語〕どたばたと繰り広げられる騒ぎ。「育児―」〔「狂想曲」のもじり〕

**きょうそう【強壮】** 丈夫で元気なようす。「―剤」対虚弱

**きょうそう【競争】** 勝負・優劣を競うこと。

**きょうそう【競走】** 走りくらべ。

**きょうそう【競漕】** ボートレース。

**きょうぞう【胸像】** 胸から上だけの彫像。

**ぎょうそう【形相】** 顔つき。「恐ろしい―」

**きょうそうきょく【狂想曲】** カプリチオ。

**きょうそうきょく【協奏曲】** コンチェルト。

**きょうそく【脇息】** 座ったときに使うひじかけ。

**きょうそく【教則】** 物事を教えるための規則。

**きょうぞく【凶賊】**《兇賊》〔文章語〕凶悪な賊。

**きょうそん【共存】** 争わず共に生存・存在すること。きょうぞん。「―共栄」

**きょうだ【怯懦】**〔文章語〕臆病《おくびょう》。

**きょうだ【強打】** ①強く打つこと。②野球で、バントせず積極的に打つこと。

**きょうたい【狂態】** 常軌を逸した態度。「―を演じる」

**きょうたい【筐体】** 機器を入れる箱。

**きょうたい【嬌態】** なまめかしい態度。

**きょうだい【兄弟】** 同じ親をもつ間柄（―の男）。対姉妹 Ⅱ親しい男どうしの呼び方。「おい、―」
―弟子《でし》 同じ先生についた弟子どうし。
―は他人《たにん》の始《はじ》まり 兄弟（姉妹）でも利害がからむと他人のように冷たくなる。
―分《ぶん》 兄弟同様の親しい仲の男。義兄弟。

**きょうだい【強大】** 強くて大きい。対弱小

**きょうだい【教大】** 教育大学の略。

**きょうだい【鏡台】** 鏡付きの化粧台。

**ぎょうたい【業態】** 営業・事業の運営状態（形態）。

**きょうたく【供託】** 法律で定められた所に金銭・物件の保管を頼むこと。「―金」〔提供寄託の意〕

**きょうたく【教卓】** 教室の、教師用の机。

**きょうたん【驚嘆】**《驚歎》 ひどく驚き感心すること。類感嘆

**きょうだん【凶弾】**《兇弾》 凶行に使われた銃弾。類凶刃

**きょうだん【教団】** 同じ宗教を信じる人々の団体。

**きょうだん【教壇】** 教室で、教師が立つ壇。Ⅱ「―を去る（＝教師をやめる）」

**きょうち【境地】** ①心境。②立場。環境。

**きょうちくとう【夾竹桃】** 庭木の一。常緑で、夏、赤・白の花が咲く。
**きょうちゅう【胸中】** 胸のうち。気持ち。
**ぎょうちゅう【蟯虫】** 寄生虫の一。白い糸くず状で、腸に寄生する。
**きょうちょ【共著】** 共同の著作。対単著
**きょうちょう【凶兆】** 不吉の前兆。対吉兆
**きょうちょう【協調】** 立場の違う者どうしがゆずりあい協力すること。
**きょうちょう【強調】** ①強く主張すること。類力説 ②調子を強めること。
**きょうちょく【強直】** （筋肉が）こわばること。硬直。
**きょうつい【胸椎】** 脊椎《せきつい》の一部。胸部にある。
**きょうつう【共通】** ふたつ以上のどれにもあてはまること。
**—語《ご》** ①国内どこでも通じる言葉。類標準語 ②世界中で通じる言語。
**きょうつう【胸痛】** 胸のいたみ。
**きょうてい【協定】** 協議して定めること。また、その事柄。「紳士—」〔国家間では、簡単な手続きの条約をいう〕
**きょうてい【胸底】** 心の奥（—の思い）。
**きょうてい【教程】** ①教える順序・方式。②教科書。
**きょうてい【筺底・篋底】** 〔文章語〕箱の中（底）。「—に秘する」
**きょうてい【競艇】** ボートレース。「—場」
**きょうてき【狂的】** 異常なようす。
**きょうてき【強敵】** てごわい相手。対弱敵
**きょうてん【経典】** ①仏典。お経。②宗教上の教えを書いた書物。教典。◇〔「けいてん」は別語〕
**きょうてん【教典】** ①経典《きょうてん》②。②教育上の典範。
**きょうでん【強電】** 発電機・電動機など強い電流を扱う電気機器部門。対弱電
**ぎょうてん【仰天】** 非常に驚くこと。
**ぎょうてん【暁天】** 〔文章語〕夜明け（—の空）。
**きょうてんどうち【驚天動地】** 世間を大いに驚かすこと。
**きょうと【凶徒】**《兇徒》〔文章語〕①悪者。②暴徒。
**きょうと【教徒】** その宗教の信徒。類信者
**きょうど【匈奴】** 昔、中国北方の遊牧民族の一。
**きょうど【郷土】** ①故郷。②その地方。「—芸能」
**—色《しょく》** 地方色。ローカルカラー。
**きょうど【強度】** ①強さの度合い。②程度がはなはだしいこと。「—の乱視」対軽度
**きょうとう【共闘】** 共同して戦うこと。
**きょうとう【狂騰】** 価格が異常にあがること。類暴騰
**きょうとう【教頭】** 校長を補佐する職。
**きょうとう【橋頭】** 〔文章語〕橋のほとり。
**—堡《ほ》（保）** 攻撃の足場として敵地に設ける拠点。「—を築く」
**きょうとう【驚倒】** 〔文章語〕ひどく驚くこと。
**きょうどう【共同】** 二人以上が（—同じ資格で）いっしょに行うこと。対単独
**—正犯《せいはん》** 二人以上で共同して犯罪を実行すること。
**—声明《せいめい》** 外交で、当事国が共同して発表する声明。
**—戦線《せんせん》** 複数の団体が同じ目的に向かって協力し行動すること。「—を張る」
**—体《たい》** 共同社会。
**—募金《ぼきん》** 社会福祉事業の援助のために行われる募金。〔赤い羽根募金とも〕
**きょうどう【協同】** 力を合わせて物事をすること。
**—組合《くみあい》** 生産者や消費者がそれぞれの利益のために作る組合。
**きょうどう【協働】** ある目的のために、複数の主体が協力して活動すること。「市民—の町づくり」
**きょうどう【経堂】** お経を納める堂。経蔵。
**きょうどう【教導】** 〔文章語〕教え導くこと。
**きょうな【京菜】** ミズナやミブナ。
**きょうにん【杏仁】** アンズの種の中にある果肉。漢方薬に使う。
**きょうねん【凶年】** ①凶作の年。対豊年 ②災難・不幸のあった年。
**きょうねん【享年】** 死んだときの年齢。行年《ぎょうねん》。「—七十」〔「天からうけた年」の意〕

**ぎょうねん【行年】** 享年。こうねん。〔行は経る意〕
**きょうのあき【今日の秋】** 俳句で、立秋。
**きょうは【教派】** 宗派。
**きょうばい【競売】** せり売り。〔法律では「けいばい」〕
**きょうはく【脅迫】** 害を加えると言っておどすこと。「—罪」
**きょうはく【強迫】** むりじい。
**—観念《かんねん》** いくら払いのけても心に浮かぶ、不快・不安な気持ち。
**—神経症《しんけいしょう》** 強迫観念が強いためにおこる神経症。
**きょうはん【共犯】** 二人以上の人が共同して罪を犯すこと。また、その人。
**きょうび【今日日】** 近ごろ。このごろ。
**きょうふ【恐怖】** 恐れこわがること。
**—政治《せいじ》** 反対派を徹底的に弾圧する独裁政治。
**きょうふ【教父】** ①初期のキリスト教会のすぐれた男性神学者。②洗礼で、男の保証人。
**きょうぶ【胸部】** むねの部分。「—疾患」
**きょうふう【狂風】** 〔文章語〕あれくるう風。
**きょうふう【強風】** 強い風。類暴風
**きょうふう【矯風】** 〔文章語〕悪い風俗を改め正すこと。
**きょうへい【強兵】** ①軍事力を強くすること。「富国—」②強い軍隊。
**きょうへん【凶変】《兇変》** 〔文章語〕不吉な変事。
**きょうへん【共編】** 共同による編集。
**きょうべん【強弁】** 〔文章語〕むりに理屈をつけて言いはること。類こじつけ
**きょうべん【教鞭】** 昔、教師が使ったむち。
**—を執《と》る** 教師になって教える。
**きょうほ【強歩】** 心身の鍛練を目的とした、長距離を歩く催し。「五〇キロ—大会」
**きょうほ【競歩】** 一定の歩き方で速く歩くことを競うスポーツ。
**きょうほう【凶報】** ①不吉な知らせ。類悲報 対吉報 ②死去の知らせ。訃報《ふほう》。
**きょうぼう【共謀】** 共同して悪事をたくらむこと。
**きょうぼう【凶暴】《兇暴》** 荒々しく乱暴だ。
**きょうぼう【狂暴】** 非常に乱暴だ。
**きょうぼく【喬木】** 高木の旧称。対灌木
**きょうほん【狂奔】** 必死になって走り回ること。類奔走
**きょうほん【教本】** 教則本。教科書。
**きょうまい【供米】** 米を供出すること。また、その米。供出米。
**きょうまく【胸膜】** 肋膜《ろくまく》。「—炎」
**—腔《こう》** 肺を覆う膜と、肋骨《ろっこつ》や心臓を覆う膜のあいだのすき間。
**きょうまん【驕慢】** おごりたかぶること。類高慢・尊大
**きょうみ【興味】** 心ひかれるおもしろみ。類関心
**—津々《しんしん》** 興味がつきないようす。
**—本位《ほんい》** ただおもしろければいいという立場。「—の記事」
**きょうむ【教務】** ①学校で、教育上の事務。②宗門上の事務。
**ぎょうむ【業務】** 職業上の仕事。類公務
**きょうめい【共鳴】** 振動数の等しい物の一方を鳴らすと、他も鳴り出すこと。比他人の考えや行動に同感すること。類賛同
**きょうめん【鏡面】** かがみやレンズの表面。比静かな水面。
**きょうもう【凶猛】《兇猛》** 〔文章語〕荒々しくたけだけしいようす。類凶暴
**きょうもん【経文】** 経典(—の文章)。お経。
**きょうやく【共訳】** 共同による翻訳。
**きょうやく【協約】** 協議して約束すること。また、その約束。「労働—」類協定
**きょうゆ【教諭】** ①小・中・高等学校の正教員。②教えさとすこと。
**きょうゆう【共有】** 二人以上が共同で所有すること。対専有
**きょうゆう【享有】** 〔文章語〕(権利・能力を)生まれつきもっていること。
**きょうゆう【梟雄】** 〔文章語〕残忍で勇猛な男。
**きょうよ【供与】** 提供し与えること。「便宜を—する」
**きょうよう【共用】** 共同で使うこと。対専用
**きょうよう【供用】** 〔文章語〕他人に使用させること。
**きょうよう【強要】** むりに要求すること。

**きょうよう【教養】** 広い知識や豊かなたしなみ。「—が深い」
**—部**《ぶ》 大学で、学部に入る前に基礎的な知識を学ぶ段階の組織。

**きょうらく【京洛】** 〔文章語〕都。特に、京都。

**きょうらく【享楽】** 快楽を十分に味わうこと。「—主義」

**きょうらく【競落】** 競売で、せりおとすこと。〔法律では「けいらく」〕

**きょうらん【狂乱】** 異常に取り乱すこと。「半—」Ⅱ異常な状態。「—物価」

**きょうらん【狂瀾】** 〔文章語〕荒れ狂う大波。「—怒濤《どとう》」Ⅱひどく混乱した状態。

**きょうらん【供覧】** 〔文章語〕多くの人に見せること。「—に付す」

**きょうり【胸裏】**《胸裡》心中。

**きょうり【郷里】** ふるさと。類郷土

**きょうり【教理】** その宗教で真理とする理論。

**きょうりきこ【強力粉】** ねばりけが強い小麦粉。食パンやマカロニ用。対薄力粉《はくりきこ》

**きょうりつ【共立】** ひとつのものを共同で設立すること。

**ぎょうりつ【凝立】** 〔文章語〕身動きせず、じっと立つこと。

**きょうりゅう【恐竜】** 中生代の巨大な爬虫類。〔化石として残っている〕

**きょうりょう【狭量】** 度量が狭いこと。類偏狭 対広量

**きょうりょう【橋梁】** 橋。〔大規模なものをいう〕

**きょうりょく【協力】** 力を合わせて物事に当たること。類協同

**きょうりょく【強力】** 力や作用が強い。〔「ごうりき」は別語〕

**きょうりん【杏林】** 医者の別称。〔昔、中国で名医董奉《とうほう》が治療代のかわりに植えさせたアンズが林になったという故事から〕

**きょうれつ【強烈】** 強く激しい。

**ぎょうれつ【行列】** ①並んで列を作ること。また、その列。「仮装—」②数学で、数字・文字を正方形や長方形に並べたもの。

**きょうれん【教練】** ①教えきたえること。②もと、学校での軍事訓練。

**きょうわ【協和】** 〔文章語〕心を合わせて仲よくすること。
**—音**《おん》 とけあって快くひびく和音。対不協和音

**きょうわこく【共和国】** 元首が直接または間接に選ばれる国。対君主国

**きょうわん【峡湾】** フィヨルド。

**きょえい【虚栄】** みえ。「—心」

**ぎょえい【魚影】** 水中にいるさかなの姿。「—が濃い」

**ぎょえい【御詠】** 天皇（皇族）が作った詩歌。

**ぎょえん【御苑】** 皇室の庭園。

**きょおく【巨億】** 非常に多いこと。〔巨万より多い〕

**ギョーザ【餃子】** 〔中国語 jiǎozi〕中国料理の一。〔ギョウザとも書く〕

**きょか【炬火】** 〔文章語〕たいまつ。かがり火。

**きょか【許可】** 許すこと。「—を得る」類認可・承認

**ぎょか【漁火】** 〔文章語〕いさり火。

**きょかい【巨魁】** 〔文章語〕盗賊などのかしら。

**ぎょかい【魚介】** 魚類と貝類。「—類」〔魚貝とも書く〕

**きょがく【巨額】** 金額が非常に多いこと。

**ぎょかく【漁獲】** 水産物をとること。

**きょかん【巨漢】** 大男。類巨体

**きょかん【巨艦】** 大きな軍艦。

**きょがん【巨岩】**《巨巌》大きな岩。

**ぎょがんレンズ【魚眼—】** 視野が一八〇度の広角レンズ。

**きょぎ【虚偽】** うそ。いつわり。対真実

**ぎょき【漁期】** 漁をする時期。りょうき。

**きょぎょう【虚業】** 堅実ではない事業。〔実業に対する表現〕

**ぎょきょう【漁協】** 漁業協同組合。

**ぎょきょう【漁況】** 魚のとれ具合。

**ぎょぎょう【漁業】** 水産物をとったり、養殖したりする仕事（産業）。
**—協同組合**《きょうどうくみあい》 漁業者の生活と生産力の向上をめざす組合組織。
**—権**《けん》 漁を行うことのできる権利。
**—水域**《すいいき》 沿岸国が排他的管轄権を行使できる公海の一定水域。〔沿岸から二〇〇海里〕

**きょきょじつじつ【虚々実々】** 計略・秘術をつくして戦うこと。

**きょきん【拠金】**《醵金》お金を出しあうこと。また、そのお金。類カンパ

**きょく【曲】**①メロディー。②音楽作品。③〔文章語〕不正。よこしま。対直

**きょく【局】**①役所や会社などで、組織の区分の一。「出版—」類部・課 ②郵便局・放送局など局と名のつく所。③当面の事態・場合。「—に当たる」④碁や将棋の勝負を数える語。

**きょく【極】**①きわみ。果て。②南極と北極。また、電極・磁極。

**きょく【巨軀】**大きな体。類巨体

**ぎょく【玉】**①たま。宝石。②取引で、売買する株や商品。③将棋で、玉将。④玉代の略。⑤料理店で、鶏卵。

**ぎょぐ【漁具】**漁業に使う道具。

**ぎょくあんか【玉案下】**脇付《わきづけ》の一。〔敬意を表す〕類机下

**きょくう【極右】**極端な右翼思想(—の人)。対極左

**ぎょくおん【玉音】**〔文章語〕「天皇の声」の尊敬語。ぎょくいん。「—放送」

**きょくがい【局外】**①局の管轄外。②その事件に関係のない—こと(立場)。「—者」

**きょくがくあせい【曲学阿世】**学問の真理を曲げて、権力や時流にへつらうこと。

**ぎょくがん【玉顔】**〔文章語〕「天皇の顔」の尊敬語。竜顔。

**きょくぎ【曲技】**〔文章語〕曲芸。軽業《かるわざ》。

**きょくげい【曲芸】**軽業《かるわざ》や曲馬の芸当。「—師」類離れわざ

**きょくげん【局限】**ある範囲に限ること。類限定

**きょくげん【極言】**極端な言い方をすること。また、その言葉。類極論

**きょくげん【極限】**①限界点。リミット。類はて ②数学で、変化する数が限りなくある値に近づくとき、その値。

**きょくさ【極左】**極端な左翼思想(—の人)。対極右

**ぎょくざ【玉座】**〔文章語〕「天皇の席」の尊敬語。

**ぎょくさい【玉砕】**全力をつくして戦い、いさぎよく—負ける(死ぬ)こと。

**きょくし【曲師】**浪曲で、伴奏の三味線をひく人。

**きょくじつ【旭日】**〔文章語〕朝日。

**—昇天《しょうてん》の勢《いきお》い** さかんな勢い。

**きょくしゃ【曲射】**砲弾を放物線を描くようにうつ射撃。「—砲」対直射・平射

**きょくしょ【局所】**限られた一部分。局部。「—麻酔」〔狭義では、陰部〕

**きょくしょう【極小】**とても小さいこと。ミニマム。類最小 対極大

**きょくしょう【極少】**とても少ないこと。

**ぎょくしょう【玉将】**将棋の駒の一。〔ふつう王将は上手《うわて》、玉将は下手《したて》がもつ〕

**ぎょくしょう【玉章】**〔文章語〕①美しい立派な詩文。②「他人の手紙」の尊敬語。たまずさ。

**きょくせい【局勢】**(囲碁・将棋で)対局の形勢。

**ぎょくせきこんこう【玉石混交】**よいものと劣ったものがまじっていること。

**きょくせつ【曲折】**①曲がりくねること。②こみいった事情。「紆余《うよ》—」

**きょくせつ【曲節】**〔文章語〕メロディー。

**きょくせん【曲線】**曲がった線。カーブ。「—を描く」対直線

**きょくそう【曲想】**楽曲の構想・テーマ。

**きょくだい【極大】**とても大きいこと。マキシマム。類最大 対極小

**ぎょくたい【玉体】**〔文章語〕「天皇(身分の高い人)の体」の尊敬語。

**きょくたん【極端】**非常にかたよること。度はずれ。〔いちばん端の意〕

**きょくち【局地】**限られた一部の地域。

**きょくち【極地】**①さいはての地。②南極・北極の地。

**きょくち【極致】**最高の境地。「美の—」

**きょくちょう【曲調】**〔文章語〕曲節。

**きょくちょく【曲直】**〔文章語〕曲がったこととまっすぐなこと。不正と正。「理非—」

**きょくてん【極点】**①行きつく究極の点。類頂点・極限・極致 ②南極点・北極点。

**きょくど【極度】**それ以上ない程度。「—の疲労」

**きょくどめ【局留】**郵便物を郵便局にとめておき、受取人が取りに行く方法。

**ぎょくはい【玉杯】**〔文章語〕さかずきの美称。

**きょくびき【曲弾き】**楽器を曲芸的に弾くこと。

**きょくひつ【曲筆】**〔文章語〕(都合のい

いように）事実を曲げて書くこと。類舞文《ぶぶん》 対直筆《ちょくひつ》

**きょくひどうぶつ【棘皮動物】** 動物の分類の一。ウニ・ヒトデ・ナマコなど。

**きょくふ【曲譜】** 楽譜。

**きょくぶ【局部】** 局所。〔狭義では、陰部〕

**ぎょくほ【玉歩】** 〔文章語〕「天皇の歩み」の尊敬語。

**きょくほう【局方】** 日本薬局方の略。

**きょくほく【極北】** 北極に近い地域。‖ある事柄における極限。「私小説の―」

**きょくめん【曲面】** 球の表面のように、連続的にまがっている面。

**きょくめん【局面】** ①囲碁・将棋の盤面に現れた勝負の形勢。②情勢。形勢。

**きょくもく【曲目】** 楽曲の名。

**ぎょくもん【玉門】** ①〔文章語〕（玉で飾った）美しい門。②隠語で、女性の陰部。

**きょくや【極夜】** 日中でも（―少ししか）太陽が昇らない現象。〔南極圏・北極圏の冬至のころに起こる〕

**ぎょくよう【玉葉】** 〔文章語〕①美しい葉。②「天皇の一族」の尊敬語。「金枝―」③「人のくれたはがき」の尊敬語。

**きょくりょう【極量】** 劇薬・毒薬の、一回に使ってよい最大量。

**きょくりょく【極力】** 力の限り。

**ぎょくろ【玉露】** 最高級の煎茶《せんちゃ》。〔「玉のように美しい露」の意〕

**ぎょくろう【玉楼】** 〔文章語〕立派な建物。

**きょくろん【曲論】** 正しくない議論。

**きょくろん【極論】** 極端な論議。類極言

**ぎょぐん【魚群】** 魚のむれ。

**―探知機《たんちき》** 超音波で魚群をさがす装置。

**ぎょけい【御慶】** 〔文章語〕お喜び。お祝い。〔新年の祝いの言葉として使う〕

**きょけつ【虚血】** 動脈がつまっておこる強い貧血。「脳―」

**きょげつ【去月】** 〔文章語〕先月。前の月。

**きょげん【虚言】** 〔文章語〕うそ。そらごと。

**きょこう【挙行】** 式・行事を行うこと。

**きょこう【虚構】** つくりごと。フィクション。類架空 対真実

**きょごう【倨傲】** 〔文章語〕おごりたかぶること。傲慢《ごうまん》。

**ぎょこう【漁港】** 漁業の根拠地となる港。

**きょこく【挙国】** 国全体。国をあげて。「―一致」

**きょこん【虚根】** 数学で、方程式の根が虚数のもの。対実根

**きょこん【許婚】** 〔文章語〕いいなずけ。

**きょさい【巨細】** こさい。

**きょざい【巨財】** 非常に多くの財産。

**ぎょさい【魚菜】** 食用の魚と野菜類。

**きょさつ【巨刹】** 〔文章語〕大寺院。大伽藍《だいがらん》。

**きょし【挙止】** 〔文章語〕立ち居ふるまい。

**きょし【鋸歯】** 〔文章語〕のこぎりの歯。「―状」

**きょじ【虚字】** ①漢文で、抽象的意味を表す漢字。多く動詞・形容詞に当たる。行・高など。②漢文で、文法上の形式的意味を表す漢字。為・者・乎など。

**きょじ【虚辞】** 〔文章語〕うそ。虚言。

**ぎょじ【御璽】** 「天皇の印」の尊敬語。玉璽。

**きょしき【挙式】** 式、特に結婚式を行うこと。

**きょしつ【居室】** ふだん住む部屋。居間《いま》。

**きょじつ【虚実】** 〔文章語〕①うそとほんとう。「―皮膜《ひまく》の論」②虚々実々の略。

**きょしてき【巨視的】** ①肉眼で見える大きさを対象とするようす。②全体的・総合的に見るようす。マクロ。◇対微視的

**ぎょしゃ【御者】** 《馭者》 馬車の馬を操る人。「―台」

**きょじゃく【虚弱】** 体がひ弱なこと。「―体質」

**ぎょしやすい【御し易い】** （人に対して）扱いやすい。

**きょしゅ【挙手】** 片手を上げること。「―の礼」

**きょしゅう【去秋】** 〔文章語〕去年の秋。昨秋。

**きょしゅう【去就】** 去ることと、とどまること。「―に迷う」類進退

**きょじゅう【居住】** 住むこと。「―性（=住みごこち）がいい」

**きょしゅつ【拠出・醵出】** 金品を出しあうこと。類カンパ

**きょしゅん【去春】** 〔文章語〕去年の春。昨春。

**きょしょ【居所】** いどころ。居場所。
**きょしょう【巨匠】** 芸術の大家。名匠。
**きょしょう【去声】** 漢字の四声の一。きょせい。[対]平声《ひょうしょう》・上声《じょうしょう》・入声《にっしょう》
**きょしょう【挙証】** 証拠をあげること。
**きょじょう【居城】** 住んでいる城。
**ぎょしょう【魚礁・漁礁】** 海中で魚のすみかに適した所。「人工ー」
**ぎょしょう【魚醤】** 魚から作った調味料。醤油に似る。
**ぎょじょう【漁場】** 漁撈《りょう》をする所。ぎょば。
**きょしょく【虚飾】** うわべだけの飾り。みえ。[類]虚栄
**ぎょしょく【漁色】** 女色にふけること。猟色。「ー家」
**きょしょくしょう【拒食症】** 食べものを受けつけず、食べてもすぐ吐き出してしまう精神的な病気。
**きょしん【虚心】** 心にわだかまりがないこと。
**ー坦懐《たんかい》** 何のわだかまりもなくすなおなこと。
**きょじん【巨人】** ①体の非常に大きい人。②大人物。偉人。「学界のー」
**ぎょしん【魚信】** 釣りで、魚がえさにくいついた手ごたえ。当たり。
**きょすう【虚数】** 負数の平方根。[対]実数
**キヨスク**［kiosk］ JR系列の駅の売店。キオスク。
**ぎょする【御する】** ①【馭する】馬を自由に操る。②人を思いのままに動かす。

**きょせ【季寄せ】** 季語を集めた本。歳時記。
③治める。
**きょせい【巨星】** 恒星のうち、半径・光度の大きい星。‖偉大な人物。
**ー墜《お》つ** 偉大な人が死ぬ。〔「〜落つ」とも〕
**きょせい【去勢】** （多く、雄の）動物の生殖器を除き、生殖機能をなくすこと。‖勢いを失わせること。
**きょせい【虚勢】** うわべだけの勢い。「ーを張る」
**ぎょせい【御製】** 〔文章語〕「天皇が作った詩歌」の尊敬語。
**きょせつ【虚説】** 〔文章語〕根拠のないうわさ。
**きょぜつ【拒絶】** 断ること。拒否。
**ー反応《はんのう》** 移植された臓器などを受け入れまいとする反応。‖全く受け付けないこと。
**ぎょせん【漁船】** 漁業用の船。
**きょそ【挙措】** 立ち居ふるまい。「ーを失う」[類]挙動
**きょぞう【巨像】** 大きな彫像。
**きょぞう【虚像】** 実際にはないが、あるように見える像。‖見せかけだけの姿。◇[対]実像
**きょそく【虚足】** 偽足。「ー類」
**ぎょぞく【魚族】** 〔文章語〕魚類。
**ぎょそん【漁村】** 漁業で暮らしている海辺の村。
**きょたい【巨体】** 大きなからだ。

**きょだい【巨大】** 非常に大きいようす。
**きょたく【居宅】** 〔文章語〕すまい。住居。
**きょだく【許諾】** 〔文章語〕（要求・希望を）聞き入れて許すこと。承諾。[類]受諾
**ぎょたく【魚拓】** 魚の拓本。
**きょだつ【虚脱】** 気抜けして何も手につかないこと。「ー感」
**ぎょたん【魚探】** 魚群探知機の略。
**きょっかい【曲解】** 事実をねじまげて解釈すること。
**きょっきゅう【曲球】** 〔文章語〕野球で、カーブ。
**きょっけい【極刑】** 最も重い刑罰。死刑。「ーに処する」
**きょっこう【旭光】** 〔文章語〕朝日の光。
**きょっこう【極光】** オーロラ。
**ぎょっこう【玉稿】** 〔文章語〕「相手の原稿」の尊敬語。
**きょてん【拠点】** 活動の足場となるところ。「ーを確保する」
**きょとう【去冬】** 〔文章語〕去年の冬。昨冬。
**きょとう【巨頭】** 首脳。「ー会談」
**きょとう【挙党】** 党全体。「ー一致」
**きょどう【挙動】** ふるまい。「ー不審」
**ぎょどう【魚道】** ①魚群が常に通る道筋。②ダム・堤防に設ける魚の通路。
**ぎょにく【魚肉】** さかなの肉。「ーハム」
**きょにんか【許認可】** 許可と認可。
**きょねん【去年】** 昨年。[類]前年
**ぎょば【漁場】** ぎょじょう。
**ぎょばん【魚板】** 魚の形の木板。寺で、た

たいて時刻を知らせる。
**きょひ【巨費】** 莫大《ばくだい》な費用。
**きょひ【拒否】** 拒絶。「—権（反応）」
**きょひ【許否】** 許すことと許さないこと。
**ぎょひ【魚肥】** 魚を原料にして作る肥料。
**きょふ【巨富】** 〔文章語〕莫大《ばくだい》な財産。
**ぎょふ【漁夫】** 漁師。類漁民
**—の利《り》** 両者が争っている間に、第三者が利益を横取りすること。〔中国の故事から〕
**ぎょふく【魚腹】** 〔文章語〕魚の腹の中。
**—に葬《ほうむ》られる** 水死する。
**ぎょぶつ【御物】** 皇室の所蔵品。
**ぎょふん【魚粉】** 魚を干して粉にしたもの。食用やえさ・肥料用。
**きょへい【挙兵】** 兵を集めて軍事行動を起こすこと。
**きょへん【巨編】**《巨篇》 文学・映画の大作。
**きょほ【巨歩】** 大またの歩み。Ⅱ大きな功績。「—を残す」
**きょほう【巨砲】** 大きな大砲。Ⅱ野球で、強打者。
**きょほう【巨峰】** ①〔文章語〕非常に高くて険しい山。②ブドウの品種の一。〔商標〕
**きょほう【虚報】** 〔文章語〕うその知らせ。
**ぎょほう【漁法】** 魚をとる方法。
**きょほうへん【毀誉褒貶】** 称賛と非難。いろいろな世評。
**きょぼく【巨木】** 〔文章語〕非常に大きな木。

**きょまん【巨万】** 非常に大きな‐数（金額）。「—の富を築く」
**きよみず【清水】** 京都にある寺院。清水寺。
**—の舞台《ぶたい》から飛《と》び降《お》りる** 一大決心をして事を行う。
**ぎょみん【漁民】** 漁業で生計を立てている人。類漁師・漁夫
**きょむ【虚無】** 何もなくむなしいこと。類ニヒル・空虚
**きょむしゅぎ【虚無主義】** 実在・価値・真理・権威などをすべて否定する立場。ニヒリズム。
**きょめい【虚名】** 実力以上の名声。類虚聞
**ぎょめい【御名】** 「天皇の名前」の尊敬語。
**きよめる【清める】**《浄める》きれいにする。清くする。
**きょもう【虚妄】** 〔文章語〕うそ。いつわり。
**ぎょもう【漁網・魚網】** 魚をとるあみ。
**ぎょゆ【魚油】** イワシやニシンなどの魚からとった油。
**きょよう【挙用】** 人を取り立てて役職につけること。
**きょよう【許容】** 許して認めること。
**きよら【清ら】** 〔文章語〕清らか。
**きょらい【去来】** 行ったり来たり。Ⅱ心に浮かんだり消えたりすること。類往来
**ぎょらい【魚雷】** 魚形水雷の略。水中を進む爆弾。
**きよらか【清らか】** 汚れなく美しいようす。

**ぎょらん【魚籃】** びく。
**きょり【巨利】** 〔文章語〕非常に大きな利益。「—を得る」
**きょり【距離】** へだたり。二点間の長さ。「—を置く」
**—感《かん》** へだたりの程度をつかむ感覚。Ⅱ対人関係で、相手とほどよいへだたりを設ける感覚。
**きょりゅう【居留】** ①居留地に住むこと。「—民」②一時その土地に住むこと。類寄留
**ぎょりょう【漁猟】** ①漁業と狩猟。②漁業。
**ぎょりん【魚鱗】** ①〔文章語〕魚のうろこ。②戦闘陣形の一。
**ぎょるい【魚類】** 脊椎《せきつい》動物の一。さかな。
**きょれい【挙例】** 例をあげること。
**きょれい【虚礼】** うわべだけの礼儀。「—廃止」
**ぎょろう【漁労】**《漁撈》水産物をとること。
**きよわ【気弱】** 気が弱い‐こと（人）。
**きら【綺羅】** 美しい衣服。また、はなやかなこと。「—、星のごとし」〔あやぎぬとうすぎぬの意〕
**キラー** ［killer］①スポーツで、特定の相手に強い人。「マダム—」「巨人—」②相手を悩殺する人。◇〔殺人者の意〕
**—コンテンツ** ［killer contents］普及の原動力となる魅力的な情報やサービス。

きらい【嫌い】①嫌だ。対好き ②よくない傾向。「のんきすぎるーがある」

きらい【帰来】〔文章語〕帰ってくること。

きらい【機雷】機械水雷の略。水中にしかける爆弾。

ぎらい【嫌い】…をきらう-こと(人)。「勉強ー」

きらう【嫌う】①いやがる。好まない。対好く・好む ②(「きらわず」の形で)かまわず。選ばず。「相手きらわず」

きらく【気楽】①気苦労のないようす。「ーに暮らす」②のんき。「ーな人」

きらく【帰洛】〔文章語〕みやこ(京都)に帰ること。

きらす【切らす】たくわえをなくす。絶やす。「塩をー」

きらず【雪花菜】おから。うのはな。〔切る必要がないことから〕

ぎらつく ぎらぎら光る。

きらびやか はでで美しいようす。「ーな文体」

きらぼし【綺羅星】〔俗語〕美しく輝く星。「ーのごとし(=美しく立派な人が並ぶようす)」〔「綺羅、星のごとし」の誤用から〕

きらめく《煌く・燦く》光り輝く。

きらら【雲母】うんも。

きらん【貴覧】〔文章語〕「相手が見ること」の尊敬語。類御覧・高覧
きり【切り】①切ること。②切れ目。区切り。③《限》(「〜がない」の形で)限り。際限。④《喜利》芝居などの最後の部分。

きり【桐】樹木の一。材はたんす・げたなどの材料。

きり【錐】小さな穴をあける道具。

きり【霧】①地表に立ちこめるガス。〔ふつう、春のをかすみ、秋のを霧という〕②細かい水滴。「ーを吹く」

キリ 最後。最低。「ピンからーまで」〔ポルトガル語 cruz(=十字架)の転で、十の意からという〕

ぎり【義理】①立場上行うべき道。「ーを-立てる(欠く)」②つきあい。「ーで寄付する」③血族と同様の関係。「ーの兄」

きりあう【切り合う・斬り-】互いに刃物をもって戦う。

きりあげる【切り上げる】①一段落つけてやめる。②下から上へ切る。対切り下ろす ③端数を上の位に繰り込む。対切り捨てる ④通貨の対外価値を引き上げる。対切り下げる
きりうり【切り売り】少しずつ切って売ること。「土地(知識)のー」

きりえず【切絵図】地域別に区切って作った-地図(絵図面)。

きりおとし【切り落とし】食品で、かたまりの端などの切り落とし部分。「豚肉(カステラ)のー」

きりおとす【切り落とす】①切って離す。②堤防の一部をこわして、水を流す。

きりかえし【切り返し】①反撃。②剣道で打ちこみの練習の一。③柔道や相撲で、わざの一。④自動車のハンドルをすばやく反対方向にまわすこと。

きりかえる【切り替える】まったく別のものに改める。新しくする。

きりかかる【切り掛かる・斬り-】①切りつける。②切り始める。

ぎりがたい【義理堅い】律儀なようす。

きりかぶ【切り株】木や草を根元近くで切ったあとの部分。切りくい。

きりかみ【切り紙】①紙を切る細工。②武芸などの免許状。〔半分に切った折り紙に書いたところから〕◇きりがみ。

きりかわる【切り替わる】まったく別のものになる。新しくなる。

きりきざむ【切り刻む】細かく切る。

きりぎし【切り岸】断《だん》崖《がい》。絶壁。がけ。

きりきず【切り傷】刃物などで切ったきず。

きりきり ①きしんで(はげしく)回るようす。②強く巻きつけるようす。③ひどく痛むようす。④てきぱきと物事をするようす。

ーしゃん 非常にかいがいしく。

ー舞《ま》い ①片足で体を回すこと。②てんてこ舞い。

ぎりぎり ①ゆとり(残り)がないこと。②歯をくいしばるようす。③きしるようす。④きつくしばるようす。

きりぎりす《螽蟖》昆虫の一。イナゴに似る。チョンギースと鳴く。〔昔は、コオロギのことをいった〕

きりくずす【切り崩す】けずってくずす。「反対派をー」⦀相手の備えや団結をくずす。

きりくち【切り口】①切断面。②そこから切るようにと示した部分。「袋のー」③

切り方。切る手なみ。

**きりこ**【切り子・切籠】立方体や直方体のかどを切り落とした形。

**―ガラス** カットグラス。

**きりこうじょう**【切り口上】(冷たい感じの)改まったものの言い方。

**きりこむ**【切り込む】①《斬り―》敵中に切って入る。⊜鋭く問いつめる。②深く切る。

**きりさいなむ**【切り苛む・斬り―】ずたずたにいためつけて切る。

**きりさく**【切り裂く】切って破りひらく。「布を―」

**きりさげる**【切り下げる】①切り下ろす。②通貨の対外価値を引き下げる。対切り上げる

**きりさめ**【霧雨】霧のように細かい雨。

**キリシタン**【切支丹・吉利支丹】[ポルトガル語 Christão] 室町時代、日本に伝わったカトリック教(―の信者)。

**きりじに**【切り死に・斬り―】人と切り合って死ぬこと。

**ギリシャ**《希臘》[ポルトガル語 Gresia] 古代文明の発祥地。ギリシア。

**―正教**《せいきょう》 キリスト教の宗派の一。

**―文字**《もじ》 ギリシャ語を表す表音文字。[α、β、γなど]

**きりすてる**【切り捨てる】①切って捨てる。⊜捨ててかえりみない。「弱者を―」②ある桁《けた》以下の端数《はすう》を省く。対切り上げる

**キリスト**《基督》[ポルトガル語 Christo] キリスト教の開祖。

**―教**《きょう》 宗教の一。教祖キリスト。一神教。教典は聖書。

**きりずみ**【切り炭】適当な大きさに切った木炭。

**きりだし**【切り出し】①切り出すこと。②刃が斜めで、先のとがった小刀。

**きりだす**【切り出す】①切り始める。②切って運び出す。③話し始める。「用件を―」

**きりたつ**【切り立つ】切ったように鋭くそびえる。

**ぎりだて**【義理立て】義理を重んじること。

**きりたんぽ**【切りたんぽ】つぶした飯を棒にぬりつけて焼いた食品。[秋田名物]

**きりつ**【起立】立ち上がること。対着席

**きりつ**【規律・紀律】①おきて。きまり。「厳しい―」②秩序。「―正しい生活」

**きりつける**【切り付ける・斬り―】刃物でおそいかかる。

**きりづま**【切妻】屋根の造り方の一。半開きの本を伏せた形。「―屋根」

**きりつめる**【切り詰める】①切って短くする。②倹約する。

**きりどおし**【切り通し】山などを切り開いて作った道。きりとおし。

**きりとる**【切り取る】①一部分を切って取り去る。②武力で一部分をうばう。

**ぎりにんじょう**【義理人情】義理と人情。⊜世間のつきあい。「―のしがらみ」

**きりぬく**【切り抜く】一部分を切って取る。

**きりぬける**【切り抜ける】敵の囲み(苦境)からのがれ出る。

**きりは**【切り羽・切り端】石炭・鉱石などの採掘現場。切り場。

**きりはた**【切り畑】山腹を切り開いて作った畑。

**きりばな**【切り花】生け花用に切った花。

**きりはなす** ㊀【切り放す】つながりを切ってはなす。「風船を―」㊁【―離す】切って別にする。「問題を―」

**きりはらう**【切り払う】①草や枝を切って除く。②切って敵をおいはらう。

**きりばり**【切り張り】《―貼り》切り取ってはること。「障子の―」

**きりび**【切り火】《鑽火》出かけるときなど、火打ち石を打って身に打ちかける火。[清めのまじない]

**きりひとはおちててんかのあきをしる**【桐一葉落ちて天下の秋を知る】おとろえのきざしを知るたとえ。

**きりひらく**【切り開く】開拓する。⊜努力して進路を開く。「運命を―」

**きりふき**【霧吹き】液体を霧のようにして吹きかける―こと(器具)。

**きりふせる**【切り伏せる・斬り―】切って倒す。

**きりふだ**【切り札】トランプで、最強の力をもつふだ。⊜奥の手。「最後の―を出す」

**きりぼし**【切り干し】大根・サツマイモなどを切って日に干した食品。「―大根」

**きりまわす【切り回す】** うまく仕事をさばく。「店を—」

**きりみ【切り身】** 適当な大きさに切った魚肉。「—にする」

**きりみず【切り水】** 花を切って、切り口をすぐ水につけること。

**きりむすぶ【切り結ぶ・斬り—】** 刀をまじえて切り合う。

**きりもち【切り餅】** ①のしもちを四角に切ったもの。②江戸時代、一分銀一〇〇枚(＝二五両)を紙に包んだもの。

**きりもみ【錐揉み】** ①穴をあけるため、錐を両手にはさんで回すこと。②飛行機が回転しながら降下すること。「—状態」

**きりもり【切り盛り】** 物事をうまく処理すること。「店の—」〔食物を切って盛りつける意から〕

**きりゃく【機略】** 時に応じた計略。「—に富む・—縦横」

**きりゅう【気流】** 大気の流れ。「上昇—」

**きりゅう【寄留】** 一時的によそに住むこと。[類]かりずまい

**きりゅう【旗旒】** 船舶が信号に使う旗。「—信号」

**きりょ【羇旅】** 〔文章語〕旅。〔和歌などの部立ての一〕

**きりょう【器量】** ①顔だち。「—よし」②力量。

**ぎりょう【技量】**《伎倆》 腕前。手腕。「—を磨く」

**ぎりょう【議了】** 審議が終了すること。

**きりょく【気力】** 強い精神力。元気。

**きりょく【棋力】** 囲碁や将棋の腕前。

**キリルもじ【—文字】** ロシア語やブルガリア語などで使われている文字。キリール文字。

**きりわり【切り割り】** ①切ってふたつに割ること。②山や丘の一部を切り崩したところ。

**きりん【騏驎】** 一日に千里を走るという駿馬《しゅんめ》。＝すぐれた人物。

**—も老《お》いては駑馬《どば》に劣《おと》る** すぐれた人物も年をとると凡人にも劣る。

**きりん【麒麟】** ①中国で、聖人の出る前に現れるという、想像上の獣。〔麒は雄、麟は雌〕＝すぐれた人物。②ジラフ。

**—児《じ》** 才能のすぐれた若者。

**きる【切る】** ①(刃物で)断ち分ける。「野菜を—」〔「人を斬る・布を截る・木を伐る」のように書き分けることもある〕②続かないようにする。絶つ。「縁(水気)を—」③限定する。「期限を—」④下回る。割る。「千円を—」⑤ある動作・行為をする。「スタート(しら)を—」⑥(動詞の連用形に付いて)すっかり…する。ひどく…する。「逃げ(疲れ)—」

**きる【着る】**《著る》 ①(衣服を)身に着ける。[対]脱ぐ ②身に受ける。「罪を—」

**きるい【帰塁】** 野球で、ランナーが離れたベースにもどること。

**キルティング**[quilting] 二枚の布の間に綿などをはさみ、模様縫いをすること。

**キルト**[quilt] キルティングしたもの。

**ギルド**[guild] 中世、ヨーロッパの都市に発達した商工業者の同業組合。

**きれ【切れ】** ①切れること。切れあじ。②切れ端。③ビールで、のどごしのすっきり感。④《布・裂》布。きれ地。⑤有名な古筆の断片。「古筆—」⑥切ったものを数える語。

**きれあがる【切れ上がる】** 上のほうまで切れている。

**きれあじ【切れ味】** ①刃物の切れ具合。②頭の鋭さ。「—のいい評論」

**きれい【奇麗・綺麗】** ①美しい。「—な花」②清潔。「—好き」◇[対]きたない ③(「きれいに」の形で)すっかり。完全に。「—に忘れる」

**—事《ごと》** 体裁だけで内実のない事柄。

**—所《どころ》** 芸者。

**—な花《はな》には刺《とげ》がある** 見た目のよいものには注意しろ。

**ぎれい【儀礼】** 礼儀。礼式。

**—的《てき》** うわべだけのようす。

**きれぎれ【切れ切れ】** いくつもに切れて離れてしまっていること。「—に話す」

**きれこみ【切れ込み】** 深く入りこんだ切れ目。[動]きれこむ

**きれじ【切れ地】**《布地》 織物(—の切れはし)。ぬのじ。

**きれじ【切れ字】** 俳句などで、句に切れ目をつける助詞・助動詞。「や・けり」など。

**きれじ【切れ痔】**《裂れ痔》 痔の一。肛門のまわりの一部が切れる。裂け痔。

**きれつ【亀裂】** ひびわれ。裂け目。

**ぎれつ【義烈】** 忠義・正義の心が強烈なこ

と。「忠勇ー」

**きれなが【切れ長】** 目じりが細長く切れこんでいるようす。

**きれはし【切れ端】** 切り離された小部分。きれっぱし。類断片

**きれま【切れ間】** たえま。きれめ。「雲のー」

**きれめ【切れ目】** ①切れた所。⓫区切り。「話のー」②なくなる時。「縁のー」

**きれもの【切れ者】** 敏腕家。やりて。

**きれる【切れる】** ①切った状態になる。「糸(電話)がー」②尽きる。「ストックがー」⓫〔俗語〕怒って理性を失う。〔多く「キレる」と書く〕③頭が鋭い。敏腕だ。「よくー人」④切ることができる。⑤(動詞の連用形に付いて)すっかり…できる。「食べ切れない」〔多く打消しを伴う〕

**きろ【岐路】** わかれ道。「ーに立つ」

**きろ【帰路】** 帰り道。戻り道。対往路

**キロ**〔フランス語 kilo〕①キログラム(メートル)などの略。②国際単位系の単位につけて、一〇〇〇倍。記号k「ーカロリー」

**きろう【棄老】** 老人を山中などに捨てること。〔昔の習俗〕

**キロカロリー**〔kilocalorie〕熱量の単位の一。一〇〇〇カロリー。記号kcal

**きろく【記録】** ①書きしるすこと(しるしたもの)。②競技などの成績。レコード。「世界ー」

**ー的《てき》** 記録に残るほどである。

**ー文学《ぶんがく》** 事実を記録する要素の強い文学作品。ルポルタージュ文学。

**キログラム**〔フランス語 kilogramme〕国際単位系の重さの単位の一。一〇〇〇グラム。キロ。記号kg

**キロサイクル**〔kilocycle〕キロヘルツの旧称。

**ギロチン**〔guillotine〕断頭台。〔フランス革命時代の考案者の名から〕

**キロトン**〔kiloton〕①重さの単位の一。一〇〇〇トン。②核爆弾の爆発力を示す単位。

**キロヘルツ**〔ドイツ語 Kilohertz〕周波数の単位。一〇〇〇ヘルツ。記号kHz〔以前は、キロサイクルとよんでいた〕

**キロメートル**〔フランス語 kilomètre〕メートル法の長さの単位の一。一〇〇〇メートル。キロ。記号km

**キロリットル**〔フランス語 kilolitre〕メートル法の体積の単位の一。一〇〇〇リットル。記号kl、kL

**キロワット**〔kilowatt〕電力・仕事率の単位の一。一〇〇〇ワット。記号kW

**ー時《じ》** 仕事量・電力量の単位。記号kWh

**ぎろん【議論】** 互いに意見を述べ、論じあうこと。「ー百出」

**きわ【際】** すぐそば。「波打ちぎわ・塀のー」⓫寸前。「今わのー(＝死にぎわ)」

**ぎわく【疑惑】** あやしむこと。疑い。

**きわた【木綿】** ①パンヤ。②綿花。対真綿

**きわだ【黄肌】** きはだ。

**きわだ【黄蘗】** ミカン科の落葉高木。樹皮は薬用・黄色染料用。きはだ。おうばく。

**きわだつ【際立つ】** 違いがはっきり目立つ。「際立った存在」

**きわどい【際疾い】** すれすれで危ない。「ー勝負(話)」

**きわまり【窮まり・極まり】** 果て。きわみ。

**ーない** この上ない。

**きわまる【窮まる・極まる】** ①極限に達する。「感(不愉快)ー」②《谷まる》行き詰まる。窮する。「進退ー」

**きわみ【極み】** 果て。極限。「喜びのー」

**きわめ【極め】** ①見きわめ。②めきき。鑑定。

**ー書《が》き** 刀剣や書画の鑑定証明書。

**ー付《つ》き** 極め書きが付いていること。⓫定評があること。「ーの名優」類折り紙付き

**ー付《つ》け** きわめつき。

**きわめて【極めて】** この上なく。非常に。

**きわめる【窮める・極める】** ①極限まで達する。「山頂をー」②【究める】深く探究し、本質をとらえる。「奥義をー」

**きわもの【際物】** ①その時季だけ売られる品物。〔門松・ひな人形など〕②一時的な流行を当てこんだ品物(作品)。

**きをいつにする【軌を一にする】** 方針(やり方)が同じである。

**きん【斤】** 重さの単位の一。一斤はふつう一六〇匁(＝約六〇〇グラム)。

**きん【金】** ①金属元素の一。化学的に強く、延性・展性に富む。貨幣・装飾用。黄金。記号Au〔金位の単位としても用いる〕「一八ー」⓫非常に貴重なもの。「沈黙は

ー」②おかね。「ー壱万円」③金色。④将棋で、金将の略。⑤金曜日の略。⑥〔俗語〕きんたま。

**きん【菌】** 細菌。黴《ばい》菌《きん》。「大腸ー」

**きん【琴】** 七弦の中国の琴。対箏《そう》

**きん【禁】** 禁じられていること。「ーを犯す」

**ぎん【銀】** ①金属元素の一。熱・電気の最良導体。貨幣・装飾用。しろがね。記号Ag ②銀色。③将棋で、銀将の略。

**きんあつ【禁圧】** 〔文章語〕権力でむりに禁止すること。

**きんい【金位】** 金製品に含まれる金の純度。〔純金を二四金とする〕

**ぎんい【銀位】** 銀製品に含まれる銀の純度。

**きんいつ【均一】** すべて同じであること。「ー料金・千円ー」

**きんいっぷう【金一封】** ひと包みのお金。〔金額を明示しないときに使う〕

**きんいん【近因】** 直接的な原因。対遠因

**きんいん【金員】** 〔文章語〕金額。金銭。

**きんうん【金運】** お金に関する運勢。

**きんえい【近詠】** 最近作った詩歌。

**きんえい【近影】** 最近写した、ある人の写真。「著者ー」

**きんえい【禁泳】** 水泳を禁止すること。

**ぎんえい【吟詠】** ①節をつけて詩歌をうたうこと。②詩歌をつくること。また、その詩歌。

**きんえん【近縁】** 関係が近いこと。

**きんえん【筋炎】** 筋肉の炎症。

**きんえん【禁園】** 《禁苑》入ってはいけない庭。Ⅱ皇居の庭。

**きんえん【禁煙】** ①タバコをやめること。②喫煙を禁ずること。「車内ー」

**ぎんえん【銀塩】** ①フィルムや印画紙にぬられた塩化銀などの感光薬品。「ー写真」②銀塩カメラの略。

**ーカメラ** デジタルカメラに対して、フィルムや感光板を使って撮影するカメラ。

**きんおうむけつ【金甌無欠】** 〔文章語〕完全無欠。また、国が強固で、外国の侵略を受けたことがないこと。〔金甌は金のかめの意〕

**きんか【近火】** 近所の火事。「ー見舞い」

**きんか【金貨】** 金を主成分とする貨幣。

**きんか【槿花】** 〔文章語〕ムクゲの花。朝開いて晩しぼむ。Ⅱはかない栄華。「ー一朝の夢」

**きんが【謹賀】** 〔文章語〕謹んで喜びを申しあげること。「ー新年」

**ぎんか【銀貨】** 銀を主成分とする貨幣。

**ぎんが【銀河】** 天の川。

**ー系《けい》** 太陽系の属する多くの恒星・星雲の集まり。

**きんかい【近海】** 陸地に近い海。「ー漁業」対遠海・遠洋

**きんかい【欣快】** 〔文章語〕うれしくてたまらないこと。「ーの至り」

**きんかい【金塊】** 金のかたまり。

**ぎんかいしょく【銀灰色】** 銀色をおびた灰色。

**きんかぎょくじょう【金科玉条】** 〔文章語〕何が何でも守る大切な規則や教え。

**きんがく【金額】** 金銭の量で表した値。

**きんかくし【金隠し】** 和式の便器の前覆い。

**きんかぶ【菌株】** 菌・微生物などを純粋に培養したもの。

**ぎんがみ【銀紙】** ①銀色の紙。②アルミ箔《はく》。

**ギンガム**〔gingham〕 格子じまの平織りもめん。〔夏の女性・子供服用〕

**きんがわ【金側】** 金で-作った（覆った）外側。

**ぎんがわ【銀側】** 銀で-作った（覆った）外側。

**きんかん【近刊】** ①近いうちに出版される-こと（本）。②最近出版された-こと（本）。

**きんかん【金冠】** ①金製の冠《かんむり》。②虫歯にかぶせる金の覆い。金で飾った冠。

**きんかん【金柑】** ミカン科の樹木。実は二センチメートルほどの卵形で黄色く、皮ごと食べる。

**きんかん【金環】** 金の輪。金色の輪。

**ー食《しょく》** 日食の一。太陽の光が月のまわりに金環のように見える。

**きんがん【近眼】** 近視。

**ー鏡《きょう》** 近視の人が使う凹レンズのめがね。

**ぎんかん【銀漢】** 〔文章語〕銀河。天の川。

**きんかんがっき【金管楽器】** 金属製の管楽器。〔トランペット・ホルンなど〕

**きんかんばん【金看板】** 金文字で書いた看板。Ⅱ世間に誇示する主義・特色。

**きんき【近畿】** 京都を中心とする地方。

〔京都・大阪・兵庫・和歌山・奈良・三重・滋賀の二府五県〕
**きんき【欣喜】** 大喜びすること。
**―雀躍《じゃくやく》** こおどりして喜ぶこと。
**きんき【禁忌】** ①忌みさけること。タブー。「―を犯す」②治療や薬の服用で、してはいけないとされていること。
**ぎんき【銀器】** 銀で作った器物。
**ぎんぎつね【銀狐】** 黒色と灰白色の毛で銀色に見えるキツネ。〔毛皮は高級品〕
**きんきゅう【緊急】** 重大で急ぐ必要のあること。
**―安全確保《あんぜんかくほ》** 避難情報の一。災害がすでに発生しているか切迫している状況で、命の危険が及ぶ可能性があり、直ちに安全を確保する。〔警戒レベル五に相当〕
**―逮捕《たいほ》** 犯罪者を逮捕状なしで緊急に逮捕すること。
**―動議《どうぎ》** 会議で、予定にない議題を急に提案すること。
**―避難《ひなん》** 法律で、急な危難をさけるため、やむをえず相手に被害を与えること。
**きんぎょ【金魚】** フナからつくった観賞用の魚。
**―のうんこ** 長くつながっていること。付いて離れないこと。金魚の糞《ふん》。
**きんきょう【近況】** 最近のようす。
**きんきょう【禁教】** 布教を禁じられた宗教。
**きんきょり【近距離】** 類短距離 対遠距離
**きんきん【近々】** もうすぐ。近いうちに。「―発売予定」
**きんきん【僅々】** わずか。たかだか。
**きんぎん【金銀】** ①金と銀。②財宝。③お金。
**きんきんぜん【欣々然】** 〔文章語〕非常にうれしそうなようす。
**きんく【金句】** 金言。格言。
**きんく【禁句】** 和歌・俳句で、使用をさける語句。Ⅱ(人前で)言ってはならない言葉。
**キング**〔king〕①王。Ⅱ最もすぐれた人。②トランプの札の一。一三の札。◇対クイーン
**―サーモン**〔king salmon〕サケ科の魚。サケの仲間では最大級。
**―サイズ**〔king-size〕特大型。大判。
**―ダム**〔kingdom〕王国。
**―メーカー**〔kingmaker〕最高権力者の選定に大きな影響力をもつ人。
**きんけい【近景】** 近くの景色。対遠景
**きんけい【謹啓】** 〔文章語〕手紙の初めに書くあいさつの語。〔謹んで申しあげる意〕
**きんけつ【金欠】** 〔俗語〕金欠病の略。
**―病《びょう》** 〔俗語〕お金がなくて困る状態。〔貧血病のもじり〕
**きんけん【近県】** 近くの県。
**きんけん【金券】** ①金貨と交換できる紙幣。②お金のかわりに使える券。
**きんけん【金権】** 金銭の威力をバックにした権力。「―政治」類金力
**きんけん【勤倹】** 勤勉で倹約すること。
**きんげん【金言】** 教訓を短く表現した言葉。格言。
**きんげん【謹言】** 〔文章語〕手紙の終わりに書くあいさつの語。〔謹んで言う意〕
**きんげん【謹厳】** 慎み深くて厳格なこと。「―実直」
**きんこ【近古】** 時代区分の一。中古と近世の間。〔日本史で、鎌倉・室町時代〕
**きんこ【金海鼠】** ナマコを煮て干したもの。中国料理に使う。
**きんこ【金庫】** ①現金・重要書類などを入れておく頑丈な箱。「―破り」②国家や公共団体の現金出納機関。
**きんこ【禁固】** 〔文章語〕①一室に閉じ込めて外出させないこと。②【禁錮】刑務所に入れるだけで労働させない刑罰。
**きんこう【近郊】** 都市に近い地域。郊外。「―農業」
**きんこう【均衡】** つりあい(―がとれていること)。バランス。
**きんこう【欣幸】** 〔文章語〕よろこび幸せに思うこと。
**きんこう【金工】** 金属に細工する工芸(―の職人)。
**きんこう【金鉱】** ①金を含む鉱石。②金を掘り取る鉱山。金山。
**きんごう【近郷】** (都市の)近くのいなか。近在。類近郊
**ぎんこう【吟行】** ①和歌・俳句をつくるために出かけること。②詩歌を吟じながら歩くこと。
**ぎんこう【銀行】** お金を預かり、貸付・為替取引などを行う金融機関。Ⅱ保管・融

通する組織。「血液―」

**ぎんこう**【銀鉱】①銀を含む鉱石。②銀を掘り取る鉱山。銀山。

**きんこく**【謹告】〔文章語〕つつしんで申しあげること。〔広告文の最初などに使う〕

**きんこつ**【筋骨】筋肉と骨。⊜(男の)体つき。

**―隆々《りゅうりゅう》** たくましい体つきの形容。

**きんこん**【緊褌】ふんどしをきつくしめること。

**―一番《いちばん》** 心をひきしめて事に臨むこと。

**きんこんしき**【金婚式】結婚後五〇年目の祝い。

**ぎんこんしき**【銀婚式】結婚後二五年目の祝い。

**きんさ**【僅差】ほんのわずかの差。

**きんざい**【近在】近郷。類近郊

**きんさく**【近作】最近の作品。類新作

**きんさく**【金策】お金の工面。

**ぎんざけ**【銀鮭】海産魚の一。体側が銀白色。食用。

**きんさつ**【金札】①金色のふだ。②金貨のかわりになる紙幣。〔江戸時代の諸藩・明治政府が発行〕

**きんさつ**【禁札】禁止事項を書いた立てふだ。

**きんざん**【金山】金を産出する鉱山。

**ぎんざん**【銀山】銀を産出する鉱山。

**きんざんじみそ**【金山寺味噌】ナスやキュウリを入れたなめみそ。〔中国の径山《きんざん》寺から伝わったという〕

**きんし**【近視】遠くの物がはっきり見えないこと(目)。近眼。対遠視

**―眼《がん》** 近視。対遠視眼

**―眼的《がんてき》** 目先のことにとらわれているようす。

**きんし**【金糸】金色の糸。

**きんし**【菌糸】菌類の糸状の細胞。

**きんし**【禁止】さし止めること。

**きんし**【錦糸】①にしきの糸。②きんしたまご。

**―卵《たまご》** 薄いたまご焼きを、糸のように細く切ったもの。〔金糸卵とも書く〕

**きんじ**【近似】よく似ていること。類類似

**―値《ち》** 真の値に近い値。

**きんじ**【近侍】主君のそば近く仕える―こと(人)。近習《きんじゅ》。近臣。

**きんじ**【近時】〔文章語〕近ごろ。対往時

**きんじ**【矜持】「きょうじ」の慣用読み。

**ぎんし**【銀糸】銀色の糸。

**きんじえない**【禁じ得ない】おさえとめることはできない。「涙を―」

**きんしかんざい**【筋弛緩剤】筋肉の緊張をゆるめる薬。筋弛緩薬。

**きんしぎょくよう**【金枝玉葉】〔文章語〕天皇の一族。皇族。

**きんジストロフィー**【筋―】⇩進行性筋ジストロフィー

**きんしつ**【均質】どの部分も同じ性質・状態であること。等質。

**きんじつ**【近日】近いうち。そのうち。

**―点《てん》** 太陽系の天体が、太陽に最も近づく位置。対遠日点

**きんしつあいわす**【琴瑟相和す】〔文章語〕夫婦仲がよい。

**きんじて**【禁じ手】試合で、禁じられている―わざ(手)。

**きんじとう**【金字塔】ピラミッド。⊜不滅の業績。「―をうち建てる」

**きんしゃ**【金砂】①金粉。②金色に見える砂。

**きんしゃ**【金紗・錦紗】①金紗縮緬《ちりめん》・金紗御召《おめし》の略。ともに和服用の上等の絹織物。②金糸で模様を織り出した紗。

**きんしゃ**【禽舎】〔文章語〕鳥小屋。

**ぎんしゃり**【銀しゃり】〔俗語〕白米の飯。〔しゃりは舎利の意〕

**きんしゅ**【金主】資金を出す人。

**きんしゅ**【筋腫】筋肉にできる腫瘍《しゅよう》。

**きんしゅ**【禁酒】飲酒を―やめる(禁止する)こと。

**きんしゅう**【錦秋】〔文章語〕美しく紅葉している秋。「―の候」

**きんしゅう**【錦繍】〔文章語〕錦《にしき》と、刺繍《ししゅう》した布。また、美しい織物や衣服。⊜美しい―詩文(紅葉や花)。

**きんじゅう**【禽獣】〔文章語〕鳥とけもの。鳥獣。⊜道理・恩義を知らない人。◇類畜生

**きんしゅく**【緊縮】引き―締める(締まる)こと。⊜支出を切り詰めること。

**きんしょ**【禁書】本の出版・販売を禁止すること。また、その書物。

**きんしょ**【謹書】〔文章語〕謹んで書くこと。〔書画の署名の後に添える〕

**きんじょ**【近所】近辺。付近。

**きんしょう【近称】** 話者の側の物・場所・方向をさす代名詞。「これ・ここ・こちら」など。対遠称・中称

**きんしょう【金将】** 将棋の駒《こま》の一。金。

**きんしょう【僅少】** わずか。すこし。「在庫―」

**きんじょう【今上】** 今上天皇の略。

**―天皇《てんのう》** 現在の天皇。

**きんじょう【金城】** 〔文章語〕①防備の堅い城。②名古屋城の別称。

**―鉄壁《てっぺき》** 非常に堅固なこと。

**―湯池《とうち》** 〔文章語〕堅固な勢力範囲。「保守党の―」〔湯池は熱湯の池の意〕

**きんじょう【禁城】** 皇居。

**きんじょう【謹上】** 〔文章語〕脇付《わきづけ》の一。〔謹んでさしあげる意〕

**ぎんしょう【吟唱】**《吟誦》 詩歌を声高くとなえること。類吟詠

**ぎんしょう【銀将】** 将棋の駒《こま》の一。銀。

**ぎんじょう【吟醸】** 酒やみそで、原料をよく吟味して念入りに醸造すること。

**―酒《しゅ》** 精米歩合が六〇パーセント以下で、低温発酵させた清酒。

**きんじょうはなをそえる【錦上花を添える】** 美しいものにさらに美しいものがつけ加わる。

**きんじる【禁じる】** 差し止める。

**ぎんじる【吟じる】** 詩歌を声にだしてうたう。

**きんしん【近臣】** 主君のそばに仕える家来。

**きんしん【近親】** 血のつながりの近い親族。「―結婚」

**―相姦《そうかん》** 近親どうしで性的関係をもつこと。

**きんしん【謹慎】** 言行をつつしむこと。‖一定期間、外出を禁ずる処罰。「自宅―」

**きんす【金子】** お金。〔古風な言い方〕

**ぎんす【銀子】** お金。〔古風な言い方〕

**きんずる【禁ずる】** 禁じる。

**ぎんずる【吟ずる】** 吟じる。

**きんせい【近世】** ①現代に近い時代。②時代区分の一。〔日本史では江戸時代〕

**きんせい【均斉・均整】** バランスよく整っていること。「―がとれる」類均衡

**きんせい【金星】** 太陽系の惑星の一。内側から二番目。ビーナス。

**きんせい【金製】** 金で作ること。また、そのもの。

**きんせい【禁制】** ある行為を禁じること（法規）。きんぜい。「―品」類法度《はっと》・禁令

**きんせい【謹製】** 〔文章語〕謹んで作ること。

**ぎんせい【銀製】** 銀で作ること。また、そのもの。

**ぎんせかい【銀世界】** 「美しい雪景色」の形容。「一面の―」

**きんせき【金石】** 金属と岩石。金属器と石器。‖非常に堅いこと。「―の交わり」

**―文《ぶん》** 金属器や石碑に刻まれた文字・文章。

**きんせつ【近接】** ①近づくこと。接近。②近くにあること。類隣接

**ぎんせつ【銀雪】** 〔文章語〕銀色に輝く雪。

**きんせん【琴線】** 琴の糸。‖感動し共鳴する心。「心の―に触れる」

**きんせん【金扇】** 金箔《きんぱく》をはった扇。

**きんせん【金銭】** お金。貨幣。

**―尽《ず》く** お金次第。

**きんぜん【欣然】** 〔文章語〕喜んでするようす。

**ぎんせん【銀扇】** 銀箔《ぎんぱく》をはった扇。

**ぎんぜん【銀髯】** 〔文章語〕まっ白の（―ほお）ひげ。

**きんせんい【筋繊維】** 筋肉を構成する細胞組織。

**きんせんか【金盞花】** キク科の越年草。春から秋にだいだい色の花を開く。観賞用。

**きんそく【禁足】** （罰として）外出を禁止すること。「―令」類謹慎

**きんそく【禁則】** 禁止事項をきめた規則。「―処理」

**きんぞく【金属】** 金・鉄・水銀や、その合金の総称。かね。

**―元素《げんそ》** そのものだけで金属を形成し、酸素と化合して酸化物を作る元素。

**―疲労《ひろう》** 金属に生じた小さい傷が、長年の使用のうちにやがて大きな破壊を起こす現象。

**きんぞく【勤続】** 同じ所に勤め続けること。

**きんたい【近体】** ①最近流行の体裁。〔今体とも書く〕②漢詩で、律詩・絶句。対

古体

**きんたい【勤怠】**〔文章語〕勤勉と怠惰。勤惰。

**きんだい【近代】** ①現代に近い時代。また、現代。②時代区分の一。〔日本史では明治維新以降〕

**―化**《か》 近代的にすること。

**―五種**《ごしゅ》 オリンピック競技の一。水泳・フェンシング・馬術・レーザーラン(＝五発の射撃と八〇〇メートル走を四回繰り返す)を一人で行い得点をきそう。

**―詩**《し》 明治時代の新体詩にはじまる、近代的な詩。西洋の詩にならい、自由で新しい思想・表現をもつ。

**―的**《きてき》 合理的・民主的な傾向があるようす。モダン。

**きんたいしゅつ【禁帯出】** 持ち出しを禁じること。〔図書館などで、標語的に使う〕

**きんだか【金高】** 金額。

**ぎんだら【銀鱈】** 海魚のメルルーサの市場での名称。

**きんたろう【金太郎】** ①伝説上の怪童。坂田金時の幼名。〔丸々と太り、怪力をもつ。まさかりを持ち、腹がけをしていた〕②金太郎①をかたどった人形。③子供の腹がけ。

**―飴**《あめ》 どこを切っても同じ図柄が出る棒状のあめ。〔多くは金太郎①の顔の絵〕 ⓫変化のないこと。

**きんたん【禁痰】**〔文章語〕たんを吐くことを禁止すること。〔標語として使う〕

**きんだん【金談】** 金銭上の相談。

**きんだん【禁断】** かたく禁ずること。類禁制・禁止

**―症状**《しょうじょう》 薬品やアルコールの中毒患者が、その常習薬などを断ったときにおこる苦しみの症状。

**―の木**《こ》**の実**《み》 旧約聖書で、食べることを禁じられた知恵の果実。⓫禁止されているが誘惑的なもの。

**きんちさん【禁治産】** 心神喪失者を保護するため、後見人を付けて財産を管理させる制度。きんじさん。〔成年後見制度に改称〕

**―者**《やし》 裁判所によって禁治産の宣告をされた人。〔成年被後見人に改称〕

**きんちてん【近地点】** 月や人工衛星の軌道上で、地球に最も近い位置。対遠地点

**きんちゃく【巾着】** 口をひもで締める小形の袋。⓫腰巾着の略。

**―切**《き》**り** すり。

**きんちゃく【近着】** 最近到着した―こと(もの)。近々到着する―こと(もの)。

**きんちゅう【禁中】** 宮中。皇居。

**きんちょ【近著】**〔文章語〕最近の著作。対旧著

**きんちょう【金打】**〔古語〕約束を守るしるしに、刀のつばとつば、あるいは鏡と鏡を打ち鳴らすこと。⓫かたい約束。

**きんちょう【禁鳥】** 法令によって、捕獲を禁じている鳥。保護鳥。

**きんちょう【緊張】** ①心や態度が―ひきしまる(かたくなる)こと。②争いが起こりそうな状態。「―緩和」◇対弛緩《しかん》

**きんちょう【謹聴】** まじめに聞くこと。〔演説会で聴衆が「よく聞け」の掛け声としても使う〕類拝聴

**きんちょく【謹直】** 謹厳実直。

**きんつぎ【金継ぎ】** 漆で接着した陶磁器の割れ目に金などで飾る修繕法。

**きんてい【欽定】**〔文章語〕君主が定めること。

**きんてい【謹呈】**〔文章語〕謹んでさしあげること。

**きんでい【金泥】** 金粉をにかわで溶いたもの。書画に使う。こんでい。

**ぎんでい【銀泥】** 銀粉をにかわで溶いたもの。書画に使う。

**きんてん【均霑】**〔文章語〕利益や恩恵を全員が平等に受けること。「医療―化」〔霑は、うるおう意〕

**きんでんぎょくろう【金殿玉楼】** 美しく立派な御殿。

**きんでんず【筋電図】** 筋肉が動くときの電流の変化をグラフにしたもの。

**きんど【襟度】**〔文章語〕心の広さ。類度量

**きんとう【均等】** 等しいこと。「機会―」類平等

**―割**《わ》**り** 均等に分けること。

**きんとき【金時】** 坂田金時。〔源頼光の四天王のひとり。幼名は金太郎。全身赤く太っていたという〕「―の火事見舞い(＝赤い顔の形容)」⓫㋐赤色のもの。「―ア

ズキ」㋑ゆであずき。「氷ー」

**きんトレ【筋ー】** 筋力トレーニングの略。

**きんとん《金団》** サツマイモのあんなどで作る料理。「くりー」

**ぎんなん【銀杏】** イチョウの種子。

**きんにく【筋肉】** 骨の周りや内臓の壁の肉質の部分。動物の運動器官。「ー増強剤」

**ぎんねず【銀鼠】** 銀色を帯びたねずみ色。

**きんねん【近年】** 最近。近頃。

**きんのう【金納】** 租税・小作料をお金で納めること。対物納

**きんのう【勤王・勤皇】** 天皇に忠節を尽くすこと。幕末思潮の一。尊王。対佐幕

**きんぱ【金波】** 〔文章語〕太陽や月光で金色に輝く波。

**ぎんぱ【銀波】** 〔文章語〕月光で、銀色に輝く波。

**きんぱい【金杯】** 《金盃》 金製の−さかずき(カップ)。

**きんぱい【金牌】** 金メダル。

**ぎんぱい【銀杯】** 《銀盃》 銀製の−さかずき(カップ)。

**ぎんぱい【銀牌】** 銀メダル。

**きんばく【緊縛】** 〔文章語〕きつく縛ること。

**きんぱく【金箔】** 金を紙のように薄くのばしたもの。Ⅱ立派に見せかけた外観。

**きんぱく【緊迫】** 非常に差し迫ること。「ーした空気」

**ぎんぱく【銀箔】** 銀を紙のように薄くのばしたもの。

**ぎんはくしょく【銀白色】** 銀色を帯びた白色。

**きんぱつ【金髪】** 金色の髪。ブロンド。

**ぎんぱつ【銀髪】** 銀色の髪。白髪。〔白髪を美しく表現したもの〕

**ぎんばん【銀盤】** 銀製の−皿(盆)。Ⅱスケートリンク。「ーの女王」

**きんぴ【金肥】** お金で買う、化学肥料。

**きんぴか【金ぴか】** 金色に光る−こと(もの)。Ⅱ飾りたてる−こと(もの)。

**きんぴら【金平】** きんぴらごぼうの略。

**ーごぼう** 細切りゴボウのいため物。

**きんぴん【金品】** お金と品物。

**きんぶん【均分】** 平等に分けること。

**きんぷん【金粉】** 金(−色)の粉末。金砂《きんしゃ》

**ぎんぷん【銀粉】** 銀(−色)の粉末。

**きんべん【勤勉】** まじめに励むこと。対怠惰

**きんぺん【近辺】** ちかく。付近。「大阪ー」類近隣

**きんぼう【近傍】** 近所。類近辺・付近

**きんぽうげ【金鳳花】** 山野に生える有毒の多年草。春、黄色い小花が咲く。

**きんぼし【金星】** 相撲で、平幕の力士が横綱を負かすこと。Ⅱ大てがら。

**ぎんぼし【銀星】** 相撲で、平幕の力士が大関を負かすこと。

**きんほんい【金本位】** 金本位制。

**ー制《いせい》** 金貨を本位貨幣とする制度。

**ぎんほんい【銀本位】** 銀本位制。

**ー制《いせい》** 銀貨を本位貨幣とする制度。

**ぎんまく【銀幕】** スクリーン。Ⅱ映画(ー界)。「ーの女王」

**きんまんか【金満家】** 大金持ち。富豪。

**ぎんみ【吟味】** 品質や内容をよく調べること。〔もと、詩歌を吟じ味わう意〕

**きんみつ【緊密】** ぴったり結びついているようす。類密接

**きんみゃく【金脈】** 金の鉱脈。Ⅱ資金の出所。金主。

**きんみらい【近未来】** 比較的近い未来。

**きんむ【勤務】** 勤めること。勤め。

**ー評定《ひょうてい》** 部下の仕事の成績・能力を評価すること。

**きんむく【金無垢】** 純金。

**きんむりょくしょう【筋無力症】** 進行性筋ジストロフィー。

**きんめ【斤目】** はかりではかった物の重さ。

**きんめだい【金目鯛】** 深海魚の一。赤色。食用。

**きんメダル【金ー】** 金(−色)のメダル。〔競技で、一位に与えられる〕

**ぎんメダル【銀ー】** 銀(−色)のメダル。〔競技で、二位に与えられる〕

**きんモール【金ー】** ①金糸をよったひも。②金糸と絹糸で織った織物。装飾用。

**ぎんモール【銀ー】** ①銀糸をよったひも。②銀糸と絹糸で織った織物。装飾用。

**きんもくせい【金木犀】** 秋に赤黄色の花が咲き、あまい香りのするモクセイ。

**きんもつ【禁物】** してはならない(好ましくない)物事。「酒はー」

**きんもん【禁門】** 警戒の厳重な門。Ⅱ皇

居の門。皇居。
**きんもんきょう【金門橋】** サンフランシスコの金門海峡にかけられた橋。
**きんゆ【禁輸】** 輸出入を禁止すること。
**きんゆう【金融】** 資金の融通。「—業」
**—機関《きかん》** 銀行や信用金庫など、資金の融通や仲介を行う機関。
**—公庫《こうこ》** 一般の金融機関では貸さない資金を貸すため、政府が出資して作った金融機関。
**—市場《しじょう》** 資金を取引の対象とする市場。貨幣市場。
**—資本《しほん》** 銀行資本と産業資本が融合した独占的な資本の形態。
**—庁《ちょう》** 金融行政を行う中央行政機関。
**ぎんゆうしじん【吟遊詩人】** (中世のヨーロッパで)詩を吟じて各地を旅した詩人。
**きんよう【金曜】** 木曜と土曜の間。金曜日。フライデー。
**きんよう【緊要】** 〔文章語〕非常に重要なようす。肝要。
**きんよく【禁欲】** 欲望(性欲)をおさえること。「—主義」
**ぎんよく【銀翼】** 飛行機の(-銀色に光る)つばさ。また、飛行機。「—を連ねる」〔飛行機の美的表現〕
**きんらい【近来】** 近ごろ。最近。
**きんらん【金襴】** 錦地《にしきじ》に金糸で模様を織り出した豪華な織物。「—どんす」
**きんり【金利】** 利子(-の割合)。
**きんり【禁裏】**《禁裡》〔文章語〕皇居。宮中。〔出入りを禁ずる所の意〕
**きんりょう【斤量】** 目方。斤目《きんめ》。
**きんりょう【禁猟】** 狩猟を禁じること。
**きんりょう【禁漁】** 魚介類をとることを禁じること。
**きんりょく【金力】** 金銭の威力。類財力
**きんりょく【筋力】** 筋肉のちから。
**きんりん【近隣】** 隣近所。「—諸国」
**ぎんりん【銀鱗】** 〔文章語〕銀色のうろこ。Ⅱさかな。
**きんるい【菌類】** キノコ・カビなどの総称。
**きんれい【禁令】** ある行為を禁止する-法令(命令)。
**ぎんれい【銀嶺】** 〔文章語〕雪が積もって銀色に輝く山。
**きんろう【勤労】** 勤め働くこと。類労働
**—感謝《かんしゃ》の日《ひ》** 国民の祝日の一。一一月二三日。〔もとの新嘗《にいなめ》祭の日〕
**—者《しゃ》** 勤労所得で生活する者。農民・サラリーマン・商工業者など。
**—所得《しょとく》** 勤労によって得る所得。対不労所得
**きんわ【謹話】** 〔文章語〕謹んで話をすること。また、その話。

## く

**く【九】** きゅう。「十中八—」
**く【区】** ①区画。「選挙—」②行政区画の単位の一。「行政—」
**く【句】** ①文章(文)や詩歌のひとくぎり。②俳句。③俳句を数える語。
**く【苦】** 苦しみ。苦労。なやみ。対楽
**—あれば楽《らく》あり** 苦しいことの後には楽しいこともある。
**—にする** 気にしてなやむ。
**—もなく** たやすく。
**—は楽《らく》の種《たね》** 今の苦労は将来の幸福のもとになる。
**ぐ【具】** ①料理のたね。「みそ汁の—」②道具。手段。「政争の—」③ひとそろいの器具や衣服を数える語。「よろい一—」
**ぐ【愚】** ①おろかな-こと(人)。②自分の謙称。「—思うに」③自分に関することの謙譲語。「—作」
**—にもつかない** ばかばかしくて、問題にならない。
**—の骨頂《こっちょう》** この上なくおろかなこと。
**ぐあい【具合】**《工合》①状態。調子。②やり方。「こんな—にやる」③体裁。都合。
**グアバ** 〔guava〕熱帯アメリカ原産の洋ナシ形あるいは卵形の果物。
**クアハウス** 〔ドイツ語 Kurhaus〕健康増進を目的とした温泉保養施設。
**クァルテット** ⇨カルテット
**ぐあん【愚案】** 自分の-考え(案)の謙譲語。
**くい【杭】**《杙》 地中に打ち込む棒状のもの。「—を立てる」
**くい【食い】** 釣りで、魚が餌《えさ》に食いつくこと。
**くい【悔い】** 悔いること。後悔。「—を残す」

**くい【句意】** 句(俳句)の意味。

**くいあう【食い合う】** ①互いに相手(―のもの)を食う。②かみあう。対食い違う ③互いの領分を侵しあう。「地盤を―」

**くいあげ【食い上げ】** (収入の道を失って)生活できなくなること。「飯《めし》の―」

**くいあらす【食い荒らす】** (乱暴に)食いちらす。Ⅱ他の勢力範囲を侵す。

**くいあらためる【悔い改める】** 反省し、改めることを誓う。

**くいあわせ【食い合わせ】** ①いっしょに食べると害になるという食物(―を食べること)。〔ウナギと梅干しなど〕②(材木などを)組み合わせてつなぐ―こと(部分)。

**くいいじ【食い意地】** 食べることに対するいやしい気持ち。「―が張る」

**くいいる【食い入る】** 中に入り込む。

**―よう** じっと見つめるようす。

**クイーン**〔queen〕①女王。王妃。Ⅱ花形である女性。②トランプの札の一。一二の札。◇対キング

**―サイズ**〔和製語 queen-size〕女性用の服のサイズの一。Lまたはそれ以上の大きさ。対キングサイズ

**くいかけ【食い掛け】** 食べ始めて途中で―やめること(やめた食べ物)。

**くいかじる【食い齧る】** ①少しずつかじる。②(物事に)中途半端に手をつける。

**くいき【区域】** 区切った特定の―地域(範囲)。

**くいきる【食い切る】** ①かみ切る。②全部食べる。

**くいけ【食い気】** 食べたいと思う気持ち。

**くいこむ【食い込む】** 深く入り込む。「ひもが肩に―」Ⅱ(他の領域に)入り込む。「時間外(予算)に―」

**くいさがる【食い下がる】** 食いついてぶらさがる。Ⅱ粘り強く相手に立ち向かう。「しつこく―」

**くいしばる【食い縛る】** ⇩歯を食い縛る

**くいしんぼう【食いしん坊】**〔俗語〕食い意地がはっている―こと(人)。

**クイズ**〔quiz〕なぞ。なぞあての遊び。

**くいぜ【株】** 木の切り株《かぶ》。

**―を守《まも》る** ⇩守株《しゆしゆ》

**くいぞめ【食い初め】** 生後一〇〇日目(一二〇日目)に、赤ん坊に初めて食物を食べさせる儀式。おくいぞめ。

**くいたおす【食い倒す】** ①店での飲食の代金を払わないままにする。類ふみたおす ②くいつぶす。

**くいだおれ【食い倒れ】** ①飲食に金をかけて、貧乏になること。「大阪の―」対着倒れ ②働かないで遊び暮らす―こと(人)。

**くいだめ【食い溜め】** (しばらく食べなくともすむように)たくさん食べておくこと。

**くいたりない【食い足りない】** 十分に食べていない。Ⅱ満足できない。

**くいちがう【食い違う】** ①かみあわせが合わない。対食い合う ②物事が一致しない。「意見が―」

**くいちぎる【食い千切る】** かみついてちぎる。

**くいちらす【食い散らす】** ①食べこぼして、あたりをよごす。②あれこれと少しずつ―食べる(やってみる)。◇類食い荒らす

**くいつく【食い付く】** ①かみつく。「餌《えさ》に―」②しがみつく。「テレビに―」③(よろこんで)とびつく。

**クイック**〔quick〕①速い。「―ターン」対スロー ②バレーボールの攻撃方法の一。

**―モーション**〔和製語 quick motion〕①(野球で)素早い投球動作。②映画などで、動きをはやく見せること。対スローモーション

**くいつなぐ【食い繋ぐ】** 少しずつ食べて食糧をもたせる。Ⅱやりくりして暮らしていく。

**くいっぱぐれる【食いっぱぐれる】** くいはぐれるのぞんざいな言い方。

**くいつぶす【食い潰す】** 遊び暮らして財産を使い果たす。

**くいつめる【食い詰める】** 収入がなくなり、生活に窮する。

**くいで【食いで】** くいごたえ。たべで。「―がある」

**くいどうらく【食い道楽】** 食べることを道楽とする―こと(人)。

**くいとめる【食い止める】** (進行を)防ぎ止める。「延焼を―」

**くいな【水鶏】** 水鳥の一。くちばしと足が長い。鳴き声は戸をたたく音に似る。

**くいにげ【食い逃げ】** 飲食店で、代金を払わずに逃げる―こと(人)。

**くいのばす【食い延ばす】** 小出しにして食糧を長くもたせる。Ⅱ暮らしや経営を、

どうにか維持する。

**ぐいのみ**【ぐい飲み】《ぐい呑み》①ひといきにぐいと飲むこと。②大きく深い杯。

**くいはぐれる**【食い逸れる】 食べそこなう。Ⅱ生活の道を失う。

**くいぶち**【食い扶持】食費。生活費。「―をかせぐ」

**くいもの**【食い物】 食べ物。Ⅱ利益を得るために利用（悪用）するもの。「人を―にする」

**くいる**【悔いる】 後悔する。「前非を―」

**クインテット**〔イタリア語 quintetto〕 五重奏（―団）。五重唱（―団）。

**くう**【空】 ①空中。「―を-きる（つかむ）」②空虚。むだ。「―に帰する」

**くう**【食う】《喰う》①食べる。「―（＝生活する）に困る」〔食べるよりもぞんざいな表現〕②（虫が）さす。③かむ。かみつく。「魚がえさを―」④負かす。侵す。「主役（人の地盤）を―」⑤消費する。「ガソリンを―」⑥こうむる。「あおりを―」

**―か食《く》われるか** 命がけの戦い。

**―や食《く》わず** 食事も満足にできない貧しさ。

**ぐう**【偶】 偶数。対奇

**ぐう**【寓】〔文章語〕（名字の下に付けて）自宅の謙譲表現。「山田―」

**グー**〔good〕グッド。

**くうい**【空位】 ある地位があいていること。また、その地位。

**くうい**【空尉】 航空自衛隊の階級の一。空佐の下、空曹の上。

**ぐうい**【寓意】 他の物事に託して、ある意味をほのめかすこと。その意味。類風諭

**くういき**【空域】空中に設定された区域。

**ぐういん**【偶因】偶然の原因。

**ぐうえい**【偶詠】〔文章語〕偶然心に浮かんだことを詩歌に詠むこと。その詩歌。偶吟。

**クーガー**〔cougar〕 動物のピューマの別称。

**くうかぶ**【空株】からかぶ。対実株

**くうかん**【空間】①何もない所。②無限の広がり。対時間

**―芸術《げいじゅつ》** 物質的な材料を使い、一定の空間をしめる芸術。絵画・彫刻・建築など。対時間芸術

**ぐうかん**【偶感】ふと感ずる感想。類随想

**くうかんち**【空閑地】 利用されないでいる土地。

**くうき**【空気】①気体の一。類大気・エア ②雰囲気。けはい。「不穏な―」

**―入《い》れ** タイヤや浮き輪に空気を入れる道具。

**―感《かん》** 人や場面などの雰囲気。

**―感染《かんせん》** 空気中に浮遊する病原体による感染。

**―銃《じゅう》** 圧縮された空気の力で弾をうち出す銃。エアガン。

**―のよう** あるのが当然で、存在を意識しない（―が、不可欠だ）。

**―を読《よ》む** 場の雰囲気から状況を判断する。

**くうきょ**【空虚】①（中に）何もないこと。②むなしいこと。

**ぐうきょ**【寓居】〔文章語〕かりずまい。

**くうくう**【空々】①何もないようす。②思慮のないようす。③〔仏教語〕煩悩のないようす。

**くうぐん**【空軍】 空中での戦いをうけもつ軍隊。

**くうけい**【空閨】（夫または妻のいない）ひとりねのさびしい寝室。「―を守る」

**くうげき**【空隙】〔文章語〕すきま。間隙《かんげき》。

**くうけん**【空拳】〔文章語〕てぶら。素手。また、他人の援助を受けないこと。「徒手―」

**くうげん**【空言】〔文章語〕①根拠のないうわさ。②実行の伴わない、口先だけの言葉。

**ぐうげん**【寓言】寓話。

**くうこう**【空港】 民間航空機の（―定期）発着場。類飛行場

**くうさ**【空佐】 航空自衛隊の階級の一。空将補の下、空尉の上。

**くうさい**【空際】〔文章語〕天地の境。天の果て。

**ぐうさく**【偶作】〔文章語〕偶然に作ること。また、その作品。

**くうさつ**【空撮】空中から撮影すること。

**くうし**【空士】 航空自衛隊の最下位の階級。空士長の下。

**―長《ちょう》** 航空自衛隊の階級の一。空士の上の階級。空曹の下。

**くうじ**【空自】航空自衛隊の略。

**ぐうじ【宮司】** 神社の最高の神官。
**くうしつ【空室】** 使っていない部屋。
**くうしゃ【空車】** 客や貨物をのせていない車。対実車
**くうしゅう【空襲】** 空からの襲撃。
**くうしょ【空所】** あいている所。
**くうしょう【空将】** 航空自衛隊の最高位の階級。
**—補《ほ》** 航空自衛隊の階級の一。空将の下、空佐の上。
**くうしんさい【空心菜】** 中国野菜の一。〔茎が中空であることからの名〕
**ぐうすう【偶数】** 二で割り切れる整数。対奇数
**ぐうする【遇する】** 待遇する。
**くうせき【空席】** あいている座席。Ⅱ欠員になっている職や地位。
**くうぜん【空前】** かつてないこと。
**—絶後《ぜつご》** （あとにもさきにもないような）非常に珍しいこと。
**ぐうぜん【偶然】** ①思いがけないこと。対必然 ②ふと。たまたま。
**くうそ【空疎】** 内容に乏しいこと。「—な議論」
**くうそう【空曹】** 航空自衛隊の階級の一。空尉の下、空士長の上。
**くうそう【空想】** 現実をはなれて想像すること。また、その想像。
**ぐうぞう【偶像】** 信仰の対象とする神仏の像。Ⅱ崇拝や盲信の対象物。
**—崇拝《すうはい》** 偶像を神仏と考えて崇拝すること。Ⅱ特定の人物を無批判に崇拝すること。
**くうそくぜしき【空即是色】** 〔仏教語〕万物は実体がなく空《くう》だが、それがそのまま真の実在であるということ。→色即是空
**ぐうたら** ぐずぐずして気力のない—ようす（人）。なまけもの。
**くうち【空地】** あき地。「公開—」
**くうちゅう【空中】** 空の中。大気中。
**—権《けん》** 「地上権」の俗称。
**—戦《せん》** 空中での戦い。空戦。
**—鞦韆《ぶらんこ》** サーカスなどで、非常に高い位置につるしたぶらんこ（—で行う曲芸）。
**—分解《ぶんかい》** 航空機が空中でこわれること。Ⅱ計画や組織が途中でこわれること。
**くうちょう【空腸】** 小腸の一部。
**くうちょう【空調】** 空気調節。「—設備」
**くうてい【空挺】** 空中挺進の略。地上部隊が落下傘降下などで敵地に侵入すること。
**ぐうているい【偶蹄類】** 哺乳動物で、四肢の指が二本（四本）である動物の総称。〔ウシやブタなど〕
**クーデター** 〔フランス語 coup d'État〕（権力内部で）武力により政権を奪いとること。類革命
**くうてん【空転】** から回りすること。「議論が—する」
**くうどう【空洞】** ほらあな。
**—化《か》** 中心に存在していたものがなくなること。Ⅱドーナツ現象。
**くうとりひき【空取引】** からとりひき。
**ぐうのね【ぐうの音】**
**—も出《で》ない** 一言の弁解もできない。
**くうはく【空白】** 何も書かれていない部分。Ⅱ何も（—行われ）ないこと。◇ブランク。
**くうばく【空幕】** 航空幕僚監部の略。
**くうばく【空漠】** ①はてしなく広いようす。②要領を得ないようす。
**くうばく【空爆】** 空中爆撃の略。
**ぐうはつ【偶発】** 偶然に発生すること。
**くうひ【空費】** むだづかい。類浪費
**くうふく【空腹】** 腹がへること。対満腹
**くうぶん【空文】** 実際の役に立たない—文章（法規）。「法律が—化する」
**クーペ** 〔フランス語 coupé〕二ドアのスポーティーな乗用車。〔箱型の馬車の意〕
**クーヘン** 〔ドイツ語 Kuchen〕ケーキ。「バウム—」
**くうぼ【空母】** 航空母艦の略。
**くうほう【空包】** 発射音だけが出る弾丸。対実包・実弾
**くうほう【空砲】** 実弾を込めてない銃砲。
**クーポン** 〔フランス語 coupon〕①特定の商品やサービスとの交換券。②乗車券や宿泊券をひとまとめにした旅行切符。
**くうゆ【空輸】** 空中輸送の略。航空機で人や物を運ぶこと。対海運・陸運
**ぐうゆう【偶有】** 〔文章語〕ある性質を—偶然（一時的に）もつこと。
**クーラー** 〔cooler〕①冷房装置。冷却器。②魚や飲み物を入れて冷やしておく入れ物。
**くうらん【空欄】** 何も書いてない欄。

**くうり【空理】** 実際の役に立たない理論。
**くうりく【空陸】** ①空と陸。②空軍と陸軍。
**クーリングオフ**［cooling-off］ 訪問販売などで、契約後一定期間内ならその契約を解除できること。「―制度」〔冷却の意〕
**クール**［cool］ ①冷静。②涼しげ。③かっこいい。「―ジャパン」
**―ダウン**［cool down］ ①運動後、軽い運動で体の疲労を取ること。対ウォーミングアップ ②温度（熱）を下げること。⊕冷静になること。
**―ビズ**［和製語 COOl BIZ］ 過度に冷房に頼らない、春夏用のビジネスファッション。対ウォームビズ〔環境省が提唱。クールは涼しい意、ビズはビジネスの略〕
**クール**［フランス語 cours］ 放送で、週一回の連続番組の放送期間の単位。〔流れの意。一クールは三か月〕
**くうれい【空冷】** 空気で冷やすこと。「―エンジン」対水冷
**くうろ【空路】** ①航空機の飛ぶコース。②航空機を利用すること。「―沖縄へ」◇対海路・陸路
**くうろん【空論】** 実のない理論（議論）。類空理
**クーロン**［フランス語 coulomb］ 電気の量を表す単位。記号C〔人名から〕
**ぐうわ【寓話】** 教訓的なたとえ話。アレゴリー。
**くえ【九絵】** 海産魚の一。食用。高級魚。
**くえい【区営】** 区の経営。「―プール」
**ぐえい【愚詠】** 「自作の詩歌」の謙譲語。
**クエーカー**［Quaker］ キリスト教の一派。平和主義を唱え、謹厳質素な生活をする。
**くえき【苦役】** ①苦しい労働。②懲役。「―に服する」
**クエスチョン**［question］ 疑問。質問。クエッション。
**―マーク**［question mark］ 疑問符。「?」
**くえない【食えない】** ①ずるがしこく油断ができない。「―やつ」②生活できない。
**くえる【食える】** ①生計をたてられる。②うまくて、食べる価値がある。
**くえんさん【クエン酸】**《枸櫞酸》 柑橘類の実に含まれる有機酸。清涼飲料水用。
**クオーク**［quark］ 素粒子ハドロンを構成する最も基本的な粒子。
**クオーター**［quarter］〔規定試合時間の〕四分の一。「第二―」
**―バック**［quarterback］ アメリカンフットボールで、前衛と中衛の中間の位置〔―にいる選手〕。
**クオータせい【―制】** 割り当て制。議員・会社役員の一定数を女性に割り当てるなど。〔クオータはquota〕
**クォータリー**［quarterly］ 季刊。
**クオーツ**［quartz］ ①石英。水晶。②クオーツクロック（ウオッチ）の略。水晶時計。
**クォーテーション**［quotation］ 引用（―文）。
**―マーク**［quotation marks］ 引用符。“ ”など。
**クォート**［quart］ ヤードポンド法で体積の単位の一。四分の一ガロン。記号q
**クオリティー**［quality］ 品質。
**―オブライフ**［quality-of-life］ 生活（生き方）の質。QOL。
**くおん【久遠】** 永遠。
**くかい【句会】** 俳句を作る集まり。
**くがい【苦界】**〔仏教語〕苦しみの絶えない人間界。⊕遊女の境遇。「―に身を沈める」
**くかく【区画】**《区劃》 場所を仕切ること。仕切られたひとつひとつの場所。
**くがく【苦学】** 苦労して―学校に通う（学問する）こと。「―力行《りっこう》」
**くがつ【九月】** 年の九番目の月。長月《ながつき》。
**くかつよう【ク活用】** 文語形容詞の活用の型の一。「青し・寒し」の類。
**くがら【句柄】** 俳句・連歌のできばえ。
**くかん【区間】** ある距離を区切ったうちのひとつ。「不通―」
**くかん【軀幹】**〔文章語〕からだ。胴。
**ぐがん【具眼】** 物事の真偽・是非を見きわめる力があること。「―の士」
**くき【茎】** 植物の器官の一。〔特に草についていう。木は幹という〕
**くぎ【釘】** 板や木に打ちつけたり、物をかけたりするもの。
**―をさす**（後でもめないよう）念を押す。

**くぎ【区議】** 区議会議員の略。
**くぎかい【区議会】** 東京都の区の議決機関。区会。
**くぎづけ【釘付け】** 釘で物を固定すること。Ⅱ自由を奪われ動けなくなること。
**ぎきょ【愚挙】** 〔文章語〕愚かな-行い（企て）。
**くきょう【苦境】** 苦しい-境遇（立場）。
**くぎょう【苦行】** 苦しい修行。Ⅱ苦しい思いをして目的を達成しようとすること。また、その苦しい行いや仕事。
**くぎり【区切り・句—】** 文章や物事の切れ目。
**—符号《ふごう》** 文章の切れ目を表す符号。「、」「。」「・」など。
**くぎる【区切る・句—】** 文章や物事の-切れ目（境界）をつける。
**くぎん【苦吟】** 苦心して詩歌を作ること。その詩歌。
**くく【九九】** 一から九までの掛け算の一覧表（-の覚え方）。
**くく【区々】** ①まちまち。②とるにたらないようす。「—たる小事」
**くぐい【鵠】** 〔古語〕白鳥《はくちょう》。
**くぐつ【傀儡】** ①あやつり人形。②あやつり人形を舞わせる-芸（人）。
**くぐまる【屈まる】** 体をちぢめて丸くする。かがまる。
**くぐもる《曇る》** （声が）内にこもる。
**くくり【括り】** ①くくる-こと（もの）。②しめくくり。
**—付《つ》ける** 他のものにつけて縛る。

**くぐり【潜り】** ①くぐること。②くぐり戸。
**—戸《ど》** くぐって出入りする戸。類切り戸
**—抜《ぬ》ける** くぐって通り抜ける。Ⅱ困難を通り抜ける。「難関を—」
**くくる【括る】** ①たばねてまとめる。②縛る。締める。③絞り染めにする。
**くぐる【潜る】** ①（身をかがめて）物の下や門を通る。②水中にもぐる。
**くげ【公家】** ①朝廷（-に仕える貴族）。対武家 ②【公卿】くぎょう。
**くげ【供華・供花】** 〔仏教語〕仏前に花を供えること。また、その花。くうげ。きょうか。
**くけい【矩形】** 長方形の旧称。
**ぐけい【愚兄】** 「自分の兄」の謙称。
**くける【絎ける】** 縫い目が表に出ないように縫う。
**くげん【苦言】** 相手の悪い点をあえて言うこと。「—を呈する」対甘言
**ぐけん【愚見】** 「自分の意見」の謙譲語。
**ぐげん【具現】** 具体的な形に現すこと。また、そのもの。
**くこ【枸杞】** ナス科の落葉小低木。根は解熱剤、葉は食用。
**ぐこう【愚行】** おろかなおこない。
**ぐこう【愚考】** 「自分の考え」の謙譲語。
**くごころ【句心】** ①俳句を作ろうとする気持ち。②俳句を-理解する（作る）能力。
**くさ【草】** ①地上に現れた部分が固くならない植物。対木 ②雑草。③まぐさ。④（屋根をふく）わら・かや。⑤〔俗語〕SNSなどで、笑い。⑥本格的でないもの。「—野球（相撲）」

**くさい【臭い】** ①いやなにおいがする。「酒—」②疑わしい。③…のにおいがする。「学者—」④…のように感じられる。
**—飯《めし》を食《く》う** 刑務所に入る。
**—物《もの》にふたをする** 都合のわるい物事をその場しのぎに隠す。
**ぐさい【愚妻】** 「自分の妻」の謙称。
**ぐざい【具材】** 料理の中に入れるもの。具。
**くさいきれ【草いきれ】** 草の茂みが日光に照らされて生じる熱気。
**くさいちご【草苺】** 山野に自生するバラ科の植物。実は赤色で食用。
**くさいろ【草色】** 濃い緑色。
**くさかげ【草陰】** 茂った草のかげ。
**くさかげろう【草蜻蛉】** トンボに似た昆虫。卵をうどんげという。
**くさかり【草刈り】** 草を刈ること。
**くさがれ【草枯れ】** 草が枯れる-こと（季節）。「—の時節」
**くさき【草木】** 草と木。Ⅱ植物全体。
**—染《ぞ》め** 草や木の色素を使う染色法（-で染めたもの）。
**—も靡《なび》く** 勢力が強く、従わないもののないようす。
**—も眠《ねむ》る** 夜がふけて静かになるようす。
**くさく【句作】** 俳句を作ること。
**ぐさく【愚作】** ①くだらない作品。②「自分の作品」の謙譲語。
**くさくさ** 気分が晴れないようす。「気が—する」
**くさぐさ【種々】** 〔文章語〕さまざま。
**くさす【腐す】** けなす。

**くさたけ【草丈】** イネや草の‐高さ（伸び具合）。

**くさだんご【草団子】** ヨモギの葉の入った団子。

**くさち【草地】** （木はなく）草ばかりの土地。

**くさってもたい【腐っても鯛】** よいものは‐古くなっても（落ちぶれても）、価値がある。

**くさとり【草取り】** 雑草をとること。

**くさなぎのつるぎ【草薙剣】** 三種の神器の一。天叢雲剣《あめのむらくものつるぎ》。

**くさのね【草の根】** 民衆のひとりひとりが中心となる運動。

**―分《わ》けても** 徹底的に捜し出すことの形容。

**くさば【草葉】** 草の葉。

**―の陰《かげ》** あの世。「―から」

**くさばな【草花】** 草に咲く花。花の咲く草。

**くさはら【草原】** 草のはえている野原。

**くさび【楔】** V字形の木片・鉄片。

**―形《たが》** V字形。

**―形《たが》文字《もじ》** メソポタミア地方で使われた、古代の文字。せっけいもじ。けっけいもじ。〔字画がくさびの形をしているところから〕

**―を打《う》ち込《こ》む** ①敵陣に攻め入り、勢力を二分する。②相手の勢力内に自分が力をもつ足掛かりを作る。

**くさひばり【草雲雀】** コオロギ科の昆虫。秋に美しい声で鳴く。

**くさぶえ【草笛】** 草の葉で作った笛。

**くさぶかい【草深い】** 草が深く茂っている。⏸田舎めいている。

**くさぶき【草葺き】** 屋根をわらやかやでふくこと。また、その屋根。

**くさまくら【草枕】** 旅寝。野宿。類旅枕

**くさみ【臭み】** ①臭いにおい。②いやみ。

**くさむしり【草毟り】** 雑草をむしりとること。類草取り

**くさむす【草生す】** 〔文章語〕草がはえる。

**くさむら【草むら】**《叢》草の生い茂った所。

**くさもち【草餅】** ヨモギの葉の入ったもち。よもぎもち。

**くさもみじ【草紅葉】** 秋に野山の草が紅葉すること。

**くさや** ムロアジなどを腹開きにし、古い塩汁につけた干もの。〔特有の臭みがある〕

**くさやきゅう【草野球】** しろうとの野球。

**くさやぶ【草藪】** 草の生い茂ったやぶ。

**くさり【鎖】**《鏈》①金属製の輪をつなぎあわせてひも状にしたもの。類チェーン ⏸きずな。②《齣》読み物・謡などの一段落。話のひと区切り。「ひと―」

**―編《あ》み** 糸を鎖の形に連ねていく編み方。

**くさる【腐る】** ①腐敗する。②気がめいる。③〔俗語〕（動詞連用形に付けて）他人の動作をののしっていう。「言い―」

**―程《ほど》** 物がありあまるほどあるようす。

**くされえん【腐れ縁】** どうしても切れない（‐好ましくない）関係。

**くされる【腐れる】** 腐った状態になる。

**くさわけ【草分け】** 荒れ地を開拓し集落の基礎を‐築くこと（築いた人）。⏸物事を最初に‐始めること（始めた人）。類草創

**くし【串】** 竹や鉄などの細い棒。

**くし【櫛】** 髪をすく道具。

**―の歯《は》が欠《か》けたよう** きちんとそろっているはずのものが、ところどころ抜けているようす。

**くし【駆使】** ①自由自在に使いこなすこと。②追いたてて使うこと。

**くじ【籤】** 偶然にまかせて物事を決める方法。「―を引く」

**くじ【九字】** 護身の秘法として唱える、九つの文字。臨兵闘者《りんぴょうとうじゃ》皆陣列在前。

**ぐじ** アマダイの別称。

**くしあげ【串揚げ】** 串に刺した肉や魚・野菜の揚げ物。

**くじうん【籤運】** くじに当たる運。

**くしがた【櫛形】** 上部だけ丸くなった櫛のような形。

**くしカツ【串―】** 串に刺して揚げたカツ。

**くしき【奇しき】** ふしぎな。「―因縁」

**くじく【挫く】** ①無理な力が加わり、関節を痛める。「足首を―」②勢いをそいで弱らせる。「出端《でばな》を―」

**ぐじぐじ** 不平・不満を言いながらぐずぐずするようす。

**くしくも【奇しくも】** ふしぎにも。

**くしけずる【梳る】**《梳る》髪の毛をくしですく。

**くじける【挫ける】** 勢いをそがれ弱まる。「やる気がー」

**くしざし【串刺し】** 串で刺しー貫くこと(貫いたもの)。⊜槍などで刺し殺すこと。

**くじびき【籤引き】** くじをー引く(引いて物事を決める)こと。抽選。

**くしめ【櫛目】** くしですいた後の筋目。

**ぐしゃ【愚者】**〔文章語〕おろかな人。[対]賢者

**ーにも一得《いっとく》** 愚者でも時にはいい考えを出すことがある。愚者も千慮に一得あり。

**くしやき【串焼き】** 魚や肉・野菜を串に刺して焼く料理。

**くじゃく【孔雀】** キジ科の鳥。雄は扇形に開く美しい尾羽をもつ。

**ー石《せき》** 鉱石の一。青緑色で装飾・顔料用。くじゃくいし。

**くしゃくしゃ** ①しわだらけ。乱れているようす。②気分がすっきりしないようす。

**くしゃみ《嚔》** 呼気運動の一。「ーが出る」

**くじゅ【口授】**〔文章語〕口伝。こうじゅ。

**くしゅう【句集】** 俳句を集めた本。

**くじゅう【苦汁】** 苦い汁。

**ーを嘗《な》める** つらい経験をする。

**くじゅう【苦渋】** 苦しみ悩むこと。「ーに満ちた表情」〔苦くて渋いの意〕

**くじょ【駆除】** 害などを取り除くこと。

**ぐしょ【愚書】** ①くだらない書物。②「自分の手紙」の謙譲語。

**くしょう【苦笑】** 苦々しく思いながらもむりに笑うーこと(笑い)。苦笑い。

**くじょう【苦情】** 害を受けたことに対する不平・不満。クレーム。[類]愚痴

**ぐしょう【具象】** ①具体。②芸術作品が、見たとおりの形で表現されること。◇[対]抽象

**ー画《が》** 写実的に表現した絵画。[対]抽象画

**ぐしょぬれ【ぐしょ濡れ】** ひどくぬれること。[類]びしょ濡れ・ずぶ濡れ

**くじら【鯨】** ①海にすむ、魚に似た哺乳動物の総称。②鯨尺。

**ー尺《じゃく》** ①布を計るのに使ったものさし。鯨差し。〔昔は鯨のひげで作った〕②長さの単位の一。一尺は三七・八センチメートル。◇→かねじゃく

**ー幕《まく》** 葬式などに使う、黒と白の幕。

**くじる【抉る】** えぐる。えぐってとる。

**くしん【苦心】** 何かをするために、いろいろ苦労すること。

**ー惨憺《さんたん》** 非常に苦心するようす。

**ぐしん【具申】**〔文章語〕(上役に)意見や希望を詳しく申し述べること。

**ぐじん【愚人】**〔文章語〕おろかな人。[対]賢人

**くす【樟・楠】** クスノキ。

**くず【屑】** 何かを使った後に残る、用のないもの。⊜役に立たないもの。

**くず【葛】** ①マメ科の多年生つる草。秋の七草の一。②葛粉・葛布《くずふ》(＝クズの茎の繊維で作った布)・葛餡《くずあん》の略。

**ぐず【愚図】** 動作や決断がのろいーこと(人)。

**くずあん【葛餡】** 水で溶いた葛粉に砂糖や酒で味つけした食品。くずだまり。

**くずおれる《頽れる》** くずれるようにー倒れる(すわる)。

**くずかご【屑籠】** ごみや紙くずを入れる籠。

**クスクス〔couscous〕** 粒状になったパスタ(ーの料理)。地中海沿岸・北アフリカの料理。

**ぐすぐす** 鼻がつまっている音。

**ぐずぐず《愚図愚図》** ①動作や決断がのろいようす。②ぶつぶつ不平を言うようす。③ゆるんだり形がくずれているようす。

**くすぐったい《擽ったい》** ①くすぐられてむずむずする。②照れくさい。

**くすぐり【擽り】** (芸人の)ギャグ。「ーを入れる」

**くすぐる【擽る】** ①皮膚にさわったりして、むずむずさせる。②無理に相手を笑わせたり、いい気分にさせたりする。

**くずこ【葛粉】** クズからとった粉。食用。

**くずざくら【葛桜】** くずまんじゅうを桜の葉で包んだ菓子。

**くずし【崩し】** くずすこと。くずしたもの。

**ー書《が》き** 行書や草書で書くこと。その文字。

**ー字《じ》** 崩し書きにした文字。

**くずす【崩す】** ①ひとつにまとまった(整った)ものを乱す。②草書や行書で書く。③お金を細かくする。

**くすだま【薬玉】** ①造花などで玉を作り、飾り糸を垂らしたもの。「ーを割る」〔祝い事などに飾る〕②香料入りの袋に飾りをつ

けたもの。〔昔、端午の節句に魔よけとした〕

**ぐずつく**《愚図つく》 ①ぐずぐず言う。②状態がはっきりしない。「天気が―」

**くずてつ**【屑鉄】 ①鉄の切り屑。②鉄製品などの廃品。類スクラップ

**くずに**【葛煮】 仕上げにくず粉でとろみをつけた料理。「野菜の―」

**くすねる** 〔俗語〕こっそり盗み取る。「小銭を―」

**くすのき**【樟・楠】 クスノキ科の常緑高木。材は器具用。樟脳《しょうのう》の原料。くす。

**くすぶる**《燻ぶる》 ①火が燃えあがらずに煙だけ出る。いぶる。‖物事が中途半端な状態にある。「家にくすぶっている・争いが―」②すすで黒くなる。

**グズベリー**〔gooseberry〕 西洋スグリ。実をジャムにする。グーズベリー。

**くすべる**《燻べる》 くすぶらせる。

**くずまんじゅう**【葛饅頭】 餡《あん》を、葛粉を練った皮で包んだまんじゅう。

**くすむ** 色合いがさえず目立たなくなる。‖目立たず無視される。うずもれる。

**くずもち**【葛餅】 ①葛粉を水で練り固めた食品。きなこと蜜をつける。〔現在は生麩粉《しょうふ》を使う〕②くずまんじゅう。

**くずもの**【屑物】 くずになったもの。‖商品価値がないもの。

**くずゆ**【葛湯】 葛粉に砂糖を加え、熱湯を注いでかきまぜた食べ物。

**くすり**【薬】 ①病気や傷をなおすために飲んだりぬったりするもの。‖心身に有益なもの。「―になる」◇対毒 ②他の物質に化学作用を及ぼすもの。薬品・うわぐすりなど。

**―が効《き》く** 反省をうながす効果がある。

**―九層倍《くそうばい》** 暴利を得るたとえ。〔薬は売り値が原価に比べて非常に高い意〕

**―手帳《てちょう》** 薬の服用記録や既往症を記載する手帳。

**―湯《ゆ》** 薬や薬草を入れたふろ。やくとう。

**―指《ゆび》** 第四指。中指と小指の間。〔薬をかきまぜたり、つけたりしたことから〕

**ぐする**【具する】 〔文章語〕①申し述べる。②そろえる。③伴う。◇具す。

**ぐずる**《愚図る》 (幼児が)ぐずぐず言う。

**くずれ**【崩れ】 ①くずれること。②身分などを表す語に付け、それから落ちぶれたことを表す。「記者―」

**くずれる**【崩れる】 ①まとまった(整った)ものが乱れる。「値が―(=相場が下がる)」②お金が細かくなる。

**くすんごぶ**【九寸五分】 あいくち。〔その長さが九寸五分あったことから〕

**くせ**【癖】 ①その人独特の性質・性向。②ゆがみや曲がりがとれないもの。「髪の―」

**―になる** 習慣になる。やめられなくなる。

**くせ**【救世】 〔仏教語〕①仏が衆生を苦しみから救うこと。②仏・菩薩のこと。◇くぜ・ぐせ・ぐぜ。

**ぐせい**【愚生】 〔文章語〕自分の謙称。

**くせげ**【癖毛】 生まれつきくせのある髪の毛。くせっ毛。

**くせじ**【癖字】 くせがあって読みづらい字。

**くせだま**【癖球】 野球・テニス・卓球で、独特な曲がり方をして打ち返しにくい球。‖交渉で、対応に苦しむような提案や意見。

**くせつ**【苦節】 苦しみに負けずに初心を守りとおすこと。「―十年」

**くぜつ**【口説・口舌】 ①(男女間の)言い争い。②言葉。口先。

**ぐせつ**【愚説】 ①くだらない説。②「自分の説」の謙譲語。

**くせに** …にもかかわらず。「教師の―」

**くせもの**【曲者】 油断のできない人。怪しい者。

**くせん**【苦戦】 苦しい戦い(―をすること)。「―を強いられる」

**くそ**【糞】 ①大便。②かす。あか。「耳―」③ののしったり、奮起したりするときに発する語。④ののしりや軽蔑を表す語。「―まじめ」⑤(軽蔑の気持ちを含めて)強調するのに使う語。「へた―」

**―食《く》らえ** ののしるときの言葉。

**ぐそう**【愚僧】 ①おろかな僧。②僧の謙称。

**ぐそく**【具足】 ①十分に備わっていること。②調度。③甲冑《かっちゅう》。簡略な鎧《よろい》。

**―煮《に》** イセエビを殻のついたまま煮た料理。

**ぐそく**【愚息】 「自分の息子」の謙称。

**くそったれ** 人をののしって言う語。

**くそどきょう**【くそ度胸】 なみはずれて図太い度胸。

**くそまじめ**【くそ真面目】 非常にまじめで、融通がきかないようす。

**くそみそ**《糞味噌》①価値の有無を区別できないようす。②さんざんわるく扱うようす。「ーに言う」

**くだ【管】**①細長い筒。②機《はた》の横糸を巻いて梭《ひ》に入れる道具。③糸車のつむに差して糸を巻きつける軸。

**ーを巻《ま》く** 酔ってつまらないことをくどくど言う。〔管③を回すとぶんぶん音をたてることから〕

**くたい【軀体】** 建物の構造を支える骨組みの部分。構造体。「ー工事」

**ぐたい【具体】**形や実体を備えていること。類具象 対抽象

**ー化《か》** 計画などを実行に移すこと。

**ー性《せい》** 実際に行われ、存在し得るような性質。「ーに欠ける」

**ー的《てき》** 直観的にわかるような形や実体を備えているようす。対抽象的

**くだく【砕く】**①固いものを細かくする。Ⅱ「心をー(=心をつかい苦労する)」②勢い・力を‐なくす(弱める)。「野望をー」類くじく ③(話などを)わかりやすくする。

**ぐだくさん【具ー】**《具沢山》 料理で、具がたっぷり入っていること。「ーなスープ」

**くたくた** ①ひどく疲れたようす。②張りのなくなったようす。「ーのコート」③さかんに煮えるようす。「ー煮る」

**くだくだしい** くどい。

**くだける【砕ける】**①固いものが細かくなる。②勢い・力が‐なくなる(弱まる)。「腰がー」類くじける ③うちとける。「砕けた態度」④(話などが)わかりやすくなる。

**くださる【下さる】**くれるの尊敬語。

**くだされもの【下され物】** いただいた物。

**くだされる【下される】** 下さる。〔下さるより敬意が強い〕

**くだす【下す】**①下(低い所)へ移す。対のぼす ②命令や判断を出す。③地方へつかわす。対のぼす ④体内の物を下から出す。「腹をー(=下痢する)」⑤みずから行う。「手をー(=実行する)」⑥(下の者に)与える。⑦【降す】打ち負かす。

**くだって【下って・降って】**〔文章語〕手紙で、自分のことに話題をかえるとき書く言葉。「ー私どもはみな元気です」

**くたばる**〔俗語〕①死ぬ。②ひどく疲れる。

**くたびれもうけ【くたびれ儲け】**《草臥れー》疲れただけで、何の役にも立たないこと。

**くたびれる**《草臥れる》①疲れる。②長く使っていていたんだり、型がくずれたりする。「くたびれた背広」

**くだもの【果物】** 食用になる果実。類フルーツ・水菓子

**くだらない**《下らない》 つまらない。価値がない。

**くだり【下り】**《降り》①下ること。②中央から地方へ行くこと。「ー列車」◇対のぼり

**ー鮎《あゆ》** 産卵期に川を下る鮎。類落ち鮎

**ー坂《ざか》** 進行方向に下がっていく坂。Ⅱ落ち目。◇対上り坂

**ー腹《ばら》** 下痢。

**くだり【件】**①文章中の一節。②前文にあげた事柄。くだん。

**くだり【行】** 文書の行《ぎょう》。「三ー半」

**くだる【下る】**①下(低い所)へ移る。「野《や》にー(=官職をやめる・野党になる)・獄にー(=牢獄に入る)」対のぼる ②命令や決定が上の者から出る。③地方へ行く。対のぼる ④下痢をする。⑤時代が後になる。⑥(「下らない」の形で)下回らない。「一万人を下らない」⑦【降る】降参する。

**くち【口】**①動物が呼吸・飲食・発声をする器官。②口で言うこと。「ー約束・ーがうまい」③食べること。味覚。④物や人が出入りする所。「ーの大きなビン」⑤物事の初め。「宵のー」⑥口に物を入れる回数を数える語。「ひとー食べる」⑦刀剣を数える語。⑧出資などの分担の単位を数える語。

**ーが重《おも》い** あまりしゃべらない。

**ーが掛《か》かる** 誘われる。

**ーが堅《かた》い** 言っていけないことは決して言わない。対口が軽い

**ーが軽《かる》い** 不用意に何でもしゃべる。対口が堅い

**ーが‐腐《くさ》っても(裂《さ》けても)** 秘密を絶対にあかさない意志の強さの形容。

**ーが酸《す》っぱくなる** 同じことを何度も言う。

**ーが滑《すべ》る** うっかりしゃべってしまう。

**ーが干上《ひあ》がる** 暮らしが立たなくなる。

**ーが減《へ》らない** へらず口をたたく。

**ーが曲《ま》がる** 無礼なことを言うのに対し

て(—口がゆがむぞと)たしなめる言葉。

**—から先《さき》に生《う》まれる** よくしゃべる人をけなしていう表現。

**—が悪《わる》い** しばしば、にくまれ口をきく。

**—に合《あ》う** 味が好みにあう。

**—にする** ①話す。②食べる。

**—の下《した》から** そう言ったすぐあとで。

**—八丁《はっちょう》手《て》八丁《はっちょう》** しゃべることもすることも非常に達者だ。口も八丁手も八丁。

**—は禍《わざわい》の門《かど》(元《もと》)** 失言が災いを招くこともあるので口は慎まなければいけない。

**—を利《き》く** ①話をする。②間をとりもつ。

**—を切《き》る** ①最初に発言する。②封を切る。

**—を極《きわ》めて** 言葉をつくして。

**—を揃《そろ》えて** 異口同音に。

**—を尖《とが》らす** 不満を表情にあらわす。類唇を尖らす

**—を濁《にご》す** ことばを濁す。〔本来は「ことばを濁す」〕

**—を拭《ぬぐ》う** やましいことがあっても、そ知らぬふりをする。

**—を挟《はさ》む** 口出しをする。類くちばしを挟む

**—を開《ひら》けば** 何か言うと必ず。

**—を封《ふう》じる** だまらせる。類口をふさぐ

**—を割《わ》る** 白状する。

**ぐち** イシモチの別称。

**ぐち【愚痴】** 言ってもしかたがないことを言って嘆くこと。その言ったこと。類苦情

**くちあけ【口開け】** 物の口を開くこと。Ⅱ物事の初め。

**くちあたり【口当たり】** ①食物を口に入れたときの感じ。②接した(聞いた)感じ。「—のいい人(言葉)」

**くちい** 〔俗語〕腹がいっぱいだ。

**くちいれ【口入れ】** ①口出し。②仲介(奉公人の周旋)をする—こと(人)。

**くちうつし【口写し】** 話し方や話す内容が、別の人にそっくりであること。

**くちうつし【口移し】** ①飲食物を口から口へ直接移し入れること。②(書かずに)口で言って伝えること。類口伝え

**くちうら【口裏】** ものの言いぶり。

**—を合《あ》わせる** 言うことが食い違わないように示し合わせる。

**くちうるさい【口煩い】** 口やかましい。

**くちえ【口絵】** 書物・雑誌の初めの部分に載せる絵。

**くちおしい【口惜しい】** くやしい。

**くちおも【口重】** あまりしゃべらないこと。対口軽

**くちかず【口数】** ①言葉数。「—が少ない」②人数。③件数。

**くちがね【口金】** 容器などの口にはめる金具。

**くちがる【口軽】** おしゃべりなこと。対口重《くちおも》

**くちき【朽ち木】** 腐った木。Ⅱ世に認められずむなしく一生を終える人。

**くちきき【口利き】** 仲介や調停をする—こと(人)。また、それに慣れている人。

**くちぎたない【口汚ない】** ①言葉づかいが乱暴で下品だ。②食い意地が張っている。

**くちく【駆逐】** 追い払うこと。

**—艦《かん》** 主に魚雷で攻撃する、小型の軍艦。

**くちぐせ【口癖】** ①癖のようにたびたび言う言葉。②言い回しの特徴。

**くちぐち【口々】** ①「—に(=大勢が異口同音に)言う」②出入り口のそれぞれ。

**くちぐるま【口車】** 口先のうまいこと。

**—に乗《の》る** うまい言葉にだまされる。

**くちげんか【口喧嘩】** 言い争い。口論。

**くちごうしゃ【口巧者】** 口上手。

**くちごたえ【口答え】** 目上の人に逆らって言い返すこと。

**くちコミ【口—】** 〔俗語〕(マスコミを使わず)情報を口から口へ伝えること。

**くちごもる【口籠もる】** ①言葉に詰まる。②はっきり聞こえない言い方をする。

**くちさがない【口さがない】** 節度がなく口うるさい。

**くちさき【口先】** うわべだけの言葉。

**くちさびしい【口寂しい】** 口に入れるものがなくて、物足りない。

**くちしのぎ【口凌ぎ】** ①一時的に食欲を満たすこと。②どうにか暮らしていくこと。

**くちじゃみせん【口三味線】** ①口で三味線の旋律をまねること。くちざみせん。②口先でだますこと。

**くちじょうず【口上手】** 口先のうまい—

ようす(人)。類口巧者《くちごうしゃ》 対口下手《くちべた》
**くちずから【口ずから】** その人自身の口から。
**くちすぎ【口過ぎ】** 生計。類糊口《ここう》
**くちずさむ【口遊む】**〔詩や歌を〕心に浮かぶままに小声で歌う。
**くちぞえ【口添え】** 他の人の依頼や交渉に、言葉を添えてとりなすこと。
**くちだし【口出し】** さしでぐち。
**くちだっしゃ【口達者】** ①口じょうず。②よくしゃべる—こと(人)。
**くちつき【口付き】** ①口のかっこう。②口ぶり。③吸い口がついている—こと(紙巻きタバコ)。
**くちづけ【口付け】** キス。接吻《せっぷん》。
**くちづたえ【口伝え】** ①口伝《くでん》。②人から人へ口で伝えること。類口づて
**ぐちっぽい【愚痴っぽい】** ぐちを言いがちだ。
**くちどけ【口溶け】** 口に含んだときの—溶け(つぶれ)具合。「ふわっとした—」
**くちどめ【口止め】** 口外を禁ずること。また、そのために払う金品。「—料」
**くちとり【口取り】** ①牛馬の口を取って引く—こと(人)。②お茶うけ。③口取りざかなの略。かまぼこやだて巻きと魚の煮物などの盛り合わせ。
**くちなおし【口直し】** 口に残るいやな味を消すために別の物を食べること。また、その食べ物。
**くちなし【梔子】** 常緑低木の一。夏、香気のある白い花を開く。実は薬用・染料用。
**くちならし【口慣らし】**《口馴らし》 ①すらすら言えるようにする練習。②食べ物の味に舌をならすこと。
**くちのは【口の端】** 言葉のはし。話題。
**—に掛《か》ける(上《のぼ》せる)** うわさする。
**くちば【朽ち葉】** ①腐った落ち葉。②朽ち葉色。
**—色《いろ》** 赤みがかった黄色。
**くちぱく【口—】**〔俗語〕音声に合わせて、声を出さずに口だけを動かすこと。「—で歌う」〔口パクとも書く〕
**くちばし【嘴】**《喙》 鳥の突き出て固い口。
**—が黄色《きいろ》い** 若くて未熟だ。
**くちばしる【口走る】** ①調子に乗って余計なことを言う。②無意識に言う。
**くちはてる【朽ち果てる】** 完全に腐る。Ⅱ世に知られずに—死ぬ(終わる)。
**くちはばったい【口幅ったい】** 身のほどを考えず—大きな(生意気な)ことを言うようす。
**くちばや【口早・口速】** はやくち。
**くちび【口火】** 爆薬やガスこんろを点火するのに使う火。Ⅱ物事の発端。
**—を切《き》る** 物事を最初に始める。
**くちひげ【口髭】** 鼻の下にはやしたひげ。
**くちびょうし【口拍子】** 口で拍子をとること。また、その拍子。
**くちびる【唇】** 口を囲む柔らかい器官。
**—を噛《か》む** 悔しさをこらえる。
**—を盗《ぬす》む** 無理にキスする。
**くちぶえ【口笛】** 口をすぼめて(指を口に入れて)息を吹いて音を出すこと。その音。
**くちふさぎ【口塞ぎ】** ①口止め。②口よごし。
**くちぶちょうほう【口不調法】** 口べた。
**くちぶり【口振り】** 話すようす。
**くちべた【口下手】** 話し方がへたなこと。類話下手・口不調法 対口上手
**くちべに【口紅】** ①化粧品の一。類ルージュ ②(陶磁器の)ふちだけに紅を塗ること。
**くちべらし【口減らし】**(経済上の理由から)養うべき人数を減らすこと。
**くちまかせ【口任せ】** 出任せに言うこと。
**くちまね【口真似】** 他人の話し方のまね。
**くちまめ【口忠実】** よくしゃべる—こと(人)。
**くちもと【口元】**《口許》 口のあたり(—のようす)。「—に笑みを浮かべる」
**くちやかましい【口喧しい】** ①よくしゃべってうるさい。②些細《ささい》なことにも注文をつけてうるさい。
**くちやくそく【口約束】**(文書などでなく)口頭でする約束。
**くちゅう【苦衷】** つらく苦しい心のうち。「—を察する」
**くちゅう【駆虫】** 害虫や寄生虫の駆除。
**くちょう【口調】** 言葉(話し方)の調子。
**ぐちょく【愚直】**〔文章語〕ばか正直。
**くちよごし【口汚し】**(客に出す)料理の謙譲語。〔口を汚す程度の意〕

**くちよせ【口寄せ】** 巫女《みこ》が死者の霊を呼んで、霊の言葉を自分の口で伝えること。また、その巫女。

**くちる【朽ちる】** 木などが腐って形がくずれる。「朽ちた橋」Ⅱ世に知られずに終わる。（名声が）衰える。

**ぐちる【愚痴る】**〔俗語〕愚痴を言う。

**くつ【靴】** はきものの一。

**くつう【苦痛】** 肉体的・精神的な苦しみ。「―に耐える」

**くつおと【靴音】** 靴で歩くときの足音。

**くつがえす【覆す】** ①ひっくりかえす。②滅ぼす。「政権を―」③根本から変える。「定説を―」

**くつがえる【覆る】** くつがえされる。

**くつがた【靴型】** 靴を作るときに使う木型。

**クッキー**〔cookie〕①洋風の焼き菓子の一。②インターネットで、利用を管理・識別するための―情報（仕組み）。

**くっきょう【究竟】** ①おあつらえむき。「―な場所」②結局。終極。

**くっきょう【屈強】** きわめて力が強い。

**くっきょく【屈曲】** 折れ曲がること。

**くっきり** きわだって見えるようす。

**クッキング**〔cooking〕料理（―法）。「―スクール」

**―ホイル**〔cooking foil〕調理用のアルミ箔《はく》。

**―ワイン**〔cooking wine〕調理用ワイン。

**くっこうせい【屈光性】** 植物が、光の刺激によって一定の方向に曲がる性質。

**くっさく【掘削】**（掘鑿）土や岩を掘り、穴をあけること。

**くっし【屈指】** 指折り。

**くつした【靴下】** 衣料の一。類ソックス・ストッキング

**くつじゅう【屈従】** 相手に屈服して従うこと。類屈服

**くつじょく【屈辱】** 屈従させられて受ける恥。類恥辱

**グッジョブ**〔俗語〕「よくやった」と賞賛する語。〔good job から〕

**クッション**〔cushion〕①いす用のざぶとん。②衝撃をやわらげるために物の間に入れるもの。③玉突き台の内縁。④はね返ること。

**―ボール**〔和製語 cushion ball〕野球でフェンスに（ビリヤードでふちに）当たってはね返った球。

**くっしん【屈伸】** 伸び縮み。「―運動」

**くっしん【掘進】**〔文章語〕坑道などを掘り進むこと。

**グッズ**〔goods〕商品。品物。

**くつずみ【靴墨】** 靴のつや出し・保護のために塗るクリーム状のもの。靴クリーム。

**くっする【屈する】** ①折れ曲がる。折り曲げる。②打ち負かされる。打ち負かす。「権威に―」

**くつずれ【靴擦れ】** 足に合わない靴をはいて足が擦れること。それでできた傷。

**くっせつ【屈折】** ①折れ曲がること。Ⅱゆがんだ心情や考えをもっていること。②物理学で、光や音波がある媒質から他の媒質に入るとき、境界面で進行方向を変えること。③言語学で、語形が文法的な働きに従って変化すること。

**―語**《ご》 言語の分類の一。語の文法的な働きを語形変化によって示す。〔ラテン語・ロシア語など〕

**―率**《りつ》 光や音波が屈折するときの屈折の度合い。

**くっそう【屈葬】** 埋葬法の一。死体の手足を折り曲げて埋める。

**くったく【屈託】** ひとつのことにこだわって、くよくよすること。「―がない」

**くっちせい【屈地性】** 植物が、重力の作用に対して一定の方向に曲がる性質。

**くっつく** ぴったりと付く。Ⅱ〔俗語〕男女が親しくなる。

**くっつける** くっつくようにさせる。

**くってかかる【食って掛かる】** 激しく相手に反論する。

**グッド**〔good〕①よい。すばらしい。②テニスなどで、球が規定ライン内に入ること。セーフ。

**―タイミング**〔good timing〕ちょうどよい間合い。

**―ナイト**〔good night〕グッナイ。

**―バイ**〔good-bye〕グッバイ。

**―モーニング**〔good morning〕おはよう。

**―ラック**〔good luck〕ごきげんよう。

**くつぬぎ【沓脱ぎ】** 戸口や縁側の、はきものを脱ぐ所。そこに置く石。「―石」

**クッパ**［朝鮮語 kukpap］朝鮮料理の一。具だくさんの、雑炊の一。
**グッバイ** ①さようなら。②別れを告げること。◇［good-byeから］
**グッピー**［guppy］メダカに似た熱帯魚。観賞用。
**くっぷく【屈伏・屈服】** 勢いに－負け（恐れをなし）相手に従うこと。類屈従
**くづめらくがみ【苦爪楽髪】** 苦労すると爪が早くのび、楽をすると髪が早くのびるという言い伝え。［逆に苦髪楽爪とも］
**くつろぐ【寛ぐ】** ゆったりとして心身を休める。
**くつわ【轡】** 馬の口にはめ、手綱をつける金具。
**－を並《なら》べる** ①馬首を並べる。②［「轡－を並べて」の形で］そろって。
**ぐてい【愚弟】**「自分の弟」の謙称。
**くてん【句点】** 文の切れ目につける点。まる。「。」対読点
**くでん【口伝】**（奥義を）口で伝え授けること。また、それを書き記した書物。
**くど【竈】** かまど（－の後ろの煙出しの穴）。
**くど【苦土】** 酸化マグネシウム。
**－石灰《せっかい》** 苦土を含有する石灰肥料。土壌改良に使う。
**くどい《諄い》** しつこい。「話（味付け）が－」
**くとう【句読】** ①文章の一区切り方（読み方）。②句読点。
**－点《てん》** 句点と読点。
**くとう【苦闘】** 苦しい戦い。
**くどう【駆動】**（自動車で）エンジンの動力を車輪に伝えて動かすこと。「四輪－」
**ぐどう【求道】**［仏教語］正しい道理を求めること。「－者」
**くどき【口説き】** ①くどく－こと（言葉）。②浄瑠璃・謡曲で、心中の思いを述べる－部分（文句）。
**くどく【功徳】** ①神仏からよい報いを受けるような善行。②御利益《ごりやく》。
**－落《お》とす** くどいて承知させる。
**くどく【口説く】** ①相手を自分の思うようにしようと言い迫る。②くどくど言う。
**くどくど《諄々》** しつこく言うようす。
**－しい** 非常にくどい。
**ぐどん【愚鈍】** 頭の働きが鈍く、のろまなこと。
**くないちょう【宮内庁】** 内閣府に属する機関の一。皇室・天皇に関する事務をあつかう。
**くなん【苦難】** 苦しみや難儀。
**くに【国】** ①《邦》国家。②昔の行政区画。「筑前の－」③故郷。④領地。
**－を売《う》る**（自分の利益のために）自国の不利益になることをする。
**くにいり【国入り】** ⇩お国入り
**くにおもて【国表】** 大名の領国。国もと。［江戸や京都に対していう］対江戸表
**くにがら【国柄】** ①国や地方の－持ち味（特色）。②国家成立の事情。類国体
**くにく【苦肉】** 敵を欺くために自分を苦しめること。
**－の策《さく》** 苦しまぎれの策。
**くにことば【国言葉】** その地方特有の言葉。類くになまり
**くにざかい【国境】** 国と国との境界。
**くになまり【国訛り】** その地方特有の発音や言葉。類方言・国言葉
**くにぶり【国ぶり】**《国振り・国風》その地方特有の風俗や民謡。
**くにもと【国許・国元】** ①故郷。②本国。領地。
**くぬぎ【櫟】** ブナ科の落葉高木。実はどんぐり。材は薪炭用。
**くねる** ゆるやかに折れ曲がる。
**くねんぼ【九年母】** ミカン科の常緑低木。実は皮ごと食用。インドネシア原産。
**くのいち【くノ一】** 女忍者。また、隠語で女。［「女という字を分解したもの」］
**くのう【苦悩】**（精神的に）苦しみ悩むこと。
**くのじてん【くの字点】** 踊り字の一。縦書きで、二字以上の繰り返しを示す。
**くはい【苦杯】** 苦い経験。「－を－なめる（喫する）」［「苦い水を入れたさかずきの意」］
**くばる【配る】** ①分け与える。②行き渡らせる。「気を－」③配置する。
**ぐはん【虞犯】** 罪を犯すおそれがあること。「－少年」
**くひ【句碑】** 俳句を彫りつけた石碑。
**くび【首】** ①《頸》頭と胴をつなぐくびれた部分。また、それに似た部分。②頭。
**－が回《まわ》らない** 借金が多くて、どうにもならない。
**－にする** 解雇する。

**—をかしげる(ひねる)** 疑問や不賛成の気持ちをもつ。
**—を切《き》る(刎《は》ねる)** ①打ち首にする。②解雇する。
**—を突っ込《こ》む** 必要もなく(必要以上に)関係をもつ。
**—を長《なが》くする** 待ちわびる。
**—を振《ふ》る** ①承知する。②承知しない。③方向を変える。
**ぐび【具備】** 十分に-備わる(備える)こと。類完備
**くびかざり【首飾り】**《頸—》 首にかける装身具。ネックレス。
**くびかせ【首枷】**《頸枷》 首にはめる刑具。「子は三界の—」‖自由を妨げるもの。
**くびき【頸木】**《軛》 車の轅《ながえ》の先につける横木。牛馬の首にあてる。‖自由を束縛するもの。「意志の—」
**くびきり【首切り・首斬り】** ①首を切り落とす-こと(人)。②免職。免官。解雇。
**くびくくり【首縊り】** 首つり。
**くびさ【首差】** 競馬で、ゴール時の一位の馬との距離の一。約八〇センチメートル。
**くびじっけん【首実検】** 討ち取った敵の首を大将が検視すること。‖会って本人かどうか確かめること。
**ぐびじんそう【虞美人草】** ヒナゲシ。〔虞美人は中国古代の武将項羽の愛姫〕
**くびす【踵】**〔文章語〕かかと。きびす。
**くびすじ【首筋】**《頸筋》 首の後部。
**ぐひつ【愚筆】** ①下手な手跡。②「自分の文字・文章・絵」の謙譲語。

**くびづか【首塚】** 昔、首を埋めた塚。
**くびったけ【首ったけ】**《首っ丈》〔俗語〕ほれ込んで夢中になること。〔足から首までの高さの意〕
**くびったま【首っ玉】**〔俗語〕首。
**くびっぴき【首っ引き】** (辞書などを)手放さずに常に参照すること。
**くびつり【首吊り】** ①首をつって自殺すること。②既製服。類つるし
**くびねっこ【首根っこ】** 首すじ。
**—を押《お》さえられる** 身動きできないようにおさえつけられる。
**くびまき【首巻き】** えりまき。マフラー。
**くびる【縊る】** 首を絞めて殺す。縛り首にする。
**くびれる** ①【縊れる】首をくくって死ぬ。②《括れる》中ほどが細くなっている。
**くびわ【首輪】**《頸輪》 ①イヌやネコの首にはめる輪。②首飾り。ネックレス。
**ぐぶ【供奉】**〔文章語〕行幸などの供に加わる-こと(人)。
**くふう【工夫】** よい方法を得ようといろいろ考え試すこと。また、その方法。「—をこらす」
**ぐふう【颶風】** ①暴風。②熱帯地方で発生する暴風雨の総称。
**くぶくりん【九分九厘】** ほとんど。「—できあがった」
**くぶどおり【九分通り】** ほとんど。
**くぶん【区分】** 区切って分けること。その境界。
**—所有権《しょゆうけん》** 一棟の建物のうちの、一区画の所有権。〔マンションなどで〕

**くべつ【区別】** 違いによって分けること。また、その違い。
**くべる** 燃やすために火に入れる。
**くぼ【窪】** くぼんだ所。
**くほう【句法】** 詩文・俳句の作り方。
**くぼう【公方】** ①おおやけ。②朝廷。③将軍(—家)。
**くぼち【窪地・凹地】** くぼんだ土地。
**くぼまる【窪まる・凹まる】** くぼんだ状態になる。
**くぼみ【窪み・凹み】** くぼんだ所。
**くぼむ【窪む・凹む】** 一部分がまわりより落ち込む。
**くま【隈】** ①すみ。②奥まって隠れた所。③濃い色と薄い色が接する所。④疲れたりしてできる目の周りの黒ずみ。⑤隈取り②。
**くま【熊】** ①クマ科の哺乳動物の総称。②大きくて強い意を添える。「—蜂」
**くまい【供米】** 神仏に供える米。
**ぐまい【愚妹】**「自分の妹」の謙称。
**ぐまい【愚昧】** 愚かで道理を知らないこと。類愚鈍
**くまぐま【隈々】** すみずみ。
**くまざさ【隈笹・熊笹】** ササの一。葉は魚やすしの下に敷くのに使う。
**くまぜみ【熊蟬】** セミの一。日本産のセミでは最大。
**くまそ【熊襲】** 上代に九州南部にいたとされる人々。
**くまたか【熊鷹】** ワシの一。性質が荒く、

ウサギや鳥類をとって食う。

**くまで**【熊手】①道具の一。落ち葉などをかき集める。②酉《とり》の市で売る縁起物。③敵を引っかけるための武具。◇〔クマの手の形に似ていることから〕

**くまどり**【隈取り】①日本画で遠近などを表すためのぼかし。②歌舞伎で、役者が顔に彩色を施すこと。その彩色。

**くまなく**【隈無く】①すみずみまで。②はっきりと。

**くまのい**【熊の胆】熊の胆のうを干したもの。苦い。漢方の健胃薬。

**くまばち**【熊蜂】大形のハチ。体が黒く胸部は黄色い毛でおおわれる。

**くまんばち**【熊ん蜂】スズメバチの俗称。〔クマバチは別種〕

**くみ** 一【組み】①組むこと。組んだもの。②印刷で、文字を並べて版を作ること。

二【組】①学級。②仲間。③暴力団。

**ぐみ**《胡頽子・茱萸》グミ科の植物の総称。赤く小さな実は食用。

**グミ**〔ドイツ語 Gummi〕ガムのような歯ごたえのキャンディー。〔ゴムの意〕

**くみあい**【組合】①利害や目的が同じ人々の作る組織。②労働組合。

**くみあう**【組み合う】①仲間となる。②互いに組みついて争う。

**くみあげる**【汲み上げる】水などを汲んで高い所に上げる。Ⅱ末端・下部の人々の意見を取り上げる。

**くみあわせ**【組み合わせ】①組み合わせること。組み合わせたもの。②数学で、相異なるものの中から一定個数を取り出す取り出し方。コンビネーション。

**くみあわせる**【組み合わせる】①ふたつ以上のものを取り合わせる。②競技や試合で、勝負を争う相手を決める。

**くみいれる**【組み入れる】内部に組み込む。Ⅱ考えに入れる。

**くみうち**【組み討ち・—打ち】組み合って戦うこと。類とっくみあい

**くみおき**【汲み置き】必要に備えて汲んでおく⊦こと(水)。

**くみかえ**【組み換え・—替え】くみかえること。特に、遺伝子のくみかえ。

**くみかえる**【組み換える・—替える】従来の組み合わせをやめて、新しく組む。

**くみかわす**【酌み交わす】杯をやりとりして酒を飲む。

**くみきょく**【組曲】いくつかの曲を組み合わせた器楽曲。

**くみこむ**【組み込む】全体の中の一部として取り込む。

**くみさかずき**【組み杯】大小重ねて一組となる杯。

**くみしく**【組み敷く】組み合った相手を押さえつける。

**くみしゃしん**【組み写真】ひとつのテーマのもとに組み合わせた何枚かの写真。

**くみしやすい**《与し易い》相手として扱いやすい。

**くみする**【与する】味方になる。

**くみたいそう**【組み体操】①二人以上で組んで行う体操。②マスゲームの一。集団で身体を組み合わせて形を作る。組み立て体操。

**くみだす**【汲み出す】汲んで外に出す。

**くみたて**【組み立て】①組み立てること。②組み立てられたものの構造。構成。「文章(論理)の—」

**くみたてる**【組み立てる】材料を組み合わせて、まとまりのあるものを作りあげる。

**くみチンキ**【苦味—】にがい黄茶色の薬液。健胃剤。〔成分はダイダイの皮など〕

**くみつく**【組み付く】相手の体に手足をかけて取りつく。

**くみて**【組み手】①相撲で、組み合った腕。②バレーボールで、両手を前で組み合わせること。③空手《からて》で、練習相手と行う攻防の型。

**くみてんじょう**【組み天井】格子形に組んだ天井。

**くみとめる**【組み止める】組みついて、相手の動きをおさえる。

**くみとり**【汲み取り】便所の大小便を汲み取って処分すること。「—式」

**くみとる**【汲み取る】①汲んで出す。②推し量る。「事情を—」

**くみはん**【組み版】文字を組んで版を作ること。また、その版。

**くみひも**【組み紐】糸を組み合わせて作ったひも。

**くみふせる**【組み伏せる】組みついて相手を押さえつける。

**くみほす**【汲み干す】すっかり汲みあげる。

**くみやぐ【組み夜具】** 布団や丹前などをそろえて一組にした夜具。

**くみわけ【組分け】** 人や物を組に分けること。

**くみん【区民】** 区の住民。

**クミン［cumin］** セリ科の一年草。種子を香辛料にする。

**ぐみん【愚民】** 〔文章語〕おろかな人民。「―政策」

**くむ** 一【汲む】①液体をすくう。②推し量る。「意を―」③「流れを―（＝系統に属する）」 二【酌む】（酒などを）器についで飲む。

**くむ【組む】** ①交差させる。「腕を―」②部分を合わせてひとまとまりのものにする。③共同する。④取っ組み合う。

**くめん【工面】** 金品を調える工夫をすること。「金の―がつかない」類算段

**くも【雲】** 気象現象の一。

**―衝《つ》くばかり** 非常に背が高いようす。

**―を霞《かすみ》と** あっという間に走り去るようす。

**―をつかむよう** とらえどころがないようす。

**くも【蜘蛛】** 節足動物の一。スパイダー。

**―の子《こ》を散《ち》らす** 大勢の人が四方に散る。

**くもあし【雲脚】** ①雲の動き。②低く垂れている雨雲。③雲形の、机や台の脚。

**ぐもう【愚蒙】** 愚かで道理がわからないこと。類愚《ぐ》昧《まい》

**くもがくれ【雲隠れ】** （月が）雲に隠れること。二姿をくらますこと。

**くもがた【雲形】** 雲がたなびいた形。

**―定《じょう》規《ぎ》** 曲線を書くのに使う定規。

**くもじ【雲路】** ①鳥などが飛ぶ空の道。②（空を流れる）雲のゆくえ。

**くもすけ【雲助】** 江戸時代、宿場や街道にいた駕籠《かご》かき人夫。〔弱みにつけこむ悪質な者が多かった〕二ならず者。

**くもつ【供物】** 神仏に供えるもの。

**くものうえ【雲の上】** 宮中。二高い地位。とても近づけない所。「―の存在」

**くものみね【雲の峰】** 〔文章語〕入道雲。

**くもま【雲間】** ①雲の切れ目。②晴れ間。

**くもまく【蜘蛛膜】** 脳の表面をおおう膜の一。

**―下《か》出血《しゅっけつ》** 蜘蛛膜の下に起こる出血。

**くもゆき【雲行き】** 雲の動き。類雲脚 二形勢。「―が怪しい」

**くもらす【曇らす】** ①曇るようにする。②心配や悲しみを表情に出す。「顔を―」

**くもり【曇り】** ①曇っていること。②やましさやわだかまり。「―のない心」

**―ガラス** すりガラス。

**くもる【曇る】** ①空が雲や霧でおおわれる。②透明でなくなる。③心配や悲しみで表情が暗くなる。「顔が―」

**くもん【苦悶】** 苦しみもだえること。

**ぐもん【愚問】** くだらない質問。「―愚答」

**くやくしょ【区役所】** 東京都や政令指定都市の区の役所。

**くやしい【悔しい】** 《口惜しい》残念だ。不快だ。

**くやしなき【悔し泣き】** 《口惜し―》くやしくて泣くこと。

**くやしなみだ【悔し涙】** 《口惜し―》くやしさのあまり出る涙。

**くやしまぎれ【悔し紛れ】** 《口惜し―》くやしさに分別を失うこと。

**くやみ【悔やみ】** ①後悔。②人の死を惜しんで弔うこと（言葉）。おくやみ。

**くやむ【悔やむ】** ①悔しく思う。②人の死を惜しんで弔う。

**ぐゆう【具有】** 〔文章語〕備えもつこと。

**くゆらす【燻らす】** 煙を立ち上らせる。くゆらせる。「タバコを―」

**くよう【供養】** 仏や死者に物を供え、読経すること。

**くら【蔵・倉】** 《庫》倉庫。

**―が建《た》つ** 金持ちになることの形容。

**くら【鞍】** 人や物をのせるための馬具。

**くらい【位】** ①地位。等級。②品位。③数のけた。④およその数量（程度）を示す。ぐらい。類ほど

**―する** ある地位・場所を占める。

**―取《ど》り** 数のけたを定めること。類位づけ

**―負《ま》け** ①地位に対して実力がともなわないこと。②相手の地位や品位に圧倒されること。

**くらい【暗い】** 対明るい

**クライアント［client］** ①依頼人。特に、広告代理店に依頼した広告主。また、得意先。②カウンセリングの相談者。③コンピューターのネットワークで、データや装

置を利用する側のシステム。対サーバー・ホストコンピューター

**くらいこむ【食らい込む】**〔俗語〕①牢や刑務所に入れられる。②厄介なことをしょいこむ。

**クライシス**〔crisis〕危機。恐慌。

**グライダー**〔glider〕滑空機。

**くらいつく【食らい付く】**くいつく。

**クライマー**〔climber〕岩登りを目的とする登山家。

**クライマックス**〔climax〕最高潮。

**—シリーズ**〔和製語 climax series〕プロ野球で、シーズン上位三チームによる順位決定トーナメント。

**クライミング**〔climbing〕登山。特に、ロッククライミング。

**グラインダー**〔grinder〕砥石《といし》を回転させて研磨する機械。類研磨盤・研削盤

**グラインド**〔grind〕①回転。②コーヒー豆を挽くこと。

**くらう【食らう】**〔俗語〕①飲む。食べる。②こうむる。「パンチを—」

**クラウド**〔cloud〕クラウドコンピューティングの略。〔雲の意〕

**—コンピューティング**〔cloud computing〕インターネット上で保存・管理されたデータを手元の端末で利用するシステム。

**クラウドファンディング**〔crowdfunding〕インターネットを通じて不特定多数の人から資金調達をすること。〔ソーシャルファンディングとも〕

**クラウン**〔clown〕道化。道化役者。

**クラウン**〔crown〕①王冠。②帽子の山の部分。③歯にかぶせる金冠。④イギリスの旧五シリング貨幣。〔王冠の模様がある〕

**グラウンド**〔ground〕運動場。競技場。グランド。

**—ゴルフ**〔和製語 ground golf〕ゴルフを簡便化し、広場などでできるようにしたスポーツ。

**—ゼロ**〔ground zero〕（核爆弾の）爆心地。〔二〇〇一年のアメリカ同時多発テロで崩壊した世界貿易センタービルの跡地にも用いる〕

**くらがえ【鞍替え】**①勤め先や所属先をかえること。②行動の対象をかえること。「飛行機から新幹線に—する」

**くらがり【暗がり】**暗い所。

**くらく【苦楽】**苦しみと楽しみ。「—をともにする」

**クラクション**〔klaxon〕自動車の警笛。

**くらげ【水母・海月】**海中に浮遊する動物。体は傘状の寒天質。

**くらざらえ【蔵浚え】**蔵払い。

**くらし【暮らし】**生活。生計。「—が立つ」

**—向《む》き** 生活・生計の状態。

**グラシアス**〔スペイン語 gracias〕ありがとう。

**グラジオラス**〔gladiolus〕アヤメ科の多年草。夏、花が下から上に順に咲く。

**クラシカル**〔classical〕古典的。昔風。

**くらしきりょう【倉敷料】**倉庫の保管料。倉敷。敷料。

**クラシック**〔classic〕①古典。②クラシック音楽。③古典的。「—カー（バレエ）」

**—音楽《おんがく》** ①西洋音楽で、芸術的な音楽。対ポピュラーミュージック ②西洋音楽の古典派音楽。

**グラシンペーパー**〔和製語 glassine paper〕薄く半透明の紙。グラシン（—紙）。

**くらす【暮らす】**①生活する。「わずかな給料で—」②日暮れまでの時を過ごす。

**クラス**〔class〕①等級。階級。②学級。

**—会《かい》** 同級会。

**—メイト**〔classmate〕同級生。級友。

**グラス**〔glass〕①ガラス製の（洋風の）コップ。②めがね。「サン—」

**—ウール**〔glass wool〕ガラス繊維でできた綿状のもの。断熱材・絶縁材・吸音材に使う。

**—ファイバー**〔glass fiber〕ガラスで作った繊維。「—ポール」

**グラス**〔grass〕草。

**—コート**〔grass court〕テニスで、芝生のコート。ローンコート。

**—スキー**〔grass ski〕芝生の斜面を滑るスキー。

**クラスター**〔cluster〕①同種のものや人の集まり。群れ。②同じ感染源から感染症に罹患した患者の集団。

**—爆弾《ばくだん》** 中に小さな爆弾をいくつもつめた爆弾。

**クラスト**〔crust〕積雪の表面が固くなった状態。

**くらだし【蔵出し・倉—】**蔵・倉庫から—

出すこと（出したばかりのもの）。対蔵入れ

**グラタン**［フランス語 gratin］肉・魚・野菜などをホワイトソースであえて天火で焼いた料理。

**クラッカー**［cracker］①ビスケットの一。塩味。②おもちゃの一。爆音をたてる。

**クラック**［crack］①壁・岩壁などの割れ目。裂け目。②麻薬の一。コカインから作る。

**クラッシャー**［crusher］破砕機。粉砕機。

**クラッシュ**［crash］墜落。衝突。

**クラッチ**［clutch］連動器。「―ペダル」

**―バッグ**［clutch bag］かかえて持つバッグ。

**グラッパ**［イタリア語 grappa］ワインのしぼりかすからつくる蒸留酒。

**グラデーション**［gradation］（色度や濃度の）段階。

**くらに【倉荷】**倉庫に預けてある荷物。

**―証券**《しょうけん》 倉庫業者が荷主の請求に対して発行する有価証券。

**グラニューとう【―糖】**砂糖の一。さらさらして粒が細かい。

**グラノーラ**［granola］ナッツやドライフルーツなどを混ぜたシリアル食品。

**くらばらい【蔵払い】**売れ残った商品を処分するための安売り。くらざらえ。

**グラビア**［gravure］①印刷法の一。写真や絵の印刷に適する。写真凹版。グラビア印刷。②書籍や雑誌で、写真などの色刷りページ。

**くらびらき【蔵開き】**年の初めの吉日に蔵を開くこと。

**クラブ**［club］①《倶楽部》共通の目的をもつ人々の集まり。また、その集会所。②若者中心の、ダンスを楽しむ飲食店。類ディスコ ③ゴルフで、ボールを打つ棒。④新体操で、演技に使うこん棒。⑤トランプで、黒い♣の模様がある札。クローバー。

**―ハウス**［clubhouse］①ゴルフクラブ会員の集会所。②スポーツ施設の、各種設備のある建物。

**クラブ**［crab］カニ。

**グラフ**［graph］①関連する数値の関係を示した図表。②写真を主にした雑誌。類画報

**グラブ** ⇩グローブ

**グラフィック**［graphic］①印刷で、写真など視覚的要素が強いようす。②写真主体の出版物。類グラフ

**―デザイン**［graphic design］商業デザイン。ポスターなどの印刷物の設計。

**グラフィティー**［graffiti］落書き。「青春―」

**クラブサン**［フランス語 clavecin］ハープシコード。

**クラフト**［craft］手づくり工芸品。

**―ビール**［craft beer］地ビール。

**クラフト**［kraft］クラフト紙。

**―紙**《し》 袋などに用いる茶色で丈夫な紙。

**くらぶべくもない【比ぶべくもない】**比べる必要もない。比べるに値しない。

**くらべものにならない【比べ物にならない】**差が大きくて比較にならない。

**くらべる** 一**【比べる】**《較べる》比較する。二**【競べる】**優劣を争う。

**グラマー**［glamour］肉体が豊かで性的魅力のある―こと（女性）。

**グラマー**［grammar］文法。文法書。

**くらまい【蔵米】**江戸時代、幕府・諸藩の米蔵や倉庫に貯蔵された米。

**くらます**【晦ます】①行方がわからないようにする。「姿を―」②ごまかす。「人の目を―」

**グラマラス**［glamorous］肉体が豊かで性的魅力のある。

**クラミジア**［ラテン語 Chlamydia］微生物の一。感染症を引き起こす。

**くらむ【眩む】**①目まいがする。②正常な判断ができなくなる。「金に目が―」

**グラム**［フランス語 gramme］メートル法の重さの単位の一。記号g〔瓦とも書いた〕

**クラムチャウダー**［clam chowder］スープの一。アサリやハマグリ入り。おもにクリームスープ。

**くらもと【蔵元】**酒蔵をもつ日本酒の醸造元。

**くらやみ【暗闇】**暗い―こと（所）。Ⅱ㋐人目につかない所。㋑見通しや希望がもてない状態。

**クラリネット**［clarinet］木管楽器の一。

**くらわす【食らわす】**〔俗語〕①食わせる。②こうむらせる。特に、殴る。

**くらわたし【倉渡し】**取引で、商品を倉庫に入れたまま買い手に引き渡すこと。

**クラン**［clan］祖先の同じ一族。氏族。

**クランク**［crank］①往復運動と回転運動を変換する装置。②映画撮影機のハンドル。③道路で、曲がり角が続く所。

**―アップ**［crank up］映画で、撮影完了。

**―イン**［crank in］映画で、撮影開始。

**―シャフト**［crankshaft］クランク装置の回転軸。

**グランクリュ**［フランス語 grand cru］ワインの最高格付け。

**クランケ**［ドイツ語 Kranke］患者。

**グランス**［glans］亀頭。

**グランド** ⇨グラウンド

**グランド**［grand］大型の。壮大な。

**―オペラ**［grand opera］オペラの一。壮大で悲劇的な要素が強い。

**―スラム**［grand slam］①トランプのブリッジで、一三組全部をとって勝つこと。②年間の主要な試合全部に優勝すること。〔特に、テニス・ゴルフで四大タイトルを獲得すること〕

**―デザイン**［grand design］全体にわたる壮大な構想(計画)。

**―ピアノ**［grand piano］平型ピアノ。対アップライトピアノ

**―メニュー**［和製語 grand＋フランス語 menu］飲食店で、常時提供できる料理。

**グランプリ**［フランス語 grand prix］大賞。最優秀賞。

**クランベリー**［cranberry］果実の一。濃い紅色で、ジャムや料理のソースにする。

**くり【栗】** ブナ科の落葉高木。いがに包まれた実は食用。材は建材用。

**くり【庫裏】**《庫裡》寺の台所。また、住職や家族の居間。

**クリア(ー)**［clear］①はっきりしている。②(とりのぞいて)きれいにすること。③通過すること。「条件を―する(＝満たす)」◇クリヤ(ー)。

**―ビジョン**［和製語 clear vision］テレビの受像方式の一。高画質。EDTV。

**くりあがる【繰り上がる】** くりあげるの自動詞形。「繰り上がって当選となる・締め切りが一〇日―」

**くりあげる【繰り上げる】** ①順に上に送る。②予定を早める。③計算で数をひとつ上の桁《けた》に移す。対繰り下げる

**クリアランス**［clearance］①一掃すること。「―セール」②通関手続き。③手形交換。決済。

**―セール**［clearance sale］在庫品の一掃大売り出し。

**くりあわせる【繰り合わせる】** ①予定をやりくりして都合をつける。②席をつめる。

**グリー**［glee］無伴奏で三部以上の男声合唱曲。「―クラブ」

**クリーク**［creek］中国の小運河。

**くりいし【栗石】** 基礎工事用の直径一〇～一五センチメートル程度の丸石。

**グリース**［grease］①潤滑剤。②整髪用油。◇グリス。

**グリーティングカード**［greeting card］お祝いに贈るカード。〔誕生日など〕

**クリーナー**［cleaner］掃除用の機器や洗剤。

**クリーニング**［cleaning］①洗濯。特に、ドライクリーニング。②機器の汚れおとし。

**クリーミー**［creamy］きめが細かいようす。クリーム状であるようす。「―パウダー」

**クリーム**［cream］①牛乳から作るどろりとした食品。②化粧品の一。③くつずみ。④淡黄色。クリーム色。⑤アイスクリーム。「―ソーダ」

**―コロッケ**［和製語 cream フランス語 croquette］ホワイトソースを具材にしたコロッケ。

**―スープ**［cream soup］クリーム(牛乳入り)のスープ。

**―チーズ**［cream cheese］クリーム①から作った柔らかなチーズ。

**くりいれる【繰り入れる】** ①順にたぐって入れる。②組み入れる。

**くりいろ【栗色】** こげ茶色。

**クリーン**［clean］①清潔。②みごと。

**―アップ**［cleanup］クリーンアップトリオの略。野球で、三・四・五番打者。クリンナップ。

**―エネルギー** 環境を汚染しないエネルギー。〔太陽熱・地熱・風力など。／clean とドイツ語 Energie から〕

**―ヒット**［clean hit］野球で、見事なヒット。Ⅱ大当たり。快挙。

**グリーン**［green］①緑色。②芝生。③ゴルフ場で芝生の濃い区域。④野菜。植

物。

**—サラダ**〔green salad〕野菜のサラダ。

**—車**《しゃ》 普通車より高い料金の、JRの特別車両。〔緑色の四つ葉マークをつけたことから〕

**—ティー**〔green tea〕緑茶。

**—ピース**〔green peas〕グリンピース。

**—フィー**〔green fee〕ゴルフで、コースの使用料金。

**—ベルト**〔greenbelt〕①道路などの緑地帯。②都市計画によって設けられた防災・美観のための緑地の地域。

**クリエーター**〔creator〕創作者。創造者。〔デザイナー・ディレクターなど、創作的職業の総称として使う〕

**クリエーティブ**〔creative〕創造的。独創的。

**クリエート**〔create〕創造。創作。

**クリオネ**〔clione〕巻貝の一。貝殻がなく、体は半透明。羽ばたくように泳ぐ。

**くりかえ【繰り替え】**入れかえ。転用。

**くりかえし【繰り返し】**くりかえすこと。

**くりかえす【繰り返す】**同じことを何度もする。

**くりからもんもん【倶利迦羅紋々・倶梨—】**入れ墨。

**くりげ【栗毛】**馬の毛色の一。栗色の毛なみ(—の馬)。

**クリケット**〔cricket〕イギリスの伝統的球技。

**くりけむし【栗毛虫】**クスサン(=ヤママユ科のガ)の幼虫。しらがたろう。

**グリコーゲン**〔ドイツ語 Glykogen〕動物の肝臓や筋肉に含まれる多糖類。グリコゲン。

**くりこし【繰り越し】**くりこすこと。

**くりこす【繰り越す】**順に次に送る。

**くりごと【繰り言】**(愚痴など)同じことを何度も言うこと。また、その言葉。

**くりこむ【繰り込む】**①大勢でいっせいに入る。「全員で店に—」②組み入れる。「予定に—」③たぐり寄せる。

**くりさげる【繰り下げる】**順に下に送る。対繰り上げる

**グリシン**〔glycine〕最も単純な構造のアミノ酸。甘みがあり食品に添加される。

**グリス** ⇨グリース

**クリスタル**〔crystal〕①水晶。②水晶のように透明度の高いガラス。クリスタルガラス。③結晶。

**クリスチャン**〔Christian〕キリスト教徒。

**—ネーム**〔Christian name〕キリスト教で、洗礼名。

**クリスマス**〔Christmas〕キリスト降誕祭。一二月二五日。〔Xmasと書くこともある〕

**—イブ**〔Christmas Eve〕クリスマスの前夜。

**—カード**〔Christmas card〕クリスマスを祝って贈るカード。

**—キャロル**〔Christmas carol〕クリスマスを祝う賛美歌。クリスマスカロル。

**—ツリー**〔Christmas tree〕クリスマスに飾りをつけて立てる木。〔多く、モミの木〕

**グリズリー**〔grizzly〕北米にすむ灰色熊。

**グリセード**〔glissade〕登山で、ピッケルで突きながら雪の斜面をすべり降りること。

**グリセリン**〔glycerin〕粘り気のある無色透明の液体。薬用・爆薬原料用。グリセロール。

**くりだす【繰り出す】**①次々と出す。②大勢でいっせいに出かける。

**くりつ【区立】**区の設立・管理。

**クリック**〔click〕コンピューターで、マウスのボタン操作の一。〔もとはカチッという音〕

**グリッサンド**〔イタリア語 glissando〕音楽で、高さの違う音をすべるように演奏すること。

**グリッド**〔grid〕①格子(—状のもの)。②自動車レースで、スタート位置。

**クリッパー**〔clipper〕①快速帆船。②草刈り具。

**クリップ**〔clip〕ものをはさんでとめる器具。

**グリップ**〔grip〕握る—こと(部分)。握り方。

**クリティカル**〔critical〕①批判的。②危機的。

**—マス**〔critical mass〕①核分裂連鎖反応を維持するために最小限必要な核燃料の質量。②商品やサービスが、爆発的に普及するために最小限必要な供給量。③自転車と道路交通のあり方を問う社会運動。

**くりど【繰り戸】**戸袋から一本の溝を通して順に引き出す戸。雨戸など。

**クリトリス**〔clitoris〕陰核。

**クリニック**［clinic］①診療所。②臨床講義。
**グリニッジひょうじゅんじ【―標準時】** グリニッジ子午線での時刻。グリニッジ時。世界時。〔世界の各標準時の基準〕
**くりぬく【刳り抜く】** えぐって―穴をあける〔取り出す〕。
**くりのべる【繰り延べる】** 延期する。
**くりひろげる【繰り広げる】** ①順々に広げる。②展開する。「祝宴を―」
**くりまんじゅう【栗饅頭】** 栗をまぜたあんの入ったまんじゅう。
**くりめいげつ【栗名月】** 陰暦九月一三日の夜の月。豆名月。〔栗を供えて月見をする〕
**くりもの【刳り物】** 木をろくろやのみなどで彫った器物。
**くりや【厨】** 台所。
**クリヤ(―)** ⇨クリア(―)
**グリュイエルチーズ**［Gruyère cheese］スイスのグリュイエル地方産のナチュラルチーズ。〔チーズフォンデュに用いる〕
**くりょ【苦慮】** 苦心していろいろ(―方法などを)考えること。「対策に―する」
**グリル**［grill］①洋風の一品料理を出す簡易食堂。②魚・肉などの網焼き。
**くりわた【繰り綿】** 繰って種を取っただけの綿。
**くりん【九輪】** 仏塔の露盤の上にある九個の輪の飾り。
**クリンチ**［clinch］ボクシングで、相手に組みついて防御すること。
**クリンナップ** ⇨クリーンアップ
**グリンピース**［green peas］青いえんどう豆。
**くる【来る】**「客が―」
**くる【刳る】** えぐる。
**くる【繰る】** ①糸状のものをたぐって物に巻きとる。②順に送る。めくる。③順に数える。④綿繰り車で綿の種を取り去る。
**ぐる** 悪巧みの仲間。
**グル**［guru］導師。指導者。〔ヒンズー教の導師の意〕
**くるい【狂い】** 狂うこと。
**―咲《ざ》き** 季節はずれに花が咲くこと。
**ぐるい【狂い】** …に度をこして夢中になること。「芝居―」
**くるう【狂う】** ①精神状態が正常でなくなる。②度をこして夢中になる。③物事が正常でなくなる。
**クルー**［crew］①飛行機や船の乗組員。②同じボートをこぐ選手。⊜一緒に仕事をする班。「撮影―」
**クルーザー**［cruiser］①巡洋艦。②巡航型ヨット。
**クルージング**［cruising］①ヨットや豪華客船での航海。クルーズ。②長距離ドライブ。
**クルーズ**［cruise］船旅。⊜様々な場所をめぐること。
**グルーピー**［groupie］芸能人の親衛隊の少女。
**グルーピング**［grouping］グループに分けること。分類。
**グルーブ**［groove］音楽の演奏で、体に感じる心地よいノリ。
**グループ**［group］集団。仲間。
**―サウンズ**［group sounds］一九六〇年代後半に流行したロック系のグループ(―の音楽)。GS。
**―ホーム**［和製語 group home］(認知症の)高齢者や障害者が介護や援助を受けながら共同で生活する施設。
**グルーミー**［gloomy］陰気。憂鬱。
**グルーミング**［grooming］①動物の毛繕い。②馬の手入れ。
**くるおしい【狂おしい】** 狂いそうだ。
**グルコース**［glucose］ぶどう糖。
**グルコサミン**［glucosamine］アミノ酸と糖が結びついたアミノ糖の一。動物の軟骨や甲殻類の殻に含まれる。
**くるしい【苦しい】** ①苦痛を感じる。つらい。②無理がある。
**―息《いき》の下《した》で** いまにも死にそうなときに。
**―時《とき》の神頼《かみだの》み** 不信心な人が困ったときだけ神仏に助けを請うこと。
**くるしまぎれ【苦し紛れ】** 苦しさのあまりにそうすること。
**くるしむ【苦しむ】** 苦しいと思う。
**くるしめる【苦しめる】** 苦しいと思わせる。困らせる。
**くるしゅうない【苦しゅうない】** さしつかえない。〔古風でいばった言い方〕
**クルス**［ポルトガル語 cruz］十字架。
**クルセード**［crusade］①十字軍。②改革運動。

**グルタミンさん【―酸】** アミノ酸の一。調味料用。

**クルップ**〔croup〕のどや気管に生じる急性の炎症。クループ。

**グルテン**〔gluten〕穀類に含まれるたんぱく質の混合物。麩《ふ》の原料。麩素。「―フリー」

**くるとし【来る年】** 来年。〔年末にいう〕対 行く年

**クルトン**〔フランス語 croûton〕さいの目に切って揚げた食パン。スープの浮き実にする。

**グルニエ**〔フランス語 grenier〕屋根裏部屋。

**くるぶし【踝】** 足首の両側の、骨の突起部。

**くるま【車】** ①車輪。②車輪で移動する乗り物。特に自動車。

**―椅子《いす》** 手動または電動で移動可能な(―足の不自由な人のための)椅子。

**―海老《えび》** エビの一。

**―座《ざ》** 丸く輪になって座ること。

**―代《だい》** ①タクシーなどの運賃。②交通費の名目で払う謝礼金。

**―止《ど》め** ①車の通行止め(―の標識)。②脱線防止のために線路の終端に設ける設備。

**―の両輪《りょうりん》** ふたつのうちどちらも不可欠な関係にあるたとえ。

**―寄《よ》せ** 車の乗り降りのための、玄関先に張り出した所。

**―を拾《ひろ》う** 流しのタクシーなどに乗る。

**くるまる《包まる》** すっぽりとつつまれる。

**グルマン**〔フランス語 gourmand〕大食漢。食い道楽。

**くるみ【胡桃】** 落葉高木の一。堅い殻に入った実は食用。材は器具用。

**くるむ《包む》** 巻くようにつつむ。「新聞紙に―」

**グルメ**〔フランス語 gourmet〕美食家。食通。

**くるめく【眩めく】** 目が回る。

**くるめる《包める》** ①ひとつにまとめる。②まるめこむ。「言い―」③くるむ。

**くるり** ①すばやく回るようす。②物をすっぽり―包む(丸める)ようす。

**ぐるり** ①周囲。②回転するようす。③取り囲むようす。

**くるる【枢】** ①開き戸を開閉する(―回転軸の部分の)仕掛け。②戸の、おとし。

**くるわ【郭・廓】** ①城や砦《とりで》の周囲の囲い。②遊郭。

**くるわしい【狂わしい】** くるおしい。

**くるわせる【狂わせる】** 狂うようにする。狂わす。

**くれ【暮れ】** ①夕方。「―六つ」②季節の終わり。「秋の―」③年の終わり。「年の―」

**グレイ**〔gray〕放射線の吸収線量の単位。記号Gy〔英国の物理学者の名から〕

**クレー**〔clay〕①空中に射出した円盤を散弾銃で撃つ競技。クレー射撃。また、その標的。②粘土。

**―コート**〔clay court〕表面を―粘土(赤土)で固めたテニスコート。

**―射撃《しゃげき》** クレー①。

**グレー**〔gray〕灰色。

**―カラー**〔gray-collar〕ブルーカラーとホワイトカラーの中間職種。システム関連職種など。

**―ゾーン**〔gray zone〕どっちつかず(中間)の部分。

**クレージー**〔crazy〕熱狂的。ばかげている。

**クレーター**〔crater〕噴火口状の地形。〔月面などに見られる〕

**グレート**〔great〕偉大。すぐれている。

**グレード**〔grade〕階級。等級。

**―アップ**〔和製語 grade up〕品質を高めること。

**グレービー**〔gravy〕肉汁。「―ソース」

**クレープ**〔フランス語 crêpe〕①表面に小じわのある織物。②洋風の薄焼き菓子の一。

**―ジョーゼット**〔crêpe georgette〕ジョーゼット。

**―デシン**〔フランス語 crêpe de Chine〕デシン。

**グレープ**〔grape〕ぶどう。

**―フルーツ**〔grapefruit〕柑橘類の一。北米で多く栽培される。〔ぶどうのように房状に実がなる〕

**クレーム**〔claim〕①苦情。「―がつく」②貿易で、契約違反に対する損害賠償請求。

**クレームブリュレ**〔フランス語 crème brû-lée〕洋菓子の一。表面を焼いてぱりっとさせたカスタード。〔焦げたクリームの意〕

**クレーン**〔crane〕重いものを持ち上げて移動する動力機械。起重機。「―車」

**グレーン**〔grain〕ヤードポンド法で、重さの単位の一。金・薬品などに使う。記号gr

**―ウイスキー**〔grain whiskey〕大麦・ライ麦などから作ったウイスキー。〔多くブレンドウイスキー用〕

**クレオソート**〔creosote〕ブナのタールから作る油。殺菌・防腐剤用。

**くれがた【暮れ方】**夕方。対明け方

**くれぐれ**《呉々》念をおすようす。「―もよろしく」

**グレコローマン**〔Greco-Roman〕①美術史で、ギリシャからローマへの過渡期。②グレコローマンスタイル。

**―スタイル**〔Greco-Roman style〕レスリングの種目の一。

**クレシエンド**〔イタリア語 crescendo〕クレッシェンド。

**クレジット**〔credit〕①信用販売。月賦。②借款。③クレジットタイトル。

**―カード**〔credit card〕信用販売に使うカード。

**―タイトル**〔和製語 credit title〕スタッフやキャストの名を記す字幕。

**グレシャムのほうそく【―の法則】**悪貨は良貨を駆逐するという法則。

**クレセント**〔crescent〕引き違い窓などの半月形の締め金具。

**クレゾール**〔ドイツ語 Kresol〕石炭や木のタールから作られる液体。殺菌・防腐剤用。

**クレソン**〔フランス語 cresson〕野菜の一。セリに似る。辛みがあり、料理に添える。クレッソン。

**くれたけ【呉竹】**ハチク・マダケの別称。

**ぐれつ【愚劣】**おろかしく何の価値もないようす。類下劣

**クレッシェンド**〔イタリア語 crescendo〕音楽の演奏標語の一。次第に強く。クレシェンド。記号＜ 対デクレッシェンド

**くれない【紅】**①鮮やかな赤色。②ベニバナの別称。◇〔「呉《くれ》の藍《あい》」の転〕

**くれなずむ【暮れなずむ】**日が暮れそうで暮れないでいる。

**グレナディン**〔grenadine〕ザクロのシロップ。

**くれのあき【暮れの秋】**晩秋。

**くれのこる【暮れ残る】**日没後にほんのりと明るさが残る。

**くれのはる【暮れの春】**晩春。

**クレバー**〔clever〕賢い。抜け目のない。

**クレバス**〔crevasse〕氷河や雪渓の割れ目。

**クレパス**〔Craypas〕クレヨンとパステルの長所を合わせもつ棒状の絵の具。〔商標〕

**クレペリンけんさ【―検査】**連続的に数の計算をさせ、性格を調べる心理テスト。〔創始者の精神科医の名から〕

**クレマチス**〔clematis〕テッセン。

**くれむつ【暮れ六つ】**〔文章語〕昔、午後六時ごろ。

**クレムリン**〔Kremlin〕モスクワの、クレムリン宮殿。〔かつてのソ連政府をさした〕

**くれゆく【暮れ行く】**①日が沈んでいく。②一年が終わりかける。

**クレヨン**〔フランス語 crayon〕棒状の絵の具。

**くれる**《呉れる》①与える。②〔「…て～」の形で〕好意をもって何かをする。

**くれる** 一**【暮れる】**①日が沈んで暗くなる。「日が―」②年（季節）の終わりになる。「秋が―」 二《眩れる》①暗い気持ちで過ごす。「涙に―」②どうしてよいかわからなくなる。「思案に―」

**ぐれる** 生活態度が悪くなり不良になる。

**ぐれん【紅蓮】**真紅。「―の炎」

**クレンザー**〔cleanser〕みがき粉。

**クレンジング**〔cleansing〕クレンジングクリームの略。

**―クリーム**〔cleansing cream〕化粧（肌の汚れ）おとし用クリーム。

**ぐれんたい【愚連隊】**〔俗語〕不良のグループ。〔「ぐれる」から出た語〕

**くろ【畔】**あぜ。

**くろ【黒】**①色の一。②犯罪容疑が強いこと。③黒の碁石（―を持つ人）。◇対白

**グロ** グロテスクの略。

**くろあえ【黒和え】**黒ゴマをすってあえた料理。

**くろい【黒い】**対白い

**くろいし【黒石】**①黒色の石。②黒の碁石。◇対白石

**クロイツフェルトヤコブびょう【―病】**脳がスポンジ状になり人格破壊や認知症状が進む病気。ヤコブ病。〔病気の報告者の名前から〕

**くろう【苦労】** 骨折り。心配。

**—性《しょう》** ちょっとしたことでも心配する性質。

**—人《にん》** いろいろな苦労をして、世事・人情に通じた人。

**ぐろう【愚老】** 老人の謙称。

**ぐろう【愚弄】** 馬鹿にしてからかうこと。「人を—する」

**くろうと【玄人】** ①専門家。「—筋」②水商売の女性。◇対しろうと

**—跣《はだし》** まるで専門家のようであること。

**クローク**［cloak］ ホテルや劇場の携帯品預かり所。クロークルーム。

**クローザー**［closer］ 野球で、最後に投げる抑えの投手。

**グローサリー**［grocery］ 生鮮食品以外の食料品。また、食料雑貨店。

**クロース**［cloth］ ⇩クロス

**クローズ**［close］ 閉じること。閉店。

**—アップ**［close-up］ 大写し。Ⅱ大きく取り上げること。

**クローズド**［closed］ 閉店。〔店の入り口などに英文字で表示される〕

**—スタンス**［closed stance］ 野球やゴルフで、足の構えの一。軸足を引いてもう一方を踏み込んだ構え方。対オープンスタンス

**クローゼット**［closet］ ①衣装の収納戸棚(部屋)。②トイレ。◇クロゼット。

**クローバー**［clover］ マメ科の多年草。シロツメクサ。クローバ。〔四つ葉のクローバーは幸福の前兆とされる〕

**グローバリズム**［globalism］ 世界的な規模で計画や観察をする方法。

**グローバリゼーション**［globalization］ 国家の枠を越え世界的規模に広げること。グローバライゼーション。

**グローバル**［global］ 世界的。

**—スタンダード**［global standard］ 国際的に標準となる規格やルール。

**グローブ**［clove］ 丁子《ちょうじ》。

**グローブ**［glove］ 野球・ボクシング用の革製の手袋。グラブ。

**クローム** ⇩クロム

**グローリア**［ラテン語 Gloria］ キリスト教で、「栄光あれ」の意。

**クロール**［crawl］ 泳法の一。

**クロールカルキ**［ドイツ語 Chlorkalk］ さらし粉。

**クローン**［clone］ 同じ遺伝形質をもつ個体群。Ⅱ本物そっくりの複製品。

**くろがき【黒柿】** カキノキ科の木の一。心材が黒くて堅く、建築・工芸用。

**くろがね【鉄】** てつ。

**くろかみ【黒髪】** 美しく艶のある黒い髪。「みどりの—」

**クロカン** クロスカントリーの略。

**くろき【黒木】** ①皮をはいでいない材木。対赤木 ②生木を蒸し焼きにした、たきぎ。③黒檀《こくたん》。

**グロキシニア**［gloxinia］ 初夏に赤や白の筒形の花の咲く多年草。オオイワギリソウ。

**くろくも【黒雲】** 黒い雲。Ⅱ不安な情勢。

**くろぐろ【黒々】** まっ黒。

**くろげ【黒毛】** 黒い毛(—の馬)。

**くろこ【黒子・黒衣】** 歌舞伎の後見役などが着る黒い衣装。また、その人。くろご。Ⅱ陰で—物事を処理する(他人をあやつる)人。

**クロコダイル**［crocodile］ クロコダイル科のワニの総称。

**くろごま【黒胡麻】** ゴマの品種の一。種子が黒い。対白胡麻

**くろざとう【黒砂糖】** 精製しない茶褐色の砂糖。黒糖。

**くろじ【黒字】** 収入が支出を上回ること。対赤字

**—倒産《とうさん》** 帳簿上は黒字でも売掛金などが回収できずに倒産すること。

**くろしお【黒潮】** 日本近海を北上する暖流。日本海流。対親潮

**くろしろ【黒白】** 善悪。是非。黒白《こくびゃく》。

**クロス**［close］

**—ゲーム**［close game］ 接戦。

**—プレー**［close play］ 守備と攻撃の選手が接近して判定に迷うプレー。

**クロス**［cloth］ ①布。「テーブル—」②本の表紙用布。「—装(＝布張り製本)」◇クロース。

**クロス**［cross］ ①交差。②十字(—架)。

**—オーバー**［crossover］ かけ合わせ。混合。

**—カウンター**［cross counter］ ボクシングで相手が攻撃してくる瞬間に、腕を相手の腕に交差させるようにして打つこと。

—カントリー［cross-country race］山野を走る競走。クロスカントリーレース。
—ステッチ［cross stitch］刺繍《ししゅう》の技法の一。
—チェック［cross check］複数の観点や方法で照合・検査すること。
—バー［crossbar］①走り高跳び・棒高跳びの横木。②ラグビーなどのゴールの横木。◇バー。
—バイク［和製語 cross bike］舗装路とオフロードと兼用の自転車。
—レート［cross rate］二国間の為替相場を第三国から見ていう語。
—ワード［crossword］ヒントに従って碁盤の目に言葉を入れる遊び。クロスワードパズル。
**くろず【黒酢】** 玄米や大麦を発酵・長期熟成させてつくる黄褐色の酢。
**グロス**［gloss］①つや。②つや出し用化粧品。「リップ—」
**グロス**［gross］①一二ダースを一組とする単位。②正味ではなく、総計（総額）。③ゴルフで、ハンデを引く前のスコア。
**くろずむ【黒ずむ】** 黒っぽくなる。
**クロゼット** ⇩クローゼット
**くろだい【黒鯛】** タイの一。体色は暗灰色。チヌ。
**くろダイヤ【黒—】** 黒いダイヤモンド。Ⅱ石炭。［石炭を貴重品と見立てた］
**クロッカス**［crocus］サフランの園芸品種。春に咲く。花サフラン。
**クロッキー**［フランス語 croquis］短時間で描く写生。
**グロッキー**［groggy］疲れてふらふらになるようす。［もとはボクシング用語。／グロッギーのなまり］
**クロック**［clock］柱時計・置時計など。［携帯用でないもの］
**くろっぽい【黒っぽい】** ①黒みがかっている。②玄人《くろうと》らしい。
**グロテスク**［フランス語 grotesque］異様。奇怪。
**クロニクル**［chronicle］年代記。編年史。
**くろぬり【黒塗り】** 黒く塗ること。また、そのもの。
**クロノグラフ**［chronograph］時間の精密な測定装置。
**クロノメーター**［chronometer］高精度の携帯用時計。天体観測用。
**くろパン【黒—】** ライムギで作った黒褐色のパン。
**くろビール【黒—】** 焦がした麦芽を使った黒褐色のビール。
**くろびかり【黒光り】** 黒くてつやのあること。
**くろぶた【黒豚】** 体毛の黒いブタ。肉が美味。［農林水産省の定義では、純粋バークシャー種同士の交配から生まれた豚］
**くろふね【黒船】** 幕末に来航した欧米の艦船。［船体の色から］
**くろほ【黒穂】** 黒穂病で黒ずんだ麦の穂。くろぼ。
—病《びょう》 細菌によって麦の穂に黒い粉がつく病気。くろぼびょう。
**くろぼし【黒星】** ①相撲で、負けを表す黒い丸。Ⅱ負け。失敗。◇対白星 ②的の中心の黒丸。Ⅱねらったところ。図星。
**くろまく【黒幕】** ①陰で画策（指図）する人。②（芝居の場面転換に使う）黒い幕。
**くろまつ【黒松】** マツの一。皮が黒い。建築・土木用。おまつ。
**クロマニョンじん【—人】** 化石人類の一。［一八六八年フランスのクロマニョン洞窟で化石を発見］
**くろまめ【黒豆】** ダイズの一。黒大豆。
**くろみずひき【黒水引】** 半分が黒（紺）、半分が白の水引。凶事用。類青水引
**くろみつ【黒蜜】** 黒砂糖を煮溶かしたもの。
**クロム**［ドイツ語 Chrom］金属元素の一。堅くさびにくい。合金・メッキ用。クローム。記号Cr
**くろめ【黒目】** 眼球の黒い部分。
—勝《が》ち 黒目が大きい美しい目のようす。
**くろもじ【黒文字】** ①落葉低木の一。材はつまようじ用。②つまようじ。
**くろやき【黒焼き】** 黒く蒸し焼きにすること。「いもりの—」
**くろやま【黒山】** 大勢の人が群がる形容。「—の人だかり」
**くろゆり【黒百合】** ユリの一。花は暗紫褐色。
**クロレラ**［chlorella］単細胞の緑藻類の

一。たんぱく質を多く含む。

**クロロフィル**［chlorophyll］葉緑素。

**クロロホルム**［chloroform］揮発性の無色透明の液体。麻酔剤用。

**クロロマイセチン**［Chloromycetin］抗生物質の一。クロマイ。〔チフスや赤痢の特効薬。/商標〕

**くろわく【黒枠】**（死亡通知や死亡広告の）黒い枠。Ⅱ死亡通知状。

**クロワッサン**［フランス語 croissant］パンの一。三日月形。

**ぐろん【愚論】**①くだらない論議。②「自分の論」の謙譲語。

**くわ【桑】**クワ科の落葉高木。葉はカイコの飼料用、材は家具用。

**くわ【鍬】**農具の一。

**くわい【慈姑】**多年草の一。地下の球茎は食用。

**くわいれ【鍬入れ】**①農家で新年に初めて畑に鍬をいれる行事。②建築や植樹を始めるときの儀式。

**くわうるに【加うるに】**そのうえ。

**くわえこむ【銜え込む】**①奥までくわえる。②連れ込む。「仲間に—」

**くわえる【加える】**①足す。増す。②仲間に入れる。③与える。「危害を—」

**くわえる【銜える】**《啣える》口でかんで物をささえる。

**くわがた【鍬形】**①クワガタムシ。②かぶとの、角のように二本出ている金具（—に似せた飾り）。

**—虫《むし》**昆虫の一。

**くわけ【区分け】**区切って分けること。

**くわしい【詳しい】**詳細だ。精通している。

**くわす【食わす】**食わせる。

**クワス**［ロシア語 kvas］ロシアの飲み物。原料は麦。

**くわずぎらい【食わず嫌い】**食べずに嫌いだと決める—こと（人）。Ⅱよく知りもしないで嫌う—こと（人）。

**くわせもの【食わせ物】**見かけばかりで中身がわるい—もの（人）。

**くわせる【食わせる】**①食べさせる。②なぐる。「ビンタを—」③だます。「一杯—」

**くわだてる【企てる】**もくろむ。計画を立てる。

**くわばら【桑原】**落雷（いやなこと）を避けるまじない。「—くわばら」

**くわり【区割り】**くわけ。くぶん。

**くわれる【食われる】**①食べられる。②圧倒される。

**くわわる【加わる】**①増す。②仲間に入る。

**くん【君】**①天子。領主。対臣 ②名前の下に添えて軽い敬意を表す語。「中村—」〔同輩以下の人に使う。昔は同輩以上に対する敬称〕

**くん【訓】**漢字に日本語をあてて読むこと。また、その読み。対音

**ぐん【軍】**①軍隊。②戦争。

**ぐん【郡】**行政区画（地理的区画）の一。

**ぐん【群】**群れ。集団。

**—を抜《ぬ》く**非常にすぐれている。

**くんい【勲位】**①勲等と位階。②勲等。

**ぐんい【軍医】**軍隊で医務に従事する人。

**くんいく【訓育】**（子供の）人格をよい方に導き育てること。

**くんいく【薫育】**徳をもって導き育てること。

**ぐんえき【軍役】**①軍隊の勤務。②戦役。

**くんえん【燻煙】**煙でいぶすこと。

**ぐんか【軍靴】**軍隊用のくつ。

**ぐんか【軍歌】**軍隊の士気を鼓舞する歌。

**くんかい【訓戒】**《訓誡》教え戒めること。類懲戒

**ぐんかく【軍拡】**軍備拡張の略。対軍縮

**ぐんがく【軍楽】**軍の楽隊の—演奏（演奏する曲）。「—隊」

**ぐんかん【軍艦】**軍所属の、戦闘用の船。

**—巻《ま》き**握ったすし飯の側面にのりを巻き、上にネタを載せたすし。〔形が軍艦に似ていることから〕

**くんき【勲記】**叙勲者に勲章とともに与えられる証書。

**ぐんき【軍記】**戦記。

**—物語《ものがたり》**合戦が主題の叙事的文学作品。軍記物。〔平家物語や太平記〕

**ぐんき【軍規・軍紀】**軍隊の規律。

**ぐんき【軍旗】**（旧日本陸軍で）天皇から連隊に与えられた旗。連隊旗。

**ぐんき【軍機】**軍事上の機密。

**ぐんぎ【軍議】**軍事上の評議。

**ぐんきょ【群居】**群がって生活すること。類群集

**くんこ【訓詁】** 字句の解釈。
**—学《がく》** ①中国古代の、古典解釈学。②訓詁を中心とする学問。
**くんこう【君公】**〔文章語〕「自分の主君」の敬称。
**くんこう【君侯】**〔文章語〕諸侯の敬称。
**くんこう【勲功】** 国家や君主のためにつくした功労。
**くんこう【薫香】** くゆらせてよいかおりを出すもの。薫物《たきもの》。
**ぐんこう【軍功】** 武勲。
**ぐんこう【軍港】** 海軍の根拠地となる港。
**くんこく【訓告】** ①教えさとすこと。②公務員などの懲戒処分の一。
**ぐんこく【軍国】** 軍事を主要政策とする国。
**—主義《しゅぎ》** 軍事力によって国威を高め、国を繁栄させようとする考え方。ミリタリズム。
**ぐんざん【群山】** 多く連なっている山。
**くんし【君子】** ①徳・品位の高い人。②地位の高い人。◇[対]小人
**—危《あや》うきに近寄《ちかよ》らず** 君子は慎重で、危険には近寄らない。
**—は豹変《ひょうへん》す** 君子は自分の誤りを正すのをためらわない。●俗に、考え・態度が—急に(悪く)変わる。◇君子豹変。
**—蘭《らん》** 観賞用植物の一。
**くんじ【訓示】** (仕事上の心得を)上位の者が下位の者に教え示すこと。
**くんじ【訓辞】** 教えさとす言葉。
**ぐんし【軍使】** 戦争で、敵方に派遣される使者。
**ぐんし【軍師】** 参謀。●計略のうまい人。
**ぐんじ【軍事】** 兵備や戦争に関すること。
**ぐんしきん【軍資金】** 軍事資金。●元手にするお金。
**くんしゃく【勲爵】** 勲等と爵位。
**くんしゅ【君主】** 世襲の国家統治者。[類]天子・王
**—国《こく》** 君主制国家。[対]共和国
**くんしゅ【葷酒】**〔文章語〕葷(=ネギ・ニラなどにおいの強い野菜)と酒。「—山門に入《い》るを許さず」
**ぐんじゅ【軍需】** 軍事上—の需要(必要な物)。「—品」[対]民需
**—産業《さんぎょう》** 軍需品をつくる産業。
**ぐんしゅう【群集】** ①群がり集まること。②【群衆】群がり集まった人々。また、その群れ。
**—心理《しんり》** 群集の中の個人の、感情的・付和雷同的な心理状態。
**ぐんしゅく【軍縮】** 軍備縮小の略。[対]軍拡
**ぐんしょ【群書】** 多くの書物。
**くんしょう【勲章】** 勲功に対して与えられる記章。
**くんじょう【燻蒸】** 害虫などをいぶすこと。「—剤」
**ぐんしょう【群小】** 多くの—小さい(とるにたらない)もの。
**ぐんじょう【群青】** 鮮やかな青色の絵の具。また、その色。「—色」
**くんしん【君臣】** 君主と臣下。
**ぐんじん【軍人】** 軍籍にある人。
**くんずほぐれつ【組んず解れつ】** 組み合ったり離れたりすること。「—の大げんか」〔「くんづほぐれつ」は許容仮名遣い〕
**くんせい【薫製】《燻製》** 獣肉や魚肉の塩漬けをいぶした貯蔵食品。
**ぐんせい【軍制】** 軍事に関する制度。
**ぐんせい【軍政】** ①軍隊の編制などの軍事に関する政務。[対]軍令 ②戦時や内乱時に軍が行う政治。「—下」[対]民政
**ぐんせい【群生】** 植物が群がり生えること。「—地」[類]群棲
**ぐんせい【群棲】** 動物が群れをつくって生活すること。群居。[類]群生
**ぐんぜい【軍勢】** 軍隊(—の人数)。
**ぐんせき【軍籍】** 軍人としての地位・身分。
**ぐんそう【軍曹】** 旧陸軍の階級の一。伍長の上、曹長の下。
**ぐんそう【軍装】** ①軍人の服装。②武装。
**ぐんぞう【群像】** ①(絵画・彫刻で)人物群を主題としたもの。②多くの人の姿。
**くんそく【君側】**〔文章語〕君主のそば。
**—の奸《かん》** 主君に仕える奸臣。
**ぐんぞく【軍属】** 軍人ではないが、軍隊に所属する人。
**ぐんたい【軍隊】** 軍人を組織した集団。
**くんだり** 地名に付けて、—都(中央)から遠く離れた土地をさす語。〔「下り」の転〕
**ぐんだん【軍団】** 軍隊で、編制上の単位の一。軍と師団の間。

**くんちょう【君寵】**〔文章語〕主君から特にかわいがられること。
**ぐんて【軍手】** 太い糸で編んだ作業用手袋。〔軍用手袋の略〕
**くんてん【訓点】** 漢文を訓読するための符号。返り点・ヲコト点など。
**くんでん【訓電】** 電報で訓令すること。また、その電報。
**くんとう【勲等】** 勲章の等級。
**くんとう【薫陶】** 徳によって人を感化すること。「—を受ける」
**くんどう【訓導】** ①教え導くこと。②小学校教諭の旧称。
**ぐんとう【軍刀】** 軍人が戦闘用に持つ刀。
**ぐんとう【群島】** 群集した島々。
**ぐんとう【群盗】** 集団をなしている盗賊。
**くんどく【訓読】** ①訓読み。②漢文に日本語をあてて読むこと。◇対音読
**ぐんば【軍馬】** 軍用馬。
**ぐんばい【軍配】** ①軍隊を指揮する—こと(人)。②軍配団扇。
**—団扇《うちわ》** ①昔、軍隊の指揮に使ったうちわ。②相撲で、行司の使ううちわ。
**—を上《あ》げる** 行司が、勝ちの判定をする。
**ぐんばつ【軍閥】** 軍部を中心とする政治勢力。
**ぐんぱつ【群発】** ある期間しきりに起こること。「—地震」
**ぐんび【軍備】** 戦争のための備え。
**ぐんぴ【軍費】** 軍事上必要な費用。

**ぐんぶ【軍部】** 軍人を中心とする勢力。軍当局。
**ぐんぶ【郡部】** 郡に属する地域。対市部
**ぐんぶ【群舞】** 大勢集まって舞い踊ること。また、その踊り。
**くんぷう【薫風】**〔文章語〕初夏の風。
**ぐんぽう【軍法】** ①軍隊の規則。②兵法。
**—会議《かいぎ》** 軍人を裁く特別刑事裁判所。
**ぐんぽう【群峰】**〔文章語〕多くの峰々。類連峰
**くんみん【君民】** 君主と人民。
**ぐんむ【軍務】** 軍事上の—事務(勤務)。
**くんめい【君命】** 主君の命令。
**ぐんもう【群盲】** 多くの—盲人(愚人)。
**—象《ぞう》を評《ひょう》す** 凡人が大人物や大事業を批評しても、全体を理解できないたとえ。
**ぐんもん【軍門】** 陣営の門。
**—に降《くだ》る** 降参する。
**くんゆ【訓諭】** 教えさとすこと。
**ぐんゆう【群雄】** 多くの英雄。
**—割拠《かっきょ》** 各地の武将が対立すること。
**ぐんよう【軍用】** 軍隊・軍事に用いること。
**—金《きん》** 軍資金。
**ぐんよう【軍容】** ①軍隊の装備(—が整ったりっぱな姿)。②軍隊の規律。
**くんよみ【訓読み】** 漢字を訓で読むこと。また、その読み。対音読み
**ぐんらく【群落】** ①植物が群がって生えていること。また、その全体。②多くの村落。
**ぐんりつ【軍律】** 軍隊の—規律(規則)。

**ぐんりゃく【軍略】** 軍事上の計略。戦略。
**くんりん【君臨】** 君主として国を統治すること。⊜ある分野で権勢をふるうこと。
**くんれい【訓令】** 上級官庁が下級官庁に職務上の命令を発すること。また、その命令。
**—式《しき》** ローマ字表記法の一。〔ジ・ヂはzi、ズ・ヅはzu、シ・チ・ツはsi・ti・tuで表す〕
**ぐんれい【軍令】** ①軍隊(戦場)での命令。②作戦・用兵に関する統帥事務。対軍政
**くんれん【訓練】** 教え慣らして習熟させること。類修練
**くんわ【訓話】** 教訓になる話。類訓辞

# け

**け【毛】** ①皮膚に生える糸状のもの。②頭髪。③羊毛。「—のセーター」
**—が生《は》えたよう** 多少ましな程度。「作文に—な論文」
**—を吹《ふ》いて疵《きず》を求《と》める** ①小さな欠点をも暴く。②他人の非を暴こうとして、かえって自分の非を暴露する。
**け【気】** ①気配。傾向。「火の—」②そのようなようすや気持ちを表す。「食い(おしろい)—」
**け【卦】** 易の算木に現れる形。これで吉凶を占う。

**け【褻】** 普段。日常。対晴れ

**げ** 気配。様子。「帰りた—」

**げ【下】** ①した。②下巻。③劣っていること。「—の成績」◇対上《じょう》・中

**げ【偈】** 仏の功徳をたたえる経文。〔多く四句からなる〕

**ケア**〔care〕①世話。看護。「在宅—」②手入れ。「スキン—」

**けあげ【蹴上げ】** 階段の一段の高さ。

**けあし【毛足】** 毛皮・織物の毛の長さ。「—の長いじゅうたん」

**けあな【毛穴】**《毛孔》 皮膚の、毛の生える穴。

**ケアハウス**〔和製語 care house〕 入浴や食事のサービスが付いた、高齢者の居住施設。

**ケアプラン**〔和製語 care plan〕 介護保険制度で、介護サービス計画。

**ケアマネジャー**〔care manager〕 介護保険制度で、介護認定調査やケアプランの作成を行う専門職。ケアマネ。〔正式には介護支援専門職員〕

**けあらし【気嵐】** 厳冬期に海や川などの水蒸気が霧となる現象。〔北海道の方言から〕

**ケアレスミス** 不注意による誤りや失敗。〔careless mistake から〕

**ケアワーカー**〔和製語 care worker〕 特別養護老人ホームなどの介護職員。

**けい【兄】** ①あに。「異母—」対弟《てい》 ②〔同輩以上の〕男性の名に添える敬称。「山田—」

**—たり難《がた》く弟《てい》たり難《がた》し** 優劣つけがたい。

**けい【刑】** 刑罰。「罰金—」

**けい【系】** ①系統。「太陽—」②血筋。

**けい【京】** ①みやこ。②東京の略。「—葉道路」③京都の略。「—阪神」④数の名。一兆の一万倍。

**けい【計】** ①計画。「一年の—」②合計。③はかり。「体温—」

**けい【経】** ①たて糸。②経度。経線。◇対緯 ③経済の略。

**けい【景】** ①景色。②演劇で、場面。

**けい【罫】** ①罫線。「—を引く」②碁盤・将棋盤の面の線。

**げい【芸】** ①技能。「名人—」②芸能。③演技。

**—が細《こま》かい** 細かいところまで注意が行き届いている。

**—がない** ありふれている。

**—は身《み》を助《たす》ける** 身につけた能力・技能が、困窮したときに生活を助ける。

**ゲイ**〔gay〕〔男性〕同性愛者。

**けいあい【敬愛】** 敬い慕うこと。

**けいい【経緯】** ①いきさつ。②経線と緯線。経度と緯度。③縦糸と横糸。

**けいい【敬意】** 敬う気持ち。

**けいい【軽易】**〔文章語〕手軽で、簡単。

**げいいき【芸域】** 演じられる芸の範囲。

**けいいん【契印】** 割り印。

**げいいん【鯨飲】** 酒をがぶ飲みすること。

**—馬食《ばしょく》** やたらに飲み食いすること。牛飲馬食。

**けいえい【形影】**〔文章語〕物の形とその影。また、自分とその影。

**—相《あい》弔《とむら》う** 孤独だ。

**—相《あい》伴《ともな》う** いつも一緒で仲がいい。

**けいえい【経営】** 事業などを営むこと。「—者(権)」

**—資源《しげん》** 企業活動に必要なもの。人・物・金・情報など。

**けいえい【継泳】** 水泳のリレー。

**けいえん【敬遠】** ①うとんじ避けること。②野球で、打者にわざと四球を投げて打たせないこと。

**けいえんげき【軽演劇】** 娯楽本位の大衆演劇。

**けいおんがく【軽音楽】** 大衆向きの娯楽的な音楽。ポピュラー・ジャズなど。

**けいか【経過】** ①時間が過ぎること。②なりゆき。「事件の—」

**—措置《そち》** 法律や機構が変わるときの臨時的対応。

**けいが【慶賀】**〔文章語〕祝賀。

**げいか【猊下】**〔文章語〕高僧の敬称。

**けいかい【軽快】** ①軽くて気持ちがいい。「—な服装」②病気がよくなること。〔医学用語〕

**けいかい【警戒】** 用心して、注意すること。「—心」

**—色《しょく》** ある動物が他の動物を遠ざけるためにもつ、目立った色。Ⅱ警戒するようなけはい。

**—線《せん》** ①非常線。②警戒を必要とする水位の限界を示す線。

**―レベル** 災害発生のおそれがあるときに市町村が発令する避難情報と気象庁が発表する注意報等とを関連付け、五段階に分類したもの。内閣府が制定。〔高齢者等避難は警戒レベル三、避難指示は警戒レベル四、緊急安全確保は警戒レベル五〕

**けいがい【形骸】** むくろ。Ⅱ実質のない形だけのもの。「―化する」

**けいがい【謦咳】** 〔文章語〕せきばらい。

**―に接《せっ》する** 会うの謙譲表現。

**けいかく【圭角】** 〔文章語〕かどがあって円満でない性質・言動。「―がとれる」

**けいかく【計画】** 事前に手順・方法を考えること。

**―経済《けいざい》** 国家が立てた長期計画により経済が営まれること。

**―的《てき》** 計画を立てて行うようす。

**けいがく【掲額】** 功績をたたえて、その人の写真や書を額に掲げること。その額。

**けいかん【荊冠】** イバラの冠。〔キリストが十字架に架けられたときかぶせられた。／受難のたとえ〕

**けいかん【挂冠】** 〔文章語〕官職をやめること。〔後漢の逢萌《ほうぼう》が官職の冠を城門に挂《か》けて去った中国の故事から。／「かいかん」の慣用読み〕

**けいかん【桂冠】** 月桂冠。

**―詩人《しじん》** イギリスで、王室付きの詩人。

**けいかん【景観】** ながめ。「―をそこなう」

**けいかん【警官】** 警察官。

**けいがん【炯眼】** 〔文章語〕①鋭い目つき。②物事を鋭く見きわめる力。

**けいがん【慧眼】** 〔文章語〕物事を賢く見きわめる力。「―の士」

**けいき【刑期】** 刑罰を受ける期間。

**けいき【契機】** ①きっかけ。②〔哲学用語〕物事をなりたたせる本質的要因。

**けいき【計器】** 計測する器械。メーター。

**―飛行《ひこう》** 計器に頼ってする飛行。対有視界飛行

**けいき【景気】** ①経済状態。「不―」②威勢。「―をつける」

**けいき【継起】** 相次いで起こること。

**げいぎ【芸妓】** 芸者。

**けいききゅう【軽気球】** 気球。

**けいきへい【軽騎兵】** 軽装備の騎兵。対重騎兵

**けいきょ【軽挙】** 〔文章語〕軽率なふるまい。「―妄動」

**けいきょう【景況】** 〔景気の〕変化の状況。「―感」

**けいきんぞく【軽金属】** 比重四〜五以下の金属。〔アルミニウムなど〕対重金属

**けいく【警句】** 簡潔な表現で真理を表した語句。類金言

**けいぐ【刑具】** 処刑・体刑に使う道具。〔鞭《むち》・かせなど〕

**けいぐ【敬具】** 手紙の結語の一。〔拝啓の結び。／敬って書いたの意〕

**けいぐん【鶏群】** 〔文章語〕ニワトリのむれ。Ⅱ凡人の集まり。

**―の一鶴《いっかく》** 凡人の中に混じっているすぐれた人。

**けいけい【炯々】** 〔文章語〕目が鋭く光るようす。

**けいけい【軽々】** 〔文章語〕かるがるしく。

**げいげき【迎撃】** 戦いの相手を迎えうつこと。「―ミサイル」対出撃

**けいけつ【経穴】** 鍼《はり》を打ったり灸《きゅう》をすえたりするべき身体の要所。類つぼ

**けいけん【経験】** 実際に見聞（行為）すること。それによって得た知識。

**―主義《しゅぎ》** ①経験を重んじる立場。②経験論。

**―則《そく》** 経験から導かれる法則。

**―知《ち》** 経験して得た知識。

**―的《てき》** 経験を通して得られるようす。

**―論《ろん》** ①哲学で、認識は経験に基づくとする考え方。②経験に基づいた議論。

**けいけん【敬虔・敬謙】** 〔神仏を〕敬い、態度を慎むようす。

**けいげん【軽減】** 減らして軽くすること。減って軽くなること。

**けいこ【稽古】** 芸事や学問を習うこと。

**―事《ごと》** 習い事。

**けいご【敬語】** 相手や第三者に対する敬意を表す語。〔尊敬語・謙譲語・丁寧語・丁重語・美化語など〕

**けいご【警固・警護】** 警備。

**げいこ【芸子】** 芸者。

**けいこう【径行】** 〔文章語〕思うとおりのことを貫き行動すること。「直情―」

**けいこう【蛍光】** ①ホタルの光。②ある物体に光や放射線を当てたとき、発する光。

**―灯《とう》** 電灯の一。〔昔は、スイッチを入れ

てからつくまで時間がかかった」Ⅱ反応の鈍い人。

**けいこう【経口】** 口から体内に入れること。「―避妊薬」

**―感染《かんせん》** 病原菌が口から入って感染すること。

**―補水液《ほすいえき》** 水に食塩とブドウ糖を溶かした液。脱水症状の治療に用いる。

**けいこう【傾向】** ①かたむき。かたより。「思想の―」②気配。「円高の―」

**けいこう【携行】** 持って行くこと。

**けいこう【鶏口】** ニワトリの口。

**―となるも牛後《ぎゅうご》となるなかれ** 大きな集団で人の下にいるより、小さな集団の長でいる方がいい。鶏口牛後。

**げいごう【迎合】** 自分の考えを曲げて他におもねること。「時流に―する」

**けいこうぎょう【軽工業】** 食料品や繊維品など、消費財を生産する工業。㊇重工業

**けいこく【渓谷】**《谿谷》谷間。

**けいこく【経国】**〔文章語〕国を治めること。

**―済民《さいみん》** 経世済民。

**けいこく【傾国】**〔文章語〕傾城《けいせい》。

**けいこく【警告】** 前もって注意を促すこと。㊈忠告

**けいこつ【脛骨】** むこうずねの骨。

**けいこつ【軽忽】** 軽はずみなこと。きょうこつ。

**けいこつ【頸骨】** 首の骨。

**げいごと【芸事】** 華道・茶の湯・踊り・ピアノなど。

**けいさい【荊妻】**〔文章語〕「自分の妻」の謙称。

**けいさい【掲載】** 新聞や雑誌に載せること。「論文の―」

**けいさい【継妻】**〔文章語〕後妻。㊇継夫

**けいざい【経済】** ①社会が成り立つための、生産・消費・金融などの活動。②経費や手間がかからない。◇〔経世(経国)済民の略〕

**―学《がく》** 経済現象を研究する学問。

**―観念《かんねん》** お金や物の価値に対する認識。

**―企画庁《きかくちょう》** 旧省庁名の一。経済計画の立案や経済調査を行なった。現在は内閣府に統合。

**―産業省《さんぎょうしょう》** 中央官庁の一。通商と産業に関する行政を行う。〔かつての通商産業省〕

**―成長率《せいちょうりつ》** 国内総生産または国民所得の年々の増加率。

**―水域《すいいき》** 沿岸国が海の資源を保有・管轄する権利をもつ海域。二〇〇海里内。

**―大国《たいこく》** 経済的な影響力の強い国。

**―的《てき》** ①経費のかからないようす。②経済(お金)に関するようす。

**―難民《なんみん》** 経済的な理由で他国に移動する人。

**―封鎖《ふうさ》** その国との経済交流を断つこと。

**けいさぎょう【軽作業】** 簡単な作業。

**けいさつ【警察】** ①社会・公共の秩序を維持するための行政機関。②警察署。

**―官《かん》** 警察上の職権を行使する警察職員。警官。

**―犬《けん》** 犯人や物品を追跡・発見する訓練をした犬。

**―国家《こっか》** 政府が警察権を行使して国民を圧迫する国家。㊇法治国家

**―庁《ちょう》** 警察に関する中央行政機関。

**けいさん【計算】** 数量を数え、数値を出すこと。Ⅱ結果や展開を予測すること。「―に入れる」

**―尺《じゃく》** ものさし形の計算器具。

**―尽《ず》く** 利害得失を考慮して物事に対処すること。

**けいさん【ケイ酸・珪酸】** ケイ素・酸素・水素の化合物。

**けいさんぷ【経産婦】** 出産の経験のある女性。

**けいし【兄姉】** 兄と姉。㊇弟妹

**けいし【刑死】** 処刑されて死ぬこと。

**けいし【軽視】** 軽んじること。「問題を―する」㊇重視

**けいし【罫紙】** 罫線を引いた紙。

**けいし【継子】**〔文章語〕ままこ。㊇実子

**けいし【継嗣】**〔文章語〕跡継ぎ。

**けいし【警視】** 警察官の階級の一。警部の上。

**―総監《そうかん》** 警視庁の長官。

**―庁《ちょう》** 東京都の警察の中央本部。

**けいじ【兄事】**〔文章語〕その人を兄のように尊敬し仕えること。

**けいじ【刑事】** ①刑法の適用を受ける事柄・事件。「―裁判」㊇民事 ②刑事巡

査の略。犯罪捜査や犯人逮捕を行う。「私服―」

―責任《せきにん》 不法行為に対する法律上の責任。

**けいじ【形而】**

―下《か》 哲学で、形をもったもの。対形而上

―上《じょう》学《がく》 物事の根本原理を精神面から研究する学問。Ⅱ抽象的な議論。

**けいじ【計時】** 競技などで、所要時間を計ること。

**けいじ【掲示】** 掲げ示す―こと(文書)。

―板《ばん》 ①文書を掲示するための板。②電子掲示板の略。⇩付BBS

**けいじ【啓示】** キリスト教で、神が人に真理を示すこと。

**けいじ【慶事】**〔文章語〕祝い事。対弔事

**けいじ【繫辞】** 命題の主辞と賓辞を連結する語。〔英語のbe動詞、日本語の「である」など〕

**けいしき【形式】** ①外形。対内容 ②様式。型。

―主義《しゅぎ》 内容よりも形式を重んじる考え方。

―的《てき》 ①形式に関するようす。②形だけで内容がないようす。対実質的

―名詞《めいし》 具体的な意味をもたず、つねに他の語句に付く名詞。「こと・もの・ところ・はず」など。

**けいしき【型式】** かたしき。

**けいしつ【形質】** 生物の(―遺伝に関与する)形態的な特徴。「―人類学」

**けいしつ【継室】**〔文章語〕後妻。

**けいしつ【憩室】** 管状の臓器の一部にできる袋状の突出。

**けいしてとおざける【敬して遠ざける】** 敬遠する。

**けいしゃ【ケイ砂・珪砂】** ケイ石が分解してできる砂。ガラス製造用。

**けいしゃ【傾斜】** 傾いて斜めになる―こと(程度)。Ⅱ心がある方向に片寄ること。

**けいしゃ【鶏舎】** ニワトリ小屋。

**げいしゃ【芸者】** 酒宴の席で、歌や踊りで客を楽しませる職業の女性。芸妓《げいぎ》。芸子。

**げいしゃ【迎車】** タクシーなどが客を迎えに出向くこと。また、その車。「―料金」

**けいしゅ【警手】** 鉄道の踏切番。

**けいしゅう【閨秀】**〔文章語〕学芸にすぐれている女性。「―作家」〔接頭語的に使う〕

**けいじゅう【軽重】** ⇩けいちょう

**けいしゅく【慶祝】**〔文章語〕よろこび祝うこと。「―行事」

**けいしゅつ【掲出】**〔文章語〕掲示して見せること。

**げいじゅつ【芸術】** 美を創造・表現する活動(―による作品)。

―家《か》 芸術活動をし、作品を作る人。

―至上主義《しじょうしゅぎ》 芸術は芸術そのもののために存在するという考え方。

―は長《なが》く人生《じんせい》は短《みじか》し 人の命は短いが、芸術作品は作者の死後もずっと残る。〔ギリシャの格言から〕

**けいしゅん【慶春】** 年賀状に書くあいさつの言葉。〔新春をよろこぶ意〕

**げいしゅん【迎春】** 年賀状に書くあいさつの言葉。〔新年を迎える意〕

―花《か》 オウバイの別称。

**けいしょ【経書】** 儒教《じゅきょう》の経典。四書・五経など。

**けいしょう【形象】** かたち。

**けいしょう【形勝】**〔文章語〕①地形や風景のすぐれている―こと(土地)。②要害の地。

**けいしょう【軽少】** わずか。

**けいしょう【軽症】** 軽い―症状(病気)。対重症

**けいしょう【敬称】** ①人名や職名にそえて敬意を表す語。「―略」〔様や殿〕②敬意を表す呼び名。〔貴社や閣下〕

**けいしょう【景勝】** 景色のすぐれている―こと(所)。「―地」

**けいしょう【軽捷】**〔文章語〕身軽ですばやい。

**けいしょう【軽傷】** 軽い傷。対重傷

**けいしょう【継承】** 地位や権利を受け継ぐこと。「―者」類後継

**けいしょう【警鐘】**〔文章語〕危険を知らせて鳴らす鐘。Ⅱいましめ。「―を鳴らす」

**けいじょう【刑場】** 死刑を執行する場所。

―の露《つゆ》と消《き》える 刑死する。

**けいじょう【形状】** かたち。

―記憶《きおく》 変形しても加熱などで元の形状に戻る性質をもつこと。「― ―合金(シャツ)」

**けいじょう【計上】** 全体の計算の中に入れること。「予算に―する」

**けいじょう【啓上】** 手紙で、申し上げること。「一筆―」

**けいじょう【経常】** 一定して変動のないこと。けいつね。「―費」対臨時

**―収支**《しゅうし》 外国との経済取引で生じた一国の収支。〔貿易収支・貿易外収支・移転収支からなる〕

**―利益**《りえき》 営業利益と営業外利益の合計。

**けいじょう【敬譲】** 〔文章語〕敬い、へりくだること。

**けいじょう【警乗】** 警察官が、犯罪を防ぐため交通機関に乗って警戒すること。

**けいしょく【軽食】** かるい食事。類スナック

**けいじょし【係助詞】** かかりじょし。

**けいしん【軽信】** 〔文章語〕軽々しく信じること。

**けいず【系図】** 祖先からの系統を記した図。系譜。

**けいすい【軽水】** 重水に対して、ふつうの水。

**―炉**《ろ》 原子炉の一。

**けいすう【係数】** ①数式の各項の、変数以外の文字や数。〔三$x$、$ax$の三、$a$など〕②比例定数。「エンゲル―」

**けいすう【計数】** 計算すること。計算した結果の値。

**けいずかい【窩主買い】** 盗品などを有償で取得すること。〔系図買いとも書く〕

**けいする【敬する】** 尊敬する。

**けいせい【形成】** 形づくること。

**―外科**《げか》 やけど・骨折などによる身体の表面の傷害や奇形・変形を修復・治療する外科。

**けいせい【形声】** 六書《りくしょ》の一。〔意味を表す「金」と音を表す「同」とから成る「銅」など〕

**けいせい【形勢】** なりゆき。勢力の関係。

**けいせい【渓声】**《谿声》〔文章語〕谷川の水音。

**けいせい【経世】** 〔文章語〕世を治めること。

**―済民**《さいみん》 政治によって人々の生活をたすけること。経国済民。

**けいせい【傾城】** ①美人。〔城を傾け滅ぼす意から〕②遊女。◇類傾国

**けいせい【警世】** 世間の人を戒めること。

**けいせい【警醒】** 〔文章語〕人の迷いをさまし注意を促すこと。

**けいせき【形跡】** 物事のあった跡。

**けいせき【ケイ石・珪石】** ケイ素を含む岩石。ガラスや陶磁器の原料。

**けいせつ【蛍雪】** 苦労して勉強すること。〔中国の晋の車胤《しゃいん》がホタルの光で、孫康《そんこう》が雪明かりで読書した故事から〕

**―の功**《こう》 苦労して勉強した成果。

**けいせん【係船】**《繋船》①船をつなぎとめること。また、その船。②船の使用を一時中止すること。また、その船。

**けいせん【経線】** 経度を表す線。対緯線

**けいせん【罫線】** 紙面に引かれた枠や行の線。罫。

**けいそ【ケイ素・珪素】** 非金属元素の一。岩石などに多く含まれる。記号Si

**けいそう【形相】** ①〔文章語〕かたち。②〔哲学用語〕事物の本質を表す実際の形式。対質料

**けいそう【係争】**《繋争》訴訟が当事者間で争われること。

**けいそう【恵送】**「人が物を送ってくれること」の尊敬語。

**けいそう【ケイ藻・珪藻】** 藻類の一。ケイ酸を多く含む。

**―土**《ど》 ケイ藻の死骸が水底に堆積してできた地層。

**けいそう【軽装】** 身軽な服装。

**けいそう【軽躁】** 〔文章語〕軽々しく騒ぐようす。対沈着

**けいそう【継走】** 〔文章語〕リレー。

**けいそう【継送】** 荷物や電波などを中継しながら送ること。

**けいぞう【恵贈】**「人から物を贈られること」の尊敬語。恵投。恵与。

**けいそく【計測】** 数量や長さを、器械を使ってはかること。

**けいぞく【係属】**《繋属》①つながりがあること。②〔法律用語〕事件が訴訟中であること。

**けいぞく【継続】** 続く（続ける）こと。「事業を―する」

**けいそつ【軽率】** 軽はずみ。「―なふるまい」対慎重

**けいそん【恵存】** 物を贈るとき、相手の名

のわきに添えて書く語。「山田太郎様―」

**けいたい【形態・形体】** ありさま。形。

**けいたい【敬体】** 口語文で、「です・ます」をつけた丁寧な文体。対常体

**けいたい【携帯】** ①身に着けていること。②〔俗語〕携帯電話。〔ケータイとも〕

**―電話《でんわ》** 携帯用の小型電話機。電波を使って通話・メール送信する。

**けいだい【境内】** 社寺の敷地の中。

**けいたく【恵沢】** 〔文章語〕めぐみ。恩恵。

**げいたっしゃ【芸達者】** 芸をうまくこなす人。げいだっしゃ。

**げいだん【芸談】** 芸道の苦労や奥義についての話。

**けいちつ【啓蟄】** 二十四気の一。三月六日ごろ。〔冬ごもりしていた虫が、はい出る意〕

**けいちゅう【傾注】** あることに心を打ち込むこと。

**けいちゅう【閨中】** 〔文章語〕寝室の中。

**けいちょう【軽佻】** 〔文章語〕軽はずみ。「―浮薄」

**けいちょう【軽重】** ①軽いことと重いこと。②大事なこととそうでないこと。◇けいじゅう。

**けいちょう【傾聴】** 熱心に聞くこと。「―に値する」

**けいちょう【慶弔】** 慶事と弔事。「―電報」

**けいつい【頸椎】** 脊椎《せきつい》の最上部の七個の椎骨。

**けいつね【経常】** 経常《けいじょう》。〔会話で、計上との区別のため〕

**けいてい【兄弟】** 〔文章語〕きょうだい。

**けいてき【警笛】** 注意を促すために鳴らす笛。

**けいてん【経典】** 聖人の教えを著した書物。〔「きょうてん」は別語〕

**けいでんき【軽電機】** 主に家庭用電気器具・機械。対重電機

**けいと【毛糸】** 羊毛などを紡いだ糸。

**けいど【経度】** 地球上の位置を示す座標の一。〔イギリスのグリニッジを通る経線を〇度とし、東西に一八〇度まで〕対緯度

**けいど【軽度】** 症状の程度が軽いこと。「―の近視」対重度・強度

**けいど【傾度】** 傾き(―の大きさ)。類斜度

**けいとう【系統】** ①順序だったつながり。②血統。③全体の中の同類。

**―樹《じゅ》** 系統を樹木の幹・枝にたとえて表した図。〔生物の類縁関係を表す図など〕

**けいとう【恵投】** 〔文章語〕恵贈。

**けいとう【傾倒】** 心を奪われ、熱中すること。

**けいとう【継投】** 野球で、前の投手を引き継いで投げること。リリーフ。

**けいとう【鶏頭】** ヒユ科の一年草。花はニワトリのとさかに似る。

**げいとう【芸当】** ①曲芸。②はなれわざ。

**げいどう【芸道】** 芸能の道。「―を極める」

**けいどうみゃく【頸動脈】** 首の両側にある動脈。脳に血液を送る。

**げいどころ【芸所】** 芸事の盛んな土地。

**けいにく【鶏肉】** ニワトリの肉。

**げいにく【鯨肉】** クジラの肉。

**げいにん【芸人】** 芸能を職業とする人。Ⅱしろうとで芸のうまい(多芸な)人。

**けいねん【経年】** 〔文章語〕年月を経ること。「―変化」

**げいのう【芸能】** 映画・演劇・音楽・舞踊などの総称。「―人(界)」

**けいば【競馬】** プロの騎手による、馬の競走。

**げいは【鯨波】** 〔文章語〕①大波。②ときの声。

**ゲイバー〔gay bar〕** 女装した男性が接客するバー。また、ゲイが集まるバー。

**けいはい【珪肺】** 肺の病気の一。石やガラスの細かいちりを、多く吸いこんだためにおこる職業病。よろけ。

**けいはい【軽輩】** 〔文章語〕身分や地位の低い人。

**けいばい【競売】** ⇩きょうばい

**けいはく【啓白】** 〔文章語〕神仏や高貴な人に申し上げること。けいびゃく。

**けいはく【敬白】** 手紙の結語の一。〔つつしんで申し上げる意〕

**けいはく【軽薄】** 言動が軽々しい。対重厚

**―短小《たんしょう》** ①工業製品の中で、軽く薄い短く小さいものの総称。電子部品など。②芸術や学問・文化的風潮で、本格的でなく軽々しい。◇対重厚長大

**けいはつ【啓発】** 教えて知識を開かせること。類啓蒙

**けいばつ【刑罰】** 犯罪者に対する制裁。

「―を加える」
**けいばつ【閨閥】** 妻の親類関係による閥。
**けいばつ【警抜】** 〔文章語〕着想などがすぐれているようす。
**けいはん【京阪】** 京都と大阪(―の地域)。
**けいはんざい【軽犯罪】** 公衆道徳に違反する程度の比較的軽い犯罪。
**けいはんしん【京阪神】** 京都・大阪・神戸(―の地域)。
**けいひ【経費】** 必要な費用。類出費
**けいび【軽微】** わずかであるようす。
**けいび【警備】** 異常事態に備えて警戒し、守ること。
**けいひん【京浜】** 東京と横浜(―の地方)。
**けいひん【景品】** ①商品に添えて客に贈る品。②クイズやパチンコの賞品。
**げいひんかん【迎賓館】** 外国からの賓客をもてなす建物。
**けいふ【系譜】** 系図。Ⅱ物事のつながり。「―をたどる」
**けいふ【継夫】** のちぞいの夫。対継妻
**けいふ【継父】** 血のつながりのない父。ままちち。対実父
**けいぶ【軽侮】** 軽んじてあなどること。
**けいぶ【頸部】** 首の部分。
**けいぶ【警部】** 警察官の階級の一。警視の下、警部補の上。
**げいふう【芸風】** その人や流派の、芸の特徴。
**けいふく【敬服】** 感心して従うこと。
**けいふく【慶福】** 〔文章語〕めでたいこと。
**けいぶつ【景物】** ①四季の風物。②景品。
**けいふぼ【継父母】** 〔文章語〕継父と継母。対実父母
**けいふん【鶏糞】** ニワトリの糞。〔肥料用〕
**けいへいき【経閉期】** 月経のなくなる年ごろ。
**けいべつ【軽蔑】** さげすむこと。
**けいべん【軽便】** 手軽で便利。
**―鉄道《てつどう》** レールの間隔が狭く、小規模な鉄道。
**けいぼ【敬慕】** 〔文章語〕敬い慕うこと。
**けいぼ【継母】** ままはは。対実母
**けいほう【刑法】** 犯罪と刑罰を規定した法律。「―に照らす」
**けいほう【警報】** 災害などに対する警戒を促す知らせ。「―装置」
**けいぼう【閨房】** 〔文章語〕(夫婦の)寝室。
**けいぼう【警棒】** 警察官が腰に下げる棒。
**けいま【桂馬】** ①将棋の駒の一。②囲碁の打ち方の一。
**―の高上《あたか》がり** 身分不相応の地位に上がったために失敗すること。
**けいまい【兄妹】** 兄と妹。
**けいみょう【軽妙】** 軽やかでおもしろみのあるようす。類軽快
**けいみん【傾眠】** 意識障害の程度の一。うとうとしている状態。
**けいむ【警務】** 警察・警備に関する仕事。
**けいむしょ【刑務所】** 刑の決まった犯罪者を収容する施設。監獄。
**けいめい【鶏鳴】** ①ニワトリの鳴き声。Ⅱ夜明け。②丑《うし》の刻。〔午前二時ごろ〕
**げいめい【芸名】** 芸能人が本名とは別に使う名。
**けいもう【啓蒙】** 無知な人に知識を与えること。類啓発
**けいやく【契約】** (法律上有効な)約束。
**けいゆ【経由】** ①目的地の前にある地点を通って行くこと。「香港―シドニー行き」②中間の手続き・機関を経ること。
**けいゆ【軽油】** 原油を分留して得られる油の一。発動機の燃料用。
**けいよ【刑余】** 〔文章語〕前科のあること。
**けいよ【恵与】** 〔文章語〕①恵み与えること。②恵贈。
**けいよう【形容】** 事物のありさまを、たとえて言い表すこと。
**―詞《し》** 品詞の一。性質・状態を表す用言。「明るい・美しい」など。
**―動詞《どうし》** 品詞の一。働きは形容詞と同じだが、活用が異なる。「静かだ・豊富だ」など。
**けいよう【京葉】** 東京と千葉(―の地方)。
**けいよう【掲揚】** (旗を)高く掲げること。「国旗を―する」
**けいら【警邏】** 〔文章語〕パトロール。
**けいらく【経絡】** ①筋道。②漢方で、つぼとつぼを結ぶ道。〔経は動脈、絡は静脈の意〕
**けいらん【鶏卵】** ニワトリのたまご。
**けいり【経理】** 会計に関する事務の管理。
**けいりし【計理士】** 公認会計士の旧称。
**けいりゃく【計略】** はかりごと。「―をめぐ

らす」類策略

**けいりゅう【係留】**《繋留》綱でつなぎとめること。

**けいりゅう【渓流】**《谿流》谷川（―の流れ）。

**けいりょう【計量】**①分量や重量をはかること。「―カップ」②数学と統計学を用いて予測すること。「―経済学」

**けいりょう【軽量】**目方が軽いこと。対重量

**けいりん【桂林】**〔文章語〕文人の仲間。

**けいりん【競輪】**プロの選手による自転車の競走。

**けいるい【係累】**《繋累》世話をしなければならない家族。

**けいれい【敬礼】**敬意を表して｜礼をすること（する礼）。

**けいれき【経歴】**それまでしてきた学業や仕事。履歴。

**けいれつ【系列】**①系統だった配列。②同じ資本の系統。「―会社」

**けいれん【痙攣】**筋肉がひきつること。

**けいろ【毛色】**①毛の色。②性質。「―の変わった人」

**けいろ【経路・径路】**①通って行く道。②手順。「入手―」

**けいろう【敬老】**老人を敬うこと。「―会」

**―の日**《ひ》 国民の祝日の一。九月の第三月曜日。〔二〇〇二年までは九月一五日〕

**けいろく【鶏肋】**〔文章語〕たいして役に立たないが、捨てるには惜しいもの。〔ニワトリのあばら骨の意〕

**けう【希有・稀有】**めったにないこと。「―なできごと」

**けうとい【気疎い】**いやだ。うとましい。

**ケーキ**［cake］洋風の菓子の一。

**ケージ**［cage］①鶏やペットを飼うかご。おり。②エレベーターのかご。③野球のバッティング練習やハンマー投げなどで、危険防止用の金網。

**ゲージ**［gauge］①測定用計器の総称。②レールの間隔。③編み物で、基準となる目・段の数。

**―グラス**［gauge glass］タンクなどの内部の水位を外部に示す計器。

**ケース**［case］①入れ物。②場合。事例。

**―スタディー**［case study］具体的な事例の研究を基礎にして一般法則を引き出す研究法。

**―バイケース**［case by case］個々の場合に応じて処理すること。

**―ワーカー**［caseworker］精神的・肉体的・社会的に苦しむ人を個別に指導する人。ソーシャルワーカー。

**ゲーセン**〔俗語〕ゲームセンターの略。

**ケーソン**［caisson］潜函。「―工法・―病」

**ケータイ**〔俗語〕携帯電話。

**ケータリング**［catering］（パーティー用）料理の宅配。「―サービス」類出前

**ケーてん【K点】**スキーのジャンプ競技で基準となる飛距離のライン。〔ドイツ語のKonstruktionspunkt（基準点）から〕

**ゲート**［gate］①門。②空港の乗客の乗降口。③有料道路の料金所の通路。④競馬場の出走用の枠。

**―ウエー**［gateway］出入り口。IT コンピューターで、複数のネットワークを接続するための機器やソフトウエア。

**ゲートル**［フランス語 guêtres］西洋風の脚半。

**ケーナ**［スペイン語 quena］アンデス山地のインディオに伝わる葦《あし》の縦笛。

**ケービング**［caving］スポーツとしての洞窟探検。

**ケープ**［cape］短いマント。

**ケーブル**［cable］①鋼（麻）製の太い綱。②束ねて絶縁物でおおった電線。③ケーブルカー。

**―カー**［cable car］急斜面のレール上をケーブル①で引かれて動く登山鉄道。

**―テレビ** 有線テレビ。CATV。

**ゲーマー**［和製語 gamer］コンピューターゲームの｜達人（解説・攻略法を紹介する人）。

**ゲーム**［game］①勝敗を争う遊び。②試合。③テニスで、セットの区切り。〔六ゲームで一セット〕

**―オーバー** 試合終了。〔The game is over. から〕

**―差**《さ》 プロ野球で、勝ち負けの数から計算するチーム間の成績差。

**―セット**［和製語 game set］試合終了。

**―センター**［和製語 game center］ゲーム機を備えた遊戯場。

—チェンジャー［game changer］状況を大きく変える人や物。

**ケール**［kale］野菜の一。葉の青汁を飲用する。

**ケーワイ【KY】**〔俗語〕その場の空気を読めない人（こと）。また、「空気を読め」の意。〔「空気」「読めない」の頭文字から〕

**ケーワン【K-1】**格闘技のイベントの一。〔空手、キックボクシング、カンフーの三Kの最高の意〕

**けおされる【気圧される】**圧倒される。

**けおとす【蹴落とす】**蹴って落とす。Ⅱ競争相手を失脚させる。

**けおりもの【毛織物】**毛糸で織った織物。

**けが【怪我】**①傷。負傷。②あやまち。

**—の功名《こうみょう》** 失敗したと思ったことが、思わぬよい結果を生むこと。

**げか【外科】**医学の一部門。患部を主に手術で治療する。「—医」対内科

**げかい【下界】**①人間世界。対天上界 ②高い所から見た地上。

**けがき【罫書き】**《罫描き》工作材料に、加工に必要な線や点を書き入れること。

**けがす【汚す】**《穢す》①よごす。②傷つける。「名（体面）を—」③女性をはずかしめる。④「その集団に加わること」の謙譲語。「末席を—」

**けがに【毛蟹】**カニの一。全身に毛がある。食用。

**けがらわしい【汚らわしい】**《穢らわしい》①不潔。②下劣。

**けがれ【汚れ】**《穢れ》①よごれ。Ⅱ精神的なよごれ。②昔、忌服《きぶく》・月経・出産などを忌んで言った婉曲表現。

**けがれる【汚れる】**《穢れる》①よごれる。②傷つく。「家名が—」③女性がはずかしめられる。

**けがわ【毛皮】**毛のついたままの動物の皮。

**げかん【下浣・下澣】**〔文章語〕月の下旬。

**げき【劇】**演劇。芝居。

**げき【檄】**人々に訴えて決起を促す文書。檄文。「—を飛ばす」〔口頭で激励する場合にも、誤って「檄を飛ばす」と使われる〕

**げきえいが【劇映画】**物語としての筋のある映画。対記録映画

**げきえつ【激越】**〔文章語〕感情がたかぶって激しい。

**げきか【劇化】**小説や事件を劇に脚色すること。類映画化

**げきか【激化】**激しくなること。げっか。

**げきが【劇画】**物語性をもつ漫画。〔従来の滑稽な漫画に対していう〕

**げきから【激辛】**非常に辛いこと。

**げきげん【激減】**急激に減ること。「収入が—する」対激増

**げきこう【激昂・激高】**⇩げっこう

**げきさく【劇作】**演劇の脚本を書くこと。

**げきさん【激賛】**激賞。類絶賛

**げきし【劇詩】**戯曲の形式で書かれた詩。〔叙事詩・叙情詩とともに詩の三分類の一〕

**げきしゅう【激臭・劇臭】**刺激の強いにおい。

**げきしょ【激暑・劇暑】**〔文章語〕激しい暑さ。

**げきしょう【劇症・激症】**症状がひどいこと。「—肝炎」

**げきしょう【激賞】**大いにほめたたえること。類絶賛

**げきじょう【劇場】**演劇・映画を見せる施設。シアター。

**げきじょう【激情】**激しい（激しく起こる）感情。類熱情

**げきしょく【激職・劇職】**非常に忙しい職務。類激務 対閑職

**げきしん【激震・劇震】**かつての地震の段階表示の一。最強段階。〔現在は使わない〕Ⅱ強い衝撃。「—が走る」

**げきじん【激甚・劇甚】**〔文章語〕非常にはなはだしい。「激甚災害」類甚大

**げきする【激する】**①激しくなる。②興奮する。③励ます。

**げきせん【激戦】**激しく戦うこと。激しい戦い。「—を勝ち抜く」

**げきぞう【激増】**急激に増えること。「失業者が—する」対激減

**げきたい【撃退】**（敵を）追い払うこと。

**げきだん【劇団】**演劇を上演する団体。

**げきだん【劇壇】**演劇の世界。

**げきちゅう【劇中】**劇の中。

**—劇《げき》** ひとつの劇に織り込まれた、別の劇の場面。

**げきちん【撃沈】**船を撃ち沈めること。

**げきつい【撃墜】** 航空機を撃ち落とすこと。

**げきつう【激痛・劇痛】** 激しい痛み。

**げきてき【劇的】** 劇のような感動・緊張・変化を示すようす。

**げきてつ【撃鉄】** 小銃を撃つために雷管を強打する装置。うちがね。「—を起こす」

**げきど【激怒】** 激しく怒ること。

**げきとう【激闘】** 激戦。類死闘

**げきどう【激動】** 激しく変化すること。「—の昭和史」

**げきどく【激毒・劇毒】** 激しい毒。類猛毒

**げきとつ【激突】** 激しくぶつかること。

**げきは【撃破】**（敵を）撃ちやぶること。

**げきはつ【激発】** ①事件が各地でたてつづけに起こること。②激しい感情が起こること。

**げきひょう【劇評】** 演劇の批評。

**げきぶつ【劇物】** 劇薬程度に毒性のある物質。「メタノール・過酸化水素など」

**げきふん【激憤】**〔文章語〕激しく怒ること。憤激。「—のあまり」

**げきぶん【檄文】** 檄《げき》。「—を発する」

**げきへん【激変・劇変】** 急激に変化すること。類急変

**げきむ【激務・劇務】** 非常に忙しいつとめ。

**げきめつ【撃滅】** 攻撃し滅ぼすこと。

**げきやく【劇薬】** 使用量・使用法を誤ると生命に危険を及ぼす薬。

**けぎらい【毛嫌い】** 理由もなく嫌うこと。〔鳥獣が相手の毛並みによって好き嫌いすることから〕

**げきりゅう【激流】** 勢いの激しい流れ。

**げきりょ【逆旅】**〔文章語〕宿屋。〔「逆」は迎えるの意〕

**げきりんにふれる【逆鱗に触れる】** 目上の人を激怒させる。

**げきれい【激励】** 励まし元気づけること。「—の言葉」

**げきれつ【激烈・劇烈】** 非常に激しい。類猛烈・強烈

**げきろう【激浪】**〔文章語〕荒波。

**げきろん【激論・劇論】** 激しく議論すること。また、その議論。

**げくう【外宮】** 伊勢の豊受《とようけ》大神宮。対内宮《ないくう》

**げけつ【下血】** 肛門《こうもん》からの出血。対吐血《とけつ》

**けげん【怪訝】** 納得のいかないようす。

**げこ【下戸】** 酒の飲めない人。対上戸《じょうご》

**げこう【下向】** ①高い所から下ること。②都から地方へ行くこと。③神仏に参拝して帰ること。

**げこう【下校】** 学校から家へ帰ること。対登校

**げごく【下獄】** 入獄《にゅうごく》。

**げこくじょう【下克上・下剋上】**〔文章語〕地位の低い人が上の人を押しのけて、その地位を得ること。

**けこみ【蹴込み】** ①玄関の上がり口の垂直の部分。②階段の踏み板の間の垂直の部分。

**けさ【今朝】** 今日の朝。

**けさ【袈裟】**〔仏教語〕僧が衣の上に左肩からかける布。

**げざ【下座】** ①しもざ。対上座 ②芝居で、囃子方《はやしかた》のいる所。〔舞台の向かって左側〕Ⅱ囃子方。

**げざい【下剤】** 便通をよくする薬。

**けさがけ【袈裟懸け】** ①一方の肩から他方のわきに斜めにかけること。②肩から斜めに切りおろすこと。けさぎり。

**げさく【下作】** できのわるい—ようす（物）。対上作

**げさく【下策】**〔文章語〕へたなはかりごと。対上策

**げさく【戯作】** 江戸時代後期の娯楽文学作品。

**—者**《しゃ》 ①戯作を書いた人。②小説家の卑称。

**けさのあき【今朝の秋】**（俳句で）立秋の日の朝。〔秋めいた感じを表現する言葉〕

**げざん【下山】** ①山を下ること。対登山 ②寺の修行を終えて帰ること。◇げさん。

**けし【芥子】《罌粟》** ケシ科の二年草の一。種は食用。〔未熟な種からアヘンが採れる。栽培には許可が必要〕

**げし【夏至】** 二十四気の一。六月二一日ごろ。〔夜が最も短い日〕対冬至《とうじ》

**けしいん【消印】** 郵便局ではがきや切手に押す、日付のはいった印。

**けしかける《嗾ける》** ①相手に立ち向かわせる。②そそのかして自分の思うとおりにしむける。

**けしき【気色】** ①表情。「—をやわらげる」②何かが起こるきざし。

**—ばむ** 怒りが顔に出る。

**けしき【景色】** 風景。「—に見とれる」類風光・景観

**げじげじ《蚰蜒》** 節足動物の一。一五対の足をもつ。Ⅱ嫌われ者。

**—眉《まゆ》** 太く濃い眉毛。

**けしさる【消し去る】** すっかり消す。

**けしつぶ【芥子粒】** ケシの種。Ⅱごく小さい物。

**けしとぶ【消し飛ぶ】** 飛んでなくなる。Ⅱ急にすっかりなくなる。

**けしとめる【消し止める】** 燃え広がろうとする火を消す。Ⅱうわさが広がるのを止める。

**けじめ** 行動上の区別。「—をつける」

**げしゃ【下車】** 列車や自動車などからおりること。対乗車

**げしゅく【下宿】** 他人の家の一部屋に、賃借して住むこと。また、その家。

**ゲシュタポ**〔ドイツ語 Gestapo〕ナチス時代のドイツの秘密警察。〔Geheime Staatspolizei の略〕

**ゲシュタルト**〔ドイツ語 Gestalt〕心理学で、対象を部分に分けず全体として把握した姿。

**—崩壊《ほうかい》** 対象が、構成部分に切り離されて認識され、全体として認識できなくなる現象。〔一つの漢字を見続けると、その部分ごとに認識してしまうなど〕

**げしゅにん【下手人】** 犯罪者。特に、殺人犯。〔古風な言い方〕

**げじゅん【下旬】** 月の二一日から月末まで。

**けしょう【化生】** ①〔仏教語〕母胎や卵によらず、忽然《こつぜん》と生まれること。②〔仏教語〕化身。③化け物。

**けしょう【化粧】** 化粧品を使って顔を美しく見せること。Ⅱ外観を美しく見せること。

**—塩《じお》** 焼き魚で、焼け切れないように、ひれや尾に多めにつける塩。

**—下《した》** おしろいした。

**—室《しつ》** 洗面所。便所。

**—水《すい》** 化粧品の一。

**—直《なお》し** ①くずれた化粧を直すこと。②建物の改装。

**—箱《ばこ》** ①化粧道具を入れる箱。②贈答品をつめる装飾した箱。

**—品《ひん》** 化粧に使う品。クリーム・口紅など。

**—回《まわ》し** 十両以上の力士が土俵入りで使う装飾付きのまわし。

**げじょう【下乗】** 社寺などの入口で、乗り物から下りる-こと（場所）。

**げじょう【下城】** 城を退出すること。対登城

**けしん【化身】**〔仏教語〕神仏が人間などの姿を借りて現れること。その姿。Ⅱ抽象的なものが具体的な形をとること。「美の—」

**げじん【外陣】** 神社や寺院で、すわって拝する所。対内陣

**けす【消す】** 見えて（現れて）いたものをなくす。「火を—」Ⅱ〔俗語〕殺す。

**げす【下種・下衆】** ①身分の低い者。②心が卑しい-ようす（人）。◇〔下司とも書く〕

**—の後知恵《あとぢえ》** 愚かな者は事が終わってから名案が浮かぶ。

**—の勘繰《かんぐ》り** 心の卑しい者は下品な推測をする。

**げすい【下水】** 家庭や工場で使ったあとの水。対上水

**—道《どう》** 下水を流す設備。対上水道

**けすじ【毛筋】** ①一本一本の髪の毛。Ⅱごくわずか。②髪をとかしたあとの筋目。

**ゲスト**〔guest〕①客。対ホスト ②常連でない特別な出演者。対レギュラー

**—ハウス**〔guest house〕①訪問者用の宿泊施設。②（簡易な）ホテル。

**けずりぶし【削り節】** 削ったかつおぶし。

**けずる【削る】** ①薄くそぎ取る。②一部を取り除く。「項目を—」

**げせない【解せない】** 理解できない。

**ゲゼルシャフト**〔ドイツ語 Gesellschaft〕利益社会。〔社会学の用語〕対ゲマインシャフト

**げせわ【下世話】** 世間で俗に言う言葉・ことわざや話。

**げせん【下船】** 船から降りること。対乗船

**げせん【下賤】** 身分の卑しいこと。

**げそ**〔俗語〕イカの足。〔下足の略から〕

**けそう【懸想】** 異性に恋すること。〔古風な言い方〕

**げそく【下足】** 脱いだはきもの。「—番」

**けた【桁】** ①建物や橋の柱の上に渡して、上の部分を支える材木。②数の位。「—をまちがえる」〔助数詞としても使う〕「五—の数字」③そろばんの玉を連ねる縦棒。

**—が違**《ちが》**う** 大きな差がある。

**げた【下駄】** はきものの一。

**—を預**《あず》**ける** 物事の処理を一任する。

**—を履**《は》**かせる** 実際より数量を多く見せる。

**けたい【懈怠】** 〔文章語〕怠けること。けだい。

**げだい【外題】** ①表紙に記す書名。対内題 ②歌舞伎や浄瑠璃《じょうるり》の標題。

**けたおす【蹴倒す】** けって倒す。⑪料金などを、ふみたおす。

**けだかい【気高い】** 気品があるようす。

**けだし【蓋し】** 〔文章語〕思うに。多分。

**けたたましい** やかましい音が不意に起こって騒がしい。

**けたちがい【桁違い】** ①数の位のとり違い。②大きな違いがあること。

**げだつ【解脱】** 〔仏教語〕煩悩に束縛されない安らかな境地に達すること。

**けたてる【蹴立てる】** 勢いよくけって土ぼこりや波を立てる。⑪荒々しくふるまう。「椅子を蹴立てて退席する」

**げたばきじゅうたく【下駄履き住宅】** 一階が商店や事務所、二階以上が住宅の建物。

**けたはずれ【桁外れ】** 標準からかけ離れていること。

**けだま【毛玉】** 編み物や毛織物の表面にできる、毛が玉のように固まったもの。

**けだもの【獣】** けもの。⑪人でなし。

**けだるい【気怠い】** 何となくだるい。類ものうい

**げだん【下段】** ①下の段。②剣道の構えの一。刀を低く構える。◇対上段・中段

**けち《吝嗇》** ①お金をひどく惜しむ-ようす(人)。②粗末。③卑劣。「—な根性」④不吉。

**—が付**《つ》**く** いやなことが起きて物事がうまく進まなくなる。

**—を付**《つ》**ける** ①いやがらせで、縁起のわるいことを言う。②欠点を挙げてけなす。

**けちえん【結縁】** ①〔仏教語〕仏法と縁を結ぶこと。②関係を持つこと。◇けつえん。

**けちがん【結願】** 〔仏教語〕満願。

**けちくさい【けち臭い】** 〔俗語〕いかにもけちだ。

**けちけち** けちなようす。

**ケチャップ**〔ketchup〕 ソースの一。トマトなどを煮詰めて作る。「トマト—」

**けちらす【蹴散らす】** 物をけって散らす。⑪追い払う。「邪魔者を—」

**けちる** 〔俗語〕物やお金を出し惜しむ。「費用を—」

**けちんぼう【けちん坊】** けちな-人(ようす)。けちんぼ。

**けつ【欠】** ①不足。「—を補う」②欠席。

**けつ【尻】** 〔俗語〕①しり。②最後。

**—の穴**《あな》**が小**《ちい》**さい** 〔俗語〕度量が小さい。

**—を捲**《まく》**る** 〔俗語〕反抗して威嚇する。居直る。

**けつ【決】** 決定。議決。「—をとる」

**げつ【月】** 月曜日の略。

**けつあつ【血圧】** 血液が血管壁に及ぼす圧力。「—が高い」

**けつい【決意】** 決心。

**けついん【欠員】** 定員に足りない-こと(人数)。

**けつえき【血液】** 体液の一。血《ち》。

**—型**《がた》 凝集反応によって分けられる血液の型。〔ABO型・Rh型・MN型等の分類法がある〕

**—製剤**《せいざい》 人間の血液を原料とする医薬品。

**けつえん【血縁】** 血のつながり(-のある人)。「—にあたる」

**けっか【決河】** 川の水が堤防を破ること。

**—の勢**《いきお》**い** 猛烈な勢い。

**けっか【結果】** ①ある原因によって生じた状態。対原因 ②実を結ぶこと。

**—オーライ** (過程は関係なく)結果がよければそれで十分。

**—責任**《せきにん》 理由にかかわらず結果に対して責任をとること。

**—論**《ろん》 結果だけから評価する議論。

**—を出**《だ》**す** 〔俗語〕思わしい成果を上げる。

**げっか【月下】** 月光の下。

**—氷人**《ひょうじん》 仲人。〔中国の故事から〕

**げっか【激化】** ⇩げきか

**けっかい【決壊・決潰】** 堤防などが破れ崩れること。類崩壊

**けっかい【結界】** 仏道修行の障害になるものの出入りを禁ずる─こと(領域)。

**けっかく【欠格】** 必要な資格がないこと。「─条項」対適格

**けっかく【結核】** 結核菌という細菌によって起こる病気。特に肺結核。

**げつがく【月額】** 一か月あたりの金額。

**けっかふざ【結跏趺坐】** 〔仏教語〕仏像や座禅のときの座り方の一。ももに足の甲がのるようにあぐらをかく。対半跏趺坐

**けっかん【欠陥】** 構造や機能の欠点。

**けっかん【血管】** 血液の循環する管。

**けつがん【頁岩】** 水成岩の一。粘土質。泥板岩。

**げっかん【月刊】** 月に一度の刊行。「─誌」

**げっかん【月間】** 一か月の間。

**けっき【血気】** 盛んな意気。

**─にはやる** 勢い込んで向こうみずに行動する。

**─の勇《ゆう》** 向こうみずな勇気。

**けっき【決起】**《蹶起》 ある目的のために立ち上がり行動を起こすこと。

**けつぎ【決議】** 会議で─意見を決めること(決めた結論)。

**けっきゅう【血球】** 血液中の有形成分。〔赤血球と白血球と血小板〕

**けっきゅう【結球】** キャベツなど、葉が重なりあって球状になること。また、その球状のもの。

**げっきゅう【月給】** 一か月ごとの給料。

**─取《と》り** サラリーマン。

**─泥棒《どろぼう》** 〔俗語〕給料に見合う仕事をしない勤め人。

**けっきょ【穴居】** ほら穴に住むこと。

**けっきょく【結局】** ①事の終わり。②囲碁で、一局打ち終わること。③ついに。

**けっきん【欠勤】** 休日以外に勤務を休むこと。対出勤

**けっく【結句】** ①詩歌の結びの句。②結局。

**けづくろい【毛繕い】** 動物が(─互いの)毛並みや体をきれいにすること。

**げっけい【月経】** 成熟した女性の子宮から周期的に出血する現象。メンス。生理。

**げっけいうんかく【月卿雲客】** 〔文章語〕身分の高い人々。〔もとは公卿と殿上人の意〕

**げっけいかん【月桂冠】** 月桂樹の枝葉で作った冠。〔古代ギリシャで競技の優勝者に与えた〕Ⅱ最も名誉ある地位。

**げっけいじゅ【月桂樹】** 南欧原産の常緑樹の一。葉は香料用。

**けっけいもじ【楔形文字】** くさびがた文字。

**けつご【結語】** ①(文章などの)結びの言葉。②手紙の結びの語。〔敬具など〕対頭語

**けっこう【欠航】** 航空機や船の運航中止。

**けっこう【血行】** 血液の循環。

**けっこう【決行】** 思いきって行うこと。「雨天─」類断行

**けっこう【結構】** ①全体の組み立て。②よい。満足である。③かなり。「─よい」

**─毛《け》だらけ猫《ねこ》灰《はい》だらけ** 〔俗語〕結構②の強め。

**─尽《ず》くめ** すべてがよい状態。

**けつごう【結合】** 結び─合う(合わせる)こと。

**げっこう【月光】** 月の光。ムーンライト。

**げっこう【激昂・激高】** 激しく怒ること。類激怒

**けっこん【血痕】** 血のついた跡。

**けっこん【結婚】** 夫婦になること。婚姻。

**けっさい【決済】** 売買の取引を終えること。「─日」

**けっさい【決裁】** 責任者が案の可否を決めること。

**けっさい【潔斎】** 神事・仏事の前に心身を清めること。「精進《しょうじん》─」

**けっさく【傑作】** ①すぐれた芸術作品。対駄作 ②〔俗語〕とっぴで滑稽なようす。

**けっさつ【結紮】** 血管などをしばること。

**けっさん【決算】** 一定期間の収支の総計算。

**げっさん【月産】** 一か月の生産高。

**けっし【決死】** 死を覚悟すること。類必死

**げつじ【月次】** 毎月。つきづき。「─計画」

**けっしきそ【血色素】** ヘモグロビン。

**けつじつ【結実】** ①実を結ぶこと。②成果が現れること。

**けっして【決して】** (否定表現の中で)絶対に。

**けっしゃ【結社】** 共同の目的のために組織する団体。
**げっしゃ【月謝】** 毎月の-授業料(謝礼)。
**けっしゅ【血腫】** 体内での出血が体表近くにたまった-もの(状態)。「脳ー」
**けっしゅう【結集】** ひとつに-集まる(集める)こと。
**げっしゅう【月収】** 毎月の収入。
**けっしゅつ【傑出】** とびぬけてすぐれていること。[類]抜群
**けっしょ【血書】** 決意を示して、自分の血で-文書を書くこと(書いた文書)。
**けつじょ【欠如】**《闕如》 必要な事柄が欠けていること。
**げっしょ【月初】** その月の初め。[対]月末
**けっしょう【血漿】** 血液の液体成分。
**けっしょう【決勝】** 最終的に勝敗を決めること。「ー戦」
**ー点《てん》** ①競走で、勝負を決める最終到達点。②勝敗を決める得点。
**けっしょう【結晶】** 規則的な原子配列をもつ固体。Ⅱ結果として現れること。また、そのもの。「努力のー・愛のー」
**けつじょう【欠場】** 試合などに出ないこと。[類]休場 [対]出場
**げっしょう【月商】** 毎月の売り上げ高。
**けっしょうばん【血小板】** 血液の成分の一。血液を固まらせる働きをもつ。
**けっしょく【欠食】** 食事を-とらない(とれない)こと。「ー児童」[対]飽食
**けっしょく【血色】** 顔の色つや。
**げっしょく【月食】**《月蝕》 地球が太陽と月の間に入って、その影が月(-の一部)を隠す現象。「皆既ー」
**げっしるい【齧歯類】** 哺乳動物で、門歯が大きい動物の総称。〔リス・ネズミなど〕
**けっしん【決心】** かたく心に決めること。[類]決意
**けっしん【結審】** 裁判などで、審理を終えること。
**けっする【決する】** ①決まる。決める。「態度をー」②堤防が決壊する。また、堤防を決壊させる。
**けっする【結する】** 便秘になる。
**けっせい【血清】** 血液を放置したときにできる、薄黄色の透明な液。
**けっせい【結成】** 団体・組織を作ること。
**けつぜい【血税】** 血の出るような苦労をして納める(-重い)税金。Ⅱ兵役義務。
**けっせき【欠席】** 出るべき-会合(授業)に出ないこと。[対]出席
**ー裁判《さいばん》** 当事者が欠席のまま-判決(決定)を下すこと。
**けっせき【結石】** 内臓の中にできる石状の物。胆石・尿石など。
**けっせつ【結節】** ①結ばれて節となる-こと(もの)。②皮膚や内臓にできる、小さくてまるいはれもの。
**けっせん【血栓】** 血管内で血液が固まったもの。「ー症」
**けっせん【血戦】** 激しく戦うこと。激しい戦い。[類]死闘
**けっせん【決戦】** 勝敗を決するため-に戦うこと(の戦い)。
**けつぜん【決然】**〔文章語〕きっぱりとしたようす。
**けつぜん【蹶然】**〔文章語〕勢いよく起き上がるようす。Ⅱ急に力強く行動を起こすようす。
**けっせんとうひょう【決選投票】** 一回の投票で当選者が決まらない場合、高点者に限定して再度投票すること。
**けっそう【血相】** 顔いろ。「ーを変える」
**けっそく【結束】** ①たばねる。「古新聞をーする」②団結。「ーして敵に当たる」
**けつぞく【血族】** 血縁関係のある人。
**けっそん【欠損】** ①欠けて、ないこと。②金銭上の損失。「ーを生じる」
**けったい** 奇妙。〔関西方言〕
**けったく【結託】** ぐるになること。
**けったん【血痰】** 血のまじった痰。
**けつだん【決断】** 心をはっきり決めること。「ーを迫られる」
**けつだん【結団】** 団体を結成すること。[対]解団
**げったん【月旦】** ①毎月の一日。②月旦評。
**ー評《ひょう》** 人物批評。〔中国の後漢の許劭《きょしょう》が毎月一日に人物評をした故事から〕
**けっちゃく【決着・結着】** きまりがつくこと。[類]落着
**けっちょう【結腸】** 大腸の、盲腸・直腸以外の部分。
**けっちん【血沈】** 赤血球沈降速度の略。
**ゲッツー** [get two] 野球で、併殺。
**けってい【決定】** はっきり-決まる(決め

る)こと。

—的《きて》 ほとんど確実なようす。

**けっていそしき【結締組織】** 体内の器官や組織を連結する組織。結合組織。

**けってん【欠点】** ①不十分な点。短所。対美点 ②落第点。

**ケット** 毛布。〔ブランケットから〕

**ゲット**〔get〕 アイスホッケーやバスケットボールで、得点すること。Ⅱ〔俗語〕獲得すること。「商品を—する」

**けっとう【血統】** 血筋《ちすじ》。

**—書《しょ》** 家畜などの血統の正しさを証明する文書。

**けっとう【血糖】** 血液中に含まれるブドウ糖。「—値」

**けっとう【決闘】** 争いを解決するために、約束した方法で命がけで闘うこと。

**けっとう【結党】** 党を結成すること。対解党

**ゲットー**〔ghetto〕 ①ユダヤ人居住区。②特定の社会(人種)集団の居住区。

**げつない【月内】** その月のうち。

**けつにく【血肉】** 血と肉。Ⅱごく近い血縁。肉親。類骨肉 ◇〔「ちにく」とも〕

**—化《か》** 知識などを自分のものとすること。

**けつにょう【血尿】** 血液のまじった小便。

**けっぱい【欠配】** あるべき配給(配達・支払い)がないこと。

**けっぱく【潔白】** 心や行いにやましいところがないこと。「清廉—」

**けっぱつ【結髪】** 髪を結うこと。結った髪。

**けつばん【欠番】** 途中の番号が欠けていること。また、その番号。「永久—」

**けっぱん【血判】** 指先を切り、その血で誓約書に印を押すこと。また、その印。

**けつび【結尾】**〔文章語〕おわり。結末。

**けっぴょう【結氷】** 氷がはること。

**げっぴょう【月評】** 毎月する批評。新聞などで、文芸や出来事についてする。

**けつびん【欠便】** バスや航空機の運行中止。

**けっぴん【欠品】** ①品切れ。②配達された製品や部品に足りないものがあること。

**げっぷ** 胃から口外に出るガス。

**げっぷ【月賦】** 毎月支払う分割払い。

**—販売《はんばい》** 月賦の契約で売ること。

**けつぶつ【傑物】** 人より抜きんでた人物。

**けつぶん【欠文】** 字句の一部が抜け落ちている文章。また、抜けた字句。

**げっぺい【月餅】** 中国の焼き菓子の一。あん入り。ユエピン。

**けっぺき【潔癖】** 極度に不潔や不正をきらうこと。「—症」

**けつべつ【決別】**《訣別》 永久に別れること。「—の辞」

**ケッヘル**〔ドイツ語 Köchel〕 モーツァルトの全作品に付けた整理番号。ケッヘル番号。記号K〔音楽研究家の名前による〕

**けつべん【血便】** 血のまじった大便。

**けつぼう【欠乏】** 不足。

**げっぽう【月報】** 毎月出す通知や報告書。

**けっぽん【欠本】** 何冊かでひとそろいの本で、欠けている巻。

**けつまく【結膜】** まぶたの裏と眼球の表面を結んで覆う透明の粘膜。「—炎」

**けつまずく**《蹴躓く》 つまずく。Ⅱ途中で失敗する。

**けつまつ【結末】** 物語や出来事の終わり。「—を迎える」

**げつまつ【月末】** その月の最後。対月初

**けつみゃく【血脈】** ①血管。②血統。

**けづめ【蹴爪】** ①ニワトリなどの足の後方に突き出た突起。②牛や馬のひづめの後ろの小さなゆび。

**けつめい【血盟】** (同志が)血判をして固く誓うこと。

**けつめい【結盟】** 同盟を結ぶこと。

**げつめい【月明】** 明るい月の光。

**げつめん【月面】** 月の表面。

**—宙返《ちゅうがえ》り** 体操競技のわざの一。ムーンサルト。

**けつゆうびょう【血友病】** 出血しやすく止まりにくい病気。遺伝性。〔男性のみが発病〕

**げつよ【月余】**〔文章語〕一か月と少し。

**げつよう【月曜】** 日曜と火曜の間。月曜日。マンデー。

**—病《びょう》**〔俗語〕休み明けの月曜に、出勤や登校をいやだと思う気持ち。

**げつらい【月来】**〔文章語〕ここ数か月間。

**けつらく【欠落】** あるべきものが抜け落ちること。

**げつり【月利】** 月ごとの利息・利率。

**けつりゅう【血流】** 血管内の血液の流

れ。

**げつりん【月輪】**〔文章語〕月の別称。

**けつるい【血涙】** 激しい怒りや悲しみのために流す涙。「—を絞る」

**けつれい【欠礼】** すべきあいさつをしないこと。礼儀を欠くこと。

**げつれい【月例】** 毎月きまって行うこと。

**げつれい【月齢】** ①新月を○として数えた日数。月の満ち欠けの度合いを示す。〔満月は月齢一五〕 ②乳児の、誕生後の月の数。

**けつれつ【決裂】** 会議や交渉で、意見が対立したまま終わること。

**けつろ【血路】** 敵や困難からの逃げ道。「—を開く」

**けつろ【結露】** 水蒸気が、ガラスなどの表面に水滴となってつくこと。その水滴。

**けつろん【結論】** ①最終的なまとめの意見。②三段論法の結果の命題。

**げてもの【下手物】** 一般には好まれない奇妙なもの。

**—食《ぐ》い** 変わった食物を好む人。Ⅱ一般とは異なる選択をする人。

**げてん【外典】**〔仏教語〕仏教経典以外の書物。対内典

**げどう【外道】** ①〔仏教語〕仏教以外の教え（-を信じる人）。②真理にそむく説。③人でなし。〔人をののしって言う語〕 ④釣りで、目的の魚以外に釣れた魚。

**げどく【解毒】** 体内の毒を消すこと。

**けとばし【蹴飛ばし】**〔俗語〕馬肉。

**けとばす【蹴飛ばす】** けって飛ばす。Ⅱ拒絶する。「申し出を—」

**ケトル**〔kettle〕底の平らな洋風のやかん。

**けどる【気取る】** 様子から感じとる。

**けなげ【健気】** 弱い者が困難や苦労に立派に立ち向かうようす。

**けなす《貶す》** 悪く批評する。「作品を—」対ほめる

**ケナフ**〔kenaf〕アオイ科の一年草。茎の繊維で網や布を作る。また製紙原料としても使う。

**けなみ【毛並み】** 動物の毛の生えている具合。Ⅱ生いたちや血筋。「—がいい」

**げに【実に】** 本当に。〔古風な言い方〕

**げねつ【解熱】** 高い体温を下げること。

**ゲネプロ** 演劇・演奏の舞台総練習。〔ドイツ語 Generalprobe から〕

**けねん【懸念】** 心配。「—がある・—を抱《だい》く」

**ゲノム**〔ドイツ語 Genom〕その生物に基本の一組みの染色体（-の遺伝子全体）。「—解析・ヒト—」

**けば【毛羽】** ①布や紙の表面に立つ柔らかい毛。②地図で、土地の起伏を示す小さな線。

**げば【下馬】** ①馬から降りること。対乗馬 ②社寺などの入口で、馬から下りる-こと（場所）。

**けはい【気配】** ようす。ありさま。

**けばけばしい** どぎつく派手なようす。

**けばだつ【毛羽立つ】** 毛羽①ができる。

**げばひょう【下馬評】** 世間でのとりざた。

**ケバブ**〔トルコ語 kebab〕中東地域の焼き肉。シシケバブ（＝串焼き）など。カバブ。

**けばり【毛鉤】** 釣りばりの一。鳥の羽を付けてえさに見せかける。フライ。

**げはん【下阪】** 東京（-方面）から大阪へ行くこと。

**けびょう【仮病】** 病気のふり。「—を使う」

**げびる【下卑る】** 下品に見える。

**げひん【下品】** ①品がわるいようす。態度・身なりがいやしいようす。②下等な品物。◇対上品《じょうひん》

**けぶかい【毛深い】** 体毛が多い。

**けぶり【煙】** けむり。〔古風な言い方〕

**けぶり【気振り】** そぶり。

**けぶる【煙る】** けむるの古形。

**げぼく【下僕】** 下男。

**けほども【毛程も】**（否定表現の中で）少しも。

**けぼり【毛彫り】** 細かい線で模様を彫る-こと（彫ったもの）。

**ゲマインシャフト**〔ドイツ語 Gemeinschaft〕共同社会。〔社会学の用語〕対ゲゼルシャフト

**ケミカル**〔chemical〕化学の。化学的に合成された。「—シューズ（＝合成皮革の靴）」

**ケミストリー**〔chemistry〕化学。

**けみする【閲する】**〔文章語〕①調べる。②時間がたつ。「創立後五〇年を閲した」

**けむ【煙】** けむり。

**—に巻《ま》く** 一方的にしゃべって相手をまどわせる。

**けむい【煙い】**《烟い》 煙のために息苦しい。

**けむし【毛虫】** 全身に毛の生えた、チョウやガの幼虫。

**けむたい【煙たい】** けむい。Ⅱ気詰まりで近づきたくない。「—存在」◇けむったい。

**けむだし【煙出し】** 煙を室外に出すための窓や装置。けむりだし。

**けむり【煙】《烟》** ①物が燃えるときに出る気体。「—が立つ」 ②煙のように見えるもの。「砂—」

**けむる【煙る】《烟る》** ①煙が立つ。②かすむ。

**げめん【外面】**〔文章語〕外側。うわべ。「—如《にょ》菩薩《ぼさつ》内心《ないしん》如夜叉《にょやしゃ》」

**けもの【獣】** 人間以外の、毛の生えた動物。けだもの。

**—道《ちみ》** 山林の動物の通り道。

**げもの【下物】** 劣悪な品物。対上物《じょうもの》

**げや【下野】** 官職をやめ民間に下ること。

**けやき【欅】** ニレ科の落葉高木の一。材は建築・器具用。

**けやぶる【蹴破る】** けって破る。Ⅱ勢いよく敵を打ち負かす。

**けら《螻蛄》** 昆虫の一。土中に穴を掘り、農作物の根を食う。

**けら《啄木鳥》** クマゲラ・アカゲラなど。キツツキ科の鳥の別称。けらつつきの略。

**けらい【家来】** 主君や主人に仕える者。

**げらく【下落】** ①物価や相場が下がること。対騰貴 ②価値が下がること。

**ケラチン**［keratin］ たんぱく質の一。つめや毛髪の主成分。角質。

**けり【鳧】** 鳥の一。チドリ科の中で最大。

**けり** 文語の助動詞の一。

**—がつく** 終わる。結末を迎える。〔和歌や俳句でけりが末尾にくることが多かったことから〕

**—をつける** 終わらせる。しめくくる。

**げり【下痢】** 液状の大便を（—何回も）出すこと。腹くだし。

**げりゃく【下略】** かりゃく。

**ゲリラ**［スペイン語 guerilla］ 小人数で奇襲して敵をかき乱す—戦法（部隊）。

**—豪雨《ごうう》** 突発的・局地的、かつ短時間に降る大雨。集中豪雨。

**ける【蹴る】** 足でつきとばす。Ⅱ拒絶する。「申し出を—」

**ゲル**［ドイツ語 Gel］ コロイド溶液がゼリーのように固まったもの。対ゾル

**ゲル**［モンゴル語 gher］ モンゴル遊牧民の組み立て式家屋。パオ。

**ケルビン**［kelvin］ 絶対温度の単位。記号K〔人名にちなむ〕

**ゲルマニウム**［ドイツ語 Germanium］ 金属元素の一。半導体に使う。記号Ge

**ケルン**［cairn］ 山頂や登山路にピラミッド形に積み上げた石の道標。

**げれつ【下劣】** 下品で卑しい。

**けれん《外連》** ①歌舞伎などで、俗受けをねらった演出。②ごまかし。はったり。

**ゲレンデ**［ドイツ語 Gelände］ スキーの練習場・滑走場。

**けれんみ《外連味》** けれん②。

**ケロイド**［ドイツ語 Keloid］ 皮膚の赤いひきつれや盛り上がり。〔火傷やけがのあとにできる〕

**げろう【下郎】** ①人に召し使われる、身分の低い男。②男をののしって言う語。

**ケロシン**［kerosene］ 灯油。

**けろり** ①平気なようす。②きれいさっぱり。「—と忘れる」◇けろっ。

**けわしい【険しい】** ①傾斜が急だ。②厳しい。「—顔つき」

**けん【間】** ①尺貫法の長さの単位の一。約一・八メートル。②囲碁で、石の間隔を表す単位。③柱と柱の間の数を数える語。

**けん【権】** ①権利。「所有—」②権力。「統帥—」

**けん** 日本料理で、刺身などのつま。

**けん【件】** ①事柄。「例の—」②事柄を数える語。

**けん【券】** 切符。証書。「入場—」

**けん【県】** 地方公共団体の一。「千葉—」

**けん【研】** 研究—所（会・室）の略。「海洋—」

**けん【剣】** ①刀。〔狭義にはもろ刃のもの〕②剣術。③ハチなどの針。

**けん【兼】** 兼ねること。「首相—外相」〔接続詞的に使う〕

**けん【拳】** ①握りこぶし。②手や指で作った形で勝負する遊び。「きつね—」③拳法。「太極—」

**けん【険】** ①顔や言葉のとげとげしさ。「—のある顔」②けわしい—こと（所）。「天下の—」

**けん【腱】** 筋肉を骨に結びつける組織。「アキレス—」

**けん【鍵】** 鍵盤。キー。
**げん【元】** ①方程式の未知数を数える語。「二—二次方程式」②中国の通貨単位。③数学で、集合の要素。
**げん【限】** ①境界。「最低—」②時限。「第三—」
**げん【言】** ことば。
**—を左右《さゆう》にする** はっきりした返事をしない。
**—を俟《ま》たない** 言うまでもない。
**げん【弦】** ①弓のつる。②⦅絃⦆楽器に張った糸。⊜弦楽器。③数学で、円周上の二点を結ぶ直線。
**げん【現】** ①現職議員の略。「無所属—」〔選挙報道で〕②今の。「—段階」
**げん【減】** 減る(減らす)こと。対増
**げん⦅験⦆** ①縁起。「—をかつぐ」②ききめ。
**けんあく【険悪】** ①表情や雰囲気がとげとげしい。対柔和 ②あぶなくて油断できない。「—な情勢」
**げんあつ【減圧】** 圧力—を下げる(が下がる)こと。
**けんあん【検案】** ①状況を調べ考えること。②〔法律用語〕医師が死体を調べ、死亡を医学的に確認すること。「—書」
**けんあん【懸案】** 解決・実現が望まれながら、そのままになっている事柄。
**げんあん【原案】** 討議のための最初の案。「—どおり」
**けんい【権威】** ①威力。②第一人者。類大家《たいか》
**—主義《しゅぎ》** 権威を異常にありがたがって無批判に服従する立場。
**げんい【原意】** もとの意味。類原義
**けんいん【牽引】** 引っぱること。
**—車《しゃ》** ①トラクター。②車両をひっぱる先頭の車。⊜他を先導するリーダー。
**けんいん【検印】** ①検査した証拠に押す印。②著者が書物の奥付に押す印。
**げんいん【原因】** 物事の起こるもと。「—をなす」対結果
**げんいん【減員】** 人員を減らすこと。対増員
**けんうん【巻雲】⦅絹雲⦆** 上層雲の一。白く羽毛状。類巻き雲
**げんうん【眩暈】** 〔文章語〕めまい。
**けんえい【県営】** 県の経営。「—住宅」
**けんえい【献詠】** 〔文章語〕神社や宮中に詩歌を献上すること。また、その詩歌。
**げんえい【幻影】** まぼろし。
**けんえき【検疫】** 感染症予防のため、検査・消毒・隔離などの措置をとること。
**けんえき【権益】** 権利と利益。
**げんえき【原液】** 薄める前の、もとの液。
**げんえき【現役】** ①現在、職務について活動している—こと(人)。②在学中の受験生。「—で合格する」対浪人
**げんえき【減益】** 利益が減ること。対増益
**けんえつ【検閲】** 出版物・放送・映画・郵便物などの内容を強制的に調べること。
**けんえん【犬猿】** イヌとサル。
**—の仲《なか》** 仲のわるいたとえ。
**けんえん【嫌煙】** 喫煙を嫌うこと。
**—権《けん》** 公共の場所などで他人の喫煙を拒絶する権利。
**げんえん【減塩】** 食物の塩分を控えること。
**けんお【嫌悪】** ひどく嫌うこと。「—感」
**けんおん【検温】** 体温を計ること。
**げんおん【原音】** ①原語での発音。②再生音に対して、もともとの音。
**けんか【県下】** 県のなか。「—の全市町村」
**けんか【喧嘩】** 争い。「—を売る(=しかける)」
**—腰《ごし》** けんかをしようという態度。
**—両成敗《りょうせいばい》** けんかをした者を、両方とも処罰すること。
**—別《わか》れ** けんかした—まま(ために)別れること。
**けんか【献花】** 墓前や祭壇に花を供えること。その花。
**げんか【言下】** 相手が言い終わった直後。
**げんか【現下】** 〔文章語〕ただ今。
**げんか【原価】** ①生産費。②**【元価】**仕入れ値段。「—を割る」
**げんか【減価】** 値引き。値下げ。
**—償却《しょうきゃく》** 固定資産の価値の減少を、一定の方法で費用として計上すること。
**げんが【原画】** 複製ではない、もとの絵。
**けんかい【見解】** 物事に対する考え方。「—を異にする」
**けんかい【県会】** 県議会の略。「—議員」
**けんかい【狷介】** 〔文章語〕がんこで人と調和しないようす。
**けんがい【圏外】** 範囲の外。対圏内
**けんがい【懸崖】** ①絶壁。②盆栽で、枝

が根より下にたれるように作ったもの。「―作り」

**げんかい【限界】** それ以上（以下）はないという境目。

**―集落《しゅうらく》** 過疎化や高齢化で、共同体としての維持が難しい集落。

**げんかい【厳戒】** 厳重に警戒すること。「―態勢」

**げんがい【言外】** 言葉に直接表れない部分。「―ににおわせる」

**けんかく【剣客】** 剣道の達人。けんきゃく。

**けんかく【懸隔】**〔文章語〕かけ離れていること。

**けんがく【見学】** 実際に見て知識を深めること。

**けんがく【建学】** 学校を創立すること。

**げんかく【幻覚】** 実際はないのに、あるように感じる異常な知覚。

**げんかく【厳格】** 厳しく正しいようす。類厳重

**げんがく【弦楽】**《絃楽》 弦楽器で演奏する音楽。「―四重奏」

**げんがく【衒学】**〔文章語〕学問や知識のあることをみせびらかすこと。類ペダントリー

**げんがく【減額】** 金額を減らすこと。「給料を―する」対増額

**けんかしょくぶつ【顕花植物】** 種子植物。対隠花植物

**げんかつぎ【験担ぎ】** 縁起を気にすること。

**げんがっき【弦楽器】**《絃―》 弦によって音を出す楽器。バイオリン・三味線など。

**けんがみね【剣が峰】** ①噴火口の周辺。②相撲で、土俵の俵の表面。Ⅱきわどい瀬戸際。「―に立たされる」

**けんかん【兼官】**〔文章語〕本務とは別の官職を兼ねること。また、その官職。対本官

**けんかん【顕官】**〔文章語〕地位の高い官職（―の人）。類高官

**けんがん【検眼】** 視力の検査。

**けんがん【献眼】** アイバンクに自分の目を提供すること。自分の死後に角膜を使ってもらう。

**げんかん【玄関】** 家の正面の入り口。

**―払《ばら》い** 来訪者を玄関で応対しただけで、帰らせること。

**げんかん【厳寒】** きびしい寒さ。類酷寒

**げんかんさりょうほう【減感作療法】** アレルギー性疾患の治療法の一。抗原の注射で過敏性を徐々に低下させる。

**けんぎ【建議】** 役所に意見を申し述べること。「―書」

**けんぎ【嫌疑】**（悪いことをした）疑い。

**げんき【元気】** ①心や体の活動のもととなる力。②健康。③活発。

**げんき【原器】** 同種の物の基準となる器。特に、度量衡の基準となる器。

**げんぎ【原義】** もとの意味。類本義 対転義

**けんぎかい【県議会】** 県の議決機関。

**けんきゃく【剣客】** けんかく。

**けんきゃく【健脚】** 足が丈夫で、よく歩けること。

**けんきゅう【研究】** 物事を調べて、真理を明らかにし、理論を立てること。

**けんぎゅう【牽牛】** 牽牛星。対織女

**―星《せい》** わし座のアルファ星アルタイルの漢名。ひこぼし。〔七夕の伝説がある〕

**げんきゅう【言及】** 言い及ぶこと。

**げんきゅう【原級】** ①もとの学年・等級。「―に留めおく」②英語・ドイツ語などで、形容詞の基本形。

**げんきゅう【減給】** 給料を減らすこと。「―処分」類減俸《げんぽう》 対増給

**けんきょ【検挙】** 警察が、取り調べのため犯罪（―容疑）者をつかまえること。

**けんきょ【謙虚】** おごらずつつましいようす。対横柄

**けんきょう【顕教】** 密教以外の一般的な仏教。〔教理がわかりやすい仏教の意〕

**けんぎょう【兼業】** 本業と別の仕事を兼ねること。また、その仕事。

**―農家《のうか》** 農業以外の副業をしている農家。対専業農家

**げんきょう【元凶】**《元兇》 悪事の中心人物。Ⅱ悪いことの根本原因。

**げんきょう【現況】** 現在の状況。

**げんぎょう【現業】** ①現場の業務。②国が行う事業のうち、生産や販売にかかわる部門。〔造幣など〕

**けんきょうふかい【牽強付会】**《―附会》 自分に都合のいいこじつけ。

**げんきょく【原曲】** 編曲していない、もとの曲。

**げんきょく【限局】**〔文章語〕内容や意

味を一定範囲に限ること。

**けんきん【献金】** ある目的に使ってもらうため、お金を差し出すこと。また、そのお金。「政治―」

**げんきん【現金】** ①通用の貨幣。「―商い」〔簿記では、すぐに換金できる小切手・手形・為替なども含む〕②今、手元にあるお金。③利害関係によってすぐに態度を変えるようす。

**げんきん【厳禁】** 厳重に禁止すること。「火気―」

**けんぐ【賢愚】** 〔文章語〕かしこいこととおろかなこと。賢者と愚者。

**けんぐん【建軍】** 〔文章語〕軍隊を創設・編制すること。

**げんくん【元勲】** 国家に尽くした、大きな功労(―のある人)。「明治の―」

**げんくん【厳君】** 〔文章語〕「他人の父」の敬称。

**げんげ《紫雲英》** レンゲソウ。

**けんけい【賢兄】** 〔文章語〕(男性の手紙で)他人の兄や同輩の男性に対する敬称。

**げんけい【原形】** もとの形・状態。「―をとどめる」

**―質《しつ》** 生物の細胞を構成し、生命活動を行う物質。

**げんけい【原型】** 彫刻や洋裁で、もとになる型。

**げんけい【現形】** 現在の形。

**げんけい【減刑】** 刑を軽くすること。

**げんけい【厳刑】** きびしい刑罰。

**けんげき【剣戟】** 〔文章語〕つるぎとほこ。武器。❷刀や槍《やり》を使ってする戦い。「―の響き」

**けんげき【剣劇】** 刀で切り合う場面を中心にした演劇。

**けんけつ【献血】** 無償で血液を提供すること。「―手帳」

**げんげつ【弦月】** 上弦・下弦の月。

**げんげつ【限月】** 先物取引で、受け渡し期限。

**けんけん** 片足で飛びながら進むこと。

**けんげん【建言】** 〔文章語〕建白。

**けんげん【献言】** 〔文章語〕目上の人に意見を申し述べること。また、その意見。類進言

**けんげん【権限】** (法的に)行える権利の範囲。「広範な―をもつ」

**けんげん【顕現】** はっきり現れること。

**けんけんがくがく【喧々諤々】** 議論が活発でやかましいようす。〔喧々囂々《ごうごう》と侃々《かんかん》諤々《がくがく》の混用〕

**けんけんごうごう【喧々囂々】** 大勢が発言してやかましいようす。

**けんけんふくよう【拳々服膺】** 〔文章語〕心に銘記して常に忘れないこと。

**けんご【堅固】** しっかりしていて、容易に負け(くじけ)ないようす。「志操―」

**げんこ【拳固】** 〔俗語〕げんこつ。

**げんご【言語】** 人間が音声・文字により感情や思考を表現・伝達する活動。

**―学《がく》** 言語を科学的に研究する学問。

**―芸術《げいじゅつ》** 言語による芸術。小説・詩歌など。

**―障害《しょうがい》** 言語にまつわる障害。発音の不鮮明・失語症など。

**―生活《せいかつ》** 生活の中で言語の関係する部分。話す・聞く・読む・書くなど。

**―政策《せいさく》** 政府の行う言語に関する施策。公用語・正書法の制定、語彙《ごい》の整理など。

**―に絶《ぜっ》する** 言葉では表現できないほどだ。

**―療法士《りょうほうし》** 言語障害者の診断・治療を行う専門職。

**げんご【原語】** ①翻訳などをする前の、もとの言葉。②外来語のもとになった外国語。

**けんこう【兼行】** ①急いで(―夜も)仕事をこなす。「昼夜―」②ふたつ以上のことをかねて行う。

**けんこう【軒昂】《軒高》** 気持ちが奮いたつようす。「意気―」

**けんこう【健康】** ①体や心の状態。「―に気をつける」②体や心の状態がよい。「―な体」

**―寿命《じゅみょう》** 平均寿命のうち、健康で元気に生活できる期間。〔WHOの提唱による指標〕

**―食品《しょくひん》** 健康によいとされる食物。

**―保険《ほけん》** 健康維持・医療費補助を目的とした保険。国や会社が被保険者の負担を補助する。

**けんこう【権衡】** 〔文章語〕つりあい。「―を保つ」〔「はかり」の意から〕

**けんごう【剣豪】** 剣術の達人。類剣客

**げんこう【言行】** 言葉と行い。「—一致」
**—録《ろく》** ある人の言行を記録した書物。
**げんこう【原鉱】** 採掘したままの鉱石。
**げんこう【原稿】** 出版物や演説のための、もとになる下書き。「—用紙」
**げんこう【現行】** 現在行われていること。「—どおり」
**—犯《はん》** 実行の最中（直後）に見つかった犯罪。また、その犯人。〔逮捕状なしに逮捕できる〕
**げんごう【元号】** 年号。
**けんこうこつ【肩甲骨】**《肩胛骨》肩の後ろにある、胴体と上腕を結ぶ骨。かいがらぼね。〔人間では、扁平な三角形〕
**けんこく【建国】** 新たに国家を建てること。
**—記念《きねん》の日《ひ》** 国民の祝日の一。二月一一日。〔昔の紀元節に当たる〕
**げんこく【原告】** 民事訴訟を起こし裁判を請求した当事者。対被告
**げんこつ【拳骨】** 固く握ったこぶし。
**げんごろう【源五郎】** 甲虫の一。池や沼にすむ。
**—鮒《ぶな》** 琵琶湖原産のフナ。食用。ヘラブナ。
**けんこん【乾坤】**〔文章語〕①天地。②陰陽。
**—一擲《いってき》**〔文章語〕運命をかけた大勝負。
**げんこん【現今】**〔文章語〕現在。ただ今。
**けんさ【検査】** 基準に合っているか、異状がないかを調べること。類吟味

**けんざい【建材】** 建築資材の略。
**けんざい【健在】** ①無事に暮らしていること。②変わりなく十分に活躍していること。
**けんざい【顕在】** 表面に現れて存在すること。対潜在
**げんさい【減災】** 災害による被害を可能な限り減らすこと。
**げんさい【減殺】** 減らして少なくすること。
**げんさい【減債】** 負債を返して減らすこと。
**げんざい【原罪】** キリスト教で、人間が生まれながらに負っているとされる罪。
**げんざい【現在】** ①いま。対過去・未来 ②〔仏教語〕三世の一。現世。③基準となるあるとき。「四月一日—」
**—完了《かんりょう》** 英語などの動詞の時制の一。動作・状態の完了と継続を示す。
**—進行形《しんこうけい》** 英語などの動詞の時制の一。動作・状態が進行中であることを示す。Ⅱ物事が進行中であること。
**—高《だか》** 今ある金額・数量。
**—地《ち》** （移動中の）人や物の現在の所在地。
**げんざいりょう【原材料】** 製品の原料や材料。
**けんざかい【県境】** 県と県の境界。
**けんさき【剣先】** ①剣の先端。②ケンサキイカ。
**—烏賊《いか》** イカの一。体は細長く、美味。
**けんさく【建策】**〔文章語〕計画・対策をたてること。
**けんさく【研削】** 物をけずり、なめらかにすること。

**けんさく【検索】** 資料や文献の中から目的の情報を捜し求めること。
**—エンジン** インターネット上から目的の情報を検索するシステム。
**けんさく【献策】**〔文章語〕計画・対策を目上の人に申し述べること。
**げんさく【原作】** 翻訳・脚色・改作などをする、もとの作品。
**げんさく【減作】** 収穫量が減る（を減らす）こと。対増作
**げんさくどうぶつ【原索動物】** 動物の分類の一。ホヤ・ナメクジウオなど。
**けんさつ【検札】** 車内で車掌が乗客の乗車券を調べること。
**けんさつ【検察】** 犯罪を捜査し証拠を集め、事実を明らかにすること。
**—官《かん》** 犯罪の捜査・公訴・裁判の監督を行う行政官。
**—審査会《しんさかい》** 検察官の公訴をしない処分の適否を審査する制度。
**—庁《ちょう》** 検察官の行う事務を統括する官庁。〔法務省の所轄〕
**けんさつ【賢察】**「相手の推察」の尊敬語。「ご—のとおり」
**けんさん【研鑽】** 努力して研究を深めること。「—を積む」
**けんざん【見参】** げんざん。
**けんざん【剣山】** 生け花で花材をさして固定する道具。重い金属の台に針が数多く並ぶ。
**けんざん【検算・験算】** 計算結果の正誤

を別の計算で確かめること。また、その計算。

**げんさん【原産】** 最初に産出した—こと（もの）。「日本—」

**げんさん【減産】** 生産量—が減る（を減らす）こと。対増産

**げんざん【減算】** 引き算。対加算

**げんざん【見参】** 〔古語〕対面・面会の謙譲語。けんざん。

**けんし【犬歯】** 門歯の両隣にある、とがった歯。〔食肉獣では発達して牙《きば》という〕

**けんし【剣士】** 剣術を使う人。類剣客

**けんし【検視】** ①事実を取り調べること。②【検死】《検屍》変死者の死体を調べること。

**けんし【絹糸】** きぬいと。

**けんし【繭糸】** ①繭と糸。②繭からとった糸。

**けんじ【健児】** 〔文章語〕血気盛んな若者。

**けんじ【検事】** ①検察官の階級の一。②検察官の旧称。

**—正**《せい》 地方検察庁の長。

**—総長**《そうちょう》 最高検察庁の長。検察官の最高位。

**—長**《ちょう》 高等検察庁の長。

**けんじ【堅持】** 考えや態度をかたく守って譲らないこと。

**けんじ【顕示】** 〔文章語〕はっきり示すこと。

**げんし【元始】** はじめ。おおもと。

**げんし【幻視】** 実際にはないものがあるように見える幻覚。

**げんし【原子】** 元素の特性を失わない最小の粒子。

**—価**《か》 ある原子が他の原子何個と結合するかを表す値。〔水素の一価が基準〕

**—核**《かく》 原子の中心をなす粒子。〔陽子と中性子が結合したもので、正電荷をもつ〕

**—記号**《きごう》 元素記号。

**—爆弾**《ばくだん》 核分裂の際に出る強大なエネルギーを利用した爆弾。〔ウラン二三五やプルトニウム二三九を使う〕

**—番号**《ばんごう》 原子核の陽子の数。〔原子の電子数と同じ〕

**—量**《りょう》 炭素原子の質量を基準に、原子の質量を相対的に示した数値。

**—力**《りょく》 原子核の分裂や融合の際に放出されるエネルギー。

**—力発電**《りょくはつでん》 核分裂の際に発生する熱を利用した発電。

**—炉**《ろ》 核分裂の連鎖反応を一定の制御の下で行わせる装置。

**げんし【原始】** ①物事の始め。②自然のままの状態。「—社会」

**—時代**《じだい》 人間の文化が未開だった太古の時代。

**—林**《りん》 人手の入っていない自然のままの森林。原生林。

**げんし【原紙】** ①コウゾの皮からすいた厚紙。蚕卵紙用。②謄写版用の蠟《ろう》を引いた紙。

**げんし【原資】** もとで。特に、財政投融資の資金。

**げんし【減資】** 資本金を減らすこと。対増資

**げんじ【言辞】** 〔文章語〕言葉（—づかい）。

**げんじ【現時】** 〔文章語〕現今。

**げんじ【源氏】** ①源《みなもと》姓の氏族。②源氏物語の略。また、その主人公。

**—名**《な》 クラブのホステスや芸者の、本名以外の呼び名。

**けんしき【見識】** ①しっかりした—考え（判断力）。識見。②気位。

**—蛍**《ぼたる》 ホタルの一。大形。

**—張**《ば》**る** 見識があるように見せかける。

**げんしじだい【原史時代】** 考古学上の時代区分の一。文献による記録が残り始めた時代。

**けんじつ【堅実】** てがたい。

**げんしつ【玄室】** 古墳で、棺を置く、奥の部屋。

**げんしつ【言質】** ⇩げんち

**げんじつ【現実】** 実際にあること。対理想

**—主義**《しゅぎ》 ①芸術で、ありのままを表現しようとする立場。類リアリズム ②理想より現実を優先させる考え方。③損得を第一にする考え方。

**—的**《てき》 実際に即しているようす。

**—性**《せい》 実際に—起こり（あり）うる性質。

**げんじてん【現時点】** 今の時点。

**けんじゃ【賢者】** かしこい人。対愚者

**けんしゅ【堅守】** しっかりと守ること。

**けんしゅ【献酒】** 神前・仏前などに酒を献上すること。その酒。

**げんしゅ【元首】** 国家を代表する人。

**げんしゅ【原酒】** 醸造したままの、加工していない酒・ウイスキー。
**げんしゅ【原種】** 動植物で、人工交配などのもとになった野生種。
**げんしゅ【厳守】** 厳しく守ること。「規則を—する」
**けんしゅう【研修】** ①学問や技芸を修めること。②会社などで、期間を決めて社員を教育すること。
**けんしゅう【検収】** 品物を点検して受け取ること。
**けんしゅう【献酬】** 酒杯のやりとり。
**けんじゅう【拳銃】** ピストル。
**げんしゅう【減収】** 収入・収穫が減ること。対増収
**げんじゅう【現住】** 今住んでいること。**—所**《よし》 現住の所・番地。
**げんじゅう【厳重】** 非常に厳しいようす。類厳格
**げんじゅうみん【原住民】** その土地にもとから住んでいる人々。
**げんしゅく【厳粛】** おごそか。「—な事実」
**けんしゅつ【検出】** 調べて取り出すこと。
**げんしゅつ【現出】** 姿をあらわすこと。
**げんじゅつ【幻術】** ①人の目をくらますふしぎな術。類妖術・魔術 ②手品。
**けんしゅん【険峻】**《嶮峻》〔文章語〕険しく高い—こと(所)。
**けんしょ【険所】**《嶮所》〔文章語〕けわしい場所。
**げんしょ【原初】**〔文章語〕物事の最初。
**げんしょ【原書】** ①翻訳などの、もとになった本。②洋書。
**げんしょ【厳暑】**〔文章語〕厳しい暑さ。類猛暑
**けんしょう【肩章】** 制服の肩につける階級章や記章。
**けんしょう【健勝】**〔文章語〕健康。「ご—を祈ります」〔手紙文で、相手の状態をいう〕
**けんしょう【検証】** ①検査して証明すること。②裁判官が証拠物件や現場を実地に当たって調べること。
**けんしょう【憲章】** 国家や団体が理想として定めた、大切な原則。
**けんしょう【謙称】** 謙遜した言い方。小生・愚妻・豚児など。対敬称
**けんしょう【顕彰】**〔文章語〕功績などを明らかにし世間に知らせること。
**けんしょう【懸賞】** 賞金・賞品をかけること。また、その賞金・賞品。
**けんじょう【献上】** ①差し上げること。類献呈 ②献上博多。独鈷《とっこ》の形の模様を浮き織りにした博多織の帯地。
**けんじょう【謙譲】** へりくだって相手に譲ること。類謙遜《けんそん》 **—語**《ご》 敬語の一。自分(—の側)をへりくだって言う。「いただく・うかがう・拝見」など。謙遜語。
**げんしょう【現象】** ①実際に現れた物事。「社会—」②〔哲学用語〕感覚によってとらえられる物事。
**げんしょう【減少】** 減って少なくなること。対増加
**げんじょう【原状】** もとの状態。「—回復」
**げんじょう【現状】** 現在の状態。「—維持」
**げんじょう【現場】** げんば①。
**けんしょうえん【腱鞘炎】** 手足の腱とその周囲の炎症。
**けんじょうしゃ【健常者】** 心身に障害のない人。〔「障害者」に対立する概念として作られた語〕
**けんしょく【兼職】** 職務を兼ねること。兼ねた職務。対本職
**けんしょく【顕職】**〔文章語〕高い地位の官職。
**げんしょく【原色】** ①まぜて他の色を作れる、基本的な色。〔ふつう三原色をいう〕②鮮明で派手な色。対中間色 ③もとのままの色。
**げんしょく【現職】** ①現在の職務・職業。対前職 ②現役①。「—の警察官」
**げんしょく【減食】** 食事の量を減らすこと。
**けんじる【献じる】** 献ずる。
**げんじる【現じる】** 現ずる。
**げんじる【減じる】** 減ずる。
**けんしん【健診】** 健康診断の略。
**けんしん【検針】** メーターの目盛りを調べること。
**けんしん【検診】** 病気かどうかを調べる診察。「集団—」
**けんしん【献身】** 自分を犠牲にして尽くすこと。

**けんじん【県人】** ある県の在住者・出身者。

**けんじん【堅陣】** 守りのかたい陣地。

**けんじん【賢人】** ①かしこい人。対愚人 ②濁り酒のたとえ。〔清酒を聖人にたとえる〕

**げんしん【原審】** その裁判の前に審理した裁判。原裁判。

**げんじん【原人】** 化石人類の一。猿人の次の段階。火を使い始めた。「北京―」

**けんしんれい【堅信礼】** キリスト教で、洗礼を受けた信者を完全な信者とする儀式。

**げんず【原図】** 複製に対して、もとの図。

**けんすい【懸垂】** ①垂れ下がること。②鉄棒にぶらさがって、腕を屈伸させる体操。

**げんすい【元帥】** 軍人の最高位の称号。

**げんすい【減水】** 水量が減ること。対増水

**げんすい【減衰】** 減って(―勢いがおとろえて)いくこと。

**げんすいばく【原水爆】** 原子爆弾と水素爆弾。〔核兵器の総称としても言う〕

**けんすう【件数】** 物事のかず。「事故―」

**げんすう【現数】** 現在ある数量。現在数。

**げんすう【減数】** 数―が減る(を減らす)こと。

**けんずる【献ずる】** 献上する。献じる。

**げんずる【現ずる】** 現れる。現す。現じる。

**げんずる【減ずる】** ①減る。減らす。②引き算をする。◇減じる。

**げんすん【原寸】** 実物と同じ寸法。

**―大《だい》** 実物と同じ大きさ。

**げんせ【現世】** 現在の世の中。

**げんぜ【現世】** 〔仏教語〕三世の一。この世。げんせい。対前世・来世

**―利益《りやく》** 〔仏教語〕現世でのしあわせ。

**けんせい【県政】** 県の行政。

**けんせい【県勢】** 県の政治・経済・民生の情勢。

**けんせい【牽制】** 相手の注意などをひきつけて自由にさせないこと。

**―球《きゅう》** 野球で、盗塁を防ぐために内野手に投げる球。Ⅱ相手の行動を牽制するための言動。

**けんせい【権勢】** 権力と威勢。「―をふるう」類権威

**けんせい【憲政】** 立憲政治。

**けんせい【顕性】** 対立形質をもつ品種の交配による雑種第一代に、一方の形質が他方をおさえて発現すること。また、その発現する形質。「―遺伝」〔優性の改称〕対潜性

**げんせい【原生】** 発生したときのままで―進化(変化)しないこと。「―林」

**―代《だい》** 地質時代の区分の一。〔始生代と古生代の間〕

**―動物《どうぶつ》** 最も下等な、単細胞の動物。原虫。アメーバなど。

**げんせい【現世】** げんせ。

**げんせい【現制】** 現在の制度。

**げんせい【現姓】** 現在の姓。対旧姓

**げんせい【現勢】** 現在の情勢・勢力。

**げんせい【厳正】** 厳しく、公正なこと。

**―中立《ちゅうりつ》** かたよらない態度を厳しく守ること。

**げんぜい【減税】** 税額を減らすこと。「大型―」対増税

**けんせき【譴責】** ①不正や過ちをとがめ責めること。②戒告①の旧称。

**げんせき【原石】** ①原鉱。②加工前の宝石。

**げんせき【原籍】** (移転前のもとの)本籍。

**けんせきうん【巻積雲】**《絹積雲》上層雲の一。まだらで白い。いわしぐも。さばぐも。

**けんせつ【建設】** 建物(組織・機構)を新しく造り上げること。

**―省《しょう》** 旧省庁名の一。国土計画・道路・河川などに関する行政を扱った。現在は国土交通省に統合。

**―的《てき》** 物事を積極的におし進めようとするようす。対破壊的

**けんぜつ【懸絶】** 著しい隔たりがあること。

**げんせつ【言説】** 意見・説明の言葉。

**けんせん【献饌】** 神前に供え物をすること。

**けんぜん【健全】** ①健康。②かたよらず堅実。「―財政」

**けんぜん【顕然】** 〔文章語〕明らかなようす。

**げんせん【原潜】** 原子力潜水艦の略。

**げんせん【源泉】** 水や温泉のわきでるみなもと。Ⅱ物事のみなもと。

**―掛《か》け流《なが》し** 温泉水を浴槽に注いであ

ふれるままにしている温泉。
**―徴収**《ちょうしゅう》 給与所得や利子所得が支払われるときに、支払い者が所得税を天引きして国に納めること。
**げんせん【厳選】** きびしく選ぶこと。
**げんぜん【現前】** 目の前に―ある（現れる）こと。「―の事実」
**げんぜん【厳然】**《儼然》きびしくおごそかで近寄りがたいようす。
**けんそ【険阻】**《嶮岨》（山・道などが）けわしい―こと（所）。
**げんそ【元素】** 化学的にはそれ以上分解できない、物質の単位要素。炭素・水素など。
**―記号**《きごう》 元素を表す略称記号。炭素はC、水素はH、酸素はOなど。
**けんそう【喧騒】**《喧噪》人の声や物音がやかましいこと。
**けんぞう【建造】** 建物や船を造ること。
**―物**《ぶつ》 家屋や橋などの建築物。
**げんそう【幻想】** とりとめのない空想。
**―曲**《きょく》 形式にとらわれない、自由な楽曲。ファンタジア。
**げんそう【舷窓】** ふなばたの小窓。
**げんぞう【幻像】** まぼろし。類幻影
**げんぞう【現像】** 撮影したフイルムや印画紙を薬品で処理して、映像を現すこと。
**けんそううん【巻層雲】**《絹層雲》上層雲の一。薄く広がる。
**けんぞく【眷属・眷族】** ①血縁。親族。②従者。
**げんそく【原則】** 基本的な法則・規則。「―として」
**げんそく【舷側】** ふなばた。
**げんそく【減速】** 速度―がゆるむ（をゆるめる）こと。対加速
**げんぞく【還俗】** 僧が俗人に戻ること。
**けんそん【謙遜】** へりくだり、控え目にすること。類謙譲 対不遜
**―語**《ご》 謙譲語。
**げんそん【玄孫】**〔文章語〕孫の孫。やしゃご。
**げんそん【現存】** 現在（現実に）あること。げんぞん。
**げんそん【減損】** 財産や物が減ること。また、減らすこと。
**げんそん【厳存】** 確かに存在すること。
**けんたい【倦怠】** ①飽きていやになること。②体が疲れてだるいこと。「―期」類退屈「―感」類疲労
**けんたい【検体】** 検査の対象となる物。血液・尿・便など。
**けんたい【献体】** 解剖実験用に自分の遺体を提供すること。また、その遺体。
**けんだい【兼題】** 歌会・句会で、前もって出しておく題。対席題
**けんだい【賢台】** 手紙で、同輩以上の男性に対する敬称。
**げんたい【減退】** 勢いが弱まり衰えること。対増進
**げんだい【原題】** 翻訳などをする前の、もとの題名。
**げんだい【現代】** ①今の時代。「―風」②時代区分の一。近代の次。〔日本史では第二次世界大戦以降〕
**―仮名遣い**《かなづか》 現代語を仮名で書く場合の表記の決まり。〔一九八六年告示〕
**―貨幣理論**《かへいりろん》 自国通貨を発行できる政府・中央銀行は、自国通貨建てで国債を発行している限り、財政赤字を拡大しても、債務不履行になることはないという理論。MMT。〔modern monetary theory〕
**げんたいけん【原体験】** いつまでも記憶に残っている、幼少期の体験。
**けんだか【権高・見高】** 気位が高いようす。
**げんだか【現高】** 現在高。
**けんだま【剣玉・拳玉】** 玩具の一。ひものついた玉を、本体の柄の先にさしたりへこみにのせたりして遊ぶ。
**けんたん【健啖】** 食欲旺盛でたくさん食べること。「―家」
**けんたん【検痰】** 痰の病源菌を調べること。
**げんたん【減反】**《減段》農作物の作付け面積を減らすこと。対増反
**けんち【見地】** 観察・判断の観点。
**けんち【検知】**（機器で）検査して確かめること。
**けんち【硯池】** すずりの、水をためるくぼみ。
**げんち【言質】** 後の証拠となる言葉。「―を―取る（与える）」
**げんち【現地】** ①実際に事の行われている場所。②現在いる土地。
**けんちく【建築】** 建物などを造ること。ま

た、造った物。

―士《し》 建築の設計・工事監督などの技術者。資格が必要。

**げんちく【減築】** 改築して床面積を減らすこと。対増築

**けんちじ【県知事】** 県の知事。

**けんちゃ【献茶】** 神仏にお茶を供えること。また、そのお茶。「―式」

**げんちゅう【原虫】** 原生動物。

**げんちゅう【原注】**《原註》 原著者のつけた注。対訳注

**けんちょ【顕著】** はっきり目立つようす。

**げんちょ【原著】** 翻訳や改作の、もとになった著作。「―論文」類原作

**けんちょう【県庁】** 県の行政事務を扱う役所。「―所在地」

**けんちょう【堅調】** 相場が上昇（高値）の傾向にあること。対軟調

**げんちょう【幻聴】** 実際にはない音が聞こえる幻覚。

**けんちん**《巻繊》 豆腐や野菜を油でいためた料理。

―汁《じる》 けんちんを入れた、すまし汁。

**げんつき【原付き】** 原動機付き自転車の略。排気量五〇cc以下のエンジンを搭載した二輪車。

**けんつく**《剣突》 〔俗語〕荒々しくしかりつけること。「―を食わせる」

**けんてい【検定】** 検査して合否や品質を定めること。「―試験」

**けんてい【献呈】** 〔文章語〕差し上げること。

**けんてい【賢弟】** 〔文章語〕（男性の手紙で）相手の弟や年下の男性に対する敬称。

**げんてい【限定】** 範囲や数量を限ること。

―戦争《せんそう》 目的や地域が限定されている戦争。対全面戦争

―版《ぱん》 発売数を限定した商品。

**けんてん【圏点】** 傍点。

**けんでん【喧伝】** 盛んに言いはやすこと。

**げんてん【原典】** 引用や翻訳の、もとになる著作。「―にあたる」

**げんてん【原点】** ①距離をはかる基準となる点。②物事の根源となるところ。類出発点 ③数学で、座標の基準点。

**げんてん【減点】** 点数を減らすこと。減らした点数。対加点

**げんど【限度】** 限界。

**けんとう【見当】** ①見込み。大体の目当て。「―をつける」②…ぐらい。「二〇人―」

**けんとう【拳闘】** ボクシング。

**けんとう【軒灯】** 軒につける灯火。

**けんとう【健闘】** （不利な条件の中で）立派に戦うこと。類善戦

**けんとう【検討】** 調べてよく考えること。「―を要する」

**けんとう【献灯】** 社寺に奉納する灯明。

**けんどう【県道】** 県が建設・管理する道路。

**けんどう【剣道】** 刀剣を使って戦う武道。

**げんとう【玄冬】** （「けんとう」とも）冬の異称。〔五行説で玄（=黒）は冬の色〕対青春・朱夏・白秋

**げんとう【幻灯】** スライド。「―機」

**げんとう【舷灯】** ふなばたにつける灯火。〔右舷が緑、左舷が赤。進行方向を知らせる〕

**げんとう【舷頭】** 〔文章語〕ふなばた。

**げんとう【厳冬】** 寒さのきびしい冬。

**げんどう【言動】** 言葉と行動。

**げんどうき【原動機】** 機器を動かすもととなる装置。エンジン・モーターなど。

**けんとうし【遣唐使】** 奈良・平安時代に日本から中国の唐に派遣された公式使節。

**げんどうりょく【原動力】** 活動を起こすもととなる力。

**ケントし【―紙】** 絵画・製図用の上質紙。〔英国ケント州原産〕

**げんとして【厳として】** おごそかに。きびしく。

**けんどじゅうらい【捲土重来】** 一度失敗した人が、再び勢いを盛り返すこと。けんどちょうらい。

**けんどん【慳貪】** 〔文章語〕①欲が深いこと。②無慈悲。

**けんない【圏内】** 範囲の中。対圏外

**げんなま【現生】** 〔俗語〕現金。

**げんに【現に】** 実際に。

**げんに【厳に】** きびしく。

**げんにく【減肉】** 配管の厚さが腐敗などで薄くなること。

**けんにょう【検尿】** 健康状態を調べるために小便を検査すること。

**けんにん【兼任】** 役職をふたつ以上かねること。対専任

**けんにん【検認】** 検査して問題のないことを認めること。「―を受ける」

**けんにん【堅忍】** 〔文章語〕我慢強いこと。

**―不抜《ふばつ》** 〔文章語〕我慢強くて、心が動揺しないこと。

**げんにん【現認】** 事実であると現場で確認すること。

**けんにんじがき【建仁寺垣】** 竹製の垣根の一。〔京都の建仁寺で始めた〕

**ケンネル** [kennel] ①犬小屋。②犬屋。

**けんのう【献納】** 社寺や公共団体に金品を差し上げること。

**けんのう【権能】** 権利を主張・行使できる法的な力。類権限

**げんのう【玄能・玄翁】** 大きなかなづち。

**げんのしょうこ【現の証拠】** 茎・葉を下痢止めにする野草。

**けんのん【剣呑】**《険難》 あぶないようす。危険。

**けんぱ【検波】** 変調された高周波から、もとの音声や画像の信号を取り出すこと。復調。「―器」

**げんば【現場】** ①その事件や出来事があった場所。「―検証」 ②作業をしている場所。

**けんぱい【献杯】**《献盃》 「相手に酒杯をさすこと」の謙譲語。

**げんぱい【減配】** 配給・配当を減らすこと。対増配

**けんぱく【建白】** 政府や上役に意見を申し述べること。建言。「―書」

**げんばく【原爆】** 原子爆弾の略。

**―症《しょう》** 原爆・水爆の被爆による病気や症状。

**げんばつ【厳罰】** きびしく罰すること。きびしい罰。「―に処する」

**げんぱつ【原発】** 原子力発電(―所)の略。

**げんぱつせい【原発性】** 先天性。対後発性

**けんばのろう【犬馬の労】** 「他人のために尽くすこと」の謙譲表現。「―を取る」

**けんばん【鍵盤】** ピアノやタイプライターの、指先でたたく部分。キー。「―楽器」

**げんばん【原板】** 写真で、焼き付け・引き伸ばしのもとになるフイルム。

**げんばん【原盤】** レコードやCDで、複製のもとになるレコードやCD。

**げんぱん【原版】** ①鉛版や紙型のもとになる活字組版。②複製や翻刻のもとになった版。

**げんはんけつ【原判決】** 原審の判決。

**けんび【兼備】** ふたつ以上のものを兼ね備えていること。「才色―」

**けんぴ【建碑】** 〔文章語〕碑を建てること。

**げんぴ【原肥】** もとごえ。

**げんぴ【厳秘】** 〔文章語〕極秘《ごくひ》。

**けんびきょう【顕微鏡】** 微細なものを拡大して見るための装置。

**けんぴつ【健筆】** ①達筆。 ②文章や詩歌を上手に作ること。「―をふるう」

**げんぴょう【原票】** 控えとして保存する、もとになる伝票や用紙。

**けんぴん【検品】** 製品を検査すること。

**げんびん【減便】** 交通・輸送の定期便の運行数を減らすこと。対増便

**げんぴん【現品】** 今(実際に)ある品物。現物。「―限り」

**けんぶ【剣舞】** 剣をふり、詩吟に合わせて舞う舞。

**けんぷ【絹布】** 絹織物。

**げんぶ【玄武】** 四神《しじん》の一。北方の守護神。亀に蛇の巻きついた姿。げんむ。

**―岩《がん》** 火山岩の一。暗黒色。〔兵庫県の玄武洞《げんぶどう》に由来する名称〕

**げんぷ【原譜】** 作曲時に書かれた、もとの譜面。

**げんぷ【厳父】** ①きびしい父。対慈母 ②〔文章語〕他人の父の敬称。

**げんぷう【厳封】** しっかり封をすること。

**げんふうけい【原風景】** ①幼少期の心に残っているイメージ(―が風景になったもの)。②昔ながらの風景。「日本の―」

**げんぷく【元服】** 昔、男子の成人式。初めて髪を結った。げんぶく。

**けんぶつ【見物】** 催し物や名所を見て楽しむ―こと(人)。「―客」

**けんぷじん【賢夫人】** かしこい夫人。

**げんぶつ【原物】** 複製や写真の、もとになる物。オリジナル。

**げんぶつ【現物】** ①現品。 ②金銭以外の、品物。「―支給」 ③取引で、実際にある株式・債券・現品など。「―取引」 対先物

**けんぶん【見聞】** 見たり聞いたり―すること(して得た知識)。「―を広める」

**けんぶん【検分】**《見分》 立ち会って調べること。

**げんぶん【言文】** 話し言葉と書き言葉。

**ー一致《いっち》** 書き言葉を話し言葉に一致させること。「ー一体」

**げんぶん【原文】** 翻訳や加筆前のもとの文章。「ーで読む」

**けんぺい【権柄】** 権力（—で人をおさえつけること）。

**ー尽《ず》く** 権力にまかせて、相手を押さえて事をすること。

**けんぺい【憲兵】** もと、軍事警察を任務とした陸軍兵科。

**げんぺい【源平】** 源氏と平氏。Ⅱ㋐敵と味方。㋑白と赤。〔源平の旗の色から〕

**けんぺいりつ【建蔽率・建坪率】** 敷地面積に対する建築面積の割合。〔法律で定められる〕

**けんべん【検便】** 健康状態を調べるために大便を検査すること。

**けんぼ【賢母】** かしこい母親。「良妻ー」

**けんぽ【健保】** 健康保険の略。「ー組合」

**げんぼ【原簿】** ①事務処理上、いちばんもとになる帳簿。②元帳《もとちょう》。

**けんぼう【健忘】** 忘れっぽいこと。

**ー症《しょう》** 一定期間の記憶を思い出せない症状。

**けんぼう【権謀】** 場合に応じた謀略。

**ー術数《じゅっすう》** 人を欺く謀略。

**けんぽう【剣法】** 剣を使う武術。

**けんぽう【拳法】** こぶしと足を用いる中国の武術。「少林寺ー」

**けんぽう【憲法】** 国家の政治体制の根本を規定する法律。

**ー記念日《きねんび》** 国民の祝日の一。五月三日。〔一九四七年の日本国憲法の施行日を記念〕

**げんぽう【減法】** 引き算。対加法

**げんぽう【減俸】** 減給。対増俸

**げんぼく【原木】** 材料や原料にする木。

**けんぽん【献本】** 本を進呈すること。また、その本。

**けんぽん【絹本】** 書画をかくのに使う絹地。また、それにかいた作品。対紙本

**げんぽん【原本】** 写し・翻訳・改訂などの、もとになった—本（文書）。

**けんま【研磨】**《研摩》 とぎみがくこと。Ⅱ研究を深めること。

**げんまい【玄米】** もみがらを除いただけで、精白していない米。対白米・精米

**ー茶《ちゃ》** 焙《ほう》じた玄米をまぜた番茶。

**けんまく【剣幕・見幕】** 激しく怒った—顔つき（態度）。

**げんまん**《拳万》 互いの小指をからみ合わせること。ゆびきり。〔約束を守るしるし〕

**げんみつ【厳密】** 細かい点まですきがないようす。

**けんみゃく【検脈】** 脈拍を数えること。

**げんみょう【玄妙】**（道理や技芸が）奥深く、微妙なこと。

**けんみん【県民】** 県の住民。

**ー性《せい》** その県民に共通する特徴・気質。

**けんむ【兼務】** 本務の他に別の職務も務めること。また、その職務。類兼職 対本務

**けんめい【件名】** 事件・事柄の名称。〔帳簿や伝票の見出し項目に使う〕

**けんめい【賢明】** かしこく道理にかなうようす。類利発・利口

**けんめい【懸命】** 力いっぱいがんばること。

**げんめい【言明】** はっきり言うこと。「ーを避ける」

**げんめい【厳命】** 厳しく命令すること。厳しい命令。

**げんめつ【幻滅】**（幻想から覚めて）現実に気づき、がっかりすること。

**げんめん【減免】** 刑罰や税金を—軽く（免除）すること。

**けんもほろろ** 取りつくしまもないようす。「ーに断る」

**けんもん【検問】**（通行車両を止めて）問いただし、調べること。「ー所」

**けんもん【権門】**〔文章語〕官位が高く、権勢のある—家（人）。

**げんや【原野】** 自然のままの野原。

**けんやく【倹約】** むだ使いをしないこと。「ーにつとめる」

**げんゆ【原油】** 精製していない石油。対精油

**げんゆう【現有】** 今もっていること。

**けんよう【兼用】** ひとつの物を、いくつかの用途に用いること。「男女ー」

**けんよう【険要】**〔文章語〕地勢が険しく敵を防ぐのに適していること。要害。「ーの地」

**けんよう【顕揚】**〔文章語〕（名声などが）世間に広く知れ渡るようにすること。

**けんらん【絢爛】** 美しくきらびやか。「豪華―」
**けんらん【賢覧】** 〔文章語〕「相手が見ること」の尊敬語。類高覧
**けんり【権利】** ①ある物事を行う資格。②ある利益を主張し、それを受ける力。対義務
**―金《きん》** 借地や借家で、賃料の他に借用権の代価として払うお金。〔ふつう返還されない〕
**―書《しょ》** 不動産の登記完了の証明書。権利証。登記済証。
**げんり【原理】** 根本を成す法則。
**―主義《しゅぎ》** 宗教で、近代合理主義を批判し、教義の根本に戻ろうとする復古主義的な立場。根本主義。ファンダメンタリズム。
**けんりつ【県立】** 県の設立。「―図書館」
**げんりゅう【源流】** 水の流れ出るみなもと。Ⅱ物事の起こり。「文化の―」
**けんりょ【賢慮】** 〔文章語〕①賢明な考え。②「相手の考え」の尊敬語。お考え。
**けんりょう【見料】** ①見物の料金。②手相・運勢を見てもらう料金。
**げんりょう【原料】** 製品の材料。
**げんりょう【減量】** ①分量が減る（を減らす）こと。対増量 ②体重を減らすこと。
**けんりょく【権力】** ①他人を強制し、服従させる力。②国家。政府。
**けんるい【堅塁】** 守りの堅いとりで。Ⅱ簡単にくずれないもの。
**けんろ【険路】**《嶮路》けわしい道。
**けんろう【堅牢】** しっかりして丈夫。「―なつくり」
**げんろう【元老】** 官位・年齢・人望の高い政治家。Ⅱその分野で功労のある老人。
**げんろん【言論】** 言語によって思想を述べること。「―の自由」
**げんわく【幻惑・眩惑】** 目がくらんで迷うこと。目をくらませて迷わすこと。
**げんわく【減枠】** 人数や金額の割り当てのわくを減らすこと。対増枠
**けんをきそう【妍を競う】** 美しい女性が多く集まっていて人目をひく。

# こ

**こ【故】** 死んだ人。「―博士」
**こ【子】**《児》①両親の間に生まれた人。対親〔動物は仔とも〕②幼い人。対おとな ③若い人。④利子。「元も―もない」⑤（小さい）物。「ひよ―」
**―は鎹《かすがい》** 子供がいることで夫婦の結びつきが保たれる。
**―は三界《さんがい》の首枷《くびかせ》** 親は子供への愛情のために一生苦労する。
**こ【弧】** ①弓形。②円周（曲線）の一部。
**こ【個】** ①ひとつ。一人。それぞれ。「―を生かす」②《箇》物を数える語。
**こ【粉】** こな。「―がふく」
**ご【御】** ①体言に付いて尊敬の意を表す。「―両親（健康）」②自分の行為を表す語に付いて謙譲の意を表す。「―案内します」③人を表す語に付いて尊敬を表す。「親―」
**ご【五】** 数の名。〔領収書などでは伍とも書く〕
**ご【後】** 後ろ。あと。対先・前
**ご【碁】** 囲碁。「―を打つ」
**ご【語】** ①言葉。「日本―」②単語。「―の組み立て」
**コア**〔core〕核。中心。Ⅱ中心的。「―なファン」
**ごあいさつ【御挨拶】** ①「あいさつ」の丁寧語。②〔俗語〕すげない（皮肉な）言葉。「―だね（＝あきれたね）」
**こあきない【小商い】** 小規模な商売。対大商い
**こあくま【小悪魔】** 男の心を手玉に取る若い女。
**こあざ【小字】** 町や村の字を小分けした区分。
**こあじ【小味】** こまやかな味わい。対大味
**コアタイム**〔core time〕フレックスタイム制で、勤務していなくてはならない時間帯。
**こあたり【小当たり】** 他人の心中を軽く探ってみること。
**コアラ**〔koala〕小グマに似た小動物。オーストラリアのみに生息。
**こい【恋】** 恋愛。「―におちる」
**―の鞘当《さやあ》て** 恋敵《がたき》どうしが争うこと。
**―は思案《しあん》の外《ほか》** 恋は理屈では割り切れない。
**こい【請い・乞い】** 〔文章語〕所望すること。

**こい【鯉】** 淡水魚の一。観賞用・食用。

**こい【故意】** わざとすること。対過失

**こい【濃い】** 対薄い「色(味・ひげ・愛情)が―」

**ごい【語意】** 語の意味。類語義

**ごい【語彙】** ある範囲で使われる語の全体(―を集めたもの)。「基本―」

**こいがたき【恋敵】** 恋愛の競争相手。

**こいき【小粋】**《小意気》 ちょっとおしゃれ。「―な女性」

**こいくち【濃い口】**(しょう油などの)色や味が濃いこと。「―しょう油」対薄口

**こいぐち【鯉口】** 刀のさやの口。〔形がコイの口に似ていることから〕

**―を切《き》る** 鯉口をゆるめる。

**ごいけんばん【御意見番】** 自分の考えをはっきり述べて、他人をいましめる役の人。〔本来は地位の高い人に対して意見を言う役〕

**こいこがれる【恋い焦がれる】** はげしく恋する。

**こいこく【鯉濃】** みそ汁の一。コイの輪切りを煮込む。

**こいごころ【恋心】** 恋しく思う心。

**ごいさぎ【五位鷺】** サギの一。背が黒く、中形。五位。

**こいさん**(関西で)末娘。〔こいとさんの略〕

**こいじ【恋路】** 恋(―の道)。「忍ぶ―」

**ごいし【碁石】** 囲碁で使う白と黒の小石。

**こいしい【恋しい】** ①なつかしい。②恋の気持ちを寄せるようす。

**こいする【恋する】** 恋心をいだく。

**こいちゃ【濃い茶】** ①濃い茶色。②濃くたてた抹茶《まっちゃ》。対薄茶

**こいつ**《此奴》「この人・これ」のぞんざいな言い方。〔「こやつ」の転〕

**こいなか【恋仲】** 互いに恋する仲。

**こいにょうぼう【恋女房】** 恋が実って結婚した妻。恋妻。類愛妻

**こいねがう【希う】**《冀う・庶幾う》強く望む。〔古風な言い方〕

**こいねがわくは【希くは】**《冀くは・庶幾くは》〔文章語〕なにとぞ。

**こいのぼり【鯉幟】** 端午の節句に飾る鯉の形ののぼり。

**こいびと【恋人】** 恋愛の相手。類愛人

**こいぶみ【恋文】** 恋い慕う気持ちを書いた手紙。ラブレター。〔古風な言い方〕

**こいも【子芋】** サトイモの親芋についた小さい芋。

**コイル**〔coil〕 らせん状に巻いた導線。電気器具・機械の部品など。

**こいわずらい【恋煩い・恋患い】** 恋のために病的な状態になること。

**こいん【雇員】** 臨時雇いの職員。

**コイン**〔coin〕 ①硬貨。②コイン①の代用品。ゲーム用など。

**―パーキング**〔和製語 coin parking〕自動支払機を利用する時間貸し駐車場。

**―ランドリー**〔coin laundry〕 硬貨を入れて使用する全自動洗濯機をおいた店。

**―ロッカー**〔和製語 coin locker〕 硬貨を入れて利用する公共のロッカー。

**こう【公】** ①おおやけ。②国家。◇対私《し》 ③公爵。「伊藤―」④敬意を表す。⑤親愛を表す。「ハチ―」⑥軽蔑を表す。「えて―」

**こう【孔】** あな。「―をうがつ・換気―」

**こう【功】** ①手柄。「―を立てる」②ききめ。「―を奏する」

**―成《な》り名《な》遂《と》げる** 手柄をおさめて名声を得る。

**こう【甲】** ①「手の―」②甲羅。「カメの―」③十干の第一。きのえ。Ⅱ第一位。

**こう【行】** ①〔文章語〕行くこと。「―を共にする」②漢詩の一体。③あちこち歩き回ること。「逃避―」

**こう【劫】** ①〔仏教語〕ごく長い時間。対刹那《せつな》 ②囲碁で、互いに一目の石をとりあう状態。

**こう【孝】**〔文章語〕孝行。「―を尽くす」

**こう【効】** ききめ。「薬石―なく」

**こう【庚】** 十干の第七。かのえ。

**こう【侯】** ①小大名。②侯爵。③大名の姓の下につける語。「島津―」

**こう【香】** ①たきもの。「―を聞く(=香をかぐ)」②香道。

**こう【候】**〔文章語〕季節。「春暖の―」

**こう【校】** ①学校。「わが―」②校正。「―を重ねる」

**こう【項】** ①事項。②箇条。〔予算編成の分類では款の下。法令では条の下〕③式を組み立てる各要素。「多―式」

**こう【綱】** 生物分類上の階級の一。門と目との間。

**こう【稿】**〔文章語〕原稿。「—を改める」

**こう【講】**①〔仏教語〕信者の団体。「伊勢—」②金銭を融通しあうための集まり。「無尽(頼母子)—」③講義。講釈。

**こう【恋う】**恋しく思う。

**こう【請う・乞う】**①求める。②願う。

**ごう【合】**①尺貫法の体積の単位の一。升の一〇分の一。約〇・一八リットル。②尺貫法の土地面積の単位の一。約〇・三三平方メートル。③登山の道のりの単位。全体の一〇分の一。「五—目」④戦闘・刀を交える回数。「決戦三—」

**ごう【号】**①雅号。②定期刊行物の順番。③順序の数につく語。④乗り物などの名につく語。「ひかり—」⑤絵画や活字の大きさを表す語。「二—一万円の絵」

**ごう【剛】**強いこと。「—の者」対柔

**ごう【郷】**①いなか。②その土地。

**—に入《い》っては郷《ごう》に従《したが》え** その土地に行ったら、そこの習慣に従うべきだ。

**ごう【業】**〔仏教語〕①善悪の行為。②報いを受ける悪行。「前世《ぜんせ》の—」

**—を煮《に》やす** 我慢できなくなる。

**ごう【濠】**①ほり。②【壕】掘った穴。「防空—」

**こうあつ【光圧】**光が物体の表面におよぼす圧力。

**こうあつ【高圧】**①強い圧力。②高い電圧(気圧)。「—線(帯)」◇対低圧

**—的《てき》** 相手をおさえつけるようす。

**こうあつ【降圧】** 血圧を下げること。「—剤」

**こうあん【公安】**社会の安全。

**—委員会《いいんかい》** 警察の管理・運営にあたる行政機関。国と各都道府県にある。

**こうあん【公案】**①禅宗で、修行者の悟道のための課題。②官庁の公文書の案文。

**こうあん【考案】**工夫し考え出すこと。

**こうい【好意】**好ましく思う気持ち。

**こうい【厚意】**親切な気持ち。

**こうい【行為】**おこない。

**こうい【皇位】**天皇の位。「—継承」

**こうい【高位】**〔文章語〕高い位置(地位)。

**こうい【校医】**学校からの依頼で児童・生徒の医療・衛生を管理する医者。学校医。

**ごうい【合意】** 互いの意思が一致すること。また、一致した意見。「—に達する」

**こういき【広域】**広い地域。「—化」

**こういしつ【更衣室】** 着替えをするための部屋。

**こういしょう【後遺症】** 病気やけがの治癒後に残る機能障害。⊜あとまで残る悪影響。「戦争の—」

**こういつ【後逸】** 野球などで、球を後ろへそらすこと。トンネル。

**ごういつ【合一】** ひとつにあわさること。「知行《ちこう》—」

**こういっつい【好一対】**似あいの一対。

**こういってん【紅一点】**多くの男性の中の一人の女性。〔青葉の中のひとつの赤い花の意〕

**こういど【高緯度】** 南極・北極に近いこと。

**こういん【工員】**工場の労働者。

**こういん【公印】**(官公庁の)公式の印。類官印 対私印

**こういん【光陰】**時間。

**—矢《や》の如《ごと》し** 月日の過ぎるのは早い。

**こういん【行員】**銀行員。

**こういん【勾引・拘引】** 被告人や証人を強制的に一定の場所へつれて行くこと。

**ごういん【強引】** 物事をむりやりにするようす。

**こうう【紅雨】**〔文章語〕①春、花に降りそそぐ雨。②赤い花の散るようすを雨にたとえた語。

**こうう【降雨】**雨が降ること。「—量」

**ごうう【豪雨】**大雨。

**こううん【幸運】**《好運》 運がよいこと。対不運・非運

**こううん【耕耘・耕運】** たがやすこと。「—機」

**こううんりゅうすい【行雲流水】** 気楽に、なりゆき任せに行動すること。

**こうえい【公営】** 国家・地方公共団体の経営。「—企業」対民営・私営

**こうえい【光栄】** 名誉に感じること。「—の至り」

**こうえい【後裔】**〔文章語〕子孫。

**こうえい【後衛】**①後方を守る部隊。②球技で、後方に位置する人。◇対前衛

**こうえき【公益】** 公共の利益。「—事業」対私益

**—法人《ほうじん》** 営利を目的としない法人。〔社

団法人と財団法人とがある〕

**こうえき**【交易】物品の交換や売買。

**こうえつ**【高閲】「目を通す（調べる）こと」の尊敬語。「ご―ください」

**こうえつ**【校閲】文書の誤りや不備を調べて正すこと。類校訂

**こうえん**【口演】語り演じること。

**こうえん**【公苑】自然に近い状態で動植物を見せる所。

**こうえん**【公園】公共のいこいの場。

**こうえん**【公演】公開して演じること。

**こうえん**【好演】よい演技や演奏。

**こうえん**【後援】①背後で助けること。②援軍。

**こうえん**【香煙】〔文章語〕香の煙。

**こうえん**【高遠】高尚。「―な理想」対卑近

**こうえん**【講筵】〔文章語〕講義をする席。

**こうえん**【講演】公衆の前で、あるテーマについて話すこと。「―会」類講義

**こうお**【好悪】好き嫌い。類愛憎

**こうおく**【高屋】〔文章語〕①高い家。②「相手の家」の尊敬語。

**こうおつ**【甲乙】優劣。「―つけがたい」〔十干の第一と第二から〕

**こうおん**【厚恩】〔文章語〕深く厚い恩。

**こうおん**【恒温】〔文章語〕一定した温度。

**―動物**《どうぶつ》 体温がほぼ一定の動物。哺乳類・鳥類など。温血動物。定温動物。

**こうおん**【高音】①高い音（声）。②音楽で、高い音域。◇対低音

**こうおん**【高恩】《洪恩・鴻恩》〔文章語〕大きな恩。「―に報いる」

**こうおん**【高温】高い温度。対低温

**ごうおん**【号音】合図の音。

**ごうおん**【轟音】響きわたる音。

**こうか**【工科】①工学に関する学科・学問。②工学部。

**こうか**【公課】国家・地方公共団体の課する税金や使用料・分担金など。

**こうか**【功科】（職務上の）成績。

**こうか**【考課】勤務（営業）成績の報告。

**こうか**【効果】①ききめ。「―がある」類効能・効力 ②演劇などで、擬音を使って場面を盛り上げること。音響効果。「―音」

**―的**《てき》 効果があるようす。

**こうか**【高価】値段が高いこと。対廉価《れんか》・安価

**こうか**【高架】高い所にかけ渡すこと。

**こうか**【高歌】大きな声で歌うこと。「―放吟」

**こうか**【降下】おりる（下がる）こと。

**こうか**【降嫁】〔文章語〕皇女などが皇族以外に嫁ぐこと。

**こうか**【校歌】各学校で制定した、校風やいわれをこめた歌。

**こうか**【黄禍】黄色人種の勢力が増して、白色人種が困ること。黄人禍。〔ドイツ皇帝ヴィルヘルム二世の言葉〕

**こうか**【硬化】①かたくなること。②意見や態度が頑固になること。◇対軟化

**こうか**【硬貨】金属製の貨幣。対紙幣

**こうか**【膠化】ゼリー状にかたまること。

**こうが**【高雅】〔文章語〕格調高く優雅なようす。

**ごうか**【劫火】〔仏教語〕世界を滅ぼすという大火。

**ごうか**【業火】〔仏教語〕①悪業《あくごう》。②地獄で罪人を焼く猛火。

**ごうか**【豪華】はでで、ぜいたく。

**―版**《ばん》 ①ぜいたくな造りの本。②〔俗語〕豪華なようす。デラックス。

**こうカード**【好―】熱戦が期待できる試合。

**こうかい**【公海】各国が共通に利用できる海。対領海

**こうかい**【公開】一般に開放すること。

**―捜査**《そうさ》 捜査内容を公開して、一般の協力をえる捜査法。

**こうかい**【更改】改めること。「契約―」

**こうかい**【後悔】あとで悔やむこと。悔い。

**―先**《さき》**に立**《た》**たず** 後悔しても終わったことは取り返しがつかない。

**こうかい**【降灰】火山灰が降ること。

**こうかい**【航海】船で海を渡ること。

**―士**《し》 船舶職員の資格の一。「一等―」

**こうがい**【笄】箸状の日本髪の飾り。

**こうがい**【口外】他人に話すこと。

**こうがい**【口蓋】口内の上側の部分。〔歯に近い方が硬口蓋、奥が軟口蓋〕

**―垂**《すい》 のどの奥に下垂する突起。のどちんこ。懸壅垂《けんようすい》。

**こうがい**【公害】市民の健康・生活をおびやかす害。大気汚染・騒音・汚水など。

**こうがい【光害】** 照明によって生じる天体観測や生態系への悪影響。
**こうがい【郊外】** 都会の周辺地域。
**こうがい【梗概】**〔文章語〕あらすじ。
**こうがい【鉱害】** 鉱物の採掘・製錬によってひきおこされる害。〔地盤沈下など〕
**こうがい【慷慨】**〔文章語〕世の不正を憤って嘆くこと。「悲憤—」
**こうがい【構外】** 建物・敷地の外。対構内
**ごうかい【豪快】** 堂々としていて力強く心地よい。
**ごうがい【号外】** 臨時に発行する新聞。
**こうかいどう【公会堂】** 公衆の会合に使用するための建物。
**こうかがく【光化学】** 光線の作用によっておこる化学反応を研究する学問。
**—スモッグ** 公害の一。自動車の排ガスと強い日光との化学反応によって生じるスモッグ。
**こうかく【口角】** 口の-わき(はた)。
**—泡《あわ》を飛《と》ばす** 激しい調子で-話す(議論する)。
**こうかく【甲殻】** 甲羅《こうら》。
**—類《るい》** 甲殻をもつ節足動物。エビやカニ。
**こうかく【降格】** 地位が下がること。地位を下げること。「—人事」対昇格
**こうがく【工学】** ①工業に関する学問。②工学①の方法を応用した学問。「人間—」
**こうがく【向学】** 学問に励むこと。「—心」
**こうがく【光学】** 光の現象に関する学問。
**—器械《きかい》** 光の性質を応用した器械。顕微鏡やカメラ。
**—顕微鏡《けんびきょう》** 顕微鏡の一。ガラスレンズを用いたもの。
**こうがく【好学】**〔文章語〕学問が好きなこと。
**こうがく【後学】** ①〔文章語〕後進の研究者。対先学 ②将来役立つ知識。「—のために聞く」
**こうがく【高額】** 多い金額。対低額・小額
**ごうかく【合格】** 試験や検査に受かること。「—点」
**こうかくか【好角家】** 相撲好きの人。こうかっか。
**こうがくねん【高学年】** 小学校で、五・六年。対低学年・中学年
**こうかくほう【高角砲】** 高射砲。
**こうかつ【広闊】**〔文章語〕広々と開けているようす。
**こうかつ【狡猾】** ずる賢い。「—に立ち回る」
**こうかん【公刊】** 出版物をおおやけに刊行すること。
**こうかん【公館】** ①公共の建物。②領事館・公使館・大使館。「在外—」
**こうかん【向寒】**〔文章語〕寒い季節に近づくこと。「—の折から」対向暑
**こうかん【交換】** ①取りかえること。「ちり紙—」②取りかわすこと。「—留学生」
**—条件《じょうけん》** 物事を引き受ける代わりに出す条件。
**こうかん【交感】** 互いに感じあうこと。
**—神経《しんけい》** 自律神経の一。血管・内臓などの働きを調節する。対副交感神経
**こうかん【交歓】**《〔交驩〕》集まって親しく交わり楽しむこと。
**こうかん【好漢】**〔文章語〕気性のさっぱりした好ましい男。
**こうかん【好感】** 好ましい印象。
**こうかん【後患】**〔文章語〕のちの心配。
**こうかん【巷間】**〔文章語〕世間。
**こうかん【高官】** 地位の高い-官職(官僚)。
**こうかん【浩瀚】**〔文章語〕①広大。②冊数(ページ数)が多いようす。
**こうがん【抗癌】** ガンの増殖をおさえること。「—剤」
**こうがん【厚顔】** ずうずうしいようす。「—無恥」
**こうがん【紅顔】** 若く血色のよい顔。
**こうがん【睾丸】** 男性生殖器の一部。きんたま。
**ごうかん【合歓】**〔文章語〕①ともに楽しむこと。②男女がいっしょに寝ること。
**ごうかん【強姦】** 相手の意思に反して無理やり性交すること。対和姦
**ごうがん【傲岸】**〔文章語〕いばっていて、相手を見下すようす。「—不遜」
**こうき【口気】** ①ものの言い方。②口臭。
**こうき【公器】**〔文章語〕公共の物。「新聞は社会の—」
**こうき【広軌】** 鉄道レールで、間隔が一・四三五メートルより広いもの。対狭軌

**こうき【光輝】**〔文章語〕輝く光。Ⅱ名誉。

**こうき【好奇】** 新しい（珍しい）ものに対する興味。

**―心**《しん》 変わったものや珍しいことに興味をもつ心。

**こうき【好機】** よい機会。チャンス。

**こうき【後記】** ①あとがき。「編集―」 ②文章で、あとに書くこと。類後述 対前記

**こうき【後期】** 後半の期間。対前期

**こうき【皇紀】** 神武天皇即位の年を元年とする紀元。〔西暦の紀元前六六〇年を元年とする〕

**こうき【香気】** よいにおい。

**こうき【高貴】** ①身分が高く、とうとい。②高価で貴重。「―薬」

**こうき【校紀】** 学校の風紀。

**こうき【校規】** 学校の規則。

**こうき【校旗】** 学校のしるしとする旗。

**こうき【綱紀】** ①秩序。②国家の規律。「―粛正」

**こうぎ【公儀】**〔文章語〕朝廷・幕府。〔古風な言い方〕

**こうぎ【広義】** 広い意味。対狭義

**こうぎ【交誼】**〔文章語〕交際の親しみ。

**こうぎ【好誼】**〔文章語〕相手の自分に対する親しみ。類交誼

類好誼

**こうぎ【抗議】** 反対意見を主張すること。苦情を申し立てること。

**こうぎ【高誼】**〔文章語〕①【厚誼】深い親しみ。②好誼の尊敬語。

**こうぎ【講義】** 学説や書物の内容を説明（教授）すること。「―を受ける」〔特に大学での、授業〕

**ごうき【剛毅】**〔文章語〕意志が強く、他に屈しないこと。「―朴訥《ぼくとつ》」

**ごうき【豪気・剛気】**〔文章語〕強く勇ましい気性。

**ごうぎ【合議】** 集まって相談すること。

**ごうぎ【豪気・豪儀】** 勢いや程度がはなはだしいようす。

**こうきあつ【高気圧】** 大気中で、周囲より気圧の高いところ。対低気圧

**こうきぎょう【公企業】** 国や地方公共団体が経営する企業。対私企業

**こうきゅう【公休】** ①公式に認められた休日。②定休日。◇公休日。

**こうきゅう【考究】**〔文章語〕考えきわめること。

**こうきゅう【攻究】**〔文章語〕深く研究すること。

**こうきゅう【後宮】** ①后妃・女官など。②後宮①の住んでいた奥御殿。

**こうきゅう【恒久】**〔文章語〕永久。

**こうきゅう【高級】** 程度・等級がふつうよりすぐれていること。対低級

**こうきゅう【高給】** 高い給料。対薄給

**こうきゅう【硬球】**（テニスや野球の）かたいボール。対軟球

**ごうきゅう【号泣】** 大声で激しく泣くこと。〔誤って単に涙を流す意にも使われる〕

**ごうきゅう【剛球】**《豪球》 投手が投げる速くて球質の重い球。

**ごうきゅう【強弓】** 張りの強い弓（―を引く人）。

**こうきょ【公許】** 政府の許可を受けること。官許。

**こうきょ【皇居】** 天皇の住居。

**こうきょ【薨去】**〔文章語〕「皇族（三位以上の人）が死ぬこと」の尊敬語。

**こうぎょ【香魚】**〔文章語〕アユの別称。

**こうきょう【口供】**（裁判で、被告や証人が）口頭で述べること。「―書」

**こうきょう【公共】** 社会一般。

**―企業体**《きぎょうたい》 ①公共のための事業を行う、国や地方公共団体出資の組織。②公社。

**―事業**《じぎょう》 公共の利益を目的とした事業。

**―職業安定所**《しょくぎょうあんていしょ》 職業紹介や失業保険の支給をする役所。職安。ハローワーク。

**―心**《しん》 公共のためにつくす心。

**―団体**《だんたい》 国家の監督下で、国家的事務を行う団体。地方公共団体など。

**―投資**《とうし》 国や地方公共団体が公共事業のために行う投資。

**―放送**《ほうそう》 商業広告をしない放送。対民間放送

**―料金**《りょうきん》 国民全体の生活に関係深い料金。その決定に政府が関与する。電気・ガス・水道・郵便・電話などの料金、交通機関の運賃など。

**こうきょう【好況】** 景気のいいこと。「―を呈する」対不況

**こうきょう【高教】**〔文章語〕「相手の教

え」の尊敬語。「ご—」

**こうぎょう【工業】** 原料を加工して製品をつくる産業。「—化」

**—所有権《しょゆうけん》** 特許権・実用新案権・商標権・意匠権の総称。

**—デザイン** インダストリアルデザイン。

**こうぎょう【鉱業】《礦業》** 鉱物の採掘・製錬などをする産業。

**こうぎょう【興行】** 見物料を取って見せる—こと(催し物)。

**こうぎょう【興業】** 〔文章語〕事業をおこすこと。

**こうきょういく【公教育】** 国立・公立の学校で行う教育。対私教育

**こうきょうがく【交響楽】** 管弦楽曲の総称。交響曲や交響詩。

**こうきょうきょく【交響曲】** ソナタ形式による管弦楽曲。シンフォニー。

**こうきょうし【交響詩】** 文学的テーマをもつ管弦楽曲。標題音楽の一。

**こうぎょく【紅玉】** ①リンゴの一品種。②赤色の鋼玉。ルビー。

**こうぎょく【硬玉】** 輝石の一。緑色。翡翠《ひすい》など。

**こうぎょく【鋼玉】** ダイヤモンドに次いでかたい宝石。ルビーやサファイア。

**こうきん【公金】** 国家・公共団体の所有するお金。Ⅱ個人が勝手に使ってはならない、会社などのお金。類公費

**こうきん【抗菌】** 有害な細菌の繁殖を防ぐこと。「—加工」

**こうきん【拘禁】** 留置場などに閉じ込めておくこと。

**こうぎん【高吟】** 声高く吟詠すること。対低吟

**ごうきん【合金】** 二種以上の金属を融合させた金属。真鍮《しんちゅう》など。

**こうく【工区】** いくつかに分けた工事の区間。

**こうく【校区】** (西日本で)学区。

**こうく【鉱区】** 鉱物・天然ガスの採掘を許可された区域。

**こうぐ【工具】** 工作用の器具。

**こうぐ【耕具】** 耕作用の道具。

**ごうく【業苦】** 〔仏教語〕前世の悪業《あくごう》により現世で受ける苦しみ。

**こうくう【口腔】** 「こうこう」の慣用読み。

**こうくう【航空】** 空を飛ぶこと。

**—機《き》** 飛行する乗り物の総称。特に飛行機。

**—自衛隊《じえいたい》** 自衛隊の組織の一。空域における防備を担当。

**—便《びん》** 航空機で運ぶ郵便。エアメール。対船便

**—母艦《ぼかん》** 戦闘機を発着させるための軍艦。空母。

**こうくう【高空】** 空の高い所。対低空

**こうぐう【厚遇】** 手厚く応対すること。対冷遇

**こうぐち【坑口】** 坑道の入り口。

**こうくつ【後屈】** 後ろへ—曲がる(曲げる)こと。対前屈

**こうぐん【行軍】** (軍隊が)行進すること。「強—」

**こうげ【香華】** 〔仏教語〕仏に供える香と花。「—を手向《たむ》ける」

**こうげ【高下】** ①高低。②優劣。③上下すること。

**こうけい【口径】** 筒状のものの口の直径。

**こうけい【光景】** ①景色。「日没の—」②ようす。「事故現場の—」

**こうけい【後継】** あとつぎ。「—者」

**こうげい【工芸】** 美術的な実用品を作ること。また、その製品。

**ごうけい【合計】** 総計。「—金額」

**—特殊出生率《とくしゅしゅっしょうりつ》** 女性一人当たりの生涯出生児数。

**こうげき【口撃】** 言葉による攻撃。

**こうげき【攻撃】** 敵を攻めること。対守備 Ⅱ非難すること。「個人—」

**こうけつ【高潔】** 気高くて心が美しいようす。

**こうけつ【膏血】** 〔文章語〕苦労して得た収入。〔膏《あぶ》らと血の意〕

**—を絞《しぼ》る** 重い税金を取りたてる。

**ごうけつ【豪傑】** ①力強く勇敢な人。②小事を気にしない人。

**こうけつあつ【高血圧】** 血圧が標準より高い—こと(症状)。対低血圧

**こうけん【公権】** 法律で認められた、国家と国民の権利。納税義務を履行させる権利や参政権など。対私権

**こうけん【効験】** ききめ。「—あらたか」〔古くは「こうげん」〕

**こうけん【後件】** あとにあげた—事柄(物件)。対前件

**こうけん【後見】** ①補佐する—こと(人)。②精神上の障害で判断能力を欠く者を守り、財産の管理などをする—こと(制度)。〔禁治産の新しい呼び方〕 ③舞台で、黒子《くろこ》。

**こうけん【高見】**〔文章語〕①立派な意見。②「相手の意見」の尊敬語。「ご—」

**こうけん【貢献】** 力を尽くし役立つこと。「福祉に—する」

**こうげん【公言】** 公然と言うこと。

**こうげん【巧言】**〔文章語〕口先だけのうまい言葉。

**—令色《れいしょく》**〔文章語〕うまいことを言い、あいそがいいこと。

**こうげん【広言】**〔文章語〕遠慮せずに大きなことを言うこと。「—を吐く」

**こうげん【広原】**《曠原》〔文章語〕広い野原。

**こうげん【光源】** 光を発生させるもと。

**こうげん【抗言】** 反抗して言うこと。

**こうげん【抗原】** 体内に入って抗体を発生させるもととなる物質。細菌・毒素など。

**—抗体《こうたい》反応《はんのう》** 抗原とそれに対応する抗体との凝集反応や溶菌反応。

**こうげん【荒原】** 荒れた野原。

こうげん【高言】偉そうに言うこと。

**こうげん【高原】** 標高の高い平原。「志賀—」‖高いレベルが続くこと。「—景気」

**ごうけん【合憲】** 憲法に違反していないこと。対違憲

**ごうけん【剛健】** 強くたくましいこと。

**こうげんがく【考現学】** 現代の世相や風俗を調査・研究する学問。〔考古学のもじり〕

**こうげんびょう【膠原病】** 結合組織の炎症によっておこる病気の総称。

**こうけんりょく【公権力】** 国または地方公共団体が人民に対して強制する権力。

**こうこ【公庫】** 政府の出資による金融機関。

**こうこ【好個】** ちょうどよいこと。「—の資料」

**こうこ【後顧】**

**—の憂《うれ》い** のちのちの心配。

**こうこ**《香香》こうこう。

**こうこ【曠古】**〔文章語〕前例のないこと。「—の大業」〔曠は何もない意〕

**こうご【口語】** ①話し言葉。対文語 ②現代の日常語。対文語・古語

**—体《たい》** 現代の話し言葉を用いた文体。対文語体

**こうご【交互】** かわるがわる。

**こうご【向後】**《嚮後》〔文章語〕以後。

**—に** かわりばんこに。

**ごうご【豪語】** 自信満々に、大きなことを言うこと。類大言壮語

**こうこう【口腔】** 口の中。〔医師は「こうくう」という〕

**こうこう【坑口】** こうぐち。

**こうこう【孝行】** 親を大切にすること。

**こうこう【後攻】** 野球などで、あとから攻撃すること。あとぜめ。対先攻

**こうこう【後項】** ①後ろにある項目。②数学で、二個以上ある項の後の項。◇対前項

**こうこう【高校】** 高等学校。

**—総体《そうたい》** 全国高等学校総合体育大会の略。インターハイ。

**こうこう【航行】** 船(航空機)で行くこと。

**こうこう【皎々・皓々】** 明るいようす。「月が—と輝く」

**こうこう【煌々】** きらきら輝くようす。「—たるライト」

**こうこう【膏肓】** 体内の最深部。「病—に入《い》る」〔誤ってこうもうとも〕

**こうごう【交合】**《媾合》〔文章語〕性交。

**こうごう【咬合】** 上下の歯のかみ合わせ。

**こうごう【皇后】** 天皇の妻。

**こうごう【香合】** 香を入れる、ふた付きの入れ物。香箱。

**ごうごう【囂々】** 発言が多くてやかましいようす。「非難(喧喧《けんけん》)—」

**ごうごう【轟々】** とどろき響くようす。

**こうごうしい【神々しい】** 気高くおごそかだ。

**こうこうせい【向光性】** 向日《こうじつ》性。

**こうごうせい【光合成】** 葉緑素をもつ植物が光を利用して二酸化炭素と水から炭水化物をつくる働き。

**こうこうや【好々爺】** 人のいいおじいさん。

**こうこがく【考古学】** 遺跡・遺物から古代人類の生活などを研究する学問。

**こうこく【公告】** 国家・地方公共団体が

一般人に知らせること。

**こうこく**【公国】 ヨーロッパで、公爵が世襲君主である国。「モナコ—」

**こうこく**【広告】 広く世間に知らせること(ための文書など)。

**—代理《だいり》店《てん》** 広告の仲介・制作・市場調査などを行う企業。

**こうこく**【抗告】 裁判所(官庁)の決定・命令に対する不服を、上級裁判所(官庁)に申し立てること。

**こうこく**【皇国】 〔文章語〕天皇が治める国。〔もと日本の別称〕

**こうこく**【興国】 国勢を盛んにすること。国勢の盛んな国。

**こうこく**【鴻鵠】 〔文章語〕大きな鳥。Ⅱ大人物。「—の志」◇〔大鳥と白鳥の意〕

**こうこつ**【恍惚】 ①うっとりするようす。②もうろくするようす。

**こうこつ**【硬骨】《鯁骨》 ①かたい骨。対軟骨 ②意志が強く自分を曲げないようす。「—漢(=意志が強い男)」

**—魚《ぎょ》** 骨格がかたい骨の魚。対軟骨魚

**こうこつもじ**【甲骨文字】 古代中国の殷代《いんだい》の文字。占いのために亀《かめ》の甲や獣骨にきざまれた。

**こうこん**【黄昏】 〔文章語〕夕暮れ。たそがれ。

**ごうコン**【合—】 (男女が知り合うための)異なる大学や職場のメンバーによるコンパ。〔合同コンパの略〕

**こうさ**【公差】 ①数学で、等差数列の隣り合う二項の差。②貨幣や度量衡器の、法律で認められた範囲の、標準と実物との誤差。

**こうさ**【交差】《交叉》 斜めや十字に交わること。「—点」

**こうさ**【考査】 ①考え調べること。②学校で、定期試験。「期末—」

**こうさ**【黄砂】《黄沙》 ①黄色の砂。②春に中国北部で黄色の砂が吹きあげられ空をおおう現象。また、その砂が日本国土に飛来しふりそそぐ現象。

**こうさ**【較差】 かくさ。

**こうざ**【口座】 ①帳簿で、各項目別に勘定を記入・計算するところ。②預金口座。③振替《ふりかえ》口座。「—に振り込む」

**こうざ**【高座】 講演・演芸をする一段高い席。

**こうざ**【講座】 ①大学などで、講義する学科(—による組織の単位)。②講座①の形式による講習会(出版物)。

**こうさい**【公債】 国家・地方公共団体が設ける債務(—の債券)。〔国債・地方債など〕対社債

**こうさい**【交際】 つきあい。「—費」

**こうさい**【光彩】 〔文章語〕美しい輝き。「—を放つ」

**—陸離《りくり》** 〔文章語〕美しく輝くようす。

**こうさい**【香菜】 コリアンダー。

**こうさい**【虹彩】 ひとみの周囲にある薄い膜。目に入る光の強さを調節する。〔日本人のは茶色、欧米人のは緑色〕

**こうさい**【高裁】 高等裁判所の略。

**こうさい**【鉱滓】 鉱石を精錬したときに出るかす。〔「こうし」の慣用読み〕

**こうざい**【功罪】 よい点とわるい点。

**—相《あい》半《なか》ばする** 功罪が半分ずつで、よいともわるいともいえない。

**こうざい**【鋼材】 工業製品の材料となる鋼鉄。

**こうざいりょう**【好材料】 ①ちょうどよい材料。②相場を値上がりさせるような要因。

**こうさく**【工作】 ①物を作ること(教科)。②土木建築の工事。③事前に働きかけること。「政治—」

**—員《いん》** 情報収集その他の秘密の活動をする人。

**こうさく**【交錯】 いりまじること。

**こうさく**【耕作】 田畑を耕して農作物を作ること。

**こうさく**【鋼索】 ワイヤロープ。

**—鉄道《てつどう》** ケーブルカー。

**こうさつ**【考察】 よく考え調べること。「—を加える」

**こうさつ**【高札】 ①昔、町中に立てた命令などのたてふだ。②入札で、価格の最高のもの。③〔文章語〕「相手の手紙」の尊敬語。

**こうさつ**【高察】 〔文章語〕「相手の推察」の尊敬語。類賢察

**こうさつ**【絞殺】 首をしめて殺すこと。

**こうざつ**【交雑】 異種間の交配。雑交。

**こうさん**【公算】 みこみ。「…の—が大きい」

**こうさん**【恒産】 〔文章語〕安定した財

産（職業）。「―なければ恒心なし」
**こうさん【降参】** 戦いに負けて敵に従うこと。降伏。Ⅱ閉口。「大雪にはーした」
**こうざん【高山】** 高い山。
**―気候**《きこう》 山岳の気候。気温差が大きく、雲・霧が多発。
**―植物**《しょくぶつ》 高山に自生する植物。コケモモ・コマクサなど。
**―病**《びょう》 高山でおこる症状。耳鳴り・吐きけなど。山岳病。
**こうざん【鉱山】** 鉱物を採掘する山。
**こうさんか【抗酸化】** 酸化を防ぐこと。「―剤」
**こうし【公司】** コンス。
**こうし【公私】** 公事と私事。
**―混同**《こんどう》 公的なものを私的に利用すること。
**こうし【公使】** 大使に次ぐ外交官。
**こうし【甲子】** きのえね。
**こうし【光子】** 素粒子の一。光の粒子。
**こうし【行使】** 使うこと。「武力―」
**こうし【孝子】** 〔文章語〕親孝行な子。
**こうし【厚志】** 〔文章語〕親切な心。
**こうし【後肢】** うしろ足。[対]前肢
**こうし【後嗣】** 〔文章語〕あとつぎ。
**こうし【皇嗣】** 〔文章語〕次の天皇となる人。
**こうし【高士】** 〔文章語〕①人格の高潔な人。②世間から隠れ住む人。
**こうし【格子】** ①細い木を縦横に組んだもの。「―戸」②格子縞《じま》。「千鳥―」
**こうし【皓歯】** 〔文章語〕白く美しい歯。「明眸《めいぼう》―」
**こうし【嚆矢】** 〔文章語〕物事のはじめ。〔昔、中国で、開戦の合図に嚆矢（＝かぶら矢）を射たことから〕
**こうし【講師】** ①講演をする人。②大学で、准教授の下の職名。専任講師。③学校から頼まれて教授する人。「非常勤―」
**こうじ【麴】**《糀》 穀類などを蒸してこうじ菌を繁殖させたもの。酒・しょう油などの醸造用。
**―黴**《かび》 カビの一種。でんぷんを糖化させ、たんぱく質を分解する。醸造に利用。コウジキン。
**こうじ【小路】** 狭い道。[対]大路
**こうじ【工事】** 土木・建築などの作業。
**こうじ【公示】** 政府・地方公共団体が一般の人に示すこと。
**こうじ【好事】** よい-こと（行い）。
**―魔**《ま》**多**《おお》**し** よいことには邪魔が入りやすい。
**こうじ【好餌】** 〔文章語〕うまいえさ。Ⅱ人を誘い出す手段。
**こうじ【後事】** 〔文章語〕将来（死後）のこと。「―を託す」
**こうじ【高次】** 高い-次元（程度）。[対]低次
**こうじ【講師】** 宮中の歌会・歌合わせで、歌を読み上げる人。
**ごうし【合祀】** 二柱以上の-神（霊）を、一社にまつること。
**ごうし【合資】** 資本を出し合うこと。
**―会社**《がいしゃ》 無限責任社員と有限責任社員とで組織される会社。前者が経営を、後者が出資を担当する。
**ごうじ【合字】** 二字の文字を一字にしたもの。〔例えば麻呂を麿とする〕
**こうしき【公式】** ①公の方式。[対]非公式 Ⅱ規則や原則にこだわり融通のきかないこと。「―-的（主義）」②数学で、法則を記号で表した式。
**―戦**《せん》 公式の試合。特に、プロ野球の正式日程の試合。[対]オープン戦
**こうしき【硬式】** 野球・テニスで、かたい球を使う方式。[対]軟式
**こうしけつしょう【高脂血症】** 脂質異常症の旧称。
**こうしせい【高姿勢】** 高圧的な強い態度。[類]高飛車 [対]低姿勢
**こうしつ【後室】** 身分の高い人の未亡人。
**こうしつ【皇室】** 天皇とその一族。
**―典範**《てんぱん》 皇室に関する事項を定めた法律。
**こうしつ【高湿】** 湿度が高いこと。[類]多湿
**こうしつ【硬質】** かたい性質。[対]軟質
**こうしつ【膠質】** コロイド。
**こうじつ【口実】** いいわけ。「―を設ける」
**こうじつ【好日】** 気持ちのいい日。
**こうじつせい【向日性】** 植物が光の強い方向に向かって生長する性質。向光性。[対]背日性
**こうしゃ【公社】** ①国の全額出資による公共企業体。〔もとの日本専売公社、日本国有鉄道、日本電信電話公社〕②地方公共団体と民間などとの共同出資によ

る法人。公共事業を行う。「住宅―」
**こうしゃ【公舎】** 公務員の宿舎。
**こうしゃ【巧者】** 物事になれていて、上手なようす(人)。「試合―」
**こうしゃ【後者】** ①あとから続く人。②ふたつのうちのあとのもの。対前者
**こうしゃ【降車】** 車から降りること。対乗車
**こうしゃ【校舎】** 学校の建物。
**ごうしゃ【豪奢】** 非常にぜいたくではでなこと。
**こうしゃく【公爵】** 爵位の一。五等爵の第一位。
**こうしゃく【侯爵】** 爵位の一。五等爵の第二位。
**こうしゃく【講釈】** ①文章の語句・意味を説明すること。②講談。「―師」
**こうしゃほう【高射砲】** 飛行機を射撃する砲。〔旧陸軍の用語。旧海軍では高角砲〕
**こうしゅ【工手】** 電気や鉄道の工事をする人。工夫。
**こうしゅ【巧手】** 〔文章語〕技芸がたくみなこと(人)。
**こうしゅ【好手】** 囲碁や将棋で、上手な打ち方。
**こうしゅ【好守】** 上手に守ること。対拙守
**こうしゅ【攻守】** 攻めることと守ること。**―所《とこ》を変《か》える** 立場が逆転する。
**こうしゅ【拱手】** 両手を組んで何もしないこと。「―傍観」〔「きょうしゅ」の慣用読み〕
**こうじゅ【口授】** 言って教えること。くじゅ。〔古風な言い方〕
**こうしゅう【口臭】** くさい息。
**こうしゅう【公衆】** 社会の一般の人々。**―衛生《えいせい》** 公衆の保健・衛生の向上・増進をはかること。**―道徳《どうとく》** みんなが守るべき道徳。
**こうしゅう【講習】** 技芸などを学習(指導)すること。「―会」
**こうしゅうは【高周波】** 周波数の高い電波(電流)。対低周波
**こうじゅく【紅熟】** 真っ赤に熟すこと。
**こうじゅく【黄熟】** 黄色く熟すこと。
**こうしゅけい【絞首刑】** 首をしめて殺す刑罰。
**こうしゅつ【後出】** あとに出てくること。対前出
**こうじゅつ【口述】** 口頭で述べること。**―筆記《ひっき》** 他人が話していることを書き留めること。
**こうじゅつ【公述】** 公聴会で、意見を述べること。「―人」
**こうじゅつ【後述】** あとで述べること。対前述
**こうじゅん【降順】** データを値(コード)の大きい順に並べること。対昇順
**こうしょ【向暑】** 〔文章語〕夏に向かうこと。「―の折から」対向寒
**こうしょ【高所】** ①高い所。「―恐怖症」②高い立場。「大所―からの判断」対低所
**こうしょ【高書】** 「他人の手紙や著書」の尊敬語。「ご―」
**こうしょ【講書】** 書物の内容を講義すること。
**こうじょ【公序】** 一般の人が守るべき秩序。**―良俗《りょうぞく》** 公共の秩序とよい風俗。
**こうじょ【公助】** 公的機関が支援すること。
**こうじょ【皇女】** 天皇の娘。内親王。
**こうじょ【高女】** 旧制の高等女学校。
**こうじょ【控除】**〈扣除〉 差し引くこと。「必要経費を―する」
**こうしょう【口承】** 語り伝えること。**―文芸《ぶんげい》** 口伝えで受けつがれた文芸。口承文学。伝承文学。
**こうしょう【口唱・口誦】** 〔文章語〕声に出して読む(言う)こと。
**こうしょう【口証】** 口述による証明。
**こうしょう【工匠】** ①大工や職人。②工作物の意匠。
**こうしょう【公称】** 表向き公表されていること。
**こうしょう【公証】** 公的機関による証明。**―人《にん》** 民事に関する公正証書を作成し、個人作成の証書を認証する権限をもつ人。
**こうしょう【公傷】** 就業中に受けた傷。対私傷
**こうしょう【交渉】** ①話し合うこと。「―を持つ・団体(軍縮)―」②かかりあうこと。「没―」③性交渉。

**こうしょう【好尚】**〔文章語〕好み。「時代の—」

**こうしょう【行賞】**（手柄に対して）賞を与えること。「論功—」

**こうしょう【考証】**古い文書を調べ、事実を明らかにすること。「時代—」

**こうしょう【咬傷】**かまれた傷。

**こうしょう【哄笑】**大声で笑うこと。

**こうしょう【高尚】**程度が高く上品なようす。対低俗

**こうしょう【高唱】**大声で唱える（歌う）こと。類高吟 対低唱

**こうしょう【校章】**学校の記章。

**こうしょう【鉱床】**地中で有用な鉱物のたくさんある所。

**こうじょう【口上】**①口で言うこと。②興行で、紹介や説明をすること。

**こうじょう【工場】**機械を使って製品を生産する施設。こうば。

**こうじょう【向上】**よい方へ向かうこと。対低下

**—心《しん》** 向上しようとする心。

**こうじょう【交情】**つきあいの親しみ（情愛）。「—を温める」

**こうじょう【厚情】**思いやりのある心。

**こうじょう【恒常】**①いつも一定であること。「—的」②ふつう。

**—性《せい》** 常に一定の状態を保とうとする性質。

**ごうしょう【豪商】**金持ちの大商人。

**ごうじょう【強情】**《剛情》がんこ。「—を張る」

**こうしょうがい【高障害】**ハイハードル。

**こうじょうせん【甲状腺】**のどにある内分泌腺。

**こうしょく【公職】**公的な職。〔議員・公務員など〕

**—選挙法《せんきょほう》** 国会議員および地方公共団体の長や議員の選挙に関する法律。

**—追放《ついほう》** 公職から特定の人を追放する制度。パージ。

**こうしょく【好色】**色事を好むこと。「—本」

**こうしょく【降職】**低い地位（役職）にさげること。類降任・左遷

**こうしょく【黄色】**おうしょく。

**—人種《じんしゅ》** おうしょく人種。

**ごうじょっぱり【強情っ張り】**いじっぱり。

**こうじる【困じる】**こまる。困ずる。

**こうじる【高じる】**《昂じる》ひどくなる。たかぶる。高ずる。「病が—」

**こうじる【講じる】**①講義する。②工夫して問題に当たる。「対策を—」③《媾じる》和解する。「和を—」◇講ずる。

**こうしん【口唇】**〔文章語〕くちびる。

**こうしん【高進・亢進・昂進】**段々たかぶること。

**こうしん【功臣】**手柄のあった家来。

**こうしん【向心】**対遠心

**—力《りょく》** 物体が円運動をするとき、円の中心に向かおうとする力。求心力。対遠心力

**こうしん【交信】**（無線で）通信すること。「—が途絶える」

**こうしん【行進】**列をなして進むこと。

**—曲《きょく》** 行進用の二拍子の曲。マーチ。

**こうしん【更新】**改まる（改める）こと。

**—世《せい》** 洪積世の改称。

**こうしん【孝心】**孝行しようとする心。

**こうしん【庚申】**干支《えと》の一。かのえさる。

**こうしん【後身】**生まれ変わり。対前身

**こうしん【後進】**①あとから進んでくること。対先進 ②後輩。③後ろへ進むこと。対前進

**—国《こく》** 発展途上国。対先進国

**こうしん【恒心】**〔文章語〕いつも変わらないしっかりした心。

**こうしん【紅唇】**〔文章語〕口紅をつけた（美人の）くちびる。

**こうじん【公人】**公職にある人。「—としての立場」対私人

**こうじん【行人】**〔文章語〕①道を通る人。②旅人。

**こうじん【幸甚】**〔文章語〕非常に幸せなこと。「—に存じます」

**こうじん【後人】**後世の人。対前人・先人

**こうじん【後陣】**陣立てで、後ろの陣。あとぞなえ。ごじん。対先陣

**こうじん【後塵】**車などが通ったあとにたつ土ぼこり。

**—を拝《はい》する** ①優れた人のあとにつく。②人に先を越される。

**こうじん【荒神】**〔三宝荒神の略〕家を守る、かまどの神。⊜陰で人々を守る人（もの）。

**こうじん【黄塵】** ①黄色い土煙。②世間の俗事。

**こうしんえつ【甲信越】** 山梨県・長野県・新潟県の総称。〔甲斐・信濃・越後から〕

**こうしんじょ【興信所】** 依頼に応じて、個人や会社の信用・財産などを秘密に調査し報告する機関。

**こうしんせい【更新世】** 洪積世。

**こうじんぶつ【好人物】** 善良な人。

**こうしんりょう【香辛料】** 料理に、辛味や香気を添える調味料。スパイス。

**こうず【公図】** 土地登記簿につけられている、境界・地目・面積などを示す地図。

**こうず【構図】** 絵・写真などの画面の構成。

**こうすい【香水】** 化粧品の一。芳香をつける。

**こうすい【降水】** 雨や雪など、地上に降る水分。「―確率」
**―量《りょう》** 降水の量。

**こうすい【硬水】** カルシウムやマグネシウムを多く含む水。対軟水

**こうすい【鉱水】** 鉱物質（鉱毒）を含む水。

**こうずい【洪水】** 川の水があふれ出ること。比物があふれるほどあること。「車の―」

**こうずか【好事家】** ①変わったことを好む人。②風流を好む人。

**こうする【抗する】** 抵抗する。

**こうずる【高ずる】**《昂ずる》高じる。

**こうずる【講ずる】** 講じる。

**ごうする【号する】** ①雅号をつける。②言い立てる。「世界一と―」

**こうせい【公正】** 公平で正しいこと。
**―証書《しょうしょ》** 〔法律用語〕公証人が作成した権利などに関する証書。
**―取引《とりひき》委員会《いいんかい》** 内閣府の外局の一。独占禁止法の運営にあたる。

**こうせい【更正】** 正しく改めること。

**こうせい【更生】**《甦生》①生き返ること。②立ち直る（直らせる）こと。「―施設」③再利用できるようにすること。「―品」

**こうせい【攻勢】** 攻めかかる態勢。対守勢

**こうせい【厚生】** 生活を豊かにし、健康を維持・増進すること。
**―省《しょう》** 旧省庁名の一。社会保険・社会事業などの事務を扱った。現在は厚生労働省に統合。
**―年金《ねんきん》** 老齢年金・遺族年金などの総称。厚生年金保険法に基づいて給付される。
**―労働省《ろうどうしょう》** 中央官庁の一。社会福祉・社会保障・公衆衛生・労働問題に関する行政を扱う。〔二〇〇一年厚生省・労働省が統合されて発足〕

**こうせい【後世】** のちの世。後代。

**こうせい【後生】** 〔文章語〕①後輩。②子孫。
**―おそるべし** 自分より若い人は、今後の実力がはかりしれないから、おそれつつしむ気持ちで扱うべきだ。〔『論語』から〕

**こうせい【恒星】** 相対的な位置をほとんど変えず、自身で発光する星。

**こうせい【校正】** 印刷物と原稿とを見比べて文字などの誤りを正すこと。

**こうせい【硬性】** かたい性質。対軟性

**こうせい【構成】** 組み立て。組み立てること。「家族―」
**―員《いん》** メンバー。

**こうせい【鋼製】** 鋼鉄製。

**ごうせい【合成】** ①ふたつ以上のものをあわせてひとつにすること。「―写真」②化学反応を利用して、新しい物質を作り出すこと。
**―語《ご》** ふたつ以上の言語要素が結びついた単語。複合語と派生語に分けられる。
**―樹脂《じゅし》** 化学合成によって作った樹脂状の物質。プラスチックなど。
**―繊維《せんい》** 化学的に合成した繊維。ナイロンやアクリル。〔原料は石油や石炭〕
**―洗剤《せんざい》** せっけん以外の洗剤。

**ごうせい【剛性】** もとの形を保とうとする、物体の性質。

**ごうせい【豪勢】** 驚くほど大規模（ぜいたく）なようす。「―な暮らし」

**こうせいきょく【交声曲】** カンタータ。

**こうせいしんやく【向精神薬】** 睡眠剤・精神安定剤・覚醒剤などの総称。

**こうせいぶっしつ【抗生物質】** ほかの細菌の発育を妨げる物質。カビや細菌から分泌される。薬用。抗生剤。ペニシリンなど。

**こうせき【口跡】** 役者のせりふの言い方（声色）。

**こうせき**【功績】手柄。「学問上の―・―をたたえる」類功労

**こうせき**【光跡】光っているものを見た(写した)ときの光のあと。

**こうせき**【皇籍】皇族としての身分。「―離脱」

**こうせき**【航跡】船の通ったあとの波や泡。

**こうせき**【鉱石】《礦石》有用金属を多く含む鉱物。

**こうせきうん**【高積雲】ひつじ雲。

**こうせきせい**【洪積世】地質時代の区分の一。氷河時代。〔約二〇〇万年前から一万年前。現在は更新世という〕

**こうせきそう**【洪積層】洪積世にできた地層。

**こうせつ**【公設】国家・地方公共団体の設立。対私設

**―秘書**《ひしょ》 国費で国会議員につけられる秘書。

**こうせつ**【巧拙】じょうずとへた。

**こうせつ**【交接】①性交。②交際。

**こうせつ**【巷説】〔文章語〕世間のうわさ。

**こうせつ**【高説】「相手の説」の尊敬語。

**こうせつ**【降雪】雪が降ること。降った雪。

**こうぜつ**【口舌】(口先だけの)言葉。

**―の徒**《と》 口が達者で実行力のない人。

**ごうせつ**【豪雪】大雪。

**こうせん**【口銭】手数料。コミッション。

**こうせん**【工船】とった魚をすぐ缶詰などに加工する設備のある船。

**こうせん**【公選】住民(有権者)の投票による選挙。

**こうせん**【交戦】互いに戦うこと。

**―国**《こく》 戦争状態にある相手国。

**こうせん**【光線】光(―の筋)。「レーザー―」

**こうせん**【好戦】戦争(戦闘)を好むこと。「―的」

**こうせん**【抗戦】抵抗して戦うこと。

**こうせん**【香煎】麦こがし。こがし。

**こうせん**【黄泉】〔文章語〕冥土《めいど》。よみじ。〔地下の泉の意〕

**こうせん**【鉱泉】鉱物質を多く含む泉。温泉より低温。

**こうぜん**【公然】おおっぴら。「―の秘密」

**こうぜん**【昂然】自信にあふれるようす。

**こうぜん**【浩然】〔文章語〕①広々とゆったりしたようす。②水が豊かに流れるようす。

**―の気**《き》 のびのびと大らかな心。「―を養う」

**ごうぜん**【傲然】偉そうにするようす。

**ごうぜん**【轟然】とどろき響くようす。

**こうそ**【公租】国税・地方税の総称。

**こうそ**【公訴】検察官が裁判所に容疑者に対する審判を求めること。

**こうそ**【皇祖】天皇の祖先。「―皇宗」

**こうそ**【高祖】①〔文章語〕遠い先祖。②中国で、王朝を興した皇帝。「漢の―」③〔仏教語〕一宗(一派)を開いた僧。

**こうそ**【控訴】第一審の判決に対する不服を上級裁判所に申し立てること。

**こうそ**【酵素】生物体内で作られ、生物体内の化学変化の触媒となる物質。

**こうぞ**【楮】クワ科の落葉低木。皮は和紙の原料。

**こうそう**【公葬】公的機関が施主となり、公費で葬儀を行うこと。その葬儀。

**こうそう**【広壮】《宏壮》広くて立派なようす。

**こうそう**【抗争】対立し争うこと。

**こうそう**【後送】あとから(うしろへ)送ること。

**こうそう**【皇宗】天皇の代々の先祖。

**こうそう**【香草】香りのある草。ハーブ。

**こうそう**【紅藻】藻類の一。葉緑素のほかに紅藻素を含む。紅藻植物。紅藻類。

**こうそう**【高僧】①徳・行いのすぐれた僧。②位の高い僧。

**こうそう**【高層】①上空の高い所。②高くつみ重なっていること。「―建築」対低層

**―雲**《うん》 上空に広がる灰色の雲。おぼろ雲。

**こうそう**【高燥】土地が高い所にあり、湿気が少ないこと。対低湿

**こうそう**【降霜】霜がおりること。おりた霜。

**こうそう**【訌争】〔文章語〕うちわもめ。

**こうそう**【鉱層】鉱床の層。

**こうそう**【構想】(全体の構成について)考えをまとめること。また、まとめた考え。

**こうぞう**【構造】組み立て。全体を組み立てる要素相互の関係。類構成・組成

**―式**《しき》 図式化した分子式。

**ごうそう**【豪壮】大きく、立派。「―な邸宅」

**こうそく【光速】** 光の速さ。真空中で一秒間に約三〇万キロメートル。光速度。

**こうそく【拘束】** 行動を自由にさせないこと。「—力」

**—時間《じかん》** 休憩時間を含む労働時間。

**こうそく【高速】** 高速度。対低速

**—増殖炉《ぞうしょくろ》** 発電しながら消費した以上の燃料を生み出す原子炉。

**—道路《どうろ》** 高速で走れる自動車専用道路。ハイウエー。

**こうそく【校則】** 学校の規則。校規。

**こうそく【梗塞】** 〔文章語〕ふさがって通じないこと。「心筋—」

**こうぞく【後続】** あとから続く–こと（もの）。

**こうぞく【皇族】** 天皇の一族。

**ごうぞく【豪族】** 財力と勢力のある土着の一族。

**こうそくど【高速度】** 速い速度。高速。

**ごうそっきゅう【剛速球】** 野球で、投手の投げる重い速球。

**こうそん【皇孫】** 〔文章語〕天皇の孫。

**こうた【小唄】** 三味線の伴奏で歌う俗曲。

**こうたい【交替・交代】** 入れかわること。

**こうたい【抗体】** 細菌などの抗原の侵入によって体内にできる物質。再度の発病を防ぐ。免疫体。

**こうたい【後退】** うしろに下がること。バック。対前進 Ⅱ衰えること。

**こうだい【広大】** 《宏大》広く大きいようす。対狭小

**こうだい【後代】** 後世。対前代

**こうだい【高台】** ①高い建物。②茶碗などの底部の輪形部分。③相手の敬称。貴台。「手紙などで使う」

**ごうたい【剛体】** 力学で、どんな力を加えても形・体積が変化しないと想定する物体。

**こうたいごう【皇太后】** 先帝の皇后。

**こうたいし【皇太子】** 皇位を継ぐべき皇子。

**こうだか【甲高】** 足の甲が高いこと。

**こうたく【光沢】** つや。

**ごうだつ【強奪】** 無理に奪い取ること。

**こうたん【降誕】** 神仏や帝王・聖人が生まれること。

**—会《え》** 釈迦《しゃか》や宗祖の降誕を祝う法会《ほうえ》。

**—祭《さい》** ①聖人の誕生日を祝う祭り。②クリスマス。

**こうだん【公団】** 国・地方公共団体の出資で、公益事業を営む特別の団体。「現在では、公団はすべて独立行政法人、特殊会社（株式会社）に改組された」

**—住宅《じゅうたく》** 住宅・都市整備公団が建てた住宅。

**こうだん【後段】** あとの–段落（部分）。対前段

**こうだん【巷談】** 〔文章語〕世間のうわさ。

**こうだん【高段】** 高い段位。「—者」

**こうだん【高談】** ①大声で話すこと。②「他人の話」の尊敬語。「ご—」

**こうだん【降壇】** 壇から降りること。対登壇

**こうだん【講談】** 軍記や武勇談・政談をおもしろく話す演芸。「—師」

**こうだん【講壇】** 講義や講演をする壇。

**ごうたん【豪胆・剛胆】** 度胸があるようす。類大胆

**こうだんし【好男子】** ①人に好感を与える男性。②美男子。

**こうち【巧遅】** 上手だが、時間のかかること。対拙速

**こうち【巧緻】** 上手で細やかなこと。類精巧

**こうち【拘置】** 容疑者や犯罪者を一定の所にとめておくこと。

**—所《しょ》** 未決囚などを収容する施設。

**こうち【狡知】** 《狡智》悪知恵。

**こうち【高地】** ①周囲より高い土地。②海抜が高い土地。◇対低地

**こうち【耕地】** 耕作する土地。類農地

**ごうち【碁打ち】** 碁を打つことが–好きな（職業の）人。

**こうちく【構築】** 組み立てて造ること。「理論を—する」

**こうちせい【向地性】** 植物の根が地中に向かう性質。屈地性。対背地性

**こうちゃ【紅茶】** 茶の一種。茶の葉を発酵させて作る。

**こうちゃく【膠着】** ①ぴったり着くこと。②情勢が全く変化しないこと。「—状態」

**—語《ご》** 言語の類型の一。意味上独立性のある語に助辞など独立性のない語をつけて文法的関係を示す言語。日本語など。

**こうちゅう【甲虫】** 体の表面のかたい昆

虫。カブトムシなど。

**こうちゅう【鉤虫】** 十二指腸虫。

**こうちょ【高著】** 「他人の著書」の尊敬語。

**こうちょう【好調】** 調子のよい状態。

**こうちょう【紅潮】** 赤みがさすこと。「頬《ほお》が—する」

**こうちょう【高潮】** ①勢いが最も高まること。「最—」②満潮の極度。「—時」

**こうちょう【高調】** ①気分や調子が高まること。②高い音調。

**こうちょう【候鳥】** 渡り鳥。対留鳥《りゅうちょう》

**こうちょう【校長】** 学校の長。

**こうちょう【黄鳥】** ウグイスの別称。

**こうちょう【硬調】** ①相場が上がりぎみのこと。②写真で、白黒の対比が鮮明なこと。◇対軟調

**こうちょうかい【公聴会】** 国会で重要な事柄を決める際に、関係者や学識経験者の意見を聞く会。

**こうちょうどうぶつ【腔腸動物】** 体の中に空所をもつ下等動物。クラゲなど。

**こうちょうりょく【抗張力】** 物体が引っ張られるときに、耐えられる最大の値。

**こうちょく【硬直】** 硬くなって曲がらなくなること。「死後—」‖周囲の変化に対応しないこと。「態度が—する」

**ごうちょく【剛直】** 意志が強くて正直なようす。

**こうちん【工賃】** 工作・加工などの仕事に対する手間賃。工銭。

**ごうちん【轟沈】** 船が短時間に沈むこと。〔砲撃・爆撃による〕類撃沈

**こうつう【交通】** 人や車が行き来すること。

**—量**《りょう》 車両や人の通行量。

**ごうつくばり【強突く張り】** 非常に強情(欲ばり)なこと。また、その人。

**こうつごう【好都合】** 都合がいいこと。「—に事が運ぶ」

**こうてい【工程】** 作業・工事の順序(はかどり具合)。

**こうてい【公廷】** 公判のための法廷。

**こうてい【公定】** 国・地方公共団体の定め。「—価格」

**—歩合**《ぶあい》 国の中央銀行が市中金融機関に対して貸し出しを行う際の金利。〔日本では一九九四年の金利自由化により役割を終えた〕

**こうてい【公邸】** 高級公務員が、在職中に与えられる家。「知事—」類官邸 対私邸

**こうてい【行程】** ①みちのり。②ピストンなどの往復の距離。

**こうてい【肯定】** そうだと認めること。「全面的に—する」対否定

**こうてい【皇帝】** 帝国の君主。

**こうてい【高低】** 高いことと低いこと。

**こうてい【高弟】** 最もすぐれた弟子。高足。

**こうてい【校定】** 書物の字句などを比べ合わせて正しい形に定めること。

**こうてい【校訂】** (古典の)書物の文字や語句を比べ合わせて訂正すること。

**こうてい【航程】** 船・航空機で進む距離。

**こうでい【拘泥】** こだわること。

**ごうてい【豪邸】** 立派な邸宅。

**こうていえき【口蹄疫】** (ウシやブタなどの)ウイルス性の家畜法定伝染病の一。

**こうてき【公的】** 公共に関するようす。対私的

**—年金**《ねんきん》 国が費用の一部を負担する年金。〔国民年金・厚生年金・共済年金など〕

**こうてき【好適】** ふさわしいこと。

**こうてきしゅ【好敵手】** よい競争相手。ライバル。

**こうてつ【更迭】** その職・地位に就く人が替わる(替えられる)こと。

**こうてつ【鋼鉄】** はがね。‖かたいこと。

**こうてん【公転】** 惑星が一定の周期で中心となる星のまわりを回ること。対自転

**こうてん【交点】** 互いに交わる点。

**こうてん【好天】** よい天気。

**こうてん【好転】** よい方へ変わること。「景気が—する」

**こうてん【荒天】** 〔文章語〕風雨の激しい天候。

**こうてん【後天】** 成長の過程で身につけること。対先天

**—性**《せい》**免疫**《めんえき》**不全**《ふぜん》**症候群**《しょうこうぐん》 エイズ。

**こうでん【公電】** 官庁が打つ公用の電報。

**こうでん【香典・香奠】** 死者の霊前に供えるお金。香料。

**こうでんかん【光電管】** 光の強弱を電流の強弱に変える真空管。

**ごうてんじょう【格天井】** 格子形に組んだ天井。

**こうでんち【光電池】** 光エネルギーを直接電気に変える装置。ひかりでんち。

**こうど【光度】** ①光の強さ。〔単位はカンデラ〕②恒星のみかけの明るさ。

**こうど【荒土】** 荒れ地。

**こうど【高度】** ①高さ。②程度が高いようす。「―化」

**こうど【耕土】** 耕作する、土の最上層。

**こうど【黄土】** ①おうど。②よみじ。

**こうど【硬度】** ①かたさの程度。②水がカルシウム・マグネシウムを含む程度。

**こうとう【口答】** 口で答えること。対筆答

**こうとう【口頭】** 言葉で言うこと。「―で答える」

**―語**《ご》 話し言葉。対文章語

**―試問**《しもん》 面接形式で、口頭で行われる試験。口述試験。対筆記試験

**―弁論**《べんろん》 裁判で、訴訟当事者が口頭で訴訟のための資料を述べること。

**こうとう【公党】** 一般に認められた政党。主義・方針を公表し活動する。対私党

**こうとう【叩頭】** 〔文章語〕頭を地につけておじぎをすること。

**こうとう【好投】** 野球で、投手がいい投球をすること。

**こうとう【後頭】** 頭の後ろ。「―部」対前頭

**こうとう【皇統】** 天皇の血統。

**こうとう【紅灯】** 〔文章語〕赤いあかり（ちょうちん）。

**―の巷**《ちまた》 花柳街。

**こうとう【高等】** 対中等・下等・初等

**―学校**《がっこう》 ①中学校卒業生に高等普通（専門）教育を行う学校。②旧制で、中学校四年修了者が入学できる三年制の学校。

**―検察庁**《けんさつちょう》 高等裁判所に対応する検察庁。高検。

**―裁判所**《さいばんしょ》 地方裁判所の上、最高裁判所の下にある裁判所。高裁。〔全国八か所に設置〕

**―専門学校**《せんもんがっこう》 中学校卒業者が入学する五年制の学校。技術者を養成する。高専。

**こうとう【高踏】** 〔文章語〕世俗をこえて、気高く過ごすこと。

**こうとう【高騰】** 《昂騰》値段が上がること。類騰貴

**こうとう【喉頭】** 咽頭《いんとう》に続く、気管の入り口の部分。内部に声帯がある。「―癌」

**こうどう【公道】** ①法的に認められた公衆の道。対私道 ②〔文章語〕正しい道理。

**こうどう【行動】** 目的をもって体を動かすこと。

**―半径**《はんけい》 軍艦や軍用機が一回の燃料で往復できる片道の距離。◍行動の範囲。

**こうどう【坑道】** 鉱山の地下道。

**こうどう【香道】** 一定の作法のもとに、香をたいて遊ぶ芸事。

**こうどう【黄道】** 地球から見て、太陽の軌道を示す大円。

**―十二宮**《じゅうにきゅう》 ⇩十二宮

**こうどう【黄銅】** 真鍮《しんちゅう》。

**こうどう【講堂】** 式や講義を行う広い部屋。

**ごうとう【強盗】** 暴力や脅迫で他人の金品を奪うこと（人）。「銀行―」

**ごうどう【合同】** ①複数のものがひとつになる（をひとつにする）こと。②数学で、ふたつの図形が一致すること。

**―会社**《がいしゃ》 有限責任の社員で構成され、組合的な規律で運営される会社。

**―労組**《ろうそ》 合同労働組合。中小企業の労働者が個人加入で組織する労働組合。

**こうとうむけい【荒唐無稽】** でたらめ。「―な話」

**こうとく【高徳】** すぐれて高い徳。

**こうどく【鉱毒】** 鉱物の発掘・製錬の際に出る有毒物。

**こうどく【講読】** 書物を読んで、内容を明らかに（講義）すること。

**こうどく【購読】** 買って読むこと。

**こうとくしん【公徳心】** 公衆道徳を重んじる心。

**こうどくそ【抗毒素】** 体内の毒素を中和して無毒にする物質。

**こうとりい【公取委】** 公正取引委員会の略。

**こうない【口内】** 〔文章語〕口の中。

**―炎**《えん》 口の中に起こる炎症。

**こうない【構内】** 建物・敷地の中。対構外

**こうなご**【小女子】イカナゴ。

**こうなん**【後難】後日の災難。

**こうなん**【硬軟】かたいこととやわらかいこと。

**こうにち**【抗日】日本に抵抗すること。対親日

**こうにゅう**【購入】買い入れること。

**こうにん**【公認】公に認めること。

**—会計士**《かいけいし》 企業などの会計事務を監査・証明することを職業とする人。会計士。

**こうにん**【後任】前の人にかわって任務に就く—こと(人)。対前任・先任

**こうにん**【降任】降職。対昇任

**こうねつ**【高熱】高い—温度(体温)。

**こうねつひ**【光熱費】電気や燃料の費用。

**こうねん**【光年】天体間の距離を表す単位。光が一年間に進む距離。約九兆五千億キロメートル。

**こうねん**【行年】享年。

**こうねん**【後年】ずっとのち。対先年

**こうねん**【高年】高齢。

**こうねんき**【更年期】月経閉止の時期。〔ふつう四五歳ごろから〕

**—障害**《しょうがい》 更年期に起こる女性特有の症状。

**こうのう**【効能】ききめ。

**—書**《が》**き** 薬の効能を書いたもの。Ⅱ値打ちを宣伝する文句。

**こうのう**【降納】国旗などをおろして、しまうこと。

**こうのう**【後納】あとでおさめること。「料金—」対前納

**こうのう**【後脳】脊椎《せきつい》動物の脳の一部。小脳と脳橋。

**ごうのう**【豪農】財力や勢力のある農家。

**こうのとり**【鸛】鳥の一。ツルに似ている。〔特別天然記念物〕

**こうのもの**【香の物】つけもの。

**ごうのもの**【剛の者・強—】①非常に強い人。類つわもの ②ある分野での達人。

**こうは**【光波】波動としての、光。

**こうは**【硬派】①強硬な—意見(主義)をもつ党派。②女性を遠ざけ、粗野な言動を好む男たちの一派。③新聞で政治・経済の、放送でニュース・教養関係の俗称。◇対軟派

**こうば**【工場】こうじょう。

**こうはい**【交配】種類の違う雌雄を—受精(受粉)させること。類交雑

**こうはい**【光背】〔仏教語〕仏像の背後にある、炎の形の飾り。

**こうはい**【好配】①〔文章語〕よい配偶者。②よい配当。

**こうはい**【荒廃】荒れ果てること。

**こうはい**【後輩】①年齢・経験が自分より少ない人。②その学校や職場にあとから入った人。◇対先輩

**こうはい**【降灰】こうかい。

**こうはい**【高配】①「相手の配慮」の尊敬語。「ご—を賜る」②高い配当。

**こうはい**【興廃】おこることとすたれること。類盛衰

**こうばい**【公売】公告して、入札・競売すること。

**こうばい**【勾配】①傾斜(—の度合い)。「急な—」②斜面。

**こうばい**【紅梅】赤い花が咲く梅。対白梅

**こうばい**【購買】買うこと。類購入

**—力**《りょく》 品物を買いうる資力。

**こうばいすう**【公倍数】ふたつ以上の整数に共通な倍数。対公約数

**こうはいち**【後背地】港や都市の近郊の、商品を生産したり消費したりする地域。ヒンターランド。

**こうはく**【紅白】赤と白。

**—試合**《じあい》 赤組と白組に分かれて行う試合。

**こうはく**【黄白】〔文章語〕金銭。〔金銀の意〕

**こうはく**【後泊】用事の終了後、その地に翌日まで宿泊すること。対前泊

**こうばく**【広漠】〔文章語〕広く果てしないようす。

**こうばく**【荒漠】〔文章語〕荒れ果てた土地が広々と続くようす。

**こうばしい**【香ばしい】《芳ばしい》炒《い》った(焼いた)においが好ましい。

**こうはつ**【後発】あとから—出発(開発)すること。対先発

**—医薬品**《いやくひん》 ジェネリック医薬品。

**ごうはら**【業腹】非常に腹立たしいようす。

**こうはん**【公判】公開の法廷で、犯罪の

事実の有無を審判すること。

**こうはん**【孔版】謄写版。「―印刷」

**こうはん**【広範】《広汎》範囲が広いようす。

**こうはん**【甲板】かんぱん。

**―員**《いん》船の乗組員。

**こうはん**【後半】あとの半分。対前半

**―戦**《せん》試合で、後半の部分。対前半戦

**こうはん**【紅斑】赤いまだら。

**こうはん**【鋼板】鋼鉄の板。こうばん。

**こうはん**【攪拌】かくはん。

**こうばん**【交番】①その地区に置かれた、警察官の詰め所。②交替ですること。

**こうばん**【降板】野球で、投手がマウンドを降りること。‖重要な役職をやめること。◇対登板

**ごうはん**【合板】ベニヤ板。ごうばん。

**こうはんい**【広範囲】広い範囲。

**こうはんせい**【後半生】人生のあとの半分。対前半生

**こうひ**【口碑】言い伝え。〔石碑の文章のように長く伝わる意〕

**こうひ**【工費】工事の費用。

**こうひ**【公費】国や地方公共団体の費用。対私費

**こうひ**【后妃】きさき。

**こうひ**【高批】〔文章語〕「相手の批評」の尊敬語。「ご―を賜る」

**こうび**【交尾】動物の性交。

**ごうひ**【合否】合格と不合格。「―判定」

**こうヒスタミンざい**【抗―剤】ヒスタミンの作用を消す薬。アレルギー疾患に効く。

**こうひつ**【硬筆】鉛筆・ペンの総称。対毛筆

**こうひょう**【公表】一般に広く知らせること。類公開

**こうひょう**【好評】よい評判。対悪評・不評

**こうひょう**【高評】①高い評判。②「相手の批評」の尊敬語。「ご―をお願いする」

**―嘖々**《さくさく》非常に評判がいいこと。

**こうひょう**【講評】理由を述べながら批評すること。

**こうひん**【公賓】政府が正式に認めた外国からの客。王族・閣僚など。

**こうびん**【幸便】よいついで。「―に託する」〔他人に託する手紙の脇付《わきづけ》にも使う〕

**こうびん**【後便】あとのたより。対先便

**こうふ**【工夫】工事に従事する(―男の)労働者。

**こうふ**【公布】一般に知らせること。

**こうふ**【交付】役所が手続きをさせて、物品・書類を渡すこと。

**―金**《きん》国・地方公共団体が他の団体に交付する補助金。

**こうふ**【坑夫】鉱山・炭坑の(―男の)労働者。

**こうふ**【鉱夫】鉱山の(―男の)労働者。

**こうぶ**【荒蕪】〔文章語〕土地が荒れて雑草が茂ること。「―地」

**こうぶ**【後部】うしろの部分。対前部

**こうふう**【光風】〔文章語〕①雨あがりの、日に光る草木に吹く風。②晴れた春の日に吹くここちよい風。

**―霽月**《せいげつ》心がさっぱりしてわだかまりがないこと。

**こうふう**【校風】その学校に特有の気風。

**こうふく**【幸福】しあわせ。

**こうふく**【降伏・降服】降参。

**ごうふく**【剛腹】太っ腹。

**ごうぶく**【降伏】〔仏教語〕神仏に祈って、悪や煩悩を鎮めること。

**こうぶくろ**【香袋】におい袋。

**こうぶつ**【好物】好きな飲食物。「大―」

**こうぶつ**【鉱物】天然の無機物。石・岩など。

**こうふん**【口吻】話しぶり。

**―を漏**《も》**らす** 話しぶりに何気なく気持ちを表す。

**こうふん**【公憤】社会の悪に対する正義の怒り。対私憤

**こうふん**【紅粉】〔文章語〕紅とおしろい。

**こうふん**【興奮】《昂奮》感情が高ぶること。「―剤」

**こうぶん**【行文】文章で、語句の使い方やつづり方。「―流麗」

**こうぶん**【高聞】「他人が聞くこと」の尊敬語。「ご―に達する」

**こうぶん**【構文】文(文章)の構造。「―論」

**こうぶんしかごうぶつ**【高分子化合物】分子量の大きな化合物。〔天然ゴムや合成繊維・たんぱく質など〕

**こうぶんしょ**【公文書】官庁などで作る

正式の文書。対私文書

**こうべ**【首・頭】〔文章語〕あたま。

**―を巡《めぐ》らす** ふり返る。Ⅱ昔のことをしのぶ。

**こうへい**【工兵】 建築や架橋に従事する兵隊。

**こうへい**【公平】 一方にかたよらないこと。対不公平

**こうへん**【後編】《後篇》 書物などで、二つまたは三つに分割された最後の編。対前編

**こうへん**【硬変】 硬くなること。「肝―」

**こうべん**【抗弁】 ①反対して論ずること。②法律で、相手方の申し立てを否定するために、別の主張をすること。

**ごうべん**【合弁】 二か国以上の資本による共同経営。〔もとは中国語〕

**―会社《がいしゃ》** 他国と共同出資して設立した会社。

**こうほ**【候補】 ある地位・身分を得る資格(可能性)のあること。また、その人。「花嫁―」

**―生《せい》** 官職や地位につくことが約束されている生徒(人)。「幹部―」

**こうぼ**【公募】 一般から募集すること。「株式を―する」

**こうぼ**【酵母】 糖分をアルコールと二酸化炭素に変える菌類。醸造・パン製造に利用。酵母菌。〔パンに使うのがイースト〕

**こうほう**【工法】 工事の方法。

**こうほう**【公法】 国家や公益・統治関係に関する法。憲法や行政法。対私法

**こうほう**【公報】 官庁が国民に発表する公式の報告。「選挙―」

**こうほう**【広報】《弘報》 ①世間に広く知らせること。②地方公共団体の発行する機関紙。

**こうほう**【後方】 うしろの方。対前方

**―勤務《きんむ》** 戦線の後方で、前線部隊を支援する勤務。

**こうほう**【航法】 船や航空機の航行技術。

**こうぼう**【工房】 芸術家の仕事場。

**こうぼう**【弘法】 弘法大師の略。

**―は筆《ふで》を選《えら》ばず** 名人はどんな道具であっても上手にしあげる。

**―も筆《ふで》の誤《あやま》り** 名人でも、ときには失敗する。

**こうぼう**【光芒】〔文章語〕光の筋。

**こうぼう**【攻防】 攻めることと守ること。

**こうぼう**【興亡】 興ることと滅びること。

**ごうほう**【号砲】 合図に撃つ銃砲。「―の岐路に立つ」

**ごうほう**【号俸】 公務員の給料等級。

**ごうほう**【合法】 法律・規則にかなうこと。適法。対非合法・違法

**―的《てき》** 法律にふれないようす。

**ごうほう**【豪放】 心が大きく小事にこだわらないこと。「―磊落《らいらく》」

**こうほうじん**【公法人】 公共的な目的のために設立された法人。対私法人

**こうぼく**【公僕】 公務員。〔国民に奉仕する人の意〕

**こうぼく**【香木】 香道に使う、においのよい木。

**こうぼく**【高木】 ①高い木。②幹が堅く、人の身長より高くなる木。〔喬木《きょうぼく》の新しい呼称〕◇対低木

**こうほん**【校本】 校合《きょうごう》して本文の異同を示した本。

**こうまい**【高邁】 気高く高い理想をもっているようす。類高遠

**ごうまつ**【毫末】〔文章語〕ほんのわずか。「―の疑念もない」〔否定表現の中で使う〕

**こうまん**【高慢】 うぬぼれて人を見くだすようす。

**―ちき** 高慢なこと(人)をののしって言う語。

**ごうまん**【傲慢】 偉ぶって人を見くだすようす。

**こうみ**【香味】 飲食物の香りと風味。

**こうみゃく**【鉱脈】 岩石の割れ目に板状に固まった鉱床。

**こうみょう**【巧妙】 非常に上手なようす。対拙劣

**こうみょう**【功名】 手柄をたて有名になること。

**―心《しん》** 功名をたてようとする心。

**こうみょう**【光明】 ①明るい光。Ⅱ明るい希望。②仏や菩薩《ぼさつ》の体から放つ光。

**こうみょう**【高名】 有名。こうめい。

**こうみん**【公民】 ①国や地方公共団体で、参政権をもつ住民。②教科の一。

**―館《かん》** 住民のための集会所。

**―権《けん》** 選挙権や被選挙権。

**こうむ**【工務】 土木・建築の仕事。「―店」

**こうむ【公務】** 国や地方公共団体の事務(職務)。
**ー員**《いん》 公務に従事する人。「国家(地方)ー」
**ー執行妨害罪**《しっこうぼうがいざい》 公務員の職務執行を妨害する犯罪。

**こうむ【校務】** 学校の事務。

**こうむる【被る】**《蒙る》 ①受ける。「損害をー」 ②いただく。「御免ー」

**こうめい【公明】** 公平で隠しだてのないようす。
**ー正大**《せいだい》 心が公明で正しいようす。

**こうめい【高名】** ①有名。 ②「相手の名」の尊敬語。「ごー」

**ごうめいがいしゃ【合名会社】** 社員全員の責任で経営される会社。

**ごうも【毫も】**(否定表現の中で) 少しも。「ー疑う余地がない」

**こうもう【紅毛】** ①江戸時代、オランダ(ー人)。 ②西洋人。◇〔赤毛の人の意〕
**ー碧眼**《へきがん》 西洋人。〔赤い髪と青い目の意〕

**こうもう【膏肓】** ⇩こうこう

**こうもう【鴻毛】** きわめて軽いもののたとえ。〔おおとりの羽毛の意から〕

**ごうもう【剛毛】** かたい毛。

**こうもく【項目】** 小分けにしたそれぞれの部分。類条項

**こうもく【綱目】** 物事の大要と細目。

**ごうもくてき【合目的】** 目的にかなっていること。
**ー的**《てき》 ある物事が一定の目的にかなっているようす。

**こうもり【蝙蝠】** ①ネズミに似た小動物。暗くなると、翼のような前足を広げて飛ぶ。〔獣にも鳥にも似た姿から、敵味方のはっきりしない人のたとえに使う〕 ②こうもりがさ。
**ー傘**《がさ》 西洋風の雨がさ。

**こうもん【肛門】** しりの穴。

**こうもん【後門】**〔文章語〕裏門。対前門
**ーの狼**《おおかみ》 ⇩前門の虎《とら》、後門の狼

**こうもん【校門】** 学校の門。

**こうもん【黄門】** 中納言の唐名《とうみょう》。「水戸ー(=徳川光圀《みつくに》の特称)」

**こうもん【閘門】** 高低の差のある水面の水位を調節する装置。〔運河などに設ける〕

**ごうもん【拷問】** 肉体にひどい苦痛を与えて、犯行の自白をしいること。

**こうや【広野】**《曠野》 広い野原。

**こうや【荒野】** 荒れた野原。荒れ野。

**こうや【紺屋】** 染物屋。〔こんやの転〕
**ーの白袴**《しろばかま》 他人の世話に追われて、自分のことができないこと。類医者の不養生

**こうやく【口約】**〔文章語〕口約束。

**こうやく【公約】** 公衆に対して約束すること。また、その約束。

**こうやく【膏薬】** 外傷用のあぶらぐすり。紙や布に塗って使う。

**こうやくすう【公約数】** 二個以上の整数に共通な約数。「最大ー」対公倍数

**こうやさい【後夜祭】** 学園祭などのしめくくりとして行われる行事。対前夜祭

**こうやどうふ【高野豆腐】** 氷豆腐。〔高野山で創始〕

**こうゆ【香油】** においのいい化粧用油。

**こうゆう【公有】** 国家・公共団体が所有すること。「ー地」対私有

**こうゆう【交友】** 友達として交際すること。「ー関係」

**こうゆう【交遊】** 交際。

**こうゆう【校友】** 同じ学校の友人(卒業生)。「ー会」

**ごうゆう【剛勇・豪勇】** 強く勇ましいこと。類勇猛

**ごうゆう【豪遊】** 大金を使って遊ぶこと。

**こうよう【公用】** ①官庁・会社などの仕事。 ②国家・公共団体の使用。◇対私用
**ー語**《ご》 その国(国際機関)で公的に使用が認められている言語。
**ー文**《ぶん》 公用の文書に使う文章。

**こうよう【孝養】** 孝行して親を養うこと。「ーを尽くす」

**こうよう【効用】** ①使いみち。 ②ききめ。

**こうよう【紅葉】** 秋に木の葉が赤くなること。また、その葉。もみじ。「ー前線」

**こうよう【高揚】**《昂揚》 気分が高まる(ーようにする)こと。「士気のー」

**こうよう【黄葉】** 秋に木の葉が黄色になること。また、その葉。

**こうよう【綱要】** 基礎となる大事な部分。

**こうようじゅ【広葉樹】** 幅広い葉をもった木の総称。闊葉《かつよう》樹。対針葉樹

**ごうよく【強欲】**《強慾》 欲が極度に深

いこと。類貪欲《どんよく》

**こうら【甲羅】** カメなどの堅い殻。Ⅱ背中。「—を干す（＝背中を日に焼く）」

**こうらい【光来】** 「相手の来訪」の尊敬語。

**こうらく【行楽】** 遊びに出かけること。「絶好の—日和《びより》」

**こうらん【高覧】** 「相手が見ること」の尊敬語。「ごーに供する」

**こうらん【高欄・勾欄】** 欄干。

**こうらん【攪乱】** かくらん。

**こうり【小売り】** 卸商から買った品物を消費者に売ること。「—価格」対卸売り

**こうり【公理】** ①公《おおやけ》の道理。②数学で、証明なしに真実と認められた根本の仮定。

**こうり【功利】** ①手柄と利得。②幸福と利益。

**—主義《しゅぎ》** 幸福と利益を行為の目的とし、それを善悪の判断の基準とする—考え方（立場）。

**—的《てき》** （その行為の）利益だけを考えるようす。

**こうり【行李・梱】** 衣料などを入れる箱。「柳—」〔旅行の荷物の意〕

**こうり【高利】** ①不当に高い利息。対低利 ②大きな利益。巨利。

**—貸《が》し** 高利①でお金を貸す—こと（人）。こうりかし。

**ごうり【合理】** 理屈にかなっていること。

**—化《か》** ①理屈にあうようす。②むだを省くこと。「経営の—」

**—性《せい》** ①能率よく行われること。②道理にかなっていること。

**—的《てき》** ①道理にかなっているようす。②むだを除いているようす。

**ごうりき【合力】** ①援助。②金品をめぐむこと。「—を頼む」

**ごうりき【強力】** ①【剛力】強い力。力の強い。②登山者の荷物を背負って道案内する人。〔もと、修験者《しゅげんじゃ》の従者〕

**こうりつ【公立】** 地方公共団体が設立・管理すること。

**こうりつ【効率】** 仕事量（成果）と労力や時間との比。

**こうりつ【高率】** 比率が高いこと。「—配当」対低率

**こうりゃく【攻略】** 攻め取ること。「城を—する」Ⅱ説得すること。

**こうりゃく【後略】** あとの部分を省くこと。対前略・中略

**こうりゅう【勾留】** 裁判所が、被疑者・被告人を一定の場所に留めること。拘置。

**こうりゅう【交流】** ①異なる系統のものが交わること。「文化—」②周期的に方向をかえて流れる電流。対直流

**こうりゅう【拘留】** 一日以上三〇日未満、拘置所に留める刑罰。

**こうりゅう【興隆】** 勢いが盛んになること。対衰亡

**ごうりゅう【合流】** ①ふたつ以上の川が合わさってひとつになること。②ふたつ以上に分かれていたものが一緒になること。

**こうりょ【考慮】** よく考えること。

**こうりょ【高慮】** 「相手の考慮」の尊敬語。

**こうりょう【広量】**《宏量》 度量が広いこと。「—な人」対狭量

**こうりょう【荒涼】**《荒寥》 荒れ果てて寂しいようす。

**こうりょう【香料】** ①よい香りを出す物。②香典《こうでん》。

**こうりょう【高粱】** コーリャン。

**こうりょう【黄粱】** アワの一。オオアワ。

**——炊《いっすい》の夢《ゆめ》** 邯鄲《かんたん》の夢。

**こうりょう【綱領】** ①物事の要点。②団体の基本方針。テーゼ。

**こうりょく【抗力】** 物体の運動を妨げる方向に働く力。

**こうりょく【効力】** ①働き。②ききめ。

**ごうりょく【合力】** 力学で、同時に働くふたつ以上の力を合成した力。

**こうりん【光輪】** 仏像やキリストの肖像画に描かれる、頭のあたりの光の輪。

**こうりん【光臨】** 「相手の来訪」の尊敬語。

**こうりん【後輪】** 後ろの車輪。対前輪

**こうりん【降臨】** 神仏が人間界に現れること。「天孫—」

**こうるい【紅涙】** 〔文章語〕①女性の涙。②血涙。

**—を絞《しぼ》る** 女性を泣かせる。

**こうるさい【小煩い】** あれこれうるさい。

**こうれい【好例】** ちょうどよい例。類適例

**こうれい【恒例】** その時期に、決まって行われること。「—の行事」類慣例

**こうれい【高冷】** 海抜が高くて気温が低

いこと。「—地」

**こうれい【高齢】** 年をとっていること。「—者」

**—者等《しやとう》避難《ひなん》** 災害のおそれがあり、危険な場所から高齢者等は避難する。〔警戒レベル三に相当〕

**ごうれい【号令】** ①多人数に大声でする命令。②命令すること。「天下に—する」

**こうれつ【後列】** 後ろの列。対前列

**こうろ【行路】** 道(—を行くこと)。⑪世渡り。「人生の—」

**—病者《びようしや》** 行き倒れ。

**こうろ【香炉】** 香をたく器。

**こうろ【高炉】** 溶鉱炉。

**こうろ【航路】** 船・航空機の通る道すじ。

**こうろう【功労】** 手柄。功績。「—者」

**こうろう【高楼】**〔文章語〕高い建物。

**こうろく【高禄】** 多額の給与。「—をはむ」

**こうろん【口論】** 言い争い。

**こうろん【公論】** ①世論。②公平な議論。

**こうろん【高論】** ①すぐれた議論。②「相手の議論・意見」の尊敬語。「ご—」

**こうろん【硬論】** 強硬な意見。対軟論

**こうろんおつばく【甲論乙駁】** 議論がまとまらないこと。〔甲が意見を述べると乙が反対するの意〕

**こうわ【口話】** 読唇術による会話。対手話

**こうわ【高話】**「相手の話」の尊敬語。

**こうわ【講和】**《媾和》 戦争をやめて国どうしが平和にかえること。「—条約」

**こうわ【講話】** わかりやすく説明して聞かせる—こと(話)。「憲法—」

**こうわん【港湾】** みなと。

**ごうわん【剛腕】** 並みはずれた腕前(—の人)。「—投手」

**こえ【声】** ①生き物が口から出す音。音声。「—を立てる」②虫の鳴き声。③音。響き。「風(鐘)の—」④気配。「秋の—」⑤意見。「住民の—」

**—無《な》き声《こえ》** 表だって言われない一般の人々の意見。

**—を掛《か》ける** 呼びかける。話しかける。

**—を聞《き》く** 季節や年齢の気配を感じる。「師走(五〇歳)の—」

**—を詰《つ》まらせる** (涙で)言葉が途切れる。

**—を尖《とが》らす** きつい口調で言う。

**—を呑《の》む** 感動(驚き)のあまり声が出ない。

**—を振《ふ》り絞《しぼ》る** 精一杯声を出す。

**こえ【肥】** 肥料(—にする糞尿《ふんによう》)。

**こえい【孤影】** たった一人の寂しげな姿。

**ごえい【護衛】** 付き添って守る—こと(人)。

**—艦《かん》** 船団の安全を守る軍艦。

**ごえいか【御詠歌】** 巡礼や浄土宗の信徒が歌う、仏をたたえた歌。巡礼歌。

**こえがわり【声変わり】** 少年期から青年期に移るころ、声帯が変化して声が変わる現象。〔特に男子で〕

**こえごえに【声々に】** くちぐちに。

**ごえつどうしゅう【呉越同舟】** 仲のわるい者どうしが一緒にいること。〔呉・越は、昔、中国で敵対していた国〕

**ごえもんぶろ【五右衛門風呂】** 鉄製の湯ぶねの下から火をたく方式のふろ。底板を踏み沈めて入る。長州風呂。

**こえる【肥える】** ①太る。②豊かになる。「土地が—・目(=鑑賞力)が—」

**こえる【越える】** ①(上を)通り過ぎる。「ハードルを—」②【超える】ある基準以上になる。「定数を—」③【超える】抜け出る。「常識を—」

**ごえん【誤嚥】** 誤って異物を飲み込むこと。また、飲食物が気管に入ること。「—性肺炎」

**コエンザイム**〔coenzyme〕 酵素のたんぱく質と結合して酵素の活性を助ける低分子有機物質。補酵素。

**ゴーイングマイウエー**〔going my way〕 他人の言動に左右されず、自分の生き方をすること。〔映画の題名から〕

**こおう【呼応】** ①呼べば答えること。②気持ちを合わせてひとつの行動をとること。③文法で、ある語句が一定の形で関係し合うこと。〔「もし…なら」「決して…ない」など〕

**ゴーカート**〔go-cart〕 遊戯用のエンジン付きの小型自動車。

**コーカソイド**〔Caucasoid〕 白色人種。

**コーキング**〔caulking〕 水漏れや雨漏りを防止する—こと(詰め物)。

**コーク**〔coke〕 コカコーラ。〔商標〕

**—ハイ**〔和製語 coke highball〕 コークでわったウイスキー。

**コークス**［ドイツ語 Koks］燃料の一。石炭を蒸し焼きにしたもの。
**ゴーグル**［goggle］風やちりをよけるめがね。
**ゴーサイン**［和製語 go sign］実行（開始）の許可。出発の合図。
**ゴージャス**［gorgeous］豪華。
**コース**［course］①進路。「ハイキング（エリート）ー」②競走路。「マラソンー」③教育課程。「ドクターー」④一定の順序で出る西洋料理。「フルー」
**ーアウト**［和製語 course out］競技で、規定のコースを外れること。
**ーレコード**［course record］そのコースでの最高記録。
**コースター**［coaster］①コップ敷き。②遊園地にある乗り物の一。「ジェットー」
**ゴースト**［ghost］①幽霊。②建物などのためにテレビの画面が二重・三重に見える現象。ゴーストイメージ。
**ータウン**［ghost town］人が住まなくなった町。
**ーライター**［ghost writer］代作者。代筆者。
**ゴーストップ**［和製語 go stop］交通信号（ー機）。
**コーダ**［イタリア語 coda］音楽で、結尾部分。
**ゴーダチーズ**［Gouda cheese］硬いナチュラルチーズの一。［オランダのゴーダ地方原産］
**コーチ**［coach］競技の技術指導をするーこと（人）。

**コーチャー**［coacher］①コーチ。②野球で、走者に指示を与える人。
**ーズボックス**［和製語 coacher's box］コーチャー②がいる場所。コーチボックス。［一塁・三塁のベース横の区画］
**コーチン**［オランダ語 cochin］中国原産の肉用鶏。
**コーチング**［coaching］目標達成能力をコミュニケーションによって引き出す方法。
**コーデ**［俗語］コーディネートの略。「秋ー」
**コーディネーター**［coordinator］①調整者。②司会・進行係。
**コーディネート**［coordinate］服装やアクセサリーの調和をとること。
**コーティング**［coating］①布地を化学処理して防水・耐熱にすること。②レンズの表面を薄膜でおおうこと。［反射防止のため］
**コーデック**［codec］情報を符号化・復号化する電子回路。［符号器（coder）と復号器（decoder）から］
**コーデックスきかく【ー規格】**［Codex Standards］国際食品規格の一。約二五〇品目の食品に関する残留農薬や衛生などについて定める。
**コーデュロイ**［corduroy］コールテン。
**コート**［coat］いちばん外側に着る服。防寒・雨よけ用。
**コート**［court］テニスやバレーボールの競技場。
**コード**［chord］①弦楽器の弦。②和音（ーをつくる指遣い）。

**コード**［code］①規定。「プレスー」②コンピューターなどに記憶させるための符号の体系。「ー化する」③暗号。
**ーネーム**［code name］暗号として用いる名前。
**コード**［cord］ゴムなどで絶縁した電線。
**ーレス**［cordless］コードが付いていないこと。「ーホン」
**コードバン**［cordovan］馬のしりの部分からとったなめし革。靴やベルト用。高級。
**こおどり【小躍り】**喜びのあまりおどりあがること。
**コーナー**［corner］①すみ。かど。②曲り角。「第三ー」③そのために特に設けたところ。「食料品ー」④野球で、内角・外角の総称。
**ーキック**［corner kick］サッカーで、コーナーからけるフリーキック。
**コーナリング**［cornering］コーナーを曲がるーこと（技術）。
**コーパス**［corpus］実際に発せられた言語や音声を集めた資料。
**コーヒー**《珈琲》［coffee］飲み物の一。
**ーブレーク**［coffee break］休憩時間。
**ーミル**［coffee mill］コーヒー豆を粉にする器具。
**ーメーカー**［coffee maker］（電動ドリップ式の）コーヒーをいれる道具。
**ゴーフル**［フランス語 gaufre］洋菓子の一。薄いせんべい風で甘い。
**コーポラス** 鉄筋の、アパート式分譲住宅。コーポ。［和製語 corporated house の転］

**コーポラティブハウス**〔corporative house〕住み手が共同組合方式で敷地を購入して建てる集合住宅。

**コーポレーション**〔corporation〕社団法人。株式会社。有限会社。

**コーポレート**〔corporate〕企業の。組織の。

**―ガバナンス**〔corporate governance〕企業の経営や経営陣を監視する仕組み。企業統治。〔株式会社では、その主役は株主〕

**ごおや【ゴーヤ】**ニガウリ。〔沖縄方言〕

**コーラ**〔cola〕清涼飲料の一。〔原料はアフリカ原産のコーラの木の実〕

**コーラス**〔chorus〕合唱(―曲)。

**コーラン**〔Koran〕イスラム教の聖典。クルアーン。

**こおり【氷】**水が氷点下で固まった固体。

**―砂糖**《ざとう》 純良な砂糖の大きな結晶。

**―代**《だい》 氷の代金。● 夏場に出る小額の一時金。対 餅《もち》代

**―豆腐**《どうふ》 寒中に戸外で凍らせ、干した豆腐。高野豆腐。しみ豆腐。〔凍り豆腐とも〕

**―枕**《まくら》 水まくら。

**―水**《ずみ》 ①かき氷。②氷を入れた冷水。

**こおりつく【凍り付く】**①固くこおる。②こおってくっつく。

**コーリャン【高粱】**〔中国語 gāoliang〕中国原産のモロコシ。

**こおる【凍る】**《氷る》氷になる。

**コール**〔call〕①コールローン。②電話(―の呼び出し)。③トランプで、相手のカードの切り札請求。

**―ガール**〔call girl〕売春婦。

**―サイン**〔call sign〕放送局の呼び出し符号。〔JOQRの類〕

**―資金**《しきん》 金融機関相互の短期貸借金。

**―センター**〔call center〕企業などでの顧客との電話応対を専門に行う―部署(会社)。

**コール**〔ドイツ語 Chor〕コーラス。合唱。

**ゴール**〔goal〕①競走などの決勝―線(点)。②サッカーやホッケーで、得点するためにボールを入れる場所。また、得点。③ゴールイン。

**―イン**〔和製語 goal in〕ゴールに入ること。● 目的を遂げること。「二人は―した」(=結婚した)

**―キーパー**〔goalkeeper〕ゴール②を守る人。

**―キック**〔goal kick〕①サッカーで、ゴールエリア内からけるキック。②ラグビーで、トライのあと、ゴールをねらうキック。

**―ポスト**〔goal post〕ラグビーなどで、ゴールを成す二本の柱。

**―ライン**〔goal line〕サッカーやラグビーで、競技場の短い方の二辺。

**コールスロー**〔coleslaw〕サラダの一。キャベツのせん切りをドレッシングであえる。

**コールタール**〔coal tar〕石炭からガスやコークスを作る際にできる、黒色の粘液物質。防腐剤用など。

**コールテン** うね織りの、ビロードのような布地。コーデュロイ。〔和製語 corded velveteen から〕

**ゴールデン**〔golden〕価値のある。黄金の。

**―アワー**〔和製語 golden hour〕ゴールデンタイム。

**―ウイーク**〔和製語 golden week〕四月末から五月上旬の休日の多い週。黄金週間。GW。

**―タイム**〔和製語 golden time〕視聴率の最も高い時間帯。夜七時～―九(一〇)時。ゴールデンアワー。

**コールド**〔cold〕冷たい。

**―クリーム**〔cold cream〕油分を補うための化粧品。

**―パーマ**〔和製語 cold permanent〕熱を使わず、薬品だけでパーマをかける技術。

**―ビーフ**〔cold beef〕牛肉の蒸し焼きを冷やしたもの。

**―ミート**〔cold meat〕⇩冷肉

**ゴールド**〔gold〕金《きん》。

**―メダル**〔gold medal〕金メダル。

**コールドゲーム**〔called game〕野球で、五回以上進行した後、途中で終了する試合。豪雨や大差がついたときなど。

**コールマンひげ【―髭】**口ひげの一。〔コールマンはアメリカの映画俳優〕

**こおろぎ**《蟋蟀》昆虫の一。秋に鳴く声は美しい。〔昔はきりぎりすといった〕

**コーン**〔cone〕①アイスクリームを入れる円錐《えんすい》形のウエハース。②円錐形の拡声器。

**コーン**〔corn〕トウモロコシ。

**ースターチ**[cornstarch] トウモロコシのでんぷん。料理材料・洗濯のり用。コンスターチ。
**ーフレークス**[corn flakes] トウモロコシの粉で作った食品。
**ーミール**[cornmeal] トウモロコシを粗くひいた食品。
**ごおん【呉音】** 漢字音の一。昔の中国の呉・越地方の発音で、日本語化したもの。〔「男」を「ナン」、「白」を「ビャク」と読む類〕
**こか【古歌】** 昔の人が作った歌。
**こか【固化】** かたくなること。「ゴム(表情)がーする」
**コカ《古加》**[coca] コカ科の常緑低木。葉からコカインを採る。南米原産。
**こが【古雅】** 古風で優雅なようす。
**こが【個我】** 個人としての自分。
**こがい【子飼い】** 未熟なときから育てること。「ーの部下」
**こがい【戸外】** 家の外。類屋外
**ごかい《沙蚕》** 浜辺の泥中にすむ、ムカデに似た動物。釣りのえさにする。
**ごかい【五戒】**〔仏教語〕してはならない五つの戒め。〔殺生《せっしょう》・偸盗《ちゅうとう》・邪淫《じゃいん》・妄語《もうご》・飲酒《おんじゅ》〕
**ごかい【碁会】** 碁を打つための集まり。
**ごかい【誤解】** まちがった解釈をすること。「ーをーとく(招く)」類曲解
**こがいしゃ【子会社】** 同系列の大きな会社の支配下にある会社。対親会社
**ごかいしょ【碁会所】** 有料で碁を打たせる所。

**コカイン**[cocaine] コカの葉から採る麻薬。
**こがき【小書き】** ①文書の中に小さく書き入れるーこと(注)。②拗促音など、仮名を小さく書くこと。
**ごかく【互角】** 互いの力に優劣のないこと。
**ごがく【語学】** ①外国語(ーの学習)。「ー力」②言語学。
**こかげ【小陰】《小蔭》** ちょっとした物陰。
**こかげ【木陰】《木蔭》** 木の陰。「ーに憩う」類樹陰
**こがしら【小頭】** 団体の中の一部のかしら。〔古風な言い方〕
**こがす【焦がす】** 焼いて黒くする。Ⅱ思い悩む。「胸をー」
**こかた【子方】** 能楽などで、子役。
**こがた【小形】** 形の小さいーこと(もの)。「ーの魚」対大形
**こがた【小型】** 型・規模の小さいーこと(もの)。「ー車」対大型
**ごがたき【碁敵】** 碁の(ーよい)相手。
**こがたな【小刀】** ①小さな刃物。ナイフ。②こづか。
**こかつ【枯渇】《涸渇》** 水が枯れてなくなること。Ⅱ欠乏すること。「資金がーする」
**ごがつ【五月】** 年の五番目の月。さつき。
**ー人形《にんぎょう》** 端午の節句(=五月五日)に飾る武者人形。
**ー病《びょう》** 新入生・新入社員が五月ごろに精神不安定になって生じる諸症状。〔新しい環境に適応できず、登校・出社したくなくなるなど〕

**こがね【小金】** 少しまとまったお金。
**こがね【黄金】** ①きん。②金貨。③金色。
**ー色《いろ》** きんいろ。類山吹色
**こかぶ【子株】** ①植物の親株から分かれた株。②新株。対親株・旧株
**こがら【小柄】** ①体格が小さいこと。②模様が細かいこと。◇対大柄
**こがらし【木枯らし】《凩》** 晩秋から初冬にかけて強く吹く冷たい風。
**こがれじに【焦がれ死に】** 恋いこがれて、それがもとで死ぬこと。
**こがれる【焦がれる】** ①切に望む。②深く慕って苦しく感じる。
**こがわせ【小為替】** 少額の為替。
**こかん【股間】**〔文章語〕またのあいだ。
**こがん【孤雁】**〔文章語〕群れから離れて、一羽きりのガン。
**こがん【湖岸】** 湖の岸。
**ごかん【互換】** 互いに交換しあうこと。
**ー性《せい》** コンピューターどうしで、データやソフトの交換ができること。
**ごかん【五官】** 五感の働く器官。目・耳・鼻・舌・皮膚。
**ごかん【五感】** 視覚・聴覚・嗅覚《きゅうかく》・味覚・触覚。
**ごかん【語感】** ①言葉のもつ感じ。ニュアンス。②言葉に対する感覚。
**ごかん【語幹】** 文法で、活用語の変化しない部分。「書く」の「か」の類。対語尾
**ごがん【護岸】** 岸・堤防を保護して水害を防ぐーこと(施設)。「ー工事」
**こかんせつ【股関節】** またのつけ根の関

節。「―脱臼《だっきゅう》」

**こき**【子機】電話などで、機械本体から離れた場所で使える装置。

**こき**【古希】《古稀》七〇歳。〔杜甫《とほ》の詩の「人生七十古来稀《まれ》なり」から〕

**こき**【呼気】吐き出す息。対吸気

**こぎ**【狐疑】疑い深いこと。「―逡巡《しゅんじゅん》」

**ごき**【語気】言葉の調子・勢い。「―が強い」

**ごき**【誤記】書きあやまり。

**ごぎ**【語義】語の意味。

**コキール**〔フランス語 coquille〕貝殻（―形の皿）に具をのせて、蒸し焼きにした料理。コキーユ。

**こきおろす**【扱き下ろす】ひどくけなす。「さんざんに―」

**こぎく**【小菊】①花が小さい菊。②小型の和紙。茶道用。

**ごきげん**【御機嫌】①「機嫌」の尊敬語。②機嫌がいいようす。Ⅱその人にとって好ましいようす。「―な音楽」

**―伺《うかが》い** 訪問して、安否をたずねること。

**こきざみ**【小刻み】①こまかく刻むこと。②少しずつ動くこと。

**こぎたない**【小汚い】なんとなくきたない。対こぎれい

**こきつかう**【扱き使う】ひどく使う。

**こぎつける**【漕ぎ着ける】やっと目標まで達する。「卒業に―」

**こぎって**【小切手】その振出人が、一定金額を受取人に支払うことを銀行に委託する有価証券。

**ごきぶり** 台所などにすむ害虫。油虫。〔御器噛《ごきかぶり》の転〕

**こきみよい**【小気味好い】気持ちがいい。

**こきゃく**【顧客】得意客。こかく。

**こきゅう**【呼吸】①生理作用の一。「深―」②気持ちの調子。「―があう」③こつ。「―がわかる」

**―器《き》** 呼吸作用を営む器官。気管・肺・えらなど。

**こきゅう**【故旧】〔文章語〕古くからの知り合い。

**こきゅう**【胡弓】《鼓弓》弦楽器の一。形は三味線に似る。弓で弾く。

**こきよう**【小器用】少し器用なようす。こぎよう。

**こきょう**【故郷】生まれた土地。ふるさと。対異郷

**―へ錦《にしき》を飾《かざ》る** 立身出世して故郷に帰る。

**ごぎょう**【五行】昔の中国で、宇宙の万物をなす五つの元素。木・火・土・金《ごん》・水。

**ごぎょう**【御形】ハハコグサ。おぎょう。〔春の七草の一〕

**こぎれい**【小奇麗】ちょっときれい。対こぎたない

**こきん**【古今】⇩ここん①

**こく**【石】①体積の単位の一。一〇斗。約一八〇リットル。②和船の積載量の単位。一〇立方尺。③禄高《ろくだか》を表した語。「加賀百万―」

**こく**【刻】〔文章語〕①昔の時刻の表し方。一日を一二分し、十二支にあてた。「午《うま》の―」②水時計の目盛り。

**こく**【酷】ひどく厳しいようす。

**こく**《濃》深みのある味わい。「―のある酒」

**―が・出《で》る** うまみが出る。

**こく**《扱く》しごく。かき落とす。

**こく**《放く》〔俗語〕①はなつ。「屁《へ》を―」②言う。ぬかす。「うそを―」

**こぐ**《扱ぐ》根から引き抜く。

**こぐ**【漕ぐ】「ボート（自転車・ぶらんこ）を―」Ⅱ「舟を―（=居眠りする）」

**ごく**【極】きわめて。非常に。

**ごく**【獄】〔文章語〕ろうや。監獄。「―に下る」

**ごく**【語句】①語と句。②（ひとまとまりの）言葉。

**ごくあく**【極悪】〔文章語〕この上なく悪いこと。

**―非道《ひどう》** 極悪で人の道から著しくはずれていること。

**こくい**【国威】国の威光。「―発揚」

**こくい**【黒衣】①黒い衣服。②僧衣。◇こくえ

**ごくい**【極意】奥義。おくのて。

**ごくい**【獄衣】囚人服。

**こくいっこく**【刻一刻】しだいしだいに。時がたつにつれて。

**こくいん**【刻印】①印に彫刻すること。その印。②極印①。

**ごくいん**【極印】①消しがたい証拠。「裏切り者の―を押される」②昔、貨幣などの品質証明に押した印。

**こくう【虚空】**〔文章語〕①大空。②空間。

**こくう【穀雨】** 二十四気の一。四月二十日ごろ。〔穀物を潤す春雨の意〕

**ごくう【御供】** 供物《くもつ》。「人身《ひとみ》─」

**こくうん【国運】** 国の運命。

**こくうん【黒雲】** 黒い雲。〔わるいことがおきる前兆のたとえにも使われる〕

**こくえ【黒衣】** こくい。

**こくえい【国営】** 国の経営。㊟民営

**こくえき【国益】** 国の利益。

**こくえん【黒鉛】** 純粋な炭素からなる鉱物。鉛筆の芯《しん》や電気工業用。石墨。

**こくおう【国王】** 王国の君主。

**こくがい【国外】** 国の領土の外。㊟国内

**こくがく【国学】** ①奈良・平安時代、諸国に置かれた学校。②江戸時代、古典研究によって、日本固有の生活・精神を究明しようとした学問。古学。「─者」

**こくぎ【国技】** その国特有の、伝統的な技芸・スポーツ。〔日本では相撲〕

**こくぐん【国軍】** 国家の軍隊。

**こくげき【国劇】** その国特有の演劇。〔日本では歌舞伎〕

**ごくげつ【極月】** 十二月の別称。師走《しわす》。

**こくげん【刻限】** ①時刻。②定刻。

**こくご【国語】** ①その国の共通語。②日本語。「─史」

**こくごう【国号】** 国の称号。国名。

**こくこく【刻々】** こっこく。

**ごくごく【極々】** きわめて。

**こくさい【国債】** 国家が、歳入の不足を補うために設ける債務(─の債券)。

**こくさい【国際】** 国家と国家、または多国家間の─交際(関係)。「─会議」

**─化**《か》 国際的になること。

**─結婚**《けっこん》 国籍のちがう者どうしの結婚。

**─語**《ご》 各国間で共通に使われる言語。〔外交・通商分野での英語など〕

**─色**《しょく》 さまざまな国の人や物が入りまじっているようす。

**─人**《じん》 世界的に活躍している人。コスモポリタン。

**─単位系**《たんいけい》 国際的に統一された単位の体系。SI。〔長さはメートル、質量はキログラム、時間は秒など〕

**─通貨**《つうか》 国際間の取引に利用される通貨。〔通常は、ドル・ユーロ〕

**─的**《てき》 諸国間に関係のあるようす。世界的。インターナショナル。

**─バカロレア** 加盟国の大学への入学資格認定制度。〔バカロレアは フランス語 baccalauréat〕

**─法**《ほう》 国家間で決められた法。国際公法。〔条約や国際慣習など〕

**─連合**《れんごう》 第二次世界大戦後に成立した世界平和を目的とする国際機構。国連。略号UN。

**ごくさいしき【極彩色】** 非常に濃厚・はでな色彩。

**こくさく【国策】** 国の政策。

**こくさん【国産】** 国内の─産物(生産)。「─品」㊟舶来

**こくし【国士】** ①その国で特にすぐれた人。②国のために尽くす人。

**─無双**《むそう》 ①国士①の中でも特にすぐれた人。②マージャンの役の一。

**こくし【国史】** ①一国の歴史。②日本史。

**こくし【酷使】** こき使うこと。

**こくじ【告示】** 一般に広く知らせること。「─板」

**こくじ【告辞】** 儀式などで、出席者に述べる言葉。「卒業式の─」

**こくじ【国字】** ①国語の表記に使われる文字。「─問題」②仮名。③日本で作られた漢字。〔畑・匁・峠・辻《つじ》など〕

**こくじ【国事】** 国家に関する事柄。

**─行為**《こうい》 天皇が行う国事に関する行為。

**こくじ【国璽】** 国家のしるしとしての印。

**こくじ【酷似】** 非常によく似ていること。「内容が─する」

**ごくし【獄死】** 獄中で死ぬこと。牢死《ろうし》。

**こくしびょう【黒死病】** ペスト。

**ごくしゃ【獄舎】** 刑務所(─の建物)。

**こくしゅ【国主】** ①大名。②君主。

**こくしょ【国書】** ①国の元首が、その国名で出す外交文書。②日本の書物。和書。「─解題」③和装本。

**こくしょ【黒書】**〔俗語〕欠点を指摘するために書かれた本。㊟白書

**こくしょ【酷暑】** きびしい暑さ。㊟酷寒

**ごくしょ【極暑】** 非常に暑いこと。暑い盛り。㊟極寒

**こくじょう【国情・国状】** 国の状態。

**ごくじょう**【極上】 きわめて上等なこと。「―品」
**こくしょく**【黒色】黒い色。
**―人種**《じんしゅ》 肌の色が黒い人種。黒人。ニグロイド。
**こくじょく**【国辱】国の恥となること。
**こくじん**【黒人】黒色人種。
**こくすい**【国粋】 その国・国民に特有の長所。
**―主義**《しゅぎ》 自国の歴史・文化・政治を誇り、排他的にそれを維持・保存しようとする考え方。対国際主義
**こくする**【刻する】刻み、彫る。
**こくする**【哭する】〔文章語〕大声をあげて泣く。
**こくぜ**【国是】 国家・世論がよいと認めた施政上の方針。類国策
**こくせい**【国政】国の政治。
**こくせい**【国勢】国の-勢力(状態)。
**―調査**《ちょうさ》 国が定期的に行う人口および生活状態などの調査。
**こくぜい**【国税】国家の経費をまかなうために、国民に課す税。「―局」対地方税
**―庁**《ちょう》 国税に関する業務を行う財務省の外局。
**こくぜい**【酷税】苛酷な税。
**こくせき**【国籍】その国に所属する者としての公的な資格。
**こくせん**【国選】 国が選ぶこと。「―弁護人」
**こくそ**【告訴】被害者が、検察官などに犯罪事実を申告して起訴を求めること。

**こくそう**【国葬】国費で行う葬儀。
**こくそう**【穀倉】 穀物をたくわえる倉。こくぐら。
**―地帯**《ちたい》 穀物の主要産地。
**ごくそう**【獄窓】獄舎の窓。Ⅱ獄中。
**こくぞうむし**【穀象虫】穀物の害虫。頭部の先が象の鼻に似る。コメクイムシ。
**こくぞく**【国賊】国家に害を与える者。
**ごくそつ**【獄卒】 もと、囚人を取り扱った役人。
**こくたい**【国体】 ①統治権の所在によって区別する国家の政治形態。特に、第二次世界大戦前の天皇を絶対とするもの。「―護持」②国民体育大会の略。
**こくたん**【黒炭】炭素を約八〇パーセント含む石炭。
**こくたん**【黒檀】 熱帯アジア原産の常緑高木の一。材質は堅く、漆黒。家具用材。
**こくち**【告知】告げ知らせること。
**こぐち**【小口】①切り口。②いとぐち。「話の―」③少額。少量。「―融資」対大口④書物の、背以外の天・地・横の部分。特に、横。
**こぐち**【木口】木材の切り口。きぐち。
**こぐち**【個口】 まとめて送る荷物を数える語。「宅配便二―まで」
**ごくちゅう**【獄中】刑務所の中。
**こくちょう**【国鳥】国を代表する鳥。〔日本ではキジ〕
**こくちょう**【黒鳥】 ハクチョウの一種。全身が黒い。
**ごくちょうたんぱ**【極超短波】 波長が一メートル以下の電波。
**ごくつぶし**【穀潰し】 働きもしないで、むだに生活する者。〔むだ飯を食う意。/ののしるときの言葉〕
**こくてい**【国定】 国家が定める-こと(もの)。
**―公園**《こうえん》 国立公園に準ずる公園。都道府県が管理する。
**こくてん**【黒点】 ①太陽面に見える黒い点。〔まわりより温度が低い〕②黒い点。
**こくど**【国土】 ①一国の統治権内の地域。領土。②ふるさと。郷土。
**―交通省**《こうつうしょう》 中央官庁の一。国土の利用・開発・保全に関する行政を行う。〔運輸省・建設省・北海道開発庁・国土庁が統合された〕
**こくど**【黒土】黒色の土。農業に適する。
**こくとう**【黒糖】 黒砂糖。
**こくどう**【国道】 国が建設・管理する道路。
**ごくどう**【極道】 ①悪事をする-こと(男)。類やくざ ②放蕩《ほうとう》者。「―息子」
**こくない**【国内】 その国の領土内。対国外
**―総生産**《そうせいさん》 国民総生産から海外で得た純所得を引いたもの。GDP。〔国内の経済活動の水準を表す〕
**―法**《ほう》 国内で適用される法律。
**こくないしょう**【黒内障】 外観は正常なのに、視力を失う病気。くろそこひ。
**こくなん**【国難】 国家の災難・危難。「―に殉じる」

**こくねつ【酷熱】** きびしい暑さ。類酷暑

**ごくねつ【極熱】** 非常にあついこと。

**こくはく【告白】** 隠さずに打ちあけること。「赤裸々な—」

**こくはく【酷薄】** 残酷で薄情なこと。

**こくはつ【告発】** 被害者以外の人が、検察官などに犯罪事実を申告して起訴を求めること。類告訴

**こくばん【黒板】** 白墨で書くための、暗緑色や黒色に塗った板。

**こくひ【国費】** 国が支出する経費。

**ごくひ【極秘】** きわめて秘密なこと。

**ごくび【極微】** きわめて小さいこと。

**こくびゃく【黒白】** ①くろとしろ。②正邪。善悪。「—を争う」

**こくひょう【酷評】** 手きびしい批評。

**こくびをかしげる【小首をかしげる】** (首をちょっと傾けて)考える。不審(ふしぎ)に思う。

**こくひん【国賓】** 国家の正式な客である外国人。元首・特使など。

**ごくひん【極貧】** 非常に貧乏なこと。

**こくふ【国富】** 国全体の経済力。一国の富。

**こくふう【国風】** ①その国特有の風俗・習慣(—を表した詩歌・俗謡)。②和歌。

**こくふく【克服】** 困難に打ち勝つこと。「病を—する」

**ごくぶと【極太】** きわめて太い—こと(もの)。「—毛糸」対極細

**こくぶん【国文】** ①国語で書いた—文章(文学)。②国文学。③国文学科。

**こくぶんがく【国文学】** 日本の文学(—を研究する学問)。

**こくぶんぽう【国文法】** 日本語の文法。

**こくべつ【告別】** 別れを告げること。「—の辞」

**—式《しき》** ①死者に別れを告げる儀式。②送別式。

**こくへん【黒変】** 黒く変色すること。

**こくほ【国保】** 国民健康保険の略。

**こくぼ【国母】** ①皇后。②皇太后。

**こくほう【国宝】** ①国の宝。②国が法律で保護・管理する、特に貴重な文化財。

**こくほう【国法】** 国家の法律。特に、憲法。

**こくぼう【国防】** 国家の、外敵に対する防御。「—軍」

**ごくぼそ【極細】** きわめて細い—こと(もの)。「—毛糸」対極太

**こくみん【国民】** 国家を構成する人々。

**—栄誉賞《えいよしょう》** 国民に親しみのある分野で偉業を成し、多くの国民に敬愛される人に贈られる賞。

**—休暇村《きゅうかむら》** 特別法人が建設・管理する、国立公園・国定公園内の宿泊・保養施設。安く利用できる。

**—健康保険《けんこうほけん》** 一般の健康保険に加入できない人のための健康保険。

**—宿舎《しゅくしゃ》** 主に地方公共団体が経営する、景勝地の宿泊・休養施設。安く利用できる。

**—審査《しんさ》** 最高裁判所の裁判官が適任かどうか国民投票で審査する制度。

**—性《せい》** その国の国民全般に共通する精神的特質。

**—総所得《そうしょとく》** 国民総生産。略号GNI。

**—総生産《そうせいさん》** 一国全体における一定期間内の最終生産物の合計額。略号GNP。

**—体育大会《たいいくたいかい》** 毎年行われる全国的なスポーツ大会。国体。

**—的《てき》** 国民全体にかかわるようす。「—英雄」

**—投票《とうひょう》** (憲法改正など)国家の重大事項について国民が直接行う投票。

**—年金《ねんきん》** 二〇歳以上六〇歳未満の国民すべてが加入する年金。

**—の祝日《しゅくじつ》** 法律で定められた祝日。〔元日(一月一日)・成人の日(=一月の第二月曜日)・建国記念の日(=二月一一日)・天皇誕生日(=二月二三日)・春分の日(=三月二一日ごろ)・昭和の日(=四月二九日)・憲法記念日(=五月三日)・みどりの日(=五月四日)・こどもの日(=五月五日)・海の日(=七月の第三月曜日)・山の日(=八月一一日)・敬老の日(=九月の第三月曜日)・秋分の日(=九月二三日ごろ)・スポーツの日(=一〇月の第二月曜日)・文化の日(=一一月三日)・勤労感謝の日(=一一月二三日)〕

**こくむ【国務】** 国家の政務。

**—大臣《だいじん》** ①内閣を組織する、総理大臣以外の各大臣。②無任所大臣。

**こくめい【克明】** 細かいことに気を配るよ

うす。丹念。
**こくめい**【刻銘】金属や石に刻みつけた文字。
**こくめい**【国名】国の名。
**こくもつ**【穀物】人間が主食とする米・麦・豆などの作物。
**ごくもん**【獄門】①獄舎の門。②昔の刑罰で、さらし首。「―にかける」
**こくゆう**【国有】国の所有。「―‐財産(林)」対私有・民有
**こくようせき**【黒曜石】火山岩の一。黒くつやがある。装飾・印材用。
**こぐらい**【小暗い】うす暗い。
**こぐらい**【木暗い】木が茂って暗い。
**こくらがり**【小暗がり】少し暗い‐こと(所)。
**ごくらく**【極楽】①〔仏教語〕極楽浄土。②安楽で心配のない‐境遇(状態)。類天国 ◇対地獄
**―往生**《おうじょう》 死後、極楽浄土に生まれること。●安らかに死ぬこと。
**―浄土**《じょうど》〔仏教語〕阿弥陀《あみだ》仏のいる、苦しみのない平和な世界。
**―とんぼ**〔俗語〕気楽でのんきな人。
**ごくり**【獄吏】〔文章語〕牢役人《ろうやくにん》。
**こくりつ**【国立】国が設立・管理すること。「――大学(劇場)」対私立
**―公園**《こうえん》 国が指定し管理する自然公園。〔管轄は環境省〕
**こくりょく**【国力】国の総合的な勢力。
**こくる**【告る】〔俗語〕(好きだと)告白する。
**こくるい**【穀類】穀物。
**こくれつ**【酷烈】〔文章語〕非常に厳しく激しいようす。類苛烈《かれつ》
**こくれん**【国連】国際連合の略。
**―憲章**《けんしょう》 国際連合の組織と活動を定めた法規。
**ごくろう**【御苦労】①他人の骨折りをねぎらう語。「―さま」〔目上に使うと失礼〕②他人の行為や努力をからかう語。
**こくろん**【国論】〔文章語〕国民一般の議論・意見。世論。
**こぐんふんとう**【孤軍奮闘】たった一人(少数)で一生懸命努力すること。
**こけ**【苔】湿地や古木などに生える下等植物。苔類《たいるい》・蘚類《せんるい》・地衣類の俗称。●「―が生える(=古くなる)」
**こけ**【虚仮】ばか。愚か。「―の一心」
**―にする** ばかにする。
**こげ**【焦げ】焼けて黒くなったもの。
**ごけ**【後家】寡婦。「―を立てる(=後家のまま、再婚しないで通す)」●「―の(=片方なくなった)箸」
**ごけ**【碁笥】碁石を入れる丸い器。碁器。
**こけい**【固形】一定の形のあるもの。
**―食**《しょく》(おかゆ・スープなどに対して)形のあるふつうの食べ物。対流動食
**―燃料**《ねんりょう》(本来液体や気体のものを)一定の形にした燃料。
**―物**《ぶつ》 ①形のある物。②固形食。◇対流動物
**こけい**【孤閨】夫の不在中、妻がひとりでさびしく寝る‐こと(部屋)。「―を守る」
**ごけい**【互恵】国どうしが相互に特別の便益・恩典を与えたり受けたりすること。「―条約」
**こけおどし**【虚仮威し】見せかけだけの‐こと(手段)。
**こげくさい**【焦げ臭い】物の焦げるにおいがする。
**こけし** 木の人形。〔東北地方の民芸品〕
**こけつ**【虎穴】トラのすむ穴。●非常に危険な場所・状態。類虎口
**―に入《い》らずんば虎児《こじ》を得《え》ず** 危険を冒さなければ大成功は得られない。
**こげつく**【焦げ付く】①焦げてくっつく。②貸したお金が回収不能になる。③相場が変動しない。
**こけつまろびつ**《倒けつ転びつ》ころんだりたおれたり。〔あわてて走るようす〕
**コケティッシュ**〔coquettish〕色っぽい。
**こけむす**【苔むす】苔が生える。●年月を経て古くなる。
**こけもも**【苔桃】高山・高原に生える常緑小低木。実は赤くて甘ずっぱく、食用。
**こけら**《鱗》うろこ。こけ。
**こけら**【杮】①材木の削りくず。こっぱ。②ヒノキやマキを薄くはいだ板。こけら板。「―ぶき」〔「杮」は「柿《かき》」とは別字。木偏に四画〕
**―落**《お》**とし** 新築した劇場で行う初興行。
**こける**《転ける》①たおれる。ころぶ。②興行が当たらない。
**こける**《痩ける》やせ細る。
**こげる**【焦げる】焼けて黒くなる。

**ごけん【護憲】** 憲法・立憲政治を守ること。
**ごげん【語源・語原】** 語の音や意味の起源。「―をさぐる」
**こけんにかかわる【沽券にかかわる】** 体面がきずつく。
**ここ【呱々】** うぶ声。
**―の声《こえ》を上《あ》げる** 誕生する。
**ここ【個々】** ひとつひとつ。おのおの。
**こご【古語】** 今はふつうには使われない、昔の言葉。
**ごご【午後】** 正午から夜一二時までの間。 対午前
**ココア**〔cocoa〕 飲み物の一。カカオの種をいった粉が原料。
**ここう【股肱】**〔文章語〕最も頼みとする人。「―の臣」〔ももとひじの意〕
**ここう【虎口】**〔文章語〕トラの口。⑪非常に危険な場所・状態。 類虎穴
**ここう【孤高】**〔文章語〕ひとりだけ離れて超然としていること。「―を保つ」
**ここう【糊口】**〔文章語〕暮らし。生計。「―をしのぐ(=貧しくて、やっと暮らす)」
**ごごう【古豪】** 経験をつんだすぐれた人物。 対新鋭
**こごう【呼号】**〔文章語〕①大声で呼ぶこと。②おおげさに宣伝すること。
**ごこう【後光】** 仏体から発するという光。仏像の背後の輪。「―がさす」 類背光・光背
**こごえ【小声】** 小さな声。 対大声
**こごえじに【凍え死に】** 凍死《とうし》。
**こごえる【凍える】** 寒さのために感覚を失う。
**ここかしこ** あちらこちら。
**ここく【故国】** 故郷。母国。
**ごこく【五穀】** ①五種の穀物。米・麦・アワ・キビ・豆。②穀類の総称。
**ごこく【後刻】** のちほど。 対先刻
**ごこく【護国】** 国家を守ること。「―神社」
**こごしをかがめる【小腰をかがめる】** 腰をちょっとかがめる。
**ここじん【個々人】** ひとりひとりの人。
**ここち【心地】** 気持ち。気分。
**ココット**〔フランス語 cocotte〕 小型の食器(―に入れた料理)。
**こごと【小言】** ①こまごました文句。②とがめてさとす言葉。
**―幸兵衛《こうべえ》** 口やかましく注意する人。
**ここと【戸ごと】**《戸毎》 一軒一軒。
**ココナッツ**〔coconut〕 ココヤシの実。ココナツ。
**ここのか【九日】** ①月の九番目の日。②一日の九倍。「―間」
**ここのつ【九つ】** ①(個数・年齢で)九。②昔の時刻の名称。午前・午後の一二時。
**ここのところ**《此処の所》 ここしばらく。
**ここべつべつ【個々別々】** それぞれが別であること。
**ここまい【古々米】** 収穫後、二年以上経過した米。
**こごみ**《屈み》 山菜の一。ガンソクの若芽。
**こごめ【小米】**《粉米》 精米するときに砕けた米。
**ココやし【―椰子】** ヤシの一。実からとるコプラはせっけんなどの原料。
**こごる**《凝る》 冷えて固まる。
**こころ【心】** ①精神活動の総称。②思い。考え。③気持ち。④意味・内容。⑤おもむき。「茶の―」
**―暖《あたた》まる** しみじみとした気分になる。
**―当《あ》たり** ①思い当たること。②見当。
**―有《あ》る** ①思慮・分別がある。②思いやりがある。③おもむきを解する。
**―意気《いき》** ①意気ごみ。②心のもち方。
**―得《え》** ①理解。承知。②たしなみ。③上役の職務を仮に代行すること。「課長―」
**―得《え》顔《がお》** 承知しているような―顔つき(ようす)。
**―得《え》違《ちが》い** ①思い違い。②よくない考え・行い。
**―得《え》る** ①理解する。②承知する。③たしなみがある。
**―置《お》きなく** 心配(気がね)なく。
**―覚《おぼ》え** ①覚えて―いる(おく)こと。②忘れないためのメモ。
**―掛《か》ける** 常に注意し、努力する。〔心懸けるとも書く〕
**―構《かま》え** 心の準備。覚悟。
**―変《か》わり** 気持ちが変わること。変心。〔多く男女間の愛情についていう〕
**―配《くば》り** 心遣い。
**―苦《くる》しい** ①申し訳なく思う。②いやだ。
**―静《しず》かに** 気持ちを落ち着けて。

**―丈夫《じょうぶ》** 心強いようす。気丈夫。
**―する** 注意する。
**―添《ぞ》え** 忠告。注意。
**―頼《だの》み** 期待すること。
**―遣《づか》い** 配慮。心配。気兼ね。
**―尽《づ》くし** 真心をこめること。また、そうして用意したもの。
**―付《づ》け** チップ。祝儀。
**―積《づ》もり** 心の中での用意・計画。胸算用。
**―強《づよ》い** 頼りになって安心だ。
**―ない** ①思いやりがない。②分別がない。③情趣を解さない。
**―成《な》し** 気のせい。思いなし。
**―ならずも** 不本意ながら。
**―に掛《か》ける** ①忘れないようにする。②心配する。◇〔心に懸けるとも書く〕
**―憎《にく》い** ①憎いほどすばらしい。②おくゆかしい。
**―にもない** 思ってもいない。
**―根《ね》** 根性。性質。
**―残《のこ》り** 未練。
**―の丈《たけ》** 思いのすべて。
**―の闇《やみ》** 心が乱れて是非の判断に迷うこと。
**―ばえ** 気だて。
**―許《ばか》り** ほんの気持ちだけ。
**―馳《ば》せ** 注意。配慮。
**―細《ぼそ》い** ①不安だ。②寂しい。
**―任《まか》せ** 思うまま。気まま。
**―待《ま》ち** 期待して待つこと。
**―持《も》ち** ①気持ち。②少し。やや。
**―許《もと》ない** 頼りなくて不安だ。
**―安《やす》い** ①親しい。②安心だ。
**―遣《や》り** ①思いやり。②気ばらし。
**―行《ゆ》くまで** 満足するまで。気がはれるまで。
**―を動《うご》かす** ①感動する。②関心をもつ。
**―を鬼《おに》にする** 相手のことを思ってきびしくする。
**―を砕《くだ》く** あれこれと心配する。
**―を汲《く》む** 相手の思いを推察する。
**―を込《こ》める** 相手への思いを言外に含める。
**―を許《ゆる》す** ①打ちとける。②油断する。
**―を寄《よ》せる** ①同情する。②関心をもつ。

**こころざし【志】** ①志すこと。②親切。厚意。③(気持ちを表す)贈り物。④香典返しやお布施の表に書く言葉。
**こころざす【志す】** 目標・目的を心に定める。目ざす。
**こころみ【試み】** ためすこと。
**こころみる【試みる】** ためす。
**こころよい【快い】** ①気持ちがよい。②病状がよい。
**ここん【古今】** ①昔と今。こきん。②昔から今まで。
**―東西《とうざい》** 昔から現在まですべての場所。いつでもどこでも。
**ごこん【語根】** ①単語の意味を表す上で、それ以上に分解できない部分。〔例、「ほのか」「ほのぼの」の「ほの」〕②語幹。

**ごごんぜっく【五言絶句】** 五言四句からなる漢詩。五絶。
**ごさ【誤差】** ちがい。真の値との差。
**ござ(《茣蓙》)** 藺草《いぐさ》の茎で編んだ敷物。
**ござ【御座】** 「座」の尊敬語。
**コサージュ**〔corsage〕 胸につける小さな花飾り。コサージ。
**こさい【小才】** ちょっとした才知。「―がきく」
**こさい【巨細】**〔文章語〕大きいことと小さいこと。
**こざい【古材】** 解体された建物の再利用可能な木材。
**ごさい【後妻】** 妻と離別・死別した男が再婚した妻。のちぞい。対先妻
**こざいく【小細工】** 簡単な細工。Ⅱ一時しのぎの策略・手段。
**コサイン**〔cosine〕 数学で、三角関数の一。余弦。記号cos
**こざかしい【小賢しい】** ①りこうぶって生意気だ。②悪賢い。
**こさく【小作】** 地主から土地を借りて農業をする―人(こと)。小作農。下作《したさく》。「―争議」対自作
**こさじ【小匙】** ①小さなさじ。②料理で、計量用の五cc入りのさじ。
**ござしょ【御座所】**〔古語〕「天皇などの居室」の尊敬語。
**ごさた【御沙汰】**「指示・命令」の尊敬語。
**こさつ【古刹】**〔文章語〕古い寺。
**こさつ【故殺】** ①故意に人を殺すこと。②旧刑法で、謀殺と区別して、かっとなっ

て人を殺すこと。〔現行刑法では区別しない〕

**こざっぱり** 何となくさっぱりしているようす。類こぎれい

**こざとへん【阜偏】** 漢字の部首の一。防・降などの「阝」。

**ござぶね【御座船】** ①身分の高い人が乗る船。②(大阪で)屋形船《やかたぶね》。

**こさめ【小雨】** こまかな雨。対大雨

**こさん【古参】** 古くからその職にいる—こと（人）。ふるがお。「—兵」対新参

**ごさん【午餐】** 〔文章語〕昼食。「—会」対晩餐

**ごさん【誤算】** 計算違い。⊜見込み違い。「うれしい—」

**ごさんけ【御三家】** その分野で最もすぐれた三者。「テニス界の—」〔もとは、江戸時代の尾張《おわり》・紀伊《きい》・水戸《みと》の徳川三家の意〕

**こし【腰】** ①身体の一部。②物の中ほどから下の部分。「障子の—」③物事の勢い。意気ごみ。「話の—」④粘り。弾力。「—のあるうどん」⑤和歌の第三句。⑥物事をする姿勢・態度。「けんか—」〔「ごし」と濁る〕⑦腰につけるものを数える語。「太刀《たち》一—」

**—が重《おも》い** なかなか動きださない。

**—が軽《かる》い** ①敏捷《びんしょう》に動き回るようす。②軽薄なようす。

**—が砕《くだ》ける** 物事を途中でやめる。意気ごみがおとろえる。

**—が立《た》たない** 立ちあがれない。

**—が強《つよ》い** ①強気である。②粘りけが強い。③しなやかで折れにくい。

**—が低《ひく》い** 相手に対して謙虚だ。

**—を上《あ》げる** ①たちあがる。②行動をおこす。

**—を入《い》れる** ①本気になる。②腰の重心を低くする。

**—を折《お》る** ①腰をかがめる。②中途で妨げる。「話の—」

**—を据《す》える** ①その場所におちつく。②おちついて物事をする。

**—を抜《ぬ》かす** 驚いて動けなくなる。

**こし【輿】** ①二本の轅《ながえ》の上に人を乗せる屋形《やかた》を設けた、昔の乗り物。〔身分により種類が違う〕②みこし。神輿《しんよ》。

**こし【古址】** 〔文章語〕古い都や建物の跡。

**こし【古詩】** ①古代の詩。②漢詩の一体。唐以前の詩。字数制限がない。

**こし【枯死】** 植物が枯れること。

**こし【故紙】**《古紙》 使って不要となった古い紙。

**こじ【居士】** 〔仏教語〕①男の戒名につける称号。対大姉 ②出家しないで受戒・修行する男。③そのような性格の男。「謹厳—」

**こじ【固持】** 強く守って変えないこと。「立場を—する」

**こじ【固辞】** 強く辞退すること。

**こじ【孤児】** みなしご。

**こじ【故事】** ①昔あった事柄。②昔からのいわれのある事柄。

**こじ【誇示】** 自慢げに見せびらかすこと。

**ごし【越し】** ①物を隔ててすること。「窓—」②その間続いていること。「三年—」

**ごし【五指】** 五本の指。「—に余る（=五つ以上ある）」

**ごし【語誌・語史】** 語の歴史（—を記述したもの）。

**ごじ【誤字】** まちがった字。「—脱字」対正字

**ごじ【護持】** 〔文章語〕大事に守ること。

**こしあげ【腰揚げ】** 子供の着物などで、腰の部分の縫いあげ。

**こじあける【抉じ開ける】** むりにあける。

**こしあん【漉し餡】** 煮たアズキをつぶして、こした餡。対つぶしあん

**こしいた【腰板】** ①袴《はかま》の腰の部分にあてる板。②壁・障子などの下部に張る板。

**こしいれ【輿入れ】** 嫁入り。

**こじいん【孤児院】** 保護者のいない子供を養育する施設。〔養護施設の旧称〕

**コジェネレーション** 〔cogeneration〕一つのエネルギー源から複数のエネルギーを取り出すこと。特に、発電時の熱エネルギーを再び発電に利用すること。廃熱発電。

**こしお【小潮】** 潮の干満の差が最少になる—こと（とき）。〔上弦・下弦のころ〕対大潮

**こしおび【腰帯】** ①帯の一。②腰ひも。

**こしおれ【腰折れ】** ①へたな和歌。腰折れ歌。②「自作の和歌」の謙譲語。

**こしかけ【腰掛け】** 腰を掛ける台。⊜一時的につく—職業（地位）。「—仕事」

**こしかける【腰掛ける】** （物の上に）腰をおろす。

**こしかた**【来し方】①通り過ぎてきた場所（方向）。②過去。「―行く末」
**こしき**【轂】牛車《ぎっしゃ》などで、車輪の中心の、輻《や》の集まる太くまるい部分。
**こしき**【古式】古くからのやり方。「―ゆかしい（=昔がしのばれる）行事」
**こじき**【乞食】ものもらい。おこも。
**ごしき**【五色】五種類の色。五彩。〔青・黄・赤・白・黒〕◉いろいろな色（種類）。
**こしぎんちゃく**【腰巾着】腰に下げる巾着。◉いつも有力者にくっついている人。
**こしくだけ**【腰砕け】①腰の力が抜けること。②物事が途中でだめになること。
**こしけ**【腰気】子宮や膣《ちつ》から分泌される病的な粘液。おりもの。白帯下《はくたいげ》。
**こししょうじ**【腰障子】腰板②のついた障子。
**こじせいご**【故事成語】（中国の）昔から言い伝えられる事柄を基にした慣用句。
**こしだめ**【腰撓め】鉄砲を腰に当て、十分ねらわずに撃つこと。◉あてずっぽう。
**こしたんたん**【虎視眈々】油断なく機会をねらっているようす。
**ごしちちょう**【五七調】韻文の調子の一。語句を五音・七音の順に並べる。対七五調
**ごしちにち**【五七日】人の死後、三五日目（―の法要）。
**こしつ**【固執】固く自説を守って曲げないこと。こしゅう。類固持
**こしつ**【個室】ひとり（ひとつの集団）用の部屋。

**こしつ**【痼疾】〔文章語〕持病。
**こじつ**【故実】昔の法制・儀式・作法などの―規定（習慣）。「有職《ゆうそく》―」
**ごじつ**【後日】①将来。②ある物事が済んだあと。「―談」
**こしつき**【腰付き】腰のようす。
**ゴシック**［Gothic］①活字の書体の一。肉太の太字。ゴチック。ゴシック体。〔「ゴシック・活字」〕②中世西洋の建築様式の一。先のとがったアーチが特色。ゴシック式。
**こじつける** 都合のよいように、むりに理屈をつける。
**ゴシップ**［gossip］うわさ話。
**ごじっぽひゃっぽ**【五十歩百歩】似たりよったり。〔戦場で、五〇歩逃げても一〇〇歩逃げても、逃げたという点では同じだの意〕
**ごして**【伍して】ならんで。同等に。
**こしぬけ**【腰抜け】①腰が抜けて立てない―こと（人）。②意気地なし。臆病者。
**こしのもの**【腰の物】①腰につける物。〔刀・巾着など〕②腰巻き。
**こしばい**【小芝居】小さな劇場（―での興行）。◉ちょっとした芝居。寸劇。
**こしばり**【腰張り】《腰貼り》ふすまや壁の下部に紙や布を張ること。その紙や布。
**こしひも**【腰紐】女性が和服の帯の下に結ぶ細いひも。
**こしべんとう**【腰弁当】腰に弁当をさげること。その弁当。腰弁。◉安月給とり。
**こしぼね**【腰骨】①腰の骨。②忍耐強くやり通す気力。「―のある人」

**こしまき**【腰巻き】女性の和服の、肌着の一。ゆもじ。おこし。◉本の帯紙。
**こしまわり**【腰回り】ヒップ。
**ごしゃ**【誤写】まちがって写すこと。
**ごしゃ**【誤射】まちがってうつこと。
**こしゃく**【小癪】生意気。「―なやつ」
**ごしゃく**【語釈】語句の意味の解釈。
**こじゃれた**【小洒落た】〔俗語〕ちょっとしゃれた。「―レストラン」
**こしゆ**【腰湯】腰から下だけ湯につかること。座浴。「―を使う」
**こしゅ**【古酒】長い間ねかして熟成した酒。対新酒
**こしゅ**【固守】かたく守ること。
**ごしゅ**【御酒】「酒」の丁寧語。
**ごしゅ**【語種】日本語の語彙《ごい》を出自によって分類した種類。〔和語・漢語・外来語・混種語〕
**ごしゅいん**【御朱印】①将軍の印のある書類・鑑札。②寺社が参拝者に授与する印。「―帳」
**―船**《せん》朱印船。
**こしゅう**【呼集】よびあつめること。
**こしゅう**【固執】こしつ。
**こじゅう**【扈従】〔文章語〕（貴人の）おとも（―をすること）。こしょう。
**ごじゅうおん**【五十音】仮名で表記した日本語の五〇の音節。
**ごじゅうかた**【五十肩】五〇歳ぐらいの人におこる肩の痛み。
**ごしゅうしん**【御執心】深く執着するこ

と。〔からかって言う言葉〕
**ごじゅうそう【五重奏】** 五個の楽器による合奏。クインテット。
**こじゅうと** ㈠**【小舅】** 夫（妻）の兄弟。㈡**【小姑】** こじゅうとめ。「一一人は鬼千匹」
**こじゅうとめ【小姑】** 夫（妻）の姉妹。
**ごじゅうのとう【五重の塔】** 五層屋根の塔。〔地・水・火・風・空の五つの要素にかたどる〕
**こじゅけい【小綬鶏】** キジ科の鳥。鳴き声は大きく、チョットコイと聞こえる。
**ごじゅん【語順】** 文の構成で、言葉の順序。
**こしょ【古書】** ①古い書物。②古本《ふるほん》。
**ごしょ【御所】** ①「天皇（上皇・三后）の住居」の尊敬語。②「親王・将軍・大臣などの住居」の尊敬語。
**ごじょ【互助】** 互いに助けあうこと。「一会」
**ごじょ【語序】**〔文章語〕語順。
**こしょう【古称】**〔文章語〕古い呼び名。
**こしょう【呼称】** ①名づけること。②呼び名。③体操で、掛け声。
**こしょう【故障】** ①具合がわるくなること。②さしさわり。③異議。苦情。
**一者**《しゃ》（スポーツで）けがをした選手。
**こしょう【胡椒】** 香辛料の一。インド原産の低木の実の粉。
**こしょう【湖沼】**〔文章語〕みずうみとぬま。
**こしょう【誇称】**〔文章語〕自慢しておおげさに言うこと。
**こじょう【古城】** 古い城。
**こじょう【孤城】**〔文章語〕①ひとつだけぽつんとある城。②孤立して援軍のない城。
**こじょう【弧状】** 弓がた。
**一列島**《れっとう》 弓がたに連なっている列島。〔アリューシャン列島や日本列島〕
**ごしょう【後生】** ①〔仏教語〕死後生まれ変わる所。後世《ごせ》。②〔仏教語〕極楽往生。「一を願う」③哀願するときの語。「一だから」
**一大事**《だいじ》 ①〔仏教語〕後生を大事にし深く信仰すること。②非常に大事に持っていること。
**ごじょう【互譲】**〔文章語〕互いに譲りあうこと。「一の精神」
**こしょうがつ【小正月】** 陰暦で、正月一四日から一六日までの称。二番正月。
**こしょく【古色】**〔文章語〕古びた色・ようす。
**一蒼然**《そうぜん》 見るからに古びたようす。
**こしょく【個食】** 家族が各々、別々の時間に食事をすること。
**こしょく【孤食】** 子供が一人だけで食事をすること。
**ごしょく【誤植】** 印刷で活字の組み誤り。ミスプリント。
**こじらいれき【故事来歴】** 伝来した事物のいわれと歴史。
**こしらえ【拵え】** こしらえること。こしらえたようす。
**一事**《ごと》 作りごと。うそ。
**こしらえる【拵える】** ①きちんとしあげる。「料理（顔）を一」②準備する。「金を一」③いつわる。「話を一」
**こじらす《拗らす》** こじらせる。「風邪（話）を一」
**こじらせる《拗らせる》** 物事を‐悪い（めんどうな）状態にする。こじらす。「風邪（事件）を一」
**こじり【湖尻】** 湖の水が川に流れ出る所。
**こじる《抉る》** ①えぐる。②ねじる。
**ごじる【呉汁】《豆汁》** 水につけてすりつぶした大豆のこし汁を入れたみそ汁。
**こじれる《拗れる》** ①ねじける。ひねくれる。②悪化する。「風邪（話）が一」
**こじわ【小皺】** 小さな皺。
**こじん【古人】** 昔の人。
**こじん【故人】** ①死んだ人。②旧友。
**こじん【個人】**（社会を構成する）ひとりひとりの人。
**一差**《さ》 精神や身体の各個人による違い。
**一主義**《しゅぎ》 ①社会・国家より、まず個人の独立と自由を重んじる主義。対全体主義 ②〔俗語〕利己主義。
**一情報**《じょうほう》 個人のプライバシーにかかわる情報。
**一的**《てき》 個人としてするようす。プライベート。私的。
**ごしん【誤信】** まちがって信じ込むこと。
**ごしん【誤診】** まちがった診断（一をすること）。
**ごしん【誤審】** まちがった審判（一をするこ

こ

と)。

**ごしん【護身】** 身体の防御。「—術」

**ごじん【吾人】**〔文章語〕われわれ。

**ごじん【後陣】** こうじん。対先陣

**ごじん【御仁】** 他人の敬称。〔古い言い方〕

**ごしんか【御神火】** 火山の噴火の火。ごじんか。〔火山を神聖視して言う語〕

**ごしんぞう【御新造】**「他人の妻」の敬称。ごしんぞ。「—さん」〔古い言い方〕

**ごしんぷ【御親父】**「他人の父」の敬称。

**こじんまり** ⇩こぢんまり

**こす【越す】** ①通り過ぎて行く。「山を—」②上に出る。③⇩おこし ④経過する。「冬(期限)を—」⑤引っ越す。⑥**【超す】** それ以上になる。「定員を—」

**こす【鼓す】** 鼓《こ》する。

**こす《漉す・濾す》** 細かいすきまを通らせて、かすを除く。「泥水を—」

**ごす【呉須】** 陶磁器の模様をかく、藍色《あいいろ》の顔料。

**ごす【伍す】** 伍《ご》する。

**こすい【湖水】** みずうみ(—の水)。

**こすい【鼓吹】** ①宣伝すること。②励ますこと。◇〔太鼓をうち、笛を吹く意〕

**こすい《狡い》**〔俗語〕①ずるい。②けちだ。

**ごすい【午睡】**〔文章語〕ひるね。

**こずえ【梢・木末】** 木の幹や枝の、先。

**こすからい《狡辛い》**〔俗語〕ずるくてけちだ。こすっからい。

**コスタリカほうしき【—方式】** 同じ選挙区を地盤とする同一政党の二人の候補が、小選挙区選挙と比例代表選挙に交互に立候補すること。

**コスチューム**〔costume〕服装。衣装。

**—プレー**〔costume play〕①衣装や扮装《ふんそう》が重要となる演劇や映画。②衣装や扮装によって楽しむこと。コスプレ。

**こすっからい《狡っ辛い》**〔俗語〕こすからい。

**コスト**〔cost〕①原価。生産費。②値段。費用。

**—パフォーマンス**〔cost performance〕投入した費用とその効果の割合。

**コスプレ** コスチュームプレー②の略。

**ゴスペル**〔gospel〕キリスト教で、福音(—書)。

**—ソング**〔gospel song〕黒人霊歌の一。福音歌。

**コスミック**〔cosmic〕宇宙的であるようす。コズミック。

**コスメ** 化粧品。〔コスメチックの略〕

**コスメチック**〔cosmetic〕①整髪用の固形油。チック。②化粧品。◇コスメティック。

**コスモス**〔cosmos〕①キク科の一年草。秋、白・紅などの花を開く。観賞用。あきざくら。②秩序ある世界。宇宙。対カオス

**コスモポリタン**〔cosmopolitan〕①国家を離れ、世界全体をひとつのものと考える人。世界主義者。②国際人。

**こすりつける【擦り付ける】** 押し付けてつける。むりにくっつける。

**こする【擦る】** 押し付けて擦《す》る。「目を—」

**こする【鼓する】**〔文章語〕①打ち(かき)鳴らす。②ふるいおこす。「勇を—」

**ごする【伍する】** ①仲間になる。②同等の位置に立つ。

**ごする【期する】**〔文章語〕予期する。覚悟する。

**こすれる【擦れる】** すれあう。

**ごすんくぎ【五寸釘】** 長く太い釘。〔もと長さ五寸(=一五センチメートル)の釘。現在では約六〜八センチメートルの釘をいう〕

**ごせ【後世】**〔仏教語〕来世。「—を願う」対前世・現世

**こせい【個性】** その—人(物)に特有の性質。「—を重んじる」

**—的《きて》** 個性があらわれるようす。

**こぜい【小勢】** 少人数。対大勢

**ごせい【互生】** 葉が茎の各節に互い違いの方向に生えること。→対生・輪生

**ごせい【悟性】** ①知性。②論理的に考える能力。

**ごせい【語勢】** 言葉の勢い。類語気・語調

**こせいだい【古生代】** 地質時代の区分の一。先カンブリア代の後。

**こせがれ【小伜】** ①若い男の蔑称。②自分の息子の謙称。

**コセカント**〔cosecant〕数学で、三角関数の一。サインの逆数。余割。記号cosec

**こせき【戸籍】** 夫婦を中心に、家族の氏名・本籍地・家族関係などを記した公文

書。
**―抄本**《しょうほん》 戸籍謄本の一部。
**―謄本**《とうほん》 一戸籍の全部を写した証明文書。
**こせき【古跡】**《古蹟》 歴史上の物事のあった跡。旧跡。
**こせこせ** ①落ち着きのないようす。②小事にこだわるようす。
**こせつ【古拙】**〔文章語〕一見へただが、古風で素朴な趣のあること。
**こぜつ【孤絶】** 他とのつながりが絶たれ、かけ離れていること。
**ごせっく【五節句】** 昔の五つの主な節句。人日《じんじつ》・上巳《じょうし》・端午・七夕《しちせき》・重陽《ちょうよう》。
**こぜに【小銭】** 小額のお金。こづかい銭。
**こぜりあい【小競り合い】** ①小さなもめごと。②小部隊の戦い。
**こせん【古銭】** 昔のお金。
**ごせん【互選】** 特定の人々の間で選挙し合うこと。また、その選挙。
**ごぜん【午前】** 夜一二時から正午までの間。[対]午後
**ごぜん【御前】** ①「身分の高い人または主人の―座前(面前)」の尊敬語。みまえ。②身分の高い人(―の妻)の敬称。「―様」
**―様**《さま》 夜中の一二時過ぎに帰宅する―こと(人)。〔「御前様」のもじり〕
**ごぜん【御膳】**「食膳・食事」の丁寧語。
**こせんきょう【跨線橋】** 鉄道線路の上にかけ渡した橋。渡線橋。ブリッジ。
**ごせんし【五線紙】** 楽譜を書くための、五本の平行線が引かれた紙。
**こせんじょう【古戦場】** 昔、戦いのあった所。
**こぞ【去年】**〔古語〕きょねん。
**こそあど** 指示語。「これ・それ・あれ・どれ」「この・その・あの・どの」「こう・そう・ああ・どう」「こんな・そんな・あんな・どんな」をまとめた呼び名。
**こぞう【小僧】** ①年少の僧。②年少の男子店員。③青少年の蔑称。〔「いたずら～」のように、親しみをこめる場合もある〕
**ごそう【護送】** ①守りながら送り届けること。②見張りながら送り届けること。
**ごぞう【五臓】** ①漢方で、肺・心・肝・脾《ひ》・腎《じん》の五つの内臓。②全身。
**―六腑**《ろっぷ》 ①五臓と六腑。②腹の中。体内。心の中。
**こそく【姑息】** 一時の間にあわせ。「―な手段」〔誤って「ひきょうな」の意で使われる〕
**こそぐ**《刮ぐ》 けずり落とす。
**こぞく【古俗】**〔文章語〕昔(―から)の風俗。
**ごそくろう【御足労】**「来て(行って)もらうこと」の尊敬語。
**こそげる**《刮げる》 こそぐ。
**こぞっこ【小僧っ子】**〔俗語〕年少の男をさげすむ言い方。青二才。
**こぞって**《挙って》 残らず。みな。「―反対する」
**こそで【小袖】** ①袖の小さい着物。②絹の綿入れ。[対]布子《ぬのこ》
**こそばゆい** くすぐったい。「―思い」
**こぞる**《挙る》〔古語〕全員が集まる。〔四段活用の動詞〕
**ごぞんじ【御存じ】**「存じ」の尊敬語。御承知。「―のとおり」
**こたい【古体】** ①昔の形。②漢詩で、律詩・絶句以外の詩体。[対]近体
**こたい【固体】** 一定の形・体積を保つ物質。[対]液体・気体
**こたい【個体】** 個々に独立して存在する―物(生物)。「―差」
**こだい【古代】** ①大昔。②時代区分の一。中世の前。「―文明」〔日本では奈良・平安時代〕
**こだい【誇大】** おおげさ。「―に伝わる」
**―妄想**《もうそう》 自分の現在の状態を実際よりおおげさに考えること。
**ごたい【五体】** ①頭・両手・両足の称。●全身。②書道で、篆書《てんしょ》・隷書・楷書《かいしょ》・行書《ぎょうしょ》・草書。
**ごたいそう【御大層】**〔俗語〕おおげさ。〔皮肉を含んだ言い方〕
**こたえ【答え】** ①解答。②返答。◇[対]問い③【応え】反応。
**こたえられない【堪えられない】** 非常によい。〔我慢できないの意から〕
**こたえる** [一]【答える】①解答する。②返答する。◇[対]問う [二]【応える】応じる。報いる。[三]《徹える》(心身に)強く感ずる。「骨身に―」
**こだかい【小高い】** すこし高い。
**こだから【子宝】**(大事な)子。「―に恵まれる」〔子供を宝として言う語〕

**ごたく【御託】** くどくどと(―理屈を)言うこと。「―を並べる」〔御託宣の略〕
**こだくさん【子―】**《子沢山》 子供が大勢あること。
**ごたくせん【御託宣】** ①託宣①の尊敬語。②ごたく。
**こだし【小出し】** 少しずつ出す―こと(もの)。「情報を―にする」
**こだち【小太刀】** 小さい太刀(―で行う武術)。
**こだち【木立】** 群がって立っている木々。
**こたつ【炬燵・火燵】** 暖房用具の一。
**ごだつ【誤脱】** 文章の誤字と脱字。
**ごたつく** ①混雑する。②もめる。
**こだて【小楯】** 楯の代わりにするもの。「―に取る」
**こだて【戸建て】** ⇩一戸建て
**こだね【子種】** ①精子。②子供。
―**を宿《やど》す** 妊娠する。
**こたび【此度】** 今度。〔改まった表現〕
**ごたぶん【御多分】**
―**に漏《も》れず** 他の多くのものと同様に。例外ではなく。
**こだま【木霊】** ①木の精霊。②《谺》山びこ。エコー。
**こだわる**《拘る》必要以上に気にする。Ⅱ細かいことに自分の好みを主張する。「酒の銘柄《めいがら》に―」
**こたん【枯淡】** 俗気がなくあっさりした中に、趣のあること。「―の境地」
**コタン**〔アイヌ語 kotan〕アイヌの村・部落。
**ごだん【誤断】** まちがった判断。
**ごだんかつよう【五段活用】** 動詞の活用の型の一。語尾がア・イ・ウ・エ・オの段に活用する。
**コタンジェント**〔cotangent〕 数学で、三角関数の一。タンジェントの逆数。余接。記号 cot
**こち【鯒】** 近海魚の一。食用。
**こち【東風】**〔古語〕ひがしかぜ。春風。
**こち【故地】**〔文章語〕ゆかりのある土地。
**こち【故知】**《故智》〔文章語〕古人が用いた―知恵(知略)。「―にならう」
**ごち**〔俗語〕ごちそう。「―になる」
**こぢから【小力】** ちょっとした力。
**ごちそう【御馳走】** おいしい料理(―を出してもてなすこと)。
―**様《さま》** 食事をした後のあいさつの言葉。対いただきます Ⅱ相手ののろけなどをひやかしていう言葉。
**ゴチック**〔ドイツ語 Gotik〕ゴシック。ゴチ。
**こちゃく【固着】** ①固まってくっつくこと。「―剤」②一定の場所に住みつくこと。
**ごちゅう【語中】** ①ある単語の中間。対語頭・語末 ②表現された言葉の中。
**コチュジャン**〔朝鮮語 koch'ujang〕 朝鮮料理で、唐辛子味噌。
**こちょう【胡蝶】** チョウの別称。
―**蘭《らん》** 洋ランの一種。チョウのような花をつける。ファレノプシス。
**こちょう【誇張】** 大げさに表現すること。「―して話す」
**ごちょう【伍長】** 旧陸軍で、下士官の一。兵長の上、軍曹の下。
**ごちょう【語調】** 言葉の調子。類口調《くちょう》
**こちょこちょ** くすぐるようす。
**こちら**《此方》 ①自分に近いほう。ここ。こっち。〔丁寧な言い方〕②自分をさす言葉。③相手をさす言葉。「―さま」
**こぢんまり** 小さいなりにまとまっているようす。〔「こじんまり」は誤り〕
**こつ【忽】** 一の一〇万分の一。
**こつ** ■【骨】 ①ほね。②お骨。「―あげ」
■【コツ】 やり方の要領・急所。「―をのみこむ」
**こつあげ【骨揚げ】** 火葬にした骨を拾ってつぼに入れること。こつひろい。
**ごつい**〔俗語〕①いかつい。「―体」②やぼだ。
**こつえん【忽焉】**〔文章語〕急に。たちまち。「―として逝く」
**こっか【国花】** その国を代表する花。
**こっか【国家】** 一定領土に居住し、統治組織をもつ人民の団体。くに。
―**権力《けんりょく》** 国が国民に対してもつ強制力。
―**公安委員会《こうあんいいんかい》** 内閣府の外局の一。警察庁を管理する機関。
―**公務員《こうむいん》** 国家の事務に携わる役人。対地方公務員
―**試験《しけん》** 国が行う資格試験。
―**的《てき》** 国をあげてするようす。
**こっか【国歌】** ①国を代表する歌。②和歌。
**こづか【小柄】** 脇差《わきざし》のさやの外側にさす小刀。

**こっかい【告解】** カトリック教会で、司祭に罪の告白をすること。〔現在では「許しの秘跡」という〕

**こっかい【国会】** 国権の最高機関で、唯一の立法機関。衆議院と参議院とからなる。

**―議員《ぎいん》** 国会の議員。衆議院議員と参議院議員。

**―議事堂《ぎじどう》** 国会がひらかれる議事堂。

**こづかい【小遣い】** 日常の雑費に当てるお金。小遣い銭。

**こっかく【骨格】**《骨骼》 ①動物の体の骨組み。②からだつき。「たくましい―」③物事の中心。

**こつがら【骨柄】** 骨格①。Ⅱ人柄。「人品―」

**こっかん【国漢】** 国文(国語)と漢文。

**こっかん【骨幹】**〔文章語〕骨格①。Ⅱ物事の要点。

**こっかん【酷寒】** きびしい寒さ。「―の地」対酷暑

**ごっかん【極寒】** 非常に寒い―こと(時)。対極暑

**こっき【克己】** 自分の欲望に打ち勝つこと。「―心」類自制

**こっき【国旗】** 国を代表する旗。「―掲揚」

**こづきまわす【小突き回す】** 他人の体をつかんだりつついたりする。こづく。Ⅱいじめ苦しめる。

**こっきょう【国教】** 国が認定し、特に保護する宗教。

**こっきょう【国境】** 国と国との境。「―線」

**こっきん【国禁】** 国が法律で禁じていること。

**こっく【刻苦】** 非常な―努力(苦労)をすること。「―勉励」

**コック**[cock] ガスなどの栓。

**―ピット**[cockpit] 飛行機(レーシングカー)の操縦室。

**コック**〔オランダ語 kok〕 料理人。

**こづく【小突く】** ①つっつく。②押さえて揺する。③いじめる。

**コックス**[cox] ボートレースで、舵手《だしゅ》。

**こづくり【小作り】** ①作りが小さいこと。②小柄《こがら》。

**こっくん【国訓】** ①漢字の訓。②漢字の日本独特の用法。

**こっけい【滑稽】** おもしろおかしいこと。おどけ。冗談。

**こっけい【酷刑】**〔文章語〕残酷な刑罰。

**こっけいせつ【国慶節】** 中国の建国記念日。一〇月一日。

**こっけん【国権】** 国家権力。統治権。

**こっけん【黒鍵】** ピアノやオルガンの鍵盤にある黒い鍵。対白鍵

**こっこ【国庫】** 国家の現金を、保管・出納する機関。

**こっこう【国交】** 国家間の交際。

**ごつごうしゅぎ【御都合主義】** その時々の都合で、どうにでも変わる態度。

**こっこく【刻々】** 時がたつようす。刻一刻。

**こつざい【骨材】** コンクリートに使う砂や砂利。「天然(人工)―」

**こつざけ【骨酒】** あぶった魚の骨を浸した熱燗の日本酒。

**こっし【骨子】** 要点。中心。

**こっしつ【骨質】** ①骨を構成する繊維性の物質。②動物の骨のような物質。

**こつずい【骨髄】** ①骨の中の一組織。「―移植」②心の奥。③要点。

**―に徹《てっ》す** 心の奥までしみとおる。

**こっせつ【骨折】** 体の骨が折れること。

**こつぜん【忽然】**〔文章語〕突然。

**こっそう【骨相】** 骨格(―に現れた性格・運命)。

**こつそしょうしょう【骨粗鬆症】** カルシウム不足で骨がもろくなる病気。

**ごったがえす【ごった返す】** ひどく混雑する。

**ごったに【ごった煮】** いろいろな物を入れて煮た料理。Ⅱ秩序なく入りまじること。

**こづち【小槌】** 小さな槌。「打ち出の―」

**こっちのもの** 自分の思うようになるもの。

**こっちょう【骨頂】**《骨張》 最上。最高。「愚の―」

**こつつぼ【骨壺】** 遺骨を入れるつぼ。

**こつづみ【小鼓】** 小さい鼓。

**こづつみ** ①【小包み】小さい包み。②【小包】品物を包装して送る郵便物。小包郵便。

**コッテージ** ⇩コテージ

**ゴッド**[God] (キリスト教の)神。

**―ファーザー**[godfather] ①マフィアの首領。②黒幕。◇〔男の名づけ親の意〕

**こっとう【骨董】** ①美術的価値のある古

道具。「―品」②古道具。

**コットン**〔cotton〕木綿。

**こつにく【骨肉】** ほねとにく。Ⅱ血縁関係にある人。親子・兄弟。「―の情」

**―相《あい》食《は》む** 身内の者どうしが争う。

**こつにくしゅ【骨肉腫】** 骨にできる悪性の腫瘍《しゅよう》。

**こつねん【忽然】**〔文章語〕こつぜん。

**こっぱ【木っ端】** 木の削りくず。Ⅱ取るに足りないもの。「―役人」

**―微塵《みじん》** こなごなに砕けること。こなみじん。

**こつばい【骨灰】** 動物の骨を焼いた灰。こっかい。〔燐《りん》の原料〕

**こっぱい【骨牌】**〔文章語〕①かるた。②マージャンの牌。

**こつばん【骨盤】** 腰の骨。腹の臓器を支える。

**こっぴどい【こっ酷い】**〔俗語〕非常にひどい。「―目にあう」

**こつひろい【骨拾い】** 骨あげ。

**こつぶ【小粒】** 粒(体・形・力量)が小さいこと。「―の―雨(人間)」

**コップ**〔オランダ語 kop〕 飲み物用の容器の一。

**―酒《ざけ》** コップで日本酒を飲むこと。また、その酒。

**―の中《なか》の嵐《あらし》** 限られた範囲内の、大勢には影響のない出来事。

**こっぷん【骨粉】** 粉末にした動物の骨。肥料用。

**コッペパン** 紡錘形のパン。〔コッペは フランス語 coupé(=小山)のなまりか〕

**コッヘル**〔ドイツ語 Kocher〕 組み立て式炊事用具。登山用。

**こっぽう【骨法】**〔文章語〕①骨組み。②礼儀作法。③(技芸の)こつ。要領。要点。

**こづま【小褄】** 褄(―の先)。

**こつまく【骨膜】** 骨を包む膜。

**こつみつど【骨密度】** 骨の中のミネラル成分の密度。

**こづめ【小爪】** 爪のはえぎわの、半月形の白い部分。

**ごづめ【後詰め】** 後方に控えた軍勢。

**こづら【小面】**

**―憎《にく》い** 顔を見るのさえ憎らしい。

**こつりょう【骨量】** 骨の中のミネラルの量。

**こづれ【子連れ】** 子を連れている―こと(人や動物)。

**ごつん** かたいものに強くあたる音。また、そのようす。

**こて【鏝】** ①壁土・セメントなどを塗る道具。②裁縫・調髪・工作などの鉄製の用具。熱して使う。

**こて【小手】** ①ひじと手首の間。対高手 Ⅱ手先。腕先。②剣道で、籠手《こて》。

**―が利《き》く** ちょっとしたことに器用である。

**―をかざす** 手を額にかざして、遠くを見る。

**こて【籠手】** ①小手①をおおう、鎧《よろい》の付属具。②弓道・剣道で、小手①をおおう防具。③剣道で、籠手②を打つわざ。

**ごて【後手】** ①先を越されること。手おくれ。②囲碁・将棋で、―打つ(指す)順が後になる―こと(人)。③後から攻める―こと(人)。◇対先手

**―に回《まわ》る** 相手の攻めを受ける立場になる。後手を引く。

**こてい【固定】** しっかりとその場所・状態のまま動かない(―ようにする)こと。「―化」

**―観念《かんねん》** ひとつのものにこだわり、変えることのできない考え。

**―給《きゅう》** 仕事の量にかかわらず決まっている給料。対歩合《ぶあい》給

**―資産《しさん》** 財産としての土地や建物。

**―票《ひょう》** 選挙で、必ず特定の候補者・党に投票されるとみられる支持票。対浮動票

**こてい【湖底】** みずうみのそこ。

**コテージ**〔cottage〕 山小屋。山荘。コッテージ。

**こてき【鼓笛】** 太鼓と笛。「―隊」

**こてさき【小手先】** ①手先。②小才。

**こてしらべ【小手調べ】** 物事を始める前に、ためしにやること。

**ごてどく【ごて得】**〔俗語〕不平を言って自分の都合のいいようにすること。ごね得。

**こてなげ【小手投げ】** 相撲で、投げわざの一。

**こでまり【小手毬】** バラ科の落葉低木。春、白い小さな花がまり状に集まって咲く。

**こてん【古典】** 現代まで親しまれ模範とされている昔の作品。クラシック。

**―仮名遣《かなづか》い** 歴史的かなづかい。

—主義《しゅぎ》 古代ギリシャやローマ時代の芸術の形式的・知的・調和的な美を尊ぶ主義。クラシシズム。
—的《てき》 ①古典として尊重されるようす。②古典を重んじるようす。③古くささを感じるようす。
**こてん【個展】** 個人の作品を集めた展覧会。「—を開く」
**ごてん【御殿】** ①「身分の高い人の住居」の尊敬語。②豪華な邸宅。
**こてんぱん** 〔俗語〕こてんこてん。
**こと【事】** ①事柄。②事情。③事件・出来事。④仕事。⑤行事。⑥活用語に付いて体言化する。「見た—がない」⑦文末に付いて命令を表す。「静かにする—」⑧感動を表す。「まあきれいだ—」⑨質問を表す。「言ってもいい—」◇〔⑧⑨は女性語〕
—あれかし 事件があることを望むようす。
—が運《はこ》ぶ 物事がうまく進む。
—ここに至《いた》る 事態が悪くなってどうにもならない状態になる。
—だ 大変だ。
—とする それぱかりをする。「読書を—」
—ともせず 気にせず。
—なきを得《え》る 無事ですむ。
—に当《あ》たる 物事を処理する。
—に依《よ》ると もしかしたら。
—を構《かま》える 争いを起こす。
—を好《この》む 事件が起きるのを待ち望んでいる。
—を運《はこ》ぶ 物事をうまく進める。
—を分《わ》ける すじみちを立てて説明する。
**こと【異】** 〔「…を〜にする」の形で〕…を違える。…を別にする。「考えを—にする」
**こと【琴】**《箏》 ①邦楽の弦楽器の一。箏《そう》。②〔古語〕邦楽の弦楽器の総称。
**こと【古都】** 古いみやこ。
**こと【糊塗】** 〔文章語〕一時しのぎにごまかすこと。「過失を—する」
**こど【弧度】** ラジアン。
**ことあげ【言挙げ】** ある事柄をとりたてて言うこと。
**ことあたらしい【事新しい】** ①今までと違い、新しい。②わざとらしい。
**ことう【古刀】** 古い刀。特に、慶長年間以前に作られた日本刀。対新刀
**ことう【孤島】** 離れ小島。
**こどう【古道】** ①古い道。旧道。「熊野—」②古代の学問・道義・文化。
**こどう【鼓動】** 心臓が脈打つ—こと（音）。「胸の—」
**ごとう【語頭】** 単語のはじめ。対語中・語尾
**ごとう【誤答】** まちがった答え。対正答
**ごどう【梧桐】** アオギリ。ごとう。
**こどうきょう【跨道橋】** 道路をまたいで架かる橋。
**こどうぐ【小道具】** ①小さい器具。②演劇で使う小さい道具。対大道具
**ごとうけ【御当家】** 「相手の家」の尊敬語。
**ごとうち【御当地】** 相手の住む土地にいて、そこをさしていう尊敬語。
—ソング その土地を主題とした歌謡曲。
**ごとおび【五十日】** 月のうち、五と一〇のつく日。〔商習慣で、代金の支払い日〕
**ことかく【事欠く】** 不自由する。「日々の暮らしに—」
**ことがら【事柄】** 事の—ようす（内容）。
**こときれる**《事切れる》 死ぬ。
**こどく【孤独】** ひとりぼっち。
—死《し》 （高齢者が）誰にもみとられずに一人きりで死ぬこと。
**ごとく【五徳】** ①儒教で、五つの徳。〔温・良・恭・倹・譲〕②火鉢や炉に置き、鉄びんなどをかける鉄製の輪。
**ごとく【如く】** …のよう—に（で）。〔ごとしの連用形〕
**ごどく【誤読】** まちがった読み方（—をすること）。
**ことごと【事々】** 多くのこと。万事。
—しい おおげさだ。
**ことごとく**《尽く・悉く》 残らず。
**ことごとに【事毎に】** いつも。
**ことこまか【事細か】** 詳しいようす。
**ことさら**《殊更》 ①わざと。故意に。②とりわけ。特に。
—めく わざとらしく見える。
**ことし【今年】** 今の年。こんねん。
**ことじ【琴柱】** 琴の胴の上に立てて弦を支え、移動させて音の高低を調整する道具。
**ごとし**《如し》 〔古語〕ようだ。

**ことだま【言霊】** 言葉に宿るふしぎな力。〔言語を神聖視していった語〕
**―の幸《さき》わう国《くに》** 日本をほめる呼び名。〔ことだまの力で幸福になる国の意〕
**ことたりる【事足りる】** 十分である。
**ことづかる【言付かる】**《託かる》 ことづけられる。
**ことづけ【言付け】**《託け》 伝言。ことづて。
**ことづける【言付ける】**《託ける》 人に頼んで―伝える（物を届ける）。
**ことづて【言伝】** ①伝言。②人から伝え聞くこと。
**ことてん【事典】** 百科事典など、事典を辞典と区別していう言い方。対ことば典
**ことなかれしゅぎ【事なかれ主義】** 平穏無事だけを願う消極的な―考え方（態度）。
**ことなる【異なる】** 違う。
**ことに【殊に】** ①とりわけ。②その上。
**ことのは【言の葉】**〔文章語〕①ことば。②和歌。
**ことのほか【殊の外】** ①案外。意外に。②特に。非常に。
**ことば【言葉】**《詞》 ①言語。②単語や語句。③表現（―内容）。
**―遊《あそ》び** ことばのリズムや発音、意味を利用したあそび。早口言葉、回文など。
**―数《かず》** くちかず。
**―狩《が》り** 特定の言葉の使用を禁じること。
**―尻《じり》を捕《と》らえる** 相手の失言を大きく問題にする。
**―遣《づか》い** ものの言い方。
**―典《てん》** 辞典を事典と区別していう言い方。対こと典
**―に甘《あま》える** 相手の好意を受ける。
**―に余《あま》る** 言葉では言い尽くせない。
**―を返《かえ》す** ①返答する。②口答えをする。
**―を尽《つ》くす** あるかぎりの言葉を使って言う。
**―を濁《にご》す** はっきりと言わない。
**ことはじめ【事始め】** ①新しく始めること。②物事の始め。
**ことぶき【寿】** ①めでたいこと。祝い。②長命。
**ことぶれ【事触れ・言―】** 言い広める―こと（人）。
**ごとべい【五斗米】** わずかの給料。「―に腰を折る（=人に屈する）」〔五斗の米の意〕
**ことほぐ【寿ぐ】**《言祝ぐ》〔文章語〕祝いを述べる。
**ことほどさように【事程左様に】**（以上述べたように）それほど。そんなに。
**こども【子供】** ①自分の子。対親 ②（幼い）子。対おとな
**―園《えん》** 幼稚園と保育所の機能をあわせもつ保育施設。〔こども園と書く〕
**―家庭庁《かていちょう》** 内閣府の外局の一。子供と子育てに関する行政を行う。〔こども家庭庁と書く〕
**―心《ごころ》** （十分な理解力のない）子供の心。
**―騙《だま》し** 子供をだますような、つまらない―もの（こと・手段）。
**―の使《つか》い** 用が十分に果たせない使者。
**―の日《ひ》** 国民の祝日の一。五月五日。端午の節句。〔こどもの日と書く〕
**ことよせる【事寄せる】** かこつける。
**ことり【小鳥】** 小形の鳥。
**ことわざ【諺】** 昔から世間に伝わっている教訓・風刺の文句。類格言・金言・警句
**ことわり【理】** ①道理。「―を説く」②当然の理由。
**ことわる【断る】** ①拒絶する。辞退する。②前もって知らせる。③謝る。
**こな【粉】** 砕けて細かくなったもの。粉末。
**こないだ**〔俗語〕このあいだ。
**こなおしろい【粉白粉】** 粉状のおしろい。
**こなぐすり【粉薬】** 粉状のくすり。散薬。対丸薬・水薬
**こなごな【粉々】** 細かく砕けたようす。
**こなし** ①動作。「身の―」②物の扱い。「着―」③消化。
**こなす** ①思い通りに扱う。「使い―」②処理する。「仕事を―」③消化する。④細かく砕く。⑤けなす。
**こなた**《此方》「こちら」の雅語的表現。
**こなまいき【小生意気】** いかにも生意気なようす。
**こなみじん【粉微塵】** 粉々になること。
**こなミルク【粉―】** 乾燥して粉状にした牛乳。粉乳《ふんにゅう》。〔乳児用〕
**こなゆき【粉雪】** 粉のようにさらさらした

雪。パウダースノー。[対]ぼたん雪

**こなれる** ①消化される。②熟練する。十分身につく。③世間になれて、人柄がやわらぐ。

**ごなん【御難】** 「困難・災難」の尊敬語。〔からかいや自嘲《じちょう》をこめて使うこともある〕

**コニーデ** 〔ドイツ語 Konide〕 火山の形態の一。円錐《えんすい》形の火山。成層火山。〔富士山が代表的〕

**こにくらしい【小憎らしい】** いかにも憎らしい。

**コニャック** 〔フランス語 cognac〕ブランデーの一。フランスのコニャック地方産。

**ごにん【誤認】** まちがってそれと認めること。「ー逮捕」

**こにんず【小人数】** 少しの人数。こにんずう。[対]多人数

**ごにんばやし【五人囃子】** 雛人形《ひなにんぎょう》の一。地謡《じうたい》・笛・大鼓《おおかわ》・小鼓《こつづみ》・太鼓の楽器を奏する五人をかたどる。

**こぬか【小糠】** ぬか。

**ー雨《あめ》** 静かに降る細かい雨。

**ー三合《さんごう》持《も》ったら養子《ようし》に行《い》くな** わずかでも財産があれば養子になるべきでない。

**コネ** 縁故《えんこ》。つて。「ーを頼る・ー社会」〔コネクションの略〕

**コネクション**〔connection〕 ①コネ。②麻薬密売人(ーの組織)。

**コネクター**〔connecter〕 電線と電線(電気装置)をつなぐ接続器。

**こねくりまわす【捏ねくり回す】** いじりまわす。

**こねくる【捏ねくる】** こねる。

**ごねどく【ごね得】** ごねた結果、得をすること。ごて得。

**こねる【捏ねる】** ①粉や土に水をまぜて練る。②しつこく無理を言う。「だだ(理屈)をー」

**ごねる** 〔俗語〕①文句を言う。すねる。②死ぬ。〔御涅槃《ごねはん》の転か〕

**ごねん【御念】** お心づかい。「ーの入《い》ったこと」

**このあいだ【この間】**《此の—》先日。

**このうえ【この上】**《此の—》 これ以上。

**ーない** 最高である。

**ーは** こうなったからには。

**このえへい【近衛兵】** 君主の近くにいて身辺を守る兵士。

**このかた【この方】**《此の—》あるできごと以後ずっと。「一〇年ー」

**このかん【この間】**《此の—》 それを行なっている間(途中)。

**このごにおよんで【この期に及んで】**《此の—》 もう後にひけないこの時点になって。

**このごろ【この頃】**《此の—》 最近。ちかごろ。

**このさい【この際】**《此の—》 こういう場合。

**このした【木の下】** きのした。「ー道・ー闇」〔雅語〕

**このしろ【鰶】** 近海魚の一。食用。〔幼魚は、こはだ〕

**このせつ【この節】**《此の—》 このごろ。〔改まった表現〕

**このたび【この度】**《此の—》今度。〔改まった表現〕

**コノテーション**〔connotation〕 ①言外の意味。②〔哲学用語〕内包。◇[対]ディノテーション

**このところ【この所】**《此の—》 このごろ。

**このは【木の葉】** きのは。⓫とるに足りないもの。「ーてんぐ」

**このぶん【この分】**《此の—》 このようす。「ーなら」

**このへん【この辺】**《此の—》 ①このあたり。②これぐらい。「きょうはーまで」

**このほど【この程】**《此の—》 ①近ごろ。②今度。◇〔改まった表現〕

**このま【木の間】** 木のあいだ。「ー隠れ」

**このまえ【この前】**《此の—》 このあいだ。

**このましい【好ましい】** ①好きだ。[対]うとましい ②望ましい。「ー言葉づかい」

**このみ【好み】** ①好むこと。趣味。「ーに合う」②希望。注文。「ーに応じる」

**このみ【木の実】** 木になる実。きのみ。

**このむ【好む】** ①好く。「映画をー」②望む。

**このめ【木の芽】** きのめ。「ー時《どき》」

**このもしい【好もしい】** このましい。

**このゆえに【此の故に】** 〔文章語〕こう

いうわけで。

**このよ**【此の世】 現世。生きている世。対あの世

**―の限《かぎ》り** 一生の終わり。

**このわた**《海鼠腸》 ナマコのはらわたの塩辛。

**このんで**【好んで】 ①自分から望んで。②よく。

**こば**【木端】 木のきれはし。こけら。

**ごば**【後場】 取引所の午後の立ち会い。対前場

**こばい**【故買】 盗品と承知して買うこと。〔法律では、有償譲り受けという〕

**ごはい**【誤配】 誤って配達すること。

**こはく**【琥珀】 大昔の植物の樹脂が化石化したもの。多く黄色で透明。装飾品用。

**ごはさん**【御破算】 そろばんで、玉をゼロに戻すこと。⏸白紙の状態に戻すこと。〔「ごわさん」とも〕

**こばしり**【小走り】 小またで急いで歩くこと。

**こはぜ**【鞐】 足袋などのつめ形の留め具。

**こはだ**【小鰭】 コノシロの幼魚。

**こばち**【小鉢】 小さな―植木鉢（鉢形の食器）。

**ごはっと**【御法度】 「法度」の尊敬語。⏸禁制。タブー。

**こばな**【小鼻】 鼻先の左右のふくらんだ部分。鼻翼。

**―をうごめかす** 得意がる。

**こばなし**【小話】《小咄》短い笑い話。

**こばなれ**【子離れ】 親が子の独立を認めて世話をやめること。対親離れ

**こはば**【小幅】 ①変動の幅が小さい。「―な値上げ」 ②織物の幅で、大幅の半分。並幅。◇対大幅

**こばむ**【拒む】 ①断る。②はばむ。

**こばら**【小腹】 腹。下腹。

**―が立《た》つ** ちょっと腹が立つ。

**―を満《み》たす** 軽く食べる。

**ごばらい**【後払い】 あと払い。対先払い

**こはる**【小春】〔文章語〕陰暦一〇月の別称。

**―日和《ひより》** 初冬の、春のように暖かい日。〔誤って「春先の穏やかで暖かい日」の意にも〕

**コバルト**［cobalt］ 金属元素の一。酸化物は陶器・ガラスの青色染料用。記号Co ⏸青色。

**―爆《ばく》弾《だん》** 外側をコバルトで包んだ強力な―原子（水素）爆弾。

**こはん**【湖畔】 湖のほとり。

**こばん**【小判】 江戸時代の金貨。一枚が一両。楕円形。対大判

**―鮫《さめ》** 背に小判形の吸盤がある魚。大型動物の体に吸着し、その体表に付着するものを食用とする。⏸〔俗語〕権力者にすりよって余りものを得る人。

**ごはん**【御飯】 「めし・食事」の丁寧語。

**―物《もの》** ご飯を中心にした料理。対麺類

**ごはん**【誤判】 あやまった―判断（判決）。

**ごばん**【碁盤】 碁を打つ盤。縦・横に各一九本の線がある。「―の目」

**―割《わ》り** 碁盤の目のように、整然と区画すること。

**こはんとき**【小半時】〔古語〕①一時《いっとき》（＝二時間）の四分の一。約三〇分。②半時《はんとき》。約一時間。

**こはんにち**【小半日】 約半日。

**こはんぱつ**【小反発】 相場で、下がった価格が小さく反発して上がること。対小反落

**こはんらく**【小反落】 対小反発《こはんぱつ》

**こび**【媚】 こびること。

**―を売《う》る** こびへつらって相手の機嫌をとる。

**ごび**【語尾】 ①言葉の終わり。対語頭 ②活用語の変化する部分。対語幹

**コピー**［copy］ ①複写―すること（したもの）。複製。②本物をまねたにせもの。「―食品」 ③広告文。

**―アンドペースト**［copy and paste］ パソコン上で文書や画像を複写して他の部分にはりつけること。コピペ。

**―ライター**［copywriter］ 広告に使う文言を作成する人。

**―ライト**［copyright］ 著作権。〔©と表示する〕

**こひざをうつ**【小膝を打つ】 感心（納得）して、軽く膝を打つ。

**こひつ**【古筆】 古人のすぐれた筆跡。

**―切《ぎ》れ** 古筆の断片。〔書道の手本や掛け物として珍重〕

**こひつじ**【小羊・子羊】 小さい（子供の）羊。⏸弱い立場の人。

**こびと**【小人】 ①物語に出てくる体の小さ

な人。②ごく背の低い人。

**コピペ** コピーアンドペーストの略。

**こびへつらう**《媚び諂う》 相手の気に入るように機嫌をとる。

**ごびゅう【誤謬】**〔文章語〕あやまり。

**こひょう【小兵】** 小柄な−こと（人）。「−力士」対大兵《だいひょう》

**こびりつく** しっかりとくっついて離れない。「耳に−」

**こひる【小昼】** ①昼近く。②朝食と昼食の間にとる軽食。◇こびる。

**こびる【媚びる】** 相手に迎合して機嫌をとる。類へつらう

**こびん【小鬢】** びん。

**こぶ【瘤】** 打ち身などによる、皮膚の一部のもりあがり。Ⅱ㋐こぶ状のもの。「木の−」㋑じゃまもの。特に、子供。「目の上の−」

**こぶ【昆布】** コンブ。

**こぶ【鼓舞】** 鼓を打ち、踊ること。Ⅱ励まし、奮い立たせること。「士気を−する」

**ごふ【護符】** 神仏のお守りのふだ。

**ごぶ【五分】** ①約一・五センチメートル。「−刈り」②半分。③互角。「−の勝負」〔五分五分の略〕

**ごぶいん【御無音】**〔文章語〕手紙で、ごぶさた。

**こふう【古風】** 古めかしい。

**ごふうじゅうう【五風十雨】** 農作に好都合な順調な気候。〔五日目ごとに風が吹き、一〇日目ごとに雨が降る意〕Ⅱ天下太平。

**こぶかい【木深い】** 木が深く茂るようす。「−森」

**ごふく【呉服】** 織物の総称。反物《たんもの》。「−屋」

**こふくげきじょう【鼓腹撃壌】**〔文章語〕人々が世の平和を楽しむようす。〔はらつづみをうち、地をたたいて歌う意〕

**こぶくしゃ【子福者】** 子供の多い人。

**ごぶごぶ【五分五分】** 互角。対等。

**ごぶさた【御無沙汰】**「しばらく訪問や便りをしないこと」の丁寧語。

**こぶし【拳】** げんこつ。対平手《ひらて》

**こぶし【小節】** 民謡や演歌の歌い方。音をのばしながらふるわせる。

**こぶし【古武士】**（信義を重んじた）昔の武士。「−の風格」

**こぶし【辛夷】** モクレン科の落葉高木。春、白色・大形の花を開く。

**こぶじめ【昆布締め】** 魚の身をコンブに挟んで、その身をしめた料理。

**ごふじょう【御不浄】** 便所の婉曲《えんきょく》表現。〔古い言い方〕

**こぶちゃ【昆布茶】** 粉にした（細かく切った）コンブをお湯に溶いた飲み物。

**こぶつ【古物】** ①昔から伝わっているもの。②使い古したもの。「−商」

**こぶつ【個物】**〔哲学用語〕個々のもの。対普遍

**こぶつき【瘤付き】**〔俗語〕子供などのやっかいものがいること。

**ごぶつぜん【御仏前】** ①仏の前。②仏式の葬式や儀式で、香典や供物《くもつ》に書く語。

**こぶとり【小太り】** 少しふとっていること。

**こぶね【小船・小舟】** 小さな船。

**こぶまき【昆布巻き】** ゴボウや魚をコンブでまいて煮た料理。

**こぶら【腓】** こむら。

**コブラ**〔cobra〕 南アジアなどにすむ猛毒のヘビ。メガネヘビ。〔おこるとめがね状の紋のある首をふくらませる〕

**コプラ**〔copra〕 ヤシの種の胚乳《はいにゅう》をかわかしたもの。せっけんなどの原料。

**ゴブラン**〔フランス語 gobelins〕 精巧華麗な織物の一。壁掛け・じゅうたん用。ゴブラン織り。〔もと、パリのゴブラン工場で製造〕

**こぶり【小振り】** ①【小ぶり】小さめ。②小さく振ること。◇対大ぶり

**こぶり【小降り】** 雨や雪の降り方が弱いこと。対大降り

**ゴブレット**〔goblet〕 脚付きのグラス。〔本来はガラス製や金属製の脚付き酒杯〕

**こふん【古墳】** 古代の、丘の形の墓。

**こぶん【子分】**《乾分》 手下。部下。対親分

**こぶん【古文】** 昔、特に江戸時代以前の文章。

**ごふん【胡粉】** 貝がらを焼いてつくる白い粉。絵の具・塗料用。

**ごへい【御幣】**「幣束」の尊敬語。

**−担《かつ》ぎ** 縁起や迷信を気にする−こと（人）。

**ごへい【語弊】** 誤解されやすい言葉の使い方。「−がある」

**こべつ**【戸別】家ごと。各戸。「―訪問」
**こべつ**【個別】ひとつひとつ。別々。
**コペルニクスてきてんかい**【―的転回】〔天文学者コペルニクスの地動説が従来の天動説をくつがえしたような〕根本的なまたは正反対の変わり方。
**ごほう**【語法】言葉の使い方。文法。
**ごほう**【誤報】まちがった知らせ。
**ごぼう**《牛蒡》キク科の越年草。長い根は食用。
**―抜《ぬ》き** ①太く長いものを一気に引き抜くこと。Ⅱすわりこんでいる人を次々に排除すること。②〔俗語〕競走などで、次々に何人も追い抜くこと。
**ごぼう**【御坊】僧・寺院の敬称。
**こぼうず**【小坊主】修行中の若い僧。〔親しみをこめた（あなどった）言い方〕Ⅱ男の子。
**こぼく**【古木】古い立ち木。老木。
**こぼす**《零す》①「水を―」②愚痴を言う。
**こぼつ**【毀つ】こわす。
**ごぼどうさま**【御母堂様】「相手の母」の敬称。お母上。
**こぼね**【小骨】小さい骨。「―の多い魚」
**―を折《お》る** ちょっと苦労する。
**こぼれざいわい**《零れ幸い》思いがけない幸せ。類僥倖《ぎょうこう》
**こぼれだね**《零れ種》地面に自然に落ちた種。
**こぼればなし**《零れ話》ちょっとした話。余話。
**こぼれる**《零れる・溢れる》「水（花びら）が―」Ⅱはみ出す。
**こぼれる**《毀れる》崩れる。「刃が―」
**ごほん** せきをする音。
**こぼんのう**【子煩悩】子供を非常にかわいがる―こと（人）。
**こま**【駒】①馬。子馬。②「将棋の―」Ⅱ自分の自由に動かせる―もの（人）。「―が足りない」③弦楽器の胴に立てて弦を支えるもの。④物の間にはさむ小さい木。
**―を進《すす》める** 将棋で駒を動かす。Ⅱ行なっている物事を進行させる。
**こま**【齣】①映画フィルムの一画面。②映画・戯曲などの一場面。③授業の時間割の一区切り。
**こま**【独楽】おもちゃの一。「―を回す」
**ごま**【胡麻】①ゴマ科の一年草。種は食用、また、油を採る。②ゴマ①の種。
**―を擂《す》る** 利益を得ようと、他人にへつらう。
**ごま**【護摩】真言宗の秘法の一。不動尊の前で火をたいて祈る。「―をたく」
**ごまあえ**【胡麻和え】ゴマ②をすりつぶし、野菜とまぜあわせた料理。
**コマーシャリズム**〔commercialism〕商業主義。営利主義。
**コマーシャル**〔commercial〕テレビ・ラジオで、番組の間に放送する広告・宣伝。CM。〔commercial message の略〕
**―ベース**〔和製語 commercial base〕営業上の採算。
**―ペーパー**〔commercial paper〕企業が短期資金調達のために発行する無担保の約束手形。CP。
**こまい**【木舞・小舞】①軒の垂木《たるき》に渡す細長い木。②壁の下地に組み渡す竹や木。
**こまい**【古米】収穫後一年以上たった米。対新米
**こまい**《氷下魚》近海魚の一。タラのなかま。食用。〔氷に穴をあけて釣る〕
**こまいぬ**【狛犬】神社に置く、シシに似た獣の一対の像。〔高麗《こま》犬の意という〕
**こまおち**【駒落ち】将棋で、上手《うわて》の駒をいくつか抜いてさすこと。「―将棋」対平手《ひらて》
**こまか**【細か】こまかいようす。対おおまか
**こまかい**【細かい】①非常に小さい。対粗い ②詳しい。対粗い ③煩わしい。④行き届いている。対粗い ⑤けちだ。
**ごまかす**《誤魔化す》あざむく。紛らす。
**こまぎれ**【細切れ】細かいきれはし。
**こまく**【鼓膜】聴覚器官の一。
**こまごま**【細々】細かいようす。「―と語る」
**ごましお**【胡麻塩】いったゴマ②と焼き塩をまぜたもの。Ⅱしらがまじりの髪の毛。
**こましゃくれる** ませておとなびる。こまっしゃくれる。
**ごますり**【胡麻擂り】ゴマ②をすること。Ⅱ利益を得ようと、他人にへつらう―こと（人）。
**こませ** 釣りで、魚を集めるためにまくえさ。
**こまた**【小股】①股。②歩幅の狭いこと。

―が切《き》れ上《あ》がる 女性の足が長くすらりとして、粋《いき》なようす。

**ごまだれ【胡麻垂れ】** すり(切り)ゴマを入れた、たれ。

**ごまだん【護摩壇】**〔仏教語〕護摩をたいて修法《しゅほう》する壇。

**こまち【小町】** 美しい娘。

―娘《むすめ》 美しい娘。小町。

**ごまつ【語末】** 語尾《ごび》。対語頭・語中

**こまつな【小松菜】** アブラナの変種。食用。〔東京都小松川付近に産したことから〕

**こまどり【駒鳥】** ツグミ科の小鳥。山林にすみ、美しい声で鳴く。

**こまぬく**《拱く》 腕を組む。Ⅱ何もせずにただ見ている。「手を―」

**こまねく**《拱く》「こまぬく」の変化した語。

**こまねずみ【独楽鼠】** 小形の白いハツカネズミ。輪状に走り回る性質がある。「―のように(=休みなく)働く」

**ごまのはい【護摩の灰】** 昔、旅人を装って他の旅人の金品を盗んだ賊。胡麻《ごま》の蠅《はえ》。

**こまむすび【細結び】**《小間―》 ひものの両端をからませて結ぶ結び方。結び切り。

**こまめ【小まめ】** まめまめしく働くようす。「―な性格」

**ごまめ【鱓・田作】** カタクチイワシを干したもの。祝儀用。たづくり。

―の歯《は》ぎしり 無力な人がいたずらにいきりたつこと。

**こまもの【小間物】** 日用品や化粧品・装身具などこまごました品。

―屋《や》を開《ひら》く〔俗語〕へどを吐く。

**こまやか【細やか】**《濃やか》 ①細かいようす。詳細。②色の濃いようす。③情の厚いようす。

**こまりはてる【困り果てる】** どうしようもなく困る。

**こまりもの【困り者】** やっかい者。始末に困る者。

**こまりもの【困り物】** どうにも始末に困るものごと。

**こまる【困る】** ①どうしてよいかわからず苦しむ。②貧乏で苦しむ。「生活に―」

**こまわり【小回り】** 小さく回ること。対大回り

―が利《き》く 狭い所でも楽に動き回れる。Ⅱ状況に合わせて素早く対処できる。

**コマンダー**〔commander〕 指揮官。指令官。

**コマンド**〔command〕 命令。指令。

**コマンド**〔commando〕 ゲリラ部隊や奇襲部隊の兵士・隊員。

**ごまんと**《五万と》〔俗語〕たくさん。「世間に―ある話」

**こみ【込み】** ①いろいろまぜること。「―で買う」②囲碁で、先手が負うハンディキャップ。

**ごみ**《芥》 大きめのちり。不要品。

―屋敷《やしき》 大量のごみをため込んでいる住居。

**こみあう【込み合う・混み合う】** 混雑する。

**こみあげる【込み上げる】** 押し上げるように出てくる。「涙(怒り)が―」Ⅱ吐き気を催す。

**こみいる【込み入る】** 複雑―になる(である)。「込み入った事情」

**コミカル**〔comical〕 滑稽《こっけい》。

**こみこみ【込み込み】**〔俗語〕税・サービス料込みのこと。「―で五万円」〔コミコミとも書く〕

**ごみごみ** 狭くて雑然としているようす。

**こみだし** Ⅰ【子見出し】 辞書で、見出し語に付属している見出し。子項目。対親見出し Ⅱ【小見出し】 文章をいくつかに分けてつける小さな見出し。対大見出し

**ごみため**《芥溜め》 ごみ捨て場。

**こみち【小道】** 狭い道。

**コミック**〔comic〕 ①コミックオペラ。②コミックス。③喜劇的。

―オペラ〔comic opera〕 喜歌劇。

―ス〔comics〕 まんが本。コミックブック。

**コミッショナー**〔commissioner〕 プロ野球などでの最高機関(―の長)。紛争などの調停・決裁をする。

**コミッション**〔commission〕 ①手数料。②わいろ。③委員(―会)。

**コミッティー**〔committee〕 委員会。

**コミット**〔commit〕 かかわること。関係すること。参与。

―メント〔commitment〕 ①かかわり。②約束。肩入れ。

**こみみにはさむ【小耳に挟む】** ちょっと聞く。
**ごみゃく【語脈】** 語と語のつながり。
**コミューター**［commuter］ 短・中距離用の小型旅客機（—による空輸）。「—航空」
**コミューン**［フランス語 commune］ 共同自治区。共同体。
**コミュニケ**［フランス語 communiqué］ 外交上の公文書。声明書。
**コミュニケーション**［communication］ ①通信。伝達。「マス—」 ②言語などによる意思の伝達。「—をはかる」
**コミュニケート**［communicate］ 意思の伝達（—をすること）。
**コミュニスト**［communist］ 共産主義者。
**コミュニズム**［communism］ 共産主義。
**コミュニティー**［community］ 地域社会。近隣社会。
**—センター**［community center］ 地域社会の共同施設。〔学校・公民館・図書館など〕
**こむ【込む】** ①**【混む】**混雑する。対すく ②複雑である。「手のこんだ作品」 ③入れる。「書き—」 ④はいる。「飛び—」 ⑤一途に…する。「考え—」 ◇〔③—⑤は動詞の連用形に付く〕
**ゴム**［オランダ語 gom］ 弾力性にとむ物質。「輪（消し）—」〔ゴムノキから採取。現在では化学的にも合成して作る。／護謨とあてた〕

**ゴムあみ【—編み】** 棒針編みの編み方の一。すそやそで口によく使う。
**ゴムいん【—印】** ゴムで作ったはんこ。
**こむぎ【小麦】** イネ科の二年草。種は、みそ・しょう油・小麦粉などの原料。
**—色《いろ》** うすいこげ茶色。「—の肌」
**—粉《こ》** 小麦の種をひいたもの。パンやうどんの原料。メリケン粉。
**こむずかしい【小難しい】** なんとなく—めんどうだ（おもしろくない）。
**こむすび【小結】** 相撲で、力士の階級の一。関脇の下。
**こむすめ【小娘】** まだ一人前ではない女。〔軽んじる気持ちを含む〕
**こむそう【虚無僧】** 普化宗《ふけしゅう》（＝禅宗の一派）の僧。深編笠《あみがさ》をかぶり、尺八を吹いて歩いた。普化僧。
**ゴムまり【—毬】** ゴム製のまり。
**こむら【腓】《腨》** ふくらはぎ。こぶら。
**—返《がえ》り** ふくらはぎの筋肉が急にひきつること。
**こむらさき【濃紫】** 黒みを帯びた濃い紫色。
**ごむりごもっとも【御無理御尤も】** 相手の言うことを無理とは思いながら、逆らわずに従うこと。
**ゴムわ【—輪】** ①輪ゴム。 ②外側にゴムをつけた車輪。
**こめ【米】** 穀物の一。〔日本人の主食〕
**こめい【古名】** 今は使われない古い名称。
**こめかみ《顳顬》** 耳と目の間の部分。〔米をかむと動くところの意〕

**こめくいむし【米食い虫】** コクゾウムシ。Ⅱ食べるだけで働かない人。類ごくつぶし
**こめぐら【米蔵】** 穀物を入れる蔵。
**こめこ【米粉】** 米をひいた粉。「—パン」
**こめつきばった【米搗きばった】** ショウリョウバッタの別称。Ⅱ〔俗語〕むやみに頭を下げて機嫌をとる人。
**コメット**［Comet］ 彗星《すいせい》。
**コメディアン**［comedian］ 喜劇俳優。
**コメディー**［comedy］ 喜劇。
**こめどころ【米所】** 良米の産地。
**こめぬか【米糠】** ぬか。
**こめびつ【米櫃】** 米を入れておく箱。Ⅱ〔俗語〕生活費を稼ぐ人。
**こめる【込める】《籠める》** ①詰め入れる。 ②含める。「皮肉を—」 ③集中する。「力を—」
**こめん【湖面】** みずうみの水面。
**ごめん【御免】** ①「免許」の尊敬語。「天下—」 ②「免官・免職」の尊敬語。「お役—」 ③「容赦」の尊敬語。「—を請う」 ④訪問・謝罪・辞去などのあいさつ。「—ください」
**—被《こうむ》る** ①許しを得て退出する。 ②ことわる。「つきあいは—」
**ごめんそう【御面相】** 〔俗語〕顔（—の表情）。〔悪く言う場合に使う〕
**コメンテーター**［commentator］（ニュースの）解説者。
**コメント**［comment］ 解説。論評。
**こもかぶり【薦被り】** ①こもで包んだ四

斗入りの酒だる。②こじき。

**ごもく**【五目】①種々の物がまざっていること。「—ずし(そば)」②五目並べ。

**—並《なら》べ**　碁盤の上で碁石を五個直線に先にならべることを競う遊び。ごならべ。連珠《れんじゅ》。

**—飯《めし》**　まぜごはん。

**こもごも**《交々》かわるがわる。「悲喜—・—語る」

**こもじ**【小文字】①小さな文字。②ローマ字で、A・Bに対するa・bなどの字体。スモールレター。◇対大文字

**こもち**【子持ち】①子供のある—こと(人)。②卵をはらんでいる—こと(魚)。

**こもの**【小物】①こまごました道具。②小人物。対大物

**こもの**【小者】①下っぱの者。②武家の召し使いの男。

**こもり**【子守】　子供の世話をする—こと(人)。「—歌」

**こもる**【籠もる】①入って外に出ない。②含まれる。「心が—」③満ちる。「煙が—」

**こもれび**【木漏れ日】茂った木の葉の間からさす日光。

**こもん**【小紋】和服で、布地一面に染め出した細かい染色模様。

**こもん**【顧問】相談にあずかり、助言を与える役目(—の人)。

**コモン**[common]共通の。ふつうの。一般の。

**—センス**[common sense]常識。

**こもんじょ**【古文書】史料となる古い文書・記録。

**こや**【小屋】①小さく粗末な建物。②興行用の建物。

**こやがけ**【小屋掛け】仮小屋(—を造ること)。特に、芝居小屋。

**こやく**【子役】映画・演劇などで、子供役。また、それを演じる—子供(役者)。

**ごやく**【誤訳】まちがった翻訳(—をすること)。

**こやくにん**【小役人】下級の役人。〔ののしって言う語〕

**こやぐみ**【小屋組み】屋根を支える骨組み。

**こやし**【肥やし】作物の成育を促進する栄養分。肥料。‖成長や上達のかてとなるもの。「芸の—」

**こやす**【肥やす】肥えるようにする。「私腹(土地)を—」

**こやすがい**【子安貝】貝の一。タカラガイの一種。〔安産のお守りとされた〕

**こやつ**《此奴》こいつ。〔古い表現〕

**こやみ**【小止み】(雨や雪が)しばらく—やむ(小降りになる)こと。おやみ。

**こゆう**【固有】①もとからあること。②もちまえ。特有。

**—種《しゅ》**　特定の地域にしか生育しない動植物の種。

**—名詞《めいし》**　人名・地名など、それに限った名称を表す名詞。対普通名詞

**こゆき**【小雪】ちょっと降る雪。対大雪

**こゆき**【粉雪】こなゆき。

**こゆび**【小指】第五指。いちばん細い。〔俗に、妻・情人などを意味する〕

**こよい**【今宵】今夜。

**こよう**【古謡】昔からの歌謡。

**こよう**【雇用】《雇傭》雇うこと。「—契約」

**—保険《ほけん》**　社会保険の一。失業保険に代わるもの。

**ごよう**【御用】①「用事・入用」の尊敬語。②宮中・政府の用務。‖権力者にへつらうこと。「—学者」③昔、官命で逮捕すること。

**—納《おさ》め**　官庁が年内の事務を終わりにする—こと(一二月二八日)。対御用始め

**—聞《き》き**　①得意先の注文を聞いてまわる—こと(人)。②江戸時代の目明かし。

**—新聞《しんぶん》**　政府と組んで、偏った報道をする新聞。

**—達《たし》**　官庁などに商品を納める—こと(商人)。〔「ごようたつ」とも〕

**—邸《てい》**　皇室の別荘。

**—になる**〔俗語〕逮捕される。

**—始《はじ》め**　官庁がその年の事務を始める—こと(一月四日)。対御用納め

**ごよう**【誤用】まちがった使い方(—をすること)。

**ごようまつ**【五葉松】松の一。葉が五本ずつ集まって出る。庭木や盆栽用。

**コヨーテ**[coyote]北アメリカにすむ動物。オオカミに似る。

**こよなく**　この上なく。最高に。

**こよみ**【暦】①暦法。②カレンダー。

**こより**《紙縒》 細長い紙をよって糸状にしたもの。かんぜより。
**コラーゲン**［ドイツ語 Kollagen］ たんぱく質の一。結合組織の主成分。にかわの原料。
**コラージュ**［フランス語 collage］ 印刷物や布をはりつけたり詩句をかきこんだりして構成した絵（―の手法）。
**コラール**［ドイツ語 Choral］ 賛美歌（―の合唱曲）。
**こらい【古来】** 昔から今まで。
**ごらいこう【御来光】** 高山で見る日の出（―の荘厳な光景）。ご来迎。「―を拝む」
**ごらいごう【御来迎】** ①［仏教語］「来迎」の尊敬語。②ブロッケン現象。③御来光。
**こらえしょう【堪え性】** 忍耐力（―のある性分）。「―がない」
**こらえる【堪える】**《怺える》 ①我慢する。②許す。
**ごらく【娯楽】** 楽しみ。
**こらしめ【懲らしめ】** 罰。
**こらしめる【懲らしめる】** こりさせる。十分反省させる。
**こらす【凝らす】** ①凝り固まらせる。②集中させる。「思いを―」③工夫する。「趣向を―」
**こらす【懲らす】** 懲らしめる。
**コラボ** コラボレーションの略。
**コラボレーション**［collaboration］ 共同―作業（製作）。
**コラム**［column］ 新聞や雑誌の囲み記事。
**コラムニスト**［columnist］ コラムの執筆者・寄稿者。
**ごらん【御覧】** ①「見ること」の尊敬語。「―になる」②「…してみろ」の丁寧語。「来て―」［「ごらんなさい」の略］
**こり【凝り】** 筋肉が張って堅くなること。
**こり【垢離】** 神仏に祈願するとき、心身を清めるために水を浴びること。水垢離《ごり》。
**こり【狐狸】** キツネとタヌキ。Ⅱ人をだますもの。
**ごり【鮴】** ハゼ科の川魚の一。食用。
**コリア**［Korea］ 朝鮮。韓国。
**コリアン**［Korean］ ①韓国―人（語）。朝鮮―人（語）。②韓国の。朝鮮の。「―タウン」
**コリアンダー**［coriander］ セリ科の一年草。種子を香辛料、葉を中華がゆの薬味などに使う。香菜《こうさい》・《シャンツァイ》。コエンドロ。
**ごりおし【ごり押し】**［俗語］自分の主張を強引に押し通すこと。
**こりかたまる【凝り固まる】** ①凝って固まる。②いちずに思い込む。
**こりこう【小利口】** 抜け目のないようす。［悪口として使う］
**ごりごり** ①こりこりの強め。②力強くおし進めるようす。
**こりしょう【凝り性】** ひとつのことに熱中する性質。
**こりずまに【凝りずまに】**［文章語］しょうこりもなく。
**こりつ【孤立】** 一人（一個）だけぽつんと存在すること。
**―語**《ご》 語形変化がなく、文中の位置によって文法上の働きを示す言語。中国語・タイ語など。
**―無援**《むえん》 仲間も助けもない状態。
**ごりっぱ【御立派】**「立派」の尊敬語。［皮肉やひやかしにも使う］
**ごりむちゅう【五里霧中】** 迷って考えが決まらないこと。［濃霧の中で、方角がわからない意］
**こりや【凝り屋】** 凝り性の人。
**ごりやく【御利益】** 神仏のめぐみ。Ⅱある人やものによるめぐみ。
**こりょ【顧慮】** 気にかけること。心配。「条件を―する」
**ごりょう【御料】**「皇室の所有・使用」の尊敬語。「―地」
**ごりょう【御陵】** みささぎ。陵墓。
**ごりょうにん【御寮人】**《御料人》 関西などで、中流家庭の娘や若い妻の敬称。［口頭語では「ごりょんはん」とも］
**こりょうり【小料理】** ちょっとした手軽な料理。「―屋」
**ゴリラ**［gorilla］ 類人猿中最大のサル。アフリカ産。
**こりる【懲りる】** 痛手を受けて、もうやるまいと思う。
**ごりん【五輪】** ①オリンピック大会の別称。［そのマークから］②五輪塔。
**―塔**《とう》 地・水・火・風・空をかたどった五つの石を積み重ねた塔。
**こる【凝る】** ①熱中する。「釣りに―」②筋肉が張って堅くなる。③いろいろ工夫する。「服装に―」④固まる。

**コル**〔フランス語 col〕登山で、鞍部《あんぶ》。

**こるい【孤塁】** 孤立したとりで。‖残された、唯一の根拠地。「—を守る」

**コルク**〔オランダ語 kurk〕コルクガシの樹皮下の層。気体・液体を通さず軽い。吸音材・保温材用。

**—樫**《がし》コルクをとるブナ科の大木。

**ゴルゴンゾラ**〔イタリア語 gorgonzola〕イタリア産のブルーチーズ。ゴルゴンゾーラ。

**コルサコフしょうこうぐん【—症候群】** 脳疾患の一。記銘力障害、作話などの症状がある。〔ロシアの精神病理学者の名から〕

**コルセット**〔corset〕①女性の下着の一。②医療具の一。患部の固定・安静を保つ。

**コルチゾン**〔cortisone〕コーチゾン。

**コルト**〔Colt〕連発式のピストル。コルト銃。〔発明者の名から。/商標〕

**コルネ**〔フランス語 cornet〕ラッパ状に巻いたパイや菓子パン。コロネ。

**コルネット**〔cornet〕金管楽器の一。

**ゴルフ**〔golf〕球技の一。

**ゴルファー**〔golfer〕ゴルフをする人。

**ごれい【語例】** 言葉の例。

**ごれいかい【互礼会】** 新年などに行う関係者を集めた懇親会。

**ごれいぜん【御霊前】** ①死んだ人の霊の前。②香典や供物《くもつ》に書く言葉。

**これきり** ①これだけ。②これで終わり。

**コレクション**〔collection〕収集(—品)。

**コレクター**〔collector〕収集家。

**コレクティブハウス**〔和製語 collective house〕共用スペースを設け、部分的な共同生活を可能にした集合住宅。

**コレクト**〔collect〕集める。収集する。

**—コール**〔collect call〕電話で、受信人払いの通話。

**これしき**〔俗語〕たったこれくらい。「なんの—」

**コレステロール**〔cholesterol〕動物細胞中にある脂肪に似た物質。血管内にたまると動脈硬化をおこす。コレステリン。

**これっきり**〔俗語〕これきりの強調。

**これっぽっち**〔俗語〕たったこれだけ。ごくわずか。

**こればかり** ①たったこれだけ。②このことに限り。「—は見逃せない」

**これはしたり** 驚いたり、失敗に気づいたりしたときに発する語。〔古風な言い方〕

**これほど** こんなに。「—ひどいとは」

**これまで** ①今まで。ここまで。②これで終わり。「もはや—」

**これみよがし【これ見よがし】** 自慢気に見せつけること。

**コレラ**〔オランダ語 cholera〕感染症の一。激しい下痢と嘔吐《おうと》を起こす。

**これる【来れる】**〔俗語〕来ることができる。〔本来は「来られる」〕

**ころ**《転》重い物を動かすために、下に敷く丸い棒。

**ころ【頃】** ①おり。時分。②機会。

**ごろ【頃】** ①だいたいその時分。②ちょうどよい時期。「食べ—」

**ごろ** 野球で、地面をころがる球。〔ゴロとも書く。/grounder のなまりとされる〕

**ごろ【語呂】** 発音したときの言葉の調子。「—がいい」

**ころあい【頃合い】** ちょうどよい程度・時期。「—を見計らう」

**ごろあわせ【語呂合わせ】** ある文句の語呂をまねて別の文句を作ること。

**コロイド**〔colloid〕ある物質が粒子となって固体・液体・気体中に拡散している状態。にかわ・寒天・煙など。膠質《こうしつ》。

**ころう【古老・故老】**〔文章語〕(昔のことをよく知っている)老人。

**ころう【固陋】**〔文章語〕見識が狭くて頑固なこと。「頑迷—」

**ごろうじろ【御覧じろ】** ごらんなさい。〔御覧じるの命令形〕〔古風な言い方〕

**ごろうたい【御老体】**「老人(—の体)」の尊敬語。

**ころがき【転柿】**《枯露柿》干し柿。

**ころがし【転がし】** ①転売してもうけること。「土地—」②釣り方の一。ころがし釣り。

**ころがす【転がす】** ころがるようにする。

**ころがりこむ【転がり込む】** ①ころがってはいる。‖あわててはいる。②思いがけなく得る。「大金が—」③やっかいになりに来る。

**ころがる【転がる】** ①回転しながら進む。②倒れる。

**ごろく【語録】** 指導者(高僧・儒者)の言葉を集めた書物。

**ころげおちる【転げ落ちる】** ころがって落ちる。
**ころし【殺し】** 殺人。Ⅱ相手をすっかりまいらせてしまうこと。
**―文句《もんく》** 相手の心を捕らえるきめ手となる言葉。
**―屋《や》** 金で雇われて殺人をする者。
**コロシアム**〔Colosseum〕①古代ローマの野外円形劇場。②観客席付きの大競技場。
**ころしも【頃しも】**〔文章語〕ちょうどそのとき。
**ころす【殺す】** ①命をとる。Ⅱ㋐役に立たなくする。「才能を―」㋑野球で、アウトにする。◇対生かす ②抑える。「声（スピード）を―」③粒をつぶす。「もち米を―」
**コロス**〔ギリシャ語 choros〕古代ギリシャ劇の合唱隊。
**コロセウム**〔ラテン語 Colosseum〕コロシアム①。コロッセウム。
**ごろつき**《破落戸》住所不定無職で、うろつきまわって悪事をする者。ならず者。
**コロッケ**〔フランス語 croquette〕洋風料理の一。
**コロナ**〔corona〕①太陽の周縁の銀白色の光。皆既日食の際に見える。光冠。②コロナウイルスの略。
**―ウイルス**〔coronavirus〕病原体の一。⇩付COVID-19
**コロニー**〔colony〕①植民地。②長期療養者のための、医療・訓練の設備のある施設。③生物の集団・集落。
**ごろね【ごろ寝】**《転寝》寝じたくもせずにごろりと横になって寝ること。
**コロネーション**〔coronation〕戴冠式。
**ころばす【転ばす】** ころがす。
**ころばぬさきのつえ【転ばぬ先の杖】** 失敗しないように、前々から用心をすること。
**ころぶ【転ぶ】** ①ころがる。②〔古語〕キリシタン宗徒が改宗する。
**コロボックル**〔アイヌ語 koropokkuru〕アイヌの伝説に出てくる小人。コロポックル。〔アイヌより以前から北海道に住むとされる〕
**ころも【衣】** ①衣服。Ⅱ揚げ物・菓子などの外皮。②法衣《ほうえ》。
**―替《が》え**（季節にあった）衣服に着かえること。Ⅱ外観をかえること。「店の―」
**―の下《した》の鎧《よろい》** とりつくろった下からみえる正体。
**コロラチュラソプラノ**〔イタリア語 coloratura soprano〕技巧的な歌い方のソプラノ（―歌手）。
**コロン** オーデコロンの略。
**コロン**〔colon〕句読点の一。「：」
**コロンブスのたまご【―の卵】** あとからするのはやさしいが、最初に思いつくのは難しい。
**こわい【怖い】**《恐い》恐ろしい。
**―もの知《し》らず** 無鉄砲（―な人）。
**―もの無《な》し** 勇気があって何も恐れない―こと（人）。
**―もの見《み》たさ** こわいものは、好奇心を刺激して見たくなること。
**こわい【強い】** ①かたい。②つよい。激しい。「情が―（＝強情だ）」③（東北方言で）疲れてだるい。
**こわいろ【声色】** ①こわね。②役者などの口調のまね。声帯模写。「―を使う」
**こわがらせる【怖がらせる】** こわいと思わせる。こわがらす。
**こわがり【怖がり】** 臆病（―な人）。
**こわがる【怖がる】**《恐がる》こわいと思う。
**こわき【小脇】** わき。
**―に抱《かか》える** わきにちょっとかかえる。
**こわく【蠱惑】** 人の心を惑わすこと。「―的」
**こわけ【小分け】** 小さく―分けること（分けたもの）。
**こわごわ【恐々】** おそるおそる。
**こわざ【小技・小業】** 相撲や柔道などで、技巧的なわざ。対大技 Ⅱちょっとしたことをうまく処理すること。
**こわす【壊す】**《毀す》①（正常に）使えなくする。「ガラス（腹）を―」②だめにする。「話を―」
**こわだか【声高】** 高く大きい声。「―に話す」類大声
**こわだんぱん【強談判】** 強硬な態度の談判。
**こわっぱ【小童】** 子供や未熟者をののしって言う語。
**こわね【声音】** 声の調子。
**こわばる【強張る】** かたくなる。

**こわめし【強飯】** 赤飯。おこわ。
**こわもて【恐持て】** 恐れられて、丁寧に扱われること。「―がする」
**こわもて【強面】** こわばった顔つき。‖強硬な態度に出ること。「―に出る」
**こわれもの【壊れ物】** こわれやすいもの。
**こわれる【壊れる】**《毀れる》 こわすの自動詞形。
**こん【今】** ①この。いまの。「―シーズン」②今日の。「―八日」③今回の。
**こん【坤】** ①八卦《はっけ》の一。対乾《けん》 ②南西の方角。ひつじさる。
**こん【根】** ①根気。②数学で、方程式の未知数の値。また、ルート。③化学で、基《き》。
**―を詰っめる** 休まず熱心に働く。
**こん【紺】** 青と紫との混合色。「―色」
**コン** ①コンピューターの略。「パソ―」②コントロールの略。「リモ―」③コンディショニングの略。「エア―」④コンクリートの略。「生―」⑤コントラクター(＝請負者)の略。「ゼネ―」⑥コンプレックスの略。「マザ―」⑦コンパ(＝懇親会)の略。「合―」
**ごん【権】**〔古語〕仮の。定員外の。「―少将」
**こんい【懇意】** 仲のよいこと。
**こんいん【婚姻】** 結婚。「―届」
**こんか【婚家】** 嫁入り(婿入り)先の家。〔旧弊な語〕
**ごんか【言下】** げんか。「―に断る」
**こんかい【今回】** このたび。今度。
**こんがいし【婚外子】** 婚姻関係にない男女間に生まれた子。
**こんかぎり【根限り】** 根気の続くかぎり。「―がんばる」
**こんかつ【婚活】** 結婚相手を見つけるための活動(―をすること)。
**こんがらかる** もつれる。からまる。‖混乱する。「話(頭)が―」◇こんがらがる。
**こんかん【根幹】** 根本《こんぽん》。中心。対枝葉
**こんがん【懇願】** 心から願うこと。
**こんき【今季】** ①いまの季節。②スポーツで、このシーズン。
**こんき【今期】** いまの一時期(期間)。
**こんき【根気】** 物事を続ける精神力。性根《しょうこん》。
**こんき【婚期】** 結婚にちょうどよい年ごろ。結婚適齢期。
**こんぎ【婚儀】**〔文章語〕結婚式。婚礼。
**こんきゃく【困却】**〔文章語〕困りきること。
**こんきゅう【困窮】** ①ひどく困ること。②非常に貧乏なこと。「―者」
**こんきょ【根拠】** ①基づくところ。②本拠。
**こんぎょう【今暁】**〔文章語〕きょうの明け方。
**ごんぎょう【勤行】**〔仏教語〕仏前で読経《どきょう》や焼香をすること。おつとめ。
**こんく【困苦】** 困り苦しむこと。
**コンク** 濃縮したもの。「―ジュース」〔concentrated から〕
**ゴング**〔gong〕①ボクシングなどで、合図に鳴らす鐘。②どら。
**コンクール**〔フランス語 concours〕競演会。競技会。
**ごんぐじょうど【欣求浄土】**〔仏教語〕浄土に往生することを願い求めること。
**コングラチュレーション**〔congratulation〕おめでとう。
**こんくらべ【根比べ】** 忍耐力や根気の強さを競争すること。
**コンクリート**〔concrete〕セメント・砂・じゃりを水で混合したもの。土木・建築用材。コンクリ。〔混凝土は当て字〕
**―ジャングル**〔concrete jungle〕ビルが立ち並ぶ都会。
**―ミキサー**〔concrete mixer〕コンクリートを作る機械。
**コングレス**〔congress〕代表による正式な会議。
**コングロマリット**〔conglomerate〕複合企業。業種の違う数多くの企業を支配する企業形態。
**ごんげ【権化】**〔仏教語〕仏・菩薩《ぼさつ》が人々を救うため、仮の姿で現れること。また、その姿。‖抽象的なものが具体化した姿。「悪の―」
**こんけい【根茎】** 根状の地下茎。タケ・ハスなどに見られる。
**こんけつ【混血】** 人種の違う男女の子に双方の特色が合わさること。「―児」
**こんげつ【今月】** この月。本月。当月。
**こんげん【根源・根元】** おおもと。類根本《こんぽん》
**ごんげん【権現】** ①〔仏教語〕仏が日本

の神となって現れること。また、その神。類権化《ごんげ》 ②徳川家康の死後の尊称。「―様」
**―造《づくり》り** 神社建築の一。拝殿と本殿の間に中殿がある。
**こんご【今後】** このあと。以後。
**ごんご【言語】**〔文章語〕げんご。
**―道断《どうだん》** もってのほか。とんでもないこと。
**こんこう【混交】**《混淆》入りまじること。「玉石―・和漢―文」
**こんごう【金剛】** 堅くて破れないもの。
**―石《せき》** ダイヤモンド。
**―杖《づえ》** 修験者《しゅげんじゃ》や登山者が持つ白木の杖。
**―力《りき》** 非常に強い力。
**こんごう【根号】** 数学で、ルート。√
**こんごう【混合】** まじりあうこと。まぜあわせること。
**―診療《しんりょう》** 保険診療と保険適用外の自由診療を組み合わせること。〔原則禁止〕
**―ダブルス** スポーツで、男女がペアになって戦う試合。
**コンコース**〔concourse〕 駅や空港の、通路を兼ねた中央ホール。
**こんこん【昏々】** 意識のはっきりしないようす。「―と眠る」
**こんこん【滾々】**《渾々》 水が盛んに｜わき(流れ)出るようす。⓫物事が尽きないようす。
**こんこん【懇々】** 親切に繰り返し言うようす。「―と説く」
**こんこんちき**〔俗語〕①強調したりひやかしたりする言葉。「まぬけの―」②キツネ。
**コンサート**〔concert〕 音楽会。演奏会。
**―マスター**〔concertmaster〕 オーケストラの首席演奏者。第一バイオリン部の首席がなる。
**こんさい【根菜】** 根や地下茎を食べる野菜。「―類」
**こんざい【混在】** いりまじって存在すること。
**コンサイス**〔concise〕 簡明。簡潔。⓫小型の辞書。〔商標から〕
**こんさく【混作】** 同じ場所で同時に二種類以上の作物を作ること。対単作
**こんざつ【混雑】** こみあうこと。
**コンサバ** ファッションで、コンサバティブの略。
**コンサバティブ**〔conservative〕 保守的(―な人・政党)。基本的。〔ファッションの傾向では、略してコンサバとも〕
**コンサルタント**〔consultant〕 指導・助言をする専門家。「経営(美容)―」
**コンサルティング**〔consulting〕 経営や活動について指導すること。
**こんじ【今次】**〔文章語〕今回。このたび。
**こんじ【根治】** 病気が完全に治ること。また、治すこと。こんち。類全治
**コンシェルジュ**〔フランス語 concierge〕 ホテルで、劇場の切符の手配や旅行の案内などをする接客係。コンシェルジェ。
**こんじき【金色】**〔文章語〕きんいろ。
**こんしこんでい【紺紙金泥】** 紺色の紙に金泥で経文・仏画を｜かくこと(かいたもの)。
**こんじゃく【今昔】** 今と昔。
**こんしゅう【今週】** いまの週。
**コンシューマー**〔consumer〕 消費者。
**こんしゅご【混種語】** 二種以上の語種の語が結合した語。〔台所・高層ビルなど〕
**こんしょ【懇書】** ①丁寧な手紙。②「相手の手紙」の尊敬語。
**こんじょう【今生】** この世(―に生きている間)。「―の思い出」
**こんじょう【根性】** ①気性。しょうね。「島国(役人)―」②強い精神力。「―がある」類根気
**こんじょう【紺青】** あざやかな藍色《あいいろ》。
**こんじょう【懇情】**〔文章語〕親切な心づかい。
**ごんじょう【言上】** 申し上げること。
**こんしょく【混色】** 二色以上をまぜること。また、まぜてできた色。
**こんしょく【混食】** ①野菜も肉もともに食べること。類雑食 ②米に雑穀をまぜて主食とすること。
**こんしょく【混植】** 種類の違う植物を混ぜて植えること。
**こんしょく【混織】** 二種類以上の繊維をまぜて織ること。また、その織物。
**こんじる【混じる】** ①まぜる。②まざる。
**こんしん【混信】** 電信で、他局の送信が入りまじること。類混線
**こんしん【渾身】** 全身。「―の力」
**こんしん【懇親】**(多くの人が)お互いにうちとけて、親しみ合うこと。「―会」

**コンス**【公司】〔中国語 gōngsī〕中国で、会社。

**こんすい**【昏睡】①意識不明のままでいること。「―状態」②ぐっすり眠ること。

**コンスターチ**〔cornstarch〕⇩コーンスターチ

**コンスタント**〔constant〕①一定。「―な成績」②数学・物理で、定数。

**コンスティテューション**〔constitution〕①構造。組織。②憲法。

**コンストラクション**〔construction〕①建設。建造。②構造。構成。

**こんずる**【混ずる】混じる。

**こんせい**【混成】まじりあってできること。まぜあわせて作ること。「―チーム」

**こんせい**【混声】男声・女声いっしょの合唱。混声合唱。

**こんせい**【懇請】心から頼むこと。

**こんせき**【今夕】〔文章語〕今夜。こよい。こんゆう。

**こんせき**【痕跡】あと。あとかた。「―を認める」類形跡

**こんせつ**【懇切】非常に親切なこと。「―丁寧」

**こんぜつ**【根絶】ねだやし。類絶滅

**コンセプト**〔concept〕①概念。②発想。

**こんせん**【混戦】敵味方が入りみだれて戦うこと。Ⅱ戦いの結果がどうなるかわからない状態。

**こんせん**【混線】他の通信・通話がまじること。Ⅱいくつかの話がまじって混乱すること。

**こんぜん**【混然】《渾然》完全に溶けあって区別のないようす。「―一体」

**コンセンサス**〔consensus〕合意。

**コンセント** 電気器具のプラグの差し込み口。〔和製語 consentric plug から〕

**コンセントレーション**〔concentration〕集中。専念。

**コンソーシアム**〔consortium〕①大規模事業のための、複数企業による一時的な共同体。②巨額な資金需要に対する国際的な借款団・融資団。

**コンソール**〔console〕機器の制御卓。操作盤。

**コンソメ**〔フランス語 consommé〕澄んだスープ。対ポタージュ

**コンソレーションゲーム**〔consolation game〕敗者復活戦。コンソレーション。

**こんだく**【混濁】《溷濁》濁ること。Ⅱ意識がはっきりしないこと。

**コンダクター**〔conductor〕①オーケストラの指揮者。②添乗員。「ツアー―」

**コンタクト**〔contact〕接触。連絡。

**―レンズ**〔contact lens〕眼球に密着させて、視力を矯正するレンズ。コンタクト。

**こんだて**【献立】料理の品目(順序)。メニュー。Ⅱ準備。計画。

**こんたん**【魂胆】たくらみ。企て。

**こんだん**【懇談】親しく話し合うこと。

**こんち**【根治】こんじ。

**コンチェルト**〔イタリア語 concerto〕独奏楽器とオーケストラによる合奏用器楽曲。協奏曲。

**コンチネンタル**〔continental〕ヨーロッパ(―大陸)調。

**―タンゴ**〔continental tango〕ヨーロッパ調のタンゴ。

**こんちゅう**【昆虫】節足動物の一。頭・胸・腹に分かれ、一対の触角、三対の脚がある。

**こんちょう**【今朝】〔文章語〕けさ。

**コンツェルン**〔ドイツ語 Konzern〕同一系統の大資本による多くの企業の結合体。

**コンテ**〔フランス語 conté〕クレヨンの一種。

**コンテ** 映画・放送で演出上の指定を書いた台本。「絵―」〔continuity から〕

**こんてい**【根底】《根柢》大もと。根本《こんぽん》

**こんでい**【金泥】きんでい。

**コンディショナー**〔conditioner〕①調整装置。②肌や髪の化粧品。

**コンディショニング**〔conditioning〕調整。調節。手入れ。

**コンディション**〔condition〕①状態。「ベスト―」②条件。制限。

**コンティニュー**〔continue〕続く(続ける)こと。

**コンテキスト**〔context〕文脈。コンテクスト。

**コンテスト**〔contest〕競技会。競演会。「スピーチ―」類コンクール

**コンテナ**〔container〕①荷物・貨物運搬用の大箱。コンテナー。②大型の植木鉢やプランター。「―栽培」

**コンデンサー**［condenser］①蓄電器。②復水器。③集光器。

**コンデンス**［condense］凝縮すること。

**ーミルク**［condensed milk］（加糖）練乳。

**コンテンツ**［contents］内容。中身。Ⅱインターネットで配信される動画・楽曲など。

**コンテンポラリー**［contemporary］同時代。現代。

**コント**［フランス語 conte］①軽妙で滑稽《こっけい》な寸劇。②機知・風刺に富む短い物語。掌編小説。

**こんど【今度】**①今回。②この次。

**こんとう【昏倒】**めまいがして倒れること。

**こんどう【金堂】**〔仏教語〕本尊を安置する堂。

**こんどう【混同】**まじってひとつになること。まぜてひとつにすること。「公私ー」

**コンドーム**［condom］避妊・性病予防具の一。スキン。

**こんとく【懇篤】**〔文章語〕丁寧。親切。「ーをきわめる」

**コンドミニアム**［condominium］①分譲マンション。②キッチンのついた、長期滞在用のホテル。

**ゴンドラ**［イタリア語 gondola］①イタリアのベネチア名物の舟。②気球やロープウエーのつりかご。

**コントラクト**［contract］契約（ー書）。請負。

**コントラスト**［contrast］対照。対比。

**コントラバス**［contrabass］最も低い音を出す大型の弦楽器。ダブルベース。ベース。

**コンドル**［condor］中南米の高山にすむ猛鳥。肉食性。飛ぶ鳥の中で最大。ハゲタカ。

**コンドロイチン**［chondroitin］多糖類の一。関節軟骨や角膜などに多く含まれる。

**コントローラー**［controller］①（機械の）制御装置。②企業経営の管理ー者（部門）。

**コントロール**［control］①制御。調節。②野球で、投手が球をねらったコースに投げられる能力。

**ータワー**［control tower］管制塔。

**こんとん【混沌・渾沌】**物事（ーの区別）がはっきりしないようす。〔天地のまだ分かれない状態のこと〕

**こんなん【困難】**実行（解決）がむずかしいこと。

**こんにち【今日】**①きょう。〔やや改まった言い方〕②このごろ。現代。

**ー的《てき》**現代にかかわるようす。

**こんにゃく**《蒟蒻》①食品の名。こんにゃくいもが原料。②サトイモ科の多年草。

**こんにゅう【混入】**まぜて入れること。まじって入ること。

**こんねん【今年】**〔文章語〕ことし。

**コンパ**（学生用語で）会費制の懇親会。「新入生歓迎ー」〔companyから〕

**コンバーター**［converter］変換装置。

**コンバーティブル**［convertible］①折り畳み式の幌（屋根）のついた自動車。②形を変えて着ることのできる洋服。

**コンバート**［convert］①変換。転換。②ラグビーで、トライした後、けったボールがゴールに成功すること。③野球で、選手の守備位置を転向させること。

**コンパートメント**［compartment］客車などの仕切った部屋。

**こんぱい【困憊】**〔文章語〕疲れきること。「疲労ー」

**コンバイン**［combine］作物の刈り取り・脱穀・選別を同時にする機械。

**こんぱく【魂魄】**〔文章語〕たましい。霊魂。

**コンパクト**［compact］①小型で充実しているようす。②おしろいなどの鏡付き携帯用容器。

**ーディスク**［compact disk］音声をデジタル記号として記録したレコード。CD。

**コンパス**［オランダ語 kompas］①製図用具の一。円を描くのに使う。ぶんまわし。Ⅱ足。歩幅。「ーが長い」②羅針盤。「ジャイロー」

**コンパチブル**［compatible］互換性がある。

**コンバット**［combat］戦闘。

**コンパニオン**［companion］催し物で、来客の案内・接待役（ーの女性）。

**ーアニマル**［companion animal］伴侶のような関係のペット。ファミリーアニマル。

**コンパネ** コンクリートパネルの略。〔型枠

用〕

**コンパルソリー**〔compulsory〕フィギュアスケート競技の種目の一。規定。コンパルソリーフィギュア。

**こんばん【今晩】**きょうの夜。今夜。

**こんぱん【今般】**〔文章語〕このたび。対先般

**コンビ** ①二人組。「―を組む」②組み合わせ。「―の靴」◇〔combination の略〕

**コンビーフ**〔corned beef〕塩漬け牛肉の缶詰。

**コンピテンシー**〔competency〕優れた業績をあげる人に共通の行動特性。「―採用」

**コンビナート**〔ロシア語 kombinat〕生産過程の関連する諸産業部門を一か所に集め、合理的に行う企業集団。「石油化学―」

**コンビニ** コンビニエンスストアの略。

**コンビニエンスストア**〔convenience store〕長時間営業の小型スーパー。コンビニ。

**コンビニエンスフーズ**〔convenience foods〕インスタント食品や冷凍食品などの総称。

**コンビネーション**〔combination〕①組み合わせ。コンビ。「―サラダ」②シャツとパンツがひと続きの下着。

**コンピューター**〔computer〕電子計算機。コンピュータ。「―犯罪」

**―ウイルス**〔computer virus〕他のコンピューターのプログラムに潜り込み、害を及ぼすプログラム。〔ネットワークなどを介してウイルスのように感染する〕

**―グラフィックス**〔computer graphics〕コンピューターによる図形処理や画像生成。CG。

**―ゲーム**〔computer game〕コンピューターを使って遊ぶゲーム。

**―リテラシー**〔computer literacy〕コンピューターに関する知識（―と操作能力）。

**こんぴら【金毘羅・金比羅】**①〔仏教語〕航海の守護神。②香川県琴平の金刀比羅宮《ことひらぐう》の俗称。

**コンピレーション**〔compilation〕寄せ集め。特に、あるテーマで曲を集めて作ったアルバム。「―CD」〔編集の意〕

**こんぶ【昆布】**褐藻類の海藻。食用・ヨード製造用。こぶ。

**コンファレンス**〔conference〕カンファレンス。

**コンフィデンシャル**〔confidential〕機密。

**コンフェクショナリー**〔confectionery〕洋菓子店。

**コンプライアンス**〔compliance〕①応諾。服従。遵守。②物体の変形のしやすさを表す量。

**コンプリート**〔complete〕完全な。完成した。

**コンプレックス**〔complex〕①心理学で、無意識のうちに抑圧され、保存された感情（―の複合）。「マザー―」②劣等感。〔インフェリオリティーコンプレックスの略〕

**コンプレッサー**〔compressor〕空気圧縮機。

**コンペ** ①設計競技。建築などの設計の公募。②ゴルフなどの競技会。◇〔competition から〕

**コンベア**〔conveyor〕物を連続的に運搬する装置。コンベヤ（―）。「ベルト―」

**コンペイトー【金平糖】**〔ポルトガル語 confeito〕砂糖菓子の一。

**こんぺき【紺碧】**黒っぽい青色。「―の空」

**コンペティション**〔competition〕①競技（―会）。②特に、コンペ。

**ごんべん【言偏】**漢字の部首の一。話・語などの「言」。

**コンボ**〔combo〕少人数編成のジャズバンド。

**コンベンション**〔convention〕①集会。大会。②慣習。

**コンポ** コンポーネントの略。

**こんぼう【混紡】**種類のちがう繊維をまぜて紡績―すること（したもの）。「―糸」

**こんぼう【棍棒】**①長い棒。②とっくり形の体操用具。

**こんぼう【懇望】**こんもう。

**こんぽう【梱包】**荷造り。

**コンポート**〔compote〕①果物を盛る足つきの皿。②果物の砂糖煮。

**コンポーネント**〔component〕ステレオ装置の各部分がそれぞれ独立して構成されていること。コンポ。

**コンポジション**〔composition〕①英作

文。②構成。構図。③作曲。

**コンポスト**［compost］生ごみ・下水汚泥などが原料の有機肥料。

**こんぽん【根本】** ねもと。大もと。

**コンマ**［comma］①符号の一。カンマ。「，」②小数点。

**こんまけ【根負け】** 根気が続かないこと。根比べに負けること。

**こんみょうにち【今明日】**〔文章語〕今日かあした。

**こんめい【混迷】**《昏迷》混乱して見通しがつかないこと。「政局が―する」

**コンメンタール**［ドイツ語 Kommentar］法律の解釈書。

**こんもう【根毛】** 植物の根の先の細い部分。養分を吸収する。

**こんもう【懇望】** 切に望むこと。こんぼう。類熱望・懇願

**こんや【今夜】** きょうの夜。今晩。

**こんや【紺屋】** 染物屋。こうや。

**こんやく【婚約】** 結婚の約束。

**こんゆう【今夕】** きょうの夕方。こんせき。

**こんよう【混用】** まぜて使うこと。

**こんよく【混浴】** 男女が同じ湯ぶねにいっしょに入浴すること。

**こんらん【混乱】** 入り乱れて秩序がなくなること。訳がわからなくなること。

**こんりゅう【建立】** 寺などを建てること。

**こんりゅう【根粒】**《根瘤》マメ科植物の根にできるこぶ。

**―菌《きん》** マメ科植物の根に根粒をつくらせる菌。根粒バクテリア。

**こんりんざい【金輪際】**〔否定表現の中で〕決して。絶対に。

**こんれい【婚礼】** 結婚式。

**こんろ**《焜炉》持ち運びができる炊事用の小さな炉。「石油―」〔コンロとも書く〕

**こんわ【懇話】** 懇談。「―会」

**こんわく【困惑】** 判断に迷って困ること。

# さ

**さ**（形容詞や形容動詞の語幹に添えて）程度。こと。「高（静か）－」

**さ【差】**①違い。開き。②ある数から他の数を引いた値。対和

**ざ【座】**①（集会で）人のすわる－場所（席）。②地位。③星座。④中世、商人の同業組合。⑤近世、公設の貨幣製造機関。⑥芝居などを興行する－団体（劇場）。⑦座像を数える語。⑧祭神を数える語。⑨星座の名に添える語。

**－が白《しら》ける** その場の雰囲気が気まずくなる。

**サー**［Sir］英国で、ナイトの称号をもつ人の名前につける敬称。

**サーカス**［circus］曲芸団。曲馬団。

**サーキット**［circuit］①自動車（オートバイ）の競走路。②電気回路。

**－トレーニング**［circuit training］種々の運動を組み合わせた体の鍛練法。

**サーキュレーター**［circulator］空気などを循環させる装置（－を使ったガスストーブ）。

**サークル**［circle］①同好会（－の仲間）。②円。輪。囲い。「ベビー－」

**ザーサイ【搾菜】**［中国語 zhàcài］中国特産の漬物の一。ザーツァイ。

**サージ**［serge］綾織りの（－毛）織物。「紺－」

**サーズ【SARS】**ウイルスによる呼吸器の感染症。新型肺炎。重症急性呼吸器症候群。［Severe acute respiratory syndrome］

**サーズデー**［Thursday］木曜日。［Th. Thurs. と略す］

**サーチ**［search］調べること。捜すこと。検索。

**－エンジン**［search engine］インターネットで情報検索の機能を提供するプログラム。検索エンジン。

**－ライト**［searchlight］遠方まで照らす大型電灯。探照灯。

**サーチャージ**［surcharge］①追加料金。②航空・運輸会社が運賃に上乗せする燃料高騰分の料金。燃料サーチャージ。

**サーディン**［sardine］いわし（－のオリーブ油漬けの缶詰）。サージン。「オイル－」

**サード**［third］①三番目。②野球で、三塁（－手）。③自動車で、三速。

**－ベース**［third base］野球で、三塁。

**サードニックス**［sardonyx］瑪瑙《めのう》の一。サードニクス。［八月の誕生石］

**サーバー**［server］①サーブする人。対レシーバー ②西洋料理で、料理を取り分ける大型のスプーンとフォーク。「ケーキ－」③コーヒーなどを注ぎ分けるためのポット。④コンピューターネットワーク上で、情報やサービスを提供する－コンピューター（プログラム）。対クライアント

**サーバント**［servant］召し使い。

**サービス**［service］①奉仕。「－精神」②接待。③おまけ。割引。「－品」④サーブ。

**－エース**［service ace］レシーブできなかったサーブ（－による得点）。

**－エリア**［service area］①高速道路で、給油や食事のできる休憩所。②テレビ・ラジオ放送が受信できる範囲。③商品の配達などのサービスをする区域。

**－業《ぎょう》** 生産に直接には関係せず、労務・便宜などの提供を行う職業の総称。

**－ステーション**［service station］①案内などのサービスをする所。②ガソリンスタンド。

**サーブ**［serve］球技で、球を打ち始めること。また、その球。サービス。対レシーブ

**サーファー**［surfer］サーフィンをする人。

**サーフィン**［surfing］サーフボードを使った波乗り。

**サーフボード**［surfboard］サーフィンに使う板。

**サーブル**［フランス語 sabre］フェンシングの競技種目の一。また、それに用いる剣。

**サーベイ**［survey］調査。探査。測量。

**サーベイランス**［surveillance］監視（－制度）。

**サーベル**［オランダ語 sabel］西洋風の剣。洋剣。

**サーボ**［servo］自動制御の仕組みの一。サーボ機構。

**ざあますことば【ざあます言葉】**上品ぶった言葉づかい。

**ザーメン**［ドイツ語 Samen］精液。

**サーモグラフィー**［thermography］体

表面の温度分布の画像（—を利用する診断法）。

**サーモスタット**［thermostat］自動温度調節装置。

**サーモン**［salmon］サケ。

**—トラウト**［salmon trout］ニジマスを海で養殖したもの。トラウトサーモン。

**—ピンク**［salmon pink］赤味がかったピンク。

**さあらぬ**《然有らぬ》〔文章語〕そうでない。

**—体《てい》** 何でもないというようす。

**サーロイン**［sirloin］牛の腰の上部の肉。最上とされる。「—ステーキ」

**さい【歳】** 年齢に添える語。〔俗に才とも書く〕

**さい【才】** ①生来の能力。「—におぼれる」②容積の単位の一。③船の積み荷・石材の単位の一。④木材の体積の単位の一。

**さい【采】** ①【賽・骰子】さいころ。②采配《さいはい》。

**—は投《な》げられた** 一度始めた以上、あとには戻れない。〔カエサルの言葉から〕

**さい【細】** くわしいこと。「微に入り—に入り」

**さい【犀】** 熱帯地方にすむ動物の一。鼻の上に角がある。

**さい【際】** おり。機会。「この—」

**さい【差異・差違】** 違い。異なること。

**ざい【在】** ①都会から少し離れた田舎。「埼玉の—」②今いること。「—ロンドン」

**ざい【材】** ①材木。②材料。③人材。

**ざい【財】** ①宝。財産。②経済学で、人間生活に効用をもつもの。財貨。

**さいあい【最愛】** いちばん愛していること。

**さいあく【最悪】** いちばんわるいこと。対最善・最良

**ざいあく【罪悪】** つみ。悪事。

**ざいい【在位】** 国王や皇帝が位についていること。

**さいいき【西域】** せいいき。

**さいいんざい【催淫剤】** 性欲を催させる薬剤。

**さいう【細雨】** 細かい雨。類霧雨

**さいうす【最薄】** 最も薄いこと。「世界—のテレビ」

**さいうよく【最右翼】** 最も有力なもの。「知事候補の—」

**さいうん【彩雲】**〔文章語〕（日の光で）美しくいろどられた雲。

**さいえい【再映】** 同じ映画を再度上映すること。

**ざいえき【在役】** 懲役・兵役・任務などに服すること。

**さいえん【才媛】** 教養や才能のある女性。

**さいえん【再演】** 劇などを再度上演すること。対初演

**さいえん【再縁】** 再婚。

**さいえん【菜園】** 野菜畑。「家庭—」

**サイエンス**［science］科学。特に、自然科学。

**—フィクション**［science fiction］⇩付SF①

**サイエンティフィック**［scientific］科学的。

**さいおうがうま【塞翁が馬】** 人間の幸不幸は予測できないということ。「人間万事—」〔中国の故事から〕

**さいか【西下】** 都（東京）から西の方へ行くこと。対東上

**さいか【再嫁】**〔文章語〕再婚。

**さいか【災禍】** 災害。「—に見舞われる」

**さいか【採火】**（聖火リレーなどのもとになる）火を採取すること。

**さいか【裁可】**（君主が）裁決し、許可すること。

**さいか【最下】** いちばんわるいこと。いちばん下。対最上

**ざいか【在荷】** 荷物（商品）が現在あること。その‐荷物（商品）。

**ざいか【財貨】** ①金銭と品物。②財②。

**ざいか【罪科】**〔文章語〕①つみ。②刑罰。

**ざいか【罪過】**〔文章語〕つみ。

**さいかい【再会】** 再び出会うこと。

**さいかい【再開】**（中止していたことを）また始めること。

**さいかい【西海】** ①西の方の海。②九州地方。西海道。

**さいかい【斎戒】**〔文章語〕（神聖な仕事を行う前に）心身を清めること。「—沐浴《もくよく》」

**さいかい【際会】**〔文章語〕出くわすこと。

**さいがい【災害】** 自然の（思いがけない）わざわい。類災難

**—弱者《じゃくしゃ》** 災害時に、避難・情報収集

などのために支援を必要とする人。高齢者・障害者・乳幼児など。

**さいがい【際涯】**〔文章語〕はて。「―のない空」

**ざいかい【財界】**経済界。「―人」

**ざいがい【在外】**外国にある(いる)こと。

**―公館**《こうかん》 外国にある外務省の出先機関。大使館・総領事館など。

**さいかいはつ【再開発】**再度、開発すること。「都市の―」

**さいかく【才覚】**①機転。②くめん。「金《かね》の―をする」

**ざいがく【在学】**学校に籍があること。

**ざいかた【在方】**いなか。在所。

**さいかち**《皂莢》マメ科の落葉高木。枝・幹にとげが多い。夏、黄緑色の花を開く。

**さいかん【才幹】**〔文章語〕才能。

**さいかん【再刊】**休刊・廃刊されていた刊行物を再び刊行すること。類復刊

**さいかん【彩管】**〔文章語〕絵筆。「―をとる」

**ざいかん【在官】**官職についていること。

**ざいかん【在監】**〔文章語〕刑務所に入っていること。

**さいき【才気】**すぐれた頭の働き。「―に富む」

**―煥発**《かんぱつ》 才気が外に現れるようす。

**さいき【再起】**わるい状態から再びもとの状態に立ち直ること。

**さいき【祭器】**祭祀《さいし》に用いる器具。

**さいき【債鬼】**〔文章語〕(情け容赦のない)借金取り。

**さいぎ【再議】**再度論議すること。

**さいぎ【猜疑】**ねたみ疑うこと。「―心」

**さいきけいせい【催奇形性】**胎児や胎芽に奇形を生じさせる性質。〔放射線やサリドマイドなどの薬剤にある〕

**サイキック**〔psychic〕 心霊的。超自然的。また、霊能力者。

**さいきどう【再起動】**①再びスタートさせること。②情報機器を起動し直すこと。

**さいきょ【再挙】**一度失敗した事業や運動を再び始めること。「―をはかる」

**さいきょ【裁許】**役所などで、審査の上で許可すること。

**さいきょう【西京】**西の都。特に、京都。

**―焼**《や》**き** 甘い白みそに漬けた魚を焼いた料理。

**さいきょう【最強】**いちばん強いこと。

**ざいきょう【在京】**東京(みやこ)にいること。「―県人会」

**ざいきょう【在郷】**郷里にいること。ざいごう。

**さいきん【細菌】**単細胞の微生物。バクテリア。

**さいきん【最近】**近ごろ。

**ざいきん【在勤】**勤務していること。

**さいく【細工】**①細かいものを作ること。また、その作品。「―物《もの》」②くふう。策略。

**―は流々**《りゅうりゅう》**仕上**《しあ》**げをごろうじろ** 十分細工したから、結果を見てくれ。

**さいぐ【祭具】**祭祀に用いる道具。

**さいくつ【採掘】**鉱物を掘り取ること。

**サイクリング**〔cycling〕 スポーツとしての自転車での遠乗り。

**サイクル**〔cycle〕①ヘルツ。②周期。③自転車。

**―ヒット**〔cycle hit〕野球で、一人の選手が一試合に単打・二塁打・三塁打・本塁打すべてを打つこと。

**サイクロトロン**〔cyclotron〕軽元素イオンの加速装置。

**サイクロン**〔cyclone〕 インド洋方面の熱帯低気圧。

**さいくん【細君】**《妻君》①他人の妻。〔同輩以下に使う〕②「自分の妻」の謙称。

**サイケ** サイケデリックの略。「―模様」

**ざいけ【在家】**出家していない人。

**ざいけい【財形】**勤労者財産形成制度の略。「―貯蓄(―年金)」

**さいけいこく【最恵国】**その国と通商条約を結ぶ国の中で最も有利な扱いを受ける国。「―待遇」

**さいけいれい【最敬礼】**最も丁寧なおじぎ。「深々と―する」

**さいけつ【採血】**体内から血液を取ること。

**さいけつ【採決】**議案の可否をメンバーの賛否で決定すること。「―権」

**さいけつ【裁決】**理非を判断して申し渡すこと。

**さいげつ【歳月】**年月。「―人を待たず」

**サイケデリック**〔psychedelic〕 幻覚剤による幻覚のようなようす。サイケ。〔一九六八年ごろの流行語〕

**さいけん【再建】** たてなおし。「財政ー」

**さいけん【再検】** 再度、ー検査（検討）すること。

**さいけん【細見】** ①詳しく見ること。 ②詳しいー地図（図面）。

**さいけん【債券】** 国家・公共団体・会社などが資金調達のために発行する有価証券。

**さいけん【債権】** 貸し金・財産を返してもらう権利。対債務

**ー者《やし》** 債権を有する人。

**さいげん【再現】** 再びー現す（現れる）こと。

**さいげん【際限】** かぎり。きり。「ーない」

**ざいげん【財源】** 必要な金銭（ーの出所）。

**さいこ【最古】** 最も古いこと。対最新

**サイコ**［psycho］①精神病患者。 ②精神の。心理の。「ーアナリシス」

**ーアナリシス**［psychoanalysis］ 精神分析（ー学）。

**ーセラピー**［psychotherapy］ 心理療法。

**ーセラピスト**［psychotherapist］ 心理療法士。

**さいご【最後】** ①最終。おわり。対最初 ②（「…たら～」の形で）…したらそれっきり。

**ー通告《つうこく》** 交渉相手に示す最終的な要求・通告。

**ー通牒《つうちょう》** ①外交交渉で、話し合いを打ち切り、最終的な要求を相手に示し、それが受け入れられない場合は実力行使に出る旨を述べた外交文書。 ②最後通告。

**ーっ屁《ぺ》** 〔俗語〕イタチが追い詰められたときに放つ臭い屁。Ⅱ苦しまぎれの手段。

**さいご【最期】** 臨終。末期《まつご》。

**ざいこ【在庫】** 商品が倉庫にあること。また、その商品。

**さいこう【再考】** 考え直すこと。「ーの余地がある」

**ーの府《ふ》** 衆議院を通過した法案等を再度審議し、必要があれば修正をする議会を意味する参議院の異称。

**さいこう【再構】** 再び構成し直すこと。

**さいこう【再興】** 再びー興る（興す）こと。

**さいこう【採光】** ①日光を採り入れて室内を明るくすること。 ②ライティング。

**さいこう【採鉱】** 鉱石を掘り取ること。

**さいこう【最高】** 最もー高い（すぐれている）こと。至高。対最低

**ー学府《がくふ》** 最も程度の高い学校。大学。

**ー検察庁《けんさつちょう》** 最高裁判所に対応する検察庁。最高検。

**ー裁判所《さいばんしょ》** 司法権を行使する最高機関。最高裁。

**ざいこう【在校】** 学校にー籍を置く（いる）こと。「ー生」

**ざいごう【在郷】** ①いなか。 ②郷里にいること。ざいきょう。

**ー軍人《ぐんじん》** 退役軍人。予備役軍人。

**ざいごう【罪業】** 〔仏教語〕罪の原因となる業《ごう》。

**さいこうちょう【最高潮】** 感情が最も高まるーこと（場面・状態）。類クライマックス

**さいこうび【最後尾】** いちばん後ろ。

**さいこうほう【最高峰】** いちばん高い峰。Ⅱある分野で最もすぐれたー人（もの）。

**さいこく【催告】** 相手に対して一定の行為をするように要求すること。

**さいごく【西国】** ①西方の国。 ②九州地方。 ③西国三十三所の略。「ー巡礼」 ◇さいこく。

**ー三十三所《さんじゅうさんしょ》** 近畿地方を中心とする三十三か所の霊場。

**サイコパス**［psychopath］ 精神病質者。心理学で、反社会的人格をもつ人。

**さいころ**《賽子・骰子》 遊びなどで使う立方体の用具。さい（采・塞）。〔各面に一から六までの点が記されている〕

**サイコロジー**［psychology］ 心理学。心理。

**さいこん【再建】** 寺社を建て直すこと。

**さいこん【再婚】** 二度目以降の結婚。類再縁 対初婚

**さいさい【再々】** たびたび。再三。

**さいさい【歳々】** 毎年。「年々ー」

**さいさき【幸先】** （よいことの）前ぶれ。

**さいさん【再三】** たびたび。

**ー再四《さいし》** 再三の強調。

**さいさん【採算】** 収支のつりあい。

**ーが取《と》れる** 利益がある。

**ー割《わ》れ** 収支が引き合わないこと。

**ざいさん【財産】** 個人や団体の所有する金銭・物品・土地など。Ⅱ貴重な物事。

**ー刑《けい》** 財産を没収・徴収する刑罰。対自由刑

**ー権《けん》** 債権や物権など、経済的利益を目

的とする権利。対人格権・身分権

**さいし【才子】** 才知のすぐれた人。才人。

**―才《さい》に―倒《たお》れる（溺《おぼ》れる）** 才子はその才を過信し、かえって失敗する。

**さいし【妻子】** 妻と子。

**さいし【祭祀】** 〔文章語〕祭り。

**さいじ【祭事】** 祭り。神事。

**さいじ【催事】** 特別な催し。「―場」

**さいしき【彩色】** 色をぬること。いろどり。類着色

**さいしき【祭式】** 祭事の順序と作法。

**さいじき【歳時記】** ①年中行事などを書いた書物。②俳句の季語を集めて解説した書物。

**さいじつ【祭日】** ①神社・宮中で祭りを行う日。②神道で死者をまつる日。③国民の祝日の通称。旗日《はたび》。

**ざいしつ【在室】** 部屋にいること。

**ざいしつ【材質】** 木材・金属など材料の性質。

**さいして【際して】** （「…に～」の形で）…に当たって。…のときに。

**ざいしゃ【在社】** 会社に―出勤して（勤めて）いること。

**さいしゅ【採取】** 必要なものを取ること。

**さいしゅ【採種】** 植物の種を採ること。

**さいしゅ【祭主】** ①祭事の主となる人。②伊勢神宮の神官の長。

**さいしゅう【採集】** 採って集めること。

**さいしゅう【最終】** ①いちばん終わり。②その日最後。「―走者」類最後 対最初 「―バス（電車）」

**ざいじゅう【在住】** その地に住んでいること。「ニューヨーク―」

**さいしゅつ【歳出】** 一会計年度内の支出総計。対歳入

**さいしゅっぱつ【再出発】** 出直すこと。

**さいしゅん【才俊】** 才知がすぐれていること（人）。類秀才・俊才

**さいしょ【最初】** いちばん初め。対最後・最終

**さいじょ【才女】** 才知のすぐれた女性。

**さいじょ【妻女】** 〔文章語〕①妻と娘。②妻。

**ざいしょ【在所】** ①住んでいる所。②いなか。③郷里。

**さいしょう【宰相】** ①総理大臣。②昔、中国で天子を補佐した大臣。相国《しょうこく》。

**さいしょう【最小】** いちばん小さいこと。対最大

**―限《げん》** ある範囲内でいちばん小さいこと。対最大限

**―公倍数《こうばいすう》** 公倍数のうちでいちばん小さいもの。

**さいしょう【最少】** ①いちばん少ないこと。対最多 ②最年少。対最長

**さいじょう【斎場】** ①葬儀をする場所。②**【祭場】**（神道で）祭りを行う清浄な場所。

**さいじょう【最上】** いちばんよいこと。いちばん上。対最下

**さいじょう【催場】** 催しを行う場所。催事場。

**ざいしょう【罪証】** 犯罪の証拠。「―隠滅」

**ざいしょう【罪障】** 〔仏教語〕悟りや極楽往生の障害となる罪。

**ざいじょう【罪状】** 犯罪の事実。

**―認否《にんぴ》** 被告人が起訴状の罪状を認めるかどうかに関する答弁。

**さいしょく【才色】** （女性の）才知と美貌。「―兼備」

**さいしょく【菜食】** （肉類を食べず）野菜をおもに食べること。「―主義」対肉食

**ざいしょく【在職】** その職務についていること。「―者」

**さいしょり【再処理】** 使用済み核燃料からプルトニウムとウランを分離すること。

**さいしん【再診】** 二度目以降の診察。対初診

**さいしん【再審】** もう一度、審理すること。「―請求」

**さいしん【細心】** 細かいところまで注意をはらうこと。

**さいしん【最新】** いちばん新しいこと。「―式」対最古

**さいじん【才人】** 頭がよく才能のある人。

**さいじん【祭神】** その神社に祭ってある神。

**サイズ**［size］大きさ。寸法。

**ざいす【座椅子】** 座って背をもたせかけることのできる家具。日本間用。

**さいすん【採寸】** 衣服や靴を作るために寸法を測ること。

**ざいせ【在世】** ざいせい。

**さいせい【再生】** ①生き返ること。②心

を入れかえてやり直すこと。類更生 ③廃物を使えるように作り直すこと。④録音（録画）したものからもとの音（画像）を出すこと。⑤生物が、失われた部分を再び作ること。

**―医療**《いりょう》 体の組織や臓器を人工的に再生させて、失われた機能を回復させる医療。

**―可能エネルギー** 永続的に利用可能なエネルギー。太陽光・風力・地熱など。再生エネルギー。

**さいせい【再製】** 物を加工し、作り直すこと。

**さいせい【済世】**〔文章語〕世の人々を救うこと。

**さいせい【祭政】** 祭事と政治。「―一致」

**ざいせい【在世】**（故人の）生きている間。

**ざいせい【財政】** 国家・地方公共団体が行う経済行為。‖経済状態。

**―再建団体**《さいけんだんたい》 国の援助を受け、赤字財政解消を目指す地方公共団体。

**―投融資**《とうゆうし》 国の財務活動として行われる出資・融資。

**さいせいき【最盛期】** 最も盛んな時期。

**さいせいさん【再生産】** 生産されたものをもとに新たな生産を行うこと。

**さいせき【砕石】** 石を砕くこと。また、その砕けた石。

**さいせき【採石】** 石材を切り出すこと。

**ざいせき【在席】** 職場などで自分の席にいること。

**ざいせき【在籍】** 学校や団体に籍があること。「―者」

**さいせつ【再説】** 繰り返して説明すること。

**さいせつ【細説】** 詳しく説明すること。

**さいせん【再選】** 選挙で同じ人を再び選出すること。再び当選すること。

**さいせん【賽銭】** 参詣したときに、神仏に供えるお金。「お―」

**さいぜん【最前】** ①さきほど。「―から」②いちばん前。

**さいぜん【最善】** ①最もよいこと。対最悪 ②全力。「―を尽くす」◇類ベスト

**さいぜんせん【最前線】** 敵に最も近い前線。‖実際の仕事がいちばん活発な部分。

**さいせんたん【最先端】** 最も先端の部分。‖「流行の―（＝最も進んだ部分）」

**さいそう【採草】** 飼料（肥料）用の草を刈り取ること。「―地」

**さいそく【細則】** 細かな規則。対総則

**さいそく【催促】** 早くするように要求すること。類督促

**ざいぞく【在俗】**〔仏教語〕在家《ざいけ》。対出家

**さいた【最多】** いちばん多いこと。対最少

**サイダー**［cider］清涼飲料水の一。

**さいたい【妻帯】** 妻をもつこと。「―者」

**さいたい【臍帯】** へその緒。

**さいだい【細大】** 細かいことと大きいこと。

**―漏**《も》**らさず** 全部。

**さいだい【最大】** いちばん大きいこと。対最小

**―限**《げん》 ある範囲内でいちばん大きいこと。対最小限

**―公約数**《こうやくすう》 公約数のうちでいちばん大きいもの。‖違った意見の間にみられる共通点。

**さいたく【採択】** 適当なものを選び採ること。「法案を―する」

**ざいたく【在宅】** 自宅にいること。「―介護」

**―勤務**《きんむ》 出勤せず自宅で仕事をすること。

**さいたる【最たる】** 第一の。

**さいたん【採炭】** 石炭を掘りとること。

**さいたん【最短】** いちばん短いこと。「―距離」対最長

**さいたん【歳旦】**〔文章語〕一月一日の朝。元旦。

**さいだん【祭壇】** ①神仏などに供物をささげるための壇。②祭りを行う壇。

**さいだん【細断】** シュレッダーで細かく切ること。

**さいだん【裁断】** ①（布や鋼材を）型に合わせて切ること。②（物事の）正邪・善悪を判断して決めること。

**ざいだん【財団】** ①法律上一個の物権とみなされる財産の集合。②財団法人の略。

**―法人**《ほうじん》 財団①の運営のために組織される法人。

**さいち【才知】**《才智》頭の働き。知恵。

**さいち【細緻】** 細かく綿密なこと。

**さいちゅう【最中】** 物事が行われている（最も盛んな）とき。

**ざいちゅう【在中】**〔文章語〕物が中には

いっていること。「写真―」

**さいちょう【最長】** ①最も長いこと。対最短 ②最年長。対最少 ③最もすぐれていること。

**ざいちょう【在庁】** 役所に出勤していること。

**さいちん【最賃】** 最低賃金の略。

**さいづち【才槌】** 小形の木のつち。

**―頭《あたま》** 額と後頭部がともに出っぱった頭。

**さいてい【裁定】** 事の是非を考えて決定すること。

**さいてい【最低】** 最も低い(劣る)こと。対最高

**―賃金《ちんぎん》** 労働者の生活を保障する最低限度の賃金。

**ざいてい【在廷】** ①法廷に出頭していること。②在朝。

**サイディング**[siding] 建物の外壁に使用する板。

**さいてき【最適】** 最も適していること。「―な立地」

**ざいテク【財―】** 資金を株式・土地などに投資して有利に運用すること。[財務テクノロジーの略]

**さいてん【採点】** 点数をつけること。

**さいてん【祭典】** 祭り(―の儀式)。Ⅱ大規模ではなやかな行事。「スポーツの―」

**さいでん【祭殿】** 祭事を行う建物。

**サイト**[site] ①用地。敷地。場所。「ダム―」 ②インターネットで、情報を公開しているコンピューターの場所。

**―マップ**[site map] ウェブサイト内の構成を示す一覧表。

**さいど【再度】** 再び。もう一度。

**さいど【済度】**〔仏教語〕仏が人々を悩み・苦しみから救い、悟りに至らせること。

**さいど【彩度】** 色の三属性の一。色のあざやかさの程度。対色相・明度

**サイド**[side] 側。横。わき。

**―アウト**[side out] ①テニスなどで、球がサイドラインから出ること。②バレーボールで、サーブの権利が相手側に移ること。

**―カー**[sidecar] オートバイのわきにつけた車両。また、そのオートバイ。側車。

**―スロー** 野球で、横手投げ。サイドハンド。[sidearm throwから]

**―チェンジ**[side change] ①球技で、前半と後半、あるいはセットごとなどの陣地・コートの交替。②サッカーで、ボールのある側とは逆のサイドにパスを送ること。

**―テーブル**[side table] わきづくえ。

**―バック**[sideback] サッカーでポジションの一。左右のライン側のディフェンダー。

**―ビジネス**[和製語 side business] 副業。サイドワーク。

**―ブレーキ**[和製語 side brake] 自動車のブレーキの一。運転席の横にある。手動式。

**―ベンツ**[side vents] 背広の両脇の裾の開き。

**―ボード**[sideboard] 食器などを入れる飾り棚兼用の家具。

**―ミラー**[和製語 side mirror] 自動車の両横につけた鏡。

**―メニュー**[和製語 side フランス語 menu] ①飲食店で、メイン以外の料理。②ブログなどで、トップページに表示される項目一覧。

**―ワーク**[和製語 side work] 副業。サイドビジネス。

**さいどう【細動】** 心臓の各部分がばらばらに動く状態。「心室―」

**サイトカインストーム**[cytokine storm] 免疫に関わるたんぱく質サイトカインの異常な分泌による生体の免疫の過剰反応状態。臓器不全などを起こし死にいたる場合がある。

**さいどく【再読】** もう一度読むこと。

**―文字《じも》** 漢文の訓読で二度読む文字。〔例えば「未」は「いまだ…ず」と読む〕

**さいなむ【苛む】** 苦しめて責める。

**さいなん【災難】** (思いがけない)災い。

**ざいにち【在日】** ①(外国人が)日本に住んでいること。②特に、在日韓国・朝鮮人。

**さいにゅう【歳入】** 一会計年度内の収入の総計。対歳出

**さいにょう【採尿】** 検査のため尿を採取すること。

**さいにん【再任】** もう一度同じ職務に―つく(つける)こと。類重任

**ざいにん【在任】** 任務(任地)にあること。

**ざいにん【罪人】** 罪を犯した人。

**さいにんしき【再認識】** 認識し直すこと。価値を認めること。

**サイネリア** シネラリア。〔「シネ」が「死ね」

に通じることからの言い換え〕

**さいねん【再燃】** 再び燃えること。Ⅱおさまっていたことが、再び問題になること。

**さいねんしょう【最年少】** いちばん年齢が低いこと。対最年長

**さいねんちょう【最年長】** いちばん年齢が高いこと。対最年少

**さいのう【才能】** 物事を処理する-頭の働き（能力）。

**さいのかみ【塞の神】** ⇨さえのかみ

**さいのかわら【賽の河原】** 〔仏教語〕三途《さんず》の川の河原。

**さいのめ【賽の目】** ①さいころの各面に記された数。②さいころの形。「—に切る」

**サイバー**〔cyber〕コンピューターネットワークに関する。「—ビジネス」

**—スペース**〔cyberspace〕①バーチャルリアリティーの仮想空間。②コンピューターネットワーク上に作られる仮想空間。

**—テロ** インターネットを利用して情報システムへの侵入・破壊をするテロ活動。〔cyber terrorismから〕

**さいはい【再拝】** 〔文章語〕①二度敬礼すること。②手紙の終わりに使う語。〔敬意を表す〕

**さいはい【采配】** 昔、大将が兵を指揮するのに手に持って振った道具。Ⅱ指揮。

**—を振《ふ》る** 指揮する。采配をとる。

**さいばい【栽培】** 植物を植えて育てること。

**—漁業《ぎょぎょう》** 稚魚などを放流し、成長させてからとる漁業。

**さいばし【菜箸】** ①料理を作るときに使う長いはし。②とりばし。

**さいばしる【才走る】** 才気にあふれる。

**さいはつ【再発】** 再び-発生（発病）すること。「腰痛が—する」

**ざいばつ【財閥】** 大資本・大企業を支配する同族の一団。

**さいはて【最果て】** （陸地の）いちばんはずれの所。「—の地」

**サイバネティックス**〔cybernetics〕生物や機械における通信・制御・情報処理の問題を統一的に扱う学問。

**さいはん【再犯】** 再び罪を犯すこと。対初犯

**さいはん【再版】** ①書物の二度目の版。類重版 対初版 ②以前に出版した書物を再び出版すること。

**さいはん【再販】** 再販売価格維持契約の略。生産者が卸・小売価格を指定。「—制度」

**さいばん【裁判】** 訴訟を審理して、法律に基づいた判断を行うこと。

**—員《いん》** 裁判官とともに刑事裁判の審理にかかわる一般市民。「—制度」

**—官《かん》** 裁判所において裁判を行う国家公務員。

**—沙汰《ざた》** 裁判に持ち込んで争うこと。また、そのような事件。

**—所《しょ》** 裁判を行う国家の機関。

**さいばん【歳晩】** 〔文章語〕年の暮れ。

**さいひ【採否】** 採用するかしないか。「—を決する」

**さいひ【歳費】** ①国会議員の一年間の手当。②一年間の費用。

**さいひょう【砕氷】** 氷をくだくこと。くだいた氷。「—船」

**さいふ【財布】** お金入れ。

**—の口《くち》を締《し》める** むだなお金を使わないようにする。

**—の底《そこ》をはたく** あり金を使い果たす。

**—の紐《ひも》が堅《かた》い** むだなお金を使わない。財布の口を締める。

**さいふ【採譜】** 曲の旋律や調子を譜面に書きとること。

**さいぶ【細部】** 細かい部分。

**サイフォン** ⇨サイホン

**ざいぶつ【財物】** ①金銭と品物。②宝物。

**さいぶん【才分】** 生まれつきの才能。

**さいぶん【祭文】** 祭りのとき、神霊に告げる文。さいもん。

**さいぶん【細分】** 細かく分けること。

**さいべつ【細別】** 細かく区別すること。

**さいへん【再編】** 再編成。再編集。「金融界の—」

**さいへん【砕片】** かけら。類破片

**さいへん【細片】** 細かいかけら。

**さいぼ【歳暮】** 〔文章語〕年の暮れ。年末。せいぼ。

**さいほう【西方】** 〔仏教語〕（極楽浄土のある）西の方。

**—浄土《じょうど》** 〔仏教語〕阿弥陀仏《あみだぶつ》のいる極楽（—浄土）。西方極楽。

**さいほう【再訪】** 再び訪れること。

**さいほう【採訪】** 資料収集のため、旧家や社寺を訪れること。

**さいほう【裁縫】** 衣服などを縫って作ること。

**さいぼう【細胞】** 生物体を構成する基本的な単位。Ⅱ組織の最小単位。

**―分裂《ぶんれつ》** 一個の細胞が二個に分かれること。

**ざいほう【財宝】** たからもの。

**サイボーグ**〔cyborg〕 人造臓器などで体を改造された人間。〔cybernetic organism から。／多くSFに登場する〕

**サイホン**〔siphon〕①液体を低い所に移すための逆U字型の管。②コーヒーを沸かす器具の一。◇サイフォン。

**さいまつ【歳末】** 年の暮れ。年末。

**サイマル** ①同時にすること。〔simultaneous から〕②（テレビとラジオなどでの）同時放送。〔simulcast から〕

**さいみつ【細密】** 細かくくわしいようす。

**―画《が》** 対象を細かく精密に描いた絵。

**さいみん【細民】**〔文章語〕貧民。下層階級の人。

**さいみん【催眠】** 人為的に作られた睡眠状態。「―剤」

**―術《じゅつ》** 暗示によって催眠状態に導く技術。

**さいむ【債務】** 借金を返したり物を渡したりする義務。「―を負う」対債権

**―者《しゃ》** 債務を有する人。

**ざいむ【財務】** 財政に関する事務。

**―省《しょう》** 中央官庁の一。国の財政を扱う。〔かつての大蔵省〕

**―諸表《しょひょう》** 企業が株主などに経営状態を報告するための計算書類。貸借対照表・損益計算書など。

**ざいめい【罪名】** ①犯罪の名。「―罰条」②罪があるといううわさ。「―をすすぐ」

**さいもく【細目】** 細かく決めた箇条。「―に分ける」対大綱《たいこう》

**ざいもく【材木】** 建築物や器具の材料となる木。「―を切り出す」

**ざいもつ【財物】** ざいぶつ。

**さいもん【祭文】** ①さいぶん。②歌祭文。

**ざいや【在野】** ①官庁に勤めず民間にいること。対在朝 ②野党であること。

**さいやく【災厄】**〔文章語〕わざわい。災難。

**さいやす【最安】** 最も安いこと。

**さいゆ【採油】** ①石油を掘りとること。②油をとること。

**さいゆう【再遊】** 再び訪れ遊ぶこと。

**さいゆしゅつ【再輸出】** 輸入品を（―加工し）再び輸出すること。対再輸入

**さいゆにゅう【再輸入】** 輸出した物（―が加工され、それ）を再び輸入すること。対再輸出

**さいよう【採用】** 人材や考えをとりあげて用いること。

**さいよう【細腰】**〔文章語〕女の腰の細いこと。腰の細い美女。

**さいらい【再来】** ①再び来ること。②生まれかわり。

**ざいらい【在来】** これまであったこと。ありきたり。「―種」

**―線《せん》** 同一区間を走る新しい鉄道路線に対してもとからある路線。

**さいらん【採卵】** ①卵をうませて、それをとること。②卵子を取り出すこと。

**さいり【犀利】**〔文章語〕頭の働き（文章）が鋭いようす。

**さいりゅう【細流】**〔文章語〕小川。

**さいりゅう【細粒】** 細かいつぶ。

**ざいりゅう【在留】** 一時（―外国に）住むこと。「―邦人」類逗留《とうりゅう》

**さいりょう【宰領】** ①管理し、とりしまる―こと（人）。②荷物や人夫の監督。

**さいりょう【裁量】** 物事を自分の考えで処理すること。「―権」

**さいりょう【最良】** 最もよいこと。「生涯―の日」対最悪

**ざいりょう【材料】** 物をつくるときにもとになるもの。資材。資料。題材。

**ざいりょく【財力】** ①財産をもとにする―勢力（権力）。②金銭を負担できる能力。

**ザイル**〔ドイツ語 Seil〕 登山用ロープ。

**さいるい【催涙】** 涙を出させること。「――ガス（弾）」

**さいれい【祭礼】** 祭り（―の儀式）。

**さいれことば【さ入れ言葉】** 使役の助動詞「せる」の前に「さ」が入る言葉遣い。〔「行かせる」を「行かさせる」など。誤用〕

**サイレン**〔siren〕 警報や信号用の音（―を出す装置）。

**サイレンサー**〔silencer〕（拳銃につける）消音器。

**サイレント**［silent］①無声映画。映像に伴う音声がない映画。対トーキー ②英語などで、つづり字のうち発音しない文字。〔knifeのkなど〕

**ーマジョリティー**［silent majority］声高に主張したりしない、大多数の一般大衆。

**サイロ**［silo］①飼料を貯蔵する円筒形の建物。②①に似た形の貯蔵庫。

**さいろう【豺狼】**〔文章語〕ヤマイヌとオオカミ。Ⅱ貪欲《どんよく》で残酷な人。

**さいろく【再録】**再び-収録（録音）すること。

**さいろく【採録】**とりあげて記録すること。また、その記録。

**さいろく【載録】**書いて載せること。

**さいろん【再論】**同じことを再び論じること。また、その論。

**さいろん【細論】**細かく論じること。また、その論。類詳論

**さいわい【幸い】**①しあわせ。幸福。②運よく。③よい結果になること。「早起きがーした」

**さいわん【才腕】**すぐれた手腕。類敏腕

**サイン**［sign］①署名。②合図。「ーを出す」

**ープレー**［和製語 sign play］野球などで、合図による連携プレー。

**サイン**［sine］数学で、三角関数の一。正弦。記号sin

**ザウアークラウト**［ドイツ語 Sauerkraut］発酵させた、キャベツの塩漬け。シュークルート。ザワークラウト。

**サウス**［south］南。南方。対ノース

**サウスポー**［southpaw］スポーツで、左利き。

**サウナ**［フィンランド語 sauna］フィンランド風の蒸しぶろ。

**サウンド**［sound］音。音響。

**ートラック**［soundtrack］映画フィルムの端の録音部分。サントラ。「ー盤」

**さえ【冴え】**さえていること。あざやかなこと。「腕（色）のー」

**さえかえる【冴え返る】**①強くさえる。②寒さがぶりかえす。

**さえき【差益】**差し引き後の利益。対差損

**さえぎる【遮る】**①途中でさまたげる。「話をー」②仕切る。「ついたてでー」

**さえざえ【冴え冴え】**あざやかに澄みきったようす。

**さえずる**《囀る》小鳥が鳴き続ける。Ⅱうるさくしゃべりたてる。

**さえつ【査閲】**実地に調査すること。

**さえない**《冴えない》ぱっとしない。「ー顔つき」

**さえのかみ【塞の神】**道祖神《どうそじん》。さいのかみ。

**さえる【冴える】**①はっきりする。「頭（目）がー」Ⅱあざやかである。「腕がー」②冷えこむ。③光・音・色などがくっきりと澄む。④⇩さえない

**さえわたる【冴え渡る】**一面（非常）にさえる。

**さお【竿・棹】**①枝葉を取った竹の棒。また、それ-を使った（に似た）もの。特に、水竿《みさお》、三味線の弦を張る部分など。Ⅱ㋐三味線。㋑〔俗語〕陰茎。②たんす・長持・ようかん・三味線などを数える語。

**さおさす【棹さす】**さおをさして舟を進める。Ⅱ時流に乗る。「流れにー」〔誤って逆行するの意で用いられることもある〕

**さおだけ【竿竹】**物干し竿にする竹。

**さおだち【竿立ち】**馬が驚いて後脚だけで立ち上がること。類棒立ち

**さおとめ【早乙女】**《早少女》田植えをする少女。Ⅱおとめ。

**さおばかり【竿秤】**《棹秤》はかりの一。棒の端に物をかけ、分銅で重さを量る。

**さおもの【棹物】**細長い形の和菓子の総称。羊羹《ようかん》など。

**さか【坂】**傾斜（-のある道）。Ⅱ「五十のー（＝区切り）をこえる」

**さか【茶菓】**お茶と菓子。ちゃか。

**さが【性】**〔文章語〕①生まれつきの性質。②ならわし。「浮き世のー」

**ざか【座下】**〔文章語〕①座席のそば。②手紙の脇付《わきづけ》の一。類机下

**ざが【座臥・坐臥】**〔文章語〕すわることとねること。日常生活。「行住ー」Ⅱふだん。

**さかあがり【逆上がり】**鉄棒で、足をけり上げ、足から鉄棒の上に上がること。

**さかい【境】**《界》①物と物が接する所。境界。②状態の分かれ目。「生死のー」③特定の場所。境地。「安心立命のー」

**ー目**《め》境になる場所。

**さかうらみ【逆恨み】** ①恨みに思う人から反対に恨まれること。②人の好意を悪くとって恨むこと。

**さかえる【栄える】** さかんになる。対衰える

**さかおとし【逆落とし】** ①まっさかさまに落とすこと。②絶壁を一気におりること。「鵯越《ひよどりごえ》の―」

**さかき【榊】** ツバキ科の常緑樹。神木とされ、枝葉を神前にそなえる。

**さがく【差額】** 差し引いた残りの金額。

**―ベッド** 病院で、健康保険による医療費との差額分を患者に支払わせるベッド・部屋。

**さかぐら【酒蔵】** 酒を貯蔵(醸造)する蔵。

**さかげ【逆毛】** ①逆だった毛。②根元に向かって櫛《くし》を入れてふくらませた髪の毛。

**さかご【逆子】** 足の方から生まれてくること。また、その子。

**さかさ【逆さ】** 逆。反対。

**―言葉《ことば》** ①音の順序を逆にしていう言葉。〔コレをレコというなど〕②意味を逆にしていう言葉。〔「楽しい」を「つまらない」というなど〕

**―睫毛《まつげ》** 眼球に向かって生えたまつげ。さかまつげ。

**さかさま【逆様】** さかさ。

**さがしあてる【探し当てる・捜し―】** あちこちさがしまわって見つけ出す。

**さかしい【賢しい】** ①かしこい。②なまいきだ。こざかしい。

**さがしだす【探し出す・捜し―】** さがして見つけ出す。

**さかしら【賢しら】** 利口ぶること。「―を言う」

**ざがしら【座頭】** (演劇などの)一座の座長。また、首席役者。

**さがす【探す・捜す】** 目的のものを見つけようと調べる。「家(落とし物)を―」

**さかずき【杯】**(盃)①酒を入れて飲む小さな器。②酒宴。

**―事《ごと》** ①さかずきをかわして夫婦・義兄弟・親分子分などの関係を結ぶこと。②酒宴。

**―を返《かえ》す** ①返杯する。②子分が親分と縁を切る。

**―を交《か》わす** いっしょに酒を飲む。

**さかぞり【逆剃り】** かみそりの刃を毛の生えている方向と反対の方向にあててそること。

**さかだい【酒代】** 酒手《さかて》。

**さかだち【逆立ち】** 両手を地につけて両足を上げてさかさまに立つこと。倒立。

**さかだつ【逆立つ】** さかさまに立つ。

**さかだてる【逆立てる】** 逆だつようにする。

**さかだる【酒樽】** 酒を入れる樽。

**さかて【逆手】** ①刃物の持ち方の一。刃を小指の側に向けて持つ。②ぎゃくて。

**―に取《と》る** 相手の攻撃などを利用してやり返す。

**さかて【酒手】** ①酒の代金。②心づけ。「―をはずむ」

**さかな【肴】** 酒のつまみ。Ⅱ酒席に興を添える歌や話題。

**さかな【魚】** うお。

**さかなで【逆撫で】** 相手の気にさわることを言う(する)こと。

**さかなみ【逆波】**(逆浪)流れに逆らって立つ波。

**ざがね【座金】** ①ボルト・ナットの下に敷く金属板。ワッシャー。②材料面を保護したり釘の頭をかくしたりするための飾りの金物。

**さかねじ【逆捩じ】** ①逆にねじること。②相手の苦情に対し、反撃すること。「―を食わせる」

**さかのぼる【遡る・溯る】** ①下流から上流に進む。②(過去・根本に)もどる。

**さかば【酒場】** 酒を飲ませる店。

**さかまく【逆巻く】** 流れに逆らって大きな波が立つ。Ⅱはげしくゆれ動く。

**さかみち【坂道】** 坂になった道。「急な―」

**―を転《ころ》げ落《お》ちるよう** 落ちるのが非常に速いたとえ。

**さかむけ【逆剝け】** つめのきわの皮膚が細くめくれ上がること。ささくれ。

**さかむし【酒蒸し】** 塩をふった魚介に酒をかけて蒸したもの(料理)。

**さかめ【逆目】** 木目が逆になっていること。

**さかもり【酒盛り】** 酒宴。類宴会

**さかや【酒屋】** 酒を売る(造る)店。

**さかやき【月代】** 昔、男がひたいから頭の中央まで髪をそったこと(部分)。

**さかやけ【酒焼け】** 酒の飲みすぎで、顔が

赤く焼けたようになること。

**さかゆめ【逆夢】** 現実と反対の夢。対正夢《まさゆめ》

**さからう【逆らう】** はむかう。反対する。対従う

**さかり【盛り】** ①盛んな–こと(時)。②はたらきざかり。壮年。③鳥獣の発情(–時)。「–がつく」

**–場《ば》** にぎやかな場所。

**さがり【下がり】** ①さがること。対上がり ②たれさがること。③時刻が過ぎたこと。「昼–」 ④相撲で、力士がまわしに下げるもの。

**–目《め》** ①目じりの下がった目。②物事が衰え始める–時期(傾向)。類落ち目 ◇対上がり目

**さがる【下がる】** ①対上がる ②たれ下がる。③対進む「三歩–」 ④退出する。⑤役所などから許可がおりる。

**さかん【盛ん】** 勢い(元気)がいい。

**さかん【左官】** 壁塗りの職人。しゃかん。

**さかん【佐官】** 軍隊で、大佐・中佐・少佐。自衛隊で、一佐・二佐・三佐。

**さがん【左岸】** 川の下流に向かって左側の岸。対右岸

**さがん【砂岩】** 堆積《たいせき》岩の一。砂が固まったもの。

**さき【先】** ①まえ。前方。②先頭。◇対あと ③先端。対もと ④時間的に早いこと。「君が–だ」 ⑤続いていく部分。「話の–」 ⑥将来。ゆくすえ。⑦過去。(それ)以前。「–の話のように」 ⑧あいて。先方。⑨目的地。「着いた–」

**–に立《た》つ** ①先頭に立って行動する。②他のことより先になる。

**–を争《あらそ》う** われ先にと争う。

**–を越《こ》される** 相手に先に出られる。

**さき【崎】** ①みさき。②山の突き出した先端。

**さき【左記】** 〔文章語〕縦書きの文章で、その–左(あと)に記した部分。対右記

**さぎ【鷺】** 水鳥の一。くちばし・首・あしが長い。

**–を烏《からす》と言《い》いくるめる** 真実・道理をねじまげて主張する。

**さぎ【詐欺】** 人をだまして利益をはかること。「–師」

**さきおくり【先送り】** 後日にのばすこと。「問題解決の–」

**さきおととい【一昨昨日】** おとといの前の日。さきおとつい。

**さきおととし【一昨昨年】** おととしの前の年。

**さきがい【先買い】** ①先を見越して買うこと。②先払いで買うこと。

**さきがけ【先駆け】**《魁》 まっ先に攻め入ること。Ⅱ他に先んじること。動–る

**さきがし【先貸し】** 前貸し。対先借り

**さきがち【先勝】** ⇩せんしょう

**さきがり【先借り】** 前借り。対先貸し

**さきく【幸く】** 〔文章語〕無事に。平穏に。

**さきぐい【先食い】** 適当な時期より先に–使う(とりこむ)こと。「予算の–」

**さきこぼれる【咲き溢れる】** いっぱいに咲く。類咲き乱れる

**さきごろ【先頃】** 先日。せんだって。

**さきざき【先々】** ①将来。②行く方々の場所。「行く–」 ③以前。類まえまえ

**さきさま【先様】** 先方の敬称。

**さきぜめ【先攻め】** 先攻《せんこう》。対後攻め

**さきぞなえ【先備え】** 先陣。対後《あと》備え

**サキソフォン**〔saxophone〕 木管楽器の一。サックス。サキソホン。

**さきぞめ【先染め】** 織物に織る前に糸を染めること。対後《あと》染め

**さきそろう【咲き揃う】** 花が残らず咲く。

**さきだか【先高】** 将来値段が高くなる見込みがあること。対先安

**さきだつ【先立つ】** ①まず必要である。②先に死ぬ。③⇩さきだって ④先頭になる。

**–もの** まず必要なもの。特に、お金。

**さきだって【先立って】** (「…に〜」の形で)…の前に。「会議に–」

**さぎちょう【左義長】**《三毬杖》 正月一五日に行う火祭り。門松・しめ飾りなどを焼く。どんど(–焼き)。

**さきづけ【先付け】** その日より後の日付。

**さきどなり【先隣】** 隣のもう一軒先の家。

**さきどり【先取り】** ①他より先に自分のものにすること。「時代の–」 ②代金・利子・債権を先に取ること。「–特権」

**さきに【先に】** まえに。以前に。

**さきのこる【咲き残る】** ①いつまでも–

咲いて(咲かないで)いる。②おくれて咲く。

**さきのり【先乗り】** ①行列の先頭を行く騎馬の人。②旅先に、他の一行より先に行く—こと(人)。

**さきばしる【先走る】** (ひとりよがりに)他人より先に行動する。

**さきばらい【先払い】** ①郵送料や運賃を受取人が払うこと。対元払い ②品物を受けとる前にお金を払うこと。前払い。

**さきぶれ【先触れ】** 前ぶれ。前兆。

**さきぼう【先棒】** 二人で物をかつぐとき、棒の前の方をかつぐ—こと(人)。おさきぼう。対後棒《あとぼう》

**さきほこる【咲き誇る】** 盛んに咲く。

**さきぼそり【先細り】** ①先に行くほど細くなること。②勢いが衰えていくこと。

**さきほど【先程】** 少し前。さっき。

**さきまけ【先負】** ⇩せんぶ

**さきまわり【先回り】** 人よりも先に—行く(する)こと。

**さきみだれる【咲き乱れる】** 一面に咲く。類咲きこぼれる

**さきもの【先物】** ①将来売買することを約束する契約。また、その品物。「—取引」対現物 ②先限《さきぎり》。

**—買《が》い** ①先物を買うこと。②将来を見込んで買うこと。

**さきやす【先安】** 将来値段が安くなる見込みがあること。対先高

**さきゅう【砂丘】** 風に運ばれた砂でできた丘。

**さきゆき【先行き】** ゆくすえ。さきいき。「—が案じられる」

**さぎょう【作業】** 仕事(—をすること)。「—員」

**—仮説《かせつ》** 議論・実験を進めるために立てる仮説。

**—療法《りょうほう》** 農耕・木工・手芸などの作業を通して、障害者の—身体(精神)機能の改善をめざす治療法の一。

**ざきょう【座興】** ①その場をおもしろくするための芸。②その場限りのたわむれ。

**さぎょうへんかくかつよう【サ行変格活用】** 動詞の活用の型の一。サ変。〔「する」〕

**さぎり【狭霧】** 〔文章語〕霧。〔「さ」は接頭語〕

**さきわたし【先渡し】** ①前渡し。②一定期日後に商品を引き渡す売買取引。

**さきわれ【先割れ】**

**—スプーン** 先がフォークのようになったスプーン。

**さきん【砂金】** 砂・じゃりにまじっている粒状の金。しゃきん。

**さきん【差金】** 差額。「—決済」

**さきんじる【先んじる】** さきんずる。

**さきんずる【先んずる】** 他より先に—行く(行う)。さきんじる。

**さきんずればひとをせいす【先んずれば人を制す】** 人より先に行えば有利になる。

**さく【昨】** ①きのう。「—一〇日」②去年。「—二九年」③一つ前。「—シーズン」

**さく** 刺身用に切った魚の身のかたまり。

**さく【作】** ①作品。著作。「会心の—」②(農作物の)できばえ。

**さく【柵】** ①材木などを立て並べ、横板を通して作ったかきね。②古代のとりで。

**さく【朔】** ①(陰暦で)ついたち。対晦《みそか》 ②北。北方。

**さく【策】** はかりごと。対策。手段。「—をめぐらす・万全の—」

**さく【咲く】** 花のつぼみが開く。

**さく【割く】** 一部分をほかに—回す(与える)。「時間(領土)を—」

**さく【裂く】** 引きやぶる。「仲を—(=切り離す)・魚を—(=切り開く)」

**ざく** 鍋料理に入れる野菜の類。

**さくい【作為】** ①作り事。わざと作ったこと。②法律で、積極的な行為。対不作為

**—的《てき》** わざとするようす。

**さくい【作意】** ①作品の製作意図。②たくらみ。類故意

**さくいん【索引】** 書物の中の事項・語句を一定の順序にならべた表。インデックス。

**さくか【昨夏】** 〔文章語〕昨年の夏。さっか。去夏。

**さくが【作画】** 絵や写真を作ること。

**さくがら【作柄】** ①農作物のできぐあい。②作品のできぐあい。

**さくがん【削岩・鑿岩】** 岩石に穴をあけること。「—機」

**さくきょう【作況】** 農作物の作柄の良否。さっきょう。

**さくぎょう【昨暁】** 〔文章語〕きのうの夜明け方。

**ざくぎり【ざく切り】** 野菜を大まかに切ること。
**さくぐ【索具】** 船で使う綱の類。綱具。
**さくげき【作劇】** 戯曲を作ること。
**さくげつ【昨月】** 先月。
**さくげん【削減】** 金額や勢力を削り減らすこと。「経費―」
**さくご【錯誤】** ①まちがい。あやまり。②観念と事実の不一致。「時代―」
**さくさく【嘖々】** 〔文章語〕口々にほめそやすようす。「―たる名声」
**さくざつ【錯雑】** 入りみだれること。
**さくさん【酢酸】**《醋酸》 酢《す》の主な成分。刺激性の臭気をもつ。食品・薬品の原料。
**さくし【作詞】** 歌詞を作ること。「―家」
**さくし【策士】** 好んで計略をめぐらす人。
**―策《さく》に溺《おぼ》れる** 策士は策略を用いすぎて、かえって失敗する。
**さくし【錯視】** 目の錯覚。
**さくじつ【昨日】** きのう。対明日《みょうにち》 〔「きのう」より改まった言い方〕
**さくじつ【朔日】** 〔文章語〕（陰暦で）ついたち。
**さくしゃ【作者】** 作品を作った人。
**さくしゅ【搾取】** （利益を）しぼりとること。「中間―」
**さくしゅう【昨秋】** 〔文章語〕昨年の秋。去秋。
**さくしゅう【昨週】** 〔文章語〕先週。
**さくしゅん【昨春】** 〔文章語〕昨年の春。去春。

**さくじょ【削除】** （文章などを）削りとること。類抹消
**さくじょう【索条】** ワイヤロープ。
**さくず【作図】** 図を作ること。
**さくする【策する】** 画策する。
**さくせい【作成】** （書類や計画を）作ること。「報告書を―する」
**さくせい【作製】** （品物や図面を）作ること。製作。
**さくせい【鑿井】** 〔文章語〕地下水や石油をとるため、井戸を掘ること。
**サクセス** 〔success〕成功。
**―ストーリー** 〔success story〕出世物語。
**さくせん【作戦】** ①【策戦】戦いの方法。策略。「―を立てる」②軍隊が、ある期間とる対敵行動。
**さくぜん【索然】** 〔文章語〕興味が消えるようす。
**さくそう【錯綜】** 複雑に入りまじること。
**さくちょう【昨朝】** 〔文章語〕きのうの朝。
**さくづけ【作付け】** 作物を植えつけること。さくつけ。「―面積」
**さくてい【策定】** 〔文章語〕（計画を）考えて決めること。
**さくてき【索敵】** 戦闘中の敵軍をさがしもとめること。
**さくとう【昨冬】** 〔文章語〕昨年の冬。去冬。
**さくどう【索道】** 架空索道の略。空中ケーブル。ロープウエー。

**さくどう【策動】** ひそかに計略をたてて行動すること。類画策
**さくにゅう【搾乳】** （牛や羊の）乳をしぼりとること。「―器」
**さくねん【昨年】** 去年。〔「去年」より改まった言い方〕
**さくばく【索漠】**《索莫》 ものさびしいようす。心が満たされないようす。
**さくばん【昨晩】** きのうの晩。
**さくひん【作品】** 作ったもの。特に芸術上の製作物。
**さくふう【作風】** 芸術作品に現れた特徴・傾向。「特異な―」
**さくふう【朔風】** 〔文章語〕きたかぜ。
**さくぶん【作文】** 文章を作ること。作った文章。Ⅱ体裁はもっともらしいが実質のない文章。「机上の―」
**さくほう【昨報】** 〔文章語〕きのうの報道。〔新聞で使う〕
**さくぼう【朔望】** 陰暦で一日と一五日。
**さくぼう【策謀】** はかりごと。類策略
**さくもつ【作物】** 農作物。
**さくや【昨夜】** きのうの夜。〔「ゆうべ」より改まった言い方〕
**さくやく【炸薬】** 弾丸の中につめる火薬。
**さくゆ【搾油】** 油をしぼりとること。
**さくゆう【昨夕】** 〔文章語〕きのうの夕方。
**さくら【サクラ】** ①客のふりをして他の客に買う気をおこさせる大道商人の仲間。②金をもらって出演者に声援をおくる人。
**さくら【桜】** ①春に咲く花。落葉樹。材は建築・家具用。〔日本の国花〕②桜肉。

—色《いろ》 うすい赤色。
—海老《えび》 桜色をした、エビの一。
—貝《がい》 桜色をした二枚貝。
—紙《がみ》 ちり紙にする、小ぶりの薄く柔らかい和紙。
—狩《が》り 桜の花を見ながら歩くこと。
—木《ぎ》 桜の—木(木材)。
—前線《ぜんせん》 桜の開花日が同じ地点を結ぶ線。
—草《そう》 春、サクラに似た花が咲く多年草。
—鯛《だい》 ①スズキ科の海魚。タイに似る。②桜の花の咲くころ、漁獲されるタイ。
—肉《にく》 馬肉。
—吹雪《ふぶき》 花吹雪。
—鱒《ます》 サケ科の魚。単に「マス」とも。食用。
—餅《もち》 餡《あん》入りの餅を桜の葉で包んだ菓子。
—湯《ゆ》 塩漬けの桜の花を湯に入れた飲み物。
—ん坊《ぼ》 桜の実。特に、桜桃の実。さくらんぼう。チェリー。〔桜桃とも書く〕
**サクラメント**〔sacrament〕 キリスト教で、信徒に神の恩恵を与える儀式。〔洗礼など〕
**さくらん【錯乱】** 心が(—激しく)乱れること。「精神—」
**さぐり【探り】** さぐること。「—を入れる」
**ざくり** ①ものが勢いよく切れるようす。②鋭利なものが勢いよく突き刺さるようす。
**さくりつ【冊立】** 〔文章語〕皇太子・皇后を定めること。
**さくりゃく【策略】** 計略。はかりごと。
**さぐる【探る】** ①(手足の触覚で)さがす。②調べる。「ようすを—」③いい景色を見て歩く。「名勝を—」
**さくれい【作例】** ①詩文の作り方の手本。②語の用例を作ること。その例。対実例
**さくれつ【炸裂】** 爆弾・砲弾が破裂すること。
**ざくろ【石榴・柘榴】** 果樹の一。実は黄紅色で熟すと裂ける。
—石《いし》 ガーネット。研磨剤・宝石用。
**さけ【酒】** ①日本酒。②アルコールを含む飲み物の総称。
—に飲《の》まれる 酒を飲みすぎて理性を失う。
—は百薬《ひゃくやく》の長《ちょう》 適度の酒はどんな薬よりも体によい。
**さけ【鮭】** 海産魚の一。食用。しゃけ。〔卵もイクラ・すじことして食用〕
**さげ【下げ】** ①下げること。②相場の下落。◇対上げ ③落語のおち。
**さけい【左傾】** ①左に傾くこと。②急進(共産主義)的思想をもつようになること。「—化」◇対右傾
**さけかす【酒粕】**《酒糟》 酒をしぼった後のかす。〔かす汁や漬物に使う〕
**さけくさい【酒臭い】** 酒のにおいがする。「—息」
**さけくせ【酒癖】** 酒に酔ったときにでる癖。さけぐせ。
**さげしお【下げ潮】** 引き潮。対上げ潮
**さげしぶる【下げ渋る】** 下がり続けていた相場の勢いが弱まる。株価が下落しそうなのに下がらない。
**さげすむ【蔑む】**《貶む》 軽蔑《けいべつ》する。見くだす。
**さげどまり【下げ止まり】** 数値や株価などの下落が止まること。対上げ止まり
**さけのみ【酒飲み】** 酒を飲むのが好きな人。
**さげはば【下げ幅】** 値下げ後の値段ともとの値段のちがい。
**さけび【叫び】** 叫ぶ—こと(声)。
**さけびたり【酒浸り】** 酒ばかり飲んでいること。
**さけぶ【叫ぶ】** 大声を上げる。Ⅱ強く主張する。「自然保護を—」
**さげまん【下げまん】** 〔俗語〕男性の運気を下げる女性。対上げまん
**さけめ【裂け目】** 裂けた所。
**さける【裂ける】** 切れて分かれる。
**さける【避ける】** よける。近よらない。
**さげる【下げる】** ①上から下へ動かす。対上げる ②【提げる】ぶらさげる。③かたづける。「膳《ぜん》を—」
**さげわたす【下げ渡す】** 官庁から民間へ(目上から目下へ)与える。
**さげん【左舷】** 船首に向かって左側のふなばた。対右舷
**ざこ【雑魚】** いろいろの種類のこざかな。Ⅱ小物。
—の魚《とと》まじり 大物の中に小物がまじり、一人前にふるまうこと。

**ざこう【座高】**《坐高》いすに腰かけたときの、しりから頭頂までの高さ。
**さこうべん【左顧右眄】**⇩うこさべん
**さこく【鎖国】**外国との交流を禁止すること。対開国
**さこつ【鎖骨】**首と肩を結ぶ一対のS字形の長い骨。
**ざこつ【座骨】**《坐骨》しりの下部にあり骨盤を構成する骨。「―神経痛」
**ざこね【雑魚寝】**（狭い部屋で）大勢がごろ寝すること。
**ささ【酒】**さけ。〔もと、女房言葉〕
**ささ【笹】**小形で茎の細い竹の総称。
**ささい【些細】**わずかでつまらないようす。「―な違い」
**ささえ【支え】**支える―こと（もの）。
**さざえ**《栄螺》海産の巻き貝。食用。「―のつぼ焼き」
**ささえて【支え手】**支える人。
**ささえる【支える】**倒れる（落ちる）のを防ぎとめる。Ⅱもちこたえる。
**ささがき【笹掻き】**野菜の切り方の一。ゴボウなどを薄くそぐ。
**ささぐり【小栗】**シバグリ。
**ささくれだつ【ささくれ立つ】**ささくれた状態になる。
**ささくれる**①先が細かく裂け分かれる。②逆《さか》むけになる。③気持ちがとげとげしくなる。
**ささげ**《大角豆》野菜の一。ささぎ。
**ささげもつ【捧げ持つ】**目の上に高く上げて持つ。
**ささげもの【捧げ物】**供物。
**ささげる【捧げる】**①両手に持って高く上げる。②献上する。「一生（愛）を―」
**ささつ【査察】**規定どおり行われているかどうか調査すること。「行政―」
**ささなき【笹鳴き】**《小―》冬、ウグイスが舌鼓を打つように鳴く―こと（声）。
**さざなみ【細波・小波】**《漣》細かい波。「―が立つ」
**ささにごり【細濁・小濁】**水が少し濁ること。
**ささぶね【笹舟】**ササの葉を折って舟の形に作ったもの。
**ささみ【笹身】**ニワトリの胸のあたりの肉。
**ささめく**ささやく。
**さざめく**ざわざわと声を立てる。さんざめく。
**ささめごと**《私語》ひそひそ話。ささめきごと。
**ささめゆき【細雪】**細かく（―まばらに）降る雪。
**ささやか**《細やか》小さく目立たないようす。
**ささやく**《囁く》小声で話す。Ⅱ目立たないようにうわさをする。
**ささやぶ【笹藪】**ササの茂ったやぶ。
**ささら【簓】**①先が細かく割れたもの。特に、細く割った竹をたばねたたわし。②びんざさら。
**ささる【刺さる】**①先のとがったものが突き立つ。②衝撃や感銘を与える。「―小説」
**さざれいし**《細れ石》小さな石。
**さざんか【山茶花】**初冬に、赤や白の花が咲く。ツバキ科の常緑樹。
**サザンクロス**〔Southern Cross〕南十字星。
**さし【差し】**①《尺》ものさし。②さしむかい。「―で話す」③動詞に付いて―意味を強める（語調を整える）。「―出す」④舞の曲数を数える語。
**さし【砂嘴】**湾口の一方から海に突き出すようにできた砂の堆積《たいせき》。
**さし【渣滓】**〔文章語〕沈殿物。おり。
**さじ【匙】**液体や粉をすくいとる道具。スプーン。
**―を投《な》げる**見放す。
**さじ【些事・瑣事】**つまらないこと。「―にこだわる」
**ざし【座視】**《坐視》見ているだけで手出しをしないこと。「―するに忍びない」
**さしあげる【差し上げる】**①高く持ち上げる。②与えるの謙譲語。
**さしあし【差し足】**①つま先からそっと足を地につける歩き方。「ぬき足―」②競馬で、先行する馬を追い込もうとする走り方。
**さしあたり【差し当たり】**当面。いまのところ。さしあたって。
**さしあぶら【差し油】**《注し油》機械に油を差すこと。その油。
**さしあみ【刺し網】**網を海中に張り、網目に魚をからませてとる漁法。
**さしいれ【差し入れ】**拘置・留置中の人に物を届けること。その物。Ⅱ仕事中の人

をねぎらうために物を届けること。その物。

**さしいれる【差し入れる】** ①間（中）に入れる。②さしいれをする。

**さしえ【挿し絵】** 文章中にはさむ絵。カット。

**サジェスチョン**［suggestion］暗示。示唆。

**サジェスト**［suggest］暗示。示唆。

**さしおく【差し置く】** ①放っておく。②ないがしろにする。「上司をさしおいて」

**さしおさえ【差し押さえ】** 国が債務者の財産の使用・処分を禁じること。

**さしおさえる【差し押さえる】** ①差し押さえをする。②おしとどめる。

**さしかえる【差し替える・―換える】** とりかえる。

**さしかかる【差し掛かる】** ①その場に―出くわす（来る）。②たれ下がって、かぶさる。

**さしかけ【差し掛け】** 母屋から差し出ている片流れの屋根。

**さしかける【差し掛ける】** 上からおおう。「傘を―」

**さじかげん【匙加減】** 薬剤の調合の加減。‖手加減。手ごころ。

**さしかためる【差し固める】** 入り口を―かたくとじる（厳重に警戒する）。

**さしがね【差し金】** ①舞台で、かげから鳥やチョウをあやつる針金。‖かげで指図し、そそのかすこと。②かね尺。

**さしき【挿し木】** 草木の茎・枝を地中にさし、新しい株をつくること。

**さじき【桟敷】** 高く造った見物席。

**ざしき【座敷】** ①畳をしいた部屋。特に、客間。②宴会の席。

**―童**《わらし》 旧家の奥座敷に出没するとされる精霊。〔東北地方の俗信〕

**さしきず【刺し傷】** 鋭利なものを刺してできた傷。

**さしきる【指し切る】** 将棋で、持ち駒がなくなり、それ以上攻められなくなる。

**さしきる【差し切る】** 競馬や競輪で、ゴール前で他を追い抜いて勝つ。

**さしこ【刺し子】** 綿布を重ね合わせ、一面に細かく刺し縫いしたもの。柔道着などにする。

**さしこみ【差し込み】** ①差し込む―こと（もの）。特に、プラグ。〔俗にコンセントともいう〕②胸や腹の急激な痛み。

**さしこむ【差し込む】** ①穴やすき間に突き入れる。②さしこみ②がおこる。③《射し―》光が入ってくる。

**さしさわり【差し障り】** 不都合。支障。動さしさわる

**さししめす【指し示す】**（指さして）示す。「目標を―」

**さしず【指図】** 命令。指揮。言いつけ。「―を受ける」

**さしずめ【差し詰め】** ①さしあたり。②結局。◇〔「さしづめ」とも書く〕

**さしせまる【差し迫る】** 切迫する。

**さしだす【差し出す】** ①前へ出す。②提出する。③郵便物を出す。

**さしたてる【差し立てる】** ①たてる。②送り出す。つかわす。「使いを―」

**さしたる《然したる》**（否定表現の中で）それほどの。「―違いはない」

**さしちがえる【刺し違える】** ①互いに刀で刺す。②自分も犠牲になる覚悟で相手が不利益となるようにする。

**さしちがえる【差し違える】** ①相撲で、行司が判定を誤る。②【指し―】将棋で、わるい手をさす。

**さしつかえない【差し支えない】** …してもかまわない。

**さしつかえる【差し支える】** 都合がわるくなる。

**さしつかわす【差し遣わす】** 派遣する。

**さしつさされつ【差しつ差されつ】** 酒をついだりつがれたりするようす。

**さしづめ【差し詰め】** ⇩さしずめ

**さして《然して》**（否定表現の中で）たいして。「―遠くない」

**さしでがましい【差し出がましい】** でしゃばる感じだ。

**さしでぐち【差し出口】** でしゃばって言うこと（言葉）。口出し。

**さしでる【差し出る】** 出過ぎた行いをする。でしゃばる。「差し出たまね」

**さしとおす【刺し通す】** 刺して突き通す。

**さしとめる【差し止める】** 止める。禁止する。

**さしぬい【刺し縫い】** ①布を何枚も重ね、一針ごとに抜いて縫うこと。②刺繡《ししゅう》の縫い方の一。

**さしね**【指し値】取引で、客が売買の値段を指定すること。その値段。

**さしのべる**【差し伸べる・―延べる】のばして出す。Ⅱ助けるために力をかす。「救いの手を―」

**さしのみ**【差し飲み】〔俗語〕二人きりで酒を飲むこと。〔サシ飲みとも書く〕

**さしば**【差し歯】①人工の歯を継ぐこと。また、その歯。②足駄の台に歯を入れること。また、その歯。

**さしはさむ**【差し挟む】間に入れる。「疑問を―(=もつ)」

**さしひかえる**【差し控える】ひかえる。

**さしひき**【差し引き】①引き去ること。その残り。②潮の満ち干。③体温の上下。

**さしひく**【差し引く】引き去る。「手数料を―」

**さしひびく**【差し響く】悪く影響する。

**さしまねく**【差し招く】手で招く。

**さしまわす**【差し回す】さしむける。「迎えの車を―」

**さしみ**【刺身】生の魚肉などを薄く切った料理。造り。

**―のつま** さしみに添える野菜など。Ⅱあってもなくてもいいもの。

**さしみ**【差し身】相撲で、得意な方の差し手を早く相手の脇に入れること。

**さしみず**【差し水】①水をつぎ足すこと。その水。②井戸にわるい水が入ること。

**さしむかい**【差し向かい】二人が向かい合うこと。

**さしむける**【差し向ける】①つかわす。さしまわす。②向ける。

**さしもどし**【差し戻し】①差し戻すこと。②上級審が原判決を取り消し(破棄し)、審理させ直すこと。

**さしもどす**【差し戻す】①やり直させるためもとに返す。「書類を―」②差し戻し②をする。

**さしもの**【指し物】①板を組み立ててつくる用具・家具。「―師」②【差し物】昔、戦場で標識として背にさした旗。

**さしゆ**【差し湯】湯をつぎ足すこと。また、その湯。

**さしゅ**【詐取】だまし取ること。

**さしゅう**【査収】調べて受け取ること。「ご―ください」

**さじゅつ**【詐術】〔文章語〕人をだます手段(策略)。

**さしょう**【些少】わずか。すこし。

**さしょう**【査証】旅券の裏書き。ビザ。

**さしょう**【詐称】(氏名や住所を)いつわって言うこと。類偽称

**さじょう**【砂上】砂の上。

**―の楼閣**《ろうかく》 基礎がしっかりしていない物事。Ⅱすぐこわれてしまうこと。実現不可能なこと。

**ざしょう**【座礁】《坐礁》船が暗礁に乗り上げること。対離礁

**ざしょう**【挫傷】うちみ。打撲傷。

**ざしょく**【座食】《坐食》居食い。徒食。

**さしりょう**【差し料】自分が腰に差す刀。

**さしわたし**【差し渡し】直径。

**さじん**【砂塵】〔文章語〕すなぼこり。

**さす**【砂州】《砂洲》河口近くに砂や小石が堆積してできる細長い土地。

**さす**【止す】(動詞の連用形に付いて)途中でやめる。「言い―」

**さす**【刺す】とがった物を内部に突き入れる。Ⅱ㋐縫う。㋑野球で、走者をタッチアウトにする。

**さす**【指す】①(指で)示す。指名する。目指す。②「将棋を―」

**さす**【挿す】①はさみこむ。さしこむ。②花をいける。③さし木をする。

**さす**【差す】①現れる。出てくる。「潮が―(=満ちてくる)・気が―(=とがめる)」②加え入れる。「水(目薬)を―」③かざす。「傘を―」④相撲で、まわしをつかむ。⑤《鎖す》(錠を)かける。◇〔「日が射す」「水を注す」とも書く〕

**ざす**【座主】寺(延暦寺)で最高位の僧。

**さすが**【流石】①そうは(何と)言ってもやはり。②〔「さすが(―の)…も」の形で〕あれほどの…でも。

**さずかりもの**【授かり物】神仏・天から授かったもの。特に、子供。

**さずかる**【授かる】授けられる。

**さずける**【授ける】①与える。「勲章を―」②教え伝える。「秘伝を―」

**サステイナビリティー**〔sustainability〕(環境や経済の)持続可能性。サステナビリティー。

**サステイナブル**〔sustainable〕(環境を保全しつつ)持続可能だ．サステナブル。

**—ディベロップメント**［sustainable development］持続可能な開発。サステナブルディベロップメント。
**サスペンション**［suspension］自動車で、車輪に車体を載せ、衝撃を吸収する装置。
**サスペンス**［suspense］小説・映画・ドラマのはらはらする場面の緊張感。「スリルと—」〔不安、緊張の意から〕
**サスペンダー**［suspenders］①ズボンつり。②くつしたどめ。
**サスペンデッドゲーム**［suspended game］野球で、一時中止試合。
**さすらう**《流離う》あてもなくさまよい歩く。
**さする【摩る】**軽く触れてこする。「背中を—」
**ざする【座する】**《坐する》①すわる。②連座する。「疑獄に—」◇座す。
**さすれば**《然すれば》〔文章語〕そうすると。
**ざせき【座席】**すわる席。
**させつ【左折】**左に曲がること。対右折
**ざせつ【挫折】**計画や事業が途中でだめになること。
**させる**《然せる》〔否定表現の中で〕さしたる。「—実績もないが」
**させる**〔他人に〕やらせる。
**させん【左遷】**低い地位・官職に下げること。対栄転
**ざぜん【座禅】**《坐禅》〔仏教語〕禅の修行の一。「—を組む」

**さぞ**《嘸》〔推量表現の中で〕きっと。
**さそい【誘い】**誘うこと。
**—出《だ》す** 誘って外へ出す。Ⅱうまく仕向けてひきだす。
**—水《ずみ》** 井戸のポンプから水が出ないとき注ぐ水。呼び水。Ⅱきっかけ。誘因。
**さそう【誘う】**①行動をともにするようにすすめる。②うながす。そそのかす。「涙を—」
**ざぞう【座像】**《坐像》すわった姿の像。
**さぞかし**《嘸かし》「さぞ」の強調。
**さそく【左側】**ひだりがわ。対右側《うそく》
**さぞや**《嘸や》「さぞ」に詠嘆をこめた言い方。
**さそり【蠍】**熱帯地方にすむ毒虫。
**さそん【差損】**収支の差額としての損失。対差益
**さた【沙汰】**①命令。さしず。②知らせ。③事件。行為。「正気の—」
**—の限《かぎ》り** 論外。
**さだか【定か】**たしか。あきらか。「—ではない」
**ざたく【座卓】**和室用の脚の短い机。
**サタデー**［Saturday］土曜日。〔Sat. と略す〕
**さだまる【定まる】**①決まる。決定する。②おちつく。おさまる。
**さだめ【定め】**①一定で、変わらないこと。「—なき世」②規則。「—に従う」③運命。
**さだめて【定めて】**きっと。類定めし
**さだめる【定める】**①決める。②落ち着かせる。「天下を—」
**さたやみ【沙汰止み】**計画の中止。

**さたん【嗟嘆】**《嗟歎》〔文章語〕①なげくこと。②感心してほめること。類嗟賞《さしょう》
**サタン**［Satan］悪魔。魔王。
**ざだん【座談】**〔座って〕気楽に話し合うこと。「—会」
**さち【幸】**①幸福。②獲物。食べ物。「海の—山の—」
**さちゅうかん【左中間】**野球で、レフトとセンターの間。対右中間
**ざちょう【座長】**①演劇などの一座の長。②会議などのまとめ役。
**さつ【冊】**書物を数える語。
**さつ** 隠語で、警察。〔ふつうサツと書く〕
**さつ【札】**①ふだ。②紙幣。
**ざつ【雑】**①いろいろの物が入りまじっていること。②おおざっぱなようす。
**さつい【殺意】**人を殺そうとする意志。
**さついれ【札入れ】**紙幣を入れる財布。
**さつえい【撮影】**写真〔映画〕をとること。「—所」
**ざつえい【雑詠】**題を決めずに詩歌を詠むこと。その作品。対題詠
**ざつえき【雑役】**こまごました労役〔—をする人〕。
**ざつおん【雑音】**①不快な音。②通信の妨害となる音。Ⅱ言動をまよわせる、無責任なまわりの言葉。
**さっか【作家】**芸術作品の作者。特に、小説家。「新進—」
**さっか【作歌】**和歌を作ること。また、その作品。
**さっか【昨夏】**〔文章語〕昨年の夏。さく

か。

**ざっか【雑貨】** いろいろな日用品。「―屋」

**サッカー** 綿織物の一。主に夏服用。〔seersucker から〕

**サッカー**〔soccer〕 足でボールをけって得点をあらそう球技。一チーム一一人。蹴球《しゅうきゅう》。

**さつがい【殺害】** 人を殺すこと。

**さっかく【錯角】** 一直線が二直線に交わるとき、二直線の内側にできるはす向かいの角。

**さっかく【錯覚】** 事実と違うように知覚すること。Ⅱ思いちがい。かんちがい。

**ざつがく【雑学】** いろいろな分野についての(―専門的ではない)知識。

**さっかしょう【擦過傷】**〔文章語〕すりきず。

**サッカリン**〔saccharin〕 人工甘味料の一。

**さっかん【錯簡】** 書物のページ(文章)の順序が乱れていること。

**ざっかん【雑感】** とりとめのない感想。

**さつき【五月】**《皐月》陰暦で、五月。

**―晴《ば》れ** ①五月の晴れ渡った空。②梅雨の晴れ間。

**―闇《やみ》** 梅雨のころの暗い夜。

**さっき**〔俗語〕さきほど。〔先《さき》の転〕

**さっき【殺気】** 人を殺そうとする殺伐とした気配。

**―立《だ》つ** 殺気が現れる。

**ざつき【座付き】** 劇団の専属。「―作者」

**ざっき【雑記】** 気づいたちょっとしたことを―書くこと(書いたもの)。「―帳」

**さっきゅう【早急】** 非常に急いで行うこと。そうきゅう。

**ざっきょ【雑居】** ①多くの多様な人々が入りまじって住むこと。②種類の違うものがまじってあること。「―ビル」

**さっきょう【作況】** さくきょう。

**さっきょく【作曲】** 曲を作ること。

**さっきん【殺菌】** 細菌を殺すこと。

**ざっきん【雑菌】** いろいろな細菌。

**さっく【作句】** 俳句を作ること。また、その俳句。

**サック**〔sack〕 さや。おおい。〔特に、指サックやコンドーム〕

**―コート**〔sack coat〕 ①背広。②赤ん坊に着せる上着。

**―ドレス**〔sack dress〕 ずんどうな形のワンピース。

**ザック**〔ドイツ語 Sack〕 リュックサック。

**ざつぐ【雑具】** こまごました道具や物。

**サックス**〔sax〕 サキソフォン。

**ざっくばらん**〔俗語〕あけすけで遠慮しないようす。

**ざっけん【雑件】** こまごました事柄・事件。

**さつげんがっき【擦弦楽器】** 弓で弦をこすって音を出す楽器。バイオリンなど。擦奏楽器。弓弦楽器。弓奏楽器。

**ざっこう【雑交】** 異種間の交配。交雑。

**ざっこく【雑穀】** 米・麦以外の穀物の総称。

**さっこん【昨今】** このごろ。類最近

**さっさ** すばやいようす。

**ざっさん【雑纂】** いろいろな事柄に関する文章を―集めること(集めたもの)。

**さっし【察し】** 察すること。「―がつく」

**さっし【冊子】**(うすい)書物。「小―」

**サッシ**〔sash〕 金属製の窓枠。サッシュ。「アルミ―」

**ざっし【雑誌】** 種々の記事・読み物が記載された(―定期)刊行物。「文芸―」

**ざつじ【雑事】** こまごまとした用事。

**サッシュ**〔sash〕 サッシ。

**ざっしゅ【雑種】** 種類の違ったものの交配で生まれたもの。「―犬」対純系

**ざつしゅうにゅう【雑収入】** 主な収入以外の収入。ざっしゅうにゅう。

**さっしょう【殺傷】** 傷つけたり殺したりすること。

**ざっしょく【雑食】**(動物が)植物でも肉類でもなんでも食べること。対草食・肉食

**ざつしょとく【雑所得】** 所得税法に定めた所得の種別の一。

**さっしょぶん【殺処分】** 不要な(人間に害を及ぼす)動物を殺すこと。

**さっしん【刷新】** 悪いことを改め、新しくすること。

**さつじん【殺人】** 人を殺すこと。

**―的《てき》**(人命を奪うほどに)すさまじいようす。

**さつじん【殺陣】** 芝居や映画の、たて。

**さっすい【撒水】** さんすい。

**さっする【察する】** おしはかる。思いやる。

**ざっせつ【雑節】** 暦で、二十四気以外の季節の変わり目。〔節分・土用・彼岸など〕

**ざつぜん【雑然】** ごたごたとまとまりのないようす。類雑多

**さっそう【颯爽】** きりっと勇ましいようす。

**ざっそう【雑草】** 自然に生えた雑多な草。**—のよう** たくましいことのたとえ。

**さっそく【早速】** すぐ。すぐさま。

**さっそざい【殺鼠剤】** ネズミを殺す薬剤。

**ざっそん【雑損】** 所得税で、控除の対象となる災害などによる損失。

**ざった【雑多】** いろいろいりまじったようす。

**さつたば【札束】** 紙幣を束にしたもの。

**ざつだん【雑談】** とりとめのない話。

**さっち【察知】** おしはかって知ること。「危険を—する」

**さっちゅう【殺虫】** 害虫を殺すこと。「—剤」類駆虫

**さっとう【殺到】** 一度にどっと押し寄せること。

**ざっとう【雑踏】**《雑沓》 人でこみあうこと。人ごみ。

**ざつねん【雑念】** 気を散らせる種々の思い。「—を去る」

**ざっぱい【雑俳】** ざっぱくで遊戯化した俳諧。前句付《まえくづけ》・冠付《かむりづけ》など。

**ざっぱく【雑駁】** まとまりのないようす。

**さつばつ【殺伐】** 荒々しくすさんでいるようす。

**さっぱり** ①さわやかな（あっさりしている）ようす。②（否定表現の中で）まるで。「—書けない」

**ざっぴ【雑費】** こまごましたことの費用。

**さっぴく【差っ引く】**〔俗語〕さしひく。

**さつびら【札びら】** 紙幣。**—を切《き》る** お金を—気まえよく（おしげもなく）使う。

**ザッピング**〔zapping〕 テレビを見ながらチャンネルを頻繁に変えること。

**さっぷ【撒布】** さんぷ。

**さっぷうけい【殺風景】** おもむきがなくおもしろみがないようす。

**ざつぶつ【雑物】** 種々雑多な物。

**ざつぶん【雑文】** 軽い内容の文章。

**ざっぽう【雑報】** こまごまとしたできごとの報道。また、新聞の社会面の記事。

**ざつぼく【雑木】** ぞうき。

**さつま【薩摩】** 旧国名の一。鹿児島県西部。

**—揚《あ》げ** 魚のすり身に野菜をまぜ、油で揚げた食品。

**—芋《いも》** イモの一。

**—の守《かみ》** 無賃乗車（—をする人）。〔薩摩守忠度《ただのり》から〕

**ざつみ【雑味】**（酒などで）余計な味。雑多な味。

**ざつむ【雑務】** 本務以外のこまごまとした職務。類雑用

**ざつよう【雑用】** こまごまとした用事。

**さつりく【殺戮】** 多くの人をむごたらしく殺すこと。

**ざつろく【雑録】** 種々のことをまとまりなく記録すること。その記録。

**ざつわ【雑話】** 雑談。

**さて**《扠・扨》 ①ところで。②さあ。

**さてい【査定】** 調べて金額・等級・合否などを決めること。「—額」

**サディスティック**〔sadistic〕 サディスト的。加虐的。

**サディスト**〔sadist〕 相手を痛めつけて（—性的）快感を得る人。サド。対マゾヒスト

**サディズム**〔sadism〕 相手を痛めつけて（—性的）快感を得ること。サド。「フランスの作家サドの名から」対マゾヒズム

**さておく**《扠置く・扨措く》（多く「さておき」「さておいて」の形で）そのままにしておく。

**さてこそ** やはり。〔古風な言い方〕

**さてさて** いやどうも。はてさて。「—大変だ」〔古風な言い方〕

**さてつ【砂鉄】** 砂状になった鉄。

**さてつ【蹉跌】**〔文章語〕失敗。つまずき。

**さては** ①何かに気づいたときに発する語。「—忘れたな」②その上に。また。

**さても** なんともまあ。〔古風な言い方〕

**サテライト**〔satellite〕 衛星。

**—オフィス**〔和製語 satellite office〕 本社と通信ネットワークで結ばれた、郊外の職住接近型オフィス。

**さてん【茶店】**〔俗語〕喫茶店。

**サテン**〔satin〕 繻子《しゅす》。

**さと【里】** ①人家が集まっている所。②いなか。③実家。「お—（=育ちのよしあし）が知れる」

**サド** サディズム・サディストの略。対マゾ

**さとい【聡い・敏い】** かしこい。敏感だ。「利に—」

**さといも【里芋】** イモの一。〔茎は、ずいき〕

さとう【左党】①左翼（急進）政党。②〔俗語〕酒飲み。類辛党《からとう》◇対右党

さとう【砂糖】甘い調味料。

―黍《きび》 砂糖の原料として栽培される植物。イネ科。

―大根《だいこん》 テンサイ。

さどう【作動】機械が動くこと。

さどう【茶道】ちゃどう。茶の湯。

さとおや【里親】里子を預かり育てる人。対里子

さとがえり【里帰り】結婚した女性や奉公人が実家に帰ること。特に、新婦が初めて実家に帰ること。

さとかぐら【里神楽】（宮中で行われる神楽に対して）地方に残る民間の神楽。

さとかた【里方】嫁や養子の実家（―の親類）。

さとご【里子】他家に預けて育ててもらう子。対里親

さとごころ【里心】実家や故郷をなつかしむ心。ホームシック。「―がつく」

さとす【諭す】よくわかるように言い聞かせる。

さとびと【里人】その土地の人。

サドマゾ［sado-maso］サディズムとマゾヒズムを併せもつこと。SM。

さとやま【里山】人里に近く、薪や山菜をとるなど、生活にかかわりの深い小山。

さとゆき【里雪】平地に降る雪。対山雪

さとり【悟り】《覚り》①さとること。②〔仏教語〕迷いをなくし真理を会得すること。また、その真理。「―を開く」

―澄《す》ます 悟りの境地に‐達する（達したふりをする）。

さとる【悟る】①煩悩《ぼんのう》を去って真理を知る。②《覚る》見ぬく。気づく。

サドル［saddle］自転車やオートバイの、腰をかける台。

サドンデス［sudden death］①突然死。②ゴルフなどの延長戦の方式の一。

さなえ【早苗】田植えごろのイネの苗。

さなか【最中】さいちゅう。「忙しい―」

さながら《宛ら》①あたかも。まるで。②そのまま。そっくり。「本番―」

さなぎ【蛹】昆虫が、幼虫から成虫になる途中の発育段階。

さなきだに《然無きだに》〔文章語〕そうでなくてさえ。

さなだ【真田】真田紐《ひも》の略。

―紐《ひも》 木綿糸を平たく厚く編んだ組み紐。〔戦国武将真田昌幸《まさゆき》が刀の柄に巻いたという〕

―虫《むし》 腸に寄生する寄生虫の一。条虫。

サナトリウム［sanatorium］（結核）療養所。

さにあらず《然に非ず》〔文章語〕そうではない。

サニーサイド［sunny side］日の当たる側。

―アップ［sunny-side up］片面だけ焼いた目玉焼き。対ターンオーバー

サニーレタス［和製語 sunny lettuce］レタスの一。葉はちぢれ、結球しない。

サニタリー［sanitary］①衛生（‐的）。②浴室・洗面所・トイレなどの水まわり。「―ユニット」

さね【実・核】①たね。②胚《はい》。③〔俗語〕陰核。

さのう【左脳】大脳の左半分。〔言語・文字などの認識を行うとされる〕対右脳

さのう【砂嚢】①砂を入れた袋。堤防が決壊したときなどに使う。②すなぎも。

さのみ《然のみ》〔文章語〕（否定表現の中で）そんなに。

さは【左派】政党などの、‐革新（急進）派。対右派

さば【鯖】海産魚の一。食用。

―を読《よ》む 都合のいいように数をごまかす。

サパー［supper］夕食。

さはい【差配】①とりしきって、指図をする‐こと（人）。②所有者に代わって不動産を管理する‐こと（人）。

サバイバル［survival］生き残ること。

―ゲーム［survival game］戦争ごっこの一。エアガンを使用して行う。略して「サバゲー」とも。Ⅱ生き残りをかけた競争。「同種企業の―」

さばき【捌き】捌くこと。「身の―」

さばき【裁き】裁くこと。裁決。審判。「法の―」

さばく【砂漠】《沙漠》植物がほとんどなく砂や岩ばかりの土地。「砂（礫・岩）―」Ⅱうるおいのない所。

さばく【捌く】①物事を処理する。「仕事を―」②うまく売る。「在庫を―」③乱れ

たものをそろえる。④魚や肉を切り分ける。「カツオを—」

**さばく【裁く】** 裁判をする。是非を決める。

**さばぐも【鯖雲】** 巻積雲の別称。〔サバの体側の斑点に似ていることから〕

**さばける【捌ける】** ①売れる。②乱れたものが整然となる。③「さばけた(=物わかりのよい)人」

**サバティカル**[sabbatical] 長期有給休暇。大学教員などに自己啓発の目的で与えられる。「—イヤー」

**さはんじ【茶飯事】** ありふれたこと。「日常—」

**サバンナ**[savanna] 熱帯草原。

**さび**〔俗語〕わさび。「—抜き」

**さび【寂】** ①古びておもむきのあること。②蕉風《しょうふう》俳諧《はいかい》の理念の一。◇類わび ③声が低くしぶみがあること。〔錆とも書く〕④〔俗語〕歌のさわりの部分。〔ふつう、仮名書き〕

**さび【錆】**《銹》 酸素の作用で金属面にできる黒や赤茶色のもの。⊜悪い報い。「身から出た—」

**さびあゆ【錆鮎】** おちあゆ。

**さびごえ【寂声・錆声】** じみだが味わいのある声。

**さびしい【寂しい・淋しい】** ①静かでひっそりしている。「—景色」②心が満たされない。③ものたりない。「ふところが—」

**さびつく【錆び付く】** 金物がさびる。さびて他のものにくっつく。⊜思うようにはたらかなくなる。「頭が—」

**さびょう【詐病】** 病気を装うこと。類仮病

**ざひょう【座標】** 平面や空間で任意の点の位置を示すために、直線や点を基準として表す数値。

**—系《けい》** 座標を定める体系。

**—軸《じく》** 座標を定めるための基準線。

**さびる【寂びる】** ①古くなって趣が出る。②声が低くて太い感じになる。「さびた声」

**さびる【錆びる】** 錆がでる。

**さびれる【寂れる】** 勢いがおとろえる。「街が—」

**サブ**[sub] 補欠。補助。下位。副。

**サファイア**[sapphire] 宝石の一。青玉《せいぎょく》。〔九月の誕生石〕

**サファリ**[safari] 狩猟旅行。

**—パーク**[safari park] 野生動物を放し飼いにした動物園。

**サブウエー**[subway] 地下鉄。

**サブカルチャー**[subculture] 〔支配的な文化に対して〕副次的な文化。

**サブジェクト**[subject] ①主題。②〔哲学用語〕主観。主体。③文法で、主語。◇対オブジェクト

**サブタイトル**[subtitle] ①副題。対メインタイトル ②(映画などの)説明字幕。

**ざぶとん【座布団】**《座蒲団》 座るときに敷く布団。

**サブマネージャー**[submanager] 副支配人。

**サブマリン**[submarine] ①潜水艦。②野球で、下手投げ(—の投手)。「—ピッチャー」

**サプライ**[supply] 供給。「マネー—」

**—サイド**[supply-side] 経済における供給側。「—エコノミクス(=供給側重視の経済学や経済政策)」

**—チェーン**[supply chain] 原料調達から販売までの一連の流れ。

**—ヤー**[supplier] 供給—者(国)。売り手。対バイヤー

**サプライズ**[surprise] 驚き。「—人事」

**サフラワーオイル**[safflower oil] ベニバナ油。

**サフラン**[オランダ語 saffraan] 観賞用の花の一。めしべは薬用、料理の香味料・着色料用。

**サプリ** サプリメント②。

**サプリメント**[supplement] ①補遺。付録。②栄養補給や健康保持のための食品を錠剤やカプセルにしたもの。栄養補助食品。サプリ。

**サブレ(—)**[フランス語 sablé] クッキーの一。

**ざぶん** 勢いよく水に飛び込むようす。ざぶり。

**さべつ【差別】** ①先入観や偏見から不平等に扱うこと。「人種—」②区別。

**—化《か》** 他との違いを際立たせること。

**さへん【サ変】** サ行変格活用の略。

**さへん【左辺】** 等式や不等式で、左側の数や式。対右辺

**さほう【作法】** ①やりかた。しかた。「礼儀—」②起居・動作の一定のやり方。

**さぼう【砂防】** 土砂のくずれや流出をふせ

ぐこと。「—工事」〔古風な言い方〕

**さぼう【茶房】** 喫茶店。

**サポーター**〔supporter〕①運動のとき、手足や股《また》の保護のためにつけるもの。②サッカーで、特定チームの応援者。類ファン

**サポート**〔support〕支えること。

**サボタージュ**〔フランス語 sabotage〕労働争議で、共同で仕事の能率をさげる戦術。怠業。Ⅱなまけること。

**サボテン【仙人掌】** 砂漠に多い植物。とげのあるものが多い。シャボテン。〔語源未詳〕

**さほど**《然程》それほど。

**サボる**〔俗語〕なまける。ずる休みする。「練習を—」〔サボはサボタージュの略。/ひらがなでも書く〕

**ザボン**《朱欒》〔ポルトガル語 zamboa〕柑橘類の一。実は大きい。文旦。

**さま【様】** ①ようす。姿。②人や物事に対して尊敬・丁寧の意を表す語。「高橋（ご苦労）—」

**—になる** 格好がつく。

**ざま【様】** ①〔俗語〕ようす・姿をあざけっていう語。「—を見ろ」②ようす。方向。「横—」③仕方。「書き—」④そのとき。「ふり返り（すれ違い）—」

**サマー**〔summer〕夏。

**—ウール**〔和製語 summer wool〕夏用の薄手の毛織物。

**—スクール**〔summer school〕夏期学校。

**—タイム**〔summer time〕夏の一定期間、時計の表示する時刻を一〜二時間早めること。また、その時刻。夏時間。〔日照時間を活用するため〕

**さまがわり【様変わり】** ようす・情勢がすっかり変わること。

**さまさま【様々】** 人や物に付けて、感謝の意をくだけた調子で表す。「亭主—」

**さまざま【様々】** いろいろ。

**さます【冷ます】** 冷めるの他動詞形。

**さます【覚ます】**《醒ます》覚めるの他動詞形。

**さまたげ【妨げ】** 障害。類さしさわり

**さまたげる【妨げる】** じゃまをする。

**さまつ【瑣末】**〔文章語〕小さく重要でないようす。「—なことにこだわる」

**さまで**《然迄》〔文章語〕それほどまで。

**さまよう【さ迷う】**《彷徨う》①あてもなく歩きまわる。②どことなく移ろう。「生死の境を—」

**サマリー**〔summary〕要約。摘要。

**さみしい【寂しい・淋しい】** さびしい。

**さみだれ【五月雨】** 陰暦五月ごろの長雨。梅雨。

**—式《しき》** 断続的。〔五月雨が少しずつ繰り返し降ることから〕

**サミット**〔summit〕主要先進国首脳会議。Ⅱトップ会談。〔頂上の意〕

**さむい【寒い】** 気温が低くて不快だ。対暑い Ⅱ心細い。貧弱だ。「ふところが—」

**さむえ【作務衣】** 男性の和服の一。作業着・部屋着用。〔もと、禅僧が雑役（＝作務）のときに着た〕

**さむがり【寒がり】** 寒さをふつう以上に感じる—こと（人）。対暑がり

**さむけ【寒気】** ①寒さ。②悪寒《おかん》。ぞっとする感じ。

**さむざむ【寒々】** ①ひどく寒く感じるようす。②殺風景なようす。「—とした景色」

**—しい** 寒々としている。

**サムシング**〔something〕何か。

**さむぞら【寒空】** 寒々とした冬の空。

**サムネイル**〔thumbnail〕コンピューター上に縮小して示す画像。〔限られた画面に多くを表示できる〕

**さむらい【侍】** 武士。Ⅱ大した人物。

**さめ【鮫】** 海魚の一。ひれ・肉は食用。皮は装飾用。

**さめがわ【鮫皮】** 干したサメの皮。〔おろしがねに使う。近世では、刀のつかやさやを巻くのに使った〕

**さめはだ【鮫肌】** ざらざらとした肌。

**さめやらぬ【冷めやらぬ・覚めやらぬ】** まださめていない。「興奮—」

**さめる【冷める】** ひえる。熱がなくなる。「スープ（興奮）が—」

**さめる【覚める】**《醒める》意識が正常な状態に戻る。「目（酔い・迷い）が—」

**さめる【褪める】** 色があせる。

**ざめん【座面】** 椅子で、腰をおろす面。

**さも**《然も》①そのようにも。〔古風な言い方〕②いかにも。

**—有《あ》りなん**〔文章語〕いかにもそうであろう。

**さもしい** 心がいやしい。「—根性」

**ざもち【座持ち】**（宴会や集会の）座をとりもつこと。

**ざもと【座元】**①興行主。②興行場の持ち主。

**さもないと**《然も無いと》もしそうでなければ。さもなければ。さもなくば。

**サモワール**［ロシア語 samovar］ロシアの、卓上湯沸かし器。

**さもん【査問】**調べて問いただすこと。

**さや** 一【鞘】①刀身や筆の先をおおうもの。②さやどう。③価格や利率の差額。「―をかせぐ（＝もうける）」 二《莢》マメ科植物の種の入った殻。

**さやあて【鞘当て】**一人の女性を二人の男性が争うこと。「恋の―」〔もと、武士が往来で刀の鞘がふれるのをとがめだてしたこと。／現在は、男性をめぐる女性の争いにもいう〕

**さやいんげん**《莢隠元》未熟なうちにさやごと食べるインゲンマメ。

**さやえんどう**《莢豌豆》未熟なうちにさやごと食べるエンドウマメ。

**さやか**《清か》澄んではっきり-見える（聞こえる）ようす。

**ざやく【座薬】**《坐薬》肛門や膣《ちつ》に差し込む薬。座剤。

**さやけさ**《清けさ》さやかであること。

**さやどう【鞘堂】**建物を保護するための外囲い。さや。

**さやまめ【莢豆】**さやごと食べる豆。

**さやよせ【鞘寄せ】**相場の変動で、売値と買値の差額が少なくなること。

**さゆ【白湯】**沸かしただけの（-飲用の）湯。

**さゆう【左右】**①左と右。「言を―にする（＝はっきり言明しない）」②そば。かたわら。③側近。④支配すること。「運命を―する問題」

**―相称**《そうしょう》 左右が対称の関係にあること。シンメトリー。

**ざゆう【座右】**〔文章語〕身辺。身近《みぢか》。

**―の銘**《めい》 常に自分のいましめとする言葉。

**さゆり【小百合】**ユリ。〔雅語〕

**さよう【作用】**他に力を及ぼすこと。その働き。

**―点**《てん》 力が物体に働く点。対支点・力点

**さよう**《然様・左様》①そのよう。そのとおり。「―でございます」〔丁寧な言い方〕②そのとおり。〔古風な言い方〕

**―然**《しか》**らば** それならば。Ⅱ堅苦しい言葉づかい。

**さよきょく【小夜曲】**セレナーデ。

**さよく【左翼】**①左のつばさ。Ⅱ㋐左側の-部分（位置）。㋑野球で、外野の一。本塁から見て左側。レフト。「―手」②革新的思想。また、そういう人（-の集団）。左派。〔フランス革命の際の議会で、議長席から見て左側の席を占めたことから〕◇対右翼

**ざよく【座浴】**《坐浴》腰湯《こしゆ》。

**さより【鱵】**近海魚の一。細長い。食用。

**さら【皿】**平たい食器（-に盛った料理を数える語）。Ⅱ皿に似た形のもの。

**さら**《新》新しい-こと（もの）。

**さら【沙羅】**①フタバガキ科の常緑高木。②沙羅双樹。

**ざら** ①ざらめ。②ざら紙。③〔俗語〕よくある。「―にある話」

**さらう【浚う】**《渫う》（井戸やみぞの底に）たまっているものを取り除く。

**さらう**《攫う》うばいさる。「子供（人気）を―」

**さらう**《復習う》復習する。

**さらえる【浚える】**浚《さら》う。

**さらえる**《復習える》復習する。

**ざらがみ【ざら紙】**質のわるい洋紙。わら半紙。ざらし。

**サラきん【―金】**サラーリマン金融の略。

**さらけだす【曝け出す】**すべてをありのままに見せる。「自分を―」

**サラサ【更紗】**［ポルトガル語 sarasa］人物や花鳥などの模様を染めた布。「インド―」

**さらさら**《更々》（否定表現の中で）少しも。「―必要ない」

**さらし【晒し】**①さらすこと。さらした布。特に、さらし木綿。②江戸時代の刑罰の一。罪人を市中で人々に見せた。③さらし首。

**―飴**《あめ》 水あめを煮つめて練った白いあめ。

**―餡**《あん》 こしあんを乾燥して粉にしたもの。

**―鯨**《くじら》 クジラの脂身を薄く切り脂肪を抜いた食品。

**―首**《くび》 江戸時代、斬罪者の首を人々に見せたこと。また、その首。

**―粉**《こ》 ①漂白・消毒用の白い粉。②水にさらした白い米の粉。

**―者**《もの》 江戸時代、さらしの刑を受けた人。

◍人前で恥をかかされる人。

**—木綿**《もめん》 さらして白くした木綿。

**さらす【晒す】** ①日光（雨風）にあたるようにする。②水で洗って（日にあてて）白くする。③広く他の人に見せる。「人目に—・恥を—」

**さらそうじゅ【沙羅双樹】** 釈迦《しゃか》入滅の地に生えていたといわれる沙羅①の木。

**サラダ**［salad］ 主に生野菜をあえた西洋料理。

**—オイル**［salad oil］ サラダ用の油。サラダ油。

**—菜**《な》 サラダに使う、チシャの一種。

**—バー**［salad bar］ 飲食店でサラダをビュッフェスタイルで提供する—コーナー（サービス）。

**さらち【更地】**《新地》 手入れをしていない（建物のたっていない）あき地。

**ざらつく** ざらざらする。

**さらとい【更問い】** 記者会見などで、会見内容の不明な箇所をただしたり、関連する質問を発したりすること。また、その質問。

**さらなる【更なる】** いっそうの。

**さらに【更に】** ①重ねて。いっそう。②（否定表現の中で）少しも。

**さらぬてい【然らぬ体】** さあらぬてい。

**さらぬわかれ【避らぬ別れ】**〔文章語〕死別。

**さらば**《然らば》〔文章語〕①さようなら。②それでは。

**ざらば【ざら場】** 取引で、立ち会い時間中のいつでも、双方の条件が合ったところで売買される方式。

**さらばかり【皿秤】** 皿にのせて量る秤。

**サラブレッド**［thoroughbred］ 競走馬の品種の一。〔純血種の馬の意〕◍家柄のよい人。

**さらまわし【皿回し】** 指や棒の先で皿を回す曲芸（—師）。

**サラミ**［イタリア語 salami］ イタリア風ソーセージ。

**ざらめ**《粗目》 ①ざらめとう。②ざらめゆき。

**さらゆ【新湯】** 沸かしてまだだれも入っていない湯。新《あら》湯《ゆ》。

**サラリー**［salary］ 給料。

**—マン**［和製語 salary man］ 会社勤めの男性。

**—マン金融**《きんゆう》 個人相手の無担保の金融。サラ金。

**ざりがに**《蝲蛄》 川にすむエビの一。大きなはさみをもつ。えびがに。

**さりげない**《然り気無い》 特にそんなようすがない。

**さりじょう【去り状】**〔文章語〕離縁状。

**サリチルさん【—酸】** 有機化合物の一。白い結晶。医薬・防腐剤用。サルチル酸。

**さりとて**《然りとて》〔文章語〕そうかといって。

**サリドマイド**［thalidomide］ 睡眠薬の一。〔副作用であざらし肢症の子が生まれるため製造・使用が禁止された〕

**さりゃく【詐略】** 他人をおとしいれる計略。

**さりょう【茶寮】** ①〔文章語〕茶室。②料理屋や喫茶店の名につける語。

**サリン**［sarin］ 神経中毒ガスの一。

**さる【去る】** 過ぎ去った。「—一〇日」[対]来《きた》る

**さる**《然る》 ①ある。「—ところに」②そういう。そのような。

**さる [一]【猿】** ①動物のサル。②雨戸の桟に取りつけた、戸締まり用器具。③自在かぎが落ちないようにとめる金具。

**—も木**《き》**から落**《お》**ちる** その道にすぐれた者でも失敗することがある。

**[二]【申】** 十二支の九番目。〔昔、時刻で午後四時ごろ、方角で西南西〕

**さる【去る】** ①いなくなる。遠ざかる。「今を—（＝今からさかのぼって）五年前・痛みが—（＝なくなる）・世を—（＝死ぬ）」②とり除く。

**—者**《もの》**は追**《お》**わず** 離れていく人はむりに引き止めない。

**—者**《もの》**は日々**《ひび》**に疎**《うと》**し** 去った（死んだ）者のことは月日がたてば次第に忘れる。

**ざる**《笊》 ①竹などで編んだ、目のあらい容器。◍大酒飲み。②ざるそば。③ざる碁。

**サルーン**［saloon］ ①ホテルなどの大広間。②高級酒場。③セダン。

**さるおがせ**《猿麻桛》 地衣類の一。

**さるぐつわ【猿轡】** 声を出せないように口にかませ縛っておく布。「—をかませる」

**ざるご【ざる碁】** へたな碁。ざる。

**サルサ**［スペイン語 salsa］ ①ダンス音楽の一。

〔キューバ音楽から発展〕 ②トマトを主体としたソース。

**さるしばい**【猿芝居】 サルの演じる見せ物。Ⅱ㋐へたな芝居。㋑あさはかなたくらみ。「ーを打つ(演じる)」

**さるすべり**【百日紅】 樹皮がすべすべした木。庭木にする。ヒャクジツコウ。

**ざるそば**【ざる蕎麦】 ざるに盛った冷たいそば。多く、刻んだ焼き海苔《のり》をかける。

**さるぢえ**【猿知恵】 こざかしい(あさはかな)知恵。

**サルチルさん**【ー酸】 ⇩サリチルさん

**さるのこしかけ**【猿の腰掛】 キノコの一。木に生える。

**サルビア**〔オランダ語 salvia〕 観賞用の多年草。赤い花が穂状に咲く。ひごろもそう。

**サルファざい**【ー剤】 化膿性の病気などに効く化学療法剤。スルファ剤。

**サルベージ**〔salvage〕 ①沈没船の引き揚げ作業。「ー船」②海難救助。

**ざるほう**【ざる法】 〔俗語〕抜け道の多い法律。

**さるまね**【猿真似】 うわべだけまねること。

**さるまわし**【猿回し】 サルに芸をさせて観客に見せる職業(ーの人)。

**サルモネラきん**【ー菌】 腸チフス・パラチフス・食中毒などの病原菌。

**さるもの**【然る者】 あなどれない者。「敵もー」

**されき**【砂礫】 〔文章語〕砂と小石。しゃれき。

**されこうべ**《髑髏》 風雨にさらされた頭蓋骨。しゃれこうべ。

**ざれごと**【戯れ言】 冗談。

**ざれごと**【戯れ事】 ふざけてすること。

**されど**《然れど》〔文章語〕しかし。だが。

**されば**《然れば》〔文章語〕だから。

**ざれる**【戯れる】 ふざける。

**サロン**〔フランス語 salon〕 ①客間。広間。②美術展覧会。③酒場。④社交的な集まり。

**さわ**【沢】 ①草の茂った湿地。②小さな谷川。③山あいの谷。

**さわ**【茶話】 〔文章語〕茶を飲みながらする気軽な話。ちゃわ。「ー会」

**サワー**〔sour〕 ①酸味のある飲料。②酒にレモンやライムのジュースを加えたカクテル。

**ークリーム**〔sour cream〕 乳酸菌で発酵させた生クリーム。

**ザワークラウト**〔ドイツ語 Sauerkraut〕 ⇩ザウアークラウト

**さわがしい**【騒がしい】 うるさい。不穏だ。「世の中がー」

**さわがす**【騒がす】 騒がせる。

**さわがせる**【騒がせる】 騒ぎをおこす。

**さわがに**【沢蟹】 谷川の清流にすむカニ。

**さわぎ**【騒ぎ】 ①さわぐこと。混乱。騒動。②(否定表現の中で)その程度の問題。「泣くどころのーではない」

**さわぐ**【騒ぐ】 ①うるさくする。②動揺する。あわてる。

**ー立《た》てる** おおげさにさわぐ。

**さわしがき**【醂し柿】 渋を抜いたカキ。

**さわす**【醂す】 ①カキの渋を取る。類あわす ②水にさらす。③黒うるしを薄く塗る。

**さわちりょうり**【皿鉢料理】 大皿にさまざまな料理を盛り合わせた宴会料理。高知の郷土料理。

**ざわつく** ざわざわする。

**ざわめく** ざわざわする。

**さわやか**【爽やか】 ①さっぱりして気持ちがよいようす。②明快なようす。「弁舌ー」

**さわら**【椹】 ヒノキ科の常緑樹。庭木・生け垣用。材木は建具用。

**さわら**【鰆】 海魚の一。食用。

**さわらぬ**【触らぬ】

**ー神《かみ》に祟《たた》りなし** よけいなことに手出しをするな。

**さわらび**【早蕨】 芽を出したばかりのワラビ。

**さわり**【触り】 ①さわること。さわった感じ。②義太夫節や浄瑠璃、歌謡曲などの聞かせどころ。Ⅱ話のポイント。〔誤って、曲の最初の部分をいう〕

**さわり**【障り】 ①障害。じゃま。②月経。

**さわる**【触る】 軽くふれる。

**さわる**【障る】 じゃまになる。害になる。「気(からだ)にー」

**さわん**【左腕】 左のうで。Ⅱ左きき。「ー投手」◇対右腕

**さん**【三】 ①《参》数の名。〔参は領収書などに書く〕②三の糸の略。三味線の最も細い糸。

**さん**【桟】 ①板のそりを防ぐため打ちつける細い木材。②横木。③戸・障子の骨。④かけはし。

**さん【産】**①お産。②出生地。出産地。原産地。③財産。「―を成す」

**さん【算】**①算木《さんぎ》。②計算。③見込み。

**―を乱《みだ》す** ちりぢりになる。

**さん【賛】**《讃》①絵に添える詩文。②漢文の文体の一。人・事物をたたえる。

**サン**〔sun〕太陽。日光。

**さんい【三尉】**自衛隊の階級の一。〔旧軍隊の少尉〕

**さんい【賛意】**賛成の気持ち。

**さんいつ【散逸】**《散佚》書物などがちらばってなくなること。

**さんいん【山陰】**①山の‐かげ（北側）。②中国地方の日本海側の地域。◇対山陽

**さんいん【参院】**参議院の略。対衆院

**さんいん【産院】**産科の病院。

**さんう【山雨】**〔文章語〕山中の雨。山に降る雨。

**ざんえい【残映】**残照。Ⅱなごり。

**さんえん【三猿】**「見ざる・聞かざる・言わざる」を表したサルの像。「―主義」

**サンオイル**〔和製語 sun oil〕化粧品の一。日焼けするため肌に塗る油。

**さんか【三夏】**初夏・仲夏・晩夏の総称。夏の三か月。

**さんか【山家】**〔文章語〕山中にある家。

**さんか【参加】**仲間に入ること。

**さんか【産科】**出産や新生児に関する医学の分野。「―医」

**さんか【惨禍】**いたましい災害。〔戦禍も含める〕

**さんか【傘下】**〔文章語〕支配下。勢力下。

**さんか【酸化】**物質が酸素と化合すること。「―防止剤（作用）」対還元

**さんか【賛歌】**《讃歌》ほめたたえる歌。

**さんが【山河】**山や川。Ⅱ自然。◇さんか。

**さんが【参賀】**皇居へ行き、祝賀の意を表すこと。

**ざんか【残火】**〔文章語〕のこり火。

**ざんか【残花】**〔文章語〕散らずに残った（‐桜の）花。

**さんかい【山海】**山や海。「―の珍味」

**さんかい【参会】**会に参加すること。

**さんかい【散会】**会が終わって人々が別れること。

**さんがい【三界】**〔仏教語〕①欲界《よっかい》・色界《しきかい》・無色界《むしきかい》の三つの世界。②三千世界。

**―に家《いえ》無《な》し** この世に安住の地はない。

**―の首枷《くびかせ》** 人間世界での束縛・苦しみ。「子は―」

**さんがい【惨害】**ひどい損害。いたましい被害。

**ざんがい【残骸】**壊れて残っているもの。

**さんかいき【三回忌】**死後二年目の忌日。三周忌。

**さんかく【三角】**三つの角。

**―関係《かんけい》** 三人の男女の複雑な恋愛関係。

**―関数《かんすう》** 数学で、一つの角によって定まる関数。サイン・コサイン・タンジェント・コタンジェント・セカント・コセカントの六種。

**―巾《きん》** 応急手当て用の三角形の布。さんかっきん。

**―形《けい》** 三つの角をもつ形。

**―州《す》** 河口にできる三角形の砂地。デルタ。

**―錐《すい》** 底面が三角形の角錐。

**―座《ずわ》り** （「さんかくずわり」とも）腰を下ろして両膝を手で抱え込む座り方。〔地方によって「体育座り」「体操座り」とも〕

**―測量《そくりょう》** 地上の三地点を頂点として測量する方法。

**―点《てん》** 三角測量の基準点（‐の標識）。

**さんかく【参画】**計画（‐の相談）に参加すること。「男女共同―」

**さんがく【山岳】**（高く険しい）山。「―民族」

**さんがく【産学】**産業界と研究・教育機関。「―協同」

**ざんがく【残額】**残りの‐金額（数量）。

**さんかた【三方】**三人の尊敬語。「お―」

**さんがつ【三月】**年の三番目の月。弥生《やよい》。

**さんがにち【三が日・三箇日】**元日から一月三日までの三日間。

**さんかめいちゅう【三化螟虫】**ガの幼虫の一。稲の害虫。ずいむし。

**さんかん【三冠】**賞を三つとること。

**―王《おう》** 三部の首位を独占した人。特に野球で、首位打者・打点王・ホームラン王を独占した人。

**―馬《ば》** 競馬で、さつき賞・日本ダービー・菊花賞のレース全部に優勝した馬。

**さんかん【山間】** 山の中。山と山の間。
**さんかん【参看】**〔文章語〕参照。
**さんかん【参観】** その場所に行って見ること。「授業―」
**ざんかん【残寒】**〔文章語〕余寒《よかん》。
**さんかんしおん【三寒四温】** 冬、三日間ぐらい寒いと次の四日間ぐらいは温かいことが繰り返される気候。
**さんき【山気】**〔文章語〕山中のひえびえとした空気。
**さんぎ【算木】** 和算や占いに使う四角い棒。
**ざんき【慙愧】**〔文章語〕悔やみ恥じること。「―に堪えない」
**さんぎいん【参議院】** 日本の国会を構成する二院の一。〔もうひとつは、衆議院〕
**ざんぎく【残菊】** 秋の末まで咲き残った菊。
**さんきゃく【三脚】**（カメラなどをのせる）三本足の台。
**ざんぎゃく【残虐】** むごたらしく扱うこと。類残酷
**さんきゅう【産休】** 出産前後にとる有給休暇。出産休暇の略。
**サンキュー**〔Thank you.〕ありがとう。
**さんきょ【山居】**〔文章語〕山中｜に住むこと（の住まい）。
**さんきょう【山峡】** 山と山の間。やまかい。
**さんぎょう【産業】** 生産および生産物の提供を行う事業。
**―医《い》** 職場で労働者の健康管理に当たる医者。
**―革命《かくめい》** 手工業から機械工業への産業上の大改革。〔一八世紀末にイギリスから起こった〕
**―財産権《ざいさんけん》** 特許権・実用新案権・商標権・意匠権の総称。
**―資本《しほん》** 商品の生産に投下される資本。
**―スパイ** 企業の秘密の情報を探るスパイ。
**―廃棄物《はいきぶつ》** 工業製品などを作った後にでる不要物。廃油・木くず・汚泥など。
**さんぎょう【賛仰】**《讃仰》（「さんごう」とも）聖人や偉人の徳をあがめること。
**ざんきょう【残響】** 音が鳴りやんだ後も残るひびき。
**ざんぎょう【残業】** 規定時間後も仕事をすること。その仕事。超過勤務。
**さんきょく【三曲】** 琴・三味線と尺八または胡弓《こきゅう》（―の合奏）。
**ざんぎり【散切り】** 明治初期に流行した男の髪形。「―頭」
**さんきん【産金】** 金の｜産出（生産）。「―高」
**ざんきん【残金】** ①残りのお金。②未払いのお金。◇類残額
**さんく【惨苦】** ひどい（つらい）苦しみ。
**さんぐう【参宮】**（伊勢）神宮に参拝すること。
**サンクチュアリ**〔sanctuary〕聖域。動物の保護地区。「バード―」
**サングラス**〔sunglasses〕直射日光よけの、色付きレンズの眼鏡。
**サングリア**〔スペイン語 sangría〕赤ワインに果汁などを加えた飲み物。
**さんぐん【三軍】** ①陸軍・海軍・空軍の総称。②全軍。
**さんけ【産気】** 出産しそうなけはい。「―づく」
**さんげ【散華】** ①戦死を美化していう語。②〔文章語〕法会《ほうえ》で読経の行列に紙の花びらをまくこと。
**ざんげ【懺悔】** 過去の罪を告白し、悔い改めること。
**さんけい【三景】** 最も景色のよい三か所。〔日本三景は、松島・天の橋立・厳島《いつくしま》〕
**さんけい【山系】** いくつもの山脈の大規模な｜まとまり（連なり）。「ヒマラヤ―」
**さんけい【参詣】** 神仏におまいりすること。
**さんげき【惨劇】** むごたらしい出来事。
**さんけつ【酸欠】** 酸素欠乏の略。空気中の酸素が不足すること。「―事故」
**ざんけつ【残欠】**《残闕》一部が欠けて不完全な｜もの（こと）。
**ざんげつ【残月】**〔文章語〕ありあけの月。名残の月。残んの月。
**さんけん【三権】** 立法権・司法権・行政権。「―分立」
**さんけん【散見】** あちこちに少しずつ見えること。
**さんげん【三弦】**《三絃》①三味線。②雅楽で、三種の弦楽器。琵琶《びわ》・箏《そう》・和琴《わごん》。

**ざんげん【譏言】**〔文章語〕人を陥れようとして、目上の人に事実を曲げて悪く言うこと。

**さんげんしょく【三原色】** すべての色を作り出すもととなる三つの色。光では赤・緑・青、絵の具やインクでは赤紫（マゼンダ）・黄・青緑（シアン）。

**さんご【珊瑚】** 腔腸《こうちょう》動物の一。石灰質の骨格が海底で樹木のような形を作る。その骨格は装飾用。

**―礁《しょう》** サンゴの骨格などからなる岩礁。

**さんご【産後】** 出産したあと。対産前

**さんこう【鑽孔】** 穴をあけること。

**さんこう【山行】**〔文章語〕登山に行くこと。

**さんこう【参考】** 考えをまとめる（学習や研究の）手助けにすること。また、そのもの。「―文献」

**―人《にん》** ①被疑者以外で、取り調べを受ける人。②国会の委員会で、意見を求められる人。

**さんこう【散光】** 散乱した光。また、光の方向が一定でないため影のできない光。

**さんごう【山号】** 寺院の名称の上につける称号。〔比叡山延暦寺の比叡山など〕

**ざんこう【残光】**〔文章語〕日没後の弱い日光。

**ざんこう【残香】**〔文章語〕のこり香《が》。

**ざんごう【塹壕】** 歩兵の守備線などに掘った防御用のみぞ。

**さんごく【三国】** ①三つの国。②日本・中国・インドの称。Ⅱ全世界。「―一《いち》」③中国の魏《ぎ》・呉《ご》・蜀《しょく》の称。「―時代」

**ざんこく【残酷】**《惨酷》むごたらしいこと。残忍。

**さんこつ【散骨】** 遺骨を細かく砕いて海や山にまく葬り方。

**さんこのれい【三顧の礼】**〔文章語〕（目上の人が）何回も訪問して礼をつくして頼むこと。「―をもって迎える」

**ざんこん【残痕】** 残っているあと。

**さんさ【三佐】** 自衛隊の階級の一。〔旧軍隊の少佐〕

**ざんさ【残渣】**〔文章語〕残りかす。類残滓《ざんし》

**さんさい【山妻】**〔文章語〕「自分の妻」の謙称。

**さんさい【山菜】** 山にはえる植物で食用になるもの。ワラビ・ゼンマイなど。

**さんさい【山塞・山砦】** ①山中のとりで。②山賊のすみか。

**さんざい【散在】** あちこちにあること。

**さんざい【散剤】** こなぐすり。散薬。

**さんざい【散財】**（むだに）お金をたくさん使うこと。

**ざんさい【残債】** 残っている負債。

**ざんざい【斬罪】** 打ち首。

**さんさく【散策】** 散歩。

**さんざし【山査子】** 春、ウメの花に似た花が咲く木。実は薬用。

**さんさしんけい【三叉神経】** 脳神経の一。顔面の感覚などを支配。

**ざんさつ【惨殺】** むごたらしく殺すこと。

**ざんさつ【斬殺】** 切り殺すこと。

**さんざめく** にぎやかに騒ぐ。さざめく。

**さんさろ【三叉路】** 三方向に分かれている所。

**さんさん【潸々】**〔文章語〕①涙が流れるようす。②雨が降るようす。

**さんさん【燦々】**（太陽の光が）照り輝くようす。

**さんざん【散々】** ①ひどい目にあうようす。②程度がはなはだしいようす。

**さんさんくど【三々九度】** 和風の結婚式で新郎新婦が杯をくみかわす儀式。

**さんさんごご【三々五々】** 人が数人ずつまとまって（―歩いて）いるようす。

**さんし【三士】** 自衛隊の階級の一。〔旧軍隊の二等兵〕

**さんし【蚕糸】** ①生糸。②養蚕と製糸。

**さんじ【三次】** 三回目。「―試験」

**―産業《さんぎょう》** 第三次産業。

**さんじ【三時】** 午後三時ごろのおやつ。「お―」

**さんじ【参事】** ある事務に参与する一人（職）。「―官」

**さんじ【産児】** 生まれる子。また、生まれたばかりの子。

**―制限《せいげん》** 人口抑制や母体保護のため、人為的に出産を制限すること。

**さんじ【惨事】** むごたらしい出来事。

**さんじ【賛辞】**《讃辞》ほめたたえる言葉。「―を呈する」

**ざんし【残滓】**〔文章語〕残りかす。ざんさい。

**ざんし【惨死】** むごたらしい死に方。

**ざんし【慙死】**《慚死》〔文章語〕恥じて死ぬこと。死ぬほど恥じること。愧死《きし》。
**ざんじ【暫時】**しばらく。少しの間。
**さんじげん【三次元】**縦・横・高さの三つの次元をもつこと。空間の広がり。
**さんしすいめい【山紫水明】**〔文章語〕景色の美しいこと。
**さんした【三下】**三下奴《やっこ》の略。
**—奴《やっこ》** いちばん下っぱのばくち打ち〔職人〕。
**さんしちにち【三七日】** 二一日間。二一日目。特に、死後二一日目の法要。
**さんしつ【産室】**出産するための部屋。
**ざんじつ【残日】** ①沈もうとしている太陽。入り日。②残りの日々。「—録」
**さんしのれい【三枝の礼】**親を敬うことが大切だということ。〔ハトは親鳥がとまっている枝から三本下の枝にとまるということから〕
**さんしゃ【三者】**三人。三つのもの。
**—面談《めんだん》** 学校教育で、教師・生徒・保護者の三者で行う面談。
**さんしゃく【参酌】** 斟酌《しんしゃく》。
**さんじゃく【三尺】**へこ帯。三尺帯。
**—下《さ》がって師《し》の影《かげ》を踏《ふ》まず** 弟子は先生を尊敬し礼儀を忘れてはならない。
**さんしゅ【三種】**三つの種類。
**—の神器《じんぎ》** 皇位のしるしとして伝えられている鏡・玉・剣の三種の宝。Ⅱ三種の貴重なもの。
**さんじゅ【傘寿】** 八〇歳（—の祝い）。〔傘の略字「仐」が八十と読めることから〕
**ざんしゅ【斬首】**〔文章語〕首を切ること。切った首。
**さんしゅう【三秋】** 〔文章語〕①三年。②初秋・仲秋・晩秋の総称。秋の三か月。
**さんしゅう【参集】**集まってくること。
**さんじゅう【三重】**三つ重なること。
**—唱《しょう》** 三人が異なる声音部をうけもつ合唱。トリオ。
**—奏《そう》** 三種の楽器による合奏。トリオ。
**さんしゅうき【三周忌】**三回忌。
**さんじゅうさんしょ【三十三所】** 西国《さいこく》三十三所。さんじゅうさんかしょ。
**さんじゅうろっけいにぐるにしかず【三十六計逃ぐるにしかず】** 面倒なときは逃げるのがいちばんである。
**さんしゅつ【産出】**産物を出すこと。
**さんしゅつ【算出】** 計算して数値を出すこと。「費用を—する」
**さんじゅつ【算術】** ①計算の方法。②算数の旧称。
**—平均《へいきん》** 相加平均。
**さんしゅん【三春】** 初春・仲春・晩春の総称。春の三か月。
**さんしょ【産所】**産室。
**さんじょ【賛助】** 趣旨に賛成し助けること。「—会員」
**ざんしょ【残暑】** 立秋を過ぎても残る暑さ。
**さんしょう【三唱】** 三回となえること。「万歳—」
**さんしょう【山椒】** ミカン科の落葉低木。実は薬用・香辛料。若葉は木の芽とよび、食用。さんしょ。
**—魚《うお》** イモリに似た両生類の総称。はんざき。
**—は小粒《こつぶ》でもぴりりと辛《から》い** 小さくてもしっかりしている。
**さんしょう【参照】** 他のものと照らしあわせること。
**さんじょう【山上】**山のうえ。
**さんじょう【参上】** 目上の人のところに行くこと。
**さんじょう【惨状】**むごたらしい状態。
**ざんしょう【残照】** 日没後も残っている夕日の光。
**さんしょく【三食】**朝食・昼食・夕食。
**さんしょく【山色】**山の景色（色）。
**さんしょく【蚕食】** 他の領域を少しずつ侵していくこと。「領土を—する」
**さんじょく【産褥】** 出産のための寝床《ねどこ》。
**—期《き》** 出産後、母体回復までの期間。
**—熱《ねつ》** 産褥期に産婦が発熱する病気。
**さんじる【参じる】** ①参上する。②参禅する。③参加する。
**さんじる【散じる】** ①散らす。なくす。「気を—」②散る。なくなる。
**さんしん【三振】**野球で、打者が三度ストライクをとられてアウトになること。
**さんしん【三線】** 三味線に似た沖縄の楽器。蛇皮線《じゃびせん》。
**さんじん【山人】** 雅号に添える語。「紅葉—」〔山中に隠棲する人の意〕

**さんじん【散人】** 雅号に添える語。「荷風―」〔世事から離れた暇な人の意〕

**ざんしん【残心】** 武道で、動作の終了後も精神を集中して構えること。

**ざんしん【斬新】** (考えや趣向が)とても目新しいようす。「―な発想」

**さんしんとう【三親等】** 親族で、三番目に近い関係。おじ・おば・おい・めいなど。三等親。

**さんすい【山水】** ①山と川。自然の景色。②山水画。③築山と池のある庭園。

**―画《が》** 山水の景色を描いた東洋画。

**さんすい【散水・撒水】** 水をまくこと。「―車」〔「撒水《さっすい》」の慣用読みから〕

**さんずい** 漢字の部首の一。泳・海などの「氵」。Ⅱ〔俗語〕汚職《おしょく》。〔汚の偏から〕

**さんすう【算数】** ①計算。②小学校の教科の一。

**さんすくみ【三竦み】** 三者が牽制しあって、だれも動きがとれないこと。

**サンスクリット**〔Sanskrit〕 古代インド語。梵語《ぼんご》。

**さんずのかわ【三途の川】** 死後あの世に行くとき渡るという川。

**さんする【産する】** ①生まれる。産出される。②生む。生産する。

**さんずる【参ずる】** 参じる。

**さんずる【散ずる】** 散じる。

**さんずん【三寸】** 短い(薄い)ことのたとえ。「舌先―」

**さんぜ【三世】** ①〔仏教語〕前世・現世・来世。②親・子・孫の三代。

**―の縁《えん》** 主従の深いつながり。

**さんせい【三省】**〔文章語〕日に何度も反省すること。

**さんせい【三聖】** 三人の聖人。釈迦《しゃか》・孔子《こうし》・キリスト。Ⅱその分野で最もすぐれた三人。

**さんせい【参政】** 政治に参加すること。

**―権《けん》** 国民が政治に参加する権利。選挙権や被選挙権。

**さんせい【産生】** 生み出すこと。特に、体内である成分や熱をつくること。

**さんせい【酸性】** 酸の示す性質。〔青色リトマス紙を赤変するなど〕対アルカリ性

**―雨《う》** 酸性の強い雨。〔生態系に影響を与える〕

**―紙《し》** 洋紙の一。〔長期の保存に不適〕対中性紙

**さんせい【賛成】** 同意すること。「―を得る」対反対

**さんせき【山積】** ①うずたかく積もること。②数多くたまること。

**さんせだい【三世代】** 親・子・孫の三つの世代。「―同居」

**ざんせつ【残雪】** (春になっても)とけ残った雪。

**サンセット**〔sunset〕 日没。Ⅱ物事や人生の終わり。

**サンセリフ**〔sans serif〕 欧文活字のタイプの一。〔Aなどに対してひげ飾り(＝セリフ)のない**A**などの字〕

**さんせん【三遷】** ⇩孟母《もうぼ》三遷

**さんせん【山川】**〔文章語〕山と川。「―草木《そうもく》」

**さんせん【参戦】** 戦いに参加すること。

**さんぜん【参禅】**〔仏教語〕禅を学ぶこと。座禅をすること。

**さんぜん【産前】** 出産前。対産後

**さんぜん【燦然】** あざやかに輝くようす。

**さんぜんせかい【三千世界】**〔仏教語〕全世界。

**さんそ【酸素】** 元素の一。無色・無臭の気体。空気の体積の五分の一。記号O

**―吸入《きゅうにゅう》** 濃い酸素を吸わせること。〔呼吸困難のときなど〕

**―呼吸《こきゅう》** 酸素を必要とする呼吸。対無気呼吸

**ざんそ【讒訴】** 人を陥れるために告げ口をすること。

**さんそう【三曹】** 自衛隊の階級の一。〔旧軍隊の伍長《ごちょう》〕

**さんそう【山荘】** 山の中の別荘。

**さんそう【山相】** 山のすがた。山容。

**ざんぞう【残像】** 視覚で、刺激が消えたあともしばらく残って見える―こと(像)。

**さんぞく【山賊】** 山中で人をおそう盗賊。

**さんそん【山村】** 山の中にある村。

**―留学《りゅうがく》** 小・中学生が一定期間親元を離れ、山村で生活すること。

**さんぞん【三尊】** 中心になる仏と夾侍《きょうじ》(＝両わきの仏)の総称。「阿弥陀―」

**ざんそん【残存】** 残っていること。ざんぞん。

**サンタ**〔ポルトガル語 santa〕 ①サンタクロース。

②聖。「—マリア（=聖母マリア）」
**—クロース**［Santa Claus］ クリスマス前夜に、子供に贈り物をするという伝説の人。
**サンダーバード**［thunderbird］ アメリカインディアンの伝説で、雷鳴・雷光を招くとされる鳥。
**さんたい【三体】** ①三つの形体。②書道で、真書（=楷書《かいしょ》）・行書・草書。
**さんだい【参内】** 宮中に参上すること。
**さんだいばなし【三題噺・—咄】** 三つの題を（—その場で）まとめ、ひとつの落語にしたもの。
**ざんだか【残高】** 差し引いて残った金額。
**さんたく【三択】** 三者択一の略。「—問題」
**さんだつ【簒奪】** 〔文章語〕帝王の位をうばうこと。
**さんだらぼっち** さんだわら。
**さんたる【燦たる】** 〔文章語〕輝かしい。
**サンダル**［sandal］ はきものの一。
**さんだわら【桟俵】** 米俵の両端に当てるわらのふた。さんだらぼっち。さんだらぼうし。
**さんたん【三嘆】**《三歎》〔文章語〕非常に感心すること。「一読—」
**さんたん【惨憺・惨澹】** ①痛ましくて、見るにたえないようす。②「苦心—（=非常に苦労すること）」
**さんたん【賛嘆】**《讃歎》 感心してほめること。類賞賛
**さんだん【散弾】**《霰弾》 発射すると小さなたまに散らばって飛ぶ弾丸。「—銃」
**さんだん【算段】** 工夫すること。工面。「やりくり—」
**さんだんがまえ【三段構え】** 支障に備え、あらかじめ三段階の準備をすること。
**さんだんとび【三段跳び】** 陸上競技で、フィールド競技の一。片足で踏み切って三回飛んだ距離を競う。
**さんだんろんぽう【三段論法】** 大前提と小前提から結論を導き出す推論の形式。
**さんち【山地】** 山の—中の（多い）土地。対平地
**さんち【産地】** 品物がうみだされる土地。「—直送」Ⅱ〔俗語〕出生地。
**さんちゃんのうぎょう【三ちゃん農業】** 〔俗語〕女性と老人が主な担い手となる農業。〔三ちゃんは、かあちゃん・じいちゃん・ばあちゃん〕
**サンチュ**《千金菜》［朝鮮語 sanchu］ 朝鮮野菜で、チシャの一。〔焼き肉を包んで食べる〕
**さんちゅう【山中】** 山の中。
**—暦日《れきじつ》なし** 俗世間を離れていると歳月のたつのも忘れる。
**さんちょう【山頂】** 山の頂上。
**さんちょく【産直】** 生鮮食料品の生産者と消費者が直接取り引きすること。産地直送。産地直結。
**さんてい【算定】** 計算して確定すること。
**ざんてい【暫定】** 仮の措置として一時的に決めること。
**—予算《よさん》** 新会計年度に入っても予算が成立しない場合、暫定的に実行される予算。
**サンデー**［sundae］ アイスクリームに果物やチョコレートをのせたもの。「バナナ—」
**サンデー**［Sunday］ 日曜。〔Sun. と略す〕
**サンデッキ**［sun deck］ 日光浴のできる、バルコニーや船の甲板。
**さんてん【山巓】** 〔文章語〕山頂。
**さんでん【参殿】** 御殿や神殿に参上すること。
**さんど【三度】**
**—三度《さんど》** 三回ずつ。「—の食事（=毎日食べる食事）」
**—の飯《めし》より** 何よりも。「—好き」
**—目《め》の正直《しょうじき》** 占いや勝負で、三回目にはうまくいくこと。
**さんど【酸度】** ①酸性の度合い。②塩基一分子中の水酸基の数。
**サンド** サンドイッチ。「ハム—」
**サンド**［sand］ 砂。
**—ウエッジ**［sand wedge］ ゴルフクラブの一。バンカーからの打球用。
**—バッグ**［sandbag］ ボクシングで、打撃練習に使う砂袋。Ⅱ一方的に非難される人。
**—ペーパー**［sandpaper］ 紙やすり。
**サンドイッチ**［sandwich］ 食パンの間にハムや野菜をはさんだ食品。Ⅱ両側から挟まれること。「—になる」
**—マン**［sandwich man］ 体の前後に広告板を下げて歩く人。
**さんとう【三冬】** 初冬・仲冬・晩冬の総

称。冬の三か月。
**さんとう【三等】**（等級・順位の）三番。「—賞」
**—親《しん》** さんしんとう。
**さんどう【山道】** やまみち。
**さんどう【参堂】** ①寺社（—の堂）に参ること。②他家を訪問することの謙譲語。
**さんどう【参道】** 寺社に参拝するための道路。
**さんどう【桟道】** ①がけに沿って板や丸太で造った道。②かけはし。
**さんどう【産道】** 分娩時に胎児が通る母体内のみち。
**さんどう【賛同】** 賛成・同意すること。「—を求める」
**ざんとう【残党】** 戦いに敗れ、その際に討ちもらされた一味。
**さんとうさい【山東菜】** ハクサイの一。さんとうな。〔中国山東省原産〕
**さんとうせいじ【三頭政治】** 有力な三人が協力して行う政治。
**さんとして【燦として】** 輝かしく。
**サントラ** サウンドトラックの略。
**さんない【山内】** ①山の中。②寺の境内。
**さんにゅう【参入】** 加わること。入ること。「新規—」
**さんにゅう【算入】** 計算にいれること。
**ざんにゅう【竄入】**〔文章語〕①逃げ込むこと。②誤ってまぎれこむこと。
**ざんにょう【残尿】** 排尿後も膀胱《ぼうこう》内に残っている尿。「—感」
**さんにん【三人】**
**—官女《かんじょ》** 三人の女官の姿のひな人形。
**—称《しょう》** 文法で人称の一。話し手・聞き手以外の人やものをさす。第三人称。他称。〔「彼・あれ」など〕
**—寄《よ》れば文殊《もんじゅ》の知恵《ちえ》** 三人集まって考えればよい知恵が浮かぶ。
**ざんにん【残忍】** むごたらしいことを平気ですること。類残酷
**さんぬる【去んぬる】**〔文章語〕去る。「—五日」
**ざんねい【讒佞】**〔文章語〕目上の人にへつらい、他人を陥れる—こと（人）。
**ざんねん【残念】** ①満足できず心残りなようす。②くやしい。
**さんねんき【三年忌】** 三回忌。
**さんのぜん【三の膳】** 正式の日本料理で、二の膳の次に出す料理。
**さんのとり【三の酉】** 一一月の三番目の酉の—日（市）。〔俗に三の酉のある年は火事が多いという〕
**さんのまる【三の丸】** 城の二の丸を囲む外郭。
**さんば【産婆】** 助産婦。
**—役《やく》**（表面に出ず）新しいものをうみだすのを助ける人。
**サンバ**〔ポルトガル語 samba〕ブラジル起源のテンポの速い—ダンス（音楽）。
**さんぱい【三拝】** 三回拝礼すること。
**—九拝《きゅうはい》** ①何回も繰り返して頼むこと。②手紙で、深い敬意を表す結語。
**さんぱい【参拝】** 寺社にお参りすること。
**さんぱい【産廃】** 産業廃棄物。
**さんぱい【酸敗】** 油脂が劣化すること。不快なにおい・味を生じる。Ⅱ食べ物がくさってすっぱくなること。
**ざんぱい【惨敗】** ひどい負け方をすること。
**サンバイザー**〔sun visor〕①自動車の遮光板。②ひさしだけの帽子。アイシェード。
**さんばいず【三杯酢】** 二杯酢に—砂糖（みりん）をまぜた調味料。
**さんばがらす【三羽烏】** 三人のすぐれた—人（部下・門弟）。
**さんぱくがん【三白眼】** 黒目が上に寄り、左右と下が白目の目。〔人相学上は凶相〕
**さんばし【桟橋】** ①港で、岸からつき出した構造物。船を横づけにする。②工事現場で、上り下りするための板の足場。
**さんばそう【三番叟】** ①能楽「翁《おきな》」で、三番目に出る老人（—の舞）。②歌舞伎で、三番叟①をとり入れて舞踊化したもの。
**さんぱつ【散発】** まばらに—出る（起こる）こと。「事件が—する」
**さんぱつ【散髪】** 頭髪を刈り整えること。
**ざんばらがみ【ざんばら髪】** 振り乱した髪。
**さんばん【三バン】**〔俗語〕選挙で、地盤・看板・かばん（=資金）。
**ざんぱん【残飯】** 食べ残しの—ご飯（料理）。
**さんはんきかん【三半規管】** 耳の中にある器官。平衡感覚をつかさどる。
**さんび【酸鼻】**〔文章語〕とてもむごたらしいこと。

**さんび【賛美】**《讃美》ほめたたえること。
**—歌《か》** キリスト教で、神をたたえる歌。
**さんぴ【賛否】** 賛成と不賛成。可否。
**さんびゃくだいげん【三百代言】** ①弁護士をののしって言う語。②詭弁《きべん》を弄する—こと（人）。
**さんぴょう【散票】** 選挙で、票が多くの候補者に散らばること。
**さんびょうし【三拍子】** 音楽で、三拍が一単位となる拍子。
**—揃《ぞろ》う** 三つの基本的な条件がそろう。
**さんピン【三一】** ①身分の低い侍や若党を卑しめて言った語。②さいころで、三と一の目がそろうこと。◇〔サンピンとも書く〕
**ざんぴん【残品】** 売れ残った品物。
**さんぶ【三部】** ①三つの部分。②第三部。
**—合唱《がっしょう》** 三つの声部でする合唱。
**さんぷ【産婦】** 出産前後の女性。
**さんぷ【散布・撒布】** 振りまくこと。「—剤《ざい》」〔「撒布《さっぷ》」の慣用読みから〕
**ざんぶ** ざぶん。
**ざんぶ【残部】** 残っている—部分（品物・部数）。
**さんぷく【山腹】** 山のふもとと頂上の間。
**さんぷくつい【三幅対】** 三幅で一組の掛け物。Ⅱ三つでひとそろいのもの。
**さんふじんか【産婦人科】** 産科と婦人科。
**さんぶつ【産物】** その土地でできるもの。Ⅱ結果として生じるもの。「努力の—」
**サンプリング［sampling］** 見本を抜き出すこと。
**—調査《ちょうさ》** 統計的調査方法の一。母集団から抽出した資料を調査することによって、母集団全体を推測する。
**サンプル［sample］** 見本。標本。
**さんぶん【散文】** 語数や韻律の制限のない、ふつうの文章。㊊韻文
**—詩《し》** 散文形式の詩。
**—的《てき》** ①散文らしいようす。②趣のないようす。◇㊊詩的
**さんべつ【産別】** 産業別の略。
**ざんぺん【残片】** 残った—かけら（切れ端）。
**サンボ［ロシア語 sambo］** ロシアの格闘技。
**さんぽ【散歩】** 気分転換や健康のためにぶらぶら歩くこと。散策。
**さんぼう【三方】** ①三つの方向。さんぽう。②儀式などに使う白木の台。〔三方に穴がある〕
**さんぼう【三宝】**〔仏教語〕三つの尊いもの。仏・法・僧。
**—良《よ》し** 近江商人の心得である「売り手よし、買い手よし、世間よし」。
**さんぼう【参謀】** 作戦・用兵などの計画・指導を行う将校。Ⅱ策略を立てる人。
**さんぽう【算法】** 計算の方法。算術。
**ざんぼう【讒謗】** そしること。「罵詈《ばり》—」
**ざんぽん【残本】** 売れ残った本。
**さんぼんじろ【三盆白】** 上等の白砂糖。三盆。
**さんま【秋刀魚】** 海産魚の一。食用。
**さんまい【三枚】**
**—におろす** 魚の背骨を中心に両側の身を切り離す。
**—肉《にく》** ばら肉。
**—目《め》** こっけいな—役をする俳優（役まわりになる人）。〔歌舞伎の番付で三番目に書かれたことから〕㊊二枚目
**さんまい【三昧】**〔仏教語〕精神を集中させ、乱さないこと。
**さんまい【産米】** 生産した米。とれた米。
**さんまい【散米】** 祭事のとき、神前にまき散らす米。
**ざんまい【三昧】** 熱中すること。したい放題。「読書（ぜいたく）—」
**さんまん【散漫】** 集中せずまとまりのないようす。「注意—・—な文章」
**さんみ【三位】** ①位階の第三位。正三位・従《じゅ》三位。②キリスト教で、父なる神とキリストと聖霊。
**—一体《いったい》** ①三位②はひとつのものであるという説。②三つのものがひとつのものに統一されること。
**さんみ【酸味】** すっぱいあじ。
**さんみゃく【山脈】** 山々の連なり。
**ざんむ【残務】** やり残した仕事。「—整理」
**ざんむ【残夢】**〔文章語〕目ざめても心に残る夢。見果てぬ夢。
**さんめん【三面】** ①三つの面。②新聞の社会面。「—記事」〔新聞が四ページだった時代の言い方から〕
**—六臂《ろっぴ》** 顔が三つ、腕が六本あること。Ⅱ一人で何人分も活躍すること。
**さんもん【三文】** わずかなお金。Ⅱつまらないもの。「—小説（文士）」
**—判《ばん》** できあいの安い印鑑。

**さんもん【山門】** ①寺院の門。②延暦寺の別称。対寺門
**さんや【山野】** 山や野原。
**—草《そう》** 野生の草花。
**さんやく【三役】** ①相撲で、大関・関脇・小結。②団体・組織の重要な三つの役職。
**さんやく【散薬】** こなぐすり。散剤。
**さんゆ【産油】** 石油を生産すること。「—国」
**さんよ【参与】** ①加わりかかわること。②学識や経験のある人が仕事に加わるときの役職名。
**—員《いん》** 家事審判に立ち合い、意見を述べる任務の人。
**ざんよ【残余】** 〔文章語〕あまり。のこり。
**さんよう【山容】** 山の姿かたち。
**さんよう【山陽】** ①山の南側。②中国地方の瀬戸内海側の地域。◇対山陰
**さんよう【算用】** 勘定。見積もり。「胸—《むなざんよう》」
**—数字《すうじ》** アラビア数字。〔1, 2, 3…〕
**さんようちゅう【三葉虫】** 化石動物の一。古代の節足動物。
**さんらく【惨落】** 相場が暴落すること。
**さんらん【産卵】** たまごをうむこと。
**さんらん【散乱】** 乱れてちらばること。
**さんらん【燦爛】** 〔文章語〕光り輝くようす。はなやかなようす。
**さんり【三里】** 灸点《きゅうてん》の一。ひざがしらの下の、外側のくぼんだところ。
**さんりく【三陸】** 陸前（＝宮城県）・陸中（＝岩手県）・陸奥《むつ》（＝青森県）の総称。
**さんりつ【簒立】** 〔文章語〕臣下が君位を奪うこと。
**さんりゅう【三流】** 二流よりもさらに下。
**ざんりゅう【残留】** 残りとどまること。あとに残ること。「—孤児」
**さんりょう【山陵】** ①山と丘。②みささぎ。
**さんりょう【山稜】** 尾根《おね》。
**さんりょう【産量】** 生産量。
**ざんりょう【残量】** 残った量。
**さんりょうきょう【三稜鏡】** プリズム。
**さんりん【山林】** ①山と林。②山にある林。対平地林
**さんりんぼう【三隣亡】** 俗信で、建築を忌む凶日。
**さんるい【三塁】** 野球で、二塁の次の塁。また、三塁手。サード（—ベース）。
**—手《しゅ》** 三塁を守る選手。サード。
**ざんるい【残塁】** ①野球で、攻撃が終わったときに走者が塁に残っていること。②〔文章語〕残ったとりで。
**サンルーフ**［sunroof］ 自動車の、開閉できる天窓付き屋根。
**サンルーム**［sunroom］ 十分日光が入るように作られたガラス張りの部屋。
**さんれい【山霊】** 山の神。山の精。
**さんれつ【参列】** 儀式に列席すること。
**さんれん【三連】** 三回続くこと。「—音符・—（＝三重の）ネックレス」
**さんろう【参籠】** 寺社にこもって祈願すること。おこもり。
**さんろく【山麓】** 山のふもと。
**さんわおん【三和音】** 和音の一。ひとつの音に三度と五度の音を重ねたもの。

# し

**し【至】** …まで。「—東京（一〇時）」対自
**し【糸】** 数の単位の一。一の一万分の一。
**し【址】** （建物などの）あと。「住居—」
**し【姉】** 〔文章語〕（同輩以上の）女性の名に添える敬称。「小川花子—」
**し【紙】** ①かみ。「印画—」②新聞。「全国—」
**し【誌】** ①雑誌。「週刊—」②記録したもの。「植物—」
**し【士】** ①武士。②（立派な）男。「同好の—」③有資格者。「栄養—」
**し【子】** ①孔子。「—曰《い》わく」②子爵。③〔文章語〕同輩以下の男を呼ぶ称。きみ。④人。「編集—」⑤小さなもの。「遺伝—」⑥碁石を数える語。
**し【氏】** ①三人称の一。②人の名前に添える敬称。「鈴木—」③人《にん》の尊敬語。「三—」④その氏族の出身であることを表す。「藤原—」
**し【市】** 地方公共団体の一。人口五万以上。
**し【四】** 数の名。
**し【死】** ①死ぬこと。対生 Ⅱ静かでぶきみなこと。「—の山」②野球で、アウト。「二—満塁」
**—を賜《たまわ》る** 自殺を命じられる。

―を賭《と》す 物事に命をかける。

し【私】個人のこと。わたくし。対公

し【師】①教え導く人。先生。②その業を専門とする人。「調理―」③宗教家や芸人の名に添える敬称。

し【詞】①歌詞。対曲 ②文法で、自立語。対辞

し【詩】文学作品の一。ポエム。「自由―」

し【資】〔文章語〕①資金。元手。②資料。③生まれつき。素質。

シ［イタリア語 si］①階名の一。長音階の第七音。②音名の一。

じ【自】①自分。対他 ②…から。「―一大阪（一〇時）」対至《し》

じ【地】①地面。大地。②その土地。「―の人」③生地。下地。④本性。「―が出る」⑤囲碁で、石で囲んだ領地。⑥地の文。〔引用文・会話文に対して〕

―で行《い》く ①ありのままにふるまう。②実際に行う。「小説を―」

じ【字】①文字。②筆跡。「―がへた」

じ【持】〔囲碁や歌合わせで〕引き分け。

じ【痔】肛門《こうもん》部の病気。痔疾《じしつ》。「いぼ―」〔「ぢ」とも書かれる〕

じ【辞】①〔あいさつの〕言葉。「開会の―」②漢文の文体の一。③文法で、付属語。対詞

―を低《ひく》くする 謙遜《けんそん》した言い方をする。＝へりくだる。

しあい【試合】《仕合》技を競い勝負を争うこと。

じあい【自愛】①自身の体を大切にすること。〔手紙文で使う〕②利己。対他愛

じあい【地合い】①布地の質。地質《じしつ》。②相場のようす。③碁で、双方の地のつりあい。

じあい【慈愛】いつくしみ愛すること。

しあがり【仕上がり】できあがり〔―具合〕。「―がいい」

しあがる【仕上がる】完成する。

しあげ【仕上げ】①しあがり。②最後の工程。「―にかかる」

じあげ【地上げ・地揚げ】①再開発用に土地を買収・整理すること。②土盛りして土地を高くすること。

しあげる【仕上げる】完成させる。

しあさって《明明後日》あさっての翌日。

ジアスターゼ［ドイツ語 Diastase］アミラーゼ。

シアター［theater］劇場。

じあたま【地頭】①かつらなどをつけていない頭。②〔俗語〕生来の思考力。

しあつ【指圧】手のひら・指で体をおすこと。「――療法（師）」

じあまり【字余り】和歌・俳句で、規定の字数をこえること。

しあわせ 一【幸せ】幸福。幸運。「―な気分」対不幸せ 二【仕合わせ】めぐりあわせ。「ありがたき―」

しあん【私案】個人的な案。

しあん【思案】①いろいろと考えること。②心配。「―顔」

―投《な》げ首《くび》 名案が浮かばず困りきること。

しあん【試案】試みに作った案。対成案

シアン［オランダ語 cyaan］①有毒ガスの一。青素。「―化カリウム（＝青酸カリ）」②青緑色。

じあん【事案】問題になっている事柄。

しい【椎】常緑樹の一。材は建築用。

しい【四囲】〔文章語〕周囲。

しい【思惟】深く考えること。しゆい。

しい【恣意】勝手気ままな考え。

じい【爺】じいや。

じい【示威】勢力を示すこと。しい。「―運動（＝デモンストレーション）」

じい【自慰】①手などで性器を刺激してひとりで性的快感を得ること。オナニー。手淫。マスターベーション。②自分で自分を慰めること。「―的」

じい【次位】つぎの―位（地位）。

じい【侍医】身分の高い人のお抱えの医者。

じい【辞意】辞職・辞退の意向。「―をもらす」

シーアは【―派】イスラム教の一派。

しいか【詩歌】①韻文の総称。②漢詩と和歌。◇〔「しか」の慣用読み〕

しいぎゃく【弑逆】〔文章語〕主君（親）を殺すこと。〔「しぎゃく」の慣用読み〕

しいく【飼育】動物を飼い育てること。

シークエンス［sequence］①映画やテレビで、一連の場面。②学習の単元の順番。③トランプで、同種で数の連続した札。◇〔シークェンス・シーケンスとも〕

**シークラス【C―】** 三流。第三の級。

**シークレット**［secret］秘密。「―サービス（＝情報収集・要人の護衛などにあたる機関）」

**しいくわあさあ【シークヮーサー・シークァーサー】** 柑橘類の一。〔沖縄特産〕

**しいさあ【シーサー】** 沖縄の家や集落の守り神。〔獅子の像で屋根の上などに置かれる〕

**シーザーサラダ**［Caesar salad］サラダの一。〔レタスが主体。シーザーは考案者の名〕

**シーサイド**［seaside］海辺。

**しいざかな【強い肴】** 懐石料理で、基本の献立に加えて出す（＝酒に合う）肴。

**ジーザスクライスト**［Jesus Christ］イエスキリスト。〔英語での呼び方〕

**シージーエスたんいけい【CGS単位系】** センチメートル（＝cm）、グラム（＝g）、秒（＝s）を基本単位とする単位系。CGS。

**じいしき【自意識】** 自身に関する意識。「―過剰」

**シージャック**［和製語 sea-jack］船の乗っ取り。

**シース**［sheath］（懐中用の）ペンケース。〔「さや」の意〕

**シーズ**［seeds］種子。Ⅱ将来有望な新技術。

**シーズニング**［seasoning］香辛料。

**しいする【弑する】**〔文章語〕主君（親）を殺す。

**シースルー**［see-through］透けて見える―こと（服）。

**シーズン**［season］①季節。②時期。**―オフ**［和製語 season off］（スポーツなどの）休止期間。

**ジーゼル**［diesel］ディーゼル。

**シーソー**［seesaw］遊具の一。ぎっこんばったん。**―ゲーム**［seesaw game］追いつ追われつの試合。

**しいたけ【椎茸】** キノコの一。食用。

**しいたげる【虐げる】** ひどくいじめる。

**シーチキン**［Seachicken］マグロの肉の油漬け。缶詰用。〔商標〕

**シーツ**［sheet］敷布。

**しいて【強いて】** むりに。あえて。

**シーティースキャン【CT―】** X線とコンピューターを使って、患者の体内を輪切りにした形で観察する装置。CAT。

**シート**［seat］①座席。②野球で、守備位置。**―ノック**［和製語 seat knock］野球で、野手が守備位置につき、ノックを受ける守備練習。**―ベルト**［seat belt］自動車・飛行機の座席に取りつけた、安全ベルト。

**シート**［sheet］①切り離していない一枚の紙。特に、切手のひとつづり。②薄い板状のもの。③雨よけの布。

**シード**［seed］①トーナメントで―強者どうしが最初から対戦しないように（強者は一回戦から戦わず、何回か勝ちぬいたものと対戦するように）組み合わせること。「―校」②種。種子。

**シードル**［フランス語 cidre］りんご酒。

**しいな【粃】**《秕》①実のないもみ。②しなびて実らない果実。

**シーハイル**［ドイツ語 Schi Heil］スキーヤーのあいさつの語。〔「スキー万歳」の意〕

**ジーパン【G―】** デニムのズボン。

**ジープ**［jeep］四輪駆動の小型自動車。〔もと商標〕

**シーフード**［seafood］海産食品。「―サラダ」

**シープスキン**［sheepskin］ヒツジの革。

**シーベルト**［sievert］放射線の被曝《ひばく》量の単位。記号Sv

**シーホース**［sea horse］タツノオトシゴ。

**ジーマーク【G―】** グッドデザインマーク。

**シームレス**［seamless］①ストッキングなどで、縫い目（＝シーム）がない―こと（もの）。②時間的（空間的）に続いている。

**ジーメン【G―】** ①FBI所属の捜査員。②〔俗語〕違反を監視・摘発する公務員。

**シーラカンス**［coelacanth］古生代に栄えた魚類。〔現生種は「生きた化石」とよばれる〕

**シーリング**［ceiling］予算の概算要求基準。「マイナス―」〔天井の意〕

**しいる【強いる】** むりにさせる。「苦戦を強いられる」

**しいる【誣いる】** 事実を曲げて言う。

**シール**［seal］①封印（―紙）。②絵やマークが印刷されていて、張り付けて使う紙片。③アザラシの毛皮。
**シールド**［shield］おおい。
**―工法**《こうほう》 円筒形の鉄枠を使うトンネル工事法。
**シーレーン**［sea lane］（国防の観点からの）海上―交通（輸送）路。
**しいれる【仕入れる】**商売用の品を買い込む。‖取り入れる。「知識を―」
**じいろ【地色】**布や紙の生地《じき》の色。
**しいん** 静まり返っているようす。
**しいん【子音】** のどから出た声が、歯・舌などで妨げられて発せられる音。k, s, t, g, dなどの音。しおん。対母音
**しいん【死因】**死に至った原因。
**しいん【私印】** 個人用の印。対公印・官印
**しいん【試飲】**ためしに飲むこと。
**シーン**［scene］①場面。「ラブ―」②情景。③特定の分野。「ビジネス―」
**じいん【寺院】**てら。
**ジーンズ**［jeans］デニム（―で作った衣服）。
**じう【慈雨】**めぐみの雨。「干天《かんてん》の―」
**じうえ【地植え】** 植物を地面に植えること。対鉢植え
**じうたい【地謡】** 謡曲で、地の部分を多人数でうたうこと。また、その―謡《うた》い（役）。
**しうち【仕打ち】**人に対する態度やあつかい。［ふつう悪い意味で使う］
**しうん【紫雲】** 紫色の雲。［めでたいとされる］

**しうんてん【試運転】** 試験的にする電車や自動車の運転。
**シェア**［share］①市場占有率。②共有すること。
**―ハウス**［share house］一つの家屋を複数人が共同利用して住む形態。また、その賃貸住宅。ハウスシェアリング。
**シェアリング**［sharing］ 共有。分担。「ワーク―」
**―エコノミー**［sharing economy］物・サービス・場所などを複数の人と共有・利用する社会的な仕組み。シェアエコノミー。シェアエコ。
**しえい【市営】**市の経営。「―住宅」
**しえい【私営】**個人の経営。類民営 対公営
**じえい【自営】** 独立して商売をすること。「―業」
**じえい【自衛】**自分で自分を守ること。
**―官**《かん》 自衛隊で、制服着用の隊員。
**―艦**《かん》 海上自衛隊の戦闘艦艇。
**―権**《けん》 国際法で、外国からの武力攻撃に対して必要な防衛を行う権利。
**―隊**《たい》 日本の国防組織。陸上・海上・航空の三隊からなる。［一九五四年設置］
**ジェーアラート【J―】**地震・津波などの自然災害や武力攻撃などの緊急事態が生じたとき、瞬時に警報を発するシステム。全国瞬時警報システム。
**シェーカー**［shaker］ カクテルを調合する容器。
**シェーク**［shake］ 容器を振って、中の液体をまぜること。
**―ハンド**［shake hand］卓球のラケットの握り方の一。握手するように握る。シェークハンドグリップ。
**ジェーターン【J―】**［和製語 J turn］都市部から、出身地ではなく途中の地域に戻って定住すること。
**シェード**［shade］①電灯のかさ。②日よけ。
**シェーバー**［shaver］（電気）かみそり。
**シェービング**［shaving］ ひげそり。「―クリーム」
**シェープアップ**［shape up］贅肉《ぜいにく》を取り、体型を整えること。シェイプアップ。
**ジェーポップ【J-POP】**日本の若者向けポピュラー音楽。［「J」はJapan］
**シェーマ**［ドイツ語 Schema］図式。
**ジェーリーグ【J―】** 日本プロサッカーリーグの通称。
**シェール**［shale］頁岩《けつがん》。
**―オイル**［shale oil］ 地下深い頁岩《けつがん》の層に含まれている石油。
**―ガス**［shale gas］ 地下深い頁岩《けつがん》の層にある天然ガス。
**しえき【私益】**自分だけの利益。対公益
**しえき【使役】** ①はたらかせること。②文法で、人に何かをさせることを表す語。
**シエスタ**［スペイン語 siesta］昼寝。
**ジェスチャー**［gesture］ 身ぶり。手まね。‖みせかけの態度。
**ジェット**［jet］噴射。噴流。
**―エンジン**［jet engine］ 噴射式推進

機。

**―機《き》** ジェットエンジンを装備した飛行機。

**―気流《きりゅう》** 上空一万メートル付近の強風帯。西から東へ流れる。ジェットストリーム。

**―コースター**〔和製語 jet coaster〕遊園地の乗り物の一。〔英語では roller coaster〕

**―スキー**［Jetski］ボードにエンジンとハンドルを装備した水上の乗り物。〔商標〕

**―バス**［jet bath］浴槽に湯を噴出する機能をもつ風呂。

**ジェトロ【JETRO】** 日本貿易振興会。〔Japan External Trade Organization の略〕

**ジェネリックいやくひん【―医薬品】** 新薬の特許期間終了後に販売される、成分が同じで安価な医薬品。

**ジェネレーション**［generation］世代。ゼネレーション。「―ギャップ」

**―ゼット**［Generation Z］⇩Z世代

**ジェノサイド**［genocide］ある人種・民族に対する集団虐殺《ぎゃくさつ》。類ホロコースト

**シェパード**［shepherd］犬の品種の一。警察犬・盲導犬に適する。セパード。

**シェフ**［フランス語 chef］料理長。

**ジェラート**［イタリア語 gelato］イタリア風の―シャーベット（アイスクリーム）。

**ジェラシー**［jealousy］嫉妬《しっと》。やきもち。

**シェリー**［sherry］スペイン産の白ワインの一。

**シェリフ**［sheriff］保安官。

**シェル**［shell］①貝殻。②軽量の競技用ボート。

**ジェル**［gel］ゼリー状（―の整髪料や化粧品）。

**シェルター**［shelter］①（核戦争に備えた）避難所。「核―」②緊急時の一時的保護施設。

**シェルパ**［Sherpa］ヒマラヤ地方に住む民族。登山隊の案内役・荷役として有名。

**しえん【支援】** 力を添えて助けること。「―の輪」

**しえん【私怨】**〔文章語〕個人的な恨み。

**しえん【紫煙】**〔文章語〕タバコの煙。

**しえん【試演】** 演劇などを試しに上演すること。

**じえん【自演】** 自分の作品を自分で演じること。「自作―」

**ジェンダー**［gender］文化的・社会的な性差。〔生物的性差（=セックス）に対して言う〕

**―フリー**［gender free］性差別からの解放。

**ジエンド**［the end］終わり。ザエンド。

**ジェントルマン**［gentleman］紳士。ゼントルマン。対レディー

**しお【塩】** ①食塩。②塩加減。

**しお【潮】**《汐》①海水（―の干満現象）。「―が―引く（さす）」②機会。「それを―に」

**しおあい【潮合】** しおどき。

**しおあじ【塩味】** 塩で味つけした味。

**しおいり【潮入り】** 海水が池や沼に入ること。また、その場所。

**しおおし【塩押し】**《塩圧し》塩漬けにして、重しをすること。その漬物。

**しおおせる** なしとげる。

**しおかげん【塩加減】** 塩味の具合。

**しおかぜ【潮風】** 海上―を（から）吹く風。

**しおがま【塩釜】**《塩竈》①干菓子の一。②海水を煮て塩をつくるかまど。

**しおから【塩辛】** 魚の肉・卵・内臓などの塩漬け。「イカの―」

**しおからい【塩辛い】** しょっぱい。塩気が強い。

**しおき【仕置き】** 江戸時代の刑罰。特に死刑。

**しおぐもり【潮曇り】** 潮気で海上が曇ること。

**しおくり【仕送り】** 学費や生活費を送ること。

**しおけ【塩気】** 塩分。「―をひかえる」

**しおけ【潮気】** 海辺の空気の湿り気。

**しおこうじ【塩麴】** こうじに塩・水を混ぜて発酵させた調味料。

**しおこしょう【塩胡椒】** 塩と胡椒（―で味つけすること）。

**しおこぶ【塩昆布】** 昆布のつくだ煮。しおこんぶ。

**しおさい【潮騒】**（潮が満ちてくるときの）波の音。しおざい。

**しおざかい【潮境】** 性質の異なるふたつの海流が接する境。〔漁場に適する〕

**しおさき【潮先】**《汐先》満ちてくる海水の波先。Ⅱ物事の始まり。

**しおざけ【塩鮭】** 塩漬けのサケ。しおじゃ

け。類荒巻《あらまき》

**しおさめ**【仕納め】 するのがそれで最後となること。

**しおじ**【潮路】①海流の道筋。②海路。

**しおだし**【塩出し】 塩漬けの食品を湯・水に浸して、塩分を除くこと。

**しおだち**【塩断ち】 神仏に願をかけて、ある期間塩気のある食物を食べないこと。

**しおたれる**【潮垂れる】①しょぼくれる。②〔文章語〕海水のしずくがたれる。Ⅱ泣く。

**しおづけ**【塩漬け】①塩で漬けること。その食品。②〔俗語〕そのままの状態にしておくこと。

**しおで**【牛尾菜】 ユリ科の多年草。つる性。若芽は食用。

**しおどき**【潮時】①干満時。②(よい)機会。「—を見る」

**ジオパーク**〔Geopark〕 学術的・文化的に貴重な地質遺産を有する自然公園。〔地質学(geology)と公園(park)を合わせた造語〕

**しおばな**【塩花】①清めに使う塩。②料理屋などの入り口に盛る塩。

**しおはま**【塩浜】 塩田。

**しおひ**【潮干】 海水が引くこと。

**—狩《がり》** 干潮の浜辺で貝をとること。

**しおびき**【塩引き】 塩漬けにした魚。

**しおふき**【潮吹き】①クジラが海水を吹き上げること。②面の一。ひょっとこ。③二枚貝の一。〔掘りだすと潮水を吹く〕

**ジオプトリー**〔ドイツ語 Dioptri〕 めがねレンズの度を表す単位。記号D〔焦点距離をメートルで表した数値の逆数〕

**しおまち**【潮待ち】 満潮まで船出を待つこと。

**しおまねき**【潮招き】 カニの一。干潟にすむ。

**しおまめ**【塩豆】 塩味をつけた、いり豆。

**しおみず** 一【塩水】食塩水。二【潮水】海水。

**しおめ**【潮目】 潮境などの、海流の境目。筋や渦巻きができる。〔よい漁場となる〕

**しおもみ**【塩揉み】 野菜などを塩でもむこと。また、そのもの。

**しおやき**【塩焼き】 魚や肉に塩をふって焼くこと。また、そのもの。

**しおやけ**【潮焼け】①潮風と日光で皮膚が赤黒くなること。②海上の水蒸気が日光で赤く見えること。

**しおゆで**【塩茹で】 塩を入れてゆでること。また、そのもの。しおうで。

**しおらしい** 控え目でかわいらしい。Ⅱ「—こと(=もっともらしいこと)を言う」

**ジオラマ**〔フランス語 diorama〕①遠近法を用いて作られた映画のセット。②遠近法を用いて書かれた風景画の中に物を置き、照明で照らして、それを窓からのぞき見る装置。

**しおり**【栞】①本にはさんでしるしとするもの。②手引き書。

**じおり**【地織り】 その土地で自家用に織った布。

**しおりど**【枝折り戸】 竹や木の枝で作った簡単な戸。

**しおれる**【萎れる】 草木が生気を失う。Ⅱしょんぼりする。

**しおん**【子音】 しいん。

**しおん**【師恩】〔文章語〕師から受ける恩。

**しおん**【紫苑】 キク科の多年草。花は紫。根は薬用。

**じおん**【字音】 日本での漢字の音。対字訓

**—仮名遣《かなづか》い** 字音を仮名表記するときのきまり。

**しか**【鹿】 哺乳動物の一。雄は角がある。草食。

**—を追《お》う者《もの》は山《やま》を見《み》ず** ひとつのことに熱中している人は他を顧みる余裕がない。

**しか**【然】《爾》〔文章語〕そのように。

**しか**【市価】 市場《しじょう》で売買される値段。

**しか**【史家】 歴史家。

**しか**【歯科】 歯に関する医学。「—医」

**しか**【詩歌】 ⇩しいか

**しが**【歯牙】 歯ときば。

**—にも掛《か》けない** まったく問題にしない。

**じか**【直】 直接。〔「じき」の転〕

**じか**【自火】〔文章語〕自分の家から出した火事。

**じか**【自家】①自分の家。「—発電」②自分。

**—薬籠中《やくろうちゅう》の物《もの》** 自分の思いどおりに使えるもの。

**じか**【時下】〔文章語〕このごろ。

**じか【時価】** その時の値段。現在の値段。
**じか【磁化】** 物質が磁石の性質をもつこと。
**じが【自我】** 〔哲学用語〕自分。自己。
**シガー** 〔cigar〕葉巻タバコ。
**しかい【司会】** 会の進行をする—こと(人)。
**しかい【市会】** 市議会の略。
**しかい【四海】** 〔文章語〕四方の海。⊜世界。世の中。
**—兄弟《けいてい》** 世界の人は皆兄弟のように親しむべきである。〔『論語』から〕
**しかい【視界】** 目に見える範囲。「—良好」 類視野
**しかい【斯界】** 〔文章語〕その—社会(方面)。「—の権威」
**しがい【市外】** 市の区域外。対市内
**しがい【市街】** まち(—の通り)。「—地」
**しがい【死骸】** 《屍骸》死体。しかばね。
**じかい【自戒】** 自分で自分をいましめること。「—の念」
**じかい【自壊】** 自然にこわれること。
**じかい【次回】** 次の回。次期。対今回・前回
**じかい【持戒】** 〔仏教語〕戒律を守ること。対破戒
**じかい【磁界】** 磁場《じば》。
**じがい【自害】** 自殺。
**しがいせん【紫外線】** 波長がX線より長く可視光線より短い電磁波。
**しかえいせいし【歯科衛生士】** 歯科疾患の予防・衛生指導をして歯科診療の補助をする人。

**しかえし【仕返し】** 報復。復讐《ふくしゅう》。
**じがお【地顔】** 素顔。
**しかかりひん【仕掛品】** 製造段階の途中の商品。〔簿記の勘定科目の一〕
**しかかる【仕掛かる】** ①しはじめる。②途中までしている。
**しかく【四角】** 四つの角がある形。四角形。
**—号碼《ごうま》** 漢字検索法の一。〔漢字の四すみの形で号碼(=番号)を定め、その四桁の数によって検索する〕
**—四面《しめん》** ま四角。⊜まじめでかたくるしいこと。
**—張《ば》る** 角張る。⊜かたくるしい態度をとる。
**しかく【死角】** ①見通しのきかない範囲。②射程内だが射撃できない区域。
**しかく【刺客】** 暗殺者。しきゃく。
**しかく【視角】** 物体の両端と目とを結ぶ二直線のなす角。⊜考え方。ものの見方。
**しかく【視覚】** 五感の一。物を見る感覚。
**しかく【資格】** ①あることをするのに必要な身分・地位。「—試験」②必要条件。「出場—」
**しがく【史学】** 歴史学。
**しがく【志学】** ①学問に志すこと。②一五歳の別称。〔『論語』の「われ十有五にして学に志す」から〕
**しがく【私学】** 私立学校。対官学
**しがく【斯学】** 〔文章語〕この学問。「—の権威」
**しがく【詩学】** 詩を研究する学問。

**じかく【耳殻】** 耳の、外に見える部分。
**じかく【自覚】** 自分で自分の状態がわかること。「—症状」
**じかく【字画】** 漢字をつくる点や画(—の数)。
**じかく【痔核】** いぼ痔。
**じがく【自学】** 「—自習(=人に教わらず自分ひとりで学ぶこと)」
**しかけ【仕掛け】** ①しくみ。からくり。②仕事の途中。「—品」
**—人《にん》** ①流行・事件を起こすために働きかけた人。②殺し屋。〔作家池波正太郎の造語〕
**—花火《はなび》** いろいろな形が現れるようにしくんだ花火。
**しかける【仕掛ける】** ①しはじめる。②途中までする。③しむける。④装置を作る。「爆薬を—」
**しかざん【死火山】** 活動を停止した火山。噴火の記録がない火山。〔以前の火山の分類の一で、現在は使わない〕対活火山・休火山
**しかし【然し・併し】** けれども。〔逆接〕
**—ながら** そうではあるが。
**しかじか【然々・云々】** うんぬん。「かくかく—」〔長い言葉を略して言う語〕
**じがじさん【自画自賛】** 《自画自讃》自分で自分をほめること。自画賛。〔自分の絵に自分で賛を書くことから〕
**しかして【然して・而して】** 〔文章語〕そうして。
**しかしゅう【私家集】** 〔江戸時代以前

の)個人の和歌集。対勅撰集
**しかしゅう【詞華集・詞花集】** 詩文の選集。アンソロジー。
**じかじゅふん【自家受粉】** 同一個体のなかで受粉すること。
**しかず【如かず】**〔文章語〕(「…に〜」の形で)①及ばない。「百聞は一見に—」②…するのがよい。「三十六計逃げるに—」
**じかせん【耳下腺】** 耳殻の下の唾液腺《だえきせん》。
**—炎《えん》** 耳下腺の炎症。おたふくかぜ。
**じがぞう【自画像】** 自分で描いた自分の肖像。
**しかた【仕方】** ①やり方。②身ぶり。
**—がない** ①やむをえない。②始末に困る。③たまらない。「寒くて—」
**—ない** しかたがない。
**—なしに** やむをえずに。
**—咄《ばなし》** 身ぶりを加えた落語。
**じかた【地方】** 歌舞伎・日本舞踊で、音楽を受けもつ人。対立方《たちかた》。
**じかたび【地下足袋】** ゴム底のたび。労働用。
**じがため【地固め】** 地面を固めること。地形《じぎょう》。Ⅱ下準備。「規模拡大への—」
**じかだんぱん【直談判】** 自分で直接交渉すること。
**しがち【仕勝ち】** そうする傾向がある。
**じかちゅうどく【自家中毒】** 新陳代謝の障害で、嘔吐《おうと》・頭痛などを起こす病気。
**しかつ【死活】** 死ぬか生きるか。
**—問題《もんだい》** 生死にかかわるほどの重大問題。
**しがつ【四月】** 年の四番目の月。卯月《うづき》。
**—馬鹿《ばか》** エープリルフール。
**じかつ【自活】** 自力で生活すること。「—の道」
**しかつめらしい** もったいぶって、かたくるしい。「—口上」
**しかと【シカト】**〔俗語〕無視。〔ばくちうちの隠語から〕
**しかと《確と・聢と》**〔文章語〕しっかりと。
**じかどうちゃく【自家撞着】** 言動のつじつまが合わないこと。自己矛盾。
**じがどり【自画撮り】** ⇩自撮り
**しがない** 取るに足りない。貧乏でみすぼらしい。「—月給取り(暮らし)」
**じかに【直に】** 直接に。
**じがね【地金】** メッキの下の金属。Ⅱ本性。「—が出る」
**ジカねつ【—熱】** 蚊が媒介する感染症。症状ははしかに似る。ジカウイルス感染症。
**しかねる【仕兼ねる】** ①なかなかできない。②(「しかねない」の形で)するかもしれない。
**じかばし【直箸】** 大皿の料理を、取り箸を使わず直接自分の箸で取ること。
**じかはつでん【自家発電】** 自分のところで自家用の電気をおこすこと。
**しかばね【屍】** 死体。
**—に鞭《むち》打《う》つ** 死者の悪口を言う。
**しかばん【私家版】** 個人の自費出版(—物)。
**じかび【直火】** 直接当たる火。「—で焼く」
**じかまき【直播き】** 種を直接田畑にまくこと。じきまき。
**じがみ【地紙】** ①傘や扇子に張る厚紙。②下地の紙。
**じがみ【地髪】** 頭髪。対かつら・入れ髪
**しがみつく【しがみ付く】** しっかりと取りつく。Ⅱ執着する。「社長の座に—」
**しかめっつら【顰めっ面】** 不機嫌そうにしかめた顔。しかめつら。
**しかめる《顰める》** 額にしわを寄せ、不愉快な表情をする。「顔を—」
**しかも《然も・而も》** ①そのうえ。②にもかかわらず。
**じかよう【自家用】** 自分の家で使う—こと(もの)。「—車」
**しからしめる《然らしめる》**〔文章語〕そうさせる。
**しからずんば《然らずんば》**〔文章語〕そうでなければ。しからずば。
**しからば《然らば》**〔文章語〕それなら。
**しがらみ【柵】** 水流をさえぎるしかけ。くいを並べ、竹をからませる。Ⅱまとわりつくもの。「恋(浮き世)の—」
**しかり《然り》**〔文章語〕そのとおりだ。
**—而《しこう》して**〔文章語〕そしてそのうえ。
**しかりつける【叱り付ける】** きびしくしかる。
**しかる【叱る】** (目下に)語気を強めて注意する。

**しかる【然る】**〔ラ行変格活用の動詞「しかり」の連体形〕
**ー間《あいだ》**〔文章語〕①そのうちに。②それゆえ。
**ーに**〔文章語〕そうであるのに。
**ーべき**〔文章語〕①そうあるべき。②適当な。
**ーべく**〔文章語〕よいように。
**シガレット**〔cigarette〕紙巻きタバコ。
**しかれども《然れども》**〔文章語〕そうではあるが。
**しかん【士官】**将校。「ー学校」
**しかん【子癇】**妊娠中毒症の一。〔主に分娩時に、けいれんを起こし、失神する〕
**しかん【支管】**（ガスや水道の）本管から引かれた細い管。
**しかん【仕官】**〔文章語〕①官吏になること。②武士が主君に仕えること。
**しかん【史観】**歴史に対する基本的な考え方。歴史観。「唯物ー」
**しかん【弛緩】**ゆるむこと。対緊張
**しかん【屍姦】**死体を犯すこと。
**しかん【歯冠】**歯の、歯茎の上に出ている部分。ほうろう質でおおわれている。
**しがん【此岸】**〔仏教語〕現世。対彼岸
**しがん【志願】**自ら進んで願い出ること。「ー者」
**じかん【耳管】**エウスタキオ管。
**じかん【次官】**各省の大臣補佐官。事務次官。〔省庁再編以前は、政務次官（現在の副大臣）との総称〕
**じかん【字間】**文字と文字の間（ーの幅）。
**じかん【時間】**①とき。対空間 ②時間の単位の一。六〇分。③時刻。
**ー給《きゅう》** 働いた時間数に応じて支払う給料。時給。
**ー芸術《げいじゅつ》** 時間の流れにそって表現する芸術。音楽・演劇など。対空間芸術
**ー差《さ》攻撃《こうげき》** バレーボールで、タイミングをずらしてボールを打ちこむ攻撃。
**ー軸《じく》** ①グラフで、時間経過を示す軸。②一方向に進む直線にたとえた時間の流れ。
**ー帯《たい》** 一日のうちの一定の時間。
**ー割《わ》り** 仕事や授業を時間に割り当てて示した表。
**じがん【慈顔】**〔文章語〕愛情深く優しい顔つき。
**しかんブラシ【歯間ー】**歯と歯の間の汚れを取るブラシ。
**しき【色】**〔仏教語〕形のあるもの。「ー即是空」対心《しん》
**しき【式】**①儀式。「結婚ー」②数式。「方程ー」③方式。
**しき［一］【敷】**敷金・敷地の略。**［二］【敷き】**下にしくもの。「花瓶ー」
**しき【士気】**兵士（人々）の意気込み。
**しき【子規】**〔文章語〕ホトトギス。
**しき【四季】**春・夏・秋・冬。
**しき【死期】**死ぬとき。「ーが近づく」
**しき【志気】**やる気。意気込み。
**しき【私記】**個人的な記録。
**しき【始期】**始まる時期。対終期
**しき【指揮】**人を指図して動かすこと。「ーを仰ぐ」
**しき【紙器】**紙で作ったいれもの。
**しぎ【鴫】**《鷸》水鳥の一。くちばし・足が長い。渡り鳥。
**しぎ【市議】**市議会議員の略。
**しぎ【仕儀】**〔文章語〕（よくない）なりゆき。事情。
**しぎ【試技】**①スポーツで、実際の競技の前に行う予備競技。②重量挙げ・跳躍競技・投擲《とうてき》競技で、選手が行う一定回数の演技。トライアル。
**じき【直】**①すぐ。「ーわかる」②直接の。「ー弟子」
**じき【自記】**①自分で書くこと。②機械が自動的に記録すること。
**じき【自棄】**すてばち。「自暴ー」
**じき【次期】**次の期間。対今期・前期
**じき【時季】**季節。時節。
**じき【時期】**とき。期間。「ー尚早《しょうそう》」
**じき【時機】**適当な機会。「ーを失う」
**じき【磁気】**鉄を引きつける性質・作用。
**じき【磁器】**硬くて上質の焼き物。〔九谷焼・有田焼など〕対陶器
**じぎ【字義】**漢字の表す意味。
**じぎ【児戯】**〔文章語〕子供の遊び。「ーに等しい」
**じぎ【時宜】**〔文章語〕最適なとき。「ーに叶《かな》う」
**じぎ【時儀】**〔文章語〕（時候の）あいさつ。
**じぎ【辞儀・辞宜】**おじぎ。
**じきあらし【磁気嵐】**地球の磁気の異常な変化。

**しきい【敷居】** 引き戸や障子をたてる溝のある横木の、下の方。対かもい
**―が高《たか》い** 先方への不義理などで訪問しにくい。〔誤って「高級（上品）すぎて入りにくい」意にも〕
**しきいし【敷石】** 地面に並べ敷いた石。
**しきうつし【敷き写し】** 書画の上に薄紙をのせて書き写すこと。●他人の文章をそっくりまねること。
**しきかい【色界】** 〔仏教語〕三界の一。欲望を離れた物質の世界。
**しぎかい【市議会】** 市の議決機関。市会。
**しきかく【色覚】** 色を見分ける感覚。色神。
**―障害《しょうがい》** おもに赤系統と緑系統の色を見分けることがむずかしいこと。
**―多様性《たようせい》** 色覚障害。〔旧来の色盲・色弱を言い換えた語〕
**しきがく【式楽】** 儀式に使う音楽・芸能。
**しきがし【式菓子】** 冠婚葬祭用の菓子。
**しきがわ** [一]**【敷き革】** 靴の中敷き。[二]**【敷き皮】** 毛皮の敷物。
**しきかん【色感】** ①色彩感覚。②色から受ける感じ。
**しきかん【指揮官】** 軍隊で指揮をする人。
**しきぎょう【私企業】** 民間人の経営する企業。対公企業
**しききん【敷金】** 家・土地を借りるとき、貸主に預ける保証金。
**しきけん【識見】** 学識と意見。見識。
**しきけん【指揮権】** ①法務大臣が検察官を指揮監督する権限。②指図をする権利。
**しきさい【色彩】** 色。いろどり。●傾向。「政治的―」
**しきざき【四季咲き】** 四季を選ばず、一年に何回も咲くこと。
**じきさん【直参】** 主君に直接仕える人。特に、江戸時代の旗本・御家人。対陪臣《ばいしん》
**しきし【色紙】** ①絵・和歌・サインなどをかく四角い厚紙。②衣服の裏打ち布。
**しきじ【式次】** 式の進行の順序。式次第。
**しきじ【式辞】** 式場で述べるあいさつの言葉。
**しきじ【識字】** 文字の読み書きができること。「国際―年・―率」
**じきじき【直々】** じかに。直接に。
**しきしだい【式次第】** 式次。
**しきじつ【式日】** ①儀式のある日。②祝日・祭日。
**しきしま【敷島】** 日本国の雅称。
**―の道《みち》** 和歌の道。対筑波《つくば》の道（＝連歌）
**しきしゃ【識者】** 見識のある人。有識者。
**しきしゃ【指揮者】** 指揮する人。特に、合奏や合唱の指揮をする人。コンダクター。
**しきじゃく【色弱】** 軽度の色覚障害。色覚多様性。
**じきしょ【直書】** 自筆（―の文書）。直筆。
**しきじょう【色情】** 性的な欲望。
**しきじょう【式場】** 式を行う場所。
**しきしん【色神】** 色覚《しきかく》。
**しきせ【仕着せ】** おしきせ。
**しきそ【色素】** 物が色づくもととなる成分。
**じきそ【直訴】** 上の人にじかに訴えること。
**しきそう【色相】** 色の三属性の一。色の種類。色あい。対彩度・明度
**しきそくぜくう【色即是空】** 〔仏教語〕万物の本質は空であるの意。→空即是色
**しきだい【式台】** 玄関の上がり口の一段低い板敷き。
**しきたり【仕来り】** これまでのならわし。
**ジギタリス** 〔オランダ語 digitalis〕 夏に花が咲く多年草。葉は強心剤。ジキタリス。
**じきだん【直談】** 会って直接話すこと。
**しきち【敷地】** 建物をたてたり、道路・公園などにあてたりするための土地。
**しきちょう【色調】** 色あい。色彩のトーン。「落ち着いた―」
**しきつめる【敷き詰める】** すきまなく敷く。
**じきディスク【磁気―】** コンピューターで、円盤状の磁性記憶媒体。
**じきでし【直弟子】** じかに教えを受けている弟子。対孫弟子
**しきてん【式典】** 儀式。「記念―」
**じきでん【直伝】** （奥義を）じかに伝授すること。
**じきとう【直答】** 直接答えること。
**じきドラム【磁気―】** コンピューターで、円筒状の磁性記憶媒体。
**じきとりひき【直取引】** 仲買人抜きで直接行う売買取引。じかとりひき。

**じきに【直に】** すぐに。まもなく。
**しきねん【式年】** 祭儀を行うと定められた年。「―祭・―遷宮」
**しきのう【式能】** 儀式として行われる能楽。
**じきのう【直納】** ちょくのう。
**しきび【樒】** シキミ。
**じきひ【直披】** 〔文章語〕手紙の脇付《わきづけ》の一。類親展
**じきひつ【直筆】** 自分で書くこと。また、その文書。「―の書簡」対代筆
**しきふ【敷布】** 敷き布団の上に敷く布。シーツ。
**しきふく【式服】** 儀式に着る衣服。類礼服
**しきぶとん【敷き布団】**《―蒲団》敷いて使うふとん。対掛け布団
**しきべつ【識別】** 見分けること。
**しきほう【四季報】** 季刊の印刷物。
**しきぼう【指揮棒】** 音楽で、指揮者が使う棒。タクト。
**しきま【色魔】** 女性をだまして、もてあそぶ男。
**じきまき【直播き】** じかまき。
**しきみ【樒】** 常緑樹の一。仏前に供える。葉・樹皮は線香の材料。実は有毒。
**しきもう【色盲】** 色覚障害の重度のもの。色覚多様性。〔先天的で、男子に多い〕
**しきもの【敷物】** 物の下に敷くもの。また、床の上に敷くもの。
**じきもん【直門】** 直弟子。
**しぎやき【鴫焼き】** ナスを焼いた料理。

**しきゃく【刺客】** ⇩しかく
**しぎゃく【嗜虐】** 〔文章語〕むごい仕打ちを好むこと。「―的（＝サディスティック）」
**じきゃく【次客】** 茶会で、正客の次位の客。
**じぎゃく【自虐】** 自分で自分をいじめること。
**しきゅう【子宮】** 女性生殖器の一部。胎児を宿す。
**―外妊娠《がいにんしん》** 子宮以外の部位で妊娠すること。
**―筋腫《きんしゅ》** 子宮の筋層にできる腫瘍《しゅよう》。
**しきゅう【支給】** 給料などを支払うこと。
**しきゅう【四球】** 野球で、フォアボール。
**しきゅう【死球】** 野球で、デッドボール。
**しきゅう【至急】** たいへん急ぐこと。
**じきゅう【自給】** 必要なものを自力で得ること。
**―自足《じそく》** 必要物資を自力でまかなうこと。
**じきゅう【持久】** 長く持ちこたえること。「―力」類耐久
**―戦《せん》** 長期にわたる戦い。Ⅱじっくり行うかけひき。
**じきゅう【時給】** 一時間当たりの給料。
**しきゅうしき【始球式】** 野球で、来賓が試合前に球を投げる儀式。
**しきょ【死去】** 人が死ぬこと。〔やや改まった表現〕
**じきょ【辞去】** 〔文章語〕あいさつをして、立ち去ること。
**しきょう【司教】** カトリック教の僧職の一。司祭の上。

**しきょう【市況】** 株・商品の取引状況。
**しきょう【至境】** 〔文章語〕（芸道の）最高の境地。
**しきょう【試供】** 試してもらうために‐無料で（安く）提供すること。
**―品《ひん》** 試してもらうための見本の品。
**しきょう【詩興】** 詩を作りたくなる心境。
**しぎょう【仕業】** 運転・操作の作業をすること。
**しぎょう【始業】** 仕事・授業を始めること。「―式」対終業
**しぎょう【斯業】** 〔文章語〕この事業。
**じきょう【自供】** 自分の犯行について供述すること。類自白
**じきょう【自彊】** 〔文章語〕自ら努め励むこと。
**じぎょう【事業】** ①社会的な仕事。「慈善―」②企業。「―家（税）」
**しきよく【色欲】**《色慾》①性欲。②色情と利欲。
**しきょく【支局】** 新聞社などの出先機関。
**じきょく【時局】** 国家・社会のその時の情勢。「―を論じる」
**じきょく【磁極】** ①磁石の両端。鉄を最も強く引きつける。②地球上で磁気が最も強い所。北磁極と南磁極。
**じきらん【直覧】** 「直接に見ること」の尊敬語。
**しきり【頻り】** ひんぱん。
**―に** ①たびたび。ひっきりなしに。②熱

心に。
**しきり【仕切り】** ①しきる－こと（もの）。②決算。「－帳」③相撲で、立ち合う前に身がまえること。「－直し」
**－直《なお》し** 仕切り③をやり直すこと。●始めからやり直すこと。
**－値段《ねだん》** 売買が成立したときの値段。
**しきる《頻る》** さかんに…する。「降り－」〔五段活用〕
**しきる【仕切る】** ①区画する。②とりしきる。③決算する。④相撲で、仕切りをする。
**じきわ【直話】** じかに話すこと。その話。
**しきわら【敷き藁】** 家畜小屋や作物の根もとに敷くわら。
**しきん【至近】** ごく近いこと。「－距離」
**しきん【資金】** ある目的のための、もととなるお金。「－を調達する・運転－」
**－繰《ぐ》り** 資金のやりくり。
**－洗浄《せんじょう》** ⇩マネーロンダリング
**しぎん【市銀】** 市中銀行の略。
**しぎん【歯齦】**〔文章語〕歯肉。はぐき。
**しぎん【詩吟】** 漢詩に節をつけて歌うこと。
**しきんせき【試金石】** 人や物の価値を試すための物事。
**しく【死苦】**〔文章語〕死の苦しみ。
**しく【詩句】** 詩の文句。
**しく《如く・若く》**〔文章語〕匹敵する。
**－はなし**（「…に～」の形で）…に及ぶものはない。…がいちばんだ。
**しく【敷く】** ①（物の下に）平らに広く置く。②設置する。「鉄道（陣）を－」③《布く》行き渡らせる。「善政を－」④一面に広がる。「散り－」
**じく【軸】** ①回転するものの中心（－の棒）。②巻き物。掛け軸。〔数を数える単位としても使う〕③筆やマッチの柄《え》。●物事の中心。④数学で、対称軸・座標軸。
**じく【字句】** 文字と語句。
**ジグ《治具》**［jig］工作機械の刃物を正確に当てるために使う補助具。
**じくあし【軸足】** ①運動の際、体を支える方の足。②物事を行う際の中心となる－ところ（こと）。
**じくう【時空】** 時間と空間。
**じくうけ【軸受け】《軸承け》** 回転軸を支える装置。ベアリング。
**しくかつよう【シク活用】** 文語形容詞の活用の型の一。「楽し・悲し」の類。
**じくぎ【軸木】** ①掛け物の軸に使う木。②マッチの軸の木。
**しぐさ《仕種・仕草》** 動作（－のしかた）。表情。所作。
**ジグザグ**［zigzag］稲妻形。「－デモ」
**じくじ【忸怩】**〔文章語〕恥じいるようす。
**しくじる** ①失敗する。②過失で、地位や職を失う。「会社を－」
**じくそう【軸装】** 書画を掛け軸に仕立てること。
**ジグソーパズル**［jigsaw puzzle］小片に切り離した絵を復元するパズル。
**じぐち【地口】** 言葉遊びの一。語呂合わせ。
**しくつ【試掘】** 試しに掘ること。
**シグナル**［signal］①信号機。②合図。
**シグネチャー**［signature］（メールの末尾に書かれた）連絡先や氏名。署名。シグニチャ。
**しくはっく【四苦八苦】** 非常に苦しむこと。〔仏教からきた言葉〕
**シグマ【Σ】**［sigma］ギリシャ文字の一。〔数学の総和記号に用いる〕
**しくみ【仕組み】** 構造。くみたて。しかけ。
**しくむ【仕組む】** ①工夫して組み立てる。②企てる。
**じくもの【軸物】** 掛け物。
**しぐれ【時雨】** 秋から冬にかけて降る通り雨。
**－煮《に》** ハマグリのむきみやカツオの角切りの、ショウガを加えた佃煮《つくだに》。
**じくろ【舳艫】**〔文章語〕船首と船尾。
**－相銜《あいふく》む** 多くの船が続いて航行する。
**じぐろ【地黒】** 元々肌が黒いこと。
**じくん【字訓】** 漢字の訓読み。対字音
**じぐん【自軍】** 味方の－軍勢（チーム）。
**しくんし【四君子】** 梅・菊・蘭《らん》・竹。〔中国の画題。／君子のように気品が高いことから〕
**しけ【時化】** ①風雨のため海が荒れること。②しけ①のための不漁。●興行で、客の入りが悪いこと。
**じげ【地毛】** 自前の髪の毛。対かつら
**しけい【死刑】** 犯罪者の命を絶つ刑罰。
**しけい【私刑】** 法律によらない個人的制裁。リンチ。
**しけい【詩形・詩型】** 詩の形式。

**しげい【至芸】** 最高の芸。
**じけい【自警】** 自分たちで警戒すること。
**じけい【次兄】** 二番目の兄。仲兄。
**じけい【字形】** 文字の形。
**じけいれつ【時系列】** 時間的変化を継続的に観察して得た値の系列。「―データ」Ⅱ時間的変化に合わせて表わすこと。「事件を―で語る」
**しげき【史劇】** 歴史上の事件を題材にした劇。
**しげき【刺激】**《刺戟》①精神を興奮させる―こと(もの)。「食欲を―する」②生体に作用して反応を起こさせる―こと(もの)。「―物」
**しげき【詩劇】** 詩の形で書かれた劇。
**しげく【繁く】** ひんぱんに。「足―通う」
**しけこむ** 〔俗語〕①(悪い遊び場やホテルに)こっそり入る。②お金がなく、家などにこもる。
**しけつ【止血】** 出血を止めること。
**じけつ【自決】** ①自殺。②自分の責任で、行動を決めること。「民族―」
**しげみ【茂み】**《繁み》草木の茂った所。
**しける【時化る】** ①風雨のため海が荒れる。②〔俗語〕不景気である。「しけた顔」
**しける【湿気る】** 湿気を含む。
**しげる【茂る】**《繁る》 枝や葉がびっしりはえる。
**しけん【私見】** 個人的な意見。類私考
**しけん【私権】** 私法で認められる権利。財産権・人格権など。対公権
**しけん【試験】** 能力や性質をためすこと。テスト。
**―管**《かん》 化学実験に使う、細長いガラス管。
**―的**《てき》 試しに行うようす。
**しげん【至言】** 〔文章語〕真理をついた言葉。
**しげん【始原】** 物事の始め。原始。
**しげん【資源】** 産業のもととなる物資。
**―エネルギー庁**《ちょう》 経済産業省の外局の一。資源開発やエネルギーに関する行政を行う。
**―ごみ** 再利用可能なごみ。
**じけん【事件】** (かわった)出来事。
**じげん【示現】** 〔文章語〕①神仏が力を発揮すること。②仏・菩薩《ぼさつ》が姿をかえて現れること。
**じげん【次元】** ①ものの見方や立場(―の水準)。「―が低い(=低級だ)」②数学で、空間の広がりの度合いを示す概念。「三―」
**じげん【字源・字原】** ひとつひとつの文字の起源。
**じげん【時限】** ①限られた時間。②授業時間の単位。
**―爆弾**《ばくだん》 一定の時刻に爆発する仕掛けの爆弾。
**―立法**《りっぽう》 有効期間を限定して定めた法律。
**じげん【慈眼】** 〔文章語〕仏・菩薩《ぼさつ》の慈悲の目。
**しこ【指呼】** 〔文章語〕指さして呼ぶこと。「―の間《かん》(=呼べば答えられるくらいの近さ)」
**しご【死後】** 死んだ後。対生前
**しご【死語】** 現在使われていない言葉。
**しご【私語】** (公の場での)ひそひそ話。
**しご【詩語】** 詩に使われる言葉。
**じこ【自己】** 自分自身。「―満足」
**じこ【事故】** 悪い出来事。特に、交通事故。
**じご【事後】** 事が終わったあと。「―報告」対事前
**じご【持碁】** 囲碁で、引き分け。
**じご【爾後】** 〔文章語〕その後。
**じこあんじ【自己暗示】** 自分で自分に暗示をかけること。
**しこいわし【鯷鰯】** カタクチイワシ。
**しこう【至高】** 〔文章語〕最高。
**しこう【伺候】**《祗候》〔文章語〕①身分の高い人に仕えること。②ご機嫌うかがいに行くこと。
**しこう【私行】** 個人としての行為。
**しこう【志向】** 心がある方向をめざすこと。
**しこう【指向】** ①ある方向に向かうこと。②志向。
**―性**《せい》 一定方向からの光や電波をよく感知する性質。「―アンテナ」
**しこう【施工】** せこう。
**しこう【施行】** (法令の)実施。せこう。
**しこう【思考】** 論理的に考えること。考え。「―をめぐらす」
**しこう【歯垢】** 歯に付着したよごれ。
**しこう【嗜好】** 愛好すること。好み。
**―品**《ひん》 楽しみのための飲食物。酒・タバコ・コーヒーなど。

**しこう【試行】** 試しに行うこと。
**—錯誤《さくご》** 失敗を重ねながら学習がなされ、次第に目的に近づくこと。
**しごう【師号】** 朝廷が高僧に与える称号。〔国師・大師・禅師など〕
**しごう【諡号】** 〔文章語〕おくりな。
**じこう【事項】** ひとつひとつの事柄。
**じこう【時好】** 〔文章語〕その時代の流行。「—に投ずる(=時代の好みに一致する)」
**じこう【時効】** 〔法律用語〕一定の期間が過ぎたために、権利の消滅・取得が生じること。
**じこう【時候】** 四季それぞれの気候。「—のあいさつ」
**じごう【寺号】** 寺院の名称。→山号
**しこうして《而して》** 〔文章語〕そして。
**じごうじとく【自業自得】** 自分の悪事の報いを自分で受けること。〔仏教から〕
**じごえ【地声】** 生まれつきの声。対作り声
**じごき【扱き】** しごくこと。
**しこく【四国】** 本州南の大きな島(—の地域)。〔香川・徳島・愛媛・高知の四県〕
**—三郎《さぶろう》** 吉野川の別称。
**—八十八箇所《はちじゅうはっかしょ》** 四国にある八八か所の弘法大師の霊場。
**しごく【至極】** きわめて。
**しごく【扱く】** ①細長い物を片手に持ち、他の手でこすり引く。②〔俗語〕厳しく(—むごいやり方で)訓練する。
**じこく【自国】** 自分の国。対他国
**じこく【時刻】** 時の流れのある一点。また、時。「予定の—」
**—表《ひょう》** 乗り物の発着時刻を示した表。
**じごく【地獄】** 罪を重ねた者が、死後に苦痛を受ける所。対極楽・天国 (比)㋐苦しくつらいこと。「サラ金—」 ㋑火山の煙や温泉の熱湯がふき出している所。「—めぐり」
**—絵《え》** 地獄のようすを描いた絵。(比)悲惨な光景。
**—で仏《ほとけ》(—に会《あ》ったよう)** 非常に困難なときに、思わぬ助けがあること。
**—の沙汰《さた》も金《かね》次第《しだい》** 何事もお金さえあればどうにでもなる。
**—耳《みみ》** ①情報をすばやくつかむこと。②一度聞いたら忘れないこと。
**じこけんお【自己嫌悪】** 自分で自分がいやになること。
**じこけんじ【自己顕示】** 自分を目立たせようとすること。「—欲」
**しごこうちょく【死後硬直】** 死体の筋肉がかたくなる現象。死後強直。
**しごころ【詩心】** 詩を作ろうとする気持ち。詩を解する能力。ししん。
**じこし【事故死】** 事故で死ぬこと。
**じこしほん【自己資本】** 企業で、自社内で調達した資本。対他人資本
**じこしゅちょう【自己主張】** 自分の意見や考え方を他に強く示すこと。
**じこしょうかい【自己紹介】** 自分の氏名や経歴などを相手に告げること。
**じごしょうだく【事後承諾】** 事が済んでから承諾を求めること。また、承諾すること。
**しごせん【子午線】** ①天頂と天の北極・南極を結ぶ天球上の線。②経線。
**しごと【仕事】** ①するべきこと。②職業。③力学で、外力により物体が移動すること。
**—師《し》** ①土木工事の労働者。とび職。②事業の企画・経営のうまい人。やりて。
**—率《りつ》** 力学で、単位時間当たりになされる仕事の量。
**—量《りょう》** ①やった仕事の量。②力学で、物体に対する力の大きさと、物体が動いた距離との積。
**しこな【四股名】《醜名》** 相撲で、力士の呼び名。
**しこなす** じょうずにやってのける。
**じこはさん【自己破産】** 債務者自身が裁判所に申し立てて、破産宣告を受けること。
**じこほぞん【自己保存】** 生物が自分の命を維持しようとすること。「—本能」
**しこみ【仕込み】** しこむこと。
**—杖《づえ》** 中に刀を入れたつえ。
**しこむ【仕込む】** ①教えこむ。訓練する。②仕入れる。飲食店などで、営業の準備をする。③中にしかける。④酒・みそなど、醸造のためにおけに原料を入れる。
**じこむじゅん【自己矛盾】** 自分自身の論理や行動に食い違いがあること。自家撞着《じかどうちゃく》。
**しこめ【醜女】** 〔文章語〕器量のわるい女を卑しめて言う語。
**じこめんえき【自己免疫】** 自分自身の細胞や組織に過剰に反応して攻撃する抗

し

体ができること。「—疾患」

**しこり【痼り】** ①筋肉がこり固まること（固まった部分）。類ぐりぐり ②心に残った、いやな思い。動しこる

**じこりゅう【自己流】** その人独特のやり方。

**じこる【事故る】** 〔俗語〕〔交通〕事故を起こす。

**ジゴロ** 〔フランス語 gigolo〕 女にたかって暮らす男。類ひも

**しこをふむ【四股を踏む】** 相撲で、足を交互に高く上げて力強くおろす。

**しこん【歯根】** 歯の、歯茎に埋まっている部分。

**じこん【自今】**《爾今》〔文章語〕以後。

**しさ【示唆】** それとなく教えほのめかすこと。類暗示

**しさ【視差】** ①天文学で、天体の一点を二か所から観測したときの方向の差。天体までの距離の算定に利用。②カメラのファインダーの像とフイルムの像との差異。◇パララックス。

**しざ【視座】** 〔文章語〕ものを見る立場。視点。

**じさ【時差】** ①世界各地の標準時の差。②時刻をずらすこと。「—出勤」

**しさい【子細】**《仔細》①くわしい事情。「—を語る」②さしつかえ。

**—顔《がお》** わけありげな顔つき。

**—に** こまかに。くわしく。

**—らしい** 事情がありそうだ。Ⅱもったいぶっている。

**しさい【司祭】** カトリック教の僧職。神父。〔司教の次位〕

**しさい【詩才】** 詩を作る才能。

**しざい【死罪】** ①死刑。②死に価する罪。

**しざい【私財】** 個人の財産。「—を投じる」

**しざい【資材】** 何かを作るもとになる材料。

**しざい【資財】** もとでとなる財産。資産。

**じさい【自裁】** 〔文章語〕自決。

**じざい【自在】** ①思いのまま。②自在かぎ。

**—鉤《かぎ》** 炉の上につるすかぎ。なべやかまをかけ、自由に上げ下げできる。

**じざかい【地境】** 所有地の境目。

**じざかな【地魚】** その土地でとれた魚。

**しさく【施策】** 公的機関が実際に行う方策。〔官庁では「せさく」と言う〕

**しさく【思索】** 筋道をたどって深く考えること。類思惟

**しさく【試作】** 試しに作ること。「—品」

**しさく【詩作】** 詩を作ること。

**じさく【自作】** ①自分で作ること。「—自演」②自作農。対小作

**—自演《じえん》** ①自分で書いた脚本の劇に主演すること。②計画から実行まで、いっさい自分でやること。

**—農《のう》** 自分の土地を自力で耕作する農家。対小作農

**じざけ【地酒】** その土地で醸造した酒。

**しさつ【刺殺】** ①さし殺すこと。②野球で、野手が球を捕って打者（走者）をアウトにすること。

**しさつ【視察】** 現場に行って実情を見きわめること。

**じさつ【自殺】** 自分で自分の命を絶つこと。「—未遂・—行為（＝自殺同様の行為）」対他殺

**—的《てき》** 自殺同様のむちゃなことをあえてするようす。

**—点《てん》** ⇩オウンゴール

**—幇助罪《ほうじょざい》** 他人の自殺を手伝った罪。

**じさない【辞さない】** 避けない。恐れない。「死をも—行為」

**じさぼけ【時差ぼけ】** 時差のある地点への移動で、生活時間とのずれによって起こる体の不調。

**しさる【退る】** 後退する。しざる。〔古い言い方〕

**しさん【四散】** ちりぢりになること。

**しさん【試算】** ①試しに計算すること。②検算。

**しさん【資産】** ①財産。「—家」②会社の資本となる財産。対負債

**しざん【死産】** 胎児が死んで生まれること。

**じさん【自賛】**《自讃》自分で自分をほめること。「自画—」

**じさん【持参】** 持って行く（来る）こと。

**—金《きん》** 実家から婚家へ持っていくお金。

**しし【猪・獣】** けものの古称。特にイノシシ。「—鍋」

**しし【四肢】** 〔文章語〕両手と両足。

**しし【死屍】** 〔文章語〕死体。「—累々」

**—に鞭《むち》打《う》つ** 故人の悪口を言う。

**しし【志士】** 国や民族のために奔走する人。

**しし【孜々】** 〔文章語〕せっせと励むようす。

「―として業務に励む」

**しし【嗣子】**〔文章語〕あととり。

**しし【獅子】**①ライオン。②獅子①に基づく想像上の獣。③獅子舞の略。④獅子頭の略。

**―身中《しんちゅう》の虫《むし》** 内部からわざわいを起こす恩知らずの者。

**しじ【支持】**①よいと認めて、援助すること。「―政党」②ささえること。

**しじ【四時】**〔文章語〕①四季。②〔仏教語〕朝・昼・暮・夜。「―の座禅」◇しいじ。

**しじ【死児】**〔文章語〕死んだ子供。

**―の齢《よわい》を数《かぞ》える** 過ぎ去ってしまったことにぐちを言う。

**しじ【私事】**個人的な事柄。

**しじ【指示】**①さしず。②さし示すこと。

**しじ【指事】**六書《りくしょ》の一。抽象的概念を、ある約束で示すもの。〔一・上など〕

**しじ【師事】**ある人を先生として教えを受けること。

**じし【次子】**二番目の子。

**じし【次姉】**二番目の姉。

**じし【自死】**自殺。

**じし【侍史】**〔文章語〕手紙の脇付《わきづけ》の一。〔侍史(=身分の高い人のそばに仕える書記)を通してさしあげる意〕

**じじ【自恃】**〔文章語〕自負。

**じじ【時事】**その当時(現代)の社会的な出来事。「―問題」

**ししおき【肉置き】**〔文章語〕にくづき。

**ししおどし《鹿威し》** 竹筒に水を落とし、その重みで石を打って音を出すしくみ。添水《そうず》。〔もと、鳥獣を追うのに使った。今は、庭に作って音を楽しむ〕

**シシカバブ**〔shish kebab〕トルコ料理で、羊肉の串焼き。

**しじき【司式】**〔文章語〕儀式の進行を受け持つこと。〔多く、キリスト教でいう〕

**ししく【獅子吼】**〔文章語〕熱弁をふるうこと。〔獅子がほえることの意〕

**しじご【指示語】**事物・方角・場所などを指し示す語の総称。こそあど。

**じじこっこく【時々刻々】**次第次第に。刻々。

**ししそうしょう【師資相承】**師から弟子へと伝えていくこと。

**ししそんそん【子々孫々】**子孫代々。

**しじだいめいし【指示代名詞】**事物・方角・場所を指し示す代名詞。「これ・そちら・あそこ」の類。対人称代名詞

**ししつ【私室】**ある個人が使う部屋。

**ししつ【脂質】**脂肪分。

**―異常症《いじょうしょう》** 血液中のコレステロールが異常に多い症状。〔「高脂血症」を改めた言い方〕

**ししつ【資質】**生まれつきの性質。天性。「―に恵まれる」

**しじつ【史実】**歴史上の事実。

**じしつ【耳疾】**〔文章語〕耳の病気。

**じしつ【自失】**我を忘れて、ぼんやりすること。「茫然《ぼうぜん》―」

**じしつ【自室】**自分の部屋。

**じしつ【地質】**布地の性質(品質)。

**じしつ【痔疾】**〔文章語〕痔《じ》。

**じじつ【事実】**①実際にあった事柄。②実際に。たしかに。

**―婚《こん》** 婚姻届は出していないが事実上の婚姻関係にあること。

**―は小説《しょうせつ》よりも奇《き》なり** 事実は、工夫を凝らして作った小説よりもよほどふしぎだ。

**―無根《むこん》** 全くのでたらめ。

**じじつ【時日】**①日時《にちじ》。②時間。

**ししとう《獅子唐》** トウガラシの変種の一。小形で細長い。シシトウガラシ。

**じしばい【地芝居】**祭礼などで土地の人々が演じる芝居。地狂言。

**ししふんじん【獅子奮迅】**はげしく奮闘すること。「―の活躍」

**しじま**〔文章語〕静寂。「夜の―」

**ししまい【獅子舞】**(新年に)獅子頭《ししがしら》をかぶってする舞。

**しじみ【蜆】**小形の二枚貝の一。みそ汁などに使う。

**―蝶《ちょう》** 小形のチョウの一。

**ししゃ【支社】**①会社などで、本社から分かれた事業所。②神社の分社。◇対本社

**ししゃ【死者】**死んだ人。対生者

**ししゃ【使者】**命令や依頼を受けて使いにたつ人。

**ししゃ【試写】**映画を、公開前に特定の人に見せること。「―会」

**ししゃ【試射】**銃砲を試しに撃つこと。

**じしゃ【寺社】**寺と神社。

**じしゃ【自社】**自分の会社。「―株」対他

社

**じしゃ【侍者】** 身分の高い人の付き人。

**ししゃく【子爵】** 爵位の一。五等爵の第四位。

**しじやく【指示薬】** 溶液の酸性・アルカリ性などを見分ける試薬。インジケーター。

**じしゃく【磁石】** ①鉄を吸いつける性質をもつ物体。マグネット。②方位測定器。コンパス。

**じじゃく【示寂】** 〔仏教語〕菩薩《ぼさつ》・高僧が死ぬこと。

**じじゃく【自若】** 〔文章語〕ゆうゆうと落ち着いているようす。「泰然《たいぜん》—」

**ししゃごにゅう【四捨五入】** 端数の最初のけたが四以下のときは切り捨て、五以上のときは切り上げること。

**シシャモ《柳葉魚》** 〔アイヌ語 susam〕ワカサギに似た魚。〔干物にして食べる〕

**ししゃやく【止瀉薬】** 下痢止めの薬。止瀉剤。

**ししゅ【死守】** 命がけで守ること。

**ししゅ【詩趣】** 〔文章語〕詩的な味わい。

**じしゅ【自主】** 他の指示・援助を受けず、自力で行動すること。「—性（的）」

**じしゅ【自首】** 犯人が自ら警察に出頭すること。〔正しくは、犯罪や犯人の発覚前に出頭する場合をいう〕

**じしゅ【字種】** ①文字（漢字）の種類。②漢字・平仮名・片仮名・アルファベットなどの違いによる種類。

**ししゅう【死臭】《屍臭》** 死体からでる悪臭。

**ししゅう【刺繍】** 布地に糸で模様を縫うこと（縫ったもの）。

**ししゅう【詩集】** 詩を集めた書物。

**しじゅう【始終】** ①しょっちゅう。②始めから終わりまで全部。「一部—」

**じしゅう【自修】** 自分で学問や技術を身につけること。

**じしゅう【自習】** 自分で学習すること。

**じしゅう【次週】** 次の週。来週。

**じじゅう【自重】** 機械類で、それ自体の重さ。

**じじゅう【侍従】** 天皇家の身近に仕える役人。

**しじゅうかた【四十肩】** 〔俗語〕四〇歳ごろにおこる腕の痛み。四十腕。

**しじゅうくにち【四十九日】** 〔仏教語〕死後四九日目（—の法要）。

**しじゅうしちし【四十七士】** 赤穂《あこう》浪士四七人の称。

**しじゅうしょう【四重唱】** 四人が異なる声音部をうけもつ合唱。カルテット。

**しじゅうそう【四重奏】** 四個の楽器による合奏。カルテット。

**しじゅうはって【四十八手】** 相撲で、相手を倒す四八種のわざ。〔現在のきまり手は八二種〕Ⅱ目的をとげるためのいろいろな手段。

**ししゅうびょう【歯周病】** 歯の周辺や歯茎の病気。歯槽膿漏《しそうのうろう》など。

**ししゅく【止宿】** 〔文章語〕宿泊すること。

**ししゅく【私淑】** 直接ではないが、ひそかに師として尊敬し学ぶこと。

**しじゅく【私塾】** ①個人経営の塾。学習塾など。②江戸・明治時代の私設の学校。

**じしゅく【自粛】** 自発的に言動をつつしむこと。

**ししゅつ【支出】** 金銭・物品を支払うこと。対収入

**しじゅつ【施術】** 〔文章語〕手術を行うこと。せじゅつ。

**じしゅトレ【自主—】** スポーツで自主的に行うトレーニング。

**しじゅん【至純】** 〔文章語〕このうえもなく純粋なこと。

**じじゅん【耳順】** 〔文章語〕六〇歳の別称。〔『論語』の「六十にして耳順《したが》う」から〕

**ししゅんき【思春期】** 異性への関心が生まれる年ごろ。一二～一七歳ごろ。

**ししょ【支所】** 会社や官庁の出張所。

**ししょ【支署】** 本署から分かれて設けられた役所。

**ししょ【司書】** 図書館で、書物の整理や保管を扱う（資格のある）人。

**ししょ【史書】** 歴史書。

**ししょ【四書】** 儒教で、『大学』『中庸』『論語』『孟子』の四つの書物。「—五経《ごきょう》」

**ししょ【死所・死処】** 〔文章語〕死ぬべき場所。

**ししょ【私書】** ①個人の手紙。②密書。

**しじょ【子女】** 〔文章語〕①子供。「帰国—」②女子。「良家の—」〔旧弊な言葉〕

**じしょ【自書】** 自分で書くこと（書いたもの）。対代書

**じしょ【自署】** 自分で署名すること。その署名。対代署

**じしょ【地所】** （敷地・財産としての）土地。

**じじょ【自序】** 著者自身が書いた序文。

**じじょ【自助】** 〔文章語〕他に頼らず自力で行うこと。「ー努力」

**じじょ【次女】**《二女》二番目の女の子。

**じじょ【児女】** 〔文章語〕①女の子。②子供。

**ししょう【支障】** さしさわり。「ーをきたす」

**ししょう【死傷】** 死んだりけがをしたりすること。「ー者」

**ししょう【私傷】** 就業時間外に負った傷。対公傷

**ししょう【刺傷】** 〔文章語〕さしきず（ーを負わせること）。

**ししょう【師匠】** （遊芸の）先生。対弟子

**ししょう【師承】** 〔文章語〕師から受け伝えること。

**ししょう【視床】** 間脳の一部。「ー下部」〔嗅覚以外の感覚を中継する〕

**ししょう【詞章】** ①詩歌や文章。②浄瑠璃や謡曲のことば。

**しじょう【市場】** 商品の取引や売買の行われる所。マーケット。類いちば

**ー価格《かかく》** 市場での需給の関係によって決定する価格。

**ー原理《げんり》** 需要と供給における自由競争で、健全な結果に調整されるとする考え。

**ー占有率《せんゆうりつ》** 市場における同種製品の中で、ある製品の売上高の割合。（マーケット）シェア。

**ー調査《ちょうさ》** 商品の売れゆきや買い手についての統計的調査。マーケティングリサーチ。

**しじょう【史上】** 歴史上。「ー初（最大）」

**しじょう【至上】** この上もないこと。最上。「ーの喜び」

**ー命令《めいれい》** 絶対に従わなくてはならない命令。

**しじょう【至情】** 〔文章語〕①まごころ。②自然な人情。

**しじょう【私情】** ①個人的感情。②利己的な心。

**しじょう【紙上】** ①新聞の紙面。「ーをにぎわす」②紙の上。「ーの計算」

**しじょう【試乗】** 試運転の乗り物に乗ること。「ー会」

**しじょう【詩情】** ①詩的な味わい。詩趣。②詩を作りたくなる気持ち。

**しじょう【誌上】** 雑誌の誌面。

**じしょう【自称】** ①自分で…と名のること。②文法で、一人称。対対称・他称

**じしょう【自照】** 〔文章語〕自分自身を観察・反省すること。

**じしょう【自傷】** 〔文章語〕（故意に）自分の体を傷つけること。また、その傷。

**じしょう【事象】** 実際の出来事や現象。「自然界のー」

**じじょう【自乗】**《二乗》同じ数をふたつかけ合わせること。にじょう。

**じじょう【自浄】** 川や海が自らの働きで汚染を消すこと。Ⅱ組織が内部の悪を自力で解消すること。「ー作用」

**じじょう【事情】** 事の次第・ようす・理由。「ーを考慮する」

**じじょう【磁場】** じば。

**じしょうぎ【持将棋】** 将棋で、引き分け。

**ししょうじ【指小辞】** 接尾語の一。小さい・親愛・軽侮などの意を表す。〔英語の–ette の類〕

**じじょうじばく【自縄自縛】** 自分の言動により、かえって自分が苦しめられること。自縛。

**ししょうせつ【私小説】** ①作者の周囲に起きた事実を題材にした小説。わたくし小説。②イッヒロマン。

**ししょく【試食】** 試しに食べること。

**じしょく【辞職】** 自分から職をやめること。対免職

**じじょでん【自叙伝】** 自分で書いた自分の伝記。

**ししょばこ【私書箱】** 郵便私書箱。

**ししん【至心】** 〔文章語〕まごころ。

**ししん【私心】** 自分の利益だけをはかる心。「ーを去る」

**ししん【私信】** ①私用の手紙。②密書。

**ししん【使臣】** 〔文章語〕国家の使者として外国に派遣される人。

**ししん【指針】** 計器の針。Ⅱ方針。てびき。

**ししん【視診】** 病人の体のようすや患部を見て診断すること。

**しじん【士人】** 〔文章語〕①さむらい。②地位や教養のある男性。

**しじん【四神】** 東西南北の四方の神。〔東

は青竜《せいりよう》、西は白虎《びやつこ》、南は朱雀《しゆじやく》、北は玄武《げんぶ》〕

**しじん【至人】**〔文章語〕道を極めた人。

**しじん【私人】** おおやけの地位や資格を離れた一個人。対公人

**しじん【詩人】** 作詩を(‐職業と)する人。

**じしん【自身】** ①自分。②それ自体。そのもの。「君‐」

**じしん【自信】** 自分の能力・価値などを信じること。「‐満々」類自負

**じしん【地震】** 大地の震動。〔地殻変動によって起こる〕

**‐雷《かみなり》火事《かじ》親父《おやじ》** 恐ろしいものを順にあげた語。

**‐帯《たい》** 地震の多発する帯状の地域。

**‐動《どう》** 地震波によって起こる地面の揺れ。

**‐波《は》** 震源地から伝わる波動。〔P波(=縦波)とS波(=横波)〕

**じしん【時針】** 時計の短針。対分針・秒針

**じしん【磁針】** 磁石の針。〔南北の方向を示す〕

**じじん【自刃】**〔文章語〕刀で自殺すること。

**じじん【自尽】**〔文章語〕自殺。

**じじん【自陣】**〔文章語〕自分の陣地。

**ししんけい【視神経】** 網膜で受けた刺激を脳に伝える神経。

**しす【死す】** 死する。

**しす【資す】** 資する。

**じす【辞す】** 辞する。

**ジス【JIS】** 日本工業規格。法律で決められた鉱工業製品の標準規格。〔Japanese Industrial Standard の略〕

**しすい【止水】**〔文章語〕①流れない水。「明鏡‐」対流水 ②出る水を止めること。

**しずい【歯髄】** 歯の中心部の空所を満たす柔らかい組織。神経がある。

**しずい【雌蕊】** めしべ。対雄蕊《ゆうずい》

**じすい【自炊】** ①(独身者などが)自分で食事を作って生活すること。②〔俗語〕書籍を裁断してスキャンし、デジタルデータ化すること。

**しすう【指数】** ①基準値を一〇〇とし、それと比べた数値。「物価‐」②数の右肩に記してその累乗を示す数。〔$a^2$ の2〕

**しすう【紙数】** 紙の枚数。ページ数。

**じすう【字数】** 文字の数。

**しずか【静か】** ①音や動きがないようす。②落ち着いているようす。③おだやか。「‐な世の中」

**ジスかんじ【JIS漢字】** JISで、情報処理用の変換コードが定められた漢字。

**しずく【滴】**《雫》 ぽたんぽたんと落ちる液体。「汗の‐」

**しずけさ【静けさ】** 静かな‐こと(度合い)。

**しずしず【静々】** 静かに。しとやかに。

**シスター**〔sister〕①姉妹。②修道女。

**システマティック**〔systematic〕 組織的。

**システム**〔system〕体系。制度。組織。

**‐アドミニストレーター**〔system administrator〕コンピューターのネットワークシステムの管理者。略称「シスアド」。〔国家資格の一〕

**‐エンジニア**〔systems engineer〕コンピューターシステムを設計する技術者。

**‐キッチン**〔和製語 system kitchen〕調理設備が機能的に一体化された設計の台所。

**ジステンパー**〔distemper〕 犬の急性感染症。

**ジストニア**〔dystonia〕骨・筋肉に異常がないのに、全身あるいは身体の一部が不随意に動いてしまう、または思うように動かなくなってしまう症状。ジストニー。

**ジストマ**〔ラテン語 distoma〕 寄生虫の一。肺や肝臓に寄生。吸虫類。

**ジストロフィー**〔dystrophy〕 ⇩進行性筋ジストロフィー

**じすべり【地滑り】** 斜面の土や岩がすべり落ちる現象。㊥大変動。「相場が‐を起こす」

**‐的《てき》** 圧倒的。「‐大勝利」

**ジスマーク【JIS―】** JISに合格した製品や加工技術などにつけられるマーク。

**しすます【し済ます】** うまくやってのける。

**しずまりかえる【静まり返る】** すっかり静かになる。

**しずまる** 一【静まる】①静かになる。②落ち着く。 二【鎮まる】①騒ぎがおさま

る。②神が鎮座する。
**しずむ【沈む】** ①没する。特に、水底につく。対浮く ②活気がなくなる。③（色が）地味で落ち着いている。
**しずめる【沈める】** 沈むようにする。対浮かべる
**しずめる** 一【静める】①静かにさせる。②落ち着かせる。二【鎮める】①騒ぎをおさめる。②痛みをおさえる。
**しする【視する】**（漢語に付いて）…扱いにする。…とみる。「英雄（疑問）—」
**しする【死する】**〔文章語〕死ぬ。
**しする【資する】**〔文章語〕役立つ。助けになる。「問題の解決に—ところが大きい」
**じする【侍する】**〔文章語〕はべる。仕える。
**じする【持する】**〔文章語〕守る。保つ。
**じする【辞する】**〔文章語〕①いとまごいをする。②辞退する。③やめる。「職を—」
**しせい【氏姓】** 氏《うじ》と姓《かばね》。姓氏。
**しせい【市井】** まち。「—の人」
**しせい【市制】** 市としての制度。「—をしく」
**しせい【市政】** 市の行政。
**しせい【市勢】** 市の人口・産業・財政などの情勢。
**しせい【四声】** 漢字の四種の声調。〔平声《ひょうしょう》・上声《じょうしょう》・去声《きょしょう》・入声《にっしょう》〕
**しせい【四聖】** 四大聖人。孔子・釈迦《しゃか》・キリスト・ソクラテス。
**しせい【死生】**〔文章語〕死と生。「—観」
**しせい【至誠】**〔文章語〕まごころ。「—天に通ず」
**しせい【私製】** 個人・民間が作ること（作ったもの）。「—はがき」対官製
**しせい【刺青】**〔文章語〕いれずみ。
**しせい【姿勢】** 体の構え。体勢。‖態度。「低—」
**—を正《ただ》す** 心構えをひきしめる。
**しせい【施政】** 政治を行うこと。また、その政治。「—方針（演説）」
**しせい【試製】** 試作。
**しせい【資性】**〔文章語〕生まれつきの性質・才能。
**しぜい【市税】** 市が賦課・徴収する租税。
**じせい【自生】** 自然にはえること。「—植物」類野生
**じせい【自制】** 自分で自分の感情や欲望をおさえること。「—心」類克己《こっき》
**じせい【自省】** 自らを反省すること。
**じせい【時世】** 移り変わる世の中。
**じせい【時制】** 文法で、テンス。
**じせい【時勢】** 時代のなりゆき。
**じせい【辞世】** 死にぎわに残す詩歌など。〔この世に別れをつげる意〕
**じせい【磁性】** 磁気を帯びた物体の性質。
**しせいかつ【私生活】** 個人としての生活。
**しせいじ【私生児】** 婚外子。〔侮蔑的に使われることが多い。/旧民法では私生子。父親が認知していない子を指した〕
**しせいだい【始生代】** 地質時代で、最古の時代。
**しせき【史跡】**《史蹟》歴史上、有名な事件や建物のあった場所。
**しせき【歯石】** 歯についた石灰分。〔歯槽膿漏《しそうのうろう》の原因となる〕
**じせき【自責】** 自分のあやまちを自らせめること。「—の念にかられる」
**—点《てん》** 野球で、投手の責任で相手に与えた点。
**じせき【耳石】** 内耳の中にある粒状の分泌物。これにより平衡感覚を生ずる。平衡石。
**じせき【次席】** 二番目の席次（—の人）。対首席
**じせき【事跡】**《事蹟》〔文章語〕ある出来事があったあと。
**じせき【事績】**〔文章語〕ある人がなしとげた仕事。「—を残す」
**じせず【辞せず】** 恐れない。「死も—」
**じせだい【次世代】** 次の世代。‖さらに発達した段階。「—エネルギー」
**しせつ【私設】** 個人・民間が設けること。「—応援団」対公設
**しせつ【使節】** 国の代表として外国に派遣される人。「—団」
**しせつ【施設】** ①特定の目的のために建物や設備を設けること。また、その建物・設備。「公共—」②特に、養護施設。
**じせつ【自説】** 自分の意見（学説）。
**じせつ【持説】** 持論。
**じせつ【時節】** ①時候。②チャンス。「—到来」③時勢。
**—柄《がら》** 時が時だけに。
**しせる【死せる】**〔文章語〕死んだ。「—

魂」
**しせん【支線】** ①本線（幹線）から分かれた線。②電柱を支える鉄線。
**しせん【死線】** 生きるか死ぬかの境目。「―を-さまよう（越える）」
**しせん【私選】** ①個人が選ぶこと。「―弁護人」②【私撰】個人の編集。「―集」対勅撰
**しせん【視線】** 目の向き。類目線
**しぜん【至善】** 〔文章語〕最もすぐれた善。
**しぜん【自然】** ①山・川・海や動植物など。②人の手を加えない、ありのままの状態。「―的」③むりがないようす。対不自然 ④ひとりでに。
**―遺産**《いさん》 世界遺産の分類の一。〔日本では屋久島や白神山地など〕
**―界**《かい》 ①天地万物の存在する範囲。②人間界をとりまく自然の世界。
**―科学**《かがく》 自然界の現象を研究する学問。対社会科学・人文科学
**―現象**《げんしょう》 人間の意志の及ばない、自然界に起こる現象。
**―食品**《しょくひん》 合成添加物を加えない食品や無農薬・有機栽培の農作物など。自然食。
**―数**《すう》 正の整数。〔一・二・三…〕
**―葬**《そう》 風葬や散骨などにより、遺体を自然にかえす葬送。
**―体**《たい》 柔道で、自然に立った構え。Ⅱ先入観や気負いのない態度。
**―淘汰**《とうた》 自然選択。〔古い言い方〕対人為淘汰 Ⅱ良い物が残り、悪い物が滅びること。
**―法**《ほう》 人間の自然な性質に基づく普遍的な法。対実定法
**じせん【自選】**（自撰） 自分で自分の作品を選ぶこと。「―集」
**じせん【自薦】** 自分で自分を推薦すること。対他薦
**じぜん【次善】** 最善の次。「―の策」
**じぜん【事前】** 事が-起こる（行われる）前。対事後
**―運動**《うんどう》 決められた期間の前に行う選挙活動。〔公職選挙法違反〕
**じぜん【慈善】** 不幸な人を助けること。
**―事業**《じぎょう》 慈善のための社会的事業。
**しそ【始祖】** ①先祖。元祖。②禅宗で、達磨《だるま》大師。
**しそ【紫蘇】** 薬味・梅干し漬けなどに使う香草。
**しそう【死相】** ①死の近いことがわかる顔つき。「―が現れる」②死に顔。
**しそう【志操】** 心にかたくもっている志。「―堅固」
**しそう【使嗾・指嗾】** 〔文章語〕そそのかすこと。
**しそう【思想】** 社会・政治や人生に対する一定の考え。「―の自由」
**―犯**《はん》 反体制的な思想をもつ犯罪（―者）。
**しそう【歯槽】** 歯根がはまっているあごの骨の穴。
**―膿漏**《のうろう》 歯槽にうみがたまる病気。〔放置すると歯が抜ける〕
**しそう【試走】** ①自動車を、試しに運転すること。②（競走前に）試しに走ること。
**しそう【詩藻・詞藻】** 〔文章語〕詩や文章（―の修辞）。Ⅱ詩や文章を生みだす才能。「―に富む」
**しぞう【死蔵】** 使わないで、むだにしまっておくこと。「―品」
**しぞう【私蔵】** 個人が所有すること。
**じそう【自走】** 動力を備え、自力で動くこと。「―タラップ」
**じそう【児相】** 児童相談所の略。
**じぞう【地蔵】** 地蔵菩薩《ぼさつ》。
**―顔**《がお》 地蔵のような、温かみのある丸顔。
**シソーラス**〔thesaurus〕 ①語を意味で分類し配列した辞書。②情報検索用に分類した語彙《ごい》の索引。
**しそく【子息】** 他人のむすこ。「ご―」
**しそく【四則】** 加・減・乗・除の四つの計算法。
**しぞく【士族】** 明治維新後の身分の一。〔もとの武士階級〕
**―の商法**《しょうほう》 不向きな人が商売をして失敗すること。
**しぞく【氏族】** 祖先が同じ血族の集団。
**じぞく【自足】** ①自分で自分の必要をみたすこと。「自給―」②自分で満足すること。
**じそく【時速】** 一時間に進む距離。
**じぞく【持続】** 長く-続く（保ち続ける）こと。
**―可能性**《かのうせい》 自然資源や環境汚染が適正に管理され、経済・福祉が長期的に維

持できること。

**―可能《かのう》な開発《かいはつ》** 将来の世代の欲求を満たしつつ、現在の世代の欲求も満足させるような開発。

**しそこなう【仕損なう】** ①失敗する。②する機会を逃す。

**しそつ【士卒】** 兵士。

**しそん【子孫】** 祖先の血筋をひく代々の人。対先祖・祖先

**じそん【自存】** 〔文章語〕自力で生存すること。

**じそん【自尊】** ①自分を尊重し誇りをもつこと。②うぬぼれること。

**―心《しん》** 自尊①の気持ち。プライド。

**じそん【自損】** 自分のせいでけがをすること。「―事故」

**じそん【児孫】** 〔文章語〕子孫。

**しそんじる【仕損じる】** しそこなう。

**しそんずる【仕損ずる】** しそんじる。

**した【下】** ①低い方。②地位・程度や年齢が低いこと。③内側。◇対上 ④すぐあと。「話す―からまちがえる」⑤前もってすること。「―‐調べ（げいこ）」

**―にも置《お》かない** 丁重にもてなす。

**した【舌】** ①口の中にある器官。べろ。〔味覚や発音に重要な役割をはたす〕②【簧】管楽器などで、振動音を出す薄片。リード。

**―が肥《こ》える** うまい物を食べ慣れて味覚が発達している。

**―の根《ね》の乾《かわ》かぬうち** あることを言ったその矢先。〔前言に矛盾することを言ったときにとがめる言い方〕

**―を出《だ》す** ①陰でばかにする。②失敗して恥じる動作。

**―を鳴《な》らす** ①（不満・不服から）舌打ちする。②（おいしい物を食べて）満足した気持ちを表わすようす。

**―を巻《ま》く** 非常に感心して驚く。

**しだ【羊歯】** 胞子でふえる植物の一。〔ウラジロ・ワラビ・ゼンマイなど〕

**じた【自他】** ①自分と他人。②文法で、自動詞と他動詞。

**―共《とも》に許《ゆる》す** だれもが認める。

**じだ【耳朶】** 〔文章語〕①耳たぶ。②耳。

**―に触《ふ》れる** 聞き知る。

**したあじ【下味】** ①料理で、前もって材料につけておく味。②相場が下がり気味なこと。

**したい【支隊】** 本隊から分かれた部隊。

**したい【死体】**《屍体》死んだからだ。しかばね。対生体

**したい【肢体】** 〔文章語〕手足（‐とからだ）。

**したい【姿態】**（動作をふくむ）体つき。

**しだい【次第】** ①順序。「式―」②わけ。事情。「事と―によっては」③…したらすぐ。「見つけ―」④…によって決まる意。「君の考え―」⑤…ほうだい。「手当たり―」

**しだい【私大】** 私立大学の略。

**じたい【自体】** ①そのもの自身。「考え―がちがう」②そもそも。

**じたい【字体】** ①文字（漢字）の形。「新―」②書体。

**じたい【事態】** 事の状態。なりゆき。「―を見守る・不測の―」

**じたい【辞退】** 遠慮して断ること。

**じだい【次代】** 次の時代・世代。

**じだい【地代】** ①地価。②借地料。◇〔「ちだい」とも〕

**じだい【事大】** 弱小なものが強大なものに従い仕えること。

**―主義《しゅぎ》** その時々の勢力の強いものについて自分を守ろうとする考え方。

**じだい【時代】** ①ある特徴をもつ、一定の期間。「江戸―」②その時期。「―の先端」

**――遅《おく》れ（後《おく》れ）** その時代の傾向に遅れていること。

**―掛《が》かる** 古めかしく（‐大げさに）見える。

**―錯誤《さくご》** ①時代おくれ。アナクロニズム。②時代が異なるものを混同する誤り。

**―小説《しょうせつ》** 近代以前の事件や人物を描いた大衆小説。

**―物《もの》** ①長い年月を経たもの。②江戸時代以前の史実・伝説を題材にした浄瑠璃・歌舞伎。対世話物 ③時代劇。まげもの。

**したう【慕う】** ①恋しく‐思う（思ってあとを追う）。「故郷を―」②尊敬して見ならう。「学識を―」

**したうけ【下請け】** 他が請け負った仕事をさらに請け負う‐こと（人）。「―企業」

**したうち【舌打ち】** 不愉快なときなどに、チェッと舌を鳴らすこと。

**したえ【下絵】**下がきの絵。
**したおし【下押し】**①下の方へ押すこと。②取引で、相場が下落すること。
**したがう【従う】**①あとについて行く。②服従する。対逆らう ③従事する。④（「…に従って」などの形で）…につれて。
**したがえる【従える】**①服従させる。②ひきつれる。
**したがき【下書き】**①清書の前に｜書くこと（書いたもの）。②草稿。草案。
**したかげ【下陰】**樹木などにおおわれた、うす暗い所。
**したがけ【下掛け】** こたつぶとんの下にかける布。
**したがって【従って】**よって。だから。
**したがり【下刈り】**下草を刈ること。
**したぎ【下着】** 肌に直接つける衣服。肌着。対上着
**じだきゅう【自打球】**野球で、打者自身が打った球。「―を足に当てる」
**したく【支度・仕度】**①準備。用意。②身じたく。
**―金《きん》** 準備に必要な金。
**したく【私宅】**①個人の家。②自宅。
**しだく** 荒らす。乱す。くだく。「踏み―」〔多く接尾語的に使う〕
**じたく【自宅】**自分の家。「―待機」
**したくさ【下草】**木陰に生えている雑草。
**したげいこ【下稽古】**本番前に練習すること。
**したけんぶん【下検分】** あらかじめ調査すること。下見。

**したごころ【下心】** ひそかに考えていること。本心。Ⅱたくらみ。計略。
**したごしらえ【下拵え】**①あらかじめ準備すること。②料理で、事前にざっと作っておくこと。
**したさき【舌先】** 舌の先端。Ⅱ口先。言葉。
**―三寸《さんずん》** 口先だけで言葉たくみに話すこと。舌三寸。
**したざさえ【下支え】**〔景気や相場〕が下がらないように支えること。
**したざわり【舌触り】**舌に触れる感じ。
**したじ【下地】**①基礎。土台。②素質。③しょう油。おしたじ。
**しだし【仕出し】**①出前。「―弁当」②演劇で、その他大勢の端役《はやく》。
**したしい【親しい】**①気心が知れている。仲がよい。②なじみ深い。「耳に―」
**したじき【下敷き】**①紙の下に敷く文房具。②物の下に敷かれること。Ⅱ手本。「古典を―に創作する」
**したしく【親しく】** みずから。じかに。〔多く身分の高い人についていう〕
**したしごと【下仕事】**①下ごしらえ。②下請け。
**したしむ【親しむ】**①親しくする。「友と―」②なじむ。「自然に―」
**したしょく【下職】** 下請けの｜仕事（職人）。
**したしらべ【下調べ】**①予備調査。②予習。
**しだす【仕出す】**①し始める。②料理を作って配達する。
**したそうだん【下相談】** あらかじめしておく打ち合わせ。
**しただい【舌代】**口上書き。ぜつだい。〔飲食店の値段表などの初めに書く語〕
**したたか《強か》**①しぶとく手ごわいようす。②ひどく。「―酔う」
**―者《もの》** 一筋縄ではいかない、手ごわい人。
**したためる《認める》**①書きしるす。②食事をする。〔古風な言い方〕
**したたらす【滴らす】** したたるようにする。「汗を―」
**したたらず【舌足らず】** 舌がよく回らず発音が不明瞭なこと。Ⅱ表現が不十分なこと。「―の説明」
**したたり【滴り】**しずく。
**したたる【滴る】**液体がたれて落ちる。
**したたるい【舌たるい】** 言い方が甘えた調子だ。舌ったるい。
**じたつ【示達】** 上級官庁から指示を通達すること。したつ。
**したつづみ【舌鼓】**うまい物を食べて、舌を鳴らすこと。したづつみ。「―を打つ」
**したっぱ【下っ端】**〔俗語〕身分や地位の低い人。〔軽蔑した言い方〕
**したづみ【下積み】**①人の下に使われている｜こと（人）。②下に｜積むこと（積まれたもの）。
**したつゆ【下露】**〔文章語〕木の下などにしたたる露。
**したて【下手】**①下の方。②より劣っていること。Ⅱへりくだった態度。したで。③

相撲で、組んだとき相手の腕の下に差し入れた|状態(手)。◇対上手《うわて》 ②野球で、投手の投法の一。アンダースロー。

―投《な》げ ①相撲で、投げわざの一。◇対上手《うわて》投げ

―に出《で》る へりくだった態度で接する。

**したて【仕立て】** 仕立てること。特に、裁縫。

―上《あ》がり ①仕立ててできあがること。②新調したばかり。

―下《お》ろし 新調の服。

―直《なお》し 衣服をほどいて作り変えること。また、その服。

―物《もの》 ①裁縫。②仕立てた衣服。

**したてる【仕立てる】** ①衣服を縫いあげる。②それらしく作りあげる。「悪人に―」③教えこむ。「一人前に―」④特に用意する。「車を―」

**したどり【下取り】** 新品を売る際、店が古い品を適当な値段で引き取ること。

**したなめずり【舌舐めずり】** 舌で唇をなめること。Ⅱ獲物を待ち構えるようす。

**したに【下煮】** 料理で、煮えにくい材料を先に煮ておくこと。

**したぬい【下縫い】** 仮縫い。対本縫い

**したぬり【下塗り】** 上塗《うわぬ》りの前に下地を塗ること。

**したね【下値】** 相場で、今までより低い値段。対上値《うわね》

**したば【下葉】** 草木の下の方の葉。

**したばえ【下生え】** 木の下に生えている草や低木。

**したばき** 一【下履き】 戸外用のはきもの。対上履き 二【下穿き】 下半身用の下着。

**したばたらき【下働き】** ①人の下で働く|こと(人)。②炊事や雑用をする|こと(人)。

**したばら【下腹】** 腹の下部。したはら。したっぱら。「―に力をいれる」

**したばり【下張り】《下貼り》** 上張《うわば》りの下地に張る|こと(紙)。

**したび【下火】** 火の勢いが衰えること。Ⅱ勢いが弱まること。「流行が―になる」

**したびらめ【舌平目】** 海魚の一。食用。

**したぶれ【下振れ】** 業績や景気などが想定を下回ること。対上振れ

**したまえ【下前】** 着物を前で合わせるとき、内側になる部分。対上前《うわまえ》

**したまち【下町】** 都市で、低い所にある町。主に商工業者の住む地域。特に、東京の下町。対山の手

**したまわる【下回る】** ある水準より下になる。対上回る

**したみ【滑み】** ①したたり。②したみ酒。

―酒《ざけ》 升などからあふれてたまった酒。

**したみ【下見】** ①下検分。②下読み。③家の外側に打ちつけた板壁。「―板」

**したむき【下向き】** 下方に向くこと。Ⅱ勢いが衰える(相場が下がる)傾向にあること。◇対上向《うわむ》き

**したため【下目】** ①目を下に向けること。対上目《うわめ》 ②人をさげすむこと。

**したもえ【下萌え】** 〔文章語〕春、地中から草の芽が出ること。

**したやく【下役】** ①部下。対上役《うわやく》 ②下級の役人。

**したゆで【下茹で】** 調理の前に材料をゆでておくこと。

**したよみ【下読み】** (書物や原稿を)あらかじめ読んでおくこと。下見。

**じだらく【自堕落】** 生き方のだらしないようす。

**したり** ①やった!〔成功したとき〕②しまった!「これは―」〔失敗したとき〕

―顔《がお》 得意そうな顔つき。

**しだれ【枝垂れ】** たれさがること。

―桜《ざくら》 桜の一種。枝が長く垂れる。

―柳《やなぎ》 ふつうの柳。枝が長く垂れる。イトヤナギ。垂柳《すいりゅう》。

**しだれる【枝垂れる】** (枝が)たれさがる。

**したわしい【慕わしい】** 心がひかれ恋しい。

**したん【紫檀】** 熱帯産の常緑樹。材は暗赤色で堅い。家具用材。

**しだん【史談】** 〔文章語〕歴史上の物語。

**しだん【指弾】** 非難し、排斥すること。

**しだん【師団】** 軍隊で、編制上の単位の一。連隊が集まって構成される。

**しだん【詩壇】** 詩人の社会。

**じたん【時短】** 労働時間短縮の略。

**じだん【示談】** 裁判にかけず、当事者間の話し合いで争いを解決すること。「―金」

**したんかい【試胆会】** 〔文章語〕きもだめしの会。

**じだんだ【地団太・地団駄】** くやしくて、

足を強く踏みならすこと。じたんだ。
**しち【七】** 数の名。
**しち【質】** ①質屋に担保として預ける品物。質草。「―に入れる」 ②約束の保証として預けるもの。
**しち【死地】**〔文章語〕①生きて帰れそうもない―場所(状況)。②死に場所。
**じち【自治】** ①自分のことを自分で処理すること。②地方公共団体や大学などが、自主的に行政や事務運営を行うこと。
**しちいれ【質入れ】** 借金の担保として品物を質屋に預けること。対質請け
**じちかい【自治会】** 学校や地域で、生活を自主的に運営するための組織。
**しちかいき【七回忌】**〔仏教語〕死後六年目の―忌日(法要)。七周忌。なながいき。
**しちがつ【七月】** 年の七番目の月。文月《ふみづき》。
**しちぐさ【質草・質種】** 質①。
**しちけん【質権】**〔法律用語〕借金の返済まで担保を預かる権利。
**じちけん【自治権】** 地方公共団体が自治行政を行う権限。
**しちごさん【七五三】** 子供の成長の祝い。一一月一五日に行う。〔女子は三歳・七歳、男子は三歳・五歳〕
**しちごちょう【七五調】** 韻文の調子の一。語句を、七音・五音の順に並べてくりかえす。対五七調
**しちごん【七言】** 一句が七字からなる漢詩の句。
**―絶句《ぜっく》** 七言四句からなる漢詩。七絶。

**しちしちにち【七七日】**〔仏教語〕四十九《しじゅうく》日。
**しちじゅうにこう【七十二候】** 二十四気の各節気をさらに三つに分けたもの。
**しちしょう【七生】** ①〔仏教語〕七度生まれ変わること。「―報国」 ②七代。「―までたたる」
**じちしょう【自治省】** 旧省庁名の一。地方自治・選挙などを扱った。現在は総務省に統合。
**じちたい【自治体】** 地方公共団体。
**しちてん【七転】**《七顛》
**―八起《はっき》** ななころびやおき。
**―八倒《ばっとう》** ころげまわって苦しむこと。七転はっとう。しってんばっとう。
**しちどうがらん【七堂伽藍】** 寺として備えるべき七種の堂や塔。七堂。
**しちながれ【質流れ】** 期限切れのため、質草が質屋の所有になること。その品物。
**しちなん【七難】** ①種々の災難。②種々の欠点。「色の白いは―かくす」
**しちぶ【七分】** ①七割。②一〇〇分の七。
**―袖《そで》** ひじと手首の中間の長さの袖。
**―搗《づ》き** 玄米の外皮を七割ほど取るようにーつくこと(ついた米)。
**しちふくじん【七福神】** 七人の福徳の神。〔大黒天《だいこくてん》・恵比須《えびす》・毘沙門天《びしゃもんてん》・弁財天《べんざいてん》・福禄寿《ふくろくじゅ》・寿老人《じゅろうじん》・布袋《ほてい》〕
**しちふだ【質札】** 質草の預かり証。質券。
**しちほ【七歩】**
**―の才《さい》** 作詩が早くしかもすぐれていること。〔中国の故事から〕

**しちみ【七味】** 香辛料の一。トウガラシ・ゴマ・サンショウ・ケシ・チンピ・ナタネ・アサノミの七種をまぜる。七色《なないろ》唐辛子。七味唐辛子。
**しちむずかしい【しち難しい】** やっかいで難しい。
**しちめんちょう【七面鳥】** 北米原産の鳥。クリスマスなどに食べる。ターキー。〔首が青・白・赤などに変色する〕
**しちめんどう【七面倒】**〔俗語〕なにかとめんどうだ。
**―臭《くさ》い** ひどくわずらわしい。
**しちや【質屋】** 品物を預かってお金を貸す職業(―の店)。
**しちゃく【試着】** 衣服を試しに着てみること。「―室」
**しちゅう【支柱】** ささえの柱。つっかい棒。⑪ささえとなる大切なもの。
**しちゅう【市中】** 町の中。
**―銀行《ぎんこう》** 普通銀行。特に、都市銀行。
**しちゅう【死中】**
**―に活《かつ》を求《もと》める** 絶望的な状態にあって逃れる方法を見いだす。
**シチュー**〔stew〕洋風の煮込み料理。
**じちゅう【自注】**《自註》 著者自身が書いた注釈。
**じちゅう【寺中】** ①境内《けいだい》。②塔頭《たっちゅう》。
**しちゅうすいめい【四柱推命】** 占いの一。生まれた年月日・時刻の四つをもとにする。

**シチュエーション**[situation] ①状況。場面。境遇。②映画や小説で、設定された状況。

**じちょ【自著】** 自分の著書。

**しちよう【七曜】** ①日・月と火・水・木・金・土の五星。②しちよう①を一週間のそれぞれの日にあてはめた呼び方。

**しちょう【征】**⟪止長⟫ 囲碁で、当たりの連続で必ず取られる形。〔シチョウとも書く〕

**しちょう【支庁】** 地方に設けた都道府県庁の役所。

**しちょう【市長】** 市の首長。

**しちょう【弛張】**〔文章語〕①ゆるむことと張ること。②寛大と厳格。

**しちょう【思潮】** ある時代の、一般的な思想(—の傾向)。「文芸—」

**しちょう【視聴】** 見たり聞いたりすること。❷注意。注目。「—を集める」

**—覚**《かく》 視覚と聴覚。

**—率**《りつ》 あるテレビ番組が見られた割合。

**しちょう【試聴】** レコードなどを試しにきくこと。

**じちょう【自重】** ①行動をつつしむこと。②健康に注意すること。

**じちょう【自嘲】** 自らをあざ笑うこと。

**じちょう【次長】** 長・長官の次位の職(—の人)。

**しちょうそん【市町村】** 市と町と村。

**しちょく【司直】**〔文章語〕裁判官や検察官。「—の手にゆだねる」

**じちりょう【自治領】** ある国家の領土の一部であるが、独立国としての機能をもつ領域。

**しちりん【七厘・七輪】** 土製のこんろ。

**じちん【自沈】** 自分の乗っている艦船をみずから沈めること。

**じちんさい【地鎮祭】** 建築にとりかかる前に、土地の神に工事の無事を祈る儀式。

**しつ【質】** ①品質(—の良否)。「量より—」対量 ②性質。

**じつ【実】** ①実際。真実。「—の親・—をとる」対名 言うと」②実質。なかみ。「—をとる」対名 ③まごころ。「—がある」④実績。「—があがる」

**しつい【失意】** 失望。対得意

**しついん【室員】** 研究室など室の構成員。

**じついん【実印】** 役所に登録した印。対認め印

**じついん【実員】** 実際の人数。

**しつう【止痛】**〔文章語〕痛み止め。「—剤」

**しつう【私通】**〔文章語〕密通。

**しつうはったつ【四通八達】**〔文章語〕交通網が発達して便利なこと。

**じつえき【実益】** 実際の利益。「趣味と—を兼ねる」類純益

**じつえん【実演】** ①観客の前で実際に演じること。②実際にやって見せること。

**しつおん【室温】** 部屋の中の温度。

**しっか【失火】** 過失による火事。

**しっか【膝下】**〔文章語〕①ひざもと。そば。「父母の—」②父母などへの手紙で、あて名のわきに添える語。

**じっか【実家】** ①生家。②婚家・養家に対して、もとの家。

**しっかい【悉皆】**〔文章語〕ことごとく。

**しつがい【室外】** 部屋の外。対室内

**じっかい【十戒】** ①宗教で、守るべき一〇のいましめ。②**【十誡】** キリスト教で、モーゼが神から与えられた一〇か条のいましめ。

**じつがい【実害】** 実質的(実際の)損害。

**しつがいこつ【膝蓋骨】** ひざのさら状の骨。

**しっかく【失格】** 資格を失うこと。対合格

**じつがく【実学】** 実生活に役立つ学問。

**しっかと**⟪確と・聢と⟫ しっかりと。

**しっかり**⟪確り・聢り⟫ ①堅固。②堅実。気丈。「—者」③十分。「—食べる」④相場が上がり気味なようす。

**しつかん【質感】** 材質から受ける感じ。

**しっかん【疾患】** 病気。

**じっかん【十干】** 五行を兄《え》と弟《と》に分けたもの。〔甲(こう・きのえ)・乙(おつ・きのと)・丙(へい・ひのえ)・丁(てい・ひのと)・戊(ぼ・つちのえ)・己(き・つちのと)・庚(こう・かのえ)・辛(しん・かのと)・壬(じん・みずのえ)・癸(き・みずのと)〕

**じっかん【実感】** 実際に感じること。実際の感じ。

**しっき【湿気】** しっけ。

**しっき【漆器】** うるし塗りのうつわ。

**しつぎ【質疑】** 質問。「—応答」

**じつき【地付き】** ①昔からその土地に住んでいること。②魚が一定の場所にいつくこと。

**じつぎ【実技】** 実際の技術。
**しっきゃく【失脚】** 失敗して地位を失うこと。
**しつぎょう【失業】** 職—を失う(につけない)こと。
**—保険《ほけん》** 失業者の生活を保障する社会保険。〔雇用保険の旧称〕
**じっきょう【実況】** ①実際の状況。②実況放送(—をすること)。
**—放送《ほうそう》** 実際に行われている現場からの放送。
**じつぎょう【実業】** 生産・売買の事業。「—界」〔農・商・工業など〕
**—家《か》** 経済的事業を営む人。
**—団《だん》** 実業に携わる企業でつくる団体。「—野球」
**しっきん【失禁】** 抑制できずに大小便をもらすこと。
**しっく【疾駆】** 車や馬が速く走ること。
**シック**〔フランス語 chic〕粋《いき》でしゃれているようす。
**しっくい【漆喰】** 壁塗りの材料。〔石灰に粘土やふのりを入れて練ったもの〕
**シックハウス**〔和製語 sick house〕新建材などに含まれる化学物質で、室内の空気が汚染された住宅。アレルギー反応をひきおこす。「—症候群」
**しつけ【仕付け】** ①《躾》礼儀作法をしこむこと。動—る ②本縫いの前に縫い目が整うように、また、縫ったあとで型くずれしないように、あらく縫っておくこと。
**しっけ【湿気】** しめりけ。しっき。
**しっけい【失敬】** ①失礼。②〔俗語〕盗むこと。③さようなら。ごめんなさい。〔男性が使う〕
**じっけい【実兄】** 父母が同じである兄。対義兄
**じっけい【実刑】**〔法律用語〕実際に受ける刑。対執行猶予
**じっけい【実景】** 実際の景色。
**しっけつ【失血】** 出血して血液を失うこと。「—死」
**じつげつ【日月】** ①太陽と月。②年月。にちげつ。
**しつける【仕付ける】** ①しなれる。②《躾ける》礼儀作法をしこむ。③衣服に糸で仕付け②をする。
**しっけん【失権】** 権力(権利)を失うこと。しけん。
**しっけん【識見】** しきけん。
**しつげん【失言】** 言うべきでないことをうっかり言うこと。また、その言葉。
**しつげん【湿原】** 湿地になった草原。
**じっけん【実見】** 実際に見ること。
**じっけん【実検】** 本当かどうか検査すること。「首—」
**じっけん【実権】** 実質的な権力。
**じっけん【実験】** 理論や仮定が正しいかどうかためすこと。
**—小説《しょうせつ》** 科学者のような態度で観察・記録して書く小説。〔フランスの作家ゾラが提唱〕
**—台《だい》** ①実験をするための台。②実験の対象。
**じつげん【実現】** 現実のものに—する(なる)こと。
**—性《せい》** 実現する見こみ。
**しつけんとうしき【失見当識】** 日時や場所、状況などが正しく認識できなくなる状態。失見当。失見当障害。
**しつご【失語】** ①失言。②言語活動が困難になること。
**—症《しょう》** 脳障害により失語②になる病気。
**しつこい** ①濃厚でくどい。「—味」②執念深い。「しつこくつきまとう」
**しっこう【失効】** 効力を失うこと。「免許の—」対発効
**しっこう【執行】** 実際に行うこと。
**—官《かん》** 差し押さえ・競売などを扱う、地方裁判所の職員。
**—機関《きかん》** 議決機関の決定を執行する機関。
**—部《ぶ》** 政党や労働組合の執行機関。
**—役員《やくいん》** 企業で、取締役の監督のもと業務執行にあたる役員。
**—猶予《ゆうよ》** 有罪判決を受けた人に一定期間刑の執行を延期すること。〔その間無事に過ごせば刑は科さない〕対実刑
**しっこう【漆工】** うるし細工(—の職人)。
**しっこう【膝行】**〔文章語〕(神前や貴人の前で)ひざをついたまま進退すること。
**じっこう【実行】** 実際に行うこと。
**じっこう【実効】** 実際の効果。
**しっこく【桎梏】**〔文章語〕自由な行動を束縛するもの。「—を逃れる」
**しっこく【漆黒】**〔文章語〕まっ黒。
**じっこん【入魂・昵懇】** 親密。懇意。「—

の間柄」

**じっさい【実際】** ①事実。②実地。③ほんとうに。

**じつざい【実在】** 実際に客観的に存在すること。

**しっさく【失策】**《失錯》①しくじること。②野球で、エラー。

**じっさく【実作】** 芸術作品などを実際に作ること。

**しつじ【執事】** 身分の高い人の家で、家政を処理・指揮する人。

**じっし【実子】** 自分の血を分けた子。対継子《まま》・養子

**じっし【実姉】** 父母が同じである姉。対義姉

**じっし【実施】** 決めたことを実行すること。類実行・実践

**じつじ【実字】** ①漢文で、形あるものを表す漢字。人・川など。②漢文で、実際の意味を表す漢字。名詞・動詞・形容詞など。

**しっしき【湿式】** 液体を使う方式。「―印刷」対乾式

**しつじつ【質実】** まじめで飾り気のないこと。「―剛健」

**じっしつ【実質】** 実際の内容・性質。対形式・名目

**―賃金《ちんぎん》** 実際の購買力に換算した賃金。〔名目賃金を物価指数で割って示す〕

**じっしゃ【実写】** 作り物などでなく、実際の景色や状況をフイルムにおさめること。

**じっしゃ【実車】** タクシーが客を乗せていること。対空車

**じっしゃ【実射】** ロケット・実弾を実際に発射すること。

**じっしゃかい【実社会】** 現実の社会。

**じっしゅう【実収】** 実際の収入（収穫）。

**じっしゅう【実習】** 実地に学ぶこと。

**じっしゅきょうぎ【十種競技】** 一人で一〇種の陸上競技を行う種目。〔一日目は一〇〇メートル走・走り幅跳び・砲丸投げ・走り高跳び・四〇〇メートル走、二日目は一一〇メートル障害・円盤投げ・棒高跳び・やり投げ・一五〇〇メートル走〕

**しつじゅん【湿潤】** しめって水気があること。

**しっしょう【失笑】** 思わず笑ってしまうこと。「―を買う」〔誤って「笑えないほどあきれること」の意で使われる〕

**じっしょう【実証】** 事実によって証明すること。また、確かな証拠。

**じつじょう【実情】** ①**【実状】** 実際のありさま。②真情。

**しっしょく【失職】** 失業。対就職

**じっしょく【実食】**〔俗語〕実際に食べてみること。

**しっしん【失神・失心】** 気を失うこと。

**しっしん【湿疹】** 皮膚にぽつぽつが出て、ただれたりかゆくなったりする病気。

**じっしんほう【十進法】** 〇～九の数を使って、一〇倍ごとに桁《けた》を上げる数の表し方。

**じっすう【実数】** ①実際の数。②数学で、有理数と無理数の総称。

**しっする【失する】** ①（「…に～」の形で）…すぎる。「遅きに―」②なくす。失う。

**じっすん【実寸】** 実際に測った寸法。

**しっせい【失政】** まちがった政治。類悪政

**しっせい【叱正】**〔文章語〕しかり正すこと。「ご―を請う」〔文章の添削を頼むときの語〕

**しっせい【執政】** 政治を行うこと（人）。

**しっせい【湿性】** しめりやすい性質。対乾性

**じっせい【実勢】** 実際の勢力（情勢）。

**じっせいかつ【実生活】** 実際の日常生活。

**しっせいしょくぶつ【湿生植物】** 湿気の多い所に生える植物。セリなど。

**しっせき【失跡】** 失踪《しっそう》。

**しっせき【叱責】** しかって責めること。

**じっせき【実積】** 実際の体積（面積）。

**じっせき【実績】** 実際の成績・成果。「―をあげる」

**しつぜつ【湿舌】** 熱帯の海から日本に向かって舌状に伸びた湿った空気の一団。〔梅雨時の大雨をもたらす〕

**じっせつ【実説】** 実話。類実録

**じっせん【実戦】** 実際の戦闘・試合。

**じっせん【実践】** 実行。対理論

**―躬行《きゅうこう》**〔文章語〕実際に自ら行うこと。

**じっせん【実線】** とぎれていない線。

**しっそ【質素】** 簡素でつつましいようす。対贅沢《ぜいたく》

**しっそう【失踪】** ゆくえがわからず、生死も不明なこと。
**―宣告《せんこく》** 一定期間の失踪に対し死亡扱いにする家庭裁判所の宣告。
**しっそう【疾走】** 速く走ること。
**じっそう【実相】** 〔文章語〕実際のありさま。
**じっそう【実装】** （装置に）実際に備えつけること。
**じつぞう【実像】** 光がレンズや鏡で反射・屈折してつくる像。Ⅱ（地位や風評を離れた）真実の姿。「スターの―」◇対虚像
**しっそく【失速】** 航空機が速度・浮力を失い落ちそうになること。Ⅱ勢い・速度が急に減じること。
**じっそく【実測】** 実際に測ること。
**じつぞん【実存】** ①実在。②〔哲学用語〕現実的・具体的な存在。また、人間の主体的・自覚的な存在。対本質
**しった【叱咤】** 大声でしかること。「―激励」Ⅱ励ますこと。
**しったい【失態】**《失体》見苦しいことをして面目を失うこと。「―を演じる」
**じったい【実体】** ①本体。実質。②〔哲学用語〕変化するものの根底にある持続的なもの。
**―経済《けいざい》** 商品やサービスの売買など、金銭上の具体的な対価が伴う経済活動。対金融経済
**じったい【実態】** 実際の状態。「―調査」
**じったいけん【実体験】** 実際に経験すること。

**しったん【悉曇】** ①梵語《ぼんご》の字母。②梵語（―学）。
**じつだん【実弾】** 銃砲にこめる本物の弾丸。Ⅱ（買収用の）現金。
**しっち【失地】** 戦争などで奪われた土地。
**―回復《かいふく》** 失った地位や勢力を取り戻すこと。
**しっち【湿地】** 湿気の多い土地。
**じっち【実地】** ①現場。②実際の場合。
**―検証《けんしょう》** 犯罪の現場に行ってする取り調べ。現場検証。
**しっちゃく【失着】** 囲碁で、まちがった手を打つこと。対正着 Ⅱしくじり。
**じっちゅうはっく【十中八九】** おおかた。ほとんど。じゅうちゅうはっく。〔一〇のうち八か九の意〕
**しっちょう【失調】** バランスをくずすこと。「栄養―」
**しっちょう【失聴】** 聴力を失うこと。
**じっちょく【実直】** 誠実で正直なこと。
**しっちん【七珍】** 〔仏教語〕七宝《しっぽう》②。
**しっつい【失墜】** 信用や名誉などを失うこと。「権威の―」
**じつづき【地続き】** 土地が、隔てられるものがなく続いていること。
**じって【十手】** 江戸時代、目明かしなどが持った捕り物用具。
**じってい【実弟】** 父母が同じである弟。対義弟
**じっていほう【実定法】** 人間がつくり、社会に現実に行われている法。対自然法
**しつてき【質的】** 質にかかわるようす。対量的

**しってん【失点】** ①競技などで、失った点数。対得点 ②欠点。おちど。
**しつでん【湿田】** 水はけの悪い田。対乾田
**しってんばっとう【七転八倒】** ⇩しちてんばっとう
**しっと【嫉妬】** やきもち。ねたみ。
**しつど【湿度】** 空気のしめり具合。「―計」
**しっとう【失当】** 〔文章語〕適当でないこと（ようす）。
**しっとう【失投】** 野球で、投手が打者の打ちやすい球を投げてしまうこと。
**しっとう【執刀】** 手術で、メスを持つこと。手術すること。
**じつどう【実動】** （機械や車両が）実際に動くこと。
**じつどう【実働】** 実際に労働すること。
**―時間《じかん》** 実際に労働した時間。対拘束時間
**しつどくしょう【失読症】** 視覚や発音機能に異常がないのに、文字・文章の音読・理解ができない障害。
**しつない【室内】** 部屋の中。対室外
**―楽《がく》** 小編成の器楽曲。
**じつに【実に】** ほんとうに。全く。
**しつねん【失念】** うっかり忘れること。「名前を―する」
**じつねん【実年】** 五〇～六〇歳代の中高年層。〔一九八五年に厚生省（現厚生労働省）が公募して作った語〕
**じつの【実の】** ほんとうの。「―親」
**じつは【実は】** ほんとうは。

**ジッパー**［Zipper］ファスナー。〔もと商標〕
**しっぱい【失敗】** しくじること。対成功
**―は成功《せいこう》の―元《もと》(母《はは》)** 失敗に対する反省が次の成功のきっかけとなる。
**じつばい【実売】** 実際に―売ること(売られた数量)。
**じっぱひとからげ【十把一絡げ】** 値打ちも考えずに、どれもこれもひとまとめにすること。
**しっぴ【失費】** ものいり。かかった費用。
**しっぴ【櫛比】**〔文章語〕(建物が)ぎっしり並ぶこと。
**じっぴ【実否】** ほんとうかうそか。類真偽
**じっぴ【実費】** 実際にかかった費用。
**しっぴつ【執筆】** 文を書くこと。「―者」
**しっぷ【湿布】** 薬を塗った布を患部に当てて炎症を治療すること。その布。「温―」
**じっぷ【実父】** ほんとうの父。対養父・継父・義父
**しっぷう【疾風】** 激しい風。
**―迅雷《じんらい》** 疾風と激しい雷。Ⅱ非常にすばやく激しいこと。「―の攻撃」
**―怒濤《どとう》** シュトルムウントドラング。
**しっぷうもくう【櫛風沐雨】**〔文章語〕外へ出て、休みなく奔走し苦労すること。〔風で髪をとかし雨で体を洗う意〕
**じつぶつ【実物】** 実際の物。現物。
**―大《だい》** 実物と同じ大きさ。
**―取引《とりひき》** 差金決済を認めず、期日に必ず現物と代金とを授受しなければならない取引。
**ジップライン**［zip line］落差のある二点を結んだワイヤーを滑車で滑り降りる遊び。
**しっぺ《竹篦》** 人さし指と中指をそろえて人の手などを打つこと。〔しっぺいの転〕
**―返《がえ》し** 自分が受けた仕打ちに、すぐに仕返しをすること。しっぺいがえし。
**しっぺい【竹篦】** ①禅宗で、修行者を打つのに使う竹製のつえ。②しっぺ。
**しっぺい【疾病】**〔文章語〕病気。類疾患
**しっぽ【尻尾】** 動物の尾。Ⅱ細長いものの端。「たくあんの―」
**―を出《だ》す** ごまかしがばれる。
**―を摑《つか》む** 悪事などの証拠をつかむ。
**―を振《ふ》る** こびへつらう。
**―を巻《ま》く** 降参する。
**じつぼ【実母】** 生みの母。対養母・継母・義母
**しつぼう【失望】** 望みを失いがっかりすること。類絶望
**しっぽう【七宝】** ①工芸の一。七宝焼。②〔仏教語〕七つの宝石。七珍。しちほう。〔金・銀・瑠璃《るり》・玻璃《はり》・硨磲《しゃこ》・瑪瑙《めのう》・珊瑚《さんご》〕
**じっぽう【十方】** 四方(東西南北)・四隅(東南・東北・西南・西北)と上下。Ⅱあらゆる―所(方角)。
**じっぽう【実包】** 実弾。対空包
**しつぼく【質朴】**《質樸》ありのままで、すなおなこと。
**しっぽく【卓袱】** ①関西で、おかめ―うどん(そば)。②中国風の食卓。
**―料理《りょうり》** 和風の中国料理。長崎料理。
**じつまい【実妹】** 父母が同じである妹。対義妹
**しつむ【執務】** 事務を取り扱うこと。
**じつむ【実務】** 実際の業務。「―に―つく(携わる)」
**じづめ【字詰め】** 一行(一枚)の文字数。
**しつめい【失命】**〔文章語〕死ぬこと。
**しつめい【失明】** 目が見えなくなること。
**じつめい【実名】** ほんとうの名前。対仮名・偽名
**しつもん【質問】** わからないことを問いただすこと。「―文」類質疑
**しつよう【執拗】** しつこくつきまとうようす。
**じつよう【実用】** 実際に使って役立つこと。「―化」
**―新案《しんあん》** 物品の形状・構造・組み合わせに関する新しい考案。〔特許庁に登録すると実用新案権が得られる〕
**じづら【字面】** ①字や字配りの見た感じ。②文章の表面的な意味。「―を追う」
**しつらえ《設え》** 用意。備えつけ。「部屋の―」
**しつらえる《設える》** 用意する。設ける。しつらう。〔古風な言い方〕
**じつり【実利】** 実際の効用・利益。「―を重んじる」
**しつりょう【室料】** 部屋代。
**しつりょう【質量】** 物体が有する物質の量。
**―数《すう》** 原子核を構成する陽子と中性子の数の和。
**―保存《ほぞん》の法則《ほうそく》** 化学変化の前後で

物質の全質量は変化しないという法則。質量不変の法則。

**じつりょく【実力】** ①実際の力量。②武力や暴力。

**―行使《こうし》** ①目的達成のために武力を使うこと。②労働争議で、ストライキ。

**―者《しゃ》** 実質的な権力をもつ人。

**しつれい【失礼】** ①無礼。無作法。「―千万」②人と別れること。③ごめんなさい。④さようなら。

**じつれい【実例】** 実際にある例。

**しつれん【失恋】** 恋が実らないこと。

**じつろく【実録】** 事実の記録。

**じつわ【実話】** 実際にあった話。

**して【仕手】** ①何かをする人。②【シテ】能・狂言で、主人公。対ワキ・アド ③相場で、投機目的で大量の売買をする人。

**しで【四手・垂】** 玉串《たまぐし》や注連《しめ》縄に下げる紙。

**してい【子弟】** 〔文章語〕子や弟。また、青少年。

**してい【私邸】** 個人の屋敷。対官邸・公邸

**してい【姉弟】** 姉と弟。

**してい【指定】** はっきり示してそれと決めること。

**―席《せき》** 座る人が決められている席。対自由席 Ⅱその人のために用意された場所や地位。

**―都市《とし》** 政令で指定された、人口五〇万以上の市。政令指定都市。

**―銘柄《めいがら》** 信用取引拡大のため、証券取引所が特別の条件を与えている企業銘柄。

**してい【師弟】** 師と弟子。

**してい【視程】** 大気の汚染度を示す尺度の一。見通しのきく距離。

**じてい【自邸】** 自分の屋敷。

**シティー** 〔city〕都会。都市。「―ライフ」

**―ホテル** 〔和製語 city hotel〕市街地にあるホテル。〔食事や会合など宿泊以外にも利用される〕

**しでかす** 《仕出かす・為―》〔俗語〕してしまう。やらかす。「へまを―」

**してかぶ【仕手株】** プロの相場師が投機の対象とする株。

**してき【史的】** 歴史的。

**してき【私的】** 個人的。対公的

**してき【指摘】** はっきりさし示すこと。

**してき【詩的】** 詩の趣のあるようす。

**じてき【自適】** 〔文章語〕自在に楽しむこと。「悠々―」

**してせん【仕手戦】** ある株の銘柄について、相場師が売りと買いで相争うこと。

**してつ【私鉄】** 民間会社経営の鉄道。

**じてっこう【磁鉄鉱】** 鉱物の一。黒色で磁性が強い。製鉄原料。

**しでのたび【死出の旅】** 死ぬこと。死出の山に行くこと。死出の旅路《たびじ》。

**してやったり** うまくやった。

**してやられる** 〔俗語〕まんまと―やられる（だまされる）。

**してん【支店】** 本店から分かれた店。

**してん【支点】** てこをささえる固定した点。対力点・作用点

**してん【視点】** ものを見る立場。類観点

**しでん【市電】** ①市営の電車。②市街地の路面電車。

**しでん【史伝】** 歴史上の記録をもとに書いた伝記。

**しでん【師伝】** 〔文章語〕師匠から伝授されること。

**じてん【自転】** ①天体が内部の軸を中心に回転すること。対公転 ②自分で回転すること。

**―車《しゃ》** 乗り手がペダルを踏んで車輪を回転させて進む二輪車。

**―車操業《しゃそうぎょう》** 資金をやりくりして回転させて、かろうじて操業する不安定な経営。〔自転車のように、回転がとまると倒れることから〕

**じてん【次点】** 当選者の次の得点（―の人）。

**じてん【字典】** 漢字の辞書。

**じてん【事典】** 事物・事柄を説明した書物。「百科―」

**じてん【時点】** 時間の流れの上のある一点。「今日《こんにち》の―」

**じてん【辞典】** 辞書。「英和―」

**じでん【自伝】** 自叙伝。

**してんのう【四天王】** 〔仏教語〕帝釈天に仕える四神。持国天・増長《ぞうじょう》天・広目天・多聞《たもん》天。Ⅱある分野で特にすぐれた四人。

**しと【使徒】** キリストが選んだ一二人の弟子。Ⅱ献身的に努力する人。「平和の―」

**しと【使途】**（お金・物品の）つかいみち。「━不明金」
**しど【示度】** 計器の目盛りが示す数字。
**じど【磁土】** 白色の粘土。磁器の原料。
**しとう【死闘】** 死にものぐるいの戦い。
**しとう【至当】** きわめて当然。最適。
**しとう【私党】** 個人的な利益を求めて結成した党。対公党
**しとう【私闘】** 私的な利害関係による争い。
**しとう【指頭】**〔文章語〕指先。
**しどう【士道】** 武士道。
**しどう【市道】** 市が建設・管理する道路。
**しどう【私道】** 私有地に設けた道。対公道
**しどう【始動】** 動き（動かし）始めること。
**しどう【指導】** ①教えみちびくこと。「━━者（力）」 ②柔道で、反則の一。ごく軽い反則。
**━要領《ようりょう》** 学習指導要領。
**しどう【斯道】**〔文章語〕（学芸の）その方面。
**じどう【自動】** 機械などが自力で動くこと。対手動
**━詞《し》** 文法で、その動作が及ぶ対象をもたない動詞。〔「走る・泣く」など〕 対他動詞
**━車《しゃ》** エンジンの力で路上を走る四輪車。
**━小銃《しょうじゅう》** 引き金を引くと発射・装塡《そうてん》などを自動的にする小銃。
**━制御《せいぎょ》** 機械や装置の状態を自動的に調節すること。
**━的《てき》** ひとりでに動くようす。Ⅱ特に何をしなくてもそうなるようす。
**━販売機《はんばいき》** お金を入れると自動的に品物や切符が出てくる機械。
**じどう【児童】**（小学校に在学する）子供。〔児童福祉法では一八歳未満〕
**━自立支援施設《じりつしえんしせつ》** 不良行為を━なした（なすおそれのある）児童を教育・保護する施設。〔教護院を改称〕
**━相談所《そうだんじょ》** 児童福祉をはかるための相談に応じる施設。
**━手当《てあて》** 児童を養育している人に一定条件のもとに支払われる手当。
**━福祉司《ふくしし》** 児童相談所のケースワーカー。
**しとく【至徳】**〔文章語〕最上の徳。
**しどく【死毒】**《屍毒》 死体から発生する有毒物の総称。
**じとく【自得】** ①自分で悟ること。 ②自分で満足すること。 ③自分で報いを受けること。
**じとく【自瀆】**〔文章語〕自慰。
**しどけない** だらしない。
**しとげる**《仕遂げる・為━》 最後までする。
**しどころ**《仕所・為所》 するべき場合。「我慢の━」
**しとね【茵・褥】**〔文章語〕ふとん。敷物。
**しとめる【仕留める】** 武器で獲物や敵を殺す。Ⅱ〔俗語〕獲得する。「異性を━」
**しとやか**《淑やか》（女性の）上品で落ち着いているようす。
**じどり【地取り】** ①建築のときに、地面を区画すること。 ②囲碁で、地を取ること。 ③犯人の足取りを調べること。「━捜査」
**じどり【地鳥・地鶏】** その土地に産するニワトリ。
**じどり【自撮り】** デジタルカメラやスマートフォンなどで自分自身を撮影すること。自画撮り。自分撮り。セルフィー。「━棒」
**しどろ**〔文章語〕乱れているようす。
**━もどろ** 話がひどく乱れて筋が通らないようす。「━な答弁」
**シトロン**〔citron〕 ①レモン味の清涼飲料水。 ②レモンに似た果物。
**しな【品】** ①商品。品物。 ②品質。「━がおちる」 ③品物の種類。
**しな【科】** ①気取るようす。 ②なまめかしい身ぶり。
**━を作《つく》る** なまめかしいようすを見せる。
**しない【竹刀】** 剣道で使う竹製の刀。
**しない【市内】** 市の区域の中。対市外
**じない【寺内】** 寺の境内。
**じない【地内】** ある区域の土地の中。
**しなう**《撓う》 しなやかに曲がる。
**しなうす【品薄】** 品物が不足すること。
**しながき【品書き】** 品物の名を書きならべたもの。「お━（＝メニュー）」
**しなかず【品数】** 品物の━数（種類）。
**しながれ【品枯れ】** 品物が不足すること。
**しなぎれ【品切れ】** 品物が売り切れていること。「━になる」
**しなさだめ【品定め】** 批評してよしあしを定めること。類品評

**シナジー**［synergy］相乗効果。「ー効果」
**しなせる【死なせる】** 死ぬようにさせる。Ⅱ死なれる。亡くす。「愛児をー」
**しなぞろえ【品揃え】** 商品を用意しておくこと。また、その商品の種類。「豊富なー」
**しなだれかかる**《撓垂れ掛かる》（甘えて）もたれかかる。
**しなばもろとも【死なばもろとも】** 困難なことに何人かで立ち向かう際の気持ち。〔死ぬときは一緒だの意〕
**しなびる【萎びる】** 水気がなくなってしわがよる。
**シナプス**［synapse］ニューロンの接合部。
**しなもの【品物】** 物品。商品。
**シナモン**［cinnamon］ニッケイ。
**しなやか** ①弾力があってよくしなうようす。②動作がなめらかで優美なようす。
**じならし【地均し】** 地面を平らにする一こと(道具)。Ⅱ事前工作。
**じなり【地鳴り】** 地震などで、地面が鳴り響く一こと(音)。
**シナリオ**［scenario］脚本。
**ーライター**［scenario writer］シナリオを書く作家。脚本家。
**しなる**《撓る》〔俗語〕しなう。
**しなん【至難】** きわめてむずかしいこと。「ーのわざ」
**しなん【指南】** 教え導くこと。[類]指導
**じなん【次男】**《二男》二番めの男の子。
**シニア**［senior］①年長者。②上級(一生)。◇[対]ジュニア ③高齢者。「ーライフ」
**しにおくれる【死に後れる・ー遅れる】**（死ぬべき時に）死なないで後に残る。
**しにがお【死に顔】** 死人の顔つき。
**しにがくもん【死に学問】** 実際の役に立たない学問。
**しにかける【死に掛ける】** 死にそうになる。死にかかる。
**しにがね【死に金】** ①ためこむだけのお金。②むだがね。③葬式用にためるお金。
**しにがみ【死に神】** 人を死に導くという神。
**シニカル**［cynical］皮肉なようす。
**しにぎわ【死に際】** 死ぬまぎわ。臨終。
**しにく【死肉】**《屍肉》死体の肉。
**しにく【歯肉】** 歯ぐき。「ー炎」
**しにくい** するのが難しい。
**ジニけいすう【ー係数】** 所得分配の不平等度を表す数値。〔〇～一で表し、多いほど不平等。／「ジニ」は考案者の名〕
**しにざま【死に様】** 死ぬときのようす。
**シニシズム**［cynicism］物事を皮肉にみる立場。犬儒主義。
**しにしょうぞく【死に装束】** ①死者に着せる衣服。②切腹するときの白い着物。
**しにせ【老舗】** 先祖からの商売を代々続けている古い店。
**しにぞこない【死に損ない】** 死に損なった人。Ⅱ老人をののしって言う語。
**しにそこなう【死に損なう】** ①死のうとして失敗する。②もう少しで死にそうになる。
**しにたい【死に体】** 相撲で、姿勢をくずしてしまって立ち直れない状態。[対]生き体 Ⅱ回復が困難な状況・状態。「ー内閣」[類]レームダック
**しにたえる【死に絶える】** 一族(種族)がすべて死に、血統が絶える。
**シニック**［cynic］シニカル。
**しにはじ【死に恥】** 死後にまで残る恥。[対]生き恥
**しにばしょ【死に場所】** 死ぬ(一べき)場所。死に場。死に所。
**しにはてる【死に果てる】** ①完全に死ぬ。②死に絶える。
**しにひょう【死に票】** 死票。
**しにみ【死に身】** 死ぬべき身。また、死んだような生気のない身。Ⅱ捨て身。
**しにみず【死に水】** 末期《まつご》の水。
**ーを取《と》る** 死ぬまで世話をする。
**しにめ【死に目】** 臨終。死ぬ場面。
**しにものぐるい【死に物狂い】** 必死で一がんばる(あばれもがく)こと。
**しにょう【屎尿】** 排泄《はいせつ》物。大小便。
**しにわかれる【死に別れる】** 死別する。[対]生き別れる
**しにん【死人】** 死んだ人。
**ーに口《くち》無《な》し** 死者は口がきけず一抗弁(証言)できない。
**じにん【自任】** 自らそれにふさわしいと考えること。
**じにん【自認】** 自らそれを認めること。
**じにん【辞任】** 任務・職務をやめること。[対]就任
**しぬ【死ぬ】** ①命がなくなる。②活気がなくなる。③役に立たなくなる。◇[対]生き

る

**じぬし【地主】** 土地の所有者。

**シネ** 〔フランス語 ciné〕シネマの略。「―カメラ」

**シネコン** シネマコンプレックスの略。

**じねつ【地熱】** ちねつ。

**シネマ** 〔フランス語 cinéma〕映画。キネマ。

**―コンプレックス** 〔cinema complex〕一つの建物に複数の映画館を効率よく併設した複合型施設。シネコン。

**―スコープ** 〔CinemaScope〕大型スクリーン映画の一。〔商標〕

**―ツルギー** 〔フランス語 cinématurgie〕映画の創作技法。

**シネラマ** 〔Cinerama〕大型スクリーン映画の一。〔商標〕

**シネラリア** 〔cineraria〕キク科の鉢植え用西洋草花。サイネリア。

**しねん【思念】** 〔文章語〕心に思うこと。「―をこらす」

**じねん【自然】** 〔文章語〕しぜん。

**―薯《じょ》** ヤマノイモ。自然生《じねんじょう》。

**しの【篠】** ①しの竹。②しのぶえ。

**―突《つ》く雨《あめ》** 激しく降る雨。

**しのう【志納】** 気持ちに見合ったお金を寺に渡すこと。「―金(＝拝観料)」

**しのうこうしょう【士農工商】** 江戸時代の社会を構成する四つの階級。〔武士・農民・職人・商人〕

**しのぎ** 〔俗語〕暴力団の資金かせぎ(―手段)。

**しのぎ【鎬】** 刀で、刃と峰の間の小高い部分。

**―を削《けず》る** 激しく争う。

**しのぐ【凌ぐ】** ①たえしのぶ。ふせぐ。「雨露を―」②…にまさる。

**しのごの【四の五の】** つべこべ。「―言わずに」

**しのしょうにん【死の商人】** 〔俗語〕兵器の製造・販売で利益をあげる者。

**しのだけ【篠竹】** 幹が細く群生する竹。

**しのだずし【信田鮨】** いなりずし。

**しのだまき【信田巻】** 油揚げに具を詰めた煮物。

**シノニム** 〔synonym〕同義語。対アントニム

**しののめ【東雲】** 〔文章語〕夜明け。明け方。

**しのはい【死の灰】** 〔俗語〕放射能を含んだ灰。〔原水爆の爆発時に生じる〕

**しのばせる【忍ばせる】** ①音や姿を目立たないようにする。②隠し持つ。

**しのび【忍び】** ①ひそかにすること。②忍びの術。③忍びの者。④窃盗。

**―会《あ》い** 男女がひそかに会うこと。〔忍び逢いとも〕

**―足《あし》** そっと歩く足取り。

**―歩《ある》き** ①(身分の高い人の)人目を避けた外出。②忍び足。

**―入《い》る** 忍び込む。

**―声《ごえ》** ひそひそと話す声。

**―込《こ》む** こっそり入りこむ。

**―ない** 耐えられない。「聞くに―」

**―泣《な》き** 声をひそめて泣くこと。

**―音《ね》** ①小声。また、忍び泣きの声。②ホトトギスの初音。

**―やか** こっそりとするようす。

**―寄《よ》る** そっと近づく。

**―笑《わら》い** 声をひそめて笑うこと。

**しのぶ【忍ぶ】** ①がまんする。「恥を―」②こっそり何かをする。

**しのぶ【偲ぶ】** 恋い慕う。なつかしむ。

**しのぶえ【篠笛】** しの竹で作った横笛。〔穴は七つ。/獅子《しし》舞・里神楽《さとかぐら》などに使う〕

**シノプシス** 〔synopsis〕あらすじ。

**じのぶん【地の文】** 小説などで、会話・歌以外の文。

**しば【芝】** 芝生にする多年草。イネ科。

**しば【柴】** 山野に生える雑木《ぞうき》。そだ。〔小枝をはらって薪に使う〕

**じは【自派】** 自分の所属する―党派(流派)。対他派

**じば【地場】** ①地元。「―産業」②その土地の取引所に出入りする常連。地場手筋。

**じば【磁場】** 磁力が作用する場所。磁界。

**ジハード** 〔アラビア語 jihād〕(イスラム教で)聖戦。

**しはい【支配】** 自分の勢力下において治めること。「―権(者)」

**―階級《かいきゅう》** 社会の上部に立ち、他を支配する階級。支配層。

**―的《てき》** ある勢力が全体を支配する立場にあるようす。

**―人《にん》** 店主や社長などの代行で仕事を取りしきる人。

**しはい【紙背】** 紙の裏面。「眼光―に徹す」
**しはい【賜杯】** 天皇や皇族が下賜する優勝杯。「―を手にする」
**しばい【芝居】** 演劇。⊜人をだますための作りごと。
**―掛《が》かる** 大げさでわざとらしくする。
**―気《ぎ》** 芝居じみたことをして人の関心をひこうとする気持ち。芝居っけ。
**―を打《う》つ** 作りごとを言うなどして、人をだます。
**しばえび【芝海老】** クルマエビに似た、小形のエビ。食用。
**しばかり【芝刈り】** 芝を刈ること。「―機」
**しばく** 〔俗語〕殴ったり蹴ったりする。〔関西方言から〕
**じはく【自白】** ①自分の秘密を告白すること。②自分の犯罪事実を認めること。
**じばく【自縛】** ⇩自縄《じじょう》自縛
**じばく【自爆】** 自分の乗った飛行機や艦船、自動車などで敵に突入して自分もろとも爆破すること。⊜自滅。
**しばくさ【芝草】** 芝。
**しばざくら【芝桜】** 桜に似た花で、芝のように地面をおおって生える草花。
**じばさんぎょう【地場産業】** その地方独特で、古くからある産業。
**しばし《暫し》** 〔文章語〕しばらく。
**しばしば《屢》** たびたび。
**じはだ【地肌】《地膚》** ①（化粧前の）生来の肌。②大地の表面。
**しばたたく【瞬く】** しきりにまばたきをする。しばたく。

**しはつ【始発】** ①その日最初に出発すること。対終発・最終 ②そこを起点に出発すること。「―駅」対終着
**じはつ【自発】** ①自分から進んですること。②文法で、自然にそうなる意を表す語。「―の助動詞」
**しばづけ【柴漬け】** 漬物の一。
**しばふ【芝生】** 芝が一面に植えてある所。
**しばめ【芝目】** （ゴルフで）芝の生えている向き。「―を読む」
**しばやま【柴山】** 雑《ぞう》木《き》の生えている山。
**じばら【自腹】** 〔俗語〕自腹を切ること。
**―を切《き》る** 自分のお金で支払う。類身《み》銭《ぜに》を切る
**しはらい【支払い】** お金を払うこと。
**しはらう【支払う】** お金を払い渡す。
**しばらく《暫く》** ①少しの間。②やや長い期間。
**しばり【縛り】** ①縛ること。②制限。
**―上《あ》げる** 手加減をしないでしばる。
**―首《くび》** ①絞首刑。②戦国時代、両手を後ろにしばって、首を切った刑罰。
**―付《つ》ける** しばって離れなくする。⊜拘束する。
**しばる【縛る】** （動かないよう）ひもや縄を巻きつけて結ぶ。⊜拘束する。
**しばれる** ①冷えこむ。②凍る。◇〔北海道・東北の方言〕
**しはん【市販】** 一般の商店などで販売すること。
**しはん【四半】** 四分の一。「―世紀・―期（＝三か月間）・―分（＝四分の一）」

**しはん【死斑】《屍斑》** 死体に現れる紫色の斑点。
**しはん【私版】** 個人・民間の出版（―物）。類私家版 対官版
**しはん【師範】** ①模範。②学問や技芸を教える人。③師範学校の略。
**―代《だい》** 師範②の代理で教える人。
**しはん【紫斑】** 皮下出血して皮膚に現れる紫色の斑点。
**じはん【事犯】** 〔法律用語〕刑罰に処すべき行為。
**じばん【地盤】** （土台となる）土地。⊜根拠地。勢力範囲。
**―沈《ちん》下《か》** 地表面が沈下する現象。⊜勢力が弱まること。
**ジバン【襦袢】** 〔ポルトガル語 gibão〕ジュバン。〔平仮名でも書く〕
**じはんき【自販機】** 自動販売機の略。
**しひ【私費】** 個人の費用。「―を投じる」対公費・官費
**しひ【詩碑】** 詩を彫りつけた石碑。
**しび【鮪】** マグロの別称。
**しび【鴟尾】** 寺院や宮殿の屋根の棟の両端につけた飾り。
**じひ【自費】** 自分で支払う費用。「―出版」
**じひ【慈悲】** いつくしみあわれむこと。
**シビア** 〔severe〕厳しい。過酷。
**じビール【地―】** その土地だけで少量生産されるビール。クラフトビール。
**じびいんこうか【耳鼻咽喉科】** 耳・鼻・のどの疾患を扱う医学。

**ジビエ**〔フランス語 gibier〕狩猟(野生)の獲物(―の肉)。イノシシ・シカ・ウサギ・ツグミなど。
**じびか【耳鼻科】** 耳鼻咽《いん》喉《こう》科。
**じびき【地引き】《地曳き》** 沖合に張った網を陸地に引き寄せて魚をとること。また、地引き網。
**―網**《あみ》 地引きに使う網。
**じびき【字引】** ①字書。②辞書。
**じひしんちょう【慈悲心鳥】** ホトトギス科の鳥。〔鳴き声からジュウイチとも〕
**しひつ【試筆】《始筆》**〔文章語〕かきぞめ。
**じひつ【自筆】** 自分で書くこと(書いたもの)。㊥代筆
**しびと【死人】** しにん。〔古風な言い方〕
**じひびき【地響き】** ①衝撃などで地面が響いて音がすること。②地鳴り。
**じひぶかい【慈悲深い】** 情け深い。
**しひゃくしびょう【四百四病】**〔仏教語〕人間がかかるすべての病気。
**―の外**《ほか》 恋の病。
**しひょう【死票】** 落選者に投票された票。死に票。
**しひょう【指標】** めじるし。
**しひょう【師表】**〔文章語〕人々の模範。
**しびょう【死病】** 不治の病。
**じひょう【時評】** 時事についての批評。
**じひょう【辞表】** 辞職を申し出る文書。
**じびょう【持病】** たえず悩まされている病気。⊜〔俗語〕なかなか治らないわるい癖。
**シビリアン**〔civilian〕①(軍人に対し)一般市民。②(武官に対し)文官。文民。
**―コントロール**〔civilian control〕文民統制。文民が軍隊に対し指揮権をもつこと。
**シビルミニマム**〔和製語 civil minimum〕自治体が住民のために整備すべき最低限の生活環境基準。
**しびれ【痺れ】** しびれること。「―が切れる(=長く座って足がしびれる)」
**―を切**《き》**らす** 待ちきれなくなる。
**しびれる【痺れる】** 感覚がなくなり自由に動かなくなる。「足が―」⊜〔俗語〕興奮し陶酔する。
**しびん【溲瓶・尿瓶】** 病室などで使う尿器。〔しゅびんの転〕
**しぶ【渋】** ①渋い味。②柿渋《かきしぶ》。③物からしみ出る赤黒い液。「茶の―」
**しぶ【支部】** 本部から分かれて、その地域の事務を扱う所。
**しぶ【市部】** 市に属する地域。㊥郡部
**じふ【自負】** 自分の才能や力に自信をもつこと。「―心」㊮矜持《きょうじ》・自慢
**じふ【慈父】**〔文章語〕愛情深い父。
**しぶい【渋い】** ①渋ガキのような味がする。②地味で落ち着いた趣がある。③不愉快そうだ。「―顔」④けちだ。
**シフォン**〔フランス語 chiffon〕絹織物の一。薄く柔らかい。
**―ケーキ**〔chiffon cake〕きめの細かいスポンジケーキ。
**しぶおんぷ【四分音符】** 全音符の四分の一の長さを表す音符。しぶんおんぷ。〔♩〕
**しぶがき【渋柿】** 実が渋いカキ。㊥甘柿
**しぶがっしょう【四部合唱】** 四つの声部でする合唱。
**しぶがみ【渋紙】** 柿渋を塗った紙。
**しぶかわ【渋皮】** 果実などの甘皮。
**―が剝**《む》**ける** あかぬけして美しくなる。
**しぶき《飛沫》** 細かくとび散った水。
**しふく【至福】**〔文章語〕この上もない幸福。「―の時を過ごす」
**しふく【私服】** ①㊥制服・官服 ②私服刑事。
**―刑事**《けいじ》 職務上私服で勤務する刑事。
**しふく【私腹】** 自分の財産や利益。
**―を肥**《こ》**やす** 地位や職権を利用して、不当に自分の財産をふやす。
**しふく【紙幅】**〔文章語〕定められた原稿の枚数。
**しふく【雌伏】** 活躍の機会をじっと待つこと。「―三年」㊥雄飛
**しぶく** しぶきや雨が激しく吹きつける。
**じぶくろ【地袋】** 下部に設けた袋戸棚。㊥天袋
**しぶごのみ【渋好み】** 落ち着いた地味な感じを好むこと。
**ジプシー**〔Gypsy〕ロマの差別的呼称。⊜居所や職業を転々と変える人。
**しぶしぶ【渋々】** いやいや。
**しぶちん【渋ちん】**〔俗語〕けち。
**しぶつ【死物】** ①生命のない物。②役に立たない物。
**しぶつ【私物】** 個人の持ち物。㊥官物
**―化**《か》 私物同様に扱うこと。

し

**じぶつ【事物】** ものごと。
**じぶつ【持仏】** 守り本尊とする仏像。
**―堂《どう》** 持仏や祖先の位牌《はい》を安置する堂。
**ジフテリア** 〔diphtheria〕 感染症の一。〔小児に多い〕
**シフト** 〔shift〕 ①移動。変更。入れ替え。「―レバー」②野球で、変形守備。「バント―」③交替制による勤務。また、それによる担当時間帯。
**―ジスコード** コンピューターで用いる文字コードの一。〔ＪＩＳ漢字コードがもととなる〕
**―ダウン** 〔shift down〕 自動車のギアを高速ギアから低速ギアにかえること。
**しぶとい** ①強情だ。②ねばり強い。
**しぶぬき【渋抜き】** 柿の渋を取り去ること。また、そうした柿。
**じふぶき【地吹雪】** 積もった雪が強風で吹き飛ばされる状態。
**しぶみ【渋み・渋味】** ①渋い味。②落ち着いた味わい。
**しぶりばら【渋り腹】** 便意があるのになかなか便が出ない下痢症状。
**しぶる【渋る】** ①いやがってためらう。②なめらかにいかない。③渋り腹になる。
**しふん【私憤】** 個人的な憤り。対公憤
**しふん【脂粉】** 〔文章語〕紅とおしろい。Ⅱ女性の化粧。「―の香《か》」
**しぶん【四分】** 四つに―分ける（分かれる）こと。
**―五裂《ごれつ》** ちりぢりに分かれること。
**しぶん【死文】** 法令などで実際には効力のない条文。
**しぶん【詩文】** 詩と文章。文学作品。
**じふん【自刎】** 〔文章語〕自分で自分の首をはねて死ぬこと。
**じふん【自噴】** 〔文章語〕温泉や石油が、自然に噴き出すこと。
**じふん【時分】** 分単位で数える時間。「通話（停車）―」
**じぶん【自分】** ①自身。自己。②私。
**―勝手《かって》** 身勝手。わがまま。
**―史《し》** （一般の人が）自分自身の人生をつづった記録。
**―自身《じしん》** 自分の強め。
**―撮《ど》り** 自撮り。
**じぶん【時分】** ①（全体の）時期。ころ。②適当な時期。
**―時《どき》** 食事どき。
**しぶんしょ【私文書】** 個人が作った文書。対公文書
**しべ【蕊】** おしべとめしべの総称。
**しへい【私兵】** 個人が私的な目的のために養成する兵士。
**しへい【紙幣】** 紙製の貨幣。対硬貨
**じへい【時弊】** 〔文章語〕その時代の弊害。
**じへいかん【耳閉感】** 耳がつまったような感じ。
**じへいしょう【自閉症】** 先天的な脳機能のかたよりによる発達障害の一。言語発達が遅れ、対人関係がうまく結べない。
**じへいスペクトラムしょう【自閉スペクトラム症】** 〔autism spectrum disorder〕 発達障害の一。略称ＡＳＤ。自閉症スペクトラム障害。〔従来の自閉症・アスペルガー症候群・広汎性発達障害をそれぞれが連続的な症状を呈することから、まとめたもの〕
**しへき【嗜癖】** あることを特に好む性癖。
**じべた【地べた】** 〔俗語〕地面。
**しべつ【死別】** 死に別れ。対生別
**しへん【四辺】** ①近所。②数学で、四つの辺。
**―形《けい》** 四角形。
**しへん【紙片】** 紙きれ。
**しへん【詩編】**（詩篇） ①詩集。また、詩。②旧約聖書の一書。
**しべん【支弁】** 〔文章語〕費用を支払うこと。
**しべん【至便】** 〔文章語〕たいへん便利なこと。「交通―」
**しべん【思弁】** 〔哲学用語〕経験によらず、理性だけにたよって真理を見つけようとすること。「―的」
**じへん【事変】** ①異常な出来事。②宣戦布告なしの国家間の戦闘行為。③警察力で鎮圧できない騒乱。
**じべん【自弁】** 自分で費用を負担すること。「交通費は各自―のこと」
**しぼ**（皺） 革や織物につけたしわ。
**しぼ【思慕】** 恋いしたうこと。
**じぼ【慈母】** 〔文章語〕愛情深い母。
**しほう【司法】** 国家が法に基づいて行う裁判。対立法・行政
**―解剖《かいぼう》** 犯罪に関係ある（―と疑われる）

死体を解剖すること。
―官《かん》 裁判官。
―試験《しけん》 裁判官・検察官・弁護士になるための国家試験。
―書士《しょし》 依頼を受けて裁判所・法務局などに提出する書類を作成する職業（―の人）。
**しほう【四方】** ①東・西・南・北。⊜周囲。すべての方角。「―八方」 ②正方形の各辺。「一〇センチメートル―」
**しほう【至宝】** 〔文章語〕この上もなく大切な宝。⊜大切な人。
**しほう【私法】** 私人の権利関係を定めた法。民法や商法。対公法
**しぼう【子房】** めしべの下のふくらんだ部分。〔受精後、果実となる〕
**しぼう【死亡】** （人が）死ぬこと。「―者」
―率《りつ》 ある病気による（一定期間の）死亡者の比率。
**しぼう【志望】** 将来に向かって心に決めた望み。
―校《こう》 進学したい学校。
**しぼう【脂肪】** 栄養素の一。常温で固体のあぶら。
―肝《かん》 肝臓に脂肪が異常にたまった状態。
―酸《さん》 酢酸・リノール酸などの総称。
―油《ゆ》 常温で液体のあぶら。
**じほう【次鋒】** 剣道・柔道などの団体戦で、二番目に戦う人。
**じほう【時報】** ①時刻を知らせること。②その時々の出来事を知らせる雑誌類。
**じぼうじき【自暴自棄】** やけくそ。
**しほうじん【私法人】** 〔法律用語〕私法上の法人。社団法人・財団法人など。対公法人
**しぼつ【死没】**《死歿》（人が）死ぬこと。
**しぼむ**《萎む・凋む》 ちぢんでしなびる。「花（夢）が―」
**しぼり【絞り】** ①カメラで、光の量を調節する装置。②絞り染め。⊜花弁の色がまだらなもの。③⇩おしぼり
―上《あ》げる ①完全に水気をきる。②苦しい声をはりあげる。
―染《ぞ》め 染色法の一。模様をつけたい部分を糸でしばって染める。
―出《だ》す ①絞って中身を出す。②努力してやっと出す。「アイデアを―」
**しぼり【搾り】**
―上《あ》げる ①ひどく責める。⊜きたえあげる。②金品を出させて取り上げる。
―取《と》る 搾って液体を取り出す。⊜すっかり取り上げる。「金を―」
**しぼる** 一【絞る】①ねじって水気をきる。②むりに出す。「知恵を―」③範囲や量を小さくする。「音量を―」④絞り染めをする。 二【搾る】①強く押して液を取る。②搾取する。③きびしく責める（鍛える）。
**しほん【資本】** 事業に必要なもとで。
―家《か》 資本を所有し、労働者をやとって事業を営み、利潤をあげる人。対労働者
―金《きん》 株式会社の資本の額。
―主義《しゅぎ》 資本家が労働者から労働力を買い、生産活動を行なって、私的利潤を追求する経済社会体制。対社会主義
**しま【島】** 四方が水に囲まれた陸地。⊜〔俗語〕勢力範囲。なわばり。〔ふつう「シマ」と書かれる〕
**しま【縞】** 筋を現した模様（―の織物）。
**しまあじ【縞鯵】** アジの一。食用。
**しまい【仕舞】** 能楽で、囃子《はやし》・装束などをつけず、地謡だけで踊る略式の舞。
**しまい**《仕舞い・終い》 ①終わり。②最後。③売り切れ。
**しまい【姉妹】** 姉と妹。対兄弟 ⊜同系統のもの。「―品（編）」
―都市《とし》 文化交流のために友好関係を結んだ二国の都市。
**しまう**《仕舞う・終う》 ①終わりにする。②かたづける。③（「…て～」の形で）完了の意を表す。「食べて―」
**しまうま【縞馬】** 白黒のしまがある馬。ゼブラ。〔アフリカ産〕
**じまえ【自前】** 自分持ち。自弁。
**しまおくそく【揣摩臆測】** 〔文章語〕当て推量。すいまおくそく。「―を生む」
**しまか【縞蚊】** やぶ蚊。
**しまかげ【島陰】** ①島に隠れて見えない所。②島の入り江で外海から見えない所。
**しまかげ【島影】** 島の形・姿。
**じまく【字幕】** 映画・テレビで、画面に映し出された説明・会話などの文字。サブタイトル。
**しまぐに【島国】** 四方を海に囲まれた国。
―根性《こんじょう》 島国の人に多い、視野が狭く閉鎖的な気質。

**しましま【縞縞】**〔俗語〕しま模様。
**しまだ【島田】**島田まげ。
**—髷《まげ》** 日本髪の一。〔今は花嫁が結う〕
**しまだい【島台】**祝儀用の飾り物。〔蓬莱《ほうらい》山を模したもの〕
**しまつ【始末】**①ことの次第。②〔わるい〕結果。③処理。④倹約。
**—が悪《わる》い** 手に余る。
**—書《しょ》** 事故や過失の事情を書いたわび状。
**—に負《お》えない** 処理できない。
**—屋《や》** 倹約家。
**しまながし【島流し】**昔の刑罰の一。遠島。流罪。Ⅱ左遷。
**しまへび【縞蛇】**ヘビの一。無毒。日本特産。〔褐色で黒い縦じまがある〕
**しまめ【縞目】**しまの、色と色の境。
**しまらない**〔俗語〕だらしがない。
**しまり【締まり】**①ひきしまっていること。「—がない（＝だらしがない）」②戸じまり。③しめくくり。
**—屋《や》** 倹約家。
**しまる【絞まる】**首がしめられる。
**しまる【閉まる】**とじられる。対開《ひら》く・あく
**しまる【締まる】**①「ねじが—」②緊張する。③倹約する。④相場が堅実になる。
◇対ゆるむ
**じまん【自慢】**他人に自らを誇ること。「—話」類自負
**—たらしい** いかにも自慢げだ。
**しみ【染み】**①しみて汚れたあと。Ⅱ経歴で（精神）上の汚点。「心の—」②皮膚にできる茶色のまだら。類そばかす
**しみ**《衣魚・紙魚》一センチメートルぐらいの細長い昆虫。本や衣類の害虫。
**じみ【地味】**はなやかでなく控え目であること。対派手
**じみ【滋味】**〔文章語〕うま味。Ⅱ深い味わい。「—に富む」
**しみいる【染み入る】**染み込む。
**しみこむ【染み込む】**ずっと中までしみる。「水（習慣）が—」
**しみず【清水】**澄んだわき水。
**じみち【地道】**地味で堅実なようす。「—な努力」
**しみつく【染み付く】**そまりつく。Ⅱ悪習が身につく。
**しみったれ**〔俗語〕けち。動—る
**しみどうふ【凍み豆腐】**こおり豆腐。
**しみとおる【染み透る】**奥までしみこむ。Ⅱ深く心に感じる。
**しみぬき【染み抜き】**衣服などについたしみをとる—こと（薬品）。
**しみゃく【支脈】**主脈から分かれた山脈・葉脈など。対主脈
**しみゃく【死脈】**①死に近づいた弱い脈拍。②鉱物の出なくなった鉱脈。
**シミュレーション**〔simulation〕模擬実験。〔誤ってシュミレーションとも〕
**シミュレーター**〔simulator〕模擬—実験（訓練）装置。
**しみょう【至妙】**〔文章語〕この上もなく巧みなこと。類絶妙
**しみる【凍みる】**こおる（—ように冷えこむ）。
**しみる【染みる】**《滲みる・沁みる》①液などがにじみこむ。「雨がシャツに—」②にじみこんで痛む。「薬が傷口に—」③心に深く感じる。
**しみわたる【染み渡る】**すみずみまでしみこむ。Ⅱ考え方などが行き渡る。
**しみん【市民】**①市の住民。②公民。〔西洋で、国政に参与する国民〕③ブルジョア。
**—運動《うんどう》** 一般市民による政治・社会運動。
**—権《けん》** 公民としての権利。Ⅱ「—を得る（＝一般に認められる）」
**しみん【四民】**江戸時代の士・農・工・商の四つの身分。Ⅱすべての階層の人。
**しみん【嗜眠】**高熱や衰弱のため半ば眠ったような、意識障害の状態。「—性脳炎」
**しむ【染む】**しみる。
**じむ【寺務】**〔文章語〕寺の事務（—を扱う人）。
**じむ【事務】**会社や役所で、主に机上でする仕事。
**ジム**〔gym〕ボクシングの練習場。また、ボクサーの養成組織。〔gymnasium の略。／体育館の意〕
**ジムカーナ**〔gymkhana〕自動車競技の一。一定のコースを一台ずつ走りタイムを競う。
**じむかん【事務官】**行政官庁で、事務を扱う職員。対技官・教官
**しむける【仕向ける】**①そうするように

働きかける。②発送する。
**じむじかん**【事務次官】 大臣を補佐し、部内の事務を監督する国家公務員。
**じむてき**【事務的】 事務に関するようす。Ⅱ感情抜きで規定どおりに行うようす。「―な応対」
**しめ**【締め・〆】 ①しめること。Ⅱ終わり。最後。「―の言葉」 ②合計。③手紙の封に書く〆のしるし。④半紙などを数える語。一しめは二〇〇〇枚。⑤たば。
**しめ**【注連】 しめなわ。
**しめあげる**【締め上げる】 強くしめる。Ⅱ厳しく責める(取り締まる)。
**しめい**【氏名】 名字と名前。姓名。
**しめい**【死命】 死と生命。
**―を制《せい》する** 相手の生死にかかわる要点を手中にする。
**しめい**【使命】 与えられた(尊い)任務。
**―感《かん》** 使命に対する責任感。
**しめい**【指名】 名ざしすること。
**―打者《だしゃ》** 野球で、投手に代わって打つ役の打者。DH。
**―手配《てはい》** 警察が犯人の逮捕を各地の警察に依頼すること。
**じめい**【自明】 はじめからわかりきっていること。「―の理」
**しめかざり**【注連飾り】 正月に玄関などに飾るしめなわ。
**しめきり**【締め切り】 ①【閉め―】戸などを閉じたままにすること。②【〆―】取り扱いを打ち切ること(期限)。
**しめきる**【締め切る】 ①【閉め―】閉じたままにする。②受け付けなどを打ち切る。
**しめくくる**【締め括る】 ①まとまりをつける。②かたくしめてしばる。
**しめこみ**【締め込み】 相撲で、まわし。
**しめころす**【絞め殺す】 首をしめて殺す。
**しめさば**【締め鯖】 塩をふり、酢になじませたサバの身。
**しめし**【示し】 教示。いましめ。
**―合《あ》わせる** ①あらかじめ相談しておく。②合図して知らせ合う。◇示し合わす。
**―が付《つ》かない** しつけのための模範とならない。
**しめじ**《湿地・占地》 キノコの一。食用。〔林中に群がって生える〕
**しめす**【示す】 ①はっきりわかるように見せる。②指さして教える。③あらわす。「グラフで―」
**しめす**【湿す】 軽くぬらす。湿らせる。
**しめだか**【締め高】《〆高》 合計金額。
**しめだす**【締め出す・閉め―】 門や戸をしめて中に入れない。Ⅱ仲間に入れない。
**しめつ**【死滅】 死に絶えること。
**じめつ**【自滅】 ①自分のしたことで自分が滅びること。②自然に滅びること。
**しめつける**【締め付ける】 強くしめる。Ⅱ束縛して苦しめる。
**しめっぽい**【湿っぽい】 湿りけがある。Ⅱ陰気だ。「―話」
**しめて**【締めて】《〆て》 合計して。
**しめなわ**【注連縄】《七五三縄》 神前などに張る縄。しめ。
**しめやか** ①しんみりと悲しげなようす。②しみじみ。③静かなようす。
**しめり**【湿り】 ①しめりけ。②おしめり。
**―気《け》** 水分。湿気。
**しめる**【湿る】 水気をおびる。Ⅱ陰気になる。「座が―」
**しめる**【占める】 自分の領有・所有とする。占有する。「過半数を―」
**しめる**【絞める】 「首を―」
**しめる**【閉める】 とじる。対開ける
**しめる**【締める】 ①「ねじを―」 ②気をひきしめる。③節約する。◇対ゆるめる ④《〆る》合計する。⑤酢や塩で魚の身をしまらせる。⑥手締めをする。Ⅱそれで終わりにする。「帳簿を―」
**しめん**【四面】 ①四つの面。「―体」 ②四方。周囲。
**―楚歌《そか》** 敵中で孤立すること。〔中国の故事から〕
**しめん**【紙面】 ①紙の表面。②新聞のページ。紙上。「―をにぎわす」 ③手紙。書面。
**しめん**【誌面】 雑誌のページ。誌上。
**じめん**【地面】 ①土地の表面。②地所。
**―師《し》** 他人の土地を自分のものと偽って売り付ける詐欺師。
**しも**【下】 ①もののあとの方。②身分・地位の低い人。③下部。「―半身」 ◇対上《かみ》 ④大小便。「―の世話」
**しも**【霜】 地面などに白く凍りついた水蒸気。Ⅱしらが。「頭《かしら》に―をおく」
**しもいちだんかつよう**【下一段活用】

動詞の活用の型の一。下一。〔「出る・受ける」など〕

**しもがれ【霜枯れ】** 霜で草木が枯れること。動ーる

**ー時《どき》** 草木が霜枯れる晩秋から冬。Ⅱ商売の景気の悪い時期。

**しもき【下期】** 下半期。対上期

**じもく【耳目】** 〔文章語〕耳と目。見聞。Ⅱ人々の注意や関心。「ーを集める」

**しもざ【下座】** 下位の人が座る席。対上座

**しもじも【下々】** 身分の低い人々。一般庶民。下つ方。

**しもたや【しもた屋】** 商店でない、普通の家。〔仕舞《しも》うた屋（=商売をやめた家）から〕

**しもつき【霜月】** 陰暦で、十一月。

**しもて【下手】** ①下の方。②舞台で、向かって左の方。◇対上手《かみて》

**じもと【地元】** ①それに直接関係する土地。②自分の住む土地。

**しもどけ【霜解け】** 気温が上がって霜が解けること。

**しもにだんかつよう【下二段活用】** 文語動詞の活用の型の一。五十音図のエ・ウの二段に活用。下二。〔「出づ・越ゆ」など〕

**しもねた【下ねた】** 〔俗語〕下品・卑猥《ひわい》な話題。

**じもの【地物】** その土地にできる産物。

**しものく【下の句】** 短歌で、第四句と第五句。対上の句

**しもばしら【霜柱】** 地中の水分が地表面で細い柱状に凍ったもの。

**しもはんき【下半期】** 年度の後半の六か月。対上半期

**しもぶくれ【下膨れ】《下脹れ》** 顔の下の方がふくれていること。

**しもふり【霜降り】** ①肉や織物が、ところどころ霜が降ったように白いこと。②刺身を熱湯に通した料理。

**しもべ【僕】** 召し使い。〔古風な言い方〕

**しもやけ【霜焼け】** 軽い凍傷。凍瘡《とうそう》。

**しもやしき【下屋敷】** 江戸時代、大名が江戸の郊外に設けた別邸。対上《かみ》屋敷

**しもよ【霜夜】** 霜のおりる寒い夜。

**しもよけ【霜除け】** 作物や草木を霜に当てないための、わらなどの覆い。霜囲い。

**しもん【指紋】** 指のはらの紋様（ーのあと）。「ーを取る」

**しもん【試問】** 質問して試験すること。「口頭《こうとう》ー」

**しもん【諮問】** ある問題について有識者（下の者）に意見をきくこと。「ー機関」

**じもん【自問】** 自分の心に問いかけること。

**ー自答《じとう》** 自問し、自分で答えること。

**じもん【寺門】** ①寺の門。また、寺。②三井寺の別称。対山門

**じもん【地紋】** 布地に織り（染め）出した模様。

**しや【視野】** 目に見える範囲。Ⅱものの見方・考え方のおよぶ範囲。「ーが広い」

**しゃ【社】** ①会社の略。②会社や神社を数える語。

**しゃ【紗】** 絹織物の一。主に夏の和服用。

**しゃ【斜】** ななめ。

**ーに構《かま》える** 皮肉な態度をとる。〔刀をななめに構える意〕

**じゃ【邪】** 〔文章語〕不正。よこしま。対正

**じゃ【蛇】** 〔文章語〕（大きな）ヘビ。

**ーの道《みち》は蛇《へび》** 同類の者のすることはよくわかる。

**ジャー** 〔jar〕 飲食物を保温（保冷）するための容器。

**ジャーキー** 〔jerky〕 乾燥肉。「ビーフー」

**じゃあく【邪悪】** よこしまで正しくないこと。

**シャークスキン** 〔sharkskin〕 サメの皮のような模様を織り出した織物。

**ジャーゴン** 〔jargon〕 専門語。隠語。Ⅱわけのわからない言葉。

**シャーシー** 〔chassis〕 ①自動車の車体を支える台。車台。②テレビなどの部品を取りつける台。◇シャシー。

**ジャージー** 〔jersey〕 ①メリヤス編みの服地。②ラグビー・サッカー用のシャツ。ジャージ。③乳牛の品種の一。

**ジャーナリスティック** 〔journalistic〕 ①ジャーナリズムにのって注目を集めるようす。②時流に敏感なようす。

**ジャーナリスト** 〔journalist〕 新聞・雑誌・放送などの記者。

**ジャーナリズム** 〔journalism〕 新聞・雑誌・放送などの世界（活動）。

**ジャーナル** 〔journal〕 定期刊行物。

**ジャーニー** 〔journey〕 旅。

**シャープ**〔sharp〕①鋭い。鮮明。②音楽で、半音あげる記号。嬰《えい》記号。〔♯〕対フラット ③〔俗語〕シャープペンシル。
**—ペンシル**〔和製語 sharp pencil〕しんを押し出して使う鉛筆。
**シャープナー**〔sharpener〕とぎ器。削り器。
**シャーベット**〔sherbet〕果汁に砂糖などを加えて凍らせた氷菓子。
**シャーマニズム**〔shamanism〕原始的宗教の一。シャマニズム。
**シャーマン**〔shaman〕シャーマニズムの巫女《みこ》・呪術《じゅじゅつ》師。
**シャーレ**〔ドイツ語 Schale〕実験用具の一。ふた付きのガラス皿。
**しゃい【謝意】**お礼(おわび)の気持ち。「—を表する」
**シャイ**〔shy〕内気なようす。
**ジャイアント**〔giant〕①巨人。②大型。類ジャンボ
**—スラローム**〔giant slalom〕スキーの、大回転。
**—パンダ** ⇩パンダ
**ジャイロ**
**—コンパス**〔gyrocompass〕回転羅針盤。
**—スコープ**〔gyroscope〕羅針盤や船の安定装置に使う装置。回転儀。
**しゃいん【社員】**①会社に勤務する人。②社団法人の構成員。
**じゃいん【邪淫】**〔文章語〕①よこしまで、みだらなこと。②密通。◇〔仏教語から〕

**しゃうん【社運】**会社の運命。「—を賭けたプロジェクト」
**しゃおく【社屋】**会社の建物。
**しゃおん【遮音】**音を遮断すること。
**しゃおん【謝恩】**受けた恩に感謝すること。「—会」
**しゃか【釈迦】**仏教の開祖。〔もと、古代インドの種族の名〕
**—に説法《せっぽう》**その道についてよく知っている人に教えようとするのは、むだでおろかだということ。
**しゃが【射干】**《胡蝶花》アヤメ科の多年草。日陰に生え、五月ごろ開花。
**ジャガー**〔jaguar〕ヒョウに似た猛獣。アメリカ産。
**ジャカード**〔Jacquard〕紋織物の一。
**しゃかい【社会】**①共同生活をする人々の集団。②世間。「—に出る」③同類の集団。「芸人—」④社会科。
**—運動《うんどう》**①社会問題を解決しようとする運動。②社会主義運動。
**—科《か》**教科の一。歴史・地理・政治などを教える。
**—科学《かがく》**社会現象を研究する学問。〔経済学・政治学・社会学など〕対自然科学・人文科学
**—学《がく》**社会の組織・構造、人間の社会的行動などを研究する学問。
**—事業《じぎょう》**社会福祉に関する事業。
**—主義《しゅぎ》**生産手段を共有し、階級対立のない社会を作ろうとする思想。対資本主義

**—人《じん》**実社会で働き、活動している人。

**—性《せい》**①集団を作って生活しようとする人間の基本的性質。②社会生活に適応する能力。

**—的《てき》インパクト投資《とうし》** ⇩インパクト投資
**—派《は》**社会問題に重きを置く(立場(人))。

**—福祉《ふくし》**社会的弱者を支援し、社会全体の幸福をめざす組織的活動。

**—福祉士《ふくしし》**福祉に関する助言・指導を行う専門職。ソーシャルワーカー。

**—復帰《ふっき》**病人やけが人が治療を受けて社会生活に戻ること。

**—保険《ほけん》**社会保障の中心的制度。病気や失業時の経済的な保障をする。雇用保険・健康保険など。

**—保障《ほしょう》**国が国民の生活を保障する制度。社会保険・公的扶助など。

**—問題《もんだい》**社会の矛盾や欠陥から起こる問題。

**ジャガいも【—芋】**野菜の一。ばれいしょ。〔ジャガタラいもから〕

**しやかく【視野角】**液晶テレビなどで、表示が正常に見える(範囲(角度))。

**じゃかご【蛇籠】**円筒形のかごに石をつめたもの。護岸工事に使う。

**しゃかにょらい【釈迦如来】**釈迦の尊称。

**しゃがむ** ひざをまげてかがむ。

**しゃかりき**〔俗語〕一生懸命。

**しゃがれごえ【嗄れ声】**しわがれ声。

**しゃがれる【嗄れる】** しわがれる。

**しゃかん【車間】** 走行中の自動車と自動車の間。「—距離」

**じゃき【邪気】** ①悪意。対無邪気 ②昔、病気などを起こすとされた悪い気。

**シャギー［shaggy］** ①織物で、毛足の長いもの。②ヘアカットの一。毛先を細くそいでぎざぎざにする。

**しゃきょう【写経】** お経を書き写すこと。

**しゃぎょう【社業】** 会社の事業。

**じゃきょう【邪教】** 社会の害となる宗教。対正教

**じゃきょく【邪曲】** 〔文章語〕不正。邪悪。

**しゃきょり【射距離】** 射程。

**しゃきん【謝金】** お礼のお金。

**しやく【試薬】** ある物質の検出のために使う薬品。

**しゃく【尺】** ①尺貫法の長さの単位の一。寸の一〇倍。約三〇・三センチメートル。②長さ。たけ。③ものさし。

**—を取《と》る** ものさしで長さをはかる。

**しゃく【勺】** ①尺貫法の体積の単位の一。合の一〇分の一。②尺貫法の面積の単位の一。坪の一〇〇分の一。

**しゃく【笏】** 束帯のとき右手に持つ薄い板。〔現在は神主が持つ。/「笏」の音は「こつ」だが「骨」に通じるのを忌み、長さ約一尺なので「尺」の音を借りた〕

**しゃく【酌】** 酒をさかずきにつぐこと。「—をする」

**しゃく【釈】** ①解釈。②僧が法名の上に姓として付ける語。「—空海」③浄土真宗で、戒名の上に付ける語。

**しゃく【爵】** もと、華族の階級。〔公・侯・伯・子・男の五等があった〕

**しゃく【癪】** ①腹や胸の激痛。さしこみ。②腹が立つ。

**—に障《さわ》る** 腹が立つ。

**—の種《たね》** 腹の立つ原因。

**じやく【持薬】** いつも飲んで（持って）いる薬。

**じゃく【弱】** ①弱い。「—アルカリ性」②…足らず。「千円—」◇対強

**じゃく【寂】** 〔仏教語〕僧の死去。

**しゃくい【爵位】** 爵の称号。

**しゃくう（杓う）** 〔俗語〕すくう。

**ジャクージ［Jacuzzi］** 気泡風呂。ジャクジー。ジャグジー。「—バス」〔商標〕

**じゃくおん【弱音】** 小さい音。

**—器《き》** 楽器の音を小さくする装置。ミュート。

**しゃくぎ【釈義】** 文章・語句の意義の解釈。類注釈

**しゃくざい【借財】** 〔文章語〕借金。

**じゃくさん【弱酸】** 酸性の弱い酸。酢酸・炭酸など。

**しゃくし【杓子】** 汁や飯をすくう道具。

**—定規《じょうぎ》** 融通のきかないこと。

**しゃくじ【借字】** 漢字の意義と無関係にその音を借りて表記したもの。〔梵語《ぼんご》の音訳・万葉仮名など〕

**じゃくし【弱視】** 視力が弱いこと。

**じゃくしゃ【弱者】** 弱い（—立場の）人。「社会的（買い物）—」対強者

**しゃくしゃく【綽々】** あせらず落ち着いているようす。「余裕—」

**しやくしょ【市役所】** 市の行政事務を扱う役所。

**しゃくじょう【錫杖】** 僧・修験者《しゅげんじゃ》が持つ、つえ。〔環がついていて振ると鳴る〕

**じゃくしょう【弱小】** ①弱くて小さいこと。対強大 ②年少。

**じゃくしん【弱震】** かつての地震の段階表示の一。中震と微震の間。〔現在は使わない〕

**じゃくする【寂する】** 〔文章語〕僧が死ぬ。

**しゃくすん【尺寸】** 〔文章語〕ほんのわずか。せきすん。「—の地」

**しゃくぜん【釈然】** 疑いや迷いがはれて、さっぱりするようす。「—としない」

**じゃくそつ【弱卒】** 弱い兵士。

**しゃくそん【釈尊】** 釈《しゃ》迦《か》の尊称。

**じゃくたい【弱体】** 組織などが弱々しいこと。「—化」

**しゃくち【尺地】** せきち。

**しゃくち【借地】** 土地を借りること。借りた土地。「—権」

**じゃぐち【蛇口】** 水道管の先の流出口。

**じゃくてき【弱敵】** 弱い相手。対強敵

**じゃくてん【弱点】** ①弱み。②短所。

**じゃくでん【弱電】** 家庭用・通信用の弱い電流を扱う電気機器部門。対強電

**しゃくど【尺度】** ものさし。❷評価の規

準。「文明の—」

**しゃくどう【赤銅】** 金・銀をまぜた銅。

**—色《いろ》** 光沢のある赤黒色。

**じゃくどく【弱毒】** 毒性を—弱めること（弱めたもの）。「—ワクチン」

**じゃくとして【寂として】**〔文章語〕ひっそりとして。

**しゃくとりむし【尺取り虫】** シャクトリガ科のガの幼虫の一。〔動き方が指で長さをはかるのに似ることから〕

**しゃくなげ【石楠花・石南花】** ツツジ科の常緑樹。夏、淡紅色の花を開く。

**じゃくにくきょうしょく【弱肉強食】** 弱者が強者の犠牲になること。

**しゃくにゅう【借入】** かりいれ。「—金」

**しゃくねつ【赤熱】** せきねつ。

**しゃくねつ【灼熱】** 焼けて熱くなること。非常に熱いこと。「—の太陽」⊜激しいこと。「—の恋」

**じゃくねん【弱年・若年】** 年の若い—こと（人）。弱齢。「—層」

**じゃくねん【寂然】**〔文章語〕せきぜん。

**じゃくはい【弱輩・若輩】** 年の若い者。「—の分際」⊜未熟者。

**しゃくはち【尺八】** 縦笛の一。竹製。〔長さは一尺八寸〕

**しゃくぶく【折伏】**〔仏教語〕説法や祈禱《きとう》の力で相手を屈服させ信者にすること。

**しゃくほう【釈放】** 拘束をといて自由にしてやること。

**しゃくま【借間】** 間借り（—した部屋）。

**しゃくめい【釈明】** 事情を説明して了解を求めること。

**じゃくめつ【寂滅】**〔仏教語〕煩悩の境地を離れること。⊜死ぬこと。

**しゃくもん【借問】**〔文章語〕試しに質問すること。〔「しゃもん」の慣用読み〕

**しゃくもん【釈門】**〔仏教語〕仏門。僧。

**しゃくや【借家】** 家を借りること。借りた家。「—人」対貸家

**しゃくやく【芍薬】** 観賞用の草花。初夏、ボタンに似た花が咲く。〔根は薬用〕

**じゃくやく【雀躍】**〔文章語〕こおどりして喜ぶこと。「欣喜《きんき》—」

**しゃくよう【借用】** 借りて使うこと。

**ジャグラー** [juggler] ①大道芸人。特に、玉やナイフを操る曲芸師。②詐欺師。ペテン師。

**しゃくらん【借覧】**〔文章語〕本を借りて見ること。

**しゃくりあげる《噦り上げる》** 息を吸い込むようにして泣く。

**しゃくりょう【酌量】** 事情を考慮して、手加減をすること。「情状—」

**ジャグリング** [juggling] 大道芸。玉やナイフなどを操る曲芸。

**しゃくる【杓る】** ①中がくぼむように削る。②すくう。③「あごを—（=あごを軽く上げてぞんざいに示す）」

**じゃくれい【弱齢・若齢】**〔文章語〕弱年。

**しゃけ【鮭】**〔俗語〕サケ。

**しゃけい【舎兄】**〔文章語〕自分の兄。対舎弟

**しゃげき【射撃】** 銃砲で的をうつこと。

**ジャケット** [jacket] ①上着。ジャケツ。②本やレコードのカバー。

**しゃけん【車券】** 競輪で、賭《か》けのために買う券。類馬券

**しゃけん【車検】** 自動車の車体検査（—証）。

**じゃけん【邪険】《邪慳》** 不人情。意地悪。類薄情

**しゃこ【車庫】** 電車や自動車を入れる建物。

**しゃこ【硨磲】** 大形の二枚貝。貝殻は装飾用で、七宝の一。

**しゃこ【蝦蛄】** エビに似た動物。食用。

**しゃこ【鷓鴣】** キジ科の鳥。ウズラに似る。

**じゃこ【雑魚】** ①ざこ。②だしじゃこ。

**しゃこう【社交】** 人とのつきあい。

**—界《かい》** 上流階級の人が集まって交際する社会。

**—辞令《じれい》** 外交辞令。

**—ダンス** 男女一組で踊るダンス。ソーシャルダンス。

**—的《てき》** 人づきあいの上手なようす。

**しゃこう【射幸】《射倖》**〔文章語〕偶然の利益を得ようとすること。「—心」

**しゃこう【斜光】** 斜めにさす光。

**しゃこう【斜坑】** 斜めに掘った坑道。

**しゃこう【遮光】** 光をさえぎること。「—カーテン」

**じゃこう【麝香】** ジャコウジカの雄からとる高級香料。

**しゃこく【社告】** 会社の出す知らせ。
**シャコンヌ**〔フランス語 chaconne〕バロック音楽の器楽形式の一。ゆるやかな三拍子の変奏曲。
**しゃさい【社債】** 株式会社が資金を得るために設ける債務(―の債券)。対公債
**しゃさい【車載】** 車に積むこと。「―カメラ」
**しゃざい【謝罪】** 犯した罪をわびること。
**しゃざい【瀉剤】** 下剤。
**しゃさつ【射殺】** 銃などで撃ち殺すこと。
**しゃし【奢侈】**〔文章語〕必要以上のぜいたく。
**しゃじ【社寺】** 神社と寺。
**しゃじ【謝辞】** お礼(おわび)の言葉。
**シャシー**〔chassis〕シャーシー。
**しゃじく【車軸】** 車の心棒(軸)。
**―を流《なが》す** 雨が激しく降る形容。
**しゃじつ【写実】** ありのままに描写すること。
**じゃじゃうま【じゃじゃ馬】** あばれ馬。Ⅱ〔俗語〕わがままなおてんば娘。
**しゃしゃりでる【しゃしゃり出る】**〔俗語〕出しゃばる。
**しゃしゅ【社主】** 会社・結社の持ち主。
**しゃしゅ【車種】** 自動車などの種類。
**しゃしゅ【射手】** ①弓を射る人。②銃を撃つ人。
**じゃしゅう【邪宗】** 邪教。特に、江戸時代におけるキリスト教。
**しゃしょう【車掌】** 列車やバスの車内で客にサービスなどをする乗務員。
**しゃしょう【捨象】**〔哲学用語〕抽象する際、不要な要素を考察の対象から除くこと。
**しゃじょう【車上】** 列車や自動車の中。
**―荒《あ》らし** 駐車中の車から品物を盗むこと(泥棒)。
**しゃじょう【謝状】** お礼(おわび)の手紙。
**しゃしょく【社稷】**〔文章語〕国家。〔土地の神(=社)と五穀の神(=稷)の意〕
**―の臣《しん》** 国家の重臣。
**しゃしん【写真】** 光学的方法で物体の映像を記録したもの。「―をとる」
**じゃしん【邪心】** よこしまな心。類悪意
**じゃしん【邪神】** 悪神。
**しゃす【謝す】**〔文章語〕謝する。
**ジャス【JAS】** 日本農林規格。農林水産物とその加工品の品質保証基準。〔Japanese Agricultural Standard の略〕
**ジャズ**〔jazz〕アメリカ音楽の一。黒人が始めた。「―シンガー」
**じゃすい【邪推】** ひがんで悪い方に推測すること。
**ジャズダンス**〔jazz dance〕ジャズに合わせた軽快な踊り。
**ジャスティファイ**〔justify〕正当化すること。
**ジャスト**〔just〕ちょうど。「一時―」
**―ミート**〔和製語 just meet〕野球で、球の中心にうまくバットを当てること。
**ジャスミン**〔jasmine〕香りのよい花をつける植物。花から香料をとる。「―茶」
**ジャスラック**〔JASRAC〕⇩付JAS-RAC
**しゃする【謝する】** ①あやまる。②断る。「面会を―」③礼を言う。
**しゃぜ【社是】** 会社の基本的方針(―を表す言葉)。
**しゃせい【写生】** ありのままに写してかくこと。
**しゃせい【射精】** 精液を出すこと。
**しゃせつ【社説】** 新聞に載せる、その社の論説。
**しゃぜつ【謝絶】** 断ること。「面会―」
**しゃせん【車線】** ①自動車が走る路線。②並んで走れる台数で表す道幅。「片側二―」
**しゃそう【社葬】** 会社が施主となる葬儀。
**しゃそう【車窓】** 列車・自動車などの窓。「―の眺め」
**しゃぞう【写像】** ①物理学で、光線が反射・屈折して作る像。②数学で、ある集合と他の集合の要素を対応させる法則。
**しゃたい【車体】** 車両の、人や荷物を乗せる部分。ボディー。
**しゃだい【車台】** シャーシー①。
**しゃたく【社宅】** 会社が所有し、社員を住まわせる家。類社員寮
**しゃだつ【洒脱】** 俗っぽさがなくさっぱりしているようす。
**しゃだん【社団】**〔法律用語〕一定の目的のために作られた団体。
**―法人《ほうじん》**〔法律用語〕法人として認められた社団。
**しゃだん【遮断】** さえぎること。

―機《き》 踏切で、通行を遮断する設備。

**しゃち【鯱】** ①イルカ科の海獣。サカマタ。オルカ。②しゃちほこ。

**じゃち【邪知】**《邪智》〔文章語〕悪知恵。「奸佞―」

**しゃちく【社畜】**〔俗語〕会社の言いなりに働く会社員。〔「会社の家畜」の意で、揶揄《やゆ》して言う〕

**しゃちこばる【しゃちこ張る】**〔俗語〕しゃちほこばる。

**しゃちほこ【鯱】** 想像上の動物。魚の形で、頭はトラ。〔その逆立ちした形の飾りを城の屋根などに付ける〕

**―張《ば》る** いかめしく構える。また、緊張して体がこわばる。しゃっちょこばる。しゃちこばる。

**しゃちゅう【社中】** ①社内。②〔邦楽などの〕同門・結社の仲間。

**しゃちゅう【車中】** 列車・自動車などの中。

**―談《だん》** 有名人や政治家などが旅先の車中で行う非公式の談話。

**しゃちょう【社長】** 会社の代表者。

**シャツ**〔shirt〕①ワイシャツ。②肌着の一。

**しゃっか【借家】**〔法律用語〕しゃくや。

**じゃっか【弱化】** 弱く―なる（する）こと。対強化

**ジャッカル**〔jackal〕オオカミに似た動物。夜行性。肉食。

**しゃっかん【借款】** 国家間のお金の貸借。

**じゃっかん【若干】** いくらか。多少。「―名募集」

**じゃっかん【弱冠】**〔文章語〕年の若い―こと（人）。〔二〇歳の称から。／若冠は誤り〕

**しゃっかんほう【尺貫法】** 古来の度量衡法。〔基本単位は、長さが尺、重さが貫、体積が升〕

**じゃっき【惹起】** 事件などをひきおこすこと。

**ジャッキ**〔jack〕車体などを持ち上げる小型機械。

**しゃっきょう【釈教】** ①〔文章語〕仏教。②仏教的な内容を含む和歌や俳句。

**しゃっきん【借金】** お金を借りること。借りたお金。

**―取《と》り** 借金を取りたてる―こと（人）。

**しゃっく【赤口】** 陰陽《おんよう》道で、万事に不吉とする日。赤口日《しゃっくにち》。しゃっこう。

**じゃっく【惹句】**〔文章語〕キャッチフレーズ。

**ジャック**〔jack〕①トランプの札の一。一一の札。②電気器具のさしこみ口。

**―ナイフ**〔jackknife〕大形の折りたたみ式ナイフ。

**しゃっくり**《噦・吃逆》横隔膜《おうかくまく》のけいれんに伴って出る声。

**ジャッグル**〔juggle〕野球で、捕球のとき、球をグラブの中ではずませること。お手玉。

**しゃっけい【借景】** 周囲の景色を庭園の一部としてとりいれること。

**じゃっこく【弱国】** 国力の弱い国。対強国

**ジャッジ**〔judge〕①審判員。〔ボクシングなどでは副審〕②審判。判定。ジャッジメント。

**―メント**〔judgement〕ジャッジ②。

**シャッター**〔shutter〕①カメラの装置の一。「―を切る」②金属製のよろい戸。

**―街《がい》** 営業をしていない店が目立つ、衰退した商店街。シャッター通り。

**―チャンス**〔和製語 shutter chance〕シャッター①を切るのに最適の瞬間。

**しゃっちょこばる【しゃっちょこ張る】**〔俗語〕しゃちほこばる。

**シャットアウト**〔shutout〕①締め出すこと。閉鎖。②野球で、完封。

**シャットダウン**〔shutdown〕〔パソコンの〕システムを停止させること。

**ジャップ**〔Jap〕英語圏で、日本人の蔑称。

**シャツブラウス**〔和製語 shirt blouse〕ワイシャツ風に仕立てたブラウス。

**シャッフル**〔shuffle〕トランプで、カードを切り混ぜること。

**シャッポ**〔フランス語 chapeau〕帽子。シャポー。

**―を脱《ぬ》ぐ** 降参する。かぶとを脱ぐ。

**しゃてい【舎弟】** ①〔文章語〕自分の弟。対舎兄 ②〔俗語〕（やくざの）弟分。「企業―」

**しゃてい【射程】** 弾丸の届く最大距離。Ⅱ勢力などの及ぶ範囲。

**しゃてき【射的】** ①銃で的をねらって撃つこと。②空気銃で的の人形などを撃ち、賞品をもらう遊び。

**しゃでん【社殿】** 神社で神体を安置した建物。
**しゃど【斜度】** 斜面の傾斜角度。
**しゃどう【車道】** 車両用の道路。対歩道
**じゃどう【邪道】** 正当でないやり方。対正道
**シャトー**［フランス語 château］①城。②邸宅。③（フランスの）ワインの醸造元。
**シャドー**［shadow］①影。②アイシャドー。
**ーキャビネット**［shadow cabinet］イギリスで、影の内閣。
**ーボクシング**［shadowboxing］ボクシングで、相手がいるものと想定して一人でする練習法。
**シャトーブリアン**［フランス語 châteaubriand］ヒレ肉のステーキ。
**シャトル**［shuttle］①バドミントンの羽根。シャトルコック。②スペースシャトル。
**ーバス**［shuttle bus］（近距離を）往復運行するバス。
**しゃにくさい【謝肉祭】** カトリック教で、四旬節の前の祭り。カーニバル。
**しゃにむに【遮二無二】** がむしゃらに。
**ジャニュアリー**［January］一月。
**じゃねん【邪念】** 不純（よこしま）な考え。「ーを抱く」
**じゃのひげ【蛇の髭】** 葉が細長い草の一。根は薬用。ユリ科。
**じゃのめ【蛇の目】** ①太い輪の形。②蛇の目傘。
**ー傘《がさ》** 石突きを中心に蛇の目の模様を表したからかさ。
**しゃば【車馬】** 車と馬。乗り物。
**しゃば【娑婆】** ①〔仏教語〕人間界。②〔俗語〕（刑務所などから見た）外の自由な世界。
**ジャバ**［Java］ インターネット用のプログラム言語の一。
**しゃばくじょう【射爆場】** 飛行機による射撃と爆撃の演習場。
**しゃばっけ【娑婆っ気】** 俗世の利益や名誉に執着する心。しゃばけ。
**ジャパニーズ**［Japanese］日本ー人（語・式）。
**ジャパネスク**［Japanesque］日本風（ーの文化様式）。日本調。
**ジャパノロジー**［Japanology］ 日本学。日本研究。
**じゃばら【蛇腹】** ひだがあって自由に伸び縮みするもの。
**しゃはん【這般】**〔文章語〕このたび。これら。「ーの事情」
**ジャパン**［Japan］日本。
**じゃひ【邪飛】**〔文章語〕野球で、ファウルフライ。
**じゃびせん【蛇皮線】** ヘビ皮を張った沖縄の弦楽器。三線《さんしん》。〔三味線の原形〕
**しゃぶ【シャブ】**〔俗語〕覚醒剤。
**ジャブ**［jab］ ボクシングで、小刻みに打つこと。Ⅱ相手の出方をさぐる、軽い攻撃。
**しゃふう【社風】** 会社の気風。
**しゃふつ【煮沸】** 煮立たせること。「ー消毒」
**シャフト**［shaft］①回転軸。②（ゴルフクラブの）柄《え》。
**しゃぶる** 口の中に入れてなめる。
**しゃへい【遮蔽】**〔文章語〕おおいをして隠すこと。「ー物」
**しゃべくる【喋くる】**〔俗語〕さかんにしゃべる。
**しゃべる【喋る】**（口数多く）話す。口外する。
**シャベル**［shovel］土砂をすくう道具。ショベル。類スコップ
**しゃへん【斜辺】** 数学で、直角三角形の直角に対する辺。
**じゃほう【邪法】** ①邪教。②魔法。
**シャボテン** ⇩サボテン
**ジャポニカまい【ー米】** 粒が短くて炊くと粘りのある、日本型の米。
**ジャポニスム**［フランス語 japonisme］一九世紀後半、ヨーロッパの芸術に見られる、日本趣味。
**しゃほん【写本】** 書き写した本。手書きの本。対刊本・版本
**シャボン**［ポルトガル語 sabão］せっけん。
**ー玉《だま》** せっけん水の泡の玉。
**じゃま【邪魔】** さまたげるーこと（もの）。
**ー臭《くさ》い** 邪魔でいやだ。〔関西方言では「面倒くさい」の意味もある〕
**じゃまだて【邪魔立て】** わざと邪魔すること。
**じゃまっけ【邪魔っ気】**〔俗語〕邪魔になるようす。
**しゃみ【沙弥】**〔仏教語〕なったばかりの修

行僧。
**しゃみせん【三味線】** 邦楽の弦楽器の一。三弦で、ばちでひく。⊜〔俗語〕「―をひく（＝真実をかくすために、でたらめを言う）」
**ジャム**［jam］ ①果肉を煮つめた食品。②ジャムセッション。
**しゃむしょ【社務所】** 神社の事務を扱う所。
**ジャムセッション**［jam session］ ジャズの即興演奏（―会）。ジャム。
**シャムねこ【―猫】** 猫の品種の一。愛玩《あいがん》用。〔シャム（＝タイの旧称）の王宮で保護されてきたといわれる〕
**しゃメ【写メ】** 〔俗語〕写メールの略。〔商標〕
**しゃめい【社名】** 会社（神社）の名。
**しゃめい【社命】** 会社の命令。
**しゃメール【写―】** 携帯電話やスマートフォンで写真を撮ること。また、その写真。撮った写真をメールに添えて送るサービス。〔俗に、写メという。／商標〕
**しゃめん【斜面】** 傾いた面。
**しゃめん【赦免】** 〔文章語〕罪をゆるすこと。
**シャモ《軍鶏》** ニワトリの品種の一。闘鶏用・食用。〔江戸時代、シャムから渡来したことから〕
**しゃもじ【杓文字】** ごはんをすくうへら。
**しゃもん【沙門】** 〔仏教語〕出家した人。僧。
**しゃもん【借問】** 〔文章語〕しゃくもん。

**しゃよう【社用】** 会社（神社）の用事。
**―族《ぞく》** 〔俗語〕社用にかこつけて社費で飲み食いする人。
**しゃよう【斜陽】** 夕日。⊜おちぶれること。「―産業」
**―族《ぞく》** 没落した上流階級の人。〔太宰治の小説『斜陽』から〕
**じゃよく【邪欲】《邪慾》** ①不正な欲望。②肉欲。
**しゃらく【洒落】** 性質があっさりとしているようす。類洒脱
**しゃらくさい《洒落臭い》** 〔俗語〕なまいきだ。
**しゃり【舎利】** ①〔仏教語〕仏陀《ぶっだ》・聖者の遺骨。②火葬後の骨。③〔俗語〕（すし屋で）めし。米。〔平仮名でも書く〕
**じゃり【砂利】** ①小石。②〔俗語〕子供。〔興行界の隠語から。／かな書き〕
**シャリアピンステーキ**［Shalyapin steak］ 和風のステーキの一。〔歌手シャリアピンの希望で作ったことから〕
**しゃりょう【車両】《車輛》** 自動車・電車などの総称。特に、客車。
**しゃりん【車輪】** 車の輪。
**シャルキュトリー**［フランス語 charcuterie］ 豚肉を主とする食肉加工品の総称。また、その製造業や販売店。ハム・ベーコン・ソーセージ・パテ・テリーヌ・リエットなど。
**しゃれ【洒落】** ①言葉遊びの一。「気のきいた―」②おしゃれ。
**しゃれい【謝礼】** お礼（―の金品）。
**しゃれき【社歴】** ①入社してからの―年数（経歴）。②会社の歴史。

**しゃれこうべ《髑髏》** されこうべ。
**しゃれこむ【洒落込む】** ①めかしこむ。②しゃれたことをする。「花見と―」
**しゃれつ【車列】** 車両の列。
**しゃれっけ【洒落っ気】** ①おしゃれ心。②気のきいたことをしようという気持ち。
**しゃれのめす【洒落のめす】** 徹底的にしゃれる。
**しゃれる【洒落る】** ①おしゃれをする。②気がきいている。③しゃれを言う。④生意気なまねをする。
**じゃれる《戯れる》** まつわりついてふざける。
**じゃれん【邪恋】** 不倫の恋。
**シャワー**［shower］ じょうろのような口から水・湯を出す装置。シャワーバス。
**―トイレ**［和製語 shower toilet］ 温水で洗浄する機能のある洋式便座。温水洗浄便座。〔商標〕
**ジャンキー**［junkie］ 麻薬中毒者。
**ジャンク《戎克》**［junk］ 中国の小型帆船。
**ジャンクション**［junction］ 高速道路などの合流点・分岐点。
**ジャンクフード**［junk food］ 高カロリーだが栄養価の低い食品。ファストフードやスナック菓子など。
**シャングリラ**［Shangri-La］ 地上の楽園。理想郷。
**ジャングル**［jungle］ （熱帯の）密林。
**―ジム**［jungle gym］ パイプを組み合わ

せた、子供用遊具。〔商標から〕
**じゃんけん【じゃん拳】** 片手を使って勝負する遊び。
**—ぽん** じゃんけんをするときのかけ声。
**ジャンそう【—荘・雀荘】** 〔俗語〕マージャン屋。
**シャンソン** 〔フランス語 chanson〕フランスの歌謡曲。
**シャンツァイ**《香菜》〔中国語 xiāngcài〕コリアンダー。
**シャンツェ** 〔ドイツ語 Schanze〕スキーのジャンプ台。
**シャンデリア** 〔chandelier〕天井からつるす装飾用電灯。
**ジャンパー** 〔jumper〕①運動・作業用の上着。ジャンバー。②ジャンプをする選手。
**—スカート** 〔和製語 jumper skirt〕（そでなしの）上着とつながっているスカート。
**シャンパン**《三鞭酒》〔フランス語 champagne〕発泡性白ぶどう酒。シャンペン。〔フランスのシャンパーニュ地方産〕
**—ゴールド** 〔和製語 champagne gold〕淡い金色。
**シャンピニオン** 〔フランス語 champignon〕マッシュルーム。
**ジャンピング** 〔jumping〕跳躍。「—スロー」
**ジャンプ** 〔jump〕①跳躍。飛躍。②陸上競技で、走り幅跳び・走り高跳び・棒高跳び。③陸上競技の三段跳びで、第三の跳躍。「ホップ、ステップ、—」④スキーで、飛躍競技。
**—スーツ** 〔jumpsuit〕上着とズボンがつながっている服。
**シャンプー** 〔shampoo〕洗髪（—剤）。
**シャンペン** ⇩シャンパン
**ジャンボ** 〔jumbo〕①巨大。「—サイズ」②ジャボジェット。③トンネルを掘る大型機械。
**—ジェット** 〔jumbo jet〕大型のジェット旅客機。
**ジャンボリー** 〔jamboree〕ボーイスカウトの大会。
**ジャンル** 〔フランス語 genre〕（文芸で）部門。種類。
**しゅ【首】** 和歌・漢詩を数える語。
**しゅ【主】** ①あるじ。対客 ②主君。③中心。「—目的」対従・副 ④キリスト教で、神・キリスト。
**しゅ【朱】** ①黄を帯びた赤。②朱墨。
**—に交《まじ》われば赤《あか》くなる** 付き合う友人によってよくもわるくもなる。
**—を入《い》れる** 添削する。
**—を注《そそ》ぐ** 顔をまっ赤にする。
**しゅ【種】** ①種類。類たぐい ②生物分類の基礎単位。〔属の下位〕
**じゅ【寿】** 〔文章語〕年齢。「百歳の—」〔長命の場合にいう〕
**シュア** 〔sure〕確かなようす。シュアー。
**しゆい【思惟】** しい。
**しゅい【主位】** おもな地位。対客位
**しゅい【主意】** ①おもな意味。②意志を主とすること。「—主義」対主情・主知
**しゅい【首位】** 第一位。
**しゅい【趣意】** ①事を始めるときの考え・目的。「—書」②主旨。
**じゅい【樹医】** 樹勢の衰えた木を治療する技術者。樹木医。
**しゅいろ【朱色】** 朱の色。
**しゅいん【手淫】** 自慰。オナニー。
**しゅいん【主因】** 〔文章語〕おもな原因。対副因
**しゅいん【朱印】** 朱肉で押した印。
**—状《じょう》** 将軍の朱印を押した公文書。
**—船《せん》** 江戸初期、朱印状により外国貿易を許可された船。御朱印船。
**じゅいん【樹陰】** 〔文章語〕こかげ。
**しゆう【市有】** 市の所有。「—地」
**しゆう【私有】** 個人の所有。「—地」対公有
**—財産《ざいさん》** 個人の財産。
**しゆう【師友】** ①先生と友人。②先生として敬う友人。
**しゆう【雌雄】** ①めすとおす。「—異体」②勝敗。優劣。「—を争う」
**—を決《つ》する** 勝敗を決める。
**しゅう【州】** ①（連邦国家の）行政区画。②《洲》大陸。「アジア—」
**しゅう【秀】** すぐれていること。〔成績の評語〕
**しゅう【周】** ①まわり（—の長さ）。「多角形の—」②まわる回数。「地球一—」
**しゅう【週】** ①一週間。②一週間をひとまとめにして順序を表す語。
**しゅう【衆】** ①多くの人。②人数が多いこと。「—を頼む」③（軽い敬意をこめて）

ある人々を呼ぶ語。しゅ。「旦那《だんな》―」
**しゅう【醜】** ①みにくいこと。対美 ②恥。
**じゆう【自由】** 制限を受けず、思いのままにできること。
**―意志《いし》** 自分の意志で自由に決めた考え。
**―形《がた》** 競泳の種目の一。ふつう、クロール。
**―業《ぎょう》** 独立自営の職業。〔著述家・弁護士など〕
**―刑《けい》** 自由を与えない刑罰。禁固など。
**―経済《けいざい》** 国家の統制や干渉を受けない経済。
**―自在《じざい》** 思いのまま。
**―主義《しゅぎ》** 個人の自由を重んじ、国家の干渉を排する主義。リベラリズム。
**―診療《しんりょう》** 健康保険の適用対象にならない診療。
**―貿易《ぼうえき》** 国家の干渉がなく自由に行える貿易。対保護貿易
**―奔放《ほんぽう》** 世の常識やしきたりにとらわれず、自由にふるまうこと。
**―律《りつ》** 短歌・俳句の形式の一。自由な音律でよむ。
**じゆう【事由】** 事の起こった理由。
**じゅう【十】** 数の名。〔領収書などでは拾とも書く〕
**じゅう【住】** すまい。「衣食―」
**じゅう【重】** ①重箱。「お―」②重なりを数える語。「二―」③重い。「―金属」④激しい。「―労働」
**―且《か》つ大《だい》** 重大。
**じゅう【柔】** やわらかいこと。穏やかなこと。対剛
**―よく剛《ごう》を制《せい》す** 柔弱なものが、かえって剛強なものに勝つ。
**じゅう【従】** 主要でないもの。対主
**じゅう【銃】** 小型の火器。ピストルなど。
**しゅうあく【醜悪】** とてもみにくいこと。
**しゅうあし【週足】** ろうそく足の一。一週間ごとの株価の動きを表す。類日足・月足
**じゅうあつ【重圧】** 非常に強い圧力。「―を受ける」
**しゅうい【周囲】** ①まわり。②まわりの事物・人々。環境。
**しゅうい【拾遺】** もれたものを拾い補うこと。「―集」
**しゅうい【秋意】** 秋の気配(風情)。
**しゅうい【就位】** (囲碁・将棋で)位に就くこと。
**じゅうい【重囲】** 幾重にも取り囲むこと。「―に陥る」
**じゅうい【獣医】** 動物の病気を治療する医師。
**じゅういち【十一】** 慈悲心鳥の別称。
**じゅういちがつ【十一月】** 年の一一番目の月。霜月《しもつき》。
**しゅういつ【秀逸】** とりわけすぐれていること(作品)。
**じゅういつ【充溢】** みちあふれること。「気力が―する」
**しゅういん【衆院】** 衆議院の略。対参院
**じゅういん【充員】** 人員を補充すること。また、その人員。
**しゅうう【秋雨】** 秋に降る雨。あきさめ。
**しゅうう【驟雨】** 〔文章語〕にわか雨。夕立。
**しゅううん【舟運】** 舟による運送。船便。
**しゅうえい【終映】** (その日の)上映が終わること。対開映
**しゅうえき【収益】** (事業から)利益をおさめること。また、その利益。
**しゅうえき【就役】** 任務につくこと。
**しゅうえん【周縁】** 〔文章語〕まわり。周辺。
**しゅうえん【終焉】** ①死にぎわ。⊜物事の終わり。②隠居して晩年を送ること。「―の地」
**しゅうえん【終演】** 上演が終了すること。対開演
**じゅうえん【重縁】** 親類どうしの縁組み・結婚。
**じゅうおう【縦横】** ①たてとよこ。②心のまま。
**―無尽《じん》** 自由自在。
**じゅうおん【重恩】** 〔文章語〕かさねがさねの恩義。
**しゅうか【秀歌】** すぐれた和歌。類名歌
**しゅうか【臭化】** 臭素と化合すること。「―カリウム」
**しゅうか【衆寡】** 多数と少数。
**―敵《てき》せず** 少人数は多人数に勝ち目はない。
**しゅうか【集荷】** 《蒐荷》①各地から荷物を集めること。また、集まること。②宅配便などの荷物を受け取りに荷主のもとに

行くこと。

**しゅうか【集貨】** 貨物や商品を集めること。また、集まること。

**じゅうか【住家】** 〔文章語〕すまい。住居。

**じゅうか【重科】** 〔文章語〕重罪。重い罰。

**じゅうか【銃火】** 銃器による射撃。「―を交える」

**しゅうかい【周回】** ①まわること。「―軌道」②周囲。

**しゅうかい【集会】** ある目的で人々が集まること(集まり)。類会合

**しゅうかい【醜怪】** ひどく醜いこと。

**しゅうがい【臭害】** 悪臭を出す公害。

**しゅうかいどう【秋海棠】** 中国原産の庭草。秋、うす紅色の花が垂れて咲く。

**じゅうかがくこうぎょう【重化学工業】** 重工業と化学工業の総称。

**しゅうかく【収穫】** 農作物を取り入れること。取り入れたもの。「―高」Ⅱよい結果。「旅の―」

**しゅうかく【臭覚】** 嗅覚《きゅうかく》。

**しゅうがく【修学】** 学問をおさめること。

**しゅうがく【就学】** 学校、特に小学校に入学して教育を受けること。

**じゅうかさんぜい【重加算税】** 脱税した場合、追加して課される税。

**じゅうかしつ【重過失】** 危険だとわかっているのに不注意で起こす過失。

**しゅうかつ【終活】** 人生の終わりに向けて準備する活動。

**しゅうかつ【就活】** 就職活動の略。

**じゅうがつ【十月】** 年の一〇番目の月。神無月《かんなづき》。

**しゅうかん【収監】** 刑務所に収容し監禁すること。

**しゅうかん【週刊】** 週に一度の刊行。**―誌**《し》 週刊の雑誌。

**しゅうかん【週間】** ①七日間。週。②特別の行事のある七日間。「交通安全―」③日を一週間の単位で数える語。

**しゅうかん【終刊】** 刊行を終えること。対創刊

**しゅうかん【習慣】** ならわし。しきたり。「―に従う」

**じゅうかん【重患】** 重い病気(―の患者)。

**じゅうかん【縦貫】** たて(南北)につっきること。「中国―道」

**じゅうがん【銃眼】** 射撃のために壁などにあけた穴。

**しゅうき【周忌】** 〔仏教語〕回忌。

**しゅうき【周期】** ①ひと回りする期間。②繰り返される運動の一回の時間。**―的**《てき》 一定の間隔で繰り返すようす。**―律**《りつ》 元素を原子番号順に並べると、性質の似た元素が周期的に出てくる法則。

**しゅうき【秋気】** 〔文章語〕秋のけはい(気候)。

**しゅうき【秋季】** 秋の季節。「―運動会」対春季

**しゅうき【秋期】** 秋の期間。対春期

**しゅうき【臭気】** いやなにおい。類悪臭

**しゅうき【終期】** 終わりの時期。対始期

**しゅうぎ【祝儀】** ①祝いの儀式。特に、婚礼。対不祝儀《ぶしゅうぎ》 ②祝いの際に贈る金品。③心づけ。「―袋」

**しゅうぎ【衆議】** 多人数による合議。「―一決」
**―院**《いん》 日本の国会を構成する二院の一。〔もう一つは、参議院〕

**じゅうき【什器】** 日常使う家具・道具。

**じゅうき【重機】** ①重工業用の機械類。②重機関銃。大型の機関銃。対軽機 ③土木・建築で使われる大型の機械。

**じゅうき【銃器】** 小銃・機関銃などの総称。

**じゅうきネット【住基―】** ⇩住民基本台帳ネットワーク

**しゅうきゃく【集客】** 客を集めること。「―力」

**しゅうきゅう【週休】** 一週間の間に決まって休日があること。その休日。「―二日制」

**しゅうきゅう【週給】** 一週間ごとに支払う給料。

**しゅうきゅう【蹴球】** フットボール。特に、サッカー。

**じゅうきょ【住居】** 住まい。住宅。

**しゅうきょう【宗教】** 神仏を信仰し、幸福を求めようとする教え。**―心**《しん》 宗教を信じる気持ち。**―法人**《ほうじん》 法律で法人と認められた宗教団体。

**しゅうぎょう【修業】** 学問や技芸を習いおさめること。

**しゅうぎょう【終業】** ①一日の仕事を終えること。②学校で、学期の授業が終

わること。「―式」◇[対]始業

**しゅうぎょう【就業】** 仕事につくこと。「―規則」

**じゅうぎょう【従業】** 業務に従事すること。「―員」[類]就労

**しゅうきょく【終曲】** フィナーレ。

**しゅうきょく【終局】** 囲碁で、打ち終わり。‖事件の落着。「―を迎える」

**しゅうきょく【終極】** はて。終わり。

**しゅうきょく【褶曲】** 地層が波状に曲がる現象。「―山脈」

**しゅうきん【集金】** お金を集めること。集めたお金。「―人」

**しゅうぎん【秀吟】** 〔文章語〕すぐれた詩歌。

**じゅうきんぞく【重金属】** 比重四～五以上の金属。鉄・金・銀など。[対]軽金属

**しゅうく【秀句】** ①すぐれた‐俳句（詩句）。②同音を利用した言葉遊びの一。ごろ合わせなど。

**しゅうぐ【衆愚】** 〔文章語〕多くの愚者。「―政治」

**ジュークボックス**〔jukebox〕 お金を入れて選曲すると、自動的に音楽が流れる装置。

**シュークリーム**〔フランス語 chou à la crème〕 洋菓子の一。〔薄い皮の中にクリームを入れる〕

**じゅうぐん【従軍】** 軍隊について戦地に行くこと。「―記者」

**しゅうけい【集計】** 集めて合計‐すること（したもの）。

**じゅうけい【重刑】** 重い刑罰。

**じゅうけい【従兄】** 〔文章語〕年上の男のいとこ。[対]従弟

**じゅうけい【銃刑】** 銃殺刑。

**じゅうけいてい【従兄弟】** 〔文章語〕男のいとこ。[対]従姉妹

**しゅうげき【襲撃】** 不意に敵を攻めること。

**じゅうげき【銃撃】** 銃器で射撃すること。[類]砲撃

**しゅうけつ【終結】** ①物事が終わること。②結論。

**しゅうけつ【集結】** 一か所に‐集まる（集める）こと。

**しゅうげつ【秋月】** 〔文章語〕秋の夜の月。

**じゅうけつ【充血】** 動脈内の血が体の一部に異常に増えること。→鬱血《うっけつ》

**じゅうけつきゅうちゅう【住血吸虫】** 寄生虫の一。人畜の血管に寄生。

**しゅうけん【集権】** 権力を一か所に集めること。「中央―」[対]分権

**しゅうげん【祝言】** 〔古風な語〕婚礼。「―をあげる」

**じゅうけん【銃剣】** ①銃と剣。②小銃の先につける短剣。また、それをつけた銃。

**じゅうげん【重言】** ①同意の語を重ねた言い方。じゅうごん。〔「白い白墨」の類〕②同字を重ねた熟語。〔「堂堂」の類〕

**じゅうこ【住戸】** 集合住宅の、一戸一戸。

**じゅうご【銃後】** 戦場になっていない国内。戦場に出ていない国民。「―の守り」

**しゅうこう【舟行】** 〔文章語〕①舟で行くこと。②舟遊び。

**しゅうこう【舟航】** 〔文章語〕航海。

**しゅうこう【周航】** 〔文章語〕船で各地をめぐること。

**しゅうこう【秋郊】** 〔文章語〕秋の‐郊外（野原）。

**しゅうこう【秋耕】** 秋の収穫後、すぐに田畑を耕すこと。[対]春耕

**しゅうこう【修好・修交】** 〔文章語〕国と国とが仲よくすること。「―条約」

**しゅうこう【就航】** 船・航空機が初めて航路につくこと。

**しゅうこう【集光】** 光線を‐一方向（一か所）に集めること。「―器」

**しゅうこう【醜行】** 〔文章語〕恥ずべき行い。

**しゅうごう【習合】** 異なる教義を折衷すること。「神仏―」

**しゅうごう【集合】** ①一か所に‐集まる（集める）こと。また、その集まり。②数学で、ある条件を満たす要素の集まり。「―論」

**じゅうこう【重厚】** どっしりして重々しいようす。「―長大」[対]軽薄

**―住宅《じゅうたく》** アパートやマンションなど。

**じゅうこう【銃口】** 銃の筒先。[対]銃尾

**じゅうこう【獣行】** 獣のような行い。

**じゅうごう【重合】** 同一分子が複数結合して分子量の大きい化合物を生じる化学反応。

**じゅうこうぎょう【重工業】** 生産財を

し

製造する工業。製鉄業・造船業など。対軽工業

**じゅうこうぞう**【柔構造】 耐震構造の一。地震の力を弱め、吸収する。対剛構造

**じゅうこく**【縦谷】 山脈の走向に平行する谷。対横谷

**しゅうこつ**【収骨】 ①火葬後、骨を骨つぼにおさめること。②埋葬するために、遺骨を拾い集めること。

**じゅうごや**【十五夜】 陰暦一五日の夜。満月の夜。特に、八月一五日の夜。

**じゅうこん**【重婚】 既婚者が、さらに別の人と結婚すること。「—罪」

**しゅうさ**【収差】 レンズや鏡の作る像がゆがんだりぼけたりすること。

**じゅうざ**【銃座】 射撃で、銃を据える台。

**ジューサー**〔juicer〕 ジュースを作る器具。

**しゅうさい**【秀才】 学問・才能のすぐれた人。「—教育」

**じゅうざい**【重罪】 重い罪。類大罪

**しゅうさく**【秀作】 すぐれた作品。対凡作

**しゅうさく**【習作】 練習のために作る作品。

**しゅうさつ**【愁殺】 〔文章語〕うれえ悲しむこと。嘆き悲しませること。〔しゅうさいとも〕

**じゅうさつ**【銃殺】 銃で撃ち殺す—こと（刑）。

**しゅうさん**【シュウ酸・蓚酸】 有機酸の一。漂白剤・染色剤用。

**しゅうさん**【秋蚕】 あきご。

**しゅうさん**【集散】 集まったり散ったりすること。

**—地**《ち》 産地から産物を集めて消費地に送る所。

**じゅうさんや**【十三夜】 陰暦一三日の夜。特に、九月一三日の夜。

**じゅうさんり**【十三里】 サツマイモ。焼きいも。〔「栗（＝九里）より（＝四里）うまい」から〕

**しゅうし**【収支】 収入と支出。

**しゅうし**【宗旨】 ①宗派の教えの中心。②宗派。Ⅱその人の主義・好みなど。「—を変える」

**しゅうし**【秋思】 〔文章語〕秋の、ものさびしい思い。

**しゅうし**【修士】 学位の一。マスター。

**しゅうし**【修史】 歴史書を編修すること。

**しゅうし**【終止】 終わること。

**—形**《けい》 活用形の一。主に文の終止に使う。

**—符**《ふ》 ピリオド。Ⅱ事の終わり。「—を打つ」

**しゅうし**【終始】 始めから終わりまで（—変わらず続けること）。

**—一貫**《いっかん》 始めから終わりまで変えないこと。

**しゅうじ**【修辞】 言葉を巧みに使って適切に表現する—こと（技術）。レトリック。

**しゅうじ**【習字】 文字の書き方を習うこと。類書道

**しゅうじ**【集字】 〔書道で〕古書などから先人の字を集めること。

**じゅうし**【重視】 重く見ること。「事態を—する」対軽視

**じゅうし**【従姉】 〔文章語〕年上の女のいとこ。対従妹

**じゅうし**【獣脂】 獣類からとる脂肪。

**じゅうじ**【十字】 十の字の形。

**—架**《か》 ①罪人をはりつけにする十字形の柱。②キリスト教のしるし。クルス。

**—架**《か》**を背負**《せお》**う** 死ぬまで消えない罪や苦しみをもつ。

**—軍**《ぐん》 中世、ヨーロッパのキリスト教徒がエルサレム奪回のために起こした軍。

**じゅうじ**【住持】 〔仏教語〕住職。

**じゅうじ**【従事】 仕事にたずさわること。「漁業に—している」

**ジューシー**〔juicy〕 果汁（肉汁）が多いようす。

**じゅうしちもじ**【十七文字】 俳句の異名。

**しゅうじつ**【秋日】 〔文章語〕①秋。②秋の日。

**しゅうじつ**【週日】 ウイークデー。平日。

**しゅうじつ**【終日】 一日中。

**じゅうじつ**【充実】 内容が豊かなこと。「気分が—する」

**じゅうしまい**【従姉妹】 〔文章語〕女のいとこ。対従兄弟

**じゅうしまつ**【十姉妹】 小形の飼い鳥。ひなを育てるのがうまい。

**じゅうしゃ**【従者】 お供の者。

**しゅうじゃく**【執着】 しゅうちゃく。〔古風な言い方〕

**しゅうじゅ【収受】**〔文章語〕(不正に)金品などを受け取ること。

**しゅうしゅう【収拾】** おさめまとめること。「―がつかない」

**しゅうしゅう【収集】** ①《蒐集》コレクション。②とり集めること。「ごみ―日」

**しゅうしゅう【修習】** 学問や技芸をならいおさめること。「司法―生」

**しゅうしゅう【啾々】**〔文章語〕しくしく泣くようす。「鬼哭《きこく》―」

**じゅうじゅう** 肉などが焼ける音。

**じゅうじゅう【重々】** かさねがさね。「―お詫びいたします」

**しゅうしゅく【収縮】** ちぢまること。ちぢめること。対膨脹

**しゅうじゅく【習熟】** 慣れてうまくなること。類熟練

**じゅうしゅつ【重出】** 重複して出ること。ちょうしゅつ。

**じゅうじゅつ【柔術】** 柔道の原形となった武術。「ブラジリアン―」

**じゅうじゅん【従順・柔順】** 素直で人に逆らわないようす。

**しゅうしょ【秋暑】** 残暑。「―の候」

**しゅうじょ【醜女】** みにくい女。対美女

**じゅうしょ【住所】** 住んでいる場所。

**しゅうしょう【周章】**〔文章語〕あわてふためくこと。

**―狼狽《ろうばい》** 大いにあわてふためくこと。

**しゅうしょう【終宵】**〔文章語〕一晩中。

**しゅうしょう【終章】** 最後の章。対序章

**しゅうしょう【就床】** 就寝。対起床

**しゅうしょう【愁傷】** ①嘆き悲しむこと。②人が死んだとき、その家族に言うあいさつの言葉。御愁傷様。‖相手の失敗を皮肉る言葉。

**じゅうしょう【重症】** 重い-症状(病気)。対軽症

**じゅうしょう【重唱】** 一人ずつ異なる声音部をうけもつ合唱。

**じゅうしょう【重傷】** 大けが。「―を負う・―者」対軽傷

**じゅうしょう【重賞】**(競馬で)高額賞金のかかるレース。「―レース」

**じゅうしょう【銃床】** 銃身をとりつけてある木の部分。

**じゅうしょう【銃傷】** 銃弾による傷。銃創。

**しゅうしょく【秋色】**〔文章語〕秋の-感じ(景色)。対春色

**しゅうしょく【修飾】** ①美しく飾ること。②文法で、他の語句の意味をくわしく示すこと。「―語」

**しゅうしょく【就職】** 職業につくこと。「―口」対失職・退職

**しゅうしょく【愁色】**〔文章語〕心配そうな顔つき。類憂色

**じゅうしょく【住職】** 寺の最高責任者。

**じゅうしょく【重職】** 重要な責任のある職務。類要職

**しゅうしん【修身】** ①善行に努めること。「―斉家《せいか》」②もと、小・中学校の科目の一。〔今の道徳〕

**しゅうしん【執心】** 深く心をひかれること。→御執心

**しゅうしん【終身】** 死ぬまでの間。「―刑」

**―雇用《こよう》** 労働者を定年まで雇用し続けること。

**―保険《ほけん》** 被保険者の死亡時に支払いがされる生命保険。

**しゅうしん【終審】** 裁判で、最後の審理。

**しゅうしん【就寝】** 床《とこ》に入って寝ること。対起床

**しゅうじん【囚人】** 刑務所に入っている人。

**しゅうじん【衆人】** 多くの人々。

**―環視《かんし》** 多くの人々が見守っていること。

**しゅうじん【集塵】** ごみやちりをまとめ集めること。「―機」

**じゅうしん【重心】** 重力の中心点。‖重点。

**―を取《と》る** バランスをとる。

**じゅうしん【重臣】** 重職にある臣下。

**じゅうしん【銃身】** 銃の、弾が通る円筒の部分。

**じゅうしん【獣心】** 人間らしさのない-残忍(卑劣)な心。「人面―」

**シューズ**[shoes] 靴。「テニス―」

**ジュース**[deuce] テニスなどで、勝負が決まる直前に同点になること。

**―アゲーン**[deuce again] ジュースを繰り返すこと。

**ジュース**[juice] 果汁(-の加工飲料)。

**しゅうすい【秋水】**〔文章語〕秋の澄み

きった水。Ⅱとぎすました刀。「三尺の―」
**じゅうすい【重水】** 重水素を含む水。
**じゅうすいそ【重水素】** 水素の同位体の一。普通より中性子が多い。
**しゅうする【修する】**〔文章語〕①正しくする。「身を―」②修得する。③（仏事を）とり行う。
**じゅうする【住する】**〔文章語〕住む。
**しゅうせい【修正】** よくない点を直すこと。
**しゅうせい【修整】** 整え、直すこと。
**しゅうせい【終生・終世】** 死ぬまでの間。類生涯
**しゅうせい【習性】** ①習慣によってできた性質。くせ。②その類の動物に特有の性質。
**しゅうせい【集成】** 多くを集めて―まとめること（まとめたもの）。
**しゅうぜい【収税】** 徴税。
**じゅうせい【銃声】** 銃を撃つ音。
**じゅうせい【獣性】** ①けものの性質。②人間の、動物的な性質。
**じゅうぜい【重税】** 重い税金。
**しゅうせき【集積】** 集まり積もる（集めて積む）こと。
**―回路《かいろ》** 多くの回路素子をひとつにまとめた電子回路。IC。
**じゅうせき【重責】** 重い責任。
**しゅうせん【周旋】** 間に立って世話をすること。
**―屋《や》** 不動産の売買などの周旋をする職業（―の人）。周旋業。

**しゅうせん【終戦】** 戦争が終わること。〔特に、太平洋戦争の終結〕対開戦
**しゅうせん【鞦韆】**〔文章語〕ぶらんこ。
**しゅうぜん【修繕】** いたんだ部分を直すこと。類修理
**しゅうぜん【愁然】**〔文章語〕悲しみに沈むようす。
**じゅうぜん【十全】** 万全《ばんぜん》。完全。「―の対策」
**じゅうぜん【従前】** これまで。「―どおり」
**しゅうそ【宗祖】** 宗派を開いた人。
**しゅうそ【臭素】** 元素の一。赤茶色の悪臭のある液体。医薬・写真材料用。記号Br
**しゅうそ【愁訴】**〔文章語〕嘆き、訴えること。その訴え。「不定―」
**しゅうそう【秋爽】**〔文章語〕秋のさわやかさ。
**しゅうそう【秋霜】**〔文章語〕秋の霜。
**―烈日《れつじつ》** 刑罰や権威が非常に厳しいたとえ。
**しゅうぞう【収蔵】** ①物をしまっておくこと。②作物を取り入れて蓄えること。
**しゅうぞう【修造】**（社寺の）修理。
**じゅうそう【住僧】** その寺に住む僧。特に、住職。
**じゅうそう【重奏】** 各楽器がちがった声部を受けもつ合奏。
**じゅうそう【重曹】** 炭酸水素ナトリウム。白色粉末。ふくらし粉・漂白剤用。重炭酸ソーダ。
**じゅうそう【重層】** 何層にも重なること。

**じゅうそう【銃創】** 銃傷。
**じゅうそう【縦走】** ①山脈などが―南北〔縦〕の方向に連なること。②登山で、尾根伝いに進むこと。
**しゅうそく【収束】** ①おさまり―がつく（をつける）こと。②数学で、数列や関数がある値に限りなく近づくこと。対発散 ③**【集束】** 光線が一点に集まること。対発散
**しゅうそく【終息】**《終熄》すっかり終わること。
**しゅうぞく【習俗】** その社会や地域の習慣や風俗。
**じゅうそく【充足】** 満ち足りること。満たすこと。類満足
**じゅうぞく【従属】** 支配され、つき従うこと。「―国」類隷属
**じゅうそつ【従卒】** 軍隊で、将校について身の回りの世話をする兵。
**しゅうたい【醜態】** 見苦しい態度。「―を―演じる（さらす）」
**じゅうたい【重体・重態】** 容体がひどくわるいこと。類危篤
**じゅうたい【渋滞】** とどこおること。「車が―する」
**じゅうたい【縦隊】** 縦に並んだ隊形。対横隊
**じゅうだい【重大】** ①重要。②ただごとではないようす。
**じゅうだい【重代】** 代々伝わること。「―の家宝」
**しゅうたいせい【集大成】** 多くを集めて、ひとつにまとめ―あげること（あげたも

の)。

じゅうたく【住宅】人が住むための家。

しゅうだつ【収奪】奪い取ること。

しゅうたん【愁嘆】〔文章語〕嘆き悲しむこと。

―場《ば》 演劇で、嘆き悲しむ場面。‖実際の生活での悲劇的な状況。

しゅうだん【集団】集まり。グループ。「―生活」

―安全保障《あんぜんほしょう》 世界の多数の国が協同して、相互に平和と安全を保障する―こと(制度)。

じゅうたん【絨緞・絨毯】敷物にする織物。カーペット。

―爆撃《ばくげき》 その地域一面に爆弾を落とすこと。

じゅうだん【銃弾】銃の弾丸。

じゅうだん【縦断】①縦に切ること。「―面」②南北(縦)の方向に通り抜けること。「大陸―」◇対横断
じゅうたんさんソーダ【重炭酸―】重《じゅう》曹《そう》。

しゅうち【周知】広く知れ渡ること。「―の事実(とおり)」

しゅうち【羞恥】はじらい。「―心」

しゅうち【衆知】(《衆智》)多くの人の知恵。「―を集める」

しゅうちく【修築】建築物を修理すること。「―工事」

しゅうちゃく【祝着】〔文章語〕喜び祝うこと。

しゅうちゃく【執着】強く心がひかれて思いきれないこと。しゅうじゃく。「金銭に―する・―心」類執心
しゅうちゃく【終着】最後に到着すること。

しゅうちゅう【集中】一か所に―集まる(集める)こと。

―治療室《ちりょうしつ》 重症患者を総合的に治療するための病室。ICU。

―砲火《ほうか》 目標に砲弾を集中させること。‖一か所に非難を集中的に浴びせること。

じゅうちゅうはっく【十中八九】⇩じっちゅうはっく
しゅうちょう【酋長】部族の長。

じゅうちん【重鎮】重要な地位を占める人。「学界の―」

しゅうてい【舟艇】小型の舟。「上陸用―」

しゅうてい【修訂】書物の誤りを直すこと。「―版」

じゅうてい【重訂】書物を重ねて改訂すること。

じゅうてい【従弟】〔文章語〕年下の男のいとこ。対従兄
シューティング〔shooting〕①射撃。「―ゲーム」②シュートをすること。‖目標に向かって攻めること。「トラブル―(=問題解決)」

しゅうてん【終点】終わりとなるところ。特に、終着駅。対起点
しゅうでん【終電】終電車の略。

じゅうてん【充塡】物を詰めてうめること。

じゅうてん【重点】①重要な点。「―を置く」②作用点。

―的《てき》 重要な点に力を集中するようす。

じゅうでん【充電】蓄電池に電気を満たすこと。対放電 ‖活力を養うこと。

―池《ち》 充電式の電池。

じゅうでんき【重電機】大型の電気機械。生産財として使う発電機・変圧機など。対軽電機
しゅうでんしゃ【終電車】その日最後に出る電車。終電。

しゅうと ①【舅】配偶者の父。②【姑】しゅうとめ。

しゅうと【宗徒】その宗教・宗派の信者。

しゅうと【衆徒】多くの僧。また、僧兵。

シュート〔shoot〕①ゴールめがけて球を―投げる(ける)こと。②野球で、変化球の一。

ジュート〔jute〕オウマの茎の繊維。穀物袋用。

じゅうど【重度】症状の程度が重いこと。対軽度
しゅうとう【周到】行き届いて手落ちのないようす。「用意―」

しゅうどう【修道】宗教上の修行。「―士(女)」

―院《いん》 キリスト教で、―僧(尼僧)が修行をしながら共同生活する僧院。

じゅうとう【充当】不足していることにあてて用いること。

じゅうとう【重盗】ダブルスチール。

じゅうどう【柔道】格闘技の一。「―着」

**しゅうとく【収得】** とって自分の物にすること。

**しゅうとく【拾得】** 落とし物を拾うこと。「—物」

**しゅうとく** 一【習得】 習い覚えること。二【修得】 一定の課程を修めること。「言葉の—」「単位の—」

**じゅうとく【重篤】** 〔文章語〕病気がひどく重い状態。

**しゅうとめ【姑】** 配偶者の母。しゅうと。

**じゅうなん【柔軟】** ①しなやか。②融通のきくようす。「—な態度」

**—体操《たいそう》** 体を柔軟にするための体操。

**じゅうにがつ【十二月】** 年の最後の月。師走《しわす》。

**じゅうにきゅう【十二宮】** 黄道を一二等分し、各部の星座につけた名称。黄道十二宮。〔白羊宮・金牛宮など〕

**じゅうにく【獣肉】** けものの肉。

**じゅうにし【十二支】** 十干と組み合わせて、年・日・方位を表す動物名。子《ね》・丑《うし》・寅《とら》・卯《う》・辰《たつ》・巳《み》・午《うま》・未《ひつじ》・申《さる》・酉《とり》・戌《いぬ》・亥《い》。

**じゅうにしちょう【十二指腸】** 小腸の、胃の幽門に続く部分。

**じゅうにぶん【十二分】** 十分の強め。

**しゅうにゅう【収入】** 他から受け取って自分のものになるお金。対支出

**—印紙《いんし》** 租税や手数料を徴収するために政府が発行する証票。

**しゅうにん【就任】** 任務につくこと。対辞任・退任

**じゅうにん【十人】**

**—十色《といろ》** 考えや好みが人によって違うこと。

**—並《なみ》** 容姿や才能が普通であること。

**じゅうにん【住人】** そこに住んでいる人。

**じゅうにん【重任】** ①重要な役目。②続けて前の役目につくこと。再任。類留任

**しゅうねん【周年】** ①〔文章語〕まる一年。一年中。②まる…年目。「創立五—」

**しゅうねん【執念】** 深く思い込んで動かない心。

**—深《ぶか》い** しつこく、あきらめない。

**じゅうねんいちじつ【十年一日】** 長期間状態の変わらないこと。「—の如《ごと》く」

**じゅうねんひとむかし【十年一昔】** 十年もたてば、世の中は激しい変化があるということ。

**しゅうのう【収納】** ①役所がお金を受け取って納めること。②しまいこむこと。「—庫」③農作物を取り入れること。

**しゅうのう【就農】** 農業に従事すること。

**じゅうのうしゅぎ【重農主義】** 一八世紀後半、フランスでおこった、農業を重視した経済思想。対重商主義

**しゅうは【周波】** 波動の一循環。

**—数《すう》** 電波などの、一秒あたりの周波の数。

**しゅうは【宗派】** 同じ宗教の分派。‖技芸などの流派。

**しゅうは【秋波】** 流し目。「—を送る」

**しゅうはい【集配】** 配送物を集めたり配達したりすること。「—人」

**しゅうばい【終売】** 販売を終了すること。

**しゅうばく【就縛】** 〔文章語〕捕らわれること。

**じゅうばこ【重箱】** 重ねて使える箱型の食器。お重。

**—の隅《すみ》を楊枝《ようじ》でほじくる** 細かい点までうるさく言う。

**—読《よ》み** 熟語で、はじめの字を音で、次の字を訓で読む読み方。役場など。対湯桶《ゆとう》読み

**じゅうはちばん【十八番】** 歌舞伎で、市川家の得意な一八の狂言。歌舞伎十八番。‖最も得意とする物事。

**しゅうはつ【終発】** その日最後の発車。対始発

**しゅうばつ【秀抜】** 抜群にすぐれていること。

**じゅうばつ【重罰】** 重い罰。

**しゅうばん【週番】** 一週間交替の勤務（—につく人）。

**しゅうばん【終盤】** 囲碁・将棋で、勝負の最後の段階。‖物事の最終段階。◇対序盤・中盤

**じゅうはん【重犯】** ①重い犯罪。②重ねて犯す犯罪。

**じゅうはん【従犯】** 正犯を手助けした犯罪（—者）。対主犯・正犯

**しゅうび【愁眉】** 〔文章語〕憂いでしかめたまゆ。

**—を開《ひら》く** 心配がなくなってほっとする。

**しゅうひょう【集票】** 選挙で、票を集めまとめること。

**じゅうびょう【重病】** 重い病気。「―人」
**しゅうふう【秋風】** 〔文章語〕あきかぜ。
**しゅうふく【修復】** こわれたところや状態をもとどおりに直すこと。
**じゅうふく【重複】** ちょうふく。
**しゅうぶん【秋分】** 二十四気の一。九月二三日ごろ。昼夜の長さがほぼ等しい。対春分
**―点《てん》** 天球上で、太陽が赤道を北から南に通過する点。対春分点
**―の日《ひ》** 国民の祝日の一。九月二三日または二四日。〔秋の彼岸の中日《ちゅうにち》にあたる〕
**しゅうぶん【醜聞】** よくないうわさ。スキャンダル。「―が絶えない」
**じゅうぶん【十分】**《充分》 不足のないようす。
**―(十分)条件《じょうけん》** 「AならばB」が正しいとき、Bに対するAのこと。対必要条件
**じゅうぶん【重文】** ①文法で、句が対等に並列した文。対単文・複文 ②重要文化財の略。
**しゅうへき【習癖】** 〔文章語〕(わるい)くせ。
**しゅうへん【周辺】** まわり。「―部」
**しゅうほ【修補】** 〔文章語〕修理。
**じゅうぼいん【重母音】** 二重母音。対単母音
**しゅうほう【週報】** ①一週間ごとの報告。②週刊の刊行物。
**しゅうぼう【衆望】** 多くの人の信望。「―が厚い」
**じゅうほう【什宝】** 〔文章語〕宝として秘蔵する道具類。
**じゅうほう【重宝】** 大切な宝。
**じゅうほう【重砲】** 口径が大きく強力な大砲。
**じゅうほう【銃砲】** 小銃と大砲。銃器類。
**じゅうぼく【従僕】** 〔文章語〕男の召し使い。
**シューマイ【焼売】** [中国語 shāomai] 中国料理の点心の一。〔シュウマイとも書く〕
**じゅうまい【従妹】** 〔文章語〕年下の女のいとこ。対従姉
**しゅうまく【終幕】** ①演劇の最後の幕。対序幕 ②閉幕。対開幕 Ⅱ事件の終結。
**しゅうまつ【週末】** 一週間の終わり。ウイークエンド。
**しゅうまつ【終末】** おわり。
**―医療《いりょう》** ターミナルケア。
**じゅうまん【充満】** いっぱいに満ちること。「ガスが―する」
**しゅうみ【臭味】** くさいにおい。Ⅱその人や物にしみついた悪い感じ。「役人の―」
**しゅうみつ【周密】** 細かく行き届いていること。
**しゅうみん【就眠】** 眠ること。類就寝
**じゅうみん【住民】** その土地に住む人。
**―運動《うんどう》** 住民が地域の問題に関して行う運動。
**―基本台帳《きほんだいちょう》ネットワーク** 住民票などの情報を全国的なネットワークを結んで利用するシステム。住基ネット。
**―税《ぜい》** その土地の住民・法人などに課する地方税。
**―投票《とうひょう》** 地方公共団体が一定の問題について住民に直接賛否を問う投票。
**―登録《とうろく》** 市区町村の役所にその土地の住民であることを登録する‐制度(手続き)。
**―票《ひょう》** 市区町村の住民について、生年月日や世帯主との続柄などを記した台帳。
**しゅうむ【宗務】** 宗教団体などで、事務。
**しゅうめい【襲名】** 芸名を受け継ぐこと。「―披露」
**じゅうめん【渋面】** 不愉快そうな顔。「―をつくる」
**しゅうもく【衆目】** 多くの人の見る目。「―の一致するところ」
**じゅうもく【十目】** 衆目。
**―の見《み》る所《ところ》** だれもが認めるところ。十指のさす所。
**じゅうもつ【什物】** ①什器。②什宝。
**しゅうもん【宗門】** 宗派。「―改め」
**じゅうもんじ【十文字】** 十の字の形。
**しゅうや【秋夜】** 〔文章語〕秋の夜。
**しゅうや【終夜】** 一晩中。
**―灯《とう》** 一晩中つけておくあかり。
**しゅうやく【集約】** 集めて整理しまとめること。
**じゅうやく【重役】** ①会社の取締役・監査役の通称。②責任の重い役目。
**じゅうやく【重訳】** 翻訳されたものを、さらに別の言語に訳すこと。

**じゅうゆ【重油】** 原油を蒸留して残った黒く濃い油。燃料・機械油原料用。
**しゅうゆう【周遊】** 各地を旅行すること。「―券」
**しゅうよう【収用】** 国などが公用のため強制的に所有権を取り上げること。
**しゅうよう【収容】** 人や物を一定の場所に入れること。「―人員」
**―所《じょ》** 捕虜などを強制的に入れる施設。
**しゅうよう【修養】** 学問を修め、人格を高めること。
**じゅうよう【充用】** あるものにあてはめて用いること。
**じゅうよう【重用】** 人を大切な‐地位（役目）にとりたてること。ちょうよう。
**じゅうよう【重要】** 大切なようす。「―性」
**―参考人《さんこうにん》** 犯罪についての重要な情報をもつとみられる人。
**―文化財《ぶんかざい》** 文化財保護法に基づいて指定された、価値の高い美術品・考古資料・建築物など。
**じゅうよく【獣欲】** 人間の動物的欲望。特に性欲。
**しゅうらい【襲来】** 襲って来ること。
**じゅうらい【従来】** 以前から。
**しゅうらく【集落】《聚落》** 人家が集まっている所。
**しゅうらん【収攬】** 〔文章語〕心をうまくとらえること。「人心を―する」
**じゅうらん【縦覧】** 〔文章語〕自由に見ること。

**しゅうり【修理】** こわれた所を直すこと。修繕。
**しゅうりょう【収量】** 収穫した量。
**しゅうりょう【秋涼】** 〔文章語〕①秋の涼しさ。②陰暦八月の別称。
**しゅうりょう【修了】** 一定の学業・課程を修め終えること。「―‐証書（式）」
**しゅうりょう【終了】** 終わる（終える）こと。対開始
**じゅうりょう【十両】** 相撲の力士の階級で、幕内の下。
**じゅうりょう【重量】** ①重さ。②重い目方。「―級」対軽量
**―挙《あ》げ** 持ち上げたバーベルの重さを競う競技。ウエイトリフティング。
**―トン** 船に積める最大重量。ロングトンで表す。
**じゅうりょう【従量】** 使用量に応じて、課税・課金すること。
**じゅうりょく【重力】** 地球が物体を引きつける力。
**しゅうりん【秋霖】** 〔文章語〕秋の長雨。
**じゅうりん【蹂躙・蹂躪】** （他の権利を）踏みにじること。「人権―」
**シュール** 〔フランス語 sur〕①超（‐現実的）。「―な作品」②シュールレアリスムの略。
**―レアリスム** 〔フランス語 surréalisme〕二〇世紀の芸術運動で、超現実主義。主観的な形象化が特色。
**ジュール** 〔joule〕エネルギー・仕事の単位。一ニュートンの力が物体を一メートル動かすエネルギー量。記号J

**じゅうるい【獣類】** 哺乳動物。けもの。
**しゅうれい【秀麗】** すぐれて美しいこと。「眉目―」
**しゅうれい【秋冷】** 〔文章語〕秋の冷ややかな気候。「―の候」
**じゅうれつ【縦列】** 縦に並んだ列。「―駐車」対横列
**しゅうれっしゃ【終列車】** その日最後の列車。
**しゅうれん【収斂】** ①縮む（縮める）こと。②収束②③。
**しゅうれん【修練・修錬】** 心身をみがき鍛えること。
**しゅうろう【就労】** 仕事につくこと。
**じゅうろうどう【重労働】** 激しい労働。
**しゅうろく【収録】** ①書物や雑誌に載せること。②録音・録画すること。
**しゅうろく【集録】** （文章を）集めて記録すること。
**しゅうろん【宗論】** 〔仏教語〕異なる宗派間の論争。
**しゅうろん【修論】** 修士論文の略。
**しゅうろん【衆論】** 多くの人の意見・議論。
**しゅうわい【収賄】** わいろを受け取ること。「―罪」対贈賄
**ジューン** 〔June〕六月。
**―ブライド** 〔June bride〕六月の花嫁。〔ジューン（＝六月）が婚姻の守護神の名にちなんでいるため、幸せになるとされる〕
**しゅえい【守衛】** 大きな建物の警備（‐をする人）。

**じゅえい【樹影】**〔文章語〕樹木の影・姿。
**じゅえき【受益】**利益を受けること。
**―者《しゃ》負担《ふたん》** 公の事業を行う際に、その受益者に負わせる金銭。
**じゅえき【樹液】**①樹木に含まれる液。②樹皮などから分泌する液。〔ゴムなど〕
**ジュエリー**〔jewelry〕宝石(―を使った装身具)。
**ジュエル**〔jewel〕宝石。
**しゅえん【主演】**映画や演劇で主役を演じる―こと(人)。対助演
**しゅえん【酒宴】**さかもり。
**しゅおん【主音】**音階の基礎となる第一音。キーノート。主調音。
**しゅおん【主恩】**主人・主君に受けた恩。
**しゅか【主家】**主君・主人の家。
**しゅか【朱夏】**夏の異称。〔五行説で朱は夏の色〕対青春・白秋・玄冬
**しゅか【首夏】**〔文章語〕①初夏。②陰暦四月の別称。
**しゅか【酒家】**〔文章語〕①酒屋。②酒飲み。
**しゅが【主我】**自分本位に考え、行動すること。「―主義」類利己
**じゅか【儒家】**〔文章語〕儒者(―の家柄)。
**じゅか【樹下】**〔文章語〕木の下。対樹上
**シュガー**〔sugar〕砂糖。「コーヒー―」
**―レス**〔sugarless〕砂糖ぬき。
**しゅかい【首魁】**〔文章語〕悪人の首領。首謀者。
**しゅがい【酒害】**飲酒のアルコールによる害。

**じゅかい【受戒】**〔仏教語〕戒律を受けること。
**じゅかい【授戒】**〔仏教語〕戒律を授けること。
**じゅかい【樹海】**海のように広大な森林。「富士の―」
**しゅかく【主客】**①主人と客。②主なものと付けたりのもの。③主体と客体。主語と客語。◇しゅきゃく。
**―転倒《てんとう》** 物事の順序や立場が逆になること。
**しゅかく【主格】**文法で、主語を示す格。
**しゅかく【酒客】**〔文章語〕酒飲み。
**じゅがく【儒学】**儒教(―の学問)。「―者」
**しゅかん【手簡】**《手翰》〔文章語〕手紙。
**しゅかん【主幹】**主任。「編集―」
**しゅかん【主管】**主となって管理する―こと(人)。
**しゅかん【主観】**①自分だけの考え。②対象を認識する心の働き。◇対客観
**―的《てき》** 自分だけの考えに基づくようす。対客観的
**しゅかん【首巻】**〔文章語〕全集などの第一巻。
**しゅがん【主眼】**大切な点。
**じゅかん【樹幹】**〔文章語〕木のみき。
**しゅき【手記】**自分で体験などを―書くこと(書いたもの)。
**しゅき【酒気】**酒くさいにおい。酔ったようす。「―を帯びる」
**しゅき【酒器】**酒を飲むのに使う器。

**しゅぎ【手技】**手先の技術。
**しゅぎ【主義】**①行動の基準となる考え方や方針。②思想上や芸術上の立場。
**しゅきゃく【主客】**しゅかく。
**しゅきゃく【酒客】**しゅかく。
**しゅきゅう【守旧】**古い習慣を守り続けること。類保守
**しゅきゅう【首級】**〔文章語〕討ち取った首。しるし。「―を挙げる」
**じゅきゅう【受給】**給与・配給を受けること。「年金を―する」
**じゅきゅう【需給】**需要と供給。
**―逼迫警報《ひっぱくけいほう》** 電力需要に対する供給余力が三パーセントを下回る見通しになった際に、経済産業省の資源エネルギー庁が当該地域に対して節電を要請する目的で発出する警報。
**しゅきょう【主教】**ギリシャ正教会やイギリス国教会の高級聖職者。
**しゅきょう【酒興】**〔文章語〕酒に酔って楽しむこと。
**しゅぎょう【修行】**①学問・技芸などを修めみがくこと。「―を積む」②〔仏教語〕仏道に励むこと。「―僧」
**しゅぎょう【修業】**しゅうぎょう。
**じゅきょう【誦経】**読経《どきょう》。ずきょう。
**じゅきょう【儒教】**孔子を祖とする、中国古来の政治・道徳の教え。
**じゅぎょう【授業】**学問や技芸を教えること。「―料」
**しゅぎょく【珠玉】**真珠と宝石。Ⅱ美しい―もの(詩文)をほめる語。「―の短編」

しゅく【祝】祝うこと。「―御入学」

しゅく【宿】①宿場。②宿泊の回数を表す。「一―一飯」

じゅく【塾】私営の学習施設。「進学―」

しゅくあく【宿悪】①〔文章語〕旧悪。②〔仏教語〕前世で犯した悪事。

しゅくい【祝意】祝う気持ち。

しゅくい【宿意】〔文章語〕①以前からの意見・望み。②以前からの恨み。「―をいだく」

しゅくう【宿雨】〔文章語〕①長雨。②前夜からの雨。

しゅぐう【殊遇】〔文章語〕格別のもてなし。

しゅくうん【宿運】宿命。

しゅくえい【宿営】〔文章語〕軍隊が兵営以外に泊まる―こと(所)。

しゅくえき【宿駅】宿場《しゅくば》。

しゅくえん【祝宴】祝いの宴会。

しゅくえん【祝筵】〔文章語〕祝宴の席。

しゅくえん【宿縁】〔仏教語〕前世の因縁。

しゅくが【祝賀】祝い喜ぶこと。「―会」

しゅくがん【宿願】以前からの願い。「―を果たす」類念願
しゅくき【淑気】(「しゅっき」とも)新春のめでたい雰囲気。

しゅくけい【粛啓】〔文章語〕手紙の頭語の一。〔慎んで申し上げる意〕

じゅくご【熟語】①ふたつ以上の漢字を組み合わせた単語。〔電車・動植物など〕②複合語。③慣用句。成句。

しゅくごう【宿業】〔仏教語〕前世の報い。

しゅくごう【縮合】二個以上の分子から水などの簡単な分子を分離して新たな化合物をつくる反応。

しゅくこん【祝婚】結婚を祝うこと。

しゅくさい【祝祭】①祝い祭ること。②祝いと祭り。

しゅくさいじつ【祝祭日】祝日と祭日。

しゅくさつ【縮刷】もとの版を縮小して印刷―すること(したもの)。「―版」

しゅくし【祝詞】〔文章語〕①祝辞。②のりと。

しゅくじ【祝辞】祝いの言葉。祝詞。

じゅくし【熟柿】よく熟したカキ。

―臭《くさ》い 熟柿のようなにおいがする。〔酒くさい息の形容〕

じゅくし【熟思】深く考えること。

じゅくし【熟視】じっと見ること。

じゅくじ【熟字】熟語①。

―訓《くん》 熟字全体に対して与えられた訓。〔梅雨《つゆ》・五月雨《さみだれ》の類〕

しゅくじつ【祝日】祝いの日。特に、国民の祝日。

しゅくしゃ【宿舎】①宿屋《やどや》。②公務員や会社員などに提供される住宅。また、寄宿舎。

しゅくしゃく【縮尺】製図で、実物を縮めて書くこと。また、その実物との比率。

しゅくしゅ【宿主】寄生生物に寄生される生物。「中間―」

しゅくしゅく【粛々】〔文章語〕静かでおごそかなようす。

しゅくしょ【宿所】宿泊する所。やど。

しゅくじょ【淑女】しとやかで上品な女性。レディー。対紳士
じゅくじょ【熟女】成熟した(―魅力の)女性。

しゅくしょう【祝勝】《祝捷》勝利を祝うこと。「―会」

しゅくしょう【宿将】〔文章語〕老練な将軍。Ⅱ老練な人。「財界の―」

しゅくしょう【縮小】小さく―縮む(縮める)こと。「軍備―」対拡大・拡張
しゅくす【祝す】〔文章語〕祝う。

しゅくず【縮図】原形を縮めて描いた図。Ⅱ小規模だが全体を表すもの。「社会の―」

じゅくす【熟す】果実がよくうれる。Ⅱ㋐よい時期となる。「機が―」㋑熟練する。

しゅくすい【宿酔】〔文章語〕二日酔い。

じゅくすい【熟睡】深く眠ること。熟眠。

じゅくする【熟する】熟す。

しゅくせ【宿世】〔仏教語〕前世(―からの因縁)。すくせ。

しゅくせい【粛正】厳しく取り締まって不正を正すこと。「綱紀―」

しゅくせい【粛清】厳しく取り締まって反対勢力を除くこと。

じゅくせい【塾生】塾の学生・生徒。

じゅくせい【熟成】熟して十分にできあがること。「みそが―する」

しゅくぜん【粛然】〔文章語〕①静かでおごそかなようす。②つつしみかしこまるようす。

す。「―として襟を正す」

**しゅくだい【宿題】** 教師が生徒に与える家庭学習の課題。⑪解決されずに持ち越された問題。「長年の―」

**じゅくたつ【熟達】** なれて上達すること。「仕事に―する」

**じゅくち【熟知】** よく知っていること。「この辺りの店は―している」

**しゅくちょく【宿直】** 泊まり(夜)の当直。対日直

**しゅくてい【粛呈】** 〔文章語〕手紙の頭語の一。〔つつしんで差し上げる意〕

**しゅくてき【宿敵】** 昔からの敵。

**しゅくてん【祝典】** 祝いの儀式。

**しゅくでん【祝電】** 祝いの電報。「―を打つ」対弔電

**しゅくとう【祝禱】** キリスト教で、牧師・司祭が会衆のためにする祝福の祈り。

**しゅくとう【粛党】** 政党の内部を粛正すること。

**じゅくとう【塾頭】** 塾(塾生)の長。塾長。

**しゅくとく【淑徳】** 〔文章語〕上品でしとやかな女性の徳。

**じゅくどく【熟読】** 文章を十分に読み味わうこと。

**しゅくとして【粛として】** ①おごそかに。②静まりかえって。「―声なし」

**じゅくねん【熟年】** 成熟した年代。〔「中高年」に代わる言葉として使われる〕

**しゅくば【宿場】** 昔、街道で宿泊や馬・かごの乗りかえの設備のあった所。宿駅。

**―町《まち》** 宿場を中心に発達した町。

**しゅくはい【祝杯】**《祝盃》祝いのさかずき。「―をあげる」

**しゅくはく【宿泊】** 宿に泊まること。

**しゅくはく【粛白】** 〔文章語〕手紙の頭語の一。〔つつしんで申し上げる意〕

**しゅくふ【叔父】** 〔文章語〕父母の弟。おじ。対叔母

**しゅくふく【祝福】** ①他人の幸福を祈り祝うこと。②キリスト教で、神が幸福を与えること。

**しゅくへい【宿弊】** 〔文章語〕古くからの弊害・悪習。

**しゅくべん【宿便】** 腸の中に長い間たまっている大便。

**しゅくぼ【叔母】** 〔文章語〕父母の妹。おば。対叔父

**しゅくほう【祝砲】** 祝意を表すための空砲。礼砲。

**しゅくぼう【宿坊】** 参詣《さんけい》人が泊まる寺の宿泊所。

**じゅくみん【熟眠】** 〔文章語〕熟睡。

**しゅくめい【宿命】** 前世からの運命。宿運。

**しゅくもう【縮毛】** 縮れた毛。

**しゅくやく【縮約】** 縮めて簡単にすること。「大きい辞典の―版」

**じゅくらん【熟覧】** 〔文章語〕詳しく見ること。

**じゅくりょ【熟慮】** 十分に考えること。

**―断行《だんこう》** 熟慮してから思いきって実行すること。

**じゅくれん【熟練】** 慣れて上手なこと。「―のパイロット」

**しゅくん【主君】** 自分が仕えている君主。

**しゅくん【殊勲】** 非常にすぐれた手柄。

**じゅくん【受勲】** 勲章を受けること。

**しゅけい【主計】** 会計を担当する―こと(人)。「―官」

**しゅげい【手芸】** 編み物・刺繍《ししゅう》など、手先でする技芸。

**じゅけい【受刑】** 刑の執行を受けること。

**じゅけい【樹形】** 樹木の全体的な姿・形。

**しゅけん【主権】** 国を治める最高権力。

**―在民《ざいみん》** 主権が国民にあること。

**しゅげん【修験】** 修験―者(道)。

**―者《じゃ》** 修験道の行者。山伏《やまぶし》。

**―道《どう》** 密教の流れをくむ仏教の一派。山中で修行する。

**じゅけん【受検】** 検査を受けること。

**じゅけん【受験】** 試験を受けること。

**じゅけん【授権】** 〔法律用語〕特定の人に一定の権限を与えること。

**しゅご【主語】** 文の成分で、述語の主体を表すもの。対述語

**しゅご【守護】** ①守ること。②鎌倉・室町幕府の職名の一。治安維持に当たった。

**しゅこう【手工】** 木や紙を使ってする手先の工芸。

**しゅこう【手交】** 〔文章語〕手渡すこと。

**しゅこう【手稿】** 手書きの原稿。

**しゅこう【首肯】** 〔文章語〕承知・賛成すること。類肯定

**しゅこう【酒肴】** 酒と料理。「―でもてな

す・—を調える」
—料《りょう》 酒肴をふるまう代わりに渡すお金。
**しゅこう【趣向】** おもむきを出すための工夫。「—を凝らす」
**しゅごう【酒豪】** 非常に酒の強い人。
**じゅこう【受講】** 講義・講習を受けること。
**しゅこうぎょう【手工業】** 注文を受けて仕事をする、小規模な家内工業。
**しゅこうげい【手工芸】** 手工と手芸。
**しゅごしん【守護神】** 守り神。しゅごじん。
**ジュゴン〔dugong〕** 熱帯の海にすむ哺乳動物。〔人魚のモデルとされる。/儒艮とも書く〕
**しゅさ【主査】** 主となって調査・審査する役(—の人)。
**しゅざ【首座】** 最上位の席(—に着く資格のある人)。首席。
**しゅさい【主宰】** 主となって、物事を行う—こと(人)。
**しゅさい【主菜】** 中心となるおかず。対副菜
**しゅさい【主祭】** キリスト教で、祭事をつかさどる—こと(人)。
**しゅさい【主催】** 中心になって催すこと。
**しゅざい【主剤】** 主成分となる薬。
**しゅざい【取材】** 記事などの材料を集めること。
**しゅさつ【手札】** 〔文章語〕①手紙。②てふだ。

**しゅさん【酒盞】** 〔文章語〕さかずき。
**しゅざん【珠算】** そろばんでする計算。
**じゅさん【授産】** 失業者や貧困者に仕事を与えること。「—所」
**しゅし【主旨】** 文章や話の主な意味。
**しゅし【種子】** 植物のたね。
**しゅし【趣旨】** その事をするねらい・わけ。「会の—」
**しゅじ【主事】** 学校や官庁などで、職名の一。「指導—」
**じゅし【樹脂】** ①樹液が固まったもの。天然樹脂。②合成樹脂。
**じゅし【豎子・孺子】** 〔文章語〕未熟者。青二才。〔子供の意から〕
**しゅじい【主治医】** ①かかりつけの医者。②中心となって治療をする医者。
**しゅしがく【朱子学】** 中国で宋代に朱子が大成した儒学の学説。宋《そう》学。〔江戸時代には官学とされた〕
**しゅじく【主軸】** ①中心の軸。‖中心となる—人(事柄)。「打線の—」②原動機から直接動力を伝える軸。
**しゅししょくぶつ【種子植物】** 花を咲かせ種子を作る植物の総称。顕花植物。
**しゅしゃ【手写】** 〔文章語〕手で書き写すこと。
**しゅしゃ【取捨】** よいものを取り、わるいものを捨てること。「—選択」
**じゅしゃ【儒者】** 儒学を修めた人。
**しゅじゃく【朱雀】** 四神《しじん》の一。南方の神。すざく。
**しゅしゅ【守株】** 〔文章語〕古い習慣を守って進歩のないこと。株《くい》を守る。〔中国の故事から〕

**しゅじゅ【種々】** いろいろ。さまざま。「—さまざま」
**じゅじゅ【授受】** 受け渡し。やりとり。「金銭の—」
**しゅじゅう【主従】** 主人とその家来。しゅうじゅう。「—関係」
**しゅじゅざった【種々雑多】** いろいろまざっているようす。
**しゅじゅそう【種々相】** さまざまな姿。
**しゅじゅつ【手術】** 患部を切って施す治療。「—を受ける」
**しゅじゅつ【主述】** 主語と述語。
**じゅじゅつ【呪術】** まじない。
**しゅしょ【手書】** 〔文章語〕①自分で—書くこと(書いたもの)。②自筆の手紙。
**しゅしょ【朱書】** 朱で—書くこと(書いたもの)。朱書き。
**しゅしょう【主将】** ①【首将】全軍の総大将。②チームのキャプテン。
**しゅしょう【主唱】** 中心になって唱えること。「新説を—する」
**しゅしょう【首相】** 内閣総理大臣の通称。
**しゅしょう【首唱】** 最初に言いだすこと。
**しゅしょう【殊勝】** けなげで感心なようす。「—な心がけ」類神妙
**しゅじょう【主情】** 理性より感情を重視すること。「—主義」対主知・主意
**しゅじょう【衆生】** 〔仏教語〕仏の救済の対象となるすべての生物。「—済度《さいど》」

**じゅしょう【受章】** 勲章などを受けること。
**じゅしょう【受賞】** 賞を受けること。
**じゅしょう【授章】** 勲章などを与えること。
**じゅしょう【授賞】** 賞を与えること。
**じゅじょう【樹上】** 〔文章語〕木の上。対樹下
**じゅじょう【樹状】** 木のように枝分かれしていること。「ー突起」
**しゅしょく【主食】** 日常の食事で主となる食物。対副食
**しゅしょく【酒色】** 飲酒と女遊び。
**しゅしょく【酒食】** 酒と食事。
**しゅしん【主神】** 祭神中、中心となる神。
**しゅしん【主審】** 主となる審判員。
**しゅしん【朱唇】** 〔文章語〕赤く美しいくちびる。
**しゅじん【主人】** ①一家のあるじ。②自分の仕える人。③夫。④もてなし役。対客
**ー公《こう》** 小説や映画の中心人物。
**じゅしん【受信】** 他からの通信を受けること。「ー機」対送信・発信
**じゅしん【受診】** 診察を受けること。
**しゅす【繻子】** 織物の一。なめらかで光沢がある。サテン。
**じゅず【数珠】** 〔仏教語〕多くの玉を糸でつないで輪にした仏具。ずず。念珠。「ーをつまぐる」〔仏を拝むときに持つ〕
**しゅすい【取水】** 川などから水を取り入れること。「ー口」
**じゅすい【入水】** 〔文章語〕水に身を投げて自殺すること。類投身
**じゅずつなぎ【数珠つなぎ】** 数珠のように多くの人・物をひとつなぎにすること。
**しゅずみ【朱墨】** 朱の粉で作った赤い墨。
**しゅせい【守勢】** 敵の攻撃を防ぎ守る態勢。「ーに回る」対攻勢
**しゅせい【酒精】** 〔文章語〕アルコール。
**じゅせい【受精】** 雌雄の生殖細胞が結合すること。
**じゅせい【授精】** 人工的に受精させること。「人工ー」
**ー卵《らん》** 受精した卵。
**しゅせき【手跡】**《手蹟》筆跡。
**しゅせき ㊀【首席】** 第一位の席次。対次席 ㊁**【主席】** 政府や党の代表者。「国家ー」
**しゅせき【酒席】** 酒宴の席。
**しゅせん【主戦】** ①戦うことを主張すること。「ー論」②主力となって戦うこと。「ー投手」
**しゅせん【酒仙】** 大酒飲み。類酒豪
**しゅぜん【鬚髯】** 〔文章語〕あごひげとほおひげ。ひげ。
**じゅせん【受洗】** キリスト教で、洗礼を受けること。
**じゅぜん【受禅】** 〔文章語〕帝位を譲り受けて即位すること。
**しゅせんど【守銭奴】** けちで金銭欲の強い人。〔けちな人をののしって言う語〕
**しゅそ【主訴】** 患者が医者に訴える主な症状。
**じゅそ【呪詛】** のろうこと。のろい。
**しゅぞう【酒造】** 酒を醸造すること。
**じゅぞう【寿像】** 存命中に造っておく、その人の像。
**じゅぞう【受像】** 電波を受けて受信機に像を映すこと。その像。対送像
**じゅぞう【受贈】** 贈り物を受けること。
**しゅそく【手足】** 手と足。てあし。Ⅱ部下。
**しゅぞく【種族】** ①同類に属する生物。②同じ祖先・言語・習俗をもつ人間の集団。
**しゅたい【主体】** ①物事〔組織〕の中心となる部分。②意志をもって他に働きかけるもの。対客体
**ー性《せい》** 自分の意志・主義をもって行動する態度。
**ー的《てき》** 自分自身の意志・判断で行動するようす。
**しゅだい【主題】** 中心となる題目。テーマ。Ⅱ㋐作品の中心となる思想内容。㋑楽曲の中心となる旋律。
**ー歌《か》** 映画やテレビで、作品の主題をもとに作った歌。テーマソング。
**しゅだい【首題】** 文書の最初に書いた題目。
**じゅたい【受胎】** 妊娠。
**しゅたく【手沢】** 〔文章語〕愛用してついた手あかやつや。Ⅱ遺愛の品。
**じゅたく【受託】** ①委託を受けること。②〔物品・金銭を〕預かること。
**ー収賄《しゅうわい》** 公務員がその職務に関して賄賂の収受・要求・約束をすること。「ー罪」

**じゅだく【受諾】** 引き受けること。
**じゅだん【手段】** 方法。てだて。
**しゅち【主知】** 理性・知性を重んじること。「―主義」対主意・主情
**しゅち【趣致】** 〔文章語〕おもむき。類風情《ふぜい》
**しゅちにくりん【酒池肉林】** 非常にぜいたくな酒盛り。
**しゅちゅう【手中】** 手の中。
**―に収《おさ》める** 自分のものとする。
**しゅちゅう【主柱】** 中心となる柱。‖中心となって支えるもの。
**じゅちゅう【受注】**《受註》 注文を受けること。対発注
**しゅちょ【主著】** 主な著書。
**しゅちょう【主張】** 自分の意見を強く言い張ること。また、その意見。
**しゅちょう【主潮】** その時代・社会の主要な思想。
**しゅちょう【主調】** ①基本的な調子。②ひとつの楽曲の中心となる調子。
**しゅちょう【首長】** 組織・団体の長。特に、地方公共団体の長。
**しゅちょう【腫脹】** 身体の一部がはれあがること。
**じゅつ【術】** ①わざ。技術。②計略。③方法。手段。「処世―」④魔法。
**しゅつえん【出演】** 放送や舞台に出て演技すること。「―料(者)」
**しゅっか【出火】** 火事を出すこと。
**しゅっか【出荷】** 商品を市場に出すこと。対入荷
**じゅっかい【述懐】** 感慨や思い出を述べること。
**しゅっかん【出棺】** 葬式で棺を家・式場から火葬場へ送り出すこと。
**じゅっかん【十干】** ⇩じっかん
**しゅつがん【出願】** 願書を出すこと。
**しゅつぎょ【出御】**「天皇や皇后の外出」の尊敬語。対入御
**しゅつぎょ【出漁】** しゅつりょう。
**しゅっきょう【出京】** ①都から地方へ行くこと。②上京。
**しゅっきょう【出郷】** 故郷を出ること。
**しゅっきん【出金】** お金を出すこと。出したお金。対入金
**しゅっきん【出勤】** 勤めに出て働くこと。類出社 対欠勤
**しゅっけ【出家】**〔仏教語〕①仏門に入ること。得度。②僧。対在家・在俗
**じゅっけい【術計】**〔文章語〕はかりごと。
**しゅつげき【出撃】** 攻撃のために陣地を出ること。対迎撃
**しゅっけつ【出欠】** 出席と欠席。出勤と欠勤。「―を取る」
**しゅっけつ【出血】** 血が出ること。‖損害。犠牲。「―サービス」
**しゅつげん【出現】** 現れ出ること。
**しゅっこ【出庫】** ①倉庫から品物を出すこと。②車両が車庫から出ること。また、出すこと。◇対入庫
**じゅつご【述語】** 文の成分の一。主語について述べるもの。対主語
**じゅつご【術後】** 手術したあと。対術前
**じゅつご【術語】** 学術用語。テクニカルターム。
**しゅっこう【出向】** 命令で他の会社や官庁に勤めること。〔籍はもとのまま〕
**しゅっこう【出航】** 船や航空機が出発すること。対帰航
**しゅっこう【出港】** 船が港を出ること。対入港・帰港
**しゅっこう【出講】** 出向いて講義をすること。
**じゅっこう【熟考】** 十分に考えること。「―を重ねる」
**しゅっこく【出国】** 国を出て外国に行くこと。対入国
**しゅつごく【出獄】** 釈放されて刑務所を出ること。対入獄
**しゅっこんそう【宿根草】** 多年生植物。
**じゅっさく【述作】** 著述。著作。
**じゅっさく【術策】** はかりごと。
**しゅっさつ【出札】**（駅で）切符を売ること。「―係」
**しゅっさん【出産】** 子供を産むこと。子供が生まれること。
**しゅっし【出仕】** ①官庁に勤めること。〔古風な言い方〕②出勤。
**しゅっし【出資】** 資金を出すこと。
**しゅつじ【出自】** でどころ。生まれ。
**じゅつしき【術式】** 手術の際の手法・やり方。
**しゅっしゃ【出社】** 会社に出勤すること。対退社

しゅっしょ【出処】①出所①。②〔文章語〕官職につくことと民間にいること。
―進退《しんたい》 職にとどまるかやめるか。身の処し方。「―を明らかにする」
しゅっしょ【出所】①でどころ。出処。②刑務所から出ること。
しゅっしょう【出生】（人が）生まれること。しゅっせい。
―前《ぜん》診断《しんだん》 胎児の先天的な異常の有無を調べる検査。
―率《りつ》 年間出生数の人口に対する割合。〔一般的には人口一〇〇〇人当たりの出生数〕
しゅつじょう【出場】 競技などに参加すること。舞台などに出て演技すること。対欠場・退場
しゅっしょく【出色】 群をぬいてすぐれていること。
しゅっしん【出身】 その土地（学校）の出であること。「―地」
しゅつじん【出陣】 戦場に出ていくこと。
じゅっしんほう【十進法】 ⇩じっしんほう
しゅっすい【出水】 大水が出ること。
しゅっすい【出穂】 稲などの穂が出ること。
じゅっすう【術数】 たくらみ。「権謀―」
しゅっせ【出世】 ①社会的な地位・身分が高くなること。「立身―」 ②〔仏教語〕出世間。
―魚《うお》 成長に従って名前の変わる魚。〔ボラ、スズキ、ブリなど〕
―頭《がしら》 仲間の中でいちばん出世した人。
―払《ばら》い 出世したときに借金を返すという約束。
しゅっせい【出生】 しゅっしょう。
しゅっせい【出征】 軍隊に入って戦地へ行くこと。
しゅっせい【出精】 精を出すこと。
しゅっせき【出席】 授業や会合に出ること。対欠席
しゅっせん【出船】 船が（で）港を出ること。
しゅっそう【出走】 競馬・競輪で、競走に参加すること。「―馬」
しゅったい【出来】 ①事件や事故が起こること。②完成。◇〔「しゅつらい」の転。古風な言い方〕
しゅつだい【出題】 ①問題を出すこと。②〔文章語〕詩歌の題を出すこと。
しゅったいきん【出退勤】 出勤と退勤。
しゅったつ【出立】 旅立ち。
しゅったん【出炭】 石炭や木炭を産出すること。
じゅっちゅう【術中】 計略のうち。
―に陥《おちい》る 計略にはまる。
しゅっちょう【出張】 職務で、他の土地・職場に行くこと。
―所《じょ》 出先機関としての事務所。
しゅっちょう【出超】 輸出超過の略。対入超
しゅっちん【出陳】 出品し陳列すること。
じゅって【十手】 じって。
しゅってい【出廷】 法廷に出ること。「証人として―する」対退廷
しゅってん【出典】 故事や引用のでどころである書物。
しゅつど【出土】 古代の遺物が土中から出ること。「―品」
しゅっとう【出頭】 （呼ばれて）役所などに出向くこと。
しゅつどう【出動】 （消防隊や機動隊が）出かけていって活動すること。
しゅつにゅう【出入】 でいり。また、だしいれ。
しゅつば【出馬】 自らその場に出むくこと。Ⅱ立候補すること。
しゅっぱつ【出発】 出かけること。Ⅱ事を始めること。
じゅっぱひとからげ【十把一絡げ】 ⇩じっぱひとからげ
しゅっぱん【出帆】 船出。類出港
しゅっぱん【出版】 書物や文書を印刷して世に出すこと。
しゅっぴ【出費】 費用を出すこと。その費用。「―がかさむ」
しゅっぴん【出品】 展覧会などに品物や作品を出すこと。
じゅつぶ【述部】 文の中で、述語とそれを修飾する部分。対主部
しゅっぺい【出兵】 軍隊を派遣すること。対撤兵
しゅつぼつ【出没】 現れたり隠れたりすること。
しゅっぽん【出奔】 逃げて、ゆくえをくらますこと。

**しゅつもん【出問】** 問題を出すこと。
**しゅつらい【出来】** しゅったい。
**しゅつらんのほまれ【出藍の誉れ】** 弟子が先生よりもすぐれること。〔「青は藍《あい》より出《い》でて藍より青し」ということわざから〕
**しゅつりょう【出猟】** 狩りに出かけること。
**しゅつりょう【出漁】** 漁に出かけること。
**しゅつりょく【出力】** ①コンピューターが、処理結果をうち出すこと。また、その結果。アウトプット。②機械や装置が、外部に出すエネルギー（―の量）。◇対入力
**しゅつるい【出塁】** 野球で、打者が塁に出ること。
**ジュテーム**〔フランス語 je t'aime〕フランス語で「あなたを愛している」の意。
**じゅでん【受電】** ①電報を受け取ること。対打電 ②電力を受けること。対送電
**しゅと【主都】** 主要な都市。
**しゅと【首途】** 門出。旅立ち。
**しゅと【首都】** その国の中央政府のある都市。〔日本では東京〕
**しゅとう【酒盗】** カツオの内臓の塩辛。
**しゅとう【種痘】** 天然痘の予防接種。牛痘を皮膚に植えつける。うえぼうそう。
**しゅどう【手動】** 手で動かすこと。対自動
**しゅどう【主動】** 中心となって行動すること。
**しゅどう【主導】** 中心となって導くこと。
**―権《けん》** 物事を主導する力。イニシアチブ。
**じゅどう【受動】** 他からの働きを受けること。受け身。対能動
**―喫煙《きつえん》** 間接喫煙。
**―態《たい》** 文法で、主語が動作・作用を受けることを表す動詞の形式。受け身。〔助動詞「れる・られる」が付く〕対能動態
**しゅとく【取得】**（品物や権利を）自分のものにすること。「住宅（免許）の―」
**しゅとけん【首都圏】** 首都とその周辺地域。〔行政では、関東地方と山梨県をいう〕
**じゅなん【受難】** ①苦難（災難）にあうこと。②キリスト教で、キリストが十字架にかけられた苦難。
**ジュニア**〔junior〕①年少者。対シニア ②下級（―生）。③息子。「塚原―」
**しゅにく【朱肉】** 朱色の印肉。
**しゅにく【酒肉】** 酒と肉。酒とさかな。
**じゅにゅう【授乳】** 乳児に乳を飲ませること。「―期」
**しゅにん【主任】** 主となってその任務に当たる人。「会計―」
**じゅにん【受忍】** 迷惑だが我慢すること。「―限度」
**しゅぬり【朱塗り】** 朱色に塗ること（塗ったもの）。「―の椀」
**しゅのう【首脳】**（《主脳》）組織や団体の中心人物。「―会談」
**―部《ぶ》** 幹部。
**じゅのう【受納】** 金品を受けとって納めること。
**シュノーケル**〔ドイツ語 Schnorkel〕①潜水具の一。口にくわえるJ字形の呼吸管。②潜水艦の換気装置。◇スノーケル。
**しゅはい【酒杯】**（《酒盃》）〔文章語〕さかずき。「―を重ねる」
**じゅはい【受杯】**（《受盃》）政府から功労者として栄誉の杯を受けること。
**じゅはい【受配】** 配給や配当を受けること。
**じゅばく【呪縛】** まじないで動けなくすること。‖心の自由を奪うこと。
**しゅはん【主犯】** 二人以上で行なった犯罪で中心となった者。対従犯
**しゅはん【首班】** 第一の席次。特に、内閣総理大臣。「―指名」
**ジュバン【襦袢】**〔ポルトガル語 gibão〕和服の下着。ジバン。〔平仮名でも書く〕
**しゅひ【守秘】**〔文章語〕（公務員が職務上知った）秘密を守ること。「―義務」
**しゅび【守備】** 守り。「―につく・―陣」対攻撃
**しゅび【首尾】** 始めと終わり。‖経過。結果。「―は上々」
**じゅひ【樹皮】** 木の外皮。
**しゅびいっかん【首尾一貫】** 始めから終わりまで方針や態度を変えないこと。
**ジュピター**〔Jupiter〕①ローマ神話の最高神。②木星。
**しゅひつ【主筆】** 新聞や雑誌の記者で、首席執筆者。
**しゅひつ【朱筆】** 朱墨用の筆。‖朱の書き入れ。
**しゅびょう【種苗】** たねとなえ。
**じゅひょう【樹氷】** 木の枝についた霧が凍りついたもの。→霧氷《むひょう》

**しゅびよく【首尾よく】** 都合よく。

**しゅひん【主賓】** 来客中、最も重要な人。対陪賓《ばいひん》

**しゅふ【主夫】** 家庭にいて家事・育児を受け持つ夫。〔「主婦」のもじりから〕

**しゅふ【主婦】** 家事を切り盛りする女性。

**しゅふ【首府】** 首都。

**しゅぶ【主部】** ①主要な部分。②文の中で、主語とそれを修飾する部分。対述部

**じゅふ【呪符】** 災難よけのまじないふだ。

**シュプール**〔ドイツ語 Spur〕スキーですべった跡。

**シュプレヒコール**〔ドイツ語 Sprechchor〕大勢が声をそろえて唱える—こと(せりふ)。

**しゅぶん【主文】** ①文章の主要な部分。②判決主文。判決の結論の部分。

**じゅふん【受粉】** おしべの花粉がめしべにつくこと。対授粉

**じゅふん【授粉】** めしべにおしべの花粉をつけること。「人工—」対受粉

**しゅへい【手兵】** 手もとに率いる兵士。

**しゅへい【守兵】** 守備にあたる兵士。

**しゅへき【酒癖】**〔文章語〕さけぐせ。

**しゅべつ【種別】** 種類による区別(—をすること)。類類別

**シュペリオリティーコンプレックス**〔superiority complex〕優越感。対インフェリオリティーコンプレックス

**しゅほう【手法】**(芸術上の)やり方。

**しゅほう【主峰】** その山脈で、最も高い山。

**しゅほう【主砲】** その軍艦で、最大の大砲。Ⅱ野球などで、主力となる強打者。

**しゅぼう【首謀・主謀】** 悪事や陰謀を中心となってくわだてる—こと(人)。「—者」

**じゅほう【呪法】** まじないの方法。

**しゅぼば【種牡馬】** 競走馬の繁殖用の雄馬。

**しゅみ【趣味】** ①楽しみとして愛好する物事。②おもむきやおもしろみ(—を理解する力)。「—がいい」

**シュミーズ**〔フランス語 chemise〕女性用下着の一。シミーズ。〔スリップの古い言い方としても使われる〕

**しゅみせん【須弥山】**〔仏教語〕世界の中心にあるという高山。すみせん。

**しゅみだん【須弥壇】**〔仏教語〕仏像を安置する壇。仏の座。

**しゅみゃく【主脈】** 中心となる山脈・葉脈など。対支脈

**じゅみょう【寿命】** 命の長さ。「—が尽きる」Ⅱ物の耐久期間。

**シュミレーション** ⇩シミュレーション

**シュミレーター** ⇩シミュレーター

**しゅむ【主務】** 事務や任務を主管する—こと(人)。「—官庁」

**しゅめい【主命】** 主君(主人)の命令。

**しゅもく【種目】** 種類によって分けた項目。「営業—」

**しゅもく【撞木】** 鐘を打ち鳴らすT字形の棒。鉦叩《かねたた》き。

**じゅもく【樹木】** 木。立ち木。

**—葬《そう》** 山里の墓地に埋葬し、墓標の代わりに花木を植える葬り方。

**しゅもつ【腫物】** はれもの。おでき。

**じゅもん【呪文】** まじないの文句。

**しゅやく【主役】** 劇で主人公の役(—を演じる人)。Ⅱ主要な役目(—の人)。◇対脇役《わきやく》

**しゅゆ【須臾】**〔文章語〕ほんのわずかな間。「—の間」

**じゅよ【授与】** 授け与えること。

**しゅよう【主要】** 主だって重要なようす。「—国(成分)」

**しゅよう【腫瘍】** 体内にできる異常なはれもの。

**—マーカー** 腫瘍細胞で作られ血液や尿から検出される物質。〔がん診断に利用される〕

**じゅよう【受容】** 受け入れること。

**—体《たい》** ⇩レセプター

**じゅよう【需要】** 商品を購入しようとする欲求。対供給

**しゅよく【主翼】** 飛行機で胴体から左右に張った大きな翼。〔浮力を与える〕対尾翼

**しゅら【修羅】**〔仏教語〕戦いを好む悪神。〔阿修羅《あしゅら》の略〕

**—の巷《ちまた》** 修羅場《しゅらば》。

**ジュライ**〔July〕七月。

**ジュラき【—紀】** 地質時代の区分の一。巨大な爬虫類が栄えた。

**じゅらく【入洛】**〔文章語〕にゅうらく。

**しゅらば【修羅場】** 血なまぐさい戦いの場所。Ⅱ芝居や講談で、激しい戦いの場面。

**ジュラルミン**〔duralumin〕アルミニウム

を主成分とする軽合金。飛行機・建築用材料。

**しゅらん【酒乱】** 酒に酔うとあばれる癖(—の人)。「—の気がある」

**じゅり【受理】** 願書や届けを受けつけること。「請願書を—する」

**しゅりけん【手裏剣】** (忍者が)敵に投げつける小さな鉄製の武器。

**じゅりつ【樹立】** しっかりとうちたてること。類確立

**しゅりゅう【主流】** 川の本流。対支流 Ⅱ中心となる—傾向(勢力)。「—派」対傍流

**しゅりゅうだん【手榴弾】** てりゅうだん。

**しゅりょう【首領】** (悪人の)集団の長。

**しゅりょう【狩猟】** 鳥獣を捕らえること。狩り。猟。

**しゅりょう【酒量】** 飲む(飲める)酒の量。「—があがる」

**じゅりょう【受領】** 金品を受け取ること。「—証(印)」

**しゅりょく【主力】** 中心となる勢力。

**じゅりょく【呪力】** まじないやのろいの力。

**じゅりん【樹林】** (木が多く生えている)林。

**シュリンプ**〔shrimp〕小エビ。

**しゅるい【酒類】** 酒の種類。また、アルコール飲料の総称。

**しゅるい【種類】** 共通点によって分類したひとつひとつの集まり。

**ジュレ**〔フランス語 gelée〕ゼリー。

**じゅれい【寿齢】** 長命(—の人の年齢)。

**じゅれい【樹齢】** 樹木の年齢。

**シュレッダー**〔shredder〕不要文書を細かく切りきざむ機械。

**しゅれん【手練】** 熟練して巧みな手並み。

**しゅろ【棕櫚】** ヤシ科の常緑高木の一。

**じゅろう【入牢】** にゅうろう。

**じゅろうじん【寿老人】** 七福神の一。長命の神。

**しゅわ【手話】** 手の動きで表現する—会話法(言語)。主に聾唖《ろうあ》者用。「—通訳」

**しゅわおん【主和音】** 主音の上にできる三和音。〔長調はドミソ、短調はラドミ〕

**じゅわき【受話器】** 電話機などで、相手の声を聞く装置。対送話器

**しゅわん【手腕】** すぐれた腕前。

**しゅん** しょげかえるようす。

**しゅん【旬】** 食べ物の、出盛りの最も味のよい時期。Ⅱ人気があること。「—の芸人」

**じゅん【純】** ①純粋な。「—日本式」②純真。「—な心」

**じゅん【準】** それに次ぐ。「—優勝」

**じゅん【順】** ①順序。順番。「—不同」②順当。対逆

**じゅんあい【純愛】** 純粋な愛情。

**じゅんい【准尉】** ①旧陸軍の階級の一。曹長の上、少尉の下。②自衛隊の階級の一。

**じゅんい【順位】** 順番で表した位置。「—を争う」

**しゅんう【春雨】** 〔文章語〕春の雨。はるさめ。

**しゅんえい【俊英】** 〔文章語〕才能がすぐれている—こと(人)。

**じゅんえき【純益】** 純粋の利益。純利。

**じゅんえん【巡演】** 各地を回って上演すること。

**じゅんえん【順延】** 順々に日を延ばすこと。「雨天—」

**じゅんおう【順応】** じゅんのう。

**じゅんおくり【順送り】** 順に次々と送ること。

**じゅんか【純化】** まじりけをなくすこと。

**じゅんか【順化】**(馴化) 生物が新しい環境に適応すること。

**じゅんか【醇化】** ①教えによって感化すること。②純化。

**じゅんかい【巡回】** ①巡り歩くこと。②見回ること。類巡視

**しゅんかしゅうとう【春夏秋冬】** 四季。

**じゅんかつ【潤滑】** うるおいがあってなめらかなようす。

**—油**《ゆ》 機械の摩擦を少なくするための油。類潤滑剤 Ⅱ物事を円滑にすすめる仲立ちとなるもの。

**しゅんかん【春寒】** 〔文章語〕春先に残る寒さ。

**しゅんかん【瞬間】** またたく間。類瞬時

**じゅんかん【旬刊】** 一〇日ごとの刊行。

**じゅんかん【旬間】** 特別の行事のある一〇日間。「交通安全—」

**じゅんかん【循環】** 繰り返し同じ所を巡ること。

**—器**《き》 血液やリンパ液によって体内各部

に栄養を補給し、老廃物を運び去る器官。心臓・血管など。

**じゅんかんごし【准看護師】** 看護師の資格の一。准看。対正看護師

**しゅんき【春季】** 春の季節。対秋季

**しゅんき【春期】** 春の期間。対秋期

**しゅんき【春機】** 〔文章語〕異性に対する情欲。

**ー発動期《はつどうき》** 思春期。

**しゅんぎく【春菊】** 野菜の一。香りがよい。菊菜《きくな》。

**じゅんぎゃく【順逆】** 道理にかなっていることと、そうでないこと。

**しゅんきょ【峻拒】** 〔文章語〕きびしく断ること。類拒絶

**じゅんきょ【準拠】** よりどころとなる規準に従うこと。

**しゅんぎょう【春暁】** 〔文章語〕春の夜明け方。

**じゅんきょう【殉教】** 信仰のために命を捨てること。

**じゅんきょう【順境】** 順調な境遇。対逆境

**じゅんぎょう【巡業】** 力士や芸人が各地を興行して回ること。

**じゅんきょうじゅ【准教授】** 大学で、教授の下の職名。〔「助教授」の改称〕

**じゅんきん【純金】** 純粋な金。二四金。

**じゅんぎん【純銀】** 純粋な銀。

**じゅんぐり【順繰り】** 順を追ってすること。

**しゅんけつ【俊傑】** 〔文章語〕すぐれた人物。

**じゅんけつ【純血】** 動物（人種・民族）の純粋な血統。「ー種」対混血

**じゅんけつ【純潔】** ①心が清らかなこと。類清純 ②性的に潔白なこと。

**じゅんげつ【旬月】** 〔文章語〕短い日数。〔一〇日や一か月の意〕

**じゅんけっしょう【準決勝】** 決勝戦への出場者（チーム）を決める試合。セミファイナル。

**しゅんけん【峻険】**《峻嶮》〔文章語〕山が高くけわしいこと。

**しゅんげん【峻厳】** 〔文章語〕①非常にきびしいようす。②峻険。

**じゅんけん【巡見】** 見回り。

**じゅんけん【巡検】** 見回って調べること。

**じゅんこ【純乎】**《醇乎》〔文章語〕まじりけのないようす。

**しゅんこう【春光】** 〔文章語〕春の日光。Ⅱ春のけしき。

**しゅんこう【春耕】** 春に田畑を耕すこと。対秋耕

**しゅんこう【竣工】**《竣功》工事ができあがること。類落成・完工 対起工

**じゅんこう【巡行】** 各地を巡り歩くこと。

**じゅんこう【巡幸】** 天皇が各地を旅行すること。

**じゅんこう【巡航】** 船や航空機が各地を回ること。

**ー速度《そくど》** 船や航空機が、最も経済的に航行できる速度。

**ーミサイル** ジェットエンジンで進む誘導ミサイル。

**じゅんこう【順行】** 順序を追って行くこと。対逆行

**じゅんこうこく【準抗告】** 一定の裁判（処分）に対して行う不服の申し立て。

**じゅんこく【殉国】** 〔文章語〕国のために命を捨てて働くこと。

**じゅんさ【巡査】** 警察官の階級の一。〔最も下位〕

**しゅんさい【旬菜・旬彩】** 食べごろの旬の野菜。

**しゅんさい【俊才】**《駿才》優れた才知（の人）。類英才・秀才

**じゅんさい【蓴菜】** スイレン科の水草。若芽・若葉は食用。

**じゅんさつ【巡察】** 〔文章語〕巡回して視察すること。

**しゅんじ【瞬時】** ごくわずかな時間。

**じゅんし【巡視】** 見回ること。

**じゅんし【殉死】** 主君の死を追って自殺すること。

**じゅんじ【順次】** 順番に。

**しゅんじつ【春日】** 〔文章語〕春の一日（日ざし）。

**じゅんじつ【旬日】** 一〇日（間）。

**じゅんしゅ【遵守・順守】** 法律や教えを守ること。

**しゅんしゅう【春愁】** 〔文章語〕春の日のものうい感じ。

**しゅんじゅう【春秋】** ①春と秋。Ⅱ一年。年月。②五経の一。〔魯《ろ》の歴史書〕

**ーの筆法《ひっぽう》** 間接的な原因を直接的な

原因としてとらえるようなきびしい批判の方法。

**しゅんじゅん【逡巡】** ためらうこと。

**じゅんじゅん【準々】** その二段階下。「—決勝」

**じゅんじゅん【順々】** 順番にすること。次々。

**じゅんじゅん【諄々】** 丁寧に説ききかせるようす。

**じゅんじょ【順序】** ①一定の配列。「—不同」②手順。段どり。

**しゅんしょう【春宵】** 〔文章語〕春のよい。

**—一刻《いっこく》直《あたい》千金《せんきん》** 春宵は情趣が深く、そのひとときには千金の価値がある。

**しゅんじょう【春情】** 〔文章語〕①春らしいようす。②色情。

**じゅんしょう【准将】** 外国の軍隊の階級の一。将官の最下位。代将。

**じゅんじょう【純情】** 純真ですなおな—心(ようす)。

**じゅんじょう【準縄】** 〔文章語〕手本。規則。〔水盛り(=水準器の一種)とすみなわの意〕

**しゅんしょく【春色】** 〔文章語〕春の—感じ(景色)。対秋色

**じゅんしょく【殉職】** 職務遂行中に死ぬこと。

**じゅんしょく【潤色】** 事実(材料)に手を加えておもしろくすること。類脚色

**じゅんじる【殉じる】** 殉死する。Ⅱあることのために命を投げ出す。「国難に—」

**じゅんじる【準じる】**《准じる》それと—同じ(つりあう)扱いをする。

**じゅんしん【純真】** 心にけがれがないこと。類純情

**じゅんすい【純水】** 不純物を除いた水。

**じゅんすい【純粋】** ①まじりけのないこと。「—のアルコール」②邪念や私欲がないこと。

**じゅんずる【殉ずる】** 殉じる。

**じゅんずる【準ずる】**《准ずる》 準じる。

**じゅんせい【純正】** ①純粋で他の要素が交じっていないこと。「—食品」②理論のみで応用は考えないこと。「—化学」

**しゅんせつ【春雪】** 〔文章語〕春に降る雪。

**しゅんせつ【春節】** 中国で、正月のこと。

**しゅんせつ【浚渫】** (川や海岸の)水底の土砂などをさらうこと。「—船」

**じゅんせつ【順接】** 文法で、接続法の一。前の内容から順当に導かれることを述べる場合。対逆接

**じゅんぜん【純然】** ①純粋。②それに違いないようす。

**しゅんそう【春草】** 〔文章語〕春に生える草。

**しゅんそく【俊足】** ①足の速い—こと(人)。対鈍足 ②(門下の)秀才。③駿馬《しゅんめ》。④俊足。〔③④は駿足とも書く〕

**じゅんそく【準則】** ①規則にのっとること。「—主義」②従うべき規則。

**じゅんたく【潤沢】** 豊富。「—な資金」

**しゅんだん【春暖】** 〔文章語〕春の暖かさ。

**じゅんち【馴致】** 〔文章語〕なれさせる(なじませる)こと。

**じゅんちょう【順調】** 物事が調子よく進むこと。類好調

**じゅんて【順手】** 鉄棒などのふつうの握り方。対逆手《ぎゃくて》

**しゅんでい【春泥】** 〔文章語〕春の、雪や霜がとけたぬかるみ。

**じゅんど【純度】** 品質の純良さの度合い。「—が高い」

**しゅんとう【春闘】** 労働者の春の(—賃上げ)闘争。〔春季闘争の略〕

**しゅんどう【蠢動】** (虫が)うごめくこと。Ⅱつまらない者が陰で策動すること。

**じゅんとう【順当】** そうなるのが当然であるようす。

**じゅんなん【殉難】** 〔文章語〕国難や社会的危難などのために死ぬこと。

**じゅんのう【順応】** 環境に適応すること。「環境に—する」

**じゅんぱく【純白】** まっ白。Ⅱけがれがなく清らかなこと。

**しゅんぱつりょく【瞬発力】** 瞬間的に出す力。対持続力

**じゅんばん【順番】** 定められた順序(—でかわるがわるすること)。

**じゅんび【準備】** 前もってする用意。

**じゅんぴつ【潤筆】** 〔文章語〕書画をかくこと。揮毫《きごう》。染筆。「—料」〔筆をぬらす意〕

**しゅんびん【俊敏】** 賢くてすばやいこと。

**しゅんぷう【春風】** 〔文章語〕はるかぜ。●性格

**―駘蕩《たいとう》** 春風ののどかなようす。が温和なようす。

**じゅんぷう【順風】** 追い風。対逆風

**―に帆《ほ》を揚《あ》げる** 物事が順調にはかどる。

**―満帆《まんぱん》** 非常に順調なこと。

**じゅんぷう【醇風・淳風】**

**―美俗《びぞく》** 人情厚く、美しい風俗や習慣。

**しゅんぶん【春分】** 二十四気の一。三月二一日ごろ。昼夜の長さがほぼ等しい。対秋分

**―点《てん》** 天球上で、太陽が赤道を南から北に通過する点。対秋分点

**―の日《ひ》** 国民の祝日の一。三月二〇日または二一日。〔春の彼岸の中日《ちゅうにち》にあたる〕

**じゅんぶんがく【純文学】** 純粋に芸術性を追求する文芸作品。対大衆文学

**しゅんべつ【峻別】** きびしく区別すること。

**しゅんぽう【峻峰】** 〔文章語〕けわしいみね。

**じゅんぽう【旬報】** ①一〇日ごとの報告。②旬刊の刊行物。

**じゅんぽう【遵法・順法】** 法律に従うこと。

**じゅんぽう【遵奉】** 〔文章語〕命令や教えに従い、かたく守ること。

**じゅんぼく【純朴】**《醇朴・淳朴》 すなおで飾りけのないこと。

**じゅんまいしゅ【純米酒】** 米と米麹《こめこうじ》だけで醸造した日本酒。

**しゅんみん【春眠】** 〔文章語〕春の夜の眠り。

**―暁《あかつき》を覚《おぼ》えず** 春の夜は短く、また寝心地がいいので朝になっても目が覚めない。〔中国の唐の孟浩然《もうこうねん》の詩から〕

**しゅんめ【駿馬】** 足の速い、すぐれた馬。しゅんば。〔俊馬とも書く〕対駑馬《どば》

**じゅんめん【純綿】** まじりもののない―木綿糸(綿織物)。

**じゅんもう【純毛】** まじりもののない―毛糸(毛織物)。

**じゅんよ【旬余】** 〔文章語〕一〇日あまり。

**しゅんよう【春陽】** 〔文章語〕春の陽気。

**じゅんよう【準用】** 正式の場合に準じて適用すること。

**じゅんようかん【巡洋艦】** 軍艦の一。高速で航続力が大きい。

**じゅんら【巡邏】** 警備のために見回ること。類巡視

**しゅんらい【春雷】** 〔文章語〕春に鳴る雷。

**しゅんらん【春蘭】** 林に自生するラン。春、淡い黄緑色の花を開く。観賞用。ホクロ。

**じゅんり【純利】** 純益。

**じゅんり【純理】** 純粋の理論・学理。

**じゅんりゅう【順流】** 対逆流 ●世の中の流れに従うこと。

**じゅんりょう【純良】** ①不純物がなく良質なようす。「―なバター」②純情ですなおなようす。

**じゅんりょう【純量】** 正味の重量。

**じゅんりょう【順良】** 従順で善良なようす。

**じゅんりょう【醇良・淳良】** 素朴で善良なようす。

**じゅんれい【巡礼・順礼】** 各地の霊場や聖地をめぐり歩く―こと(人)。

**しゅんれつ【峻烈】** 〔文章語〕きびしく激しいようす。

**じゅんれつ【順列】** 数学で、いくつかのものを順序づけて配列するしかた。「―組み合わせ」

**じゅんろ【順路】** 順序のある道筋。

**じゅんわくせい【準惑星】** 太陽系で、惑星に準じる大きな天体。〔冥《めい》王星など〕

**しょ【署】** ①役所。「税務―」②警察署の略。「―まで連行する」

**しょ【書】** ①筆で書いた文字。②書道。③本。④手紙。⑤文書。「報告―」

**じょ【自余】**《爾余》〔文章語〕そのほか。

**じょ【序】** ①順序。「長幼の―」②序文。③芝居で、最初の幕。④⇩序破急 対跋《ばつ》

**しょあく【諸悪】** もろもろの悪事。

**しょい【所為】** 〔文章語〕しわざ。ふるまい。

**じょい【女医】** 女性の医者。

**じょい【叙位】** 位階を授けられること。

**しょいこ**《背負い子》 物を運ぶとき、肩にかけて背負う木の枠。

**しょいこむ**《背負い込む》 （迷惑なこと

を）しかたなく引き受ける。「借金を—」

**ジョイスティック**［joystick］コンピューターの入力装置の一。スティック（＝棒）でカーソルの位置を任意に移動させる。

**しょいちねん【初一念】** 初志。

**しょいん【書淫】**〔文章語〕過度の—本（読書）好き。

**じょいん【女陰】** 女性の性器。

**しょいんづくり【書院造り】** 室町時代におこった建築様式。〔現在の和風住宅様式のもと〕

**ジョイント**［joint］①つなぎ目の部品。②連携。合同。「—コンサート」

**しょう【子葉】** 発芽すると最初に出る葉。

**しょう【止揚】**〔哲学用語〕ふたつの矛盾する概念をより高い段階で統一すること。アウフヘーベン。〔弁証法の基本概念〕

**しょう【仕様】** ①しかた。②器具などの形式や性能など。

**—がない** なすすべがない。しょうがない。

**—書《しよ》** 器具などの取り扱い方法や仕様を書いた文書。仕様書き。

**しょう【私用】** ①自分個人の用事。②自分のことに使うこと。◇対公用

**しょう【使用】** 使うこと。

**—者《しや》** 物や人を使う人。対使用人

**—人《にん》** 雇われている人。対使用者

**しょう【枝葉】** 枝と葉。Ⅱ重要でない部分。

**—末《まつ》節《せつ》** つまらない事柄。

**しょう【試用】** 試しに使うこと。「—品」

**しょう【飼養】** 飼って育てること。

**しょう【正】** ①ちょうど。「—五時」②同じ位階で、従《じゅ》の上位。「—一位」対従《じゅ》

**しょう【升】** 尺貫法の体積の単位の一。約一・八リットル。

**しょう【床】** 病院で、ベッド数を数える語。

**しょう【相】** 大臣。「経済産業—」

**しょう【勝】** 勝利の回数を表す。対敗

**しょう【小】** ①小さい–こと（もの）。②小人。子供。③小学校の略。④小さい。わずかの。「—劇場」◇対大

**しょう【抄】《鈔》** ①抜き書き。②注釈（—書）。

**しょう【性】** ①性質。「—に合う」②性根。③…の性質。「心配—」

**しょう【省】** ①中央行政機関。〔財務省・法務省など〕②中国の行政区画の一。

**しょう【将】**〔文章語〕軍隊の指揮者。

**—を射《い》んと欲《ほっ》すれば先《ま》ず馬《うま》を射《い》よ** 目的を達するには、まず周囲の（—影響力の強い）ものをねらうのがよい。

**しょう【称】** 呼び名。

**しょう【商】** ①〔文章語〕商売。商人。②割り算の結果の値。対積

**しょう【章】** ①文章の大きなくぎり。②記章。バッジ。「菊花—」

**しょう【笙】** 雅楽用の笛の一。笙の笛。

**しょう【証】** ①〔文章語〕証拠。②証明書。「免許—」

**しょう【衝】**〔文章語〕要所。「交通の—」

**—に当《あ》たる** ①重要な役目につく。②要所になっている。

**しょう【賞】** ほうび（—の金品）。対罰

**しょう《背負う》** せおう。Ⅱ㋐引き受ける。㋑⇩しょってる

**じよう【滋養】** 栄養になる–こと（もの）。「—強壮」

**じょう【丈】** ①尺貫法の長さの単位の一。一〇尺。約三・〇三メートル。Ⅱたけ。②歌舞伎俳優の名にそえる敬称。「幸四郎—」

**じょう【帖】** ①一定枚数の紙やのりを数える語。〔半紙は二〇枚、のりは一〇枚で一帖〕②屏風《びょうぶ》・楯《たて》を数える語。

**じょう【乗】** 同じ数をかけ合わせる回数を表す。「三の二—」

**じょう【畳】《帖》** 畳を数える語。「六—」

**じょう【上】** ①うえ。②上等。③上巻。◇対中・下 ④進物の包み紙に書く語。〔奉るの意〕⑤すぐれた。「—天気」⑥…に関する。…の点で。「政治（一身）—」

**じょう【条】** ①箇条。②条文や筋を数える語。③〔文章語〕（候文で）…なので。「参上いたし候—」④〔文章語〕…ても。…ながらも。「行うと言い—」

**じょう【状】** ①手紙。文書。「案内—」②ありさま。③…の形状。「棒—」

**じょう【情】** ①感情。対知・意 ②人情。情愛。③男女の愛情。

**—が移《うつ》る** 愛情を感じるようになる。

**—に脆《もろ》い** 人情に弱く、すぐに感動する。

**—を通《つう》じる** ①敵に内通する。②男女が密通する。

**じょう【錠】** ①錠前。「—をおろす」②錠剤。③錠剤を数える語。

**じょう【嬢】** ①むすめ。「お━さん」②未婚の女性の名に添える敬称。「木村━」③その職の女性。「受付━」
**じょうあい【情愛】** こまやかな愛情。
**しょうあく【掌握】** 自分の思いどおりにあやつること。「政権を━する」
**しょうあん【硝安】** 硝酸アンモニウムの略。〔安はあて字〕
**しょうい【小異】** 〔文章語〕わずかな違い。「━を捨てて大同に就く」
**しょうい【少尉】** 軍隊で、将校の階級の一。中尉の下。将校の最下位。
**しょうい【傷痍】** 〔文章語〕負傷。「━軍人」
**じょうい【上意】** 上の人（主君）の考えや命令。対下意
**━討《う》ち** 主君の命で、罪人を討つこと。
**━下達《かたつ》** 上の意思を下に伝えること。対下意上達
**じょうい【上位】** 高い地位。対下位
**じょうい【情意】** 感情と意志。
**じょうい【攘夷】** 外国人を追い払うこと。「尊皇━」
**じょうい【譲位】** 君主が位をゆずること。
**しょういき【浄域】** 社寺の境内。
**しょういだん【焼夷弾】** 高熱で燃える物質を装着した爆弾。
**しょういん【松韻】** 〔文章語〕松風の音。
**しょういん【勝因】** 勝った原因。対敗因
**しょういん【証印】** 証明の印（━を押すこと）。
**じょういん【上院】** 二院制で、下院に対する議院。〔日本の参議院にあたる〕
**じょういん【冗員・剰員】** むだな人員。
**じょういん【乗員】** 乗務員。乗組員。対乗客
**じょううち【常打ち】** いつもきまった場所で興行をすること。
**しょうう【小雨】** こさめ。対大雨
**しょううちゅう【小宇宙】** ①〔哲学用語〕本来の宇宙（＝大宇宙）に対し、人間の称。ミクロコスモス。②島宇宙。
**しょううん【招運】** 幸運を招き寄せること。
**しょううん【勝運】** 勝ち運。
**しょううん【商運】** 商売上の運。
**じょうえ【浄衣】** 神事や法会《ほうえ》の際に着る衣服。
**じょうえい【上映】** 映画を映すこと。
**しょうえき【省益】** 各省庁の利益。
**しょうエネ【省━】** 省エネルギーの略。
**しょうエネルギー【省━】** エネルギーの消費を節約すること。省エネ。
**しょうえん【小宴】** 小人数の宴会。〔「自分が開く宴会」の謙譲語としても使う〕
**しょうえん【招宴】** 〔文章語〕宴会に人を招くこと。また、その宴会。
**しょうえん【荘園・庄園】** ①平安から室町時代、貴族や社寺の私有地。②八～一三世紀ごろ、ヨーロッパの領主による土地所有形態。
**しょうえん【消炎】** 炎症をしずめること。「━剤」
**しょうえん【硝煙】** 火薬の煙。
**━弾雨《だんう》** 硝煙がたちこめ、弾丸が激しく飛ぶこと。〔激戦の形容〕
**じょうえん【上演】** 劇を演じること。
**じょうえん【情炎】** 炎のような激しい情欲。
**しょうおう【照応】** ふたつのものが互いに対応・関連すること。
**しょうおく【小屋】** 〔文章語〕小さな家。Ⅱ自宅の謙譲語。
**しょうおん【消音】** 爆音や雑音を消すこと。「━器」
**じょうおん【常温】** ①常に一定の温度。②ふつうの温度。〔通常、一五℃〕
**しょうか【昇華】** ①固体が、直接気体になること。また、その逆の現象。②欲望が高尚な芸術活動に転じること。③より高尚な状態へと高めること。
**しょうか【消化】** 食物をこなすこと。Ⅱ㋐よく理解すること。㋑残さず処理すること。「ノルマを━する」
**━器《き》** 食物を消化・吸収する器官の総称。
**━試合《じあい》** リーグ戦などで、優勝チーム決定後の残りの試合。
**━不良《ふりょう》** 食物がうまく消化・吸収できない病気。Ⅱ十分に理解できないこと。
**しょうか【消火】** 火（火災）を消すこと。
**しょうか【消夏】** 《銷夏》〔文章語〕夏の暑さをしのぐこと。
**しょうか【商科】** 商業に関する学科。商学部。「━大学」
**しょうか【商家】** 商人の家。「━の出」

**しょうか【唱歌】** 歌をうたうこと。また、その歌。〔もと小学校教科の一〕
**しょうか【漿果】** 果肉が厚く水分が多い果実。〔ミカン・スイカなど〕
**しょうが【小我】**〔仏教語〕欲望や感情にとらわれて精神的自由のない自我。対大我
**しょうが【生姜】**《生薑》根茎を香辛料とする野菜。ジンジャー。
**じょうか【城下】** 城を中心とする周辺地域。
**—町**《まち》 城を中心に発達した町。
**じょうか【浄化】** 汚れを清めること。「政治の—」‖正しく明るい状態にすること。
**—槽**《そう》 トイレの汚水をきれいにして下水道に流す装置。
**じょうか【浄火】**〔文章語〕神聖な火。
**じょうか【情火】**〔文章語〕熱烈な情欲。
**じょうか【情歌】** ①恋の歌。②都々逸《どどいつ》の別称。
**しょうかい【哨戒】** 敵の攻撃を警戒すること。「—機」
**しょうかい【紹介】** 人やものを、はじめて知らない人に|ひきあわせる（知らせる）こと。「自己（新刊）—」
**しょうかい【商会】** 商業の会社。〔多く、会社や商店の名につけて使う〕
**しょうかい【照会】** 問い合わせ。「—状」
**しょうかい【詳解】** くわしい解釈。対略解
**しょうがい【生害】**〔文章語〕自殺。
**しょうがい【生涯】** 生きている間。「—を終える」類一生
**—教育**《きょういく》 学校教育だけでなく、社会人の教育も含めた、生涯にわたる教育。
**しょうがい【渉外】** 外部（外国）との交渉や連絡。「—部」
**しょうがい【傷害】** けがをさせること。「—罪」
**—保険**《ほけん》 傷害を受けたときに支払いを受ける保険。
**しょうがい【障害】**《障碍》①妨げ。じゃま。②心身の故障。「—者」
**—競走**《きょうそう》 ①走路に障害物を置いてする競馬。②ハードル競走。
**—年金**《ねんきん》 障害者になった人に支給される年金。
**—物**《ぶつ》**競走**《きょうそう》 走路に種々の障害を置いてする競走。
**じょうかい【常会】** 定期的に開く会合。
**じょうがい【場外】** 会場の外。「—ホームラン」対場内
**しょうかく【昇格】** 格が上がること。格を上げること。対降格
**しょうがく** 一【小額】 単位の小さな金額。「—紙幣」対高額 二【少額】 すくない金額。類低額 対多額
**しょうがく【正覚】**〔仏教語〕正しい悟り。
**しょうがく【商学】** 商業に関する学問。「—部」
**しょうがく【奨学】** 学問を奨励すること。
**—金**《きん》 学術研究や学業を続けるために（—貸し）与えられるお金。
**じょうかく【城郭】**《城廓》城（—の外側の構え）。「—を構える」
**じょうかく【城閣】** 城（—の物見）。
**じょうがく【上顎】** うわあご。対下顎
**しょうかたい【松果体】** 間脳にある松かさ状の内分泌腺。松果腺。
**しょうがつ【正月】** 一月。特に新年の祝いの時期。‖楽しく喜ばしいこと。「目の—」
**しょうがっこう【小学校】** 義務教育の最初の六年間の課程を教える学校。
**しょうかどう【松花堂】** 松花堂弁当。
**—弁当**《べんとう》 中に十文字の仕切りがある弁当。〔僧で書画家の松花堂昭乗が器を考案した〕
**しょうかぶ【正株】** 実株。
**しょうかん【小寒】** 二十四気の一。一月六日ごろ。対大寒
**しょうかん【少閑・小閑】**〔文章語〕すこしの暇。
**しょうかん【召喚】** 官庁が指定の日時・場所に出頭を命じること。「—状」
**しょうかん【召還】** 派遣した人を呼び戻すこと。
**しょうかん【消閑】**〔文章語〕ひまつぶし。
**しょうかん【将官】** 大将・中将・少将の総称。
**しょうかん【商館】** 商人が営業を行う建物。特に外国の商人の営業所。
**しょうかん【償還】** 借金（債務）を返すこと。類返済
**しょうがん【賞翫】** よさをあじわうこと。

類賞味

**じょうかん**【上官】 その人より上級の官吏。

**じょうかん**【上浣・上澣】〔文章語〕月の上旬。

**じょうかん**【乗艦】 軍艦に乗り込むこと。乗り込んでいる軍艦。

**じょうかん**【情感】 人の心を打つしみじみとした感じ。「―豊かに歌い上げる」 類感情

**しょうかんしゅう**【商慣習】 商売上の慣習。

**じょうかんぱん**【上甲板】 船の最上部にある甲板。

**しょうき**【小器】〔文章語〕小さい器。Ⅱ小人物。◇対大器

**しょうき**【正気】 気が確かなこと。「―を失う」 対狂気

**しょうき**【沼気】 沼地から発生するメタンガス。

**しょうき**【将器】〔文章語〕人の将たる器量(―の人)。

**しょうき**【笑気】 亜酸化窒素の別称。歯科などの麻酔薬用。「―ガス」

**しょうき**【商機】 商売上の機会(機略)。

**しょうき**【勝機】 勝負に勝てる機会。「―をつかむ」

**しょうき**【詳記】 詳しい記録。対略記

**しょうき**【瘴気】〔文章語〕熱病を起こさせるという山川の毒気。

**しょうき**【鍾馗】 中国で、疫病を払う神。〔日本では五月人形のひとつとして飾る〕

**しょうぎ**【床几】《床机》 ①長い板の腰かけ。②昔、陣中などで使った携帯用腰かけ。

**しょうぎ**【将棋】 ゲームの一。「―をさす」

**―倒《だお》し** (一列に並べた将棋の駒を倒すように) ひとつが倒れると、次々と折り重なって倒れること。

**しょうぎ**【娼妓】 遊女。公娼。

**じょうき**【上気】 のぼせて顔を赤らめること。

**じょうき**【上記】 上(前)に書いてあること。前記。対下記

**じょうき**【条規】 条文・法令の規定。

**じょうき**【浄机】 ⇩明窓浄机《めいそうじょうき》

**じょうき**【常軌】 普通のやりかた。

**―を逸《いっ》する** 普通でないことをする。

**じょうき**【蒸気】 ①水蒸気。②液体が蒸発してできる気体。③蒸気船。

**―機関《きかん》** 蒸気の圧力を利用した熱機関。

**―機関《きかん》車《しゃ》** 蒸気機関によって動く汽車。SL。

**じょうぎ**【定規】《定木》 直線や曲線を書く道具。ものさし。「三角―」 Ⅱ物事の模範。

**じょうぎ**【情義】 人情と義理。

**じょうぎ**【情宜・情誼】 人とつきあう上の真情。「―に厚い」

**じょうきげん**【上機嫌】 とてもきげんがよいこと。対不機嫌

**しょうきち**【小吉】 占いで、少しいい運勢。

**しょうきゃく**【正客】 茶会で、いちばん主になる客。

**しょうきゃく**【消却】《銷却》〔文章語〕①消去。②消費。③返済。

**しょうきゃく**【焼却】 焼き捨てること。

**しょうきゃく**【償却】 ①償い返すこと。②減価償却。

**じょうきゃく**【上客】 ①上席に座る客。②大切な客。

**じょうきゃく**【乗客】 乗り物に乗る客。対乗員

**じょうきゃく**【常客】 なじみの客。

**しょうきゅう**【昇級】 等級が上がること。類昇進

**しょうきゅう**【昇給】 給料が上がること。

**じょうきゅう**【上級】 上の等級。対下級・初級

**しょうきゅうし**【小休止】 ちょっと休むこと。小憩。

**しょうきょ**【消去】 消えてなくなること。消してなくすこと。

**―法《ほう》** 不必要なものを削除していく方法。

**しょうきょう**【商況】 商売の景気。

**しょうぎょう**【商業】 商品を売買して利益を得る事業。

**じょうきょう**【上京】 地方から都(東京)へ行くこと。

**じょうきょう**【状況・情況】 ありさま。ようす。

**―証拠《しょうこ》** 物証などがなくてもその時のようすから推定できる証拠。

**しょうきょうと**【小京都】 京都に似た古い町並みの残る小都市。

**しょうきょく**【消極】 控えめ。「―性」対積極

**―的**《てき》 進んでしようとはしないようす。対積極的

**しょうきん**【奨金】 奨励金。

**しょうきん**【賞金】 ほうびのお金。

**しょうきん**【償金】 賠償金。

**じょうきん**【常勤】 毎日、一定時間勤務をすること。対非常勤

**しょうく**【章句】 文章の章と句。また、段落。

**じょうく**【冗句】 ①むだな文句。②冗談。ジョーク。〔joke のもじり〕

**じょうくう**【上空】 ①空の上の方。②その地点の上の空。

**しょうぐん**【将軍】 ①全軍を指揮する総大将。②征夷大将軍。③軍隊の将官の敬称。

**じょうげ**【上下】 ①うえとした。②上下で一対のもの。「背広の―」③上がり下がり。上げ下げ。

**―動**《うど》 地震で、上下に揺れる振動。対水平動

**しょうけい**【小径】《小逕》〔文章語〕細い道。

**しょうけい**【小計】 一部分の合計。対通計

**しょうけい**【小憩・少憩】 ちょっと休むこと。小休止。

**しょうけい**【捷径】 〔文章語〕近道。Ⅱ早道。

**しょうけい**【象形】 ①物の形をかたどること。②六書《りくしょ》の一。〔木・日など〕

**―文字**《もじ》 表意文字の一。物の形をかたどって作った文字。

**しょうけい**【勝景】 〔文章語〕すぐれた景色。

**しょうけい**【憧憬】 〔文章語〕どうけい。

**じょうけい**【上掲】 上に示すこと。対下掲

**じょうけい**【情景】《状景》〔心に訴えるもののある〕ありさま・景色。

**しょうげき**【衝撃】 ①物体に加えられる急激な力。ショック。②精神的な強い打撃。ショック。

**―波**《は》 流体中に急激な圧力変化が生じ、それが音速以上の速さで伝わる現象。

**しょうけつ**【猖獗】 〔文章語〕〔悪いものが〕猛威をふるうこと。「―を極める」〔疫病の流行などにいう〕

**しょうけん**【正絹】 まじりもののない絹〔―織物〕。

**しょうけん**【商圏】 商売の取引範囲。

**しょうけん**【商権】 商業上の権利。

**しょうけん**【証券】 株券・公債・手形など。

**しょうげん**【証言】 言葉で事実を証明すること。また、その言葉。

**じょうけん**【条件】 ある物事が実現するために必要な事柄。「―付き/無―」

**―反射**《はんしゃ》 一定条件のもとで起こる後天的な反射作用。

**じょうげん**【上弦】 弦が上を向いた半月の形。「―の月」〔新月から満月に至る中ごろの月〕対下弦

**じょうげん**【上限】 数量や時代の上の限界。対下限

**しょうこ**【尚古】 〔文章語〕昔の文化や制度を尊ぶこと。「―主義」

**しょうこ**【称呼】 呼称。

**しょうこ**【証拠】 事実を証明する根拠。

**―金**《きん》 契約の履行を確実にするための担保のお金。「―取引」

**―立**《だ》**てる** 証拠を示して証明する。

**しょうこ**【鉦鼓】 ①仏具の一。念仏のときにたたく。②雅楽で、打楽器の一。

**しょうご**【正午】 昼の一二時。

**じょうこ**【上古】 ①大昔。②時代区分の一。〔日本では大和朝廷の時代〕

**じょうご**【上戸】 ①酒飲み。対下戸《げこ》②酒を飲んだときのくせ。「泣き―」

**じょうご**【冗語・剰語】 むだな言葉。

**じょうご**【畳語】 同じ単語を重ねた複合語。〔人々・山々など〕

**じょうご**《漏斗》 口の小さな容器に液体を入れるのに使う用具。ろうと。

**しょうこう**【小康】 病状が少しよくなること。Ⅱ悪い状態が少しおさまること。

**しょうこう**【昇降】 のぼりおり。「―口」

**―機**《き》 エレベーター。

**しょうこう**【消光】 〔文章語〕月日を送ること。〔主に手紙で自分の側についていう〕

**しょうこう**【消耗】 しょうもう。

**しょうこう**【将校】 少尉以上の軍人。

**しょうこう【症候】** 病気の兆候。症状。
**━群《ぐん》** ある(原因不明の)病気に現れる一群の症状。シンドローム。「頸肩腕《けいけんわん》━」〔病名に準じたものとして使う〕
**しょうこう【商工】** ①商業と工業。②商人と職人。
**━会議所《かいぎしょ》** 商工業の改善・発展を目的に組織される団体。
**しょうこう【商港】** 商船が出入りする港。
**しょうこう【焼香】** 仏前で香をたくこと。
**しょうごう【称号】** 資格などを示す名称。
**しょうごう【商号】** 商人が営業上使う名称。
**しょうごう【照合】** てらしあわせて調べること。「原簿と━する」
**じょうこう【上皇】** 位を譲った天皇の呼び名(敬称)。〔皇室典範特例法では退位した天皇の称号とする〕
**━后《ごう》** 皇室典範特例法による上皇の后。
**じょうこう【条項】** 箇条。
**じょうこう【乗降】** 乗り物の乗り降り。「━客(口)」
**じょうこう【情交】** 男女の肉体的な交わり。「━を結ぶ」
**じょうごう【乗号】** 掛け算の符号。「×」対除号
**しょうこうい【商行為】** 営利を目的とする行為。
**しょうこうしゅ【紹興酒】** 中国酒の一。醸造酒。〔原料はもち米〕
**しょうこうねつ【猩紅熱】** 急性の感染症の一。高熱で、赤い発疹《はっしん》ができる。
**しょうこく【小国】** ①国土の狭い国。②勢力の弱い国。◇対大国
**しょうごく【生国】** 生まれた国。生まれ故郷。しょうこく。
**じょうこく【上告】** 第二審(高等裁判所)の判決に不服の場合に上訴すること。
**しょうこり【性懲り】** 心の底から懲りること。「━もなく」
**しょうこん【性根】** 根気。「━尽き果てる」
**しょうこん【商魂】** 商売を繁盛させようとする気構え。「━たくましい」
**しょうこん【傷痕】** 〔文章語〕きずあと。
**しょうごん【荘厳】** 〔仏教語〕寺や仏像を美しく飾ること。
**じょうこん【条痕】** ①筋になったあと。②鉱物の種類の鑑定のため、鉱物を素焼きの板にすりつけたときにできる筋。「━板」
**しょうさ【小差】** わずかの違い。「━で敗れる」対大差
**しょうさ【少佐】** 軍隊で、将校の階級の一。大尉の上、中佐の下。
**しょうさ【証左】** 〔文章語〕証拠。
**じょうざ【上座】** かみざ。対下座《げざ》
**━部《ぶ》** 仏教の一派。戒律を重視し、自己の人格形成を重んじる。小乗。
**しょうさい【商才】** 商売をする才能。「━に長《た》ける」
**しょうさい【詳細】** 詳しいこと。
**しょうざい【商材】** 商品。〔販売者の側から言う〕
**じょうさい【城塞・城砦】** 〔文章語〕しろ。とりで。
**じょうざい【浄財】** 善意で寄付するお金。〔寄付を受ける側の言い方〕
**じょうざい【錠剤】** 粉末状の薬品を小さく固めた薬剤。タブレット。
**じょうさく【上作】** ①上でき。対下作《げさく》 ②豊作。
**じょうさく【上策】** すぐれたはかりごと。対下策《げさく》
**しょうさつ【省察】** せいさつ。
**しょうさつ【笑殺】** 笑って相手にしないこと。
**しょうさつ【焼殺】** 焼き殺すこと。
**しょうさっし【小冊子】** パンフレット。
**じょうさま【上様】** うえさま②。
**しょうさん【消散】** 消えてなくなること。消し散らすこと。
**しょうさん【称賛・賞賛】** 《称讃・賞讃》ほめたたえること。
**しょうさん【勝算】** 勝てる見込み。
**しょうさん【硝酸】** 無色で刺激臭のある液体。爆薬などの原料。
**じょうさん【蒸散】** 植物体内の水分が蒸発・発散すること。「━作用」
**じょうざん【乗算】** かけざん。乗法。対除算
**しょうし【小子】** 〔文章語〕①子供。②自分の謙称。
**しょうし【小史】** ①簡単に述べた歴史(━書)。②自分の雅号に添える語。「鏡花━」

**しょうし【小誌】** 小さい雑誌。Ⅱ「自分の出版している雑誌」の謙譲語。

**しょうし【少子】**（社会に）子供の数が少ないこと。「—化」

**しょうし【抄紙】** 紙をすくこと。「—機」

**しょうし【尚歯】**〔文章語〕敬老。「—会」

**しょうし【将士】** 将校と兵士。

**しょうし【笑止】** ばかばかしくておかしいこと。「—の至り」

**—千万**《せんばん》 笑止の強め。

**しょうし【焼死】** 焼け死ぬこと。

**しょうし【証紙】** 証明のためにはる紙片。

**しょうし**〔文章語〕一**【頌詞】** ほめたたえる言葉。頌辞。二**【頌詩】** ほめたたえる詩。

**しょうし【賞詞】**〔文章語〕ほめことば。賞辞。

**しょうじ【小字】** 小さい字。細字。対大字

**しょうじ【小事】** ささいなこと。対大事

**—は大事**《だいじ》 小事が大事につながるので小事も大切にしないといけない。

**しょうじ【少時】**〔文章語〕①幼いとき。②しばらくの間。「—休憩」

**しょうじ【正時】** 一時・二時など、きりのいい時刻。

**しょうじ【生死】** ①せいし。②〔仏教語〕苦しみのある世界。輪廻《りんね》。

**しょうじ【商事】** ①商行為に関する事柄。②商事会社。〔会社名につけて使う〕

**—会社**《がいしゃ》〔法律用語〕商行為を業務とする会社。

**しょうじ【頌辞】** 頌詞。類賛辞

**しょうじ【障子】** 建具の一。木枠に桟をつけ、紙をはったもの。

**—に目**《め》**（—あり）** ⇩壁に耳（—あり）

**しょうじ【賞辞】** 賞詞。

**じょうし【上巳】** 五節句の一。桃の節句。三月三日。

**じょうし【上司】** ①上役。「—に恵まれる」②上級の官庁。

**じょうし【上肢】** 人間の手や動物の前足。対下肢

**じょうし【上梓】**〔文章語〕出版。

**じょうし【城址・城趾】** 城あと。

**じょうし【娘子】**〔文章語〕少女。また、女。

**—軍**《ぐん》 女性の軍隊。Ⅱ女性の団体。

**じょうし【情史】**〔文章語〕恋愛小説。

**じょうし【情死】** 愛し合う男女が一緒に死ぬこと。類心中

**じょうじ【情事】** 男女の肉体関係。

**じょうじ【常時】** いつも。ふだん。

**じょうじ【畳字】** 踊り字。

**しょうじいれる【招じ入れる】**《請じ—》（客を）まねきいれる。

**しょうじき【正直】** ①うそ偽りのないこと。②本当のところ。

**—の頭**《こうべ》**に神**《かみ》**宿**《やど》**る** 正直な人には神の加護がある。

**じょうしき【定式】**〔文章語〕決まったやり方。

**じょうしき【常識】** 一般社会人が当然もつとされる知識や判断力。

**—的**《てき》 あたりまえ。Ⅱおもしろみに欠けるようす。

**しょうしげん【省資源】** 資源を効率的に利用し浪費をなくすこと。

**しょうしつ【消失】** 消え失せること。

**しょうしつ【焼失】** 焼けてなくなること。

**じょうしつ【上質】** 質が上等。「—なユーモア」

**じょうじつ【情実】** 義理や私情のからんだ事柄。「—にとらわれる」

**しょうしみん【小市民】** 中産階級。プチブル。「—的」

**しょうしゃ【小社】** 自分の会社の謙譲語。

**しょうしゃ【商社】** 商事会社。「—マン」

**しょうしゃ【勝者】** 勝負に勝った者。対敗者

**しょうしゃ【傷者】**〔文章語〕きずを負った人。

**しょうしゃ【照射】** ①光線をあてて照らすこと。②日光が照りつけること。

**しょうしゃ【瀟洒】**《瀟灑》すっきりとあかぬけしているようす。

**しょうじゃ【生者】** 生命のあるもの。

**—必滅**《ひつめつ》〔仏教語〕生あるものは必ず死ぬ。

**しょうじゃ【精舎】**〔仏教語〕僧が修行する所。寺。「祇園《ぎおん》—」

**じょうしゃ【乗車】** 車や電車に乗ること。「—券」対下車・降車

**じょうしゃ【盛者】**〔仏教語〕勢いの盛んな者。しょうじゃ。せいじゃ。

―必衰《ひっすい》 盛者もやがて必ず衰える。
**じょうしゅ【情趣】** しみじみとした味わい。
**じょうしゅ【城主】** 城のあるじ。
**じょうじゅ【成就】** なしとげること。
**しょうしゅう【召集】** 呼び出して集めること。「国会の―」
―令状《れいじょう》 軍隊に召集する命令書。
**しょうしゅう【招集】** 招き集めること。
**しょうしゅう【消臭】** においを消すこと。「―剤」
**しょうじゅう【小銃】** 携帯用小型銃。
**じょうしゅう【常習】** 同じ行為を繰り返す習癖。〔悪いことについていう〕
―犯《はん》 同じ犯罪を繰り返す人。
**じょうじゅう【常住】** ①〔仏教語〕無限に存在すること。対無常 ②いつも住んでいること。③いつも。
―坐臥《ざが》 いつも。ふだん。〔「行住坐臥」の「行住」との混用から〕
**しょうしゅつ【抄出】** 抜き書き。
**しょうじゅつ【詳述】** 詳しく述べること。対略述
**じょうじゅつ【上述】** 上（前）に述べたこと。前述。対下述
**じょうしゅび【上首尾】** うまくいくこと。対不首尾
**しょうしゅん【頌春】** 〔文章語〕新春をたたえること。〔年賀状に書くあいさつ〕
**しょうじゅん【昇順】** データを―値（コード）の小さい順に並べること。対降順
**しょうじゅん【照準】** 銃砲のねらいを定めること。⓫ねらい。「―を合わせる」
**じょうじゅん【上旬】** 月の最初の一〇日間。
**しょうしょ【小暑】** 二十四気の一。七月七日ごろ。対大暑
**しょうしょ【消暑】**《銷暑》〔文章語〕消夏。
**しょうしょ【証書】** 事実を証明する文書。「卒業―」
**しょうしょ【詔書】** 国事に関して天皇が発する文書。
**しょうじょ【少女】** 小・中学生ぐらいの女の子。対少年
**じょうしょ【上書】** 主君や上官に意見書をさしだすこと。また、その書面。
**じょうしょ【情緒】** じょうちょ。
**じょうしょ【浄書】** 清書。
**じょうじょ【乗除】** 掛け算と割り算。「加減―」
**しょうしょう【少々】** わずか。
**しょうしょう【少将】** 軍隊で、将校の階級の一。大佐の上、中将の下。
**しょうしょう【蕭々】** 〔文章語〕物寂しいようす。
**しょうじょう【小乗】** 上座部。対大乗
**しょうじょう【症状】** 病気の状態。
**しょうじょう【清浄】** ①〔文章語〕けがれがなく清らか。せいじょう。②〔仏教語〕煩悩・私欲のないこと。「六根―」
**しょうじょう【猩々】** ①オランウータン。②中国の想像上の怪獣。
―緋《ひ》 黒みを帯びた鮮やかな赤。
**しょうじょう【賞状】** ほめ言葉を記して与える書状。
**しょうじょう【蕭条】** 〔文章語〕風景がひっそりとさびしいようす。「満目―」
**じょうしょう【上声】** 漢字の四声の一。じょうせい。対平声《ひょうしょう》・去声《きょしょう》・入声《にっしょう》
**じょうしょう【上昇】** 高く上がること。対下降・低下
―気流《きりゅう》 上空に向かう大気の流れ。対下降気流
**じょうしょう【常勝】** いつも勝つこと。「―軍」
**じょうじょう【上々】** この上もなくよいこと。
**じょうじょう【上乗】** ①上々。②〔仏教語〕最上の教え。大乗。
**じょうじょう【上場】** 株や商品が取引物件として登録されること。「―会社」
**じょうじょう【条々】** ひとつひとつの箇条。
**じょうじょう【情状】** 実際の具体的な事情。
―酌量《しゃくりょう》 判決の際、犯罪事情の同情すべき点を認めて刑を軽くすること。
**じょうじょう【嫋々】** 〔文章語〕①風がそよそよと吹くようす。②しなやか。③声や音が細く長く続くようす。「余韻―」
**しょうしょく【小食・少食】** 食べる量が少ないこと。対大食
**しょうしょく【小職】** 〔文章語〕小官。
**じょうしょく【常食】** 日常食べること。

また、その食物。
**しょうじる【生じる】** 発生する。
**しょうじる【招じる・請じる】** まねく。まねき入れる。
**じょうじる【乗じる】** ①機会を利用する。②かけ算をする。対除する
**しょうしん【小心】** 気が小さくて臆病なこと。「―者《もの》」
**―翼々《よくよく》** ①気が小さくびくびくしているようす。②〔文章語〕細かく気を配るようす。
**しょうしん【正真】** ほんとう。
**―正銘《しょうめい》** 正真の強め。
**しょうしん【昇進】**《陞進》 地位が上がること。類昇級
**しょうしん【焦心】** 〔文章語〕心をいらだたせてあせること。
**しょうしん【傷心】** 悲しみに心をいためること。「―をいやす」
**しょうじん【小人】** ①心が狭い者。対君子 ②子供。しょうにん。
**―閑居《かんきょ》して不善《ふぜん》をなす** 小人①は暇でいると、ついよくないことをする。
**しょうじん【焼尽】** 〔文章語〕すっかり焼けること。焼きつくすこと。
**しょうじん【精進】** ①一心に仏道を修行すること。②肉食を避け菜食すること。③一心に打ち込むこと。④身を清め、行いを慎むこと。
**―揚《あ》げ** 野菜のてんぷら。
**―潔斎《けっさい》** 肉食をやめ身を清めること。
**じょうしん【上申】** 上役や官庁に意見などを述べること。「―書」
**じょうしん【上伸】** 相場が上がること。
**じょうじん【情人】** 愛人。じょうにん。
**じょうじん【常人】** ごく普通の人。「―逮捕」類凡人
**しょうじんぶつ【小人物】** 度量が狭い人。対大人物
**しょうす【称す】** 称する。
**じょうず【上手】** ①技術が巧みな―こと（人）。対下手《へた》 ②おせじ。「お―」
**―の手《て》から水《みず》が漏《も》る** 上手な人でも時には失敗もする。
**しょうすい【小水】** 小便。
**しょうすい【憔悴】** 心をいため、やつれること。「―した顔」
**じょうすい【上水】** 上水道（―の水）。対下水
**じょうすい【浄水】** ①きれいな水（―にすること）。②手を洗う水。
**―道《どう》** 飲料用の給水設備。対下水道
**しょうすう【小数】** 数学で、絶対値が一より小さい数。
**―点《てん》** 小数部分と整数部分を区別するためにつける点。
**しょうすう【少数】** 数が少ないこと。対多数
**じょうすう【常数】** 定数のやや古い表現。
**じょうすう【乗数】** かけ算で、かける方の数。対被乗数
**しょうする【称する】** ①名乗る。「刑事と―」②ほめる。
**しょうする【証する】** 〔文章語〕①証明する。「事実を―」②保証する。
**しょうする【頌する】** 〔文章語〕功績をほめたたえる。
**しょうする【誦する】** 〔文章語〕（お経や詩を）声に出して読む。
**しょうする【賞する】** ほめる。
**しょうずる【生ずる】** 生じる。
**しょうずる【招ずる・請ずる】** しょうじる。
**じょうずる【乗ずる】** 乗じる。
**しょうせい【小生】** 自分の謙称。
**しょうせい【招請】** たのんで来てもらうこと。
**しょうせい【将星】** 〔文章語〕将軍。
**しょうせい【焼成】** 陶芸・窯業で、成形した品を陶磁器に焼き上げること。
**しょうせい【勝勢】** 勝ちそうな形勢。対敗勢
**しょうせい【照星】** 銃身の先の照準具。
**じょうせい【上製】** 上等につくったもの。対並み製
**じょうせい【情勢・状勢】** なりゆき。形勢。「緊迫した―」
**じょうせい【醸成】** 酒やしょう油をかもして作ること。比雰囲気を作り出すこと。
**しょうせき【硝石】** 硝酸カリウムの鉱物名。
**じょうせき【上席】** ①上座。対末席 ②地位（階級）が上。
**じょうせき【定石】** 囲碁で、最善とされる一定の打ち方。比決まった仕方。「―どお

り」

**じょうせき【定席】** ①決まった座席。②常設の寄席。

**じょうせき【定跡】** 将棋で、最善とされる一定のさし方。

**しょうせつ【小雪】** 二十四気の一。一一月二三日ごろ。

**しょうせつ【小節】** 楽譜で、縦線で区分された部分。また、それを数える語。

**しょうせつ【小説】** 散文による文学作品。「—家」

**しょうせつ【章節】** 長い文章の章や節の区切り。

**しょうせつ【詳説】** くわしい説明（—をすること）。対略説

**じょうせつ【常設】** 常に設置してあること。「—館」

**じょうぜつ【冗舌】**《饒舌》 おしゃべり。「—家」

**しょうせん【商船】** 人・貨物を輸送する船。

**しょうせん【商戦】** 商業における競争。

**しょうぜん【小善】**〔文章語〕ちょっとした善行。

**しょうぜん【承前】**〔文章語〕前文を受け継ぐこと。

**しょうぜん【悄然】**〔文章語〕しょんぼりと元気のないようす。

**じょうせん【乗船】** ①船に乗ること。〔上船とも〕対下船 ②乗る船。

**しょうせんきょく【小選挙区】** 選出議員が一区一名の狭い選挙区。「—制」

**しょうそ【勝訴】** 訴訟に勝つこと。対敗訴

**じょうそ【上訴】** ①上級裁判所に不服を申し立てること。②上位者に訴えること。

**しょうそう【少壮】** 若くて意気盛んなこと。「—気鋭」

**しょうそう【尚早】**〔文章語〕時期がまだ早いこと。「時期—」

**しょうそう【焦燥】**《焦躁》 あせっていらだつこと。「—感」

**しょうぞう【肖像】** 人の容姿を写した絵や写真。

—権《けん》 自分の肖像を無断で撮影・描写され、公表されるのを拒否する権利。

**しょうぞう【抄造】** 紙をすくこと。

**じょうそう【上奏】**〔文章語〕天皇に意見などを申し上げること。

**じょうそう【上層】** 上に位置する部分。Ⅲ上の階層。「—部」◇対下層

—雲《うん》 巻雲・巻積雲・巻層雲など。

**じょうそう【情操】** 人間の高等で複雑な感情。「—教育」

**じょうぞう【醸造】** 発酵作用を利用し、酒やしょう油をつくること。

—酒《しゅ》 発酵させてつくった酒。清酒・ワイン・ビールなど。対蒸留酒

**しょうそく【消息】** ①たより。音信。「—を絶つ・—文（=手紙文）」②ようす。動静。

—筋《すじ》 その方面の事情・情報に詳しい人。

—通《つう》 その事情に詳しい—こと（人）。

**しょうぞく【装束】** あることをするための服装。また、その身じたく。

**しょうそん【焼損】**〔文章語〕焼けて損なわれること。

**しょうたい【正体】** ①本当の姿・身分。②正気。「—を失う」

**しょうたい【招待】** まねきもてなすこと。しょうだい。「—客」

**じょうたい【上体】** 上半身。腰から上。

**じょうたい【状態・情態】** ありさま。

**じょうたい【常体】**「である・だ」を用いる通常の文体。対敬体

**じょうたい【常態】** ふつうの状態。

**じょうだい【上代】** ①大昔。②時代区分の一。大和・奈良時代。

**しょうたく【沼沢】**〔文章語〕ぬまとさわ。

**しょうたく【妾宅】** 妾《めかけ》を住まわせておく家。

**しょうだく【承諾】** 聞き入れること。

**じょうたつ【上達】** 上手になること。

**じょうだま【上玉】** ①上等の品。②〔俗語〕美人。

**しょうたん【小胆】**〔文章語〕気が小さいこと。小心。対大胆

**しょうたん【賞嘆】**《賞歎》 感心してほめそやすこと。

**しょうだん【昇段】** 段位が上がること。

**しょうだん【商談】** 商売や取引の相談。

**じょうたん【上端】** 上方のはし。対下端

**じょうだん【上段】** ①上の段。対下段・中段 ②上座。③部屋で床を一段高くした所。④剣道などの構えの一。対下段・中段

**じょうだん【冗談】** ふざけて—言う（する）こと。

しょうち【召致】〔文章語〕召しよせること。

しょうち【招致】まねいて来てもらうこと。

しょうち【承知】①承諾。②知っていること。類存知 ③(「〜しない」の形で)許さない。

―の助《けす》〔俗語〕承知していることを人名のように言った語。「合点《がってん》―」

しょうち【勝地】景勝の地。

じょうち【情致】〔文章語〕おもむき。情趣。

じょうち【情痴】色情に迷うこと。

じょうち【常置】常に設けてあること。

しょうちくばい【松竹梅】松と竹と梅。〔めでたいものとする〕Ⅱ三つの等級を示す語。

しょうちゅう【掌中】手のひらの中。Ⅱ思いどおりになる範囲。「―に収める」

―の珠《たま》 最愛の‐もの(子)。

しょうちゅう【焼酎】サツマイモや大麦を原料とする日本特有の蒸留酒。「芋―」

じょうちゅう【常駐】常に駐在して‐いる(使える)こと。

しょうちょ【小著】ちょっとした著作。対大著 Ⅱ「自分の著作」の謙譲語。

じょうちょ【情緒】①情趣。情調。「―豊か」②感情の変動。「―不安定」◇「じょうしょ」の慣用読み。

―障害《しょうがい》 情緒が不安定になり、生活のさまたげとなる症状。

―纏綿《てんめん》 情緒が深くこまやかなようす。

しょうちょう【小腸】消化器官の一。〔胃と大腸の間〕

しょうちょう【省庁】省や庁のつく役所。

しょうちょう【消長】盛衰。

しょうちょう【象徴】抽象的な概念を別の具体物で‐表すこと(表したもの)。シンボル。

―的《てき》 ある物事を象徴するようす。

じょうちょう【上長】年上(目上)の人。

じょうちょう【冗長】むだで長たらしいようす。対簡潔
じょうちょう【情調】それがかもしだす雰囲気・気分。類情緒
しょうちょく【詔勅】天皇の意思を示した文書。詔書と勅書と勅語。

しょうちん【消沈】《銷沈》①消えてなくなること。②気力が衰えること。「意気―する」

しょうつき【祥月】故人が死んだ月と同じ月。

―命日《めいにち》 故人が死んだ月日と同じ月日。

しょうてい【小弟・少弟】〔文章語〕①幼い弟。②「自分の弟」の謙称。③自分の謙称。対大兄《たいけい》
じょうてい【上底】台形の上の辺。対下底
じょうてい【上程】議案を会議にかけること。「予算案を―する」

じょうでき【上出来】できぐあいがよいようす。対不出来
じょうてもの【上手物】精巧で、高価な工芸品。

しょうてん【小店】〔文章語〕小さな店。Ⅱ「自分の店」の謙譲語。

しょうてん【小篆】漢字の字体の一。〔印鑑などに使う〕

しょうてん【召天】キリスト教で、信者が死ぬこと。

しょうてん【昇天】①天にのぼること。②キリスト教で、信者が死ぬこと。

しょうてん【商店】商品を売る店。「―街」

しょうてん【焦点】レンズや鏡に入った光線が集まる一点。Ⅱ興味や関心が集まるところ。

―距離《きょり》 レンズや鏡の中心から焦点までの距離。

しょうてん【衝天】勢いが盛んなこと。「意気―」

しょうでん【小伝】簡単な伝記。対詳伝
しょうでん【昇殿】①神社の拝殿に上がること。②古く、清涼殿《せいりょうでん》の殿上の間《ま》にのぼること。

しょうでん【詳伝】くわしい伝記。対小伝
じょうてんき【上天気】たいへんよい天気。〔人の気分にもいう〕

しょうてんち【小天地】小さい‐社会(世界)。〔広大な宇宙に対する人間世界の意〕

しょうと【商都】商業のさかんな都市。

しょうど【焦土】(火災などで)焼けこげた土地。Ⅱ多くの建物が焼けてあとかたもな

いこと。
―と化《か》す 焼け野原となる。
**しょうど【照度】** 光に照らされた面の明るさの度合い。〔単位はルクス〕
**じょうど【譲渡】** 譲り渡すこと。
**じょうど【浄土】**〔仏教語〕極楽浄土。対穢土《えど》
**じょうど【壌土】** ①土。②肥沃《ひよく》な土壌。
**しょうとう【小刀】** ①わきざし。対大刀 ②小さい刀。
**しょうとう【松濤】**〔文章語〕松風（―の音）。〔波の音にたとえた語〕
**しょうとう【消灯】** あかりを消すこと。「―時間」対点灯
**しょうとう【檣頭】**〔文章語〕帆柱の先端。
**しょうどう【唱道】**〔文章語〕人に先んじて主張すること。
**しょうどう【唱導】** ①〔文章語〕先に立って唱え、導くこと。②仏道に導き入れること。
**しょうどう【衝動】** 発作的に行動する心の動き。「―買い」
**じょうとう【上棟】**〔文章語〕むねあげ。「―式」
**じょうとう【上等】** ①すぐれていること。②上の等級。◇対下等
**―兵《へい》** 旧陸軍の兵の階級の一。一等兵の上、兵長の下。
**じょうとう【常套】** いつもの決まったやり方。「―手段」

**じょうどう【情動】** 一時的で急激な感情の動き。情緒②。
**じょうどう【常道】** ①常識的なやり方。類セオリー ②本来行うべきやり方。「憲政の―」
**しょうとく【生得】** 生まれつき。せいとく。「―の才」
**しょうとく【頌徳】**〔文章語〕ある人の徳をほめたたえること。「―碑」
**しょうどく【消毒】** 病原菌を殺すこと。
**じょうとくい【上得意】**（たくさん買ってくれる）よい客。
**じょうとくい【常得意】** いつも（―買いに）来てくれる客。
**しょうとつ【衝突】** ぶつかること。Ⅱ互いに反目し対立すること。
**しょうとりひき【商取引】** 商業上の取引行為。
**じょうない【場内】** 会場の中。対場外
**しょうなん【小難】** ちょっとした災難。対大難
**しょうに【小児】**（小さな）子供。
**―科《か》** 小児の病気を専門に扱う医科。
**―麻痺《まひ》** 病後手足にまひが残る病気の通称。小児に多い。
**しょうにゅう【鍾乳】**
**―石《せき》** 鍾乳洞の天井からつらら状にたれさがった石灰岩。
**―洞《どう》** 雨水や地下水が石灰岩の土地を溶かしてできたほら穴。
**しょうにん【上人】**〔仏教語〕①すぐれた僧。②僧の敬称。

**しょうにん【小人】** 子供。〔入場料などで使う〕対大人《だいにん》・中人《ちゅうにん》
**しょうにん【承認】** ①正当だと認めること。類承諾 ②聞き入れること。
**―欲求《よっきゅう》** 自分の存在や能力を認めてほしいという欲求。
**しょうにん【昇任】**《陞任》 上の地位につくこと。対降任
**しょうにん【商人】** 物の売買を職とする人。
**しょうにん【証人】** ①事実を証明する人。②裁判で証言する人。③保証人。
**しょうにん【聖人】**〔仏教語〕①知徳にすぐれ慈悲深い人。②高僧（―の敬称）。
**じょうにん【情人】** 愛人。じょうじん。
**じょうにん【常任】** 常にその任務や地位についていること。「―委員」
**しょうね【性根】** こころね。「―をすえる」
**しょうねつ【焦熱】**〔文章語〕焼けこげるような暑さ。
**―地獄《じごく》** 火熱の苦しみを与えられる地獄。Ⅱ非常に暑いこと。
**じょうねつ【情熱】** 激しく燃えるような感情。
**しょうねん【少年】** ①大人になる前の男女。対青年・老年〔少年法では二〇歳未満、児童福祉法では小学生から満一八歳まで〕②特に一〇代の男子。対少女
**―院《いん》** 家庭裁判所から保護処分で送られた少年を収容し、矯正する施設。
**―鑑別所《かんべつしょ》** 家庭裁判所から送られた少年を一時的に収容する施設。

**しょうねん**【生年】〔文章語〕年齢。
**じょうねん**【情念】おさえきれない、強い感情。
**しょうねんば**【正念場】歌舞伎などで、主役の見せ場となる最も大切な場面。Ⅱ物事の最も大事な局面。
**しょうのう**【小脳】脳の一部。運動と平衡をつかさどる。
**しょうのう**【笑納】〔文章語〕（「ご～ください」の形で）贈り物をするときの謙譲表現。〔つまらない物なので笑って納めてくださいの意〕
**しょうのう**【樟脳】クスノキからとった結晶。防臭・防腐剤用。
**じょうのう**【上納】①政府・官庁へ物品を納めること。対下付《かふ》②〔古語〕年貢米。
**しょうのつき**【小の月】陽暦で三〇日以下の月。陰暦で三〇日未満の月。対大の月
**しょうのふえ**【笙の笛】笙。
**しょうは**【小破】少し破損すること。対大破
**しょうは**【消波】波の力を弱め、なくすこと。「ーブロック」
**しょうは**【翔破】〔文章語〕鳥や航空機が全行程を飛びきること。
**じょうは**【条播】うねを平行するように作って種をまくこと。すじまき。
**じょうば**【乗馬】①馬に乗ること。対下馬 ②乗用の馬。
**しょうはい**【勝敗】勝ち負け。
**しょうはい**【賞杯】《賞盃》〔文章語〕賞として与えるカップ。類トロフィー
**しょうはい**【賞牌】賞として与えるメダル。
**しょうばい**【商売】①利益を得るために、商品を仕入れて売ること。②職業。仕事。
**ー気質**《かたぎ》 商人特有の性質。
**ー敵**《がたき》 商売上の競争相手。
**ー柄**《がら》 ①商売の種類。②その商売で身についた習性。
**ー気**《ぎ》 ①金もうけをしようとする気持ち。②職業意識。
**しょうはく**【松柏】〔文章語〕常緑樹。Ⅱ節操を守ること。〔色を変えないことから〕
**しょうはく**【衝迫】強い欲求。衝動。
**じょうはく**【上膊】上腕。対下膊
**しょうばつ**【賞罰】賞と罰。
**じょうはつ**【蒸発】液体が表面から気化すること。Ⅱ人や物が消えるように行方知れずになること。
**じょうはり**【浄玻璃】①くもりのない水晶やガラス。②浄玻璃の鏡。地獄の閻魔《えんま》王庁にあり、生前の行いを映し出すという鏡。
**しょうばん**【相伴】客の相手をして一緒にもてなしを受ける―こと（人）。Ⅱ人の行動につきあうこと。
**じょうはんしん**【上半身】体の、腰から上の部分。対下半身
**しょうひ**【消費】使ってなくすこと。「ー量」
**ー期限**《きげん》 いたみやすい食品の品質を保証する期限。〔品質保持五日以内のものが対象〕
**ー財**《ざい》 個人が日常生活で消費する財。対生産財
**ー者**《しゃ》 対生産者
**ー者金融**《しゃきんゆう》 貸金業者が個人を対象に無担保で行う小口の融資。消費者ローン。〔割賦販売についても言う〕
**ー者庁**《しゃちょう》 内閣府の外局。消費者を保護・救済するために設置された行政機関。
**ー税**《ぜい》 物品の消費に対して課する税。
**しょうび**【称美・賞美】〔文章語〕ほめたたえること。
**しょうび**【焦眉】〔文章語〕さしせまっていること。
**ーの急**《きゅう》 さし迫った危難。
**しょうび**【薔薇】〔文章語〕バラ。そうび。
**じょうひ**【上皮】動植物の外面をおおう皮。
**じょうひ**【冗費】むだな費用。
**じょうび**【常備】常に備えておくこと。「ー薬」
**じょうびたき**【尉鶲】小鳥の一。冬鳥。ヒタキ科。
**しょうひょう**【商標】生産者や販売者が自分の商品であることを示す文字や記号。トレードマーク。
**しょうひょう**【証票】証明のための書きつけ。
**しょうひょう**【証憑】〔文章語〕証拠。
**しょうびょう**【傷病】負傷と疾病。「ー兵」

**しょうひん【小品】** 絵画や音楽の、ちょっとした作品。
**しょうひん【商品】** 売るための品物。
**—券《けん》** 記載額面相当の商品と引き換えることのできる有価証券。商品切手。
**しょうひん【賞品】** 賞として与える品物。
**じょうひん【上品】** ①品《ひん》のよいようす。②上等の品物。◇対下品
**しょうふ【娼婦】** 売春婦。
**しょうぶ【尚武】** 〔文章語〕武事を尊び重んじること。「—の精神」
**しょうぶ【菖蒲】** ①湿地に生える多年草。芳香がある。〔邪気を払うとされる〕②〔俗語〕ハナショウブ。
**—湯《ゆ》** 端午の節句に、湯にショウブを入れたふろ。
**しょうぶ【勝負】** ①勝ち負け。②勝ち負けを争うこと。
**—事《ごと》** ①勝ち負けを争うゲーム。②ばくち。
**—師《し》** ばくちうち。Ⅱ運を天にまかせて思いきったことをする人。
**—服《ふく》** 競馬で、騎手がレース時に着る服。Ⅱ〔俗語〕ここぞという時に着る特別な服。
**じょうふ【丈夫】** 〔文章語〕立派な男。
**じょうふ【上布】** 上等の麻織物。夏用。「越後《えちご》—」
**じょうふ【情夫】** (ひそかな)愛人関係にある男。
**じょうふ【情婦】** (ひそかな)愛人関係にある女。
**じょうぶ【丈夫】** ①健康。②強くてしっかりしているようす。
**じょうぶ【上部】** 上の部分。「—団体」対下部
**しょうふう【蕉風】** 俳諧で、松尾芭蕉の一派の俳風。正風。
**しょうふく【承服】**《承伏》納得。
**しょうふく【招福】** 幸福を招くこと。「開運—」
**しょうふく【妾腹】** 〔文章語〕めかけを母親とする—こと(子)。
**じょうふく【浄福】** 〔文章語〕(仏教を信じることで得られる)清らかな幸福。
**しょうふだ【正札】** 品物につける値段の札。
**—付《つ》き** 正札のついている—こと(商品)。Ⅱ定評のある—物(人)。〔多く悪い意味で〕
**じょうぶつ【成仏】** ①死んで仏になること。②煩悩《ぼんのう》を脱して悟りを開くこと。
**しょうぶん【小文】** ちょっとした文章。Ⅱ「自分の文章」の謙譲語。
**しょうぶん【性分】** 生まれつきの性質。
**じょうぶん【冗文】** むだな文章。
**じょうぶん【条文】** 箇条書きにした文。
**しょうへい【招聘】** 〔文章語〕礼をつくして人を招くこと。類招請
**しょうへい【将兵】** 将校と兵士。
**しょうへい【傷兵】** 負傷した兵士。
**しょうへき【障壁】** しきりのかべ。Ⅱさまたげ。
**—画《が》** 障屏《しょうへい》画と壁画。
**じょうへき【城壁】** 城を囲む壁。
**しょうへん【小片】** 小さなかけら。
**しょうへん【小編】**《小篇》短い文学作品。
**しょうへん【掌編】**《掌篇》非常に短い文学作品。
**しょうべん【小便】** ①尿(—を排出すること)。対大便 ②〔俗語〕契約を中途で破ること。
**—臭《くさ》い** 子供っぽい。未熟だ。
**じょうへん【上編】**《上篇》書物で、何編か続くものの最初の編。対下編
**じょうほ【譲歩】** 自分の主張をひっこめて他に従うこと。
**しょうほう【商法】** ①商売のやり方。「悪徳—」②商業に関する法規。
**しょうほう【勝報】**《捷報》勝利のしらせ。対敗報
**しょうほう【詳報】** くわしい知らせ。
**しょうぼう【消防】** 火事の予防や消火にあたること。「——士(署)」
**—団《だん》** 市町村の自治的な消防組織。
**—庁《ちょう》** ①総務省の外局の一。消防に関する行政を行う。②東京都の消防機関。東京消防庁。
**しょうぼう【焼亡】** 〔文章語〕焼けてなくなること。
**じょうほう【上方】** 上の方。対下方
**じょうほう【定法】** いつもの—方法(法則)。
**じょうほう【乗法】** かけざん。対除法
**じょうほう【情報】** ①状況や事情の知らせ。「—源」②判断や行動のための知識。

インフォメーション。③高等学校の教科の一。情報に関する知識と技術などを学ぶ。

—**科学**《かがく》 情報の形態や伝達・処理・蓄積などに関する学問。

—**機関**《きかん》 各種情報の収集・分析にあたる国家機関。

—**産業**《さんぎょう》 知識産業の一。コンピューターによる情報の処理・サービスなど。

—**弱者**《じゃくしゃ》 ①情報の入手、利用が困難な状況の人。②〔俗語〕情報を正しく活用できない人。◇〔略して情弱とも〕

—**処理**《しょり》 多くの情報をコンピューターによって加工・処理し、必要な情報を得ること。

—**端末**《たんまつ》 情報機器。主に通信端末をいう。

—**網**《もう》 情報をとらえるための〔—網の目のようにひろげた〕組織。

**じょうほう【常法】** ①不変の規則。②普通の方法。

**しょうほうてい【小法廷】** 最高裁判所で、五人の裁判官で構成される合議体。対大法廷

**じょうぼく【上木】** 〔文章語〕出版。〔版木に上《のぼ》せる意〕

**しょうほん【正本】** ①原本。対副本 ②芝居の台本。

**しょうほん【抄本】** ①《鈔本》ぬき書きした本。②原本の一部を書きぬいた文書。「戸籍—」対謄本

**じょうまえ【錠前】** 戸やふたにつけて開かないようにする金具。

**しょうまん【小満】** 二十四気の一。五月二一日ごろ。

**じょうまん【冗漫】** 表現がだらだらとしまりのないこと。

**しょうみ【正味】** ①中身〔—の目方〕。②実際の有効な数量。「—三時間」

**しょうみ【笑味】** 食品を贈るときの謙譲表現。「ご—ください」

**しょうみ【賞味】** 味わって食べること。

—**期限**《きげん》 加工食品の品質を保証する期限。〔品質保持五日を超えるものが対象〕

**じょうみ【情味】** 人情味。

**しょうみつ【詳密】** 詳細。

**じょうみゃく【静脈】** 体の各部から心臓に戻る血液を運ぶ血管。対動脈

—**注射**《ちゅうしゃ》 静脈に直接打つ注射。

—**瘤**《りゅう》 静脈が血行障害で、こぶのようにふくれた状態。

**しょうみょう【声明】** 仏の徳をたたえる歌。梵唄《ぼんばい》。

**しょうみょう【称名・唱名】** 〔仏教語〕仏の名号をとなえること。

**じょうみん【常民】** ごく普通の人々。〔民俗学用語〕

**しょうむ【商務】** 商業上の事務。

**じょうむ【乗務】** 交通機関に乗って業務を行うこと。「—員」

**じょうむ【常務】** ①日常の業務。②常務取締役。

—**取締役**《とりしまりやく》 株式会社の重役の一。日常の業務の執行にあたる。

**しょうめ【正目】** 中身だけの目方。

**しょうめい【証明】** 事実である〔正しい〕ことを明らかにすること。「—書」

**しょうめい【照明】** ①明るくてらすこと。「—器具」②舞台〔撮影〕効果を高めるライト。

**しょうめつ【生滅】** 〔文章語〕生まれることと死ぬこと。

**しょうめつ【消滅】** 消えてなくなること。「権利が—する」

**しょうめん【正面】** ①表側。「—玄関」対背面・側面 ②まっすぐ前。「—を向く」③まともに対すること。「—衝突」

**しょうもう【消耗】** ①使ってなくすこと。②体力や気力を使い果たすこと。◇〔「しょうこう」の慣用読み〕

—**戦**《せん》 武器・兵力などを大量に投入して相手の疲弊を待つ戦闘。Ⅱ力を消耗するだけの、むなしい争い。

—**品**《ひん》 紙や鉛筆など使うたびに減る品物。

**じょうもく【条目】** 箇条書きの項目。

**しょうもない【仕様も無い】** くだらない。

**しょうもの【抄物】** 《鈔物》室町時代、五山の僧が書いた仏典・漢詩文の注釈書。

**じょうもの【上物】** 上等の品物。対下物《げもの》

**しょうもん【証文】** 約束事の証拠となる書類。「—の出し遅れ」

**しょうもん【照門】** 小銃などの照尺のV字形のきりこみ。

**じょうもん【定紋】** その家で決まっている紋。

**じょうもん【縄文】** 土器につけられた縄目の模様。「―土器」

**―時代《じだい》** 日本の新石器時代。縄文（―式）土器が使われた。

**しょうや【庄屋】** 江戸時代、領主に命じられ、年貢の徴収などを扱った者。〔西国での称。東国では名主《なぬし》〕

**しょうやく【生薬】** 動植物を材料とした薬。きぐすり。〔あまり加工しないもの〕

**しょうやく【抄訳】** 原文の一部分を翻訳すること。その翻訳。対全訳・完訳

**しょうやく【硝薬】** 〔文章語〕火薬。

**じょうやく【条約】** 国家間で結んだ約束（―の文書）。

**じょうやど【定宿・常宿】** とまりつけの宿屋。

**じょうやとい【常雇い】** ずっと雇われている―こと（人）。対臨時雇い

**じょうやとう【常夜灯】** 一晩中つけておくあかり。

**しょうゆ【醤油】** 調味料の一。日本特産。〔「したじ・むらさき」ともいう。/正油とも〕

**しょうよ【賞与】** ボーナス。

**じょうよ【丈余】** 一丈（＝約三メートル）あまり。

**じょうよ【剰余】** あまり。余分。「―金」

**―価値《ちか》** 賃金以上に生産した場合の、余剰生産物の価値。

**じょうよ【譲与】** 物や権利を他人に譲り与えること。類譲渡

**しょうよう【小用】** ①ちょっとした用事。②小便。こよう。

**しょうよう【小葉】** 植物で、複葉を構成する小さな葉。

**しょうよう【従容】** 〔文章語〕ゆったり落ち着いたようす。

**しょうよう【逍遥】** 〔文章語〕ぶらぶら歩くこと。

**しょうよう【称揚・賞揚】** ほめそやすこと。

**しょうよう【商用】** ①商売上の用事。②商売に使うこと。「―文」

**しょうよう【慫慂】** 〔文章語〕誘いすすめること。類勧誘

**じょうよう【乗用】** 乗るのに使うこと。

**じょうよう【常用】** 日常生活で（―継続して）使うこと。

**―漢字《かんじ》** 日常使うための目安として定められた二一三六字の漢字。〔一九八一年、当用漢字に代わって制定。二〇一〇年改定〕

**じょうよう【常傭】** 常雇い。

**しょうようじゅりん【照葉樹林】** 常緑広葉樹林。

**しょうよく【小欲・少欲】** わずかの欲。

**じょうよく【情欲】** 《情慾》色情。性欲。

**しょうらい【招来】** 人（事態）をまねきよせること。

**しょうらい【松籟】** 〔文章語〕まつかぜ（―の音）。

**しょうらい【将来】** ①これから先。類未来 ②もってくること。招来。

**―性《せい》** 将来が期待される見込み。

**じょうらく【上洛】** 地方から京都へ行くこと。

**しょうらん【笑覧】** 〔文章語〕物を見てもらうことの謙譲語。「ご―ください」

**しょうらん【照覧】** 〔文章語〕①はっきり見ること。②神仏がごらんになること。

**じょうらん【上覧】** 〔文章語〕身分の高い人が見ること。

**じょうらん【擾乱】** 〔文章語〕騒がしく乱れること。類騒乱

**しょうり【勝利】** 《捷利》勝つこと。対敗北

**じょうり【条理】** 物事のすじみち。「―にかなう」類道理

**じょうり【情理】** 人情と道理。

**じょうり【場裏】** 《場裡》その場所・範囲の内。「交際―」

**じょうりく【上陸】** 陸に上がること。

**しょうりつ【勝率】** 試合に勝った割合。

**しょうりゃく【省略】** 一部を省くこと。

**じょうりゃく【上略】** 前の部分を略すこと。類前略

**しょうりゅう【昇竜】** のぼり竜。

**じょうりゅう【上流】** ①川の河口から遠い方。かわかみ。②社会的地位や経済力の高い階層。「―階級」◇対下流

**じょうりゅう【蒸留】** 《蒸溜》液体を熱して蒸気にし、それを冷やして再び液体にすること。

**―酒《しゅ》** 醸造酒を蒸留してつくった酒。ウイスキー・ブランデー・焼酎《しょうちゅう》など。対醸造

酒

—水《すい》 天然水を蒸留した純粋な水。

**しょうりょ【焦慮】** 〔文章語〕あせっていらだつこと。「—の色」

**しょうりょう【小量】** ①少量。②度量が狭いようす。類狭量 ◇対大量

**しょうりょう【少量】** わずかな分量。対多量

**しょうりょう【商量】** 心の中でいろいろ考えはかること。

**しょうりょう【渉猟】** 〔文章語〕広くあさり求めること。「文献を—する」

**しょうりょう【精霊】** 〔仏教語〕死者の霊魂。

—会《え》 〔仏教語〕盂蘭盆《うらぼん》。

—流《なが》し 〔仏教語〕盂蘭盆《うらぼん》の終わりに、供物を川や海に流し、精霊を送る行事。灯籠《とうろう》流し。

**しょうりょく【省力】** 機械化などによって、労働力を削減すること。

**じょうりょく【常緑】** 植物の葉が一年中落葉せずに緑色であること。

—樹《じゅ》 一年中、緑の葉をつけている木。対落葉樹

**しょうりんじけんぽう【少林寺拳法】** 中国の拳法をもとに日本で創始された、精神修養と護身のための拳法。〔中国の少林寺に伝わるものは「少林拳」〕

**じょうるい【城塁】** 〔文章語〕城。とりで。

**じょうるり【浄瑠璃】** 三味線を伴奏楽器とする語り物の総称。特に義太夫節《ぎだゆうぶし》。

**しょうれい【省令】** 各省大臣が発する行政上の命令。

**しょうれい【症例】** 病気の症状の例。

**しょうれい【奨励】** 熱心に勧めること。

**しょうれい【瘴癘】** 〔文章語〕感染性の風土病。

**じょうれい【条例】** ①地方公共団体が制定した法規。②【条令】箇条書きにした法規。

**じょうれん【常連・定連】** ①その飲食店・興行場のなじみ客。②いつも一緒にいる仲間。

**しょうろ【松露】** 春、海岸の松林に生えるキノコ。食用。

**しょうろ【捷路】** 〔文章語〕近道。

**じょうろ《如雨露》** 植木に水をかける道具。〔ポルトガル語 jorro からともいう〕

**しょうろう【鐘楼】** 鐘つき堂。

**しょうろうびょうし【生老病死】** 〔仏教語〕人間として避けられない四つの苦しみ。四苦。〔生きる、老いる、病気になる、死ぬ〕

**しょうろく【抄録】** 抜き書き。類抜粋

**しょうろく【詳録】** くわしい記録。

**じょうろく【丈六】** ①立像で一丈六尺(＝約五メートル)の仏像。②〔俗語〕あぐらをかくこと。

**しょうろん【小論】** ちょっとした論文。Ⅱ「自分の論文」の謙譲語。

**しょうろん【詳論】** くわしく論じること。また、その論。類細論

**しょうわ【小話】** 短い話。こばなし。

**しょうわ【昭和】** 年号の一。大正と平成の間。〔一九二六年～一九八九年〕

—の日《ひ》 国民の祝日の一。四月二九日。〔昭和天皇の誕生日〕

**しょうわ【笑話】** 笑い話。こっけいな話。

**しょうわ【唱和】** 一人の声にあわせて大勢がとなえること。

**じょうわ【情話】** 人情や恋愛が中心の物語。

**しょうわくせい【小惑星】** 火星と木星の間で、太陽のまわりを回る多数の小天体。

**しょうわる【性悪】** 性質の悪い—こと(人)。

**じょうわん【上腕】** 肩とひじの間。二の腕。上膊《じょうはく》。「—二頭筋」対下腕

**しょえん【初演】** 最初の上演・演奏。対再演

**しょえん【所演】** 芸能が演じられること。

**しょえん【所縁】** 〔文章語〕ゆかり。類縁故

**じょえん【助演】** 主役を助けて演じる—こと(人)。対主演

**ショー**［show］①展示会。②見せ物。音楽や舞踊を中心とする興行。「ワンマン—」

**ショーアップ**［和製語 show up］工夫をこらして催しを楽しくすること。

**じょおう【女王】** 女性の王。Ⅱその分野で、女性の第一人者。「ゴルフの—」

**ショーウインドー**［show window］商品の陳列窓。

**ジョーカー**［joker］トランプの札の一。ば

ば。
**ジョーク**［joke］しゃれ。冗談。
**ショーケース**［showcase］商品の陳列棚。
**ジョーゼット**［georgette］布地の一。主に夏の婦人服地用。クレープジョーゼット。
**ショーツ**［shorts］①女性用パンティー。②短いズボン。ショートパンツ。
**ショート**［short］①短いこと。対ロング ②野球で、遊撃手。ショートストップ。③電気回路の二点間が小さい抵抗でつながること。短絡。〔多大な電流が流れブレーカーが落ちる〕
**ーカット**［short cut］①女性の髪型の一。②近道。「ーキー」
**ーケーキ**［shortcake］洋菓子の一。
**ーショート**　気のきいた小話。〔short short-storyの略〕
**ーステイ**［和製語 short stay］介護の必要な老人を施設で短期間預かる制度。
**ートラック**［short track］スピードスケートで、一周一一二五メートル以下の室内リンク。
**ートン**［short ton］ヤードポンド法の重量の単位の一。米トン。
**ーパンツ**［short pants］短いズボン。
**ープログラム**［short program］フィギュアスケートの競技種目の一。〔二分間で課題をこなす〕
**ーホール**［short hole］ゴルフで、パー三のホール。対ロングホール
**ショートニング**［shortening］製パン・製菓用のバター状の油。
**ショービジネス**［show business］ショー②を扱う事業。〔演芸・演劇・音楽・映画・放送など〕
**ショーマン**［showman］興行師。芸人。
**ーシップ**［showmanship］客に強くアピールしようとする、芸人としての心がけ。
**ショール**［shawl］女性用の肩かけ。
**ショールーム**［showroom］展示室。陳列室。
**ジョーロ**　⇨じょうろ
**ショーロンポー【小籠包】**［中国語 xiǎolóngbāo］中国料理で点心の一。具とスープを小麦粉の皮で包んで蒸したもの。シァオロンパオ。
**しょか【初夏】**①夏のはじめ。②陰暦四月の別称。
**しょか【書架】**本棚。
**しょか【書家】**書道家。
**しょが【書画】**書と絵。「ー骨董《こっとう》」
**ジョガー**［jogger］ジョギングをする人。ジョッガー。
**しょかい【初会】**初めて会う—こと(会)。
**しょかい【初回】**第一回。
**しょかい【所懐】**〔文章語〕心中の思い。「ーを述べる」類感懐
**じょがい【除外】**ある範囲から除くこと。
**しょがく【初学】**ある学問を初めて学ぶ—こと(人)。「ー者」
**しょかつ【所轄】**権限によって支配・監督する—こと(範囲)。「ー官庁」
**しょかん【所感】**心に感じた事柄。「年頭ー」類感想
**しょかん【所管】**管理する—こと(範囲)。
**しょかん【書簡】**(書翰) 手紙。書状。「ー文」
**じょかん【女官】**宮中に仕える女性。にょかん。
**ー箋《せん》**　便箋《びんせん》。
**じょかんさ【除感作】**過敏性を除去する治療法の一。アレルゲンを少しずつ増やしながら注射して体をならす。脱感作。
**じょかんとく【助監督】**監督の助手。
**しょき【初期】**初めの時期。対中期・末期
**しょき【所期】**期待すること。「ーの目的」
**しょき【書記】**①記録のために書きしるす—こと(役)。②政党や労働組合で、日常の事務の担当者。
**しょき【庶幾】**〔文章語〕切に願うこと。
**しょき【暑気】**夏の暑さ。対寒気
**しょきあたり【暑気中り】**夏の暑さで病気になること。
**しょきか【初期化】**フォーマット②。
**しょききょく【書記局】**政党や労働組合で、事務を扱う機関。
**じょきじょき**　はさみで切る音。
**しょきちょう【書記長】**政党や労働組合の、書記局の長。
**しょきばらい【暑気払い】**何かをして暑さを払いのけること。
**しょきびどう【初期微動】**地震で、初めの段階の小さな振動。
**しょきゅう【初級】**初歩の等級。対上級

**じょきょ【除去】** 取り除くこと。
**しょぎょう【所業・所行】** 行い。しわざ。
**しょぎょう【諸行】** 〔仏教語〕宇宙の万物。
**―無常《むじょう》** 〔仏教語〕万物は常に移り変わり、永久不変のものはないということ。〔仏教の根本思想〕
**じょきょう【助教】** 大学で、准教授・専任講師の下の職名。〔二〇〇七年度、それまでの助手から分かれた〕
**じょきょうじゅ【助教授】** 「准教授」の旧称。
**じょきょく【序曲】** 歌劇の開幕前や組曲の最初に演奏する曲。Ⅱ物事の始め。前ぶれ。
**じょきん【除菌】** 細菌を取り除くこと。
**ジョギング**〔jogging〕準備運動や健康のための軽いランニング。
**しよく【私欲】** 自分のことばかりを考える心。「私利―」
**しょく【色】** ①いろ。「保護―」②ようす。傾向。「地方―」
**しょく【食】** ①食べること。食事。また、食物。「―生活」②《蝕》日食や月食。③食事の回数。「一日三―」
**―が進《すす》む** 食欲があってたくさん食べられる。
**―が細《ほそ》い** 少食だ。
**しょく【燭】** ①〔文章語〕ともしび。②もと、光度の単位。〔現在はカンデラ〕
**しょく【職】** ①職務。②仕事〈―の技能〉。職業。「手に―をつける」

**しょく【初句】** 漢詩や短歌の、最初の句。
**しょくあたり【食中り】** 食中毒。
**しょくあん【職安】** 公共職業安定所の略。
**しょくいき【職域】** ①職業〈職務〉のもち場。②職場。
**しょくいく【食育】** 食生活に関する教育。〔食べ方、食の安全、食文化など〕
**しょくいん【職印】** 官職を表す印。
**しょくいん【職員】** 官庁・会社・学校などで働く人。
**しょぐう【処遇】** しかるべき待遇を与えること。また、その待遇。
**しょくえん【食塩】** 食用に精製した塩。〔ほぼ純粋な塩化ナトリウム〕
**しょくがい【食害】**《蝕害》虫や鳥獣が植物を食いあらすこと。
**しょくがん【食玩】** 食品のおまけについているおもちゃ。また、その食品。〔食品玩具の略〕
**しょくぎょう【職業】** 生計を立てるための仕事。
**―安定所《あんていじょ》** 公共職業安定所。職業の紹介・指導などの業務を行う役所。
**―意識《いしき》** その職業の人に特有の意識。
**―教育《きょういく》** 職業に必要な知識や技能を養う教育。対普通教育
**―的《てき》** 職業として行うようす。
**―病《びょう》** その職業に従事しているために起こる病気。
**しょくげん【食言】** 〔文章語〕約束を破ること。言ったとおりにしないこと。

**しょくご【食後】** 食事のあと。対食前
**しょくざい【食材】** 料理の素材。
**しょくざい【贖罪】** ①金品で罪をつぐなうこと。②キリスト教で、キリストが十字架にかかり、人間の罪をつぐなったこと。
**しょくさん【殖産】** 産業を盛んにし、生産をふやすこと。「―興業」
**しょくし【食指】** 〔文章語〕ひとさしゆび。
**―が動《うご》く** ほしく(してみたく)なる。
**しょくじ【食事】** 毎日、食物を食べること。また、その食物。
**しょくじ【食餌】** 食べ物。
**―療法《りょうほう》** 食べ物の内容やとり方を調節して病気をなおす方法。
**しょくしゅ【触手】** 下等動物の、触覚・捕食の役目をする器官。
**―を伸《の》ばす** 野心を抱いて働きかける。
**しょくしゅ【職種】** 職業や職務の種類。
**しょくじゅ【植樹】** 樹木を植えること。
**しょくじゅうせっきん【職住接近】** 職場と住居が近いこと。
**しょくじょ【織女】** 〔文章語〕①はた織りの女。②織女星。対牽牛《けんぎゅう》
**―星《せい》** 琴座のアルファ星ベガの漢名。〔七夕伝説で有名〕
**じょくしょ【溽暑】** 蒸し暑いこと。
**しょくしょう【食傷】** 食あたり。Ⅱ同じものが続いて飽きること。「―気味」
**しょくしょう【職掌】** 職務。役目。
**―柄《がら》** 職務の関係上。
**しょくしん【触診】** 体にさわって診察すること。

**しょくす【食酢】** 食用の酢。しょくず。

**しょくする【食する】** ①〔文章語〕食べる。②《蝕する》日食〔月食〕になる。◇食す。

**じょくせ【濁世】** 〔仏教語〕にごり汚れたこの世。だくせ。

**しょくせい【植生】** ある区域に生育する植物の集団。

**しょくせい【職制】** ①職務に関する制度。②管理職。

**しょくせき【職責】** 職務上の責任。「—を全うする」

**しょくぜん【食前】** 食事の前。㊊食後

**しょくぜん【食膳】** お膳。食卓。

**—に供《きょう》する** 料理して出す。

**じょくそう【褥瘡・蓐瘡】** 〔文章語〕とこずれ。

**しょくだい【燭台】** 〔持ち運びできる〕ろうそく台。

**しょくたく【食卓】** 食事用のテーブル。

**—塩《えん》** 食卓用の食塩。湿気を防いである。

**しょくたく【嘱託】** 《属託》①頼んでまかせること。②正式の職員ではなく、頼まれてその仕事をする人。「—医」

**しょくち【諸口】** ①いろいろな-項目〔口座〕。②簿記で、勘定科目がふたつ以上にわたっていること。

**じょくち【辱知】** 〔文章語〕「その人と知り合いであること」の謙譲語。

**しょくちゅうしょくぶつ【食虫植物】** 虫を捕って食べる植物。食肉植物。

**しょくちゅうどく【食中毒】** 飲食物による中毒。食あたり。

**しょくつう【食通】** おいしい物についてよく知っている-こと〔人〕。グルメ。

**しょくどう【食堂】** ①食事をする部屋。②食事を出す店。

**しょくどう【食道】** 消化管の一部。口から胃へ通じる部分。

**しょくどうらく【食道楽】** 食い道楽。

**しょくにく【食肉】** ①食用の肉。②肉食。「—植物」

**しょくにん【職人】** 手先の技術で物をつくる職業の人。大工・左官・指物師など。

**—気質《かたぎ》** 仕事に対して頑固だが実直な職人特有の性質。

**—芸《げい》** すぐれた職人の技術。

**しょくのう【職能】** ①職務上の能力。②その職業の機能。③ものの働き。機能。

**—給《きゅう》** 能力に対して定められる給与。

**しょくば【職場】** 勤務先で、仕事をする場所。㊮仕事場

**しょくばい【触媒】** それ自身は変化せず化学反応の速度に影響を与える物質。‖物事の進行や達成の助けとなるもの。

**しょくはつ【触発】** 物に触れて爆発すること。‖行動や感情をさそい起こすこと。

**しょくパン【食—】** 箱型に焼いたパン。

**しょくひ【食費】** 食事に要する費用。

**しょくひ【植皮】** 皮膚の移植を行うこと。

**しょくひん【食品】** 食物〔—となる製品〕。

**—添加物《てんかぶつ》** 食品に加える着色料や防腐剤など。

**しょくぶつ【植物】** ㊊動物

**—園《えん》** 植物の研究や普及のために設けられた施設。

**—学《がく》** 植物について研究する学問。

**—人間《にんげん》** 大脳の傷害で意識や運動能力を失った人間。〔差別語とみなす立場もある〕

**しょくぶん【職分】** 職務上果たすべき役目。

**しょくべに【食紅】** 食品に赤い色をつける色素。

**しょくほう【触法】** 法にふれること。「—少年」

**しょくぼう【嘱望】** 《属望》人の将来を期待すること。㊮期待

**しょくみ【食味】** 食べ物の味。

**しょくみん【植民・殖民】** 国外の地へ自国民を移住させ、経済的に開発すること。また、その移住者。

**—地《ち》** 他国の属領として支配される地域。「—主義」

**しょくむ【職務】** 職業上の-役目〔つとめ〕。

**—給《きゅう》** 職務をランクづけて定める賃金。

**—質問《しつもん》** 警察官が不審を抱いた人物を呼びとめて行う質問。

**しょくめい【職名】** 職業や職務の名称。

**しょくもう【植毛】** 毛を植えつけること。

**しょくもく【嘱目】** 《属目》〔文章語〕①将来を期待して見守ること。②目にふれること。

**しょくもたれ【食靠れ】** 食物がよく消化されず胃にたまっている-こと〔感じ〕。㊮胃

もたれ

**しょくもつ【食物】** 食べ物。

**―繊維《せんい》** 植物性食品に含まれる繊維成分。〔腸の働きを助け、便通をよくする〕

**―連鎖《れんさ》** 生物界で、食うものと食われるものとの一連の関係。

**しょくやすみ【食休み】** 食後のひと休み。

**しょくよう【食用】** 食料として―使う（使える）こと。

**しょくよく【食欲】**《食慾》食べたいという欲望。くいけ。「―旺盛《おうせい》（不振）」

**しょくらい【触雷】** 機雷に触れること。

**しょくりょう【食料】** 食べ物（―の材料）。「―自給率」

**―品《ひん》** （主食以外の）食品。肉類・野菜など。

**しょくりょう【食糧】** （主食とする）食べ物。「―事情」

**しょくりん【植林】** 苗木を植えて山林をつくること。

**しょくれき【職歴】** その人の職業の経歴。

**しょくレポ【食―】** 料理や食事の感想・評価。テレビ番組やSNSから広まった語。〔レポはレポートの略〕

**しょくん【諸君】** ①多くの人々。「若い―」②みなさん。〔軽い尊敬語。主に男性語〕

**じょくん【叙勲】** 勲等を授け、勲章を与えること。「―の栄に浴する」

**しょけい【処刑】** 刑（死刑）に処すること。

**しょけい【初経】** 初潮。

**しょけい【書痙】** 神経症の一。字を書こうとすると、けいれんが起こる。

**しょけい【諸兄】** 〔文章語〕多数の男性に対する尊敬語。対諸姉

**じょけい【女系】** 女子の系統。「―家族」類母系 対男系

**じょけい【叙景】** 自然のありさまをかきあらわすこと。

**しょげかえる【しょげ返る】**《悄気―》すっかりしょげてしまう。しょげこむ。

**しょけつ【処決】** 〔文章語〕①はっきりと処置すること。②覚悟を決めること。

**じょけつ【女傑】** 才知・勇気のすぐれた女性。女丈夫。

**しょげる**《悄気る》がっかりして元気がなくなる。

**しょけん【初見】** 初めて―見る（会う）こと。

**しょけん【所見】** ①見たところ。「医師の―」②意見。「―を述べる」

**しょけん【書見】** 読書。「―台」

**しょけん【諸賢】** 〔文章語〕多くの人に対する尊敬語。皆様。

**しょげん【緒言】** まえがき。ちょげん。

**しょげん【諸元】** 機械の大きさ・性能などを示した数字。「―表」

**しょげん【諸彦】** 〔文章語〕諸賢。〔すぐれた人々の意〕

**じょげん【序言】** まえがき。序文。

**じょげん【助言】** 助けになることをいうこと。その言葉。アドバイス。じょごん。「―者」

**しょこ【書庫】** 本をしまっておく部屋・建物。

**しょこう【初稿】** 最初に書いた段階の原稿。

**しょこう【諸公】** 〔文章語〕身分の高い（多くの）人々に対する尊敬語。

**しょこう【諸侯】** 封建時代の大名。領主。

**しょこう【曙光】** 〔文章語〕あけがたの光。Ⅱ苦しみの中から見える、わずかな希望。

**じょこう【徐行】** ゆっくり進むこと。

**じょごう【除号】** 割り算の符号。「÷」対乗号

**じょこうえき【除光液】** マニキュアなどを取り除く溶剤。

**しょこく【諸国】** 多くの国。

**ショコラ**〔フランス語 chocolat〕チョコレート。

**―ティエ**〔フランス語 chocolatier〕チョコレートの製造業者・専門店・職人など。チョコラティエ。

**しょこん【初婚】** 初めての結婚。対再婚

**しょさ【所作】** ①たちいふるまい。しぐさ。②所作事の略。

**しょさい【所載】** 掲載。類所収

**しょさい【書斎】** 読書や執筆のための部屋。

**しょざい【所在】** 存在する―こと（場所）。ありか。いどころ。

**―無《な》い** 手持ちぶさただ。

**じょさい【如才】** 手ぬかり。手落ち。

**―無《な》い** 抜け目がない。あいそがいい。

**じょさい【助祭】** カトリック教で司祭の次の位。

**じょさいどうき【除細動器】** 電気ショッ

クを与えて心臓の細動を抑える装置。ＡＥＤ。

**しょさごと【所作事】** 歌舞伎のおどり。

**しょさん【所産】** うみ（作り）出されたもの。「長年の努力の—」

**しょざん【初産】** 初めての出産。しょさん。

**じょさん【除算】** 割り算。除法。対乗算

**じょさんし【助産師】** 出産を助ける職業（—の人）。

**しょし【初志】** 最初の決心。「—貫徹」

**しょし【所思】** 〔文章語〕考えている事柄。

**しょし【書肆】** 〔文章語〕本屋。書店。出版社。

**しょし【書誌】** ①特定の人・題目に関する文献目録。②書物の成立・内容・外観などの記述。

**しょし【庶子】** 嫡出でない子。対嫡子〔旧民法の用語〕

**しょし【諸子】** ①中国の春秋戦国時代、学説を立てた思想家たち。また、その学説・著書。「—百家」②〔文章語〕同輩（—以下）の人に対する尊敬語。諸君。

**しょし【諸氏】** 〔文章語〕多くの人々に対する尊敬語。皆さん。

**しょし【諸姉】** 〔文章語〕多くの女性に対する尊敬語。対諸兄

**しょじ【所持】** （身につけて）持つこと。

**しょじ【諸事】** 《庶事》いろいろな多くの事柄。「—万端」

**じょし【女子】** ①女の子。類女児 ②女性。◇対男子

**じょし【女史】** 社会で活躍する女性—を呼ぶ（の名に添える）尊敬語。〔古風な言い方〕

**じょし【助詞】** 品詞の一。付属語で活用がない。

**じょじ【女児】** 女の子。対男児

**じょじ【助字】** 漢文で、他の字や語に付いて意味を充実させる語。焉《えん》・乎《こ》など。助辞。

**じょじ【叙事】** 物事を客観的に述べること。対叙情

**しょしき【書式】** 書類の、決まった書き方。

**じょしかい【女子会】** 女性だけが集まって飲食や情報交換をする会。

**しょしき【諸式】** 《諸色》〔文章語〕いろいろな品物。Ⅱ物の値段。

**じょじし【叙事詩】** 歴史的事件や英雄の事跡などを物語る詩。エピック。

**じょしだい【女子大】** 女子大学の略。女性だけを対象とする大学。「—生」

**じょしつ【除湿】** 空気中の水分を取り除くこと。「—機」

**しょしゃ【書写】** ①書き写すこと。②小中学校の国語科で、習字。

**じょしゃく【叙爵】** 爵位を授けられること。

**じょしゅ【助手】** ①手助けをする人。②大学での職名の一。教育・研究の運営のための業務を行う。〔二〇〇六年度までは、助教授・講師の下の職名〕

**しょしゅう【初秋】** ①秋のはじめ。②陰暦七月の別称。

**しょしゅう【所収】** 本や全集に収められていること。類所載

**じょしゅう【女囚】** 女の囚人。対男囚

**じょしゅせき【助手席】** 車で、運転席の横の席。

**しょしゅつ【初出】** 最初に—出る（現れる）こと。

**しょしゅつ【所出】** 〔文章語〕生まれた場所。また、出どころ。

**しょしゅつ【庶出】** 〔文章語〕本妻以外から生まれること。対嫡出

**じょじゅつ【叙述】** 順序を追って—述べること（述べたもの）。

**しょしゅん【初春】** ①春のはじめ。②陰暦一月の別称。

**しょじゅん【初旬】** 上旬。対中旬・下旬

**しょしょ【処々・所々】** ところどころ。あちこち。「—方々」

**しょしょ【処暑】** 二十四気の一。八月二三日ごろ。

**しょじょ【処女】** ①男性との性的経験がない—こと（女）。きむすめ。バージン。②人がまだ手をつけていない。「—雪《ゆき》」③最初の。「—航海」

**しょしょう【書証】** 裁判で書面を証拠とすること。

**しょじょう【書状】** 〔文章語〕手紙。

**じょしょう【序章】** 著述の序にあたる章。対終章 Ⅱ物事の最初。

**じょしょう【叙唱】** レチタティーボ。

**じょじょう【叙情】** 《抒情》感情を述べあらわすこと。対叙事

―詩《し》 自己の感情を表現した詩。リリック。
**じょじょうふ**【女丈夫】女傑。
**じょしょく**【女色】①女性の色香。②女性との情事。「―にふける」 ◇にょしょく。
**しょじょさく**【処女作】初めて発表する(―文学)作品。
**しょじょち**【処女地】未開の地。Ⅱ未開拓の分野。
**じょじょに**【徐々に】ゆっくりと。少しずつ。「―回復に向かう」
**しょしん**【初心】①最初の気持ち。②習いはじめで未熟である。「―者」
**しょしん**【初診】はじめての診察。「―料」 対再診
**しょしん**【所信】自分が考え信じている事柄。「―を述べる」
**しょしん**【書信】〔文章語〕手紙。
**じょじん**【除塵】ちりをとり除くこと。「―機」
**しょす**【処す】処する。
**じょすう**【序数】順序を示す自然数。
**じょすう**【除数】割り算で割る方の数。対被除数
**じょすうし**【序数詞】順序を示す数詞。〔第一、ふたつめなど〕
**じょすうし**【助数詞】数に添えてものの種類を示す接尾語。〔個・匹・枚など〕
**しょする**【処する】①対処する。②刑罰を与える。③処理する。
**じょする**【序する】《叙する》〔文章語〕序文を書く。
**じょする**【叙する】①爵位・勲等を授ける。②〔文章語〕述べあらわす。
**じょする**【除する】①取りのぞく。②割り算をする。対乗じる
**じょする**【恕する】〔文章語〕思いやりの心で許す。
**しょせい**【処世】世渡り。「―術」
**しょせい**【書生】①他家に世話になって勉強する人。②学生。〔古風な言い方〕
―論《ろん》 理想ばかりで実情に適さない議論。
**しょせい**【書聖】書道の名人。
**じょせい**【女声】音楽で、女性の声。「―合唱」対男声
**じょせい**【女性】女。〔多く成人をいう〕対男性
―的《てき》 女らしい。また、女を思わせるようす。対男性的 〔「やさしい」「弱々しい」など、ジェンダーにとらわれた意味で使われることがある〕
**じょせい**【女婿】〔文章語〕娘婿。
**じょせい**【助成】完成するように助けること。「―金」
**じょせい**【助勢】加勢。すけだち。
**しょせき**【書跡】《書蹟》書いた文字の跡。筆跡。
**しょせき**【書籍】本。書物。図書。
**じょせき**【除斥】①裁判の公平を欠くおそれのある裁判官などを担当から除くこと。②財団の精算の際に、申し出のない債権者を弁済から除くこと。
**じょせき**【除籍】名簿や戸籍から名前を抹消すること。類除名
**しょせつ**【所説】意見の内容。
**しょせつ**【諸説】いろいろな―意見(うわさ)。
―紛々《ふんぷん》 諸説がいりみだれているようす。
**じょせつ**【序説】序論。
**じょせつ**【叙説】〔文章語〕考えを述べること。類叙述
**じょせつ**【除雪】積雪をとり除くこと。「―車」
**しょせん** 一【初戦】最初の試合。第一戦。 二【緒戦】戦い・試合の初め。ちょせん。
**しょせん**【所詮】(否定表現の中で)結局。つまるところ。「―かなわぬ望み」
**じょせん**【除染】放射性物質の汚染を取り除くこと。
**しょそう**【諸相】さまざまなありさま・姿。
**しょぞう**【所蔵】所有物としてしまっておくこと。「―品」
**じょそう**【女装】男が女の身なりをすること。対男装
**じょそう**【序奏】楽曲で、主要部に入る前の導入としての短い曲の部分。
**じょそう**【助走】陸上競技で、勢いをつけるために走ること。「―路」
**じょそう**【助奏】伴奏に加える装飾的な補助の演奏。オブリガート。
**じょそう**【除草】雑草をとり除くこと。
**じょそう**【除喪】〔文章語〕いみあけ。類除服

**じょそう【除霜】** ①電気冷蔵庫の霜取り。②農作物の霜よけ。
**しょぞく【所属】** 団体・組織に属していること。
**しょぞん【所存】** 考え。おもわく。
**じょそんだんぴ【女尊男卑】** 女を尊び、男を軽視する考えや態度。対男尊女卑
**しょたい【所帯】《世帯》** 一家を構えて営む生活。また、その一家。せたい。
**ー染《じ》みる** 所帯のことにかまけてはつらつさがなくなる。やつれて、ふけてみえる。
**ー道具《どうぐ》** 一家が生活するのに必要な道具。
**しょたい【書体】** ①文字の書きぶり。類書風 ②漢字の様式。〔楷書《かいしょ》・行書・草書など〕 ③活字の型。〔明朝《みんちょう》体・宋朝《そうちょう》体、ゴシック・アンチックなど〕
**しょだい【初代】** ある職業や芸道などの系統の、最初の代（ーの人）。「ー団十郎」
**じょたい【女体】** にょたい。
**じょたい【除隊】** 兵役を解かれること。対入隊
**しょたいめん【初対面】** 初めての対面。
**しょだち【初太刀】** 刀で最初に切りつけること。その一振り。
**しょだな【書棚】** 書物をおく棚。
**しょだん【処断】** 〔文章語〕裁いて決めること。
**しょだん【初段】** ①段位の最初。②最初の段。
**しょち【処置】** ①扱いを決めること。類処理 ②手当てをすること。「応急ー」

**しょちゅう【書中】** 〔文章語〕手紙の文中。また、手紙。
**しょちゅう【暑中】** 夏の暑い間。特に、夏の土用の一八日間。対寒中
**ー見舞《みま》い** 暑中に知人などの安否をとうこと。また、その手紙。
**じょちゅう【女中】** ①お手伝いさんの旧称。②旅館や料理屋の接客係の女性。
**じょちゅう【除虫】** 害虫を駆除すること。
**ー菊《ぎく》** キク科の多年草。殺虫剤用。
**しょちょう【初潮】** 最初の月経。初経。
**しょちょう【所長】** 所のつく施設の長。
**しょちょう【署長】** 署のつく役所の長。
**じょちょう【助長】** 力をかしてのばすこと。その傾向が強まるようにすること。
**しょっかい【職階】** 職務上の階級。
**ー制《せい》** 職階を定めて人事管理を行う制度。
**しょっかく【食客】** 客分として他人の家にいる人。類いそうろう
**しょっかく【触角】** 感覚器の一。昆虫などの頭部にあるひげ。
**しょっかく【触覚】** 五感の一。物に触れたときに起こる感覚。
**しょっかん【食間】** 食事と食事の間。対食前・食後
**しょっかん【食感】** 食べ物を口に入れたときの感じ。類口あたり
**しょっかん【触感】** 手ざわり。肌ざわり。
**しょっき【食器】** 食事に使う容器や器具。
**しょっき【織機】** 織物を織る機械。おりき。

**ジョッキ** 取っ手付きのビール用コップ。〔jugから〕
**ジョッキー** 〔jockey〕 ①競馬の騎手。②ディスクジョッキーの略。
**ショッキング** 〔shocking〕 驚いてはっとするようす。
**ショック** 〔shock〕 ①急な衝撃。「ーを受ける」 ②医学で、急性循環不全。
**ーアブソーバー** 〔shock absorber〕 自動車などで、衝撃を緩和する装置。
**ー死《し》** 失血や薬品などによるショックで死ぬこと。
**しょづくえ【書机】** 文机《ふづくえ》。
**しょっけん【食券】** 食堂などで、飲食物の引換券。
**しょっけん【職権】** 職務上の権限。
**ー濫用《らんよう》** 公務員が職権を不当に使って、国民の権利を侵害すること。
**しょっこう【燭光】** ①ともしびの光。②もと、光度の単位。
**しょっこう【織工】** 織物を織る職人。
**しょっこう【職工】** 職人。工員。
**しょっちゅう** 〔俗語〕始終。いつも。
**しょっつる《塩汁・醢汁》** 調味料の一。魚の塩漬けから作る。秋田特産。
**しょってる** 〔俗語〕うぬぼれている。いい気になっている。
**ショット** 〔shot〕 ①テニス・ゴルフで、球を打つこと。②映画で、ひと続きの映像。③射撃。④ウイスキーなどの、一口（ーの分量）。「ーグラス」

—ガン［shotgun］散弾銃。

ショッパー［shopper］①買い物客。②店が品物を入れて渡す－紙（ビニール）袋。

しょっぱい〔俗語〕塩辛い。●けちだ。

しょっぱな【初っ端】〔俗語〕最初。

じょっぱり 意地を張る－こと（人）。頑固者。〔「ごうじょうはり」の変化。津軽地方の方言〕

しょっぴく〔俗語〕（警察が）むりに連れて行く。しょびく。

ショッピング［shopping］買い物をすること。

—センター［shopping center］商店が集中している所。

—バッグ［shopping bag］買い物袋。

—モール［shopping mall］遊歩道や広場のある、歩行者専用の商店街。

ショップ［shop］店。「ギフト—」

しょて【初手】囲碁・将棋で、最初の手。●最初。

しょてい【所定】決められていること。「—の席」

じょてい【女帝】①女の天皇や皇帝。②その社会で絶大な権力を持つ女。

しょてん【書店】書物を－販売（出版）する店。本屋。

しょでん【所伝】〔文章語〕代々伝えられてきた－こと（もの）。

しょとう【初冬】①冬のはじめ。②陰暦一〇月の別称。

しょとう【初等】初歩。対中等・高等
—教育《きょういく》 小学校教育。


しょとう【初頭】初めの時期。「二一世紀—」

しょとう【諸島】多くの島々。一定の区域内に散在する島々。「伊豆—」

しょどう【初動】①最初の行動。「—捜査」②地震の初期微動。

しょどう【書道】毛筆で文字を書く芸術。

じょどうし【助動詞】品詞の一。付属語で活用がある。

しょとく【所得】実収入。

—税《ぜい》 所得に対して課せられる国税。

しょなのか【初七日】〔仏教語〕死後七日目の法要。しょなぬか。〔なくなった日を一日目と数える〕

じょなん【女難】女性のことで男性が受ける災難。「—の相」

じょにだん【序二段】力士の階級の一。序の口の上。

しょにち【初日】興行や催しの最初の日。対千秋楽
しょにつく【緒につく】着手する。軌道にのる。

じょにん【叙任】〔文章語〕位を授け、官に任じること。

しょにんきゅう【初任給】職について初めてもらう給料（—の金額）。

しょねつ【暑熱】〔文章語〕夏の厳しい暑さ。

しょねん【初年】①初めの年。②ある時代の初めのころ。類初頭
じょのくち【序の口】①発端。物事のはじまり。②力士の階級の一。最下位。


しょは【諸派】いろいろの党派。また、小政党をまとめて呼ぶ語。

しょば【ショバ】〔俗語〕場所。「—代」〔「場所」の倒語〕

じょはきゅう【序破急】①舞楽・能楽などを構成する三段階の部分。②文章などで、はじめと中と終わり。類起承転結
しょはつ【初発】①最初に発生すること。対再発 ②始発。

しょばつ【処罰】罰すること。

しょはん【初犯】初めて犯した犯罪。対再犯
しょはん【初版】本の最初の版。第一版。

しょはん【諸般】〔文章語〕いろいろ。「—の事情」

じょばん【序盤】囲碁・将棋で、対局の初めの段階の局面。●物事の最初の段階。◇対中盤・終盤
しょひ【諸費】いろいろの経費。

しょひょう【書評】本の批評。

ジョブ［job］①仕事。②コンピューターで処理作業の単位。

—カード［job card］正社員経験の少ない求職者の職歴や取得資格などを記載した書類（—を作って行う就労支援の制度）。ジョブカード制度。

しょふう【書風】書道で、文字の書きぶり。

しょふく【書幅】文字を書いた掛け軸。

じょふく【除服】〔文章語〕服喪期間が－終わる（終わって喪服を脱ぐ）こと。じょぶ

く。類除喪

**しょぶん【処分】** ①始末をつけること。②罰すること。

**じょぶん【序文】** 本のまえがき。はしがき。

**しょへき【書癖】** 〔文章語〕①読書を好む癖。②本をむやみに集める癖。③字の書き癖。

**ショベル** [shovel] シャベル。「―カー」

**しょへん【初編】**《初篇》書物の第一編。

**しょほ【初歩】** 習いはじめの段階。

**しょぼい** 〔俗語〕さえない。

**しょほう【処方】** 医師が薬の調合法・服用法を指示すること。

**―箋《せん》** 医師が書いた処方の書類。Ⅱ問題解決のためのよりどころ。

**しょほう【初報】** 最初の報道。

**しょほう【書法】** ①(毛筆による)文字の書き方。筆法。②文章の書き方。

**しょほう【諸方】** 〔文章語〕ほうぼう。あちこち。

**しょぼう【書房】** 書店。出版社。〔多く接尾語的に使って店の名とする〕

**じょほう【除法】** 割り算。対乗法

**しょぼくれる** 〔俗語〕元気がなく、ぱっとしないようすになる。しおたれる。

**しょほん【諸本】** 書誌学で、本文に異同がある諸種の写本や刊本。

**じょまく【序幕】** 演劇の、第一幕。対終幕 Ⅱ物事のはじめ。

**じょまく【除幕】** 除幕式で、かぶせた幕を取りはずすこと。

**―式《しき》** 銅像や記念碑の完成を祝い、除幕して公開する儀式。

**じょみゃく【徐脈】** 脈が遅い状態。一分間に六〇回以下。

**しょみん【庶民】** 一般大衆。普通の人。

**―的《てき》** 気取らず親しみやすいようす。対貴族的

**しょむ【庶務】** 雑多な事務。「―課」

**しょめい【書名】** 書物の題名。

**しょめい【署名】** 文書に自分の名前を書くこと。また、書いた名前。サイン。

**じょめい【助命】** 命を助けること。

**じょめい【除名】** 名簿から名を除くこと。構成員としての資格を剝奪すること。「―処分」類除籍

**しょめん【書面】** 文書。手紙。また、文面。「―で知らせる」

**しょもう【所望】** ほしいと望むこと。

**しょもく【書目】** 書物の―目録(題目)。

**しょもつ【書物】** 書籍。

**しょや【初夜】** 新婚夫婦が初めて一緒に寝る夜。

**じょや【除夜】** 大みそかの夜。

**しょやく【初訳】** 初めての翻訳。

**じょやく【助役】** 市区町村長や駅長の事務を補佐する人。

**じょやのかね【除夜の鐘】** 大みそかの夜半、寺で一〇八回つく鐘。〔百八の煩悩を除去する意で〕

**しょゆう【所有】** 自分の物として持つこと。「―地」

**―格《かく》** 英文法などで、名詞・代名詞の格の一。

**―権《けん》** 自分の物として自由に使用・収益・処分できる権利。

**じょゆう【女優】** 女性の俳優。対男優

**しょゆるし【初許し】** 芸事で、伝授の初めての(―段階での)許し。対中許し・奥許し

**しょよ【所与】** ①与えられる―こと(もの)。②〔哲学用語〕与件。

**しょよう【初葉】** はじめごろの時期。「明治―」対中葉・末葉

**しょよう【所用】** ①用事。用件。「―で出かける」②入用。

**しょよう【所要】** 必要とする―こと(もの)。「―時間」

**しょり【処理】** 物事を始末すること。「―を誤る・事後―」

**じょりゅう【女流】** 〔文章語〕女性。「―作家」

**しょりょう【所領】** 領地。

**じょりょく【助力】** 手助け。類援助

**しょりん【書林】** 〔文章語〕書店。本屋。〔多く接尾語的に使って店の名とする〕

**しょるい【書類】** (事務上の)文書。

**―送検《そうけん》** 事件についての捜査書類や証拠資料のみ検察庁に送ること。対身柄送検

**ショルダー** [shoulder] ①肩。②ショルダーバッグ。

**―バッグ** [shoulder bag] 肩にかけるカバン。

**じょれい【除霊】** 取りついた霊を除くこと。

**じょれつ【序列】** ある基準に従って並べた順序。「年功―」

**じょろ【如露】** じょうろ。

**じょろう【初老】** 老年に入りかけた年ごろ。六〇歳前後。〔もと、四〇歳の別称〕

**じょろう【女郎】** 遊女。

**―蜘蛛《ぐも》** クモの一。雌は大形で黄と黒のしまがある。

**しょろん【所論】** 〔文章語〕主張する意見。

**しょろん【緒論】** 序論。ちょろん。

**じょろん【序論】** 本論に入る前の大まかな論。緒論。

**ジョンブル**［John Bull］（典型的な）イギリス人をさす語。

**しら【白】** ①白い。「―壁」②生地のまま。「―木」③「―を切る（＝しらばくれる）」

**しらあえ【白和え】** 料理の一。白ゴマと豆腐であえる。

**じらい【地雷】** 爆薬の一。地中に埋めて使用。〔上を通ったときに爆発する〕Ⅱ〔俗語〕触れてはいけない―ものごと（話題）。

**―原《げん》** 多くの地雷が埋められている地帯。Ⅱ潜在的な危険が多い状況。

**じらい【爾来】** 〔文章語〕その後。それ以来。

**しらうお【白魚】** 小形で細い、半透明の近海魚。食用。Ⅱ「―のような（＝白くて細い）指」

**しらうめ【白梅】** はくばい。

**しらが【白髪】** 白くなった髪。

**―葱《ねぎ》** 長ねぎの白い部分の千切り。

**しらかば【白樺】** 高原に生える落葉高木。材は建築・細工物用。シラカンバ。

**しらかゆ【白粥】** 白米だけのかゆ。しらがゆ。

**しらかわよふね【白河夜舟・白川―】** よく眠っていて何も知らないこと。〔知ったかぶりをする意にも使われることがある〕

**しらかんば【白樺】** シラカバ。

**しらき【白木】** 塗料を塗っていない木材。

**しらくも【白雲】** ①白い雲。②《白癬》感染性皮膚病の一。子供の頭に多い。

**しらける【白ける】** ①気まずい雰囲気になる。「座が―」②色があせる。

**しらげる《精げる》** ①精米する。②（細工物を）みがいて仕上げる。

**しらさぎ【白鷺】** 全身白色のサギの総称。

**しらさや【白鞘】** 白木で作った刀のさや。

**しらじ【白地】** しろじ。

**しらしめゆ【白絞め油】** 精製した―植物油（菜種油）。

**しらしら【白々】** 夜があけていくようす。しらじら。

**―明《あ》け** 夜明けのころ。

**しらじらしい【白々しい】** 見え透いているようす。

**しらす【シラス】**《白砂》（九州南部の）火山灰や軽石からなる土。「―台地」

**しらす**《白子》イワシなどの稚魚。

**―干《ぼ》し** シラスを干したもの。

**しらす【白州】**《白洲》①（玄関前や庭先の）白砂を敷いた所。②昔、奉行所で罪人を調べた所。おしらす。

**しらす【知らす】** 知らせる。

**しらず【知らず】** ①（「…は～」の形で）…は知らないが。…はさておき。②経験することがない。無感覚だ。「寒さ（恥）―」

**―知《し》らず** 意識しないうちに。

**じらす【焦らす】** 意識的に待たせてあせらせる。

**しらせ【知らせ】**《報せ》①通知。「合格の―」②前兆。「虫の―」

**しらせる【知らせる】** 知るようにする。通知する。

**しらたき【白滝】** 白く見える滝。Ⅱ糸ごんにゃくの細いもの。

**しらたま【白玉】** ①白い玉。〔古くは、真珠〕②白玉粉のだんご。

**―粉《こ》** もち米を粉にしたもの。

**しらちゃける【白茶ける】** 色あせて白くなる。しらっちゃける。

**しらつゆ【白露】**（白く光る）つゆ。

**しらとり【白鳥】** ①羽の白い鳥。②ハクチョウ。

**しらなみ【白波】**《白浪》①白い波。②盗賊。「―五人男」

**しらぬ【知らぬ】**

**―が仏《ほとけ》** 知れば腹も立つが、知らないので平気でいられる。

**―存《ぞん》ぜぬ**（知っていながら）全く知らないと主張する言い方。「―の一点張り」

**しらぬい【不知火】** 夏の夜、八代海・有明海で見られる火影。

**しらは【白刃】** 抜き身。刀の刃。

**しらは【白羽】** 白い矢羽。

**―の矢《や》が立《た》つ** 多くの中から特に指定して選ばれる。
**しらはえ【白南風】**〔文章語〕梅雨《つゆ》明けごろに吹く南風。しろはえ。
**しらばくれる** 〔俗語〕知っていて知らないふりをする。しらばっくれる。しらっぱくれる。
**シラバス**〔syllabus〕（大学で）開講科目の講義計画書。
**しらはた【白旗】** ①白地の旗。しろはた。②降伏を示す旗。③源氏の旗。
**しらふ【素面】** 酒に酔っていない―とき（状態）。すめん。
**ジラフ**〔giraffe〕キリン。
**シラブル**〔syllable〕音節。
**しらべ【調べ】** ①調べること。調査。統計。「労働局―」②調子。音律。
**しらべる【調べる】** ①調査する。検査する。②尋問する。③楽器の調子を合わせる。
**しらほ【白帆】** 船の白い帆。
**しらみ【虱】** 動物に寄生し血を吸う小さな昆虫。
**―潰《つぶ》し** かたっぱしから残らず―調べる（処理する）こと。
**しらむ【白む】** ①（空が）明るくなる。②しらける。
**しらやき【白焼き】** 料理の一。魚肉を調味料をつけずに焼くこと。「ウナギの―」
**しらゆき【白雪】** まっ白な雪。
**しらん【紫蘭】** ランの一。初夏、紅紫色の花が咲く。観賞用。
**しり【尻】** 身体の一部。臀部《でんぶ》。Ⅱ《後》Ⅱ㋐うしろ。「人の―につく」㋑最後。「―から二番目」㋒底。「なべの―」
**―が重《おも》い** ものぐさだ。
**―が軽《かる》い** ①気軽にすぐ行動する。②軽率だ。③（女が）浮気だ。
**―が割《わ》れる** 悪事が発覚する。
**―に敷《し》く** 妻が夫よりいばっている。
**―に火《ひ》がつく** 物事がさしせまる。
**―に帆《ほ》を掛《か》ける** 急いで逃げ出す。
**―を叩《たた》く** せきたてる。
**―を拭《ぬぐ》う** 人の失敗の後始末をする。
**―を捲《まく》る** 開き直る。居直る。
**―を持《も》ち込《こ》む** 後始末をせまる。
**しり【私利】** 自分だけの利益。「―私欲」
**じり【事理】** 事の筋道。道理。
**しりあい【知り合い】** 互いに知っている―こと（人）。
**しりあう【知り合う】** 互いに知る。知り合いになる。
**しりあがり【尻上がり】** ①後になるにつれ好調になること。②語尾の音調が高くなること。◇対尻下がり ③さかあがり。
**シリアス**〔serious〕①真剣。まじめ。②深刻。
**シリアルしょくひん【―食品】** 穀物を加工した食品。コーンフレークスなど。〔シリアルは穀物の意〕
**シリアルナンバー**〔serial number〕通し番号。製造番号。
**シリーズ**〔series〕①ひと続きのもの。②スポーツで、一連の特別な試合。「日本―」
**しりうまにのる【尻馬に乗る】** 他人の意見・行動に軽々しく同調する。
**しりえ【後方】**〔文章語〕うしろのほう。
**しりおし【尻押し】** 後おし。Ⅱ後援。
**しりおも【尻重】** ものぐさで動作が鈍い―こと（人）。対尻軽
**シリカゲル**〔ドイツ語 Silikagel〕乾燥剤に使う白い粒。〔ケイ酸のゲル〕
**しりからげ【尻絡げ】** 着物のうしろのすそをまくって帯にはさむこと。しりはしょり。
**しりがる【尻軽】** ①気軽にきびきび動く―こと（人）。対尻重 ②軽はずみ（―な人）。③（女が）浮気なこと。
**じりき【自力】** ①自分ひとりの力。②〔仏教語〕自分の力で悟りを開くこと。◇対他力
**じりき【地力】** その人に本来ある力。「―を発揮する」
**しりきれ【尻切れ】** 後ろが切れている―こと（もの）。
**―とんぼ** 中途半端。
**しりくせ【尻癖】** ①大小便をもらす癖。②〔俗語〕浮気癖。
**シリコーン**〔silicone〕高分子の有機ケイ素化合物。耐熱・耐水・電気絶縁性にすぐれ、ゴム・樹脂など用途が広い。シリコンとも。
**しりごみ【尻込み・後込み】** あとずさりすること。ためらうこと。
**シリコン**〔silicon〕ケイ素。〔半導体に使われる〕
**しりさがり【尻下がり】** ①後になるほど状態がわるくなること。②語尾の音調が

低くなること。◇対尻上がり

**しりすぼまり【尻窄まり】** 下の方が細くなっていること。Ⅱ次第に勢いがなくなること。◇しりすぼみ。

**しりぞく【退く】** ①後退する。対進む ②職を辞める。

**しりぞける【退ける】**《斥ける》①後退させる。対進める ②追いはらう。③やめさせる。④断る。「要求を―」

**じりだか【じり高】** 相場がじりじりと上がること。〔ジリ高とも書く〕対じり安

**しりつ【市立】** 市の設立。いちりつ。

**しりつ【私立】** 個人・法人の設立。特に、私立学校。わたくしりつ。対公立・国立・官立

**じりつ【而立】**〔文章語〕三〇歳の別称。〔『論語』から〕

**じりつ【自立】** 自力で物事をやっていくこと。類独立

**―語《ご》** 文法で、単独で文節を作ることのできる語。対付属語

**じりつ【自律】** 自分で自分を制御すること。「―心」対他律

**―神経《しんけい》** 意志と関係なく働く神経。内臓などの機能を調整。

**しりつぼみ【尻つぼみ】** しりすぼまり。

**しりとり【尻取り】** 言葉の遊びの一。

**しりぬぐい【尻拭い】** 他人の失敗の後始末をすること。

**しりぬけ【尻抜け】** ①聞いてもすぐに忘れること(人)。②しまりのないこと。

**しりはしょり【尻端折り】** しりからげ。

**じりひん【じり貧】** ①〔俗語〕次第に貧乏(悪い状態)になること。②じり安。◇〔ジリ貧とも書く〕

**しりめ【尻目・後目】** ①横目。②(「…を～に」の形で)…を無視した態度で。

**―にかける** 相手にしない。軽視する。

**しりめつれつ【支離滅裂】** ばらばらでまとまりがないこと。めちゃめちゃ。

**しりもち【尻餅】** うしろにころんで地にしりをつくこと。「―をつく」

**じりやす【じり安】** 相場が徐々に下がること。じり貧。〔ジリ安とも書く〕対じり高

**しりゅう【支流】** 本流に流れこむ川。Ⅱ分派。分家。対主流

**じりゅう【時流】** 時代の流れ(風潮)。「―に投じる」

**しりょ【思慮】** 注意深く考えること。その考え。おもんぱかり。「―分別」

**しりょう【史料】** 歴史研究用の資料。

**しりょう【死霊】** 死者の魂。対生き霊

**しりょう【思料・思量】**〔文章語〕考えること。

**しりょう【試料】** 化学分析や検査のための材料。

**しりょう【資料】** 研究用の材料。データ。

**しりょう【飼料】** 家畜のえさ。

**しりょく【死力】** 死にものぐるいで出す力。「―をふりしぼる」

**しりょく【視力】** 物を見分ける目の力。

**しりょく【資力】** 財力。資本力。

**じりょく【磁力】** 磁石の力。磁気力。

**しりん【四隣】**〔文章語〕まわりの家々(国々)。

**シリンダー**〔cylinder〕エンジンなどで、ピストンが往復する円筒形の部分。気筒。

**―錠《じょう》** 本体が円筒形の錠。

**しる【汁】** ①しみ出た(しぼりとった)液。②すまし汁やみそ汁。

**しる【知る】** ①心でとらえる。類認める・わかる ②おぼえている。「昔のことを知っている」③関係がある。「そんなこと―ものか」

**―権利《けんり》** 国民が公権力のもつ情報の提供・公開を請求できる権利。

**―人《ひと》ぞ知《し》る** ①ねうちのわかる人にはわかる。②その方面では知られている。

**シルエット**〔フランス語 silhouette〕①影絵。影法師。②輪郭。

**シルキー**〔silky〕絹のようにすべすべしているようす。

**しるく【著く】**〔文章語〕はっきりと。「夜目にも―」

**シルク**〔silk〕絹。絹糸。絹布。

**―ハット**〔silk hat〕男性の礼装用帽子。円筒形。

**―ロード**〔Silk Road〕内陸アジアを横断し、中国と西方を結ぶ古代の交通路。中国特産の絹が運ばれた。絹の道。

**しるけ【汁気】** 食物に含まれる水分。

**しるこ【汁粉】** アズキのあんで作った食品。

**ジルコン**〔zircon〕鉱物の一。透明または半透明。美しいものは宝石とする。

**しるし【印】** ①目印。②証拠。象徴。

**―ばかり** 形ばかり。わずか。

**―半纏《はんてん》** 屋号・家紋を染めたはんてん。

はっぴ。

**しるし【首】**《首級》〔文章語〕(敵の)くび。

**しるし**《徴》①きざし。前兆。②《験》ききめ。効果。

**しるす** **㊀【記す】**①《誌す》書き付ける。②覚えておく。「心に―」 **㊁【印す】** しるしをつける。

**シルバー**〔silver〕①銀。②銀色。③銀製品。④高齢者に関する。「―産業」

**―ウイーク**〔和製語 silver week〕秋の大型連休。〔春のゴールデンウイークに対して言う〕

**―グレー**〔silver gray〕銀灰色。

**―シート**〔和製語 silver seat〕電車などで、身体障害者や老人のための優先席。

**―パス**〔和製語 silver pass〕高齢者向けの(―乗り物の)無料パス。

**しるべ**《導・標》〔文章語〕案内。手引き。

**しるべ【知る辺】**知り合い。「―をたよる」

**しるもの【汁物】**汁を主とした料理。みそ汁・すまし汁など。

**シルルき【―紀】**地質時代の区分の一。古生代の三番目の紀。

**しるわん【汁椀】**汁物を入れる器。

**しれい【司令】**軍隊などを指揮する―こと(人)。「―官」

**―塔《とう》**①軍艦などで、司令官が指揮を行う塔。②全体を主導し指示する中枢部。Ⅱサッカーで、ゲーム全体をコントロールする選手。

**しれい【指令】**さしず。命令。

**じれい【事例】**①前例になる事実。②個々の実例。ケース。

**じれい【辞令】**①応対の言葉。「外交―」②任免(人事異動通知)の文書。

**ジレー**〔フランス語 gilet〕①チョッキ。②上着の下に着るチョッキ型の胸飾り。

**しれごと【痴れ言】**〔文章語〕ばかげた言葉。

**しれつ【歯列】**歯ならび。「―矯《きょう》正《せい》」

**しれつ【熾烈】**勢いが非常に激しいこと。類激烈

**じれったい【焦れったい】**気がせいてもどかしい。

**ジレッタント**〔dilettante〕ディレッタント。

**しれっと**〔文章語〕平然としているようす。

**しれもの【痴れ者】**〔文章語〕愚か者。

**しれる【知れる】**①(自然と)わかる。②人に知られる。

**じれる【焦れる】**いらいらする。

**しれわたる【知れ渡る】**広く世間に知られる。

**しれん【試練】**《試煉》信仰や決心をためされる難儀。「―に耐える」

**ジレンマ**〔dilemma〕①板ばさみ。②両刀論法。◇ディレンマ。

**しろ【代】**①そのための部分。「のり―」②代わり。「みたま―」③代金。「飲み―」

**しろ【白】**①色の一。②無実。③白の碁石(―を持つ人)。◇対黒

**しろ【城】**昔、敵を防ぐための建物。Ⅱ自分だけの領域。

**しろあと【城跡】**《城址》城のあったあと。

**しろあり【白蟻】**アリに似た昆虫。木材を食い荒らす。

**しろあん【白餡】**白いあん。白インゲン・白ササゲなどで作る。

**しろい【白い】**①白の色である。②何も書き入れていない。◇対黒い

**―歯《は》を見《み》せる** 笑顔を見せる。

**―目《め》** 悪意のある目つき。冷淡な目つき。「―で見る」

**―物《もの》**①雪。②しらが。

**しろう【屍蠟】**ろう状に変化した死体。〔水中や水分の多い場所でおこる〕

**じろう【痔瘻】**痔の一。肛《こう》門《もん》部に穴ができ、うみが出る。

**しろうお【素魚】**《白魚》小形のハゼの一。〔シラウオとは別〕

**しろうと【素人】**専門家でない人。未熟な人。アマチュア。対玄《くろ》人《うと》

**―離《ばな》れ** 技術・知識が専門家なみであること。

**―目《め》** 素人の―見方(評価)。

**しろうり【白瓜】**薄緑色のウリ。漬物用。

**しろおび【白帯】**白地の帯。特に、柔道や空手で段位をもたない者が締める帯。

**しろかき【代掻き】**田植え前に田に水を入れてかきならすこと。

**しろがね【銀】**〔文章語〕①ぎん。②銀貨。③銀色。

**しろきじ【白生地】**染めていない白い生地。

**しろくじちゅう【四六時中】**一日中。

いつも。

**しろくべんれいたい【四六駢儷体】** 漢文の文体の一。四字と六字の対句からなる華麗な文体。四六文。

**しろくま【白熊】** 北極にすむまっ白のクマ。北極グマ。

**しろくろ【白黒】** ①白と黒。②事の是非。無罪と有罪。③モノクローム。④(「目を～させる」の形で)驚きや苦しさで目をきょろきょろさせること。

**しろざけ【白酒】** ひな祭り用の甘酒。

**しろざとう【白砂糖】** 精製した白い砂糖。

**しろじ【白地】**(紙や布の)地の白いこと。

**しろしょうぞく【白装束】** 白無垢《しろむく》の装束。神事・凶事用。

**しろずみ【白炭】** ①堅く焼いた炭。②白く着色した枝炭。茶の湯用。

**しろそこひ【白底翳】** 白内障。

**しろたえ【白妙】**《白栲》〔古語〕①白い布。②白いこと(色)。

**しろタク【白—】**〔俗語〕無許可でタクシー業をする—車(こと)。

**シロップ**〔オランダ語 siroop〕①果汁に砂糖を加えた液。②濃い砂糖水。

**しろっぽい【白っぽい】** 白みを帯びている。

**しろつめくさ【白詰草】** クローバー。

**しろながすくじら【白長須鯨】** クジラの一。現存動物中、最も大きい。

**しろナンバー【白—】**〔俗語〕自家用車。

**しろバイ【白—】** 警官が乗る、白塗りのオートバイ。

**しろはた【白旗】** しらはた。

**しろぼし【白星】** 相撲で、勝ちを表す白い丸。Ⅱ成功。勝利。◇対黒星

**シロホン**〔ドイツ語 Xylophon〕木琴。シロフォン。

**しろみ【白身】** ①卵白。対黄身 ②魚の白い肉。対赤身

**しろみそ【白味噌】** 白っぽく甘味のあるみそ。対赤みそ

**しろむく【白無垢】** すべてが白の着物。

**しろめ【白目】** ①眼球の白い部分。対黒目 ②白目①の多い目つき。「—でにらむ」

**しろめし【白飯】** 米だけを炊いた飯。

**しろもの【代物】**〔俗語〕物。人。「大変な—だ」

**しろもの【白物】** 白い物。

**—家電《かでん》** 冷蔵庫・洗濯機・電子レンジなど。〔白い物が多かったことから〕

**しろん【史論】** 歴史に関する評論や理論。

**しろん【私論】** 個人的な意見。

**しろん【試論】** 試みに書かれた論。

**しろん【詩論】** 詩に関する評論や理論。

**じろん【持論】** その人がいつも主張している説。

**じろん【時論】**〔文章語〕①時事に関する議論。②当時の世論。

**しわ【皺】** 皮膚・紙・布の表面が—たるんで(ちぢんで)できる筋。

**しわ【史話】** 歴史についての話。史談。

**しわい**《吝い・嗇い》〔俗語〕けちだ。〔古風な言い方〕

**しわがれる【嗄れる】** 声がかすれる。しゃがれる。

**しわくちゃ【皺くちゃ】** しわがよってくしゃくしゃであること。

**しわけ** 一【仕分け】区別・分類すること。動しわける 二【仕訳】簿記で、貸方・借方を区別して記入すること。「—帳」

**しわざ【仕業】** したこと。行為。

**しわす【師走】** 陰暦で、一二月。しはす。

**しわのばし【皺伸ばし】** しわをのばすこと。Ⅱ老人の気晴らし。

**しわばら【皺腹】**(しわのよった)老人の腹。

**しわぶき【咳】**〔文章語〕せき。せきばらい。動しわぶく

**しわよせ【皺寄せ】** 不都合なことを他に転嫁すること。

**じわり【地割り】** 地所の割り振り。

**じわれ【地割れ】** 地震や日照りなどのために、地面に割れ目が生じること。

**しわんぼう【吝ん坊】**〔俗語〕けちんぼう。〔古風な言い方〕

**しん【心】** ①こころ。精神。「—・技・体」②【芯】物の中心(—のかたい部分)。「鉛筆(からだ)の—」

**しん【臣】** ①家来。対君 ②自称の一。臣下が使う。

**しん【辛】** 十干の第八。かのと。

**しん【信】** ①信用。②まこと。③通信の着順を表す。「第一—」

**—を置《お》く** 信用する。

**—を問《と》う** 信用してくれるかどうか尋ね

る。

しん【神】①かみ。「守護―」②〔文章語〕精神。

―に入《い》る 人間わざとは思えないほど技術がすぐれている。

しん【真】①本当。まこと。「―の愛」②真理であること。◇対偽 ③楷書。

―に迫《せま》る 本物そっくりに見える。

しん【新】新しい―こと(もの)。対旧
しん【親】①親しいこと。対疎 ②親族。

―は泣《な》き寄《よ》り 不幸が起こると、身内の者は悲しんで集まる。対他人は食い寄り
じん【人】①天・地・人の三段階の三番目。↓天地人 ②ひと。「日本(経済)―」

じん【壬】十干の第九。みずのえ。

じん【仁】①儒教の根本徳目。②いつくしみ。③人。「御《ご》―」

じん【陣】①陣地。また、陣立て。②いくさ。「冬の―」〔古風な言い方〕③人の群れ・集団。「報道―」

じん【腎】腎臓。

ジン〔gin〕洋酒の一。ネズの実で香りをつけた蒸留酒。「ドライ―」

しんあい【信愛】〔文章語〕①信じ愛すること。②信仰と愛。

しんあい【親愛】親しみを感じていること。「―の情」

じんあい【仁愛】〔文章語〕思いやり、いつくしむこと。類慈愛
じんあい【塵埃】〔文章語〕ちりとほこり。Ⅱ俗界。俗事。

しんあん【新案】新しい考案。「―特許」


しんい【神威】神の威力。

しんい【神意】神の意志。

しんい【真意】本当の―気持ち(意味)。「―をはかりかねる」

しんい【瞋恚】〔文章語〕激しい怒り。しんに。

じんい【人為】人間のしわざ。類人工 対自然
―的《てき》 人の手が加わっているようす。「―なミス」

しんいき【神域】神社の境内。

しんいき【震域】地震で、震動した地域。

しんいり【新入り】新しく仲間に入ること。また、その人。

しんいん【心因】精神的な原因。「―反応」

しんいん【神韻】〔文章語〕芸術作品のすぐれた趣。

しんいん【真因】本当の原因。

じんいん【人員】人数。「―整理(=首切り)」

じんう【腎盂】腎臓の一部。「―炎」

しんうち【真打ち】寄席《よせ》で最後に出演する最上格の芸人。また、落語家の最高位。対前座
しんえい【新鋭】新しくて勢いが強い―こと(もの・人)。対古豪
しんえい【親衛】有力者の身辺の護衛。

―隊《たい》 親衛のための軍隊。Ⅱアイドルにつきしたがうファンの一群。

じんえい【陣営】陣地。陣屋。Ⅱ反対勢力に対抗するまとまり。「革新―」


しんえん【神苑】〔文章語〕神社の境内(―の庭)。

しんえん【深淵】〔文章語〕深いふち。

しんえん【深遠】内容が奥深くはかり知れないこと。Ⅱうかがいしれない奥深い所。

じんえん【人煙】〔文章語〕かまどの煙。「―まれな(=人里離れた)山中」

じんえん【腎炎】腎臓炎。

しんおう【心奥】〔文章語〕心の奥底。

しんおう【深奥】〔文章語〕①奥深い。②奥底。

しんおう【震央】震源地の真上の地点。

しんおん【心音】心臓の鼓動の音。

しんか【臣下】主君に仕える者。類家来
しんか【真価】本当の価値。真骨頂。

しんか【深化】深く―なる(する)こと。

しんか【進化】生物が長い年月の間に複雑多様なものへと変化してゆくこと。対退化 Ⅱ発展。進歩。

―論《ろん》 生物は進化してきたという考え方。〔ダーウィンがとなえた〕

じんか【人家】人の住む家。

シンガー〔singer〕歌手。

―ソングライター〔singer-songwriter〕自分で作詞・作曲して歌う歌手。

しんかい【深海】(海面下二〇〇メートル以上の)深い海。「―魚」対浅海
しんがい【心外】予想外で残念なようす。類意外
しんがい【侵害】他人の権利などをおかすこと。「人権―」

しんがい【震駭】〔文章語〕驚きふるえあ

がること。「人々をーさせる事件」
**じんかい【人界】**〔文章語〕人間の世界。対天界
**じんかい【塵芥】**〔文章語〕ちりあくた。ごみ。
**じんかい【塵界】**〔文章語〕汚れたこの世。
**じんかいせんじゅつ【人海戦術】** 人数の多さで敵を圧する戦術。Ⅱ大勢の人々を動員するやり方。
**しんがお【新顔】** 新しく仲間に入った人。新人。ニューフェイス。対古顔
**しんかく【神格】** 神としての資格。
**ー化《か》** 神として崇拝すること。
**しんがく【神学】** キリスト教の教義や信仰を研究する学問。
**しんがく【進学】** 上級学校へ進むこと。
**ー校《こう》** 難関校への進学者が多い学校。
**じんかく【人格】** 人柄。品性。
**ー権《けん》** 人の生命・身体・自由などに関する権利。
**ー者《しゃ》** すぐれた人柄の人。
**じんがさ【陣笠】** 昔、下級武士がかぶとの代わりにかぶったかさ。Ⅱ〔俗語〕下っぱ（ーの代議士）。
**しんがた【新型】** 新しい型。ニュータイプ。
**しんがっこう【神学校】** キリスト教で、神学を教え、司祭や牧師を養成する学校。
**しんかなづかい【新仮名遣い】** 現代仮名遣い。対旧仮名遣い
**しんかぶ【新株】** 増資で、新しく発行する株。対旧株
**しんから【心から】** 心の底から。
**しんがり《殿》** 退却する軍列の最後尾で敵を防ぐ部隊。Ⅱ列や順番の最後。
**しんかん【心肝】**〔文章語〕こころ（ーの底）。〔心臓と肝臓の意から〕
**しんかん【信管】** 爆弾の起爆装置。
**しんかん【神官】** 神主《かんぬし》。
**しんかん【宸翰】**〔文章語〕天皇直筆の文書。
**しんかん【森閑・深閑】** 物音ひとつ聞こえないようす。
**しんかん【新刊】** 新しく刊行すること（された本）。対旧刊
**しんかん【新患】** 新しい患者。
**しんかん【新館】** 別に新しく建てた建物。対旧館
**しんかん【震撼】**〔文章語〕震え動く（動かす）こと。「世界をーさせた事件」
**しんがん【心眼】** 物事の本質を見抜く心の働き。「ーを開く」
**しんがん【心願】** 神仏に心の中で願《がん》を立てること。また、その願。
**しんがん【真贋】** ほんものと、にせもの。
**しんかんせん【新幹線】** ＪＲの高速鉄道。「東海道ー」対在来線
**しんき【心気】**〔文章語〕気持ち。気分。
**ー症《しょう》** 神経症の一。健康であるのに病気ではないかと悩む。ヒポコンデリー。
**しんき【心悸】** 心臓の鼓動。
**ー亢進（高進）《こうしん》** 動悸が激しくなる症状。
**しんき【辛気】** ①じれったい。②気がくさくさすること。
**ー臭《くさ》い** 気がくさくさ
してめいる。
**しんき【神気】**〔文章語〕①気力。精神。②霊気。
**しんき【振起】**〔文章語〕振るい起こすこと。
**しんき【新奇】** 変わっていて目新しいこと。
**しんき【新規】** 新しいこと。「ごーさん（＝新しい客）」
**ー蒔《ま》き直《なお》し** 新しくやり直すこと。
**しんぎ【心技】** 精神力と技術。
**しんぎ【信義】** 約束を守り、義理を重んじること。
**しんぎ【神技】**〔文章語〕かみわざ。
**しんぎ【真偽】** 本当かうそか。
**しんぎ【審議】** よく検討し評議すること。「ー会」
**ー未了《みりょう》** 国会に提案された議案が会期中に議決されないこと。〔その案は廃案になる〕
**じんき【人気】** その地方の人々の気風。「ーのいい土地」
**じんぎ【仁義】** ①仁と義。②基本的な道徳。また、義理。③〔俗語〕「ーを切る（＝やくざが初対面のあいさつをする）」
**しんきいってん【心機一転】** 気持ちを切り換えてすっきりすること。
**しんきじく【新機軸】** 新しい工夫・方法。「ーを出す」
**ジンギスカンなべ【ー鍋】**《成吉思汗鍋》 羊肉や野菜を焼いて食べる料理。ジンギスカン料理。また、それに使うなべ。
**しんきゅう【進級】** 学年・等級が上に進

**しんきゅう【新旧】** ①新しいものと古いもの。②新暦と旧暦。

**しんきゅう【鍼灸・針灸】** 鍼《はり》と灸《きゅう》。「―師」

**しんきょ【新居】** 新しい住まい。対旧居

**じんきょ【腎虚】** 漢方で、男性の精力欠乏による衰弱症状。

**しんきょう【心境】** 心の状態。「―の変化」

**しんきょう【信教】** 宗教の信仰。

**しんきょう【神鏡】** ①三種の神器の一。八咫《やた》の鏡。②神霊としてまつる鏡。

**しんきょう【進境】** 進歩の状態・程度。

**しんきょう【新教】** プロテスタント。対旧教

**しんぎょうそう【真行草】** 漢字の書体で、真書・行書・草書。

**しんきょく【新曲】** 新しい曲。〔邦楽では明治以降に作られた曲〕対古典

**しんきろう【蜃気楼】** 光の異常屈折によって起こる現象。空中楼閣。海市。

**しんきん【心筋】** 心臓の筋肉。

**―梗塞《こうそく》** 冠動脈に血栓などができ、心筋が壊死《えし》する病気。

**しんきん【真菌】** カビやキノコ。

**―症《しょう》** 真菌によって人体に起こる病気。

**しんきん【宸襟】** 〔文章語〕天皇の心。

**しんきん【親近】** ①親しみ近づくこと。②近親。

**―感《かん》** 身近で親しい感じ。

**しんぎん【呻吟】** 苦しくてうめくこと。

**しんく【辛苦】** 〔文章語〕つらく苦しいこと。

**しんく【真紅・深紅】** 濃い赤色。まっか。

**シンク**［sink］台所の流し。〔水槽の意〕

**しんぐ【寝具】** 寝るときに使う物。ふとん・ねまきなど。夜具。

**じんく【甚句】** 民謡の一。七・七・七・五の四句からなる。「相撲―」

**しんくう【真空】** なにも存在しない空間。Ⅱ作用・活動が停止した状態。「頭が―になる」

**しんぐう【新宮】** 本宮から分かれた神社。

**じんぐう【神宮】** 格式の高い神社。

**ジンクス**［jinx］ 縁起のわるいこと。〔近年は、単に「縁起」の意でも使う〕

**シンクタンク**［think tank］ 各方面の専門家による集団。頭脳集団。

**シングル**［single］ ①一人用。「―ベッド」②洋服の打ち合わせで、ボタンが一列のもの。③ズボンの裾で、折り返しのないもの。④ウイスキーグラス一杯分。三〇 cc。⑤シングル幅。◇対ダブル ⑥独身。⑦ゴルフで、ハンディが一けた。⑧シングルス。

**―カット**［和製語 single cut］ アルバムの曲から選んでシングルを作ること。

**―ス**［singles］ テニスなどで、一対一の試合。対ダブルス

**―幅《はば》** 服地で約七〇センチメートル幅（約九〇センチメートル幅）のもの。対ダブル幅

**―盤《ばん》** （一、二曲だけ入った）録音時間の短いCD（レコード）。

**―ヒット**［和製語 single hit］ 野球で、一塁まで行ける安打。単打。

**―マザー**［single mother］ 子供を持つ独身女性。

**シンクロ** シンクロナイズの略。

**―ナイズ**［synchronize］ ①映像と音響を一致させること。②写真で、シャッターとフラッシュとを一致させること。◇〔同時化の意〕

**―ナイズドスイミング**［synchronized swimming］ アーティスティックスイミングの旧称。

**しんぐん【進軍】** 軍隊が進むこと。

**じんくん【仁君】** 〔文章語〕仁徳のある君主。

**しんけい【神経】** 脳と体の各部をつなぎ、刺激や興奮を伝達する糸状の器官。Ⅱ感受性。気。「―が鋭い」

**―過敏《かびん》** ささいなことに敏感に感じすぎること。

**―質《しつ》** 神経が過敏で、情緒が不安定な性質。

**―症《しょう》** ノイローゼ。

**―衰弱《すいじゃく》** ①過労などから神経が弱り、刺激に対して過敏になる症状。②トランプのゲームの一。

**―戦《せん》** （宣伝・謀略などで）敵に不安や動揺をおこさせる戦術。

**―痛《つう》** 神経におこる発作的な激痛。

**―ブロック** 痛みの除去治療の一。神経の一部に麻酔薬を注射し、神経の伝達を遮断する。

**―を尖《とが》らせる** 細かいことに(―必要以上に)敏感になる。
**しんげき【進撃】** 攻撃のために進軍すること。[対]退却
**しんげき【新劇】** 近代演劇の一。〔西欧近代演劇の影響を受け、明治末ごろおこった〕
**しんけつ【審決】** 〔文章語〕審査して決めること。特に、行政機関が行う公権的な判断。
**しんげつ【新月】** ①陰暦で一日《ついたち》の月。肉眼で見えない。[対]満月 ②三日月。
**しんけつをそそぐ【心血を注ぐ】** 全精神をうち込む。
**しんけん【神権】** ①神の権威。②神から与えられた権力。「帝王―説」
**しんけん【真券】** 本物の紙幣。
**しんけん【真剣】** ①本物の刀。②一生懸命。本気。「―な表情」
**―勝負《しょうぶ》** 本物の刀でする勝負。‖本気でする―勝負(こと)。
**しんけん【新券】** 新しいお札。新札。
**しんけん【親権】** 親が子に対してもつ権利・義務。「―者」
**しんげん【進言】** 目上の人に意見を申し述べること。[類]献言
**しんげん【森厳】** 〔文章語〕極めて荘厳なようす。
**しんげん【箴言】** 〔文章語〕いましめの言葉。
**しんげん【震源】** 地震が発生した場所。
**―地《ち》** 震源。‖事件の起きた所。事件を起こした人。
**じんけん【人絹】** レーヨン。[対]本絹
**じんけん【人権】** 人が生まれながらにもっている権利。「基本的―」
**―蹂躙《じゅうりん》** 人権をふみにじること。人権侵害。
**じんけんひ【人件費】** 労働に対して支払う費用。
**しんこ【糝粉】** ①米の粉。②しんこ①で作ったもち。しんこもち。「―細工」
**しんこ【新古】** 新品状態の中古。
**―車《しゃ》** 登録済みだが未使用の車。未使用車。〔中古車扱いとなる〕
**しんこ【新香】** つけもの。「お―」
**しんご【新語】** 新しく使われるようになった(作られた)語。
**じんご【人後】** 〔文章語〕他人の後ろ(下位)。
**―に落《お》ちない** 人に負けない。
**じんご【人語】** 人間の言葉。「―を解する」
**しんこう [一]【侵攻】** 他国へ攻め入ること。
**しんこう [二]【侵寇】** 〔文章語〕侵略。
**しんこう【信仰】** 神仏を信じること。「―の自由」
**しんこう【振興】** 盛んに―する(なる)こと。
**しんこう [一]【深交】** 〔文章語〕深い交わり。
**しんこう [二]【親交】** 親しい交わり。
**しんこう【深更】** 〔文章語〕真夜中。深夜。
**しんこう【深紅】** しんく。
**しんこう【深耕】** 田畑を深く耕すこと。
**しんこう【進行】** 進んで行くこと。進めること。
**―性筋《せいきん》ジストロフィー** 筋肉が次第に萎縮して筋力が低下する難病。筋ジストロフィー。
**しんこう【進攻】** 進んで行って敵を攻撃すること。[類]進撃
**しんこう【進航】** 船が水上を進むこと。
**しんこう【進講】** 身分の高い人に学問の講義をすること。
**しんこう【新興】** 新しくおこること。「――勢力(宗教)」
**しんごう【信号】** ①合図。「手旗―」②鉄道や道路の信号機。シグナル。
**じんこう【人口】** ①一定地域の人の数。②〔文章語〕世間のうわさ。
**―に膾炙《かいしゃ》する** 広く世間に知れわたる。
**―密度《みつど》** 一平方キロメートル当たりの人口。
**じんこう【人工】** 人間が作り出すこと。[類]人為 [対]自然・天然
**―衛星《えいせい》** ロケットで打ち上げ、地球などのまわりを公転する物体。
**―栄養《えいよう》** ①母乳以外で乳児を育てること。②注射・点滴などによって体内に入れる栄養分。
**―呼吸《こきゅう》** 仮死状態の人を生き返らせるために、胸を手で押したりして呼吸させる方法。
**―授精《じゅせい》** 人為的に受精させること。
**―心肺《しんぱい》** 心臓手術の際に、心臓や肺の代わりをさせる装置。

ー知能《ちのう》 人間の知能と同じような機能をもつコンピューター。AI。
ー的《てき》 人が手を加えたようす。
**じんこう【沈香】** ジンチョウゲ科の香木(ーから作った香)。
ーも焚《た》かず屁《へ》もひらず 可もなく不可もなく平凡だ。
**しんこきゅう【深呼吸】** 深く大きく息を吸ったりはいたりすること。
**しんこく【申告】** (官庁に)申し出ること。「納税ー」
**しんこく【神国】** 神がつくった国。神州。〔もと、日本が自国を称した〕
**しんこく【深刻】** 切実で重大なようす。「ー化」
**しんこく【新穀】** その年にとれた米(穀物)。
**しんこく【親告】** ①本人が自ら告げること。②〔法律用語〕被害者が自ら訴えること。
ー罪《ざい》 検察官が起訴する際に、被害者の告訴が必要な犯罪。〔名誉毀損罪など〕
**じんこつ【人骨】** 人間の骨。
**しんこっちょう【真骨頂】** 真価。
**シンコペーション〔syncopation〕** 音楽で、音の強弱の位置をずらすこと。切分法。
**しんこほん【新古本】** 売れ残りの本で、出版社に返品されず古書店などで売られるもの。非再販本。〔新品そのもので安い〕
**しんこん【心魂・神魂】** 〔文章語〕全精神。
**しんこん【新婚】** 結婚したばかり。
**しんごん【真言】** 〔仏教語〕①仏の真実の言葉。②真言宗。
**しんさ【審査】** 詳しく調べて優劣や適否を決めること。「ー員」
**しんさい【震災】** 地震による災害。
**しんざい【心材】** 木の中心部分。対辺材
**じんさい【人災】** 人の不注意や怠慢が原因で起こる災害。対天災
**じんざい【人材】** 才能のある人。役に立つ人。
ー派遣業《はけんぎょう》 自社の専門的能力をもつスタッフを他企業の要請に応じて派遣するサービス業。
**しんさく【真作】** 本物の作品。対贋作《がんさく》・偽作
**しんさく【新作】** 新しく作り出すこと。新しい作品。対旧作
**しんさつ【診察】** 医者が病人の具合を調べること。「ー室」類診断
**しんさん【心算】** 〔文章語〕胸算用。心づもり。
**しんさん【辛酸】** さまざまの苦労。「ーをなめる」類苦難
**しんさん【神算】** 〔文章語〕非常に巧みなはかりごと。「ー鬼謀」
**しんざん【深山】** 奥深い山。「ー幽谷」
**しんざん【新参】** 新入り。対古参
**しんし【振子】** ふりこ。
**しんし【真摯】** まじめでひたむきなこと。「ーな態度」
**しんし【紳士】** 上品で教養のある礼儀正しい男性。ジェントルマン。対淑女 Ⅱ男性の敬称。「ー服」
ー協定《きょうてい》 互いに相手を信用し合って結ぶ取りきめ。
ー的《てき》 紳士らしく、礼儀正しいようす。
ー録《ろく》 著名人の名簿。
**しんじ【心耳】** ①〔文章語〕心で聞くこと。②心臓の心房の一部。
**しんじ【芯地・心地】** 帯や洋服のしんにする布地。
**しんじ【信士】** 〔仏教語〕①俗人のまま受戒した男性。②男性の戒名の下につける語。◇しんし。対信女《しんにょ》
**しんじ【神事】** 神をまつる儀式。祭り。
**しんじ【神璽】** 〔文章語〕①天皇の印。②三種の神器の一。八尺瓊《やさかに》の曲玉《まがたま》。
**じんし【人士】** 〔文章語〕地位や教養のある人。
**じんじ【人事】** ①組織内で、地位や職務に関する事柄。②人間社会の出来事。③「ーを尽くして天命を待つ(=できるだけの努力をし、あとは天の意思にまかせる)」
ー異動《いどう》 職場で、部署・地位などがかわること。
ー院《いん》 行政機関の一。国家公務員の人事や給与に関する事務を扱う。
ー不省《ふせい》 意識不明になること。
**しんしき【神式】** 儀式の、神道によるやり方。対仏式
**しんしき【新式】** 新しい方式・型。対旧式
**シンジケート〔syndicate〕** ①支配力の

最も強いカルテル。②国債などの募集・販売を引き受ける金融連合体。③大規模な犯罪組織。

**しんじたい**【新字体】常用(当用)漢字のうち、略字や俗字を採用した漢字の字体。対旧字体

**しんしつ**【心室】心臓の下半分。対心房

**—細動**《さいどう》 心室の筋肉が無秩序に収縮し、血液を送り出せない状態。一種の心停止状態。

**しんしつ**【寝室】寝るための部屋。

**しんじつ**【信実】〔文章語〕まごころ。

**しんじつ**【真実】①偽りのないこと。「—一路」対虚偽 ②ほんとうに。

**じんじつ**【人日】五節句の一。正月七日。

**じんじつ**【尽日】〔文章語〕①一日中。②みそか。

**しんしほしゃ**【唇歯輔車】〔文章語〕利害関係が密接で離れられない関係。〔輔はほお骨、車は歯茎の意〕

**しんしゃ**【深謝】〔文章語〕深く感謝する(謝る)こと。

**しんしゃ**【新車】①新しい車。対中古車 ②新型の車。「—発表」

**しんしゃ**【親炙】〔文章語〕(尊敬する人に)親しく接して感化をうけること。

**しんじゃ**【信者】ある宗教を信仰する人。

**じんしゃ**【仁者】①仁徳のある人。②情け深い人。

**じんじゃ**【神社】神をまつってある所。

**ジンジャー**[ginger]ショウガ。

**—エール**[ginger ale]ショウガ味の清涼飲料水。

**しんしゃく**【斟酌】①手心を加えること。②条件を考え合わせ取捨選択すること。③ひかえめにすること。遠慮。

**しんしゅ**【進取】〔文章語〕積極的に新しいことを行うこと。「—の気性に富む」対退嬰《たいえい》

**しんしゅ**【新酒】その年に蔵から出したばかりの清酒。対古酒

**しんしゅ**【新種】新しい種類。

**しんじゅ**【神授】神から授かること。

**しんじゅ**【真珠】宝石の一。アコヤガイなどの中にできる。

**—貝**《がい》 アコヤガイ。

**しんじゅ**【親授】(天皇が)自ら授けること。

**じんしゅ**【人種】人類を皮膚の色や骨格などで分類した種別。「白色—」Ⅱ〔俗語〕人のグループ。「サラリーマンという—」

**しんしゅう**【新秋】〔文章語〕①初秋。②陰暦七月の別称。

**しんしゅう**【新修】新しく編修すること。また、そのもの。

**しんじゅう**【心中】相愛の男女や家族が一緒に自殺すること。「無理—」

**—立**《だ》**て** 人への義理を守り通すこと。

**しんしゅく**【伸縮】のびちぢみ。

**しんしゅつ**【侵出】侵入。類侵略

**しんしゅつ**【浸出】液体にひたして成分を溶かし出すこと。「—液」

**しんしゅつ**【進出】新しい方面に乗り出すこと。

**しんしゅつ**【滲出】にじみ出ること。

**—性**《せい》**体質**《たいしつ》 幼児に多いアレルギー体質。じんましん・カタルなどが起こりやすい。

**しんじゅつ**【鍼術・針術】漢方医学の一。はり。

**じんじゅつ**【仁術】仁徳を施す方法。「医は—なり」

**しんしゅつきぼつ**【神出鬼没】自由自在に出没し、その所在がつかめないこと。

**しんしゅん**【新春】新年。正月。

**しんじゅん**【浸潤】①しみこむこと。②体の組織に他のものが侵入すること。「肺—」

**しんしょ**【信書】個人間の手紙。

**しんしょ**【真書】楷書《かいしょ》。

**しんしょ**【新書】①新刊書。②新書判(—の叢書《そうしょ》)。

**—判**《ばん》 書物の判型の一。文庫本よりたてが長い。

**しんしょ**【親書】①自筆の手紙。②元首の手紙。

**しんしょ**【親署】身分の高い人が自分の名前を書くこと。また、その署名。

**しんじょ**【神助】〔文章語〕神の助け。「天祐《てんゆう》—」

**しんじょ**【寝所】寝室。

**しんじょ**【糝薯】魚肉をすり身にし、蒸した食品。しんじょう。「エビ—」

**しんしょう**【心象】心に浮かぶ印象。イメージ。

**しんしょう**【心証】①相手から受ける印象。「—を害する」②〔法律用語〕裁判官

が審理中に得た認識。
**しんしょう【辛勝】** 苦戦の末にやっと勝つこと。対楽勝
**しんしょう【真症】** 真性。対擬似症
**しんしょう【紳商】** 〔文章語〕品位のある大商人。
**しんじょう【心情】** 心中の思い。
**しんじょう【身上】** ①身の上。「—書」②その人のとりえ・ねうち。
**しんじょう【信条】** 常にかたく信じている事柄。類所信
**しんじょう【真情】** ①まごころ。「—を吐露する」②ほんとうの状態。実情。
**しんじょう【進上】** 進呈。献上。
**じんしょう【人証】** 証人や鑑定人の供述を証拠とすること。にんしょう。対物証
**じんじょう【尋常】** ①普通。あたりまえ。②けなげで立派なこと。「—に(=正々堂々と)勝負しろ」
**—一様《いちよう》** 他と変わりのないこと。
**しんしょうひつばつ【信賞必罰】** 功績のあった者には必ず賞を与え、罪のある者は必ず罰すること。賞罰を厳正にすること。
**しんしょうぼうだい【針小棒大】** 小さなことを大げさに言うこと。
**しんしょく【侵食】**《侵蝕》 他の部分を徐々に侵し食い込むこと。
**しんしょく【神色】** 〔文章語〕顔色(—と心)。
**—自若《じじゃく》** 何事にも動じないようす。
**しんしょく【神職】** 神官。
**しんしょく【浸食】**《浸蝕》 陸地が水や風でけずられること。「—作用」
**しんしょく【寝食】** 寝ることと食べること。
**—を忘《わす》れる** 日常生活そこのけで物事に熱中する。
**しんじる【信じる】** ①確信する。信頼する。対疑う ②信仰する。
**しんしん【心身・身心】** 心と体。
**—症《しょう》** 精神的なことに起因する病気。
**しんしん【心神】** 〔文章語〕心。精神。
**—耗弱《こうじゃく》** 病気や老衰のため判断力が欠けている状態。〔心神喪失よりは程度が軽い〕
**—喪失《そうしつ》** 物事に対する判断力がまったくないこと。〔刑法上、処罰されない〕
**しんしん【深々】** ①静かに夜がふけていくようす。②寒さが身にしみるようす。
**しんしん【森々】** 〔文章語〕木が高く茂っているようす。
**しんしん【新進】** 新しく進出した—こと(人)。対中堅
**—気鋭《きえい》** 新しくその分野に登場して、勢いが盛んな—こと(人)。
**しんじん【信心】** 信仰(—の心)。
**しんじん【真人】** 〔文章語〕人格の完成した人。
**しんじん【深甚】** 〔文章語〕気持ちなどが非常に深いようす。「—なる感謝」
**しんじん【新人】** ①新入りの人。②現在のヒトと同種と考えられる化石人類。クロマニヨン人など。
**じんしん【人心】** 人々の心。「—を乱す」
**じんしん【人身】** ①人間のからだ。②個人の身の上。
**—攻撃《こうげき》** 個人を非難すること。
**—事故《じこ》** 人の死傷をともなう(—交通)事故。
**—売買《ばいばい》** 人間を商品のように売り買いすること。
**しんすい【心酔】** 心を奪われ—熱中(尊敬)すること。
**しんすい【浸水】** 水に浸ること。「床上—」
**しんすい【深邃】** 〔文章語〕深遠。
**しんすい【進水】** 新造船を初めて水に浮かべること。「—式」
**しんすい【親水】** ①水に親しむこと。「—公園」②水とよくなじむこと。「—性」
**しんすい【薪水】** たきぎと水。⑪炊事。
**—の労《ろう》** 人のために骨身をおしまず働くこと。〔炊事のための苦労の意〕
**しんずい【神髄・真髄】** 物事の本質。
**じんすい【尽瘁】** 〔文章語〕尽力。
**しんずる【信ずる】** 信じる。信ず。
**しんせい【心性】** 心のあり方。
**しんせい【申請】** (官庁へ)許可や認可などを願い出ること。
**しんせい【神聖】** 汚れがなく尊いこと。
**しんせい【真正】** 本物。
**しんせい【真性】** ①本当にその病気にかかっていること。真症。「—コレラ」対仮性 ②生まれつきの性質。
**しんせい【新生】** ①新しく生まれること。②生まれかわった気持ちで再出発すること。

—児《じ》 生まれたばかりの赤ちゃん。〔生まれてから四週間まで〕
—代《だい》 地質時代の区分の一。五～六千万年前から現代まで。
—物《ぶつ》 腫瘍《しゅよう》。「悪性—」
**しんせい【新制】** 新しい制度。特に、新しい学制。対旧制
**しんせい【新星】** 突然輝きだし、その後ゆっくりと暗くなる星。⑪新人スター。
**しんせい【親政】** 天皇が自ら政治を行うこと。また、その政治。
**じんせい【人生】** ①人の一生。②人が生きていくこと。
—観《かん》 人生についての考え方。
—訓《くん》 人の生き方の手本となることば。
—行路《こうろ》 人生を旅に見たてた語。
**じんせい【人世】** 〔文章語〕この世の中。世間。
**じんせい【人性】** 〔文章語〕人間の生まれつきの自然な性質。
**じんせい【仁政】** 国民を思いやる、情け深い政治。「—を施す」
**しんせいがん【深成岩】** 火成岩の一。マグマが地下の深い所で固まったもの。花崗《かこう》岩など。
**しんせいめん【新生面】** 新しい分野・方面。生面。「—を開く」
**しんせかい【新世界】** ①新大陸。対旧世界 ②新しく生活・活動する所。新天地。
**しんせき【真跡】**《真蹟》 本当にその人が書いた筆跡。真筆。
**しんせき【親戚】** 親類。身内。
**じんせき【人跡】** 人の足跡。
—未踏《みとう》 人が一度も足を踏み入れたことがないこと。
**シンセサイザー**〔synthesizer〕 電子回路を使って音を合成する楽器。
**しんせつ【真説】** デマではない本当の説。
**しんせつ【深雪】** 深く積もった雪。
**しんせつ【新設】** 新しく‐設置（設立）すること。
**しんせつ【新雪】** 新しく降り積もった雪。
**しんせつ【新説】** ①新しい学説や意見。対旧説 ②はじめて聞く話。
**しんせつ【親切】**《深切》 思いやりがあり、やさしいこと。対不親切
—ごかし 下心があって親切そうに見せかけること。
**しんせっきじだい【新石器時代】** 石器時代の後期。磨製石器が使われた。対旧石器時代
**しんぜる【進ぜる】** 差しあげる。「教えて—」〔古風な言い方〕
**しんせん【神仙】** 〔文章語〕神通力を得た仙人。
**しんせん【神饌】** 神に供える酒食。
**しんせん【深浅】** ①深さと浅さ。②色の濃さと薄さ。
**しんせん【新選】**《新撰》 新しく‐選ぶ（編集する）こと。
**しんせん【新線】** 新たに設けられた路線。
**しんせん【新鮮】** ①新しく生き生きしたようす。類生鮮 ②よごれがなくすがすがしいようす。③今までにない新しさが感じられるようす。「—な発想」
**しんせん【震顫・振顫・震戦】** 〔文章語〕無意識のうちに一部の筋肉がふるえる症状。〔アルコール中毒・パーキンソン病・感情激動などで起こる〕
**しんぜん【神前】** 神のまえ。「—結婚」
**しんぜん【浸染】** しみこんでいって染まること。⑪しだいに感化されること。◇しんせん。
**しんぜん【親善】** お互いに仲よくすること。「—試合」
**じんせん【人選】** 適当な人を選ぶこと。
**しんぜんび【真善美】** 最高の理想。認識上の真・道徳上の善・芸術上の美。
**しんそ【親疎】** 親しいことと、そうでないこと。「—の別なく」
**しんそう【真相】** （事件などの）本当の事情。「—を探る」
**しんそう【深窓】** 奥にある部屋。⑪上流階級の家庭。「—の令嬢」
**しんそう【深層】** 深い‐層（ところ）。
—水《すい》 水深二〇〇メートル以上の深い海の水。〔低水温で細菌が少なく栄養素に富む〕
**しんそう【新装】** 新しい装い。「—成る」
**しんぞう【心像】** 心の中に浮かぶ像。イメージ。
**しんぞう【心臓】** ①内臓の一。⑪物事の中心。②〔俗語〕「—だ（＝ずうずうしい）」
—死《し》 心臓の働きの永久的な停止（‐によって認められる死）。対脳死
—麻痺《まひ》 急性の心機能停止。

―**破**《やぶ》**り** 登ると心臓が裂けそうなくらい坂が急なこと。

**しんぞう【神像】** 神の肖像。

**しんぞう【新造】** ①新しく造ること。「―船」 ②ごしんぞう。しんぞ。

**じんぞう【人造】** 人の力で造ること。「―湖」 対天然

―**絹**《けん》**糸**《し》 レーヨン。

―**繊**《せん》**維**《い》 合成繊維。

―**人**《にん》**間**《げん》 ロボット。

**じんぞう【腎臓】** 内臓の一。尿の排泄《はいせつ》をつかさどる。「――炎(結石)」

**しんそうひん【寝装品】** ふとんや夜具とその付属品。

**しんぞく【親族】** 親類。「―会議」

**じんそく【迅速】** 大変速いようす。「―な対応」

**しんそこ【心底・真底】** ①心の奥底。②心から。本当に。

**しんそつ【真率】** 正直で飾りけがないようす。「―な態度」

**しんそつ【新卒】** その年卒業した人。対既卒

**しんたい【身体】** からだ。

―**検**《けん》**査**《さ》 ①体の発育や健康状態の検査。②持ち物や服装の検査。③〔俗語〕閣僚候補の身辺調査。

―**障害者**《しょうがいしゃ》 体に障害がある人。

―**髪膚**《はっぷ》 全身。体のすべて。

**しんたい【神体】** 神社などで、神霊がやどっているとされる物。

**しんたい【進退】** ①進むことと退くこと。②身の処置。③立ち居ふるまい。

―**伺**《うかが》**い** 過失の責任をとって、上役に身の処置の指図を仰ぐ―こと(文書)。

―**谷**《きわ》**まる** 窮地におちいる。〔～窮まるとも書く〕

**しんだい【身代】** 個人の財産。

―**限**《かぎ》**り** 破産。〔古風な言い方〕

**しんだい【寝台】** ベッド。

―**車**《しゃ》 ①寝台つきの鉄道車両。②病人を運ぶ寝台つきの自動車。

**じんたい【人体】** 人間の体。「―実験」

**じんたい【靱帯】** ①骨と骨をつなぐ繊維性の組織。②二枚貝の連結部分にあるもの。

**じんだい【神代】** (神武天皇即位までの)神々の時代。かみよ。

**じんだい【甚大】** はなはだしく大きいようす。「被害―」

**しんたいそう【新体操】** 音楽に合わせ手に道具を持って演技する体操。

**じんだいめいし【人代名詞】** 人称《にんしょう》代名詞。

**しんたいりく【新大陸】** (ヨーロッパからみて)新しく発見された大陸。南北アメリカ・オーストラリア。新世界。対旧大陸

**しんたく【信託】** ①信用してまかせること。②財産の管理や処分をまかせること。

―**統治**《とうち》 国際連合の信託を受けた国が、ある地域を統治すること。

**しんたく【神託】** 神のお告げ。

**しんたく【新宅】** ①新しく建てた家。類新居 対旧宅 ②分家。

**しんだこのとしをかぞえる【死んだ子の年を数える】** 死児の齢《よわい》を数える。

**しんたつ【申達】** 〔文章語〕上級官庁から下級官庁へ文書で指令すること。

**しんたつ【進達】** 〔文章語〕上級官庁へ取り次ぐこと。

**シンタックス**〔syntax〕 文法で、統語論。構文。シンタクス。

**じんだて【陣立て】** 軍勢の配置・編制。

**しんたん【心胆】** 〔文章語〕こころ。きもったま。

―**を寒**《さむ》**からしめる** 驚きふるえあがらせる。

**しんたん【震旦】** 古代中国の別称。〔梵語 Cīna-sthāna の音訳〕

**しんたん【薪炭】** 〔文章語〕たきぎとすみ。燃料。

**しんだん【診断】** 診察して病状を判断すること。「―書」 ❶物事の欠陥をチェックし判断すること。「経営の―」

**じんち【人知】**《人智》 人間の知恵。「―の限りを尽くす」

**じんち【陣地】** 軍隊を配置してある場所。

**しんちく【新築】** 新しく建物を建てること。

**じんちく【人畜】** ①人間と家畜。②人情のない人をののしっていう語。

**しんちゃ【新茶】** 新芽で製した緑茶。

**しんちゃく【新着】** 品物が着いたばかりであること。また、その品物。

**しんちゅう【心中】** 心のうち(―の思い)。

**しんちゅう【真鍮】** 銅と亜鉛の合金。黄色でさびにくい。黄銅。

**しんちゅう【進駐】** 軍隊が他国へ駐留すること。「―軍」

**じんちゅう【人中】** 鼻の下のみぞ。はなみぞ。にんちゅう。

**じんちゅう【陣中】** 陣地の中。戦場。

**―見舞《まみ》い** 戦場の兵士たちを慰問すること。⊜選挙や仕事で忙しい人を慰問すること。

**しんちょ【新著】** その人の新しい著作。類近著 対旧著

**しんちょう【身長】** 背たけ。

**しんちょう【伸長】**《伸暢》 伸びる（伸ばす）こと。〔長さや力についていう〕

**しんちょう【伸張】** 伸び広がる（伸ばし広げる）こと。〔勢力や大きさについていう〕

**しんちょう【深長】** 奥が深くて含みの多いようす。「意味―」

**しんちょう【慎重】** 注意深く物事を行うこと。対軽率

**しんちょう【新調】** 新しく作る（買う）こと。「―の背広」

**じんちょうげ【沈丁花】** 庭木の一。早春、香りのよい花が咲く。チンチョウゲ。

**しんちょく【進捗】** はかどること。

**しんちん【深沈】**〔文章語〕①夜がふけてゆくようす。②沈着なようす。

**しんちんたいしゃ【新陳代謝】**①新旧入れ代わること。②栄養分を摂取し不要物を排出する生理作用。

**しんつう【心痛】** 大変心配すること。「―のあまり」

**じんつう【陣痛】** 出産のときの腹の痛み。⊜物事をなしとげるまでの苦労。

**じんつうりき【神通力】** 神のようにどんなことでもできるふしぎな力。じんずうりき。通力。

**しんてい【心底・真底】**〔文章語〕心の奥底。

**しんてい【真諦】**〔文章語〕物事の神髄。〔正しくは「しんたい」。／もと仏教で、絶対の真理の意〕

**しんてい【進呈】** さしあげること。進上。

**じんてい【人定】**〔法律用語〕本人であることを確認すること。

**―尋問《じんもん》** 法廷で、証人が本人であることを確認するための質問。

**しんてき【心的】** 心に関するようす。

**―外傷後《がいしょうご》ストレス障害《しょうがい》** 恐ろしい体験によるストレスの後で起こるさまざまな適応障害。PTSD。

**じんてき【人的】** 人に関するようす。

**しんではなみがさくものか【死んで花実が咲くものか】** 生きているうちがよいのであって、死んだらおしまいだ。

**シンデレラ**〔Cinderella〕 思いがけない幸運をつかんだ女性。〔西洋の童話の主人公の名から〕

**―コンプレックス**〔Cinderella complex〕 守ってくれる男性の出現を夢見るタイプの女性の心理。

**―サイズ**〔Cinderella size〕 小さい靴のサイズの名称。二〇～二二センチメートルのもの。

**―ボーイ**〔和製語 Cinderella boy〕（一夜にして有名になった）幸運な男。

**しんてん【伸展】** 伸び広がる（伸ばし広げる）こと。類伸張

**しんてん【進展】** 進行し展開すること。

**しんてん【親展】**〔文章語〕脇付《わきづけ》の一。あて名の人自身の開封を求めること。類直披《じきひ》

**しんでん【神殿】** 神をまつる御殿。

**しんでん【寝殿】** 寝殿造りで、中心となる建物。

**―造《づく》り** 平安時代の貴族の住宅の建築様式。

**しんでん【新田】** 新しく作った田。対本田

**しんでん【親電】** 元首が個人の資格で出す電報。

**しんでんず【心電図】** 心臓の活動によって発生する電流をグラフにしたもの。

**しんてんち【新天地】** 新しい活躍の場。

**しんてんどうち【震天動地】** 驚天動地。

**しんと【信徒】** 信者。

**しんど【深度】** 深さの度合い。

**しんど【進度】** 物事の進みぐあい。

**しんど【震度】** 地震の強さの度合い。〔震度〇、一、二、三、四、五弱、五強、六弱、六強、七の一〇段階〕

**しんどい**（関西方言で）難儀だ。くたびれた。

**しんとう【心頭】**〔文章語〕こころ。

**―滅却《めっきゃく》すれば火《ひ》もまた涼《すず》し** 無

念無想の境地にあれば、どんな苦しみも苦しみとは感じない。

**しんとう【神道】** 日本固有の多神教の宗教。

**しんとう【震盪・振盪】** 〔文章語〕ふるえ動く(ふり動かす)こと。「脳―」

**しんとう【浸透】**《滲透》しみとおること。Ⅱ思想や風潮がゆきわたること。

**―圧**《あつ》 二種類の溶液を半透膜で隔てたときに両液の間に生じる圧力の差。

**しんとう【親等】** 親族関係の遠近を示す等級。〔親子関係を一親等とする〕

**しんどう【神童】** 非常に才能のある子供。

**しんどう【振動】** 振れ動くこと。

**しんどう【新道】** 新しく開いた道。対旧道

**しんどう【震動】** (地震などで)ゆれ動くこと。「家屋が―する」

**じんとう【人頭】** 〔文章語〕①人の頭。②人数。

**―税**《ぜい》 各人に等しく課する税。

**じんとう【陣頭】** 軍の先頭。Ⅱ仕事の第一線。「―指揮」

**じんどう【人道】** ①人として当然守るべき道徳。②歩道。対車道

**―回廊**《かいろう》 武力紛争の際、民間人の避難や人道支援物資の輸送などのために一時的に設ける戦闘を行わない地域。

**―主義**《しゅぎ》 人間性を尊ぶ思想。ヒューマニズム。

**―的**《てき》 人道主義の立場にかなうようす。

**じんとく【人徳】** その人に備わっている徳。「―を慕う」

**じんとく【仁徳】** 〔文章語〕思いやりの心をもって他人を愛する徳。

**ジントニック** カクテルの一。ジンをトニックウォーターで割ったもの。〔gin and tonicから〕

**じんどる【陣取る】** 陣を構える。Ⅱ場所を占める。

**シンドローム**〔syndrome〕症候群。

**シンナー**〔thinner〕塗料を薄める揮発性溶剤。蒸気を吸うと幻覚を生じる。「―遊び」

**しんない【新内】** 江戸時代に発達した浄瑠璃の一。新内節。「―流し」

**しんなり** 柔らかくしなやかなようす。

**しんに【真に】** ほんとうに。まことに。

**しんに【瞋恚】** しんい。

**しんにち【親日】** 日本に好意をもつこと。「―家」対抗日・反日

**しんにゅう**《之繞》漢字の部首の一。道・辻などの「辶・辶」。しんにょう。

**しんにゅう【侵入】** 他の領域にむりに入り込むこと。

**しんにゅう【浸入】** 水が入り込むこと。

**しんにゅう【進入】** 進んで行って入ること。

**しんにゅう【新入】** 新しく入ること。「―生」「―(社員)」

**しんにょ【信女】** 〔仏教語〕①俗人のまま受戒した女性。②女性の戒名の下につける語。◇対信士

**しんにょ【真如】** 〔仏教語〕万物の本体で、絶対不変の真理。

**しんにょう**《之繞》しんにゅう。

**しんにん【信任】** 信頼して任せること。

**―状**《じょう》 派遣される人が外交使節の資格をもつことを証明する文書。

**―投票**《とうひょう》 ①国会が、内閣を信任するか否かを決める投票。②信任か否かを決める投票。

**しんにん【新任】** 新しく任命されること。また、その人。対旧任

**しんにん【親任】** 〔文章語〕もと、天皇が任命したこと。「―官」

**しんねん【信念】** かたく信じて疑わない心。「―を深める」

**しんねん【新年】** 新しい年。対旧年

**しんの【真の】** 本当の(―意味での)。

**しんのう【親王】** 天皇の息子や男の孫。類皇子 対内親王

**しんぱ【新派】** ①新しい流派。対旧派 ②明治期、歌舞伎に対しておこった演劇。新派劇。

**シンパ** (左翼運動に対する)後援者。共鳴者。〔sympathizer の略〕

**じんば【人馬】** 人と馬。「―一体」

**しんぱい【心肺】** 心臓と肺臓。しんはい。「―停止」

**しんぱい【心配】** ①不安がること。気がかり。「―性《しょう》」対安心 ②世話。配慮。

**じんぱい【塵肺】** 職業病の一。粉塵が長年の間に肺にたまり、呼吸障害などを起こす。

**しんぱく【心拍】**《心搏》心臓の鼓動。

**シンパシー**〔sympathy〕共感。同情。

**しんばしら【真柱】** ①【心柱】仏塔などの中心になる柱。②天理教の長。

**しんばつ【神罰】** 神が下す罰。類天罰

**しんぱつ【進発】** 軍隊が出発すること。

**しんぱつじしん【深発地震】** 震源の深さが深い地震。対浅発地震〔約一〇〇キロメートル以上のもの〕

**シンバル**〔cymbals〕打楽器の一。二枚の金属製円盤で、打ち合わせて鳴らす。

**しんばん【新盤】** 新発売のCDやレコード。

**しんぱん【信販】** 信用販売の略。

**しんぱん【侵犯】** 他国の領土や権利を犯すこと。

**しんぱん【新版】** ①新刊。②改訂(改装)版。対旧版

**しんぱん【審判】** ①事件を審理して判決を下すこと。②競技で、勝敗・順位・反則を判定する—こと(人)。しんばん。「—員」

**しんび【審美】** 美醜を見分けること。

**—眼《がん》** 美醜を見分ける能力。

**しんぴ【神秘】** 人間の知恵でははかり知れないふしぎなこと。

**—的《てき》** ふつうの認識を超えたふしぎなようす。

**しんぴ【真皮】** 皮膚の内層。対表皮

**しんぴ【真否】** 事実かそうでないか。

**しんぴ【親披】**〔文章語〕脇付《わきづけ》の一。親展。

**シンビジウム**〔cymbidium〕洋ランの一種。

**しんぴつ【真筆】** 真跡。対偽筆

**しんぴつ【宸筆】**〔文章語〕天皇がかいたもの。

**しんぴつ【親筆】**〔文章語〕身分の高い人の自筆。

**しんぴょうせい【信憑性】** 物事の信用できる度合い。

**しんぴん【神品】**〔文章語〕すぐれた品位(—の作品)。

**しんぴん【新品】** 新しい品物。対中古品

**じんぴん【人品】** 人柄。品位。また、風采。「—卑しからず」

**しんぶ【深部】** 深い所。

**しんぷ【神父】** カトリック教の司祭。

**しんぷ【新婦】** 花嫁。対新郎

**しんぷ【新譜】** 新曲の—楽譜(CD・レコード)。

**しんぷ【親父】**〔文章語〕父親。「御—様」

**ジンフィーズ**〔gin fizz〕カクテルの一。ジンに、炭酸水・レモン・砂糖をまぜる。ジンフィズ。

**しんぷう【新風】** 新しいやり方・風潮。「—を吹きこむ」

**シンフォニー**〔symphony〕交響曲。

**—オーケストラ**〔symphony orchestra〕交響楽団。

**シンフォニック**〔symphonic〕交響曲的。

**しんぷく【心服】** 心から尊敬して服従すること。

**しんぷく【振幅】** 静止位置からはかった、振動の幅。

**しんぷく【震幅】** 地震計に表われた地震の揺れ幅。

**しんふぜん【心不全】** 心臓が衰弱して血液を十分に送り出せない状態。

**じんふぜん【腎不全】** 腎臓の機能が完全でない状態。

**しんぶつ【神仏】** ①神と仏。②神道と仏教。「—混交」

**じんぶつ【人物】** ①人。「—画」②人柄や能力(—のすぐれた人)。類人材

**シンプル**〔simple〕①単純。②素朴。簡素。

**しんぶん【新聞】** 定期刊行物の一。ふつうは日刊。

**—紙《し》** ①新聞の紙。新聞がみ。②新聞。

**—辞令《じれい》** あるポストへの就任が正式発表の前に新聞で報道されること。⊜うわさだけで実現しない人事異動。

**—種《だね》** 新聞記事、特に三面記事の材料。

**じんぶん【人文】** 人類の文化。じんもん。

**—科学《かがく》** 人類の文化を研究する学問。対自然科学・社会科学

**しんぶんすう【真分数】** 分子が分母より小さい分数。対仮分数

**しんぺい【新兵】** 新米の兵士。対古兵

**じんべい【甚平】** 男性や幼児の夏の家庭着。筒そでで羽織形。甚兵衛《じんべえ》。じんべ。

**しんぺん【身辺】** 身のまわり。

**しんぺん【新編】** 新しく編集—すること(した本)。

**しんぽ【進歩】** 物事がよくなっていくこと。対退歩

**—的《てき》** ①進歩主義の立場に立つようす。

対保守的 ②進歩しているようす。

**シンポ** シンポジウムの略。

**しんぼう【心房】** 心臓の上半分。対心室

**ー細動《さいどう》** 心臓拍動の異常の一。心房がけいれんして細かく波打つ。

**しんぼう【心棒】** 回転の軸となる棒。‖活動の中心。

**しんぼう【辛抱】** がまんすること。「ーが足りない」

**ー強《づよ》い** よくがまんする。

**しんぼう【信望】** 信用と人望。「ーが厚い・ーを集める」

**しんぼう【深謀】** 〔文章語〕考えをこらした計略。「ー遠慮」

**しんぽう【神宝】** ①神社の宝物。②神聖な宝物。

**しんぽう【新法】** ①新しく制定された法律・規則。②新しい方法。◇対旧法

**じんぼう【人望】** 人々が寄せる信頼・尊敬。「ーがある」

**しんぼく【親睦】** （飲食を共にして）お互いに仲よくすること。「ー会」類親善

**しんぼく【神木】** 神社の境内にある木。神が宿っているとされる木。

**シンポジウム**〔symposium〕 ひとつの問題についての討論会。シンポ。

**しんぼち【新発意】** 〔仏教語〕出家してすぐの人。しぼち。

**じんぼつ【陣没】**《陣歿》戦死。

**しんぼとけ【新仏】** 〔仏教語〕葬って日の浅い死者。また、初盆を迎える仏。

**シンボライズ**〔symbolize〕 象徴すること。

**シンボリズム**〔symbolism〕 象徴主義。

**シンボリック**〔symbolic〕 象徴的。

**シンボル**〔symbol〕 象徴。記号。

**ーマーク**〔和製語 symbol mark〕 物事の性格や主旨を象徴する図案。

**しんぽん【新本】** ①人手に渡ったことのない新しい本。対古本 ②新刊本。

**しんまい【新米】** ①その年にとれた米。対古米 ②始めたばかりで慣れていない人。新入り。〔新前の転〕

**じんましん【蕁麻疹】** アレルギー性の急性皮膚病。急に赤い発疹ができかゆくなる。

**しんみ【新味】** 新しい趣向や感じ。

**しんみ【親身】** ①近親。肉親。②非常に親切なようす。「ーになる」

**しんみつ【親密】** とても親しく仲のよいこと。類懇意 対疎遠

**じんみゃく【人脈】** 人々のつながり。

**しんみょう【神妙】** ①殊勝。②素直でおとなしい。「ーにしろ」

**じんみん【人民】** 社会を構成する人々。

**ー元《げん》** 中国の通貨単位。元。

**ー裁判《さいばん》** 人民の中から選ばれた代表が裁判官となって公開で行う裁判。

**しんめ【神馬】** 神社に奉納した馬。しんば。じんめ。

**しんめ【新芽】** 新しく出た芽。若芽。

**しんめい【身命】** 〔文章語〕命。一身。しんみょう。「ーを投げうって」

**しんめい【神明】** 〔文章語〕神。「ーに誓って」

**じんめい【人名】** 人の名。

**ー漢字《かんじ》** 常用漢字以外で人名に使える八六二の漢字。人名用漢字。

**じんめい【人命】** 人間の命。

**シンメトリー**〔symmetry〕 左右対称。

**シンメトリック**〔symmetric〕 左右対称であるようす。対アシンメトリー

**じんめん【人面】** 〔文章語〕人の顔。

**ー獣心《じゅうしん》** 恩や恥を知らない人をののしる語。

**しんめんもく【真面目】** 〔文章語〕本来の姿。真価。しんめんぼく。〔「まじめ」と読むと別語〕

**しんもつ【進物】** 贈り物。

**しんもん【審問】** 裁判所が当事者や関係者に陳述させること。

**じんもん【人文】** じんぶん。

**じんもん【陣門】** 陣営の門。軍門。

**ーに降《くだ》る** 降伏する。

**じんもん【尋問】**《訊問》取り調べのために聞きだすこと。「不審ー」

**しんや【深夜】** 真夜中。対白昼

**しんやく【新約】** ①新しい約束・契約。②新約聖書。◇対旧約

**ー聖書《せいしょ》** キリスト教の聖典の一。キリストとその弟子の言行を記したもの。対旧約聖書

**しんやく【新訳】** 新しい翻訳（現代語訳）。対旧訳

**しんやく【新薬】** 新しく製造・発売された

薬。

**しんゆう【心友】**〔文章語〕心を許しあっている友。

**しんゆう【親友】** 親しい友。

**しんよ【神輿】**〔文章語〕みこし。

**しんよう【信用】** ①信じて受け入れること。類信頼 ②まちがいないという評判。③信用取引。

**—金庫《きんこ》** 中小商工業者のための協同組織の金融機関。

**—組合《くみあい》** 中小商工業者の協同組合組織の、相互扶助的な金融機関。信用協同組合。

**—状《じょう》** 銀行が輸入業者や海外旅行者に手形を振り出すことを認めた保証状。

**—取引《とりひき》** ①代金の決済を後で行う取引。②株式相場で、客が証券業者に一定の証拠金を出して空売りや空買いをする取引。

**—販売《はんばい》** 品物を先渡しし、後日代金を受け取る販売方法。信販。

**じんよう【陣容】** 陣がまえ。Ⅱ顔ぶれ。「チームの—」

**しんようじゅ【針葉樹】** 葉が針の形をした木。マツ・スギなど。対広葉樹

**しんらい【信頼】** 信じてたよりにすること。「—するに足る」

**しんらい【新来】** 新しく来たこと(人)。

**じんらい【迅雷】** 激しい雷鳴。「疾風—」

**しんらつ【辛辣】** 大変てきびしいこと。類痛烈

**しんらばんしょう【森羅万象】** 宇宙間にある物すべて。万有。

**しんり【心理】** 心の動き・状態。

**—学《がく》** 生物の心理と行動を研究する学問。

**しんり【真理】** ①正しい道理。②普遍妥当性のある事実や法則。

**しんり【審理】** 裁判で事実関係・法律関係を取り調べて明らかにすること。

**じんりき【人力】** ①じんりょく。②人力車。

**—車《しゃ》** 人を乗せ、車夫が引いて走る二輪車。

**しんりゃく【侵略】**《侵掠》他国に攻め入って、領土を奪い支配すること。「—戦争」

**しんりょ【深慮】**〔文章語〕ふかい考え。「遠謀—」対浅慮

**しんりょう【神領】** 神社所有の土地。

**しんりょう【診療】** 診察して治療すること。「—所」

**—報酬《ほうしゅう》** 保険診療の際に、診療行為の対価として医療保険から支払われる報酬。

**しんりょう【新涼】**〔文章語〕初秋の涼しさ。

**しんりょうないか【心療内科】** 臨床医学の一。神経症や心身症を対象とする。

**しんりょく【深緑】** 濃い緑。ふかみどり。

**しんりょく【新緑】** 若葉のみずみずしい緑。「—したたるばかり」

**じんりょく【人力】** 人間の力。じんりき。

**じんりょく【尽力】**(人のために)力を尽くすこと。類努力

**しんりん【森林】** 木がたくさん生えている地域。

**—浴《よく》** 森林の中で自然の空気を吸い、心身をリフレッシュすること。

**じんりん【人倫】**〔文章語〕①人と人との秩序関係。②人としての道。「—にもとる」③人間。

**しんるい【進塁】** 野球で、走者が次の塁に進むこと。

**しんるい【親類】** 血縁や婚姻でつながる人々。親戚《しんせき》。親族。Ⅱ同類。

**—付《づ》き合《あ》い** ①親類間のつきあい。②親類同様のつきあい。◇親戚付き合い。

**じんるい【人類】** 人間。〔他の動物と区別していう語〕

**—学《がく》** 人類とその文化を研究する学問。自然人類学と文化人類学。

**しんれい【心霊】** たましい。霊魂。

**—現象《げんしょう》** 現代科学では説明できないふしぎな精神現象。テレパシー・透視など。

**しんれい【神霊】**〔文章語〕神のみたま。神。

**しんれい【浸礼】** キリスト教の洗礼の一。全身を水に浸す儀式。バプテスマ。

**しんれき【新暦】** 太陽暦。対旧暦

**しんろ【針路】** 船や航空機の進むべき方向。Ⅱ行動すべき方向。

**しんろ【進路】** 進んでいく道。対退路 Ⅱ将来進む方向。「—指導」

**しんろう【心労】** 心の疲れ。気苦労。「—が重なる」

**しんろう【辛労】** 大変な苦労。
**しんろう【新郎】** 花婿。[対]新婦
**じんろう【塵労】** ①〔文章語〕俗世間の苦労。②〔仏教語〕煩悩《ぼんのう》。
**しんろく【神鹿】** 神社で飼われているシカ。
**じんろく【甚六】** 〔俗語〕世間知らずのお人好し。→総領の甚六
**しんわ【神話】** 古くから伝えられた、神を中心とする物語。「ギリシャー」Ⅱ根拠がないのにだれもが信じている事柄。
**しんわ【親和】** ①親睦。「ー会」②化学で、物質が化合すること。「ー力」

## す

**す【州】**⟪洲⟫ 水中の土砂が積もって水面に現れ、島のようになった所。「三角ー」
**す【巣】** 鳥や獣のすみか。Ⅱたまり場。
**す【酢】** 調味料の一。すっぱい。
**す** [一]【簀】すのこ。[二]【簾】すだれ。
**す**⟪鬆⟫ ①ダイコンや煮すぎた豆腐などにできる細い穴。「ーが入る」②鋳物を冷やすときできた穴。
**ず【図】** ①図面。地図・絵画など。②図形。③ありさま。ざま。「いいー」④はかりごと。
**ーに当《あ》たる** うまく計略が運ぶ。
**ーに乗《の》る** いい気になってつけあがる。
**すあげ【素揚げ】** 何もつけずに油で揚げた料理。
**すあし【素足】** はだし。
**すあな【巣穴】** 動物が巣にしている穴。
**ずあん【図案】** デザイン。
**すい【水】** ①水曜日の略。②…の水溶液。液体。「食塩ー」
**すい【粋】** ①純粋。②最もすぐれたもの。「ーを集める」③いき。
**すい【酸い】** すっぱい。[対]甘い
**ーも甘《あま》いも噛《か》み分《わ》ける** 経験を積み、人情に通じている。
**ずい**⟪蕊⟫ おしべとめしべの総称。しべ。
**ずい【髄】** ①骨髄。②茎や根の中にある柔らかい部分。Ⅱ物事の奥の大切な部分。
**すいあげる【吸い上げる】** 吸って上へあげる。Ⅱ㋐他人の利益を自分のものにする。㋑意見をとりあげる。
**すいあつ【水圧】** 水の圧力。
**すいい【水位】** 基準面から水面までの高さ。
**すいい【推移】** ①状態が移り変わること。②時が過ぎていくこと。
**ずいい【随意】** 思いのまま。「ー運動（契約）」
**ー筋《きん》** 意志によって動かせる筋肉。[対]不随意筋
**ー契約《けいやく》** 競争入札によらず、随意に相手を選んで結ぶ契約。
**すいいき【水域】** 水上の区域。
**ずいいち【随一】** ある範囲の多くの中で第一等であること。ずいいつ。
**スイーツ**［sweets］ 甘いもの。菓子やケーキ。
**スイート**［suite］ ホテルの豪華な続き部屋。スイートルーム。
**スイート**［sweet］ ①甘い。②やさしい。
**ースポット**［sweet spot］ ラケットやゴルフクラブの最適打球点。
**ーハート**［sweetheart］ 恋人。
**ーピー**［sweet pea］ マメ科の一年草。
**ーホーム**［sweet home］ 楽しい家庭。
**ーポテト**［sweet potato］ サツマイモ（ーを使った洋菓子）。
**スイーパー**［sweeper］ ①清掃車。②サッカーで、バックスの最後尾の選手。
**ずいいん【随員】** 高官などの供の人。
**すいうん【水運】** 水上の交通や運搬。
**すいうん【衰運】** 〔文章語〕衰えていく運命・傾向。[対]盛運
**ずいうん【瑞雲】** 〔文章語〕めでたいことが起こるきざしの雲。
**すいえい【水泳】** 泳ぐこと。「寒中ー」
**すいえき【膵液】** 膵臓《すいぞう》から分泌される消化液。
**ずいえき【髄液】** 脳室や脊髄《せきずい》の中心管を満たし、脳や脊髄を保護する液体。
**すいえん【水煙】** ①みずけむり。②塔の九輪《くりん》の上にある火炎形の装飾。
**すいえん【垂涎】** 「すいぜん」の慣用読み。
**すいおん【水温】** 水の温度。
**すいか【水火】** 水と火。「ーの仲（＝仲の悪いたとえ）」
**すいか【水禍】** 水害。[類]水難
**すいか【西瓜】** 夏の果物の一。
**すいか【誰何】** 〔文章語〕「だれか」と呼びかけ、問いただすこと。

**すいがい【水害】** 洪水による被害。水禍。
**すいかく【酔客】** 〔文章語〕すいきゃく。
**すいかずら【忍冬】** 山野に自生するつる草。葉は漢方薬用。にんどう。
**すいがら【吸い殻】** タバコを吸った後の残りかす。「—入れ」
**すいかん【酔漢】** 〔文章語〕よっぱらった男。酔客。
**すいがん【酔眼】** 〔文章語〕酒に酔った目つき。「—朦朧《もうろう》」
**すいがん【酔顔】** 〔文章語〕酒に酔った顔。
**ずいかん【随感】** 感じるまま。類随想
**ずいき【芋茎】** サトイモの茎。食用。いもがら。
**ずいき【随喜】** 非常に喜ぶこと。
**—の涙《なみだ》** ありがた涙。
**ずいき【瑞気】** 〔文章語〕めでたい—雲(雰囲気)。
**すいきゃく【酔客】** よっぱらい。酔漢。
**すいきゅう【水球】** プールで泳ぎながら行う球技。ウォーターポロ。
**すいぎゅう【水牛】** ウシの一。角は長く弓なり。運搬用などに飼育。
**すいきょ【推挙】** ある仕事や地位に人を推薦すること。
**すいきょう【水郷】** すいごう。
**すいきょう【酔狂・粋狂】** 物好き。
**すいギョーザ【水—・水餃子】** ゆでて食べるギョーザ。対焼きギョーザ
**すいぎょく【翠玉】** エメラルド。
**すいぎょのまじわり【水魚の交わり】** 非常に親密な交際。
**すいきん【水禽】** みずとり。「—類」
**すいぎん【水銀】** 金属元素の一。銀白色。常温で液状。有毒。温度計・爆薬用。記号Hg
**—灯《とう》** 水銀の蒸気を使ったアーク灯の一。〔光学器械の試験、医療・写真用〕
**すいきんくつ【水琴窟】** 地中にかめを埋め、落ちる水滴の音の反響を楽しむ装置。
**すいくち【吸い口】** ①口に当てて吸う部分。②吸い物に浮かせるユズ・木の芽など。
**すいくん【垂訓】** 〔文章語〕教訓(—を説くこと)。「山上の—」
**すいけい【水系】** 河川など、水の流れの系統。「利根川—」
**すいけい【推計】** 計算して推測すること。
**すいけん【水圏】** 地球の表面上で水が占めている部分。〔約七割を占める〕類ハイドロスフィア
**すいげん【水源】** 水の流れ出るもと。
**すいこう【水耕】** 養分をとかした水溶液で植物を栽培すること。水《みず》栽培。「—法」
**すいこう【推考】** 推測して考えること。
**すいこう【推敲】** 文章の字句をよく練り直すこと。〔中国の故事から〕
**すいこう【遂行】** やりとげること。
**すいごう【水郷】** 川や湖のほとりの(—美しい)土地。
**ずいこう【随行】** 主人や上役に付き添って行く—こと(人)。「—員」
**ずいこう【瑞光】** 〔文章語〕めでたいことが起こるきざしの光。
**すいこみ【吸い込み】** ①吸い込むこと。②下水を吸い込ませる穴。
**すいこむ【吸い込む】** 吸って中に入れる。Ⅱ中にひきずり込む。
**すいさい【水彩】** 水で溶く絵の具でかいた絵。「—画」対油彩
**すいさつ【推察】** 事情や心情をおしはかること。
**すいさん【水産】** 水中からとれる—こと(もの)。「—資源」対陸産
**—業《ぎょう》** 水産物をとったり、加工や養殖をしたりする事業。
**—庁《ちょう》** 農林水産省の外局の一。水産業に関する行政事務を扱う。
**—物《ぶつ》** 魚介類や海藻類など。
**すいさん【炊爨】** ご飯をたくこと。「飯盒《はんごう》—」
**すいさん【推参】** 〔文章語〕①「人を訪問すること」の謙譲語。②ぶしつけ。「—者《もの》」
**すいさん【推算】** 推定による、大まかな計算。
**すいさんか【水酸化】** 水酸基と化合した。「—ナトリウム」
**—物《ぶつ》** 水酸基をもつ無機化合物の総称。
**すいさんき【水酸基】** 酸素・水素各一原子からなる原子団。〔OHで表される〕
**すいし【水死】** 水中で死ぬこと。「—人」
**すいじ【炊事】** 食べ物を煮たきすること。
**ずいじ【随時】** ①いつでも。②その時々に。
**すいしつ【水質】** 水の品質・成分。「—検査」

**ずいしつ【髄質】** 臓器や器官の内層の組織。対皮質
**すいしゃ【水車】** 流水を利用して動力を得る装置。「―小屋」
**すいじゃく【衰弱】** 衰えて弱ること。「全身が―する」
**すいしゅ【水腫】** 体の組織のすき間や体内の空所に液が多量にたまっている状態。
**すいじゅん【水準】** 一定の標準。レベル。「知的―」
**―器《き》** 面の傾斜を測る（水平を定める）道具。
**―点《てん》** その土地の高さを測る基準となる点。
**ずいしょ【随所・随処】** いたるところ。
**すいしょう【水晶】** 石英の結晶。透明。装飾・印材・光学器械用。
**―婚式《こんしき》** 結婚後一五年目の祝い。
**―体《たい》** 眼球の紅彩後方の、凸レンズ状の透明体。
**すいしょう【推奨】** ほめて人にすすめること。「―品」
**すいしょう【推賞・推称】** ある人・物を他の人に向かってほめること。
**すいじょう【水上】** ①水面。「―スキー」②河川や港など。「―警察（交通）」
**―競技《きょうぎ》** 競泳・飛び込みなどの総称。
**すいじょう【穂状】** 穂《ほ》のような形。
**ずいしょう【瑞祥】** 〔文章語〕瑞兆。吉兆。
**すいじょうき【水蒸気】** 水が蒸発して気体になったもの。ゆげ。

**すいしょく【水色】** 〔文章語〕①水の色。②海や川の景色。
**すいしょく【水食】**《水蝕》 雨水や流水・波が地表を浸食すること。
**すいしん【水深】** 水面からの深さ。
**すいしん【推進】** 前へおし進めること。「―力」
**すいじん【粋人】** ①風流を好む人。②世態・人情に通じた人。通人。
**すいせい【水生】** ①水中にはえること。「―植物」②**【水棲】**水中にすむこと。「―動物」◇対陸生
**すいせい【水声】** 〔文章語〕水の（流れる）音。
**すいせい【水性】** 水に溶ける性質。「―塗料」対油性
**すいせい【水星】** 太陽系の惑星の一。太陽に最も近い。マーキュリー。
**すいせい【水勢】** 水の流れの勢い。
**すいせい【衰勢】** 衰えた（衰えていく）勢い。
**すいせい【彗星】** ほうき星。〔昔、不吉の前兆とされた〕
**すいせいがん【水成岩】** 堆積岩のうち、土砂などが水中に集積してできた岩石。
**すいせいむし【酔生夢死】** 〔文章語〕一生を無意味に過ごすこと。
**すいせん【水仙】** 春、白や黄色の花が咲く多年草。観賞用。品種が多い。
**すいせん【水洗】** 水で洗うこと。「―トイレ（式）」
**すいせん【垂線】** 垂直に交わる線。

**すいせん【推薦】** よいと思って人にすすめること。「―文（状・者）」
**すいぜん【垂涎】** 強く欲しがること。すいえん。「―の的」
**すいそ【水素】** 気体元素の一。最も軽い。薬品の合成、液体燃料・冷却剤などに使う。記号H
**―ステーション** 燃料電池車に高純度の水素を供給する施設。
**―爆弾《ばくだん》** 水素の同位体の核融合反応を利用した爆弾。水爆。
**すいそう【水葬】** 死体を水中に葬ること。
**すいそう【水槽】** 水をためておく容器。
**すいそう【吹奏】** 管楽器を吹くこと。
**―楽《がく》** 管楽器と打楽器で演奏する音楽。
**すいぞう【膵臓】** 胃の後下部にある臓器。すい液を分泌する。「―炎」
**ずいそう【随想】** 思いつくまま（―書いた文章）。「―録」類随感
**ずいそう【瑞相】** 〔文章語〕瑞兆。
**すいそく【推測】** 今までの知識や他の事柄をもとにおしはかること。
**すいぞくかん【水族館】** 水中にすむ動物を飼って人に見せる施設。すいぞっかん。
**すいたい【衰退】**《衰頽》 衰えてだめになること。「―の一途をたどる」
**すいたい【推戴】** 〔文章語〕推薦して長に決めること。
**すいたい【酔態】** 酒に酔った姿・ようす。「―をさらす」
**すいたい【錐体】** 平面上の図形とその平面外の一点を結んでできる立体。

**すいたく【水沢】**〔文章語〕さわ。「―植物」

**すいたらしい【好いたらしい】**〔俗語〕好ましい。

**すいだん【推断】**（よく調べて）推測して判断すること。

**すいち【推知】**〔文章語〕推察して知ること。

**すいちゅう【水中】**水のなか。

**―花**《か》 水に入れると開く造花。

**―翼船**《よくせん》 船底に翼を取り付けた船。高速運転ができる。

**ずいちょう【瑞兆】**〔文章語〕めでたい前兆。瑞相。

**ずいちょう【瑞鳥】**〔文章語〕めでたい前兆に現れるという鳥。鳳凰《ほうおう》など。

**すいちょうこうけい【翠帳紅閨】**〔文章語〕貴婦人の寝室。

**すいちょく【垂直】**①地球の重力の方向。鉛直。対水平 ②直角に交わること。「―線」

**―跳**《と》**び** 立ったまま、その場で真上に跳び上がる運動。

**―分布**《ぶんぷ》 土地の高さや水深との関係からみた生物の分布。対水平分布

**―離着陸機**《りちゃくりくき》 垂直に離着陸できる飛行機。ＶＴＯＬ機。〔ふつう、ヘリコプターは含まない〕

**すいつく【吸い付く】**吸うようにぴったりくっつく。

**すいつける【吸い付ける】**①吸って（吸うように）くっつかせる。②タバコを火に近づけて、吸って火をつける。

**スイッチ**〔switch〕①電気を通したり止めたりする装置。②転轍《てんてつ》機。③他のものに切り替えること。

**―オン**〔switch on〕スイッチを入れること。

**―バック**〔switchback〕急な斜面を登るためにジグザグに敷いた線路。

**―ヒッター**〔switch hitter〕野球で、左右どちらの打席でも打てる打者。

**すいてい【水底】**海や湖などの水の底。

**すいてい【推定】**推測して決めること。

**すいてき【水滴】**①水のしずく。②すずりにさす水を入れる容器。

**すいでん【水田】**水を引いてイネを作る田。

**すいとう【水痘】**みずぼうそう。

**すいとう【水筒】**携帯用の、飲み物の容器。

**すいとう【水稲】**水田で作るイネ。対陸稲

**すいとう【出納】**お金や物の出し入れ。

**すいどう【水道】**①水を供給する設備。特に、上水道。「―管」②船の航路。「浦賀―」③海峡。「豊後《ぶんご》―」

**ずいどう【隧道】**〔文章語〕トンネル。ずいどう。

**すいとる【吸い取る】**吸って取る。⑪他人の利益をしぼりとる。

**すいとん【水団】**汁に、小麦粉をこねた団子を入れた食べ物。

**すいとん【水遁】**忍術の一。水を利用して姿をくらます。「―の術」

**すいなん【水難】**①水害。②溺死や難破など水上の災難。

**すいのみ【吸い飲み】**（―呑み）寝たまま飲める、口の長い水入れ。病人用。

**すいば**（酸葉）タデ科の多年草。若い茎・葉に酸味がある。スカンポ。

**すいばいか【水媒花】**水が媒介となって受粉する花。

**すいばく【水爆】**水素爆弾の略。

**すいはん【垂範】**〔文章語〕模範を示すこと。「率先―」

**すいはん【炊飯】**ご飯をたくこと。「―器」

**すいばん【水盤】**底が平らな浅い器。生け花や盆栽に使う。

**すいばん【推輓】**〔文章語〕推挙。

**ずいはん【随伴】**①供をして行くこと。「―者」②何かに伴って起きること。

**すいはんきゅう【水半球】**地球を水陸の分布で二分したとき、海の多い方の半球。対陸半球

**すいひ【水肥】**みずごえ。

**すいび【衰微】**勢いが衰えて弱ること。

**ずいひつ【随筆】**体験や感想を筆に任せて書いた文章。エッセー。

**すいふ【水夫】**①船乗り。②下級船員。

**すいぶん【水分】**含まれる水（―の量）。「―を補給する」

**ずいぶん【随分】**①かなり。②ひどい。「―な言い方」

**すいへい【水平】**①たいら。傾きがないこと。②重力の方向に対して直角に交わる方向。対垂直・鉛直

**—線《せん》** ①海と空が接して見える線。②重力の方向に直角な直線。対垂直線・鉛直線
**—動《どう》** 地震で、左右に揺れる振動。対上下動
**—分布《ぶんぷ》** 地球の表面上でみた生物の分布。対垂直分布
**すいへい【水兵】** 海軍の兵士。「—服」
**すいほ【酔歩】** 〔文章語〕酒に酔った足どり。
**すいほう【水泡】** 水のあわ。
**—に帰《き》する** 努力がむだになる。
**すいほう【水疱】** みずぶくれ。水疱疹。
**すいぼう【水防】** 水害を防止すること。
**すいぼう【衰亡】** 衰えて滅びること。衰滅。対興隆
**すいぼく【水墨】** 水墨画。
**—画《が》** 墨だけでかいた絵。墨絵《すみえ》。
**すいぼつ【水没】** 水中に沈んで見えなくなること。
**すいま【水魔】** 水害を魔物にたとえた語。
**すいま【睡魔】** 眠けを魔物にたとえた語。
**ずいまく【髄膜】** 脳と脊髄を包む膜の総称。脳脊髄膜。
**ずいまくえん【髄膜炎】** 脳脊髄《のうせきずい》膜の炎症。高熱・頭痛などの症状がある。〔脳膜炎の改称〕
**すいみゃく【水脈】** ①地下水の通り道。②船の水路。
**すいみん【睡眠】** 眠ること。眠り。「—をとる」❶活動停止。
**—時《じ》無呼吸《むこきゅう》症候群《しょうこうぐん》** 睡眠障害の一。睡眠中に無呼吸状態が繰り返し発生する。SAS《サス》。
**スイミング**［swimming］ 水泳。「—スクール」
**ずいむし【髄虫】**《螟虫》 草木の茎に食い入るガの幼虫の総称。
**すいめい【吹鳴】** 〔文章語〕吹き鳴らすこと。
**すいめつ【衰滅】** 〔文章語〕衰亡。
**すいめん【水面】** 水の表面。「—上」
**すいもの【吸い物】** すまし汁。「—椀《わん》」
**すいもん【水門】** 水の流れや水量を調節する門。貯水池や水路に設置。
**すいやく【水薬】** みずぐすり。対丸薬・粉薬
**すいよ【酔余】** 〔文章語〕酒に酔ったあげく。
**すいよう【水溶】** 水に—溶ける（溶けている）こと。「—液」
**すいよう【水曜】** 火曜と木曜の間。水曜日。ウェンズデー。
**すいようえき【水様液】** 水のように見える液体。
**すいよく【水浴】** みずあび。
**すいよせる【吸い寄せる】** 吸って近くへつける。❶注意や気持ちを引きつける。
**すいらい【水雷】** 水中で爆発させる兵器。魚雷・機雷など。
**すいらん【翠巒】** 〔文章語〕みどりの—山（山々）。
**すいり【水利】** ①水上運送に便利なこと。②水の利用。灌漑《かんがい》・工業用など。「—権」
**すいり【推理】** 事実をもとに、未知の事実をおしはかること。
**—小説《しょうせつ》** 事件についての推理をテーマとした小説。ミステリー。〔かつては探偵小説といった〕
**すいりく【水陸】** 水と陸。水上と陸上。
**すいりゅう【水流】** 水の流れ。
**すいりょう【水量】** 水の量。
**すいりょう【推量】** 事情や心情をおしはかること。類推察・推測
**すいりょく【水力】** 流水の力（—によって得られる動力）。「—発電」
**すいりょく【推力】** 前におし進める力。
**すいれい【水冷】** 水でひやすこと。「—式」対空冷
**すいれん【水練】** 水泳（—の練習）。「畳の上の—」〔古風な言い方〕
**すいれん【睡蓮】** 水草の一。花はハスに似る。
**すいろ【水路】** ①送水路。②船の航路。③プールのコース。
**すいろん【推論】** 推理によって論ずること。
**スイング**［swing］ ①バットや腕を振ること。「—アウト（=野球で、空振りの三振）」②スイングジャズ。
**—ジャズ**［swing jazz］ ジャズの演奏形式の一。
**—ドア**［swing door］ 前後に開いて、手を離すとばねで自動的に閉まる扉。
**すう【数】** ①かず。②〔文章語〕なりゆき。

運命。「勝敗の―」③いくつかの。「―時間」

**すう【吸う】**①「息を―・ストローで―」②吸収する。「湿気を―」

**スウェット**〔sweat〕①汗取りの。「―ウエア」〔汗の意〕②スウェットスーツ。◇スエット。

**―スーツ**〔sweat suit〕汗を吸収する布で作った、上下そろいの運動着。

**すうがく【数学】**数・量・空間について研究する学問。

**すうき【枢機】**①物事のかなめ。②国家の重要な政務。

**―卿《うきょ》** カトリック教で、教皇の最高顧問。カーディナル。すうきけい。

**すうき【数奇】**①不運。②波乱万丈の運命。◇さっき。

**すうけい【崇敬】**あがめうやまうこと。

**すうこう【崇高】**尊く気高いこと。

**すうこう【趨向】**〔文章語〕なりゆき。物事がある方向に変化していること。類傾向

**すうこく【数刻】**〔文章語〕数時間。

**スーザホーン**〔sousaphone〕肩にかついで吹く低音のらっぱ。〔吹奏楽団の楽器〕

**すうし【数詞】**数や順序を表す語。

**すうじ【数次】**数回。数度。

**すうじ【数字】**数を示す文字。算用数字・漢数字など。Ⅱ数字で表される事柄や知識。「―に明るい」

**すうしき【数式】**数を表す数字や文字を含む式。

**すうじく【枢軸】**物事のかなめ。特に、政治・権力の中心。「―国(＝第二次世界大戦中、日本・ドイツ・イタリア)」

**ずうずうしい【図々しい】**あつかましい。

**すうせい【趨勢】**物事のなりゆき・傾向。

**ずうたい【図体】**〔俗語〕大きなからだ。類なり

**すうち【数値】**①計算して得た数。②数式で、ある文字で表される数。

**ずうち【頭打ち】**取引で、あたまうち。

**すうちょくせん【数直線】**○を起点に両側に目盛りをつけた直線。

**スーツ**〔suit〕上下が一そろいの洋服。

**―ケース**〔suitcase〕旅行用かばん。

**すうとう【数等】**ずっと。類数段・数倍

**すうどく【数独】**パズルの一。升目に数字を重複しないように入れていく。〔商標〕

**すうどん【(素饂飩)】**かけうどん。

**スーパー**〔super〕①特別な。超。「―カー」②超大型の。③スーパーマーケット。④スーパーインポーズ。「字幕―」

**―インポーズ**〔superimpose〕映画の字幕。

**―コンピューター**〔supercomputer〕科学技術計算専用の超高速・超大型コンピューター。

**―スター**〔superstar〕超大物スター。

**―スプレッダー**〔superspreader〕感染症の感染者のうち、周囲への感染力が極めて強い特定の人。

**―大回転《だいかいてん》** アルペンスキーの競技種目の一。滑降と大回転の要素を合わせたもの。

**―バイザー**〔supervisor〕監督者。管理者。

**―マーケット**〔supermarket〕食料品・日用品を主体としたセルフサービス方式の大規模小売店。

**―ムーン**〔supermoon〕月が地球に最も近付いたときの満月(新月)の姿。

**すうはい【崇拝】**敬いあがめること。

**すうひょう【数表】**数値の表。

**スープ**〔soup〕西洋料理の汁物。

**スーベニア**〔souvenir〕記念(―品)。おみやげ。スーベニール。スーブニール。「―ショップ」

**ズーム**〔zoom〕①テレビや映画で、被写体の像を拡大したり縮小したりして映すこと。ズーミング。②ウェブ会議のためのアプリケーションソフトの一。

**―アウト**〔zoom out〕対象からだんだん遠ざかる映像をうつすこと。対ズームイン

**―アップ**〔zoom up〕ズームイン。

**―イン**〔zoom in〕映像を拡大してうつすこと。ズームアップ。対ズームアウト Ⅱ特定の人や物に注目すること。

**―レンズ**〔zoom lens〕ズーム用のカメラレンズ。焦点距離が連続的に変えられる。

**すうよう【枢要】**〔文章語〕物事のかなめ。

**すうり【数理】**数学の理論。Ⅱ計算。

**すうりょう【数量】**分量(―と数)。

**すうれつ【数列】**数学で、一定の規則で並べた数の列。

**すえ【末】**①はし。対本《もと》②はて。おわり。③行く末。④末の世。⑤最後に生まれ

た子。「ーの娘」⑥子孫。⑦主要でないもの。

**ずえ【図会】** 絵画を集めたもの。「名所ー」

**すえあし【末脚】** 競馬で、ゴール前の走りの勢い。

**スエード**〔フランス語 suède〕①うら皮。②うら皮に似せた布地。

**すえおく【据え置く】** ①設置する。②そのままにしておく。③貯金や債券を払い戻さないでおく。

**すえおそろしい【末恐ろしい】** 将来が思いやられる。

**すえきち【末吉】** 後になって開ける運。

**すえずえ【末々】** ①のちのち。②子孫。③庶民。

**すえぜん【据え膳】** 食膳を人の前におくこと。Ⅱ㋐人に準備させて自分は見ていること。㋑〔俗語〕女の方から男を誘惑すること。「ー食わぬは男の恥」

**すえたのもしい【末頼もしい】** 将来有望だ。

**すえつける【据え付ける】** 動かないようにして設置する。

**すえっこ【末っ子】** 最後に生まれた子。

**スエット**〔sweat〕⇩スウェット

**すえながく【末永く・末長く】** いつまでも。「ーお幸せに」

**すえひろがり【末広がり】** ①次第に一末が広がって(栄えて)いくこと。対末細り ②(儀式用の)扇子。◇すえひろ。

**すえる【据える】** ①設置する。②すわらせる。「あとがまにー」③落ち着かせる。「腰をー」④「灸《きゅう》をー」

**すえる《饐える》** 食物が腐ってすっぱいにおいがする。

**すおう【蘇芳】** ①マメ科の小高木。材は染料用。②黒っぽい赤色。

**すおどり【素踊り】** 衣装やかつらを着けないで踊ること。

**ずおも【頭重】** ①頭が重く感じられること。②容易に他人に頭を下げないこと。③相場が上がりそうで上がらない状態。

**すか**〔俗語〕①あてはずれ。「ーをくう」②かす。

**ずが【図画】** 描いたもの。絵。「ー工作」

**スカート**〔skirt〕①女性用の洋服の一。②機械や家具などの下部につけるおおい。

**スカーフ**〔scarf〕薄い布。首に巻いたり頭をおおったりする。

**スカーレット**〔scarlet〕緋色《ひいろ》。

**スカイ**〔sky〕空。

**ーダイビング**〔skydiving〕スポーツとしての落下傘《らっかさん》降下。

**ーライン**〔skyline〕①山や建物が空に接する輪郭線。②山岳地帯を走る自動車道路。

**ずかい【図解】** ①図を用いて説明すること。②図を説明すること。

**ずがい【頭蓋】** 頭部の骨格。とうがい。

**ー骨《こつ》** 頭蓋を形成する骨の総称。

**スカウト**〔scout〕①ボーイスカウト。ガールスカウト。②有望な人材を他から引き抜く一人(こと)。

**すがお【素顔】** 化粧をしない顔。Ⅱありのままの状態。「日本のー」

**すかさず《透かさず》** 時機をはずさず。

**すかし【透かし】** ①透かすこと。②すき間。③透かすと見える模様。

**ー織《お》り** 透いて見えるような薄い織物。〔絽《ろ》や紗《しゃ》など〕

**ーっ屁《ぺ》** 音を出さずにするおなら。

**ー彫《ぼ》り** 表から裏までくりぬいて模様を表す彫刻。

**すかす**〔俗語〕気どる。「すかしたやつ」〔軽蔑した言い方〕

**すかす【空かす】** おなかをへらす。

**すかす【透かす】** ①すき間を作る。②何かを通して向こう側を見る。③〔俗語〕相手にすかを食らわす。

**すかす《賺す》** なだめて機嫌をとる。

**すがすがしい【清々しい】** さわやかだ。

**すがた【姿】** ①体や物の全体の形。「ー焼き」②身なり。「旅ー」③ありさま。④存在。

**ー見《み》** 全身を映せる鏡。

**すかたん**〔俗語〕あてはずれ。すか。

**スカッシュ**〔squash〕①果汁とソーダ水をまぜた飲料。②球技の一。囲まれた壁面を利用して、ラケットで球を打ち合う。

**スカトロジー**〔scatology〕糞尿や排泄《はいせつ》行為を好んで話題にしたがるような趣味。

**すがやか【清やか】** すがすがしい。〔和歌や俳句などで使う語〕

**ずがら【図柄】** 図案の柄。模様。「帯のー」

**スカラー**〔scalar〕数学などで、大きさだけ

で方向のない量。対ベクトル

**スカラーシップ**［scholarship］奨学金。スカラシップ。

**スカラップ**［scallop］①ホタテガイ（―の殻）。②えりや袖口の波形のふちどり。③ホタテガイの殻（―に似たなべ）に入れた西洋料理。

**すがりつく【縋り付く】** 頼りにしてしっかりと取りつく。

**スカル**［scull］ レース用の細長く軽いボート。

**スカル**［skull］頭蓋骨。

**すがる【縋る】**①取りつく。「肩に―」②たよる。「情け（人）に―」

**スカルプ**［scalp］頭皮。「―ケア」

**すがれる【末枯れる】** 冬が近づき枯れはじめる。Ⅱ衰えはじめる。

**ずかん【図鑑】** 写真や絵でわかりやすく説明した本。「動物（植物）―」

**スカンク**［skunk］ イタチ科の獣。敵にあうと悪臭を放つ。

**ずかんそくねつ【頭寒足熱】** 頭を冷やし、足を暖かくすること。〔健康によいとされる〕

**すかんぴん【素寒貧】**〔俗語〕非常に貧乏な―こと（人）。類文《もん》無し

**すかんぽ**《酸模》スイバ。

**すき【好き】**①好ましいこと。対きらい ②物好き。③勝手。「―にしろ」④色好み。

**―こそ物《もの》の上手《じょうず》なれ** 好きだからこそ上達するのがはやい。

**すき【透き・隙】**①間。すきま。②ひま。③つけ入る機会。「―をうかがう」

**すき【鋤・犂】** 農具の一。〔鋤は手で、犂は牛馬に引かせて使う〕

**すき【数寄】**①風流・風雅（―を好むこと）。②すうき。◇〔数寄は、「好き」の当て字〕

**すぎ【杉】**《椙》 代表的な常緑樹。幹は直立する。材は建築用。

**―を凝《こ》らす** 風流な趣向を尽くす。

**すぎあや【杉綾】** 杉の葉のような縞《しま》に織るあや織り。ヘリンボーン。

**スキー**［ski］①雪の上を滑るためにつける板状の道具。②スキー①をつけて雪の上を滑るスポーツ。

**―アスロン**［ski athlon］ スキーの競技種目の一。距離複合。

**―クロス**［ski cross］スキーのフリースタイル競技の一。障害物があるコースで着順を争う。

**スキーマ**［schema］①概要。②データベース全体の構造（―を記したファイル）。③知識の構造。

**スキーム**［scheme］①計画。②図式。

**スキーヤー**［skier］スキーをする人。

**すきうつし【透き写し】**敷き写し。

**すきおこす【鋤き起こす】** 鋤で掘り起こす。

**すきおり【透き織り】**すかしおり。

**すぎおり【杉折り】**スギの薄い板で作った箱。

**すきかえす【漉き返す】**一度使った紙をすいて再び紙にする。

**すきかえす【鋤き返す】** 農具で土を掘り返す。

**すきかって【好き勝手】** 自分勝手。「―なふるまい」

**すききらい【好き嫌い】**①好きと嫌い。②よりごのみ。

**すきごころ【好き心】**①好奇心。②色好みの心。③【数寄心】風流な心。

**すぎこしかた【過ぎ来し方】**〔文章語〕過去。「―を語り合う」

**すきこのむ【好き好む】**「好き好んで（＝わざわざ）苦労する」

**すぎさる【過ぎ去る】** 通り越す。過去のこととなる。「遠く過ぎ去った昔」

**すぎし【過ぎし】**過ぎ去った。「―昔」

**すきずき【好き好き】** 人により好みが異なること。

**すぎたる【過ぎたる】**

**―は及《およ》ばざるが如《ごと》し** よいことでも程度を越えれば、かえって効果を失う。何事も中庸がよい。

**スキット**［skit］（語学教育での）寸劇。

**スキッド**［skid］自動車の横すべり。

**スキッパー**［skipper］小さい船の船長。

**すきっぱら【空きっ腹】**〔俗語〕空腹《くうふく》。

**スキップ**［skip］①片足で二回ずつ交互に軽く跳び跳ねながら進むこと。②一連の流れのある部分をとばして次に進むこと。

**―フロア**［skipfloor］建物で、同じ空間の中で床の高さが異なる構造。

**すきとおる【透き通る】**①何かを通して向こう側が見える。②澄んでよく通る。「透

き通った声」
**すぎな【杉菜】** シダ植物の一。〔胞子茎をツクシという〕
**すぎない【過ぎない】**(「…に～」の形で)ただ…であるだけだ。「遊びに―」
**すきほうだい【好き放題】**好き勝手。
**すきま【隙間・透き間】**①透いている間。②ひま。
**―風《かぜ》** すき間から吹きこむ(―冷たい)風。
**―風《かぜ》が吹《ふ》く** 互いの気持ちに行き違いが生じる。
**―産業《さんぎょう》** 既存の分野のすき間に進出する産業。ニッチ産業。
**すきみ【剝き身】**薄く切った魚肉。
**すきみ【透き見】**のぞき見。
**スキミング**〔skimming〕 磁気カードの情報を不法に読み取ること。〔すくい取るの意〕
**スキムミルク**〔skim milk〕脱脂粉乳。
**すきもの【好き者】**①物好きな人。②色好みの人。
**すきや【数寄屋・数奇屋】** 茶の湯のために、庭園に建てた茶室。
**―造《づく》り** 茶室風の建物。
**すきやき【すき焼き】**《鋤焼き》 なべ料理の一。牛なべ。
**スキャット**〔scat〕(即興的に)意味のない語を繰り返し歌う歌い方。そういう歌。
**スキャナー**〔scanner〕 画像を読み込むコンピューターの装置。
**スキャン**〔scan〕走査。「CT―」
**スキャンダラス**〔scandalous〕 スキャンダルにつながるようす。醜聞的。
**スキャンダル**〔scandal〕①醜聞。②不正事件。
**スキューバ**〔scuba〕 ボンベ式水中呼吸器。スクーバ。〔self-contained underwater breathing apparatus の頭文字〕
**―ダイビング**〔scuba diving〕 スキューバをつけてする潜水。
**スキル**〔skill〕技能。
**―アップ**〔和製語 skill up〕 技能を高めること。
**すぎる【過ぎる】**①越える。通る。②うつりゆく。③まさる。「私にはすぎた地位」④限度をこす。「冗談が―」⑤度をこす。「言い―」
**スキルスがん【―癌】** 悪性で進行の早い性質のがん。
**スキン**〔skin〕①皮膚。②コンドーム。
**―ケア**〔skin care〕肌の手入れ。
**―シップ**〔和製語 skin ship〕 はだの触れ合い(―による親子の愛情の交流)。
**―ダイビング**〔skin diving〕 潜水用具を使わないでする潜水。素潜り。
**―ヘッド**〔skinhead〕 はげ頭。剃《そ》った頭。
**ずきん【頭巾】**頭にかぶる袋状の布。
**すく【好く】**このむ。「人に好かれる」
**すく 一【透く】**①すき間ができる。②透き通る。 **二【空く】**①つかえがとれる。「胸が―」②減る。からになる。「車内が―」対こむ
**すく【梳く】**髪をとかす。
**すく【漉く】**紙や海苔《のり》を作る。
**すく【鋤く】**農具で土を掘り返す。
**すぐ【直ぐ】**ただちに。
**ずく【尽く】**…の―方法(理由)だけによる。「相談(腕・金)―」
**ずく【木菟】**ミミズクの略。
**すくい【救い】**①助けること。類救済 ②(悪いことが多い中で)気持ちをなだめること。
**―難《がた》い** 手のほどこしようがない。「―ばかだ」
**―出《だ》す** 助けて安全な所に連れていく。
**すくいあげる【掬い上げる】** すくって上にあげる。
**スクイーザー**〔squeezer〕 レモンなどの果汁をしぼる道具。
**スクイズ**〔squeeze〕 野球で、三塁の走者を打者のバントによってホームインさせること。スクイズプレー。スクイズバント。
**すくう【掬う】**《抄う》①液体や粉の表面の部分を(―手・さじ・網で)取り出す。②下から急に持ち上げる。「足を―」
**すくう【救う】**助ける。
**すくう【巣くう】**巣を作ってすむ。＝根城《ねじろ》を構える。「悪人たちが―」
**スクーター**〔scooter〕 またがずに乗れる小型自動二輪車。
**スクーナー**〔schooner〕 二本マストの小型帆船。
**スクープ**〔scoop〕 特種《とくだね》。
**スクーリング**〔schooling〕 通信教育で、一定期間行う教室での授業。

**スクール** [school] 学校。「クッキング―」

**―カースト** [school caste] 学校内外で形成される―児童・生徒(小集団)の階層・序列。

**―カラー** [和製語 school color] ①校風。②その学校を象徴する色。

**―ゾーン** [和製語 school zone] 幼稚園・小学校の通学路指定区域。

**スクエア** [square] ①四角。②四角い広場。

**―ダンス** [square dance] フォークダンスの一。数人が四角の形をつくって踊る。

**すぐき【酸茎】** 漬物の一。材料はカブの一種のスグキナ。酸味がある。〔京都の名産〕

**すぐさま**《直ぐ様》すぐに。〔やや文語的〕

**すぐす【過ぐす】**すごす。〔雅語的〕

**すくせ【宿世】**〔仏教語〕しゅくせ。

**すくない【少ない】**《尠い》対多い

**すくなからず【少なからず】**おおいに。

**すくなく(―と)も【少なく(―と)も】**控えめに考えても。

**すくなめ【少なめ】** やや少ないこと。対多め

**すくみあがる【竦み上がる】** すっかり恐れる。

**すくむ【竦む】** 筋肉が縮んで動かなくなる。「足が―」

**ずくめ【尽くめ】**…だけ。「黒(結構)―」

**すくめる【竦める】** 体をちぢめて小さくする。「首を―」

**すくよか【健よか】**すこやか。

**スクラッチ** [scratch] スポーツで、ハンディキャップなし。

**―カード** [scratch card] 隠してある部分を削り取って点数や当たりを見るくじ。

**スクラップ** [scrap] ①新聞や雑誌の切り抜き。②くず鉄。

**―アンドビルド** [scrap and build] 老朽施設を整理し、新しい施設を作ること。Ⅱ行政組織で、新しい部署を作るとき、同等の組織をなくすこと。

**スクラブ** [scrub] 細かい粒子の入った洗顔料。「―クリーム」

**スクラム** [scrum] ①ラグビーで、球を取るために選手が組み合うこと。②大勢が腕を組み合うこと。「―を組む」

**―ハーフ** [scrum half] ラグビーで、ハーフバックの一人。スクラムにボールを投げ入れ、また出てきたボールをバックスに回す。

**スクランブル** [scramble] ①接近する―国籍不明機(敵機)に対する戦闘機の緊急発進。②スクランブルエッグ。③スクランブル交差点。

**―交差点**《こうさてん》 歩行者がどの角度にも横断できる交差点。

**すぐり**《酸塊》 実をジャムの材料にする落葉低木。

**スクリーニング** [screening] ふるい分け。選抜。選別。

**スクリーン** [screen] ①映画(―の映写幕)。②仕切りのカーテン。③印刷などで、フィルター。

**―セーバー** [screen saver] コンピューターの画面の焼き付きを予防するソフトウエア(―の機能)。

**スクリプター** [scripter] 映画やテレビの撮影現場の記録係。

**スクリプト** [script] 映画・放送の台本。

**スクリュー** [screw] ①船の、プロペラ型推進器。②ねじ。らせん。

**―ドライバー** [screwdriver] ①ねじまわし。②カクテルの一。

**―ボール** [screwball] 野球で、変化球の一。落ちるシュート。

**すぐる**《選る》選び取る。

**すぐれて【優れて】**特に。とりわけ。

**すぐれる【優れる】**《勝れる》①まさる。②(「すぐれない」の形で)よくない。「気分がすぐれない」

**スクロール** [scroll] コンピューターなどで、画面の表示内容を上下左右に動かすこと。

**スクワット** [squat] ①ひざの屈伸運動。②パワーリフティングの種目の一。〔背筋を伸ばしたまま行う〕

**すけ【助】**①たすけ。②**【女】**〔俗語〕おんな。

**すげ【菅】** 水辺の野草の一。葉で笠《かさ》や蓑《みの》を作る。茎は三角形。

**ずけ** すし屋で、マグロの赤身をしょう油に漬けたもの。また、その握りずし。

**ずけい【図形】**①図の形。かいた図。②数学で、点・線・面などの集合からなる形。

**スケーティング** [skating] スケートで滑ること。

**スケート** [skate] ①氷上を滑るための靴。②スケート①をはいて氷上を滑るスポーツ。

す

アイススケート。③ローラースケート。
**ーボード**［skateboard］車輪をつけた板。上に乗り、滑って遊ぶ。スケボー。
**ーリンク**［skating rink］スケート場。
**スケープゴート**［scapegoat］いけにえ。他人の罪を身代わりに負わされる人。
**スケール**［scale］①大きさ。規模。「ーが大きい」②長さ・角度などをはかる器具。
**ーメリット**［和製語 scale merit］規模を拡大することによる利点。
**すげかえる【すげ替える】** 取りかえる。つけかえる。「鼻緒（首）をー」
**すげがさ【菅笠】** スゲの葉で編んだ笠。
**すけこまし**〔俗語〕女をたらしこむーこと（男）。
**スケジュール**［schedule］日程（ー表）。予定（ー表）。「ーを組む」
**すけそうだら**《助宗鱈・助惣鱈》スケトウダラ。
**すけだち【助太刀】** 加勢（ーする人）。「ーを頼む」
**スケッチ**［sketch］①素描。写生画。②下書き。略図。③小品。寸劇。
**ーブック**［sketchbook］写生帳。
**すけっと【助っ人】** 加勢する人。
**すけとうだら**《介党鱈》タラの一。卵は「たらこ」。すけとう。すけそうだら。
**すげない**《素気無い》薄情だ。つれない。
**すけばん**《助番・女番》〔俗語〕女の番長。
**すけべえ【助平】**《助兵衛》〔俗語〕好色（ーの人）。すけべ。すけべい。
**ー根性**《こんじょう》①すけべえな気持ち。②気が多く、いろいろな物事に手を出したがること。
**スケボー** スケートボードの略。
**すける【助ける】**〔俗語〕たすける。
**すける【透ける】** 物を通して向こう側が見える。
**すげる**《箝げる》はめ込む。「鼻緒をー」
**スケルツォ**［イタリア語 scherzo］速くて軽快な曲。諧謔《かいぎゃく》曲。
**スケルトン**［skeleton］①骸骨。‖内部が透けて見えること。「ーのバッグ」②家具や什器がなく内装もしていない状態の店や部屋。③そり競技の一。
**スコア**［score］①得点（ーの記録）。「ーーブック（ボード）」②音楽で、総譜。
**ーカード**［scorecard］ゴルフやボーリングで、競技記録を記入するカード。
**スコアラー**［scorer］競技の記録係。
**スコアリングポジション**［scoring position］野球で、ヒットが出れば得点可能な塁。二塁・三塁。
**すごい【凄い】** ①おそろしい。すさまじい。②程度がはなはだしい。
**ずこう【図工】** 図画工作の略。小学校の教科の一。
**すごうで【凄腕】**〔俗語〕非常にすぐれた腕まえ（ーの人）。
**スコート**［skort］テニス用の短いスカート。
**スコープ**［scope］①範囲。視野。②…を映像化する器械。「オシロー」
**スコール**［デンマーク語 skål］乾杯。
**スコール**［squall］熱帯地方の激しいにわか雨。
**スコーン**［scone］丸い小型のパン。〔ジャムやクリームをつけて食べる〕
**すこし【少し】**《些し》ちょっと。わずか。
**ーも**（否定表現の中で）ちっとも。全然。「ー信じない」
**すごす【過ごす】** ①送る。「一夜をー」②暮らす。③度を越す。「酒をー・飲みー」④かまわないでおく。「見ー」
**スコッチ**［Scotch］①スコットランド産のウイスキー。スコッチウイスキー。②ツイード。
**ーエッグ**［Scotch egg］ゆで卵をひき肉などを練ったもので包み、揚げた料理。
**スコップ**［オランダ語 schop］①シャベル（ーに似た道具）。②園芸用具。移植ごて。
**すこぶる**《頗る》非常に。
**ー付《っ》き** 飛び抜けていること。「ーの美人」
**すごみ【凄み】** すごむーようす（言葉）。「ーを利かせる」
**すごむ【凄む】** 相手に対して、おどすようすをみせる。
**すごもる【巣籠もる】** 巣に入ったままでいる。
**すこやか【健やか】** 健康。健全。すくよか。「ーに育つ」
**すごろく【双六】** 遊戯の一。「道中ー」
**スコンク**［skunk］零敗。「ーゲーム」
**すざく【朱雀】** しゅじゃく。
**すさび【遊び】**〔文章語〕心の向くままにす

ること。「筆の—」

**すさぶ**〔文章語〕㊀【荒ぶ】荒れる。㊁【遊ぶ】①気の向くままにする。②ふける。おぼれる。◇すさむ。

**すさまじい**【凄まじい】①ものすごい。②ひどい。「あれで教授とは—」

**すさむ**【荒む・遊む】〔文章語〕すさぶ。

**ずさん**【杜撰】①不正確で誤りが多いこと。②粗雑。「—な経営」◇〔ずざんの変化〕

**すし**【鮨・寿司】《鮓》握りずし・押しずし・散らしずしなどの総称。〔「酸《す》し」の意〕

**すじ**【筋】①細長く続くもの。②筋肉。腱《けん》。「—を切る」③筋道。手順。「—の通った話」④血筋。⑤素質。「—がいい」⑥関係者。「確かな—からの情報」⑦かまぼこの一。おでんの種。⑧細長いものを数える語。「一—の光」

**—を通《とお》す** 道理を通す。手続きをふんで事を運ぶ。

**ずし**【図示】図でしめすこと。

**ずし**【厨子】仏像や経巻などを安置する両開きの箱。

**すじあい**【筋合い】わけ。道理。「非難される—はない」

**すじかい**【筋交い】①斜め（—に交差していること）。②構造物の補強のため、柱の間に斜めに取り付ける材。

**すじがき**【筋書き】事件の内容や演劇などのあらすじを書いたもの。⊜もくろみ。

**すじがね**【筋金】物を補強するためにはめた金属の線や棒。

**—入《い》り** 鍛え抜かれた体や精神をもっていること。

**ずしき**【図式】物の関係を示す図。「—的」

**すじこ**【筋子】サケの卵（—を塩づけにした食品）。すずこ。〔ばらばらにしたのがイクラ〕

**すじだて**【筋立て】話の筋の立て方。

**すしだね**【鮨種】すしの材料にする魚や貝など。すしねた。

**すじちがい**【筋違い】①筋向かい。②道理にはずれている。③見当違い。④筋肉の筋を痛めること。

**すしづめ**【鮨詰め】狭い所に多くの人（物）がぎっしり入っていること。

**すじにく**【筋肉】食肉のうち腱《けん》のついた肉。特にアキレス腱。

**すじばる**【筋張る】①筋が多く、つっぱって見える。②堅苦しくなる。

**すじみち**【筋道】①道理。②話し方（考え方）の順序。「—を立てる」

**すじむかい**【筋向かい】斜めに向かい合うこと。筋向こう。「—の家」

**すじめ**【筋目】①折り目。②血統。「—の正しい家」③物事の筋道。「—を通す」

**すじょう**【素性・素姓】①生まれた家柄や育ち。「—が知れない」②今までの経歴。③生来の性質。

**ずじょう**【頭上】頭の上。「—注意」

**ずしり** 物が重い（重く感じる）ようす。類ずしっ・ずしん

**すじる**【捩る】体をねじって曲げる。

**すす**【煤】①煙に含まれる黒い粉。②煙とほこりがまじった黒いもの。

**すず**【鈴】振って鳴らす鳴り物。球形で、金属製・陶器製。

**すず**【錫】金属元素の一。銀白色。さびにくい。ブリキ・食器の材料。記号Sn

**すすいろ**【煤色】黄色がかった薄黒い色。

**すずかけ**【篠懸け・鈴掛け】修験者《しゅげんじゃ》が衣服の上に着る麻の衣。

**—の木《き》** プラタナス。

**すずかぜ**【涼風】（初秋の）涼しい風。

**すすき**【薄】《芒》秋の七草の一。おばな。

**すすぎ**【濯ぎ】すすぐこと。

**すずき**【鱸】スズキ科の近海魚。食用。〔出世魚で、幼魚をセイゴ・フッコという〕

**すすぐ** ①【濯ぐ】洗い落とす。②【雪ぐ】恥や不名誉を除く。③【漱ぐ】うがいをする。◇そそぐ。ゆすぐ。

**すすける**【煤ける】①煤で黒くなる。②よごれがたまる。

**すずこんしき**【錫婚式】結婚後一〇年目の祝い。

**すずしい**【涼しい】①空気が（—快く）冷たい。②さわやか。

**—顔《かお》** 知らんぷりをしてすましていること。

**すずしろ**《清白》ダイコンの古称。〔春の七草の一〕

**すずな**《菘》カブの古称。〔春の七草の一〕

**すずなり**【鈴生り】実が密集してなること。⊜大勢の人が一か所にむらがっていること。「—の見物人」

**すすはらい**【煤払い】すすやほこりを払うこと。⊜（年末の）大そうじ。

**すずみ**【涼み】涼むこと。納涼。「夕—」

**すすむ【進む】** ①前に動く。対退く ②先の段階に行く。「位(時計)が—」③上達する。「腕が—」④気乗りがする。「気が—」⑤はかどる。「準備が—」

**すずむ【涼む】** 涼しい風にあたる。「木陰で—」

**すずむし【鈴虫】** コオロギ科の昆虫。秋、リーンリーンと鳴く。〔平安時代、マツムシとよばれた〕

**すずめ【雀】** 小鳥の一。小形の野鳥。Ⅱ事情に詳しい人。「楽屋—」

**—の涙《なみだ》** ほんの少し。

**—蜂《ばち》** ハチの一。大形で毒針をもつ。くまんばち。

**—百《ひゃく》まで踊《おど》りを忘《わす》れず** 幼時の習慣は、年をとっても忘れない。

**—焼《や》き** 頭ごと背開きにした小ブナの串焼き。

**すすめる【進める】** 進むようにする。「計画(時計)を—」

**すすめる【勧める】**《奨める》①…した方がいいと相手に言う。②どうぞと相手に出す。

**すすめる【薦める】** 推薦する。

**すずやか【涼やか】** ①涼しそうなようす。②さわやか。

**すずらん【鈴蘭】** 初夏、つりがね状の白い花が咲く草花。

**すずり【硯】** 墨をするための文具。「—箱」

**すすりなく【啜り泣く】** 声をおさえてしゃくりあげて泣く。

**すする**《啜る》①そばや汁を音をたてて吸いこむ。②鼻水を息とともに吸いこむ。

**すずろ【漫ろ】** そぞろ。〔雅語〕

**すすんで【進んで】** 積極的に。

**ずせつ【図説】** 図による説明。

**すそ【裾】** ①衣服の下のふち。「ズボンの—」②物の下部。「ふとん(山)の—」

**すそあげ【裾上げ】** 裾を短くすること。

**ずぞう【図像】** ①主題や象徴を表す画像。②仏教において、仏や菩薩の姿を描いた像。

**すそがり【裾刈り】** えりくびに近いところの髪を刈ること。

**すそさばき【裾捌き】** 和服で動くときの裾の処理のしかた。「—が美しい」

**すその【裾野】** 山のふもとの野原。

**すそもよう【裾模様】** 和服の裾につけた模様(—のある女性の礼服・訪問着)。

**すそわけ【裾分け】** おすそわけ。

**スター**［star］①星。②花形。人気者。

**—ダスト**［stardust］星くず。小星団。

**—ダム**［stardom］スターとしての地位。「—にのし上がる」

**スターター**［starter］①スタートの合図をする人。②始動機。

**スターチ**［starch］でんぷん。「コーン—」

**スターティング**［starting］①出発。②先発。「—メンバー」

**—ブロック**［starting block］短距離競走の発走用の足の留め具。

**スタート**［start］①出発(—点)。②始まること。

**—ダッシュ**［和製語 start dash］短距離競走の発走直後の疾走。Ⅱ開始直後の勢い。

**スタイ** 乳幼児用のよだれかけ。〔商品の名づけから。スタイの由来は不詳〕

**スタイリスト**［stylist］①商業用写真撮影の際、衣装や髪型をととのえる人。②気取り屋。おしゃれ。③形式主義者。

**スタイリッシュ**［stylish］しゃれた。流行にのった。

**スタイリング**［styling］様式や型(—をあわせてまとめること)。

**スタイル**［style］①容姿。かっこう。②(服や工業製品などの)型。③文体。

**スタウト**［stout］黒ビールの一。酸味と苦味が強い。

**すだく**《集く》①〔古語〕あつまる。②虫などが鳴く。〔すだく②は誤用から〕

**スタグフレーション**［stagflation］不況下でインフレが進行する状態。

**スタジアム**［stadium］①競技場。②野球場。

**スタジオ**［studio］①写真家などの仕事場。②映画撮影所。③放送局の放送室。④ダンスなどの練習場。

**すだち【酢橘】** ユズに似た柑橘類の一。

**すだつ【巣立つ】** ひなが成長して巣をはなれる。Ⅱ社会へ出る。

**スタッカート**［イタリア語 staccato］音楽の演奏標語の一。音を切って短く。スタカート。対レガート

**スタック**［stack］①積み重ねること。「—できる保存容器」②コンピューターで、データ

を一時的に格納する記憶領域。また、そのデータ構造。

**スタック**〔stuck〕動かなくなること。動けなくなること。

**スタッド**〔stud〕飾り鋲《びょう》。飾りボタン。

**―レスタイヤ**〔studless tire〕鋲を使っていないスノータイヤ。

**スタッフ**〔staff〕①幹部。対ライン ②陣容。部員。③映画などで、制作陣。対キャスト

**スタッフ**〔stuff〕①材料。素材。②西洋料理で、詰め物。

**スタッフド**〔stuffed〕料理で、詰め物をした。「―エッグ」

**スタディー**〔study〕研究。勉強。

**スタティック**〔static〕静的。対ダイナミック

**スタビライザー**〔stabilizer〕船や航空機の水平安定装置。

**ずだぶくろ【頭陀袋】**①何でもはいる袋。②〔仏教語〕僧が首にかける袋。◇ずた袋。

**スタミナ**〔stamina〕体力。持久力。

**スタメン** スターティングメンバーの略。競技で、先発メンバー。

**すたる【廃る】**すたれる。

**すだれ【簾】**①竹やアシで作る、ござに似たもの。日よけ用。②すしを巻いたりするための、竹製の道具。巻き簀《す》。

**すたれる【廃れる】**①使われなくなる。②はやらない。③衰える。

**スタンガン**〔stun gun〕高圧電流を流す護身用の武器。

**スタンス**〔stance〕①立場。姿勢。②野球やゴルフで、球を打つときの足の幅・位置。

**スタンダード**〔standard〕標準(―的)。「―サイズ」

**―ナンバー**〔standard number〕軽音楽で、よく演奏される曲。

**スタンディング**〔standing〕立つこと。

**―オベーション**〔standing ovation〕観客が立って拍手喝采《かっさい》すること。

**―スタート**〔standing start〕競走のスタート方法の一。立った姿勢から出走。対クラウチングスタート

**スタント**〔stunt〕危険な演技。

**―マン**〔stunt man〕俳優の代わりに危険な演技をする人。

**スタンド**〔stand〕①台。「ブック―」②観客席。③電気スタンド。④売店。特に、ガソリンスタンド。⑤カウンターだけの飲食店。「―バー」

**―アローン**〔standalone〕コンピューターをネットワークに接続せずに単独で使用する形態。Ⅱ系列や参加に加わらないで独立していること。

**―カラー** 折り返しがなく立っている形の襟。立ち襟。〔stand-up collarから〕

**―プレー** ①観客に拍手をさせるための演技。②自分を目立たせるための意識的な動作。◇〔grandstand playから〕

**スタンバイ**〔standby〕①(航空機や船舶の)出航準備。②放送で、本番前の準備。「―ＯＫ」③放送で、予備の番組(出演者)。

**スタンプ**〔stamp〕①印章。「―インク」②郵便の、消印。③切手。④切手型の券。〔商品引き換え券など〕

**―ラリー**〔和製語 stamp rally〕決められたポイントでスタンプを集めながら一定のコースを回る競技(遊び)。

**スチール**〔steal〕野球で、盗塁。「ホーム―」

**スチーム**〔steam〕①蒸気。「―アイロン」②蒸気暖房装置。スチームヒーター。

**スチール**〔steel〕①鋼鉄(―製)。「―デスク」②スチールギター。

**―ギター**〔steel guitar〕ハワイアン音楽用のギター。弦は金属。電気式。

**スチール**〔still〕映画の一場面を焼き付けた写真。宣伝用。

**スチューデント**〔student〕学生。

**スチュワーデス**〔stewardess〕旅客機の女性客室乗務員。エアホステス。

**スチュワード**〔steward〕旅客機の男性客室乗務員。

**スチロール**〔ドイツ語 Styrol〕無色の液体。スチロール樹脂の原料。スチレン。

**ずつ《宛》**①割り当てること。「二個―」②同じ分量を繰り返すこと。「少し―」

**ずつう【頭痛】**頭の痛み。Ⅱ心配。悩み。

**スツール**〔stool〕背もたれ・ひじ掛けのないいす。

**すっからかん**〔俗語〕からっぽで、何もないようす。

**ズッキーニ**〔イタリア語 zucchini〕西洋野菜

の一。サラダやいためものに使う。

**ズック**〔オランダ語 doek〕①麻や木綿の厚地の布。かばんや舟の帆に用いる。②ズック製の靴。「ー靴」

**すづけ【酢漬け】** 食物を酢に漬けること。その食物。「きゅうりのー」

**ずっこける**《ずっ転ける》〔俗語〕①倒れる。②だらしなくずりおちる。

**すっこむ**〔俗語〕ひっこむ。

**ずっしり** 物が重い（重く感じる）ようす。

**すったもんだ**〔俗語〕もめること。

**すってんてん**〔俗語〕一文なし。

**すっとこどっこい**〔俗語〕相手を軽蔑してののしる言葉。

**すっとばす【素っ飛ばす】**〔俗語〕勢いよく飛ばす（走らせる）。

**すっとんきょう**《素っ頓狂》〔俗語〕とんきょうの強め。

**すっぱい【酸っぱい】** 酸味がある。酸い。

**すっぱだか【素っ裸】** まるはだか。Ⅱ㋐地位や財産が何もないこと。㋑隠しだてのないこと。

**すっぱぬく【素っ破抜く】** ①暴露する。②出し抜く。

**すっぴん**〔俗語〕①化粧をしていない顔。②しらふ。

**すっぽかす**〔俗語〕①放っておく。②約束を破る。

**すっぽぬける【すっぽ抜ける】**〔俗語〕①抜けてはずれる。②野球で、投げた球が思わぬコースにそれる。

**すっぽん**《鼈》①カメの一。かみつくと離さない。甲は柔らかい。食用。泥亀。胴亀。まる。②歌舞伎舞台の花道にある穴。

**すで【素手】** 何も持っていないこと（手）。「ーで立ち向かう」

**ステアリング**〔steering〕自動車などの方向変換装置。

**ステイ**〔stay〕滞在。

**ーホーム** 災害などに際して、外出を控え、家にとどまること。〔和製語 stay ＋ home〕

**スティグマ**〔stigma〕個人に不名誉や屈辱をもたらすもの。ネガティブなレッテル。汚名。烙《らく》印《いん》。〔ギリシャ語で奴隷の烙印の意〕

**すていし【捨て石】** ①庭の所々に置いた石。②護岸用に水中に投げ入れる石。③碁で、作戦上相手に取らせる石。Ⅱ現在はむだにみえるが将来の利益のために行うこと。

**スティック**〔stick〕①棒。②ホッケーなどの打球棒。③ドラムを打つ棒。

**すていん【捨て印】** 証書や契約書の欄外に、あらかじめ押しておく訂正印。

**すてうり【捨て売り】** 投げ売り。

**ステーキ**〔steak〕焼き肉料理。特に、ビーフステーキ。

**ステークス**〔stakes〕競馬で、特別賞金レース。

**ステークホルダー**〔stake holder〕企業に対し利害関係を持つ人々。〔株主・顧客・従業員・地域住民など〕

**ステージ**〔stage〕①舞台。演壇。②段階。

**ーママ**〔和製語 stage mama〕子役にいつもつきそって世話をする母親。

**ステーショナリー**〔stationery〕文房具。

**ステーション**〔station〕①駅。停車場。②ある仕事を行う場所。「サービスー」③放送局。「キーー」

**ーワゴン**〔station wagon〕乗用車の一。後部に荷物を多く積める。

**ステータス**〔status〕社会的地位。

**ーシンボル**〔status symbol〕社会的地位を象徴する物。

**ステート**〔state〕①国家。②地位。

**ステートメント**〔statement〕声明（ー書）。公式発表。

**ステープラー**〔stapler〕ホッチキス。

**ステープルファイバー**〔staple fiber〕紡績用に短く切った合成繊維。スフ。

**すておく【捨て置く】** そのままにしておく。取り上げない。

**すてがね【捨て金】** むだに使うお金。

**すてき【素敵・素適】** すばらしい。心がひかれる。

**すてご【捨て子】**《棄児》養育すべき子供を捨てること。また、捨てられた子供。

**すてごま【捨て駒】** 将棋で、作戦上相手に取らせる駒。Ⅱ後の利益のために犠牲になる人。

**すてさる【捨て去る】** 思いきりよく捨てる（みはなす）。

**すてぜりふ【捨て台詞】** ①舞台で、その場面に合わせて言う脚本にない言葉。②立ち去るときに言い放つ言葉。「ーを残す」

◇〔捨てゼリフとも書く〕
**ステッカー**〔sticker〕目印にはりつけるラベルや紙片。〔広告・注意書きなど〕
**ステッキ**〔stick〕つえ。
**ステッチ**〔stitch〕①縫い方。刺繍《ししゅう》の針目。「クロス―」②飾りミシン。
**ステップ**〔step〕①ダンスで、足の踏み方。②バスなどの昇降口の踏み段。③手順。段階。④陸上競技の三段跳びで、第二の跳躍。
**―アップ**〔step up〕向上。進歩。
**―バイステップ**〔step-by-step〕一段階ずつ着実に。
**―ファミリー**〔step family〕血縁でない親子関係を含む家族。
**ステップ**〔steppe〕肥沃《ひよく》な草原地帯。シベリア・中央アジアなど。
**ステディー**〔steady〕①着実なようす。②決まった恋人(―の関係)。
**すでに【既に】**《已に》①以前に。②もはや。
**―して**〔文章語〕そうしている間に。
**すてね【捨て値】** 損を承知の安い値段。「―で売る」
**すてばち【捨て鉢】**やけ。「―になる」
**ステマ** ステルスマーケティングの略。
**すてみ【捨て身】** 身をなげだして事にあたること。「―の戦法」
**すてる【捨てる】**《棄てる》(不用だとして)放り出す。対拾う Ⅱ㋐見捨てる。㋑なくす。「希望を―」
**―神《かみ》あれば拾《ひろ》う神《かみ》あり** 一方で見捨てられても、他方でだれかが助けてくれる。
**ステルス**〔stealth〕レーダーなどで探知されにくくすること。「―戦闘機」〔「ひそかに」の意〕
**―値上《ねあ》げ** 食品や日用品で、値段は上げずに内容量を減らすこと。実質的な値上げとなる。シュリンクフレーション。
**―マーケティング**〔stealth marketing〕ＳＮＳなどで、口コミをよそおった宣伝。ステマ。
**ステレオ**〔stereo〕①立体。②音響を立体的に再生させる装置。「―録音」対モノラル
**―タイプ**〔stereotype〕①紋切り型。②鉛版。◇ステロタイプ。
**ステロイド**〔steroid〕炭化水素の一。特に、副じん皮質ホルモンの合成品。
**ステロタイプ** ⇩ステレオタイプ
**ステンカラー** 洋服の襟の形の一。首にそって折り返す。〔フランス語 soutien と collar から〕
**ステンドグラス**〔stained glass〕色ガラスを組み合わせて模様や形を表したもの。
**ステンレス** ステンレススチールの略。さびないはがね。クロム鋼。ステン。
**スト** ストライキの略。「ゼネ―・―権」
**ストア**〔store〕店。「チェーン―」
**ストイック**〔Stoic〕禁欲主義的。
**ストーカー**〔stalker〕しつこくつきまとって迷惑や危害を与える者。「―行為」
**すどおし【素通し】**①障害物がなく見通せること。②度のないめがね。
**ストーブ**〔stove〕暖房具の一。
**―リーグ**〔stove league〕プロ野球で、シーズンオフに行われる選手のスカウト・トレード。
**ストーマ**〔stoma〕手術によって身体に造った排泄《はいせつ》口。人工肛門《こうもん》や人工膀胱《ぼうこう》。〔ギリシャ語で「口」の意〕
**ストーム**〔storm〕①あらし。②たき火を囲んで踊ったり歌ったりすること。ファイアストーム。
**すどおり【素通り】** 寄らずに通り過ぎること。
**ストーリー**〔story〕①物語。「ラブ―・サクセス―」②話の筋。
**―テラー**〔storyteller〕話運びのうまい作家。
**ストール**〔stole〕女性用の肩掛け。
**ストーン**〔stone〕①石。②カーリングに使う石。
**―ウオッシュ**〔stone wash〕ジーンズなどを石で洗う加工法。着古した感じを出す。
**ストッカー**〔stocker〕収納庫。特に、店頭用の冷蔵装置付き商品棚。
**ストッキング**〔stocking〕長い靴下。対ソックス
**ストック**〔stock〕①貯蔵(―品)。在庫(―品)。②一時点に存在する財の総量。対フロー ③スープの原料にする煮汁。スープストック。④アラセイトウ。
**―オプション**〔stock option〕企業が

役員や社員に対し、一定数の自社株を一定価格で購入する権利を認める制度。自社株購入制度。〔ストックは株券の意〕
**ーヤード**［stockyard］一時保管所。
**ストック**［ドイツ語 Stock］スキーや登山に使うつえ。
**ストッパー**［stopper］①動きをとめるー装置(人)。②野球で、リリーフピッチャー。
**ストップ**［stop］①停止。休止。②停止信号。③停留所。「バスー」
**ーウオッチ**［stopwatch］秒以下まで正確にはかれる時計。競技用など。
**ー高**《だか》 株式市場で、暴騰を抑えるための高値制限。対ストップ安
**ー安**《やす》 株式市場で、暴落を抑えるための安値制限。対ストップ高
**ストマック**［stomach］胃。腹。
**すどまり【素泊まり】** 旅館で、食事をとらない、泊まるだけの宿泊。
**ストライカー**［striker］サッカーなどで、シュート力のすぐれた選手。「エースー」
**ストライキ**［strike］労働者や学生が、要求を通す手段として仕事や学校を休むこと。スト。
**ーを打**《う》**つ** ストライキを行う。
**ストライク**［strike］①野球で、一定の範囲(=ストライクゾーン)内を通過した投球。対ボール ②ボウリングで、第一投で全部のピンを倒すこと。
**ーゾーン**［strike zone］野球で、ストライクと判定される空間の範囲。Ⅱ異性に対する好みの範囲。

**ストライド**［stride］(走るときの)歩幅。
**ストライプ**［stripe］しま(ー模様)。
**ストラクチャー**［structure］構造(ー物)。構成。
**ストラップ**［strap］つりひも。革ひも。
**ストラテジー**［strategy］戦略。
**ストリーキング**［streaking］はだかで公共の場所を走りぬけること。
**ストリート**［street］街路。通り。「メインー」
**ーチルドレン**［street children］住む家がなく路上で物売りや物乞いなどをして暮らす子供たち。
**ストリーミング**［streaming］インターネット上で動画や音声を読み込みながら再生する技術。
**ストリーム**［stream］液体・気体などの流れ。
**ストリキニーネ**［オランダ語 strychnine］熱帯産の植物マチンの種子に含まれる有毒物。
**ストリッパー**［stripper］ストリップ①を演じる女。
**ストリップ** ①ストリップショーの略。踊りながら衣装を一枚ずつ脱いでいく演芸。②帯状の金属片。
**ストリング**［string］①弦楽器(ーの弦)。また、その演奏者。ストリングス。②ビリヤードで、得点数。
**ストレージ**［storage］①貯蔵。保管。②コンピューターで、記憶(ー装置)。「ーサービス」

**ストレート**［straight］①直線的。「ーコース」Ⅱ㋐野球で、直球。㋑ボクシングで、腕を伸ばして打つ攻撃。㋒〔俗語〕浪人(留年)しないこと。②混ぜものがないこと。「ーで飲む」Ⅱ単一の種類。「ーコーヒー」対ブレンド ③連続。「ー勝ち」④直接であるようす。率直なようす。
**ストレス**［stress］①精神的・肉体的刺激によって生じる心身のひずみ。また、そういう刺激。②音の強さ。対ピッチ
**ストレッサー**［stressor］ストレスを引き起こすー刺激(要因)。
**ストレッチ**［stretch］①直線コース。「ホーム(バック)ー」②伸び縮みする布地。
**ー体操**《たいそう》 筋肉や関節を伸ばす体操。ストレッチング。
**ストレッチャー**［stretcher］患者を寝かせたまま運べる車付きの寝台。
**ストレンジャー**［stranger］見知らぬ人。外国人。異邦人。
**ストロー**［straw］①麦わら。「ーハット(=麦わら帽子)」②瓶やコップの飲み物を吸いこむための細い管。
**ストローク**［stroke］①テニスやゴルフで、球を打つこと。②水泳やボートで、水をかくこと。
**ープレー**［stroke play］ゴルフで、要した打数の数で順位を決める競技方法。
**ストロベリー**［strawberry］イチゴ。
**ストロボ**［strobo］写真で、瞬間的に強く発光させる装置。〔商標から〕
**ストロンチウム**［ラテン語 strontium］金属

元素の一。銀白色。赤色の花火の材料。記号Sr

**すな**【砂】《沙》岩石・鉱物の微細な粒。

**―を嚙《か》むよう** 無味乾燥で味気ないようす。

**すなあらし**【砂嵐】砂漠や砂浜で、砂を吹きあげる激しい嵐。

**スナイパー**［sniper］狙撃手。

**すなお**【素直】①逆らわないようす。②ありのままで自然なようす。

**すなかぶり**【砂被り】相撲で、土俵のすぐそばの席。

**すなぎも**【砂肝】鳥の胃の一部。砂ぶくろ。

**すなけむり**【砂煙】砂が舞い上がって煙のように見えるもの。

**すなご**【砂子】①すな。②蒔絵《えまき》や色紙に吹きつけた金粉・銀粉。

**すなじ**【砂地】砂の多い土地。すなち。

**スナック**［snack］①手軽な食事（―を出す店）。②スナックバーの略。③スナック菓子の略。ポテトチップス・せんべいなど。

**―バー**［snack bar］簡単な食事もできるバー。

**スナップ**［snap］①衣服の留め金で、凹凸が一組になったもの。ホック。②野球やゴルフなどで、投球や打球の際に手首の力をきかせること。③ある瞬間の自然な表情・動作を写した写真。スナップ写真。スナップショット。

**―豌豆《えんどう》** さやごと食べられるえんどう豆。

**すなどけい**【砂時計】砂を落として時間をはかるしかけ。

**すなどる**【漁る】〔文章語〕さかなをとる。

**すなば**【砂場】①砂を入れた遊び場。②砂地。

**すなはま**【砂浜】一面砂になっている浜。

**すなぶくろ**【砂袋】《砂囊》①砂のう。②すなぎも。

**すなぶろ**【砂風呂】〔温泉の蒸気で〕熱した砂で体を温める設備。

**すなぼこり**【砂埃】風で舞い立つ砂。砂塵。「―が立つ」

**すなめり**《砂滑》イルカの一種。

**すなやま**【砂山】砂でできた山。砂丘。

**すなわち** ①【即ち】つまり。言い換えれば。②【則ち】…のときはいつでも。「戦えば―勝つ」③【乃ち】そこで。

**スニーカー**［sneakers］ゴム底で、キャンバス地ややわらかい革製の運動靴。

**ずぬける**【図抜ける】ずばぬける。

**すね**【脛】《臑》ひざから足首までの（―前の）部分。

**―に傷《きず》持《も》つ** やましい点がある。

**―を齧《かじ》る** 親のすねをかじる。

**すねあて**【脛当て】すねを保護する用具。

**スネーク**［snake］へび。

**すねかじり**《脛齧り》経済的に親の世話になっている―こと（人）。

**すねる**【拗ねる】不満でぐずったりさからったりする。

**ずのう**【頭脳】知力のもととしてのあたま。Ⅱすぐれた知力の持ち主。「―集団」

**―労働《ろうどう》** 知力や判断力を主に使う労働。対肉体労働

**スノー**［snow］雪。積雪用。

**―タイヤ**［snow tire］雪道や凍結道路用のタイヤ。

**―ボード**［snowboard］雪の斜面を滑り降りるための板（―で行うスポーツ）。スノボ。

**―モービル**［snowmobile］小型雪上車。

**スノーケル**［snorkel］シュノーケル。

**すのこ**【簀の子】①竹やアシを編んだ物。②細い板を間をすかせて並べた台。

**スノッブ**［snob］教養があるように見せかける俗物。

**スノビズム**［snobbism］俗物根性。教養人気取り。

**スノボ**〔俗語〕スノーボードの略。

**すのもの**【酢の物】魚介・野菜を酢でひたした料理。

**スパ**［spa］温泉（―を利用した美容・医療施設）。鉱泉。

**スパーク**［spark］火花（―がとぶこと）。

**スパークリングワイン**［sparkling wine］発泡性ぶどう酒。シャンパンなど。

**スパート**［spurt］競走・競泳で（―急に）全力を出すこと。「ラスト―」

**スパーリング**［sparring］ボクシングで、試合形式でする練習。「―パートナー」

**スパイ**［spy］諜報《ちょうほう》活動をする―こと（人）。「産業―」

**―ウエア**［spy ware］パソコン利用者の個人情報を無断で収集するソフトウエア。

**スパイク**［spike］①スパイクシューズの略。

裏にくぎを打った競技用の靴。また、そのくぎ。②スパイクで傷つけること。③バレーボールで、相手コートへボールを打ちこむこと。キル。

**—タイヤ**［和製語 spike tire］すべり止めのびょうを打ったスノータイヤ。

**スパイシー**［spicy］香辛料がきいているようす。

**スパイス**［spice］香辛料。

**スパイダー**［spider］蜘蛛《くも》。

**スパイラル**［spiral］①らせん。らせん—状(形)。②フィギュアスケートの滑り方の一。らせんを描く。③経済で、連鎖的な変動。特に、悪循環。「デフレ—」

**スパゲティー**［イタリア語 spaghetti］イタリアのめん類の一。スパゲッティ。

**すばこ【巣箱】** 鳥が巣を作りやすいように、人が作って木にかけておく箱。

**スパシーボ**［ロシア語 spasibo］ありがとう。

**すばしっこい** 動作がすばやい。すばしこい。

**すはだ【素肌】**《素膚》①化粧をしていない肌。②衣服をつけていない肌。

**スパッツ**［spats］①タイツ風のぴったりした女性用パンツ。②足首やすねをおおう脚絆《きゃはん》のようなもの。登山・乗馬用。

**スパナ**［spanner］工具の一。ナット・ボルトを回すねじ回し。スパナー。

**すばなれ【巣離れ】** 巣立ち。

**スパニエル**［spaniel］犬の品種の一。

**スパニッシュ**［Spanish］スペイン(—風)の。「—ダンス」

**ずばぬける【ずば抜ける】** とびぬけてすぐれる。

**すはま【州浜】**《洲浜》①州があって、海岸線の入りくんだ浜。②州浜台の略。祝い事の飾りにする台。③和菓子の一。

**スパム**［spam］電子メールを無差別に大量送信すること。〔豚肉缶詰の商標。／広告で連呼したことから〕

**—メール**［spam mail］迷惑な電子メールの総称。

**すばやい【素早い】** 非常にはやい。

**すばらしい【素晴らしい】** ①非常に立派だ。②程度がはなはだしい。

**すばる【昴】** 牡牛《おうし》座のプレアデス星団の、肉眼で見える六つの星。六連星《むつらぼし》。

**スパルタ**［Sparta］古代ギリシャの都市国家。厳格な軍事教育で有名。

**—教育**《きょういく》 非常にきびしい教育。

**スパン**［span］①建造物の支柱の間隔。②飛行機の翼幅。③一定の期間。「五年の—」

**ずはん【図版】** 本文中に印刷された図。

**スパンコール**［spangle］きらきら光る装飾用ボタン。スパングル。

**スピーカー**［speaker］①ラウドスピーカーの略。拡声器。②話し手。③テレビやステレオの、音の再生装置の一部。

**スピーキング**［speaking］(外国語教育で)話すこと。

**スピーチ**［speech］(短い)演説。

**スピーディー**［speedy］すばやい。

**スピード**［speed］①速度。速力。②はやいこと。「—感」

**—アップ**［speedup］速度を増すこと。対スピードダウン

**—ガン**［speed gun］野球で、投球の速さをはかる器械。

**—スケート** スケート競技の種目の一。一定距離を滑る速さを競う。〔speed skatingから〕

**スピニングリール**［spinning reel］釣りのリールで、糸巻き(=スプール)が回転しないもの。

**ずひょう【図表】** ①グラフ。②図と表。

**スピリチュアル**［spiritual］精神的な。霊的な。〔目に見えない力の意味で使われることがある〕

**スピリッツ**［spirits］アルコール分の強い酒。ジン・ウオツカ・テキーラなど。

**スピリット**［spirit］精神。「フロンティア—」

**スピロヘータ**［ラテン語 spirochaeta］微生物の一。梅毒・回帰熱の病原体など。

**スピン**［spin］①回転。旋回。②飛行機のきりもみ降下。③テニスや卓球で、球の回転。④急ブレーキや急ハンドルで、自動車の後輪が横滑り—する(して回転する)こと。

**—オフ**［spin-off］派生現象。副産物。Ⅱ㋐企業の一部門が独立して会社を興すこと。〔スピンアウトとも言う〕㋑映画やテレビ番組の本編から派生した作品。

**スピンドル**［spindle］軸。心棒。

**スフ** ステープルファイバーの略。

**ずふ【図譜】** 図をまとめた書物。「植物―」
**スフィンクス**〔Sphinx〕 古代エジプト・ギリシャ神話で、人面獣身の怪獣（守護神）。
**スプール**〔spool〕 フィルムなどを巻き取る軸。〔釣り糸やタイプライターのリボンなどにも〕
**スプーン**〔spoon〕 ①さじ。②ゴルフクラブの三番ウッド。③ルアーの種類の一。
**スフォルツァンド**〔イタリア語 sforzando〕 音楽の演奏標語の一。かなり強く。記号 *sf sfz*
**すぶた【酢豚】** 中国料理の一。豚肉や野菜をいためてあんをからませる。
**ずぶとい【図太い】** ずうずうしい。「―神経」
**ずぶぬれ【ずぶ濡れ】** ひどく濡れること。びしょぬれ。「―になる」
**ずぶの**〔俗語〕まったくの。「―しろうと」
**スプラウト**〔sprouts〕 食用とする植物の新芽。
**スプラッシュ**〔splash〕 しぶき（―を上げること）。〔ボート競技などで使う〕
**すぶり【素振り】** 木刀やバット、ラケットなどを振る練習。
**スプリット**〔split〕 ①ボウリングで、一投後にピンが離れて残ること。②野球で、変化球の一。打者の近くで沈む。
**―タイム**〔split time〕 マラソンなどで、一定区間を走るのに要した時間。
**スプリング**〔spring〕 ①ばね。②春。③春・秋用のコート。スプリングコート。
**―ボード**〔springboard〕 跳躍・飛び込み用の踏み板。‖発展・飛躍のきっかけとなるもの。
**スプリンクラー**〔sprinkler〕 ①庭園や農地の散水装置。②火災時に、自動的に放水する消火装置。
**スプリンター**〔sprinter〕 短距離選手。
**スプリント**〔sprint〕 短距離-競走（競泳）。
**スフレ**〔フランス語 soufflé〕 洋菓子の一。泡立てた卵白を加えてふっくらと焼いたもの。
**スプレー**〔spray〕 ①霧吹き。噴霧器。②液体を霧状に噴出させて吹きつけること。
**―咲《ざ》き** 一本から枝分かれした茎に多くの花をつける咲き方。
**スプロールげんしょう【―現象】** 都市の住宅地が郊外に向かって無秩序に広がること。類ドーナツ現象
**すべ**《術》手段。方法。「なす―がない」
**スペア**〔spare〕 ①予備（―品）。「―タイヤ」②ボウリングで、第一投で残ったピンを、第二投で全部倒すこと。
**スペアミント**〔spearmint〕 はっか。
**スペアリブ**〔sparerib〕 ブタの骨付きばら肉。
**スペース**〔space〕 ①空間。あきま。②余白。③紙面。「―をさく」④宇宙空間。
**―シャトル**〔space shuttle〕 宇宙連絡船。繰り返し使用可能な有人宇宙ロケット。
**スペード**〔spade〕 トランプで、黒い♠の模様のある札。
**すべからく**《須く》〔文章語〕当然。必ず。「―運動すべし」
**スペキュレーション**〔speculation〕 ①投機。②トランプで、スペードのエース。
**スペクタクル**〔spectacle〕 演劇や映画で、壮大な場面。見せ場。
**スペクトル**〔フランス語 spectre〕 光を分光器で分解し、波長の順にならべたもの。
**スペシャリスト**〔specialist〕 専門家。特殊技能者。
**スペシャル**〔special〕 特別。特殊。
**―オリンピックス**〔Special Olympics〕 知的障害者のためのスポーツ大会。
**スペック**〔spec〕 仕様（―書）。〔specification の略〕
**すべっこい【滑っこい】**〔俗語〕すべすべしている。
**すべて【全て】**《凡て・総て》①全部。②残らず。
**すべらか【滑らか】** すべすべしているようす。なめらか。
**すべりこむ【滑り込む】** ①すべるように入る。②やっと間に合う。③野球で、走者がすべりながら塁に入る。
**すべりだし【滑り出し】** 始め。出だし。
**すべりどめ【滑り止め】** すべらないようにする装置。‖〔俗語〕志望の学校が不合格のときにそなえて、他の学校を受験すること。また、その学校。
**スペリング**〔spelling〕 アルファベットで書く語の、文字の並べ方。スペル。
**すべる【滑る】**《辷る》①表面に接したま

ま、なめらかに動く。②なめらかに動いて一すりぬけて（行きすぎて）しまう。「手（足）が一」Ⅱ「口が一（＝つい言ってはならないことを言う）」③〔俗語〕落第する。④〔俗語〕冗談やギャグが受けずに外れてしまう。

**すべる【統べる】**《総べる》〔文章語〕①ひとつにまとめる。②統治する。

**スペル**〔spell〕スペリング。

**スペルマ**〔ラテン語 sperma〕精子。精液。

**スポイト**〔オランダ語 spuit〕インク・薬液を吸いあげて、他に移し入れるための道具。

**スポイル**〔spoil〕人の性質や気持ちを傷つけてだめにすること。

**ずほう【図法】**①図形の書き方。②地図の書き方。「円錐（メルカトル）一」

**スポーク**〔spoke〕車軸の輻《や》。

**スポークスマン**〔spokesman〕政府や団体の意見を公表する担当者。

**スポーツ**〔sports〕運動（一競技）。「一ウエア・マリン一」

**一カー**〔sports car〕スピードを楽しむように作られた乗用車。

**一の日《ひ》** 国民の祝日の一。一〇月第二月曜日。〔二〇〇〇年までは一〇月一〇日。二〇年、体育の日から改称〕

**一マン**〔sportsman〕男性の運動選手。スポーツの得意な男性。

**一マンシップ**〔sportsmanship〕正々堂々と敢闘する態度・精神。

**スポーティー**〔sporty〕活動的。軽快。〔服装・姿にいう〕対ドレッシー

**ずぼし【図星】**的の中心の黒点。Ⅱそのものずばり。

**一を指《さ》される** ずばりとあてられる。

**スポット**〔spot〕①地点。場所。②番組の中にはさむ（一宣伝用の）短い放送。スポットアナウンス。「一コマーシャル（ニュース）」③駐機場。④スポットライト。

**一ライト**〔spotlight〕一部分を特に明るく照らす照明（一設備）。スポット。

**すぼまる【窄まる】**いっそうすぼむ。

**すぼむ**《窄む》①せまくなる。②しぼむ。

**すぼめる**《窄める》すぼむようにする。

**ずぼら**〔俗語〕だらしないこと。

**ズボン**〔フランス語 jupon〕また下が分かれている下半身用の洋服。

**一下《した》** ズボンの下にはく下着。

**スポンサー**〔sponsor〕①広告主。②資金援助者。類パトロン

**スポンジ**〔sponge〕①海綿。②海綿状のゴムやプラスチックの製品。食器洗いやクッション用。③野球の軟球。スポンジボール。

**一ケーキ**〔sponge cake〕洋菓子の一。

**スマート**〔smart〕①服装や動作が洗練されているようす。②体つきが形よく細いようす。

**一フォン**〔smartphone〕（「スマートホン」とも）情報端末機として多機能かつ高機能を持つ携帯電話。スマホ。

**一メディア**〔smart media〕切手大のメモリーカード。SM。「デジカメ一」〔商標〕

**すまい【住まい】**《住居》住む一こと（所）。住む家。「閑静な一」

**スマイル**〔smile〕ほほえみ。

**すまう【住まう】**継続して住む。住み続ける。

**すまき【簀巻き】**江戸時代のリンチ。人を簀で巻いて水中に投げ入れる。

**すまし【澄まし】**①澄ますこと。②澄まし汁。③きどること。「お一・一顔」④杯洗の水。

**一汁《じる》** 〔清汁とも書く〕日本料理で、汁が透明な汁物。

**すます【済ます】**①終える。②返済する。「借金を一」③まにあわせる。「サインで一」④（動詞の連用形に付いて）完全に…する。「別人になり一」

**すます【澄ます】**《清ます》①濁りをなくす。②落ち着かせて集中する。「耳を一」③気取る。「おつに一」④（動詞の連用形に付いて）精神を集中して…する。「的をねらい一」

**すませる【済ませる】**済ます。

**スマッシュ**〔smash〕テニスや卓球で、相手コートに球を打ち込むこと。

**スマッシング**〔smashing〕スマッシュすること。

**スマホ** スマートフォン（スマートホン）の略。

**すみ【炭】**①木の燃え残り。②木炭。「一を焼く」③石炭。

**すみ【隅】**《角》囲まれた内側のかど。「庭の一」

**一に置《お》けない** 意外な才能・知識があってあなどれない。

**すみ【墨】**①文房具の一。また、それをすってできた液。「一をする」②イカ・タコの体

内の黒い液。③すす。④墨糸《すみいと》。「―を打つ」

**すみ**【酸味】すっぱい味。さんみ。

**すみあらす**【住み荒らす】家や部屋を乱暴に使っていためる。

**すみいと**【墨糸】墨つぼの一部。木材に黒線をしるす糸。墨なわ。

**すみうち**【墨打ち】墨糸で線を引くこと。

**すみえ**【墨絵】水墨画。

**すみか**【住み処・―家】《栖》①すまい。②《棲み処》動物のすむ所。

**すみかえる**【住み替える】引っ越す。

**すみがま**【炭窯】《炭竈》木炭を作るかま。

**すみごこち**【住み心地】住んだときの快適さ。「―がいい」

**すみこみ**【住み込み】雇い主の家に住んで仕事をすること。対通い 動すみこむ

**すみずみ**【隅々】すべての隅。いたる所。

**すみそ**【酢味噌】酢を加えてねったみそ。「―あえ」

**すみぞめ**【墨染め】黒い色に―染めること（染めた服）。〔特に、僧衣や喪服〕

**すみつき**【墨付き】①墨のつき具合。②⇩お墨付き

**すみつぎ**【墨継ぎ】毛筆で書くとき、筆に墨をつけ足して書き続けること。

**すみつく**【住み着く】そこにずっと住む。

**すみつぼ**【炭壺】火消しつぼ。

**すみつぼ**【墨壺】①大工道具の一。木材や石に直線を引く。②墨汁を入れる容器。

**すみてまえ**【炭手前・炭点前】茶の湯で、火加減の調節（―の作法）。

**すみながし**【墨流し】水面に墨汁・染料を落としてできる波紋模様に染めること。また、その模様。

**すみなれる**【住み慣れる】長く住んでその家や土地に慣れる。

**すみび**【炭火】木炭の火。

**すみやか**【速やか】（処理が）速い。「―に処置する」

**すみやき**【炭焼き】①炭を作る―こと（人）。②炭火で焼く料理。

**すみれ**【菫】春、濃い紫色の花を開く草花。

**―色**《いろ》 濃い紫色。

**すみわけ**【棲み分け】生活様式の似た生物が、競争を避けて別々の場所で生存すること。Ⅱ競合を避け、別々の領域で共存すること。

**すみわたる**【澄み渡る】一面に澄む。

**すむ**【住む】《棲む》場所を定めて、そこで暮らす。

**すむ**【済む】①終わる。②かたづく。「金で―」③満足できる。「気が―」

**すむ**【澄む】《清む》①くもりや濁りがなくなる。②清音である。◇対濁る

**スムージー**［smoothie］飲み物の一。果汁にヨーグルトやアイスクリームを加えたもの。

**スムーズ**［smooth］①円滑。②硬式テニスのラケットで、ガットの表側。対ラフ ◇スムースとも。

**すめばみやこ**【住めば都】住み慣れれば、どんな所でも住みやすくなる。

**ずめん**【図面】構造や設計を示した図。「―を引く」

**すもう**【相撲】《角力》土俵の上で二人で競う競技。「―を取る」〔日本の国技〕

**―取**《と》**り** 相撲をとる職業の人。力士。

**―に勝**《か》**って勝負**《しょうぶ》**に負**《ま》**ける** 取り口としては圧倒的に勝つ体勢にありながら、結果として負ける。

**―にならない** 一方が強すぎて勝負にならない。

**―部屋**《べや》 相撲で、年寄である親方が経営し力士が所属する組織。

**スモーキング**［smoking］喫煙。

**スモーク**［smoke］①煙。②舞台で、ドライアイスなどで出す煙。③薫製（―にすること）。「―サーモン」

**―ガラス**〔和製語 smoke glass〕外側から中が見えない色付きガラス。

**スモール**［small］小さい。「―サイズ」対ビッグ

**すもぐり**【素潜り】潜水用具をつけずに水に潜ること。

**すもじ**【酢文字】すし。〔女房言葉〕

**スモック**［smock］①仕事着。上っぱり。②手芸の一。飾りひだをつくる。スモッキング。

**スモッグ**［smog］公害の一。煙霧。煤煙・自動車の排ガスなどが原因でできる霧。「光化学―」〔smoke（＝煙）とfog（＝霧）の合成語〕

**すもも**【李】果樹の一。花は白色。実は酸

味に富む。バラ科。
**すやき【素焼き】** 釉薬《うわぐすり》をかけずに低熱で焼くこと。また、その陶器。「—の皿」
**スラー**〔slur〕 音楽の記号の一。高さのちがう音をなめらかに演奏せよの意。
**スライサー**〔slicer〕 肉やパンなどの食品を薄く切る道具。
**スライス**〔slice〕 ①薄く切ること(切ったもの)。②ゴルフなどで、打った球が利き腕と同じ方向に曲がって飛ぶこと。対フック ③テニスで、球の回転に変化を与えて打つこと。
**スライダー**〔slider〕 野球で、変化球の一。
**スライディング**〔sliding〕 ①すべること。②野球で、すべり込み。
**スライド**〔slide〕 ①すべること。すべらせること。②一方の量の変化に応じて他方も変わること。「賃金を物価に—させる」③フィルムに光をあてて拡大映写する装置。また、そのフィルム。
**—ショー**〔slide show〕 画像表示ソフトで、画像や資料を次々と表示する機能。
**—制**《せい》 物価の変動に応じて賃金や家賃を増減するやり方。
**ずらかる**〔俗語〕 逃げる。
**スラグ**〔slag〕 金属精錬で、溶融した金属から出るかす。鉱滓《こうさい》。
**ずらす** ①すべらす。②重ならないようにする。「予定を—」
**スラッガー**〔slugger〕 野球で、強打者。
**スラックス**〔slacks〕 ズボン。
**スラッシュ**〔slash〕 ①文の切れ目や語の列挙に入れる斜線。「/」。②洋裁で、意図的に入れた切れ込み。
**スラブ**〔slab〕 ①一枚岩。〔登山用語〕 ②幅を厚さの二倍程度に圧延した鋼材。
**スラム**〔slum〕 貧民窟《ひんみんくつ》。「—街」
**スラローム**〔slalom〕 スキーで、回転競技。
**スラング**〔slang〕 俗語。卑語。
**スランプ**〔slump〕 ①一時的な不調。「—に陥る」②不景気。
**すり**《掏摸》 人ごみの中で人の物をこっそり盗みとること(人)。
**ずりあがる【ずり上がる】** ①少しずつ動いてあがる。②少しずつ高い地位にあがる。
**すりあし【摺り足】** 足を地にするようにして歩くこと。
**すりあわせる【擦り合わせる・摺り—】** ①こすりあわせる。②意見を調整する。
**スリー**〔three〕 三。「ベスト—」
**—クオーター**〔three-quarter〕 ①野球で、やや横からの上手投げ。②ラグビーで、ハーフバックとフルバックの間の四人の選手。スリークオーターバック。
**—サイズ**〔和製語 three size〕 バスト・ウエスト・ヒップのサイズ。BWH。
**—ディー**〔three D〕 三次元。映画やゲームで、立体感のある映像。さんディー。3D。〔Dはdimensionの頭文字〕
**—ディープリンター**〔three D printer〕 3Dのデジタルデータを元に樹脂などで立体物を作る装置。
**—バント**〔和製語 three bunt〕 野球で、二ストライクの後にするバント。
**—ピース**〔three-piece〕 三つぞろい。
**—ラン**〔three-run〕 野球で、三得点ホームラン。
**スリーピングバッグ**〔sleeping bag〕 寝袋。
**スリーブ**〔sleeve〕 そで。「ノー—」
**スリープ**〔sleep〕 電子機器の省電力機能の一。一時的に動作を停止させ待機させること。「—モード」〔眠る意から〕
**すりえ【擂り餌・摺り餌】** すりつぶしたえさ。小鳥用。
**ずりおちる【ずり落ちる】** ずるずるとずれて落ちる(さがる)。
**すりおろす【擂り下ろす】** 食材をすって細かくする。「大根を—」
**すりかえる【掏り替える】** そっと取り替える。
**すりガラス【磨り—】** 表面をすって透き通らなくしたガラス。くもりガラス。
**すりきず【擦り傷】** すりむいてできた傷。
**すりきり【摺り切り】** カップ・さじなどで、縁すれすれにならすこと。「—一杯」
**すりきれる【擦り切れる】** 擦れて、切れたり減ったりする。
**すりこぎ【擂り粉木】** すり鉢で物をすりつぶすときに使う棒。
**すりこみ【刷り込み】** 鳥などが、生後すぐに見た動くものを母親としてあとを追う現象。
**すりこむ【擦り込む】** こすって入れる

（つける）。「薬を―」

**スリット**［slit］ 洋服のわきやすその切れ込み。

**スリッパ**［slippers］室内ばき。

**スリップ**［slip］①すべること。「車が―する」②女性用下着の一。

**―ドレス**［slip dress］下着のスリップの形をしたドレス。

**すりつぶす【磨り潰す・擂り―】** すって細かくする。⊜浪費で財産をなくす。

**スリッポン**［slip-on］靴の一。留め具がなく履いたり脱いだりするのが容易。スリップオン。

**すりぬける【擦り抜ける】** ①そっと通り抜ける。「雑踏を―」②（ごまかして）まぬがれる。「法の網を―」

**すりばち【擂り鉢】** 物をすりつぶすのに使う鉢。当たり鉢。

**すりひざ【磨り膝】** ひざで畳や床をすりながら進むこと。

**すりへらす【磨り減らす】** こすって小さくする。⊜使いすぎて弱める。「神経を―」

**すりみ【擂り身】** すりつぶした魚肉。

**スリム**［slim］ ほっそりしているようす。スレンダー。

**すりむく【擦り剝く】** 擦って皮をむく。「ひざを―」

**すりもの【刷り物】** 印刷物。

**すりよる【擦り寄る】** ①ふれ合うほど近寄る。②いざり寄る。

**スリラー**［thriller］ 映画や小説の、スリルをテーマにした作品。

**スリリング**［thrilling］ スリルを感じさせるようす。戦慄《せんりつ》的。

**スリル**［thrill］ ぞっとする（はらはらさせる）感じ。「―満点」

**する【刷る】** 印刷する。

**する《為る》** ①物事・動作を行う。「仕事を―」②対象物が感じられる。「味（寒け）が―」③ある状態である。「赤い色をしている」④その状態になる。「病気を―」⑤数量を表す。「一〇〇〇円も―」⑥身につける。「リボンを―」⑦（「…うと～」の形で）もう少しで…しそうだ。「帰ろうと―」⑧（「…に～」の形で）…に決める。「トンカツに―」⑨（「…と～」の形で）…と仮定する。「地震だと―」⑩（「お…～」「ご…～」の形で）謙譲表現を表す。「お話し―・ご相談―」

**する【剃る】** そる。

**する《掏る》** すりを行う。

**する【擦る】**《摩る・磨る・摺る》①こする。「墨を―」②【擂る】すりつぶす。「みそを―」③使い果たす。「資本を―」

**ずる**［俗語］ずるい―こと（人）。「―をする」

**ずる**《摩る》①ずれる。②引きずる。

**ずるい【狡い】** 他人を出し抜いて自分だけ得をしようとするようす。

**スルー**［through］①…を通して。「―パス・シー―」②スルーパスをする。③［俗語］かかわらないこと。無視。

**―パス**［through pass］（サッカーなどで）敵の選手の間を抜いて送るパス。

**ずるがしこい【狡賢い】** 悪賢い。「―奴」

**ズルチン**［ドイツ語 Dulzin］ 人工甘味料の一。［現在は使用禁止］

**すると** ①そうすると。②それでは。

**するどい【鋭い】** ①よく切れる。「―刃物」②きびしくつきささる感じがする。「目つきが―」③すぐれている。「観察が―」◇対 にぶい

**するめ【鯣】** 干したイカ。食用・祝儀用。［祝儀などでは、寿留女とも書く］

**―烏賊**《かい》 イカの一。刺身・するめ用。

**ずるやすみ【ずる休み】**［俗語］学校や会社を怠けて休むこと。

**ずれ** ①ずれる―こと（程度）。②くいちがい。◇［ズレとも書く］

**スレート**［slate］①粘板岩。②モルタル・石綿などの薄板。屋根材の一。「―屋根」

**ずれこむ【ずれ込む】** 時期がずれて、次の時期に入る。「発売が翌年に―」

**すれすれ**《擦れ擦れ》①ほとんどふれ合うほど近いようす。②きわどいようす。「失格―」類ぎりぎり

**すれちがう【擦れ違う】** ①ごく近くを通って、互いに反対方向へ行く。②ちょっとのことで食い違う。「意見が―」

**すれっからし【擦れっ枯らし】** 世慣れてずるくなった人。すれからし。

**スレッド**［thread］①インターネットで、ある話題に関する一連の電子メール。②プログラムの中で、独立した部分に分けられるひとかたまりの処理の流れ。「マルチ―」

**すれる【擦れる】**《摩れる・磨れる・摺れる》①すった状態になる。②こすれ

て損ずる。③世慣れてずるくなる。

**ずれる** 基準からはずれる。「考え（めがね）が―」

**スレンダー**［slender］スリム。

**すろうにん【素浪人】**（貧乏な）浪人。

**スロー**［slow］①おそい。「―バラード」②ゆるやか。「―カーブ」

**―ダウン**［slowdown］減速。対スピードアップ

**―フード**［slow food］質のよい食生活をゆっくり楽しもうという考え方。〔ファストフードに対抗して誕生〕

**―モーション**［slow motion］①動作がのろい。スローモー。②高速度撮影したものをふつうの速度で映写することによって、画面の動作が遅くなること。対クイックモーション

**―ライフ**［和製語 slow life］ゆったりと人生を楽しもうという生活スタイル。

**スロー**［throw］投げること。「サイド―」

**スローイン**［throw-in］サッカーなどで、コート外にでたボールをコート内に投げ入れること。

**スローイング**［throwing］野球などで、送球。

**スローガン**［slogan］標語。宣伝文句。

**スロープ**［slope］傾斜。斜面。

**ずろく【図録】**図を中心に編集した本。

**スロット**［slot］①自動販売機や公衆電話の料金投入口。②パソコンで、拡張ボードやPCカードの差し込み口。◇〔溝穴の意〕

**―マシン**［slot machine］自動賭博《とばく》機の一。

**スロットル**［throttle］エンジンなどの給気弁。

**すわ** 急なことに驚く声。「―一大事」

**ずわいがに【ずわい蟹】**大形のカニの一。日本海産。まつばがに。えちぜんがに。

**スワイプ**［swipe］（タッチパネルで）画面に置いた指を大きく滑らせる。

**―アップ**［swipe up］（タッチパネルで）画面に置いた指を上方に滑らせる。対スワイプダウン

**―ダウン**［swipe down］（タッチパネルで）画面に置いた指を下方に滑らせる。対スワイプアップ

**すわこそ** すわの強め。

**スワッピング**［swapping］夫婦交換。

**スワップ**［swap］①スワッピング。②スワップ取引。銀行の為替持ち高を調整するために行う操作。

**すわり【座り】**《坐り》①座ること。②**【据わり】**物を置いたときの安定度。

**―込《こ》む** ①座ったまま動かない。②中に入って座る。

**―胼胝《だこ》** いつも正座しているため、くるぶしにできるたこ。

**すわる** 一**【座る】**《坐る》①腰をおろす。「いすに―」②席につく。二**【据わる】**①動かなくなる。「腰（目）が―」②動じない。「腹が―」

**スワン**［swan］ハクチョウ。

**すん【寸】**①長さの単位の一。一尺の一〇分の一。②長さ。寸法。「―が詰まる」

**すんいん【寸陰】**〔文章語〕ほんのわずかの時間。一寸の光陰。

**すんか【寸暇】**わずかの暇。「―を惜しむ」

**すんげき【寸隙】**〔文章語〕わずかの時間。

**すんげき【寸劇】**短い（―滑稽な）劇。

**すんげん【寸言】**〔文章語〕（意味の深い）短い言葉。

**すんごう【寸毫】**〔文章語〕ほんのわずか。「―も疑わない」

**すんこく【寸刻】**わずかの時間。

**すんし【寸志】**心ばかりの贈り物。〔目上の人には使わない〕

**すんじ【寸時】**わずかの時間。

**すんしゃく【寸借】**少額の金を借りること。「―詐欺」

**すんしょ【寸書】**〔文章語〕寸楮《すんちょ》。

**すんぜん【寸前】**ちょっと手前。「ゴール―」

**すんたらず【寸足らず】**寸法がふつうより短い―こと（もの）。

**すんだん【寸断】**ずたずたに断ち切ること。

**すんちょ【寸楮】**〔文章語〕簡単な手紙。〔「自分の手紙」の謙譲語〕

**すんづまり【寸詰まり】**丈がふつうより短い―こと（もの）。

**すんてつ【寸鉄】**①小さい刃物。「身に―も帯びず」②警句。

**―人《ひと》を刺《さ》す** 警句で相手に強い印象を与える。

**すんでに** もう少しのところで。

**すんでのこと** すんでに。

**すんでのところ** すんでに。
**すんど【寸土】**〔文章語〕わずかの土地。寸地。
**ずんどう《寸胴》** ①上から下まで同じ寸法。「—なべ」②太くてぶかっこうなようす。
**すんびょう【寸秒】** ごくわずかな時間。
**すんびょう【寸描】** 簡単な描写。スケッチ。
**すんぴょう【寸評】** 短い批評。
**すんぶん【寸分】** ごくわずか。「—たがわぬ」
**ずんべらぼう**〔俗語〕①行動にしまりがない—こと(人)。②のっぺらぼう①。
**すんぽう【寸法】** 長さ。「—を取る」Ⅱ計画の手順。「万事—どおり」
**すんわ【寸話】** 短い話。エピソード。

# せ

**せ【畝】** 地積の単位の一。約一アール。
**せ【背】** ①せなか。対腹 ②後ろ。③身長。④本のとじる部分の外側。⑤尾根。
**—に腹《はら》は代《か》えられない** 大事のためには相当の犠牲を払ってもやむを得ない。
**—を向《む》ける** 後ろを向く。Ⅱそむく。
**せ【瀬】** ①浅瀬。②早瀬。③機会。「逢《おう》—《せ》」④立場。「立つ—がない」
**ぜ【是】** よいと認めること。対非
**—が非《ひ》でも** なんとしてでも。
**せあかごけぐも【背赤後家蜘蛛】** 毒グモの一。外来種で、背が赤い。
**せい【世】** ①世代・地位の順序。「日系四—」②地質時代の区分。「沖積—」
**せい【正】** ①正しいこと。対邪・誤 ②正式。対副 ③プラス。対負 ④正編。対続 ⑤正式の。「—議長」⑥まったくの。「—反対」⑦同じ階級の上位を表す。「警視—」
**せい【生】** ①命。②生きること。対死 ③学生・生徒。「研究—」④男が署名に添える語。「坂本—」〔へりくだった表現〕
**せい【制】** 制度。「封建—」
**せい【姓】** みょうじ。対名《めい》
**せい【性】** ①男女の別。「—差別」②本質。性質。③…のような性質をもつ意。「危険—」
**せい【背】** 身長。「—がのびる」
**せい【聖】** ①聖人。②聖者の名につける語。「—マリア」③⇩聖なる
**せい【精】** ①〔文章語〕くわしいこと。対粗 ②気力。「—を出す」③たましい。「海の—」
**—が出《で》る** よく働く。
**—も根《こん》も尽《つ》きる** 気力も根気も使い果たす。
**せい《所為》** …の結果。ゆえ。「気の—」
**ぜい【税】** 税金。「市民—」
**ぜい【贅】**〔文章語〕ぜいたく。「—を尽くす」
**せいあ【井蛙】** 井戸の中のカエル。「—の見《けん》(=見識のせまいこと)」
**せいあい【性愛】** 性の本能による愛情。
**せいあくせつ【性悪説】** 人間の本性を悪と考える説。〔荀子《じゅんし》の説〕対性善説
**せいあつ【制圧】** 力ずくでおさえること。
**せいあん【成案】** できあがった—考え(文案)。対草案・試案
**せいい【誠意】** まごころ。
**せいいき【西域】** 古代中国で、西方諸国をさした語。さいいき。
**せいいき【声域】** 声が出せる高低の範囲。
**せいいき【聖域】** 神聖な場所。「—を侵す」
**せいいく【生育】**(生物が)育つこと。
**せいいく【成育】** 成長すること。
**せいいっぱい【精一杯】** 力の限り。
**せいいん【正員】** 正式な構成員。対客員
**せいいん【成因】** 物事ができる要因。
**せいいん【成員】** メンバー。
**せいう【晴雨】** 晴れと雨。「—計(=気圧計)」
**セイウチ《海象》**〔ロシア語 sivuch〕哺乳動物の一。北極海沿岸にすむ。海《かい》馬《ば》。
**せいうん【青雲】**〔文章語〕青空。Ⅱ高い地位。
**—の志《こころざし》** 立身出世を願う気持ち。
**せいうん【星雲】** 雲のように見える天体。〔ガスまたは恒星の集合〕類星団
**せいうん【盛運】**〔文章語〕栄えていく運。対衰運
**せいえい【清栄】**〔文章語〕手紙で、相手の健康を喜ぶあいさつの語。「ご—のことと存じます」
**せいえい【盛栄】**〔文章語〕手紙で、相手の繁栄を喜ぶあいさつの語。「ご—のことと存じます」
**せいえい【精鋭】** ①鋭くすぐれている—こと(人)。②よりぬき(—の人)。

**せいえき【精液】** 雄性生殖器から分泌される液。

**せいえん【声援】** 声による応援（激励）。「―を送る」

**せいえん【凄艶】** ぞっとするほどあでやかなようす。〔多く女性に対して使う〕

**せいえん【清宴】** 〔文章語〕しみじみとした宴会。

**せいえん** 一**【清婉】** 清らかでしとやかなようす。二**【清艶】** 上品であでやかなようす。

**せいえん【盛宴】** 〔文章語〕さかんな宴会。

**せいえん【製塩】** 塩を作ること。「―業」

**せいおう【西欧】** ①西洋。②西ヨーロッパ。対東欧

**せいおう【聖王】** 神聖な君主。

**せいおん【声音】** 〔文章語〕こえ。音声。

**せいおん【清音】** 濁点（半濁点）をつけない仮名で表す音節。対濁音

**せいおん【静穏】** 静かでおだやかなこと。「―な生活」

**せいか【正価】** 本来の（割引していない）値段。「―販売」

**せいか【正貨】** 本位貨幣。

**せいか【正課】** 正規（必須）の学課。

**せいか【生花】** ①生きた花。対造花 ②いけばな。

**せいか【生家】** 生まれた家。類実家

**せいか【成果】** よい結果。「―をあげる」

**―主義《しゅぎ》** 成果に応じて賃金や昇進が決まる方法。

**せいか【声価】** 世間の評判。

**せいか【青果】** 野菜と果物。「―市場」

**せいか【盛夏】** 〔文章語〕真夏。

**せいか【聖火】** ①神聖な火。②オリンピック大会の期間中ともす火。

**―リレー** オリンピック大会で、ギリシャのオリンピアで点火した火を開催地まで運ぶリレー。

**せいか【聖歌】** 宗教歌。特に賛美歌。

**せいか【製菓】** 菓子をつくること。「―業」

**せいか【製靴】** 靴を作ること。「―業」

**せいか【精華】** 〔文章語〕最もすぐれたところ。

**せいが【清雅】** 〔文章語〕清らかで気品のあること。

**せいかい【正解】** 正しい解答（解釈）。

**せいかい【政界】** 政治（―家）の世界。

**せいかい【盛会】** 盛大な会合。

**せいかいけん【制海権】** 海上を支配する実権。

**せいかがく【生化学】** 生物体や生命現象を研究する学問。

**せいかく【正格】** 〔文章語〕規則に適合すること。対変格

**せいかく【正確】** 正しく確実なこと。

**せいかく【性格】** そのものに特有の性質。類個性

**―俳優《はいゆう》** 個性的な人物の役を巧みに表現する俳優。

**せいかく【製革】** 生皮をなめし革につくること。

**せいかく【精確】** 詳しく確かなこと。

**せいがく【声楽】** 肉声による音楽。対器楽

**―家《か》** 職業で、主にクラシックの歌を歌う人。

**ぜいがく【税額】** 税金の額。

**せいかぞく【聖家族】** キリスト教で、イエスと母マリア、養父ヨセフの三人の家族。神聖家族。

**せいかたんでん【臍下丹田】** へその下三センチメートルのあたり。〔気力をおこす際に力を入れるところ〕

**せいかつ【生活】** ①生きて活動すること。②くらし。

**―給《きゅう》** 生活を保障するものとしての給料。

**―協同組合《きょうどうくみあい》** 消費生活協同組合の略。生協。

**―苦《く》** 生計を維持する上での経済的苦労。

**―指導《しどう》** 児童・生徒の日常生活に対する指導。対学習指導

**―習慣病《しゅうかんびょう》** 生活習慣が関与する病気の総称。〔肥満・高血圧・糖尿病など。／成人病の改称〕

**―設計《せっけい》** 人生全体についての計画。

**―に追《お》われる** 日常生活のやりくりに苦労する。

**―年齢《ねんれい》** こよみで数えた年齢。対精神年齢

**―費《ひ》** 生活に必要な費用。

**―扶助《ふじょ》** 国家が生活困窮者に対して行う扶助。

**―保護《ほご》** 社会保障制度の一。〔生活保護法による保護基準をもとに、金品を給

付する」

**せいかっこう【背格好・背恰好】** 背の高さとからだつき。せかっこう。

**せいかん【生還】** 生きて戻ること。Ⓑ野球で、ホームイン。

**せいかん【制汗】** 発汗をおさえること。「―剤」

**せいかん【性感】** 性的な感覚。

**―帯**《たい》 性的快感をもよおす体の部分。

**せいかん【清閑】** 〔文章語〕煩わしさのない静けさ。

**せいかん【製缶】** 缶を作ること。

**せいかん【精悍】** 鋭くたくましいこと。

**せいかん【静観】** 静かに見守ること。

**せいがん【正眼】** ①正視すること。②【青眼】剣道で、構え方の一。

**せいがん【西岸】** 西方の岸。対東岸

**せいがん【制ガン・制癌】** ガン(―の進行)をおさえること。「―剤」

**せいがん【青眼】** ①喜んで人を迎える目つき。〔中国の故事から〕対白眼 ②正眼②。

**せいがん【晴眼】** ものが見える目。「―者」〔視覚障害者の側からの語〕

**せいがん【誓願】** 誓いをたて祈願すること。

**せいがん【請願】** 公の機関に願い出ること。「―書」

**ぜいかん【税関】** 出入国時の取り締まりを行う役所。

**せいかんごし【正看護師】** 看護師。准看護師に対する俗称。

**せいかんざい【政官財】** 政界・官界・財界。「―の癒着」

**せいかんせんしょう【性感染症】** 性行為により感染する病気。STD。STI。

**せいかんぶっしつ【星間物質】** 恒星と恒星の間の宇宙に散在する物質。

**せいき【正気】** 〔文章語〕天地の間に存在するとされる公明正大な力。

**せいき【正規】** 正式な規則。「―の手続きを経る」類正式

**せいき【世紀】** ①一〇〇年ごとに区切った年代の単位。②時代。「動乱の―」

**―末**《まつ》 (一九世紀末の西洋の)退廃的な思潮。類デカダンス

**せいき【生気】** 生き生きとした活力。「―に満ちる・―溌剌《はつらつ》」

**せいき【生起】** 現れ起こること。

**せいき【西紀】** 〔文章語〕西暦。

**せいき【性器】** 生殖器。

**せいき【精気】** 万物を生成する活力。Ⓑ元気。精力。「―があふれる」

**せいぎ【正義】** 正しい道理。公正。

**せいぎ【盛儀】** 〔文章語〕盛典。

**せいぎ【精義】** くわしい意義(解説)。

**せいきゅう【生休】** 生理休暇の略。

**せいきゅう【制球】** 野球で、コントロール。「―に苦しむ」

**せいきゅう【性急】** せっかち。

**せいきゅう【請求】** 相手にある行為を求めること。類要求

**―書**《しょ》 請求する内容(金額)を書いた文書。

**せいきょ【逝去】** 死去の尊敬語。

**せいきょ【盛挙】** 大きな企て。

**せいぎょ【生魚】** 生きた(新鮮な)魚。

**せいぎょ【成魚】** 成長した魚。対稚魚《ちぎょ》

**せいぎょ【制御】**(《制禦・制馭》) 意のままに支配すること。「―装置」類コントロール

**―棒**《ぼう》 原子炉の核分裂反応を制御するのに使う棒。

**せいきょう【生協】** 生活協同組合の略。

**せいきょう【政教】** 政治と宗教。「―分離」

**せいきょう【盛況】** 活気あるさかんな状況。「大入り満員の―」

**せいきょう【聖教】** 聖人の教え。また、神聖な教え。〔特に、儒教、キリスト教〕

**せいきょう【精強】** よりすぐって強いこと。類精鋭

**せいぎょう【正業】** まともな(かたぎの)職業。「―に就く」

**せいぎょう【生業】** 生活のための職業。

**せいぎょう【成業】** 学業・事業をなしとげること。

**せいぎょう【盛業】** 〔文章語〕事業がさかえていること。「目下、―中」

**せいぎょう【聖業】** 〔文章語〕天子の事業。

**せいぎょき【盛漁期】** その魚介類が最も多くとれる時期。

**せいきょく【正極】** 電池のプラス極。類陽極 対負極

**せいきょく【政局】** 政界(政治)の動き。

**せいぎょく【青玉】** サファイア。
**せいきん【精勤】** まじめに勤めること。
**ぜいきん【税金】** 租税として納めるお金。
**―泥棒《どろぼう》** 〔俗語〕公務員が仕事を怠けたりしたときに非難していう言葉。
**せいくうけん【制空権】** 空中を支配する実権。
**せいく【成句】** ①慣用句。〔例、手を引く〕②古くから言い伝えられる文句。成語。
**せいくらべ【背比べ】** 身長の比べ合い。
**せいくん【正訓】** 漢字の本来の意味による読み方。対義訓
**せいくん【請訓】** 外国駐在の大公使が、本国に指示を求めること。対回訓
**せいけい【正系】** 本筋の系統。対傍系
**せいけい【生計】** 生活の方法。「―を立てる」
**せいけい【西経】** グリニッジ天文台があった所の子午線を〇度として西側へはかった経度。一八〇度まで。対東経
**せいけい【成形】** 形を作ること。
**せいけい【成型】** 型押しして作ること。
**せいけい【整形】** ①（人体各部の）形を整えること。②美容整形。
**―外科《げか》** 主に骨や筋肉の異常を扱う医学の分野。
**せいけつ【清潔】** ①きれいなこと。②いさぎよく清らかなこと。「―な政治」◇対不潔
**せいけん【生検】** 検査で、細胞組織の一部を切り取って調べること。バイオプシー。
**せいけん【政見】** 政治に対する意見。
**せいけん【政権】** 政治上の実権。
**せいけん【聖賢】** 〔文章語〕聖人と賢人。
**せいげん【正弦】** 数学で、サイン。
**せいげん【西諺】** 〔文章語〕西洋のことわざ。
**せいげん【制限】** 限界（―を定めること）。
**―選挙《せんきょ》** 納税額や性別によって、選挙権をもつ人を制限する制度。対普通選挙
**せいげん【誓言】** せいごん。
**ぜいげん【税源】** 税徴収のもとになる財源。
**ぜいげん【贅言】** 〔文章語〕言う必要のない言葉。
**せいご⟪鮬⟫** スズキの幼魚。→すずき
**せいご【正誤】** ①正しいことと誤り。②誤りの訂正。
**―表《ひょう》** 誤植を訂正するための一覧表。
**せいご【生後】** うまれてから後。「―五か月」
**せいご【成語】** 成句②。「故事―」
**ぜいご** アジの尾の近くのとがったうろこ。ぜんご。ぜご。
**ぜいご【贅語】** 〔文章語〕むだな言葉。
**せいこう【正鵠】** 「せいこく」の慣用読み。
**せいこう【生硬】** 未熟でぎこちないこと。「―な文章」
**せいこう【成功】** ①目的を達成すること。対失敗 ②地位や財産を得ること。
**―報酬《ほうしゅう》** 依頼された仕事が成功した場合に支払われる報酬。
**せいこう【性向】** 性格の傾向。類気質《きしつ》
**せいこう【性交】** 男女の性的なまじわり。
**せいこう【性行】** 性質と行い。
**せいこう【政綱】** 政府・政党の政治の基本方針。
**せいこう【盛行】** 〔文章語〕さかんに行われること。
**せいこう【製鋼】** 鋼鉄を作ること。作られた鋼鉄。
**せいこう【精巧】** 細かい点まで巧みにできていること。
**せいこう【精鋼】** 精錬した鉄鋼。
**せいごう【正号】** プラス（―の記号）。「＋」対負号
**せいごう【性豪】** 性欲が並みはずれて強い―こと（人）。
**せいごう【整合】** ①ぴったり―合う（合わせる）こと。②上下の地層が連続して堆積していること。対不整合
**―性《せい》** 論理に矛盾がないこと。
**せいこうい【性行為】** 性欲を満足させるための行為。性交・ペッティングなど。
**せいこううどく【晴耕雨読】** 晴天に耕作し、雨天に読書すること。◍のんびりした生活。
**せいこうとうてい【西高東低】** 日本の冬に多い気圧配置型。対東高西低
**せいこうほう【正攻法】** 正しい手段で堂々と攻める方法。
**せいこく【正鵠】** 要点。急所。せいこう。〔的の中心の黒い点の意〕
**―を射《い》る** 急所をつく。
**せいこつ【整骨】** ほねつぎ。「―医」
**ぜいこみ【税込み】** 税金を含めた額。対

税引き

**せいこん【生痕】** 堆積物などにみられる、生活のあとを示す遺物。〔生物の足跡など〕

**せいこん【成婚】** 〔文章語〕結婚の成立。

**せいこん【精根】** 精力と根気。

**ー尽《つ》き果《は》てる** 全身から気力が抜け落ちる。

**せいこん【精魂】** たましい。「ーを‐こめる（傾ける）」 類精神

**せいごん【誓言】** 〔文章語〕誓いの言葉。

**せいさ【性差】** 男女差。

**せいさ【精査】** くわしく調べること。

**せいざ【正座】** 《正坐》ひざを折りそろえて座ること。

**せいざ【星座】** 恒星をその配置によって、ある形に見立てて区分したもの。

**せいざ【静座】** 《静坐》落ち着いて静かに座ること。

**せいさい【正妻】** 本妻。対内妻

**せいさい【制裁】** こらしめに罰すること。「ーを加える」

**せいさい【精彩】** ①美しい色どり。②【生彩】生き生きしていること。

**ーを欠《か》く** 生き生きしたようすがみられない。

**ーを放《はな》つ** とりわけすぐれてみえる。

**せいさい【精細】** 細かくくわしいこと。

**せいざい【製材】** 木材を作ること。

**せいざい【製剤】** 薬剤を作ること。

**せいさく【制作】** 〔芸術〕作品を作ること。

**せいさく【政策】** 政治の方針・手段。

**ー金利《きんり》** 中央銀行が普通銀行に融資をするときの金利。〔その上げ下げで景気の調整を目指す〕

**せいさく【製作】** 物品〔映画〕を作ること。

**せいさつ【省察】** 〔文章語〕反省してよく考えること。しょうさつ。

**せいさつ【精察】** くわしく観察すること。

**せいさつよだつ【生殺与奪】** 相手の運命を自分の意のままに扱うこと。「ーの権」

**せいさん【正餐】** 正式の献立による食事。ディナー。

**せいさん【生産】** あるものを作りだすこと。

**ー財《ざい》** 生産手段として使われる原料や機械。対消費財

**ー者《しゃ》** 生産をする人。対消費者

**ー者《しゃ》価格《かかく》** 生産者が生産物を売り渡す価格。対消費者価格

**ー手段《しゅだん》** 生産に必要な土地、原料や設備。

**ー性《せい》** 生産上の効率。

**ー的《てき》** ①生産に関するようす。②新しく何かを生み出すことに結びつくようす。類建設的

**ー年齢《ねんれい》** 働き手の中心となる年齢。「ー人口」〔日本では一五歳以上六五歳未満〕

**せいさん【成算】** 成功する見込み。「ーがある（ない）」

**せいさん【青酸】** シアン化水素酸。有毒の液体。殺菌・殺虫用。

**ーカリ** シアン化カリウム。白色の粉末または固体。猛毒。

**せいさん【凄惨・悽惨】** むごたらしいこと。類悲惨・陰惨

**せいさん【清算】** 貸借を計算してきまりをつけること。＝過去のことに決着をつけること。

**せいさん【精算】** 細かい計算〔ーをすること〕。対概算 ＝運賃の過不足を計算すること。

**せいざん【青山】** 〔文章語〕①緑の多い山。②骨をうめる土地。〔中国、北宋の蘇軾《そしょく》の詩から〕

**せいざん【聖山】** 神聖な山。

**せいさんかくけい【正三角形】** 三辺の長さが等しい三角形。せいさんかっけい。

**せいし【正史】** ①国が編修した歴史。対野史 ②正統な歴史。対稗史《はいし》

**せいし【正使】** 〔何人かのうち〕中心となる使者。対副使

**せいし【正視】** 正面から見ること。類直視

**ーするに堪《た》えない** 〔気の毒で〕見ていられない。

**せいし【世子・世嗣】** 〔文章語〕〔諸侯・大名などの〕よつぎ。類嗣子・嫡子

**せいし【生死】** ①生と死。「ー不明」②運命。

**ーの境《さかい》** 生きるか死ぬかの境目。「ーをさまよう」

**せいし【制止】** 押さえ、とめること。

**せいし【姓氏】** みょうじ。姓。

**せいし【聖旨】** 〔文章語〕聖人〔天皇〕のおぼしめし。

**せいし【製糸】** 糸を作ること。「ー業」

**せいし【製紙】** 紙を作ること。「—業」
**せいし【誓紙】** 誓いの言葉を書いた紙。
**せいし【誓詞】** 〔文章語〕誓いの言葉。[類]誓言
**せいし【精子】** 雄性の生殖細胞。
**せいし【静止】** じっと止まっていること。
**—衛星《えいせい》** 人工衛星の一。〔衛星中継などに利用。／地球の自転にあわせて回るので、静止しているように見える〕
**せいし【静思】** 〔文章語〕静かに思索すること。[類]黙想
**せいし【整枝】** 枝葉を切り脇芽を摘んで植物の形を整えること。
**せいじ【正字】** ①正しく用いられた字。[対]誤字 ②正式な字形。〔『康熙字典』の字形〕[対]俗字
**せいじ【青磁】** 青緑色の磁器。
**せいじ【政事】** 〔文章語〕政治に関する—事柄（事務）。
**せいじ【政治】** 国家の統治活動。
**—家《か》** 政治にたずさわる人。Ⅱかけひきがうまい人。策略家。
**—解決《かいけつ》** 実情に即して処理すること。政治的解決。
**—活動《かつどう》** 政治的な目標を達成するための行動。〔集会・デモ・選挙運動も含む〕
**—結社《けっしゃ》** 政党や政治団体。
**—献金《けんきん》** 政党や政治家に提供する活動資金。
**—資金《しきん》** 政治活動に使う資金。
**—的《てき》** ①政治に関係があるようす。②実情に応じたかけひきをするようす。
**—犯《はん》** 政治的な動機によってなされる犯罪。その犯人。
**—力《りょく》** ①政治を動かす力。②かけひきなどを使って事を処理する力。
**せいじ【盛事】** 〔文章語〕さかんな行事・事業。
**せいじ【盛時】** 〔文章語〕①若く元気なとき。②勢力のさかんなとき。
**せいしき【正式】** 本式。[対]略式
**せいしき【制式】** 定められた様式。
**せいしき【清拭】** （病人の体を）きれいにふくこと。
**せいしき【整式】** 数学で、文字を含む代数式。分母や根号の中には文字を含まない。
**せいしつ【正室】** 〔文章語〕①本妻。[対]側室 ②表座敷。
**せいしつ【性質】** ①生来の気質。[類]性格 ②事物の特徴。[類]特性
**せいじつ【聖日】** キリスト教で、日曜日。主日。
**せいじつ【誠実】** まごころがこもっていること。
**せいじゃ【正邪】** 善と悪。
**せいじゃ【生者】** 生きている人。せいしゃ。[対]死者
**せいじゃ【盛者】** 〔文章語〕じょうしゃ。
**せいじゃ【聖者】** ①聖人。②キリスト教で、偉大な信者。
**せいしゃえい【正射影】** 数学で、物の形を垂直な投影線で平面にうつした影。
**せいじゃく【静寂】** ひっそりと静かなこと。
**ぜいじゃく【脆弱】** もろくて弱いこと。
**せいしゅ【清酒】** ①日本酒。②透明な酒。聖人。[対]濁り酒
**せいしゅう【清秋】** 〔文章語〕①さわやかな秋。②陰暦八月の別称。
**せいじゅう【西戎】** 昔、中国で西方の異民族をよんだ語。
**せいじゅう【成獣】** 十分に成育したけもの。
**ぜいしゅう【税収】** 税金による収入。
**せいしゅく【星宿】** 昔、中国で、星を二八の星座にまとめたもの。
**せいしゅく【静粛】** 静かで慎んでいること。
**せいじゅく【成熟】** 十分に—熟す（発達する）こと。
**せいしゅん【青春】** ①若い時期。「—期」②春の異称。〔五行説で青は春の色〕[対]朱夏・白秋・玄冬
**せいじゅん【清純】** 清らかでけがれのないようす。
**せいしょ【正書】** 楷書《かいしょ》。
**—法《ほう》** 言語の正しい表記法（—の体系）。正字法。
**せいしょ【青書】** イギリスで、議会の報告書。〔青色の表紙を使うことから〕
**せいしょ【清書】** きれいに書き直すこと。また、書き直したもの。浄書。
**せいしょ【盛暑】** 〔文章語〕暑いさかり。[類]酷暑
**せいしょ【聖書】** キリスト教の教典。バイ

ブル。

**せいしょ【誓書】** 誓約書。類誓紙

**せいじょ【聖女】** ①キリスト教で、徳の高い女性。②清らかで気高い女性。

**せいじょ【整序】** ある秩序をもって整えること。

**せいじょ【整除】** 整数を他の整数で割るとき、割り切れること。

**せいしょう【正賞】** 正式の一賞（賞品）。対副賞

**せいしょう【斉唱】** ①大勢が一斉に唱えること。②全員が同じ旋律を歌うこと。

**せいしょう【青松】** 〔文章語〕緑の松。「白砂―」

**せいしょう【政商】** 政府や政治家と結びついている商人。

**せいしょう【清祥】** 〔文章語〕相手の健康や幸福を祝う語。〔手紙文で使う〕

**せいしょう【清勝】** 〔文章語〕相手の健康を祝福する語。〔手紙文で使う〕類健勝

**せいじょう【正常】** 正しい（普通の）状態であること。「―化」対異常

**せいじょう【性状】** ①人の性質と行状。②物の性質と状態。

**せいじょう【性情】** 性質と心情。類気だて

**せいじょう【政情】** 政治の情勢・状況。「―に通じる」

**せいじょう【清浄】** 清らかで汚れのないこと。対不浄

**せいしょうねん【青少年】** 少年期から青年期までの男女。

**せいしょく【生色】** いきいきとした顔色。「―を失う」

**せいしょく【生食】** なまのままで食べること。「―用のカキ」

**せいしょく【生殖】** 生物が種族保存のため、自分と同種の新しい個体をつくること。

**―器《き》** 生殖を行うための器官。

**せいしょく【聖職】** 神聖な職業。特に、キリスト教の僧職。「―者」

**せいしん【生辰】** 〔文章語〕誕生日。

**せいしん【生新】** 生き生きとして新しいこと。

**せいしん【西進】** 西方に進むこと。対東進

**せいしん【制震】** （建造物の）震動を抑えること。

**せいしん【星辰】** 〔文章語〕星。星座。

**せいしん【清新】** 新鮮でさわやかなこと。「―な気風」

**せいしん【精神】** ①人間の心。対肉体・物質 ②気力。心構え。③根本の意義。「法の―」

**―一到《いっとう》何事《なにごと》か成《な》らざらん** 心をこめて努力すれば必ずなしとげることができる。

**―衛生《えいせい》** 精神の健康を保つための予防や治療などの、理論と方法。

**―科学《かがく》** 芸術・宗教・政治・経済などを扱う学問の総称。対自然科学

**―鑑定《かんてい》** 被告人の責任能力の判断のため、精神状態を鑑定すること。

**―主義《しゅぎ》** 物質より精神を優先し、尊ぶ考え方。

**―障害《しょうがい》** 精神病・神経症など、精神に異常があること。

**―年齢《ねんれい》** 知能の発達程度からみた年齢。〔MAで表す〕対暦年齢・生活年齢 Ⅱその人の実際の年齢と比べてみた、精神の成熟度。

**―病《びょう》** 精神の働きがふつうでなくなる病気。

**―分析《ぶんせき》** 夢・連想・対話などを分析して、意識の奥にあるものを明らかにしようとすること。〔フロイトが創始者〕

**―分裂病《ぶんれつびょう》** 統合失調症の古い言い方。

**―力《りょく》** 気力。精神の強さ。

**せいじん【成人】** ①おとな。〔民法では満一八歳以上、少年法では満二〇歳以上〕対未成年 ②おとなになること。

**―式《しき》** 成人の日の儀式。

**―の日《ひ》** 国民の祝日の一。一月の第二月曜。〔新成人を祝う。／一九九九年までは一月一五日〕

**―病《びょう》** 中高年がかかりやすい病気の総称。ガン・心臓病など。〔今は、生活習慣病という〕

**せいじん【聖人】** ①知徳のすぐれた人。聖者。②清酒のたとえ。〔濁り酒は賢人〕

**せいしんせいい【誠心誠意】** まごころをもって。

**せいず【星図】** 恒星の位置や明るさをしるした図。

**せいず【製図】** 器具を使って設計図の図面を描くこと。

**せいすい【清水】**〔文章語〕澄んだ水。しみず。
**せいすい【盛衰】** 物事が盛んになったり、衰えたりすること。「栄枯ー」類興亡
**せいすい【精粋】** 余分なものを除いた、大事なところ。
**せいすい【静水】** 止まって動かない水。対流水
**せいずい【精髄】** 物事の本質。神髄。
**せいすう【正数】** 数学で、○より大きい実数。対負数
**せいすう【整数】** 自然数とそれに対応する負数、および○。「ー倍」
**せいする【制する】** ①押しとどめる。「気持ちをー」②支配する。「全国をー」③定める。「法をー」
**せいする【製する】** 作る。
**せいせい【生々】**〔文章語〕物が絶えず生まれ育つ（活動している）こと。「ー発展」
**ー流《る》転《てん》** 絶え間なく移り変わること。
**せいせい【生成】** 物ができること。また、物を生じさせること。
**せいせい【清々】** 気分がさわやかでさっぱりしたようす。
**せいせい【精製】** ①念入りに作ること。②純粋な品質のものにすること。「砂糖をーする」◇対粗製
**せいぜい【精々】** ①できる限り。②多く見積もっても。「ー一〇〇〇円くらいだ」
**ぜいせい【税制】** 税の制度。「ー改革」
**ぜいせい【税政】** 税に関する行政。
**せいせいかつ【性生活】** 生活の中で、性にかかわる面。
**せいせいどうどう【正々堂々】** 卑怯な手を使わず、態度が立派なようす。
**せいせき【成績】** 仕事や勉強のできぐあい。
**せいせき【聖跡】**（聖蹟）神聖な遺跡。
**せいせつ【正接】** 数学で、タンジェント。
**せいぜつ【凄絶・悽絶】** たとえようもなくすさまじいこと。
**せいせっかい【生石灰】** 酸化カルシウムの俗称。白色無定形の物質。乾燥剤に使う。
**せいせん【生鮮】** なまものが新鮮なこと。「ー食料品」
**せいせん【征戦】** 遠征して戦うこと。
**せいせん【性腺】** 生殖腺。
**せいせん【聖戦】** 神聖な目的のための戦い。
**せいせん【精選】** 念を入れてえりすぐること。
**せいぜん【生前】** まだ生きていた時。対死後
**ー葬《そう》** 生きているうちに行う葬式。
**ー贈《ぞう》与《よ》** 生前に財産を分配し与えること。
**せいぜん【西漸】**〔文章語〕次第に西の方へ移っていくこと。対東漸
**せいぜん【整然】**（井然）きちんと整っているようす。
**せいせんしょくたい【性染色体】** 性の決定に関係する染色体。
**せいぜんせつ【性善説】** 人間の本性を善と考える説。〔孟子《もうし》の説〕対性悪説
**せいそ【世祖】** ①ある家系の祖先。②中国で、太祖・高祖・太宗などに次いで王朝の基礎を築いた皇帝。
**せいそ【清楚】** 清潔でかざり気のないこと。類清純
**せいそ【精粗】**〔文章語〕細かいこととあらいこと。くわしいことと大ざっぱなこと。
**せいそう【正装】** 正式な服装。対略装
**せいそう【政争】** 政治上の争い。「ーの渦」類政戦
**せいそう【星霜】** 年月。「ーを経る」〔星は天を一年で回り、霜は年ごとに降ることから〕
**せいそう【凄愴・悽愴】**〔文章語〕すさまじく痛ましいこと。
**せいそう【清爽】**〔文章語〕清潔でさわやかなこと。「ーの気」類爽快
**せいそう【清掃】** きれいに掃除すること。
**せいそう【盛装】** 華やかに着飾ること。また、その衣装。
**せいそう【精巣】** 生殖器の一。精子を作る。
**せいぞう【製造】** 原材料を加工して製品にすること。「ー業」
**ー物《ぶつ》責《せき》任《にん》法《ほう》** 商品の欠陥による損害の賠償責任を製造者に負わせる法律。PL法。
**せいそうけん【成層圏】** 対流圏の上のほぼ安定した大気層。地上一〇キロメートル〜五〇キロメートル。
**せいそく【正則】** ①正しい規則。②規則

せ

にかなっているようす。対変則

**せいそく【生息】**《棲息・栖息》 動物などがある場所にすんで生活すること。

**せいぞく【正続】** 正編と続編。

**せいぞく【聖俗】** 〔文章語〕神聖なものと俗なもの。

**せいぞろい【勢揃い】** ある目的で、みんながそろうこと。

**せいぞん【生存】** 生きていること。生き残ること。

**ー競争《きょうそう》** 生き残るために行う競争。

**ー権《けん》** 人間らしく健康で文化的な生活を送る権利。

**せいたい【正対】** 相手に真正面から向かうこと。

**せいたい【生体】** ①生きているからだ。対死体 ②生物体。

**ー移植《いしょく》** 生きている人の提供した臓器を患者に移植すること。生体臓器移植。

**ー認証《にんしょう》** 指紋や網膜の血管パターンなどの身体的特徴を読み取り、識別するシステム。バイオメトリックス。

**ー反応《はんのう》** ①生きている細胞内でのみ起こる呈色反応。②生活反応。

**せいたい【生態】** 生物の自然界における生活状態。「ー‐系(学)」

**せいたい【成体】** 成熟した生物体。

**せいたい【声帯】** のどにある発声器官。

**せいたい【政体】** ①国家の統治形態。君主制・民主制など。②統治権の行使のしかた。立憲政体と専制政体。

**せいたい【聖体】** ①キリスト教で、キリストのからだ。②天子のからだ。

**ー拝受《はいじゅ》** カトリック教で、聖餐式《せいさんしき》。

**せいたい【静態】** 静止している状態。対動態

**せいたい【整体】** 背骨の位置を直すなどして、体調をよくすること。「ー術」

**せいたい【臍帯】** へその緒。さいたい。

**せいだい【正大】** 〔文章語〕正しく堂々としたようす。「公明ー」

**せいだい【盛大】** さかんで規模が大きいようす。

**せいだい【盛代】** 〔文章語〕国勢の栄えた時代。

**せいだい【聖代】** 〔文章語〕すぐれた天子が統治する時代。

**せいたかあわだちそう【背高泡立ち草】** 秋、黄色い花をつける雑草。

**せいたかのっぽ【背高のっぽ】** 〔俗語〕背が高い‐こと(人)。

**せいたく【請託】** (内緒で)特別のはからいを頼むこと。

**せいだく【清濁】** 澄んだものと濁ったもの。Ⅱ善人と悪人。

**ー併《あわ》せ呑《の》む** 度量が大きく何事も受け入れる。

**ぜいたく【贅沢】** 分不相応な消費や行い。対質素

**せいだす【精出す】** 全力で働く。

**せいたん【生誕】** 誕生。「ー祭」

**せいたん【西端】** 西のはし。対東端

**せいだん【政談】** ①政治の話や議論。②政治・裁判を題材とした講談・物語。「大岡ー」

**せいだん【星団】** 天球の一部に密集した恒星の大集団。

**せいだん【清談】** 〔文章語〕昔、中国で、知識人の間でされた老荘や易に関する議論。Ⅱ俗世を離れた談義。

**せいだん【聖断】** 〔文章語〕天子の裁断。

**せいだん【聖壇】** 神を祭る神聖な壇。

**せいたんきょく【聖譚曲】** オラトリオ。

**せいたんさい【聖誕祭】** クリスマス。

**せいち【生地】** 生まれた土地。

**せいち【聖地】** ①神聖とされる土地。〔富士山・須弥山《しゅみせん》など〕 ②神聖化された土地。〔パレスチナ・バチカンなど〕

**せいち【精緻】** 非常に細かくくわしいこと。類精密・精巧

**せいち【整地】** 土地をならし整えること。

**ぜいちく【筮竹】** 占いに使う竹の細い棒。ふつう五〇本。

**せいちゃ【製茶】** お茶をつくること。

**せいちゃく【正着】** 囲碁で、適切な手を打つこと。対失着

**せいちゃく【正嫡】** 本妻の子。

**せいちゃく【生着】** 移植した細胞や臓器が機能すること。「ー率」

**せいちゅう【正中】** ①まんなか。②的中。③南中。

**せいちゅう【成虫】** 昆虫の成体。対幼虫

**せいちゅう【掣肘】** 〔文章語〕干渉して自由を妨げること。「ーを加える」〔肘《ひじ》を押さえてとめる意〕

**せいちゅう【精虫】** 精子。

**せいちょう【正調】** 正しい（本来の）調子。

**せいちょう【生長】** ①植物が育つこと。②成長①。

**せいちょう【成長】** ①（動物が）育って大きくなること。②発展すること。

**―株《かぶ》** 将来性のある人材や組織。

**―点《てん》** 植物の根や茎の先端で、新しい細胞を作る部分。〔生長点とも書く〕

**せいちょう【成鳥】** 対ひな

**せいちょう【声調】** ①声の調子。②中国語などで、音節の高低のアクセント。

**せいちょう【性徴】** 男女や雌雄の形態上の性的な特徴。

**せいちょう【政庁】** 政務を取り扱う役所。

**せいちょう【清澄】** 美しく澄んでいるようす。「―な音色」

**せいちょう【清聴】** 「人が自分の話を聴くこと」の尊敬語。「ご―を感謝します」

**せいちょう【静聴】** 静かによく聞くこと。

**せいちょう【整調】** ①調子を整えること。②ボート競技で、調子を整える役の人。

**せいつう【精通】** ①くわしく知っていること。「芸能界に―する」②最初の射精。

**せいてい【制定】** 法律や規則を定めること。「憲法―」

**せいてき【性的】** 性（性欲）に関するようす。「―指向（魅力）」

**せいてき【政敵】** 政治上で対立する相手。

**せいてき【清適】** 〔文章語〕手紙で、相手の無事や健康を祈る語。「貴下ますますご―の段」

**せいてき【静的】** 静かで動かないようす。スタティック。対動的

**せいてつ【西哲】** 〔文章語〕西洋の哲学者・思想家。

**せいてつ【聖哲】** 〔文章語〕知徳のすぐれた人。

**せいてつ【製鉄】** 鉄をつくること。「―業」

**せいては【急いては】**

**―事《こと》を仕損《しそん》じる** 何事もあせって行うと失敗する。

**せいてん【青天】** 〔文章語〕まっ青に晴れた空。

**―の霹靂《へきれき》** 突然おこる事件や変動。〔青天に突然おこる雷の意〕

**―白日《はくじつ》** ①雲ひとつない日和《ひより》。②潔白。無罪が証明されること。「―の身」

**せいてん【盛典】** 〔文章語〕盛大な儀式。盛儀。

**せいてん【晴天】** よく晴れた空（天気）。

**せいてん【聖典】** 神聖な宗教上の書物。

**せいでん【正殿】** ①宮殿の表御殿。②神社の本殿。

**せいてんかん【性転換】** ①手術で男から女（女から男）に変えること。②発育途中、自然に性が変わってしまうこと。〔クロダイなど〕

**せいでんき【正電気】** 陽電気。対負電気

**せいでんき【静電気】** 電流とならずに静止している電気。〔摩擦電気など〕対動電気

**せいてんし【聖天子】** 〔文章語〕徳の高い天子。

**せいと【生徒】** 中学・高校で学ぶ者。〔小学校は児童。大学は学生〕

**せいと【征途】** 〔文章語〕戦いに向かう道。

**せいと【聖徒】** ①キリスト教の信徒。②カトリック教で、聖人。

**せいど【制度】** 社会や団体を運営していくためのきまりやしくみ。

**―疲労《ひろう》** 社会状況の変化により、制度がうまく機能しなくなること。

**せいど【精度】** 精密さ・精確さの度合い。「―を高める」

**せいとう【正当】** 正しく、道理にかなっていること。「―な手段」対不当

**―防衛《ぼうえい》** 自己防衛のためのやむをえない反撃行為。

**せいとう【正答】** 正解。対誤答

**せいとう【正統】** 正しい系統や血筋。「―派」対異端

**せいとう【政党】** 政治上の主義を同じくする人たちの組織。

**―政治《せいじ》** 政党内閣によって行われる政治。

**せいとう【製糖】** サトウキビなどから砂糖をつくること。「―業」

**せいとう【精糖】** 精製した白砂糖。対粗糖

**せいどう【正道】** 正当な道理（行為）。「―を踏む」対邪道

**せいどう【生動】** 生き生きと動き出すこ

と（感じ）。類躍動

**せいどう【制動】** 運動をおさえ止めること。

**ー機《き》** ブレーキ。

**せいどう【青銅】** 銅と錫《すず》との合金。ブロンズ。

**ー器《き》** 青銅でつくった器具。

**ー器《き》時代《じだい》** 考古学の時代区分の一。石器時代と鉄器時代との間の時代。

**せいどう【政道】** 政治（ーのしかた）。〔古風な言い方〕

**せいどう【精銅】** 銅を精錬すること。また、精錬した銅。

**せいどういつせいしょうがい【性同一性障害】** 生物学上の体の性と心の性が食い違う状態。

**せいとく【生得】** 生まれつき。しょうとく。

**せいどく【精読】** 丁寧に読むこと。

**せいとん【整頓】** きちんとかたづけること。「整理ー」

**せいなる【聖なる】** 神聖な。

**せいなんせい【西南西】** 西と南西の中間の方角。

**せいにく【生肉】** なまの肉。新鮮な肉。

**せいにく【精肉】** 食用として上質の肉。「ー店」

**ぜいにく【贅肉】** 体についた余分な肉。「ーをそぎ落とす」

**せいにゅう【生乳】** しぼりたての牛乳。

**せいねん【生年】** ①生まれた年。対没年 ②生まれてからの年数。「ー一九歳」

**ー月日《がっぴ》** 生まれた年・月・日。

**せいねん【成年】** 成人に達する年齢。〔日本では満一八歳〕対未成年

**せいねん【青年】** 一七～一八歳から二〇歳代の若者。対少年・老年

**ー団《だん》** 一定地域の青年による自治組織。

**せいねん【盛年】** 〔文章語〕元気さかんな年ごろ。

**せいのう【性能】** 機械などの性質や能力。

**せいは【制覇】** ①他を制して権力を握ること。②優勝すること。「全国ー」

**せいは【政派】** 政党内の派閥。

**せいばい【成敗】** 〔文章語〕①処罰すること。特に、打ち首。②裁断。

**せいはく【精白】** 穀物をついて皮をとり、白くすること。「ー米」

**せいばく【精麦】** 麦を精白すること。また、その麦。

**せいはつ【整髪】** 髪の形を整えること。「ー料」類理髪・調髪

**せいばつ【征伐】** 罪人や反逆者を攻め討つこと。類退治

**せいはん【正犯】** 主犯。対従犯

**せいはん【製版】** 印刷用の版面を作ること。「オフセットー」

**せいはんたい【正反対】** まったくの反対。

**せいひ【正否】** 正しいか、正しくないか。

**せいひ【成否】** 成功か失敗か。「ーのかぎ」

**せいび【整美】** 整って美しいこと。美しく整えること。「環境ー」

**せいび【整備】** すぐ役立つように準備しておくこと。「ー士（工場）」

**ぜいびき【税引き】** （給料・代金・料金から）税金分が差し引かれていること。対税込み

**せいひつ【静謐】** 〔文章語〕静かで穏やかなこと。

**せいひょう【青票】** 国会の表決に使う、反対を表す青ふだ。対白票

**せいひょう【製氷】** 氷を作ること。

**せいびょう【性病】** 主に性交によって感染する病気。梅毒・淋病《りんびょう》など。

**せいひれい【正比例】** ふたつの量が互いに関連し、両者の比が常に一定になるように増減すること。対反比例

**せいひん【清貧】** 貧乏だが行いが正しいこと。「ーに甘んじる」

**せいひん【製品】** 商品として作った品。

**せいふ【正負】** ①＋と－。②正数と負数。③陽極と陰極。

**せいふ【政府】** 内閣および行政機関。

**ー開発援助《かいはつえんじょ》** 政府機関による発展途上国に対する経済援助。ＯＤＡ。

**せいぶ【西部】** 西の部分。Ⅱ特に、アメリカの西寄りの地方。◇対東部

**ー劇《げき》** アメリカ西部開拓時代を舞台にした映画・演劇。

**せいふう【西風】** ①にしかぜ。②秋風。◇対東風

**せいふう【清風】** 〔文章語〕さわやかな涼風。

**せいふく【正副】** 正と副。主と控え。

**せいふく【制服】** 定められた服装。ユニフォーム。対私服

**ー組《ぐみ》** 防衛省の統合幕僚長以下の自衛

官。対背広組
**せいふく【征服】** 服従させること。うちかって思いのままにすること。
**せいふく【整復】** 骨折や脱臼《だっきゅう》をもとの状態になおすこと。「―術」
**せいぶつ【生物】** 動植物の総称。いきもの。「―学」対無生物
**―化学《かがく》兵器《へいき》** 生物兵器と化学兵器。BC兵器。
**―資源《しげん》** バイオマス②。
**―多様性《たようせい》** 多種多様な生物が存在して多様な生態系をつくっていること。バイオダイバーシティ。「―条約」
**―時計《どけい》** ⇩体内時計
**―兵器《へいき》** 病原性微生物や毒素をまきちらす兵器。B兵器。
**せいぶつ【静物】**（画材としての）動かないもの。「―画」
**ぜいぶつ【贅物】**〔文章語〕よけい（ぜいたく）な物。
**せいふん【製粉】** 粉《こな》をつくること。
**せいぶん【成文】** 文章として表されたもの。
**―法《ほう》** 文章の形式を備えた法。対不文法
**せいぶん【成分】** ①物質を組み立てている個々の物質。②文の構成要素。主語・述語・修飾語など。
**せいへい【精兵】** よりぬきの強い兵士。
**せいへき【性癖】** 性質上のかたより。くせ。
**せいべつ【生別】** 生き別れ。対死別
**せいべつ【性別】** 男女（雌雄）の区別。「―役割分業」

**ぜいべつ【税別】** 消費税を含まない価格。対税込み
**せいへん【正編】**《正篇》書物の主要部分として編集されたもの。類本編 対続編
**せいへん【政変】** クーデター（内閣交代）による政権の移動。
**せいほ【生保】** 生命保険の略。
**せいぼ【生母】** 生みの母。対養母・義母
**せいぼ【歳暮】** ①年末。②年末の贈り物。
**せいぼ【聖母】** キリストの母、マリア。
**せいほう【西方】** 西の｜方角（方面）。対東方
**せいほう【製法】** 製造方法。
**せいぼう【声望】** 名声と人望。「―がある」類信望
**ぜいほう【税法】** 税に関する法律。
**せいほうけい【正方形】** 四つの辺と角がそれぞれ等しい四角形。
**せいほく【西北】** 西と北の中間の方角。
**ぜいぼく【筮卜】** 筮竹《ぜいちく》を使った占い。
**せいほくせい【西北西】** 西と北西の中間の方角。
**せいぼつねん【生没年】** 生まれた年と死んだ年。「―未詳」
**せいホルモン【性―】** 生殖腺から分泌されるホルモン。生殖器の発育や機能維持に関係する。男性ホルモンと女性ホルモン。
**せいほん【正本】** ①原本と同じ効力をもつ公文書の謄本。②原本。対副本
**せいほん【製本】** 紙をとじて本の形につくること。
**せいまい【精米】** 玄米をついて皮をとり白くすること。また、白くした米。精白米。対玄米

**せいみつ【精密】** 詳細で巧みであるようす。「―機械（検査）」
**せいみょう【精妙】** 細かい点まで巧みなようす。
**せいむ【政務】** 行政上の事務。
**―次官《じかん》** 省庁再編以前、大臣のもとで政務を助けた特別職。〔現在の副大臣。ふつうは国会議員がなった〕
**ぜいむ【税務】** 税に関する行政事務。
**―署《しょ》** 国税庁の地方機関。
**せいめい【生命】** いのち。寿命。‖大切なもの。
**―線《せん》** ①生死を分かつ、絶対に守るべき限界。②手相で、手のひらの筋の一。
**―保険《ほけん》** 保険の一。被保険者が死亡または一定年齢に達したときに保険金が支払われる。
**―力《りょく》** 生きようとする力。
**せいめい【声名】**〔文章語〕よい評判。名声。
**せいめい【声明】** ある事柄に関する意見や見解を公に発表すること。「―文」
**せいめい【姓名】** 氏名。
**―判断《はんだん》** 占いの一。姓名の画数などで運勢を判断する。
**せいめい【清明】** ①二十四気の一。四月五日ごろ。②清く明らかなようす。
**せいめい【盛名】**〔文章語〕立派な評判。
**せいめん【生面】**〔文章語〕①新生面。②初対面。

せ

**せいめん【製麺】** めん類を作ること。
**せいもく【井目・聖目・星目】** 碁盤上の九つの黒点。また、その九点の置き碁。
**せいもん【正門】** 正面にある門。対裏門
**せいもん【声門】** 左右の声帯の間にある、息が通るすきま。
**せいもん【声紋】** 声を分析する装置で表した音声の波形。〔人によって異なる〕
**せいや【星夜】** 〔文章語〕星の光が明るい夜。
**せいや【聖夜】** クリスマスイブ。一二月二四日。
**せいやく【成約】** 契約が成立すること。
**せいやく【制約】** ①条件をつけて制限すること。「―を受ける」②物事の成立に必要な条件。
**せいやく【製薬】** 薬をつくること。「―業」
**せいやく【誓約】** かたく約束すること。また、その約束。
**せいゆ【聖油】** カトリック教の儀式で使う香油。聖香油。
**せいゆ【製油】** 石油や食用油をつくること。
**せいゆ【精油】** ①植物から採る芳香のある油。〔樟脳《しょうのう》油や薄荷《はっか》油〕②石油を精製すること。また、精製した石油。対原油
**せいゆう【西遊】** 〔文章語〕西方・西洋に旅行すること。〔古風な言い方〕
**せいゆう【声優】** テレビのアニメや外国作品などの吹きかえで声だけ出演する俳優。
**せいゆう【清遊】** 〔文章語〕①風流な遊び。②手紙文で、「相手の旅行」の尊敬語。
**せいよう【西洋】** 欧米の国々。対東洋
**せいよう【静養】** 静かに休養すること。
**せいよく【性欲】** 《性慾》肉体的欲望。
**せいらい【生来】** ①生まれつき。②生まれてからずっと。
**せいらん【青嵐】** 〔文章語〕あおあらし。
**せいらん【清覧】** 〔文章語〕手紙文で、「相手が見ること」の尊敬語。「ご―に供する」
**せいり【生理】** ①生物が生きることで生じる体の働き。「―現象」②月経。「―痛」
**―学《がく》** 生物体の諸器官の機能を研究する学問。
**―食塩水《しょくえんすい》** 浸透圧が体液と等しい食塩水。生理的食塩水。
**―的《てき》** ①体の組織・機能に関するようす。②本能的。
**せいり【整理】** ①かたづけ、整えること。②不要なものを除くこと。「人員―」
**ぜいり【税吏】** 租税を取り扱う役人。
**ぜいりし【税理士】** 納税に関する事務を扱う資格をもつ人。
**せいりつ【成立】** 物事が形（形式）としてまとまること。「商談―」
**ぜいりつ【税率】** 税額の割合。
**せいりゃく【政略】** ①政治上の策略。②利益を得るためのかけひき。「―結婚」
**せいりゅう【清流】** 澄んだ美しい水の流れ。対濁流
**せいりゅう【整流】** 電流を交流から直流に変えること。「―器」
**せいりょう【声量】** 声の大きさや持続性。
**せいりょう【青竜】** 四神《しじん》の一。東の方角の守護神。
**せいりょう【清涼】** さわやかですがすがしいこと。
**―飲料水《いんりょうすい》** 清涼な感じのする飲み物。炭酸飲料など。
**―剤《ざい》** 気分をさっぱりさせるための薬。Ⅱ人の心をさわやかにする物事。
**せいりょく【勢力】** 他を支配する力。「―を伸ばす・―圏」
**せいりょく【精力】** 心身の活動力。類元気
**―絶倫《ぜつりん》** 精力が人並みはずれて強いこと。
**―的《てき》** 疲れを知らないようす。積極的に行動するようす。
**せいるい【声涙】** 〔文章語〕声と涙。
**―ともに下《くだ》る** 深く感激して涙ながらに語る。
**せいれい【政令】** 法律の施行のために内閣が出す命令。
**―指定都市《していとし》** 指定都市。
**せいれい【聖霊】** キリスト教で、人を導く神の霊。→三位《さんみ》②
**―降臨祭《こうりんさい》** キリスト教で、キリスト復活後五〇日目の聖霊の降臨を記念する祝い。
**せいれい【精励】** 〔文章語〕けんめいに努め励むこと。「刻苦―」
**せいれい【精霊】** ①自然界のさまざまな物に宿るとされる霊。②死者の魂。

せいれき【西暦】キリストの生誕を紀元とする暦。西紀。〔実際は生誕四年目が元年〕

せいれつ【凄烈】ものすごく、激しいこと。

せいれつ【清冽】〔文章語〕美しく澄んで冷たいようす。

せいれつ【整列】列をきちんとつくって並ぶこと。

せいれん【清廉】心が清く私欲がないこと。「—潔白」

せいれん【製錬】鉱石から金属を抽出し、精製すること。「—業」

せいれん【精練】①鍛えあげること。②動植物繊維から不純物を取り除くこと。

せいれん【精錬】金属を精製すること。

せいろ【蒸籠】せいろう。

せいろう【晴朗】〔文章語〕空がよく晴れ、うららかなようす。

せいろう【蒸籠】もち米やまんじゅうなどを蒸す道具。せいろ。

せいろん【正論】正しい意見や主張。

せいろん【政論】時の政治に関する議論。

ゼウス〔ギリシャ語 Zeus〕ギリシャ神話の最高神。〔ローマ神話でジュピター〕

セージ〔sage〕香辛料の一。シソ科の多年草。

セーター〔sweater〕毛糸などで編んだ上着。〔プルオーバーをさす場合が多い〕

セービング〔saving〕①遭難者などを救助すること。②サッカーなどで、体を投げ出してボールを止めること。

セーフ〔safe〕野球用語の一。対アウト ⊜間に合うこと。うまくいくこと。「滑り込み—」

—ガード〔safeguard〕緊急輸入制限措置。ガット及びWTOの特例規定の一。

セーブ〔save〕①抑制。節約。「酒の量を—する」②野球で、救援投手がリードを守りきること。「—ポイント」③コンピューターで、プログラムやデータを記憶装置に記憶させること。

セーフティー〔safety〕安全。

—ネット〔safety net〕安全策。特に、経済の一部でおきた破綻《はたん》が社会全体に及ばないようにするための制度。

—バント〔和製語 safety bunt〕野球で、打者自身が出塁することをねらってするバント。

セームがわ【—革】ヤギ・ヒツジ・シカなどのなめし革。多く、つや出し用。

セーラー〔sailor〕水兵。船員。

—服《ふく》水兵服をまねた、女学生や児童の制服。

セーリング〔sailing〕航海。航法。「ヨット—」

セール〔sail〕船などの帆。

セール〔sale〕売り出し。特に、特売。「バーゲン—」

セールス〔sales〕①販売。②セールスマン。

—ウーマン〔saleswoman〕女性外交販売員。

—トーク〔sales talk〕商品を売り込むための話術。

—ポイント〔sales point〕売り込みの際、特に強調する商品の特徴。⊜長所。

—マン〔salesman〕男性外交販売員。

せおいなげ【背負い投げ】柔道のわざの一。⊜土壇場で相手を裏切ること。

せおう【背負う】①背中に負う。②いやなことを受けもつ。「不幸を—」

せおよぎ【背泳ぎ】はいえい。

ゼオライト〔zeolite〕鉱物の一。沸石。吸着剤として用いられる。

セオリー〔theory〕考え方。理論。学説。「コンスピラシー—(＝陰謀史観)」

せかい【世界】①地球上のすべての地域。全人類社会。「—一」②特定の領域・社会。「学問の—」③全宇宙。天地。「—の創造」

—遺産《いさん》世界遺産条約に基づいて登録された文化遺産と自然遺産。〔普遍的価値を有するものが対象〕

—観《かん》世界や人生に対する考え方や見方。

—銀行《ぎんこう》国際復興開発銀行の通称。国連の専門機関の一。世銀。

—時《じ》世界共通の時刻。グリニッジ子午線を基準とする。

—像《ぞう》ある世界観の立場で見た世界全体の姿。

—大戦《たいせん》世界的規模の戦争。〔特に、第一次世界大戦と第二次世界大戦〕

—的《てき》規模や比較の対象が世界におよぶようす。

せがき【施餓鬼】〔仏教語〕法会の一。無縁の亡者に食物を施してする供養。施餓鬼会《え》。

**せかす**《急かす》 急がせる。せかせる。「仕事を―」

**せかせる**《急かせる》 せかす。

**せかっこう**【背格好・背恰好】 せいかっこう。

**せがむ** むりに欲しがる。

**せがれ**【伜・倅】 ①自分の息子の謙称。②息子のぞんざいな言い方。◇〔古風な言い方〕

**セカント**〔secant〕 数学で、三角関数の一。コサインの逆数。正割。記号 sec

**セカンド**〔second〕 ①二番目。②野球で二塁(―手)。③自動車で、二速。④⇩セコンド

**―オピニオン**〔second opinion〕 主治医とは別の医師の意見。

**―ハウス**〔和製語 second house〕 別荘。Ⅱ〔俗語〕妾宅。

**―バッグ**〔和製語 second bag〕 小物を入れて持ち歩く小さなバッグ。〔元は、補助的に使った小型のバッグ〕

**―ハンド**〔secondhand〕 中古品。セコハン。

**―ベース**〔second base〕 野球で、二塁。

**―ライフ**〔和製語 second life〕 (定年後の)第二の人生。

**せき**【隻】 ①船を数える語。②対になっているものの片方を数える語。「屏風《びょうぶ》一―」

**せき**【咳】 呼気運動の一。しわぶき。

**せき**【席】 ①座る場所。Ⅱ地位。②会場や式場。「―を設ける」「第一―で入選」③寄席《よせ》。④順位を表わす。

**―の暖《あたた》まる暇《ひま》もない** 非常に忙しい。

**―を蹴《け》る** 怒って出て行く。

**せき**【堰】 水流をせきとめる(調節する)仕切り。

**―を切《き》ったよう** 止められていたものが一気に押し出されるようす。「―にしゃべりだす」

**せき**【関】 ①関所。②へだて。「人目の―」

**せき**【積】 かけ算をして得た値。対商

**せき**【籍】 ①戸籍。「―を入れる」②学校や団体の一員としての身分。「―を置く」

**せきあえず**《塞き敢えず》〔文章語〕こらえられない。「涙―」

**せきあく**【積悪】〔文章語〕積み重ねてきた悪事。対積善

**せきあげる**【咳き上げる】 ①ひどくせき込む。②しゃくりあげて泣く。

**せきうん**【積雲】 底がたいらで頂きが丸い、夏の雲。綿雲。

**せきえい**【石英】 ケイ素と酸素の化合した鉱物。ガラス・陶器の材料。

**―ガラス** 石英から作る耐熱ガラス。化学器具・光学機器用。

**せきえい**【隻影】〔文章語〕ただ一つの影。

**せきえん**【積怨】〔文章語〕積もる恨み。

**せきが**【席画】 宴席などで即興に絵をかくこと。また、その絵。

**せきがいせん**【赤外線】 スペクトルの赤色線の外側にある電磁波。医療・写真用。熱線。

**せきがき**【席書き】 宴席などで即興に書画をかくこと。また、その書画。

**せきがく**【碩学】〔文章語〕学問が広く深いこと(人)。

**せきかっしょく**【赤褐色】 赤みがかった茶色。せっかっしょく。

**せきがはら**【関が原】 勝敗や運命を決定する大事な場合。〔徳川家康と石田三成の天下分け目の合戦のあった地名から〕

**せきがん**【隻眼】〔文章語〕片目。対双眼

**せきご**【隻語】〔文章語〕わずかな言葉。「片言―」

**せきこむ**【急き込む】 気がせいてあせる。「せきこんで話す」

**せきこむ**【咳き込む】 続けて激しいせきをする。

**せきさい**【積載】 荷物を積んで載せること。「―量」

**せきざい**【石材】 建築・土木・彫刻などの材料となる石。

**せきさん**【積算】 ①数を加えていって計算すること。②予算などで費用の見積もり。

**せきし**【赤子】 ちのみご。Ⅱ人民。〔戦前、天皇を父にたとえるのに対して言った〕

**せきじ**【席次】 ①席順。②成績の順位。

**せきしつ**【石室】 石造りの部屋。いしむろ。

**せきじつ**【昔日】〔文章語〕むかし。

**せきしゅ**【隻手】〔文章語〕片手。対双手

**せきじゅうじ**【赤十字】 ①博愛の精神に基づき、傷病兵や被災者の救護を行う国際組織。赤十字社。②赤十字社のマー

ク。白地に赤の十字。

**せきしゅつ【析出】** 化合物からある物質を取り出すこと。また、溶液から固体が分かれ出ること。

**せきしゅん【惜春】**〔文章語〕ゆく春を惜しむこと。

**せきじゅん【石筍】** 鍾乳洞《しょうにゅうどう》にできる筍《たけのこ》状の岩石。

**せきしょ【関所】** 昔、交通の要所に設けて通行人や荷物を調べた所。Ⅱ難関。

**せきじょう【席上】** 会合や集会の場。

**せきしょく【赤色】** 赤い色。Ⅱ共産主義。

**せきしん【赤心】**〔文章語〕うそや偽りのない心。

**せきずい【脊髄】** 脊柱の中にある中枢神経。「—反射」

**せきせい【赤誠】**〔文章語〕赤心。

**せきせいいんこ**《背黄青鸚哥》 オウム科の小鳥の一。小形で羽色が美しい。

**せきせき【寂々】**〔文章語〕ひっそりとして寂しいようす。じゃくじゃく。

**せきせつ【積雪】** 降り積もった雪。「—量」

**せきぜん【寂然】**〔文章語〕ひっそりと静かなようす。じゃくねん。

**せきぜん【積善】**〔文章語〕積み重ねてきた善行。対積悪

**—の家《いえ》には必《かなら》ず余慶《よけい》あり** 善行を重ねた家には必ず幸福がおとずれる。

**せきぞう【石造】** 石づくり。

**せきぞう【石像】** 石で作った像。

**せきぞく【石鏃】** 石の矢じり。

**せきだい【席題】** 歌会・句会で、その場で出す題。対兼題

**せきたてる【急き立てる】** いそがせる。催促する。

**せきたん【石炭】** 燃料の一。地中に埋もれた太古の植物が炭化したもの。

**せきち【尺地】**〔文章語〕わずかの土地。しゃくち。

**せきちく【石竹】** ナデシコ科の多年草の一。中国原産。観賞用。

**せきちゅう【石柱】** 石のはしら。

**せきちゅう【脊柱】** 背骨。

**—管《かん》狭窄症《きょうさくしょう》**（加齢により）脊柱の空間が狭くなって、首・肩・腰などに痛みが出る病気。

**—側湾症《そくわんしょう》** 脊柱が横にS字状に曲がる病気。

**せきつい【脊椎】** 背骨を構成する多くの骨。椎骨。

**—動物《どうぶつ》** 脊柱で体を支える動物。哺乳類・鳥類・爬虫類・両生類・魚類など。対無脊椎動物

**せきてい【席亭】** 寄席（—の主人）。

**せきとう【石塔】** ①仏舎利を納めた石の塔。②墓石。

**せきどう【赤道】** ①地球の中心を通って地軸に垂直な平面が地表と交わる線。②地球の赤道面が天球と交わる線。

**せきとく【尺牘】**〔文章語〕手紙。書状。

**せきとして【寂として】**〔文章語〕ひっそりとして。「—声なし」

**せきとめこ【堰き止め湖】** 土砂や溶岩で川がせき止められてできた湖。

**せきとめる【塞き止める・堰き—】** 流れなどを遮って止める。

**せきとり【関取】** 相撲で、十両以上の力士。

**せきにん【責任】** ①なすべき任務・義務。②結果に対して負うべき責め。「—転嫁」

**—感《かん》** 責任を重んじる気持ち。

**せきねつ【赤熱】** まっ赤に熱すること。しゃくねつ。

**せきねん【昔年】**〔文章語〕むかし。

**せきねん【積年】** 積もり積もった年月。「—の恨み」

**せきのやま【関の山】** せいぜいそこまでという限界。「初戦に勝つのが—だ」

**せきはい【惜敗】** 惜しくも負けること。

**せきばく【寂寞】**〔文章語〕ひっそりして物寂しいこと。

**せきばらい【咳払い】** わざとせきをすること。

**せきはん【赤飯】** もち米にアズキを入れて蒸した飯。祝儀用。おこわ。

**せきひ【石碑】** ①石に字を刻んだ記念碑。②墓石。

**せきひん【赤貧】** ひどく貧乏なこと。

**—洗《あら》うが如《ごと》し** 非常に貧しく、何も持っていないようす。

**せきふ【石斧】** 石の斧《おの》。

**せきぶつ【石仏】** 石で作った仏像。

**せきぶん【積分】** 数学で、与えられた関数が導関数となる、もとの関数を求めること。

**せきへい【積弊】**〔文章語〕長い間に積も

り積もった弊害。
**せきべつ【惜別】** なごりを惜しむこと。「—の情」
**せきむ【責務】** 責任と義務。「—を果たす」類任務
**せきめん【赤面】** 恥ずかしさで顔を赤らめること。「—の至り」
**せきもり【関守】** 昔、関所の番人。
**せきゆ【石油】** 天然に産する炭化水素の液状混合物。燃料、化学工業の原料となる。
**—乳《にゅう》剤《ざい》** 石油とせっけん水をまぜた薬剤。殺虫・消毒用。
**セキュア**［secure］安全。安心。
**セキュリティー**［security］①安全。②安全保障。防犯。「—システム」
**せぎょう【施行】**〔仏教語〕僧や貧民などに物を施すこと。布施の行。
**せきら【赤裸】** まるはだか。
**—裸《ら》** 包み隠しのないようす。あからさま。
**せきらんうん【積乱雲】** 山のように盛り上がった形の雲。雷雲。入道雲。
**せきり【赤痢】** 感染症の一。下痢・腹痛・高熱を伴う。「—菌」
**せきりょう【脊梁】**〔文章語〕背骨。せすじ。「—山脈」
**せきりょう【席料】** 部屋や会場の借り賃。
**せきりょう【寂寥】** ひっそりとして物寂しいこと。「—感」
**せきりょく【斥力】** ふたつの物体が互いにしりぞけあう力。反発力。対引力

**せきりん【赤燐】** 赤茶色の粉末のリン。無毒。花火やマッチの原料。
**せきるい【積累】** 累積。
**せきれい【鶺鴒】** 水辺にすむ小鳥。長い尾を上下しながら歩く。イシタタキ。
**せきろう【石蠟】** パラフィン。
**せきわけ【関脇】** 相撲で、三役の一。大関の下、小結の上。
**せきわん【隻腕】**〔文章語〕かたうで。
**せぎん【世銀】** 世界銀行の略。
**せく【急く】** ①急ごうとしてあせる。「気が—」②激しくなる。「息が—」
**せく【咳く】** せきをする。
**せく【塞く・堰く】** 流れをさえぎる。
**せぐくまる【跼る】** 背をまるめてかがむ。
**セクシー**［sexy］性的魅力のあるようす。
**セクシャリティー**［sexuality］性や性的指向に関すること。セクシュアリティー。
**セクシャル**［sexual］性的。セクシュアル。
**—ハラスメント**［sexual harassment］性的いやがらせ。セクハラ。セクシュアルハラスメント。
**セクショナリズム**［sectionalism］なわばり根性。セクト主義。
**セクション**［section］①区画。②部門。会社などの部課。
**セクター**［sector］①分野。地域。②コンピューターで、データの読み書きをする単位。◇セクタ。
**セクト**［sect］分派。党派。宗派。「—主義（=セクショナリズム）」
**セクハラ** セクシャルハラスメントの略。

**セグメント**［segment］（分割された）部分。部門。「—情報」

**セクレタリー**［secretary］秘書。書記。

**せけん【世間】** ①社会。世の中。「—一般」②日々の生活や交際の範囲。

**—が狭《せま》い** ①肩身が狭い。②交際範囲が狭い。

**—知《し》らず** 経験が浅く世事にうとい—こと(人)。

**—擦《ず》れ** 社会でもまれて悪賢くなること。〔誤って「世の中の考えから外れている」の意で使われる〕

**—体《てい》** 世間の人たちに対する体面。

**—的《てき》** ①世俗的。②表向き。公的。

**—並《な》み** 世間一般と同じ程度。

**—話《ばなし》** 世間のうわさなど、日常の気楽な雑談。

**—離《ばな》れ** 言動が世間の基準からかけはなれていること。

**—を狭《せま》くする** 信用を失い、肩身を狭くする。

**ぜげん【女衒】** 江戸時代、女の売買を商売にした者。

**せこ【世故】** 世間のならわし。

**—に長《た》ける** 世間の事情をよく知っていて、世渡りがうまい。

**せこ【勢子】** 狩場で、鳥獣を追いたてる役(—の人)。

**せこい**〔俗語〕しみったれている。いじましい。

**せこう【施工】** 工事を行うこと。しこう。

**せこう【施行】** しこう。

**セコハン**〔俗語〕セカンドハンドの略。中古品。

**セコンド**[second]①秒。②時計の秒針。③ボクサーの介添え人。

**セサミ**[sesame]ゴマ。

**せし【セ氏】**セッ氏。

**せじ【世事】**世の中の事。俗事。

**せじ【世辞】**人に対してうれしがらせるために、愛想よく言う言葉。「お―」類追従《ついしょう》

**セシウム**[cesium]金属元素の一。光電管に利用。セシューム。記号Cs

**せしめる** うまくやって手に入れる。

**せしゅ【施主】**①僧や寺に物を施す人。檀那《だんな》。②葬式や法事の主人役。③建築主。

**せしゅう【世襲】**財産・職業・地位などを代々受けつぐこと。「―制」

**せじゅつ【施術】**⇩施術《しじゅつ》

**せじょう【世上】**世の中。世間。

**せじょう【世情】**①世間の事情。「―に暗い」②世間の人の考え。

**せじょう【施錠】**かぎをかけること。対解錠

**せじん【世人】**〔文章語〕世間の人。

**せすじ【背筋】**①背中の中心線。「―を伸ばす」②衣服の背の縦線。

**―が寒《さむ》くなる** 恐ろしくてぞっとする。

**ゼスチュア**[gesture]ジェスチャー。

**ぜせい【是正】**正しく直すこと。類改正

**せせこましい** ①狭くて余裕がない。②気持ちが小さい。

**ぜぜひひ【是々非々】**よいことはよいとし、悪いことは悪いとする態度。「―主義」

**せせらぎ** 浅瀬を流れる水音。また、その流れ。

**せせらわらう【せせら笑う】**あざ笑う。

**せせりばし【せせり箸】**《挵り箸》はしで食べ物をつつきまわすこと。〔無作法とされる〕

**せせる**《挵る》つついてとりだす。つついて食べる。類ほじる

**せそう【世相】**世間のようす(風潮)。

**せぞく【世俗】**①世の中の風俗や習慣。②俗世間。世の中。

**―的《てき》** 俗っぽいようす。世間で行われているようす。

**せたい【世帯】**所帯。〔公的な場合に使う〕

**せたい【世態】**世の中のありさま。「―人情」類世相

**せだい【世代】**①親の代を継いで子に譲るまでの一区切り。②同じ年代の層。ジェネレーション。

**―交代《こうたい》** ①同じ生物で有性生殖と無性生殖のように、生殖法の異なる世代が交互に現れる現象。②(中心)メンバーがより若い世代にかわること。

**せたけ【背丈】**身長。

**セダン**[sedan]箱型の普通乗用車。

**せち【世知】**《世智》世渡りの才能・知恵。

**せちがらい【世知辛い】**①暮らしにくい。「―世の中」②打算的で心にゆとりがない。

**せつ【拙】**〔文章語〕①へた。対巧 ②昔、自分の謙称。〔男性語〕

**せつ【節】**①折。時期。「その―はよろしく」②節操。「―を守る」③文章・音楽の区切り。④文法で、文の一部分。クローズ。⑤記念日の名につける語。「国慶―」

**せつ【説】**①(筋立った)意見。主張。学説。「―を立てる(成す)・地動―」②風説。

**せつあく【拙悪】**できがわるく粗末なこと。

**せつえい【拙詠】**〔文章語〕へたな詩や歌。謙自分の詩歌の謙譲語。

**せつえい【設営】**基地や会場を設置し、準備すること。

**せつえん【雪冤】**〔文章語〕無実の罪をはらすこと。

**せつえん【節煙】**喫煙量を少なくすること。

**ぜつえん【絶遠】**非常に遠いこと。

**ぜつえん【絶縁】**①縁を切ること。②電流や熱の伝わりをたつこと。

**―体《たい》** 電気や熱を伝えない物体。

**せっか【雪花】**①〔文章語〕花のように降る雪。②【雪華】雪の結晶。

**ぜっか【舌禍】**①自分の言論が世間の非難をあびて受ける災い。②他人の中傷や悪口によって受ける災い。

**ぜっか【絶佳】**〔文章語〕(けしきが)この上もなく美しいこと。「風光―」

**せっかい【切開】**治療のために、患部を切り開くこと。「―手術」

**せっかい【石灰】**生石灰と消石灰。

**―岩《がん》** 水成岩の一。炭酸カルシウムからな

る。石灰・セメントの原料、建築材用。石灰石。

**せっかい【節介】**⇩おせっかい

**せつがい【殺害】**「さつがい」の古い言い方。

**せつがい【雪害】**雪による被害。

**ぜっかい【絶海】**〔文章語〕陸からはるか遠くの海。「ーの孤島」

**せっかく【石槨】**石造りの納棺室。〔考古学用語〕

**せっかく【折角】**①骨を折って。「ー来たのに」②たまの機会を惜しむ気持ちを表す。「ーの日曜なのに」

**ぜっかじょう【舌下錠】**舌の下でゆっくり溶かして飲む錠剤。

**せっかち** 気みじか。性急。

**せっかっしょく【赤褐色】**せきかっしょく。

**せっかん【折檻】**厳しくしかること。特に、体罰を加えてこらしめること。

**せつがん【切願】**〔文章語〕切望。

**せつがん【接岸】**①船が、岸に横付けされること。②沖から岸に近づくこと。

**せつがんレンズ【接眼ー】**望遠鏡や顕微鏡で、目で見る側のレンズ。対対物レンズ

**せっき【石器】**先史時代の遺物の一。石で作った道具。

**ー時代《じだい》** 考古学で、石器を使っていた時代。青銅器時代の前。

**せっき【節気】**陰暦で、季節の変わり目を示す日。「二十四ー」→二十四気

**せっき【節季】**①年末。②昔の、商店の決算期。ふつう、盆と暮れ。「ーじまい」

**せつぎ【節義】**〔文章語〕人としての正しい道を守り行うこと。

**せっきゃく【隻脚】**〔文章語〕片足。対双脚

**せっきゃく【接客】**客を接待すること。

**ー業《ぎょう》** 客をもてなす商売。〔飲食店・旅館など〕

**せっきょう【説教】**信仰・教義について説き聞かせること。Ⅱ教訓をたれること。小言や注意。「おー」

**せっきょう【説経】**①経文の意味を説き聞かせること。②語り物の一。説経節。

**ぜっきょう【絶叫】**声を限りに叫ぶこと。

**ぜっきょう【絶境】**〔文章語〕人里から遠く離れた所。

**せっきょく【積極】**自分から進んで行うこと。対消極

**ー的《てき》** 進んで事を行うようす。対消極的

**せっきん【接近】**近づくこと。

**せつく《責付く》**せっつく。

**せっく【節句】**《節供》重要な年中行事を行う日。〔五節句など〕

**ぜっく【絶句】**①言葉に詰まること。②漢詩の形式の一。四句からなる。〔五言絶句と七言絶句がある〕

**ー働《ばたら》き** ⇩怠け者の節句働き

**セックス**〔sex〕①性。性別。②性交。

**ーアピール**〔sex appeal〕性的魅力。

**ーチェック**〔和製語 sex check〕スポーツ競技で、女子運動選手の性別を確認する検査。フェミニティーテスト。フェミニティーテスト。

**ーレス**〔sexless〕（カップル間で）性行為がないこと。

**せっくつ【石窟】**岩窟。「ー寺院」

**ぜっけ【絶家】**跡継ぎがなく家が絶えること。また、その家。

**せっけい【設計】**建物や機械の形や構造を図面などに具体化して表すこと。「ー図」Ⅱ計画。「生活ー」

**せっけい【雪渓】**高山で、夏まで残雪のある谷。

**ぜっけい【絶景】**非常にすばらしい景観。「天下のー」

**せっけいもじ【楔形文字】**くさび形文字。

**せつげつか【雪月花】**四季の自然美。〔冬の雪、秋の月、春の花の意〕

**せっけっきゅう【赤血球】**血液の有形成分の一。ヘモグロビンを多く含む。

**せっけん【石鹸】**洗剤の一。

**せっけん【席巻・席捲】**かたっぱしから攻め取ること。〔席（＝むしろ）を巻くようにの意〕

**せっけん【接見】**①身分の高い人が、公式に会うこと。類引見 ②〔法律用語〕被疑者と弁護人が面会すること。「ー交通権」

**せつげん【切言】**〔文章語〕言葉を尽くして熱心に忠告すること。類忠言

**せつげん【接舷】**船が他の船や岸に横付けすること。

**せつげん【雪原】** ①一面の雪の原。②極地や高地で、雪がとけずにいつもある地帯。
**せつげん【節減】** きりつめること。「経費を━する」
**ゼッケン** スポーツ選手などが胸や背につける番号布。〔語源未詳〕
**ぜつご【絶後】** 今後二度と起こらないと思われること。「空前━」
**せっこう【石工】** 石を細工する職人。
**せっこう【石膏】** 鉱物の一。ふつう灰白色。セメント・彫像などに使う。
**せっこう【斥候】** 敵状を偵察する━こと（兵）。
**せっこう【拙攻】** へたな攻撃。
**せっこう【拙稿】** 「自分の書いた原稿」の謙譲語。
**せつごう【接合】** 継ぎ合わせること。また、くっつくこと。
**ぜっこう【舌耕】** 〔文章語〕話すことで生計を立てること。「━文芸(=講談や落語)」
**ぜっこう【絶交】** 交際を断つこと。
**ぜっこう【絶好】** 実によいこと。
**せっこつ【接骨】** ほねつぎ。「━院」
**せっさく【切削】** 金属を切ったり削ったりすること。
**せっさく【拙作】** 〔文章語〕へたな作品。Ⅱ「自分の作品」の謙譲語。
**せっさく【拙策】** ①まずい策略。②「自分の策略」の謙譲語。◇類愚策
**せっさたくま【切磋琢磨】** 学問やわざをみがくこと。Ⅱ互いに励ましあって向上すること。◇〔玉や石を切りみがく意〕

**ぜっさん【絶賛】**(絶讃)ほめちぎること。
**せっし【セッ氏・摂氏】** 温度の測り方の一。セ氏。記号C〔三〇℃のように書く。／摂氏は考案者のCelsius《セルシウス》の中国音訳「摂爾思」による〕
**せっし【切歯】** 〔文章語〕歯ぎしり。Ⅱ非常にくやしがること。
**━扼腕《やくわん》** ひどく怒ったり、くやしがったりすること。
**せつじ【説示】** 〔部下などに〕意見・方針を説き示すこと。
**せつじつ【切実】** 直接かかわって━強く感じる〔重要な〕ようす。
**せっしゃ【拙者】** 武士言葉で、自分の謙称。
**せっしゃ【接写】** 至近距離から撮影すること。「━レンズ」
**せっしゃ【摂社】** 本社と末社の間に位する神社。本社に縁のある神を祭る。
**せっしゅ【拙守】** へたな守備。対好守
**せっしゅ【窃取】** ひそかに盗み取ること。
**せっしゅ【接種】** 免疫をつけるために病原菌やワクチンを体内に入れること。
**せっしゅ【摂取】** ①取り入れること。「栄養の━」②〔仏教語〕仏が衆生《しゅじょう》を救うこと。
**せっしゅ【節酒】** 飲酒量を減らすこと。
**せっしゅう【接収】** 国などが、所有物を強制的に取り上げること。
**せっしょ【切所】** 〔文章語〕峠などの難所。要害の地。
**せつじょ【切除】** 切って取り除くこと。

**せっしょう【折衝】** 利害の異なる相手とかけひきすること。類交渉
**せっしょう【殺生】** ①生き物を殺すこと。②残酷。
**せっしょう【摂政】** ①君主に代わって政治を行う━こと(人)。②〔法律用語〕天皇に代わって国事行為を行う皇族。
**ぜっしょう【絶唱】** ①非常にすぐれた詩や歌。②情熱的に歌うこと。
**ぜっしょう【絶勝】** 〔文章語〕景観のすばらしい地。「━の地」
**せっしょく【接触】** ①すれ合うこと。②交渉や関係をもつこと。「━を保つ」
**━感染《かんせん》** 患者や患者が触ったものに触れたり、患者のせきの飛沫《ひまつ》を吸ったりして病気に感染すること。
**せっしょく【節食】** 食事の量をひかえること。
**せつじょく【雪辱】** 〔負けた〕恥をすすぐこと。「━を果たす」
**ぜっしょく【絶食】** 食事を断つこと。
**せっしょくしょうがい【摂食障害】** 食物の摂取に関する異常。拒食症・過食症など。
**セッション**〔session〕①会議などの期間のひとくぎり。②ジャズなどの合同演奏。「ジャム━(=即興演奏)」
**せっすい【節水】** 水を節約すること。
**せっする【接する】** ①隣り合う。つながる。「軒と軒とが━」②応対する。「客に━」③出合う。「急報に━」④くっつける。
**せっする【摂する】** ①代行する。②兼務

する。③とりいれる。
**せっする【節する】** 節制する。制限する。
**ぜっする【絶する】** ①絶える。終わる。②非常にかけ離れる。「想像を―」
**せっせい【摂生】** 健康のため、からだに悪いことをつつしむこと。
**せっせい【節制】** ほどよくおさえること。「酒を―する」
**せつぜい【節税】** 合法的に納税額を少なくすること。
**ぜっせい【絶世】** この世に並びないほどすぐれていること。「―の美人」
**せつせつ【切々】** 思いが心に迫るようす。「―と語る」
**せっせん【拙戦】** へたな戦い（試合）。
**せっせん【接戦】** ①両者の力が互角でせりあう戦い。②接近戦。
**せっせん【接線】**《切線》曲線（曲面）上の一点で接する直線。
**せつぜん【截然】**〔文章語〕区別がはっきりしているようす。〔「さいぜん」は慣用読み〕
**ぜっせん【舌戦】** 言い争い。口論。
**せっそう【拙僧】** 僧が自分を言う謙称。
**せっそう【節操】** 信念を変えずに貫くこと。
**せっそく【拙速】** へただが、できあがりが早いこと。対巧遅
**せつぞく【接続】** つなぐこと。つながること。
**―詞**《し》 品詞の一。〔「しかし・そして・また」など〕
**―水域**《すいいき》 領海の外側に続く一定範囲の水域。〔通関や出入国管理などに関する規制ができる〕
**ぜっそく【絶息】**〔文章語〕絶命。
**せっそくどうぶつ【節足動物】** 動物の分類の一。昆虫・クモ・カニなど。
**せった【雪駄】**《雪踏》竹皮ぞうりの裏に革を張ったはきもの。
**セッター**〔setter〕①バレーボールで、トスを上げる役の人。②犬の品種の一。猟犬用。
**せったい【接待】**（茶菓や食事をふるまって）客をもてなすこと。「―費」
**ぜったい【絶対】** ①並ぶものがなく、何物にも比較できないこと。②他の制約を受けないこと。◇対相対 ③必ず。④（否定表現の中で）決して。
**―安静**《あんせい》 重病のため静かに寝て動かないようにして療養すること。
**―音感**《おんかん》 音楽で、音の高さを他の音との比較なしに聞き分ける能力。
**―温度**《おんど》 マイナス二七三・一五℃を〇度として測った温度。ケルビン温度。記号K〔二七五Kのように書く〕
**―君主**《くんしゅ》 国家の全権限をもつ君主。Ⅱ絶対的な権力をもつ人。「我が家の―」
**―視**《し》 他と比較できないほどすぐれているとみなすこと。
**―多数**《たすう》（議決などで）圧倒的な多数。
**―値**《ち》 ある実数の、正負の符号をとった値。〔|a|で表す〕
**―的**《てき》 物事が絶対であるようす。対相対的
**―評価**《ひょうか》 教育で、目標の達成度の観点から評価する方法。対相対評価
**―量**《りょう》 ①絶対に必要な量。②差引勘定をしない量。
**―零度**《れいど》 絶対温度の〇度。マイナス二七三・一五℃
**ぜつだい【舌代】** 口上代わりに、書きつけた簡単なあいさつ。〔飲食店の値段表のはじめにも書かれる〕
**ぜつだい【絶大】** 非常に大きいようす。
**ぜったいぜつめい【絶体絶命】** 窮地に追い込まれてせっぱ詰まった立場。
**せったく【拙宅】**「自分の家」の謙譲語。
**せつだん【切断】**《截断》断ち切ること。
**ぜったん【舌端】**〔文章語〕舌先。Ⅱ弁舌。
**―火**《ひ》**を吐**《は》**く** 言葉鋭く論じたてる。
**せっち【接地】** ①アース。②地面につくこと。
**せっち【設置】** ①備えつけること。②機関や組織を作ること。
**せっちゃく【接着】** 物をくっつけること。くっつくこと。「―剤」
**せっちゅう【折衷】**《折中》両方のよいところを取り合わせること。「和洋―・―案」
**せっちょ【拙著】**「自分の著作」の謙譲語。
**ぜっちょう【絶頂】** ①山の頂。②物事が最高のとき。「人気―」
**せっちん【雪隠】** 便所。〔古風な言い方〕
**―詰**《づ》**め** 将棋で、相手の王将を盤のすみに追い込むこと。Ⅱ相手を追い詰めて、逃げ場をなくすこと。

**せっつく**《責っ付く》せきたてる。〔せっつくの転〕

**せってい【設定】**（新しく）作り定めること。「システムを—する」

**セッティング**〔setting〕①設定。準備。「会場の—」②配置。

**せってん【接点】**《切点》曲線・曲面とその接線が接する点。Ⅱ物事が一致（接触）する所。「東西文明の—」

**せつでん【節電】**電力使用量を節約すること。

**セット**〔set〕①ひとそろい。一式。②テニスや卓球で、試合のひと区切り。③撮影や舞台のための建造物。④設定。用意。配置。⑤髪型を整えること。

**—アップ**〔setup〕①組み立てること。②コンピューターで、インストール。

**—バック**〔setback〕①建物を、道路から後退させて建てること。②建物の上部ほど階段状に後退させること。

**—ポイント**〔set point〕テニスや卓球で、セットの勝敗を決める最後の一点。

**—ポジション**〔set position〕野球で、投球直前の姿勢の一。ボールを体の前に持ち、一秒以上静止する。

**せつど【節度】**度をこさない態度。

**せっとう【窃盗】**すきをみて、人の物を盗むこと（人）。どろぼう。「—犯」

**ぜっとう【舌頭】**〔文章語〕舌の先。Ⅱ言葉。

**ぜっとう【絶倒】**笑いころげること。「抱腹—する」

**せっとうご【接頭語】**語構成要素の一。「か細い・打ち消す・お土産」の「か・打ち・お」など。接頭辞。対接尾語

**ゼットき【—旗・Z旗】**万国船舶信号旗でZを表す旗。〔旧海軍で、士気を高めるための信号に用いた〕

**—を掲《かか》げる** 重大な局面にあたって団結を求める。

**せっとく【説得】**十分に話して納得させること。「—力」

**ゼットせだい【Z世代】**一九九〇年台中盤以降に生まれ、生まれた時から携帯電話・インターネットが身近にあった世代。Y世代より後の世代。ジェネレーションZ。

**せつな【刹那】**きわめて短い時間。対劫《こう》

**—主義《しゅぎ》** その場限りの—充実（快楽）を求める考え方。

**せつない【切ない】**胸がしめつけられるように—つらい（悲しい）。「—胸のうち」

**せつなる【切なる】**心からの。「—願い」

**せつに【切に】**心から。ぜひとも。〔改まった言い方〕

**せっぱ【切羽】**日本刀の、鍔《つば》が柄《つか》と鞘《さや》に接する両面につける薄い金物。

**—詰《つ》まる** 物事がさしせまって、抜きさしならなくなる。

**せっぱく【切迫】**①さしせまること。②追い詰められること。

**—流産《りゅうざん》** 流産が始まりかかっている状態。

**せっぱく【雪白】**〔文章語〕雪のように白いこと。

**せっぱん【折半】**半分ずつ分けること。「利益を—する」

**ぜっぱん【絶版】**出版した本の印刷・発売を中止すること。また、その本。

**せつび【設備】**機械や器具を備えつけること。備えつけたもの。

**—投資《とうし》** 企業などの、耐久設備のための投資。

**せっぴ【雪庇】**山の尾根の風下にひさし状に張り出した積雪。

**せつびご【接尾語】**語構成要素の一。「母さん・春めく・暑さ」の「さん・めく・さ」など。接尾辞。対接頭語

**せっぴつ【拙筆】**〔文章語〕へたな筆跡。Ⅱ「自分の書いたもの」の謙譲語。

**ぜっぴつ【絶筆】**①生前、最後に書き残した作品。②断筆。

**ぜっぴん【絶品】**非常にすぐれた品物や作品。

**せっぷく【切腹】**自分で腹を切って死ぬこと。割腹。

**せつぶん【拙文】**〔文章語〕まずい文章。Ⅱ「自分の文章」の謙譲語。

**せつぶん【節分】**立春の前日。〔古くは、立春・立夏・立秋・立冬の前日をいった〕

**せっぷん【接吻】**くちづけ。キス。

**ぜっぺき【絶壁】**切りたった険しいがけ。

**せっぺん【切片】**〔文章語〕切れはし。

**せっぺん【雪片】**〔文章語〕雪のひとひら。

**せつぼう【切望】**心から望み願うこと。切願。「—にたえない」

**せっぽう【説法】** 説教。「釈迦《しゃか》に―」

**ぜつぼう【絶望】** 望みを完全に失うこと。「―感」

**ぜっぽう【舌鋒】** 鋭い弁舌や議論。〔鋭さを鋒先《ほこさき》にたとえた〕

**ぜつみょう【絶妙】** 実に巧妙で、すぐれていること。

**ぜつむ【絶無】** まったくないこと。

**せつめい【説明】** 相手にわかるように説き明かすこと。「経緯を―する」

**―責任《せきにん》** 行政や企業が情報を公開し説明する責任。アカウンタビリティー。

**ぜつめい【絶命】** 命が絶えること。絶息。

**ぜつめつ【絶滅】** 滅び絶えること。滅ぼし絶やすこと。

**―危惧種《きぐしゅ》** 絶滅のおそれが高い野生の動植物の種。

**せつめん【雪面】** 雪の表面。

**せつもう【雪盲】** 積雪の反射光線によって起こる目の炎症。雪《ゆき》目《め》。

**せつもん【設問】** 問題を出すこと。その問題。設題。

**せつやく【節約】** むだを省いてきりつめること。類倹約・節減

**せつゆ【説諭】** 悪いところを改めるように説きさとすこと。

**せつよう【切要】** 〔文章語〕非常に大切なようす。類肝要

**せつり【摂理】** ①キリスト教で、世界を導く神の意志。②自然界の理法。「自然の―」

**せつり【節理】** ①〔文章語〕物事の道理。②岩石にできる特有の割れ目。

**せつりつ【設立】** 建物や機関を新しく作ること。類設置

**ぜつりん【絶倫】** 人並みはずれてすぐれていること。「精力―」類抜群

**セツルメント** 〔settlement〕貧しい地域で住民の生活向上のために行う社会事業(―の施設)。セッツルメント。

**せつれつ【拙劣】** ひどくへたなようす。対巧妙

**せつろん【拙論】** つたない論議。Ⅱ「自分の論」の謙譲語。

**せつわ【説話】** 神話・伝説・昔話などの伝承文学の総称。

**せと【瀬戸】** ①小さな海峡。②瀬戸物の略。

**せど【背戸】** 裏口。裏門。

**せとぎわ【瀬戸際】** 勝敗や成否などの、重大な運命の分かれ目。

**―外交《がいこう》** 武力行使を示唆して緊張を高め、相手国に譲歩を迫る外交手法。

**せとびき【瀬戸引き】** ほうろう引き。

**せともの【瀬戸物】** 瀬戸焼。Ⅱ陶磁器の通称。

**せどり【競取り】** 売買の仲介をして手数料をとる―こと(人)。

**せな【背】** 〔文章語〕背中。

**せなか【背中】** ①対腹 ②背後。

**―合《あ》わせ** 二人が互いに背を向けていること。対向かい合わせ Ⅱ㋐仲のわるいこと。㋑裏表の関係にあること。

**―が見《み》える** 上位の者に追いつきそうになる。「ライバルの―」

**ぜに【銭】** ①お金。②昔、金属貨幣。

**ぜにかね【銭金】** 金銭。Ⅱ損得。「―ずく」

**ぜにがめ【銭亀】** イシガメの子。

**ぜにごけ【銭苔】** 濃緑色の平たいコケ。

**セニョーラ** 〔スペイン語 señora〕既婚女性に対する敬称。類ミセス

**セニョール** 〔スペイン語 señor〕男性に対する敬称。類ミスター

**セニョリータ** 〔スペイン語 señorita〕独身女性に対する敬称。類ミス

**ぜにん【是認】** よいと認めること。対否認

**せぬい【背縫い】** 衣服の後ろ身頃を中央で縫い合わせること。その縫い目。

**せぬき【背抜き】** 上着の背に裏地をつけない―こと(もの)。〔主に夏用〕

**ゼネコン** 総合建設業者。〔ゼネラルコントラクターの略〕

**ゼネスト** ゼネラルストライキの略。

**ゼネラリスト** 〔generalist〕多方面の知識・経験をもつ人。企業で、どの部署の仕事もこなせる人。ジェネラリスト。対スペシャリスト

**ゼネラル** 〔general〕一般的。全般的。

**―ストライキ** 〔general strike〕一斉に行う大規模なストライキ。総同盟罷業。ゼネスト。

**―マネージャー** 〔general manager〕組織全体の統括者。総支配人。

**ゼネレーション** 〔generation〕ジェネレーション。

**せのび【背伸び】** つま先で立って、背丈を

高くすること。Ⅱ実力以上のことをしようとすること。

**セパタクロー** バレーボールとサッカーを組み合わせたような球技。〔マレー語のsepak(=ける)とタイ語のtakraw(=ボール)から〕

**せばまる【狭まる】** 狭くなる。

**せばめる【狭める】** 狭くする。

**セパレーツ**〔separates〕①上下に分かれた女性用の―水着(服)。②組み合わせ式の道具類。

**セパレート**〔separate〕分割。「―型」

**―コース**〔separate course〕走路を各人用に区分したコース。対オープンコース

**せばんごう【背番号】** スポーツ選手がユニフォームの背中につける個人番号。

**せひ【施肥】** 肥料をやること。しひ。

**ぜひ【是非】** ①物事のよし悪《あ》し。「―を論じる」②どうしても。必ず。「―おいでください」

**―に及《およ》ばず**〔文章語〕しかたがない。

**―もない** やむをえない。

**セピア**〔sepia〕暗褐色。「―色」

**ぜひとも【是非とも】** なにがなんでも。

**せひょう【世評】** 世間の評判。

**せびらき【背開き】** 魚を背から切り開くこと。背割り。

**せびる** 強引にねだる。「金を―」

**せびれ【背鰭】** 魚の背中にあるひれ。

**せびろ【背広】** 男子の平常洋服。〔語源未詳〕類スーツ

**―組《ぐみ》** 防衛省本省に採用された事務官。対制服組

**セプテンバー**〔September〕九月。

**ゼプト**〔zepto〕国際単位系で、単位につけて一〇のマイナス二一乗分の一を表す。記号z

**せぶみ【瀬踏み】** 前もってためして様子をみること。〔渡る前に川の瀬の深さをはかる意から〕

**ゼブラ**〔zebra〕シマウマ。

**―ゾーン**〔和製語 zebra zone〕横断歩道。〔縞《しま》模様から〕

**セブン**〔seven〕七。「ラッキー―」

**せぼね【背骨】** 背の中心に通っている骨。脊柱《せきちゅう》。Ⅱ物事の支えとなっているもの。

**せまい【施米】** 米を施すこと。その米。

**せまい【狭い】** ①幅や面積が小さい。◇②心や行動が限られている。「度量が―」対広い

**せまきもん【狭き門】** 天国に至る道の険しいこと。〔聖書の言葉〕Ⅱ競争が激しく入学や就職がむずかしいこと。

**せまくるしい【狭苦しい】** 狭くて窮屈だ。

**せまる【迫る】**《逼る》①近づく。「期日が―」②せばまる。③強く要求する。「回答を―」④「胸が―(=胸が苦しくなる)」

**せみ【蟬】** ①昆虫の一。夏、木にとまって鳴く。②小形の滑車。

**セミ**〔semi〕半分。準。「―ヌード」

**ゼミ** 大学生が教授の指導で行う演習授業。ゼミナールの略。

**せみくじら【背美鯨】** クジラの一。

**セミコロン**〔semicolon〕欧文の句読点の一。ピリオドとコロンの中間の区切り。「;」

**せみしぐれ【蟬時雨】** 雨が降りしきるように聞こえるセミの声。

**セミダブル**〔和製語 semi double〕ダブルベッドよりも少し小さめのベッド。

**セミナー**〔seminar〕少人数対象の講習会・研修会。ゼミナール。

**ゼミナール**〔ドイツ語 Seminar〕①ゼミ。②セミナー。

**セミナリオ**〔ポルトガル語 seminário〕キリシタン時代、イエズス会がつくった神学校。セミナリヨ。類コレジオ

**セミファイナル**〔semifinal〕①メインイベント直前の試合。②準決勝戦。

**セミプロ**〔semipro〕プロに近いアマチュア。セミプロフェッショナル。

**ゼムクリップ**〔Gem clip〕針金をうずまき型に曲げたクリップ。ゼムピン。〔商標〕

**せめ【責め】** ①責めること。②責任。「―を果たす」

**せめあぐむ【攻め倦む】** 攻めきれず、もてあます。

**せめおとす【攻め落とす】**〔城や敵を〕攻めて負かす。

**せめおとす【責め落とす】** ①くどき落とす。②責めて白状させる。

**せめかける【攻め懸ける・―掛ける】** 攻撃をしかける。せめかかる。

**せめぎあう【鬩ぎ合う】** 対抗して互いに争う。

**せめく【責め苦】** 責められる苦しみ。

**せめぐ【鬩ぐ】**〔文章語〕①互いに争う。②責めさいなむ。

**せめさいなむ【責め苛む】** いじめて苦しめる。

**セメスター**〔semester〕学校の学期制。特に、二学期制。

**せめたてる【攻め立てる】** しきりに攻撃する。

**せめたてる【責め立てる】** しきりに｜責める（催促する）。

**セメタリー**〔cemetery〕墓地、霊園。

**せめて** 何とかこれだけでも。

**せめどうぐ【責め道具】** 拷問《ごうもん》の道具。責め具。

**せめのぼる【攻め上る】** 都に向かって攻めながら進む。

**せめよせる【攻め寄せる】** 攻撃しながら迫っていく。

**せめる【攻める】** 攻撃する。対守る

**せめる【責める】** ①とがめる。②苦痛を与える。③せがむ。

**セメント**〔cement〕①土木・建築に用いる接合剤。石灰質の粉。②接合剤の総称。歯科用など。

**せもじ【背文字】** 本の背に記してある文字。

**せもたれ【背凭れ】** いすの、背中をもたせかける部分。

**せもつ【施物】**〔文章語〕僧や貧者に与える品物。

**せやく【施薬】** 薬を施し与えること。また、その薬。

**ゼラチン**〔gelatin〕にかわを精製して作るたんぱく質。食用・薬用・写真材料用。

**ゼラニウム**〔geranium〕観賞用の多年草の一。テンジクアオイ。

**セラピー**〔therapy〕（薬や手術を用いない）治療。特に、心理療法。

**セラピスト**〔therapist〕療法士。治療士。

**セラミックス**〔ceramics〕窯業製品。セラミック。〔かつては陶磁器・ガラス・セメントなど。近年は材料も機能も広がり、ニューセラミックス、ファインセラミックスとよばれる〕

**せり【芹】** 春の七草の一。芳香がある。食用。

**せり【迫り】** せりだし。

**せり【競り】**《糶》せりうり。

**せりあう【競り合う】** 先を争う。競争する。

**せりあげる【迫り上げる】** ①下から徐々に押し上げる。②次第に大きくする。「声を―」

**せりあげる【競り上げる】** 買い手が競争して値をつり上げる。

**ゼリー**〔jelly〕ゼラチンなどを溶かし固めた菓子。ジェリー。ジュレ。

**セリーグ** 野球で、セントラルリーグの略。対パリーグ

**セリウム**〔cerium〕希土類元素の一。ライターの石の材料。記号Ce

**せりうり【競り売り】** 買い値の競争をさせて最高値をつけた人に売ること。競売。オークション。

**せりおとす【競り落とす】** 値を競りあって、その品物を手に入れる。

**せりかつ【競り勝つ】** 競りあって勝つ。対競り負ける

**せりだし【迫り出し】** 劇場で、奈落《ならく》から役者や大道具を押し上げて舞台へ出すこと（仕掛け）。せり。

**せりだす【迫り出す】** ①前へ突き出る。「腹が―」②押し上げて出す。

**せりふ【台詞】**《科白》俳優が演技中に言う言葉。‖言いぐさ。◇〔セリフとも書く〕

**―回《まわ》し** せりふの言い方。

**せりもち【迫り持ち】** アーチ①。

**せりょう【施療】** 無料で治療すること。

**せる【競る】**《糶る》①争う。②きそって値を上げる。

**セル** 薄手の毛織物。和服用。〔sergeから〕

**セル**〔cell〕コンピューターの表計算ソフトの表のます目。〔小部屋の意〕

**セル**〔sell〕売ること。「―ビデオ」

**セルが【―画】** 透明シートに描かれたアニメ用の原画。

**セルフ**〔self〕〔自己の意〕

**―ケア**〔self-care〕健康の自己管理。

**―コントロール**〔self-control〕①自制。②自動制御。

**―サービス**〔self-service〕食堂やマーケットで、客が自分で料理や品物を運ぶ方式。

**―タイマー**〔self-timer〕カメラの自動シャッター装置。

—メディケーション〔self-medication〕 自身の判断で市販薬などにより治療すること。自己治療。

**セルフィー**〔selfie〕 自撮《じどり》り。

**セルフィーユ**〔フランス語 cerfeuil〕 パセリに似たセリ科の香草。

**セルモーター**〔和製語 sell motor〕 蓄電池で動かすエンジン始動用の電動機。

**セルライト**〔cellulite〕 皮下脂肪のかたまり。

**セルリアンブルー**〔cerulean blue〕 あざやかな青色。

**セルロイド**〔celluloid〕 プラスチックの一種。おもちゃ・文房具用。〔もと商標〕

**セルロース**〔cellulose〕 植物の細胞膜や繊維の主成分。繊維素。

**セレクション**〔selection〕 選択。選抜。

**セレクト**〔select〕 選択。選別。

**—ショップ**〔和製語 select shop〕（ブランド・メーカーにかたよらず）店主の個性を生かした品ぞろえをする店。

**セレナーデ**〔ドイツ語 Serenade〕 小規模の器楽曲。小夜曲《さよきょく》。夜曲。〔夜、恋人の家の窓の下で聞かせる愛の歌の意〕

**セレブ**〔celeb〕 一流（—人）。有名（—人）。〔celebrity から〕

**セレブリティー**〔celebrity〕 名士。名声。セレブ。

**セレモニー**〔ceremony〕 儀式。式典。

**—ホール**〔ceremony hall〕 葬儀場。

**セレンディピティー**〔serendipity〕 価値あるものを偶然発見する能力。

**セロ**〔cello〕 チェロ。

**ゼロ**《零》〔zero〕 ①零《れい》。〇。②まったく無いこと。無。

**ゼロエミッション**〔zero emission〕 廃棄物をゼロにする運動。

**ゼロサム**〔zero-sum〕（ゲームの理論で）参加者の得失点の合計がゼロになること。「—社会（＝ある者の取り分が増えれば他者の取り分が減る、低経済成長の社会）」

**ゼロシーリング**〔和製語 zero ceiling〕 予算の概算要求枠が前年度と同じであること。

**ゼロックス**〔Xerox〕 電子複写機の一。また、それによる複写。〔商標〕

**セロテープ**〔Cello-tape〕 透明の接着テープ。〔商標〕

**セロトニン**〔serotonin〕 脳や血小板などにある化学伝達物質。

**ゼロはい【—敗】**《零敗》れいはい。

**セロハン**〔フランス語 cellophane〕 ビスコースから作る透明の紙状のもの。包装用。セロファン。

**ゼロベース**〔zero-based〕 過去にとらわれず、白紙の状態から検討しなおすこと。「—予算」

**ゼロメートルちたい【—地帯】** 海抜〇メートル以下の地帯。

**セロリ**〔celery〕 野菜の一。独特の香りをもつ。

**せろん【世論】** 世間一般の意見。よろん。

**せわ【世話】** ①力を貸して面倒をみること。「大きなお—だ（＝よけいなおせっかいだ）」②手がかかること。「—が焼ける」

**せわしい【忙しい】** ①いそがしい。②せかせかして落ち着かない。

**せわしない【忙しない】** せわしいの強め。

**せわずき【世話好き】** 世話焼き。

**せわた【背腸】**（エビの）背にある腸。

**せわにょうぼう【世話女房】** 家事をよくし、夫の面倒をよくみる妻。

**せわにん【世話人】** 世話役。

**せわもの【世話物】** 浄瑠璃や歌舞伎で、江戸時代の出来事や風俗を題材としたもの。対時代物

**せわやく【世話役】** 面倒をみる役（—の人）。

**せん【銭】** ①お金。特に硬貨。「小遣い—」②貨幣の単位の一。円の一〇〇分の一。

**せん【千】** 数の名。〔領収書などには仟・阡とも書く〕Ⅱ数の多いこと。「—に一つ」

**せん【先】** ①以前。②人に先んじること。「—を越す」③囲碁・将棋で、先手。

**せん【栓】** ①びんの口や穴をふさぐもの。「—を抜く」②管につける、流れの開閉装置。コック。「ガス—」

**せん【腺】** 分泌の働きをする器官。

**せん【選】** ①選び出すこと。②選んだもの。「名作—」③選挙。「知事—」

**せん【線】** ①すじ。Ⅱ㋐路線。「山手—」㋑電線や電話線。「—が切れる」②方針。「その—で行こう」③ものごとの程度。「いい—いってる」

**—が細《ほそ》い** 繊細で弱々しい。対線が太い

**ぜん【全】** すべて—の（で）。「—世界・—一〇

巻」

**ぜん【然】** いかにも…らしい。「学者—として」

**ぜん【前】** ①まえ。対後 ②紀元前の略。③…以前の。「—近代的」 ④まえの。「—会長」対現 ⑤…のまえ。「戦争—」対後

**ぜん【善】** よいこと。対悪

**—は急《いそ》げ** よいことを思いたったら急いで実行せよ。

**ぜん【禅】** 〔仏教語〕①精神を統一し、無我の境地に入ること。②禅宗・座禅の略。

**ぜん【膳】** ①料理をのせる台。②膳部。食事。③椀《わん》にもった食べ物を数える語。④一対の箸を数える語。

**ぜんあく【善悪】** 善と悪。よしあし。「—をわきまえる」

**せんい【船医】** 船上勤務の医者。

**せんい【戦意】** 戦う意気込み。「—喪失」

**せんい【遷移】** うつりかわること。

**せんい【繊維】** ①生物体を構成する細い糸状の物質。「神経—」〔医学では「線維」とも〕 ②織物の材料となる繊維。「化学—」

**ぜんい【善意】** ①好意的な見方。「—に解釈する」 ②よい心。 ③〔法律用語〕ある事実を知らずに行うこと。◇対悪意

**ぜんいき【全域】** ある‐地域（分野）全体。「関東—にわたる」

**せんいつ【専一】** そのことひとつに打ち込むこと。「ご自愛—に」

**せんいん【船員】** 船の乗組員。

**ぜんいん【全員】** すべての人員。

**せんうん【戦雲】** 戦争の起こりそうな気配。また、戦争。「—がひろがる」

**せんえい【先鋭】《尖鋭》** とがって鋭いようす。Ⅱ急進的。「—化」

**せんえい【船影】** 〔文章語〕船の姿。

**ぜんえい【前衛】** ①軍隊の最前線で守り戦う部隊。②球技で、前方に位置する人。③思想・芸術で、先進的な‐こと（集団）。「—芸術」◇対後衛

**せんえき【戦役】** 戦争。「日露—」

**せんえつ【僭越】** 身の程をわきまえず、出すぎたことをするようす。「—ながら」

**せんおう【専横】** わがまま放題にふるまうこと。

**せんおん【顫音】** トリル。

**ぜんおん【全音】** 半音ふたつ分の音程。対半音

**—音階《おんかい》** 一オクターブを六つの全音で等分した音階。

**ぜんおんかい【全音階】** 一オクターブに全音五つと半音ふたつを含む音階。長音階と短音階がある。対半音階

**ぜんおんぷ【全音符】** 西洋音楽で、音の長さの基本となる音符。記号 o

**せんか【専科】** ある方面専門の課程。また、その科目。対本科

**せんか【泉下】** 〔文章語〕あの世。〔黄泉の下〕

**せんか【戦火】** 戦いによる火災。また、戦争。「—を交える」

**せんか【戦果】** 戦争や戦闘の成果。

**せんか【戦渦】** 戦争で起こる混乱。

**せんか【戦禍】** 戦争で受けた災害。

**せんか【選果】** 果実を選び分けること。

**せんか【選科】** 一部の学科だけを選んで学習する課程。対本科

**せんか【選歌】** 歌を選ぶこと。選ばれた歌。

**せんが【線画】** 線だけで描いた絵。

**ぜんか【前科】** 刑罰を受けたことがあること。「—者《もの》」Ⅱ悪い前歴。「家出の—がある」

**せんかい【仙界】** 仙人の住む世界。類仙境

**せんかい【先回】** 前回。

**せんかい【浅海】** ①浅い海。②海岸から近い、水深二〇〇メートルまでの海。◇対深海

**せんかい【旋回】** 円く（ぐるぐる）回ること。

**せんがい【選外】** 選にもれること。「—佳作」類落選

**ぜんかい【全会】** 会の出席者全体。「—一致」

**ぜんかい【全快】** 病気やけががすっかりよくなること。本復。

**ぜんかい【全開】** 全部開くこと。

**ぜんかい【全壊・全潰】** 完全にこわれること。対半壊

**ぜんかい【前回】** ひとつ前の回。先回。

**せんかく【先覚】** ①世人より先に物事の道理を悟る人。「—者」②先学。

**せんがく【先学】** 〔文章語〕学問上の先輩。対後学

**せんがく【浅学】** 〔文章語〕学識の未熟な

こと。⑪自分の学識の謙譲語。「—非才《ひさい》」

**ぜんかく【全角】** 活字やプリンター出力で、漢字や普通の仮名の一字分の標準的な大きさ。また、その文字。

**ぜんがく【全学】** その大学全体。「—スト」

**ぜんがく【全額】** 全部の金額。類総額

**ぜんがく【前額】**〔文章語〕ひたい。「—部」

**せんかたない**《為ん方無い・詮方—》 どうしようもない。

**ぜんがゆ【全粥】** 米一に水五の割合で作った粥。

**せんかん【専管】** 一手に管理すること。「—水域」

**せんかん【戦艦】** 大型の軍艦。

**せんかん【潜函】** 地中や水中での土木工事に使うコンクリート製の箱。ケーソン。

**せんかん【選管】** 選挙管理委員会の略。

**せんがん【洗眼】** 目を洗うこと。「—薬」

**せんがん【洗顔】** 顔を洗うこと。

**ぜんかん【善感】** 種痘などでその効果があらわれること。

**ぜんがんしょうじょう【前癌症状】** ガンになる一歩手前の病状。

**せんカンブリアじだい【先—時代】** 地質時代の区分の一。古生代の前の長い期間。始生代と原生代に二分する。

**せんき【疝気】** 漢方で、下腹部の痛む病気。

**せんき【戦記】** 戦争の記録。軍記。「—物」

**せんき【戦旗】** 戦争用の旗。類軍旗

**せんぎ【先議】** 先に審議すること。

**せんぎ【詮議】** ①評議して事を明白にすること。②罪人の取り調べ。◇〔古風な言い方〕

**ぜんき【全期】** ①全部の期間。②ある期間全体。

**ぜんき【前記】** 前の部分に書くこと。類前述 対後記

**ぜんき【前期】** ①前半の期間。対後期 ②ひとつ前の時期。対今期・次期

**ぜんぎ【前戯】** 性交前の性的愛撫《あいぶ》。

**せんきゃく【先客】** 先に来た客。

**せんきゃく【船客】** 船の乗客。

**せんきゃくばんらい【千客万来】** 次々とたくさんの客が来ること。

**せんきゅう【選球】** 野球で、打者が投手の球を見分けること。「—眼」

**ぜんきゅう【全休】** 一日中(その期間全部)休むこと。

**せんきょ【占居】** ある場所にいすわること。

**せんきょ【占拠】** ある場所に立てこもり占領すること。

**せんきょ【船渠】** ドック。

**せんきょ【選挙】** (投票で)代表者を選ぶこと。

**—管理委員会《かんりいいんかい》** 選挙の運営・管理に関する事務を行う機関。選管。

**—区《く》** 議員を選出する単位となる地域。

**—権《けん》** 選挙で、投票できる権利。対被選挙権

**せんぎょ【鮮魚】** 新鮮な魚。

**せんきょう【仙境・仙郷】** 仙界。

**せんきょう【宣教】** 宗教を広めること。類布教・伝道

**—師《し》** キリスト教を異教国に広める人。

**せんきょう【船橋】** 船で、船長が指揮をする場所。ブリッジ。

**せんきょう【戦況】** 戦いの状況。類戦局

**せんぎょう【専業】** もっぱらその職業に従事すること。「—農家」対兼業

**せんきょく【戦局】** 戦争や勝負事のなりゆき。類戦況

**せんきょく【選曲】** 曲目を選ぶこと。

**せんきょく【選局】** 受信機で、放送局を選ぶこと。チューニング。

**せんぎり【千切り・繊—】** 野菜を細く切ること(切ったもの)。

**せんきん【千金】** 千両の金《かね》。⑪多額。また、非常に価値が高いこと。「値《あたい》—」

**せんきん【千鈞】**〔文章語〕きわめて重いこと。

**ぜんきん【前金】** まえきん。

**ぜんきんだいてき【前近代的】** 古めかしいようす。

**せんく【先駆】** ①人よりも先んじること。「—者」②前駆②。

**せんく【選句】** 俳句を選ぶこと。また、選ばれた俳句。

**せんぐ【船具】** 船の、航海用の道具。

**ぜんく【前駆】** ①前輪駆動の略。②(騎馬で)行列を先導すること。先駆。

**—症状《しょうじょう》** ある病気の前兆として現れる症状。

**せんぐう【遷宮】** 神殿の建て替えの際、神

体を移すこと（儀式）。「式年—」

**せんくち【先口】**（申し込みなどで）さきの順番。「こちらが—だ」対後口《あとくち》

**ぜんくつ【前屈】** 体を前に曲げること。前に曲がっていること。対後屈

**ぜんぐん【全軍】** ①全部の軍隊。②軍隊（チーム）の全員。

**せんぐんばんば【千軍万馬】**〔文章語〕①多くの兵士と軍馬。②（戦闘の）経験の豊富なこと。

**せんげ【遷化】**〔仏教語〕高僧が死ぬこと。

**せんけい【船型】** 船の形。また、船の模型。

**せんけい【線形】** 線のような細長い形。

**—動物《どうぶつ》** 動物の分類の一。回虫など。〔現分類では袋形動物に含まれる〕

**ぜんけい【全形】** ①全体の形。②完全な形。

**ぜんけい【全景】** 全体の景色。

**ぜんけい【前掲】** 前にかかげたこと。

**ぜんけい【前景】** ①眼前の景色。②絵や写真で、中心の物より前の小景。対後景・背景

**ぜんけい【前傾】** 体が前に傾くこと。

**せんけつ【先決】** 先に決める（べき）こと。

**せんけつ【専決】** ひとりの考えで決めること。

**せんけつ【潜血】** 化学的検査で（大便中に）認められる出血。「—反応」

**せんけつ【鮮血】** 体から出たばかりの血。

**せんげつ【先月】** ひとつ前の月。前月①。対来月

**ぜんげつ【前月】** ①先月。②その前の月。対翌月

**せんけん【先見】** 先を見通すこと。「—性」

**—の明《めい》** 事前に見抜く見識。

**せんけん【先遣】** 先に派遣すること。

**せんけん【先賢】**〔文章語〕昔の賢人。先哲。

**せんけん【専権】**《擅権》〔文章語〕思いのままに権力をふるうこと。

**せんけん【浅見】**〔文章語〕あさはかな考え。

**せんげん【宣言】** 個人や団体が、意見・方針・態度を公に表明すること。「開会を—する」類声明

**ぜんけん【全権】** すべての権限や権利。

**—大使《たいし》** 特命全権大使。

**ぜんけん【前件】** 前にあげた事柄（物件）。対後件

**ぜんげん【前言】** ①前に述べた言葉。「—撤回」②先人の言葉。

**ぜんげん【漸減】** 徐々に減ること。対漸増

**せんけんてき【先験的】**〔哲学用語〕経験する以前の先天的な認識能力にかかわるようす。超越論的。

**せんこ【千古】** ①大昔。②永久。「—不易（=永遠に変わらないこと）」

**せんご【戦後】** 戦争の終わった後。〔特に第二次世界大戦後〕対戦前

**—派《は》** アプレゲール。対戦前派・戦中派

**ぜんこ【全戸】** ①全部の家。②家中の者。

**ぜんご【前後】** ①まえとうしろ。さきとあと。②順序が逆になること。③間があかずに続くこと。「—して出発する」④…内外。「二〇歳—」

**ぜんご【善後】** 後始末をよくすること。

**—策《さく》** よい後始末をつけるための方策。

**—不覚《ふかく》** 正常な判断ができないほど、正体のなくなること。

**せんこう【先行】** ①先に行くこと。「時代に—する」②先に行われること。③スポーツで、先に得点すること。「二点—する」

**せんこう【先考】**〔文章語〕亡くなった父。対先妣《せんぴ》

**せんこう【先攻】** 野球などで、先に攻撃すること。さきぜめ。対後攻

**せんこう【専行】** 自分だけの判断で行うこと。「独断—」

**せんこう【専攻】** ある学問分野を専門に研究すること。その学問。

**せんこう【穿孔】** 穴をあけること。穴があくこと。また、あいた穴。「—機」

**せんこう【閃光】** 瞬間的にきらめく光。

**せんこう【戦功】** 戦争であげた功績。

**せんこう【潜行】** ①水中をもぐって行くこと。②ひそかに行動すること。

**せんこう【潜航】** ①潜水艦などが水中を進むこと。②ひそかに航海すること。

**せんこう【遷幸】**〔文章語〕天皇が都から他の地に移ること。

**せんこう【選考】**《銓衡》 適任者を選ぶために審査すること。「書類—」

**せんこう【選鉱】** 鉱石を選び分けること。

**せんこう【線香】** 香料の粉を線状に固めたもの。仏前に供える。「—をたく（あげる）」

―代《だい》 ①香典。②玉代《ぎょくだい》。
**せんこう【鮮紅】** あざやかな赤色。「―色」
**ぜんこう【全校】** ①全部の学校。②ある学校全体。「―生徒」
**ぜんこう【前項】** ①前にある項目。対次項・後項 ②数学で、前の項。対後項
**ぜんこう【善行】** よいおこない。対悪行
**せんこく【先刻】** ①さきほど。対後刻 ②すでに。「―承知だ」
**せんこく【宣告】** ①公に告げること。②裁判長が判決を言い渡すこと。
**せんごく【戦国】** 群雄割拠の時代。戦乱の世の中。
**―時代《じだい》** ①応仁の乱（一四六七年）から豊臣秀吉の天下統一までの約一世紀の間。②古代中国で、春秋時代に続く戦乱の時代。③激しい経済競争が行われる時代。「化粧品業界は―だ」
**ぜんこく【全国】** 国全体。
**―区《く》** もと、全国をひとつの区とする選挙区。〔現在は比例代表区〕
**ぜんこん【善根】** 〔仏教語〕よい果報が得られるであろうよい行い。「―を積む」
**ぜんざ【前座】** ①寄席などで本番の前に演じる―こと（人）。②落語家の格で、最下位。
**センサー**〔sensor〕 検知器。感知器。「光―」
**せんさい【先妻】** 前の妻。対後妻
**せんさい【浅才】** 〔文章語〕あさはかな知恵。「非学―」‖自分の知恵の謙譲語。
**せんさい【戦災】** 戦争による災害。
**せんさい【繊細】** か細い。か弱く敏感なようす。デリケート。
**せんざい【千載・千歳】** 千年。長い年月。
**―一遇《いちぐう》** 一〇〇〇年に一度しか得られないような好機。
**せんざい【洗剤】** 物を洗うための薬剤。
**せんざい【煎剤】** 〔文章語〕せんじぐすり。
**せんざい【潜在】** 内部にひそんで外に現れないこと。対顕在
**―意識《いしき》** 自覚されないが心の奥底にある意識。
**ぜんさい【前菜】** オードブル。
**ぜんざい【善哉】** ①よいかな。〔ほめ言葉／古風な言い方〕②関西で、つぶしあんの汁粉。関東で、もちにつぶしあんをかけたもの。〔仮名で書く〕
**せんさく【穿鑿】** 根掘り葉掘り知りたがること。「―好き」
**せんさく【詮索】** 細かい点まで尋ね調べること。
**センサス**〔census〕 ①国勢調査。人口調査。②ある社会事象についての一斉調査。実態調査。「工業―」
**せんさばんべつ【千差万別】** さまざまな違いがあること。
**ぜんざん【全山】** ①山全体。②全部の山。③寺院全体。
**せんし【穿刺】** 体液や組織を採取するために体に針を刺すこと。「腰椎《ようつい》―」
**せんし【戦士】** 戦う兵士。‖第一線で活躍する人。「企業―」
**せんし【戦史】** 戦争の歴史。
**せんし【戦死】** 戦場で死ぬこと。「―者」
**せんじ【煎じ】** せんじること。
**―薬《ぐすり》** せんじて飲む薬。
**―詰《つ》める** （薬などを）十分に煮出す。‖考えをとことんまで進める。◇〔詮じ詰めるとも書く〕
**せんじ【戦時】** 戦争をしている時。「―色」対平時
**ぜんし【全紙】** ①洋紙で、切断していない最も大きい判。全判。②新聞の紙面全体。③すべての新聞。
**ぜんし【前史】** ①ある時代の成り立ちを説明する、それ以前の歴史。②ある時代前半の歴史。③先史。
**ぜんし【前肢】** 動物の前足。対後肢
**ぜんじ【禅師】** 高徳の禅僧が朝廷から与えられる称号。「一休《いっきゅう》―」
**ぜんじ【漸次】** しだいに。徐々に。
**せんしじだい【先史時代】** 文献史料がない時代。対有史時代・歴史時代
**せんしつ【泉質】** 温泉水の化学的性質。
**せんしつ【船室】** 船の客室。キャビン。
**せんじつ【先日】** このあいだ。対後日
**―来《らい》** このあいだから。
**ぜんじつ【全日】** ①一日中。②全部の日。
**ぜんじつ【前日】** ある日の一日前の日。対翌日
**センシティブ**〔sensitive〕 敏感な。感じやすい。‖取り扱いに注意を要する。「―情報」
**せんしばんこう【千紫万紅】** 〔文章語〕

さまざまな色（—の花）。

**せんしばんたい【千姿万態】**〔文章語〕さまざまな姿や形。

**センシビリティー**〔sensibility〕 感受性。

**センシブル**〔sensible〕 感受性が豊かなようす。

**せんしゃ【洗車】** 車を洗うこと。

**せんしゃ【戦車】** 近代兵器の一。タンク。

**せんじゃ【撰者】**〔文章語〕①詩集や歌集の編者。②著者。

**せんじゃ【選者】** 作品を選び出す人。

**ぜんしゃ【全社】** ①全部の会社。②その会社全体。

**ぜんしゃ【前車】** 対後車

**—の覆《くつがえ》るは後車《こうしゃ》の戒《いまし》め** 前の人の失敗は後の人の戒めとなる。

**—の轍《てつ》を踏《ふ》む** 前の人と同じ失敗をする。

**ぜんしゃ【前者】** ふたつのうちの前のもの。対後者

**せんしゃく【浅酌】**〔文章語〕ほどよく酒を飲むこと。

**—低唱《ていしょう》** ほろ酔いかげんで歌を口ずさむこと。

**ぜんしゃく【前借】** 前借り。

**せんしゅ【先取】** 先に取ること。「—点」

**せんしゅ【船主】** 船の持ち主。ふなぬし。

**せんしゅ【船首】** 船のへさき。対船尾

**せんしゅ【選手】**（選ばれて）競技に出る人。

**—権《けん》** 選手権大会で優勝者に与えられる資格。チャンピオンシップ。

**—村《むら》** オリンピックに参加する選手が宿泊する区画。オリンピック村。

**せんしゅ【繊手】**〔文章語〕（女性の）しなやかな手。

**せんしゅう【千秋】**〔文章語〕千年。⓫長い年月。

**—万歳《ばんぜい》** 長寿を祝う言葉。千秋ばんざい。

**—楽《らく》** 芝居や相撲で、興行の最終日。らく。〔雅楽の曲名から〕

**せんしゅう【先週】** 今週の前の週。対来週

**せんしゅう【専修】** もっぱらその事を習い修めること。

**—学校《がっこう》** 一年以上在学させて、専門の技術教育を行う学校。

**せんしゅう【撰修】** 著述。編集。

**せんしゅう【撰集】** 詩歌や文章を選んで編集すること。その書物。せんじゅう。

**せんしゅう【選集】**（その人の）代表的な著作を集めた書物。対全集

**せんじゅう【先住】** ①先に住んでいること。②〔仏教語〕前の住職。

**—民《みん》** その地が侵略される以前にそこに住んでいた民族。

**せんじゅう【専従】** そのことだけに従事すること。「組合—者」

**ぜんしゅう【全集】** その人の全著作を集めた書物。また、同種の作品を集めた書物。

**ぜんしゅう【前週】** ①その週の前の週。対翌週 ②先週。

**ぜんしゅう【禅宗】** 仏教の宗派の一。座禅によって悟りを得ようとする。

**せんじゅかんのん【千手観音】** 一切衆生の救済を願い、千の手と目をもつ観音。

**せんしゅつ【選出】** 選び出すこと。

**せんじゅつ【戦術】** 戦闘の具体的な術策。〔戦略に対して、より実際的・部分的なものをいう〕⓫目的達成のための方法・手段。

**せんじゅつ【撰述】**〔文章語〕著述。

**ぜんしゅつ【前出】** 前に示したこと。先出。対後出

**ぜんじゅつ【前述】** 前に述べたこと。「—のとおり」対後述

**せんしゅぼうえい【専守防衛】** 防衛策の一。守りに徹するもの。

**せんしゅん【浅春】**〔文章語〕早春。

**せんしょ【選書】** ①多くの中から選んだ書物（—のシリーズ）。②（図書館に入れる）本を選ぶこと。

**ぜんしょ【全書】** ある方面に関する著作を全部集めた書物。「六法—」

**ぜんしょ【善処】** 事に応じてうまく処理すること。

**せんしょう【先勝】** ①何回かする勝負で、先に勝つこと。②陰陽《おんよう》道で急用や訴訟によい日。先勝日《にち》。せんかち。対先負《せんぶ》

**せんしょう【先蹤】**〔文章語〕①先に歩いていくこと。「—者」②先例。

**せんしょう【船檣】**〔文章語〕船の帆柱。

マスト。
**せんしょう【戦勝】**《戦捷》 戦争に勝つこと。対戦敗
**せんしょう【戦傷】** 戦闘で受けた傷。
**せんしょう【選奨】** すぐれたものを選んで人にすすめること。
**せんしょう【僭称】**〔文章語〕勝手に上の身分の称号を名乗ること。また、その称号。
**せんじょう【洗浄】**《洗滌》 洗ってきれいにすること。〔洗滌《せんでき》の慣用読みから〕
**せんじょう【扇状】** おうぎ形。
**—地《ち》** 川が山地から流れ出る所に、土砂が堆積《たいせき》してできた扇形の地形。
**せんじょう【扇情】**《煽情》 感情や欲情をあおること。
**せんじょう【戦場】** 戦いの現場。「古—」
**せんじょう【線上】** ①線の上。②すれすれの所。「当落—」
**せんじょう【線条】** 線。すじ。
**せんじょう【線状】** 線のような形。
**—降水帯《こうすいたい》** 線状に連なった積乱雲が長時間同じ場所に停滞し大雨をもたらす降雨域。幅数十キロメートル、長さは数十から数百キロメートルに及ぶ。
**せんじょう【僭上】**〔文章語〕分をこえた、出すぎたふるまいをすること。
**ぜんしょう【全勝】** すべての試合や勝負に勝つこと。「—優勝」対全敗
**ぜんしょう【全焼】** 火事で、建物が残らず灰になること。対半焼
**ぜんしょう【前哨】** 本隊の前方で警戒にあたる部隊。
**—戦《せん》** 前哨での小ぜりあい。Ⅱ本格的な活動の前の準備的な行動。
**ぜんじょう【禅譲】**〔文章語〕①中国で、王位を子孫でなく有徳者に譲ること。②譲位。
**ぜんしょうとう【前照灯】** ヘッドライト。
**せんしょく【染色】** ①染料で染めること。②染めた色。
**—体《たい》** 細胞が核分裂する際に現れる糸状のもの。〔遺伝や性の決定に重要な働きをする〕
**せんしょく【染織】** 染めることと織ること。
**せんじる【煎じる】** 薬や茶を煮出す。
**せんしん【先進】** 他より進んでいること。「—国」対後進
**せんしん【専心】** 専念。「一意—」
**せんしん【潜心】**〔文章語〕没頭。
**せんしん【線審】** 球技で、球が線内に入ったか出たかを判定する人。ラインズマン。
**せんじん【千尋】**《千仞》〔文章語〕山が非常に高いこと。谷が非常に深いこと。「—の谷」
**せんじん【先人】**〔文章語〕昔の人。「—に学ぶ」対後人
**せんじん【先陣】** ①陣立てで、本陣の前に設けた陣。対後陣 ②一番乗り。「—争い」
**せんじん【戦陣】** 戦いのための陣営。Ⅱ戦場。
**せんじん【戦塵】**〔文章語〕戦場に立つちりや砂ぼこり。Ⅱ戦争の騒ぎ。「—を避ける」
**ぜんしん【全身】** 体全体。総身。対半身
**—全霊《ぜんれい》** 体と心のすべて。
**ぜんしん【前身】** ①前歴。②その組織・団体の以前の形。③前世の身の上。◇対後身
**ぜんしん【前進】** 前に進むこと。対後退
**ぜんしん【前震】** 本震の前触れとなる地震。
**ぜんしん【漸進】** 順を追って少しずつ進むこと。対急進
**ぜんじん【全人】** 知識・感情・意志が調和して備わった人。「—教育」
**ぜんじん【前人】**〔文章語〕昔の人。対後人
**—未踏《みとう》** 今までだれも足をふみ入れたことがないこと。〔前人未到とも〕
**せんしんばんく【千辛万苦】**〔文章語〕さまざまの苦労。
**せんす【扇子】** あおいで風をおこす道具。おうぎ。類うちわ
**センス**［sense］感覚。「文学的—」
**せんすい【泉水】** ①庭の池。②わき水。
**せんすい【潜水】** 水中にもぐること。
**—艦《かん》** 水中を航行できる軍艦。
**—病《びょう》** 深い水中から急に水上に戻ると起こる病気。
**ぜんすう【全数】** すべての数量。「—調査」
**せんする【宣する】** 宣言する。宣告する。「開会を—」
**せんする【撰する】**〔文章語〕書物を書き著す（編纂する）。
**せんする【僭する】**〔文章語〕分不相応

せ

にふるまう。

**せんずるところ**【詮ずる所】 結局のところ。

**ぜんせ**【前世】〔仏教語〕この世に生まれる前にいた世。対現世・来世

**せんせい**【先生】①学芸などを教える人。特に教員。②教師・医師・作家・代議士などに対する敬称。③からかいの気持ちで人をさす語。類大将

**せんせい**【先制】先手をとること。

**せんせい**【専制】独断で勝手に決定・処理すること。

**—政治**《せいじ》 国家権力を握る支配者が独断で行う政治。対立憲政治

**せんせい**【宣誓】大勢の前で誓いの言葉を述べること。また、その言葉。

**せんせい**【潜性】対立形質をもつ品種交配による雑種第一代に一方の形質が発現しないこと。〔劣性の改称〕対顕性

**ぜんせい**【全盛】最も盛んな状態。「—期」

**ぜんせい**【善政】よい政治。対悪政

**せんせいじゅつ**【占星術】星の動きや位置で吉凶を占う術。星占い。

**センセーショナル**〔sensational〕人の好奇心をあおりたてるようす。類扇情的

**センセーション**〔sensation〕世間の注目を集めること。大評判。

**せんせき**【船籍】船の所属地を示す籍。〔船舶原簿に登録されている〕

**せんせき**【戦跡】《戦蹟》戦争が行われた跡。

**せんせき**【戦績】戦い（試合）の成績。

**せんせん**【宣戦】相手に戦争開始の意思を告げること。「—布告」

**せんせん**【戦線】①戦いの最前線。②社会（政治）運動の闘争の場面や形態。「統一—」

**せんぜん**【戦前】戦争の始まる前。〔特に第二次世界大戦前〕対戦後

**—派**《は》 アバンゲール。対戦後派・戦中派

**ぜんせん**【全線】①全部の路線。また、その路線全体。「—不通」②全部の戦線。また、その戦線全体。

**ぜんせん**【前線】①戦闘の第一線。②気団の先端。「梅雨—」

**ぜんせん**【善戦】力を尽くし、よく戦うこと。「—むなしく敗れる」

**ぜんぜん**【全然】①（否定表現の中で）まったく。まるで。②〔俗語〕非常に。

**せんせんきょうきょう**【戦々恐々】《—兢々》恐れおののくようす。

**せんそ**【践祚】〔文章語〕皇位を継承すること。

**せんぞ**【先祖】①家系の初代。②初代から死んだ先代までの人々。◇祖先。対子孫

**—返**《がえ》**り** 生物が進化の過程で失ったはずの形質が、ある個体に突然現れること。

**せんそう**【船倉】《船艙》船内の貨物置き場。

**せんそう**【戦争】国家間の武力抗争。Ⅱ激しい競争。「受験—」

**—犯罪**《はんざい》 戦争を起こしたり、捕虜を虐待したりした罪。

**ぜんそう**【前奏】曲のはじめに導入として演奏される部分。

**—曲**《きょく》 組曲で、導入の役割を果たす楽曲。また、自由な形式の器楽曲。プレリュード。Ⅱ事件などの前ぶれ。

**ぜんそう**【禅僧】禅宗の僧。

**ぜんぞう**【漸増】次第に増えること。対漸減

**ぜんそうなだれ**【全層雪崩】底雪崩。

**せんぞく**【専属】ひとつの会社・団体だけに属すること。「—歌手」

**ぜんそく**【全速】全速力。

**ぜんそく**【喘息】発作性の呼吸困難を起こす病気。「—持ち」

**ぜんそくりょく**【全速力】最大の速力。フルスピード。

**センター**〔center〕①中心。中央。②中心的な機関・施設。「語学—」③球技で、中央の位置（—の選手）。④野球で、外野の中央（—を守る選手）。中堅（—手）。

**—ポール**〔和製語 center pole〕競技場などの、旗を掲げる柱。

**—ライン**〔centerline〕道路や競技場を、中央で二分する線。

**せんたい**【船体】船の胴体部分。

**せんたい**【船隊】数隻の船で構成される隊。

**せんたい**【戦隊】戦闘のための軍艦や戦闘機の一隊。

**せんたい**【選対】選挙対策（—委員会）の略。

せ

**せんたい【蘚苔】** コケ。「―植物」
**せんだい【先代】** ①一代前の主人。対当代・当主 ②襲名した俳優や芸人の一代前の人。「―菊五郎」③前代①。
**ぜんたい【全体】** ①全部。対部分 ②一体全体。③元来。
**―主義《しゅぎ》** ファシズムの思想。対個人主義
**ぜんだい【前代】** ①前の時代。対後代 ②先代。
**―未聞《みもん》** かつて聞いたことがないほどまれなこと。
**せんたく【洗濯】** 衣類などを洗ってきれいにすること。「―機」
**―板《いた》** 手洗い洗濯用の板。刻み目がある。Ⅱやせてあばら骨の見える胸。
**せんたく【選択】** ふたつ以上のものから選び出すこと。「―の自由・取捨―」
**―肢《し》** 質問に対して選ぶように用意されているいくつかの答え。
**せんだつ【先達】** ①その方面での先輩。②案内者。◇せんだち。
**せんだって【先達て】** さきごろ。
**ぜんだま【善玉】** ①善人。〔江戸時代の草双紙の挿し絵で、善・悪の字を丸で囲んで善人・悪人の顔としたことから〕②よい働きをするもの。「―コレステロール」◇対悪玉
**センタリング**〔centering〕①サッカーなどで、サイドからゴール前にパスを送ること。②行《ぎょう》やセルの文字を中央に位置させること。
**せんたん【先端】**《尖端》 物の（‐とがった）先。Ⅱ先頭。「流行の―」
**せんたん【戦端】** 戦争となるきっかけ。
**せんだん【専断】**《擅断》 独断で事をとり行うこと。
**せんだん【栴檀】** ①庭木・街路樹にする落葉高木。〔古名はオウチ〕②ビャクダンの別称。
**―は双葉《ふたば》より芳《かんば》し** 大成する人物は幼いときからすぐれたところがある。〔この栴檀はビャクダンのこと〕
**せんだん【船団】** まとまって行動する船の集団。類船隊
**ぜんだん【前段】** 前の‐段落（部分）。対後段
**せんち【戦地】** ①戦場。②出征《しゅっせい》地。
**センチ** センチメンタルの略。
**センチ**〔フランス語 centi〕①センチメートルの略。②国際単位系の単位につけて、一〇〇分の一を表す。記号c「―グラム」
**―メートル**〔フランス語 centimètre〕 メートル法の長さの単位の一。一メートルの一〇〇分の一。センチ。記号cm
**ぜんち【全治】** 病気やけががすっかりなおること。「―二週間」類完治
**ぜんちし【前置詞】** 西欧語の文法で、品詞の一。〔英語のin、on、atなど〕
**ぜんちしき【善知識】**《善智識》〔仏教語〕人を仏道に導く高徳の僧。
**ぜんちぜんのう【全知全能】**《全智―》 すべてを理解し、あらゆることを実行できる能力。「―の神」
**センチメンタリズム**〔sentimentalism〕 感傷主義。
**センチメンタル**〔sentimental〕 感傷的。
**せんちゃ【煎茶】** ①茶の葉を煎じて飲むこと。また、そのお茶。②玉露・番茶に対して、ふつうの緑茶。
**せんちゃく【先着】** ①先に到着すること。「―順」②囲碁で、先手で打つこと。
**せんちゅう【戦中】** 戦時中。対戦前・戦後
**―派《は》** 第二次世界大戦中に青年期を過ごした人々。対戦後派・戦前派
**せんちょう【船長】** ①船の乗組員の長。②船の長さ。対船幅
**ぜんちょう【全長】** 全体の長さ。
**ぜんちょう【前兆】** 事が起こるきざし。
**せんつう【疝痛】** 発作性の激しい腹痛。
**せんて【先手】** ①他より先に行うこと。②機先を制すること。③囲碁・将棋で、先にする‐こと（人）。◇対後手
**せんてい【先帝】** 先代の天皇。
**せんてい【船底】** ふなぞこ。
**せんてい【剪定】** 庭木や果樹のむだな枝を刈り込むこと。
**せんてい【選定】** 多くの中から選んで決めること。
**ぜんてい【前庭】** 建物の前の庭。
**―器官《きかん》** 内耳の一部。平衡感覚をつかさどる。
**ぜんてい【前提】** ①あることが成立するための条件。②結論を導くために基礎となる命題。

**せんでき【洗滌】** 洗浄。
**ぜんてき【全的】** 全体におよぶようす。
**ぜんてき【全摘】** ある内臓全体を摘出すること。「胃の－手術」
**せんてつ【先哲】** 〔文章語〕先賢。
**せんてつ【銑鉄】** 鉄鉱石を溶鉱炉でとかしただけの、不純な鉄。ずく鉄。
**ぜんてつ【前轍】** 〔文章語〕前を行く車のわだち。
**－を踏《ふ》む** 前車の轍《てつ》を踏む。
**ぜんでら【禅寺】** 禅宗の寺。
**せんてん【先天】** 生まれつき身についていること。対後天
**－的《てき》** ①生まれつきであるようす。②〔哲学用語〕先験的。
**せんでん【宣伝】** 主張（商品の特徴）を説明し、広めていくこと。類PR ⊜大げさに言いふらすこと。
**ぜんてん【全天】** 空全体。「－カメラ」
**ぜんてん【全点】** 全部の品物。
**ぜんてんこう【全天候】** どんな天候でも使用できること。「－グラウンド」
**センテンス**〔sentence〕文。
**せんと【遷都】** 都を移すこと。
**セント**〔Saint〕キリスト教で、聖人や聖徒の名に冠する語。〔聖とも書く〕
**せんど【先途】** 勝敗や運命の分かれ目。「ここを－と必死になる」
**せんど【鮮度】**（生ものの）新鮮さの度合い。「－が落ちる」
**せんど【繊度】** 繊維の太さの度合い。〔単位はデニール・番手〕
**ぜんと【前途】** これから先の道のり。また、将来。「－洋々」
**ぜんど【全土】** 国土全体。その地方全体。
**せんとう【尖塔】** 高くて先のとがった建物。
**せんとう【先登】** さきがけ。一番乗り。
**せんとう【先頭】** まっさき。「－に立つ」
**せんとう【剪刀】**（外科手術で用いる）はさみ。
**せんとう【戦闘】** 武器をとって戦うこと。
**－機《き》** 戦闘用の小型で高速の飛行機。
**せんとう【銭湯】** 入浴料をとって入浴させる浴場。風呂屋。
**せんどう【先導】** 先に立って導くこと。
**せんどう【扇動】**《煽動》人をあおってある行動をするように仕向けること。
**せんどう【船頭】** ①和船をこぐ職業の人。かこ。②和船の船長。
**－多《おお》くして船《ふね》山《やま》に登《のぼ》る** 指図する者が多くて統一がとれず、方向違いに進んでしまう。
**せんどう【顫動】** こきざみに震えること。
**ぜんとう【前頭】** 頭の前部。前頭部。対後頭
**－葉《よう》** 大脳の、前方の部分。〔精神作用をつかさどる〕
**ぜんとう【漸騰】** 相場や物価がだんだん上がること。対漸落
**ぜんどう【蠕動】** ①うごめくこと。②筋肉の収縮が波のように伝わる運動。〔腸が食物を送り進めるなど〕
**ぜんどう【善導】** よい方へ導くこと。
**せんどきじだい【先土器時代】** 日本史で、縄文時代の前の時代。〔土器を使用しなかった〕
**セントラル**〔central〕中央の。中心的。
**－ヒーティング**〔central heating〕一か所の装置から建物の各部に熱を送る暖房方式。中央暖房。
**せんない**《詮無い》しようがない。
**せんなり【千生り・千成り】** 数多く群がって実がなること。「－びょうたん」
**ぜんなんぜんにょ【善男善女】**〔仏教語〕仏教に帰依《えき》した人々。信心深い人々。
**ぜんに【禅尼】**〔仏教語〕仏門にはいった女性。対禅門
**ぜんにちせい【全日制】** 学校教育で、昼間に授業をする課程。対定時制
**せんにちて【千日手】** 将棋で、双方が同じ手順を繰り返して勝負がつかないこと。
**せんにゅう【先入】**（心に）先に入っていること。
**－観《かん》** あらかじめもっている固定観念。先入主。先入見。
**せんにゅう【潜入】** こっそり入ること。
**ぜんにゅう【全入】** 全員入学の略。
**せんにょ【仙女】** 女の仙人。せんじょ。
**せんにん【仙人】** 山中に住み、不老不死で神通力をもつという人。⊜無欲で世間ばなれした人。
**せんにん【先任】** 先にその任務についたこと（人）。対後任
**せんにん【専任】** もっぱらその任務に携わ

る―こと(人)。「―講師」対兼任
**せんにん【選任】** 選んで任命すること。
**ぜんにん【前任】** 前にその任務についていた―こと(人)。対後任
**ぜんにん【善人】** よい人。対悪人
**せんにんりき【千人力】** ①千人分の力。②心強いこと。
**せんぬき【栓抜き】** 瓶の栓を抜く道具。オープナー。
**せんねつ【潜熱】** ①物質の状態が変化したときに―吸収(放出)される熱。〔融解熱・気化熱など〕②内部にひそんでいる熱。
**せんねん【先年】** 何年か前の年。対後年
**せんねん【専念】** ひとつのことに没頭すること。専心。
**ぜんねん【前年】** ①去年。②ある年からみて前の年。
**せんのう【洗脳】** 思想を改造すること。
**ぜんのう【全能】** あらゆることを実行できる能力。「―の神」
**ぜんのう【全納】** 全部を納めること。
**ぜんのう【前納】** 前もって納めること。「料金―」対後納
**ぜんば【前場】** 取引所の午前の立ち会い。対後場《ごば》
**せんばい【専売】** ①国が特定商品の生産や販売を独占すること。②一手販売。
**―特許《とっきょ》** 特許の旧称。＝おはこ。
**せんぱい【先輩】** ①年齢・経験が自分より多い人。②その学校や職場に先に入った人。◇対後輩
**せんぱい【戦敗】** 戦争に負けること。対戦勝
**ぜんぱい【全敗】** すべての試合や勝負に負けること。対全勝
**ぜんぱい【全廃】** 全面的に廃止すること。
**せんぱく【浅薄】** 思慮が浅いようす。あさはか。
**せんぱく【船舶】** (大型の)船。
**ぜんぱく【前泊】** 目的地に前夜から宿泊すること。対後泊
**ぜんぱく【前膊】** 前腕。ぜんはく。「―骨」
**せんばつ【選抜】** すぐれたものを選び出すこと。「―試験」
**せんぱつ【先発】** ①先に出発したり、始めたりすること。「―隊(メーカー)」②野球で、初めから出場すること。「―投手」
**せんぱつ【洗髪】** 髪を洗うこと。
**せんぱつ【染髪】** 髪を染めること。
**せんぱつじしん【浅発地震】** 震源の深さが浅い地震。対深発地震〔数十キロメートル以内のもの〕
**せんばづる【千羽鶴】** ①たくさんの折り鶴を糸でつないだもの。〔願かけに用いる〕②数多くのツルを表した模様。
**せんぱばんぱ【千波万波】** 〔文章語〕次々と打ち寄せてくる波。
**せんばん【千万】** ①〔文章語〕いろいろ。「―ありがたい」②はなはだしい。「迷惑―」
**せんばん【先番】** ①順番が先になること。②囲碁・将棋で、先手。
**せんばん【旋盤】** 工作機械の一。〔工作物を回転させて切り削る〕
**せんぱん【先般】** 〔文章語〕さきごろ。「―来」対今般
**せんぱん【戦犯】** 戦争犯罪人の略。
**ぜんはん【前半】** 前の半分。ぜんぱん。対後半
**―戦《せん》** 試合で、前半の部分。対後半戦
**ぜんぱん【全判】** 洋紙で、全紙。「A―」
**ぜんぱん【全般】** 全体。総体。
**ぜんはんせい【前半生】** 人生の前半の部分。対後半生
**せんび【船尾】** 船体の後部。とも。対船首
**せんび【戦備】** 戦争のための準備。類軍備
**せんぴ【先妣】** 〔文章語〕亡くなった母。対先考
**せんぴ【先非】** 〔文章語〕前非。
**せんぴ【戦費】** 戦争のための費用。
**ぜんび【善美】** 〔文章語〕立派で美しいこと。「―を尽くす」
**ぜんぴ【前非】** 過去に犯したあやまち。先非。「―を悔いる」
**せんびき【線引き】** ①線をひくこと。②一定の数量や区域に線をひいて区分すること。
**―小切手《こぎって》** 横線《おうせん》小切手。
**せんぴつ【染筆】** 〔文章語〕揮毫《きごう》。潤筆。
**せんびょう【線描】** せんがき。「―画」
**せんぴょう【選評】** 選んで批評すること。
**せんびょうし【戦病死】** 戦地で病死すること。
**せんびょうしつ【腺病質】** 体格が弱々しく貧血気味で神経質な体質。
**せんびん【先便】** 前回の便り。前便。対

後便

**せんびん【船便】** ふなびん。

**ぜんびん【全便】** ①すべての輸送機関。②その輸送機関の全部。

**ぜんびん【前便】** 先便。

**せんぶ【先負】** 陰陽《おんよう》道で、急用・訴訟によくない日。先負日《にち》。せんまけ。対先勝

**せんぶ【宣撫】** 占領地で、占領軍が方針を伝え人々を安心させること。「―工作」

**せんぷ【先夫】** 前夫。

**ぜんぶ【全部】** すべて。対一部

**ぜんぶ【前部】** 前・先の方の部分。対後部

**ぜんぶ【膳部】** ぜんにのせた料理。

**ぜんぷ【前夫】** 前の夫。先夫。

**せんぷう【旋風】** うず巻き状に吹く強い風。つむじ風。Ⅱ社会を騒がす突発的なこと。「―を巻き起こす」

**せんぷうき【扇風機】** 電気器具の一。モーターで羽を回して風を送る。

**せんぷく【船幅】** 船のはば。対船長

**せんぷく【船腹】** ①船の胴体部分。②船の貨物積み場。また、積載量。③輸送力(隻数)としての船舶。「―数」

**せんぷく【潜伏】** ①隠れひそんでいること。②感染しているが発病していないこと。「―期」

**ぜんぷく【全幅】** 〔文章語〕幅全部。Ⅱあらん限り。「―の信頼をおく」

**せんぶり【千振】** ①山野に生える薬草。健胃薬用。〔千回煎じても苦味がある意〕②トンボに似た昆虫。小形で黒色。

**せんぶん【千分】**
**―比《ひ》** 一〇〇〇分の一を単位とする割合。千分率。パーミル。記号‰
**―率《りつ》** 千分比。

**せんぶん【撰文】** 〔文章語〕文章を作ること。

**せんぶん【線分】** 直線上の二点間。

**ぜんぶん【全文】** 文章全体。

**ぜんぶん【前文】** ①本文の前書き。②手紙のあいさつ文。

**せんべい【煎餅】** 菓子の一。「塩―」

**せんぺい【先兵・尖兵】** 部隊の前方を進む小部隊。警戒や探索が任務。

**せんべつ【選別】** 選び分けること。

**せんべつ【餞別】** 別れて行く人に贈る金品。はなむけ。

**せんべん【先鞭】** 人より先に着手すること。「―をつける」

**ぜんぺん【全編】** 《全篇》ある一書物(作品)全体。

**ぜんぺん【前編】** 《前篇》書物などで、ふたつ以上に分割された最初の編。対後編

**せんぺんいちりつ【千編一律】** 《千篇一律》多くのものがすべて同じ調子で、変化やおもしろみに欠けること。

**せんぺんばんか【千変万化】** 〔文章語〕さまざまに変化すること。

**せんぼう【羨望】** うらやましく思うこと。「―の的《まと》」

**せんぽう【先方】** 相手方。向こう。「―の言い分」対当方

**せんぽう【先鋒】** 先頭をきって進むもの。

**せんぽう【旋法】** 音楽で、ある音階の旋律について決められている法則。「教会―」

**せんぽう【戦法】** 戦い方。

**ぜんぼう【全貌】** 全体の姿。「―を明らかにする」類全容

**ぜんぽう【前方】** 前のほう。対後方
**―後円墳《こうえんふん》** 日本独特の古墳の形式。〔前が方形で後ろが円形〕

**せんぼうきょう【潜望鏡】** 潜水艦の中から海上を見るための望遠鏡。ペリスコープ。

**せんぼつ【戦没】** 《戦歿》戦死。「―者」

**せんまい【洗米】** (神に供えるために)きれいに洗った米。

**せんまい【饌米】** 〔文章語〕神に供える洗米。

**センマイ** 牛の第三胃。〔朝鮮語が語源とされる〕

**ぜんまい【薇】** シダ植物の一。ワラビに似て、若芽は食用。

**ぜんまい** 《発条》渦巻き状のばね。

**せんまん【千万】** 一万の千倍。Ⅱ非常に多いこと。「―無量(=はかり知れないこと)」

**ぜんみ【禅味】** 禅の、超俗的で枯淡な趣。

**せんみつ【千三つ】** 〔俗語〕①大うそつき。〔千に三つしか真実がない意〕②不動産などの周旋業。「―屋」〔千のうち三つしか話がまとまらない意〕

**せんみょう【宣命】** 昔、宣命体という特殊な文体で書かれた天皇の命令の文書。

**せんみん【選民】** 神から選ばれた民族。「―思想」〔ユダヤ民族が自らをいう〕

**せんみん【賤民】** 制度上、最下層におかれ差別を受けた人民。
**せんむ【専務】** ①主としてその務めに当たること。「—車掌」②専務取締役の略。
**—取締役**《とりしまりやく》 会社で、社長を補佐し取締役の中心となる人。
**せんめい【鮮明】** あざやかで、はっきりしているようす。
**せんめい【闡明】** 〔文章語〕不明瞭な意味や道理を明らかにすること。
**せんめつ【殲滅】** 〔文章語〕皆殺しにすること。
**ぜんめつ【全滅】** ひとつ残らず滅びる(滅ぼす)こと。
**せんめん【洗面】** 顔を洗うこと。洗顔。
**—所**《じょ》 ①洗面の設備のある所。②便所の婉曲《えんきょく》表現。
**せんめん【扇面】** ①おうぎの表面(地紙)。②おうぎ。
**ぜんめん【全面】** ①全部の面。②全部の方面・分野。「—スト」③紙面全体。
**—的**《てき》 あらゆる面にわたるようす。
**ぜんめん【前面】** 前(表)のほう。
**せんもう【旋毛】** 渦巻き状の毛。つむじ。
**せんもう【繊毛】** ①細い毛。②細胞の表面にある細い毛状物。「—運動」
**せんもう【譫妄】** 意識障害の一。〔意識混濁・妄想・興奮などの症状がある〕
**ぜんもう【全盲】** まったく目が見えないこと。
**せんもん【専門】** もっぱら従事(研究)すること。また、その事柄。
**—家**《か》 その分野を専門に担当・研究し、精通している人。
**—学校**《がっこう》 専修学校のうち、高校卒業以上の人を対象とするもの。
**ぜんもん【前門】** 表門。
**—の虎**《とら》**、後門**《こうもん》**の狼**《おおかみ》 難を逃れたあとにすぐに別の災難にあうこと。
**ぜんもん【禅門】** 〔仏教語〕①禅宗。②仏門に入った男性。対禅尼
**ぜんもんどう【禅問答】** 禅宗の僧が修行としてする問答。Ⅱ意味のわからない問答。
**せんや【先夜】** このあいだの夜。
**ぜんや【前夜】** ①昨夜。②ある日の前の夜。Ⅱ直前。「戦争—」
**—祭**《さい》 行事などの前夜に行う祝いの催し。
**せんやく【仙薬】** 不老不死の霊薬。Ⅱよく効く薬。
**せんやく【先約】** ①別の人とそれより先にした約束。②以前の約束。前約。
**せんやく【煎薬】** 煎じ薬。
**ぜんやく【全訳】** 原文全部の翻訳。完訳。対抄訳
**ぜんやく【前約】** 先約②。
**ぜんゆ【全癒】** 〔文章語〕全快。全治。
**せんゆう【占有】** 自分の所有とすること。「—地(率)」
**せんゆう【専有】** ひとりじめ。対共有
**せんゆう【戦友】** 軍隊で共に戦う仲間。Ⅱ〔俗語〕一緒に苦労した仲間。
**せんゆうこうらく【先憂後楽】** 国の統治者は、国民より先に心配し、国民におくれて楽しむべきだという考え。
**せんよう【占用】** 独占して使うこと。
**せんよう【専用】** ①そのためだけに使うこと。「—車」対共用 ②ある人だけが使うこと。③それだけを使うこと。
**せんよう【宣揚】** 〔文章語〕広く世間に示すこと。「国威—」
**ぜんよう【全容】** 全体の姿・内容。「事件の—」類全貌
**ぜんよう【善用】** よい方に(うまく)使うこと。対悪用
**ぜんら【全裸】** まるはだか。対半裸
**ぜんらく【漸落】** 相場や物価がだんだん下がること。対漸騰
**せんらん【戦乱】** ①戦争による世の中の乱れ。②戦争。
**ぜんらん【全卵】** 卵の黄身も白身も含めた全部。
**せんり【千里】** 一里の千倍。Ⅱとても遠いこと(所)。「—の道も一歩から」
**—眼**《がん》 遠方や将来、また、他人の心中を感知する能力(—をもつ人)。
**せんりつ【旋律】** メロディー。
**せんりつ【戦慄】** 恐ろしさに震えること。
**ぜんりつせん【前立腺】** 男性生殖器の一部。膀胱《ぼうこう》の近くにある。〔精子の運動を活発にする〕
**せんりひん【戦利品】** 戦争で略奪した品。
**せんりゃく【戦略】** 戦いに勝つための大

局的な方策。↓戦術

**ぜんりゃく【前略】** ①手紙文で、前文を省く意で冒頭に書く語。②前の部分を省くこと。対中略・後略

**せんりゅう【川柳】** 五・七・五の短詩。風俗や世相をユーモラスに風刺する。〔江戸時代の点者、柄井川柳の名から〕

**ぜんりゅうふん【全粒粉】** 胚芽《はいが》などをつけたままひいた小麦粉。

**せんりょ【千慮】** 〔文章語〕あれこれ考えること。

**—の一失《いっしつ》** ①どんな賢者にも失策はあるということ。②思わぬ失敗。

**せんりょ【浅慮】** あさはかな考え。「—の至り」対深慮

**せんりょう【千両】** ①一両の千倍。⊜非常に価値があること。②観賞用の小さな常緑樹。冬、赤い実をつける。

**—役者《やくしゃ》** 格式が高くすぐれた役者。⊜世間を魅了する非凡な人物。

**せんりょう【占領】** ①一定の場所を占めること。類占拠 ②他国を武力で支配下におくこと。「—軍」

**せんりょう【染料】** 染色で、色をつける物質。水に溶ける。「天然—」

**せんりょう【選良】** 選ばれた立派な人物。⊜代議士。

**せんりょう【線量】** 単位面積当たりに吸収された放射線の量。放射線量。

**ぜんりょう【善良】** 正直で素直なようす。

**せんりょく【戦力】** 戦争を遂行しうる力。⊜役に立つ人物。「—になる」

**ぜんりょく【全力】** ありったけの力。「—を出す・—疾走」

**—投球《とうきゅう》** 野球で、投手が全力で投球すること。⊜全力を傾けて取り組むこと。

**ぜんりん【前輪】** 前の車輪。対後輪

**—駆動《くどう》** 自動車で、動力を前輪に伝えて走る方式。

**ぜんりん【善隣】** 〔文章語〕隣国・隣家と仲よくすること。「—外交」

**せんるい【蘚類】** コケ植物の一。スギゴケ・ミズゴケなど。

**せんれい【先例】** ①以前からある同種の例。「—に習う（従う）」②今後の基準となる例。◇類前例

**せんれい【洗礼】** キリスト教で、入信の儀式。⊜一度は受けなければならない経験。また、きびしい経験。「…の—を受ける」

**せんれい【船齢】** 船の進水後の年数。

**せんれい【鮮麗】** 色あざやかで美しいようす。

**ぜんれい【全霊】** ありったけの精神力。「全身全—を傾ける」

**ぜんれい【前例】** ①先例。「—がある・—を見ない」②前に挙げた例。

**せんれき【戦歴】** 戦闘（試合）に参加した経歴。

**ぜんれき【前歴】** 今までの経歴。

**せんれつ【戦列】** 戦闘中の部隊の列。⊜闘争のための組織。「—を離れる」

**せんれつ【鮮烈】** 新鮮で強烈なようす。

**ぜんれつ【前列】** 前の方の列。対後列

**せんれん【洗練】** 《洗煉》より高尚・上品に仕上げること。

**せんろ【線路】** 電車や汽車のレール。

**ぜんろう【全聾】** まったく耳が聞こえないこと。

**せんろっぽん【千六本・繊—】** ダイコンのせんぎり。

**ぜんわ【禅話】** 禅の講話。

**ぜんわん【前腕】** ひじから手首までの部分。「—骨」

## そ

**そ【祖】** ①先祖。②元祖。

**そ【粗】** あらいこと。対精・密

**ソ** 〔イタリア語 sol〕階名の一。長音階の第五音。

**そあく【粗悪】** 粗末で質の悪いようす。「—品」

**そあん【素案】** 土台となるおおざっぱな案。

**そい【素意】** 〔文章語〕ずっと思っていた考え。

**そい【粗衣】** 〔文章語〕粗末な衣服。「—粗食」

**ソイソース** 〔soy sauce〕しょうゆ。〔英訳語〕

**そいつ** 《其奴》「その人・それ」のぞんざいな言い方。〔「そやつ」の転〕

**そいとげる【添い遂げる】** ①反対をおしきって夫婦になる。②夫婦として一生を過ごす。

**そいね【添い寝】** 寄り添って寝ること。

**そいん【素因】** ①おおもとの原因。②病気にかかりやすい素質。

**そいん【疎音】** 〔文章語〕ごぶさた。「―にうち過ぎ失礼いたしました」

**そいん【訴因】** 起訴を起こす要因となるべきことがら。

**そいんすう【素因数】** 整数を素数の積の形で表したときの、それぞれの素数。〔六の素因数は二と三〕

**そう【艘】** 舟を数える語。類隻

**そう【双】** 一対のものを数える語。「びょうぶ一―」

**そう【壮】** ①勇ましい。②盛ん。

**そう【草】** ①下書き。②草書。対楷《かい》・行《ぎょう》

**そう【相】** ①形。姿。②ものに現れた吉凶。「水難の―」

**そう【装】** ①よそおい。「―をこらす」②外から見たようす。「―を新たにする」

**そう【僧】** 出家して仏道を修める人(男)。坊主。僧侶。対俗

**そう【想】** ①思い。考え。②構想。「―を練る」

**そう【層】** ①重なり。②地層。「洪積―」③階層。「読者―」

**そう【箏】** 一三弦のふつうの琴。

**そう【躁】** 気分が晴れやかな(高揚した)状態。対鬱《うつ》

**そう【沿う】** あるものから離れずに進む(存在する)。「線路に―」

**そう【添う】**《副う》①つき従う。加わる。②夫婦となる。③かなう。「期待に―」

**ぞう【贈】** (死後、官位を)贈ること。「―正二位」

**ぞう【象】** 陸上で最大の動物。鼻が長い。

**ぞう【像】** ①形。姿。②ものの形にまねて作った(描いた)もの。「神の―」③光の反射・屈折で現れる物体の形。

**ぞう【雑】** 〔文章語〕①雑歌《ぞうか》。②分類で、その他をさす語。

**ぞう【増】** 増すこと。「三割―」対減

**そうあい【相愛】** 愛し合うこと。「―の仲」

**ぞうあく【増悪】** さらに悪くなること。

**そうあたり【総当たり】** ①競技で、すべての参加者と対戦する形式。「―戦」②からくじがないこと(くじ)。

**そうあん【草案】** 下書き。対成案

**そうあん【草庵】** 〔文章語〕草ぶきのいおり。

**そうあん【創案】** 初めて考え出すこと。

**そうい【相違】**《相異》互いに違うこと。「見解の―」

**そうい【創痍】** 〔文章語〕切りきず。痛手。「満身―」

**そうい【創意】** 新しい思いつき。「―工夫」

**そうい【僧位】** 僧の位階。〔法印・法眼《ほうげん》など〕

**そうい【総意】** 全体の(一致した)意見。「国民の―」

**ぞうい【贈位】** 死後に位階を贈ること。

**そういれば【総入れ歯】** すべての歯が入れ歯であること。また、その入れ歯。

**そういん【僧院】** 寺。修道院。

**そういん【総員】** 全員。

**ぞういん【増員】** 人員(定員)をふやすこと。対減員

**そううつびょう【躁鬱病】** 双極性障害。

**そううん【層雲】** 地上に近く、水平に重なり合う雲。

**ぞうえい【造営】** 宮殿や社寺などを建てること。

**ぞうえいざい【造影剤】** 身体器官がX線によくうつるように、体内に注入する薬品。

**ぞうえき【増益】** 利益がふえること。「―を見込む」対減益

**ぞうえん【造園】** 庭園や公園を造ること。「―業」

**ぞうえん【増援】** 人数を増して応援すること。「―部隊」

**ぞうお【憎悪】** 激しく憎むこと。

**そうおう【相応】** ふさわしいこと。「年―の格好」

**そうおく【草屋】** 草ぶきの粗末な家。Ⅱ「自分の家」の謙譲語。

**そうおん【騒音】**《噪音》うるさい音。

**そうか【挿花】** 〔文章語〕いけばな。

**そうか【喪家】** 喪中《もちゅう》の家。
**―の狗《いぬ》** 飼い主が死んだ(宿なしの)犬。Ⅱやせて元気のない人。

**そうが【爪牙】** 〔文章語〕つめときば。Ⅱ敵の手先。
**―に掛《か》かる** えじきになる。

**そうが【挿画】** 〔文章語〕さしえ。

**そうが【装画】** 本の装丁に使う絵。

**ぞうか【造化】** ①造物主。「—の神」②宇宙。自然。
**—の妙《みょう》** 自然のつくった傑作。
**ぞうか【造花】** 人工の花。対生花
**ぞうか【増加】** ふえる（ふやす）こと。「—の一途をたどる」対減少
**そうかい【壮快】** 元気さかんで快いようす。
**そうかい【爽快】** さわやかで快い。「気分—」
**そうかい【掃海】** 海中の機雷などの障害物を取り除くこと。
**—艇《てい》** 掃海作業を受けもつ軍艦。
**そうかい【滄海・蒼海】** 青い海。大海。
**そうかい【総会】** その団体の全構成員が参加して行う会議。
**—屋《や》** わずかの株をもち、株主総会に出席し、いやがらせや、八百長《やおちょう》の協力をする人。
**そうがい【霜害】** 霜による作物などの害。
**ぞうかいちく【増改築】** 増築と改築。
**そうがかり【総掛かり】** ①全員で事にあたること。＝総攻撃。②全費用。
**そうかく【総画】** ひとつの漢字の画数。〔偏や旁《つくり》に区分しないすべての画数の意〕
**そうがく【奏楽】** 音楽を演奏すること。また、その音楽。
**そうがく【総額】** 全体の金額。全額。
**ぞうがく【増額】** 金額をますこと。対減額
**そうかつ【総括】** 全体をまとめること。「—的」類統括
**—質問《しつもん》** 国会の予算委員会で、審議される案件全般に関する質問。
**そうかつ【総轄】** 全体を取り締まること。
**そうかへいきん【相加平均】** 複数の数の和を、その個数で割った平均値。算術平均。
**そうがら【総柄】** 一面に模様のある服地。
**そうかん【壮観】** 壮大なながめ。
**そうかん【送還】** 送り返すこと。
**そうかん【相姦】** 親子・兄妹などが、社会通念に反して肉体関係を結ぶこと。「近親—」
**そうかん【相関】** 互いに関係すること。
**—関係《かんけい》** 互いに影響しあう関係。
**そうかん【挿管】** 医療で、からだの中に管を入れること。「気管—」
**そうかん【創刊】** 新聞や雑誌を新たに刊行すること。「—号」対終刊
**そうかん【総監】** 全体を監督する–こと〔官職〕。「警視—」
**そうがん【双眼】** 〔文章語〕ふたつの目。対隻眼
**—鏡《きょう》** 両眼で見る型の望遠鏡。
**ぞうかん【増刊】** 雑誌などを定期以外に刊行すること。「臨時—号」
**ぞうがん【象眼】** 《象嵌》金属などに模様を刻み、金・銀などをはめ込む技法。
**そうき【早期】** 早い時期。対晩期
**そうき【想起】** 思いおこすこと。
**そうき【総記】** ①全体をまとめた記述。②図書分類の一。〔百科事典・新聞・雑誌など〕
**そうぎ【争議】** ①激しく議論すること。②労働争議。「—団」
**—権《けん》** 労働者が団結して争議を行う権利。
**そうぎ【葬儀】** 葬式。
**ぞうき【雑木】** 大きな用材にならない木。ざつぼく。
**—林《りん》** 落葉樹を中心とした里山の林。
**ぞうき【臓器】** 内臓の器官。「—移植」
**ぞうきゃく【増客】** 顧客–を増やす（が増える）こと。「—対策」
**そうきゅう【早急】** さっきゅう。
**そうきゅう【送球】** ①球技で、球を味方に投げて渡すこと。パス。②ハンドボール。
**そうきゅう【蒼穹】** 〔文章語〕青空。大空。
**そうきゅうきん【双球菌】** 球形の細菌で、ふたつくっついたもの。肺炎の病原菌など。
**そうきょ【壮挙】** 壮大な–くわだて（行為）。
**そうきょう【躁狂】** ①狂ったように騒ぐこと。②躁病。
**そうぎょう【早暁】** 〔文章語〕夜明け。早朝。
**そうぎょう【創業】** 事業を始めること。
**そうぎょう【僧形】** 〔文章語〕僧の姿。対俗形
**そうぎょう【操業】** （工場が）作業をすること。
**—短縮《たんしゅく》** 作業時間の短縮や機械の一部運転休止をして生産を制限すること。
**ぞうきょう【増強】** より強くすること。

**そうきょういく【早教育】** ふつうより早く始める幼児教育。
**そうきょく【箏曲】** 箏のための曲。
**そうきょく【総局】** いくつかの局を総括する、一段上の局。
**そうきょくせいしょうがい【双極性障害】** 興奮した状態と憂鬱な状態とを繰り返す病気。躁鬱病。
**そうきょくせん【双曲線】** 数学で、平面上の二定点からの距離の差が一定である点の軌跡。
**そうきん【送金】** お金を送ること。また、そのお金。
**ぞうきん【雑巾】** 清掃用の布。「ーがけ」
**そうきんるい【走禽類】** 鳥類の一。飛べないが、よく走る。ダチョウなど。
**そうく【走狗】** 〔文章語〕人の手先。〔軽蔑して言う語〕
**そうく【痩軀】** 〔文章語〕やせた体。「長身ー」
**そうぐ【装具】** ①身につける道具。②内装の道具。③機械などに付属させる道具。
**そうくう【蒼空】** 〔文章語〕青空。大空。
**そうぐう【遭遇】** 思いがけず出会うこと。「事件にーする」
**そうくずれ【総崩れ】** ①全体が崩れること。②全敗。
**そうくつ【巣窟】** （悪人の）すみか。
**そうぐん【総軍】** 全軍。
**そうけ【宗家】** 家元。本家。
**ぞうげ【象牙】** 象のきば。アイボリー。
**ーの塔《とう》** 現実を逃避した、芸術や学問の別天地。〔アカデミズムの閉鎖性を皮肉った語〕
**そうけい【早計】** 早まった考え。
**そうけい【総計】** 全部の合計。
**そうげい【送迎】** 送り迎え。「ーバス」
**ぞうけい【造形・造型】** （芸術として）形あるものを造ること。
**ー美術《びじゅつ》** 絵画・彫刻・建築などの総称。
**ぞうけい【造詣】** 学問・技芸などに対する深い知識。「ーが深い」
**そうげいこ【総稽古】** 演劇で、全員がそろって行う仕上げのけいこ。類総浚《ざら》い
**そうけだつ【総毛立つ】** 身の毛がよだつ。そうげだつ。
**ぞうけつ【造血】** 体内で血液を造ること。「ー器官」
**ぞうけつ【増血】** 血液をふやす（がふえる）こと。「ー剤」
**ぞうけつ【増結】** 列車に車両を連結してふやすこと。
**そうけっさん【総決算】** 一定期間の収入・支出の決算。Ⅱ物事のしめくくり。
**そうけん【双肩】** 両肩。
**ーに掛《か》かる** すべて…次第である。
**ーに担《にな》う** 一身に責任を負う。
**そうけん【壮健】** 元気。健康。「ごーで何よりです」
**そうけん【送検】** 犯罪（ー容疑）者を検察庁へ送ること。〔書類だけの場合は書類送検〕
**そうけん【創見】** 〔文章語〕独創的な意見。
**そうけん【創建】** 初めて建てること。
**そうけん【想見】** 想像。
**そうけん【総見】** 団体で芝居・相撲などを見物すること。総見物。
**そうげん【草原】** ①くさはら。②ステップ。
**ぞうげん【造言】** 作りごと。うそ。
**ぞうげん【雑言】** ぞうごん。
**ぞうげん【増減】** 増加と減少。
**そうこ【倉庫】** 貨物を入れておく建物。類蔵《くら》
**そうご【壮語】** 〔文章語〕偉そうな言葉（ーを言うこと）。「大言ー」
**そうご【相互】** たがいに同じことをしあうこと。
**ー会社《がいしゃ》** 相互保険会社。社員のために保険を引き受ける形式で保険を営む。
**ー主義《しゅぎ》** 二国間で、相手国内で認められた権利を、自国内でも認めるという原則。
**ー乗《の》り入《い》れ** 交通機関で、ふたつの会社が互いに相手の路線に入って運行すること。Ⅱ互いに相手の領分に進出して協力しあうこと。
**ぞうご【造語】** 新しい（ー複合）語を作ること。また、その語。「ー力」
**そうこう【壮行】** 出発する人を励ますこと。「ー会」
**ー成分《せいぶん》** 複合語を構成する要素。
**そうこう【走行】** （車が）走ること。「ー距離（テスト）」
**そうこう【草稿】** 文章の下書き。
**そうこう【奏功】** 〔文章語〕なしとげるこ

と。
**そうこう【奏効】**〔文章語〕ききめが、現れること。
**そうこう【倉皇】**《蒼惶》〔文章語〕あわただしいようす。「—として」
**そうこう【装甲】** 防弾のため、船体・車体に鋼鉄板を張ること。「—車」
**そうこう【操行】** 身持ち。品行。
**そうこう【艙口】** ハッチ。
**そうこう【糟糠】**〔文章語〕粗末な食物。〔かすとぬかの意〕
**—の妻《つま》** 貧乏や苦労をともにしてきた妻。
**そうこう【霜降】** 二十四気の一。一〇月二四日ごろ。
**そうこう** あれこれ。「—するうちに」
**そうごう【相好】** 顔つき。
**—を崩《くず》す** 喜んでにこにこする。
**そうごう【総合】**《綜合》個別のものをひとつにまとめること。対分析
**—学習《がくしゅう》** 学校教育で、教科の枠を超えて総合的に学習するカリキュラム。
**—型選抜《がたせんばつ》** 入学者選抜の方法の一。求める学生像に基づき、学生の能力・適性・意欲を総合的に評価するもの。書類審査、筆記試験、面接、プレゼンテーション、グループディスカッションなどを実施する。大学・短大の入学者選抜では、二〇二一年（令和三）度入試よりAO入試に代えて現名称となった。〔旧AO入試で学力評価が回避される傾向があったことを背景に、文部科学省はその必須化などを求めている〕
**—芸術《げいじゅつ》** 各種の芸術分野を組み合わせた芸術。映画など。
**—口座《こうざ》** 定期預金と普通預金を一冊の通帳にまとめた口座。〔残高不足の際、定期預金を担保に借入ができる〕
**—職《しょく》** 会社で、幅広い業務を行う仕事。〔管理職・役員まで昇進する可能性がある〕対一般職
**—大学《だいがく》** いろいろな学部をもつ大学。ユニバーシティー。対単科大学
**—的《てき》** 全体をまとめるようす。
**ぞうごう【贈号】** 死後に称号を贈ること。また、その称号。おくりな。
**そうこうげき【総攻撃】** 全軍が一斉に攻撃すること。
**そうこうしゅ【走攻守】** 野球で、走る、打って攻める、守る、の三要素。
**そうこく【相克】**《相剋》せめぎあうこと。
**そうこん【早婚】** 年若く結婚すること。対晩婚
**そうこん【草根】**〔文章語〕草の根。
**—木皮《もくひ》** 漢方薬。
**そうこん【創痕】**〔文章語〕傷あと。
**そうごん【荘厳】** おごそかなこと。
**ぞうごん【雑言】** 種々の悪口。「悪口—」
**そうさ【走査】** テレビなどで、画像を点の集合として送信・受信すること。
**—線《せん》** テレビなどで、画像を構成する線。
**そうさ【捜査】** 捜し調べること。「犯罪—」
**—網《もう》** 捜査の網の目。
**そうさ【操作】** 機械などを作動させること。‖思うとおりにあやつること。
**ぞうさ【造作・雑作】** ①手数。面倒。②もてなし。
**—無《な》い** 簡単だ。
**そうさい【相殺】** 互いに差し引いて損得なしにすること。そうさつ。
**そうさい【葬祭】** 葬式と祭り。「冠婚—」
**そうさい【総裁】** 組織全体を総括する—こと（職・人）。「日銀—」
**そうざい【総菜・惣菜】** おかず。
**そうさく【捜索】** 捜し求めること。「—願い・家宅—」
**そうさく【創作】** ①はじめて作り出すこと。「—料理」②作り出した作品。特に、小説。‖うそ。作り話。
**ぞうさく【造作】** ①家を建てること。②家の内部のつくり。③〔俗語〕顔のつくり。
**そうさつ【相殺】** そうさいの慣用読み。
**ぞうさつ【増刷】**（本を）追加印刷すること。
**そうざらい【総浚い】** ①それまでの全部の復習。②総げいこ。
**そうざん【早産】** 月足らずで出産すること。
**ぞうさん【増産】** 生産量—を増す（がふえる）こと。対減産
**ぞうざんうんどう【造山運動】** 地殻の運動の一。大山脈や列島をつくり出す。
**そうし【壮士】**〔文章語〕①血気盛んな若者。②脅迫・談判などをするごろつき。
**そうし【草紙・双紙・草子】**《冊子》①とじた本。対巻き物 ②昔の仮名書きの文学作品。〔物語・日記など〕③江戸時代の

そ

挿し絵入り読み物。「絵ー」
**そうし【相思】** 互いに思い慕うこと。「ー相愛の仲」
**そうし【創始】** 物事を新たに始めること。「ー者」
**そうじ【送辞】** 卒業式や送別会で、人を送る別れのあいさつ。対答辞
**そうじ【相似】** ①互いに似ていること。②数学で、図形の形が同じで、大きさが異なること。③生物で、器官の発生は異なるが働きが同じであること。鳥の翼と昆虫のはねなど。
**そうじ【掃除】** よごれを除いてきれいにすること。「ー機」類清掃
**ぞうし【増資】** 資本金をふやすこと。対減資
**そうしき【葬式】** 死者を葬る儀式。
**そうじしょく【総辞職】** 全員が辞職すること。「内閣ー」
**そうしつ【宗室】** ①宗家。②皇族。
**そうしつ【喪失】** 失うこと。「記憶ー」
**そうして** それから。そして。
**そうじて【総じて】** おおよそ。一般に。
**そうじまい【総仕舞い】** ①全部終えること。②全部-売り(買い)きること。
**そうしもく【双翅目】** 昆虫の分類の一。カ・ハエなどの類。双翅類。
**そうしゃ【壮者】** 働きざかりの人。
**そうしゃ【走者】** ①走る人。「リレーの第三ー」②野球で、塁に出た人。◇ランナー。
**そうしゃ【奏者】** 演奏する人。「ビオラー」

**そうしゃ【掃射】** (機関銃などで)なぎ払うように続けて射撃すること。「機銃ー」
**そうしゃ【操車】** 車両の編成や入れかえなどをすること。
**ぞうしゃ【増車】** 営業のための車両をふやすこと。対減車
**そうしゅ【双手】** 〔文章語〕両手。対隻手《せきしゅ》
**そうしゅ【宗主】** 〔文章語〕首長。
**ー権**《けん》 一国が従属国の政治を支配する権力。
**ー国**《こく》 宗主権をもつ国。対従属国
**そうしゅ【漕手】** (ボート競技で)舟をこぐ人。対舵手《だしゅ》
**そうしゅ【操守】** 〔文章語〕信念や決心を堅く守り通すこと。
**そうじゅ【送受】** 送信と受信。
**そうしゅう【早秋】** 秋の初め。対晩秋
**そうしゅう【爽秋】** 〔文章語〕さわやかな秋。
**そうしゅう【総集】** すべてを集めること。「ー編」
**そうじゅう【操縦】** あやつって動かすこと。「遠隔ー」
**ー桿**《かん》 航空機の操縦に使う棒状の舵《かじ》。
**ぞうしゅう【増収】** 収入・収穫がふえること。対減収
**ぞうしゅうわい【贈収賄】** 贈賄と収賄。
**そうじゅく【早熟】** ①ませていること。②早く熟すこと。対晩熟
**そうしゅつ【早出】** ①朝早く出て行くこと。②早出《はやで》。

**そうしゅつ【創出】** 〔文章語〕新しくつくり出すこと。「雇用のー」
**そうしゅつ【簇出】** 〔文章語〕ぞくしゅつ。
**そうじゅつ【槍術】** 槍《やり》を使う武術。
**そうしゅん【早春】** 春の初め。対晩春
**そうしょ【草書】** 漢字の字体の一。対楷書《かいしょ》・行書
**そうしょ【叢書・双書】** 同種のテーマ・装丁の一群の書物。「古典ー」
**ぞうしょ【蔵書】** 所蔵する書物。類蔵本
**そうしよう【双子葉】** 植物のふたば。
**ー植物**《しょくぶつ》 被子植物の一。子葉が二枚。双子葉類。対単子葉植物
**そうしょう【宗匠】** 和歌・俳句、茶道・華道などの師匠。
**そうしょう【相承】** 〔文章語〕次々に受け継ぐこと。「父子(師資)ー」
**そうしょう【相称】** ①つりあうこと。②対称。「左右ー」
**そうしょう【創唱】** 〔文章語〕初めて唱-える(歌う)こと。
**そうしょう【創傷】** 〔文章語〕体に受けた傷。
**そうしょう【総称】** 全体をひとまとめにしてよぶ-こと(よび名)。
**そうじょう【相乗】** ふたつ以上の数をかけ合わせること。
**ー作用**《さよう》 複数の要因が組み合わさって大きな効果を生み出す働き。
**ー平均**《へいきん》 平均値の一。$n$ 個の数を相乗した値の $n$ 乗根。幾何平均。
**そうじょう【奏上】** 天皇に申し上げるこ

と。類上奏
**そうじょう【葬場】** 葬式を行う場所。
**そうじょう【僧正】** 僧官の最上位。
**そうじょう【層状】** 層になって重なること。
**そうじょう【騒擾】**〔文章語〕大騒ぎして秩序を乱すこと。「—罪」類騒乱・騒動
**ぞうしょう【増床】** ①病院で患者用のベッド数をふやすこと。②（デパートなどで）床面積をふやすこと。
**そうしょく【草食】** 植物性のものを食物とすること。「—動物」対肉食・雑食
**—系**《けい》〔俗語〕恋愛に対して消極的なタイプ。「—男子」対肉食系
**そうしょく【装飾】** 飾ること。「—品」
**そうしょく【僧職】** 僧としての身分・職務。
**ぞうしょく【増殖】** 細胞や財産がふえる（をふやす）こと。
**そうしん【送信】** 信号や電子メールなどを送ること。対受信
**そうしん【喪心・喪神】** 気（正気）を失うこと。失神。
**そうしん【総身】** 全身。
**そうしん【痩身】** やせたからだ。類痩《そう》軀《く》
**ぞうしん【増進】** ふえていくこと。ふやすこと。「食欲（体力）—」対減退
**そうしんぐ【装身具】** 体や衣服につけるアクセサリー。
**そうず【挿図】** さしえ。
**そうすい【送水】** 水を送ること。「—管」
**そうすい【総帥】** 全軍を統率する人。総大将。
**ぞうすい【雑炊】** 野菜などを入れ、味をつけて煮たかゆ。おじや。
**ぞうすい【増水】** 水量がふえること。「川が—する」対減水
**そうすう【総数】** 全体の数。
**そうすかん【総好かん】**〔俗語〕全員から嫌われること。「—をくう」〔総スカンとも〕
**そうする【草する】**〔文章語〕①（原稿を）書く。「一文を—」②下書きを作る。
**そうする【奏する】** ①演奏する。②申し上げる。③なしとげる。「効を—」
**ぞうする【蔵する】** 所蔵する。
**そうせい【早生】** ①他の品種より早く実がなること。類わせ 対晩生 ②早産。「—児」
**そうせい【早世】**〔文章語〕若死に。類夭折《ようせつ》
**そうせい【早逝】**〔文章語〕早世。
**そうせい【走性】** 生物が、ある刺激に対して一定の方向に動く性質。
**そうせい【創生】** 作り出すこと。「地方—」
**そうせい【創世】**〔文章語〕世界のできはじめ。
**そうせい【創成】**〔文章語〕初めてできる（つくる）こと。「民俗学の—期」
**そうせい【創製】**〔文章語〕あるものを最初に作り出すこと。「団子の—」
**そうせい【叢生】**《簇生》〔文章語〕草木が群がってはえること。群生。
**そうぜい【総勢】** 全体の人数（軍勢）。
**ぞうせい【造成】** 利用しやすいようにつくって整備すること。「宅地—」
**ぞうぜい【増税】** 税額をふやすこと。対減税
**そうせいじ【双生児】** ふたご。
**そうせき【僧籍】** 僧としての身分。
**そうせきうん【層積雲】** 下層雲の一。黒く、雨の前後に多い。
**そうせつ【創設】** 新しく設けること。
**そうせつ【総説】** 全体をまとめて説くこと（説いた論）。類総論
**そうぜつ【壮絶】** 非常に激しく勇敢なこと。
**ぞうせつ【造設】** ①〔文章語〕施設をつくること。②医学で、手術で体内に人工臓器などをつくること。「人工肛門《こうもん》の—」
**ぞうせつ【増設】** 追加して設けること。「メモリーを—する」
**そうせん【操船】** 船を操縦すること。
**そうぜん【蒼然】** ①青々としたようす。「万木—」②薄暗いようす。③古びたようす。「古色—」
**そうぜん【騒然】** 騒がしいようす。「物情—」
**ぞうせん【造船】** 船をつくること。
**そうせんきょ【総選挙】** 議員や委員の全員を選ぶ選挙。特に、衆議院議員選挙。
**そうそ【曽祖】** 曽祖父。
**そうそう** ①（否定表現の中で）それほどまでは。「—待てない」②「そう」の強め。③急に思い出したときに言う語。
**そうそう【早々】** ①間もなく。「新婚—」

②さっさと。「―に退散する」
**そうそう**【草々】《匆々》①手紙で、最後に添える語。走り書きをした意。②とり急ぐこと。
**そうそう**【草創】事業のはじめ。「―期」
**そうそう**【葬送】《送葬》葬式で死者を見送ること。「―行進曲」類野辺の送り
**そうそう**【錚々】①卓越しているようす。「―たる人物」②楽器や金属の音のさえたようす。
**そうぞう**【送像】テレビなどで画像を送ること。対受像
**そうぞう**【創造】初めてつくり出すこと。
**そうぞう**【想像】心中に思い描くこと。「―をめぐらす」
**そうぞうしい**【騒々しい】さわがしい。
**そうそく**【総則】全体にかかわる根本的な規則。対細則
**そうぞく**【相続】財産や権利を受け継ぐこと。「遺産―」
**―税**《ぜい》 相続した財産に課される税金。
**そうぞく**【僧俗】〔文章語〕僧と俗人。
**そうそくふり**【相即不離】一体となっていて、切り離せないこと。「―の関係」
**そうそつ**【倉卒・草卒】《怱卒》〔文章語〕あわただしいこと。「―の間《かん》」
**そうそふ**【曽祖父】祖父母の父。
**そうそぼ**【曽祖母】祖父母の母。
**そうそん**【曽孫】〔文章語〕孫の子。ひまご。
**そうだ**【操舵】舵《かじ》をとること。「―手」
**そうたい**【早退】定刻より早く帰ること。
**そうたい**【草体】草書体。
**そうたい**【掃苔】墓参り。特に、盂蘭盆《うらぼん》のもの。
**そうたい**【僧体】（頭髪を剃《そ》り衣を着た）僧の姿。僧形《そうぎょう》。法体《ほったい》。
**そうたい**【相対】①むきあっていること。②他との関係において存在すること。対絶対
**―性**《せい》**理論**《りろん》 アインシュタインの唱えた物理学の理論。
**―的**《てき》 他との比較に基づいて扱うようす。対絶対的
**―評価**《ひょうか》 他者との比較による評価。対絶対評価
**そうたい**【総体】①全体。②総合体育大会の略。③もともと。
**そうだい**【壮大】大きくて立派なようす。「―な計画」
**そうだい**【総代】全体の代表。
**ぞうだい**【増大】ふえて大きくなること。ふやして大きくすること。
**そうだち**【総立ち】（興奮して）全員が立ち上がること。
**そうたつ**【送達】送り届けること。
**そうだつ**【争奪】うばい合うこと。「―戦」
**そうたん**【操短】操業短縮の略。
**そうだん**【相談】他人の意見を聞き‐考える（考え合う）こと。「―に‐あずかる（のる）」
**―役**《やく》 会社の役職の一。重大な問題の助言や調停をする。
**そうだん**【装弾】銃砲に弾を詰めこむこと。
**ぞうたん**【増反】農作物の作付け面積をふやすこと。対減反
**そうち**【送致】①送り届けること。②〔法律用語〕被告人や書類を他の機関へ移すこと。
**そうち**【装置】ある目的のために取りつける‐こと（仕掛けや設備）。「安全―」
**ぞうち**【増置】追加して置くこと。
**ぞうちく**【増築】建て増し。対減築
**そうちゃく**【早着】定刻より早く到着すること。対延着
**そうちゃく**【装着】①（装備を）身につけること。②器具などを取りつけること。
**そうちょう**【早朝】朝早いころ。
**そうちょう**【荘重】おごそかで重厚なようす。
**そうちょう**【曹長】旧陸軍の階級の一。軍曹の上、准尉の下。
**そうちょう**【総長】①全体をまとめる長。「参謀―」②大学の長。学長。
**ぞうちょう**【増長】高慢になること。
**そうで**【総出】全員が出ること。「家族―」
**そうてい**【送呈】物を送って進呈すること。
**そうてい**【装丁】《装釘・装幀》①製本。②造本の設計や表紙などのデザインをすること。装本。
**そうてい**【装蹄】蹄鉄をつけること。
**そうてい**【想定】（かりに）考えて決めること。「―外」
**そうてい**【漕艇】〔文章語〕ボートをこぐこと。

**ぞうてい【贈呈】** 物をさしあげること。

**そうてん【早天】** 〔文章語〕早朝。

**そうてん【争点】** 争いの中心となる点。

**そうてん【装塡】** 詰めこんではめること。「弾丸を—する」

**そうてん【蒼天】** 〔文章語〕青空。

**そうてん【霜天】** 霜が降りる冬の日の空。

**そうでん【送電】** 電力を送ること。

**そうでん【相伝】** 〔文章語〕代々伝えること。

**そうでん【桑田】** 〔文章語〕くわばたけ。**—変《へん》じて滄海《そうかい》と成《な》る** 世の移り変わりは激しい。滄海変じて桑田となる。

**そうと【壮図】** 〔文章語〕勇ましく、大規模な計画。

**そうと【壮途】** 勇ましい門出。「—につく」

**そうとう【双頭】** ふたつ並んでついている頭。

**そうとう【相当】** ①当てはまること。②ふさわしいこと。③かなり。

**そうとう【掃討】**《掃蕩》（敵を）すっかり追い払うこと。

**そうとう【想到】** 〔文章語〕考えが及ぶこと。

**そうとう【総統】** 全体を統轄する—こと（人）。

**そうどう【双胴】** 胴体がふたつあること。「—船」

**そうどう【草堂】** 草ぶきの家。Ⅱ「自分の家」の謙譲語。

**そうどう【僧堂】** 禅宗で、僧が座禅や生活に使う堂。

**そうどう【騒動】** ①大騒ぎ。②争い。

**ぞうとう【贈答】** 贈り物や和歌のやりとり。「—品」

**そうどういん【総動員】** すべての人員・物資をかりだすこと。

**そうとく【総督】** （植民地の）長官。「—府」

**そうどり【総取り】** すべてを獲得すること。「勝者—」

**そうトンすう【総—数】** ①トン数の合計。②船の大きさを示す単位の一。「—五万トン」

**そうなめ【総嘗め】** ①火事などの被害が全体に及ぶこと。②競技などで、全部の相手を打ち負かすこと。

**そうなん【遭難】** （海や山で）命にかかわる災難にあうこと。

**そうに【僧尼】** 僧と尼。

**ぞうに【雑煮】** 餅《もち》の入った汁物。多く、正月に食べる。**—を祝《わい》う** 新年を祝って雑煮を食べる。

**そうにゅう【挿入】** 中や間にさし入れること。「—句（モード）」

**そうねん【壮年】** 働き盛りの年代（—の人）。

**そうねん【桑年】** 四八歳の異称。〔桑の字の異体字「桒」が四つの十と八に分けられることから〕

**そうねん【想念】** 〔文章語〕思い。考え。

**そうは【争覇】** 〔文章語〕権力を争うこと。Ⅱ優勝を争うこと。

**そうは【走破】** 走りとおすこと。類完走

**そうは【搔爬】** 器具を使って体内、特に子宮内部の組織などをかき取ること。Ⅱ〔俗語〕人工妊娠中絶。

**そうば【相場】** ①時に応じた値段。類市価 Ⅱ「—（=世間の評判）が決まっている」②市価の変動による差額をもうけようとする取引。「—師・—を張る」

**ぞうは【増派】** 派遣する人数をふやすこと。

**ぞうはい【増配】** 株の配当（物資の配給量）をふやすこと。対減配

**そうはく【蒼白】** 顔色が青ざめていること。「顔面—」

**そうはく【糟粕】** 〔文章語〕酒かす。Ⅱ役に立たない残り物。「古人の—をなめる（=先人をまねるだけで進歩がない）」

**そうはつ【双発】** エンジンがふたつある—こと（飛行機）。「—機」対単発

**そうはつ【早発】** ①定刻より早く出発すること。②症状が早期に発現すること。

**そうはつ【霜髪】** 霜のように白い髪。

**ぞうはつ【増発】** 交通機関の運行数をふやすこと。

**そうばな【総花】** 全員に祝儀を渡すこと。Ⅱ関係者全員に利益を与えること。「—的な予算」

**そうはん【相反】** 互いに一致しないこと。「利益—」

**そうばん【早晩】** おそかれはやかれ。

**ぞうはん【造反】** 組織内部にあって組織にたてつくこと。

**そうび【壮美】** 気高く壮大な美しさ。

**そうび【装備】** ①備品（—をそなえつけるこ

と)。②衣服・武器などを身につけること。また、そのもの。

**そうび【薔薇】**〔文章語〕バラ。しょうび。

**ぞうひびょう【象皮病】** 寄生虫による皮膚病の一。皮膚が象の皮のようになる。

**そうひょう【総評】** 全体についての批評。

**そうびょう【躁病】** 気持ちが異常に高揚する精神障害。対鬱病《うつびょう》

**そうびょう【宗廟】** 祖先のみたまや。

**ぞうひょう【雑兵】** 身分の低い兵士。Ⅱ組織の中で、とるに足りない下っぱ。

**そうひん【送品】**〔文章語〕品物を送ること。

**ぞうひん【贓品】** 盗品。

**ぞうびん【増便】** 交通機関の定期便の運行数をふやすこと。対減便

**そうふ【送付】** 送り届けること。

**ぞうふ【臓腑】** 内臓。

**そうふう【送風】** 風(空気)を送ること。

**そうふく【双幅】** ふたつで一組の掛け軸。対幅。

**そうふく【僧服】** 僧の衣服。

**ぞうふく【増幅】**(電流などの)振幅を大きくすること。「—器」

**ぞうぶつ【贓物】** 盗品。「—故買」〔法律では盗品等という〕

**ぞうぶつしゅ【造物主】** 天地万物を作った神。造化の神。

**ぞうへい【増兵】** 兵隊の数をふやすこと。

**ぞうへいきょく【造幣局】** 貨幣をつくるところ。〔独立行政法人〕

**そうへき【双璧】** ともにすぐれた二人。

**そうべつ【送別】** 別れて行く人を送ること。「—会」

**そうほ【相補】** 互いに不足を補うこと。

**ぞうほ【増補】** 本の内容を追加・補足すること。「改訂—」

**そうほう【双方】** 両方。両者。

**そうほう【走法】**(陸上競技で)走り方。

**そうほう【奏法】** 演奏のしかた。

**そうほう【操法】** 機械などの操作方法。

**そうぼう【双眸】**〔文章語〕両眼。

**そうぼう【相貌】**〔文章語〕顔かたち。容貌。

**そうぼう【怱忙】**〔文章語〕忙しくて落ち着かないこと。「—の間《かん》」

**そうぼう【僧坊・僧房】** 寺院の中で、僧が住む建物。

**ぞうほう【増俸】** 増給。対減俸

**そうほうこう【双方向】** 通信などで、情報の伝達が一方向だけでなく互いに可能なこと。「—テレビ」

**そうほん【草本】** 茎が木質でない植物。対木本《もくほん》

**そうほん【装本】** 装丁。

**ぞうほん【造本】** 本づくり。印刷・製本などの作業。

**そうほんけ【総本家】** おおもとの本家。

**そうほんざん【総本山】** 宗派のおおもとの寺。

**そうまくり【総捲り】** すべてを｜批評(暴露)すること。

**そうまとう【走馬灯】** まわりどうろう。

**そうみ【総身】** 全身。

**そうむ【双務】** 両者が互いに義務を負うこと。「—契約」対片務

**そうむ【総務】** 組織の全体にかかわる運営業務を扱う職。「—部」

**—省《しょう》** 中央官庁の一。行政制度や通信事業に関する行政を行う。〔二〇〇一年、郵政省・自治省・総務庁が統合された〕

**ぞうむし【象虫】** 昆虫の一。口が象の鼻のように長く突き出ている。

**そうめい【聡明】** すぐれて賢いこと。類賢明

**そうめいきょく【奏鳴曲】** ソナタ。

**そうめつ【掃滅】**《剿滅》〔文章語〕敵を一掃すること。類壊滅

**そうめん【素麺】**《索麺》 最も細いめん類。「冷や—」

**そうもう【草莽】**〔文章語〕①草原。②民間。「—の臣(=在野の人)」

**ぞうもう【増毛】** 人工的な方法で髪の毛をふやすこと。

**そうもく【草木】** 草や木。植物。「山川—」

**ぞうもつ【臓物】** 内臓。特に、食用の鳥や牛などのもの。

**そうもよう【総模様】** 和服で、全体に模様があること。また、その和服。

**そうもん【相聞】** 万葉集の部立《ぶだ》ての一。〔恋の歌が多い〕

**そうもん【奏聞】**〔文章語〕奏上。

**そうもん【桑門】**〔文章語〕僧門。

**そうもん【僧門】** 僧(—の身分)。「—に入る」

**そうもん【総門】** 外構えの、大きな門。

**そうやく【創薬】**〔文章語〕新しい薬を開発すること。「ゲノムー」

**そうゆ【送油】** 原油を輸送すること。「ー管」

**そうゆう【曽遊】**〔文章語〕かつて訪れたことがあること。「ーの地」類旧遊

**ぞうよ【贈与】** おくり与えること。

**そうよう【掻痒】**〔文章語〕かゆいところをかくこと。「隔靴《かっか》ー」

**そうよく【双翼】** 左右の―翼(隊列)。

**そうらん【争乱】** 争いによる混乱。

**そうらん【奏覧】** 天皇にお見せすること。

**そうらん【総覧】**《綜覧》①全体を監督すること。②ある事柄の全体を見渡せるようにした記述。

**そうらん【総攬】**〔文章語〕一手におさめること。「行政をーする」

**そうらん【騒乱】** 世の秩序が乱れること。

**そうり【総理】** ①全体を統合・管理すること。②内閣総理大臣の略。

**ー府《ふ》** 旧省庁名の一。各省庁の調整、および、どの省庁にも属さない事務を扱った。二〇〇一年に廃止。

**ぞうり【草履】** 和装のはきものの一。

**ー取《と》り** 昔、身分の高い武士の草履の世話をした男。

**ー虫《むし》** 草履のような輪郭の原生動物。

**そうりつ【創立】** 初めて設立すること。

**そうりょ【僧侶】** 僧。

**そうりょう【送料】** 品物を送り届けるための料金。

**そうりょう【爽涼】**〔文章語〕さわやかで、すずしいこと。

**そうりょう【総量】** 全体の―分量(重量)。

**そうりょう【総領】**《惣領》①家の跡取り。「ー息子」②最初に生まれた子。

**ーの甚六《じんろく》** 長男は、大事に育てられるので、お人好しになりがちである。

**ぞうりょう【増量】** 分量・重量―をふやす(がふえる)こと。対減量

**そうりょうじ【総領事】** 最高位の領事。

**そうりょく【総力】** 全体のもつすべての力。「ーをあげる・ー戦」

**ぞうりょく【増力】** 電力や送信出力をふやすこと。

**そうりん【相輪】** 仏塔の最上部にある金属製の飾り。

**ぞうりん【造林】** 木を植えて林をつくること。類植林

**ソウル**[soul] ①魂。精神。②ソウルミュージックの略。

**ーフード**[soul food] その地域で特に親しまれている(ー伝統的な)食べ物。〔アメリカ南部の伝統的な料理の意から〕

**ーフル**[soul ful] 魂(感情)がこもっているようす。

**ーミュージック**[soul music] アメリカの黒人音楽の一。強烈なリズムが特徴。

**そうるい【走塁】** 野球で、走者が次の塁へ走ること。

**そうるい【藻類】** 水中に生える藻《も》などの総称。〔緑藻・紅藻・褐藻・珪藻《けいそう》など〕

**そうれい【壮麗】** 雄大で美しいこと。

**そうれい【葬礼】** 葬式。

**そうれつ【壮烈】** 立派で勇ましいようす。

**そうれつ【葬列】** 葬式の行列。

**そうれん【総連】** 総連合(ー会)の略。

**そうろ【走路】** 競技者の走る道。コース。

**そうろう【早老】** 早くふけること。

**そうろう【早漏】** 性交時に、射精がはやすぎること。

**そうろう【蹌踉】**〔文章語〕足元がおぼつかないようす。

**そうろん【総論】** 全体にかかわる論。全体のあらましを述べた論。対各論

**そうわ【挿話】** 本筋と関係のない短い話。類逸話・エピソード

**そうわ【総和】** 全体の合計。

**ぞうわい【贈賄】** わいろを贈ること。「ー罪」対収賄

**そうわき【送話器】** 電話などで、声を先方に送る装置。対受話器

**そうわく【総枠】**(あらかじめ規定された)全体の数量の枠。「医療費のー」

**ぞうわく【増枠】** 人数や金額の割り当ての枠をふやすこと。対減枠

**そえがき【添え書き】** ①本文や書画に添える文。②追って書き。

**そえぎ【添え木】**《副え木》補強に添える木。

**そえじょう【添え状】** 添書《てんしょ》。

**そえもの【添え物】** ①つけたした物。②景品。おまけ。

**そえる【添える】**《副える》①つけたす。②つきそわせる。

**そえん【粗宴】**〔文章語〕「宴会」の謙譲

そ

語。
**そえん【疎遠】** 連絡が絶えていて、親しくないこと。対親密
**ソーイング**〔sewing〕裁縫。
**ソーサー**〔saucer〕カップの受け皿。
**ソーシャル**〔social〕①社会的。②社交的。◇ソシアル。
**―ダンス**〔social dance〕社交ダンス。
**―ディスタンシング**〔social distancing〕感染症の感染拡大を防ぐため、人どうしで物理的な距離を確保すること。
**―ディスタンス**〔social distance〕個人間あるいは集団間の距離。〔「社会的距離」の意。物理的な距離および心理的な親近感の両方に使われる〕
**―ネットワーキングサービス**〔social networking service〕インターネット上で会員どうしの交流の場を提供するサービス(サイト)。SNS。
**―メディア**〔social media〕インターネットを通じて個人が情報を双方向でやりとりできるメディア。〔SNS・ブログ・ツイッターなど〕
**―ワーカー** ⇩ケースワーカー
**ソース**〔sauce〕西洋料理の調味料の一。
**ソース**〔source〕出どころ。「ニュースー」
**ソーセージ**〔sausage〕食品の一。味をつけた肉を腸に詰めたもの。腸詰め。
**ソーダ**《曹達》〔オランダ語 soda〕①炭酸ソーダ。②ソーダ水。
**ソーター**〔sorter〕仕分け装置。コピーした紙の仕分け、配送品の行き先別整理など。
**ソーティング**〔sorting〕(コンピューターによる)データの分類・配列。
**ソート**〔sort〕(コンピューターで)データを一定の順序に配列すること。
**ソープ**〔soap〕せっけん。
**ソーホー【SOHO】** 個人事業者。特に、ネットワークを利用して在宅で仕事をする形態。〔small office home officeから〕
**ソーラー**〔solar〕太陽熱を利用した。
**―カー**〔solar car〕太陽電池の利用で動く自動車。
**―ハウス**〔solar house〕太陽熱の利用で冷暖房・給湯できる住宅。
**ソール**〔sole〕靴底。「ラバーー」
**ゾーン**〔zone〕地帯。区域。範囲。「スクールー・ストライクー」
**そか【粗菓】** 粗末な菓子。Ⅱ「人に勧める菓子」の謙譲語。
**そかい【疎開】**(戦禍から逃れるため)地方へ移り住むこと。「学童ー」
**そがい【阻害】**《阻碍》じゃまをすること。「発達をーする」
**そがい【疎外】** ①のけものにすること。②〔哲学用語〕自己の本質が自分と対立する他者となること。ヘーゲルの用語。
**そかく【組閣】** 内閣を組織すること。
**そがん【訴願】** 不当な処分に対して取り消しや変更の再審査を請求すること。〔一九六二年以降は異議申し立て・審査請求などという〕
**そぎぎり【削ぎ切り】** 肉などを、刃を寝かせて薄く切ること。そぎきり。
**そきゅう【訴求】** 広告などで、購買意欲をかきたてること。「ー効果」
**そきゅう【遡及・溯及】**〔文章語〕過去にさかのぼって効力をもつこと。「ー力」
**そぎょう【祖業】** 先祖代々の事業。
**そく【束】** ①束ねた物を数える語。〔稲は一〇把《ぱ》、半紙は一〇帖《じょう》が一束〕②矢の長さの単位。〔握ったとき、親指以外の四本の指の幅〕
**そく【足】** 履き物を数える語。
**そく【則】** ①項目。箇条。②法則。「経験ー」
**そく【即】** ①すなわち。「色ー是空」②すぐ。「ー実行しろ」
**そぐ**《殺ぐ・削ぐ》①斜めに(ー薄く)削り取る。②減らす。「興味をー」
**ぞく【族】** ①同じ血統のもの。②同じ性質の集団。「社用(窓際)ー」
**ぞく【属】** 生物分類上の階級の一。科の下位、種の上位。「イヌー」
**ぞく【俗】** ①月並み。②品のないようす。「ーな読み物」対雅 ③出家していないこと(人)。対僧
**ぞく【賊】** ①どろぼう。②反逆者。
**ぞくあく【俗悪】** 下品でくだらないこと。
**そくあつ【側圧】** 物の側面に加わる圧力。
**そくい【即位】** 君主の位につくこと。「ー式」対退位
**そくいん【惻隠】**〔文章語〕あわれみ。「ーの情」
**ぞくうけ【俗受け】** 大衆に人気があること。「ーをねらう」

**ぞくえい【続映】** 上映期間を延ばすこと。
**ぞくえん【続演】** 上演期間を延ばすこと。
**そくおう【即応】** ぴったり当てはまること。「時代に―する」
**そくおん【促音】** 日本語の音節で、つまる音。〔「っ」で表記〕
**そくおんびん【促音便】** 音便の一。〔例、行きて→行って〕
**そくが【側臥】** 〔文章語〕横向きに寝ること。
**ぞくがら【続柄】** つづきがら。
**ぞくがん【俗眼】** 〔文章語〕俗人の見方。
**ぞくぎいん【族議員】** 関連業界の利益のために、関係省庁に強い影響力を行使する国会議員。
**そくぎん【即吟】** 〔文章語〕その場で歌や俳句をよむこと。また、その歌や俳句。
**ぞくぐん【賊軍】** 支配者（国家）に反逆する軍。対官軍
**ぞくけ【俗気】** 俗っぽい気持ち。ぞっけ。
**ぞくげん【俗言】** ①俗語。対雅言 ②俗諺《ぞくげん》。
**ぞくげん【俗諺】** 〔文章語〕世間で言うことわざ。
**ぞくご【俗語】** くだけて使う語。対雅語
**そくざ【即座】** その場。
**そくさい【息災】** 無事なこと。「無病―」
**―延命《えんめい》** 無事で長生きすること。
**ぞくさい【俗才】** 世渡りのための才能。
**ぞくさい【続載】** 雑誌・新聞などに続けて掲載すること。類連載
**そくさん【速算】** 速く計算すること。

**そくし【即死】** その場ですぐ死ぬこと。
**そくじ【即時】** その場ですぐ。「―払い」
**―抗告《こうこく》** 抗告の一。一定期間内に限って認められるもの。
**ぞくし【賊子】** 〔文章語〕①不孝な子。②反逆者。
**ぞくじ【俗耳】** 〔文章語〕一般の人の耳。
**―に入《い》りやすい** わかりやすい。
**ぞくじ【俗字】** 正式でないが、世間でよく使われる漢字。〔職に対する耺など〕対正字
**ぞくじ【俗事】** 日常のわずらわしい用事。
**そくしつ【側室】** 昔、身分の高い人のめかけ。対正室
**そくじつ【即日】** その日すぐ。
**そくしゃ【速写】** （写真などを）すばやく写すこと。
**そくしゃ【速射】** すばやく連続して撃つこと。「―砲」
**そくしゅう【束脩】** 〔文章語〕入門時に師匠に贈る金品。〔束ねた干し肉の意。昔、中国で入門時に師に贈った〕
**そくしゅう【速修】** 短期間に修得すること。「―コース」
**ぞくしゅう【俗臭】** 俗っぽさ。
**ぞくしゅう【俗習】** 世間の風習。
**ぞくしゅつ【続出】** 次々に出る（起こる）こと。「議論が―する」
**ぞくしゅつ【簇出】** 〔文章語〕群がって出ること。〔「そうしゅつ」の慣用読み〕
**そくじょ【息女】** ①他人の娘の敬称。②身分の高い人の娘。

**ぞくしょう【俗称】** ①一般に使う正式でない呼び名。類通称 ②僧の、出家前の名前。◇俗名。
**ぞくしょう【賊将】** 賊軍の大将。
**ぞくじょう【俗情】** ①名誉や金銭を求める気持ち。世俗的な考え。②世俗の人情。
**そくしん【促進】** 刺激して物事がすすむようにすること。「販売の―」
**ぞくしん【俗信】** 世間で行われる信仰（迷信）。
**ぞくしん【続伸】** 株価が上がり続けること。
**ぞくしん【賊臣】** 反逆を企てる臣下。
**ぞくじん【俗人】** ①世間一般の人。②無風流な人。③利益や名誉ばかりを求める人。④僧でない人。
**ぞくじん【俗塵】** 〔文章語〕世間のわずらわしさ。
**ぞくじんしゅぎ【属人主義】** 人はどこにいても、その人の本国の法律の適用を受けるべきだという立場。対属地主義
**ぞくす【属す】** ぞくする。
**そくする【即する】** ぴったり合う。
**そくする【則する】** 従う。手本にする。
**ぞくする【属する】** ①付属する。②所属する。③ある範囲内にある。「前例に―」
**ぞくせ【俗世】** 俗世間。
**そくせい【仄声】** 漢字の四声で、上声《じょうしょう》・去声《きょしょう》・入声《にっしょう》の総称。
**そくせい【促成】** 人工的に生長を早めること。

**—栽培**《さいばい》 温室などで、作物の生育を早めるようにする栽培方法。

**そくせい【即製】** その場ですぐに作ること。

**そくせい【速成】** 短期間で仕上げる（できあがる）こと。

**ぞくせい【族生】**《簇生》〔文章語〕叢生《そうせい》。

**ぞくせい【族制】** 血縁関係によって集団をつくる制度。〔家族や氏族など〕

**ぞくせい【属性】** その物に固有の性質。

**そくせき【足跡】** あしあと。Ⅱ業績。「—を残す」

**—を印**《しる》**す** （その土地を）訪れる。

**そくせき【即席】** 手間をかけずにその場で作る（行う）こと。類インスタント

**ぞくせけん【俗世間】** 俗事の多い世間。

**ぞくせつ【俗説】** 世間に行われている、論拠のうすい説。

**そくせん【側線】** ①魚類や両生類の感覚器官の一。〔体側にあり、水流や水圧を知る〕 ②鉄道で、操車・引き込みに使う線路。

**そくせん【塞栓】** 血管やリンパ管がふさがること。「脳—」

**そくせんそっけつ【速戦即決】** 短時間で一気に勝負を決めること。

**そくせんりょく【即戦力】** すぐに戦える（使える）能力。

**ぞくぞく【続々】** 次から次へと。

**そくたい【束帯】** 平安時代以降の朝廷の男子の正装。「衣冠—」

**そくだい【即題】** ①その場で答えさせる問題。②その場で出される、詩や和歌の題。

**そくだく【即諾】** 〔文章語〕その場ですぐに承諾すること。

**そくたつ【速達】** 特別に速く届ける郵便。

**そくだん【即断】** その場で決めること。

**そくだん【速断】** ①すばやく決めること。②決定をはやまること。

**そくち【測地】** 土地の測量をすること。

**ぞくちしゅぎ【属地主義】** 人はその国籍に関係なく、今いる国の法律の適用を受けるべきだという立場。対属人主義

**ぞくっぽい【俗っぽい】** 通俗的で品がない。

**そくづみ【即詰み】** 将棋で、王手の連続で相手の王将を詰めること。

**そくてい【測定】** （器具などで）数量をはかること。「—値」

**ぞくでん【俗伝】** 世間での言い伝え。

**そくど【速度】** ①進む速さ。類スピード ②物理で、運動する物体の位置変化。

**ぞくと【賊徒】** 〔文章語〕どろぼう（反逆者）の仲間。

**そくとう【即答】** その場ですぐ答えること。

**そくとう【速答】** すぐに答えること。

**そくとう【側頭】** 頭の側部。「—部」

**ぞくとう【続投】** 野球で、投手が交代せずに投げ続けること。Ⅱ引き続き、ある任務に当たること。

**ぞくとう【続騰】** 物価や相場が上がり続けること。対続落

**そくどく【速読】** 文章を速く読むこと。

**ぞくに【俗に】** ちまたでは。世間では。

**ぞくねん【俗念】** 利益や名誉を求める気持ち。「—を去る」

**そくのう【即納】** その場で納めること。

**そくばい【即売】** その場で売ること。

**そくばく【束縛】** 自由を制限すること。「時間に—される」対解放

**ぞくはつ【続発】** 続いて起こること。「事件が—する」

**ぞくばなれ【俗離れ】** 世間離れ。

**そくび【素首】** 他人の首の蔑称。そっくび。

**そくひつ【速筆】** 文章を書くのが速いこと。対遅筆

**ぞくぶつ【俗物】** 俗人①②③。「—根性」

**そくぶつてき【即物的】** 客観的に、具体的なものからとらえるようす。

**そくぶん【仄聞・側聞】** 〔文章語〕うわさに聞くこと。

**そくへき【側壁】** 側面のかべ。

**ぞくへん【続編】**《続篇》前作に続く編。

**そくほ【速歩】** はやあし。

**そくほう【速報】** いちはやく知らせること。また、その知らせ。「ニュース—」

**ぞくほう【続報】** 続いて知らせること。また、その知らせ。

**そくみょう【即妙】** とっさの機知（—があるようす）。「当意—」

**ぞくみょう【俗名】** ①生前の名前。対戒名 ②僧の、出家前の名前。対法名 ③通称。

**そくめん【側面】** ①横の面。Ⅱわきの方面。「—からの援助」②ひとつの面。

**ぞくよう【俗用】** 俗事。類雑事

**ぞくよう【俗謡】** 流行歌・小唄・民謡など、通俗的な歌謡の総称。
**そくよく【足浴】** 足首あたりまでを湯であたためる入浴法。足湯。対全身浴
**ぞくらく【続落】** 物価や相場が下がり続けること。対続騰
**ぞくりゅう【粟粒】** アワのつぶ。
**―結核《けっかく》** アワ粒状の結節ができる結核。
**そくりょう【測量】** 土地の形や面積などを正確にはかること。「―船」
**ぞくりょう【属領】** ある国に付属した領地。
**そくりょく【速力】** 速度。
**そくろう【足労】** ⇩ごそくろう
**ぞくろん【俗論】** 俗世間の(=陳腐な)論議。
**そぐわない** つりあわない。ふさわしくない。「年齢に―風格」
**そくわん【側湾】** (背骨が)S字状に曲がっていること。「―症」
**そけいぶ【鼠蹊部】**《鼠径部》 腿《もも》のつけね。
**そげき【狙撃】** (銃で)ねらいうつこと。
**ソケット**〔socket〕 電球の差し込み口。
**そげる**《削げる・殺げる》 斜めに(=薄く)削ったようになる。「頬が―」
**そけん【素見】** すけん。
**そけん【訴権】** 裁判所に訴訟を起こす権利。
**そげん【遡源・溯源】**〔文章語〕もとにさかのぼること。
**そこ【底】** ①(内側の)いちばん下の部分。「海の―」Ⅱ物価・相場の最安値。対天井 ②物事の奥そこ。「地(心)の―」
**―が浅《あさ》い** 内容に深みがない。
**―が割《わ》れる** 魂胆が見破られる。
**―を入《い》れる** 相場が下がりきる。
**―を突く** ①蓄えがなくなる。②相場が下がりきる。
**そご【祖語】** 同系統の言語に対して共通の祖先となる言語。
**そご【齟齬】**〔文章語〕くいちがうこと。「意見に―をきたす」〔歯が合わない意から〕
**そこあげ【底上げ】** 最低の数値を引き上げること。
**そこい【底意】** かくされた心の中。
**そこいじ【底意地】** 心の奥底にある気持ち。「―が悪い」
**そこいれ【底入れ】** 相場が下がりきった状態になること。
**そこう【素行】** 日ごろの行い。
**そこう【粗肴】**〔文章語〕「人に出す料理」の謙譲語。類粗餐《そさん》
**そこう【粗鋼】** まだ加工されていない鋼鉄。
**そこう【遡行・溯行】** 流れをさかのぼっていくこと。〔長江(=揚子江)の場合は遡江と書く〕
**そこう【遡航・溯航】** 船が川をさかのぼっていくこと。
**そこうお【底魚】** 海底近くにいる魚の総称。〔カレイなど〕対浮き魚
**そこかしこ** そっちやあっち。あちらこちら。
**そこがたい【底堅い】** 下落ぎみの相場が意外に下がらない。Ⅱ下がりそうで下がらない。「―需要」
**そこきみ【底気味】** 心の奥の方でなんとなく感じられる気持ち。
**―悪《わる》い** なんとなく気味が悪い。
**そこく【祖国】** 自分の生まれた国。祖先から住んでいる国。
**そこざさえ【底支え】** 下支え。
**そこしれない【底知れない】** はかり知れない。底知れぬ。
**そこそこ** せいぜい…ぐらいの。「二十《はたち》―の青年」
**そこそこ** ①あわてて済ませるようす。「飯も―に出かけた」②まあまあ。「―に繁盛している」
**そこぢから【底力】** 内にひそむ=強い力(実力)。「―を発揮する」
**そこつ【粗忽】** そそっかしいこと。「―者《もの》」
**そこつち【底土】** 下層の土。対上土《うわつち》
**そこづみ【底積み】** ①物の下の方に荷物を積むこと。また、その荷物。②バラスト。
**そこで** ①それで。②ところで。
**そこなう【損なう】**《害う》 ①傷つける。②悪い状態にする。「健康(気分)を―」③(動詞の連用形に付いて)…の機会をのがす。「聞き―」
**そこなし【底無し】** ①非常に深いこと。②限度のないこと。
**そこなだれ【底雪崩】** 積雪の表面から底部まで一度に崩れ落ちるなだれ。全層なだれ。
**そこぬけ【底抜け】** ①底がないこと。②だらしがないこと。③程度がはなはだしいこ

と。「―に明るい」
**そこね**【底値】相場で、最低の安値。
**そこねる**【損ねる】そこなう。
**そこのけ** …もかなわない。「本職―の腕前」
**そこはかとなく** なんとなく。
**そこばく**《若干》〔文章語〕いくらか。そくばく。
**そこばなれ**【底離れ】落ち込んでいた景気が再び上昇し始めること。
**そこびえ**【底冷え】体の芯まで冷えること。
**そこびかり**【底光り】奥深い光沢。Ⅱ奥の方からにじみ出るような力・価値。
**そこびきあみ**【底引き網】《底曳き網》海底にたらして船で引く網（―を使った漁法）。
**そこら** そこいら。
**そこわれ**【底割れ】底値がさらに下がること。
**そさい**【蔬菜】野菜。
**そざい**【素材】もとになる材料。「―の味を生かす」類題材
**そざい**【礎材】土台の材料。
**ソサエティ**〔society〕①社会。②共同体。◇ソサイティ。ソサイエティ。
**そざつ**【粗雑】大ざっぱでいいかげんであるようす。
**そさん**【粗餐】〔文章語〕「人に出す食事」の謙譲語。〔粗末な食事の意〕
**そし**【阻止】《沮止》じゃまをしてやめさせること。
**そし**【祖師】一宗一派の開祖。特に、日蓮《にちれん》。
**そし**【素子】電気回路で、構成要素として独立の機能をはたす部品。
**そし**【素志】かねてからのこころざし。
**そじ**【素地】下地。基礎。
**そじ**【措辞】文章などで、字句の使い方。
**そじ**【粗辞】〔文章語〕つたないあいさつ。〔謙譲語〕
**ソシアリスト**〔socialist〕社会主義者。ソーシャリスト。
**ソシアリズム**〔socialism〕社会主義。ソーシャリズム。
**ソシアル** ⇩ソーシャル
**そしき**【組織】①まとまりのある集団（―を組み立てること）。②生物で、ある器官を構成する細胞のまとまり。
**―化**《か》 まとめあげて組織にすること。
**―的**《てき》 有機的にまとめられて、秩序のあるようす。
**―犯罪**《はんざい》 ①暴力団などの反社会的組織による犯罪。②企業や役所などの組織による犯罪。
**そしつ**【素質】生まれつきの-能力（性質）。「―を磨く」
**そしな**【粗品】贈り物の謙譲語。
**そしゃく**【咀嚼】食べ物をかみ砕くこと。Ⅱ熟考して理解すること。
**そしゃく**【租借】他国の領土の一部を借り、一定期間統治すること。「―-地（権）」
**そしゅ**【粗酒】「人に出す酒」の謙譲語。
**そじゅつ**【祖述】〔文章語〕先学の説を受けて述べること。
**そしょう**【訴訟】裁判に訴えること。「―を起こす・民事―」
**そじょう**【俎上】まな板の上。
**―に載**《の》**せる** 話題にとりあげ議論する。
**そじょう**【訴状】訴訟を願い出る文書。
**そじょう**【遡上・溯上】流れをさかのぼること。
**そしょく**【粗食】質素な食事。対美食
**そしらぬ**【素知らぬ】知っているのに何も知らないような。「―顔」
**そしり**【謗り】《譏り》悪口。非難。「…の―をまぬがれない（Ⅱ…だという非難をうけても仕方がない）」
**そしる**【謗る】《譏る》非難する。けなす。
**そしん**【祖神】神として祭る祖先。
**そすい**【疎水】《疏水》水利のために切り開いた水路。
**そすう**【素数】一とその数自身以外に約数がない正の整数。
**そせい**【粗製】①いいかげんにつくること。②精製していないこと。「―ガソリン」
**―乱造**《らんぞう》 粗悪な品を大量に生産すること。
**そせい**【組成】いくつかの要素や成分で組み立てること。また、その組み立て。
**―式**《しき》 物質の成分の種類と比率を表す化学式。
**そせい**【蘇生】生き返ること。Ⅱ元気をとりもどすこと。
**そぜい**【租税】税金。
**そせき**【礎石】建物の土台となる石。Ⅱ物事の基礎。

**そせん【祖先】** 先祖。

**そそ【楚々】**（女性が）清らかで美しいようす。

**そそう【阻喪】**《沮喪》〔文章語〕気力をなくすこと。「意気—」

**そそう【粗相】** ①そそっかしい失敗（—をすること）。②大小便をもらすこと。

**そぞう【塑像】** 粘土や石膏《せっこう》で作った像。

**そそぐ【注ぐ】**《灌ぐ》①流し（流れ）込む。液体をかける。②集中する。「注意を—」③雨や雪が降りかかる。「降り—」

**そそぐ【雪ぐ・濯ぐ】** すすぐ。

**そそけだつ【そそけ立つ】** ①髪がそそけて、けば立つ。②身の毛がよだつ。

**そそける** 髪の毛が乱れる。

**そそっかしい** 落ち着きがなく不注意なようす。

**そそのかす【唆す】** うまくその気にさせる。

**そそりたつ【そそり立つ】** 高くそびえ立つ。

**そそる**《唆る》誘う。もよおさせる。「食欲（気）を—」

**そぞろ**《漫ろ》①何となくある感情が強くなるようす。「—になつかしい」②何となく落ち着かないようす。

**—歩《ある》き** 当てもなく歩き回ること。

**そだ【粗朶】** 切った木の枝。たきぎ用など。

**そだいごみ【粗大ごみ】** テレビ・冷蔵庫など、大きくてかさばるごみ。〔粗大ゴミとも書く〕

**そだち【育ち】** ①成長の具合。②育った環境や教育。「氏より—」③…で育ったこと。「大阪（おぼっちゃん）—」

**—盛《ざか》り** 子供の成長の盛んな年ごろ。

**そだつ【育つ】** 成長する。‖進歩する。

**そだて【育て】** 育てること。「—の親」

**—上《あ》げる** 立派に成長させる。

**そだてる【育てる】** ①成長させる。②教育して一人前にする。「弟子を—」

**そち**《其方》〔文章語〕①おまえ。②そちら。

**そち【素地】** そじ。

**そち【措置】** 適切に対処すること。

**そちにゅういん【措置入院】** 自身や他人を傷つけるおそれのある精神疾患患者を強制的に入院させること。

**そちゃ【粗茶】** 良質でない茶。‖「人に出すお茶」の謙譲語。

**そちら**《其方》①相手に近い方。②そこ。③あなた。「—様」

**そつ【卒】** ①下級の兵士。②卒業の略。「大学—」

**そつ** むだ。手落ち。「—がない」

**そつい【訴追】** ①検察官が公訴を提起すること。②裁判官などの罷免を請求すること。

**そつう【疎通】**《疏通》円滑に通じること。「意思の—」

**そつえん【卒園】** 保育園や幼稚園を卒業すること。㊖入園

**そっか【足下】** ①足もと。「—に迫る」②手紙の脇付《わきづけ》の一。③同等以下の相手に対する敬称。〔手紙で使う〕

**ぞっか【俗化】** 俗っぽくなること。

**ぞっかい【俗界】** 俗世間。

**ぞっかい【俗解】** 通俗的な解釈。

**ぞっかい【続開】** 会を引き続き開くこと。

**ぞっかん【属官】** 下級の役人。

**ぞっかん【続刊】** 引き続き刊行すること。

**そっかんせい【速乾性】** すぐに乾く性質。

**そっき【速記】** 符号（ワープロ）を使って、人の発言を聞きながらただちに書き取ること。「—術」

**—録《ろく》** 速記したものをふつうの文字に直した文書。

**そっきゅう【即急・速急】**〔文章語〕大急ぎ。

**そっきゅう【速球】** 野球で、スピードの速い球。

**そっきょう【即興】** その場で‐創作する（演じる）こと。「—‐曲（詩）」

**そつぎょう【卒業】** 規定の学業を終えること。㊖入学 ‖ある段階を通りこすこと。

**そっきん【即金】** 物を買ったその場で金を支払うこと。

**そっきん【側近】** 身分（権力）のある人のそばで仕える人。

**ソックス**［socks］短い靴下。㊖ストッキング

**そっくび【素っ首】**〔俗語〕そくび。

**そっくり** ①よく似ているようす。②そのまま。③全部。「遺産を—ゆずる」

**そっくりかえる【反っくり返る】**（えらそうに）そり返る。

**ぞっけ【俗気】** ぞくけ。

**そっけつ【即決】** その場ですぐに決めるこ

と。
—裁判《さいばん》 公開の法廷で即日判決の出る裁判。
**そっけつ【速決】** すみやかに決めること。
**そっけない【素っ気無い】** 思いやり（あいそ）がない。
**そっこう【即効】** すぐききめがあること。「—薬」
**そっこう【速攻】** ①すばやく攻撃すること。②〔俗語〕ただちに。「—で済ませる」〔即行・ソッコーとも書く〕
**そっこう【速効】** はやい効果。「—肥料」対遅効
**そっこう【側溝】** 道路・線路のわきのみぞ。
**そっこう【測候】** 気象観測。
**—所《じょ》** 担当地域の気象や地震の観測、予報などを出す機関。
**ぞっこう【続行】** 続けて行うこと。
**そっこく【即刻】** すぐに。
**ぞっこく【属国】** 他国に支配されている国。
**そつじ【卒爾・率爾】** 〔文章語〕突然なようす。
**—ながら** 突然で失礼ですが。
**そつじゅ【卒寿】** 九〇歳（—の祝い）。〔卒の通体「卆」を分解すると九十になることから〕
**そっせん【率先】** 先頭に立って行うこと。「—垂範」
**そつぜん【卒然・率然】** 突然。
**そっち** そちらのくだけた表現。
**—退《の》け** ①ほったらかし。②そこのけ。

**そっちゅう【卒中】** 脳出血など、血管の障害で突然倒れる病気。
**そっちょく【率直】**《卒直》 飾らずにありのままであるようす。
**そっとう【卒倒】** 突然意識を失って倒れること。
**そつなく** 手落ちがなく。
**そっぱ【反っ歯】** 出っ歯。
**ソップ** 〔オランダ語 sop〕スープ。
**—型《がた》** 相撲で、やせ型（—の力士）。〔スープをとる鳥がらから〕対あんこ型
**そっぽ**《外方》〔俗語〕関係のない方。
**—を向《む》く** 知らん顔をする。
**そつろん【卒論】** 卒業論文の略。
**そで【袖】** 衣服の一部。〔腕の部分。和服では袂《たもと》まで〕Ⅱもののわきについている—もの（所）。「舞台の—」
**—に縋《すが》る** 慈悲を求める。
**—にする** 冷淡に（そっけなく）あしらってじゃま者扱いする。
**—触《ふ》り合《あ》うも多生《たしょう》の縁《えん》** ちょっとした関係にも因縁はあるものだ。
**—を通《とお》す** （新しい）衣服を着る。
**—を引《ひ》く** ①そっと誘う。②そっと注意する。
**そてい【措定】** 〔哲学用語〕ある命題を推論によらずに主張・肯定すること。また、推論の前提となる、未証明の命題。
**ソテー** 〔フランス語 sauté〕 肉料理の一。「ポーク—」
**そでがき【袖書き】** 文書・手紙の右余白に書き込むこと。また、追伸。

**そでぐち【袖口】** 袖の先端。
**そでぐり【袖刳り】** 洋服で、袖をつけるために、身頃をえぐったように切った部分。
**そでしょう【袖章】** 袖につける記章。
**そでたけ【袖丈】** 袖の長さ。
**そでだたみ【袖畳み】** 和服の略式のたたみかた。
**そてつ【蘇鉄】** 常緑樹の一。観賞用。
**そでつけ【袖付け】** 袖を身頃に縫いつける—こと（部分）。
**そでなし【袖無し】** 袖のない衣服。ノースリーブ。
**そでのした【袖の下】** わいろ。〔そでの下にかくして渡す意〕
**そと【外】** ①表に出る部分。②囲まれていない部分。◇対うち・なか
**そとあるき【外歩き】** ①外出。②外勤。
**そとう【粗糖】** 精製していない砂糖。対精糖
**そとうば【卒塔婆】** そとば。
**そとうみ【外海】** がいかい。対内海《うちうみ》
**そとおもて【外表】** 布や紙の表面を外側にして—たたむ（折る）こと。対中表
**そとがこい【外囲い】** （建物の）外側のかこい。
**そとがま【外釜】** 風呂がまで、浴槽から離して置く構造のもの。対内釜
**そとがまえ【外構え】** 建物の外部の構造。
**そどく【素読】** 〔文章語〕意味を考えずに文字だけを声を出して読むこと。
**そとぜい【外税】** 消費税で、それが価格に

含まれていないもの。対内税
**そとづけ【外付け】** 機械本体の外側に付属装置をつけること。
**そとづら【外面】** ①見せかけ。②他人に見せる顔つき。「―がいい」対内面《うちづら》
**そとのみ【外飲み】** 自宅ではなく居酒屋やバーで酒を飲むこと。対家飲み
**そとのり【外のり】**《外法》(器物の)外側の寸法。対内のり
**そとば【卒塔婆】**《卒都婆》①仏舎利をおさめ供養するために立てる塔。②墓にたてる塔形の板。◇〔梵語 stūpa の音訳〕
**そとびらき【外開き】** ドアなどが外側に開くこと。対内開き
**そとぼり【外堀】** 城の外回りの堀。「―をうめる(=目的を達するため、まわりの障害を除く)」対内堀
**そとまご【外孫】** 嫁にいった娘の子供。対内孫〔旧弊な言い方〕
**そとまた【外股】** 足先を外に向ける歩き方。そとわ。対内股
**そとまわり【外回り】** ①建物の外周。②外側を回ること。「環状線の―」◇対内回り ③外勤。
**そとみ【外見】** 外部から見た感じ。そとめ。
**そとめ【外目】** そとみ。
**そとゆ【外湯】** ①(温泉旅館などで)建物の外に設けた浴場。②温泉地の共同浴場。「―巡り」◇対内湯
**そとわく【外枠】** ①外側のわく。②割り当て以外の数。◇対内枠
**ソナー**〔sonar〕水中音波探知機。〔sound navigation ranging の略〕
**そなえ【備え】** ①準備。用意。②防備。
**―有《あ》れば憂《うれ》いなし** 準備がしてあれば万一のときも安心だ。
**―付《つ》ける** 設置する。
**そなえもの【供え物】** 神仏にささげる物。おそなえ。供物《くもつ》。
**そなえる【供える】** 神仏に物をさしあげる。
**そなえる【備える】** ①前もって用意(準備)する。②設備する。③《具える》身につけている。「貫禄《かんろく》を―」
**そなた**〔文章語〕①そちら。②おまえ。〔対等以下に使う〕
**ソナタ**〔イタリア語 sonata〕器楽曲の形式の一。奏鳴曲。「―形式」
**ソナチネ**〔イタリア語 sonatine〕小規模なソナタ。
**そなわる【備わる】** ①用意が整っている。②《具わる》身につけている。「気品がそなわっている」
**ソニック**〔sonic〕音の。音響の。
**―ブーム**〔sonic boom〕超音速飛行をする航空機の衝撃波が地上に達して生じる騒音。
**ソネット**〔sonnet〕一四行の定型詩。
**そねむ**《嫉む》ねたむ。
**その【園】** ①植物を植えるために区切った所。「梅の―」②一定の場所。「学びの―」
**そのう【園生】** 園《その》の美称。
**そのうえ【その上】** それに加えて。
**そのうち** 近いうち。
**そのかた【その方】**《其の―》「その人」の尊敬語。
**そのくせ** それなのに。
**そのご【その後】** そのあと。以後。
**そのじつ【その実】** 実際には。
**そのすじ【その筋】** ①その分野。②担当の役所。特に、警察。「―のお達し」
**そのせつ【その節】** あのとき。「―はお世話になりました」
**そのた【その他】** それ以外。
**そのて【その手】** その手段(計略)。「―は食わない」
**―は桑名《くわな》の焼《や》き蛤《はまぐり》** その手にはひっかからない。〔「その手は食わない」と「桑名(名産)の焼き蛤」をかけた〕
**そのでん【その伝】** そのやり方(考え方)。
**そのば【その場】** ①その場所。②そのときすぐ。
**―限《かぎ》り** そのときだけのこと。
**―凌《しの》ぎ** 一時しのぎ。
**―で** ただちに。
**―逃《のが》れ** 一時逃れ。
**そのひぐらし【その日暮らし】** ①経済(精神)的にゆとりのない暮らし。②将来の計画もなく、無為に日々を過ごすこと。
**そのへん【その辺】** ①そのあたり。②その程度。③それに関する方面。
**そのほう【その方】** おまえ。〔武士が目下を呼んだ語〕
**そのまま**《その儘》①変化や相違がないこと。②前の動作に引き続いて別の動作

に移ること。「帰るなり—倒れた」

**そのみち【その道】** ①その分野。「—の大家」②色欲の方面。

**そのむかし【その昔】** (かなりの)昔。

**そのもの** ①まさしくそれ自体。「—ずばり」②意味を強める語。「熱心—だ」

**そば《側・傍》** ①近く。②…する直後。「聞く—から忘れる」

**そば【蕎麦】** ①タデ科の一年草。実をそば粉にする。②めん類の一。「ざる—」

**ソバージュ** 〔フランス語 sauvage〕細かくカールした髪型。カーリーヘア。〔野性的の意〕

**そばがき【蕎麦搔き】** そば粉を熱湯で固く練った食品。

**そばかす《雀斑》** 顔にできる茶色の点。

**そばがら【蕎麦殻】** ソバの実のから。〔枕などに詰める〕

**そばきり【蕎麦切り】** そば②。

**そばこ【蕎麦粉】** ソバの実の粉。そば②の原料。

**そばだつ【峙つ】** 高くそびえる。

**そばだてる【欹てる】** ①注意を集中させる。「耳を—」②高くそびえたたせる。

**そばづえ【側杖】《傍杖》** とばっちり。「—をくう」

**そばみち【岨道】** 〔文章語〕切り立った斜面のけわしい道。

**そばめ【側目】** 第三者の目。はため。

**そばめる【側める】** ①そむける。「目を—」②片寄せる。「身を—」

**そばゆ【蕎麦湯】** そばのゆで汁。

**そはん【粗飯】** 〔文章語〕質素な食事。Ⅱ「人に出す食事」の謙譲語。

**そびえたつ【聳え立つ】** そびえる。

**そびえる【聳える】** 高く立つ。

**そびやかす《聳やかす》** 高くする。「肩を—」

**そびょう【祖廟】** 〔文章語〕祖先をまつるみたまや。

**そびょう【素描】** デッサン。

**そびょう【粗描】** 大ざっぱに描くこと。

**そひん【粗品】** そしな。

**そふ【祖父】** 父母の父。おじいさん。対祖母

**ソファー** 〔sofa〕長いす。

**—ベッド** 〔sofa bed〕ソファーにもベッドにも使える家具。

**ソフィスティケーション** 〔sophistication〕①洗練。②詭弁《きべん》。

**ソフィスティケート** 〔sophisticate〕洗練すること。

**ソフト** 〔soft〕①やわらかい。対ハード ②ソフトウエア。対ハード ③ソフトボール。④ソフトクリーム。⑤ソフト帽。

**—ウエア** 〔software〕機械(コンピューター)を動かす技術や能力。対ハードウエア

**—クリーム** やわらかいアイスクリーム。〔soft ice cream から〕

**—タッチ** 〔soft touch〕やわらかい感触。

**—ドリンク** 〔soft drink〕アルコールを含まない飲み物。

**—フォーカス** 〔soft focus〕焦点をぼかして柔らかい感じを出すこと(出した写真・映像)。

**—帽《ぼう》** 中折れ帽。

**—ボール** 〔softball〕野球に似た球技(—に使うボール)。

**—ランディング** 〔soft landing〕軟着陸。Ⅱ現状に衝撃を与えない経済政策。

**そふぼ【祖父母】** 祖父と祖母。

**ソプラノ** 〔イタリア語 soprano〕音楽で、女声の最も高い声域(—の歌手)。

**そぶり【素振り】** 動作からわかる気配。

**そぼ【祖母】** 父母の母。おばあさん。対祖父

**そほう【粗放・疎放】** 〔文章語〕綿密さに欠け、しまりがないこと。

**そぼう【粗暴】** 荒々しく乱暴なようす。「—なふるまい」

**そほうか【素封家】** 大金持ち。

**そぼく【素朴】《素樸》** ①自然のままで飾り気がないこと。②単純なこと。「—な疑問」

**そぼつ** 〔古語〕①ぬれる。「濡れ—」②雨がしとしと降る。◇〔四段・上二段活用の動詞〕

**そぼぬれる【そぼ濡れる】** びしょびしょにぬれる。

**そぼふる【そぼ降る】** 雨がしとしと降る。「—雨」

**そぼろ** 魚肉などを細かくぼろぼろにほぐした食品。「—煮」

**そま【杣】** 〔文章語〕①杣木。②杣山。③杣人《びと》。

**そまぎ【杣木】** 〔文章語〕杣山の木(—の材木)。

**そまつ【粗末】** ①つくりが雑で、劣っているようす。②丁重に扱わないようす。「親を

―にする」

**そまびと【杣人】**〔文章語〕きこり。

**そまやま【杣山】**〔文章語〕木材用の木を植えた山。

**そまる【染まる】** ①色がつく。②感化される。「悪に―」

**そまん【粗慢・疎慢】**〔文章語〕いいかげんでしまりのないこと。

**そみつ【粗密・疎密】** あらいことと細かいこと。

**そむく【背く】** 背を向ける。‖従わない。「教え（規則）に―」

**そむける【背ける】** 後ろ（わき）に向ける。「目を―」

**ソムリエ**〔フランス語 sommelier〕レストランなどのワイン係。

**そめ【染め】** ①染めること。染めたもの。②染め色。

**そめあげる【染め上げる】** 染色を仕上げる。

**そめいよしの【染井吉野】** サクラの品種の一。代表的な品種。

**そめいろ【染め色】** 染めた色。

**そめおろし【染め卸し】** 水気をきって、しょう油をかけた大根おろし。

**そめこ【染め粉】** 粉末にした染料。

**そめつけ【染め付け】** ①染めて色や模様を出すこと。②あい色の模様をつけた磁器（布）。

**そめなおす【染め直す】** もう一度（=別の色や模様に）染める。

**そめぬく【染め抜く】** 模様の部分を残して他の部分を染める。

**そめもの【染め物】** 布などを染めること。染めた布。「―屋」

**そめる【染める】** 色をつける。「ほおを―（=赤くする）・手を―（=着手する）」

**そめわける【染め分ける】** 部分によって異なる色で染める。

**そも《抑》**〔文章語〕そもそも。

**そもう【梳毛】** 羊毛などをつむぐ際、長さを整えて平行に並べること。また、その毛。

**そもそも《抑々》** ①さて。〔改めて言い起こすときの語〕②はじまり。③最初から。「―まちがっている」

**―論**《ろん》 問題のはじまりに立ち戻って行う議論。

**そや【粗野】** 荒っぽく下品なこと。「―な言葉づかい」

**そやつ《其奴》** そいつ。〔古風な言い方〕

**そよう【素養】** 日ごろの努力で身につけた教養や技術。

**そようちょう【租庸調】** 古代の税制。

**そよかぜ【微風】** そよそよと吹く風。

**そよぐ《戦ぐ》** そよ風で揺れ動く（動いて音がする）。

**そよふく【そよ吹く】** 風がそよそよと静かに吹く。

**そよめく** わずかにそよぐ。

**そら【空】** ①天。②天候。「―模様」③暗記していること。「―で言う」④心持ち。「うわの―」⑤遠く離れた地。「異国の―」⑥何となく。「―恥ずかしい」⑦うその。「―寝」⑧非常に。「―恐ろしい」

**そらあい【空合い】** 天気のようす。

**そらいびき【空鼾】** うそでかくいびき。

**そらいろ【空色】** ①薄い青色。②空模様。

**そらおそろしい【空恐ろしい】** 理由ははっきりしないが、とても恐ろしい。

**そらおぼえ【空覚え】** ①暗記。②うろ覚え。

**そらごと【空言】** うそ。

**そらす【反らす】** そるようにする。

**そらす【逸らす】** ①避けて別に移す。「話題を―」②機嫌を損なう。「人をそらさない話術」〔多く否定表現で使う〕

**そらぞらしい【空々しい】** そらとぼけている。みえすいている。「―うそをつく」

**そらだのみ【空頼み】** 期待できない頼みごと。

**そらとぼける【空惚ける】** 知っていて知らないふりをする。そらっとぼける。

**そらなき【空泣き】** 泣いたふりをすること。うそ泣き。

**そらなみだ【空涙】** 見せかけの涙。

**そらに【空似】** 血縁でないのに顔がよく似ていること。「他人の―」

**そらね【空寝】** たぬき寝入り。

**そらはずかしい【空恥ずかしい】** 何となく恥ずかしい。

**そらべん【空弁】**〔俗語〕空港で売られている弁当。〔駅弁のもじり〕

**そらまめ【空豆】《蚕豆》** 野菜の一。マメ科。〔さやが空に向いてつくことから〕

**そらみみ【空耳】** ①聞こえないのに聞こえ

そ

た気がすること。②聞こえないふりをすること。

**そらもよう【空模様】** 天気のようす。‖成り行き。類雲ゆき

**そらゆめ【空夢】** ①実現しない夢。対正夢 ②見たと偽って話す夢。

**そらよろこび【空喜び】** ぬか喜び。

**そらわらい【空笑い】** 無理に笑ってみせること。作り笑い。

**そらんじる【諳じる】** 暗記する。

**そらんずる【諳ずる】** そらんじる。

**そり【反り】** ①反ること。反った具合。②刀身の曲がり具合。

**ーが合《あ》わない** 性格が合わず、仲が悪い。

**そり【橇】** （馬や犬がひいて）雪上を走る乗り物。

**そりあじ【剃り味】** 剃るときの、肌に触れる刃の感じや刃の切れ具合。

**そりかえる【反り返る】** 反って曲がる。‖高慢に体を後ろへ反らせる。

**そりこみ【剃り込み】** 額のはえぎわの左右を深くそること。「ーを入れる」動ーむ

**ゾリステン**［ドイツ語 Solisten］ ソロ演奏者の複数形。〔楽団などの名に付ける〕

**ソリスト**［フランス語 soliste］ 独奏者。独唱者。独演者。

**ソリッド**［solid］ ①かたい。②固体。◇対リキッド ③硬質な感じだ。「ーな曲」

**ーステート**［solid-state］ 電子部品の一。トランジスター・ICなど。

**ータイヤ**［solid tire］ 空気の代わりにゴムを詰めたタイヤ。

**そりはし【反り橋】** 弓のように中央が高くなった橋。

**そりみ【反り身】** 体を後ろへ反らせること。「ーになる」

**そりゃく【粗略・疎略】** おろそか。いいかげん。「ーな扱い」

**そりゅうし【素粒子】** 物理学で、原子よりも小さな粒子。〔陽子・中間子・中性子など〕

**ソリューション**［solution］ （コンピューターを活用した）問題解決法。

**そりん【疎林】** 木のまばらな林。対密林

**そる【反る】** ①弓なりに曲がる。②後方へ曲がる。「体がー」

**そる【剃る】** （髪やひげを）根元から切り落とす。

**ゾル**［ドイツ語 Sol］ コロイド溶液。対ゲル

**ソルフェージュ**［フランス語 solfège］ 音階発声練習（ーによる読譜力・聴音能力などの学習）。

**ソルベ**［フランス語 sorbet］ シャーベット。〔フランス語での呼び名〕

**それ**《夫》［文章語］そもそも。

**それ**《其れ》 ①相手に近いものをさす。②直前の話題をさす。③これから述べる話題をさす。④そこ。

**ーかあらぬか** 確かではないが。

**ソレイユ**［フランス語 soleil］ 太陽。

**それがし**《某》 ①なにがし。②〔古語〕わたし。〔武士の言葉〕

**それきり** ①それだけ。②それを最後に。「ー音沙汰がない」

**それこそ** 話題の中心を強調する語。「ーが映画だ」

**それしき** その程度。「ーのこと」

**それぞれ** めいめい。

**それだけ** ①それで全部。②その程度。③それに応じた分だけ。「働けばーのことはある」

**それだま** 一【逸れ球】 目標から外れた投球。二【ー弾】流れ弾。

**ーに** そうであるからなおさら。

**それっきり** 「それきり」の強め。

**それっぽっち** 〔俗語〕たったそれだけ。

**それでなくても** ただでさえ。

**それというのが** その理由は。

**それどころか** そんな程度ではなく。

**それとて** 〔文章語〕それだって。

**それとなく** 遠回しに。

**それとも** あるいは。

**それなのに** そうであるのに。

**それなら** そういうことなら。

**それなり** ①それにふさわしい程度。「ーの服装」②それを最後に。「ー来ない」

**それに** そのうえに。

**ーしても** そういうわけであると認めても。

**ーつけても** それと関連して。「ー昔はよかった」〔それをきっかけに思い出すときの語〕

**それは** ①非常に。「ー楽しかった」②感じ入ったときに言う語。「ーご丁寧に」

**それはさておき** そのことは別にして。

**それはそうと** ところで。

**それまで** ①そこまでで終わり。「はい、—」②そこまで。「それは—だ」

**それもそのはず** そういう事態も当然だ。

**それゆえ**《それ故》そういうわけで。

**それる【逸れる】** 目的や中心からはずれる。

**ソロ**〔イタリア語 solo〕①独奏。独唱。独演。②単独。「—ホームラン」「—キャンプ」「—活」

**そろい【揃い】** ①(全部)そろうこと。②皆が同じであること。「—の服」③そろったものを数える語。

**—踏《ぶ》み** 相撲で、力士がそろって四股《こし》を踏む土俵入りの式。「三役—」⏸勢ぞろいすること。

**そろう【疎漏・粗漏】**〔文章語〕ぞんざいで手落ちがあること。

**そろう【揃う】** ①一か所に集まる。「全員が—」②一致する。「意見が—」③ととのう。「条件が—」

**そろえる【揃える】** そろうの他動詞形。

**そろばん【算盤】**《十露盤》日本や中国で使う、計算用具。⏸(利害の)計算。

**—勘定《かんじょう》** 損得の計算。

**—尽《ず》く** 損得を第一に考えること。

**—高《だか》い** 損得を第一に考えるようす。

**—を弾《はじ》く** そろばんで計算する。⏸損得を考える。

**ぞろめ【ぞろ目】**〔俗語〕①二個のさいころで、同じ目がでること。⏸同じ数がふたつそろうこと。②競馬の連勝式で、同じ枠の馬が一着・二着になること。

**そわせる【添わせる】** ①添うようにする。②結婚させる。〔古風な言い方〕

**そわそわ** 落ち着かないようす。

**そわる【添わる】** つけ加わる。

**ソワレ**〔フランス語 soirée〕夜のパーティー。夜間興行。

**そん【村】** 地方公共団体の一。むら。

**そん【損】** ①利益を失うこと。②甲斐《かい》のないこと。「—な役割」◇対得

**ぞんい【存意】** 考え。意向。

**そんえい【村営】** 村の経営。「—のプール」

**そんえい【尊影】**〔文章語〕「相手の写真や肖像」の尊敬語。

**そんえき【損益】** 損失と利益。

**—計算書《けいさんしょ》** 企業の一会計期間の費用と収益の対照表。P/L。

**—分岐点《ぶんきてん》** 売上高と経費が等しくなる点。〔この点を超えると利益が出る〕類採算点

**そんか【尊下】**〔文章語〕脇付《わきづけ》の一。

**そんか【尊家】**〔文章語〕「相手の家」の尊敬語。

**そんかい【村会】** 村議会。〔古い言い方〕

**そんかい【損壊】** こわれる(こわす)こと。「—家屋」

**そんがい【損害】** ①災難で失った利益。②傷つき損なわれること。

**—保険《ほけん》** 事故による損害を補う保険。火災保険など。損保。

**ぞんがい【存外】** 予想外。案外。

**そんかん【尊翰・尊簡】**〔文章語〕「相手の手紙」の尊敬語。

**そんがん【尊顔】**〔文章語〕「相手の顔」の尊敬語。

**そんぎ【存疑】**〔文章語〕疑問があること。

**そんぎ【村議】** 村議会議員の略。

**そんぎかい【村議会】** 村の議決機関。

**そんきょ【蹲踞】** ①〔文章語〕うずくまること。②相撲や剣道で、ひざを開いてしゃがむこと。「—の姿勢」

**そんきん【損金】** ①損をしたお金。②税法で、支出と認められるお金。対益金

**ソング**〔song〕歌。「ラブ—」

**そんけい【尊兄】**〔文章語〕①「他人の兄」の敬称。②男どうしの手紙で、同輩に対する敬称。

**そんけい【尊敬】** 自分より上と認めて敬うこと。「—の念」

**—語《ご》** 敬語の一。動作の主体に対する話し手の敬意を表す。

**そんげん【尊厳】** 崇高でおかしがたいこと。「人間の—」

**—死《し》** 生命維持装置に頼らず、安らかに死んでいくこと。

**そんこう【尊公】** 昔、「相手の男性」の敬称。貴公。

**そんごう【尊号】** 尊んで呼ぶ称号。

**そんざい【存在】** あること。いること。

**—感《かん》** 存在を強く印象づける-感じ(力)。「—のある人」

**ぞんざい** いいかげんで乱暴。

**ぞんじ【存じ】** ⇩ごぞんじ

**—上《あ》げる** 「知る・思う」の謙譲語。

**—寄《よ》り** ①考え。意見。②知り合い。

そんしつ【損失】利益や財産を失うこと。「―をこうむる・―補塡」

そんしてとくとれ【損して得取れ】一時的に損をしても、より大きな利益をつかめ。

そんじゃ【尊者】①〔仏教語〕高徳の人。②〔文章語〕目上の人。

そんしょ【尊書】〔文章語〕「相手の手紙」の尊敬語。

そんしょう【尊称】敬意を込めた呼び名。類敬称
そんしょう【損傷】こわれ傷つくこと。

そんしょく【遜色】劣っているようす。「―(―が)ない」

そんじる【損じる】①悪く〜なる(する)。「機嫌を―」②減る。減らす。「価値を―」③(動詞の連用形に付いて)失敗する。「書き―」

ぞんじる【存じる】「思う・知る」の謙譲語。

そんすう【尊崇】尊びあがめること。

そんする【存する】①ある。②生存する。③残る。残す。

そんする【損する】利益を失う。「金(時間)を損した」対得する
そんずる【損ずる】損じる。

ぞんずる【存ずる】存じる。

そんぞく【存続】引き続いて存在すること。

そんぞく【尊属】目上の血族。「―殺人」〔父母・おじ・おば・祖父母など〕対卑属
そんだい【尊大】いばって偉そうな態度をとること。

そんだい【尊台】〔文章語〕目上の人に対する敬称。〔手紙で使う〕

そんたく【忖度】①人の気持ちをおしはかること。類推量 ②有力者の意向を推測し、それに沿うように行動すること。「社長に―した報告書」

そんたく【尊宅】〔文章語〕「相手の家」の尊敬語。尊堂。

そんち【存置】〔文章語〕制度などを残しておくこと。対廃止
ぞんち【存知】知っていること。「―していない」

そんちょう【村長】村の首長。

そんちょう【尊重】価値を認めて大事にすること。

ゾンデ〔ドイツ語 Sonde〕①医療器具の一。体内にさしこんで、状態を探る棒状・管状の器具。消息子。②ラジオゾンデ。

そんどう【尊堂】〔文章語〕①尊宅。②相手の敬称。〔手紙で使う〕

そんとく【損得】損と得。損益。

ぞんねん【存念】〔文章語〕(頭から離れない)考え。

そんのう【尊皇・尊王】

―攘夷《じょうい》 天皇に政治の実権をとらせ、外国勢力を追い払おうとする、幕末期の思想。

そんぱい【存廃】(制度や施設の)存続と廃止。

そんぴ【存否】①あるかないか。②健在かどうか。「―をたずねる」

そんぴ【尊卑】〔文章語〕身分の高い人と低い人。

ゾンビ〔zombie〕邪悪な霊力により生き返った死体。〔同名のアメリカ映画から〕

そんぷ【尊父】「他人の父親」の尊敬語。

そんぷうし【村夫子】〔文章語〕いなかの物知り。Ⅱ見識の狭い学者。

ぞんぶん【存分】思うまま。十分。「―に楽しむ」

そんぽ【損保】損害保険の略。

そんぼう【存亡】生き残るかほろびるか。「危急―」

―の秋《とき》 生き残るかほろびるかの危機。

そんみん【村民】村の住民。

そんめい【尊名】〔文章語〕「相手の名」の尊敬語。

そんめい【尊命】〔文章語〕「相手の命令」の尊敬語。

ぞんめい【存命】生きながらえること。「ご両親はご―ですか」

そんもう【損耗】使い〜減らす(減る)こと。〔そんこうの慣用読み〕

そんゆう【村有】村の所有。「―地」

そんよう【尊容】〔文章語〕「相手の容姿」の尊敬語。

そんらく【村落】村《むら》里《ざと》。

そんりつ【存立】存在し成立すること。「―にかかわる」

そんりつ【村立】村の設立。

そんりょう【損料】物品の使用料。借り賃。

# た

**た【田】** 水を引いて稲などを育てる耕地。

**た【他】** ①ほかの—こと（人・所）。対自 ②ほかの。別の。「—方面」

**た【多】** ①多いこと。対少 ②「労を—とする（＝苦労に感謝する）」③多くの。「—人数」対少

**だ【打】** ①野球で、打撃。対投 ②打球。「犠牲—」③ゴルフで、打つこと。「第一—」

**ダー**［ロシア語 da］はい。

**たあい**《他愛》たわい。「—ない」

**ターキー**［turkey］①七面鳥。②ボウリングで、ストライクを三回連続すること。

**ダーク**［dark］暗いこと。黒っぽいこと。

**—ホース**［dark horse］競馬で、穴馬。Ⅱ実力不明だが、有力そうな競争相手。

**—マター**［dark matter］暗黒物質。

**ターゲット**［target］標的。目標。

**ターコイズ**［turquoise］トルコ石。「—ブルー」

**ダース**《打》一二個（—ひと組）。〔dozen から〕

**タータン**［tartan］タータンチェック。

**—チェック**［和製語 tartan check］さまざまな色を使った格子柄（—の織物）。

**ダーツ**［dart］洋裁で、立体感を出すためのつまみ縫い。「—をとる」

**ダーツ**［darts］投げ矢遊び。

**ターツァイ**《塌菜》［中国語 tācài］中国野菜の一。ターサイ。

**ダーティー**［dirty］きたない。

**ダート**［dirt］①ダートコースの略。②自動車競技で、舗装されていない道。「—トライアル」◇〔泥の意〕

**—コース**［dirt course］競馬で、土のコース。ダート。

**タートルネック**［turtleneck］とっくりえり。〔タートルはウミガメの意〕

**ターニングポイント**［turning point］分岐点。転換期。類転機

**ターバン**［turban］イスラム教徒の男性などが頭に巻く布（—に似た帽子）。

**ダービー**［Derby］競馬で、（—ロンドンで開かれる）三歳馬の特別レース。「日本—」Ⅱ一位争い。「ハーラー—」

**タービン**［turbine］原動機の一。流体の衝撃で回転する。「蒸気—」

**ターフ**［turf］（ゴルフ場・競馬場で）芝。芝生。「—コース」

**タープ**［tarp］キャンプなどで使う—日除け（雨除け）シート。ターポリン。

**ターボ**［turbo］ターボチャージャーの略。

**—ジェット**［turbojet］航空機用ジェットエンジンの一。

**—チャージャー**［turbocharger］自動車などのエンジンで、より大きな出力を得るためのしくみ。ターボ。

**ターミナル**［terminal］①交通機関の（—集中する）始発・終着駅。②空港で税関などのある建物。ターミナルビル。③端子《たんし》。◇〔終点の意〕

**—ケア**［terminal care］終末期の患者の苦痛をやわらげ、精神的にささえる医療。終末医療。末期医療。

**—デパート** ターミナル①にあるデパート。〔和製語 〜depart／depart は department の略〕

**ターム**［term］専門用語。類術語

**ターメリック**［turmeric］黄色の香辛料。ウコンの根茎を乾燥したもの。カレー粉の主原料。

**ダーリン**［darling］愛する人に対する呼びかけの語。〔特に夫婦の間で使う〕類あなた

**タール**［tar］①石炭や木材を乾留する際にできる、粘りのある黒い液体。塗料用。②コールタール。

**ターン**［turn］①回転。②方向転換。「U—」③水泳で、折り返し。④会話で、発話の順番。「—を取る」

**—オーバー**［turnover］両面を焼いた目玉焼き。対サニーサイドアップ

**—テーブル**［turntable］①レコードプレーヤーの回転盤。②機関車（自動車）の方向を変える回転台。

**たい【台】** 台湾の略。「日—関係」

**たい【体】** ①からだ。②かたち。形態。「…の—をなす」③本質。「名は—を表す」④神仏の像や遺体を数える語。

**たい【対】** ①対照的なもの。「兄の—は弟」②対等。「—で話す」③対立を表す語。「赤組—白組」④比を表す語。「二—一の割合」⑤…に対する。「—前年比」

**たい【隊】** ①規律のある集団。部隊。特に、

軍隊。「機動—」②隊列。「—を組む」

**たい【鯛】** 海産魚の一。特に、マダイ。〔「めでたい」にかけて祝い事に使う〕

**たい【他意】** 別の考え。特に、隠された目的。「—はない」類異心

**タイ** [tie] ①ネクタイ。「ボー—」②タイスコア。③音楽で、同じ高さの二音を結ぶ弧線。

**だい【大】** ①大きい-こと(もの)。対小 ②甚だしいこと。「被害は—」③大学の略。④大きい。すぐれた。おおいに。「—-会社(人物)」⑤…の大きさ。「等身—」

**—なり小《しょう》なり** 多かれ少なかれ。

**—は小《しょう》を兼《か》ねる** 大きなものは小さなものの代わりもできる。

**だい【代】** ①家(位)の継承期間。類世《よ》 ②代金。「お—・洋服—」③地質時代の区分。「古生—」④時代・年齢の範囲。「八〇年(二〇歳)—」⑤王位・家督の順を示す。「三—目」⑥代理。「師範—」

**だい【台】** ①物や人を載せるもの。②土台。下地。③数量の大体の範囲。「千円—」④車や機械を数える語。⑤高い建築物や高台。「展望—」

**だい【題】** ①題名。表題。②テーマ。

**ダイア** ⇩ダイヤ

**たいあたり【体当たり】** 体を相手にぶつけること。⏸捨て身で事に当たること。

**たいあつ【体圧】** 横になったとき、からだにかかる圧力。「—分散寝具」

**たいあつ【耐圧】** 圧力に強いこと。「—がま」

**タイアップ** [tie-up] 提携。協力。

**ダイアモンド** ⇩ダイヤモンド

**ダイアリー** [diary] 日記。

**ダイアル** ⇩ダイヤル

**ダイアローグ** [dialogue] 対話。劇で、会話。対モノローグ

**たいあん【大安】** 陰陽《おんよう》道で万事に吉とする日。だいあん。大安日《にち》。「—吉日《きちにち》」対仏滅

**たいあん【対案】** ある案に対する別の案。「—を示す」

**だいあん【代案】** 代わりの案。

**たいい【大尉】** 軍隊で、将校の階級の一。中尉の上、少佐の下。〔旧海軍では「だいい」〕

**たいい【大意】** 文章の大体の内容。

**たいい【体位】** ①体格・健康・運動能力などの程度。「—の向上」②からだの位置・姿勢。

**たいい【退位】** 王位を退くこと。対即位

**だいい【題意】** 題(出題)の意味。

**たいいく【体育】** ①体位向上のための教育。対知育・徳育 ②教科の一。

**—会《かい》** 大学で、運動部が組織する学生団体。「—系の学生」対文化会

**—の日《ひ》** スポーツの日の旧称。

**だいいち【第一】** ①最初。「—部」②最も重要。「健康—」③最も優秀。④何よりもまず。

**—印象《いんしょう》** 最初に受けた印象。

**—義《ぎ》** 最も-大切(根本的)なこと。対第二義

**—次《じ》産業《さんぎょう》** 産業分類で、採取・生産の部門。農林水産・牧畜・狩猟業など。

**—次《じ》世界大戦《せかいたいせん》** 一九一四～一九一九年の世界戦争。〔独・オーストリア・トルコの同盟国と英・仏・米・日などの連合国とが戦い、同盟国側が敗北〕

**—人者《にんしゃ》** 最もすぐれた人。

**—流《りゅう》** 一流。

**だいいっせん【第一線】** 最前線。⏸最も重要で、活躍できる立場。「—を退く」

**たいいん【太陰】** 月の別称。対太陽

**—太陽暦《たいようれき》** 太陰暦に太陽暦の要素を取り入れた暦。旧暦。〔閏月《うるうづき》を設けて調整する〕

**—暦《れき》** 月の運行をもとにした暦。陰暦。〔一か月は二九日または三〇日。俗に、太陰太陽暦も含めていう〕対太陽暦

**たいいん【退院】** ①病人が療養を終え、病院を出ること。対入院 ②議員が議院から帰ること。対登院

**たいいん【退隠】** 〔文章語〕隠退。

**たいいん【隊員】** 隊のメンバー。

**だいいん【代印】** 代理の印(-を押すこと)。

**ダイイン** [die-in] 示威行動の一。参加者が死体のように大地に横たわる。

**だいいんしん【大陰唇】** 女性の外部生殖器の一。

**たいう【大雨】** おおあめ。

**だいうちゅう【大宇宙】** 〔哲学用語〕人間を小宇宙とよぶのに対して、本来の宇宙。マクロコスモス。

**たいえい【退嬰】**〔文章語〕新しいものに対して消極的なこと。「—的」対進取

**だいえい【題詠】** 与えられた題によって詩や歌をよむこと。また、その詩歌。

**たいえき【体液】** 動物の体内を満たす液体。血液・リンパ液など。

**たいえき【退役】** 兵役を退くこと。「—軍人」

**ダイエット**［diet］ 減量のための食餌制限（規定食）。〔単なる減量の意にも使われる〕

**だいえん【代演】** 代わりに演じること。

**たいおう【対応】** ①一定の関係にあること。「Aに—する点」 ②つりあうこと。類相応 ③状況に応じて行動すること。「—策」

**たいおう【滞欧】** ヨーロッパに滞在すること。

**だいおう【大王】** 王の敬称。

**—烏賊《いか》** 深海にすむ巨大なイカ。

**だいおうじょう【大往生】** 安らかな（立派な）死。「—をとげる」

**ダイオード**［diode］ 二極の半導体素子。整流・検波用。

**ダイオキシン**［dioxin］ 有機塩素化合物の一。毒性が強く、催奇形性・発癌《はつがん》性がある。

**たいおん【体温】** 人や動物の、体の温度。

**—計《けい》** 体温を測る器具。検温器。

**だいおん【大恩】** 大きな恩。類厚恩

**だいおんじょう【大音声】** 遠くまで響き渡る大声。

**たいか【大火】** 大きな火災。対ぼや

**たいか【大家】** ①たいけ。②その道で特にすぐれた人。類巨匠

**たいか【大過】** 大失敗。対小過

**—なく** なにごともなく。

**たいか【大廈】**〔文章語〕豪壮な建物。「—高楼」

**たいか【対価】** 財産・労力を与えたことの報酬。家賃・賃金など。

**たいか【耐火】** 火や熱に強いこと。「—建築（れんが）」

**たいか【退化】** 退行。退歩。対進化

**たいか【滞貨】** 輸送（販売）できず、たまった品物。類ストック

**たいが【大河】** 大きな川。Ⅱ大規模な長編。「—小説（ドラマ）」

**タイガ**［ロシア語 taiga］ ユーラシア大陸北部や北米北部の針葉樹林帯。

**だいか【代価】** ①代金。「—を支払う」 ②代償②。「罪の—」

**だいが【題画】** 詩や文を書き添えた絵。

**タイガー**［tiger］ トラ。

**たいかい【大会】** ①大勢が集まる会合。②全体的な会合。

**たいかい【大海】** 大きな海。

**たいかい【退会】** 会員でなくなること。「—届」対入会

**たいがい【大概】** ①大部分。②ほどほど。「—にしろ」③あらまし。④たいてい。

**たいがい【体外】** からだの外。対体内

**—受精《じゅせい》** 母体外で受精が行われること。

**たいがい【対外】** 外部（外国）に対すること。「—政策」対対内

**だいかいてん【大回転】** スキー競技で、アルペン種目の一。グランドスラローム。大回転競技。

**だいがえ【代替え】**〔俗語〕代替《だいたい》。

**たいかく【体格】** からだつき。

**たいかく【対角】** ①四角形の向かい合った角。②三角形で、一辺に対して向かい合った角。

**—線《せん》** 多角形で、隣り合わない二角を結ぶ直線。

**たいがく【退学】** 中途で学校をやめる（やめさせられる）こと。類退校

**だいがく【大学】** ①教育の最高機関。②四書の一。

**—芋《いも》** サツマイモを油で揚げて甘辛い味をつけた菓子。

**—院《いん》** 大学の学部の上におかれる機関。

**—入学《にゅうがく》資格《しかく》検定《けんてい》** 大学に入学する学力の有無を判定する、文科省による試験。大検。〔現在は、高卒認定試験に移行〕

**だいがし【代貸し】**〔俗語〕賭場《とば》で、親分である貸し元の代理人。「—的存在」

**ダイカスト** 鋳造法の一。良質・精密な製品の量産に適する。〔die casting の略〕

**だいかぞく【大家族】** 多人数の家族。

**たいがため【体固め】** レスリングで、相手を押さえこむ決めわざ。

**だいかつ【大喝】** 大声でしかること。たいかつ。「—一声」

**だいがっこう【大学校】** 学校教育法によらない、大学レベルの文教施設。「防衛

（航空）—」

**だいがわり【代替わり】** 主人や経営者の代が替わること。

**たいかん【大旱】**〔文章語〕ひどい日照り。

**たいかん【大官】**〔文章語〕高い官職（—の人）。対小官

**たいかん【大患】**〔文章語〕①大きな心配。②重病。

**たいかん【大観】**〔文章語〕①広く全体を見渡すこと。②雄大なながめ。

**たいかん【大鑑】** 一冊で、ある部門全体がわかる本。「将棋—」類大全

**たいかん【体幹】** 体の胴体部分。「—筋」

**たいかん【体感】** 体に感じる—こと（感じ）。

**—温度《おんど》** 肌で感じる暑さ寒さの度合い。

**たいかん【耐寒】** 寒さにたえること。対耐暑

**たいかん【退官】** 官吏が職をやめること。

**たいかん【退館】** 図書館など、館とよばれる所から出ること。対入館

**たいかん【戴冠】** 帝王が、即位のしるしに初めて王冠をかぶること。「—式」

**たいがん【大願】** ①大きな願い。「—成就《じょうじゅ》」②仏が人々を救おうとする願い。

**たいがん【対岸】** 向こう岸。

**—の火事《かじ》** 自分とは無関係なこと。

**だいかん【大寒】** 二十四気の一。一月二〇日ごろ。対小寒

**たいき【大気】** 地球を取りまく空気。

**—汚染《おせん》** 有害物質で大気がよごれること。

**—圏《けん》** 地球の周りの大気の領域。気圏。

**たいき【大器】** 大きないれ物。Ⅱ大人物。◇対小器

**—晩成《ばんせい》** 大人物はすぐには大成しない意。大器は晩成す。

**たいき【待機】** 準備して機会を待つこと。

**—児童《じどう》** 保育所が満員で入所できない児童。

**—電力《でんりょく》** 家電製品で、実際に作動していない間に消費される電力。

**たいぎ【大義】** ①重要な意義。②国家・君主への忠誠。

**—名分《めいぶん》** ①臣下として守るべき行動。②だれもが当然と認める理由・道理。

**たいぎ【大儀】** ①重大な儀式。②めんどう。③労をねぎらう語。ご苦労。

**たいぎ【体技】** 柔道・相撲・レスリング・ボクシングなどの総称。類格闘技

**だいぎ【台木】** つぎ木（物）の台にする木。

**だいぎ【代議】** ①他人に代わって合議すること。②公選された人が代表として評議すること。

**—士《し》** 衆議院議員。

**たいぎご【対義語】** 意味が反対の関係にある語。反意語。アントニム。対同義語

**だいきち【大吉】**（占いで）運勢が非常によいこと。対大凶

**たいきゃく【退却】**（負けて）退くこと。類後退 対進撃 Ⅱその場を去ること。

**たいぎゃく【大逆】** 人道に反する悪い行い。だいぎゃく。

**—罪《ざい》** 旧刑法で、天皇などに対する反逆の罪。〔一九四七年廃止〕

**たいきゅう【待球】** 野球で、打者が積極的に打たずに球を選ぶこと。ウエイティング。

**たいきゅう【耐久】** 長くもちこたえること。「—力」

**—消費財《しょうひざい》** 長年の使用に耐える消費財。テレビ・冷蔵庫など。

**だいきゅう【代休】** 休日出勤の代わりの休暇。

**たいきょ【大挙】** ①おおぜいが一時に行動すること。②大きな企て。

**たいきょ【退去】** 立ちのくこと。

**たいきょ【退居】** ①対入居〔不動産業界で用いる〕②〔文章語〕隠居。

**たいきょう【胎教】** 妊婦が胎児によい影響を及ぼすようにすること。

**たいぎょう【大業】**〔文章語〕（天下統一に関する）大事業。

**だいきょう【大凶】** ①（占いで）運勢が非常に悪いこと。対大吉 ②【大兇】大きな罪悪。大悪人。

**だいきょうこう【大恐慌】** 世界的規模で起こる恐慌。〔特に一九二九年の世界恐慌〕

**たいきょく【大曲】** 大がかりな楽曲。対小曲

**たいきょく【大局】** 全体のなりゆき。大勢《たいせい》。「—を見失う・—観」

**—的《てき》** 全体を見通すようす。

**たいきょく【対局】** 囲碁・将棋の勝負をすること。

**たいきょく【対極】** 反対の極。

た

**たいきょくけん【太極拳】** 拳法の一。〔ゆるやかな動作が主で、健康法としても行う〕

**だいきらい【大嫌い】** 非常に嫌いなようす。対大好き

**タイきろく【ー記録】** 今までの最高記録と同じ記録。〔タイはtie〕

**たいきん【大金】** 多額の金。

**だいきん【代金】** 買い手が売り手に支払うお金。代価。「ー引き換え」

**だいぎんじょう【大吟醸】** 精米歩合が五〇パーセント以下の吟醸酒。

**たいく【体躯】** 〔文章語〕からだつき。体格。

**たいぐ【大愚】** 〔文章語〕ひどく愚かなーこと（人）。対大賢

**だいく【大工】** 木造建築をする職人。

**たいくう【対空】** 空からの攻撃に対すること。「ーミサイル」対対地

**たいくう【滞空】** 航空機などが空中を飛び続けること。「ー時間」

**たいぐう【待遇】** ①もてなし。取り扱い。「ー改善」②職場での地位・給与などの処遇。「部長ー」

**ー表現《ひょうげん》** 話し手の上下意識や親疎意識に基づく（ー言語）表現。

**たいくつ【退屈】** ①単調で（あきて）いやになること。②暇をもてあますこと。

**ー凌《しの》ぎ** 退屈を紛らすこと。

**たいぐん【大軍】** 多数の軍勢。

**たいぐん【大群】** （動物や人などの）大きなむれ。「アリのー」

**たいけい【大兄】** 同輩（やや年長の友人）に対する敬称。〔男どうしが手紙文で使う〕対小弟

**たいけい【大系】** ある分野の著作を系統立てて集めた書物。

**たいけい【大計】** 遠大な計画。

**たいけい【大慶】** 〔文章語〕最上の喜び。

**たいけい【体系】** 個々別々のものを、ある原理のもとに秩序づけた全体。システム。「ー的」

**たいけい【体刑】** ①直接、体に加える刑罰。類体罰 ②自由刑。

**たいけい【体形】** 体のかたち。

**たいけい【体型】** 体格の型。〔肥満型・やせ型など〕

**たいけい【隊形】** 隊の形。〔横隊・縦隊・円陣など〕

**だいけい【台形】** 四辺形の一。相対する二辺が平行。

**タイゲーム**〔tie game〕（野球で）同点引き分けの試合。

**たいけつ【対決】** 両者相対して決着をつけること。

**たいけん【大圏】** 地球の中心を通る面が地表と交わってできる円。

**ーコース** 大圏に沿った航路。〔二地点間の最短コース〕

**たいけん【大権】** 旧憲法で、天皇の統治権。

**たいけん【大賢】** 〔文章語〕非常に賢いーこと（人）。対大愚

**たいけん【体験】** 実際に経験すること。「ーを積む」

**たいけん【帯剣】** 剣を腰に下げること。また、その剣。

**たいげん【大言】** いばった（おおげさな）言葉。

**ー壮語《そうご》** できもしない大きなことを言うこと。また、その言葉。

**たいげん【体言】** 文法で、自立語で活用せず、主語となれる語。「ー止め」〔名詞・代名詞など〕対用言

**たいげん【体現】** 具体的に現すこと。

**だいげんにん【代言人】** 弁護士の旧称。

**たいこ【太古】** 大昔。〔有史以前〕

**たいこ【太鼓】** 打楽器の一。

**ー橋《ばし》** 半円形に反った橋。

**ー腹《ばら》** ふくれた腹。

**ー判《ばん》を押《お》す** 確かだと保証する。

**たいご【大悟】** 〔仏教語〕完全な悟りを開くこと。「だいご」とも。「ー徹底」

**たいご【対語】** ①向かい合って話すこと。類対話 ②対義語。③対立する概念が組み合わさった熟語。夫婦・進退など。

**たいご【隊伍】** 隊列。

**だいご【醍醐】** 昔、牛乳から作ったクリーム。

**ー味《み》** ①本当の楽しさ・よさ。「釣りのー」類妙味 ②〔仏教語〕仏の最上の教え。

**たいこう【大公】** ヨーロッパで、君主の一族の男性。また、小国の君主。

**たいこう【大綱】** 〔文章語〕①根本の重要な事柄。②あらまし。大要。対細目

**たいこう【太閤】** 「関白の地位をその子に

譲った人」の敬称。〔特に豊臣秀吉〕
**たいこう【体高】** 動物が立ったときの地面から首の付け根までの高さ。〔魚では背から腹まで〕
**たいこう【体腔】** 体内にある空所。胸腔・腹腔など。たいくう。
**たいこう【対向】** 向き合うこと。「—車」
**たいこう【対抗】** 競いあうこと。「—意識」
**—馬《ば》** 競馬・競輪で本命《ほんめい》に次ぐ—馬(選手)。〔せり合う相手の場合にも〕
**たいこう【対校】** ①学校どうしの対抗。「—試合」②〔本などを〕対比して校合《きょうごう》すること。
**たいこう【退行】** 後戻り。
**たいこう【退校】** ①退学。②下校。
**たいごう【大剛】** 〔文章語〕すぐれて強い—こと(人)。だいごう。
**だいこう【乃公】** 〔文章語〕おれさま。わが輩。〔尊大な言い方〕
**—出《い》でずんば** このおれが出なければ、他の者に何ができようか。
**だいこう【代行】** 本人に代わって行う—こと(人)。類代理
**だいこう【代講】** 本人に代わって講義や講演をする—こと(人)。
**だいごう【題号】** 〔書物などの〕題目。
**たいこうたいこう【太皇太后】** 先々代の天皇の皇后。たいこうたいごう。
**たいこうぼう【太公望】** 釣りの好きな人。〔釣り好きの中国の賢人の名から〕
**たいこく【大国】** ①国土の広い国。②国力が強い国。◇対小国

**たいごく【大獄】** 〔文章語〕重大な犯罪で大勢がとらえられること。「安政の—」
**だいこく【大黒】** ①大黒天。②僧の妻。
**—天《てん》** 七福神の一。福徳の神。〔打ち出の小づちを持つ〕
**—柱《ばしら》** 家の中央に立てる太い柱。Ⅱ支えとなる中心人物。
**だいこん【大根】** ①野菜の一。②大根役者。
**—足《あし》** 女性の太い足をからかっていう語。
**—卸《おろ》し** 大根をすりおろしたもの。また、そのための器具。
**—役者《やくしゃ》** 演技のへたな役者をあざけっていう語。
**たいさ【大佐】** 軍隊で、将校の階級の一。中佐の上、少将の下。〔旧海軍では「だいさ」〕
**たいさ【大差】** 大きな違い。「—ない・—で勝つ」対小差
**たいざ【対座】**《対坐》 向かい合ってすわること。
**だいざ【台座】** 物(仏像)を据える台。
**たいさい【大祭】** ①盛大な祭り。②天皇が行う祭り。
**たいざい【滞在】** ある期間よそにとどまること。「長期—」
**だいざい【大罪】** 重い罪。たいざい。「—を犯す」類重罪
**だいざい【題材】** 主題となる材料。
**たいさく【大作】** ①すぐれた作品。類傑作 ②規模の大きい作品。
**たいさく【対策】** 事に応じてとる方法・手段。「—を練る」
**だいさく【代作】** 本人に代わって作品を作ること。また、その作品。
**たいさつ【大冊】** 大形の(ぶ厚い)本。対小冊
**たいさん【耐酸】** 酸におかされにくいこと。
**たいさん【退散】** ①逃げ去ること。類退却 ②その場を引き揚げること。「そろそろ—しよう」
**たいざん【大山】**《太山》 大きな山。
**—鳴動《めいどう》して鼠《ねずみ》一匹《いっぴき》** 前ぶれのみ大きく、結果は小さいこと。
**たいざん【泰山】** 中国にある名山。
**—北斗《ほくと》** 第一人者。泰斗。
**だいさん【第三】**
**—紀《き》** 地質時代の区分の一。新生代の初期から中期。
**—国《ごく》** 当事国以外の国。
**—次《じ》産業《さんぎょう》** 産業分類で、サービス産業の部門。サービス業・商業・運輸通信業など。
**—者《しゃ》** 当事者以外の人。
**—セクター** 公企業と民間企業とが共同出資して作る事業体。
**たいし【大志】** 〔文章語〕大きなこころざし。
**たいし【大使】** 特命全権大使。「—館」
**たいし【太子】** ①皇太子。②聖徳太子。
**たいじ【対峙】** ①〔山が〕相対してそびえ立つこと。②にらみあって対立すること。
**たいじ【胎児】** 母胎内で育っている子。
**たいじ【退治】** 討ち滅ぼすこと。「鬼—」

**だいし【大姉】** 女性の戒名につける称号。対居士《こじ》

**だいし【大師】**〔仏教語〕①仏・菩薩《ぼさつ》の尊称。②朝廷から高僧に与えた号。「弘法—」③特に、弘法大師。

**だいし【台紙】** 物をはりつける土台の紙。

**だいし【台詞】**〔文章語〕せりふ。

**だいし【題詞】** 題辞。

**だいし【題詩】** ①ある題によって作った詩。②書物の巻頭詩。

**だいじ【大字】** ①大きな文字。対小字 ②一・二・三の代わりの壱・弐・参などの字。〔証書のまちがい防止のために使う〕

**だいじ【大事】** ①重大なこと。対小事 ②重大な事態。「—に至る」③たいせつ。「—にする」

**—ない** 心配ない。

**—の前《まえ》の小事《しょうじ》** ①大事の前の小さな犠牲はやむをえない。②大事の前には小さな事にも心配りがたいせつだ。

**—を取《と》る** 慎重に事に当たる。

**だいじ【題字】** 標題の文字。

**だいじ【題辞】** 書物の巻頭や絵・碑の上部に記す言葉。題詞。

**ダイジェスト**〔digest〕要約。「—版」

**だいしきょう【大司教】** カトリック教で、最高位の僧職。

**だいしぜん【大自然】** 偉大な自然。

**たいしつ【体質】** 生まれながらの体のたち。Ⅱその組織・団体に特有の性質。

**たいしつ【耐湿】** 湿気におかされにくいこと。

**たいしつ【退室】** 部屋から出ていくこと。対入室

**だいしっこう【代執行】**〔法律用語〕行政上の強制執行の一。

**たいしぼう【体脂肪】** 体内の脂肪。

**—率《りつ》** 体重に占める体脂肪量の割合。

**たいしゃ【大社】** ①もと、社格が第一位の神社。②特に、出雲《いずも》大社。

**たいしゃ【大赦】** 恩赦の一。国家慶事の際、刑罰の赦免を行うこと。

**たいしゃ【代赭】** くすんだ黄赤色。

**たいしゃ【代謝】** ①新旧の交代。②生体内の物質交代。「—機能」

**たいしゃ【退社】** ①会社をやめること。対入社 ②会社から帰ること。対出社

**たいしゃ【堆砂】** 土砂が貯水池にたまること。また、その土砂。たいさ。

**だいしゃ【代車】** 修理や車検の際に、代わりに使う車。

**だいしゃ【台車】** ①車両の車体を支える部分。②簡単な荷車。

**だいじゃ【大蛇】** 大きなヘビ。

**たいしゃく【貸借】** ①貸し借り。「—関係」②簿記で、貸し方と借り方(—の仕分け)。

**—対照表《たいしょうひょう》** 財産状態を表す、資産と負債の対照表。バランスシート。B/S。

**たいしゃくてん【帝釈天】** 仏教の守護神。

**だいしゃりん【大車輪】** ①鉄棒のわざの一。②懸命に働くこと。「—の活躍」

**たいしゅ【大酒】**〔文章語〕おおざけを飲むこと。

**たいじゅ【大儒】**〔文章語〕すぐれた儒者。Ⅱ大学者。

**たいじゅ【大樹】** ①大きな木。「寄らば—の陰」類大木 ②征夷《せいい》大将軍の別称。

**たいしゅう【大衆】** 民衆。勤労階級の人々。

**—的《てき》** 大衆に受け入れられるようす。

**—薬《やく》** 処方箋なしに買える薬。市販薬。OTC。

**たいしゅう【体臭】** 体のにおい。Ⅱその人・物だけの特徴。

**たいじゅう【体重】** 体の重さ。「—計」

**たいしゅつ【退出】** その場を退きさがって帰ること。

**たいしゅつ【帯出】**（備品や書籍を）持ち出すこと。「禁—」

**たいじゅつ【体術】** 主に、素手で行う攻撃・防御の術。

**たいしょ【大所】** 広い観点。

**—高所《こうしょ》** 全体を広く見渡す立場。

**たいしょ【大暑】** ①激しい暑さ。類酷暑 ②二十四気の一。七月二〇日ごろ。対小暑

**たいしょ【太初】**〔文章語〕天地のはじめ。

**たいしょ【対処】** 事に応じて処理すること。「—法」

**たいしょ【対蹠】**〔文章語〕正反対。「—的」〔「たいせき」の慣用読み〕

**たいしょ【耐暑】** 暑さにたえること。「—性」対耐寒

**だいしょ【代書】** ①代筆。対自書 ②代

筆を職業とする人。代書人。

**だいしょ【代署】** 本人の代わりに署名すること。また、その署名。対自署

**たいしょう【大正】** 年号の一。明治と昭和の間。〔一九一二年～一九二六年〕

**―海老《えび》** エビの一。大形で食用。

**たいしょう【大将】** ①軍隊で、将官の最上位。②全軍の指揮者。③かしら。「お山の―」④男を親愛の情や戯れで呼ぶ語。

**たいしょう【大笑】** 〔文章語〕おおわらい。「呵呵《かか》―する」

**たいしょう【大勝】** 《大捷》大差をつけて勝つこと。対大敗

**たいしょう【大詔】** 天皇が国民に告げる言葉。みことのり。「宣戦の―」

**たいしょう【大賞】** 最もすぐれたものに与える賞。グランプリ。

**たいしょう【対称】** ①釣り合うこと。シンメトリー。「―的」②文法で、二人称。対自称・他称

**たいしょう【対象】** ①目標物。②〔哲学用語〕主観に対するもの。客観。

**たいしょう【対照】** ①違いが著しく際立つこと。コントラスト。「―的」②対比。

**たいしょう【隊商】** 隊になって砂漠などを往来する商人。キャラバン。

**たいじょう【退場】** その場所から立ち去ること。対入場・出場・登場

**だいしょう【大小】** ①大と小。「―とりまぜて」②大刀と小刀。

**だいしょう【代将】** 准将。

**だいしょう【代償】** ①与えた損害のつぐない。②事の実現のために必要な犠牲・損害。

**だいじょう【大乗】** 大乗仏教。利他の精神によって人間の救済を説く。対小乗

**―的《てき》** 物事を全体的にとらえるようす。

**だいじょうさい【大嘗祭】** 天皇即位後、初の新嘗祭《にいなめさい》。大嘗会《え》。

**だいじょうだん【大上段】** 威圧的な態度。「―にかまえる」〔刀の構え方から〕

**だいじょうふ【大丈夫】** 〔文章語〕立派な男。

**だいじょうぶ【大丈夫】** あぶなげのないようす。確か。

**だいじょうみゃく【大静脈】** 静脈の本幹。対大動脈

**たいしょうりょうほう【対症療法】** その時々の症状に応じた治療法。Ⅱ目先の状況のみに応じた処理法。

**たいしょく【大食】** おおぐい。対小食

**―漢《かん》** 大食いの人。

**たいしょく【体色】** からだ（皮膚）の色。

**たいしょく【退色】** 《褪色》色がさめること。

**たいしょく【退職】** その勤めをやめること。類辞職 対就職

**―金《きん》** 退職の際に支払われる一時金。

**たいしょく【耐食】** 《耐蝕》腐食しにくいこと。

**だいじり【台尻】** 銃床の下部の広い部分。

**たいじる【退治る】** 退治する。

**たいしん【大身】** 身分の高い―こと（人）。対小身

**たいしん【対審】** 〔法律用語〕訴訟で、原告・被告など当事者を立ち会わせて行う審理。

**たいしん【耐震】** 強度の地震に耐えること。「―建築」

**たいじん【大人】** ①巨人。②高徳の人。◇対小人 ③師・学者の敬称。④だいにん。

**たいじん【対人】** 他人に対すること。「―関係」

**―恐怖症《きょうふしょう》** 人と会うことを恐れる心の病気。

**たいじん【対陣】** 敵と向かいあって陣取ること。

**たいじん【退陣】** 陣営から退去すること。類退却 Ⅱ重要な地位から退くこと。

**だいしん【代診】** 代わりに診察する―こと（医師）。

**だいじん【大尽】** ①大金持ち。富豪。②遊郭で豪遊する客。

**だいじん【大臣】** 国務大臣。

**―政務官《せいむかん》** 大臣のもとで副大臣とともに政務を助ける特別職。政務官とも。〔ふつうは国会議員がなる〕

**だいしんいん【大審院】** 旧憲法で、最高の司法裁判所。

**だいじんぐう【大神宮】** 伊勢神宮。

**だいしんさい【大震災】** 大地震による災害。〔特に一九二三年九月一日の関東大震災〕

**だいじんぶつ【大人物】** 度量の大きな人

物。対小人物

**だいす【台子】** 茶の湯で、諸道具を置く棚。

**ダイス** [dice] さいころ(–遊び)。

**ダイス** [dies] 雄ねじを切る工具。対タップ

**だいず【大豆】** 豆の一。みそ・しょう油・油などの原料。

**たいすい【耐水】** 水にぬれても–水がしみこまない(変質しない)こと。

**たいすう【対数】** $a$は1でない正数で、$x=a^y$のとき、$y$の称。〔$y$を、$a$を底《てい》とする$x$の対数といい、$\log_a x$で表す〕

**だいすう【代数】** ①数学の一部門。代数学。②世代の数。

**だいすう【台数】** 台で数えるものの数。

**だいすき【大好き】** 非常に好きなようす。対大嫌い

**タイスコア** [和製語 tie score] 競技で、同点。タイ。

**たいする【体する】** 心にとめて行う。「君命を—」

**たいする【対する】** ①向かい合う。②対《つい》になる。「白に—黒」③応じる。相手になる。④「…に—(=ついての)興味」

**たいする【帯する】** 〔文章語〕腰につける。

**だいする【題する】** ①題をつける。②題字を書く。

**たいせい【大成】** ①立派に成就すること。②その道にすぐれた人になること。③集大成の書物。「万葉集—」

**たいせい【大勢】** ①大体の形勢。「—が決まる」②世の中のなりゆき。

**たいせい【体制】** ①(社会)組織の様式。「資本主義—」②生物体の各部分が全体として統一されている関係。③「—側(=社会・組織を支配・運営する側)」

**たいせい【体勢】** 姿勢。

**たいせい【対生】** 葉が二枚ずつ対《つい》になって生えること。ハコベ・シソなど。↓互生・輪生

**たいせい【退勢】**《頽勢》 衰えていく形勢。

**たいせい【胎生】** 子が母体内で発育してから生まれること。〔哺乳動物にみられる〕対卵生

**たいせい【耐性】** 病原菌などが、薬に耐えて生きる性質。「—菌」

**たいせい【泰西】** 〔文章語〕西洋。対泰東

**たいせい【態勢】** 状態。身構え。「万全の—・決戦—」

**たいぜい【大勢】** 〔文章語〕おおぜい。対小勢《こぜい》

**たいせいよう【大西洋】** ヨーロッパ・アフリカと南北アメリカとの間の海。

**たいせき【対蹠】** たいしょ。

**たいせき【体積】** 立体の大きさ。類容積

**たいせき【退席】** 席を立って帰ること。

**たいせき【堆石】** ①高く積まれた石。②氷河によって運ばれた岩石。氷堆石。

**たいせき【堆積】** 積み–重なる(重ねる)こと。「—平野」

**—岩《がん》** 水底や地表に土砂などが堆積してできた岩石。

**たいせき【滞積】** (仕事や貨物が)かたづかないで、たまること。

**たいせつ【大切】** ①重要。貴重。②丁寧に扱うようす。◇類大事

**たいせつ【大雪】** ①おおゆき。②二十四気の一。一二月八日ごろ。

**たいせん【大戦】** 大規模な戦争。「世界—」

**たいせん【対戦】** 競技や戦争で戦うこと。「—成績」

**たいせん【対潜】** 潜水艦に対すること。「—兵器」

**たいぜん【大全】** 〔文章語〕それに関する事柄を広く集めた書物。類大鑑

**たいぜん【泰然】** 落ち着いているようす。「—自若」

**だいせん【題簽】** 書名を書いて表紙にはる細長い紙片。

**だいせんきょく【大選挙区】** 二名以上の議員を選出する広い選挙区。

**だいぜんてい【大前提】** 根本的な前提。

**たいそ【太祖】** 中国の王朝で、初代の皇帝。

**たいそう【大宗】** ①物事の初め。②大部分。「—を占める」③権威者。

**たいそう【大葬】** 天皇・太皇太后・皇太后・皇后の葬儀。

**たいそう【大層】** ①非常に。②おおげさ。

**—らしい** おおげさだ。

**たいそう【太宗】** 中国の王朝で、その功績が太祖に次ぐ皇帝。

**たいそう【体操】** ①運動の一。「器械(徒

た

手)―」②教科の体育の旧称。

**たいぞう【退蔵】** 使わずにしまいこむこと。「―物資」

**だいそう【代走】** 野球で、走者に代わって走る―人(こと)。ピンチランナー。

**だいそうじょう【大僧正】** 僧官の最高位。僧正の上。

**たいそうのれい【大喪の礼】** 天皇の葬儀。〔内閣が執り行う〕

**たいそく【大息】** 〔文章語〕ためいきをつくこと。「長―」

**たいそく【体側】** 〔文章語〕からだの側面。

**だいそつ【大卒】** 大学を卒業している―こと(人)。

**だいそれた【大それた】** とんでもない。道にはずれた。「―考え」

**たいだ【怠惰】** なまけ、だらけること。対勤勉

**だいだ【代打】** 野球で、その打者に代わって打つ―こと(人)。ピンチヒッター。

**だいたい【大体】** ①おおよそ。あらまし。②そもそも。「―君が悪い」

**だいたい【大隊】** 軍隊で、編制上の単位の一。連隊と中隊の間。

**だいたい【大腿】** ふともも。「―部(骨)」

**だいたい【代替】** 〔文章語〕他の物で代えること。「―地(物)」類代用

**だいだい【橙】** ①柑橘類の一。食用・薬用。〔正月の飾り物にする〕②赤みをおびた黄色。だいだい色。

**だいだい【代々】** 何代も続いていること。どの代も。類歴代

**だいだいてき【大々的】** 大がかり。「―に報じる」

**だいだく【代諾】** 〔法律用語〕本人の代わりに承諾すること。「―者」

**だいたすう【大多数】** ほとんど全部。

**たいだん【対談】** 向かいあって話をすること。また、その話。

**たいだん【退団】** 団体から抜けること。対入団

**だいたん【大胆】** ①度胸があること。図太いこと。対小胆 ②思いきったことをすること。

**―不敵《ふてき》** 大胆で、まったく恐れないこと。

**だいだんえん【大団円】** (めでたい)最後の場面。類フィナーレ

**たいち【対地】** 空から地上に対すること。「―攻撃」対対空

**たいち【対置】** 対照的な位置に置くこと。

**だいち【大地】** (天に対して)広大な地。

**だいち【代地】** 〔文章語〕かわりの土地。かえ地。

**だいち【台地】** 周囲より高くて平坦な土地。

**たいちょ【大著】** すぐれた(分量の多い)著述。

**たいちょう【体長】** 動物のからだの長さ。

**たいちょう【体調】** からだの調子。

**たいちょう【退庁】** 役所勤務を終えて帰ること。対登庁

**たいちょう【退潮】** 引き潮。Ⅱ勢力の衰退。

**たいちょう【隊長】** 隊の統率者。

**だいちょう【大腸】** 消化器官の一。〔小腸と肛門との間〕

**―菌《きん》** 腸内細菌の一。

**だいちょう【台帳】** ①もとになる帳簿。類元帳・原簿 ②芝居の脚本。台本。

**たいちょうかく【対頂角】** 二直線が交差してできる、向かいあった角。

**タイツ**〔tights〕厚手のパンティーストッキング(―のような衣服)。

**たいてい【大抵】** ①ほとんど。大部分。②おそらく。③ほどほど。「―にしろ」④(否定表現の中で)ひととおり。ふつう。

**たいてい【大帝】** 皇帝・帝王の尊称。

**たいてい【退廷】** 法廷(朝廷)から退出すること。対入廷・出廷

**たいてき【大敵】** ①多くの敵。②強い敵。「油断―」◇対小敵

**たいてき【対敵】** 〔文章語〕①敵に向かうこと。②敵。相手。

**たいてん【大典】** ①重大な儀式。②重要な法典。大法。

**たいてん【退転】** 〔仏教語〕修行を怠け、わるい方に戻ること。Ⅱわるく変わること。

**たいでん【帯電】** 物体が電気を帯びること。「―体(量)」

**だいてん【大篆】** 漢字の字体の一。

**たいと【泰斗】** 〔文章語〕権威者。泰山北斗。

**タイト**〔tight〕体にぴったり合うこと。「―スカート」

**たいど【態度】** ①身ぶり。そぶり。②事に対する構え。心構え。

たいとう【台頭】《擡頭》頭をもたげること。Ⅱ勢力を伸ばすこと。

たいとう【対当】〔文章語〕①相対すること。②釣り合うこと。相当。「―額」

たいとう【対等】優劣・上下差がないこと。「―につきあう」類同等
たいとう【帯刀】刀を腰にさすこと。また、その刀。「名字―」

たいとう【泰東】〔文章語〕東洋。対泰西
たいとう【駘蕩】〔文章語〕のどかなようす。「春風―」

たいとう【頽唐】〔文章語〕退廃。

たいどう【胎動】胎児の運動。Ⅱ新しい物事がおこり始める動き。

たいどう【帯同】〔文章語〕同伴。同行。

だいとう【大刀】長い刀。対小刀
だいどう【大同】①大体同じこと。②多くの者が合同すること。

―小異《しょうい》 大差がないこと。

―団結《だんけつ》 多くの政党・団体が小異を捨てて一つにまとまること。

だいどう【大道】①広い道。②道ばた。③人の道。正道。

―芸《げい》 路上で演じられる芸。

だいどうみゃく【大動脈】動脈の本幹。対大静脈 Ⅱ鉄道や道路の重要な幹線。

だいとうりょう【大統領】共和国の元首。Ⅱ〔俗語〕役者に親しみをこめて呼びかけるほめ言葉。「待ってました、―」

たいとく【体得】よく理解して（経験して）身につけること。

だいとく【大徳】徳の高い僧。だいとこ。

だいどく【代読】本人の代わりに読むこと。

だいどころ【台所】家庭の調理場。炊事場。キッチン。だいどこ。類勝手 Ⅱ会計。「―は火の車だ」

タイトル〔title〕①題。見出し。②映画の字幕。③称号。肩書き。④選手権。

―バック〔和製語 title back〕字幕の背景の画面。

―ホルダー〔titleholder〕選手権保持者。

―マッチ〔title match〕選手権試合。

タイトロープ〔tightrope〕綱渡りの張り綱。Ⅱきわめて危険な状態。

ダイナー〔diner〕①簡易な食堂。②食堂車。

たいない【体内】からだの内部。対体外
―時計《どけい》 生物が、自然に時間を感じとる機構。生物時計。

たいない【対内】内部（国内）に対すること。「―的」対対外
たいない【胎内】母の腹の中。

―潜《くぐ》り ①やっとくぐれるほどのほら穴。②大仏の胎内をくぐり抜けること。

だいなし【台無し】だめになるようす。「一生を―にする」

ダイナマイト〔dynamite〕爆破薬の一。〔ニトログリセリンが原料。／ノーベルが発明〕

ダイナミズム〔dynamism〕①力強さ。活力。②すべての現象を自然の力によるとする考え方。力本説。

ダイナミック〔dynamic〕①力強いようす。躍動的。「―な動き」対スタティック ②力学的。

ダイナモ〔dynamo〕発電機。

だいなん【大難】大きな災難。対小難
だいに【第二】二番めの。

―義《ぎ》 根本的でないこと。「―的」対第一義
―次《じ》産業《さんぎょう》 産業分類で、製造・加工業の部門。鉱業・工業・建設業など。

―次《じ》性徴《せいちょう》 成長につれてあらわれる性徴。〔男のひげ、ライオンの雄のたてがみなど〕

―次《じ》世界大戦《せかいたいせん》 一九三九～一九四五年の世界戦争。〔日・独・伊の枢軸国と英・仏・中・ソ・米などの連合国とが戦い、枢軸国側の降服で終結〕

―新卒《しんそつ》 入社三年程度で退職し、求職活動をしている人。

たいにち【対日】日本に対する。「―批判」

たいにち【滞日】（外国人が）日本に滞在すること。

だいにちにょらい【大日如来】〔仏教語〕密教の教主。遍照如来。〔智の働きを表す像と、理を表す像の二尊がある〕

だいにゅう【代入】数学で、数式中の文字に、ある数をあてはめること。

たいにん【大任】重大な任務。「―を果たす」類大役
たいにん【退任】任務をやめること。対就

任

**だいにん【大人】** おとな。〔入場料などの場合に使う〕[対]小人《しょうにん》・中人《ちゅうにん》
**だいにん【代人】** 代理人。[類]名代《みょうだい》
**ダイニング** [dining] ①食事。②ダイニングルーム。
**ーキッチン** [和製語 dining kitchen] 食堂兼台所。DK。
**ールーム** [dining room] 食堂。
**たいねつ【体熱】** 体の熱。
**たいねつ【耐熱】** 熱に強いこと。「ーガラス」
**だいの【大の】** ①非常な。「ー好物」②一人前の。「ー男」
**ー月《つき》** 陽暦で三一日、陰暦で三〇日ある月。[対]小の月
**たいのう【滞納】**《怠納》 納付すべき金銭を期限内に納めないこと。
**だいのう【大脳】** 脳の一部。
**ー皮質《ひしつ》** 大脳の表層部。感覚や知能の中枢。
**だいのう【大農】** ①大規模な農業経営。②豪農。◇[対]小農
**だいのう【代納】** ①代理人が納めること。②代用の物で納めること。
**だいのうかい【大納会】** 取引所でその年最後の売買が行われる日。[対]大発会
**たいは【大破】** ひどくーこわす（こわれる）こと。[対]小破
**ダイバー** [diver] ①潜水作業員。②スキン（スカイ）ダイビングをする人。
**ダイバーシティー** [diversity] ①〔人材の〕多様性。「バイオー（＝生物多様性）」②多様な働き方（ーを受容する考え方）。
**たいはい【大敗】** 大差がついて負けること。「ーを喫する」[対]大勝
**たいはい【退廃】**《頽廃》 ①すたれること。②不健全な気風になること。
**だいばかり【台秤】** 秤の一。物を台にのせてはかる。かんかんばかり。
**たいはく【太白】** ①精製した白砂糖。②太い絹糸。③金星。太白星。
**だいはちぐるま【大八車・代八車】** 大きな二輪の荷車。だいはち。〔八人分の働きをする車の意という〕
**たいばつ【体罰】** 体に苦痛を与える罰。
**だいはっかい【大発会】** 取引所でその年最初の売買が行われる日。[対]大納会
**たいはん【大半】** 半分以上。大部分。
**たいばん【胎盤】** 胎児と母体をつなぐ器官。胎児の栄養供給・呼吸などの働きをする。
**だいばんじゃく【大盤石・大磐石】** 巨大な岩。Ⅱ堅固でゆるぎないこと。「ーの備え」
**たいひ【対比】** ふたつを比べること。対照。
**たいひ【待避】** 通過するのをよけて待つこと。「ーー線（壕《ごう》）」
**たいひ【退避】** その場を離れて危険を避けること。
**たいひ【堆肥】** 落ち葉などを腐熟させた肥料。つみごえ。
**だいびき【代引き】** 代金引き換えの略。「だいひき」とも。
**タイピスト** [typist] タイプライターを打つ職業（ーの人）。
**だいひつ【代筆】** 本人の代わりに書くこと。[類]代書 [対]直筆・自筆
**たいひょう【体表】** からだの表面。
**たいびょう【大病】** 重病。[類]大患
**だいひょう【大兵】** 〔文章語〕大きな人。たくましい体格。「ー肥満」[対]小兵《こひょう》
**だいひょう【代表】** ①団体や大勢に代わって意思を表すーこと（人）。「ーーー者（権）」②全体の性質や役割を端的に示すーもの（こと）。「ーー作（的）」
**ー訴訟《そしょう》** 株主が会社を代表し、取締役などの経営責任を追及する訴訟。株主代表訴訟。
**ー取締役《とりしまりやく》** 会社の代表権をもつ取締役。
**タイピン** [tiepin] ネクタイピン。
**タイピング** [typing] タイプすること。キーを打つこと。「タッチー」
**ダイビング** [diving] ①水泳で、飛び込み。Ⅱ身を躍らせること。「ーキャッチ」②飛行機の急降下。③スキンダイビング。④スカイダイビング。
**たいぶ【大部】** ①大冊。「ーの著作」②〔文章語〕大部分。
**たいぶ【退部】** 部をやめること。[対]入部
**タイプ** [type] ①型。類型。②タイプライター（ーを打つこと）。「ー印刷」
**だいふ【乃父】** 〔文章語〕①他人の父。②父。◇〔「乃《なんじ》の父」の意〕
**だいぶ【大分】** よほど。かなり。だいぶん。

た

**ダイブ** [dive] ダイビング。
**たいふう【台風】**《颱風》 夏、南洋上に発生する熱帯低気圧。暴風雨をもたらす。
**ーの目《め》** 台風の中心部。台風眼。Ⅱ物事に大きく影響するおおもとのー人物（事柄）。
**タイフーン** [typhoon] 台風。
**だいふく【大福】** ①富裕なこと。大きな幸運。②大福餅《もち》。
**ー餅《もち》** 中にあんを包んだもち菓子。
**だいぶつ【大仏】** 大きな仏像。
**だいぶつ【代物】** 代わりのもの。代替物。
**たいぶつレンズ【対物ー】** 顕微鏡や望遠鏡で、対象物に近い方のレンズ。対接眼レンズ
**だいぶぶん【大部分】** ほとんどの部分。
**タイブレーク** [tie-break] スポーツで、決着を早めるための試合方式。〔同点や延長の際に特別なルールを適用するなど、種目により異なる〕
**だいぶん【大分】** だいぶ。
**たいぶんすう【帯分数】** 整数と分数との和の形をとる分数。例、$2\frac{1}{3}$。
**たいへい【太平・泰平】** 平和。「天下ー」
**ー楽《らく》** のんきに勝手なことを言うこと。「ーを並べる」〔舞楽の曲名から〕
**たいへいよう【太平洋】** アジア・南北アメリカ・オーストラリアの間の海。〔世界最大〕
**ー戦争《せんそう》** 第二次世界大戦のうち、太平洋地域での戦争。一九四一～一九四五年。主に日本と米・英・中国などとの戦い。

**たいべつ【大別】** おおまかに分けること。
**たいへん【大変】** ①一大事。②重大。「ーな失敗」③苦労が大きい。「ーな目にあう」④非常に。
**たいへん【対辺】** ひとつのー角（辺）に向かい合う辺。
**たいべん【胎便】** 新生児が初めてする便。かにばば。かにくそ。
**だいべん【大便】** くそ。ふん。対小便
**だいべん【代弁】** 一《代辨》①代わりに弁償すること。②代理をすること。二《代辯》代わりに話すこと。
**たいほ【退歩】** 前よりわるくなること。類あともどり・後退 対進歩
**たいほ【逮捕】** 容疑者・犯人を捕まえること。「ー状」
**たいほう【大法】** 重要な法規。
**たいほう【大砲】** 大型の弾丸を発射する兵器。
**たいぼう【大望】** たいもう。
**たいぼう【待望】** 待ち望むこと。
**たいぼう【耐乏】** 物資が少ないのに耐えること。「ー生活」
**たいぼうしき【戴帽式】** 看護学校で、ナースキャップをさずける儀式。〔看護師としての誓いをたてる〕
**だいほうてい【大法廷】** 最高裁判所で、裁判官全員の一五人で構成される合議体。〔重要事件を審理する〕対小法廷
**たいぼく【大木】** 大きな木。類大樹
**タイポグラフィー** [typography] ①文字の書体や配列のデザイン。〔広告の訴求効果のために行う〕②活版印刷術。

**だいほん【台本】** 演劇や映画などの脚本。
**だいほんえい【大本営】** 戦時下、天皇のもとにあった、陸海軍最高統帥部。
**だいほんざん【大本山】** 総本山に次ぐ寺。末寺を統括する。大本寺。
**たいま【大麻】** ①伊勢神宮（神社）が頒布するふだ。②アサ。③アサからとる麻薬。マリファナ。
**タイマー** [timer] ①ストップウオッチ。②タイムスイッチ。③（スポーツで）計時係。④セルフタイマーの略。
**たいまい【大枚】** 多額のお金。類大金
**たいまい【玳瑁】**《瑇瑁》 ウミガメの一。熱帯産。甲羅はべっこう細工の材料。
**たいまつ【松明】** 松・竹・アシなどを束ねて火をつけたもの。照明用。
**たいまん【怠慢】** なまけること。「ーのそしりを免れない」
**だいみょう【大名】** ①平安末から中世、広い領地をもっていた武士。②江戸時代、知行《ちぎょう》一万石以上の武士。
**ー旅行《りょこう》** ぜいたくな旅行。
**だいみょうじん【大明神】** 神名に添える尊称。「稲荷《いなり》ー」
**タイミング** [timing] 適切な時期（ーをみはからうこと）。「ーが合う」
**タイム** [thyme] 香草の一。〔香辛料にする〕
**タイム** [time] ①時間。②レースで、所要時間。③試合の一時休止。
**ーアウト** [time-out] 球技で、選手交替

や休息のためのゲームの一時中止。

**ーアップ**［和製語 time up］時間切れによる試合終了。

**ーカプセル**［time capsule］後世に現代のようすを伝えるために記録や品々を納めて埋める容器。

**ーキーパー**［和製語 time keeper］競技やテレビ番組制作で計時係。

**ーサービス**［和製語 time service］時間を限定して行う安売り。

**ースパン**［time span］時間的間隔。期間。

**ースリップ**［和製語 time slip］ＳＦなどで、時空を超越して、過去や未来の世界に移動すること。

**ーテーブル**［timetable］予定表。時刻表。

**ートライアル**［time trial］一定距離を走破する時間を争う競技。

**ートラベル**［time travel］ＳＦなどで、過去や未来への旅行。時間旅行。

**ートンネル**［time tunnel］過去や未来の世界へ行き来できるという、想像上の通路。

**ーマシン**［time machine］過去や未来の世界へ旅行できるという想像上の機械。

**ーライン**［timeline］①年表。時刻表。行動計画表。②（ソーシャルメディアで）投稿や画像を時系列で表示ーする機能（したもの）。

**ーラグ**［time lag］時間のずれ。時間差。

**ーラプス**［time lapse］一定の時間ごとに撮影した静止画を元にした動画。

**ーリミット**［time limit］期限。制限時間。

**ーレコーダー**［time recorder］出勤・退出の時刻の記録装置。

**タイムリー**［timely］①時宜を得ているようす。②タイムリーヒット。

**ーヒット**［timely hit］野球で、それで得点できたヒット。適時安打。

**たいめい【大命】**天皇や君主の命令。

**たいめい【待命】**①命令を待つこと。②公務員や会社員が、身分はありながら職務が決まっていないこと。

**だいめい【題名】**表題の名。類タイトル

**だいめいし【代名詞】**品詞の一。〔「これ・そこ・かれ」など〕Ⅱ〔俗語〕そのものをよく表している名称。「白は清潔の—」

**たいめん【体面】**めんぼく。世間体。「—に関わる・—を保つ」

**たいめん【対面】**①面会。②向き合うこと。③オンラインではなく、一堂に会して行うこと。「次回の学会は—のみで開催」

**ー交通《こうつう》** 人と車が向き合う形で通行すること。〔人は右、車は左、のように〕

**たいもう【大望】**大きな望み。たいぼう。

**たいもう【体毛】** 体の表面に生えている毛。

**だいもく【題目】**①書物や文章の表題。②主題。③お題目。

**だいもん【大門】**外構えの正門。総門。

**たいや【逮夜】**〔仏教語〕忌日・葬儀の前夜。

**タイヤ**［tire］車輪の外にはめたゴムの輪。タイア。

**ーチェーン**［tire chain］滑り止めのためにタイヤにつける鎖。

**ダイヤ** ①ダイヤモンドの略。②トランプで、赤い◆の模様のある札。③ダイヤグラムの略。◇ダイア。

**たいやき【鯛焼き】** タイの形に焼いたあん入りの菓子。

**たいやく【大厄】**①大きな災難。②最大の厄年。〔数え年で男は四二歳、女は三三歳〕

**たいやく【大役】** 重大な役目。「—をつとめる」類大任

**たいやく【大約】**〔文章語〕おおよそ。

**たいやく【対訳】**原文と訳文をあわせて並べること。「—源氏物語」

**だいやく【代役】** 代わりにその役をつとめるーこと（人）。

**ダイヤグラム**［diagram］列車運行のもととなる図表。ダイヤ。ダイアグラム。

**ダイヤモンド**［diamond］①宝石の一。金剛石。ダイヤ。〔四月の誕生石〕②野球場の内野。◇ダイアモンド。

**ー婚式《こんしき》** 結婚後ー六〇年（七五年）の祝い。

**ーダスト**［diamond dust］細氷。

**ダイヤル**［dial］①ラジオなどの受信機の目盛り盤（ーを動かすつまみ）。②電話の回転式数字盤。③電話をかけること。◇ダイアル。

**ーイン**［和製語 dial in］交換台を通さない

直通電話。ビル電話。
**たいよ**【貸与】貸し与えること。
**たいよう**【大洋】大きな海。類大海
**ー州**《しゅう》 オセアニア。
**たいよう**【大要】 大体の要点。あらまし。「ーを述べる」
**たいよう**【太陽】 恒星の一。太陽系の中心。日輪。お日様。「ーエネルギー」
**ー系**《けい》 太陽を中心に運行する天体の集団。
**ー光**《こう》**発電**《はつでん》 太陽の光エネルギーによる発電。ソーラー発電。
**ー電池**《でんち》 太陽の光エネルギーを電力に変える装置。
**ー年**《ねん》 太陽が春分点を通過してから再び春分点に達するまでの時間。
**ーフレア** 太陽の表面における爆発現象。〔形がフレア(火炎)に似る〕
**ー暦**《れき》 一年を三六五日、四年に一度三六六日とする暦。陽暦。対太陰暦
**たいよう**【耐用】長期(多数)の使用に耐えること。「ー年数」
**たいよう**【態様・体様】〔文章語〕ありさま。ようす。
**だいよう**【代用】 かわりに使うこと。まにあわせ。「ー品」
**ー漢字**《かんじ》 常用漢字で書けない言葉を表内の漢字で置きかえた、その漢字。〔車輛→車両の両、碇泊→停泊の停など〕
**たいよく**【大欲】《大慾》 ①欲が深い—こと(人)。②大きな欲望。
**ーは無欲**《むよく》**に似**《に》**たり** ①強欲のために失敗し、結局無欲と同じになる。②大欲の者は、小さな利益に目もくれないため、無欲にみえる。
**だいよん**【第四】 四番めの。
**ー紀**《き》 地質時代の区分の一。新世代の最後の紀。〔約二〇〇万年前から現在〕
**ー次**《じ》**産業**《さんぎょう》 情報産業や教育産業を中心とする知識産業。〔新しい言い方。従来は第三次産業に含まれていた〕
**たいら**【平ら】 ①でこぼこのないようす。②「おーに(=足をくずして楽にしてください)」
**ーか** ①平坦《へいたん》。②やすらか。平穏。
**ー貝**《がい》 大形の二枚貝。タイラギ。〔貝柱が美味〕
**ーげる** ①退治する。②食べ尽くす。「料理をー」
**たいらぎ**《玉珧》タイラガイ。
**たいらん**【大乱】 内乱や革命による大争乱。
**たいらん**【台覧】「身分の高い人が見ること」の尊敬語。
**タイラント**〔tyrant〕暴君。同横暴な人。
**だいり**【内裏】〔文章語〕皇居の旧称。
**ー雛**《びな》 天皇・皇后の姿にかたどった一対の雛人形。お内裏様。
**だいり**【代理】 本人の代わりに処理する—こと(職・人)。
**ー出産**《しゅっさん》 代理母による出産。代理母出産。
**ー戦争**《せんそう》 当事国以外の大国がどちらかを援助して行う戦争。
**ー店**《てん》 特定の会社と契約を結んで、その取引の代理をする商店。エージェンシー。
**だいリーガー**【大ー】 大リーグに登録されている選手。
**だいリーグ**【大ー】 アメリカの、メジャーリーグ。
**だいりき**【大力】 強い力。怪力。「ー無双」
**たいりく**【大陸】 ①広大な陸地。「新ー」②(日本からみた)中国。
**ー間**《かん》**弾道弾**《だんどうだん》 射程八〇〇〇キロメートル以上の、核弾頭を運搬する弾道ミサイル。ＩＣＢＭ。
**ー気候**《きこう》 大陸特有の気候。気温差が大きく、雨量が少ない。大陸性気候。対海洋気候
**ー棚**《だな》 大陸の周囲の深さ二〇〇メートルぐらいまでのなだらかな海底。陸棚。
**だいりせき**【大理石】 石灰岩が変質した岩石。建築・彫刻用。マーブル。
**たいりつ**【対立】 互いに反対の立場をとって譲らないこと。
**ー軸**《じく》 両者の対立点の中心となる事柄。
**たいりゃく**【大略】 あらまし。大体。
**たいりゅう**【対流】 気体・液体の、熱による循環運動現象。
**ー圏**《けん》 地表から約一〇キロメートルまでの大気層。〔上下の対流がさかん〕
**たいりゅう**【滞留】〔文章語〕①滞ること。「物資のー」②滞在。
**たいりょう**【大猟】 狩猟でえものが多いこと。対不猟
**たいりょう**【大量】 ①多量。「ー生産」

対少量 ②大きな度量。対小量
**たいりょう【大漁】** 漁獲高が多いこと。対不漁
**たいりょく【体力】** からだの力。運動能力や病気への抵抗力など。
**たいりん【大輪】** 花が（―ふつうより）大きいこと。だいりん。対小輪
**タイル**［tile］陶製の板。床や壁に張る。
**たいれい【大礼】**（皇室の）重大な儀式。大典。「即位の―・―服」
**ダイレクト**［direct］直接（―的）。
**―メール**［direct mail］個人あてに郵送する広告。DM。
**たいれつ【隊列】** 隊を組んで並んだ列。「―を組む」
**たいろ【退路】** 逃げ道。対進路
**だいろっかん【第六感】** 直感的に鋭く何かを感じとる心のはたらき。勘。「―がはたらく」
**たいわ【対話】** 向かい合って話し合うこと。その話。類対談
**だいわれ【台割れ】** 株価がひとつ下のけたに下落すること。〔一〇〇円台が九〇円台になるなど〕
**ダイン**［dyne］力の単位の一。一ダインは、一グラムの物体に毎秒一センチメートルの加速度を生じさせる力。記号dyn
**たう【多雨】** 雨量が多いこと。
**たうえ【田植え】** 稲の苗を水田に植えること。「――唄（機）」
**ダウト**［doubt］トランプ遊びの一。〔疑いの意。／他人が出す札の偽りを見破る〕
**ダウへいきんかぶか【―平均株価】** その日の株価の平均値。ダウ平均。〔アメリカのダウジョーンズ社が始めた〕
**タウリン**［ドイツ語 Taurin］魚介類に多いアミノ酸の一。〔血中コレステロールを下げる〕
**タウン**［town］町。都会。「ベッドー」
**―ウエア**［townwear］外出着。街着。
**―ミーティング**［town meeting］行政当局や政治家が市民を集めて行う対話型の集会。
**ダウン**［down］①下がること。下げること。対アップ ②ノックダウン。Ⅱすっかり参ること。
**―サイジング**［downsizing］小型（軽量）化すること。縮小。
**―タウン**［downtown］下町。
**―ヒル**［downhill］スキーで、滑降競技。
**―ロード**［download］コンピューターネットワークで、ホストコンピューターから端末装置にデータを転送すること。対アップロード
**ダウン**［down］鳥の綿毛。「―ジャケット」
**ダウンしょう【―症】** 染色体異常による先天性疾患。ダウン症候群。〔英国の医師Downの名にちなむ〕
**たえいる【絶え入る】** 息が絶える。
**たえがたい【耐え難い・堪え―】** 我慢できない。
**だえき【唾液】** つば。「―腺」
**たえしのぶ【堪え忍ぶ】** つらさや苦しみをじっと我慢する。
**たえず【絶えず】** 常に。絶え間なく。「―努力する」
**たえだえ【絶え絶え】** 今にも絶えそうなようす。とぎれとぎれ。「息も―」
**たえて【絶えて】**（否定表現の中で）一度も。まったく。「消息は―聞かない」
**たえなる【妙なる】**〔文章語〕非常にすばらしい。「―楽の音《ね》」
**たえはてる【絶え果てる】** ①すっかりなくなる。②息が絶える。
**たえま【絶え間】** とだえている間。類切れめ
**たえる【堪える・耐える】** ①我慢する。こらえる。②もちこたえる。③【堪える】…に値する。「聞く（鑑賞）に―」
**たえる【絶える】** 持続していたものが切れる。尽きる。
**だえん【楕円】** 細長い円。長円。「―形」〔数学では、二定点からの距離の和が一定である点の軌跡〕
**たおす【倒す】** ①立っていたものを横にする。②くつがえす。「政府を―」③負かす。「相手を―」④借金を踏み倒す。⑤《斃す・殪す》殺す。
**たおやか**《嫋やか》しなやか。優美。
**たおやめ**《手弱女》優美な女性。〔雅語〕対ますらお
**たおる【手折る】** 手で折る。
**タオル**［towel］タオル地（―のてぬぐい）。
**―ケット** タオル地の夜具。〔和製語 ～ket／ketはblanketの略〕
**―地《じ》** 輪状のけばを織り出した綿織物。

**—を投《な》げる** ボクシングで、セコンドが負けを認めてリングにタオルを投げ入れる。● 負戦意を喪失する。

**たおれてのちやむ【倒れて後已む】**《斃れて—》 死ぬまで一生懸命やり通す。

**たおれる【倒れる】** ①立っているものが横になる。②くつがえる。③倒産する。④《斃れる・殪れる》病気になる。死ぬ。

**たか【高】** ①数量。金額。「金額の—」 ②程度。

**—が知《し》れている** たいしたことはない。

**—をくくる** 見くびる。

**たか【鷹】** 大形の猛鳥。小動物を捕食。

**たか【多寡】** 多いことと少ないこと。多少。「損害の—」

**たが【箍】** 桶《おけ》や樽《たる》の外側にはめる輪。

**—が緩《ゆる》む** 緊張がなくなる。鈍くなる。

**たが【誰が】** ①だれの。②だれが。◇〔文語的〕

**ダガー** [dagger] 短剣印。「†」〔参照や注を示すのに用いる〕

**たかあがり【高上がり】** ①高い所へ上ること。「桂馬《けいま》の—」 ②上座に着くこと。③費用が高くつくこと。㊀安上がり

**たかあし【高脚・高足】** 膳や器などの脚が高いこと。

**—蟹《がに》** 日本近海にすむ、世界最大のカニ。足が長い。

**ダカーポ** [イタリア語 da capo] 音楽の演奏標語の一。はじめから。〔D.C.と略記〕

**たかい【他界】** ①〔仏教語〕死者の世界。②死ぬこと。

**たかい【高い】** ①上の方に—ある(長い)。②水準より上。程度が大。「地位(評判)が—」 ③高音。音・声が大。④高価。㊀安い ◇㊀低い

**たがい【互い】** 両方。双方。「お—」

**—先《せん》** 囲碁・将棋で、交互に先手となること。

**—違《ちが》い** かわるがわる。交互。

**—に** 双方から。ともに。

**だかい【打開】** 行き詰まりを切り開くこと。「—策」

**たかいびき【高鼾】** 大きないびき(—をかいて寝入ること)。●ぐっすり眠ること。

**たがう【違う】** ちがう。一致しない。

**たがえる【違える】** ①ちがえる。②そむく。「約束を—」

**たかが【高が】** せいぜい。たかだか。「—これしき」

**たかがり【鷹狩り】** 飼いならしたタカを使ってする狩り。放鷹《ほうよう》。

**たかき【高き】** 高い—こと(所)。「山、—が故に尊からず」 ㊀低き

**たかく【他覚】** ㊀自覚 「—(=他人からもわかる)症状」

**たかく【多角】** ①角が多いこと。「—形」 ②多方面。「—的(化)」

**—経営《けいえい》** 多種類の事業を同時に営むこと。

**たがく【多額】** 額が多いこと。「—の借金」 ㊀少額

**たかぐもり【高曇り】** 雲が高くかかって曇ること。

**たかさご【高砂】** ①謡曲の曲名。祝言物。②台湾の別称。③結婚披露宴で新郎新婦の席。

**だがし【駄菓子】** 大衆的で安い菓子。かりん糖など。

**たかしお【高潮】** 台風などで、潮位が異常に高まること。㊃津波

**たかしまだ【高島田】** 日本髪の一。花嫁が結う。高髷《たかまげ》。「文金—」

**たかせ【高瀬】** ①浅瀬。②高瀬舟。

**—舟《ぶね》** 浅瀬用の底の平たい舟。

**たかぞら【高空】** 澄みきって高く見える空。

**たかだい【高台】** 高く平たい土地。

**たかだか【高々】** ①(「〜と」の形で)非常に高いようす。②せいぜい。「—三日」

**たかちょうし【高調子】** ①(声など)調子の高いこと。②相場が上がりぎみなこと。㊀安調子

**だかつ【蛇蠍】** ヘビとサソリ。●ひどく嫌われるもの。「—のごとく嫌う」

**だがっき【打楽器】** 打って音を出す楽器。太鼓・木琴・シンバルなど。㊀弦楽器・管楽器

**たかっけい【多角形】** 三つ以上の角をもつ平面図形。多辺形。たかくけい。

**たかてこて【高手小手】** 後ろ手に厳重に縛ること。また、その縛り方。

**たかとび【高飛び】** ①(犯罪者が)遠くへ逃げること。②【高跳び】走り高跳びや棒高跳び。

**たかとびこみ【高飛び込み】** 水泳の飛び込み種目の一。
**たかどまり【高止まり】** 価格や数値が高い状態でとどまっていること。動たかどまる
**たかな【高菜】** カラシナの変種。漬物用。
**たかなみ【高波】** 高い波。大波。
**たかなる【高鳴る】** 高く鳴り響く。「胸がー（=どきどきする）」
**たかね【高値】** ①高い値段。②その日の相場の最高の値。◇対安値
**ー引《び》け** その日の最高値で取引が終わること。
**たかね【高嶺・高根】** 高いー峰（頂）。
**ーの花《はな》** 見るだけで、手に入らないもの。
**たがね**《鑽・鏨》 鋼鉄製の、のみ。
**たかのぞみ【高望み】** 分不相応な望み。
**たかのつめ【鷹の爪】** 香辛料の一。赤トウガラシ。
**たかは【タカ派】**《鷹派》 強硬派。武力解決派。対ハト派
**たかばなし【高話】** 大声でする話。
**たかびしゃ【高飛車】** 高圧的。
**たかぶる【高ぶる】**《昂る》 ①興奮する。「心がー」②自慢する。いばる。
**たかまがはら【高天原】** 日本の神話で、天上界。たかまのはら。
**たかまくら【高枕】** 高い枕。Ⅱ安心して眠ること。
**たかまる【高まる】**《昂まる》（程度や状態が）高くなる。
**たかみ【高み】** 高い所。
**ーの見物《けんぶつ》** 他人事として傍観すること。
**たかめる【高める】** 高くする。対低める
**タガヤサン**《鉄刀木》 東インド産の高木。材は堅く、器具用。〔語源未詳〕
**たがやす【耕す】** 田畑をすき返す。
**たかゆか【高床】** 高くつくった床。床を高くつくること。「ー式倉庫」
**たかようじ【高楊枝】** 満腹のようす。「武士は食わねどー」
**たから【宝】** ①貴重な品。宝物。Ⅱかけがえのないー物（人）。②（「お～」の形で）お金。
**ー籤《くじ》** 都道府県などが売り出す、賞金付きのくじ。
**ーの持《も》ち腐《ぐさ》れ** 値打ちのあるものを持ちながら利用しないこと。
**ー船《ぶね》** 七福神と宝をのせた船。
**ー物《もの》** 宝とする品物。
**たからか【高らか】**（声や音が）高いようす。「声ーに読む」
**たかり【集り】** 恐喝《きょうかつ》。類ゆすり
**たかる【集る】** ①群がる。「アリがー」②金品をおどし取る。③おごらせる。
**たかわらい【高笑い】** 大声で笑うこと。
**たかん【多感】** 感受性が鋭いこと。「ーな年ごろ」
**だかん【兌換】** 紙幣を正貨と引き換えること。
**ー紙幣《しへい》** 兌換する約束で発行する紙幣。兌換券。対不換紙幣
**たかんしょう【多汗症】** 異常に汗をかく症状。
**たき【滝】**《瀑》 がけから流れ落ちる水。
**たき【多岐】** 多方面に分かれていること。「複雑ー」
**たぎ【多義】** 多くの意味があること。
**だき【唾棄】** 軽蔑。「ーすべき男」〔つばを吐く意〕
**だきあう【抱き合う】** 互いに抱きつく。
**だきあげる【抱き上げる】** 抱いて持ち上げる。
**たきあわせ【炊き合わせ】**（別々に）煮た魚や野菜を、ひとつに盛った料理。
**だきあわせ【抱き合わせ】** ①ふたつを組み合わせること。②よい品とわるい品とをひと組みにして売ること。「ー販売」動ーる
**だきおこす【抱き起こす】** 抱いて起き上がらせる。
**だきかかえる【抱き抱える】** 抱くようにして支える。
**たきがわ【滝川】** 急流。激流。
**たきぎ【薪】** 燃料にする木片。まき。
**ー能《のう》** ①奈良興福寺の神事能。②夜間、たきぎをたいて行う野外能。
**たきぐち【焚き口】** 火をたきつける口。
**たきぐち【滝口】** 滝の落ちる所。
**だきこむ【抱き込む】** かかえこむ。Ⅱ仲間に引き入れる。
**タキシード** [tuxedo] 男の夜会用略式礼服。
**たきしめる**《焚き染める》 香のかおりをしみ込ませる。
**だきしめる【抱き締める】** しっかりと抱く。「きつくー」

**だきすくめる【抱き竦める】** 身動きできないように、きつく抱く。

**たきだし【炊き出し】**《焚き—》 非常時に、飯を炊いて人々に配ること。

**だきつく【抱き付く】** 抱くようにしがみつく。

**たきつけ【焚き付け】** 火つきをよくするために、最初に燃やすもの。紙くずや小枝など。

**たきつける【焚き付ける】** 火をつけて燃やす。Ⅱそそのかす。あおる。

**たきつぼ【滝壺】** 滝の落ち込む深い所。

**だきとめる【抱き留める】** 抱いて⌐受けとめる（引きとめる）。

**たきび【焚き火】** 落ち葉などを集めて燃やすこと。また、その火。「—にあたる」

**たきぼうよう【多岐亡羊】** 方針が多すぎて迷うこと。→亡羊の嘆

**だきまくら【抱き枕】** 寝具の一。抱きかかえて使う枕状のもの。ボディーピロー。

**だきゅう【打球】** 野球で、打者が打った球。

**たきょう【他郷】** 故郷でない土地。類異郷

**だきょう【妥協】** 双方が折れ合って事をまとめること。「—点」類譲歩

**たきょく【多極】** 中心になるものがなく、勢力が分散している状態。「—化」

**たぎる**《滾る》 ①（水が）さかまく。②沸きかえる。Ⅱ感情が強くわきあがる。

**たく【宅】** ①わが家。②他人に対して自分の夫をいう語。③⇩おたく

**たく【卓】** つくえ。テーブル。

**たく** Ⅰ**【焚く】** ①燃やす。くべる。②香をくゆらす。Ⅱ**【炊く】**（飯を）煮る。

**タグ**［tag］ ①値札。商品札。正札。②HTMLなどで書式の指示やリンクなどの付加情報を示す特殊な文字列。③二人以上で組むこと。「—を組む」〔タグマッチから〕◇タッグ。

**だく【諾】** 承知する（引き受ける）こと。

**だく【駄句】** へたな俳句。対秀句

**だく【抱く】** 腕でかかえる。Ⅱ㋐心にもつ。「希望を—」㋑あたためる。「卵を—」

**だくあし【跑足】** 馬が少し早足で駆けること。だく。

**たくあん**《沢庵》 たくあん漬け。たくわん。

**—漬《づ》け** 大根の漬物。〔沢庵和尚が始めたという〕

**たぐい【類】**《比》 ①同等のもの。②同類。

**—ない** 比べるものがない。

**だくい【諾意】** 〔文章語〕承諾の気持ち。

**たくいつ【択一】** 複数の中から、ひとつを選ぶこと。「二者—」

**たくえつ【卓越】** 他よりずっとすぐれていること。類卓出

**たぐえる【類える】** 並べて比べる。

**だくおん【濁音】** ガ行・ザ行・ダ行・バ行の各音節。対清音

**たくけい【磔刑】** たっけい。

**たくさん**《沢山》 ①多数。多量。②十分なこと。「もう—だ」

**たくしあげる【たくし上げる】** （すそやそでを）まくり上げる。

**タクシー**［taxi］ 街頭などで客を乗せる自動車。→ハイヤー

**たくしき【卓識】** すぐれた見識。類卓見

**たくしこむ【たくし込む】** ①たぐって手元に入れる。②衣類のすそをズボンやスカートの中に押し込む。

**たくじしょ【託児所】** 親が働いている間、子供を預かって世話をする施設。

**たくしょう【托生】** ⇩一蓮《いちれん》托生

**たくじょう【卓上】** 机・テーブルの上。

**たくしょく【拓殖】** 開拓し住みつくこと。

**たくしん【宅診】** 医者の自宅でする診察。対往診

**たくす【託す】**《托す》 託する。

**だくすい【濁水】** にごった水。対清水

**たくする【託する】**《托する》 ①たのむ。ゆだねる。②かこつける。

**だくせ【濁世】** ①〔仏教語〕じょくせ。②現世。◇だくせい。

**だくせい【濁声】** にごった声。類だみ声

**たくせつ【卓説】** すぐれた説。「名論—」

**たくぜつ【卓絶】** 比類なくすぐれていること。類卓出

**たくせん【託宣】** ①神のお告げ。神託。②⇩ごたく

**たくそう【宅送】** ①荷物を家まで送ること。「—便」類宅配 ②〔俗語〕タクシーで自宅まで送ること。

**たくそう【託送】** 人に頼んで送ること。

**だくだく【諾々】** 逆らわずに従うようす。「唯々《いい》—」

**たくち【宅地】** 住宅を建てるための土地。

**だくてん【濁点】** 濁音を表す符号。仮名の右上に添える。「゛」濁音符。
**タクト**［ドイツ語 Takt］①指揮棒。②拍子。
**ダクト**［duct］ 建物の送風・排煙用の配管。
**たくはい【宅配】** 商品などを客の家に届けること。
**たくはつ【托鉢】**〔仏教語〕僧が経を唱えながら家を回り、鉢に米やお金をもらうこと。
**―便《びん》** 小荷物を送り先まで運送する業務。また、その品物。
**たくばつ【卓抜】** ずばぬけてすぐれていること。類卓絶
**だくひ【諾否】** 承知か不承知か。
**タグボート**［tugboat］ 他の船を引く専用の船。ひき船。
**たくぼく【啄木】**〔文章語〕キツツキ。
**たくほん【拓本】** 石碑の文字などを墨で紙にすりとったもの。石ずり。
**たくま【琢磨】** ⇩切《せっ》磋《さ》琢磨
**たくまざる【巧まざる】** わざとではない。「―ユーモア」
**たくましい【逞しい】** ①体格ががっしりしている。②意志が堅く、くじけない。
**たくましゅうする【逞しゅうする】**〔文章語〕ほしいままにする。「想像を―」
**たくまずして【巧まずして】** 効果をねらったのではなく。「―本質を語る」
**タグマッチ**［tag match］ プロレスで、二人ずつ組になって戦う試合方法。タッグマッチ。

**たくみ【匠】**《工》 大工などの職人。
**たくみ【巧み】** ①じょうず。巧妙。②くふう。趣向。「―をこらす」
**たくむ**《巧む・工む》 ①くふうする。趣向をこらす。②たくらむ。
**たくらむ【企む】**（悪事を）企てる。
**たぐりこむ【手繰り込む】** たぐり寄せる。
**たくりつ【卓立】** ①きわだってすぐれていること。②プロミネンス②。
**だくりゅう【濁流】** 濁った水流。対清流
**たぐりよせる【手繰り寄せる】** たぐって引きよせる。Ⅱ順にたどって思い出す。「記憶を―」
**たぐる【手繰る】** 手もとへ引き寄せる。「綱（腕）を―」
**たくれる** まくれてしわが寄る。
**たくろう【宅浪】**〔俗語〕予備校へ行かず、自宅で受験勉強をする浪人生。〔自宅浪人の略〕
**だくろう【濁浪】**〔文章語〕濁った波。
**たくろうじょ【宅老所】** 介護の必要な高齢者を一日中（短期間）受け入れて介護する施設。類デイケア
**たくろん【卓論】**〔文章語〕すぐれた論。
**たくわえ【蓄え】**《貯え》 蓄積。貯蓄。「食糧（知識）の―」
**たくわえる【蓄える】**《貯える》 ①ためておく。②「ひげを―」（＝はやす）」
**たくわん**《沢庵》 たくあん。
**たけ【丈】** ①高さ。身長。②長さ。③あるだけ全部。「心の―」

**たけ【竹】** ①茎が中空でふしのある植物。材は器具用。若芽のたけのこは食用。②三等級に分けた二番め。→松③
**―を割《わ》ったよう** 性質がさっぱりしている形容。〔竹は縦に一直線に割れることから〕
**たけ【他家】** よその家。
**たげい【多芸】** 多くの芸を身につけていること。
**―は無芸《むげい》** 多芸の人は、かえって特にすぐれた芸が何もない。
**たけうま【竹馬】** 子供の遊び道具。ちくば。
**たけがり【茸狩り】** きのこ狩り。
**だげき【打撃】** ①強く打つこと。②損害。痛手。ショック。③野球で、バッティング。
**たけざいく【竹細工】** 竹で器物を作ること。また、その器物。
**たけざお【竹竿】** 竹で作ったさお。
**たけす【竹簀】** 竹で作ったすのこ。
**たけだけしい【猛々しい】** ①勇ましく強い。②ずうずうしい。「盗人―」
**たけつ【多血】** 血の多いこと。Ⅱ感情的。
**―質《しつ》** 感激しやすく、忍耐力に乏しい気質。
**だけつ【妥結】** 妥協し合って解決すること。「交渉―」
**たけなわ**《酣・闌》 まっさかり（―を少し過ぎたころ）。「春（宴）―」
**たけのかわ【竹の皮】** たけのこを覆っている皮。〔食物を包むのに使う〕
**たけのこ【竹の子・筍】** 竹の若芽。食用。

—医者《いしゃ》 未熟な医者。〔やぶにもなっていない意〕
—生活《せいかつ》 売り食い生活。
**たけひご【竹籤】** ひご。
**たけべら【竹篦】** 竹を削って作ったへら。
**たけぼうき【竹箒】** 竹の柄に、竹の小枝の束ねたものをつけたほうき。
**たけみつ【竹光】** 刀身が竹製の刀。Ⅱ鈍刀。
**たけやぶ【竹藪】** 竹が群生している所。
**たけやらい【竹矢来】** 竹を粗く組んで作った囲い。
**たけやり【竹槍】** 竹の先をとがらせて、やりの代わりとしたもの。
**たけりたつ** ㊀【哮り立つ】 荒々しくほえたてる。㊁【猛り立つ】 ひどく興奮する。
**たける** ㊀《哮る》ほえたてる。㊁《猛る》①あばれる。②興奮する。
**たける**《長ける》①《闌ける》たけなわになる。②熟達する。「世事に—」
**たけん【他見】**〔文章語〕他人が見る(に見せる)こと。「—をはばかる」
**たげん【他言】** たごん。
**たげん【多元】** 根源・要素が多くあること。対一元
—的《てき》 もととなることが多いようす。
—放送《ほうそう》 ふたつ以上の放送局からの内容をあわせて、番組を構成する放送。
—論《ろん》〔哲学用語〕宇宙は独立した多くの実体や原理からなるという考え方。
**たげん【多言】** 多弁。饒舌《じょうぜつ》。対寡言

**だけん【駄犬】** ただの雑種犬。対名犬
**たこ【凧】** 糸をつけて空にあげる玩具。いか(—のぼり)。
**たこ【蛸】**《章魚》①海産の八本足の軟体動物。食用。②土をつき固める道具。
**たこ**《胼胝》たえずこすれる部分の皮膚が角質化したもの。「手に—ができる」
**たご**《担桶》水や肥料を入れてになうおけ。たごおけ。
**たこあげ【凧上げ】** 遊びの一。凧を空高くあげる。〔主に正月にする〕
**たこあし【蛸足】** タコの足のように、多数に分かれていること。「—配線」
**たこう【多孔】** あなが多いこと。「—質」
**たこう【多幸】** 幸福が多いこと。「ご—を祈る」〔手紙文で〕
—感《かん》 薬物などによって、非常に幸福に感じること。
**だこう【蛇行】** 曲がりくねって行くこと。
**たこうしき【多項式】** ふたつ以上の単項式からなる整式。〔$2x+3$、$x^2+y^2$など〕対単項式
**たこく【他国】** よその国。類外国・他郷 対自国
**たこくせき【多国籍】** 多くの国籍をもつこと。
—企業《きぎょう》 多数の国々に子会社をもつ企業。
**たごさく【田吾作】**〔俗語〕農夫・いなか者をあざけって言う語。
**タコス**〔スペイン語 tacos〕メキシコ料理の一。トウモロコシ粉の薄焼きに肉や野菜をはさむ。

**たこにゅうどう【蛸入道】** ①タコ。②坊主頭の人。蛸坊主。〔からかっていう〕
**たこはいとう【蛸配当】** 配当するだけの利益のない会社が、無理をして配当すること。たこはい。〔タコが空腹のとき、自分の足を食べることから〕
**たこべや【蛸部屋】** 労働者を監禁同様に住まわせる部屋。
**タコメーター**〔tachometer〕エンジンの回転数を測定する装置。
**たこやき【たこ焼き】**《蛸焼き》溶いた小麦粉に刻んだタコを入れ球形に焼いた食べ物。
**たこん【多恨】** 恨み・悲しみが多いこと。「多情—」
**たごん【他言】** 他人に話すこと。たげん。「—をはばかる」
**たさい【多才】** さまざまな才能をもっていること。「多芸—」
**たさい【多妻】**「一夫—(=二人以上の妻を同時にもつこと)」
**たさい【多彩】** ①色彩が多く美しいこと。②多種多様。「—な行事」
**ださい**〔俗語〕洗練されていない。
**たざいたいせい【多剤耐性】** 細菌やがん細胞などが複数の薬剤に耐性をもつこと。「—菌」
**たさいぼうせいぶつ【多細胞生物】** 多くの細胞が集まって一個体をなす生物。〔多くの生物は多細胞生物〕対単細胞生物

た

**たさく【多作】** 数多く作ること。対寡作
**ださく【駄作】** できのわるい作品。類愚作
**たさつ【他殺】** 他人に殺されること。対自殺
**たさん【多産】** ①子・卵をたくさん生むこと。②作物がたくさんとれること。
**ださん【打算】** 損得を見積もること。
**—的《てき》** 勘定高いようす。
**たざんのいし【他山の石】** 戒めとなる他人の言行。〔他の山の粗悪な石も自分の宝石をみがくのに役立つ、の意から〕
**たし【足し】** たすこと。「食費の—にする」
**たじ【他事】** 〔文章語〕他のこと。無関係なこと。「—ながらご安心ください」類余事・別事
**たじ【多事】** 〔文章語〕①忙しいこと。②事件が多いこと。「国家—」
**だし《出汁》** かつおぶしや昆布などうまみの出る素材を煮出した汁。出し汁。煮出し汁。類スープ Ⅱ都合よく利用できる‐もの(人)。「—に‐使う(する)」
**だし【山車】** 祭礼に、飾り物をして引く車。やま。
**だしおしむ【出し惜しむ】** 出すことを惜しむ。類出ししぶる
**たしか【確か】《慥か》** ①まちがいがないようす。確実。②信用できるようす。③たぶん。
**たしかめる【確かめる】** 念を入れてはっきりさせる。
**だしこ【出し子】** 特殊詐欺で、ATMなどから現金を引き出す役。

**だしこんぶ【出し昆布】** 煮出し用の昆布。だしこぶ。
**たしざん【足し算】** ある数に他の数を加える計算。加算。よせ算。対引き算
**だししぶる【出し渋る】** なかなか出そうとしない。類出し惜しむ
**だしじゃこ《出し雑魚》** 煮ぼし。
**だしじる【出し汁】** だし。
**たしせいせい【多士済々】** すぐれた人材が多いこと。たしさいさい。
**たじたじ** たじろぐようす。
**たじたたん【多事多端】** 〔文章語〕仕事が多く忙しいこと。
**たじたなん【多事多難】** 事件が多く困難が多いこと。
**たしつ【多湿】** 湿度が高いこと。
**たじつ【他日】** ほかの日。いつか。
**だしっぱなし【出しっ放し】** 出したまま。
**だしなげ【出し投げ】** 相撲のわざの一。〔体を開き相手のまわしをつかんで投げる〕
**たしなみ《嗜み》** ①慎み。「—がない」②〔芸事の〕心得。心がけ。
**たしなむ《嗜む》** ①好んで‐親しむ(学ぶ)。「酒(俳句)を—」②慎む。
**たしなめる《窘める》** 穏やかにしかる。
**だしぬく【出し抜く】** すきを見て(だまして)自分だけうまくやる。
**だしぬけ【出し抜け】** いきなり。類突然
**たしまえ【足し前】** 不足を補う‐分(金)。
**だしまき【出し巻き】** 出し巻き卵の略。
**—卵《たまご》** だしを入れてふんわりと焼いた卵焼き。〔出し巻き玉子とも書く〕

**だしもの【出し物】《演し物》** 上演する作品。
**たしゃ【他社】** ほかの会社。対自社
**たしゃ【他者】** 自分以外の者。
**たしゃ【多謝】** 〔文章語〕①厚く礼を述べること。②深くわびること。「妄言—」類多罪
**だしゃ【打者】** 野球で、バッター。
**だじゃく【惰弱】《懦弱》** 〔文章語〕いくじのないこと。軟弱。
**たしゅ【多種】** 種類が多いこと。
**だしゅ【舵手】** 船のかじを取る人。コックス。対漕手《そうしゅ》
**たじゅう【多重】** いくつも‐重ねる(重なっている)こと。「—債務」
**—放送《ほうそう》** 音声(文字)多重放送。
**たしゅたよう【多種多様】** いろいろさまざま。多種多彩。
**たしゅつ【他出】** 〔文章語〕よそへ出かけること。類外出・他行
**たしゅみ【多趣味】** 趣味が多いこと。対没趣味・無趣味
**だじゅん【打順】** 野球で、打席に入る順番。
**たしょ【他所】** 〔文章語〕ほかの所。よそ。
**たしょう【他称】** 文法で、三人称。対自称・対称
**たしょう【多少】** ①多いか少ないか。②すこし。いくらか。
**たしょう【多生】** 〔仏教語〕①何度も生まれ変わること。②多くを生かすこと。「一

殺ー」

ーの縁《えん》〔仏教語〕前世からの因縁。〔俗に「他生の縁」とも〕

**たしょう【多祥】**〔文章語〕多幸。〔手紙文で〕

**たじょう【多情】**①移り気。うわ気。②多感。

**ー多恨《たこん》** 感じやすいため、恨みも多いこと。

**ー仏心《ぶっしん》** 移り気だが情にあつい性質。

**だじょうてんのう【太上天皇】** 上皇。だいじょうてんのう。

**たしょく【多食】** たくさん食べること。

**ー症《しょう》** 過食症。

**たじろぐ** ひるむ。気おくれする。

**たしん【他心】** 他意。

**だしん【打診】** 胸・背を軽くたたいた音で診察すること。Ⅱ探りを入れること。

**たしんきょう【多神教】** 多くの神を信仰の対象とする宗教。対一神教

**たす【足す】**①加える。対引く ②済ます。「用をー」

**だす【出す】**①内から外に移す。対入れる ②おもてに現す。「実力をー」③生じさせる。「声をー」④〔動詞の連用形に付いて〕…し始める。「歌いー」

**たすう【多数】** 対少数

**ー決《けつ》** 賛成者の多い意見に従って決めること。

**だすう【打数】** 野球で、打席数から四死球や犠打の回数を引いた数。

**たすかる【助かる】**①危険や死を免れる。②負担が少なくてすむ。

**たすき《襷》**①着物の袖をたくしあげるひも。②肩から斜めにかけた布。

**ー掛《が》け** ①たすきをかけること。かけた姿。②斜めに交差すること。また、その模様。

**タスク**［task］①仕事。課題。②コンピューターで処理される作業の単位。

**ーフォース**［task force］機動部隊。Ⅱ企業内のプロジェクトチーム。

**たすけ【助け】** 助けるーこと（人）。

**ー合《あ》う** 互いに助ける。

**ー船《ぶね》** 遭難救助の船。Ⅱ力を貸すこと。「ーを出す」

**たすける【助ける】**①危ないところを救う。②補佐する。援助する。

**たずさえる【携える】**①手にさげて持つ。②「手をー」（=つなぐ）③連れて行く。

**たずさわる【携わる】** 関係する。従事する。

**ダスター**［duster］①はたき。雑巾《ぞうきん》。②散布機。③ダスターコート。

**ーコート**［duster coat］ほこりよけの軽いコート。

**ダスト**［dust］ちり。ほこり。

**たずねあてる【尋ね当てる】** 探し回って見つける。

**たずねびと【尋ね人】** 消息不明で、捜されている人。

**たずねる【尋ねる】**①捜し求める。②《訊ねる》問う。③【訪ねる】訪問する。

**だする【堕する】** 堕落する。

**たぜい【多勢】** 多人数。おおぜい。

**ーに無勢《ぶぜい》** 大勢に少人数で立ち向かっても勝ち目はない。

**だせい【惰性】**①改められない習慣。「ー的」②慣性。

**だせいせっき【打製石器】** 原始時代、石を打ち欠いて作った石器。対磨製石器

**だせき【打席】** 野球で、バッターボックス（ーに立つこと）。

**たせん【他薦】** 他人の推薦。対自薦

**たせん【多選】** 同じ人が何度も選ばれること。「ー議員」

**だせん【打線】** 野球で、打者の顔ぶれ。その打力。「ーを封じる・強力ー」

**だせん【唾腺】** つばを分泌する腺。唾液腺。

**たぞうきふぜん【多臓器不全】** 心臓・肺・腎臓・肝臓などの重要な臓器が複数同時に（連続的に）機能しなくなった状態。MOF。

**たそがれ【黄昏】** 夕暮れ。〔薄暗くて「誰《た》そ彼は」と問う時の意〕Ⅱ盛りを過ぎた末期。「人生のー」

**ー時《どき》** 夕方。対かわたれどき

**たそがれる【黄昏れる】** 夕暮れになる。Ⅱ人生の盛りをすぎる。

**だそく【蛇足】** よけいなもの。無駄。

**たた【多々】** たくさん。

**ー益々《ますます》弁《べん》ず** ①手腕に余裕のあるようす。②多ければ多いほどよい。

**ただ** 一《只》①無料。②ふつう。二《唯・只》①ひたすら。「ー祈るだけ」②たった。「ー一回だけ」三《唯・但》ただし。

た

—より高《たか》いものはない ただで物をもらうと、お返しなどで結局高くつく。
**ただ**《徒》むなしく。「—戻ってきた」
**だだ【駄々】** 甘えてわがままをいうこと。「—をこねる」
**ダダ**［フランス語 dada］ダダイスト・ダダイズムの略。
**ただい【多大】** きわめて多いこと。「—な損害」
**だたい【堕胎】** 人工妊娠中絶。
**ダダイスト**［フランス語 dadaïste］ダダイズムを信奉する芸術家。ダダ。
**ダダイズム**［フランス語 dadaïsme］芸術運動の一。第一次世界大戦後、伝統形式に反抗し既成の価値・秩序を破壊しようとした。ダダ。
**ただいま**《只今・唯今》①現在。②今すぐ。③ついさっき。④帰ったときのあいさつ。〔ただいま帰りましたの略〕
**たたえる【称える】** ほめる。
**たたえる【湛える】** いっぱいにする。「水（笑み）を—」
**たたかい【戦い・闘い】** 戦争。勝負。闘争。
**たたかう** [一]【戦う】①戦争する。②勝敗を争う。[二]【闘う】克服しようとする。闘争する。
**たたき【叩き】**《敲き》①たたくこと。②料理方法の一。「鰹《かつお》の—」③【三和土】（コンクリートなどの）土間。④江戸時代の刑罰の一。「百—」⑤強盗。〔隠語〕
—上《あ》げる 下積みの苦労をして一人前になる。
—売《う》り 大道で商品の台をたたきながら売ること。Ⅱ投げ売り。[動]たたきうる
—込《こ》む ①たたいて（荒々しく）入れる。②（技や思想を）しっかり教えこむ。
—台《だい》 よりよい成案を得るための基となる案。
—出《だ》す ①追い出す。②たたき始める。Ⅱ乱暴に差し出す。「辞表を—」
—付《つ》ける 激しく投げつける。
—直《なお》す （心を）鍛えなおす。
—のめす 激しくたたいて倒す。Ⅱ徹底的にやっつける。
**たたく【叩く】**《敲く》①なぐる。Ⅱやっつける。②（繰り返し）打つ。「手を—」③攻撃する。非難する。④値切る。
**ただごと**《只事・徒事》ふつうのこと。「—ではない」
**ただし**《但し》例外や条件を後に示す際に使う語。
—書《が》き 本文に添えて例外や条件を示した文。
**ただしい【正しい】** ①きちんとしている。②間違っていない。「—解釈」
**ただす** [一]【正す】正しくする。[二]【糾す】是非をとり調べる。[三]【質す】尋ねる。
**たたずまい**《佇まい》物のありさま。「家の—」
**たたずむ**《佇む》ひと所にじっと立っている。
**ただちに【直ちに】** ①すぐに。②じかに。
**だだっこ【駄々っ子】** わがままな子供。
**だだっぴろい【だだっ広い】**〔俗語〕ただやたらに広い。
**ただなか【直中・只中】** ①まん中。②まっ最中。
**ただならぬ**《只ならぬ》ふつうではない。「—雰囲気」
**ただのり【只乗り】** 乗り物に運賃を払わずに乗ること。
**ただばたらき【只働き】** もらうべき報酬をもらわずに働くこと。
**たたまる【畳まる】** たたんだような形になる。[類]重なる
**たたみ【畳】** 和室の床《ゆか》の上に敷く物。
—表《おもて》 イグサの茎を織ったもの。畳の表面に張る。
—替《が》え 畳表を張り替えること。
—の上《うえ》で死《し》ぬ 自宅でおだやかに死ぬ。
—の上《うえ》の水練《すいれん》 実際の役にはたたないこと。畳水練。
**たたみ【畳み】**
—鰯《いわし》 イワシの稚魚を薄い板状につないで干した食品。
—掛《か》ける やつぎばやに言う（行う）。
—込《こ》む ①畳んで、うちに入れる。②心中に深く刻み込む。③たたみかける。
**たたむ【畳む】** ①折り返して重ねる。②（傘を）すぼめる。③やめる。「店を—」④「胸に—」（＝心の中にしまう）⑤〔俗語〕殺す。
**ただもの【只者】**《徒者》ふつうの人。「—ではない」

**だだもれ【だだ漏れ】**〔俗語〕（出てはいけないものが）大量に漏れ出ること。「情報が―だ」〔ダダ漏れとも書く〕

**ただよう【漂う】**①浮かんでゆらゆら動く。Ⅱさまよう。②（香りや雰囲気が）あたりに感じられる。

**たたら**《蹈鞴》足で踏む大きなふいご。

**―を踏《ふ》む** 勢い余って、から足を踏む。

**たたり【祟り】**神仏や怨霊《おんりょう》などの災い。Ⅱ（行為の）報い。

**たたる【祟る】**神仏や怨霊《おんりょう》が災いを与える。Ⅱあることが原因でわるい結果が起こる。「無理が―」

**ただれ**《爛れ》ただれること。ただれた状態。

**ただれる**《爛れる》皮膚・肉が破れくずれる。Ⅱ精神の健全さを失う。

**たたん【多端】**〔文章語〕事件・仕事が多く忙しいこと。「多事―」類多忙

**たち**《質》①人の性質・体質。「―が悪い・内気な―」②物の性質。

**たち【太刀】**長い刀。「―をはく」〔奈良時代は、刀剣の総称〕

**たちあい** 一**【立ち会い】**①立ち会うこと（人）。②取引所で行われる売買取引。

二**【立ち合い】**相撲で、仕切りから立ち上がった瞬間。

**―演説《えんぜつ》**（選挙運動で）意見の異なる者が同じ場所でする演説。

**―人《にん》**後日の証人として立ち会う人。

**たちあう** ①**【立ち会う】**（証人として）その場に出る。②**【立ち合う】**勝負を争う。

**たちあおい【立葵】**初夏、紅・白などの大きな花の咲く植物。

**たちあがる【立ち上がる】**①起立する。②（意を決して）行動をおこす。③失意から回復する。④機械が稼動し始める。⑤たちのぼる。

**たちあげる【立ち上げる】**①機械を稼動させる。「パソコンを―」②組織や企画を新しく作る。

**たちいたる【立ち至る】**（重大な事態に）なる。

**たちいち【立ち位置】**立つ位置。Ⅱ物事に対する姿勢。

**たちいふるまい【立ち居振る舞い】**《起ち居―》日常の動作。身のこなし。

**たちいり【立ち入り】**ある場所に入ること。〔標識などでは「立入禁止」のように送り仮名を省く〕

**たちいる【立ち入る】**①中へはいる。②干渉する。深くかかわる。

**たちうお【太刀魚】**海産魚の一。銀白色で細長い。食用。

**たちうち【太刀打ち】**張り合うこと。競争。「―できない」

**たちうり【立ち売り】**駅の構内や道端で、立って物を売ること。

**たちおうじょう【立ち往生】**立ったまま死ぬこと。「弁慶の―」Ⅱ途中で動きがとれなくなること。「列車が―する」

**たちおくれる【立ち後れる・―遅れる】**着手・進歩が―おくれる（おくれて劣る）。

**たちおよぎ【立ち泳ぎ】**立ったような姿勢で泳ぐ泳ぎ方。

**たちかえる【立ち返る】**もと（―の場所・状態）に戻る。「初心に―」

**たちかた【立方】**歌舞伎・舞踊で、舞い踊る方の人。対地方《じかた》

**たちがれ【立ち枯れ】**草木が生えたままで―枯れること（枯れたもの）。動―る

**たちき【立ち木】**地面に生えている木。

**たちぎえ【立ち消え】**火が途中で消えること。Ⅱ途中でやめになること。

**たちぎき【立ち聞き】**盗み聞き。

**たちきる【断ち切る】**切りはなす。Ⅱ㋐関係をなくす。㋑途中でさえぎる。

**たちきる【裁ち切る】**（布を）切りはなす。「布地を―」

**たちぐい【立ち食い】**立ったままで食べること。「―そば」

**たちぐされ【立ち腐れ】**木が立ったままくさること。Ⅱ建物が荒れはてること。

**たちくらみ【立ち眩み】**急に立ったときに起こる目まい。たちぐらみ。

**たちげいこ【立ち稽古】**演劇で、動作や表情をつけてするけいこ。

**たちこめる【立ち込める】**《―籠める》（霧や煙が）あたり一面をおおう。

**たちさる【立ち去る】**行ってしまう。

**たちさわぐ【立ち騒ぐ】**①大勢が立って騒ぐ。②騒ぎたてる。

**たちしごと【立ち仕事】**立ったままでする仕事。

**たちすがた【立ち姿】**①立っている姿。

②舞っている姿。

**たちすくむ【立ち竦む】**（恐怖などで）立ったまま動けなくなる。

**たちせき【立ち席】**①（劇場などの）立ち見席。②座席指定車に立って乗ることを認められること。「―特急券」

**たちだい【立ち台】**⇩お立ち台

**たちつくす【立ち尽くす】** いつまでも立っている。

**たちづめ【立ち詰め】** 長時間、立ったままでいること。類立ち通し

**たちどころに【立ち所に】** すぐに。

**たちどまる【立ち止まる】** 歩くのをやめて止まる。

**たちなおる【立ち直る】** 回復する。元どおりになる。

**たちならぶ【立ち並ぶ】**①並んでたつ。「―家々」②肩を並べる。類匹敵する

**たちのく【立ち退く】** よそへ移る。

**たちのぼる【立ち上る】** 煙などが上へあがる。

**たちのみ【立ち飲み】**（酒を）立ったままで飲む―こと（店）。

**たちば【立場】**①地位。状況。面目。②見地。観点。

**―がない** 面目がつぶれる。

**たちばさみ【裁ち鋏】** 布地を裁つためのはさみ。

**たちはだかる【立ちはだかる】**①（足を広げて）立ちふさがる。②進むのにじゃまなものが前方にある。「難問が―」

**たちはたらく【立ち働く】** まめによく働く。「かいがいしく―」

**たちばな【橘】**①ミカン科の常緑低木。実は食用に適さない。②ミカンの古称。

**たちばなし【立ち話】** 立ったままでする話。

**たちはばとび【立ち幅跳び】** 昔の陸上競技の一。立ったまま踏みきってとぶ。〔現在は体力測定用〕

**たちふさがる【立ち塞がる】** 前に立って遮る。類立ちはだかる

**たちまさる【立ち勝る】** 明らかにすぐれている。

**たちまじる【立ち交じる】** 仲間に加わる。

**たちまち《忽ち》**①またたく間に。「―のうちに」②にわかに。

**たちまちのつき【立ち待ちの月】** 陰暦一七日の月。たちまちづき。〔立って待つ間に（＝すぐに）出ることから〕

**たちまわり【立ち回り】**①芝居で、斬《き》り合いや格闘。②乱闘。

**たちまわる【立ち回る】**①方々歩き回る。類奔走する ②有利になるように工作する。③立ち寄る。「犯人が―」

**たちみ【立ち見】** 立って（―芝居を）見物すること。「―席」

**たちむかう【立ち向かう】** 対抗する。

**たちもち【太刀持ち】**①相撲で、横綱の土俵入りで、太刀を持って従う力士。②昔、主君の刀を持ってそばに仕えた小姓《こしょう》。

**たちもどる【立ち戻る】** 戻る。

**たちもの【断ち物】** 神仏に願をかけ、それがかなうまでとらないと決めた飲食物。

**たちやく【立役】** 歌舞伎で、老け役・敵《かたき》役を除く、善人の男役。

**たちゆく【立ち行く】**①（時が）経過する。②（事業・生活が）成り立つ。

**たちょう【多聴】** 語学習得のために、音声教材などを多く聴くこと。「―多読」

**だちょう【駝鳥】** アフリカの草原にすむ鳥。鳥類では最大。飛べないが、足が速い。

**たちよみ【立ち読み】** 本を買わないで、本屋の店先で読むこと。

**たちよる【立ち寄る】**①近寄る。②ついでに寄る。

**たちわざ【立ち技】** 柔道やレスリングで、立ってかけるわざ。対寝技

**だちん【駄賃】**（子供の）使い走りや手伝いの礼金。お使い賃。

**たつ** 一**【竜】** 想像上の動物。りゅう。二**【辰】** 十二支の五番目。〔昔、時刻で午前八時ごろ、方角で東南東〕

**たつ** 一**【立つ】**①「道ばたに―」②ある地位・状態にある。「優位に―」③（はっきり）生じる。「波が―」④《経つ》経過する。⑤《発つ》出発する。⑥（動詞の連用形に付いて）激しく…する。「にえ―」二**【建つ】** 建物ができる。

**―（立つ）鳥《とり》跡《あと》を濁《にご》さず** 立ち去る者は、後始末をきちんとするべきだ。

**たつ** 一**【絶つ】**①つながりを切る。「消息を―」②終わらせる。「命を―」二**【断つ】**①切り離す。②さえぎる。「退路を―」③

やめる。「酒を―」 目【裁つ】 布や紙を切る。

**たつい【達意】** 言いたいことが十分通じること。「―の文章」

**だつい【脱衣】** 衣服を脱ぐこと。対着衣

**だっかい【脱会】** 属していた会をやめること。類退会 対入会

**だっかい【奪回】** 奪い返すこと。類奪還

**たっかん【達観】** ①情勢を広く見通すこと。②物事の真理を見通すこと。

**だっかん【奪還】** 奪い返すこと。類奪回

**だっきゃく【脱却】** ①捨て去ること。②抜け出ること。「スランプを―する」

**たっきゅう【卓球】** 球技の一。ピンポン。

**だっきゅう【脱臼】** 関節の骨がはずれること。類捻挫《ねんざ》

**たっきゅうびん【宅急便】** 宅配便の一。〔商標〕

**タック**［tuck］ 洋裁で、布をつまんで縫ったひだ。「ピン―」

**タッグ** ⇩タグ

**ダック**［duck］ アヒル。

**ダッグアウト**［dugout］ 野球で、選手の控え席。ベンチ。ダグアウト。

**タックス**［tax］ 税。税金。

**―フリー**［tax-free］ 免税。

**―ヘイブン**［tax haven］ 外国企業に対する税金が、ないか非常に安い国（地域）。税金避難地。

**たづくり【田作り】** ごまめ。

**タックル**［tackle］（ラグビーで、球を持った相手に）組みついて倒すこと。

**たっけい【磔刑】**〔文章語〕はりつけの刑。

**たっけん【卓見】** すぐれた意見・見識。

**たっけん【達見】**〔文章語〕事情を十分見通した見識。類達識

**だっこ【抱っこ】** 抱くこと。抱かれること。〔幼児語〕

**だっこう【脱肛】** 痔《じ》の一。直腸の粘膜が肛門外に出る。

**だっこう【脱稿】** 原稿を書き終えること。対起稿

**だっこく【脱穀】** 穀物の粒を穂から離すこと。もみがらを取り除くこと。「―機」

**だつごく【脱獄】** 囚人が刑務所から逃げること。「―囚」

**だつサラ【脱―】** サラリーマンをやめて、事業を始めること。

**だっさんしん【奪三振】** 野球で、相手打者を三振させること。

**たっし【達し】**《達示》 官庁から国民（下級官庁）への通達。ふれ。「お―」

**だっし【脱脂】** 脂肪分を除くこと。

**―乳《にゅう》** 脂肪分を除いた牛乳。

**―粉乳《ふんにゅう》** 脱脂乳から水分を除いた粉末。

**―綿《めん》** 脂肪分や不純物を除いて消毒した綿。

**だつじ【脱字】** 書きもらした字。「誤字―」

**たっしゃ【達者】** ①丈夫なようす。類元気 ②巧みなようす。「口が―だ」

**だっしゅ【奪取】** 奪い取ること。

**ダッシュ**［dash］ ①突進。全力疾走。②句と句をつなぐ記号。「―」 ③数学などで、文字の右上につける記号。「′」

**―ボード**［dashboard］ 自動車の運転席の計器盤。

**だっしゅう【脱臭】** においを抜き去ること。「―剤」

**だっしゅつ【脱出】** 逃れ出ること。

**―速度《そくど》** ロケットが引力を振りきって宇宙空間に飛び出すのに必要な速度。〔地表面では秒速一一・一九キロメートル〕

**だっしょく【脱色】** 色を抜くこと。対着色

**たつじん【達人】** ①学問・技芸に熟達した人。②人生を達観した人。

**だっすい【脱水】** ①水分を除くこと。「―機」 ②化学で、化合物から、酸素と水素を除くこと。

**―症状《しょうじょう》** 水分が摂取できず、体液が欠乏して起こる症状。

**たっする【達する】** ①届く。至る。「結論に―」 ②なしとげる。「望みを―」

**だっする【脱する】** ①抜け出る。逃れ出る。②もらす。入れ忘れる。

**たつせ【立つ瀬】** 立場。面目。「―がない」

**たっせい【達成】**（目的を）なしとげること。類成就

**だつぜい【脱税】** 不正に納税義務を怠ること。「―行為」

**タッセル**［tassel］ 衣類・靴やカーテンにつける房飾り。

**だっせん【脱線】** 鉄道事故の一。㊁㋐話が本筋からそれること。㋑常軌を逸すること。

**だっそ【脱疽】**(足の指などが)腐り落ちる病気。壊疽《えそ》。

**だっそう【脱走】** 拘束から抜け出し、逃げること。「—兵」

**たった**《唯》ほんの。わずか。「—の一〇〇円」〔「ただ」の転〕

**だったい【脱退】** 加入団体から抜けること。対加盟

**タッチ**〔touch〕①ふれること。Ⅱ関与。②筆づかい。③キーの押し方。④感触。「やわらかな—」

**—アウト**〔和製語 touch out〕野球で、球を走者にふれてアウトにすること。

**—アップ**〔touch-up〕野球で、打者がフライを打ったとき、走者が進塁に備えて塁に戻ること。

**—アンドゴー**〔touch and go〕着陸してすぐ離陸する、航空機の訓練。

**—タイピング**〔touch-typing〕キーボードを見ずにタイプすること。

**—ダウン**〔touchdown〕①アメリカンフットボールで、球を持ってゴールラインを越えて得点すること。②ラグビーで、防御側が自軍ゴール内で球を押さえること。

**—ネット**〔和製語 touch net〕バレーボールで体がネットにふれる反則。ネットタッチ。〔英語はtouch the net〕

**—パネル**〔touch panel〕ディスプレーに指で触れることにより入力するパネル。タッチスクリーン。

**—ライン**〔touchline〕ラグビーで、競技場の左右の境界線。

**ダッチ**〔Dutch〕オランダの。「—コーヒー」

**—ロール**〔Dutch roll〕飛行機が蛇行すること。八の字蛇行飛行。

**—ワイフ**〔Dutch wife〕男性の自慰のための女性代用人形。

**だっちゃく【脱着】** ①着脱。②対吸着〔理化学用語〕

**たっちゅう【塔頭】** ①禅宗で、その宗派の祖師の塔がある所。②本寺の境内にある小さなわき寺。

**だっちょう【脱腸】** ヘルニア。

**たって** ぜひとも。しいて。「—の頼み」

**だっと【脱兎】** 非常に速いこと。「—の勢い」〔逃げ出すウサギの意〕

**たっとい【尊い・貴い】** とうとい。

**だっとう【脱党】** 属していた党をやめること。対入党

**たっとぶ【尊ぶ・貴ぶ】** とうとぶ。

**たづな【手綱】** 馬をあやつる綱。

**—を締《し》める** 馬の手綱をひきしぼる。Ⅱ勝手な行動をしないように注意する。◇対手綱をゆるめる

**たつのおとしご【竜の落とし子】** 竜に似た形の小さな海魚。直立して泳ぐ。海馬。

**たっぱ** ①《立っ端・建っ端》高さ。〔建築用語から〕②〔俗語〕背丈。「—がある(=背が高い)」

**だっぴ【脱皮】** 昆虫やヘビが古い皮を脱ぎすてること。Ⅱ古い考え方から抜け出すこと。「旧態から—する」

**たっぴつ【達筆】** 勢いのある上手な字(—を書くこと)。類能筆・健筆 対悪筆

**タップ**〔tap〕①雌ねじを切る工具。対ダイス ②蛇口。③タップダンス。④電気を分けてとるための、さしこみ。⑤液晶画面を軽くたたくこと。

**—ダンス**〔tap dance〕靴で床を踏み鳴らして踊るダンス。

**ダッフルコート**〔duffle coat〕フード付きの短いコート。

**たつぶん【達文】** 達意の文章。上手な文章。

**だつぶん【脱文】** 文章から抜け落ちた文句。

**だっぷん【脱糞】** 大便をすること。

**たつべん【達弁】**〔文章語〕達者な弁舌。類能弁 対訥弁《とつべん》

**だつぼう【脱帽】** 帽子を脱ぐこと。対着帽 Ⅱ敬服すること。

**だっぽう【脱法】** 法の網を巧みにくぐりぬけること。「—行為」

**たつまき【竜巻】** 局部的な強い旋風。

**たつみ**《辰巳・巽》南東の方角。

**だつもう【脱毛】** ①毛が抜けること。②むだ毛を取り去ること。「—剤」

**だつらく【脱落】** ①(字句などが)抜け落ちること。②落伍《らくご》。「—者」

**だつりゃく【奪略】**《奪掠》略奪。

**だつりゅう【脱硫】** 物質中の硫黄《いおう》分を取り除くこと。「—装置」

**だつりょくかん【脱力感】** 体の力がすっかり抜けてしまったような感じ。

**だつりん【脱輪】** ①車輪が車体からはずれ

ること。②自動車で、車輪が道路外に出るミス。

**だつろう【脱漏】** 抜け漏れること。もれ。

**たて【盾】**《楯》矢や刀を防ぐ板状の武具。

**―に取《と》る** 口実にする。

**たて【縦】**《竪・経》①上下・前後の方向（長さ）。②組織などで、上下の関係。◇対横

**たて【殺陣】** 芝居や映画で、乱闘場面。類立ち回り

**―の物《もの》を横《よこ》にもしない** めんどうくさがって何もしない。

**たで【蓼】** 野草の一。道端や水辺に生える。茎・葉は辛い。

**―食《く》う虫《むし》も好《す》き好《ず》き**（辛いタデを食う虫もいるように）人の好みはまちまちである。

**だて【伊達】** ①男気をことさら示そうとすること。②みえを張ること。「―者《しゃ》」

**―の薄着《うすぎ》** 着ぶくれるのをきらって、寒いときでも薄着で辛抱すること。

**たてあな【縦穴】**《竪穴》縦に掘った穴。「―式住居」対横穴

**たてあみ【建て網・立て網】** 魚群の通路に張って、そこに魚を追い入れて捕らえる網。

**ダディー**［daddy］お父さん。対マミー

**たていた【立て板】** 立てかけた板。

**―に水《みず》** 弁舌のなめらかなたとえ。

**たていと【縦糸】**《経糸》織物の縦方向の糸。対横糸・緯糸《ぬきいと》

**たてうり【建て売り】** 商売で家を建てて売ること。また、その家。「―住宅」

**たておやま【立て女形】** 一座の中の筆頭の女形。

**たてかえる【立て替える】** 一時、他人に代わって金を支払う。

**たてかえる【建て替える】** 古い建物を新しく建て直す。

**たてがき【縦書き】** 文字を上から下の方向に並べて書くこと。対横書き

**たてかける【立て掛ける】** 他の物を支えにして、立てる。

**たてがみ**《鬣》ライオンや馬の首の後ろに生えている長い毛。

**たてぎょうじ【立て行司】** 相撲で、最高位の行司。

**たてぎょく【建て玉】** 取引で、空売買のままで未決済の株式・商品。

**たてきる【立て切る】**《閉て―》すっかり閉める。「障子を―」

**たてぐ【建具】** 戸・障子・ふすまなどの総称。

**たてぐみ【縦組み】** 印刷で、縦に読むように文字を配列すること。対横組み

**たてこう【縦坑】**《竪坑》垂直に掘った坑道。対横坑・斜坑

**たてごと【竪琴】** ハープ。

**たてこむ【立て込む】** ①込みあう。②用事が次々と重なる。③**【建て込む】** 家が密集する。

**たてこもる【立て籠もる】** ①室内にこもる。②籠城《ろうじょう》する。

**たてしお【立て塩】** 海水よりやや薄い塩水。魚料理の下ごしらえ用。たてじお。

**たてじく【縦軸】** グラフで、縦の軸。対横軸

**たてじま【縦縞】** 縦の方向に走るしま模様。対横じま

**だてじめ【伊達締め】** だてまき①。

**たてしゃかい【縦社会】** 身分や上下の関係を重視する社会。対横社会

**たてつく【楯突く】** 反抗する。

**たてつけ【立て付け】** 建具の開閉の具合。「―がわるい」

**たてつづけ【立て続け】** 続けざま。連続。

**たてつぼ【建坪】** 建物の占める土地の坪数。対延べ坪・地坪

**たてなおす** 一**【建て直す】** 改築する。二**【立て―】** ①最初からやり直す。「計画を―」②もとのよい状態に直す。「商売を―」〔建て直すとも書く〕

**たてなが【縦長】** 縦に長いこと。対横長

**たてなみ【縦波】** ①船の進行方向に向かって立つ波。②波の進行方向と媒質の振動方向が一致する波。〔音波など〕◇対横波

**たてぬき**《経緯》縦糸と横糸。Ⅱ縦と横。

**たてね【建値】** ①清算取引での標準値段。②為替《かわせ》相場で、銀行が公表する標準値段。◇〔建値段の略〕

**たてひざ【立て膝】** 一方のひざを立てる座り方。

**たてぶえ【縦笛】** 縦にかまえて吹く笛。

**たてふだ【立て札】** 人々に知らせることを書いて地面に立てる札。

**たてまえ**【建て前】①【立て前】表向きの方針。原則。対本音 ②上棟式。むねあげ。

**だてまき**【伊達巻き】①女性が帯の下に締める細い帯。だてじめ。②卵焼きの一。

**たてまし**【建て増し】増築。

**たてまつる**【奉る】①献上する。②まつりあげる。③〔文章語〕（動詞の連用形に付いて）謙譲の意を表す。…申し上げる。「賀し—」

**たてむすび**【縦結び】帯やひもで、両端が上下にくるような結び方。

**だてめがね**【伊達眼鏡】おしゃれのためにかける度のないめがね。

**たてもの**【建物】建築物。

**たてや**【建屋】機器や設備を収容する建物。「原子炉—」

**たてやく**【立て役】立て役者。

**たてやくしゃ**【立て役者】一座の中心となる役者。Ⅱ中心人物。

**たてゆれ**【縦揺れ】①船・飛行機などの上下動。ピッチング。②地震で垂直に揺れること。◇対横揺れ

**たてる** 一【立てる】①立つようにする。②生じさせる。「音を—」③定め作る。「計画を—」④ある地位に就かせる。「会長に—」⑤尊重する。「親を—」⑥《閉てる》（戸・ふすまを）とざす。⑦《点てる》抹《まっ》茶《ちゃ》をいれる。⑧《沸てる》わかす。「ふろを—」⑨（動詞の連用形に付いて）しきりに…する。「書き—」 二【建てる】「家（国）を—」

**たてわり**【縦割り】縦にわること。Ⅱ上下の系列で仕事が分担されること。「—行政」◇対横割り

**だてん**【打点】①野球で、安打などで味方にもたらした得点。②球を打つときの位置。

**だでん**【打電】電報を打つこと。対受電

**たとい**《仮令・縦令》たとえ。

**たとう**【多頭】①からだは一つで、頭がたくさんあること。Ⅱ指導者が二人以上いること。②家畜やペットの数が多いこと。「—飼育」

**たどう**【他動】他から（他に）働きかけること。「—的」対自動

**—詞**《し》 文法で、他動の意を表す動詞。〔「作る・書く」など〕対自動詞

**たどう**【多動】小児の行動異常の一。落ち着きなく動き回る。

**だとう**【打倒】完全に負かすこと。

**だとう**【妥当】よくあてはまっていること。「—性」類適切

**タトゥー**〔tattoo〕いれずみ。

**たとうがみ**【畳紙】和服などをしまうときの包み紙。たとう。

**たとえ**《仮令・縦令》もしそうでも。たとい。

**—火**《ひ》**の中**《なか》**水**《みず》**の中**《なか》 どんなにつらいことがあっても行動を共にする意。

**たとえ** 一《喩え・譬え》比喩《ひゆ》。 二【例え】例。

**—**《譬え》**話**《ばなし》 ある物事にたとえてする話。類寓話《ぐうわ》

**たとえば**【例えば】例をあげると。

**たとえる**【例える】①《喩える・譬える》なぞらえる。②例をあげて言う。

**たどく**【多読】①本をたくさん読むこと。②語学習得のために、教材などを多く読むこと。「多聴—」

**たどたどしい**《辿々しい》おぼつかない。あぶなっかしい。「—足どり」

**たどりつく**【辿り着く】苦労してようやく行き着く（望み通りになる）。

**たどる**【辿る】①道にそって進む。「家路を—」②あとを追って探り求める。「記憶を—」

**たどん**【炭団】炭から作る、球状の黒い燃料。Ⅱ相撲で、黒星。

**たな**【店】①みせ。商家。「お—」②借家。「—賃」◇〔古風な言い方〕

**たな**【棚】①物をのせるためにかけわたした板。②海で、魚の遊泳層。また、大陸棚。

**—から牡丹餅**《ぼたもち》 意外な幸運を得ること。たなぼた。

**—に上**《あ》**げる** わざとふれずにおく。

**たなあげ**【棚上げ】①商品を一時ストックして値上がりを待つこと。②一時保留。「—にする」

**たなおろし**【棚卸し・店—】決算時に、在庫品を調べること。Ⅱ人の欠点をいちいち並べあげること。

**たなこ**【店子】借家人。〔古風な言い方〕対大家《おおや》

**たなごころ**《掌》てのひら。〔「手の心」の意〕

た

―のうち 思いのままになること。
―を指《さ》す 明白である。
**たなざらえ【棚浚え】** 在庫一掃整理の安売り。
**たなざらし【店晒し】** 商品が売れずに店先に置かれたままであること。Ⅱ放置されていること。「問題が―になっている」
**たなだ【棚田】** 山の斜面に階段状に作った水田。千枚田。
**たなちん【店賃】** 家賃。〔古風な言い方〕
**タナトス**〔ギリシャ語 Thanatos〕 ①ギリシャ神話で、死の神。②死の本能。〔精神分析の用語〕対エロス
**たなばた【七夕】**《棚機》 五節句の一。七夕祭り。星祭り。〔七月七日に行う〕
**たなびく【棚引く】** 雲などが横に長くただよう。
**たなぼた**《棚牡丹》 〔俗語〕棚からぼたもち。
**たなん【多難】** 災難や困難が多いこと。
**たに【谷】**《渓》 山間の深いくぼ地。Ⅱくぼみ。「気圧の―」
**だに**《壁蝨》 微小な虫。多く人畜の血を吸う。Ⅱきらわれ者。「町の―」
**たにあい【谷間】** 谷の中。類たにま
**たにおり【谷折り】** 紙の折り方で、折り目を内側にすること。対山折り
**たにかぜ【谷風】** 昼間、山の斜面に沿って吹き上げる風。対山風
**たにがわ【谷川】** 谷間を流れる川。
**たにく【多肉】** 〔植物で〕肉が厚いこと。「―質」
―植物《しょくぶつ》 茎や葉が厚く水分が多い植物。サボテンなど。
**たにし【田螺】** 淡水産の巻き貝。食用。
**たにぞこ【谷底】** 谷の最も低い所。たにそこ。
**たにま【谷間】** 谷。谷あい。
**たにまち【谷町】** 相撲で、ひいき客。〔大阪の谷町に住む相撲好きの医者が力士の面倒を見たことから。／タニマチとも書く〕
**たにん【他人】** ①自分以外の人。②親類でない人。③局外者。
―行儀《ぎょうぎ》 よそよそしいふるまい。
―事《ごと》 ひとごと。
―資本《しほん》 企業が出資者以外の債権者から借り入れた資本。対自己資本
―丼《どんぶり》 牛肉を鶏卵でとじた丼物。〔親子丼との違いに着目した名づけ〕
―の空似《そらに》 まったくの他人なのに、容貌がよく似ていること。
―の飯《めし》を食《く》う 他家で暮らすなどして実社会の経験をつむ。
**たぬき【狸】** ①イヌ科のけもの。褐色で目の周りが黒い。毛は筆用、毛皮は防寒用。〔昔、人をばかすとされた〕Ⅱ悪がしこい人。「―おやじ」 ②揚げ玉を入れたうどん・そば。たぬき-うどん（そば）。〔関西では、油揚げ入りのそば〕
―寝入《ねい》り 眠ったふりをすること。
―囃子《ばやし》 タヌキが神楽ばやしをまねて打つという腹つづみ。
**たね【種】** ①種子。②精子。③【胤】血統。子。④もと。原因。「悩みの―」⑤材料。
―が割《わ》れる しかけやたくらみがわかる。
―も仕掛《しか》けもない なんのしかけもない。〔手品のときの決まり文句〕
**たねあかし【種明かし】** 手品の仕掛けを公開する。Ⅱ裏の事情を説明する。
**たねあぶら【種油】** 菜種油。
**たねいも【種芋】** ジャガイモ・サツマイモなどの植えつけ用の芋。
**たねうし【種牛】** 種付け用の雄牛。
**たねうま【種馬】** 種付け用の雄馬。
**たねぎれ【種切れ】** 材料が尽きること。
**たねちがい【種違い】** 父の違う兄弟姉妹。種がわり。対腹違い
**たねつけ【種付け】** 優良種の雄と雌とを交配させること。「牛の―」
**たねび【種火】** いつでも火をおこせるように用意しておく小さな火。
**たねほん【種本】** 著作や講義のもとにする他人の書物。
**たねまき【種蒔き】** 植物の種をまくこと。
**たねもの【種物】** ①草木の種。②具入りのそばやうどん。③ゆであずきやシロップを入れたかき氷。対水《すい》
**たねもみ【種籾】** 種としてまくために選んだもみ。
**たねん【他年】** 将来。後年。
**たねん【他念】** 余念。「―がない」
**たねん【多年】** 長い年月。長年。
―草《そう》 多年生植物。
**たのう【多能】** さまざまの技芸にすぐれていること。類多才
**たのしい【楽しい】** 愉快でここちよい。

**たのしませる【楽しませる】** 楽しい思いをさせる。「目を—（=見物して楽しい）」
**たのしみ【楽しみ】** 楽しむ—こと（もの）。
**たのしむ【楽しむ】** ①たのしく思う。②愛好する。
**たのみ【頼み】** ①頼り。「—とする・—がい」②願い。「—を聞く」
**—入《い》る** 頼み込む。
**—込《こ》む** 熱心に頼む。
**—の綱《つな》** 頼りにする—人（物事）。
**たのむ【頼む】** ①依頼する。②《恃む》頼りにする。
**たのもしい【頼もしい】** 頼りになって心強い。
**たのもしこう【頼母子講】** 互いに掛け金を出し、お金を融通しあう組織。無尽。頼母子。
**たば【束】** ①ひとまとめにくくったもの。②たばになったものを数える語。
**—になって掛《か》かる** 大勢がいっしょになって向かっていく。
**だは【打破】** 打ち破ること。
**たばい【多売】** 商品をたくさん売ること。「薄利—」
**たばかる《謀る》** たぶらかす。だます。
**タバコ【煙草】《莨》**〔ポルトガル語 tabaco〕①喫煙するもの。「—をすう」〔たばことも書く〕②植物の一。ナス科。〔葉をかわかしてタバコ①を作る〕
**—銭《せん》** タバコ①を買う（—ほどのわずかな）金。
**たばさむ【手挟む】** 脇（手）にはさんで持つ。
**タバスコ**〔tabasco〕とうがらしから作った、からい調味料。〔商標〕
**たはた【田畑】** 田とはたけ。
**たはつ【多発】** ①多く発生すること。「—性」②三つ以上のエンジンをもつ—こと（飛行機）。対単発・双発
**たばね【束ね】** ①たばねたもの。②統率する—こと（人）。「村の—」
**たばねる【束ねる】** ①ひとつにしてくくる。②統率する。
**たび【度】** ①とき。折。②そのときごと。「行く—に」③回数。④回数や度数を数える語。
**たび【旅】** 旅行。
**—の空《そら》** 旅先。
**—の恥《はじ》はかき捨《す》て** 知る人もいない旅先では恥ずかしい行いも平気だ。
**—は道連《づ》れ世《よ》は情《なさ》け** 旅には同行者がいると心強いし、世渡りには人情がありがたい。
**たび【足袋】** 和装のとき、足に履くもの。
**だび【荼毘】**〔仏教語〕火葬。「—に付す」〔梵語《ぼんご》から〕
**タピオカ**〔tapioca〕キャッサバ（=植物の名）の地下茎からとる澱粉《でんぷん》。食用。
**たびかさなる【度重なる】** 同じことが何回も起こる。
**たびがらす【旅烏】** 旅から旅へと渡り歩き定住しない人。
**たびげいにん【旅芸人】** 地方を巡回して稼ぐ芸人。
**たびごころ【旅心】** ①旅情。②旅をしたいという気持ち。
**たびさき【旅先】** 旅行中の場所。
**たびじ【旅路】** ①旅の道筋。②旅先。旅。
**たびじたく【旅支度】** 旅行に出る—準備（服装）。
**たびすがた【旅姿】** 旅をするよそおい。
**たびする【旅する】** 旅をする。
**たびだつ【旅立つ】** 旅に出る。Ⅱ死ぬ。「あの世に—」
**たびたび《度々》** いくども。しばしば。
**たびどり【旅鳥】** 渡り鳥の一。〔渡る途中でその地に立ち寄る鳥。シギ・チドリなど〕
**たびにん【旅人】** 各地を渡り歩く侠客《きょうかく》や香具師《やし》。〔古風な言い方〕
**たびね【旅寝】** 旅先で寝ること。
**たびびと【旅人】** 旅をしている人。
**たびまくら【旅枕】**〔文章語〕旅寝。
**たびまわり【旅回り】** 旅をしながら方々回り歩くこと。「—の役者」
**たびょう【多病】** よく病気をすること。「才子—」
**たびらこ《田平子》** ホトケノザ。
**ダビング**〔dubbing〕①録音・録画したものを別のテープに複製すること。②放送・映画で、各種の音を一本に編集すること。
**タフ**〔tough〕たくましいようす。
**タブ**〔tab〕①入力で、一定の間隔をあける—機能（キー）。〔tabulator の略〕②衣服の肩や袖《そで》の布飾り。③帽子の耳おおい。
**タブ**〔tub〕浴槽。「バス—」
**だふ【懦夫】** 気の弱い男。意気地なし。

**ダフ**［duff］ゴルフで、打ち損ねて球の前の地面をたたくこと。

**タフィ**［taffy］ キャンディーの一。トッフィー。

**タブー**［taboo］神聖（不浄）であるとして禁制されていること。禁忌《きんき》《きき》。Ⅱ禁句。

**タフガイ**［tough guy］たくましい男。

**タフネス**［toughness］ タフなこと。強靭《きょうじん》さ。

**だふや【ダフ屋】**〔俗語〕チケットを買い込んで、高く売りつける人。［「だふ」は札の倒語］

**たぶらかす**《誑かす》だます。あざむく。

**ダブる**〔俗語〕①重複する。②野球で、併殺する。◇［ダブルの動詞化］

**ダブル**［double］①二重。二倍。②洋服の打ち合わせで、ボタンが二列のもの。③ズボンの裾で、折り返しのあるもの。④ダブル幅。⑤ウイスキーを飲むとき、通常の二倍の量。六〇ミリリットル。◇対シングル

**―インカム**［double income］共働き。［一世帯に二人の収入がある意］

**―キャスト**［double casting］同じ役を二人の俳優が交代で演じること。

**―クリック**［double click］パソコンで、マウスのボタンを二度連続的に押すこと。

**―ス**［doubles］ テニスなどで、二人一組でする試合。対シングルス

**―スクール**〔和製語 double school〕主たる学校のほかに別の学校でも勉学すること。［多く、語学や資格取得が目的］

**―スコア**［double score］一方の得点が他方の二倍であること。

**―スタンダード**［double standard］対象によって適用する基準をかえること。二重基準。

**―スチール**［double steal］野球で、二人の走者が同時に盗塁すること。重盗。

**―チェック**［double check］二人で（二度）点検すること。

**―幅《はば》** 服地で、シングル幅の二倍。約一・四メートル。

**―パンチ**〔和製語 double punch〕ボクシングで、一方の手で打つ二回連続のパンチ。Ⅱ二重の痛手。

**―フォールト**［double fault］テニスで、サーブを二回続けて失敗すること。

**―ブッキング**［double-booking］二重に予約を受け付けること。

**―ブランド**［double brand］共同開発や合併によって、一つの商品に複数のブランドがつけられている‐もの（こと）。

**―プレー**［double play］野球で、併殺。ゲッツー。

**―ベース**［double bass］コントラバス。

**―ヘッダー**［double-header］ 野球で、一日に同一チーム同士が連続二試合すること。

**―ベッド**［double bed］二人用の大型寝台。

**―ボギー**［double bogey］ゴルフで、一ホールの打数がパーより二打多いこと。

**タブレット**［tablet］①錠剤。②単線鉄道の通行票。③タブレットPC。

**―ピーシー**［tablet PC］液晶画面にペンで入力する小型のパソコン。

**タブロイド**［tabloid］ふつうの新聞紙の二分の一のサイズ。「―判」

**タブロー**〔フランス語 tableau〕（完成された）絵画作品。

**たぶん【他聞】**〔文章語〕人ぎき。他人に聞かれること。「―をはばかる」

**たぶん【多分】**①たくさん。相当。②⇩ごたぶん ③おそらく。たいてい。

**だぶん【駄文】** へたな文章。Ⅱ「自分の文章」の謙譲語。◇類拙文

**たべあるき【食べ歩き】**名物料理やおいしいものを求めて方々食べて回ること。

**たべあわせ【食べ合わせ】**くいあわせ。

**たべごたえ【食べ応え】** 食べたときの（量的な）満足感。

**たべごろ【食べ頃】** その食べ物の、食べて最もおいしい時分。

**たべざかり【食べ盛り】** 成長期で、最も食欲の盛んな時期。

**たべすぎ【食べ過ぎ】**過度に食べること。

**たべずぎらい【食べず嫌い】** くわずぎらい。

**タペストリー**［tapestry］つづれ織り（―の壁かけ）。タピスリー。タピストリー。

**たべつける【食べ付ける】** 食べ慣れている。

**たべで【食べで】**くいで。

**たべもの【食べ物】**食用にするもの。食物《しょくもつ》。「温かい―」

**たべる【食べる】** 食うの丁寧語。⊜生活する。「たべていけない」
**タベルナ**〔ギリシャ語 taberna〕(ギリシャ料理やイタリア料理の)小レストラン。
**たべん【多弁】** 口数が多いこと。「—を費やす」
**だべん【駄弁】** むだなおしゃべり。むだ話。
**たへんけい【多辺形】** 多角形。
**だほ【拿捕】** (敵国や外国の船を)捕らえること。
**たほう【他方】** ①ほかの一方面(方向)。②一方。
**たぼう【多忙】** 非常に忙しいこと。「—をきわめる」
**たぼう【多望】** 将来性があること。
**だほう【打法】** 野球やゴルフで、打ち方。
**だぼう【打棒】** 野球のバット。また、打撃。
**たほうとう【多宝塔】** 仏塔の一。〔二階建てで、上が円形で下が方形〕
**たほうめん【多方面】** 多くの一方面(分野)。
**だぼく【打撲】** 打つこと。
**—傷《しょう》** ぶつけたりなぐられたりしてできた傷。打ち身。
**たま【玉】** ①まるいもの。「目の—」②レンズ。「眼鏡の—」③《珠》宝石や真珠。⊜美しい(大切な)もの。「—の肌」④〔俗語〕女。人。「たいした—だ」〔見下していう語〕⑤美しい。立派な。「—藻《も》」
**—に瑕《きず》** 完全と思われるものにある、わずかな欠点。
**—磨《みが》かざれば光《ひかり》なし** 才能があっても努力しないと立派になれない。
**—を転《ころ》がす** 高く美しい音声の形容。
**たま**《偶》まれ。「—の休み」
**たま【球】** ボール。「速い—」⊜電球。
**たま【弾・玉】** 弾丸。「鉄砲の—」⊜人材。「—不足」
**たま【霊】**《魂》たましい。
**だま** 粉を水に溶いたときにできるかたまり。
**たまあし【球足】** 野球で、打球の速さ。
**たまいし【玉石】** 丸い石。〔石垣や庭作りに使う〕
**たまう【賜う・給う】**〔文章語〕①与えるの尊敬語。くださる。②(動詞の連用形に付いて)尊敬の意を示す。…なさる。「君去り—」
**たまおくり【霊送り】**《魂—》〔仏教語〕盂蘭盆《うらぼん》の終わりに、先祖の霊を送り返すこと。精霊《しょうりょう》送り。㊟霊迎え
**たまがき【玉垣】** 神社を囲む垣。
**だまかす【騙かす】**〔俗語〕だます。
**たまぎわ【球際】** ①サッカーで、球を奪い合うぎりぎりの場面。②野球で、ここぞという場面の勝負強さ。
**たまぐし【玉串】** ①紙片・木綿《ゆう》をつけ、神前に供えるサカキの枝。「—奉奠《ほうてん》」②サカキの美称。
**たまくら【手枕】** てまくら。
**だまくらかす【騙くらかす】**〔俗語〕だます。
**たまげる**《魂消る》〔俗語〕びっくりする。
**たまご【卵】** ①鳥・魚・虫の雌が産むもの。かえると子になる。⊜修業中の人。「学者の—」②【玉子】鶏卵。
**—形《がた》** だ円形。
**—酒《ざけ》** 卵と砂糖を加え、煮たてた酒。〔風邪のときに飲む〕
**—とじ** 溶いた卵で具をとじこむようにした料理。
**—に目鼻《めはな》** 色白でかわいらしい顔の形容。
**—焼《や》き** 卵を溶いて焼いた料理。
**たまさか**《偶さか》①偶然。②まれに。
**たまざん【玉算】**《珠算》しゅざん。
**たましい【魂】** ①体に宿り心の働きをつかさどるとされるもの。㊩霊魂 ②気力。精神。
**—を入《い》れ替《か》える** 心を改める。
**だましうち【騙し討ち】** だまして不意に討つこと。
**だましこむ【騙し込む】** まんまとだます。
**だましだまし【騙しだまし】** 悪いところに負担をかけないようにして。「古い機械を—使う」
**たまじゃり【玉砂利】** 大粒の砂利。
**だます【騙す】** ①うそを本当だと思わせる。あざむく。②すかしなだめる。
**たまずさ【玉章】**〔文章語〕手紙。
**たまたま**《偶々》①偶然に。②ときどき。ときたま。
**たまつき【玉突き】** ビリヤード。〔撞球とも書く〕⊜車が次々と追突すること。「—事故」
**たまてばこ【玉手箱】** 浦島伝説の箱。⊜秘密の箱。大切なものが入っている箱。

**たまな【玉菜】** キャベツ。
**たまに《偶に》** まれに。
**たまねぎ【玉葱】** 野菜の一。地下の鱗茎《りんけい》を食べる。オニオン。
**たまの【玉の】《珠の》** ①玉で作った。「—さかずき」②美しい。「—肌」③大粒の。「—汗」
**—緒《お》** 〔古語〕①玉を通したひも。②命。〔「魂の緒」の意〕
**—輿《こし》** 身分の高い人の立派な輿。⊜（女性が）結婚して富貴な身分を得ること。「—に乗る」
**たまのり【玉乗り】** 曲芸の一。また、その芸人。
**たまひろい【球拾い】** 球技で、遠くへ飛んだ球を拾う—こと（役）。⊜補欠。
**たままつり【霊祭り】《魂—》** 死者の霊をまつる行事。特に盂蘭盆《うらぼん》。
**たまむかえ【霊迎え】《魂—》** 〔仏教語〕盂蘭盆《うらぼん》の一三日に先祖の霊を迎えること。精霊《しょうりょう》迎え。対霊送り
**たまむし【玉虫】** 甲虫の一。羽は光沢があって美しい。
**—色《いろ》** 光線によって紫色や緑色にみえる色。⊜見方によってどうにでも解釈できること。「—の表現」
**たまむすび【玉結び】** ①こま結び。②裁縫で、縫い始めに、糸が抜けないように端を玉にして結ぶこと。対玉止め ③江戸時代の女性の髪形の一。
**たまも【玉藻】** 藻の美称。
**たまもの【賜・賜物】** ①くだされ物。②成果。よい結果。「努力の—」
**たまゆら《玉響》** 〔古語〕①かすか。②しばらくの間。
**たまよけ【弾除け・玉—】** 弾丸に当たらないように防ぐこと。
**たまらない【堪らない】** 我慢できない。
**たまり【溜まり】** ①たまり場。②相撲の土俵下の、行司や力士が控えている所。③みそから滴った汁。④たまりじょう油。
**—醤油《じょうゆ》** しょう油の一。濃厚で美味。
**—場《ば》** 仲間がいつも集まっている所。
**たまりかねる【堪り兼ねる】** 我慢できなくなる。
**だまりこくる【黙りこくる】** かたくなに黙り続ける。
**だまりこむ【黙り込む】** すっかり黙ってしまう。
**たまる【溜まる】** ①集まりつもる。②とどこおる。「仕事が—」
**だまる【黙る】** ものを言うのをやめる。
**たまわりもの【賜り物】** いただいた物。
**たまわる【賜(わ)る】《給わる》** ①いただく。頂戴する。②くださる。
**たみ【民】** 人民。「流浪の—」
**ダミー** ［dummy］①モデル人形。人体模型。②身代わり。替え玉。「—会社」
**たみぐさ【民草】** 〔文章語〕人民。たみくさ。
**だみごえ【濁声】** ①にごった声。②なまりのある声。
**タミフル** ［Tamiflu］抗インフルエンザウイルス薬の一。〔一般名、リン酸オセルタミビル。／商標〕
**だみん【惰眠】** 怠けて眠ること。⊜のらくらと過ごすこと。「—をむさぼる」
**ダム** ［dam］水利や発電のために川をせきとめ水をためる構造物。
**ダムカード** ［和製語 dam card］ダム訪問者に配布するカード。〔そのダムの写真や諸元などを記載〕
**たむけ【手向け】** ①神仏に供えること。②はなむけ。餞別《せんべつ》。
**たむける【手向ける】** ①神仏に供える。②餞別《せんべつ》を贈る。
**ダムサイト** ［damsite］ダムの建設用地。
**たむし【田虫】** 皮膚病の一。白癬《はくせん》。
**タムタム** ［tam-tam］打楽器の一。大型のどら。
**たむろ《屯》** ①人が集まる—こと（場所）。②兵の駐屯所。〔古い言い方〕
**ため【為】** ①利益。得。「—になる」②目的・原因・理由を表す。「事故の—に遅れた」
**—にする** 下心があってする。
**ため【溜め】** ためる—こと（所）。
**だめ【駄目】** ①囲碁で、どちらの目にもならない所。②むだ。無益。③不可能。④してはいけない。⑤劣っている（わるい）状態。
**—を押《お》す** 駄目押しをする。
**—を出《だ》す** 演劇で、演技上の注意を与える。⊜要求に合うように直させる。
**ためいき【溜め息】** 思わず大きく長く吐く息。「—をつく」

**ためいけ【溜め池】** 用水をためておく池。
**ダメージ** [damage] 損害。痛手。「―を与える」
**だめおし【駄目押し】** さらに念を入れること。決定的にすること。
**ためがき【為書き】** 書画の落款《らっかん》に、それを書いた理由を書き加えたもの。
**ためぐち【ため口】** 〔俗語〕対等の立場として用いる言葉づかい。「―をきく」
**ためこむ【溜め込む】** 盛んにためる。
**ためし**《例》先例。実例。「できた―がない」
**ためし【試し】**《験し》ためすこと。こころみ。「ものは―」
**―切《ぎ》り** 切れ味をみるために実際に切ってみること。
**ためす【試す】**《験す》やってみる。こころみる。
**だめだし【駄目出し・ダメ出し】** ①だめを出すこと。②〔俗語〕批判。否定。
**ためつすがめつ**《矯めつ眇めつ》さまざまな向きからよくよく見るようす。
**ために**《為に》そのために。
**だめもと【駄目元】** 〔俗語〕駄目で元々の略。失敗を覚悟でやってみること。
**ためらいきず【ためらい傷】** 刃物で自殺を図った際の、致命傷にならなかった傷。
**ためらう**《躊躇う》決心がつきかねる。ちゅうちょする。
**ためる【溜める】** ①一か所に集める。「目に涙を―」②滞らせる。「仕事を―」③《貯める》お金をたくわえる。
**ためる【矯める】** ①曲げて形を整える。②矯正する。
**ためん【他面】** ①ほかの面。②一方では。
**ためん【多面】** 多くの-平面（方面）。
**―体《いた》** 四つ以上の平面からなる立体。
**―的《てき》** ものの見方やあり方がいろいろの方面にわたっているようす。
**たも** たも網。
**たもあみ【たも網】** 小ぶりのすくい網。
**たもう【多毛】** 毛ぶかいこと。
**―作《さく》** 同じ田畑で年三回以上別の作物を作ること。
**たもくてき【多目的】** 多くの目的があること。「―ダム」
**たもつ【保つ】** 長くもちこたえる。維持する。
**たもと【袂】** ①和服の袖《そで》の下の袋状の部分。②ふもと。「山の―」③そば。「橋の―」
**―を分《わ》かつ** 別れる。関係を絶つ。
**だもの【駄物】** 〔俗語〕くだらないもの。
**たやす【絶やす】** ①絶つ。②きらす。
**たやすい**《容易い》容易だ。やさしい。対難しい
**たゆう【大夫・太夫】** ①能・浄瑠璃・歌舞伎などで、格式の高い芸人。②最上位の遊女。◇〔昔、五位の通称〕
**たゆたう** ①ゆらゆら動く。②心がゆらぐ。ためらう。
**たゆみない【弛みない】** 油断しない。怠けない。
**たゆむ【弛む】** 心がゆるむ。油断する。
**たよう【他用】** 〔文章語〕①ほかの用事。②ほかに使うこと。
**たよう【多用】** ①用事が多いこと。類多忙 ②多く使うこと。
**たよう【多様】** いろいろさまざま。「多種―・―性」対一様
**たよく【多欲】**《多慾》〔文章語〕欲が深いこと。
**たより【便り】** ①手紙。「家からの―」②情報。「風の―」
**たより【頼り】** あてにする-人（もの）。「―にならない」
**―甲斐《がい》がある** 頼りにする価値がある。
**―ない** ①あてにならない。心細い。②よるべない。
**たよる【頼る】** ①頼みとする。②てづるとする。
**たら【楤】** タラノキ。
**たら【鱈】** 北方でとれる海魚。食用。
**たらい**《盥》（洗濯用の）丸く平たい容器。
**―回《まわ》し** 順送りに回すこと。「政権の―」
**だらく【堕落】** ①身を持ちくずすこと。低劣になること。②〔仏教語〕悪の道に落ちること。
**だらける** ①しまりがなくなる。「だらけた生活」②なまける。
**たらこ【鱈子】** スケトウダラの卵の塩漬け。
**だらし** 〔しだらの転〕
**―がない** きちんとしていない。
**―ない** だらしがない。
**たらしこむ【誑し込む】** 〔俗語〕甘言や色仕掛けでうまくだます。
**たらす【垂らす】** たれるようにする。
**タラソテラピー** 〔フランス語 thalassothéra-

た

pie〕 海洋療法を取り入れた美容法。〔海水や海藻を利用する〕

**タラップ**〔オランダ語 trap〕 船や飛行機の乗り降りに使うはしご。

**だらに【陀羅尼】**〔仏教語〕梵《ぼん》語《ご》のまま呪《じゅ》文《もん》として唱える長い句。

**たらのき【楤の木】** ウコギ科の落葉小高木。若芽はタラノメといい、食用。

**たらばがに【鱈場蟹】** カニに似た甲殻類。肉は食用。〔ヤドカリの仲間〕

**たらふく《鱈腹》**〔俗語〕腹いっぱい。

**たられば**〔俗語〕もしもこうだったら、ああしていれば、という仮定に立つ後悔や無意味な議論。

**たり【人】** 人を数える語。「三《み》―」

**ダリア**〔dahlia〕 球根植物の一。初夏から秋にかけて花が咲く。ダリヤ。

**たりき【他力】** ①他人助力。②〔仏教語〕一切衆生を成仏させるという阿弥陀《あみだ》の力。対自力

**―本願《ほんがん》** 阿弥陀《あみだ》の力にすがって極楽往生すること。⊜もっぱら他人の力をあてにすること。

**たりつ【他律】** 他の意志・命令に支配されること。「―的」対自律

**だりつ【打率】** 野球で、打数に対する安打の比率。

**たりない【足りない】** ①不足している。②頭の働きがわるい。

**タリフ**〔tariff〕 関税(―率)。「―クォータ制(=関税割当制)」

**たりほ【垂り穂】**〔文章語〕実ってたれ下がっている穂。

**ダリヤ** ⇩ダリア

**たりゅう【他流】** ほかの流儀・流派。

**―試合《じあい》** 他流(よそ)の人との試合。

**たりょう【多量】** 量が多いこと。「―の出血」対少量

**だりょく【打力】** 野球で、打撃力。

**だりょく【惰力】** 惰性による力。「―走行」

**たりる【足りる】** ①十分である。「一万円で―」②間にあう。③(「…するに～」の形で)…する価値がある。

**たる【樽】** 木製の容器。円筒形。

**たる【足る】** 足りる。

**―ことを知《し》る** 身分相応に満足する。

**ダル**〔dull〕 ①怠惰。②退屈。

**だるい《怠い・懈い》** からだが疲れて活気がない。

**たるき【垂木】《棰》** 屋根板を支える木。

**たるざけ【樽酒】** たるにつめた酒。

**タルタル**〔tartar〕 タタール人の。

**―ステーキ**〔tartar steak〕 牛の生肉を細かくたたいてひき肉状にしたものを丸めた料理。

**―ソース**〔tartar sauce〕 マヨネーズソースの一。〔タマネギのみじん切りなどを入れる〕

**タルト**〔フランス語 tarte〕 果物やジャムをのせたパイ。

**タルトレット**〔フランス語 tartelette〕 小型のタルト。

**だるま【達磨】** ①禅宗の始祖。達磨大師。②達磨大師に模して作った張り子人形。〔縁起物〕

**たるむ【弛む】** ①ゆるむ。②だらしなくなる。

**たれ【垂れ】** ①垂れる―こと(物)。②調味料の一。「焼肉の―」③漢字の部首の分類の一。〔がんだれ(=厂)・まだれ(=广)など〕

**たれ【誰】** だれ。〔古風な言い方〕

**だれ【誰】** 不定・不明の人をさす語。

**―言《い》うとなく** いつのまにか。

**―知《し》らぬ者《もの》もない** みんなが知っている。

**―憚《はば》らず** だれにも遠慮せずに。

**だれか【誰か】** 不定の人をさす語。

**だれかれ【誰彼】** あの人この人。

**―なしに** 相手かまわず。だれでも。

**たれこむ【垂れ込む】**〔俗語〕密告する。

**たれこめる【垂れ籠める】** ①低くたれてまわりをおおう。「暗雲が―」②中にとじこもる。

**たれさがる【垂れ下がる】** 下に向かって長く下がる。⊜低くたれこめる。「雲が―」

**だれしも【誰しも】** どんな人でも。

**だれそれ【誰某】** 名をはっきりさせない言い方。ある人。「―の話では」

**たれながし【垂れ流し】** 始末せず、出るにまかせること。〔大小便・汚水・廃液などについていう〕動たれながす

**たれまく【垂れ幕】** ①垂れ下げた幕。②宣伝文などを書いて垂らした細長い布。

**たれめ【垂れ目】** 下がり目。

**たれり【足れり】**〔文章語〕十分だ。「ーとする（=満足する）」

**たれる【垂れる】**①したたる。②下へだらりと‐さげる（さがる）。③目下に示す。「範をー」④〔俗語〕大小便やおならをする。

**だれる** ①緊張を欠く。②あきてくる。③株式で、相場に活気がなく下落ぎみになる。

**タレント**［talent］芸能人。〔才能・技量の意〕

**タロいも【ー芋】** サトイモ科の多年草。〔タロは タヒチ語 taro〕

**たろう【太郎】**①〔古語〕長男。②最もー大きい（すぐれた）もの。「坂東《ばんどう》ー（=利根川の別称）」

**タロットカード**［tarot card］占いなどに使うカード。〔数字札五六枚と絵札二二枚からなる〕

**タワー**［tower］塔。「コントロールー」

**ーマンション**［和製語 tower mansion］塔状の高層マンション。タワマン。

**たわいない《他愛ない》**①くだらない。②手ごたえがない。「たわいなく負けた」③とりとめがない。

**たわけ《戯け》**①ばか者。愚か者。②浮かれてふざけること。

**たわごと【戯言】** 正気と思われない言葉。

**たわし《束子》** 台所用品の一。シュロの毛を束ねて作った、みがき道具。

**たわむ《撓む》** しなう。曲がる。

**たわむれ【戯れ】**〔冗談ですること。遊び。

**たわむれる【戯れる】**①遊ぶ。②ふざける。③ふまじめなことをする。

**たわめる《撓める》** 押して曲げる。しなわせる。

**たわら【俵】** わらなどで作った大きな袋。〔米や炭を入れる〕

**たわわ《撓》**（実などの重みで）枝がしなうようす。「枝もーに」

**たん【反】《段》**①反物の長さの単位。②土地の面積の単位。一町の一〇分の一。

**たん【譚】** 物語。談。「風流ー」

**たん【短】**①欠点。短所。「ーを補う」②短い。「ー‐時間（距離）」◇対長

**たん【嘆】《歎》**〔文章語〕なげき。「髀肉《ひにく》のー」

**たん【痰】** 気管から出る分泌物。

**たん【端】** 糸口。きっかけ。

**ーを発《はつ》する** そのことから始まる。

**タン** 料理で、牛などの舌肉。「ーシチュー」〔tongueから〕

**タン【湯】**［中国語 tāng］中国料理で、スープ。

**だん【談】** 話。談話。「経験（首相）ー」

**だん【男】**①〔文章語〕息子。対女《じょ》 ②男爵。

**だん【段】**①重なりのひとつひとつ。「上のー」②階段。③技量の等級。段位。④内容のひとくぎり。⑤こと。次第。場合。「話すーになると」

**だん【断】** 決断。「ーを下す」

**だん【壇】** 他より高く作った場。〔祭壇・演壇など〕

**ダン** 野球でアウト数。ダウン。「ツーー満塁」〔downから〕

**だんあつ【弾圧】** 権力や武力によって圧迫すること。「言論ー」

**たんい【単位】**①数量計算の基準。②組織を構成するまとまり。「家族ー」③学習量の基準。「ーをとる」

**ー系《けい》** いくつかの基本単位と、それらから誘導される単位とからなる体系。〔MKS単位系・CGS単位系など〕

**だんい【段位】** 囲碁・将棋・武道などで、技量を表す段の位《くらい》。

**だんい【暖衣】**

**ー飽食《ほうしょく》** 何の不足もなく生活すること。

**たんいせいしょく【単為生殖】** 有性生殖の一。雌が受精しないで新個体を生じる。〔ミツバチ・タンポポなどで〕対両性生殖

**たんいつ【単一】**①ひとつ。単独。「ー行動」②まじりけがないこと。

**ー組合《くみあい》** 各企業を単位として、産業別に組織された労働組合。

**だんいん【団員】** その団体に属している人。

**だんう【弾雨】** 雨のようにたくさん飛んでくる銃弾。

**たんおん【単音】** 個々の母音・子音。〔音声の最小単位〕

**ー文字《もじ》** 一字がひとつの単音を表す表音文字。〔ローマ字など〕

**たんおん【短音】** 短く響く音。対長音

**たんか【担架】** 傷病者などを寝かせて運ぶ

用具。

**たんか【単価】** 品物一個の値段。

**たんか【炭化】** 有機化合物が分解し、炭素が残ること。

**—水《すい》素《そ》** 炭素と水素だけからなる化合物の総称。

**たんか《啖呵》** 威勢がよく、歯切れのよい言葉。

**—を切《き》る** 歯切れのよい言葉で威勢よくまくしたてる。

**たんか【短歌】** 和歌の形式の一。五・七・五・七・七の三一音からなる。対長歌

**たんか【譚歌】** バラード。

**だんか【檀家】** 〔仏教語〕その寺に墓地をもち、寺を援助する家。檀那。

**タンカー** 〔tanker〕石油を運ぶ船。油送船。油槽船。

**だんかい【団塊】** かたまり。

**—の世《せ》代《だい》** 第二次世界大戦直後のベビーブームに生まれた世代。〔堺屋太一の小説の題名から〕

**だんかい【段階】** ①順序。等級。「—的」②進行過程の一区切り。

**だんがい【断崖】** 切り立ったがけ。

**だんがい【弾劾】** 罪状を調べ責任を追及すること。

**たんかいとう【探海灯】** 海上を照らすサーチライト。

**だんかざり【段飾り】** 階段状に飾ったもの。「おひなさまの—」対平《ひら》飾り

**たんかだいがく【単科大学】** 一学部だけの大学。カレッジ。対総合大学

**ダンガリー** 〔dungaree〕デニムに似た綿布。

**たんかん【胆管】** 胆汁を十二指腸へ運ぶ管。

**たんかん【短観】** 日本銀行が行う企業短期経済観測調査の略。日銀短観。

**たんがん【単眼】** クモ・昆虫類の簡単な構造の目。〔働きは明暗の識別程度〕対複眼

**たんがん【嘆願】《歎願》** 事情を訴えて、心から願うこと。「—書」

**だんかん【断簡】** 〔文章語〕文章や手紙の切れはし。「—零墨」

**だんがん【弾丸】** 銃砲のたま。‖非常に速いもの。「—列車（旅行）」

**たんき【単記】** 一名だけ記入すること。「—投票」対連記

**たんき【短気】** 気が短く、おこりっぽいこと。

**—は損《そん》気《き》** 短気は結局は失敗して自分の得にならない。

**たんき【短期】** 短い期間。対長期

**—大《だい》学《がく》** 修業年限が二年（三年）の大学。短大。

**だんぎ【談義】** 道理を説き聞かせること。類説教 ‖退屈な話。「へたの長—」

**たんきゅう【探求】** 探り求めること。類追求・探索

**たんきゅう【探究】** 深く探りきわめること。類追究・研究

**だんきゅう【段丘】** 川・海・湖の岸沿いの階段状の地形。

**たんきょり【短距離】** ①短い距離。「—弾道ミサイル」②陸上競技で四〇〇メートル以下の競走。◇対中距離・長距離

**—離着陸機《りちゃくりくき》** 離着陸に必要な滑走距離が短い飛行機。略称STOL。エストール。

**たんく【短軀】** 〔文章語〕背の低い体。対長軀

**タンク** 〔tank〕①液体や気体を蓄える大きな容器。「ガス—」②戦車。

**—トップ** 〔tank top〕ランニングシャツ風の女性用上着。

**—ローリー** 〔和製語 tank lorry〕ガソリンや液化ガスを運ぶタンクを備えたトラック。

**ダンクショット** 〔dunk shot〕バスケットボールで、バスケットの真上から打ち込むシュート。ダンクシュート。

**タングステン** 〔tungsten〕金属元素の一。灰白色で硬く、融点が高い。ウォルフラム。記号W

**—鋼《こう》** タングステンを含む特殊鋼。硬く強い。

**たんぐつ【短靴】** くるぶし下までの浅いくつ。たんか。対長靴

**ダンケ** 〔ドイツ語 danke〕ありがとう。

**—シェーン** 〔ドイツ語 danke schön〕どうもありがとう。

**たんけい【短径】** 楕円《だえん》形の最短の直径。短軸。対長径

**たんけい【端渓】** 中国、端渓産の良質のすずり石。また、そのすずり。

**だんけい【男系】** 男子の系統。類父系 対

た

女系

**たんげいすべからず**【端倪すべからず】〔文章語〕はかりしれない。

**だんけつ**【団結】多数の人が力を合わせ、まとまること。

**―権**《けん》 労働者が労働組合を作り団結する権利。

**たんけん**【探検・探険】未知の世界を危険を冒して実地調査すること。「―家(隊)」

**たんけん**【短剣】①短い剣。類短刀 ②時計の短針。◇対長剣

**たんげん**【単元】ある主題に基づく学習活動のひとまとまり。「―学習」

**だんげん**【断言】きっぱり言い切ること。類明言

**たんこ**【淡湖】淡水の湖。対塩湖・鹹湖《かんこ》

**たんご**【単語】文法上の意味・機能をもつ、最小言語単位。

**たんご**【端午】五節句の一。男子の節句。五月五日。「―の節句」

**タンゴ**〔スペイン語 tango〕ダンス(―音楽)の一。〔アルゼンチンにおこる〕

**だんこ**【断固】《断乎》きっぱりとした態度をとるようす。「―たる決心」類断然

**だんご**【団子】穀物の粉をこねて丸めた食品。Ⅱ丸く固まった形。「―になって走る」

**―に目**《め》**鼻**《はな》 丸い顔の形容。

**―鼻**《ばな》 低くて丸い鼻。だんごっぱな。

**たんこう**【炭坑】石炭を掘り出す穴。

**たんこう**【炭鉱】《炭礦》石炭を掘り出す鉱山。

**たんこう**【探鉱】石炭層や鉱床を探すこと。

**たんこう**【淡紅】うすいべに色。「―色」

**たんこう**【淡黄】うすい黄色。「―色」

**だんこう**【団交】団体交渉の略。

**だんこう**【断交】①絶交。②国交断絶。

**だんこう**【断行】障害を押しきって実行すること。「熟慮―」類敢行

**だんごう**【談合】話し合い。類相談 Ⅱ入札前に価格を話し合いで決めること。

**たんこうしき**【単項式】数や文字の積で表される整式。+や−は含まない。〔$2x$、$y^2$など〕対多項式

**たんこうぼん**【単行本】単独に刊行された本。対全集・叢書《そうしょ》

**だんごく**【暖国】一年中暖かい―国(地方)。

**だんこん**【男根】〔文章語〕陰茎。ペニス。

**だんこん**【弾痕】弾丸のあたったあと(―の傷)。

**たんさ**【探査】探り調べること。「―機」

**たんざ**【単座】ひとり乗り。「―戦闘機」

**たんざ**【端座】《端坐》類正座

**だんさ**【段差】①道などにできた高低の差。②段位の差。

**ダンサー**〔dancer〕①舞踊家。②ダンスホールで客を相手に踊る職業の人。

**たんさい**【単彩】ただ一色の色彩。

**たんさい**【淡彩】あっさりした色彩。「―画」対濃彩

**たんさい**【短才】〔文章語〕才能の乏しいこと。〔謙譲語としても使う〕

**だんさい**【断裁】《断截》たち切ること。類裁断

**だんざい**【断罪】①罪を裁くこと。②打ち首。類斬罪

**たんさいぼう**【単細胞】ただひとつの細胞。Ⅱ〔俗語〕単純な人。

**―生物**《せいぶつ》 体が一個の細胞からなる下等な生物。対多細胞生物

**たんさく**【単作】同一耕地に一種類の作物だけを作ること。一毛作。対混作

**たんさく**【探索】さがし求めること。

**たんざく**【短冊】《短尺》①和歌・俳句を書く細長い紙。②短冊形の略。「―切り」

**たんさん**【炭酸】二酸化炭素が水に溶けて生じる弱酸。

**―塩**《えん》 炭酸の水素が金属に置換されて生じる塩。

**―ガス** 二酸化炭素。

**―カルシウム** カルシウムの炭酸塩。石灰石や大理石の主成分。

**―水**《すい》 二酸化炭素の水溶液。清涼飲料用。

**―泉**《せん》 炭酸を多量に含む温泉。

**―ソーダ** ナトリウムの炭酸塩。白色粉末で水によく溶ける。炭酸ナトリウム。せっけんやガラスの原料。

**たんし**【短詩】短い形式の詩。対長詩

**たんし**【短資】短期資金の略。一年未満の貸付資金。

**たんし**【端子】電気機器の電流出入り口

などに取り付けた金具。ターミナル。

**たんし【譚詩】** 物語詩。バラード。

**だんし【男子】** ①男の子。②男性。「一生の仕事」◇類男児 対女子

**だんじ【男児】** ①男の子。対女児 ②男。「九州―」

**タンジェント**〔tangent〕 数学で、三角関数の一。正接。記号tan

**たんしき【単式】** ①単純な形式。②単式簿記の略。財産の増減だけを記録する。◇対複式

**だんじき【断食】** 一定期間、食べ物を断つこと。「―療法」

**たんしきんるい【担子菌類】** 高等な菌類。シイタケ・マツタケなど。

**だんじこむ【談じ込む】** 苦情や要求を強硬な態度で申し入れる。

**たんじじつ【短時日】** わずかな日数。

**たんしつ【炭質】** 石炭(木炭)の品質。

**たんじつ【短日】** 昼間が短い日。冬の日。対長日

**―植物《しょくぶつ》** 日照時間が短くなると開花する植物。キク・コスモスなど。対長日植物

**たんじつげつ【短日月】** わずかの月日。

**だんじて【断じて】** ①必ず。断固として。②(否定表現の中で)決して。

**―行《おこな》えば鬼神《きしん》もこれを避《さ》く** 決然と行えば、何物も邪魔できない。

**たんしゃ【単車】** オートバイ。

**だんしゃく【男爵】** 爵位の一。五等爵の第五位。

**―芋《いも》** ジャガイモの品種の一。〔明治初期、川田男爵がアメリカから輸入〕

**だんしゃり【断捨離】** 不要なものを減らし、生活の向上を目指すという考え方。〔商標〕

**だんしゅ【断酒】** 飲酒をやめること。酒をたつこと。類禁酒

**だんしゅ【断種】** 手術して生殖能力を失わせること。

**たんじゅう【胆汁】** 肝臓でつくられる消化補助液。

**―質《しつ》** 気質の分類の一。感情的で短気な性質。

**たんじゅう【短銃】** ピストル。拳銃《けんじゅう》。

**だんしゅう【男囚】** 男の囚人。対女囚

**たんしゅく【短縮】** 短く縮めること。「―ダイヤル」対延長

**たんしゅん【探春】**〔文章語〕春のおもむき(景色)をたずねて郊外にゆくこと。

**たんじゅん【単純】** ①こみいっていないこと。類簡単 対複雑 ②まじりけのないこと。類純一

**―化《か》** 単純にする(なる)こと。

**―平均《へいきん》** ①何の修正も加えない平均。②単純平均株価。

**―平均《へいきん》株価《かぶか》** その日の株価の総計を銘柄数で割った平均の株価。

**たんしょ【短所】** 類欠点 対長所

**たんしょ【端緒】** いとぐち。きっかけ。たんちょ。

**―につく** 緒《しょ》につく。

**だんじょ【男女】** 男と女。

**―共学《きょうがく》** 同じ学校・教室で、男と女の学生(生徒)がいっしょに学ぶこと。

**―差別《さべつ》** 性の違いによる差別。性差別。

**―同権《どうけん》** 男女が法的・社会的に同等の権利をもつこと。

**たんしょう【単勝】** 競馬や競輪で一着だけを当てること。単勝式。対複勝・連勝

**たんしょう【探勝】**〔文章語〕景勝の地を訪れ、味わうこと。

**たんしょう【短小】** 短くて小さいこと。対長大

**たんしょう【嘆賞・嘆称】**〔文章語〕ほめちぎること。類称賛

**たんじょう【誕生】** 生まれること。出生。Ⅱ新しくできること。「新憲法の―」

**―石《せき》** 一二か月に関係づけて選ばれた宝石。〔その月生まれの人の幸福の象徴とされる〕

**だんしょう【断章】**〔文章語〕①文章の断片。②他人の詩文の一部を使うこと。

**だんしょう【談笑】** うちとけて楽しく会話すること。類歓談

**だんじょう【壇上】** 演壇(教壇)の上。

**たんしようしょくぶつ【単子葉植物】** 被子植物の一。子葉が一枚。単子葉類。対双子葉植物

**たんしょうとう【探照灯】** サーチライト。

**たんしょく【単色】** ①ひとつの色。②(光の)七種類の原色。

**たんしょく【淡色】** うすい色。

**―野菜《やさい》** カロチンの少ない野菜。タマネギ・ダイコン・キュウリ・キャベツなど。対緑黄色野菜

た

**だんしょく【男色】** 男性の同性愛。衆道《しゅうどう》。なんしょく。

**だんしょく【暖色】** 赤・橙・黄色など。類温色 対寒色

**たんじる【嘆じる】**《歎じる》〔文章語〕①なげく。②感心する。◇嘆ずる。

**だんじる【断じる】**〔文章語〕①断定する。②決定する。◇断ずる。

**だんじる【弾じる】**〔文章語〕琴やびわをかなでる。弾ずる。

**だんじる【談じる】**〔文章語〕①話す。②かけあう。◇談ずる。

**たんしん【丹心】**〔文章語〕まごころ。類丹誠

**たんしん【単身】** ただひとり。

**―赴任《ふにん》** 家族から離れて、ひとり赴任すること。

**たんしん【単親】** 片方の親しかいないこと。ひとり親。「―家庭」

**たんしん【短信】** ①短い手紙。②新聞や雑誌で、短いニュース。「―欄」

**たんしん【短針】** 時計の短い方の針。時間を示す。時針。対長針

**ダンシング**〔dancing〕おどること。舞踊。

**たんす【箪笥】** 家具の一。

**―預金《よきん》** 家の中で大事にためられている現金。

**ダンス**〔dance〕洋式の踊り。「社交―」

**―パーティー**〔和製語 dance party〕ダンスを楽しむ会。

**たんすい【淡水】** 塩分を含まない水。「―魚」類真水《まみず》 対鹹水《かんすい》

**―湖《こ》** 水一リットル中の塩類が五〇〇ミリグラム以下の湖。

**たんすい【湛水】**〔文章語〕水田やダムに水―をためる(がたまる)こと。

**だんすい【断水】** 水道が止まること。

**たんすいかぶつ【炭水化物】** 炭素・水素・酸素からなる化合物。三大栄養素の一。砂糖・でんぷんなど。

**たんすいろ【短水路】** 長さ五〇メートル未満のプールのコース。対長水路

**たんすう【単数】** ①ひとつ。②文法形式の一。「一人称―」◇対複数

**たんずる【嘆ずる】**《歎ずる》〔文章語〕嘆じる。

**だんずる【断ずる】**〔文章語〕断じる。

**だんずる【弾ずる】**〔文章語〕弾じる。

**だんずる【談ずる】**〔文章語〕談じる。

**たんせい【丹青】** ①絵の具。彩色。②絵。「―の道」◇〔赤と青の意〕

**たんせい【丹誠】** まごころ。「―をこめる」

**たんせい【丹精】** まごころをこめてすること。「―をこらす」

**たんせい【単性】** 生物が、雄・雌一方の生殖器を備えていること。

**―生殖《せいしょく》** 単為生殖。

**たんせい【嘆声】**《歎声》〔文章語〕①嘆きの声。②感心して思わずあげる声。

**たんせい【端正・端整】** 姿・行いがきちんとしているようす。類端麗

**たんぜい【担税】** 税を負担すること。

**だんせい【男声】** 音楽で、男性の声。「―合唱」対女声

**だんせい【男性】** 男。〔多く成人をいう〕対女性

**―的《てき》** 男らしい。また、男を思わせるようす。対女性的 〔「たくましい」「強い」などジェンダーにとらわれた意味で使われることがある〕

**だんせい【弾性】** 外からの力で変形した物体が元に戻る性質。弾力性。

**たんせき【旦夕】**〔文章語〕朝晩。‖始終。平生。

**―に迫《せま》る** 時機が切迫する。

**たんせき【胆石】** 胆汁の成分によってできる結石。

**だんぜつ【断絶】** ①絶えること。とだえること。「家名―」②つながり―を断ちきる（が断ちきれる）こと。「国交―」

**たんせん【単線】** ひとつの線路を上下列車が共用すること。単線軌道。対複線

**たんぜん【端然】** 姿・形がきちんと整っているようす。

**だんせん【断線】** 電線や電話線が切れて不通になること。

**だんぜん【断然】** ①きっぱり。類断固 ②ずばぬけているようす。

**たんそ【単組】** 単位組合の略。

**たんそ【炭素】** 元素の一。石炭やダイヤモンドをつくる固体。燃えて二酸化炭素になる。記号C

**―繊維《せんい》** 炭素から作られた繊維。強度が高く弾性に富む。

**たんそ【炭疽】** 家畜の感染症の一。〔人間にも感染する〕

た

—病《びょう》 ①炭疽。②植物の病気の一。褐色の斑点ができる。
**たんぞう【鍛造】** 金属をきたえて物を作ること。
**だんそう【男装】** 女が男の身なりをすること。対女装
**だんそう【断想】** 断片的な感想。
**だんそう【断層】** 地殻の割れ目に沿って、地層がずれる現象。Ⅱくいちがい。ずれ。「世代の—」
—**撮影**《さつえい》 対象の断面を鮮明に写す撮影法。
**だんそう【弾奏】** 〔文章語〕弦楽器をひくこと。
**だんそう【弾倉】** 連発銃で、補充用の弾丸をつめる部分。
**たんそく【探測】** さぐりはかること。「—気球（ロケット）」
**たんそく【短足】** 足が短いこと。短い足。
**たんそく【嘆息】**《歎息》嘆いてため息をつくこと。ため息。
**だんぞく【断続】** 切れたり続いたりすること。「—的」対連続
**だんそんじょひ【男尊女卑】** 男を尊び、女を軽視する考えや態度。対女尊男卑
**たんだ【単打】** 野球で、シングルヒット。
**たんだ【短打】** ①野球で、バットを短く持って確実に打つこと。②単打。
**たんたい【単体】** ①一種類の元素からなる物質。対化合物 ②単一の物体。単独。「—の機器」
**たんだい【短大】** 短期大学の略。

**だんたい【団体】**（組織的な）集団。
—**交渉**《こうしょう》 労働組合の代表者と使用者間で行う、労働条件の交渉。団交。
—**保険**《ほけん》 雇い主が契約者となり、多数の従業員を被保険者とする生命保険。
**だんたい【暖帯】** 温帯で熱帯に近い地帯。
**だんだら【段だら】** 太い（いろいろな色の）横じまの模様。「—じま（染め）」
**たんたん【坦々】** 平らなようす。Ⅱ物事が平凡に進むようす。
**たんたん【眈々】** すきあらばとねらうようす。「虎視《こし》—」
**たんたん【淡々】** ①あっさりしているようす。「—とした口調」②物事にこだわらないようす。
**たんたん【湛々】** 〔文章語〕水が満ちたたえられているようす。
**だんだん【段々】** ①〔俗語〕段。階段。②〔文章語〕事のひとつひとつ。③しだいに。
—**畑**《ばたけ》 傾斜地に階段状に作った畑。
**だんだんこ【断断固】**《—乎》断固の強め。
**タンタンメン【担担麺】**〔中国語 dàndàn-miàn〕四川《しせん》風の辛いめん料理。〔担担（=天びん棒）でかついで売り歩いたことから〕
**たんち【探知】** 探りあてること。「逆—」
**だんち【団地】** ①住宅や工場を計画的に一か所に集めて建てた地域。②特に、アパート式の住宅団地。

**だんち【暖地】** 一年中、暖かな土地。対寒地
**だんちがい【段違い】** ①程度の差が大きい。「—に強い」②高さに違いがあること。「—平行棒」
**だんちゃく【弾着】** 発射した弾丸が命中すること（とどく地点）。「—点」
**たんちょ【単著】** 単独の著作。対共著
**たんちょ【端緒】** たんしょ。〔「たんしょ」の慣用読み〕
**たんちょう【単調】** 単純で変化がないこと。類一本調子
**たんちょう【丹頂】** ツルの一。頭の頂上が赤い。丹頂鶴。〔特別天然記念物〕
**たんちょう【探鳥】** バードウオッチング。
**たんちょう【短調】** 短音階による楽曲の調子。荘重的・感傷的な気分の表現に適する。対長調
**だんちょう【団長】** 団体を統率する人。
**だんちょう【断腸】**
—**の思**《おも》**い** はらわたがちぎれるほどつらい思い。
**だんつう【段通・緞通】** 敷物用の厚い織物。〔中国語「毯子《ダンツ》」の当て字〕
**たんてい【探偵】** 秘かに事情を調べること（職業の人）。
—**小説**《しょうせつ》 推理小説の古い言い方。
**たんてい【短艇・端艇】** 〔文章語〕小舟。ボート。
**だんてい【断定】** はっきりと判断すること。「—を下す」
**ダンディー**〔dandy〕おしゃれでいきなよ

うす（男性）。
**ダンディズム**〔dandyism〕 男性のおしゃれ（―精神）。
**たんてき【端的】** ①明白。 ②てっとりばやいようす。
**たんでき【耽溺】**〔文章語〕よくないことに夢中になること。
**たんてつ【鍛鉄】** 鉄を鍛えること。鍛えた鉄。
**タンデム**〔tandem〕 二人乗りの―自転車（オートバイ）。〔二頭立て馬車の意から〕
**たんでん【丹田】**〔文章語〕へその下の辺。「―に力をこめる・臍下《せいか》―」
**たんでん【炭田】** 石炭が多くとれる地域。
**たんと**〔俗語〕たくさん。どっさり。
**だんと【檀徒】**〔仏教語〕檀家の人々。
**たんとう【担当】** 仕事として受け持つこと（人）。「―者」
**たんとう【短刀】** 短い刀。短剣。対長刀
**だんとう【弾頭】** 砲弾の先の、爆薬が詰めてある部分。「核―」
**だんとう【暖冬】** 例年より暖かい冬。
**だんどう【弾道】** 発射された弾丸が空中に描く曲線。
**―弾《だん》** ロケットエンジンで飛ぶミサイル。弾道ミサイル。〔放物線に近い弾道を描いて飛ぶ〕
**だんとうだい【断頭台】** 罪人の首を切り落とす台。ギロチン。
**たんとうちょくにゅう【単刀直入】** 直ちに本題に入ること。
**たんどく【丹毒】** 急性の皮膚病の一。連鎖状球菌が傷口から入っておこる。
**たんどく【単独】** ひとつだけ。ひとりきり。対共同
**たんどく【耽読】** 書物を夢中で読みふけること。
**だんトツ【断―】**〔俗語〕断然先頭を行くこと。〔断然トップの略〕
**だんどり【段取り】** 手順。順序。
**タンドリーチキン**〔tandoori chicken〕 インドの料理の一。鶏肉をつぼ形のタンドールというかまどで焼いたもの。
**だんな【旦那】** ①**【檀那】**〔仏教語〕施主。檀家。②（商家の）男の主人。③夫。④客（目上）の男性の敬称。
**―芸《げい》** 商家の旦那が趣味で楽しむ芸事。
**たんなる【単なる】** ただの。
**たんに【単に】** ただ。「―試みただけ」
**たんにん【担任】** 担当（―の教員）。
**タンニン**〔オランダ語 tannin〕 茶やカキの渋みの成分。皮なめし剤・インキ・染料用。
**だんねつ【断熱】** 熱の出入りをさえぎること。「―材」
**たんねん【丹念】** 念入り。丁寧。「―な仕上げ」類入念
**だんねん【断念】** あきらめること。
**たんのう【胆嚢】** 胆汁を一時貯蔵する袋状の器官。
**たんのう【堪能】** ①十分満足すること。②その道にすぐれているようす。〔「かんのう」の慣用読み〕
**たんぱ【短波】** 波長が一〇～一〇〇メートルの電波。遠距離通信用。「―放送」対長波・中波
**ダンパー**〔damper〕 振動や衝撃を―吸収（抑制）する装置。
**たんばい【探梅】**〔文章語〕梅見に行くこと。
**たんぱく【蛋白】** たんぱく質。〔卵白の意から〕
**―質《しつ》** 三大栄養素の一。生物体を構成する重要な化合物。
**たんぱく【淡泊】** ①味や色があっさりしていること。「―な味」対濃厚 ②ものにこだわらず、さっぱりしていること。 ◇〔俗に淡白とも書く〕
**たんぱつ【単発】** ①エンジンがひとつの飛行機。「―機」対双発 ②一発ずつ発射すること。「―銃」対連発 Ⅱひとつだけで連続しないこと。「―ドラマ」
**たんぱつ【短髪】** 短く刈った髪。対長髪
**だんぱつ【断髪】** 髪を（―短く）切ること。短く切った髪型。
**タンバリン**〔tambourine〕 打楽器の一。
**たんパン【短―】**〔俗語〕たけの短いパンツ。
**だんぱん【談判】** 物事の始末や取り決めのために話し合うこと。類交渉・かけあい
**たんび【耽美】** 美を唯一絶対のものとし追求すること。唯美。
**―主義《しゅぎ》** 美に最高の価値を認め、これを追求する立場。唯美主義。
**たんび【嘆美】**《歎美》〔文章語〕感心してほめること。類嘆賞
**だんぴつ【断筆】** 執筆の仕事をやめるこ

と。「―宣言」
**たんぴょう【短評】** 短い批評。
**だんびら【段平】**〔俗語〕刃の広い刀。太刀。
**たんぴん【単品】** ①一種類の品。②セットになった品物の中のひとつの品。
**ダンピング**〔dumping〕不当な安売り。
**たんぶ【反歩】**《段歩》田畑を反単位に数えるときの語。
**ダンプ**〔dump〕ダンプカー。
**―カー**〔和製語 dump car〕トラックの一。荷台を傾けて積み荷を降ろす。ダンプトラック。
**タンブール**〔フランス語 tambour〕①太鼓。②刺繍《ししゅう》に使う丸い枠。
**たんぷく【単複】** ①単数と複数。②テニスや卓球で、シングルスとダブルス。③単勝と複勝。
**タンブラー**〔tumbler〕筒形でやや大形のコップ。
**タンブリング**〔tumbling〕数人で手をつないだり肩にのったりしていろいろな形を作る体操。
**たんぶん【単文】** 文法で、主語と述語ひとつずつからなる文。対複文・重文
**たんぶん【短文】** 短い―文（文章）。対長文
**たんぺいきゅう【短兵急】** いきなり。だしぬけ。〔短刀などで急に攻める意〕
**たんべつ【反別】**《段別》①田畑を一反ごとに分けること。②田畑の面積。
**ダンベル**〔dumbbell〕体操用具の一。亜鈴。
**たんべん【単弁】** ひとえの花弁。対重弁
**たんぺん【短辺】** 長方形の、短い方の辺。対長辺
**たんぺん【短編】**《短篇》短い作品。「―小説」対長編
**だんぺん【断片】** 切れはし。
**―的**《てき》 きれぎれ。
**だんぺん【断編】**《断篇》文章の切れはし。
**たんぼ【田んぼ】**《田圃》田。
**たんぽ** 綿を布で丸く包んだもの。〔拓本や、けいこ用のやり先に使う〕
**たんぽ【担保】** 債務の保証として債権者に提供するもの。類抵当
**―物権**《ぶっけん》 債権の担保を目的とする物権。〔留置権・先取特権・質権・抵当権の四種〕
**たんぼう【探訪】** 実際に訪れて―社会（事件）の実情を探ること。たんぽう。「―記者」
**だんぼう【暖房】**《煖房》室内を暖める―こと（装置）。対冷房
**だんボール【段―】** 波形の紙を芯《しん》にしたボール紙。「―箱」
**たんぽぽ**《蒲公英》野草の一。春、黄色の花を開く。
**タンポン**〔フランス語 tampon〕止血用の綿やガーゼ。また、内装式の生理用品。
**たんほんい【単本位】** 金銀のどちらかを本位貨幣とすること。「―制」対複本位
**だんまく【段幕】** 紅・白、黒・白などの布を横に交互につなぎあわせた幕。
**だんまく【弾幕】** たくさんの弾丸が一斉射撃されるのを幕にたとえた言い方。
**たんまつ【端末】** ①はし。②コンピューターの入出力機器。「―装置」
**だんまつま【断末魔】** 臨終（―の苦しみ）。「―の叫び」
**たんまり**〔俗語〕たくさん。どっさり。
**だんまり**《黙り》①黙っている―こと（人）。類無言 ②歌舞伎の演出の一。暗やみでの無言の立ちまわり。◇「だまり」から
**たんみ【淡味】** あっさりした―味（趣味）。
**たんむ【担務】**〔文章語〕担当の任務。任務を担当すること。「―変更」
**たんめい【短命】** 寿命の短いこと。類夭折《ようせつ》 Ⅱ長く続かないこと。「―内閣」◇対長命
**タンメン【湯麺】**〔中国語 tāngmiàn〕中華そばの一。〔塩味スープで、いためた野菜が入る〕
**だんめん【断面】** 切り口の面。Ⅱ物事をある観点からみた場合の状態。「社会の―」
**―図**《ず》 切断したと仮定して、内部構造を示した図。
**たんもの【反物】** ①一反に仕上げた布。②呉服。「―屋」
**だんもの【段物】** ①幾段もある語り物や曲。②能楽で、見せどころ・聞かせどころの一段。
**たんや【短夜】** 短い夜。夏の夜。対長夜
**たんや【鍛冶】**〔文章語〕かじ。
**だんやく【弾薬】** 弾丸と火薬。「―庫」

**だんゆう【男優】** 男性の俳優。対女優

**たんよう【単葉】** ①一枚からなる葉。ポプラ・ツバキなど。②単葉機。主翼が一枚の飛行機。◇対複葉

**たんらく【短絡】** ショート③。Ⅱ物事を非論理的・性急なやり方で結びつけること。「—的」

**だんらく【段落】** 文章の大きな切れ目。Ⅱ物事の区切り。「一—つく」

**だんらん【団欒】** 集まって楽しくかたらうこと。「一家—」

**たんり【単利】** 元金に対する利息だけがつく計算法。対複利

**だんりゅう【暖流】** 高温の海流。赤道付近から温帯へ流れる。〔黒潮など〕対寒流

**たんりょ【短慮】** 〔文章語〕①浅はかな考え。類浅慮 ②短気。せっかち。

**たんりょく【胆力】** 類度胸

**たんりょく【淡緑】** うすみどり。「—色」

**だんりょく【弾力】** 元の形に返ろうとする力。Ⅱ変化に適応できる力。「—のある運営」

**—性《せい》** 弾力に富む性質。Ⅱ融通性。

**たんれい【淡麗】** 酒で、適度な後味・含み香のある、すっきりとした味わい。「—辛口」対濃醇《のうじゅん》

**たんれい【端麗】** 姿・形が整っていて美しいようす。「容姿—」

**だんれつ【断裂】** さけて切れ離れること。「アキレス腱—」

**たんれん【鍛錬・鍛練】** 金属を鍛えること。Ⅱ心身・技能を鍛え磨くこと。

**だんろ【暖炉】**《煖炉》 薪や石炭をたく暖房用の炉。

**だんろん【談論】** 談話や議論。

**—風発《ふうはつ》** 盛んに話し合い議論すること。

**だんわ【談話】** ①話をすること。「—室」類会話 ②形式ばらない意見発表。

**だんをとる【暖を取る】** 暖かくする。

# ち

**ち【血】** ①血液。②血筋。

**—が通《かよ》う** 人間らしい情がこもっている。

**—が騒《さわ》ぐ** 興奮してじっとしていられない気持ちになる。

**—で血《ち》を洗《あら》う** ①血族が互いに争う。②むごたらしく殺し合う。

**—と汗《あせ》の結晶《けっしょう》** 大変な苦労をして得たもの。

**—となり肉《にく》となる** すっかり身につく。

**—に飢《う》える** 相手に危害を加える気持ちを強くもつ。

**—の雨《あめ》を降《ふ》らす** 多数の死傷者が出る流血事件を起こす。

**—の涙《なみだ》** 深い悲しみの涙。Ⅱ非常につらい思い。

**—の道《みち》** ①血管。②婦人病の総称。

**—の巡《めぐ》り** 頭の働き。「—が悪い」

**—は水《みず》よりも濃《こ》い** 肉親の情愛や関係は格別に強い。

**—も涙《なみだ》もない** 思いやりがなく、冷酷である。

**—を吐《は》く思《おも》い** 大変つらく苦しい思い。

**—を引《ひ》く** 血統を受けつぐ。

**—を分《わ》ける** 血縁関係にある。

**ち【地】** ①大地。対天 ②土地。「永住の—」③上下が決まっている物の下部。「天—無用」④⇩天地人

**—に足《あし》が着《つ》く** 着実でしっかりしている。

**—に落《お》ちる** すっかり衰える。

**—の塩《しお》** キリスト教で、社会を向上させる模範となる人(—をたとえていう語)。

**—の利《り》** その場所の位置や形勢が有利であること。

**ち【治】** 〔文章語〕①政治。②よく治まること。

**—に居《い》て乱《らん》を忘《わす》れず** 平時でも戦乱への備えをおこたらない。

**ち【知】**《智》 分別《ふんべつ》の能力。「—・仁・勇」

**ち【乳】** ①ちち。②ひもを通す小さい輪。「羽織の—」③釣り鐘の表面のいぼ状の突起。

**ちあい【血合い】** 魚肉の背肉と腹肉の境目にある赤黒い部分。

**チアガール** 〔和製語 cheer girl〕チアリーダー。

**チアノーゼ** 〔ドイツ語 Zyanose〕血液中の酸素が欠乏する状態。〔唇や皮膚が青黒くなる〕

**チアリーダー** 〔cheerleader〕スポーツなどのはなやかな応援をする若い女性(—グループ)。

**ちあん【治安】** 社会の秩序が平和に保たれること。
**ちい【地位】** 社会的身分。類立場
**ちい【地異】** 地上におこる異変。「天変—」〔地震や噴火など〕類地変
**ちいき【地域】**（指定された）区域。
**—社会《しゃかい》** 地区、町村など一定範囲に成立している生活共同体。
**—通貨《つうか》** 特定の地域内だけで通用するお金。対法定通貨
**ちいく【知育】** 知的能力を向上させる教育。対体育・徳育
**チーク**［cheek］ ①ほお。②ほおべに。チークカラー。「—を入れる」③チークダンス。
**—ダンス**［和製語 cheek dance］（男女が）ほおや体をすり寄せて踊るダンス。
**チーク**［teak］ 落葉高木の一。材質は、軽くて堅い。家具・船舶などに用いる。
**ちいさい【小さい】** 対大きい ⊜度量がない。「人間が—」
**ちいさくなる【小さくなる】** 遠慮してちぢこまる。
**ちいさな【小さな】** 小さい。対大きな
**—政府《せいふ》** 歳出や課税を縮小して政府の規模を小さくし、経済を市場の自由競争にまかせようとする政策。対大きな政府
**チーズ**［cheese］ ①乳製品の一。②写真撮影で笑顔をつくるために言う言葉。
**—ケーキ**［cheesecake］ チーズ入りのケーキ。「レアー—」
**—フォンデュ**［cheese fondue］ 溶かしたチーズにパンや肉をつけて食べる料理。
**チータ**［cheetah］ ネコ科の獣の一。非常に速く走る。チーター。
**チーフ**［chief］ 主任。
**チープ**［cheap］ 安価な。安っぽい。
**—ガバメント**［cheap government］ 安価な政府。必要最小限の支出で国政を行う政府。
**チーム**［team］ 仕事（競技）のために組織された集団。ティーム。「プロジェクト—」類グループ
**—ティーチング**［team teaching］ 複数の教師がチームを組み、授業を行うこと。
**—プレー**［team play］ 全体のためになる行動。対個人プレー
**—メイト**［teammate］ 同じチームの仲間。
**—ワーク**［teamwork］ チームの団結。また、その共同作業。
**ちいるい【地衣類】** 植物体の一。菌類と藻類の共生体。地上や樹皮に生育。
**ちいん【知音】**〔文章語〕①親友。②知人。
**ちえ【知恵】**《智慧》 思考や判断などの頭の働き。
**—が回《まわ》る** よく頭が働く。
**—を付《つ》ける** 入れ知恵をする。
**チェア**［chair］ いす。「アーム—」
**チェアスキー**［chair ski］（足の不自由な人が）すわった姿勢ですべることができるようにしたスキー用具。また、それによるスキー競技。
**チェアパーソン**［chairperson］ 議長。司会者。〔性差別をなくすため「チェアマン」に代えて用いる〕
**チェアマン**［chairman］ 男性議長。司会者。
**チェーサー**［chaser］ ①ウイスキーを飲むときに添える水。②追跡者。③狩猟家。
**チェーン**［chain］ くさり。⊜同系列。
**—ストア**［chain store］ 同系列に属し、仕入れなどを共同で行う小売店（—の集団）。
**—スモーカー**［chain smoker］ タバコをつづけざまに吸う人。
**—ソー**［chain saw］ チェーン状の歯をもつ、電動式のこぎり。
**—メール**［chain mail］ 他の人にそのまま転送するよう要請する内容のメール。
**ちえきけん【地役権】** 他人の土地を利用できる権利。〔出入りのために隣の土地を通行するなど〕
**ちえしゃ【知恵者】** 知恵のすぐれた人。
**チェス**［chess］ ゲームの一。黒白各一六の駒《こま》を使う。西洋将棋。
**ちぇすと** 気合いを入れる（高潮した）ときのかけ声。〔鹿児島方言からという〕
**チェスト**［chest］ 整理だんす。
**チェダーチーズ**［Cheddar cheese］ 硬めのナチュラルチーズの一。〔イングランドのチェダー原産〕
**チェッカー**［checker］ ①ゲームの一。赤黒各一二の駒《こま》を使う。西洋碁。②市松模様。③レジ係。
**—フラッグ**［checkered flag］ 自動車

ち

レースで、出発・ゴールの合図に振る市松模様の旗。チェッカー。

**チェック**［check］①格子模様。②小切手。「トラベラーズ—」③照合して検査すること。確認のしるし。Ⅱ飲食店で、料金の勘定。

**—アウト**［checkout］ホテルを引き払う手続き。対チェックイン

**—イン**［checkin］①ホテルに泊まる手続き。対チェックアウト ②飛行機に搭乗する手続き。

**—ポイント**［checkpoint］①点検箇所。要点。②検問所。

**—メイト**［checkmate］チェスで、勝ちが決まるときの一手。

**—リスト**［checklist］点検のための一覧表。

**ちえづく【知恵付く】** 幼児が、成長するにつれて知恵がそなわる。

**ちえねつ【知恵熱】** 生後六〜七か月のころに出る一時的な発熱。

**ちえのわ【知恵の輪】** いろいろな形の輪をつないだりはずしたりして遊ぶおもちゃ。

**ちえば【知恵歯】** 知歯《ちし》。親知らず。

**ちえぶくろ【知恵袋】** ①もてる限りの知恵。「—を絞る」②仲間うちの知恵者。

**チェリー**［cherry］①サクラ。②さくらんぼ。

**チェリオ**［cheerio］「ごきげんよう」「乾杯」などのあいさつの言葉。

**チェリスト**［cellist］チェロ演奏者。

**チェロ**［cello］弦楽器の一。大型で低音部を受け持つ。セロ。

**ちえん【地縁】** 同じ土地に住むことから起こる縁。「—社会」

**ちえん【遅延】** ①遅くなること。②長びくこと。「工事が—する」

**チェンジ**［change］交替。交換。Ⅱ野球で、攻守交替。

**—アップ**［change-up］野球で、ゆるい投球。打者のタイミングをはずす。

**—オブペース**［change of pace］チェンジアップ。

**—コート**［和製語 change court］球技で、コートを入れかわること。

**チェンバロ**［イタリア語 cembalo］ハープシコード。

**ちか【地下】** ①地面より下。対地上 ②死後の世界。③表面に出ない-こと（活動）。「—組織」

**—に潜《もぐ》る** 地下運動をする。

**ちか【地価】** ①土地の売買価格。②課税の標準となる土地の価格。

**ちか【治下】** 支配下。

**ちかい【誓い】** かたく-約束（決心）すること。また、その言葉。

**ちかい【地階】** 建物の地下に作られた階。

**ちかい【地塊】** 地殻で四方が断層面に囲まれた部分。

**ちかい【近い】** へだたりが少ない。Ⅱ㋐親密である。「—親戚」㋑ほとんど…である。「不可能に—」◇対遠い

**ちがい【違い】** ①ちがうこと。「世代の—」類相違 ②まちがい。

**—棚《だな》** （床の間などに）棚板の高さをちがえて組みあわせて作った棚。

**ちがい【稚貝】** 成体となって間もない貝。

**ちがいほうけん【治外法権】** 外国人が居住国の法律を適用されない権利。「外交官などがもつ」

**ちかう【誓う】** かたく約束する。

**ちがう【違う】** ①異なる。②まちがえる。

**ちかうんどう【地下運動】** 秘密に行う非合法運動。

**ちがえる【違える】** ①別のものにする。②まちがえる。③はずす。「筋を—」

**ちかく【近く】** ①近い所。対遠く ②もうじき。「—完成する」

**ちかく【地核】** 地球の内部。コア。類地心

**ちかく【地殻】** 地球の地表に近い部分。

**—変動《へんどう》** 地殻におこる変形（—運動）。

**ちかく【知覚】** 感覚器官によって外界をとらえる働き。

**ちがく【地学】** ①地球に関する学問。〔地質学・鉱物学など〕②地理学の旧称。

**ちかけい【地下茎】** 地中にある茎。

**ちかごろ【近頃】** このごろ。類最近

**ちかしい【近しい】** ごく親しい。「—仲」

**ちかしげん【地下資源】** 地下の鉱物資源。〔石炭・石油・鉱石など〕

**ちかすい【地下水】** 地中にある水。

**ちかぢか【近々】** 近いうち。きんきん。

**ちかづき【近付き】** 知り合い。類知人

**ちかづく【近付く】** ①近くなる。類迫る ②親しくなる。◇対遠のく

**ちかづける【近付ける】** 近くへ寄せる。

●親しくする。「他人を—」
**ちかって【誓って】** かならず。絶対に。
**ちかてつ【地下鉄】** 地下を走る鉄道。
**ちかどう【地下道】** 地下にある通路。
**ちかば【近場】** 近間《ちかま》。
**ちかま【近間】** 近い所。[類]近所
**ちかまわり【近回り】** 近道を通っていくこと。[対]遠回り
**ちかみち【近道】** 早く着ける道。[類]抜け道 ●てっとり早い方法。「合格への—」
**ちかめ [一]【近目】**《近眼》近眼《きんがん》。[対]遠目 **[二]【近め】** やや近いこと。[対]遠め
**ちがや【茅萱・茅】** 雑草の一。イネ科。〔花をつばなという〕
**ちかよる【近寄る】** 近くへ寄る。●親しくなるようにする。
**ちから【力】** ①腕力。●暴力。勢力。②能力。実力。③援助。「—になる」④効力。
**—一杯《いっぱい》** もてる力を十分に出して。
**—うどん** もち入りのうどん。
**—落《お》とし** 落胆。
**—及《およ》ばず** 力が十分でなくて。
**—瘤《こぶ》** 腕を曲げたときにできる、二の腕の筋肉の隆起。
**—瘤《こぶ》を入《い》れる** 熱心に物事を行う。
**—仕事《しごと》** 筋力が必要な仕事。肉体労働。
**—尽《ず》く** 力で強引に目的をはたそうとすること。[類]腕ずく
**—添《ぞ》え** 助力。
**—試《だめ》し** 力の程度を試すこと。
**—尽《つ》きる** 力を出し切って戦えなくなる。
**—付《づ》ける** 元気づける。[類]励ます
**—強《づよ》い** ①力にあふれている。②心強い。
**—抜《ぬ》け** 気力がなくなること。
**—布《ぬの》** 布地の強度を補うあて布。
**—任《まか》せ** ありったけの力を出すこと。
**—負《ま》け** ①はりきりすぎて負けること。②力不足で負けること。
**—持《も》ち** 腕力が強いこと(人)。
**—業《わざ》** ①強い力を必要とするわざ。②力仕事。
**—を入《い》れる** 努力をする。
**—を落《お》とす** がっかりする。
**—を貸《か》す** 助力する。[対]力を借りる
**—を付《つ》ける** 実力をつける。
**ちかん【弛緩】** しかん。〔「しかん」の慣用読み〕
**ちかん【痴漢】**（電車内や夜道で）女性に性的いたずらをする男。
**ちかん【置換】** 置きかえること。
**ちき【知己】** 親友。知人。「—が多い・—を得る」〔「己《おの》れを知る」の意〕
**ちき【稚気】** 子供じみたようす(気分)。
**ちぎ【千木】** 神社の社殿などで、屋根の棟の端に、交差して突き出した木材。
**ちぎ【遅疑】**〔文章語〕迷いためらうこと。「—逡巡《しゅんじゅん》」
**ちきゅう【地球】** 惑星の一。太陽系の三番め。
**—儀《ぎ》** 地球の模型。
**ちきゅうせつ【地久節】** 皇后誕生日の旧称。
**ちぎょ【稚魚】** 生まれて間もない魚。[対]成魚
**ちきょう【地峡】** ふたつの大きな陸地を結ぶ、細い陸地。「パナマ—」
**ちきょうだい【乳兄弟】** 肉親ではないが、同じ人の乳で育った間柄。また、その人。
**ちぎり【契り】** ①約束。②夫婦の約束。③前世からの因縁。●肉体関係。「一夜の—」
**ちぎる【契る】** ①固く約束する。②夫婦の約束をする。●肉体関係を結ぶ。
**ちぎる【千切る】** ①手で小さく切りはなす。②もぎとる。
**ちぎれぐも【千切れ雲】** 小さくちぎれた雲。
**ちぎれる【千切れる】** 切れて離れる。
**チキン** [chicken] 鶏肉。
**—ハート** [chicken heart]〔俗語〕臆病(—者)。[類]蚤の心臓
**—ライス** [和製語 chicken rice] ケチャップで味つけした、鶏肉入りのいためごはん。
**—レース** [和製語 chicken race] 度胸を競うゲーム。チキンゲーム。〔チキンは臆病者の意〕 ●根比べの駆け引き。また、リスクの大きい競争。
**ちぎん【地銀】** 地方銀行の略。[対]都銀
**ちく【地区】** 土地の(指定された)区域。
**ちぐ【痴愚】**〔文章語〕おろか。ばか。
**ちくいち【逐一】** ①順を追って。②ひとつひとつ詳しく。◇ちくいつ。
**ちぐう【知遇】** 人格や才能を認められて厚いもてなしを受けること。「—を得る」

ち

**ちくかん【竹簡】** 紙のない時代に文字を書いた、竹のふだ。ちっかん。
**ちくご【逐語】** 翻訳などで、原文の字句に忠実であること。「ー訳」類逐字
**ちぐさ【千草】** ①多くの種類の草。②千草色の略。もえぎ色。
**ちくざい【蓄財】** 財産(ーをためること)。
**ちくさつ【畜殺】** 屠殺《とさつ》。
**ちくさん【畜産】** 家畜を飼育・繁殖させ、暮らしに役立てること。「ー業」
**ちくじ【逐次】** 順を追ってひとつひとつ。類順次
**ー通訳《つうやく》** 発言の区切りごとに順次訳していく通訳。
**ちくじつ【逐日】** 〔文章語〕日増しに。
**ちくしゃ【畜舎】** 家畜を飼う小屋。
**ちくしょう【畜生】** ①人間以外の動物。類けだもの ②〔俗語〕罵声《ばせい》語の一。「こんーー」
**ー道《うど》** ①〔仏教語〕生前の悪業《あくごう》のために、死後、畜生に生まれかわって責めを受ける一世界(境遇)。②人道上、許されない(ー肉親間の)色情。
**ちくじょう【逐条】** 〔文章語〕ひとつずつ箇条の順を追うこと。「ー審議」
**ちくじょう【築城】** 城を築くこと。
**ちくせき【蓄積】** 徐々にーたくわえる(たまる)こと。「疲労のー」
**ちくぜんに【筑前煮】** 鶏肉と野菜を炒めて煮た料理。
**ちくぞう【築造】** 築いて造ること。
**チクタク** [ticktack] 時計が時をきざむ音。チックタック。〔英語の擬音語〕
**ちくたん【竹炭】** 竹で作った炭。たけずみ。
**ちくてい【築庭】** 庭を造ること。類造園
**ちくてい【築堤】** 堤防を築くこと。築いた堤防。
**ちくでん【逐電】** 姿をくらますこと。ちくてん。
**ちくでん【蓄電】** 電気をためておくこと。「ー器」
**ー池《ち》** 充電して繰り返し使える電池。バッテリー。
**ちくねん【逐年】** 〔文章語〕年を追うごとに。
**ちくのうしょう【蓄膿症】** 鼻の病気の一。〔副鼻腔《ふくびこう》などにうみがたまる〕
**ちぐはぐ** 食い違うこと。
**ちくばのとも【竹馬の友】** 幼な友達。
**ちくび【乳首】** ①乳頭。②乳頭に似せて作った育児用の器具。〔赤ん坊にしゃぶらせる〕
**ちくふじん【竹夫人】** 夏、涼をとるために抱いて寝る竹のかご。抱きかご。
**ちくよう【竹葉】** ①竹の葉。②酒の別称。
**ちくりょく【畜力】** 車などを引く家畜の労働力。
**ちくりん【竹林】** たけやぶ。
**ちくる** 〔俗語〕告げ口をする。
**ちくるい【畜類】** 家畜。けだもの。
**ちくろく【逐鹿】** 〔文章語〕政権や地位を争うこと。Ⅱ選挙で票を争うこと。◇〔帝位を鹿にたとえ、これを逐《お》うという中国の『史記』の記述から〕
**ちくわ【竹輪】** 魚肉の練り製品の一。〔切り口が竹の輪に似る〕
**チゲ** 〔朝鮮語 tchigae〕 朝鮮料理の鍋物。
**ちけい【地形】** 土地のすがた。類地勢
**チケット** [ticket] 切符。入場券。
**ちけむり【血煙】** 飛び散る血しぶき。
**ちけん【地検】** 地方検察庁の略。
**ちけん【治験】** 治療の効きめ。治効。「ー薬」
**ちけん【知見】** ①見て知ること。②見識。「ーを広める」
**ちご【稚児】** ①祭礼などに着飾って参加する子供。②男色の相手となる少年。
**ちこう【地溝】** ふたつの平行な断層の間の細長いくぼ地。
**ちこう【治効】** 〔文章語〕治療の効きめ。
**ちこう【知行】** 〔文章語〕知識と行為。「ー合一」
**ちこう【遅効】** 効きめがゆっくりあらわれること。「ー性」対速効
**ちこく【治国】** 国を治めること。「ー平天下」
**ちこく【遅刻】** 決められた時間におくれること。「学校(会社)にーする」
**ちこつ【恥骨】** 骨盤をつくる骨の一。
**チコリ** [chicory] 西洋野菜の一。サラダなどに使う。アンディーブ。
**ちさ【萵苣】** チシャ。
**ちさい【地裁】** 地方裁判所の略。
**ちざい【知財】** 知的財産。知的創造活動により生み出されたもの。発明・著作物・商標など。

—高裁《こうさい》 知的財産高等裁判所の略。知財事件・紛争を扱う。

**ちさん【治山】** 植林などで山を整備すること。

**ちさん【治産】** 財産の管理や処分。

**ちさん【遅参】** 遅刻。〔改まった言い方〕

**ちさんちしょう【地産地消】** 地元で生産された農産物を地元で消費すること。

**ちし【地史】** 〔文章語〕地球の発達・変遷の歴史。

**ちし【地誌】** ある地域を地理学的に記述した書物。「—学」

**ちし【知歯】** 《智歯》親知らずの歯。

**ちし【致仕】** ①官職を退くこと。②七〇歳の別称。〔昔、中国の官吏の定年が七〇歳であったことから〕

**ちし【致死】** 死なせること。「過失—」

**ちじ【知事】** 都道府県の首長。「県—」

**ちしお【血潮】** 《血汐》流れ出る血。比激しい情熱。「たぎる—」

**ちしき【知識】** 知ること。その内容。

—**階級**《かいきゅう》 頭脳労働に従事する人の階層。類インテリ

—**人**《じん》 知識や教養がある人。

**ちじき【地磁気】** 地球のもつ磁気。

**ちじく【地軸】** ①地球の自転軸。南北両極を結ぶ。②大地を支えていると想像された軸。

**ちしつ【地質】** 地層や岩石の‐性質(状態)。

—**時代**《じだい》 地球に地殻ができてから現在までの時代。

**ちしつ【知悉】** 知り尽くすこと。

**ちじつ【遅日】** 〔文章語〕日あしの長い春の日。

**ちしまかいりゅう【千島海流】** 親潮。

**ちしゃ【治者】** 統治する人。

**ちしゃ【知者】** 知恵(知識)のある人。

**ちしゃ【萵苣】** 野菜の一。サラダ菜の類。チサ。

**ちしょう【地象】** 大地におこる現象。〔地震・山くずれなど〕対天象

**ちしょう【知将】** 《智将》〔文章語〕戦略の巧みな大将。

**ちしょう【致傷】** けがを負わせること。「過失—罪」

**ちじょう【地上】** 土地(地面)の上。対地下

—**権**《けん》 他人の土地を使用する権利。

—**デジタル放送**《ほうそう》 地上波によるデジタル方式のテレビ放送。地上波デジタル放送。地デジ。〔高画質・高音質で、双方向サービスが行える〕

—**波**《は》 放送で、BS(放送衛星)に対して地上アンテナから送信される電波。

**ちじょう【痴情】** 色情にとらわれて理性をなくした心。「—のもつれ」

**ちじょうい【知情意】** 知性と感情と意志。

**ちじょく【恥辱】** はずかしめ。類屈辱

**ちしりょう【致死量】** 人を死なせるのに十分な(‐薬物の)量。

**ちじん【地神】** 〔文章語〕地(土地)の神。対天神

**ちじん【知人】** 知り合い。類知己

**ちじん【痴人】** 〔文章語〕おろかな者。

**ちず【地図】** 土地の平面図。

**ちすい【治水】** 堤防を築いたり水路を開いたりして、川を整備すること。「—工事」

**ちすじ【血筋】** 血のつながり。「—がいい・—を引く」類血統

**ちせい【地勢】** 地形のありさま。「—図」

**ちせい【治世】** ①世を治めること。その期間。②太平の世。対乱世

**ちせい【知性】** 思考や判断などの知的能力。「—的」

**ちせき【地積】** (区画ごとの)土地の面積。

**ちせき【地籍】** 土地の戸籍。「—台帳」

**ちせつ【稚拙】** 子供っぽく未熟なこと。

**ちそう【地相】** ①地形。②土地のもつ吉凶の相。「—を見る」

**ちそう【地層】** 地殻をつくる岩石の層。

**ちそう【馳走】** ⇩ごちそう

**ちそく【遅速】** 〔文章語〕おそいこととはやいこと。

**ちぞめ【血染め】** 血で染まること。

**チター** 〔ドイツ語 Zither〕 弦楽器の一。〔南独・オーストリアで使う〕

**ちたい【地帯】** 一定の広がりのある地域。「工業(安全)—」

**ちたい【遅滞】** 〔文章語〕進みがおそく‐手間どる(おくれる)こと。類延滞

**ちたい【痴態】** 〔文章語〕ばかげたふるまい。

**ちだい【地代】** じだい。

**チタニウム** 〔titanium〕 チタン。

**ちだるま【血達磨】** 血に染まって真っ赤

ち

になること。「—になる」類血まみれ

**チタン**〔ドイツ語 Titan〕金属元素の一。軽くて強い。合金材料。チタニウム。記号Ti

**ちち【父】** 男親。Ⅱ創始者。貢献者。「音楽の—」◇対母

**ちち【乳】** ①母乳。②ちぶさ。

**ちち【遅々】** なかなか進まないようす。

**ちちうえ【父上】** 父の敬称。〔古風な言い方〕対母上

**ちちおや【父親】** 父。対母親

**ちちかた【父方】** 父の血筋。対母方

**ちぢかむ【縮かむ】** からだ(—の一部分)が自由に伸びなくなる。類かじかむ

**ちちぎみ【父君】** 父の敬称。〔古風な言い方〕対母君

**ちちくさい【乳臭い】** 乳のにおいがする。Ⅱ未熟で幼稚だ。

**ちちくる【乳繰る】** 〔俗語〕男女がたわむれあう。

**ちちご【父御】** 「他人の父」の敬称。〔古風な言い方〕類尊父 対母御

**ちぢこまる【縮こまる】** ちぢかんで小さくなる。

**ちぢに【千々に】** さまざまに。「—思い乱れる」

**ちちのひ【父の日】** 父親に感謝する日。六月の第三日曜日。

**ちちばなれ【乳離れ】** ちばなれ。

**ちぢまる【縮まる】** ちぢんだ状態になる。「差が—」

**ちぢみ【縮み】** ①ちぢむこと。②織物の一。表面に小じわがある。ちぢみ織り。

**—上《あ》がる** 恐ろしくて身がすくむ。

**チヂミ**〔朝鮮語 chijimi〕朝鮮料理の一。日本のお好み焼きに似る。

**ちぢむ【縮む】** ①小さくなる。②畏縮する。「身の—思い」

**ちぢめる【縮める】** ちぢむようにする。

**ちちゅう【地中】** 土(大地)のなか。

**ちちゅうかい【地中海】** ヨーロッパ・アフリカ・アジアに囲まれた海。

**ちぢらす【縮らす】** ちぢらせる。

**ちぢらせる【縮らせる】** ちぢれるようにする。

**ちぢれげ【縮れ毛】** ちぢれた毛。ちぢれっけ。

**ちぢれる【縮れる】** しわになったりねじれたりして小さくなる。

**ちつ【帙】** 和装本を保護するおおい。

**ちつ【膣】** 女性の生殖器の一部。

**ちっきょ【蟄居】** 家に閉じこもって外出しないこと。

**チック**〔tic〕不随意的に起こる顔面などの筋肉のけいれん。チック症。

**ちっこう【築港】** 港をきずくこと。

**ちつじょ【秩序】** 物事の筋道。また、社会生活を整然と行う上でのきまり。「—が乱れる・—を回復する」

**ちっそ【窒素】** 元素の一。無色・無味・無臭の気体。空気の体積の四/五。肥料・爆薬の原料。記号N

**—酸化物《さんかぶつ》** 窒素と酸素の化合物。〔大気汚染の原因ともなる〕

**—肥料《ひりょう》** 窒素を多く含む肥料。堆肥《たいひ》・豆かすなど。

**ちっそく【窒息】** 息がつまること。

**ちっちゃい【小っちゃい】** 〔俗語〕小さい。

**ちつづき【血続き】** 血縁(—のあること)。

**ちっと《些と》** 〔俗語〕少し。

**—も** (否定表現の中で)少しも。

**—やそっと** 〔俗語〕ちっとの強め。「—の金額ではない」

**チップ**〔chip〕①賭けに使う札。②木の切れ端。〔パルプの原料〕③ポテトチップ。④集積回路(—のケース)。

**—イン**〔chip in〕ゴルフで、グリーン外から打った球が直接ホールに入ること。

**チップ**〔tip〕①心づけ。類祝儀 ②野球で、ファウルチップ。

**ちっぽけ** 〔俗語〕ごく小さいようす。

**ちてい【地底】** 地下(—の深い所)。

**ちてい【池亭】** 〔文章語〕池のほとりのあずまや。

**ちてき【知的】** ①知性が豊か。②知識に関する。「—水準」

**—障害《しょうがい》** 知的発達が遅れている状態。〔精神薄弱に代わる名称〕

**—所有権《しょゆうけん》** 知的創作活動による資産に認められた権利。知的財産権。〔著作権・特許権など〕

**ちデジ【地—】** 地上(—波)デジタル放送の略。

**ちてん【地点】** ある特定の場所。

**ちと《些と》** 〔俗語〕ほんの少し。

**ちとう【池塘】** 湿原にある池。

**ちどうせつ【地動説】** 地球が自転しながら太陽の周りを公転するという説。〔一六世紀、コペルニクスなどが唱えた〕 対天動説

**ちとく【知徳】** 知識と道徳。

**ちとせ【千歳】** 〔文章語〕長い年月。類千代

**ちどり【千鳥】** チドリ科の水鳥の総称。

**―飴《あめ》** 紅白の細長いあめ。〔七五三などの祝い物〕

**―足《あし》** 酔ってよろめく足どり。

**―格子《ごうし》** 模様の一。〔チドリを図案化〕

**ちどん【遅鈍】** にぶくてのろいこと。対鋭敏

**ちなまぐさい【血腥い】** 血のにおいがする。Ⅱ流血が多く残酷。

**ちなみ【因み】** 〔文章語〕ゆかり。

**―に** ついでに言うと。

**ちなむ【因む】** 関連する。

**ちにく【血肉】** けつにく。

**ちにち【知日】** 外国人が日本をよく理解すること。「―家」類親日

**ちぬる【血塗る】** 血で汚れる。

**ちねつ【地熱】** 地球内部の熱。じねつ。

**ちのう【知能】**《智能》頭の働き。

**―検査《けんさ》** 知能や性格を調べるテスト。メンタルテスト。

**―指数《しすう》** 知能の発達程度を示す数値。記号IQ

**―犯《はん》** 主に頭を働かせて行う犯罪。〔詐欺・横領など〕

**ちのけ【血の気】** ①血色。「―が引く」②血気。「―が多い(=かっとなりやすい)」

**チノパンツ** 〔和製語 chino pants〕チノクロス(=厚手の綾織り綿布)製のスラックス。

**ちのみご【乳飲み子】** 赤ん坊。類乳児

**ちのり【血糊】** ねばねばした血。

**ちのわ【茅の輪】** チガヤを束ねた輪。〔夏越《なご》しの祓《はら》えのときに厄よけのためにくぐる〕

**ちはい【遅配】** 配達(支給)がおくれること。

**ちばしる【血走る】** 眼球が充血する。〔興奮・熱中したときの目つきをいう〕

**ちはつ【遅発】** 遅れて出発する(生じる)こと。

**ちばなれ【乳離れ】** 離乳。Ⅱ精神的な自立。◇ちちばなれ。

**ちばらい【遅払い】** (給料や代金の)支払いがおくれること。

**ちばん【地番】** 区画地の番号。「―変更」〔登記所が定める〕

**ちひつ【遅筆】** 文章を書くのがおそいこと。対速筆

**ちびっこ** 〔俗語〕子供。「―大会」

**ちひょう【地表】** 地球(土地)の表面。

**ちびる** 〔俗語〕①ちょっともらす。「小便を―」②けちけちする。

**ちびる《禿びる》** 〔俗語〕先がすりへって小さくなる。「ちびた鉛筆」

**ちひろ【千尋】** 〔文章語〕非常に深い(長い)こと。

**ちぶ【恥部】** 陰部。Ⅱ恥となる部分。「―をさらす・都会の―」

**ちぶさ【乳房】** 女性の胸や動物の腹にある、乳を出す器官。類おっぱい・バスト

**チフス** 〔ドイツ語 Typhus〕急性の感染症の一。チフス菌によるもの。特に、腸チフス。

**ちぶつ【地物】** 地上にあるすべての物。

**ちへい【地平】** 大地の平面。

**―線《せん》** 陸と空との境界線。

**ちへど【血反吐】** 胃から吐く血。類吐血

**ちへん【地変】** 地上の異変。「天災―」類地異 対天変

**ちほ【地歩】** 地位。立場。「―を占める」

**ちほう【地方】** ①一定の地域。「関東―」②首都(大都市)以外の地域。類いなか 対中央

**―銀行《ぎんこう》** 地方都市を基盤とする普通銀行。対都市銀行

**―検察庁《けんさつちょう》** 地方裁判所・家庭裁判所に対応して置かれる検察庁。地検。

**―公共団体《こうきょうだんたい》** 都道府県、市区町村の総称。

**―交付税《こうふぜい》** 国が地方公共団体に渡す資金。地方交付税交付金。

**―公務員《こうむいん》** 地方公共団体の職員。対国家公務員

**―債《さい》** 地方公共団体が発行する債務(―の債権)。

**―裁判所《さいばんしょ》** 下級裁判所の一。地裁。

**―自治《じち》** 地方公共団体の政治をその住民の意思に基づいて行うこと。

**―自治体《じちたい》** 地方公共団体。

**―税《ぜい》** 地方公共団体が徴収する税。対国税

**―団体《だんたい》** 地方公共団体。

**―独立行政法人**《どくりつぎょうせいほうじん》 住民の生活や地域社会・経済の安定のために必要な事務や事業だが、民間に委ねると必ずしも実施されないおそれがあるものを効率的・効果的に行うために地方公共団体が設立する法人。

**―版**《ばん》（全国紙で）その地域に関する記事を掲載する紙面。

**―分権**《ぶんけん》 政治上の権力や機能が地方公共団体に分け与えられていること。対中央集権

**ちほう【痴呆】** 思考能力が非常に低下している―状態（人）。

**ちぼう【知謀】**《智謀》巧妙なはかりごと。

**チマ**［朝鮮語 chi-ma］朝鮮の民族衣装の一。スカートに似る。「―チョゴリ」

**ちまき【粽】** ①餅菓子の一。〔端午の節句に食べる〕②もち米に肉などを入れて蒸した中国料理。中華粽。

**ちまた【巷】** ①まちなか。⊜世間。「―のうわさ」②何かをする場所。「戦乱の―」

**ちまつり【血祭り】** 出陣に際して敵方の者を殺し、気勢をあげること。「―にあげる」

**ちまなこ【血眼】**血走った目。⊜夢中ですようす。

**ちまみれ【血塗れ】**血で染まること。

**ちまめ【血豆】** 皮下にできた豆状の内出血。

**ちまよう【血迷う】** 逆上して、理性を失う。

**ちみ【地味】** 栽培にかかわる地質の良否。「―が肥える」

**ちみち【血道】**血管。

**―を上**《あ》**げる** 夢中になる。

**ちみつ【緻密】**①細部まで注意が行きとどいているようす。類綿密 ②きめのこまかいようす。

**ちみどろ【血みどろ】**血まみれ。

**ちみもうりょう【魑魅魍魎】** さまざまな妖怪。〔魑魅は山の精、魍魎は水の精〕

**ちみゃく【遅脈】**平常値より遅い脈拍。

**チムニー**［chimney］①煙突。煙突状のもの。②岩壁に縦に走る割れ目。

**ちめい【地名】**土地の名称。

**ちめい【知名】** 世間に名が知られていること。「―度（人）」類有名

**ちめい【知命】**五〇歳の別称。〔『論語』から〕

**ちめい【致命】**命にかかわること。

**―傷**《しょう》 死ぬ原因となった傷。⊜再起できないほどの痛手。

**―的**《てき》 存亡にかかわるようす。類決定的

**ちもう【恥毛】**陰毛。

**ちもく【地目】** 土地の用途による分類。〔農地・宅地など〕

**ちゃ【茶】**①ツバキ科の低木。チャノキ。②⇩お茶 ③茶色。

**―を濁**《にご》**す** ⇩お茶を濁す

**―を挽**《ひ》**く** ⇩お茶を挽く

**チャージ**［charge］①料金。「テーブル―（=席料）」②充電。「バッテリー―」⊜入金。「カードに―する」③チャージング。④ゴルフなどで、積極的に攻撃すること。

**チャージャー**［charger］充電器。

**チャーシュー**《叉焼》［中国語 chāshāo］中国料理で、やきぶた。

**チャージング**［charging］ サッカーやラグビーで、相手に体ごとぶつかること。チャージ。

**チャーター**［charter］（飛行機・バスなどを）借りきること。

**チャーチ**［church］（キリスト教の）教会。

**チャート**［chart］①海図。②一覧表。図表。

**チャーハン**《炒飯》［中国語 chǎofàn］中国料理で、焼き飯。

**チャービル**［chervil］セリ科の一年草。葉を香辛料にする。

**チャーミング**［charming］魅力的。

**チャーム**［charm］魅力。

**―ポイント**［和製語 charm point］魅力となるところ。

**チャイ**［ヒンディー語 chai］牛乳で煮出したインド風紅茶。

**チャイナ** ①［China］中国（―人）。「―タウン（=中国人街）」②［china］陶磁器。

**チャイニーズ**［Chinese］中国人。中国語。

**チャイブ**［chive］ ネギの一種。香りが強い。シブレット。

**チャイム**［chime］①合図の鐘の音。②打楽器の一。チューブラーベル。

**チャイルドシート**［和製語 child seat］自動車のベルト付き子供用座席。

**ちゃいろ【茶色】** 黒っぽい赤黄色。類褐色

**ちゃうけ【茶請け】** お茶請け。
**ちゃうす【茶臼】** 抹茶《まっちゃ》をつくる石臼。
**チャウダー**［chowder］ 西洋料理の一。魚介類と野菜を煮込んだスープ。
**ちゃえん【茶園】** 茶畑。
**チャオ**［イタリア語 ciao］「こんにちは」「さようなら」などのくだけたあいさつの言葉。
**チャオズ**《餃子》［中国語 jiǎozi］ ギョーザ。
**ちゃか**〔俗語〕拳銃を意味する隠語。〔ふつうチャカと書く〕
**ちゃか【茶菓】** 茶菓《さか》。
**ちゃかい【茶会】** 客をお茶でもてなす会。
**ちゃかいせき【茶懐石】** 茶席で、茶の前に出す(簡単な)料理。
**ちゃかす【茶化す】** ①まじめな話を冗談にしてしまう。類ひやかす ②ごまかす。
**ちゃかっしょく【茶褐色】** 黒みがかった茶色。
**ちゃがま【茶釜】** 茶の湯で、湯をわかす釜。
**ちゃがゆ【茶粥】** 粥の一。煎茶《せんちゃ》でたく。
**ちゃがら【茶殻】** お茶のかす。類茶かす
**ちゃき【茶器】** ①お茶をいれるのに使う道具。②茶の湯の道具。
**ちゃきん【茶巾】** 茶器をふく布。
**―絞《しぼ》り** つぶした芋などを布巾で包み、ひねって絞り目をつけた料理。
**―鮨《ずし》** 五目ずしを薄焼き卵で包んだすし。
**ちゃく【着】** ①到着。「三時―」②衣服を数える語。③順位を数える語。
**ちゃくあつ【着圧】** 靴下や下着などの衣類で、伸縮性があり、身に着けると締め付ける効果のあるもの。「―インナー」

**ちゃくい【着衣】** 衣服を身につけること。身につけた衣服。対脱衣
**ちゃくえき【着駅】** 到着駅。対発駅
**ちゃくがん【着岸】** 船などが、岸(岸壁)につくこと。
**ちゃくがん【着眼】** ある点に注目すること。類着目
**―点《てん》** 目のつけどころ。
**ちゃくざ【着座】** 席にすわること。
**ちゃくし【嫡子】** ①あとつぎ。嫡出子。対庶子 ②正式の夫婦の間に生まれた子。
**ちゃくし【嫡嗣】**〔文章語〕嫡出の嗣子。
**ちゃくじつ【着実】** 地道で確実なようす。類堅実
**ちゃくしゅ【着手】** とりかかること。「改革に―する」
**ちゃくしゅつ【嫡出】** 正式の夫婦の間に生まれること。類正出 対庶出
**ちゃくじゅん【着順】** 到着した順位。
**ちゃくしょう【着床】** 受精卵が、子宮内におちつくこと。
**ちゃくしょく【着色】** 色をつけること。「―剤」対脱色
**ちゃくしん【着信】** 通信が届くこと。また、届いた通信。類受信 対発信
**ちゃくすい【着水】** 降りて水面に着くこと。
**ちゃくせい【着生】** 他の生物や物に付着して生活すること。「―植物」→寄生
**ちゃくせき【着席】** 席にすわること。
**ちゃくせつ【着雪】** 雪が電線などにつくこと。また、ついた雪。

**ちゃくせん【着船】** 船が港に着くこと。また、その船。対発船
**ちゃくそう【着想】** 思いつき。「―を得る」類アイディア
**ちゃくたい【着帯】** 妊婦が五か月目に岩田帯をしめること。
**ちゃくだつ【着脱】** つけることとはずすこと。
**ちゃくだん【着弾】** 発射された弾丸が落下到達すること(した弾丸)。
**ちゃくち【着地】** ①地面に降りること。類着陸 ②体操競技で、床に降り立つこと。③落とし所。「交渉での―点」
**ちゃくちゃく【着々】** 物事が順調にはかどるようす。
**ちゃくでん【着電】** 電信(電話)が届くこと。届いた電信(電話)。類着信
**ちゃくなん【嫡男】** 嫡出の長男。あとつぎ。類嫡子
**ちゃくに【着荷】**〔俗語〕ちゃっか。
**ちゃくにん【着任】** 任務(任地)につくこと。
**ちゃくはつ【着発】** 到着と出発。発着。
**ちゃくばらい【着払い】** 代金を受取人が支払うこと。
**ちゃくひょう【着氷】** 空気中の水分が凍って物につくこと。また、ついた氷。
**ちゃくふく【着服】**(金品を)ひそかに自分のものにすること。類ねこばば・横領
**ちゃくぼう【着帽】** 帽子などをかぶること。対脱帽
**ちゃくもく【着目】** 注意して見ること。

**ちゃくよう【着用】** 衣服や装備を身につけること。

**ちゃくりく【着陸】** 陸地に降りること。対離陸

**ちゃくりゅう【嫡流】** 本家の（正統な）血筋。

**チャコール**［charcoal］炭。木炭。

**―グレー**［charcoal gray］濃い灰色。

**―フィルター**［charcoal filter］活性炭入りフィルター。

**ちゃこし【茶漉し】** お茶をこす器具。

**ちゃさじ【茶匙】** ①小さいさじ。ティースプーン。②茶しゃく。

**ちゃしつ【茶室】** 茶会をするための部屋。

**ちゃしぶ【茶渋】** 器につくお茶のあか。

**ちゃしゃく【茶杓】** 抹茶《まっちゃ》をすくう小さなさじ。ちゃさじ。

**ちゃじゅ【茶寿】** 一〇八歳（―の祝い）。〔茶の字を十、十、八十八に分解して足すと一〇八になる〕

**ちゃじん【茶人】** ①茶道に通じた人。②風流な人。

**ちゃせき【茶席】** 茶会の―催し（座席）。

**ちゃせん【茶筅】** 茶の湯の道具の一。竹製で抹茶《まっちゃ》をかきまぜるのに使う。

**ちゃだい【茶代】** ①茶店で払う代金。②（旅館や飲食店で渡す）心づけ。チップ。

**ちゃたく【茶托】** 湯飲み茶わんの受け皿。

**ちゃだち【茶断ち】** 願をかけて、お茶を一定期間口にしないこと。

**ちゃだんす【茶簞笥】** 茶器や食器を収納するたんす。

**ちゃち**〔俗語〕貧弱で粗雑なようす。

**チャチャチャ**〔スペイン語 cha-cha-chá〕ラテン音楽の一。二小節ごとにチャチャチャとはやす。

**ちゃちゃをいれる【茶々を入れる】**〔俗語〕ひやかして他人の話のじゃまをする。

**ちゃっか【着火】** 火―がつく（をつける）こと。類発火 対消火

**―点《てん》** 加熱したとき、自然に燃えだす温度。

**ちゃっか【着荷】**〔文章語〕荷物がつくこと。ついた荷物。ちゃくに。

**ちゃっかり**〔俗語〕抜け目のないようす。

**ちゃっきょ【着拒】**〔俗語〕（携帯電話で）着信拒否。

**ちゃっきん【着金】** 代金がつくこと。また、そのお金。対送金

**チャック**〔和製語 Chack〕ファスナー。〔商標〕Ⅱ閉じて開かないようにすること。

**ちゃづけ【茶漬け】** ごはんに熱いお茶をかけた食べ物。Ⅱ粗末な食事。

**ちゃっこう【着工】** 工事をはじめること。「―式」類起工

**ちゃづつ【茶筒】** お茶の葉を入れる筒状の容器。

**チャット**［chat］コンピューターネットワーク上でリアルタイムで行うメッセージのやりとり。

**チャツネ**［chutney］調味料の一。カレー料理などインド料理の薬味として使う。

**チャップ**［chop］チョップ。「ポーク―」

**ちゃつみ【茶摘み】** 茶の若芽や葉を摘むこと。「―歌」

**ちゃてい【茶亭】**〔文章語〕茶《ちゃ》店《みせ》。

**ちゃとう【茶陶】** 茶の湯で使う焼き物。

**ちゃどう【茶道】** さどう。

**ちゃどうぐ【茶道具】** 茶器。

**ちゃどころ【茶所】** お茶の名産地。

**チャドル**〔ペルシャ語 chādor〕イスラム教徒の女性が着用する、頭から全身を覆う布。

**ちゃのこ【茶の子】** ①お茶請け。②農家などで、朝食前の軽い食事。③⇩お茶の子

**ちゃのま【茶の間】** ①食事をする部屋。類居間 ②茶室。

**ちゃのみともだち【茶飲み友達】** 心やすくつき合う友人。

**ちゃのみばなし【茶飲み話】** 世間話。

**ちゃのゆ【茶の湯】** お茶をたてて、客をもてなす―こと（作法）。茶道。

**ちゃば【茶葉】** 緑茶・中国茶・紅茶の葉。

**ちゃばこ【茶箱】** ①お茶の葉を入れる木の大きな箱。②茶道具を入れる小箱。

**ちゃばしら【茶柱】** お茶を湯のみに入れたとき、茎が縦に浮くこと。「―が立つ」〔吉兆とされる〕

**ちゃばたけ【茶畑】** 茶を栽培している畑。

**ちゃぱつ【茶髪】**〔俗語〕茶色―の（に染めた）髪の毛。

**チャパティ**〔ヒンディー語 chapati〕インドのパン。円形で薄い。

**ちゃばな【茶花】** 茶室にいける花。

**ちゃばら【茶腹】** お茶でいっぱいになった

腹ぐあい。

—も一時《いっとき》 わずかなものでも一時しのぎにはなる。

**ちゃばん【茶番】** 茶番劇。

**—劇《げき》** 見えすいたばかげた行動。

**ちゃびん【茶瓶】** お茶を煎《せん》じる土瓶。Ⅱはげ頭。〔茶瓶頭の略〕

**チャプター**〔chapter〕章。

**ちゃぶだい《卓袱台》** 和室におく短い脚のついた食卓。

**—返《がえ》し**（腹を立てて）ちゃぶだいをひっくり返すこと。Ⅱ準備が整った段階で介入し、最初からやり直させること。

**チャペル**〔chapel〕キリスト教の礼拝堂。

**ちゃほ【茶舗】**〔文章語〕お茶を売る店。

**チャボ【矮鶏】** ニワトリの品種の一。〔江戸時代にインドシナ半島から渡来したが、その地名チャンパのなまり〕

**ちゃぼうず【茶坊主】** ①昔、武家に仕えて茶の湯を扱った人。〔頭をそっていた〕②権力者にへつらう人。

**ちやほや** おだてて甘やかすようす。

**ちゃみせ【茶店】** お茶をふるまい、休息させる店。類茶屋

**ちゃめ【茶目】** いたずら好きな—こと（人）。おちゃめ。

**—っ気《け》** おどけるのが好きな性格。

**ちゃめし【茶飯】** ①お茶でたいた飯。②しょう油で味つけしてたいた飯。桜飯。

**ちゃや【茶屋】** ①お茶を売る店。②茶店《ちゃみせ》。③客に遊興させる店。「—遊び」

**ちゃら**〔俗語〕差し引きゼロ。貸し借りなし。Ⅱ「話を—にする（=話をなかったことにする）」

**ちゃらい**〔俗語〕ちゃらちゃらしているようす。〔チャラいとも書く〕

**ちゃらんぽらん**〔俗語〕いいかげんで無責任なこと。

**ちゃり【チャリ】**〔俗語〕自転車。〔チャリンコの略〕

**チャリティー**〔charity〕慈善（—事業）。「—コンサート」

**—ショー**〔charity show〕慈善興行。

**ちゃりょう【茶寮】** さりょう。

**ちゃりんこ**〔俗語〕①自転車。②子供のすり。

**チャルメラ**〔ポルトガル語 charamela〕金属製の簡単なラッパ。〔夜鳴きそば屋などが使う〕

**チャレンジ**〔challenge〕挑戦。

**チャレンジド**〔challenged〕障害者。〔神から挑戦という使命を与えられた人の意〕

**チャレンジャー**〔challenger〕挑戦者。

**ちゃわ【茶話】** さわ。「—会」

**ちゃわん【茶碗】** 食器の一。

**—蒸《む》し** 卵を使う蒸し料理。茶わんごと蒸す。

**ちゃんこ** ①相撲部屋の食事。②ちゃんこなべ。

**—鍋《なべ》** 相撲社会独特のなべ料理。

**チャンス**〔chance〕好機。

**ちゃんちゃんこ** 綿を入れた袖なしの羽織。

**ちゃんちゃんばらばら**〔俗語〕剣と剣がぶつかりあう音。Ⅱたちまわり。剣劇。

**チャント**〔chant〕祈りの歌。詠唱。Ⅱスポーツの試合で、応援の掛け声や歌。

**チャンネル**〔channel〕①通信回線などで、情報の通路。特に、放送局の周波数帯。②受信機（受像機）のつまみ。③動画共有サービスで、発信者の動画をまとめてあるページ。

**ちゃんばら**〔俗語〕切りあうこと。Ⅱたちまわり。剣劇。◇〔チャンバラとも書く〕

**チャンピオン**〔champion〕優勝者。「世界—」類覇者 Ⅱ第一人者。

**—シップ**〔championship〕選手権。

**—ベルト**〔champion belt〕ボクシングなどで、チャンピオンに与えられるベルト。

**チャンプ**〔champ〕〔俗語〕チャンピオン。

**ちゃんぷるう【チャンプルー】** 沖縄料理の一。さまざまな具材を炒めたもの。「ゴーヤー—」〔沖縄方言〕

**ちゃんぽん** ①〔俗語〕別種の物をまぜあわせること。②中華そばに似た長崎料理。◇〔チャンポンとも書く〕

**ちゆ【治癒】** 病気・けががなおること。

**ちゆう【知友】**〔文章語〕気心を知った友人。

**ちゆう【知勇】** 知恵と勇気。「—兼備」

**ちゅう【中】** ①まんなか。「上・—・下」②なかほど。「—ぐらい」③中学校の略。④中国の略。「日—関係」⑤…をしている間。「勉強—」⑥…のなか。「大気—」

**ちゅう【宙】** ①地面から離れた所。類空《くう》②暗記していること。「—で言う」類空《そら》

**—に浮《う》く** 中途半端になる。

**ちゅう【注】**《註》 本文の語句の補足説明。「—をつける」

**ちゅう【忠】** （主君に）まごころを尽くすこと。

**ちゅうい【中尉】** 軍隊で、将校の階級の一。少尉の上、大尉の下。

**ちゅうい【注意】** ①気をつけること。類用心 ②気をつけるようにと言うこと。類忠告

**—欠陥多動障害《けっかんたどうしょうがい》** ⇩付ADHD

**—人物《じんぶつ》** 言動に危険性がある（—としてマークされている）人。類危険人物

**—深《ぶか》い** よく注意して慎重である。

**—報《ほう》** 気象庁の出す、注意をうながす予報。

**—力《りょく》** よく注意を払う能力。

**ちゅういん【中陰】**〔仏教語〕中有《ちゅうう》。

**チューインガム**［chewing gum］菓子の一。

**ちゅうう【中有】**〔仏教語〕死後四九日の間。

**ちゅうえい【中衛】** 球技で、前衛と後衛の間に位置する人。

**ちゅうおう【中央】** ①まんなか。「—分離帯」 ②中心となる位置。Ⅱ首都。対地方

**—官庁《かんちょう》** 権限が全国におよぶ官庁。中央行政官庁。〔内閣・各省など〕

**—銀行《ぎんこう》** 国の金融の中心となる銀行。〔日本では日本銀行〕

**—競馬《けいば》** 日本中央競馬会が運営する競馬。

**—集権《しゅうけん》** 政治上の権力や機能が中央官庁に集中すること。対地方分権

**—政府《せいふ》** 全国に権限が及ぶ行政機関。

**ちゅうおし【中押し】** 囲碁などで、途中で勝敗が明らかになって勝負をやめること。なか押し。

**ちゅうおん【中音】** ①高音と低音の間。②アルト。

**ちゅうか【中華】** ①中国で自国の称。②中国（—料理）の。

**—思想《しそう》** （中国で）自国を世界の中心とみなす考え方。

**—鍋《なべ》** 中国料理で使うなべ。

**ちゅうか【仲夏】**〔文章語〕①夏のなかば。②陰暦で、五月。

**ちゅうかい【仲介】** 仲に入って取りもつこと。類なかだち

**ちゅうかい【注解】**《註解》注を施し、解説を加えること。類注釈

**ちゅうがい【虫害】** 虫による作物・樹木などの被害。

**ちゅうがえり【宙返り】** 空中で一回転すること。類とんぼ返り

**ちゅうかく【中核】** 物事の中心。類核心

**ちゅうがく【中学】** 中学校の略。

**—生《せい》** 中学校へ通う生徒。

**ちゅうがくねん【中学年】** 小学校の三・四年生。対高学年・低学年

**ちゅうがた【中形】** 中ぐらいの形（—のもの）。

**ちゅうがた【中型】** 型・規模が中ぐらい（—のもの）。「—車」

**ちゅうがっこう【中学校】** 小学校終了後、三年間の義務教育をする学校。

**ちゅうかん【中間】** ①ふたつの物の間。「—地点」 ②なかほど。「—守備」 ③物事の途中。「—発表」

**—階級《かいきゅう》** 資本家と労働者の中間の階級。中間層。

**—管理職《かんりしょく》** 上位の管理職と平社員の中間に位置する、現場の管理職。

**—搾取《さくしゅ》** 生産者から消費者への仲介をして不当な利益をあげること。

**—子《し》** 素粒子の一。陽子と電子の中間の質量をもつ。〔湯川秀樹がその存在を予言していた〕

**—宿主《しゅくしゅ》** 寄生虫を媒介する動物。

**—色《しょく》** ①純色と無彩色の間の、やわらかい感じの色。②間色。

**ちゅうかん【中浣・中澣】**〔文章語〕月の中旬。

**ちゅうかん【昼間】** 昼のあいだ。類ひるま 対夜間

**—部《ぶ》** 対夜間部

**ちゅうき【中気】** ちゅうふう。

**ちゅうき【中期】** ①中ごろの時期。対前期・後期 ②中ぐらいの期間。

**ちゅうき【注記】**《註記》 注を書くこと。また、その注。

**ちゅうぎ【忠義】** 主君（国家）にまごころをつくして仕えること。

**—立《だ》て** 忠義らしいふるまいをすること。

**ちゅうきじょう【駐機場】** 飛行場で乗客の乗降や貨物の積み下ろしをする所。ス

ポット。

**ちゅうきち【中吉】** 中ぐらいの吉。

**ちゅうきゅう【中級】** 中ぐらいの等級。

**ちゅうきょう【中京】** 名古屋の別称。〔東京と京都の中間の意〕

**ちゅうきょり【中距離】** ①中ぐらいの距離。②陸上競技で、八〇〇〜二〇〇〇メートル。「―競走」

**ちゅうぎり【中限】** 契約をした翌月の末に現品を受け渡す取引。なかぎり。対先限《さきぎり》・当限《とうぎり》

**ちゅうきん【忠勤】** 忠実につとめること。

**ちゅうきん【鋳金】** 金属をとかし、型に入れて器物をつくること。

**ちゅうくう【中空】** ①〔文章語〕なかぞら。類中天 ②中がからっぽのこと。

**ちゅうくん【忠君】** 君主に忠誠を尽くすこと。「―愛国」

**ちゅうけい【中継】** ①途中でうけつぐこと。類なかつぎ ②中継放送の略。

**―放送《ほうそう》** （現場の実況を）放送局がなかつぎして放送すること。中継。類実況放送

**ちゅうけい【仲兄】** 〔文章語〕二番目の兄。次兄。

**ちゅうけん【中堅】** ①中心となって活動する人。対新進 ②中ぐらいの位置にあること。③野球で、センター。「―手」

**―株《かぶ》** 値の変動がはげしくない堅実な株。

**ちゅうけん【忠犬】** 主人に忠実な犬。

**ちゅうげん【中元】** 七月ごろ、得意先などにおくる贈答品。

**ちゅうげん【中原】** 〔文章語〕原野のまんなか。

**―に鹿《しか》を逐《お》う** 多くの人々が競いあって地位などを得ようとする。

**ちゅうげん【中間・仲間】** 昔、武家の召し使いの男。

**ちゅうげん【忠言】** 〔文章語〕忠告の言葉。

**―耳《みみ》に逆《さか》らう** 忠告は聞き入れにくい。

**ちゅうこ【中古】** ①新品でない―こと（品物）。ちゅうぶる。類セコハン ②時代区分の一。上代と中世の間。〔平安時代〕

**―品《ひん》** 新品ではない品物。

**ちゅうこう【中興】** 衰えたものを再び盛んにすること。「―の祖」

**ちゅうこう【忠孝】** 忠義と孝行。

**ちゅうこう【昼光】** 昼の明るさ。

**―色《しょく》** 太陽光線に似せた光線の色。

**ちゅうこく【忠告】** 誠意をこめて人をいさめる―こと（言葉）。類忠言

**ちゅうごく【中国】** ①中華人民共和国の略。②中国地方。岡山・広島・鳥取・島根・山口の五県。

**ちゅうごし【中腰】** 腰を軽くかがめた姿勢。「―になる」

**ちゅうこん【忠魂】** 〔文章語〕忠義を尽くす心。「―碑」

**ちゅうさ【中佐】** 軍隊で、将校の階級の一。少佐の上、大佐の下。

**ちゅうざ【中座】** （会席や集会の）途中で席をはずすこと。

**ちゅうさい【仲裁】** （第三者が）争いの仲直りをさせること。類調停

**ちゅうざい【駐在】** ①派遣されて滞在すること。「海外―員」②駐在所（―の巡査）。

**―所《しょ》** 警官の住宅が付属した派出所。

**ちゅうさつ【誅殺】** 〔文章語〕罪をこらしめて殺すこと。

**ちゅうさつ【駐箚】** 〔文章語〕官吏が外国に駐在すること。

**ちゅうさん【昼餐】** 〔文章語〕昼食。類午餐

**ちゅうさんかいきゅう【中産階級】** 資本家と労働者の中間の階級。

**ちゅうさんかんちいき【中山間地域】** 山間地とその周辺の、農業条件の厳しい地域。〔農業政策用語〕

**ちゅうし【中止】** ①途中でやめること。②とりやめること。「雨天―」

**ちゅうし【注視】** 注意深くじっと見ること。類注目

**ちゅうじ【中耳】** 耳の鼓膜から内耳までの部分。

**―炎《えん》** 中耳の炎症。

**ちゅうじき【中食・昼食】** 昼食《ちゅうしょく》の古い言い方。

**ちゅうじく【中軸】** ①中心を通る軸。②中心となる―こと（人）。「―打者」

**ちゅうじつ【忠実】** ①すなおに従うようす。まじめにつとめるようす。「―な家来」②ありのままに表すようす。「―な描写」

**ちゅうしゃ【注射】** 注射器で体内に薬液を注入すること。「予防―」

ち

**ちゅうしゃ**【駐車】車をとめること。

**ちゅうしゃく**【注釈】《註釈》語句の説明を加え、本文を解釈すること。類注解

**ちゅうしゅう**【中秋】〔文章語〕陰暦八月一五日。「—の名月」

**ちゅうしゅう**【仲秋】〔文章語〕①秋のなかば。②陰暦で、八月。

**ちゅうしゅつ**【抽出】①抜き出すこと。類サンプリング ②液体(固体)中の特定の成分を化学的に分離すること。

**ちゅうしゅん**【仲春】〔文章語〕①春のなかば。②陰暦で、二月。

**ちゅうじゅん**【中旬】月のなかごろ。〔一一日から二〇日までの一〇日間〕

**ちゅうしょう**【中小】中と小。

**—企業**《きぎょう》 中・小規模の企業。対大企業

**—企業庁**《きぎょうちょう》 経済産業省の外局の一。

**ちゅうしょう**【中称】話者から少し離れた物・場所・方向をさす代名詞。「それ・そこ・そちら」など。対近称・遠称

**ちゅうしょう**【中傷】根拠のない悪口を言い、他人の名誉を傷つけること。

**ちゅうしょう**【抽象】多くのものから共通性を抜き出して概念をつくること。対具体

**—化**《か》 抽象的にすること。

**—画**《が》 写実的にではなく抽象的に表現した絵画。対具象画

**—芸術**《げいじゅつ》 事物を写実的にではなく、色彩や線などで抽象的に表現した芸術。アブストラクトアート。

**—的**《てき》 ①個別の物事を一般化して考えるようす。②実際の物事に基づいていないようす。類観念的 ◇対具体的

**ちゅうじょう**【中将】軍隊で、将校の階級の一。少将の上、大将の下。

**ちゅうじょう**【衷情】〔文章語〕まごころ。

**ちゅうしょく**【昼食】昼の食事。類ランチ

**ちゅうしん**【中心】①まんなか。②物事の集まる大事なところ(人)。◇類中央・中枢

**—人物**《じんぶつ》 最も重要な位置にいる人。

**—地**《ち》 最も重要な役割を担っている場所。

**—的**《てき》 中心の位置にいるようす。

**ちゅうしん**【中震】かつての地震の段階表示の一。中間の段階。〔現在は使わない〕

**ちゅうしん**【注進】事件を急いで目上の人に報告すること。

**ちゅうしん**【忠臣】〔文章語〕忠義な家来。対逆臣

**ちゅうしん**【衷心】〔文章語〕まごころ。「—より(=心から)」類衷情

**ちゅうすい**【虫垂】盲腸の一部。

**—炎**《えん》 虫垂の炎症。〔俗に盲腸(—炎)という〕

**ちゅうすい**【注水】水をそそぎ入れること。

**ちゅうすいどう**【中水道】下水をきれいにして再利用する施設。〔水洗便所などに用いる〕

**ちゅうすう**【中枢】最も大事な部分。類中心

**—神経**《しんけい》 外界の刺激の伝達を受け、身体各部へ伝達する神経。脳と脊髄。対末梢《まっしょう》神経

**チューズデー**〔Tuesday〕火曜日。〔Tues.と略す〕

**ちゅうする**【沖する】《冲する》〔文章語〕高くのぼる。「天に—煙」

**ちゅうする**【注する】《註する》〔文章語〕解釈や説明を加える。

**ちゅうする**【誅する】〔文章語〕悪人を攻め殺す。

**ちゅうせい**【中世】時代区分の一。古代と近世の間。〔日本では鎌倉・室町時代〕

**ちゅうせい**【中正】かたよらず、正しいこと。

**ちゅうせい**【中性】①中間の性質。②酸性でもアルカリ性でもないこと。「—洗剤」③男性でも女性でもないこと。

**—子**《し》 素粒子の一。〔電気を帯びていない〕

**—紙**《し》 洋紙の一。中性の薬品を用い、長期保存が可能。対酸性紙

**—子**《し》**爆弾**《ばくだん》 核爆弾の一。〔建物への破壊力は小さく生物体への殺傷力は大きい〕

**—脂肪**《しぼう》 生体のエネルギー源の一。人体で最も多い脂質。脂肪。〔多すぎると、動脈硬化や心筋梗塞の恐れ〕

**ちゅうせい**【忠誠】まごころ。「—心」

**ちゅうぜい**【中背】身長が高すぎも低す

ぎもしないこと。「中肉ー」

**ちゅうせいだい【中生代】** 地質時代の区分の一。古生代と新生代の間。〔恐竜などがさかえた〕

**ちゅうせき【沖積】** 流されてきた土砂が積み重なること。

**ー世《せい》** 地質時代の区分の一。約一万年前から現在まで。〔現在では完新世という〕

**ー層《そう》** 土砂が沖積してできた地層。

**ー平野《へいや》** 土砂が沖積してできた平野。〔関東平野など〕

**ちゅうせき【柱石】** 〔文章語〕頼りがいのある人。〔柱と土台の意から〕

**ちゅうせつ【忠節】** 〔文章語〕変わることなく忠義を尽くすこと。

**ちゅうぜつ【中絶】** ①中途で-絶える（やめる）こと。②妊娠中絶。

**ちゅうせん【抽選・抽籤】** くじびき。

**ちゅうぞう【鋳造】** とかした金属を型に入れて器物をつくること。「ー貨幣」

**チューター** [tutor] ①家庭教師。②助言者。

**ちゅうたい【中退】** 中途退学。「高校ー」

**ちゅうたい【中隊】** 軍隊で、編制上の単位の一。大隊と小隊の間。

**ちゅうたい【紐帯】** 二者のなかだちをする大事なもの。〔ひもとおびの意〕

**ちゅうだん【中段】** ①中ほどの-段（段階）。②剣道の構えの一。中ほどに構える。◇対上段・下段

**ちゅうだん【中断】** 途中で（一時）とぎれること。類中止

**ちゅうちょ【躊躇】** 決断しかねて迷うこと。類ためらい

**ちゅうづり【宙吊り・宙釣り】** 空中にぶらさがった状態。

**ちゅうていしゃ【駐停車】** 駐車と停車。「ー禁止」

**ちゅうてつ【鋳鉄】** 鋳物に使う鉄。

**ちゅうてん【中天】** ①天のまんなか。「ーにかかる月」②なかぞら。

**ちゅうてん【中点】** 線分を二等分する点。

**ちゅうと【中途】** なかほど。類途中

**ー半端《はんぱ》** ①物事を最後まで終えていないこと。②どっちつかずであること。

**ちゅうとう【中等】** 中ぐらいの程度。対初等・高等

**ー教育《きょういく》** 中学校・高等学校の教育。

**ー教育学校《きょういくがっこう》** 小学校卒業者が入学する六年制の学校。中学校と高等学校の一貫教育を行う。

**ちゅうとう【仲冬】** 〔文章語〕①冬のなかば。②陰暦で、一一月。

**ちゅうとう【柱頭】** ①柱の上端部。②めしべの頂部。

**ちゅうとう【偸盗】** 〔文章語〕ぬすびと。〔「とうとう」の慣用読み〕類どろぼう

**ちゅうどう【中道】** ①かたよりがなく穏当なこと。「ー勢力」②中途。

**ちゅうどく【中毒】** 薬物などの毒素により機能障害をおこすこと。Ⅱそれなしでは過ごせないこと。「活字ー」

**チュートリアル** [tutorial] ①個人指導。②（コンピューターの画面上で）実際に操作しながら学ぶ-こと（ためのマニュアル）。

**ちゅうとろ【中トロ】** マグロの適度にあぶらののった肉（-の部分）。

**ちゅうとん【駐屯】** 軍隊が一定期間とどまっていること。「ー地」類駐留

**チューナー** [tuner] テレビ・ラジオの電波を、選択・調整する装置。

**ちゅうなんべい【中南米】** 中米と南米。

**ちゅうにかい【中二階】** 一階と二階の中間に作られた階。

**ちゅうにく【中肉】** 肉付きがふとりすぎもやせすぎもしないこと。「ー中背《ちゅうぜい》」

**ちゅうにち【中日】** ①彼岸のなかび。〔春分・秋分の日〕②中国と日本。

**ちゅうにち【駐日】** 日本に駐在すること。

**ちゅうにゅう【注入】** 液体などをそそぎ入れること。Ⅱ（集中的に）つぎこむこと。

**ちゅうにん【中人】** 小・中学生など。〔入場料などで使う〕対小人《しょうにん》・大人《だいにん》

**チューニング** [tuning] ①調律。②受信機で、チューナーによる選局・調整。

**ちゅうねん【中年】** 四〇歳前後の、人生の半ばの時期。

**ちゅうのう【中脳】** 脳の間脳と小脳の間の部分。視聴覚の中枢がある。

**ちゅうのり【宙乗り】** 演劇などで、体を空中につり上げること。類宙づり

**ちゅうは【中波】** 波長一〇〇〜一〇〇〇メートルの電波。〔国内向けラジオ放送などに使う〕対長波・短波

**チューバ** [tuba] 管楽器の一。〔金管楽器

で音域が最も低い。テューバ〕

**ちゅうハイ【酎―】** 焼酎《しょうちゅう》の炭酸水割り。〔焼酎ハイボールの意。／チューハイとも書く〕

**ちゅうばいか【虫媒花】** 昆虫がなかだちになって受粉する花。

**ちゅうばつ【誅伐】** 〔文章語〕罪のある者を攻め討つこと。

**ちゅうはば【中幅】** 大幅と小幅の中間の幅（―のもの）。〔布では約四五センチメートルのもの〕

**ちゅうはん【昼飯】** ひるめし。

**ちゅうばん【中盤】** 囲碁・将棋で、勝負の中ほどの局面。Ⅱ物事の中間の段階。◇対序盤・終盤

**ちゅうび【中火】** 中程度の強さの火。

**ちゅうぶ【中部】** ①中央の部分。②中部地方。新潟・富山・石川・福井・静岡・愛知・山梨・長野・岐阜の九県。

**チューブ**〔tube〕 ①管。②絵の具やのりなどを入れる容器。中身をしぼり出して使う。

**ちゅうふう【中風】** 脳卒中の後などに現れる半身不随などの症状。ちゅうぶ（―う）。中気。

**ちゅうふく【中腹】** 山のなかほど。類山腹

**ちゅうぶと【中太】** 中ぐらいよりやや太いこと。「―毛糸」

**ちゅうぶらりん【宙ぶらりん・中ぶらりん】** 〔俗語〕空中にぶらさがっていること。Ⅱ中途半端。

**ちゅうぶる【中古】** 〔俗語〕ちゅうこ。

**ちゅうへん【中編】**《中篇》 ①中ぐらいの長さの作品。②三編あるものの二番目。

**ちゅうぼう【厨房】** 台所。

**ちゅうぼく【忠僕】** 忠実な召し使い。

**ちゅうみつ【稠密】** 〔文章語〕ある所にすきまなく集まっていること。「人口―」

**ちゅうもく【注目】** 気をつけて見ること。「―に値する・―の的」類注視

**ちゅうもん【中門】** 表門の内側にある門。

**ちゅうもん【注文】**《註文》 ①依頼してあつらえること。②希望する条件。「―をつける」

**―流《なが》れ** 注文した人が引き取らず、そのままになっている品物。

**ちゅうや【昼夜】** ①ひるとよる。②昼も夜も。

**―兼行《けんこう》** 昼も夜も休まず急いで行うこと。

**―をおかず** 昼も夜も。昼夜を分かたず。

**ちゅうゆ【注油】** 機械などに油をさすこと。

**ちゅうよう【中庸】** かたよらず穏当なこと。過不足のないこと。「―を得る」

**ちゅうよう【中葉】** 中ごろの時期。「一〇世紀―」対初葉・末葉

**ちゅうようとっき【虫様突起】** 虫垂。

**ちゅうらん【虫卵】** 昆虫や寄生虫の卵。

**ちゅうりきこ【中力粉】** 小麦粉の一。〔強力粉と薄力粉の中間。／うどんの材料〕

**ちゅうりつ【中立】** 〔当事者の〕どちらにもつかないこと。「―国」類中正

**チューリップ**〔tulip〕 春に咲く花の一。

**ちゅうりゃく【中略】** 途中を略すこと。

**ちゅうりゅう【中流】** ①川の流れの中ほど。②中等の―程度（階層）。「―家庭」

**ちゅうりゅう【駐留】** 軍隊が長くとどまること。「―軍」類駐屯

**ちゅうりょう【忠良】** 〔文章語〕忠義で善良な―こと（人）。

**ちゅうりょく【注力】** 目標達成のために努力すること。

**ちゅうりん【駐輪】** 自転車をとめること。「―場」

**チュール**〔フランス語 tulle〕 網目状に織った薄絹。〔ベールなどに使う〕

**ちゅうれい【忠霊】** 〔文章語〕忠義のために死んだ人の霊。「―塔」

**ちゅうろう【柱廊】** 柱と屋根だけで壁のない廊下。コロネード。

**ちゅうわ【中和】** 相反する性質のものがまじり合い、それぞれの性質を失うこと。

**チューンアップ**〔tune-up〕 機械を調整して性能を高めること。チューンナップ。

**チュチュ**〔フランス語 tutu〕 バレリーナがつけるスカート。

**チュニック**〔tunic〕 丈が腰下あたりまである女性用上着。

**ちゅら**《美ら・清ら》 美しい。清らか。「―海」〔沖縄方言〕

**ちよ【千代】** 非常に長い年月。

**ちょ【著】** 書物（―を書くこと）。「漱石の―」

**ちょ【緒】** はじめ。〔「しょ」の慣用読み〕

**―に就《つ》く** 軌道にのる。糸口が見つかる。

**ちょい**〔俗語〕少し。「―役（=端役《はやく》）」
**チョイス**[choice] 選択。「ベスト―」
**ちょいちょい**〔俗語〕しばしば。
**ちょう【丁】**①偶数。㊖半 ②（和装本の）ページ数を数える語。〔表裏の二ページで一丁〕③豆腐を数える語。④銃などを数える語。〔挺とも書く〕
**ちょう【兆】**①きざし。②数の名。一億の一万倍。
**ちょう【町】**①まち。地方公共団体の一。「―議会」②市街の区画。③長さの単位の一。一町は六〇間《けん》。④面積の単位の一。一町は一〇反。
**ちょう【長】**①かしら。「一家の―」②すぐれた箇所。「一日《いちじつ》の―」㊖短 ③長い。「―距離」㊖短 ④責任者。「委員―」
**ちょう【張】**①弓や琴を数える語。②幕やかやを数える語。
**ちょう【超】**①とびぬけている。「―満員」②超越している。「―党派」③〔俗語〕たいへん。「―楽しい」〔多くチョーと書く〕
**ちょう【腸】**消化器官の一。胃に続く部分。細長いくだ。
**ちょう【蝶】**昆虫の一。美しい羽根で飛ぶ。
**―よ花《はな》よ** 女の子を大事に育てる形容。「―といつくしむ」
**ちょう【調】**①音楽で、音階の種類。「ハ―」②詩歌の、音数によるリズム。「七五―」③口調や文章で、ある特徴（―をもつこと）。「万葉（講談）―」
**ちょうあい【帳合い】**①現金（品物）と帳簿を照合すること。②帳簿に記入すること。
**ちょうあい【寵愛】**格別に目をかけること。
**ちょうあく【懲悪】**悪をこらすこと。「勧善―」
**ちょうアクチノイドげんそ【超―元素】**[transactinide element] アクチノイドよりも原子番号の大きな元素の総称。原子番号一〇四のラザホージウムより始まり、すべて人工の放射性元素。
**ちょうい【弔意】**〔文章語〕死をいたみ、とむらう心。「―を表する」
**ちょうい【弔慰】**〔文章語〕死者をとむらい、遺族を慰めること。「―金」
**ちょうい【潮位】**基準面から測った海面の高さ。潮の満ち引きで変化する。
**ちょういん【調印】**承認したしるしに、署名捺印すること。「条約―」
**ちょうウランげんそ【超―元素】**ウランより原子番号の大きな元素。
**ちょうえい【町営】**地方公共団体の町の経営。「―住宅」
**ちょうえき【懲役】**刑罰の一。刑務所で労役に服する。
**ちょうえつ【超越】**①ぬきん出ること。②気にかけないこと。「利害を―する」
**ちょうえん【長円】**だえん。
**ちょうえん【腸炎】**腸カタル。
**―ビブリオ** 食中毒を起こす菌類の一。
**ちょうおん【長音】**長くのばした音。㊖短音
**ちょうおん【調音】**①発音器官が必要な位置を―とる（とって音を出す）こと。「―点」②調律。
**ちょうおん【聴音】**音声を聞きとること。
**ちょうおんそく【超音速】**音が空気中を伝わる速さよりも速い速度。
**ちょうおんぱ【超音波】**人間の耳では音として聞きとれない音波。魚群探知やエコー検査などに利用。〔振動数二万ヘルツ以上〕
**ちょうか【弔花】**葬儀などにそなえる花。
**ちょうか【弔歌】**とむらいの歌。㊝挽歌
**ちょうか【長歌】**和歌の形式の一。〔五・七の句を重ね、七・七の句で結ぶ〕㊖短歌
**ちょうか【釣果】**〔文章語〕魚釣りの成果。釣り上げた魚（―の量）。
**ちょうか【超過】**数量や時間が定められた範囲を超えること。「―料金」
**―勤務《きんむ》** 規定の時間数を超えた仕事。「―手当」
**ちょうかい【町会】**①町内会。②町議会。
**ちょうかい【朝会】**朝礼の会。
**ちょうかい【潮解】**固体が大気中の水分を吸収して溶解すること。
**ちょうかい【懲戒】**悪事や不正に対する制裁（処罰）。「―免職（解雇）」
**ちょうかく【頂角】**三角形で、底辺に対する角。
**ちょうかく【聴覚】**五感の一。音を耳できく感覚。「―器官（=耳）」
**ちょうカタル【腸―】**腸の炎症。腸炎。
**ちょうかん【長官】**最高裁や内閣官房な

ち

どのほか、庁のつく官庁の長。「文化庁ー」

**ちょうかん【鳥瞰・鳥観】** ①高所から見おろすこと。「ー図」②全体を見渡すこと。◇類俯瞰《ふかん》

**ちょうかん【朝刊】** 日刊新聞で、朝、発行するもの。対夕刊

**ちょうかんまく【腸間膜】** 腹膜の一部。腸を包む薄い膜。

**ちょうき【弔旗】** 弔意を表す旗。〔黒布をつけたり半旗にしたりする〕

**ちょうき【長期】** 長い期間。「ー化」対短期

**ー戦《せん》** 長期にわたる戦い。

**ちょうぎかい【町議会】** 地方公共団体の町の議決機関。「ー議員」

**ちょうきゃく【弔客】** 弔問客。

**ちょうきゅう【長久】** 〔文章語〕長きにわたること。「武運ー」

**ちょうぎょ【釣魚】** 〔文章語〕釣りをすること。また、釣った魚。釣りの対象となる魚。

**ちょうきょう【調教】** 動物を目的に応じて訓練すること。「ー師」

**ちょうきょり【長距離】** ①長い距離。「ー電話」②陸上競技で三〇〇〇メートル以上の競走。◇対短距離・中距離

**ちょうきん【彫金】** 金属に彫刻をすること。

**ちょうきん【超勤】** 超過勤務の略。「ー手当」

**ちょうく【長駆】** 〔文章語〕①長い距離を走ること。②遠くまで行くこと。

**ちょうく【長軀】** 〔文章語〕長身。「痩身《そうしん》ー」対短軀

**ちょうけい【長兄】** いちばん上の兄。

**ちょうけい【長径】** 楕円《だえん》で長い方の径。長軸。対短径

**ちょうけし【帳消し】** ①貸し借りの清算。②損得などを相殺してなくすこと。

**ちょうけつ【長欠】** 長期-欠席(欠勤)の略。「ー児童」

**ちょうけん【朝見】** 〔文章語〕天皇に拝謁すること。

**ちょうげん【調弦】** 弦楽器の音をあわせること。類調律

**ちょうげんじつしゅぎ【超現実主義】** シュールレアリスム。

**ちょうこう【長考】** 長い時間考えること。

**ちょうこう【彫工】** 彫刻を職業とする人。

**ちょうこう【釣行】** 釣りに出かけること。「友人とーを楽しむ」

**ちょうこう【朝貢】** 来朝して貢ぎ物を献上すること。類来貢

**ちょうこう【兆候・徴候】** 前ぶれ。きざし。「病気(噴火)のー」

**ちょうこう【調香】** 香料を調合すること。「ー師」

**ちょうこう【聴講】** 講義を聞くこと。「ー生」

**ちょうごう【調合】** 薬などを決められた分量どおりに混ぜ合わせること。

**ちょうこうぜつ【長広舌】** 熱弁をふるうこと。また、長々と話すこと。「ーをふるう」

**ちょうこうそう【超高層】** 高層の中でもより高いこと。「ービル」

**ちょうこく【彫刻】** 石や金属を彫り刻んで-像(模様)をつくること。また、つくった物。「ー家」

**ちょうこく【超克】** 〔文章語〕困難にうちかつこと。「煩悩をーする」

**ちょうさ【調査】** ある事柄について調べること。

**ちょうざ【長座】** 〔文章語〕長居をすること。

**ちょうざい【調剤】** 薬の調合。類調薬

**ちょうざめ【蝶鮫】** チョウザメ科の大きな魚。〔卵はキャビアとして珍重〕

**ちょうさんぼし【朝三暮四】** 目先の違いにこだわり、結果が同じになることに気づかないこと。また、口先で人をだますこと。〔中国の故事から〕

**ちょうし【弔詞】** 〔文章語〕弔辞。

**ちょうし【長子】** 第一子。特に長男。対末子《まっし》

**ちょうし【長姉】** いちばん上の姉。

**ちょうし【長詩】** 長い詩。対短詩

**ちょうし【銚子】** とっくり。

**ちょうし【調子】** ①音の高低。②口調。語調。「文章のー」③体や心の状態。④いきおい。

**ー(-が)いい** ①調子をあわせるのがうまい。②順調である。

**ー付《づ》く** ①勢いがつく。②軽はずみな行動をする。

**ーに乗《の》る** 勢いが-つく(ついてうわつく)。

ー外《はず》れ　①音の調子があわないこと。②言動が他の人と調和しない―こと（人）。◇調子っぱずれ。

ーを合《あ》わせる　話をあわせる。相手にさからわない。

**ちょうし【聴視】**　聴くことと見ること。「ー者」

**ちょうじ【丁子・丁字】**　香辛料の一。クローブ。〔常緑高木チョウジのつぼみを干したもの〕

**ちょうじ【弔事】**　人の死などの不吉なこと。対慶事

**ちょうじ【弔辞】**　とむらいの言葉。

**ちょうじ【寵児】**　特別にかわいがられる子供。Ⅱ時流に乗った人。「時代のー」

**ちょうしぜん【超自然】**　自然現象をこえた神秘的なこと。

**ちょうしつ【調湿】**　湿度を調整すること。

**ちょうじつ【長日】**　①昼の長い日。夏の日。対短日　②長い日時。

ー植物《しょくぶつ》　日照時間が長くなると開花する植物。対短日植物

**ちょうしゃ【庁舎】**　官公庁の建物。

**ちょうしゃ【聴者】**　①〔文章語〕聞き手。対話者　②聴覚に障害のない人。対聾《ろう》者

**ちょうじゃ【長者】**　金持ち。「ー番付」

**ちょうしゅ【聴取】**　①意見や事情をきくこと。②放送をきくこと。「ー率」

**ちょうじゅ【長寿】**　寿命が長いこと。

**ちょうしゅう【徴収】**　お金を取り立てること。「会費をーする」対納入

**ちょうしゅう【徴集】**　人や物資を強制的に集めること。

**ちょうしゅう【聴衆】**　演奏などを聞きに集まった人々。

**ちょうじゅう【鳥獣】**　鳥やけもの。類禽獣《きんじゅう》

**ちょうしゅつ【重出】**　じゅうしゅつ。

**ちょうしょ【長所】**　すぐれた点。「ーを生かす」対短所

ーは短所《たんしょ》　長所は見方を変えれば短所である。

**ちょうしょ【調書】**　調べた事柄を書いた文書。〔特に犯罪容疑者の取り調べ記録〕

**ちょうじょ【長女】**　最初に生まれた女子。

**ちょうしょう【徴証】**　〔文章語〕結論を導き出す証拠（ーをあげて明らかにすること）。

**ちょうしょう【嘲笑】**　あざけり笑うこと。類冷笑

**ちょうじょう【長上】**　〔文章語〕目上（ーの人）。

**ちょうじょう【重畳】**　①折り重なること。「山岳ー」②この上なく満足。「ー至極」

**ちょうじょう【頂上】**　①山のいただき。②最高点。「ーを極める」類絶頂

**ちょうしょく【朝食】**　朝の食事。

**ちょうじり【帳尻】**　帳簿上の決算。

ーが合《あ》う　①決算の結果が合う。②物事がいちおう決着する。

**ちょうじる【長じる】**　①成長する。②年上である。③すぐれている。◇長ずる。

**ちょうしん【長身】**　背が高い―こと（人）。

**ちょうしん【長針】**　時計の、分をさす長い方の針。分針。対短針

**ちょうしん【調進】**　〔文章語〕注文どおり―作る（届ける）こと。

**ちょうしん【聴診】**　体内の心音や呼吸音などをきいて診察すること。「ー器」

**ちょうじん【釣人】**　〔文章語〕つりびと。

**ちょうじん【鳥人】**　空を飛ぶ人。〔飛行士やスキーのジャンパーの形容〕

**ちょうじん【超人】**　人並みはずれてすぐれた能力をもつ人。「ー的」

**ちょうしんけい【聴神経】**　聴覚にかかわる感覚神経。

**ちょうしんせい【超新星】**　新星で明るく輝くもの。〔恒星の爆発現象で、消滅する前の最終的な段階〕

**ちょうしんるこつ【彫心鏤骨】**　〔文章語〕苦心を重ねて作品をつくりあげること。

**ちょうず【手水】**　①顔や手を洗う―こと（水）。「ー鉢」②便所（ーに行くこと）。◇〔古風な言い方〕

**ちょうすいろ【長水路】**　長さ五〇メートル（ー以上）のプールのコース。対短水路

**ちょうする【徴する】**　①呼び出す。②取り立てる。③もとめる。「意見をー」

**ちょうずる【長ずる】**　長じる。

**ちょうせい【町勢】**　町の（ー人口や産業の）ありさま。

**ちょうせい【長征】**　〔文章語〕長距離にわたって行う征伐。

**ちょうせい【長逝】**　〔文章語〕死ぬこと。

**ちょうせい【調製】**　注文に応じて作るこ

ち

と。

**ちょうせい【調整】** 適切な状態にととのえること。

**ちょうぜい【町税】** 町が住民に課す税。

**ちょうぜい【徴税】** 租税を徴収すること。対納税

**ちょうせき【長石】** 鉱物の一。〔火成岩に多く含まれる。ガラス・陶磁器の原料〕

**ちょうせき【朝夕】**〔文章語〕①朝と夕。②ふだん。

**ちょうせき【潮汐】** 潮のみちひ。

**ちょうせつ【調節】** 物事の調子やつりあいをととのえること。

**ちょうぜつ【超絶】** とびぬけてすぐれること。

**ちょうせん【挑戦】** ①戦いをいどむこと。②困難にいどむこと。◇類チャレンジ

**ちょうせん【腸線】** ガット。

**ちょうぜん【超然】** ①ぬきんでているようす。②物事にこだわらないようす。「―たる態度」

**ちょうせんにんじん【朝鮮人参】** 漢方で用いる薬草の一。〔ウコギ科の多年草〕

**ちょうそ【彫塑】** ①彫刻や塑像。②彫刻の原形になる塑像(―を作ること)。

**ちょうそう【鳥葬】**(チベットなどの)遺体を野ざらしにして、肉食鳥に食させる葬り方。

**ちょうぞう【彫像】** 彫刻した像。

**ちょうそく【長足】** ①長い足。②はやあし。Ⅱ進歩がはやいこと。「―の進歩をとげる」

**ちょうぞく【超俗】** 俗世を超越していること。

**ちょうだ【長打】** 野球で、ロングヒット。

**ちょうだ【長蛇】** 長く大きなヘビ。Ⅱ長いことの形容。「―の列(=長い行列)」

**ちょうだい【長大】** 長くて大きいこと。「重厚―」対短小

**ちょうだい【頂戴】** ①いただくこと。「本を―する」②…ください。「見て―」③(「〜な」の形で)物を買うときの呼びかけの語。

**ちょうたいそく【長大息】**〔文章語〕深く大きなため息。

**ちょうたく【彫琢】**〔文章語〕宝石をみがくこと。Ⅱ文章をみがきあげること。

**ちょうたつ【暢達】**〔文章語〕のびのびしていること。「―な運筆」

**ちょうたつ【調達】** ①調製。②金品の工面。「資金を―する」

**ちょうだつ【超脱】**〔文章語〕俗事を超越していること。類超俗

**ちょうたん【長短】** ①長いものと短いもの。②長所と短所。③余りと不足。

**ちょうだん【跳弾】**〔文章語〕銃弾が跳ね返ること。また、その銃弾。

**ちょうたんぱ【超短波】** 波長一〇メートル以下の電波。〔近距離通信やテレビ放送に利用〕

**ちょうチフス【腸―】** 感染症の一。

**ちょうちゃく【打擲】**〔文章語〕打ちたたくこと。類殴打

**ちょうちょう【丁々】**《打々》続けて打つ音の形容。

**―発止《はっし》** 激しく打ち合うようす。Ⅱ激しく議論を戦わせるようす。「―と渡り合う」

**ちょうちょう【町長】** 地方公共団体としての町の長。

**ちょうちょう【長調】** 長音階による楽曲の調子。〔明快・歓喜の気分の表現に適する〕対短調

**ちょうちょう【喋々】**〔文章語〕しきりにしゃべるようす。

**―喃々《なんなん》**〔文章語〕男女がむつまじく話し合うようす。

**ちょうちょう【蝶々】** 昆虫の、チョウ。

**ちょうちん【提灯】** 照明具の一。

**―に釣《つ》り鐘《がね》** 比べものにならない。つりあわない。〔形は似ても重さは段違い〕

**―持《も》ち** 行列の先頭で提灯を下げる人。Ⅱ人の手先となって宣伝をする―こと(人)。

**ちょうつがい《蝶番》** 開き戸やふたの開閉のためにつける金具。Ⅱ体の関節。

**ちょうづけ【帳付け】** 帳面に記入する―こと(役の人)。

**ちょうづめ【腸詰め】** ソーセージ。

**ちょうづら【帳面】** 帳面づら。

**ちょうてい【長堤】**〔文章語〕長く続く土手。

**ちょうてい【朝廷】** 天皇が政治を行う所。Ⅱ政権。「大和―」

**ちょうてい【調停】** 争いを和解させること。「―役」類仲裁

**ちょうていきょくほ【長汀曲浦】**〔文

ち

章語〕曲折しながら遠くまで続く海岸。
**ちょうてん【頂点】** ①角をなす二直線が交わる所。②いただき。類頂上・トップ Ⅱ絶頂。
**ちょうでん【弔電】** 不幸を悔やむ電報。対祝電
**ちょうでんどう【超伝導・超電導】** ある種の金属が、ごく低温で電気抵抗がゼロになる現象。
**ちょうと【長途】** 長い道のり。類遠路
**ちょうど【丁度】** ①ぴったりあてはまるようす。「―いい」②まるで。あたかも。
**ちょうど【調度】** 日常使う家具や道具。
**ちょうどうけん【聴導犬】** 聴覚障害者を助けるよう訓練された犬。
**ちょうとうは【超党派】** ふたつ以上の政党が一致して行動すること。
**ちょうどきゅう【超弩級】** はるかに強大であること。超大型。「―戦艦」
**ちょうとっきゅう【超特急】** 特急よりもさらに速い列車。Ⅱきわめて速いこと。
**ちょうなん【長男】** 最初に生まれた男子。
**ちょうネクタイ【蝶―】** チョウの形のネクタイ。ボータイ。
**ちょうねんてん【腸捻転】** 腸の疾患の一。〔腸がねじれる。/激痛を伴う〕
**ちょうのうりょく【超能力】** 人間のふつうの能力を超えた特殊な能力。
**ちょうは【長波】** 波長一〇〇〇メートル以上の電波。〔気象通信などに使う〕対短波・中波

**ちょうば【帳場】** 〔旅館や商店の〕勘定場。
**ちょうば【跳馬】** 体操競技の種目の一。また、その用具。
**ちょうば【嘲罵】** 〔文章語〕大声であざけること。「―を浴びせる」
**ちょうばいか【鳥媒花】** 鳥が媒介となって受粉する花。
**ちょうはつ【長髪】** 長くのばした髪。対短髪
**ちょうはつ【挑発】**《挑撥》相手を刺激してけしかけること。「―的」
**ちょうはつ【徴発】** 〔軍隊が〕物資を強制的に取り立てること。
**ちょうはつ【調髪】** 髪を手入れし形を整えること。
**ちょうばつ【懲罰】** 不正・不当な行為に対してこらしめて罰すること。
**ちょうはん【丁半】** 偶数と奇数。Ⅱばくち。
**ちょうび【掉尾】** とうび。
**ちょうひょう【帳票】** 〔文章語〕帳簿や伝票。
**ちょうひょう【徴表】** 〔文章語〕他と区別する特徴。メルクマール。
**ちょうふ【貼付】** 〔文章語〕てんぷ。
**ちょうぶ【町歩】** 農地などを町《ちょう》単位に数えるときの語。
**ちょうふく【重複】** 同じ物事が重なりあうこと。じゅうふく。
**ちょうぶん【弔文】** 弔意を述べた文章。
**ちょうぶん【長文】** 長い文（文章）。対短文

**ちょうへい【徴兵】** 国家が強制的に兵役につかせること。「―制」
**ちょうへいそく【腸閉塞】** 腸の疾患の一。〔腸管の異常による内容物の通過障害〕
**ちょうへき【腸壁】** 腸の内壁。
**ちょうへん【長辺】** 長方形の長い方の辺。対短辺
**ちょうへん【長編】**《長篇》長い作品。「―小説」対短編
**ちょうぼ【帳簿】** 金品の出入りなどを記入する帳面。類出納簿
**ちょうほう【弔砲】** 弔意を表してうつ空砲。類弔銃
**ちょうほう【重宝】** ①大事な宝。じゅうほう。②【調法】便利で役に立つこと。「―がる」
**ちょうほう【諜報】** 〔文章語〕相手の情報をさぐること。「―機関」類スパイ
**ちょうぼう【眺望】** 遠くまで眺めること。また、その景色。「―がきく」類見晴らし
**ちょうほうけい【長方形】** 四つの角がすべて直角の四角形。〔ふつう正方形以外をいう〕
**ちょうぼん【超凡】** 〔文章語〕非凡。
**ちょうほんにん【張本人】** 悪事を企てるなどの事件を起こした人。
**ちょうみ【調味】** 料理をおいしく味つけすること。
**―料《りょう》** 味つけのために加える食品。類香辛料

**ちょうみつ【稠密】** ちゅうみつ。
**ちょうみん【町民】** 町の住民。
**ちょうむすび【蝶結び】** 結び方の一。できあがりがチョウの形になる。
**ちょうめい【長命】** 長く生きること。‖長く続くこと。◇[類]長寿 [対]短命
**ちょうめい【澄明】** 〔文章語〕澄みきって明るいこと。
**ちょうめん【帳面】** ノート。帳簿。「―を合わせる」
**―面《づら》** 記帳されている状態（数字）。
**ちょうもん【弔問】** 弔意を表して訪問すること。「―客」
**ちょうもん【聴聞】** 人の話を聞くこと。
**―会《かい》** 行政機関が利害関係者の意見を聞く会。
**ちょうもんのいっしん【頂門の一針】** 〔文章語〕急所をつく教訓。〔頂門は頭のいただきの意〕
**ちょうや【朝野】** 〔文章語〕朝廷（政府）と民間。「―をあげて」‖天下。世間。「―に知らぬ者なし」
**ちょうやく【跳躍】** とびはねること。‖途中を抜かすこと。「―上告」
**―競技《きょうぎ》** 陸上競技で、幅跳び・高跳びの総称。
**ちょうやく【調薬】** 薬の調合。[類]調剤
**ちょうゆう【町有】** 地方公共団体の町の所有。「―地」
**ちょうよう【長幼】** 年上と年下。
**―の序《じょ》** 年長者と年少者の間の一定の秩序。

**ちょうよう【重用】** じゅうよう。
**ちょうよう【重陽】** 五節句の一。九月九日。菊の節句。
**ちょうよう【徴用】** 国家が強制的に動員して労働させること。[類]徴発
**ちょうらい【朝来】** 〔文章語〕朝から続いて。「―の雨」
**ちょうらく【凋落】** 〔文章語〕①植物が生気をなくすこと。②おちぶれること。③衰えること。
**ちょうり【調理】** 料理を作ること。「―師」
**ちょうりつ【町立】** 町の設立。
**ちょうりつ【調律】** 楽器の音律を正しくととのえること。「―師」
**ちょうりゃく【調略】** はかりごとをめぐらすこと。
**ちょうりゅう【潮流】** 潮の干満によっておこる海水の流れ。‖時勢の動き。「時代の―に乗る」[類]風潮
**ちょうりょう【跳梁】** 〔文章語〕①はねまわること。②思うままにはびこること。
**―跋扈《ばっこ》** 悪者がのさばりはびこること。
**ちょうりょく【張力】** ①張る力。②物理学で、物体の面に働く力。「表面―」
**ちょうりょく【潮力】** 潮流の力。「―発電（=潮の干満の差を利用した発電）」
**ちょうりょく【聴力】** 音を聴く力。
**ちょうるい【鳥類】** 鳥のなかま。「―図鑑」
**ちょうれい【朝礼】** 始業前の朝の集会。
**ちょうれいぼかい【朝令暮改】** 規則が目まぐるしく変わること。

**ちょうれん【調練】** 〔兵士を〕訓練すること。練兵。
**ちょうろう【長老】** 経験豊かな年長者。
**ちょうろう【嘲弄】** あざけりからかうこと。
**ちょうわ【調和】** よくつりあうこと。「―がとれる・―を欠く」
**チョーカー** ［choker］ 首のまわりにぴったりの首輪のような首飾り。
**チョーク** ［chalk］ 白墨。
**チョーク** ［choke］ 内燃機関の装置の一。
**ちよがみ【千代紙】** 模様を色刷りにした和紙。
**ちょき【チョキ】** じゃんけんの、はさみ。[対]グー・パー
**ちょきん【貯金】** お金をためること。そのお金。「―通帳」[類]預金
**ちょく【直】** ①正しいこと。まっすぐ。[対]曲 ②直接。「―輸入・―に言う」③安直。
**ちょく【勅】** 〔文章語〕天皇の命令。
**ちょく【猪口】** ちょこ。
**ちょくえい【直営】** 直接に経営すること。「―店」
**ちょくおん【直音】** 日本語の音節の一。〔ひとつの仮名で一音節を表す。「あ・か」など〕[対]拗音
**ちょくげき【直撃】** 爆弾（弾丸）が直接当たること。‖台風などがまともにおそうこと。
**ちょくげん【直言】** 思うことをありのままに言うこと。
**ちょくご【直後】** すぐあと。[対]直前
**ちょくご【勅語】** 天皇の言葉。特に、教

ち

育勅語。
**ちょくさい【直裁】**〔文章語〕①すぐに裁決すること。②本人が裁決すること。
**ちょくさい【直截】**まわりくどくないこと。〔「ちょくせつ」の慣用読み〕
**ちょくし【直視】**まともに見ること。「問題を―する」
**ちょくしゃ【直射】**①〔光線が〕まともに照らすこと。「―日光」②弾道が直線に近いこと。「―砲」対曲射
**ちょくじょ【直叙】**〔文章語〕ありのままに述べること。
**ちょくじょう【直上】**①まうえ。②まっすぐ上がること。
**ちょくじょう【直情】**ありのままの感情。
**―径行《けいこう》** 思うままに行動すること。
**ちょくしん【直進】**まっすぐ進むこと。
**ちょくせつ【直接】**じかに接すること。対間接
**―行動《こうどう》** 目的のために手段を選ばない〔―暴力的〕行動。
**―税《ぜい》** 納税者が直接納める税。〔所得税など〕対間接税
**―選挙《せんきょ》** 選挙人が被選挙人を直接選ぶ選挙。対間接選挙
**―的《てき》** 直接であるようす。対間接的
**ちょくせつ【直截】**ちょくさい。
**ちょくせん【直線】**まっすぐな線。対曲線
**―距離《きょり》** 二点間の最短距離。
**ちょくぜん【直前】**すぐ前。類目前 対直後
**ちょくそう【直送】**直接相手に送ること。「産地―」
**ちょくぞく【直属】**直接の―管理下〔上下関係〕にあること。「―の機関」
**ちょくだい【勅題】**①天皇の出す詩歌の題。②天皇直筆の題のある額。
**ちょくちょう【直腸】**大腸の最下部。
**ちょくつう【直通】**中継や乗り換えなしに直接に通じること。「――電話〔列車〕」
**ちょくとう【直登】**登山で、岩壁や急な尾根をまっすぐに登ること。
**ちょくとう【直答】**ただちに〔直接に〕答えること。
**ちょくどく【直読】**漢文を上から下へ読むこと。
**ちょくのう【直納】**直接に品物を納めること。じきのう。
**ちょくばい【直売】**生産者が直接に消費者に売ること。
**ちょくはん【直販】**生産者が直接に消費者に販売すること。「―店」類直売
**ちょくひ【直披】**じきひ。
**ちょくひつ【直筆】**①書法の一。筆を立てて書く。「懸腕―」②〔文章語〕ありのままに書くこと。対曲筆
**ちょくほうたい【直方体】**各面が長方形の六面体。
**ちょくめん【直面】**直接に向かいあうこと。「難題に―する」
**ちょくもう【直毛】**まっすぐな髪の毛。対癖毛
**ちょくやく【直訳】**字句どおりの翻訳。類逐語訳 対意訳
**ちょくゆ【直喩】**修辞法の一。明喩。〔「雪のように白い」など〕対隠喩
**ちょくゆしゅつ【直輸出】**業者を介さずに、直接に輸出すること。対直輸入
**ちょくゆにゅう【直輸入】**対直輸出
**ちょくりつ【直立】**①まっすぐ立つこと。「―不動」②高くそびえること。
**―猿人《えんじん》** ピテカントロプスエレクトゥス。
**ちょくりゅう【直流】**①まっすぐな流れ。対曲流 ②一方向にのみ流れる電流。対交流
**ちょくれつ【直列】**電池の陽極と陰極を順につなぐつなぎ方。対並列
**ちょげん【緒言】**「しょげん」の慣用読み。
**ちょこ【猪口】**①酒器の一。さかずき。ちょく。②小皿の一。
**チョコ** チョコレートの略。
**ちょこう【著効】**〔文章語〕〔薬剤や療法が〕すぐれた効果を示すこと。また、その効果。
**ちょこざい《猪口才》**〔俗語〕こなまいきなこと。
**チョゴリ**〔朝鮮語 jeo-go-ri〕朝鮮の民族衣装。丈の短い上着。チョコリ。「チマ―」
**チョコレート**〔chocolate〕菓子の一。チョコ。〔カカオが主原料〕
**ちょさく【著作】**書物を書きあらわすこと。また、その書物。
**―権《けん》** 著作者がその作品を独占的に利用できる権利。〔財産権の一〕
**―者《しゃ》** 著作した人。
**ちょしゃ【著者】**書物をあらわした人。

ち

**ちょじゅつ【著述】** 書物を書きあらわすこと。また、その書物。「ー業」類著作

**ちょしょ【著書】** 書きあらわした書物。

**ちょすい【貯水】** 水をためておくこと。

**ー池《ち》** 水をためておく池。類ため池

**ちょぞう【貯蔵】** 品物をたくわえておくこと。「ー庫」

**ちょちく【貯蓄】** 財産（金銭）をたくわえること。たくわえた財物。類貯金

**ちょっか【直下】** ①ました。「赤道ー・ー型地震」②まっすぐ下がること。

**ちょっかい** 猫が前脚で物をかきよせること。●横から手出しをすること。「ーを出す」

**ちょっかく【直角】** 垂直に交わる二直線の作る角。九〇度。「ー三角形」

**ちょっかく【直覚】** 直観。「ー的」

**ちょっかつ【直轄】** 直接に管理・支配すること。「ー地」

**ちょっかっこう【直滑降】** スキーで、斜面をまっすぐにすべり降りること。

**ちょっかん【直感】** 本能的に感じとること。「ーがはたらく」

**ちょっかん【直観】** 思考や判断を加えずに直接とらえること。「ー的」類直覚

**ちょっかんひりつ【直間比率】** 国税における直接税と間接税の比率。

**ちょっき【直帰】** 出先から職場に戻らずに直接帰宅すること。

**チョッキ**［ポルトガル語 jaque］ 衣類の一。類ベスト

**ちょっきゅう【直球】** 野球で、変化しない投球。ストレート。

**ちょっけい【直系】** 直接のつながりをもつ系統。対傍系

**ー尊属《ぞく》** 父母・祖父母など。

**ー卑《ひ》属《ぞく》** 子・孫など。

**ちょっけい【直径】** 円や球の、中心を通り円周（面）上の二点を結ぶ直線（ーの長さ）。

**ちょっけつ【直結】** 直接つながること。

**ちょっこう【直交】** 直角に交わること。

**ちょっこう【直行】** ①ただちに（まっすぐに）行くこと。②思ったとおりに行動すること。③正しい行い。「直言ー」

**ちょっこう【直航】** 直接目的地へ航行すること。

**ちょっと**（一寸・鳥渡）①少し。②かなり。「ー名のある人」③呼びかけの語。〔なれなれしい感じを表す〕

**ーした** ①たいしたものではない。②かなりな。

**ー見《み》** 一見した感じ。

**チョッパー**［chopper］①石器の一。②みじん切り器。③直流電圧や電流を一定間隔で断続する装置。

**チョップ**［chop］①肋骨《ろっこつ》のついた肉。チャップ。②たたくように打つこと。「空手ー」

**ちょとつ【猪突】** 向こう見ずに突進すること。「ー猛進」

**ちょぼ** ①目印にする点。類ぽち ②歌舞伎で、地の文を浄瑠璃で語ること。〔ふつうチョボと書く〕

**ちょぼく【貯木】** 木をたくわえておくこと。「ー場」

**ちょめい【著名】** 有名。「ー人」

**チョリソー**［スペイン語 chorizo］メキシコ風の辛いソーセージ。〔発祥の地はスペイン〕

**ちょりつ【佇立】**〔文章語〕たたずむこと。

**ちょろい**〔俗語〕①かんたん。②少しぬけている。

**ちょろぎ**（草石蚕）シソ科の多年草。巻き貝状の地下茎の塊を正月料理に使う。

**ちょろず【千万】** 数が多いこと。せんまん。

**チョンガー**（総角）［朝鮮語 chong-gag］〔俗語〕独身の男。〔単身赴任の既婚男性についてもいうことがある〕

**ちょんぎる**〔俗語〕無造作に切る。

**ちょんぼ**〔俗語〕失敗。

**ちょんまげ**（丁髷）昔の、男の髪型の一。

**ちらかす【散らかす】** 散らかるようにする。

**ちらかる【散らかる】** 散乱する。

**ちらし【散らし】** ①散らすこと。②広告ビラ（ーの紙）。フライヤー。〔チラシとも書く〕類ビラ ③散らしずし。

**ー鮨《ずし》** すしの一。すし飯ーの上に具をちらした（に具をまぜ入れた）すし。

**ちらす【散らす】** ①散るようにする。②乱暴に…する。「いばりー」

**ちらばる【散らばる】** ちりぢりになる。

**ちらほら** ①まばらなようす。「白髪がー見える」②たまにあるようす。◇類ちらりほらり

**ちり** ちりなべ。

**ちり【塵】** ほこり。ごみ。●俗世間のよごれ。

ち

「浮き世の—」

**—も積もれば山《やま》となる** わずかなものでも積もり積もれば高大なものとなる。

**ちり【地理】** ①気候や産業など、その土地のありさま。「—学」②場所・方角など、土地のようす。「—に明るい」

**ちりあくた【塵芥】** ほこりやごみ。Ⅱとるに足らないもの。

**ちりがみ【塵紙】** 粗末な紙。鼻紙など。

**ちりしく【散り敷く】** 散って一面に広がる。

**チリソース**〔chili sauce〕唐辛子入りトマトソース。

**ちりぢり【散り散り】** ①四方に散るようす。②別れ別れ。

**ちりとり【塵取り】** そうじ用具の一。

**ちりなべ【ちり鍋】** 白身魚の鍋《なべ》料理。ちり。

**ちりのこる【散り残る】** 散らずに残る。

**チリパウダー**〔chili powder〕香辛料の一。唐辛子にニンニク・オレガノなどを加えたもの。

**ちりばめる**《鏤める》彫ってうめこむ。「宝石を—」

**ちりめん【縮緬】** 絹織物の一。表面にちぢみがある。

**—雑魚《じゃこ》** しらすぼし。

**—じわ** 細かなしわ。

**ちりゃく【知略】**《智略》〔文章語〕知恵をはたらかせた策略。

**ちりょう【治療】** 病気やけがの手当てをすること。

**ちりょく【地力】** 土地がもっている、生物を育成する力。

**ちりょく【知力】**《智力》知恵のはたらき。

**ちりれんげ【散り蓮華】** 陶製のさじ。〔形が、散ったハスの花びらに似ていることから〕

**ちる【散る】** ①はなれて落ちる。「花が—」②ばらばらになる。③広がる。④集中しない。「気が—」⑤広がって消える。「痛みが—」

**チルい**〔俗語〕リラックスした様子である。落ち着いて気分がよい。「—曲でまったりする」〔chillout（=落ち着く）から〕

**チルド**〔chilled〕低温冷蔵。「—食品」

**チルドレン**〔children〕こどもたち。「ストリート—（=路上生活をするこども）」Ⅱ〔人名につけて〕その人物の強い影響下にある人々。「小泉—」

**ちれき【地歴】** 教科の一。地理と歴史。

**ちろり**《銚釐》酒器の一。燗《かん》をつける金属の容器。

**チロリアンハット**〔Tyrolean hat〕登山用の、つばの狭い帽子。チロル帽。

**ちわげんか【痴話喧嘩】** 男女のたわいないけんか。

**ちん【チン】** ①〔俗語〕電子レンジで調理する（温める）こと。「冷凍食品を—する」〔できあがりを示す「チン」という音から〕②はなを擤《か》むこと。〔幼児語〕

**ちん【亭】** あずまや。

**ちん【珍】** ①めったにないこと。②めずらしい。「—現象」

**ちん【朕】**〔文章語〕天皇や国王の自称。

**チン**〔chin〕下あご。

**ちんあげ【賃上げ】** 賃金の値上げ。

**ちんあつ【鎮圧】** 暴動などを押さえしずめること。

**ちんうつ【沈鬱】** 気分が重く沈んでいること。類憂鬱

**ちんか【沈下】** 沈んでさがること。「地盤—」

**ちんか【鎮火】** 火事が消えること。

**ちんがい【鎮咳】** せきどめ。「—剤」

**ちんがし【賃貸し】** 料金をとって貸すこと。対賃借り

**ちんがり【賃借り】** 料金を払って借りること。対賃貸し

**ちんき【珍奇】** 風変わりなこと。「—を求める」

**チンキ**《丁幾》薬液の一。「ヨード—」〔オランダ語 tinktuur から〕

**ちんきゃく【珍客】** めったに来ない客。

**ちんきん【沈金】** 蒔絵《まきえ》の技法の一。

**ちんぎん【沈吟】** ①考え込むこと。②低い声で口ずさむこと。

**ちんぎん【賃金】**《賃銀》労働者が労働に対する報酬として得るお金。

**チンゲンサイ【青梗菜】**〔中国語 qīnggěng-cài〕中国野菜の一。チンゲンツァイ。

**ちんこう【沈降】** 下へ沈むこと。類沈下

**ちんこん【鎮魂】** 死者の魂をしずめること。「—祭」

**—曲《きょく》** レクイエム。

**ちんざ【鎮座】** 神霊がとどまり存在するこ

と。Ⅱ〔俗語〕どっかり座ること。

**チンザノ**［イタリア語 Cinzano］ ワインの一。〔商標〕

**ちんし【沈思】**〔文章語〕静かに考えること。「—黙考する」

**ちんじ【珍事】**①めずらしい出来事。②《椿事》変事。

**ちんしごと【賃仕事】**お金をもらってする手仕事。

**ちんしゃ【陳謝】**〔文章語〕わけを言ってあやまること。

**チンジャオロース**《青椒肉絲》［中国語 qīngjiāo ròusī］ 中国料理の一。豚肉とピーマンの細切りを炒める。

**ちんしゃく【賃借】**賃借り。対賃貸

**ちんじゅ【鎮守】**土地の守護神。

**ちんじゅつ【陳述】**意見や考えをのべること。「—書」

**ちんじょう【陳情】**実情をのべて善処を頼むこと。「—団」

**ちんせい【沈静】**〔文章語〕落ち着いて静かなこと。「—化」

**ちんせい【鎮静】**①〔文章語〕気分や病気がしずまること。②落ち着くこと。「物価の—」

**—剤《ざい》** 興奮をおさえる薬。類トランキライザー

**ちんせん【沈潜】**〔文章語〕①水中に沈むこと。②じっくり考えること。

**ちんそう【賃送】**（タクシーが）料金メーターを作動させて走行すること。類実車

**ちんたい【沈滞】**沈みがちで活気がないこと。類停滞

**ちんたい【賃貸】**賃貸し。「—料」対賃借

**ちんだい【鎮台】**昔、地方を守った軍隊。

**ちんたいしゃく【賃貸借】** 使用料をとって相手に自分の物の使用を認める—こと（契約）。類賃貸し

**ちんだん【珍談】**めずらしい話。「—奇談」

**ちんちゃく【沈着】**①落ち着いて動じない。「—な態度」類冷静 ②色素がつくこと。

**ちんちょう【珍重】**めずらしがって大事にすること。

**ちんちょうげ【沈丁花】**じんちょうげ。

**チンチラ**［chinchilla］①ネズミの仲間の動物。リスに似る。〔毛皮は高級品〕②ペルシア猫の一種。

**ちんつう【沈痛】**悲しみに胸を痛めるようす。「—な面持ち」

**ちんつう【鎮痛】**痛みを和らげること。「—剤」

**ちんてい【鎮定】**〔文章語〕暴動や反乱をしずめること。

**ちんでん【沈殿】**《沈澱》液体のまざり物が、溶けずに下にしずむこと。「—物」

**ちんとう【枕頭】**〔文章語〕まくらもと。

**ちんとう【珍答】**的外れで、おかしな答え。対珍問

**ちんどく【鴆毒】**猛毒。

**ちんとんしゃん** 三味線を弾く音。

**ちんどんや【チンドン屋】** 楽器を鳴らして宣伝して歩く人。Ⅱ㋐身なりがはでな人。㋑自己宣伝をする人。

**ちんにゅう【闖入】**〔文章語〕突然入ってくること。「—者」類乱入

**チンパンジー**［chimpanzee］ 類人猿の一。〔知能が高く、人になれやすい〕

**ちんぴ【陳皮】**ミカンの皮を干した生薬。

**ちんぴん【珍品】**めずらしい品物。

**ちんぶ【鎮撫】**〔文章語〕反乱などをしずめること。類鎮圧

**ちんぷ【陳腐】** ごくありふれていること。古くさいこと。

**ちんぶん【珍聞】**〔文章語〕めずらしいうわさ。

**ちんぷんかんぷん** 〔俗語〕わけのわからない—こと（言葉）。ちんぷんかん。

**ちんぼつ【沈没】** 船が水中にしずむこと。Ⅱ〔俗語〕㋐酔いつぶれて動けなくなること。㋑（長期旅行中に）あるところに長く逗留すること。

**ちんみ【珍味】**希少な食べ物。「山海の—」

**ちんみょう【珍妙】**奇妙。

**ちんむるい【珍無類】** 他に類をみないほどめずらしいこと。

**ちんもく【沈黙】**だまり込むこと。「—を守る」

**—は金《きん》** 沈黙は金の価値がある。

**ちんもち【賃餅】** 手間賃をもらってつく餅。

**ちんもん【珍問】**的外れで、おかしな質問。対珍答

**ちんりょう【賃料】**（不動産を）借りる人が支払う料金。家賃、地代など。

**ちんれつ【陳列】**作品や商品を見せるため

ち

に並べること。「—棚」類展示

# つ

**ツアー**［tour］①（団体の観光）旅行。②各地を回って行う公演。③ゴルフやテニスで、巡回方式の公式試合。

**—コンダクター**［和製語 tour conductor］団体旅行の添乗員。

**ツァイチェン【再見】**［中国語 zàijiàn］中国語で、さようなら。〔再び会おうの意〕

**つい** ①うっかり。②すぐ。「—さきほど」

**つい【対】**①ふたつで一組をなすもの（—を数える語）。「—の茶わん」②対句。

**つい【終】**終わり。「—のすみか」

**ツイート**［tweet］ツイッターで、投稿すること。つぶやき。〔さえずる意から〕

**ツイード**［tweed］洋服地の一。〔粗い織り目〕

**ついえ【費え】**（むだな）費用。「—がかさむ」〔古風な言い方〕

**ついえる** 一【費える】使われて減る。二【潰える】くずれる。❷だめになる。「計画が—」

**ついおく【追憶】**昔を懐かしく思い出すこと。類追想

**ついか【追加】**後から加えること。

**ついかんばん【椎間板】**椎骨《ついこつ》と椎骨とを結ぶ軟骨。「—ヘルニア」

**ついき【追記】**後から加えて書く⊦こと（文）。

**ついきそ【追起訴】**刑事裁判で、併合審理を求めて⊦共犯者（別の犯罪）を起訴すること。

**ついきゅう【追及】**追い詰めること。

**ついきゅう【追求】**あくまで追い求めること。「利潤—」

**ついきゅう【追究】**どこまでも明らかにしようとすること。「真理の—」

**ついく【対句】**対照的なふたつ以上の句（—を並べる修辞法）。つい。

**ついけい【追啓】**〔文章語〕追伸。

**ついげき【追撃】**追いうち。

**ついご【対語】**①対義語《たいぎご》。〔上下・明暗など〕②相対するもので構成された熟語。

**ついごう【追号】**人の死後に贈る称号。おくりな。

**ついこつ【椎骨】**背骨を形づくるひとつひとつの骨。

**ついし【追試】**追試験。

**ついし【墜死】**墜落して死ぬこと。

**ついじ【築地】**塀の一。泥土で固め、かわら屋根を設ける。〔「つきひじ（=築泥）」の転〕

**ついしけん【追試験】**本試験の後で、特別に行う試験。

**ついじゅう【追従】**①人の言うままに従うこと。②人と同じ行動をすること。

**ついじゅく【追熟】**果物を早めに収穫してから熟させること。

**ついしょう【追従】**こびへつらうこと。「—を言う・—笑い」

**ついしん【追伸】**〔文章語〕手紙で、本文の後に書き加える⊦ときの語（文）。類二伸・追啓

**ついずい【追随】**人のあとについて行くこと。類追従《ついじゅう》

**ついせき【追跡】**後を追うこと。追尾。

**—を許《ゆる》さない** 圧倒的に水準が高い。

**—調査《ちょうさ》** その後の経過の調査。

**ついぜん【追善】**死者の冥福《めいふく》を祈って⊦善行（仏事）を行うこと。「—興行」

**ついそ【追訴】**追加の訴え。

**ついぞ《終ぞ》**（否定表現の中で）いまだかって。「—聞いたことがない」

**ついそう【追走】**追って走ること。

**ついそう【追想】**追憶。

**ついぞう【追贈】**死後に官位や称号を贈ること。

**ついたいけん【追体験】**他人の体験をなぞって実感すること。

**ついたち【一日】《朔日》**月の最初の日。〔「つきたち（=月立）」の音便〕

**ついたて【衝立】**部屋を仕切る家具の一。

**ついちょう【追徴】**不足分を後から取り立てること。「—金」

**ツイッター**［twitter］ウェブサービスの一。短文投稿サイト。〔原則一四〇字以内。／二〇二三年Xに改称。／商標〕

**ついで【次いで】**引き続いて。

**ついで《序で》**①他の用とあわせてよい機会。②…した機会に。「立ち上がり—に」

**—に** ちょうどその機会に。

**ついと** いきなり。すばやく。「—立つ」

**ついとう【追討】**〔文章語〕敵（賊）を追い討つこと。
**ついとう【追悼】** 死者をしのんで悲しむこと。「—文」
**ついとつ【追突】** 後ろからぶつかること。
**ついな【追儺】** おにやらい。
**ついにん【追認】** 過去にさかのぼって、その事実を認めること。
**ついのう【追納】** 不足分を後から追加して納めること。
**ついはく【追白】**〔文章語〕追伸。
**ついばむ**（啄む） 鳥がくちばしでつついて食う。「餌《え》を—」
**ついひ【追肥】** 作物の生育途中に補ってやる肥料。対基肥
**ついび【追尾】** 追跡。
**ついふく【追福】**〔文章語〕追善。
**ついふくきょく【追復曲】** フーガ。
**ついぼ【追慕】** いなくなった人を思い出し慕うこと。
**ついほう【追放】** ①追い払うこと。「国外—」②不適格者を退かせること。「公職—」
**ついやす【費やす】** ①使ってなくす。「労力を—」②浪費する。
**ついらく【墜落】** 高所から落ちること。
**ついろく【追録】** 後から書くこと（書いた文）。
**ツイン**〔twin〕①対《つい》のもの。②ホテルで、ツインベッドを備えた客室。「—ルーム」対シングル・ダブル
**—ベッド**〔twin bed〕シングルベッドを二台並べて使うこと（形式）。
**つう【通】** ①ある物事に詳しい人。「酒について—の人」②手紙や文書を数える語。
**ツー**〔two〕二。ふたつ。
**ツーアウト**〔two outs〕野球で、二死。
**つういん【通院】** 病院に通うこと。
**つういん【痛飲】** 酒を大いに飲むこと。
**つううん【通運】** 貨物を運ぶこと。
**つうか【通貨】** 国内で広く使われる貨幣。
**つうか【通過】** ①通り過ぎること。②支障なく通ること。「法案の—」
**—儀礼《ぎれい》** 一生の節目に行う儀式。お七夜・成人式など。
**つうかあ【ツーカー】** たがいに一言で通じ合うほど気心が知れていること。ツーと言えばカー。
**つうかい【通解】** 通釈。
**つうかい【痛快】** 胸がすくほど気持ちがいいこと。
**つうかく【痛覚】** 痛いと感じる感覚。
**つうがく【通学】** 学校に通うこと。
**つうがる【通がる】** 通ぶる。
**つうかん【通巻】** 全集や雑誌の通し番号。
**つうかん【痛感】** 心に強く感じること。
**つうかん【通関】** 税関を通過すること。
**つうかん【通観】** 全体に目を通すこと。
**つうき【通気】** 空気を通わせること。「—孔」
**つうき【通期】**〔文章語〕期間を区切らずに、通してとらえた全体。「—業績予想」
**つうぎょう【通暁】**〔文章語〕よく知っていること。類精通
**つうきん【通勤】** 勤め先へ通うこと。
**—災害《さいがい》** 通勤途中で受けた災害。
**つうく【痛苦】**〔文章語〕ひどい苦しみ。
**つうけい【通計】** 合計。類通算 対小計
**つうげき【痛撃】** きびしい攻撃・打撃。「—を加える」
**つうげん【痛言】**〔文章語〕きびしい言葉。
**つうこう【通交】**（通好） 国と国が親しく交際すること。「—条約」
**つうこう【通行】** ①通っていくこと。「—券」②世間で広く行われること。
**つうこう【通航】**〔文章語〕船舶の通行。
**つうこく【通告】**（公の事柄の）通知。
**つうこく【痛哭】**〔文章語〕非常に嘆くこと。
**つうこん【痛恨】** ひどく残念がること。「—のきわみ」
**つうさん【通算】** 全体を通した合計。
**つうさんしょう【通産省】** 旧省庁名の一。通商産業省の略。
**つうし【通史】** 全時代にわたる歴史。
**つうじ【通じ】** ①通じること。＝理解。「—が鈍い」②便通。「—薬」
**つうじ【通事】**（通詞・通辞） 通訳官。「オランダ—」〔古い言い方〕
**ツーシーム** 野球の球種で、速球の一。〔シームは球の縫い目。two-seam fastball から〕
**つうじて【通じて】** ①一般に。類概して ②…にわたって。「一年を—」③経由して。「テレビを—」

**つうじてき【通時的】** 事象を時間的・歴史的変化の面からとらえるようす。対共時的

**つうしゃく【通釈】** 文章全体を解釈すること。その解釈。「日本書紀―」類通解

**つうしょう【通称】** 一般に通用する名。

**つうしょう【通商】** 外国との貿易。

**―産業省《さんぎょうしょう》** 旧省庁名の一。現在の経済産業省。

**―条約《じょうやく》** 国際条約の一。相互の経済活動を有利にするのが目的。

**つうじょう【通常】** ふつう。対臨時・特別

**―株《かぶ》** 普通株。

**―国会《こっかい》** 毎年一月に召集され、会期一五〇日の定期的な国会。対臨時国会・特別国会

**ツーショット**〔two-shot〕画面に二人だけが写ること。Ⅱ〔俗語〕男女が二人だけの状態。「―の写真」

**つうじる【通じる】** ①つながる。「電話が―」②とどく。「心が―」③精通する。④通用する。⑤つながりをつける。「情を―」

**つうしん【通信】** 郵便や電信による、たより・知らせ。

**―衛星《えいせい》** 長距離通信の中継をする人工衛星。

**―教育《きょういく》** 主に通信によって行われる教育。

**―社《しゃ》** 集めたニュースを新聞社や放送局に提供する会社。

**―販売《はんばい》** 通信で注文を受け、商品を発送する販売法。

**つうじん【通人】** 物事(花柳界)に詳しい人。

**つうすい【通水】** 水路や管に水を通すこと。

**つうずる【通ずる】** 通じる。

**つうせい【通性】** 共通の性質。

**つうせき【痛惜】**〔文章語〕非常に惜しむこと。

**つうせつ【通説】** 世間に通用する説。

**つうせつ【痛切】** 心に強く感じるようす。類切実

**つうそく【通則】** 一般に通用する規則。

**つうぞく【通俗】** ①世間なみ。②俗受けすること。「―‐的(化)」

**つうだ【痛打】** ①手厳しい打撃(―‐を与えること)。②野球で、痛烈なヒット。

**つうたつ【通達】** ①伝達。②通知。「法務省―」〔官庁用語〕③熟達。

**つうち【通知】** 知らせ。

**―表《ひょう》** 生徒の成績を父母に知らせる書類。通信簿。通知簿。

**つうちょう【通帳】** 預貯金や掛け売りの記録を示す帳面。かよい帳。

**つうちょう【通牒】** 通知。「最後―」

**つうてい【通底】**(見えないところで)基本的に共通する部分があること。

**つうてん【痛点】** 痛みを感じる感覚点。皮膚にある。

**つうでん【通電】** 電流‐が(を)通じること。

**―火災《かさい》** 地震などによる停電から復旧した際、通電の再開で起こる火災。

**つうどく【通読】** 読み通すこと。

**ツートップ**〔two-top〕①サッカーで、フォワードに二人配置する陣形。②代表的な(重要な)二者。

**ツートン**〔two-tone〕ふたつの色調。「―カラー」

**つうねん【通年】** 一年間を通してのこと。

**つうねん【通念】** 一般に共通した考え。

**つうば【痛罵】**〔文章語〕激しくののしること。「―を浴びせる」

**ツーバイフォーこうほう【―工法】** 木造住宅の工法の一。〔基本となる木材の断面がtwo-by-four(＝二インチ×四インチ)〕

**つうはん【通販】** 通信販売の略。

**つうばん【通番】** 通し番号。

**ツーピース**〔two-piece〕婦人服の一。〔上着とスカートで一組〕

**つうふう【通風】** ①風を通すこと。②換気。「―‐孔(機)」

**つうふう【痛風】** 関節の病気の一。

**つうふん【痛憤】**〔文章語〕大いに憤慨すること。

**つうぶん【通分】** 分母の異なるふたつ以上の分数を、共通の分母に直すこと。

**つうへい【通弊】** 全体に共通する弊害。

**つうほう【通報】** 知らせ。「気象―」

**つうぼう【痛棒】**〔仏教語〕座禅で、心の定まらない者を打つ棒。Ⅱきびしい‐非難(叱責)。「―を食らわす」

**つうや【通夜】** ①夜通し。②つや。

**つうやく【通約】** 分数の分子と分母を公

つ

約数で割ること。

**つうやく【通訳】** ある言語から他の言語にその場で訳して伝える‐こと(人)。

**つうゆう【通有】** 共通してもつこと。「‐性」対特有

**つうよう【通用】** ①世間一般に‐用いられる(認められる)こと。②どちらにも使えること。③いつも通ること。「‐口」

**つうよう【痛痒】** いたみとかゆみ。

**‐を感《かん》じない** まるで平気だ。

**つうらん【通覧】** 全体に目を通すこと。

**ツーリスト** [tourist] 旅行者。

**‐ビューロー** [tourist bureau] 観光案内所。

**ツーリズム** [tourism] 観光。観光旅行。観光事業。

**ツーリング** [touring] 自転車やバイクによる遠出。

**ツール** [tool] ①道具。工具。②コンピューターで、ソフト開発などに使うためのプログラム。

**‐バー** [tool bar] コンピューターで、アイコンをまとめた帯状の領域。ツールボックス。

**‐ボックス** [toolbox] ①道具箱。工具箱。②ツールバー。

**つうれい【通例】** ①一般のならわし。②ふつう。類通常

**つうれつ【痛烈】** 非常に激しいこと。

**つうろ【通路】** 通り道。

**つうろん【通論】** ①一般に通用する論。②その分野全体を広く論じた本。

**つうろん【痛論】** 〔文章語〕厳しく論じること。また、その論。

**つうわ【通話】** ①電話で話すこと。「‐‐口(料)」②通話の一定時間の単位。

**つえ【杖】** 歩行を支える棒。ステッキ。‖頼みとするもの。

**‐とも柱《はしら》とも頼《たの》む** 非常に頼りとする。

**ツェツェばえ【‐蠅】** アフリカにいるハエの一。人畜の血を吸い、眠り病を媒介。

**つか【束】** ①束柱《つかばしら》。②書物の厚さ。

**つか【柄】** ①刀や弓の握る部分。②筆の軸。

**つか【塚】** 土を小高く盛った‐所(墓)。

**つが【栂】** 常緑高木の一。建築・器具材。

**つかい【使い・遣い】** ①人の言いつけで用を足す‐こと(人)。②使う‐こと(人)。

**‐(使い)勝手《がって》** 使ったときのよしあし。

**‐(使い)こなす** うまく有効に使う。

**‐込《こ》む** ①他人の金を横領する。②予定以上にお金を使う。③長く使って慣れる。

**‐(使い)捨《す》て** 使ってそのまま捨てること。

**‐手《て》** ①(上手に)使う人。「剣の‐」②金遣《づか》いのあらい人。

**‐(使い)倒《たお》す** 徹底的に使う。

**‐(使い)で** 使って感じる‐量(用途)の多さ。「‐がある」

**‐(使い)走《ばし》り** 人の使いであちこち行く‐こと(人)。

**‐(使い)古《ふる》す** 長く使って古くなる。

**‐(使い)道《みち》** ①使う方法。②使う目的。用途。

**‐物《もの》** 贈り物。「お‐」

**‐物《もの》にならない** 役に立たない。

**‐(使い)分《わ》ける** 目的に応じて区別して使う。

**つがい【番い】** ふたつで一組になるもの。特にオスとメス。

**つかう【使う・遣う】** ①ある目的に役立たせる。「道具を‐」②働かせる。「人を‐」③ついやす。「金を‐」④あやつる。「人形を‐」

**つがう【番う】** 対《つい》になる。

**つかえる【支える・閊える】** ①ふさがり滞る。「先が‐」②《痞える》胸がふさがる。

**つかえる【仕える】** ①目上の人のために働く。「主人に‐」②仕官する。

**つかえる【使える】** 有能で役に立つ。

**つがえる【番える】** 弓に矢をあてる。‖約束する。「言葉を‐」

**つかさどる【司る】** 《掌る》職務として担当する。〔「官《つかさ》を取る」の意〕

**つかずはなれず【付かず離れず】** 適当な距離をおいたよい関係。不即不離。

**つかぬこと【付かぬ事】** だしぬけで妙なこと。「‐を伺《うかが》いますが」

**つかねる【束ねる】** ①たばねる。②腕を組む。「手を‐(=傍観する)」

**つかのま【束の間】** ちょっとの間。

**つかばしら【束柱】** 梁《はり》と棟《むね》との間や、縁側の下に立てる短い柱。

**つかまえる【摑まえる】** ①しっかり持つ。「腕を―」②**【捕まえる】**とらえる。

**つかます【摑ます】**つかませる。

**つかませる【摑ませる】** ①わいろを受けとらせる。②わるい品を買わせる。

**つかまる【摑まる】** ①しっかりとりつく。「枝に―」②**【捕まる】**とらえられる。

**つかみ【摑み】** ①つかむこと。②講演などで最初に聴衆の関心を向けさせること。③囲碁で、先手・後手を決める方法。

**―合《あ》い** 互いの体をつかんでするけんか。動つかみあう

**―掛《か》かる** 激しい勢いで組みつく。

**―金《きん》** 大ざっぱに算出した(-渡す)お金。

**―所《どころ》** 要点。手がかりとなる点。とらえどころ。「―がない」

**―取《ど》り** つかめるだけつかんで取ること。

**つかむ【摑む】** 握り持つ。Ⅱ㋐手に入れる。㋑理解する。「要点を―」

**つかる【漬かる】** ①《浸る》ひたる。②漬物で、味が出る。

**つかれる【疲れる】** くたびれる。Ⅱ機能や性質がおとろえる。「土地が―」

**つかれる【憑かれる】** 霊魂などに乗り移られる。

**つかわす【遣わす】** ①行かせる。②与える。③(「動詞連用形＋て」に付いて)…してやる。「教えて―」〔尊大な言い方〕

**つき【月】** ①(地球の)衛星。②月の光。③一か月。

**―とすっぽん** 違いがはなはだしいこと。

**―に叢雲《むらくも》、花《はな》に風《かぜ》** よい状態は長続きしないこと。

**つき【付き】**《附き》①付くこと。②お供。③属すること。「部長―」④ようす。「顔―」

**つき**《付き・憑き》 幸運。「―を呼ぶ」〔ツキとも書く〕

**―が回《まわ》る** 幸運がやってくる。

**つき【尽き】** 尽きること。「運の―」

**つき【突き】** ①相撲の突っ張り。②剣道で相手ののどを突くわざ。

**つき【槻】** ケヤキの古称。弓を作った。

**つぎ【次】** 後に続く-こと(もの)。

**つぎ【継ぎ】** 衣服などを繕う-こと(布)。「―を当てる」

**つきあう【付き合う】** ①交際する。②義理で人といっしょに行動する。「酒を―」

**つきあかり【月明かり】**月の光。

**つきあげる【突き上げる】** ①下から突いて押しあげる。②こみあげる。「怒りが―」Ⅱ下位が上位に圧力をかける。

**つきあし【月足】** ろうそく足の一。一か月ごとの株価の動きを表す。類日足・週足

**つきあたり【突き当たり】** 道がつきあたった所。「路地の―」

**つきあたる【突き当たる】** ①ぶつかる。②行き詰まる。

**つぎあて【継ぎ当て】** 継ぎを当てること。また、その箇所。

**つきあわせる【突き合わせる】** ①近づけて向かいあわせる。「顔を―」②照合する。「書類を―」

**つきおくれ【月遅れ・月後れ】** ①旧暦の行事を、新暦より一か月遅らせて行うこと。「―の盆」②月刊誌のバックナンバー。

**つきおとす【突き落とす】** 高い所から突いて落とす。Ⅱ最悪の状態におとしいれる。

**つきかえす【突き返す】** 受けとらずに返す。つっかえす。

**つきかげ【月影】** ①月の光。「―さやかな夜」②月の光で映る影。

**つきがけ【月掛け】** 毎月きまった金額を預けること。また、その掛け金。

**つきがわり【月代わり】** ①次の月になること。②一か月ごとに交替すること。

**つぎき【接ぎ木】** 枝・芽などを切り取り、他の木の幹に接ぎ合わせること。

**つきぎめ【月極め】** 一か月単位の契約。

**つききり【付き切り】** 付きっ切り。

**つきくずす【突き崩す】** 突いて崩す。Ⅱ敵の防備を打ち破る。

**つぎぐち【注ぎ口】** 容器の、つぐための口。

**つきげ【月毛】**《鴇毛》 馬の毛で、赤みがかった茶色。また、その馬。

**つきごと【月ごと】**《月毎》毎月。

**つぎこむ【注ぎ込む】** そそぎ入れる。Ⅱ多くの費用をかける。

**つぎざお【継ぎ竿】** 何本か継いで使う釣りざお。対延べ竿

**つきささる【突き刺さる】** 突き刺すの自動詞形。

**つきさす【突き刺す】** とがったものを突き立てる。Ⅱ相手の弱点を言い放つ。

**つきしたがう【付き従う】**《―随う》①おともをする。②勢力下に入る。
**つきしろ【月白】** 月が出るとき、空が明るく白むこと。
**つきずえ【月末】** ひと月の終わりごろ。げつまつ。対月初め
**つきすすむ【突き進む】** 勢いよく進む。
**つきせぬ【尽きせぬ】** 尽きない。「―思い」
**つきそい【付き添い】** つきそう―こと(人)。
**つきそう【付き添う】** そばで世話をする。
**つきだし【突き出し】** ①突き出たもの。②日本料理で、最初に出る酒のさかな。類お通し ③相撲の技の一。
**つきだす【突き出す】** 突いて―外(前)へ出す。Ⅱ警察へ引き渡す。
**つぎたす【継ぎ足す】** 不足分をつけ加える。
**つきたてる【突き立てる】** ①突きさして立てる。②激しく突く。
**つきたらず【月足らず】** 妊娠三六週以前に生まれること。また、その子供。
**つきづき【月々】** 毎月。「―の報告」
**つぎつぎ【次々】** 順々に続いて。
**つきっきり【付きっ切り】** 絶えずそばに付き添っていること。つききり。
**つきつける【突き付ける】** 目前に荒々しく差し出す。「証拠を―」
**つきつめる【突き詰める】** ①最後まで考えぬく。②思いつめる。
**つぎて【継ぎ手】** ①**【接ぎ手】**つぎあわせる―もの(所)。②家を継ぐ人。
**つきでる【突き出る】** ①突き破って出る。②他の部分より出ている。「腹が―」
**つきとおす【突き通す】** ①貫通させる。②最後まで主張する。
**つきとおる【突き通る】** 突きぬける。
**つきとばす【突き飛ばす】** ぶつかってはね飛ばす。
**つきとめる【突き止める】** 調べて確かに知る。「正体を―」
**つきなみ【月並み】**《月次》①ありふれている。「―なせりふ」②毎月定期的に行うこと。「―会」
**つきぬける【突き抜ける】** ①貫通する。②通りぬける。
**つぎのま【次の間】** ①隣の部屋。②主な(主君の)部屋の次の小部屋。「―付きの部屋」
**つきのもの【月の物】** 月経。〔遠回しの表現〕
**つきのわぐま【月の輪熊】** 日本特産の黒いクマ。〔胆のうは胃薬「くまのい」になる〕
**つぎはぎ【継ぎ接ぎ】** 継ぎを当てて―繕うこと(繕った部分)。「―だらけの服」Ⅱ寄せ集めてひとつにすること。
**つきはじめ【月初め】** ひと月の初めごろ。げっしょ。対月末《つきずえ》
**つきはてる【尽き果てる】** すっかりなくなる。「精も根《こん》も―」
**つきはなす【突き放す】** ①突いて離れさせる。Ⅱ相手にせず見捨てる。②競争相手との差を大きく広げる。
**つきばらい【月払い】** ひと月ごとに分割して支払うこと。類月賦
**つきひ【月日】** 時間。「―が流れる・―を送る」〔月と日を単位として数える比較的長い時間〕類としつき
**つきびと【付き人】** そばで世話をする人。〔芸能界や相撲の世界の用語〕
**つぎほ【接ぎ穂・継ぎ穂】** つぎ木で、台木につぐ枝や芽。Ⅱ話を続けるきっかけ。
**つきまとう【付きまとう】** そばについて離れない。「悪友(貧乏)が―」
**つきみ【月見】** 観月。〔陰暦八月一五日、九月一三日の満月を楽しむこと〕
**―草《そう》** ①アカバナ科の二年草。夏、白い花をつける。②オオマツヨイグサの俗称。
**つぎめ【継ぎ目】** ①つなぎめ。②跡継ぎ。
**つきめいにち【月命日】** 毎月の、故人が亡くなった日と同じ日。〔祥月命日以外〕
**つきもの【付き物】** ①当然付属すべきもの。「冒険に危険は―だ」②**【憑き物】**人に乗り移った、ものの霊。「―が落ちる」類もののけ
**つきやぶる【突き破る】** 突いて破る。Ⅱ激しい攻撃で敵の防備を破る。
**つきやま【築山】** 庭に築いた小山。
**つきゆび【突き指】** 指先をぶつけて指の関節を痛めること。
**つきよ【月夜】** 月の明るい夜。対闇夜
**―に提灯《ちょうちん》** むだなこと。
**―の晩《ばん》ばかりじゃない** おどし文句の一。〔暗い危ない晩もあるぞの意〕

**つきる【尽きる】** ①なくなる。②終わる。「森が―」③きわまる。「教師冥利に―」

**つきわり【月割り】** ①月あたりの平均。②月賦。

**つく【付く】**《附く》 ①㊊離れる 「泥が―」㊎くっつく ②新たな状態が生まれる。「元気が―」③あとが残る。「傷が―」④ある状態に定まる。「勝負が―」⑤心にうかぶ。「想像が―」⑥⇩付き ⑦《点く》「火(電灯)が―」⑧《憑く》ふしぎなものが乗り移る。「キツネが―」

**つく【就く】** ある位置(状況)に身をおく。「職に―」〔位につく場合は「即く」とも書く〕

**つく【着く】** ①ある場所に達する。「駅に―」②届く。「足が床に―」

**つく** ㊀**【突く】**《衝く・撞く》 ①先のとがったもので一点を刺す。②棒状のもので支える。「つえを―」③強くうつ。「鐘を―」④ある場所を攻める。「急所を―」⑤強く刺激する。「鼻を―」 ㊁《搗く》 ①穀物をたたいてつぶす。「もちを―」②穀物を精白する。

**つく**《吐く》 ①はく。「ためいきを―」②言う。「うそを―」

**つぐ【告ぐ】** 〔文章語〕つげる。〔下二段活用の動詞〕

**つぐ【次ぐ】** すぐ後に続く。「去年に―成績」

**つぐ【注ぐ】** そそぐ。「酒を―」

**つぐ【継ぐ】** ①後を受けて続ける。②【接ぐ】つなぎ合わせる。「木を―」③加える。

**つくえ【机】** 家具の一。「炭を―」

**つくし**《土筆》 スギナの胞子茎。春に出る。つくしんぼ。

**つくしじろう【筑紫次郎】** 筑後川の別称。

**つくす【尽くす】** ①ある限りを出す。「全力を―」②他のために働く。「社会に―」③すっかり…する。「食べ―」

**つくだに【佃煮】** 貝や魚をしょう油などで煮つめた食品。〔江戸の佃島で始まった〕

**つくづく**《熟》 ①じっくり。「―と考える」②身にしみて。「―あきれた」

**つくつくぼうし【つくつく法師】** セミの一。オーシーツクツクと鳴く。

**つぐなう【償う】** 金品や労力で埋めあわせる。「罪を―」

**つくね【捏ね】** ①つくねいも。②つくねやき。

―**薯**《いも》 ナガイモの品種の一。〔仏掌薯とも書く〕

―**焼**《や》**き** 料理の一。すりつぶして丸めた魚肉や鳥肉を焼いたもの。

**つくねる【捏ねる】** 手でこねて作る。

**つくねんと** 何もせずぼんやりしているようす。「―たたずむ」

**つくばい【蹲】**《蹲踞》 茶室の露地などにある石の手水鉢《ちょうずばち》。

**つくばう【蹲う】** しゃがむ。

**つくばね【衝羽根】** ①はねつきの羽根。②落葉低木の一。はごのき。

**つぐみ【鶫】** ヒタキ科の小鳥。渡り鳥。〔現在は捕獲禁止〕

**つぐむ**《噤む》 だまる。「口を―」

**つくもがみ【付喪神・九十九神】** 一〇〇年を経た器物が化したという妖怪。

**つくり【作り・造り】** ①作ること。②作ったぐあい。③化粧。④見せかけ。「―泣き」⑤刺身。「タイのお―」

―**上**《あ》**げる** ①完成させる。②でっちあげる。

―**置**《お》**き** 料理を、前もって作っておくこと。

―**(作り)声**《ごえ》 わざと地声と違えた声。

―**(作り)事**《ごと》 実際の出来事らしく作った事柄・話。

―**込**《こ》**む** ていねいに作りあげる。

―**(造り)酒屋**《さかや》 酒を醸造して売る店。

―**出**《だ》**す** ①生産(製造)する。②創造(発明)する。③作りはじめる。

―**立**《た》**てる** ①立派に作る。②派手に飾る。

―**付**《つ》**け** 取りはずせないように作った物。「―の本棚」

―**(作り)話**《ばなし》 実際にあったかのように作った話。

―**(作り)物**《もの》 ①似せて作ったにせ物。②農作物。③能楽の舞台装置の一。

―**(作り)笑**《わら》**い** むりにしてみせる笑い。

**つくり【旁】** 漢字の構成部分で、右側にあるもの。〔体の「本」、村の「寸」など〕

**つくる【作る・造る】** ①【創る】新しいものをこしらえる。「会社(記録)を―」②材料に手を入れてこしらえる。「料理（列）を―」③化粧する。「若く―」④用立てる。「金を―」⑤わざとこしらえる。「笑顔を―」◇〔船・酒・庭園などは「造る」を使う〕

**つくろう【繕う】**①修理する。「ほころびを―」‖その場をうまくすます。②整える。「身なりを―」

**つけ【付け】**①つけること。②後払いの勘定（―の請求書）。「―で買う」‖報い。「高い―が回ってくる」③勘定書き。④歌舞伎で、板を拍子木で打つこと。◇〔②③④はツケとも書く〕⑤慣れている意。「行き―」

**つげ【告げ】**⇩おつげ

**つげ【黄楊・柘植】**常緑小低木の一。くし・印材、将棋の駒《こま》などにする。

**づけ【付け】**①付けること。「はんだ―」②日付。「三日―で発令」

**づけ【漬け】**①漬けること。また、漬物。「奈良（塩）―」‖それに過剰に浸ること。「接待（野球）―」②マグロの赤身などをしょう油に漬けたもの。また、その握りずし。

**つけあがる【付け上がる】**相手が寛大なのをいいことに増長する。

**つけあわせ【付け合わせ】**主な料理に添える―料理（野菜や海藻）。動―る

**つけいる【付け入る】**付け込む①。「―すきがない」

**つけおち【付け落ち】**付け落とし。

**つげぐち【告げ口】**密告。

**つけくわえる【付け加える】**追加する。「一言―」

**つけくわわる【付け加わる】**すでにあるものにさらに加わる。

**つけげいき【付け景気】**見せかけの景気。

**つけこむ【付け込む】**①有利な機会に乗ずる。付け入る。「弱みに―」②仕訳《しわけ》をせずに帳簿に記入する。

**つけこむ【漬け込む】**漬物をつける。

**つけじる【付け汁】**うどん・そば・てんぷらなどをつけて食べるための汁。類たれ

**つけだし【付け出し】**①請求書。②相撲で、順序をとびこして番付にはじめから名がのること。「幕下―」

**つけたす【付け足す】**さらに補い加える。

**つけたり【付けたり】**①添え物。②口実。

**つけどころ【付け所】**「目の―（=注意する点）」

**つけとどけ【付け届け】**（謝礼や義理で届ける）贈り物。

**つけな【漬け菜】**漬物用の菜類。

**つけね【付け値】**買い手がつけた値段。対言い値

**つけね【付け根】**ものがついている根もと部分。「指の―」

**つけねらう【付け狙う】**常に後をつけてようすをうかがう。

**つけび【付け火】**放火。〔古風な言い方〕

**つけびと【付け人】**付き人。

**つけぼくろ【付け黒子】**かいたりはったりしてつけたほくろ。

**つけまつげ【付け睫】**作り物のまつげ。

**つけまわす【付け回す】**しつこく後を追う。

**つけめ【付け目】**①つけこむべき相手の弱点。②ねらい。

**つけもの【漬物】**食品の一。香の物。

**つけやき【付け焼き】**しょう油を塗って―焼くこと（焼いたもの）。

**つけやきば【付け焼き刃】**一時しのぎ。「―の知識」

**つける【付ける】**①付くようにする。②書きこむ。「日記を―」③追跡する。④《点ける》「火（電灯）を―」⑤いつも…する。「行き―」⑥動作の勢いが激しい。「どなり―」〔⑤⑥は動詞の連用形に付く〕

**つける【就ける】**就くの他動詞形。

**つける【着ける】**着くの他動詞形。「身に―」

**つける【漬ける】**①《浸ける》ひたす。②漬物をつくる。

**つげる【告げる】**知らせる。

**つごう【都合】**①やりくり。「―をつける」②ぐあい。事情。「―よく」③全部で。合計。「―一〇万円」

**つごもり【晦】**（陰暦で）月末。「大《おお》―」

**つじ【辻】**①十字路。②道ばた。「―説法」

**つじうら【辻占】**①吉凶を占う短い文句を書いた紙片（―を売る人）。②吉凶の前兆。

**つじぎり【辻斬り】**昔、武士が腕だめしに通行人を切ったこと。また、その武士。

**つじごうとう【辻強盗】**道ばたで通行人をおそう強盗。

つ

**つじせっぽう【辻説法】** 道ばたで行う説法。

**つじつま《辻褄》**（物事の）筋道。「―があう」

**つじまち【辻待ち】** 車夫などが道ばたで客を待つこと。

**つた【蔦】** ブドウ科の落葉つる性低木。

**づたい【伝い】** 伝って行く―こと（所）。「尾根―」

**つたう【伝う】** あるものに沿って移動する。つたわる。

**つたえる【伝える】** ①一方から他方へ移す。「熱を―」②知らせる。「ニュースを―」③受けついで残す。「技術を―」

**つたかずら【蔦蔓】** つる草の総称。かずら。

**つたない【拙い】** ①へた。②不運。「武運つたなく敗れた」③能力が低い。愚か。「―者ですが」〔謙遜した言い方〕

**つたもみじ【蔦紅葉】** 紅葉したツタの葉。

**つたわる【伝わる】** ①伝えるの自動詞形。②つたう。

**つち【土】** ①《地》大地。対天《あめ》②土壌。

**―が付《つ》く** 相撲で、負ける。

**―に返《かえ》る** 死ぬ。

**―を踏《ふ》む** その土地に来る。

**つち【槌】** 工具の一。ハンマー。

**つちいじり【土弄り】** ①土遊び。②趣味としての園芸や畑作り。

**つちいろ【土色】** ①土の（―ような）色。②土気色。

**つちおと【槌音】** つちを打つ音。Ⅱ建物を建築すること。「―が響く」

**つちかう【培う】** 草木を育てる。Ⅱ養い育てる。「豊かな心を―」

**つちくさい【土臭い】** 土のにおいがする。Ⅱやぼったい。

**つちくれ【土くれ】《土塊》** 土のかたまり。

**つちけいろ【土気色】** 血の気のない顔色。

**つちけむり【土煙】** 土や砂が煙のように舞い上がったもの。

**つちつかず【土付かず】** 相撲で、全勝。

**つちのえ【戊】** 十干の第五。ぼ。〔「土の兄《え》」の意〕

**つちのこ【槌の子】** 想像上の動物の一。蛇に似るが胴体が太い。

**つちのと【己】** 十干の第六。き。〔「土の弟《と》」の意〕

**つちふまず【土踏まず】** 足の裏のくぼんだ部分。

**つちぼこり【土埃】** 細かい土や砂のほこり。

**つちもの【土物】** ①陶器。〔磁器を石物というのに対する語〕②土の中で育つ野菜。タマネギ・ダイコン・ゴボウなど。土物野菜。

**つちよせ【土寄せ】** 作物の株元に土を寄せること。

**つちろう【土牢】** 地下の、まわりが土の牢屋。

**つつ【筒】** ①丸くて細長く、中がからのもの。「竹の―」②銃身。砲身。

**つつうらうら【津々浦々】** 全国いたる所。「―に知れ渡る」

**つつおと【筒音】**〔文章語〕鉄砲や大砲をうつ音。

**つっかいぼう【突っ支い棒】** 物に当てて支えにする棒。

**つっかえす【突っ返す】** 突き返すの強調。

**つっかえる** 支《つか》えるの強調。

**つっかかる【突っ掛かる】** ①ひっかかる。②くってかかる。

**つっかけ【突っかけ】** ①強い勢いでぶつけること。②つっかけてはく履き物。③歌舞伎で、はやしの一。④演劇で、当日不意に見にくる―こと（人）。動―る

**つつがない【恙無い】** 異状がない。

**つつがむし【恙虫】** ダニの一。〔つつがむし病を媒介する〕

**―病《びょう》** ツツガムシに刺されて起こる急性感染症。

**つづき【続き】** 続く―こと（もの）。続きぐあい。

**―柄《がら》** 親族間の関係。

**―物《もの》** 小説やドラマで、何回かに分けて発表されるもの。連続物。

**つつぎり【筒切り】** 輪切り。

**つっきる【突っ切る】** 勢いよく横切る。

**つつく《突く》** ①繰り返し突く。②けしかける。③食べる。「すき焼きを―」

**つづく【続く】** ①次々につながる。②次々に起こる。「悪いことが―」③後にしたがう。

**つづけざま【続け様】** 続けて繰り返すよ

つ

うす。

**つづける**【続ける】①続くようにする。②ずっと…する。「書き—」

**つっけんどん**《突っ慳貪》 とげとげしく冷淡なようす。類じゃけん

**つっこみ**【突っ込み】①核心にふれるほど深くつきつめること。②全体をひとまとめにすること。「大小—で一〇〇〇円」③漫才の一方の役。〔鋭くつっこむ役〕「—を入れる」対ぼけ

**つっこむ**【突っ込む】①勢いよく(無造作に)入れる。②突撃する。「敵陣に—」③深くつきつめる。「突っ込んだ議論」

**つつさき**【筒先】①筒の先。②銃身(砲身)の先。

**つつじ**《躑躅》 春に赤・白・紫などの花が咲く低木。品種が多い。

**つつしみ**【慎み】つつしむこと。

**—深《ぶか》い** 深くつつしむようす。

**つつしむ**【慎む】《謹む》①控え目にする。「ことば(酒)を—」②かしこまる。「謹んでおくやみ申し上げます」

**つったつ**【突っ立つ】①勢いよく(まっすぐに)立つ。②立ったままでいる。

**つったてる**【突っ立てる】①勢いよく(まっすぐに)立てる。②突き刺す。

**つつつ** すばやく静かに移動するようす。「—と近よる」

**つっつく**《突っ突く》〔俗語〕つつく。

**つつどり**【筒鳥】ホトトギス科の渡り鳥。

**つつぬけ**【筒抜け】そのまま通りぬけること。Ⅱ情報がすべて漏れること。

**つっぱしる**【突っ走る】勢いよく走る。Ⅱ

**つっぱねる**【突っぱねる】突き返す。Ⅱてきびしく断る。「要求を—」

**つっぱり**【突っ張り】①つっぱること。②つっかい棒。③不良じみている生徒。④相撲の技の一。

**つっぱる**【突っ張る】①ささえる。②抵抗する。強がる。Ⅱ〔俗語〕不良じみる。「顔が—」③筋肉などがはって固くなる。④相撲で、突いて攻める。

**つっぷす**【突っ伏す】急にうつぶせになる。「机に—」

**つつましい**【慎ましい】①控えめ。②しとやか。

**つつましやか**【慎ましやか】つつましいようす。

**つつみ**【包み】包むこと。包んだ物。

**—隠《かく》す** 包んで見えなくする。Ⅱ秘密にする。

**—金《がね》** 紙に包んで出す金。つつみきん。

**—紙《がみ》** 包装用の紙。

**—焼《や》き** 魚・肉・野菜をホイルなどで包んで焼くこと。また、焼いたもの。

**つつみ**【堤】①土手。堤防。②ため池。

**つづみ**【鼓】邦楽の打楽器の一。

**つつむ**【包む】①外からおおう。Ⅱお金を包んで渡す。②感情を秘める。③取り囲む。

**つづめる**《約める》①要約する。②倹約する。

**つつもたせ**【美人局】女が—夫(情夫)と共謀して他の男と情交し、金銭をゆすり取ること。

**つづら** 〔一〕【葛】①ツヅラフジ。②クズ。〔二〕《葛籠》衣服の容器。

**—折《お》り** 何重にも折れ曲がった山道。〔九十九折りとも書く〕

**つづり**【綴り】①綴ること。綴った物。②スペリング。

**つづる**【綴る】①継ぎ合わせる。②文章を作る。③アルファベットを使って語を書く。

**つづれ**【綴れ】①つぎはぎの衣服。②綴れ織り。

**—織《お》り** 数種の色糸で模様を織り出した絹織物。

**つて**【伝】《伝手》手づる。「—がある・—を求める」類コネ

**つと**【苞】①わらづと。「—入りの納豆」②みやげ。家づと。〔雅語〕

**つど**【都度】(その)たびごとに。

**つどい**【集い】集まり。会。「音楽の—」

**つどう**【集う】集まる。

**つとに**《夙に》〔文章語〕①朝早く。②早くから。「—聞く」

**つとまる** 〔一〕【勤まる】その仕事ができる。〔二〕【務まる】その役目が果たせる。

**つとめ**【勤め】①【務め】役目。義務。「—を果たす」②勤務。仕事。「—先」③毎日の読経《どきょう》。

**—上《あ》げる** 無事に任期を勤めおえる。

**—口《ぐち》** 勤める所。

**—人《にん》** サラリーマン。

**つとめて**【努めて】《勉めて》 できるだ

つ

け。「―冷静にふるまう」

**つとめる** [一]【努める】《勉める》 努力する。 [二]【務める】 役目にあたる。「議長を―」 [三]【勤める】 ①勤務する。 ②勤行《ごんぎょう》する。

**つな**【綱】 ①ロープ。 Ⅱ頼みとするもの。「命の―」 ②横綱。

**―を張《は》る** 相撲で、横綱になる。

**ツナ**［tuna］マグロ(―の肉)。「―サンド」

**つながり**《繋がり》 つながること。 Ⅱ関係。「心(横)の―」

**つながる**《繋がる》 ①一続きになる。 ②結びつく。 ③関係がある。

**つなぎ**《繋ぎ》 ①つなぐ-こと(もの)。 ②次の仕事までの仮の仕事。 ③料理で、ねばりけを与えるために加えるもの。 ④上下一続きの作業服。

**―融資《ゆうし》** 近い将来の入金までの間のつなぎとしての融資。

**つなぐ**《繋ぐ》 ①結んで一続きにする。 ②離れないようにする。

**つなげる**《繋げる》 つなぐ。

**つなひき**【綱引き】《綱曳き》 競技の一。二組に分かれて綱を引きあう。 Ⅱ力の競いあい。

**つなみ**【津波】《津浪》 地震や暴風が原因で、急に海岸を襲う大波。 類高潮

**つなわたり**【綱渡り】 空中に張った綱の上を渡る曲技。 Ⅱ危険な行動。

**つね**【常】 ①ふだん。「―のごとく」 ②いつもと同じ。「世の―」 ③ふつう。「―の人」

**つねづね**【常々】 いつも。 類平生

**つねならず**【常ならず】 ①ふつうではない。 ②「常ならぬ世(=無常である世の中)」

**つねに**【常に】 いつも。 類たえず

**つねひごろ**【常日頃】 ふだん。「―の心がけ」

**つねる**《抓る》 指先(つめ)でつまんでねじる。

**つの**【角】 動物の頭部にある突起。

**―を折《お》る** ①高慢な人をやりこめる。「言い負かして相手の―」 ②我を折る。

**―を―出《だ》す (生《は》やす)** 女性が嫉妬《しっと》する。〔能で、嫉妬した女が鬼になることから〕

**つのがき**【角書き】 標題などの上に、小さく二行に書いた-副題(文句)。

**―を矯《た》めて牛《うし》を殺《ころ》す** 小さな欠点を直そうとして、かえって全体をだめにする。

**つのかくし**【角隠し】 花嫁が頭にかぶる白布。

**つのだる**【角樽】 高い柄のついた朱塗りの樽。えだる。〔祝儀用〕

**つのつきあい**【角突き合い】 仲がわるくてよくけんかをすること。

**つのぶえ**【角笛】 動物の角で作った笛。〔牛や羊の群れを追うときに使う〕

**つのる**【募る】 ①いっそうはげしくなる。「思いが―」 ②募集する。

**つば**【唾】 唾液《だえき》。つばき。

**つば**【鍔】《鐔》 ①刀身のつけ根の付属具。 ②帽子の差し出た部分。 ③釜《かま》の周囲の突き出た部分。

**つばき**【唾】 唾液《だえき》。つば。

**つばき**【椿】 春先に大きな花の咲く木。〔散るときに花のつけねから落ちるので、嫌われることがある〕

**つばくらめ**【燕】 鳥のツバメ。つばくら。

**つばくろ**【燕】 鳥のツバメ。

**つばさ**【翼】 ①鳥のはね。 ②飛行機の翼《よく》。

**つばぜりあい**【鍔迫り合い】 刀を鍔で受けとめて押しあうこと。 Ⅱ激しい勝負。

**つばな**【茅花】 チガヤ(―の花)。

**つばめ**【燕】 代表的な渡り鳥。つばくらめ。つばくろ。〔春、南方から日本に来る。益鳥〕 Ⅱ年下の愛人である男。「若い―」

**―の巣《す》** 燕巣《えんそう》。

**つぶ**【粒】 小さくて丸いもの(―を数える語)。

**―が揃《そろ》う** みな良質である。

**つぶ**【螺】 タニシなどの巻き貝類の俗称。

**つぶあん**【粒餡】 アズキの粒をつぶさないように煮たあん。 対こしあん

**つぶさに**《具に・備に》〔文章語〕 くわしく。ことごとく。

**つぶし**【潰し】 つぶす-こと(もの)。

**―餡《あん》** 煮たアズキをすりつぶしたあん。 対こしあん

**―がきく** 他の職業でもやっていける。

**つぶす**【潰す】 ①力を加えてくずす。 ②働きをなくす。「声(会社)を―」 ③適当に過ごす。「ひまを―」 ④傷つける。「面目を―」 ⑤埋めふさぐ。「余白を―」

**つぶぞろい**【粒揃い】 大きさ・質がそろっていること。 Ⅱみな良質であること。

**つぶつぶ【粒々】** たくさんの粒になった―もの(ようす)。「―ができる」

**つぶて【飛礫】**《礫》投げられた小石。

**つぶやく【呟く】** 小声でひとりごとを言う。

**つぶより【粒選り】** 厳選(―したもの)。

**つぶら**《円》〔文章語〕丸い。丸くてかわいい。「―なひとみ」

**つぶり**《頭》つむり。

**つぶる【瞑る】** 目を閉じる。

**つぶれる【潰れる】** つぶすの自動詞形。

**つべこべ** 〔俗語〕あれこれ理屈を言うようす。

**ツベルクリン**〔ドイツ語 Tuberkulin〕注射薬の一。〔結核に感染したかどうかを診断する〕

**つぼ【坪】** 面積の単位の一。約三・三平方メートル。

**つぼ【壺】** ①容器の一。類かめ ②小さくて深い食器。つぼざら。③要点。「―を―押さえる(心得る)」④指圧や灸《きゅう》の急所。

**―にはまる** ①見込みどおりになる。②大切な点を押さえている。

**つぼすう【坪数】** 坪を単位として数えた広さ。

**つぼすみれ**《壺菫・坪菫》 スミレ科の多年草の一。

**つぼにわ【坪庭】** 建物に囲まれた内庭。

**つぼまる【窄まる】** すぼまる。

**つぼみ【蕾】**《莟》花の、まだ開かないもの。●まだ一人前でない年ごろ(―の人)。

**つぼむ【窄む】** すぼむ。

**つぼめる【窄める】** すぼめる。

**つぼやき【壺焼き】** ①壺に入れて蒸し焼きにした料理。「―いも」②サザエを殻ごと焼いた料理。

**つま** さしみなどの添え物。●軽く添えたもの。「話の―」

**つま【妻】** 夫婦の女の方。対夫

**つま** 一《端》はし。へり。二【妻】切妻《きりづま》。三【褄】和服の、裾《すそ》の両端。「―を取る」

**つまおと【爪音】** ①琴をひく音。②馬のひづめの音。

**つまかわ【爪皮】** 雨の日、げたのつま先にかける物。つまがけ。

**つまぐる【爪繰る】** 指先で繰る。「じゅずを―」

**つまこ【妻子】** 妻と子。

**つまごい【妻恋】** 離れている―男女(雌雄)が互いに恋い慕うこと。

**つまさき【爪先】** 足の指の先。

**―上《あ》がり** ゆるい登り坂(―になること)。

**―立《だ》つ** つま先だけで立つ。

**つまされる** ①情にひかれる。②⇩身につまされる

**つましい【倹しい】** 質素だ。「―暮らし」

**つまずく**《躓く》「石に―」●途中で失敗する。「事業に―」

**つまはじき【爪弾き】** ある人を忌みきらい、のけ者にすること。〔指先ではじく意〕

**つまびく【爪弾く】** 弦楽器を指先ではじいて鳴らす。「ギターを―」

**つまびらか【詳らか】**《審らか》〔文章語〕詳しくて明らかなようす。

**つまみ**《撮み・摘み・抓み》①つまむ部分。②酒に添えて出す簡単な食品。「酒の―」③つまんだ量。「ひと―の塩」

**―洗《あら》い** よごれた部分だけをつまんで洗うこと。

**―食《ぐ》い** つまんで(こっそり)食べること。●㋐都合のいい部分だけを利用すること。㋑横領。

**―出《だ》す** つまんで外へ出す。●外へ追い出す。

**つまむ**《撮む・摘む・抓む》指先ではさむ。●㋐つまんで食べる。「菓子を―」㋑選び出す。

**つまようじ【爪楊枝】** ようじ。

**つまらない** ①おもしろくない。②価値がない。

**つまり【詰まり】** ①詰まること。縮むこと。②おわり。「とどの―」③結局。要するに。

**―は** つまり③の強調。

**つまる【詰まる】** ①ぎっしり入る。「棚に本が―」②ふさがる。「下水(息)が―」●窮する。「金に―」③短くなる。「日が―」

**―ところ** 結局。つまり。

**つみ【罪】** ①法律・道徳・教義に反した行い。「―を犯す」②刑罰。「―に服する」③思いやりがない。「―なことをする」

**―がない** 無邪気だ。

**つみ【詰み】** 将棋で、負けること。

**つみあげる【積み上げる】** 高く積み重ねる。●積み重ねて高い水準に達する。

**つみいれ【摘み入れ】** つみれ。

**つみおろし**【積み降ろし・―下ろし】荷物を積んだり降ろしたりすること。

**つみかえる**【積み替える・―換える】①別の場所に移して再び積む。②改めて積み直す。

**つみかさなる**【積み重なる】積み重ねるの自動詞形。

**つみかさねる**【積み重ねる】物の上に他の物を積む。‖段々にふやしていく。「努力を―」

**つみき**【積み木】①木を積むこと。積んだ木。②幼児のおもちゃの一。

**つみくさ**【摘み草】春、野外で草を摘むこと。

**つみごえ**【積み肥】《堆肥》たいひ。

**つみこむ**【積み込む】荷物を積んで入れる。

**つみだす**【積み出す】荷物を積んで送り出す。

**つみたてる**【積み立てる】少しずつ貯金する。

**つみつくり**【罪作り】罪なことをする―こと(人)。

**つみとが**【罪科】つみとが。罪悪。

**つみとる**【摘み取る】植物の実や芽をつまんで取る。‖程度の軽いうちに取り除く。「非行の芽を―」

**つみに**【積み荷】荷物を積むこと。また、その荷物。「―を降ろす」

**つみのこし**【積み残し】積みきれずに一部分を残すこと。また、残ったもの。‖やり残してしまったもの。「―の案件」

**つみびと**【罪人】罪を犯した人。ざいにん。

**つみぶかい**【罪深い】罪が重い。「―行為」

**つみほろぼし**【罪滅ぼし】犯した罪を償うこと。

**つみれ** すった魚肉のだんご。つみいれ。

**つむ**【錘】《紡錘》糸を紡ぐ機械の付属具。糸をつむぎながら巻き取る。

**つむ**【詰む】①詰まる。②将棋で、勝負がつく。

**つむ**【積む】①ものを重ねて置く。②乗り物にのせる。「荷物を―」③重ねてする。「経験を―」

**つむ**【摘む】①指先でつまんで取る。②《剪む・抓む》はさみなどで先を切り取る。

**つむぎ**【紬】つむぎ糸で織った絹布。

**つむぎだす**【紡ぎ出す】紡いで取り出す。‖次々と形にしていく。「物語を―」

**つむぐ**【紡ぐ】綿・真綿・獣毛などから繊維を引き出し、撚《よ》りをかけて糸にする。‖(とぎれなく)創造する。「物語を―」

**つむじ**《旋毛》うず状にはえた毛。

**―風《かぜ》** せんぷう。〔旋風とも書く〕

**―曲《ま》がり** ひねくれている―こと(人)。へそまがり。

**―を曲《ま》げる** 気分を害してふきげんになる。

**つむる**【瞑る】つぶる。

**つめ**【爪】①「手(足)の―」‖物をひっかけてとめる用具。②琴爪《ことづめ》。③ギターなどの、ピック。

**―に火《ひ》をともす** 極端にけちだ。

**―の垢《あか》ほど** ほんのわずか。

**―の垢《あか》を煎《せん》じて飲《の》む** すぐれた人にあやかろうとする。

**―を研《と》ぐ** 攻める機会をねらって準備する。

**つめ**【詰め】①詰める―こと(物)。②きわ。はし。「橋の―」〔関西方言〕③最後の仕上げ。「―が甘い」

**づめ**【詰め】①中に詰めて―入れること(入れた物)。「一〇個―」②…し続ける。「立ち―」③勤務。「支店―」④…ずくめ。「規則―」

**つめあと**【爪痕】つめでひっかいた跡。‖災害や戦争による被害のあと。

**つめあわせ**【詰め合わせ】いろいろと取りあわせて詰めたもの。動―る

**つめいん**【爪印】拇印《ぼいん》。

**つめえり**【詰め襟】立っている襟(―の洋服)。〔男子学生服に多い〕

**つめかける**【詰め掛ける】大勢で押し寄せる。「客が―」

**つめきる**【詰め切る】①ある場所に待機してい続ける。②全部つめこむ。

**つめくさ**【詰め草】クローバー。

**つめご**【詰め碁】囲碁で、部分的な石の死活を考えさせる問題。

**つめこむ**【詰め込む】多くをめいっぱい入れる。「観客(弁当)を―」

**つめしょ**【詰め所】係員が集まって待機している所。

**つめしょうぎ**【詰め将棋】将棋で、王

将の詰め方を考えさせる問題。

**つめたい**【冷たい】①体の一部で低温を感じるようす。②冷淡。

**―戦争**《せんそう》 戦闘行為のない、(―国家間の)対立・緊張状態。冷戦。Ⅱ表面に出さずにいがみあうこと。

**つめたくなる**【冷たくなる】①熱がさめる。②冷淡になる。③死ぬ。

**つめばら**【詰め腹】むりやりさせられる―切腹(辞職)。「―を切らせる」

**つめもの**【詰め物】①すきまに詰める物。パッキング。②野菜や鳥などの中に別の調理品を詰めた料理。

**つめよる**【詰め寄る】①返答を求めて迫る。②追いつめる。「一点差に―」

**つめる**【詰める】①ぎっしり入れる。②ふさぐ。③ずっとそこにいる。「会社に―」④一心にする。「根《ね》を―」⑤十分にきわめる。「案を―」⑥倹約する。「家計を―」⑦短くする。「服の丈を―」

**ツモ**《自摸》〔中国語 zìmō〕マージャンで、場からパイを取ること。動―る

**つもり**【積もり】①《心算》意図。②そうでないのにそうなった気持ち。「君になった―」③見積もり。④⇩おつもり

**つもる**【積もる】①細かいものが重なって高くなる。「雪が―」②たまって多くなる。「―思い」

**つや**【艶】①光沢。「―を出す」②肌のみずみずしさ。③おもしろみ。「話に―をつける」④情事に関すること。

**つや**【通夜】葬式前夜、遺族や知人が死者のそばで過ごすこと。おつや。

**つやけし**【艶消し】①つやを消すこと。類マット ②色気・おもしろみがなくなる。

**つやごと**【艶事】情事に関した事柄。

**つやだね**【艶種】情事に関する話題。

**つやっぽい**【艶っぽい】①色気がある。②色事に関係がある。

**つやつや**【艶々】つやのあるようす。「―した顔」

**つやぼくろ**【艶黒子】女性の唇の斜め下にある(―色っぽい)ほくろ。

**つやめく**【艶めく】①つやつやしている。②色っぽく見える。

**つややか**【艶やか】つやがあって美しい。

**つゆ**《汁》①水分。「果実の―」②(「お～」の形で)吸い物(味噌汁)。③つけじる。「そばの―」

**つゆ**【露】①早朝に屋外の物の上につく水滴。「―が置く」Ⅱ㋐はかないこと。「―の命」㋑涙。②(否定表現の中で)少しも。「―知らず」〔仮名で書く〕

**つゆ**【梅雨】夏の前の長雨(―の季節)。ばいう。「―が明ける」

**つゆあけ**【梅雨明け】梅雨の季節が終わる―こと(日)。対つゆいり

**つゆいり**【梅雨入り】梅雨の季節になる―こと(日)。対つゆあけ

**つゆくさ**【露草】夏、藍《あい》色の花が咲く一年草。染料用。

**つゆぐもり**【梅雨曇り】梅雨どきの曇り空。

**つゆざむ**【梅雨寒】梅雨のころ、うすら寒いこと。

**つゆじも**【露霜】凍って霜のようになった露。

**つゆぞら**【梅雨空】梅雨期の雨雲におおわれた空もよう。

**つゆだく**《汁だく》〔俗語〕どんぶり物で、つゆをたっぷり入れること。

**つゆはらい**【露払い】①身分の高い人の先導をする―こと(人)。Ⅱ演芸・講演で、最初にする―こと(人)。②相撲で、横綱の土俵入りの際、先に立って土俵に上がる力士。

**つゆばれ**【梅雨晴れ】梅雨―があけて(の途中で)晴れること。

**つゆびえ**【梅雨冷え】梅雨期、急に冷えこむこと。

**つゆほども**《露程も》(否定表現の中で)少しも。「―考えない」

**つよい**【強い】①力や能力がすぐれている。②丈夫だ。③激しい。「―風」④得意だ。「数学に―」◇対弱い

**つよがる**【強がる】強そうに見せかける。

**つよき**【強き】権力や勢力の強いもの。「弱きを助け―をくじく」対弱き

**つよき**【強気】①気が強い。積極的。②取引で、相場が上がると予想すること。◇対弱気

**つよごし**【強腰】態度の強硬なこと。「―に出る」対弱腰

**つよび**【強火】火力の強い火。対弱火

**つよふくみ**【強含み】取引で、相場が多少上がる傾向にあること。対弱含み

**つよまる【強まる】** だんだん強くなる。対弱まる

**つよみ【強み】** ①強さ（―の程度）。②他に負けない点。類長所 ◇対弱み

**つよめ【強め】** ①強めること。類強調 ②強いこと。「ボールをやや―にたたく」対弱め

**つよめる【強める】** 強くする。「語気を―」対弱める

**つよもちあい【強保合】** 取引で、相場が高いまま安定している状態。

**つら【面】** ①〔俗語〕顔。②表面（―の高さ）。

**づら**〔俗語〕かつら。「―をつける」

**つらあて【面当て】** あてつけること。

**つらい【辛い】** ①苦しい。②むごい。「―仕打ち」

**つらがまえ【面構え】** 顔つき。「不敵な―」

**つらだましい【面魂】** 顔に現れた強い気性。

**つらつき【面付き】**〔俗語〕顔つき。

**つらつら**《熟々》 つくづく。「―思うに」〔古風な言い方〕

**つらなる【連なる】**《列なる》 ①並び続く。②列席する。「末席に―」

**つらぬく【貫く】** ①突き通す。②果たす。「初志を―」

**つらね【連ね】** 歌舞伎で、掛け詞《ことば》を用いて長々と述べるせりふ。

**つらねる【連ねる】**《列ねる》 ①列にして並べる。②一員として加わる。「名を―」

**つらのかわ【面の皮】** 顔の皮膚。「いい―（＝とんだ迷惑）だ」

**―が厚《あ》つい** あつかましい。

**つらよごし【面汚し】** 仲間や関係者の名誉をけがす―こと（人）。

**つらら**《氷柱》 棒状に垂れ下がった氷。

**つられる【釣られる】** ①誘い出される。②引き入れられる。

**つり** [一]**【釣り】** ①魚つり。②つり銭。おつり。③インターネットで、閲覧者が反応しそうな嘘の情報を書き込んで過剰反応を誘うこと。「ズボン―」 [二]**【吊り】** ①つるす―こと（もの）。②相撲で、相手をつり上げること。

**つりあい【釣り合い】** バランス。均衡。「―を―とる（保つ）」

**つりあう【釣り合う】** ①均衡（調和）がとれている。②似合う。「―夫婦」

**つりあげる【釣り上げる】** ①魚を釣って取る。②【吊り―】ひきつったようにあげる。「目を―」③値段を人為的に高くする。

**ツリー**［tree］①木。②クリスマスツリー。

**―構造《こうぞう》** 枝分かれ式の階層構造。木構造。

**つりいと【釣り糸】** 魚釣りに使う糸。

**つりがき【釣り書き】** 見合いで交わす身上書。〔本来は系図の意〕

**つりかご【吊り籠】** つるすようにしたかご。

**つりかご【釣り籠】** 釣った魚を入れるかご。びく。

**つりがね【釣り鐘】** つるして打つ寺院の鐘。

**つりかわ【吊り革】** 電車・バスで立っている客がつかまる、輪のついたひも。

**つりざお【釣り竿】** 魚釣りに使うさお。

**つりさげる【釣り下げる・吊り―】** つるしてさげる。

**つりし【釣り師】** 魚を釣る人。釣り人。

**つりしのぶ**《釣り忍・吊り―》 コケを巻きつけた台にシノブグサを植えて、軒先などにつるすもの。〔夏、風鈴などをさげ、涼感を楽しむ〕

**つりせん【釣り銭】** 支払った金額と代金との差額を返すお金。つり。おつり。

**つりだす【釣り出す】** ①だまして誘い出す。②【吊り―】相撲で、相手の体をもちあげて土俵外へ出す。

**つりだま【釣り球】** 野球で、打者を誘って空振りさせようとする投球。

**つりて** [一]**【釣り手】** 釣りをする人。[二]**【吊り手】** ①物をつるすもの。「蚊帳《かや》の―」②つりかわ。

**つりてんぐ【釣り天狗】** 釣りの腕を誇る人。

**つりどうろう【釣り灯籠】** 軒先などにつる灯籠。

**つりばし【釣り橋・吊り橋】** 両岸から―綱（鋼線）で架け渡してつった橋。

**つりばしご【釣り梯子・吊り―】** 綱などで作り、ぶらさげた形で使うはしご。

**つりばり【釣り針】** 魚釣り用の針。

**つりびと【釣り人】** 釣りをする人。

**つりひも【釣り紐・吊り紐】** 物をつるす

ために取りつけたひも。

**つりぶね**【釣り船】①釣り客を乗せる船。②つるして使う、船形の花器。

**つりぼり**【釣り堀】魚を養っておいて、有料で魚釣りをさせる所。

**つりわ**【吊り輪】体操競技の種目の一。また、その用具。

**つる** ㊀【弦】弓づる。㊁【鉉】なべや土びんの取っ手。

**つる**《蔓》①物にからんでのびる植物の茎。「―植物」Ⅱてづる。②めがねの耳にかける部分。

**つる**【鶴】大形の水鳥の一。〔めでたいものとされる〕

**―の一声**《ひとこえ》 人を従わせる、権力者の一言。

**―は千年**《せんねん》**、亀**《かめ》**は万年**《まんねん》 寿命が長くてめでたいこと。

**つる** ㊀【吊る】①空中にさげる。「蚊帳《かや》を―」②相撲で、相手の体を持ち上げる。㊁【釣る】「魚を―」Ⅱ相手の行動を誘う。「客を―」㊂《攣る》ひきつる。「足が―」

**つるおと**【弦音】矢を放ったときの、弓の弦の鳴る音。

**つるかめ**【鶴亀】めでたいものとしての、ツルとカメ。

**―算**《ざん》 算数の問題の一。〔ツルとカメの数の合計と足の数の合計からそれぞれの数を求める〕

**つるぎ**【剣】けん。

**つるくさ**【蔓草】茎がつる状の草。

**つるし**【吊るし】①つるすこと。②既製服。〔つり下げて売ることから〕③体を縛ってつり下げる刑罰。

**―上**《あ》**げる** 縛って高い所につるす。Ⅱ大勢で一人を問いつめる。

**つるす**【吊るす】ぶら下げる。「風鈴を―」

**つるだち**【蔓立ち】《蔓質》草の茎がつるになる性質。

**つるっぱげ**【つるっ禿げ】〔俗語〕つるつるにはげている‐こと(人)。

**つるはし**《鶴嘴》工具の一。かたい土を掘りおこす。

**つるべ**【釣瓶】なわ・さおにつけて井戸水をくみ上げるおけ。

**―打**《う》**ち** 大勢が鉄砲を続けざまに撃つこと。Ⅱ野球で、連続安打を浴びせること。

**―落**《お》**とし** 秋、太陽が急速に沈むこと。

**つるむ** 交尾する。Ⅱ〔俗語〕行動を共にする。「つるんで歩く」

**つるれいし**【蔓茘枝】ニガウリ。

**つれ**【連れ】①仲間。同伴者。②【ツレ】能・狂言で、シテやワキに伴って助演する人。

**つれあい**【連れ合い】①配偶者。②同伴者。

**つれあう**【連れ合う】①夫婦になる。②行動を共にする。

**つれこ**【連れ子】再婚の際に連れていく子供。

**つれこみやど**【連れ込み宿】ラブホテル。連れ込み。〔古い言い方〕

**つれこむ**【連れ込む】ひっぱりこむ。

**つれさる**【連れ去る】連れていってしまう。

**つれそう**【連れ添う】夫婦になる。

**つれだす**【連れ出す】誘って外へ連れて出る。

**つれだつ**【連れ立つ】一緒に行く。

**つれづれ**《徒然》することがなくてたいくつなこと。〔古風な言い方〕

**つれない** よそよそしい。

**つれもどす**【連れ戻す】連れて帰らせる。

**つれる**【連れる】従える。「子供を―」

**つれる**《攣れる》けいれんする。

**つわぶき**【石蕗】《槖吾》キク科の常緑多年草。葉は薬用、葉柄は食用。

**つわもの**【兵】《強者》〔文章語〕武士。兵士。Ⅱ勇敢な(すぐれた)人。「その道の―」

**つわり**《悪阻》妊娠初期に起こる吐きけ・食欲不振などの生理現象。悪阻《おそ》。

**つんざく**《擘く・劈く》突き破る。「耳を―音」〔「つきさく」から〕

**つんつるてん** 衣服が短すぎること。

**つんでれ**【ツンデレ】〔俗語〕ツンツンとした無愛想な面とデレデレと甘える面を使い分ける‐性格(女性)。

**つんどく**【積ん読】〔俗語〕買った本を読まずに積んでおくこと。〔「積んでおく」をもじった言い方〕

**ツンドラ**〔ロシア語 tundra〕北極圏内の原野。凍土帯。凍原。「―地帯」〔夏以外は凍結する〕

**つんのめる**〔俗語〕前方へ激しく倒れる。

# て

**て【手】** ①体の一部。〔手首から先。また、肩から指先まで〕対足 ‖とって。「なべの—」②人手。手間。「—が足りない・—を抜く」③方法。手段。「—を尽くす」④処置。わざ。「—を入れる」⑤関係。「—を結ぶ」⑥筆跡。「女の—」⑦種類。「この—の品」⑧方向。「行く—」⑨てきず。「—を負う」⑩ゲームで、手持ちの札や駒。⑪強調。「—ごわい」⑫手で持てる。「—鏡」⑬手(自分)でする。「—作業(料理)」⑭(上手に)する人。「歌い—」⑮囲碁や将棋のひとさしを数える語。

**—が上《あ》がる** ①上達する。②酒が強くなる。

**—が空《あ》く** 仕事が一段落してひまになる。

**—が後《うし》ろに回《まわ》る** 警察につかまる。

**—が掛《か》かる** 世話がやける。

**—が切《き》れる** ①関係がなくなる。②「—ような(=真新しい)札」

**—が込《こ》む** (細工が)複雑である。

**—が付《つ》けられない** どうにもしようがない。

**—が出《で》ない** 自分の能力(財力)以上で扱えない。

**—が出《で》る** ①なぐる。暴力をふるう。②ほしくなって取る。

**—が届《とど》く** ①世話が行き届く。②能力(財力)の範囲内だ。③ある年齢に近づく。「五〇歳に—」

**—が入《はい》る** ①警察の手入れがある。②補訂される。

**—がない** ①人手がない。②方法がない。

**—が離《はな》せない** ほかのことができない。

**—が離《はな》れる** ①子供が成長して世話をしなくてもよくなる。②仕事がすんで関係がなくなる。

**—が早《はや》い** ①仕事が早い。②すぐに暴力をふるう。③すぐに女性と関係をもつ。

**—が回《まわ》らない** 処置・世話が行き届かない。

**—が回《まわ》る** 警察に手配される。

**—に汗《あせ》(—を)握《にぎ》る** はらはらする。

**—に余《あま》る** 手に負えない。

**—に入《い》れる** 入手する。

**—に負《お》えない** 自分の力では処理できない。

**—に掛《か》ける** ①自分で(—世話を)する。②自分の手で殺す。

**—に職《しょく》をつける** 生計を立てるための技術を身につける。

**—にする** 手に—持つ(入れる)。

**—に付《つ》かない** 落ち着いてできない。

**—に手《て》を取《と》って** いっしょに。

**—に取《と》るよう** はっきりしているようす。

**—に乗《の》る** 計略にかかる。

**—に入《はい》る** 入手する。

**—に渡《わた》る** 人の所有となる。

**—の施《ほどこ》しようがない** 処置のしようがない。

**—も足《あし》も出《で》ない** 力不足でどうしようもない。

**—を上《あ》げる** ①降参する。②なぐる。なぐろうとする。

**—を入《い》れる** 補足・修正をする。

**—を打《う》つ** ①手段を講じる。②交渉などが決着する。

**—を—替《か》え(変《か》え)品《しな》を—替《か》え(変《か》え)** いろいろと方法をかえて。

**—を掛《か》ける** ①手間をかける。②自ら事にあたる。③盗む。「人の物に—」

**—を貸《か》す** 手伝う。

**—を借《か》りる** 手伝ってもらう。

**—を切《き》る** 関係を断つ。

**—を下《くだ》す** 自分でする。

**—を加《くわ》える** ①加工する。②手を入れる。

**—を拱《こまぬ》く** 何もしないで見ている。手をつかねる。手をこまねく。

**—を染《そ》める** しはじめる。関係をもつ。

**—を出《だ》す** ①関係する。やってみる。②けんかをしかける。③盗む。「他人の物に—」

**—を尽《つ》くす** あらゆる手段を尽くす。

**—を付《つ》ける** ①とりかかる。②着服する。③目下の女性と関係をもつ。

**—を通《とお》す** (衣服を)着る。

**—を取《と》る** ①手を—握る(ひく)。②懇切丁寧に教える。

**—を握《にぎ》る** 仲直りする。協力する。

**—を抜《ぬ》く** すべきことを省いていい加減に

する。
—を伸《の》ばす　新しい分野に進出する。〔手を延ばすとも〕
—を離《はな》れる　①世話や監督がいらなくなる。②その人のものでなくなる。
—を引《ひ》く　①手をとって導く。②関係を断つ。
—を広《ひろ》げる　規模や範囲を大きくする。
—を回《まわ》す　手配りを十分にする。
—を焼《や》く　もてあます。てこずる。
—を休《やす》める　作業や仕事を一時中断する。
—を緩《ゆる》める　監督などをゆるやかにする。
—を汚《よご》す　①自ら苦労してする。②自ら悪いことをする。
—を煩《わずら》わす　人に世話をかける。

**で**　㊀【出】出ること。「—（＝出番）を待つ・九州の—（＝出身）」—㊁《出》分量が十分に感じられる意。「使い—」

**てあい【手合い】**　①連中。「ああいう—」〔軽蔑して言う〕②（囲碁・将棋の）対局。

**であい【出会い・出合い】**　①であうこと。②あいびき。③【出合い】二つの川や沢が合流する所。

—頭《がしら》　であった（出た）とたん。

**であう【出会う・出合う】**　①行きあう。②出て立ち向かう。「者ども、であえ」

**てあか【手垢】**　手が触れてつくよごれ。Ⅱ「—のついた（＝使い古された）表現」

**てあき【手空き・手明き】**　てすき。

**てあし【手足】**　手と足。Ⅱ「—となって（＝命令どおり）働く」

—口《くち》病《びょう》　手・足・口に水ほうができる（子供の）病気。ウイルスによる感染症。

**であし【出足】**　①人出の程度。「客の—」②出だしの速さ。③相撲で、前への踏み出し。

**てあたり【手当たり】**

—次《し》第《だい》　かたっぱしから。

**てあつい【手厚い】**　扱いが丁寧だ。「—もてなし」

**てあて**　㊀【手当】報酬。また、本俸以外の給与。「通勤—」㊁【手当て】①けがや病気の処置。②用意。準備。

**テアトル**〔フランス語 théâtre〕シアター。

**てあぶり【手焙り】**　手を暖める小さい火鉢。

**てあみ【手編み】**　手で編むこと。その編物。「—のセーター」

**てあら【手荒】**　手荒いようす。

—い　扱いや動作が荒々しい。「手荒く扱う」

**てあらい【手洗い】**　①手を洗う—こと（水・器）。②手で洗うこと。③便所。「お—」

**であるく【出歩く】**　あちこち外出する。

**てあれ【手荒れ】**　手が荒れること。

**てあわせ【手合わせ】**　①試合。②取引の契約をすること。

**てい【丁】**　〔文章語〕十干の第四。ひのと。Ⅱ第四位。

**てい【体・態】**　①ようす。態度。「ほうほうの—」②体裁。「—のいい言葉」

**てい【底】**　①（「…の〜」の形で）程度。種類。「この—の人物」②数学で、底辺。③数学で、$a^n$ の $a$、また $\log_a x$ の $a$。

**てい【弟】**　おとうと。「—たりがたく兄《けい》たりがたし」[対]兄《けい》

**てい【呈】**　〔文章語〕さしあげること。「—高橋様」

**てい【邸】**　邸宅。「田中—」

**てい【亭】**　①あずまや。②号や店の名につける語。「末広（古今）—」

**デイ**　⇩デー

**ていあつ【低圧】**　低い—圧力（電圧）。[対]高圧

**ていあつ【定圧】**　一定の圧力。

**ティアラ**〔tiara〕冠形の女性用髪飾り。

**ていあん【提案】**　案を出すこと。その案。

**ていい【定位】**　一定の位置（—を定めること）。

**ていい【帝位】**　帝王の位。[類]王位

**ティー**〔tea〕紅茶。お茶。「—タイム」

**ティー**〔tee〕ゴルフで、球を置く小さな台。

**ティーアップ**〔tee up〕ゴルフで、第一打を打つためにティーの上に球を置くこと。

**ティーオフ**〔tee off〕ゴルフで、プレーを始めること。

**ティーカップ**〔teacup〕紅茶茶碗。

**ティーグラウンド**〔和製語 tee ground〕ゴルフで、各ホールの初球を打ち出す区域。

**ディーシーブランド【DC—】**　有名デザイナーやメーカーの—商標（商品）。〔和製語 designer-character ＋ brand〕

**ティーシャツ【T—】**　丸首で半袖《はんそで》のメリヤスシャツ。

**ティーじょうぎ【T定規】** Tの字形の大型定規。製図用。丁字定規。
**ティーショット**［tee shot］ゴルフで、各ホールでの第一打。
**ティーじろ【T字路】** 丁字路《ていじろ》。
**ティースプーン**［teaspoon］茶さじ。
**ディーゼル**［diesel］
**―エンジン**［diesel engine］内燃機関の一。ジーゼル。〔発明者の名から〕
**―カー**［和製語 diesel car］ディーゼルエンジンで動く鉄道車両や自動車。
**ティータイム**［tea time］くつろいでお茶を飲む時間。
**ティーチイン**［teach-in］（学内）討論集会。
**ていいど【低緯度】** 赤道に近いこと。
**ディーバ**［diva］オペラのプリマドンナ。歌姫。
**ティーパーティー**［tea party］洋風のお茶の会。茶話会。
**ティーバック【T―】** ヒップの部分がT字形のショーツ。
**ティーバッグ**［tea bag］紅茶（緑茶）の葉を入れた小袋。
**ティーバッティング**［tee batting］野球の打撃練習の一。台に球をのせて打つ。
**ディープ**［deep］深い。濃い。
**ティーボーンステーキ**［T-bone steak］ビーフステーキで、T字形の骨の一方にサーロイン、他方にヒレ肉のついたもの。
**ティーポット**［teapot］紅茶用のきゅうす。

**ティーム** ⇩チーム
**ディーラー**［dealer］①販売業者。②証券取引で、自己の負担で売買する業者。③トランプで、親。
**ディーリング**［dealing］金融機関が為替や証券の取引を行うこと。
**ティールーム**［tearoom］喫茶―室（店）。
**ていいん【定員】**（収容できる）決まった人数。
**ティーン**［teen］十代（―の人）。「ハイ―」
**―エージャー**［teenager］十代の若者。
**ていえん【低塩】** 塩分が少ないこと。
**ていえん【庭園】**（りっぱな）庭。
**ていおう【帝王】** 君主国の元首。類皇帝 ●絶対権力者。
**―切開《せっかい》** 開腹して胎児を出す手術。
**ていおん【低音】** ①低い―音（声）。②音楽で、低い音域。◇対高音
**ていおん【低温】** 低い温度。対高温
**―火傷《やけど》** 五〇～七〇℃の温度に長時間接することで起こるやけど。〔暖房具などで起こる〕
**ていおん【定温】** 一定の温度。
**―動物《どうぶつ》** 恒温動物。
**ていか【低下】** さがること。類降下・悪化 対上昇・向上
**ていか【定価】** 定められた値段。
**ていかい【低回】**《低徊》〔文章語〕思案にふけって、ゆっくり行ったり来たりすること。●考えをめぐらすこと。
**―趣味《しゅみ》** ゆったりした気持ちで人生を見る態度。

**ていがく【低額】** 少ない金額。対高額
**ていがく【定額】** 一定の金額。
**ていがく【停学】** 学生・生徒に登校を一時禁じる罰。対復学
**ていがくねん【低学年】** 小学校で、一・二年。対高学年・中学年
**ていかん【定款】** 公益法人や会社などの組織・業務に関する規則。
**ていかん【諦観】** ①本質を見きわめること。②あきらめること。類諦念
**でいがん【泥岩】** どろが固まった堆積岩。
**ていかんし【定冠詞】** 冠詞の一。英語のtheなど。対不定冠詞
**ていき【定期】** ①一定の―期限（期間）。「―刊行物」②定期券・定期預金の略。
**―券《けん》** 一定期間使える、一定区間の割引乗車券。定期乗車券。
**―便《びん》** 一定区間で定期的に行う―輸送（連絡）。
**―預金《よきん》** 期限を定めて預かる預金。
**ていき【提起】** 問題をもちだすこと。
**ていぎ【定義】** 意味を明確に定めること。
**ていぎ【提議】** 意見や議案を出すこと。その意見・議案。また、その内容。
**ていきあつ【低気圧】** 大気中で、周囲より気圧の低い所。対高気圧 ●不機嫌。不穏なけはい。
**ていきゅう【低級】** 程度・等級が低いこと。対高級
**ていきゅう【定休】** 決まった休み。「―日」

**ていきゅう【庭球】** テニス。

**ていきゅう【涕泣】** 〔文章語〕涙を流して泣くこと。

**ていきょう【提供】** 相手の役に立つように差し出すこと。

**ていきん【提琴】** バイオリン。

**ていぎん【低吟】** 低く吟ずること。対高吟

**テイク** ⇩テーク

**ていくう【低空】** 空の低い所。対高空

**ディクショナリー** ［dictionary］ 辞典。辞書。

**ディクテーション** ［dictation］ 書き取り(―試験)。

**ディクレッシェンド** ⇩デクレッシェンド

**デイケア** ［day care］ 介護の必要な人を昼間預かってする治療・介護サービス。デーケア。「―センター」

**ていけい** 一**【定形】** 一定の形。「―郵便物」対不定形 二**【定型】** 一定の型。「―詩」対不定型

**ていけい【提携】** 協同して事業をすること。タイアップ。

**ていけつ【締結】** 条約や協定を結ぶこと。

**ていけつあつ【低血圧】** 血圧が標準より低い―こと(症状)。対高血圧

**ていけん【定見】** しっかりした自分の意見。「―がない」

**ていげん【低減】** ①減る(減らす)こと。②安く―なる(する)こと。

**ていげん【逓減】** 〔文章語〕次第に―減る(減らす)こと。類漸減 対逓増

**ていげん【提言】** 考え・意見を出すこと。

また、その内容。

**ていこ【艇庫】** 〔文章語〕ボートをしまう倉庫。

**ていこう【抵抗】** ①はむかうこと。類反発・反抗 ②作用する力と反対の方向に働く力。特に、電気抵抗。

**―器《き》** 回路の電流の強さを調節する器具。

**ていこく【定刻】** 一定の時刻。類定時

**ていこく【帝国】** 皇帝が治める国。Ⅱ大日本帝国の略。

**―主義《しゅぎ》** 自国の領土・勢力を広げようとする侵略主義。

**ていさ【艇差】** ボートレースで、ボート間の距離。

**デイサービス** ［和製語 day service］ 在宅の高齢者や障害者に対する福祉サービスの一。デーサービス。

**ていさい【体裁】** ①外見。②みえ。世間体。③一定の形式。

**―ぶる** みえをはる。もったいぶる。

**ていさつ【偵察】** 敵の動きを探ること。「―機」

**ていし【停止】** 中途で(―一時)止まること。また、止めること。

**ていじ【丁字】** 丁の字(―の形)。

**―定規《じょうぎ》** T定規。

**―路《ろ》** 丁字形に交わる道路。T字路。

**ていじ【低次】** 低次元。低級。対高次

**ていじ【定時】** ①定刻。②定期。

**―制《せい》** 学校教育で、夜間などに授業をする課程。「―高校」対全日制

**ていじ【提示・呈示】** 差し出して示すこと。

**ていじ【綴字】** つづり(―字)。てつじ。

**デイジー** ［daisy］ デージー。

**デイジーとしょ【―図書】** デジタル音声情報システムによるCD-ROM版の録音図書。〔視覚障害者を対象。/デイジー(DAISY)は、Digital Accessible Information Systemの略〕

**ていしき【定式】** 一定の―方式(儀式)。

**ていじげん【低次元】** 次元(程度)が低いこと。「―な話題」

**ていしせい【低姿勢】** 下手《したて》に出る態度。対高姿勢

**ていしつ【低湿】** 低地で多湿なこと。対高燥

**ていしつ【低質】** 質が悪いこと。

**ていしゃ【停車】** 車が(―一時)とまること。対発車

**ていしゅ【亭主】** ①主人。②〔俗語〕夫。

**―関白《かんぱく》** 夫がいばっていること。対かかあ天下

**ていしゅう【定収】** 決まった収入。定収入。

**ティシュー** ⇩ティッシュ

**ていじゅう【定住】** 一定の場所に住むこと。

**ていしゅうは【低周波】** 比較的低い周波数(―の電波・電流)。対高周波

**ていしゅく【貞淑】** (女性の)操がかたく、しとやかなこと。

**ていしゅつ【提出・呈出】** 差し出すこと。

**ていじょ【貞女】** 操のかたい女性。貞婦。
**ていしょう【低床】**（車体の）床が低いこと。「―バス」
**ていしょう【低唱】**〔文章語〕小さな声で歌うこと。類低吟 対高唱
**ていしょう【定昇】** 定期昇給の略。
**ていしょう【提唱】** ①主張を掲げて人々に説くこと。②禅宗で、教義の大綱を説き聞かせること。
**ていじょう【呈上】** 進呈。
**ていじょう【定常】** 一定不変であること。
**―波《は》** 一定の場所で振動する波。〔弦の振動など〕
**でいじょう【泥状】**〔文章語〕どろのような状態。
**ていしょく【定食】** 料理店で、献立の内容が決まっている食事。対一品料理
**ていしょく【定植】** 苗として育てていた植物を本式に植えること。対仮植
**ていしょく【定職】** きまった職業。
**ていしょく【抵触】**《牴触》制限や規則に触れること。
**ていしょく【停職】** ①職務につくことをさしとめること。②公務員の懲戒処分の一。一定期間、職務につかせない。その間、無給。
**ていしん【挺身】**〔文章語〕身を投げ出して事に当たること。「―隊」
**ていしん【挺進】**〔文章語〕多数の中からぬきんでて進むこと。
**ていしん【艇身】** 距離の差をボートの長さで表す語。「二―半の差」

**でいすい【泥水】**〔文章語〕どろみず。
**でいすい【泥酔】** 正体を失うほど酒に酔うこと。
**ディスインフレーション**〔disinflation〕通貨の増発を抑えながらインフレーションを抑える経済政策。ディスインフレ。
**ていすう【定数】** ①一定の‐数（人数）。「―を満たす」②数学などで、常に一定の数。常数。対変数
**ディスカウント**〔discount〕割引。「―ストア（ショップ）（=安売り店）・―セール（=安売り）」
**ディスカッション**〔discussion〕討論。
**ディスク**〔disc〕①レコードまたはコンパクトディスク。②データ記録用の円盤。◇〔円盤の意〕
**―ジョッキー**〔disc jockey〕音楽と軽い話で構成するラジオ番組（―の担当者）。DJ。
**ディスクロージャー**〔disclosure〕企業が株主や取引先へ経営内容を公開すること。
**ディスクローズ**〔disclose〕情報を公開すること。
**ディスコ**〔disco〕音楽をかけて踊らせる所。〔ディスコテーク（=フランス語 discothèque）の略〕
**ディスコース**〔discourse〕一定の内容をもった文の集合。談話。会話。
**ディスタンス**〔distance〕距離。間隔。
**テイスティング** ⇩テースティング
**テイスト**〔taste〕テースト。

**ディストリビューター**〔distributor〕①販売代理店。卸売店。②配給者。③配電器。分電器。
**ディスプレー**〔display〕①展示。陳列。②コンピューターの出力表示用画面。
**ディスポーザー**〔disposer〕生ごみを砕いて下水に流す装置。
**ていする【呈する】** ①差し出す。贈る。「賛辞を―」②示す。「活況を―」◇呈す。
**ていする【挺する】** 先んじて進む。挺す。「身を―（=身を投げ出す）」
**ていせい【帝政】** 帝王による政治。
**ていせい【訂正】** 誤りを正すこと。
**ていせいぶんせき【定性分析】** 物質の成分を確かめる化学分析。対定量分析
**ていせき【定席】** じょうせき①。
**ていせつ【定説】** 一般に、正しいと認められている説。
**ていせつ【貞節】** 貞操を守ること。対不貞
**ていせん【汀線】** 海面と陸地との境界線。
**ていせん【停船】** 船‐をとめる（がとまる）こと。
**ていせん【停戦】** 一時、戦闘をやめること。
**ていぜん【庭前】** にわさき。
**ディセンバー**〔December〕一二月。
**ていそ【定礎】** 建物の土台石を‐据える（据えて工事にとりかかる）こと。
**ていそ【提訴】** 訴訟をおこすこと。対応訴
**ていそう【低層】**（建物の）階層が少ないこと。「―住宅」対高層
**ていそう【貞操】** 性的な純潔を守ること。

「―観念」〔「正しい操」の意〕

**ていぞう【逓増】**〔文章語〕次第に増える(増やす)こと。類漸増 対逓減

**ていそく【低速】**おそい速度。対高速

**ていそく【定則】**一定の規則。

**ていぞく【低俗】**低級で下品なこと。対高尚

**ていそくすう【定足数】**議事の進行・議決に必要な、最小限の人数。

**ていたい【停滞】**調子よく進まないこと。類渋滞

**―前線《ぜんせん》** あまり移動しない前線。〔梅雨前線など〕

**ていたい【手痛い】**てきびしい。「―打撃をこうむる」

**ていだい【帝大】**帝国大学の略。

**ていたいおんしょう【低体温症】**①寒冷な状況で体温が異常に低くなる状態。ひどくなると死に至る。②〔俗語〕平熱が低いこと。類冷え性

**ていたく【邸宅】**立派な屋敷。「大―」

**ていたらく【体たらく】**《為体》みっともないありさま。〔体たりの名詞化〕

**ていだん【鼎談】**三人が話し合うこと。

**でいたん【泥炭】**石炭の一。〔質が悪い〕

**ていち【低地】**低い土地。対高地

**ていち【定置】**一定の場所に置くこと。

**―網《あみ》** 一定の場所にしかけて魚をとる網。

**ていちゃく【定着】**①とどまり落ち着くこと。②写真で、現像したフイルムなどの感光性をなくすこと。「―液」

**でいちゅう【泥中】**どろの中。

**―の蓮《はちす》** 汚れた環境でも清らかさを保つこと。

**ていちょう【丁重】**《鄭重》①手厚いこと。②礼儀正しく丁寧なこと。

**―語《ご》** 謙譲語の一。〔自分の側のことを相手に対して丁重に述べる。「参る」「申す」「いたす」など〕

**ていちょう【低調】**①水準が低いこと。②調子が出ないこと。

**ティッシュ**〔tissue〕ティッシュペーパー。ティシュー。

**―ペーパー**〔tissue paper〕薄く柔らかいちり紙。

**ていっぱい【手一杯】**それ以上余裕がないようす。

**ディップ**〔dip〕①クラッカーや生野菜につける、クリーム状のソース。②頭髪を固め光沢を与える、ゼリー状整髪料。

**ディテール**〔detail〕細部。細目。デテール。

**ていてつ【蹄鉄】**馬のひづめに打ちつける鉄具。

**ていてん【定点】**位置のきまった点。「―観測・―把握疾患」

**ていでん【停電】**送電がとまること。

**ていと【帝都】**皇居のある都。

**ていど【程度】**①〔適当な〕度合い。水準。②ほど。「百枚―」

**でいど【泥土】**〔文章語〕どろ。どろつち。

**ていとう【低頭】**〔文章語〕頭を下げること。「平身―する」

**ていとう【抵当】**担保。かた。「―におく(いれる)」

**―権《けん》** 抵当物について優先的に弁済を受ける権利。

**―流《なが》れ** 抵当物が人手に渡ること。

**ていとく【提督】**艦隊の将官。

**デイトレーダー**〔day trader〕一日単位で株式の売買を繰り返すデイトレードを行う個人投資家。

**ていとん【停頓】**進展しないこと。

**ディナー**〔dinner〕正式の食事。特に、晩餐《ばんさん》。正餐。

**ていない【邸内】**やしきの内。対邸外

**ていねい【丁寧】**《叮嚀》①礼儀正しいこと。対ぞんざい ②注意深いこと。類念入り

**―語《ご》** 敬語の一。「です・ます」「お・ご」の類。

**―体《たい》**「です・ます」を用いた文体。敬体。ですます体。対普通体

**でいねい【泥濘】**〔文章語〕ぬかるみ。

**ていねん【定年・停年】**退職(退官)するきまりになっている年齢。

**ていねん【諦念】**〔文章語〕悟り(あきらめ)の心。

**ディバイダー**〔divider〕製図器の一。分割器。

**ていはく【停泊】**《碇泊》船がいかりをおろしてとまること。

**ていはつ【剃髪】**(髪をそって)仏門に入ること。

**デイパック**〔daypack〕小型のリュックサック。デーパック。

**ていばん【定番】** 流行にかかわりなく、一定の需要がある基本型の商品。定番商品。

**でいばんがん【泥板岩】** 頁岩《けつがん》。

**ティピカル**［typical］典型的。代表的。

**ていひょう【定評】** 広く認められた評判・評価。

**ディフェンス**［defense］ 守備。対オフェンス

**ディフェンダー**［defender］ サッカーで、主に守備の役割をする選手。バックス。〔略してDF〕

**ディプロマ**［diploma］修了証。免状。

**ディベート**［debate］ 特定の話題に対し、肯定・否定の二組に分かれてする討論。

**ディベロッパー**［developer］ ①都市（住宅）開発業者。②現像液。◇デベロッパー。

**ていへん【底辺】** 三角形の頂点に対する辺。Ⅱ社会や集団‐の下層（を支える人々）。

**ていぼう【堤防】** 川岸や海岸に築いた堤。

**デイホーム**［和製語 day home］デイケアを行う施設。

**ていぼく【低木】** ①低い木。②幹が基部から枝分かれし、人の身長より高くならない木。〔灌木《かんぼく》の新しい呼称〕◇対高木

**ていほん【定本】** （古典の）異本を校合《きょうごう》した標準となる本。「―万葉集」Ⅱ決定版。

**ていほん【底本】** 校訂・翻訳などの際、もとにする本。そこほん。

**ていまい【弟妹】** 弟と妹。対兄姉

**ディミヌエンド**［イタリア語 diminuendo］デクレッシェンドに同じ。記号 *dim.*

**ていめい【低迷】** 低い所をさまようこと。「暗雲―」Ⅱ悪い状態を抜けられないこと。「市況が―している」

**ていめん【底面】** （立体の）底の面。

**ディメンション**［dimension］①次元。②容積。体積。

**ていやく【定訳】** 標準となる翻訳。

**ていやく【締約】** 〔文章語〕契約や条約を結ぶこと。「条約を―する」

**ていゆ【提喩】** 修辞法の一。一般化や特殊化による。シネクドキー。〔「ご飯」で「食事」を、「花」で「桜」を表すなど〕

**ていよく【体よく】** 体裁よく。

**ていらく【低落】** （物価や人気などが）下がること。

**ティラノサウルス**［ラテン語 Tyrannosaurus］恐竜の一。最大の肉食恐竜。

**ティラミス**［イタリア語 tiramisu］イタリアのケーキの一。

**ていり【低利】** 安い利息。対高利

**ていり【廷吏】** 法廷の事務を行う職員。

**ていり【定理】** 公理や定義で証明できる命題。「ピタゴラスの―」

**でいり【出入り】** ①出はいり。②得意先としてよく訪れること。「―の商人」③もめごと。特に、やくざのけんか。

**デイリー**［daily］ 日刊（‐紙）の。毎日の。デーリー。

**ていりつ【低率】** 比率が低いこと。対高率

**ていりつ【定率】** 一定の比率。

**ていりつ【鼎立】** 〔文章語〕（鼎《かなえ》の足のように）三者が対立すること。

**ていりゅう【底流】** 底の方の流れ。Ⅱ表に現れない内部の動き・勢い。

**ていりゅう【停留】** とまる（とめる）こと。「―所」

**でいりゅう【泥流】** どろ土の流れ。

**ていりょう【定量】** 一定の分量。

**―分析《ぶんせき》** 物質の成分の分量を測定する化学分析。対定性分析

**ディル**［dill］ハーブの一。魚料理に用いる。イノンド。

**ているい【涕涙】** 〔文章語〕なみだ。

**ていれ【手入れ】** ①整えたり直したりすること。類世話 ②〔俗語〕捜査や検挙のために警官が現場に入ること。

**ていれい【定例】** 慣例。恒例。対臨時

**ディレクター**［director］①監督。演出者。②放送番組の主担当者。③楽団の指揮者。

**ディレクトリー**［directory］ コンピューターで、ファイルを管理する階層。

**ていれつ【低劣】** 程度が低く劣っていること。類愚劣 対高尚

**ディレッタンティズム**［dilettantism］趣味的に学問や芸術を楽しむこと。道楽。ジレッタンティズム。

**ディレッタント**［dilettante］ 学問や芸術の愛好家。好事《こうず》家。ジレッタント。

**ていれん【低廉】** 〔文章語〕値段が安い。安価。「―な価格」

て

**ディンクス【DINKS】** 子のない共働き夫婦。〔double income, no kids の略〕

**ティンパニー**〔イタリア語 timpani〕 打楽器の一。半球形。チンパニー。

**ディンプル**〔dimple〕 ゴルフボールの表面の小さなくぼみ。〔「えくぼ」の意〕

**てうえ【手植え】** 手ずから植えること。「お—の松」

**てうす【手薄】** ①手持ちの—物（お金・人手）が少ないこと。②不十分。

**デウス**〔ポルトガル語 Deus〕 神。天帝。〔キリシタン用語〕

**てうち【手打ち】** ①うどんやそばを、機械を使わずに作ること。②契約・和解の成立（—のしるしに手をたたくこと）。③**【手討ち】** 武士が家来や町人を自ら切ったこと。

**デー**〔day〕 ①昼。日中。「—ゲーム」対ナイト ②（特別な）日。「バレンタイン—」◇〔デイとも〕

**テーク**〔take〕 一回分の撮影や録音。〔テイクとも〕

**—アウト**〔takeout〕 持ち帰り（—用の料理）。対イートイン

**—オフ**〔takeoff〕 離陸。⑪㋐ジャンプ競技で、踏み切り。㋑経済発展の飛躍期。

**—バック**〔take back〕 ゴルフやテニスなどで、クラブやラケットを後方に引く動作。

**デーケア** ⇩デイケア

**デーゲーム**〔day game〕（野球で）昼間の試合。対ナイター・ナイトゲーム

**デーサービス** ⇩デイサービス

**デージー**〔daisy〕 ヒナギク。

**テースティング**〔tasting〕 試飲や試食。「ワインの—」〔テイスティングとも〕

**テースト**〔taste〕 味。受ける、感じ。⑪好み。趣味。〔テイストとも〕

**テーゼ**〔ドイツ語 These〕 ①最初の命題。定立。対アンチテーゼ ②政治運動の綱領。

**データ**〔data〕 資料。情報（—のもとになる事実）。データー。

**—通信《つうしん》** コンピューターを利用した情報の伝達・処理。

**—バンク**〔data bank〕 多量の情報（データベース）を蓄積・保管する機関。DB。

**—ベース**〔database〕 コンピューターで、多目的に利用できるように統合した情報。⑪共有の情報源。

**—放送《ほうそう》** テレビ用電波のすき間を使い、各種情報を電送するサービス。

**デーツ**〔date〕 ナツメヤシの実（—の砂糖づけ）。

**デート**〔date〕 ①男女が待ち合わせてあうこと。②日付。年月日。

**デーパック** ⇩デイパック

**テーピング**〔taping〕 スポーツ選手が負傷箇所などにテープを巻くこと。

**テープ**〔tape〕 ①細長い帯状の紙や布。②録音用磁気テープ。

**—カット**〔和製語 tape cut〕 開通（開場）式などでテープを切る儀式。

**テーブル**〔table〕 ①洋風の食卓。引き出しのない脚つき台。②表。「タイム—」

**—ウエア**〔tableware〕 食卓用の食器類。〔ナイフ・フォーク・皿・グラスなど〕

**—クロス**〔tablecloth〕 テーブルにかける布など。テーブルクロース。

**—スピーチ**〔和製語 table speech〕 パーティーなどでする短い話やあいさつ。

**—チャージ**〔和製語 table charge〕 レストランなどの席料。

**—マナー**〔table manners〕（西洋式の）食事作法。

**テーマ**〔ドイツ語 Thema〕 主題。題目。「—ソング（=主題歌）・—ミュージック（=主題曲）」

**—パーク**〔和製語 Thema park〕 ひとつのテーマのもとにつくられた遊園地。

**デーモン**〔demon〕 悪魔。デモン。

**テーラー**〔tailor〕 洋服の仕立屋。〔紳士服専門が多い〕

**—メイド**〔tailor-made〕 オーダーメード。⑪「—治療（=遺伝子情報に基づく個人ごとの治療）」

**デーリー** ⇩デイリー

**テール**〔tail〕 尾。

**—ライト**〔taillight〕 テールランプ。対ヘッドライト

**—ランプ**〔tail lamp〕 電車・自動車の後部灯。尾灯。テールライト。

**ておい【手負い】** 傷を受けていること。

**デオキシリボかくさん【—核酸】** 遺伝子を構成する高分子化合物。DNA。

**ておくれ【手後れ・手遅れ】** 手当てや処置がおくれること。「—になる」

**でおくれる【出遅れる】** 出る(動き始める)のが遅れる。

**ておけ【手桶】** 取っ手のついた桶。

**ておし【手押し】** 人の手で押すこと。「—車」

**ておち【手落ち】** おちど。手ぬかり。

**デオドラント**［deodorant］防臭剤。

**ておどり【手踊り】** ①すわって手だけを動かす踊り。②何も持たないで踊る踊り。③大勢が同じ手ぶりで踊る踊り。

**ており【手織り】** 人の手で織ること。また、その織物。

**てか【手下】**〔今では使わない表現〕てした。

**でか【デカ】**〔俗語〕刑事。警察。

**デカ**［フランス語 déca］国際単位系で、単位につけて一〇倍を表す語。記号 da または D「—グラム(リットル)」

**てがい【手飼い】** ①自分で飼うこと。「—の犬」②子飼い。

**でかい**〔俗語〕大きい。でっかい。

**てかがみ【手鏡】** 手に持って使う鏡。

**てがかり【手掛かり・手懸かり】** 手をかける所。Ⅱ解決の糸口。類てづる

**てがき【手書き】** 手で書くこと。〔「てかき」は能書家の意〕類肉筆

**でがけ【出掛け】** 出かけようとする時。

**てがける【手掛ける・手懸ける】** 自分で扱う。

**でかける【出掛ける】** 外出する。

**てかげん【手加減】** ①相手に合わせて取り扱うこと。類手心 ②手で分量などをはかること。

**てかず【手数】** てすう。

**てかせ【手枷】** 昔、罪人の手にはめた刑具。

**—足枷《あしかせ》** Ⅱ自由な行動を束縛するもの。

**でかせぎ【出稼ぎ】** 家(故郷)を離れ、一時よその土地で働くこと。

**てがた【手形】** ①墨を塗って押した手の形。〔昔は、印のかわりにした〕②一定金額を、一定の時期と場所で支払うことを約した証券。

**—割引《わりびき》** 銀行が、支払い期日前に利息などを引いて手形を買い取ること。

**でかた【出方】** 態度。対応のしかた。

**てがたい【手堅い】** ①確かであぶなげない。「—商売」②相場で下落の気配がない。

**てがたな【手刀】** 手のひらの側面で打つこと。

**—を切《き》る** 相撲で、勝ち力士が懸賞を受けるときに片手で切るまねをする。

**デカダン**［フランス語 décadent］退廃的なようす。また、そういう人。「—な生活」

**デカダンス**［フランス語 décadence］①一九世紀末の芸術の、退廃的・耽美《たんび》的傾向。②退廃的・享楽的な生活をする人。

**てがみ【手紙】** 書簡。封書。

**てがら【手柄】** 功績。功名。

**—顔《がお》** 手柄を誇った顔つき。類自慢顔

**でがらし【出涸らし】** 何度も使って味の薄くなった—こと(お茶)。

**てがる【手軽】** 簡単で容易。手軽い。「—な食事」

**デカンタ**［decanter］(ワインなどの)食卓用ガラス容器。デカンター。

**てき【適】** よく当てはまること。対不適

**てき【敵】** ①対味方 ②かたき。

**—は本能寺《ほんのうじ》にあり** 目ざすものは別のところにある。→敵本主義

**テキ** ビフテキ。

**でき【出来】** ①できること。②できばえ。③取引所で、売買(—の成立)。「—高」

**できあい【溺愛】** むやみにかわいがること。

**できあい【出来合い】** 既製(—品)。「—の服」対あつらえ

**できあがり【出来上がり】** ①できあがること。②できばえ。

**できあがる【出来上がる】** ①完成する。②〔俗語〕酔っぱらう。

**できあき【出来秋】** 秋、稲の実るころ。収穫の時期。

**てきい【敵意】** 相手を敵だと思う心。

**テキーラ**［スペイン語 tequila］メキシコ産の酒。〔原料はリュウゼツラン〕

**できうべくんば【出来得べくんば】**〔文章語〕できることなら。

**てきえい【敵影】** 敵の姿。

**てきおう【適応】** 状況にあてはまること。Ⅱ生物が外界に適合して変化すること。

**—症《しょう》** その薬や治療法が効果を発揮する病気。

**—障害《しょうがい》** ストレスが原因で起こる不安や鬱《うつ》など、一般的な社会生活ができなくなる症状。

**てきおん【適温】** ちょうどよい温度。

てきか【摘果】果実を間引くこと。てっか。

てきか【滴下】しずくとなって落ちる（—ようにする）こと。てっか。

てきか【摘花】花を間引くこと。てっか。

てきが【摘芽】むだな芽をつむこと。

てきがいしん【敵愾心】敵に対する闘争心。「—を燃やす」

てきかく【的確・適確】よく当てはまり確かなこと。てっかく。対不的確・不適確
てきかく【適格】資格にかなうこと。てっかく。対欠格
てきがた【敵方】敵のほう。対味方
てきぎ【適宜】①適当。②随意。「—お持ちください」

てきぐん【敵軍】敵の軍隊・軍勢。対友軍
てきごう【適合】よく当てはまること。「条件に—する」

てきこく【敵国】戦争の相手国。てっこく。

できごころ【出来心】（計画的ではなく）ふと浮かんだ悪い考え。

できごと【出来事】起こった事柄や事件。

てきざい【適材】それに適した才能の人。

—適所《てきしょ》 その人にふさわしい地位や任務につけること。

テキサスヒット［和製語 Texas hit］野球のヒットの一。内野と外野の間にぽとんと落ちたもの。ポテンヒット。テキサス。

てきし【敵視】敵とみなすこと。

てきじ【適時】適当な時。「—安打（=タイムリーヒット）」

できし【溺死】おぼれ死に。「—者」

てきしつ【敵失】野球で、相手のエラー。

てきしゃ【適者】環境に適したもの。

—生存《せいぞん》 生存競争で、適者だけが生き残ること。

てきしゅう【敵襲】敵の襲撃。

てきしゅつ【摘出】①【剔出】えぐり出すこと。「腎臓の—」②つまみ（とり）出すこと。「要点を—する」

てきしょ【適所】その人に適した地位や任務。「適材—」

てきしょう【敵将】敵の大将。

てきじょう【敵情・敵状】敵のようす。

てきしょく【適職】その人に適した職。

てきしん【摘芯・摘心】新芽をつみとること。〔花や実を—大きく（多く）するため〕

てきじん【敵陣】敵の陣営。

てきず【手傷】《手疵》戦いで受けた傷。

できすい【溺水】水におぼれること。

できすぎ【出来過ぎ】普通（能力）以上にうまくできていること。動—る
テキスタイル［textile］織物。「—デザイン」

テキスト［text］①原文。本文。②教科書。テキストブック。◇テクスト。

—クリティーク［フランス語 texte critique］本文批評。

—ファイル［text file］コンピューターで、文字情報だけを含むデータファイル。

てきする【適する】①よくあてはまる。②ふさわしい素質・資格がある。◇適す。

てきする【敵する】敵対（匹敵）する。

てきせい【適正】適当で正しいこと。「—に処理する」

てきせい【適性】ある事に適した性質・能力・性格。「—検査」

てきせい【敵性】敵とみなされる性質。

てきせつ【適切】よく当てはまるようす。対不適切
てきぜん【敵前】敵陣の前。「—上陸」

できそこない【出来損ない】出来が悪いこと（もの）。Ⅱ欠陥のある人間。〔ののしって言う語〕

できた【出来た】人柄が立派な。「—人」

てきたい【敵対】敵として対立すること。

できだか【出来高】①生産（収穫）高。②取引で、売買が成立した株数。

—払《ばら》い できた数量に応じて報酬を支払うこと。

できたて【出来立て】できてすぐ（—のもの）。

てきち【適地】適した土地。「—適作」

てきち【敵地】敵国の領地。敵の占領地。

てきちゅう【的中】まとに当たること。Ⅱ【適中】予測などが当たること。

てきど【適度】ほどよい程度。

てきとう【適当】①ふさわしいこと。②適度。Ⅱいいかげん。「—にあしらう」

てきにん【適任】任務に適すること。

できね【出来値】取引で、売買成立の値段。

できばえ【出来栄え・—映え】できあがったようす。

**てきはつ【摘発】**（悪事を）あばいて公にすること。
**てきひ【適否】** 適当か否か。適不適。
**てきびしい【手厳しい】** 遠慮・容赦がなく、とてもきびしい。対てぬるい
**てきひょう【適評】** 適切な批評。
**できぶつ【出来物】** 才能・人格ともにすぐれた人。
**てきふてき【適不適】** 適否。
**できふでき【出来不出来】** 出来のよしあし。
**てきほう【適法】** 合法。対違法
**てきほんしゅぎ【敵本主義】** 他の目的を見せかけておいて、急に本来の目的に向かうこと。〔「敵は本能寺にあり」から〕
**てきめん【覿面】** 効果がすぐにあらわれるようす。「効果―」
**できもの【出来物】** 体にできた吹き出物。
**てきや【テキ屋・的屋】** 香具師《やし》。
**てきやく【適役】** その人にふさわしい役。また、その役にふさわしいこと。
**てきやく【適訳】** 適切な｜翻訳（訳語）。
**てきよう【摘要】** 要点の抜き書き。
**てきよう【適用】** 当てはめて使うこと。
**てきりょう【適量】** ちょうどよい量。
**できる【出来る】** ①生じる。作られる。‖恋愛関係が生じる。②可能である。③能力がある。
**てぎれ【手切れ】** 関係を断つこと。「―金」
**てきれい【適例】** ちょうどよい例。類好例
**てきれい【適齢】** それに適する年齢。「―期」

**できレース【出来―】** 前もって結果が決められている競争。
**てきろく【摘録】**〔文章語〕要点を記すこと。また、その記録。
**てぎわ【手際】** 処理の方法。腕前。
**てきん【手金】** 手付金《てつけきん》の略。
**テク** ①テクノロジーの略。「ハイ―」②テクニックの略。「財―」
**でく【木偶】**（木彫りの）人形。
**てぐし【手櫛】** 手の指で髪をとかすこと。
**てぐす【天蚕糸】** 白色透明の釣り糸。〔もと、昆虫のテグスサンの幼虫からとった〕
**テクスト** ⇩テキスト
**てぐすねひく【手ぐすね引く】** 用意万端整えて待ちかまえる。
**てくだ【手管】** 人をだましてあやつるてぎわ。「手練―」
**てぐち【手口】** ①犯罪・悪事の方法。②取引で、売買の相手の種類。
**でぐち【出口】** 外へ出る所。対入り口
**テクニカル**〔technical〕①技術的。②学術上の。
**―ターム**〔technical term〕専門用語。術語。
**―ノックアウト**〔technical knock-out〕ボクシングで、負傷や技量の差によりレフェリーが途中で勝敗を決めること。TKO。技倒。
**テクニシャン**〔technician〕技巧家。技術家。
**テクニック**〔technic〕技術。技巧。技法。
**テクノ**〔techno〕技術の。「―ポリス」

**―クラート**〔technocrat〕技術者出身の行政官・管理者。
**―ストレス**〔techno-stress〕ＯＡ化の進歩が原因となる精神的ストレス。
**―ポップ**〔techno-pop〕シンセサイザーやコンピューターを使って演奏するポップミュージック。
**でくのぼう**《木偶の坊》でく。‖役たたず。〔ののしって言う語〕
**テクノロジー**〔technology〕科学技術。
**てくばり【手配り】** 人や物を配して準備をすること。てはい。
**てくび【手首】**《手頸》腕と手のひらがつながった部分。
**てくらがり【手暗がり】** 明かりの下で、手もとに手の陰ができること。
**てぐるま【手車】** ①手押し車。②二人が手を組んで人をのせること。
**デクレッシェンド**〔イタリア語 decrescendo〕音楽の標語の一。次第に弱く。記号＞。デクレッセンド。対クレッシェンド
**でくわす【出交す】**《出喰す》偶然出あう。でっくわす。
**でげいこ【出稽古】** ①出向いて教えること。②相撲で、よその部屋へ出向いてけいこをすること。
**てこ【梃子】**《梃》支点を中心に回転する棒。〔重い物を動かすのに使う〕
**―でも動《うご》かない** どんな手段でも動かない。
**デコイ**〔decoy〕鳥の模型。〔もとは狩猟のおとり〕

**てこいれ【梃入れ】** 取引で、相場の変動を防ぐ方法をとること。⊜不調な物事への援助。◇〔テコ入れとも書く〕

**デコード**〔decode〕①暗号をとくこと。②コンピューターで、符号化された情報を元に戻すこと。復号。対エンコード

**てごころをくわえる【手心を加える】** 手加減をする。

**てこずる**《手古摺る》処置に困る。

**てごたえ【手応え・手答え】** 手（―もと）で感じる反応。⊜反応。

**でこぼこ【凸凹】** ①平らでないこと。「―をならす」②不均衡であること。「―コンビ・賃金の―をなおす」

**てごま【手駒】** 将棋で、持ち駒。⊜部下。手下。「―がそろう」

**てごめ【手込め】** 暴力でからだの自由を奪い、害を加えること。特に、強姦《ごうかん》。「―にする」

**デコラ**〔Decola〕合成樹脂で加工した化粧板。〔商標〕

**デコラティブ**〔decorative〕装飾的。「―アート（=装飾美術）」

**デコレーション**〔decoration〕装飾。

**―ケーキ**〔和製語 decoration cake〕クリームやチョコレートで飾った大型ケーキ。「誕生祝いの―」

**てごろ【手頃】** 手に持つのにちょうどよいこと。⊜自分に適すること。「―な値段」

**てごわい【手強い】** なかなか強い。「―問題」

**テコンドー**《跆拳道》〔朝鮮語 Tae-ggweon-do〕朝鮮の格闘技。テッコンド。

**デザート**〔dessert〕（洋食で）食後の菓子や果物。

**―ワイン**〔dessert wine〕食後に飲む甘口のワイン。

**デザイナー**〔designer〕デザインや設計を仕事とする人。

**―ズブランド**〔和製語 designer's brand〕（有名な）デザイナーの名を冠した商標。DB。

**デザイン**〔design〕図案。意匠。設計。

**でさかる【出盛る】**（人や農産物が）盛んに出る。

**てさき【手先】** ①手の先。「―が器用」類指先 ②手下。

**でさき【出先】** 外出先。

**―機関《きかん》** 地方や外国に設けた支部の機関。

**てさぐり【手探り】** 手先の感じで探ること。⊜見通しがたたない中で勘などにたよって物事をすすめること。

**てさげ【手提げ】** 手にさげて持つ袋やかばん。

**てさばき【手捌き】** 手先での扱い方。

**てざわり【手触り】** 手でさわった感じ。

**でし【弟子】** 教えを受ける人。対師匠

**デシ**〔フランス語 déci〕国際単位系で、単位につけて一〇分の一を表す語。記号d「―リットル」

**でしいり【弟子入り】** 弟子になること。類入門

**てしお【手塩】** 小皿。手塩皿。おてしょ。

**―に掛《か》ける** 自分で世話をして育てる。

**でしお【出潮】** 月の出るころに満ちる潮。対入り潮

**デジカメ** デジタルカメラの略。

**てしごと【手仕事】** 手先の仕事・作業。

**てした【手下】** 配下。部下。

**デジタル**〔digital〕データ（数量）を数字で表すこと。ディジタル。「―時計」対アナログ

**―カメラ**〔digital camera〕画像をデジタル情報として電子媒体に記録するカメラ。〔略してデジカメ〕

**―コンテンツ**〔digital contents〕デジタル機器を通して提供される情報やサービス。

**―サイネージ**〔digital signage〕駅などで、デジタル機器を用いた広告。デジタルポスター。デジタル看板。

**―サウンド**〔digital sound〕デジタル―で録音（に変換）された音や音楽。

**―ツイン**〔digital twin〕物理空間の情報を、仮想空間上でリアルタイムに再現する技術。

**―トランスフォーメーション**〔digital transformation〕企業や組織が新しいデジタル技術を活用することにより、新しい製品やサービスを創造し、安全性、効率性や競争上の優位性などを獲得すること。デジタルシフト。DT。DX。

**でしな【出しな】** 出掛け。

**てじな【手品】** マジック。奇術。⊜人をまどわす手段。

**デシベル**［decibel］音の強さの単位の一。記号db 類ホン

**てじまい【手仕舞い】** 転売や買い戻しをして取引関係を終えること。

**てじめ【手締め】** 祝い事のあるとき、一同が調子を合わせてする拍手。

**てじゃく【手酌】** 自分で自分の杯に酒をつぐこと。類独酌

**でしゃばる【出しゃばる】** 差し出る。出すぎる。

**デジャビュ**［フランス語 déjà vu］（心理学で）既視感。既視体験。

**てじゅん【手順】** 物事をする順序。段取り。「―が狂う」

**てじょう【手錠】** ①手の自由を奪う刑具。②江戸時代の刑罰の一。手鎖。

**てしょく【手職】** 手先でする仕事。てじょく。

**デシリットル**［フランス語 décilitre］体積の単位の一。〇・一リットル。記号dL、dl

**でじろ【出城】** 監視・防備のために、要害の地に築いた城。対根城

**デシン** ちりめん風の絹織物。高級婦人服地。クレープデシンの略。

**デス**［death］死。

**でずいらず【出ず入らず】** 出入り・増減・過不足のないこと。ほどよいこと。

**てすう【手数】** めんどう。手間。てかず。

**―料**《りょう》 手数に対する報酬の金。

**てずから【手ずから】** 自分(―の手)で。

**デスカレーション**［de-escalation］段階的縮小。

**てすき【手透き・手隙】** 手があいていること。類てあき

**てすき【手漉き】** 手で紙をすくこと。また、その紙。「―の和紙」

**でずき【出好き】** 外出好き(―な人)。

**ですぎる【出過ぎる】** ①過度に出る。②分を越えてふるまう。

**デスク**［desk］①（事務用の）机。②新聞社の取材・編集の責任者。

**―トップ**［desktop］机上用(―パソコン)。

**―プラン**［desk plan］机上の計画。

**―ワーク**［desk work］机に向かってする仕事。

**てすさび【手遊び】** てなぐさみ。

**てすじ【手筋】** ①手のひらのしわの筋。②（手先を使う）芸事の素質。

**テスター**［tester］①電流や電圧を調べる計器。②検査をする人。

**でずっぱり【出突っ張り】** ずっと―出て（出演して）いること。〔「でづっぱり」は許容仮名遣い〕

**テスト**［test］検査。試験。

**―ケース**［test case］①試験台。②判例となる訴訟事件。

**―ドライバー**［test driver］試運転をする運転士。

**―パイロット**［test pilot］試験操縦士。

**―パターン**［test pattern］テレビの映像を調整のために映す図形。

**―マッチ**［test match］ラグビーなどで、国の代表チーム同士の公式試合。

**―ラン**［test run］試運転。Ⅱ試しに始めること。

**デストロイヤー**［destroyer］破壊者。

**デスペレート**［desperate］やけになっているようす。

**デスマスク**［death mask］死に顔を石膏にとった面。死面。

**デスマッチ**［和製語 death match］死闘。

**テスラ**［tesla］磁束密度の単位の一。記号T

**てすり【手摺り】** 手でつかまるための横木。

**てずれ【手擦れ】** 何度も手が当たったために、表面がいたむこと。「書物の―」

**てせい【手製】** 自分で作ること。

**てぜい【手勢】** 手下の軍勢。

**デセール**［フランス語 dessert］①デザート。②ビスケットの一。

**てぜま【手狭】** 場所が狭いこと。

**てそう【手相】** 手筋①に現れた相。

**でぞめ【出初め】** 新年に消防士が出そろってする儀式。出初め式。

**でそろう【出揃う】** そろって出る。全部が出る。

**てだし【手出し】** ①争いをしかけること。②世話をやくこと。「―無用」

**でだし【出だし】**《出出し》物事の始まり。

**てだすけ【手助け】** 手伝い。

**てだて【手立て】**《手段》方法。手段。

**でたとこしょうぶ【出た所勝負】**〔俗

語〕その場のなりゆきで事を決めること。
**てだま【手玉】**⇩おてだま
**ーに取《と》る** 自由にあやつる。
**でたらめ**《出鱈目》いいかげんで筋道の通らないーこと(言動)。
**てだれ【手足れ】**《手練》腕利き。
**デタント**〔フランス語 détente〕(二人の間の、または二国間の)緊張緩和。
**てぢか【手近】** すぐそば。身近。●ありふれていること。
**てちがい【手違い】** 手順や段取りのとり違え。「何かのー」
**てちょう【手帳】**《手帖》小さいノート。
**てつ【鉄】** 金属元素の一。記号Fe ●かたいこと。「ーの意志」
**ーのカーテン** 第二次世界大戦後の東欧社会主義諸国の閉鎖主義。●交際・交流を妨げるもの。
**てつ【轍】** わだち。
**ーを踏《ふ》む** 前人と同じ失敗をする。
**てっか【鉄火】** ①まっかに焼いた鉄。②ばくち(ー打ち)。「ー場《ば》」 ③刀剣と鉄砲。「ーをくぐる」 ④生のマグロを使った料理。「ーどんぶり(巻き)」 ⑤(女の)気性が荒い。勇み肌。
**ー場《ば》** 賭場《とば》。ばくち場。
**てっか【摘果】** てきか。
**てっかい【撤回】** 提出したものを取り下げること。
**てっかく【的確・適確】** てきかく。
**てっかく【適格】** てきかく。
**てつがく【哲学】** 物事の根本原理を探究する学問。●(経験から得た)人生観。「人生ー」
**てつかず【手付かず】** まだー着手(使用)していないこと。
**てつかぶと【鉄兜】** 鉄製の帽子。ヘルメット。
**てづかみ【手摑み】** 手でつかむこと。
**てっかん【鉄管】** 鉄製の管。
**てっかんのん【鉄観音】** 最高級のウーロン茶。
**てつき【手付き】** ①手の動かし方やかっこう。②⇩おてつき
**てっき【鉄器】** 鉄製の器具。
**ー時代《じだい》** 考古学の時代区分の一。青銅器時代の次。
**てっき【摘記】** 要点を記すこと。摘録。
**てっき【適期】** 適当な時期。
**デッキ**〔deck〕①甲板。②列車の昇降口付近。③テープデッキ。
**ーチェア**〔deck chair〕布張りの折りたたみいす。
**てっきょ【撤去】** 建物などを取り除くこと。
**てっきょう【鉄橋】** 鉄製の(ー鉄道)橋。
**てっきん【鉄琴】** 鉄の板を並べた打楽器。
**てっきん【鉄筋】** ①鉄筋コンクリートのしんに入れる鉄の棒。②鉄筋コンクリート(ー建築)。
**ーコンクリート** 鉄筋をしんにして固めたコンクリート。
**テック** ①オートバイなどの練習場。②遊園地。◇〔technical center の略〕
**テックス** パルプかすなどを圧搾して作った板。〔和製語 rough texture から〕
**でつくす【出尽くす】** 残らず出て、何もない状態になる。「議論がー」
**てづくり【手作り・手造り】** 手で作ること。また、作ったもの。
**てつけ【手付け】** ①手付金。「ーを打つ」②おてつき。
**ー金《きん》** 契約実行の保証に前もって渡すお金。手金《てきん》。
**てっけつ【剔抉】**〔文章語〕あばき出すこと。
**てっけん【鉄拳】** げんこつ。
**ー制裁《せいさい》** げんこつでなぐってこらしめること。
**てっこう【鉄工】** 鉄材による工作。「ー所」
**てっこう【鉄鉱】** 鉄を含む鉱石。
**てっこう【鉄鋼】** 鉄とはがね。「ー業」
**てつごうし【鉄格子】** 鉄製の格子。●刑務所。牢獄《ろうごく》。
**てっこつ【鉄骨】** 骨組みに使う鉄材。
**てっさ** 河豚《ふぐ》刺し。〔「鉄砲の刺身」の意。/主に関西で使う〕
**てつざい【鉄材】** 建築材料などに使う鉄。
**てつざい【鉄剤】** 鉄を主成分とする増血剤。
**てっさく【鉄柵】** 鉄製のさく。
**てっさく【鉄索】** 太い針金製の縄。ケーブル。
**てっさん【鉄傘】** 鉄骨製の丸屋根。
**てつざん【鉄山】** 鉄鉱を産出する鉱山。

**デッサン**［フランス語 dessin］鉛筆やコンテで描いた、作品の下絵。素描。
**てつじ【綴字】**「ていじ」の慣用読み。
**てっしゅう【撤収】**①取り去ってしまい込むこと。②撤退。
**てっしょう【徹宵】**〔文章語〕徹夜。
**てつじょう【鉄条】**鉄製の太い針金。
**―網《もう》** 有刺鉄線を張ったさく。
**てっしん【鉄心】**①〔文章語〕堅固な心。「―石腸」②鉄のしん。「―コイル」
**てつじん【哲人】**①哲学者。②学識が深く、徳の高い人。
**てつじん【鉄人】**体や力が強い人。
**―レース** トライアスロン。
**てっする【徹する】**つらぬく。徹底する。徹す。「骨身に―（＝しみる）・夜を―（＝徹夜する）」
**てつせい【鉄製】**鉄でつくってある―こと（物）。てっせい。
**てっせん【鉄泉】**鉄分を多く含む鉱泉。
**てっせん【鉄扇】**骨が鉄の扇子。
**てっせん【鉄線】**①鉄の針金。②観賞用のつる植物。初夏、白や紫の花を開く。クレマチス。
**てっせん【撤饌】**神前から供え物をさげること。対献饌
**てっそく【鉄則】**きびしく絶対的な規則。
**てったい【撤退】**陣地（根拠地）などを捨てて退くこと。Ⅱ企業が事業や地域から退くこと。
**てつだい【手伝い】**てつだう―こと（人）。「店の―」

**てつだう【手伝う】**仕事を助ける。「仕事を―」Ⅱ他の原因が加わる。「酔いも手伝って」
**でっち【丁稚】**昔、職人・商人の家に年季奉公した少年。小僧。「―奉公」
**でっちあげる【捏ち上げる】**ないことをあるように（いい加減なものを）つくり上げる。
**てっちゅう【鉄柱】**鉄のはしら。
**てっちり【鉄ちり】**フグのちりなべ。〔「鉄砲のちり」の意〕→鉄砲㋓
**てっつい【鉄槌】**大形のかなづち。
**―を下《くだ》す** きびしい―処置（制裁）をする。
**てつづき【手続き】**事を行う際の順序・段階。「―を踏む」
**でづっぱり** ⇩でずっぱり〔「でづっぱり」は許容仮名遣い〕
**てってい【徹底】**中途半端でないこと。すみずみまで行き届くこと。
**デッド**［dead］
**―エンド**［dead end］行き止まり。
**―ストック**［dead stock］売れ残り品。不良在庫。
**―スペース**［dead space］①有効に―使っていない（使えない）空間。②死角。
**―ヒート**［dead heat］競技で、同着になること。Ⅱ激しい競り合い。
**―ボール**［和製語 dead ball］野球で、投手の投球が打者に当たること。死球。
**―ライン**［deadline］ぎりぎりの限界。Ⅱ原稿の締め切り時間。
**―ロック**［deadlock］①行き詰まり。②暗礁。〔lockをrockと混同したことから〕

**てっとう【鉄塔】**鉄骨の塔や柱。
**てつどう【鉄道】**輸送機関の一。
**―網《もう》** 網の目状に敷かれた鉄道。
**てっとうてつび【徹頭徹尾】**はじめから終わりまで。あくまで。
**てっとりばやい【手っ取り早い】**①すばやい。②手間がかからない。対回りくどい
**てつなべ【鉄鍋】**鉄製のなべ。
**てっぱい【撤廃】**制度や規則を廃止すること。「規制を―する」
**でっぱる【出っ張る】**突き出る。「腹が―」
**てっぱん【鉄板】**①鉄の板。②確実である（―こと）。〔テッパンとも書く〕
**―焼《や》き** 肉や野菜を鉄板で焼きながら食べる料理。
**てっぴ【鉄扉】**鉄製のとびら。
**てつびん【鉄瓶】**湯沸かし用の鉄製容器。
**てつぶん【鉄分】**成分としての鉄。類かなけ
**てっぺい【撤兵】**軍隊を引き揚げること。対出兵
**てっぺき【鉄壁】**〔文章語〕鉄板の壁。Ⅱ堅固な守備。「―の陣・金城―」
**てっぺん**《天辺》いただき。頂上。「頭（山）の―」〔口語的〕
**てっぺん【鉄片】**鉄の破片。
**てつぼう【鉄棒】**①鉄の棒。②体操競

て

技の種目の一。また、その用具。
**てっぽう【鉄砲】** 小銃。Ⅱ㋐すえぶろに取り付けるかま。㋑相撲で、もろ手突き。㋒かんぴょうののり巻き。鉄砲巻き。㋓〔俗語〕フグ。「━汁」〔あたると死ぬことから〕
**━玉《だま》** 鉄砲の弾丸。Ⅱ㋐行ったきり帰らない━こと(人)。㋑黒く丸いあめ玉。
**━水《ずみ》** 山地で、集中豪雨のために急激に押し寄せる洪水。
**━百合《ゆり》** ユリの一。花は白く芳香がある。
**てづま【手妻】**〔古語〕手品。「━使い」
**てづまり【手詰まり】** 手段が尽きること。特に、金銭的に行き詰まること。
**てつめんぴ【鉄面皮】** あつかましいこと。〔つらの皮が鉄である意〕類厚顔
**てつや【徹夜】** 夜通し寝ないこと。
**てつり【哲理】**〔文章語〕哲学の道理。奥深い道理。「━に通じる」
**てづり【手釣り】** 釣り糸を直接手に持って釣ること。
**てづる【手蔓】** 手がかり。縁故。
**てつろ【鉄路】**〔文章語〕鉄道(━線路)。
**てつわん【鉄腕】** 疲れを知らず、強い腕。「━投手」
**テディーベア**〔teddy bear〕熊のぬいぐるみ。
**でどころ【出所】**《出処》①物事の出てくるもと。②出るべき時期。◇でどこ。
**デトックス**〔detox〕体内の毒素を排出すること(━をうたう美容法・健康法)。〔解毒の意〕
**テトラ**〔ギリシャ語 tetra〕四つの。四面体。
**━パック**〔Tetra Pack〕四面体の紙容器。〔商標〕
**━ポッド**〔Tetrapod〕四つの突起のあるコンクリートブロック。護岸用。〔商標〕
**てどり【手取り】** ①実際に受け取る金額。対税込み ②**【手捕り】** 手でつかまえること。
**てとりあしとり【手取り足取り】** 丁寧に教えるようす。
**テトロドトキシン**〔tetrodotoxin〕フグの肝臓などに含まれる猛毒の成分。
**テトロン**〔和製語 Tetoron〕ポリエステル系の合成繊維。〔商標〕
**テナー**〔tenor〕テノール。
**━サックス**〔tenor sax〕テノールの音域を出すサキソフォン。
**てないしょく【手内職】** 手仕事の内職。
**てなおし【手直し】** 不完全な部分を直すこと。
**でなおす【出直す】** 一度戻って、改めて出かける。Ⅱやり直す。
**てなが【手長】** 手が長いこと。Ⅱ盗癖がある━こと(人)。
**━猿《ざる》** サルの一。東南アジアにすむ。
**てなぐさみ【手慰み】** 退屈しのぎにすること。手すさび。Ⅱ特に、ばくち。
**てなずける【手懐ける】** なつく(言うことをきく)ようにする。
**てなべ【手鍋】** つるのあるなべ。「━さげても(=どんなに貧乏でも)」
**てなみ【手並み】** うでまえ。「お━拝見」
**てならい【手習い】** ①習字。②稽古《けいこ》。
**てならし【手慣らし】**《手馴らし》練習。
**てなれる【手慣れる】**《手馴れる》①使い慣れる。②慣れてうまくできる。
**テナント**〔tenant〕ビルや名店街の店子《たなこ》。
**デニール**〔denier〕繊維の太さの単位の一。一デニールは長さ四五〇〇メートルで重さ〇・〇五グラム。
**テニス**〔tennis〕球技の一。庭球。
**━コート**〔tennis court〕テニスの競技場。
**デニッシュ**〔Danish〕パイ風の菓子パン。〔デンマーク風の意〕
**デニム**〔denim〕あや織りの丈夫な綿布。
**てにもつ【手荷物】** ①手で持ち運ぶ荷物。②乗客が携帯する荷物。
**てにをは**《弖爾乎波・天尓遠波》助詞の俗称。てには。Ⅱつじつま。「━があわない」
**てぬい【手縫い】** 手で━縫うこと(縫った物)。
**テヌート**〔イタリア語 tenuto〕演奏標語の一。音符の長さを十分に保って演奏せよ。記号 *ten.*
**てぬかり【手抜かり】** 手落ち。
**てぬき【手抜き】** 必要な手数を省くこと。
**てぬぐい【手拭い】** 手や体をふくための木綿布。
**てぬるい【手緩い】** 扱いが寛大すぎる。対手きびしい

**てのうち【手の内】**①心の中の考え（計画）。「―を見すかす」②腕前。③勢力の及ぶ範囲。

**てのうら【手の裏】**てのひら。

**―を返《かえ》すよう** てのひらを返すよう。

**テノール**［ドイツ語 Tenor］①音楽で、男声の高音域（―の歌手）。②テノール①に対応する中音域を受けもつ楽器。◇テナー。

**てのこう【手の甲】**手のひらの反対側。

**てのひら【手の平】**《掌》 手首から先で指の曲がる内側。対手の甲

**―を返《かえ》すよう** がらりと態度を変えるようす。

**てのべ【手延べ】**めん類を機械を使わず手で延ばすこと。「―そうめん」

**デノミネーション**［denomination］ 通貨の単位（呼称）の切り下げ。デノミ。

**てのもの【手の者】**手下。配下。

**てば【手羽】** ニワトリの羽のつけ根の肉。手羽肉。

**では【出端】** ①歌舞伎・能などで、役者の登場（―の際の音楽）。「―の唄」②出はな。また、出るきっかけ。

**でば【出刃】**出刃包丁。

**でば【出場】**出るべき場所（場面）。

**デパート** 百貨店。［department storeから］

**てはい【手配】**①準備。②犯人逮捕のための指令。「指名―」

**デバイス**［device］コンピューターに接続される周辺装置（部品）。「―ドライバー」

**ではいり【出入り】**《出這入り》①出ること入ること。②過不足。

**でばかめ【出歯亀】**［俗語］のぞき見する変態的な男。でばがめ。［デバカメとも書く］

**てばかり【手量り・手秤】**①手で大体の重さをはかること。②小型のはかり。

**てばこ【手箱】**手回り品を入れる小箱。

**てばさき【手羽先】** ニワトリの羽の先の肉。

**てばしこい【手捷い】** すばやい。機敏だ。てばやい。

**てはじめ【手始め・手初め】** 物事にとりかかるしはじめ。

**てはず【手筈】** 準備。手順。「―が狂う・―をととのえる」

**てばた【手旗】**①手に持つ小旗。②通信用の赤白の小旗。「―信号」

**デパちか【―地下】**［俗語］デパート地下（食料品）売場の略。

**デバッグ**［debug］コンピューターで、プログラム上の誤りや欠陥を見つけて訂正すること。

**てはっちょう【手八丁】** ⇩口八丁手八丁

**ではな【出端・出鼻】**①出がけ。②しはじめ。「―でつまずく」◇でばな。

**―をくじく** しはじめの勢いをそぐ。

**でばな【出花】** 湯をついだばかりで香りのよい茶。「番茶も―」対出がらし

**でばな【出鼻】**①（山や岬の）突き出た所。②出《で》端《はな》。

**てばなし【手放し】**①手を放すこと。②遠慮がないこと。無条件。「―でのろける」

**てばなす【手放す】** 手もとから放す。「別荘を―」

**てばなれ【手離れ】**①幼児が育って手がかからなくなること。②完成して手直しがいらないこと。

**でばぼうちょう【出刃包丁】** 魚や鳥を切るのに使う、肉厚で幅広の包丁。出刃。

**てばやい【手早い・手速い】**（手でする動作が）すばやい。

**でばやし【出囃子】**①歌舞伎の所作事で、舞台上で演奏するはやし。②寄席《よせ》芸人が高座にあがるときのはやし。

**ではらう【出払う】**全部出てしまう。

**でばる【出張る】**①でっぱる。②出張する。

**てばん【手番】** 囲碁や将棋で、打ったり指したりする番になること。

**でばん【出番】** 出勤（出演）する番。Ⅱ活躍すべきとき。

**てびかえ【手控え】**①メモ。②予備。③控え目にすること。

**てびかえる【手控える】**①控え目にする。②メモする。③予備にとっておく。

**てびき【手引き】** 手を引いて導くこと（人）。案内（―人）。Ⅱ㋐手ほどき（―の書物）。㋑つて。

**デビットカード**［debit card］買い物の代金が、利用する時点で預金口座からすぐに引き落とされるカード。

**てひどい【手酷い】** 手きびしい。ひどい。「―仕打ち」

**デビュー**［フランス語 début］初登場。

**てびょうし【手拍子】** 手をたたいてとる拍子。対足拍子

**デビル** [devil] 悪魔。

**ーフィッシュ** [devilfish] ①タコ。②イトマキエイ。

**てびろい【手広い】** ①(仕事の)規模が大きい。②(家や庭が)広い。

**でぶ** 〔俗語〕太っている―こと(人)。対やせ

**デファクト** 〔ラテン語 de facto〕事実上の。「ースタンダード(=事実上の標準規格)」

**デフォルト** [default] ①債務不履行。②コンピューターで、あらかじめ設定されている値。

**デフォルメ** 〔フランス語 déformer〕美術で、対象を意識的に変形すること。

**てふき【手拭き】** 手をふく布。「おー」

**てぶくろ【手袋】** 手にはめる袋。防寒・装飾用など。

**でぶしょう【出不精・出無精】** 外出を面倒くさがる―こと(人)。

**てぶそく【手不足】** 人手が不足すること。

**てふだ【手札】** ①名札。名刺。②トランプなどで、手持ちの札。対場札 ③手札判。

**ー判**《ぱん》 写真の印画紙などの大きさの一。約一一センチメートル×八センチメートル。手札型。

**でふね【出船】** 港から出ていく船。でぶね。対入り船

**てぶら【手ぶら】** 手に何も持たないこと。

**てぶり【手風】** 〔文章語〕ならわし。風俗。

**てぶり【手振り】** 手つき。「身ぶりー」

**デフレ** デフレーションの略。対インフレ

**ースパイラル** 物価の下落が企業収益・生産を縮小させ、それがさらに物価の下落を起こし、景気後退の悪循環に陥る現象。〔deflationary spiral から〕

**デフレーション** [deflation] 通貨量が減り、物価が下落する現象。デフレ。対インフレーション

**テフロン** [Teflon] 合成樹脂の一。熱・薬品に強い。「ー加工」〔商標〕

**てぶんこ【手文庫】** 書類や手紙を入れて手近に置く小箱。

**でべそ【出臍】** 突き出たへそ。

**デベロッパー** ⇩ディベロッパー

**てべんとう【手弁当】** 弁当持参で働きに行くこと。Ⅱ無報酬で人のために働くこと。

**デポ** 〔フランス語 dépôt〕①荷物置き場。②百貨店の配送所。◇デポー。

**でほうだい【出放題】** ①出るにまかせること。②出まかせ(―を言うこと)。

**デポジット** [deposit] ①預金。保証金。②容器代を上乗せして売り、空の容器と引き換えに容器代を返却する制度。

**てほどき【手解き】** 初歩を教えること。「ーを受ける」

**てぼり【手彫り】** 機械を使わずに―彫ること(彫ったもの)。「ーの印鑑」

**てぼり【手掘り】** 掘削機械を使わずに―掘ること(掘ったもの)。「ーの井戸」

**てほん【手本】** 模範とする書画(―をかいた本)。Ⅱ模範。見本。

**デボンき【ー紀】** 地質時代の区分の一。古生代の四番目。両生類が出現した。

**てま【手間】** ①仕事に要する時間・労力。類手数 ②手間賃。

**デマ** (人心を惑わす)流言。中傷。デマゴギー。〔ドイツ語 Demagogie から〕

**てまえ【手前】** ①自分―の前(に近い方)。②体裁。「世間のー」③腕前。④**【点前】**茶の湯の作法・様式。⑤わたくし。〔謙称〕⑥おまえ。〔目下に言う〕

**ー勝手**《がって》 自分勝手。

**ー味噌**《みそ》 自慢。「ーを並べる」

**でまえ【出前】** 注文に応じて料理を運ぶこと。また、その料理。類仕出し

**でまかせ【出任せ】** でたらめ。

**てまき【手巻き】** 手で巻くこと。「ーずし」

**てまくら【手枕】** 自分の腕を曲げて枕にすること。たまくら。

**デマゴーグ** 〔ドイツ語 Demagog〕扇動政治家。民衆扇動者。

**デマゴギー** 〔ドイツ語 Demagogie〕デマ。

**てましごと【手間仕事】** ①手間のかかる仕事。②手間賃をとってやる仕事。

**でまち【出待ち】** 公演や試合を終えた芸能人や選手が出てくるのを、ファンが待つこと。対入り待ち

**てまちん【手間賃】** (職人の)手間に対する報酬。

**でまど【出窓】** 外へ張り出した窓。

**てまどる【手間取る】** 時間(手間)がかかる。

**てまね【手真似】** 手でまねをすること。

**てまねき【手招き】** 手を振って呼びよせること。

て

**てまひま【手間暇】**《―隙》 労力と時間。「―かけて」
**てまめ【手まめ】** ①面倒がらずに働くようす。②手先が器用なようす。
**てまり【手鞠】**《手毬》 手でついて遊ぶまり。
**てまわし【手回し】** ①手で回すこと。②用意。手配。「―がいい」
**―花《ばな》** オオデマリやアジサイの別称。
**てまわり【手回り】** ①身の回り。②手回り品。
**―品《ひん》** 身近に置いて使う物。
**でまわる【出回る】** 品物が市場に(―大量に)出る。
**デマンド**［demand］ 需要。請求。ディマンド。
**―バス**［demand bus］ 乗客の要求に応じてルートやダイヤを変更できる方式のバス。
**デミ**［demi］ 半分。小形。
**デミグラスソース** ⇩ドミグラスソース
**てみじか【手短】** 簡略。「―に話す」
**てみず【手水】** ①ちょうず。②もちつきで、杵《きね》でつく合い間にもちをこねる際、手に水をつけること。また、その水。
**でみず【出水】** 大水。しゅっすい。
**でみせ【出店】** ①支店。②露店。
**デミタス**［フランス語 demi-tasse］ 小形のコーヒーカップ(―で飲むコーヒー)。
**デミヌエンド** ⇩ディミヌエンド
**てみやげ【手土産】** 自分で持って行くちょっとしたみやげ。
**てむかい【手向かい】** 反抗。
**てむかう【手向かう】** 反抗する。類はむかう
**でむかえる【出迎える】** 出て行って迎える。対見送る
**でむく【出向く】** そこへ出かけて行く。
**てめえ【手前】**〔俗語〕①おまえ。②わたし。◇〔「てまえ」の転〕
**でめきん【出目金】** 金魚の一。目玉が突き出ている。
**デメリット**［demerit］ 短所。対メリット
**デモ** ①示威運動。「―行進」②宣伝のための実演。「―テープ」◇〔デモンストレーションの略〕
**デモーニッシュ**［ドイツ語 dämonisch］ 悪魔的。超自然的。
**デモクラシー**［democracy］ 民主‐主義(政治)。
**デモクラティック**［democratic］ 民主(―主義)的。
**でもしか** 職業的使命感のない。「―先生」〔「…でもなろう」「…しかなれない」の「でも」と「しか」から〕
**てもち【手持ち】** 手もとに持っている‐こと(もの・金)。
**―無沙汰《ぶさた》** することがなくて退屈なこと。
**てもと【手元】**《手許》 ①手近。②手さばき。「―が狂う」③手元金。④⇩おてもと
**―金《きん》** 手近にあり、すぐ使えるお金。
**―不如意《ふにょい》** 手持ちのお金がないこと。＝家計が苦しいこと。
**でもと【出元】** 出てくる、もとのところ。「うわさの―」
**てもなく【手も無く】** 簡単に。
**でもの【出物】** ①(安価な)売り物。②おなら。「―はれもの所きらわず」
**デモンストレーション**［demonstration］ デモ。
**―効果《こうか》** (経済学で)周囲の影響を受けた消費生活を行う傾向。デモ効果。
**てやき【手焼き】** 機械を使わずに‐焼くこと(焼いたもの)。「―の煎餅」
**デュアル**［dual］ ふたつの。二重の。二元的。「―システム」
**デューティーフリー**［duty-free］ 免税。「―ショップ」
**テューバ**［tuba］ チューバ。
**デュエット**［duet］ 二重奏。二重唱。
**デュオ**［duo］ ①デュエット。②二人組。
**でよう【出様】** 出方。態度。
**てら【寺】** ①寺院。②寺銭。
**テラ**［tera］ 単位につけて、一兆倍。記号T
**テラ**［terra］ 大地。土。地球。
**てらい【衒い】** ひけらかすこと。「なんの―もない」
**てらう【衒う】** ひけらかす。見せびらかす。「奇を―」
**デラウエア**［Delaware］ ブドウの品種の一。小粒で甘い。デラ。
**てらこ【寺子】** 寺子屋に入門した子。
**―屋《や》** 江戸時代、読み書きを教えた所。
**テラコッタ**［イタリア語 terra-cotta］ 粘土の

素焼き陶器。

**てらしあわせる【照らし合わせる】** 比べ合わせる。

**デラシネ**〔フランス語 déraciné〕 祖国と縁を切った人。〔根無し草の意〕

**てらす【照らす】** ①光を当てる。②見比べる。「法律に―」

**テラス**〔terrace〕 ①洋風建築で、庭や道に張り出した所。類バルコニー・ベランダ ②登山で、岩棚。

**―ハウス**〔terrace house〕 庭付きのアパート。一・二階で一戸。

**てらせん【寺銭】** ばくちなどで、場所代。

**テラゾー**〔イタリア語 terrazzo〕 人造石の一。建築・工芸用。

**デラックス**〔deluxe〕 豪華。高級。

**てらまち【寺町】** 寺の多く集まった町。

**てり【照り】** ①照ること。晴天。②光沢。つや。「―を出す」

**デリート**〔delete〕 コンピューターで、不要なファイルや文字などを削除すること。「―キー」

**テリーヌ**〔フランス語 terrine〕 フランス料理の一。〔ペースト状の肉類を型に入れて蒸し焼きにする〕

**デリカ** デリカテッセンの略。

**てりかえす【照り返す】** 光や熱を反射する。

**てりかがやく【照り輝く】** 美しく光り輝く。

**デリカシー**〔delicacy〕 繊細さ。

**デリカテッセン**〔delicatessen〕 洋風の総菜(―店)。デリカ。

**デリケート**〔delicate〕 ①繊細。②微妙。

**デリシャス**〔delicious〕 おいしい。

**てりつける【照り付ける】** 激しく照る。「じりじりと―」

**テリトリー**〔territory〕 受け持ち区域。なわばり。「支店ごと(ネコ)の―」

**てりはえる【照り映える】** 光を受けて美しく光る。

**デリバティブ**〔derivative〕 債券・株式など従来の金融商品から派生した、種々の金融取引。先物取引・オプション取引など。〔派生的の意〕

**デリバリー**〔delivery〕 配達。宅配。「ピザの―」

**てりやき【照り焼き】** 魚や肉の料理の一。〔しょう油やみりんで照りを出して焼く〕

**てりゅうだん【手榴弾】** 手投げ弾。しゅりゅうだん。

**てりょうり【手料理】** 手作りの料理。「―でもてなす」

**デリンジャーげんしょう【―現象】** 短波通信の障害の一。〔太陽面の爆発に起因する。/Dellingerは発見者〕

**てる【照る】** ①光を放つ。②晴れる。

**テル【TEL・tel】** 電話(―すること)。〔telephoneから〕

**でる【出る】** ①外へ移動する。⊜卒業する。◇対入る ②出発する。③出席・出場・立候補などをする。④表に現れる。生じる。⑤与えられる。「許可が―」⑥態度をとる。「したてに―」

**―杭《くい》は打《う》たれる** ①すぐれた人はとかく憎まれる。②差し出がましい人は非難されやすい。◇〔「出る釘は…」とも〕

**―所《ところ》へ出《で》る** 公の場に訴え出る。

**―幕《まく》がない** 出るべき(口をはさむ)場がない。

**デルタ**〔ギリシャ語 delta〕 三角州。「―地帯」〔ギリシャ文字Δ(=デルタ)の形から〕

**てるてるぼうず【照る照る坊主】** 晴天になることを祈って作る人形。

**てれかくし【照れ隠し】** 恥ずかしさやきまり悪さをごまかす―こと(言動)。

**テレキネシス**〔telekinesis〕 念力で物を動かす能力。念動。サイコキネシス。

**てれくさい【照れ臭い】** きまりがわるい。

**デレゲーション**〔delegation〕 派遣選手団。代表団。

**てれこ**〔俗語〕 互い違い。また、さかさま。あべこべ。

**テレコム** 遠距離通信。情報通信。〔テレコミュニケーションの略〕

**てれしょう【照れ性】** すぐ照れる性質。

**テレショップ** テレビショッピング。

**テレスコープ**〔オランダ語 telescoop〕 望遠鏡。

**テレパシー**〔telepathy〕 精神感応。思念伝達。

**テレビ【TV】** 映像を電波などで送り、受像機上に再生する装置。テレビジョン。

**―ゲーム**〔和製語 television game〕 テレビ画面上でするコンピューターゲーム。

**ーショッピング**［和製語 television shopping］テレビでの商品案内で買い物をすること。
**テレビジョン**［television］テレビ。
**テレビンゆ【ー油】** 溶剤・塗料用の揮発油。松やにを蒸留して作る。テレピン油。
**テレホン**［telephone］電話。テレフォン。
**テレマーク**［telemark］スキーの回転技術の一。〔ノルウェーの地方名から〕
**てれや【照れ屋】** すぐ照れる人。
**てれる【照れる】** きまり悪がる。
**テレワーク**［telework］パソコンなどの情報通信機器を利用した在宅勤務。テレワーキング。
**てれんてくだ【手練手管】** 人をだます手段。「ーの限りを尽くす」
**テロ** テロリズムの略。
**テロップ**［telop］テレビの字幕。
**テロリスト**［terrorist］政治上の暴力主義者。
**テロリズム**［terrorism］政治目的の暴力ー主義(行為)。テロ。
**テロル**［ドイツ語 Terror］暴力。恐怖政治。
**てわけ【手分け】**(ひとつの仕事を)何人かで分担すること。
**てわたす【手渡す】** 手から手に(相手に直接)渡す。
**てん【天】** ①無限で空より高い所。‖「ー地(=上下)無用」②万物の支配者。「ーの助け」③天国。天界。④⇩天地人 ⑤天界の仏神。「多聞《たもん》ー」
**ー高《たか》く馬《うま》肥《こ》ゆる秋《あき》** 秋のさわやかな季節をいう言葉。
**ーに口《くち》無《な》し人《ひと》をもって言《い》わしむ** 天は何も言わないが、人の口を通してその意思を表す。
**ーに二日《にじつ》なし** 一国に二人の君主が存在してはならない。
**ーに向《む》かって(を仰《あお》いで)唾《つばき》す** 人を困らせようとすれば、逆に自分がひどい目にあう。
**ーにも昇《のぼ》る心地《ここち》** 非常にうれしいこと。
**ーの配剤《はいざい》**〔文章語〕天が物事や運命をうまく配していること。
**ーの美禄《びろく》** 酒。
**ーは人《ひと》の上《うえ》に人《ひと》を造《つく》らず人《ひと》の下《した》に人《ひと》を造《つく》らず** 人間は本来すべて平等である。〔福沢諭吉の言葉〕
**ーは自《みずか》ら助《たす》くる者《もの》を助《たす》く** 天は自身で努力する者を助けて成功に導く。
**ーを衝《つ》く** ①非常に高い。②勢いが盛んだ。「意気ー」
**ーを摩《ま》する** 高くそびえる。
**てん【点】** ①小さなーもの(印)。②他に添える記号。読点・小数点・返り点など。③価値や評価(ーの点数)。得点。④箇所。「そのーで」⑤位置。「出発ー」⑥点数(品数)を数える語。
**てん【転】** ①(語形などの)変化。「「おめえ」は「おまえ」のー」②転句。「起承ー結」
**てん【貂】** イタチに似た獣。毛皮を珍重。
**テン**［ten］一〇。「ベストー」
**でん【伝】** ①やり方。「いつものーで」②言い伝え。「ー行成筆」③伝記。「偉人ー」④古典などの注釈。「左氏ー」
**でん【電】** 電報・電話・電信などの略。「APー」
**でんあつ【電圧】** 電位の差。単位はボルト。
**てんい【転位】** 位置ーが変わる(を変える)こと。
**てんい【転移】** 場所ーが移る(を移す)こと。「ガンがーする」
**でんい【電位】** 電流を運ぶのに必要なエネルギー。
**ー差《さ》** 電圧。
**てんいむほう【天衣無縫】**(詩文が)技巧的でなく、美しいこと。‖天真爛漫《らんまん》。◇〔天人の衣には縫い目のような人工のあとがない意から〕
**てんいん【店員】** 商店の従業員。
**てんいん【転院】**〔文章語〕他の病院に移ること。
**てんうん【天運】** 天に定められた、人間の運命。「ーに恵まれる」
**でんえん【田園】** 田畑。いなか。郊外。
**てんか【天下】** ①世界。全国。「ー一」②国の支配権(ーを握ること)。「ーを取る」‖「かかあー」
**ー一品《いっぴん》** 天下でただひとつ(ーというほど)であること。また、そのもの。
**ー晴《は》れて** だれはばかることなく。
**ー分《わ》け目《め》** 勝敗の決まる大事な分かれ目。
**てんか【点火】** 火をつけること。

て

てんか【添加】他の物をつけ加えること。

てんか【転化】他の状態に変わること。

てんか【転科】学生が所属学科を変えること。

てんか【転訛】〔文章語〕発音がなまって変わること。

てんか【転嫁】①罪や責任を他人になすりつけること。「責任―」②税額を価格に上乗せすること。

てんが【典雅】整って上品なようす。「―な文体」

でんか【伝家】家に代々伝わること。家伝。

―の宝刀《ほうとう》 家宝の刀。Ⅱとっておきの手段。奥の手。「―を抜く」

でんか【殿下】皇族や王族に対する敬称。

でんか【電化】電力（電気器具）を利用するようになること。「―製品」

でんか【電荷】物体が帯びた電気（―の量）。

てんかい【天界】天上の世界。対人界
てんかい【展開】くりひろげること。類発展・進展
てんかい【転回】ぐるりと向き―を変える（が変わる）こと。

てんがい【天涯】空のはて。Ⅱ遠い異郷。

―孤独《こどく》 身寄りがまったくいないこと。

てんがい【天蓋】①（仏像や祭壇、ベッドなどの上の）装飾用のおおい。②虚無僧《こむそう》のかぶる編みがさ。

でんかい【電界】電場《でんば》。

でんかい【電解】電気分解。

―質《しつ》 水に溶かすと陰陽のイオンに分かれ、電流を通す物質。

てんかく【点画】漢字を形づくる点と線。

でんがく【田楽】①古い芸能の一。〔田植えのときの舞踊に始まる〕②料理の一。串《くし》に刺し、みそをつけて焼く。田楽焼き。

てんかす【天かす】《天滓》てんぷらの揚げかす。あげだま。

てんかふん【天花粉】あせもなどの治療・予防用の白い粉。汗しらず。

てんから【天から】〔俗語〕はじめから。

テンガロンハット［ten-gallon hat］カウボーイがかぶる、つば広の帽子。

てんかん【天漢】〔文章語〕天《あま》の川。銀河。

てんかん【展観】〔文章語〕展覧。

てんかん【転換】別の方向に―変える（変わる）こと。

てんかん【癲癇】病気の一。けいれんを起こして意識がなくなる。

てんがん【点眼】目薬をさすこと。

―水《すい》 目薬。〔古風な言い方〕

てんがんきょう【天眼鏡】（易者が使う）大型の凸レンズ。

てんき【天気】①気象状態。空模様。「―予報」Ⅱ人のきげん。「お―屋」②晴天。「―が続く」

―雨《あめ》 晴れているのに降る雨。日照り雨。

―図《ず》 各地の気象状態を書き入れた地図。

―痛《つう》 天気が悪くなると起こるからだの痛み。気象病。

てんき【天機】①自然の神秘。Ⅱ重大な秘密。②生まれつきの才能。

てんき【転帰】病気の進行した結果。

てんき【転記】書き移すこと。

てんき【転機】転換のきっかけ。

てんぎ【転義】もとの意味から転じた意味。対原義・本義
でんき【伝奇】空想的・怪奇的な物語。「―小説」

でんき【伝記】個人の一生を記したもの。

でんき【電気】①エネルギーの一。動力源・熱源・光源となる。②電灯。電力。

―椅子《いす》 死刑執行用のいす。

―機関車《きかんしゃ》 電動機によって走る機関車。

―抵抗《ていこう》 電流の通りにくさの程度を表す値。〔単位はオーム（＝Ω）〕

―分解《ぶんかい》 電流を通して物質を分解すること。電解。〔めっき・冶金に応用〕

―鍍金《めっき》 電気分解を応用しためっき法。

―量《りょう》 電荷の量。〔単位はクーロン（＝C）〕

―炉《ろ》 電熱で金属をとかす炉。

でんき【電機】電力で動かす機械。

てんきぼ【点鬼簿】過去帳。

てんきゅう【天球】天を球面としてとらえたもの。

―儀《ぎ》 天球の模型。天体や星座の位置・軌道を記す。

でんきゅう【電球】電灯のたま。

てんきょ【典拠】正しい根拠。

てんきょ【転居】ひっこし。類移転

**てんぎょう【転業】** 商売をかえること。

**でんきょく【電極】** 電池や発電機で、電流が出入りする所。〔陽極と陰極がある〕

**てんきん【転勤】** 勤務地がかわること。

**てんぐ【天狗】** 想像上の怪物。山伏姿をし、赤顔で鼻が高く、空を飛ぶ。‖自慢する人。「釣り―」〔「鼻が高い」ということから〕

**―になる** うぬぼれる。

**てんくう【天空】** 〔文章語〕大空。

**てんぐさ【天草】** 海藻の一。紅紫色。ところてん・寒天の原料。トコロテングサ。

**てんぐす【天蚕糸】** てぐす。

**デングねつ【―熱】** 熱帯性感染症の一。蚊が媒介。〔ドイツ語 Denguefieber から〕

**てんけい【天啓】** 天の啓示。神のみちびき。「―がひらめく」

**てんけい【典型】** 手本。代表例。

**てんけい【点景・添景】** 風景画などにそえて、趣をだす人物や動物など。

**でんげき【電撃】** ①感電したときの衝撃。②急激であること。「―作戦」

**てんけつ【点穴】** 灸点《きゅうてん》。

**てんけつ【転結】** 転句と結句。「起承―」

**てんけん【天険】**《天嶮》〔文章語〕地勢のけわしい所。「―の要害」

**てんけん【点検】** ひとつひとつ検査すること。「持ち物を―する・―作業」

**てんげん【天元】** ①碁盤の中央にある点。〔万物生育のもと、の意〕 ②囲碁のタイトルの一。

**でんけん【電鍵】** 〔文章語〕電信機のキー。

**でんげん【電源】** ①電流のくるみなもと。「―を切る」②電力の供給源。「―開発」

**てんこ【典故】** 〔文章語〕よりどころとなる故実。

**てんこ【点呼】** 名を呼び人員を確認すること。「―をとる」

**てんこう【天候】** 天気の状態。

**てんこう【転向】** 方向や主義・思想をかえること。〔特に―共産（社会）主義思想を捨てること〕

**てんこう【転校】** 生徒が学校をかわること。「―生」

**でんこう【電光】** ①いなびかり。②電灯の光。

**―石火《せっか》** 非常に短い時間。すばやいこと。

**てんこく【篆刻】** （篆書体で）印を彫ること。印刻。

**てんごく【天国】** キリスト教で、天上にあるとされる神の国。‖苦難のない、楽しい環境。楽園。類極楽 ◇対地獄

**てんこもり【てんこ盛り】** 〔俗語〕食べ物（飯）を器に山盛りにすること。

**でんごん【伝言】** ことづけ。

**てんさい【天才】** 生まれつきの、すぐれた才能（―をもつ人）。類秀才

**てんさい【天災】** 自然の災害。対人災

**―地変《ちへん》** さまざまな自然の災害。

**てんさい【天際】** 〔文章語〕天のはて。

**てんさい【甜菜】** 栽培作物の一。根から砂糖をとる。砂糖大根。〔アカザ科〕

**―糖《とう》** テンサイの根からとる砂糖。

**てんさい【転載】** 既発表の文章や写真を他の印刷物に載せること。「禁―」

**てんざい【点在】** あちこちに点々とあること。「人家が―する」

**てんさく【添削】** 詩文や答案に手を入れて直すこと。

**てんさく【転作】** 栽培する作物を変えること。「―作物」

**でんさんき【電算機】** 電子計算機。

**てんし【天子】** 帝王。

**てんし【天使】** キリスト教で、天の神の使者。エンゼル。‖やさしくいたわり深い人。「白衣の―（＝女性の看護師）」

**てんし【天資】** 〔文章語〕生まれつきの資質。「―英明」

**てんじ【点字】** 視覚障害者が指でさわって読む文字。点の突起の組み合わせで表す。

**―ブロック** 視覚障害者用に道に敷く、凹凸のあるブロック。

**てんじ【展示】** 並べて一般に見せること。「―会」

**でんし【電子】** 素粒子の一。負の電気を帯びる。エレクトロン。

**―化《か》** 文書・図面などをデジタルデータに変えること。

**―計算機《けいさんき》** コンピューター。

**―顕微鏡《けんびきょう》** 電子ビームを使った顕微鏡。

**―工学《こうがく》** 電子の応用に関する学問。エレクトロニクス。

**―辞書《じしょ》** ①辞書や事典の内容を収録し

て

た携帯型コンピューター。IC辞書。②辞書データをコンピューターで検索・表示できるソフトウエア。
—銃《じゅう》 電子ビームを発生させる装置。
—出版《しゅっぱん》 CD-ROMなどの電子媒体を利用して出版すること。
—商取引《しょうとりひき》 インターネットを使った商品の売買。イーコマース。EC。
—書籍《しょせき》 電子化された本。
—頭脳《ずのう》 コンピューターの俗称。
—投票《とうひょう》 タッチパネルなどの電子機器やネットワークを利用して行う投票。
—図書館《としょかん》 インターネットを利用して、資料の検索・閲覧や情報提供などの図書館サービスを行うシステム。
—認証《にんしょう》 インターネットなどで、本人であることや通信内容の真正性を証明する仕組み。〔電子署名と電子証明書を用いて、印鑑と印鑑証明書の役割をさせる〕
—ビーム 電子の流れ。電子線。
—マネー 現金の代わりに、ICカードやネットワークでの通信を利用して決済すること。
—メール eメール。
—レンジ 高周波で加熱する調理器。
**でんじ【電磁】**電気と磁気の作用。
—気《き》 ①電流によって生じる磁気。②電気と磁気。
—調理器《ちょうりき》 火を使わず、電気で磁力線を発生させてなべを加熱する調理用具。IH調理器。
—波《は》 電磁場の振動が波のように進む現象。〔電波・光・X線など〕
—場《ば》 電場と磁場。
**てんじく【天竺】**①インドの古称。②天竺木綿。
—葵《あおい》 ゼラニウム。
—鼠《ねずみ》 モルモット。
—牡丹《ぼたん》 ダリア。
—木綿《もめん》 地の厚いもめん。
**でんじしゃく【電磁石】** 鉄のしんにコイルを巻いたもの。電流を通すと磁石になる。
**てんじつ【天日】**〔文章語〕太陽。
**てんしゃ【転写】** 書き写す(写し取る)こと。
**でんしゃ【殿舎】**〔文章語〕御殿。
**でんしゃ【電車】** 電力でレールの上を走る乗り物。
**てんしゃく【転借】**〔文章語〕また借り。対転貸
**てんしゅ【天主】**キリスト教で、神。天帝。
—堂《どう》 カトリック教会の建物。
**てんしゅ【店主】**店の主人。
**てんじゅ【天寿】** 天から与えられた寿命。「—を全うする」
**でんじゅ【伝授】**教え授けること。対伝受
**てんじゅう【転住】**転居。
**てんしゅかく【天守閣】**城の中央の高い建物。天守。
**てんしゅつ【点出】**〔文章語〕(添え物として)描くこと。
**てんしゅつ【転出】**①他の居住地に移ること。対転入 ②転任。
**てんしょ【添書】**①使者や贈り物にそえる手紙。②紹介状。◇添え状。
**てんしょ【篆書】**漢字の字体の一。
**でんしょ【伝書】**〔文章語〕①代々伝わる書物。②秘伝を書いた文書。
—鳩《ばと》 通信文を運ぶように訓練したハト。
**てんしょう【天象】**天体の現象。対地象
**てんじょう【天上】**〔文章語〕①空。対地上 ②昇天。③〔仏教語〕天上①にあるという世界。天上界。
—天下《てんげ》唯我独尊《ゆいがどくそん》 天地の間に自分より尊いものはない。〔釈迦《しゃか》が誕生のときに言ったという言葉〕
**てんじょう【天井】** 部屋の上部の板や壁。対床《ゆか》 Ⅱ物価・相場の最高値。「—をつく」対底
—川《がわ》 川床が周囲の土地よりも高い川。
—桟敷《さじき》 劇場で、後方最上階の席。
—知《し》らず 相場や物価がどこまで上がるかわからないこと。
**てんじょう【添乗】** 乗客の世話をするために付き添うこと。「—員」
**でんしょう【伝承】**(しきたりや伝説を)受け継ぎ後世へ伝えること。
**てんしょく【天職】**天性にあった職業。
**てんしょく【転職】**職業を変えること。
**でんしょく【電飾】**イルミネーション。
**テンション[tension]**①緊張。不安。②〔俗語〕気分。感情。「—が高い」
**てんじる【点じる】**①たらす。「目薬を—」②火をつける。③茶をたてる。④訓点をつける。◇点ずる。
**てんじる【転じる】** 移す。移る。転ずる。

て

「話を―」

**てんしん【天心】**〔文章語〕空のまん中。

**てんしん【点心】**①お茶うけ。②中国料理で、軽食や菓子。

**てんしん【転身】**職業や主義を変えること。「政治家に―する」

**てんしん【転進】**針路を変えること。Ⅱ（旧軍隊で）退却。

**てんじん【天神】**①天の神。対地神 ②天満宮《てんまんぐう》。

**でんしん【田紳】**〔俗語〕外見は紳士だが、実際はやぼな男。〔田舎紳士の略〕

**でんしん【電信】**電流や電波を利用した通信。「―機」

**てんしんらんまん【天真爛漫】**無邪気で憎めないこと。

**てんすい【天水】**〔文章語〕雨水《あまみず》。「―桶《おけ》」

**てんすう【点数】**①評点（得点）の数。②品物の数。

**―を稼《かせ》ぐ** 相手の気に入ることをする。

**てんずる【点ずる】**〔文章語〕点じる。

**てんずる【転ずる】**〔文章語〕転じる。

**てんせい【天成】**①自然にそうできていること。「―の要害」②天性。

**てんせい【天性】**生まれつき（―の性質）。「―の詩人」

**てんせい【点睛】**⇩がりょうてんせい

**てんせい【展性】**金属の、薄く広げられる性質。「―に富む」

**てんせい【転生】**生まれ変わること。

**てんせい【転成】**他の性質のものに変わること。「―名詞」

**てんせき【典籍】**〔文章語〕書物。書籍。

**てんせき【転籍】**本籍（学籍）を移すこと。類移籍

**でんせつ【伝説】**昔からの言い伝え。

**てんせん【点線】**点を連ねた線。対実線

**てんせん【転戦】**方々場所をかえて戦ったり試合をしたりすること。「世界各国を―する」

**でんせん【伝染】**病原菌がうつって病気になること。「―病」Ⅱ（悪いことが）伝わりうつること。

**てんぜん【恬然】**〔文章語〕平気なようす。「―として恥じない」

**でんせん【伝線】**〔俗語〕（女性のストッキングなどで）ほころびが線状に広がること。〔伝染のもじり〕

**でんせん【電線】**電流を導く、金属の線。

**でんそ【田租】**昔、田地に課した税。

**てんそう【転送】**送ってきたものをさらに他へ送ること。

**でんそう【伝送】**①次々に伝え送ること。②電気信号を送ること。

**でんそう【電送】**電流・電波を利用して文字や写真の影像を送ること。「―新聞」

**てんそく【天測】**（経緯度を知るために）天体観測をすること。

**てんぞく【転属】**所属―をかえる（がかわる）こと。

**てんそん【天孫】**①天を治める神の子孫。②日本の神話で、天照大神《あまてらすおおみかみ》の孫である瓊瓊杵尊《ににぎのみこと》。「―降臨」

**テンダーロイン**〔tenderloin〕牛のヒレ肉。

**てんたい【天体】**太陽・月・星などの総称。

**てんたい【転貸】**〔文章語〕また貸し。対転借

**てんたいしゃく【転貸借】**〔文章語〕賃借りしている物のまた貸し。

**てんたく【転宅】**引っ越し。転居。

**でんたく【電卓】**電子式卓上計算機。

**でんたつ【伝達】**命令や意思を伝えること。「情報を―する」

**デンタル**〔dental〕歯（―医者）の。「―クリニック（＝歯科医院）・―ケア」

**―フロス**〔dental floss〕歯間をきれいにする加工糸。糸ようじ。

**てんたん【恬淡・恬澹】**〔文章語〕あっさりしていて執着しないようす。類淡泊

**てんち【天地】**①天と地。Ⅱ世界。宇宙。②上と下。

**―開闢《かいびゃく》** 世界のはじめ。「―以来の珍事」

**―神明《しんめい》** 天地の神々。「―に誓う」

**―無用《むよう》** 上下を逆さまにするな。〔荷物に記す〕

**てんち【転地】**（養生のため）住む土地をかえること。「―療養」

**でんち【田地】**田として使う土地。でんじ。

**でんち【電池】**化学反応を利用して電流を得る装置。「乾―」

**てんちじん【天地人】**①天と地と人。②三つのものの順序・順位を表す語。

て

**てんちゃ【点茶】** 抹茶《まっちゃ》をたてること。
**てんちゃ【甜茶】** 中国茶の一。甘みのある薬草茶。
**てんちゅう【天誅】** 〔文章語〕①天が下す罰。②天に代わって罰すること。
**てんちゅう【転注】** 漢字の六書《りくしょ》の一。他の意味への転用。〔「悪《あく》」を、「にくむ」の意で「憎悪《ぞうお》」に使うなど〕
**でんちゅう【電柱】** 電線を張り渡す柱。
**てんちょう【天頂】** ①いただき。②観測者の真上の、天球上の点。天頂点。
**てんちょう【転調】** 楽曲の途中で他の調子に-かわる(かえる)こと。
**てんちょうせつ【天長節】** 天皇誕生日の旧称。
**てんで** 〔俗語〕(否定表現の中で)まるっきり。「—わからない」
**てんてい【天帝】** 〔文章語〕①造物主。②キリスト教で、神。
**てんてい【点綴】** 〔文章語〕①ほどよくちらばっていること。②うまくつづりあわせること。◇てんてつ。
**でんてい【電停】** 市街電車の停留所。
**てんてき【天敵】** ある生物を好んで捕食する生物。〔ハブに対するマングースなど〕Ⅱ苦手とする人物や物事。
**てんてき【点滴】** ①静脈注射の一。②〔文章語〕しずく。「—石をうがつ」
**てんてこまい【てんてこ舞い】** 《天手古舞い》忙しく立ち働くこと。
**てんてつ【点綴】** 「てんてい」の慣用読み。
**でんてつ【電鉄】** 電気鉄道の略。「—会社」
**てんてつき【転轍機】** 線路の切り替え装置。ポイント。
**てんでに** めいめい。思い思いに。
**てんてん【点々】** ①〔俗語〕多くの点。また、点線。②ちらばっているようす。③しずくが落ちるようす。
**てんてん【転々】** ①ころがるようす。②次々と移るようす。
**てんてん【輾転・展転】** 〔文章語〕寝返りをうつこと。
**—反側《はんそく》** 〔文章語〕眠れず、何度も寝返りをうつこと。
**てんでんこ** 津波が発生したときは、家族にも構わず各自で逃げろ、という三陸地方の教訓。津波てんでんこ。
**てんでんばらばら** 各人が勝手にして、まとまりがないようす。
**でんでんむし【でんでん虫】** カタツムリ。
**てんと【奠都】** 〔文章語〕都を定めること。
**テント** [tent] 骨組みと布製のおおいから成る組立て式の小屋。天幕。
**てんとう【天道】** ①「お—さま(=太陽)」②てんどう。
**てんとう【店頭】** みせさき。「—に飾る」
**—市場《しじょう》** 株式の流通市場の一。取引所の市場以外の市場。
**てんとう【点灯】** あかりをつけること。「ライトを—する」対消灯
**てんとう【点頭】** 〔文章語〕うなずくこと。承知すること。
**てんとう【転倒】** 《顚倒》①倒れること。②逆に-なる(する)こと。「本末—」③うろたえること。「気が—する」
**てんどう【天道】** ①天地自然の法則。②天体の運行。③天の神。◇てんとう。
**でんとう【伝灯】** 仏の教えを師から弟子へ伝えること。
**でんとう【伝統】** 昔から受け継がれてきた風習や傾向。「—的」
**でんとう【電灯】** 電気で光る灯火。
**でんどう【伝動】** 機械で、動力を伝える-こと(装置)。
**でんどう【伝道】** (キリスト教の)教えを広めること。「—師」類布教・宣教
**でんどう【伝導】** 熱・電気が物質内を伝わること。「熱—」
**でんどう【殿堂】** ①立派な建物。②神仏をまつる建物。
**—入《い》り** その分野の功労者として顕彰され、(-博物館に)名前を記録されること。
**でんどう【電動】** 電気で動くこと。「—式」
**—機《き》** モーター。
**てんどうせつ【天動説】** 地球の周囲を他の天体が回るとする説。対地動説
**てんとうむし【天道虫】** 小形の昆虫の一。半球形で背に斑点がある。多くは益虫。
**てんとして【恬として】** 〔文章語〕平然として。「—恥じない」
**てんとり【点取り】** 点数を競うこと。
**—虫《むし》** いい点をとることだけを目的とする学生の蔑称。類ガリ勉

**てんどん【天丼】** てんぷらどんぶりの略。
**テンナイン** ［ten nines］ 九九・九九九九九九九パーセントの純度。Ⅱきわめて精度が高いこと。
**てんにゅう【転入】** 転居（転校）してくること。「—届（生）」 対転出
**てんにょ【天女】** 女性の天人。Ⅱ美しくやさしい女性。
**てんにん【天人】** 天にすむ、すぐれた力をもつ者。特に、天女。
**てんにん【転任】** 他の‐任務（任地）にかわること。転出。
**でんねつ【電熱】** 電流によって生じる熱。「—器」
**てんねん【天然】** 自然。「—資源」 対人工・人造
**—ガス** 地中からふき出す可燃性ガス。
**—記念物**《きねんぶつ》 法律で保護されている自然物。「特別—」
**—痘**《とう》 痘瘡《とうそう》。〔一九七九年、WHOが絶滅を宣言〕
**—惚**《ぼ》**け** 〔俗語〕生まれつきの、とぼけた性格。てんねん。
**てんのう【天皇】** 日本および日本国民の統合の象徴とされる地位。Ⅱ権力者。「学界の—」
**—制**《せい》 天皇を君主とする政治体制。
**—誕生日**《たんじょうび》 国民の祝日の一。二月二三日。
**でんのう【電脳】** コンピューター。〔中国語から〕
**てんば【天馬】** 天をかける馬。〔ギリシャ神話では、ペガサス〕Ⅱ駿馬《しゅんめ》。◇てんま。
**でんば【電場】** 電荷に働く力が存在する場。電界。でんじょう。
**でんぱ【伝播】** ①伝わり広まること。②（物理学で）波動が広がること。
**でんぱ【電波】** （通信に使われる）電磁波。「—探知器」
**—時計**《どけい》 時刻を示す電波を受信して、自動的に時刻を合わせる時計。
**—望遠鏡**《ぼうえんきょう》 天体からくる電波を観測する装置。
**てんばい【転売】** 買った物をさらに他に売ること。
**テンパイ【聴牌】** 〔中国語 tīngpái〕 マージャンで、あがれる寸前の状態。
**でんぱた【田畑】** 田と畑。でんばた。
**てんばつ【天罰】** 天のくだす罰。
**テンパる** 〔俗語〕マージャンで、テンパイになる。Ⅱせっぱつまった（パニック寸前の）状態になる。
**てんぱん【典範】** てほん。規則。「皇室—」
**てんぴ【天日】** 太陽の光・熱。「—干し」
**てんぴ【天火】** 料理器具の一。オーブン。
**てんびき【天引き】** 給料などから前もって一定額を引くこと。
**てんびやく【点鼻薬】** 鼻炎などのとき、鼻孔に直接スプレーする薬。
**てんびょう【点描】** ①点の集合で形を描く画法。②簡単に描写すること。
**でんぴょう【伝票】** 出金・入金などの事務処理に使う紙片。「—を切る・購入—」
**てんぴょうじだい【天平時代】** 美術史で、奈良時代の天平年間。白鳳《はくほう》時代の次。
**てんびん【天秤】** ①はかりの一。②てんびん棒。
**—に掛**《か》**ける** 優劣や損得を比較する。
**てんぴん【天稟】** 〔文章語〕生まれつき（—の才能）。「—を発揮する」
**てんぶ【転部】** 学部（サークル）をかわること。
**てんぷ【天賦】** 生まれつき。天性。
**てんぷ【添付】** （書類などに）添えて付けること。
**てんぷ【貼付】** はりつけること。〔「ちょうふ」の慣用読み〕
**でんぶ【田麩】** 魚肉を蒸してほぐした食品。でんぷ。
**でんぶ【臀部】** 〔文章語〕しり（—の部分）。
**てんぷく【転覆】** 《顚覆》 ひっくり‐返る（返す）こと。Ⅱ打倒。「政府の—」
**てんぶくろ【天袋】** 押し入れなどの上に設けた袋戸棚。対地袋
**でんぷやじん【田夫野人】** 〔文章語〕教養のないいなか者。
**てんぷら【天麩羅】** 揚げ物料理の一。〔語源未詳。ポルトガル語 tempero からとも〕Ⅱ「—（＝めっき）の時計・—（＝にせ）学生」
**テンプル** ［temple］ ①寺院。②眼鏡のつる。
**テンプレート** ［template］ ①製図用具の一。②コンピューターのキーボードに置く機能早見表。③コンピューターで、アプリケーションソフトのサンプルパターン。

**てんぶん【天分】** 生まれつきの性質・才能。「—に恵まれる」
**でんぶん【伝聞】** 伝え聞くこと。
**でんぶん【電文】** 電報の文句。
**でんぷん【澱粉】** 栄養素の一。
**テンペラ**［tempera］ 顔料をにかわなどで練った絵の具（—でかいた絵）。「—画」
**てんぺん【天辺】** 空の高い所。空のはて。
**てんぺん【天変】**〔文章語〕暴風・雷・日食などの異変。対地変
**—地異《ちい》**〔文章語〕台風・地震など、自然の異変。
**てんぺん【転変】**〔文章語〕うつりかわること。「有為《うい》—」
**てんぼ【展墓】**〔文章語〕墓参り。
**てんぽ【店舗】** みせ。類商店
**テンポ**［イタリア語 tempo］ 楽曲の速さ。Ⅱ物事の進度。「時代の—に合う」
**てんぼう【展望】** 遠くまで（社会や将来を）見渡すこと。「—台」
**—車《しゃ》** 景色を展望しやすく設計した客車。
**でんぽう【伝法】** ①粗暴。②（女が）勇み肌であること。
**でんぽう【電報】** 電信による通信。「—を打つ」
**テンポラリー**［temporary］ 一時的。当座の。「—ファイル」
**てんま【天魔】** 仏教で、悪魔。
**てんまく【天幕】** テント。
**てんまつ【顛末】** 事の一部始終。いきさつ。「—を語る」

**てんまど【天窓】** 屋根に設けた窓。
**てんまんぐう【天満宮】** 菅原道真《すがわらのみちざね》を祭る神社。天神（—様）。
**てんめい【天命】** ①身に備わった運命。「人事をつくして—を待つ」②天寿。
**てんめつ【点滅】** 明かり—がついたり消えたり（をつけたり消したり）すること。
**てんめん【纏綿】**〔文章語〕①からみつくこと。②情愛が細やかなようす。「情緒—」
**テンメンジャン【甜麺醤】**［中国語 tián-miànjiàng］ 中国料理で使う甘みそ。
**てんもう【天網】**〔文章語〕天のはった網。
**—恢々《かいかい》疎《そ》にして漏《も》らさず** 天網は目が粗いが、悪事は見のがさない。
**てんもく【天目】** すりばち形の抹茶《まっちゃ》茶わん。天目茶わん。
**てんもん【天文】** 天体の現象。「—学」
**—学的《がくてき》数字《すうじ》** 非常にけた数の大きい数字。
**—台《だい》** 天体の観測・研究をする施設。
**でんや【田野】**〔文章語〕田畑や野原。Ⅱいなか。
**てんやく【点訳】** 点字に直すこと。
**てんやく【点薬】** 目薬（—をさすこと）。
**てんやもの【店屋物】** 飲食店からとりよせる料理。
**てんやわんや**〔俗語〕各自が勝手にふるまって混乱すること。
**てんゆう【天佑・天祐】**〔文章語〕天の助け。「—神助」
**てんよ【天与】**〔文章語〕天が与えるもの。
**てんよう【転用】** 他の目的に使うこと。

**てんらい【天来】**〔文章語〕非常にすばらしいこと。〔「天から来ること」の意〕
**てんらい【天籟】**〔文章語〕風の音。Ⅱすぐれた詩歌。
**でんらい【伝来】** 外国（先祖）から伝わってくること。
**てんらく【転落】**《顛落》 ころげ落ちること。Ⅱおちぶれること。
**てんらん【天覧】** 天皇が見ること。「—試合」
**てんらん【展覧】** 並べて一般に見せること。「—会」
**でんらん【電纜】** ケーブル。
**でんり【電離】** 電解質の溶液中で、分子がイオンに分かれること。
**—層《そう》** 大気で、上層の電波を反射する層。
**でんりゅう【電流】** 電気の流れ。〔単位はアンペア〕
**でんりょく【電力】** ①電流が単位時間にする仕事の量。〔単位はワット。／電流×電圧〕②電気の力（—の大きさ）。「—会社」
**てんれい【典礼】**〔文章語〕一定の儀式・儀礼。
**てんれい【典例】**〔文章語〕典拠となる先例。
**てんれい【典麗】**〔文章語〕整って美しいこと。「—な文章」
**でんれい【伝令】**（軍隊で）命令を伝える—こと（人）。「—を出す」
**でんれい【電鈴】** 電磁石を利用したベル。

**てんろ【転炉】** 鉄・銅の精錬用の回転式炉。
**でんろ【電路】** 電流が通じる道。
**でんわ【電話】** 電話機（ーによる通話）。「ーをかける」
**ー機《き》** 音声を電気信号に変えて送り、再び音声にして伝える装置。電話。
**ー口《ぐち》** 通話している電話機のそば。

# と

**と【斗】** 尺貫法の体積の単位の一。一石の一〇分の一。約一八リットル。
**と【ト】** 音名の一。ハ長調のソにあたる。
**と【十】** とお。一〇。「ー月《つき》」
**と【戸】** 建具の一。建物の出入り口に設置。
**ーを立《た》てる** 戸を閉める。
**と【徒】** 〔文章語〕仲間。ひとびと。「忘恩のー」
**と【途】** 〔文章語〕みち。「帰国のーにつく」
**と【都】** ①東京都。②都会。首都。「日本の三ー」
**ど【土】** ①土曜日の略。②〔文章語〕土地。「かのー」③つち。「腐葉ー」
**ど【奴】** 人を卑しめて言う語。「守銭ー」
**ど【度】** ①程度。「ーを越す」②回数。「ーを重ねる」③寸法。「ー量衡」④回数を数える語。⑤角度・温度・経緯度・アルコールやレンズの強さの単位。
**ーを失《うしな》う** あわてる。
**ド**〔イタリア語 do〕①階名の一。長音階の第一音。②音名の一。
**ドア**〔door〕戸。扉。
**ドアアイ**〔和製語 door eye〕（玄関などの）扉に設けた防犯用ののぞき穴。
**どあい【度合い】** 程度。「損失のー」
**ドアチェーン**〔door chain〕防犯のためにドアの内側につける鎖。
**ドアツードア**〔door-to-door〕①戸別の。②出発点のドアから到着点のドアまで。
**ドアボーイ**〔和製語 door boy〕ホテルなどで、ドアの開閉や客の送迎をする男性。ドアマン。
**ドアポケット**〔door pocket〕（冷蔵庫や車の）ドアに取り付けた小物入れ。
**ドアホン**〔和製語 door phone〕玄関と屋内とを結ぶインターホン。
**ドアマン**〔doorman〕ドアボーイ。
**とあみ【投網】** 水中に投げ広げて魚をとる網。「ーを打つ」
**ドアミラー**〔door mirror〕自動車の前部のドアについたバックミラー。
**とある** ある。「ー一軒家」
**とい【問い】** ①質問。②問題。◇対答え
**とい【樋】** ①屋根の雨水を集めて地上に送るしかけ。②水や湯を導き送るしかけ。
**トイ**〔toy〕おもちゃ。
**といあわせる【問い合わせる】** 聞いて確かめる。
**といえども**《と雖も》⇩いえども
**といかえす【問い返す】** ①もう一度聞く。②質問されて逆に質問する。
**といかける【問い掛ける】** 質問をーする（しはじめる）。
**といき【吐息】** ため息。「ーをつく」
**といし【砥石】** 刃物をとぐ石。と。
**といた【戸板】** 人や物を運ぶためにはずした雨戸。
**といただす【問い質す】**（きびしく）質問して明らかにする。
**といち【十一】**〔俗語〕高利の金融。〔一〇日で一割取る意から〕
**といつめる【問い詰める】** 徹底的に問いただす。
**トイメン【対面】**〔中国語 duìmiàn〕（麻雀で）向かい側（ーの人）。
**トイレ** トイレットの略。
**トイレタリー**〔toiletry〕日用品・化粧品・化粧用具の総称。
**トイレット**〔toilet〕便所。
**とう【当】** ①道理にかなうこと。「ーを得る」②当選の略。③この。「ー組合」
**とう【棟】** 大きな建物（ーを数える語）。
**とう【党】** ①集団。特に政党。②それを好む人。「ワインー」
**とう【塔】** ①仏教で、建造物の一。「多宝ー」②タワー。「テレビー」
**とう【薹】** フキなどの花軸。
**ーが立《た》つ** 盛りを過ぎる。
**とう【籐】** ヤシ科のつる性植物。茎は細工物の材料。
**とう【頭】** 獣などを数える語。
**とう【糖】** ①甘味のある炭水化物。「尿にーが出る」②砂糖。「グラニューー」
**とう【訪う】** 訪問する。

**とう【問う】** ①質問する。対答える ②責める。「責任を―」 ③問題にする。「男女を問わず」

**―に落《お》ちず語《かた》るに落《お》ちる** 聞かれても白状しないが、自分から話すとつい本当のことを言ってしまう。

**どう【同】** ①おなじ。「―世代」 ②〔文章語〕その。前述の。「―大学」

**どう【胴】** ①胴体。 ②胸や腹部をおおう剣道などの防具。 ③剣道のわざの一。相手のわき腹を打つ。 ④太鼓や三味線などの楽器の共鳴部分。

**どう【堂】** ①神仏を祭る建物。 ②大勢が会合する建物。「公会―」

**―に入《い》る** 慣れて身についている。

**どう【筒】** ①さいころを入れて振るつつ。 ②どうおや。

**どう【道】** ①北海道の略。 ②道路。「自動車―」 ③昔の行政区画。「東海―」

**どう【銅】** 金属元素の一。熱・電気の良導体。あかがね。あか。記号Cu

**どう《如何》** どのように。

**―いう風《かぜ》の吹《ふ》き回《まわ》しか** どうしたわけか。

**―転《ころ》んでも** どのようになっても。

**どうあく【獰悪】** 〔文章語〕凶悪で強い。〔「ねいあく」は誤読〕

**どうあげ【胴上げ】** 大勢で一人を空中に何度か差し上げること。〔祝福などの意で行う〕

**とうあつ【等圧】** 圧力が等しいこと。

**―線《せん》** 天気図で気圧の等しい地点を結んだ線。

**とうあん【答案】** 答え（―を書いた紙）。

**とうあん【偸安】** 目先の安楽をむさぼること。〔安きをぬすむ意〕

**とうい【当為】** 〔哲学用語〕ゾルレン。対存在

**とうい【東夷】** 昔、中国で東方の異民族。

**とうい【等位】** ①等級。 ②同じ位置。

**どうい【同位】** 同じ―地位（位置）。

**―角《かく》** 数学で、一直線が二直線に交わるとき、一直線の同じ側の同じ方角にできる角。

**―元素《げんそ》** 同位体。

**―体《たい》** 同じ元素に属し、質量数の異なる原子。アイソトープ。

**どうい【同意】** ①同じ意見（―で賛成すること）。 ②同じ意味。「―語」

**どうい【胴衣】** 上体用のそでなしの衣服。胴着《どうぎ》。「救命―」

**とういじょう【糖衣錠】** 外側を砂糖で包んだ錠剤。

**とういす【籐椅子】** トウの茎を編んで作った椅子。

**とういそくみょう【当意即妙】** その場に応じ機転をきかすこと。

**とういつ【統一】** ひとつにまとめること。

**どういつ【同一】** 同じである。「―人物」

**―視《し》** 同じとみなすこと。

**とういん【党員】** その党に入っている人。

**とういん【登院】** 議員が議院に出ること。

**とういん【頭韻】** 語句の頭に同じ韻を繰り返すこと。対脚韻

**どういん【動因】** 〔文章語〕事を引き起こす直接の原因。

**どういん【動員】** ①ある目的で人や物を集めること。 ②戦時に資源や工場を政府の管理下に集中すること。 ③軍隊を戦時編制にすること。

**どうう【堂宇】** 〔文章語〕堂（―の軒）。

**どううら【胴裏】** あわせ・綿入れなどの胴の部分に用いる裏地。

**とうえい【灯影】** 〔文章語〕ともしび（―の光）。

**とうえい【投影】** 影―が映る（を映す）こと。Ⅱ他に反映すること。

**―図《ず》** 物体を一方向から見て平面に表した図。

**どうえい【道営】** 北海道の経営。

**とうえん【登園】** 幼稚園や保育園に行くこと。

**どうおう【堂奥】** ①堂の奥まった所。 ②奥義。

**どうおや【胴親】**《筒親》 ばくちを開いて、出来高の一部をもうける人。胴元。

**とうおん【唐音】** 漢字音の一。宋《そう》・元・明《みん》・清《しん》の時代の音が日本に伝わったもの。とういん。〔「提灯《ちょうちん》」「行脚《あんぎゃ》」など〕

**とうおん【等温】** 温度が等しいこと。

**―線《せん》** 地図で気温・水温の等しい地点を結んだ線。

**どうおん【同音】** ①同じ発音。 ②同じ高さの音。 ③同時に言うこと。「異口《いく》―」

**―異義語《いぎご》** 音が同じで意味の異なる語。

—語《ご》 同音異義語。

とうか【灯下】あかりの‐下（そば）。

とうか【灯火】あかり。ともしび。

—親《した》しむべき候《こう》 読書に適した季節。

とうか【投下】投げ降ろすこと。Ⅱつぎこむこと。「資本の―」

とうか【透過】①すき通ること。②通りぬけること。「光の―性」

とうか【等価】価値（価格）の等しいこと。「―交換」

とうか【糖化】でんぷんなどの炭水化物がぶどう糖などに変わること。

とうが【冬芽】冬を越し翌春に生長する芽。ふゆめ。

どうか【同化】①同じようになること。「社会に―する（=適応する）・他人を―する（=感化する）」②生物が摂取した物質を自分の成分に変えること。「―作用」対異化

どうか【道家】①老子・荘子《そうし》の学派。②道教を信奉する人。

どうか【銅貨】銅製の貨幣。

どうが【動画】アニメーション。

どうが【童画】①子供のかいた絵。②子供のための絵。

とうかい【東海】①東方の海。②日本のこと。③東海地方。

—道《どう》 五街道の一。江戸から京都。その沿道の地域。「―五十三次」

とうかい【倒壊・倒潰】倒れてこわれること。「―家屋」

とうかい【韜晦】〔文章語〕才能や本心を隠すこと。

とうがい【当該】それに当てはまる。「―の事項」

とうがい【凍害】寒さによる農作物の被害。

とうがい【等外】一定の等級・順位の外。

とうかく【当確】当選確実の略。

とうかく【倒閣】内閣を倒すこと。

とうかく【等角】角が等しいこと。互いに等しい角。

とうかく【頭角】頭の先。

—を現《あら》す すぐれた才能が他より目立つ。

どうかく【同格】①資格・格式が同じであること。②文法で、続く二つ以上の語や文節が同一の文法上の機能をもつこと。

どうがく【同学】学校（先生）が同じである‐こと（人）。

どうがく【道学】①道徳を説く学問。②道教。③朱子学。④江戸時代の心学。

—者《しゃ》 ①道学を説く人。②道学先生。

どうかせん【導火線】火薬の口火をつける線。Ⅱ事件の‐原因（発端）。

とうかつ【統括】総括。

とうかつ【統轄】まとめてとりしきること。「全体を―する」

どうかつ【恫喝】〔文章語〕おどすこと。

どうがめ【胴亀】スッポン。

とうがらし【唐辛子】野菜の一。実は辛く、香辛料。

とうかん【投函】ポストに入れること。

とうかん【盗汗】〔文章語〕ねあせ。

とうかん【等閑】〔文章語〕なおざり。

—視《し》 物事を軽くみること。

—に付《ふ》する なおざりにして、ほうっておく。

とうかん【統監】統率。〔政治・軍事にいう〕

とうがん【冬瓜】ウリ科の植物。実は食用。かもうり。とうが。

とうがん【東岸】東の岸。対西岸

どうかん【同感】意見・感想が同じであること。「―の意を表する」

どうかん【動感】動きのある感じ。

どうかん【導管】①水などを導く管。②【道管】被子植物で、水分・養分の通路。

どうがん【童顔】子供の（―ような）顔。

とうき【冬季】冬の季節。対夏季

とうき【冬期】冬の期間。対夏期

とうき【当期】この期間。類今期

とうき【投棄】投げ捨てること。「不法（海洋）―」

とうき【投機】①偶然の利益や幸運をねらう行為。「―的」②相場②。

とうき【党紀】党の風紀。

とうき【党規】党の規則。

とうき【陶器】①陶土をこね、うわぐすりを塗って焼いた焼き物。対磁器 ②陶磁器。

とうき【登記】民法上の権利や事実の存在を公示するために、一定の事項を登記簿（=公式の帳簿）に記載する‐こと（手続き）。

—所《しょ》 登記事務を行う役所。

とうき【騰貴】物価や相場が上がること。

とうぎ【党議】党内での討議。また、それで

決まった意見や方針。「—拘束」

**とうぎ【討議】** 意見を述べあうこと。

**とうぎ【闘技】**〔文章語〕力やわざを比べて争うこと。

**どうき【同期】** ①同じ時期。②入学や卒業の年度が同じであること。③（機械の）作動の時を同じくさせること。シンクロナイズ。

**どうき【動悸】** 心臓がどきどきすること。「—を抑える」

**どうき【動機】** ①行動の直接の原因。②音楽で、モチーフ。類主題

—付《づ》け 心理学で、行動を起こさせる内的過程。〔motivation の訳語〕

**どうき【銅器】** 銅（青銅）でできた器具。

**どうぎ【同義】** 同じ意味。類同意

—語《ご》 語形は異なるが意味が同じ（近い）語。シノニム。対対義語

**どうぎ【動議】** 議題を臨時に出すこと。その議題。「緊急—」

**どうぎ【道義】** 人間として行うべき道。

**どうぎ【道議】** 道議会議員の略。

**とうきび【唐黍】** トウモロコシの別称。

**とうきゅう【投球】** 野球で、投手が球を投げること。投げた球。

**とうきゅう【等級】** 上下・優劣を示す段階。

**とうぎゅう【闘牛】** ①牛と牛とを戦わせること。また、その牛。②猛牛と人とが戦うスペインの国技。「—士」

**どうきゅう【同級】** 同じ学級（等級）。「—生」〔近年、同い年を同級だという言い方がされる〕

**どうきゅう【撞球】**〔文章語〕ビリヤード。

**とうぎょ【統御】**〔文章語〕まとめて支配すること。

**どうきょ【同居】** ①一軒の家にいっしょに住むこと。対別居 ②間借りや下宿をすること。「—人」

**どうきょう【同郷】** 郷里が同じであること。

**どうきょう【道教】** 中国の民間宗教。現世の幸福と不老長寿を求める。

**どうきょう【銅鏡】** 古代の青銅製の鏡。

**どうぎょう【同行】** ①道連れ。②同じ仏道の修行者。

—二人《ににん》 巡礼が笠《かさ》に書きつける言葉。〔弘法大師とふたりづれの意〕

**どうぎょう【同業】** 同じ職業・業種（の人）。「—者」

**とうきょく【当局】** それに関する責任と権限をもつ（公的な）機関。「政府—」

**とうぎり【当限】** 取引で、当月末を受け渡し期日とする取引。対先限《さきぎり》・中限《ちゅうぎり》

**どうきん【同衾】**（男女が）いっしょに寝ること。

**どうぐ【道具】** ①仕事に使う器具。Ⅱ目的に利用する手段。「立身出世の—にする」②それに備わっているもの。「顔の—」③芝居などの大道具や小道具。

—方《かた》 道具③の係。

—立《だ》て 必要な道具をととのえておくこと。Ⅱ準備。「—は整った」

**とうぐう【東宮】**《春宮》 皇太子（の宮殿）。

**とうくつ【盗掘】** 所有者に無断で埋蔵物などを掘り出すこと。

**どうくつ【洞窟】** ほら穴。

**どうくん【同訓】** 字は別で訓が同じもの。

**とうけ【当家】** この家。

**とうげ【峠】** 山道の上りと下りの境。Ⅱ絶頂期。

—を越《こ》える 盛んな（危険な）時期を過ぎる。

**どうけ【道化】** おどけた身ぶりや物言い（をする人）。「—芝居（者《もの》）」動—る

—師《し》 道化のうまい（を職業とする）人。

**どうけ【道家】** ⇩どうか

**とうけい【東経】** グリニッジ天文台があった所の子午線を〇度として東側へはかった経度。一八〇度まで。対西経

**とうけい【統計】** 同種の現象を集めて数量的に表示すること（したもの）。

**とうけい【闘鶏】** ニワトリとニワトリとを戦わせること。また、そのニワトリ。蹴合《けあい》。

**とうげい【陶芸】** 陶磁器の工芸。

**どうけい【同系】** 同じ系統・系列。

**どうけい【同形】** 同じかたち。

**どうけい【同型】** 同じかた・タイプ。

**どうけい【同慶】**〔文章語〕互いに喜ぶこと。「ご—の至り」

**どうけい【憧憬】**〔文章語〕あこがれ。〔「しょうけい」の慣用読み〕

**とうけつ【凍結】** ①凍りつくこと。②現状を変えないようにすること。「資金の—」

と

**とうげつ【当月】** この月。
**どうけつ【洞穴】** ほら穴。
**どうげつ【同月】** 〔文章語〕①同じ月。②(前述の)その月。
**とうけん【刀剣】** かたな類の総称。
**とうけん【闘犬】** 犬と犬とを戦わせること。また、その犬。
**とうげん【桃源】** 〔文章語〕桃源郷。
**—郷《きょう》** 俗世間を離れた理想郷。〔中国の詩人、陶淵明《とうえんめい》の『桃花源記』から〕
**どうけん【同権】** 同じ権利(—をもつこと)。「男女—」
**どうけん【洞見】** 先まで見通すこと。洞察。
**どうげん【同源・同原】** ①起源が同じ。②語源が同じ。
**とうご【倒語】** 語の音節を逆にした語。〔「場所」を「しょば」など〕
**とうご【頭語】** 手紙の書き出しの語。〔拝啓など〕対結語
**どうご【同語】** 同じ語。
**—反復《はんぷく》** 同じ意味の言葉の(—無意味な)繰り返し。トートロジー。〔例、イヌはイヌである。雨が降る日は天気が悪い〕
**とうこう【刀工】** 刀剣を作る人。
**とうこう【投光】** 光を一部に当てて照らすこと。
**とうこう【投降】** 敵に降参すること。
**とうこう【投稿】** 新聞や雑誌に掲載を求めて原稿を送ること。また、その原稿。
**とうこう【陶工】** 陶磁器を作る人。
**とうこう【登校】** 学校に—出席(出勤)すること。「—拒否」対下校
**とうごう【投合】** 互いに一致すること。「意気—」
**とうごう【等号】** 等しいことを表す符号。「＝」対不等号
**とうごう【統合】** まとめてひとつにすること。
**—失調症《しっちょうしょう》** 精神病の一。感情や意志に障害が起こり、言動に統一性がなくなる。青年期に多い。〔精神分裂症の改称〕
**どうこう【同工】** 〔文章語〕細工の作りが同じであること。
**—異曲《いきょく》** ①手法が同じで趣が異なること。②見かけの違いはあるが、大体同じであること。
**どうこう【同好】** 好みが同じであること。「—の士・—会」
**どうこう【同行】** いっしょに行くこと。
**どうこう【動向】** 情勢のなりゆき。類形勢
**どうこう【瞳孔】** ひとみ。
**とうこうせいてい【東高西低】** 日本の夏に多い気圧配置型。対西高東低
**とうこうせん【等高線】** 地図で等しい高度の地点を結んだ線。
**とうごく【投獄】** 監獄に入れること。
**とうごく【東国】** ①東方の国。②関東。あずま。
**どうこく【慟哭】** 〔文章語〕大声をあげて泣くこと。
**とうこつ【橈骨】** 前腕の骨の一。親指側。
**とうこつ【頭骨】** 頭蓋骨。
**とうこん【刀痕】** 〔文章語〕刀による傷あと。
**とうこん【当今】** 〔文章語〕このごろ。
**とうこん【痘痕】** 〔文章語〕あばた。
**とうこん【闘魂】** 闘志。
**どうこん【同根】** 根(根本)が同じであること。
**どうこん【同梱】** 本体と一緒に梱包すること。
**どうこんしき【銅婚式】** 結婚後七年目の祝い。
**とうさ【等差】** ①等級による差。②等しい差。
**—級数《きゅうすう》** 数学で、隣り合う二項の差が一定である級数。算術級数。
**とうさ【踏査】** 実地に出かけて調査すること。「実地—する」
**とうざ【当座】** ①その時。②しばらくの間。③当座預金。
**—凌《しの》ぎ** 一時しのぎ。
**—預金《よきん》** 銀行預金の一。支払い請求は小切手や手形で行う。無利息。
**どうさ【動作】** ①手足や体の動き。②機械が作動すること。
**どうざ【同座】** ①同席。②同じ劇団(—にいること)。③連座。
**とうさい【当歳】** ①ことし。「—とって四〇歳」②その年生まれ。「—馬」
**とうさい【搭載】** ①貨物を積みこむこと。類積載 ②装備すること。「エンジン—」
**とうさい【登載】** 〔文章語〕掲載。
**とうざい【東西】** ①東と西。‖方角。②東洋と西洋。③(旧ソ連時代の)社会主

義諸国と資本主義諸国。「—問題」
**どうざい【同罪】** 同じ–罪（責任）。
**とうざいく【籐細工】** トウの茎でする細工（–品）。
**とうさく【倒錯】** 正常・健全な状態に対して逆になること。「性的—」
**とうさく【盗作】** 他人の作品（–の一部）を盗んで使うこと。また、そうした作品。
**とうさつ【盗撮】** 許可を得ずに撮影すること。ぬすみどり。
**どうさつ【洞察】** 見抜くこと。「—力」
**とうさま【父様】** 父さんの丁寧な言い方。[対]母様
**とうさん【父さん】** [対]母さん
**とうさん【嬢さん】** お嬢さん。〔関西方言。いとさんの転〕
**とうさん【倒産】** 財産を失って企業がつぶれること。[類]破産
**とうざん【当山】** ①この山。②この寺。
**どうさん【動産】** 資産で現金・株券など。[対]不動産
**どうさん【道産】** 北海道産。
**どうざん【銅山】** 銅を産出する山。
**とうさんさい【唐三彩】** 中国唐代の陶器。〔三色で彩色された〕
**とうし【投資】** 利益を見込んで資金を出すこと。
**—信託《しんたく》** 投資信託会社などが一般から資金を集め、株式などに投資し、その利益を分配する仕組み。
**とうし【凍死】** こごえて死ぬこと。
**とうし【唐紙】** 中国製の紙。書画用。
**とうし【唐詩】** ①中国唐代の詩。②漢詩。
**とうし【透視】** ①すかして見ること。②特殊な能力で見抜くこと。
**—画法《がほう》** 遠近法によって、物体を目に見えるとおりにかく画法。
**とうし【闘士】** ①戦士。②主義・主張のために活動する人。
**とうし【闘志】** 戦おうとする意気込み。ファイト。闘魂。「—に燃える」
**とうじ【冬至】** 二十四気の一。一二月二二日ごろ。昼が最も短い日。[対]夏至《げし》
**とうじ【当事】** そのことに直接関係していること。「—–者（国）」
**とうじ【当時】** その時。
**とうじ【杜氏】** 酒を造る職人（–の長）。とじ。
**とうじ【答辞】** 祝辞や送辞に答える言葉。
**とうじ【悼辞】** 弔辞。
**とうじ【湯治】** 温泉に入って病気やけがをなおすこと。
**とうじ【蕩児】** 〔文章語〕道楽–むすこ（者）。
**どうし** ①【同士】仲間。②同じ–種類（関係）であること。「恋人—」
**—討《う》ち** 味方（仲間）どうしの争い。
**どうし【同志】** 志や主義を同じくする人。「—を募る」
**どうし【動詞】** 品詞の一。動作・存在を表す。「行く・する」など。
**どうし【道士】** ①道義をわきまえた人。②道教を修めた人。③僧。④仙人。
**どうし【導師】** 〔仏教語〕①衆生《しゅじょう》を仏道に導く者。②法会《ほうえ》・葬式の儀式を中心になって行う僧。
**どうじ【同時】** 同じ–時（時代）。
**—通訳《つうやく》** 本人が話すのとほとんど同時にする通訳。
**どうじ【童子】** 〔文章語〕子供。
**とうしき【等式】** 数学で、ふたつの式・数を等号で結びつけた関係式。[対]不等式
**とうじき【陶磁器】** 陶器と磁器。
**とうしつ【透湿】** 〔文章語〕湿気を通すこと。「—性の布地」
**とうしつ【等質】** 同質。均質。
**とうしつ【糖質】** でんぷん質。
**とうじつ【当日】** その日。
**どうしつ【同室】** 同じ部屋（–で暮らすこと）。
**どうしつ【同質】** 質が同じであること。[対]異質
**どうじつ【同日】** ①同じ日。②（前述の）その日。
**—の談《だん》でない** 比べものにならない。
**どうじめ【胴締め】** ①柔道・レスリングのわざの一。②胴を締めるもの。特に、腰紐。
**とうしゃ【当社】** この–会社（神社）。
**とうしゃ【投射】** ①光や影を投げかけること。[類]投影 ②入射。
**とうしゃ【透写】** 敷き写し。トレース。
**どうしゃ【堂舎】** 〔文章語〕（大小の）建物。
**とうしゅ【当主】** 現在の主人。[対]先代
**とうしゅ【投手】** 野球で、ピッチャー。
**とうしゅ【党首】** 党の長。

**どうしゅ【同種】** 同じ−種類（人種）。対異種・別種

**どうしゅ【同趣】**〔文章語〕同じ趣旨・趣向。

**とうしゅう【答酬】**〔文章語〕返事（−の手紙の表に書く語）。

**とうしゅう【踏襲】**《蹈襲》それまでの方針・方法をうけつぐこと。

**どうしゅう【同舟】** 同じ舟（−に乗ること）。「呉越−」

**どうしゅう【同臭】**〔文章語〕同じ仲間。類同類

**どうしゅう【銅臭】**〔文章語〕金銭に卑しい人。〔軽蔑して言う語〕

**どうしゅうせい【道州制】** 地方行政制度の一。都道府県より広域の行政体を設置しようというもの。

**とうしゅく【投宿】** 宿屋に泊まること。

**どうしゅく【同宿】** ①同じ宿屋に泊まる−こと（人）。②同じ下宿にいる−こと（人）。

**どうしゅつ【導出】** 導き出すこと。

**とうしょ【当初】** はじめ（−のうち）。

**とうしょ【当所・当処】** この場所。類当地

**とうしょ【投書】** ①意見・苦情・希望などの手紙を関係者に送ること。また、その手紙。②投稿。

**とうしょ【島嶼】**〔文章語〕島々。「−部」〔嶼は小島の意〕

**とうしょ【頭書】** ①書類の初めに書いた語句。②本文の上欄への書き入れ。

**とうじょ【倒叙】** 時間の流れと逆の叙述。

**どうしょ【同所】** ①同じ場所。②（前述の）その場所。

**どうじょ【童女】**〔文章語〕幼女。少女。

**とうしょう【刀匠】** 刀工。

**とうしょう【凍傷】** 厳しい寒気による人体の損傷。〔軽いものは、しもやけ〕

**とうしょう【闘将】** 戦う大将。Ⅱ政治運動などの指導者。

**とうじょう【東上】** 西の地方から−東（東京）へ行くこと。対西下《さいか》

**とうじょう【凍上】** 土中の水分が凍って、地面がもち上がること。〔霜柱もこの現象の一〕

**とうじょう【搭乗】** 航空機などに乗り込むこと。

**とうじょう【登場】** ①舞台に出てくること。対退場 ②世の中に現れること。

**どうじょう【同上】** 上記と同じ。

**どうじょう【同乗】** 一緒に乗ること。

**どうじょう【同情】** 思いやり。あわれみ。

**どうじょう【道場】** ①仏道を修行する所。②武芸のけいこ場。

**どうしょういむ【同床異夢】** 立場は同じでも、思惑は違うこと。

**とうしょく【当職】**〔文章語〕①この−職業（職務）。②（職務についている人が用いて）私。

**とうじる【投じる】** ①投げる。②投げ入れる。「身を−」Ⅱつぎこむ。「資本を−」③つけこむ。「機に−」④合わせる。「好みに−」⑤泊まる。「宿に−」◇投ずる。

**どうじる【同じる】** 同意する。同ずる。

**どうじる【動じる】** 動揺する。動ずる。「物に動じない」

**とうしろう【藤四郎】**〔俗語〕素人《しろうと》。とうしろ。〔逆にして人名化した〕

**とうしん【頭身】** 首から上の長さと身長の割合。「八−」

**とうしん【刀身】** 刀の、刃のある部分。

**とうしん【灯芯・灯心】** ランプなどのしん。**−蜻蛉《とんぼ》** イトトンボの別称。とうすみとんぼ。

**とうしん【投身】** 身投げ。「−自殺」

**とうしん【投信】** 投資信託の略。

**とうしん【東進】** 東方に進むこと。対西進

**とうしん【答申】** 諮問に対して答えること。また、その答え。

**とうしん【等身】** 身長と同じ高さ。「−大」

**とうしん【等親】** 親等の旧称。

**とうじん【蕩尽】**〔文章語〕使い果たすこと。

**どうしん【同心】** ①意見（気持ち）を同じくすること。②中心が同じであること。「−円」③江戸時代、警察の仕事をした役人。〔与力の下〕

**どうしん【道心】** ①〔文章語〕道徳心。②〔仏教語〕仏道を信じる心。

**どうしん【童心】** 子供の（−ような）心。

**どうじん【同人】** 志・趣味を同じくする仲間。どうにん。「−雑誌」

**とうしんせん【等深線】** 地図で海や湖の深さの等しい地点を結んだ線。

**とうすい【陶酔】** うっとりすること。

**とうすい【統帥】** 軍隊をまとめ指揮すること。
**—権《けん》** 軍隊の最高指揮権。
**どうすい【導水】** 水を導くこと。「—管」
**とうすう【頭数】** 動物の数。
**どうすう【同数】** 同じ数。
**とうずる【投ずる】**〔文章語〕とうじる。
**どうずる【同ずる】**〔文章語〕同じる。
**どうずる【動ずる】**〔文章語〕動じる。
**とうぜ【党是】**〔文章語〕党の根本方針。
**どうせ** どうやってみても。「—だめだ」〔捨てばちやあざけりの気持ちを含む〕
**とうせい【当世】** 今の世の中。
**とうせい【東征】** 東方へ(—征伐に)行くこと。対西征
**とうせい【党勢】** 党の勢い。
**とうせい【陶製】** 陶磁器でできている—こと(もの)。
**とうせい【統制】** 支配・コントロールすること。
**—経済《けいざい》** 国家に統制された経済。
**とうせい【騰勢】** 経済で、物価が上がる—勢い(傾向)。対落勢
**どうせい【同姓】** 同じ姓。「—同名」
**どうせい【同性】** 性が同じであること。対異性
**—愛《あい》** 恋愛の対象として同性を指向すること。対異性愛
**—婚《こん》** 同性どうしの結婚。同性結婚。
**どうせい【同棲】**（正式に結婚していない男女の）同居。
**どうせい【動静】** ようす。動向。

**どうせい【銅製】** 銅でできていること。
**とうせき【投石】** 石を投げること。
**とうせき【透析】** 半透膜を利用してコロイド溶液を精製する方法。〔血液の浄化などに使う〕
**とうせき【党籍】** 党員としての籍。
**どうせき【同席】** ①同じ席にいあわせること。②同じ—席次(地位)。
**とうせつ【当節】** このごろ。
**とうせん【当選】** ①選挙で選ばれること。対落選 ②**【当籤】** くじに当たること。
**とうせん【登仙】**〔文章語〕仙人となって天に昇ること。「羽化—」 ⑪「身分の高い人の死」の尊敬語。
**とうぜん【当然】** あたりまえ。
**とうぜん【東漸】**〔文章語〕次第に東の方へ移っていくこと。対西漸
**とうぜん【陶然】**〔文章語〕うっとりするようす。
**どうせん【同船】** 同じ船(—に乗ること)。
**どうせん【動線】** 都市や建物内での、人や物の移動を示した線。
**どうせん【銅銭】** 銅貨。
**どうせん【銅線】** 銅でできた針金。
**どうせん【導線】** 電流を通すための針金。
**どうぜん【同前】** 前記と同じ。
**どうぜん【同然】** 同じであること。
**とうせんかろ【冬扇夏炉】** 夏炉冬扇《かろとうせん》。
**とうそう【逃走】**（走って）逃げること。
**とうそう【凍瘡】** しもやけ。
**とうそう【党争】** 党派間の争い。

**とうそう【痘瘡】** 急性の感染症の一。発熱・発疹《はっしん》し、あばたを残す。天然痘。
**とうそう【闘争】** あらそい、たたかうこと。
**どうそう【同窓】** 母校が同じである—こと(人)。「——会(生)」
**どうぞう【銅像】** 銅でできた像。
**とうそく【党則】** 党の規則。
**とうそく【等速】** 速さが同じであること。
**とうぞく【盗賊】** どろぼう。
**どうぞく【同族】** 同じ一族。
**どうぞく【同属】** 同じ—仲間(種類)。
**どうそじん【道祖神】** 道路や旅人を守るという神。さえのかみ。
**どうそたい【同素体】** 同じ元素からなるが、分子構造や性質の異なる物質。
**とうそつ【統率】** 集団をまとめて率いること。「群れを—する」
**とうた【淘汰】** ①不適当なものを除くこと。「人員を—する」 ②環境に適応しないものが滅びること。「自然—」
**とうだ【投打】** 野球で、投球と打撃。投手力と打撃力。
**とうだい【当代】** ①現代。②当時。③当主。
**とうだい【灯台】** ①光を放って、船に航路を教える設備。岬や港口に設置。②昔、灯火をのせた台。燭台《しょくだい》。◇〔以前は燈台と書いた〕
**—下《もと》暗《くら》し** 身近なことがかえってわかりにくい。〔灯台②の下が暗い意〕
**どうたい【同体】** ①同じ体。「一心—」②相撲で、勝負なし。〔取り直しとなる〕

**どうたい【胴体】** ①体の手足・頭を除いた部分。②物の胴体にあたる部分。「―着陸」
**どうたい【動体】** ①動いているもの。「―視力」②流動体。
**どうたい【動態】** 活動（変化）しているときの状態。対静態
**どうたい【導体】** 熱や電気を伝える物体。
**どうたく【銅鐸】** 古代の青銅器の一。釣り鐘状。
**とうたつ【到達】** あるところまで達すること。「目標に―する」
**とうたん【東端】** 東の端。対西端
**とうだん【登壇】** 壇に上がること。対降壇
**どうだん【同断】** 同じであること。
**どうだんつつじ《灯台躑躅・満天星》** ツツジ科の植物。庭木・生け垣用。
**とうち【当地】** この土地。
**とうち【倒置】** 逆さまに置くこと。
**―法《ほう》** 語順を普通と逆にする表現方法。
**とうち【等値】** 同値。
**とうち【統治】** 国土・人民を支配すること。とうじ。「―権」
**どうち【同値】** 同じ―価値（数値）。
**とうちゃく【到着】** 着く（届く）こと。
**どうちゃく【同着】** 同時にゴールすること。
**どうちゃく【撞着】** 〔文章語〕矛盾。
**とうちゅう【頭注】《頭註》** 本文の上方に示した注釈。対脚注
**どうちゅう【道中】** 旅をしている間。旅の途中。
**とうちょう【盗聴】** 盗みぎき。
**とうちょう【登庁】** 官庁に出勤すること。対退庁
**とうちょう【登頂】** （山の）頂上に登ること。とちょう。
**とうちょう【頭頂】** 頭のてっぺん。
**どうちょう【同調】** ①他の意見・行動にあわせること。②受信機を目的の周波数にあわせること。
**とうちょく【当直】** 宿直（日直）の番に当たること。その人。
**とうつう【疼痛】** ずきずき痛むこと。
**どうづき【胴突き】** 地面を突き固める―こと（道具）。
**とうてい【到底】** （否定表現の中で）どうしても。
**どうてい【同定】** ①あるものが何であるかを認定すること。②生物の分類学上の所属を決めること。◇〔identify の訳語〕
**どうてい【道程】** みちのり。
**どうてい【童貞】** 女性との性的経験がない―こと（男）。対処女
**とうてき【投擲】** 〔文章語〕ほうり投げること。「―競技」
**どうてき【動的】** 動きが多いようす。ダイナミック。対静的
**とうてつ【透徹】** ①すき通ること。②筋道が通ってはっきりしていること。
**とうてん【当店】** この店。
**とうてん【東天】** ①東の空。②明け方の空。
**―紅《こう》** ①夜明けを告げるニワトリの鳴き声。②ニワトリの品種の一。
**とうてん【読点】** 文中の切れ目を示す符号。てん。「、」〔主に縦書きで使う〕対句点
**とうでん【盗電】** 料金を払わずに電力を使うこと。「―罪」
**どうてん【同点】** 同じ―得点（点数）。
**どうてん【動転】《動顛》** 驚きあわてること。「気が―する」
**とうと【東都】** 〔文章語〕東京。〔中国では洛陽《らくよう》をいった〕
**とうど【凍土】** 凍った土。
**とうど【唐土】** 〔文章語〕昔、中国をさしていった語。
**とうど【陶土】** 陶磁器の原料となる粘土。
**とうど【糖度】** 糖分の割合。
**とうとい【尊い・貴い】** ①貴重。②身分・地位が高い。◇たっとい。
**とうとう《到頭》** ついに。類結局
**とうとう【等々】** などなど。
**とうとう【滔々】** 水が盛んに流れるようす。Ⅱ㋐すらすらと話すようす。㋑風潮などが勢いよく行き渡るようす。
**とうとう【蕩々】** 〔文章語〕①広々としているようす。②ゆったりとしているようす。
**どうとう【同等】** 同じ―程度（等級）。
**どうとう【堂塔】** 堂と塔。
**どうどう【同道】** 一緒に行くこと。
**どうどう【堂々】** ①いかめしく立派。②恐れたり恥じたりしないようす。◇〔名詞としても使う〕「―の行進」
**―巡《めぐ》り** 同じ議論の繰り返し。〔祈願の

ために社寺の堂のまわりを回ることから〕

**どうとく【道徳】** 社会生活で、個人が守るべき規範。

**とうとつ【唐突】** 突然。類だしぬけ

**とうとぶ【尊ぶ・貴ぶ】** 敬い大切にする。たっとぶ。類あがめる

**とうどり【頭取】** ①銀行の代表者。②劇場で、楽屋の取り締まりをする人。

**どうなか【胴中】** ①胴の中ほど。②中央。

**どうなが【胴長】** ①胴が長いこと。②胸当てから靴まで続いたゴム製の衣服。

**とうなす【唐茄子】** カボチャの別称。

**とうなん【東南】** 東と南の中間の方角。

**とうなん【盗難】** 金品を盗まれる災難。

**とうなんとう【東南東】** 東と南東の中間の方角。

**とうに【《疾うに》】** とっくに。

**どうにか** 何とか。

**—こうにか** どうにかの強め。

**どうにも** ①（否定表現の中で）どのようにしても。②困りきった気持ちを表す。

**とうにゅう【豆乳】** 砕いた大豆を煮て布でこした汁。〔ニガリで固めると豆腐になる〕

**とうにゅう【投入】** ①投げ入れること。②つぎ込むこと。

**どうにゅう【導入】** ①導き入れること。②取り入れること。「新理論の—」

**とうにょうびょう【糖尿病】** 糖尿の出る病気。

**とうにん【当人】** 本人。

**どうにん【同人】** ①同じ人。対別人 ②その人。類当人

**とうねん【当年】** 今年。「—とって一八歳」

**どうねん【同年】** ①同じ年。②（前述の）その年。③同じ年齢。

**どうねんぱい【同年輩・同年配】** 同じ年頃。

**どうのじてん【同の字点】** 踊り字の一。漢字一字の繰り返しに使う。「々」。

**とうは【党派】** 主義・思想が同じ人の集団。

**とうは【踏破】** 〔文章語〕長い（困難な）道を歩き通すこと。

**とうば【塔婆】** 〔仏教語〕卒塔婆《そとば》。

**とうばい【等倍】** 一倍。原寸大。対変倍

**どうはい【同輩】** 同期の仲間。

**どうはい【銅杯】** 銅製の—さかずき（カップ）。

**どうはい【銅牌】** 〔文章語〕銅メダル。

**とうはいごう【統廃合】** 統合と廃合。

**とうばく【倒幕】** 幕府を倒すこと。

**とうばく【討幕】** 幕府をせめうつこと。

**とうばく【統幕】** 統合幕僚会議の略。自衛隊の機関の一。

**とうはつ【頭髪】** あたまの毛。類毛髪

**とうばつ【党閥】** 同じ党派の者が団結し、他を排斥すること。

**とうばつ【討伐】** 兵を出して攻め討つこと。

**とうばつ【盗伐】** 山林の木や竹を切って盗むこと。

**とうはん【登坂】** とはん。

**とうはん【登攀】** 〔文章語〕山などによじ登ること。とはん。

**とうばん【当番】** 番に当たる—こと（人）。「掃除—」

**とうばん【登板】** 野球で、投手として出場すること。‖重要な役割をひきうけて活動を始めること。◇対降板

**とうばん【陶板・陶版】** 板状に焼いた陶磁器。「—画」

**—焼《や》き** 食材を陶板にのせて焼く料理。

**どうはん【同伴】** （男女が）一緒に行くこと。

**どうばん【銅版】** 銅の板に彫刻した印刷版。

**トウバンジャン【豆板醬】** 〔中国語 dòubǎnjiàng〕⇩トーバンジャン

**とうひ【当否】** ①正当か否か。「事の—は別として」②当たりはずれ。

**とうひ【逃避】** のがれ避けること。

**—行《こう》** 人目をさけて逃げ暮らすこと。

**とうひ【等比】** 比が等しいこと。

**—級数《きゅうすう》** 隣り合う二項の比が一定である級数。幾何級数。

**とうひ【頭皮】** 頭の皮膚。

**とうび【掉尾】** 〔文章語〕最後（—に勢いがよいこと）。〔「ちょうび」の慣用読み〕

**どうひつ【同筆】** 同じ人の筆跡。

**とうひょう【投票】** 選挙・採択で自分の選択を紙に書いて出すこと。

**とうびょう【投錨】** 〔文章語〕船がいかりを降ろすこと。対抜錨《ばつびょう》

**とうびょう【闘病】** 病気の治療にはげむこと。「—生活」

**どうひょう【道標】** 〔文章語〕道しるべ。

**どうびょう【同病】** 同じ病気(ーの人)。「ー相あわれむ」

**とうひん【盗品】** 盗んだ品物。

**とうふ【豆腐】** 食品の一。大豆から作る。

**ーに鎹《かすがい》** 効果のないようす。

**とうぶ【東部】** 東の部分。対西部

**とうぶ【頭部】** 頭の部分。

**どうぶ【胴部】** 胴体の部分。

**どうふう【同封】** 手紙と一緒に入れること。「書類をーする」

**とうふく【倒伏】** 〔文章語〕稲や樹木が倒れたり折れ曲がったりすること。

**どうふく【同腹】** ①同じ母から生まれたーこと(人)。対異腹 ②同じ考え(ーの人)。

**とうぶつ【唐物】** 舶来品。〔古風な言い方〕

**どうぶつ【動物】** ①生物の二大区分の一。「ー界」対植物 ②動物①で人間以外。

**ー園《えん》** いろいろな動物を集め、人に見せる施設。

**ー性《せい》** ①動物のもつ性質。②動物から得られること。「ーたんぱく」◇対植物性

**ー的《てき》** 動物②と同じ性質をもつようす。

**どうぶるい【胴震い】** 体が震えること。

**とうぶん【当分】** しばらく(ーの間)。

**とうぶん【等分】** 等しい分量(ーに分けること)。「ーに負担する」

**とうぶん【糖分】** ①糖類の成分。②甘み。

**どうぶん【同文】** ①同じー文章(文字)。②そのー文章(文字)。

**とうへい【党弊】** 〔文章語〕①党派を組むために生ずる弊害。②党派としての欠点。

**とうへき【盗癖】** 盗みをする癖・性質。

**とうへん【等辺】** 多角形の辺の長さが等しいこと。

**とうべん【答弁】** 質問に答えること。また、その答え。

**とうへんぼく【唐変木】** わからずや。〔のしって言う語〕

**とうぼ【登簿】** 〔文章語〕官公署の帳簿に登録すること。

**どうぼ【同母】** 〔文章語〕父が違って母が同じであること。

**とうほう【当方】** 自分の方。対先方

**とうほう【投法】** 野球で、投球のしかた。

**とうほう【東方】** 東のー方角(方面)。対西方

**とうぼう【逃亡】** 逃げること。

**どうほう【同朋】** 〔文章語〕ともだち。どうぼう。

**どうほう【同胞】** ①兄弟姉妹。②同じー民族(国民)。◇どうぼう。

**とうほく【東北】** ①東と北の中間の方角。②東北地方。

**とうぼく【倒木】** 倒れた木。

**とうぼく【唐木】** 東南アジア産の木の総称。からき。

**とうほくとう【東北東】** 東と北東の中間の方角。

**どうほこ【銅鉾】** 青銅製の鉾。

**とうほん【謄本】** 原本をそのまま写した文書。「戸籍ー」対抄本

**とうほん【藤本・籐本】** 木本のつる植物。

**とうほんせいそう【東奔西走】** あちらこちらと忙しく走り回ること。

**どうまき【胴巻き】** 金銭などを入れて腹に巻く細長い袋。

**どうまごえ【胴間声】** 調子はずれの太い声。

**どうまわり【胴回り】** 胴の回りの寸法。ウエスト。

**とうみつ【糖蜜】** ①砂糖製造後の残りの液。②砂糖を溶かした液。シロップ。

**どうみゃく【動脈】** 血液を心臓から身体各部に送り出す血管。対静脈 ‖主要な交通路。「首都圏のー」

**ー硬《こう》化《か》** 動脈の壁がかたくなり、弾力を失うこと。‖考え方に柔軟さを失った状態。

**ー瘤《りゅう》** 動脈が局部的にふくらんだ状態。

**とうみょう【灯明】** 神仏に供える灯火。

**とうみょう【豆苗】** 野菜の一。エンドウの若芽。〔トーミョーとも書く〕

**とうみょう【唐名】** 中国ーで(ふう)の名称。とうめい。からな。〔黄門《こうもん》など〕対和名

**どうみょうじ【道明寺】** もち米を蒸してかわかした食品(ーで作った和菓子)。

**とうみん【冬眠】** 動物がー土(穴)の中で眠ったような状態で冬を越すこと。対夏眠

**とうみん【島民】** 島の住民。

**どうみん【道民】** 北海道の住民。

**とうむ【党務】** 党のー仕事(事務)。

**とうめい【唐名】** とうみょう。

**とうめい【透明】** すきとおっていること。

—性《せい》 Ⅱ情報を積極的に開示し、内情が外部から見えやすいこと。「政策決定過程の—」

どうめい【同名】同じ名。

—異人《いじん》 同名で別の人。

どうめい【同盟】共通の目的のために、同一の行動をとることを約束すること。

どうメダル【銅—】銅（—色）のメダル。〔競技で、三位に与えられる〕

とうめん【当面】①直面。②さしあたり。

どうもう【獰猛】荒々しく乱暴なようす。〔「ねいもう」は誤読〕

とうもく【頭目】親分。かしら。

どうもく【瞠目】目を見張ること。

どうもと【胴元】《筒元》どうおや。

どうもり【堂守】堂の番人。

とうもろこし《玉蜀黍》イネ科の植物の一。実は食用・飼料用。とうきび。

どうもん【同門】同じ門下。相弟子。

どうもん【洞門】ほら穴（—の入り口）。

とうや【当夜】①その夜。②今夜。

とうや【陶冶】人格や才能を高めること。「品性の—」

とうやく【投薬】病人に薬を与えること。

どうやく【同役】同じ役目（—の人）。同僚。

どうやら ①どうにか。②なんとなく。

—こうやら どうやら①の強め。

とうゆ【灯油】①ストーブなどに使う石油。②灯火用の油。

とうゆ【桐油】①アブラギリの種からとった油。②桐油紙《とうゆがみ》。

—紙《がみ》 桐油を塗った紙。防水性がある。

とうゆう【党友】①同じ党の仲間。②党の支援者。

どうゆう【同友】〔文章語〕同志。

どうゆう【同憂】同じ心配をもつ—こと（人）。「—の士」

とうゆうし【投融資】投資と融資。

とうよ【投与】患者に薬を与えること。

とうよう【当用】さしあたっての用。

—漢字《かんじ》 日常使うものとして政府が定めた一八五〇字の漢字。〔一九四六年告示、一九八一年常用漢字表の告示とともに廃止〕

とうよう【東洋】アジア（—の東部・南部）。「—人」対西洋
とうよう【盗用】盗んで使うこと。

とうよう【登用】《登庸》人を選び、重要な地位につけて用いること。

どうよう【同様】同じであること。

どうよう【動揺】①ゆれ動くこと。②不安で落ち着かないこと。

どうよう【童謡】子供が歌う（—ための）歌。

どうよく【胴欲】《胴慾》欲深で不人情なようす。〔貪欲《どんよく》の転〕

とうらい【到来】①時機が来ること。②贈り物が届くこと。

—物《もの》 もらい物。

とうらく【当落】当選と落選。

どうらく【道楽】①趣味。②酒色・ばくちにふけること。「—者《もの》」

どうらん【胴乱】植物採集用の容器。

どうらん【動乱】①世の中が乱れ騒がしいこと。②戦争。

とうり【党利】政党（党派）の利益。

どうり【道理】①物事の正しい筋道。「—にかなう」②理由。「拒否する—がない」

—で なるほど。

とうりつ【倒立】さかだち。

どうりつ【同率】同じ率・割合。

どうりつ【道立】北海道の設立。

とうりゃく【党略】政党（党派）のためにするはかりごと。

とうりゅう【当流】①この流儀・流派。②現代の流儀。当世風。

とうりゅう【逗留】滞在。「—客」

どうりゅう【同流】①同じ—流れ（流派）。②その—流れ（流派）。③合流。

とうりゅうもん【登竜門】立身出世のための関門。〔中国の黄河の竜門という急流をさかのぼった鯉は竜になるという故事から〕

とうりょう【投了】囲碁・将棋で、一方が負けを認めて勝負が終わること。

とうりょう【棟梁】①大工のかしら。②国や団体の統率者。

とうりょう【等量】等しい分量。

とうりょう【統領】大勢をまとめる—こと（人）。

とうりょう【頭領】かしら。長。

どうりょう【同量】同じ分量。

どうりょう【同僚】同じ—職場（職務）の仲間。

どうりょく【動力】機械を動かす力。「—

資源」〔電力・水力など〕
**―炉《ろ》** 動力用、特に発電用の原子炉。
**とうるい【盗塁】** 野球で、走者がすきをねらって次の塁へ進むこと。スチール。
**とうるい【糖類】** 甘みのある炭水化物。〔単糖類・少糖類・多糖類の総称〕
**どうるい【同類】** ①同じ種類。②仲間。
**―項《こう》** 数式で、係数以外の文字因数が同じである項。＝同じ仲間。
**とうれい【答礼】** 相手に答えて‐礼をすること(する礼)。
**とうれき【党歴】** ①党の歴史。②党員としての経歴。
**とうれつ【凍裂】** 〔文章語〕木の幹が凍って裂けること。
**どうれつ【同列】** ①同じ列。②同じ‐程度(地位)。「―に扱う」
**とうろ【当路】** 〔文章語〕重要な地位にいる‐こと(人)。「―の要人」〔交通の要路に当たる意〕
**どうろ【道路】** みち。
**―標識《ひょうしき》** 交通の案内・指示などを示す標示。
**とうろう【灯籠】** 灯火をともす器具の一。「石―」
**―流《なが》し** お盆の最終日に、灯籠に火をともして海や川に流す行事。
**とうろう【蟷螂】** 〔文章語〕カマキリ。
**―の斧《おの》** 力もないのに強い相手に向かう、はかない抵抗のたとえ。
**とうろく【登録】** 公式の帳簿に記載すること。
**―商標《しょうひょう》** 特許庁に登録して、他人の使用を禁ずる商標。トレードマーク。
**とうろん【討論】** 意見を戦わせること。
**どうわ【同和】** 被差別部落の解放(‐に関すること)。「―教育」〔同胞一和の略〕
**どうわ【童話】** 子供のための物語。
**とうわく【当惑】** 決断に迷って困ること。「―顔」類困惑
**どうわすれ【胴忘れ】** どわすれ。
**とえい【都営】** 東京都の経営。「―住宅」
**とえはたえ【十重二十重】** 幾重にも重なること。「―に取り囲む」
**どえらい【ど偉い】** 〔俗語〕ものすごい。
**とお【十】** (個数・年齢で)一〇。
**トー** [toe] つま先。足の指。
**とおあさ【遠浅】** 岸から沖の方まで浅い‐こと(所)。
**とおあるき【遠歩き】** 遠くへ出歩くこと。類遠出
**とおい【遠い】** ①へだたっている。＝関係がうすい。②「耳が―(=よく聞こえない)」
◇対近い
**トーイック【TOEIC】** ⇩付TOEIC
**とおう【渡欧】** ヨーロッパへ行くこと。
**とおえん【遠縁】** 血のつながりが薄い親戚。
**とおか【十日】** ①月の一〇番目の日。②一日《いちにち》の一〇倍。「―間」
**―の菊《きく》** 時機遅れで役に立たないこと。〔菊の節句(=九月九日)の翌日の菊の意〕
**とおからじ【遠からじ】** 遠くはあるまい。「冬来りなば春―」
**とおからず【遠からず】** まもなく。
**とおからぬ【遠からぬ】** 遠くない。「―将来」
**トーキー** [talkie] 映像と音声とを同時に発する映画。対サイレント
**とおく【遠く】** ①遠い所。対近く ②はるかに。「―及ばない」
**―の親類《しんるい》より近《ちか》くの他人《たにん》** 遠方の(‐疎遠な)親類より近所の(‐親しい)他人の方が頼りになる。
**トーク** [talk] おしゃべり。談話。「―番組」
**とおくてちかきはだんじょのなか【遠くて近きは男女の仲】** まさかと思っている男女が意外と結ばれやすい。
**とおざかる【遠ざかる】** 遠く離れる。＝うとくなる。
**とおざける【遠ざける】** 遠く離れさせる。＝うとんずる。
**とおし【通し】** ①通すこと。ひと続き。②お通し。③通し狂言。
**―狂言《きょうげん》** 歌舞伎などで、ひとつの狂言を序幕から最後まで上演すること。また、その芝居。対見取《みど》り狂言
**―番号《ばんごう》** 順番を示す一連の番号。
**トーシューズ** [toeshoes] バレエではく靴。
**とおす【通す】** ①通るの他動詞形。②…し続ける。「読み―」 ③終わりまで…する。「やり―」
**トースター** [toaster] トーストを作る器具。

**トースト**［toast］食パンを薄く切って両面を焼いたもの。

**とおせんぼう【通せん坊】** 両手を広げて人を通さない遊び。◉通行止め。◇とおせんぼ。

**トータル**［total］①合計。②全体的。「物事を―にとらえる」

**トーチ**［torch］たいまつ。

**―ランプ**［和製語 torch lamp］携帯用バーナー。

**―リレー**［torch relay］聖火リレー。

**トーチカ**［ロシア語 tochka］コンクリート製の小型の要塞《ようさい》。

**とおで【遠出】** 遠くへ出かけること。

**トーテム**［totem］未開社会で、ある氏族・部族が特別に神聖視する動植物など（―のしるし）。

**―ポール**［totem pole］トーテムを描いた柱。トーテムポスト。

**トートバッグ**［tote bag］大型で実用的な手提げ袋。

**トートロジー**［tautology］同語反復。

**ドーナツ**［doughnut］油で揚げた洋菓子。多く、輪形。ドーナッツ。

**―現象《げんしょう》** 物事がドーナツのような輪の形で現れること。特に、都心部の人口が減り、郊外の人口がふえる現象。

**トーナメント**［tournament］勝ちぬき戦。対リーグ戦

**とおなり【遠鳴り】** 遠くまで鳴り響く―こと（音）。

**とおのく【遠退く】** ①遠ざかる。②疎遠になる。

**とおのり【遠乗り】** 車や自転車などで遠くへ遊びに行くこと。

**ドーパミン**［dopamine］脳内にある神経伝達物質の一。〔欠乏によりパーキンソン病を発症〕

**トーバンジャン【豆板醤】**［中国語 dòu-bǎnjiàng］中国料理の調味料の一。辛く麻婆《マーボー》豆腐などに使う。

**とおび【遠火】** ①遠くでたく火。②料理で、火から離して焼くこと。◇対近火

**ドーピング**［doping］スポーツ選手が（競走馬に）、成績を上げるために不正に薬物を使うこと。

**トーフル【TOEFL】** ⇩付TOEFL

**とおぼえ【遠吠え】** 犬などが遠くで長く尾をひいてほえる―こと（声）。◉かげで批判すること。

**とおまき【遠巻き】** 遠くから取り囲むこと。「―にする」

**とおまわし【遠回し】** それとなく―言う（する）こと。婉曲《えんきょく》。

**とおまわり【遠回り】** 回り道。類迂回《うかい》 対近回り

**とおみち【遠道】** ①長いみちのり（―を歩くこと）。②回り道。◇対近道

**トーミョー【豆苗】** ⇩豆苗《とうみょう》

**ドーム**［dome］丸屋根。丸天井。

**とおめ** 一【遠目】①遠くから見た感じ。②遠視。◇対近目

**―が利《き》く** 遠くがよく見える。

二【遠め】少し遠いこと。対近め

**とおめがね【遠眼鏡】** 望遠鏡。〔古風な言い方〕

**ドーラン**［ドイツ語 Dohran］俳優が化粧に使うおしろい。

**とおり【通り】** ①道路。②通ること。③その状態。「いつもの―」④種類。「三―」

**―雨《あめ》** すぐにやむ雨。

**―合《あ》わせる** ちょうどそのとき偶然にそこを通る。

**――遍《いっぺん》（一片）** うわべだけ。

**―掛《が》かり** 通りかかること。通るついで。

**―掛《か》かる** ちょうどそこを通る。

**―越《こ》す** 通り過ぎる。◉限度をこす。

**―すがり** 通りがかり。

**―過《す》ぎる** 通って向こうへ行く。

**―相場《そうば》** 世間一般の―値段（評価）。

**―名《な》** 通称。

**―抜《ぬ》ける** 中を通って向こうへ出る。

**―魔《ま》** 通りすがりの人をおそう犯罪（―者）。

**―道《み》（路《ち》）** ①通る道。②通る途中。

**とおる【通る】** ①通行する。②通過する。「試験に―」③つきぬける。◉遠くまで伝わる。「声が―」④室内に入る。⑤通用する。⑥わかる。「意味が―」

**ドール**［doll］人形。

**―ハウス**［dollhouse］精巧なミニチュアのおもちゃの家。

**トールゲート**［tollgate］有料道路の料金所。

**トーン**［tone］音（色）の調子。

**―ダウン**［tone down］それまでの（―話し方の）勢いが落ちること。

**とおんきごう【ト音記号】** 譜面上にトの音を定める記号。高音部記号。「𝄞」

**とか【都下】** ①東京都内全域。②東京都の二三区以外。

**とか【渡河】** 川を渡ること。

**とが【図画】** 〔法律用語〕ずが。「わいせつ―」

**とが【咎・科】** ①あやまち。②つみ。

**とが【栂】** ツガの別称。

**とかい【都会】** ①人口が多く商工業の盛んな所。対田舎 ②東京都議会の略。

**どがいし【度外視】** 問題にしないこと。「採算を―する」

**とがき【ト書き】** 脚本で、俳優の動作を指示する注意書き。〔「ト笑う」のように書くことから〕

**とかく**《兎角》 ①あれこれ。②いずれにしても。③ややもすれば。

**どかぐい【どか食い】** 〔俗語〕一度に大量に食べること。類過食 〔ドカ食いとも書く〕

**とかげ**《蜥蜴》 爬虫類の一。〔尾は切れても再生する〕

**―のしっぽ切《き》り** 上の者が助かるために下の者を犠牲にすること。

**とかす【溶かす】**《融かす》 液状にする。〔金属は、熔かす・鎔かすとも書く〕

**とかす【解かす】**《梳かす》 くしですく。「髪を―」

**どかす【退かす】** どける。

**どかた【土方】** 〔俗語〕土木工事に従事する労働者。土工。

**とがにん【咎人】** 罪人。〔古風な言い方〕

**どかべん【どか弁】** 〔俗語〕大きな弁当（―箱）。〔土方弁当の略〕

**とがま【利鎌】** よく切れる鎌。

**どがま【土釜】** めしをたく土製の釜。

**とがめだて【咎め立て】** 強く咎めること。

**とがめる【咎める】** ①非難する。②あやしんで問いただす。Ⅱ「気が―（=良心がいたむ）」

**どかゆき【どか雪】** 〔俗語〕一度に大量に降り積もる雪。

**とがりごえ【尖り声】** とげとげしい声。

**とがる【尖る】** ①先が鋭くなる。②不機嫌になる。Ⅱ過敏になる。「神経が―」「とがった声」

**どかん【土管】** 粘土製の円筒の管。〔排水管に使う〕

**とき【時】** ①時間。②時刻。③時期。「若い―」④時代。「―の権力」⑤好機。「―を得る」⑥場合。「迷った―」〔仮名で書く〕

**―は金《かね》なり** 時間はお金のように大切だからむだに使ってはいけない。

**―を移《うつ》さず** すぐに。

**―を稼《かせ》ぐ** 準備が整うまで時間をひきのばす。時間を稼ぐ。

**―を分《わ》かたず** いつも。〔誤って「すぐに」の意で使われる〕

**とき【斎】** 〔仏教語〕①僧の食事。②寺で出す食事。③精進《しょうじん》料理。

**とき【鬨】**《鯨波》 昔、戦いのはじめにあげた叫び声。「―を作る」Ⅱ大勢が一緒にあげる声。

**とき【朱鷺】**《鴇》 鳥の一。翼と尾がとき色で他は白い。〔特別天然記念物〕

**とぎ【伽】** ①話し相手になって、退屈を慰める―こと（人）。②共寝をする―こと（人）。③看病する―こと（人）。

**とぎ【都議】** 東京都議会議員の略。

**どき【時】** ①時刻。時季。「食事―」②ちょうどいいとき。「売り―」

**どき【土器】** 素焼きの焼き物。かわらけ。

**どき【怒気】** おこった―ようす（気持ち）。「―を含んだ声」

**ときあかす【説き明かす・解き―】** よくわかるように説明する。

**ときあらい【解き洗い】** 着物をほどいて洗うこと。対丸洗い

**ドギーバッグ**〔doggy bag〕 レストランで、食べ残した料理を持ち帰るための容器。

**ときおこす【説き起こす】** 説明を始める。

**ときおり【時折】** ときどき。

**とぎかい【都議会】** 東京都の議決機関。

**ときしも【時しも】** 〔文章語〕ちょうどそのとき。

**ときしらず【時知らず・時不知】** ①春から夏にかけてとれるサケ。美味。時鮭《ときざけ》。〔秋の成熟期ではない季節はずれの意から〕②時季を選ばないこと。Ⅱキンセンカやヒナギクなどの別名。

**とぎすます【研ぎ澄ます】** 十分にとぐ。

「刀を—」Ⅱ鋭敏にする。「神経を—」

**トキソプラズマ**［toxoplasma］ 家畜に寄生する原生動物の一。〔人に感染すると脳炎や肺炎を起こす〕

**とぎだし【研ぎ出し】** 表面をといでつやを出すこと(出したもの)。

**ときたま【時たま】** ときどき。たまに。

**どぎつい** 非常にきつい。〔「ど」は強め〕

**ときつける【説き付ける】** 説き伏せる。

**ときどき【時々】** ①その時その時。「—の気分」②たまに。

**ときとして【時として】** 時には。

**ときなし【時無し】** いつと決まっていないこと。

**ときならぬ【時ならぬ】** 時期外れの。思いがけない。「—雪」

**ときに【時に】** ①たまに。②その時。「—二〇二四年」③ところで。

**—は** たまには。

**—よると** 場合によっては。

**ときの【時の】** その時の。「—首相」

**—氏神《うじがみ》** タイミングよく出てきて仲裁してくれる人。

**—人《ひと》** 話題の人。

**ときのこえ【鬨の声】**《鯨波の声》 とき。「—をあげる」

**ときはなす【解き放す・—離す】** つないであるものをといて自由にする。

**ときはなつ【解き放つ】** ときはなす。

**ときふせる【説き伏せる】** 説いて自分の考えに従わせる。

**ときほぐす【解きほぐす】** もつれたものをほどく。固くなったものをやわらかくする。「緊張を—」

**ときめく** 胸がどきどきする。「心—」

**ときめく【時めく】** よい時機にあい、勢いを得て栄える。

**どぎも【度肝】**《度胆》 きもったま。〔「ど」は強め〕

**—を抜《ぬ》く** たいそう驚かせる。

**ドキュメンタリー**［documentary］ 実際の記録(—に基づいた作品)。

**ドキュメンテーション**［documentation］ 資料・文献などを整理し提供すること。

**ドキュメント**［document］ ①記録。②文献。

**どきょう【度胸】** 何事にも恐れない心。

**どきょう【読経】** 声を出して経を読むこと。誦経《ずきょう》。

**ときょうそう【徒競走】** かけっこ。

**とぎれる【途切れる】**《跡—》 ①途中で切れる。②往来がとだえる。

**ときわ【常磐】** ①永久に変わらないこと。②葉の色が、一年中変わらないこと。「—木(=常緑樹)」

**ときん【と金】** 将棋で、歩《ふ》が金《きん》と同じ働きができるようになったもの。〔歩の裏に「と」と書いてある〕

**ときん【鍍金】** めっき。

**とぎん【都銀】** 都市銀行の略。対地銀

**とく【得】** ①もうけ。②有利。◇対損

**とく【徳】** ①人道にかなう行為をすること。②人徳。③めぐみ。④もうけ。得。

**とく【溶く】**《融く》 ①溶かす。②液体にまぜてどろどろにする。「絵の具を—」

**とく【解く】** ①ほどく。Ⅱゆるめる。「警戒を—」②解決する。③はなれさせる。「職を—」④《梳く》髪をくしですく。

**とく【説く】** 説明してわからせる。

**とぐ【研ぐ】**《磨ぐ》 ①みがいて—つやを出す(鋭くする)。②水中でこすって洗う。

**どく【毒】** ①毒薬。「—をあおる」②健康や生命を害する—もの(こと)。③精神を害する—こと(もの)。

**—にも薬《くすり》にもならない** 害もないが役にも立たない。

**—を食《く》らわば皿《さら》まで** 一度悪事を働いた以上は徹底的にやり通す。

**—を以《もっ》て毒《どく》を制《せい》す** 悪を除くのに他の悪を使う。

**どく【退く】** 他に移り、場所をあける。

**とくい【特異】** 他と違って(—すぐれて)いるようす。

**—日《び》** 毎年特定の天気である確率の高い日。

**—体質《たいしつ》** アレルギー体質。

**とくい【得意】** ①望みどおりで満足。対失意 ②自信がある。「—わざ」対苦手 ③得意先。

**—先《さき》** ひいきにしてくれる客。

**—満面《まんめん》** 得意な気持ちが顔にみちあふれること。

**とくいく【徳育】** 道徳心を養う教育。対知育・体育

**どぐう【土偶】** 土でつくった人形。

**どくえい【独泳】**（先頭を）ひとりで泳ぐこと。
**どくえき【毒液】**毒を含んだ液体。
**どくえん【独演】**ひとりで演ずること。
**とくか【徳化】**⇩とっか
**どくが【毒牙】**毒のあるきば。Ⅱ悪らつな手段。「―にかかる」
**どくがい【毒害】**毒殺。
**とくがく【篤学】**学問に熱心なこと。
**どくがく【独学】**先生などにつかず、ひとりで学習すること。独習。
**どくガス【毒―】**毒を含んだガス。
**どくがん【独眼】**片目。
**とくぎ【特技】**特別―の（にすぐれた）技能。
**とくぎ【徳義】**道徳上の義務。
**どくき【毒気】**⇩どっき
**どくぎょ【毒魚】**毒をもつ魚。フグなど。
**とくきん【特勤】**特殊勤務の略。公務員の勤務で、危険や困難を伴うもの。「―手当」
**どくぎん【独吟】**①ひとりで詩歌を口ずさむこと。②ひとりで連歌・俳諧《はいかい》を作ること。その連歌・俳諧。
**どくけ【毒気】**どっき。
**どくけし【毒消し】**毒のききめを消す―こと（薬）。
**どくご【独語】**①ひとりごと（―を言うこと）。②ドイツ語。
**どくご【読後】**本などを読んだあと。
**とくさ【木賊】**《砥草》植物の一。茎はかたく、物をみがくのに使った。
**どくさい【独裁】**特定の個人・団体が全権力を握り、支配すること。
**とくさく【得策】**有利な方法。
**とくさつ【特撮】**映画で、特殊撮影の略。
**どくさつ【毒殺】**毒を使って殺すこと。
**とくさん【特産】**その地方で特に生産する―こと（物）。「―品」
**とくし【特使】**特別の任務をもつ使者。
**とくし【篤志】**〔文章語〕社会事業などに熱心に協力する気持ち。「―家」
**どくじ【独自】**他と違ってそれだけに特有であること。「―性」
**とくしつ【特質】**それだけがもつ特別な性質。
**とくしつ【得失】**①利益と損失。「―を論じる」②得点と失点。
**とくじつ【篤実】**人情に厚くまじめなこと。
**とくしゃ【特写】**特別に写真にとること。「本誌―」
**とくしゃ【特赦】**恩赦の一。特定の犯罪者に対する有罪判決を無効にすること。
**どくしゃ【読者】**読む人。読み手。
**どくじゃ【毒蛇】**きばに毒をもつヘビ。
**どくしゃく【独酌】**手酌《てじゃく》（―でひとりで酒を飲むこと）。
**とくしゅ【特殊】**対一般・普遍 類特別
**―学級《がっきゅう》** かつての、心身障害児のために設けた学級。〔現在は、特別支援学級という〕
**―教育《きょういく》** かつての障害児教育。〔現在は、特別支援教育という〕
**―詐欺《さぎ》** 振り込め詐欺の類の詐欺。電話やメールなどを使い対面することなく金品をだまし取る。
**―法人《ほうじん》** 公共の利益や国の政策のために設立された法人。〔日本赤十字社など〕
**とくしゅ【特種】**特別な種類。
**とくじゅ【特需】**戦争・災害など特別な状況での物資・役務の需要。特に、朝鮮戦争の際の国連軍・米軍からの需要。
**どくしゅ【毒手】**①殺害の手段。②悪らつな手段。
**どくじゅ【読誦】**〔仏教語〕読経《どきょう》。
**とくしゅう【特集】**《特輯》特定の事柄を中心に編集―すること（したもの）。
**どくしゅう【独習・独修】**独学。「―書」
**とくしゅつ【特出】**①特に優れていること。②特別に掲げること。
**どくしょ【読書】**本を読むこと。
**―人《じん》** 読書の好きな人。よく本を読む人。
**―百遍《ひゃっぺん》意《い》自《おの》ずから通《つう》ず** むずかしい書物でも何回も読めば自然に意味がわかる。
**とくしょう【特称】**特にそれだけに用いる名称。〔黄門が水戸光圀の特称である類〕
**とくしょう【特賞】**特別の賞。〔一等賞の上〕
**とくじょう【特上】**特別上等（―のもの）。
**どくしょう【独唱】**ひとりで歌うこと。ソロ。対合唱・斉唱
**とくしょく【特色】**他と比べて―すぐれて（ちがって）いる点。類特徴
**とくしょく【瀆職】**〔文章語〕汚職。〔古い言い方〕

**とくしん【特進】** ①特別の昇進。「二階級—」②高校などで、進学に注力すること。「—科」
**とくしん【得心】** 納得。「—がいく」
**とくしん【篤信】** 信仰心が深いこと。
**とくしん【瀆神】** 神の神聖を汚すこと。
**どくしん【独身】** 配偶者のいない—こと(人)。「—者」
**どくじん【毒刃】** 〔文章語〕人に危害を与える刃物。「—に倒れる」
**どくしんじゅつ【読心術】** 表情などから相手の心を読みとる術。
**どくしんじゅつ【読唇術】** 相手のくちびるの動きを見て言葉を理解する方法。口話術。
**どくず【読図】** 地図や図面の内容を理解すること。
**とくする【得する】** 利益を得る。「得した気分」対損する
**どくする【毒する】** だめにする。「社会を—」対益する
**とくせい【特性】** 独特の(—すぐれた)性質。
**とくせい【特製】** 特別に—上等に(手をかけて)つくること。また、その物。対並製
**とくせい【徳性】** 道徳心(—の強い人格)。
**どくせい【毒性】** 毒のある性質。
**とくせつ【特設】** 特別に設置すること。
**どくぜつ【毒舌】** しんらつな—皮肉(悪口)。「—をふるう」
**とくせん【特選】** ①すぐれたものを特別に選ぶこと。また、特賞。「—品」②**【特撰】** 特に念入りに作ること。
**とくせん【督戦】** ①部下を励まして戦わせること。②後方から前線の軍を監視すること。「—隊」
**どくせん【独占】** ①ひとりのものにすること。ひとり占め。「—欲」②市場を支配して利益をひとり占めすること。
**—資本《しほん》** 金融資本と密接に結びつき、市場を広く支配する巨大企業。
**どくぜん【独善】** ひとりよがり。
**どくせんじょう【独擅場】** ⇩どくだんじょう
**どくそ【毒素】** 有毒な物質。
**とくそう【特捜】** 特別捜査の略。「—班」
**とくそう【特装】** ①特別な装丁。「—版」②特別な装備。「—車」
**とくそう【徳操】** 〔文章語〕変わらずに守る節操。
**どくそう【毒草】** 毒のある草。
**どくそう【独走】** ①ひとりで走ること。②競走相手を引き離して走ること。‖ひとりだけが—活躍(勝手な行動)をすること。
**どくそう【独奏】** ひとりで演奏すること。ソロ。対合奏
**どくそう【独創】** まねでなく、独自に作り出す—こと(もの)。
**とくそく【督促】** 催促。「—状」
**ドクター【doctor】** ①医者。②博士。
**—カー** 〔和製語 doctor car〕医師が同乗する救急車。高度な医療機器を備えている。
**—コース** 〔和製語 doctor course〕大学院の博士課程。
**—ストップ** 〔和製語 doctor stop〕ボクシングなどで、選手が負傷したとき医師が試合を中止させること。‖健康のために、医師が患者にある行為を控えさせること。
**—ヘリ** 〔和製語 doctor heli〕医師が搭乗する救急用ヘリコプター。
**とくたい【特待】** 特別の待遇。
**—生《せい》** 優秀で授業料を免除されている学生。
**とくだい【特大】** 特別に大きい—こと(もの)。
**どくたけ【毒茸】** 毒のあるキノコ。
**とくだね【特種】** (新聞・雑誌・テレビで)その社だけが入手した記事の材料。スクープ。
**どくだみ《蕺草》** 多年草の一。日陰に自生。地下茎・葉は漢方薬用。
**とくだわら【徳俵】** 相撲の土俵で、東西南北の中央の俵。そこだけ俵の幅だけ外側へずらして埋めてあり円が広くなっている。
**とくだん【特段】** 特別。
**どくだん【独断】** 自分の考えだけで決断すること。その判断。
**—専行《せんこう》** 独断で思うとおりにすること。
**どくだんじょう【独壇場】** その人だけが活躍できる場所。〔本来は独擅《どくせん》場。擅と壇の混同から〕
**とぐち【戸口】** 家の出入り口。
**とくちゅう【特注】** 特別注文の略。
**とくちょう【特長】** 特にすぐれた点。
**とくちょう【特徴】** 他と比べて特に目立つ点。類特色

と

**どくづく【毒突く】** ひどく悪口を言う。

**とくてい【特定】** 特に指定すること。

**―外来生物《がいらいせいぶつ》** 生態系や農林水産業に害を与えるとして、法律で飼育や輸入が禁じられている外来種の生物。

**―技能《ぎのう》** 入管法の在留資格の一。これを有する外国人に就労のための在留を認める。

**―健診《けんしん》** 生活習慣病予防のために行われる健康診査。メタボ健診。〔四〇歳～七四歳対象〕

**―保健用《ほけんよう》食品《しょくひん》** 摂取を続けると体調を整える効果があると厚生労働省が認めた食品。

**とくてん【特典】** 特別の―恩典（扱い）。

**とくてん【得点】** 競技や試験で得た点数。Ⅱプラスの評価。「―を稼ぐ」◇対失点

**とくと【篤と】** 念を入れて。

**とくど【得度】** 〔仏教語〕①出家して仏門に入ること。②悟りの境地に入ること。

**とくとう【禿頭】** 〔文章語〕はげあたま。

**とくとう【特等】** 一等の上の等級。「―席」

**とくとく【得々】** 得意なようす。

**どくとく【独特・独得】** （特徴などを）それだけがもっていること。

**どくどくしい【毒々しい】** ①にくにくしい。②色がどぎつい。

**ドクトリン** 〔doctrine〕①教義。②主義。

**ドクトル** 〔ドイツ語 Doktor〕ドクター。

**とくに【特に】** とりわけ。特別に。

**とくにん【特任】** 特別に任命すること。また、特定の任務にあたること。「―教授」

**とくにん【特認】** 特別に承認すること。

**とくのう【篤農】** 農業に熱心な人。篤農家。

**とくは【特派】** 特別に派遣すること。

**―員《いん》** 外国に特派される記者。

**どくは【読破】** 最後まで読み通すこと。

**とくばい【特売】** 特別に安く売ること。

**どくはく【独白】** ①モノローグ。②ひとりごと。

**とくはつ【特発】** ①臨時に出すこと。「―列車」②原因不明で発病すること。

**ドクハラ** 〔俗語〕医師が患者の心を傷つけ不快にさせる行為。ドクターハラスメント。

**とくひつ【特筆】** 特に取り立てて書くこと。「―に値する」

**―大書《たいしょ》** 目立つように書き立てること。

**とくひょう【得票】** 選挙で―票を得ること（獲得した票）。

**どくふ【毒婦】** 男をだまし、悪事を働く女。

**どくふ【読譜】** 楽譜を見て理解すること。

**どくぶつ【毒物】** 毒を含む―物質（薬物）。

**どくぶん【独文】** ①ドイツ語の文章。②ドイツ文学。

**とくべつ【特別】** ふつうと違うこと。

**―会計《かいけい》** 国の予算で、特定の事業や特定の資金運用のために、一般会計とは別に独立して行う会計。

**―区《く》** 東京都の二三区。

**―国会《こっかい》** 衆議院の解散による総選挙後、三〇日以内に召集される国会。

**―支援学級《しえんがっきゅう》** 特別支援教育を行うために設けた学級。〔かつての特殊学級の対象を拡大した〕

**―支援教育《しえんきょういく》** 心身障害や発達障害など、特別の支援を必要とする子供のための教育。〔かつての特殊教育の対象を拡大した〕

**―職《しょく》** 公務員法の適用をうけない公職。〔国会議員や大使など〕対一般職

**―天然記念物《てんねんきねんぶつ》** 天然記念物のうち特に貴重だとして指定されたもの。〔コウノトリ・イリオモテヤマネコ・屋久島スギ原始林など〕

**―養護《ようご》老人《ろうじん》ホーム** 常に介護を必要とする老人を受け入れる福祉施設。特養。

**どくへび【毒蛇】** どくじゃ。

**とくほ【特保】** 特定保健用食品の略。

**とくぼう【徳望】** 徳が高く人望があること。「―家」

**どくぼう【独房】** 受刑者をひとりだけ入れておくへや。

**とくほん【読本】** ①入門書。解説書。「文章―」②もと、読み方の教科書。

**ドグマ** 〔dogma〕①教義。②独断的な説。

**とくむ【特務】** 特別の任務。

**―機関《きかん》** （旧日本軍の）諜報機関。

**どくむし【毒虫】** 人体に害を与える毒をもつ虫。Ⅱ嫌われ者。

**とくめい【匿名】** 本名を隠す―こと（ための別名）。「―希望」

**とくめい【特命】** 特別の―命令（任命）。

―全権大使《ぜんけんたいし》　最高級の外交使節。大使。
―担当大臣《たんとうだいじん》　内閣総理大臣のもとで、特定の事項について企画・立案・総合調整を行う大臣。〔内閣府に属する〕
**とくもく【徳目】**　徳を分類した名。忠・孝・仁・義・信など。
**とくやく【特約】**　特別の条件・利益を伴う契約。
―店《てん》　製造元と特約を結んだ販売店。
**どくやく【毒薬】**　毒を含んだ薬物。
**どくやく【独訳】**　ドイツ語訳。
**とくゆう【特有】**　それだけが特にもっていること。類独特 対通有
**とくよう【徳用・得用】**　割安《わりやす》。「―洗剤」
**とくようホーム【特養―】**　特別養護老人ホームの略。
**とくり【徳利】**　とっくり。
**とくりつ【特立】**　①特にすぐれていること。②独立。
**どくりつ【独立】**　①他の援助・支配を受けずにひとり立ちすること。Ⅱ一家を構えること。②他と無関係にあること。
―行政《ぎょうせい》法人《ほうじん》　公益性の高い事業を実施する行政機関や研究機関を国から独立させ、法人としたもの。
―語《ご》　文の成分の一。他の成分と修飾関係になく独立しているもの。感動や呼びかけの語など。
―国《こく》　独立した主権をもつ国。
―採算制《さいさんせい》　一企業内で、ある部門が独立して採算がとれるようにする制度。
―独歩《どっぽ》　独立して自分の思うとおりに行うこと。独立独行。
**どくりょう【読了】**　読み終えること。
**どくりょく【独力】**　自分だけの力。類自力
**とくれい【特例】**　特別な例。特に設けた例外。
**とくれい【督励】**　監督し励ますこと。
**とくれん【得恋】**　〔俗語〕恋がみのること。〔失恋に対してできた語〕
**とぐろ**　ヘビが、体を渦のように―巻くこと（巻いた状態）。
―を巻《ま》く　ヘビが体を渦のように巻く。Ⅱ仕事をしない人がたむろする。
**どくろ【髑髏】**　されこうべ。
**どくわ【独話】**　〔文章語〕①ひとりごと。②大勢の前でひとりで話すこと。
**どくわ【読話】**　（聴覚障害者が）相手の口の動きから話を理解すること。類読唇・口話
**とげ【刺】《棘》**　先のとがった小片。Ⅱ他人の感情を傷つけるもの。「―のある言葉」
**とけあう【解け合う】**　互いにうちとける。
**とけい【時計】**　時刻を示す機械。〔時計は、もとは当て字〕
―数字《すうじ》　ローマ数字。
―回《まわ》り　右回り。
**とけこむ【溶け込む】**　溶けてひとつになる。Ⅱまわりになじむ。「チームに―」
**どげざ【土下座】**　地にひざまずいて礼をすること。
**とけつ【吐血】**　血を吐くこと。〔消化器系統からの出血〕→喀血《かっけつ》
**とげとげしい《刺々しい》**　おだやかさがなく、けわしい。
**とげぬき【刺抜き】**　肌にささったとげを抜く―こと（道具）。
**とける【溶ける】《融ける》**　①液体になる。〔金属は熔ける・鎔けるとも書く〕②液体にまざりこむ。「水に―」
**とける【解ける】**　①ほどける。Ⅱやわらぐ。「怒りが―」②解決する。「なぞが―」
**とげる【遂げる】**　果たす。「思いを―」
**どける【退ける】**　他へ移し、場所をあける。
**どけん【土建】**　土木建築の略。「――業（屋）」
**とこ【床】**　①寝床。②床の間。③畳の芯《しん》。④川底。⑤苗床。
―に就《つ》く　①寝床に入る。②病気で寝つく。
―に伏《ふ》す　病気で寝る。
**とこ【所】**　ところ。「出た―勝負」
**どこ《何処》**　不定・不明な―場所（点）をさす語。
―吹《ふ》く風《かぜ》　知らん顔をすること。
―までも　徹底的に。
―もかしこも　どこも全部。
―を押《お》せば　何を根拠に。〔あきれて言う言葉〕
**とこあげ【床上げ】**　大病や出産の後に元気になって寝床をしまう―こと（祝い）。床払い。
**とこいり【床入り】**　新婚夫婦が初めて寝

所を共にすること。

**とこう【渡航】** 海をこえて外国へ行くこと。

**どごう【土豪】** その土地の豪族。

**どごう【怒号】** 怒り叫ぶ―こと（声）。Ⅱ風や波のあれくるう―こと（音）。

**とこかざり【床飾り】** 床の間の飾り。

**とこがまち【床框】** 床の間の前端の化粧横木。とこぶち。

**とこさかずき【床杯】** 昔、婚礼の夜、夫婦が寝所で杯を取りかわした儀式。

**ドコサヘキサエンさん【―酸】** ⇩付DHA

**とこしえ《永しえ・常しえ》** 永久。

**とこしなえ《永しなえ・常しなえ》** 〔文章語〕とこしえ。

**とこずれ【床擦れ】** 長い病気で、体の寝床にあたる部分がすれてただれること。類褥瘡《じょくそう》

**とことん** 〔俗語〕①物事の最後。「―まで」②徹底的に。

**とこなつ【常夏】** 一年中、夏のような気候であること。「―の国」

**とこのま【床の間】** 座敷の上座に、床を一段高くした所。掛け軸や置物を飾る。

**とこばしら【床柱】** 床の間のわきの化粧柱。

**とこばなれ【床離れ】** ①起床。「―が悪い」②床上げ。

**とこばらい【床払い】** 床上げ。

**とこはる【常春】** 一年中、春のような気候であること。

**とこぶし【常節】** アワビに似た、小形の巻き貝。食用。

**とこや【床屋】** 理髪―店（師）。

**とこやま【床山】** 役者・力士の髪を結う職業（―の人）。

**とこよ【常世】** ①永久に変わらないこと。②常世の国。

**―の国《くに》** ①不老不死の国。②死後の国。

**ところ【所】《処》** ①場所。Ⅱ住所。「―番地」②箇所。部分。③指摘できる点。「偉い―」④とき。場合。「今の―」⑤…すること。「言う―の意味」⑥場所を数える語。

**―が** けれども。

**―柄《がら》** 場所柄。

**―変《か》われば品《しな》変《か》わる** 土地がちがえば風俗や習慣などもちがう。

**―嫌《きら》わず** どこでも構わず。

**―狭《せ》まし** 狭くて窮屈であること。

**―で** 話題を変えるときの語。

**―所《どころ》** あちこち。

**―番地《ばんち》** 地名と番地。住所。

**―を・得《え》る** ふさわしい地位につく。

**ところ【野老】** ヤマノイモ科の多年草。つる性。根は苦いが食用。

**ところてん【心太】** 食品の一。〔テングサを溶かして固め、細く突き出してひも状にする〕

**―式《しき》** ところてんを突き出すように後から押されて自然に―出る（進む）こと。

**どこんじょう【ど根性】** 〔俗語〕ずぶとい根性。

**どざえもん【土左衛門】** 〔俗語〕水死体。〔江戸時代の力士の名。太った姿に水死体が似ていたことから〕

**とさか《鶏冠》** 鶏やキジの頭の上の突起。

**―に・来る** 〔俗語〕頭に来る。

**どさくさ** 〔俗語〕混乱。

**―に紛《まぎ》れる** 混乱に乗じる。

**とざす【閉ざす】《鎖す》** ①戸をしめる。②通れなくする。③閉じこめる。

**とさつ【屠殺】** 家畜などのけものを殺すこと。畜殺。

**とざま【外様】** 将軍の一族や譜代以外の家臣。Ⅱ傍系。

**どさまわり【どさ回り】** ①地方巡業（―をする劇団など）。Ⅱ地方勤務。②地回り。

**とざん【登山】** 山に登ること。「―家」

**どさん【土産】** 土地の産物。みやげもの。

**どさんこ【道産子】** 北海道で生まれた―人（馬）。

**とし【年】《歳》** ①一年。「―の暮れ」②年齢。「―をとる」

**―が明《あ》ける** 新年になる。

**とし【徒死】** むだ死に。類犬死に

**とし【都市】** その地方の中心地。類都会

**とじ【綴じ】** とじる―こと（方法）。

**とじ【刀自】** 高齢の女性の敬称。〔古い言い方〕

**とじ【徒事】** 〔文章語〕無益なこと。

**とじ【途次】** 道の途中。類途上

**どじ** 〔俗語〕まぬけ（―な失敗）。〔ののしって、または自嘲《じちょう》して言う語〕

**―を踏《ふ》む** まぬけな失敗をする。

と

**としあけ【年明け】** 新年(ーになること)。

**としうえ【年上】** 年齢が上であるーこと(人)。対年下

**としおいる【年老いる】** 年をとる。「年老いた親」

**としおとこ【年男】《歳男》** その年の干支《えと》にあたる男(ーで節分に豆まきの役をする人)。対年女

**としおんな【年女】《歳女》** その年の干支《えと》にあたる女。対年男

**としがい【年甲斐】** 年齢にふさわしい思慮分別。「ーもない」

**としかさ【年嵩】** ①年上。②高齢。

**としガス【都市ー】** ガス管によって供給される燃料用ガス。

**どしがたい【度し難い】** どうしようもない。救いがたい。

**としかっこう【年格好・年恰好】** 見たところの大体の年齢。

**としぎんこう【都市銀行】** 大都市に本店があり、各地に支店をもつ銀行。対地方銀行

**としけいかく【都市計画】** 都市の環境を改良するための総合的な計画。

**としご【年子】** 一歳ちがいの兄弟姉妹。

**としこうざん【都市鉱山】** 都市を鉱山にたとえた語。〔都会では大量の廃棄物にレアメタルなど有用な金属が含まれていることから〕

**としこし【年越し】** ①旧年を送り新年を迎えること。②大みそかの夜。

**ー蕎麦《そば》** 大みそかの夜に食べるそば。

**としごと【年ごと】《年毎》** 毎年。年々。

**とじこむ【綴じ込む】** ①綴じてひとつにまとめる。②後から綴じ入れる。

**とじこめる【閉じ込める】** 中に入れて外へ出られないようにする。

**とじこもる【閉じ籠もる】** 中に入って外に出ない。

**としごろ【年頃】** ①結婚適齢期。②およその年齢。③数年来。

**としした【年下】** 年齢が下であるーこと(人)。対年上

**どしつ【土質】** 土の性質。

**としつき【年月】** ①年と月。歳月。②年来。「ーの望み」

**としづよ【年強】** 一年の前半に生まれたーこと(人)。対年弱

**としでんせつ【都市伝説】** 近年になって都市で広く信じられている、根拠のないうわさ話。

**としとくじん【歳徳神】** 陰陽《おんよう》道で、その年の福徳をつかさどる神。年神。

**としどし【年々】** 年ごと。毎年。ねんねん。

**としとり【年取り】** ①年をとること。②年越し。

**としとる【年取る】** 年齢が多くなる。老いる。

**としなみ【年波】** 「寄るー(=年をとること)」〔「年が寄る」を「寄る波」にかけた〕

**としのいち【年の市】** 年末、新年の飾りを売る市。〔歳の市とも書く〕

**としのこう【年の功】** 年をとって経験を積んだこと(ーによる功徳《くどく》)。

**としのころ【年の頃】** 大体の年齢。

**としのせ【年の瀬】** 年の暮れ。

**としは【年端】** 年齢の程度。

**ーも行《ゆ》かない** 幼い。

**とじぶた【綴じ蓋】** 修理したふた。「割れ鍋にー」

**としま【年増】** 娘盛りを過ぎた女性。

**とじまり【戸締まり】** 戸を締めかぎをかけること。

**としまわり【年回り】** ①年齢による吉凶。「今年はーがーよい(悪い)」②年齢。「ーが近い」

**とじめ【綴じ目】** 綴じあわせたところ。

**としゃ【吐瀉】** 食物をはいたりくだしたりすること。

**どしゃ【土砂】** つちとすな。「ー崩れ」

**どしゃぶり【土砂降り】** 雨が激しく降ること。「ーになる」

**としゅ【斗酒】** 〔文章語〕一斗(多量)の酒。「ーなお辞せず(=大酒を飲む)」

**としゅ【徒手】** 手に何も持たないこと。Ⅱ自分の力以外に頼るものがないこと。

**としゅくうけん【徒手空拳】** 徒手の強め。

**としゅたいそう【徒手体操】** 器械や器具を使わない体操。対器械体操

**としょ【図書】** 本。「ー室」

**としょ【屠所】** 家畜を殺す所。

**としょう【徒渉】** 川などを歩いて渡ること。

**とじょう【途上】** 途中。「発展ー国」

**とじょう【都城】** 城郭をめぐらした都市。

**とじょう【屠場】** 屠畜場の旧称。
**とじょう【登城】** 城に参上すること。対下城
**どじょう【土壌】**（作物を育てる）つち。Ⅱ物事を生み出す環境。
**どじょう【泥鰌】** 小形の淡水魚の一。口ひげがある。食用。
**―掬《すく》い** ①ドジョウをざるですくってとること。②安来節《やすぎぶし》に合わせてドジョウすくいのかっこうをする踊り。
**―鍋《なべ》** ①ドジョウとネギを煮た料理。②柳川鍋《やながわなべ》。
**―髭《ひげ》** 薄い口ひげ。
**どしょうぼね【土性骨】**〔俗語〕生まれつきの性質。どしょっぽね。類性根《しょうね》
**としょかん【図書館】** 本や資料を集めて保管し、人々に見せたり貸したりする施設。
**としょく【徒食】**〔文章語〕働かずに暮らすこと。「無為―」
**としより 一【年寄り】** 老人。
**―の冷《ひ》や水《みず》** 老人が、年を考えずに無理な行動をすること。
**二【年寄】** 引退した力士や行司で、力士の養成や日本相撲協会の運営にあたる人。
**としよる【年寄る】** 老いる。
**としよわ【年弱】** 一年の後半に生まれた―こと（人）。対年強
**とじる【閉じる】** ①しまる。しめる。②終わる。終える。「会合を―」
**とじる【綴じる】** ①つづりあわせる。②料理で、溶き卵をかけ加熱して具材をまとめる。
**どじる**〔俗語〕しくじる。
**としわすれ【年忘れ】** 一年の労苦をねぎらう―こと（会）。
**としん【妬心】**〔文章語〕嫉妬心《しっとしん》。
**としん【都心】** 都会、特に東京の中心部。
**とじん【都塵】**〔文章語〕都会のごみごみした雑踏。
**とす【賭す】** 賭する。
**トス**〔toss〕①球技で、味方に軽く球を投げ上げて送ること。②コインなどを投げ上げてその表裏で物事を決めること。
**どす【ドス】** ①短刀。②すごみ。「―のきいた声」
**―を呑《の》む** 短刀を隠し持つ。
**どすう【度数】** ①回数。②温度・角度・アルコール含有量などを示す数。
**ドスキン**〔doeskin〕光沢がある厚地の毛織物。礼服用。
**どすぐろい【どす黒い】** にごったように黒い。
**トスバッティング**〔和製語 toss batting〕野球で、軽く投げた球を打つ打撃練習。
**とする【賭する】**〔文章語〕かける。「一命を賭して」
**とせい【都政】** 東京都の行政。
**とせい【渡世】** 世渡り。Ⅱなりわい。生業。
**―人《にん》** ばくち打ち。
**どせい【土星】** 太陽系の惑星の一。内側から六番目。周囲に環がある。サターン。
**どせい【土製】** 土で作ってある―こと（もの）。
**どせい【怒声】** 怒ってどなる声。
**どせき【土石】** 土と石。
**―流《りゅう》** 山崩れなどで、土砂が激しく流れ落ちること。
**とぜつ【途絶】**《杜絶》とだえること。「交通（通信）が―する」
**とせん【渡船】** 渡し船。「―場」
**とぜん【徒然】**〔文章語〕退屈。手持ちぶさた。つれづれ。
**とそ【屠蘇】** ①屠蘇散。②屠蘇散を―みりん（酒）に浸したもの。〔正月の祝いに飲む〕
**―を祝《いわ》う** とそを飲んで正月を祝う。
**とそう【塗装】** 塗料を塗ること。
**どそう【土葬】** 死体を焼かずに地中に埋葬すること。
**どぞう【土蔵】** 土壁で塗り固めた蔵。
**どそく【土足】** ①はきものをはいたままの足。②どろ足。
**―で踏《ふ》み込《こ》む** Ⅱ無遠慮で無神経な言動をする。
**どぞく【土俗】** その土地の風俗・習慣。
**とそさん【屠蘇散】** サンショウ・ニッケイなどの薬草を調合したもの。→屠蘇
**どだい** ①【土台】建築物の基礎。「―を据える」Ⅱ物事の基礎。②もともと。「―話にならない」
**とだえる【途絶える】**《跡―》続いていたものがなくなる。
**どたキャン**〔俗語〕予定や約束を間際になって取り消すこと。〔どたんばでキャンセルから〕

**とだな**【戸棚】中が棚で戸のついた家具。
**とたん**【途端】ちょうどその時。
**とたん**【塗炭】〔泥にまみれ、火に焼かれる意〕
**—の苦《く》しみ** ひどい苦しみ。
**トタン** 亜鉛めっきをした薄い鉄板。トタン板。〔屋根や囲いに使う。／ポルトガル語 tutanaga から〕
**どたんば**【土壇場】物事のせっぱつまった最後の-瞬間(場面)。
**とち**【栃】《橡》トチノキ。
**とち**【土地】①大地。②地面。地所。「—を買う」③その地方。「—の人」
**とちかいりょう**【土地改良】灌漑《かんがい》・区画整理などをして農地の生産力を高めること。
**とちかおくちょうさし**【土地家屋調査士】登記に必要な土地・家屋に関する調査・測量・申請手続きの代行をする人。
**とちがら**【土地柄】その土地の風習・人情。
**とちかん**【土地鑑・—勘】〔俗語〕その土地の地理に通じていること。〔警察用語〕
**とちく**【屠畜】食肉用の家畜を殺すこと。
**—場《じょう》** 屠畜・解体処理を行う施設。
**とちじ**【都知事】東京都の知事。
**とちのき**【栃の木】《橡の木》トチノキ科の落葉樹。実は食用。
**とちめんぼう**【栃麺棒】〔俗語〕うろたえる-人(こと)。〔「とちめく坊」の転とも、栃麺(=トチの実を原料とする麺)を作る際のせわしい麺棒の動きからとも〕

**どちゃく**【土着】その土地に住みつくこと。「—民」
**とちゅう**【途中】まだ-到着しない(終わらない)うち。「話(旅)の—」
**とちょう**【ト調】音楽で、ト音を主音とする音階。
**とちょう**【徒長】植物の茎や枝が必要以上にのびること。
**とちょう**【都庁】東京都の行政事務を扱う役所。
**とちょう**【登頂】とうちょう。
**どちょう**【怒張】血管などがふくれあがること。
**どちら**《何方》①どの方向・場所。②どれ。◇[類]どっち ③どなた。「—様」◇〔丁寧な言い方〕
**とちる**〔俗語〕役者がせりふやしぐさをまちがえる。Ⅱやりそこなう。
**とつ**【凸】中央がつき出ていること。[対]凹
**とつおいつ** あれこれ迷うようす。
**とっか**【特化】専門的(特殊なもの)になるようにすること。
**とっか**【特価】特に安くした値段。「—品」
**とっか**【特科】特別の科目。
**とっか**【徳化】徳により人を感化すること。
**トッカータ**〔イタリア語 toccata〕ピアノ・オルガンなどのためのはなやかで即興的な楽曲。
**どっかい**【読解】文章を読んで理解すること。「—力」
**とっかかり**【取っ掛かり】最初の手がかり。
**とっかん**【吶喊】ときの声を-あげる(あげて突撃する)こと。

**とっかん**【突貫】一気に事を行うこと。「—工事」
**とっき**【突起】一部分が突き-出たもの(出ること)。
**とっき**【特記】特にとりあげて書くこと。「—事項」
**どっき**【毒気】毒を含んだ気体。Ⅱわるぎ。◇どっけ。
**—を抜《ぬ》かれる** びっくりしてぼうぜんとなる。
**とっきゅう**【特急】①特別急行列車の略。「—券」②特に急ぐこと。
**とっきゅう**【特級】一級の上の等級。
**とっきょ**【特許】①特定の人に特別の権利などを与えること。②特許権。「—を取る」
**—権《けん》** 発明・考案をした人(-の継承者)がそれを専用できる権利。
**—庁《ちょう》** 経済産業省の外局の一。発明・実用新案・意匠・商標などを扱う。
**どっきょ**【独居】ひとりずまい。
**ドッキング**〔docking〕(宇宙船どうしの)結合。
**とっく**【特区】①構造改革特別区域の略。特定の事業を行うにあたっての規制が緩和される。「教育—」②中国の特別行政区。〔香港とマカオ〕
**とつぐ**【嫁ぐ】嫁にゆく。〔旧弊な語〕
**ドック**〔dock〕船舶の修理・建造用施設。Ⅱ人間ドック。
**ドッグ**〔dog〕犬。「—フード」

と

—イヤー〔dog year〕情報技術分野の革新の速さを表す概念。〔人間の七年が犬の一年に相当することから〕
—ラン〔dog run〕犬をリードから放して遊ばせる広場。
—レース〔dog race〕犬の競走。〔賭けの対象となる〕

**とつくに【外国】**〔文章語〕外国《がいこく》。

**とっくに《疾っくに》**ずっと以前に。

**とっくのむかし【とっくの昔】**とっくにの強め。

**とっくみあう【取っ組み合う】**くみつきあう。格闘する。

**とっくり【徳利】**酒の容器の一。銚子《ちょうし》。とくり。Ⅱ㋐襟がとっくりの首形のセーター。㋑浮けるが泳げない人。

**とっくん【特訓】**特別に行うきびしい訓練。

**どっけ【毒気】**⇩どっき

**とっけい【特恵】**特別によい待遇。
—**関税《かんぜい》**特定の国の品物などにかけられる、ふつうよりも低率の関税。

**とつげき【突撃】**突進して攻撃すること。

**とっけん【特権】**特別の権利。
—**階級《かいきゅう》**社会的な特権をもつ階級。貴族・資本家など。

**とっこ【独鈷】**①仏具の一。両端がとがった短い棒。〔煩悩をくだくとされる〕②とっこ①の模様の織物。

**どっこいどっこい**〔俗語〕互いに優劣がないようす。類とんとん

**とっこう【特攻】**特攻隊（—の攻撃）。〔特別攻撃の意〕

**とっこう【特効】**特別のききめ。
—**薬《やく》**その病気や傷に特によくきく薬。

**とっこう【徳行】**道徳にかなった行為。

**とっこう【篤行】**人情に厚い行い。

**とっこう【篤厚】**情にあつく誠実。

**どっこう【独行】**①ひとりで行くこと。②自分の力だけで行うこと。「独立—」

**どっこうせん【独航船】**母船式漁業で、魚をとって母船に運ぶ漁船。

**とっこつ【突兀】**〔文章語〕高くそびえているようす。

**とっさ《咄嗟》**瞬時。「—に逃げる」

**ドッジボール**〔dodge ball〕球技の一。二組に分かれ、コート内で球をぶつけあう。ドッチボール。

**とっしゅつ【突出】**①つきでること。②突然出ること。Ⅱ目立つこと。「—した存在」「ガス—事故」

**とつじょ【突如】**突然。「—として」

**とっしん【突進】**一気につき進むこと。

**とつぜん【突然】**急なようす。
—**変異《へんい》**生物学で、遺伝形質が突然変わること。

**とったん【突端】**つきでた先。類先端

**どっち** どちら①②のくだけた言い方。
—**付《つ》かず** どちらともはっきりしないこと。
—**道《みち》** いずれにせよ。〔ふつうかな書き〕
—**もどっち** 一方だけでなく両方とも悪いようす。

**ドッチボール**⇩ドッジボール

**とっちめる《取っ締める》**〔俗語〕きびしく責める。類やりこめる

**とっちゃんぼうや【父ちゃん坊や】**〔俗語〕子供っぽい（—顔の）男。とっちゃん小僧。

**とっつき【取っ付き】**〔俗語〕初め。Ⅱ㋐第一印象。「—がわるい」㋑最初の所。「—の家」

**とって【取って】**①年齢をいうときの語。「当年—三〇歳」②〔「…に〜」の形で〕…において。「私に—」
—**置《お》き** 大切にとっておく—こと（物）。「—の方法」
—**返《かえ》す** 引き返す。
—**代《か》わる** 他のものが占めていた地位にかわってつく。
—**付《つ》けたよう** 不自然なようす。

**とって【取っ手】《把っ手》**ドアや道具の、手でつかむ部分。

**とってい【突堤】**陸から—海（川）に突き出た細長い堤防。

**ドット**〔dot〕①点。「—プリンター（=点の集合で文字を表す印字機）」②水玉模様。
—**コム**〔dotcom〕①インターネットのドメイン名で、企業を表す記号。〔[.com]〕②インターネット関連企業の総称。

**とつとつ【訥々】《吶々》**口ごもりながら話すようす。

**とつにゅう【突入】**勢いよく入ること。

**とっぱ【突破】**突き破ること。Ⅱある程度以上になること。
—**口《こう》**攻め入り口。Ⅱ解決の糸口。

**トッパー**［topper］ゆったりした女性用ハーフコート。トッパーコート。
**とっぱつ【突発】** 予期せず急に起こること。
**とっぱな**《突端》①突き出たはし。②最初。
**とっぱん【凸版】** 印刷版の様式の一。〔版面の凸部にインキをつける〕対凹版・平版
**とっぴ【突飛】** 非常に変わっているようす。類奇抜
**とっぴょうしもない【突拍子もない】** 調子はずれである。とんでもない。
**トッピング**［topping］食品の上にのせたり飾ったりする-こと（食材）。
**トップ**［top］①先頭。第一位。「―バッター」②最上位。最高。「―シークレット（＝最高機密）・―クラス」Ⅱ最高幹部。「―会談」③自動車のギヤの一。〔最高速度を出す〕④上半身に着る服。トップス。対ボトム
**―スピン**［topspin］テニスなどで、球の打ち方の一。〔球に前向き回転を与える〕対バックスピン
**―ダウン**［top-down］組織の幹部がすべてを決定し、実行を部下に指示する管理方式。対ボトムアップ
**―ニュース**［和製語 top news］最初に報道する重要なニュース。
**―マネージメント**［top management］企業の最高幹部。
**―ライト**［top light］①採光のための天窓。②上方からの照明。
**―ランナー**［和製語 top runner］①リレーの第一走者。②陸上競技で、一流の走者。Ⅱその分野の第一人者。
**―レス**［topless］乳房を露出する-こと（水着）。
**―レディー**［和製語 top lady］①社会の第一線で活躍する女性。②元首の妻。◇類ファーストレディー
**とっぷう【突風】** 突然吹く強い風。
**ドップラーこうか【―効果】** 音波や光の源と観察者の相対運動によって、その振動数が静止時とは異なって観察される現象。〔Dopplerは発見者の名〕
**ドッペルゲンガー**［ドイツ語 Doppelgänger］自分とそっくりの姿が見える幻覚。自己像幻視。
**とつべん【訥弁】** つかえたりして、へたな話し方。対能弁・達弁
**どっぽ【独歩】** ①独行。②すぐれていること。「古今―」類無比
**とっぽい**〔俗語〕①きざで生意気だ。②ぬけめがない。
**とつめん【凸面】** 中央部が高くなった面。対凹面
**―鏡**《きょう》 反射面が凸面の球面鏡。対凹面鏡
**とつレンズ【凸―】** 中央部の厚いレンズ。〔遠視用〕対凹レンズ
**どて【土手】** 堤防。Ⅱ㋐魚の背の切り身。㋑歯の抜けた歯茎。
**とてい【徒弟】** ①〔親方のもとで修業する〕弟子。「―制度」②住み込みで働く少年。
**ドデカフォニー**［dodecaphony］十二音音楽。
**どてっぱら【土手っ腹】**〔俗語〕腹。「―に風穴をあける」〔乱暴な言い方〕
**とてつもない**《途轍もない》途方もない。
**とても**《迚も》①〔否定表現の中で〕どうしても。「―勝てない」②たいそう。「―美しい」
**―の事**《こと》**に** いっそ。
**どてら**《縕袍》綿を入れた広袖の大形の和服。防寒用・寝巻用。
**トト**［イタリア語 toto］サッカーくじの愛称。
**とど** ボラが最も成長したときの名。〔ボラは出世魚〕
**トド**《胡獱》大形の海獣の一。アシカに似る。
**どどいつ【都々逸】** 俗曲の一。七・七・七・五の四句から成る。
**ととう【徒党】** たくらみをもって集まった仲間。「―を組む」
**ととう【渡島】**〔文章語〕島へわたること。
**とどう【都道】** 東京都が建設・管理する道路。
**どとう【怒濤】** 激しく荒れ狂う大波。
**とどうふけん【都道府県】** 全国の行政区画の総称。「―知事」
**トトカルチョ**［イタリア語 totocalcio］賭博《とばく》の一。〔本来は、サッカーの試合にかける〕
**とどく【届く】** ①着く。②達する。Ⅱ行き届く。「注意が―」
**とどけ【届け・届】** 届け出ること。また、届

と

ける文書。「―を出す」
―出《でい》 官庁や会社に申し出ること。とどけで。
―出《で》る 役所などに申し出る。
**とどける【届ける】** ①先方に送る。②届けを出す。
**とどこおる【滞る】** ①物事が順調に進まない。②支払いが済まない。
**ととのう** 一【整う】きちんとなる。二【調う】①そろう。「準備が―」②まとまる。「婚約が―」
**ととのえる【整える・調える】** ととのうの他動詞形。
**とどのつまり** 結局。〔ボラは成長につれて呼び名が変わり、「とど」が最後であることから〕
**とどまつ【椴松】** マツの一。〔北海道以北に産する〕
**とどまる【止まる】《留まる》** その場を動かない。Ⅱその状態でいる。「―ところを知らない」
**とどめ《止め》** 最後の一撃。
**―を刺《さ》す** ①完全に息の根をとめる。②後で文句が出ないようにする。③最もよい。「花は桜に―」
**どどめ【土留め】** 土砂の崩れを防ぐ柵《さく》など。
**どどめいろ【どどめ色】** 暗い紫色。〔「どどめ」は関東地方で、熟した桑の実の意〕
**とどめる【止める】《留める》** とどまるの他動詞形。
**とどろかす《轟かす》** とどろくの他動詞形。
**とどろく《轟く》** ①ひびく。②「名が―(=世間に知られる)」③「胸が―(=どきどきする)」
**トナー〔toner〕** プリンターやコピー機で、像を紙上に現すための粉。
**ドナー〔donor〕** 臓器の提供者。「―カード」対レシピエント
**とない【都内】** 東京都の(一二三区の)中。
**となえる** 一【唱える】①声に出していう。②強く主張する。「異議を―」二【称える】名づけて呼ぶ。
**トナカイ《馴鹿》**〔アイヌ語 tonakkai〕 シカ科の動物の一。北方の寒地で家畜にされる。〔サンタクロースのそりを引くとされる〕
**どなた《何方》** だれの敬称。
**どなべ【土鍋】** 土製のなべ。〔なべ料理用〕
**となり【隣】** 右(左)のすぐ横。「―の家」
**―近所《きんじょ》** 近所。
**―の花《はな》は赤《あか》い** 他人のものはとかくよく見える。
**となりあう【隣り合う】** 互いに隣になる。
**どなりこむ【怒鳴り込む】** 相手の所にのりこんで苦情を言いたてる。
**となりする【隣する】** 隣にある。「大都会に―」
**どなる【怒鳴る】** 大声を出して-呼ぶ(しかる)。
**とにかく《兎に角》** いずれにしても。
**トニック〔tonic〕** ①栄養剤。「ヘアー―」②炭酸飲料の一。トニックウォーター。〔ジンなどにまぜる〕
**とにもかくにも《兎にも角にも》** とにかく。
**とにゅう【吐乳】** 乳児が飲んだ乳を吐くこと。
**との【殿】** ①身分の高い人の住むやかた。②主君に対する敬称。③殿方。◇〔昔の言葉〕
**どの【殿】** 氏名・役職名に添える敬称。〔主に、公用・事務用〕
**どの《何の》** どれの。
**―面《つら》下《さ》げて** よく恥ずかしくもなく。〔ののしって言う〕
**どのう【土嚢】** 土をぎっしり入れた袋。〔積んで堤防にする〕
**とのがた【殿方】** 男性の敬称。〔主に女性から男性を呼ぶ場合。/古い言い方〕
**とのご【殿御】** 殿方。
**とのさま【殿様】** ①主君や身分の高い人に対する敬称。②江戸時代、大名や旗本の敬称。Ⅱ金持ちで世情にうとい人。〔あざけって、またはからかっていう語〕
**―蛙《がえる》** 中形のカエルの一。〔日本各地に分布〕
**どのみち《何の道》** いずれにしても。
**とば【賭場】** ばくちをする所。
**どば【怒罵】** おこってののしること。
**どば【駑馬】** 〔文章語〕歩みののろい馬。対駿馬《しゅんめ》 Ⅱ才能のない人。〔自分の謙称としても使う〕
**―に鞭《むち》打《う》つ** 努力して働く意のけんそんした言い方。

と

**トパーズ**〔フランス語 topaze〕宝石の一。黄玉《おうぎょく》。〔一一月の誕生石〕

**とはいうものの**【とは言うものの】そうは言っても。

**とばく**【賭博】ばくち。「―場」

**とばくち**【とば口】入り口。‖物事の初め。「研究の―」

**とばし**【飛ばし】①とばすこと。②〔俗語〕含み損の資産を、損失を隠すために一時的に転売すること。③〔俗語〕臆測だけで書かれた記事。飛ばし記事。④〔俗語〕他人（架空）名義で契約された携帯電話。飛ばし携帯。

**どばし**【土橋】①木で作り、上を土でおおった橋。②城などで、堀を渡るための堤。

**どばじゅうが**【駑馬十駕】才能のない者でも努力すれば秀才に並ぶことができる。〔のろい馬でも十日走れば、駿馬の一日分に並ぶ意から〕

**とばす**【飛ばす】①飛ぶの他動詞形。‖左遷《させん》する。「地方へ―」②意味を強める。「売り―」

**とばっちり**〔俗語〕まきぞえ。「―をくう」

**どはつてんをつく**【怒髪天を衝く】髪の毛がさかだつほどはげしく怒る。

**とばり**【帳】《帷》室内を仕切る布。‖おおいかくすもの。「夜の―」

**とはん**【登坂】（自動車が）坂をのぼること。とうはん。「―車線」

**とはん**【登攀】⇩とうはん

**とひ**【徒費】〔文章語〕むだづかい。

**とび**【鳶】①中型の鳥の一。とんび。〔上空を旋回し、小動物を食う〕②鳶色。③鳶口。④とび職。

**―が鷹《たか》を生《う》む** 平凡な親が優秀な子を生む。とんびが鷹を生む。

**とびあがる**【飛び上がる】①飛んで空中へ上がる。対飛びおりる ②【跳び―】喜んで（驚いて）はねあがる。

**とびあるく**【飛び歩く】忙しく方々へ行く。

**とびいし**【飛び石】とびとびに並べた石。「―連休（＝間に平日がはさまれる連休）」

**とびいり**【飛び入り】予定以外に突然、参加する―こと（人）。

**とびうお**【飛び魚】海魚の一。胸びれが大きく、時々水面上の空中を飛ぶ。

**とびおきる**【飛び起きる】勢いよく起き上がる。

**とびおりる**【飛び下りる・―降りる】①高い所から飛んでおりる。対飛び上がる ②動いている乗り物から飛んでおりる。対飛び乗る

**とびかう**【飛び交う】入り乱れて飛ぶ。

**とびかかる**【飛び掛かる】勢いよくとびつく。

**とびきゅう**【飛び級】一学年とびこして進級すること。

**とびきり**《飛び切り》格別。最上。「―上等」

**とびこえる**【飛び越える・跳び―】とびこす。

**とびこす**【飛び越す・跳び―】①上を飛んでこえる。②順序をとばして先へ進む。

**とびこみ**【飛び込み】①とびこむこと。②飛び込み競技の略。一定の高さから水中にとびこみ、体形の美しさを競う。

**―自殺《じさつ》** 進行する列車や自動車にとびこんで死ぬこと。

**―台《だい》** 水泳で、とびこむときに使う台。

**とびこむ**【飛び込む】飛んで（勢いよく）中に入る。‖㋐進んで事にかかわる。「事件の渦中に―」㋑突然入り込む。「仕事が―」

**とびしょく**【鳶職】土木・建築工事で、足場の組み立てなどをする職人。とびの者。〔江戸時代は火消し人足を兼ねた〕

**とびだい**【飛び台】①飛び込み台。②相場で、間に〇の入る数。〔例、一〇〇円飛び台は一〇一～一〇九円のこと〕

**とびだす**【飛び出す】①勢いよく外に出る。②つきでる。③急に現れる。

**とびたつ**【飛び立つ】飛んでそこを離れる。

**とびち**【飛び地】同じ行政地域に属していながら地続きになっていない部分。

**とびちる**【飛び散る】とんでちらばる。「火花が―」

**とびつく**【飛び付く・跳び―】勢いよくすがりつく。‖興味あるものにすぐ手を出す。「流行に―」

**トピック**〔topic〕話のたね。話題。

**トピックス**【ＴＯＰＩＸ】⇩付TOPIX

**とびでる**【飛び出る】とびだす。

**とびどうぐ**【飛び道具】弓矢や鉄砲。

**とびとび**【飛び飛び】①あちこち。②間をぬかして。「―に読む」
**とびぬける**【飛び抜ける】ずばぬける。
**とびのく**【飛び退く】すばやくよける。
**とびのる**【飛び乗る】①勢いよく乗る。対飛びおりる ②動いている乗り物にとびついて乗る。
**とびばこ**【跳び箱】《飛び箱》体操用具の一。
**とびはねる**【跳び跳ねる】①ぴょんぴょんはねる。②とびちる。
**とびひ**【飛び火】①火の粉が飛ぶこと。その火の粉。②火事が離れた所に燃え移ること。Ⅱ影響が離れたものに及ぶこと。③感染性の皮膚病の一。膿痂疹《のうかしん》。〔小児に多い〕
**とびまわる**【飛び回る】空中をあちこち飛ぶ。Ⅱ忙しく走り回る。
**どひょう**【土俵】①相撲をとる所。土俵場。Ⅱ交渉などの場。②土を詰めた俵。
**―入《い》り** 相撲で、力士が土俵で行う儀式。
**―際《ぎわ》** 土俵のきわ。Ⅱどたんば。
**―を割《わ》る** 土俵の外に足が出る。Ⅱ相手に押しきられて負ける。
**とびら**【扉】ドア。Ⅱ本の見返しの次の、題名などを記してあるページ。
**どびん**【土瓶】お茶を注ぐ道具の一。〔つるがついている〕
**―蒸《む》し** どびんに季節の具と汁を入れて煮た料理。
**とふ**【塗布】塗りつけること。

**とぶ** 一【飛ぶ】①《翔ぶ》空中を進む。Ⅱさっと伝わる。「うわさが―」②一気にそこへ行く。「とんで帰る」Ⅱ逃亡する。③間をぬかす。「ページがとんでいる」 二【跳ぶ】はねる。
**―(飛ぶ)鳥《とり》を落《お》とす勢《いきお》い** 非常にさかんな勢い。
**どぶ**《溝》汚水の流れるみぞ。類下水
**どぶいたせんきょ**【溝板選挙】候補者が一般庶民の支持を求めて走り回る選挙運動。
**とぶくろ**【戸袋】あけた雨戸をしまう所。
**どぶづけ**【どぶ漬け】ぬかみそ漬け。〔特にしるけの多いぬかみその場合〕
**どぶねずみ**【溝鼠】大形のネズミ。〔下水などにすむ〕Ⅱかくれて悪事を働く者。
**どぶろく**《濁酒》こしていない濁った酒。濁り酒。濁酒。
**どべい**【土塀】土のへい。
**とほ**【徒歩】歩くこと。「駅から―三分」
**とほう**【途方】①手段。方法。②物事の道理や筋道。
**―に暮《く》れる** どうしていいかわからずに困る。
**―もない** 程度や常識をはずれている。
**どぼく**【土木】鉄材やセメントを使って、港湾・道路・橋などを作る工事。
**とぼける**《惚ける》①しらばくれる。②こっけいな言動をする。
**とぼしい**【乏しい】①足りない。②貧しい。
**とぼそ**【枢】戸のはりと敷居にあけた穴。〔とまらが入る〕Ⅱ戸。とびら。

**どま**【土間】①家の中で、床がなく地面のままの所。②昔の劇場で、舞台正面の見物席。〔もとは土のままであった〕対桟敷《さじき》
**とます**【斗升】《斗枡》一斗升。
**とます**【富ます】豊かにする。
**とまつ**【塗抹】①塗りつけること。②(文字などを)塗りつぶすこと。
**トマト**〔tomato〕野菜の一。〔ナス科〕
**―ケチャップ**〔tomato ketchup〕ソースの一。トマトを煮つめて作る。ケチャップ。
**―ピューレ**〔tomato purée〕トマトを煮つぶしてこしたもの。
**とまどう**【戸惑う・途―】どうしたらよいか迷う。
**トマホーク**〔tomahawk〕①斧《おの》の一。〔もと、アメリカ先住民が使用〕②米軍の海洋発射巡航ミサイル。
**とまや**【苫屋】粗末な家。
**とまり**【止まり・留まり】①とまること(所)。②終わり。
**―木《ぎ》** ①鳥かごで鳥のとまる横木。②バーなどのカウンターの高いいす。
**とまり**【泊まり】①宿泊(―所)。「―客」②船着き場。
**―掛《が》け** 泊まる予定で出かけること。
**―込《こ》む** 帰らずにそこに泊まる。
**とまる**【止まる・留まる】①《停まる》ストップする。②物につかまって休む。「虫が花に―」③離れなくなる。「心に―」
**とまる**【泊まる】①宿泊する。②停泊する。

**とまれ**〔文章語〕いずれにしても。〔「ともあれ」のつづまった形〕「—かくまれ」

**とみ【富】**①財産。資源。②とみくじ。

**とみくじ【富籤】** 江戸時代、社寺が売り出した宝くじ。

**ドミグラスソース**［demiglace sauce］肉や野菜を煮込んだ茶色いソース。シチューなどに用いる。デミグラスソース。

**とみこうみ【と見こう見】** あちこち‐を（から）見ること。⓫あちこちに気を配ること。

**ドミトリー**［dormitory］①寄宿舎。②大勢と相部屋の宿屋。

**ドミナント**［dominant］支配的。優勢。

**とみに**《頓に》にわかに。急に。

**ドミノ**［domino］①西洋カルタの一。〔札は二八枚〕②ドミノの札を使った将棋倒しのゲーム。

**—理論**《りろん》 一国が共産化すると周辺諸国も次々と共産化するという理論。

**どみん【土民】**〔文章語〕土着の住民。

**とむ【富む】**①金持ちである。②豊かである。「才能に—」

**トムトム**［tom-tom］ 太鼓の一。手でたたく。

**とむね【と胸】**むねの強め。

**—を衝っかれる** はっとする。

**トムヤムクン**［タイ語 tom yam kun］タイ料理で、エビ入りのスープ。〔トムヤムは酸味と辛みのまざったタイの代表的スープ〕

**とむらい【弔い】**①弔うこと。類くやみ ②葬式。③追善供養。

**—合戦**《がっせん》 死者の‐あだを討つ（霊をなぐさめる）戦い。

**とむらう【弔う】**①人の死を悲しんで悔やみを述べる。②追善供養をする。◇とぶらう。

**ドメイン**［domain］①ネットワークで、管理の単位。「—名」②（企業の事業活動の）領域。〔領土の意〕

**とめおく【留め置く】**①そこにとどめておく。②書きとめておく。

**とめがね【止め金・留め金】** 物と物とをつなぎとめる金具。

**とめぐ【留め具】**小さなとめがね。

**ドメスティック**［domestic］①家庭的。②国内の。国産。

**—バイオレンス**［domestic violence］女性に対する、夫や恋人の男性からの暴力。DV。

**とめそで【留め袖】**既婚女性の礼装用の紋つきの和服。対振り袖

**とめだて【止め立て・留め—】**制止。

**とめど【止め処・留め処】** 際限。「—（—が）ない」

**とめばり【留め針】** ①裁縫で、待ち針。②ピン。

**とめる【止める・留める】**①《停める》ストップさせる。「車（血）を—」②固定する。③その点に向ける。「目を—」

**とめる【泊める】**泊まるの他動詞形。

**とも【友】** 友だち。

**とも【共】**①一緒。同じ。②一緒。「二人—」③含めて。「送料—」

**とも** ㊀【供・伴】従者。「お—」㊁【トモ】能・狂言で、ワキ・ツレの従者。

**とも【鞆】** 弓を射るとき、左ひじにつける皮製の道具。

**とも【艫】**船の後部。対舳先《へさき》

**ども【共】**①複数を表す。「野郎—」〔見下す気持ちを含む〕②謙譲を表す。「私—」

**ともあれ** ともかく。

**ともうら【共裏】**表と同じ布の裏地。

**ともえ【巴】** 模様の一。⓫三者が入り組むようす。

**—戦**《せん》 三人で競う優勝決定戦。

**ともえり【共襟】**着物と同じ布のえり。

**ともがき【友垣】**〔文章語〕友だち。

**ともかく**《兎も角》とにかく。ともかくも。…は別として。

**ともかせぎ【共稼ぎ】**ともばたらき。

**ともがら【輩】**〔文章語〕仲間。類同類

**ともぎれ【共切れ】**同じ布地。共《とも》布《ぬの》。

**ともぐい【共食い】** 動物が同じ仲間を殺して食うこと。⓫互いに利益を争って共に損をすること。

**ともし【灯】**〔文章語〕ともしび。

**—火**《び》 明かり。

**ともしらが【共白髪】** 夫婦ともに長生きすること。

**ともす**《点す・灯す》明かりをつける。「明かりを—」

**ともだおれ【共倒れ】**（競争や協力の結果）両方ともやっていけなくなること。

**ともだち【友達】**友人。「—づきあい」

**ともちどり【友千鳥】**〔古語〕群れをなし

て飛んでいる千鳥。

**ともづな**《纜》船をつないでおく綱。

**―を解《と》く** 船出する。

**ともづり【友釣り】** 生きたアユをおとりにして他のアユをつる釣り方。

**ともども【共々】** 一緒に。

**ともなう【伴う】** ①一緒に―ついて（連れて）行く。②それと同時に生じる。

**ともに【共に】**《倶に》 ①一緒に。「―暮らす」②同時に。

**―（倶に）天《てん》を戴《いただ》かず** 不倶戴天《ふぐたいてん》。

**ともね【共寝】** 同じ寝床に一緒に寝ること。同衾《どうきん》。

**ともばたらき【共働き】** 夫婦がともに働いて生計を立てること。共かせぎ。

**ともびき【友引】** 陰陽道《おんようどう》で勝敗なしとする日。〔俗信で、他人も誘うとして、葬式はさけ、結婚式にはよいとする〕

**どもり【土盛り】** 工事などで、土を盛り上げること。つち盛り。

**どもり【度盛り】** 温度計や体温計の目盛り。

**ともる**《点る・灯る》 明かりがつく。「火（明かり）が―」

**どもる【吃る】** 言葉がつかえてうまく言えない。

**とや【鳥屋】** ①鳥小屋。②歌舞伎で、役者が花道に出る前にいる小部屋。

**どやがお【どや顔】** 〔俗語〕自慢げな顔。したり顔。〔「どや」は関西方言でどうだの意〕

**とやかく**《兎や角》 なんのかのと。

**どやしつける** 〔俗語〕強くどやす。

**どやす** 〔俗語〕①どなりつける。②なぐる。

**とよあしはら【豊葦原】** 〔古語〕日本国の美称。類とよあきつしま

**とよう【渡洋】** 海を渡ること。

**どよう【土用】** 立春・立夏・立秋・立冬の前の一八日間。特に、立秋前の一八日間。

**― 波《なみ》** 夏の土用のころに打ち寄せる大波。

**―干《ぼ》し** 夏の土用に―する虫干し（漬け梅を干すこと）。

**どよう【土曜】** 金曜と日曜の間。土曜日。サタデー。

**どよむ** 〔文章語〕どよめく。

**どよめく** ①鳴り響く。②大声をあげて騒ぐ。

**とら** 一**【虎】** ネコ科の猛獣の一。‖よっぱらい。

**―の威《い》を借《か》る狐《きつね》** 権力者をうしろだてにしていばる者。

**―の尾《お》を踏《ふ》む** 非常に危険なことをする。

**―を野《の》に放《はな》つ** 危険なものを野放しにしておく。‖災いのもとを作る。

二**【寅】** 十二支の三番目。〔昔、時刻で午前四時ごろ、方角で東北東〕

**どら【銅鑼】** 青銅製の打楽器の一。〔出帆のときに鳴らす〕

**とらい【渡来】** 外国から入ってくること。類舶来

**―人《じん》** 古代、大陸・朝鮮半島から日本に来た人。

**トライ**［try］ ①試みること。②ラグビーで、相手側のゴール内に球を接地して得点すること。

**―アウト**［try out］ スポーツチーム入団希望者に対するテスト。〔一般に複数チームが合同で行う〕

**ドライ**［dry］ ①乾いていること。「―フルーツ」②洋酒で、からくち。‖わりきっていること。◇対ウエット

**―アイ**［dry eye］ 涙液が減少し、目が乾燥すること。

**―アイス**［dry ice］ 冷却剤。〔二酸化炭素を固形化したもの〕

**―カレー**［和製語 dry curry］ 水気の少ないカレー。また、カレー味の焼き飯。

**―クリーニング**［dry cleaning］ 水を使わず、揮発性溶剤を使う洗濯。

**―ビール**［dry beer］ アルコール度数がやや高めの辛口ビール。

**―フラワー**［dried flower］ 乾燥させた花。

**―フルーツ** 乾燥させた果実。〔dried fruit から〕

**―マウス**［dry mouth］ 唾液の分泌が減少し、口の中が渇くこと。

**―ミルク**［dry milk］ 粉ミルク。

**トライアスロン**［triathlon］ 遠泳、サイクリング、マラソンを続けて行う耐久レース。鉄人レース。

**トライアル**［trial］ ①試み。「―アンドエ

ラー（＝試行錯誤）」②競技で、試技や予選。③オートバイや自転車の競技。

**トライアングル**［triangle］①三角形。‖三角関係。②打楽器の一。鉄棒を三角形に曲げたもの。

**ドライバー**［driver］①ねじ回し。②自動車の運転者。③ゴルフで、打球部が木製のクラブの一。〔遠距離用〕④パソコンで、周辺機器を使うためのソフト。ドライバ。

**ドライブ**［drive］①自動車の―運転（遠乗り）。②球技で、球に回転をつけること。③コンピューターで、記憶装置（―の駆動部分）。

**―イン**［drive in］道路沿いの、休憩・食事のための施設。

**―ウエー**［driveway］自動車道路。

**―スルー**［drive-through］車に乗ったまま買い物ができる方式。

**―レコーダー**〔和製語 drive recorder〕事故発生時の映像や速度などのデータを記録するために自動車に設置する装置。

**ドライヤー**［drier］乾燥器。「ヘア―」

**トラウマ**［trauma］心的外傷。心に深く残る衝撃や体験。

**とらえどころ【捉え所】**《捕らえ所》つかみどころ。「―がない」

**とらえる【捕らえる】**つかまえる。

**とらえる【捉える】**しっかりおさえる。「要点を―」

**とらがり【虎刈り】**頭髪のふぞろいな下手な刈り方。また、その頭髪。

**ドラキュラ**［Dracula］吸血鬼の名。〔イギリスの怪奇小説に登場する〕

**トラクター**［tractor］耕作機械・土木機械などをひっぱる特殊な自動車。

**どらごえ【どら声】**《銅鑼声》太くて濁った声。

**トラコーマ**［trachoma］トラホーム。

**ドラコン** ゴルフで、特定のホールで第一打の飛距離を競うこと。〔ドライビングコンテストの略〕

**ドラゴン**［dragon］ヨーロッパで、伝説上の怪獣。竜《りゅう》。

**―フルーツ**［dragon fruit］熱帯の果物の一。サボテンの実。ピタヤ。〔果皮に竜のうろこのような突起がある〕

**とらす【取らす】**とらせる。

**ドラスティック**［drastic］過激。徹底的。ドラスチック。

**トラスト**［trust］企業合同。独占の一形態。〔カルテルよりも結合度が強い〕

**トラッキングげんしょう【―現象】**コンセントとプラグの間にたまったほこりが湿気を帯びて漏電し発火する現象。

**トラック**［track］①競走路。「―競技」対フィールド ②みち。すじ。③ディスク・録音テープ・映画フィルムなどのデータを記録する領域。

**トラック**［truck］貨物自動車。

**ドラッグ**［drag］コンピューターで、マウスを使って対象物を移動させたり大きさを変えたりすること。

**―バント**［drag bunt］野球で、バットを引くようにして軽く球に当てるバント。セーフティーバントのやり方の一。

**ドラッグ**［drug］薬。特に、麻薬。

**―ストア**［drugstore］薬品・日用品・飲食物を売る店。

**とらつぐみ【虎鶫】**渡り鳥の一。大型で黄褐色。〔声が不気味でヌエとも〕

**トラッド**［trad］流行にとらわれない（―洋風の）ファッション。

**トラップ**［trap］①排水管の防臭弁。②射撃で、クレー放出機。③サッカーで、ボールを受けとめ、その勢いを弱める動作。

**トラディショナル**［traditional］伝統的。

**とらぬたぬきのかわざんよう【捕らぬ狸の皮算用】**不確実なものをあてにして計画をたてること。

**どらねこ【どら猫】**〔俗語〕①のら猫。②ずうずうしい猫。

**とらのこ【虎の子】**大切なもの。〔トラは子を大事にするという〕

**とらのまき【虎の巻】**①秘事秘伝の書。②〔俗語〕（教科書の）安直な参考書。あんちょこ。

**とらばさみ【虎挟み】**鳥獣をとらえるわなの一種。

**トラバース**［traverse］登山で、岩壁・斜面を横断すること。

**トラピスト**［Trappist］カトリック修道会の一。〔厳しい戒律がある〕

**トラフ**［trough］①海底の細長いくぼみ。②気圧の谷。

**トラフィック**［traffic］①交通。運輸。②（インターネットで）ネットワーク上を流れるデータ（―の量）。

**とらふぐ【虎河豚】** フグの一。最高級。

**ドラフト**［draft］プロ野球で、新人の選択・交渉権を球団全体の会議で決める制度。ドラフト制。

**―ビール**［draft beer］生ビール。

**トラブる**〔俗語〕トラブルを起こす。

**トラブル**［trouble］もめごと。事故。

**―ショット**［trouble shot］ゴルフで、打ちにくい場所にある球を打つこと。

**―メーカー**［troublemaker］トラブルをよく引き起こす人。

**トラベラー**［traveler］旅行者。

**トラベル**［travel］旅行。

**トラホーム**［ドイツ語 Trachom］眼病の一。感染性の慢性結膜炎。トラコーマ。

**ドラマ**［drama］①劇（―の番組）。「ホーム―」②戯曲。

**―チック**［dramatic］劇的。ドラマティック。

**ドラマー**［drummer］ドラムを演奏する人。

**とらまえる【捕らまえる】**〔俗語〕つかまえる。

**ドラマツルギー**［ドイツ語 Dramaturgie］作劇法。演劇論。演出法。

**トラム**［tram］路面（市街）電車。

**ドラム**［drum］①太鼓類の総称。②機械で、円筒形の部分。「磁気―」

**―缶**《かん》 鉄製で円筒形の大きい缶。

**どらむすこ【どら息子】** 怠け者の息子。道楽息子。

**どらやき【どら焼き】**《銅鑼―》和菓子の一。〔どらの形であん入り〕

**とらわれる【捕らわれる】**《囚われる》つかまえられる。Ⅱこだわる。「予断に―」

**トランキライザー**［tranquilizer］精神安定剤。

**トランク**［trunk］①大形の旅行かばん。②乗用車の後部の荷物入れ。

**―ルーム**［和製語 trunk room］①家具保管庫。〔温度・湿度調整設備付き〕②トランク②。

**トランクス**［trunks］①男性用下ばきの一。②ボクシングの選手などがはく運動用のパンツ。

**トランザクション**［transaction］データ変更。更新。「―ファイル」

**トランシーバー**［transceiver］携帯用の無線通信機。〔近距離用〕

**トランジスタ（―ー）**［transistor］半導体を使った電子部品の一。〔真空管にとってかわった〕

**―ラジオ**［transistor radio］トランジスターを使った小型ラジオ。

**トランジット**［transit］国際線航空機（―へ）の乗り換え。〔空港の外には出られない〕

**トランス** 変圧器。〔transformerから〕

**トランス**［trance］ふだんと異なった精神状態。催眠・ヒステリー・宗教儀式での恍惚《こうこつ》など。「―状態」

**トランスジェンダー**［transgender］身体の性と自己の認識する性が一致しないこと。TG。〔性転換手術を望まない場合をいう〕

**トランスしぼうさん【―脂肪酸】** とりすぎると心臓疾患につながるおそれがあるという不飽和脂肪酸。

**トランスセクシュアル**［transsexual］身体の性と自己の認識する性が一致せず、性転換手術を望む人。TS。

**トランスファー**［transfer］①移動。移転。②乗り換え（―切符）。

**トランスポート**［transport］輸送（―機関）。

**トランスミッション** 自動車などの変速装置。〔transmission gearから〕

**トランスレート**［translate］翻訳すること。

**トランプ**［trump］カードゲームの一。また、それに使うカード。〔切り札の意〕

**トランペッター**［trumpeter］トランペット奏者。

**トランペット**［trumpet］金管楽器の一。

**トランポリン**［Trampoline］運動用器具の一。〔商標〕

**とり** ㊀**【取り】** 動詞につけて、語調を強める。「―落とす」㊁①**【取り】** とること。「借金―」②**【トリ】** 寄席で、最後の出演者。「―をつとめる」〔昔、出演料をまとめて受け取ったことから〕

**とり【鳥】** ①鳥類の総称。②**【鶏】** ニワトリ。

**―無《な》き里《さと》の蝙蝠《こうもり》** 優れた人がいない

ところではつまらない者がいばる。

**とり【酉】** 十二支の一〇番目。ニワトリ。〔昔、時刻で午後六時ごろ、方角で西〕

**ドリア**〔フランス語 doria〕ごはんのグラタン。

**トリアージ**〔triage〕 事故や災害で、多くの傷病者に対して救命措置の優先順位をつけること。「—タッグ（=負傷者につける、優先度を示す認識票）」

**とりあう【取り合う】** ①互いに取る。「手を—」②奪いあう。③まともに相手になる。「とりあわない」

**とりあえず【取り敢えず】** まず、第一に。「—御礼まで」

**とりあげる【取り上げる】** ①手にとる。②聞き入れる。「意見を—」③むりやり奪う。④産婦を助けて子を産ませる。

**とりあつかう【取り扱う】** 扱う。〔やや改まった言い方〕

**とりあつめる【取り集める】** 一か所に寄せ集める。

**とりあわせる【取り合わせる】** ほどよく組み合わせる。

**ドリアン**〔durian〕 熱帯産の果物の一。果肉はクリーム状で甘く独特のにおいがある。

**とりい【鳥居】** 神社の入り口の門。

**とりいそぎ【取り急ぎ】** とりあえず。「—お礼まで」〔手紙文で使う〕

**トリートメント**〔treatment〕 栄養剤による髪の手入れ。その栄養剤。

**ドリーネ**〔doline〕 カルスト地形に見られるすりばち状のくぼ地。

**ドリーム**〔dream〕 空想的な願い。夢。

**—チーム**〔dream team〕 一流選手を集めたチーム。

**とりいる【取り入る】** 相手の気に入るようにつとめる。類 へつらう

**とりいれる【取り入れる】** ①取って中へ入れる。⊜受け入れる。「提案を—」②収穫する。

**とりインフルエンザ【鳥—】** 鶏や七面鳥などを含む鳥類に感染するインフルエンザの総称。〔急性で致死率の高いものは高病原性鳥インフルエンザという〕

**とりうち【鳥打ち】** ①銃で鳥を撃つ–こと（人）。②鳥打ち帽。

**—帽《ぼう》** ひさしつきの平たい帽子。ハンチング。

**トリウム**〔ドイツ語 Thorium〕 放射性元素の一。記号 Th

**とりえ【取り柄】** 長所。

**トリエンナーレ**〔イタリア語 triennale〕 三年ごとに開かれる美術展。→ビエンナーレ

**トリオ**〔イタリア語 trio〕 ①三重奏（–団）。三重唱（–団）。②三人組。

**とりおい【鳥追い】** 正月一五日、農家で田畑を荒らす鳥獣を追い払う行事。

**とりおき【取り置き】**（商品を）とっておくこと。「お—」

**とりおこなう【執り行（な）う】** おこなう。〔やや改まった言い方〕

**とりおさえる【取り抑える・—押さえる】** つかまえる。つかまえて動けなくする。

**とりおどし【鳥威し】** 害鳥を追い払うしかけ。〔かかし・なるこなど〕

**とりおとす【取り落とす】** ①手から落とす。②うっかり抜かす。もらす。

**トリガー**〔trigger〕 銃の引き金。⊜ある現象が起こるきっかけ。

**とりがい【鳥貝】** 海産の二枚貝。すし種や酢の物にする。

**とりかえし【取り返し】** 元に戻すこと。「—がつかない」

**とりかえす【取り返す】** ①取られたものを自分の手に戻す。②元に戻す。

**とりかえる【取り替える・—換える】** 交換する。

**とりかかる【取り掛かる】** 着手する。「仕事に—」

**とりかご【鳥籠】** 鳥を入れて飼うかご。

**とりかこむ【取り囲む】** 周りを囲む。

**とりかじ【取り舵】** ①船首を左へ向ける舵の取り方。②左《さ》舷《げん》。◇対 面舵《おもかじ》

**とりかたづける【取り片付ける】** きちんとかたづける。

**とりかぶと【鳥兜】** ①舞楽で、楽人・舞手のかぶりもの。②キンポウゲ科の多年草。根は猛毒を含み、鎮痛薬とする。

**とりがら【鶏がら】** 鶏の肉をとった後の骨。「—スープ」

**とりかわす【取り交わす】** やりとりする。「契約書を—」

**とりき【取り木】** 庭木や果樹のふやし方の一。枝から人為的に根を生やさせてから切り取って植える。

**とりきめる【取り決める】**（《—極める》）①決める。〔やや改まった言い方〕②約束

（契約）する。
**とりくずす【取り崩す】** ①とりこわす。②ためたものをくずして使う。「預金を―」
**とりくち【取り口】** 相撲の取り組み方。
**とりくみ** ㊀【取り組み】取り組むこと。㊁【取組】（相撲の）組み合わせ。「好―」
**とりくむ【取り組む】** ①組みついて争う。②相撲をとる。③熱心にとりかかる。「難問に―」
**トリクルダウン** ［trickle-down］ 豊かな人がさらに富めば、経済が活性化して貧しい人も豊かになれるという考え方。〔したたり落ちる意〕
**トリクロロエチレン** ［trichloroethylene］ 有機塩素系溶剤の一。有害。トレクレン。
**とりけす【取り消す】** あとでなかったことにする。「前言を―」類撤回する
**とりこ【虜】** 捕虜。‖何かに熱中する―人（状態）。「研究の―」
**とりこ【取り粉】** つきたての餅《もち》の表面につけて扱いやすくするための、米の粉。
**とりこしぐろう【取り越し苦労】** 将来のことを考え過ぎて、むだな心配をすること。類杞憂《きゆう》
**とりこす【取り越す】** （法事の）期日を早める。
**とりこぼす【取り零す】** （スポーツや囲碁・将棋などで）負けるはずのない相手にうっかり負ける。
**とりこみ【取り込み】** ①取り込むこと。②急な出来事によるごたごた。③取り込み詐欺。
**―詐欺《さぎ》** 商品を取りよせ、代金を支払わない詐欺。
**とりこむ【取り込む】** ①取って中へ入れる。②自分のものにする。③急な出来事でごたごたする。
**とりごや【鳥小屋】** 鳥（ニワトリ）を飼う小屋。
**トリコロール** ［フランス語 tricolore］ 三色旗。特に、フランス国旗。
**とりころす【取り殺す】** 死霊《しりょう》や生き霊がとりついてその人を殺す。
**とりこわす【取り壊す】** 《―毀す》 建物をこわす。
**とりざかな【取り肴】** 正式の日本料理で、三の膳の次に、酒といっしょに出す肴。
**とりさげる【取り下げる】** ①差し出したものを取り戻す。「要求を―」②取り消す。
**とりさし【鳥刺し】** ①ニワトリの刺身。②とりもちをつけた竿《さお》で小鳥をとる―こと（職業）。
**とりざた【取り沙汰】** 世間でうわさをすること。また、そのうわさ。
**とりさばく【取り捌く】** うまく処理する。「争いを―」
**とりざら【取り皿】** 料理を取り分ける小皿。
**とりさる【取り去る】** とりのぞく。
**とりしきる【取り仕切る】** 一手に引き受けて処理する。
**とりしまり【取り締まり・取締】** とりしまること。「違反の―」
**―（取締）役《やく》** 株式会社の業務を執行し、経営の責任を負う者。重役。
**とりしまる【取り締まる】** 監視・監督する。
**とりしらべる【取り調べる】** くわしく調べる。
**とりすがる【取り縋る】** すがりつく。‖哀願する。
**とりすます【取り澄ます】** 気取ってすます。
**とりせつ【取説】** 〔俗語〕取扱い説明書の略。〔トリセツとも書く〕
**とりそろえる【取り揃える】** いろいろもれなく集めてそろえる。
**とりだす【取り出す】** ①取って外に出す。②選び出す。
**とりたて【取り立て】** ①徴収。②抜擢《ばってき》。③収穫して間がないこと。とれたて。
**とりたてる【取り立てる】** ①強制的に取る。②特に問題とする。「取り立てて言うほどではない」③抜擢《ばってき》する。
**とりだめ【録り溜め】** テレビ番組を録画してためておくこと。また、その録画。
**トリチウム** ［tritium］ 三重水素。水素の同位体。水素爆弾の原料。記号T
**とりちがえる【取り違える】** まちがえる。まちがえて理解する。
**とりちらす【取り散らす】** あちこちにちらかす。とりちらかす。
**とりつ【都立】** 東京都の設立。
**とりつぎ【取り次ぎ】** とりつぐ―こと

（人）。「―を頼む・―業者」

**トリッキー**［tricky］①策略的。奇をてらっている。②ずるがしこいようす。

**とりつく【取り付く】**①すがりつく。②とりかかる。③《―憑く》のりうつる。「悪霊が―」

**―島《まし》もない** 頼ろうとしても相手にされずどうしようもない。

**トリック**［trick］しかけ。計略。ごまかし。「―撮影」

**―アート**［trick art］目の錯覚を利用した作品。だまし絵など。

**―スター**［trickster］神話などに登場する道化的存在。〔文化人類学用語〕

**とりつぐ【取り次ぐ】**①間に立って伝える。②売買の仲継ぎをする。

**とりつくろう【取り繕う】**①欠点や失敗を隠してその場をごまかす。②手入れや修繕をする。

**とりつけ【取り付け】**①取り付けること。②大勢が押しかけて一斉に預金を払い戻すこと。取り付け騒ぎ。

**とりつける【取り付ける】**①備えつける。②確保する。「了解を―」

**トリップ**［trip］①小旅行。②〔俗語〕麻薬による幻覚症状。

**ドリップ**［drip］ドリップコーヒー。「―式」

**―コーヒー**［drip coffee］ひいたコーヒー豆に熱湯を注いでろ過する入れ方のコーヒー。

**とりて【取り手】**①取る人。②カルタで、札をとる人。対読み手 ③相撲などで、わざのうまい人。

**とりて【捕り手】** 昔、罪人を捕らえる役人。捕り方。

**とりで【砦】**本城から離れて築いた小城。

**とりてき【取的】** 相撲で最下級の力士。ふんどしかつぎ。

**とりとめ【取り留め・―止め】** まとまり。しまり。「―（―が）ない」

**とりとめる【取り留める・―止める】**失わずにすむ。「一命を―」

**とりどり**《取り取り》 さまざま。「色―の花」

**とりなおす【取り直す】**①再び改めて取る。②気持ちを新たにする。

**とりなす【取り成す・執り―】**①雰囲気や感情をよくするように計らう。②仲裁する。

**とりにがす【取り逃がす】** 残念にも―逃がす（逃げられる）。

**とりにく【鳥肉】**①鳥の肉。②**【鶏肉】**ニワトリの肉。

**とりのいち【酉の市】**一一月の酉の日に行う鷲《おおとり》神社の祭礼。〔熊手《くまで》などを売る市が立つ〕

**とりのける【取り除ける】**①とりのぞく。②別にとっておく。

**とりのこ【鳥の子】**①たまご。鶏卵。②鳥の子紙。③鳥の子餅。

**―紙《がみ》** 淡黄色の上質の和紙。

**―餅《もち》** 卵形の紅白のもち。祝儀用。

**とりのこす【取り残す】**①（一部を）取らないで残す。②置き去りにする。

**とりのぞく【取り除く】** 取って除き去る。「不安（痛み）を―」

**とりはからう【取り計らう】** うまく処理する。

**とりはこぶ【取り運ぶ】**物事を進行させる。

**とりばし【取り箸】** 食卓で料理を取り分けるのに使うはし。

**とりはずす【取り外す】**①とりつけてあるものを外す。②取りそこなう。

**とりはだ【鳥肌】**《鳥膚》 羽をむしった鳥の肌（―のようになること）。

**―が立《た》つ** ①寒さや恐怖で鳥肌が現れる。②感動する。〔本来の意味から転じた用法〕

**とりはらう【取り払う】** すっかり取り除く。

**トリハロメタン**［trihalomethane］水道水の塩素消毒によって生じる化合物。発ガン性がある。

**トリビア**［trivia］瑣《さ》末《まつ》な物事。雑学。

**とりひき【取り引き・取引】**①商品の売買。②互いの利益になる事物や行為の交換。「政治的―」

**―（取引）所《じょ》** 商品・有価証券を大量に売買する市場。

**トリビュート**［tribute］ミュージシャンが、尊敬の念をこめて先人の曲を―演奏する（歌う）こと。「―アルバム」〔「賛辞」「ささげもの」の意〕

**とりふだ【取り札】** カルタで、取る方の札。対読み札

**ドリフト**［drift］ 自動車の走行テクニックの一。タイヤをすべらせながらカーブを回ること。「—走行」〔「漂流」の意〕
**トリプル**［triple］ 三重であること。
**—アクセル**［triple axel］ フィギュアスケートで、三回転半ジャンプ。
**—クラウン**［triple crown］ 三冠王。
**—プレー**［triple play］ 野球で、連続プレーで、三人をアウトにすること。三重殺。
**ドリブル**［dribble］ ①球技で、手でつきながら（足でけりながら）球を進めること。②バレーボールで、続けて二度以上球に触れる反則。
**とりぶん【取り分】** その人の取るべき分。
**トリマー**［trimmer］ ①犬の毛をかりそろえる技術者。②裁断機。
**とりまえ【取り前】** 取り分。
**とりまき【取り巻き】** ①周りを囲むこと。②権勢のある人につき従ってきげんをとる人。
**とりまぎれる【取り紛れる】** ①まぎれる。②忙しさや雑事のために注意がおろそかになる。
**とりまく【取り巻く】** ①周りを囲む。②権勢のある人につき従ってきげんをとる。
**とりまとめる【取り纏める】** 多くのものをまとめる。
**とりまわす【取り回す】** ①自分の分を取って次に回す。②うまく取り扱う。「家事を—」
**とりみだす【取り乱す】** ①見苦しい行動をする。②ちらかす。
**トリミング**［trimming］ ①写真などで、必要な部分だけをとって構図を修整すること。②洋裁で、ふち飾り。③犬の毛の手入れ。
**トリム**［trim］ 健康増進のための運動の一。トリム運動。〔手近な物や機会を利用する〕
**とりむすぶ【取り結ぶ】** ①契約や約束をかたく結ぶ。②間を取りもつ。③「ごきげんを—（=とる）」
**とりめ【鳥目】** 眼病の一。夜になると視力が衰える。夜盲症。
**とりもち【鳥黐】** 竿《さお》の先につけて小鳥や昆虫などを捕らえるのに使う、ねばねばした物質。
**とりもつ【取り持つ】** ①仲立ちをする。②もてなす。「座を—」
**とりもどす【取り戻す】** 取り返す。「健康（落ち着き）を—」
**とりもなおさず【取りも直さず】** すなわち。
**とりもの【捕り物】** 犯人を捕まえること。〔古風な言い方〕
**—帳《ちょう》** 時代物の推理小説。〔江戸時代の目明かしの覚え書きの意〕
**とりやま【鳥山】** 魚群の上を飛び回る海鳥の群れ。〔漁業で魚群発見の手がかりとなる〕
**とりやめる【取り止める】** 中止する。
**トリュフ**［フランス語 truffe］ キノコの一。フランス料理で珍重される。トリフ。●トリュフの形のチョコレート。
**とりょう【塗料】** 美化・保護のために物の表面にぬる物質。ペンキやニスなど。
**どりょう【度量】** 他人の意見を受け入れる心の広さ。「—が大きい」
**どりょうこう【度量衡】** ①長さと体積と重さ。②ものさしとますとはかり。
**どりょく【努力】** 力を尽くして努めること。「—が実を結ぶ・—を払う」
**とりよせる【取り寄せる】** ①注文して届けさせる。②手元にひきよせる。
**トリル**［trill］ 音楽で、装飾音の一。顫音《せんおん》。トリロ。
**ドリル**［drill］ ①穴をあける工具。②技能や能力向上のための反復練習。
**トリレンマ**［trilemma］ ①三者択一を迫られた窮地。〔二者択一の場合はジレンマ〕②三重苦。
**とりわけ【取り分け】** ①特に。②相撲で、引き分け。
**とりわける【取り分ける】** ①多くから区別して取る。「よいものだけを—」②それぞれに分けて取る。
**ドリンク**［drink］ ①飲み物。②ドリンク剤。
**—剤《ざい》** 小びん入りの保健飲料。
**とる** ㊀**【取る】** ①手に持つ。②自分のものにする。「資格を—」③除く。●脱ぐ。「帽子を—」④コントロールする。「指揮を—」⑤占める。「時間を—」⑥（定期的に）取り寄せる。「新聞を—」⑦《盗る》ぬすむ。⑧《穫る・獲る》収穫する。⑨《摂る》体内に入れる。「栄養を—」㊁**【捕**

る】《取る》つかまえる。**三**【採る】《取る》①他から導き入れる。「光を—」②選んで用いる。**四**【執る】《取る》処理して行う。「事務を—」**五**【撮る】写す。「写真を—」

**—(取る)に足《た》りない** 問題にならない。

**—(取る)物《もの》も取《と》りあえず** 大急ぎで。

**どるい【土塁】** 土を盛って築いた(—城を囲む)壁。

**トルエン**［toluene］ 特異臭があり可燃性の無色の液体。爆薬・合成繊維などの原料。

**トルク**［torque］ ねじりモーメント。自動車のエンジンの回転力など。

**トルコいし【—石】** 宝石の一。青緑色。トルコ玉。ターコイズ。〔一二月の誕生石〕

**トルソ(ー)**［イタリア語 torso］ 人体の胴体だけの彫像。

**ドルチェ**［イタリア語 dolce］ ①(イタリア料理の)デザート。甘いもの。②音楽の演奏標語の一。甘美に。やわらかく。〔「甘い」意〕

**トルテ**［ドイツ語 Torte］ ケーキ類の一。

**トルティーヤ**［スペイン語 tortilla］ メキシコ料理の一。トウモロコシ粉の薄焼き。

**トルネード**［tornado］ 春～初夏、アメリカ中南部に起こる竜巻。破壊力が大きい。

**ドルばこ【—箱】** 金もうけの種になる—人(もの)。「—スター」

**ドルビーシステム**［Dolby system］ 録音テープの雑音低減などの音響システムの名。〔商標〕

**ドルフィン**［dolphin］ イルカ。

**—キック**［dolphin kick］ バタフライ泳法の足のけり方。

**ドルメン**［フランス語 dolmen］ 西欧の古代の遺跡で、巨石記念物。〔墓と考えられている〕

**トレアドル**［スペイン語 toreador］ 闘牛士。トレアドール。

**—パンツ**［toreador pants］ ぴったりした短めのズボン。

**どれい【土鈴】** 土で作ったすず。

**どれい【奴隷】** 所有物として扱われ、売買された人。‖心を縛られ逃げられない人。

**トレイン**［train］ ①列車。「ブルー—」②女性の礼服の引きすそ。◇トレーン。

**トレー**［tray］ (金属製の)盆。

**トレーサビリティ**［traceability］ (出所の)追跡可能性。

**トレーシングペーパー**［tracing paper］ 原図の敷き写しに使う半透明の薄い紙。

**トレース**［trace］ ①製図。②原図の敷き写し。③スケートで、すべった跡。④登山で、先行者の踏み跡(—をたどること)。

**トレーダー**［trader］ ①貿易業者。②証券を売買する業者。

**トレーディング**［trading］ 取引の。貿易の。「—カンパニー(=貿易商社)」「—ルーム」

**—カード**［trading card］ 仲間と交換して収集を楽しむカード。アニメのキャラクター・スポーツ選手・アイドルなどが印刷されている。トレカ。

**トレード**［trade］ プロ野球で、選手の移籍。〔取引、貿易の意〕

**—オフ**［trade-off］ 経済で、両立できない二律背反の関係。

**—マーク**［trademark］ 登録商標。TM。‖特徴的なしるし。「—のひげ」

**トレーナー**［trainer］ ①運動選手の健康管理や練習指導をする人。②運動用のゆったりした上着。

**トレーニング**［training］ 練習。訓練。

**—ウエア**［和製語 training wear］ スポーツの練習着。

**—パンツ**［和製語 training pants］ スポーツ練習用の長ズボン。トレパン。

**ドレープ**［drape］ 布の、ゆったりしたひだ。

**トレーラー**［trailer］ トラクターなどに引かれて走る車。

**—ハウス**［和製語 trailer house］ 移動可能の住宅。旅行・キャンプ用。

**ドレーン**［drain］ 排水管。「—コック」〔ドレインとも〕

**トレカ** トレーディングカードの略。

**ドレス**［dress］ 婦人服。特に、礼装用のもの。

**—アップ**［dress up］ 盛装。

**—コード**［dress code］ (特定の場に)着ていく服装についての決まり。「—の厳しい飲食店」

**—メーカー**［dressmaker］ 婦人服を仕立てる—人(店)。

**とれだか【取れ高】** 農・水産物の収穫量。

**とれたて【取れ立て】** とれたばかり(—のも

の)。「―の野菜」

**トレッキング**［trekking］気軽な山歩き。

**ドレッサー**［dresser］①洋風の鏡台。②着こなしのうまい人。「ベスト―」

**ドレッシー**［dressy］やわらかく優雅。〔服装・姿にいう〕対スポーティー

**ドレッシング**［dressing］①サラダ用のソース。②着付け。化粧。「―ルーム」

**トレパン** トレーニングパンツの略。

**トレビアン**［フランス語 très bien］大変よい。すばらしい。

**ドレミ**［イタリア語 do re mi］音階。〔ドレミファソラシドのはじめの三音〕

**トレモロ**［イタリア語 tremolo］音楽で、装飾音の一。震音。

**トレリス**［trellis］園芸用の格子状の垣。

**とれる【取れる】**①離れ落ちる。②消えてなくなる。③収穫がある。④解釈できる。〔「とる」の自発・可能形〕

**トレンチコート**［trench coat］ダブルの前合わせでベルトつきのコート。

**トレンディ**［trendy］最新流行であるようす。トレンディー。

**トレンド**［trend］(時代の)傾向。流行。

**とろ【トロ】**マグロの腹部の肉で、あぶらの多い部分。

**とろ【瀞】**川底が深く流れの静かな所。

**とろ【吐露】**〔文章語〕意見や気持ちを述べること。「真情を―する」

**どろ【泥】**①水分が多く柔らかな土。②泥棒。「こそ―」

**―のように眠《ねむ》る** ぐっすり眠りこむ。

**―を被《かぶ》る** 他人がしたことの責任を負う。

**―を塗《ぬ》る** 名誉を傷つける。

**―を吐《は》く** 白状する。

**とろい** ①〔俗語〕動作・反応が鈍い。②勢いが弱い。

**トロイオンス**［troy ounce］イギリスの重さの単位の一。〔一トロイオンスは約三一・一グラム。金貨の質量だけに使用〕

**トロイカ**［ロシア語 troika］ロシアの三頭立ての馬ぞり。

**―方式《ほうしき》** 三者による指導体制。

**トロイデ**［ドイツ語 Tholoide］火山の形態の一。溶岩円頂丘。〔箱根の二子山など〕

**とろう【徒労】**むだな骨折り。「―に終わる」

**どろえのぐ【泥絵の具】**胡粉《ごふん》をまぜた泥状の絵の具。

**ドロー**［draw］引き分け。

**トローチ**［troche］薬と砂糖をまぜて固めた錠剤。口に含んでとかす。

**トローリング**［trolling］釣りで、走る船から釣り糸を流して大形の魚を釣る釣り方。

**トロール**［trawl］①底引網の一。遠洋漁業用。トロール網。②トロール網で漁をする船。トロール船。

**ドローン**［drone］遠隔操作で飛行する小型の無人機。〔オスのハチ、ハチの羽音の意〕

**とろかす《蕩かす》**とろけるの他動詞形。

**どろがめ【泥亀】**スッポン。

**どろくさい【泥臭い】**やぼったい。

**とろける《蕩ける》**溶けて柔らかくなる。Ⅱ理性を失う。「心が―言葉」

**どろじあい【泥仕合】**互いに相手の秘密をあばきあう、みにくい争い。

**どろた【泥田】**泥の深い田。

**トロッコ** レール上を走る手押し車。鉱山・土木工事の運搬用。〔truckから〕

**トロット**［trot］①馬の早足。②フォックストロット。

**ドロップ**［drop］①菓子の一。小さなあめ。②野球で、変化球の一。打者の手元で、急に落ちる。

**―アウト**［dropout］組織からの脱落。

**―キック**［drop kick］①ラグビーなどで、球を地面に落としてからけること。②プロレスで、飛びげり。

**―ショット**［drop shot］テニスで、球を相手のネット際に落とす打法。

**―ハンドル**［drop handlebars］自転車の、下向きに曲がったハンドル。サイクリング・競技用。

**どろなわ【泥縄】**事が起こってから、あわてて準備すること。〔泥棒を捕らえて縄をなうの略〕

**どろぬま【泥沼】**泥の深い沼。Ⅱなかなか抜け出せない、悪い環境や状態。

**トロばこ【トロ箱】**魚を入れて運ぶ(―発砲スチロール製の)箱。〔トロール漁でとれた魚を入れたことから〕

**とろび【とろ火】**勢いの弱い火。類弱火

**トロピカル**［tropical］①熱帯的。「―フルーツ」②夏用の薄地の平織物。

**トロフィー**［trophy］ 優勝者や入賞者に贈られる―カップ（盾・像）。
**どろぼう【泥棒・泥坊】** 盗む―こと（人）。
**―に追《お》い銭《せん》** 盗人《ぬすびと》に追い銭。
**―を捕《と》らえて縄《なわ》をなう** どろなわ。
**どろまみれ【泥塗れ】** 泥にまみれること。
Ⅱ苦労の多い状態。「―の人生」
**とろみ** 軽い粘りけ。「スープに―をつける」
**どろみず【泥水】** 泥の混じった水。Ⅱ芸者・遊女の社会。
**どろよけ【泥除け】**〔車輪につけて〕どろのはねを防ぐもの。
**トロリーバス**［trolleybus］ 架線から電気を受けて走るバス。〔レールはない〕
**とろろ**《薯蕷》①トロロイモ。②とろろ汁。
**―芋《いも》** ナガイモやツクネイモの総称。
**―汁《じる》** トロロイモをすりおろし、汁でのばした料理。
**とろろこんぶ【とろろ昆布】** おぼろ昆布。
**ドロンゲーム**［drawn game］ 引き分け試合。
**どろんこ【泥んこ】** どろ（―だらけ）。
**トロンボーン**［trombone］ 金管楽器の一。
**とわ【永久】** 永遠。
**―の眠《ねむ》りに就《つ》く** 死ぬ。
**トワイライト**［twilight］ たそがれ。薄明かり。
**とわずがたり【問わず語り】** 聞かれもしないのに自分から話すこと。
**どわすれ【度忘れ】** よく知っていることを何かの拍子に思い出せなくなること。
**とわに【永久に】**〔文章語〕永遠に。
**とん【豚】** ブタ。ブタ肉。
**トン**［ton］ ①メートル法の重さの単位の一。一トンは一〇〇〇キログラム。記号t ②体積の単位の一。記号t「総―数」
**どん【鈍】** 鈍い。愚か。「―なやつ」
**ドン**［スペイン語 Don］ 大立者。ボス。
**とんえい【屯営】**〔文章語〕兵営。
**どんか【鈍化】** にぶく―なる（する）こと。「勢いが―する」
**どんかく【鈍角】** 九〇度より大きく、一八〇度より小さい角。対鋭角
**とんかち**〔俗語〕かなづち。〔擬音語から〕
**とんカツ【豚―】** 豚肉のカツ。ポークカツレツ。〔トンカツとも書く〕
**とんがる【尖る】**〔俗語〕①とがる。②奇抜なほど先鋭的だ。Ⅱふきげんになる。
**どんかん【鈍感】** 感じ方が鈍いこと。対敏感
**どんき【鈍器】** ①よく切れない刃物。②凶器として使われる棒状の道具。かなづちやこん棒など。
**ドンキー**［donkey］ ロバ。
**ドンキホーテがた【―型】** 理想主義的で現実無視の行動をするタイプ。〔ドンキホーテは、セルバンテスの小説の主人公〕
**とんきょう【頓狂】** 突然調子はずれの言動をする―こと（人）。
**トンキロ** 貨物輸送量の単位。〔貨物のトン数×輸送距離。／ton kilometer から〕
**トング**［tongs］ 物をはさむ道具。
**どんくさい【鈍臭い】** のろまだ。間が抜けている。
**どんぐり**《団栗》ブナ科のクヌギ・ナラ・カシなどの実の総称。
**―の背競《せいくら》べ** みな平凡で、特にすぐれた者のいないこと。
**―眼《まなこ》** 丸く大きくてくりくりした目。
**どんこ**《冬子・冬菇》 肉厚でかさが半開きのシイタケ。〔寒い時期にゆっくり育ったもの〕
**どんこう【鈍行】**〔俗語〕各駅に停車する列車。対急行
**とんこつ【豚骨】** ①ブタの骨（―でとったスープ）。「―ラーメン」②ブタの骨付きばら肉を使った鹿児島の郷土料理。
**とんコレラ【豚―】** CSFの旧称。
**とんざ【頓挫】** 急に行きづまること。「―を来たす」
**とんさい【頓才】** 機転のきく才能。
**どんさい【鈍才】** 才知が鈍い―こと（人）。対秀才
**とんし【頓死】** 急に死ぬこと。類急死
**とんじ【豚児】**「自分の（―男の）子供」の謙譲語。類愚息
**とんじ【遁辞】**〔文章語〕逃げ口上。
**とんしゃ【豚舎】** ブタ小屋。
**とんじゃく【頓着】** 気にかけること。とんちゃく。
**とんしゅ【頓首】**〔文章語〕手紙文の終わりに使う語。類敬具
**どんじゅう【鈍重】** にぶくてのろいこと。
**どんしゅうのうお【呑舟の魚】** 大人

物。〔舟を丸のみにする大きな魚の意から〕

**どんじり【どん尻】**〔俗語〕最後。びり。

**とんじる【豚汁】** 豚肉入りのみそ汁。ぶたじる。

**どんす【緞子】** 絹の練り糸で織った紋織物。〔地が厚くてつやがある〕

**トンすう【―数】** トンで表した重量・体積数。「総―」

**とんずら** 〔俗語〕逃げること。

**どんする【鈍する】** にぶくなる。「貧すれば―」

**とんせい【遁世】** ①仏門にはいること。②隠居して俗事に関係しないこと。

**とんそう【遁走】** 急いで逃れること。

**―曲《きょく》** フーガ。

**どんそく【鈍足】** 足が遅いこと。対俊足

**どんぞこ【どん底】** いちばん底。「不況の―」Ⅱ最悪の状態。

**ドンタク** 日曜日。Ⅱ休日。◇〔オランダ語 zondagから。/古風な語〕

**とんち【頓知】**《頓智》 機知。ウイット。「―をはたらかせる」

**とんちき**《頓痴気》〔俗語〕まぬけ。

**とんちゃく【頓着】** とんじゃく。

**どんちょう【緞帳】** ①緞子《どんす》で作った幕。②劇場で、巻いて上げ下ろしする幕。

**とんちんかん【トンチンカン】**《頓珍漢》 見当はずれなこと(―をする人)。「―な答え」

**どんつう【鈍痛】** にぶくて重い痛み。

**どんづまり【どん詰まり】**〔俗語〕①行きづまった最後の所。②道の行き止まり。

**とんでひにいるなつのむし【飛んで火に入る夏の虫】** 自分から進んで、身を滅ぼすような物事に関係すること。

**どんてん【曇天】** くもり空。

**どんでんがえし【どんでん返し】** 上下が逆になるようにひっくりかえす―こと(しかけ)。Ⅱ立場や情勢が一気に逆転すること。

**とんと**《頓と》〔否定表現の中で〕いっこうに。まるきり。

**どんど**《爆竹》 左義長《さぎちょう》。どんど焼き。

**どんとう【鈍刀】** よく切れない刀。

**ドントほうしき【―方式】** 比例代表制選挙で、得票数を配分する方式の一。

**とんとん** ①物事が順調にはかどるようす。②軽くたたく音。③両者がほとんど同じ。「収支―」

**―拍子《びょうし》** 物事が調子よく進むこと。

**トンネル**〔tunnel〕 ①山腹や地下を掘って作った通路。②〔俗語〕野球で、ボールを股《また》の間からのがすこと。

**―会社《がいしゃ》** 品物や注文をそのまま他に回して中間利益をとるだけの名目上の会社。

**とんび【鳶】** ①トビ。②和服の上に着る外套《がいとう》。〔着て腕を広げると、トビに似るから〕

**―に油揚《あぶらあ》げをさらわれる** 大事な物を不意にわきから奪い取られる。

**どんびき【どん引き・ドン―】**〔俗語〕雰囲気がしらけきること。

**どんぴしゃり** 〔俗語〕ぴったり―一致(的中)するようす。どんぴしゃ。

**ドンファン**〔Don Juan〕 女たらし。漁色家。〔伝説上の好色な人物の名〕

**とんぷく【頓服】** 何回にもわけずに、一回に服用する―こと(薬)。〔解熱薬・鎮痛薬などが多い〕

**どんぶつ【鈍物】** 頭の働きの鈍い人。

**とんぶり** ホウキグサの実。食用。秋田特産。〔外見から「畑のキャビア」とも〕

**どんぶり【丼】** ①容器の一。どんぶりばち。②どんぶりに飯を盛り具をのせた料理。どんぶり物。③腹掛けの物入れ。

**―勘定《かんじょう》** 収入・支出のおおざっぱな処理。

**とんぼ【蜻蛉】** ①昆虫の一。「―つり」〔幼虫をヤゴという〕②《筋斗》とんぼ返り。「―をきる」

**―返《がえ》り** 宙返り。Ⅱ目的地へ行ってすぐ引き返すこと。

**トンポーロー**《東坡肉》〔中国語 dōngpōròu〕 中国料理の一。たれにつけて蒸した豚バラ肉。

**とんま【頓馬】** まぬけ。

**どんま【鈍麻】** 感覚が鈍くなること。「神経が―する」

**ドンマイ** 応援のかけ声。気にするな。〔don't mind から〕

**とんや【問屋】** 卸し売りをする―店(人)。

**どんよく【貪欲】**《貪慾》 非常に欲が深いこと。貪婪《どんらん》。

**どんらん【貪婪】**〔文章語〕貪欲《どんよく》。「―な好奇心」

# な

**な【名】** ①名前。②名声。「―をあげる」③名目。類口実

**―に(―し)負《お》う** ①名にふさわしい。②有名である。

**―は体《たい》を表《あら》わす** 名はその実体をよく表しているものだ。

**―を売《う》る** 名が世間に知られるようにする。

**―を借《か》りる** ①口実に利用する。②名義を使わせてもらう。

**―を捨《す》てて実《じつ》を取《と》る** 見かけだけの名声より実利を選ぶ。

**―を成《な》す** 有名になる。

**な【菜】** 主に葉を食べる野菜。

**ナーシングホーム** ［nursing home］医療と福祉が一体となった施設。

**ナース** ［nurse］看護師。

**―コール** ［和製語 nurse call］入院患者が看護師を呼ぶための装置。

**―ステーション** ［和製語 nurse station］看護師の詰め所。

**なあて【名宛】** 手紙などで、指定した相手方。

**なあなあ** 〔俗語〕なれあい。「―で済ます」

**ナーバス** ［nervous］神経質。

**ないあつ【内圧】** 内部の圧力。対外圧

**ないい【内意】** ①内心。②内々の意向。「―をもらす」

**ナイーブ** ［naive］純真。無邪気。

**ないいん【内因】** 内部にある原因。対外因

**ないえつ【内閲】** 内々の閲覧。「―本」

**ないえん【内苑】** 神社などの内側の庭園。対外苑

**ないえん【内縁】** 法律上の手続きをすませていない夫婦関係。

**ないおう【内応】** 〔文章語〕ひそかに敵と通じること。内通。

**ないおう【内奥】** 奥深いところ。

**ないか【内科】** 医学の一部門。対外科

**ないかい【内海】** 陸地で囲まれた狭い海。うちうみ。対外洋・外海

**ないかい【内界】** その人の意識の内側。類精神界 対外界

**ないがい【内外】** ①うちとそと。国内と国外。②その程度。「千円―」類前後

**ないかく【内角】** ①野球で、ホームプレートの打者に近い側。インコーナー。「―球」②多角形の内側の角。◇対外角

**ないかく【内核】** 地球内部の最も深い部分。

**ないかく【内閣】** 国の行政を担当する最高機関。

**―官房長官《かんぼうちょうかん》** 内閣総理大臣の補佐官。

**―総理大臣《そうりだいじん》** 内閣の長である国務大臣。首相。

**―府《ふ》** 中央官庁の一。内閣の重要政策に関する企画立案と総合調整を行う。〔二〇〇一年の省庁再編で新設された〕

**ないがしろ《蔑ろ》** 軽んじ、あなどること。「人を―にする」

**ないかん【内患】** 〔文章語〕内憂。対外患

**ないかん【内観】** 自己観察。内省。

**ないき【内規】** 内部だけで通用するきまり。

**ないぎ【内儀】** 「他人の妻」の敬称。〔古風な語〕

**ないきょく【内局】** 中央官庁で、大臣や事務次官などの監督を直接受ける局。対外局

**ないきん【内勤】** 勤め先の内部での勤務。対外勤

**ないくう【内宮】** 伊勢の皇大神宮。対外宮《げくう》

**ないくう【内腔】** 医学で、腸や血管など、管状器官の内側の空洞。ないこう。

**ないけん【内見】** 〔文章語〕公開しないで、うちわだけで見ること。内覧。「―会」

**ないこう【内向】** 内気で自分の世界にとじこもること。対外向

**ないこう【内攻】** 病気が体の表面に現れず、内部に広がること。〔不満や精神的なショックについてもいう〕

**ないこう【内訌】** 〔文章語〕うちわもめ。

**ないごうがいじゅう【内剛外柔】** 心の中は強く厳しいが、うわべはもの柔らかなこと。対内柔外剛

**ないこきゅう【内呼吸】** 組織細胞と血液の間で行われるガス交換。組織呼吸。細胞呼吸。対外呼吸

**ないこく【内国】** 国内。「―航路」

**ないさい【内妻】** 内縁の妻。対正妻

**ないさい【内済】**〔文章語〕表ざたにしないで処理すること。

**ないさい【内債】** 国内で募集する公債・社債。対外債

**ないざい【内在】** そのものの内部に（―本来的に）あること。対外在

**ないし【乃至】** ①…から…まで。「一八―二〇」②または。「東―東南の風」

**ないじ【内示】** 非公式に示すこと。

**ないじ【内耳】** 耳のいちばん奥。

**ないしきょう【内視鏡】** 体内に入れて観察する装置。胃カメラなど。

**ないしつ【内室】**〔文章語〕他人の妻の敬称。

**ないじつ【内実】** ①内部の実情。②実際のところ。「―は困っている」

**ないじゅ【内需】** 国内での需要。対外需

**ないしゅう【内周】** 内側の周囲（―の距離）。対外周

**ないじゅうがいごう【内柔外剛】** 心の中は弱いが、うわべは強くふるまうこと。対内剛外柔

**ないしゅっけつ【内出血】** 体外に流れ出ないで、体内におこる出血。

**ないしょ【内緒】**《内証》①外部に知らさないこと。「―の話」類内密 ②内々の事情。Ⅱ暮らしむき。

**ないじょ【内助】** 内部からの助け。特に、妻の、夫に対する援助。「―の功」

**ないしょう【内証】** ①〔仏教語〕真理の体得。②ないしょ。

**ないじょう【内情】** 内部の事情。「―に通じる」類内幕《うちまく》

**ないしょく【内職】** 本職（家事）のあいまにする仕事。類副業・アルバイト

**ないしん【内心】** ①心のうち。②数学で、多角形に内接する円の中心。

**ないじん【内陣】** 神社で神体を、寺で本尊を安置する所。対外陣《げじん》

**ないしんしょ【内申書】** 進学に際し、出身校から提出される成績や品行の報告書。

**ないしんのう【内親王】** 天皇の娘および女の孫。対親王

**ナイス【nice】** ①見事。すばらしい。「―ショット」②うまい。いいぞ。

**ないすん【内寸】**（箱の）内側の寸法。類内のり 対外寸

**ないせい【内省】** ①自分の意識・経験を観察すること。②反省。

**ないせい【内政】** 国内の政治。

**―干渉《かんしょう》** 外国の政治に口出しすること。

**ないせい【内製】** 自社内部で製造・制作すること。対外注

**ないせき【内戚】** 父方（夫）の親戚。対外戚

**ないせつ【内接】**《内切》図形が他の図形に内側で接すること。「―円」対外接

**ないせん【内戦】** 国内の戦争・抗争。

**ないせん【内線】** 会社や官庁の内部連絡用の電話。対外線

**ないそう【内装】** 建物や車両の内部の設備・装飾。対外装

**ないぞう【内蔵】** その内部に含むこと。

**ないぞう【内臓】** 胸や腹の中にある諸器官の総称。

**ないそではふれぬ【無い袖は振れぬ】** もっていないので出したくとも出せない。

**ないそん【内孫】**〔文章語〕うちまご。対外孫

**ナイター【和製語 nighter】** 野球などの夜間試合。ナイトゲーム。対デーゲーム

**ないだい【内題】** 本のとびらや本文の前にある題名。対外題《げだい》

**ないだく【内諾】** 非公式の承諾。

**ないだん【内談】** 内密の話し合い。

**ないち【内地】** ①国内。「―留学」②外地・植民地に対して本土。〔北海道や沖縄から本州をさす場合も〕

**ないつう【内通】** ①ひそかに敵に通じること。②男女の密通。

**ないてい【内廷】** 宮廷の内部。

**―費《ひ》** 国庫から出される天皇一家の生活費。

**ないてい【内定】** 非公式に―決まる（決める）こと。

**ないてい【内庭】** なかにわ。

**ないてい【内偵】** ひそかに探ること。

**ナイティー【nightie】** 女性用寝巻き。

**ないてき【内的】** ①内部にある。「―な事情」②精神や心に関する。「―生活」◇対外的

**ないてばしょくをきる【泣いて馬謖を斬る】** 規律を厳正にするために、個人的感情をおさえて厳しく処分する。〔中国

な

の故事から〕

**ないてん【内典】**〔仏教語〕仏教の経典。対外典《げてん》

**ナイト**［night］夜。夜間。「オール―」対デー

**―キャップ**［nightcap］①寝るときにかぶる帽子。②寝酒。

**―クラブ**［nightclub］夜間営業の高級飲食店。

**―ゲーム**［night game］ナイター。

**ナイト**［knight］①騎士。②英国の爵位の一。〔サー（=Sir）の称号を許される〕 Ⅱ〔俗語〕女性に親切な男性。

**ないない【内々】**ひそか。うちわ。「―の取り決め・―にすます」

**ないねんきかん【内燃機関】**燃料をシリンダー内で燃焼させて動力を得る機関。

**ないはつ【内発】**〔文章語〕内部から自然にあらわれること。

**ないはんそく【内反足】**足の裏が内側に向いている足。対外反足

**ないひ【内皮】**内側の皮。対外皮

**ナイフ**［knife］洋風の（―食事用の）小刀。

**ないぶ【内部】**①内側。②組織内。◇対外部

**―告発《こくはつ》**組織内の人が、組織の不正を監督官庁やメディアに知らせること。

**―被曝《ひばく》**放射性物質に汚染された食べ物や空気が体内に入ることで被曝すること。対外部被曝

**―留保《りゅうほ》**企業が利益から税金など外部に支払う額を引いた金額を、社内に蓄積すること。社内留保。

**ないふく【内服】**薬を飲むこと。

**―薬《やく》**飲み薬。内用薬。

**ないふん【内紛】**内部のもめごと。

**ないぶん【内分】**①内聞②。②数学で、線分を線上の一点でふたつに分けること。対外分

**ないぶん【内聞】**①内密に聞くこと。②表ざたにしないこと。

**ないぶんぴつ【内分泌】**ホルモンを直接血液中に送り出すこと。ないぶんぴ。対外分泌

**―腺《せん》**ホルモンの分泌を行う腺。ないぶんぴせん。

**ないへき【内壁】**内側の（内に面した）壁。対外壁

**ないほう【内包】**①内部に含むこと。②〔哲学用語〕ある概念が含みもつ属性。〔例、馬の内包は「しっぽがある」「たてがみをもつ」など〕対外延

**ないほう【内報】**内密に知らせること。

**ないまぜ【綯い交ぜ】**種々のものをひとつにまぜあわせること。動―る

**ないみつ【内密】**外部にもらさないこと。「―にする」

**ないむ【内務】**国内の政務。対外務

**ないめい【内命】**内密に命ずること。また、その命令。

**ないめん【内面】**内側の面。Ⅱ精神・心理の方面。「―生活」◇対外面

**ないものねだり【無い物―】**ないもの（実現できないこと）を無理に要求すること。

**ないや【内野】**野球で、本塁・一塁・二塁・三塁で囲まれた範囲内。対外野

**―手《しゅ》**内野を守る選手。内野。対外野手

**ないやく【内約】**内々の約束。類密約

**ないゆう【内憂】**内部（国内）の心配事。内患。対外憂

**ないよう【内容】**なかみ。対形式

**―証明《しょうめい》**特殊取扱郵便の一。郵便物の内容を公的に証明する。

**ないらん【内乱】**国内の政治的な大騒乱。

**ないらん【内覧】**〔文章語〕うちわで見ること。

**ないり【名入り】**名前が入っていること。「―の便箋《びんせん》」

**ないりく【内陸】**陸地で、海岸から奥まった地帯。

**―気候《きこう》**内陸に特徴的な気候。気温差が大きく湿度が低い。

**―国《こく》**内陸にあって海岸線をもたない国。

**ないりんざん【内輪山】**二重火山の内側の火山。中央火口丘。対外輪山

**ないれ【名入れ】**贈答品に贈り主の名前を入れること。

**ナイロン**［nylon］合成繊維の一。〔もと商標〕

**ないわくせい【内惑星】**地球の軌道の内側を公転する惑星。水星と金星。対外惑星

**ナイン**［nine］九。Ⅱ野球チーム（―の選手）。

**なう**《綯う》「縄をー(=わらをよりあわせて縄にする)」
**ナウ**[now]〔俗語〕現代的でかっこいいようす。「ーなファッション」
**なうて**【名うて】有名。「ーの酒のみ」
**なえ**【苗】種から芽が出たばかりの植物。特に、稲の苗。
**なえぎ**【苗木】移植する前の幼い木。
**なえどこ**【苗床】苗を育てる所。
**なえる**【萎える】①力が衰えて動けなくなる。②しおれる。「草がー」
**なお**【猶・尚】①まだ。「消息はー不明だ」②いっそう。「ー悪い」③まるで。「ー及ばざるがごとし」④さらに付け加えれば。「ーご予約はお早めに」
**なおがき**【尚書き】主文のあとに書く補足の文章。〔多く「なお」で始める〕
**なおかつ**【尚且つ】①なおその上に。②それでもまだ。
**なおさら**【尚更】さらに、その上に。
**なおざり**《等閑》いいかげん。「ーにする」類おろそか
**なおす** 一【直す・治す】なおるの他動詞形。 二【直す】さらに(改めて)…する。「書きー」
**なおもって**【尚以て】なおさら。
**なおる** 一【直る】①正しく(望ましく)なる。「故障がー」②改まる。「気分がー」③よりよい位置へかわる。「よい席へー」④正しく座る。 二【治る】病気が回復する。
**なおれ**【名折れ】名を汚すこと。「家門のー」類不名誉

**なか** 一【中】①内部。「箱のー」対外 ②中間。「ーに立つ」③つづいている間。「雨のー」
**ーを取**《と》**る** 中間を選ぶ。
二【仲】間がら。「ーがいい」
**ながあめ**【長雨】何日も続く雨。
**なかい**【仲居】料亭などで料理を運んだりして客の接待をする女性。
**ながい**【長い・永い】へだたりが大きい。〔「永い」は長時間の場合〕対短い
**ー(長い)目**《め》**で見**《み》**る** すぐに結論を出さず、将来まで見通す(見守る)。
**ー(長い)ものには巻**《ま》**かれろ** 権力者にはさからうな。
**ながい**【長居】長時間居ること。
**ながいき**【長生き】長く生きること。類長命・長寿 対早死に
**ながいす**【長椅子】横に長いいす。
**ながいも**【長芋】《長薯》とろろにして食べる、長いイモ。ヤマノイモ科。
**なかいり**【中入り】相撲や芝居で、途中の休み。「ー後の取組」
**ながうた**【長唄】三味線音楽の一。〔江戸で歌舞伎の伴奏として発達した〕
**ながおい**【長追い】逃げる者を遠くまで追いかけること。
**なかおし**【中押し】①野球などで、試合の中盤に勝っているチームが加点すること。②ちゅうおし。
**なかおち**【中落ち】魚を三枚におろしたときの、中骨の部分(ーの肉)。中打ち。
**なかおもて**【中表】たたむとき、表面を内側にすること。対外表

**なかおれ**【中折れ】①中央部が折れる(くぼむ)こと。②中折れ帽。
**ー帽**《ぼう》 男性用の帽子の一。つばがあって、てっぺんにくぼみがある。ソフト。
**なかがい**【仲買】物品売買や権利譲渡のなかだちで利益を得る職業(ーの人)。
**ながぐつ**【長靴】すねやひざまでおおう長い靴。類ブーツ 対短靴
**なかぐろ**【中黒】①記号の一。「・」②矢羽の一。〔上下が白く中間が黒〕
**なかご**【中子】①入れ子の、中の箱。②ウリ類の種の部分。③ミカン類の果肉。④刀剣の柄《つか》に入る部分。
**なかごろ**【中頃】中ほどの時期(場所)。
**ながし**【流し】①流すこと。②湯・水を流して物を洗う所。「ー台」③客を求めて移動すること。「ーのタクシー」
**ー網**《あみ》 刺し網の一。〔サケ漁などに使う〕
**ー打**《う》**ち** 野球の打法の一。投球にさからわずに打つ。
**ー釣**《づ》**り** 船で進みながら(えさを流れにのせて流しながら)釣ること。
**ー撮**《ど》**り** 被写体の(ー速い)移動に合わせてカメラを動かしながらシャッターを切ること。
**ー目**《め》 横目で見ること。〔媚《こび》を含む場合が多い〕
**なかしお**【中潮】干満の差が中程度の潮。
**ながしお**【長潮】干満の差が最小時の潮。

**なかじき【中敷き】** ①（靴の）中に敷く物。インソール。②部屋の中央に敷く物。

**ながジュバン【長襦袢・長—】** 着物と同じ丈のジュバン。長ジバン。

**なかしょく【中食】** 調理済み食品を買って帰り、家でする食事。また、その食品。対外食・内食《うち》

**ながじり【長尻】** ながっちり。

**なかす【中州】**《中洲》 川の中に現れ出た州。

**なかす【泣かす】** 泣かせる。

**ながす【流す】** ①流れさせる。②汚れをおとす。「背中を—」③客を求めて移動する。④島流しにする。⑤忘れ去る。「水に—」

**ながすくじら【長須鯨】** クジラの一。

**なかずとばず【鳴かず飛ばず】** 長期間活躍しないでいること。

**なかせき【中席】** 寄席で、月の中旬の興行。対上席・下席

**なかせる【泣かせる】** 泣くようにさせる。Ⅱ㋐強い感動を与える。㋑困らせる。

**なかせん【中栓】** 容器のふたの内側につけた栓。

**なかせんどう【中山道・中仙道】** 五街道の一。江戸から信濃《しなの》・大津を経て京都に至る。

**ながそで【長袖】** 長い袖（—の衣服）。

**なかぞら【中空】** 空の中ほど。中天。

**なかだか【中高】** 中央が高いこと。

**なかたがい【仲違い】** 仲が悪い状態。

**なかだち【仲立ち】** 間をとりもつ—こと（人）。類仲介・媒介

**ながたらしい【長たらしい】** だらだらと長い。

**なかだるみ【中弛み】** 中ほどで—ゆるむ（だれる）こと。

**ながだんぎ【長談義】** 長たらしい（—まとまりのない）話。「へたの—」

**ながちょうば【長丁場】** 長い道のり。Ⅱ長い時間がかかる仕事。

**なかつぎ【中継ぎ・中次ぎ】** ①とりつぐ—こと（人）。②途中でひきつぐこと。③抹茶《まっちゃ》の容器。

**—（中継ぎ）貿易《ぼうえき》** 輸入品を他に再輸出すること。中継《ちゅうけい》貿易。

**ながつき【長月】** 陰暦で、九月。

**ながったらしい【長ったらしい】** ながたらしいの強め。

**ながっちり【長っ尻】** 〔俗語〕迷惑な長居。ながじり。

**ながつづき【長続き】** 長い間続くこと。

**なかづり【中吊り】** 電車やバスの中につりさげられた広告。

**なかて【中生】** わせとおくての間に実る農作物。〔イネの場合は中稲とも書く〕

**なかなおり【中直り】** 死が近い病人が一時的によくなること。

**なかなおり【仲直り】** 仲たがいが解けること。和解。

**なかなか【中々】** ①思いのほか。②（否定表現の中で）簡単には。

**なかにわ【中庭】** 建物にまわりを囲まれた庭。

**なかね【中値】** 高値と安値（売値と買値）の中間の値段。

**ながねぎ【長葱】** 野菜の一。ネギ。

**ながねん【長年・永年】** 長い年月（—の間）。

**ながの【永の・長の】** 永遠の。かなり長い。

**—別《わか》れ** 永遠の別れ。Ⅱ死別。

**なかば【半ば】** ①半分。②途中。「八月—」③半分ほど。「—寝た状態」

**ながばなし【長話】** 長々と話すこと。また、その話。

**なかび【中日】** 興行期間のまん中の日。

**ながびく【長引く】** 予定より時間がかかる。

**ながぼそい【長細い】** 長くて細い。細長い。ながほそい。

**なかほど【中程】** ①まん中あたり。②中ぐらい。

**なかま【仲間】** ①何かをいっしょにする人。②種類が同じもの。類同類

**—入《い》り** 仲間に加わること。

**—外《はず》れ** のけ者にされる—こと（人）。

**—割《わ》れ** 仲間が分裂すること。

**なかみ【中身・中味】** ①中に入っているもの。②内容。実質。③刀身。〔中身と書く〕

**なかみせ【仲店・仲見世】** 社寺の境内の商店街。

**ながめ【長め】** やや長いこと。対短め

**ながめ【眺め】** （見渡した）景色。

**ながめる【眺める】** ①じっと見る。②見渡す。「景色を—」

**ながもち【長持ち】** ①長くもつこと。②**【長持】**衣服や調度を入れる長方形の箱。

**ながや【長屋】** 棟割り長屋。「裏―」

**なかやすみ【中休み】** 途中で休むこと。また、その休み。

**ながやみ【長病み】** 長わずらい。

**ながゆ【長湯】** 入浴時間が長いこと。

**なかゆび【中指】** 五本の指のまん中の指。

**なかゆるし【中許し】** 芸事で、中級の許し。対初《しょ》許し・奥許し

**なかよし【仲良し・仲好し】** 仲のよい―こと(人)。

**ながらえる【長らえる・永らえる】** 長く生きつづける。

**ながらく【長らく・永らく】** 長い間。

**なからしめる【無からしめる】** 〔文章語〕ないようにさせる。

**なかりせば【無かりせば】** 〔文章語〕もしなかったら。「絶えて桜の―」

**なかれ《勿れ・莫れ》** …するな。「疑うこと―」〔文語形容詞「なし」の命令形〕

**ながれ【流れ】** ①流れる―こと(もの)。②流派(流儀)や系統。「―を汲《く》む(=受け継ぐ)」③散会後の人々。「宴会の―」④傾向や風潮。⑤屋根の傾斜。⑥旗などを数える語。

**―込《こ》む** 流れて入る。◎大勢の人が入って来る。「難民が―」

**―作業《さぎょう》** 作業を分担し、順々に仕事を受け渡していく方法。

**―図《ず》** フローチャート。

**―弾《まだ》** 目標をそれた弾丸。類それだま

**―に棹《おさ》差《さ》す** 一般の―傾向(勢い)に乗る。〔しばしば誤って「一般の傾向に逆らう」の意で使われる〕

**―星《しぼ》** りゅうせい。

**―者《のも》** 定住せず、方々を渡り歩く人。

**ながれる【流れる】** ①(液体が)移動する。「川が―」◎さすらう。「諸国を―」②進行(流布)する。「時が―」③方向がそれる。④不成立になる。⑤「質草が―(=所有権を失う)」⑥流産する。

**ながわずらい【長患い】** 長く続く病気。

**なかわた【中綿】** ふとんや着物の中に入れる綿。

**なかんずく** 〔文章語〕とりわけ。〔もと就中とも書いた〕

**なぎ【凪】** 風がやみ、波が静かになること。「朝―」

**なきあかす【泣き明かす】** 泣いて夜を明かす。

**なきおとし【泣き落とし】** 泣きついて承知させ、目的を達すること。動なきおとす

**なきがお【泣き顔】** 泣いている顔。泣きそうな顔。

**なきがら【亡骸】** 遺体。

**なきくずれる【泣き崩れる】** 取り乱して泣く。

**なきくらす【泣き暮らす】** 毎日(一日中)泣いて過ごす。

**なきごえ【泣き声】** 泣く声。泣きそうな声。

**なきごえ【鳴き声】** 鳴く声。

**なきごと【泣き言】** くどくど訴える言葉。「―を並べる」類愚痴

**なぎさ【渚・汀】** 波打ちぎわ。

**なきじゃくる【泣きじゃくる】** しゃくりあげて泣く。

**なきじょうご【泣き上戸】** 酔うと泣く癖(―のある人)。対笑い上戸

**なきすな【鳴き砂】** (砂浜で)踏むと独特の音を立てる砂。

**なぎたおす【薙ぎ倒す】** ①横に払って倒す。②勢いよく負かす。「強豪を―」

**なきだす【泣き出す】** 「泣き出し(=今にも雨が降り)そうな空模様」

**なきつく【泣き付く】** 泣いてすがりつく。◎泣くようにして頼みこむ。

**なきっつら【泣きっ面】** 泣き顔。なきつら。

**―に蜂《ちは》** 不運や不幸が重なること。

**なきどころ【泣き所】** 弱点。「弁慶の―」

**なぎなた【長刀】《薙刀》** 昔の武器の一。長い柄の先に刃がついている。

**なきにしもあらず【無きにしも非ず】** ないわけではない。

**なきねいり【泣き寝入り】** 泣きながら寝入ること。◎不服のまま、あきらめること。

**なきのなみだ【泣きの涙】** ①ひどく泣くこと。②ひどくつらいこと。「―で手放す」

**なぎはらう【薙ぎ払う】** 勢いよく横に払う。

**なきはらす【泣き腫らす】** 泣いて、目をはらす。

**なきふす【泣き伏す】** うつぶせになって泣く。類泣きくずれる

**なきべそ【泣きべそ】** 「―をかく(=泣き顔になる)」

な

**なきぼくろ【泣き黒子】** 目の下や目尻にあるほくろ。
**なきまね【泣き真似】** 泣くふりをすること。類うそ泣き
**なきむし【泣き虫】** すぐに泣く−こと(人)。
**なきもの【亡き者】** 死んだ人。「—にする(=殺す)」
**なぎょうへんかくかつよう【ナ行変格活用】** 文語動詞の活用の型の一。ナ変。〔「死ぬ」と「往《い》ぬ」〕
**なきり【菜切り】** 菜切り包丁の略。
**—包丁《ぼうちょう》** 野菜を切るのに使う包丁。
**なきわかれ【泣き別れ】** 意に反して(−泣きながら)別れること。動—る
**なきわらい【泣き笑い】** ①泣いたり笑ったりすること。②泣きながら笑うこと。
**なきをいれる【泣きを入れる】** 泣きついてわびる。嘆願する。
**なきをみる【泣きを見る】** つらい目にあう。
**なく【泣く】** ①涙を流す。②嘆き悲しむ。Ⅱ無理を承知する。「なんとか泣いてくれ」
**—子《こ》と地頭《じとう》には勝《か》てぬ** 道理で争っても勝てない。
**—子《こ》も黙《だま》る** 非常に−強い(こわい)たとえ。
**なく【鳴く】**《啼く》 鳥・獣・虫が、声を出す。
**なぐ【和ぐ】** ①穏やかになる。②【凪ぐ】風や波が静まる。
**なぐ【薙ぐ】** 刃物で横に払って切る。

**なぐさみ【慰み】** ①気晴らし。②もてあそぶ−こと(もの)。
**—者《もの》** 一時のなぐさみにもてあそばれる人。
**なぐさめ【慰め】** 慰める−こと(もの)。
**なぐさめる【慰める】** 相手の心をなごませる。
**なくす** ①【無くす】失う。②【亡くす】死なれて失う。
**なくする【無くする・亡くする】** なくす。
**なくなく【泣く泣く】** 泣きながら。
**なくなす【無くなす・亡くなす】** なくす。
**なくなる** ①【無くなる】ないようになる。②【亡くなる】死ぬ。
**なくもがな【無くもがな】**〔文章語〕いっそ、ない方がよい。
**なぐりがき【殴り書き】** 乱暴に−書くこと(書いたもの)。
**なぐりこみ【殴り込み】** 集団で押し入り、乱暴すること。動なぐりこむ
**なぐる【殴る】**《撲る・擲る》 力をこめてたたく。
**なげ【無げ】** なさそう。「こともー」
**なげいれ【投げ入れ】** 花の生け方の一。技巧をすて、投げ入れたようにいける。動—る
**なげうつ【擲つ・抛つ】** 投げ捨てる。「一命を—」
**なげうり【投げ売り】** 利益を考えずに安く売ること。類捨て売り

**なげかける【投げ掛ける】** ①相手に届くようにする。「視線(疑問)を—」②もたれかかる。「身を—」
**なげかつ【投げ勝つ】** ①野球で、投手力で勝つ。②野球で、投手が打者を打ち取る。
**なげかわしい【嘆かわしい】** 情けない。
**なげき【嘆き】** なげくこと。
**なげキッス【投げ—】** 自分の手に口をつけ、それを相手に投げるようにするキス。投げキス。
**なげく【嘆く】** ①深く悲しむ。②憤り悲しむ。
**なげこみ【投げ込み】** ①投げ入れること。②無縁仏を簡略に葬ること。③新聞や雑誌にはさみ込む広告。
**なげこむ【投げ込む】** ①(無造作に)投げて入れる。②野球で、投手が多くの投球練習をする。
**なげし【長押】** 鴨居《かもい》の上につける横木。
**なげすてる【投げ捨てる】** ほうりなげて捨てる。Ⅱほったらかしにする。「仕事を—」
**なげせん【投げ銭】** ①大道芸人などにお金を投げ与えること。また、そのお金。②SNSなどで、少額の寄付。
**なげだす【投げ出す】** ①無造作に差し出す。「足を—」②「身を—(=ささげる)」③途中でやめる。
**なげつける【投げ付ける】** 投げてぶつける。Ⅱ強く言い放つ。「非難の言葉を—」
**ナゲット**［nugget］ 一口大の鶏肉や魚を揚げた料理。「チキン—」

な

**なげづり【投げ釣り】** 釣りで、釣り針を沖に向かって遠くに投げて釣る方法。

**なけなし** ほんのわずか。「ーのお金」

**なげなわ【投げ縄】** 先を輪にしたロープ。獣の生け捕り用。

**なげやり【投げ遣り】** ①やりっぱなし。②すてばち。「ーな態度」

**なける【泣ける】** 自然に泣いてしまう（ーほど感動する）。

**なげる【投げる】** ①「ボールをー」②届かせる。「光をー」③あきらめる。「勝負をー」④〔俗語〕仕事を下請けなどに出す。

**なげわざ【投げ技】** 格闘技で、相手を投げて倒すわざ。

**なこうど【仲人】** 結婚の仲立ちをするーこと（人）。

**ー口《ぐち》** 仲人の、結婚相手のことをうまく言う言葉。

**なごし【夏越】** 夏越の祓《はら》えの略。六月晦日《みそか》に神社で行われる厄よけの行事。〔名越とも書く〕

**なごむ【和む】** 穏やかになる。「心ー風景・気分がー」

**なごやおび【名古屋帯】** 女用の帯の一。胴に回す部分が半幅で締めやすい。〔名古屋から流行したという〕

**なごやか【和やか】** 穏やか。「ーな雰囲気」

**なごり【名残】** ①あとに残るー気分（おもかげ）。類余韻 ②別れの際の心残り。「ーを惜しむ」

**ー惜《お》しい** 心がひかれて別れがつらい。

**ーの月《つき》** ①残月。②陰暦九月一三日の夜の月。

**なごり【余波】** 風がやんでも静まらない波。

**なさけ【情け】** ①あわれむ気持ち。②男女間の愛情。「ーを交わす」

**ーが仇《あだ》** 好意がかえって相手のためにならないこと。

**ー知《し》らず** 情けをもたないーようす（人）。

**ーない** ①嘆かわしい。みじめだ。②思いやりがない。

**ーは人《ひと》のためならず** 情けをかけておけば、やがて自分にその報いがくる。〔誤って「情けをかけるとその人のためにならない」の意にも〕

**ー深《ぶか》い** あわれみの心が深い。

**ー容赦《ようしゃ》** 同情して許す気持ち。「ーもない」

**なざし【名指し】** 特にとりたてて名前をあげること。「ーの非難」動なざす

**なさぬなか【生さぬ仲】** 義理の親子の間柄。

**なさる**《為さる》「なす・する」の尊敬語。

**なし【梨】** 果物の一。〔バラ科の木。／「無し」に通じるのを嫌って「有りの実」とも〕

**ーの礫《つぶて》**（梨を「無し」にかけて）手紙を出しても返事がないこと。

**なじかは【何じかは】** なぜ。なじか。

**なしくずし【済し崩し】** ①少しずつ片づけていくこと。②徐々にある状態になること。

**なしじ【梨子地】** ①蒔絵《まきえ》の一。〔表面に金粉・銀粉をまき、ナシの実の皮に似る〕②織物の一。ざらざらした感じがナシの実の皮に似る。

**なしとげる【成し遂げる】**《為しー》最後までやりとげる。

**なじみ【馴染み】** なじむこと。なじんだ人。「ーが浅い・ーの客」

**なじむ【馴染む】** ①なれ親しむ。②調和する。「条文になじまない」

**ナショナリスト**〔nationalist〕 国家（国粋・民族）主義者。

**ナショナリズム**〔nationalism〕 国家（国粋・民族）主義。

**ナショナリティー**〔nationality〕 ①民族性。国民性。②国籍。

**ナショナル**〔national〕 ①国民的。国家的。民族的。「ーゲーム（＝国技）」②国立の。「ーパーク（＝国立公園）」

**ーブランド**〔national brand〕 全国的な大手メーカーの商標・商品。国民的ブランド。NB。対プライベートブランド

**ーミニマム**〔national minimum〕 国家が国民に保障すべき、最低限の生活水準。

**なじる**《詰る》とがめて問いつめる。

**なす【茄子】** 野菜の一。ナスビ。

**なす【生す】** 生む。「二人の子をー」

**なす【成す】** ①作り上げる。「群れをー」②やりとげる。「大事をー」

**なす**《為す》する。行う。

**ー術《すべ》を知《し》らない** 対処の仕方がわからない。

**なすこん【茄子紺】** ナスの実の色のような、濃くて紫がかった紺色。

**ナスダック**［NASDAQ］全米証券業協会が運営する店頭銘柄株式市場。
**なずな**《薺》春の七草の一。アブラナ科。ペンペングサ。
**なすび**【茄子】ナス。
**なずむ**《泥む》①とどこおる。「暮れ―（＝暮れそうで暮れない）」 ②こだわる。「旧習に―」
**なずらえる**《準える》なぞらえる。
**なすり**【擦り】
**―合《あ》い** 責任や罪をおしつけあうこと。動なすりあう
**―付《つ》ける** こすりつける。Ⅱ責任や罪を他人に負わせる。
**なする**【擦る】こすってつける。
**なぜ**【何故】どういうわけで。
**なぜか**【何故か】①どういうわけか。 ②なんとなく。◇なぜだか。
**なせばなる**【成せば成る】一生懸命にやれば、なんとかできる。
**なせる**【成せる】〔文章語〕…が作った。「無知の―わざ」
**なぜる**【撫ぜる】なでる。
**なぞ**【謎】①言葉遊びの一。なぞなぞの略。Ⅱ遠回しに言うーこと（言葉）。「―をかける」 ②よくわからない、ふしぎなーこと（もの）。「宇宙の―」
**なぞなぞ**【謎々】なぞ①。
**なぞめく**【謎めく】正体不明な感じがする。
**なぞらえる**《準える・擬える》ひき比べてみる。まねる。なずらえる。

**なぞる** 文字（絵・図形）を上からたどってかく。Ⅱそっくりまねをする。
**なた**【鉈】刃物の一。まき割り用。
**なだ**【灘】陸地から遠く波の荒い海。「玄海―」
**なだい**【名代】有名なこと。「―の店」
**なだい**【名題】①題名。類表題 ②名題看板の略。芝居の看板。 ③名題役者の略。一座の中ですぐれた役者。
**なだかい**【名高い】有名だ。
**なだたる**【名だたる】評判の。有名な。
**ナタデココ**［スペイン語 nata de coco］デザートの一。ココナッツ果汁を固めた寒天状のもの。
**なたね**【菜種】アブラナ（―の種子）。
**―油《あぶら》** アブラナの種子からとる油。
**―梅雨《づゆ》** 春の長雨。
**なたまめ**【鉈豆】①野菜の一。〔さやが鉈の形に似る〕 ②ナタマメのさやに似た形のキセル。なたまめギセル。
**なだめすかす**《宥め賺す》手段をつくしてなだめる。
**なだめる**《宥める》和らげしずめる。
**なだらか** ①傾斜がゆるやか。 ②穏やか。
**なだれ** 一【雪崩】積雪が傾斜面を急激に崩れ落ちること。その雪。 二《傾れ》斜めに傾くこと。また、そのもの。
**―を打《う》つ** 大量に急激に押し寄せる。
**なだれこむ**【雪崩れ込む・傾れ込む】大勢が急激に入り込む。
**なだれる**【雪崩れる・傾れる】くずれ落ちる。Ⅱ大勢がどっと押し寄せる。

**ナチ**［ドイツ語 Nazi］ナチス（―の党員）。
**ナチス**［ドイツ語 Nazis］ドイツで、ヒトラーを党首としたファシスト政党。ナチ。〔Nazis は、Nationalsozialistische Deutsche Arbeiterpartei（＝国民社会主義ドイツ労働者党）の略、Nazi の複数形〕
**ナチュラリスト**［naturalist］自然主義者。
**ナチュラリズム**［naturalism］自然主義。
**ナチュラル**［natural］①自然だ。 ②音楽で、シャープやフラットを取り消す記号。本位記号。「♮」
**―サイエンス**［natural science］自然科学。
**―チーズ**［natural cheese］熟成して作ったままの、混合していないチーズ。対プロセスチーズ
**―ハイ**［和製語 natural high］薬物によらずに、自然にわき起こる気分の高揚。
**―フーズ**［natural foods］自然食品。
**なつ**【夏】四季の一。〔六～八月、旧暦で四～六月〕
**なついん**【捺印】判を押すこと。「署名―」類押印
**なつがけ**【夏掛け】夏用の薄い掛け布団。
**なつかしい**【懐かしい】楽しい思い出などがあり、心ひかれる。「―思い出」
**なつかしむ**【懐かしむ】懐かしく思う。
**なつかぜ**【夏風邪】夏にひく風邪。
**なつがれ**【夏枯れ】夏に不景気になるこ

と。〔特に八月ごろ〕対冬枯れ

**なつく【懐く】** なれ親しんで近づいてくる。

**なつくさ【夏草】** 夏に生い茂る草。

**ナックル** [knuckle] ①指の関節。②ナックルボール。

**―ボール** [knuckle ball] 野球で、変化球の一。打者の手前で急に落ちる。ナックル。

**なつげ【夏毛】** 季節によって毛が抜けかわる動物の、夏ごろの毛。対冬毛

**なづけ【名付け】** 名をつけること。

**―親《おや》** 親の代わりに名付けをした人。名親。

**なつける【懐ける】** なつかせる。

**なづける【名付ける】** 名をつける。

**なつさく【夏作】** 夏の間育て、秋に収穫する作物。夏作物。対冬作

**なつじかん【夏時間】** サマータイム。

**ナッシング** [nothing] ①何もないこと。②野球で、ボールカウントがゼロ。「ツー―」

**なっせん【捺染】** 染色法の一。型紙を使って模様をそめつける。

**ナッツ** [nuts] 食用の木の実。

**ナット** [nut] ボルトにはめて部品の固定に使うねじ。〔多くは六角形〕

**なっとう【納豆】** 糸引き納豆や甘納豆などの総称。なっと。

**なっとく【納得】** 理解して得心すること。

**―尽《ず》く** 納得した上で。

**なつどり【夏鳥】** 夏の間、日本にいる渡り鳥。〔ツバメ・カッコウなど〕対冬鳥

**なつば【夏場】** 夏の間。夏季。対冬場

**なっぱ【菜っ葉】** 葉を食べる野菜（―の葉）。

**―服《ふく》** 青色の労働服。Ⅱ労働者。

**なつばしょ【夏場所】** 五月に行う大相撲の興行。

**なつばて【夏ばて】** 夏負け。〔夏バテとも書く〕

**なつび【夏日】** ①夏のひざし。②一日の最高気温が二五℃以上の日。◇対冬日

**なつふく【夏服】** 夏に着る服。対冬服

**なつまけ【夏負け】** 夏の暑さで健康を損なうこと。夏ばて。

**なつまつり【夏祭り】** 夏に行う祭り。

**なつみかん【夏蜜柑】** ミカンの一。実は大きく酸味が強い。

**なつめ【棗】** ①植物の一。実は楕円《だえん》形で、食用・薬用。②茶道で、茶入れの一。〔形がナツメの実に似る〕

**―椰子《やし》** ヤシの一。果実は食用。樹液はヤシ酒の原料。

**ナツメグ** [nutmeg] 香辛料の一。ニクズクの種からとる。ナッツメグ。

**なつメロ【懐―】** 懐かしのメロディーの略。かつての流行歌。

**なつもの【夏物】** 夏用の衣料品。対冬物

**なつやさい【夏野菜】** 夏が旬の野菜。ナス・キュウリ・トマトなど。

**なつやすみ【夏休み】** 夏の休暇。

**なつやせ【夏痩せ】** 夏負けしてやせること。

**なつやま【夏山】** 夏（―に登る対象として）の山。対冬山

**なでおろす【撫で下ろす】** 下方へなでる。Ⅱ「胸を―（＝安心してほっとする）」

**なでがた【撫で肩】** かどばらずなだらかな肩。対怒り肩

**なでぎり【撫で切り・―斬り】** 刃物でなでるようにして切ること。Ⅱ残らず切り捨てること。

**なでしこ【撫子】** 秋の七草の一。ナデシコ科。淡紅色の花が咲く。

**なでつける【撫で付ける】** なでて押さえつける。「乱れた髪を―」

**なでる【撫でる】** 軽くこする。なぜる。

**などころ【名所】** ①名所《めいしょ》。②姓名と住所。③器物・道具の各部分の名。

**なとり【名取り】** 芸事で、師匠から芸名を名のることを許されること（許された人）。

**ナトリウム** [ドイツ語 Natrium] 金属元素の一。銀白色でやわらかい。記号Na

**―灯《とう》** ナトリウムを利用した電灯。オレンジ色。

**なな【七】** しち。

**なないろ【七色】** ①七つの色。「虹の―（＝赤・だいだい・黄・緑・青・藍・紫）」②七種類。Ⅱ多くの種類。「―の声」

**―唐辛子《とうがらし》** 七味《しちみ》。

**ななえ【七重】** 七つ（数多く）重ねること。

**―の膝《ひざ》を八重《やえ》に折《お》る** きわめて丁寧に頼んだり謝ったりする。

**ななかまど【七竈】** 植物の一。秋に紅葉する。〔七回かまどに入れても燃え残るほどかたい木の意〕

**ななくさ【七草】**《七種》①春の七草。

②秋の七草。③七種の節句。正月七日、七草がゆを食べて健康を祝う日。
**―粥《がゆ》** 七種の節句に春の七草を入れてたく粥。

**ななころびやおき【七転び八起き】** 何度失敗しても落胆せずにふるいたつこと。七転八起。

**ななしゅきょうぎ【七種競技】** 女子の陸上競技種目の一。七種目の合計点数を競う。

**ななそじ【七十路】** 〔文章語〕七〇歳（―代）。

**ななつ【七つ】**（年齢・個数で）七。
**―道具《どうぐ》** 常に―持ち歩く（そばに置く）種々の道具。
**―の海《うみ》** 世界中の海。〔南北太平洋・南北大西洋・南極海・北極海・インド洋の七つ〕

**なななのか【七七日】** 四十九日《しじゅうくにち》。なななぬか。

**ななはん【ナナハン・七半】** 排気量七五〇ccのオートバイの俗称。

**ななひかり【七光】** 威光が大きく、恩恵をこうむること。「親の―」

**ななふしぎ【七不思議】** 七つのふしぎな現象。

**ななまがり【七曲がり】** いくえにも折れ曲がった道。

**ななめ【斜め】** ①傾いていること。②ずれていること。「―上」③「ごきげん―（＝きげんがわるい）」
**―読《よ》み** ざっと読むこと。

**なにか【何か】** あれやこれや。
**―彼《か》にか** 何かの強調。
**―知《し》ら** どことなく。
**―と** あれこれと。
**―に付《つ》け** いろいろな機会に。

**なにがし【某】** 名前や数量が不明なとき、ぼかして言うときに使う語。

**なにがなし【何が無し】** 何という理由もなく。

**なにくれとなく【何くれと無く】** あれこれと。何やかやと。

**なにくわぬかお【何食わぬ顔】** 何も知らないような顔つき。

**なにげない【何気無い】** これという目的がないようす。類さりげない

**なにごころない【何心無い】** 無心である。

**なにごと【何事】** ①どんなこと。「―が起こったのか」②すべてのこと。③とがめる語。「怠けるとは―だ（＝何ということだ）」

**なにさま【何様】** 何という方《かた》。「―のつもりだ」〔多く、非難をこめて言う〕

**なにしろ【何しろ】** 何にしても。

**なにするものぞ【何するものぞ】** たいしたことはない。

**なにせ【何せ】** 何しろ。なんせ。

**なにとぞ【何卒】** どうか。「―よろしくお願いいたします」〔改まった表現〕

**なにはさておき【何はさて置き】** 他のことは後回しにしても。

**なにはともあれ【何はともあれ】** 他のことはどうでも。

**なにはなくとも【何はなくとも】** 他のものはなくても。

**なにぶん【何分】** ①いくらか。「―の援助」②どうぞ。「―よろしく」類なにとぞ ③なんといっても。「―若いので」

**なにほど【何程】** どれくらい。

**なにやつ【何奴】** 〔文章語〕どんなやつ。何者。

**なにやら【何やら】** なんとなく。

**なにゆえ【何故】** なぜ。〔古風な言い方〕

**なにより【何より】** 他のどんなものより（―まさって）。

**なにわ【難波・浪速・浪花】** 大阪地方の古い呼び名。
**―（浪花）節《ぶし》** 芸能の一。三味線の伴奏で演ずる語り物。浪曲。

**なにをかいわんや【何をか言わんや】**（あきれて）何も言うことがない。

**なぬか【七日】** なのか。

**なぬし【名主】** 庄屋《しょうや》。〔東国での称〕

**ナノ**［nano］ 国際単位系で、単位につけて一〇億分の一を表す。記号n「―メートル」

**なのか【七日】** ①月の七番目の日。②一日《いちにち》の七倍。「―間」
**―正月《しょうがつ》** 七種《ななくさ》の節句。→七草③

**ナノテク** ナノテクノロジーの略。

**ナノテクノロジー**［nanotechnology］ ナノ（＝一〇億分の一）メートルほどの超微細なものを扱う技術の総称。ナノテク。

**なのはな【菜の花】** アブラナ（―の花）。

**なのり【名乗り】** ①名乗ること。②人名に使う、漢字の特殊な読み。

な

—出《で》る 本人であると申し出る。
—を上《あ》げる 武士が戦場で名乗る。Ⅱ立候補する。

**なのる【名乗る】** ①自分の名を告げる。②称する。「実業家と—」

**なばかり【名ばかり】** 名前（形式）だけで実質が伴わないこと。「—管理職」

**なばな【菜花】** 野菜の一。つぼみのついたアブラナの若い芽。菜の花。

**ナビ** ナビゲーションの略。「カー—」

**なびかす《靡かす》** なびくようにする。なびかせる。

**なびく《靡く》** 横に傾き伏す。「風に—」Ⅱつき従う。「強い方に—」

**ナビゲーション**［navigation］①航海（—術）。航空（—術）。②自動車のラリーなどで、同乗者が運転手を誘導すること。Ⅱ案内。誘導。「情報の—サービス」

**ナビゲーター**［navigator］①操縦者。②自動車のラリーで、同乗する運転補助者。

**ナプキン**［napkin］①食事の際に、ひざにかけ、口をふいたりする—布（紙）。ナフキン。②生理用品の一。パッド。

**ナフサ**［naphtha］粗製ガソリン。石油化学工業の主要原料。

**なふだ【名札】** 名前を書いた札。

**ナフタリン**［ドイツ語 Naphthalin］コールタールから得られる白色の結晶。防臭・殺虫用。

**なぶりごろし【なぶり殺し】《嬲り—》** いじめ、もてあそんで殺すこと。

**なぶりもの【なぶり物】《嬲り—》** もてあそばれる対象。

**なぶる《嬲る》** ①からかい、いじめる。②もてあそんで、さわる。

**なべ【鍋】** ①炊事用具の一。②鍋料理の略。鍋で煮ながら食べる料理。

**なべかま【鍋釜】** ①鍋と釜。Ⅱ炊事道具。②最低限の生活道具。「—まで質に入れる」

**なべしき【鍋敷き】** 熱くなった鍋を置くときに下に敷くもの。

**なべぞこ【鍋底】** 鍋の底。
—景気《けいき》 悪い景気が続く状態。

**なべつかみ【鍋摑み】** 熱くなった鍋の取っ手をつかむ用具。

**なべづる【鍋鉉】** 鍋をつりさげる取っ手。

**なべづる【鍋鶴】** ツルの一。小形。

**なべて《並べて》**〔文章語〕一般に。

**なべはだ【鍋肌】** 鍋の内側の側面。「しょうゆを—に沿って（＝鍋の縁から滑らせるように）入れる」

**なべぶぎょう【鍋奉行】**〔俗語〕鍋料理の際、あれこれ指図—する（したがる）人。

**なべぶた【鍋蓋】** ①鍋のふた。②漢字の部首の一。京・亭などの「亠」。

**なべもの【鍋物】** 鍋②。

**なべやき【鍋焼き】** 鍋焼きうどんの略。
—うどん 小さな鍋でうどんと具を煮込んだ料理。

**なへん【那辺・奈辺】**〔文章語〕どのあたり。

**なへん【ナ変】** ナ行変格活用の略。

**ナポリタン**［フランス語 napolitain］スパゲティ料理の一。トマトソースの味。〔ナポリ風の意〕

**ナポレオン** ①［フランス語 Napoléon］コニャックの最高級品。②［フランス語 napoléon］トランプゲームの一。

**なま【生】** ①手を入れていない—こと（もの）。②未熟。③〔俗語〕生意気の略。「—を言うな」④生ビールの略。⑤未加工の。「—水・—コンクリート」⑥自然な。新鮮な。「—木・—傷」⑦不十分な。「—干し」⑧何となく。「—暖かい」⑨オリジナルの。「—原稿・—写真」

**なまあくび【生欠伸】** 中途半端なあくび。「—をかみ殺す」

**なまあげ【生揚げ】** ①豆腐を軽く揚げた食品。厚揚げ。②揚げ方が不十分なこと。

**なまあし【生足・生脚】**〔俗語〕（女性の）ストッキングやタイツをはいていない素足状態。

**なまあたたかい【生暖かい】** 少し（何となく）暖かい。

**なまいき【生意気】** えらそうにする（出すぎる）こと。

**なまうた【生歌】**〔俗語〕録音でなく、その場で実際に声を出して歌う—こと（歌）。

**なまえ【名前】** 名称。姓名。特に、姓を除いた名。「—をつける」
—負《ま》け 名前が立派すぎて、実質が伴わないこと。

**なまえんそう【生演奏】**（テープやレコードでない）その場での実際の演奏。

**なまがし【生菓子】**日もちのしない菓子。
**なまかじり【生齧り】** 物事を十分に理解していないこと。
**なまかわき【生乾き】** 十分に乾いていない-こと(もの)。なまがわき。
**なまき【生木】** 地面に生えている(まだ乾いていない)木。
**―を裂《さ》く** 親しい仲をむりに引き離す。
**なまきず【生傷】** 新しい傷。「―が絶えない」対古傷
**なまぐさ【生臭】**《腥》なまぐさい-こと(もの)。
**―い** ①生の-魚や肉(血)のにおいがする。②(僧に)俗気がある。
**―坊主《ぼうず》**〔俗語〕品行の悪い坊主。〔生臭物を食べる坊主の意〕
**―物《もの》** 魚肉や獣肉。
**なまくび【生首】** 切り落としたばかりの首。対されこうべ
**なまくら**《鈍》 ①切れ味の鈍い-こと(刃物)。②なまける-こと(人)。
**なまクリーム【生―】** 牛乳から分離した新鮮な脂肪分。
**なまけもの【怠け者】**対働き者
**―の節句《せっく》働《ばたら》き** ふだん怠けている者は、他人が休むときに働くことになる。
**なまけもの**《樹懶》サルに似た動物。木の枝にぶらさがってほとんど動かない。
**なまける【怠ける】** すべきことをしない。類サボる
**なまこ【生子・海鼠】** ①棘皮《きょくひ》動物の一。半円筒形で食用。②なまこ板・なまこ形・なまこ壁・なまこ餅の略。
**―形《がた》** 半円筒形。
**―壁《かべ》** 張りつけたかわらの継ぎ目をしっくいでなまこ形に塗った壁。
**―餅《もち》** 半円筒形のもち。
**なまゴム【生―】** ゴムの木から採った樹液を固めたもの。ゴム製品の原料。
**なまごろし【生殺し】** 半殺し。「蛇の―」⏸中途半端にして、相手がいらだたしく思うままにしておくこと。
**なまざかな【生魚】** なまの食用魚。
**なまざけ【生酒】** 火入れ処理をしていない清酒。〔発酵が進むので日もちがしにくい〕
**なまじ**《憖》①中途半端なようす。「―知っているからやっかいだ」②無理をして。「―引き受けて後で困る」◇なまじい。
**なまじい**《憖い》なまじ。
**なまじっか**《憖っか》なまじ。
**なましょく【生食】** せいしょく。
**なまじろい【生白い】** いやに白い。なまっちろい。
**なます【膾】**《鱠》 魚・貝・野菜を刻んで酢に浸した料理。
**なまず【癜】** 皮膚病の一。褐色や灰色のまだらができる。
**なまず【鯰】** 淡水魚の一。食用。四本の長いひげがある。
**なまちゅうけい【生中継】**〔録画・録音でなく〕現場から直接する中継放送。
**なまづけ【生漬け】** 漬け具合が不十分な漬物。
**なまっちょろい【生っちょろい】**〔俗語〕きびしさがたりない。
**なまっちろい【生っ白い】**〔俗語〕なまじろい。
**なまつば【生唾】** 口の中にわき出るつば。
**―を飲《の》み込《こ》む** 目前のものが欲しくてたまらない形容。
**なまづめ【生爪】** 指にはえている爪。「―をはがす」
**なまなか【生半】** 中途半端。「―なことでは解決しない」
**なまなましい【生々しい】** 新鮮で強烈だ。
**なまにえ【生煮え】** 煮え方が不十分なこと。⏸はっきりしないこと。「―の返事」
**なまにく【生肉】** 食用の肉で、火を通さないもの。
**なまぬるい【生温い】** 少しぬるい。⏸てぬるい。「―処罰」
**なまハム【生―】** 薫製にしただけの、透明感のあるハム。
**なまはんか【生半可】** 中途半端。「―な知識(気持ち)」
**なまばんぐみ【生番組】** 生放送の番組。
**なまビール【生―】** 加熱・殺菌をしていないビール。ドラフトビール。なま。
**なまびょうほう【生兵法】** 未熟な剣法や兵法。⏸不十分な知識や技能。
**―は大怪我《おおけが》のもと** 不十分な知識や技能にたよると、かえって失敗をまねく。
**なまへんじ【生返事】** いいかげんな返事。
**なまほうそう【生放送】** 録音・録画によらない、現場からの直接放送。

**なまぼし【生干し】** 十分に干していない―こと（もの）。

**なまみ【生身】** 生きている体。

**なまみず【生水】** わかしていない水。

**なまめかしい【艶かしい】** （女性が）色っぽい。

**なまめく【艶く】** 色っぽく見える。

**なまめん【生麺】** 油に通したり乾燥させたりしていないめん。

**なまもの【生物】** なまの食品。特に、魚。

**なまやけ【生焼け】** 焼け方の不十分な―こと（食物）。なまやき。

**なまやさしい【生易しい】**（否定表現の中で）たやすい。「―問題ではない」

**なまゆで【生茹で】** ゆで方の不十分な―こと（もの）。

**なまよい【生酔い】** 酒に少し―酔うこと（酔った人）。なまえい。

**なまり【生】** なまりぶし。

**―節《ぶし》** 食品の一。蒸したカツオを生干しにしたもの。

**なまり【訛り】** なまること。なまった発音や言葉。「―がある・お国―」

**なまり【鉛】** 金属元素の一。灰白色で、重くてやわらかい。有毒。記号Pb

**なまる【訛る】** 標準語に比べて、発音や言葉がくずれる。

**―色《いろ》** 淡いねずみ色。

**なまる【鈍る】** 刃物の切れ味がわるくなる。Ⅱ力・勢いが弱くなる。「腕が―」

**なまワクチン【生―】** 生きている菌やウイルスで作った、予防接種の免疫材料。

**なみ** ㊀【並】普通（中間）の程度。㊁【並み】①同じ程度。「世間―」②…ごとに。「軒―」③並んだもの。「町（家）―」

**なみ【波】**《浪》①水面の高低運動。②高低や起伏のあるもの。「調子の―」③流れ動くもの。「人の―」④電波や音波など、震動が伝わっていく現象。

**―に乗《の》る** その傾向にうまく合う。

**なみあし【並み足】** 馬の、普通の足並み。

**なみいた【波板】** なまこ板。

**なみいる【並み居る】**〔文章語〕そこに並んでいる。「―面々」

**なみうちぎわ【波打ち際】** 波が打ち寄せる所。なぎさ。

**なみうつ【波打つ】** 波が起こる。Ⅱ波形にうねる。「―稲穂」

**なみがしら【波頭】** 波のいちばん高い所。

**なみかぜ【波風】** 波と風。Ⅱもめごと。「―を立てる」

**なみき【並木】** 道の両側に植えた木。「―道」〘類〙街路樹

**なみじ【波路】** 船の通る道筋。航路。

**なみしぶき【波しぶき】**《波飛沫》波がくだけて散るしぶき。

**なみする【蔑する】**〔文章語〕ないがしろにする。〔「無みする」意〕

**なみせい【並製】** 普通程度に作ったもの。〔多く、最低ランク〕〘対〙上製・特製

**なみせん【波線】** 波形の線。「〰」

**なみだ【涙】**《泪》「―を流す」Ⅱ同情。「人の―にすがる」

**―雨《あめ》** ①悲しみの涙が雨となって降るとされる雨。②少しだけ降る雨。

**―金《きん》**（手切れのための）わずかな金。

**―ぐましい** 涙が出そうだ。Ⅱ㋐あわれ。㋑けなげ。

**―ぐむ** 目に涙をためる。

**―声《ごえ》** 泣きそうな（泣きながらの）声。

**―する** 涙を流す。

**―ながらに** 涙を流しながら。「―訴える」

**―に暮《く》れる** ①泣き暮らす。②悲しみでどうしてよいかわからなくなる。

**―目《め》** ①涙ぐんだ目。「―で訴える」②常に涙が出る眼病。

**―脆《もろ》い** 涙を流しやすい。Ⅱ感動しやすい。

**―をのむ** くやしいのをがまんする。

**なみたいてい【並み大抵】**（多く否定表現の中で）普通程度。「―の苦労ではない」

**なみだつ【波立つ】** 波が高くなる。Ⅱもめごとが起こる。「家庭（胸）が―」

**なみなみ【並々】**（多く否定表現の中で）普通。「―ならぬ苦労」

**なみのはな【波の花】** ①白くくだける波。〔花にたとえて〕②塩。

**なみのり【波乗り】** サーフィン。

**なみはずれる【並み外れる】** 普通からかけ離れる。

**なみはば【並幅】** 普通の幅（―の織物）。小幅。〘対〙広幅

**なみひととおり【並み一通り】** 普通。「―の苦労ではない」

**なみま【波間】** 波と波との間。

**なみまくら【波枕】** 波の音が枕元に聞こ

えてくること。⊜船旅。

**なみよけ【波除け】** 波をよけるためのもの。特に、防波堤。

**なむ【南無】** 仏・菩薩《ぼさつ》を拝むときに唱える語。

**なむあみだぶつ【南無阿弥陀仏】** 浄土宗・浄土真宗の念仏の言葉。〔阿弥陀如来に帰依する意〕

**なむさん【南無三】** 昔、失敗したときに言った語。南無三宝。類しまった

**なむみょうほうれんげきょう【南無妙法蓮華経】** 日蓮《にちれん》宗で、信仰の気持ちを表して唱える言葉。〔妙法蓮華経に帰依する意〕

**ナムル**〔朝鮮語 na-mul〕 朝鮮料理で、野菜のあえ物の一。

**なめくじ**《蛞蝓》軟体動物の一。塩をかけると、溶けたように小さくなる。

**ーに塩《おし》** 苦手なものの前でおじけづくこと。

**なめこ【滑子】** キノコの一。食用。

**なめし【菜飯】** 刻んだ菜入りの塩味ご飯。

**なめしがわ【鞣し革】** なめした皮。対撓《たい》め革

**なめす**《鞣す》 毛皮の、毛や脂を除いてやわらかくする。

**なめずる【舐めずる】** 舌なめずりする。

**なめたがれい【なめた鰈】** 深海魚の一。食用。

**なめたけ【滑茸】** エノキダケ。

**なめつくす【舐め尽くす】** 全部なめてしまう。「辛酸を―」⊜火が周囲を全焼させる。

**なめみそ【嘗め味噌】** 副食用のみそ。金山寺みそ・鉄火みその類。

**なめもの【嘗め物】** 塩辛・なめみそなど、なめるようにして食べる食品。

**なめらか【滑らか】** よくすべるようす。「―な手触り」⊜よどみのないようす。「―な弁舌」

**なめる【嘗める・舐める】** ①舌で触れる。②味わう。⊜経験する。「辛酸を―」③甘くみる。類あなどる

**なめろう** アジなどの青魚の身を、みそ・薬味とともに粘り気が出るまで包丁でたたいた料理。

**なや【納屋】** 物置(―小屋)。

**なやましい【悩ましい】** ①官能が刺激されて心が乱れる。②悩みが多い。解決が難しい。「複雑で―問題」

**なやます【悩ます】** 悩むようにする。

**なやみ【悩み】** 悩むこと。悩ませるもの。「―多き年ごろ」

**なやむ【悩む】** ①思い煩って苦しむ。②痛みに苦しむ。「頭痛に―」

**なよせ【名寄せ】** ①名所や人物の名を―集めること(集めた本)。②金融機関で、複数ある同一名義の口座をチェックして整理すること。

**なら【楢】** ブナ科の落葉高木。材は家具や薪炭用。〔狭義では「こなら」〕

**ならい【習い】** ①ならわし。②つね。「世の―」

**ー事《ごと》** 師匠について習う、茶道や華道など。けいこごと。

**ー性《せい》となる** 習慣が生まれつきの性質のようになる。

**ならう【習う】** ①教わる。「―より慣れよ」②【倣う】まねをする。「前例に―」

**ならく【奈落】** ①地獄。⊜どん底。「人生の―」②舞台や花道の下の地下室。

**ーの底《そこ》** ①底知れない深い所。②絶望的な状態。

**ならし【慣らし】** 練習。「―運転」

**ならじだい【奈良時代】** 時代区分の一。奈良(=平城京)に都があった。七一〇～七八四年。

**ならす【生らす】** 果実を実らせる。

**ならす【均す】** ①平らにする。②数・量を平均する。

**ならす【鳴らす】** ①音を出す。②評判をとる。「腕力で―」③言いたてる。「非を―」

**ならす【慣らす】**《馴らす》 ①順応させる。②手なずける。「動物を―」

**ならずもの**《破落戸》ごろつき。

**ならせる【生らせる】** 生《な》らす。

**ならづけ【奈良漬け】** 酒かすにウリなどを漬けた漬物。〔奈良で始まった〕

**ならでは** …でなくては。「親―の愛情」

**ならぬ【成らぬ】**〔文章語〕①ならない。②できない。「―堪忍するが堪忍」

**ならび【並び】** ①並んでいる―こと(もの)。②比類。「―もない」

**ー称《しょう》する**(「…と並び称せられる」の形で)…と同様にすぐれているとほめられる。

**ー大名《だいみょう》** 歌舞伎で、ただ並んでいるだけ

の大名の役。Ⅱいるだけで、役に立たない人。

—立《た》つ ①並んで立つ。②対等の立派な地位にいる。

—無《な》い 比べるものがない。

—に また。「A及びB—C及びD」

**ならぶ【並ぶ】** ①列をつくる。②横にとなりあう位置を占める。③匹敵する。「—者がない」

**ならべたてる【並べ立てる】** ひとつひとつ順々にあれこれ言う。

**ならべる【並べる】** ①となり(同列)におく。②置き広げる。「床に品を—」③比べる。④次々に言う。「不平を—」

**ならわし【習わし】** しきたり。「世(家)の—」類習慣・風習

**ならわす【習わす】《慣わす》** ①習わせる。②いつも…する。「言い—」

**なり** ①…されるまま。「言い—」②ふさわしい。「子供—の考え」③形。「弓—」(①は動詞連用形に、②③は名詞に付く)

**なり【成り】** ①なること。②将棋で、駒がなること。③⇩おなり

**なり《形・態》** ①形。類かっこう ②体つき。「大きな—をして」③服装。「派手な—」

**なり【鳴り】** 鳴ること(音)。

—を潜《ひそ》める 静かにしている。Ⅱ活動を休む。

**なり** ①〔古語〕断定を表す。「時は金—」②〔古語〕詠嘆を表す。「鐘が鳴る—」③【也】(領収書や香典などで)金額につけてより明確に示す。「金拾万円—」

**なりあがり【成り上がり】** 成り上がること。成り上がった人。〔あざけって言う語〕

**なりあがる【成り上がる】** 低い地位から高い地位にのぼる。貧乏から金持ちになる。

**なりかたち【形形】** 身なり。

**なりかつよう【ナリ活用】** 文語の形容動詞の活用の型の一。終止形の活用語尾が「なり」。〔例、静かなり〕

**なりかわる【成り代わる】** 代理をつとめる。「本人に—」

**なりき【生り木】** 果実のなる木。

**なりきる【成り切る】** 完全にそのものになる。

**なりきん【成金】** ①将棋で、敵陣に入って金《きん》になった駒。②急に金持ちになった人。〔軽蔑した言い方〕

**なりさがる【成り下がる】** 落ちぶれる。

**なりすます【成り済ます】** (別のものに)すっかりなりきる。

**なりたち【成り立ち】** ①できあがること。成立。②成立するまでの過程。「会の—」③組み立て。「文の—」

**なりたつ【成り立つ】** ①できる。Ⅱ可能である。「その考えも—」②構成される。「AとBから—」

**なりて【成り手】** …になろうとする人。

**なりどし【生り年】** 果実がよく実る年。対うら年

**なりはてる【成り果てる】** 落ちぶれて、みじめな状態になってしまう。

**なりひびく【鳴り響く】** 音(評判)が広く伝わる。

**なりふり【形振り】** 服装や態度。「—構わず働く」

**なりもの【生り物】** 果実。

**なりもの【鳴り物】** ①楽器の総称。②音曲。おはやし。

—入《い》り ①芝居や舞踊で、楽器を入れてにぎやかにすること。②派手でおおげさな宣伝。

**なりゆき【成り行き】** 移り変わる過程(結果)。「—任せ」

**なりわい《生業》** 食べていくための仕事。「…を—とする」

**なりわたる【鳴り渡る】** 鳴り響く。

**なる** ■一【成る】①完成(成功)する。「事が—」Ⅱ将棋で、駒が敵陣に入り、より強い駒になる。②構成される。③許せる。「負けて—ものか」④(「お…に～」「ご…に～」の形で)尊敬を表す。「お食べに—」■二《為る》①…の状態になる。「春に—」②結果としてそれを得る。「ために—」■三【生る】実《み》ができる。

**なる【鳴る】** ①音がする。②よく知られる。「敏腕で—」③⇩腕が鳴る

**なるこ【鳴子】** 田畑の鳥おどしの一。音を立てて鳥を追い払う。

**ナルコレプシー〔narcolepsy〕** 日中、耐えがたい眠気の発作に襲われる病気。

**ナルシシスト〔narcissist〕** 自己陶酔者。うぬぼれの強い人。ナルシスト。

**ナルシシズム〔narcissism〕** 自己陶酔。ナルシズム。Ⅱうぬぼれ。◇〔ギリシャ神話

の少年ナルシスの名から〕

**ナルシズム**［narcism］ナルシシズム。

**なるたけ**《成る丈》〔俗語〕なるべく。

**なると**【鳴戸・鳴門】①潮の干満の際、大きな渦が巻いて鳴り響く瀬戸。②鳴戸巻きの略。

**ー巻《ま》き** 切り口に渦巻き模様が現れるかまぼこ。

**なるべく**《成る可く》できるだけ。

**なるほど**【成る程】確かに。〔相づちとしても使う〕

**なれ**【慣れ】慣れること。

**なれあい**【馴れ合い】ぐるになること。

**なれあう**【馴れ合う】親しみあう。🅑ぐるになる。「労使がー」

**ナレーション**［narration］テレビや映画で、ナレーターによる説明。

**ナレーター**［narrator］テレビや映画で、語り手。

**なれずし**【熟れ鮨】塩漬けした魚を飯につけこみ、自然発酵させた食品。

**なれそめ**【馴れ初め】恋愛のきっかけ。「そもそものー」

**なれっこ**【慣れっこ】〔俗語〕すっかり慣れて感じなくなること。「貧乏にはーだ」

**ナレッジ**［knowledge］知識。「ーマネージメント（＝知識やノウハウを一元管理する経営手法）」

**なれなれしい**【馴れ馴れしい】いかにも親しそうにして、ぶしつけだ。

**なれのはて**【成れの果て】おちぶれた結果。

**なれる**【慣れる】■一 ①常のことになる。「環境にー」②なじんで身につく。「使いー」■二《馴れる》なつく。「人にー」■三《熟れる》よい味になる。「みそがー」■四《狎れる》親しくなりすぎる。

**なろうことなら** できることなら。なるべくなら。

**なわ**【縄】①類ロープ・ひも ②「おーにかかる（＝逮捕される）」

**なわしろ**【苗代】田植えまでのイネの苗を育てる田。なえしろ。

**なわつき**【縄付き】罪人（ーとしてとらわれること）。「ーを出す」

**なわて**【畷】あぜ道。

**なわとび**【縄跳び】回した縄をとびこすー遊び（運動）。

**なわのび**【縄延び】土地の実際の面積が、登記してある面積より広いこと。

**なわのれん**【縄暖簾】縄をたれ下げて暖簾としたもの。🅑居酒屋。

**なわばしご**【縄梯子】縄でできたはしご。

**なわばり**【縄張り】縄を張り回して土地の境界を定めること。🅑勢力範囲。テリトリー。

**なわめ**【縄目】①縄の結び目。②つかまって縄で縛られること。「ーの恥を受ける」

**なん**【何】「なに」の撥音便《はつおんびん》。

**なん**【難】①わざわい。「ーを避ける」②きず。「ーを言えば」③むずかしいこと。対易 ④むずかしい。「ー問題」⑤不自由で困る。「経営ー」

**ナン**［ヒンディー語 naan］インドの平たいパン。

**なんい**【南緯】赤道を〇度とし、南へはかった緯度。対北緯

**なんい**【難易】むずかしいこととやさしいこと。むずかしさの度合い。

**なんか**【南下】南進。対北上

**なんか**【軟化】①やわらかくーする（なる）こと。②態度が穏やかになること。◇対硬化

**なんが**【南画】①中国絵画の様式の一。南宗画。対北画 ②江戸時代中期から描かれた中国趣味の濃い絵画。

**なんかい**【南海】南方の海。

**なんかい**【難解】理解しにくいこと。対平易

**なんかん**【難関】切りぬけ（のりこえ）にくい事態。〔通過しにくい関所・関門の意〕

**なんぎ**【難儀】①困難（面倒）である。②苦しみ悩むこと。

**なんきつ**【難詰】非難して問いつめること。

**なんきゅう**【軟球】軟式ー野球（テニス）に使うやわらかいボール。対硬球

**なんぎょう**【難行】つらい修行。

**ー苦行《くぎょう》** ひどくつらい修行。🅑ひどく苦労すること。

**なんきょく**【南極】①地軸の南端。②南極圏。南極大陸。③地軸の延長が南方で天球と交わる点。④磁針の南をさす端。◇対北極

**ー圏《けん》** 南緯六六度三三分以南の地域。対北極圏

**なんきょく**【難曲】演奏したり歌ったりす

るのが、技術的にむずかしい曲。

**なんきょく【難局】** 対処しにくい(―重大な)状況。「―に当たる」

**なんきん【南京】** ①カボチャの別称。②中国(東南アジア)から渡来したもの。「―豆」

**―錠《じょう》** 錠前の一。かんぬき部分がU字形。

**―豆《まめ》** マメ科の植物。実は食用。らっかせい。

**―虫《むし》** 小形の昆虫の一。夜、人畜の血を吸う。トコジラミ。

**なんきん【軟禁】** 程度のゆるい監禁。〔外部との接触は許さないが、とじこめた場所内では自由にさせる〕

**なんくせ【難癖】** 非難すべき欠点。

**―をつける** 欠点をさがし出して非難する。

**なんくん【難訓】** 漢字の訓読みでむずかしいもの。

**なんけん【難件】** 処置のむずかしい―事件(事柄)。「―の処理に当たる」

**なんげん【南限】** 南の限界。対北限

**なんご【喃語】** 〔文章語〕①男女のむつごと。②乳児が発する意味のない言葉。

**なんご【難語】** 意味のわかりにくい言葉。

**なんこう【軟膏】** 脂肪類を加えたやわらかい塗り薬。

**なんこう【難航】** 航行が困難なこと。Ⅱ進行がはかどらないこと。「会議が―する」

**なんこうがい【軟口蓋】** 上あご奥のやわらかい部分。対硬口蓋

**なんこうふらく【難攻不落】** 攻撃が困難で容易に攻め落とせないこと。

**なんごく【南国】** 南の暖かい―国(地方)。対北国

**なんこつ【軟骨】** やわらかで弾力性のある骨。対硬骨

**なんざん【難産】** 出産が容易でないこと。対安産 Ⅱ物事の成立が容易でないこと。

**なんじ【汝】(【爾】)** 〔文章語〕おまえ。

**なんじ【難字】** むずかしい漢字。

**なんじ【難事】** 〔文章語〕処理や解決の困難な事柄。「―に当たる」

**なんじ【難治】** 〔文章語〕(傷病の)なおりにくいこと。なんち。

**なんしき【軟式】** 野球・テニスで、軟球を使う方式。対硬式

**なんしつ【軟質】** やわらかい性質。対硬質

**なんじゃく【軟弱】** ①やわらかいこと。②態度・考え方が弱々しいこと。対強硬

**なんじゅう【難渋】** すらすらと進行しないこと。難儀。

**なんしょ【難所】** 通行が困難なところ。

**なんしょく【難色】** 不賛成だと―いう(しぶる)態度や顔つき。「―を示す」

**なんしん【南進】** 南方に進むこと。対北進

**なんすい【軟水】** カルシウムやマグネシウムが少ない水。〔飲料・洗濯に適する〕対硬水

**なんせ【何せ】** 〔俗語〕なにせ。

**なんせい【南西】** 南と西の中間の方角。

**なんせい【軟性】** やわらかい性質。対硬性

**なんせん【難船】** 船が暴風雨で―破損(転覆)すること。その船。

**ナンセンス** [nonsense] 無意味な(ばかげた)こと。

**なんせんほくば【南船北馬】** あちこち旅行すること。〔中国は、南部は川が多く船で、北部は陸続きで馬で行く意〕

**なんだい【難題】** ①むずかしい―問題(事件)。②むりな要求。「無理―」

**なんたいどうぶつ【軟体動物】** 動物の分類の一。骨格がなくやわらかい。貝・イカ・タコなど。

**なんたん【南端】** 南のはし。対北端

**なんち【難治】** なんじ。

**なんちゃくりく【軟着陸】** 宇宙船などがゆっくり静かに着陸すること。〔soft landingの訳語〕Ⅱ周りに配慮して慎重な解決を図ること。

**なんちゅう【南中】** 天体が子午線を通過すること。正中。

**なんちょう【軟調】** ①写真で、白黒のコントラストが弱いこと。②相場が下がりぎみのこと。◇対硬調

**なんちょう【難聴】** ①聴力が弱いこと。②放送がきこえにくいこと。「―地域」

**なんてき【難敵】** 手ごわい―敵(相手)。

**なんでも【何でも】** ①すべて。②どうあっても。「何が―」③よくわからないが。「―解決したらしい」

**―かんでも** ①どんなものでも。②どうしても。

**―屋《や》** ①よろず屋。②何にでも手を出す人。何でもできる人。

な

**なんてん【南天】** 植物の一。冬に赤い実をつける。
**なんてん【難点】** ①欠点。「ーを克服する」 ②むずかしい点。
**なんと【南都】** ①奈良。対北都 ②興福寺の別称。対北嶺《ほくれい》
**なんど【納戸】** ①衣服や調度をしまっておくへや。②ねずみ色がかった藍色《あいいろ》。納戸色。
**なんど【難度】** むずかしさの度合い。
**なんとう【南東】** 南と東の中間の方角。
**ー貿易風《ぼうえきふう》** 南半球における貿易風。
**なんとう【軟投】** 野球で、投手が球をゆるく投げること。
**なんどき【何時】** ①いつ。②何時《なんじ》。
**なんどく【難読】** 読み方がむずかしいこと。
**なんなく【難無く】** たやすく。
**なんなら【何なら】** ①都合によっては。②さらに言うと。
**なんなんせい【南南西】** 南と南西の中間の方角。
**なんなんとう【南南東】** 南と南東の中間の方角。
**なんなんとする《垂んとする》**〔文章語〕まさになろうとする。「二二時間にー」〔「なりなんとする」の転〕
**なんにょ【男女】** 男と女。「老若《ろうにゃく》ー」
**なんねん【難燃】** 燃えても燃えあがりはしないこと。「ー物」
**なんぱ【軟派】** ①軟弱な主張の党派。②異性との交遊などを好む仲間。③新聞で、社会面・文化面関係の俗称。◇対硬派 ④〔俗語〕女性に声をかけて口説くこと。〔ナンパとも書く〕
**なんぱ【難破】** 船が暴風雨などで破損すること。「ー船」
**ナンバー**〔number〕①数。数字。番号。②音楽の曲目。Ⓘ雑誌の号数。「バックー」
**ーエイト**〔number eight〕ラグビーで、フォワードの三列目の選手。
**ーズ**〔NUMBERS〕購入者が自分で数字を選ぶ形式の宝くじ。〔商標〕
**ーツー**〔number two〕第二位の人。
**ーディスプレー**〔和製語 number display〕発信者の電話番号を受信者に表示するサービス。
**ープレート**〔number plate〕自動車などで、登録番号などを記した金属板。
**ーワン**〔number one〕第一位。Ⓘ第一人者。
**ナンバリング** ①番号を印字するための事務用具。〔numbering machineから〕②番号をつけること。
**なんばん【南蛮】** ①昔、東南アジアの称。②昔、ポルトガル人・スペイン人。〔オランダ人は紅毛といった〕③南蛮②から渡来した品。④南蛮煮の略。「かもー」
**ー漬《づ》け** 揚げた魚を合わせ酢に漬けた料理。
**なんぴと【何人】**〔文章語〕いかなる人。
**なんびょう【難病】** なおりにくい病気。
**なんぴょうよう【南氷洋】** 南極海。
**なんぶ【南部】** 南の地方。対北部
**なんぷう【南風】** ①みなみかぜ。対北風 ②〔文章語〕夏の風。
**なんぷう【軟風】** そよ風。
**なんぶつ【難物】** 扱いに困るー人(もの)。
**ナンプラー**〔タイ語 namplaa〕タイ料理の調味料で、魚醤《ぎょしょう》の一。
**なんぶん【難文】** むずかしい文章。
**なんぶんがく【軟文学】** 恋愛・情事を主題とする文学作品。
**なんべん【軟便】** やわらかい便。
**なんぽう【南方】** 南のー方面(方角)。対北方
**なんぼく【南北】** 南と北。
**ー朝《ちょう》時代《じだい》** ①鎌倉時代、朝廷が吉野の南朝と京都の北朝とに分かれた時代。②中国で、王朝が江南の南朝と華北の北朝とに分かれた時代。二〜六世紀。
**ー問題《もんだい》** 北半球の先進国と南半球の開発途上国との対立・協調の問題。
**なんみん【難民】** 天災や戦禍を避け、安全な地域に逃げて来た人。「ー条約」
**なんもん【難問】** むずかしい問題。
**なんやく【難役】** むずかしいー役目(役柄)。
**なんよう【南洋】** 太平洋南西部からインド洋にかけての赤道付近の海洋。
**なんりゅう【南流】** 南に流れること。
**なんろ【難路】** 険しくて危険な道。類悪路
**なんろん【軟論】** 軟弱なー意見(議論)。

な

# に

**に【二】** 音名の一。ハ長調のレにあたる。

**に【二】** ①数の名。〔領収書などでは弐とも書く〕②つぎ。「—の矢」③二の糸の略。三味線で中の糸。「—上がり」

**に【丹】**〔古語〕赤い色。〔もとは赤土の意〕

**に【荷】** 荷物。Ⅱ負担。じゃま。

**—が勝《か》つ** 負担（責任）が重すぎる。

**にあう【似合う】** ふさわしい。

**にあがり【二上がり】** 三味線の調弦法の一。〔本調子より二の糸が一音高い〕

**にあげ【荷揚げ】** 船の積み荷を陸にあげること（人）。

**にあつかい【荷扱い】** 荷物を扱うこと。また、扱い方。

**ニアピン**〔和製語 near pin〕ゴルフで、ボールがピンの近くに寄ること。「—賞」

**ニアミス**〔near miss〕（航空機どうしの）衝突しそうなほどの異常接近。

**にあわしい【似合わしい】** よく似合う。

**にい【二尉】** 自衛官の階級の一。〔旧軍隊の中尉〕

**にいさま【兄様】** 兄の敬称。

**にいさん【兄さん】** 兄（若い男）を親しんで呼ぶ言い方。対姉《ねえ》さん

**ニーズ**〔needs〕必要。要求。ニード。「消費者の—」

**ニーズ【NIES】** 新興工業経済地域。〔newly industrializing economics から〕

**にいづま【新妻】** 結婚したばかりの妻。

**ニート【NEET】** 学業にも職業にもつかず、職業訓練も受けていない若者（一五〜三四歳）。〔not in education, employment or training から〕

**にいなめさい【新嘗祭】** 宮中の行事の一。一一月二三日、新穀を神に供え、収穫を感謝する。新嘗会《しんじょうえ》。〔現在の勤労感謝の日〕

**にいにいぜみ【にいにい蟬】** 小形のセミの一。初夏から鳴きだす。

**ニーハオ**《你好》〔中国語 Nǐhǎo.〕中国語で、こんにちは。

**にいぼん【新盆】** その人の死後、初めて迎えるお盆。あらぼん。初盆。

**にいまくら【新枕】** 男女が初めて共寝すること。「—をかわす」

**ニーレングス**〔knee-length〕 膝《ひざ》までの長さ（—の靴下）。

**にいろ【丹色】** 赤い色。に。

**にいん【二院】** ふたつの議院。

**—制《せい》** 議会が二院からなる制度。対一院制

**にうけ【荷受け】** 送ってきた荷を受け取ること。対荷送り

**にうごき【荷動き】** 商取引による荷物の移動。

**にえ【錵】**《沸》刀の、刃と地肌の境の輝いて見える部分。

**にえかえる【煮え返る】** ぐらぐら煮える。Ⅱ非常に腹が立つ。「はらわたが—」

**にえきらない【煮え切らない】** はっきりしない。「—態度」

**にえくりかえる【煮え繰り返る】** 煮え返るの強調。

**にえたぎる【煮え滾る】** 盛んに煮え返る。

**にえたつ【煮え立つ】** じゅうぶん沸騰する。

**ニエット**〔ロシア語 nyet〕いいえ。

**にえゆ【煮え湯】** 熱湯。

**—を飲《の》まされる** 信用していた人にひどい目にあわされる。

**にえる【煮える】** 食べ物に熱が通る。Ⅱ㋐腹が立つ。㋑まとまる。「話が—」

**にお【鳰】** カイツブリの古名。におどり。「—の海（＝琵琶湖《びわこ》の別称）」

**におい【匂い・臭い】** 鼻に感じる刺激。Ⅱそれらしいようす。「下町の—」◇〔「匂い」は、よいにおい。「臭い」は、いやなにおい〕

**—(匂い)袋《ぶくろ》** 香料を入れた袋。香袋。

**におう【仁王】**《二王》 寺門の左右に安置する一対の金剛力士。〔仏法の守護神〕

**—立《だ》ち** 仁王の像のように力強く立つこと。

**—門《もん》** 仁王の像のある寺の門。

**におう【匂う・臭う】** においがする。Ⅱそれらしい感じがする。〔匂うは、よいにおい、臭うは、いやなにおいの場合〕

**におくり【荷送り】** 荷を送り出すこと。対荷受け

**ニオブ**〔ドイツ語 Niob〕金属元素の一。合金の添加元素として利用。記号 Nb

**におも【荷重】** 荷や負担が重すぎること。
**におやか【匂やか】** 香りがよい。Ⅱ美しい。◇においやか。
**におろし【荷下ろし・荷降ろし】** 積み荷をおろすこと。対荷積み
**におわす【匂わす】** におわせる。
**におわせる【匂わせる】** ①香りを発する。②ほのめかす。
**にか【二化】** 昆虫が、一年で二世代を終えること。
**にがい【苦い】** ①味覚の形容の一。②不快だ。「—顔」③つらい。
**にかいからめぐすり【二階から目薬】** 遠くて効果がないこと。
**にがうり【苦瓜】** 野菜の一。ツルレイシ。ゴーヤ。
**にがお【似顔】** にがおえ。
**—絵《え》** その人の顔に似せて描いた絵。
**にがしお【苦塩】** にがり。
**にがした【逃がした】**
**—魚《さかな》は大《おお》きい** 手に入らなかったものは、実際以上によいものに感じられる。
**にがす【逃がす】** ①自由にさせる。②逃げられる。◇のがす。
**にかた【煮方】** ①煮る—方法(程度)。②煮物を専門にする料理人。
**にがたけ【苦竹】** まだけ。
**にがつ【二月】** 年の二番目の月。如月《きさらぎ》。
**にがて【苦手】** ①いやな相手。②不得意。類不得手
**にがにがしい【苦々しい】** 実に不快だ。
**にがみ【苦み・苦味】** ①苦い味。②苦みばしっていること。
**—走《ばし》った** (男の)容貌が引き締まっている。
**にがむしをかみつぶしたよう【苦虫を噛み潰したよう】** いかにも不機嫌そうなようす。
**にかめいが【二化螟蛾】** ガの一。イネの害虫。→にか
**にかよう【似通う】** 互いによく似ている。「似通った点」
**にがり【苦汁】** 海水から食塩を結晶させた残りの液。〔豆腐の凝固剤に使う〕
**にがりきる【苦り切る】** いかにも(非常に)不愉快そうにする。
**にかわ【膠】** 接着剤の一。動物の皮や骨を煮詰めた液をかわかしたもの。
**にがわらい【苦笑い】** 苦笑。
**にき【二季】** ①春と秋。また、夏と冬。②盆と暮れ。
**にきさく【二期作】** 一年に二度、イネを作ること。
**にぎてき【二義的】** 根本的でないようす。類二次的
**にぎにぎしい【賑々しい】** 非常に—にぎやか(盛ん)だ。
**にきび【面皰】** ふきでものの一。〔青少年に多い〕
**—面《づら》** にきびの多い顔。
**にぎやか【賑やか】** ①活気がある。②陽気。「—な人々」
**にぎやかし【賑やかし】** にぎやかにする—こと(もの)。動にぎやかす Ⅱ場をもりあげる—こと(人)。
**にきょくか【二極化】** 中心勢力がふたつに分かれて対立すること。
**にぎらせる【握らせる】** 目的を実現するためにわいろを渡す。
**にきり【煮切り】** ①みりんや酒を煮切ること。また、煮切ったもの。②しょうゆに酒などを加えて煮つめたもの。煮切りしょうゆ。
**にぎり【握り】** ①握る—こと(部分)。②握った—太さ(長さ・量)。③握りずし。④にぎりめし。
**—拳《こぶし》** げんこつ。
**—締《し》める** 強く握る。
**—鮨《ずし》** 酢飯に魚介類をのせて握った食べ物。
**—潰《つぶ》す** 握ってつぶす。Ⅱ手元においてうやむやにする。
**—飯《めし》** 握ってかためた、ごはん。
**にきる【煮切る】** みりんや酒を煮立ててアルコール分をとばす。
**にぎる【握る】** ①手の指を折り曲げてつかむ。②自分のものにする。「政権を—」③にぎりずしやにぎりめしを作る。
**にぎわう【賑わう】** にぎやかになる。Ⅱ繁盛する。
**にぎわす【賑わす】** にぎやかにする。「座(食卓)を—」
**にぎわせる【賑わせる】** にぎわす。
**にぎわわす【賑わわす】** にぎわす。
**にく【肉】** ①動物体の骨をつつむもの。Ⅱ付け加えるべき内容。「原案に—をつける」

②食用としての肉。③果肉や葉肉。④肉体。対霊 ⑤厚み。「—の太い文字」⑥印肉。

**—を切《き》らして骨《ほね》を断《た》つ** 自分を攻撃させながら、それ以上に相手をやっつける。

**にくあつ【肉厚】** 肉の厚いようす。

**にくい【憎い】** ①復讐《ふくしゅう》したいほど気にくわない。②憎らしいほどすばらしい。「—ことを言う」

**にくが【肉芽】** ①むかご。②皮膚の傷跡にもりあがってくる肉。肉芽組織。

**にくがん【肉眼】** 眼鏡や望遠鏡なしに見ること。その視力。類裸眼

**にくきゅう【肉球】** ネコやイヌの足の裏にある球状の肉。

**にくぎゅう【肉牛】** 食用にする牛。対乳牛・役牛《えきぎゅう》

**にくこっぷん【肉骨粉】** 家畜の肉や骨を粉末にした飼料。

**にくじき【肉食】**〔仏教語〕にくしょく①。

**にくしつ【肉質】** ①肉の多い性質。「—の葉」②肉でできている組織。③肉の品質。

**にくしみ【憎しみ】** 憎いと思う気持ち。「—がつのる」

**にくしゅ【肉腫】** 骨・筋肉や血管にできる悪性の腫《しゅ》瘍《よう》。

**にくじゅう【肉汁】** 食肉からでる汁。にくじる。

**にくじょう【肉情】** 男女間の情欲。

**にくしょく【肉食】** ①人が鳥獣の肉を食べること。対菜食 ②動物が、他の動物を捕らえて食うこと。対草食・雑食

**—系《けい》**〔俗語〕恋愛に対して積極的なタイプ。「—女子」対草食系

**にくしん【肉親】** 親子・兄弟など、血縁の近い人。「—の情」

**にくずれ【荷崩れ】** 積み荷が崩れること。「—を起こす」

**にくずれ【煮崩れ】** よく煮たために、形が崩れること。

**にくせい【肉声】** 機械を通さない、なまの声。

**にくたい【肉体】** 生身のからだ。対精神

**—的《てき》** 肉体に関するようす。対精神的

**—労働《ろうどう》** 肉体を使う労働。「—者」対頭脳労働

**にくたらしい【憎たらしい】** いかにも憎らしい。

**にくだん【肉弾】** 肉体を弾丸の代わりにして敵陣に突入すること。〔桜井忠温の小説の題名から〕

**にくだんご【肉団子】** ひき肉を団子状にした料理。ミートボール。

**にくづき【肉月】** 漢字の部首の一。腕・背などの「月」。

**にくづき【肉付き】** 肉のつきぐあい。

**にくづけ【肉付け】** 文章や素案の内容を豊かにすること。

**にくなんばん【肉南蛮】** 肉とネギを具にしたうどん・そば。肉南。

**にくにくしい【憎々しい】** 非常に憎らしい。

**にくはく【肉薄】**《肉迫》①身をもって敵に近づくこと。②きびしく(間近に)迫ること。

**にくばなれ【肉離れ】** 激しい運動などで、筋繊維が切れること。激痛を伴う。

**にくひつ【肉筆】** 直接、手で書くこと(書いたもの)。

**にくぶと【肉太】** 文字の点や線が太いこと。対肉細

**にくへん【肉片】** 肉のきれはし。

**にくぼそ【肉細】** 文字の点や線が細いこと。対肉太

**にくまれ【憎まれ】** 憎いと思われること。

**—口《ぐち》** 人から憎まれる言い方(言葉)。「—をたたく」

**—っ子《こ》世《よ》にはばかる** 人から嫌われる者が世間ではかえって威勢をふるう。

**—役《やく》** 人から憎まれる(嫌われる)ような役。「あえて—を引き受ける」

**にくまん【肉饅】** ひき肉や野菜を入れた中華まんじゅう。肉まんじゅう。

**にくむ【憎む】** 憎いと思う。「憎んでも余りある」

**にくよう【肉用】** 肉を食用にすること。

**—種《しゅ》** 家畜で、肉用にする品種。

**にくよく【肉欲】**《肉慾》肉体的な欲望。

**にくらしい【憎らしい】** ①気にくわない。②心がひかれる。〔反語的に使う〕

**にくるい【肉類】** 食用の肉の総称。

**にぐるま【荷車】** 荷物を載せて、人や家畜が引く車。

**ニグロ**［Negro］(アフリカ系アメリカ人の)黒人。〔差別的に使われる〕

—スピリチュアル〔Negro spiritual〕黒人霊歌。

**ニグロイド**〔Negroid〕 黒色人種。ネグロイド。

**ニクロムせん【—線】** ニッケルとクロムの合金の線。電熱器などに使う。〔ニクロムは商標〕

**にぐん【二軍】**〈プロ野球で〉レギュラー選手の予備になるチーム。ファーム。〔第二軍の略〕対一軍

**にげあし【逃げ足】** 逃げる-ようす〈速さ〉。「—が速い」

**にげうせる【逃げ失せる】** 逃げてゆくえをくらます。

**にげうま【逃げ馬】** 競馬で、先頭に出て逃げきろうとする脚質の馬。

**にげおくれる【逃げ遅れる】** 逃げるのが遅くて取り残される。

**にげかくれ【逃げ隠れ】** 逃げて隠れること。

**にげきる【逃げ切る】** 逃げおおせる。⏸先行したまま勝つ。

**にげこうじょう【逃げ口上】** 言いのがれの言葉。「—を言う」

**にげごし【逃げ腰】** 今にも逃げそうな腰つき。⏸責任をのがれようとする態度。

**にげこむ【逃げ込む】** 逃げて、ある所に入りこむ。⏸試合などで、敵に追いつかれずに逃げきる。

**にげさる【逃げ去る】** 逃げて遠くへ行く。

**にげだす【逃げ出す】** ①逃げて外に出る。②逃げ始める。

**にげない【似気無い】** ふさわしくない。「—態度」

**にげのびる【逃げ延びる】** うまく逃げて、つかまることを免れる。

**にげば【逃げ場】** 逃げて避難する場所。

**にげまどう【逃げ惑う】** どこへ逃げようかと迷う。

**にげみず【逃げ水】** 蜃気《しんき》楼《ろう》の一。遠くに水があるように見えて、近づくと遠のいて見える。

**にげみち【逃げ道】**《—路》 逃げるとき、通る道。⏸責任を回避する手段。

**にげる【逃げる】** ①〈追いつかれないように〉のがれ去る。「危険から〈リードしたまま〉—」②責任をさける。「問題から—」

**—が勝**《か》**ち** 勝負するより逃げる方が賢明だ。

**にげん【二元】** ①ふたつの異なった原理〈—に基づくこと〉。②ふたつの場所。「—放送」③数学で、変数や未知数がふたつあること。「—一次方程式」

**—論**《ろん》 対立するふたつの-根本原理〈要素〉を認める考え方。

**にこげ【和毛】** 柔らかな毛。うぶ毛。

**にこごり【煮凝り】** 冷えて固まった魚の煮汁。

**にごしらえ【荷拵え】** 荷造り。

**にごす【濁す】** 濁るようにする。濁らす。⏸あいまいにする。「言葉を—」

**ニコチン**〔nicotine〕 タバコに含まれるアルカロイド。猛毒。

**—中毒**《ちゅうどく》 タバコのすいすぎによるニコチンの中毒。

**—パッチ**〔nicotine patch〕 禁煙補助用のはり薬。禁煙パッチ。

**にこぽん** 〔俗語〕愛想よくして人を懐柔する方法。〔にこにこしながら相手の肩をポンとたたく意〕

**にこむ【煮込む】** ①十分に煮る。②いろいろの材料を混ぜて煮る。

**にごらす【濁らす】** 濁す。

**にごり【濁り】** ①濁ること。濁ったもの。「—水」②汚れ。③濁点。「—を打つ」

**—酒**《ざけ》 どぶろく。賢人。対清酒

**にごる【濁る】** ①透明さがなくなる。⏸純粋さがなくなる。②濁音である。◇対澄む

**にころがし【煮転がし】** サトイモなどを汁がなくなるまで煮たもの。にっころがし。

**にころばし【煮転ばし】** にころがし。

**にごん【二言】**〔文章語〕言い直し。⏸うそ。「武士に—はない」

**にさ【二佐】** 自衛官の階級の一。〔旧軍隊の中佐〕

**にざかな【煮魚】** 煮たさかな。

**にさばき【荷捌き】** ①荷の処理。②品物の売り捌き。

**にざまし【煮冷まし】** 一度煮てさましたもの。

**にさんか【二酸化】** 酸素原子二個と化合した。「—炭素」

**—炭素**《たんそ》 無色・不燃性の気体。炭酸ガス。$CO_2$。〔ドライアイス・消火剤・清涼飲料用。／排出量の増加が地球温暖化の原

因となる〕

―窒素《ちっそ》 窒素の酸化物の一。$NO_2$。〔排煙、排気ガスなどから生じ、大気汚染の原因となる〕

**にし【西】** ①方角の一。〔略記号W〕対東 ②西風。③西方浄土《さいほうじょうど》。

**にし【螺】** 巻き貝の総称。

**にし【二士】** 自衛官の階級の一。〔旧軍隊の一等兵〕

**にし【二死】** 野球で、ツーアウト。

**にじ【虹】** 雨上がりの空に現れる弓形の光の帯。「―がかかる」〔日本では赤橙黄緑青藍紫の七色に分ける〕

**にじ【二次】** ①二回目。副次。②数学で、次数が二であること。「―方程式（＝未知数の自乗項をもつ方程式）」

**にじエネルギー【二次―】** 一次エネルギーから作り出されるエネルギー。〔電気・都市ガス・コークスなど〕

**にじかい【二次会】** 宴会の終了後、さらに行う宴会。

**にしかぜ【西風】** 西から吹く風。対東風

**にしがわ【西側】** もと、ソ連側の諸国に対して、西ヨーロッパ諸国・アメリカの側。対東側

**にじかんせん【二次感染】** ①ある病原体に感染しているとき、さらに別の病原体に感染すること。②感染者から別人に感染すること。

**にしき【錦】** 色糸や金糸・銀糸で織り出した厚地の絹織物。⊜美しく立派なもの。「もみじの―」

―木《ぎ》 落葉低木の一。秋、紅葉して美しい。

―鯉《ごい》 色どりの美しいコイ。観賞用。

―玉子《たまご》 ゆで卵の黄味と白味を別々に裏ごしして、蒸した料理。

―の御旗《みはた》 立派な口実や大義名分。〔本来は、赤地の錦に日月を描いた旗で、官軍・朝廷の旗じるし〕

―蛇《へび》 熱帯産の巨大なヘビ。体に美しい模様がある。

**にじげん【二次元】** 平面の広がり。

―コード 縦と横の二方向に情報を記録したコード。〔横方向だけのバーコードよりも大量の情報が入る。QRコードなど〕

**にじさいがい【二次災害】** 最初の災害から派生して起こる災害。〔大地震の際の火災・土砂崩れなど〕

**にじさんぎょう【二次産業】** 第二次産業。

**にしにほん【西日本】** 日本の西半分。にしにっぽん。対東日本

**にしはんきゅう【西半球】** 地球の西側の半分。南北両アメリカを含む地域。対東半球

**にしび【西日】** 西に傾いた太陽の光。

**にしひがし【西東】** 各地でいろいろであること。「お国じまん―」

**にじます【虹鱒】** 淡水魚の一。体側に淡紅色の線がある。食用。釣魚。

**にじませる【滲ませる】** ①にじむようにする。②（おさえきれない）気持ちをあらわす。「不満を―せた声」

**にじみでる【滲み出る】** にじんで出る。⊜自然に現れる。

**にじむ【滲む】** ①しみて広がる。「涙が―」②うっすらと出てくる。

**にしめる【煮染める】** 汁がしみこむまで煮る。⊜うすよごれる。「煮染めたような手拭い」

**にしゃたくいつ【二者択一】** ふたつのうち、どちらかを選ぶこと。二者選一。

**にじゅう【二重】** ふたつ重なること。類ふたえ・重複

―写《うつ》し ①写真で、二度露光すること。②映画で、ふたつの画像を重ねて写す技法。

―価格《かかく》 同じ商品に対して二種類の価格を設けること。また、その価格。〔生産者米価と消費者米価など〕

―敬語《けいご》 敬語を二つ以上重ねた過剰な敬語表現。「おっしゃられる（「おっしゃる」＋「れる」）」「各位様」など。〔望ましくないとされる〕

―国籍《こくせき》 同一人が同時にふたつの国籍をもつこと。

―唱《しょう》 二人が異なる声音部をうけもつ合唱。デュエット。

―人格《じんかく》 同一人が、時に別人のように行動すること。また、そうした性格。

―生活《せいかつ》 ①同一人がまったく別の二種類の生活をすること。②家族が二か所に別れ住んで生活すること。

―奏《そう》 二個の楽器による合奏。デュエット。

—帳簿《ちょうぼ》 出納をごまかすためににせの帳簿を作ること。また、その帳簿。
—否定《ひてい》 否定の語を二度使った表現。〔意味は肯定で、強意・婉曲《えんきょく》を表す〕
—窓《まど》 内と外の二重になった窓。
**にじゅうしき【二十四気】** 一年を二四に分けた季節の区分。立春・啓蟄《けいちつ》・春分など。二十四節気。
**にじゅうしせっき【二十四節気】** 二十四気。
**にじゅうはっしゅく【二十八宿】** 古代中国で定められた二八の星座。
**にじゅうよじかん【二十四時間】** 一日の時間数。
—制《せい》 時刻の言い方。午前・午後にわけず、零時から二四時まで通していう。
**にじょう【二乗】** 自乗。
**にじりぐち【躙り口】** 茶室の小さな出入り口。
**にじりよる【躙り寄る】** にじってじりじりと近づく。
**にしる【煮汁】** 物を煮た汁。にじる。
**にじる《躙る》** ①座ったまま、ひざでじりじりと動く。「にじり寄る」 ②押しつけてすりつぶす。「踏み—」
**にしん【鯡・鰊】** 魚の一。イワシ科。食用・肥料用。〔卵はカズノコ〕
**にしん【二心】《弐心》** ①ふたごころ。「—を抱く」 ②疑心。
**にしん【二伸】** 追伸。
**にしんとう【二親等】** 親族で、二番目に近い関係。二等親。〔祖父母・孫や兄弟〕
**にしんほう【二進法】** すべての数を○と一で表す方法。〔コンピューターに応用する〕
**ニス《仮漆》** ワニス。
**にすい【二水】** 漢字の部首の一。冷・凍などの「冫」。
**にせ【偽】《贋》** 本物に似せて作ること〔作ったもの〕。
**にせ【似せ】** 似せたもの。「—絵」
**にせ【二世】** 現世と来世。
—の契《ちぎ》り 夫婦の約束。〔来世までの約束の意〕
**にせアカシア【偽—】** ハリエンジュ。
**にせい【二世】** ①二代目の人。「—団十郎」 Ⅲ〔俗語〕跡継ぎ。「—誕生」 ②移民の子で、移民先で生まれその国の国籍をもつ人。
**にせがね【偽金】《贋金》** 偽造の貨幣。
**にせさつ【偽札】《贋札》** 偽造の紙幣。
**にせはたさくせん【偽旗作戦】** 自国に破壊工作や攻撃をしながら、相手国の仕業であるといつわること。
**にせもの** [一]**【偽者】《贋者》** 本人と偽った他人。 [二]**【偽物】《贋物》** 本物と偽った別物。
**にせる【似せる】** 似るようにする。
**にそう【二曹】** 自衛官の階級の一。〔旧軍隊の軍曹〕
**にそう【尼僧】** あま。
**にそく【二速】** 自動車の変速装置で、一速より速い段階。セカンド。
**にそくさんもん【二束三文】** 非常に安い値段。〔二束でわずか三文の意〕
**にそくのわらじをはく【二足の草鞋を履く】** 同じ人が全く別種の職業（立場）を兼ねる。
**にだい【二大】** ふたつの大きな。「—勢力」
—政党制《せいとうせい》 ふたつの大政党が政権を争う政治状態。
**にだい【荷台】** トラックなどの荷物をのせる台。
**にたき【煮炊き】** 炊事。
**にたく【二択】**〔俗語〕二者択一の略。
**にだしじる【煮出し汁】** だし。だし汁。
**にだす【煮出す】** 煮て味を出す。
**にたつ【煮立つ】** 煮えてわきたつ。
**にたてる【煮立てる】** 煮立った状態にする。
**にたもの【似た者】** 性格などが似ている者。「—同士」
—夫婦《ふうふ》 夫婦は、互いに性質や趣味が似るということ。また、そういう夫婦。
**にたりよったり【似たり寄ったり】** 優劣や差異のないこと。
**にだんがまえ【二段構え】** 対応法をふたつの段階を想定して用意すること。
**にち【日】** ①日本の略。「—米」 ②日曜日の略。 ③日（日数）を数える語。
**にちがく【日額】** 一日分の金額。
**にちぎん【日銀】** 日本銀行の略。
—券《けん》 日本銀行発行の紙幣。
**にちげん【日限】** 期限の日。類期日
**にちじ【日時】** 日付と時刻。
**にちじょう【日常】** ふだん。「—生活」

に

―**茶飯**《さはん》 ありふれたこと。日常茶飯事。〔ふだんの食事の意〕

**にちにち【日々】** 毎日。日ごと。

**にちぶ【日舞】** 日本舞踊の略。対洋舞

**にちぼつ【日没】** 日の入り。対日出《にっしゅつ》

**にちや【日夜】** ①昼と夜。②いつも。「―仕事に励む」

**にちよう【日用】** 日常の生活で使うこと。

―**品**《ひん》 日常使う品。

**にちよう【日曜】** 土曜と月曜の間。日曜日。サンデー。〔ふつう、休日〕

―**学校**《がっこう》 キリスト教の教会が、宗教教育を目的に日曜日に開く学校。

―**大工**《だいく》 休日にだけ大工仕事をする―こと(人)。

**にちょう【二調】** 音楽で二音を主音とする音階。

**にちりん【日輪】** 〔文章語〕太陽。

**にちろく【日録】** 日記。〔古風な言い方〕

**にっ** 声を出さずに、歯を見せて笑うようす。

**にっか【日貨】** 日本からの輸出品。

**にっか【日課】** 毎日決めてする仕事。

**ニッカーボッカー** [knickerbockers] ひざ下ですそをしめた、ゆったりしたズボン。乗馬などで使う。ニッカー。

**にっかい【肉塊】** 肉のかたまり。肉体。

**ニッカドでんち【―電池】** ニッケルカドミウム電池の略。

**につかわしい【似付かわしい】** ふさわしい。

**にっかん【日刊】** 毎日刊行すること。

―**紙**《し》 毎日刊行される新聞。

**にっかん【肉感】** 性欲を刺激する感覚。「―をそそる・―的」

**にっき【日記】** 毎日の記録。ダイアリー。〔個人的なものをいう〕類日誌

**にっき【肉桂】** にっけい。

**にっきゅう【日給】** 一日単位で決められる給料。

―**月給**《げっきゅう》 ①月給から欠勤分をさしひく支払い方法。②日給に一か月の労働日数をかけて月ごとに支払う方法。

**につく【似付く】** ①似る。②似合う。

**ニックネーム** [nickname] 愛称。類あだな

**にづくり【荷作り・荷造り】** 運搬しやすいように荷物をつくること。荷ごしらえ。

**にっけ【肉桂】** にっけい。

**にっけい【日系】** 日本人の血筋をひくこと。「―二世」

―**人**《じん》 日系の人。

**にっけい【日計】** 一日単位の計算。一日の総計。

**にっけい【肉桂】** 香辛料の一。樹木のニッケイの皮からとる。シナモン。にっき・にっけとも。

**につける【煮付ける】** よく味がしみこむように煮る。

**ニッケル** [nickel] 金属元素の一。銀白色の固体。磁性がある。合金・メッキ用。記号Ni

―**カドミウム電池**《でんち》 アルカリ蓄電池の一。陽極に水酸化ニッケル、陰極にカドミウムを用いる。再充電できる。

**にっこう【日光】** 太陽の光。

―**浴**《よく》 健康のため日光をあびること。

**にっさん【日参】** 社寺へ毎日お参りすること。⊜毎日一定の場所へ通うこと。

**にっさん【日産】** 一日の生産高。

**にっし【日子】** 〔文章語〕日数。

**にっし【日誌】** 毎日の記録。〔仕事や団体の記録についていう〕類日記

**にっしゃ【日射】** 〔文章語〕ひざし。

―**病**《びょう》 強い直射日光にさらされて起こる病気。

**にっしゅつ【日出】** 日の出。対日没

**にっしょう【入声】** 漢字の四声の一。にっせい。対平声《ひょうしょう》・上声《じょうしょう》・去声《きょしょう》

**にっしょう【日照】** 太陽が地上を照らすこと。「―時間」

―**権**《けん》 住宅に日光が当たることを確保する権利。

**にっしょうき【日章旗】** 日本の国旗。白地に赤い丸を描いた旗。日の丸。〔一九九九年に法制化された〕

**にっしょく【日食】**《日蝕》 太陽の―一部(全部)が月にかくれて見えなくなる現象。〔皆既日食・金環日食・部分日食がある〕

**にっしんげっぽ【日進月歩】** 日ごとに絶え間なく進歩すること。

**にっすう【日数】** ひかず。

**にっせき【日赤】** 日本赤十字社の略。

**ニッチ** [niche] ①建築で、壁面に設けたくぼみ。「―に花瓶を置く」②市場のすきま。「―産業」③生物がその―生態系(食物連

に

鎖）で占める地位。生態的地位。
**にっちもさっちも**《二進も三進も》どうにもこうにも。「―いかない」
**にっちゅう【日中】** ひるま。
**にっちょく【日直】** ①その日の当直。②昼の当直。対宿直
**にってい【日程】** 仕事（旅行）の予定。
**ニット**［knit］編んだ布地や服。
**―ウエア**［knitwear］ ニットで作った衣服。
**にっとう【日当】** 一日当たりの手当。類日給
**ニッパー**［nippers］針金を切る道具。
**にっぱち【二八】** 二月と八月。〔商売が盛んでないといわれる〕
**にっぽう【日報】** ①日刊の新聞。〔紙名に用いる〕②毎日の報告書。
**にっぽん【日本】** にほん。
**―銀行《ぎんこう》** 日本の中央銀行。日銀。
**につまる【煮詰まる】** 煮えて水分がなくなる。「スープがー」⓫議論・交渉が結論の段階に近づく。〔誤って「ゆきづまって結論が出せない」の意で使われる〕
**にづみ【荷積み】** 荷を積むこと。対荷下ろし
**につめる【煮詰める】** 煮詰まるの他動詞形。
**にてひなる【似て非なる】**《似 而―》見かけは似ているが実は違う。
**にてんさんてん【二転三転】** 情勢が何度も変わること。
**にと【二兎】** 二匹のウサギ。
**―を追《お》う者《もの》は一兎《いっと》をも得《え》ず** 同時にふたつの事をしようとすると、両方とも成功しない。
**にどあることはさんどある【二度あることは三度ある】** 繰り返し起こったことはまた起こる。
**にとう【二等】**（等級・順位の）二番。
**―親《しん》** にしんとう。
**―兵《へい》** 旧陸軍の兵の階級の一。最下等。
**にとうぶん【二等分】** ふたつに等分すること。「利益をーする」
**にとうりゅう【二刀流】** 両手に刀を持って戦う剣の流派。⓫酒も甘い物も好むーこと（人）。
**にとかす【煮溶かす】** 煮て溶かす。「寒天をー」
**にどざき【二度咲き】** 一年に二度花が咲くこと。⓫勢力を盛り返すこと。
**にどでま【二度手間】** 一度ですむことに、繰り返し手間をかけること。
**にどと【二度と】**（否定表現の中で）決して。「ーない機会」
**―再《ふたた》び**「二度と」の強調。
**ニトログリセリン**［nitroglycerin］ダイナマイトの原料。非常に爆発しやすい無色の液体。
**ニトロセルロース**［nitrocellulose］セルロイドや綿火薬の原料。
**にな【蜷】** 淡水産の小形の巻き貝の一。
**にないて【担い手】** 中心となって推進する人。「次代のー」
**になう【担う】** ①肩にかつぐ。②身に引き受ける。「期待をー」
**ににんさんきゃく【二人三脚】** 二人が一組で、となりあった足首を縛って走る競技。⓫二人が協力して事を行うこと。
**ににんしょう【二人称】** 文法で、人称の一。相手をさす。第二人称。対称。〔「あなた・きみ」など〕
**にぬき【荷抜き】** 荷の一部を盗むこと。
**にぬき【煮抜き】** ①水を多くした飯から取る粘液。のりにする。類おねば ②煮抜き卵。
**―卵《たまご》** 関西で、かたゆで卵。
**にぬし【荷主】** 荷物のー持ち主（送り主）。
**にぬり【丹塗り】** 丹や朱でー塗ること（塗ったもの）。「ーの柱」
**にねんせい【二年生】** ①越年生。「ー植物」②発芽してから結実し枯れるまで満二年かかること。
**にねんそう【二年草】** 越年生植物。
**にのあしをふむ【二の足を踏む】** ためらう。
**にのうで【二の腕】** 肩とひじの間。上腕。
**にのかわり【二の替わり】** ①歌舞伎で、顔見世《かおみせ》狂言の次に、翌年の正月に行う狂言。②ひとつの興行期間中で、演目を入れかえて行う二回目の狂言。
**にのくがつげない【二の句が継げない】** あきれて（驚いて）次の言葉がでない。
**にのぜん【二の膳】** 正式の日本料理で、本膳ーに添えて（の次に）出す料理。
**にのつぎ【二の次】** 二番目。あとまわし。
**にのとり【二の酉】** 十一月の二番目の酉のー日（市）。

**にのまい【二の舞】** 他人と同じ失敗を繰り返すこと。「ーを演じる」

**にのや【二の矢】** 二番目に射る矢。比最初に続けて次にとる手段。

**にはいず【二杯酢】** 酢に‐しょう油(塩)をまぜた調味料。

**にはちそば【二八蕎麦】** そば粉八、小麦粉二の割合で作ったそば。

**にばん【二番】** 第二(‐位)。

**ー煎《せん》じ** 一度煎じたものをもう一度‐煎じること(煎じたもの)。比以前の繰り返し。

**にびいろ【鈍色】** 濃いねずみ色。にぶいろ。〔昔の喪服の色〕

**にひきめのどじょう【二匹めの泥鰌】** 〔俗語〕成功した前例をまねてあやかろうと‐すること(したもの)。「ーをねらう」〔ことわざ「柳の下にいつもどじょうはいない」から〕

**にびたし【煮浸し】** 野菜や焼いた魚を煮て、煮汁をふくませた料理。

**にひゃくとおか【二百十日】** 立春から二一〇日目(=九月一日ごろ)。〔台風がよく来るとされる〕

**にひゃくはつか【二百二十日】** 立春から二二〇日目(=九月一〇日ごろ)。〔台風がよく来るとされる〕

**にびょうし【二拍子】** 音楽で、二拍が一単位となる拍子。

**ニヒリスティック** [nihilistic] 虚無(‐主義)的。

**ニヒリスト** [nihilist] 虚無主義者。

**ニヒリズム** [nihilism] 虚無主義。

**ニヒル** [ラテン語 nihil] 虚無(‐的)。

**にふ【二歩】** 将棋で禁じ手の一。歩のある筋に、さらに歩を打つこと。

**にぶ【二部】** ①ふたつの部分。「ー合唱」②大学の夜間部。

**にぶい【鈍い】** ①鋭くない。②のろい。③はっきりしない。「ー光」

**にぶいろ【鈍色】** にびいろ。

**にぶおんぷ【二分音符】** 全音符の二分の一の長さを表す音符。にぶんおんぷ。〔𝅗𝅥〕

**にふくめる【煮含める】** 煮物で、味が染みこむように煮る。

**にぶけいしき【二部形式】** 八小節の大楽節ふたつからなる楽曲の形式。

**にぶさく【二部作】** ふたつの部分からなる作品。

**にぶじゅぎょう【二部授業】** 生徒や学生を、午前と午後の二組に分けて、授業をすること。

**にふだ【荷札】** 届け先や差出人を書き、荷物につける札。

**にぶる【鈍る】** 鈍くなる。

**にぶん【二分】** ふたつに‐分ける(分かれる)こと。

**にべ《鰾膠》** 魚のニベのうきぶくろから作った、にかわ。

**にべ(ーも)ない** そっけない。

**にぼし【煮干し】** イワシの幼魚を煮て干したもの。〔だしをとるのに使う。／関西では「いりこ」ともいう〕

**ニホニウム** [nihonium] 原子番号一一三の元素。〔日本で発見されたことによる命名。記号Nh〕

**にほん【日本】** にっぽん。

**ーアルプス** 本州中央部にある山脈。〔狭義では北・中央・南アルプスの総称。広義では北アルプス〕

**ー一《いち》** 日本で一番。〔掛け声として言うときは「にっぽんいち」〕

**ー画《が》** 日本古来の様式・技法による絵画。対西洋画

**ー海《かい》** 日本列島とアジア大陸にはさまれた海。

**ー海流《かいりゅう》** 黒潮。

**ー髪《がみ》** 丸まげ・島田など、日本在来の女性の髪形の総称。

**ー銀行《ぎんこう》** にっぽん銀行。

**ー犬《けん》** 和犬《わけん》。

**ー語《ご》** 日本の自国語。類国語

**ー紅斑熱《こうはんねつ》** リケッチアによる感染症の一。重症化し死亡に至ることもある。

**ー国《こく》** 国名としての言い方。「ー憲法」

**ー猿《ざる》** 日本特産のサル。〔尾が短く、顔と尻が赤い〕

**ー三景《さんけい》** 日本の三つの代表的な景勝地。〔厳島《いつくしま》・天《あま》の橋立・松島〕

**ー式《しき》ローマ字《じ》** ローマ字表記法の一。〔シ・ジ・ヂ・ズ・ヅ・ヲを si・zi・di・zu・du・wo とするなど〕

**ー酒《しゅ》** 日本独特の醸造酒。さけ。〔原料は米〕対洋酒

**ー住血吸虫《じゅうけつきゅうちゅう》** 人や家畜の血管に寄生する吸虫。

**ーシリーズ** プロ野球で、リーグ優勝した

チームどうしが対戦する試合。

**―人**《じん》　日本国籍をもつ人。また、日本民族。

**―茶**《ちゃ》　緑茶や番茶。

**―刀**《とう》　日本固有の刀。

**―脳炎**《のうえん》　感染症の一。ウイルスは蚊が媒介する。

**―晴れ**《ばれ》　雲ひとつない上天気。⊜嫌疑や心配事がまったくなくなること。

**―舞踊**《ぶよう》　日本で発生・発達した舞踊。〔主に近世以降発達したもの〕

**―薬局方**《やっきょくほう》　日本国内の薬剤の処方・用量について定めた規格。

**―列島**《れっとう》　太平洋の北西にある列島。

**にほんざし【二本差し】**　①武士。〔刀と脇差《わきざし》をさすので〕②相撲で、もろざし。

**にまい【二枚】**　魚を、背骨のついた片身とつかない片身に切り離すこと。「―におろす」

**―落ち**《おち》　将棋で、上位者が飛車と角行を除いてさす―こと（対局）。飛車角落ち。

**―貝**《がい》　二枚の貝殻をもつ貝類。

**―看板**《かんばん》　中心となる二人の―役者（人）。⊜主となるふたつの事項。

**―舌**《じた》　うそ（前後矛盾したこと）を言うこと。

**―目**《め》　色男役の俳優。〔歌舞伎の番付で二番目に書かれたことから〕対三枚目 ⊜美男子。

**にまめ【煮豆】**　豆を煮て味付けした食品。

**にもうさく【二毛作】**　同じ畑で、年に二度異なった作物を作ること。

**にもつ【荷物】**　運ぶ（送る）品物。⊜負担。

**にもの【煮物】**　煮ること。煮た料理。

**にゃあ**　猫の鳴き声。

**にやく【荷役】**　船荷の積みおろしをする―こと（人）。

**にやける《若気る》**〔俗語〕男が妙に弱々しく色っぽいようすをする。〔誤って「薄笑いを浮かべている」意で使われる〕

**ニュアンス**〔フランス語 nuance〕　色・音・意味・感情などの微妙な差異。

**ニュー**〔new〕　①新しい。「―タウン」②新しい―こと（もの）。「お―」

**にゅういき【入域】**〔文章語〕ある―地域（水域）に入ること。対出域

**にゅういん【入院】**　院とつく施設に入ること。特に治療のために、病院に必要期間入ること。対退院

**にゅういんりょう【乳飲料】**　牛乳にコーヒーや果汁を加えた飲み物。

**ニューウェーブ**〔new wave〕　新しい傾向。

**にゅうえい【入営】**　入隊。

**にゅうえき【乳液】**　①乳状の化粧水。②植物を傷つけたときに出てくる、乳状の液体。

**にゅうえん【入園】**　①保育園・幼稚園に園児として入ること。対卒園 ②動物園や遊園地の構内に入ること。

**にゅうか【入荷】**　商品が市場や商店に入ること。対出荷

**にゅうか【乳化】**　乳のようにどろりとした液に―なる（する）こと。

**にゅうかい【入会】**　会に入ること。対退会・脱会

**にゅうかく【入閣】**　大臣になって内閣に加わること。

**にゅうがく【入学】**　学校に新入生として入ること。「―式」対卒業

**ニューカマー**〔newcomer〕　新参者。〔多く、外国人労働者や大都市近郊の町の新住民をいう〕

**にゅうかん【入棺】**　納棺。

**にゅうかん【入管】**　（出）入国管理の略。

**にゅうかん【入館】**　館とつく建物に入ること。対退館

**にゅうがん【乳ガン・乳癌】**　乳腺《にゅうせん》に発生する癌。

**にゅうぎゅう【乳牛】**　乳をとるための牛。対肉牛・役牛

**にゅうきょ【入居】**　入って住むこと。対退居

**にゅうきょ【入渠】**〔文章語〕船がドックに入ること。

**にゅうぎょ【入漁】**　他人が権利をもつ漁場で漁や釣りをすること。「―料」

**にゅうきょう【入京】**　東京（みやこ）に入ること。対出京

**にゅうぎょう【乳業】**　牛乳・乳製品を製造する事業。

**にゅうぎょく【入玉】**　将棋で、王将が敵陣の三段目以内に入ること。

**にゅうきん【入金】**　①お金を受け取ること。また、そのお金。対出金 ②お金を預け入れること。③内金を払うこと。

**にゅうこ【入庫】**①倉庫や車庫に入れる（入る）こと。対出庫 ②信用金庫の職員になること。

**にゅうこう【入坑】**坑道に入ること。

**にゅうこう【入貢】**外国から貢ぎ物を献上すること。

**にゅうこう【入港】**船が港に入ること。対出港

**にゅうこう【入構】**①構内に入ること。②列車が途中駅のホームに入ること。③機構の職員になること。

**にゅうこう【乳香】**カンラン科の植物。樹脂を香料にする。

**にゅうこく【入国】**他国に入ること。対出国

**にゅうごく【入獄】**牢や刑務所に入ること。対出獄

**にゅうこん【入魂】**全精神を注ぎこむこと。「—の作」

**にゅうざい【乳剤】**油などを乳化させた、薬液。「アスファルト—」

**にゅうさつ【入札】**売買や請負で、希望者に見積もり価格を書いて出させること。入れ札。

**にゅうさん【乳酸】**牛乳や糖類の発酵によって生ずる有機酸。清涼飲料の酸味剤。

**—飲料《いんりょう》**乳酸菌を含む清涼飲料。

**—菌《きん》**糖類を乳酸に変える細菌。

**にゅうざん【入山】**〔文章語〕①登山で、山に入ること。②僧が寺に住職として入ること。

**にゅうし【入試】**入学試験。「—問題」

**にゅうし【乳歯】**幼年期の歯。一〇歳前後に抜け替わる。〔全部で二〇本〕対永久歯

**にゅうじ【乳児】**生後間もない子供。ちのみご。

**—期《き》**生後四週間から約一年間。

**にゅうしつ【入室】**部屋に入ること。対退室

**にゅうしつ【乳質】**乳の（ような）性質。

**にゅうしぼう【乳脂肪】**牛乳に含まれる脂肪分。乳脂。

**にゅうしゃ【入社】**社員となって会社に入ること。対退社

**にゅうしゃ【入車】**自動車が車庫や駐車場に入ること。対出車

**にゅうしゃ【入射】**光や電磁波がある媒質から他の媒質に入ること。投射。

**にゅうじゃく【入寂】**〔仏教語〕僧が死ぬこと。

**にゅうじゃく【柔弱】**意志や体が弱々しいこと。

**にゅうしゅ【入手】**手に入れること。

**にゅうじゅう【乳汁】**乳（—のしる）。

**にゅうしょう【入賞】**賞のもらえる順位に入ること。

**にゅうじょう【入城】**城に入ること。

**にゅうじょう【入場】**場内に入ること。対退場

**—券《けん》**入場するための券。

**にゅうじょう【乳状】**乳のような状態。

**にゅうしょく【入植】**植民地や開拓地に移り住むこと。

**にゅうしん【入信】**宗教の信者になること。

**にゅうしん【入神】**〔文章語〕技術が神わざに近いこと。「—の技」

**ニュース**〔news〕新しいできごと（—の報道）。Ⅱ知らせ。「耳よりの—」

**—キャスター**〔newscaster〕ニュースの報道・解説をする人。

**—ショー**〔和製語 news show〕テレビで、ショー形式のニュース番組。

**—ソース**〔news source〕情報の出所。

**—バリュー**〔news value〕ニュースとしての価値。

**—ペーパー**〔newspaper〕新聞。

**—レター**〔newsletter〕企業や組織が定期的に発行する小冊子やメールマガジン。ニューズレター。

**にゅうすい【入水】**①はいってくる水。②入水《じゅすい》。③水の中に入ること。

**にゅうせいひん【乳製品】**牛乳を加工した食品。バターやチーズ。

**にゅうせき【入籍】**戸籍に入る（入れる）こと。〔俗に婚姻届を出す意にも使う〕

**にゅうせん【入船】**船が港に入ること。

**にゅうせん【入選】**審査に合格すること。対落選

**にゅうせん【入線】**始発駅で、列車がホームへ入ること。

**にゅうせん【乳腺】**乳汁を分泌する腺。

**にゅうたい【入隊】**軍隊や自衛隊に入ること。対除隊

**にゅうたいいん【入退院】**入院と退院。

ニュータウン〔new town〕大都市郊外の新興住宅都市。
**にゅうだく【乳濁】** 液体粒子が他の液体中に分散し、乳状になること。「—液」
**にゅうだん【入団】** 団体に入ること。対退団
**にゅうちょう【入超】** 輸入超過の略。対出超
**にゅうてい【入廷】** 法廷に入ること。対退廷
**にゅうでん【入電】** 電信や電報で情報が入ること。また、その情報。
**にゅうとう【入党】** 党に入ること。対脱党・離党
**にゅうとう【入湯】** 湯（温泉）に入ること。「—税」
**にゅうとう【乳糖】** 哺乳動物の乳汁に含まれる糖分。ラクトース。
**にゅうとう【乳頭】** 乳首。
**にゅうどう【入道】** ①仏門に—入ること（入った人）。②坊主頭の人をあざけって言う語。
**—雲《ぐも》** 積乱雲の俗称。
**ニュートラル**〔neutral〕①中立。中間。②自動車で、エンジンの回転が車輪に伝わらないギアの位置。
**ニュートリノ**〔neutrino〕素粒子の一。中性微子。〔電気的に中性で、質量はほとんどゼロ〕
**ニュートロン**〔neutron〕中性子。
**ニュートン**〔newton〕力の単位。一キログラムの物体に作用して1m/sec$^2$の加速度を生じさせる力。記号N
**にゅうねん【入念】** 念入り。
**ニューハーフ**〔和製語 new half〕外見や体を男性から女性にかえた人。〔主にショーパブで働く人をいう〕
**にゅうばい【入梅】** ①梅雨の季節に入ること。②梅雨の季節。
**にゅうひ【入費】** 費用。
**にゅうぶ【入部】** 部に入ること。対退部
**ニューフェイス**〔和製語 new face〕新顔。
**にゅうまく【入幕】** 相撲で、力士が幕内に昇進すること。
**ニューミュージック**〔和製語 new music〕日本の（一九七〇年代以降の）フォークやロック系の音楽。〔多く、自分で作った曲を歌う〕
**にゅうみん【入眠】** 睡眠状態に入ること。寝つくこと。「—剤」
**ニューム** アルミニウムの略。「—管」
**にゅうめつ【入滅】**〔仏教語〕僧・聖者が死ぬこと。〔滅度（=涅槃《ねはん》）に入るの意〕
**ニューメディア**〔new media〕新しい通信媒体。〔文字多重放送・通信衛星放送など〕
**にゅうめん【入麺】** そうめんを煮た料理。〔煮麺《にめん》の転〕
**にゅうもん【入門】** ①弟子となること。②初心者向きの解説書。「経済学—」
**にゅうよう【入用】** 必要（—なお金）。
**にゅうようじ【乳幼児】** 乳児と幼児。
**にゅうよく【入浴】** ふろに入ること。
**にゅうらい【入来】** 会場（家）に入ってくること。「ご—」
**にゅうらく【入洛】**〔文章語〕京都に入ること。じゅらく。
**にゅうらく【乳酪】** 牛乳から作った食品。バターやチーズ。
**にゅうりょう【入漁】** にゅうぎょ。
**にゅうりょう【入寮】** 寮に入ること。対退寮
**にゅうりょく【入力】** 機械や装置に外部から動力や情報を与えること。特に、コンピューターにデータを送りこむこと。また、そのデータ。インプット。対出力
**にゅうりん【乳輪】** 乳首のまわりの茶色い部分。乳暈《にゅううん》。
**にゅうろ【入路】** 高速道路などへ入る道。
**ニューロ**〔neuro〕神経の。
**—コンピューター**〔neurocomputer〕神経細胞をモデルにしたコンピューター。並列処理や学習の機能をもつ。
**ニューロン**〔neuron〕神経細胞。ノイロン。
**にゅうわ【柔和】** 優しくておだやか。「—なまなざし」
**にょい【如意】** ①思い通りになること。②〔仏教語〕僧が持つ仏具の一。〔読経のときに持つ先がワラビ型の棒〕
**—棒《ぼう》** 思い通りにあやつれる棒。〔『西遊記』の孫悟空が持つ〕
**にょう【二様】** ふたとおり。類両様
**にょう【尿】** 小便。
**にょう【繞】** 漢字の部首の分類の一。しんにょうやえんにょうなど。

**にょうい【尿意】** 小便をしたい気持ち。「―を催す」

**にょうかん【尿管】** 輸尿管。

**にょうさん【尿酸】** 尿中にある有機酸の一。血中にたまると痛風の原因となる。

**にょうせき【尿石】** 腎臓や膀胱《ぼうこう》にできる結石。尿結石。

**にょうそ【尿素】** 哺乳動物の尿に含まれる有機化合物。肥料・飼料・医薬品の原料。

**―樹脂《じゅし》** 尿素を主な原料とする合成樹脂。接着剤・塗料用など。ユリア樹脂。

**にょうどう【尿道】** 膀胱《ぼうこう》の尿を体外に排出する管。

**にょうどくしょう【尿毒症】** 腎臓の機能障害のために、尿の成分が排出されずに起こる中毒症状。

**にょうぼう【女房】** 〔俗語〕妻。にょうぼ。〔昔は宮中の女官や貴族の侍女をさした〕 類家内

**―言葉（詞）《ことば》** 昔、宮中の女官が用いた言葉。〔酒を「くこん」、髪を「かもじ」など〕

**―役《やく》** かげで補佐する―役（人）。〔女性をわき役とみなす考え方にもとづく言い方〕

**にょうろ【尿路】** 尿が排出される、腎臓から尿道までの通路。

**にょかん【女官】** じょかん。

**ニョクマム**〔ベトナム語 nuoc mam〕 ベトナムやカンボジアの料理に使う魚醬《ぎょしょう》の一。

**にょじつ【如実】** ①実際のままであること。「―に示す」 ②〔仏教語〕真如《しんにょ》。

**にょしょう【女性】** 〔文章語〕おんな。 類婦人

**にょしょく【女色】** 〔文章語〕じょしょく。

**にょたい【女体】** 〔文章語〕じょたい。 対男体《なんたい》

**ニョッキ**〔イタリア語 gnocchi〕 パスタの一種。

**にょにん【女人】** 〔文章語〕女性。

**―禁制《きんせい》** 女性の立ち入りを禁ずる―こと（区域）。にょにんきんぜい。

**にょらい【如来】** 〔仏教語〕仏の尊称。「釈迦《しゃか》―」

**により【似寄り】** よく似ていること。

**にょろにょろ** 細長いものが動いているようす。

**にら【韮】**《韭》 野菜の一。強い臭気がある。

**にらみ【睨み】** ①にらむこと。 ②威圧（監督）する力。

**―合《あ》う** 互いににらむ。

**―合《あ》わせる** 見比べて考える。

**―据《す》える** じっとにらむ。

**―付《つ》ける** きびしくにらむ。

**―を利《き》かせる** 無言の圧力を加える。睨みを利かす。

**にらむ【睨む】** ①こわい目つきでじっと見る。Ⅱ監督する。 ②見当をつける。

**にらめっこ**《睨めっこ》 子供の遊びの一。Ⅱじっと見つめること。「時計と―」

**にらんせい【二卵性】**

**―双生児《そうせいじ》** ふたつの卵子が同時に受精して生まれたふたご。 対一卵性双生児

**にりつはいはん【二律背反】** 同等のふたつの命題が互いに矛盾・対立すること。

**にりゅう【二流】** 最高・最上よりも一段下。「―の人物」

**にりんしゃ【二輪車】** 車輪が二個の車。〔自転車やオートバイ〕

**にる【似る】**《肖る》 形・性質が互いに同じようにみえる。

**にる【煮る】** 液体とともに加熱してやわらかくする。

**にるい【二塁】** 野球で、一塁の次の塁。また、二塁手。セカンド（―ベース）。

**―手《しゅ》** 二塁を守る選手。セカンド。

**にれ【楡】** ニレ科の落葉高木。材は家具・建築用。

**にれん【二連】** 同じ形式のものがふたつ続くこと。

**にろくじちゅう【二六時中】** 一日中。〔昔は昼夜を六時に分けたので〕

**にわ【庭】** ①屋敷内の―空地（庭園）。 ②物事を行う場所。「学びの―」

**にわいし【庭石】** 庭におく観賞用の石。

**にわいじり【庭弄り】** 庭の手入れ。

**にわか【俄】** ①突然。すぐ。 ②俄狂言。③それに関心を持ちはじめたばかりの人。「―なのでまだよく分かりません」

**―雨《あめ》** 急に降り出す雨。驟雨《しゅうう》。

**―狂言《きょうげん》** 座興のための即興の狂言。〔仁輪加狂言とも書く〕

**―仕込《じこ》み** 短期間で覚えること。

**―に** 急に。

**にわき【庭木】** 庭に植える木。

**にわさき【庭先】** 庭の、縁側や建物に近い

あたり。

**ー相場《そうば》** 農産物の生産地相場。

**にわし【庭師】** 庭作りや手入れをする職業（ーの人）。

**にわづたい【庭伝い】** 庭を通って行き来すること。

**にわとこ【接骨木】** 庭木にする落葉低木。葉・花は薬用。

**にわとり【鶏】** 卵・肉を食べるために飼う鳥。〔キジ科〕

**ーを割《さ》くに牛刀《ぎゅうとう》を用《もち》いる** 小事を処理するのに大げさな手段（道具）を使う。

**にん【任】** つとめ。類任務

**にん【忍】** がまん。「ーの一字だ」

**にんい【任意】** ①意思にまかせること。②無作為。「ーの数」

**ー出頭《しゅっとう》** 自分の意思で検察庁などに出向くこと。

**にんか【認可】** 認めて許すこと。「ーが下りる・ーを申請する」

**にんがい【人界】** 〔仏教語〕十界の一。人間の世界。

**にんかん【任官】** 官職に任命されること。

**にんき【人気】** ①世間の評判。②その土地の気風。じんき。

**ー取《と》り** 人気を得るためにすること（ーのうまい人）。

**にんき【任期】** その職（地位）にいる一定の期間。「ー満了」

**にんきょ【認許】** 〔文章語〕認可。

**にんぎょ【人魚】** ①想像上の生物の一。上半身が人、下半身が魚で海にすむ。②ジュゴンの別称。

**にんきょう【任侠】**《仁侠》おとこぎ。

**にんぎょう【人形】** 人の姿をした、玩具・装飾品。Ⅱ他人に操られる人。

**ー芝居《しばい》** 人形を操ってする芝居。人形劇。

**ー浄瑠璃《じょうるり》** 浄瑠璃にあわせてする人形芝居。

**ー遣《つか》い** （人形浄瑠璃の）人形を操る人。

**にんく【忍苦】** 〔文章語〕苦しみを耐え忍ぶこと。「ーの生涯」

**にんげつ【人月】** 作業量を表す単位。働く人の数に働く月数をかけた数。

**にんげん【人間】** ①ひと。類人類 ②人柄。「ーができている（＝人格者だ）」類人物 ③〔文章語〕世の中。じんかん。

**ー到《いた》る所《ところ》青山《せいざん》あり** 人間は故郷を離れて大いに活躍すべきだ。〔青山は墓場。／「人間」は本来は「じんかん」と読む〕

**ー工学《こうがく》** 工学の一分野。機械や作業環境を、人間の生理や心理に適合させる科学。

**ー国宝《こくほう》** 重要無形文化財保持者の俗称。

**ー性《せい》** 人間らしさ。

**ー生態学《せいたいがく》** 人間と環境の関係を扱う学問。エコロジー。

**ー的《てき》** 人間らしい感情があるようす。

**ードック** 健康状態を精密に検査するための短期間の入院。〔船がドックに入るのにたとえる〕

**ー万事《ばんじ》塞翁《さいおう》が馬《うま》** ⇩塞翁《さいおう》が馬《うま》

**ー味《み》** 人間らしいあたたかみ。類人情味

**ー模様《もよう》** さまざまな人間関係。〔織物の模様にたとえた語〕

**ー業《わざ》** 普通の人間の能力でできる仕事。

**にんごく【任国】** 職務のために赴任する国。

**にんさんぷ【妊産婦】** 妊婦と産婦。

**にんしき【認識】** 物事を十分に理解し、その意義を知ること（心の働き）。

**ー不足《ぶそく》** 正しく判断するための認識が欠けていること。

**ー論《ろん》** 認識の起源・本質・限界について研究する哲学の一部門。

**にんじゃ【忍者】** 忍術を使う者。

**にんじゅう【忍従】** 〔文章語〕じっとがまんしつづけること。

**にんじゅつ【忍術】** 忍びの術。

**にんしょう【人称】** 文法で、一人称・二人称・三人称の別。

**ー代名詞《だいめいし》** 人を指し示す代名詞。人《じん》代名詞。

**にんしょう【人証】** じんしょう。

**にんしょう【認証】** ①その事実を公の機関が証明すること。②天皇の国事行為の一。内閣（ー総理大臣）の行為を天皇が公に証明すること。

**ー官《かん》** 天皇の認証により任免される官職。国務大臣・大使など。

**にんじょう【人情】** 人が本来もっている感情。特に、愛情や思いやり。

―味《み》 人情のあじわい。

**にんじょう【刃傷】**〔文章語〕刃物で人を傷つけること。「―沙汰《さた》(＝傷害事件)」

**にんじる【任じる】** ①自任する。「教育者をもって―」 ②ある任務や役目につける。◇任ずる。

**にんしん【妊娠】** 胎児を宿すこと。

―線《せん》 妊婦の腹部などの表面にできるひび割れや赤紫色の筋。

―中毒《ちゅうどく》 妊娠中におこるむくみなどの症状。〔妊娠中毒症は妊娠高血圧症候群に改称〕

**にんじん【人参】** 野菜の一。黄赤色。

**にんずう【人数】** ①人の数。②大勢の人。

**にんずる【任ずる】** にんじる。

**にんそう【人相】** 人の顔かたち(―に現れる性質や運命)。

**にんたい【忍耐】** 堪え忍ぶこと。

**にんだく【認諾】** 民事訴訟で、被告が原告の請求を承認すること。

**にんち【任地】** 任務を果たすべき土地。「―におもむく」

**にんち【認知】** ①ある事柄を認めること。②婚姻外で生まれた子を自分の子と認めること。

―症《しょう》 脳の後天的障害により、記憶力や判断力が低下し、日常生活に支障をきたすようになった状態。〔痴呆(―症)の改称。「痴呆」の侮蔑的語感を回避するための言い換え〕

―度《ど》 どのくらい一般に知られているかという程度。「―を高める・―が低い」

**にんてい【人体】**〔文章語〕人の外見のようす。「怪しい―の男」

**にんてい【認定】** 事実や資格の有無を審査し、決定すること。

―こども園《えん》 親の就労の有無にかかわらず、小学校就学前のこどもに保育・教育・子育て支援を総合的に提供する、都道府県が認定した施設。

**にんどう【忍冬】** スイカズラ。

**にんにく《大蒜》** ユリ科の多年草。鱗茎《りんけい》は強い臭気があり、香辛料として使う。ガーリック。

**にんにち【人日】** 作業量を表す単位。働く人の数に働く日数をかけた数。

**にんぴ【認否】** 認めることと認めないこと。

**にんぴにん【人非人】** ひとでなし。〔人であって人でないの意〕

**ニンフ**[nymph] ギリシャ神話で、美少女の姿をした水や木の精。Ⅱ美少女。

**にんぷ【妊婦】** 妊娠している女性。

**にんべん【人偏】** 漢字の部首の一。信・仕などの「亻」。

**にんぽう【忍法】** 忍術。

**にんむ【任務】** その人の仕事。「―につく・―を果たす」類役目

**にんめい【任命】** ある―職(地位)につくように命令すること。対解任

**にんめん【任免】** 任ずることと免ずること。

―権《けん》 任免をつかさどる権利。

**にんめんじゅうしん【人面獣心】** じんめんじゅうしん。

**にんよう【任用】**〔文章語〕職務につかせて使うこと。

**にんよう【認容】**〔文章語〕容認。

# ぬ

**ぬいあげ【縫い上げ・―揚げ】** 衣類の大きい部分をつまんで縫っておくこと。あげ。〔子供が大きくなっても着られるように〕

**ぬいあわせる【縫い合わせる】** 縫ってひとつに合うようにする。

**ぬいいと【縫い糸】** 裁縫に使う糸。

**ぬいぐるみ【縫い包み】** 詰め物をして動物などの形に縫ったおもちゃ。

**ぬいこむ【縫い込む】** ①縫って中に入れる。②縫い代《しろ》をかくすように縫う。

**ぬいしろ【縫い代】** 縫い合わせるのに必要な布の端の部分。

**ぬいとり【縫い取り】** 刺繍《ししゅう》(―をすること)。動ぬいとる

**ぬいばり【縫い針】** 裁縫に用いる針。

**ぬいめ【縫い目】** 縫った―部分(糸の目)。

**ぬいもの【縫い物】** ①裁縫。②縫うべきもの。

**ぬう【縫う】** ①糸で布をつづる。Ⅱ人や物の間をすりぬけていく。「人波を―」 ②刺繍《ししゅう》をする。

**ヌー**[gnu] 動物の一。ウシ科。〔アフリカの草原に群棲する〕

**ヌーディスト**[nudist] 裸体主義者。

**ヌード**[nude] はだか(―の絵・写真・彫刻)。

**ヌートリア**［nutria］ 南米産の哺乳動物の一。毛皮をとる。
**ヌードル**［noodle］ 洋風のめん類の一。
**ヌーベル**［フランス語 nouvelle］ 新しい。
**―キュイジーヌ**［フランス語 nouvelle cuisine］ 新傾向のフランス料理。〔日本料理の影響を受け、素材をいかしたもの〕
**―バーグ**［フランス語 nouvelle vague］ 一九五八年ごろフランスにおこった新しい映画作品の傾向。〔新しい波の意〕 ‖新しい傾向。
**ヌーボー**［フランス語 nouveau］ ①新しい。「ボジョレ――」 ②アールヌーボーの略。
**ぬえ【鵺・鵼】** ①源三位頼政《げんざんみよりまさ》が退治したという伝説上の動物。頭はサル、胴はタヌキ、手足はトラ、尾はヘビに似る。‖えたいのしれない人。「―的存在」 ②トラツグミの別称。
**ぬか【糠】** ①米を精白するときに出る粉。飼料・漬物用。 ②細かい。「―雨」 ③はかない。「―喜び」
**―に釘《くぎ》** 効果のないこと。
**ヌガー**［フランス語 nougat］ キャンディーの一。
**ぬかあぶら【糠油】** ぬかからとった油。
**ぬかあめ【糠雨】** 細かな雨。類霧雨
**ぬかご**《零余子》 むかご。
**ぬかす【抜かす】** ①間をとばす。 ②〔俗語〕「言う」の卑しめた言い方。類ほざく
**ぬかずく【額ずく】** 額を地につけて拝む。〔「ぬかづく」は許容仮名遣い〕
**ぬかづけ【糠漬け】** ぬかみそづけ。
**ぬかどこ【糠床】** ぬかみそ。
**ぬかみそ【糠味噌】** ぬかに塩をまぜたもの。野菜を漬けるのに使う。
**―が腐《くさ》る** 歌がへたなことをあざけっていう表現。
**―漬《づ》け** ぬかみそに漬けた漬物。
**ぬかよろこび【糠喜び】** 喜んでいたのにあてがはずれること。
**ぬかる** 地面がどろどろになる。
**ぬかる【抜かる】** 油断して失敗する。
**ぬかるみ**《泥濘》 ぬかっている所。‖動きのとれない状態。動ぬかるむ
**ぬき【貫】** 柱と柱の間をつなぎとめる横木。
**ぬき【緯】** ぬきいと。
**ぬきあし【抜き足】** 音をたてないように足を静かにあげて歩くこと。
**―差《さ》し足《あし》** 音のしないようにそっと歩くようす。
**ぬきあわせる【抜き合わせる】** 刀を抜いて向かい合う。
**ぬきいと【緯糸】** 織物の横糸。ぬき。
**ぬきうち【抜き打ち】** 刀を抜くと同時に切りつけること。‖不意に行うこと。「―検査」
**ぬきがき【抜き書き】** 原文から必要な部分だけ書き‐写すこと（写したもの）。
**ぬきがたい【抜き難い】** ぬぐい去りにくい。「―不信感」
**ぬきさしならない【抜き差しならない】** のっぴきならない。
**ぬぎすてる【脱ぎ捨てる】** ぬいだものをそのままにしておく。‖身についている従来の考え・習慣をすてる。
**ぬきずり【抜き刷り】** 書物や雑誌の一部分を、別に印刷‐すること（したもの）。
**ぬきぞめ【抜き染め】** ばっせん。
**ぬきだす【抜き出す】** 抜いて取り出す。‖選び出す。
**ぬきて【抜き手】** 日本古来の泳法の一。両手を交互に水上に抜き上げるようにして泳ぐ。「―を切る（＝抜き手で泳ぐ）」
**ぬきとる【抜き取る】** ①ひき抜いて取る。②中身を盗み取る。
**ぬきはなつ【抜き放つ】** 刀を一気に抜く。ぬきはなす。
**ぬきみ【抜き身】** 抜き放った刀。
**ぬきんでる【抜きんでる】**《抽んでる・擢んでる》 特にめだってすぐれている。「抜きんでた才能」
**ぬく【抜く】** ①引いて取る。②取り去る。③省く。「説明を―」 ④追いこす。⑤攻め落とす。「敵の城を―」 ⑥最後まで（ひどく）…する。「生き（困り）―」
**ぬぐ【脱ぐ】** 身に着けているものを取り去る。対着る・はく
**ぬくい【温い】** 方言で、あたたかい。
**ぬぐう【拭う】** ふき取る。‖消す。「汚名を―」
**ぬくまる【温まる】** あたたまる。
**ぬくめる【温める】** あたためる。
**ぬくもり【温もり】** あたたかさ。
**ぬけあな【抜け穴】** ①通り抜けられる穴。②逃げ出すための穴。‖逃れる手段。
**ぬけおちる【抜け落ちる】** ①抜けてなくなる。②一部が欠ける。

**ぬけがけ【抜け駆け】** 他人を出し抜いて一先にする(利益を得る)こと。

**ぬけがら【抜け殻】**《脱け殻》セミやヘビの脱皮した、から。⊜魂を奪われたように元気のない人。

**ぬけかわる【抜け代わる・—替わる】**(歯や毛が抜けて)新しく生えかわる。

**ぬけげ【抜け毛】**《脱け毛》ぬけた毛髪。

**ぬけさく【抜け作】**〔俗語〕まぬけな人。〔人名化した言い方〕

**ぬけだす【抜け出す】**《脱け—》①そっと逃げ出す。②悪い状態からいい状態に変わる。「スランプから—・一歩—」

**ぬけでる【抜け出る】**《脱け—》①ぬけ出す。②ぬきんでる。

**ぬけみち【抜け道】** 本道以外の近道。⊜規則や法律から逃れる手段。

**ぬけめ【抜け目】** てぬかり。

**—がない** 利にさとくずるがしこく立ち回る。

**ぬける【抜ける】**《脱ける》①なくなる。「毛(疲れ)が—」⊜離れて出る。「組織から—」②通りすぎる。③「抜けている(=頭の働きがにぶい)」

**ぬげる【脱げる】** 身に着けているものが自然に離れる。「靴が—」

**ぬさ【幣】** 神への供え物。幣帛《へいはく》。

**ぬし【主】** ①所有者。②行為の主体。「手紙の—」③そこにすみついた霊力ある動物。「山の—」⊜古くからいる人。

**ぬすっと【盗人】** ぬすびとの転。

**—猛々《たけだけ》しい** 悪事を働きながらずうずうしい。〔ののしって言う言い方〕

**ぬすびと【盗人】** どろぼう。

**—に追《お》い銭《せ》** 損の上に損を重ねること。

**—にも三分《さん》の理《り》** どんなことにでも理屈をつけようと思えばつけられるものだ。〔「どろぼうにも三分の理」とも〕

**ぬすみ【盗み】** 盗むこと。

**—聞《ぎ》き** こっそり聞くこと。

**—食《ぐ》い** ①盗んで食べること。②隠れてこっそり食べること。

**—見《み》** こっそり見ること。

**—読《よ》み** こっそり読むこと。動ぬすみみる

**ぬすむ【盗む】** 他人のものをひそかに自分のものにする。⊜㋐ごまかす。「人目を—」㋑時間をやりくりする。「暇を—」

**ぬた**《饅》 魚肉や野菜を酢みそであえた料理。ぬたあえ。

**ぬたくる** ①のたくる。②へたな文字や絵をかきつける。

**ぬの【布】** 織物の総称。類きれ

**ぬのこ【布子】** もめんの綿入れ。対小袖

**ぬのじ【布地】**(衣服を作る)布。生地《きじ》。

**ぬのめ【布目】** 布の織り目(—のような模様)。

**ヌバック**〔nubuck〕 革の表側を起毛加工したもの。

**ぬま【沼】** 水深が浅く泥深い池。

**ぬまち【沼地】** 泥深くてじめじめした土地。

**ぬめ【絖】** 地が薄くてなめらかな絹布。絵絹や造花の材料にする。

**ぬめり【滑り】** ぬるぬるする—こと(粘液)。「—をとる」

**ぬめる【滑る】** ぬるぬるする。

**ぬらす【濡らす】** 濡れるようにする。

**ぬり【塗り】** ①塗ること。②漆塗り。

**ぬりえ【塗り絵】** 子供の遊びの一。輪郭だけ描いた絵に色を塗る。

**ぬりかえる【塗り替える】** 新しく塗り直す。⊜更新する。「記録を—」

**ぬりぐすり【塗り薬】** 塗って使う薬。

**ぬりこめる【塗り込める】** 中に物を入れて、上から塗り固める。

**ぬりたくる【塗りたくる】** ごてごてと塗る。

**ぬりたて【塗り立て】** 塗ったばかり。

**ぬりたてる【塗り立てる】** 盛んに塗る。「おしろいを—」

**ぬりつける【塗り付ける】** しっかりと塗る。

**ぬりつぶす【塗り潰す】** 一面に塗る。

**ぬりばし【塗り箸】** 漆塗りのはし。

**ぬりもの【塗り物】** 漆塗りの器。漆器。

**ぬる【塗る】** なすってつける。⊜「顔を—(=厚化粧をする)」

**ぬるい【温い】** ①熱くない。②厳しくない。

**ぬるかん【温燗】** 酒をぬるめに温めること。対熱燗

**ぬるで【白膠木】** ウルシ科の落葉低木。紅葉が美しい。〔五倍子《ふし》ができる〕

**ぬるまゆ【微温湯】** ぬるい湯。

**—につかる** 苦労のない生活に安住する。

**ぬるむ【温む】** ぬるくなる。

**ぬれいろ【濡れ色】** 水に濡れたような色。

**ぬれえん【濡れ縁】** 雨戸の外側にある縁。

**ぬれおちば【濡れ落ち葉】**〔俗語〕定年退職後、行き場を失って妻につきまとう夫。〔くっついて離れない濡れた落ち葉にたとえた語〕

**ぬれぎぬ【濡れ衣】** 無実の罪。

**―を着《き》せられる** 無実の罪に陥れられる。

**ぬれごと【濡れ事】** 芝居で、男女の情事の演技。

**―師《し》** ①濡れ事を巧みに演じる役者。②女たらし。

**ぬれそぼつ【濡れそぼつ】** びしょびしょに濡れる。

**ぬれて【濡れ手】** 濡れた手。

**―で粟《あわ》** 苦労もせずに利益を得ること。

**ぬれねずみ【濡れ鼠】** 全身びしょぬれ。「―になる」

**ぬれば【濡れ場】** ラブシーン。〔もとは、歌舞伎での用語〕

**ぬればいろ【濡れ羽色】** ぬれたカラスの羽のように黒くてつややかな色。〔女性の美しい黒髪の形容〕

**ぬれる【濡れる】** 液体がかかる。Ⅱ〔俗語〕男女が情をかわす。

# ね

**ね【子】** 十二支の一番目。ネズミ。〔昔、時刻で午前〇時ごろ、方角で北〕

**ね【音】** おと。こえ。「鐘（琴）の―」

**―を上《あ》げる** 弱音を吐く。

**ね【値】** 値段。

**ね【根】** ①植物の器官の一。〔水分・養分を吸収する〕Ⅱ根もと。②ものごとのもと。「悪の―」③生まれつきの性質。「―はまじめ」

**―が生《は》える** 腰を長く据える。

**―に持《も》つ** いつまでも恨みに思う。

**―も葉《は》もない** 何の根拠もない。

**ねあか【ネアカ・根あか】**〔俗語〕生来の性質が明るいこと。対ねくら

**ねあがり【値上がり】** 値段が高くなること。対値下がり

**ねあがり【根上がり】** 木の根が地上に現れ出ること。

**ねあげ【値上げ】** 値段を高くすること。対値下げ

**ねあせ【寝汗】** 睡眠中に出る汗。「―をかく」〔盗汗とも書いた〕

**ねいき【寝息】** 眠っているときの呼吸。

**―を窺《うかが》う**〔悪事をするために〕熟睡しているかどうかを確かめる。

**ねいげん【佞言】**〔文章語〕こびへつらうことば。

**ねいじつ【寧日】**〔文章語〕平穏無事な日。

**ねいす【寝椅子】** 横になって寝られるいす。

**ネイチャー**［nature］自然。ネーチャー。

**ネイティブ**［native］①生え抜き。②ネイティブスピーカーの略。◇ネーティブ。

**―スピーカー**［native speaker］その言語を母語とする話者。

**ネイビー** ⇩ネービー

**ネイリスト**［和製語 nailist］つめの美容師。〔日本ネイリスト協会による造語〕

**ねいりばな【寝入り端】** 眠りについて間もないころ。

**ねいる【寝入る】** ①眠りにつく。②熟睡する。

**ネイル**［nail］つめ。ネール。

**―アート**［nail art］つめに装飾をほどこすこと。

**―サロン**［nail salon］つめの美容の専門店。

**ねいろ【音色】** その音特有のひびき。

**ねうごき【値動き】** 相場の変動。

**ねうち【値打ち】** 有用性や尊さの度合い。〔もとは値段を定める意〕類価値

**ねえさん【姉さん】** ①姉（若い女）を親しんで呼ぶ言い方。対兄さん ②**【姐さん】** 旅館や料理屋の女性を呼ぶ語。

**―被《かぶ》り** あねさんかぶり。

**ネーション**［nation］国民。国家。

**ネーチャー**［nature］自然。ネイチャー。

**ネーティブ**［native］ネイティブ。

**ネービー**［navy］海軍。ネイビー。

**―ブルー**［navy blue］濃い紺色。〔イギリス海軍の制服の色から〕

**ネーブル**［navel］オレンジの一。ネーブルオレンジ。〔navelは、へその意〕

**ネーミング**［naming］（商品などの）命名。

**―ライツ**［naming rights］施設命名

権。スポーツ施設・文化施設に社名やブランド名をつける権利。

**ネーム**［name］①名前。名称。②キャプション。

**―バリュー**［和製語 name value］名前のもつ価値。知名度。

**―プレート**［nameplate］（金属製の）名札。

**ねえや【姉や】**女中を親しんで呼んだ語。

**ネール**［nail］ネイル。「―アート」

**ネオ**［neo］新しい。最近の。「―クラシシズム（＝新古典主義）」

**ねおい【根生い】**①根から生えていること。②生まれ。素性。③生まれつき。「―の信心家」

**ねおき【寝起き】**①目がさめたとき（―の気分）。「―がわるい」②寝ることと起きること。Ⅱ日常生活。

**ねおし【寝押し】**寝るときに衣類をふとんの下にしくこと。「ズボンを―する」

**ネオン**［neon］①希ガス元素の一。無色・無味・無臭。記号Ne②ネオンサインの略。

**―サイン**［neon sign］ガラス管にネオンやアルゴンなどの気体を封入し、広告・装飾用に光らせるもの。

**ネガ** フィルムを現象してできる画像。陰画。ネガフィルム。［ネガティブの略］対ポジ

**ねがい【願い】**①願うこと。②願書。

**―上《あ》げる** 丁寧にお願いする。

**―事《ごと》** 心に思う望み事。

**―下《さ》げ** ①願書の取り下げ。②頼まれても引き受けたくないこと。ねがいさげる

**―出《で》る** 願いを申し出る。

**ねがう【願う】**①強く思う。類念じる ②依頼する。③祈願する。

**ねがえり【寝返り】**寝ていて体の向きを変えること。「―を打つ」Ⅱ裏切り。

**ねがえる【寝返る】**①寝返りをする。②味方を裏切って敵につく。

**ねがお【寝顔】**寝ているときの顔。

**ねがかり【根掛かり】**釣りで、重りや仕掛けが水中の岩などに引っかかること。

**ねがさ【値嵩】**取引で、値が高いこと。

**ねかす【寝かす】**①眠らせる。②横にする。③活用せず手もとに置いておく。④こうじや酒を発酵・熟成させる。

**ねかせる【寝かせる】**寝かす。

**ねかた【根方】**根もと。Ⅱものの下方。

**ねがったりかなったり【願ったり叶ったり】**希望どおりになること。

**ネガティブ**［negative］①消極的。否定的。②陰性②。③ネガ。◇［ネガチブとも］対ポジティブ

**―キャンペーン**［negative campaign］選挙戦や広告で、対立相手の弱点やスキャンダルを攻撃して、相手のイメージを低下させる宣伝活動。

**ねがわくは【願わくは】**願うことは。どうか。願わくば。

**ねぎ【葱】**野菜の一。［ユリ科］

**ねぎ【禰宜】**（下級の）神官。

**ねぎとろ《葱とろ》**ペースト状のマグロに刻みネギを添えたもの。すしの具。［ネギトロとも書く］

**ねぎぼうず【葱坊主】**ネギの花。［形が坊主頭に似る］

**ねぎま【葱間】**焼き鳥の一。鶏肉とネギを交互に串にさす。

**ねぎま【葱鮪】**ネギとマグロを使うなべ料理。

**ねぎらう《労う・犒う》**苦労や骨折りを感謝していたわる。

**ねきりむし【根切り虫】**作物の根を食う害虫の総称。［ガやコガネムシの幼虫］

**ねぎる【値切る】**値段をまけさせる。

**ねぐされ【根腐れ】**植物の根が腐ること。Ⅱ物事が根本から腐ってしまうこと。

**ネクスト**［next］次。

**ねくずれ【値崩れ】**値段や相場が急に下がること。

**ねぐせ【寝癖】**①寝ている間につく髪の変な形。②寝ている間に行う癖。

**ネクター**［nectar］ギリシャ神話で、神々の飲む酒。

**ネクタイ**［necktie］ワイシャツの襟元に結ぶ、細長い布。

**―ピン**［和製語 necktie pin］ネクタイをとめる飾りのピン。また、ネクタイ留め。

**ネクタリン**［nectarine］モモの一変種。

**ねくたれがみ【寝腐れ髪】**寝乱れ髪。

**ねくび【寝首】**

**―を掻《か》く** 眠っている人の首を切る。Ⅱ相手を油断させて陥れる。

**ねくら【ネクラ・根暗】**［俗語］生来の性質が暗いこと。対ねあか

**ねぐら【塒】**鳥の寝る所。Ⅱ［俗語］人の

寝る所。

**ネグリジェ**〔フランス語 négligé〕女性用のワンピース型のねまき。

**ネグる**〔俗語〕①無視する。②否定する。〔ネグレクトから〕

**ねぐるしい【寝苦しい】** なかなか寝つけない。

**ネグレクト**〔neglect〕①無視すること。②児童虐待・高齢者虐待の一。子供や高齢者に必要な世話や配慮を怠ること。

**ネグロイド**〔Negroid〕ニグロイド。

**ねこ【猫】** ①家畜の一。愛玩用。〔ネズミをとる。／皮は三味線の胴張り用〕②芸者の別称。③猫車の略。

**—に鰹節《かつおぶし》** 好物をそばにおくと油断がならない。

**—に小判《こばん》** 値打ちがわからずむだなこと。類豚に真珠

**—の手《て》も借《か》りたい** 非常に忙しい。

**—も杓子《しゃくし》も** だれもかれも。

**—を被《かぶ》る** 本性を隠して、おとなしいふりをする。

**ねこあし【猫足・猫脚】** 机や膳の脚の作りの一。〔先が内側に丸く曲がっている〕

**ねこかぶり【猫被り】** 本性を隠して、おとなしいふりをすること。ねこっかぶり。

**ねこかわいがり【猫可愛がり】** むやみにかわいがること。

**ねこぎ【根扱ぎ】** 根がついたまま引き抜くこと。「—にする」

**ねこぐるま【猫車】** 土砂などを運ぶための一輪の手押し車。ねこ。

**ねこげ【猫毛】** ねこっけ。

**ねごこち【寝心地】** 寝たときの気分。

**ねござ【寝茣蓙】** 敷いて寝るためのござ。

**ネゴシエーション**〔negotiation〕交渉。折衝。

**ネゴシエーター**〔negotiator〕交渉担当者。

**ねこじた【猫舌】** 熱い食べ物が苦手なこと。また、その人。

**ねこじゃらし【猫じゃらし】** エノコログサの俗称。

**ねこぜ【猫背】** 背中が丸く、首が前方に出ている体つき。

**ねこそぎ【根刮ぎ】** ①草木を根まで全部抜き取ること。②残らず。

**ねこだまし【猫騙し】** 相撲で、立ち合いのとき相手の目の前で両手を打ち、驚かせて優位に立つ戦法。

**ねこっけ【猫っ毛】** やわらかい質の髪の毛。

**ねごと【寝言】** 睡眠中に発する言葉。‖わけのわからない言葉。たわごと。

**ねこなでごえ【猫撫で声】** 優しくこびるような声。

**ねこのひたい【猫の額】** 狭い場所のたとえ。

**ねこのめ【猫の目】** 物事が目まぐるしく変わるたとえ。「—のように変わる」

**ねこばば【猫糞】**〔俗語〕拾った物を自分のものにすること。「—をきめこむ」

**ねこまたぎ【猫跨ぎ】**〔俗語〕まずい魚。ねこまた。〔魚好きのネコさえまたいで通る意〕

**ねこみ【寝込み】** 眠っている最中。「—を襲う」

**ねこむ【寝込む】** ①ぐっすり寝る。②病気で長く床につく。

**ねこめいし【猫目石】** 宝石の一。キャッツアイ。〔ネコの目のような反射光がある〕

**ねこやなぎ【猫柳】** ヤナギ科の落葉低木。春先に、穂のような白い花をつける。

**ねごろ【値頃】** 手ごろな値段。

**ねころがる【寝転がる】** ごろんと横になる。

**ねころぶ【寝転ぶ】** 体を横にする。寝そべる。

**ねさがり【値下がり】** 値段が安くなること。対値上がり

**ねさげ【値下げ】** 値段を安くすること。対値上げ

**ねざけ【寝酒】** 寝るときに飲む酒。ナイトキャップ。「—をたしなむ」

**ねざす【根差す】** ①根がつく。②原因する。由来する。

**ねざめ【寝覚め】** 目が覚めること。

**—が悪《わる》い** ①すっきりと起きられない。②過去の悪事に良心が痛む。

**ねざや【値鞘】** ふたつの相場（値段）の差額。「—かせぎ」

**ねじ《捻子・捩子・螺子》** ①らせん状の溝のある部品。②「ゼンマイの—」

**—を巻《ま》く** 気のゆるみをひきしめる。

**ねじあげる【捩じ上げる】** ねじって上へあげる。

**ねじきり【捻子切り】** ねじを刻む―作業(道具)。
**ねじきる【捩じ切る】** ねじって切る。
**ねじくぎ【捻子釘】** ねじになっていて、ねじこんでとめるくぎ。
**ねじける【拗ける】** ひねくれる。
**ねじこむ【捩じ込む】** ねじって(むりに)入れる。Ⅱ苦情を言いに押しかける。
**ねしずまる【寝静まる】** 人々が眠って、辺りが静かになる。
**ねしな【寝しな】** 寝ようとするとき。
**ねじふせる【捩じ伏せる】** (腕をねじって)押さえつける。
**ねじまげる【捩じ曲げる】** ①ねじって(むりに)曲げる。②故意に変える。「事実を捩じ曲げて伝える」
**ねじまわし【捻子回し】** ねじを締めたりゆるめたりする工具。ドライバー。
**ねじやま【捻子山】** ねじの溝と溝の間の凸部。
**ねしょうが【根生姜】** ショウガの地下茎。
**ねしょうがつ【寝正月】** 家で―ゆっくり(寝て)過ごす正月。
**ねしょうべん【寝小便】** 睡眠中に小便をもらすこと。→夜尿症《やにょうしょう》
**ねじりはちまき【捩じり鉢巻き】** 手ぬぐいをねじって頭にまいたもの。
**ねじる【捩じる・捻じる】** 両端を逆の方向に回す。むりに曲げる。
**ねじれる【捩じれる・捻じれる】** よじれて曲がる。「電気コード(性格・文脈)が―」
**ねじろ【根城】** 中心となる城。対出城 Ⅱ根拠地。

**ねず【鼠】** ネズミの略。「―公」
**ねず【杜松】** ヒノキ科の常緑低木。実は黒紫色で丸く利尿剤用。ムロノキ。
**ねすがた【寝姿】** 寝ている姿。
**ねすごす【寝過ごす】** 起きるべきときに目が覚めない。
**ねずみ【鼠】** 灰黒色の小動物。物をかじり食いあらす。繁殖力が強い。
**―色《いろ》** 青みがかった灰色。
**―講《こう》** 非合法な利殖方法の一。〔ネズミ算式に会員を増やすことから〕
**―算《ざん》** 和算の一。等比級数の計算法。Ⅱ急激な増加。「―式にふえる」
**―捕《と》り** ①ネズミを捕らえる―器具(薬)。②アオダイショウの別称。〔ネズミを食うことから〕 ③〔俗語〕警察の交通速度違反取り締まり。
**ねせる【寝せる】** ねかせる。
**ねぞう【寝相】** 眠っているときのかっこう。
**ねそびれる【寝そびれる】** 寝つきそこなう。
**ねそべる【寝そべる】** 腹ばいになる。
**ねた【ネタ】** ①(記事や料理の)材料。②犯罪の証拠。「―があがる」 ③手品のしかけ。◇〔「たね」の倒語〕
**ねだ【根太】** 床板を支える横木。
**ねだいた【根太板】** 床板。
**ねたきり【寝たきり】** 床についたまま起きられなくなること。「―老人」
**ねたば【寝刃】** よく切れなくなった刃。「―を合わす(=刀剣の刃をとぐ)」

**ねタバコ【寝―】** 寝床でタバコを吸うこと。
**ねたばれ** 〔俗語〕小説・映画などの結末や重要な部分が明かされること。〔ふつうネタバレと書く〕
**ねたましい【妬ましい】** うらやましくて憎らしい。
**ねたむ【妬む】** うらやみ憎む。
**ねだやし【根絶やし】** 根まで抜きとること。Ⅱ残らず絶やすこと。根絶。
**ねだる《強請る》** 甘えてせがむ。Ⅱ〔俗語〕ゆする。
**ねだん【値段】** 売買する、売値・買値の金額。価格。
**ねちがえる【寝違える】** 寝方が悪くて首や肩の筋を痛める。
**ネチケット**［netiquette］ コンピューターのネットワーク上での作法。〔ネットとエチケットの合成語〕
**ねちこい** 〔俗語〕執拗《しつよう》だ。ねちっこい。
**ねつ【熱】** ①エネルギーの一。②平常以上の体温。「―がある」 ③意気込み。熱意。「―がさめる」
**―に浮《う》かされる** 高熱で意識が正常でなくなる。Ⅱ夢中になる。
**―を上《あ》げる** のぼせて夢中になる。
**ねつあい【熱愛】** 激しく愛すること。
**ねつい【熱意】** 熱心でひたむきな気持ち。「―をこめる」
**ねつうん【熱雲】** 火砕流の旧称。
**ねつえん【熱演】** 情熱をこめて演じること。

ね

**ねつかくはんのう【熱核反応】** 原子を高温に熱したときに起こる核反応。

**ネッカチーフ**［neckerchief］ 四角いスカーフ。

**ねっから【根っから】** ①はじめから。②（否定表現の中で）まったく。「—知らない」

**ねつかん【熱感】**〔文章語〕体が熱っぽい感じ。

**ねつがん【熱願】** 熱望。

**ねつき【寝付き】** 眠りにつくこと。

**ねっき【熱気】** 高温の気体・空気。対冷気 Ⅱ興奮した雰囲気。「群集の—」

**ねつぎ** ■一【根接ぎ】接ぎ木の方法の一。■二【根継ぎ】柱や土台の修繕法の一。

**ねつきかん【熱機関】** 熱エネルギーを仕事に変える装置。〔蒸気機関や内燃機関〕

**ねっきょう【熱狂】** 夢中になって興奮すること。

**ねつく【寝付く】** 眠りにつく。類寝入る Ⅱ病気になって床につく。

**ネック**［neck］ ①首。②えり。また、ネックライン。「タートル—」 ③障害。隘路《あいろ》。〔bottleneckから〕

**—ライン**［neckline］ えりぐりの線。

**—レス**［necklace］ 首飾り。

**ねづく【根付く】** 根がついて育つ。Ⅱ基礎が固まる。

**ねつけ【熱気】** 熱があるような感じ。

**ねつけ【根付け】** 財布や袋物の端につける細工物。〔もとは帯にはさんだときに落ちないようにするためのもの〕

**ねづけ【値付け】** 商品の値段を決めること。ねつけ。

**ねっけつ【熱血】** 激しい情熱。

**ねつげん【熱源】** 熱を発するもと。

**ねっさ【熱砂】**〔文章語〕日に焼けた熱い砂。

**ねつさまし【熱冷まし】** 解熱剤。

**ねっしせん【熱視線】** 強い関心をもってみること。熱い視線。

**ねっしゃびょう【熱射病】** 高温の場所で体温調節が困難になって起こる病気。

**ねつじょう【熱情】** 熱烈な気持ち。

**ねつしょり【熱処理】** 金属を高温で加熱して性質を変えて使いやすくすること。

**ねっしん【熱心】** その物事に心を集中すること。

**ねっすい【熱水】** ①熱湯。②地核中にある高温の水。

**ねっする【熱する】** 熱く—する（なる）。Ⅱ熱中する。

**ねっせい【熱性】** 熱を伴う性質。

**ねっせい【熱誠】**〔文章語〕あついまごころ。

**ねっせん【熱戦】** 激しい戦い。類激戦

**ねっせん【熱線】** 赤外線。

**ねつぞう【捏造】** でっち上げること。〔「でつぞう」の慣用読み〕

**ねったい【熱帯】** 気候による地域区分の一。赤道から南北に緯度二三・二七度までの地帯。

**—雨林《うりん》** 熱帯に特徴的な密林。

**—気候《きこう》** 熱帯の高温多湿な気候。

**—魚《ぎょ》** 熱帯地方産の観賞魚。〔鮮やかな色彩のものが多い〕

**—低気圧《ていきあつ》** 熱帯の海上に発生する低気圧。暴風雨を伴う。〔風力八以上は台風〕

**—夜《や》** 最低気温が二五℃よりも下がらない夜。

**ねっちゅう【熱中】** ひとつのことに心を集中すること。

**—症《しょう》** 高温下での活動のために身体に異常をきたす病気。

**ねつっぽい【熱っぽい】** ①熱がある感じだ。②情熱的だ。

**ネット**［net］ ①あみ。②ヘアネット。③ネットワークの略。④インターネットの略。「—サーフィン」 ⑤正味。「—三〇グラム」〔NETと書く〕

**—イン**［和製語 net in］ テニスなどで、球がネットに触れてから相手のコートに入ること。

**—裏《うら》** 野球場で、バックネットの後方の席。Ⅱ記者席。

**—オークション**［net auction］ インターネット上で行う競売。

**—家電《かでん》** インターネットや携帯電話などの情報通信技術を利用する家庭電化製品。情報家電。〔外出先から操作できるエアコンなど〕

**—カフェ**［和製語 netcafé］ インターネットカフェの略。

**—サーフィン**［netsurfing］ インターネットの情報を次々と見て回ること。

**—ショッピング**［net shopping］ イン

ターネットショッピングの略。

**―スコア**［net score］ゴルフで、自分の総打数からハンディキャップを引いたスコア。

**―取引**《とりひき》 インターネットを利用した株や商品の売買。

**―バンキング**［net banking］インターネットバンキングの略。

**―プレー**［net play］球技で、ネットぎわでのプレー。

**―ワーク**［network］①ラジオ・テレビの放送網。②情報交換組織。

**ねつど【熱度】** 熱さ（熱心さ）の度合い。

**ねっとう【熱湯】** 煮えたぎった湯。

**ねっとう【熱闘】** 熱のこもった試合。

**ねっとり** ねばりのあるようす。

**ねっぱ【熱波】** 高温の気団による激しい暑さ（―におそわれること）。対寒波

**ねつびょう【熱病】** 高熱を伴う病気の総称。

**ねっぷう【熱風】** あつい風。

**ねつべん【熱弁】** 熱のこもった弁論。「―をふるう」

**ねつぼう【熱望】** 熱心に望むこと。熱願。「実現を―する」

**ねづまり【根詰まり】** 植物の根が、植木鉢の中で伸びすぎて固まること。

**ねづよい【根強い】** ゆるがず変わらない。「―人気」

**ねつようりょう【熱容量】** 物体の温度を一℃上げるのに必要な熱量。

**ねつらい【熱雷】** 夏、地面が熱せられて、上昇気流が生じて起こる雷。

**ねつりょう【熱量】** ①熱を量的に表したもの。単位はカロリー。②熱心さの度合い。

**ねつるい【熱涙】**［文章語］感激して流す涙。

**ねつれつ【熱烈】** 夢中になり感情がたかぶるようす。

**ねつろん【熱論】** 熱のこもった討論。

**ねてもさめても【寝ても覚めても】**（眠っているときも起きているときも）いつも。

**ネトうよ**［俗語］インターネットのブログやSNSなどで偏見や差別を含む右翼的な言説を行う人々。［ネット右翼の略］

**ねどこ** 一【寝所】寝室。 二【寝床】寝るために敷いた寝具。「―をのべる」

**ねとぼける【寝惚ける】** ねぼける。

**ねとまり【寝泊まり】** 泊まること。

**ねとる【寝取る】** 他人の―夫（妻）と肉体関係を結ぶ。

**ねなし【根無し】** 根（根拠）のないこと。

**―草**《ぐさ》 浮き草。Ⅱよりどころのない―物事（人）。

**ねばつく【粘つく】** ねばねばする。

**ねばっこい【粘っこい】** 粘りけが強い。Ⅱしつこい。「―攻撃」

**ねばならない** …なければならない。

**ねはば【値幅】** 高値と安値（売値と買値）の差。「―が大きい」

**ねばり【粘り】** ねばること。Ⅱ根気強さ。

**―勝**《が》**ち** 最後まであきらめずに戦って勝つこと。

**―気**《け》 ねばる力。Ⅱ根気強い性質。

**―腰**《ごし》 相撲で、くずれにくい強い腰。Ⅱねばり強い態度。

**―強**《づよ》**い** ①粘りけが多い。②根気が強い。

**ねばる【粘る】** ①やわらかでよくくっつく。②根気よく続ける。

**ねはん【涅槃】**［仏教語］①悟りの境地。②入寂《にゅうじゃく》。入滅。

**ねびえ【寝冷え】** 睡眠中に体を冷やして腹をこわしたり風邪をひいたりすること。

**ねびき【値引き】** 値段を安くすること。

**ねぶか【根深】** ネギの別称。

**ねぶかい【根深い】** 根が深くはっている。Ⅱ物事の原因が深くにある。「―不信感」

**ねぶくろ【寝袋】** 袋状に作ったふとん。頭だけ出して寝る。シュラーフザック。

**ねぶそく【寝不足】** 睡眠不足。

**ねふだ【値札】** 値段を表示する札。

**ねぶと【根太】** 太ももやしりにできるはれもの。［しんがあり、うみをもつ］

**ねぶみ【値踏み】** 値段をつけること。

**ねぶる≪舐る≫** なめる。

**ネフローゼ**［ドイツ語 Nephrose］腎臓の病気の一。ネフローゼ症候群。［全身がむくんだり、たんぱく尿が出たりする］

**ねぼう【寝坊】** 朝おそくまで寝ている―こと（人）。

**ねぼけまなこ【寝惚け眼】** 寝ぼけてぼんやりした目つき。

**ねぼける【寝惚ける】** ①目がさめても、ぼんやりしている。②睡眠中に起きあがって

わけのわからないことをする。

**ねぼすけ【寝坊助】**〔俗語〕ねぼうな人。

**ねほりはほり【根掘り葉掘り】** 何から何まで事細かに。「―質問する」

**ねま【寝間】** 寝る部屋。

**ねまき【寝巻き・寝間着】** 寝るときに着る（―和風の）衣服。

**ねまちのつき【寝待ちの月】** 陰暦一九日の夜の月。臥《ふ》し待ちの月。〔月の出が遅くて、寝て待つ意〕

**ねまわし【根回し】** ①事前に関係方面に話をつけておくこと。②大木の移植時に、前もって根の一部を切って、ひげ根を発生させること。◇〔①は②の比《ひ》喩《ゆ》的な意味〕

**ねみだれがみ【寝乱れ髪】** 寝て乱れた髪。

**ねみだれる【寝乱れる】** 寝たために、髪や着衣が乱れる。

**ねみみ【寝耳】** 夢うつつに聞くこと。

**―に水《みず》** 突然の出来事に驚くこと。

**ねむ【合歓】** ネムノキ。

**ねむい【眠い】** 眠りたい気持ちだ。眠たい。

**ねむけ【眠気】** 眠い気分。

**―覚《ざ》まし** 眠けを払う―こと（手段）。

**ねむのき【合歓木】** 落葉高木の一。夜になると葉を閉じる。夏、淡紅色の花が咲く。

**ねむらせる【眠らせる】** 眠りにつかせる。眠らす。◍〔俗語〕殺す。

**ねむり【眠り】** 睡眠。◍死ぬこと。

**―草《ぐさ》** オジギソウの別称。

**―薬《ぐすり》** ①睡眠薬。②麻酔薬。

**―こける** ぐっすり眠る。

**ねむる【眠る】** 睡眠状態に入る。◍死ぬ。

**ねむれる【眠れる】**〔文章語〕眠っている。活動していない。「―獅子《しし》」

**ねめつける【睨め付ける】** にらみつける。

**ねもと【根元】** 根（つけ根）の部分。◍物事の基本。

**ねもの【根物】** 根菜。[対]葉物

**ねものがたり【寝物語】** 男女が寝ながらする話。

**ねや【閨】** 寝室。〔寝屋の意〕

**ねゆき【根雪】** 積もり固まって春まで消えない雪。「―になる」

**ねらい【狙い】** ①狙うこと。②目標。

**―撃《う》ち** ねらいを定めて―撃つ（攻撃する）こと。

**―目《め》** ばくちで、ねらっているさいころの目。◍勝ちのねらえそうなこと。

**ねらう【狙う】** ①命中させようとする。目指す。②機会をうかがう。

**ねりあげる【練り上げる】** よく―ねって（考えて）仕上げる。

**ねりあるく【練り歩く】**《邌り―》列を作ってゆっくり歩く。

**ねりいと【練り糸】** ねってつやを出した絹糸。[対]生糸

**ねりうに【練り雲丹】**《煉り―》ねって加工したウニ。

**ねりえ【練り餌】**《煉り餌》ねり合わせて作った―小鳥（つり）のえさ。

**ねりぎぬ【練り絹】** ねってしなやかにした絹布。

**ねりきり【練り切り】** 和生菓子の一。白あんを着色・細工して季節の風物をかたどる。

**ねりせいひん【練り製品】**《煉り―》すりつぶした魚肉をねり固めた食品の総称。〔かまぼこやちくわなど〕

**ねりなおす【練り直す】** もう一度―ねる（考え直す）。

**ねりもの【練り物】**《煉り物》①ねり固めた物の総称。練り製品や、模造宝石など。②《邌り物》祭りでねり歩く山車《だし》や行列。

**ねりようかん【練り羊羹】**《煉り―》ねって固めて作ったようかん。

**ねる【寝る】** ①横になる。②眠る。③病気で床につく。④男女が一緒にねる。⑤金や物が活用されずにいる。

**ねる【練る】** ㊀《煉る》粘りけのある、しなやかな状態にする。「餡《あん》を―」◍工夫・努力でさらによくする。「文章を―」㊁《錬る》金属をきたえる。㊂《邌る》列を作ってゆっくり歩く。

**ネル** フランネルの略。

**ねれる【練れる】** 経験・修養を積んで円熟する。「練れた人物」

**ねわけ【根分け】** 根を分けて植えかえること。株分け。

**ねわざ【寝技】** 柔道やレスリングで、寝た姿勢で行うわざ。[対]立ち技 ◍裏面でのかけひき。〔寝業とも書く〕

**―師《し》** かけひきのうまい人。

**ねわら【寝藁】** 牛や馬の寝床に敷くわら。

**ねん【年】** ①一年。「―に一度」②年季。

「―が明ける」③年《とし》(年数)を数える語。

**ねん【念】** ①思い。「望郷の―」②注意すること。「―が入《い》る」

**―には念《ねん》を入《い》れる** 「念を入れる」の強調。

**―の為《ため》** より注意するため。

**―を入《い》れる** 十分に注意する。

**―を押《お》す** 確かめる。

**ねんあけ【年明け】** 年季明け。また、新年。

**ねんいり【念入り】** 注意が行き届くようす。入念。

**ねんえき【粘液】** 粘りけのある液。

**―質《しつ》** 気質の分類の一。鈍感・不活発だが、意志が強く根気がある。

**ねんが【年賀】** 新年の祝い。

**―状《じょう》** 新年のあいさつ状。

**ねんがく【年額】** 一年分の金額。

**ねんかん【年刊】** 年に一度の刊行。

**ねんかん【年間】** ①一年間。「―予算」②ある年代の間。「元禄《げんろく》―」

**ねんかん【年鑑】** ある分野の一年間の事件・統計・調査などを収録した年刊の本。

**ねんがん【念願】** 願い。類宿願

**ねんき【年忌】** 回忌。「三―」

**ねんき【年季・年期】** ①昔、奉公人を雇う際に決めた年限。②年季奉公の略。

**―明《あ》け** 奉公の年季が終わること。

**―奉公《ほうこう》** 年季を決めてする奉公。

**―を入《い》れる** 長年、その仕事の修練を積む。

**ねんきゅう【年休】** 年次休暇の略。

**ねんきゅう【年給】** 一年分の給料。類年俸

**ねんきん【年金】** ある契約のもとに、毎年定期に支払われる定額のお金。「国民―」

**ねんきん【粘菌】** 朽ち木や落ち葉などにすむ小さな生物。変形菌。

**ねんぐ【年貢】** ①昔、田畑や土地に割りあてられた租税。②小作料。

**―の納《おさ》め時《どき》** 悪事を重ねた者が捕らえられて罪に服すべき時。

**ねんげつ【年月】** としつき。

**ねんげん【年限】** 年数の期限。年季。

**ねんこう【年功】** ①長年の功労。②長年の熟練。

**―序列《じょれつ》** 年齢や勤務年数に応じて、賃金や地位が決められること。

**ねんごう【年号】** 年につける称号。元号。〔元禄・明治など〕

**ねんごろ【懇ろ】** ①手厚い。丁寧。「―にもてなす」②親密。懇意。

**ねんざ【捻挫】** 関節をくじくこと。

**ねんさん【年産】** 一年間の生産高。

**ねんし【年始】** ①年のはじめ。「―のあいさつ」対年末 ②年賀。

**―回《まわ》り** 年のはじめのあいさつ回り。

**ねんし【年歯】** 〔文章語〕年齢。

**ねんし【撚糸】** 糸をよること。よった糸。

**ねんじ【年次】** ①年の順序。「卒業―」類年度 ②毎年。一年ごと。「―計画」

**―休暇《きゅうか》** 一年のうちに認められた有給休暇。

**ねんしき【年式】** 自動車などの、その年の型。

**ねんじゅ【念珠】** 〔仏教語〕じゅず。

**ねんじゅ【念誦】** 〔仏教語〕心に仏を念じ、口に仏名を唱えること。

**ねんしゅう【年収】** 一年間の総収入額。

**ねんじゅう【年中】** ①一年の間。②いつも。

**―行事《ぎょうじ》** ねんちゅう行事。

**ねんしゅつ【捻出】**《拈出》〔考えなどを〕ひねり出すこと。Ⅱやりくりして費用をつくること。「資金を―する」

**ねんしょ【年初】** 〔文章語〕年始。対年末

**ねんしょ【念書】** 後日の証拠となるように書いて相手に渡す文書。

**ねんしょう【年少】** ①年の若いこと。「―者」②幼稚園や保育所で、最初の年次。「―組」◇対年長

**ねんしょう【年商】** 一年間の総売上高。

**ねんしょう【燃焼】** 燃えること。Ⅱ力を出しつくすこと。

**ねんじる【念じる】** ①心の中で願い祈る。②心の中で唱える。

**ねんすう【年数】** としのかず。

**ねんずる【念ずる】** 念じる。

**ねんせい【粘性】** ねばりけ。ねばる性質。

**ねんだい【年代】** 時の流れ(年齢)を区切ったある期間。「一九〇〇―・―別の分析」

**―記《き》** 年代順に出来事を記した書物。クロニクル。

**―物《もの》** 長い年月を経た物。

**ねんちゃく【粘着】** 粘り着くこと。

**ねんちゅう【年中】** ①ねんじゅう①。②幼稚園や保育所で、真ん中の年次。年少と年長の間。「―組」
**―行事《ぎょうじ》** 毎年、一定の時期に行われる恒例の行事。ねんじゅう行事。
**ねんちょう【年長】** ①としうえ。「―者」②幼稚園や保育所で、最後の年次。「―組」◇対年少
**ねんど【年度】** 事務や会計の便宜のために区分した一年の期間。「会計―・―替わり」
**ねんど【粘土】** 粘りけのある土。ねばつち。
**ねんど【粘度】** ねばりつく程度。
**ねんとう【年頭】** 年のはじめ。類年始
**―教書《きょうしょ》** 一般教書。
**ねんとう【念頭】** こころ。考え。「―にない」類胸中
**―に置《お》く** 心にかける。
**ねんとう【粘投】** 野球で、粘り強いピッチング。
**ねんない【年内】** その年のうち。「―無休」
**ねんねん【年々】** 毎年。
**―歳々《さいさい》** 〔文章語〕毎年毎年。
**ねんぱい【年輩・年配】** ①年のころ。「同―」②かなりの年齢。「―の人」③としうえ。
**ねんばらい【年払い】** 年賦。
**ねんばんがん【粘板岩】** 岩石の一。堆積岩が変成作用をうけてできる。スレート・すずり用。灰黒色で薄板状にはがれやすい。
**ねんぴ【燃費】** 自動車などの燃料消費率。「―のいい車」〔一リットルの燃料で走れるキロ数で表す〕
**ねんぴょう【年表】** 歴史上の記録を年代順に記した表。
**ねんぷ【年賦】** 代金を年単位で分割して払うこと。年払い。
**ねんぷ【年譜】** 〔文章語〕(個人や団体の)経歴を年月順に記した記録。
**ねんぶつ【念仏】** 〔仏教語〕仏の名を唱えること。〔特に、南無阿弥陀仏《なむあみだぶつ》と言うこと〕
**―宗《しゅう》** 〔仏教語〕念仏によって、極楽往生を求める宗派。浄土宗・浄土真宗・時宗《じしゅう》など。
**ねんぽう【年俸】** 一年単位で決めた俸給。
**ねんぽう【年報】** 一年間の報告書。
**ねんまく【粘膜】** 器官の内面をおおう、いつも粘液で湿っている膜。
**ねんまつ【年末】** 年の暮れ。対年始・年初
**―調整《ちょうせい》** 年末に、それまでに源泉徴収した所得税の過不足を清算すること。
**ねんゆ【燃油】** 燃料用の油。「―サーチャージ」
**ねんよ【年余】** 一年余り。
**ねんらい【年来】** ずっと前から。
**ねんり【年利】** 一年を単位に計算した利率。
**ねんりき【念力】** 思いをこめて物事の実現を祈る精神力。「―岩をも通す」
**ねんりつ【年率】** 一年を単位として数えた-比率(利率)。
**ねんりょう【燃料】** 石油・ガス・石炭など、燃焼させてエネルギーを得る材料。
**―電池《でんち》** 燃料の水素と空気中の酸素との化学反応で発電する-システム(装置)。
**ねんりん【年輪】** 木の幹の断面に見える同心円状の輪。〔一年で一層ずつふえる〕Ⅱ成長・変化の積み重ね。「―を重ねる」
**ねんれい【年齢】** とし。「―が上がる・―を問わず」〔俗に年令とも書く〕
**―肌《はだ》** 年をとって衰えた肌。

# の

**の【幅】**《布》布の幅を数える語。「三《み》―ぶとん」〔一幅《ひとの》は三四～三八センチメートル〕
**の【野】** ①自然の広い平地。②野生の。「―イチゴ」
**のあそび【野遊び】** 野原に出て遊ぶこと。
**のあらし【野荒らし】** 作物を荒らす人や獣。
**ノイズ**[noise] 雑音。騒音。
**のいばら【野茨】** ノバラ。
**ノイローゼ**〔ドイツ語 Neurose〕不安や緊張が原因で起こる神経の病気。神経衰弱・ヒステリーなど。神経症。
**のう【能】** ①働き。類能力 ②効きめ。類効能 ③能楽。
**―ある鷹《たか》は爪《つめ》を隠《かく》す** 実力のある者は、それをむやみに見せびらかすことはしない。

**のう【脳】** 頭蓋骨の中にある、神経の中心部。脳髄。Ⅱ記憶力や思考力。
**のう【農】** ①農業。②農民。
**のうあつ【脳圧】** 髄液(=頭蓋骨内で脳を保護している液)の圧力。脳内圧。
**のういっけつ【脳溢血】** 脳組織内で出血する病気。
**のうえん【脳炎】** 脳の炎症性疾患の総称。
**のうえん【農園】** 野菜や果樹などを栽培する農場。
**のうえん【濃艶】** あでやかで美しいようす。
**のうか【農家】** 農民の家。
**のうか【濃化】** 〔文章語〕こく-なる(する)こと。
**のうかい【納会】** ①その年最後に催す会。②取引所で、月末最後の立ち会い。対発会
**のうがき【能書き】** 効能を書いた文書。Ⅱ自己宣伝の文句。「—を並べる」
**のうがく【能楽】** 古典芸能の一。猿楽《さるがく》から発達、室町時代に大成された。「—師」
**のうがく【農学】** 農業の原理や技術について研究する学問。
**のうかすいたい【脳下垂体】** 内分泌腺《せん》の一。脳の下部にあり、発育・生殖に関係をもつ。下垂体。
**のうかん【納竿】** 釣りを終えること。さおじまい。
**のうかん【納棺】** 死体を棺に入れること。
**のうかん【脳幹】** 脳の、大脳と小脳を除いた部分。〔間脳・中脳・橋《きょう》・延髄の総称〕
**のうかんき【農閑期】** 農業の仕事が暇な時期。対農繁期
**のうき【納期】** 納入の期限。
**のうき【農期】** 耕作を行う時期。
**のうきぐ【農機具】** 農耕用の機械・器具。
**のうきょう【農協】** 農業協同組合の略。
**のうきょう【膿胸】** 胸膜腔《きょうまくくう》内にうみがたまる病気。
**のうぎょう【農業】** 田畑に作物を栽培したり、家畜を飼育したりする産業。
**—協同組合《きょうどうくみあい》** 農民の生活・事業を助ける協同組合。JA。
**のうきょうげん【能狂言】** ①能楽と狂言。②狂言。
**のうきん【納金】** お金を納めること。また、そのお金。
**のうぐ【農具】** 農耕に使う器具。
**のうげい【農芸】** ①農作物を作る技術。「—化学」②農業と園芸。
**のうげか【脳外科】** 脳手術を扱う外科。
**のうけっせん【脳血栓】** 脳の血管が血液の固まりでつまる病気。動脈硬化が原因。
**のうこう【農耕】** 田畑を耕し農業を行うこと。
**のうこう【濃厚】** ①(色や味が)こい。対淡泊 Ⅱ刺激が強い。「—なラブシーン」②明白。「敗色—だ」対希薄
**のうこうそく【脳梗塞】** 脳の血管がつまって脳組織が軟化する病気。脳軟化症。〔脳血栓と脳塞《そく》栓《せん》〕
**のうこつ【納骨】** 遺骨を-墓(骨つぼ)に納めること。
**—堂《どう》** 遺骨を納める堂。
**のうこん【濃紺】** 濃い紺色。
**のうさい【能才】** 〔文章語〕物事をなしとげる才能(-のある人)。
**のうさい【納采】** (皇族が)結納をかわすこと。「—の儀」
**のうさい【濃彩】** 濃い彩色。対淡彩
**のうさぎょう【農作業】** 農耕の仕事。
**のうさく【農作】** 作物を栽培すること。類耕作
**—物《ぶつ》** 田畑に栽培される野菜・穀物など。のうさくもつ。
**のうざしょう【脳挫傷】** 強い衝撃によって脳が損傷した状態。
**のうさつ【悩殺】** 性的魅力を発揮して異性を悩ますこと。
**のうさんぶつ【農産物】** 農業による生産物。
**のうし【脳死】** 脳の働きが停止し、戻らない状態。〔死の判定基準とする考え方もある〕
**のうじ【能事】** 〔文章語〕なすべき仕事。「—終われり(=なすべき仕事は全部終わった)」
**のうじ【農事】** 農業に関する仕事・事柄。
**—暦《れき》** 二十四節気や農作業の時期など、農事に必要な事柄を記した暦。
**のうしゅ【膿腫】** 傷口がうんではれること。
**のうしゅ【嚢腫】** ふくろ状のはれもの。
**のうじゅう【膿汁】** うみ(-じる)。

の

**のうじゅうけつ【脳充血】** 脳の血管が充血した状態。〔頭痛や目まいが起こる〕

**のうしゅく【濃縮】** 溶液の濃度を濃くすること。

**―ウラン** 原子燃料用ウラン。ウラン二三五の存在比を高めたもの。

**のうしゅっけつ【脳出血】** 脳溢血《のういっけつ》。

**のうしゅよう【脳腫瘍】** 脳にできる腫瘍の総称。

**のうしょ【能書】** 〔文章語〕文字をじょうずに書く―こと(人)。類達筆 対悪筆

**のうしょう【脳症】** 高熱などで、意識障害が起こる症状。

**のうしょう【脳漿】** 脳の中を満たす液体。

**のうじょう【農場】** 農業経営をするのに必要な農地と設備のある一定の場所。

**のうしんけい【脳神経】** 脳から出る末梢《まっしょう》神経。〔視神経・嗅神経・顔面神経など一二対ある〕

**のうしんとう【脳震盪】** 頭を強く打ったりして起こる症状。〔気を失ったりする〕

**のうずい【脳髄】** 脳。〔医学用語〕

**のうすいしょう【農水省】** 農林水産省。

**のうせい【脳性】** 脳の機能にかかわること。

**―麻痺《まひ》** 脳の運動中枢がおかされて起こる運動麻痺。

**のうせい【農政】** 農業に関する行政。

**のうぜい【納税】** 税金を納めること。対徴税

**のうせきずいまくえん【脳脊髄膜炎】** 髄膜炎。

**のうぜんかずら【凌霄花】** つる性植物の一。夏に黄赤色の花を開く。観賞用。

**のうそくせん【脳塞栓】** 脳の血管に血栓や脂肪などがつまる病気。

**のうそっちゅう【脳卒中】** 脳の血管の異常で起こる、急性で危険な病気。卒中。

**のうそん【農村】** 農業が生活基盤の中心である村。

**のうたん【濃淡】** 濃いことと、うすいこと。

**のうち【農地】** 農業に使う土地。

**―所有適格法人《しょゆうてきかくほうじん》** 農業およびその付帯事業を専業とし、農地を所有できる法人。

**のうちゅう【嚢中】** 〔文章語〕①袋の中。②財布の中。⓫所持金。

**―の錐《きり》** 〔文章語〕才能のある人は必ずそれが外に現れる。〔きりは袋の中に入れても先が突き出ることから〕

**のうてん【脳天】** 頭のてっぺん。

**のうてんき【脳天気・能―】** 〔俗語〕のんきで軽薄な―こと(人)。

**のうど【濃度】** 溶液(混合気体)の濃さ。「―が高い」

**のうどう【能動】** 他に働きかけること。対受動

**―態《たい》** 文法で、動作主を主語としたときの動詞の形式。対受動態

**―的《てき》** 進んで働きかけるようす。対受動的

**のうどう【農道】** 農作業のために作られた道。

**のうドック【脳―】** 脳を検査するための人間ドック。

**のうトレ【脳―】** 脳力トレーニングの略。「―ゲーム」

**のうなし【能無し】** 何の能力もない―こと(人)。

**のうなんかしょう【脳軟化症】** 脳梗塞《のうこうそく》の別名。

**のうにゅう【納入】** 金銭や品物を納めること。対徴収

**のうのう** のんきなようす。

**のうは【脳波】** 脳細胞の活動に伴って発生する脳電流(―を記録した図形)。

**ノウハウ** [know-how] 技術情報。〔広義では「やり方」の意〕

**のうはんき【農繁期】** 農業の仕事が忙しい時期。対農閑期

**のうひつ【能筆】** 能書。「―家」対拙筆

**のうびょう【脳病】** 脳の病気の総称。

**のうひん【納品】** 品物を納めること。その品物。「―書」

**のうひんけつ【脳貧血】** 脳の血液量が減って起こる症状。〔頭痛・吐き気など〕

**のうふ【納付】** (官庁などへの)納入。「―金(期限)」

**のうふ【農夫】** ①男の農民。②農家にやとわれる男。

**のうふ【農婦】** 女の農民。

**のうぶたい【能舞台】** 能楽・狂言を演じる舞台。

**のうぶん【能文】** 〔文章語〕うまい文章。「―家」

**のうへい【農兵】** 農民で組織した軍隊(—の兵士)。

**のうべん【能弁】** 話が上手なこと。類雄弁 対訥弁《とつべん》

**のうほう【農法】** 農業のやり方。「有機—」

**のうぼく【農牧】** 農業と牧畜。「—地帯」

**のうほん【納本】** 本を(—注文先に)納めること。

**のうほんしゅぎ【農本主義】** 農業を産業の基本とする考え方。

**のうまく【脳膜】** 脳の表面をおおっている膜。

—**炎**《えん》 髄膜炎。

**のうみそ【脳味噌】**〔俗語〕脳。Ⅱ知力。

**のうみつ【濃密】**〔文章語〕濃くてこまやか。類濃厚

**のうみん【農民】** 農業を職業とする人。

**のうむ【濃霧】** 濃い霧。

**のうめん【能面】** 能楽に使う面。

**のうやく【農薬】** 農業で、消毒や殺虫・除草に使う薬剤。

**のうやくしゃ【能役者】** 能楽を演ずる役者。能楽師。

**のうよう【膿瘍】** 体内の組織にうみのたまる病気。「肺—」

**のうらん【悩乱】**〔文章語〕思い悩んで錯乱すること。

**のうり【能吏】**〔文章語〕有能な役人。

**のうり【脳裏】**《脳裡》〔文章語〕頭の中。「—に浮かぶ・—を去来する」

**のうりつ【能率】** 仕事のはかどり具合。類効率

—**給**《きゅう》 仕事の能率に応じて支払う賃金。

**のうりょう【納涼】** 暑いときに涼しさを味わうこと。

**のうりょく【能力】** ①仕事をなしうる力。②〔法律用語〕当事者として要求される資格。

**のうりょく【濃緑】** こい緑色。

**のうりん【農林】** 農業と林業。

—**水産省**《すいさんしょう》 中央官庁の一。農林・畜産・水産の行政を扱う。

**ノエル**〔フランス語 Noël〕 クリスマス。

**ノー**〔no〕 ①いいえ。②否定。反対。◇対イエス ③ないこと。不要。「—アイロン」④禁止。「—パーキング」

**ノーアウト**〔no out〕 野球で、無死。

**ノーカウント**〔和製語 no count〕 競技で、点数に計算しないこと。

**ノーカット**〔和製語 no cut〕(映画フイルムなどが)カットされていないこと。

**ノークラッチ**〔和製語 no clutch〕 自動車に自動変速装置が付いていること。オートマチック。

**ノーゲーム**〔和製語 no game〕 野球で、途中で中止し無効となる試合。

**ノーゴール**〔no goal〕 ラグビーなどで得点が無効になって認められないこと。

**ノーコメント**〔no comment〕 何も言うことはない。〔意見を求められて断るときに言う語〕

**ノーサイド**〔no side〕 ラグビーで、試合終了。

**ノース**〔north〕 北。北方。対サウス

**ノーズ**〔nose〕 鼻。

**ノースモーキング**〔no smoking〕 禁煙。

**ノースリーブ**〔和製語 no sleeve〕 袖なし(—の服)。

**ノータイ**〔和製語 no tie〕 ノーネクタイ。

**ノータイム**〔和製語 no time〕 ①競技で、休止後の試合再開(—を宣言する言葉)。〔審判が宣言する〕②(囲碁・将棋で着手に)間をおかないこと。

**ノータッチ**〔和製語 no touch〕 ①関与しないこと。②野球で、走者にタッチしていないこと。

**ノーダン**〔和製語 no down〕 野球で、無死。

**ノート**〔note〕 ①書き—とめること(とめたもの)。類覚え書き ②注釈。注。③ノートブック。

—**パソコン** A4判ほどのサイズのパソコン。〔notebook personal computer から〕

—**ブック**〔notebook〕 帳面。

**ノーネクタイ**〔和製語 no necktie〕 ネクタイを着けていないこと。ノータイ。

**ノーバウンド**〔和製語 no bound〕 球が地面に着いていないこと。

**ノーヒット**〔no-hit〕 野球で、無安打。

—**ノーラン**〔no-hit and no-run〕 野球で、投手が無安打・無得点におさえること。

**ノーブラ**〔俗語〕ブラジャーをしていないこと。

**ノーブランド**〔和製語 no brand〕 商標をつけない商品。むだを省いて低価格にしたも

の。無印。
**ノーブル**〔noble〕気品のあるようす。
**ノープレー**〔和製語 no play〕球技で、無効のプレー。
**ノープロブレム**〔no problem〕なにも問題はない。大丈夫。
**ノーベルしょう【―賞】** スウェーデンの化学者、アルフレッド＝ノーベルの遺志によって設けられた賞。
**ノーベンバー**〔November〕一一月。
**ノーマーク**〔和製語 no mark〕その相手に対して特に警戒しないこと。
**ノーマライゼーション**〔normalization〕障害者や高齢者を隔離せず、すべての人が地域で共に生活できるようにするのが当然だとする考え方。ノーマリゼーション。
**ノーマル**〔normal〕正常。対アブノーマル
**―ヒル**〔normal hill〕スキーのジャンプ競技で、K点までが七五～九〇メートル。
**ノーメーク**〔和製語 no make〕化粧をしていないこと。ノーメイク。
**ノーモア**〔no more〕もう-たくさんだ（いらない）。「―ヒロシマ」
**ノーリターン**〔no return〕①戻らないこと。「ノークレーム―（＝苦情・返品お断り）」②戻れないこと。「ポイントオブ―（＝航空機の帰還不能点）」③直帰。〔NRと略記〕
**のがす【逃す】** ①にがす。②…しそこなう。「聞き―」
**のがれる【逃れる】** ①にげる。「難を―」②免れる。「責任を―」
**のき【軒】** 屋根の下端の、外側に張り出したところ。
**のぎ【芒】** イネ科植物の実の先についているかたい毛。
**のぎく【野菊】** ①野に咲く菊。②ヨメナの別称。
**のきさき【軒先】** 軒の端。また、家の前。
**のきした【軒下】** 軒の下。
**のきしのぶ【軒忍】** 常緑のシダ植物の一。〔木の幹や石垣・屋根に生える〕
**ノギス** 測定具の一。物の厚さや穴の直径などをはかる。〔ドイツ語 Nonius の転〕
**のきなみ【軒並み】** ①家が並んでいること。また、その家々。「古い―の残る町」②どれもこれも。
**のきば【軒端】** ①軒先。②軒に近い所。
**のぎへん【ノ木偏】** 漢字の部首の一。秋・稲などの「禾」。
**のく《退く》** しりぞく。どく。類去る
**ノクターン**〔nocturne〕叙情的で自由な形式の（-ピアノの）小曲。夜想曲。
**のけぞる《仰け反る》** あお向けに反り返る。
**のけもの【除け者】** 仲間はずれ。
**のける** ①【退ける・除ける】他へ移す。どかす。②みごとに…する。あえて…する。「やって―」
**のこぎり【鋸】** 大工道具の一。材木などを切断する。
**のこくず【鋸屑】** のこぎりで切ったときに出る、木などのくず。
**のこす【残す】** ①残るようにする。②《遺す》後世に伝える。③相撲で、土俵際でこらえる。
**のこった【残った】** 相撲で、行司のかけ声。
**のこらず【残らず】** 全部。すべて。
**のこり【残り】** 残ること。残ったもの。
**―惜《お》しい** 残り多い。
**―香《が》** 人が立ち去った（物がなくなった）後に残っている香り。
**―滓《かす》** 後に残った役に立たないもの。
**―少《すく》な** 残りがわずかなようす。残りずくな。
**―少《すく》ない** 残りがわずかだ。
**―物《もの》** 後に残ったもの。「―には福がある」類余り物
**のこる【残る】** ①後にとどまる。②引き続きある。「面影が―」③《遺る》後世に伝わる。「名が―」④相撲で、土俵際でもちこたえる。
**のこんの【残んの】**〔文章語〕まだ残っている。「―月・―雪」
**のさばる** わがもの顔にふるまう。
**のざらし【野晒し】** 風雨に-さらすこと（さらされたもの）。Ⅱされこうべ。
**のざわな【野沢菜】** 漬物にする青菜の一。〔長野県の名産〕
**のし【伸し】** ①伸ばすこと。②日本古来の泳法の一。横泳ぎ。
**のし【熨斗】《熨》** ①進物につける飾り物。のしあわびを包んだ形に色紙を折ったもの。〔吉事用〕②のしあわびの略。③ひのしの

略。
—を付《つ》ける 喜んで進呈する。
**のじ【野路】**〔文章語〕野みち。
**のしあがる【伸し上がる】** 他をおさえて、地位が急に上がる。
**のしあるく【伸し歩く】** いばって歩く。
**のしいか《伸し烏賊》** スルメを薄くのばして味つけした食品。
**のしかかる【伸し掛かる】** おおいかぶさる。
**のしがみ【熨斗紙】** のし・水引を印刷してある紙。〔贈り物の上にかける〕
**のしぶくろ【熨斗袋】** のし・水引を‐つけた(印刷した)小さな紙袋。〔祝い金を入れて贈るのに使う〕
**のしもち【伸し餅】** 薄く長方形にのばしたもち。
**のじゅく【野宿】** 夜、野外で寝ること。
**のす【伸す】** ①伸びる。伸ばす。Ⅱ地位が上がる。②〔俗語〕遠くまで行く。③《熨す》熱を加えて、しわをのばす。Ⅱ〔俗語〕なぐり倒す。
**のずえ【野末】** 野のはて。〔雅語〕
**ノスタルジア** [nostalgia] 郷愁。ノスタルジー。類ホームシック
**ノスタルジック** [nostalgic] 郷愁を感じさせるようす。
**ノズル** [nozzle] 液体や気体を噴出させる筒口。
**のせる** 一【乗せる】 ①人を乗らせる。対おろす ②計略にかける。③調子を合わせる。「リズムに—」 ④仲間に入れる。「ひと口乗せてもらう」 三【載せる】①物を上に置く。対おろす ②掲載する。

**のぞかせる【覗かせる】** 少しだけ見せる。「白い歯を—」
**のぞき【覗き】《覘き》** のぞくこと。
—込《こ》む 首を伸ばして中を見る。
—見《み》 こっそりのぞいて見ること。
**のぞく【除く】** 取りのける。Ⅱ殺す。
**のぞく【覗く】《覘く》** ①すきまから見る。②体をのりだして低い所を見る。「がけの下を—」 ③少しだけ見る。「本屋を—」 ④一部が現れる。「歯が—」
**のそだち【野育ち】** 放任され、しつけられずに‐育つこと(育った人)。
**のぞましい【望ましい】** そうあってほしい。
**のぞみ【望み】** ①望むこと。②よくなる見込み。
—薄《すう》 期待できないようす。
—をかける こうあってほしいと期待する。願う。「九回に逆転の—」
**のぞむ【望む】** ①願う。類欲する ②遠くに見る。
—らくは 〔文章語〕望むことには。類どうか
**のぞむ【臨む】** ①対する。面する。「海に—家」 ②その場に出席する。③ある場面に出合う。「別れに臨んで」
**のたうちまわる【のた打ち回る】** のたうつの強め。
**のたうつ【のた打つ】** 苦しんでもがきころがる。

**のたくる** ①体をくねらせて動く。②文字を乱暴に書く。
**のだて【野立て】** 野外に立てること。「—看板」
**のだて【野点】** 野外で行う茶の湯。
**のたまう【宣う】《曰う》** 「言う」の尊敬語。〔雅語的表現〕類おっしゃる
**のたまわく【宣わく】《曰わく》** 〔文章語〕「言わく」の尊敬語。おっしゃることには。
**のたれじに【野垂れ死に】** 行き倒れ。Ⅱみじめな死に方。
**のち【後】** ①ある事のあと。「曇り—晴れ」 対前 Ⅱ死後。②将来。「—のこと」 類先
**のちぞい【後添い】** 後妻。
**のちのち【後々】** これから先。将来。
**のちのつき【後の月】** 陰暦九月一三日の名月。栗名月。豆名月。
**のちのよ【後の世】** 〔文章語〕①将来。②死後。
**のちほど【後ほど】《後程》** あとで。〔少し改まった表現〕
**ノッカー** [knocker] ①扉につけた、ノック①のための金具。②野球で、ノック②をする人。
**ノッキング** [knocking] エンジンの異常爆発。〔金属をたたくような音がする〕
**ノック** [knock] ①ドアをたたくこと。②野球で、守備練習のために球を打つこと。
—アウト [knockout] ①ボクシングで、相手を打ち倒して一〇秒以内に立ち上がれなくすること。Ⅱ完全にやっつけること。

②野球で、打ちまくって相手投手を交替させること。◇〔略してK.O.〕

**ーダウン**〔knockdown〕①ボクシングで相手を打ち倒すこと。②部品を輸出し、現地で組み立てる方式。ノックダウン輸出。

**ノックス**〔NOx〕大気汚染の原因となる窒素酸化物の総称。〔nitrogen oxideから〕

**のっけ** 最初。「ーから・ーに」

**のっける【乗っける・載っける】**〔俗語〕のせる。

**ノッチ**〔notch〕①V字形の刻み目。②抵抗器の抵抗を変える装置。

**ノット**《節》〔knot〕船の速さの単位。毎時一海里（＝一八五二メートル）。記号kt

**のっとる【則る】**《法る》規範として従う。

**のっとる【乗っ取る】**①奪って自分のものとする。②乗り物の乗員をおどし、自分の指示どおりにさせる。

**のっぴきならない【退っ引きならない】** どうしても避けられない。Ⅱどうにもならない。「ー羽目に陥る」

**のっぺい【濃餅】** 野菜・油揚げを煮込み、くず粉でとろみをつけた汁。のっぺい汁。

**のっぺらぼう** ①平らで変化や凹凸のないようす。②顔に目・鼻・口がない化け物。

**のっぽ**〔俗語〕背の高いーこと（人）。対ちび

**のづみ【野積み】** 野外に積んでおくこと。

**のづらづみ【野面積み】** 石垣の積み方の一。自然石を加工せずに積むもの。

**のてん【野天】** 屋根のない外。露天。「ー風呂」

**のど【喉】**《咽》①口の奥。②のど首。③うたう声。「いいーだ」

**ーが鳴《な》る** 食べ物を見て食欲が起こる。

**ーから手《て》が・出《で》る** 欲しくてがまんできない。

**のどか**《長閑》①空が晴れて穏やかなようす。②落ち着いて、ゆったりしているようす。

**のどくび【喉首】**《喉頸》首の、のどに近いあたり。Ⅱ急所。「ーを押さえる」

**のどぐろ【喉黒】** 北陸・山陰地方特産の高級魚。ノドクロ。アカムツ。〔口の奥が黒い〕

**のどごし【喉越し】** 飲食物がのどを通るときの感じ。「ーのいいビール」

**のどじまん【喉自慢】** ①声がよい（歌がうまい）のを自慢すること。②素人の歌唱コンクール。

**のどちんこ【喉ちんこ】**〔俗語〕口蓋垂《こうがいすい》。

**のどひこ【喉彦】** 口蓋垂《こうがいすい》。のどびこ。

**のどぶえ【喉笛】** 気管の、のどを通る部分。

**のどぼとけ【喉仏】** のどで、前につき出ている部分。〔成年男子に顕著〕

**のどもと【喉元】** のどのあたり。

**ー過《す》ぎれば熱《あつ》さを忘《わす》れる** 苦しいーこと（ときに受けた恩）も、過ぎてしまえばすぐ忘れる。

**のなか【野中】** 野原の中。

**ののしる【罵る】** 大声で口ぎたなく相手の悪口を言う。

**のばしのばし【延ばし延ばし】** ぐずぐずと先に延ばすこと。

**のばす** 一【伸ばす】①物を長くする。②まっすぐにする。③盛んに（豊かに）する。④〔俗語〕相手を打ち倒す。二【延ばす】①（時間を）長くする。②遅らせる。③うすめて多くする。対ちぢめる「水でー」

**のばなし【野放し】** ①放し飼い。②放任して勝手気ままにさせること。

**のはら【野原】** 草の生えた広い平地。

**のばら【野薔薇】** 山野に自生するバラ。初夏、白い花が咲く。ノイバラ。

**のび【伸び・延び】** ①のびる（のばす）こと。②手足をのばして深呼吸をすること。

**のび【野火】** 早春、野山の枯れ草を焼くこと。また、その火。

**のびあがる【伸び上がる】** つま先立てて背を高くする。

**のびざかり【伸び盛り】**（体や能力が）大きくのびる時期。類育ち盛り

**のびしろ【伸び代】** 金属や板が膨張したり曲がったりするときに伸びる長さ。Ⅱ将来成長できる余地。「ーのある選手」

**のびちぢみ【伸び縮み】** のびたりちぢんだりすること。

**のびなやむ【伸び悩む】** ①進歩・成長・増加が思うように進まない。②相場が上がりそうで上がらない。

**のびのび** 一【延び延び】だんだん遅れて長引くこと。二【伸び伸び】①自由に伸びるようす。②ゆったりくつろぐようす。

**のびやか【伸びやか】** のびのびしているようす。

**のびりつ【伸び率】** その物事の-発展（上昇）の割合。

**のびる【野蒜】** 野草の一。ネギのようなにおいがする。食用。ユリ科。

**のびる** [一]**【伸びる】** ①長さが-長く（高く）なる。②まっすぐになる。③発展する。④〔俗語〕体がまいる。[類]へばる ⑤弾力がなくなる。「ゴムが―」 [二]**【延びる】** ①時期（距離）が長くなる。②時期が遅れる。③うすくなってひろがる。「よく―ペンキ」

**ノブ**［knob］ドアの取っ手。

**のぶとい【野太い】** ①図太い。②声が太い。

**のぶれば【陳者】** 〔文章語〕申し上げます-と（が）。〔候文《そうろうぶん》に使う〕

**のべ【延べ】** 重複していても、それぞれひとつとして数える数え方。「―日数」 [対]異なり

**のべいた【延べ板】** 金属を板状に延ばしたもの。「金の―」

**のべおくり【野辺送り】** 遺骸《いがい》を-火葬場（墓地）まで見送ること。野辺の送り。

**のべがね【延べ金】** ①打ち延ばして平らにした金属。②刀剣。

**のべざお【延べ竿】** 途中に継ぎ手がない釣り竿。[対]継ぎ竿

**のべつ** 絶えず。

**―幕《まく》なし** ひっきりなし。

**のべつぼ【延べ坪】** 家屋の各階の床面積を合計した坪数。[対]建坪

**のべばらい【延べ払い】** 代金支払いの時期を延ばすこと。延べ勘定。

**のべぼう【延べ棒】** ①金属を溶かして棒状に固めたもの。②めん棒。

**ノベライズ**［novelize］ 映画やテレビドラマの脚本を小説化すること。「―本」

**のべる** [一]**【伸べる】** のばす。 [二]**【延べる】** ①ひろげる。「床《とこ》を―」 ②あとへまわす。「支払い日を―」

**のべる【述べる】**《**陳べる**》 意見などを-言う（書く）。[類]語る

**ノベル**［novel］ 小説。

**ノベルティ**［novelty］ 宣伝用に配る景品。社名入りの小物など。

**のほうず【野放図】** ずうずうしくて横柄であること。

**のぼす【上す】** 上せる。「議題に―」

**のぼせあがる【逆上せ上がる】** すっかりのぼせる。

**のぼせる【上せる】** 上るようにする。

**のぼせる【逆上せる】** ①上気（興奮）する。「長湯して―」 ②夢中になる。「彼女に―」 ③思いあがる。

**のほほん** 何もせずのんきなようす。

**のぼり【上り・登り・昇り】** ①上へ移ること。のぼること。〔空高くのぼるときは昇りと書く〕 ②**【上り】**地方から中央へ行くこと。「―列車」◇[対]くだり

**―（登り）窯《がま》** 陶磁器を焼くかまの一種。傾斜地に作る。

**―（上り）坂《ざか》** 進行方向に上がっていく坂。[Ⅱ]発展途上。◇[対]下り坂

**―（上り）調子《ちょうし》** 調子がよくなること。

**―（上り・登り）詰《つ》める** いちばん上までのぼる。

**―（昇り）竜《りゅう》** 天へのぼろうとしている竜（-の絵）。昇竜。

**のぼり【幟】** ①細長い布を竿《さお》につけて立てる旗。②こいのぼりの略。

**のぼる【上る・登る・昇る】** ①上の方へ行く。[対]おりる・くだる ②高い地位につく。[対]おりる ③中央へ行く。[対]くだる ④達する。「多数に―」 ⑤とりあげられる。「話題に―」◇〔「山・木・演壇に～」は「登る」、「太陽・月が高く～」は「昇る」を使う〕

**ノマド**［nomad］ 遊牧民。ノーマッド。[Ⅱ]特定の職場にしばられず、好きな場所で仕事をするスタイル。「―ワーカー」

**のまれる【飲まれる】** ①すっかり引き込まれる。「波に―」 ②圧倒される。「雰囲気（勢い）に―」

**のみ【蚤】** 小さな昆虫の一。人畜の血を吸って、感染症を媒介。雌は雄より大きい。

**―の心臓《しんぞう》** 非常に臆病なことのたとえ。小心。[類]チキンハート

**―の夫婦《ふうふ》** 妻が夫より大きい夫婦。

**のみ【鑿】** 木材（石材）を加工する工具。

**のみあかす【飲み明かす】** 朝まで酒を飲み続ける。

**のみかい【飲み会】** 酒を飲むための集まり。

**のみくい【飲み食い】** 飲んだり食べたりすること。

**のみぐすり【飲み薬】** 飲用する薬。
**のみくだす【飲み下す】** ぐっと飲み込む。
**のみくち【呑み口】** 樽《たる》の液体を出す口。のみぐち。
**のみくち【飲み口】** ①飲んだ口あたり。「―のよい酒」②（杯などの）口にあたる部分。③酒好きの人。
**のみこうい【呑み行為】** ①証券業者が取引所を通さずに株を売買すること。②競馬・競輪などで、私的な馬券や車券を売り出すこと。◇〔①②ともに違法。／ノミ行為とも書く〕
**のみこむ【飲み込む】**《呑み―》①飲んで、のどを通す。Ⅱ大きな施設や自然現象が人や物を中にとりこむ。「大観衆をのみこんだ球場・濁流が人を―」②言わずにおく。「言葉を―」③理解する。「コツを―」
**のみしろ【飲み代】** 酒を飲むためのお金。
**のみすけ【飲み助】**〔俗語〕酒飲み。〔擬人化した言い方〕
**のみち【野道】** 野の中の道。
**のみつぶれる【飲み潰れる】** 酒に酔って動けなくなる。
**のみで【飲みで】** 飲み物の量が多いこと。飲みごたえ。「―がある」
**のみとりまなこ【蚤取り眼】**〔ノミをさがすときのように〕どんなものも見逃すまいとする、真剣な目つき。
**のみなおす【飲み直す】** 場所を変えてまた酒を飲む。
**のみニケーション【飲み―】**〔俗語〕職場などで、酒を飲みながら人間関係を深めること。〔「飲む」＋「コミュニケーション」から〕
**ノミネート**〔nominate〕候補に指名すること。
**のみのいち【蚤の市】** 古物市。〔パリ郊外で行われたのがはじまり〕
**のみほす【飲み干す】** すっかり飲んでしまう。
**のみみず【飲み水】** 飲用にする水。
**のみもの【飲み物】** 飲むもの。類ドリンク
**のみや【呑み屋】** のみ行為をする元じめ。〔ノミ屋とも書く〕
**のみや【飲み屋・呑み屋】** 気軽に酒を飲ませる店。類居酒屋
**のむ【飲む】**《呑む》①かまずにのどを通す。「タバコを―（＝吸う）」〔特に酒の場合をいうこともある〕②出さないようにこらえる。「声を―」③受け入れる。「条件を―」④相手を圧倒する。「敵を―・のんでかかる」⑤隠し持つ。「短刀を―」
**のめりこむ【のめり込む】**〔心を奪われて〕深く入り込む。
**のめる** 前へ倒れかかる。
**のやき【野焼き】** 山焼き。
**のやま【野山】** 野や山。
**のら【野良】** ①野原。②田畑。③飼い主がなく、うろついている犬や猫。
**のらいぬ【野良犬】** 飼い主のいない犬。
**のらくら** 怠けてぶらぶらしているようす。
**のらしごと【野良仕事】** 農作業。
**のらねこ【野良猫】** 飼い主のいない猫。
**のり【法】** ①守るべき規則。②手本。③仏の教え。〔①②③は則とも書く〕④さしわたしの寸法。「内―」
**のり【乗り】** ①乗ること。②気が乗ること。「観客の―」〔ノリとも書く〕③絵の具やおしろいのなじみ具合。④乗り物がその人数だけ乗れる。「一〇人―」
**のり【糊】** 接着剤の一。
**のり【海苔】** ①食用になる海藻の総称。②食品の一。アサクサノリを干したもの。
**のりあげる【乗り上げる】** 船や車が障害物の上にあがって動かなくなる。
**のりあわせる【乗り合わせる】** 偶然いっしょに乗る。乗り合わす。
**のりいれる【乗り入れる】** ①乗ったままで中に入る。②交通機関が、運転区間を（―他社の路線まで）延長する。
**のりうつる【乗り移る】** ①他の乗り物に乗り換える。②霊魂などが人の体に入り込む。
**のりおくれる【乗り遅れる】** 予定の乗り物に間に合わない。Ⅱ時流に取り残される。
**のりかえる【乗り換える】** 途中で別の乗り物に乗る。Ⅱ今までのものと取りかえる。
**のりかかったふね【乗り掛かった船】** いったん着手した以上、途中でやめられないこと。
**のりき【乗り気】** 積極的にやろうとする気持ち。
**のりきる【乗り切る】** 困難な状況を切り

ぬける。

**のりくみいん【乗組員】** 船（航空機）にのりくんで運航の仕事をする人。

**のりくむ【乗り組む】** 運行の仕事のために船や航空機に乗り込む。

**のりこえる【乗り越える】** 物の上を越えて行く。Ⅱ困難な状態を切りぬける。「危機を―」

**のりごこち【乗り心地】** 乗り物に乗ったときの感じ。

**のりこす【乗り越す】** ①乗っていて、目的地を行き過ぎる。②のりこえる。

**のりこむ【乗り込む】** ①乗り物の中に入る。②勢いこんで入る。「敵地に―」

**のりしろ【糊代】** ①張り合わせるために糊をつける部分。②〔俗語〕ゆとり。クッション。「計画の―を設ける」

**のりすてる【乗り捨てる】** 乗り物から―降りる（降りて置いていく）。

**のりだす【乗り出す】** ①（船に）乗って出かける。②体を前に出す。「身を―」③積極的に関係する。「事業に―」

**のりつぐ【乗り継ぐ】** 別の乗り物に乗り換えて先へ行く。

**のりづけ【糊付け】** ①のりではりつけること。②洗濯物にのりをつけること。

**のりつける【乗り付ける】** ①乗り物に乗って（―玄関や戸口まで）やってくる。②いつも乗っていて、乗り慣れる。

**のりと【祝詞】** 神官が神に祈り述べる文章。「―を上げる」

**のりにげ【乗り逃げ】** ①乗り物の料金を払わず逃げること。②盗んだ乗り物で逃げること。

**のりのり【乗り乗り】** 〔俗語〕①リズムがよくて高揚感を与えるようす。②非常に調子にのっているようす。◇〔ノリノリとも書く〕

**のりば【乗り場】** 乗り物に乗る場所。

**のりまき【海苔巻き】** のりで巻いたすし。

**のりまわす【乗り回す】** 乗り物に乗って方々を走り回る。

**のりめん【法面】** （人工的につくられた）傾斜地の斜面。

**のりもの【乗り物】** 人を乗せて運ぶもの。

**のる** 〔一〕**【乗る】** ①人が上にあがる。②乗り物に身をおく。◇対おりる ③共に運ばれる。「風に―」④だまされる。「口車に―」⑤調子にあう。「リズムに―」⑥加わる。「話に―」⑦十分につく。「おしろいが―」⑧勢いにまかせて進む。「図に―」〔二〕**【載る】** ①物の上に置かれる。②（新聞や雑誌に）掲載される。

**のるかそるか《伸るか反るか》** 成功するか失敗するか。「―の大勝負」〔とにかくやってみようの意〕

**ノルディックしゅもく【―種目】** スキーで、距離・ジャンプ・複合競技の総称。

**ノルマ** 〔ロシア語 norma〕 割り当てられた労働の基準量。

**のれん【暖簾】** ①商店の軒先や出入り口にたらしておく布。②店の格式や信用。「―に傷がつく」③企業の超過収益力や経済的優位性。グッドウィル。

**―に腕《うで》押《お》し** 少しも手ごたえがない。類ぬかにくぎ

**―を分《わ》ける** 長年勤めた店員に、別に店をもたせ同じ屋号を名乗ることを許す。

**のろい《鈍い》** ①動作（速度）がおそい。②おろかだ。

**のろう【呪う】《詛う》** 相手に災いがふりかかるようにと祈る。

**ノロウイルス** 〔ドイツ語 Norovirus〕 食中毒をひきおこすウイルスの一。感染力が強い。

**のろける【惚ける】** 妻（夫・恋人）のことをうれしそうに話す。

**のろし【狼煙】《烽火》** 警報・合図のための火や煙。

**―を上《あ》げる** 合図する。Ⅱ事を起こすことを知らせ、気勢をあげる。

**のろま《鈍間》** 動作がにぶく気がきかない―こと（人）。

**のろわしい【呪わしい】** のろいたい気持ちだ。

**ノワール** 〔フランス語 noir〕 黒い。闇《やみ》の。ノアール。「フィルム―（=暗黒映画。退廃的な内容の映画）」

**のわき【野分き】** 台風の古称。のわけ。

**ノン** 〔non〕 非。無。「―ストップ」

**ノン** 〔フランス語 non〕 いいえ。ノー。対ウイ

**ノンアルコール** 飲み物で、アルコールを含まないもの。「―ビール」〔nonalcoholic から〕

**のんき《暢気・呑気》** ①心配や苦労がない。②あわてず、平気だ。

**ノンキャリア**〔和製語 **non career**〕〔俗語〕キャリア②以外の国家公務員。

**ノンシャラン**〔フランス語 **nonchalant**〕無頓着《むとんちゃく》。

**ノンステップバス**〔和製語 **non-step bus**〕乗降部の段差が小さいバス。低床バス。

**ノンストップ**〔nonstop〕途中でとまらないこと。

**ノンセクション**〔和製語 **non section**〕分野を限定しないこと。

**ノンセンス**〔nonsense〕ナンセンス。

**のんだくれ**〔俗語〕①酔っぱらい。②大酒飲み。動—る

**ノンバンク**〔nonbank〕銀行以外の金融機関の総称。

**ノンフィクション**〔nonfiction〕事実を基にした作品。伝記・紀行など。対フィクション

**ノンプロ** 職業的でないこと。〔nonprofessionalから〕対プロ

**ノンフロン** フロンを使用していないこと。〔和製語 non＋flon〕

**のんべえ【飲ん兵衛】**〔俗語〕酒飲み。〔擬人化した言い方〕

**のんべんだらり** むだに時間を費やすようす。

**ノンポリ** 政治に関心のないーこと(人)。〔nonpoliticalから〕

# は

**は【ハ】** 音名の一。ハ長調のドにあたる。

**は【刃】** 刃物の、薄く鋭くなっている部分。「―が欠ける」

**は【派】** ①流儀や思想の同じ集まり。「王党―」②…の傾向の人。「慎重―」

**は【葉】** 植物の器官の一。〔呼吸などをする〕

**は【歯】** 口内の、食物をかみくだく器官。Ⅱ物のふちの、歯のように並んだもの。「のこぎりの―」

**―が浮《う》く** ①歯の根がゆるむ(｜ような)感じがする。②軽薄な言動に対して不快を感じる。

**―が立《た》たない** とても対抗できない。

**―に衣《きぬ》着《き》せぬ** 遠慮せずに言うようす。

**―の根《ね》が合《あ》わない** ふるえおののく。

**―を食《く》い縛《しば》る** (歯をかみしめて)苦しさやくやしさを懸命にこらえる。

**は【覇】** ①武力で国を治める考え方。②諸侯の長。③優勝。「―を争う」

**ば【場】** ①場所。②場合。③演劇で、場面。④取引所の立ち会い。

**―を持《も》たせる** その場の雰囲気を保たせる。

**パ** パシフィックリーグの略。対セ

**バー**[bar] ①酒場。②クロスバー。③陸上競技で、高跳びに使う横木。④バレエの練習用の横木。

**ぱあ【パー】** ①〔俗語〕ばか。②〔俗語〕ゼロ。「すべて―だ」③じゃんけんで、紙。対グー・チョキ

**パー**[par] ①同価値。②ゴルフで、ホールごとの標準打数。③有価証券が｜額面(払い込み額)と同額であること。

**ハーイ**[hi] 親しい者どうしのあいさつ。

**ばあい【場合】** ①…のとき。…のおり。「雨の―」②特別の事情(｜があるとき)。「―によっては」

**パーカ**[parka] 防寒・防風用のフード付きジャケット。類アノラック

**バーガー**[burger] ハンバーガー。「チーズ―」

**パーカッション**[percussion] 打楽器。

**バーガンディ**[Burgundy] ①フランスのブルゴーニュ産のワイン。②暗赤色。

**パーキング**[parking] 駐車(｜場)。

**―メーター**[parking meter] 路上駐車時間を計り、料金を徴収する機械。

**パーキンソンびょう【―病】** 大脳中心部の故障による病気。手足が震え、動作が不自由になる。〔Parkinsonは人名〕

**はあく【把握】** 十分に理解すること。

**パーク**[park] ①公園。②駐車。

**―アンドライド**[park-and-ride] 駅まで車で行ってそこに駐車し、電車に乗り換えること。〔都心部の交通混雑を緩和するため〕

**―ゴルフ**〔和製語 park golf〕公園にコースを設けて行う、ゴルフに似たスポーツ。〔発祥は北海道幕別町〕

**バーゲニングパワー**[bargaining power] 交渉力。

**ハーケン**〔ドイツ語 Mauerhaken から〕 登山で、岩に打ち込む鉄くぎ。

**バーゲン**[bargain] バーゲンセール。「―品」

**―セール**[bargain sale] 大安売り。

**バーコード**[bar code] 太さの異なる線で情報を示す符号。〔光学読み取り機で読み取る。／商品管理に利用〕

**パーゴラ**[pergola] 庭で、ツタやバラのつるをからませる棚。

**パーコレーター**[percolator] コーヒー沸かし器の一。

**パーサー**[purser] 旅客機や客船の客室乗務員の長。

**バーサス**〔ラテン語 versus〕 …対…。略して v.、vs.と書く。〔接続詞的に使う〕

**ばあさん【婆さん・祖母さん】** 「おばあさん」の｜親しみのある(ぞんざいな)言い方。

**パージ**[purge] (公職)追放。「レッド―」

**パーシモン**[persimmon] カキの｜木(実)。〔以前はゴルフクラブのヘッドの素材として使われた〕

**パーシャル**[partial] ①部分的。②微凍結。〔パーシャルフリージングの略〕

**バージョン**[version] 作りかえたもの。…版。「―アップ(=プログラムの改訂)・クリスマス―」〔翻訳の意〕

**バージン**[virgin] 処女。Ⅱ未使用。「―テープ」

**―パルプ**[virgin pulp] 古紙の混ざらない、木材だけから作ったパルプ。

**ーロード**［和製語 virgin road］キリスト教会での結婚式で、花嫁とその父が歩く祭壇までの通路。

**バース**［birth］出生。出産。

**ーコントロール**［birth control］産児制限。受胎調節。

**ーデー**［birthday］誕生日。

**パース** 建築で、建物の外観や室内を立体的に描いた図。［パースペクティブビューの略］

**パースペクティブ**［perspective］①見通し。予想。②遠近法。

**パーセク**［parsec］天体間の距離を表す単位。一パーセクは約三・二六光年。

**パーセンタイル**《%ile》［percentile］データ値の分布で、小さいほうからどの程度の位置にあるかを表す数字。全体を一〇〇とする。［一〇パーセンタイルは、それ以下に一〇パーセンの数のデータが存在することを意味する］

**パーセンテージ**［percentage］パーセントで表した割合。百分率。

**パーセント**［percent］全体を一〇〇として、それに対する割合を示す単位。記号％

**パーソナリティー**［personality］①個性。人柄。②ディスクジョッキー。

**パーソナル**［personal］個人-的(用)。

**ーコンピューター**［personal computer］個人用の小型コンピューター。パソコン。

**バーター**［barter］物品の直接等価交換。Ⅱ交換条件による取引。

**ばあたり【場当たり】** その場の思いつき（ーによる行動）。「ー的」

**バーチャル**［virtual］仮想的。「ーリアリティー（＝仮想現実感。疑似体験）」

**パーツ**［parts］部品。部分。

**バーディー**［birdie］ゴルフで、パーより一打少ない打数。

**パーティー**［party］①（社交的な）会合。「クリスマスー」②登山のグループ。

**パーティクルボード**［particle board］木材の小片を合成樹脂で固めて圧縮した板。チップボード。

**パーティション**［partition］①間仕切り。②コンピューターで、メモリーを複数に分割した領域。

**バーテン** バーテンダーの略。バーのカウンターで、客に酒を-出す(つくる)人。

**バーテンダー**［bartender］バーテン。

**ハート**［heart］①心臓。②心。③トランプで、赤い♥の模様がある札。

**ーフル**［和製語 heartful］心がこもっているようす。心温かい。「ーな贈り物」

**ハード**［hard］①かたい。②きびしい。「ートレーニング」③ハードウエア。◇対ソフト

**ーウエア**［hardware］コンピューターの機械と装置の部分。対ソフトウエア

**ーカバー**［hardcover］かたい表紙（ーの本）。

**ーコア**［和製語 hard core］性描写が露骨なポルノ。ハードポルノ。

**ーコート**［和製語 hard court］セメントやアスファルトで固めたテニスコート。対グラスコート・クレーコート

**ーコピー**［hard copy］コンピューターの画面に表示された情報を印刷出力したもの。ハードプリント。

**ーディスク**［hard disk］コンピューターの補助記憶装置の一。固定ディスク。大容量で高速処理が可能。

**ーディスクドライブ**［hard disk drive］ハードディスクの読み書き装置。ＨＤＤ。［ハードディスクと一体化しているので、ハードディスクとも］

**ートップ**［hardtop］乗用車で、屋根が鋼板で、窓と窓の間に柱のない型式。

**ーボイルド**［hard-boiled］小説で、感情を交えずに対象を描写する手法。［推理小説などに多い。／かたゆで卵の意］

**ーボード**［hardboard］新建材の一。パルプと接着剤を一緒に高温で圧縮。

**ーランディング**［hard landing］強い衝撃を伴う着陸。Ⅱ経済で、強硬手段を採る-政策(処理)。◇対ソフトランディング

**ーロック**［hard rock］エレキギターなどの電気楽器を使う、強烈で情熱的な大音響のロック。対ソフトロック

**ーワーク**［hard work］重労働。

**バード**［bird］鳥。

**ーウイーク**［和製語 bird week］愛鳥週間。

**ーウオッチング**［bird watching］野鳥の観察。探鳥。

**パート**［part］①部分。②分担。③パートタイム。
**ータイマー**［part-timer］パートタイムで働く人。対フルタイマー
**ータイム**［part-time］限られた短時間の勤務。［part time job の略］対フルタイム
**パートナー**［partner］二人で組んだときの相手。⊜配偶者。
**ーシップ**［partnership］協力。共同経営。
**ハードル**［hurdle］①陸上競技の障害競走に使うわく。「ー競走」⊜障害物。②ハードル競走の略。「四〇〇メートルー」
**バーナー**［burner］ガスなどの燃料を燃やす器具（ーの噴出口）。
**ハーネス**［harness］①ロープを結びつけるために着用する安全帯。②犬につける、ひものついた帯。
**ハーバー**［harbor］港。「ヨットー」
**バーバー**［barber］理髪店。
**バーバリズム**［barbarism］野蛮。無作法。
**ハーフ**［half］①半分。②混血児。〔近年は「ダブル」とも〕③ハーフバック。④ハーフタイム。
**ーアンドハーフ**［half and half］①二種類の飲料を半分ずつまぜた飲み物。②二種類の料理や食材を半分ずつ盛り合わせたもの。
**ーウエー**［halfway］途中。特に、野球で走者が塁と塁の途中まで進んでいること。
**ーコート**［和製語 half coat］丈が腰のあたりのコート。
**ーサイズ**［half size］①半分の大きさ。②三五ミリフイルムを使い、その半分の大きさの画面で撮れるカメラ。ハーフサイズカメラ。
**ースイング**［half swing］野球で、スイングを途中でやめること。
**ータイム**［halftime］スポーツで、前後半の間の休憩時間。
**ートーン**［halftone］①中間の色あい。〔主に明暗・黒白にいう〕②半音。
**ーパイプ**［half pipe］スノーボード競技などに使うU字型にへこませたコース（ーで行う競技）。
**ーバック**［halfback］ラグビーやサッカーで、中衛。
**ーパンツ** はいたときの長さが膝あたりのズボン。近年、学校の体操着としても広まる。〔和製語 half + pants〕
**ーマラソン**［half marathon］マラソンの半分の距離（＝約二一キロメートル）を走る長距離競走。
**ーミラー**［half mirror］ある程度の鏡面効果があるガラス。半透明の鏡。
**ハーブ**［herb］薬草・香料にする植物。
**ーティー**［herb tea］ハーブを湯で煮出した飲み物。
**ハープ**［harp］弦楽器の一。たて琴。
**パーフェクト**［perfect］完全。
**ーゲーム**［perfect game］①野球で、完全試合。②ボウリングで、満点のゲーム。
**ハープシコード**［harpsichord］鍵盤楽器の一。ピアノの前身。チェンバロ。クラブサン。
**パープル**［purple］紫色。
**パープレー**［和製語 par play］ゴルフで、パーでプレーを終えること。
**バーベキュー**［barbecue］野外で肉や野菜を焼いて食べる料理。また、そのための炉。
**バーベル**［barbell］重量挙げなどで使う用具。鉄棒の両端に円盤状の重りをつける。
**バーボン**［bourbon］トウモロコシが主原料のウイスキー。〔アメリカの地名から〕
**パーマ** 熱や薬品を使って髪にウエーブをつけること。〔permanent wave から〕
**パーマネント**［permanent］不変の。永久の。「ープリーツ」
**ーウエーブ**［permanent wave］パーマ。また、その髪。
**バーミキュライト**［vermiculite］①雲母を主成分とする岩石。蛭石《ひるいし》。②①を加工した園芸用の土。
**バーミリオン**［vermilion］朱色。
**パーミル**［per mill］全体を一〇〇〇として、それに対する割合を示す単位。記号‰
**パーム**［palm］①ヤシ。「ーオイル」②手のひら。
**ーボール**［palm ball］野球で、変化球の一。
**ハーモナイゼーション**［harmonization］（国際間での）協調。調整。
**ハーモニー**［harmony］①調和。②和音。

和声。

**ハーモニカ**［harmonica］吹奏楽器の一。小さな箱形。口にあてて吹き鳴らす。ハモニカ。

**パーラー**［parlor］①軽い飲食のできる店。「フルーツ―」②店。「ビューティー―」

**ハーラーダービー**［hurler derby］プロ野球で、そのシーズンの投手の成績争い。〔ハーラーは投手の意〕

**はあり【羽蟻】** 交尾期の、羽のあるアリやシロアリ。

**バール** かなてこ。〔crowbarから〕

**バール**［bar］圧力の単位の一。〔この一〇〇〇分の一がミリバール〕

**パール**［pearl］真珠。〔六月の誕生石〕

**ハーレム**［harem］後宮。⊜女性だけがいる所。◇ハレム。

**バーレル**［barrel］ヤードポンド法の体積の単位の一。バレル。〔石油の場合、一バーレルは一五九リットル〕

**パーレン** 丸がっこ。（　）〔ドイツ語 Parenthese から〕

**バーンアウト**［burn-out］（精神的に）燃え尽きること。「―症候群」

**はい【灰】** 物が燃えた後に残るもの。

**―になる** ①焼けてなくなる。②死ぬ。

**はい【拝】** 手紙で、自分の名の下に書いて相手への敬意を表す語。

**はい【杯】** ①《盃》〔文章語〕さかずき。特に賞杯。②わんやコップで飲食する中身を数える語。③船やイカを数える語。

**はい【肺】** 胸にある呼吸器官。

**はい【胚】** 生物の発生初期段階のもの。動物では、卵黄から養分をとっている時期。植物では、種子の中にある時期。

**ハイ**［high］①高い。「―ヒール」②高級。「―センス」③速い。「―テンポ」④（程度が）高いこと。「気分が―になる」

**ばい【倍】** ①二倍。②数量について、かける度数を表す語。「三―」

**ばい【貝】** 巻き貝の一。食用。ばいがい。

**バイ**［bye］別れるときの（―軽い）あいさつ。

**パイ【牌】**〔中国語 pái〕マージャンのこま。

**パイ**［pie］洋風の焼き菓子の一。「ミート―」

**パイ【π】**［pi］円周率を示す記号。〔ギリシャ文字の字母の一〕

**はいあがる【這い上がる】** はって高い所に上がる。⊜苦労して高い地位を得る。

**バイアス**［bias］①織り目に対して斜めに切った布。「―テープ」②かたより。偏見。「―がかかる」◇バイヤス。

**バイアスロン**［biathlon］スキー競技の種目の一。距離競技と射撃の組み合わせ。

**ハイアラーキー**［hierarchy］ヒエラルキー。

**はいあん【廃案】** 採用・議決に至らなかった案。「―になる」

**はいい【廃位】** 君主をやめさせること。

**はいいろ【灰色】** 色の一。グレー。⊜㋐希望や楽しみのないようす。「―の人生」対ばら色 ㋑疑わしいようす。「―高官」

**はいいん【敗因】** 負けた原因。対勝因

**ばいう【梅雨】** 六～七月の長雨（―の時期）。つゆ。

**―前線《ぜん》** 六月ごろ梅雨をもたらす、日本南岸の停滞前線。

**ハイウエー**［highway］高速道路。自動車専用道路。

**はいえい【背泳】** 泳法の一。仰向けになって泳ぐ。背泳ぎ。バック（―ストローク）。

**はいえき【廃液】** 工場などで使用後不要になった液。

**はいえき【廃駅】** 利用されなくなった駅。

**はいえつ【拝謁】**「目上の人と会うこと」の謙譲語。

**ハイエナ**［hyena］猛獣の一。アフリカなどにすむ。死肉を食べ、群れで狩りもする。⊜金や利権に貪欲《どんよく》な人。

**はいえん【肺炎】** 肺の炎症。

**はいえん【排煙】** ①はきだされる煙。②煙を外に出すこと。

**はいえん【廃園】** ①荒れた庭園。②園とつく施設を廃止すること。

**ばいえん【梅園】** ウメの木が多くある庭園。

**ばいえん【煤煙】** 石炭や油を燃やしたときに出るすすとけむり。

**バイオ**［bio］①生命。生物。「―コンピューター」②バイオテクノロジー。「宇宙―」

**―エシックス**［bioethics］生命科学や医療をめぐる倫理問題を追求する研究分野。生命倫理（―学）。

**―エタノール**［bio-ethanol］植物を原料とするエチルアルコール。〔ガソリンの代替燃料となる〕

—**ガス**［biogas］有機廃棄物（=生ごみなど）を発酵させて得られる可燃性ガス。「—発電」〔主成分はメタン〕

—**セラミックス**［bioceramics］生体組織の代替用のセラミックス。〔人工骨、人工歯など〕

—**テクノロジー**［biotechnology］生命工学。生物工学。〔生物の機能を工学的に応用した技術。遺伝子組み換えなど〕

—**テロ** 生物兵器によるテロ。〔bioterror-ism から〕

—**燃料**《ねんりょう》 バイオマスを利用した燃料。穀物や廃油からつくったアルコール燃料など。

—**マス**［biomass］①生物量。②エネルギー源・工業用原料としての生物体。

—**メトリックス**［biometrics］その人固有の生体的特徴。生体情報。「—認証」

—**リズム**［biorhythm］人間における肉体・感情・知性の三要素の周期的な変動。生体活動周期。

**はいおく【廃屋】**〔文章語〕廃家《はいか》。

**ハイオクタン** オクタン価の高いガソリン。ハイオク。〔high octane gasoline から〕

**バイオグラフィー**［biography］伝記。

**パイオニア**［pioneer］開拓者。先駆者。

—**植物**《しょくぶつ》 裸地に最初に定着する植物。

**バイオリニスト**［violinist］バイオリン演奏者。

**バイオリン**［violin］弦楽器の一。弦は四本。弓でこすって音を出す。

**バイオレット**［violet］すみれ（—色）。

**バイオレンス**［violence］暴力。暴行。

**バイオロジー**［biology］生物学。

**ばいおん【倍音】** 基音の整数倍の振動数をもつ音。

**はいか【配下】**《輩下》①部下。②支配下。

**はいが【拝賀】** 目上の人にお祝いを言うこと。〔謙譲語〕

**はいが【胚芽】** 種の、芽となる部分。

—**米**《まい》 胚芽を残すよう精白した米。

**はいが【俳画】** 俳諧《はいかい》的味わいのある日本画。

**ばいか【売価】**〔文章語〕売り値。対買価

**ばいか【倍加】** 二倍に—増える（増やす）こと。

**ばいか【梅花】** ウメの花。

**ばいか【買価】**〔文章語〕買い値。対売価

**ハイカー**［hiker］ハイキングをする人。

**はいかい【俳諧】**《誹諧》①こっけいさを主にした文芸の一。俳諧の連歌。②俳句。

**はいかい【徘徊】** 目的もなく歩き回ること。「街を—する」

**はいがい【拝外】** 外国の—人（考え・習慣）を崇拝すること。対排外

**はいがい【排外】** 外国の—人（考え・習慣）を排除すること。「—主義」対拝外

**ばいかい【媒介】** なかだち。「—者」

**ばいがい【ばい貝】** 巻き貝の一。ばい。

**ばいがえし【倍返し】** 二倍にして返すこと。

**ばいがく【倍額】** 二倍の金額。

**はいかぐら【灰神楽】** 火気のある灰に水をこぼしたときに、灰が舞い上がること。

**はいガス【排—】** 排気ガス。

**はいガス【廃—】** 金属や原油の精製の際に出る、不要で有害な気体。

**はいかつりょう【肺活量】** 思いきり吸い込んで一気にはきだした空気の量。

**ハイカラ** 西洋（現代）風で、おしゃれな—ようす（人）。〔high collar から。／古い言い方〕

**パイカル**《白乾児》〔中国語 báigānr〕中国の蒸留酒の一。コーリャンで作る。パイカール。

**はいかん【拝観】**「見ること」の謙譲語。〔寺社やその宝物に使う〕

**はいかん【配管】** ガス管や水道管を取りつけること。

**はいかん【廃刊】** 新聞や雑誌の刊行をやめること。

**はいがん【拝顔】**「面会すること」の謙譲語。

**はいがん【肺ガン・肺癌】** 肺にできるガン。

**はいき【拝跪】**〔文章語〕ひざまずいて拝むこと。

**はいき【排気】** ①内部の空気やガスを外に出すこと。②エンジンからガスや蒸気が排出されること。そのガス。

—**ガス** 排気②。

—**量**《りょう》 エンジンなどで、ピストンが最も高い位置から最も低い位置に下がるまでに出る気体の量。

**はいき【廃棄】** 不要になって捨てること。

「ー物」

**はいきしゅ【肺気腫】** 肺の病気の一。

**ばいきゃく【売却】** 売り払うこと。

**はいきゅう【配給】** 物を割り当てて配ること。「食料をーする」

**はいきゅう【排球】** バレーボール。〔古風な訳語〕

**ばいきゅう【倍旧】** 〔文章語〕以前より多いこと。「ーのご愛顧」

**はいきょ【廃虚・廃墟】** 建物や市街の荒れ果てた跡。

**はいきょう【背教】** （キリスト教で）宗教の教えにそむくこと。

**はいぎょう【廃業】** ①営業をやめること。②力士や芸者が仕事をやめること。

**はいきん【背筋】** 背中の筋肉。「ー力」

**ばいきん【黴菌】** （有害な）細菌の俗称。

**ハイキング** ［hiking］ 山や野原を歩き回って楽しむこと。ハイク。類ピクニック

**バイキング** 一定の料金で、並べられた料理を好きなだけ食べる形式の食事。バイキング料理。〔和製語。／Vikingは昔の北欧の海賊〕

**はいきんしゅぎ【拝金主義】** 金銭を最も尊ぶ考え方。

**はいく【俳句】** 五・七・五の一七音からなる短い詩。

**ハイク** ［hike］ ハイキング。

**はいぐ【拝具】** 手紙の結語の一。〔拝啓に対して使う〕類敬具

**バイク** ［bike］ （小型の）オートバイ。

**はいぐう【配偶】** 配偶者。

**ー者《しゃ》** 夫婦の一方からみた他方。類連れ合い

**ハイクラス** ［high-class］ 高級。上流。

**ハイグレード** ［high-grade］ 高級。上質。

**はいぐん【敗軍】** 戦いにー負けること（負けた軍隊）。

**ーの将《しょう》は兵《へい》を語《かた》らず** 失敗した人はそれについて意見を述べる資格がない。

**はいけい【拝啓】** 手紙で、頭語の一。〔ふつう、敬具で結ぶ〕

**はいけい【背景】** ①絵や写真で、中心物の後ろの部分。類バック 対前景 ②舞台の後方の景色。Ⅱ表面に表れていない事情や勢力。

**はいげき【排撃】** 排除するためのに攻撃すること。

**はいけっかく【肺結核】** 結核菌の感染によって起こる肺の病気。

**はいけつしょう【敗血症】** 化膿《かのう》菌が血管やリンパ管に入って中毒症状を起こす病気。

**はいけん【佩剣】** 〔文章語〕腰につける剣。

**はいけん【拝見】** 「見ること」の謙譲語。

**はいご【背後】** うしろ。Ⅱ物事の隠れている部分。「事件のー関係」

**はいご【廃語】** 使われなくなった言葉。

**はいこう【廃坑】** 採掘をやめた鉱山や炭坑。

**はいこう【廃校】** 学校の経営をやめること。また、その学校。類閉校

**はいこう【廃鉱】** 鉱山で採掘をやめること。また、その鉱山。

**はいごう【俳号】** 俳人の雅号。

**はいごう【配合】** うまく組み合わせること。「ー飼料（肥料）」

**はいごう【廃合】** 廃止と合併。

**はいこうせい【背光性】** 背日性。

**ばいこく【売国】** 自分の利益のために、自国の内情・秘密を敵国に知らせること。

**ー奴《ど》** 売国行為をする人をののしっていう語。

**バイコロジー** ［bicology］ 自動車の代わりに自転車に乗ることによって、自然を守ろうという運動。〔bicycleとecologyの合成語〕

**バイザー** ［visor］ 日よけ帽子（ーのつば）。目《ま》びさし。「サンー」

**はいざい【配剤】** 薬を調合すること。Ⅱうまく組み合わせること。「天のー」

**はいざい【廃材】** 使われなくなった材木。

**ばいざい【媒材】** 〔文章語〕仲介物となる材料。

**はいさつ【拝察】** 推察の謙譲語。

**はいざら【灰皿】** タバコの灰や吸いがらを入れる器。

**はいざん【敗残】** 戦いに負けて生き残ること。「ー兵」Ⅱ【廃残】事業に失敗して没落すること。

**はいざん【廃山】** 廃鉱。

**はいし【敗死】** 戦いに負けて死ぬこと。

**はいし【廃止】** （それまで続けられた物事を）やめること。

**はいじ【拝辞】** 「辞退・いとまごい」の謙譲語。

**はいしつ【肺疾】** 肺結核。
**ばいしつ【媒質】** 物理で、作用伝達の仲介をする物質。〔音波を伝える空気など〕
**はいじつせい【背日性】** 植物などが光と反対の方向に生長する性質。背光性。対向日性
**はいしゃ【拝謝】** 「礼を言うこと・あやまること」の謙譲語。
**はいしゃ【配車】** 必要な所に車を手配すること。
**はいしゃ【敗者】** 負けた人。対勝者
**―復活戦《ふっかつせん》** 敗者に、再び競技に参加する権利を与えるための試合。コンソレーション。
**はいしゃ【廃車】** ①使用しなくなった車。②車の登録を抹消すること。その車。
**はいしゃ【歯医者】** 歯科医。
**はいしゃく【拝借】** 「借りること」の謙譲語。「お知恵を―」
**ばいしゃく【媒酌】**《媒妁》 仲人《なこうど》(―をすること)。
**―人《にん》** 仲人《なこうど》。
**ハイジャック** [hijack] 航空機を乗っ取ること。
**ハイジャンプ** [high jump] 走り高跳び。
**はいしゅ【胚珠】** 植物の、子房の中にあって種子となる部分。
**はいじゅ【拝受】** 〔文章語〕「受けること・もらうこと」の謙譲語。
**ばいしゅう【買収】** ①買い取ること。「土地の―」〔対象の大きなものにつかう〕②金品を与えて味方にひきいれること。

**はいしゅつ【排出】** ①不要となったものを外へ出すこと。②排泄《はいせつ》。
**はいしゅつ【輩出】** すぐれた人物が次々と世に出ること。
**ばいしゅん【売春】** 女が代金をとって、男と性交すること。対買春
**―婦《ふ》** 売春をする女。
**ばいしゅん【買春】** かいしゅん。
**はいしょ【配所】** 刑によって流された所。
**はいじょ【排除】** じゃまなものを取り除くこと。類除外
**はいしょう【拝承】** 〔文章語〕「聞くこと」の謙譲語。
**はいしょう【拝誦】** 〔文章語〕「読むこと」の謙譲語。
**はいしょう【敗将】** 〔文章語〕負けた軍の大将。
**ばいしょう【売笑】** 〔文章語〕売春。「―婦」
**ばいしょう【賠償】** 他に与えた損害を償うこと。「―金」類弁償
**ばいじょう【陪乗】** 〔文章語〕目上の人と同じ車に乗ること。
**はいしょく【配色】** 色の配合。
**はいしょく【配食】** 〔高齢者の家庭などに〕事業として食事を届けること。
**はいしょく【敗色】** 負けそうなようす。敗勢。「―が濃い」
**ばいしょく【陪食】** 〔文章語〕目上の人の食事に同席すること。
**はいしん【背信】** 人の信頼を裏切ること。「―行為」

**はいしん【配信】** ①通信社などが情報を支社やマスコミに流すこと。「AP(=AP通信社)―」②インターネットで情報を流すこと。「音楽―」
**はいしん【背進】** 後退。
**はいじん【俳人】** 俳句を作る人。
**はいじん【廃人】**《癈人》 病気やけがのため通常の社会生活を営むことができなくなった人。
**ばいしん【陪審】** 裁判で、裁判官以外の人が審理―する(に加わる)こと。「―制度」
**はいしんじゅん【肺浸潤】** 結核菌による肺の炎症がまわりに広がっていくこと。
**はいす【拝す】** 〔文章語〕拝する。
**はいす【配す】** 〔文章語〕配する。
**はいす【排す】** 〔文章語〕排する。
**はいす【廃す】** 〔文章語〕廃する。
**バイス** [vise] 万力。
**はいすい【配水】** 水を配給すること。
**はいすい【排水】** 水を外へ流し出すこと。「―溝」
**―トン** トンで表した船の排水量。〔ロングトンまたはメートルトンで表す〕
**―量《りょう》** 船(軍艦)の重量。〔水に浮かんだときに排除する水の量の意〕
**はいすい【廃水】** 使用後の捨てられた水。
**はいすいしゅ【肺水腫】** 肺に水分がたまった状態。
**はいすいのじん【背水の陣】** 追いつめられて、決死の覚悟で全力をつくすこと。〔中国の故事から〕
**はいすう【拝趨】** 〔文章語〕訪問の謙譲

語。

**ばいすう**【倍数】①二倍の数。②ある整数が他の整数で割り切れるときのもとの整数。〔整式についてもいう〕対約数

**ハイスクール**〔high school〕高等学校。

**ハイスピード**〔high speed〕高速。

**はいする**【拝する】①おがむ。②「受ける・見る」の謙譲語。

**はいする**【配する】①配置する。②くばる。③組み合わせる。④島流しにする。

**はいする**【排する】排除する。

**はいする**【廃する】①廃止する。やめる。②地位から退かせる。

**はいずる**《這いずる》体を地面にすりつけながら進む。

**ばいする**【倍する】倍に-なる（する）。● 増す。

**はいせい**【敗勢】〔文章語〕敗色。対勝勢

**はいせき**【排斥】押しのけ退けること。「―運動」

**ばいせき**【陪席】①目上の人と同席すること。②陪席裁判官。

**―裁判官**《さいばんかん》 裁判長を補佐して審理に加わる裁判官。

**バイセクシャル**〔bisexual〕両性愛（―者）。バイセクシュアル。

**はいせつ**【排泄】生物が不要となったものを体外へ出すこと。

**はいぜつ**【廃絶】〔文章語〕すたれて-絶える（絶やす）こと。「核―」

**はいせん**【杯洗】《盃洗》さかずきを洗う器。〔酒席で使う〕

**はいせん**【肺尖】①肺の上部の先端部。②肺尖カタル。

**―カタル** 肺尖の炎症。

**はいせん**【配線】①電力をひくために電線を取りつけること。また、その線。②電気機械の部品を電線でつなぐこと。また、その線。

**はいせん**【敗戦】戦争・試合に負けること。

**はいせん**【廃船】船を使わなくなること。また、その船。

**はいせん**【廃線】営業をやめた路線。

**はいぜん**【沛然】〔文章語〕雨が激しく降るようす。

**はいぜん**【配膳】料理（食膳）を客の前に配ること。

**ばいせん**【媒染】薬品で染料が繊維に染まりやすくすること。「―剤」

**ばいせん**【焙煎】茶の葉やコーヒー豆を炒《い》ること。「遠赤外線―」

**ハイセンス**〔和製語 high sense〕センスがよいこと。

**はいそ**【敗訴】訴訟で負けること。対勝訴

**ハイソ** ハイソサエティーの略。● 上流志向の。「―な食事」〔羨望《せんぼう》とからかいの気持ちを含む〕

**はいそう**【背走】（野球で、捕球のため）前を向いたまま後方に走ること。

**はいそう**【配送】①配達と発送。②配達して送り届けること。

**はいそう**【敗走】負けて逃げること。

**はいぞう**【肺臓】肺。

**ばいぞう**【倍増】二倍に-増える（増やす）こと。「所得―」

**はいぞく**【配属】人を振り分けて役目につけること。類配置

**ハイソサエティー**〔high society〕上流社会。

**ハイソックス**〔和製語 high socks〕ひざ下まである靴下。

**バイソン**〔bison〕野牛。

**パイソン**〔python〕ニシキヘビ。〔ギリシャ神話で、アポロが退治した大蛇の名から〕

**はいた**【排他】仲間以外の人を受け入れないこと。「―的」

**はいた**【歯痛】歯が痛むこと。しつう。

**ばいた**【売女】〔俗語〕売春婦。● 女性をののしる語。

**はいたい**【胚胎】〔文章語〕物事の起こるもとが生じること。〔本来は、みごもる意〕

**はいたい**【敗退】負けて退くこと。

**ばいたい**【媒体】①媒質となる物質。②情報伝達の手段。類メディア

**はいだす**【這い出す】はって外に出る。はいでる。

**はいたつ**【配達】配り届ける-こと（人）。「郵便の―」

**ハイタッチ**〔high touch〕①高度技術社会で求められる人間のふれあい。②二人が互いの手のひらを頭上で合わせること。ハイファイブ。〔握手の代わり〕

**バイタリティー**〔vitality〕生活力。生命力。「―に富む」

**バイタルサイン**〔vital signs〕（医療で）

生きていることを示す身体的サイン。脈拍・呼吸・血圧・体温など。生命徴候。

**はいだん【俳壇】**〔文章語〕俳人の社会。

**はいち【背馳】**〔文章語〕そむくこと。

**はいち【配置】** 人や物を適切な位置に置くこと。

**―転換《てんかん》** 人の勤務地・職場をかえること。

**ばいち【培地】**培養基。

**はいちょう【拝聴】**「聞くこと」の謙譲語。

**はいちょう【蠅帳】**ハエを防ぐ、通気のよい網を張った食器戸棚。

**ハイツ**［heights］（高台の）集合住宅。

**はいつくばう【這い蹲う】** はうようにうずくまる。はいつくばる。

**はいてい【拝呈】**〔文章語〕手紙で、頭語の一。〔つつしんでさしあげる意〕

**ハイティーン**〔和製語 high teen〕 一〇代後半（―の人）。〔英語で一三～一九にteenがつくことから〕対ローティーン

**ハイテク**［high tech］ ハイテクノロジーの略。

**ハイテクノロジー**［high technology］高度科学技術。先端技術。ハイテク。

**―産業《さんぎょう》** 先端技術産業。情報・通信や、バイオテクノロジー関係など。

**はいてすてるほど【掃いて捨てるほど】**非常に多いようす。

**はいでる【這い出る】**はい出す。

**はいてん【配転】**配置転換の略。

**はいでん【拝殿】**拝礼のための建物。神社の本殿の前にある。

**はいでん【配電】**電力・電流を配ること。

**―盤《ばん》** 電流を電気機器に分配する装置。

**ばいてん【売店】** 駅や劇場などの施設の中にある、ちょっとした物を売る店。

**ばいでん【売電】** 発電した電気を電力会社に売ること。対買電

**ハイテンション**〔和製語 high tension〕気分が高揚している状態。また、その気分。

**ハイテンポ** 速いテンポ。〔highと イタリア語 tempoから〕

**バイト**〔俗語〕アルバイトの略。

**バイト**［bit］ 機械の切削・切断に使う工具。

**バイト**［byte］ 情報量の単位の一。一バイトは八ビット。

**はいとう【佩刀】**〔文章語〕腰に刀を帯びること。また、その刀。

**はいとう【配当】**①割り当てること。②株式会社が利益を株主に分配すること。また、その利益金。③ギャンブルの割り戻し金。

**―落《お》ち** 決算期の期日がすぎて、配当②のお金を受ける権利がなくなること。株価が配当相当分だけ安くなる。

**はいどう【廃道】**〔文章語〕①使われなくなった道。②道路としての使用をやめること。

**はいとく【背徳】**《悖徳》道徳にそむくこと。「―行為」

**はいどく【拝読】**「読むこと」の謙譲語。

**ばいどく【梅毒】**《黴毒》性病の一。スピロヘータによっておこる感染症。

**パイナップル**［pineapple］ 果物の一。熱帯産。

**はいにち【排日】**日本（―人・製品）をしりぞけること。「―運動」

**はいにゅう【胚乳】** 種子の中にあって胚の生長に必要な養分を供給する組織。

**はいにょう【排尿】**小便を出すこと。

**はいにん【背任】**任務にそむいて所属の会社や役所に損害を与えること。「―罪」

**はいねつ【廃熱】** 不用のものとして捨てられる熱。エンジンや冷房から出る。

**ハイネック**［high-necked］ 首に沿った、高い襟。

**ハイパー**［hyper］ 極度の。「―インフレ」〔「スーパー」のさらに上の程度〕

**―マーケット**［hypermarket］（郊外型の）超大型スーパーマーケット。

**―メディア**［hypermedia］ 文字・画像・音声など多様な情報をリンクさせたメディア。Ｗｅｂブラウザなど。

**―リンク**［hyperlink］（インターネット上で）関連性のない複数の情報を相互に結びつけること。また、その相互関係。

**ハイハードル**［high hurdles］ 高障害競走。距離は一一〇メートルで、ハードルが一〇台。

**ばいばい【売買】**売り買い。類取引

**バイバイ**［bye-bye］ さようなら。〔幼児語・若者言葉〕

**バイパス**［bypass］ 混雑緩和のための自動車専用の回り道。⊜途中をとびこえて

通じる関係。
**ー手術**《しゅじゅつ》 血管や消化管がつまったときなどに、その部分を迂《う》回《かい》する管をつくる手術。
**ハイパワー**［high-powered］ 高性能。強力。
**はいはん【背反】**《悖反》 そむくこと。相いれないこと。「二律ー」
**はいばん【廃盤】** レコードの製造をやめること。また、そのレコード。
**はいはんちけん【廃藩置県】** 明治維新後、藩をやめ県を置いたこと。
**はいばんろうぜき【杯盤狼藉】**〔文章語〕酒宴のあとの、杯や皿が散乱したようす。
**はいび【拝眉】**〔文章語〕「相手に会うこと」の謙譲語。
**はいび【配備】** 配置して備えること。
**ハイビーム**［high beam］ 自動車のヘッドライトを上向きにすること。遠くまで照らせる。対ロービーム
**ハイヒール** かかとの高い靴。［high-heeled shoesから］
**ハイビジョン**［Hi-Vision］ 高画質、高音質、ワイド画面を特徴とするーテレビ（映像技術）。HDTV。〔NHKが開発〕
**ハイビスカス**［hibiscus］ 熱帯産の大きな花をつける低木。アオイ科。
**ハイピッチ**［和製語 high pitch］ 速いピッチ。
**はいびょう【肺病】** 肺結核。「ー病み」〔広く肺の病気全般にもいう〕

**はいひん【廃品】** 役に立たなくなった物。
**ばいひん【売品】** 売り物。対非売品
**はいふ【肺腑】** 肺。‖心の奥底。
**ーを衝**《つ》**く** 深く感動させる。
**はいふ【配付】** 各人に配り渡すこと。「ー資料」
**はいふ【配布】** 広く（多数に）配り渡すこと。「パンフレットをーする」
**はいぶ【背部】** ①背中の部分。②後ろの方。
**パイプ**［pipe］ ①管。‖両者の意思疎通を助けるもの。「ー役」②西洋風のキセル。
**ー椅子**《いす》 脚が金属製パイプの折りたたみ式のいす。
**ーオルガン**［pipe organ］ 大小の管に空気を送り、鍵盤を押して音を出す大型の楽器。
**ーカット**［和製語 pipe cut］ 男性の避妊手術の一。輸精管をしばったり切断したりする。
**ーライン**［pipeline］ 石油・ガスの輸送管。
**ハイファイ**［hi-fi］ 実際のー音（画像）に極力近づくようにつくられたー録音（録画）再生装置。［high fidelityから］
**はいふう【俳風】** 俳句の作風。「芭蕉のー」
**はいふく【拝復】** 手紙で、頭語の一。返信に使う。〔つつしんでお返事しますの意〕
**はいぶつ【廃物】** 廃品。
**ー利用**《りよう》 廃物を工夫して再び使うこと。
**ハイブラウ**［highbrow］ ①知識人（ーぶる人）。②知的で高級。◇ハイブロー。
**ハイブリッド**［hybrid］ ①動植物の雑種。「ー米《まい》」②異なる要素の複合。混成。
**ーカー**［hybrid car］ 複数の動力で走る自動車。ハイブリッド車。HV。HEV。
**バイブル**［Bible］ 聖書。‖権威ある書物。
**バイブレーション**［vibration］ ①振動。②ふるわせて出す声。
**バイブレーター**［vibrator］ 振動器。マッサージや携帯電話に使用。
**バイプレーヤー**［和製語 byplayer］ わき役。
**ハイブロー**［highbrow］ ハイブラウ。
**ハイフン**［hyphen］ 英語などで、語と語を結ぶ短い線。「-」
**はいぶん【俳文】** 俳諧の味わいをもつ文章。『奥の細道』など
**はいぶん【配分】** 割り当てて配ること。
**ばいぶん【売文】** 文章を書き、その報酬で生活すること。「ー業」〔文筆家が自分の仕事をへりくだっていう語〕
**ハイペース**［和製語 high pace］ 速いペース。
**はいべん【排便】** 大便を出すこと。
**はいほう【敗報】** 負けたという知らせ。対勝報
**はいぼう【敗亡】**〔文章語〕戦いに負けて滅びること。
**ハイボール**［highball］ ウイスキーをソーダ水で割った飲み物。
**はいぼく【敗北】** 負けること。対勝利
**ー主義**《しゅぎ》 はじめから自分のほうが負ける

と考える考え方。

**はいほん【配本】** ①予約出版物を読者に配ること。また、その本。「第一回―」②刊行物を小売店に配ること。

**はいまつ【這い松】** マツの一。高山に自生。幹・枝は地面にはう。

**はいまつわる** はってからみつく。

**ハイミス**〔和製語 high miss〕年のいった独身女性。〔軽侮表現〕

**ハイム**〔ドイツ語 Heim〕集合住宅。〔英語のhomeにあたる〕

**はいめい【拝命】**〔文章語〕①「命令を受けること」の謙譲語。②「官職に任命されること」の謙譲語。

**ばいめい【売名】** 自分の名を世間に広めようとすること。「―行為」

**バイメタル**〔bimetal〕①二種類の金属を使うこと。「―コイン」②膨張率の異なる二種の金属をはり合わせたもの。温度計・自動温度調節器に使用。

**はいめん【背面】** 後ろ―向き(側)。対正面

**ハイヤー**〔hire〕呼び寄せて乗る貸し切り自動車。→タクシー

**バイヤー**〔buyer〕(外国貿易での)買い付け人。対サプライヤー

**はいやく【配役】** 演劇や映画で、役者に役を割り当てること。キャスト。

**ばいやく【売約】** 売る約束。「―済み」

**ばいやく【売薬】** 薬局で売る薬。〔医師の処方による調剤以外のもの〕

**バイヤス** ⇩バイアス

**はいゆ【廃油】** 使ったあとの油。

**はいゆう【俳優】** 映画や演劇に出演する職業の人。

**はいよう【佩用】**〔文章語〕身につけること。

**はいよう【肺葉】** 肺を区分した部分の称。〔人間では、右は三つ、左は二つに区分〕

**はいよう【胚葉】** 多細胞動物の個体発生の初期に出現する細胞層。

**ばいよう【培養】** 養い育てること。〔植物や細菌・細胞についていう〕

**―基**《き》 細菌の培養に使う物質。培地。

**はいようしょうこうぐん【廃用症候群】** 長期の安静によって生じる諸症状。〔筋肉の萎縮、筋力の低下、譫《せん》妄など〕

**ハイライト**〔highlight〕絵や写真で、光の最も強く当たる部分。Ⅱ最も興味・注目をひく―話題(場面)。「―シーン」

**はいらん【排卵】** 哺乳動物で、卵子が卵巣から排出されること。

**―誘発剤**《ゆうはつざい》 排卵を促す薬。〔妊娠しにくい人に使う〕

**ハイランド**〔highland〕高地。高原。〔遊園地などの名称に使われる〕

**はいり【背理】**《悖理》〔文章語〕道理に反すること。

**―法**《ほう》 Aであることを証明するのに、Aを否定すれば矛盾が生じることを示して証明する方法。

**はいり【背離】**〔文章語〕そむき、離れること。

**はいりこむ【入り込む】** 奥(内部)に入る。

**ばいりつ【倍率】** ①顕微鏡・望遠鏡で見た像と実物との大きさの比率。②募集(定員)数と応募数の比率。競争率。

**はいりょ【配慮】** 気を配ること。「行き届いた―」類考慮

**はいりょう【拝領】**「もらうこと」の謙譲語。

**ばいりん【梅林】** ウメの林。

**バイリンガル**〔bilingual〕ふたつの言語を自由に使う―こと(人)。

**はいる【入る】**《這入る》①中に―進む(ある)。対出る ②加わる。「手が―」③自分のものになる。④…の―時期(状態)になる。「梅雨に―」

**はいる【配流】** 流罪に処すること。

**パイル**〔pile〕①布地の表面に糸を輪のように織り出したもの。タオルなど。②原子炉。

**はいれい【拝礼】** おがむこと。Ⅱ丁寧におじぎすること。

**ハイレグ** 水着やレオタードで、股《また》の部分のくりが深いもの。〔high leg cutから〕

**はいれつ【配列・排列】** 順序立てて並べること。「五十音―」

**ハイレベル**〔high level〕高水準。

**はいろ【廃炉】** 溶鉱炉・原子炉を解体し廃止すること。また、その施設。

**パイロセラム**〔Pyroceram〕ガラスを結晶化させた耐熱材、デビトロセラミックスの商標名。

**パイロット**〔pilot〕①航空機の操縦者。②水先案内人。③試験的な。予備の。「―

ショップ」

**―ランプ**〔pilot lamp〕電気製品などで、通電していることを示すランプ。

**はいろん【俳論】** 俳諧に関する理論・評論。

**パイン**〔pine〕パイナップル。「―ジュース」〔英語でpineは松〕

**バインダー**〔binder〕①新聞や書類のとじ込み用具。②穀物の自動刈り取り機。

**パイント**〔pint〕ヤードポンド法の体積の単位の一。八分の一ガロン。

**はう【這う】** ①手足をついて（腹ばいになって）進む。②植物がまつわりつたう。「ツタが―」③相撲で、手をつく。「土俵に―」

**ハウジング**〔housing〕①住宅（―産業）。②機械などをおおう箱。

**ハウス**〔house〕①家。住宅。建物。②ビニールハウス。

**―キーパー**〔housekeeper〕家政婦。住宅や事務所の管理人。

**―ダスト**〔house dust〕室内のほこり。〔アレルゲンの一つとなる〕

**―ワイン**〔house wine〕そのレストランで定番として備えている（|安価な）ワイン。

**はうた【端唄】** 三味線を伴奏にする短い歌。

**パウダー**〔powder〕粉。

**―スノー**〔powder snow〕粉雪。

**―ルーム**〔powder room〕女性用化粧室。

**パウチ**〔pouch〕①食品を密封する小袋。「レトルト―」②刷り物や写真の表面に薄いフィルムをはったもの。ラミネート。

**バウチャー**〔voucher〕①（商品・サービスの）引き換え券。クーポン券。「教育―制度」②領収書などの取引証票。

**ハウツー**〔how to〕方法。しかた。

**バウムクーヘン**〔ドイツ語 Baumkuchen〕切り口が木の年輪のようなドイツ菓子。

**ハウリング**〔howling〕スピーカーから出た音をマイクが拾い、雑音を生じること。

**バウンド**〔bound〕はねる（はずむ）こと。

**パウンド**〔pound〕ポンド。

**―ケーキ**〔pound cake〕ケーキの一。〔小麦粉・砂糖・バターを一パウンドずつ使うことから〕

**はえ【蠅】** 昆虫の一。はい。〔感染症の媒体。／幼虫は、うじ〕

**はえ【南風】** みなみかぜ。〔西日本地方の方言〕

**はえ 一【映え】** 映えること。**二【栄え】** 名誉。光栄。「―の受賞」

**ばえ【栄え・映え】** 何かをした結果、はえること。「代わり（出来）―」

**はえぎわ【生え際】** 髪の生えているところと生えていないところの境。

**はえたたき【蠅叩き】** ハエを叩いて殺す道具。はいたたき。

**はえちょう【蠅帳】** はいちょう。

**はえなわ《延縄》** 一本の縄に多数の釣り糸をつけた釣り具。「―漁業」

**はえぬき【生え抜き】** その土地で生まれ育った|こと（人）。Ⅱずっと同じ所に勤めている|こと（人）。

**パエリア**〔スペイン語 paella〕スペイン料理の一。魚介類やサフランを入れた炊き込みご飯。パエーリャ。

**はえる【生える】** 植物が|芽を出す（生長する）。Ⅱ歯がのびて出る。

**はえる【映える】** ①光にあたって輝く。②**【栄える】** 立派に見える。

**はおう【覇王】** 〔文章語〕諸侯を統率して天下を治める人。

**はおく【破屋】** 〔文章語〕あばらや。〔自分の家の謙遜にも使う〕類廃屋

**パオズ《包子》**〔中国語 bāozi〕中国料理の一。小麦粉の皮で肉やあんを包んだまんじゅう。

**はおと【羽音】** 鳥や虫の羽の音。

**はおと【葉音】** 風で葉が揺れて出る音。

**はおり【羽織】** 着物の上に着る和風の上着。

**―袴《はかま》** 羽織と袴。Ⅱ正装。

**はおる【羽織る】** 着物や上着の上にかけて着る。

**はか《捗》** 仕事の進み具合。

**―が行《い》く** 仕事がはかどる。

**はか【墓】** 死体や遺骨をほうむる所。

**はか【破瓜】** 処女膜が破れること。

**ばか【馬鹿】《莫迦》** ①おろかな|こと（人）。〔多く、ののしるときやあきれたときに使う〕Ⅱ㋐つまらないこと。㋑役に立たないこと。②バカガイ。③度が過ぎること。「―当たり」◇〔バカとも書く〕

**―と鋏《はさみ》は使《つか》いよう** 使えないと思われるものでも、使い方によっては役に立つ。

は

―にする あなどる。さげすむ。
―につける薬《くすり》はない 馬鹿は直しようがない。
―にならない 軽視できない。
―になる 感覚・機能が働かなくなる。
―の一《ひと》つ覚《おぼ》え いつも同じことばかり得意げに言うこと。
―を・見《み》る つまらない目にあう。
**はかい【破戒】**〔仏教語〕戒律を破ること。「―僧」対持戒
**はかい【破壊】** こわす（こわれる）こと。「建物（環境）を―する」
**はがい【羽交い】** 鳥の左右の羽（―の交わる所）。
―締《じ》め 相手の後ろからわきの下を通して両手をまわし、首の後ろで手を組んで締めること。
**はかいし【墓石】** 墓に立てる石。戒名・俗名や没年を記す。ぼせき。
**ばかがい【馬鹿貝】** 海産の二枚貝の一。食用。〔むき身を「あおやぎ」という〕
**はがき【葉書】**《端書》郵便はがき。
**はかく【破格】** 先例やきまりをやぶること。㊀標準以上。「―の出世」
**はかげ【葉陰】** 葉のかげ。
**ばかげる【馬鹿げる】** くだらなく感じられる。
**はかしょ【墓所】** はかば。
**ばかしょうじき【馬鹿正直】** 正直すぎて融通のきかない―こと（人）。
**はかす【捌かす】** はけるようにする。
**はがす【剝がす】** くっついているものをはぎ取る。
**ばかす【化かす】** だます。たぶらかす。
**ばかず【場数】** 経験の度数。
―を踏《ふ》む 多くの経験をする。
**はかせ【博士】** 博士《はくし》の俗称。㊀ひとつのことに詳しい人。「鉄道―」
**はかぜ【羽風】** 鳥や虫がはばたいて起こす風。
**はかぜ【葉風】** 葉音をたてる風。
**はがた【歯形】** 歯でかんだ後にできるあと。
**はかたおび【博多帯】** 博多織の帯。
**はかたおり【博多織】** 厚手の絹織物。
**はがため【歯固め】** 昔、長寿を祝って正月に行なった行事。〔歯は年齢の意。それを固めることで長寿を祝う〕
**ばかぢから【馬鹿力】** 非常に強い力。〔あざけって言うのにも使われる〕
**はかどる【捗る】** 仕事が順調に進む。
**はかない【儚い・果敢無い】** ①たよりない。②つまらない。
**はかなむ【儚む】** はかなく思う。「世を―」
**ばかに【馬鹿に】**〔俗語〕むやみに。いやに。「―うれしそうだ」
**はがね【鋼】** かたい鉄。鋼鉄。
**はかば【墓場】** 墓のある所。墓地。
**はかばかしい** ①順調に進むようす。②快方に向かうようす。「病状ははかばかしくない」
**ばかばかしい【馬鹿馬鹿しい】** ①つまらない。「―話」②なみはずれている。
**ばかばなし【馬鹿話】** たわいのない話。
**ばかばやし【馬鹿囃子】** 屋台囃子。
**バガボンド**［vagabond］ 放浪者。バガボン。
**はかま【袴】** ①和服で、腰から下をおおう衣服。②草や木の実の下部をおおう皮。③徳利を入れておく器。
**はがま【羽釜】** まわりに、つば③をつけた炊飯用の釜。
**はかまいり【墓参り】** 墓に行き、拝むこと。墓参《ぼさん》。
**はがみ【歯嚙み】** はぎしり。
**はかもり【墓守】** 墓の番人。
**はがゆい【歯痒い】** 思うように進まずいらいらする。
**バカラ**〔フランス語 baccara〕 トランプ賭博《とばく》の一。
**はからい【計らい】** とり扱い。「いきな―」
**はからう【計らう】** ①よく考えて処置する。②相談する。
**ばからしい【馬鹿らしい】** くだらない。つまらない。
**はからずも【図らずも】**〔文章語〕思いがけず。
**はかり【計り・量り】** はかること。はかった数量。
―売《う》り 求められた分量をはかって売ること。
**はかり【計り】**
―兼《か》ねる 見当がつかない。考えられない。
―知《し》れない とても想像できない。
**はかり【秤】** 重さをはかる器具。
―に掛《か》ける 損か得か考える。

**はかりごと**《謀》計略。
**はかる【図る・計る・謀る】**①くわだてる。②考える。
**はかる【計る・測る・量る】**計測する。〔時間は「計る」。長さや面積は「測る」。重さや体積は「量る」〕
**はかる【諮る】**相談する。
**はがれる【剝がれる】**はげて落ちる。
**バカロレア**［フランス語 baccalauréat］フランスの大学入学資格。中等教育終了試験の合格者に与えられる。また、その試験。
**はがん【破顔】**にっこりすること。
**―一笑《いっしょう》** 顔をほころばせて笑うこと。
**バカンス**［フランス語 vacances］（長い）休暇。
**はき【破棄】**①破り捨てること。「書類を―する」②【破毀】上級裁判所が原判決を取り消すこと。
**はき【覇気】**①意気ごみ。「―にあふれる」②野心。野望。
**はぎ【萩】**秋の七草の一。マメ科。
**はぎあわせる【接ぎ合わせる】**くっつけて、あわせる。
**バギー**［buggy］①折り畳み式の乳母車。②サンドバギー。
**はききよめる【掃き清める】**きれいに掃いて清める。
**はきけ【吐き気】**吐きたくなる気分。
**はぎしり【歯軋り】**①睡眠中に、歯をかみ合わせて音をたてること。②歯を強くかみ合わせて、ひどくくやしがること。
**はきだす【吐き出す】**吐く。Ⅱためていたものを（―外へ）出す。
**はきだめ【掃き溜め】**ごみ捨て場。
**―に鶴《つる》** つまらないものの中にすぐれたものがいること。
**はきちがえる【履き違える】**①他人の履き物をまちがえてはく。②意味を取りちがえる。
**はぎとる【剝ぎ取る】**はいで取り去る。Ⅱむりやり奪い取る。
**バギナ**［ラテン語 vagina］ワギナ。
**はきもの【履き物】**足に履く物。靴・げたなど。
**ばきゃく【馬脚】**馬の足。
**―を露《あら》わす** 隠していたことがばれる。
**はきゅう【波及】**次々に影響が広がっていくこと。
**バキューム**［vacuum］真空。
**―カー**［和製語 vacuum car］糞尿のくみとり自動車。
**はきょう【破鏡】**〔文章語〕離婚。〔こわれた鏡の意〕
**―の嘆《なげ》き** 離婚しなければならない悲しみ。破鏡の嘆《たん》。
**はぎょう【覇業】**〔文章語〕武力で支配者となった事業。Ⅱ偉大な業績。
**はきょく【破局】**物事の悲劇的な結末。カタストロフィー。
**はぎれ【歯切れ】**歯でかみ切るときの感じ。Ⅱ発声やものを言う調子。「―がよい」
**はぎれ【端切れ】**はんぱな布ぎれ。
**はく【拍】**①音楽や音声の、周期的な基本の調子。②拍子を数える語。
**はく【泊】**宿泊。「二―三日・車中―」
**はく【箔】**金属を薄く平たくしたもの。Ⅱ値打ち。
**―が付《つ》く** 他人に認められる値打ちが身につく。
**はく【吐く】**①口から外へ出す。Ⅱ㋐言う。「大言を―」㋑〔俗語〕白状する。②胃の中のものを口から出す。③中のものを外へ出す。「煙を―」
**はく**《穿く》①**【履く】**履き物をつける。②下半身につける。「ズボンを―」◇対脱ぐ
**はく【掃く】**①ほうきでそうじをする。②《刷く》はけで塗る。
**はぐ【剝ぐ】**①はがす。②ぬがせる。「ふとんを―」③奪う。「官位を―」
**はぐ【接ぐ】**板や布をつなぎ合わせる。
**ハグ**［hug］（親愛の表現として）抱きしめること。抱擁。
**ばく【貘】**①哺乳動物の一。口先がやや突き出る。②中国で、悪夢を食べるという想像上の動物。
**ばぐ【馬具】**馬につける用具。鞍《くら》・あぶみ・手綱など。
**バグ**［bug］コンピューターで、プログラムにある誤り。〔虫の意〕
**パグ**［pug］犬の品種の一。中国原産の小型犬。顔はブルドッグに似る。
**はくあ【白亜】**①白い壁。②石灰岩の一。灰白色。
**はくあい【博愛】**すべての人を平等に愛すること。「―主義」

**はくい【白衣】** ①医者や科学者が着る白い上着。②白い衣服。びゃくい。〔ほめて言う表現〕
**―の天使《てんし》** 女性の看護師。
**はくいんぼうしょう【博引旁証】** 〔文章語〕広く多く集めた例を証拠にあげて説明すること。
**はくう【白雨】** 〔文章語〕夕立。
**ばくう【麦雨】** 〔文章語〕麦の実るころ降る雨。
**はくおし【箔押し】** （金や銀の）箔をはりつけること。
**ばくおん【爆音】** ①爆発の音。②飛行機やオートバイなどのエンジンの音。
**ばくが【麦芽】** オオムギを発芽させたもの。〔ビールの原料〕
**―糖《とう》** 麦芽中のアミラーゼがでんぷんに作用してできる糖。
**はくがい【迫害】** 害を与えて苦しめること。「―を受ける」
**ばくがい【爆買い】** 〔俗語〕一度に大量に買うこと。
**はくがく【博学】** いろいろな学問に通じていること。「―の士」類博識
**はくがん【白眼】** にらむ（冷遇する）目つき。〔中国の故事から〕対青眼
**―視《し》** つめたく（悪意をもって）人を扱うこと。
**はぐき【歯茎】** 歯の根もとを包む肉。
**ばくぎゃく【莫逆】** 〔文章語〕互いに気が合って親しいこと。ばくげき。「―の友」
**はくぎん【白銀】** 銀。‖降り積もった雪。「―の世界」
**はぐくむ【育む】** いつくしみ育てる。‖保護する。「文化を―」
**はくげき【迫撃】** 〔文章語〕接近して撃つこと。
**ばくげき【爆撃】** 上空から爆弾を投下して攻撃すること。「―機」
**―砲《ほう》** 砲身が短い大砲。接近戦用。
**はくさ【白砂】** しろいすな。はくしゃ。
**―青松《せいしょう》** 美しい海岸の景色。
**はくさい【白菜】** 野菜の一。葉を食べる。
**はくさい【舶載】** 〔文章語〕舶来。
**ばくさい【博才】** 賭け事に勝つ才能。
**ばくさい【爆砕】** 爆撃してくだくこと。
**ばくさつ【爆殺】** 爆弾や爆薬で殺すこと。
**はくし【白紙】** 何も書いていない紙。‖㋐先入観をもたないこと。「―で臨む」㋑何もなかったときの状態。「―に返す」
**―委任状《いにんじょう》** いっさいを任せる意思で名前と印以外に何も記さない委任状。
**はくし【博士】** 学位の最高位。はかせ。
**はくし【薄志】** 〔文章語〕①弱い意志。②薄謝。
**はくじ【白磁】** 純白の磁器。
**ばくし【爆死】** 爆発・爆撃によって死ぬこと。
**はくしき【博識】** 広く物事を知っていること。類博学
**はくじつ【白日】** ①くもりのない太陽。②日中。
**―のもとに晒《さら》す** 隠れていたことをおおやけにする。
**―夢《む》** 白昼夢。
**はくしゃ【白砂】** 〔文章語〕はくさ。
**はくしゃ【拍車】** 馬具の一。靴につけ、馬の腹をける金具。
**―をかける** いちだんと力を加えて進行を早める。
**はくしゃ【薄謝】** わずかの謝礼。「―呈上」〔謝礼の謙譲語〕
**はくしゃく【伯爵】** 爵位の一。五等爵の第三位。
**はくじゃく【薄弱】** ①弱々しい。「意志―」②はっきりしないこと。
**はくしゅ【拍手】** 両手を合わせて、たたくこと。‖ほめたたえること。
**―喝采《かっさい》** 拍手してほめたたえること。
**はくじゅ【白寿】** 九十九歳（―の祝い）。〔百から一をとった字形が白になることから〕
**はくしゅう【白秋】** 秋の異称。〔五行説で白は秋の色〕対青春・朱夏・玄冬
**ばくしゅう【麦秋】** 〔文章語〕麦のとり入れどき。初夏。むぎあき。
**はくしょ【白書】** 政府などが発表する実情の報告書。「経済（犯罪）―」
**はくしょ【薄暑】** 〔文章語〕初夏の、やや汗ばむような暑さ。
**ばくしょ【曝書】** 〔文章語〕書物の虫干し。
**はくじょう【白状】** 自分の罪や隠していた事実をうちあけること。
**はくじょう【白杖】** 視覚障害者の白いつえ。
**はくじょう【薄情】** 思いやりがなく、人情

にうすいこと。

**ばくしょう【爆笑】** どっと大笑いすること。

**はくしょく【白色】** しろい色。

**ー人種《じんしゅ》** 肌の色がしろい人種。コーカソイド。

**はくしん【迫真】** 〔文章語〕真に迫っていること。「ーの演技」

**はくじん【白人】** 白色人種。

**はくじん【白刃】** 〔文章語〕しらは。

**ばくしん【幕臣】** 幕府の家来。旗本や御家人。

**ばくしん【爆心】** 爆発の中心。「ー地」

**ばくしん【驀進】** まっしぐらに進むこと。

**ばくすい【爆睡】** 〔俗語〕「熟睡」の強調表現。

**はくする【博する】** ①得る。「好評をー」②広める。「名声をー」◇博す。

**ばくする【駁する】** 相手の意見に反対して非難する。駁す。

**はくせい【剥製】** 動物の内臓や肉を取り除き、綿などをつめて縫い合わせた標本。

**はくせき【白皙】** 〔文章語〕肌の色が白いこと。「ーの貴公子」

**ばくせつ【駁説】** 〔文章語〕他の説を非難した説。駁論。

**ばくぜん【漠然】** ぼんやりしてはっきりしないようす。

**はくそう【博捜】** 〔文章語〕多くの文献を根気よく調べること。

**ばくそう【爆走】** 自動車やバイクが大きな音をたてて走ること。

**ばくだい【莫大】** ひじょうに大きいようす。

**はくだく【白濁】** 〔文章語〕白くにごること。

**はくだつ【剥脱】** はがれ落ちること。

**はくだつ【剥奪】** ①はぎとること。②無理やり取り上げること。

**ばくたる【漠たる】** ①はっきりしない。②広くひろがる。

**ばくだん【爆弾】** 爆薬をつめ、爆発させる兵器。Ⅱ品質の悪い焼酎《しょうちゅう》。

**ー宣言《せんげん》** 突然人を驚かせる発言。類爆弾発言

**はくち【泊地】** 〔文章語〕船のとまる場所。

**ばくち【博打】**《博奕》金や物をかけて勝負を争うこと。Ⅱ万一の成功をねらうこと。

**ー打《う》ち** ばくちで生活する人。

**パクチー** 〔タイ語 phakchi〕コリアンダー。

**ばくちく【爆竹】** 火薬を詰めた小さな筒をつなぎ、連続して爆発するようにしたもの。〔中国で祝いに使う〕

**はくちず【白地図】** 陸などの形の線だけを示した地図。

**はくちゅう【白昼】** まひる。

**ー夢《む》** 非現実的な空想。白日夢。

**はくちゅう【伯仲】** 優劣のつけられないこと。「実力がーする」〔もと、伯は長男、仲は次男の意〕

**はくちょう【白鳥】** 白い大形の水鳥。冬に北日本へ飛来する。スワン。

**ーの歌《うた》** 最後の−歌（演奏）。〔ギリシャ神話で、白鳥は死ぬ直前に歌うということから〕

**ばくちん【爆沈】** 船が爆破−して（されて）沈むこと。

**バクテリア** 〔bacteria〕細菌。

**バクてん【ー転】** 〔俗語〕後転の一。背や腰を接地せずにまわる。バック転。〔back転回の意〕

**ばくと【博徒】** ばくちうち。

**はくとう【白桃】** 果肉の白いモモ。

**はくとう【白頭】** しらがあたま。

**ー翁《おう》** ①しらがあたまの老人。②ムクドリの別称。

**はくとう【白糖】** 白砂糖。対黒糖

**はくどう【白銅】** 銅とニッケルの合金。

**はくどう【拍動】**《搏動》鼓動《こどう》。

**はくとうゆ【白灯油】** 灯油の一。いやなにおいが出ずよく燃える。

**はくないしょう【白内障】** 目の水晶体がにごって視力がおちる病気。しろそこひ。

**はくねつ【白熱】** 物体が高温に熱せられて白い光を出すこと。「ー電球」Ⅱ雰囲気が最高潮に達すること。

**はくば【白馬】** 白い馬。

**ばくは【爆破】** 爆薬でこわすこと。

**はくばい【白梅】** 白い花が咲く梅。しらうめ。対紅梅

**バグパイプ** 〔bagpipe〕スコットランドの木管楽器。革袋に空気を送って鳴らす。

**ばくばく【漠々】** 〔文章語〕漠然としているようす。また、広漠。

**はくはつ【白髪】** しろい髪。しらが。

**ー三千丈《さんぜんじょう》** 悲しみで白髪が三千丈の長さになった。〔おおげさな表現のたとえ。／

李白の詩から〕

**ばくはつ【爆発】** 急激に破裂する‐自然（化学）現象。Ⅱおさえていた感情を一気に表すこと。

**—的《てき》** 急激にさかんになるようす。

**はくはん【白斑】** ①白いまだら。②太陽面の、特に光の強い部分。対黒点

**はくばん【白板】** ホワイトボード。

**はくび【白眉】** 〔文章語〕同類の中で最もすぐれたもの。〔中国の故事から〕

**はくびしん【白鼻心】** ジャコウネコ科の動物。〔鼻から頭にかけて白い筋がある〕

**はくひょう【白票】** ①何も記入していない投票。②国会で、賛成を示すふだ。対青票

**はくひょう【薄氷】** うすいこおり。Ⅱ危なっかしいようす。「—の勝利」

**—を踏《ふ》む思《おも》い** 危険で、非常に不安な思い。

**はくびょう【白描】** 日本画で、墨だけで‐かいた絵（かく技法）。白描画。

**ばくふ【幕府】** 将軍がいて政治をとった所。また、その政治機構。

**ばくふ【瀑布】** 〔文章語〕滝。

**ばくふう【爆風】** 爆発のときに起こる強い風。

**はくぶつかん【博物館】** さまざまなものを集めて保管・研究し、一般に見せる施設。

**はくぶん【白文】** 訓点のついていない漢文。

**はくぶん【博聞】** 〔文章語〕博識。

**はくへいせん【白兵戦】** 刀剣を持ち、接近しての戦い。

**はくぼ【薄暮】** 〔文章語〕夕暮れ。

**はくほうじだい【白鳳時代】** 美術史の時代区分の一。飛鳥《あすか》時代と天平《てんぴょう》時代の間。〔仏教美術がさかん。唐の影響が大〕

**はくぼく【白墨】** 石膏《せっこう》などの粉を棒状に固めたもの。チョーク。

**はくま【白魔】** 〔文章語〕災害をおこす大雪。〔魔物にたとえた語〕

**はぐま【白熊】** 動物のヤクの尾の白い毛。払子《ほっす》用。

**はくまい【白米】** 精白した米。対玄米

**ばくまつ【幕末】** 江戸幕府の末期。

**はくめい【薄命】** 〔文章語〕①めぐまれない運命。類不運 ②若くして死ぬこと。「美人—」

**はくめい【薄明】** 〔文章語〕うすあかり。

**はくめん【白面】** 〔文章語〕色の白い顔。Ⅱ㋐すがお。㋑年が若く経験が乏しいこと。

**はくや【白夜】** 高緯度地方で、夏、太陽が沈みきらず夜も薄明るいこと。びゃくや。

**ばくやく【爆薬】** 爆発をおこす物質。火薬など。「—を詰める」

**はくらい【舶来】** 外国から（船で）‐来ること（来た物）。「—品」対国産

**ばくらい【爆雷】** 水中で爆発させる爆弾。潜水艦を攻撃する。

**はぐらかす** 他のことでごまかす。「話を—」

**はくらく【伯楽】** 〔文章語〕牛馬の優劣を見分けたり、病気を治したりする人。ばくろう。Ⅱ新人の発掘・養育の上手な人。◇〔中国の故事の人名から〕

**はくらく【剝落】** 〔文章語〕はげおちること。

**はくらん【博覧】** 広く読書や見聞をすること。

**—会《かい》** テーマにそっていろいろなものを集め、一般に見せる催し。

**—強記《きょうき》** 広く読んでよく知っていること。

**はくり【剝離】** はがれて離れること。はいで離すこと。

**はくり【薄利】** 利益がわずかなこと。対高利

**—多売《たばい》** 個々の利益は少ないが、数多く売ってもうけること。

**ぱくり** ①口を大きくあけて食べるようす。②割れ目や傷口が開くようす。③〔俗語〕だましとること。かっぱらい。④〔俗語〕そっくり真似すること。

**—屋《や》** 〔俗語〕金融や手形割引の話を材料に金や手形を持ち逃げする者。

**はくりきこ【薄力粉】** ねばりけが弱い小麦粉。菓子・てんぷら用。対強力粉《きょうりきこ》

**ばくりょう【幕僚】** 司令部直属の参謀将校。Ⅱ重要な計画に加わる部下。

**—監部《かんぶ》** 防衛大臣のもとで、防衛上の計画や運営を受け持つ機関。

**はくりょく【迫力】** 人の心に強く迫る力。

**ぱくる【パクる】** 〔俗語〕①（多く受け身で）逮捕する。②だましとる。盗む。③そっくり真似る。

**はぐるま【歯車】** まわりに一定の凹凸の歯をきざんだ、機械部品の車。‖全体を構成する部分。「会社の―」

**―が嚙《か》み合《あ》わない** うまく調和できない。

**ばくれつ【爆裂】** 爆発して破裂すること。

**はぐれる** ①連れの人を―見失う（見失って離れる）。②…し損なう。「取り―」

**はくろ【白露】**〔文章語〕①葉などの上の、つゆ。②二十四気の一。九月七日ごろ。

**ばくろ【暴露】**《曝露》秘密や悪事―がばれる（をあばく）こと。

**はくろう【白蠟】** まっ白なろう。

**―病《びょう》** チェーンソーなど、振動する機械を扱う人の指が白くなる職業病。

**ばくろう【博労】**《馬喰》①伯楽。②牛馬の仲買い人。

**ばくろん【駁論】** 駁説。

**はくわ【白話】** 近世中国の口語。対文言《ぶんげん》

**はけ【刷毛】** 塗料をぬったりする道具。

**はげ【禿】** はげた頭（―の人）。

**はげあがる【禿げ上がる】** 額から頭頂の方にはげていく。

**はげあたま【禿げ頭】** はげた頭（―の人）。

**はげいとう【葉鶏頭】** ケイトウの一。葉が大きく美しい。雁来紅《がんらいこう》。

**バケーション**〔vacation〕バカンス。

**ばけがく【化学】** かがく。〔会話で、科学と区別して〕

**はけぐち【捌け口】** 流れ出る口。‖㋐売れ口。㋑発散させる場。「感情の―」

**はげしい【激しい】**《烈しい》①勢いが強い。②はなはだしい。

**はげたか【禿鷹】** ハゲワシ類の俗称。‖〔俗語〕弱者から利益をむさぼるもの。

**バケツ**《馬穴》〔bucket〕ブリキや合成樹脂製の、つるのついた水おけ。

**―リレー**〔和製語 bucket relay〕消火のために、水の入ったバケツを人から人へ渡すこと。

**バケット**〔bucket〕①バケツ。②土砂などを運ぶ容器。

**―シート**〔bucket seat〕航空機や自動車の一人用座席。体がすっぽりおさまる。

**パケット**〔packet〕データ通信で、伝達する情報の一単位。「―通信」

**バゲット**〔フランス語 baguette〕細長いフランスパン。

**ばけのかわ【化けの皮】**

**―が剝《は》がれる** 隠していた正体がばれる。

**はげます【励ます】** ①力づける。②より激しくする。「声を―」

**はげむ【励む】** 熱心に行う。「勉学に―」

**はけめ【刷毛目】** はけで塗った跡（―のようなしま模様）。

**ばけもの【化け物】** 化けて現れるおそろしいもの。おばけ。

**はける【捌ける】** たまらないでよく流れる。‖よく売れる。

**はげる** ㊀**【剝げる】** ①はがれて落ちる。「ペンキが―」②色があせる。㊁**【禿げる】** 頭髪が抜け落ちる。

**ばける【化ける】** ①超自然的な力で姿をかえる。‖別人を装う。②思いがけずいい状態にかわる。

**はげわし【禿鷲】** ワシの一。首の後ろがはげている。死肉をあさる。ハゲタカ。

**はけん【派遣】** 命令して行かせること。「人材―」

**―切《ぎ》り** 企業が派遣社員の契約を（―契約期間満了前に）打ち切ること。人材派遣企業が、派遣労働者を解雇や契約更新拒否をすること。

**はけん【覇権】** 覇者の権威・権力。‖スポーツで、優勝の栄誉。

**ばけん【馬券】** 競馬で、勝馬投票券。

**はこ【箱】**《函》物を入れる容器。多く四角。‖列車の車両。

**はご【羽子】** 羽子板で突いて遊ぶはね。

**はごいた【羽子板】** はねつきで、はねを打つ板。

**はこいり【箱入り】** ①箱に入れてある―もの（こと）。②箱入り娘。

**―娘《むすめ》** たいせつに育てられた娘。

**はこう【跛行】**〔文章語〕不自由な足どりで歩くこと。‖つりあいがとれないこと。

**はこがき【箱書き】** 書画や陶磁器を入れた箱につけた題・署名・押印。〔本物の証明〕

**はごく【破獄】**〔文章語〕脱獄。

**パゴダ**〔pagoda〕（東南アジアの）仏塔。

**はごたえ【歯応え】** かんだときに受ける歯の感じ。‖相手の反応。

**はこづめ【箱詰め】** 箱に―つめること（つめ

たもの)。
**はこにわ【箱庭】** 箱の中に作った庭園などの模型。
**はこび【運び】** 運ぶこと。Ⅱ㋐進み具合。㋑進行。展開。「完成の―となる」
**―屋《や》** 違法なものを運搬する人。
**はこぶ【運ぶ】** 運搬する。Ⅱ㋐行く。「足を―」㋑推し進める。「うまく―」
**はこぶね【箱船】**《方舟》四角い船。
**はこべ**《繁蔞》春の七草の一。食用。はこべら。ナデシコ科。
**はこぼれ【刃毀れ】** 刃物の刃が欠けること。また、その部分。
**はごろも【羽衣】** 天人が着て空を飛んだという、鳥の羽で作った衣。
**はこん【破婚】**〔文章語〕離婚。
**はさ【稲架】** いねかけ。
**バザー**〔bazaar〕資金集めを目的として開く臨時の市《いち》。
**ハザード**〔hazard〕①ゴルフで、コース中に設けられた障害物。②危険。「モラル―」
**―マップ**〔hazard map〕天災に対する災害予測や避難の経路を示した地図。
**―ランプ**〔hazard lamp〕自動車の緊急警告灯。
**バザール**〔フランス語 bazar〕①イスラム文化圏地域の市場《いちば》。②デパートなどのバーゲン。
**はさい【破砕】**《破摧》くだけこわれる（くだきこわす）こと。「―帯」
**はざい【端材】** 建築業や製造業で出る材料の余り。特に、材木の余り。
**はざかいき【端境期】** 農作物、特に米の新旧が入れかわる時期。Ⅱ過渡期。
**はさき【刃先】** 刀やナイフの刃の先端。
**はざくら【葉桜】** 花が散って若葉の出た桜。
**ばさし【馬刺し】** 馬肉のさしみ。
**はざま【狭間】** ①物と物の間の狭い所。②城壁に作った、矢や弾を放つ穴。
**はさまる【挟まる】** ①物と物の間に入る。②対立する人の間に立つ。
**はさみ【挟み】** はさむこと。
**―撃《う》ち** 二方面から攻撃すること。
**―将棋《しょうぎ》** 将棋盤で、相手のこまを左右か前後にはさんで取りあう遊び。
**はさみ【鋏】** ①物を切る道具の一。「―を入れる」Ⅱ㋐じゃんけんの、チョキ。対いし・かみ ㋑切符に切り込みを入れる道具。②《螯》カニやエビの大きなつめ。
**はさむ【挟む】**《挿む》①物を両側から押さえる。②間に置く。「道を挟んで」③途中で別のことを入れる。「口を―」
**はざわり【歯触り】** 歯でかんだときの感触。
**はさん【破産】** ①財産を全部失うこと。②借金を返せなくなったとき、財産を債権者全員に公平に返す、裁判上の手続き。
**はし【端】** ①「糸の―」②へり。ふち。③きれはし。「言葉の―（＝断片）」
**はし【箸】** 食べ物をつかむ二本の棒。
**―が進《すす》む** おいしくて、たくさん食べられる。
**―にも棒《ぼう》にもかからない** 使いようがなく、もてあます。
**はし【橋】** 川や道路にかけ渡して通り道にするもの。「―を架ける」
**はじ【恥】** 恥じること。「―をかく」
**―の上塗《うわぬ》り** 恥の上に、さらに恥をかくこと。
**―の搔《か》き捨《す》て** 平気で恥ずかしいことをすること。
**―を曝《さら》す** 大勢の前でひどい恥をかく。
**―を雪《すす》ぐ** 名誉を挽回する。
**はじ【端】** はし。〔関東方言〕
**はじ【把持】**〔文章語〕しっかりと持つこと。
**はしあらい【箸洗い】** 会席料理で、食事の中ほどに出す、簡単な吸い物。
**はしい【端居】** 縁側など、家の端の方にいること。
**はじいる【恥じ入る】** 非常に恥じる。「―ばかり」
**バジェット**〔budget〕予算。家計。生活費。
**はしおき【箸置き】** 食卓ではしをのせておくもの。箸まくら。
**はしか**《麻疹》感染症の一。発熱・発疹が現れる。幼児に多い。
**はしがかり【橋懸かり】** 能舞台で、楽屋から舞台に通じる、屋根・欄干のある廊下。
**はしがき**《端書き》①書物や文章のはじめに、執筆の事情などについて述べる文。序文。②手紙で、追って書き。
**はじかみ** ①《椒》サンショウの別称。②《薑》ショウガの別称。

は

**はじき【弾き】** ①はじくこと。②〔俗語〕ピストル。
**ー出《だ》す** ①はじいて外へ出す。Ⅱ仲間はずれにする。②費用を算出する。
**はじく【弾く】** ①はねかえしてとばす。「指で—」②はねてよせつけない。「水を—」③「そろばんを—（＝計算する）」
**はしくれ【端くれ】** きれはし。Ⅱつまらないもの。〔自分の謙遜にも使う〕「医者の—」
**はしけ【艀】** 陸と本船との間を、人や荷物を運ぶ小舟。
**はしげた【橋桁】** 橋ぐいの上を渡して、橋板を支える材木。
**はじける【弾ける】** ①裂けて割れる。②勢いよく飛び散る。「水が—」
**はしご【梯子】** ①高所へのぼる道具。足を次々にかけてのぼる。②次々と場所をかえること。特に、はしご酒。
**ー酒《ざけ》** 次々と場所をかえて酒を飲むこと。
**ー車《しゃ》** 伸縮するはしごをつけた消防車。
**はしこい** ①すばやい。②頭の回転がはやい。
**はじさらし【恥曝し】** 恥を世間にさらし出す—ようす(人)。
**はじしらず【恥知らず】** 恥を恥と思わず平気でいる—ようす(人)。
**はした【端】** ①はんぱ。②余分。「—は切り捨てる」
**ー金《がね》** わずかなお金。
**はしたない** 下品だ。いやしい。
**はしっこ【端っこ】** はし。はじっこ。
**はしっこい** はしこい。
**ハッシシュ** [hashish] ハッシシ。
**はしづめ【橋詰め】** 橋のたもと。
**ばじとうふう【馬耳東風】** 人の意見や批評に耳をかさず聞き流すこと。
**はしなくも【端無くも】** 思いがけなく。
**はしばこ【箸箱】** はしを入れる箱。
**はしばし【端々】** あちこち。すみずみ。
**はしばみ【榛】** カバノキ科の落葉樹。実は食用。
**パシフィックリーグ** [Pacific League] 日本のプロ野球リーグの一。パリーグ。対セントラルリーグ
**はじまる【始まる】** あらたにおこる。対終わる Ⅱいつものくせが出る。「また始まったよ」
**はじめ【始め・初め】** 最初。起こり。対終わり
**ー値《ね》** 取引時間の最初に成立した値段。対終わり値
**ーは処女《しょじょ》の如《ごと》く、終《お》わりは脱兎《だっと》の如《ごと》し** 最初は弱々しく、終わりに強く激しい力を示す。
**はじめて【初めて】** 最初に。
**はじめる【始める】** 新たにおこす。対終える
**はしゃ【覇者】** 武力で天下を征服した者。対王者 Ⅱスポーツで、優勝者。
**はじゃ【破邪】** 〔仏教語〕邪悪を破ること。「—顕正《けんしょう》（＝正しい道理をうちたてること）」
**ばしゃ【馬車】** 人や荷物をのせて馬がひく車。
**ばしゃうま【馬車馬】** 馬車をひく馬。
**ーのよう** わきめもふらず働くようす。
**はしゃぐ** ①調子にのってうかれさわぐ。②（桶《おけ》などが）かわききる。
**はしやすめ【箸休め】** 主な料理の間に食べるおかず。口をさっぱりさせる。
**パジャマ** [pajamas] 上着とズボンに分かれたねまき。
**はしゅ【播種】** 〔文章語〕種をまくこと。
**ばしゅ【馬主】** 馬の持ちぬし。ばぬし。
**ばしゅ【馬首】** 馬のくび。「—をめぐらす（＝馬の進む方向を変える）」
**はしゅつ【派出】** 仕事のために人を出向かせること。
**ー所《じょ》** 交番の旧称。類駐在所
**ばじゅつ【馬術】** 馬を乗りこなす技術（—を競う競技）。
**パシュミナ** [pashmina] カシミアの高級なもの。〔ヤギの腹の毛で織る〕
**ばしょ【場所】** ①所。位置。②相撲を興行する—所(期間)。
**ーをとる** ①席をとる。②それがあるために周囲が狭くなる。
**ばしょいり【場所入り】** 相撲で、力士が興行場所に入ること。
**はじょう【波状】** 波の上下にうねる形。Ⅱ波のように一定の間隔をおいて繰り返すこと。「—攻撃」
**ばしょう【芭蕉】** 中国原産の多年草の一。
**ー布《ふ》** バショウの繊維で織った布。
**ばじょう【馬上】** ①馬の背中。②馬に

乗っていること。
**はしょうふう【破傷風】** 傷口から破傷風菌が入って起こる病気。死亡率が高い。
**ばしょがら【場所柄】** その場のようす。「―をわきまえる」
**はしょく【波食】**《波蝕》 波が陸地や岩をけずること。
**ばしょく【馬食】**〔文章語〕馬のような大食い。「牛飲―」
**ばしょふさぎ【場所塞ぎ】** 場所をとってじゃまなこと。Ⅱ役に立たずじゃまな人。
**はしょる**《端折る》①省略する。②着物のすそを折り上げて帯にはさむ。
**ばしょわり【場所割り】** 場所を割り当てること。その割り当て。
**はしら【柱】** ①建物で、屋根などを支える材。Ⅱ㋐地に直立して立つもの。「電信―」㋑たよりになる人。「一家の―」②神体や遺骨を数える語。
**はじらう【恥じらう】**《羞じらう》恥ずかしがる。
**はしらす【走らす】** 走らせる。
**はしらせる【走らせる】** ①走ることをさせる。②運転する。③急いで行かせる。④なめらかに動かす。「絵筆を―」
**はしり【走り】** ①走ること。②魚や果物・野菜の、初物。Ⅱ現象の始まり。
**―書《が》き** 急いで書くこと。
**―込《こ》む** ①走って入る。②走る練習を十分する。
**―高《たか》跳《と》び** 陸上競技の種目の一。走って跳ぶ高さを競う。
**―使《づか》い** 雑用をする下働き。
**―梅雨《づゆ》** 梅雨の前ぶれのような長雨。
**―幅《はば》跳《と》び** 陸上競技の種目の一。走って跳ぶ距離を競う。
**―回《まわ》る** ①あちこち走る。②忙しくあちこちに行く。
**―読《よ》み** 急いで読むこと。
**ぱしり**〔俗語〕使いっ走りの略。
**バジリコ**〔イタリア語 basilico〕シソ科の一年草。葉を香辛料にする。バジル。
**はしる【走る】** ①歩くより足をはやく動かして進む。②道や川が通る。③ある方向にかたむく。「悪事に―」④よく動く。「筆が―」
**はじる【恥じる】** 恥ずかしく思う。
**バジル**〔basil〕バジリコ。
**はしわたし【橋渡し】** なかだち。
**ばしん【馬身】** 競馬で、距離の差を馬一頭分の長さで表す語。「一―の差」
**はす【斜】** ななめ。「―に構える」
**はす【蓮】** 大形の花の咲く水草。地下茎・種は食用。→れんこん
**はず** [一]《筈》①当然を表す。「これですむ―だ」②予定を表す。「明日は行く―だ」③確信を表す。「何度も言った―だ」[二]【筈】①矢はず。②ゆはず。③はずおし。
**ハズ** 夫。ハズバンドの略。対ワイフ
**バス**〔bass〕①音楽で、男声の最低音域（―の歌手）。②コントラバス。③低音域を受けもつ管楽器。④淡水魚の一。釣りの対象。「ブラック―」
**バス**〔bath〕風呂。
**バス**〔bus〕大型の乗合自動車。
**―に乗《の》り遅《おく》れる** 世間の動きにおくれる。
**パス**〔pass〕①無料-乗車（入場）券。「フリー―」②定期券。「―ケース」③通過。合格。④球技で、球を味方にわたすこと。
**はすい【破水】** 出産時、羊水がでること。
**はすいと【蓮糸】** ハスの繊維でできた糸。〔持っていると極楽往生できるとされる〕
**はすう【端数】** はんぱのかず。
**バズーカほう【―砲】** 小型で軽い対戦車用ロケット砲。バズーカ。
**バスーン**〔bassoon〕ファゴット。
**はずえ【葉末】** 葉の先。Ⅱ〔文章語〕子孫。
**ばずえ【場末】** 町はずれ。
**はずおし【筈押し】** 相撲の押し手の一。手を矢はずのように開いて押す。
**はすかい**《斜交い》ななめ。
**バスガイド**〔和製語 bus guide〕観光バスに乗務し、案内・説明をする人。
**はずかしい【恥ずかしい】** ①面目ない。②てれくさい。
**はずかしめる【辱める】** ①恥をかかせる。②地位・名誉を汚す。③女を犯す。
**パスカル**〔フランス語 pascal〕圧力の単位。一平方メートル当たり一ニュートンの力が加わるときの圧力。記号Pa
**ハスキー**〔husky〕声がしゃがれているようす。「―ボイス」
**バスケ** バスケットボールの略。
**バスケット**〔basket〕①手さげかご。②バスケットボール。また、そのゴール。

ーボール〔basketball〕 球技の一。一チーム五人。

**はずす【外す】** ①とまっている物を取り離す。②取り除く。③逃がす。「機会をー」④それる。「的をー」⑤退く。「席をー」

**バスストップ**〔bus stop〕 バスの停留所。

**パスタ**〔イタリア語 pasta〕 イタリア産のめん類。マカロニやスパゲティーなど。

**パスタ**〔ドイツ語 Pasta〕 軟膏《なんこう》。

**バスター** 野球で、打者がバントの構えから強打すること。〔bastard bunt から〕

**バスタオル**〔bath towel〕 入浴後に体をふくのに使う大形のタオル。

**バスタブ**〔bathtub〕 洋式の浴槽。

**はすっぱ**《蓮っ葉》 言動が下品で軽はずみなーようす(女)。

**パスティーシュ**〔フランス語 pastiche〕 他の作品を模倣して改作した作品。類パロディ

**パステル**〔pastel〕 クレヨンの一種。

**ーカラー**〔pastel color〕 柔らかい中間色。

**バスト**〔bust〕 ①胸囲。特に女性の、胸。②胸像。

**パストラル**〔pastoral〕 ①牧歌。②牧歌的な文学・絵画。

**ハズバンド**〔husband〕 夫。対ワイフ

**パスポート**〔passport〕 海外旅行者用の国籍証明書の一。旅券。

**パスボール**〔passed ball〕 野球で、捕手が投手の球を受けそこなうこと。逸球。捕逸。

**バスマット**〔bath mat〕 入浴後、足をふく敷物。

**はずみ【弾み】** ①はねかえる力。②勢い。「ーがつく」③拍子。「投げたー」

**ー車《ぐるま》** 機械の回転軸に取り付け、回転を円滑にする重い車。

**ーを食《く》う** あおりを受ける。

**はずむ【弾む】** ①はね返る。②調子づく。③息が荒くなる。④お金を奮発する。

**はすむかい【斜向かい】** ななめ向かい。「ーの家」

**ハスラー**〔hustler〕 ビリヤードで、賭《か》けで生活する人。〔元の意味は「詐欺師」〕

**バズる** SNSなどで、ある話題が急に広がる。〔バズはbuzz(=噂話)〕

**パズル**〔puzzle〕 なぞ。「クロスワードー」

**バスルーム**〔bathroom〕 浴室。

**はずれ【外れ】** ①外れること。②端。「町ー」

**はずれ【葉擦れ】** 葉がすれあうこと。

**バスレーン**〔bus lane〕 道路で、バスの優先車線。

**はずれる【外れる】** ①とまっている物が離れる。②それる。対当たる

**バスローブ**〔bathrobe〕 湯あがりに着るゆったりした部屋着。

**パスワーク**〔和製語 pass work〕 球技で、味方どうしで球をわたしあうこと。

**バズワード**〔buzzword〕 もっともらしいが、定義や意味が明確でない語。

**パスワード**〔password〕 合い言葉。暗証番号。

**はぜ【沙魚・鯊】** 川・海にすむ小魚。食用。

**はぜ【黄櫨】** ハゼノキ。

**はせい【派生】** 源から分かれて生じること。

**ー語《ご》** ひとつの単語に接辞がついてできた語。「楽しい」→「楽しさ・楽しがる・楽しげ」など。

**ばせい【罵声】** ののしる大声。

**はせさんじる【馳せ参じる】** 急いで参上する。はせさんずる。

**はせつける【馳せ着ける】** かけつける。

**パセティック**〔pathetic〕 ①感動的。②悲壮。

**バセドーびょう【ー病】** 甲状腺の機能がたかぶって起こる病気。目がとび出る。〔Ba-sedow はこの病気の研究者〕

**はぜのき【黄櫨】** ウルシ科の木。紅葉が美しい。実からろうをとる。はぜ。

**パセリ**〔parsley〕 野菜の一。香気がある。

**はせる【馳せる】** 走らせる。Ⅱ㋐名を広める。㋑遠くに至らせる。「思いをー」

**はぜる**《爆ぜる》 はじけて開く。

**はせん【波線】** なみせん。「〰」

**はせん【破船】** 難破船。

**はせん【破線】** 等間隔で、切れ目のある線。「……」

**はそく【把捉】** 〔文章語〕つかみとること。Ⅱ理解すること。「大意をーする」

**パソコン** パーソナルコンピューターの略。

**ばそり【馬橇】** 馬に引かせるそり。

**はそん【破損】** こわす(こわれる)こと。

**はた【畑】**《畠》 はたけ。

**はた** ①**【端】**へり。ふち。②《傍》かたわら。

**ー(傍)の見《み》る目《め》** 第三者の見る見方。

**はた【旗】** 布などで作ったしるし。さおにつけて掲げる。
**ーを振《ふ》る** 運動を推進する。
**ーを巻《ま》く** 降参する。
**はた【機】** 布を織る機械。
**はた《将》** 〔文章語〕あるいは。それともまた。「右せんか、ー左せんか」
**はだ【肌】《膚》** ①皮膚。②表面。「山のー」③気質。「学者ー」
**ーが合《あ》わない** なんとなく気持ちが合わない。
**ーで感《かん》じる** 直接体験してわかる。
**ーを許《ゆる》す** 女が男に身をまかせる。
**バター**〔butter〕乳製品の一。
**ーロール**〔和製語 butter roll〕バターの多く入ったロールパン。
**パター**〔putter〕ゴルフで、パット用のクラブ。
**はだあい【肌合い】** ①気質。「ーが違う」②肌ざわり。
**はたあげ【旗揚げ】** 挙兵。Ⅱ事業(劇団)を興すこと。
**はだあたり【肌当たり】** 化粧品や下着などが肌に触れたときの感触。
**パターナリズム**〔paternalism〕父が子に対するように保護し支配する関係。父権主義。
**バタール**〔フランス語 bâtard〕フランスパンの一。太さが中くらいで棒状。
**はだあれ【肌荒れ】** 肌の表面がかさかさになること。
**パターン**〔pattern〕①型。②図案。模様。「テストー」◇パタン。
**ばたい【馬体】** 馬のからだ。
**ばだい【場代】** 場所代。
**はたいろ【旗色】** 形勢。「ーが悪い」
**はだいろ【肌色】** ①肌の色。「ーが悪い」②赤みがかった薄い黄色。〔一般的な日本人の肌の色から〕
**はたおり【機織り】** 機で布を織る-こと(人)。
**はだか【裸】** ①衣服を全く着ていないこと。Ⅱ㋐覆いがないこと。「ー電球」㋑かくしだてのないこと。「ーになって話す」②準備・持ち物のないこと。
**ー一貫《いっかん》** 自分の体以外、何も資本のないこと。
**ー馬《うま》** 鞍《くら》の置いてない馬。
**ー麦《むぎ》** オオムギの一。食用・飼料用。
**はだがけ【肌掛け】** 薄くて柔らかい布団。肌掛け布団。
**はたがしら【旗頭】** (一方の)かしら。
**はだぎ【肌着】** 肌に直接つける衣服。下着。
**はたきこむ【叩き込む】** 相撲で、つっこんでくる相手の肩などをたたいて倒す。
**はたく《叩く》** ①たたく。②払い除く。「ちりをー」③お金を使い果たす。
**バタくさい【ー臭い】** 西欧風だ。〔「バタはバターの意〕
**はたけ【畑】《畠》** 耕して作物を作る耕地。Ⅱ専門の領域。「ー違い」
**はたけ【疥】** 皮膚病の一。顔や首が白くかさかさになる。
**はだける** 着衣を広げて肌を見せる。
**はたご【旅籠】** 昔の宿屋。
**はたざお【旗竿】** 旗をつけて立てる竿。
**はたさく【畑作】** 畑に作る-こと(作物)。
**はださむい【肌寒い】** 少し寒く感じるようす。Ⅱ不安な感じだ。
**はだざわり【肌触り】** 肌にふれる感触。Ⅱ受ける印象。「ーの柔らかい人」
**はだし【跣・裸足】** ①すあし。②…顔負け。「くろうとー」〔はだしで逃げ出す意〕
**はたしあい【果たし合い】** 決闘。
**はたしじょう【果たし状】** 決闘の申し込み状。
**はだしつ【肌質】** (美容用語で)肌の質。
**はたして【果たして】** ①予想どおり。②本当に。「ーどうなるか」
**はだジュバン【肌ー・肌襦袢】** 和服の肌着。はだジバン。
**はたじるし【旗印】《旗標》** 目じるしとして旗につけた紋所。Ⅱ目標。「自由のー」
**はたす【果たす】** ①なしとげる。②完全に…してしまう。「使いー」
**はたせるかな【果たせる哉】** やっぱり。「ー思ったとおりだ」
**はたち【二十・二十歳】** 二〇歳。
**はたち【畑地】** 畑として使われる土地。
**ばたつかせる** ばたばたと動かす。
**ばたつく** ばたばたと動く。あがく。
**はたと** ①急に。「ー思い当たる」②きつくにらむようす。はったと。
**はだぬぎ【肌脱ぎ】** 衣服を脱いで、肌、特に肩を見せること。

**はタバコ【葉―】** 乾燥後、刻んでいないタバコ。
**はたはた【鰰】** 海産魚の一。食用。北日本に多い。
**はたび【旗日】** 国民の祝日。〔国旗を掲げる日の意〕
**バタフライ**〔butterfly〕 ①蝶《ちょう》。②泳法の一。
**― 効果《こうか》** 初期条件のわずかな違いで結果に大きな違いが出ること。カオス理論の用語。
**はたふり【旗振り】** ①（歓迎や合図の）旗を振る―こと（人）。②率先して物事を推し進める人。「―役」
**はたまた【将又】**〔文章語〕それともまた。
**はだみ【肌身】** からだ。
**― 離《はな》さず** いつもしっかり身につけて。
**はため【傍目】** 他人の見る目。
**はためいわく【傍迷惑】** 周囲の人が迷惑すること。類近所迷惑
**はためく** （旗などが）風に吹かれて音をたてて翻る。
**はたもと【旗本】** 江戸時代、御目見《おめみえ》以上の直参《じきさん》の武士。
**はたや【機屋】** 織物業の―家（人）。
**ばたや【バタ屋】** かつて、くず拾いの俗称。
**はたらかせる【働かせる】** 働くようにする。はたらかす。
**はたらき【働き】** ①仕事で生活を立てること。②活動。作用。機能。③手柄。
**― 蟻《あり》** アリの社会で、労働を受け持つアリ。
**― 掛《か》ける** 相手に対し、動作や作用をしかける。
**― 盛《ざか》り** さかんに仕事ができる年ごろ。
**― 手《て》** ①働き者。②一家の生計をたてる人。
**― 蜂《ばち》** ハチの社会で、労働を受け持つハチ。Ⅱ熱心に働く人。
**― 者《もの》** よく働く人。
**はたらく【働く】** ①仕事をする。②活動する。③作用する。
**はだれゆき【はだれ雪】**《斑雪》 まだらに（―薄く）降り積もった雪。はだら雪。
**はたん【破綻】** うまくゆかなくなること。「―をきたす」〔破れほころびる意〕
**はだん【破談】** 相談（縁談）を取り消すこと。
**パタン**〔pattern〕 パターン。
**はたんきょう【巴旦杏】** ①スモモの品種の一。実は肉厚で甘い。②アーモンド。
**はち【八】** 数の名。
**はち【蜂】** 昆虫の一。雌は尾に毒針をもつ。
**はち【鉢】** ①大きくて深い食器。②植木鉢。③頭蓋骨《ずがいこつ》。「頭の―が開いている」
**ばち【罰】** 悪事に対する神仏のこらしめ。「―が当たる」
**ばち【撥】** ①三味線を鳴らす道具。②《枹》太鼓やどらを打つ棒。
**ばちあたり【罰当たり】** 罰が当たって当然である―こと（人）。
**はちあわせ【鉢合わせ】** 頭と頭がぶつかること。Ⅱばったり出会うこと。
**はちうえ【鉢植え】** 植木鉢に植えてある―こと（草木）。
**ばちがい【場違い】** その場にふさわしくないこと。
**はちがつ【八月】** 年の八番目の月。葉月《はづき》。
**はちきれる【はち切れる】** 中身がいっぱいで破れる。「元気ではちきれそう」
**はちく【淡竹】** 大形の竹の一。たけのこは食用。幹は工芸用。
**はちくのいきおい【破竹の勢い】** とどめがたい激しい勢い。
**はちじゅうはちや【八十八夜】** 立春から八八日目。五月二日ごろ。種まきの適期。
**はちじょう【八丈】** 八丈島産の縞《しま》や格子《こうし》柄の絹織物。
**はちす【蓮】**〔文章語〕ハス。
**パチスロ**〔俗語〕パチンコ式のスロットマシーン。
**はちだいしゅう【八代集】** 古今《こきん》集から新古今集までの八つの勅撰和歌集。
**はちどり【蜂鳥】** 鳥類で最も小さい鳥。花の蜜を吸う。
**はちのこ【蜂の子】** ハチの幼虫。食用になる。
**はちのす【蜂の巣】** ハチの作る巣。Ⅱ穴がたくさんあること。「―になる」
**― を突《つ》ついたよう** 大騒ぎの形容。
**はちぶ【八分】** ①全体の八割。②村八分。
**― 音符《おんぷ》** 全音符の八分の一の長さを表す音符。〔♪〕
**― 通《どお》り** おおよそ。

**パチプロ** パチンコで生計をたてている人。〔パチンコ＋professionalから〕

**はちぶんめ【八分目】** 全体の八割。Ⅱひかえめにすること。「腹ー」

**はちまき【鉢巻き】** 頭に巻く、細い布。

**はちまん【八幡】** 八幡神。八幡宮。応神天皇が主神。武神として信仰された。

**ー大菩薩**《だいぼさつ》 八幡神の別称。〔神仏混交による言い方〕

**はちみつ【蜂蜜】** ミツバチが集めた花の蜜。食用。

**はちめんれいろう【八面玲瓏】** 〔文章語〕①どこから見ても美しいこと。②心にわだかまりがないこと。

**はちめんろっぴ【八面六臂】** 多方面で大活躍すること。〔八つの顔と六つのひじの意〕

**はちもの【鉢物】** ①鉢に盛った料理。②鉢植えの植物。盆栽。

**ぱちもん** 〔俗語〕にせもの。ぱちもの。〔「ぱっちもん」とも。／語源は、関西の俗語「パチる(＝盗む)」からとも、一〇のうち八程度のものの意からとも〕

**はぢゃ【葉茶】** 抹茶《まっちゃ》に対して、葉の形のままのお茶。はちゃ。

**はちゅうるい【爬虫類】** 脊椎《せきつい》動物の一。卵生。ヘビ・カメなど。

**はちょう【ハ調】** 音楽で、ハ音を主音とする音階。

**はちょう【波長】** 波動の山から山(谷から谷)までの距離。Ⅱ考え方。「ーが合わない」

**はちょう【破調】** ①調子はずれ。②決まったリズムを破ること。

**はちりはん【八里半】** 〔俗語〕焼き芋。〔味が栗(＝九里)に近いので〕

**バチルス**〔ドイツ語 Bazilius〕 桿菌《かんきん》。細菌。

**ぱちんこ【パチンコ】** ①おもちゃの一。②遊技の一。③〔俗語〕ピストル。

**はつ【初】** ①最初。「ーの試み」 ②その年(季節)初めて。「ー出荷」

**はつ【発】** ①出発。「大阪ー東京行」 ②発信。③弾丸の発射数を数える語。④打つ数を数える語。

**ハツ** 焼き鳥の材料で、心臓。〔heartsから〕

**ばつ** ①その場の調子・具合。「ーが悪い」 ②つじつま。「ーを合わせる」

**ばつ【バツ】** ×のしるし。ばってん。ペケ。多く、だめの意を表す。〔伏せ字にも使う〕

**ばつ【跋】** 〔文章語〕あとがき。奥書き。対序

**ばつ【閥】** 出身や利害関係を同じくするものの集まり。「東大ー」

**ばつ【罰】** 罪や過ちに対するこらしめ。対賞

**はつあき【初秋】** しょしゅう。

**はつあん【発案】** ①考え出すこと。②議案を出すこと。

**はつい【発意】** 思いつくこと。ほつい。

**はついく【発育】** 成育。「ー盛り」

**ばついち【バツイチ】** 〔俗語〕一度離婚していること。〔バツ一、×1とも書く〕

**はつうま【初午】** 二月最初の午《うま》の日。稲荷《いなり》神社の祭礼日。

**はつえき【発駅】** 出発(発送)した駅。対着駅

**はつえん【発煙】** 煙を出すこと。「ー筒」

**はつおん【発音】** 音声を出すこと。

**はつおん【撥音】** 日本語の音節で、「ん」で表記する音。

**ー便**《びん》 音便の一。〔例、飛びて→飛んで〕

**はつか【二十日】** ①月の二〇番目の日。②一日《いちにち》の二〇倍。「ー間」

**ー恵比須**《えびす》 恵比須講。

**ー正月**《しょうがつ》 旧暦で正月二〇日。正月の祝い納め。

**ー大根**《だいこん》 小形の大根。種まき後二〇日ぐらいで食べられる。ラディッシュ。

**ー鼠**《ねずみ》 小形のネズミ。実験用。マウス。

**はっか【発火】** ①火が出ること。②鉄砲に火薬だけつめてうつこと。

**ー点**《てん》 点火しなくても自ら燃え出す最低温度。

**はっか【薄荷】** 香気のある植物。葉から薄荷油を採る。

**はつが【発芽】** 芽を出すこと。

**ハッカー**〔hacker〕 コンピューターマニアで、他人のシステムに入りこんでデータやソフトウエアをこわす者。〔本来はコンピューターの熱狂的マニアの意〕

**はっかい【発会】** ①会が発足すること。②取引所で、その月最初の立会《たちあい》。対納会

**はつがい【初買い】** その年最初の買い物。

**はつがお【初顔】** ①初顔合わせ。②会などに初めて参加した人。

**はつかおあわせ【初顔合わせ】** ①試合で、その相手との初めての対戦。②演劇で、その相手との初めての共演。③最初の会合。

**はっかく【八角】** 果実の一。中国料理の香料に使う。

**はっかく【発覚】** 隠していたことがばれること。「不正が—する」

**ばっかく【麦角】** 細菌が麦などに寄生してできる物質。猛毒。止血剤用。

**バッカス**〔Bacchus〕 ローマ神話で、酒の神。〔ギリシャ神話のディオニソスにあたる〕

**はつがつお【初鰹】** その年の最初に出回るカツオ。〔初夏のころ〕

**はつがま【初釜】** その年最初の茶会。また、最初に釜をかけてお茶をたてること。

**はつかり【初雁】** その年初めて渡ってくるガン。〔秋のはじめころ〕

**はっかん【発刊】** 書籍・雑誌を発行すること。

**はっかん【発汗】**〔文章語〕汗をかくこと。

**はつがん【発ガン・発癌】** ガンが発生すること。「—物質」

**ばっかん【麦稈】**〔文章語〕むぎわら。

**はつかんせつ【初冠雪】** 夏以降初めて山頂が雪で白くなること。

**はっき【発揮】** 力や特性を十分に表し示すこと。

**はつぎ【発議】** ほつぎ。

**はづき【葉月】** 陰暦で、八月。

**はっきゅう【白球】**（野球・ゴルフなどの）白いボール。

**はっきゅう【発給】** 発行して与えること。「ビザを—する」

**はっきゅう【薄給】** 安い給料。「—に甘んじる」対高給

**はっきょう【発狂】** 精神の平衡を失うこと。

**はっきり** ①明らかなようす。②さわやかなようす。「頭が—する」③確かであるようす。◇対ぼんやり

**はっきん【白金】** 金属元素の一。展性・延性に富む。貴金属。プラチナ。記号Pt

**はっきん【発禁】** 発売禁止の略。

**ばっきん【罰金】** ①罰として出させる金銭。②財産刑の一。金銭を取り立てる。

**パッキン**〔packing〕 パッキング。

**ハッキング**〔hacking〕 ①コンピューターシステムなどへの不正侵入。②バスケット・ラグビーの反則の一。相手をたたいたり蹴ったりする。

**パッキング**〔packing〕 ①荷作り。②荷作り用の詰め物。パッキン。③管の継ぎ目に入れるもの。もれを防ぐ。パッキン。

**バック**〔back〕 ①背。背後。背景。対フロント ②後衛。バックス。対フォワード ③バックストローク。④オールバック。⑤バックハンド。対フォア ⑥後援。⑦後退。

**—アップ**〔backup〕 ①後援。②コンピューターで、万一に備えてデータのコピーをとっておくこと。

**—オフィス**〔back office〕（後方で）事務管理を行う部門。

**—グラウンド**〔background〕 背景。「事件の—」

**—グラウンドミュージック**〔background music〕 ①映画や劇の背景音楽。②雰囲気を作るために流す音楽。◇BGM。

**—シャン**〔和製語 back ドイツ語 schön〕 後ろ姿だけ美しい女性。

**—ス**〔backs〕 ①野球で、内野手と外野手。②サッカーやラグビーで、後衛。

**—スイング**〔backswing〕 野球やゴルフで、打球の際に腕を後方に振り上げる動作。

**—スクリーン**〔和製語 back screen〕 野球場で、センター真後ろにある緑色の塀。

**—スタンド**〔和製語 back stand〕 競技場で、正面席の反対側の観客席。対メインスタンド

**—ステージ**〔backstage〕 舞台裏。楽屋。

**—ストローク**〔backstroke〕 背泳。

**—スピン**〔backspin〕 ゴルフやテニスで、球に逆回転をかける打ち方。アンダーカット。対トップスピン

**—チャージ**〔back charge〕 ①サッカー・ラグビーの反則の一。球を持つ相手へ背後からぶつかる。②キックバック。

**—ナンバー**〔back number〕 雑誌の既刊号。

**—ネット**〔和製語 back net〕 野球場の捕手の後方の網。

**—パッカー**〔backpacker〕 低予算で（—バックパックを背負って）国外を旅する人。

ーパック〔backpack〕背負うタイプのかばん。
ーハンド〔backhand〕テニスや卓球で、ラケットを持っていない側にきた球を打つこと。
ーバンド〔和製語 back band〕歌手やソリストの後ろで伴奏をする楽団。
ーホーム〔和製語 back home〕野球で、野手が球を本塁に投げること。
ーボーン〔backbone〕背骨。⊜一貫した信念。
ーミラー〔和製語 back mirror〕自動車で、後方を見る鏡。
ーヤード〔backyard〕店舗内で、客の入らない倉庫、作業場、調理場など。〔裏庭の意〕
**パック**〔pack〕①品物を詰めること。また、詰めたもの。②美顔術の一。③行程がすべてセットされて売り出される形式の旅行。パック旅行。パッケージツアー。
**パック**〔puck〕アイスホッケーで、球として使う硬化ゴム製の小円盤。
**バッグ**〔bag〕かばん。バック。
**バックスキン**〔buckskin〕なめし革の一。シカ・羊のもみ革。
**はっくつ【発掘】** 掘り出すこと。⊜知られていない、すぐれたものを見つけ出すこと。
**バックル**〔buckle〕バンドのとめ金。尾錠《びじょう》。
**ばっくれる**〔俗語〕①しらをきる。とぼける。②(授業などを)サボる。◇「しらばっくれる」から」

**はづくろい【羽繕い】** 鳥がくちばしで羽を整えること。
**ばつぐん【抜群】** ずば抜けていること。「ーの成績」
**はっけ【八卦】** ①易の基本となる八種の形。②易。占い。
ー見《み》 易者。
**はっけい【八景】** その地方で、八か所のすぐれた景色。「近江《おうみ》ー」
**パッケージ**〔package〕包装(ー用の容器)。
ーツアー〔package tour〕パック③。
**ばつゲーム【罰ー】** ゲームで負けたりすると、あらかじめ決められたこと。
**はっけっきゅう【白血球】** 血球の一。細菌を殺す作用がある。対赤血球
**はっけつびょう【白血病】** 血液中に、正常でない白血球が異常に増える病気。
**はっけん【白鍵】** ピアノやオルガンの鍵盤にある白い鍵。対黒鍵
**はっけん【発見】** 初めて見つけ出すこと。
**はっけん【発券】** 銀行券や乗車券を発行すること。
**はつげん【発言】**(言葉で)意見を述べること。また、その意見。「ーを求める」
**はつげん【発現】** 現れ出ること。現し出すこと。
**バッケン**〔ドイツ語 Backen〕スキーに靴を固定する金具。耳金《みみがね》。
**バッケンレコード**〔和製語 bakken + record〕スキーで、そのジャンプ台で記録された最長不倒飛行距離。

**はつご【初子】** 初めて生まれた子。ういご。
**はつご【発語】** ①発言。②文章や話のはじめに用いる語。さて・いざなど。
**ばっこ【跋扈】**〔文章語〕悪いものがのさばること。「跳梁《ちょうりょう》ー」
**ばつご【跋語】**〔文章語〕後書きの言葉。
**はつこい【初恋】** 初めての恋。
**はっこう【白光】** ①白色の光。②コロナ。
**はっこう【発光】** 光を出すこと。
ーダイオード 電流を流すと発光するダイオード。LED。
ー塗料《とりょう》 暗い所でも、光って見える塗料。
**はっこう【発行】** ①本や新聞を印刷して世に出すこと。②紙幣・証明書・定期券などを出すこと。
**はっこう【発効】** 効力が発すること。「条約がーする」対失効
**はっこう【発酵】**《醱酵》酵母などの作用で有機化合物が分解すること。
**はっこう【薄幸】**《薄倖》不幸。不運。「ーの生涯」
**はつごおり【初氷】** その冬初めてはる氷。
**はっこつ【白骨】**(風雨にさらされて)白くなった骨。「ーと化す」
**はっこん【発根】** 植物の根が出ること。
**はっさい【発災】** 災害が発生すること。
**ばっさい【伐採】** 樹木を切り出すこと。
**はっさく【八朔】** ①陰暦八月一日。②ミカンの一。
**はっさん【発散】** ①光・熱・においなどを外へ出すこと。②数学で、数列や関数が

収束しないこと。対収束　③光が一点から広がって進むこと。対収束
**はつざん【初産】**ういざん。
**ばつざんがいせい【抜山蓋世】**〔文章語〕非常に意気さかんで勇ましいこと。〔山を引きぬき、世をおおう意〕
**はっし《発止》**①しっかり受けとめるようす。②かたいものがぶつかるようす。「丁々─」
**ばっし【末子】**まっし。
**ばっし【抜糸】**傷口を縫合した糸を抜き取ること。
**ばっし【抜歯】**歯を抜くこと。
**バッジ**〔badge〕記章。
**ハッシシ**〔hashish〕インド産の大麻。葉は麻薬になる。ハシッシュ。ハッシシュ。
**パッシブ**〔passive〕①受動的。消極的。②文法で、受動態。◇対アクティブ
**はつしも【初霜】**その年（冬）初めて降りる霜。
**はっしゃ【発車】**列車やバスが動き出すこと。対停車
**はっしゃ【発射】**弾丸やロケットをうち出すこと。「─台」
**はっしゅつ【発出】**（官庁が）通知や命令などの文書を出すこと。
**ハッシュドビーフ**〔hashed beef〕洋食の一。薄切りの牛肉をデミグラスソースで煮込んだもの。〔タマネギ入りのハッシュドビーフをご飯にかけるとハヤシライスになる〕
**はっしょう【発祥】**物事が起こり現れること。「─の地」
**はっしょう【発症】**症状が出ること。
**はつじょう【発情】**情欲がおこること。
**ばっしょう【跋渉】**〔文章語〕各地を歩き回ること。「山野を─する」
**はっしょく【発色】**①カラーフィルムや染め物の色を出すこと。②色の仕上がり。
**パッション**〔passion〕①情熱。②キリスト教で、キリストの受難。③キリストの受難を主題にした楽曲。受難曲。
**─フルーツ**〔passionfruit〕果実の一。ブラジル原産。
**はっしん【発信】**①郵便・電信を出すこと。対受信・着信　②情報や意見を広く発表すること。「地元の魅力を─する」
**はっしん【発振】**電気や音の振動を起こすこと。
**はっしん【発疹】**小さな吹き出物（─が皮膚に出ること）。ほっしん。
**─チフス**　感染症の一。全身に発疹する。
**はっしん【発進】**航空機や自動車が動き出すこと。
**バッシング**〔bashing〕たたくこと。激しい非難。「ジャパン─」
**パッシング**〔passing〕①自動車で、前の車に対してライトを点滅すること。追い越す意志表示。②テニスで、相手のわきをすばやく抜く打法。「─ショット」
**はっすい【撥水】**布や紙が水をはじくこと。「─性」
**ばっすい【抜粋】《抜萃》**要所を抜き出すこと（出したもの）。「論文の─」
**はつすがた【初姿】**新年の着飾った姿。
**はっする【発する】**①起こる。起こす。②現れる。現す。③出る。出す。④発表する。
**ハッスル**〔hustle〕張り切ること。
**ばっする【罰する】**罰を与える。
**はっすん【八寸】**会席料理で、酒肴の料理。また、それを載せる八寸角の折敷《おしき》。
**はっせい【発生】**生ずること。
**はっせい【発声】**①声を出すこと。②音頭《どおん》をとること。
**はっせき【発赤】**皮膚が赤くなること。
**はつぜっく【初節句】**生まれて初めての節句。〔女子は三月三日。男子は五月五日〕
**ばっせん【抜染】**布の地色を抜いて模様を現すこと。抜き染め。
**はっそう【発走】**競走で、走り出すこと。
**はっそう【発送】**荷物などを送り出すこと。
**はっそう【発想】**①思いつくこと。②思想を表現すること。③曲の気分を演奏で表すこと。「─記号」
**はっそく【発足】**ほっそく。
**ばっそく【罰則】**違反者を罰する規則。「─を定める」
**ばつぞく【閥族】**〔文章語〕①（地位の高い）家柄。②閥を形づくる一団。
**はつぞら【初空】**元日の朝の空。
**ばっそん【末孫】**まっそん。
**ばった《飛蝗》**昆虫の一。よくはねる。
**バッター**〔batter〕野球で、打者。
**─ボックス**〔batter's box〕バッターが球

を打つために立つ場所。

**はつたけ【初茸】** キノコの一。食用。

**はったつ【発達】** ①成長していくこと。②進歩していくこと。「産業の―」

**―障害《しょうがい》** 幼小児期に現れる、脳機能に原因する心身の障害。〔自閉症・アスペルガー症候群・学習障害など〕

**はつだより【初便り】** ①新年初めての便り。②その季節初めての便り。

**はったり** 〔俗語〕人をおどかすための誇大な言動。「―をきかす」

**ハッチ** 〔hatch〕①船の甲板《かんぱん》の昇降口。②台所と食堂の間の料理の出し入れ口。

**―バック** 〔hatchback〕自動車で、座席と後ろのトランクが一体のもの。

**パッチ** 〔朝鮮語 ba-ji〕長いももひき。

**パッチ** 〔patch〕①あて布。②パッチファイル。

**―テスト** 〔patch test〕アレルギーの原因物質を調べる検査。〔検査物質を皮膚にはりつけて反応をみる〕

**―ファイル** 〔patch file〕アプリケーションソフトなどの不具合を修正するためのファイル。パッチ。

**―ワーク** 〔patchwork〕小さなきれをはぎ合わせて作品をつくる手芸。その作品。

**バッチしょり【―処理】** コンピューターで、データの一括処理方式。対リアルタイム処理

**はっちゃく【発着】** 出発と到着。

**はっちゅう【発注】** 注文を出すこと。対受注

**はっちょう【八丁】** よく動くこと。「手―口―」〔いやしめて使われることが多い〕

**ばってい【末弟】** まってい。

**バッティング** 〔batting〕野球で、打撃。

**―アベレージ** 〔batting average〕野球で、打率。

**―センター** 野球の打撃練習のできる施設。〔batting practice center から〕

**バッティング** 〔butting〕①ボクシングで、頭突き。〔反則〕②予定などがぶつかること。

**パッティング** 〔patting〕化粧水を肌に軽くたたきつけること。

**ばってき【抜擢】** 大勢の中から引きぬいて重く使うこと。類登用

**バッテラ** 〔ポルトガル語 bateira〕サバの押しずし。

**バッテリー** 〔battery〕①蓄電池。②野球で、投手と捕手の組み合わせ。

**はってん【発展】** ①広がり栄えること。②次の段階に進むこと。Ⅱ〔俗語〕(異性関係で)さかんに活動すること。「―家」

**―的解消《てきかいしょう》** 発展してもとの形がなくなり、新しい機構や組織になること。

**―途上国《とじょうこく》** 近代化の過程にある国。開発途上国。

**はつでん【発電】** 電気を起こすこと。

**―機《き》** 電気を発生させる機械。ダイナモ。

**ばってん【罰点】** ①ばつ。×のしるし。②反則などの点数。

**ハット** 〔hat〕(まわりにつばのある)帽子。

**―トリック** 〔hat trick〕サッカーなどで、一人の選手が一試合で三点(-以上)取ること。

**バット** 〔bat〕野球などで、球を打つ棒。

**バット** 〔vat〕平たい容器。料理・写真現像用。

**パット** 〔putt〕ゴルフで、グリーン上で穴に向けて球を打つこと。

**パッド** 〔pad〕洋服の詰め物。形を整える。パット。「肩―」

**はつどう【発動】** ①動き-出す(出させる)こと。②権力を行使すること。「強権を―する」

**―機《き》** エンジン。

**ばっとう【抜刀】** 刀を抜くこと。その刀。

**はっとうしん【八頭身】** 身長と頭部の長さが八対一の比率であること。〔スタイルのよい美人の基準とされる〕

**ぱっとしない** ①見栄えがしない。②期待するほどの活躍がない。

**ぱっとみ【ぱっと見】** 瞬間的に-見ること(見たようす)。

**はつとり【初酉】** 一の酉。

**はつなき【初鳴き】** 鳥や虫などが、その季節に初めて鳴く-こと(声)。「ウグイスの―」Ⅱアナウンサーとしての第一声を発すること。

**はつなつ【初夏】** しょか。

**はつなり【初生り】** 果実がその-年(木)に初めて-なること(なった果実)。

**はつに【初荷】** 新年初めて(-飾りたてて)送り出す商品。

**はつね【初音】** ウグイスなどの、その年初め

ての鳴き声。

**はつね**【初値】取引所で、新年最初についた値段。

**はつねつ**【発熱】①熱を発すること。②体温が普通より上がること。

**はつのり**【初乗り】①新しい乗り物に初めて乗ること。②電車やバスで、最低の運賃で乗車できる区間。

**はつば**【発馬】競馬で、馬がスタートすること。

**はっぱ**【発破】岩石を爆破する－こと（火薬）。

**ーをかける** 爆破する。Ⅱ〔俗語〕気合いをかける。

**はつばい**【発売】売り出すこと。「ー禁止」

**はつばしょ**【初場所】正月に行う大相撲の興行。

**はつはな**【初花】①その季節初めて咲く花。②その草木に初めて咲く花。

**はつはる**【初春】新年。新春。

**はつひ**【初日】元日の朝日。類初日の出

**はっぴ**【法被】印ばんてん。

**ハッピー**［happy］幸せ。

**ーエンド**［happy ending］幸福な結末。

**ーマンデー**［和製語 happy Monday］国民の祝日で月曜日に移されたもの。また、その月曜日。〔土・日とあわせ三連休にするため〕

**はつひので**【初日の出】元日の日の出。

**はっぴゃくや**【八百八】

**ー町**《ちょう》 昔、江戸のたくさんの町々の称。

**ー橋**《ばし》 昔、大坂のたくさんの橋の称。「難波《なにわ》のー」

**はつびょう**【発病】病気になること。

**はっぴょう**【発表】広く知らせること。

**ばつびょう**【抜錨】〔文章語〕船がいかりを上げて出航すること。対投錨

**はっぷ**【発布】法令などを公布すること。「憲法ー」

**パップ**［オランダ語 pap］患部にはって湿布する薬。パップ剤。

**バッファ**［buffer］①緩衝装置。②コンピューターで、データを一時的にためておくところ。「ーメモリー」

**バッファロー**［buffalo］水牛。〔野牛をいうこともある〕

**はつぶたい**【初舞台】初めて舞台に立つこと。「ーを踏む」Ⅱ初めて人々の前で行うこと。

**はつふゆ**【初冬】しょとう。

**はっぷん**【八分】漢字の字体の一。篆書《てんしょ》と隷書《れいしょ》の中間。

**はっぷん**【発憤・発奮】気力を奮い起こすこと。

**ばつぶん**【跋文】〔文章語〕後書きの文章。対序文

**はつほ**【初穂】①その年初めて実った－稲の穂（穀物・果物）。②神仏に奉る－初物（金銭）。◇はつお。

**はっぽう**【八方】八つの方角。Ⅱ方々。多方面。

**ー美人**《びじん》 だれからも好かれるようにふるまう人。

**ー塞**《さふ》**がり** 方々に支障があって動きがとれないこと。

**ー破**《やぶ》**れ** すきだらけなこと。Ⅱやぶれかぶれの態度。

**はっぽう**【発泡】あわが立つこと。

**ー酒**《しゅ》 ①スパークリングワイン。②ビールによく似た酒で、麦芽の比率がビールよりも少ないもの。

**ースチロール** 泡状の空間を無数に含んだ合成樹脂。詰め物・断熱材用。

**はっぽう**【発砲】銃砲を撃つこと。

**はつぼん**【初盆】新盆《にいぼん》。

**ばっぽんてき**【抜本的】根本原因を取り除くようす。「ー対策」

**はつまいり**【初参り】はつもうで。

**はつまご**【初孫】ういまご。

**はつみみ**【初耳】初めて聞くこと。

**はつめい**【発明】①新しく考え－出す（出して作る）こと。「必要はーの母」②利口。〔古い言い方〕

**はつもうで**【初詣で】新年初めて社寺にお参りすること。はつまいり。

**はつもの**【初物】①その季節に初めてできた作物。②その季節に初めて食べるもの。Ⅱ処女。童貞。

**ー食**《ぐ》**い** 初物を好んで食べる－人（こと）。Ⅱ新しい物に飛びつく－人（こと）。

**はつもん**【発問】〔文章語〕質問をすること。

**はつゆ**【初湯】①正月二日の入浴。②うぶゆ。

**はつゆき**【初雪】その－年（冬）初めて降る雪。

**はつゆめ【初夢】** 正月-元日（二日）の夜の夢。
**はつゆるし【初許し】** しょゆるし。
**はつよう【発揚】** 〔文章語〕奮い起こすこと。
**はつらつ【溌剌】** 生気があふれているようす。
**はつる**《削る》①薄く削り取る。②上前をはねる。
**はつれい【発令】** 法令や警報を出すこと。
**はつろ【発露】** 〔文章語〕感情が表に現れること。「愛情の―」
**はつわ【発話】** 音声で語や文を表すこと。また、その音声。
**はて【果て】** 行きつく所。「旅路の―」
**はで【派手】** ①はなやかで目立つこと。②大げさ。◇対じみ
**パテ** 〔フランス語 pâté〕肉類をすりつぶしてねり固めた料理。
**パテ** 〔putty〕接合剤の一。鉄管のつなぎ目や窓ガラスの固定に使う。
**ばてい【馬蹄】** 馬のひづめ。「―形」
**パティオ** 〔スペイン語 patio〕スペイン風の中庭。
**パティシエ** 〔フランス語 pâtissier〕洋菓子の製菓職人。
**パティスリー** 〔フランス語 pâtisserie〕小麦粉で作る洋菓子-の総称（を売る店）。
**はてし【果てし】** 果て。〔「し」は強意の助詞〕
**―ない** きりがない。
**はでやか【派手やか】** はなやか。
**はてる【果てる】** ①終わる。「会が―」②死ぬ。「異郷で―」③すっかり…する。「疲れ―」
**ばてる** 〔俗語〕つかれきる。
**はてんこう【破天荒】** 〔文章語〕だれも思いもよらなかったことをすること。〔誤って「豪快で大胆な」の意で使われる〕
**パテント** 〔patent〕特許（―権）。
**はと【鳩】** 人家近くにすむ中形の鳥。
**―が豆鉄砲《まめでっぽう》を食《く》ったよう** 突然のことにきょとんとするようす。鳩に豆鉄砲。
**はとう【波頭】** 〔文章語〕なみがしら。
**はとう【波濤】** 〔文章語〕大波。
**はどう【波動】** 振動が波のように連続して伝わる現象。
**はどう【覇道】** 武力や権力で国を治める方法。対王道
**ばとう【罵倒】** ひどくののしること。
**パトカー** パトロールカーの略。
**はとこ**《再従兄弟・再従姉妹》いとこの子どうしの関係。またいとこ。
**パトス** 〔ギリシャ語 pathos〕感情。情熱。
**パドック** 〔paddock〕①競馬場で、出走前に馬が集まる場所。②自動車レースで、車を整備・点検する場所。
**はとは【ハト派】**《鳩派》穏健派。平和的解決派。対タカ派
**はとば【波止場】** 波をよけ、船をつなぐ、海中につき出た構築物。類埠頭《ふとう》
**バドミントン** 〔badminton〕ラケットで羽根を打ち合うスポーツ。バトミントン。
**はとむぎ【鳩麦】** 実を薬用・食用にするイネ科の一年草。「―茶」
**はとむね【鳩胸】** 前にはり出た胸。
**はとめ【鳩目】** くつなどのひもを通す穴（―の金具）。
**はどめ【歯止め】** 車輪の回転を止める-もの（装置）。ブレーキ。‖物事の変化をおさえる-こと（もの）。「―をかける」
**ハドル** 〔huddle〕アメリカンフットボールで、次のプレーを指示するための作戦会議。
**バトル** 〔battle〕戦い。
**―ロイヤル** 〔battle royal〕プロレスの試合方法の一。一〇人ほどが入り乱れて行う勝ち抜き戦。‖多数による乱戦。
**パドル** 〔paddle〕カヌー・カヤックをこぐ櫂《かい》。
**パトロール** 〔patrol〕警官などが巡視すること。
**―カー** 〔patrol car〕警察のパトロールに使う自動車。パトカー。
**パトロン** 〔patron〕経済的な後援者。
**ハトロンし【―紙】** 薄茶色の丈夫な洋紙。包装・封筒用。
**バトン** 〔baton〕①リレー競走で、走者が持つ棒。‖次の人に引きつぐ仕事。②指揮棒。タクト。
**―タッチ** 〔和製語 baton touch〕リレー競走で、バトンの引き渡し。‖仕事の引きつぎ。
**―トワラー** 〔baton twirler〕バトントワリングの演技をする-人（選手）。
**―トワリング** 〔baton twirling〕バトンを操って演技を行うこと。また、その競技。

**―を渡《たわ》す** 後継者にひきつぐ。

**はな【花】** ①植物の器官の一。②特に、桜の花。③はなやかなこと。「―の都」④華道。⑤精華。「武士道の―」⑥名誉。⑦芸人などへの祝儀。◇〔③④⑤⑥は華とも〕

**―と散《ち》る** 立派な―死に方（負け方）をする。

**―も恥《は》じらう** 若く美しい女性の形容。

**―も実《み》もある** 名実を兼ね備える。

**―より団子《だんご》** ①風流を解さないこと。②名より実利をとること。

**―を持《も》たせる** 勝利や手柄をわざと譲る。

**はな【端】** 〔俗語〕①最初。「―から」②はし。

**はな 一【鼻】** 顔の中央の高い部分。

**―が利《き》く** 利益になることを捜し出すのがうまい。

**―が高《たか》い** 得意だ。

**―であしらう** ばかにして冷たく扱う。鼻の先であしらう。

**―で笑《わら》う** 見下して笑う。鼻先で笑う。

**―にかかる** 息を鼻に抜いて発声する。

**―にかける** 自慢する。

**―につく** あきあきする。

**―の差《さ》** 競馬で、鼻の先ぐらいのわずかな差。はなさ。Ⅱわずかな差。

**―を明《あ》かす** 出し抜く。

**―を突《つ》く** 強く鼻を刺激する。

**―を鳴《な》らす** 甘えた声を出す。

**二**《洟》鼻汁。「―をかむ」

**―もひっかけない** 全く相手にしない。

**はなあかり【花明かり】** 桜の花の色で夜でもあたりがぼんやり明るく見えること。

**バナーこうこく【―広告】** 旗状の広告物。また、インターネットのウェブページ上の帯状の広告。〔bannerは、旗、横断幕の意〕

**はなあらし【花嵐】** ①桜の花が嵐のように舞い散ること。②桜の花の咲くころに吹く嵐。

**はなあわせ【花合わせ】** 花札を使った遊び。決められた種類の札を取り集めて役を作る。

**はないき【鼻息】** 鼻でする息。

**―が荒《あら》い** 意気込みが激しい。

**―をうかがう** 意向や機嫌をうかがう。

**はないけ【花生け】**《花活け》花器。

**はないた【花板】** 板長の美称。

**はないれ【花入れ】** 花器。

**はないろ【花色】** ①花の色。②はなだ色。

**はなうた【鼻歌・鼻唄】** 鼻にかかった小声で歌う―こと（歌）。

**―交《ま》じり** 本気にならず、気楽にするようす。

**はなうらない【花占い】** ①花びらをちぎって好き嫌いを占うこと。②選んだ花や、生年月日などで決まっている花で占うこと。

**はなお【鼻緒】** 下駄やぞうりの緒。

**はなおち【花落ち】** 花が落ちてすぐに取ったキュウリやナスなどの若い実。

**はながさ【花笠】** 花で飾った笠。

**はなかぜ【鼻風邪】** 鼻水が多く出る風邪。はなっかぜ。

**はながた【花形】** 人気のある―人（もの）。「―役者」類スター

**はながつお【花鰹】** 薄く削った鰹節。

**はながみ【鼻紙】**《花紙》 はなをかむときなどに使う紙。ちり紙。

**はながら【花柄】** 花の模様。

**はなぐすり【鼻薬】** 鼻の病気のための薬。Ⅱ少額のわいろ。「―をかがせる」

**はなくそ【鼻糞】**《鼻屎》 鼻汁とほこりが鼻の中で固まったもの。

**はなぐもり【花曇り】** 桜の花が咲くころの曇り空。

**はなくよう【花供養】** 灌仏会《かんぶつえ》。

**はなげ【鼻毛】** 鼻の穴の毛。

**―を抜《ぬ》く** 出し抜く。

**―を伸《の》ばす** 男が女におぼれる。

**はなごえ【鼻声】** ①鼻のつまった声。②（甘えて）鼻にかかった声。

**はなござ【花茣蓙】** はなむしろ。

**はなことば【花言葉】** 花に象徴的な意味をもたせたもの。〔例、バラ＝恋など〕

**はなごよみ【花暦】** それぞれの季節に咲く花とその名所を表した暦。

**はなさ【鼻差】** 鼻の差。

**はなざかり【花盛り】** 花がさかんに咲く―こと（時期）。Ⅱ最も盛んな時期。

**はなさき【鼻先】** ①鼻の端。②目前。

**はなし【話】** ①話す―こと（内容）。②相談。③うわさ。④【咄・噺】作り話。特に落語。

**―（咄・噺）家《か》** 落語家。

—がつく 相談がまとまる。
—が弾《はず》む 話に活気が出る。
—にならない 問題にならない。
—に乗《の》る ①相談に乗る。②賛同する。
—に花《はな》が咲《さ》く 話がはずむ。
—の腰《こし》を折《お》る 話のじゃまをする。
—半分《はんぶん》 事実は話の半分くらいで、残りはうそや誇張であること。
はなし【話し】
—合《あ》う ①互いに話す。②相談する。
—掛《か》ける ①相手に話をしかける。②話し始める。
—声《こえ》 話している声。
—言葉《ことば》 日常会話に使う言葉。対書き言葉
—込《こ》む 夢中になって話す。
—手《て》 話す方の人。対聞き手
バナジウム［vanadium］ バナジウム族元素の一。特殊鋼の添加物として使う。「—水」
はなしがい【放し飼い】 家畜をつながず、広い所に放して飼うこと。
はなしょうぶ【花菖蒲】 水辺に生えるアヤメ科の植物。初夏、白や紫の花が咲く。
はなじる【鼻汁】 鼻の穴から出る粘液。
はなじろむ【鼻白む】 気おくれ（興ざめ）した顔つきをする。
はなす【話す】 ①言葉で言う。②語り合う。〔ある程度まとまった内容を言うことをさす〕
はなす ■【離す】 ①ついているものを分ける。「手を—」 ②遠ざける。「間を—」 ■【放す】 解放する。「小鳥を—」
はなすじ【鼻筋】 眉間《みけん》から鼻先までの線。「—が通る」
はなすすき【花薄】 穂の出たススキ。
はなずもう【花相撲】 臨時に興行する相撲。〔力士の引退や祝いのときなど〕
はなせる【話せる】 ①話すことができる。②ものわかりがよい。「—人」
はなぞの【花園】 花の咲く草木を多く植えた庭。
はなたかだか【鼻高々】 得意げに自慢するようす。
はなたて【花立て】 花器。
はなたば【花束】 草花をたばねたもの。
はなだより【花便り】 花の、特に桜の咲いたようすを知らせる便り。
はなぢ【鼻血】 鼻から出る血。
—も出《で》ない お金を使い果たして（しぼりとられて）、一銭もない。
はなつ【放つ】 ①解放する。②光・音・においを出す。発する。「悪臭（異彩）を—」③矢や弾丸をとばす。「ホームランを—」
はなづつ【花筒】 花をいける筒。
はなっぱしら【鼻っ柱】 負けん気。
—を折《お》る 負けん気の人をやりこめる。
はなつまみ【鼻摘み】 人にきらわれる—こと（人）。「—者」
はなづまり【鼻詰まり】 鼻の中が—はれて（つまって）ふさがること。鼻つまり。
はなづら【鼻面】 鼻先。はなっつら。
はなどき【花時】 （桜の）花が咲くころ。
バナナ［banana］ 熱帯アジア原産の果物。
はなぬすびと【花盗人】 花の枝をぬすむ人。
はなの【花野】 秋草の美しく咲いている野原。
はなばさみ【花鋏】 草花や小枝を切るのに用いるはさみ。
はなばしら【鼻柱】 ①鼻の穴の間の肉。②鼻筋の骨。③⇩はなっぱしら
はなはずかしい【花恥ずかしい】 花も恥じらうほど—美しい（初々しい）。〔女性について使う〕
はなはだ【甚だ】 非常に。
—しい 程度がはげしい。
はなばたけ【花畑】 草花の畑。
はなばなしい【華々しい】《花々しい》 はなやかでみごとだ。
はなび【花火】 火薬を用いて、美しい光や形を表すもの。「打ち上げ（仕掛け）—」
はなびえ【花冷え】 桜の咲くころの寒さ。
はなびら【花弁】 花を形づくる薄片。かべん。
はなふだ【花札】 カルタの一。季節の花がかいてある。花ガルタ。
はなぶさ【花房】《英》 房状に咲く花。
はなふぶき【花吹雪】 桜の花が吹雪のように乱れ散ること。
はなまがり【鼻曲がり】 ①へそ曲がり。②生殖期のサケの雄。〔口の先が曲がっている〕
はなまち【花街】 花柳《かりゅう》街。
はなまつり【花祭り】 灌仏会《かんぶつえ》。
パナマぼう【—帽】 帽子の一。夏用。パナ

マ。
**はなまる【花丸】** ①丸印の一。高い評価を意味する。〔花の形に似る〕②日本料理に添える、花のついたままの小さいキュウリ。
**はなみ【花見】** 桜の花を見て楽しむこと。
**はなみ【花実】** 花と実。→死《し》んで花実《はな み》が咲《さ》くものか
**はなみ【羽並み】** 鳥の羽のならびぐあい。
**はなみ【歯並み】** 歯ならび。
**はなみず【鼻水】** 薄い鼻汁。
**はなみずき【花水木】** 落葉高木の一。四枚の苞《ほう》が花のように見える。
**はなみち【花道】** ①歌舞伎で、観客席の中に設けた舞台との通路。役者が出入りする。②相撲で、力士が土俵に出入りする通路。③物事の華々しい部分。「人生の—」
**はなむけ《餞・贐》** 旅立つ人に贈る―物(こと)。餞別《せんべつ》。
**はなむこ【花婿】** 新郎。対花嫁
**はなむしろ【花蓆】** イグサで模様を織り出した敷物。花ござ。
**はなむすび【花結び】** ひもを花の形に結んだもの。飾り用。
**はなめ【花芽】** 生長すると花になる芽。
**はなめがね【鼻眼鏡】** ①つるのない眼鏡。②眼鏡をずらして鼻先にかけること。
**はなもじ【花文字】** ①アルファベットで、語頭に用いる飾り模様のついた大文字。②花を―植えて(飾って)文字の形にしたもの。
**はなもち【花持ち】** 生け花にしたときに、花が咲き続ける度合い。

**はなもち(―が)ならない【鼻持ち(―が)ならない】** 臭くて我慢できない。Ⅱ我慢できないほど嫌味である。
**はなもの【花物】** 花を楽しむ植物。対実物《みもの》・葉物
**はなやか【華やか】《花やか》** ①はでで美しい。②際立つようす。
**はなやぐ【華やぐ】《花やぐ》** 明るくはなやかになる。
**はなやさい【花椰菜】** カリフラワー。
**はなよめ【花嫁】** 新婦。対花婿
**―御寮《ごりょう》** 花嫁。
**はならび【歯並び】** 歯のならびぐあい。
**はなれ【離れ】** ①離れること。②離れ座敷。
**―小島《こじま》** 陸地から遠く離れた小島。
**―座敷《ざしき》** 母屋《おもや》と別棟に建てられたへや。
**―離《ばな》れ** お互いに離れていること。
**―家《や》** ①離れ座敷。②人里離れた一軒家。
**―業《わざ》** 大胆・奇抜な―技芸(行為)。〔放れ業とも書く〕
**ばなれ【場慣れ】** その場の―雰囲気(物事)に慣れること。
**はなれる 一【離れる】** ①ついているものが分かれる。②遠ざかる。「気持ちが―」
**二【放れる】** 解放される。
**はなわ【花輪】《花環》** 生花・造花で作った輪。慶弔用。
**はなわ【鼻輪】** 牛などの鼻に通す輪。

**ハニー**〔honey〕はちみつ。
**―トラップ**〔honey trap〕色じかけによって機密情報を得たり相手の弱みを握ったりする策略。
**バニーガール**〔bunny girl〕酒場で、うさぎをかたどった水着ふうの服装で給仕する女性。
**はにかむ《含羞む》** 恥ずかしがる。
**ハニカム**〔honeycomb〕六角形を並べた形。「―構造」〔ハチの巣の意〕
**はにく【歯肉】** 歯茎。
**ばにく【馬肉】** 馬の肉。さくら肉。
**パニクる** 〔俗語〕パニック(=混乱状態)におちいる。
**バニシングクリーム**〔vanishing cream〕脂肪分の少ないクリーム。化粧下用。
**パニック**〔panic〕①経済恐慌。②危機に直面した―人(群衆)の混乱状態。
**―障害《しょうがい》** 突然、動悸《どうき》やめまいなどとともに激しい不安感に襲われる病気。
**バニティーケース**〔vanity case〕携帯用の化粧品入れ。
**はにゅうのやど【埴生の宿】** 〔文章語〕(土で塗った)貧しい家。
**バニラ**〔vanilla〕熱帯産のつる草。甘いかおりの香料をとる。「―エッセンス」
**はにわ【埴輪】** 古代、古墳のまわりに並べた粘土の焼き物。動物や人をかたどる。
**ばぬし【馬主】** 馬の持ち主。うまぬし。
**はね【羽】** ①【羽根】つばさ。Ⅱつばさの形のもの。〔昆虫の場合、翅とも書く〕②羽毛。③【羽根】羽子《はご》。「―をつく」

—が生《は》えたよう よく売れる形容。

—を伸《の》ばす 伸び伸びとする。

**はね【跳ね】** ①飛び散った泥。「—があがる」②その日の興行が終わること。

**はね【撥ね】** 筆先を払いあげるように書く‐こと(文字の部分)。

**ばね【バネ】**《発条》鋼を巻いて弾力をもたせたもの。スプリング。Ⅱ足腰の弾力。

**はねあがる【跳ね上がる】** ①とびあがる。②急にあがる。「物価が—」③かってな行動をする。

**はねかえる【跳ね返る】** はねてもとの位置に戻る。Ⅱ他に与えた影響がもとに戻ってくる。

**はねっかえり【跳ねっ返り】**〔俗語〕おてんば。

**はねつき【羽根突き】** 羽子板で羽子《はご》をつく遊び。

**はねつける【撥ね付ける】** きっぱり断る。「要求を—」

**はねとばす【撥ね飛ばす】** はじいて飛ばす。Ⅱ勢いよく取り除く。「疲れを—」

**はねのける【撥ね退ける】** ①勢いよく押しのける。「ふとんを—」②取り出して除く。

**ばねばかり【ばね秤】** 物体をつるしたばねの伸び具合で重さをはかるはかり。

**はねばし【跳ね橋】** 船が通る際、(—一部が)引き上げられる橋。

**はねぶとん【羽布団・羽根—】** 鳥の羽毛を入れた布団。

**ハネムーン**[honeymoon] ①新婚旅行。②結婚後一か月。

**—ベビー**〔和製語 honeymoon baby〕結婚後すぐに妊娠してできた赤ん坊。

**パネラー**〔和製語 paneler〕①パネリスト。②クイズ番組の回答者。

**パネリスト**[panelist] 討論会やシンポジウムで、招待されて意見を述べる人。

**はねる【刎ねる】**(首を)切る。

**はねる【跳ねる】** ①おどりあがる。②飛び散る。「水が—」③はじける。「炭が—」④その日の興行を終える。

**はねる【撥ねる】** ①はじきとばす。「人を—」②取り除く。Ⅱ不合格にする。③筆先を払い上げるように書く。

**パネル**[panel] ①建築材料の板。②配電盤。③展示用に写真やポスターをはる板。

**—ディスカッション**[panel discussion] 公開討論(—会)の形式の一。聴衆の前で対立した意見の数名が議論する。

**—ヒーター**〔和製語 panel heater〕暖房器具の一。鋼板のパネルに密閉した油などを電気であたためる。

**パノラマ**[panorama] 広く見渡せる展望。

**はは【母】** 女親。対父 Ⅱ物事を作り出すもと。「必要は発明の—」

**はば【幅】**《巾》①横の‐長さ(距離)。②二者のへだたり。Ⅱゆとり。「—をもたせる」

**—を利《き》かせる** 威勢をふるう。

**ばば【馬場】** 乗馬の‐練習(競技)場。

**パパ**[papa] おとうさん。対ママ

**パパイア**[papaya] 熱帯産の長円形の果実。黄色で芳香と甘味がある。

**ははうえ【母上】** 母の敬称。〔古風な言い方〕対父上

**ははおや【母親】** 母。対父親

**ははかた【母方】** 母の血筋。対父方

**はばかり【憚り】** ①遠慮。②トイレ。〔古い言い方〕

**はばかる【憚る】** ①遠慮する。②のさばる。「憎まれっ子世に—」

**はばき【幅木】** 柱や壁の下部にとりつける板。

**ははぎみ【母君】** 母の敬称。〔古風な言い方〕対父君《ちちぎみ》

**ははご【母御】**「他人の母」の敬称。〔古風な言い方〕対父御

**ははこぐさ【母子草】** キク科の越年草。「ごぎょう」ともいい、春の七草の一。

**はばたく**《羽撃く・羽搏く》鳥が翼を動かして飛ぶ。Ⅱ社会に出て活躍する。

**はばつ【派閥】** 利害関係・出身などによって結ばれた集団。

**はばとび【幅跳び】** 陸上競技の一。遠くに跳んだ距離を競う。「走り—」

**ばばぬき【婆抜き】** トランプのゲームの一。

**ハバネラ**〔スペイン語 habanera〕舞踊曲の一。緩やかな二拍子。〔キューバで始まった〕

**ハバネロ**[habanero] トウガラシの一。非常に辛い。中南米原産。

**ははのひ【母の日】** 母への感謝を表す日。五月の第二日曜日。

**はばひろ【幅広】** 普通より幅が広いこと。

「—のネクタイ」

**はばひろい【幅広い】** 横の幅が広い。Ⅱ ㋐範囲が広い。㋑視野が広い。

**はばむ【阻む】** 防ぐ。さえぎる。

**ははもの【母物】** 母性愛をテーマとした映画や演劇の作品。

**はばよせ【幅寄せ】** 自動車の運転で、車を道路わきや他の車に寄せること。

**パパラッチ**〔イタリア語 paparazzi〕 有名人のプライバシーをねらうカメラマン。〔「ブンブンうるさい虫」の意から〕

**ババロア**〔フランス語 bavarois〕 洋菓子の一。牛乳・砂糖などにゼラチンをまぜて固めたもの。

**パピー**〔puppy〕 子犬。

**—ウォーカー**〔puppy walker〕 盲導犬になる子犬の里親。〔約一〇か月間のボランティア〕

**はびこる《蔓延る》** ①一面にひろがる。「雑草が—」②のさばる。「悪が—」

**ばひつ【馬匹】**〔文章語〕ウマ。「—改良」

**パヒューム**〔perfume〕 ①香水。②芳香。

**パピヨン**〔フランス語 papillon〕 チョウ。

**パビリオン**〔pavilion〕 博覧会場の展示館。

**パピルス**〔papyrus〕 アシに似た植物。また、それで作った紙。〔古代エジプトで使用〕

**はふ【破風】** 切妻屋根の端の山形の部分。

**はぶ【ハブ】**〔俗語〕仲間はずれ。「—にする」

**はぶ【波布】** 毒ヘビの一。頭が三角形。沖縄・奄美諸島に分布。

**ハブ**〔hub〕 ①車輪やプロペラの中心部分。②活動の中心。③複数のパソコンを接続するための機器。

**—空港《くうこう》** 各地からの航空路が集まる、拠点空港。

**パフ**〔puff〕 粉おしろいを顔につける道具。

**パブ**〔pub〕 洋風酒場。〔イギリスの大衆酒場の意から〕

**パフェ**〔parfait〕 アイスクリームに果物やチョコレートを添えた食べ物。

**パフォーマー**〔performer〕 パフォーマンスをする人。

**パフォーマンス**〔performance〕 ①（街頭などで行う）肉体を使った表現形態。Ⅱ 人目をひくための行為。②上演。③性能や機能。

**はぶく【省く】** ①へらす。「手間を—」②簡略にする。

**はぶそう【波布草】** マメ科の多年草。種は、はぶ茶、また、薬用に使う。

**はぶたえ【羽二重】** 純白の絹織物。薄くて柔らかい。上等。

**はぶちゃ【波布茶】** ハブソウの種をいって、せんじた飲み物。健胃薬。

**バプテスマ**〔ギリシャ語 baptisma〕 洗礼。また、浸礼。

**ハプニング**〔happening〕 意外な（—突然の）できごと。

**はブラシ【歯—】** 歯をみがくための小さなブラシ。

**はぶり【羽振り】** 世間での地位や勢力。「—がいい」

**バブリー**〔bubbly〕 泡のようにはかないようす。〔英語では、「泡だらけ」「快活な」の意〕

**パプリカ**〔paprika〕 香辛料の一。辛くない赤トウガラシの粉末。

**パブリシティー**〔publicity〕 マスコミに情報を流し、マスコミを通して行う広告活動。

**パブリック**〔public〕 公的。公共的。

**—コース**〔public course〕 会員制をとらないゴルフ場。

**—コメント**〔public comment〕 行政が規制の改廃に際して、広く国民の意見を聞いて公表する手続き。

**—スクール**〔public school〕 ①イギリスの全寮制私立中学校。②アメリカの公立学校。

**—ドメイン**〔public domain〕 著作権や特許権などが消滅して（放棄されて）、だれでも自由に利用できること。PD。

**—ビューイング**〔public viewing〕 街頭や競技場に大型スクリーンを設けてスポーツ競技の中継を行うイベント。

**—リレーションズ**〔public relations〕 ⇩付PR①

**パブリッシング**〔publishing〕 出版業。

**バブル**〔bubble〕 ①泡。②実体のない投機現象。「—が崩壊する」

**—経済《けいざい》** 株価や地価が高騰し、実体以上にふくれ上がった経済。

**ばふん【馬糞】** 馬のふん。

**はへい【派兵】** 軍隊を派遣すること。

**パペット**〔puppet〕 手や指で動かすあやつ

り人形。指人形。類マリオネット

**バベルのとう【―の塔】** 実現性のない空想的な計画。〔旧約聖書にある伝説の塔〕

**はへん【破片】** こわれたかけら。

**はぼたん【葉牡丹】** キャベツを改良した観賞用の草花。冬、葉の色が美しい。

**はほん【端本】** ひとそろいになっている書物の一部が欠けているもの。対完本

**はま【浜】** ①海や湖の水際の平地。②〔俗語〕横浜の略。

**はまおぎ【浜荻】** ①アシの別名。②浜辺にはえるオギ。

**はまかぜ【浜風】** 浜に吹く風。

**はまき【葉巻】** タバコの葉をきざまないまま巻いたタバコ。葉巻タバコ。シガー。

**はまぐり【蛤】** 海産の二枚貝の一。食用。

**はまだらか【羽斑蚊】** マラリア病原虫を媒介するカ。マラリアカ。

**はまち【魬】** ブリの幼魚の名称の一。→ぶり

**はまちどり【浜千鳥】** 浜辺にいるチドリ。

**はまなす【浜茄子】** 北海道・東北の海岸に生える落葉低木。夏、赤い花が咲く。

**はまなっとう【浜納豆】** 納豆の一。塩分が強く、乾燥している。浜名納豆。〔浜名湖付近で作ったことから〕

**はまなべ【蛤鍋】** ハマグリを主にしたなべ料理。はまぐりなべ。

**はまびらき【浜開き】** 海開き。

**はまべ【浜辺】** 浜。

**はまぼうふう【浜防風】** 海岸に生える多年草。若い葉柄を刺身のつまにする。

**はまや【破魔矢】** 破魔弓の矢。〔正月の縁起物〕

**はまやき【浜焼き】** タイなどをまるごと蒸し焼き(塩焼き)にした料理。

**はまゆう【浜木綿】** 暖い海岸に自生する多年草。夏、白い花をつける。

**はまゆみ【破魔弓】** 男子に贈るおもちゃの弓。〔正月の縁起物〕

**はまりやく【嵌まり役】** 適役。

**はまる【嵌まる】《塡る》** ①ぴったりあてはまる。②(川や穴に)落ちる。Ⅱだまされる。「計略に―」③〔俗語〕とりこになる。のめりこむ。

**はみがき【歯磨き】** ①歯をみがくこと。②歯ブラシにつけるもの。③歯ブラシ。

**はみだす【はみ出す】** すき間(ある範囲)から外に出る。

**はみでる【はみ出る】** はみだす。

**バミューダパンツ** 〔和製語 Bermuda pants〕ひざ上までのズボン。すそ口は細い。バミューダ。

**ハミング** 〔humming〕口を閉じ、鼻に声をひびかせてメロディーを歌うこと。

**はむ【食む】** ①食べる。「羊が草を―」②給与をもらう。「禄《ろく》を―」

**ハム** 〔ham〕①豚肉の塩づけを薫製にした食品。②アマチュア無線家。

**ハムエッグ** 薄切りのハムの上に卵を落として焼いた料理。〔ham and eggsから〕

**はむかう【刃向かう】** ①【歯―】かみつこうとする。②さからう。

**はむし【羽虫】** ①はじらみ。②羽のある小さな虫。

**はむし【葉虫】** 主に植物の茎や葉を食べる小さい虫。

**ハムスター** 〔hamster〕ネズミの一種。繁殖力が強く発育が早い。医学実験・愛玩用。

**ハムレット** 〔Hamlet〕シェークスピアの戯曲の主人公。

**―型《がた》** 思索的・懐疑的で行動的でない人のタイプ。

**はめ【羽目】** ①板張りの壁。②【破目】苦しい立場。

**―をはずす** 調子にのって限度をこえる。

**はめいた【羽目板】** 羽目①に使う板。

**はめこむ【嵌め込む】** はめて入れる。

**はめころし【嵌め殺し】** 窓などで、開閉できないように取りつけたもの。

**はめつ【破滅】** だめになってほろびること。「身の―」

**はめる【嵌める】《塡める》** ①ぴったりになるように入れる。「わくに―・手袋を―」②だます。「わなに―」

**ばめん【場面】** ①演劇や映画の情景。シーン。「名―」②その場のありさま。

**はも【鱧】** 海魚の一。ウナギに似る。食用。

**ハモニカ** ⇩ハーモニカ

**はもの【刃物】** 刃のついた道具。

**はもの【葉物】** ①生け花や園芸で、葉を楽しむ植物。対花物・実物《みもの》②葉を食べる野菜。葉菜《ようさい》。対根物

**はもの【端物】** 全部そろっていないもの。

**はもん【波紋】** 物が落ちたときに水面にで

は

きる波の模様。●影響。「―を投げる」

**はもん【破門】** 門人・宗徒から除名すること。

**ハモンドオルガン**［Hammond organ］ 電子オルガンの一。パイプオルガンに似た音を出す。〔商標〕

**はや【鮠】** ウグイなどの川魚の称。はえ。

**はやあし【早足】**《速歩》 ①早く歩くこと。②馬術で、馬の歩度の一。並み足と駆け足の間。

**はやい ■一【早い】** 時間・時刻が-短い（先である）。対遅い **■二【速い】** かかる時間が少ない。対のろい

**―（早い）者《もの》勝《が》ち** 先にした方が得をすること。

**はやうち【早打ち】** ①太鼓を連続的に早く打つこと。②碁などを早く打つこと。

**はやうち【早撃ち】** ピストルなどを抜き出してす早くうつこと。

**はやうまれ【早生まれ】** 一月一日から四月一日までに生まれた-こと（人）。対遅生まれ

**はやおき【早起き】** 朝早く起きること。

**―は三文《さんもん》の得《とく》** 早起きするといいことがあるものだ。〔得は、本来は徳〕

**はやおくり【早送り】** 楽曲データや動画などを早く先に進めること。

**はやがてん【早合点】** よく確かめずに理解したと思い込むこと。はやがってん。

**はやがね【早鐘】** 昔、（-火事で）激しく鳴らした半鐘。●動悸。「胸が―を打つ」

**はやがわり【早変わり・早替わり】** 演劇で、すばやく姿を変えること。ひとりで複数の役をこなす。

**はやく【早く】** ①急いで。②以前から。③早いころ。「―に覚える」

**―も** ①すでに。「―できている」②早くとも。「―三日はかかる」

**はやく【破約】** 約束（契約）を-取り消す（やぶる）こと。

**はやく【端役】** 重要でない役。対主役

**はやくち【早口】** 話し方が早いこと。

**―言葉《ことば》** 言いにくい文句をすばやく言うこと。〔例、生麦生米生卵〕

**はやざき【早咲き】** 同種のものより早く花が咲くこと。対遅咲き

**はやし【林】** 木がたくさん生えている所。

**はやし【囃子】** 能楽や歌舞伎で、伴奏の音楽。

**―方《かた》** 囃子を演奏する人。

**―詞《ことば》** 歌の調子をとるために言う言葉。

**はやしたてる【囃し立てる】** 大勢でさかんにはやす。

**はやじに【早死に】** 若くして死ぬこと。

**はやじまい【早仕舞い】** 定刻より早く-店をしめる（仕事をやめる）こと。

**はやじも【早霜】** 例年より早くおりる霜。対遅霜

**ハヤシライス** 料理の一。牛肉・野菜をいためて、トマトソースで煮込んだものを飯にかける。〔和製語 hashed beef rice からとの説がある〕

**はやす【生やす】** はえるよう（はえたまま）にする。「ひげを―」

**はやす【囃す】** ①声をあげて歌の調子をとる。②大声で（-ほめたりあざけったりして）騒ぐ。

**はやせ【早瀬】** 川の流れの速い所。

**はやだち【早立ち】** 朝早く出発すること。

**はやて【疾風】** 急に強く吹き出す風。しっぷう。「―のように（=すばやく）」

**はやで【早出】** ふつう（他の人）より早く出勤すること。対遅出

**はやてまわし【早手回し】** 早めに処理や準備をすること。

**はやと【隼人】** 古代、九州南部にいた勇猛な人々。●九州南部の男性。「薩摩―」

**はやとちり【早とちり】** 早合点して失敗すること。

**はやね【早寝】** 夜早く寝ること。「―早起き」対遅寝

**はやのみこみ【早呑み込み】** 早合点。

**はやば【早場】** 米などの収穫が早い地域。「―米」

**はやばや【早々】** たいそう早く。

**はやばん【早番】** 出勤時間の早い-こと（人）。対遅番

**はやびき【早引き】**《早退き》 早びけ。

**はやびけ【早引け】**《早退け》 早退。

**はやぶさ【隼】** 猛鳥の一。速く飛ぶ。〔鷹狩りに使った〕

**はやべん【早弁】** 〔俗語〕昼前に弁当を食べること。

**はやまる ■一【早まる】** ①時期・時刻が早くなる。②あわてて失敗する。「はやまってはいけない」 **■二【速まる】** 速度がはやく

なる。

**はやまわし【早回し】** 早く回転させること。動画を高速で再生すること。

**はやみ【早見】** 簡単に見つけられるようにした図や表。「—表」

**はやみち【早道】** 近道。‖簡単な方法。

**はやみみ【早耳】** うわさを早く聞きつけること(人)。

**はやめし【早飯】** ①食べるのがはやいこと。②定刻よりはやく食事を食べること。

**はやめる** **一【早める】** 時期・時刻を早くする。**二【速める】** 速度をはやくする。

**はやり《流行》** りゅうこう。対すたり

**—歌《うた》** りゅうこうか。

**—風邪《かぜ》** インフルエンザ。

**—言葉《ことば》** 流行語。

**—廃《すた》り** はやることと、すたれること。

**はやる【逸る】** 勇み立つ。あせる。「血気に—」

**はやる《流行る》** ①流行《りゅうこう》する。対すたる ②病気がひろがる。③繁盛する。「店が—」

**はやわかり【早分かり】** ①すぐ理解すること。②簡単にわかるようにした書物や図表。「文法—」

**はやわざ【早技・早業】** すばやくて上手な技術。「目にもとまらぬ—」

**はやわり【早割】** (航空券などの)早期予約割引・早期購入割引の略。

**はら【原】** 平らで広い所。野原。

**はら【腹】** ①体の一部。おなか。対背 ‖物の中央の部分。②《胎》胎内。‖母親。「—が違う兄弟」③《肚》考え。心中。「—の内」④《肚》度量。胆力。⑤魚の腹子を数える語。

**—が黒《くろ》い** 悪だくみをもっている。

**—が据《す》わる** 度胸があって動じない。

**—が立《た》つ** がまんできずに怒る。

**—が膨《ふく》れる** ①満腹になる。②妊娠する。③言いたいことがたくさんある。

**—が太《ふと》い** 度胸がある。

**—が減《へ》っては戦《いくさ》ができぬ** 空腹だと仕事や勉強もはかどらない。

**—に一物《いちもつ》** 悪だくみをもっていること。

**—に据《す》えかねる** とてもがまんできない。

**—の皮《かわ》が捩《よじ》れる** 大笑いをするほどおかしい。

**—の虫《むし》がおさまらない** 怒りが静まらない。

**—も身《み》の内《うち》** 暴飲暴食を戒める語。

**—を痛《いた》めた子《こ》** 自分が産んだ子。

**—を抱《かか》える** 大笑いする。

**—を固《かた》める** 決意する。覚悟を決める。

**—を切《き》る** 切腹する。‖責任をとる。

**—を括《くく》る** 覚悟する。

**—を据《す》える** 覚悟を決める。

**—を探《さぐ》る** 相手の考えを知ろうとする。

**—を立《た》てる** 怒る。

**—を割《わ》る** 本心をうちあける。

**ばら【肋】** ばら肉。

**ばら《荊棘》** いばら。

**ばら【薔薇】** 低木の一。花は美しく香りが高い。とげがある。観賞用。

**はらあて【腹当て】** ①腹巻き。②腹の部分だけのよろい。

**バラード** [フランス語 ballade] ①短い叙事詩。物語詩。譚詩《たんし》。②叙事的な歌曲。③ポピュラー音楽で、静かで感傷的な歌詞の曲。

**ハラール** [halal] イスラム法で許されたもの。特に食材や料理。

**はらい【払い】** ①払うこと。②支払い。

**—込《こ》む** お金を支払い納める。

**—下《さ》げる** 官公物を民間に売り渡す。

**—出《だ》す** ①預金をとり出す。②お金を支払う。

**—超《ちょう》** 政府の資金が民間に多く出されている状態。散超。対揚げ超

**—除《の》ける** 手で振り払って除き去る。

**—戻《もど》す** ①一度受け取ったお金を(—精算して)返す。②預金を返す。

**はらい【祓い】** おはらい。

**—清《きよ》める** おはらいをして罪や汚れを清める。

**はらいせ【腹癒せ】** 怒りや恨みを(—間接的な方法で)はらすこと。

**はらいた【腹痛】** ふくつう。

**はらいっぱい【腹一杯】** 十分食べること。

**ばらいろ【薔薇色】** うすべに色。‖明るく希望のあるようす。「—の未来」

**はらう【払う】** ①取り除く。「ほこりを—」②代金を支払う。③気持ちを向ける。「注意を—」④横に切る。「刀を—」

**はらう【祓う】** 神に祈って罪や汚れを除く。

**ばらうり【ばら売り】**（そろいの）品物をばらにして売ること。

**はらえ【祓え】**おはらい。

**バラエティー**［variety］①多様性。「—に富む」②歌や踊りをとりまぜた演芸。バラエティーショー。

**はらおび【腹帯】**①腹巻き。②岩田帯。③馬の腹に締める帯。

**はらがけ【腹掛け】**①胸から腹をおおう子供の着衣。寝冷えを防ぐ。腹当て。②職人の作業衣の一。

**はらがまえ【腹構え】**心の準備。

**はらから【同胞】**〔文章語〕どうほう。

**はらきり【腹切り】**せっぷく。

**はらくだし【腹下し】**下痢《げり》。腹下り。

**パラグライダー**［paraglider］操作性のあるパラシュートで空を飛ぶスポーツ。

**パラグラフ**［paragraph］文章の節。段落。

**はらぐろい【腹黒い】**何か悪だくみをもっているようす。

**はらげい【腹芸】**①腹に顔の絵を書き、腹を動かしてする芸。②動作や言葉を使わずに心情を表現する演技。‖直接的な行動によらずに物事を処理すること。③あおむけに寝た人の上でする軽業。

**はらこ【腹子】**サケやタラのたまご。

**はらご【腹仔】**動物の胎児《たいじ》。

**はらごしらえ【腹拵え】**食事をして腹を満たしておくこと。

**はらごなし【腹ごなし】**消化をよくする—こと（運動）。

**パラサイト**［parasite］寄生虫（—的存在）。**—シングル**［和製語 parasite single］成人（—して就職した）後も親元で親に依存して暮らす独身者。

**パラジウム**［palladium］金属元素の一。硬度・展性に富む。記号Pd

**パラシュート**［parachute］落下傘。

**ハラショー**［ロシア語 khorosho］すばらしい。

**はらす【晴らす】**《霽らす》気持ちをさっぱりさせる。「恨み（疑い）を—」

**はらす【腫らす】**はれるようにする。「目を—」

**ばらす**①ばらばらにする。‖殺す。②秘密をあばく。

**バラス**［ballast］バラスト②。

**バラスト**［ballast］①線路や道路に敷く砂利。②船を安定させるための底荷。バラス。

**ハラスメント**［harassment］苦しめること。いやがらせ。「セクシャル—」

**パラセール**［parasail］パラシュートをつけた人が、ロープで自動車やモーターボートに引っ張られて空に舞い上がるスポーツ。パラセーリング。

**ばらせん【ばら線】**有刺《ゆうし》鉄線。

**パラソル**［parasol］日傘。

**パラダイス**［paradise］①楽園。天国。②旧約聖書のエデンの園。

**パラダイム**［paradigm］①ある時代に支配的な認識の体系・枠組み。規範。②語形変化の型を示した一覧表。

**はらだたしい【腹立たしい】**しゃくにさわる。

**はらだち【腹立ち】**怒ること。**—紛《まぎ》れ** 怒りにまかせて行動すること。

**はらちがい【腹違い】**母の違う兄弟姉妹。〔対〕種違い

**ばらつく**①ばらばらになる。②ふぞろいになる。③大粒の雨が少し降る。

**バラック**［barrack］粗末な仮小屋。

**ぱらつく**雨や雪が少し降る。〔「ばらつく」よりも小粒で軽い感じ〕

**はらつづみ【腹鼓】**ふくれた腹をたたくこと。**—を打《う》つ** 十分食べて満足する。

**はらっぱ【原っぱ】**〔俗語〕原。

**はらづもり【腹積もり】**心づもり。

**はらどけい【腹時計】**腹のすき具合で判断するだいたいの時間。

**パラドックス**［paradox］逆説。

**ばらにく【肋肉】**牛・豚の腹側の肉。三枚肉。〔あばら骨があることから〕

**パラノイア**［paranoia］精神病の一。論理的に一貫した妄想をもつ。妄想症。

**はらばう【腹這う】**①うつぶせになる。②腹を下にしてはう。

**はらはちぶ【腹八分】**腹いっぱいに食べず、少しひかえること。腹八分目。

**パラフィン**［paraffin］石油からとれる白い固体。ろうそくなどの原料。**—紙《し》** パラフィンやろうをひいた紙。防湿用の包装紙にする。

**パラフレーズ**［paraphrase］①原文をやさしく言いかえること。②原曲を編曲-すること(した曲)。

**はらぺこ【腹ぺこ】**〔俗語〕空腹。

**パラボラアンテナ**［parabolic antenna］マイクロ波通信・衛星放送受信用のアンテナ。おわん形。

**はらまき【腹巻き】**①腹に巻く布。冷えを防ぐ。②腹に巻き背中で合わせる鎧《よろい》。

**ばらまく【ばら撒く】** まき散らす。Ⅱ金銭を大勢に与える。

**はらみ【腹身・ハラミ】**（焼き肉で）牛・豚などの横隔膜の肉。

**はらむ**《孕む》妊娠する。Ⅱ含む。「帆に風を—・危機を—」

**パラメーター**［parameter］①コンピューターで、プログラムを起動する際に指定する数字や文字。②数学で、媒介変数。

**はらもち【腹持ち】** 消化がおそくて長く満腹感のあること。「—がいい」

**バラライカ**［ロシア語 balalaika］弦楽器の一。ウクライナの民俗楽器。

**はららご**《鮞》はらこ(—の塩漬け)。

**パララックス**［parallax］視差。

**パラリンピック**［Paralympics］身体障害者による国際スポーツ大会。〔正式名称は国際ストークマンデビル競技会〕

**パラレル**［parallel］①平行。②いっしょに存在する。③スキーで、板を平行にして滑べること。

**—ワールド**［parallel world］現実と並行的に存在するとされる別の世界。

**はらわた【腸】**①腸。②内臓。Ⅱ性根《しょうね》。

**—が腐《くさ》る** 精神が堕落する。

**—が千切《ちぎ》れる** ①ひどく-悲しい(腹が立つ)。②がまんできないほどおかしい。

**—が煮《に》えくり返《かえ》る** 非常に腹が立ち、がまんできない。

**—を断《た》つ思《おも》い** 断腸の思い。

**はらん【波乱・波瀾】**①もめごと。②物事の変化や曲折。「—に富む」

**—万丈《ばんじょう》** 物事の変化が激しいこと。

**はらん【葉蘭】**観葉植物の一。中国原産。春、黒紫色の花を開く。ユリ科。

**バランス**［balance］つりあい。「—をとる」 対アンバランス

**—シート**［balance sheet］貸借対照表。B/S Ⅱ損か得かの評価。

**はり【針】**①裁縫に使う、細く先のとがった道具。Ⅱ感情を害する要素。「—を含んだ言葉」②計器などの、目盛りを指し示すとがった棒。③《鍼》患部に刺して、治療を行う医療用具。また、それでする療法。④《鉤》つりばり。

**—の筵《むしろ》** 苦しくつらい環境。

**はり【梁】**屋根を支える横木。

**はり【張り】**①引っ張る力。②ひきしまった調子。「—のある声」③張り合い。④弓・幕・ちょうちんなどを数える語。

**はり【玻璃】**①〔仏教語〕七宝の一。水晶。②ガラス。「—窓」

**ばり【罵詈】**〔文章語〕ののしること。「—雑言」

**バリア**［barrier］①障壁。②防護壁。◇バリヤー。

**—フリー**［barrier free］高齢者や障害者が日常生活を送る上で障害となるものを取り除くこと。「—住宅」

**はりあい【張り合い】**①張り合うこと。②努力のしがいがあること。「—がある」

**はりあう【張り合う】** 競争する。競い合う。

**はりあげる【張り上げる】** 声を高く大きく出す。「声を—」

**バリアント**［variant］①変種。②本文の異同。異同のある本文。

**はりい【鍼医・針医】** 鍼を使った治療を行う人。

**パリーグ** 野球で、パシフィックリーグの略。対セリーグ

**バリウム**［ドイツ語 barium］金属元素の一。X線検査の造影剤。記号Ba

**バリエーション**［variation］①変化。変種。②変奏曲。

**はりえんじゅ【針槐】** マメ科の落葉高木。初夏、白い花が咲く。ニセアカシア。

**はりおうぎ【張り扇】** たたんで上部を紙で包んだ扇。講談師などが机をたたいて調子をとるのに使う。

**はりがね【針金】** 金属をひものように細長く延ばしたもの。

**はりがみ【張り紙】**①【貼り—】紙をはりつけること。また、その紙。②伝達や広告のために掲示した紙。張り札。

**バリカン**〔フランス語 Barriquand〕髪を刈る器具。〔製造所の名前から〕

**ばりき【馬力】** 仕事率の単位。一馬力は一秒間に七五キログラムの物を一メートル動かす仕事量。Ⅱ精力。「―をかける」

**はりきる【張り切る】** 元気・意欲がみなぎっている。

**はりくよう【針供養】** 二月（一二月）八日に裁縫を休み、折れた針を集めて供養する行事。

**バリケード**〔barricade〕防備・通行止めのため、通路などに応急に設ける障害物。

**ハリケーン**〔hurricane〕メキシコ湾で発生する熱帯低気圧。〔台風と同じもの〕

**はりこ【針子】** お針子。

**はりこ【張り子】** 木型に紙を張り重ね、乾燥後、型を抜き取って作ったもの。

**―の虎《とら》** 張り子で作ったトラのおもちゃ。Ⅱ見かけ倒しの人。

**はりこむ【張り込む】** ①見張りをする。②〔俗語〕奮発してお金を使う。③【貼り―】（台紙などに）はりつける。

**パリさい【―祭】**《巴里祭》フランス革命記念日。七月一四日。

**はりさける【張り裂ける】** いっぱいにふくれて裂ける。Ⅱ（声や感情が）強い勢いでわき起こる。

**はりさし【針刺し】** 裁縫で、針を刺しておくための道具。布袋に綿などをつめる。

**ばりざんぼう【罵詈讒謗】**〔文章語〕ひどくののしる-こと（言葉）。〔讒も謗もそしる意〕

**パリジェンヌ**〔フランス語 parisienne〕パリで生まれ育った女性。

**はりしごと【針仕事】** 裁縫。

**パリジャン**〔フランス語 parisien〕パリで生まれ育った男性。

**バリスタ**〔イタリア語 barista〕エスプレッソなどのコーヒーをいれる職業（―の人）。

**はりせん【張り扇】** ①はりおうぎ。②コントや漫才で、相手をたたくのに使う厚紙を折って作った小道具。〔②はふつう「ハリセン」と書く〕

**はりせんぼん【針千本】** フグに近い魚。多数のとげを持つ。

**はりたおす【張り倒す】** なぐり倒す。

**はりだし【張り出し】** ①外へ出っぱるようにすること。「―窓」②【貼り―】はり紙。③相撲で、番付の欄外に出すこと。「―横綱（＝正横綱に次ぐ横綱）」

**はりだす【張り出す】** ①外へ出っぱる。②【貼り―】はって掲示する。

**はりたて【針立て】** 針刺し。

**はりつく【張り付く・貼り―】** 平たい物がくっつく。Ⅱまとわりつく。

**はりつけ【磔】** 昔の刑罰の一。体を柱にくくりつけて槍で突き殺す。

**はりつめる【張り詰める】** ①一面に張る。②緊張する。「はりつめた雰囲気」

**はりて【張り手】** 相撲の技の一。相手の顔などを平手で打つ。

**パリティーけいさん【―計算】** 物価の変動に応じて品物の価格を決めること。〔日本では農産物価格に適用する〕

**はりとばす【張り飛ばす】** 平手で強くなぐる。

**バリトン**〔baritone〕①音楽で、男声の中音域（―の歌手）。②中低音域を受けもつ管楽器。

**はりねずみ【針鼠】** ネズミの一。背面に針のような毛がはえている。

**はりばこ【針箱】** 裁縫用具を入れる箱。

**はりはり** 切り干し大根を三杯酢につけた食べ物。はりはり漬け。

**はりばん【張り番】** 見張り番。

**はりぼて【張りぼて】** 張り子で作ったもの。特に、芝居の小道具。

**はりめ【針目】** 針で縫った目。縫い目。

**はりめぐらす【張り巡らす】** ぐるりと一面にはる。「幕を―」Ⅱ全体をくまなくおおう。「情報網を―」

**バリヤー**〔barrier〕バリア。

**はりやま【針山】** 針刺し。

**バリュー**〔value〕価値。評価。「ネーム―」

**ばりょう【馬糧・馬料】** 馬の飼料。

**はる【春】** ①四季の一。〔三～五月、旧暦で一～三月〕②正月。新春。Ⅱ㋐勢いの盛んな時期。㋑色け。色情。

**―を売《う》る（ひさぐ）** 売春をする。

**はる【張る】** ①一面-におおう（を満たす）。「氷が―・水を―」②ひろげてかけわたす。「幕を―」③のびてつっぱる。「肩が―」④緊張する。「気が―」⑤（つき出たりして）めだつ。「あごが―」⑥大きく見えるようにする。「胸を―」⑦強くおしとおす。「強情を―」⑧かまえる。「店（論陣）を―」⑨高

は

値になる。「値が―」⑩見張る。⑪金品を賭《か》ける。⑫【貼る】接着剤などでくっつける。「ポスターを―」⑬平手でなぐる。

**はるあき【春秋】** ①春と秋。②年月。年齢。◇しゅんじゅう。

**はるいちばん【春一番】** その春最初に吹く強い南風。

**はるいろ【春色】** 春を感じさせる色や風情。

**バルーン**［balloon］気球。風船。「アド―」

**はるか【遥か】** ①距離や時間が遠く隔たっているようす。②（「～に」の形で）程度がはなはだしいようす。「―によい」

**はるがすみ【春霞】** 春に立つかすみ。

**はるかぜ【春風】** 春に吹く穏やかで暖かい風。

**はるぎ【春着】** ①春に着る衣服。②正月用の晴れ着。

**バルキー**［bulky］太い毛糸（―で編んだもの）。「―セーター」

**バルク**［bulk］パソコンの部品などで、業者向けに売る、簡便な包装のもの。バルク品。［一般ユーザー向けはリテール品］

**バルコニー**［balcony］①室外に突き出た、屋根のない手すりつきの台。②劇場の桟敷。

**バルコン**［フランス語 balcon］バルコニー。

**パルサー**［pulsar］規則正しい間隔で、電波（＝パルス）を出す星。

**はるさき【春先】** 春のはじめ。

**はるさく【春作】** 春に―収穫（栽培）する作物。

**バルサミコ**［イタリア語 balsamico］ぶどう果汁でつくった酢。バルサミコ酢。

**はるさめ【春雨】** ①春に降る小雨。しゅんう。対秋雨 ②食品の一。透明で糸状。

**パルス**［pulse］ごく短時間だけ流れる―電流（電波）。信号などに使う。

**―オキシメーター**［pulse oximeter］血液中の酸素濃度を測る医療器具。

**パルチザン**［フランス語 partisan］遊撃隊。不正規軍。

**はるつげうお【春告げ魚】** ニシンの別称。〔春の訪れを知らせる意〕

**はるつげどり【春告げ鳥】** ウグイスの別称。〔春の訪れを知らせる意〕

**パルテノン**［Parthenon］ギリシャのアテネにある古代の神殿。

**はるどなり【春隣】** 春がすぐ近くに来ていること。

**はるのななくさ【春の七草】** セリ・ナズナ・ゴギョウ・ハコベラ・ホトケノザ・スズナ・スズシロ。邪気を払うとして、正月七日の七草がゆに入れる。

**はるばしょ【春場所】** 三月に行う大相撲の興行。

**はるばる【遥々】** 遠く―から来る（へ行く）ようす。「遠路―」

**バルブ**［bulb］①球根。球茎。②カメラのシャッター目盛りの一。シャッターを開放状態にする。③電球。

**バルブ**［valve］弁。栓。

**パルプ**［pulp］木材からとる植物繊維。紙や合成繊維の原料。

**はるまき【春巻き】** 中国料理の一。

**はるまき【春蒔き】** 春、種をまくこと。対秋蒔き

**ハルマゲドン**［ギリシャ語 Harmagedōn］①聖書にある、世界の終末における神と悪魔の最後の決戦場。②世界の最終戦争。◇アルマゲドン。

**はるめく【春めく】** 春らしくなる。「ようやく春めいてきた」

**パルメザンチーズ**［Parmesan cheese］チーズの一。粉末にして使う。

**はるやさい【春野菜】** 春が旬の野菜。タケノコ・フキなど。

**はるやすみ【春休み】** 学校で、年度末から年度始めにかけての休暇期間。

**はれ【晴れ】** ①空が晴れること。②あらたまった場。対褻《け》 ⊜はなやかな場。「―の舞台」③疑いのとけること。「―の身となる」

**はれ【腫れ】** はれること。「―が引く」

**はれあがる【晴れ上がる】** 空がすっかり晴れる。

**はれあがる【腫れ上がる】** 体の一部がひどくはれる。

**ばれい【馬齢】** 「自分の年齢」の謙譲語。「―を重ねる」

**ばれいしょ【馬鈴薯】** ジャガイモ。

**バレエ**［フランス語 ballet］ヨーロッパで発達した舞踏劇。バレー。

**バレー** バレーボールの略。

**―ボール**［volleyball］球技の一。六人制と九人制がある。排球。

**ハレーション**［halation］写真やテレビ

で、光が強すぎて、被写体が白くぼやけること。

**パレード**［parade］華やかな行進。

**パレオ**［pareo］巻きスカートの一。〔タヒチの民族衣装〕

**はれがましい【晴れがましい】**①非常に華やか。②晴れの場で、恥ずかしい。

**はれぎ【晴れ着】**改まった場で着る服。

**パレス**［palace］①宮殿。②豪華な建物。

**はれすがた【晴れ姿】**①晴れがましい場へ出た姿。②晴れ着を着た姿。

**はれつ【破裂】**やぶれてさけること。

**バレッタ**［フランス語 barrette］金具で留める髪留め。バレット。

**パレット**［palette］絵の具をまぜあわせる板。

**ーナイフ**［palette knife］絵筆のかわりに使うへら。

**パレット**［pallet］貨物運搬用のすのこ状の台。フォークリフトでの運搬に使う。

**はれて【晴れて】**正式に。「ー夫婦だ」

**はればれ【晴れ晴れ】**①空がよく晴れているようす。②さっぱりとしてわだかまりがないようす。

**ーしい** ①晴れ晴れしたようす。②非常に華やか。

**はれぼったい【腫れぼったい】**はれてふくれている。

**はれま【晴れ間】**①雨や雪などが一時的にやんでいる間。②雲の切れ間。

**ハレム** ⇩ハーレム

**はれもの【腫れ物】**できもの。

**ーに触《さわ》るよう**（気むずかしい人などに）恐る恐る接触するようす。

**はれやか【晴れやか】**①晴れ渡っているようす。②心が晴れ晴れしいようす。③華やか。

**バレリーナ**［イタリア語 ballerina］バレエの、女性の踊り手。

**はれる【晴れる】**《霽れる》①天気がよくなる。②疑いがなくなる。③心がさわやかになる。

**はれる【腫れる】**皮膚の一部がふくれる。

**ばれる**［俗語］隠していたことが知れてしまう。「秘密がー」

**バレル**［barrel］バーレル。

**ハレルヤ**［hallelujah］キリスト教で、神への感謝を表す語。

**はれわたる【晴れ渡る】**すっかり晴れる。「晴れ渡った空」

**ばれん【馬楝】**《馬連》版画で、版木に当てた紙を上からこする、木版刷りの道具。

**バレンシアオレンジ**［Valencia orange］オレンジの品種の一。スペイン原産。

**バレンタインデー**［Valentine Day］聖バレンタインを記念する日。二月一四日。女性から男性へ贈り物をする。

**はれんち【破廉恥】**恥知らず。「ー行為」〔ハレンチとも書く〕

**はろう【波浪】**［文章語］なみ。「ー注意報」

**はろう【破牢】**［文章語］牢破り。

**ハロウィーン**［Halloween］カトリック教会の万聖節の前夜祭。一〇月三一日。

**ハロー**［hello］もしもし。こんにちは。

**ーワーク**［和製語 Hello Work］公共職業安定所の愛称。

**ハロー**［halo］①太陽や月の、かさ。②ハレーションによる、後光のようにみえるもの。

**ハロゲン**［ドイツ語 Halogen］塩素・フッ素・臭素・ヨウ素・アスタチンの五元素の総称。

**ーヒーター**［halogen heater］ハロゲンランプを用いた電気ストーブ。

**ーランプ**［halogen lamp］電球内に微量のハロゲン元素を入れたもの。〔白熱電球より明るく寿命が長い〕

**バロック**［フランス語 baroque］西洋の芸術様式の一。一六～一八世紀に流行。豪壮で華麗。「ー式」

**ー音《おん》楽《がく》** 一六世紀末～一八世紀半ばのヨーロッパ音楽。情感にあふれ、豊かな表現。

**パロディー**［parody］有名な作品の特徴をまねて、こっけいに作りかえた作品。

**バロメーター**［barometer］気圧計。Ⅱ物事の状態を知る目安。目じるし。「健康のー」

**ハロン**［furlong］競馬で、距離の単位。一ハロンは約二〇〇メートル。

**バロン**［baron］イギリスの貴族で、男爵。

**パワー**［power］①力。勢力。②動力。

**ーアップ**［和製語 power up］力が増すこと。

**ーウインドー**［power window］（車などの）ボタン操作で開閉する窓ガラス。

**ーゲーム**［power game］国際政治で、

大国間の駆け引き。

**―ショベル**〔power shovel〕動力のついた大型ショベル。土木工事に使う。

**―ステアリング**〔power steering〕自動車の、ハンドル操作を軽くする装置。パワステ。

**―スポット**〔power spot〕霊的な力が存在するとされる場所。

**―ハラスメント**〔和製語 power harassment〕職場での、権力や地位を利用したいやがらせ。パワハラ。

**―ユーザー**〔power user〕パソコンに精通した人。類ヘビーユーザー

**―リフティング**〔power lifting〕バーベルを使って力を競う競技の一。

**パワードスーツ**〔powered suit〕動作の補助や筋力アップのために人体に装着する装置。

**ハワイアン**〔Hawaiian〕①ハワイ風の。「―ダンス」②ハワイ風の音楽。ハワイアンミュージック。

**パワステ** パワーステアリングの略。

**はわたり【刃渡り】**①刃物の刃の長さ。「―三寸」②刃物の上を素足で歩く軽業。

**パワハラ** パワーハラスメントの略。

**パワフル**〔powerful〕力強い。強力だ。

**はん【半】**①半分。「一時間―」②奇数。対丁《ちょう》③半分。ほとんど。「―病人」

**はん【判】**①はんこ。②判定。「―を下す」③紙や書籍の大きさ。ばん。「A５―」

**―で押《お》したよう** 変化のないようす。

**はん【版】**①印刷で、インクをつける板状のもの。「―を組む」②出版物の印刷。「―を重ねる(改める)」

**はん【班】**グループ。「作業―」

**はん【煩】**〔文章語〕煩わしさ。「―をいとわない」

**はん【範】**〔文章語〕模範。手本。

**―を垂《た》れる** 模範を示す。

**はん【藩】**江戸時代の大名の領地。「会津―」

**ばん【万】**〔文章語〕(否定表現の中で)①どうしても。「―やむを得ず」②決して。「―遺漏なきよう」

**ばん【晩】**①夜。対朝 ②夕飯。

**ばん【番】**①順番。②見張り。③順番を数える語。

**ばん【盤】**①将棋盤。碁盤。②レコード盤。③板のような台。「配電―」

**ばん【鷭】**水鳥の一。鳴き声が人の笑い声に似る。

**バン**〔ban〕規約違反やパスワードの誤入力などのために、SNSの利用やネットワークへのログインを禁じること。

**バン**〔van〕①ライトバン。②箱形のトラック(トレーラー)。

**パン**〔pan〕①取っ手つきのなべ。「ミルク―」②撮影技法の一。カメラを一か所にすえ左右(上下)に動かして撮る。③広く全体にわたる。汎《はん》。「―アジア」

**パン**〔ギリシャ語 Pan〕ギリシャ神話で、牧羊神。

**パン**〔ポルトガル語 pão〕食べ物の一。小麦粉が主原料。Ⅱ食料。◇〔昔、麺麹とあてた〕

**はんい【犯意】**罪を犯そうという意思。

**はんい【叛意】**〔文章語〕そむこうとする気持ち。

**はんい【範囲】**一定のきまった領域。「広大な―・勢力―」

**はんいご【反意語】**対義語。対同意語

**はんえい【反映】**①反射して映ること。②他のものに影響を与えること。

**はんえい【繁栄】**栄えて発展すること。「―を築く」

**はんえいきゅう【半永久】**ほとんど永久に近いこと。「―的」

**はんえり【半襟】**ジュバンの襟にかける飾りの襟。

**はんえん【半円】**円を半分にした形。

**はんおん【半音】**全音の半分の音程。対全音

**はんおんかい【半音階】**各音の音程がすべて半音である音階。対全音階

**はんか【反歌】**長歌の後に添える短歌。

**はんか【頒価】**頒布するときの価格。

**はんか【繁華】**人通りが多くにぎやかなこと。「―街」

**はんが【版画】**木版・石版・銅版などで刷った絵。

**ばんか【晩夏】**〔文章語〕①夏のおわりのころ。②陰暦六月。

**ばんか【挽歌】**人の死をいたみ悲しむ歌。

**ハンガー**〔hanger〕洋服かけ。

**バンカー**〔banker〕銀行家。

**バンカー**〔bunker〕ゴルフ場で、砂地のく

ぼ地。
**ハンガーストライキ**［hunger strike］ 絶食して抗議すること。ハンスト。
**はんかい【半開】** なかば開くこと。
**はんかい【半壊】** 建物などがなかばこわれること。対全壊
**ばんかい【挽回】** 失ったものをとり戻すこと。「名誉ー」
**ばんがい【番外】** ①一定の番組・番号以外（ーのもの）。②正式の人員でない人。
**はんがえし【半返し】** 受け取った祝いや見舞いの金品の半額程度のものをお礼に贈ること。
**はんかく【反核】** 核兵器の開発・使用に反対すること。
**はんかく【半角】** 活字やプリンター出力で、全角の半分の大きさ。また、その文字。
**はんがく【半額】** 一定の金額の半分。
**ばんがく【晩学】** 年をとってから学問を始めること。
**はんがた【判型】** はんけい。
**ばんがた【晩方】** 夕方。対朝方
**ハンカチーフ**［handkerchief］ 正方形の小さな手ふき。ハンカチ。ハンケチ。
**はんかつう【半可通】** 知ったかぶりをすること（人）。
**ばんカラ【蛮ー】** 言動・風体が野蛮なこと。〔ハイカラのもじり〕
**バンガロー**［bungalow］ ①平家建ての木造建築。②キャンプ用の小屋。
**はんかん【反感】** 反抗する気持ち。
**はんかん【繁閑】** 〔文章語〕忙しいことと ひまなこと。
**はんかん【繁簡】** 〔文章語〕繁雑と簡略。「ーよろしきを得る」
**はんがん【半眼】** 目をなかばあけること。なかばあけた目。
**はんがん【判官】** ①昔の官職の一。ほうがん。②裁判官。
**ー贔屓《びいき》** ほうがんびいき。
**ばんかん【万感】** 心に浮かぶ種々の思い。「ー胸に迫る」
**はんかんはんみん【半官半民】** 政府と民間の共同出資（経営）。
**はんき【反旗】**（《叛旗》）〔文章語〕謀反人の立てる旗。
**ーを翻《ひるが》えす** 謀反をおこす。
**はんき【半季】** ①一季節の半分。②半年。
**はんき【半期】** ①半年。②一期の半分。
**はんき【半旗】** 弔意を表す旗の掲げ方。上から三分の一ほど下げて掲げる。
**はんぎ【版木・板木】** 絵や文字などをほった印刷用の板。
**ばんき【万機】** 〔文章語〕政治上の多くの重要な事柄。
**ばんき【晩期】** ①おそい時期。対早期 ②晩年。
**ばんぎく【晩菊】** 遅咲きの菊。
**はんぎご【反義語】** 対義語。対同義語
**はんぎゃく【反逆】**（《叛逆》）謀反。
**ー児《じ》** 一般の傾向にさからって自己を主張する人。
**はんきゅう【半休】** 半日の休暇（休業）。
**はんきゅう【半球】** ①地球をふたつに区切った半分。②球を中心を通る平面で二分したものの一つ。
**ばんきょ【盤踞・蟠踞】** 〔文章語〕①広く根をはって動かないこと。②そのあたり一帯に勢力をふるうこと。
**はんきょう【反共】** 共産主義に反対すること。対容共
**はんきょう【反響】** ①音が反射して再び聞こえること。②影響を受けておこす反応。「大きなーを呼ぶ」
**はんきょうらん【半狂乱】** 狂ったように取り乱した状態。
**はんぎょく【半玉】** 一人前でない芸者。
**はんきれ【半切れ】** ひと切れの半分。
**はんきん【半金】** 全金額の半分。
**ばんきん【板金】**（《鈑金》）①いたがね。②金属板を加工すること。
**バンク**［bank］ ①銀行。⊜集めて管理し、提供する機関。「アイー」②競走路の傾斜路。〔競輪のコースなど〕
**パンク** ①タイヤが破れ、空気が抜けること。②物がふくれすぎて破れること。⊜能力を超えたために機能が失われること。⊜〔俗語〕「電話回線（経済）がーする」◇［puncture から］
**パンク**［punk］ パンクロックの略。
**ーロック**［punk rock］ 一九七〇年代にロンドンで興った、過激なロック音楽と、その奇抜なファッション。パンク。
**ハンググライダー**［hang glider］ 大きな翼の形の滑空機で、空を飛ぶスポーツ。

**ばんぐみ【番組】** ①テレビ・ラジオで、放送の単位となる出し物。「報道—」 ②演芸や勝負事を構成する出し物。「能の—」

**ハングリー** ［hungry］ 腹がすいている。飢えている。「—精神」

**ハングル** ［朝鮮語 han-geul］ 朝鮮語の表音文字。

**バングル** ［bangle］ 留め具のない腕輪。

**ばんくるわせ【番狂わせ】** （勝負などで）予想外の結果。

**はんぐん【反軍】** ［文章語］ ①反戦。「—思想」 ②《叛軍》反乱軍。

**はんけい【半径】** 直径の半分の長さ。

**はんけい【判型】** 本の大きさ。はんがた。

**ばんけい【晩景】** 夕方の景色。

**パンケーキ** ［pancake］ ①洋菓子の一。小麦粉に卵や牛乳を入れ、薄く焼く。 ②［Pan-Cake］ 固型のおしろいの一。夏用。〔商標〕

**はんげき【反撃】** ①攻めてくる敵を逆に攻撃すること。 ②不利だった形勢から押し返すこと。

**ハンケチ** ハンカチーフ。

**はんけつ【判決】** 裁判所が法にてらし判断を下すこと。「—文」

**はんげつ【半月】** 半円形の月。

**バンケット** ［banquet］ パーティー。宴会。「—ルーム」

**はんけん【半券】** 受け取りや入場のしるしとして、半分切り取って渡すふだ。

**はんげん【半減】** 半分に減る（減らす）こと。

**—期**《き》 放射能元素の原子数が半減するのに要する期間。

**ばんけん【番犬】** 家の番をする飼い犬。Ⅱ主人の護衛をする人。

**はんこ【判子】** 印鑑。

**はんご【反語】** ①疑問の形で表して、強く打ち消す表現方法。〔「どうしてできようか」など〕 ②反対のことを言って本当の気持ちを悟らせる表現。アイロニー。

**パンこ【—粉】** ①パンを乾かして粉にしたもの。フライのころも用。 ②パンの原料にする小麦粉。

**はんこう【反攻】** 反撃。

**はんこう【反抗】** 逆らうこと。

**—期**《き》 周囲の人に対して反抗的な態度を示す時期。〔自我の発達のあらわれ〕

**はんこう【犯行】** 犯罪行為。「—を重ねる」

**はんこう【版行】** 出版物を発行すること。

**はんこう【藩校】** 江戸時代、藩が藩士の子弟教育のために設けた学校。

**はんごう【飯盒】** 携帯用の炊飯容器。登山・キャンプ用。「—炊爨《すいさん》」

**ばんこう【蛮行】** ［文章語］ 野蛮な行い。

**ばんごう【番号】** 順番を表す数字。

**はんコート【半—】** ①羽織より少し長い、女性の和服用外套《がいとう》。 ②ハーフコート。

**ばんこく【万国】** すべての国。「—共通」

**—旗**《き》 世界各国の国旗。ばんこっき。

**—博覧会**《はくらんかい》 国際的規模の博覧会。万国博。万博。〔一八五一年にロンドンで始まる〕

**ばんこく【万斛】** ［文章語］ 非常に多いこと。「—の涙」〔一万石の意〕

**はんこつ【反骨】** 《叛骨》［文章語］ 権威や時流に反抗する気力。「—精神」

**ばんごや【番小屋】** 番人のいる小屋。

**はんごろし【半殺し】** ①死にそうなほどひどい目にあわせること。 ②飯粒を半分程度つぶした、ぼた餅。

**はんこん【瘢痕】** ［文章語］ きずあと。

**ばんこん【晩婚】** ふつうより遅くする結婚。対早婚

**はんさ【煩瑣】** あれこれと煩わしいこと。「—な手続き」

**パンサー** ［panther］ 豹《ひょう》。また、ピューマ。

**はんさい【半裁】** 《半截》 半分に切ること（切ったもの）。〔「半截《はんせつ》」の慣用読みから〕

**はんざい【犯罪】** 罪を犯すこと。犯した罪。

**ばんざい【万歳】** 《万才》 ①祝福して唱える語。 ②万歳を唱えながら両手を上げること。「—三唱」 Ⅱお手上げ。 ◇〔永久に栄える意〕

**はんさく【半作】** 平年の半分の収穫高。

**ばんさく【万策】** あらゆる手段。「—尽きる」

**はんざつ【煩雑】** 込み入って煩わしいこと。「—な手続き」

**はんざつ【繁雑】** 物事が多くごたごたしていること。「—な業務」

**ハンサム** ［handsome］ 美男子。

**はんさよう【反作用】** 作用と大きさが同

じで方向が正反対の力。

**ばんさん【晩産】** 第一子を産む年齢が高いこと。「晩婚化とー化」

**ばんさん【晩餐】**(豪華な)夕食。「ー会」

**はんし【半死】** ①死にかかっていること。「ー半生《はんしょう》」 ②余命のないこと。「ーの老人」

**はんし【半紙】** 和紙の一。習字用。

**はんし【範士】** 剣道で、称号の最高位。〔五段以上で一定の審査を通った人〕

**はんし【藩士】** 江戸時代の大名の家来。

**はんじ【判事】** 裁判官の一。高等・地方・家庭の各裁判所におかれる。

**ー補《ほ》** 裁判官の一。地方・家庭の各裁判所におかれる。

**ばんし【万死】**〔文章語〕①とうてい命の助からないこと。「ーに一生を得る」 ②何度も死ぬこと。「罪ーに値す(＝何度死んでもつぐなえないほどの罪だ)」

**ばんじ【万事】** すべてのこと。

**ー休《きゅう》す** もうどうすることもできない。

**パンジー**[pansy] サンシキスミレ。

**バンジージャンプ**[bungee jump] ゴム製の命綱をつけて高所から飛び降りる遊び。

**はんじもの【判じ物】** 絵・文字に、ある意味を隠し、それを当てさせるもの。

**はんしゃ【反射】** ①音・電波・光などが物に当たってはねかえること。 ②動物が刺激に対して無意識に反応すること。「ー運動」

**ー鏡《きょう》** 光の反射を利用して一か所に光を集める凹面鏡。

**ー材《ざい》** 光が反射するように作られた素材。交通安全のための製品などに使う。

**ー神経《しんけい》** 刺激にすばやく反応する能力。

**ー的《てき》** 無意識にすぐに反応するようす。

**ー望遠鏡《ぼうえんきょう》** 反射鏡を利用して像を結ばせる(ー天体)望遠鏡。

**ー炉《ろ》** 加熱室の天井や壁からの反射熱によって金属をとかす炉。

**ばんしゃ【万謝】**〔文章語〕①厚く感謝すること。 ②深くわびること。

**ばんしゃく【晩酌】** 夕食のときに酒を飲むこと。また、その酒。

**ばんじゃく【盤石・磐石】**〔文章語〕大きな岩。⑪堅固であること。「ーの守り」

**はんしゅ【藩主】** 藩の領主。類大名

**はんじゅ【半寿】** 八一歳(ーの祝い)。〔半の字を分解すると「八十一」になることから〕

**はんしゅう【半周】** ①円周の半分。 ②一周の半分(ーを回ること)。

**ばんしゅう【蛮習】**〔文章語〕野蛮な風習。

**ばんしゅう【晩秋】** ①秋の終わりのころ。対早秋 ②陰暦九月。

**はんじゅく【半熟】** ①ゆで卵で、半煮えの状態。 ②果実が十分に熟していないこと。

**ばんじゅく【晩熟】** 成熟が遅いこと。対早熟

**はんしゅつ【搬出】** 運び出すこと。対搬入

**ばんしゅん【晩春】** ①春の終わりのころ。対早春 ②陰暦三月。

**ばんしょ【板書】** 黒板にー書くこと(書いたもの)。

**はんしょう【半焼】** 火事で、半分ぐらい焼けること。対全焼

**はんしょう【反証】** ある事柄が成り立たないことを証明するーこと(証拠)。

**はんしょう【反照】**〔文章語〕①照り返すこと。 ②夕映え。

**はんしょう【半鐘】** 小型の釣り鐘。〔昔、警報や合図に用いた〕

**はんしょう【汎称】** 同類の物事をひっくるめていうこと。また、その名称。「北日本は日本北部を指すーだ」

**はんじょう【半畳】** ①一畳の半分。 ②昔、芝居小屋で観客が敷いた、小さな畳やござ。

**ーを入《い》れる** からかったりやじったりする。〔半畳②を舞台に投げて役者に対する不満を示したことから〕

**はんじょう【繁盛】**《繁昌》 にぎわい栄えること。「商売ー」

**ばんしょう【万象】**〔文章語〕すべての、形のあるもの。「森羅ー」

**ばんしょう【万障】**〔文章語〕いろいろな障害。「ーお繰り合わせの上」

**ばんしょう【晩照】**〔文章語〕夕日。

**ばんしょう【晩鐘】**〔文章語〕夕方に鳴らす鐘。

**ばんしょう【番匠】**(古代の)大工。

**ばんじょう【万丈】**〔文章語〕非常に高いこと。「波瀾ー」⑪意気盛んなこと。「ー

の気を吐く」
**バンジョー**〔banjo〕 弦楽器の一。弦は四～五本。軽音楽用。
**はんしょく【繁殖】**《蕃殖》（動植物が）生まれ出て増えること。
**ばんしょく【伴食】**〔文章語〕①おともをしてごちそうになること。相伴《しょうばん》。陪食。②実権や実力がないのにその地位にいること。「―大臣」
**ばんしょく【晩食】**夕食。
**はんじる【判じる】**判ずる。
**はんしん【半身】**①体の半分。「右―」②上半身。「―像」◇対全身
**―不随《ふずい》** 右（左）の手足が麻痺《まひ》して動かなくなること。
**―浴《よく》** ぬるめの湯に下半身だけつかる入浴（―法）。
**ばんじん【万人】**ばんにん。
**ばんじん【蛮人】**野蛮人。
**ばんじん【蕃人】**〔文章語〕未開人。
**はんしんはんぎ【半信半疑】** なかば信じ、なかば疑うこと。
**はんすう【反芻】** 一度飲み込んだ食物を口に戻してかむこと。牛などがする。‖繰り返し味わうこと。
**はんすう【半数】**全体の数の半分。
**ハンスト** ハンガーストライキの略。
**パンスト** パンティーストッキングの略。
**はんズボン【半―】** 丈がひざまでのズボン。
**はんする【反する】**①反対になる。反対する。②違反する。③そむく。◇反す。
**はんずる【判ずる】**①判断する。②考えて、意味を解釈する。◇判じる。
**パンセ**〔フランス語 pensée〕思考。思想。
**はんせい【反省】** 自分の言動を振り返って考えること。
**はんせい【半生】**一生の半分。
**ばんせい【万世】**〔文章語〕永久。「―不易《ふえき》」類万代
**―一系《いっけい》** 永久にひとつの血統であること。〔日本の皇室について使われた〕
**ばんせい【晩生】**おくて。対早生
**ばんせい【晩成】**〔文章語〕①遅くできあがること。②年をとってから成功すること。「大器―」
**ばんせい【蛮声】**粗野な大声。
**ばんせいいでん【伴性遺伝】** 雌雄の別に深く関係する遺伝。〔人間の色覚障害が男子に遺伝しやすいなど〕
**はんせいひん【半製品】** 途中までできている製品。
**はんせき【犯跡】**〔文章語〕犯罪の形跡。
**はんせき【版籍】** 領地と戸籍。領土と人民。
**―奉還《ほうかん》** 全国の大名が朝廷に版籍を返したこと。一八六九年。
**はんせつ【半切】**《半截》①半分に切ること。②唐紙や画仙紙を、縦に半分に切ったもの（―に書いた書画）。
**ばんせつ【晩節】**晩年（―の節操）。「―をけがす（全うする）」
**はんせん【反戦】** 戦争に反対すること。「―運動（論）」
**はんせん【帆船】** 帆をかけ、それに風を受けて進む船。
**はんぜん【判然】**〔文章語〕はっきりとよくわかるようす。
**ばんぜん【万全】** 完全で手落ちのないこと。
**ハンセンびょう【―病】** 癩菌《らいきん》によっておこる、慢性の感染症。〔昔は癩病といった。感染力は弱く、化学療法で治癒する。／Hansen は癩菌の発見者〕
**はんそ【反訴】** 民事訴訟で、被告が原告を訴えること。その訴え。対本訴
**はんそう【帆走】**〔文章語〕船が帆に風を受けて走ること。
**はんそう【搬送】**（荷物などを）運び送ること。
**ばんそう【伴走】** 走者について一緒に走ること。
**ばんそう【伴奏】**主になる演奏や歌に合わせて、楽器で補助的に演奏すること。
**ばんそう【晩霜】**〔文章語〕遅霜《おそじも》。
**ばんそうこう【絆創膏】** 紙・布に粘着剤をつけた医療用品。
**はんそく【反則】**《犯則》 規則に違反すること。
**はんそく【反側】**〔文章語〕寝返りをうつこと。「輾転《てんてん》―」‖裏切ること。
**はんぞく【反俗】** 世間一般のやり方にさからうこと。
**はんそで【半袖】** ひじの上までの長さの袖（―の衣服）。
**はんた【煩多】**〔文章語〕物事が多くわず

らわしいこと。

**はんた【繁多】**〔文章語〕用事が多く忙しいこと。

**はんだ**《半田》金属の接合に用いる、鉛とスズの合金。「—付け」〔ハンダとも書く〕

**—鏝**《ごて》 はんだ付けに用いる工具。

**ばんだ【万朶】**〔文章語〕多くの枝。「—の桜」

**パンダ**〔panda〕アライグマ科の珍獣。〔レッサーパンダとジャイアントパンダの二種があり、狭義には後者をさす〕

**ハンター**〔hunter〕狩猟家。Ⅱ何かをあさり求める人。「ラブ—」

**はんたい【反対】**①逆。「—側」②意見や立場にさからうこと。対賛成

**—給付**《きゅうふ》 一方の給付に対し、他方が交換的にそれに見あう給付をすること。〔品物を買った人が代金を払うなど〕

**—語**《ご》 対義語。

**—色**《しょく》 補色《ほしょく》。

**—尋問**《じんもん》 裁判で、証人を申請した側の尋問の後、他方がする尋問。〔証言をくつがえすのが目的〕対主尋問

**ばんだい【万代】**〔文章語〕万世。「—不易《ふえき》」

**ばんだい【番台】** 銭湯の入り口の見張りの台(—に座っている人)。

**ばんだい【盤台】**浅く大きな長円形のたらい。魚屋が使う。はんだい。

**はんたいじ【繁体字】**中国で、文字改革以前から使用されてきた画数の多い漢字。対簡体字

**はんたいせい【反体制】** 社会の体制に反対すること。「—運動」

**はんだくおん【半濁音】**パ行の音節。

**パンタグラフ**〔pantograph〕①電車や電気機関車の屋根にある、電線から電気を取り入れる装置。②図形の縮小・拡大に使う写図器。

**バンダナ**〔bandanna〕 絞り染めなどのスカーフや大形のハンカチ。おしゃれ用。

**パンタロン**〔フランス語 pantaloon〕すその広がったズボン。

**はんだん【判断】**①ある物事についての考えを定めること。「—に迷う・—を誤る」②占い。「姓名—」

**ばんたん【万端】**すべての事柄。「準備—」

**ばんち【番地】** 居住地の区画につけた番号。

**パンチ**〔punch〕①げんこつで殴ること。Ⅱ迫力。「—のきいた文章」②切符などに穴をあける—こと(ためのはさみ)。③ブランデーなどに果汁や砂糖を加えた飲み物。ポンチ。

**—パーマ**〔和製語 punch perma〕男性の髪形の一。刈りこんだ髪に細かいウエーブをつける。

**ばんちゃ【番茶】** 摘み残しの葉や茎の部分で作る茶。品質は劣る。

**—も出花**《でばな》 器量がわるくても娘ざかりは美しい。〔番茶もいれたてはうまいの意から〕

**はんちゅう【範疇】** 分類の基本的なわく。カテゴリー。「同じ—に属する」

**はんちょう【班長】**班の長。

**ばんちょう【番長】**〔俗語〕(学校内の非行集団の長。

**ハンチング** 鳥打ち帽。〔hunting capから〕

**パンチング**〔punching〕サッカーで、ゴールキーパーの防御法の一。こぶしでボールをはじく。フィスティング。

**パンツ**〔pants〕①下着の一。②ズボン。

**—スーツ**〔pants suit〕ジャケットとパンツがセットになった女性用スーツ。

**—ルック**〔pants look〕ズボン主体のスポーティーな軽装。

**はんつき【半月】**一か月の半分。

**はんつき【半搗き】**玄米を半分ぐらいつくこと。五分《ごぶ》づき。「—米」

**ばんづけ【番付】**①相撲で、力士の名を序列の順に記した表。Ⅱ能力や地位の順に名前を記したもの。「長者—」②歌舞伎などのプログラム。

**はんつや【半通夜】** 時間を限って行う通夜。

**ばんて【番手】**①糸や紙鑢《やすり》の太さや目の細かさを表す単位。〔数字が大きいほど細い〕②隊の順序を表す語。

**ハンデ** ハンディキャップの略。

**はんてい【判定】**①見分けて決めること。「—を下す」②ボクシングやレスリングで、明確な勝負がつかないとき、審査員が勝敗を決めること。「—勝ち」

**ハンディ** ハンディキャップの略。ハンデ。

**—キャップ**〔handicap〕①競技などで、力を平均化するために優者に課す負担。②(心身障害などの)不利な条件。「—を

乗り越える」③ゴルフで、標準打数とその人の平均打数の差。◇ハンデキャップ。

**ハンディー** [handy] 手軽で便利。

**パンティー** [panties] 女性用下着の一。

**―ストッキング** [panty stockings] 腰まであるストッキング。

**ハンティング** [hunting] 狩猟。

**バンデージ** [bandage] ボクサーが手に巻く包帯。

**パンテオン**〔ラテン語 pantheon〕①古代ローマの神殿。②パリにある古典主義様式の寺院。

**パンデミック** [pandemic] 感染症が世界的規模で流行すること。

**はんてん【反転】** ①ひっくり返る（返す）こと。「体が―する」②向きや順序が逆になる（を逆にする）こと。

**はんてん【半天】**〔文章語〕①天の半分。②中天。

**はんてん【半纏・袢纏】**《半天》羽織に似た上着。特に、印ばんてん。

**はんてん【斑点】** まだら。

**はんてん【飯店】** 中国料理店。〔ホテルを表す中国語から。／店名につける〕

**はんと【反徒】**《叛徒》〔文章語〕謀反を起こした人々。

**はんと【版図】** 領土。「―を広げる」〔戸籍と地図の意〕

**ハント** [hunt] 遊ぶ相手をあさること。「ボーイ（ガール）―」

**ハンド** [hand] 手。

**―アウト** [handout] ①官庁や企業が行う広報活動。②研究会などで配る資料プリント。

**―クラフト**〔和製語 hand craft〕手工芸（―品）。ハンディクラフト。

**―クリーム** [hand cream] 手荒れ防止用のクリーム。

**―タオル**〔和製語 hand towel〕手をふくためのタオル。

**―バッグ** [handbag] 婦人用の手さげ。

**―ブック** [handbook] 便覧。手引き。

**―ブレーキ** [hand brake] 手動式のブレーキ。

**―ボール** [handball] 球技の一。一チーム七人。送球。

**―マイク**〔和製語 hand mike〕携帯用のマイク。

**―メード** [handmade] 手づくり。

**バント** [bunt] 野球で、バットを球に軽く当てて転がす打撃法。「―ヒット」

**パント** [punt] ラグビーなどで、手から落としたボールが地面に着く前にけること。パントキック。

**ばんど【礬土】**〔文章語〕酸化アルミニウム。

**バンド** [band] ①ベルト。②周波数帯。③軽音楽の楽団。「ジャズ―」

**―ワゴン** [bandwagon] 楽隊車。‖時流に乗っている側。

**―ワゴン効《こう》果《か》** 勝ち馬に乗ろうとする現象が起こること。対アンダードッグ効果

**はんドア【半―】** 自動車のドアが完全にしまっていない状態。

**はんとう【反騰】** 下がっていた相場が急に高くなること。対反落

**はんとう【半島】** 海に向かって長く突き出た陸地。〔小さいものは岬〕

**はんどう【反動】** ①ある動きに対して起こる反対の動き。②進歩に逆らう保守的な傾向。「―的」③反作用。

**ばんとう【晩冬】** ①冬の終わりのころ。②陰暦一二月。

**ばんとう【晩稲】** 遅く実るイネ。おくて。

**ばんとう【番頭】** 商店などの使用人の頭《かしら》の男性。店をとりしきる。

**はんどうたい【半導体】** 絶縁体と良導体の中間の電気伝導率をもつ物質。シリコン・ゲルマニウムなど。

**はんとうまく【半透膜】** 溶液や混合気体などで、ある成分だけを通す膜。透析や浸透圧測定に利用。

**はんとうめい【半透明】** ややすけてみえる程度の透明。

**はんとき【半時】** ①昔、一時《いっとき》の半分。現在の約一時間。「小《こ》―」②少しの間。

**はんどく【判読】**（わかりにくい文章・文字を）判断・推量しながら読むこと。

**はんとし【半年】** 一年の半分。六か月。

**バンドネオン**〔スペイン語 bandoneón〕楽器の一。アコーデオンに似る。鍵盤はなく、ボタン式。〔アルゼンチンタンゴに用いる〕

**パントマイム** [pantomime] せりふがなく、身振り・表情だけで行う劇。無言劇。

**ハンドラー** [handler]（犬の）調教師。

**パンドラのはこ【―の箱】** ギリシャ神話

で、神がパンドラに持たせたという不幸や災いの詰まった箱。

**パントリー**〔pantry〕 食品や食器をしまう小部屋。食品庫。

**ハンドリング**〔handling〕 ①ハンドル操作。②サッカーで、キーパー以外の選手が球を手で扱う反則。ハンド。③ラクビーやハンドボールで、球の手さばき。

**ハンドル**〔handle〕 ①取っ手。②機械の、操作するために手で握る部分。

**ーキーパー**〔和製語 handle keeper〕 会食や飲み会で、運転役として決めた、酒を飲まない人。

**ーネーム**〔handle name〕 インターネットの掲示板などで使うペンネーム。

**バンドル**〔bundle〕 セット販売。特に、パソコンにソフトウエアを組み合わせて販売すること。

**はんドン【半ー】** 午前中だけの勤務（ーの日）。土曜日。〔ドンはドンタクの略〕

**はんなが【半長】** 短めの長靴。半長靴。

**パンナコッタ**〔イタリア語 pannacotta〕 イタリア風の洋菓子の一。生クリームをゼラチンでかためて作る。

**はんなま【半生】** ①なま煮え。②なまがわき。③なまかじり。

**はんなり** 上品で華やかなようす。〔京阪地方の方言〕

**ばんなん【万難】** 〔文章語〕多くの困難。「ーを排する」

**はんにえ【半煮え】** 十分煮えていないこと。Ⅱはっきりしない態度。

**はんにち【反日】** 日本に反対すること。「ー運動」対親日

**はんにち【半日】** 一日の半分。

**はんにゃとう【般若湯】** 酒。〔僧の隠語〕

**はんにゅう【搬入】** 運び込むこと。対搬出

**はんにん【犯人】** 罪を犯した人。

**ばんにん【万人】** 多く（すべて）の人。ばんじん。「ー向き」

**ばんにん【番人】** 番をする人。

**はんにんまえ【半人前】** まだ一人前でないこと。

**はんね【半値】** 定価の半分。

**ばんねん【晩年】** 一生の終わりの時期。「ーを迎える」

**はんのう【反応】** ①刺激に対して起こる変化・運動。「ーを見る」②手ごたえ。③化学反応。

**ー熱《ねつ》** 化学反応によって発生（吸収）される熱。

**はんのう【半農】**

**ー半漁《はんぎょ》** 漁業と農業をともに生業としていること。

**ばんのう【万能】** ①すべてにききめがある（役立つ）こと。「ー薬」②多くのことにすぐれていること。「ー選手」

**はんのき【榛の木】** カバノキ科の落葉高木。実は染料、材は建築・家具・薪炭用。

**パンのき【ーの木】** 太平洋諸島原産の高木。実はパンのような果肉で、食用。

**はんば【飯場】** 土木工事や鉱山の労働者の一時的な合宿所。現場近くにある。

**はんぱ【半端】** ①全部そろっていないこと。②中途はんぱ。

**ーない** 〔俗語〕程度が甚だしい様子。〔半端ではないの意〕

**ばんば【輓馬】** 〔文章語〕車をひかせる馬。

**パンパ** ⇨パンパス

**バンパー**〔bumper〕 自動車の緩衝器。車体の前後にある。

**ハンバーガー**〔hamburger〕 丸いパンにハンバーグステーキをはさんだ食べ物。

**ハンバーグステーキ**〔hamburg steak〕 料理の一。ひき肉やタマネギなどを小判形にまとめて焼く。ハンバーグ。

**はんばい【販売】** 商品を売ること。

**バンパイア**〔vampire〕 吸血鬼。

**はんばく【反駁】** 他の意見（非難）に反対して論じ返すこと。はんぱく。

**はんぱく【半白】** 白髪まじりの頭髪。

**ばんぱく【万博】** 万国博覧会の略。

**パンパス**〔pampas〕 ①アルゼンチン中東部の草原地帯。②パンパス原産の植物。ススキに似る。パンパスグラス。◇パンパ。

**はんばつ【藩閥】** 明治維新の際に、同じ藩の出身者が作った派閥。「ー政府」

**はんぱつ【反発】**《反撥》 ①はね返る（返す）こと。②反抗すること。③下がっていた相場が急に上がること。

**はんはば【半幅】** 並幅の半分の幅。

**はんはん【半々】** 半分ずつ。

**ばんばん【万々】** ①十分に。「ー承知の上で」②（否定表現の中で）万が一にも。「ー手抜かりはあるまい」

**ばんぱん【万般】** あらゆる‐物事(方面)。

**ばんばんざい【万々歳】** とてもめでたく喜ばしいこと。〔万歳の強調〕

**バンバンジー【棒々鶏】** 〔中国語 bàng-bàngjī〕中国料理の一。鶏肉を使う。

**はんびょうにん【半病人】** 病人のように心身の弱っている人。

**はんびらき【半開き】** 半開《はんかい》。

**はんぴれい【反比例】** ふたつの数量の、一方が増えると他方が同じ割合で減ること。逆比例。対比例

**はんぷ【帆布】** 布製かばんや帯芯などに使われる厚手の布。もと帆船の帆用に作られた。

**はんぷ【頒布】** 広く配り分けること。

**バンプ**〔vamp〕妖婦。

**パンフ** パンフレットの略。

**バンブー**〔bamboo〕竹。

**パンプキン**〔pumpkin〕カボチャ。「—パイ」

**はんぷく【反復】** 繰り返すこと。「—練習」

**はんぷく【反覆】** ①反復。②(国家などが)ひっくり返ること。③裏切ること。

**パンプス**〔pumps〕ひもや留め金のない、女性用の革靴。

**ばんぶつ【万物】** 〔文章語〕宇宙のすべてのもの。

**—の霊長《れいちょう》** 人類。

**はんぶっしつ【反物質】** 反粒子でできている物質。

**ハンブル**〔fumble〕ファンブル。

**パンフレット**〔pamphlet〕宣伝・説明用の小冊子。

**はんぶん【半分】** ①二等分したものの一方。②なかば…の気持ちで。「遊び—」

**はんぶんじょくれい【繁文縟礼】** 〔文章語〕規則や礼式がこまごまして煩わしいこと。

**ばんぺい【番兵】** 番をする兵士。

**はんべつ【判別】** 見分け区別すること。「是非を—する」

**はんぺん【半片】** 一片の半分。はんきれ。

**はんぺん《半平・半片》** 食品の一。白身魚と山芋などをすりまぜ、ゆでたもの。

**はんぼいん【半母音】** 子音に近い性質をもつ母音。〔[j・w]など〕

**はんぼう【繁忙・煩忙】** 多忙。「—をきわめる・—期」

**はんぽん【版本・板本】** 版木で印刷した本。対写本

**ハンマー**〔hammer〕①かなづち。②ハンマー投げに用いる鉄球。

**—投《な》げ** 陸上競技の種目の一。ワイヤーにつけた鉄球を投げ、飛距離を競う。

**はんまい【飯米】** 飯にする米。

**はんみ【半身】** ①魚を二枚におろした、一方。②相撲や剣道で、相手に対し体を斜めにした構え。

**はんみょう《斑猫》** 昆虫の一。緑色や銅色で、美しい斑点がある。みちおしえ。

**ばんみん【万民】** 〔文章語〕すべて(多く)の人民。

**はんめい【判明】** はっきりわかること。

**ばんめし【晩飯】** 夕飯。〔くだけた言い方〕

**はんめん【反面】** ①反対の面。②他の面からみると。◇類他面

**—教師《きょうし》** わるい手本。

**はんめん【半面】** ①顔や物の片側半分。類片面 ②相対する側面の一方。

**—識《しき》** ちょっと会っただけの‐間柄(人をよく覚えていること)。

**ばんめん【盤面】** ①碁盤や将棋盤の表面。②囲碁や将棋の勝負のなりゆき。③レコードやCDの表面。

**はんも【繁茂】** 草木が生い茂ること。

**はんもく【反目】** にらみあうこと。仲のわるいこと。

**ハンモック**〔hammock〕丈夫な‐網(麻布)の両端をつった寝床。

**はんもと【版元】** 出版元。発行所。

**はんもん【反問】** 問い返すこと。

**はんもん【斑紋】** まだら模様。

**はんもん【煩悶】** 悩み苦しむこと。

**ばんや【番屋】** ①番人の詰め所。②漁師が漁期に寝泊まりする小屋。

**パンヤ**〔ポルトガル語 panha〕カポック。また、カポックの種からとれる綿毛。布団や枕の詰め物用。

**はんやく【反訳】** ①翻訳文や速記文をもとの言葉に戻すこと。②翻訳。

**はんやけ【半焼け】** ①なま焼け。②半焼《はんしょう》。

**ばんゆう【蛮勇】** 〔文章語〕向こう見ずの勇気。「—を振るう」

**ばんゆういんりょく【万有引力】** すべての物体の間に作用する引力。〔ニュート

ンの発見による〕

**はんよう【汎用】**〔文章語〕ひとつのものをいろいろなことに用いること。

**はんよう【繁用】**〔文章語〕用事が多く忙しいこと。

**はんら【半裸】**半分裸であること。

**ばんらい【万雷】**多くの雷。⑪大きな音のたとえ。「―の拍手」

**はんライス【半―】**飲食店で、ふつうの半分の量のライス。

**はんらく【反落】**上がっていた相場が急に下がること。対反騰

**はんらん【反乱】**《叛乱》政府や支配者にそむいて乱を起こすこと。

**はんらん【氾濫】**水があふれること。⑪多く出まわること。「情報が―する」

**ばんり【万里】**非常に遠いこと。「―の道のり」

**―の長城**《ちょうじょう》 中国にある大城壁。〔秦《しん》の始皇帝がつくらせた〕

**ハンリュー【韓流】**〔中国語 hánliú〕韓国のテレビドラマ・映画などの大衆文化。かんりゅう。「―スター」

**はんりゅうし【反粒子】**ある素粒子と質量などが同じで、電荷などの符号が逆の素粒子。

**はんりょ【伴侶】**つれあい。

**ばんりょく【万緑】**〔文章語〕葉が茂り、見渡す限り緑色であること。

**―叢中**《そうちゅう》**紅**《こう》**一点**《いってん》 多くの男の中にいるただ一人の女。

**はんりん【半輪】**〔文章語〕半円。「―の月」

**はんれい【凡例】**①書物のはじめに、その編集方針や使い方を記したもの。②地図や図表で、使用する記号などを説明した表。

**はんれい【判例】**判決の実例。

**はんろ【販路】**〔文章語〕商品の売れ口。

**バンロゼ**〔フランス語 vin rosé〕ロゼワイン。

**はんろん【反論】**相手に対して反対すること。また、その議論。

**はんろん【汎論】**〔文章語〕①全体にわたる論。②全体を概括した論。類通論

# ひ

**ひ【一】**ひとつ。ひい。「―、ふう、みい」〔数えるときに使う〕

**ひ【日】**①《陽》太陽(―の光・熱)。②昼間。③一日。④時期。「若き―」⑤場合。「成功した―には」

**―出**《い》**ずる国**《くに》 日本の美称。

**―暮**《く》**れて道**《みち》**遠**《とお》**し** (年をとったが)なすべきことが多く残っている。

**―の当**《あ》**たる場所**《ばしょ》 めぐまれた地位・環境。

**ひ【火】**物が燃えるときに出す炎・光・熱。⑪㋐火事。㋑激しい感情。

**―が付**《つ》**く** 燃え‐始める(移る)。⑪事が‐始まる(波及する)。

**―に油**《あぶら》**を注**《そそ》**ぐ** よけいに激しくする。

**―の消**《き》**えたよう** 活気がなくなって寂しいようす。

**―のついたよう** あわただしい。激しい。「―に泣く」

**―のない所**《ところ》**に煙**《けむり》**は立**《た》**たない** 根拠がなければうわさはたたない。

**―を落**《お》**とす** 調理場などの火を消す。

**―を付**《つ》**ける** 燃やす。⑪きっかけを作る。

**―を通**《とお》**す** 食べ物に熱を加える。

**―を吐**《は》**く** 激しく議論する形容。

**―を見**《み》**るよりも明**《あき》**らか** 疑う余地がなく明白だ。

**ひ【比】**①比較の対象。「…の―ではない」②比率。「千分―」

**ひ【妃】**皇族・王族の妻。

**ひ【灯】**あかり。「街の―」

**―を絶**《た》**やす** 途中で終わってしまう。「伝統の―な」

**ひ【否】**不同意。不賛成。対可・諾

**ひ【杼】**機織り道具の一。船形で、横糸を通すのに使う。

**ひ【非】**①悪いこと。②あやまち。③欠点。④否定を表す。対是「―合法」

**―の打**《う》**ち所**《どころ》**がない** 欠点がまったくない。

**―を鳴**《な》**らす** さかんに非難する。

**ひ【秘】**秘密。「秘中の―」

**ひ【碑】**石碑。

**ひ【緋】**濃く明るい朱色。緋色。

**ひ【樋】**①水を通すための木や竹の管。②刀身の表面の細長い溝。

**び【尾】**魚を数える語。

**び【美】**①美しい‐こと(もの)。「―の女神」

対醜 ②よいこと。「有終の―を飾る」

**び【微】** ①非常に細かいこと。②小さい。「―生物（粒子）」③わずか。「―修正」

**―に入《い》り細《さい》をうがつ** 非常に細かい点にまで及ぶ。

**ビア**〔beer〕ビール。ビヤ。「―パーティー」

**ひあい【悲哀】** 悲しく哀れなこと。

**ビアガーデン**〔beer garden〕屋外でビールを飲ませる飲食店。ビヤガーデン。

**ひあがる【干上がる】**《乾―》 水分がまったくなくなる。‖収入がなくなって生活ができなくなる。

**ひあし【日足】** ろうそく足の一。一日ごとの株価の動きを表す。類週足・月足

**ひあし【日脚・日足】** 太陽の進む歩み。‖昼間の時間。

**ひあし【火脚・火足】** 火の燃え進む速さ。

**ピアス** 耳たぶに穴をあけてつけるイヤリング。〔pierced earring から〕

**ひあそび【火遊び】** 火を燃やして遊ぶこと。‖その場限りの恋愛や情事。

**ひあたり【日当たり】** 日光のあたる具合。

**ピアニカ**〔pianica〕 鍵盤の付いたたて笛状の楽器。〔pianoとharmonicaの合成から。／商標〕

**ピアニスト**〔pianist〕ピアノ演奏者。

**ピアニッシモ**〔イタリア語 pianissimo〕音楽の演奏標語の一。「ごく弱く」の意。ピアニシモ。記号*pp* 対フォルティッシモ

**ピアノ** ①〔piano〕鍵盤楽器の一。②〔イタリア語 piano〕音楽の演奏標語の一。「弱く」の意。記号*p* 対フォルテ

**―線《せん》** 特殊加工した、強度の高い鋼線。

**―フォルテ**〔イタリア語 piano forte〕楽器ピアノの本来の呼び名。

**ひあぶり【火炙り】** 昔の刑罰の一。罪人を焼き殺す。

**ビアホール**〔和製語 beer hall〕（生）ビールを専門に飲ませる店。ビヤホール。

**ヒアリング**〔hearing〕①（外国語の）聞き取り。②公聴会。◇ヒヤリング。

**ヒアルロンさん【―酸】** 動物細胞に含まれる多糖類の一。〔健康食品や美容製品に利用される〕

**ひあんだ【被安打】** 野球で、ヒットを打たれること。

**ひい【一】** ひとつ。「―、ふう、みい」

**びい【微意】**〔文章語〕わずかな志。‖「自分の意志」の謙譲語。類寸志

**ピーエルほう【PL法】** 製造物責任法の通称。製品の製造・販売業者の責任を規定した法律。〔product liability から〕

**ビーカー**〔beaker〕化学実験用具の一。ガラス製筒形の容器。

**ビーがた【B型】** ABO式血液型の一。

**ぴいかん【ピーカン】**〔俗語〕快晴。〔撮影用語から〕

**ひいき【贔屓】** 気にいった人に特に力添えすること。また、そうする人。

**―の引《ひ》き倒《たお》し** ひいきしすぎてかえって迷惑になること。

**―目《め》** ひいきした見方。

**ビーきゅう【B級】** Bクラス。「―グルメ」

**ひいく【肥育】** 食肉用の動物に餌を多く与え太らせること。

**ピーク**〔peak〕山頂。‖頂点。「混雑の―」

**ビークラス【B―】** 第二の等級。類二流

**ビークル**〔vehicle〕乗り物。「レジャー―」

**ピーケーせん【PK戦】** ⇩付PK戦

**ピーコート**〔pea coat〕七分丈でダブルのウール製コート。ピージャケット。

**ピーコック**〔peacock〕雄のクジャク。

**ビーコン** ⇩ラジオビーコン

**ひいじいさん【曽祖父さん】** 曽祖父《そうそふ》。

**ビーシーへいき【BC兵器】** 生物兵器と化学兵器の総称。〔Bはbiological、Cはchemicalのこと〕

**びいしき【美意識】** 美に対する感覚・意識。

**ヒース**〔heath〕①エリカ。②北欧などの低木地・草原。

**ピース**〔peace〕平和。

**―サイン**〔peace sign〕ブイサイン。〔平和や勝利を示す〕

**ピース**〔peas〕エンドウマメ。「グリン―」

**ピース**〔piece〕断片。部分。「ワン―」

**ビーズ**〔beads〕洋服や手芸品に使う小さなガラス玉。

**ヒーター**〔heater〕①暖房装置。②電熱器。

**ピーターパンシンドローム**〔Peter Pan syndrome〕未成熟で大人社会に適応できない男の心的症候群。〔永久に大人にならない童話の主人公の名から〕

**ビーだま**【ビー玉】 ガラス玉。子供の遊戯用。〔ビードロ玉の略〕

**ピータン**【皮蛋】〔中国語 pídàn〕 中国料理で、アヒルの卵を灰・塩などにつけた食品。

**ビーチ**〔beach〕 海辺。

**—サンダル**〔beach sandals〕 砂浜を歩くためのゴムやビニールのサンダル。

**—パラソル**〔和製語 beach parasol〕 海辺に立てる、大きな日よけ傘。

**—バレー** 砂浜で行うバレーボール。一チーム二人。〔beach volleyballから〕

**ピーチ**〔peach〕 桃。

**ひいちにち**【日一日】 日ましに。

**ビーツ**〔beets〕 赤カブ。ビート①。

**ひいては**《延いては》 それが原因で。さらに進んで。

**ひいでる**【秀でる】 すぐれ、ぬきんでる。

**ヒート**〔heat〕 熱。熱気。

**—アイランド**〔heat island〕 周辺地域より気温の高い都市部。熱の島。〔等温線を引くと島のように見えることから〕

**—アップ**〔heat up〕 過熱すること。激しくなること。

**—ショック**〔heat shock〕 温度の急変で体に起こるショック。

**—ポンプ**〔heat pump〕 低温の物体から吸収した熱を、高温の物体へ運ぶ装置。熱ポンプ。

**ビート**〔beat〕 ①音楽で、拍子。②水泳で、ばた足。③音響学で、うなり。

**ビート**〔beet〕 ①赤カブ。レッドビート。ビーツ。②テンサイ。シュガービート。

**ピート**〔peat〕 泥炭。

**—モス**〔peat moss〕 ミズゴケが堆積してできた泥炭。園芸用。

**ビードロ**〔ポルトガル語 vidro〕 ガラス。〔古い言い方〕

**ビーナス**〔Venus〕 ①ローマ神話で、美と恋の女神。〔ギリシャ神話のアフロディーテにあたる〕②金星。

**ピーナッツ**〔peanuts〕 〔皮をとって炒《い》った〕ナンキンマメ。ピーナツ。

**—バター**〔peanut butter〕 ピーナッツで作ったペースト状の食品。

**ピーは**【P波】 地震波の一。縦波。〔primary waveから〕→S波

**ビーバー**〔beaver〕 水辺にすむ哺乳動物の一。歯で木を切り倒し巣を作る。海狸《かいり》。

**ひいばあさん**【曽祖母さん】 曽祖母《そうそぼ》。

**ビーばん**【B判】 印刷用紙の寸法の系列の一。〔週刊誌がB5判〕

**ビーフ**〔beef〕 牛肉。

**—シチュー**〔beef stew〕 牛肉やドミグラスソースを使ったシチュー。

**—ジャーキー**〔beef jerky〕 牛の干し肉。

**—ステーキ**〔beefsteak〕 厚めに切った牛肉を焼いた料理。ビフテキ。ビステキ。

**—ストロガノフ**〔beef stroganoff〕 牛肉の薄切りをタマネギなどとともにサワークリームで煮た料理。

**ピープル**〔people〕 人々。「ボート—」

**ビーフン**《米粉》〔中国語 mǐfěn〕 中国のめん類の一。うるち米の粉で作る。

**ひいまご**【曽孫】 ひまご。

**ピーマン**〔フランス語 piment〕 野菜の一。緑の実。〔フランス語ではトウガラシの総称〕

**ビーム**〔beam〕 光や電磁波の細い流れ。

**ピーラー**〔peeler〕 野菜や果物の皮むき器。

**ひいらぎ**【柊】 常緑低木の一。葉のふちにぎざぎざがある。〔クリスマスの装飾や、節分の魔よけのまじないに使う〕

**ヒーリング**〔healing〕 心の病やストレスをいやすこと。〔英語では「治療」の意〕

**ピーリング**〔peeling〕 美容で、肌の古い角質を取り除くこと。

**ヒール**〔heel〕 ①(靴の)かかと。②悪役。

**ビール**《麦酒》〔オランダ語 bier〕 アルコール飲料の一。ビア。ビヤ。

**ピール**〔peel〕 果物の皮(—で作った洋菓子の材料)。「オレンジ—」

**ビールス**〔ドイツ語 Virus〕 ウイルス。

**ひいれ**【火入れ】 ①溶鉱炉などに初めて火をつけること。「—式」②清酒やしょう油の腐敗防止のための加熱。③野焼き。

**ヒーロー**〔hero〕 ①英雄。‖活躍した人。「—インタビュー」②男の主人公。対ヒロイン

**ビーンボール**〔bean ball〕 野球で、故意に打者の頭をねらった投球。

**びう**【眉宇】〔文章語〕 まゆのあたり。

**びう**【微雨】〔文章語〕 細かい雨。こさめ。

**ひうお**【氷魚】 アユの稚魚。ひお。〔氷のよ

うに透明な魚の意。/琵琶湖名産〕

**ひうん【飛雲】**〔文章語〕風で飛んでいく雲。

**ひうん【悲運】** 悲しい運命。「—に泣く」 対幸運

**ひえ【冷え】**下半身が冷える—こと(病気)。

**ひえ【稗】**穀物の一。イネ科。

**ひえき【裨益】** 助けとなり、役立つこと。「社会に—する」

**ひえきる【冷え切る】**すっかり冷える。

**ひえこむ【冷え込む】**①気温がぐっと下がる。②体が冷えきる。③関係がすっかり悪くなる。

**ひえしょう【冷え性】** 体が冷えやすい体質。〔血液の循環がわるいことなどによる〕

**ひえつ【飛越】** 馬術などで障害物をとびこすこと。

**ひえびえ【冷え冷え】** ①冷たく感じられるようす。②むなしく寂しいようす。

**ヒエラルキー**〔ドイツ語 Hierarchie〕 ピラミッド型の社会的組織や階層制。ヒエラルヒー。

**ひえる【冷える】** 冷たくなる。寒くなる。Ⅱ感情がさめる。関係が悪くなる。

**ピエロ**〔フランス語 pierrot〕道化師。道化者。

**ヒエログリフ**〔hieroglyph〕 古代エジプトの象形文字。

**ひえん【飛燕】**〔文章語〕飛んでいるツバメ。Ⅱ剣術で、すばやく身をかわすたとえ。

**びえん【鼻炎】**鼻の粘膜の炎症。

**ビエンナーレ**〔イタリア語 biennale〕 一年おきの美術展覧会。→トリエンナーレ

**ひお【氷魚】**ひうお。

**ひおう【秘奥】**〔文章語〕物事の容易に知りえない奥。「—を究める」

**ビオトープ**〔biotope〕動植物が自然の状態で生息できるように造成された場所。自然観察池など。

**ビオラ**〔イタリア語 viola〕弦楽器の一。バイオリンよりひと回り大きい。

**ビオラ**〔ラテン語 viola〕スミレ。特に小型のパンジー。

**ビオロン**〔フランス語 violon〕バイオリン。

**びおん【美音】**〔文章語〕美しい—音(声)。

**びおん【微温】**なまぬるいこと。

**—的**《てき》 やり方が中途半端で徹底しないようす。

**びおん【鼻音】** 呼気が鼻腔《びこう》を通る音。〔「m・n」など〕

**ひか【皮下】**皮膚の内側。

**ひか【悲歌】**〔文章語〕①悲しい歌。類エレジー ②悲しんで歌うこと。「—慷慨《こうがい》」

**ひが【彼我】**〔文章語〕相手と自分。

**びか【美化】**美しく—する(考える)こと。「環境の—・死を—する」

**びか【美果】**〔文章語〕①おいしい果実。②よい結果。

**ひがい【被害】** 害を受けること。その害。「—をこうむる」

**—妄想**《もうそう》 いつも害を受けていると思いこむ妄想。

**ぴかいち【ピカ一】**〔俗語〕多くの中でずばぬけてよいもの。

**ひかえ【控え】** ①別に用意しておく—人(物)。②写しとして書くこと。写し。

**—室**《しつ》 物事が始まるまで待っている部屋。

**—目**《め》 遠慮がちであること。

**ひがえり【日帰り】** その日のうちに帰ること。

**ひかえる【控える】** ①準備して待つ。②自制する。「発言を—」③書き留める。④近くにある。「試験を間近に—」

**ひかがみ**《膕》 ひざの裏側のくぼんだところ。

**ひがき【檜垣】**ヒノキの薄板を編んだ垣。

**ひかく【比較】**比べること。

**—的**《てき》 わりに。

**ひかく【皮革】** 動物の皮を加工したもの。「合成—」

**ひかく【非核】**核兵器をもたないこと。

**—三原則**《さんげんそく》 核兵器を作らない、もたない、もちこませない、という日本の政策。

**びがく【美学】** 美の本質や構造を研究する学問。Ⅱ美的な価値。「別れの—」

**ひかげ【日陰】**《日蔭》 日の当たらない所。Ⅱ栄えて(恵まれて)いない立場。「—の身」

**—者**《もの》 公然と世間に出られない人。

**ひかげ【日影】**日ざし。

**ひがけ【日掛け】** 毎日一定額のお金を積み立てること。

**ひかげん【火加減】**火力の強さの程度。

**びかご【美化語】** 敬語の一。上品に言う言い方。〔「ご飯・おいしい」など〕

**ひがごと【僻事】**道理(事実)にあわないこと。

**ひがさ【日傘】** 日よけのための傘。

**ひかされる【引かされる】** 心がひきつけられる。「情に―」

**ひがし【東】** ①方角の一。〔略記号E〕対西 ②東風。

**―風《かぜ》** 東から吹く風。対西風

**―側《がわ》** もと、ソ連に同調する諸国の通称。対西側

**―日本《にほん》** 日本の東半分。対西日本

**―半球《はんきゅう》** 地球の東側の半分。ユーラシア・アフリカ・オーストラリアを含む地域。対西半球

**ひがし【干菓子】**《乾―》 水分の少ない和菓子。せんべい・らくがんなど。対生《なま》菓子

**ひかしぼう【皮下脂肪】** 皮下に蓄えられた脂肪。

**ひかず【日数】** 日の数。にっすう。

**ひかぜい【非課税】** 税金がかからないこと。

**ひがた【干潟】** 潮が引いて現れた砂地。

**ピカタ**〔イタリア語 piccata〕 薄めの肉に小麦粉をまぶし、とき卵をつけてバターで焼いた料理。

**びカタル【鼻―】** 鼻炎。

**びかちょう【鼻下長】** 女に甘い‐こと（男）。〔鼻の下が長いの意〕

**ひがないちにち【日がな一日】** 一日中。

**ひがね【日金】** 毎日少しずつ返す約束で借りる金。

**ひがむ**《僻む》 自分だけがわるく扱われていると考える。

**ひがめ【僻目】** 斜視。やぶにらみ。⊜見まちがい。思い違い。

**ひがら【日柄】** その日の吉凶。

**ひからす【光らす】** 光るようにする。光らせる。「目を―（=よく監視する）」

**ひからびる【干からびる】**《乾涸びる》 すっかりかわく。⊜新鮮みがなくなる。

**ひかり【光】** 光る‐こと（もの）。⊜㋐威光。「親の七―」㋑希望。光明。

**―触媒《しょくばい》** 光によって化学反応を促す物質。

**―通信《つうしん》** 音声や電波を、光ファイバーを通して送る通信。〔大量の情報をすばやく送れる〕

**―ディスク** 記憶用媒体の一。レーザー光によって情報を記録・再生する円盤。

**―ファイバー** 光を通す細い繊維。光通信や医療などに使う。

**―物《もの》** ①すしだねで、皮が光っているもの。コハダやサバなど。②光る物。流星や金貨など。③〔俗語〕古い金属類。◇光り物とも。

**―を当《あ》てる** とりたてて‐扱う（論じる）。

**―を失《うしな》う** ①失明する。②希望をなくす。

**ひかりかがやく【光り輝く】** 光を放って輝く。⊜輝くばかりに美しく見える。

**ひかる【光る】** 光を放つ。⊜特に目立ってすぐれている。

**ピカレスク**［picaresque］ 悪漢が主人公の小説。悪漢小説。

**ひかれもの【引かれ者】** 刑場へ引かれて行く人。

**―の小唄《こうた》** 負け惜しみ。

**ひかれる【引かれる】** ①ひっぱられる。②《惹かれる》心がひきつけられる。

**ひがわり【日替わり】** 毎日かわること。

**ひかん【悲観】** 失望し暗く考えること。「―主義」対楽観

**―的《てき》** 物事がうまくゆかないと考えがちだ。

**ひかん【避寒】** 寒さを避けて暖かい所へ行くこと。「―地」対避暑

**ひがん【彼岸】** ①春分・秋分と前後各三日間の計七日間。②〔仏教語〕涅槃《ねはん》の境地。

**―桜《ざくら》** サクラの一。春の彼岸ごろに咲く。

**―花《ばな》** 秋の彼岸のころ、深紅の花が咲く多年草。地下茎は有毒。曼珠沙華《まんじゅしゃげ》。

**ひがん【悲願】** ①悲壮な願い。「―を達成する・長年の―」②〔仏教語〕仏・菩薩《ぼさつ》が衆生《しゅじょう》を救おうとする願い。

**びかん【美感】** 美しいと感じる気持ち。

**びかん【美観】** 美しい景観。

**びがん【美顔】** 顔を美しくすること。「―術」

**ひかんざくら【緋寒桜】** サクラの一。緋紅色の花が下向きに鐘状に開く。

**ひき【匹】**《疋》 ①獣・虫・魚などを数える語。②反物二反を単位として数える語。

**ひき【引き】** ①引くこと。⊜縁故《えんこ》。「知人の―」②意味を強める語。「―比べる」

**ひき【悲喜】** 悲しみと喜び。「—こもごも」
**ひぎ【秘儀】**〔文章語〕秘密の儀式。
**びき【美姫】**〔文章語〕美しい—姫(女性)。
**びぎ【美技】**〔文章語〕見事なわざ。ファインプレー。
**ひきあい【引き合い】** ①例にひくこと。「—に出す」②参考人。③売買取引(—の前の問い合わせ)。
**ひきあう【引き合う】** ①つりあう。割りに合う。②取引する。
**ひきあげる【引き上げる】** ①値段(地位)を高くする。②**【—揚げる】**もとの所(故国)に帰る。
**ひきあて【引き当て】** ①将来に備えてお金を準備すること。②抵当。
**ひきあてる【引き当てる】** ①くじを引いて当てる。②あてはめて比べる。「わが身に—」
**ひきあみ【引き網】**《曳き網》 魚をとる網の一。地引き網やトロール網。
**ひきあわせる【引き合わせる】** ①照合する。②紹介する。
**ひきいる【率いる】** 引き連れる。統率する。
**ひきいれる【引き入れる】** ①引いて中に入れる。②仲間にさそいこむ。
**ひきうける【引き受ける】** ①責任をもって—承知する(受け入れる)。②保証する。「身元を—」
**ひきうつす【引き写す】** もとの文章や絵を写しとる。
**ひきうり【挽き売り】** コーヒー豆を粉状にひいて売ること。
**ひきおこす【引き起こす】**《惹き—》(事件や騒ぎを)起こす。
**ひきおとす【引き落とす】** ①引いて落とす。②銀行口座などで、受取人の口座へ自動振替や送金をする。
**ひきかえ【引き替え・—換え】**(「…に～(—て)」の形で)反対に。
**ひきかえし【引き返し】** ①歌舞伎で、一幕の途中で幕を引き、道具立てを変えて続きを演じること。②女性の和服の仕立て方の一。盛装用。
**ひきかえす【引き返す】** もとの所へ戻る。
**ひきかえる【引き替える・—換える】** 交換する。
**ひきがえる**《蟇蛙》 大型のカエルの一。茶色で背中にいぼがある。ガマ。
**ひきがし【引き菓子】** 引き出物として出す菓子。
**ひきがたり【弾き語り】** 自分で楽器を弾きながら語ったり歌ったりすること。
**ひきがね【引き金】** 小銃やピストルの発射装置。指をかけて引く。‖物事のきっかけ。
**ひきぎわ【引き際】** 現在の地位や立場から身を引くタイミング。
**ひきげき【悲喜劇】** 悲劇と喜劇の両者の要素をもつ劇。‖悲しみと喜びのまじりあった事柄。
**ひきこみせん【引き込み線】** ①外から屋内に引き入れた電線。②鉄道で、本線から特定の場所へ引き入れた線路。
**ひきこむ【引き込む】** ①引いて中に入れる。②仲間に入れる。◇類引き入れる
**ひきこもり【引き籠もり】** ①ひきこもること。②学校や社会にとけこめず、自宅などにひきこもっている—こと(人)。
**ひきこもる【引き籠もる】** とじこもる。
**ひきころす【轢き殺す】** 車などでひいて死なせる。
**ひきさがる【引き下がる】** 退く。「黙って—」
**ひきさく【引き裂く】** 引っぱって裂く。‖無理に離す。「二人の仲を—」
**ひきさげる【引き下げる】** ①値段を安くする。②地位を低くする。③とり下げる。「訴えを—」
**ひきさる【引き去る】** さしひく。
**ひきざん【引き算】** ある数から他の数を引く計算。減法。対足し算
**ひきしお【引き潮】** 沖の方へ引く潮。下げ潮。対満ち潮
**ひきしぼる【引き絞る】** 矢をつがえた弓の弦を十分に引く。‖声を無理に出す。
**ひきしまる【引き締まる】** ①体や心が強く締まる。②取引で、下がり気味の値段が上がって活気づく。
**ひきしめる【引き締める】** 体や心を強く締める。
**ひぎしゃ【被疑者】** 容疑者。
**ひきすえる【引き据える】** すわらせる。
**ひきずる【引き摺る】** ①地面をすらせて進む。「すそを—」‖長引かせる。②無理

に引っぱっていく。

**ひきたおす【引き倒す】** 引っぱって倒す。

**ひきだし【引き出し】**《抽出・抽斗》たんすや机などの、引き出して使う箱。

**ひきだす【引き出す】** ①引いて外に出す。Ⅱ外に表し出す。「本音（才能）を―」②預金・貯金をおろす。

**ひきたつ【引き立つ】** まわりと比べて目立つ。

**ひきたてやく【引き立て役】** 相手が立派に見えるようにする-役（立場）。

**ひきたてる【引き立てる】** ①引き立つようにする。②励ます。③目をかける。④無理に連れていく。⑤戸や障子を引いて閉める。

**ひきちがい【引き違い】** 一か所にたてつけた、ふたつ以上の引き戸や障子。

**ひきちゃ【碾き茶・挽き茶】** 抹茶《まっちゃ》。

**ひきつぐ【引き継ぐ】** あとをつぐ。「家業を―」

**ひきつける【引き付ける】** ①（子供が）けいれんを起こす。②近くに寄せる。③《惹き―》魅惑する。

**ひきつづく【引き続く】** ずっと（すぐ）続く。

**ひきづな【引き綱】** 物（船）を引く綱。

**ひきつる【引き攣る】** ①皮膚が縮れる。②けいれんを起こす。Ⅱ「顔が―（=固くこわばる）」

**ひきつれる【引き連れる】** 後ろに従え連れて行く。

**ひきつれる【引き攣れる】** ひきつった状態になる。

**ひきて【引き手】** ①ふすまやたんすの開閉に手を掛けるところ。②案内する人。

**ひきて【弾き手】** 楽器を弾く人。

**ひきでもの【引き出物】** 祝宴などで、主人から来客への贈り物。

**ひきど【引き戸】** 横に引いて開閉する戸。対開き戸

**ひきどき【引き時】**《退き時》 その場から身をひくべき時。

**ひきとめる【引き止める・―留める】** とめる。思いとどまらせる。

**ひきとる【引き取る】** ①その場を去る。②手元に受け取る。③「息を―（=死ぬ）」

**ビギナー** [beginner] 初心者。

**―ズラック** [beginner's luck] かけ事などで初心者が得る幸運。

**ビキニ** [bikini] ①セパレーツ型の女性用水着。②短い下着のパンツ。

**ひきにく【挽き肉】** 細かくひいた肉。

**ひきにげ【轢き逃げ】** 自動車でひいたまま逃げること。

**ひきぬき【引き抜き】** ①引き抜くこと。②歌舞伎で、舞台上で上の衣装にしかけた糸をとり、下に着こんだ衣装を現すこと。

**ひきぬく【引き抜く】** 引いて抜く。Ⅱ有能な人を自分の所属へ移らせる。

**ひきのばす【引き延ばす・―伸ばす】** ①引っ張って大きくする。②延期する。③写真を大きく複写する。

**ひきはなす【引き離す】** ①引っ張って（無理に）離す。「二人の仲を―」②後続のものとの距離をあける。

**ひきはらう【引き払う】** すっかり後始末をして去る。

**ひきふね【引き船】**《曳き船》 綱をつけて船をひく-こと（船）。また、引かれる船。

**ひきまく【引き幕】** 舞台で、左右に引いて開閉する幕。

**ひきまわし【引き回し】** ①引き回すこと。特に、指導し世話をすること。「お―」②昔の刑罰の一。③インバネス。

**ひきまわす【引き回す】** ①張りめぐらす。②方々連れて回る。③世話や指導をする。

**ひきめかぎはな【引き目鉤鼻】** 大和絵の顔の描き方。目は一の字、鼻は鉤の形。

**ひきもきらず【引きも切らず】** ひっきりなしに。

**ひきもどす【引き戻す】** 元へ戻す。

**ひきゃく【飛脚】** 江戸時代、手紙などを遠方に送り届ける人。

**びきゃく【美脚】** 健康的で美しく適度に細い脚。

**ひきゅう【飛球】** 野球で、フライ。

**ビキューナ** [vicuna] 南米アンデスにすむ動物の一。ラクダ科。その毛で織った織物。

**びきょ【美挙】**〔文章語〕ほめられるべき立派な行い。うるわしい行い。

**ひきょう【比況】** 他のものに比べて、それにたとえること。〔「ごとし」「ようだ」などを比況の助動詞という〕

**ひきょう【卑怯】** 勇気がなくてずるいこと。

ひ

類卑劣
**ひきょう【秘境】** 人によく知られていない土地。「—を探る」
**ひきょう【悲況】**〔文章語〕悲しむべき状況。
**ひきょう【悲境】**〔文章語〕不運で悲しい境遇。「—に陥る」
**ひぎょう【罷業】** ストライキ。「同盟—」
**ひきよせる【引き寄せる】** ①引いて近くに寄せる。②相手が近づくまでじっと待つ。「獲物を—」
**ひきょり【飛距離】** ①野球やゴルフで、球が飛んだ距離。②スキーのジャンプ競技で、飛んだ距離。
**ひきわけ【引き分け】** 勝負で、勝ち負けなく終わること。動—る
**ひきわざ【引き技】** 相撲で、相手を引いて倒すわざの総称。
**ひきわたす【引き渡す】** ①他人のもとに渡す。「身柄を—」②綱やひもを張り渡す。
**ひきわり【碾き割り】** ①うすでひいて割ること。②碾き割り麦。
**—麦《むぎ》** あらくひきわった大麦。
**ひきん【卑近】** 身近でわかりやすいようす。「—な出来事」
**びぎん【微吟】**〔文章語〕小声で歌うこと。
**ひきんぞく【非金属】** 金属の性質をもたない物質の総称。
**—元素《げんそ》** 金属元素以外の元素。
**ひきんぞく【卑金属】** 水分や二酸化炭素に侵されやすい金属。対貴金属
**ひく【引く】** ①自分の方に近寄せる。「つなを—」②自分のほうへ動かす。対押す ③自分の中に−取り入れる(受けつぐ)。「血を—」④減らす。「数(値段)を—」対足す ⑤長く伸ばす。「線を—」⑥ひきずる。「すそを—」⑦なくなる。「熱が—」⑧「辞書を—(=調べる)」⑨《退く》しりぞく。「身を—」⑩〔俗語〕しらける。「つまらないダジャレに—」〔平仮名でも書く〕⑪《惹く》関心を向けさせる。「同情を—」
**ひく【挽く】** ①のこぎりで切る。②ろくろで作る。
**ひく【弾く】**(弦楽器を)演奏する。
**ひく【碾く】** いしうすですり砕く。
**ひく【轢く】** 上を車輪が通る。
**びく【比丘】**〔仏教語〕出家した男。対比丘尼
**びく《魚籠》** 釣った魚を入れておく小さなかご。
**ひくい【低い】** ①下方にある。高さが短い。②水準より下。程度が小さい。③低音。声・音が小さい。◇対高い
**びくう【鼻腔】** びこう。〔医学で使う。一般には「びこう」〕
**びくしょう【微苦笑】** ちょっとした苦笑い。
**ピクセル**［pixel］画素。
**ひぐち【火口】** ①火事の燃えはじめ。②点火する所。
**ピクチャー**［picture］①絵画。②映画。映像。③写真。
**ひくつ【卑屈】** いくじなく、こびへつらうこと。
**ひくて【引く手】** ①自分の方へと誘う人。②舞で、ひき寄せる手。
**—数多《あまた》** 誘う人が多いこと。
**ピクトグラム**［pictogram］絵文字。統計数値を絵で表したもの。ピクトグラフ。
**ビクトリー**［victory］勝利。優勝。
**びくに【比丘尼】**〔仏教語〕出家した女。対比丘
**ピクニック**［picnic］遠足。
**ひぐま【羆】** クマの一。北海道にすむ。毛は淡い赤褐色。
**ひくまる【低まる】** 低くなる。対高まる
**ピグミー**［Pygmy］アフリカ中部の熱帯林地帯に住む、背の低い民族の総称。
**ひくめ【低め】** やや低い感じ。対高め
**ひくめる【低める】** 低くする。「腰を—」対高める
**ひぐらし【蜩】**《茅蜩》セミの一。晩夏から初秋に鳴く。カナカナ。
**ひぐらし【日暮らし】** 朝から晩まで。一日中。〔副詞的にも使う〕
**ピクルス**［pickles］洋風の漬物。
**ひぐれ【日暮れ】** 夕方。
**びくん【微醺】**〔文章語〕ほろ酔い。「—を帯びる」
**ひけ【引け】** ①退出。②負ける(劣る)こと。「—をとる」③取引で、大引け。
**ひげ【髭】**《髯・鬚》口・あご・ほおの周辺に生える毛。〔髭は口ひげ、髯はほおひげ、鬚はあごひげ〕
**—の塵《ちり》を払《はら》う** 上役などにこびへつらう。

**ひげ【卑下】**自分を卑しめ、へり下ること。
**ピケ** ピケットの略。ストライキの裏切り者や妨害者を見張る‐こと(人)。「―を張る」
**ピケ**〔フランス語 piqué〕浮き出し模様がある織物。
**ひけい【飛型】**スキーのジャンプ競技で、空中のフォーム。
**ひけい【秘計】**〔文章語〕秘密の計略。
**びけい【美形】**容貌が美しい‐こと(人)。
**びけい【美景】**〔文章語〕美しいけしき。類絶景
**ひげき【悲劇】**悲しみを覚えさせる劇。Ⅱ悲惨な出来事。◇対喜劇
**ひけぎわ【引け際】**一日の仕事や取引の終わる間際。
**ひけし【火消し】**①火を消すこと。②江戸時代の消防組織。「町―」
**――役《やく》** 紛糾した事態をおさめる人。
**ひげそり【髭剃り】**ひげをそる‐こと(器具)。
**ひけつ【否決】**議案を承認しないこと。対可決
**ひけつ【秘訣】**効果のある特別な方法。
**ピケット**〔picket〕ピケ。
**ひげづら【髭面】**ひげが多く生えている顔。
**ひけどき【引け時】**《退け時》退出(下校)時刻。
**ひけね【引け値】**取引で、大引けの値段。
**ひけめ【引け目】**気おくれ。弱点。
**ひけらかす** 得意そうに見せびらかす。
**ひける【引ける】**①《退ける》仕事や勉強が‐終わる(終わって退出する)。②「気が―」(=気おくれする)」
**ひけん【比肩】**〔文章語〕匹敵すること。
**ひけん【披見】**〔文章語〕文書を開いて見ること。
**ひけん【卑見】**《鄙見》「自分の意見」の謙譲語。
**びげん【微減】**わずかに減ること。
**ひげんぎょう【非現業】**現場の仕事ではない、一般的な事務部門。
**ひけんしゃ【被検者】**検査の対象となる人。
**ひけんしゃ【被験者】**試験や実験の対象となる人。インフォーマント。
**ひこ【曽孫】**ひまご。
**ひご**《籤》割った竹を細く削ったもの。細工用。竹ひご。
**ひご【庇護】**かばい守ること。
**ひご【卑語】**《鄙語》〔文章語〕下品な言葉。卑言。スラング。
**ひご【飛語】**《蜚語》〔文章語〕根拠のないうわさ。
**ピコ**〔pico〕国際単位系で、単位につけて一兆分の一を表す。記号p「―グラム」
**ひごい【緋鯉】**コイの変種の一。赤や黄の体色で、観賞用。
**ひこう【披講】**〔文章語〕詩歌などの会で、詩歌をよみあげる‐こと(役)。また、その式。
**ひこう【肥厚】**肉が肥えて厚くなること〔医学では皮膚や粘膜が厚くなること〕
**ひこう【非行】**よくない行為。「―少年」〔特に青少年の場合〕
**ひこう【飛行】**空を飛ぶこと。
**――機《き》** ジェットやプロペラによる推力で飛行する航空機。
**――機雲《きぐも》** 飛行機の通過後にできる線状の白い雲。
**――士《し》** 飛行機を操縦する人。
**――場《じょう》** 飛行機が発着する設備のある区域。類空港
**――船《せん》** 胴体に水素やヘリウムをつめて大気中に浮かび、推進プロペラで飛行する航空機。
**――艇《てい》** 胴体がボートの形になった大型の水上飛行機。
**ひこう【飛蝗】**〔文章語〕バッタが大群をなして移動すること。また、そのバッタ。
**ひごう【非業】**〔仏教語〕前世の行いの報いではなく、現世の不慮の災難によること。
**――の最期《さいご》** 災難による不慮の死。
**びこう【尾行】**ひそかに人の後をつけること。
**びこう【備考】**参考のための記述。「―欄」
**びこう【備荒】**〔文章語〕凶年のための準備。
**――作物《さくもつ》** 他の作物が不作のときでも収穫がある程度は見込める作物。〔ヒエ・サツマイモなど〕
**びこう【微行】**〔文章語〕(貴人の)忍び歩き。
**びこう【微光】**かすかな光。
**びこう【微香】**かすかな香り。
**びこう【鼻孔】**鼻の穴。
**びこう【鼻腔】**鼻の奥の空間。〔医師は「び

くう」という〕

ひこうかい【非公開】一般に公開しないこと。

ひこうしき【非公式】対公式
ひごうほう【非合法】法律に違反していること。対合法
ひごうり【非合理】論理にあわないこと。対合理
—主義《しゅぎ》 哲学で、論理を超えたところに究極的なものをみる論。

ひこく【被告】①民事訴訟で訴えられた側。対原告 ②被告人。

—人《にん》 刑事訴訟で訴えられ、裁判がまだ確定していない人。

ひこくみん【非国民】自国を裏切るような人。〔特に戦前、軍や国に批判的な人をののしって言った〕

びこつ【尾骨】脊柱《せきちゅう》の下端の骨。びていこつ。

びこつ【鼻骨】鼻の上部の、支柱となる骨。

ひごと【日ごと】《日毎》毎日。

ひこばえ《蘖》切り株から出る新しい芽。

ひこぼし【彦星】牽牛《けんぎゅう》星。

ひこまご《曽孫》ひまご。

ひごろ【日頃】いつも。ふだん。

ひこん【非婚】結婚しない(—生き方を選ぶ)こと。

ひざ【膝】①ももとすねの間の関節部分。②座ったとき、上側のもも。

—が笑《わら》う 脚を酷使して、膝ががくがくする。

—を打《う》つ 感心した(急に思いついた)ときの動作。

—を折《お》る 屈服する。

—を崩《くず》す 正座せずに楽に座る。

—を屈《くっ》する 屈服する。

—を突《つ》き合《あ》わせる 近くで向き合う。⊜話し合う。

—を乗《の》り出《だ》す 前に進み出る。⊜強い興味をひかれ乗り気になる。

—を交《まじ》える 親密に話をする。

ビザ〔visa〕入国許可証。査証。

ピザ〔イタリア語 pizza〕イタリア料理の一。平たくて大きなパイに具やチーズをのせて焼く。ピザパイ。ピッツァ。

ひさい【非才】《菲才》「自分の才能」の謙譲語。「浅学—」

ひさい【被災】災害を受けること。

びさい【微細】非常に細かいこと。「—にわたる」

びざい【微罪】ごく軽い罪。

ひざおくり【膝送り】より多くの人が座れるように少しずつ移動して席を作ること。

ひざかけ【膝掛け】膝の上にかける—防寒用の(汚れを防ぐ)布や毛布。

ひざがしら【膝頭】膝の前の部分。

ひさかたぶり【久方振り】ひさしぶり。

ひざかり【日盛り】一日で最も日差しの強いころ。〔特に夏の日中〕

ひさく【秘策】秘密の策略。

ひさぐ《鬻ぐ》〔文章語〕売る。「春を—(=売春する)」

ひざぐみ【膝組み】あぐらをかくこと。

ひざくりげ【膝栗毛】歩いて旅すること。〔膝を栗毛の馬の代わりとする意〕

ひさご【瓠】①ヒョウタンの実(—で作った酒入れ)。②ユウガオ・ヒョウタンなどの総称。

ひざこぞう【膝小僧】ひざがしら。

ひさし【庇】《廂》軒に差し出た小屋根。⊜帽子の前に突き出た部分。

—を貸《か》して母屋《おも》《や》を取《と》られる 一部を貸したために、その全体を取られる。⊜恩をあだで返される。

ひざし【日差し】《陽射し》日光(—の程度)。

ひさしい【久しい】①(時間的に)長い。②久しぶりだ。

ひさしぶり【久し振り】長く—会って(その経験をして)いないこと。

ひざづめ【膝詰め】膝をつきあわせ、迫ること。

—談判《だんぱん》 直接会って強く交渉すること。

ピザパイ〔pizza pie〕ピザ。

ひさびさ【久々】久しぶり。

ひざまくら【膝枕】膝を枕がわりにすること。

ひざまずく《跪く》膝を地面につけてかがむ。

ひさめ【氷雨】①冷たい雨。②雹《ひょう》や霰《あられ》。

ひざもと【膝下・膝元】すぐ近く。「お—」

ひさん【飛散】飛び—散る(散らす)こと。

ひさん【悲惨】悲しく痛ましいこと。

ひし《犇》①ぴったり。②強く激しいようす。

「ーと抱きあう」
**ひし【菱】** 水草の一。実は食用。
**ひし【皮脂】** 皮脂腺から分泌される物質。
**ひし【秘史】**〔文章語〕かくされた歴史。
**ひじ【肘】**《肱・臂》腕の関節の外側部分。
**ひじ【秘事】**〔文章語〕秘密の事柄。
**びじ【美辞】**〔文章語〕美しく巧みな言葉。
**ひじかけ【肘掛け】** 肘をのせるための台。
**ひしがた【菱形】** 四角形で、辺の長さが等しく、どの角も直角でないもの。
**ひじき**《鹿尾菜》海藻の一。食用。干したものは黒い。
**ひしぐ**《拉ぐ》拉げるの他動詞形。
**ひしげる**《拉げる》押しつぶされる。ひしゃげる。Ⅱくじける。
**ひししょくぶつ【被子植物】** 種子植物で、胚珠《はいしゅ》が子房で包まれているもの。対裸子植物
**ビシソワーズ**〔フランス語 vichyssoise〕ジャガイモの裏ごしを用いた冷たいスープ。
**ビジター**〔visitor〕①野球などで、ほかの土地から試合に来たチーム。②会員以外の利用者。③訪問者。
**ひしつ【皮質】** 大脳や腎臓など二層の区分をもつ器官の、表層部分。対髄質
**びしてき【微視的】** 顕微鏡でやっと識別できるほどの大きさであるようす。Ⅱ物事の見方が非常に細かいようす。対巨視的
**ひじてつ【肘鉄】**〔俗語〕肘鉄砲《ひじでっぽう》。
**ひじでっぽう【肘鉄砲】** 要求や誘いを強く拒否すること。「ーを食らわす」
**ビジネス**〔business〕事務。仕事。商売。
**ークラス** 航空機で、ファーストクラスとエコノミークラスの中間。
**ースクール**〔business school〕経営(事務)に関する知識・技術を教える専門学校。
**ーパーソン**〔business person〕〔男女の区別なく使う〕実業家。事務系社員。
**ーホテル**〔和製語 business hotel〕出張で使うのに便利な比較的低料金のホテル。
**ーマン**〔businessman〕男性実業家。事務系の男性社員。
**ーモデル**〔business model〕(新しい)ビジネスの具体的な仕組み。
**ーライク**〔businesslike〕(感情的でなく)事務的。
**ひしひし**《犇々》身に差し迫って強く感じるようす。
**ひじまくら【肘枕】** 肘をまげて枕にすること。
**ひしめく**《犇めく》多くが集まり、押し合って騒ぐ。
**ひしもち【菱餅】** ひし形の餅。桃の節句に飾る。
**ひしゃ【飛車】** 将棋の駒の一。
**ひしゃおち【飛車落ち】** 将棋で、上位者が飛車を除いてさすーこと(対局)。
**ひしゃく【柄杓】** 液体をくむ、長い柄のついた用具。しゃく。
**びじゃく【微弱】** かすかで弱い。
**ひしゃげる** ひしげる。
**ひしゃたい【被写体】** 写真に写される対象。
**びしゃもんてん【毘沙門天】** ①〔仏教語〕四天王の一。北方を守る。②七福神の一。◇毘沙門。
**びしゅ【美酒】** うまい酒。「勝利のー」
**ビジュアル**〔visual〕視覚的。「ー効果」
**ひしゅう【悲愁】**〔文章語〕悲しみうれえること。
**ひじゅう【比重】** ある物の重さと、それと同体積の四℃の水の重さとの比。Ⅱ重点の置き方の割合。「ーがかかる(=重みが増す)」
**びしゅう【美醜】** 美しいことと醜いこと。
**ひしゅうしょくご【被修飾語】** 修飾される語。
**ひじゅつ【秘術】**〔文章語〕秘密の術。「ーを尽くす」類奥の手
**びじゅつ【美術】** 視覚による芸術。「ー品」
**ー館《かん》** 美術品を収蔵・展示する施設。
**ひじゅん【批准】** 条約を国家が確認する手続き。
**ひしょ【秘書】** ①上役に付いて補助的な業務をする役(ーの人)。②秘蔵の書物。
**ひしょ【避暑】** 暑さを避けて、涼しい所へ行くこと。「ー地」対避寒
**びじょ【美女】** 容姿の美しい女性。対醜女《しゅうじょ》
**ひしょう【卑小】**〔文章語〕価値が低く卑しいようす。
**ひしょう【卑称】** 自分や相手を卑しめて言う表現。〔「小生」「やつ」など〕
**ひしょう【飛翔】**〔文章語〕空中を飛ぶこ

と。「天空を─する」

**ひしょう【費消】**〔文章語〕（金を）使い果たすこと。

**ひしょう【悲傷】**〔文章語〕心から悲しむこと。

**ひじょう【非情】**①人間的な感情をもたない─ようす（もの）。②〔仏教語〕草木や石など心をもたないもの。対有情《うじょう》

**ひじょう【非常】**①普通でないこと。②はなはだしい。

**─口《ぐち》** 非常の際に逃げ出す出口。

**─時《じ》** 重大な危機が迫ったとき。

**─事態《じたい》** 災害や騒乱など急を要する事態。

**─手段《しゅだん》** 非常の場合にやむをえずとる手段。

**─食《しょく》** 災害などの非常事態に備える食料。

**─線《せん》** 犯罪事件などで、一般人の立ち入りを制限して厳重に警戒する警備態勢。

**びしょう【美称】**ほめて言う表現。

**びしょう【美粧】**美しい化粧。「─院」

**びしょう【微小】**非常に─小さい（細かい）ようす。

**びしょう【微少】**非常に少ないようす。

**びしょう【微笑】**ほほえむこと。

**びしょう【微傷】**軽い傷。かすりきず。

**ひじょうきん【非常勤】**常勤でないこと。

**ひじょうしき【非常識】**常識にはずれること。

**びじょうふ【美丈夫】**容姿の美しい立派な男。

**ひじょうり【非条理】**道理にかなっていないこと。

**ひしょかん【秘書官】**大臣などに秘書として直属する公務員。

**ひしょく【非職】**〔文章語〕①現職にない─こと（人）。②公務員で地位はあるが職務がない─こと（人）。

**びしょく【美食】**おいしい食べ物（─を食べること）。「─家（＝グルメ）」対粗食

**ビショップ**［bishop］キリスト教の聖職位の一。カトリック教では司教、ギリシャ正教では主教、プロテスタントでは監督。

**ビジョン**［vision］将来への─展望（計画）。

**ひじり【聖】**〔文章語〕①聖人。②学芸・技術のすばらしい人。「歌の─」③高僧。

**びじれいく【美辞麗句】**美しく巧みな語句で飾りたてた表現。

**びしん【微震】**かつての地震の段階表示の一。最も弱い段階。〔現在は使わない〕

**びじん【美人】**容貌の美しい女性。

**ピジン**［pidgin］①ピジンイングリッシュ。〔ピジンはビジネスの中国語なまりという〕②二言語以上がまざりあってできた混成言語。類クレオール

**─イングリッシュ**［pidgin English］英語・中国語・ポルトガル語などがまざった商取引用の混成英語。

**ひしんけい【披針形】**細長く先がとがった葉の形。〔竹や柳の葉など〕

**ひす【秘す】**かくす。秘密にする。

**ひず【氷頭】**サケの頭の軟骨。「─なます」

**ビス**［フランス語 vis］小型のねじ。対ナット

**ひすい【翡翠】**①宝石の一。深緑色。②カワセミの別称。

**びすい【微酔】**〔文章語〕ほろ酔い。

**ビスケット**［biscuit］洋菓子の一。

**ビスコース**［viscose］①パルプを処理して作った粘り気のある液体。レーヨンなどの原料。②①でつくったレーヨン。

**ビスタ**［vista］見晴らし。展望。「─カー」

**ピスタチオ**［イタリア語 pistacchio］木の実の一。食用。

**ヒスタミン**［histamine］生体内でたんぱく質が分解してできる有毒成分。「抗─剤」

**ヒステリー**［ドイツ語 Hysterie］①神経症の一。②病的な興奮状態。

**ヒステリック**［hysteric］ヒステリー状態にあるようす。

**ヒストグラム**［histogram］度数分布図の一。柱状グラフ。

**ヒストリー**［history］①歴史。②経歴。

**ピストル**［pistol］拳銃。短銃。

**ビストロ**［フランス語 bistro］小さな─レストラン（パブ）。

**ピストン**［piston］エンジンやポンプの筒内で往復運動をする栓。

**─輸送《ゆそう》** 絶え間なく往復して人や物を運ぶこと。

**ヒスパニック**［Hispanic］アメリカで、スペイン語を母語とするラテンアメリカ系住民。ラティーノス。

ビスマス［bismuth］金属元素の一。合金の材料・薬用。蒼《そう》鉛《えん》。記号Bi
ひずみ【歪み】外からの力によるゆがみ。

ひずむ【歪む】外から力を受けて形などがゆがむ。

ひずめ【蹄】⇨ひづめ
ひする【比する】くらべる。

ひする【秘する】秘す。

ひせい【批正】〔文章語〕批評し、まちがいを正すこと。「ごーを乞う」

びせい【美声】美しい声。㊟悪声
ひせいき【非正規】正規ではないこと。特に、アルバイトや派遣社員など、正社員以外の雇用形態。「ー雇用」

びせいぶつ【微生物】顕微鏡でしか見えないような小さい生物。〔細菌や原生動物〕

ひせき【飛跡】放射線などの帯電粒子が写真乾板などを通るときにできる跡。

ひせき【秘跡・秘蹟】サクラメント。

ひせつ【飛雪】〔文章語〕風にふきとばされて降る雪。

ひぜに【日銭】毎日収入として入る金。

ひぜめ【火攻め】火をつけて敵を攻めること。

ひぜめ【火責め】火を使う拷問。

ひせん【卑賤】〔文章語〕地位や身分が低いこと。

ひせん【飛泉】〔文章語〕滝。

びぜん【美髯】美しく立派なほおひげ。「ーをたくわえる」

ひせんきょけん【被選挙権】選挙されて一定の公職につくことができる権利。

ひせんきょにん【被選挙人】選挙される側の人。

ひせんとういん【非戦闘員】①直接戦闘に加わらない一般国民。②軍隊に属するが戦闘に加わらない人。軍医・経理官など。

ひせんろん【非戦論】戦争に反対する議論。

ひそ【ヒ素・砒素】非金属元素の一。有毒。記号As
びそ【鼻祖】〔文章語〕元祖。

ひそう【皮相】物事のうわべ（ーだけを見てそれだけで判断すること）。

ひそう【悲壮】悲しくも勇ましいようす。「ーな覚悟」

ひそう【悲愴】〔文章語〕悲しく痛ましいようす。

ー美《び》 悲壮な感じの美。

ひぞう【秘蔵】大切にしまっておく（ーこと（もの））。「ーの品」

ひぞう【脾臓】内臓の一。リンパ球を作り古い赤血球を破壊する。

びそう【美装】〔文章語〕美しく飾ること。

びぞう【微増】ほんの少しふえること。

ひそうしゃ【被葬者】墓に埋葬されている人。

ひそうぞくにん【被相続人】相続される財産のもとの所有者。

ひそか【密か】《窃か》こっそり。

ひぞく【卑俗】卑しく下品だ。

ひぞく【卑属】目下の血族。〔子・孫・おい・めいなど〕㊟尊属
ひぞく【匪賊】集団で殺人・略奪を行う盗賊。

びそく【鼻息】〔文章語〕はないき。⊜きげん。「ーをうかがう」

びぞく【美俗】よい風俗・習慣。「良風ー」

ひぞっこ【秘蔵っ子】大事にしている子供（弟子）。

ひそみ《顰み》〔文章語〕まゆをひそめること。

ーに倣《なら》う ①考えずにまねをする。②まねることの謙譲語。◇〔中国の故事から〕

ひそむ【潜む】隠れる。表面に現れない。「物陰にー」

ひそめる【潜める】①隠す。②目立たないようにする。「息をー」

ひそめる《顰める》しかめる。

ひそやか【密やか】こっそり。静か。

ひだ【襞】細長い折り目。「スカートのー」

ビター［bitter］苦い（ーこと）。「ーチョコレート」

ひたあやまり【ひた謝り】ひたすらあやまること。「ーに謝る」

ひたい【額】髪の生えぎわと眉の間。

ー際《ぎわ》 額の、髪の生えぎわ。

ーに八《はち》の字《じ》を寄《よ》せる むずかしい顔をする。

ーを集《あつ》める 寄り集まって相談する。

ひだい【肥大】太って大きくなること。

びたい【媚態】こびる（なまめかしい）態度。「ーを示す」

ひだいたいせいトークン【非代替性

—】⇩付NFT

**びたいちもん【鐚一文】** ほんの少しのお金。〔びた銭で一文の意〕

**ひたおし【ひた押し】** ひたすら押すこと。

**ひたかくし【ひた隠し】** ひたすら隠すこと。

**びだくおん【鼻濁音】** ガ行鼻音。

**ひたしもの【浸し物】** 料理で、おひたし。

**ひたす【浸す】** 液体につける。ぬらす。

**ひたすら** いちずに。

**ひだち【肥立ち】** 日を追って回復すること。「産後の—」

**ひだね【火種】** 火をおこすもとの火。Ⅱ事件や騒動のきっかけ。「紛争の—」

**ひたはしり【ひた走り】** ひたすら走ること。

**ひたぶる** 〔文章語〕ひたすら。「—に努力する」

**ひだまり【日溜まり】** 日がさして暖かい所。

**ビタミン**〔vitamin〕栄養素の一。

**—E** 植物性油脂などに含まれるビタミン。脂溶性。

**—A** 動物の肝臓や卵黄に含まれるビタミン。脂溶性。欠乏すると乾燥性眼疾・夜盲症などになる。

**—C** 野菜や果物に含まれるビタミン。水溶性。欠乏症は壊血病。

**—B** 現在はビタミンB複合体とよばれる。$B_1$・$B_2$・$B_6$など。水溶性。

**ひたむき** 一心にうち込むようす。

**ひためん【直面】** 能の演者が面をつけないこと。ひたおもて。

**ひだら【干鱈】** 塩漬けにして干したタラ。

**ひだり【左】** ①南を向いたとき、東に当たるほう。②左翼。◇対右 ③酒好き。

**—団扇《うちわ》** 生活の苦労のない楽な暮らし。

**—利《き》き** ①右手より左手が使いやすい—こと(人)。②酒が好きな—こと(人)。

**—手《て》** ①左の手。②左の方。

**—前《まえ》** ①和服の右の身頃を前に出す着方。〔死者の装束の着方〕 ②経済的に苦しくなること。

**—巻《ま》き** ①左へ巻くこと。〔時計と反対回り〕対右巻き ②〔俗語〕頭の働きのわるい—こと(人)。

**—四《よ》つ** 相撲で、互いの左腕を相手の右わきの下に入れて組んだ状態。対右四つ

**ひたる【浸る】** 水につかる。Ⅱその状態に満足しおぼれる。

**ひだるい** 〔文章語〕ひもじい。

**ひだるま【火達磨】** 全身火でおおわれた状態。

**ひたん【悲嘆】** 悲しみ嘆くこと。「—にくれる(=大いに悲しみ嘆く)」

**ひだん【被弾】** 弾丸を受けること。

**びだん【美談】** 美しく立派な行いの話。

**びだんし【美男子】** 容姿の美しい男。びなんし。

**ピチカート**〔イタリア語 pizzicato〕 弦楽器の弦を指ではじく奏法。

**びちく【備蓄】** 危急のときに備えて蓄えること。「—米」

**ひちゃくしゅつ【非嫡出】** 法律上の婚姻関係にない男女の間に生まれること。

**びちゅう【微衷】** 〔文章語〕「自分の気持ち」の謙譲語。「—をお汲み取りください」

**ひちゅうのひ【秘中の秘】** 特に秘密にしている事柄。

**ひちょう【飛鳥】** 〔文章語〕大空を飛ぶ鳥。

**ひちょう【悲調】** 〔文章語〕悲しそうな音楽の調子。

**びちょうせい【微調整】** 大まかに—合わせた(決定した)後、細かい調整をすること。

**ひちりき【篳篥】** 雅楽用の管楽器の一。竹製の縦笛。

**ひつ【筆】** ①〔文章語〕ふでで—書くこと(書いたもの)。「弘法大師の—」 ②土地の一区画。

**ひつ【櫃】** ①ふた付きの大きな箱。②めしびつ。

**ひつあつ【筆圧】** 文字を書くとき、筆に加わる力。「—が強い」

**ひつう【悲痛】** 悲しく痛ましいようす。

**ひっか【筆禍】** 発表した文章が原因で受ける災難。

**ひっかかり【引っ掛かり】** ひっかかる—こと(ところ)。Ⅱ関係。

**ひっかかる【引っ掛かる】** ①かかって(とめられて)止まる。Ⅱ関係する。②〔俗語〕だまされる。③〔俗語〕気になる。「その言い方は—」

**ひっかきまわす【引っ掻き回す】** かきまわすの強調形。

**ひっかく【筆画】** 字画。

**ひっかく**【引っ搔く】強くかく。

**ひっかける**【引っ掛ける】①(ちょっと)かける。「コートを—(=無造作に着る)」②〔俗語〕だます。③酒などを一気に飲む。

**ひつき**【火付き】火のつき具合。

**ひっき**【筆記】書き記すこと。「—試験」

**—体**《たい》 ①手書きの字体。②一字ずつが離れていない、手書きのような書体(—の活字)。

**ひつぎ**【柩】《棺》遺体を入れる箱。

**ひつぎのみこ**【日嗣の御子】 皇太子。〔雅語〕

**ひっきょう**【畢竟】〔文章語〕結局。

**ひっきりなし**《引っ切り無し》 絶え間なく続くこと。

**ピッキング** [picking] ①特殊な金具でかぎをこじ開けること。②物流で、商品を小分けすること。

**ピック** [pick] ①ギターなどを弾くための、つめ。②サルチル酸入り膏薬《こうやく》。うみ出し用。ピック膏。

**—アップ** [pickup] ①選出。選抜。「—チーム」②迎えに行って車に乗せる。③後ろ部分が荷台になっている小型車。「—トラック」

**ビッグ** [big] ①大きい。大規模。対スモール ②重要。

**—カード** [big card] スポーツで、好ゲームが期待される強豪同士の試合。

**—バン** [big bang] 宇宙の始めに起こったとされる大爆発。Ⅱ金融制度の大改革。〔一九八六年の英国証券制度大改革の称から〕

**ひっくくる**【引っ括る】 くくるの強調形。

**ビックス**【VICS】 道路交通情報を送信しカーナビゲーションなどに表示するシステム。〔Vehicle Information and Communication System の略〕

**ピックびょう**【—病】 若年性認知症の一。人格障害を経て認知症にいたる。〔原因不明〕

**ひっくり**【引っ繰り】

**—返**《かえ》**す** ①裏返す。②倒す。Ⅱだめにする。

**—返**《かえ》**る** 引っ繰り返すの自動詞形。

**びっくり**《吃驚・喫驚》驚くこと。

**—仰天**《ぎょうてん》 非常に驚くこと。

**—箱**《ばこ》 おもちゃの一。ふたをあけると、中のものがとび出して人を驚かす。

**—マーク**〔俗語〕感嘆符。

**—水**《みず》 麺などをゆでるとき、沸騰した湯に水を少し入れること。その水。

**ひっくるめる**【引っ括める】 ひとつにまとめる。

**ひつけ**【火付け】 放火(—犯人)。

**—役**《やく》 事を起こす(きっかけを作る)人。

**ひづけ**【日付】(文書に記す)年月日。

**—変更線**《へんこうせん》 一八〇度の経線を基準に定めた境界線。この線を越えると日付が変わる。

**ひっけい**【必携】〔文章語〕必ず携帯すべき—こと(もの)。

**ピッケル** [ドイツ語 Pickel] 登山用具の一。先がつるはし状になったつえ。

**ひっけん**【必見】必ず見るべきこと。

**ひっこう**【筆耕】筆写(文筆)で生計をたてること。その人。「—料」

**ひっこし**【引っ越し】移転。転居。

**—蕎麦**《そば》引っ越したとき近所にあいさつとして配るそば。

**ひっこす**【引っ越す】 移転する。転居する。

**ひっこぬく**【引っこ抜く】〔俗語〕引き抜く。「雑草を—」

**ひっこみ**【引っ込み】

**—がつかない** 物事のおさまりがつかず、退くことができない。

**—思案**《じあん》 消極的な—性格(考え)。

**ひっこむ**【引っ込む】 ①外に出ていたものが出なくなる。②くぼむ。③〔俗語〕引き込む。

**ひっこめる**【引っ込める】 外に出ていたものをもと(—の状態)に戻す。

**ピッコロ** [イタリア語 flauto piccolo] 木管楽器の一。フルートより小型。

**ひっさげる**【引っ提げる】 ①手にさげて持つ。②掲げもつ。「新曲をひっさげて登場」

**ひっさつ**【必殺】 必ず—殺す(うち負かす)こと。

**ひっさん**【筆算】書いて計算すること。

**ひっし**【必死】 ①必ず死ぬこと。②一生懸命。

**ひっし**【必至】必ずそうなること。

**ひつじ** **一**【羊】 家畜の一。毛は織物用。

肉は食用。Ⅱ弱者。
―雲《ぐも》 秋の、ヒツジの群れのような雲。高積雲。
■二【未】十二支の八番目。〔昔、時刻で午後二時ごろ、方角で南南西〕
―草《ぐさ》 スイレン。
―申《さる》 南西の方角。〔裏鬼門にあたる。／坤とも書く〕
**ひっしゃ【筆写】** 書き写すこと。
―体《たい》 筆やペンで書くときの字形。対活字体
**ひっしゃ【筆者】** その文章や本を書いた人。
**ひつじゅ【必需】** なくてはならないこと。「―品」
**ひっしゅう【必修】** 必ず学修すべきこと。
**ひつじゅん【筆順】** 文字の書き順。
**ひっしょう【必勝】** 必ず勝つこと。「―を期する」対必敗
**ひつじょう【必定】** 〔文章語〕必ずそうなること。
**ひっしょく【筆触】** 筆づかい。タッチ。
**ひっす【必須】** 必要。「―条件」
―アミノ酸《さん》 動物の体内で合成できず、食物としてとらなければならないアミノ酸。
**ひっせい【畢生】** 〔文章語〕一生。終生。
**ひっせい【筆勢】** 〔文章語〕筆づかいの勢い。
**ひっせき【筆跡】**《筆蹟》 書かれた文字(―の書きぶり)。手跡。
―鑑定《かんてい》 文字を見て書き手の異同を判定すること。

**ひつぜつ【筆舌】** 書くことと話すこと。
―に尽《つ》くしがたい 書いても話しても十分に表現することができない。
**ひっせん【筆洗】** 筆の穂を洗う器。
**ひっせん【筆戦】** 〔文章語〕文章による論戦。
**ひつぜん【必然】** そうなると決まっていること。対偶然
―性《せい》 必ずそうなるという可能性。
**ひっそく【逼塞】** 〔文章語〕落ちぶれて、身を隠していること。
**ヒッター**［hitter］野球などで、打者。
**ひったくり**《引っ手繰り》 通りすがりにひったくってぬすむ―こと(人)。
**ひったくる**《引っ手繰る》 他人の持ち物に手をかけて奪い取る。
**ひったつ【必達】** 必ず―到達(達成)すること。「―目標」
**ひったてる【引っ立てる】** ひっぱって連れていく。
**ひったん【筆端】** 〔文章語〕①筆の先。②文字や文章のはしばし。
**ひつだん【筆談】** 文字に書いて伝えあうこと。
**ひっち【筆致】** 文字や文章の書きぶり。
**ピッチ**［pitch］①繰り返しの回数や速度・能率。「―を上げる」②音の高低の調子。対ストレス ③サッカー・ホッケーなどの競技場。
**ピッチ**［pitch］ コールタールや原油を蒸留した後に残る黒褐色の物質。道路の舗装用。

**ピッチドアウト**［pitched out］野球で、ストライクゾーンを外して投球すること。ピッチアウト。
**ヒッチハイク**［hitchhike］ 通りがかりの車に同乗させてもらう、無銭旅行。
**ピッチャー**［pitcher］①野球で、投手。②水差し。「ミルク―」
**ひっちゃく【必着】**(手紙などが期日までに)必ず到着すること。
**ひっちゅう【必中】** 必ず命中すること。
**ひっちゅう【筆誅】** 〔文章語〕罪悪を書きたてて責めること。「―を加える」
**ピッチング**［pitching］①野球で、投手の投球(―技術)。②船の縦揺れ。対ローリング
―マシーン［pitching machine］野球で、打撃練習用の自動投球機械。
**ピッツア**［イタリア語 pizza］ピザ。
**ひっつかむ【引っ摑む】** 勢いよく(荒荒しく)つかむ。
**ひっつめ【引っ詰め】** 女性の髪型の一。髪を後ろでぴったり束ねる。
**ヒッティング**［hitting］ 野球で、打つこと。
**ひってき【匹敵】** 肩を並べること。
**ヒット**［hit］①野球で、安打。②流行歌や映画の大当たり。③命中。Ⅱ(インターネットで)検索項目に該当すること。
―エンドラン［hit-and-run］野球の攻撃法の一。走者が投手の投球と同時に走り、打者がその球を打つ。
―チャート［hit chart］流行歌の人気

の順位を示した表。
**—マン**［和製語 hit man］（暴力団の）殺し屋。
**ビット**［bit］情報量の基本単位。二進法による数の一桁。
**ピット**［pit］①カーレースで、自動車の給油・補修所。②跳躍競技で、着地する砂場。
**—イン**［和製語 pit in］カーレースで、競走車がピットに入ること。
**ひっとう【筆答】** 筆記で答えること。対口答
**ひっとう【筆頭】** ①連名した中の第一番目（—の人）。「前頭《まえがしら》—」⊜代表。②筆の先。
**ひつどく【必読】** 必ず読むべきこと。「—の書」
**ビットコイン**［bitcoin］暗号資産の一。インターネット上で発行され流通する。
**ひっぱく【逼迫】** 事態（経済状態）がさし迫り、苦しいこと。
**ひっぱたく《引っ叩く》** 強くたたく。
**ひつばつ【必罰】** 罪を犯せば必ず罰すること。
**ひっぱりこむ【引っ張り込む】** ひきこむ。
**ひっぱりだこ【引っ張り凧】** 多くの人から欲しがられる—こと（人・物）。
**ひっぱりだす【引っ張り出す】** ひっぱって外へ出す。⊜かつぎ出す。
**ひっぱる【引っ張る】** ①強く引く。⊜強く勧誘する。②長くのばす。③むりに連れていく。
**ひつび【必備】** 必ず備えつけるべきこと。
**ヒッピー**［hippie］既成の社会生活に反抗する、長髪・奇抜な服装の人々。一九六〇年代にアメリカから広まる。
**ひっぷ【匹夫】**〔文章語〕身分の低い（道理のわからない）男。
**—の勇**《ゆう》 思慮もなくただ血気にはやる勇気。
**ヒップ**［hip］尻《しり》。また、腰回りの寸法。
**ビップ【VIP】** 要人。→付VIP
**ヒップホップ**［hip-hop］アメリカで一九八〇年代に生まれた若者文化。〔ラップ、ブレークダンス、落書き、ルーズなファッションなどが特徴〕
**ひっぽう【筆法】** 筆の運び方。⊜言い回し。物事のやり方。「春秋《しゅんじゅう》の—」
**ひっぽう【筆鋒】**〔文章語〕筆の穂先。⊜（攻撃的な）文章の勢い。「鋭い—」
**ひつぼく【筆墨】**〔文章語〕ふでとすみ。⊜文字を書いた跡。
**ひづめ【蹄】** 牛や馬の、かたい角質のつめ。
**ひつめい【筆名】** ペンネーム。
**ひつめつ【必滅】** 必ず滅びること。
**ひつよう【必用】** 必ず用いるべきこと。
**ひつよう【必要】** 必ずいること。
**—悪**《あく》 悪いことだが、社会生活上必要なこと。
**—経費**《けいひ》 収入を得るのに必要だとして所得から控除される経費。⊜あることをするのに必要なお金。
**—条件**《じょうけん》「AならばB」が正しいとき、BをAであるための必要条件という。対十分条件
**—は発明**《はつめい》**の母**《はは》 必要から発明が生まれること。
**ひつりょく【筆力】** ①文字（文章）の勢い。②文章を書く能力。
**ひつろく【筆録】** 文字に書きとどめること。また、その記録。
**ビデ**［フランス語 bidet］女性用の性器洗浄器。
**ひてい【比定】** 比較・考証して対応関係などを判定すること。
**ひてい【否定】** 打ち消すこと。対肯定
**びていこつ【尾骶骨】** 尾骨《びこつ》。
**ビデオ**［video］映像。動画。対オーディオ
**—カメラ**［video camera］動画撮影用のカメラ。
**—クリップ**［video clip］プロモーションビデオ。
**—ゲーム**［video game］テレビゲーム。
**—ソフト**［和製語 video soft］録音・録画して市販されるディスクやストリーミングデータ。
**—ディスク**［videodisk］映像と音声を記録した円盤。
**—レター**［videoletter］手紙代わりに相手に送るビデオ。
**びてき【美的】** 美に関するようす。
**ひてつきんぞく【非鉄金属】** 鉄以外の金属。銅や鉛など。
**ひでり【日照り】《旱》** 雨が降らず、水がかれること。旱魃《かんばつ》。⊜不足。「男—」

**—雨**《あめ》 日が照っていながら降る雨。きつねの嫁入り。

**ひでん【秘伝】** 限られた人にしか伝えられない‐事柄(技術)。

**びてん【美点】** すぐれたところ。対欠点

**びでん【美田】**〔文章語〕よく肥えた田地。

**ひでんか【妃殿下】** 皇族の妻の敬称。

**ひと【人】** ①人間。〔動物としてみる場合はヒトと書く〕②他人。③おとな。④特定の人。夫や妻。恋人。「うちの—」⑤人柄。「—が変わる」⑥〔俗語〕自分のこと。「私はまじめな—だよ」〔本来は「人間」と言うべきだとされる〕

**—がいい** ①人柄がいい。②お人よしだ。

**—の噂**《うわさ》**も七十五日**《しちじゅうごにち》 世間のうわさも長く続くものではない。

**—の口**《くち》**に戸**《と》**は立**《た》**てられない** 人の非難やうわさは止めることができない。

**—の不**《ふ》**幸**《こう》**は蜜**《みつ》**の味**《あじ》 他人の不幸は自分にとって気分のよいものだ。

**—のふり見**《み》**てわがふり直**《なお》**せ** 他人の失敗をみたら、それで自分を反省せよ。

**—の褌**《ふんどし》**で相撲**《すもう》**を取**《と》**る** 他人のものを利用して自分のことをする。

**—は一代**《いちだい》**、名**《な》**は末代**《まつだい》 人間の体は死ねばなくなるが、評判はいつまでも残る。

**—を食**《く》**う** ばかにする。

**—を呪**《のろ》**わば穴**《あな》**二**《ふた》**つ** 他人に害をなそうとすれば、結局は自分も害を受ける。

**—を見**《み》**て法**《ほう》**を説**《と》**け** 説得するには相手に応じた手段を選ぶべきだ。

**ひとあし【一足】** ①一歩。②わずかな‐距離(時間)。

**—違**《がち》**い** ほんの少しの時間の差。

**ひとあじ【一味】**

**—違**《がち》**う** 他とは違った味わいがある。

**ひとあしらい【人あしらい】** 人のもてなし方。「—がうまい」

**ひとあたり【人当たり】** 人と応対する‐態度(感じ)。

**ひとあめ【一雨】** ①一回の降雨。「—ごとに」②しばらくの間、降る雨。「—来る」

**ひとあれ【一荒れ】** ひとしきり荒れること。

**ひとあわふかせる【一泡吹かせる】** 意表をついて、あわてさせる。

**ひとあんしん【一安心】** とりあえず安心すること。

**ひどい【酷い】** ①むごい。②はなはだしい。「—風」

**ひといき【一息】** ①ひと呼吸。Ⅱひと休み。「—いれる」②少しの努力。「もう—だ」③一気。「—に飲む」

**ひといきれ【人いきれ】** 大勢の人の体温やにおいがこもっている。

**ひといちばい【人一倍】** 普通の人より一段と激しいようす。

**ひといろ【一色】** ①ひとつの色。②一種類。

**ひとう【秘湯】** 人に知られていない温泉。

**ひどう【非道】** 道理(人情)にはずれていること。「極悪—」

**びとう【尾灯】** テールライト。

**びとう【微騰】** 物価が少し上がること。

**びどう【微動】** わずかな動き。「—だにしない」

**ひとうけ【人受け】** 他人の信用・評判。

**ひとえ【一重】** ①重なっていないこと。②【単・単衣】裏のない着物。ひとえ物。対あわせ

**ひとえに《偏に》** ひたすら。まったく。

**ひとおじ【人怖じ】** (幼児などが)知らない人を見て怖がること。「—しない性格」

**ひとかかえ【一抱え】** 両腕にかかえるほどの‐大きさ(量)。

**ひとがき【人垣】** 大勢の人が垣のように並ぶこと。「—を作る」

**ひとかげ【人影】** 人の姿。

**ひとかず【人数】** にんずう。Ⅱ一人前の人として扱われること。「—にはいる」

**ひとがた【人形】** かたしろ。

**ひとがた【人型】** 人間の形(‐をしたもの)。「—ロボット」

**ひとかたならず【一方ならず】** ひとともおりでなく。非常に。

**ひとかど【一廉】《一角》** ①すぐれていること。「—の人物」②一人前。

**ひとがら【人柄】** 人の性質。人格。

**ひとかわ【一皮】** 表面の一枚の皮。Ⅱうわべの飾り。

**—剝**《む》**ける** ①皮膚が一回むける。②洗練される。

**ひとぎき【人聞き】** 他人が聞いて受ける感じ。「—がわるい」

**ひとぎらい【人嫌い】** 他人(‐との交際)を嫌うこと。

**ひときわ【一際】** めだって。
**ひとく【秘匿】**〔文章語〕隠しておくこと。
**ひどく《酷く》** 非常に。
**びとく【美徳】** 立派な―徳(行為)。対悪徳
**ひとくい【人食い】** ①人肉を食うこと。「―人種」②人にかみつくこと。「―トラ」
**ひとくぎり【一区切り】** 仕事などの、くぎり(―がつくこと)。類一段落
**ひとくくり【一括り】** ひとまとめ。一括。「別個の問題を―にする」
**ひとくさい【人臭い】** ①人の―におい(気配)がする。②人間らしい。
**ひとくさり《一齣》**(話の)一区切り。
**ひとくせ【一癖】** 変わった(危険そうな)性格。「―ありげな人」
**―も二癖《ふたくせ》もある** 普通の人と違った点が大いにある。
**ひとくだり《一行》** 文章中の一行。‖物事の一部分。
**ひとくち【一口】** ①一度口に入れること。「―カツ」②短く話すこと。③株や寄付の一単位。
**ひとくろう【一苦労】** ちょっとした(かなりの)苦労。
**ひとけ【人気】** 人のいそうな気配。
**ひどけい【日時計】** 日光による棒の影で時刻を示す時計。
**ヒトゲノム** 人間の全遺伝子情報。
**ひとこいしい【人恋しい】** 寂しくてだれかに会いたい気分である。
**ひとこえ【一声】** ①一回出す声。②ひとことを言うこと。「―かける」

**ひとごえ【人声】** 人が話す声。
**ひとごこち【人心地】** 生きているという感じ。人ごころ。「―がつく」
**ひとこと【一言】** ひとつの(―短い)言葉。
**―多《おお》い** 余計なことを言う。
**ひとごと【人事・他人事】** 自分に関係のないこと。
**ひとこま【一齣】** 一場面。
**ひとごみ【人込み・人混み】** 多くの人で混雑している―こと(所)。「―に紛《まぎ》れる」
**ひところ【一頃】** 過去の一時期。
**ひとごろし【人殺し】** 人を殺す―こと(人)。
**ひとさしゆび【人指し指・人差し指】** 手の第二指。親指と中指の間。
**ひとざと【人里】** 人家の集まった所。
**ひとさま【人様・他人様】** 他人の敬称。
**ひとさらい【人攫い】** 子供などをさらって連れ去る―こと(人)。類誘拐
**ひとさわがせ【人騒がせ】** 人を驚かせて迷惑をかけること。
**ひとしい【等しい】《斉しい》** 相違がない。同じだ。
**ひとしお《一入》** いっそう。
**ひとしお【一塩】** 魚や野菜に少し塩を―かけること(かけたもの)。
**ひとしきり《一頻り》** しばらく(さかんに)続くようす。
**ひとじち【人質】** ①約束を守るしるしとして相手に預けておく人。②要求を通すためとらえておく相手側の人。
**ひとしなみ【等し並み】** 同等。

**ひとじに【人死に】** 事故で人が死ぬこと。
**ひとしばい【一芝居】** 人をだまそうとして仕組む作りごと。「―打つ」
**ひとしれず【人知れず】** 他人に知られないように。
**ひとしれぬ【人知れぬ】** 他人にはわからないような。「―思い」
**ひとずき【人好き】** 他人に好かれること。「―のする顔」
**ひとすじ【一筋】** 細長いものの一本。‖ひとつのことに専心すること。「役者―」
**―縄《なわ》ではいかない** 普通のやり方では通用しない。
**ひとずれ【人擦れ】** 多くの人に接して経験を積んで、ずるくなること。
**ひとだかり【人集り】** 人が大勢集まること。また、その集団。
**ひとだすけ【人助け】** 人を助ける―こと(行為)。
**ひとだのみ【人頼み】** 他人をあてにすること。
**ひとたび【一度】** いちど。
**ひとだま【人魂】** 夜に飛ぶ青い火の玉。〔死者の魂とされた〕
**ひとたまり【一溜まり】**
**―もない** わずかの間ももちこたえられない。
**ひとたらし【人誑し】** 自分に好意を持つようにさせること(―のうまい人)。
**ひとちがい【人違い】** 別の人をその人と思い違えること。
**ひとつ【一つ】** ①(個数・年齢で)一。②

同じ。一体。③一方。「―には」④…次第。「君の決心―にかかっている」⑤(否定表現の中で)…さえ。「あいさつ―できない」⑥ためしに。「―やってみよう」

―穴《あな》の狢《むじな》 悪事をする仲間。

―覚《おぼ》え それだけを覚えていていつも言うこと。

―書《が》き 「一《ひと》つ、…」のように書く箇条書き。

―釜《かま》の飯《めし》を食《く》う 生活を共にする。

―話《ばなし》 ①いつもする得意な話。②のちのちまで語られるおもしろい話。

―星《ぼし》 金星の別称。〔明け方(夕方)にただひとつ出ている星の意〕

―家《や》 一軒家。

**ひとづかい【人使い】** 人を使う―こと(方法)。「―が荒い」

**ひとつかみ【一摑み】** 手で一度つかむ―こと(分量)。Ⅱわずかの分量。

**ひとづき【人付き】** ①人づきあい。②他人に与える印象。「―がいい」

**ひとづきあい【人付き合い】** 他人とのつきあい。類交際

**ひとづて【人伝】** 間接的に―伝える(伝わる)こと。「―に聞く」

**ひとっとび【一っ飛び】** 〔俗語〕一度で―飛ぶ(移動する)こと。

**ひとっぱしり【一っ走り】** ひとはしり。

**ひとつぶだね【一粒種】** 一人だけの実子。

**ひとづま【人妻】** (他人の)妻。

**ひとつまみ【一摘み】**《一撮―》指先で一回つまむ―こと(分量)。Ⅱほんのわずかな分量。

**ひとて【一手】** ①いって。②一回のわざ。③一種類。④一隊。

**ひとで【人手】** ①他人の手。Ⅱ助力。「―をかりる」②働き手。

―にかかる 殺される。

―に渡《わた》る 他人の所有物になる。

**ひとで【人出】** 人が多く出ること。

**ひとで**《海星》 海底にすむ動物の一。星形。サンゴや貝類を食い荒らす。

**ひとでなし【人でなし】** 恩や情けのわからない人。人非人。

**ひとどおり【一通り】** ①普通。「―の苦労ではない」②ざっと。「―読み通す」

**ひとどおり【人通り】** 人の行き来。

**ひととき【一時】** ①しばらく。②過去の一時期。③昔の時間の単位の一。約二時間。

**ひととせ【一年】** ①いちねん。②ある年。〔雅語的〕

**ひととなり【人となり】**《為人》 生まれつきの人格。

**ひとなか【人中】** 大勢の人の中。Ⅱ世間。

**ひとなかせ【人泣かせ】** 他人を困らせる―こと(行為)。

**ひとなだれ【人雪崩】** 群衆が押し合い、―倒れる(激しく動く)こと。

**ひとなつこい【人懐こい】** 人にすぐ慣れて親しみやすい。人懐っこい。

**ひとなぬか【一七日】** 初七日《しょなのか》。

**ひとなみ【人並み】** 一般の人と同じ程度。

**ひとなみ【人波】** 波のように進む群衆。

**ひとにぎり【一握り】** 片手で一回握る―こと(分量)。Ⅱわずかの分量。

**ひとねいり【一寝入り】** ひとねむり。

**ひとねむり【一眠り】** しばらくの間、眠ること。

**ひとのみ【一飲み】**《一呑み》 一口で飲むこと。Ⅱ相手を気力で圧倒すること。

**ひとのよ【人の世】** 世の中。人間社会。

**ひとばしら【人柱】** 昔、工事の完成を祈って生きた人を地中に埋めたこと。その人。Ⅱ目的のために犠牲になる―こと(人)。

**ひとはしり【一走り】** ちょっと走ること。

**ひとはだ【人肌】** 人の肌(―ほどの暖かさ)。

**ひとはたあげる【一旗揚げる】** 新しく事業などをおこす。

**ひとはだぬぐ【一肌脱ぐ】** 真剣になって力を貸す。

**ひとはなさかせる【一花咲かせる】** 華やかな一時期を過ごす。

**ひとばらい【人払い】** 関係のない人を遠ざけること。

**ひとひ【一日】** ①いちにち(―中)。②ある日。

**ひとひねり【一捻り】** ちょっとひねること。Ⅱ㋐少し趣向をこらすこと。㋑簡単にやっつけること。

**ひとひら【一片・一枚】** いちまい。ひときれ。〔雅語〕

**ひとふで【一筆】** 墨をつがずに書くこと。Ⅱ手短に書くこと。

—書《が》き ①墨つぎせずに書くこと。②図形などを、筆を紙面から離さず同じ線を二回たどらずに書くこと。

**ひとふり【一降り】** 雨や雪がひとしきり降ること。

**ひとべらし【人減らし】** 人数（人員）を少なくすること。

**ひとま【一間】** ひとつの部屋。

**ひとまえ【人前】** 人の見ているところ。Ⅱ体裁。「—を気にする」

**ひとまかせ【人任せ】** 他人にまかせっきりにすること。

**ひとまく【一幕】** 演劇で、ひと区切り。Ⅱひとつの事件や場面。

—見《み》 演劇、特に歌舞伎で、一幕だけを見ること。幕見。

**ひとまず**《一先ず》とにかく。

**ひとまちがお【人待ち顔】** 人が来るのを待っているような—顔つき（ようす）。

**ひとまとめ【一纏め】** ひとつにまとめること。

**ひとまね【人真似】** 他人（人間）のまね。

**ひとまわり【一回り】** ①一回まわること。②十二支の一めぐり。③大きさや太さの大ざっぱな一段階。「—大きい」

**ひとみ【瞳】**《眸》 目玉の中心の黒い部分。

—を凝《こ》らす じっと見つめる。

**ひとみごくう【人身御供】** いけにえとして神に供えられる人。Ⅱ犠牲となる人。

**ひとみしり【人見知り】** 乳幼児が見慣れない人を見てむずかること。Ⅱ初対面の人とうちとけにくいこと。

**ひとむかし【一昔】** 昔と感じられるほどの過去。「十年—」

**ひとめ【一目】** ①ちょっと見ること。②一度に見えること。

—惚《ぼ》れ 一目見て好きになってしまうこと。

**ひとめ【人目】** 他人が見ること。「—を避ける」

—に付《つ》く 人の注意をひき、目立つ。

—を忍《しの》ぶ 人に見られないように—身を隠す（して行動する）。

—を憚《はばか》る 人に見られないようにする。

—を引《ひ》く 目立って、他人の注意をひきつける。

**ひともうけ【一儲け】** ちょっとまとまったもうけ。

**ひともし【火点し】**《灯—》 火（あかり）をつけること。

—頃《ごろ》 夕方。

**ひともじ【人文字】** 人の列や集団で形作る文字や絵。

**ひとものげ【人も無げ】** 人を人とも思わない態度をとるようす。類傍若無人

**ひとやくかう【一役買う】** 分担を引き受ける。

**ひとやま【一山】** 山のように盛った物のひとかたまり。

—当《あ》てる 万一の機会をねらって成功し、大もうけする。

**ひとよい【人酔い】** 人の多さで気分が悪くなること。

**ひとよせ【人寄せ】** 人を集める—こと（ための芸や鳴り物）。

—パンダ 人を集める効果を持つ人や物。

**ヒドラ** ①［ギリシャ語 Hydra］ギリシャ神話で、九つの頭をもつヘビ。〔ヘラクレスに退治された〕②［hydra］腔腸《こうちょう》動物の一。

**ひとり** ■一【一人】①一個の人。②【独り】単独。独身。■二【独り】（否定表現の中で）単に。

—（一人）頭《あたま》 費用を人数で割ったひとり分。

—（一人・独り）歩《ある》き ①ただひとりで歩くこと。②自立すること。

—（独り）合点《がてん》 勝手に理解・承知したつもりでいること。

—（独り）決《ぎ》め ①自分の考えだけで決めること。②勝手に思いこむこと。

—（独り）言《ごと》 相手もなくひとりで話す—こと（言葉）。

—（一人・独り）芝居《しばい》 登場する俳優がひとりだけの芝居。Ⅱ相手なしにひとりで興奮して行動すること。

—（一人・独り）占《じ》め 独占。

—（一人・独り）相撲《ずもう》 相手（—に熱意）がないのに自分だけが勢いこむこと。

—（独り）立《だ》ち 独立。

—（一人・独り）旅《たび》 ひとりだけで出かける旅。

—（一人・独り）っ子《こ》 きょうだいのない子。

—（独り）でに 外からの力なしに。自然

に。
―(一人・独り)寝《ね》 (添い寝なしに)ひとりで寝ること。
―(独り)飲《の》み込《こ》み ひとりがてん。
―(一人・独り)舞台《ぶたい》 役者がひとりだけで(―他に役者がいないかのように)演じること。Ⅱ㋐ひとりで自由に振る舞うこと。㋑目立って活躍すること。
―(一人・独り)ぼっち ただひとりでいること。
―(一人・独り)身《み》 ①独身。②家族と別れてひとりで暮らしていること。
―(一人)息子《むすこ》 兄弟のない息子。
―(一人)娘《むすめ》 姉妹のない娘。
―(一人・独り)者《もの》 ①独身者。②家族のいない人。
―(独り)善《よ》がり 自分を絶対として他人の説を受け入れないこと。独善。
**ひどり**【日取り】 ある事をする日を決めること。また、その日。
**ひとりむし**【火取り虫】 夏、灯火の下に集まる虫。
**ヒドロキシき**【―基】 水酸基。
**ひとわたり**【一渡り】 ひととおり。
**ひとわらわせ**【人笑わせ】 人を笑わせる(―ばかげた)こと。
**ピトン**〔フランス語 piton〕 登山用具の一。ハーケン。
**ひな**【鄙】〔文章語〕いなか。
**ひな**【雛】 ①ひよこ。②雛人形。③小さくてかわいい。「―菊」
**ひなあそび**【雛遊び】 ひな祭り。
**ひなあられ**《雛霰》 ひな祭りに供える菓子のあられ。
**ひなうた**【鄙歌】 いなかの民謡。
**ひなか**【日中】 昼間。
**ひなが**【日長・日永】 昼が長いこと。㊟夜長
**ひながた**【雛型】 ①模型。②書式。③見本。
**ひなぎく**【雛菊】 草花の一。白やピンクの花が春から秋にかけて咲く。デージー。
**ひなげし**《雛罌粟》 草花の一。春、赤や白の花が咲く。虞美人《ぐびじん》草。ポピー。
**ひなた**【日向】 日光の当たっている所。
―臭《さく》い 日光にさらされたにおいがする。
―ぼっこ 日光に当たり暖まること。
**ひなだん**【雛壇】 ひな人形を飾る壇。Ⅱ階段状の壇。
**ひなどり**【雛鳥】 ①鳥のひな。②ニワトリのひな(―の肉)。
**ひなにんぎょう**【雛人形】 ひな祭りに飾る人形。
**ひなびる**《鄙びる》 いなかびる。
**ひなまつり**【雛祭り】 三月三日の桃の節句。女の子のしあわせを祈る。
**ひならず**【日ならず】〔文章語〕間もなく。
**ひなわ**【火縄】 竹の繊維やもめん糸をよったものに、硝石を吸収させたもの。
―銃《じゅう》 旧式の銃。火縄で火薬に点火する。
**ひなん**【非難】《批難》 欠点や過失を責めとがめること。
**ひなん**【避難】 災難を避けその地を逃れること。「―民・―所」
―指示《しじ》 災害のおそれが高く、危険な場所から全員避難する。〔警戒レベル四に相当〕
―情報《じょうほう》 洪水・土砂災害・高潮などの発生が予想される際、住民に避難を促すために市町村が発する情報。〔高齢者等避難・避難指示・緊急安全確保の三種類〕
**びなん**【美男】 容姿の美しい男。美男子。
―葛《かずら》 サネカズラ。
**ビニール**〔vinyl〕 合成樹脂の一。アセチレンが主原料。耐水性・染色性がよい。
―ハウス〔和製語 vinyl house〕 ビニールで覆った温室。野菜の促成栽培などに使う。
**ひにく**【皮肉】 ①意地悪。遠回しに非難すること。「―たっぷり」②期待どおりにいかないこと。「―な運命」㊍―る
**ひにく**【髀肉】〔文章語〕ももの肉。
―の嘆《たん》 出番がなく功名をたてる機会のない嘆き。「―をかこつ」〔中国の故事から〕
**ビニタイ**〔俗語〕針金などをビニールで覆ったひも。ビニールタイ。〔vinyl tie の略〕
**ひにひに**【日に日に】 日ごとに。
**ひにょうき**【泌尿器】 尿の生成・排泄に関係する器官。〔腎臓・尿管・膀胱《ぼうこう》・尿道〕
**ビニロン**〔和製語 vinylon〕 合成繊維の一。摩擦に強い。吸湿性に富む。衣料用。
**ひにん**【否認】 事実と認めないこと。「犯行

をーする」対是認

**ひにん【非人】** ①〔仏教語〕人間でないもの。②江戸時代、賤民視された最下層の身分。〔刑場の雑役や遊芸などに従事〕

**ひにん【避妊】** 人為的に妊娠しないようにすること。

**ひにんじょう【非人情】** ①人情がないこと。②義理人情を超越し、煩わされないこと。

**ひね《陳》** ①古くなったもの。「ーごめ」②ませて大人びていること。

**ビネガー**〔vinegar〕西洋酢。

**ひねくれもの【捻くれ者】** 性質や考えが素直でない人。

**ひねくれる【捻くれる】** 素直でなくなる。ねじくれる。

**ひねつ【比熱】** ある物質一グラムの温度を一℃上げるのに必要な熱量。

**びねつ【微熱】** 平熱よりわずかに高い体温。

**ひねもす《終日》**〔文章語〕一日中。

**ひねり【捻り】《拈り》** ①ひねること。②おひねり。

**ー出《だ》す** ①苦労して考え出す。②お金を工面する。

**ー回《まわ》す** いじり回す。●趣向をこらし工夫する。

**ひねる【捻る】《拈る》** 指先で軽くねじる。●㋐趣向をこらす。㋑簡単にやっつける。

**ひねる《陳る》** ①古くなる。②ませる。

**ひのいり【日の入り】** 太陽が西に沈む-こと(時刻)。対日の出

**ひのうみ【火の海】** 一面に燃えあがっている状態。

**ひのえ【丙】** 十干の第三。へい。〔「火の兄《え》」の意〕

**ー午《うま》** 干支《えと》の四三番目(ーの年)。〔火災が多い、この年生まれの女は夫を殺すなどの迷信がある〕

**ひのき【檜】** 建築用として最良の木。ヒノキ科。

**ー舞台《ぶたい》** ヒノキ材を張った舞台。●晴れの場所。

**ひのくるま【火の車】** 経済状態が非常に苦しいこと。〔もと、仏教で、地獄にある火の燃えている車〕

**ひのくれ【日の暮れ】** 夕ぐれ。「ーどき」

**ひのけ【火の気】** 火の-暖かみ(気配)。「ーのない部屋」

**ひのこ【火の粉】** 炎から飛び散る細かい火。

**ひのした【日の下】** 天下。

**ー開山《かいさん》** 相撲や武芸で、並ぶ者がないこと。●横綱。

**ひのたま【火の玉】** ①丸い火のかたまり。②鬼火。ひとだま。●勢いが激しいようす。

**ひのて【火の手】** 火の勢い。●激しい勢い。「攻撃のー」

**ーが上《あ》がる** ①火事になる。②勢いよく始まる。

**ひので【日の出】** 太陽が東から昇る-こと(時刻)。対日の入り

**ーの勢《いきお》い** 勢いが盛んなこと。

**ひのと【丁】** 十干の第四。てい。〔「火の弟《と》」の意〕

**ひのべ【日延べ】** 期日を先に延ばすこと。また、期間を延長すること。

**ひのまる【日の丸】** 太陽を表す赤い円。●日章旗。

**ひのめをみる【日の目を見る】**（知られていなかったものが）世間に知られる。

**ひのもと【火の元】** 火元。

**ひば【干葉・乾葉】** 干した大根の葉。

**ひば【檜葉】** ①ヒノキ(ーの葉)。②アスナロの別称。

**ビバ**〔イタリア語 viva〕ばんざい。

**ビバーク**〔フランス語 bivouac〕登山で、(ー予定外の)露営。

**ひばいどうめい【非買同盟】** ボイコット。

**ひばいひん【非売品】** 一般には売らない品。対売品

**ビハインド**〔behind〕スポーツで、リードされていること。対アヘッド

**ひばく【飛瀑】**〔文章語〕高い所から落ちる滝。

**ひばく【被曝】** 放射線にさらされること。

**ひばく【被爆】**（原水爆による）爆撃を受けること。

**びはく【美白】** 肌が白く美しいこと。また、白く美しくすること。「ー化粧品」類ホワイトニング

**ひばし【火箸】** 炭火を挟む金属製のはし。

**ひばしら【火柱】** 柱のように高く燃えあがった炎。「ーが立つ」

ひ

**びはだ【美肌】** 美しい肌(ーを作ること)。

**ひばち【火鉢】** 暖房具の一。炭火を入れて使う。

**ひばな【火花】** 細かく飛び散る火や光。

**ーを散《ち》らす** 激しくー争う(戦う)。

**ひばら【脾腹】** わきばら。

**ひばり【雲雀】** 小鳥の一。春、空高く舞い上がり、さえずる。ヒバリ科。

**ひはん【批判】** 是非・善悪を批評し判断すること。

**ひばん【非番】** 当番でないーこと(人)。

**ひひ【狒々】** アフリカなどにすむサルの一。大形。Ⅱ好色な男。「ーおやじ」

**ひひ【霏々】** 〔文章語〕雪や雨が降りしきるようす。

**ひび《皹・皸・胼》** 寒さのため、皮膚に生じる割れめ。「ーがきれる」

**ひび【篊】** ノリやカキの養殖で、海中に立てる木の枝や竹。

**ひび《罅》** 細い割れめ。

**ーが入《はい》る** 割れめができる。Ⅱ人間関係に故障が生じる。

**ひび【日々】** その日その日。類毎日

**びび【微々】** かすか。わずか。「ーたるもの」

**ひびかせる【響かせる】** 音が響くようにする。Ⅱ名声を世間に広める。

**ひびき【響き】** ①響くーこと(音)。Ⅱ影響。「物価へのー」②聞こえた感じ。

**ひびく【響く】** 音や震動が伝わる。Ⅱ影響する。「生活にー」

**びびしい【美々しい】** 華やかで美しい。

**ビビッド**〔vivid〕生き生きとしたようす。

**ひひょう【批評】** 物事の欠点や長所を判断し評価すること。類批判

**ひびわれ【罅割れ】** ひびがー入る(入って裂けめができる)こと。動ーる

**びひん【備品】** 備えつけておく品物。

**ビビンバ**〔朝鮮語 pibimpap〕 朝鮮料理の一。種々の具を載せた米飯。

**ひふ【皮膚】** 動物の表面を覆う皮。

**ひぶ【日歩】** 元金一〇〇円に対する一日の利息。

**ビフィズスきん【ー菌】** 乳酸菌の一。ヒトの腸内にいて、整腸作用がある。ビヒズス菌。ビヒダス菌。

**びふう【美風】** 〔文章語〕よい習慣。類良俗

**びふう【微風】** 〔文章語〕そよかぜ。

**ひふかんかく【皮膚感覚】** 皮膚とその接する粘膜で感じる感覚の総称。〔触覚、冷覚、温覚、痛覚、圧覚など〕Ⅱ体感して得られる印象。「ーとして嫌いだ」

**ひふく【被服】** 〔文章語〕着る物。衣服。

**ひふく【被覆】** おおい包むこと。「ー線」

**ひぶくれ【火脹れ】** やけどで皮膚がふくれること。また、その部分。

**ひふこきゅう【皮膚呼吸】** 皮膚を通じて、二酸化炭素を出し酸素をとり入れること。

**ひぶた【火蓋】** 火縄銃の火皿を覆うふた。

**ーを切《き》る** 戦いを始める。

**ひぶつ【秘仏】** 普段は公開しない仏像。

**ビフテキ**〔フランス語 bifteck〕 ビーフステーキ。

**ビブラート**〔イタリア語 vibrato〕 音程を細かく上下に震わせながらー歌う(演奏する)方法。

**ビブラフォン**〔vibraphone〕 鉄琴の一。バイブラフォン。〔電気的装置によってビブラートの効果を出す〕

**ビブリオ**〔vibrio〕 細菌の一。コレラ菌など。

**ビブリオグラフィー**〔bibliography〕 ①書誌学。②参考文献目録。

**ひふん【悲憤】** 〔文章語〕悲しみいきどおること。

**ー慷慨《こうがい》** 〔文章語〕時世や運命を悲しみいきどおること。

**ひぶん【碑文】** 碑に刻まれた文。

**びふん【微粉】** 〔文章語〕細かい粉末。

**びぶん【美文】** 装飾的な表現の多い文章。

**びぶん【微分】** 数学で、ある関数の導関数を求めること。

**ひぶんしょう【飛蚊症】** 眼病の症状の一。眼前にカのような小黒点がちらついて見える。

**ひへい【疲弊】** 〔文章語〕①疲れて弱ること。②経済的に困ること。

**ピペット**〔フランス語 pipette〕 化学実験器具の一。液体の量を測って移すのに使うガラス管。

**ひぼ【悲母】** 〔文章語〕慈悲深い母。

**ひほう【秘法】** ①秘密の方法。②(真言宗で)秘密の祈り。

**ひほう【秘宝】** 人に見せない、大切な宝物。

**ひほう【飛報】**〔文章語〕急ぎの知らせ。

**ひほう【悲報】**〔文章語〕悲しい知らせ。

**ひぼう【誹謗】**〔文章語〕他人の悪口を言うこと。「―中傷する」

**びほう【弥縫】**〔文章語〕一時的に取り繕うこと。「―策」

**びぼう【美貌】** 美しい顔かたち。

**びぼう【備忘】** 忘れたときの用意。

**―録**《くろ》 忘れたときに備えて書いておくメモ帳。

**ひほけんしゃ【被保険者】** 保険の契約で、―保険をかけられている（保険金を受けとる）人。

**ヒポコンデリー**［ドイツ語 Hypochondrie］心気症。

**ひぼし【干乾し】** 飢えて弱ること。

**ひぼし【日干し】**《日乾し》 直射日光に当てて乾燥させること。対陰干し

**ひぼん【非凡】** 人並み以上。「―な才能」対平凡

**ひま【暇】**《隙》 ①用事などのない―余った時間（ようす）。②時間。「―がいる」③縁を切ること。「―を出す」

**―に飽**《あ》**かす** 暇を利用し、十分時間をかけてする。

**―を潰**《つぶ》**す** 暇な時間、何かをして退屈を紛らす。

**―を取**《と》**る** ①使用人が、自ら願い出てやめる。②妻の方から離縁する。〔古い言い方〕③手間どる。

**―を盗**《ぬす》**む** わずかな時間を利用する。

**ひまく【皮膜】** 皮膚と粘膜。Ⅱ微妙な違い。「虚実―の間」

**ひまく【被膜】** おおい包んでいる膜。

**ひまご【曽孫】** 孫の子供。

**ひましに【日増しに】** 日ごとに増して。

**ひましゆ【ひまし油】**《蓖麻子油》 トウゴマの種から採った油。下剤・工業用。

**ひまつ【飛沫】** しぶき。

**ひまつぶし【暇潰し】** ①暇な時間をすごす―こと（手段）。②時間をむだに使うこと。

**ひまつり【火祭り】** ①火をたいて神を祭る祭り。②火事のないように祈る祭り。

**ひまどる【暇取る】** 手間どる。

**ひまひま【暇々】**《隙々》 仕事のあいま。

**ヒマラヤすぎ【―杉】** マツ科の常緑樹。ヒマラヤ原産。

**ひまわり**《向日葵》 夏、大きな黄色い花が咲く草。実は食用。キク科。

**ひまん【肥満】** 太ること。太りすぎること。

**―症**《しょう》 体に脂肪がたまって体重が異常にふえた状態。

**びまん【瀰漫】**〔文章語〕（考え方や風潮が）広まること。

**びみ【美味】** おいしいこと。うまい味。

**ひみつ【秘密】** 公開せず隠すこと。

**―警察**《けいさつ》 独裁政府などが反対派を弾圧するために組織した警察。〔ナチスのゲシュタポなど〕

**―結社**《けっしゃ》 活動や組織を秘密にしている結社。

**―選挙**《せんきょ》 秘密投票による選挙。

**―投票**《とうひょう》 選挙した人の投票内容を秘密にする投票制度。

**びみょう【微妙】** 細かく単純ではないようす。類デリケート

**ひむろ【氷室】** 夏まで氷を貯蔵する部屋。

**ひめ【姫】** ①身分の高い人の娘。②女子。〔―二太郎〕③姫①の名前の下につける敬称。「白雪―」④小さくてかわいい。「―鏡台」

**ひめい【非命】**〔文章語〕災難や事故による死。

**ひめい【悲鳴】** 驚いたときや助けを求めて叫ぶ声。Ⅱ「―を上げる（＝弱音をはく）」

**ひめい【碑銘】**〔文章語〕碑に刻んだ銘。

**びめい【美名】** ①よい評判。②体裁のよい名目。「福祉事業という―」

**ひめがき【姫垣】** 低い垣根。

**ひめかわ【姫皮】** タケノコの、内側のやわらかい皮。

**ひめくり【日めくり】** 一日一枚めくり取る暦。

**ひめごと【秘め事】** 秘密にしていること。

**ひめます【姫鱒】** サケの一。釣魚。〔ベニザケの陸封型〕

**ひめやか【秘めやか】** ひそやか。

**ひめゆり【姫百合】** 小形の花の咲くユリ。

**ひめる【秘める】** 秘密にする。

**ひめん【罷免】** 職をやめさせること。

**ひも【紐】** ①結んだり縛ったりする細長い物。Ⅱ背後で操るもの。特に、情夫。②貝の身の、まわりの部分。

**ひもく【費目】** 支出する費用の名目。

**びもく【眉目】**〔文章語〕眉と目。Ⅱ容貌。

**―秀麗**《しゅうれい》 容貌が端正なこと。〔男性に

ついていう〕

**ひもじい** 空腹だ。

**ひもすがら**《終日》 一日中。[対]よもすがら

**ひもち【日持ち】**《日保ち》 食べ物の保存がきくこと。

**ひもち【火持ち】**《火保ち》 火が消えずにいること。

**ひもつき【紐付き】** ①情夫のいる女。②条件付き。背後関係があること。「—融資」

**ひもづける【紐付ける】** 関連づける。「マイナンバーと健康保険とを—」

**ひもと【火元】** ①火を使う所。②出火場所。

**ひもとく**《紐解く・繙く》 〔文章語〕本を開いて読む。〔帙《ちつ》のひもをとく意から〕

**ひもの【干物】**《乾物》 魚や貝を干した食品。

**ひや【冷や】** 冷たい酒。〔「おひや」は冷水〕

**ビヤ**[beer] ビール。ビア。

**ひやあせ【冷や汗】** 恥や恐怖を感じたとき出る汗。

**ひやおろし【冷や卸し】** 夏を越して秋口に出荷する日本酒。

**ひやかす【冷やかす】** ①からかう。②(商品を)見るだけで買わない。

**ひやく【飛躍】** ①高く飛び上がること。②大幅に進むこと。「—的」 ③順序をはずすこと。「論理が—する」

**ひやく【秘薬】** ①製法が秘密の薬。②よくきく薬。

**ひゃく【百】** 数の名。一〇〇。

**—も承知《しょうち》** 十分承知していること。

**びやく【媚薬】** 性欲(恋心)を起こす薬。

**びゃくい【白衣】** 白い衣服。びゃくえ。はくい。

**—の天使《てんし》** 女性の看護師。〔ほめて言う語〕

**ひゃくえんショップ【百円—】** 全商品を原則百円で売る店。百均。

**ひゃくがい【百害】** 多くの弊害。

**—あって一利《いちり》なし** 害ばかりで、よいところがまったくない。

**びゃくごう【白毫】** 仏の眉間《みけん》にあり、光を放つという白い巻き毛。

**ひゃくじつこう【百日紅】** サルスベリ。

**ひゃくしゃくかんとう【百尺竿頭】** 〔文章語〕到達できる極限。〔百尺もある長い竿《さお》の先の意〕

**—一歩《いっぽ》を進《すす》める** 完成してもさらに工夫を加える。

**ひゃくじゅう【百獣】** 多くのけもの。「—の王(=ライオン)」

**ひゃくじゅうきゅうばん【一一九番】** 消防車や救急車を呼ぶ緊急電話の番号(をかけること)。

**ひゃくしょう【百姓】** 農民。農家。〔もと人民の意〕

**ひゃくせん【百戦】** 数多くの戦い。

**—百勝《ひゃくしょう》** 戦うたびに勝つこと。

**—錬磨《れんま》** 数多くの戦いで鍛えられること。Ⅱ多くの経験を積んでいること。

**ひゃくたい【百態】** さまざまな状態。

**ひゃくだい【百代】** 〔文章語〕長い年月。永遠。

**びゃくだん【白檀】** 香木の一。インド原産。

**ひゃくとおばん【一一〇番】** 警察に犯罪を知らせる緊急電話の番号(をかけること)。〔「赤ちゃん〜」など、民間の電話による相談・苦情の窓口を表すこともある〕

**ひゃくにちかずら【百日鬘】** 歌舞伎で、さかやきの伸びたかつら。〔盗賊・囚人役が使う〕

**ひゃくにちぜき【百日咳】** 子供に多い感染症の一。激しい咳が続く。〔全快までに一〇〇日かかるというところから〕

**ひゃくにんいっしゅ【百人一首】** 歌人一〇〇人の一首ずつの和歌。特に、小倉百人一首。

**ひゃくにんりき【百人力】** 一〇〇人分の力があること。Ⅱ心強い援助。

**ひゃくねん【百年】** 一年の一〇〇倍。Ⅱ㋐長い年月。㋑一生。「—の不作(=大失敗)」

**—河清《かせい》を待《ま》つ** いつまで待っても実現しないことを待つ。〔黄河の濁った水が澄むのを待つ意〕

**—の計《けい》** 長い将来を見通した計画。

**—目《め》** 逃れられない場合。「ここで会ったが—」

**ひゃくパーセント【百—】** ①全部。②完全。

**ひゃくはちじゅうど【百八十度】** 一直線の作る角度。Ⅱ正反対(—の方向)。「—の転換」

**ひゃくぶんはいっけんにしかず【百**

聞は一見にしかず】 何度も聞くより一度実際に見た方がよくわかる。

**ひゃくぶんひ【百分比】** パーセンテージ。

**ひゃくぶんりつ【百分率】** パーセンテージ。

**ひゃくめんそう【百面相】** いろいろな顔つきをしてみせる芸。

**びゃくや【白夜】** はくや。

**ひゃくやく【百薬】** 多くの薬。「酒は―

**―の長《ちょう》** 最もよい薬。」

**ひゃくようばこ【百葉箱】** 気象観測用に戸外に置く箱。ひゃくようそう。〔温度計・湿度計などを入れる〕

**びゃくれん【白蓮】** 〔文章語〕白いハスの花。Ⅱ清浄な心身。

**ひやけ【日焼け】** 直射日光に当たり、色が変わること。

**―サロン** 機械で人工的に肌を焼くサービスをする店。〔俗に「日サロ」とも言う〕

**ひやざけ【冷や酒】** 冷たいままの酒。冷や。対燗酒《かんざけ》

**ひやじる【冷や汁】** 冷めた汁をごはんにかけた料理。〔宮崎や山形の郷土料理〕

**ヒヤシンス**［hyacinth］ ユリ科の多年草。観賞用。春、花が咲く。

**ひやす【冷やす】** 冷たくする。

**ひやそうめん【冷や素麺】** 冷たくしたそうめん。つゆにつけて食べる。

**ひゃっか【百科】** 多くの科目。

**―事典《じてん》** いろいろな事項について、説明を加えた書物。

**―全書《ぜんしょ》** ①ある体系のもとに学術・技術などの知識を解説し、まとめた書物。②百科事典。

**ひゃっか【百貨】** 多くの種類の商品。

**―店《てん》** デパート。

**ひゃっかせいほう【百花斉放】** いろいろな芸術活動が自由に行われること。〔いろいろの花がそろって咲く意〕

**ひゃっかにち【百箇日】** 死後一〇〇日目(―の法要)。

**ひゃっかりょうらん【百花繚乱】** 種々の花がいっぱいに咲き乱れること。

**ひゃっきやこう【百鬼夜行】** 多くの妖怪《ようかい》が夜、歩き回ること。百鬼やぎょう。Ⅱ多くの悪人が勝手なふるまいをしていること。

**ひゃっきん【百均】** 〔俗語〕百円ショップ。〔百円均一の略〕

**ひゃっけい【百計】** 〔文章語〕いろいろな計略。

**びゃっこ【白虎】** ①白いトラ。②四神《しじん》の一。西方の守護神。

**びゃっこ【白狐】** 毛の白いキツネ。

**ひやっこい【冷やっこい】** 〔俗語〕つめたい。

**ひやっと【冷やっと】** ①急に冷たさを感じるようす。②急に驚きおびえるようす。

**ひゃっぱつひゃくちゅう【百発百中】** 目標に(予想が)すべて当たること。

**ひゃっぱん【百般】** 〔文章語〕いろいろな方面。

**ひやとい【日雇い】** 一日単位の契約で雇うこと(雇われる人)。「―労働者」

**ひやひや【冷や冷や】** ①冷たく感じるようす。②気が気でないようす。

**ビヤホール** ⇩ビアホール

**ひやむぎ【冷や麦】** めん類の一。〔うどんより細く、そうめんより太い〕

**ひやめし【冷や飯】** 冷たくなった飯。

**―食《く》い** ①いそうろう。②次男以下の俗な呼び方。〔昔、長男に比べて冷遇されたことから〕

**ひややか【冷ややか】** 冷たく感じるようす。Ⅱ冷淡。冷静。

**ひややっこ【冷や奴】** 冷やした豆腐を薬味としょう油で食べる料理。やっこ。

**ヒヤリング** ⇩ヒアリング

**ひゆ【莧】** 一年草の一。葉は食用。

**ひゆ【比喩】**《譬喩》 似たものに見立てて表現する言い方。たとえ。

**ピュア**［pure］ 純粋。きれい。

**ビューアー**［viewer］ ①スライドなどを直接見るための簡単な装置。②コンピューターで、画像など見るためのソフト。

**びゅうけん【謬見】** 〔文章語〕間違った考えや見解。

**ヒューズ**［fuse］ 安全装置に使う合金の線。〔電流が流れ過ぎると溶ける〕「―がとぶ」

**ビューティー**［beauty］ 美。美人。

**―サロン**［beauty salon］ 美容院。

**ビューティフル**［beautiful］ ①美しい。②すばらしい。

**ビューポイント**［viewpoint］ ①眺めの(見物に)よい場所。②観点。見解。

**ピューマ**〔puma〕ネコ科の動物の一。ライオンに似るが、たてがみがない。クーガー。
**ヒューマニスティック**〔humanistic〕人道主義的。
**ヒューマニスト**〔humanist〕①人道主義者。②人文主義者。
**ヒューマニズム**〔humanism〕①人道主義。②人文主義。
**ヒューマニティー**〔humanity〕人間性。人間らしさ。
**ヒューマン**〔human〕人間的。
**—アセスメント**〔human assessment〕人材を適正に配置するために、事前に能力を評価すること。
**—エラー**〔human error〕人為的なミス。
**—リレーションズ**〔human relations〕（組織における）人間関係。
**ヒューミント【HUMINT】**人（スパイ）による情報収集活動。電子機器による情報収集活動（ELINT）に対していう。〔human intelligence〕
**ヒュームかん【—管】**水道管などに使われる鉄筋コンクリート管。〔Humeは発明者の名〕
**ピューレ**〔フランス語 purée〕野菜などを煮てすりつぶしたスープ。ピューレー。「トマト—」
**ビューロー**〔bureau〕①事務-所（局）。②案内所。「ツーリスト—」③鏡台つきたんす。④官庁の-局（部・課）。
**ビューロクラシー**〔bureaucracy〕官僚政治。官僚主義。

**ヒュッテ**〔ドイツ語 Hütte〕山小屋。
**ビュッフェ**〔フランス語 buffet〕列車内などで立ったまま利用する食堂。
**ビュレット**〔フランス語 burette〕実験器具の一。目盛りのついた滴下用のガラス器具。
**ひよう【飛揚】**〔文章語〕空高く飛ぶこと。
**ひよう【費用】**何かをするのに必要な金。「—がかかる」
**ひょう【俵】**たわらを数える語。
**ひょう【表】**数量や事柄を見やすい形に整理したもの。
**ひょう【豹】**ネコ科の猛獣の一。黄褐色で黒のまだらがある。
**ひょう【票】**①ふだ。特に投票用紙。②投票数を数える語。
**—が開《あ》く** 選挙で、開票が始まる。
**ひょう【雹】**空から降る氷の粒。あられより大。
**びよう【美容】**容姿を美しく整えること。「—院」
**—整形《せいけい》** 美容を目的とする特殊な外科。〔豊胸・隆鼻などの手術をする〕
**—体操《たいそう》** 全身美容のための体操。
**びょう【秒】**時間・角度・経緯度の単位の一。一分の六〇分の一。
**びょう【鋲】**頭が平たく大きい、くぎ。
**びょう【廟】**祖先や偉人の霊をまつる所。
**ひょうい【表意】**意思（意味）を表示すること。
**—文字《もじ》** 音ではなく意味を表す文字。〔漢字など〕対表音文字
**ひょうい【憑依】**〔文章語〕①頼ること。よりどころとすること。「己の信念に—する」②霊などが乗り移ること。

**ひょういつ【飄逸】**世間ばなれしてのんきであること。
**ひょういん【病因】**病気の原因。
**びょういん【病院】**病気の診察・治療をする施設。〔診療所より多くの人を収容する〕
**ひょうおん【氷温】**①（スケート場などの）氷の温度。②〇℃から食品類が凍る寸前までの温度帯。「—貯蔵」
**ひょうおん【表音】**発音を表すこと。
**—文字《もじ》** 意味ではなく音を表す文字。〔かな・ローマ字など〕対表意文字
**ひょうか【氷菓】**冷たい菓子。アイスクリームやシャーベットなど。
**ひょうか【評価】**①価値や価格を判断・決定すること。②よいと判断すること。「—が上がる」
**ひょうが【氷河】**万年雪が氷塊となったもの。〔ゆっくり移動する〕
**—時代《じだい》** 地質時代の区分の一。寒冷で氷河の発達した時代。〔ふつう新生代第四紀をいう〕
**びょうが【病臥】**〔文章語〕病気で床につくこと。
**びょうが【描画】**〔文章語〕絵をかくこと。
**ひょうかい【氷海】**氷のはりつめた海。
**ひょうかい【氷塊】**氷のかたまり。
**ひょうかい【氷解】**疑いや迷いが晴れること。「疑惑が—する」
**ひょうがい【雹害】**ひょうによる被害。

**びょうがい【病害】** 病気による作物の被害。
**びょうがいちゅう【病害虫】** 農作物に害を与える病気や虫。
**ひょうがため【票固め】** 選挙で、票を確保するための対策・運動。
**ひょうかん【剽悍】**〔文章語〕すばしこく荒々しいようす。
**ひょうき【氷期】** 氷河時代で特に寒冷な時期。〔温帯地方にまで氷河が発達する〕
**ひょうき【表記】** ①文字や記号で書き記すこと。「―法」②おもてがき。
**ひょうき【標記】** ①標題（―として書くこと）。②目印の符号（―をつけること）。
**ひょうぎ【評議】** 集まって相談すること。
**びょうき【病気】** 類やまい・疾病 ‖悪い癖。
**びょうき【病期】** 病気の経過を区分した期間。〔初期、潜伏期、回復期など〕
**ひょうきん【剽軽】** 軽々しく、こっけいなようす。
**ひょうぐ【表具】** 表装。「―師」
**びょうく【病苦】** 病気による苦しみや苦労。「―に悩む」
**びょうく【病軀】**〔文章語〕病気の体。
**ひょうけい【表敬】** 敬意を表すこと。「―訪問」
**ひょうけつ【氷結】** こおりつくこと。
**ひょうけつ【表決】** 議案に対する可否の意志を表して、決めること。
**ひょうけつ【票決】** 投票による決定。
**ひょうけつ【評決】** 評議による決定。
**びょうけつ【病欠】** 病気による‐欠席（欠勤）。
**ひょうげん【氷原】** 氷でおおわれた原野。
**ひょうげん【表現】** 感情や考えを言語や表情・身ぶりなどに表すこと。
**ひょうげん【評言】** 批評の言葉。類評語
**びょうげん【病原】** 病気の原因。
**―菌《きん》** 病気の原因となる細菌。
**―体《たい》** 病気の原因となる生物や物質。〔細菌・ウイルスなど〕
**ひょうご【評語】** 評言。
**ひょうご【標語】** ①主張などを簡潔に表した語句。類モットー ②音楽で、演奏法を指定する記号。〔アンダンテ、ダカーポなど〕
**びょうご【病後】** 病気の治ったあと。
**ひょうこう【標高】** 海面からの高さ。海抜。
**びょうこん【病根】** 病因。‖悪い習慣や弊害のもと。
**びょうさい【病妻】** 病気の妻。対病夫
**ひょうさつ【表札・標札】** 玄関や門に掲げる名札。
**ひょうざん【氷山】** 海に浮かぶ大きな氷塊。〔氷河の下端などが落ちたもの。水面上に見えるのは全体の約七分の一〕
**―の一角《いっかく》** 表面に現れたほんの一部分。
**ひょうし【拍子】** ①音楽で、拍《はく》の単位。②音曲の調子にあわせること。「―を取る」③はずみ。「…した―に」
**―木《ぎ》** ふたつの直方体の木。打ち合わせて鳴らす。〔拍子をとったり合図や夜回りで使う〕
**―抜《ぬ》け** 気勢をそがれ気がぬけること。
**ひょうし【表紙】** 本などの外側につける紙・布・皮など。
**ひょうじ【表示】** ①わかるように表すこと。②表で示すこと。
**ひょうじ【標示】** 目印として示すこと。
**びょうし【病死】** 病気で死ぬこと。
**びょうじ【病児】** 病気の子供。「―保育」
**ひょうしき【標識】** 目印。
**ひょうしつ【氷室】** 氷を貯蔵する部屋。ひむろ。
**―灯《とう》** 夜、船舶や飛行機がその位置を示すための灯火。
**びょうしつ【病室】** 病人の寝ている部屋。
**ひようしゃ【被用者・被傭者】** 雇われている人。
**ひょうしゃ【評者】** 批評をする人。
**びょうしゃ【描写】** 実際の姿（感じたこと）を描きだすこと。「心理―」
**ひょうしゃく【評釈】** 解釈し批評すること。
**びょうじゃく【病弱】** 体が弱く病気になりやすいこと。
**ひょうしゅつ【表出】** 心のうちを言葉や態度などで、外に表すこと。
**びょうしゅつ【描出】**〔文章語〕描きだすこと。
**ひょうじゅん【標準】** ①基準（めやす）となるもの。②平均的なもの。「―サイズ」

—**軌間**《きかん》 鉄道で、一・四三五メートルのレール間隔。標準軌。〔世界的に用いられる〕

—**語**《ご》 その国で標準とされる言葉。対方言

—**時**《じ》 一定地域内で使用される時刻。〔日本の標準時は東経一三五度における時刻〕

—**式**《しき》 ローマ字の書き方の一。ヘボン式。

—**偏差**《へんさ》 統計で、データの散らばりの度合いを示す数値の一。

**ひょうしょう【平声】** 漢字の四声の一。ひょうせい。対上声《じょうしょう》・入声《にっしょう》・去声《きょしょう》

**ひょうしょう【氷晶】** 大気が〇℃以下に冷却されたときにできる、小さな氷の結晶。

**ひょうしょう【表象】** 〔哲学用語〕頭に思い浮かべられた物の像。「記憶—」

**ひょうしょう【表彰】** 善行や功績をたたえ、世に知らせること。「—状(式)」

**ひょうじょう【氷上】** 氷の上。

**ひょうじょう【表情】** 感情の現れた顔つき。「真剣な—」Ⅱ社会のある面におけるようす。「現地の—」

**ひょうじょう【評定】** 評決。

**びょうしょう【病床】** 病人のねどこ。

**びょうじょう【病状】** 病気のようす。

**びょうじょく【病褥】** 〔文章語〕病床。

**びょうしん【秒針】** 時計の、秒をさす針。対時針・分針

**びょうしん【病身】** 病気(—がち)の体。

**ひょうする【表する】** 表す。示す。

**ひょうする【評する】** 批評する。

**びょうせい【病勢】** 病状。

**ひょうせつ【氷雪】** 氷と雪。

**ひょうせつ【剽窃】** 他人の文章や説を自分のものとして発表すること。類盗作

**ひょうぜん【飄然・漂然】** 〔文章語〕ふらりと—来る(去る)ようす。

**ひょうそう【表装】** 書画を書いた布や紙を巻物や掛け軸に仕立てること。類表具

**ひょうそう【表層】** 表面の層。対深層

—**雪崩**《なだれ》 積雪の上層部分がくずれ落ちるなだれ。対全層雪崩

**ひょうぞう【氷像】** 氷を刻んで作った像。

**びょうそう【病巣】** 病気におかされている部分。

**ひょうそく【平仄】** 漢字の四声の平声《ひょうしょう》と仄声《そくせい》の区別。Ⅱつじつま。「—があわない」

**びょうそく【秒速】** 一秒間に進む距離で表した速さ。

**ひょうだい【表題・標題】** 芸術作品や、演説・談話などの題目。

**びょうたい【病体】** 病気のからだ。

**びょうたい【病態】** 病気の容態。

**びょうたる【眇たる】** 〔文章語〕ちっぽけな。

**ひょうたん【瓢簞】** つる草の一。その実(—で作った容器)。中ほどがくびれた形をしている。

—**から駒**《こま》 冗談が事実になる。

—**鯰**《なまず》 つかまえどころがない(要領をえない)ようす。

**びょうち【錨地】** 〔文章語〕船の停泊地。

**ひょうちゃく【漂着】** 漂って岸に着くこと。

**ひょうちゅう【氷柱】** ①つらら。②夏、涼を得るために、部屋の中に置く氷の柱。

**ひょうちゅう【評注】**《評註》 批評と注釈(—を加えること)。

**ひょうちゅう【標柱】** 測量用などに立てた目印の棒。

**びょうちゅう【病中】** 病気の間。

**びょうちゅうがい【病虫害】** 病菌や害虫による農作物の被害。

**ひょうちょう【表徴】** 〔文章語〕①外部に現れたしるし。②象徴。シンボル。

**ひょうちょう【漂鳥】** 季節ごとに小規模な移動をする鳥。〔ウグイスやメジロ〕

**ひょうてい【評定】** (価値や質を)評価し決定すること。

**ひょうてき【標的】** まと。

**びょうてき【病的】** 健全(正常)でないようす。「—な執着・—性格」

**ひょうてん【氷点】** 水が凍り始める温度。〇℃。

—**下**《か》 〇℃以下の温度。零下。

**ひょうてん【評点】** 成績を示す点数。

**ひょうでん【票田】** 選挙で、大量の票がとれると思われる地盤。

**ひょうでん【評伝】** 評論をも加えた伝記。

**ひょうど【表土】** 土壌の表層部分の土。

**びょうとう【病棟】** 病室専用の建物。

**びょうどう【平等】** 差別のないこと。「男

女―」
**びょうどう【廟堂】** 廟。
**びょうどく【病毒】** 病気をおこすもの。Ⅱ害をなすもの。
**びょうにん【病人】** 病気にかかっている人。
**ひょうのう【氷囊】** 氷を入れて患部を冷やす袋。
**ひょうはく【表白】** 〔文章語〕自分の考えを言葉に表して言うこと。
**ひょうはく【漂白】** さらして白くすること。「―剤」
**ひょうはく【漂泊】** 流れただようこと。Ⅱさすらうこと。「―の旅」
**ひょうばん【評判】** ①世間での評価。「―がいい」②うわさ。③有名。
**ひょうひ【表皮】** 動植物の表面の皮。対真皮
**ひょうひょう【飄々】** 〔文章語〕世間ばなれしていてとらえどころがない。
**ひょうびょう【縹渺】** 〔文章語〕①かすかでよくわからない。②広く果てしない。
**びょうびょう【渺々】** 〔文章語〕(水面が)広く果てしない。
**びょうふ【病夫】** 病気のおっと。対病妻
**びょうぶ【屏風】** 家具の一。風よけや仕切りに使う。
**―倒《だお》し** あおむけにばったり倒れること。
**ひょうへき【氷壁】** 雪や氷におおわれた岩壁。
**びょうへき【病癖】** 〔文章語〕病的な(悪い)癖。
**ひょうへん【氷片】** 氷のかけら。
**ひょうへん【豹変】** 突然変わること。「態度が―する」〔中国の古典から。／もとは良い方に変わることをいったが、今は悪い方に変わる意で使われる〕
**びょうへん【病変】** 病気による体の変化。
**ひょうほう【兵法】** へいほう。
**ひょうぼう【標榜】** 自分の主義・主張を公然と示すこと。
**びょうぼう【渺茫】** 〔文章語〕広く果てしない。
**びょうぼつ【病没】** 《病歿》 病気で死ぬこと。
**ひょうほん【標本】** 実物見本。Ⅱ典型。◇類サンプル
**びょうま【病魔】** 〔文章語〕病気を悪魔にたとえた語。「―に襲われる」
**ひょうむ【氷霧】** 氷の結晶が大気中に浮かんで霧のようになっている現象。
**ひょうめい【表明】** 考えや態度を明らかに示すこと。
**びょうめい【病名】** 病気の名前。
**ひょうめん【表面】** 一番外側の面。対裏面
**―化《か》** 物事がおもてに現れること。
**―張力《ちょうりょく》** 液体が表面の面積をできるだけ小さくしようとする力。
**―的《てき》** 物事の見かけ(―だけ)に関するようす。
**ひょうめんせき【表面積】** 立体の表面の面積。
**びょうやなぎ【未央柳】** 落葉低木の一。六～七月ごろ黄色の花をつける。観賞用。
**ひょうよみ【票読み】** 投票(予想される得票)数を数えること。
**びょうよみ【秒読み】** 秒ごとに時間を数えること。Ⅱ時間的に切迫した状態。「―段階」
**ひょうり【表裏】** おもてとうら。
**―一体《いったい》** ふたつのものの関係が密接で切り離せないこと。「―をなす」
**びょうり【病理】** 病気の原因・経過などに関する理論。「―学」
**―解剖《かいぼう》** 病因、治療効果、死因などの解明のために行う死体の解剖。
**ひょうりゅう【漂流】** ただよい流れること。「―船」類漂泊
**ひょうりょう【秤量】** 〔文章語〕①重さをはかること。②物事の軽重を判断すること。◇〔「しょうりょう」の慣用読み〕
**びょうれき【病歴】** かかった病気の経歴(―の記録)。
**ひょうろう【兵糧】** (軍隊の)食糧。
**―攻《ぜ》め** 敵の食糧補給の道を断ち、戦闘力を弱める攻め方。
**ひょうろん【評論】** 批評し―論じること(論じた文章)。
**ひよく【比翼】** ①二羽の鳥が翼を並べること。②比翼仕立ての略。和服で、外から見える部分を二枚重ねにする仕立て方。洋服で、コートなどでボタンが外から見えないようにする仕立て方。
**―塚《づか》** (心中した)相思の男女を一緒に



ひ

葬った塚。
―連理《れんり》 男女の契りの深いこと。
**ひよく【肥沃】** 地味が肥えているようす。「―な大地」
**びよく【尾翼】** 飛行機の後部にある翼。対主翼
**びよく【鼻翼】** こばな。
**ひよけ【日除け】** 直射日光をよける―こと(ためのおおい)。
**ひよけ【火除け】** ①火事の延焼を防ぐこと。②火事の予防。「―のお守り」
**ひよこ【雛】** 鳥、特にニワトリの子。⏸未熟な人。◇ひよっこ。
**ひよっこ《雛》** ひよこ。
**ひょっと** ①不意に。②もしや。
**―したら** もしかしたら。ひょっとすると。
**ひょっとこ** 口がとがり片目が小さい男(―の面)。⏸男をののしっていう語。
**ひよどり【鵯】** 鳥の一。尾が長い。やかましい声で鳴く。
**ひよみ【日読み】** こよみ。
**―の酉《とり》** 「酉」の字を「鳥」と区別していう言い方。
**ひよめき【顋門】** 乳児の頭頂部で、脈を打つたびに動く部分。おどりこ。泉門。
**ひより【日和】** ①(よい)天気。⏸ことのなりゆき。②ひよりげた。
**―下駄《げた》** 雨のとき以外に履く下駄。歯が低い。
**―見《み》** 天気の予測。⏸有利な方につこうとして態度をすぐに決めないこと。「―主義」
**―見《み》感染《かんせん》** 免疫力の低下のために、一般の人なら無害な菌に感染し発病すること。
**ひよる【日和る】** 〔俗語〕形勢をみて都合のよい方につこうとする。〔「ひより」の動詞化〕
**ひよわ【ひ弱】** もろくて弱いようす。
**ひょんな** 〔俗語〕意外な。
**ひら《片・枚》** 薄く、小さく、平らなものを数える語。
**ひら【平】** ①ひらたい―こと(所)。⏸役職についていない人。「―社員」②ひら椀《わん》。
**びら【ビラ】** ちらし。
**ビラ** 〔イタリア語 villa〕 別荘。
**ひらあやまり【平謝り】** ひたすら謝ること。「―に謝る」
**ひらい【飛来】** 〔文章語〕飛んで来ること。
**ひらい【被雷】** 〔文章語〕落雷にあうこと。
**ひらい【避雷】** かみなりをさけること。
**―針《しん》** 落雷による被害を防ぐ装置。高い所に立てた金属の棒。導線で接地し地下に導いて放電する。
**ひらおよぎ【平泳ぎ】** 泳法の一。体を下向きにしてカエルのように泳ぐ。ブレスト。
**ひらおり【平織り】** 普通の織り方(―の織物)。縦・横の糸を一本ずつ交差させる。
**ひらがな【平仮名】** 日本語の文字の一。
**ピラカンサ** 〔pyracantha〕 常緑低木の一。赤い実をつける。バラ科。
**ひらき【開き】** ①開くこと。②差。隔たり。③開き戸。④魚を開いて干した食品。⑤⇨おひらき
**―戸《ど》** 前後に開く戸。対引き戸
**―直《なお》る** 急に―きびしい(ふてぶてしい)態度になる。
**ひらく【披く】** 能や狂言で、(―大曲や秘曲などの)演目を初演する。
**ひらく【開く】** ①あく。あける。対閉じる・閉まる ②差が広がる。③始める。④開拓する。「新生面を―」⑤数学で、平方根や立方根を求める。⑥身をかわす。「体を―」
**びらく【微落】** 物価が少し下がること。
**ひらぐも【平蜘蛛】** クモの一。体がたいら。
**―のように謝《あやま》る** 平身低頭する。
**ひらける【開ける】** ①視界が広くなる。②開発される。③世情に通じ、ものわかりがよい。④よい方に向かう。「運が―」
**ひらざら【平皿】** 底が浅くたいらな皿。
**ひらじろ【平城】** たいらな土地に作った城。
**ひらぞこ【平底】** 底がたいら―なこと(器)。
**ひらたい【平たい】** ①たいら。②わかりやすい。「平たく言えば」
**ひらたぐも【平蜘蛛】** ひらぐも。
**ひらち【平地】** たいらな土地。へいち。
**ひらて【平手】** ①開いた手のひら。対こぶし ②将棋で、対等にさすこと。対駒落ち
**―打《う》ち** 平手でたたくこと。
**ピラティス** 〔pilates〕 エクササイズ②の一。筋力トレーニングとストレッチを組み合わせた運動法。〔ピラティスは考案者の名〕
**ひらなべ【平鍋】** 底が浅く平たいなべ。
**ひらに【平に】** なにとぞ。「―ご容赦」

**ピラニア**［piranha］南米のアマゾン川などにすみ、群れをなして動物をおそって食う魚。
**ひらば【平場】**①平地。②平土間。③〔幹部に対して〕一般の人々。「―の意見」
**ピラフ**〔フランス語 pilaf〕料理の一。いためた米に具を入れて炊く。〔俗に洋風の焼き飯もいう〕
**ひらべったい【平べったい】**〔俗語〕ひらたい①。
**ひらまく【平幕】**横綱・三役以外の幕内力士。前頭。
**ピラミッド**［pyramid］古代エジプト王の巨大な墓。四角錐状に石を積み上げたもの。金字塔。
**ひらむぎ【平麦】**おしむぎ。
**ひらめ【平目・鮃】**食用の海魚の一。両目が体の左側にある。白身。ヒラメ科。
**ひらめき【閃き】**①一瞬光ること。Ⅱ頭脳の鋭い働き。「才知の―」②旗などがひらひらすること。
**ひらめく【閃く】**①瞬間的に光る。Ⅱ瞬間的に思いつく。②ひらひら動く。
**ひらや【平屋】**一階建ての家。
**ひらわん【平椀】**浅く平たい椀〔―に盛る料理〕。おひら。
**びらん【糜爛】**〔文章語〕ただれること。
**びり**〔俗語〕順位の最後。〔ビリとも書く〕
**ピリオド**［period］横書き用の終止符号。「.」「―を打つ〔=終わりにする〕」
**ぴりから【ぴり辛】**ぴりっと辛い味。〔ピリ辛とも書く〕

**ひりき【非力】**ひりょく。
**ビリケン**［Billiken］頭のとがった人をからかって言う語。〔アメリカの福の神の姿から〕
**ひりつ【比率】**他の数量と比較した割合。
**ビリヤード**［billiard］遊戯の一。玉突き。撞《どう》球《きゅう》。
**ひりゅう【飛竜】**〔文章語〕空を飛ぶ竜。〔もとは「ひりょう」〕
**びりゅう【微粒】**〔文章語〕非常に細かなつぶ。
**びりゅうし【微粒子】**非常に小さい粒子。
**ひりょう【肥料】**こやし。
**びりょう【微量】**ごくわずかの量。
**びりょう【鼻梁】**〔文章語〕はなすじ。
**ひりょうず【飛竜頭】**関西で、がんもどきのこと。ひろうず。
**ひりょく【非力】**力〔力量〕がないこと。ひりき。
**びりょく【微力】**少しの力。「―を尽くす」〔自分の力量の謙譲語〕
**ピリンけい【―系】**薬剤で、アミノピリンやスルピリンなどの系統。解熱・鎮痛剤。〔体質によって副作用が生じる〕
**ひる【昼】**①朝から夕方までの間。ひるま。対夜 ②正午。③昼食。
**―を欺《あざむ》く** 明るくて昼間かとまちがえるほどである。
**ひる【蛭】**下等動物の一。他の動物に吸い付き血を吸う。水田や湿地にすむ。
**ひる【放る】**勢いよく体外に出す。「屁《へ》を―」

**ひる【干る】**①乾燥する。②潮がひく。
**ヒル**［hill］丘。
**ビル**［bill］①勘定書き。②手形。③証券。
**ビル** ビルディング。「―街」
**ピル**［pill］①錠剤。②経口避妊薬。
**ひるあんどん【昼行灯】**役に立たない〔ぼんやりした〕人をばかにした語。〔昼間にともす行灯の意〕
**ひるい【比類】**〔文章語〕比べるもの。「―なき名作」
**ひるがえす【翻す】**①裏返す。「身を―〔=おどらせる〕」Ⅱ〔考えなどを〕急に変える。②ひらひらさせる。
**ひるがえって【翻って】**〔文章語〕考え直してみると。
**ひるがえる【翻る】**翻すの自動詞形。
**ひるがお【昼顔】**つる草の一。夏の昼間にアサガオに似た花が咲く。ヒルガオ科。
**ビルかぜ【―風】**高層ビル付近で起こる強風や乱気流。
**ひるげ【昼餉】**〔文章語〕ひるめし。
**ひるさがり【昼下がり】**正午を少し過ぎたころ。昼過ぎ。
**ひるせき【昼席】**寄席などで、昼間に行われる興行。対夜席
**ビルディング**［building］鉄筋コンクリート建ての高層建築。ビル。
**ビルトイン**［built-in］最初から組み込まれていること。作りつけ。
**ビルトゥオーソ**〔イタリア語 virtuoso〕〔演奏の〕名人。巨匠。

ひ

**ひるどき【昼時】** ①正午ごろ。 ②昼飯を食べる時分。

**ひるね【昼寝】** 昼間、寝ること。午睡。

**ひるひなか【昼日中】** 昼間の強め。

**ひるま【昼間】** 日中。ひる。

**ひるむ《怯む》** おそれて、気おくれがする。「困難を前にして―・―ことなく」

**ひるめし【昼飯】** 昼食。「―時《どき》」〔ぞんざいな言い方〕

**ひるやすみ【昼休み】** 昼食をとるための休憩(―の時間)。

**ひれ【鰭】** 魚の運動器官。体のわきにつき出ている部分で、胸びれ・背びれなど。

**ヒレ**［フランス語 filet］ 牛や豚などの、腰から背にかけての最上等の肉。ヒレ肉。フィレ。

**ひれい【比例】** ふたつの―量(数)が互いに関連しながら増減すること。

**―代表制《だいひょうせい》** 選挙で、政党の得票数に応じて当選者数を決める方法。

**ひれい【非礼】**〔文章語〕失礼。無礼。「―を詫びる」

**びれい【美麗】**〔文章語〕うるわしいこと。

**ひれき【披歴・披瀝】**〔文章語〕心中を隠さずに打ち明けること。

**ひれざけ【鰭酒】** フグやタイのひれを焼いて、熱くした日本酒にひたしたもの。

**ひれつ【卑劣】《鄙劣》** 性質や言動が卑しく劣っていること。

**ビレッジ**［village］ 村。集落。

**ピレトリン**［ドイツ語 Pyrethrin］ ジョチュウギクの花に含まれる殺虫成分の総称。

**ヒレにく【―肉】** ヒレ。

**ひれふす【平伏す】** すわったまま体を前に伏せる。〔拝んだり頼んだりするときの動作〕

**ひれん【悲恋】** 悲しい結末の恋。

**ひろい【拾い】** 落ちているものを拾って手にとる。

**―上《あ》げる** ❶不遇の人をとりたてる。

**―出《だ》す** 条件にあうものを選び出す。

**―物《もの》** 拾った物。❶思いがけず得をしたもの。

**―読《よ》み** 文中の―重要な(読める)部分だけをとびとびに読むこと。

**ひろい【広い】** ①面積(範囲)が大きい。「――海(道)」 ②気持ちや行動が限られていない。「視野(心)が―」◇対せまい

**ヒロイズム**［heroism］ 英雄崇拝主義。

**ヒロイン**［heroine］ 女の主人公。対ヒーロー

**ひろう【披露】** 皆に知らせること。

**ひろう【疲労】** 疲れること。❶性能がわるくなること。「金属―」

**―困憊《こんぱい》** ひどく疲れること。

**ひろう【拾う】** ①落ちているものをとりあげる。対捨てる ②なくしかけていたものを手に入れる。「勝ちを―」 ③「車を―(=タクシーを止めて乗る)」 ④選んでとりあげる。「活字を―」

**びろう【尾籠】** 汚いようす。

**ひろえん【広縁】** 幅の広い縁側。

**ピロー**［pillow］ 枕(―状のもの)。「アイ―」

**―ケース**［pillowcase］ 枕カバー。ピロケース。

**ビロード《天鵞絨》**［ポルトガル語 veludo］ 柔らかくなめらかな織物。ベルベット。

**ひろがる【広がる】《拡がる》** ①広くなる。②普及する。③規模が大きくなる。「事業が―」

**ひろく【秘録】** 世間に知られていない記録。

**びろく【美禄】**〔文章語〕①高給。②酒。

**びろく【微禄】**〔文章語〕①薄給。②落ちぶれること。

**ひろくち【広口】** ①容器の口が広いこと。また、その容器。②水盤。

**ひろげる【広げる】《拡げる》** ①広くする。②あける。③規模を大きくする。

**ひろこうじ【広小路】** 幅の広い通り。

**ピロシキ**［ロシア語 pirozhki］ ロシア風のあげパン。

**ピロティー**［フランス語 pilotis］ 一階は柱だけで、二階以上に部屋をつくる建築技法。また、その一階部分。

**ひろば【広場】** 市街地の中の、建物がなくて広くあいている所。

**ひろはば【広幅】** 幅の広い反物。対並幅

**ひろぶた【広蓋】** ①衣装箱のふた。②①に似た、ふちのある盆。

**ひろま【広間】** 広い部屋。主に会合用。

**ひろまる【広まる】** 広く―行き渡る(なる)。

**ひろめ【広め・披露目】** 披露《ひろう》。

**ひろめる【広める】** 広く(知られるように)する。

**ひろやか【広やか】** 広々としているよう

す。「―な庭」
**ピロリきん【―菌】** 胃潰瘍《いかいよう》や胃ガンの原因の一つとされる細菌。ヘリコバクターピロリ。
**ひわ【鶸】** ①小鳥の一。〔普通はマヒワをさす〕②ひわ色。黄緑色。
**ひわ【秘話】** 世間に公表されていない話。
**ひわ【悲話】** 悲しい(あわれな)物語。
**びわ【枇杷】** 夏の果物の一。
**びわ【琵琶】** 邦楽の弦楽器の一。撥《ばち》でひく。弦はふつう四本。
**ひわい【卑猥】**《鄙猥》 下品でみだらなこと。
**ひわだ【檜皮】** ①ヒノキなどの樹皮。②ひわだぶき。
**―葺《ぶ》き** ひわだで屋根をふくこと。その屋根。
**ひわり【日割り】** ①給料を日数で計算すること。「―で払う」②行事や仕事を一日一日に割り当てること。
**ひわれ【日割れ・干―】** 木材や柱などが、かわきすぎてひびが入ること。動―る
**ひん【品】** ①品位。品格。「―がある」②品物。「食料―」
**―がよい** 上品だ。
**びん【便】** ①たより。郵便。「午後の―」②運ぶ手段。「空の―」
**びん【敏】** 〔文章語〕すばやいこと。「機を見るに―」
**びん【瓶】**《罎》(細長い)容器。「―に詰める・ガラス―」
**びん【鬢】** 頭の側面の髪。

**ピン** カルタ・さいころの目の一。〔ポルトガル語 pinta のなまり〕‖最上のもの。
**―からキリまで** 最上のものから最悪のものまで。
**―をはねる** 〔俗語〕うわまえをはねる。
**ピン** 〔pin〕 ①留め針。②まとめるための装身具。「ネクタイ(ヘア)―」③ボウリングの標的。④ゴルフで、ホールの目印の柱。
**ひんい【品位】** ①人や物に備わっている(気高い)感じ。「―を保つ」②鉱石中の金属の含有率。③硬貨の中の金銀の含有率。
**ピンイン【拼音】** 〔中国語 pinyin〕 中国語のローマ字による表記法。
**ひんか【貧家】** 〔文章語〕まずしい家。
**ピンカール** 〔pin curl〕 ヘアピンを使ってカールすること。
**ひんかい【頻回】** 〔文章語〕回数が多いこと。
**ひんかく【品格】** 品位。「―を保つ」
**ひんかく【賓客】** 〔文章語〕ひんきゃく。
**ひんかく【賓格】** 文法で、目的格。
**びんがた【紅型】** 沖縄の伝統的な模様染め。一枚の型紙でいろいろに染め分ける。
**ひんかん【貧寒】** 〔文章語〕まずしくてみすぼらしいこと。
**びんかん【敏感】** 感じやすい。対鈍感
**ひんきゃく【賓客】** 大切な客。
**ひんきゅう【貧窮】** 貧困。
**ぴんきり【ピンキリ】** 〔俗語〕ピンからキリまでの略。
**ひんく【貧苦】** 貧乏による生活苦。

**ピンク** 〔pink〕 桃色。‖官能的。「―映画」
**ピンクッション** 〔pincushion〕 針刺し。針山。
**ピンげいにん【―芸人】** コンビやグループを組まず、一人で活動する芸人。〔ピンは一の意〕
**ひんけつ【貧血】** 血液(赤血球)が減り、めまいなどを起こすこと。「―症」
**ビンゴ** 〔bingo〕 室内ゲームの一。次々と決まる数字と手持ちカードの数字とをあわせる。
**ひんこう【品行】** (道徳上の)行い。
**ひんこう【貧攻】** 攻撃がふるわないこと。特に、野球で打線がふるわないこと。
**ひんこん【貧困】** 貧乏で生活が苦しいこと。「―にあえぐ」‖内容が乏しいこと。「政治の―」
**びんさつ【憫察】** 〔文章語〕「思いを察してくれること」の尊敬語。
**ひんし【品詞】** 単語の、文法上の性質による分類。
**ひんし【瀕死】** 今にも死にそうな状態。
**ヒンジ** 〔hinge〕 ちょうつがい。
**ひんしつ【品質】** 品物の質。「―管理」
**ひんじゃ【貧者】** 貧しい人。対富者
**―の一灯《いっとう》** わずかだが真心のこもった奉仕。
**ひんじゃく【貧弱】** ①見劣りがすること。②とぼしいこと。
**ひんしゅ【品種】** 同一作物や家畜の分類上の(最小)単位。「―改良」
**ひんしゅく【顰蹙】** 〔文章語〕不快感を

ひ

表すこと。
**―を買《か》う** 人からきらわれ、軽蔑される。
**ひんしゅつ【頻出】**〔文章語〕しきりに現れること。類頻発
**びんしょう【敏捷】** すばやいこと。
**びんしょう【憫笑】**〔文章語〕あわれんで笑うこと。また、その笑い。
**びんじょう【便乗】** 他人の乗り物についでに乗ること。Ⅱうまく利用すること。
**ヒンズーきょう【―教】** インドの民族宗教。バラモン教をもとにしている。
**ひんする【貧する】**〔文章語〕貧乏する。
**ひんする【瀕する】** 迫り近づく。「死(危機)に―」
**ひんせい【品性】**(道徳的にみた)性格。
**ひんせい【稟性】**〔文章語〕天性。
**ピンセット**〔オランダ語 pincet〕小さいものをつまむ金属製器具。
**びんせん【便船】** 都合よく乗れる船。
**びんせん【便箋】** 手紙を書くための用紙。
**びんぜん【憫然】**〔文章語〕かわいそうなようす。
**ひんそう【貧相】** ①貧乏そうな顔つき。対福相 ②みすぼらしく見えること。「―な身なり」
**びんそく【敏速】** すばやいこと。
**ひんだ【貧打】** 野球で、打撃がふるわないこと。
**びんた【ビンタ】** 顔を平手で打つこと。「―を張る」
**ピンチ**〔pinch〕①危機。②道具などでつまむこと。
**―アウト**〔pinch out〕タッチパネルの操作法の一。拡大表示のために指を押し開くようにする。類ピンチオープン 対ピンチイン
**―イン**〔pinch in〕タッチパネルの操作法の一。縮小表示のために指でつまむようにする。類ピンチクローズ 対ピンチアウト
**―ヒッター**〔pinch hitter〕野球で、代打。Ⅱ危急の際の代役。
**―ランナー**〔pinch runner〕野球で、代走。
**びんづめ【瓶詰め】**《壜―》びんに―つめること(つめたもの)。
**ビンディング**〔ドイツ語 Bindung〕スキー靴をスキー板に固定する金具。
**ビンテージ**〔vintage〕極上である―こと(もの)。「―ワイン(ジーンズ)」
**―ワイン**〔vintage wine〕銘柄・年号つきの精選ワイン。
**ヒント**〔hint〕問題解決の手がかり。
**ひんど【頻度】** 繰り返し起こる度数。
**ピント** カメラのレンズの焦点。Ⅱ物事の中心点。「―が外れる」◇〔オランダ語 brand-punt から〕
**―が合《あ》わない** レンズの焦点があわない。Ⅱ物事の肝心な点がくいちがう。
**ひんとう【品等】** 品物の等級。
**びんなが**《鬢長》マグロの一。胸びれが非常に長い。びんちょう。
**ピンナップ**〔pinup〕壁に張って楽しむ写真。〔ピンでとめることから〕
**ひんにょう【頻尿】** 小便の回数が多いこと。
**ひんのう【貧農】** まずしい農家。対富農
**ひんば【牝馬】** めすの馬。対牡馬《ぼば》
**ひんぱつ【頻発】** たびたび起こること。「事故が―する」
**ピンバッジ**〔pin badge〕針で止めるバッジ。ピンズ。
**ピンはね**〔俗語〕うわまえをはねること。
**ひんばん【品番】** 商品の管理のためにつける番号。しなばん。
**ひんぱん【頻繁】** 繰り返し起こるようす。
**ピンヒール**〔pin heel〕かかとがピンのように細く高いハイヒール。
**ひんぴょう【品評】** 品物の優劣を決めること。「―会」
**ひんぴん【頻々】** 引きつづいて繰り返し起こるようす。
**ひんぷ【貧富】** 貧乏と金持ち。
**ピンポイント**〔pinpoint〕ピンの先。Ⅱ㋐ささいなこと。㋑小さな的。「―着陸」
**びんぼう【貧乏】** まずしいこと。
**―神《がみ》** ①俗に、人にとりついて貧乏にさせるという神。②相撲の番付で、十両筆頭。〔連日、上位の幕内力士と取り組むので〕
**―籤《くじ》をひく** 一番損な―くじ(役割)を得る。
**―性《しょう》** 余裕のない性格。
**―暇《ひま》なし** (貧乏で)生活に追われて、時間のゆとりがない。
**―揺《ゆ》すり** 絶えず小刻みに体や膝《ひざ》を動かすこと。
**ピンホール**〔pinhole〕ごく小さな穴。

**ピンぼけ** ピントが合っていないこと。また、その写真。‖的はずれ。
**ピンポン**［ping-pong］卓球。
**ピンマイク**［和製語 pin microphone］胸元などにつける小型のマイク。
**ひんまがる**【ひん曲がる】〔俗語〕ひどく曲がる。
**ひんまげる**【ひん曲げる】〔俗語〕勢いよく(乱暴に)曲げる。
**ひんみゃく**【頻脈】〔文章語〕脈が非常に速いこと。
**ひんみん**【貧民】まずしい人。類細民
**ひんむく**【ひん剝く】〔俗語〕勢いよく(乱暴に)はがす。
**ひんめい**【品名】品物の名前。
**ひんもく**【品目】品物の種類。
**びんらん**【便覧】ある物事についての知識を、簡単にまとめた便利な本。べんらん。
**びんらん**【紊乱】〔文章語〕道徳や秩序が乱れること。〔「ぶんらん」の慣用読み〕
**びんわん**【敏腕】仕事をすばやく処理できる能力があること。「—を振るう」

## ふ

**ふ**【付】《附》そえること。「業績一覧、—略歴」
**ふ**【府】①役所。②地方公共団体の一。「大阪—」③場所。「学問の—」
**ふ**【歩】将棋の駒の一。歩兵《ふひょう》の略。
**ふ**【負】マイナス。「—の数(=負数)」対正
—**の遺産**《さん》 残っていることが後世の人の負担となるもの。‖反面教師として残すべきもの。
**ふ**【訃】〔文章語〕死亡の知らせ。「—に接する」
**ふ**【腑】内臓。‖心。「—の抜けたよう」
—**に落**《お》**ちない** 納得できない。
**ふ**【斑】まだら。ぶち。「—入り」
**ふ**【賦】①漢文の文体の一。対句で韻をふむ。「赤壁の—」②詩歌。「早春—」
**ふ**【麩】①小麦粉から作る食品。〔焼き麩と生麩《なまふ》がある〕②ふすま。
**ぶ**【分】①一〇分の一を表す。一割(一寸)の一〇分の一。②昔、一両の四分の一。③形勢の優劣。「—がいい」〔歩とも書く〕
**ぶ**【歩】①面積の単位の一。三・三平方メートル。坪《つぼ》。②町・反などにつけて端数のないことを示す語。「五町—」③歩合(—や利率の単位)。
**ぶ**【武】武力。軍事。対文
**ぶ**【部】①部類。「午前の—」②機構・組織の区分の一。③クラブ。④書物を数える語。冊。⑤全体を区分けした部分を数える語。「二—合唱」
**ファ**［イタリア語 fa］①階名の一。長音階の第四音。②音名の一。
**ファー**［fur］毛皮(—製品)。
**プアー**［poor］貧しい。プア。対リッチ
**ファーイースト**［Far East］極東。
**ファーザー**［father］父。神父。対マザー
—**コンプレックス**［和製語 father complex］女性が父を異常に慕ったり恐れたりする(—あまり男性をうまく愛せない)傾向。ファザコン。対マザーコンプレックス
**ファース**［farce］笑劇。ファルス。
**ファースト**［first］①一番目。最初。②野球で、一塁(—手)。
—**クラス**［first class］①(乗り物の)一等席。対エコノミークラス ②最高級。一流。
—**ネーム**［first name］姓に対して、名。対ファミリーネーム
—**ベース**［first base］野球で、一塁。
—**レディー**［first lady］元首や首相の妻。
**ファーストフード**［fast food］ファストフード。
**ファーマシー**［pharmacy］薬局。
**ファーム**［farm］①ファームチーム。②農場。
—**チーム**［farm team］プロ野球の二軍。
**ファール** ⇩ファウル
**ぶあい**【歩合】①ある数量の、他の数量に対する割合。②手数料。
—**給**《きゅう》 売上量や出来高に応じて支払われる給料。対固定給
—**制**《せい》 取引(生産)高に応じて賃金を支払う制度。
**ファイア**［fire］火。たき火。ファイヤー。
—**ウォール**［fire wall］ネットワークへの外部からの不正な浸入を防ぐソフトウエアやシステム。〔防火壁の意〕
—**マン**［fireman］消防士。‖野球で、

救援投手。
**ぶあいそう【無愛想】** 愛想がないこと。ぶあいそ。
**ファイター**［fighter］①闘士。●攻撃型のボクサー。②戦闘機。
**ファイティング**［fighting］ 戦う。「―ポーズ」
**―スピリット**［fighting spirit］闘志。戦意。
**ファイト**［fight］①闘志。②試合。③応援などのかけ声。
**―マネー**［和製語 fight money］プロボクシングやプロレスの選手の試合報酬。
**ファイナリスト**［finalist］決勝進出者。
**ファイナル**［final］①最終の。「―セット」②決勝戦。
**ファイナンシャル**［financial］ 金融の。資産運用の。「―プランニング」
**―プランナー**［financial planner］個人の資産運用や財産形成の方法についてアドバイスをする―人(職業)。ＦＰ。
**ファイナンス**［finance］ 融資。資金調達。また、金融会社。
**ファイバー**［fiber］繊維(―質)。
**―スコープ**［fiberscope］ 内臓検査用の器具の一。
**ファイブ**［five］五。
**ファイヤー** ⇩ファイア
**ファイリング**［filing］ファイルすること。
**ファイル**［file］①書類を整理し、とじこむ―こと(もの)。また、その書類。②コンピューターで、まとまった単位で扱われる、データやレコードの集まり。
**ファイン**［fine］ すぐれた。精巧な。「―プレー(=美技)」
**―セラミックス**［fine ceramics］通常よりもさらに優れた性質を持つセラミックス。精密機械・半導体・医療などに用いる。
**ファインダー**［finder］ カメラの装置の一。構図や焦点を決めるための小窓。
**ファウル**［foul］①競技で、反則。②ファウルボール。対フェア ◇ファール。
**―グラウンド**［foul ground］ 野球で、ファウルラインの外側。ファウルグランド。対フェアグラウンド
**―チップ**［foul tip］ 野球で、バットをかすって捕手のミットに入った投球。チップ。〔ストライクになる〕
**―ボール**［foul ball］野球で、ファウルラインの外に出た打球。ファウル。
**―ライン**［foul line］野球で、本塁と一塁・三塁を結んで延長した線。
**ファウンデーション** ⇩ファンデーション
**ファクシミリ**［facsimile］ 画像を電送する装置。ファックス。
**ファクター**［factor］ ①要素。要因。②因数。
**ファゴット**［イタリア語 fagotto］木管楽器の一。長い筒状で低音。バスーン。
**ファサード**［フランス語 façade］ 建物の正面。
**ファザコン** ファーザーコンプレックスの略。
**ファジー**［fuzzy］あいまい。「―理論」
**ファシスト**［fascist］ファシズム信奉者。
**ファシズム**［fascism］ 独裁的・排外的な全体主義。〔イタリアのファシスト党から〕
**ファシリティ**［facility］ 便宜。設備。●ホテルなどで、客の便宜を図るための設備・備品。
**ファスト**［fast］早い。
**―映《えい》画《が》** 映画を一〇分程度に編集し、結末を含む全編の内容を説明する動画。〔海賊版の一種。/ファストシネマとも〕
**―バック**［fastback］ 乗用車の型の一。〔屋根から後尾までの傾斜がなめらか〕
**―ファッション**［fast fashion］低価格で買える流行の衣料品(―のブランド)。
**―フード**［fast food］注文するとすぐに食べられる手軽な食品。ファーストフード。
**ファスナー**［fastener］ 衣類や財布につける用具。金具をすべらせて開閉する。チャック。ジッパー。
**ぶあつい【分厚い】**《部―》 たいらなもので厚みがあるようす。
**ファックス**［fax］ファクシミリ。
**ファッショ**［イタリア語 facio］ ファシズム的な傾向・運動・人など。
**ファッショナブル**［fashionable］ 流行を取り入れているようす。
**ファッション**［fashion］(服装などの)流行。
**―ショー**［fashion show］ 最新の衣装の発表会。
**―モデル**［fashion model］ 流行の服を着て見せる職業(―の人)。
**ファナティック**［fanatic］ 熱狂的。狂信

的。ファナチック。

**ファニーフェイス**〔和製語 funny face〕（女性の）個性的で魅力のある顔だち。

**ファニチャー**〔furniture〕家具。調度品。ファニチュア。ファーニチャー。

**ファミコン** 家庭用テレビゲーム機。〔ファミリーコンピューター（＝商標）の通称。／ファミコンも商標〕

**ファミリー**〔family〕①家族。②一族。

**—ネーム**〔family name〕名字。対ファーストネーム

**—レストラン**〔和製語 family restaurant〕家族連れ向けの料理店。ファミレス。

**ファミレス** ファミリーレストランの略。

**ファラデー**〔faraday〕電気量の単位。ファラデー定数。〔電気分解で一グラム当量の元素を析出するのに必要な電気量。記号F〕

**ファラド**〔farad〕静電容量の単位の一。ファラッド。記号F

**ファルセット**〔イタリア語 falsetto〕男声の裏声。

**ふあん【不安】**安心できないこと。「—感」

**—神経症**《しんけいしょう》 過度の不安により動悸・呼吸困難などの発作を起こす神経症。

**ファン**〔fan〕扇風機。送風機。換気扇。

**ファン**〔fan〕熱心な愛好者。

**ファンキー**〔funky〕ジャズやソウルで、黒人的なブルースやゴスペルの感覚をとりいれたスタイル。

**ファンク**〔funk〕黒人音楽の一。一六ビートのリズムとフレーズの反復が特徴。

**ファンクション**〔function〕①機能。作用。②数学で、関数。

**ファンシー**〔fancy〕空想的。装飾的。

**—ショップ**〔和製語 fancy shop〕しゃれた小物を売る店。

**ファンタジア**〔イタリア語 fantasia〕幻想曲。

**ファンタジー**〔fantasy〕①空想。幻想。②ファンタジア。

**ファンタジスタ**〔イタリア語 fantasista〕サッカーで、優れた技能を持つ選手。〔もとは役者や芸人について言った〕

**ファンタジック** ファンタスティック。〔和製語。fantasyとicから〕

**ファンタスティック**〔fantastic〕①幻想的。②風変わり。◇ファンタスチック。

**ファンダメンタリズム**〔fundamentalism〕原理主義。

**ファンダメンタルズ**〔fundamentals〕国の経済の基礎的‐条件（指標）。〔経済成長率・国際収支・物価上昇率など〕

**ファンデ** ファンデーションの略。

**ふあんてい【不安定】** 安定していないこと。

**ファンデーション**〔foundation〕①下地用化粧品。②体型を整える女性用下着。

**ファンド**〔fund〕①基金。資金。②投資信託・年金基金などの運用資金。「株式—」

**ふあんない【不案内】** 事情のわからないこと。知識・経験の足りないこと。

**ぶあんない【不案内】** ふあんない。

**ファンヒーター**〔fan heater〕ファンで温風を送り出す暖房器具。

**ファンファーレ**〔ドイツ語 Fanfare〕トランペットによる短い曲。祝典・儀式用。

**ファンブル**〔fumble〕野球で、グラブに当たった球を落とすこと。ハンブル。

**ふい** だめ。むだ。「—に‐なる（する）」

**ふい【不意】** 思いがけないこと。「—の出来事」

**ぶい【武威】**〔文章語〕武力の威勢。「—を示す」

**—を打**《う》**つ** 突然‐事を行う（攻撃する）。

**ぶい【部位】** 全体の中でのその部分の位置。

**ブイ**〔buoy〕①浮標。②浮き袋。「救命—」

**フィアンセ**〔フランス語 fiancé〕婚約者。

**フィー**〔fee〕料金。手数料。報酬。

**フィージビリティー**〔feasibility〕実現可能性。

**フィーチャー**〔feature〕①特別企画の映画・番組・記事。②特別に取り上げる。「学園祭に人気歌手を—する」③音楽で、ある楽器や奏者を際立たせるようにする‐こと（演奏）。

**フィート**〔feet〕ヤードポンド法の長さの単位の一。約三〇・四八センチメートル。

**フィードバック**〔feedback〕（自動制御装置や情報処理で）結果を見て原因を調整・修正すること。

**フィーバー**〔fever〕熱狂。興奮。

**フィーリング**〔feeling〕感じ。気持ち。

**フィールド**［field］①分野。領域。②陸上競技場で、トラック以外の競技場。「—競技(=跳躍・投擲《とうてき》競技)」
**—アスレチック**［Field Athletic］野外スポーツ(—施設)の一。コース上の障害物などを通過する。〔商標〕
**—ワーク**［fieldwork］実地調査。
**ふいうち**【不意打ち・—討ち】突然行う(攻撃する)こと。
**ブイエックスガス**【VX—】致死性神経ガス。〔VX gas〕
**フィギュア**［figure］①フィギュアスケート。②形。図形。③人形。「人気キャラクターの—」④数字。
**—スケート**［figure skating］スケート競技の種目の一。
**ふいく**【扶育】〔文章語〕世話し育てること。
**ふいく**【傅育】〔文章語〕(身分の高い人の子を)守り育てること。
**フィクサー**［fixer］まとめ役。黒幕。
**フィクション**［fiction］①虚構。②小説。対ノンフィクション
**ふいご**《鞴・韛》火起こし用の送風器具。
**ブイゴール**【V—】サッカーの延長戦で、先に得点したチームを勝者とする方式。
**ブイサイン**【V—】勝利を示す、人さし指と中指で作ったV字形。〔「V」はvictory(=勝利)から〕
**ブイじ**【V字】Vの形。
**—回復《かいふく》** 業績や成績が落ち込んだ状態からV字のように急激に回復すること。
**—谷《だに》** 横断面がV字形の谷。ブイじこく。
**フィジカル**［physical］①身体的。肉体的。対メンタル ②物理(—学)的。
**—ディスタンシング**［physical distancing］感染症の感染拡大を防ぐため、人どうしで物理的な距離を確保すること。〔ソーシャルディスタンス・ソーシャルディスタンシングに対して、物理的な距離を明確にするための語〕
**ブイシネマ**【V—】劇場公開を前提としない、ビデオ商品用の映画。〔商標〕
**ふいちょう**【吹聴】言いふらすこと。「—して回る」
**ふいつ**【不一】《不乙》〔文章語〕手紙の結語の一。〔十分に意を尽くさない意〕
**フィックス**［fix］固定。修理。
**フィッシュ**［fish］魚。魚肉。
**フィッシング**［fishing］魚釣り。
**フィッシング**［phishing］インターネットを使った詐欺の一。〔sophisticated fishing(=洗練された釣り)から〕
**フィッティング**［fitting］ぴったり合うか試すこと。
**—ルーム**［fitting room］試着室。
**フィット**［fit］ぴったりとあうこと。
**—ネス**［fitness］心身の健康な状態。また、そのための運動。「—クラブ」
**ブイディーティーしょうがい**【VDT障害】コンピューターなどの長時間使用によって生じる健康障害。〔VDTはvisual display terminalの略〕
**フィトンチッド**［ロシア語 fitontsid］樹木から放散される、殺菌作用のある物質。〔森林浴の効用の源とされる〕
**フィナーレ**［イタリア語 finale］①終幕。②終曲。終楽章。
**フィナンス**［finance］ファイナンス。
**フィニッシュ**［finish］①終わり。仕上げ。②スポーツで、最終場面。
**ブイネック**【V—】V字形のえりぐり。
**フイフイきょう**【—教】《回々教》中国で、イスラム教。
**フィフティーフィフティー**［fifty-fifty］五分五分。
**フィフティーン**［fifteen］一五。⊜㋐テニスで、最初のポイント。㋑ラグビーチーム(—の選手)。
**ブイヤベース**［フランス語 bouillabaisse］魚介類の洋風寄せなべ料理。〔マルセイユ地方の料理〕
**フィヨルド**［ノルウェー語 fjord］深く入り込んだ細長い湾。両岸は断崖。峡湾。
**ブイヨン**［フランス語 bouillon］肉や骨の煮出し汁。スープのもと。
**フィラメント**［filament］電球・真空管内の細い金属線。
**フィラリアびょう**【—病】糸状の寄生虫フィラリアによっておこる病気。
**フィランソロピー**［philanthropy］企業による社会貢献活動。〔個人の活動を含める場合もある〕
**ふいり**【不入り】入場者・観客の少ないこと。
**ふいり**【斑入り】植物などで、地の色に他

の色がまだらにまじっている‐もの(こと)。

**フィル** フィルハーモニー。「ベルリン―」

**フィルター**［filter］特定のものだけを‐通す(分離する)もの。濾過《ろか》器・濾光《ろこう》板など。

**フィルダー**［fielder］野球で、野手。

**―ズチョイス**［fielder's choice］野球で、エラーの一。野手選択。

**フィルタリング**［filtering］必要な物を選別すること。

**フィルハーモニー**〔ドイツ語 Philharmonie〕交響楽団の名前に使う語。〔音楽愛好家の意〕

**フイルム**［film］写真や映画の感光材料の一。◍映画。◇フィルムとも。

**―に収《おさ》める** 写真(映画)にとる。

**フィルム**［film］フィルム。

**―ライブラリー**［film library］映画やスライドの保管・貸し出しをする施設。

**フィレ**〔フランス語 filet〕肉のヒレ。

**ブイログ**［vlog］動画公開を主目的としたブログ。動画ブログ。

**フィロソフィー**［philosophy］哲学。

**ふいん【訃音】**〔文章語〕訃報。

**フィン**［fin］①潜水用の足ひれ。②サーフボードの垂直安定板。

**ぶいん【部員】** 部の構成員。

**ぶいん【無音】**〔文章語〕ぶさた。「長くご―に打ち過ぎ」〔「ご～」の形で使う〕

**フィンガー**［finger］①指。②空港の送迎デッキ。

**ふう【二】** ふたつ。「ひい、―、みい」

**ふう【封】** とじること。とじたところ。

**ふう【風】** ①ならわし。「都会の―になじむ」②状態。ふり。「何気ない―」③様式。…に似ているようす。「東洋―」

**ふうあい【風合い】** 織物にふれたときの感じ。「シルクのような―」

**ふうあつ【風圧】** 風による圧力。「―計」

**ふうい【風位】** 風向《ふうこう》。かざむき。

**ふういん【風韻】**〔文章語〕おもむき。風趣。

**ふういん【封印】** 封じ目に印を押すこと。また、その印。

**ブーイング**［booing］ブーブーとやじること。〔軽蔑・不承知などを表す〕

**ふうう【風雨】** ①風と雨。「―にさらす」②強い風を伴う雨。

**ふううん【風雲】** ①風と雲。②社会変動の機運。〔竜は風と雲を得て天に上ることから〕

**―急《きゅう》を告《つ》げる** 大事件の起こりそうな情勢になる。

**―児《じ》** 風雲②に乗じて活躍する人。

**ふうえい【諷詠】**〔文章語〕詩歌を詠んだり吟じたりすること。

**ふうか【風化】** 岩石が風雨にさらされ次第にくずれること。◍年月を経て、記憶がうすれること。

**ふうか【富家】**〔文章語〕金持ち。対 貧家《ひんか》。

**ふうが【風雅】** ①風流で上品だ。②詩歌や書画の道。

**フーガ**〔イタリア語 fuga〕主題や旋律が次々と先行するものを追いかけるように展開される曲。追復曲。

**ふうがい【風害】** 強風による被害。

**ふうかく【風格】** ①人柄。②おもむき。

**ふうがわり【風変わり】** 様子や行動が普通とは違う‐ようす(人)。

**ふうかん【封緘】** とじて、封をすること。

**ふうき【風紀】** 社会生活上の規律。特に、男女関係の節度。「―紊乱《びんらん》」

**ふうき【富貴】**〔文章語〕金持ちで、身分・地位が高いこと。ふっき。

**ふうきり【封切り】** 封を‐切ること(切ったばかりのもの)。◍物事のはじめ。特に、新作映画を上映すること。「―館」

**ブーケ**〔フランス語 bouquet〕花束。

**―ガルニ**〔フランス語 bouquet garni〕数種の香草を束ねたもの。シチューなどの風味付け用。

**ふうけい【風景】** ながめ。景色。「―画」

**ふうげつ【風月】** 清風と明月。自然界の風物。「花鳥―」

**ブーゲンビリア**［bougainvillea］熱帯植物の一。観賞用。ブーゲンビレア。

**ふうこう【風向】** 風が吹いてくる方向。かざむき。「―計」

**ふうこう【風光】** 風景。

**―明媚《めいび》(明美)** 景色がきよらかで美しいこと。

**ふうさ【封鎖】** とざして出入りさせないこと。

**ふうさい【風災】**〔文章語〕風による被害。風害。

**ふうさい【風采】** 人の身かけ・様子。
**ーが上《あ》がらない** 人の外見がぱっとしない。
**ふうさつ【封殺】** ①野球で、フォースアウト。②相手の動きを封じること。
**ふうし【夫子】**〔文章語〕①先生や長者の敬称。「村《そん》ーー《ぷうし》」②特に、孔子。
**ふうし【風刺】**《諷刺》 社会や人物の欠陥などを、他のことにかこつけて非難すること。「ー画」
**ふうし【風姿】**〔文章語〕(立派な)姿。類 風采《ふうさい》
**ふうじこめる【封じ込める】** 中に入れてとじこめる。
**ふうじて【封じ手】** ①囲碁や将棋で、勝負が翌日などに持ち越されるとき、最後の手を書いて封じておくこと。②相撲や武術で、禁じ手。
**ふうしゃ【風車】** 風力で回る羽根車(ーを利用した動力装置)。
**ふうじゃ【風邪】**〔文章語〕かぜ。
**ふうしゅ【風趣】** おもむき。味わい。
**ふうしゅう【風習】** ならわし。しきたり。
**ふうしょ【封書】** 封をした手紙。
**ふうしょく【風食】**《風蝕》 風による浸食作用。
**ふうじる【封じる】** 封をする。とじこめる。Ⅱ禁止する。◇封ずる。
**ふうしん【風疹】** 急性感染症の一。子供に多い。三日ばしか。
**ふうじん【風神】** 風の神。
**ふうじん【風塵】**〔文章語〕風によってたつほこり。Ⅱわずらわしい世事。俗事。
**ふうしんし【風信子】** ヒヤシンス。
**フーズ**〔foods〕(フードの複数形)食品。栄養物。「ーショップ」
**ブース**〔booth〕 間仕切りをした小部屋(席)。〔語学実習の席、選挙の投票所の記名台など〕
**ふうすい【風水】** ①風と水。Ⅱ自然。②土地の地勢・水勢を占い、住居地・墓地などの適不適を定めるもの。
**ふうすいがい【風水害】** 風害と水害。
**ブースター**〔booster〕 機械や電気の働きを増加させる機器。
**フーズフー**〔who's who〕 紳士録。
**ふうずる【封ずる】** ふうじる。
**ふうせい【風声】**〔文章語〕①風の音。②風のたより。うわさ。
**ー鶴唳《かくれい》** 風の音や鶴の鳴き声にも驚くほどおじけづくこと。
**ふうせい【風勢】**〔文章語〕風のいきおい。
**ふうせつ【風雪】** 風と雪。ふぶき。Ⅱ世間での苦労や試練。「ーに耐える」
**ふうせつ【風説】** 世間のうわさ。
**ふうせん【風船】** ①ゴムや紙のおもちゃ。ふくらませて遊ぶ。風船玉。②軽気球。
**ふうぜん【風前】** 風の吹きつける所。
**ーの灯《ともしび》** 滅ぶ(死ぬ)寸前の状態。
**ふうそう【風葬】** 葬法の一。遺体を風雨にさらす。
**ふうそう【風霜】** ①風と霜。Ⅱ世間のきびしさ。②年月。星霜。
**ふうそく【風速】** 風の吹く速さ。「ー計」
**ふうぞく【風俗】** 生活上のならわしやありさま。
**ー営業《えいぎょう》** 客に遊興や飲食をさせる商売。〔キャバレー・マージャン屋・パチンコ屋など〕
**ふうたい【風体】** ふうてい。
**ふうたい【風袋】** 品物の包みや容器。
**ふうたく【風鐸】** ①塔や仏堂の軒の四すみにつるす鐘形の鈴。②風鈴。
**ふうち【風致】** 風趣。
**ー地区《ちく》** 自然や景観保護のために指定された地域。
**ふうちょう【風潮】** 世間の傾向。
**ふうちん【風鎮】** 掛け軸の、軸の両端にかけるおもし。
**ブーツ**〔boots〕(革製のしゃれた)長靴。
**ふうてい【風体】** 身なり。ふうたい。
**ふうど【風土】** その地域の地勢・気候などの自然環境。「ーに慣れる・日本のー」Ⅱ考え方などの傾向。「政治ー」
**ー病《びょう》** その地域特有の病気。地方病。
**フード**〔food〕 食料。食品。
**ーコート**〔food court〕 セルフサービス形式の飲食店が集まった所。
**ーセンター**〔和製語 food center〕 食料品店や飲食店を集めた所。
**ーバンク**〔food bank〕 商品としては販売できなくなった食品を生活困窮者などに分配する事業(ーを行う団体)。
**ープロセッサー**〔food processor〕 電動の調理器具。食品を切り刻んだりすりつぶしたりする。

**フード**［hood］①ずきん。②覆い。
**ふうとう【封筒】** 手紙を入れる紙袋。
**ふうどう【風洞】** 人工的に気流を調節して実験するトンネル形の装置。
**ふうとうぼく【風倒木】** 風で倒れた木。
**ふうにゅう【封入】** 中に入れて封をすること。
**ふうは【風波】** 風と波。‖もめごと。
**ふうばいか【風媒花】** 風の媒介で受粉する花。
**ふうばぎゅう【風馬牛】**〔文章語〕自分とは無関係なこと。関心を示さないこと。「―の態度」〔中国の古典から〕
**ふうはつ【風発】** ⇩談論風発
**ふうび【風靡】** 大勢の人に受け入れさせ従わせること。「一世を―する」
**ブービー**［booby］最下位から二番目の成績。「―賞」
**ふうひょう【風評】** 世間の評判。
**―被害《ひがい》** 根拠のないうわさや臆測によって生じる経済的被害。
**ふうふ【夫婦】** 結婚している男女。
**―喧嘩《げんか》は犬《いぬ》も食《く》わない** 夫婦喧嘩はすぐに仲直りするから、仲裁するのもばからしい。
**―は二世《にせ》** 夫婦の縁は来世まで続くの意。
**―別姓《べっせい》** それぞれの姓のまま、法律上婚姻できること。
**―別《わか》れ** 離婚。
**フープ**［hoop］運動（遊戯）用の輪。
**ふうぶつ【風物】** ①風景。②その季節のもの。
**―詩《し》** 季節を感じさせるもの。
**ふうぶん【風聞】** うわさ。類風説
**ふうぼう【風防】** 風よけ。「―ガラス」
**ふうぼう【風貌】**《風丯》 容姿。風采《ふうさい》。
**ふうみ【風味】**（上品な）あじ。
**ブーム**［boom］急に流行すること。また、にわか景気。
**ブーメラン**［boomerang］くの字形の飛び道具。投げた人の手もとにもどる。〔オーストラリア原住民の狩猟具〕
**ふうもん【風紋】** 風によって砂上にできる模様。
**ふうゆ【風諭】**《諷諭》〔文章語〕遠まわしにさとすこと。
**フーヨーハイ【芙蓉蟹】**〔中国語 fúróngxiè〕かにたま。フヨーハイ。
**ふうらいぼう【風来坊】** どこからともなくやってきた人。気まぐれな人。
**フーリガン**［hooligan］サッカーの試合で暴徒化する熱狂的ファン。
**ふうりゅう【風流】** 優雅で上品なこと。また、俗事を離れて、詩歌や趣味をたのしむこと。‖ふうがわり。
**ふうりょく【風力】** 風の強さ。
**―階級《かいきゅう》** 風力を目測する基準となる段階。
**―発電《はつでん》** 風の力による発電。
**ふうりん【風鈴】** 小さな鐘形の鈴。夏、軒下につるし、風で鳴るのを楽しむ。
**プール**［pool］人工の―水泳（競技）場。
**―熱《ねつ》** のどや目に炎症を起こす夏かぜ。〔プールで感染しやすい〕
**プール**［pool］①たまり場。「モーター―（＝駐車場）」②ためること。「お金を―する」
**プールバー**〔和製語 pool bar〕ビリヤード台を備えたバー。
**ふうろう【封蠟】** 書状や瓶の栓を封じるのに使う、ろう状の物質。
**ふうろう【風浪】** ①風と波。②風によってたつ波。風波。
**ふうん【不運】** 運のわるいこと。「―に泣く・運―」対幸運
**ふうん【浮雲】**〔文章語〕うきぐも。
**ぶうん【武運】** 戦闘での（武人としての）運命。
**―長久《ちょうきゅう》** 武運が長く続くこと。
**ぷうん** 強い匂いが漂ってくるようす。
**ふえ【笛】** ①吹奏楽器の一。穴のあいた管。②合図に吹くもの。ホイッスルなど。
**―吹《ふ》けど踊《おど》らず** 準備をして働きかけても、人が応じない。
**ふえ【不壊】**〔文章語〕こわれないこと。堅固なこと。
**フェア**［fair］①公明正大。②野球で、打った球が規定の場所に入ること。対ファウル ③展示（―即売）会。
**フェアウエー**［fairway］ゴルフコースで、芝を短く刈ってある所。対ラフ
**フェアキャッチ**［fair catch］ラグビーで、相手側のけった球を直接とること。
**フェアグラウンド**［fair ground］野球で、ファウルラインの内側。フェアグランド。

ふ

対ファウルグラウンド

**フェアトレード**［fair trade］発展途上国からの原料や製品を公正な価格で継続的に購入すること。〔途上国の労働者の生活改善や自立を目的とする〕

**フェアプレー**［fair play］正々堂々とした試合ぶり（態度）。

**フェアリー**［fairy］妖精。

**—テール**［fairy tale］（西洋の）おとぎばなし。

**ふえい【府営】**府の経営。「—住宅」

**フェイク**［fake］模造品。にせもの。フェーク。

**—ニュース**［fake news］もっともらしいにせのニュース。

**フェイシャル**［facial］顔の。顔用の。フェーシャル。「—マッサージ（タオル）」

**フェイス**［face］①顔。表情。②表面。③岩壁。◇フェース。

**—オフ**［face-off］アイスホッケーで、試合開始。

**—ガード**［face-guard］顔面の防護のために頭部から顔の前面につける透明の板。フェイスシールド。

**—シールド**［face-shield］⇩フェイスガード

**—トゥーフェイス**［face-to-face］対面で行うこと。

**—バリュー**［face value］有価証券の額面価格。

**—ブック**［Facebook］ＳＮＳの一。実名で登録し、近況や写真を掲載して他人との交流ができる。ＦＢ。〔商標〕

**ふえいせい【不衛生】**衛生的でないこと。類不潔

**フェイド**［fade］薄らぐこと。フェード。

**—アウト**［fade-out］映画やテレビで、画面を次第に暗くしてまっ暗にすること。また、音声を次第に小さくして消すこと。溶暗。‖周囲に気づかれずにその場からいなくなること。

**—イン**［fade-in］映画やテレビで、画面を次第に明るくすること。また、音声を次第に大きくすること。溶明。

**ふえいようか【富栄養化】**窒素やリンを含む生活排水が湖沼などに流入し、プランクトンが異常発生すること。〔水質汚染となる〕

**フェイルセーフ**［fail-safe］機械類が故障した際に、安全な方に働く—システム（装置）。

**フェイント**［feint］スポーツで、相手の意表をつく動作。‖見せかけの行為。

**フェース** ⇩フェイス

**フェーズ**［phase］相。局面。段階。

**フェード** ⇩フェイド

**フェーンげんしょう【—現象】**山脈をこえて乾燥した熱風が山を吹きおりる現象。〔フェーンはドイツ語 Föhn〕

**ふえき【不易】**不変。

**—流行**《りゅうこう》 不易と流行（＝新しみを求めて変化すること）の両者は、根本においては一つであるとする蕉風《しょうふう》俳諧《はいかい》の理念。

**ふえき【賦役】**年貢と労役。

**フェザー**［feather］鳥の羽。羽毛。

**フェスタ**［イタリア語 festa］祭り。祭典。

**フェスティバル**［festival］祭り。催し物。

**フェチ**〔俗語〕フェティシズム②。また、そういう性癖の人。「足—」

**ふえつ【斧鉞】**〔文章語〕添削。「—を加える」〔おのとまさかりの意〕

**ふえて【不得手】**不得意。苦手。「得手—」

**フェティシズム**［fetishism］①呪物《じゅぶつ》（物神《ぶっしん》）崇拝。②異性の体の一部や身につけるもので性的快感を得ること。フェチ。

**フェデレーション**［federation］連盟。連合。また、連邦政府。

**フェニックス**［ラテン語 phoenix］①不死鳥《ふしちょう》。死ぬことのない、伝説の鳥。‖不滅であるもの。②熱帯のヤシ科の植物の一。観賞用。

**フェノール**［phenol］石炭酸。「—樹脂」

**フェブラリー**［February］二月。

**フェミサイド**［femicide］ヘイトクライムの一。性差別に基づく偏見と憎悪を動機とする女性の殺害。

**フェミニスト**［feminist］①女性解放論者。男女同権論者。②〔俗語〕女性を大切にする男性。〔日本での用法〕

**フェミニズム**［feminism］男女同権の思想。女性解放思想。

**フェミニン**［feminine］女性的。

**フェムト**［femto］国際単位系で、単位に

ふ

つけて一〇〇〇兆分の一を表す。記号f「ー秒」

**フェライト**［ferrite］磁性材料の一。〔電気・通信機器などに広く利用〕

**フェリー**［ferry］フェリーボートの略。「カーー」

**ーボート**［ferryboat］自動車を、乗客・積み荷ごと乗せて運ぶ船。

**ふえる【増える・殖える】** 数や量が多くなる。〔殖えるは財産や金の場合〕対減る

**フェルト**［felt］羊毛などを圧縮した布地。敷物や帽子の材料。

**フェルマータ**［イタリア語 fermata］音楽で、音や休みを延ばす記号。𝄐

**フェレット**［ferret］イタチの一種。愛玩用。

**フェロー**［fellow］①仲間。②特別研究員。

**フェロモン**［pheromone］哺乳類や昆虫が体外に放出して、同種の個体に特有な行動や生理作用を引き起こす化学物質。「性ー」

**ふえん【不縁】** ①離縁。②縁組みがまとまらないこと。

**ふえん【敷延・敷衍】**《布衍》〔文章語〕意義を押し広げること。詳しく説明すること。

**フェンシング**［fencing］西洋流の剣術(ー競技)。サーブル・エペ・フルーレの三種がある。

**フェンス**［fence］さく。囲い。

**フェンダー**［fender］自動車のどろよけ。

**フェンネル**［fennel］茴香《ういきょう》。

**ぶえんりょ【無遠慮】** 遠慮がないこと。「ーな言動」

**フォアグラ**［フランス語 foie gras］ガチョウの肝臓を用いた料理。オードブル用。

**フォアハンド**［forehand］テニスや卓球で、利き腕側の球をふつうに打つこと。フォア。対バックハンド

**フォアボール**［和製語 four balls］野球で、投球が四回ボールとなること。打者は一塁に進塁できる。四球。

**フォイル**［foil］ホイル。

**フォー**［four］四。フォア。

**フォー**［ベトナム語 pho］ベトナムの麺料理の一。

**フォーカス**［focus］焦点。

**フォーク**［folk］フォークソングの略。

**ーソング**［folk song］(欧米の)民謡。また、民謡風の歌。

**ーダンス**［folk dance］(欧米の)民族舞踊。また、レクリエーションのために集団で踊るダンス。

**フォーク**［fork］①洋食器の一。物を刺すのに使う。対スプーン ②フォークに似た形の農具。

**ー並《なら》び** 複数ある窓口での待ち方で、一列で並んで待ち、窓口が空くごとに順に利用するもの。〔上から見た形がフォークに似ていることから〕

**ーボール**［fork ball］野球の変化球の一。打者の手もとで落ちる。

**ーリフト**［forklift］荷物の積みおろし・運搬用の自動車。前部に二本の鉄板がある。

**フォークロア**［folklore］民間伝承。民俗学。

**フォースアウト**［force out］野球で、進塁すべき走者が次の塁につく前にアウトにすること。封殺。〔ホースアウトとも〕

**フォービスム**［フランス語 fauvisme］美術で、野獣派。強い筆触と原色の強調が特色。

**フォーマット**［format］①(構成や配列の)形式。②コンピューターで、データを書きこめる状態にディスクなどを設定すること。初期化。

**フォーマル**［formal］公式であるようす。格式ばっているようす。対インフォーマル

**ーウエア**［formalwear］礼服。正装用の服。対カジュアルウエア

**フォーミュラ**［formula］公式。定則。

**ーワン**［Formula One］⇩付F1

**フォーム**［foam］泡。

**ーラバー**［foam rubber］スポンジ状のゴム。

**フォーム**［form］①形式。②かたち。姿勢。

**フォーメーション**［formation］ラグビーやバスケットボールなどで、攻撃・守備陣形。

**フォーラム**［forum］①フォーラムディスカッション。②集会所。広場。〔古代ローマの集会用広場から〕

**フォール**［fall］レスリングで、相手の両肩をマットにつけること。ついた方が負け。

**フォールト**［fault］テニスなどで、サーブの失敗。フォルト。「ダブル―」

**フォカッチャ**［イタリア語 focaccia］オリーブ油をねりこんだ、イタリアの平たいパン。

**フォスターペアレント**［foster parent］（発展途上国の子供の）里親。〔動物保護への支援にも言う〕

**フォッグ**［fog］霧。

**―ランプ**［fog lamp］霧の中での走行・航行に使う黄色光の前照灯。フォグランプ。

**フォックス**［fox］キツネ。「シルバー―」

**―トロット**［fox trot］社交ダンスの一。四分の四拍子でテンポが速い。

**フォッサマグナ**［ラテン語 Fossa Magna］日本の本州中央部を南北に縦断する地溝帯。

**フォト** 写真。「―スタジオ（＝写真館）」〔photographから〕

**フォトグラフ**［photograph］写真。

**フォトジェニック**［photogenic］写真うつりのよいようす。

**フォルクローレ**［スペイン語 folklore］（南米の）民俗音楽。

**フォルダー**［folder］①紙ばさみ。フォールダー。②コンピューターで、関連するファイルごとにひとまとめにするもの。また、そのひとまとまり。フォルダ。

**フォルツァンド**［イタリア語 forzando］音楽の演奏標語の一。「その音を特に強く」の意。記号*forz*

**フォルテ**［イタリア語 forte］音楽の演奏標語の一。「強く」の意。記号*f*対ピアノ

**フォルティッシモ**［イタリア語 fortissimo］音楽の演奏標語の一。「ごく強く」の意。フォルテシモ。記号*ff*対ピアニッシモ

**フォルマリン** ⇩ホルマリン

**フォルム**［フランス語 forme］芸術などで、形式・形態。

**フォロー**［follow］①後に続くこと。②助けること。

**―アップ**［follow-up］フォロー。

**フォロワー**［follower］ＳＮＳで、その人の発言を追う人。〔つき従う者の意〕

**フォワード**［forward］球技で、前衛。対バック

**フォワグラ** ⇩フォアグラ

**ふおん【不穏】** 世相などが穏やかでないこと。対平穏

**フォン** ⇩ホン

**フォンデュ**［フランス語 fondue］スイス風のなべ料理。チーズフォンデュなど。フォンデュー。

**フォント**［font］活字やコンピューターの印字で、書体や大きさなどが同一の文字セット。

**ふおんとう【不穏当】** 穏当でないこと。「―な発言」

**フォンドボー**［フランス語 fond de veau］フランス料理で、骨付き子牛肉を使った、ソースや煮込み用のだし汁。

**ふか【鱶】** 大型のサメ。

**ふか【不可】** ①よしとしないこと。②成績評価で不合格点。◇対可

**ふか【付加】**《附加》付け-加わる（加える）こと。

**ふか【府下】** 府の区域内（―で大阪市・京都市以外の所）。

**ふか【負荷】**（エネルギーを発生するものに対して）エネルギーを消費するもの。電灯やポンプなど。また、その仕事量。

**ふか【孵化】** 卵-がかえる（をかえす）こと。

**ふか【賦課】** 税などを割りあてて負担させること。

**ぶか【部下】** ある人の下で、指示・監督を受ける人。

**ふかい【不快】** ①気分がわるいこと。不愉快。②病気。

**―指数《しすう》** 気温や湿度によって人が感じる快・不快の程度を示す数値。

**ふかい【付会】**《附会》〔文章語〕こじつけ。「牽強《けんきょう》―」

**ふかい【府会】** 府議会の略。

**ふかい【深い】** ①対浅い ②程度がはなはだしい。「欲が―」

**ぶかい【部会】** 部門ごとの会合。

**ぶがい【部外】** その部の外部。対部内

**ふがいない**《腑甲斐無い・不―》いくじがない。役に立たない。

**ふかいり【深入り】** 深く関係すること。

**ふかいり【深煎り】** コーヒーの焙煎時間が長いこと。

**ふかおい【深追い】** 必要以上に（いつまでも）追うこと。

**ふかかい【不可解】** 理解できないこと。「―な事件」

**ふかかち**【付加価値】 新たに付け加えた価値。
**ふかぎゃく**【不可逆】 もとの状態にもどれないこと。対可逆
**ふかく**【不覚】 ①覚悟ができておらず、油断して失敗すること。②無意識。「前後―」
**―を取《と》る** 油断して失敗する。
**ふかく**【俯角】 低い所を見る視線と水平線とのなす角。対仰《ぎょう》角《かく》
**ふがく**【富岳】〔文章語〕富士山。
**ぶがく**【舞楽】 舞を伴った雅楽。
**ふかくじつ**【不確実】 確実でないこと。
**ふかくてい**【不確定】 確定していないこと。
**ふかけつ**【不可欠】 なくてはならないこと。
**ふかこうりょく**【不可抗力】 人の力ではどうすることもできないこと。
**ふかざけ**【深酒】 酒を飲みすぎること。
**ふかし**【不可視】〔文章語〕肉眼では見えないこと。
**ふかしぎ**【不可思議】 ふしぎ。
**ふかしん**【不可侵】 侵略を許さないこと。
**ふかす**【吹かす】 ①タバコを吸って煙を出す。②いばった態度をとる。ふかせる。③「エンジンを―(=高速回転させる)」
**ふかす**【更かす】「夜を―(=夜ふかしする)」
**ふかす**【蒸かす】 むす。ゆげで熱する。「いもを―」
**ふかぞり**【深剃り】 ひげの根元まで深くそること。
**ふかち**【不可知】 知ることができない。
**ぶかつ**【部活】 部活動の略。学校のクラブ活動。
**ぶかっこう**【不格好・不恰好】 かっこうのわるいこと。
**ふかっせいガス**【不活性―】 他の元素と化合しにくい気体。
**ふかづめ**【深爪】 つめを深く切りすぎること。
**ふかで**【深手】《深傷》重傷。対浅手・薄手
**ふかなさけ**【深情け】 度をこえた強い愛情。「悪女の―」
**ふかのう**【不可能】 対可能
**ふかひ**【不可避】〔文章語〕さけることができないこと。
**ふかひれ**《鱶鰭》 干したフカのひれ。〔中国料理の材料〕
**ふかぶん**【不可分】 ふたつの物事が分けられないほど密接であること。
**ふかぼり**【深掘り】 深く―掘る(調べる)こと。
**ふかま**【深間】 水の深い所。Ⅱ男女が深い仲になること。
**ふかまる**【深まる】 深くなる。「知識(秋)が―」
**ふかみ**【深み】 水の深い所。
**―にはまる** 深入りして抜け出せなくなる。
**ふかみどり**【深緑】 濃い緑色。
**ふかめ**【深め】 比較的深いこと。
**ふかめる**【深める】 深くする。
**ふかよみ**【深読み】 文章や物事の意味を深く考え(―すぎ)ること。
**ふかん**【俯瞰】〔文章語〕高所から見おろすこと。Ⅱ全体を見渡すこと。「歴史を―する」
**ぶかん**【武官】 ①軍事に従事する役人。対文官 ②下士官以上の軍人。
**ふかんしへい**【不換紙幣】 正貨と交換されない紙幣。対兌《だ》換《かん》紙幣
**ふかんしょう**【不感症】 性感を感じない、女性の病的な症状。Ⅱ感覚がにぶいこと。
**ふかんぜん**【不完全】 完全でないこと。
**―燃《ねん》焼《しょう》** 完全に燃焼しないこと。Ⅱ仕事などで、満足のゆくまでできなかったこと。
**ふき**【蕗】 野菜の一。長い柄を食べる。〔若い花芽はフキノトウ〕
**ふき**【不帰】〔文章語〕帰らないこと。
**―の客《きゃく》となる** 死ぬ。
**ふき**【不羈】〔文章語〕物事にしばられず、行動が自由なこと。
**ふき**【付記】《附記》本文につけ加えて―書くこと(書いたもの)。
**ふぎ**【不義】 義理や道義にそむくこと。特に、男女間の不正な関係。
**ふぎ**【府議】 府議会議員の略。
**ぶき**【武器】 戦いに使う道具。「―をとる」Ⅱ有効な手段。
**ぶぎ**【武技】〔文章語〕武術。武芸。
**ブギ** ブギウギの略。
**ふきあげ**【吹き上げ】 ①吹き上げること。②【噴き上げ】噴水。〔古風な言い方〕

**ふきあげる【吹き上げる】** ①吹いて舞い上がらせる。②【噴き上げる】高く水など―が上がる(を上げる)。

**ふきあれる【吹き荒れる】** 風が激しく吹きつづける。

**ブギウギ**［boogie-woogie］テンポの速い、ジャズ音楽の一。

**ふきおろす【吹き下ろす・―降ろす】** 風が低い方へ強く吹く。

**ふぎかい【府議会】** 府の議決機関。府会。

**ふきかえ【吹き替え】** ①外国映画などのせりふを、日本語に直して吹き込むこと。②映画や演劇で、身代わり役(―の人)。動―る

**ふきかえ【葺き替え】** 屋根のかわらやカヤなどをとりかえること。動―る

**ふきかえす【吹き返す】**「息を―(=呼吸を回復する)」

**ふきかける【吹き掛ける】** ①(息や水を)吹いてかける。②値段を高く言う。

**ふきげん【不機嫌】** きげんのわるいようす。対上機嫌

**ふきこぼれる【吹き零れる】** 湯や煮汁が沸騰してこぼれる。

**ふきこむ【吹き込む】** ①風(―が吹いて雨や雪)が室内に入る。②吹いて、中に入れる。「新風を―…に命を―」③録音する。④(悪いことを)教え込む。

**ふきさらし【吹き曝し】** さえぎるものがなくじかに風があたる―こと(場所)。

**ふきすさぶ【吹き荒ぶ】** 風が激しく吹く。

**ふきそ【不起訴】** 検察官が起訴しないこと。対起訴

**ふきそうじ【拭き掃除】** ぞうきんでふいて掃除すること。

**ふきそく【不規則】** 規則正しくないこと。

**ふきだす【噴き出す・吹き―】** ①気体や液体が勢いよく出る。②我慢できず笑いだす。

**ふきだまり【吹き溜まり】** 雪や木の葉が風で吹き寄せられた所。Ⅱ脱落者の集まる所。「社会の―」

**ふきつ【不吉】** 縁起がわるいこと。「―な前兆(夢)」

**ふきつける【吹き付ける】** ①強く吹いて―あたる(あてる)。②吹いて付着させる。

**ぶきっちょ**〔俗語〕不器用《ぶきよう》。

**ふきでもの【吹き出物】** 皮膚の一部が炎症をおこしてはれた部分。

**ふきとばす【吹き飛ばす】** 吹いて飛ばす。Ⅱ払いのける。「悲しみを―」

**ふきとぶ【吹き飛ぶ】** 吹かれて飛ぶ。Ⅱ一挙になくなる。「憂鬱が―」

**ふきとる【拭き取る】** よごれなどをふいて取り去る。

**ふきながし【吹き流し】** ①風になびかせる筒状の布。標識として、また風向きを知るのに使う。②鯉のぼりと一緒に飾る布。

**ふきぬけ【吹き抜け】**《―貫け》①風が吹き抜ける所。②建物で、一階の天井を作らず上下を通した部分。◇ふきぬき。

**ふきのとう【蕗の薹】** フキの若い花芽。食用。

**ふきぶり【吹き降り】** 強風を伴って雨や雪が降ること。

**ふきまめ【富貴豆】** 皮をむいたソラマメを甘く煮た食品。

**ふきまわし【吹き回し】**「どういう風の―か(=どう状況・心境が変化したのか)」

**ぶきみ【不気味・無―】** 気味がわるいようす。

**ふきや【吹き矢】** 筒に短い矢を入れ、吹いて飛ばす道具。その矢。

**ふきゅう【不休】** 休まないこと。「不眠―」

**ふきゅう【不朽】**〔文章語〕いつまでもすたれないで残ること。「―の名作」

**ふきゅう【不急】** 急ぐ必要のないこと。

**ふきゅう【普及】** 世間に広くいきわたること。「携帯電話が―する」

**ふきゅう【腐朽】**〔文章語〕くさっていたむこと。

**ふきょう【不況】** 景気がわるいこと。対好況

**ふきょう【不興】**〔文章語〕目上の人の機嫌をそこなうこと。「―を買う」

**ふきょう【布教】** 宗教を広めること。

**ふきょう【富強】** ①豊かで、強い。②富国強兵の略。「―策」

**ふぎょう【俯仰】**〔文章語〕うつむくことと仰ぐこと。Ⅱ起居動作。「―天地に恥じず(=少しもやましいところがない)」

**ぶきよう【不器用・無―】** 器用でないこと。

**ぶぎょう【奉行】** 武家時代、行政事務な

どを受け持つ部局の長。「勘定《かんじょう》―」

**ふぎょうじょう【不行状】** 品行がわるいこと。[類]放蕩《ほうとう》

**ふぎょうせき【不行跡】** 不行状。

**ふきょうわおん【不協和音】** とけあわず不安定な感じにひびく和音。[対]協和音 ‖ 不調和。協調しない状態。

**ふきょか【不許可】** 許可‐し（され）ないこと。

**ふきょく【負極】** 電池のマイナス極。[類]陰極 [対]正極

**ぶきょく【部局】** 官庁や会社で、局・部・課などの総称。

**ぶきょく【舞曲】** 踊りのための楽曲。

**ふきよせ【吹き寄せ】** ①いろいろな食物の詰め合わせ。②寄席《よせ》などで、数種の曲から少しずつを抜き出して演奏するもの。「音曲《おんぎょく》―」

**ふぎり【不義理】** 義理を欠くこと。特に、借金を返さないこと。「―をする」

**ぶきりょう【不器量・無―】** 顔かたちが醜いこと。

**ふきわける【吹き分ける】** ①風がものを押し分ける。②鉱物をとかして含有物をそれぞれに分ける。

**ふきん【付近】** 近所。あたり。

**ふきん【布巾】** 食器などをふく、ぬの。

**ふきんこう【不均衡】** つりあいがとれていないこと。アンバランス。[対]均衡

**ふきんしん【不謹慎】** ふまじめ。

**ふく【服】** ①衣服。特に、洋服。②お茶や薬をのむ回数を数える語。

**ふく【副】** ①控え。写し。[対]正 ②補助。「―社長」③伴う。「―作用」

**ふく【福】** 幸い。

**ふく [一]【吹く】** ①風がおこる。②息‐を（と一緒に）出す。③息で楽器を鳴らす。④「ほらを―（＝おおげさに言う）」⑤鋳造する。

**[二]【噴く】** 勢いよく外に出す。「火を―」

**ふく【拭く】** （汚れや水分を）こすってとる。「窓（汗）を―」

**ふく【葺く】** かわらや板で屋根をおおう。

**ふぐ【不具】** ①体の一部に障害がある‐こと（人）。〔差別的に使われる〕②〔文章語〕手紙の結語の一。不悉《ふしつ》。

**ふぐ【河豚】** 海産魚の一。高級魚。食用。内臓に毒がある。

**―は食《く》いたし命《いのち》は惜《お》しし** 利益は得たいが危険が多く、ためらわれる。

**ぶぐ【武具】** 〔文章語〕戦いの道具。特に、よろい・かぶと。

**ふくあつ【腹圧】** 腹の内部の圧力。

**ふくあん【腹案】** 心の中に考えている案。「―を示す」

**ふくい【復位】** 〔文章語〕もとの‐位置（地位）にかえること。

**ふくい【腹囲】** 腹のまわりの寸法。

**ふくいく【馥郁】** 〔文章語〕香気がただようようす。

**ふくいん【副因】** 二次的な原因。[対]主因

**ふくいん【幅員】** （道路や船の）はば。

**ふくいん【復員】** 軍人の任務を解かれて家に帰ること。[対]動員

**ふくいん【福音】** ①喜ばしい知らせ。②キリスト教で、キリストによる救い。

**ふぐう【不遇】** 不運で世間に認められないこと。「―をかこつ（＝なげく）」

**ふくうん【福運】** 幸福をもたらす運。幸運。

**ふくえき【服役】** 兵役や懲役に服すること。

**ふくえん【復円】** 日食・月食が終わって、太陽・月がもとの円形にもどること。

**ふくえん【復縁】** 離縁した人がもとの関係にもどること。

**ふくが【伏臥】** うつぶせに寝ること。[対]仰臥

**ふくがく【復学】** 休学・停学・退学中の学生・生徒が学校に復帰すること。

**ふくかん【副官】** 軍隊で、長官を補佐する武官。ふっかん。

**ふくがん【複眼】** 多くの小さな目が集まってできた目。〔昆虫類など〕[対]単眼 ‖ 物事を多角的にみること。「―的考察」

**ふくぎょう【副業】** 本業の他にする仕事。

**ふくけい【復啓】** 〔文章語〕返信の頭語の一。

**ふくげん【復元・復原】** もとに‐戻る（戻す）こと。

**ふくこう【腹腔】** ふっこう。

**ふくごう【複合】** ふたつ以上のものが結合してひとつになること。

**―汚染《おせん》** 複数の有毒物質によって起こる、予見をこえた汚染。

**ふくこうかんしんけい【副交感神経】**

自律神経の一。血管・内臓などの働きを調節する。対交感神経

**ふくこうちょう【副校長】** 校長を補佐し校務を行う役職。〔教頭とは別の役職〕

**ふくこうよう【副効用】** 薬本来の効用以外に得られる効用。

**ふくさ【副査】** 主査をたすける役(―の人)。

**ふくさ【袱紗】**《帛紗・服紗》 絹の小さな布。〔進物にかけたり、茶の湯で使ったりする〕

**ふくざい【服罪】** 〔文章語〕刑に服すること。

**ふくざつ【複雑】** こみいっていること。「―化」対単純・簡単

**ふくさよう【副作用】** 薬が、本来の作用以外に及ぼす(―有害な)作用。

**ふくさんぶつ【副産物】** ある産物をつくる過程で生産される別のもの。Ⅱある物事の発生や進行に伴っておこる別の物事。

**ふくし【副使】** 正使をたすける使者。

**ふくし【副詞】** 品詞の一。おもに用言を修飾する。〔「すこし・かならず・まったく」など〕

**ふくし【復氏】** 離婚・離縁の後、以前の姓に戻ること。ふくうじ。

**ふくし【福祉】** 社会の多くの人々の幸福。

**―施設《しせつ》** 社会福祉施設。〔老人ホーム・児童相談所など〕

**ふくじ【服地】** 洋服用の布地。

**ふくしき【複式】** ①ふたつ以上からなる形式。②複式簿記。◇対単式

**―火山《かざん》** 火口内に新しい火山ができた火山。〔阿蘇《あそ》山など〕

**―学級《がっきゅう》** 二学年以上の生徒・児童をひとつにまとめた学級。

**―簿記《ぼき》** 簿記の一。すべての取引を、貸し方と借り方に分けて記入する。複式。対単式簿記

**ふくしきこきゅう【腹式呼吸】** 腹をふくらませたりへこませたりしてする呼吸。

**ふくじてき【副次的】** 二次的。

**ふくしゃ【伏射】** 伏して射撃すること。

**ふくしゃ【複写】** 文書や絵を(―一度に二枚以上重ねて)写しとること。コピー。

**ふくしゃ【輻射】** 放射。「―熱」

**ふくしゅ【副手】** 大学などで、助手の下の地位(―の人)。

**ふくしゅう【復習】** おさらい。対予習

**ふくしゅう【復讐】**《復讎》 しかえし。かたきうち。

**ふくじゅう【服従】** 人の命令によく従うこと。「命令に―する」

**ふくじゅうじ【複十字】** 結核予防を表すしるし。〔赤い「‡」〕

**ふくしゅうにゅう【副収入】** 副業による収入。対主収入

**ふくじゅそう【福寿草】** 早春、黄色の花を開く多年草。正月に飾る。

**ふくしょ【副署】** 旧憲法下、天皇の署名の後に国務大臣が署名したこと。その署名。

**ふくしょう【副将】** 主将の次に位する役(―の人)。

**ふくしょう【副賞】** 正式の賞にそえて贈る金品。対正賞

**ふくしょう【復唱】**《復誦》 確認のため、くりかえしてとなえること。

**ふくしょう【複勝】** 競馬や競輪で、三着までのものをどれかひとつ当てる方式。複勝式。対単勝・連勝

**ふくしょく【服飾】** 衣服とかざり。「―品(=アクセサリー・付属品)」

**ふくしょく【副食】** 主食にそえて食べる物。おかず。対主食

**ふくしょく【復職】** もとの職にもどること。

**ふくしん【副審】** 主審を補佐する審判。

**ふくしん【腹心】** 〔文章語〕深く信頼する人。「―の部下」

**ふくじん【副腎】** 腎臓《じんぞう》の上にある内分泌器官。

**―皮質《ひしつ》** 副腎の外層。「―ホルモン」

**ふくじんづけ【福神漬け】** 大根やナスなどの野菜をきざんでつけこんだ漬物。

**ふくす【服す】** 〔文章語〕服する。

**ふくすい【腹水】** 腹腔《ふっこう》にたまる液。

**ふくすい【覆水】**

**―盆《ぼん》に返《かえ》らず** 一度してしまったことは取り返しがつかない。〔中国の故事から〕

**ふくすう【複数】** ①ふたつ(―以上)。②文法形式の一。「一人称―」◇対単数

**ふくすけ【福助】** 福を招くという、頭が大きく背の低い人形。Ⅱ頭の大きい人。

**ふくする【伏する】** 〔文章語〕①降伏する。②潜伏する。③平伏する。

**ふくする【服する】** 〔文章語〕①受け入れて、従う。②茶や薬を飲む。

**ふくする【復する】**〔文章語〕もとに–もどる(もどす)。

**ふくせい【復姓】** もとの姓にもどること。

**ふくせい【複製】** 美術品を、原作どおりに再製–すること(したもの)。

**ふくせき【復籍】** もとの–戸籍(学籍)にもどること。

**ふくせん【伏線】** 文章で、あとの展開のために前もってそれとなく述べておく事柄。

**ふくせん【複線】** 列車の上りと下りの各々専用に二本並べて敷いた線路。対単線

**ふくそう【服装】** 身なり。着ている衣服。

**ふくそう【副葬】** 死者の遺品を遺体にそえて埋葬すること。「—品」

**ふくそう【福相】** 福々しい人相。対貧相

**ふくそう【輻湊】**《輻輳》一か所に集まってこみ合うこと。類混雑

**ふくぞう【腹蔵】** 考えを包みかくすこと。「—なく(=包みかくさずに)言う」

**ふくそうり【副総理】** 内閣総理大臣を補佐する国務大臣の俗称。

**ふくぞく【服属】** 従いつくこと。

**ふくそくるい【腹足類】** 軟体動物の一。カタツムリ・タニシなどの巻き貝。

**ふくだい【副題】** 表題にそえてつける題。

**ふくだいじん【副大臣】** 大臣のもとで政務を助ける特別職。〔大臣不在時には代行する。ふつうは国会議員がなる〕

**ふぐたいてん【不倶戴天】** 生かしておけないほどにくしみの深く激しいこと。「—の敵」

**ふくちゃ【福茶】** 黒豆・昆布などを入れた煎茶。正月や節分に縁起を祝って飲む。

**ふくちゅう【腹中】**〔文章語〕心の中。

**ふくちょう【副長】** 長を補佐する役(–の人)。

**ふくちょう【復調】** ①調子がもとにもどること。②検波。

**ふくつ【不屈】** 困難に屈しないこと。「—の–精神(勇気)」

**ふくつう【腹痛】** 腹の痛み。

**ふくど【覆土】** 種をまいたあとなどに、土をかぶせること。

**ふくとう【復党】** もといた党にもどること。

**ふくとく【福徳】**〔文章語〕幸福と財産。

**ふくどく【服毒】** 毒を飲むこと。

**ふくどくほん【副読本】** 補助教材として使う本。ふくとくほん。

**ふくとしん【副都心】** 大都市で、都心部を分散させるため作られる新しい中心地区。

**ふくのかみ【福の神】** 幸福(富)をもたらすという神。

**ふくはい【復配】** 株式の配当を復活すること。

**ふくはい【腹背】** 腹と背中。‖前後。「—に敵を受ける」

**ふくびき【福引き】** くじで景品をとること。また、そのくじ。

**ふくびこう【副鼻腔】** 鼻の骨の内部の空所。〔ここにうみがたまるのが蓄膿《ちくのう》症〕

**ふくぶ【腹部】** はらの部分。

**ふくぶくしい【福々しい】** 顔がまるくておだやかなようす。

**ふくふくせん【複々線】** 複線を二組並列した線路。

**ふくぶくろ【福袋】** 正月、中身がわからないようにして売られる袋。

**ふくぶん【復文】** ①〔文章語〕返事の文。②翻訳した文などを、もとにもどすこと。

**ふくべ【瓠】**《匏・瓢》ひょうたん。

**ふくへい【伏兵】** 不意をおそうため、待ち伏せする兵。‖予期せぬ–反対(障害)。

**ふくへき【腹壁】** 腹腔《ふっこう》の周囲の壁。

**ふくほん【副本】** 正本(原本)の写し。

**ふくほん【複本】** ①副本。②ひとつの手形関係について発行される同内容の複数の手形証券。

**ふくほんい【複本位】** 二種以上の貨幣を本位貨幣とすること。両本位。対単本位

**ふくまく【腹膜】** ①腹腔《ふっこう》の内側をおおい、内臓をつつむ膜。②腹膜炎。

**—炎《えん》** 腹膜の炎症。

**ふくまめ【福豆】** 節分にまくまめ。

**ふくみ【含み】** おもてに表れない–こと(内容・意味)。「—をもたせる」

**—資産《しさん》** 会社の実際の資産が多く、帳簿上の資産が低い場合の、その差額。

**—損《そん》** 所有資産の時価が帳簿価格より下落することによる損失。

**—笑《わら》い** (何かをかくすように)軽く笑うこと。

**ふくみみ【福耳】** 耳たぶの大きい耳。

**ふくむ【服務】** 職務に従うこと。

**ふくむ**【含む】 内部に入れておく（つつみもつ）。

**―所《とこ》がある** 心の中にうらみや怒りの気持ちがある。

**ふくめい**【復命】〔文章語〕命令されて行なったことの結果を報告すること。

**ふくめに**【含め煮】 汁がしみこむように煮ること（料理）。

**ふくめる**【含める】 含むようにする。

**ふくめん**【覆面】 顔をおおい隠すもの（こと）。「―パトカー・―座談会」Ⅱ正体を隠すこと。「―を取る」

**ふくも**【服喪】 喪に服すること。

**ふくやく**【服薬】 服用。

**ふくよう**【服用】 薬を飲むこと。服薬。

**ふくよう**【服膺】〔文章語〕教えなどを心にとめて忘れないこと。「拳々―」〔膺は胸の意〕

**ふくよう**【複葉】 ①植物で、小葉の集合からなる葉。②複葉機。上下二枚の主翼をもつ飛行機。◇対単葉

**ふくよか** ふっくらしてやわらかなようす。〔太っていることの婉曲表現としても使う〕Ⅱ香りが豊かなようす。「―な香り」

**ふくらしこ**【膨らし粉】 ベーキングパウダー。

**ふくらすずめ**【脹ら雀】 ①冬、羽をふくらませているスズメ。②女性の髪形や帯の結び方の一。◇〔福良雀とも書く〕

**ふくらはぎ**【脹ら脛】 すねの裏側のふくれた部分。

**ふくらます**【膨らます】《脹らます》ふくらむようにする。ふくらませる。

**ふくらみ**【膨らみ】《脹らみ》ふくらむこと。また、ふくらんだ部分。

**ふくらむ**【膨らむ】《脹らむ》 ふくれて大きくなる。「金額（希望）が―」

**ふくり**【福利】 幸福と利益。「―厚生」

**ふくり**【複利】 一定期間ごとに利息を元金に繰り入れ、それを次期の元金とする計算法。対単利

**ふくりゅう**【伏流】 地上の水流が、ある場所だけ地下を流れること。その地下の水流。

**ふくれっつら**【膨れっ面】《脹れっ面》怒りや不満でほおをふくらませた顔つき。

**ふくれる**【膨れる】《脹れる》 内から盛りあがる。Ⅱふくれっつらをする。

**ふくろ**【袋】 ①《嚢》紙や布製の、口がひとつの入れ物。②ミカンなどの果肉を包む皮。

**―帯《おび》** 丸帯に似た、袋織りの帯。

**―織《お》り** 一種類の糸で筒状に織る織り方。また、その織物。

**―小路《こうじ》** 行きどまりのこみち。Ⅱ行き詰まりの状態。

**―叩《ただ》き** 大勢で取り囲んでなぐること。Ⅱ大勢から非難されること。

**―綴《と》じ** 書物のとじ方の一。ふたつ折りの紙の、折り目でない方を閉じる。

**―戸棚《とだな》** 床の間などの、中に棚のない戸棚。袋棚。

**―縫《ぬ》い** 縫い代の縫い方の一。裁ち目を中に入れて袋状になるように二度縫う。

**―の鼠《ねずみ》** 逃げ場のないこと。

**―物《もの》** 紙入れ・手提げ袋などの総称。

**ふくろ**【復路】〔文章語〕かえりみち。対往路

**ふくろう**【梟】 肉食の鳥の一。夜、活動する。

**ふくろくじゅ**【福禄寿】 七福神の一。長頭で、あごひげが長い。福禄人。

**ふくわじゅつ**【腹話術】 唇を動かさずに話す術。他人や人形が話しているように見せる。

**ふくわらい**【福笑い】 正月の遊びの一。目隠しをして、輪郭だけの顔に、目や鼻、口などをかいた紙をおく。

**ふくん**【夫君】「他人の夫」に対する敬称。

**ふくん**【父君】「他人の父」に対する敬称。

**ぶくん**【武勲】〔文章語〕戦争での手柄。武功。

**ふけ**《雲脂・頭垢》頭の皮膚からはがれる、白くて小さなもの。

**ぶけ**【武家】 武士（―の家柄）。

**ふけい**【不敬】 皇室や社寺への敬意を欠くこと。

**ふけい**【父兄】 父や兄。児童や生徒の保護者。「―会」〔かつての家父長制のなごりの旧弊な語〕

**ふけい**【父系】 父方の系統。対母系

**―制《せい》** 家系が父系で相続される制度。

**ふけい**【府警】 府の警察本部。

**ぶげい**【武芸】 武道に関する技芸。

**ふけいき**【不景気】 景気がわるいこと。対好景気 Ⅱ元気がないこと。「―な顔」

**ふけいざい【不経済】** むだに使うこと。「—なやり方」

**ふけがお【老け顔】** （実年齢より）老けて見える顔。

**ふけこむ【老け込む】** すっかりふける。

**ふけつ【不潔】** きたないこと。けがらわしいこと。対清潔

**ふけやく【老け役】** 演劇で、老人の役。

**ふける** 〔俗語〕さぼる。にげる。

**ふける【老ける】** 年をとる。

**ふける【更ける】**《深ける》夜（季節）が深まる。

**ふける【耽る】** 熱中する。「研究に—」

**ふけん【夫権】** 旧法で、夫が妻に対してもった権利。

**ふけん【父権】** ①父としての親権。②旧法で、父が家長としてもった権利。◇対母権

**ふげん【不言】** 黙っていること。「—実行」

**ふげん【付言】**《附言》つけ加えて言うこと。

**ぶげん【誣言】** 〔文章語〕事実を偽って言うこと。

**ふけんこう【不健康】** 健康—でない（によくない）こと。Ⅱ考え方や生活態度がまともでないこと。

**ふけんしき【不見識】** 見識を欠くこと。「—きわまる」

**ぶげんしゃ【分限者】** 〔文章語〕金持ち。

**ふけんぜん【不健全】** 健全でないこと。

**ふこう【不孝】** 親を—粗末にする（悲しませる）こと。対孝行

**ふこう【不幸】** ①ふしあわせ。②家族や親族の死。**—中《ちゅう》の幸《さいわ》い** 不幸なできごとの中でも、いくらか慰めになること。

**ふこう【富鉱】** ①産出量の多い鉱山。②その鉱物の含有量の多い鉱石。

**ふごう【負号】** マイナス（—の記号）。「−」対正号

**ふごう【符号】** しるし。記号。**—化《か》** 符号に変えること。コード化。

**ふごう【符合】** ぴったりあうこと。

**ふごう【富豪】** 〔文章語〕財産家。

**ぶこう【武功】** 〔文章語〕武勲。

**ふごうかく【不合格】** 合格しないこと。

**ふこうへい【不公平】** 公平でないこと。「—な処分・—感」対公平

**ふごうり【不合理】** 筋がとおらないこと。「—を改める」

**ふこく【布告】** 国家の意思を広く告げ知らせること。「宣戦—」

**ふこく【富国】** ①国を富ますこと。②豊かな国。**—強兵《きょうへい》** 国を富ませ、軍事力を強化すること。「—策」

**ぶこく【誣告】** 〔文章語〕わざと偽って言うこと。

**ふこころえ【不心得】** 心がけがよくないこと。「—者《もの》」

**ぶこつ【無骨・武骨】** ①無作法。②洗練されていないこと。

**ふさ【房】**《総》①束ねた糸の先をばらばらにしたもの。②実などがむらがってついているもの。

**ふざ【趺坐】** 〔仏教語〕足を組んで座ること。「結跏《けっか》—」

**ブザー** [buzzer] 音を出す装置。警報機など。

**ふさい【不才】** 〔文章語〕才能が乏しい—こと（人）。非才。〔謙譲語としても使う〕

**ふさい【夫妻】** 夫と妻。夫婦《ふうふ》。

**ふさい【付載】**《附載》本文に付け加えて載せること。

**ふさい【負債】** 借金。債務。

**ふざい【不在】** そこにいないこと。Ⅱ無視。「住民—の政治」 **—者《しゃ》投票《とうひょう》** 投票日に投票できない人が、前もって投票をすませること。不在投票。

**ぶさいく【不細工・無—】** ①不器量。②細工のへたなこと。

**ふさがる【塞がる】** ①あきがなくなる。②閉じられる。③他に使えない。「手が—」

**ふさぎ【塞ぎ】** **—込《こ》む** ひどく憂鬱になってしずみこむ。**—の虫《むし》** 憂鬱。「—にとりつかれる」

**ふさく【不作】** 作物のできがわるいこと。対豊作

**ふさぐ【塞ぐ】** ①ふさがるの他動詞形。②「責めを—（＝責務を果たす）」③憂鬱になる。「気が—」

**ふさくい【不作為】** 〔法律用語〕なすべきことをわざとしないこと。対作為

**ふさげる【塞げる】** ふさぐようにする。

**ふざける【巫山戯る】** ①冗談を言ったり

して騒ぐ。②人をばかにする。

**ぶさた【無沙汰】** しばらくの間、訪問やたよりをしないこと。

**ぶさほう【無作法・不―】** 作法や礼儀にはずれること。

**ぶざま【無様・不様】** 体裁がわるいこと。みっともないこと。

**ふさわしい**《相応しい》 よく似あっているようす。

**ふさん【不参】**〔文章語〕不参加。

**ふし【節】** ①竹やアシの茎の、区切りの部分。木の枝の付け根（ーの跡）。②関節。③糸の、こぶ状になった部分。④区切り。⑤箇所。「あやしいー」⑥音楽の、旋律。

**ふし【不死】** 死なないこと。「不老ー」

**ふし【父子】** 父と子。「ー相伝」

**ふじ【不二】**〔文章語〕①唯一。②手紙の結語の一。不一。

**ふじ【藤】** ①五月ごろ、薄紫色の花をふさ状につけるつる性の植物。②ふじ色。

**ふじ【不治】** 病気がなおらないこと。ふち。「ーの病」

**ふじ【不時】** 思いがけない時。「ーの来客」

**ぶし【武士】** 昔、武芸をおさめて主君につかえた男。さむらい。

**ーに二《に》言《ごん》はない** 武士は言ったことは必ず守る。

**ーは食《く》わねど高楊子《たかようじ》** 武士は体面を重んじるということ。

**ぶじ【無事】** 事故・失敗・病気などがないこと。

**ぶじ【蕪辞】**〔文章語〕乱雑な言葉。「ーを呈する」〔「自分の言葉」の謙譲語〕

**ふしあな【節穴】** 板の、節の抜けたあとの穴。Ⅱものを見抜く力がないこと。

**ふしあわせ【不幸せ】**《不仕合わせ》しあわせでないこと。不幸。[対]幸せ

**ふしおがむ【伏し拝む】** ①ひれふしておがむ。②遥拝する。

**ふしかてい【父子家庭】** 父と子だけの家庭。[対]母子家庭

**ふしぎ【不思議】** 原因や理由がわからないこと。「生命のー・七ー」

**ーがる** ふしぎに思う。

**ふしくれだつ【節くれ立つ】**《節榑―》①木などで、節が多く、でこぼこしている。②手がごつごつしている。

**ふじさん【富士山】** 日本の最高峰。〔高さ三七七六メートル。／不二山・不尽山とも書いた〕

**ふしぜん【不自然】** わざとらしく、自然でないこと。[対]自然

**ふじだな【藤棚】** フジのつるをはわせた棚。

**ふしだら** ①品行のわるいこと。②だらしのないこと。

**ふじちゃく【不時着】** 航空機が事故などのため予定外の所に着陸すること。

**ふしちょう【不死鳥】** フェニックス①。

**ふしつ【不悉】**〔文章語〕手紙の結語の一。〔思いをつくさないの意〕

**ふじつ【不実】** 誠実でないこと。「ーを責める」

**ぶしつけ【不躾・無躾】** 無作法。

**ふじつぼ【富士壺】** 海にすむ甲殻動物の一。〔殻が富士山状であることから〕

**ふして【伏して】** くれぐれも。「ーお願いする」〔懇願するときに使う〕

**ふしど**《臥所》ねどこ。ねや。

**ぶしどう【武士道】** 武士の間で尊ばれた道徳。〔儒教思想にもとづく〕

**ふじなみ【藤波】** 風になびくフジの花。

**ふじばかま【藤袴】** 秋の七草の一。薄い赤紫色の小さな花が咲く。

**ふじびたい【富士額】** 額のはえぎわが、富士山の形に似ていること。

**ふしぶし【節々】** ①あちこちの関節。②数々の点。「疑問のー」

**ふしまつ【不始末】** ①始末のしかたがわるいこと。②不品行な行い。

**ふしまわし【節回し】** 歌や語り物の節の調子や抑揚。

**ふじみ【不死身】** どんな傷や病気にも負けないーこと（強い体）。Ⅱどんな困難にもひるまないこと。

**ふしめ【伏し目】** うつむいて見ること。また、その目つきや態度。「ーがち」

**ふしめ【節目】** 材木の、節のある所。Ⅱ大きな変わり目。「人生のー」

**ふしゃ【富者】**〔文章語〕金持ち。[対]貧者

**ふしゃくしんみょう【不惜身命】**〔仏教語〕修行のために自分の体も命もかえりみないこと。

**ふしゅ【浮腫】**〔文章語〕むくみ。

**ぶしゅ【部首】** 漢字をその形で分類するとき、共通な構成部分。木偏・草冠など。

**ふしゅう【俘囚】**〔文章語〕とりこ。捕虜

《ほりょ》。

**ふしゅう【腐臭】** くさったもののにおい。

**ふじゆう【不自由】** 自由にならないこと。

**ぶしゅうぎ【不祝儀】** めでたくない出来事。特に、葬式。対祝儀

**ふじゅうぶん【不十分】**《不充分》 十分でないこと。類不完全

**ぶしゅかん【仏手柑】** ①ミカン科の植物の一。実の先は指を並べたような形。手仏手柑。②酸味が強いミカン科の植物。丸仏手柑。

**ふしゅつ【不出】**〔文章語〕外部へ出さないこと。「門外ー」

**ふじゅつ【巫術】** シャーマニズム。

**ぶじゅつ【武術】** 武芸。

**ふしゅび【不首尾】** 不成功。対上首尾

**ふじゅん【不純】** 純粋（純真）でないこと。「ー異性交遊」

**ふじゅん【不順】** ①順調でないこと。「天候ー」②素直でないこと。

**ふじょ【巫女】**〔文章語〕みこ。

**ふじょ【扶助】** 協力し、助けること。

**ぶしょ【部署】** 受け持ちの場所（役目）。「ーにつく」

**ふしょう【不肖】** ①（親に似ず）愚かなこと。「ーの子」②自分の謙称。

**ふしょう【不承】**〔文章語〕不承知。ー不承《ぶしょう》 いやいや。しぶしぶ。

**ふしょう【不詳】** くわしくわからないこと。「身元ー」

**ふしょう【付小・附小】** 付属小学校の略。

**ふしょう【府省】** 内閣府と省のつく役所の総称。

**ふしょう【負傷】** けが（ーをすること）。

**ふじょう【不定】** 一定しないこと。「生死ー」

**ふじょう【不浄】** 清浄でないこと。「ごー（＝便所）」

**ふじょう【浮上】** 水面に浮かび上がること。◉よい状態になること。「二位にーする」

**ふじょう【富饒】**〔文章語〕豊かなこと。

**ぶしょう【無精・不精】** めんどうがること。「ー者《もの》」ー髭《ひげ》 無精でそらずにいるひげ。

**ぶしょう【武将】** 武士の大将。軍人の将。

**ぶしょう【部将】** 部隊の将。

**ふしょうか【不消化】** 消化がわるいこと。◉理解が十分でないこと。

**ふしょうじ【不祥事】** よくない事柄・事件。

**ふしょうち【不承知】** 承知しないこと。類不賛成

**ふしょうふずい【夫唱婦随】** 夫が言い出して妻が従うこと。

**ふじょうり【不条理】** 筋道が通らないこと。類不合理

**ふしょく【扶植】**〔文章語〕（勢力や思想を）うえつけること。

**ふしょく【腐食】**《腐蝕》 さびたり腐ったりして形がくずれること。また、薬品でそうすること。「ーが進む・ー作用」

**ふしょく【腐植】** 土中の有機物が腐ってできた黒褐色の物質。ー土《ど》 腐植を多く含む土壌。〔植物の生育に適する〕

**ぶじょく【侮辱】** ばかにして、はずかしめること。「ーを受ける・いわれなきー」

**ふしょくふ【不織布】** 繊維を織らずに、温度や接着剤によって結合させて作った布。

**ふじょし【婦女子】** 女性や子供。〔旧弊な語〕

**ふしん【不信】** 信用しないこと。「ーの念」ー感《かん》 信用できないという感じ。

**ふしん【不振】** 勢いや成績がふるわないこと。「業績ー」

**ふしん【不審】** 疑わしいこと。ー火《び》 原因不明の火事。

**ふしん【普請】** 家を新築・改築すること。

**ふしん【腐心】** 心を悩ますこと。類苦心

**ふじん【不尽】**〔文章語〕手紙の結語の一。〔十分尽くさないの意〕

**ふじん【夫人】** 他人の妻に対する尊敬語。

**ふじん【布陣】** 陣を整えること。陣立て。

**ふじん【婦人】**（成人した）女性。〔古風な語〕ー科《か》 婦人病を扱う医学の部門。

**ぶしん【武神】** いくさの神。軍神。

**ぶじん【武人】** 武士。軍人。対文人

**ふしんじん【不信心】** 神仏を信仰しないこと。

**ふしんせつ【不親切】** 親切でないこと。「ーな応対」対親切

**ふしんにん【不信任】** 信任しないこと。

**ふしんばん【不寝番】** 寝ないで見張るーこ

と(人)。「―に立つ」

**ふす【付す】**《附す》ふする。

**ふす【伏す】**《臥す》①うつぶせ(横)になる。②ひれふす。

**ふず【付図】**《附図》付属する地図(図)。

**ぶす【撫す】**ぶする。

**ふずい【不随】**体が自由に動かないこと。「半身―」

**ふずい【付随】**《附随》つき従って起こること。「…に―する問題」

**ぶすい【無粋・不粋】**やぼなこと。「―なことを言う」対粋《きい》

**ふずいい【不随意】**思いどおりにならないこと。

**―筋《きん》**意志に関係なく運動する筋肉。内臓の筋肉など。対随意筋

**ふすう【負数】**数学で、〇より小さい数。対正数

**ぶすう【部数】**書物・雑誌などの数。

**ふすま【衾】**〔古語〕体の上にかける寝具。掛け布団など。「麻―」

**ふすま【麬・麩】**小麦をひいたときに出る皮くず。飼料などにする。

**ふすま【襖】**建具の一つ。からかみ。

**ふする【付する】**《附する》〔文章語〕①つける。②まかせる。「審議に―」◇付す。

**ふする【賦する】**〔文章語〕①わりあてる。課する。「税金を―」②詩をつくる。

**ぶする【撫する】**〔文章語〕①なでる。②かわいがる。◇ぶす。

**ふせ【布施】**僧に与えるお金や品物。

**ふせい【不正】**正しくないこと。「―をはたらく(暴く)」

**ふせい【不整】**ふぞろいなこと。類不規則「―脈《みゃく》」脈拍が不規則なこと。

**ふせい【父性】**父親としてもつ性質。「―愛」対母性

**ふせい【府政】**府の行政。

**ふせい【府勢】**府の政治・経済・民生の情勢。

**ふぜい【風情】**①おもむき。②様子。③…のようなもの。「役人―」〔軽蔑・謙遜の意をこめていう〕

**ぶぜい【無勢】**人数が少ないこと。「多勢に―」対多勢

**ふせいかく【不正確】**正確でないこと。

**ふせいこう【不成功】**成功しないこと。

**ふせいごう【不整合】**①論理的にきちんと合わないこと。②地学で、上下の地層の境界が不連続になっていること。

**ふせいしゅつ【不世出】**めったに世に現れないほどすぐれていること。「―の天才」

**ふせいせき【不成績】**成績がよくないこと。対好成績

**ふせいりつ【不成立】**成立しないこと。

**ふせき【布石】**囲碁で、対局の初めの石の配置。‖将来に備えての下準備。

**ふせぐ【防ぐ】**《禦ぐ》さえぎり、止める。くいとめる。

**ふせじ【伏せ字】**明記できない箇所を符号で表したもの(表すこと)。

**ふせつ【付設】**《附設》付属させて設けること。「研究所を―する」

**ふせつ【付説】**《附説》付け加えて説明すること。また、その説明。

**ふせつ【浮説】**〔文章語〕根拠のないうわさ。

**ふせつ【符節】**〔文章語〕わりふ。

**―を合《あ》わせる** ぴったり一致する。

**ふせつ【敷設】**鉄道や機雷などを設けること。「ガス管を―する」

**ふせっせい【不摂生】**健康に気をつけないこと。「―がたたる」類不養生

**ふせっせい【不節制】**節制しないこと。

**ふせる【伏せる】**①うつぶせになる。②上の方を下に向けて置く。「本を―」③かくす。「真相を伏せておく」

**ふせる【伏せる・臥せる】**(病気などで)寝る。

**ふせん【不戦】**戦わないこと。「―条約」

**―勝《しょう》**(相手の棄権などで)試合をせずに勝つこと。対不戦敗

**ふせん【付箋・附箋】**メモを書いて(目印として)貼る紙。

**ふぜん【不全】**不完全。「発育―」

**ふぜん【不善】**〔文章語〕道徳上よくないこと。

**ぶぜん【憮然】**失望するようす。また、(不満そうに)黙っているようす。〔誤って「腹を立てているようす」の意で使われる〕

**ふせんめい【不鮮明】**はっきりしないこと。

**ふそ【父祖】**祖先。

**ふそう【扶桑】**〔文章語〕日本の別称。〔昔、中国で東海の日の出る所にある神木

の意〕

**ぶそう【武装】** 戦いの装備（―をすること）。「理論―」

**―解除《かいじょ》** ①降伏者の武器を取り上げること。②中立地域で、武装を禁止すること。

**ふそうおう【不相応】** つりあわないこと。

**ふそく【不足】** ①たりないこと。②不満。不平。

**ふそく【不測】** 予測できないこと。「―の事態」

**ふそく【付則】**《附則》本則に付け加えた規定。〔経過規定や施行期日などを規定する〕

**ふぞく【付属・附属】** 主となるものに属すること。

**―語《ご》** 文法で、常に自立語に付いて使われる語。助詞や助動詞。対自立語

**ぶぞく【部族】** 一定の地域に住み、言語や宗教を同じくする集団。

**ふそくふり【不即不離】** つかずはなれず。「―の関係」

**ふそくるい【斧足類】** 軟体動物の一。二枚貝の類。

**ふぞろい【不揃い】** そろっていないこと。「―な服装・大小―」

**ふそん【不遜】** おごりたかぶること。「―な輩《やから》」対謙遜

**ふた【蓋】** 口や穴をおおうもの。

**―を開《あ》ける** ①物事を始める。②結果がわかるようになる。

**ふだ【札】** 文字や絵を書いた小さな-紙（板）。

**ぶた【豚】** 家畜の一。肉は食用。

**―に真珠《しんじゅ》** 類猫に小判

**ふたあけ【蓋明け・蓋開け】** 開始。

**ふたい【付帯】**《附帯》主なものに伴うこと。

**―決議《けつぎ》** 希望意見として付けられる決議。

**ふだい【譜代】** 代々仕えてきた家臣。対外様《とざま》

**ぶたい【部隊】** 軍隊の単位の一。Ⅱ一群の人々。

**ぶたい【舞台】** 演技を行う場所。Ⅱ㋐舞台での演技。㋑活躍ぶりを見せる場。

**―裏《うら》** 舞台の裏側。Ⅱ物事の裏面。

**―稽古《げいこ》** 舞台で行うけいこ。

**―装置《そうち》** 舞台上の大道具や小道具。

**ふたいてん【不退転】** 絶対に後にひかないこと。Ⅱ固く信じて屈しないこと。「―の決意」◇〔仏教語から〕

**ふたいとこ【二従兄弟・二従姉妹】** またいとこ。

**ふたえ【二重】** ふたつにかさなること。「―まぶた」

**ふたおや【二親】** 両親。対片親

**ふたく【付託】**《附託》〔文章語〕まかせること。「委員会に―する」

**ふたく【負託】**〔文章語〕他に引き受けさせて、まかせること。「国民の―にこたえる」

**ぶたくさ【豚草】** ヨモギに似た雑草。〔キク科。／花粉症の原因の一〕

**ふたご【双子・二子】** 一度の出産で生まれた二人の子。双生児《そうせいじ》。

**ふたごころ【二心】** ①裏切る心。「―を抱く」②浮気な心。

**ふたしか【不確か】** あやふや。不確実。「―な記憶」

**ふだしょ【札所】** 参拝者が札を-受ける（納める）霊場。

**ふたたび【再び】** もう一度。かさねて。

**ふたつ【二つ】**（個数・年齢で）二。

**―返事《へんじ》** すぐに承知すること。

**―目《め》** 二番目。Ⅱ落語家で、真打ちと前座の間の格。

**ふたつ【不達】** 相手に届かないこと。不着。「メールの―」

**ふだつき【札付き】** 札（正札）がついてい-る-こと（もの）。Ⅱ悪い評判がある-こと（人）。

**ふたて【二手】** ふたつの-方面（集団）。

**ぶだて【部立て】** いくつかの部門に分けること。

**ふだどめ【札止め】** 満員で、入場券を売るのをやめること。類客止め

**ふたなのか【二七日】** 死後一四日目（―の法要）。ふたなぬか。

**ぶたにく【豚肉】** 食用としての、ブタの肉。

**ぶたねつ【豚熱】** ブタの急性感染症の一。CSF。〔かつて豚コレラとよばれたが、コレラとは関連がないため改称〕

**ふたの【二幅】**《二布》①並幅の倍の幅。約七五センチメートル。②腰巻き。

**ふたば【双葉・二葉】** 芽が出てすぐに出る

二枚の葉。‖物事のはじめ。

**ぶたばこ【豚箱】**〔俗語〕警察署の留置場。

**ふたまた【二股】** 先がふたつに分かれていること。

**―膏薬《ごうやく》** 内股膏薬。

**―をかける** どちらになってもいいように一方に決めず、両者と関係をつけておく。

**ぶたまん【豚饅】**（関西で）肉まん。

**ぶため【不為】** ためにならないこと。

**ふたもの【蓋物】** ふたのあるうつわ。

**ふたり【二人】** 数が二である人たち。「―連れ」類両人

**―口《ぐち》**（夫婦）二人の生計。

**ふだわれ【札割れ】** ①入札で、応札額が入札額に達しないこと。特に、日本銀行の公開市場操作の場合に言う。②国債が売れ残ること。

**ふたん【負担】** ①義務や仕事を引き受けること。その義務や仕事。②過重な義務や仕事をもつこと。

**ふだん** 一【不断】絶え間のないこと。「―の努力」 二【普段・不断】いつも。日ごろ。

**―着《ぎ》** ふだん着る服。対晴れ着

**―使《づか》い** 日常生活で使う―物（こと）。

**ブタン**〔butane〕無色の可燃性気体の一。

**ぶだん【武断】**〔文章語〕武力をもって物事を行うこと。「―政治」対文治《ぶんじ》

**ふち【淵】** 水が深くよどんだ所。対瀬《せ》 ‖つらい境遇。「絶望の―」

**ふち【縁】** まわり。わく。「めがねの―」

**ふち【不治】** ふじ。

**ふち【付置】**《附置》付属させて設置すること。

**ぶち**《斑》（動物の毛色が）まだらになっていること。

**プチ**〔フランス語 petit〕①小さい。かわいい。「―フール（＝ひとくちケーキ）」類ミニ ②〔俗語〕本格でない。「―家出」

**ぶちあげる【打ち上げる】**〔俗語〕大げさに―演説（公表）する。

**ぶちかます**《打ち嚙ます》（相撲で）相手に勢いよくぶつかる。

**ぶちぎれる【ぶち切れる】**〔俗語〕我慢できずに怒る。

**ぶちこむ【打ち込む】** ほうりこむ。むりやり入れる。「監獄に―」

**ぶちころす【打ち殺す】** 殺すの強め。

**ぶちこわす【打ち壊す】** ①乱暴（徹底的）にこわす。②物事を台無しにする。「計画を―」

**ふちじ【府知事】** 府の知事。

**ふちせ【淵瀬】** ①淵と瀬。②世の中の移り変わり（―の無常さ）。

**ふちどり【縁取り】** 物のふちに飾りをつけること。

**ふちどる【縁取る】** ふち（―に飾り）をつける。

**ぶちぬく【打ち抜く】** へだてを除いて―ひと続きにする（穴をあける）。‖最後までしとおす。「ストを―」

**ぶちのめす** たたきのめす。

**プチブル** 小市民。中産階級。〔フランス語 petit bourgeois から〕

**ぶちまける** 中の物をすべて出す。‖かくさず打ち明ける。

**ふちゃく【不着】**〔文章語〕到着しないこと。

**ふちゃく【付着】**《附着》くっつくこと。

**ふちゃりょうり【普茶料理】** 中国風の精進料理。

**ふちゅう【不忠】** 忠義でないこと。

**ふちゅうい【不注意】** 注意がたりないこと。類うかつ

**ふちょう【不調】** ①調子がわるいこと。②不成立。

**ふちょう【符丁】**《符牒》①商品の値段を示す記号。②合い言葉。③隠語。暗号。

**―を合《あ》わせる** ぴったり対応する。

**ぶちょう【部長】** 部の長。

**ぶちょうほう【不調法・無調法】** ①行き届かないこと。②酒や芸事のつきあいができないこと。

**ふちょうわ【不調和】** 調和しないこと。「―な色」

**ふちん【浮沈】** うきしずみ。‖栄えることとおちぶれること。類盛衰

**ぶつ【物】** ①〔俗語〕現物。盗品《とうひん》。〔ブツとも書く〕②もの。「遺失―」

**ぶつ【打つ】** ①なぐる。②〔俗語〕演説する。「一席―」

**ふつう【不通】** 行き来が―できない（ない）こと。「音信―」

**ふつう【普通】** かわったところのないこと。

**―株《かぶ》** 特別の権利内容をもたない株式。

通常株。対優先株
**―教育**《きょういく》 基礎的教養を与える教育。対職業教育
**―銀行**《ぎんこう》 預金を資金源とした短期金融を主に行う銀行。
**―選挙**《せんきょ》 一定年齢以上のすべての人に選挙権を認める制度。対制限選挙
**―預金**《よきん》 いつでも出し入れできる預金。
**―列車**《れっしゃ》 各駅停車の列車。

**ぶつえん【仏縁】** ①仏との縁。②仏のひきあわせ。

**ぶつおん【仏恩】** 仏の恵み。仏の慈悲の恩。

**ふつか【二日】** ①月の二番目の日。②一日《いちにち》の二倍。「―間」
**―酔**《よ》**い** 酒の酔いが次の日まで残ること。〔宿酔とも書く〕

**ぶっか【仏家】** ①寺。②僧。◇ぶっけ。

**ぶっか【物価】** 商品の値段。
**―指数**《しすう》 物価の変動を、ある時点を一〇〇としてその比率の数で示す指数。

**ぶつが【仏画】** ①仏教に関する絵。②仏を描いた絵。

**フッカー**［hooker］ ラグビーで、スクラムの最前列中央の選手。〔フッキングをする〕

**ふっかく【伏角】** ①磁石の針が水平面となす角度。②俯角《ふかく》。

**ぶっかく【仏閣】** 寺(―の建物)。「神社―」

**ぶっかける【吹っ掛ける】** ①ふきかける①。②しかける。③値段を高く言う。

**ぶっかける【打っ掛ける】**〔俗語〕乱暴にかける。「水を―」

**ふっかつ【復活】** ①やめたものを、またとりあげること。②死人が生きかえること。
**―祭**《さい》 キリスト教で、キリストの復活を記念する祭り。イースター。

**ぶつかる** ①強く当たる。②かちあう。「日曜と祝日が―」③直面する。「困難に―」

**ふっかん【復刊】** 刊行をやめていた書物を再び刊行すること。

**ふっき【復帰】** もとの地位や状態にもどること。「社会―」

**ふづき【文月】** ふみづき。

**ぶつぎ【物議】** 世間のとりざた。
**―を醸**《かも》**す** それがもとになって世間の論議を起こす。

**ブッキッシュ**［bookish］ ①本好きの。②堅苦しい。学者ぶった。③実際的でない。机上の。

**ふっきゅう【復旧】** もとどおりに―なる(する)こと。

**ふつぎょう【払暁】**〔文章語〕明け方。

**ぶっきょう【仏教】** 宗教の一。教祖は釈迦牟尼《しやかむに》。悟りをひらいて仏《ほとけ》になることをめざす。「―徒」

**ぶっきらぼう** ぞんざいでそっけないこと。「―な男」

**ぶつぎり【ぶつ切り】** 料理で、材料を厚く大きめに―切ること(切ったもの)。

**ふっきる【吹っ切る】**（悩みなどを）きっぱりと断ち切る。「わだかまりを―」

**ふっきれる【吹っ切れる】** ふっきるの自動詞形。

**ふっきん【腹筋】** 腹部の筋肉。

**フッキング**［hooking］ ①ラグビーで、スクラムの中の球を足で外にけり出すこと。②アイスホッケーで、反則の一。スティックで相手選手をひっかける。

**ブッキング**［booking］ ①帳簿への記載。②(部屋や切符の)予約。「ダブル―」

**フック**［hook］ ①ホック。②ボクシングで、ひじを曲げてわきから打つ攻撃。③ゴルフで、打球が途中で利き腕と逆方向に曲がること。対スライス ④ボウリングで、投球がピンの直前で利き腕と逆方向に曲がること。〔③④はフックボールとも〕

**ブック**［book］ ①本。「ガイド―」②帳面。「スケッチ―」
**―エンド**［bookend］ 本立て。
**―カバー**［和製語 book cover］ 本の表紙にかける紙や布のおおい。
**―トーク**［book talk］ 図書館などで、テーマに沿って、複数の本を紹介する活動。
**―マーク**［bookmark］ ①しおり。②インターネットで頻繁にアクセスする場所を登録する―こと(機能)。
**―メーカー**［bookmaker］ 金もうけのために、安っぽい本をやたらに書く人。
**―レット**［booklet］ 小冊子。

**ぶつぐ【仏具】** 仏事に用いる器具。

**ふづくえ【文机】** 和風の、低い机。読み書き用。ふみづくえ。〔古風な言い方〕

**ぶっけ【仏家】** ぶっか。

**ふっけい【復啓】**〔文章語〕返事の手紙の頭語の一。ふくけい。

ぶつける ぶつかるの他動詞形。

ふっけん【復権】 権利や資格を回復すること。

ぶっけん【物件】 物品。品物。対人件

ぶっけん【物権】〔法律用語〕財産権の一。物を直接支配する権利。所有権・地上権など。

ふっこ スズキの幼魚の名の一。体長四〇センチメートルぐらいのもの。〔スズキは出世魚〕

ふっこ【復古】 昔の状態や体制に―かえる(かえす)こと。

ぶっこ【物故】〔文章語〕人が死ぬこと。

―者《しゃ》 これまでに亡くなった人。

ぶつご【仏語】 仏教の用語。

ふっこう【復交】 国交を復活させること。

ふっこう【復航】 帰りの航海・飛行。類帰航 対往航

ふっこう【腹腔】 胃や腸を収める、腹の内側の部分。ふくこう。ふっくう。

ふっこう【復興】 再び盛んに―なる(する)こと。「震災からの―・文芸―」

ふつごう【不都合】①都合がわるいこと。②ふとどきなこと。「―を働く」

ふっこく【復刻・覆刻】 古い書物を復製し、刊行すること。「―版」

ぶっこみづり【打っ込み釣り】 浮きではなく、重い錘《おも》りを使う釣り。

ぶっころす【打っ殺す】〔俗語〕殺すの乱暴な言い方。

ぶっこわす【打っ壊す】〔俗語〕こわすの乱暴な言い方。

ぶっさつ【仏刹】 寺。

ぶっさん【物産】 土地の産物。「―展」

ぶっし【仏師】 仏像を製作する人。

ぶっし【物資】 生産や生活に必要な品物。

ぶつじ【仏事】 仏教の儀式。

プッシー〔pussy〕①(子)ネコ。②〔俗語〕女性の性器。

ブッシェル〔bushel〕①ヤードポンド法で、体積の単位の一。②ヤードポンド法で、重さの単位の一。〔①の量の穀物の重さから〕

ぶっしき【仏式】 儀式の、仏教によるやり方。対神式

ぶっしつ【物質】 もの。対精神

―的《てき》 物質に関するようす。対精神的

ぶっしゃり【仏舎利】 釈《しゃ》迦《か》の遺骨。

ブッシュ〔ドイツ語 Busch〕 やぶ。低木の茂み。

プッシュ〔push〕①押すこと。②後押し。

―ホン〔和製語 push phone〕 押しボタン式電話機。

ぶっしょう【仏性】〔仏教語〕①すべての生き物がもつ、仏になれる性質。②仏の本性。

ぶっしょう【物象】 物質に関する現象。

ぶっしょう【物証】 物的証拠。対心証

ぶつじょう【物情】〔文章語〕世間のありさま。

ふっしょく【払拭】 すっかり取り除くこと。

ぶっしょく【物色】 多くの中から適当な人や物をさがすこと。

ぶっしん【仏心】〔仏教語〕仏の慈悲心。

ぶっしん【物心】 物質と精神。「―両面」

ぶっせい【物性】 物質の性質。

ぶっせき【仏跡】《仏蹟》 仏教(釈《しゃ》迦《か》)の遺跡。

ぶつぜん【仏前】 ⇩ごぶつぜん

ふっそ【フッ素】《弗素》 元素の一。薄緑色の気体で、化合力が強い。記号F

―樹脂《じゅし》 フッ素を含む合成樹脂。パッキング・電気絶縁材料用。

ぶっそう【仏葬】 仏式による葬儀。

ぶっそう【物騒】 穏やかでなく、危険なようす。「―な世の中」

ぶつぞう【仏像】 仏の姿の彫像・画像。

ぶっそん【物損】 物的損害。「―事故」

ぶっだ【仏陀】 ほとけ。釈《しゃ》迦《か》。ぶつだ。〔サンスクリット語 Buddha(=悟った者)の音訳〕

ぶったい【物体】 具体的な形をもつ物質。

ぶったおれる【打っ倒れる】〔俗 語〕(激しい勢いで)倒れる。

ぶったぎる【打った切る】〔俗語〕勢いよく(乱暴に)切る。

ぶったくる〔俗語〕無理に奪う。Ⅱ法外に高い料金をとる。

ぶったたく【打っ叩く】〔俗語〕勢いよく(乱暴に)たたく。

ぶったまげる〔俗語〕ひどく驚く。

ぶつだん【仏壇】 仏像や位牌《いはい》を安置する壇。

ぶっちがい【打っ違い】 交差すること。

ぶっちぎる〔俗語〕勢いよく(乱暴に)ちぎる。Ⅱ競走などで、大きく引き離す。

ぶっちゃける〔俗語〕うちあける。

**ぶっちょうづら【仏頂面】** ふくれた（無愛想な）顔つき。

**ふつつか《不束》** 礼儀や才能などの点で、行きとどかないこと。「—者」

**ぶっつけ**〔俗語〕いきなりすること。

**—本番《ほんばん》** 練習なしですぐに始めること。

**ぶっつづけ【打っ続け】** ずっと続けること。「一〇時間—」

**ぶっつぶす【打っ潰す】**〔俗語〕勢いよく（乱暴に）つぶす。

**ふってい【払底】** すっかりなくなること。類品切れ

**ぶってき【物的】** 物質的。

**—証拠《しょうこ》** 書類や品物による証拠。物証。

**ふってわく【降って湧く】** 急に（思いがけなく）姿を現す。

**ふってん【沸点】** 液体が沸騰する温度。

**ぶってん【仏典】** 仏教の教典。仏教に関する書。

**ぶつでん【仏殿】** 仏堂。

**フット**〔foot〕 足。歩み。

**—カバー**〔foot cover〕 靴下がわりの短い足カバー。

**—ノート**〔footnote〕 脚注。

**—ボール**〔football〕 ①アメリカンフットボール。②サッカー。

**—ライト**〔footlights〕 舞台で、俳優の足もとから照らす照明。脚光。

**—ワーク**〔footwork〕 スポーツで、足の運び。足さばき。Ⅱ機動力。「—が軽い」

**ぶっと【仏徒】** 仏教徒。

**ぶつど【仏土】** ほとけの住む所。浄土。

**ふっとう【沸騰】** 煮えたつこと。Ⅱさかんになり騒がしくなること。

**ぶっとう【仏塔】** 寺院の塔。

**ぶつどう【仏堂】** 仏像を安置する建物。

**ぶつどう【仏道】** ほとけの教え。

**ぶっとおし【打っ通し】** 初めから終わりまで通してすること。「十日間—」動ぶっとおす

**フットサル**〔futsal〕 五人制のサッカー。

**ふっとばす【吹っ飛ばす】**〔俗語〕①吹き飛ばす。②車などを勢いよく走らせる。

**ぶっとばす【打っ飛ばす】**〔俗語〕①なぐりとばす。②車などを勢いよく走らせる。

**ふっとぶ【吹っ飛ぶ】**〔俗語〕吹き飛ぶ。

**ぶっとぶ【打っ飛ぶ】**〔俗語〕勢いよく飛ぶ。

**ふつトン【仏—】** メートルトン。

**ぶつのう【物納】** 税金などを物でおさめること。対金納

**ぶつばつ【仏罰】** ほとけから受ける罰。ぶつばち。

**ぶっぱなす【打っ放す】**〔俗語〕発射する。〔乱暴な言い方〕

**ぶっぱん【物販】** 商品を販売すること。物品販売。「—業界」

**ぶっぴん【物品】** 品物。

**ふつふつ【沸々】** ①煮えたぎるようす。②わき（ふき）出るようす。

**ぶつぶつこうかん【物々交換】** 貨幣を使わず物と物を交換すること。

**ふつぶん【仏文】** ①フランス語の文章。②フランス文学（—科）の略。

**ぶっぽう【仏法】** ほとけの教え。

**—僧《そう》** ①ほとけと法と僧。三宝。②夏、南方から来る鳥の一。〔ブッポーソーと鳴くとされたが、実際にそう鳴く鳥はコノハズク〕

**ぶつま【仏間】** 仏壇のあるへや。

**ぶづみ【歩積み】** 銀行が手形を割り引くときに、一部を強制的に預金させること。

**ぶつめつ【仏滅】** ①陰陽《おんよう》道で、すべてに不吉であるとする日。対大安 ②釈迦《しゃか》の入滅（＝死）。

**ぶつもん【仏門】** 仏道。

**—に入《はい》る** 出家する。

**ふつやく【仏訳】** フランス語訳。

**ぶつよく【物欲】《物慾》** 物やお金に対する欲望。「—にとらわれる」

**ぶつり【物理】** 物理学。

**—学《がく》** 自然科学の一分野。〔力学・光学・電磁気学など〕

**—的《てき》** 時間・場所・分量などに関係があり、ものごとの法則にかなっているようす。

**—変化《へんか》** 物質の形や位置などの変化。対化学変化

**—療法《りょうほう》** 電気・熱・光線・機械などを利用する治療法。物療。対化学療法

**ふつりあい【不釣り合い】** つりあわないこと。

**ぶつりゅう【物流】** 生産者から消費者までの物の流れ。物的流通。

**ぶつりょう【物量】** ものの分量。

**ぶつりょう【物療】** 物理療法の略。

**ふで【筆】** ①筆記具の一。毛筆。Ⅱ文章や

絵をかくこと。②筆を紙から離す回数。③土地台帳に記す、面積のひと区画。

―が滑《すべ》る 書いてはいけないことをうっかり書く。

―が立《た》つ 文章がうまい。

―を擱《お》く 書くのをやめる。

―を折《お》る 文筆活動をやめる。

―を染《そ》める 筆に墨や絵の具を含ませる。⊜書き始める。

**ふてい【不定】** きまっていないこと。

―形《けい》 形・様式が一定しないもの。

―愁訴《しゅうそ》 はっきりした原因がないのに感じる体の不調。

**ふてい【不貞】** 〔文章語〕貞操を守らないこと。「―を働く」

**ふてい【不逞】** 〔文章語〕けしからぬこと。不届き。「―の輩《やから》」

**ふていき【不定期】** それを行う時期が一定していないこと。対定期

**ふていけいし【不定型詩】** 一定の型をもたない詩。散文詩など。対定型詩

**ふていさい【不体裁】** 体裁がわるいこと。ぶていさい。

**ブティック** 〔フランス語 boutique〕洋服や装身具を売るしゃれた感じの専門店。

**ふでいれ【筆入れ】** 筆記用具を入れる箱やケース。類ペンケース

**プディング** 〔pudding〕プリン。

**ふでおろし【筆おろし】** 新しい筆を初めて使うこと。⊜〔俗語〕男子が童貞を破ること。

**ふてき【不適】** 適さないこと。「適―」対適

**ふてき【不敵】** 大胆で恐れないようす。「―な面構え」

**ふでき【不出来】** できがわるいこと。対上出来

**ふてきとう【不適当】** 適当でないようす。

**ふてきにん【不適任】** 適任でないようす。

**ふてぎわ【不手際】** やり方がわるいこと。「―を詫びる」

**ふてくされる《不貞腐れる》** 不満の気持ちから、なげやりになって怠ける。

**ふでたて【筆立て】** 筆・鉛筆・ペンなどを立てておく用具。

**ふでづか【筆塚】** 使い古した筆を供養《くよう》するために築いた塚。

**ふでづかい【筆遣い】** 筆の使い方。⊜筆致。

**ふてってい【不徹底】** 徹底しないようす。

**ふてね【不貞寝】** ふてくされて寝ること。

**ふでばこ【筆箱】** 筆記用具を入れる箱。

**ふでぶしょう【筆無精・筆不精】** 手紙や文章を書くのを面倒がる―こと(人)。対筆まめ

**ふてぶてしい《太々しい》** ずうずうしく、大胆な態度をとるようす。

**ふでまめ【筆まめ】** 対筆無精

**ふてる《不貞る》** ふてくされる。

**ふでんき【負電気】** 陰電気。対正電気

**ふとい【太い】** ①対細い ②横着だ。「―やつだ」

**ふとう【不当】** 正当でないこと。

―表示《ひょうじ》 広告や商品の説明や表示が、事実とちがうこと。

**ふとう【不凍】** 凍らないこと。

―港《こう》 寒冷地にあるが、冬も海面が凍らない港。

**ふとう【不等】** ひとしくないこと。

―号《ごう》 ふたつの―数(数式)が等しくないことを示す記号。対等号

―式《しき》 不等号で結ばれた式。対等式

**ふとう【不撓】** 〔文章語〕困難にくじけないこと。「―不屈」

**ふとう【埠頭】** 港で、船を横付けする所。

**ふどう【不同】** ①同じでないこと。②そろっていないこと。「順―」

**ふどう【不動】** ①動かないこと。⊜他に影響されないこと。「―の信念」②不動明王。

―尊《そん》 不動明王。

―明王《みょうおう》 仏教で、五大明王の一。怒りの形相で、剣と縄を持ち、火炎を背にする。

**ふどう【府道】** 府が建設・管理する道路。

**ふどう【浮動】** 定まらずゆれ動くこと。対固定

―票《ひょう》 選挙で、だれに投票するか予想できない票。対固定票

**ぶとう【武闘】** 武力や腕力で戦うこと。「―派」

**ぶとう【舞踏】** 舞い、踊ること。類ダンス

―会《かい》 ダンスパーティー。

―病《びょう》 手足や顔の筋肉がかってに動く病気。

**ぶどう【武道】** ①武術。②武士道。

**ぶどう【葡萄】** 秋の果物の一。実がふさ状になる。

—**球菌**《きゅうきん》 食中毒などの原因となる菌。葡萄状球菌。

—**酒**《しゅ》 ワイン。

—**糖**《とう》 単糖類の一。果実に多量に含まれる。

**ふとういつ【不統一】** 統一がとれていないこと。

**ふとうこう【不登校】**（心理的な理由から）児童・生徒が登校—しなく（できなく）なること。

**ふどうさん【不動産】** 財産としての土地や建物。対動産

**ふどうたい【不導体】** 熱・電気を（—ほとんど）伝えない物質。対導体

**ふどうとく【不道徳】** 道徳にそむくこと。

**ふとうめい【不透明】** 透明でないこと。Ⅱ明らかでない（見通せない）こと。

**ふとく【不徳】** ①徳の足りないこと。②不道徳。

—**の致**《いた》**す所**《ところ》 失敗や事故について責任を感じて謝罪する言葉。

**ぶとく【武徳】**〔文章語〕武道における徳。

**ふとくい【不得意】** 得意でないこと。不得手。苦手。

**ふとくさく【不得策】** そのやり方が得策でないこと。

**ふとくてい【不特定】** 特に決まっていないこと。

—**多数**《たすう》 性質の一様でない多数。

**ふとくようりょう【不得要領】** 要領を得ないこと。

**ふところ【懐】** 衣服の胸にあたる部分の内側。Ⅱ㋐内部。「—具合」㋑考え。「—をさぐる」㋒所持金。

—**があたたかい** お金を十分持っている。対懐が—寒い（寂しい）

—**が痛**《いた》**む** 持ち金が減る。

—**が寒**《さむ》**い** 所持金が少ない。懐が寂しい。対懐があたたかい

—**刀**《がたな》 ①懐剣。②腹心の部下。

—**が深**《ふか》**い** 包容力がある。

—**紙**《がみ》 かいし。

—**手**《で》 和服の懐に両手を入れていること。Ⅱ何もせず人まかせにすること。

—**を肥**《こ》**やす** 私腹を肥やす。

**ふとざお【太棹】** さおの太い三味線。〔義太夫などに使う〕

**ふとっちょ【太っちょ】**〔俗語〕ふとった人をからかって言う語。でぶ。

**ふとっぱら【太っ腹】** 度量が大きい—こと（人）。

**ふとどき【不届き】** ①他人への配慮が不十分なこと。②無礼なこと。

**ふとばし【太箸】** 正月、雑煮を食べる太い祝い箸。

**ふとまき【太巻き】** 太く巻いた—もの（鮨《すし》）。

**ぶどまり【歩止まり・歩留まり】** 加工したときの、原料に対する製品の出来高の割合。

**ふとめ【太め】** 比較的太いこと。

**ふともの【太物】** ①綿織物・麻織物。〔絹織物よりも糸が太い〕対呉服 ②たんもの。

**ふともも【太腿】**《太股》もも（—の付け根のあたり）。大腿《だいたい》。

**ふとりじし【太り肉】** ふとった肉づき。

**ふとる【太る】**《肥る》 肥満する。対やせる Ⅱ財産がふえる。

**ふとん【布団】**《蒲団》 綿などを入れた布の袋。敷物や夜具にする。

—**蒸**《む》**し** 人をふとんに包みこみ苦しめること。

**ふな【鮒】** コイに似た淡水魚。ひげはない。

**ぶな【橅】**《山毛欅》 山野に自生する落葉高木の一。ブナ科。

**ふなあし【船脚・船足】** ①船の速さ。②船の喫水。

**ふなあそび【舟遊び・船—】** 船に乗って遊ぶこと。

**ふない【府内】** ①府の区域内。②江戸時代、江戸の区域内。御府内。

**ぶない【部内】** 部の内部。組織内。対部外

**ふなうた【舟歌・船唄】** 船をこぎながら歌う歌。

**ふなか【不仲】** 仲がよくないこと。

**ふなぐら【船蔵・船倉】**《船庫》 ①船を入れる建物。②船倉《せんそう》。

**ふなじ【船路】** ①航路。②船の旅。

**ぶなしめじ**《橅湿地・橅占地》 シメジ科のキノコ。ブナなどの朽ち木に生える。食用。

**ふなぞこ【船底】** 船の底（—のようにそった形）。

—**天井**《てんじょう》 中央が高くそった形の天井。

**ふなだいく【船大工】** 船を作る大工。

**ふなたび**【船旅】船に乗ってする旅。
**ふなちん**【船賃】乗船（船をやとうため）の料金。
**ふなつきば**【船着き場】船が着いてとまる所。船着き。〔小規模のものをいう〕
**ふなづみ**【船積み】船に荷物を積むこと。
**ふなで**【船出】船が出港すること。「人生の—」◉新たな生活や事業を始めること。
**ふなに**【船荷】船に積んで運ぶ荷物。
**ふなぬし**【船主】船の持ち主。せんしゅ。
**ふなのり**【船乗り】船員。
**ふなばし**【船橋】浮き橋。
**ふなばた**【船端】《舷》船のへり。
**ふなびん**【船便】①船による輸送。舟運《しゅううん》。②船で手紙や荷物を送る手段。
**ふなべり**【船縁】ふなばた。
**ふなまち**【船待ち】船の—出港（到着）を待つこと。
**ふなむし**【船虫】海岸の岩などにすむ小さな虫。足が多く、色は茶色。
**ふなやど**【船宿】①釣り船や船遊びの船を仕立てる店。②船の運送を業とする家。
**ふなよい**【船酔い】船に酔うこと。
**ふなれ**【不慣れ】《不馴れ》なれていないこと。
**ぶなん**【無難】特に欠点のないこと。
**ふにあい**【不似合い】似あわないこと。
**ふにく**【腐肉】〔文章語〕くさった肉。
**ふにょい**【不如意】経済的に困っていること。「手元—」
**ふにん**【不妊】妊娠しないこと。
**—症《しょう》** 夫婦どちらかに原因があって妊娠しない症状。
**ふにん**【赴任】任地におもむくこと。
**ぶにん**【無人】①人がいないこと。②人手が足りないこと。
**ふにんじょう**【不人情】薄情。
**ふぬけ**【腑抜け】いくじなし。
**ふね**【舟・船】①水上の乗り物。②《槽》ふねの形の容器。
**—を漕《こ》ぐ** 居眠りをする。
**ふねん**【不燃】燃え—ない（にくい）こと。「—物」対可燃
**ふのう**【不能】①不可能。②能力のないこと。③インポテンツ。
**ふのう**【不納】〔文章語〕おさめないこと。
**ふのう**【富農】富裕な農家。豪農。対貧農
**ふのり**【布海苔】海藻の一。煮て糊《のり》にする。
**ふはい**【不敗】負けたことがないこと。
**ふはい**【腐敗】くさること。◉堕落。「—した政治家」
**ふばい**【不買】買わないこと。「—運動」
**ふはく**【布帛】〔文章語〕①木綿と絹。②織物。
**ふはく**【浮薄】〔文章語〕軽薄で慎重さがないこと。「軽佻《けいちょう》—」
**ふばこ**【文箱】手紙などを入れて—おく（運ぶ）箱。
**ふはつ**【不発】爆発（発射）しないこと。「—弾」◉計画がだめになること。「—に終わる」
**ふばつ**【不抜】〔文章語〕強くてくじけないこと。「—の精神」
**ふばらい**【不払い】代金や料金を支払わないこと。
**ぶばらい**【賦払い】分割払い。割賦《かっぷ》。
**ぶばる**【武張る】強く勇ましそうにする。
**ふび**【不備】①ととのわないこと。対完備 ②手紙の結語の一。
**ふびじん**【不美人】美しくない女。
**ふひつよう**【不必要】必要でないこと。
**ふひょう**【不評】評判がわるいこと。「—を買う」対好評
**ふひょう**【付表】《附表》本文や図に付属する表。
**ふひょう**【付票】《附票》荷物などに付けたふだ。
**ふひょう**【浮氷】水に浮かぶ氷のかたまり。
**ふひょう**【浮標】①航路標識の一。ブイ。②漁具の、うき。
**ふびょうどう**【不平等】対平等
**—条約《じょうやく》** 一方に不利な条約。
**ふびん**【不敏】〔文章語〕頭の働きや動作が鈍いこと。〔自分を謙遜《けんそん》して言うのに使う〕
**ふびん**【不憫】《不愍》あわれで、かわいそうなこと。
**ぶひん**【部品】機械や道具の（—交換可能な）部分品。
**ふひんこう**【不品行】品行のわるいこと。
**ぶふうりゅう**【無風流・不—】風流—が

わからない（でない）こと。

**ふぶき【吹雪】** 強風に吹かれ、とびながら雪が降ること。Ⅱ乱れとぶもの。「花ー」

**ふふく【不服】** 不満があって納得しないこと。

**ふぶく【吹雪く】** ふぶきになって雪が降る。

**ふぶん【不文】** ①文章にしないこと。②文章がへたなこと。③文字を知らないこと。

**ー律《つり》** 文章に書いてない規則・法律。不文法。Ⅱ暗黙の了解となっているきまり。

**ぶぶん【部分】** 対全体

**ー食《しょく》** 一部がかける日食（月食）。対皆既《かいき》食

**ふへい【不平】** 不満で、おもしろくないこと。「ーを言う・ーたらたら」

**ぶべつ【侮蔑】** あなどること。

**ふへん【不変】** 常に変わらないこと。対可変

**ふへん【不偏】** かたよらないこと。

**ー不党《ふとう》** 中立の立場をとること。

**ふへん【普遍】** ①広く行きわたること。②すべてに共通すること。「ー性」

**ー的《てき》** すべてにあてはまるようす。

**ふべん【不便】** 便利でないこと。

**ふべんきょう【不勉強】** 勉強（努力）を怠ること。

**ふぼ【父母】** 父と母。両親。

**ふほう【不法】** 法にはずれること。

**ー行為《こうい》** 人の権利を侵して損害を与える行為。

**ー侵入《しんにゅう》** 権利なく人の土地や建物に侵入すること。

**ふほう【訃報】** 〔文章語〕死亡の知らせ。

**ふぼん【不犯】** 〔仏教語〕僧が戒律を守って性交渉を行わないこと。

**ふほんい【不本意】** 自分の思うとおりではないこと。「ーながら」

**ふまえる【踏まえる】** しっかりふむ。Ⅱ根拠とする。

**ふまじめ【不真面目】** まじめでないこと。

**ふまん【不満】** 不満足。類不平・不服

**ふみ【文】**（≪書≫）①手紙。②書物。③文書。

**ふみ【踏み】** 取引で、から売りした株を損を覚悟で買いもどすこと。

**ふみ【不味】** 味のわるいこと。対美味

**ふみあらす【踏み荒らす】** その場に入りこんで、踏んで荒らす。

**ふみいし【踏み石】** ①くつぬぎに置く石。②飛び石。

**ふみいた【踏み板】** みぞなどに掛け渡した板。

**ふみいれる【踏み入れる】**「足をー（＝はじめて訪れる）」

**ふみえ【踏み絵】** 江戸時代、キリスト教徒を見分けるため踏ませた、キリスト像などを彫った板。Ⅱ思想や立場を調べる手段。

**ふみきり** ①**【踏切】** 線路と道路の交差する所。②**【踏み切り】** 跳躍競技などで、地面を強く踏んでとびあがること（所）。

**ふみきる【踏み切る】** ①跳躍競技などで、踏み切りをする。Ⅱ思いきって行う。②相撲で、土俵をわる。

**ふみこたえる【踏み堪える】**（足を踏んばって）がまんする。

**ふみこむ【踏み込む】** ①突然、強引に入りこむ。②より深く考える。③強く踏む。

**ふみしだく【踏み拉く】** 踏み荒らす。

**ふみしめる【踏み締める】** しっかり踏む。「故国の土をー」

**ふみだい【踏み台】** 高い所のものを取るときに使う台。Ⅱ目的のために一時利用するもの。「他人をーにする」

**ふみたおす【踏み倒す】** 借金や代金を払わないままにする。

**ふみだす【踏み出す】** 足を前に出す。Ⅱ仕事・活動を始める。「人生の一歩をー」

**ふみだん【踏み段】** はしごや階段の、段。

**ふみちがえる【踏み違える】** ①間違って踏む。②踏み所がわるくて足を痛める。

**ふみづき【文月】** 陰暦で、七月。ふづき。

**ふみづくえ【文机】** ふづくえ。

**ふみつけ【踏み付け】** ふみつけること。Ⅱないがしろにすること。「人をーにする」

**ふみつける【踏み付ける】** 踏んでおさえる。Ⅱないがしろにする。

**ふみとどまる【踏み止まる】** ①足に力を入れてとまる。②最後までその場に残る。③思いとどまる。

**ふみならす【踏み均す】** 踏んで平らにする。

**ふみならす【踏み鳴らす】** 踏んで音をたてる。「床をー」

**ふみにじる【踏み躙る】** 強く踏んでつぶす。Ⅱ相手の気持ちをきずつける。

**ふみぬく【踏み抜く】** ①踏んで穴をあける。②くぎなどを踏んで足に刺す。

**ふみば【踏み場】**踏む所。「足の―もない」

**ふみはずす【踏み外す】**踏み場所をまちがえる。(比)まちがった行いをする。「人の道を―」

**ふみまよう【踏み迷う】** 道に迷う。(比)誤った道に迷いこむ。

**ふみもち【不身持ち】** みもちがわるいこと。

**ふみわける【踏み分ける】**（木の枝や草を）かき分けて進む。

**ふみん【不眠】**眠ら（眠れ）ないこと。**―症《しょう》** 安眠できない状態が続く症状。

**ふみん【府民】**府の住民。

**ふむ【踏む】**①足でおさえる。②経験する。「場《ば》数《かず》を―」③予想する。④一定の手順に従う。「手続きを―」

**ふむき【不向き】**むいていないこと。

**ふめい【不明】**①はっきりわからないこと。②見識が足りないこと。「―をわびる」

**ぶめい【武名】**〔文章語〕武勇の評判。

**ふめいよ【不名誉】** 名誉をけがすこと。「―となる」

**ふめいりょう【不明瞭】** はっきりしないこと。[対]明瞭

**ふめいろう【不明朗】**①明朗でないこと。②ごまかしがあること。

**ふめつ【不滅】**滅びないこと。

**ふめん【譜面】**楽譜。

**ふめんぼく【不面目】** 面目がないこと。ふめんもく。

**ふもう【不毛】** 土地がやせて作物が育たないこと。(比)成果が得られないこと。

**ふもと【麓】**山のすそ。

**ふもん【不問】**（問題とすべきことを）問いたださないこと。「―に付す」

**ぶもん【武門】**〔文章語〕武士の家筋。

**ぶもん【部門】**全体を区分けした部分。

**ふやける** 水に浸ってふくれる。(比)だらける。「ふやけた精神」

**ふやじょう【不夜城】** 夜も灯火が輝き、にぎやかな所。

**ふやす【増やす・殖やす】** ふえるの他動詞形。

**ふゆ【冬】** 四季の一。〔一二～二月、旧暦で一〇～一二月〕(比)厳しい時期。「―の時代」

**ぶゆ【蚋】** 人や家畜の血を吸う昆虫の一。ブヨ。ブト。

**ふゆう【府有】**府の所有。

**ふゆう【浮遊】**《浮游》浮かんでただようこと。

**ふゆう【富裕】**富んで豊かなこと。

**ふゆう【蜉蝣】** カゲロウ。(比)はかない―こと（もの）。「―の命」

**ぶゆう【武勇】** 武術にすぐれ、勇気があること。**―伝《でん》** ①武勇の人の伝記。②勇ましい手柄話。(比)腕力ざた。

**フュージョン**〔fusion〕ジャズ・ロック・ポピュラーなどが融合した音楽。

**ふゆかい【不愉快】**愉快でないこと。

**ふゆがこい【冬囲い】** ①防寒のため木や家の周囲に作る囲い。②冬、野菜類を地中にうめておくこと。

**ふゆがれ【冬枯れ】**①冬、草木が枯れること。②冬の寂しいようす。(比)冬、商店で客が減ること。〔特に二月ごろ〕[対]夏枯れ

**ふゆき【冬木】**①冬枯れの木。②ときわぎ。

**ふゆきとどき【不行き届き】** 行き届かないこと。

**ふゆくさ【冬草】**冬、枯れ残っている草。

**ふゆげ【冬毛】** 動物の、秋に生えかわって春まである毛。[対]夏毛

**ふゆげしょう【冬化粧】** 冬、山に雪が積もること。

**ふゆご【冬子】**《冬仔》 冬に生まれた、動物の子。[対]夏子

**ふゆこだち【冬木立】** 冬、葉の落ちた木立。

**ふゆごもり【冬籠もり】** 冬の間、―家（巣）にこもること。

**ふゆさく【冬作】**冬の間育て、春に収穫する作物。冬作物。[対]夏作

**ふゆざくら【冬桜】**①冬に咲くサクラ。②サクラの一。初冬と春に咲く。

**ふゆざれ【冬ざれ】**〔文章語〕冬の、草木が枯れた、寂しい景色。

**ふゆしょうぐん【冬将軍】** 寒さの厳しい冬の呼び名。

**ふゆぞら【冬空】**冬の空。寒空。[対]夏空

**ふゆどり【冬鳥】**冬に渡来する鳥。〔ガン・ハクチョウなど〕[対]夏鳥

**ふゆな【冬菜】**冬にとれる菜。ミズナなど。

**ふゆば【冬場】**冬の間。冬季。[対]夏場

**ふゆび【冬日】**①冬の弱い日光。②一日の最低気温が〇℃未満の日。◇[対]夏日

**ふゆふく【冬服】** 冬に着る衣服。対夏服
**ふゆもの【冬物】** 冬用の衣料品。対夏物
**ふゆやすみ【冬休み】** 冬の休暇。
**ふゆやま【冬山】** ①冬（―に登る対象として）の山。②冬枯れの山。◇対夏山
**ふよ【不予】**〔文章語〕天皇の病気。
**ふよ【付与】**《附与》〔文章語〕さずけあたえること。「権限を―する」
**ふよ【賦与】** くばりあたえること。
**ぶよ【蚋】** ブユ。
**ふよう【不用】** 使わない（いらない）こと。対入用
**ふよう【不要】** 不必要。
**ふよう【芙蓉】** 庭木の一。初秋、淡紅色や白色の花が咲く。キハチス。
**ふよう【扶養】** やしない、面倒をみること。
**―控除**《こうじょ》 所得税の計算で、扶養家族の人数に応じた額が所得から控除されること。
**ふよう【浮揚】** うかびあがること。
**ぶよう【舞踊】** おどり。まい。
**ふようい【不用意】** ①用意がないこと。②配慮の足りないこと。「―な言葉」
**ふようじょう【不養生】** 健康に気をつけないこと。「医者の―」
**ぶようじん【不用心・無―】** ①用心が足りないこと。②物騒なこと。
**ふようせい【不溶性】** 液体に（―ほとんど）溶けない性質。対可溶性
**ふようど【腐葉土】** 落ち葉が腐ってできた土。
**ふよく【扶翼】**〔文章語〕かばい助けること。
**ブラ**〔bra〕ブラジャー。
**プラーク**〔plaque〕歯垢《しこう》。
**フライ**〔fly〕①野球で、高く打ちあげた球。②釣りで、毛ばり。「―フィッシング」
**フライ**〔fry〕 魚や野菜を油で揚げた料理。「カキ―」
**―パン**〔frying pan〕柄付きの底が平らで浅いなべ。
**ぶらい【無頼】** 定職もなく、品行の悪い―こと（人）。
**―漢**《かん》 ごろつき。
**プライオリティー**〔priority〕 優先権。先取権。「―シート（＝優先席）」
**プライス**〔price〕値段。価格。
**―リーダー**〔price leader〕価格を決定・操作する力のある企業。
**プライズ**〔prize〕賞。賞品。
**ブライダル**〔bridal〕 婚礼。結婚式。「―産業」
**フライデー**〔Friday〕金曜日。〔Fri. と略す〕
**フライト**〔flight〕飛行。飛ぶこと。
**―アテンダント**〔flight attendant〕旅客機の客室乗務員。FA。
**―コントロール**〔flight control〕①航空管制。②操縦装置。
**―レコーダー**〔flight recorder〕航空機の自動飛行記録装置。
**フライド**〔fried〕油で揚げた。
**―チキン**〔fried chicken〕鶏肉のから揚げ。
**―ポテト**〔和製語 fried potatoes〕ジャガイモを揚げた料理。ポテトフライ。
**ブライト**〔bright〕明るい。鮮明な。
**ブライド**〔bride〕花嫁。「ジューン―（＝六月の花嫁）」
**プライド**〔pride〕自尊心。誇り。「―をもつ」
**プライバシー**〔privacy〕私生活に関すること。また、私生活を守る権利。
**プライベート**〔private〕個人的。私的。
**―ブランド**〔private brand〕メーカーでなく、販売業者が独自に開発・販売するブランド。PB。対ナショナルブランド
**プライマリー**〔primary〕①初級。②基本。
**―ケア**〔primary care〕病気やけがの初期治療。対アフターケア
**プライム**〔prime〕
**―タイム**〔prime time〕一日の放送で、視聴率が最も高いとみられる時間帯。
**―レート**〔prime rate〕銀行が一流企業への融資に適用する最優遇金利。〔標準金利の基準となる〕
**プライヤー**〔pliers〕やっとこ。類ペンチ
**フライング**〔flying〕競走や競泳で、出発の合図の前にスタートすること。〔フライングスタートの略〕
**―ディスク**〔flying disc〕飛ばして遊ぶ円盤（―を使って行う競技）。フリスビー。
**ブラインド**〔blind〕窓の日よけ。
**―タッチ**〔和製語 blind touch〕キーボードを見ずにキーを打つこと。

**—テスト**［blind test］ 商品の目隠しテスト。

**フラウ**［ドイツ語 Frau］ 妻。夫人。

**プラウ**［plow］ 牛馬やトラクターに引かせる、西洋式のすき。

**ブラウザ**［browser］ ウェブページを開くためのソフトウエア。ブラウザー。

**ブラウス**［blouse］ 女性用の上着の一。

**ブラウン**［brown］ 茶色。褐色。

**—ソース**［brown sauce］ 茶色にいためた小麦粉をスープでのばしたソース。

**プラカード**［placard］ スローガンや宣伝文句を書いて持ち歩く板。

**フラグ**［flag］ ①旗。目印。②プログラムで、動作条件の成立を判定する部分。「—を立てる」③〔俗語〕先を予感させるもの。伏線。「恋愛—」

**プラグ**［plug］ 電気コードの先端につける差しこみ。

**—イン**［plug-in］ アプリケーションソフトに機能を追加するためのプログラム。

**—インハイブリッドカー**［Plug-in Hybrid Electric car］ 家庭用電源から充電できるハイブリッドカー。ＰＨＥＶ。

**プラクティス**［practice］ 実践。練習。

**プラグマティズム**［pragmatism］〔哲学用語〕観念が真であるか否かを、実際に役立つかどうかで決める立場。実用主義。プラグマチズム。

**プラグマティック**［pragmatic］ プラグマティズムに関するようす。また、実用的。

**ブラケット**［bracket］ ①壁に取り付ける照明器具。②印刷で、角型かっこ。〔［　］など〕

**プラザ**［plaza］ 広場。

**ブラザー**［brother］ 兄弟。[対]シスター

**ぶらさがり【ぶら下がり】** ぶらさがること。「—取材」⊜既製服。つるし。

**ぶらさがる【ぶら下がる】** ぶらりとさがる。

**ぶらさげる【ぶら下げる】** ぶらりと手にさげて持つ。

**ブラシ**［brush］ ほこりを払ったり、ものを塗ったりする道具。洋服ブラシや歯ブラシなど。

**プラシーボ**［placebo］ 偽薬。プラセボ。

**ブラジャー**［brassiere］ 女性用下着の一。

**ふらす【降らす】** 降るようにする。

**ブラス**［brass］ 金管楽器。〔真鍮《しんちゅう》の意から〕

**—バンド**［brass band］ 管楽器を中心とする吹奏楽団。ブラバン。

**プラス**［plus］ ①たすこと。また、その記号。「＋」②正数・陽電気・陽性などを表す記号。「＋」③利益。黒字。

**—アルファ** いくらか追加すること。〔plus と ギリシャ語 alpha から。／プラスαとも書く〕

**—マイナス**［和製語 plus minus］ ①差し引き。②得失。

**フラスコ**［ポルトガル語 frasco］（実験用の）首の長いガラス容器。

**プラスター**［plaster］ ①石膏《せっこう》が主成分の塗りの仕上げ材料。②膏薬《こうやく》。

**プラスチック**［plastic］ 熱や圧力を加えて成形できる高分子化合物の総称。特に、合成樹脂。

**—爆弾《ばくだん》** 爆薬とゴム状の化合物を練りあわせた爆弾。

**—モデル**［和製語 plastic model］ プラスチック製の模型（—の材料）。

**フラストレーション**［frustration］ 欲求不満。

**プラズマ**［plasma］ ①超高温で、原子がガス状に電離した状態。②血漿《けっしょう》。

**—ディスプレー**［plasma display］ 映像表示装置の一。〔薄型・軽量・高画質・広角視野などが特徴〕

**—テレビ** プラズマディスプレーを使ったテレビ。〔plasma television の略〕

**ブラスリー**［フランス語 brasserie］ 食事・喫茶と飲酒もできる、洋風飲食店。

**プラタナス**［ラテン語 platanus］ 落葉高木の一。街路樹に多い。スズカケノキ。

**フラダンス**［和製語 hula dance］ ハワイの民族舞踊。

**ふらち【不埒】** けしからぬこと。「—なまね・—千万」

**プラチナ**［スペイン語 platina］ 白金《はっきん》。

**—婚式《こんしき》** 結婚後六〇年目の祝い。

**—チケット**［和製語 platina ticket］ 人気が高く入手困難なチケット。

**ふらつく** ①足もとがよろよろする。②気持ちがあれこれ迷う。③あてもなく歩き回

る。

**フラッグ**［flag］旗。

**ぶらつく** ①あてもなく歩き回る。②ぶらぶらゆれる。

**ブラック**［black］①黒色。Ⅱ闇の。不正な。「—リスト」②ブラックコーヒー。

**—アウト**［black out］①一時的な記憶や意識の喪失。②一時的な機能の停止。「画面が—する」③停電。灯火管制。④場面の暗転。⑤報道管制。

**—企業**《きぎょう》 労働環境が劣悪な企業。

**—コーヒー**［black coffee］砂糖・ミルク抜きのコーヒー。

**—ジャック**［blackjack］トランプのゲームの一。二一。

**—ジョーク**［black joke］不快（不気味）なことを題材にしたジョーク。

**—タイ**［blacktie］夜のパーティー用の準正装（—につける黒の蝶《ちょう》ネクタイ）。

**—タイガー**［black tiger］エビの一種。食用。

**—バス**［black bass］淡水魚の一。ルアー釣りの対象。食用にもなる。

**—ペッパー**［black pepper］黒胡椒《こしょう》

**—ホール**［black hole］重力が非常に強く光も脱出できないため、外から見えない天体。［恒星の進化の最終段階と考えられている］

**—ボックス**［black box］①機械処理などで、入力内容と出力結果が明らかで、その処理の原理や過程が明らかでないもの。Ⅱ内部が明らかでないもの。②航空機で、飛行記録装置とボイスレコーダー。

**—マーケット**［black market］闇市《やみいち》

**—ユーモア**［black humor］不気味なユーモア。

**—リスト**［blacklist］要注意人物のリスト。

**フラッシャー**［flasher］車のウインカー。

**フラッシュ**［flash］①写真撮影用の閃光《せんこう》を出す装置。「—をたく」②映画・テレビで、瞬間的な短い場面。③速報。

**—カード**［flash card］①メモリーカードの一。②学習教材の一。絵や文字を書いたカード。

**—バック**［flashback］①映画やテレビの手法の一。場面の瞬間的な転換を繰り返す。②過去の記憶が突然鮮明に思い出されること。③麻薬常用者などに起こる幻覚の再現。

**—メモリー**［flash memory］半導体メモリーの一。書き換えなどが容易にでき、電源を切っても内容が保存される。

**—ライト**［flashlight］①閃光《せんこう》（—電球）。②懐中電灯。

**ブラッシュ**［brush］ブラシ。

**—アップ**［brush up］磨きをかけること。「英語を—する」

**ブラッシング**［brushing］髪の毛などにブラシをかけること。

**フラット**［flat］①音楽で、半音下げる記号。変記号。［♭］対シャープ ②競技で、秒以下の端数がないこと。「一〇秒—」③平ら。

**ブラッドストーン**［bloodstone］宝石の一。血石。ヘリオトロープ。［三月の誕生石］

**プラットホーム**［platform］①駅などの、乗降所。ホーム。②土台部分。基礎部分。プラットフォーム。Ⅱパソコンで、OSやハードウエアなどの環境。

**フラッパー**［flapper］おてんば。

**フラップ**［flap］①飛行機の主翼後部の下げ翼。離着陸時に下げて揚力をつける。②ポケットなどのふた。

**フラッペ**［フランス語 frappé］①洋風かき氷。②リキュールなどに砕いた氷を入れた飲み物。

**プラトニック**［platonic］精神的。「—ラブ」［ギリシャの哲学者プラトンから］

**プラネタリウム**［ドイツ語 Planetarium］天体の運行を丸天井に映しだす装置。

**プラネット**［planet］惑星。遊星。

**フラノ** フランネルの洋服地。

**ブラバン** ブラスバンドの略。

**ブラフ**［bluff］はったり。「—をかける」

**フラペチーノ**［Frappuccino］砕いた氷とコーヒーなどを攪拌《かくはん》したものをベースにした飲み物。［フランス語 frappé＋イタリア語 cappuccino から。／商標］

**ブラボー**［bravo］歓呼・喝采《かっさい》の掛け声。

**フラボノイド**［flavonoid］柑橘類の皮に多く含まれる植物色素。血圧降下作用がある。

**プラマイ** プラスマイナスの略。「ーゼロ」

**ブラマンジェ**［フランス語 blanc-manger］洋菓子の一。牛乳入りの白いゼリー。

**フラミンゴ**［flamingo］ツルに似た水鳥。羽は淡紅色。べにづる。

**プラム**［plum］西洋スモモ。

**フラメンコ**［スペイン語 flamenco］スペインの民俗舞踊。ギターにあわせて激しく踊る。

**プラモデル**［Plamodel］プラスチックモデルの商標の一。

**ふられる【振られる】** 求愛を拒絶される。

**フラワー**［flower］花。「ドライー」

**ーアレンジメント**［flower arrangement］洋風の生け花。

**ふらん【腐乱】**《腐爛》腐ってくずれること。「ー死体」

**ふらん【孵卵】** 卵-がかえる（をかえす）こと。

**プラン**［plan］①計画。案。②設計図。

**フランク**［frank］率直。「ーに話す」

**ブランク**［blank］①空欄。余白。②時間的な空白。「半年間のー」

**プランクトン**［plankton］水中（水面）に浮遊する生物の総称。浮遊生物。

**フランクフルトソーセージ**［和製語 frankfurt sausage］太いソーセージ。

**ブランケット**［blanket］毛布。

**ぶらんこ**《鞦韆》遊具の一。［ポルトガル語 balanço からという説もある］

**フランスパン** 皮のかたい、塩味のパン。［France と ポルトガル語 pão から］

**フランスまど【ー窓】** 観音開きの、床まであるガラス戸。

**プランター**［planter］植物栽培用の容器。

**ブランチ**［brunch］朝食と昼食を兼ねた食事。

**フランチャイジー**［franchisee］フランチャイズ②の加盟店。

**フランチャイズ**［franchise］①プロ野球球団の、本拠地（-での興行権）。②親会社が契約店に認める一定地域の独占販売権。

**ーチェーン**［franchise chain］親会社から独占販売権を認められた加盟店の組織。

**ブランデー**［brandy］果実を発酵させ蒸留して作る、強い洋酒。

**プランテーション**［plantation］欧米人が植民地で経営した前近代的な大農園。

**プラント**［plant］工場の設備・機械一式。「ー輸出」

**ー船《せん》** プラントを船上で建設し輸送する船。海上の大規模な機械設備。

**ブランド**［brand］商標。銘柄。「ー商品」

**プランナー**［planner］立案者。企画者。

**プランニング**［planning］計画を立てること。企画すること。

**フランネル**［flannel］柔らかい厚手の毛織物。ネル。フラノ。

**フランボアーズ**［フランス語 framboise］キイチゴの実。ラズベリー。

**ふり【振り】** ①振ること。②姿。ふるまい。「なりー」③それらしい様子。「見て見ぬー」④なじみのないこと。「ーの客」⑤舞踊の動作。「ーをつける」⑥刀剣を数える語。

**ふり【不利】** 形勢が悪いこと。「ーな立場」対有利

**ぶり【鰤】** 大形の海産魚の一。食用。［出世魚］

**ふりあてる【振り当てる】** いくつかに分けて割りふる。

**ふりあらい【振り洗い】** 振り動かして洗う洗い方。

**フリー**［free］①自由。②無料。③フリースケーティング。④フリーランサー。

**ーウエア**［freeware］無料で使えるコンピューターソフト。

**ーウエー**［freeway］自動車専用の高速道路。

**ーエージェント**［free agent］プロ野球で、同一球団に一定期間在籍したのち、希望球団に自由に移籍できる制度。FA。

**ーキック**［free kick］サッカーやラグビーで、相手側の妨害なしに行えるキック。

**ークライミング**［free climbing］道具を使わず素手で行う岩登り。

**ーサイズ**［和製語 free size］衣類などの大きさの調節が自由なこと。

**ースクール**［free school］子供の自由と自主性、個人差を重視する学校形態の総称。

**ースタイル**［freestyle］①水泳やレスリ

ングで、自由形。②スキー競技の一。ゲレンデやジャンプ台を用い、自由な演技を行う。フリースタイルスキー。

ースロー［free throw］バスケットボールなどで、相手側の妨害なしにゴールに投球すること。

ータイム［和製語 free time］（団体行動などの）自由時間。

ーダイヤル［和製語 free dial］電話の受信者が通話料金を支払う方式。〔商標〕

ートーキング［和製語 free talking］自由討論。

ーパス［free pass］自由に通れること。その証明書や券。

ーバッティング［和製語 free batting］野球で、投手が投げる球を自分の思うように打つ打撃練習。

ーハンド［freehand］①器具を用いず手でかくこと。②自由裁量。

ーペーパー［free paper］広告収入で発行される無料の‐新聞（情報誌）。

ーライター［和製語 free writer］自由契約のルポライターや記者など。

ーランサー［freelancer］自由契約者。専属でない記者や俳優など。フリーランス。

ーランス［free lance］フリーランサー。

**フリーク**［freak］熱狂者。類マニア

**フリーザー**［freezer］冷凍‐庫（装置）。

**フリージア**［freesia］観賞用の花の一。五月ごろ咲く。

**フリージング**［freezing］凍らせること。

**フリース**［fleece］起毛した柔らかい布地。

**フリーズ**［freeze］凍結。Ⅱ瞬時に動作をとめること。また、パソコンが突然動かなくなること。

ードライ［freeze-drying］食品を急速凍結して乾燥させる方法。凍結乾燥。

**プリーズ**［please］どうぞ。

**フリーター** 定職につかず、アルバイトで生計をたてる人。フリーアルバイター。〔freeとドイツ語 Arbeiterから〕

**ブリーダー**［breeder］動物や植物の交配・育種・生産を仕事とする人。

**ブリーチ**［bleach］頭髪や布の漂白。漂白脱色。

**プリーツ**［pleats］スカートなどのひだ。

**ブリーフ**［briefs］ぴったりした男の下ばき。

ーケース［briefcase］書類かばん。四角で薄型。

**ブリーフィング**［briefing］（マスコミに対してする）簡単な状況説明。

**フリーマーケット**［flea market］不用品や中古品を持ちよって、安く売る市。ノミの市。略してフリマとも。〔fleaはノミの意〕

**ふりおこす【振り起こす】** ふるい立たせる。「勇気を—」

**ブリオッシュ**［フランス語 brioche］フランスのパンの一。〔バターと卵を多く使う〕

**プリオン**［prion］タンパク質の一。〔異常型プリオンタンパク質はクロイツフェルトヤコブ病や牛海綿状脳症などの病原体とされる〕

**ふりかえ【振替】** ①【振り替え】他のものと替えること。「—休日」②簿記で、ある勘定の金額を他の勘定に移すこと。③郵便振替。「—口座」

**ぶりかえす【振り返す】** 再び悪化する。

**ふりかえる【振り返る】** 後ろを向いて見る。Ⅱ回顧する。

**ふりかえる【振り替える】** ①流用する。②振替②をする。

**ふりかかる【降り懸かる・—掛かる】** 降ってきてかかる。Ⅱよくないことが身に及ぶ。

**ふりかけ【振り掛け】** ご飯に振り掛ける食品。

**ふりかざす【振り翳す】** 頭上に振り上げる。Ⅱ意見や主張を強くおしだす。

**ふりかた【振り方】** ①振る方法。②処置。「身の—」

**フリカッセ**［フランス語 fricassée］肉をホワイトソースで煮込んだ料理。

**ふりがな【振り仮名】** 字の横に付けて、読み方を示す仮名。類ルビ

**ふりかぶる【振りかぶる】** 手（—に持った物）を頭上に大きく振り上げる。

**ブリキ**《錻力》［オランダ語 blik］錫《すず》をめっきした薄い鉄板。

**ふりきる【振り切る】** ①ふりはなす。②最後まで追いつかせない。「二位以下を—」③十分ふる。「バットを—」

**ふりきれる【振り切れる】** 計器の針が目盛りの外まで回る。

**フリクション**［friction］摩擦。不和。

**プリクラ** 被写体と特定の写真やイラストとの合成写真を作ってシール状に仕上げる機械（―で作ったシール）。〔プリント倶楽部《クラブ》の略。／商標〕

**フリゲート**［frigate］ 多目的の小型駆逐艦。フリゲート艦。

**ふりこ【振り子】** つり下げた糸や棒に重しをつけたもの。「―時計」

**ふりこう【不履行】** 約束などを実行しないこと。「契約―」

**ふりごま【振り駒】** 将棋で、先手を決めるためにこまを振ること。振り歩《ふ》。

**ふりこみ【振り込み】** ①【振込】口座にお金を払い込むこと。②マージャンで、ふりこむこと。

**ふりこむ【振り込む】** ①振替口座などにお金を払い込む。②マージャンで、他人の上がり手となるパイを出す。

**ふりこむ【降り込む】** 雨や雪が内部に入る。

**ふりこめさぎ【振り込め詐欺】** 詐欺の一。親族や公的機関を装って金を振り込ませる。

**ふりこめる【降り籠める】** 雨などが降って外出できないようにする。

**ブリザード**［blizzard］ 雪あらし。暴風雪。

**プリザーブ**［preserves］ 砂糖漬け。ジャム。

**ふりしきる【降り頻る】** 盛んに降る。

**ふりしく【降り敷く】** 一面に降る。

**ふりしぼる【振り絞る】** （力や声を）精いっぱい出す。

**ふりすてる【振り捨てる】** きっぱりすてる。

**フリスビー**［Frisbee］ 投げ合って遊ぶ、円盤形の遊具。〔商標〕

**プリズム**［prism］ ガラスや水晶の透明な三角柱体。光を屈折・分散させる。

**ふりそそぐ【降り注ぐ】** 集中して降ってかかる。

**ふりそで【振り袖】** 長い袖（―の和服）。〔若い女性の晴れ着〕[対]留め袖

**ふりだし【振り出し】** ①（すごろくの）出発点。②手形や為替を発行すること。③小袋に入れ、熱湯に入れて成分を出して使う薬。振り出し薬。

**ふりだす【振り出す】** ①振って出す。②手形や為替を発行する。

**ふりたてる【振り立てる】** ①激しく―振る（振って立てる）。②声をはりあげる。

**ふりつ【府立】** 府の設立。

**フリック**［flick］ （タッチパネルで）指を素早く動かすこと。はじいたりスライドさせたりする。「―入力」

**ふりつけ【振り付け】** 舞踊などの所作を案出し指導する―こと（人）。「―師」

**ぶりっこ【ぶりっ子】** 〔俗語〕純情そうにふるまう―人（こと）。

**ブリッジ**［bridge］ ①橋（―のようにかけ渡したもの）。②船橋《せんきょう》。艦橋。③義歯をささえる装置。④トランプの遊び方の一。⑤レスリングで、肩がマットにつかないように体を弓なりにそらせる姿勢。

**フリッター**［fritter］ 洋風の天ぷら。

**フリット**［イタリア語 fritto］ イタリア料理で、揚げ物。

**フリップ**［flip］ テレビで画面に映す説明用のカード。〔flipchartから〕

**ふりつもる【降り積もる】** 雪が降って積もる。

**プリティー**［pretty］ かわいい。

**ブリトー**［スペイン語 burrito］ メキシコやアメリカ合衆国南西部の料理。具材をトルティーヤで巻く。

**ふりにげ【振り逃げ】** 野球で、三振になる球を捕手が落としたすきに打者が一塁へ走ってセーフになること。

**ふりはなす【振り放す】** 振って放す。⏸ふりすてる。

**プリペイドカード**［prepaid card］ 代金前払いの磁気カード。

**ふりほどく【振り解く】** 振って、とき放す。「手を―」

**プリマ**［イタリア語 prima］ ①主役。「―バレリーナ」②プリマドンナ。

**―ドンナ**［イタリア語 prima donna］ 歌劇で、主役女優。⏸花形。

**ふりまく【振り撒く】** まきちらす。⏸やたらに（惜しまず）与える。「愛想を―」

**ふりまわされる【振り回される】** 翻弄《ほんろう》される。

**ふりまわす【振り回す】** ①大きく回す。②むやみに使う。「権利を―」③ひけらかす。「知識を―」④翻弄《ほんろう》する。

**ふりみだす【振り乱す】** （振って）ばらばらに乱す。「髪を―」

**プリミティブ**［primitive］ 原始的。素朴。基本的。プリミチブ。

**ふりみふらずみ【降りみ降らずみ】** 降ったり降らなかったり。「—の空模様」

**ブリム**［brim］ 帽子のつば。

**ふりむく【振り向く】** 後ろを-向く（見る）。

**ふりむける【振り向ける】** ①ある方向を向かせる。②他の方面に使う。

**プリムラ**［primula］ 西洋桜草。観賞用。

**ふりょ【不慮】** 思いがけないこと。

**ふりょ【俘虜】**〔文章語〕捕虜。

**ふりょう【不良】** 性質や状態がよくない-こと（人）。

**—導体《どうたい》** 不導体。対良導体

**ふりょう** [一]【不漁】 漁で獲物が少ないこと。対大漁 [二]【不猟】 猟で獲物が少ないこと。対大猟

**ぶりょう【無聊】**〔文章語〕退屈で心が満たされないこと。「—に苦しむ」

**ふりょく【浮力】** 流体中の物体を浮かせる力。

**ふりょく【富力】** 富の力。財力。

**ぶりょく【武力】** 軍事力。「—衝突」

**ブリリアント**［brilliant］ ①輝かしい。②ダイヤモンドの研磨法の一。「—カット」

**フリル**［frill］ 洋服の襟や袖につけるひだ飾り。

**ふりわけ【振り分け】** ①振り分けること。「役割の—」 ②ふたつに分けて肩にかつぐ荷物。振り分け荷物。

**ふりわける【振り分ける】** ①ふたつ（いくつか）に分ける。②配分する。

**ふりん【不倫】**（異性関係において）道徳にはずれること。

**プリン** カスタードプリン。〔プディングから〕

**フリンジ**［fringe］ ①毛糸やひもを房にした飾り。②光の干渉などでできる、明暗のしま模様。

**プリンシパル**［principal］ バレエ団の最上位のダンサー。〔主要、第一の意〕

**プリンシプル**［principle］ 主義。原則。

**プリンス**［prince］ 王子。皇太子。Ⅱ育ちのよい若い男性。◇対プリンセス

**プリンセス**［princess］ 王女。皇太子妃。Ⅱ育ちのよい若い女性。◇対プリンス

**プリンター**［printer］ 印字機。印刷機。プリンタ。

**プリンたい【—体】** 細胞や染色体の中の核酸を構成する成分。〔分解されると尿酸になるが、その量が増大すると痛風を起こす〕

**プリンティング**［printing］ ①印刷。②写真の焼き付け。

**プリント**［print］ ①印刷（-物）。②写真の焼き付け。その印画・フイルム。③型で模様を-そめること（そめた布）。

**—アウト**［print out］ パソコンやワープロで、印字すること。

**—配線《はいせん》** 回路の部品を絶縁体に印刷方式で配線-すること（したもの）。

**ふる【振る】** ①「手を—」 ②散らしてまく。「塩を—」 ③（異性に対して）きらって相手にしない。④割り当てる。

**ふる【降る】** 空から落ちてくる。

**フル**［full］ すべての。最大限の。「—-コース」

**ブル** ①ブルジョアの略。「プチ—」対プロ ②ブルドッグの略。③ブルドーザーの略。

**プル**［pull］ ①ひっぱること。②ゴルフや野球で、球をひっぱるように打つこと。

**ふるい【古い】**《旧い》 長い時間がたっているようす。対新しい

**ふるい**《篩》 細かいものと、あらいものをふるい分ける道具。

**—に掛《か》ける** ある基準でより分ける。

**ぶるい【部類】** 種類による区別。

**ふるいおこす【奮い起こす】** 気持ちをはげまし高める。「勇気を—」

**ふるいおとす【篩い落とす】** ふるいにかけて落とす。Ⅱ基準に合わないものを除く。

**ふるいたつ【奮い立つ】** 奮起する。

**ふるいつく【震い付く】** 抱きつく。

**ふるいわける【篩い分ける】** 選別する。

**ふるう【振るう】** ①振り動かす。②《揮う》勢いがあがる。「成績が振るわない」 ③《揮う》盛んである。「猛威を—」 ④《篩う》ふるいにかける。

**ふるう【奮う】** 勇み立つ。

**ブルー**［blue］ ①青色。②憂鬱。

**—カラー** 現場労働者。対ホワイトカラー〔blue-collar worker から〕

**—シート**［和製語 blue sheet］ 合成樹脂製の青いシート。野外での敷物や災害時での雨よけなどに使用。

**—ジーンズ**［blue jeans］ 紺色のジーン

ズ。

**―チーズ**［blue cheese］半硬質のナチュラルチーズの一。青カビで熟成。独特のにおいがある。

**―ベリー**［blueberry］果実の一。夏から秋に熟し、甘ずっぱい。

**―マンデー**［blue Monday］（仕事や学校が始まる）憂鬱な月曜日。「―症候群」

**―レイ** 光ディスクの一。DVDより容量が大きい。〔Blu-ray Discから。／商標〕

**プルーク**［ドイツ語 Pflug］スキーの滑り方の一。スキーの先をつけV字形をつくって滑る。

**ブルース**［blues］（アメリカ黒人の音楽をもとにした）哀調を帯びた四分の四拍子の曲。

**フルーツ**［fruit］果物。果実。

**―パーラー**［和製語 fruit parlor］果物屋と喫茶店を兼ねた店。

**―ポンチ**［和製語 fruit punch］果物の小片にシロップなどをかけた食べ物。

**フルーティー**［fruity］果物の風味があるようす。

**フルート**［flute］木管楽器の一。

**プルートー**［ラテン語 Pluto］①ローマ神話の冥界《めいかい》の神。②冥王《めいおう》星。

**フルーレ**［フランス語 fleuret］フェンシングの種目の一。それに使う剣。

**プルーン**［prune］プラムの品種の一。多く干して食べる。

**ふるえ【震え】**（体が）震えること。

**―上《あ》がる**（寒さや恐怖で）ひどく震える。

**ふるえる【震える】** こまかにゆれる。身震いする。

**プルオーバー**［pullover］前開きがなく、かぶって着るセーターやシャツ。

**ブルカ**［burka］イスラム圏で使われる女性用のベールの一。

**フルカウント**［full count］①野球で、二ストライク、三ボール。②ボクシングやレスリングで、審判がカウントし終わること。

**ふるがお【古顔】** 古くからいる人。対新顔

**ふるかぶ【古株】** ①（木の）古い株。②古顔。

**ふるき【古き】** 古いものごと。

**―を温《たず》ねて新《あたら》しきを知《し》る** 温故知新。

**ふるぎ【古着】** 着て古くなった衣服。

**ふるきず【古傷】**《古創》以前に受けた傷。対生傷 ⊜過去に犯した罪。触れられたくない過去の事柄。

**ふるぎつね【古狐】** 年とったキツネ。⊜経験を積んだずるがしこい人。

**フルコース**［和製語 full course］西洋・中国料理で、コース全部の料理。

**プルコギ**［朝鮮語 pulkogi］朝鮮料理の一。たれに漬け込んだ牛肉や野菜を焼く。

**プルサーマル** 原子力発電所の軽水炉でプルトニウムを燃料として利用すること。〔plutonium thermal useから〕

**フルサイズ**［full size］標準的な大きさ（―のもの）。対ハーフサイズ

**ふるさと【古里・故里】**《故郷》生まれ育った土地。こきょう。

**―納税《のうぜい》** 自分が選んだ自治体に寄付して、税金の控除を得られる制度。

**ブルジョア**［フランス語 bourgeois］資本家。対プロレタリア ⊜金持ち。◇ブルジョワ。

**ブルジョアジー**［フランス語 bourgeoisie］①市民階級。②資本家階級。対プロレタリアート

**ふるす【古巣】** もといた―巣（所）。

**フルスイング**［full swing］野球やゴルフで、バットやクラブを力いっぱい振ること。

**フルスピード**［full speed］全速力。

**フルスロットル**［full-throttle］エンジン全開。⊜全力を出すこと。

**フルセット**［full set］テニスやバレーボールで、最終セットまで戦うこと。

**ブルゾン**［フランス語 blouson］ジャンパー風の上着。

**フルタイム**［full-time］全時間勤務。常勤。対パートタイム

**ふるだぬき【古狸】** 年とったタヌキ。⊜経験を積んだずるがしこい人。

**プルタブ**［pull-tab］プルトップのつまみ。

**ふるづけ【古漬け】** 長い間つけこんだ漬物。対新漬け

**ふるって【奮って】** 進んで。元気を出して。「―ご応募ください」

**ふるっている【振るっている】** 風変わりだ（でおもしろい）。

**ふるつわもの【古兵】**《古強者》経験を積んだ武士。⊜経験を積んだ人。

**ふるて【古手】** ①古くなったもの。②古顔。

**ふるでら【古寺】** 古い(ー荒れた)寺。

**ふるどうぐ【古道具】** 使い古した道具。

**ブルドーザー** [bulldozer] 整地・掘削用の土木機械。

**ブルドッグ** [bulldog] 犬の品種の一。

**プルトップ** [和製語 pull top] 缶切りを使わず、とってを引っぱってあける缶詰のふた。

**プルトニウム** [plutonium] 放射性元素の一。原子力燃料用。記号Pu

**ー爆《ばく》弾《だん》** 原子爆弾の一種。

**ふるとり【隹】** 漢字の部首の一。集・雄などの「隹」。

**フルに** 最大限に。[full(=フル)から]

**プルニエ** [フランス語 prenier] 魚を材料とするフランス料理(ーを出すレストラン)。

**フルネーム** [full name] 略さないー氏名(名称)。

**ブルネット** [brunette] 黒みがかった茶色の髪の毛(ーの人)。

**フルバック** [fullback] ラグビーやサッカーで、最後衛。

**フルバンド** [和製語 full band] 大編成の楽団。

**ふるびる【古びる】**《旧びる》 古くなる。「古びた建物」

**フルベース** [和製語 full base] 野球で、満塁。

**ブルペン** [bullpen] (球場内の)投球練習場。

**ふるぼける【古ぼける】** 古びてきたなくなる。

**ふるほん【古本】** 読み古した本。対新本

**ブルマー** [bloomers] すそにゴムを入れた丈の短い女子用運動着。[もとはひざまでの丈の下着をいった]

**ふるまい【振る舞い】** ①動作。②もてなし。

**ふるまう【振る舞う】** ①行動する。動作をする。②もてなす。

**フルマラソン** [和製語 full marathon] 四二・一九五キロメートルを走るマラソン。対ハーフマラソン

**ふるめかしい【古めかしい】** 古風だ。古くさい。

**フルメンバー** [和製語 full member] 全員。

**ふるわせる【震わせる】** ふるえさせる。ふるわす。「唇をー」

**ふるわない【振るわない】** ぱっとしない。かんばしくない。

**ブルワリー** [brewery] (ビールの)醸造所。ブリュワリー。

**ぶれ** ぶれる(ずれる)こと。「カメラのー」

**プレ** [pre] 前。以前。「ーオリンピック」対ポスト

**フレア** [flare] ①すそなどが波うって広がること。「ースカート」②写真で、レンズ内部の乱反射などによって生ずるくもり。③太陽面爆発。◇フレアー。フレヤ。フレヤー。

**ふれあう【触れ合う】** 互いに触れる。Ⅱ気持ちがかよう。「心がー」

**ふれあるく【触れ歩く】** 方々に告げて歩く。

**ふれい【不例】** (身分の高い人の)病気。

**ぶれい【無礼】** 礼儀にはずれること。「ーな態度」

**ー講《こう》** 身分の上下にこだわらず楽しむ宴会。

**プレイ** ⇩プレー

**フレー** [hurray] 応援・激励のかけ声。

**プレー** [play] ①遊び。②競技。わざ。③演奏。④プレーボールの略。◇プレイ。

**ーオフ** [play-off] 同点者の優勝決定戦。

**ーガイド** [和製語 play guide] 催し物や興行の切符の前売りをする所。

**ーバック** [playback] 録音・録画の再生(ー装置)。

**ーボーイ** [playboy] 女性とたくみに遊ぶ男性。

**ーボール** [play ball] (球技の)試合開始の宣言。対ゲームセット

**プレーイングマネージャー** [和製語 playing manager] 選手兼任の監督。

**ブレーカー** [breaker] 規定より大きい電流が流れると、自動的に回路を切る装置。

**ブレーキ** [brake] 機械の運動をー停止(減速)させる装置。Ⅱ進行を妨げるもの。「発展のーとなる」

**フレーク** [flake] 薄い小さな切れはし。

**ブレーク** [break] ①ボクシングで、審判がクリンチをとくように命ずること。②テニスで、相手のサービスゲームを打ち破ること。③休憩。「コーヒーー」④急にー起こる(起こって勢いよく広まる)。◇ブレイク。

**ースルー** [breakthrough] 現状打破。

難関突破。⓫科学技術などの飛躍的進歩。

**ーダウン**［breakdown］①分析して掘り下げること。②機械類の故障・破損。③ラグビーで、密集状態（―から球が出るまでの間）。

**ーダンス**［break dance］ダンスの一。アクロバット的な動きが特徴。〔ニューヨークの路上ダンスから始まった〕

**フレーズ**［phrase］①句。成句。「キャッチー」②旋律の、あるまとまり。

**プレース**［place］場所。位置。

**プレート**［plate］①（金属の）板。②皿。③野球で、ホームプレート・ピッチャーズプレートの略。④真空管の陽極。⑤地球表層の岩石層。

**ーテクトニクス**［plate tectonics］地学の学説の一。地球上の地学現象をプレート⑤の運動に基づいて統一的に説明する。

**ブレード**［blade］①刃。②ボートで、オールの水をかく部分。③タービンなどの羽根。

**フレーバー**［flavor］風味。香り。香辛料。

**フレーム**［frame］①わく。②温床。

**ーワーク**［framework］枠組み。骨組み。体制。

**プレーヤー**［player］①競技者。②演技者。演奏者。③レコードプレーヤー。

**プレーリードッグ**［prairie dog］穴を掘ってすむ、リス科の動物。〔北アメリカのプレーリーに分布。鳴き声が犬に似る〕

**ブレーン**［brain］①頭脳。②相談相手。顧問機関。〔ブレーントラストの略〕

**ーストーミング**［brainstorming］自由討論形式の集団思考開発法。

**プレーン**［plain］単純。飾りのないこと。味をつけないこと。「ーヨーグルト」

**プレオリンピック** オリンピック大会の前年に開かれる競技会。〔pre-Olympic trials から〕

**フレオン**［Freon］フロンガスの商標の一。

**フレキシビリティー**［flexibility］柔軟性。融通性。

**フレキシブル**［flexible］柔軟性があるようす。

**フレグランス**［fragrance］芳香性化粧品の総称。香水・コロンなど。〔芳香の意〕

**ふれこみ【触れ込み】**前宣伝。

**ふれこむ【触れ込む】**前宣伝をする。

**ブレザー**［blazer］背広型の上着。ブレザーコート。

**プレジデント**［president］①大統領。②会長。

**プレジャーボート**［pleasure boat］レジャー用ボート。〔ヨット・クルーザーなど〕

**ブレス**［breath］①息。呼吸。②歌唱や水泳で、息つぎ。

**ーケア**［breath care］口臭の予防。

**プレス**［press］①おしつけること。②圧縮して型や模様を打ち出す機械。③印刷。出版。④新聞。⑤アイロンで、しわをのばすこと。

**ーセンター**［press center］新聞記者会館。また、臨時に設けられる報道機関のセンター。

**ーハム**［pressed ham］ブタ肉その他の肉をまぜて固めたハム。

**ーリリース**［press release］報道関係者向けの発表。

**フレスコ**［イタリア語 fresco］西洋の壁画画法の一。

**プレステージ**［prestige］威信。名声。プレスティージ。

**ブレスト**［breast］①胸。胸部。②平泳ぎ。〔ブレストストロークの略〕

**ブレスレット**［bracelet］腕輪。腕飾り。

**プレゼン** プレゼンテーション①の略。

**プレゼンス**［presence］（政治的・経済的・軍事的影響力の）存在。存在感。

**プレゼンテーション**［presentation］①発表。提示（―活動）。プレゼン。②贈呈。③上演。

**プレゼント**［present］贈り物（―をすること）。「クリスマスー」

**プレタポルテ**［フランス語 prêt-à-porter］有名デザイナーによる高級既製服。

**フレックスタイムせい【―制】**勤務方式の一。コアタイム以外の勤務時間を従業員に自主管理させる。

**フレッシャー**［fresher］新人。新入社員や新入生。類ニューフェイス

**プレッシャー**［pressure］（精神的な）圧力。

**フレッシュ**［fresh］新鮮。

**ーマン**［freshman］男性のフレッシャー。

**ブレッド**［bread］パン。

**ふれはば【振れ幅】** 振幅《しんぷく》。
**プレハブ**［prefab］工場で壁・床などの部品をつくり、現地で組み立てる建築法〈—の建物〉。
**プレパラート**［ドイツ語 Präparat］顕微鏡用の標本。
**プレビュー**［preview］①映画・演劇の試写・試演。②展覧会の内見。内覧。
**ふれまわる【触れ回る】** 人々に知らせて回る。
**プレミア** プレミアムの略。プレミヤ。
**プレミアショー**［premiere show］有料試写会。
**プレミアム**［premium］割増し金。手数料。Ⅱおまけ。
**フレヤー** ⇩フレア
**プレリュード**［フランス語 prélude］①前奏曲。序曲。②序章。
**ふれる《狂れる》** くるう。「気が—」
**ふれる【振れる】** 振った状態にある。かたよる。揺れ動く。
**ふれる【触れる】** ①さわる。②ちょっとかかわる。「目に—」③言い及ぶ。④抵触する。「法に—」⑤広く知らせる。
**ぶれる** ちょっと動いてずれる。「カメラ〈方針〉が—」
**フレンチ**［French］フランス風。
**—キス**［French kiss］濃厚なキス。
**—トースト**［French toast］牛乳と卵に食パンをひたし、焼いたもの。
**—ドレッシング**［French dressing］サラダ用ソースの一。サラダ油に酢などの調味料をまぜて作ったソース。フレンチソース。
**—ホルン**［French horn］金管楽器の一。
**フレンド**［friend］友人。
**—シップ**［friendship］友情。
**ブレンド**［blend］洋酒やタバコ・コーヒーなどで、特色の異なるものをまぜ合わせること〈合わせたもの〉。対ストレート
**フレンドリー**［friendly］友好的。「—に話す」
**ふろ【風呂】** ①湯ぶね〈—で沸かす湯〉。②銭湯。③入浴。
**ふろ【風炉】** 茶の湯の席で使う丸い炉。
**プロ** ①プロフェッショナルの略。〈選手名にもそえる〉対アマ・ノンプロ ②プロレタリアの略。対ブル ③プログラム・プロダクション・プロデューサーの略。
**フロア**［floor］①床《ゆか》。②聴衆席。議場。「—からの質問」③〈建物の〉階。◇フロアー。
**ふろあがり【風呂上がり】** 入浴してふろから出たばかりの状態。
**ブロイラー**［broiler］運動させずに育てた食肉用の若いニワトリ。
**フロイライン**［ドイツ語 Fräulein］お嬢さん。
**ふろう【不老】** 年をとらないこと。「—長寿〈不死〉」
**ふろう【不労】** 労働しないこと。
**—所得《しょとく》** 労働によらずに得る所得。地代・利子など。対勤労所得
**ふろう【浮浪】** 一定の住所・職業がなく、うろつき回ること。「—者」
**フロー**［flow］経済で、財貨の流量。〈流れの意〉対ストック
**—チャート**［flow chart］作業の流れや手順を図式化した図。
**ブロー**［blow］①ボクシングで、打撃。②ドライヤーで髪を乾かして型を整えること。③吹くこと。吹きつけること。
**ブローカー**［broker］仲買い人。
**ブロークン**［broken］発音や言い回しが正式でないこと。「—イングリッシュ」
**フローズン**［frozen］冷凍。凍結。「—ヨーグルト」
**ブローチ**［brooch］装身具の一。襟や胸もとにピンでとめる。
**フロート**［float］①水上飛行機の浮き舟。②浮き。③アイスクリームを浮かべた飲み物。「コーヒー—」④変動為替相場制。
**ブロード**［broadcloth］①毛織物の一。柔らかく薄い。②綿織物の一。柔らかい。
**ブロードバンド**［broadband］高速・大容量の通信網の総称。
**ブローニング**［Browning］自動式ピストルの一。〈発明者の名前から〉
**フローラ**［ラテン語 flora］①ローマ神話で、春と花と豊穣の神。②特定地域の植物の全種類。③細菌の集合。細菌叢。「腸内—」〈細菌を植物にたとえた〉
**フローリスト**［florist］花屋。フロリスト。
**フローリング**［flooring］床板。また、床に板を張ること。フロアリング。
**ブロガー**［blogger］ブログを公開・運営し

ている人。

**ふろく【付録】**《附録》本文（本体）に付け添えられたもの。[Ⅱ]おまけ。

**ブログ**［blog］インターネット上に公開される、個人の日記形式のサイトやホームページ。ウェブログ。〔webとlogの合成語weblogの略〕

**プログラマー**［programmer］プログラミングをする人。

**プログラミング**［programming］コンピューターのプログラムを作ること。

**プログラム**［program］①番組（―表）。②予定（―表）。③コンピューターに対する、計算の指示書。

**―言語**《げんご》 プログラム③作成に使われる言語。

**ブロケード**［brocade］金糸・銀糸で模様を織り出した絹織物。[類]きんらん

**プロジェクター**［projector］①映写機。②立案者。

**プロジェクト**［project］研究課題。実施計画。

**―チーム**［project team］ある企画のために特別に編成されたチーム。

**ブロシェット**［フランス語 brochette］洋風の串焼き料理（―に用いる金串）。ブロセット。

**ふろしき【風呂敷】**物を包む四角い布。

**―を広**《ひろ》**げる** おおげさに話す。

**フロスト**［frost］霜。氷結。

**プロセス**［process］①過程。手順。②（化学的に）処理すること。

**―チーズ**［process cheese］加工チーズ。[対]ナチュラルチーズ

**プロセッサー**［processor］①処理・加工する装置。「フードー」②コンピューターで、命令を解読・実行する装置。「ワードー」

**プロソディー**［prosody］韻律。

**プロダクション**［production］①生産。制作。②映画や出版などで、制作会社。◇プロ。

**プロダクト**［product］生産物。製品。

**―アウト**［product out］企画・生産の際に、消費者のニーズより生産者側の都合を優先すること。[対]マーケットイン

**ブロッキング**［blocking］①スポーツで、相手の攻撃をさえぎること。②インターネットで、特定のサイトへの接続を遮断すること。

**フロック**［frock］フロックコートの略。

**―コート**［frock coat］男子用通常礼服。上着はダブル。ズボンはしま柄。

**ブロック**［bloc］共通の利益で結びついた―国国（団体）。

**―経済**《けいざい》 数か国が結束して作る経済圏。

**ブロック**［block］①石やコンクリートの（―四角い）かたまり。②市街の一区画。③スポーツで、相手の攻撃に対する―妨害（防御）。

**―サイン**［和製語 block sign］野球で、種々の動作を組み合わせたサイン。

**ブロッケンげんしょう【―現象】**高山で、太陽を背にすると前面の霧に自分の影が映り、そのまわりに光輪が見える現象。〔Brockenはドイツの山の名〕

**ブロッコリー**［broccoli］西洋野菜の一。

**プロット**［plot］小説や演劇の、筋・仕組み。

**フロッピー** フロッピーディスクの略。

**―ディスク**［floppy disk］かつて使われた、薄い円盤状の磁気記録媒体。FD。

**プロテイン**［protein］①たんぱく質。②大豆たんぱくが主成分の美容・健康食品。

**プロテクター**［protector］危険防止用の防具・装置。

**プロテクト**［protect］保護。特に、コンピューターのソフトウエアやCD・DVDなどで、コピーや消去を防止する処理。

**プロテスタント**［Protestant］キリスト教の一派。新教。また、その信者。[対]カトリック

**プロテスト**［protest］抗議。異議申し立て。

**プロデューサー**［producer］映画・演劇・放送番組などの制作責任者。

**プロデュース**［produce］映画・演劇・放送番組などを制作・上演すること。

**プロトコル**［protocol］①国家間で交わす議定書。②データ通信を行うために、あらかじめ定めておく規約。◇プロトコール。

**プロトタイプ**［prototype］原型。典型。

**プロトン**［proton］陽子《ようし》。

**プロパー** 病院を回って医師に医薬品を宣伝・販売する人。〔propagandistから〕

**プロパー**［proper］固有（専門）であるよう

す。「言語学―の問題」

**プロバイダー**［provider］インターネット接続サービス業者。〔インターネットサービスプロバイダーの略〕

**プロパガンダ**［propaganda］（思想の）宣伝。

**プロパティー**［property］①ものの属性。特性。②所有権。資産。

**プロバビリティー**［probability］確からしさ。確率。

**プロパン**［propane］①可燃性の気体の一。②プロパンガスの略。

**―ガス**［propane gas］燃料用の液化石油ガス。LPG。

**プロファイリング**［profiling］犯罪捜査法の一。過去のデータをもとに、犯罪の特徴から犯人像を推測する。

**プロファイル**［profile］輪郭を描くこと。⊜概要を推し量ること。〔原語はプロフィールと同語〕

**プロフィール**［profile］①横顔。②人物紹介。◇〔原語はプロファイルと同語〕

**プロフィット**［profit］利益。利潤。

**プロフェッサー**［professor］教授。

**プロフェッショナル**［professional］職業的。本職であること。プロ。対アマチュア

**ふろふき【風呂吹き】**和風料理の一。ダイコンやカブの輪切りを煮てみそをかける。

**プロブレム**［problem］問題。

**プロペラ**［propeller］飛行機や船の、回転羽根式推進機。

**プロポーザル**［proposal］申し込み。提案。

**プロポーション**［proportion］①身体の均整。②割合。比率。

**プロポーズ**［propose］結婚を申し込むこと。求婚。

**プロポリス**［propolis］ミツバチが巣作りに使う粘性の物質。

**ブロマイド**［bromide］俳優や歌手の小形写真。〔プロマイドはなまった言い方〕

**プロミネンス**［prominence］①太陽の表面に吹きあがる赤い炎。紅炎。②ある部分を特に強く発音すること。卓立。

**プロムナード**［フランス語 promenade］遊歩道。

**プロモーション**［promotion］宣伝。奨励。「―ビデオ（＝新曲の宣伝のためのビデオ）」

**プロモーター**［promoter］興行師。主催者。

**プロモート**［promote］興行や行事の企画・主催。

**プロやきゅう【―野球】**職業野球。

**フロリスト**［florist］フローリスト。

**プロレス** プロレスリングの略。職業レスリング。〔professional wrestling から〕

**プロレタリア**［ドイツ語 Proletarier］賃金労働者。無産者。プロ。対ブルジョア

**プロレタリアート**［ドイツ語 Proletariat］労働者階級。無産階級。対ブルジョアジー

**プロローグ**［prologue］小説や戯曲の、はじめの部分。⊜物事の発端。◇対エピローグ

**フロンガス**［flon gas］フッ素を含む炭化水素の気体。フロン。〔冷蔵庫の冷媒やスプレー用。／オゾン層を破壊し、有害〕

**ブロンズ**［bronze］青銅（―製の彫像）。

**フロンティア**［frontier］国境。辺境。また、開拓地の最前線。

**―スピリット**［frontier spirit］開拓者精神。

**フロント**［front］①正面。②前線。③ホテルの受付。④プロ野球の、球団首脳陣。

**―エンジン**［front engine］前部にエンジンがあること。対リアエンジン

**―ドライブ**［和製語 front drive］自動車の前輪駆動。

**ブロンド**［blonde］金髪（―の人）。

**プロンプター**［prompter］舞台上で俳優にかげから、せりふを教える人。

**プロンプト**［prompt］コンピューターで、次の入力を促すディスプレー上の表示。

**ふわ【不和】**仲がわるいこと。

**ふわく【不惑】**〔文章語〕四〇歳の別称。〔『論語』の「四十にして惑わず」から〕

**ふわたり【不渡り】**手形・小切手の支払い日に支払いを受けられないこと。「―をだす」

**ふわらいどう【付和雷同】**《附和―》定見がなく、軽々しく他人の説に従うこと。

**ふん【分】**①時間の単位の一。一時間の六〇分の一。②角度・経緯度などの単位の一。一度の六〇分の一。

**ふん【糞】**大便。

**ぶん【文】** ①言語単位の一。センテンス。〔ふつう句点で区切られる〕②文章。③学問。文芸。対武 ④文学部・文系の略。対理

**ーは人《ひと》なり** 文章は書き手の人柄を表す。

**ぶん【分】** ①分けたもの。「妹のー」②身の程。「ーをわきまえる」③人のつとめ。「ーをつくす」④程度。「このーなら」⑤分かれたもの。「ー教場」⑥仮に定めた身分。「兄弟ー」⑦…の分量。「一年ー」

**ぶんあん【文案】** 文書の草案。「ーを練る」

**ぶんい【文意】** 文章の意味。

**ふんいき【雰囲気】** その場をつつむ気分。

**ぶんいん【分院】** 本院とは別に設けられた院の建物。

**ぶんうん【文運】** 〔文章語〕学問・芸術の進む気運。

**ふんえん【噴煙】** (火山から)ふき出す煙。

**ぶんえん【分煙】** 喫煙と禁煙の場所や時間帯を分けること。

**ふんか【噴火】** 火山が爆発して、溶岩や火山灰をふき出すこと。

**ぶんか【文化】** ①世の中が開け生活が便利になること。②人間の営みによってつくりだされたもの。〔生活様式・宗教・道徳・芸術などのすべて〕

**ー遺産《いさん》** 今日まで伝えられた文化財。

**ー勲章《くんしょう》** 学問や芸術の分野で、功績のあった人に授与される勲章。

**ー功労者《こうろうしゃ》** 文化の面で功績があったとして、終身年金を支給される人。

**ー財《ざい》** 文化によってうみ出されたもの。

**ー住宅《じゅうたく》** ①関西で、二階建ての棟割りアパート。②大正から昭和にかけて、洋風をとり入れた住宅。

**ー人《じん》** 学問や芸術に関係する人。また、教養のある人。

**ー人類学《じんるいがく》** 文化・社会の面から人類の現象を研究する学問。

**ー庁《ちょう》** 文部科学省の外局。文化行政を扱う。

**ー的《てき》** ①文化に関係があるようす。②文化を取り入れているようす。「ー生活」

**ーの日《ひ》** 国民の祝日の一。一一月三日。

**ぶんか【文科】** ①人文科学・社会科学系統の一教科(課程)。②文学部。◇対理科

**ぶんか【分化】** 細かく分かれていくこと。機能などが特殊化していくこと。

**ぶんか【分科】** 専門ごとに分けた一科目(学科)。

**ふんがい【憤慨】** (不正・不当に対して)ひどく腹をたてること。

**ぶんかい【分会】** 支部として分かれた会。

**ぶんかい【分界】** 境目(ーをつけること)。

**ぶんかい【分解】** ①部分に-分ける(分かれる)こと。②化合物が二種以上の物質に分かれること。

**ぶんがく【文学】** ①文芸。②文芸学。③人文科学。「ー博士」

**ー者《しゃ》** ①文学の研究者。②作家。

**ぶんかつ【分割】** 分けて別々にすること。

**ぶんかつ【分轄】** 分けて管轄すること。

**ぶんかん【文官】** 軍事以外の行政事務を扱う役人。対武官

**ふんき【噴気】** 〔文章語〕ふき出る蒸気・ガス。

**ふんき【奮起】** 勇気を奮い起こすこと。

**ふんぎ【紛議】** 〔文章語〕もつれた議論。

**ぶんき【分岐】** 道などが分かれること。

**ー点《てん》** 分かれ目。

**ふんきざみ【分刻み】** 一分単位で時間を数える-こと(忙しさ)。

**ふんきゅう【紛糾】** 物事が乱れもつれること。「議論がーする」類混乱

**ふんきゅう【墳丘】** 丘のような古墳。

**ぶんきょう【文教】** 学問や教育によって教え導くこと。また、学問・教育に関する行政事務。「ー政策」

**ぶんぎょう【分業】** 手分けをしてひとつの仕事をすること。

**ぶんきょうじょう【分教場】** 僻《へき》地《ち》の小さな分校。

**ぶんきょく【分極】** 電場内の原子や分子が、正負の電荷に分かれること。

**ー化《か》** 対立するいくつかの立場に分かれること。

**ふんぎり【踏ん切り】** 決断。「ーがつかない」

**ぶんきんたかしまだ【文金高島田】** 日本髪の一。花嫁が結う。文金島田。

**ぶんぐ【文具】** 文房具。

**ぶんけ【分家】** 家族が分かれて、別に一家を立てること。その家。新家《しんけ》。対本家

**ふんけい【刎頸】**

―の友《もと》 刎頸の交わりを結ぶ親友。
―の交《まじ》わり （その人のために、たとえ首を切られても後悔しないほどの）深い交わり。〔中国の故事から〕

**ふんけい【焚刑】**〔文章語〕火あぶりの刑。

**ぶんけい【文系】** 文科系。

**ぶんけい【文型】** 文法で、文の類型。

**ぶんげい【文芸】** ①言語芸術。文学。②学問と芸術。
―復興《ふっこう》 ルネッサンス。

**ふんげき【憤激】** 激しく怒ること。

**ぶんけつ【分蘖】** イネなどの茎が、根もとから枝分かれすること。ぶんげつ。

**ぶんけん【文献】**（参考資料となる）文書や書物。

**ぶんけん【分遣】**〔文章語〕（本隊から）分けて派遣すること。「―隊」

**ぶんけん【分権】** 権力を分散させること。「地方―」 対集権

**ぶんげん【分限】** 身分。身の程。

**ぶんこ【文庫】** ①書物を入れる倉。Ⅱ蔵書。②手文庫。③小型の叢書《そうしょ》。「―本」
―判《ばん》 文庫③の大きさ。A６判。

**ぶんご【文語】** ①書き言葉。②昔、文章に使われた言葉。◇対口語
―体《たい》 文語②を用いた文体。対口語体
―文《ぶん》 文語②で書かれた文。対口語文

**ふんごう【吻合】**〔文章語〕①ぴったり合うこと。類符号 ②手術で、臓器などをつなぎ合わせること。

**ぶんこう【分光】** プリズムなどを通して、光をスペクトルに分けること。「―分析」

**ぶんこう【分校】** 本校と離れて設置した学校。

**ぶんごう【文豪】** すぐれた文学者。

**ぶんこつ【分骨】** 遺骨を二か所以上に分けて埋めること。

**ふんこつさいしん【粉骨砕身】** 力の限り努力すること。

**ふんさ【噴砂】**（地震のときに）砂を含んだ地下水が噴出する現象。

**ふんさい【粉砕】** ①粉状に砕くこと。②完全に負かすこと。「敵を―する」

**ふんざい【粉剤】** 粉薬。対液剤・錠剤

**ぶんさい【文才】** 文章を書く才能。

**ぶんざい【分際】** 身分。「学生の―で」

**ぶんさつ【分冊】** 書物を幾冊かに分ける こと（分けたもの）。

**ぶんさん【分散】** ①分かれて散らばること。②統計で、数のばらつきを表す指標。

**ふんし【憤死】** 憤慨のあまり死ぬこと。Ⅱ野球で、惜しくもアウトになること。

**ぶんし【文士】** 文筆に携わる人。小説家。〔古風な語〕

**ぶんし【分子】** ①物質の化学的性質を保つ最小の粒子。原子の集合体。②集団の中の個人。「反動―」③分数の横線の上にある数。対分母
―式《しき》 分子①の構成を表す化学式。〔例、水の分子式は$H_2O$〕
―生物学《せいぶつがく》 生命現象を分子のレベルで研究する生物学。

**ぶんし【分枝】** 枝分かれ。

**ぶんし【分祀・分祠】** ①分霊。②神社の祭神の一部を移して祭ること。

**ぶんじ【文治】**〔文章語〕学問や法制で世を治めること。ぶんち。「―政治」対武断

**ぶんじ【文辞】**〔文章語〕文章の言葉。

**ふんしつ【紛失】** 紛れて―なくなる（なくす）こと。「―物」

**ぶんしつ【分室】** 本部から分かれて設けられた組織。

**ふんしゃ【噴射】** 気体や液体をふき出すこと。「―口」

**ぶんしゃ【分社】** ①本社の神霊を分けてまつった神社。②事業を分けて別の会社を作ること。また、その会社。「―化」

**ぶんじゃく【文弱】** 学問・文学にふけって弱々しいこと。「―に流れる」

**ぶんしゅく【分宿】** 集団のメンバーが分かれて宿泊すること。

**ふんしゅつ【噴出】** ふき―出る（出す）こと。

**ふんしょ【焚書】** 書物を焼き捨てること。

**ぶんしょ【文書】** 文字で書いた物。書類。

**ぶんしょ【分署】** 本署から分かれて別に設けられた警察署や税務署。

**ぶんしょう【文章】** 文字を連ねて思想・感情を表したもの。散文。
―語《ご》 書き言葉（―専用の語）。対口頭語

**ぶんしょう【分掌】**〔文章語〕仕事を分担すること。

**ぶんじょう【分乗】** 二台以上の車両に分かれて乗ること。

**ぶんじょう【分譲】** 土地などを分けて売ること。「―住宅」

**ふんしょく【粉食】** 穀物を粉にして食べること。対粒食

**ふんしょく【粉飾】**《扮飾》うわべを飾ること。

**—決算《けっさん》** 企業が財政状態をよくみせかけて行う決算。

**ぶんしょく【文飾】**〔文章語〕工夫をこらして、文章や語句を飾ること。

**ふんしん【分針】** 時計の長針。対時針・秒針

**ふんじん【粉塵】** 岩石や金属が砕けてできた、微細な粒子。「浮遊—」

**ふんじん【奮迅】**〔文章語〕激しい勢いで行うこと。「獅子《しし》—の勢い」

**ぶんしん【分身】** ①ひとつの体から分かれ出たもの。②〔仏教語〕仏が衆生《しゅじょう》を救うために姿を変えて現れること。

**ぶんじん【文人】** ①学問や芸術に携わる人。対武人 ②風流人。

**—画《が》** 文人が余技にかく絵。〔南画《なんが》と混同されることがある〕

**—墨客《ぼっかく》** 詩文を作る人や書画を描く人。風流な人。

**ふんすい【噴水】** 観賞のために水がふき出るようにした装置。

**ぶんすい【分水】** 水の流れが分かれること。分かれた水流。

**—界《かい》** ふたつ以上の川の流れを分ける境界。多くは山の背を境に反対方向に流れる場合。

**—嶺《れい》** 分水界となる山脈。

**ぶんすう【分数】** ふたつの整数の比を、分子・分母の形で表した数。

**ふんする【扮する】** 扮装する。役を演ずる。

**ぶんせき【文責】**〔文章語〕書いた文章についての責任。

**ぶんせき【分析】** ①複合したものを、成分・要素に分けて調べること。対総合 ②物質の成分の種類や量を調べること。

**ぶんせつ【文節】** 文を構成する単位の一。

**ぶんせつ【分節】** 全体をいくつかのまとまりに分けること(分けたもの)。「—化」

**ふんせん【噴泉】**〔文章語〕勢いよくふき出る温泉・泉。

**ふんせん【奮戦】** 力をふるって戦うこと。Ⅱ力いっぱいがんばること。

**ふんぜん【憤然】**《忿然》 憤慨するようす。

**ふんぜん【奮然】** 元気をふるい起こすようす。

**ふんそう【扮装・粉装】** あるものに似せて身なり・顔を変えること。また、その姿。

**ふんそう【紛争】** あらそい。もめごと。

**ぶんそう【文藻】**〔文章語〕①文才。②文章のあや。

**ぶんそうおう【分相応】** 地位や身分にふさわしいこと。対分不相応

**ぶんそく【分速】** 一分間に進む距離で表した速さ。

**ふんたい【粉黛】**〔文章語〕化粧。〔おしろいとまゆずみの意〕

**ぶんたい【文体】** ①文章の様式。〔文語体・漢文体など〕②作者独自の文章の特色。

**ぶんたい【分隊】** ①本隊から分かれた隊。②軍隊の編制で、最小の単位。「—長」

**ふんだくる**〔俗語〕(乱暴に)奪い取る。

**ふんだりけったり【踏んだり蹴ったり】** さんざんな目にあうようす。

**ふんだん** 十分にあるようす。

**ぶんたん【文旦】** ザボンの別称。

**ぶんたん【分担】** 分けて受け持つこと。

**ぶんだん【分団】** 本部から分かれて作られた小さい集団。「消防—」

**ぶんだん【文壇】** 文筆家の社会。

**ぶんだん【分断】** 断ち切ること。

**ぶんち【文治】** ぶんじ。

**ぶんちゅう【文中】** 文(文章)の中。

**ぶんちゅう【分駐】** 本隊と別の土地に駐屯すること。

**ぶんちょう【文鳥】** スズメぐらいの小鳥の一。飼い鳥。「手乗り—」

**ぶんちん【文鎮】** 紙や書物をおさえる文房具。

**ぶんつう【文通】** 手紙のやりとり。

**ふんづける【踏ん付ける】** ふみつけるの強調。

**ふんづまり【糞詰まり】** 大便が出なくなること。Ⅱ出るべきものが出ないこと。

**ぶんてん【文典】** 文法書。

**ぶんてん【分店】** 本店から分かれて独立した店。類支店

**ふんど【憤怒】**《忿怒》〔文章語〕激しく怒ること。ふんぬ。「—の声」

**ふんとう【奮闘】** 力を奮って戦う(努力

する）こと。
**ぶんとう【文頭】** 文（文章）のはじめ。
**ぶんどき【分度器】** 角度をはかる器具。
**ふんどし【褌】**《犢鼻褌》 男性の陰部をおおう細長い布。
**ー担《かつ》ぎ** 相撲で、取的。Ⅱ部内の最下級者。
**ーを締《し》める** 気をひきしめる。〔多く「〜を締めてかかる」「〜を締め直す」の形で使う〕
**ぶんどる【分捕る】** 敵のものを奪い取る。Ⅱ他人のものを奪い取る。
**ぶんなぐる【ぶん殴る】**〔俗語〕乱暴になぐる。
**ぶんなげる【ぶん投げる】**〔俗語〕乱暴に投げる。
**ふんにゅう【粉乳】** 粉ミルク。
**ふんにょう【糞尿】** 大小便。
**ふんぬ【憤怒】**《忿怒》 ふんど。「ーの形相」
**ぶんのう【分納】** 何回かに分けて納めること。「税金をーする」
**ぶんぱ【分派】** 主流から分かれて集団を作ること。また、その集団。セクト。「ーを立てる・ー活動」
**ぶんばい【分売】** そろいの品の一部を分けて売ること。
**ぶんぱい【分配】** 分け配ること。
**ふんぱつ【奮発】** 思いきってお金を出すこと。「チップをーする」
**ふんばる【踏ん張る】** 足を開いて踏みしめる。「土俵ぎわでー」Ⅱがんばる。こらえる。「最後までー」
**ふんぱん【噴飯】** ばかばかしさに笑い出すこと。「ー物《もの》」〔口中の飯を吹き出す意〕
**ぶんぴ【分泌】** ぶんぴつ。
**ぶんぴつ【文筆】** 文章を書くこと。「ー家」
**ぶんぴつ【分泌】** 生物の腺《せん》が特殊な生産物を出すこと。
**ぶんぴつ【分筆】** 一区画の土地を分割して登記すること。対合筆《がっぴつ》
**ぶんぶ【文武】** 学問と武芸。「ー両道」
**ー百般《ひゃっぱん》** 学問と武芸のあらゆる方面。
**ぶんぷ【分布】** 地域ごとに広がってあること。「広い地域にーする」
**ー図《ず》** 分布の状態を表す図。
**ぶんふそうおう【分不相応】** 身のほどにふさわしくないこと。対分相応
**ぶんぶつ【文物】**〔文章語〕文化の所産。
**ふんぷん【芬々】**〔文章語〕（強く）におうようす。
**ふんぷん【紛々】**〔文章語〕入り乱れるようす。「諸説ー」
**ふんべつ【分別】** 理性的に判断する‐こと（力）。「ーを失う・思慮ー」
**ー臭《くさ》い** いかにも分別がありそうだ。
**ー盛《ざか》り** 物事の道理が最もよくわかる年ごろ。
**ーらしい** いかにも分別があるように見える。
**ぶんべつ【分別】** 種類にわけること。「ごみのー」
**ふんべん【糞便】** 大便。
**ぶんべん【分娩】** 子をうむこと。「ー室」
**ふんぼ【墳墓】** 墓。
**ーの地《ち》** 墓場。Ⅱ祖先の墓のある故郷。
**ぶんぼ【分母】** 分数の横線の下にある数。対分子
**ぶんぽう【文法】** 語や文を作るときのきまり（ーを研究する学問）。Ⅱ構成のしかた。
**ぶんぽう【分封】** ①領主が臣下に領地を分け与えること。その領地。②ミツバチがもとの巣を離れて、新しい巣を作ること。
**ぶんぼうぐ【文房具】** ものを書くのに必要な道具。〔文房は書斎の意〕
**ふんぽん【粉本】**〔文章語〕①絵の下書き。②絵や文章の手本。
**ふんまつ【粉末】** こな。
**ぶんまつ【文末】** 文（文章）の終わり。
**ふんまん【憤懣】**《忿懣》 腹がたってがまんできないこと。「ーやるかたなし」
**ぶんみゃく【文脈】** 文章や文の続き具合。「ーをたどる」
**ぶんみん【文民】** 軍人ではない一般人。
**ー統《とう》制《せい》** シビリアンコントロール。
**ふんむ【噴霧】** 液体を霧のようにふき出すこと。「ー器（=スプレー）」
**ぶんめい【文名】**〔文章語〕文学者としての名声。「ーを馳《は》せる」
**ぶんめい【文明】** 世の中が進歩し生活が豊かに便利になること。
**ー開化《かいか》** 世の中が開け進歩すること。
**ーの利器《りき》** 文明の発達によって生み出された便利な道具。
**ぶんめい【分明】** 明らかではっきりしていること。対不分明

**ぶんめん【文面】** 文章や手紙に書かれた事柄。
**ふんもん【噴門】** 食道から続く、胃の入り口。
**ぶんや【分野】** 範囲。領域。
**ぶんや【聞屋】** 新聞記者の俗称。〔ブン屋とも書く〕
**ぶんゆう【分有】** 〔文章語〕いくつかに分けてもつこと。
**ぶんよ【分与】** 〔文章語〕いくつかに分けて与えること。「財産―」
**ぶんらく【文楽】** 人形浄瑠璃の通称。
**ぶんらん【紊乱】** 〔文章語〕びんらん。
**ぶんり【分離】** ①離れること。離すこと。②分けて取り出すこと。
**ぶんりつ【分立】** 別れて設立すること。分けて独立させること。ぶんりゅう。「三権―」
**ふんりゅう【噴流】** ふき出すように激しく流れること。また、その流れ。
**ぶんりゅう【分留】**《分溜》 沸騰点の異なる液体の混合物を蒸留して、成分を分離すること。
**ぶんりゅう【分流】** 流れが分かれること。その流れ。Ⅱ分派。
**ぶんりょう【分量】** 量。目方。
**ぶんるい【分類】** ある基準に従って分けること。
**ふんれい【奮励】** 〔文章語〕元気を出してがんばること。「―努力する」
**ぶんれい【文例】** 文・文章の実例。
**ぶんれい【分霊】** 神社の祭神の霊を分けて別の神社に祭ること。その霊。勧請《かんじょう》。
**ぶんれつ【分裂】** ひとつのものが｜分かれる（まとまりを失う）こと。対統一

# へ

**へ【へ】** 音名の一。ハ長調のファにあたる。
**へ【屁】** おなら。
**―とも思《おも》わない** 何とも思わない。類への河童《かっぱ》
**ヘア** [hair] ①髪の毛。②陰毛。◇ヘヤー。
**ベア** ベースアップの略。
**ペア** [pair] ①対《つい》。「―のペンダント」②二人で一組の組。「―スケーティング」◇ペアー。
**ペア** [pear] 洋ナシ。
**ヘアカラー** 髪の内部にまで浸透させて染める髪染め剤。[haircoloring から]
**ペアガラス** [pair glass] 二枚のガラスの間に空気層を密閉した複層ガラス。断熱、遮音効果がある。
**ヘアケア** [hair care] 髪の毛の手入れ。
**ヘアスプレー** [hair spray] 髪の毛の乱れを防ぐ整髪剤。吹きつけて使う。
**ヘアダイ** [hairdye] 毛染め（｜剤）。
**ベアトップ** [和製語 bare top] 肩や背中部分が露出した｜衣装（スタイル）。
**ヘアトニック** [hair tonic] 頭髪用養毛剤。
**ヘアドライヤー** [hair dryer] 熱風で髪の毛を乾かす電気器具。ドライヤー。
**ヘアバンド** [hair band] 頭髪用ベルト。〔乱れ防止用。装飾用〕
**ヘアピース** [hairpiece] 部分かつら。
**ヘアピン** [hairpin] 女性の髪にとめるピン。整髪用。装飾用。
**―カーブ** [和製語 hairpin curve] U字形の急なカーブ。
**ヘアマニュキア** [hair manicure] 髪の表層部のみを染める髪染め剤。
**ヘアリキッド** [hair liquid] 液体整髪剤。男性用。
**ベアリング** [bearing] 軸受け。メタル。
**ペアリング** [pairing] ふたつのものを組み合わせること。特に、動物を交尾させること。
**へい【丙】** 十干の第三。ひのえ。Ⅱ第三位。
**へい【兵】** ①兵士。②戦争。「―を挙げる」
**へい【塀】** 敷地の囲い。
**ヘイ** [hey] 呼びかけの語。
**ベイ** [bay] 湾。「―エリア」
**ペイ** [pay] ①支払うこと。「―がいい」②採算がとれること。③賃金。
**へいあん【平安】** 〔文章語〕①無事で穏やかだ。②手紙の脇付《わきづけ》の一。変事の手紙でないことを示す。
**―時代《じだい》** 時代区分の一。七九四～一一九二年。桓武《かんむ》天皇から鎌倉幕府創設まで。
**へいい【平易】** やさしくわかりやすいこと。「―な文章」対難解
**へいいはぼう【弊衣破帽】** 破れた衣服と破れた帽子。〔旧制高校生の蛮カラな服

装〕

**へいいん【兵員】** 兵士(―の数)。

**へいいん【閉院】** 院のつく機関が(―日の)業務をやめること。対開院

**へいえい【兵営】** 兵舎のある所。

**へいえい【併映】** 主な映画とともに上映すること。

**へいえき【兵役】** 軍務に服すること。

**ベイエリア** [bay area] 湾岸地域。

**へいえん【閉園】** 園のつく機関が(―日の)業務をやめること。対開園

**べいえんのし【米塩の資】** 〔文章語〕生活費。

**へいおく【弊屋】** 〔文章語〕①あばらや。②自分の家の謙譲語。

**ペイオフ** [pay-off] 破綻《はたん》した金融機関の預金者に預金保険機構が一定額以下の払い戻しを行う制度。

**へいおん【平温】** ①平熱。②平年並みの気温。

**へいおん【平穏】** おだやかなこと。「―無事」

**へいおんせつ【閉音節】** 子音で終わる音節。対開音節

**へいか【平価】** ①国の通貨の対外価値基準。〔純金に換算した比率など〕②有価証券の価格が額面金額に等しいこと。

**―切《き》り下《さ》げ** 貨幣価値を下げること。本位貨幣の純金含有量を減らすなど。対平価切り上げ

**へいか【兵戈】** 〔文章語〕①武器。②戦争。◇〔兵は刀、戈は矛《ほこ》〕

**へいか【兵火】** 戦争(―で起こる火災)。

**へいか【兵家】** ①軍人。②古代中国で、兵法を研究する学派。

**へいか【併科】** 〔法律用語〕同時にふたつ以上の刑を科すこと。

**へいか【陛下】** 天皇・皇后・太皇太后・皇太后などに対する敬称。

**へいか【閉架】** 図書館で、閲覧者が書籍を請求して利用する方式。「―式」対開架

**べいか【米価】** 米の値段。「生産者―」

**べいか【米菓】** 米を主原料として作った菓子。〔せんべいなど〕

**へいかい【閉会】** 会―が終わる(を終える)こと。「―式」対開会

**へいがい【弊害】** 害となる悪いこと。

**へいかつ【平滑】** 平らで、なめらかなこと。

**―筋《きん》** 心臓筋を除く内臓筋。不随意筋。対横紋筋

**へいかん【閉館】** 館のつく機関が(―日の)業務をやめること。対開館

**へいがん【併願】** 同時に複数の学校の受験を志願すること。対単願

**へいき【平気】** ①気にしないこと。②心が落ち着いていること。

**へいき【兵器】** 戦争に使う器材。

**へいき【併記】** 並べて記すこと。

**へいきょ【閉居】** 〔文章語〕家にとじこもっていること。

**へいぎょう【閉業】** (その日の)営業をやめること。対開業

**へいきん【平均】** ①差をなくすこと。②いくつかの数・量の中間の数・量。「―値」③つりあいがとれていること。「―を保つ」

**―寿命《じゅみょう》** ○歳児の平均余命。

**―台《だい》** 女子体操競技の種目の一。また、それに使う用具。

**―余命《よめい》** ある年齢の人があと何年生きられるかの平均年数。

**べいぐん【米軍】** アメリカの軍隊。「―基地」

**へいけ【平家】** ①平《たいら》の姓を名乗る一族。平氏。対源氏 ②平家物語の略。③平家琵琶《びわ》の略。

**―蟹《がに》** カニの一。瀬戸内海に多い。

**へいけい【閉経】** 月経の停止。「―期」

**へいげい【睥睨】** 〔文章語〕にらみつけること。

**へいけつ【併結】** 行き先の違う車両をひとつの列車に編成すること。

**へいけん【兵権】** 〔文章語〕軍を動かす権力。

**へいげん【平原】** 平らで広い原。平野。

**へいこう【平行】** ①二直線(二平面・直線と平面)が無限に交わらないこと。②並行。

**―移動《いどう》** 図形のすべての点が同一方向に同一距離移動すること。

**―四辺形《しへんけい》** 二組の対辺が平行な四辺形。

**―線《せん》** 複数の平行な線。⊜互いの主張が一致しないこと。「―をたどる」

**―棒《ぼう》** 男子体操競技の種目の一。また、それに使う用具。

**へいこう【平衡】** つりあうこと。

―感覚《かんかく》 重力の変化に対し、体の位置やつりあいを知る感覚。〔体位を正常に保つのに役立つ〕 ‖かたよらず、身を処す能力。

**へいこう【並行】** ①並んで進むこと。②同時に行われること。

―輸入《ゆにゅう》 総代理店が独占的に輸入している商品を、別の業者が別ルートで輸入すること。

**へいこう【閉口】** 困り果てること。

**へいこう【閉校】** 学校を閉鎖すること。対開校

**へいこう【閉講】** 講座などを終えること。対開講

**へいごう【併合】** あわせてひとつに―する(なる)こと。合併。「町村―」

**べいこく【米穀】** こめ。‖穀物。

**べいごま《貝独楽》** 貝殻の形のこま。べえごま。〔「ばいごま」の変化〕

**へいさ【閉鎖】** ①閉ざすこと。閉じること。②活動をやめること。「工場―」

―的《てき》 他を受け入れないようす。

**へいさい【併催】** ふたつ以上の催しを同時にひらくこと。

**へいさい【併載】** ふたつ以上のものを同時に掲載すること。

**べいざい【米材】** 北アメリカから輸入する木材。

**へいさく【平作】** 平年並みの収穫。

**べいさく【米作】** ①稲作。②稲の実りぐあい。

**へいさつ【併殺】** 野球で、連続プレーで二人をアウトにすること。ダブルプレー。ゲッツー。

**へいざん【閉山】** ①登山期間を終えること。②炭鉱・鉱山を閉鎖すること。◇対開山

**べいさん【米産】** こめの生産。「―地」

**へいし【平氏】** 平家。対源氏

**へいし【兵士】** 軍隊で、指揮に従って戦う人。

**へいし【閉止】** 〔文章語〕活動がとまること。「月経―」

**へいし【弊紙】** 「自分の会社の新聞」の謙譲語。

**へいし【弊誌】** 「自分の会社の雑誌」の謙譲語。

**へいし【斃死】** 〔文章語〕野垂れ死に。

**へいじ【平時】** ①ふだん。対非常時 ②戦争のない時。対戦時

**へいじ【兵事】** 軍隊・戦争に関する事柄。

**へいしき【閉式】** 〔文章語〕儀式を終えること。対開式

**へいじつ【平日】** ①日曜・祝日以外の日。対休日 ②土曜・日曜以外の日。ウイークデー。「―会員」③ふだん。

**へいしゃ【平射】** ①平面に投影すること。「―図法」②低く水平に近い弾道の射撃。「―砲」対曲射

**へいしゃ【兵舎】** 兵士が寝起きする建物。

**へいしゃ【弊社】** 〔文章語〕自分の属する会社の謙譲語。類小社

**へいしゅ【兵種】** 軍隊で、職務の種別。

**べいじゅ【米寿】** 八八歳(―の祝い)。〔米の字を分解すると八十八になることから〕

**へいしゅう【弊習】** 〔文章語〕わるい風習。

**べいしゅう【米収】** こめの収穫。

**へいじゅん【平準】** ①水準器で水平にすること。②物事を均等にすること。「―化」

**へいしょ【兵書】** 兵法の書物。

**へいしょ【閉所】** ①所のつく機関が(―一日の)業務をやめること。対開所 ②閉めきった場所。

―恐怖症《きょうふしょう》 閉所②を異常に恐れる神経症。

**へいじょ【平叙】** ①物事をありのままに述べること。②感動・命令・疑問以外の表現。「―文」

**へいしょう【併称・並称】** ①ふたつのものをあわせてひとつの名で呼ぶこと。②ならび称すること。「バッハと―される音楽家」

**へいじょう【平常】** ふだんの状態。「―点(=授業態度でつける点)」

―心《しん》 落ち着いた心。

**へいじょう【閉場】** ①会場をしめること。②劇場などの営業をやめること。◇対開場

**べいしょく【米食】** 米を主食とすること。

**へいしん【平信】** 〔文章語〕手紙の脇付《わきづけ》の一。変事の手紙でないことを示す。

**へいしん【並進・併進】** 〔文章語〕互いに並んで進むこと。

**へいしんていとう【平身低頭】** ひたすらあやまること。〔ひれふして頭を下げる意〕

**へいすい【平水】** 〔文章語〕①ふだんの水

量。②波立っていない水面。

**ペイズリー**［paisley］ 植物を図案化した複雑な模様。〔日本では「勾玉《まがたま》模様」とも。／ペイズリーはスコットランドの都市名〕

**へいせい【平成】** 年号の一。昭和のあと。〔一九八九年〜二〇一九年〕

**へいせい【平静】** 静かに落ち着いていること。

**へいせい【兵制】** 軍備に関する制度。

**へいせい【幣制】** 貨幣の制度。「—改革」

**へいせい【弊政】**〔文章語〕悪い政治。

**へいぜい【平生】** ふだん。

**へいせつ【併設】** 主なものにあわせて設置すること。

**へいぜん【平然】** 平気なようす。

**へいそ【平素】** ふだん。「—の行い」

**へいそう【兵曹】** もと、海軍の階級の一。兵長の上。上等・一等・二等がある。

**へいそう【並走・併走】** 並んで走ること。

**へいそく【閉塞】** 閉じ-ふさぐ（ふさがる）こと。「腸—」

**—前線《ぜんせん》** 前線の一。〔寒冷前線が温暖前線に追いついてできる〕

**へいそつ【兵卒】** 最下級の軍人。

**へいそん【併存・並存】** ともに存在すること。へいぞん。

**へいたい【兵隊】** ①軍人。②軍隊。

**へいたん【平坦】** 土地が平らなこと。

**へいたん【平淡】**〔文章語〕あっさりしていること。

**へいたん【兵站】** 戦場の後方で、軍需品や食糧の補給・輸送をする機関。

**へいたん【兵端】**〔文章語〕戦いのきっかけ。

**へいだん【兵団】** 複数の師団を合わせた部隊。

**へいち【平地】** 平らな土地。対山地

**へいち【併置】** 併設。

**へいちょう【兵長】** 旧軍隊の階級の一。陸軍では上等兵の上、海軍では二等兵曹の下。

**へいちょう【閉庁】** 官庁としての執務をやめること。対開庁

**へいてい【平定】** 乱をしずめること。「天下を—する」

**へいてい【閉廷】** 法廷を閉じること。対開廷

**へいてん【閉店】** ①店の営業を終えること。②商売をやめること。◇対開店

**へいてん【弊店】**〔文章語〕自分の店の謙譲語。

**ヘイト**［hate］ 憎むこと。憎悪。

**—スピーチ**［hate speech］ 特定の個人や集団に対する差別的な意図を含む侮蔑的発言（—の行動）。

**へいどく【併読】** ふたつ以上をあわせて読むこと。「A新聞とB新聞を—する」

**へいどん【併呑】**〔文章語〕他国を自国に合わせ従わせること。

**べいトン【米—】** ショートトン。

**へいねつ【平熱】** 健康なときの体温。

**へいねん【平年】** ①いつもの年。「—並みの気温」②一年が三六五日の年。対閏《うるう》年 ③収穫が普通の年。「—作」

**へいば【兵馬】**〔文章語〕軍隊。⊕戦争。

**—の権《けん》** 軍事を統率する権力。

**へいはく【幣帛】** 神への供え物。

**べいばく【米麦】** 米と麦。⊕穀物。

**へいはつ【併発】** 複数のことが同時に起こること。「肺炎を—する」

**へいはん【平版】** 印刷版の様式の一。平らな版面で印刷する。「—印刷」対凸版・凹版

**へいばん【平板】** ①平たい板。②単調でおもしろみがない。

**べいはん【米飯】**〔文章語〕米のめし。

**へいび【兵備】**〔文章語〕軍備。

**ベイビー** ⇩ベビー

**へいふう【弊風】**〔文章語〕悪い風習・風俗。

**へいふく【平伏】** ひれふすこと。

**へいふく【平服】** 普段着。対礼服

**へいふく【平復】** 快復。

**べいふん【米粉】**〔文章語〕米の粉。

**へいべい【平米】** 平方メートル。〔米はメートルのあて字〕

**へいへいたんたん【平々坦々】** 平坦の強調。⊕非常に平穏なようす。

**へいへいぼんぼん【平々凡々】** 平凡の強め。

**へいほ【弊舗】**《弊鋪》〔文章語〕弊店。

**へいほう【平方】** ①自乗。②面積を表す単位名をつくる語。「三—メートル」③その長さを一辺とする正方形であること。「三センチメートル—」

**—根《こん》** 自乗して得た数値に対する元の

数。

**へいほう【兵法】** ①戦争のしかた。戦略。②武芸。「―指南」

**へいぼん【平凡】** ありふれていること。対非凡

**へいまく【閉幕】** 演劇や映画の幕がとじて終わること。Ⅱ物事が終わること。◇対開幕

**へいみゃく【平脈】** 健康なときの脈拍数。

**へいみん【平民】** ①普通の人。庶民。②もと、華族・士族以外の階級（-の人々）。

**へいめい【平明】** ①わかりやすい。「―な文章」②〔文章語〕明け方。

**へいめん【平面】** 平らな表面。

**―図《ず》** 物体を平面上に投影して描いた図。

**―的《きて》** ①平ら。②表面的。「―な観察」

**へいもん【閉門】** ①門をしめること。対開門 ②江戸時代の刑の一。武士や僧侶を謹慎させた。

**へいや【平野】** 平らで広い土地。「関東―」

**へいゆ【平癒】** 〔文章語〕病気が治ること。

**へいよう【併用】** 複数のものをいっしょに使うこと。

**へいらん【兵乱】** 〔文章語〕戦乱。

**へいり【弊履】**《敝履》〔文章語〕やぶれたぞうり。Ⅱ値打ちのないもの。

**―のごとく捨《す》てる** 惜しげもなく捨てる。

**ベイリーフ**［bay leaf］ 月桂樹の葉を乾燥させた香辛料。ローリエ。

**へいりつ【並立】** 並び立つこと。「三者―」

**へいりゃく【兵略】** 〔文章語〕戦略。

**へいりょく【兵力】** 〔文章語〕戦力。

**へいれつ【並列】** ①並ぶこと。並べること。②電気回路で、同じ極どうしをつなげること。対直列

**へいろ【平炉】** 製鋼用の横長の反射炉。

**へいわ【平和】** ①おだやかなこと。②戦争がないこと。

**―共存《きょうぞん》** 体制などの違うものどうしが平和に共存すること。

**ペインクリニック**［pain clinic］ 痛みの軽減のための医療。

**ペインティング**［painting］ 絵を描くこと。

**―ナイフ**［painting knife］ 油絵用のこて。

**ペイント**［paint］ ①ペンキ。②絵の具。

**ペー** ⇩ペイ

**ベーカリー**［bakery］ パン屋。洋菓子屋。

**ベーキングパウダー**［baking powder］ パンや菓子をふくらませるために入れる粉。ふくらし粉。

**ベークド**［baked］（天火で）焼いた。「―ポテト（=焼いたジャガイモ）」

**ベークライト**［Bakelite］ 合成樹脂の一。フェノール樹脂。〔商標〕

**ベーグル**［bagel］ 生地をゆでてから焼いた、ドーナツ形で歯ごたえのあるパン。

**ベーコン**［bacon］ 豚肉の薫製。

**ページ**《頁》［page］ ①本などの紙の一面。②ページ①を数える語。

**―ビュー**［page view］ インターネットで、そのページの閲覧数。

**ページェント**［pageant］ 野外の催し物。野外劇。「一大―」

**ベーシック**［basic］ 基礎的。

**ベージュ**［フランス語 beige］ 明るい薄茶色。「―色」

**ベース**［base］ ①基本。②基地。③野球で、内野の四つの塁。「三塁―」

**―アップ**［和製語 base up］ 賃上げ。ベア。対ベースダウン

**―キャンプ**［base camp］ ①登山で、根拠地とする固定テント。②基地。

**―ボール**［baseball］ 野球。

**―ライン**［baseline］ ①野球で、塁と塁を結ぶ線。②テニスで、コートの両端のネットと平行する線。

**ベース**［bass］ ①音楽で、バス。②コントラバス。

**ペース**［pace］ ①歩調。調子。「―が乱れる」②速度。「―ダウン」

**―メーカー**［pacemaker］ ①レースで、伴走してペースの基準となる-人（機械）。②弱った心臓に刺激を与えて自動的に脈拍を調整する装置。

**ペースト**［paste］ ①魚肉類をすりつぶした食品。「レバー―」②軟膏《なんこう》状の接着剤。はんだづけに使う。③パソコン上で、複写や切り取りをしたデータを別の箇所にはりつけること。「コピーアンド―」

**ペーズリー** ⇩ペイズリー

**ベーゼ**［フランス語 baiser］ キス。

**ヘーゼルナッツ**〔hazelnut〕 木の実の一。食用。

**ペーソス**〔pathos〕哀愁。

**ベータ【β】**〔ギリシャ語 beta〕ギリシャ字母の第二の文字。

**―線**《せん》 放射線の一。電子の流れ。

**―版**《ぱん》 ソフトウエアで、正式版の前の試用版。

**ペーハー【pH】** 水素イオンの濃度を示す指数。ピーエイチ。〔pH7が中性、数値が大きいとアルカリ性、小さいと酸性を示す。／potential hydrogen の略。ペーハーはドイツ語での呼び方〕

**ペーパー**〔paper〕①紙。特に洋紙。②文書。書類。③新聞。④サンドペーパー。⑤トイレットペーパー。

**―ウェート**〔paperweight〕文鎮《ぶんちん》。

**―カンパニー**〔和製語 paper company〕幽霊会社。

**―クラフト**〔papercraft〕紙工芸。

**―タオル**〔paper towel〕紙製のタオル。

**―テスト**〔和製語 paper test〕筆記試験。

**―ドライバー**〔和製語 paper driver〕運転免許はあるが運転しない人。

**―ナイフ**〔paper knife〕紙切り用小刀。

**―バック**〔paperback〕 紙表紙の安い本。

**―プラン**〔paper plan〕机上の空論。

**―レス**〔paperless〕 紙を使わないこと。「―化」

**ペーブメント**〔pavement〕舗装した道。

**ぺえぺえ**〔俗語〕地位の低い人や未熟な人をあざけっていう語。ぺいぺい。
**ベール**〔veil〕 女性が顔を覆う薄い布。(比)覆い隠すもの。「神秘の―」
**ペール**〔pail〕 バケツ(―形の容器)。「アイス―」
**へおんきごう【へ音記号】** 譜面上にへの音を定める記号。低音部記号。「𝄢」
**ベガ**〔Vega〕織女星。
**ペガサス**〔Pegasus〕 ギリシャ神話で、翼のある天馬。ペガソス。ペガスス。
**べからず**《可からず》〔文章語〕①…してはならない。②…するはずがない。③…できない。
**へき【癖】**くせ。習性。「放浪―」
**へぎ【折ぎ・片木】**へぎ板。薄く削った板。
**へきうん【碧雲】**〔文章語〕青みがかった雲。
**へきえき【辟易】** ①たじろぐこと。②ほとほといやになること。
**へきが【壁画】**壁や天井にかかれた絵。
**へきかん【壁間】**①壁面。②壁と壁の間。
**へきがん【碧眼】**〔文章語〕青い目。(比)西洋人。
**へきぎょく【碧玉】**〔文章語〕①緑色(青色)の玉。②装飾用にする美しい石英。
**へきくう【碧空】**〔文章語〕青空。
**へきすい【碧水】**〔文章語〕濃く青く澄んだ水。
**へきそん【僻村】**〔文章語〕町から遠く離れた村。
**へきち【僻地】** 都会から離れた不便な土地。辺地。

**へきとう【劈頭】**〔文章語〕最初。「開会―」
**へきめん【壁面】**壁の表面。
**へきれき【霹靂】**〔文章語〕雷鳴。「青天の―」
**ペキンダック【北京―】** 中国料理の一。中国産ペキン種のアヒルの丸焼き。皮を食べる。
**へぐ【剝ぐ】**薄く削り取る。
**ベクター**〔vector〕 遺伝子操作実験で、ある遺伝子を目的の細胞内まで運ぶ役割をするDNA分子。
**ヘクタール**〔hectare〕 面積の単位の一。一〇〇アール。記号ha
**ペクチン**〔pectin〕 果実に含まれる多糖類。
**ヘクト**〔hecto〕国際単位系で、単位につけて一〇〇倍を表す。記号h「―グラム」
**―パスカル**〔hectopascal〕 気圧の単位。一気圧は一〇一三ヘクトパスカル。記号hPa
**ベクトル**〔ドイツ語 Vektor〕 大きさと方向をもった量。速度・力など。対スカラー
**ベクレル**〔becquerel〕 放射性物質の量の単位。記号Bq
**ペケ** 〔俗語〕①だめ。②だめというしるし。ばつ。◇〔語源未詳〕
**ヘゲモニー**〔ドイツ語 Hegemonie〕 指導権。覇権。
**べけんや**《可けんや》〔文章語〕…べきだろうか。

**べこ** 東北方言で、ウシ。「赤―」

**へこおび【兵児帯】** 男性や子供用のしごき帯。三尺帯。

**へこたれる** 気持ちがくじける。

**ベゴニア**［begonia］ 多年草の一。花も葉も美しい。観賞用。種類が多い。ベコニア。

**へこます【凹ます】** へこむようにする。Ⅱ〔俗語〕やりこめる。◇へこませる。

**へこむ【凹む】** くぼむ。Ⅱ〔俗語〕Ⅱ㋐やり込められてまいる。㋑損をする。

**へさき【舳先】** 船首。対艫《とも》

**へしあう【圧し合う】** 互いに押しつけあう。

**へしおる【圧し折る】** おしつぶすように折る。

**ベジタブル**［vegetable］ 野菜。「ミックス―」

**ベジタリアン**［vegetarian］ 菜食主義者。

**ペシミスティック**［pessimistic］ 悲観的。

**ペシミスト**［pessimist］ 悲観論者。対オプティミスト

**ペシミズム**［pessimism］ 悲観主義。対オプティミズム

**ベシャメルソース**［béchamel sauce］ ホワイトソースの一。〔ベシャメルは料理人の名〕

**ペスカトーレ**［イタリア語 pescatore］ 魚介類を使ったパスタ料理。

**ベスト**［best］ ①最良。「―エイト」対ワースト ②全力。「―を尽くす」

**―コンディション**［best condition］ 最も調子の良い状態（体調）。完調。

**―セラー**［best-seller］ ある期間に一番よく売れた本（商品）。

**―テン**［best ten］ ある部門で最も優秀な一〇人（一〇種）。

**―ドレッサー**［和製語 best dresser］ 洋服のセンスがよい人。

**―メンバー**［best member］ よりすぐった選手（人たち）。

**ベスト**［vest］ チョッキ。

**ペスト**［pest］ 感染症の一。黒死病。〔ペスト菌はネズミの病原菌で、ノミを媒介にして人間に感染する〕

**へずる【剝る】** ①少しずつけずる。②かすめ取る。

**へそ【臍】** 腹の中央にある穴。〔へその緒を切ったあと〕Ⅱ㋐物の表面の小さな突起。㋑中心。

**―で（が）茶《ちゃ》を沸《わ》かす** おかしくてたまらない。

**―を曲《ま》げる** きげんをわるくする。

**べそ** 泣き顔になること。「―をかく」

**へそくり**（《臍繰り》） こっそりためたお金。動へそくる〔本来は綜麻《へそ》繰り〕

**へそのお【臍の緒】** 胎児のとき、母体から栄養補給するための器官。臍帯《さいたい》。

**へそまがり【臍曲がり】** 素直でないこと（人）。類つむじまがり

**へた【蔕】** カキやナスの実についている萼《がく》。

**へた【下手】** ①技術などのうまくないこと（人）。対上手 ②いいかげんなこと。「―をすると」

**―な鉄砲《てっぽう》も数《かず》撃《う》てば当《あ》たる** 下手でも数多くやればまぐれで当たることもある。

**―の考《かんが》え休《やす》むに似《に》たり** よい知恵もなく考えても時間のむだだ。

**―の長談義《ながだんぎ》** 話下手な人ほど話が長いこと。

**―の横好《よこず》き** 下手のくせに熱心なこと。

**ペタ**［peta］ 単位につけて、千兆倍であることを表す。記号P「―メートル」

**ベター**［better］ よりよい。

**―ハーフ**［better half］ よき伴侶《はんりょ》。

**べたきじ【ベタ記事】**〔俗語〕新聞で、一段だけの目立たない、小さな記事。

**へたくそ【下手糞】**〔俗語〕下手なことをののしる語。

**へだたる【隔たる】** ①時間的、空間的に離れる。②関係が疎遠になる。

**へだて【隔て】** ①仕切り。②差別。③うちとけないこと。

**へだてる【隔てる】** ①距離や時間をおく。②さえぎる。③遠ざける。

**べたなぎ【べた凪】** 風が全くなく海面に波がないこと。

**へたばる**〔俗語〕①弱る。②疲れて座り込む。

**べたほめ【べた褒め】**〔俗語〕手放しでほめること。べたぼめ。

**へたりこむ【へたり込む】** へたばって座り込む。

**へたる**〔俗語〕へたばる。

**ペダル**［pedal］ 踏んで機械を操作する装置。

**へたれ**〔俗語〕へったーー人（物）。根性なし。〔ヘタレとも書く〕

**ペタンク**［フランス語 pétanque］ 野外ゲームの一。〔金属球を投げて目標に近づけることを競う〕

**ペダンチック**［pedantic］ 学識を誇示するようす。衒学《げんがく》的。ペダンティック。

**ペダントリー**［pedantry］ 学者ぶること。衒学《げんがく》。[類]ペダンチズム

**ペチカ**［ロシア語 pechka］ ロシア式の暖房装置。れんが・粘土作り。組み込み式。ペーチカ。

**ペチコート**［petticoat］ 女性用下着の一。スカートの下にはく。

**へちま【糸瓜】** ウリ科のつる草。実は長く、繊維はあかすり用。●〔俗語〕つまらないもの。「部長も—もあるか」

**—水**《すい》 ヘチマの茎からとれる液。化粧水用・薬用。

**ぺちゃんこ** 平たくつぶれたようす。●完全に負けて立ち直れないようす。

**ペチュニア**［petunia］ 草花の一。夏、朝顔に似た花が咲く。

**へちょう【へ調】** 音階で、へ音を主音とする音階。

**べつ【別】** ①違うこと。②特別。③区別。④除外。「それを—にする」

**べつあつかい【別扱い】** 特別に扱うこと。

**べつあつらえ【別誂え】** 特別に注文して作る—こと（物）。「—の品」

**べついん【別院】**〔仏教語〕本山のほかに建てられた寺。

**べっかい【別解】** 別の—解答（解釈）。

**べっかく【別格】** ①決まった格式以外であること。②特別。「—扱い」

**べつがく【別学】** 男女が別々の学校で学ぶこと。[対]共学

**べっかん【別巻】** 本巻とは別につけ加えられた本。

**べっかん【別館】** 本館とは別に作った建物。

**べっき【別記】** 本文のほかに書き添える—こと（文）。

**べつぎ【別儀】**〔文章語〕ほかの事。

**べっきょ【別居】** 家族が別れて住むこと。[対]同居

**べつぐう【別宮】** 本宮とは別の場所に建てられた神社。

**べつくち【別口】** ①別の—事柄（話）。②別の—口座（取引）。

**べっけい【別掲】** 別に掲示すること。

**べっけん【別件】** 別の用件。

**—逮捕**《たいほ》 目的の事件について証拠が不十分なため、別の犯罪の容疑で身柄を拘束すること。

**べっけん【瞥見】**〔文章語〕ちらっと見ること。[類]一見・一瞥

**べつげん【別言】**〔文章語〕別の言葉で言うこと。「—すれば」

**べっこ【別個】**《別箇》 ①別々。「—に扱う」②別。「—の問題」

**べっこう【別項】**〔文章語〕ほかの項目。

**べっこう【鼈甲】** タイマイの甲羅《こうら》を煮て作ったもの。櫛《くし》などの材料。

**へっこむ** へこむ。〔口語的表現〕

**べっこん【別懇】** 特別に親しいこと。

**べっさつ【別冊】** ①本誌とは別に添えた冊子。②定期刊行物の臨時版。

**ペッサリー**［pessary］ 女性用避妊具の一。

**ヘッジ**［hedge］ 株式などの取引で、先物取引を利用した、損失リスクの回避法。つなぎ売買。「買い—」

**べっし【別紙】** ①別の紙。②本書とは別に添えた文書。「—参照」

**べっし【蔑視】** 軽蔑して見ること。

**べつじ【別事】**〔文章語〕①他のこと。②変わったこと。「—ない」

**べつじ【別辞】**〔文章語〕別れのあいさつ。

**べっしつ【別室】** 別の部屋。[対]同室

**べっして【別して】**〔文章語〕特に。とりわけ。

**ヘッジファンド**［hedge fund］ 株式や債券など多くの変動商品を投資対象として、投機的に運用して高利潤を得る投資。

**べっしゅ【別種】** ほかの種類。[対]同種

**べっしょう【別称】** 別の呼び名。別名。

**べっしょう【蔑称】** 軽蔑した呼び名。

**べつじょう【別条・別状】** 変わった—事柄（状態）。異状。

**べつじん【別人】** ほかの人。[対]同人《どうにん》

**べっせい【別姓】** 別の姓。特に、夫婦がそれぞれ別の姓をもつこと。「夫婦—」

**べっせい【別製】**特製。
**べっせかい【別世界】**①俗世間とは違う世界。②まったく違う環境。◇別天地。
**べっせき【別席】**①他の席。②特別な席。
**べっそう【別荘】**本宅とは別の土地に作った家。〔避暑用など〕Ⅱ〔俗語〕刑務所。
**べっそう【別送】**別便にして送ること。
**べったく【別宅】**本宅のほかに設けた住居。
**へったくれ**〔俗語〕くだらないことをののしる語。「校則も―もあるか」
**べつだて【別立て・別建て】**別々に取り扱うこと。「―の料金」
**べったらづけ【べったら漬け】**麴《こうじ》で漬けた大根の漬物。
**べつだん【別段】**特に。とりわけ。
**へっちゃら**〔俗語〕平気。へいちゃら。
**へっつい《竈》**かまど。〔古い言い方〕
**べってい【別邸】**別宅。対本邸
**ペッティング**〔petting〕性交を伴わない性的なふれあい。
**べってんち【別天地】**別世界。
**ヘット**〔オランダ語 vet〕牛の脂肪油。料理用。ヘッド。
**ヘッド**〔head〕①頭。②先端。「帆の―」③主任。④首脳部。⑤テープ（ビデオ）レコーダーの、テープにふれる部分。
**―ギア**〔headgear〕頭部を保護する防具。
**―スライディング**〔和製語 head sliding〕野球で、走者が頭から塁にすべり込むこと。
**―ハンティング**〔headhunting〕人材の引き抜き。
**―ホン**〔headphone〕頭からかぶって耳にあてて音を聴く器械。ヘッドホーン。
**―ライト**〔headlight〕乗り物の前についているあかり。前照灯。対テールライト
**―ライン**〔headline〕新聞や雑誌の大きな見出し。
**―ランプ**〔headlamp〕ヘルメットなどに取りつけて使う小型電灯。
**べっと【別途】**別の方法（方面）。
**ベッド**〔bed〕脚つきの寝床。寝台。ベット。
**―タウン**〔和製語 bed town〕大都市への通勤者が住む郊外。
**―メーキング**〔bedmaking〕寝台を整えること。
**―ルーム**〔bedroom〕寝室。
**ペット【PET】**人体の断層を撮影する検査法の一。ポジトロン断層法。〔positron emission tomography の略〕
**ペット**〔pet〕愛玩動物。Ⅱお気に入りの人。
**―フード**〔pet food〕ペット用の食品。
**―ロス**〔和製語 pet loss〕ペットとの別れによる深刻なショック症状。「―症候群」
**べつどうたい【別働隊・別動隊】**特別任務で本隊から離れて行動する部隊。
**ペットボトル**〔PET bottle〕清涼飲料水などに使われる容器の一。ポリエチレンテレフタレート樹脂製。〔PETは *polyethylene terephthalate* の略〕
**べつに【別に】**（否定表現の中で）とりたてて。「―用はない」
**べつのう【別納】**別に納めること。
**べっぱ【別派】**別の流派（党派）。
**ペッパー**〔pepper〕胡椒《こしょう》。「ブラック―」
**べつばら【別腹】**①腹違い。②〔俗語〕満腹なのにまだ食べられる余地。「デザートは―」
**べっぴょう【別表】**別に添えた表。
**へっぴりごし【へっぴり腰】**《屁っ放り―》中腰で尻《しり》を突き出した不安定な姿勢。また、その腰。
**べつびん【別便】**別の郵便（輸送手段）。
**べっぴん【別嬪】**美人。
**べっぷう【別封】**①別々に封をすること（したもの）。②別に添えた封書。
**べつべつ【別々】**それぞれに違って（分かれて）いること。
**べつま【別間】**別室。
**べつむね【別棟】**同じ敷地に別に建てた家。
**べつめい【別名】**別称。
**べつめい【別命】**別（特別）の命令。
**べつもの【別物】**別のもの。
**べつもんだい【別問題】**その問題とは無関係な事柄。「それとこれとは―だ」
**べつよう【別様】**〔文章語〕他と違ったようす。
**へつらう【諂う】**こびる。
**べつり【別離】**別れ。離別。「―の情」
**べつわく【別枠】**例外として設定される基準や範囲。「―の予算」

**ペディキュア**［pedicure］足の爪の化粧。対マニキュア

**ペティナイフ** 小型の包丁。〔フランス語 petit と knife から〕

**ヘディング**［heading］①サッカーで、頭で球を受けたり打ったりすること。②ボクシングで、反則の一。頭で相手を突くこと。③見出し。ヘッド。◇ヘッディング。

**ベテラン**［veteran］その道の経験を積んだ人。

**ヘテロ**［hetero］異型。異質。対ホモ

**―セクシュアル**［heterosexual］異性愛。

**ぺてん【ペテン】** いかさま。詐欺。「―にかける(=だます)・―師(=詐欺師)」

**へど【反吐】** 飲食したものを吐くこと。その汚物。「―が出る(=強い嫌悪感をもつ)」

**へどろ【ヘドロ】** ①産業廃棄物が沈殿してできた泥。②水底にたまった泥。

**ベトン**［フランス語 béton］コンクリート。

**へなちょこ**《埴猪口》〔俗語〕つまらない人をあざける語。「―野郎」

**ペナルティー**［penalty］①反則に対する罰則。②罰金。

**―エリア**［penalty area］サッカーで、ゴールエリア外側の長方形の区域。〔ここでの反則は相手のペナルティーキックになる〕

**―キック**［penalty kick］サッカーやラグビーなどで、反則した相手側に与えられるフリーキック。

**―ゴール**［penalty goal］ペナルティーキックによる得点。

**ペナント**［pennant］①三角の細長い小旗。②優勝旗。●野球で、優勝。「―レース(=優勝を争う公式戦)」

**べに【紅】** ①口紅。頬紅。②紅色。

**べにざけ【紅鮭】** サケの一。肉は赤く美味。北太平洋産。ベニマス。

**べにさしゆび【紅差し指】** 薬指。〔紅を付けるときに用いたことから〕

**べにしょうが【紅生姜】** 梅酢で赤く染めたしょうが。

**ペニシリン**［penicillin］アオカビからとれる抗生物質。肺炎・淋病《りんびょう》にきく。

**ペニス**［ラテン語 penis］陰茎。

**べにすずめ【紅雀】** 小鳥の一。赤い。飼い鳥にもなる。〔東南アジアから輸入〕

**べにばな【紅花】** キク科の越年草。花は紅色の染料、種はサラダ油の原料。

**べにます【紅鱒】** ベニザケ。

**ベニヤいた【―板】** 薄い板をはり合わせた板。合板。ベニヤ。

**ベネフィット**［benefit］利益。利点。

**へのかっぱ【屁の河童】**〔俗語〕平気。

**ペパーミント**［peppermint］①薄荷《はっか》。②リキュールの一。薄荷の香料入り。緑色。

**へばりつく** ぴったりとくっつく。

**へばる**〔俗語〕へたばる。

**へび【蛇】** 爬虫類の一。細長く、うろこがある。くちなわ。ながむし。

**―に睨《にら》まれた蛙《かえる》** 恐ろしさに身がすくんで身動きできないようす。

**―の生殺《なまごろ》し** 半死半生のまま放置すること。●物事に決着をつけずにおくこと。

**ヘビー**［heavy］①程度がはなはだしい。「―スモーカー」②馬力を出すこと。「ラストー」

**―メタル**［heavy metal］金属的な大音量と重いビートが特徴のロック音楽。ヘビメタ。

**―ユーザー**［heavy user］（コンピューターを）頻繁に利用する人。対ライトユーザー

**―ローテーション**［heavy rotation］ラジオで、短期間に同じ曲を頻繁に放送すること。●短期間に何度も繰り返すこと。

**ベビー**［baby］①赤ん坊。②小さい。「―サイズ」◇ベイビー。

**―オイル**［和製語 baby oil］乳幼児用の化粧油。

**―カー**［和製語 baby car］（腰かけ式の）うば車。

**―サークル**［和製語 baby circle］その中で赤ん坊を遊ばせておく囲い。

**―シッター**［babysitter］親の留守に子守りをする人。

**―パウダー**［baby powder］あせしらず。

**―ブーム**［baby boom］赤ん坊の出産率が高いこと。特に、第二次世界大戦直後に出産が急増したこと。

**―フェイス**［baby face］童顔。

**―リーフ**［baby leaf］葉野菜などの若い葉。サラダなどに用いる。

**へびいちご【蛇苺】** バラ科の多年草。花

は黄色で実は赤。〔無毒〕

**ヘビメタ** ヘビーメタルの略。

**ペプシン**〔pepsin〕 胃液の中の、たんぱく質を分解する酵素。

**へべれけ**〔俗語〕ひどく酒に酔ったようす。

**ペペロンチーノ**〔イタリア語 peperoncino〕ニンニクの薄切りと赤とうがらしを使ったパスタ料理。

**へぼ**〔俗語〕①へた。「—将棋」②出来がわるいこと。「—きゅうり」

**ヘボンしき【—式】** ローマ字の書き方の一。標準式。〔アメリカ人ヘボンが考案。／シをshi、チをchi、ジをji、フをfuと書く〕

**へま**〔俗語〕間の抜けた失敗をすること。

**へめぐる【経巡る】** あちこちを回り歩く。「諸国を—」

**ヘモグロビン**〔hemoglobin〕 赤血球に含まれるたんぱく質。赤い。酸素を運ぶ。血色素。

**へや【部屋】** ①家の内部を個々に仕切ったもの。「子供—」②相撲部屋。

**へやぎ【部屋着】** 室内でくつろいで着る衣服。室内着。

**へやしょく【部屋食】** 旅館やホテルで、食事を宿泊している部屋でとること。

**へやだい【部屋代】** 部屋の借り賃。

**へやぼし【部屋干し】** 洗濯物を部屋の中に干すこと。

**へやわり【部屋割り】**〔団体旅行の宿泊などで〕部屋の割り当て。

**へら【篦】** 細長く平たい道具。細工や裁縫に使う。

**べら《遍羅》** 海魚の一。体色が鮮明。観賞魚。食用。

**へらす【減らす】** 少なくする。対ふやす・増す

**へらずぐち【減らず口】** 負け惜しみで言う憎まれ口。「—をたたく」

**へらぶな【篦鮒】** フナの一。ゲンゴロウブナの別称。

**べらぼう《篦棒》** ①ばかげていること。②法外なこと。「—に高い」

**ベランダ**〔veranda〕 洋風の建物の外に張り出したひさしのある縁《えん》。

**べらんめえ** べらぼうめ。〔江戸っ子言葉〕

**—口調《くちょう》** 威勢のいい、江戸っ子のしゃべり方。

**へり【縁】** ふち。はし。

**ヘリ** ヘリコプターの略。「—空母」

**ベリー**〔belly〕 腹。

**—ダンス**〔belly dance〕 腹部をくねらせるアラビア風の踊り。

**—ロール**〔belly roll〕 走り高跳びの跳び方の一。

**ヘリウム**〔helium〕 希ガス元素の一。水素の次に軽く、気球などに使う。記号He

**ヘリオトロープ**〔heliotrope〕 ムラサキ科の低木。花は黄紫色で香りがよく香水用。

**ペリカン**〔pelican〕 水鳥の一。大きなくちばしと、下くちばしに餌《え》をたくわえる袋をもつ。

**へりくだる《謙る・遜る》** 相手を敬って自分を卑下する。謙遜《けんそん》する。

**へりくつ【屁理屈】** 勝手な理屈。

**ヘリコプター**〔helicopter〕 機体の上に回転翼のついた飛行機。ヘリ。

**ペリスコープ**〔periscope〕 潜望鏡。

**ペリドット**〔peridot〕 橄欖《かんらん》石のうち、透明で暗緑色のもの。〔八月の誕生石〕

**ヘリポート**〔heliport〕 ヘリコプターの発着場。

**ベリリウム**〔beryllium〕 金属元素の一。原子炉の減速剤・合金材料など。記号Be

**ヘリンボーン**〔herringbone〕 ①杉綾《すぎあや》。②スキーの先を開いて斜面を登る方法。◇ヘリングボーン。

**へる【経る】** ①時が過ぎる。②段階を踏む。③経由する。

**へる【減る】** ①少なくなる。対ふえる・増す ②「腹が—」〔=空腹になる〕

**ヘル**〔hell〕 地獄。

**ベル**〔bell〕 ①呼び鈴。「電話の—」②鐘。

**ベルエポック**〔フランス語 belle époque〕 古き良き時代。〔本来は、二〇世紀初めから第一次世界大戦前のフランスの繁栄期〕

**ベルガモット**〔bergamot〕 ①柑橘類の一。果実の皮、枝や葉から精油を作る。②①から作る精油。

**ベルカント**〔イタリア語 bel canto〕 イタリア式の歌唱法。

**ヘルシー**〔healthy〕 健康的。

**ヘルス**〔health〕 健康。

**—ケア**〔healthcare〕 健康管理。「—トレーナー〔=健康管理士〕」

**—メーター**〔和製語 health meter〕 小型

体重計。

**ペルソナ**〔ラテン語 persona〕①人格。②仮面。③キリスト教で、父と子と聖霊の三位一体としての存在様式。〔位格と訳される〕

**ヘルツ**〔hertz〕電磁波・音波の周波数・振動数の単位。サイクル。記号Hz

**ベルト**〔belt〕①帯。革帯。バンド。②機械の動力伝達用の帯状のもの。③帯状の地域。「グリーン―」

**―コンベアー**〔belt conveyor〕土木工事や工場で、土や物をのせて運ぶ帯。ベルトコンベヤー。

**ヘルニア**〔ラテン語 hernia〕臓器があるべき位置からはみ出る疾患。特に、脱腸。

**ヘルパー**〔helper〕①助手。手伝い。②ホームヘルパー。

**ヘルプ**〔help〕①手伝い。援助。「―キー」②救助。

**ヘルペス**〔ドイツ語 Herpes〕皮膚病の一。あわ粒くらいの水疱が密集してできる。疱疹《ほうしん》。

**ベルベット**〔velvet〕ビロード。

**ベルボーイ**〔bellboy〕ホテルのボーイの一。

**ベルボトム**〔bell-bottom〕ひざから下が広がった形のズボン。

**ヘルメット**〔helmet〕危険や暑さから守る保護帽。鉄製・プラスチック製など。

**ベルモット**〔フランス語 vermouth〕ニガヨモギで香りをつけたワイン。

**ベレー**〔フランス語 béret〕丸くて平らで、つばのない帽子。ベレー帽。

**ペレット**〔pellet〕①錠剤。②弾丸。③廃棄物を再利用のため粒状に固めたもの。

**ヘレニズム**〔Hellenism〕①紀元前四世紀ごろから西南アジアに広まったギリシャ系の文化。②ギリシャ精神。

**べろ**〔俗語〕舌。

**ベロア**〔velours〕①ビロードに似た毛織物。「―の帽子」②スエードに似たなめし革。

**ヘロイン**〔heroin〕麻薬の一。モルヒネから作る。「―中毒」

**ベロどくそ【―毒素】**病原性大腸菌が出す毒性のたんぱく質。〔下痢や激しい腹痛をひきおこす〕

**へん【辺】**①あたり。Ⅱ大方の程度。「この―」②多角形を囲む線分。「三角形の―」③数学で、等号の左右にある―式(数)。

**へん【変】**①変事。②音楽で、半音低くすること。「―ホ長調」対嬰《えい》③おかしい。怪しい。妙だ。

**へん【偏】**漢字の部首の分類の一。左の部分。〔「亻・扌」など〕対旁《つくり》

**へん【編】**①《篇》詩文のひとつづり。②《篇》本を内容で分けた一部分。③編集の略。「日本語学会―」

**べん【弁】**①花びら。②気体や液体の流通調節装置。バルブ。〔①②はもと瓣〕③話すこと。④土地言葉。「東京―」〔③④はもと辯〕

**―が立《た》つ** 雄弁である。

**―を弄《うろ》する** 勝手なことを言う。

**べん【便】**①便利な―こと(手段)。「バスの―」②大便(―と小便)。

**ペン**〔pen〕①筆記用具の一。②文筆活動。

**―を折《お》る** 文筆活動をやめる。

**へんあい【偏愛】**〔文章語〕特定の―人(物)をかたよって愛すること。対博愛

**へんあつ【変圧】**電圧・圧力を変えること。

**―器《き》** 交流の電圧を調節する装置。トランス。

**へんい【変位】**物体が位置を―変えること(変えた、移動距離)。「―ベクトル」

**へんい【変異】**①異変。②(同類の生物に)形状の違いが現れること。「突然―」

**―株《かぶ》** 突然変異によって同種のものと形質が変わった、植物・細菌・ウイルスなど。

**へんい【変移】**〔文章語〕移りかわること。

**べんい【便意】**大便がしたいという気持ち。

**へんうん【片雲】**〔文章語〕一片の雲。ちぎれ雲。

**へんえい【片影】**〔文章語〕わずかに見えた姿。

**べんえき【便益】**〔文章語〕便利で利益があること。「―をはかる」

**へんおんどうぶつ【変温動物】**温度の変化で体温が上下する動物。魚・爬虫類など。冷血動物。対恒温動物

**へんか【変化】**変わること。

**―記号《きごう》** 音楽で、譜面上の音を半音上下させる記号。シャープ・フラットなど。

**―球《きゅう》** 野球で、打者の近くでコースを変

える投球。対直球

**べんかい【弁解】** 自分の失敗や過失の理由を説明(正当化)すること。言い訳。「—につとめる・—がましい」

**へんがお【変顔】** 〔俗語〕わざとする滑稽な顔。

**へんかく【変革】** 変え改めること。変わり改まること。「制度(社会)の—」

**へんかく【変格】** 〔文章語〕規則に適合しないこと。対正格

**—活用《かつよう》** 動詞の活用で、不規則なもの。カ行変格活用・サ行変格活用など。

**へんがく【扁額】** 横長の額。横額。

**べんがく【勉学】** 勉強。「—に励む」

**ベンガラ《弁柄》**〔オランダ語 Bengala〕①赤色顔料。さびどめ用。べにがら。②ベンガラ縞《じま》。◇〔インドのベンガル地方に産したことから〕

**へんかん【返還】** もとの持ち主に返すこと。

**へんかん【変換】** 別のものに変わる(変える)こと。

**へんがん【片岩】** 変成岩の一。はがれやすい。

**べんき【便器】** 大小便を受ける器。

**べんぎ【便宜】** ①都合がよいこと。②適当な処置。「—をはかる」

**—的《てき》** まにあわせに処置するようす。

**ペンキ** 塗料の一。油性・水性がある。ペイント。「—塗りたて」〔オランダ語 pek から〕

**へんきごう【変記号】** 音楽で、フラット。対嬰《えい》記号

**へんきゃく【返却】** 借りた物を返すこと。

**へんきゅう【返球】** 野球で、とった球を投げ返すこと。

**へんきょう【辺境】《辺疆》** 国境付近。「—の地」

**へんきょう【偏狭】** ①土地が狭いこと。②度量の小さいこと。

**べんきょう【勉強】** ①学問や技芸を学ぶこと。②将来のための経験。「いい—になる」③値引きすること。「大—」

**へんきょく【編曲】** 演奏形式を作り変えること。

**へんきん【返金】** 借金を返すこと。

**ペンギン**〔penguin〕海鳥の一。南極地方にすむ。直立して歩く。飛べない。

**へんくつ【偏屈】《偏窟》** かたくな。頑固。

**へんげ【変化】** ①神仏が人の姿となって現れること(現れたもの)。②歌舞伎で、次々と違う姿に変わること。「七—」③化け物。

**へんけい【変形】** 形が変わること。形を変えること。また、その形。

**—性《せい》膝関節症《しつかんせつしょう》** ひざの関節を覆う軟骨の変性のために生じる疾患。

**べんけい【弁慶】** 源義経《みなもとのよしつね》の忠臣で剛勇な僧。Ⅱ強い者。

**—草《そう》** 多年草の一。観賞用。

**—の泣《な》き所《どころ》** むこうずね。〔弁慶でもけられると痛がったということから〕Ⅱ強い者の唯一の弱点。

**へんけいどうぶつ【扁形動物】** 動物の分類の一。体が平たい。多く寄生性。

**へんけん【偏見】** かたよった見方や考え方。

**へんげん【片言】** 〔文章語〕ちょっとした言葉。

**—隻語《せきご》** 〔文章語〕ほんの短い言葉。片言隻句。

**へんげん【変幻】** 現れたかと思うとたちまち消えること。「—自在」

**べんご【弁護】** その人の立場を有利に導くように言い開きをすること。「自己—」

**—士《し》** 訴訟で、被告や原告の代理・弁護をする職業の人。

**—人《にん》** 刑事被告人の弁護をする役の人。

**へんこう【変更】** 変え改めること。

**へんこう【偏向】** かたよった傾向。

**へんこう【偏光】** 一定の方向にだけ振動する光。ガラスの反射光線など。「—顕微鏡」

**へんこうせい【変光星】** 明るさが周期的に変わる恒星。

**へんさ【偏差】** 標準からのずれ。

**—値《ち》** 学力検査で、得点が全体のどの水準にあるかを示す数値。〔平均が五〇となる〕

**べんざ【便座】** 洋式便器の腰掛け部分。

**へんさい【辺際】** 〔文章語〕土地・国の果て。

**へんさい【返済】** 借りた金品を返すこと。

**へんさい【変災】** 〔文章語〕天変地異の災難。

**へんざい【偏在】** かたよって存在すること。対遍在

**へんざい【遍在】** 広く行きわたって存在すること。対偏在

**べんさい【弁才】** 〔文章語〕うまく話す才能。

**べんさい【弁済】** 債務を返済すること。

**べんざいてん【弁財天・弁才天】** 七福神の一。女神。財福や音楽をつかさどる。弁天。

**へんさん【編纂】** 編集。

**へんし【変死】** 不審な死に方。〔自殺・他殺・事故死など〕

**へんじ【片時】** 〔文章語〕わずかな時間。

**へんじ【返事】**《返辞》 答える一こと（言葉・手紙）。

**へんじ【変事】** 変わった出来事。異変。

**べんし【弁士】** ①演説や講演をする人。②無声映画の説明者。活動弁士。

**へんしつ【変質】** ①性質が変わること。②異常な性質。

**ー者《しゃ》** 性格が異常な人。

**へんしつ【偏執】** へんしゅう。

**へんじゃ【編者】** 書物などを編集する人。

**へんしゅ【変種】** 動植物で、同種であるが形や性質が他のものと異なっているもの。

**へんしゅう【偏執】** ある考えに固執して人の意見を受け入れないこと。へんしつ。

**ー狂《きょう》** あることに病的に執着し、異常な行動をする症状。モノマニア。

**へんしゅう【編修】** 書物にまとめ上げること。

**へんしゅう【編集】**《編輯》 ある企画のもとに文字・映像・音楽による作品をまとめること。類編纂《へんさん》

**へんじゅつ【編述】** 〔文章語〕文章をまとめ、つづること。

**へんしょ【返書】** 返事の手紙。返信。

**べんじょ【便所】** 手洗い。トイレ。

**へんしょう【返照】** ①〔文章語〕光の反射。②夕映え。

**へんじょう【返上】** 返すこと（一の謙譲語）。「休日ーで働く」

**べんしょう【弁証】** 〔文章語〕弁論によって証明すること。

**ー法《ほう》** 現実世界を認識する哲学の一方法。矛盾をのりこえ、より高次の統合をはかる考え方。

**べんしょう【弁償】** 人に与えた損害を償うこと。

**へんしょく【変色】** 色が変わること。

**へんしょく【偏食】** 食べ物の好き嫌いがあること。

**ペンション**〔pension〕 民宿風の小ホテル。

**へんじる【変じる】** 変わる。変える。

**ペンシル**〔pencil〕 鉛筆。「シャープー」

**べんじる【弁じる】** 一《辨じる》①済む。済ます。②区別する。二《辯じる》①述べる。②言い訳する。

**べんじる【便じる】** 〔文章語〕用を足す。用が足りる。

**へんしん【返信】** 返事の手紙・電信。対往信

**へんしん【変心】** 心変わり。

**へんしん【変身】** 姿を変えること。また、変えた姿。

**へんしん【変針】** 〔文章語〕針路の変更。

**へんじん【変人】**《偏人》 普通と違う性格の人。変わり者。「奇人ー」

**ベンジン**〔benzine〕 石油から採る揮発性油。しみ抜き・溶剤用。石油ベンジン。

**へんすう【変数】** 条件により値が変わる数・記号。対定数

**へんずつう【偏頭痛】** 頭の片側におこる激しい痛み。

**へんする【偏する】** 〔文章語〕一方にかたよる。

**へんずる【変ずる】** 〔文章語〕変じる。

**べんずる【弁ずる】** 〔文章語〕弁じる。

**へんせい【変成】** 形が変わってできること。形を変えて作ること。

**ー岩《がん》** 火成岩・水成岩が高温や高圧により変化してできた岩石。

**へんせい【変性】** 性質が変わること。

**へんせい【編成】** 集めてひとつのまとまりにすること。「予算ー・一〇両ーの列車」

**へんせい【編制】** 団体・軍隊を組織すること。「学級ー」

**へんせいふう【偏西風】** 中緯度地方の上空を吹く、西寄りの強い風。

**へんせつ【変節】** 〔文章語〕主義や主張を変えること。

**べんぜつ【弁舌】** もの一を言うこと（の言い方）。「ーさわやか」

**へんせん【変遷】** 時と共に移り変わること。「時代のー」

**ベンゼン**〔benzene〕 コールタールから採れ

る揮発性液体。無色。薬・染料用。ベンゾール。
**へんそう【返送】** 送り返すこと。
**へんそう【変装】** 顔や服装を別人のように―変えること(変えた姿)。
**へんぞう【変造】** 文書や紙幣などの形・内容を変えること。「―小切手」
**へんそうきょく【変奏曲】** 主題をもとに、旋律や拍子を変えて構成した楽曲。
**ベンゾール**〔ドイツ語 Benzol〕ベンゼン。
**へんそく【変則】** 普通の規則・規定にはずれていること。対正則
**へんそく【変速】** 速度を変えること。
**ベンダー**〔vendor〕①自動販売機。②売り手。販売店。
**へんたい【変体】** 普通の形や体裁と違うこと。
**―仮名**《がな》 現行の字体と違う平仮名。〻(＝か)・お(＝こ)など。
**へんたい【変態】** ①普通と違う形・状態。②性に対して異常であること。変態性欲。〔多く侮蔑の意で使われる〕③形態が著しく変化して成体になること。〔オタマジャクシ→カエルの類〕
**へんたい【編隊】** 飛行機が隊形を組むこと。また、その一隊。
**ペンタゴン**〔Pentagon〕 アメリカ国防総省の通称。〔五角形の意。/建物の形から〕
**べんたつ【鞭撻】**〔文章語〕励ますこと。「ご指導ご―の程」〔むちで打つ意〕
**ペンダント**〔pendant〕①首につるす飾り。②つり下げる照明器具。ペンダントライト。

**へんち【辺地】** 僻地《へきち》。
**ベンチ**〔bench〕①長いす。「公園の―」②野球で、ダッグアウト。③球技で、選手・監督の控え席。⓫監督・コーチ。
**―ウオーマー**〔benchwarmer〕 野球で、補欠選手。
**―シート**〔bench seat〕 自動車の座席で、左右それぞれに分かれていないもの。
**―プレス**〔bench press〕ベンチに仰臥してバーベルをあげる運動。パワーリフティングの種目の一。
**―マーク**〔benchmark〕 水準点。⓫物事の基準となるもの。
**ペンチ** 工具の一。針金を切ったり曲げたりする。〔pinchers から〕
**へんちくりん**〔俗語〕非常に変であるようす。へんちきりん。
**ベンチャー**〔venture〕 ①冒険。②ベンチャービジネスの略。
**―キャピタル**〔venture capital〕 ベンチャービジネスへの投資を主な業務とする企業。
**―ビジネス**〔venture business〕 最新技術などを生かして新分野にいどむ企業。
**べんちゃら**〔文章語〕おべんちゃら。
**へんちょ【編著】** 編集・著作した書物。
**へんちょう【変調】** ①普段と調子が変わること。「―をきたす」②音楽で、移調、また、転調。③通信で、信号波の振幅や周波数を変化させて、伝送しやすい信号波に変えること。「周波数―」
**へんちょう【偏重】** かたよって重んずること。「学歴―主義」
**ベンチレーター**〔ventilator〕換気装置。
**ベンツ**〔vent〕上着やコートのすそに縦に入れた開き。ベント。「サイド―」
**べんつう【便通】** 大便が出ること。
**ペンディング**〔pending〕保留。
**へんてこ《変挺》**〔俗語〕変。妙《みょう》。へんてこりん。
**へんてつ【変哲】** 普通と異なること。「何の―もない話」
**へんてん【変転】** 他の状態に変わること。「―きわまりない」
**へんでん【返電】** 返事の電報・電話。
**べんてん【弁天】** 弁財天。⓫〔俗語〕美女。
**へんでんしょ【変電所】** 電圧を調節して消費者へ配電する施設。
**へんど【辺土】**〔文章語〕僻地《へきち》。
**へんとう【返答】** 答えること。返事。
**へんどう【変動】** ①変わり動くこと。「物価の―」②世の中の動き。
**―相場制**《そうばせい》 外国為替相場を固定せず変動させる制度。対固定相場制
**べんとう【弁当】** ①外出先で食べるために持っていく食事。②外出先で取り寄せて食べる箱詰めの食事。「仕出し―」
**へんとうせん【扁桃腺】** のどの奥の左右の壁にあるリンパ組織。
**ペントハウス**〔penthouse〕 ①アパートの最上階に作った高級住宅。②ビルの屋上室。給水・空調用。
**へんにゅう【編入】** 途中から組み入れる

こと。「―試験」

**ペンネ**［イタリア語 penne］パスタの一種。短い管状で、端がペン先のように斜めに切ってある。

**ペンネーム**［pen name］文筆活動に使う名前。筆名。

**へんねんし【編年史】** 編年体で著した歴史。

**へんねんたい【編年体】** 歴史書の記述法の一。年月の順にしるす。対紀伝体

**へんのう【返納】** もとに返し納めること。

**へんぱ【偏頗】** 不公平。えこひいき。

**へんぱい【返杯】**《返盃》つがれた杯の酒を飲み干して、杯を差し返すこと。

**ペンパル**［pen pal］ペンフレンド。

**へんぴ【辺鄙】** 町から離れて不便な-ようす（土地）。「―な土地」

**べんぴ【便秘】** 大便が出なくなること。

**へんぴん【返品】** 購入（納入）した品物を返すこと。

**へんぷ【返付】**〔文章語〕戻すこと。還付。

**ペンフレンド**［pen friend］文通友達。ペンパル。

**へんぺい【扁平】** 平べったいこと。

**―足**《そく》 土ふまずがほとんどない足。

**べんべつ【弁別】** 見分けること。類識別

**ベンベルグ**［Bemberg］人絹の一。〔商標〕

**へんぺん【片々】** ①きれぎれなようす。②うすっぺらなようす。

**へんぺん【翩々】**〔文章語〕①ひらひらひるがえるようす。②軽々しいようす。

**べんべん【便々】**〔文章語〕①時間をむだに過ごすようす。②腹が出ているようす。「―たる太鼓腹」

**へんぼう【変貌】** 姿や様子が変わること。変容。「―を遂げる」

**へんぼう【偏旁】** 漢字の、偏と旁《つくり》。「―冠脚《かんきゃく》」

**へんぽう【返報】** ①好意に報いること。②仕返し。

**べんぽう【便法】** ①便利な方法。②便宜的な手段。「―を講じる」

**ペンホルダー**［penholder］卓球のラケットの握り方の一。ペンを持つように持つ。ペンホルダーグリップ。

**へんぽん【翩翻】** 旗などがひるがえるようす。

**べんまく【弁膜】** 心臓や静脈の内部にある膜。血液などの逆流を防ぐ。

**ペンマンシップ**［penmanship］英語の、書法・習字。

**へんむ【片務】** 当事者の一方だけが義務を負うこと。「―契約」対双務

**べんむかん【弁務官】** 保護国・植民地などに派遣されて政治や外交の指導をする役人。

**へんめい【変名】** 本名をかくして名前を別につけること。また、その名。

**べんめい【弁明】** 自分の言行についての言い開き。

**べんもう【鞭毛】** 微生物などの体表にある、糸状の器官。

**へんもく【編目】**《篇目》編や章の題。

**へんよう【変容】** 変貌《へんぼう》。

**ペンライト**［penlight］ペン型懐中電灯。

**べんらん【便覧】** びんらん。

**べんり【弁理】**〔文章語〕見分けて処理すること。

**―士**《し》 特許・実用新案・商標などの手続きの代行を職業とする人。

**べんり【便利】** 都合がよいこと。役に立つこと。対不便

**―屋**《や》 雑用を引き受ける職業（―の人）。Ⅱ他人の用を気軽に引き受けてくれる人。

**へんりん【片鱗】** ごくわずかな部分。「―を現す」〔魚の一片のうろこの意〕

**へんれい【返礼】** 相手の厚意に対してお礼をすること。

**へんれい【返戻】**〔文章語〕返し戻すこと。

**べんれい【勉励】**〔文章語〕努め励むこと。

**へんれき【遍歴】** 諸国をめぐること。「職場―」Ⅱいろいろな経験をすること。

**へんろ【遍路】** 四国の弘法大師の八八か所の霊場を巡礼する-こと（人）。

**べんろん【弁論】** ①大勢の前で自分の意見を述べること。②法廷で、当事者のする申し立てや陳述。「口頭―」

## ほ

**ほ【ホ】** 音名の一。ハ長調のミにあたる。

**ほ【帆】** 帆柱にはる布。風を受けて船を進める。「―を-揚げる（張る）」

**ほ【歩】** ①歩くこと。「―を進める」②歩く

ときの歩数を数える語。

**ほ【穂】** 花や実が、茎の先のまわりに群がりついたもの。Ⅱとがったものの先。「筆の—」

**ぼ【戊】** 十干の第五。つちのえ。

**ボア**［boa］ ①毛皮や羽毛でつくられた襟巻き。②南アメリカ産の無毒の大蛇。

**ほあん【保安】** 社会や職場の安全・秩序を保つこと。

**—要員**《よういん》 工場などで、災害を防ぐ任務につく人。

**—官**《かん》 アメリカで、郡の治安維持にあたる役職。［sheriffの訳語］

**—林**《りん》 風水害の防止や水源の保護などのために、国家が特別に保護する森林。

**ほい【補遺】** 書き漏らしたものを、あとから補うこと。また補った部分。

**ホイール**［wheel］ 車輪。

**—ベース**［wheelbase］ 自動車の前車軸と後車軸の間の距離。

**ぼいき【墓域】** 墓の区域。類墓地

**ほいく【保育】** ①幼児を保護し、育てること。②【哺育】動物の親が、子に乳を与えて育てること。

**—園**《えん》 保育所の通称。

**—士**《し》 保育園や養護施設で、児童を保育する資格をもつ人。［保母・保父の正式名称］

**—所**《じょ》 昼間、乳幼児を預かって保育する福祉施設。

**ホイコーロー**《回鍋肉》［中国語 huíguōròu］ 中国料理の一。豚肉とキャベツをみそで炒める。

**ボイコット**［boycott］ 共同して、特定の人（商品・事柄）を排斥すること。

**ボイス**［voice］ 声。「ハスキー—」

**—レコーダー**［voice recorder］（航空機の操縦席の）声・音を記録する装置。

**ホイスト**［hoist］ 軽便な巻き上げ式起重機。

**ポイズンピル**［poison pill］ 企業の敵対的買収に対する対抗策の一。既存株主に時価よりも安価な新規株を発行して、買収側の持ち株比率と株式価値を低くする。［毒薬の意］

**ほいつ【捕逸】** 野球で、パスボール。

**ホイッスル**［whistle］（競技で）合図に使う笛。警笛。

**ホイップ**［whip］ 卵白や生クリームを泡立てること。

**ほいっぽ【歩一歩】** 一歩一歩。

**ボイラー**［boiler］ 蒸気を発生させる装置。動力・暖房用など。かま。

**ホイル**［foil］ うすくのばした紙状の金属。「アルミ—」類箔《はく》

**ボイル**［boil］ ゆでること。ゆでたもの。

**ボイル**［フランス語 voile］ 薄い綿織物。夏服用。

**ほいろ【焙炉】** 茶の葉をほうじたり物をかわかしたりする用具。

**ぼいん【母音】** のどから出た声が、舌・唇などにさえぎられずに発せられる音。ア・イ・ウ・エ・オなど。ぼおん。対子音

**ぼいん【拇印】** 印鑑代わりに、親指の腹に朱肉や墨をつけて押す印。爪印。

**ポインセチア**［poinsettia］ 常緑低木の一。クリスマスごろ、鮮紅色の苞《ほう》が美しい。

**ポイント**［point］ ①得点。②要点。③地点。④線路の切り換え装置（—のある所）。転轍《てんてつ》機。⑤活字の大きさの単位。［ポと略す］

**—ゲッター**［和製語 point getter］ スポーツで、よく得点をあげる人。

**ほう【包】** 薬包などを数える語。

**ほう【方】** ①方向。方面。②いくつかの中の、一方。③方法。

**ほう【苞】** 葉の変形したもの。芽やつぼみをおおって出る。

**ほう【法】** ①法律。きまり。②仏教の教え。③方法。④文法で、話し手の表現態度を表す語形変化。「仮定—」

**—の網**《あみ》**を潜**《くぐ》**る** 法の規制をたくみにすりぬける。

**ほう【砲】** 大砲。

**ほう【報】**［文章語］知らせ。

**ぼう【坊】** ①僧侶（—の住居）。②男の子を親しみをこめて呼ぶ語。③人の状態または、そういう状態の人をさす語。「けちん（赤ん）—」［あざけりや親しみを含む］

**ぼう【房】** ①部屋。②監房。③家の雅号にそえる語。

**ぼう【某】** 人や場所をはっきり示さずにいう語。「—社・田中—」

**ぼう【帽】** 帽子。「スキー—」

**ぼう【棒】** 手に持てる程度の細長い木や金属。

**—に振**《ふ》**る** それまでの努力や苦労を無駄

にする。
**ぼう【暮雨】**〔文章語〕夕暮れの雨。
**ボウ**［bow］ボー。
**ぼうあく【暴悪】**乱暴で非道なこと。
**ぼうあつ【防圧】**《防遏》防止。
**ぼうあつ【暴圧】**〔文章語〕権力や暴力でおさえつけること。
**ほうあん【法案】**法律の草案。
**ぼうあんき【棒暗記】**内容を理解しないで、機械的に暗記すること。
**ほうい【方位】**①東西南北を基準とした方角。②方角の吉凶。
**ほうい【包囲】**まわりを取り囲むこと。
**—網《もう》** 網のように、しっかり取り囲んだ態勢。
**ほうい【法衣】**ほうえ。
**ぼうい【暴威】**〔文章語〕激しく荒々しい勢い。
**ほういがく【法医学】**法律上問題になる医学に関する事柄を研究する応用医学。〔変死体の鑑定など〕
**ほういつ【放逸】**《放佚》〔文章語〕気ままで、節度のないこと。
**ほういん【法印】**①僧位の最高位。②武家時代、儒者・仏師などに授けられた称号。
**ぼういん【暴飲】**度をすごして酒などを飲むこと。「—暴食」
**ほうえ【法衣】**僧尼の着る衣服。
**ほうえ【法会】**〔仏教語〕①説教などをして仏教の教えを説く集会。②法事。
**ほうえい【放映】**テレビで、放送すること。

**ぼうえい【防衛】**他からの侵害を防ぎ守ること。
**—省《しょう》** 自衛隊を管理・運営する中央官庁。〔もと防衛庁〕
**ほうえき【法益】**法律で保護されている利益。
**ぼうえき【防疫】**感染症の発生・侵入を防止すること。「—官」
**ぼうえき【貿易】**外国との商業取引。
**—風《ふう》** 赤道付近から赤道に向かって一年中吹いている風。
**ほうえつ【法悦】**仏教の教えを聞いて感じる喜び。Ⅱうっとりするような喜び。
**ほうえん【方円】**〔文章語〕四角と丸。「水は—の器に従う」
**ほうえん【砲煙】**大砲を打つときの煙。
**—弾雨《だんう》** 激しく砲弾を撃ち合うこと。
**ほうえん【豊艶】**〔文章語〕ふくよかで美しいこと。
**ぼうえん【防炎】**火がついて燃えあがるのを防ぐこと。
**ぼうえん【防煙】**火事などのとき、煙が広がるのを防ぐこと。
**ぼうえん【望遠】**
**—鏡《きょう》** 光学器械の一。遠くの物を見るのに使う。
**—レンズ** 焦点距離の長いレンズ。遠くの被写体の撮影用。
**ほうおう【法王】**①教皇。②〔仏教語〕如来の別称。
**ほうおう【法皇】**仏門に入った上皇。
**ほうおう【訪欧】**ヨーロッパを訪れること。

**ほうおう【鳳凰】**中国の想像上の鳥。〔聖人が世に出たしるしとされる。／鳳は雄、凰は雌とも〕
**ぼうおく【茅屋】**〔文章語〕①かやぶき屋根の家。②あばらや。Ⅱ「自分の家」の謙譲語。
**ほうおん【芳恩】**〔文章語〕「人から受けた恩」の尊敬語。
**ほうおん【報恩】**恩返し。
**ぼうおん【防音】**騒音が室内に入ったり外部に出たりするのを防ぐこと。「—装置」
**ぼうおん【忘恩】**受けた恩を忘れること。
**ほうか【邦貨】**〔文章語〕日本の貨幣。対外貨
**ほうか【法科】**①法律に関する学科。②法学部。
**—大学院《だいがくいん》** 法曹養成のための大学院。ロースクール。
**ほうか【法家】**①法律家。②古代中国で、法律を重んじることを主張した学派。
**ほうか【法貨】**法律によって通用力を与えられた貨幣。法定貨幣。
**ほうか【放火】**火災を起こすために、わざと火をつけること。
**ほうか【放歌】**〔文章語〕周囲にかまわず大声で歌うこと。「—高吟」
**ほうか【放課】**学校の一日の課業が終わること。「—後」
**ほうか【砲火】**大砲を撃つときに出る火。
**—を交《まじ》える** 交戦する。
**ほうが【邦画】**①日本画。②日本映画。◇対洋画

**ほうが【奉加】** 社寺に金品を奉納すること。「—帳」

**ほうが【奉賀】**〔文章語〕お祝いを申し上げること。「—新年」類謹賀

**ほうが【萌芽】**〔文章語〕芽が出ること。またその芽。Ⅱ物事が新しく起こるきざし。

**ぼうか【防火】** 火災を防ぐこと。「—訓練」

**ぼうが【忘我】**〔文章語〕我を忘れること。

**ほうかい【抱懐】**〔文章語〕ある考えを心の中にもつこと。

**ほうかい【崩壊・崩潰】** ①くずれこわれること。②放射性元素が放射線を出して別の元素に変わること。

**ほうがい【法外】** 程度がすぎること。けたはずれ。

**ぼうがい【妨害】**《妨碍・妨礙》邪魔すること。

**ぼうがい【望外】**〔文章語〕願っていた以上によいこと。「—の喜び」

**ほうかいりんき【法界悋気】** 自分とは直接関係ないことに嫉妬《しっと》すること。

**ほうがく【方角】** 方向。方位。Ⅱ見当。

**ほうがく【邦楽】** 日本古来の音楽の総称。和楽。対洋楽

**ほうがく【法学】** 法律学。

**ほうかつ【包括】** ひとつにまとめること。

**ぼうかび【防黴】** かびの発生を防ぐこと。

**ほうかん【宝冠】** 宝石で飾った冠。

**ほうかん【宝鑑】** 手本となることを書いた実用書。〔尊い鏡の意〕

**ほうかん【奉還】**〔文章語〕返し奉ること。「大政—」

**ほうかん【幇間】** 酒席のとりもちをする男。たいこもち。

**ほうがん【包含】** 包み含むこと。

**ほうがん【判官】** はんがん。

**—贔屓《きびい》** 大衆が弱者や敗者に同情する気持ち。〔判官は九郎判官源義経のこと〕

**ほうがん【砲丸】** ①大砲のたま。②砲丸投げに用いる金属球。

**—投《な》げ** 陸上競技の種目の一。砲丸を投げて飛距離を競う。

**ぼうかん【防寒】** 寒さを防ぐこと。「—服」

**ぼうかん【傍観】** 関係をもたずに、わきで見ていること。「—者」

**ぼうかん【暴漢】** 乱暴を働く男。

**ボウガン**〔bow gun〕弓の一。ライフルとアーチェリーを組み合わせた形をしている。クロスボウ。ボーガン。

**ほうがんし【方眼紙】** 方眼の線をひいた紙。セクションペーパー。〔設計図やグラフを書く〕

**ほうき【箒】** 掃除用具の一。

**—草《ぐさ》** 茎・枝を干して草ぼうきにする草。実は食用。

**—星《ぼし》** 彗星《すいせい》。

**ほうき【芳紀】**〔文章語〕若い女性の年齢をいう語。「—一八歳」

**ほうき【法規】** 法律上のきまり。

**ほうき【放棄】**《拋棄》捨て去ること。

**ほうき【蜂起】**〔文章語〕（民衆や兵士たちが）一斉に反乱をおこすこと。

**ぼうぎ【謀議】** 集まって、犯罪の計画や方法を相談し合うこと。

**ぼうきゃく【忘却】** 忘れ去ること。

**ぼうぎゃく【暴虐】**〔文章語〕乱暴で残酷なこと。

**ほうきゅう【俸給】** 公務員や会社員が労働に対して受ける報酬。

**ほうぎょ【崩御】**〔文章語〕天皇・皇后・皇太后・太皇太后が死去すること。

**ぼうきょ【暴挙】** 乱暴・無謀なふるまい。

**ぼうぎょ【防御】**《防禦》防ぎ守ること。

**ほうきょう【豊凶】** 豊作と凶作。

**ほうきょう【豊胸】** 美しく豊かな胸（—を人工的に形づくること）。

**ほうきょう【豊頬】**〔文章語〕ふっくらとした頬《ほお》。Ⅱ美人。

**ぼうきょう【防共】** 共産主義の侵入を防ぐこと。

**ぼうきょう【望郷】** 故郷をなつかしく思うこと。「—の念にかられる」

**ほうぎょく【宝玉】** 宝石。Ⅱ貴重なもの。

**ほうぎん【放吟】** あたりかまわず、大声で詩歌を歌うこと。「高歌—」

**ぼうぐ【防具】** 剣道などで、けがを防ぐため身につける道具。面・籠手《こて》など。

**ぼうぐい【棒杭・棒杙】** 棒状のくい。

**ぼうくう【防空】** 空からの攻撃を防ぐこと。

**ぼうグラフ【棒—】** 数量を棒の長さで示したグラフ。

**ぼうくん【亡君】**〔文章語〕死んだ主君。

**ぼうくん【傍訓】**〔文章語〕ふりがな。

**ぼうくん【暴君】** 暴虐で民衆を苦しめる君主。Ⅱ勝手気ままにふるまう人。

**ほうけい【方形】** 四角形。
**ほうけい【包茎】** 成人後も陰茎の先が皮に包まれていること。皮かぶり。
**ほうげい【奉迎】** 〔文章語〕身分の高い人を迎えること。
**ぼうけい【亡兄】** 〔文章語〕死んだ兄。
**ぼうけい【傍系】** ①直系から分かれ出た系統。②主流に属さないこと。
**ぼうけい【謀計】** 〔文章語〕はかりごと。類謀略
**ほうげき【砲撃】** 大砲で撃つこと。
**ほうける【惚ける】** ①ぼける。②夢中になる。「遊び―」
**ほうけん【奉献】** 神仏や身分の高い人に物を差し上げること。
**ほうけん【法権】** 国際法上、国家が外国人に対してもつ裁判権。「治外―」
**ほうけん【封建】** 君主が臣下に土地を分け与えて治めさせること。
**―時代**《じだい》 封建制度が行われた時代。〔日本では鎌倉時代から江戸時代まで〕
**―制度**《せいど》 君主が臣下に土地を与えて生活を保証し、臣下の絶対的服従を強制する社会制度。
**―的**《てき》 （封建制度の社会で）下の者に個人の自由や権利を認めないようす。
**ほうげん【方言】** 一定の地域だけで用いられる言語。
**ほうげん【放言】** 無責任に思うままを言うこと。
**ほうげん【法眼】** ①僧位の一。法印の次位。②武家時代、儒者・仏師などに授けられた称号。
**ぼうけん【冒険】** 危険を承知で行うこと。「―家」
**ぼうけん【剖検】** 解剖して調べること。
**ぼうけん【望見】** 〔文章語〕遠くから眺めること。
**ぼうげん【妄言】** 〔文章語〕でまかせの言葉。もうげん。
**ぼうげん【暴言】** 乱暴で無礼な言葉。「―を吐く」
**ほうこ【宝庫】** 宝物をしまう倉庫。‖価値あるものが生み出される場所。「知識の―」
**ほうご【邦語】** ①自国の言葉。②日本語。
**ほうご【法語】** 〔仏教語〕仏教の教えを解説した話。
**ぼうご【防護】** 有害（危険）なものから守ること。「―柵《さく》」
**ほうこう【方向】** ①向き。②方針。
**―転換**《てんかん》 進む方向を変えること。‖方針を変更すること。
**ほうこう【芳香】** 〔文章語〕よい香り。
**ほうこう【彷徨】** 〔文章語〕さまようこと。
**ほうこう【奉公】** ①国家のために尽くすこと。②主人につかえること。〔古風な言い方〕
**ほうこう【咆哮】** 〔文章語〕猛獣がほえ叫ぶこと。また、その声。
**ほうこう【放校】** 学生・生徒をやめさせること。「―処分」類退学
**ほうごう【法号】** 〔仏教語〕戒名。
**ほうごう【抱合】** 〔文章語〕抱き合うこと。
**ほうごう【縫合】** 縫い合わせること。
**ぼうこう【膀胱】** 腎臓《じんぞう》から送られて来る尿をためておく器官。「―炎」
**ぼうこう【暴行】** ①他人に暴力を加えること。②強姦の婉曲表現。
**ほうこく【報告】** （調査や任務の結果を）告げ知らせること。また、その内容。
**ほうこく【報国】** 〔文章語〕国から受けた恩義に報いること。
**ぼうこく【亡国】** ①国を滅ぼすこと。対興国 ②滅んだ国。「―の民」
**ぼうこひょうが【暴虎憑河】** 〔文章語〕命知らずなこと。〔トラに素手で立ち向かい、大河を徒歩で渡る意〕
**ぼうこん【亡魂】** 〔文章語〕死者の霊。
**ぼうさい【亡妻】** 〔文章語〕死んだ妻。
**ぼうさい【防災】** 災害を防ぐこと。
**ぼうさい【防塞】** 敵を防ぐとりで。
**ほうさく【方策】** 方法。手段。
**ほうさく【豊作】** 農作物がよくできること。対凶作・不作
**ぼうさつ【忙殺】** 非常に忙しいこと。〔ふつう「忙殺される」の形で使う〕
**ぼうさつ【謀殺】** ①計画的な殺人。②旧刑法で、故殺と区別して計画的に人を殺すこと。〔現行刑法では区別しない〕
**ほうさん【放散】** 外側へ広く散ること。「痛みが―する」
**ほうさん【奉賛】** 〔文章語〕神社などの仕事を後援すること。
**ほうさん【ホウ酸・硼酸】** ホウ素の化合物の一。殺菌作用がある。
**ほうし【芳志】** 「相手の心づかい」の尊敬

語。類芳情

**ほうし【奉仕】** ①社会や他人に尽くすこと。②商品を安く売ること。「━品」

**ほうし【法師】** ①僧。②他の語に付いて人の意を表す。「影━」

**ほうし【放恣】**《放肆》〔文章語〕勝手気ままで節操がないこと。

**ほうし【胞子】** 菌類やシダなどの生殖細胞。

**━植物《しょくぶつ》** 胞子で増える植物。

**ほうじ【邦字】** 〔文章語〕日本の文字。漢字とかな。

**━新聞《しんぶん》** 海外で発行される、日本語の表記による新聞。

**ほうじ【法事】** 死者の追善供養のために行う仏事。法要。

**ほうじ【奉持】**《捧持》〔文章語〕(ありがたいものを)ささげ持つこと。

**ぼうし【亡姉】** 〔文章語〕死んだ姉。

**ぼうし【防止】** 事前に防ぐこと。「━策」

**ぼうし【某氏】** ある人。

**ぼうし【紡糸】** 〔文章語〕糸をつむぐこと。また、その糸。

**ぼうし【帽子】** 「━をかぶる」 Ⅱ物の先にかぶせるもの。

**ぼうし【暴死】** 〔文章語〕突然死ぬこと。急死。

**ぼうじ【亡児】** 〔文章語〕死んだ子供。

**ぼうじ【房事】** 性交の婉曲《えんきょく》な言い方。〔閨房《けいぼう》(=寝室)での事の意から〕

**ほうしき【方式】** 何かをする際の一定の形式・やり方。

**ほうしき【法式】** 儀式のきまり。

**ほうじちゃ【焙じ茶】** 番茶を焙じた茶。

**ぼうしつ【忘失】** 〔文章語〕忘れてしまうこと。

**ぼうしつ【防湿】** 湿気を防ぐこと。「━剤」

**ぼうじま【棒縞】** 太い縦縞。

**ほうしゃ【放射】** ①光や放射能を放出すること。②一点から四方八方に出すこと。輻射《ふくしゃ》。

**━状《じょう》** 線が一点から四方八方に出ている形。

**━性《せい》** 放射能をもつ性質。

**━性元素《せいげんそ》** 放射能をもつ元素。〔ウラン・ラジウムなど〕

**━性廃棄物《せいはいきぶつ》** 原子炉の運転や核燃料の処理で生じる放射性の不要物。

**━線《せん》** ①放射状に広がる線。②放射性元素の崩壊に伴って放射される粒子線(=アルファ線・ベータ線)と電磁波(=ガンマ線)。

**━能《のう》** 放射線②を出す性質。

**━冷却《れいきゃく》** 地表面の熱が上空に放出し、地面が冷える現象。〔晴れて風のない夜に著しい〕

**ほうしゃ【報謝】** ①恩に報いること。②僧や巡礼に布施を与えること。

**ほうしゃ【ホウ砂・硼砂】** ホウ酸ナトリウムの白い結晶。防腐剤・ガラス原料用。

**ぼうじゃくぶじん【傍若無人】** 他人を無視して、勝手気ままにふるまうこと。〔傍らに人なきが若《ごと》しの意〕

**ほうしゅ【法主】** ほっしゅ。

**ほうしゅ【砲手】** 火砲を操作する人。

**ほうじゅ【宝珠】** ①宝玉。②先がとがって、もえあがる炎の形をした玉。

**ぼうしゅ【芒種】** 二十四気の一。六月六日ごろ。

**ぼうじゅ【傍受】** 他人の間で交わされる無線通信を受信すること。

**ほうしゅう【報酬】** 労働などに対する代価の金品。

**ほうじゅう【放縦】** 気ままでだらしがないこと。「━に流れる」

**ぼうしゅう【防臭】** 臭気を防ぐこと。

**ほうしゅく【奉祝】** 〔文章語〕つつしんでお祝いすること。

**ほうじゅく【豊熟】** 〔文章語〕農作物が豊かに実ること。

**ほうしゅつ【放出】** (勢いよく)出すこと。

**ほうじゅつ【方術】** ①方法。手段。②技術。③神や仙人が行う奇怪な術。

**ほうじゅつ【砲術】** 火砲を扱う技術。

**ほうじゅん【芳醇・芳純】** 酒のかおりが高く、味のよいこと。

**ほうじゅん【豊潤】** 豊かでうるおいのあること。

**ほうしょ【芳書】** 「相手の手紙」の尊敬語。

**ほうしょ【奉書】** コウゾで作った上質の和紙。奉書紙《がみ》。

**ほうじょ【幇助】** (よくないことを)手助けすること。「自殺━」

**ぼうじょ【防除】** 予防して害を受けないようにすること。

**ほうしょう【報奨】** 努力や勤労に報い、奨励すること。「—金」

**ほうしょう【報賞】** 功労や善行を賞する—こと(ための品や金)。「—金」

**ほうしょう【報償】** 損害を償うこと。

**ほうしょう【褒章】** 学問や芸術などに特別な功績のあった人に、国家が授ける記章。〔紅綬《こうじゅ》・緑綬・藍綬《らんじゅ》・紺綬・黄綬《おうじゅ》・紫綬の六種類〕

**ほうしょう【褒賞】**〔文章語〕①ほめたたえること。②ほめたたえて与える金品。

**ほうじょう【方丈】** ①一丈(=約三メートル)四方。②寺の住職(—の居間)。

**ほうじょう【芳情】**〔文章語〕芳志。

**ほうじょう【放生】**〔仏教語〕捕らえた生き物を逃がすこと。「—会《え》」

**ほうじょう【豊穣】**〔文章語〕穀物が豊かに実ること。

**ほうじょう【豊饒】**〔文章語〕土地が肥え、農作物が豊かに実ること。Ⅱ豊かで多いこと。「—な光」

**ぼうしょう【帽章】** 帽子につける記章。

**ぼうしょう【傍証】** 間接的な証拠。

**ぼうじょう【棒状】** 棒のようなかたち。

**ぼうじょう【暴状】**〔文章語〕乱暴な—ようす(行い)。

**ほうしょく【宝飾】** 宝石や貴金属の装身具。「—品」

**ほうしょく【奉職】** 公の職につくこと。

**ほうしょく【飽食】** 飽きるほど食べること。Ⅱ食物に不足しないこと。

**ぼうしょく【防食】**《防蝕》 金属がくさるのを防ぐこと。「—剤」

**ぼうしょく【紡織】** 糸をつむぐことと機《はた》を織ること。

**ぼうしょく【望蜀】** ⇩隴《ろう》を得て蜀を望む

**ぼうしょく【暴食】** 度を過ごして食べること。「暴飲—」

**ほうじる【奉じる】** ①おしいただいて従う。「命《めい》を—」②献上する。③勤める。「職を—」◇奉ずる。

**ほうじる【封じる】** 君主が領地を与えて臣下にする。封ずる。

**ほうじる【崩じる】** 天皇や皇后が死ぬ。崩ずる。

**ほうじる【報じる】** ①知らせる。②むいる。「恩に—」◇報ずる。

**ほうじる【焙じる】** 火であぶって湿気をとる。「茶を—」

**ほうしん【方針】** 物事を行う際の原則・方法。類指針

**ほうしん【芳信】**〔文章語〕芳書。

**ほうしん【放心】** ①ぼんやりすること。②【放神】安心すること。

**ほうしん【砲身】** 大砲の円筒形の部分。

**ほうしん【疱疹】** ヘルペス。「帯状—」

**ほうじん【方陣】** ①兵士を方形に並べた陣立て。②魔方陣。

**ほうじん【邦人】** 日本人。対外人

**ほうじん【法人】**〔法律用語〕権利・義務の主体になる資格を与えられた団体。対自然人

**ぼうじん【防刃】** 刃物から身を守ること。「—ベスト」

**ぼうじん【防塵】** ほこりが—たつ(入る)のを防ぐこと。

**ほうず【方図】** 物事の限り。「—がない」

**ぼうず【坊主】** ①住職。僧。②坊主頭。③男の子を親しみやあざけりをこめてよぶ語。④釣りで、一匹もつれないこと。⑤親しみやあざけりをこめて、人の意を表す。「三日—」

**—憎《に》けりゃ袈裟《けさ》まで憎《に》い** ある人が憎いとそれに関係あるすべてが憎くなる。

**ほうすい【放水】** ①水を導いて流すこと。②ホースで水をかけること。

**ほうすい【豊水】**〔文章語〕水量が豊かなこと。

**ぼうすい【防水】** 水がしみこむのを防ぐこと。

**ぼうすい【紡錘】** 糸を紡ぐ用具。つむ。

**—形《けい》** 両端が細く中央がふくらんだ円筒形。

**ほうずる【奉ずる】**〔文章語〕奉じる。

**ほうずる【封ずる】**〔文章語〕封じる。

**ほうずる【崩ずる】**〔文章語〕崩じる。

**ほうずる【報ずる】**〔文章語〕報じる。

**ほうすん【方寸】**〔文章語〕①一寸四方。Ⅱ狭い範囲。「—の地」②心の中。

**ほうせい【方正】** 正しいこと。「品行—」

**ほうせい【法制】** 法律と制度。「—史」

**ほうせい【砲声】** 大砲を発射する音。

**ほうせい【鳳声】**〔文章語〕「他人の伝言・音信」の尊敬語。

**ほうせい【縫製】** 縫って衣類を作ること。

**ぼうせい【防錆】** 金属がさびるのを防ぐこと。

**ぼうせい【暴政】** 人民を苦しめる政治。

**ほうせき【宝石】** 美しく産出量の少ない鉱石。主に装飾用。「―商」

**ぼうせき【紡績】** 糸を紡ぐこと。「―業」

**ほうせつ【包摂】** 論理学で、ある概念が、より一般的な概念に含まれること。また、それらの関係。

**ぼうせつ【防雪】** 雪害を防ぐこと。

**―林《りん》** ふぶきやなだれを防ぐための森林。

**ほうせん【砲戦】** 大砲を撃ちあう戦い。

**ぼうせん【防戦】** 敵の攻撃を防ぐために戦うこと。

**ぼうせん【傍線】** 文字のわきに引く線。サイドライン。

**ぼうせん【棒線】** まっすぐに引いた線。

**ぼうぜん【茫然】** ①漠然としているようす。②【呆然】気が抜けたり、あっけにとられたりしてぼんやりしているようす。

**―(茫然)自失《じしつ》** あっけにとられて我を忘れること。

**ほうせんか【鳳仙花】** 夏、赤や白の花をつける草花。観賞用。

**ほうそ【ホウ素・硼素】** 元素の一。黒褐色の固体で、硬い。記号B

**ほうそう【包装】** 上包みすること。荷造り。「―紙」

**ほうそう【放送】** 電波を使って多数の人に情報を送ること。特にテレビ・ラジオで番組を送ること。

**―衛星《えいせい》** 人工衛星の一。地上からの電波を受け、直接各家庭へと送る静止軌道衛星。

**―局《きょく》** 放送を行う所。

**ほうそう【法曹】** 法律事務に従事する人。裁判官・弁護士など。

**―界《かい》** 裁判官・弁護士などの社会。

**ほうそう【疱瘡】** 〔俗語〕天然痘。

**ほうぞう【包蔵】** 〔文章語〕中に包みもつこと。

**ほうぞう【宝蔵】** 宝物を入れておく、くら。

**ぼうそう【暴走】** ①乱暴に走ること。Ⅱ性急に物事を進めること。②運転する人の乗っていない車が走り出すこと。

**―族《ぞく》** グループでオートバイや自動車を乗り回し、他人に迷惑をかける者たち。

**ほうそく【法則】** ①一定の条件のもとで常になりたつ事物間の関係。②規範。

**ぼうだ【滂沱】** 〔文章語〕涙がとめどなく流れ出るようす。

**ほうたい【包帯】**《繃帯》患部に巻きつけて保護するための、帯状の布。

**ほうたい【奉戴】** 〔文章語〕①いただき奉ること。②上に立つ人として、うやまい、いただくこと。

**ほうだい【砲台】** 大砲を据える台。

**ぼうだい【傍題】** ①〔文章語〕副題。②俳句で、その季語に類似した季語。

**ぼうだい【膨大】** ①【厖大】非常に大きい（多い）ようす。「―な資料」②ふくれて大きくなること。

**ぼうたかとび【棒高跳び】** 陸上競技の種目の一。棒を使ってバーを跳び越える。

**ぼうだち【棒立ち】** ①（驚いて）棒のようにまっすぐに立つこと。②さお立ち。

**ほうたん【放胆】** 〔文章語〕非常に大胆なこと。

**ほうだん【放談】** 〔文章語〕思ったとおりのことを自由に話すこと。また、その話。

**ほうだん【砲弾】** 大砲のたま。

**ぼうだん【防弾】** 銃弾を防ぐこと。

**―ガラス** 銃弾があたっても割れない強化ガラス。

**―チョッキ** 銃弾から胸部や腹部を守る胴着。

**ほうち【法治】** 法律に従って国家を治めること。

**―国《こく》** 法律に従って政治が行われる国家。法治国家。

**ほうち【放置】** そのままにしておくこと。

**ほうち【報知】** 告げ知らせること。「火災―器」類通知

**ほうちく【放逐】** 〔文章語〕（その地域から）追い払うこと。

**ほうちゃく【逢着】** 〔文章語〕出会うこと。

**ぼうちゅう【忙中】** 忙しいさなか。

**―閑《かん》あり** 忙しい中に、ときたまひまな時間がある。

**ぼうちゅう【防虫】** 衣服や書物に虫がつくのを防ぐこと。「―剤」

**ぼうちゅう【傍注】** 〔文章語〕本文のわきにつけた注釈。

**ほうちょう【包丁】**《庖丁》料理用の刃物。

**ほうちょう【放鳥】**（放生会や葬式のとき）功徳のため、捕まえておいた鳥を逃がしてやること。また、その鳥。

**ぼうちょう【防潮】** 津波や高潮の害を防ぐこと。

**—堤**《てい》 高潮を防ぐための堤防。

**ぼうちょう【防諜】**〔文章語〕スパイの侵入・活動を防ぐこと。

**ぼうちょう【傍聴】** 会議や公判を発言権なしで、わきで聞くこと。

**ぼうちょう【膨張・膨脹】** ①物体の体積が大きくなること。②規模が大きくなること。「予算が—する」 対収縮

**ほうっておく【放って置く】** そのままにしておく。

**ほうてい【奉呈】**〔文章語〕献上。

**ほうてい【法廷】** 裁判官が審理・裁判を行う所。

**—闘争**《とうそう》 労働運動や政治運動を法律の問題として法廷で争うこと。

**ほうてい【法定】** 法律で定めること。

**—貨幣**《かへい》 法貨。

**—金利**《きんり》 法律で最高限度と定めた利率。

**ほうてい【奉呈・捧呈】**〔文章語〕ささげ持ってたてまつること。「—式」

**ぼうてい【亡弟】**〔文章語〕死んだ弟。

**ほうていしき【方程式】** 数学で、式の中の未知数に特定の値を代入すると成立する等式。● 問題解決に最も適切な法則。「勝利の—」

**ほうてき【法的】** 法律に関するようす。

**ほうてき【放擲】**《抛擲》 するべきことをしないで放っておくこと。

**ほうてん【宝典】** ①貴重な書物。②日常生活の上で便利な書物。

**ほうてん【法典】** ①おきて。②特定の法規を組織的に編集したもの。

**ほうてん【奉奠】**〔文章語〕つつしんで神前に供えること。「玉串—」

**ほうでん【宝殿】** ①宝物殿。②神殿。

**ほうでん【放電】** ①帯電体が電気を放出すること。対充電 ②高電圧をかけたとき、気体などの絶縁体に電流が流れること。

**ぼうてん【傍点】** 字のわきに打つ点。〔強調するためや注意を喚起するため〕

**ほうと【方途】**〔文章語〕やり方。進むべき道。

**ほうど【邦土】**〔文章語〕国土。

**ほうど【封土】** 大名の領地。

**ぼうと【暴徒】** 暴動を起こした人々。

**ほうとう【奉灯】** 献灯。

**ほうとう【宝刀】** 宝物の刀。「伝家の—」

**ほうとう【宝塔】** ①塔の美称。②多宝塔。

**ほうとう【朋党】**〔文章語〕主義・利害を同じくする人々。

**ほうとう【法灯】**〔仏教語〕①世の闇を照らす仏の教え。②仏前の灯明。

**ほうとう【法統】**〔仏教語〕仏法の伝統。

**ほうとう**《餺飥》 麺料理の一。うどんに似た麺を野菜や肉と煮込む。〔山梨県の郷土料理〕

**ほうとう【放蕩】** 酒色にふけること。「—息子」

**ほうどう【報道】** ニュースなどを知らせること。また、その知らせ。

**—機関**《きかん》 報道を目的とする施設・組織。新聞・テレビ・ラジオなど。

**ぼうとう【冒頭】** 物事（文章・談話）のはじめ。

**—陳述**《ちんじゅつ》 刑事裁判で、証拠調べの初めに検察官が証明すべき事実について述べる意見。

**ぼうとう【暴投】** 野球で、相手が捕れないような球を投げること。

**ぼうとう【暴騰】** 物価・株価が急激に上がること。対暴落

**ぼうどう【暴動】** 徒党を組んで騒ぎを起こし、社会の秩序を乱すこと。

**ほうとく【報徳】**〔文章語〕報恩。

**ぼうとく【冒瀆】**〔文章語〕神聖なものを汚すこと。「神を—する」

**ぼうどく【防毒】** 毒（—ガス）を防ぐこと。「—マスク」

**ほうなん【法難】**〔仏教語〕布教に際して受ける迫害。

**ほうにち【訪日】** 日本を訪れること。

**ほうにょう【放尿】** 小便をすること。

**ほうにん【放任】** 干渉せず、好きなようにさせること。「—主義」

**ほうねつ【放熱】** 熱を発散すること。

**—器**《き》 大気中に熱を放散させる装置。ラジエーター。

**ほうねん【放念】**〔文章語〕気にかけないこと。「ご—ください」

**ほうねん【豊年】** 豊作の年。㊀対凶年
**―満作《まんさく》** 農作物が豊かに実り、収穫が多いこと。
**ぼうねん【忘年】** ①年末にその年の苦労を忘れること。「―会」②年齢の違いを忘れること。「―の交わり」
**ほうのう【奉納】** 神仏に献上すること。
**ほうはい【澎湃】** 〔文章語〕水がみなぎり、さかまくようす。‖勢いが盛んなようす。
**ほうばい【朋輩・傍輩】** 〔文章語〕友達。〔もと、同じ師・主君に仕える者の意〕
**ぼうばい【防黴】** 〔文章語〕防かび。
**ぼうばく【茫漠】** 〔文章語〕①広くてとりとめのないようす。②つかみどころのないようす。
**ほうはつ【蓬髪】** 〔文章語〕伸びて乱れた頭髪。
**ぼうはつ【暴発】** ①不注意のため、ピストルや小銃が発射されること。②不意に起こること。類突発
**ぼうはてい【防波堤】** 外海からの波を防ぐために築く突堤。‖外からの圧力や攻撃から守るもの。
**ぼうはん【防犯】** 犯罪を防ぐこと。
**ほうひ【放屁】** 〔文章語〕おならをすること。
**ほうび【褒美】** ほめて与える金品。
**ぼうび【防備】** 敵や災害から身を守る‐こと(設備)。
**ぼうびき【棒引き】** 帳簿に線を引いて記載事項を消すこと。‖帳消し。
**ほうふ【抱負】** 心に抱いている‐考え(計画)。「―を語る」

**ほうふ【豊富】** 豊かなこと。「―な資源」
**ぼうふ【亡夫】** 〔文章語〕死んだ夫。
**ぼうふ【亡父】** 〔文章語〕死んだ父。
**ぼうふ【防腐】** 腐敗を防ぐこと。「―剤」
**ぼうふう【防風】** ①風をふせぎさえぎること。②セリ科の多年草。根は薬用。③ハマボウフウ。
**―林《りん》** 風害を防ぐために設けた森林。
**ぼうふう【暴風】** 激しい風。
**―雨《う》** 激しい風とともに降る雨。
**―雪《せつ》** (毎秒二〇メートル以上の)激しい風とともに降る雪。
**ほうふく【法服】** ①裁判官が法廷で着る制服。②法衣《ほうえ》。
**ほうふく【抱腹】** 《捧腹》
**―絶倒《ぜっとう》** ひっくり返るほど大笑いすること。
**ほうふく【報復】** しかえし。
**ほうふつ【彷彿・髣髴】** 〔文章語〕①過去のものとよく似ていて、それが思い浮かぶようす。②ぼんやり見えるようす。
**ほうぶつせん【放物線】** 《抛物線》曲線の一。〔斜め上に放り投げた物体がこの曲線を描いて落ちる〕
**ぼうふら【孑孑】** 蚊の幼虫。ボウフリ。
**ほうぶん【邦文】** 日本の文字・文章。「―タイプライター」類和文 対欧文
**ほうぶん【法文】** ①法令の文章。②法科と文科。
**ほうへい【砲兵】** 火砲による砲撃を専門とする兵士。
**ぼうへき【防壁】** 外敵や風雨を防ぐ壁。

**ほうへん【褒貶】** 〔文章語〕ほめることとけなすこと。「毀誉《きよ》―」
**ほうべん【方便】** ①便宜的な手段。②〔仏教語〕衆生を救うための仮の手段。
**ぼうぼ【亡母】** 〔文章語〕死んだ母。
**ほうほう【方法】** やり方。手段。
**―論《ろん》** 学問の研究方法に関する論議。
**ほうほう** 《這う這う》
**―の体《てい》** あわてふためいて逃げ出すようす。
**ほうぼう【方々】** あちこち。
**ほうぼう【魴鮄】** 海魚の一。胸びれを使って海底をはい歩く。食用。
**ぼうぼう【茫々】** ①〔文章語〕広くはるかなようす。②〔文章語〕ぼんやりとしているようす。③髪や草が乱れ伸びているようす。
**ぼうぼう【某々】** だれだれ。〔名前がわからないか、はっきりさせない場合に使う〕
**ほうぼく【放牧】** 家畜の放し飼い。
**ほうぼく【芳墨】** 〔文章語〕①「相手の手紙・筆跡」の尊敬語。②かおりのよい墨。
**ぼうまい【亡妹】** 〔文章語〕死んだ妹。
**ほうまつ【泡沫】** あわ。‖はかないもの。「―会社」
**―候補《こうほ》** 当選の見込みがまったくない候補者。
**ほうまん【放漫】** 気ままで、でたらめなようす。「―財政」
**ほうまん【豊満】** ①(女性の)肉付きがよいようす。②十分にあるようす。
**ほうまん【飽満】** 〔文章語〕飽きるまで食べて腹一杯になること。

**ぼうまん【膨満】** ぱんぱんにふくれること。「―感」

**ほうみょう【法名】**〔仏教語〕戒名。

**ほうむ【法務】** 司法関係の事務。

**―省《しょう》** 中央官庁の一。検察・戸籍・出入国管理などの事務を扱う。

**ほうむる【葬る】** 埋葬する。Ⅱ㋐不都合なことを隠す。㋑(欠点や悪事をあばいて)世間に出られなくする。

**ほうめい【芳名】**〔文章語〕①「相手の名前」の尊敬語。②名誉ある名。

**ぼうめい【亡命】** 政治上の理由から、他国に逃亡すること。

**ほうめん【方面】** ①その方向の場所。②分野。部門。

**ほうめん【放免】** 解き放って自由にすること。「無罪―」

**ほうもう【法網】**〔文章語〕法律をすきのない網にたとえた言葉。「―をくぐる」

**ぼうもう【紡毛】**〔文章語〕毛をつむぐこと。

**ほうもつ【宝物】** たからもの。

**ほうもん【砲門】** 大砲の口。

**ほうもん【訪問】** 人を訪ねること。

**―看護《かんご》** 看護師が患者宅に出向いて行う看護。

**ほうやく【邦訳】** 外国文を日本文に翻訳すること。また、その翻訳。

**ほうゆう【朋友】**〔文章語〕ともだち。

**ぼうゆう【亡友】**〔文章語〕死んだ友人。

**ぼうゆう【暴勇】**〔文章語〕無謀なだけの勇気。

**ほうよう【包容】** 人を受け入れること。

**―力《りょく》** 大きな心で他人を受け入れる能力。

**ほうよう【法要】** 法事。

**ほうよう【抱擁】** だきかかえること。

**ぼうよう【茫洋】**(《芒洋》)〔文章語〕広々として見当のつかないようす。

**ぼうようのたん【亡羊の嘆】**〔文章語〕学問の道が多方面にわたり、真理を見出しがたいこと。Ⅱ途方にくれること。◇〔中国の故事から〕

**ほうよく【豊沃】**〔文章語〕土地が肥えていて作物がよく実ること。

**ぼうよみ【棒読み】** ①文章を区切りや抑揚をつけずに読みあげること。②漢文を上から下へ音読みすること。

**ほうらい【蓬莱】** ①蓬莱山の略。中国で、仙人が住むとされる山。②蓬莱①をかたどった台に縁起物を配した飾り物。③新年の祝いの飾り物。三方に山海の産物を飾る。

**ほうらく【法楽】** ①読経・音楽・芸能などをささげて、神仏を慰めること。「―能」②〔俗語〕楽しみ。慰み。「目の―」

**ほうらく【崩落】** ①くずれ落ちること。②相場が急激に下落すること。

**ぼうらく【暴落】** 物価・株価が急激に下がること。[対]暴騰

**ほうらつ【放埒】**〔文章語〕勝手気ままでだらしないこと。

**ほうらん【抱卵】** ①鳥が卵を抱いて温めること。②魚が腹に卵をもつこと。

**ほうり【法理】** 法律の原理。

**ぼうり【暴利】** 不当に多い利益。

**ほうりき【法力】**〔仏教語〕仏法の威力。

**ほうりこむ【放り込む】** 投げ入れる。

**ほうりだす【放り出す】** ①投げ出す。②追い出す。

**ほうりつ【法律】** 社会の秩序を守るために定められる規範。

**ほうりなげる【放り投げる】** ①遠くへ(無造作に)投げる。②途中でやめたままにしておく。

**ほうりゃく【方略】** 計略。

**ぼうりゃく【謀略】** はかりごと。

**ほうりゅう【放流】** ①せきとめた水を流すこと。②繁殖するように魚を川や池に放すこと。「サケを―する」

**ぼうりゅう【傍流】** ①川の本流から分かれた流れ。②主流からはずれた流派・系統。◇[対]主流

**ほうりょう【豊猟】** 狩猟で、獣や鳥がたくさんとれること。

**ほうりょう【豊漁】** 魚がたくさんとれること。

**ぼうりょく【暴力】** 無法な力。力ずくの行為。「―を振るう」

**―革命《かくめい》** 武力による革命。

**―団《だん》** 暴力によって利益を得ようとする団体。

**ボウリング** [bowling] 室内球技の一。ボーリング。

**ほうる【放る】** ①投げる。②そのままにしておく。

ボウル[bowl] 西洋風の丸く深い鉢。ボール。

ほうるい【堡塁・保塁】〔文章語〕敵の攻撃・侵入を防ぐとりで。

ぼうるい【防塁】敵の攻撃を防ぐとりで。

ほうれい【法令】法律と命令。

ほうれい【豊麗】〔文章語〕豊かで美しいこと。

ぼうれい【亡霊】①幽霊。②死者の魂。

ほうれいせん【法令線・豊麗線・豊齢線】鼻の両脇から下に伸びる線。

ほうれつ【芳烈】〔文章語〕とても香りがいいようす。「—な酒」

ほうれつ【放列】①ずらりと並べた隊形。「カメラの—をしく」②【砲列】火砲を横に並べた隊形。

ほうれんそう【菠薐草】野菜の一。ビタミンAを多く含む。

ほうろう【放浪】さすらい。「—の旅」

ほうろう【琺瑯】金属の表面にガラス質の釉薬《うわぐすり》を焼きつけたもの。また、その釉薬。瀬戸引き。エナメル。

—質《しつ》 歯の表面をおおう白くかたい物質。エナメル質。

ぼうろう【望楼】物見やぐら。

ほうろく【俸禄】昔、報酬として与えられた米やお金。

ほうろく【焙烙】素焼きの平たい土なべ。煎ったり蒸し焼きにしたりするのに使う。

ぼうろん【暴論】むちゃで乱暴な議論。

ほうわ【法話】〔仏教語〕仏法に関する話。

ほうわ【飽和】物を含みうる最大限の状態になること。「—状態」

ホエール[whale] クジラ。

—ウォッチング[whale watching] (生息区域に行って行う)クジラの観察。

ポエジー〔フランス語 poésie〕詩情。

ほえつく【吠えつく】ほえながら迫る。

ほえづら【吠え面】泣きっ面。

ポエティック[poetic] 詩的。

ポエム[poem] 詩。

ほえる【吠える】大声で鳴く。「犬が—」Ⅱ人間が大声で言う(泣く)。

ぼえん【墓園】共同墓地。類霊園
ほお【朴】ほおのき。

ほお【頰】顔の一部。ほほ。

—を染《そ》める 恥ずかしくて顔を赤くする。

—を膨《ふく》らます 不満な顔つきをする。

ボー[bow] ①弓。②弦楽器の弓。③蝶結びのリボン。「—タイ」◇〔ボウとも書く〕

ボーイ[boy] ①少年。対ガール ②男の給仕。

—スカウト[the Boy Scouts] 青少年の健全育成を目的とする団体。対ガールスカウト
—ズラブ[boy's love] 男性同士の性愛を題材とする小説や映像作品(—のジャンル)。BL。

—ソプラノ[boy soprano] 変声期前の少年の高音域。

—フレンド[boyfriend] 男の友人。〔女性の側からいう〕

ボーイッシュ[boyish] 女性の服装や髪型が少年のようであるようす。

ほおえましい【微笑ましい】ほほえましい。

ほおえみ【微笑み】ほほえみ。

ほおえむ【微笑む】ほほえむ。

ポーカー[poker] トランプのゲームの一。

—フェイス[poker face] 心の内を示さない顔。〔ポーカーをするとき、表情から手の内を読まれないようにすることから〕

ほおかぶり【頰被り】手ぬぐいで頭からほおにかけて包むこと。Ⅱ知らんぷりをすること。◇ほおかむり。ほっかぶり。

ボーカリスト[vocalist] 声楽家。歌手。

ボーカル[vocal] 声楽。器楽演奏に対して、歌唱(—を受けもつ歌手)。

ボーキサイト[bauxite] アルミニウム鉱石。

ボーク[balk] 野球で、走者がいるときの投手の反則行為。

ポーク[pork] 豚肉。

—カツ とんカツ。〔ポークカツレツの略〕

—ソテー〔和製語 pork フランス語 sauté〕豚肉を平たく切っていため焼きにした料理。

—チョップ[pork chop] 骨付き豚肉を焼いた料理。ポークチャップ。

ボーグ〔フランス語 vogue〕流行(—品)。

ほおげた【頰桁】ほおぼね。

ほおける【蓬ける】けばだつ。

ボーゲン〔ドイツ語 Bogen〕①弦楽器の弓。②スキーで、板をV字形にして蛇行して滑ること。

ボージョレヌーボー〔フランス語 Beaujolais nouveau] フランスのボージョレ地域のワインの新酒。ボジョレーヌーボー。

**ポーション** [portion] 部分。一人前。特に、一回分のガムシロップやミルク。

**ほおじろ【頰白】** 小鳥の一。顔に白線がある。

**ホース** [オランダ語 hoos] 水やガスを送る管。

**ホース** [horse] 馬。

**ポーズ** [pause] 休止。間《ま》。

**ポーズ** [pose] ①姿勢。②気取った(見せかけの)態度。

**ホースアウト** ⇩フォースアウト

**ほおずき《酸漿》** 多年草の一。種を取り出した赤い実を口に含んで鳴らして遊ぶ。

**ホースラディッシュ** [horseradish] 西洋ワサビ。ワサビダイコン。[根は食用]

**ほおずり【頰擦り】** 自分のほおを相手のほおにすりつけること。

**ポーター** [porter] ①駅やホテルで客の荷物を持ち運ぶ人。②登山隊の荷物を運ぶ人。

**ボーダー** [border] ①境界。ふち。②横じまの柄。

**—ライン** [border line] 境界線。

**—レス** [borderless] 境界(国境)のないようす。ボーダレス。

**ボータイ** [bow tie] 蝶《ちょう》ネクタイ。

**ポータブル** [portable] 携帯用(—の物)。

**ポータルサイト** [portal site] インターネットで、接続時に最初に表示されるウェブサイト。[ポータルは入り口の意]

**ポーチ** [porch] 洋風建築の車寄せ。

**ポーチ** [pouch] 小物を入れる小さな袋。

**ポーチドエッグ** [poached egg] 熱湯の中に卵を割り落とした料理。

**ほおづえ【頰杖】** ひじをついて手のひらでほおを支えること。「—をつく」

**ボーディングブリッジ** [和製語 boarding bridge] 空港で、空港施設と飛行機を結ぶ可動式の通路。搭乗橋。

**ホーデン** [ドイツ語 Hoden] 睾丸《こうがん》。

**ボート** [boat] 洋風の小舟。

**ポート** [port] 港。

**—ワイン** [port wine] 甘みのある赤ワイン。[ポルトガルの港の名から]

**ボード** [board] 板。特に合板。

**—ゲーム** [board game] ①盤上のこまやカードを動かして遊ぶゲーム。②コンピューターゲームに対し、テーブルを囲んでするゲーム。

**—セーリング** [boardsailing] ウインドサーフィン。

**ボードビリアン** [vaudevillian] 軽演劇の俳優。また、寄席の芸人。

**ボードビル** [フランス語 vaudeville] 歌や踊りをはさんだ風俗劇。また、寄席演芸。

**ポートフォリオ** [portfolio] ①個人や企業の金融資産の(—利益を最大にする)組み合わせ。②写真で、一人の写真家の作品を箱やファイルに収めたもの。

**ポートレート** [portrait] 肖像。

**ボーナス** [bonus] 賞与。

**ほおのき【朴の木】** 落葉高木の一。材は版木・下駄などの材料。

**ホーバークラフト** ⇩ホバークラフト

**ほおばる【頰張る】** 口一杯に食物を入れて食べる。

**ほおひげ【頰髯】** ほおに生えるひげ。

**ホープ** [hope] ①希望。②将来を期待される人。「テニス界の—」

**ほおぶくろ【頰袋】** ニホンザルやヒヒのほおにある袋。[一時的に食物をためておく]

**ほおべに【頰紅】** ほおにつけるべに。

**ほおぼね【頰骨】** 頰の上部に突き出た骨。

**ホーマー** [homer] 野球で、本塁打。

**ホーム** プラットホームの略。

**—ドア** 駅のプラットホームの線路側に設置された開閉する壁や仕切り。転落防止などのため。[和製語 platform door から]

**ホーム** [home] ①家庭。故郷。②野球で、本塁。③施設。「老人—」

**—アンドアウェー** [home-and-away] スポーツで、両チームの本拠地で交互に試合をする方式。

**—イン** [和製語 home in] 野球で、走者が各塁を回って本塁に戻ること。

**—グラウンド** [home ground] ①自分の—故郷(本拠地)。‖得意とする分野。②野球などで、そのチームが本拠としている球場・競技場。

**—ケア** [home care] 在宅—看護(介護)。

**—シアター** [home theater] 家庭で、大型画面と高品質の音響機器を備えて、映画館のように楽しむもの。

**—シック** [homesickness] 離れた土地

にいて、家や故郷を恋しく思う精神状態。

**ーショッピング**〔home-shopping〕在宅のまま買い物すること。通信販売やインターネットを利用した買い物。

**ーステイ**〔homestay〕外国の一般家庭に(ー短期)滞在して語学や文化を学ぶこと。

**ースパン**〔homespun〕糸の太い手織り(ー風)の毛織物。

**ーセキュリティ**〔home security〕住宅の防犯・防災(ー装置)。

**ーセンター**〔和製語 home center〕日曜大工・工作用品、家具の部品、園芸用品などを幅広くそろえた大型店。

**ータウン**〔hometown〕①故郷。②スポーツチームの本拠地。

**ーチーム**〔home team〕そこを本拠地とするチーム。

**ードクター**〔和製語 home doctor〕かかりつけの医者。

**ードラマ**〔和製語 home drama〕家庭内の出来事を題材とした劇。

**ーページ**〔homepage〕インターネットで、だれもがアクセスできる公開情報(ーの表紙となるページ)。

**ーベース**〔home base〕野球で、本塁。

**ーヘルパー**〔和製語 home helper〕高齢者や障害者の家庭に派遣され、家事援助や介護をする職(ーの人)。

**ーメード**〔homemade〕自家製。

**ーラン**〔home run〕野球で、本塁打。

**ールーム**〔homeroom〕中学・高校で、担任教師と生徒が話し合い、生徒の自主的な活動を指導する―教育活動(時間)。

**ーレス**〔homeless〕(失業などで住む所を失い)野宿生活をする人。

**ボーメ**〔フランス語 Baumé〕①比重計の一。液体の比重を測る。②液体の比重の単位。記号Bé

**ポーラ**〔poral〕平織りの毛織物の一。夏服用。ポーラー。

**ボーリング**〔boring〕地質や鉱床を調べるために、地中に穴を掘ること。

**ホール**〔hall〕①大広間。②公会堂。③玄関。④ダンスホール。

**ホール**〔hole〕ゴルフで、ボールを打ち入れる穴。

**ーアウト**〔hole out〕ゴルフで、そのホールの競技が終わること。

**ーインワン**〔hole in one〕ゴルフで、一打でボールがホールに入ること。

**ホール**〔whole〕全体。まるごと。「ーケーキ」

**ボール**〔ball〕①まり。たま。②野球で、ストライクにならない投球。

**ーカウント**〔和製語 ball count〕野球で、投球のストライクとボールの数。

**ーゲーム**〔ball game〕球技。

**ーベアリング**〔ball bearing〕軸受けの一。回転部に鋼鉄の球を入れて回転をよくしてある。

**ーペン** 筆記具の一。〔ball-point pen から〕

**ボール**〔bowl〕ボウル。

**ポール**〔pole〕①細長い棒。②電車の屋根の、架線から電気をとる棒。③棒高跳びの棒。④スキー競技で、コースを示す棒。

**ーポジション**〔pole position〕自動車やオートバイの決勝レースで、予選で好成績だったマシンに与えられる有利なスタート位置。

**ホールディング**〔holding〕①保有(保持)すること。②バレーボールで反則の一。球を保持する行為。③サッカーやバスケットボールで反則の一。相手を押さえつける行為。

**ーカンパニー**〔holding company〕持ち株会社。

**ホールド**〔hold〕①支えること。②岩登りで、手がかり・足場。

**ボールルーム**〔ballroom〕舞踏室。「ーダンス」

**ボーロ**〔ポルトガル語 bolo〕小さな球形の焼き菓子。

**ほおん【保温】**温度を保つこと。「ー器」

**ぼおん【母音】**ぼいん。

**ホーン**〔horn〕①自動車の警笛。②角笛《つのぶえ》。

**ボーン**〔bone〕骨。

**ほか【他・外】**①以外。②そと。よそ。③(否定表現の中で)…以外にはない。「行くーない」

**ぼか【簿価】**資産などについて、帳簿上に記された価格。帳簿価額。

**ぼがい【簿外】**帳簿に記載がないこと。「ー資産」

**ほかく【保革】**保守と革新。

**ほかく【捕獲】** 動物などをとらえること。
**ほかく【補角】** 和が一八〇度になる二角の関係。
**ほかげ【火影】**⸨灯影⸩灯火の光。
**ほかげ【帆影】** 遠くに見える船の帆。
**ほかけぶね【帆掛け船】** 帆を使って進む船。
**ほかす【放す・放下す】** 捨てる。放置する。〔主に関西で使う〕
**ぼかす【暈す】** ①色の濃淡をはっきりさせないようにする。②意味や内容をあいまいにする。◇類ぼやかす
**ほがらか【朗らか】** ①心にわだかまりがないようす。②空が晴れわたっているようす。
**ほかん【保管】** 他人の物を預かって、保護・管理すること。「―料」
**ほかん【補完】** 不十分な点を補って完全にすること。
**ほかん【補巻】** 全集などで追加して出す巻。
**ぼかん【母艦】** 航空母艦や潜水母艦など。
**ぼがん【母岩】** ある岩石や鉱床を含む(包む)岩石。
**ほき【補記】** 補って書くこと(書かれたもの)。補筆。
**ぼき【簿記】** 会社などで、金銭の出し入れを整理・計算する記帳法。「商業―」
**ボギー**〔bogey〕 ゴルフで、パーより一打多い打数。
**ボギーしゃ【―車】** 車軸の回転が自由な台車の上に車体をのせた鉄道車両。〔カーブをなめらかに曲がることができる〕

**ボキャブラリー**〔vocabulary〕語彙《ごい》。
**ほきゅう【捕球】**〔文章語〕野球で、球をとること。
**ほきゅう【補給】** 不足分を補うこと。
**ほきょう【補強】** 弱い(足りない)ところを補って強くすること。「―材」
**ぼきん【募金】** 寄付金を募ること。
**ほきんしゃ【保菌者】** 発病はしていないが、体内に病原菌をもっている人。キャリア。
**ほぐ【反故】** ほご。
**ぼく【木】** 木。材木。「天然(遊動)―」
**ぼく【僕】** ①〔文章語〕召し使い。②男子の自称の一。対君
**ほくい【北緯】** 赤道を〇度とし、北へはかった緯度。対南緯
**ほくが【北画】** 中国絵画の様式の一。北宗画。対南画
**ぼくぎゅう【牧牛】** 牛を放し飼いにすること。また、その牛。
**ほくげん【北限】** 北方の限界。対南限
**ボクサー**〔boxer〕ボクシングの選手。
**ぼくさつ【撲殺】** 殴り殺すこと。
**ぼくし【牧師】** プロテスタントの僧職。
**ぼくしゃ【牧舎】** 牧場で牛馬用の小屋。
**ぼくしゅ【墨守】** 頑固に守ること。〔中国の故事から〕
**ぼくじゅう【墨汁】** 墨をすって作った汁(―のような黒色の液)。
**ぼくしょ【墨書】**〔文章語〕すみで書くこと(書いたもの)。
**ほくじょう【北上】** 北進。対南下

**ぼくじょう【牧場】** 牛馬を放し飼いにする所。まきば。
**ほくしん【北辰】** 北極星。
**ほくしん【北進】** 北方へ進むこと。対南進
**ぼくしん【牧神】** 半神半獣の、森林・牧畜の神。牧羊神。
**ボクシング**〔boxing〕 スポーツの一。互いを打ちあって勝敗を決める。拳闘。
**ほぐす**⸨解す⸩固まり(まとまり)をばらばらにする。ほごす。「疲れ(緊張)を―」
**ぼくする【卜する】**〔文章語〕占う。
**ほくせい【北西】** 北と西の中間の方角。
**ぼくせき【木石】** 木と石。(比)人情を解さない人。「―漢」
**ぼくせき【墨跡】**⸨墨蹟⸩〔文章語〕墨で書いた跡。類筆跡
**ぼくせん【卜占】**〔文章語〕うらない。
**ぼくそう【牧草】** 家畜の飼料にする草。
**ほくそえむ【ほくそ笑む】**⸨北叟―⸩ 思うとおりになってひそかに笑う。
**ぼくたく【木鐸】** 世人を教え導く人。「社会の―」〔昔、中国で、法令を伝えるときに鳴らした、舌が木製の鈴〕
**ほくたん【北端】** 北のはし。対南端
**ぼくちく【牧畜】** 牧場で家畜を飼育・繁殖させること。「―業」
**ぼくちょく【朴直】**⸨樸直⸩〔文章語〕実直。
**ぼくてき【牧笛】** 〔文章語〕牧童が吹く笛。
**ほくと【北斗】** 北斗七星。
**―七星《しちせい》** 北の空にひしゃく形に並んだ七

つの星。北斗星。〔大熊座の一部〕
**ほくとう【北東】** 北と東の中間の方角。
**—貿易風**《ぼうえきふう》 北半球における貿易風。
**ぼくとう【木刀】** 木製の刀。
**ぼくどう【牧童】** 牧場で家畜の世話をする—少年（男）。
**ぼくとつ【木訥・朴訥】** 飾り気がなく無口なこと。類朴直
**ぼくねんじん【朴念仁】** ①わからずや。②無口で無愛想な人。
**ほくび【穂首】** イネやススキの穂の部分。
**ほくぶ【北部】** 北の地方。対南部
**ぼくふ【牧夫】** 牧者。牧人。
**ほくふう【北風】** きたかぜ。対南風
**ほくへん【北辺】**〔文章語〕北の—果て（あたり）。
**ほくほくせい【北北西】** 北と北西の中間の方角。
**ほくほくとう【北北東】** 北と北東の中間の方角。
**ぼくめつ【撲滅】** 根絶やしにすること。
**ぼくや【牧野】** 放牧のための野原。
**ほくよう【北洋】** 北方の海。対南洋
**ぼくよう【牧羊】** ヒツジを飼うこと。
**ぼくり【木履】**〔文章語〕①げた。②ぽっくり。
**ほくりく【北陸】** 中部地方の日本海側。
**ほくりゅう【北流】**〔文章語〕北へ流れること。
**ほくれい【北嶺】** ①比叡《ひえい》山の別称。②延暦《えんりゃく》寺の別称。対南都
**ほぐれる**《解れる》 ほぐすの自動詞形。

**ほくろ**《黒子》 皮膚にある黒い点。
**ぼけ【木瓜】** 庭木の一。観賞用。
**ぼけ【惚け】**《呆け》 ①ぼけること。ぼけた人。「時差—」②漫才の一方の役。〔つっこみをうけてとぼける役〕③老化に伴う記憶障害や判断力低下などの症状。◇〔ボケとも書く〕
**ほげい【捕鯨】** 鯨をとること。「—船」
**ぼけい【母系】** 母方の系統。対父系
**—制**《せい》 家系が母系で相続される制度。
**ほげた【帆桁】** 帆を張る、帆柱の横木。
**ほけつ【補欠】** ①欠けた人を補う—こと（人）。②ひかえ。「—選手」
**—選挙**《せんきょ》 議員の欠員を補充するための選挙。
**ぼけつ【墓穴】**〔文章語〕墓の穴。
**—を掘**《ほ》**る** 自分で自分の失敗・破滅の原因を作る。
**ポケッタブル**〔pocketable〕 ポケットに入るほど小さいようす。「—ラジオ」
**ポケット**〔pocket〕 ①洋服の袋状の物入れ。②ビリヤードで、台にある六つの玉受けの穴。③ボウリングで、ストライクを取りやすいコース。「—に入る」④ポケットに入るほど小型。「—カメラ」
**—チーフ** 胸ポケットにさす、飾りのハンカチ。〔和製語〕
**—マネー**〔pocket money〕 小遣い銭。
**ぼけなす**〔俗語〕 ぼんやりした人をののしる語。
**ほける**《蓬ける》 ほおける。
**ぼける** 一【惚ける】 頭の働きが鈍る。
二【暈ける】 輪郭や色がはっきりしなくなる。

**ほけん【保健】** 健康を保つこと。
**—機能食品**《きのうしょくひん》 国の定めた基準を満たした健康食品。
**—師**《し》 保健指導などを行う資格をもった人。
**—所**《じょ》 公衆衛生や住民の保健指導にあたる公共機関。
**ほけん【保険】** 加入者が支払う保険料をもとに、事故による損害の補償を行う制度。
**—金**《きん》 事故が生じたときに保険会社から支払われる金銭。
**—料**《りょう》 保険契約で、保険契約者が保険会社に支払う料金。
**—を掛**《か》**ける** 保険契約をする。Ⅱ失敗に備えて準備しておく。
**ぼけん【母権】** ①母としての親権。②母方の系統がもっている支配権。◇対父権
**ほこ【矛】**《戈・鉾》 武器の一。
**—をおさめる** 戦いをやめる。
**ほご【反故・反古】** 使って不要になった紙。Ⅱ役に立たない物事。
**ほご【保護】** かばい守ること。
**—にする** ないものとする。「約束を—」
**ほご【補語】** 文の成分で、述語の意味を補う語。〔例、「雪が水になる」「早く来い」の「水に」「早く」〕
**ぼご【母語】** 最初に身につけた言語。
**ほこう【歩行】** 歩くこと。
**—者天国**《しゃてんごく》 道路の一定区画から自動

車をしめ出し、一定時間歩行者に解放する―こと(場所)。

**ほこう【補講】** 補充して行う講義。

**ぼこう【母校】** 出身校。

**ぼこう【母港】** その船が根拠地とする港。

**ほごかんさつ【保護観察】** 犯罪者を矯正施設に収容せずに、指導・監督しながら改善・更生をはかる処分。

**ほごかんぜい【保護関税】** 国内産業保護のために輸入品にかける関税。

**ぼこく【母国】** 生まれた国。類祖国

**―語《ご》** 母国の言語。

**ほごこく【保護国】** 条約によって他国に保護される国。

**ほこさき【矛先】**《鋒先》ほこのきっさき。●攻撃の―方向(勢い)。

**―を転《てん》じる** 攻撃の目標を他に変える。

**ほごし【保護司】** 犯罪をおかした人の更生保護や再犯予防に従事する人。

**ほごしゅぎ【保護主義】** 貿易において、自国の産業を保護しようとする立場・考え方。

**ほごしょく【保護色】** 動物の体色で、周囲の色に似ているもの。〔外敵から身を守るのに役立つ〕

**ほごしょぶん【保護処分】** 家庭裁判所が審判の結果、少年に言い渡す処分。

**ほごす**《解す》ほぐす。

**ほごすいいき【保護水域】** 漁業資源を守るために漁業が制限される特定の海域。

**ほごちょう【保護鳥】** 捕らえることが法律で禁じられている鳥。

**ほこてん**〔俗語〕歩行者天国の略。

**ほごぼうえき【保護貿易】** 国内産業保護のため、国家が貿易を規制すること。対自由貿易

**ほこら【祠】** 神をまつった小さなやしろ。

**ほこらか【誇らか】** 得意そうなようす。

**ほこらしい【誇らしい】** 得意な気分だ。

**ほこり【埃】** 非常に細かいごみ。

**ほこり【誇り】** 誇ること。名誉に思う対象。

**ほごりん【保護林】** 政府が保護し、伐採を禁じた森林。

**ほこる【誇る】** 自慢する。

**ほころばせる【綻ばせる】** ほころびるようにする。ほころばす。

**ほころび【綻び】** ほころびること。ほころびたところ。●失敗などが表にあらわれること。

**ほころびる【綻びる】** ①縫い目がほどける。「袖口が―」②つぼみが少し開く。「梅が―」③ほほえむ。

**ほころぶ【綻ぶ】** ほころびる。

**ほさ【保佐】** 精神上の障害で判断能力が不十分な者の財政上の法律行為について補助する―こと(制度)。「―人」〔準禁治産の新しい呼び方〕

**ほさ【補佐】**《輔佐》人の仕事を助ける―こと(役)。「―役」

**ほさき【穂先】** ①植物の穂の先。②刀や筆など、とがったものの先。

**ほさく【補作】** 作品に手を加えて補うこと。

**ほざく**〔俗語〕他人が言うことをののしって言う語。

**ほさつ【捕殺】**(動物を)捕らえて殺すこと。

**ぼさつ【菩薩】** ①〔仏教語〕自ら修行し、衆生を教化する人。仏陀に次ぐ位。②高徳の僧に対する敬称。③神に対する称号。「八幡大―」〔本地垂迹《ほんじすいじゃく》説以後用いられた〕

**ボサノバ**〔ポルトガル語 bossa nova〕ラテン音楽のリズムの一。サンバとモダンジャズが融合。

**ほされる**《干される・乾される》仕事を与えられなくなる。

**ぼさん【墓参】** 墓参り。

**ほし【干し】**《乾し》干すこと。「―しいたけ」

**ほし【星】** ①天体の総称。特に、太陽・月・地球以外の天体。●花形。スター。「演歌界の―」②小さい点。③☆・★などの記号。④相撲の勝敗を示す、○と●。●勝負の成績。⑤犯人。⑥運命。運勢。⑦評価の大きさを表す記号。「三つ星《ぼし》のレストラン」⑧囲碁で、碁盤に記された九個の点。

**―を戴《いただ》く** 夜明け前から夜遅くまで働く。

**ほじ【保持】** たもち続けること。

**ぼし【母子】** 母と子。

**ぼし【母指・拇指】** おやゆび。

**ぼし【墓誌】**〔文章語〕墓石に記した死者の経歴・業績。〔古くは、石などに記して墓

に納めたものをいった〕

**ポジ** 明暗・色調が実際と同じ画像。陽画。〔—フィルム〕〔ポジティブの略〕対ネガ

**ほしあかり【星明かり】** 星の光（—で明るいこと）。

**ほしあげる【干し上げる】**《乾し—》①すっかりかわかす。②飲食物を与えず飢えさせる。

**ほしい【欲しい】** ①自分のものにしたい。②（補形）…してもらいたい。「書いて—」

**ほしいまま【恣】** 思うまま。

**—にする** ①自分勝手に扱う。「想像を—」②思う存分行う。

**ほしうらない【星占い】** 占星術。

**ポシェット**〔フランス語 pochette〕〔小さなポケットの意〕肩から下げる小型のバッグ。

**ほしがき【干し柿】**《乾し柿》渋柿の皮をむいて干したもの。

**ほしかげ【星影】** 星の光。

**ぼしかてい【母子家庭】** 母と子だけの家庭。対父子家庭

**ほしがる【欲しがる】** ほしいと思う。ほしそうにする。

**ほしがれい【星鰈】** 海魚の一。食用。

**ほしくさ【干し草】**《乾し草》家畜の飼料にする、干した草。

**ほしくず【星屑】** 夜空に見えるたくさんの星。

**ほじくる**〔俗語〕①穴を（—開けて）つっつき回す。②隠された物事をあばきたてる。

**ぼしけんこうてちょう【母子健康手帳】** 地方公共団体が妊産婦に交付する手帳。〔母体や乳幼児の健康管理に必要な事項を記入〕

**ポジショニング**〔positioning〕位置を決めること。Ⅱスポーツで、試合中の適切な位置どり。

**ポジション**〔position〕①位置。地位。②野球で、守備位置。

**ほじそ【穂紫蘇】** シソの穂。〔刺身のつまなどに使う〕

**ほしぞら【星空】** 星の出ている、晴れた空。

**ほしつ【保湿】** 水分を保持すること。

**ほしづきよ【星月夜】** 星の光の明るい夜。

**ポジティブ**〔positive〕①ポジ。②積極的。肯定的。③陽性②。◇対ネガティブ

**—アクション**〔positive action〕積極的に社会的差別を是正する策。差別を受けてきた人たちを積極的に登用するなど。

**ぼしてちょう【母子手帳】** 母子健康手帳の旧称。

**ほしとり【星取り】** 勝ち星を数えること。

**—表《ひょう》** 相撲などの勝負の結果を記号で示した一覧表。

**ほしぶどう【干し葡萄】**《乾し—》干したぶどうの実。レーズン。

**ほしまつり【星祭り】** たなばた。

**ほしまわり【星回り】** 人の運命をつかさどるという、星のめぐり合わせ。

**ぼしめい【墓誌銘】** 墓誌の最後に加える短い文句。

**ほしもの【干し物】**《乾し物》日に干した洗濯物。

**ほしゃく【保釈】** 保証金を納めさせて、拘留中の被告人を釈放すること。

**—金《きん》** 保釈の保証として裁判所に納める金。

**ぽしゃる【ポシャる】**〔俗語〕途中でだめになる。

**ほしゅ【保守】** ①習慣や考え方を変えずに守ること。「—的」対革新 ②機械や建物の正常な状態を保ち守ること。メンテナンス。

**ほしゅ【捕手】** 野球で、キャッチャー。

**ほしゅう【補修】** いたんだ所を補い直すこと。「—費」類修理

**ほしゅう【補習】** 不足を補うために学習すること。「—授業」

**ほじゅう【補充】** 不足を補い満たすこと。「欠員を—する」

**ぼしゅう【募集】** 広く一般から必要な人・物を集めること。

**ぼしゅう【暮秋】**〔文章語〕晩秋。

**ぼしゅうだん【母集団】** 統計で、調査対象となる事物の集団。

**ほしゅしゅぎ【保守主義】** 改革をきらい、現状の維持をよしとする立場・考え方。

**ぼしゅん【暮春】**〔文章語〕晩春。

**ほじょ【補助】** ①不足を補い助ける—こと（人）。補佐する—こと（人）。②精神上の障害で判断能力が不十分な者のうち、その程度の軽い者の法律行為などを助ける—こと（制度）。〔後見、保佐より軽度の場合〕

**ぼしょ【墓所】**〔文章語〕はかば。墓地。

**ほしょう【歩哨】** 警戒・監視にあたる兵。

**ほしょう【保証】** ①確かだと請け合うこと。②〔法律用語〕他人の債務を肩代わりする義務を負うこと。「─人」

**─金《きん》** 債務の担保として事前に渡すお金。

**ほしょう【保障】** 危険や災害による損害をこうむらないように保護すること。「安全─」

**ほしょう【補償】** 損害を補い償うこと。「─金」

**ほじょう【圃場】** 農地。田畑。農圃。

**ぼしょう【暮鐘】** 〔文章語〕夕暮れに鳴らす鐘。

**ぼじょう【慕情】** 恋いしたう気持ち。

**ほじょかへい【補助貨幣】** 本位貨幣の補助として使う少額の貨幣。

**ほしょく【捕食】** 捕らえて食べること。

**ほしょく【補色】** 混ぜ合わせて⌐白色になる二色の光（灰色になる二色）の、一方に対する他方。余色。

**ほしょく【補食】** 通常の食事のほかに食べる軽めのもの。

**ぼしょく【暮色】** 〔文章語〕夕暮れの景色。「─につつまれる」

**ほじょけん【補助犬】** 身体障害者の生活を助ける犬。盲導犬や聴導犬、介助犬など。

**ほじょせん【補助線】** 幾何学で、証明のために付け加える線。

**ボジョレーヌーボー** ⇩ボージョレヌーボー

**ほじる** 〔俗語〕ほじくる。

**ほしん【保身】** 自分の地位や安全を守ること。「─術」

**ほす【干す】**《乾す》 ①かわかす。②入っている液体をなくす。「杯（池の水）を─」③食物や仕事を与えずにおく。

**ボス** 〔boss〕親分。

**ほすい【保水】** 水分を保持すること。

**ほすう【歩数】** 歩くときの足かず。

**─計《けい》** 歩数を計測する計器。〔万歩計は商標〕

**ほすすき【穂薄】** 穂の出たススキ。

**ポスター** 〔poster〕 広告・宣伝用の張り紙。

**─カラー** 〔poster color〕 ポスターをかくのに使う絵の具。

**ポスティング** 〔posting〕 チラシなどを各戸の郵便受けに入れて回ること。

**ホステス** 〔hostess〕 ①接待役の女主人。②バーやクラブなどで客の接待をする女性。

**ホスト** 〔host〕 ①接待役の男主人。対ゲスト ②ホストクラブで客の接待をする男性。③ホストコンピューター。

**─クラブ** 〔和製語 host club〕 ホスト②がもっぱら女性客の接待をする酒場。

**─コンピューター** 〔host computer〕 コンピューターネットワークで、主演算や制御を受け持つ上位のコンピューター。ホスト。対クライアント

**ポスト** 〔post〕 ①郵便受け。②郵便物を投函する箱。③地位。④サッカーなどで、ゴールを支える二本の柱。⑤それ以後。その次。対プレ

**─カード** 〔postcard〕 郵便はがき。

**─ハーベスト** 〔和製語 post harvest〕 収穫後の農産物に対する農薬散布。

**─モダン** 〔post modern〕 機能的・合理的・啓蒙的な近代主義の原理を批判し、新しいあり方を模索する傾向。〔建築用語から種々の分野へと広がった〕

**ボストンバッグ** 〔Boston bag〕 小型の旅行用かばん。ボストン。〔ボストン大学の学生の間で流行したことから〕

**ホスピス** 〔hospice〕 死の迫った患者専用の病院。治療だけでなく心の安らぎも与える。

**ホスピタリティ** 〔hospitality〕 歓待。

**ホスピタル** 〔hospital〕 病院。

**ほする【保する】** 〔文章語〕①たもつ。②保証する。

**ほする【補する】** 〔文章語〕（官吏に）職務を任ずる。

**ほせい【補正】** 不足や誤りを補い正すこと。

**─予算《よさん》** 本予算の補正のために作成する予算。

**ほせい【補整】** 〔文章語〕不完全なところを補って整えること。

**ぼせい【母性】** 母親としてもつ性質。「─愛」対父性

**ほぜいそうこ【保税倉庫】** 輸入手続き前の貨物の保管を認められた倉庫。

**ポセイドン** 〔Poseidon〕 ギリシャ神話の海

神。
**ぼせき**【墓石】 はかいし。
**ほせつ**【補説】 説明を加え補うこと。その説明。
**ほせん**【保線】 鉄道線路を保守・管理すること。「—区」
**ほせん**【補選】 補欠選挙の略。
**ほぜん**【保全】 保護して安全に保つこと。「環境—」
**ぼせん**【母船】 おやぶね。
**ぼぜん**【墓前】 墓の前。
**ぼせんこく**【母川国】 サケやマスが産卵する川の沿岸の国。
**ほぞ**【枘】 木材を接合するとき、一方の木材に作る突起。これを他方の穴に差し込む。
**ほぞ**【臍】 ①へそ。②果実のへた。
**—を固《かた》める** 決心する。
**—を噛《か》む** 後悔する。
**ほそい**【細い】 ①「指が—」②少ない。「食が—」③声が小さい。◇対太い
**ほそう**【舗装】《舗装》 道路の表面をコンクリートやアスファルトで固めること。
**ほそうぐ**【補装具】 身体に障害のある人の運動を助ける器具。義手・義足など。
**ほそうで**【細腕】 細い腕。❷力や経済力がないこと。
**ほそおもて**【細面】 ほっそりした顔だち。
**ほそく**【歩測】 歩いた歩数で距離を測ること。対目測・実測
**ほそく**【補足】 不足を補うこと。
**ほそく**【補則】 規則の本体を補うためにつけ加えた規則。
**ほそく**【捕捉】〔文章語〕つかまえること。
**ほそじ**【細字】 線の細い字。対太字
**ほそづくり**【細作り】 ①細く作ること(作ったもの)。②体つきが細いこと。
**ほそながい**【細長い】 細くて長い。
**ほそびき**【細引き】 細い縄。
**ほそぼそ**【細々】 ①非常に細いようす。②物事がやっと続いているようす。
**ほそみ**【細身】 長さに比べ幅の狭いこと。
**ほそめ**【細め】 比較的細いこと。対太め
**ほそめ**【細目】 細く開けた目。
**ほそめる**【細める】 細くする。
**ほそる**【細る】 細くなる。
**ほぞん**【保存】 そのままの状態に保つこと。「データの—・冷凍—」
**ほだ**【榾】《榾柮》 たきぎにする、木の切れ端。ほた。
**ぼた** 石炭といっしょに掘り出された岩石や選炭後のくず石炭。〔九州地方の語〕
**ポタージュ**〔フランス語 potage〕 どろりとして濃いスープ。対コンソメ
**ぼたい**【母体】 ①母親の体。「—保護」②分かれ出てきたもの、もとのもの(団体)。
**ぼたい**【母胎】 ①母の胎内。②母体②。
**ぼだい**【菩提】〔仏教語〕①悟りの境地。②死後の幸福。
**—寺《じ》** 一族の代々の位牌《いはい》が納められた寺。菩提所。
**—樹《じゅ》** ①夏、黄色い小さい花をつける庭木。シナノキ科。②インド原産の高木。クワ科。〔釈迦《しゃか》はこの木の下で悟りを開いたとされる〕
**—を弔《とむら》う** 冥福を祈る。
**ほたぎ**【榾木】 ①ほだ。②シイタケ栽培用の木材。シイ・クリ・クヌギなど。◇ほだぎ。
**ほだされる**《絆される》 人情にひかれて、心の自由が束縛される。
**ほだし**【絆】 自由を束縛するもの。
**ほたてがい**【帆立て貝】 海産の大形の二枚貝。食用。
**ボタニカル**〔botanical〕 植物。「—アート(=植物細密画)」
**ぼたもち**【牡丹餅】 もち米とうるち米を炊いて丸め、あんなどをつけた食品。おはぎ。
**ぼたやま**【ぼた山】 ぼたを積み上げた山。
**ぼたゆき**【ぼた雪】 ぼたん雪。
**ほたる**【蛍】 水辺にすみ、夏の夜、青白い光を出して飛ぶ昆虫。〔火垂《ほた》るの意〕
**—烏賊《いか》** イカの一。産卵期に光る。食用。
**—狩《が》り** ホタルを捕らえる(観賞する)行楽。
**—草《ぐさ》** ツユクサの別称。
**—袋《ぶくろ》** 野草の一。夏、釣り鐘形の花が咲く。
**ぼたん**【牡丹】 ①庭木の一。初夏に紅・白などの大きな花を開く。根は薬用。②イノシシの肉。
**—雪《ゆき》** 大きな雪片で降る雪。ぼたゆき。
**ボタン**《釦》〔ポルトガル語 botão〕 ①「洋服の—をかける」②ベルを鳴らしたり機械を動かしたりするために押す突起物。
**—ダウン**〔button down〕 襟の先端をボ

タンで身ごろに留める型の―シャツ(襟)。

**―の掛《か》け違《ちが》え** 最初の手順や方法を間違えたために起こる、矛盾や不都合。

**―ホール**［buttonhole］ ボタンをはめる穴。

**ぼち【墓地】** 多くの墓を建ててある所。

**ホチキス** ⇩ホッチキス

**ぽちぶくろ【ぽち袋】** お年玉や祝儀を入れる小さい袋。〔ポチは関西で「少し」の意〕

**ほちゅう【補注】**《補註》本文を補う注。

**ほちゅうあみ【捕虫網】** 虫を捕らえる網。

**ほちょう【歩調】** 足並み。「―を合わせる」

**ほちょう【ホ調】** 音楽で、ホ音を主音とする音階。

**ほちょうき【補聴器】** 聴力を補うための器具。

**ぼつ【没】** ①《歿》死ぬこと。 ②没書。「―にする」 ③無い。「―交渉」

**ぽつ**〔俗語〕小さな点。ぽち。

**ほつい【発意】**〔文章語〕①思いつくこと。②発心《ほっしん》。◇はつい。

**ぼっか【牧歌】** ①牧童が歌う歌。 ②田園ののどかさを主題とした―詩歌(歌曲)。

**―的《てき》** 素朴で叙情的なようす。

**ぼつが【没我】** 集中して我を忘れること。「―の境地」

**ほっかい【北海】** 北の海。

**―道《どう》** 日本列島の北部にある島。地方公共団体のひとつでもある。

**ぼっかく【墨客】**〔文章語〕書画をかく人。ぼっきゃく。「文人―」

**ほっかぶり【頰っ被り】** ほおかぶり。

**ほつがん【発願】**〔文章語〕①神仏に願をかけること。 ②念願を起こすこと。

**ほっき【発起】** ①企てを起こすこと。 ②発心《ほっしん》。

**―人《にん》** ①企てを起こした人。 ②株式会社を設立し、定款に署名した人。

**ほつぎ【発議】**〔文章語〕会議で最初に意見を唱えること。はつぎ。

**ぼっき【勃起】** ①急に力強く起こり立つこと。 ②陰茎が硬直状態になること。

**ほっきがい【北寄貝】** 海産の二枚貝で、食用。寒い地方の産。ウバガイ。

**ほっきこう【北帰行】** 北へ帰って行くこと。

**ぼっきゃく【没却】**〔文章語〕捨て去ること。無視すること。

**ぼっきゃく【墨客】**〔文章語〕ぼっかく。

**ほっきょう【法橋】** ①僧位の一。法眼の次位。 ②武家時代、儒者・仏師などに授けられた称号。

**ほっきょく【北極】** ①地軸の北端。 ②北極圏。 ③地軸の延長が北方で天球と交わる点。 ④磁針の北をさす端。◇対南極

**―海《かい》** 北極圏の海。北氷洋。

**―熊《ぐま》** しろくま。

**―圏《けん》** 北緯六六度三三分以北の地域。

**―星《せい》** 北極③の近くにある星。〔北の方角を知るのに利用する〕

**ほっく【発句】** ①和歌の初句。 ②連歌・俳諧の第一句。 ③俳句。

**ホック**［hook］ 留め金。スナップ。フック。

**ボックス**［box］ ①箱。箱状のもの。 ②仕切り席。 ③野球で、バッターボックス。 ④子牛のなめし皮。ボックスカーフ。

**ぽっくり【木履】** 後ろがまるく、底がくりぬいてある下駄。多くは漆塗りで、少女用。

**ほっけ【鯱】** 寒い地方でとれる海魚の一。食用。

**ポッケ** ポケットの幼児語。

**ホッケー**［hockey］ 球技の一。棒で球を打ち、相手のゴールに入れる。

**ぼっけん【木剣】** 木刀。

**ぼつご【没後】**《歿後》死後。

**ぼっこう【勃興】** 急に盛んになること。

**ぼっこうしょう【没交渉】** 交渉がないこと。

**ほっこく【北国】** きたぐに。対南国

**ぼつこせい【没個性】** 個性がなくなり、他と同じようになること。

**ぼっこん【墨痕】**〔文章語〕墨で書いた跡。「―淋漓《りんり》」

**ほっさ【発作】** 突発的に起こり、またすぐにやむ症状。

**―的《てき》** なかば無意識に、突然行うようす。

**ほっしゅ【法主】**〔仏教語〕①仏の尊称。 ②ひとつの宗派の長。 ③法会の主宰者。◇ほうしゅ。ほっす。

**ぼっしゅう【没収】** 強制的に取り上げること。

**―試合《じあい》** 球技で、審判の命令に従わないチームに負けを宣言する試合。

**ぼっしょ【没書】**〔文章語〕投書を採用し

ないこと。その投書。没。

**ぼつじょうしき【没常識】**〔文章語〕常識がないこと。

**ぼっしょくし【没食子】**もっしょくし。

**ほっしん【発心】**①思い立つこと。②菩提《ぼだい》心を起こすこと。出家すること。

**ほっしん【発疹】**はっしん。

**ほっす【払子】**仏具の一。白熊《はぐま》や馬の毛を束ね、柄を付けたもの。

**ほっす【法主】**ほっしゅ。

**ほっする【欲する】**〔文章語〕欲しいと思う。ほっす。「心の—ままに」

**ぼっする【没する】**〔文章語〕①沈んだり埋まったりして隠れる。また、隠す。「地平線に—・ひざまで—雪」②《歿する》死ぬ。③没収する。◇ぼっす。

**ぼつぜん【没前】**《歿前》死ぬ前。生前。

**ぼつぜん【勃然】**〔文章語〕①急に起こり立つようす。②むっとして怒るようす。

**ほっそく【発足】**団体や会議が活動を始めること。はっそく。

**ぼったくり**〔俗語〕不当に高額な料金を(—力ずくで)取ること。

**ほったて【掘っ建て・—立て】**①地面に直接柱を埋めて家を建てること。②掘っ建て小屋。

**—小屋《ごや》** 掘っ建て式の小屋。Ⅱ粗末な小屋。

**ほったらかす**〔俗語〕放置する。

**ほったん【発端】**物事の始まり。

**ホッチキス**〔Hotchkiss〕コの字型の金具で紙を留める器具。ホチキス。ステープラー。〔商標〕

**ボッチャ**〔イタリア語 boccia〕運動能力に障害がある人向けのスポーツの一。目標にボールを近づけることを競う。〔ボールの意〕

**ぼっちゃん【坊ちゃん】**①他人の、男の子の敬称。②世間知らずの男。〔軽侮して言う〕

**—刈《が》り** 前髪を額のところで横にそろえて切る、男の子の髪型。

**ほっつく** 目的もなく歩き回る。うろつく。〔ほっつき歩く〕

**ホット**〔hot〕①熱い。「—コーヒー」②白熱した。「—プレー」③最新。「—な情報」

**—ケーキ**〔hot cake〕鉄板で丸く焼いた洋風菓子。

**—スポット**〔hot spot〕①マントルで、マグマの発生する特異点。②紛争地帯。③放射線濃度が局地的に高い所。④感染症患者多発地。

**—ドッグ**〔hot dog〕細長いパンに焼いたソーセージをはさんだ食べ物。

**—ニュース**〔hot news〕最新ニュース。

**—パンツ**〔hot pants〕股下の短い女性用のショートパンツ。

**—プレート**〔hot plate〕電熱式の調理用鉄板。

**—ライン**〔hot line〕二国間の首脳が直接話しあえる直通の通信線。Ⅱ非常時用直通電話。

**ボット**〔bot〕処理を自動で実行するプログラムの通称。〔ロボットの略〕

**ポット**〔pot〕①コーヒーや紅茶を入れるときに使うつぼ形の容器。②魔法瓶。

**ぼっとう【没頭】**ひとつのことに熱中すること。「仕事に—する」

**ぽっとで【ぽっと出】**〔俗語〕初めて田舎から都会に出て来る—こと(人)。

**ぼつにゅう【没入】**①沈み込むこと。②没頭。

**ぼつねん【没年】**《歿年》①死んだときの年齢。類行年・享年 ②死んだ年。対生年

**ホッパー**〔hopper〕石炭や砂利を入れておき、下の口から出す装置。

**ぼっぱつ【勃発】**突然起こること。

**ほっぴょうよう【北氷洋】**北極海。

**ホップ**〔hop〕①片足で跳ぶこと。②陸上競技の三段跳びで、第一の跳躍。③野球で、投球が打者の手元で浮き上がること。

**—ステップジャンプ**〔hop, step, and jump〕三段跳び(—のかけ声)。

**ホップ**〔オランダ語 hop〕多年生つる草の一。実はビールの芳香料。

**ポップ【POP】**電子メールを受信するときのプロトコルの一。〔post office protocol の略〕

**ポップ**〔pop〕①都会的で明るいようす。②大衆的。③ポップス風。「—ジャズ」

**—アート**〔pop art〕美術で、日常人々がよく目にする事物をテーマにしたもの。

**—アップ**〔pop-up〕①絵本などで、開くと絵が飛び出す仕掛け。②コンピューターで、画面の最前面に現れる表示部分。「—広告」

―**カルチャー**〔pop culture〕大衆に愛好される文化。アニメや漫画、ファッションなど。

―**コーン**〔popcorn〕トウモロコシの実を炒《い》ってはじけさせた食べ物。

**ほっぺ**【頰っぺ】ほおの幼児語。

**ほっぺた**【頰っぺた】〔俗語〕ほお。

―**が落《お》ちそう** 大変おいしく感じるようす。

**ほっぽう**【北方】北の-方面(方角)。対南方

**ぼつぼつ**【勃々】〔文章語〕盛んに起こり立つようす。「雄心―」

**ほっぽらかす**〔俗語〕ほったらかす。

**ほっぽる**〔俗語〕やや乱暴に放る。投げ捨てる。

**ぼつらく**【没落】勢いが衰えて、落ちぶれること。類衰退

**ボツリヌスきん**【―菌】食中毒の原因となる菌の一。〔ボツリヌスはbotulinus〕

**ほつれ**【《解れ》】ほつれること。

―**毛《げ》** 鬢《びん》や襟足の、乱れた毛。

**ほつれる**【《解れる》】ほどける。

**ほてい**【布袋】七福神の一。太鼓腹で、大きな袋をかついでいる。

―**腹《ばら》** 布袋のような大きな腹。

**ほてい**【補訂】書籍の部分的な補足・訂正(―をすること)。「―版」

**ほてい**【補綴】〔文章語〕①文章の不足に手を加えること。②破れめを縫うこと。③他人の字句をつないで詩文を作ること。◇ほてつ。

**ボディー**〔body〕①体。胴体。特に、車体や機体。②ワインの味わい、風味。「フル―」

―**ガード**〔bodyguard〕要人の身辺を護衛する-こと(人)。

―**チェック**〔body check〕①危険物を所持しているかどうかを、体に触れて調べること。②アイスホッケーで、体当たりでする防御。

―**ビルディング**〔bodybuilding〕均整のとれたたくましい肉体を作る-こと(運動)。ボディービル。

―**ブロー**〔body blow〕ボクシングで、腹や胸へのパンチ。Ⅱあとから効いてくること。「―のような親の説教」

―**ボード**〔body board〕波乗り。サーフボードより小さい板を使う。

―**ライン**〔body line〕体の輪郭。

―**ランゲージ**〔body language〕身振り・手振りでする会話。

**ボディコン** ボディーコンシャスの略。体に密着してボディーラインを強調した衣服。

**ボデー** ⇨ボディー

**ほてつ**【補綴】ほてい。

**ポテト**〔potato〕ジャガイモ。

―**サラダ**〔potato salad〕ゆでたジャガイモに他の野菜などを混ぜて作るサラダ。

―**チップ**〔potato chip〕ジャガイモの薄切りを揚げた食べ物。ポテトチップス。

**ほてる**【火照る】《熱る》顔や体が熱く感じる。

**ホテル**〔hotel〕西洋式の宿泊施設。

**ほてん**【補塡】不足を補ってうめること。

**ポテンシャル**〔potential〕潜在的。潜在的力。

**ほど**【程】①度合い。②分際。「身の―」③ころ。「―なく」④様子。「真偽の―」

**ほど**【歩度】①歩く速度。②歩幅。

**ほどあい**【程合い】適当な程度。

**ほどう**【歩道】道路の、歩行者用に区切られた部分。対車道

―**橋《きょう》** 車道にかけ渡した歩行者専用の橋。

**ほどう**【補導】《輔導》悪に走らないように助け導くこと。

**ほどう**【舗道】《鋪道》舗装した道路。

**ぼどう**【母堂】他人の母親の尊敬語。

**ほどく**【解く】「結び目(荷物)を―」

**ほとけ**【仏】①仏陀。仏像。②死者。③慈悲深い人。

―**心《ごころ》** 慈悲心。

―**作《つく》って魂《たましい》入《い》れず** ほとんど完成したが最も大事なことが抜けている。

―**の顔《かお》も三度《さんど》** 慈悲深い人でも何度もひどいことをされれば怒る。

―**の座《ざ》** ①タビラコの別称。春の七草の一。②野草の一。春、紫色の小さな花を輪状につける。

**ほどこす**【施す】①恵みとして与える。②行う。「手術を―」③つけ加える。「装飾を―」

**ポトス**〔pothos〕観葉植物の一。

**ほととぎす**【時鳥・杜鵑・子規・不如帰】カッコウに似た鳥。卵をウグイスなどの巣に産んで、育てさせる。テッペンカケタカ

と鳴く。

**ほととぎす**《杜鵑草》 野草の一。〔ユリ科〕

**ほどなく【程無く】** まもなく。

**ほどに**《程に》（連体形に付いて）…するにつれて（―ますます）。

**ほとばしる【迸る】** 勢いよく飛び散る。

**ほとびる【潤びる】** 水気を吸って柔らかくなる。

**ポトフ**〔フランス語 pot-au-feu〕肉や野菜をかたまりのまま煮込んだスープ。

**ほとほと**《殆》本当に。「―感心する」

**ほどほど【程々】** 適度。「―にする」

**ほとぼり**《熱り》 余熱。Ⅱ事件後の世間の関心。

**―が冷《さ》める** 関心が薄れる。

**ボトム**〔bottom〕①下部。②下半身用の衣服。対トップ

**―アップ**〔bottom-up〕組織の下部からの情報や意思が上層部に伝わり、全体の意思決定がなされる方式。対トップダウン

**ほどよい【程好い】** 適度だ。「― ―時分（湯かげん）」

**ほとり【辺り】** ①《畔》岸。②そば。あたり。

**ボトル**〔bottle〕びん。

**―ネック**〔bottleneck〕 障害。隘路《あいろ》。ネック。

**ほとんど【殆ど】** ①おおかた。「―完成している」②もう少しで。「―こわれそうだ」③大部分。

**ほなみ【穂波】**〔文章語〕穂が波のように風にそよぐこと。

**ほなみ【穂並み】** 穂の出そろったようす。

**ボナンザグラム**〔bonanzagram〕文章の欠字・欠語の穴埋めクイズ。

**ポニー**〔pony〕小型の馬。

**―テール**〔ponytail〕 髪を後頭部で束ねてたらす、女性の髪型。

**ほにゅう【哺乳】** 母が子に乳を飲ませること。

**―動物《どうぶつ》** 哺乳類の動物。

**―類《るい》** 脊椎《せきつい》動物の一。最も高等。

**ぼにゅう【母乳】** 母親の乳。

**ほぬの【帆布】** 帆に使う布。はんぷ。

**ほね【骨】** ①動物の体を中で支える部分。Ⅱ物事の支え。②気骨。③苦労。「―を惜しむ」

**―が折《お》れる** 苦労する。

**―に沁《し》みる** 深く心に感じる。

**―（―の髄《ずい》）までしゃぶる** 徹底的に利用する。

**―を埋《うず》める** ①その土地で死ぬ。②その事柄に一生をささげる。

**―を拾《ひろ》う** 他人の死後の始末をする。

**ほねおしみ【骨惜しみ】** 苦労をいやがること。

**ほねおり【骨折り】** 骨折ること。

**―損《ぞん》のくたびれもうけ** 無駄な苦労・努力をすること。〔骨折り損だけでも使う〕

**ほねおる【骨折る】** ①精を出す。②尽力する。

**ほねぐみ【骨組み】** ①骨格。②物事の主要部分の組み立て。

**ほねつぎ【骨接ぎ】** 骨の故障を治す―こと（医院）。接骨。整骨。

**ほねっぷし【骨っ節】** ①骨の関節。②気骨。

**ほねっぽい【骨っぽい】** ①魚の料理で、骨が多い。②体つきがごつごつしている。③気骨がある。

**―が太《ふと》い** しっかりしている。

**ほねぬき【骨抜き】** ①魚や鳥などの料理で、骨を抜き取ること。Ⅱ物事の主要な部分を取り去り、価値や内容をなくすこと。②気骨をなくすこと。「わいろで―にされる」

**ほねばる【骨張る】** ①骨がごつごつする。②意地を張る。

**ほねぶと【骨太】** 骨格ががっちりしていること。Ⅱ強い主義・主張があること。「―の作品」対骨細《ほねぼそ》

**ほねみ【骨身】** 体。

**―にこたえる** ①苦労や苦痛が体に強く感じる。②心に強く感ずる。

**―を惜《お》しまず** 苦労をいとわず。

**―を削《けず》る** やせるほど苦労や努力をする。

**ほねやすめ【骨休め】** 休息。骨休み。

**ほのお【炎】**《焔》燃える火の先。Ⅱ（嫉妬や怒りなど）心中の激情。

**ほのか【仄か】** かすか。

**ほのぐらい【仄暗い】** 薄暗い。

**ほのぼの**《仄々》明るさや暖かさがほんのりと感じられるようす。

**ほのめかす【仄めかす】** それとなく表す。「引退（事件への関与）を―」

**ほのめく【仄めく】** ほのかに見える。

**ぼば【牡馬】** おすの馬。対牝馬《ひんば》

**ホバークラフト**〔Hovercraft〕船体を水面から浮きあがらせて進む高速艇。ホーバークラフト。〔商標〕

**ほばく【捕縛】**〔文章語〕捕まえて縛ること。

**ほばしら【帆柱】**帆を張るための柱。

**ほはば【歩幅】**一歩で歩ける距離。

**ホバリング**〔hovering〕ヘリコプターの、空中で停止している飛行状態。

**ぼはん【母斑】**生まれつき皮膚にある斑紋。ほくろやあざなど。

**ほひ【保秘】**〔文章語〕秘密を漏らさないこと。「—義務」

**ぼひ【墓碑】**墓石。「—銘」

**ホビー**〔hobby〕趣味。

**ポピー**〔poppy〕ひなげし。

**ほひつ【補筆】**補って書き加えること。

**ほひつ【補弼】**《輔弼》〔文章語〕天子・君主を補佐すること。「—の臣」

**ポピュラー**〔popular〕①一般的。大衆的。②ポピュラーミュージック。

**—ミュージック**〔popular music〕西洋風の大衆音楽。ポピュラーソング。対クラシック音楽

**ポピュリスト**〔populist〕大衆迎合主義者（の政治家）。

**ポピュリズム**〔populism〕大衆に迎合する政治姿勢。大衆迎合主義。

**ぼひょう【墓表】**①墓石に刻んだ、死者の俗名・没年などの文。②**【墓標】**墓のしるしに立てる石や柱。

**ボビン**〔bobbin〕①糸やコイルを巻く筒。②ミシンの下糸用の糸巻き。「—ケース」

**ほふ【保父】**男性の保育士の通称。対保母

**ボブ**〔bob〕女性の髪型の一。えりくびまでの短髪。ボブカット。

**ほふく【匍匐】**〔文章語〕腹ばいになること。「—前進」

**ボブスレー**〔bobsleigh〕スポーツの一。氷のコースをそりで滑降する。また、そのそり。

**ホフマンほうしき【—方式】**自動車事故などの損害賠償額の算定方式の一。

**ポプラ**〔poplar〕街路樹にする落葉高木の一。

**ポプリ**〔フランス語 potpourri〕乾燥させた花びらを香料とまぜたもの。びんや小袋につめる。

**ポプリン**〔poplin〕うねのある柔らかい布。

**ほふる【屠る】**①鳥獣の体を切りさく。②皆殺しにする。③敵を打ち負かす。

**ほへい【歩兵】**徒歩で戦う兵。

**ボヘミアン**〔Bohemian〕①ロマ。②世間を無視して自由気ままな生活をする人。

**ほほ【頬】**ほお。

**ほぼ**《略》大体。

**ほぼ【保母】**《保姆》女性の保育士の通称。対保父

**ほほえましい【微笑ましい】**思わずほほえみたくなるようだ。

**ほほえむ【微笑む】**軽くにっこり笑う。Ⅱつぼみが少し開く。

**ポマード**〔pomade〕男性用整髪料の一。

**ほまち**《帆待ち》〔俗語〕臨時収入。〔出帆を待つ間の船頭のかせぎの意〕

**ほまれ【誉れ】**名誉。よい評判。

**ほむら【炎】**《焔》〔文章語〕ほのお。

**ほめそやす【褒めそやす】**（口々に）盛んにほめる。

**ほめちぎる【褒めちぎる】**ほめすぎるほどほめる。

**ほめる【褒める】**《誉める》よい（よかった）と評価する。「子供を—」類たたえる 対けなす

**ホモ**〔ラテン語 homo〕人。人類。

**ホモ**（男性）同性愛（—者）の蔑称。〔homosexualから〕

**ホモ** 均質化。同種。対ヘテロ〔homogenizedから〕

**ホモサピエンス**〔ラテン語 Homo sapiens〕現生人類の学名。〔知性人の意〕

**ホモセクシュアル**〔homosexual〕同性愛（—者）。ホモセクシャル。対ヘテロセクシュアル〔多く男性についていう〕

**ほや【海鞘】**原索動物の一。マボヤやアカボヤは食用。

**ぼや【小火】**小さい火事。対大火

**ぼや【暮夜】**〔文章語〕よる。

**ぼやかす** ぼかす。

**ぼやく**〔俗語〕不平（愚痴）を言う。

**ぼやける** ぼんやりする。ぼける。

**ほゆう【保有】**持ち続けること。

**ほよう【保養】**心身を休ませ、健康を回復すること。「—地」Ⅱ「目の—になる（=美しいものを見て、心が慰められる）」

**ほら【洞】**ほら穴。

**ほら【法螺】** ①ホラガイ。②実際よりおおげさに言うこと。「—を吹く」

**ぼら【鯔】** 海魚の一。食用。卵巣はからすみ用。〔出世魚で、オボコ（スバシリ）・イナ・ボラ・トドと名前が変わる〕

**ホラー** [horror] 恐怖。「—映画」

**ほらあな【洞穴】** 崖《がけ》などにあいた、大きくて深い穴。どうけつ。

**ほらがい【法螺貝】** ①大型の巻き貝の一。②ホラガイの殻で作ったラッパ。

**ほらがとうげ【洞が峠】** 有利な方へつこうと、形勢を見ること。「—をきめる」〔大阪と京都の境にある峠の名。山崎合戦のとき、筒井順慶がここでどちらにつくか形勢を見たことから〕

**ほらふき【法螺吹き】** 大げさなことを言う人。

**ポラロイドカメラ** 撮影後、その場で写真が得られるカメラ。〔商標。／Polaroid Land cameraから〕

**ボランチ** [ポルトガル語 volante] サッカーで、守備的ミッドフィルダー。〔ハンドルの意〕

**ボランティア** [volunteer] 自発的に（—無報酬で）社会事業などに奉仕する人。

**ほり【堀】**《濠》（城の周りなどで）地面を掘って、水をためた所。

**ほり【彫り】** 彫ること。彫ったようす。Ⅱ彫ったような凹凸。「—の深い顔」

**ポリ** ①〔俗語〕ポリス。「—公」②ポリエチレン。「—容器」③ポリエステル。

**ほりあてる【掘り当てる】** 地面を掘って捜し当てる。「油田を—」

**ホリー** [holly] 西洋ヒイラギ。〔クリスマスの飾り用〕

**ポリープ** [polyp] ①粘膜などにできる、きのこ状・いぼ状の腫《は》れもの。②腔腸動物の形態の一。管状または円筒形。◇ポリプ。

**ポリウレタン** [ドイツ語 Polyurethan] 高分子化合物の一。合成ゴムや合成繊維の原料。

**ポリエステル** [polyester] 合成樹脂の一。衣料・建築材料用。

**ポリエチレン** [polyethylene] 合成樹脂の一。包装用薄膜・容器・絶縁材料用。

**ポリオ** [polio] 脊髄《せきずい》性小児麻痺《まひ》。

**ほりおこす【掘り起こす】** ①掘って土を起こす。②掘り出す。Ⅱ隠れていたものを表面に出す。「歴史の裏側を—」

**ほりかえす【掘り返す】** ほりおこす①。Ⅱ落着した物事を再び問題にする。

**ほりごたつ【掘り炬燵】** 床の一部を掘り下げたこたつ。対置き炬燵・切り炬燵

**ほりさげる【掘り下げる】** 下へ掘る。Ⅱ突っ込んで考える。「問題を—」

**ポリシー** [policy] 政策。方針。

**ポリス** [police] 警官。警察。**—ボックス** [police box] 交番。

**ホリゾント** [ドイツ語 Horizont] 劇場で、舞台奥の灰色の壁や幕。空間の奥行きを表す。

**ほりだしもの【掘り出し物】** 安く手に入れた品物。偶然に見つけた価値あるもの。

**ほりだす【掘り出す】** ①掘って出す。②掘り出し物を手に入れる。

**ポリタンク** [和製語 poly tank] 水や灯油を入れておくためのポリエチレン製の容器。

**ポリティカルコレクトネス** [political correctness] 政治的妥当性。差別や偏見は是正すべきとする考え方。PC。

**ポリティ(ーッ)クス** [politics] 政治（—活動）。政治学。

**ホリデー** [holiday] 休日。

**ほりぬきいど【掘り抜き井戸】** 地下深く掘って、地下水をわき出させる井戸。

**ポリフェノール** [polyphenol] 水酸基二個以上が結合した芳香族化合物の総称。酸化防止の働きや血中コレステロールの低下作用がある。

**ポリプロピレン** [polypropylene] 高分子化合物の一。合成繊維・プラスチック製品用。

**ポリマー** [polymer] 同一分子が複数結合した化合物。重合体。

**ほりもの【彫り物】** ①いれずみ。②彫刻。

**ほりゅう【保留】** 決定や行動を先に延ばすこと。ペンディング。

**ほりゅう【蒲柳】** ①体質が弱いこと。「—の質」②植物のカワヤナギ。

**ボリューム** [volume] ①分量。量感。②音量。③書物の巻数。『日本語学史—二』〔vol.とも書く〕**—ゾーン** [volume zone] 最も売れる価格帯など、数量が多い部分。

**ほりょ【捕虜】** 敵に捕まった人。

**ほりわり【掘り割り】**《堀割》 地面を掘って作った水路。類堀

**ほる【彫る】** きざむ。彫刻する。

**ほる【掘る】** ①地面に穴をあける。②埋まっているものを取り出す。

**ぼる** 〔俗語〕不当な利益を得る。

**ボル【vol】** ボリュームの略。書物の巻数。

**ほるい【堡塁・保塁】** とりで。ほうるい。

**ポルカ** ［polka］ 舞曲の一。四分の二拍子で軽快。〔ボヘミアで始まった〕

**ボルシチ** ［ロシア語 borshch］ ロシア料理のスープ。

**ホルスター** ［holster］ 肩からピストルをつる革ケース。

**ホルスタイン** ［ドイツ語 Holstein］ 乳牛の品種の一。オランダ原産。

**ホルダー** ［folder］ 紙ばさみ。フォルダー。

**ホルダー** ［holder］ ①支える（固定する）物。「キー—」②保持者。「レコード—」

**ボルダリング** ［bouldering］ 岩や突起のある壁を手足だけを使って登るスポーツ。

**ボルテージ** ［voltage］ 電圧。Ⅱ気勢。「—をあげる」

**ボルト** ［volt］ 電圧の実用単位。

**ボルト** ［bolt］ ナットをはめて締め具にする金属棒。

**ボルドー** ［フランス語 Bordeaux］ ワインの一。フランスのボルドー地方産。

**ポルノ** 性行為の描写を主とした作品。ポルノグラフィ。「—映画」〔pornographyから〕

**ホルマリン** ［ドイツ語 Formalin］ ホルムアルデヒドの水溶液。防腐剤・殺菌剤用。フォルマリン。

**ホルムアルデヒド** ［ドイツ語 Formaldehyd］ 還元力の強い気体。合成樹脂原料・分析試薬用。

**ホルモン** ［ドイツ語 Hormon］ 内分泌腺から血液中に分泌される物質。

**—焼《や》き** ウシ・豚の臓物をくしに刺して焼いた料理。

**ホルン** ［ドイツ語 Horn］ 金管楽器の一。

**ほれい【保冷】** 低温の状態に保つこと。「—剤」

**ボレー** ［volley］ テニスやサッカーで、球が地面に落ちないうちに打ち（けり）返すこと。「—キック（シュート）」

**ほれこむ【惚れ込む】** すっかり夢中になる。

**ほれぼれ【惚れ惚れ】** 心を奪われ、うっとりするようす。

**ほれる【惚れる】** ①心を奪われるほど好きになる。②感心して心をひかれる。

**ボレロ** ［スペイン語 bolero］ ①スペインの舞曲の一。四分の三拍子。②ボタンのない短い女性用上着。

**ほろ【幌】** 馬車や人力車にかける覆い。

**ぼろ**《襤褸》 ①ぼろぎれ。②使い古していたんだ衣服。Ⅱ使い古したもの。「—ぐつ」③隠しておきたい不都合な点。「—を出す」

**ポロ** ［polo］ 球技の一。馬に乗って棒で球を打ち合う。

**ほろう【歩廊】** ①れんがやコンクリートを敷いた廊下。②プラットホーム。〔古風な言い方〕

**ぼろかくし【ぼろ隠し】** 欠点を応急に隠すこと。

**ぼろぎれ【ぼろ切れ】** 使い古した布切れ。ぼろ。ぼろきれ。

**ホログラフィー** ［holography］ レーザー光線を利用して立体的な像を作る技術。また、その作品。

**ホログラム** ［hologram］ ホログラフィーを利用した、光る模様。〔カードや商品券の偽造防止に利用〕

**ホロコースト** ［holocaust］ 大虐殺。〔特にナチスによるユダヤ人大虐殺をいう〕

**ポロシャツ** ［polo shirt］ 半袖でかぶって着る、襟のあるシャツ。〔ポロ競技で着たことから〕

**ホロスコープ** ［horoscope］ 西洋占星術（—に使う十二宮図）。

**ほろにがい【ほろ苦い】** ほのかな苦味がある。

**ポロネーズ** ［フランス語 polonaise］ 舞曲の一。四分の三拍子でゆるやか。〔ポーランドで始まった〕

**ボロネーゼ** ［イタリア語 bolognese］ イタリア料理の一。ミートソース。

**ほろばしゃ【幌馬車】** 幌をかけた馬車。

**ほろびる【滅びる】**《亡びる》 絶えてなくなる。滅ぶ。

**ほろぶ【滅ぶ】**《亡ぶ》 滅びる。

**ほろぼす【滅ぼす】**《亡ぼす》 滅びるようにする。

**ほろほろちょう【ほろほろ鳥】** 鳥の一。食肉・愛玩用。ほろほろどり。

**ぼろもうけ【ぼろ儲け】**〔俗語〕非常に割のいいもうけ。

**ほろよい【ほろ酔い】** 少し酒に酔うこと。

**ホワイト**［white］白色。

**—アウト**［whiteout］雪や雲で視界全体が白くなり周囲が識別できなくなる現象。

**—カラー** 事務系労働者。［white-collar workerから］対ブルーカラー

**—クリスマス**［white Christmas］クリスマスの日に雪景色であること。

**—ソース**［white sauce］小麦粉・牛乳などで作った白く濃厚なソース。

**—デー**［和製語 white day］バレンタインデーのお返しに、男性が女性に贈り物をする日。三月一四日。

**—ハウス**［White House］ワシントンにあるアメリカ合衆国大統領官邸。Ⅱアメリカ政府。

**—ボード**［white board］黒板のように使う白い板。

**—リカー**［和製語 white liquor］焼酎《しょうちゅう》。

**ホワイトニング**［whitening］白くすること。

**ほわた【穂綿】** 綿の代用にする、チガヤやアシの穂。

**ポワレ**［フランス語 poêler］料理法で、肉をバターだけで蒸し煮する。また、その料理。

**ほん【本】** ①書物。②棒状の（細長い）ものを数える語。③映画の作品を数える語。④勝負の回数を数える語。「三—勝負」⑤〔文章語〕この。「—会合」⑥正式の。「—建築」⑦本物の。「—わさび」

**ホン**［phon］音の大きさの単位。フォン。

**ぼん【盆】** ①食器などを載せて運ぶ道具。②盂蘭盆《うらぼん》。お盆。

**—と正月《しょうがつ》が一《いち》度《ど》に来《き》たよう** ①非常に忙しいこと。②うれしいことが重なること。

**ほんあん【翻案】** 原作の内容をもとに改作—すること（した作品）。

**ほんい【本位】** ①考えや行動の基準。「自分—」②本位貨幣。③もとの地位。

**—貨幣《かへい》** その国の貨幣制度の基本になる貨幣。〔金本位国の本位貨幣は金貨〕対補助貨幣

**—記号《きごう》** 音楽で、ナチュラル。

**ほんい【本意】** ①本当（本来）の気持ち・意図。②本義②。

**ほんい【翻意】**〔文章語〕決心を変えること。

**ほんいん【本院】** ①主となる院。対分院 ②この院。

**ほんいんぼう【本因坊】** 囲碁のタイトルの一。

**ほんえい【本営】** 本陣。

**ぼんおどり【盆踊り】** お盆（—のころの祭り）に踊る踊り。

**ほんか【本科】** その学校の本体となる課程。

**ほんかい【本懐】** 本望①。「—をとげる」

**ほんかいぎ【本会議】**（委員会や部会に対して）全員が参加する、本式の会議。

**ほんかく【本格】** 本式。

**—的《てき》** ①正式。②本調子だ。「—な夏」

**ほんがく【本学】**〔文章語〕この大学。

**ほんかん【本官】** ①正式の官職。②本来の官職。対兼官 ③官吏の自称。

**ほんかん【本管】** 水道管やガス管の、道路の下に埋めてある太い管。

**ほんかん【本館】** もとからある（主となる）建物。対別館・新館

**ほんがん【本願】**〔仏教語〕仏・菩薩《ぼさつ》が衆生を救おうとする誓願。

**ポンカン【椪柑】**［中国語 pènggān］ミカンの一。実が甘く香りがよい。

**ほんき【本気】** まじめな気持ち。「—になる」

**ほんき【本機】** ①本体である機械。②〔文章語〕この—機械（飛行機）。

**ほんぎ【本紀】** 紀伝体の歴史書で、帝王一代の事跡を書いた部分。対列伝

**ほんぎ【本義】**〔文章語〕①本来の意味。対転義 ②本来（根本）の意義。

**ほんぎまり【本決まり】** 正式に決まること。「—になる」

**ほんきゅう【本給】** 手当てなどを除いた基本となる給料。

**ほんきょ【本拠】** 生活や仕事の中心となる場所。「…に—を置く」

**ほんぎょう【本業】** 主とする職業。対副業

**ほんきょく【本局】** ①中心となる局。対支局・分局 ②〔文章語〕この局。

**ぼんぐ【凡愚】**〔文章語〕平凡で愚かな—こと(人)。

**ほんぐう【本宮】** 中心となる神社。対新宮・別宮

**ぼんくら** 〔俗語〕ぼんやりして、物事の見通しのきかない—ようす(人)。

**ぼんくれ【盆暮れ】** 盆と年末。

**ほんけ【本家】** ①一門・一族の中心となる家筋。対分家 ②家元。③本店。

**ほんけがえり【本卦帰り】**《—還り》還暦。

**ほんけん【本件】** 〔文章語〕この—件(事件)。

**ほんけん【本絹】** 混じり物のない—絹糸(絹織物)。純絹。対人絹

**ほんげん【本源】**〔文章語〕根源。

**ぼんご【梵語】** サンスクリット。〔古代インドの文語〕

**ボンゴ**〔スペイン語 bongo〕ラテン音楽用の一対の小型ドラム。

**ほんこう【本坑】** ①中心となる坑道。

**ほんこう【本校】** ①中心となる学校。対分校 ②〔文章語〕この学校。

**ほんこく【翻刻】** 写本や版本を原本通りに出版すること。

**ほんごく【本国】** ①その人の—国籍のある(生まれ育った)国。「—送還」 ②植民地に対して、本来の領土。

**ほんごし【本腰】** 真剣な気構え。**—を—入《い》れる(据《す》える)** 本気になる。

**ぼんこつ【凡骨】** 平凡な才能・器量(—の人)。

**ぽんこつ【ポンコツ】**〔俗語〕こわれかかった機械・器具。役に立たなくなったもの。

**ボンゴレ**〔イタリア語 vongole〕殻付きのアサリを使ったパスタ料理。

**ほんさい【本妻】** 正式の妻。正妻。

**ぼんさい【盆栽】** 観賞用の鉢植えの草木。

**ぼんさい【梵妻】** 僧の妻。

**ぼんさく【凡作】** 平凡な作品。対秀作

**ほんざん【本山】** ①一宗・一派の寺院を統括する寺院。対末寺 ◍元締め。②〔文章語〕この寺。

**ほんし【本旨】** 本来の趣旨。

**ほんし【本紙】** ①新聞の中心となる紙面。対付録・号外 ②〔文章語〕この新聞。

**ほんし【本誌】** ①雑誌の本体部分。対付録・別冊 ②〔文章語〕この雑誌。

**ほんじ【本字】** ①(かなに対して)漢字。②正式の書き方の字。対略字

**ほんじ【本地】**〔仏教語〕姿を変えて現れた仏のもとの姿。**—垂迹《すいじゃく》** 仏・菩薩《ぼさつ》が神に姿を変えて現れること。

**ほんじ【翻字】** 文字体系をかえて書くこと。〔ローマ字の文章を漢字仮名交じりにするなど〕

**ぼんじ【梵字】** 梵語を書き記す文字。

**ほんしき【本式】** 略さない、本来の形式。対略式

**ほんしけん【本試験】** 予備試験や追試験に対して、—最終的な(本来の)試験。

**ほんしつ【本質】** 根本の性質。**—的《てき》** 本質に関係するようす。

**ほんじつ【本日】** 今日。「—は晴天なり」

**ぼんしつ【凡失】**(野球などで)つまらない失策。

**ほんしゃ【本社】** ①会社の中心となる事業所。対支社・出張所 ②中心となる神社。対末社 ③その神社の祭神をまつったやしろ。④〔文章語〕この—会社(神社)。

**ぼんしゅ【凡手】** 平凡な腕前(—の人)。

**ほんしゅう【本州】** 日本列島で最大の島。

**ボンジュール**〔フランス語 bonjour〕 おはよう。こんにちは。

**ほんしゅつ【奔出】**〔文章語〕勢いよくほとばしり出ること。

**ほんしょ【本書】**〔文章語〕この—本(文書)。

**ほんしょ【本署】** ①中心となる署。対支署・分署 ②〔文章語〕この署。

**ほんしょう【本性】** ①本来の性質。②正気。「—を失う」◇ほんせい。

**ほんしょう【本省】** ①外局・出先機関を管轄する中央官庁。②〔文章語〕この省。

**ほんじょう【本状】**〔文章語〕この手紙。

**ぼんしょう【凡小】** 平凡で人物の小さい—こと(人)。

**ぼんしょう【梵鐘】** 寺院の釣り鐘。

**ほんじょうぞう【本醸造】** 醸造用アルコールを添加—すること(した清酒)。〔白米一トン当たり醸造用アルコール一二〇リットル以下〕

ほ

**ほんしょく【本職】** ①主とする職業（職務）。②専門家。③官吏の自称。

**ほんしん【本心】** ①本当の気持ち・考え。②本来の正しい心。③正気。「―を失う」

**ほんしん【本震】** 一連の地震のうち、中心となる激しい震動。対前震・余震

**ほんしん【翻心】** 翻意。

**ほんじん【本陣】** ①大将のいる陣所。本営。②江戸時代、宿駅で大名などが泊まった公認の宿舎。

**ぼんじん【凡人】** 平凡な（‐つまらない）人。

**ポンス**［オランダ語 pons］ ダイダイの絞り汁。→ポンズ

**ポンず【―酢】** ポンスの変化。

**ほんすう【本数】** 本で数える物の数量。

**ほんすじ【本筋】** 中心となる筋道。

**ほんせい【本姓】** ①生家の名字。②本当の名字。

**ほんせい【本性】** ほんしょう。

**ほんせき【本夕】** 〔文章語〕今夕。今夜。

**ほんせき【本籍】** その人の戸籍の所在地。

**ほんせん【本船】** ①中心となる船。②〔文章語〕この船。

**―渡《わた》し** 貿易で、商品の買い手が指定した船に商品を積むまでの費用を、売り手が負う契約。

**ほんせん【本選】** 優勝者を決める最終的なコンクール。対予選

**ほんせん【本線】** ①幹線。対支線 ②〔文章語〕この線。

**ほんぜん【本然】** 〔文章語〕本来の姿であること。

**ほんぜん【本膳】** 日本料理で、最初に出すおもな膳。一の膳。

**―料理《りょうり》** 本膳・二の膳・三の膳をそろえた正式の日本料理。

**ほんぜん【翻然】** 〔文章語〕急に心を改めるようす。

**ほんそ【本訴】** 民事訴訟で反訴などが行われた場合の、もとの訴訟。

**ほんそう【本葬】** 正式の葬儀。対密葬

**ほんそう【奔走】** 走り回って努力すること。世話をやくこと。

**ほんぞう【本草】** ①植物。②薬草。〔薬用の動物・鉱物を含むことも〕③本草学。

**―学《がく》** 本草②についての学問。

**ほんそく【本則】** ①原則。②法例や規則の本体の部分。対付則

**ぼんぞく【凡俗】** 平凡で俗っぽい‐こと（人）。

**ボンソワール**［フランス語 bonsoir］ こんばんは。おやすみなさい。

**ほんぞん【本尊】** 寺の中心となる、重要な仏像。‖〔俗語〕‖㋐中心人物。㋑当人。

**ぼんだ【凡打】** 野球で、ヒットにならない打撃。「―の山をきずく」

**ほんたい【本体】** ①中心となる部分。②正体。③〔哲学用語〕現象の背後にある実体。④神社の神体。寺の本尊。

**ほんたい【本隊】** ①中心となる隊。対分隊・支隊 ②〔文章語〕この隊。

**ほんたい【本態】** 実態。

**ほんだい【本題】** 中心となる題目。類主題

**ぼんたい【凡退】** 野球で、ヒットを打てずにアウトになること。「三者―」

**ほんたく【本宅】** ふだん暮らしている家。対別宅

**ほんだな【本棚】** 本を並べておく棚。

**ほんだわら【（馬尾藻）】** 海藻の一。正月の飾りや肥料用。

**ぼんたん【文旦】** ザボン。「―飴《あめ》」

**ぼんち【盆地】** 周りを山に囲まれた平地。

**ポンチ**［punch］ ①飲み物のパンチ。②工作物の中心に目印をつける、先のとがった棒状の道具。

**ほんチャン【本―】** 〔俗語〕本番。

**ポンチョ**［poncho］ ①毛布の中央にあけた穴に頭を通して着る中南米の外衣。②ポンチョ①に似た雨具。

**ほんちょう【本庁】** ①中央官庁。対支庁 ②〔文章語〕この庁。

**ほんちょう【本朝】** 日本国（‐の朝廷）。

**ほんちょうし【本調子】** ①本当の調子が出ること。②三味線で基本となる調子。

**ほんづくり【本造り】** 材料を厳選し、本格的に造ってあること。「―のしょうゆ」

**ほんつや【本通夜】** 葬式前日の本式の通夜。対仮通夜

**ほんて【本手】** 囲碁・将棋で、その場合に当然の手。

**ほんてい【本邸】** 本宅。対別邸

**ほんてん【本店】** ①中心となる店。対支店・分店 ②〔文章語〕この店。

**ほんてん【翻転】** 〔文章語〕ひるがえり回ること。「空中で身を―させる」

**ほんでん【本殿】** 神霊を安置してある社殿。
**ほんど【本土】** ①本国。②その国の中心となる国土。特に、日本の本州。
**ボンド**［bond］ ①合成接着剤の一。〔商標〕②証券。
**ポンド**［pound］《封度》ヤードポンド法の重さの単位の一。
**ほんとう【本当】** 真実。本来。対うそ
**ほんとう【本島】** ①中心となる島。「沖縄―」②日本の本州。③〔文章語〕この島。
**ほんとう【本盗】** ホームスチール。
**ほんとう【奔騰】** 急騰。
**ほんどう【本堂】** 本尊を安置してある堂。
**ほんどう【本道】** ①正しい道。②本街道。対間道 ③漢方で、内科。
**ほんに**（本に）本当に。〔古い言い方〕
**ほんにん【本人】** 当人。
**ほんね【本音】** 本心（―から言う言葉）。「―と建て前・―をもらす」対建て前
**ボンネット**［bonnet］ ①自動車のエンジンの覆い。②女性・子供用の縁無し帽子。
**ほんねん【本年】**〔文章語〕ことし。
**ほんの**（本の）ただ（―それだけ）の。
**ほんのう【本能】** 動物が先天的にもっている能力・性質。「―的」
**ぼんのう【煩悩】**〔仏教語〕一切の欲望・妄念。
**ぼんのくぼ【盆の窪】** 首のうしろの中央のくぼみ。
**ほんば【本場】** ①それを行う本来の場所。②おもな産地。③取引で、前場《ぜんば》。

**ほんば【奔馬】**〔文章語〕勢いよく走る馬。⊜勢いが激しいこと。「―の勢い」
**ほんばしょ【本場所】** 相撲で、力士の番付の位置を決める、年六回の興行。
**ほんばん【本番】** テレビや映画で、正式に行う演技・撮影。対リハーサル ⊜本式にやること。「―の入試」
**ぼんぴゃく【凡百】**〔文章語〕もろもろ。ぼんびゃく。
**ほんぴょう【本表】** ①もとになる表。対付表・別表 ②〔文章語〕この表。
**ほんぶ【本部】** ①組織の中心となる部分。②〔文章語〕この部。
**ぼんぷ【凡夫】** ①〔文章語〕凡人。②〔仏教語〕煩悩を捨てられない人。
**ポンプ**［オランダ語 pomp］ 液体や気体を吸い込んだり送り出したりする機械。
**ほんぷう【本封】** 野球で、満塁のとき三塁走者を本塁で封殺すること。
**ほんぷく【本復】** 全快。
**ほんぶし【本節】** カツオの背肉で作った、上等のかつおぶし。
**ほんぶしん【本普請】** 本造りの建物。対安普請《やすぶしん》・仮普請
**ほんぶたい【本舞台】** ①歌舞伎の劇場で、正面の舞台。②本格的な舞台。
**ほんぶり【本降り】** 雨や雪がやみそうになく降ること。
**ほんぶん【本文】** 書物や文書の本体の部分。ほんもん。
**ほんぶん【本分】** 本来なすべきつとめ。「―を尽くす・学生の―」

**ボンベ**［ドイツ語 Bombe］ 高圧気体などを入れる耐圧性の円筒容器。
**ほんぺん【本編】**《本篇》①作品の主体となる部分。②〔文章語〕この―編（文章）。
**ほんぽ【本舗】** 特定の商品を製造・販売するおおもとの店。総本店。
**ほんぽう【本邦】** わが国。「―初演」
**ほんぽう【本俸】** 本給。
**ほんぽう【奔放】** 思うままにふるまうこと。
**ほんぼし【本星】**〔俗語〕本当の犯人。
**ボンボヤージュ**［フランス語 von voyage］ 旅に出る人にかける言葉。「よい旅を」の意。
**ぼんぼり**《雪洞》小型のあんどん。
**ぼんぼん【凡々】** ごく平凡なようす。
**ボンボン**［フランス語 bonbon］ 洋酒入りシロップを包んだ―砂糖（チョコレート）菓子。
**ポンポン**［フランス語 pompon］ 帽子などの（チアガールが持つ）丸いふさ飾り。
**ほんま**（本真）ほんとう。〔関西方言〕
**―に** ほんとうに。〔関西方言〕
**ほんまつ【本末】** もととすえ。重要な部分とそうでない部分。「―転倒」
**ほんまつり【本祭り】** 神社で（―数年おきに行う）正式の祭礼。対陰祭り
**ほんまる【本丸】** 日本の城で中心となる部分。ふつう天守閣と周囲の堀からなる。⊜組織の中枢。
**ぼんミス【凡―】** つまらない失敗。
**ほんみょう【本名】** 本当の名前。対仮名・ペンネーム
**ほんみりん【本味醂】** みりん。添加物を

ほ

含むみりん風調味料と区別する呼称。

**ほんむ**【本務】①本来の務め。対兼務 ②本分。

**ほんめい**【本命】①競馬や競輪で、優勝候補。「—に賭《か》ける・—馬」⊜一般に、一番有力だと思われている人。「—の候補」②生まれた年の干支《えと》。ほんみょう。

**ほんめい**【奔命】〔文章語〕忙しく(君命によって)奔走すること。「—に疲れる」

**ほんもう**【本望】①以前からの望み。本懐。②望みを達して満足すること。

**ほんもと**【本元】本当のもと。「本家《ほんけ》—」

**ほんもの**【本物】①実物。②実力をそなえている—こと(もの)。◇対にせ物

**ほんもん**【本文】①注釈や校訂の対象となっている、もとの文。②ほんぶん。

**ほんや**【本屋】①書店。②母屋《おもや》。

**ほんやく**【本厄】厄年の当年。〔前厄・後厄に対する言い方〕

**ほんやく**【翻訳】ある言語の文章を別の言語で言いかえること。

**ポンユー**【朋友】〔中国語 péngyou〕ともだち。

**ぼんよう**【凡庸】優れたところがなく、ありふれている—ようす(人)。

**ほんよさん**【本予算】年度の最初に提出された予算。対補正予算

**ほんよみ**【本読み】①読書家。②演劇や映画で、演出家などが脚本を読み聞かせること。また、俳優が脚本を読み合うこと。

**ほんらい**【本来】①もともと。②あたりまえ。

**ほんりゅう**【本流】①川のおもととなる流れ。対支流 ②中心となる流派。

**ほんりゅう**【奔流】〔文章語〕激しい勢いの流れ。「—にのまれる」

**ぼんりょ**【凡慮】〔文章語〕凡人の考え。

**ほんりょう**【本領】①本来の特色。「—を発揮する」②本来の領地。

**ほんるい**【本塁】①野球で捕手の前の塁。ホーム。②本拠とするとりで。

**—打**《だ》 野球で、打者が本塁まで帰ることのできる安打。ホームラン。

**ボンレスハム**〔boneless ham〕骨を抜いて作ったハム。

**ほんろう**【翻弄】思うままにもてあそぶこと。「運命(風波)に—される」

**ほんろん**【本論】①論文・議論の中心となる部分。②〔文章語〕この論。

**ほんわり**【本割り】相撲で、本場所での対戦。

# ま

**ま【真】** ①本当。真実。②真実の。「ー心」③まさに。「ー新しい」④ぴったり。「ー四角」
**ーに受《う》ける** 本当にする。
**ま【間】** ①物と物とのあいだ。②時間と時間のあいだ。「ーをおく」③タイミング。「ーをみる」④部屋。⑤部屋を数える語。
**ーが抜《ぬ》ける** ①要点が抜ける。②ばかげて見える。
**ーが持《も》てない** 手持ちぶさたで時間をもてあます。
**ーが悪《わる》い** ①きまりがわるい。②運がわるい。
**ま【魔】** ①悪魔。Ⅱ(「~の」の形で)不吉な。「ーの踏切」②マニア。「電話ー」
**ーが差《さ》す** ふと悪い考えを起こす。
**まあい【間合い】** ①へだたり。「ーをつめる」②タイミング。「ーをはかる」
**マーカー**［marker］①兆候を示すもの。「腫瘍ー」②印付け用の筆記具。
**マーガリン**［margarine］人造バター。〔多くは植物油で作る〕
**マーガレット**［marguerite］キク科の多年草。夏、白い花を開く。
**マーキュリー**［Mercury］①ローマ神話の商業の神。②水星。
**マーキング**［marking］①印をつけること。②動物が(ー尿をかけるなどで)なわばりを示すこと。
**マーク**［mark］①しるし。②記録。「新記録をーする」③行動を監視すること。「相手チームの選手をーする」
**ーシート**［mark sheet］試験で、ぬりつぶした記号をコンピューターで読みとる解答用紙。「ー方式」
**マーケット**［market］①市場《しじょう》。②市場《ばいち》。
**ーイン**［market in］企画・生産の際に、消費者のニーズを優先すること。対プロダクトアウト
**ーリサーチ**［market research］市場《しじょう》調査。
**マーケティング**［marketing］販売戦略。
**ーリサーチ**［marketing research］市場《しじょう》調査。
**マージ**［merge］コンピューターで、複数のファイルを一つに統合すること。
**マージナル**［marginal］周縁的。
**マージャン【麻雀】**［中国語 májiàng］室内遊戯の一。中国伝来。〔中国では麻将〕
**マージン**［margin］①売買の、利ざや。②書類や本などの余白。③手数料。
**まあたらしい【真新しい】** まったく新しい。
**マーチ**［march］行進曲。
**マーチ**［March］三月。
**マーチャンダイジング**［merchandising］商品を、消費者の要求に合った時・場所・量・価格などで提供するための商品化計画。
**マート**［mart］市場《ばいち》。〔商店街などの名称に使う〕
**マーブル**［marble］大理石(ーに似た模様)。
**マーボーどうふ【麻婆豆腐】** 中国の豆腐料理の一。〔マーボーは中国語 mápó〕
**マーマレード**［marmalade］ジャムの一。オレンジなどの皮で作る。ママレード。
**マーメード**［mermaid］人魚。マーメイド。
**まい【枚】** ①薄い、平たい物を数える語。②相撲で、番付の席次を数える語。
**まい【舞】** 音楽にあわせて、体や手足を動かす芸。「ーを舞う」
**マイ**［my］私の。「ーカー」
**まいあがる【舞い上がる】** 舞うように揺れながら上がる。Ⅱ有頂天になる。
**まいおうぎ【舞扇】** 舞に使う扇。
**まいおさめる【舞い納める】** ①舞い終わる。②最後の舞を舞う。
**マイカー**［和製語 my car］自家用車。
**まいかい【毎回】** 一回ごと。
**まいきょ【枚挙】** いちいち数えあげること。
**ーに遑《いとま》がない** あまり多くて数えきれない。
**マイク** マイクロホンの略。
**マイグレーション**［migration］(プログラムやデータの)移行。
**マイクロ**［micro］①マイクロバス。②単位につけて、一〇〇万分の一。「ーメートル」
**ーウエーブ**［microwave］極超短波。

マイクロ波。
**—キュリー**［microcurie］ 放射能の単位。一〇〇万分の一キュリー。記号μCi
**—バス**［microbus］ 定員が一一名以上、三〇名未満の小型バス。
**—フィルム**［microfilm］ 書籍や文書を極めて縮小して撮影したフィルム。不燃性。
**—ホン**［microphone］ 放送や通信などの、送話器。マイク。マイクロフォン。
**—メーター**［micrometer］ 微小な長さを測る計測器。
**—メートル**［micrometer］ 国際単位系の長さの単位の一。一〇〇万分の一メートル。ミクロン。
**まいこ【舞子・舞妓】**（京都の祇園で）酒宴で舞を舞って興を添える職業の若い女性。
**まいご【迷子】** 道に迷った（連れにはぐれた）子供。
**まいこつ【埋骨】** 死者の骨を埋める（埋めて供養する）こと。「—式」
**マイコプラズマ**［mycoplasma］ 微生物の一種。ウイルスと細菌の中間に位置し、肺炎などの原因となる。
**まいこむ【舞い込む】** ①舞うように入る。②予期しないものが入り込む。
**まいじ【毎次】**〔文章語〕毎回。
**まいじ【毎時】** 一時間ごと。
**まいしょく【毎食】** 食事のたびごと。
**まいしん【邁進】**〔文章語〕勇ましく進むこと。「勇往—」

**まいすう【枚数】**「枚」で数えるものの数。
**マイスター**［ドイツ語 Meister］ 名人。巨匠。親方。
**まいせつ【埋設】** 地下に埋めて設置すること。
**まいそう【埋葬】** 死者（—の骨）を土中に葬ること。「—式」
**まいぞう【埋蔵】** ①うずめ隠すこと。「—金」②天然資源が土中に埋まっていること。「石油の—量」
**まいたけ【舞茸】** キノコの一。食用。
**まいちもんじ【真一文字】** まっすぐ。〔「一」の文字の形から〕
**マイト** ダイナマイトの略。「—ガイ」
**まいど【毎度】** ①そのたびごと。②いつも。「—のこと」
**マイナー**［minor］ ①重要でないこと。二流。②音楽で、短音階・短調。◇対メジャー
**—チェンジ**［minor change］ 自動車などの、小規模で部分的なモデルチェンジ。
**—リーグ**［minor league］ アメリカのプロ野球で、メジャーリーグの下位のリーグの総称。
**まいない【賄・賂】**《賄賂》 わいろ。〔古風な語〕
**マイナス**［minus］ ①引き算すること。また、その記号。「—」②負数・陰電気・陰性などを表す記号。「—」③不足。不利。◇対プラス
**—イオン**［minus ion］ 負電荷を帯びて空気中に浮遊する物質。

**—成長**《せいちょう》 経済的な規模が前（以前）に比べて小さくなること。
**マイナポータル** マイナンバーカードを持つ人が利用できる、政府運営のオンラインサービス。
**マイナンバー**［My Number］ 日本に住民登録のある人に付与される個人番号の通称。
**マイノリティー**［minority］ 少数（—派）。〔多く、差別を受けている集団について言う〕 対マジョリティー
**まいひめ【舞姫】** ダンサー。バレリーナ。
**マイペース**［和製語 my pace］ 自分にあった速さで行うこと。
**マイホーム**［和製語 my home］ わが家。
**—主義**《しゅぎ》 家庭第一に考える生き方。
**まいぼつ【埋没】** うずもれかくれること。「日常に—する」
**まいまい【毎々】**〔文章語〕いつも。
**まいまい**《舞い舞い》 ①まいまいつぶろ。②まいまい虫。
**—螺**《つぶろ》 かたつむりの別称。まいまいつぶり。
**マイム**［mime］ パントマイム。
**まいもどる【舞い戻る】** もとの所へ戻る。「古巣へ—」
**マイライン**［和製語 my line］ 利用する電話会社を事前登録する制度。電話会社事前登録制度。
**まいる【参る】** ①「行く・来る」の謙譲語。②《詣る》参詣《さんけい》する。③降参する。④すっかり困る。⑤〔俗語〕（異性に）心

を奪われる。

**マイル**《哩》[mile] ヤードポンド法の長さの単位の一。約一六〇九メートル。

**—ストーン** [milestone] 里程標。Ⅱ 道しるべ。手引き。

**マイルド** [mild] 穏やか。「—な味」

**マイレージ** [milage] (航空機の利用) 距離に応じた得点単位。

**マインド** [mind] ①精神。心。②何かをしようと思うこと。

**—コントロール** [和製語 mind control] 心理状態を管理・制御すること。特に、洗脳などによって、他人の思想や行動を支配すること。

**まう【舞う】** ①舞をする。②空中を飛ぶ。

**まうえ【真上】** まっすぐ上。対真下

**まうしろ【真後ろ】** ちょうど後ろ。対真ん前

**マウス** [mouse] ①医学実験用のハツカネズミ。②コンピューターで、入力装置の一。形がネズミに似る。

**マウス** [mouth] 口。

**—シールド** [mouth-shield] 口の前につける、感染症のウイルス対策用具の一。マウスガード。

**—ピース** [mouthpiece] ①ボクシングで、舌をかまないように口に入れる防具。②管楽器の口にくわえる先端。

**まうら【真裏】** ちょうど裏。真後ろ。

**マウンテン** [mountain] 山。

**—バイク** [mountain bike] オフロード用の頑丈な造りの自転車。MTB。

**マウント** [Mount] 山。「—富士」〔Mt. と略す〕

**マウンド** [mound] 野球で、投手が投球する所。「—を踏む」

**まえ【前】** ①正面。前方。対後ろ ②以前。③(順序が)先。◇対あと ④〔俗語〕前科。⑤割り当てた分量。「三人—」

**まえあき【前開き】** 衣服の前側にあきがあること。また、そのあき。

**まえあし【前足・前脚】** 四つ足動物の前側の足。対後ろ足・あと足

**まえいわい【前祝い】** 前もって祝うこと。

**まえうしろ【前後ろ】** ①後ろ前。②前後《ぜんご》。

**まえうり【前売り】** チケットなどを当日より前に売ること。「—券」対当日売り

**まえおき【前置き】** 本論の前に述べる—こと(文章・言葉)。

**まえかがみ【前屈み】** 上半身を前に折ること。前こごみ。

**まえがき【前書き】** 本文の前に書く言葉。はしがき。序文。緒言。対後書き

**まえかけ【前掛け】** 衣服の汚れを防ぐために前にかける布。エプロン。

**まえがし【前貸し】** 支払い日より前に給料などを貸すこと。先貸し。対前借り

**まえがしら【前頭】** 相撲で、三役以外の幕内力士。「—筆頭」

**まえかの【前カノ】** 〔俗語〕以前(すぐ前の)恋人であった女性。元カノ。〔前の彼女の意〕

**まえかぶ【前株】** 「株式会社〇〇」のように、株式会社が社名の前につくこと。対あと株・後ろ株

**まえがみ【前髪】** 額にたらした髪。

**まえがり【前借り】** 受け取り日より前にお金を借りること。先借り。対前貸し

**まえかれ【前カレ】** 〔俗語〕以前(すぐ前の)恋人であった男性。元カレ。〔前の彼の意〕

**まえかんじょう【前勘定】** 前払い。

**まえきん【前金】** 前払い(—する代金)。ぜんきん。対あと金

**まえげいき【前景気】** 事前の景気。

**まえこうじょう【前口上】** 本題(本芸)にはいる前の口上。

**まえさがり【前下がり】** 前方が下がっていること。

**まえさばき【前捌き】** 相撲の立ち合いで、有利な体勢を作るための争い。

**マエストロ** [イタリア語 maestro] 巨匠。大家。

**まえずもう【前相撲】** 番付にのらない下位力士のとる相撲。

**まえせつ【前説】** 公開番組で、本番前に観客に番組を説明し協力を要請すること。

**まえせんでん【前宣伝】** 事前に行う宣伝。

**まえだおし【前倒し】** 予算の執行などを通常のペースより早く行うこと。

**まえだて【前立て】** 兜《かぶと》の前につける飾り物。Ⅱ 名義上、表面に立てておく人。

**まえだれ【前垂れ】** 前かけ。

ま

**まえのめり【前のめり】** 前に倒れかかること。
**まえのり【前乗り】** 遠隔地などへの出先での仕事の際に、前の日から現地に行くこと。「朝の会議に備えて—する」
**まえば【前歯】** 門歯《もんし》。対奥歯
**まえばらい【前払い】** 代金や賃料を前もって払うこと。先払い。対後払い
**まえひょうばん【前評判】** 近々行われる物事に対する評判。
**まえふり【前振り】** 本題に入る前の話題。
**まえぶれ【前触れ】** ①予告。②前兆。
**まえみつ【前褌】** 相撲で、まわしの、締めたときに体の前面にくる部分。
**まえむき【前向き】** 正面を向くこと。Ⅱ積極的なこと。◇対後ろ向き
**まえもって【前以て】** あらかじめ。
**まえやく【前厄】** 厄年の前年。対後《あと》厄
**まえわたし【前渡し】** ①期日より前に渡すこと。先渡し。②手付け。
**まおう【魔王】** 悪魔の王。
**マオタイしゅ【—酒】**《茅台酒》〔中国語 máotáijiǔ〕 中国の蒸留酒の一。原料はコーリャン。
**まおとこ【間男】** 人妻が他の男と密通すること。また、その男。〔古風な言い方〕
**まかい【魔界】** 悪魔の住む世界。魔境。
**まがいぶつ【磨崖仏】** 岩壁に彫られた仏像。
**まがいもの【紛い物】** にせもの。
**まがう【紛う】** ①似ていてまちがえる。②入り乱れる。◇まごう。
**—方《かた》ない** まちがえようがない。明らかである。まごうかたない。
**まがお【真顔】** まじめな顔。
**まがごと【禍事】** 〔文章語〕凶事。わざわい。
**まがし【間貸し】** 料金をとって部屋を貸すこと。対間借り
**マガジン**〔magazine〕 ①雑誌。②写真のフィルムを詰めた、金属の円筒。明るい所でも着脱できる。③弾倉。
**—ラック**〔magazine rack〕（持ち運べる）雑誌入れ。
**まかす【任す】**《委す》任せる。
**まかす【負かす】** 負けさせる。
**まかず【間数】** 部屋の数。
**まかせる【任せる】**《委せる》 ①信用できる人にやらせる。「仕事を—」②ぞんぶんに使う。「金にまかせて」③なす（ある）がままにする。「なりゆきに—」
**まがたま【勾玉・曲玉】** 日本古代の装身具の一。
**マカダミアナッツ**〔macadamia nuts〕 木の実の一。食用。ハワイが主産地。
**まかない【賄い】** 食事を用意して出すこと。「—付き」
**—料理《りょうり》** 料理店で、従業員用に作る料理。
**まかなう【賄う】** ①食事を出す。②やりくりして間にあわせる。
**まかぬたねははえぬ【蒔かぬ種は生えぬ】** 何もしないでよい結果は得られない。
**まかふしぎ【摩訶不思議】** きわめてふしぎ。「—な事件」
**まがまがしい【禍々しい】**《凶々しい》 不吉だ。
**まがも【真鴨】** 水鳥の一。アヒルの原種。
**まかり【罷り】**（動詞に付いて）謙譲・強意を表す。
**—越《こ》す** 参る①。
**—出《で》る** ①退出する。②参上する。
**—通《とお》る** 堂々と通る。Ⅱ悪い行為が通用する。「不正が—」
**—成《な》らぬ** 決して許されない。
**—間違《まちが》う** 万が一まちがう。
**まがり【間借り】** 料金を払って部屋を借りること。対間貸し
**まがりかど【曲がり角】** 道などの曲がった角の所。Ⅱ転機。「人生の—」
**まがりくねる【曲がりくねる】** いくえにも曲がる。
**まがりなりにも【曲がりなりにも】** 不完全ながら。
**まがる【曲がる】** ①まっすぐでなくなる。②向きを変える。「右へ—」③正しさを失う。ねじける。「根性が—」
**マカロニ**〔イタリア語 macaroni〕 パスタの一。「—グラタン」
**—ウエスタン**〔和製語 macaroni western〕 イタリア製の西部劇。
**マカロン**〔フランス語 macaron〕 焼き菓子の一。マコロン。
**まき【牧】** まきば。牧場。

**まき** [一]【巻き】巻くこと。巻き具合。 [二]【巻】①書画の巻物。②書物の区分の一。「―の二」

**まき**【真木・槇】常緑樹の一。庭木・生け垣用。材は建築・器具用。

**まき**【薪】たきぎ。「―ストーブ」

**まきあげる**【巻き上げる】①巻いて上に上げる。②奪い取る。「お金を―」

**マキアベリズム**[Machiavellism]国家目的のためには反道徳的な手段も許されるという主義。Ⅱ目的のためには手段を選ばないやり方。◇マキャベリズム。〔イタリアの政治学者の名から〕

**まきあみ**【巻き網】《旋網》魚群を囲んで捕らえる網。

**まきえ**【蒔絵】工芸の技法の一。漆器の表面に金粉・銀粉などで絵を描く。

**まきえ**【撒き餌】魚や鳥（―をおびき寄せるため）にまく餌。

**まきおこす**【巻き起こす】引き起こす。「反響を―」

**まきおこる**【巻き起こる】突然、思いがけないことが起こる。

**まきがい**【巻き貝】渦巻き状の殻をもつ貝。タニシ・サザエなど。

**まきかえす**【巻き返す】劣勢から逆に攻勢に出る。

**まきげ**【巻き毛】巻いている毛。

**まきこむ**【巻き込む】巻いて中に入れる。Ⅱまきぞえにする。「事件に巻き込まれる」

**マキシ**[maxi]丈がかかとまであるスカート。

**まきじた**【巻き舌】舌を巻くようにして強く発音すること。また、その口調。

**マキシマム**[maximum]最大限。マクシマム。対ミニマム

**マキシム**[maxim]格言。金言。

**まきじゃく**【巻き尺】小型の容器に巻いておさめるテープ状のものさし。メジャー。

**まきスカート**【巻き―】腰に巻いて止める形式のスカート。

**まきずし**【巻き鮨】すし飯と具を干しのりなどで巻いたすし。

**まきぞえ**【巻き添え】災難に巻き込まれること。「―をくう」

**まきちらす**【撒き散らす】まいて一面にちらす。Ⅱ方々に広める。

**まきつく**【巻き付く】巻いて（巻くように）くっつく。

**まきつける**【蒔き付ける】種をまく。

**まきづめ**【巻き爪】（足の）爪の左右が丸まって肉に食い込んだ状態。

**まきとる**【巻き取る】線状・帯状のものを巻いて一方へ移しとる。

**まきなおし**【蒔き直し】種をもう一度まくこと。Ⅱやり直し。動まきなおす

**まきば**【牧場】ぼくじょう。

**まきひげ**【巻き鬚】エンドウ・ブドウなどの、変形してつる状になった葉や枝。

**まきもの**【巻き物】表装して軸をつけた書画。

**まぎゃく**【真逆】〔俗語〕全く逆であるようす。正反対。

**マキャベリズム** ⇩マキアベリズム

**まきゅう**【魔球】野球で、打者を困惑させるような変化球。

**まきょう**【魔境】魔界。

**まぎらす**【紛らす】紛れるようにする。

**まぎらわしい**【紛らわしい】区別しにくい。

**まぎらわす**【紛らわす】紛らす。

**まぎる**【間切る】波間を切って船が進む。

**まぎれ**【紛れ】①紛れること。②…のあまり。「くやし―」

**―込《こ》む** ばれないように（まちがって）入り込む。

**―もない** 明白だ。

**まぎれる**【紛れる】①区別しにくくなる。似ていてまちがう。②気を奪われて、他のことを忘れる。

**まぎわ**【間際】《真際》寸前。

**まきわり**【薪割り】薪を割る―こと（道具）。

**まく**【幕】①おおい・しきりに使う大きい布。②演劇の一段落。Ⅱ場合。「出る―じゃない」③相撲で、幕内。

**―が開《あ》く** 始まる。

**―を閉《と》じる** 終わりにする。

**まく**【膜】①生物の諸器官を覆う薄い皮。②物の表面を覆う薄い皮。

**まく**【巻く】《捲く》①軸にそってまるめる。②周りにからみつける。

**まく** [一]【蒔く】《播く》「種を―」 [二]【撒く】①一面に散らす。「水を―」②尾行人をはぐれさせる。

**まくあい**【幕間】劇で、ある場面が終わって幕がおりて次の幕があくまでの間。

**まくあき【幕開き】** 劇の始まり。Ⅱ物事の始まり。◇[対]幕切れ

**まくあけ【幕開け】** 幕開き。

**まくうち【幕内】** 相撲の番付で、第一段の力士。前頭《まえがしら》以上。幕の内。

**マグカップ**［和製語 mug cup］ 大ぶりの取っ手付きのカップ。マグ。

**まくぎれ【幕切れ】** 劇の一幕の終わり。Ⅱ物事の終わり。◇[対]幕開き

**まぐさ【秣】** かいば。

**まくした【幕下】** 相撲で、力士の階級の一。十両の下、三段目の上。

**まくしたてる【捲し立てる】** 激しく言いたてる。「早口で—」

**マクシマム** ⇩マキシマム

**まくじり【幕尻】** 相撲で、幕内の最下位（—の力士）。

**まぐち【間口】** 土地や家屋の正面の幅。Ⅱ活動や知識などの広さ。◇[対]奥行

**マグナム**［magnum］ 拳銃の一。多量の火薬を装塡《そうてん》した銃弾を使用する。

**マグニチュード**［magnitude］ 地震の規模を表す単位。記号M

**マクニン**［Macnin］ 回虫駆除剤の一。マクリから作る。〔商標〕

**マグネシウム**［magnesium］ 金属元素の一。銀白色で軽い。マグネシューム。記号Mg

**マグネット**［magnet］ 磁石。

**まくのうち【幕の内】** ①幕内。②幕の内弁当。

**—弁当《べんとう》** 俵形のにぎり飯とおかずを詰めた弁当。〔芝居の幕間《まくあい》に食べた〕

**マグボトル**［和製語 mug＋bottle］ 保温・保冷のできる水筒。直接飲めるようになっている。

**まくま【幕間】** まくあい。

**マグマ**［magma］ 高温でどろどろした地底の造岩物質。岩漿《がんしょう》。

**まくら【枕】** ①寝具の一。②前置きの話。

**—絵《え》** 春画。

**—木《ぎ》** 線路の下に敷く、木やコンクリートの材。

**—経《ぎょう》** 納棺の前に死者のそばで読む経。

**—詞《ことば》** 和歌で、一定の語の前に置く修飾語。〔例、「山」に対する「あしひきの」〕Ⅱ話の始まりにつける決まり文句。

**—捜《さが》し** 旅行客の睡眠中に金品を盗むこと（人）。

**—投《な》げ** （修学旅行などで）枕を投げ合う遊び。

**—元《もと》** 枕の辺り。〔枕許とも書く〕

**—を交《か》わす** 男女が共寝をする。〔古風な表現〕

**—を高《たか》くする** 安心して—寝る（暮らす）。

**マクラメ**［フランス語 macramé］ 紐《ひも》を結んで模様をつくる手芸。マクラメレース。

**まくる【捲る】** ①おおっているものをまきあげて、中のものを露出させる。②（動詞の連用形に付いて）盛んに…する。「書き—」

**まぐれ** 偶然のよい結果。「—当たり」

**マグレブ**［maglev］ 磁気の反発力で物体を浮上させる方法（—を用いたリニアモーターカー）。〔Magnetic levitation (propulsion system)の略〕

**マクロ**［macro］ ①巨視（—的）。[対]ミクロ ②コンピューターで、複数の操作手順を一つの命令で代行するように定義したもの。特定の処理の自動化などに使われる。

**—経済学《けいざいがく》** 各種の経済集計を用いて、一国の経済全体を分析する経済学。[対]ミクロ経済学

**—ファージ**［macrophage］ 大食細胞。体内に侵入した細菌や異物などを取り込んで処理する細胞。

**まぐろ【鮪】** 大形の赤身の海魚。刺身・すし用。〔幼魚をメジ、特大をシビという〕

**マクロコスモス**［ドイツ語 Makrokosmos］〔哲学用語〕大宇宙。[対]ミクロコスモス

**まくわうり【真桑瓜】** ウリの一。実は長円形で甘い。〔岐阜県真桑村の名から〕

**まけ【負け】** 負けること。[対]勝ち

**—が込《こ》む** 負けた回数や量が多くなる。

**まげ【髷】** 頭髪をたばねて整えたもの。

**まけいくさ【負け戦】**《—軍》 戦いに負けること。また、その戦い。[対]勝ち戦

**まけいぬ【負け犬】** けんかに負けて意気地のなくなった犬。Ⅱ勝負に負けてすごすごひきさがる人。「—の遠ぼえ」

**まけおしみ【負け惜しみ】** 負けや失敗を素直に認めないこと。「—が強い」

**まけぎらい【負け嫌い】** まけずぎらい。

**まけぐみ【負け組】** 競争に負けた—人（集団）。〔企業間の競争、個人の学歴や生活レベルなど、広範囲に使われる〕[対]勝ち組

**まけこす【負け越す】** 勝ちより負けの回数が多くなる。対勝ち越す

**まけじ【負けじ】** 負けまいとがんばること。「—魂」

**まけずおとらず【負けず劣らず】** 互角に。

**まけずぎらい【負けず嫌い】** 負けるのを嫌う—こと(性質)。

**まげて【枉げて】** むりに。ぜひとも。「—お願いします」

**まげもの【曲げ物】** ①ヒノキやスギの薄板を曲げて作った容器。②〔俗語〕しちぐさ。

**まげもの【髷物】** 時代物。

**まける【負ける】** ①対勝つ ②圧倒される。「雰囲気に—」③かぶれる。「漆に—」④値段を引く。

**—が勝ち《かち》** 無理に争うより勝ちを譲る方が得になる。

**まげる【曲げる】** ①曲がるようにする。②《枉げる》道理・主義に反する。③質《しち》に入れる。〔「七」の字の第二画が曲がっていることから〕

**まけんき【負けん気】** 負けまいとする気持ち。「—が強い」

**まこ【真子】** 魚の卵。対白子《しらこ》

**まご【孫】** ①子の子。②あいだがひとつ隔たった関係にあること。「—会社」

**まご【馬子】** 人や荷物を乗せた馬を引く職業の人。

**—にも衣装《いしょう》** だれでも外見を整えれば立派に見える。

**まごい【真鯉】** 黒い色のコイ。対緋鯉《ひごい》

**まごう【紛う】** まがう。

**まごうけ【孫請け】** 下請けの下請け。

**まごこ【孫子】** ①孫と子。②子孫《しそん》。「—の代まで」

**まごころ【真心】** 偽りのない、相手を思いやる心。「—をこめて」

**まごつく** どうしてよいか迷う。

**まごでし【孫弟子】** 弟子の弟子。対直《じき》弟子

**まこと【誠】**《実・真》①真実。誠意。対うそ ②本当に。

**まことしやか**《実しやか・真しやか》いかにも本当らしいようす。

**まごのて【孫の手】** 背中をかく道具。

**まごびき【孫引き】** 他書が引用した文章をそのまま引用すること。

**まごむすこ【孫息子】** 孫にあたる男の子。対孫娘

**まごむすめ【孫娘】** 孫にあたる女の子。対孫息子

**まこも【真菰】** 水辺に生える草の一。葉は、むしろ用。

**まごようし【孫養子】** 祖父母が孫を養子にすること。また、その養子。

**まさ【柾】** まさめ。

**マザー**〔mother〕母。

**—コンプレックス**〔和製語 mother complex〕男性が母を慕う(—あまり女性をうまく愛せない)傾向。マザコン。対ファーザーコンプレックス

**まさか** いくらなんでも。

**まさかり【鉞】** 大形のおの。

**まさき【正木・柾】** 庭木や生け垣などにする常緑低木。

**まさぐる** いじる。類もてあそぶ

**まさご【真砂】** 細かい砂。〔雅語〕

**マザコン** マザーコンプレックスの略。対ファザコン

**まさしく【正しく】** 確かに。

**まさつ【摩擦】** ①すれあうこと。②不和。「貿易—」

**—音《おん》** 歯や歯茎などの摩擦によって生じる音。f・s・zの類。

**まさに【正に】** ①《方に》確かに。②《当に》必ず。③《将に》ちょうどその時。

**まさむね【正宗】** ①岡崎正宗が鍛えた名刀。②江戸時代、灘《なだ》の清酒の名の一。

**まさめ【柾目】**《正目》まっすぐに通った木目《もくめ》。まさ。対板目

**まさゆめ【正夢】** 見たとおりのことが現実に起こるときの、その夢。対逆夢《さかゆめ》

**まざりもの【混ざり物・交ざり物】**《雑ざり物》混ざっている不純物。まじりもの。

**まさる【勝る】**《優る》すぐれる。対劣る

**—とも劣《おと》らない** 同等以上だ。

**まさる【増さる】** ふえる。

**まざる【混ざる・交ざる】**《雑ざる》他の物の中に入りこむ。まじる。

**まし【増し】** ①増すこと。「一割—」②そのほうがまだいい。「ないよりは—だ」

**まじ** ①〔俗語〕まじめ。本当であること。「—でうれしい」②本気。「—ぎれ」◇〔マジとも書く〕

**マシーン**〔machine〕マシン。
**まじえる【交える】**①まぜる。②互いに組みあわせる。「ひざを—（=親しく話す）」③とりかわす。「一戦を—」
**マジカル**〔magical〕魔法の。魔術的。
**まじきり【間仕切り】**部屋と部屋のしきり。
**マジシャン**〔magician〕奇術師。手品師。
**ました【真下】**ちょうど下。対真上
**マジック**〔magic〕①魔法。手品。②マジックインキ。③マジックナンバー。
**—インキ**〔Magic Ink〕油性のフェルトペン。〔商標〕
**—テープ**〔Magic Tape〕二枚を重ね合わせるとぴったりくっつく布製のテープ。開閉部に使う。〔商標〕
**—ナンバー**〔和製語 magic number〕プロ野球で、自力で優勝するために必要な勝ち数。
**—ハンド**〔和製語 magic hand〕遠隔操作で動く機械の手。
**—ミラー**〔和製語 magic mirror〕一方から見ると鏡に見え、他方から見ると向こう側が見えるガラス。マジックガラス。
**まして【況して】**なおさら。いっそう。
**まして【増して】**（「…に（‐も）～」の形で）…以上に。「普段にも—」
**まじない【呪い】**呪術《じゅじゅつ》。呪文《じゅもん》。
**まします**《在す・坐す》〔文章語〕いらっしゃる。「天に—神」
**まじめ【真面目】**①本気。②誠実。◇対ふまじめ

**—くさる** まじめな‐態度（ふり）をする。
**ましゃく【間尺】**割り。計算。〔建築の寸法の意〕
**—に合《あ》わない** 損だ。
**ましゅ【魔手】**害悪を加える手段。
**まじゅつ【魔術】**①心を惑わすふしぎな術。②大じかけの手品。「—師」
**マシュマロ**〔marshmallow〕洋菓子の一。ふわふわして弾力がある。マシマロ。
**まじょ【魔女】**女の魔法使い。Ⅱ㋐魔性をもった女性。㋑優れた能力をもつ女性。
**—狩《が》り** 中世ヨーロッパの教会が女性の異端者を迫害・処刑したこと。Ⅱ権力者や多数派が、異端分子とみなした者を追放・排斥すること。
**ましょう【魔性】**悪魔のような、人をたぶらかす性質。
**マジョリティー**〔majority〕大多数。多数派。対マイノリティー
**ましら【猿】**サル。〔雅語的〕
**まじり【混じり・交じり】**《雑じり》
**—気《け》** まじった物があること。
**—物《もの》** まざり物。
**まじる【交じる・混じる】**《雑じる》まざる。
**まじろぎ**〔文章語〕まばたき。
**まじろぐ**〔文章語〕まばたきする。
**まじわる【交わる】**①交差する。②交際する。③交接する。
**ましん【麻疹】**はしか。
**マシン**〔machine〕①機械。②〔競走用〕自動車・オートバイ。◇マシーン。

**—ガン**〔machine gun〕機関銃。
**まじん【魔神】**魔の神。ましん。
**ます【升】**《枡》①量をはかる四角い容器。②ますめ。③《斗》ます形①（‐のもの）。④ます席。
**ます【鱒】**サケに似た魚。食用。
**ます【増す】**《益す》①ふえる。「水が—」対減る ②ふやす。「富を—」対減らす
**マス**〔mass〕①大衆。②集団。③かたまり。マッス。
**まず【先ず】**①先に。②何はともあれ。③一応。「—一安心」
**ますい【麻酔】**《痲酔》薬品を使って感覚を一時失わせること。「—をかける」
**まずい**《不味い》①味がわるい。対うまい・おいしい ②《拙い》へただ。③具合がわるい。◇対うまい ④醜い。
**ますがた【升形】**《枡形・斗形》①ますのような四角形。②寺院などの建築で、柱の上の四角い木。③城郭内の四角い空き地。
**マスカット**〔muscat〕ブドウの品種の一。大粒で薄緑色。芳香があり甘い。
**マスカラ**〔mascara〕まつ毛用の化粧品。
**マスカレード**〔masquerade〕仮面舞踏会。マスカラード。
**マスク**〔mask〕①仮面。Ⅱ顔だち。「甘い—」②鼻や口をおおう衛生製品。
**マスクメロン**〔muskmelon〕皮に網目模様のあるメロン。甘味・香気が強い。
**マスゲーム**〔和製語 mass game〕集団‐体操（ダンス）。

**マスコット**［mascot］幸運をもたらすとして大切にするお守り。
**マスコミ** マスコミュニケーションの略。
**マスコミュニケーション**［mass communication］新聞・放送などによる、情報の大衆への大量伝達。マスコミ。
**ますざけ【升酒】**《枡酒》ますについで飲む酒。
**まずしい【貧しい】**①貧乏だ。②とぼしい。
**マスセール**［mass sales］大量販売。
**ますせき【升席】**《枡席》芝居・相撲などで、ます形の見物席。
**マスター**［master］①店の主人。②修士。「—コース」③熟達すること。
**—キー**［master key］ひとつで多数の違う錠に使えるかぎ。
**—プラン**［master plan］基本計画。基本設計。
**マスタード**［mustard］西洋からし。
**—ガス**［mustard gas］イペリット。
**マスターベーション**［masturbation］自慰。⊜自己満足。
**マスト**［mast］帆柱。「メイン—」
**マスト**［must］最低限-必要な（やらなければならない）こと。
**マスプロ** マスプロダクションの略。
**マスプロダクション**［mass production］大量生産。
**ますます【益々】**いっそう。
**まずまず【先ず先ず】**まあまあ。ともかく。「—よかった」

**ますめ【升目】**《枡目》①ますではかった量。②（原稿用紙などの）四角い区切り。
**まずめ** 釣りで、夜明けや夕暮れの薄暗い状態。「夕—」
**マスメディア**［mass media］マスコミュニケーションの媒体。〔新聞・テレビなど〕
**まずもって【先ず以て】**まずまず。
**ますらお【丈夫・益荒男】**雄々しい男子。〔雅語〕対たおやめ
**—振《ぶ》り** 男性的でおおらかな-ようす（歌風）。対たおやめぶり〔賀茂真淵の用語〕
**まする【摩する】**〔文章語〕①こする。「天を—」②近づく。
**まずる**〔俗語〕しくじる。「あっ、まずった」〔まずいの動詞化〕
**マズルカ**［ポーランド語 mazurka］ポーランドの舞曲。快活な三拍子。
**まぜあわせる【混ぜ合わせる】**混ぜていっしょにする。
**まぜかえす【混ぜ返す】**《雑ぜ—》口をはさんで話を混乱させる。
**ませがき【籬垣】**①まがき。②柴などを両側にあて、くいが見えないようにした垣。
**まぜがき【交ぜ書き・混ぜ—】**①漢字で書ける熟語を漢字と仮名で書くこと。〔「だ液・憂うつ」など〕②一枚の紙に数種類の-書体（色）で書くこと。
**まぜごはん【混ぜ御飯】**味付けした具をまぜたご飯。
**まぜっかえす【混ぜっ返す】**まぜかえす。
**ませる** 年のわりにおとなびる。

**まぜる【交ぜる・混ぜる】**《雑ぜる》①違った種類のものを一緒にする。②かきまぜる。
**マゼンタ**［magenta］赤紫色。
**マゾ** マゾヒスト。マゾヒズム。対サド
**マゾヒスト**［masochist］マゾヒズムの人。マゾ。対サディスト
**マゾヒズム**［masochism］いじめられて（-性的）快感をおぼえること。マゾ。〔オーストリアの作家マゾッホの名から〕対サディズム
**まそん【摩損・磨損】**〔文章語〕摩擦によってすり減ること。
**また【又】**①《亦》同じく。②《復》再び。さらに。③いったい。「—どうして」④その上。⑤間接。「—頼み」
**—とない** 二度（ふたつ）とない。
**—にする** 別の機会にする。
**また【股】**①胴から足が分かれる部分。②《叉》股に似た形（-の所）。
**—に掛《か》ける** 各地をとび回る。「世界を—」
**マター**［matter］問題。事柄。事態。
**まだい【真鯛】**普通のタイ。
**まだい【間代】**部屋代。類家賃
**またいとこ【又従兄弟・又従姉妹】**はとこ。
**またがし【又貸し】**借りた物をさらに他人に貸すこと。
**またがみ【股上】**ズボンの、またのつけねから上の部分。対股下《またした》
**またがり【又借り】**人が借りている物を、さらに借りること。転借。

**またがる【跨がる】**《股がる》①またを広げて乗る。②二か所以上にわたる。

**またぎ** 東北地方で、猟師。

**まだき【未き】**〔文章語〕早く。「朝—」

**またぎき【又聞き】** 間接的に聞くこと。

**またぐ【跨ぐ】** またを広げて越える。

**またぐら【股座】** 股《また》。

**またぐり【股刳り】** ズボンなどの、ウエストの前からまたを通って、後ろまでの長さ。

**またした【股下】** ズボンの、またのつけねから下の部分。対股上《またがみ》

**まだしも【未だしも】** まだそれでも（—いい方だが）。

**またずれ【股擦れ】** 肥満のため、またの内側がこすれること。また、その傷。

**またせる【待たせる】** 待つようにさせる。「車を—」

**またぞろ**《又候》 またしても。

**またたく【瞬く】** ①まぶたをぱちぱちと開けたり閉じたりする。②光がきらめく。◇〔目《ま》たたく意〕

**—間《ま》** 瞬間。

**またたび** つる性落葉低木の一。実はネコが好み、また、食用・薬用にもする。

**またたび【股旅】** ばくち打ちや芸人が旅をして歩くこと。

**—物《もの》** ばくち打ちなどを主人公にした小説や映画の作品。

**またでし【又弟子】** 弟子の弟子。孫《まご》弟子。

**マタドール**〔スペイン語 matador〕 主役の闘牛士。

**マタニティー**〔maternity〕 ①妊婦。産婦。「—ブルー」②マタニティードレスの略。妊婦服。

**—ハラスメント**〔和製語 maternity harassment〕 マタハラ。

**—ブルー**〔maternity blue〕 出産直後の精神の不安定な状態。

**またの【又の】** ①別の。「—名」②次の。「—年」

**—日《ひ》** ①翌日。②後日。

**または【又は】** あるいは。

**マタハラ**〔俗語〕妊娠や出産にかかわる嫌がらせ。〔マタニティーハラスメントの略〕

**まだまだ【未だ未だ】** まだの強調。

**マダム**〔madam〕 ①奥様。②バーなどの女主人。

**—キラー**〔和製語 madam killer〕 中年女性を魅了する男性。

**またも(—や)【又も(—や)】** またしても。

**まだら**《斑》 違った色の模様が入りまじっている—こと(もの)。類ぶち

**—呆《ぼ》け**〔俗語〕認知症の症状が時々出現する状態。

**まだるい**《間怠い》 まだるっこい。

**まだるっこい**《間怠っこい》 じれったい。もどかしい。まだらっこしい。

**まだれ【麻垂れ】** 漢字の部首の一。応・店などの「广」。

**まち【町】** ①都会。②地方公共団体の、町。③市街の小区画。④【街】商店が並んだにぎやかな所。「—の女（=街娼）・—の紳士（=ギャング）」

**まち【襠】** 衣服や袋の幅の足りない部分にはめこんで補う布。

**まちあい【待ち合い】** ①待ち合わせる—こと(所)。「—室」②【待合】待合茶屋。

**まちあかす【待ち明かす】** 人を待って夜を明かす。

**まちあかり【街明かり・街灯かり】**（遠くに見える）街の明かり。

**まちあぐむ【待ち倦む】** 待ちわびる。

**まちあわせる【待ち合わせる】** 時刻・場所を決めておいて会う。

**まちいしゃ【町医者】** 開業医。町医。

**まちうけがめん【待ち受け画面】** 携帯電話などで、電話を使っていないときの画面。

**まちうける【待ち受ける】** 来るのを待つ。

**マチエール**〔フランス語 matière〕 美術で、材料・質感。

**まちおこし【町起こし】**《町興し》町を活性化させる—こと(活動)。

**まぢか【間近】** かなり近いこと。対間遠

**—い** すぐ近くである。

**まちがい【間違い】** ①違っていること。②過失。③事故。

**まちがう【間違う】** ①違う。②失敗する。

**まちがえる【間違える】** ①取り違える。②し損なう。

**まちかど【街角・町角】** ①街頭。②街の道の曲がり角。

**まちかねる【待ち兼ねる】** 待ちきれなくなる。「春の訪れを—」

**まちかまえる【待ち構える】** 準備して待つ。「今や遅しと―」
**まちぎ【街着・町着】** 外出着。タウンウエア。
**まちくたびれる【待ちくたびれる】** 長く待って疲れる。
**まちこうば【町工場】** 市中の小さな工場。
**まちごえ【待ち肥】** 苗を移植する土地にあらかじめ施しておく肥料。
**まちこがれる【待ち焦がれる】** ひどく待ち望んで落ち着かない。
**まちすじ【町筋】** 町の道筋。
**まちどうじょう【町道場】** 市中の、剣道や柔道を教える道場。
**まちどおしい【待ち遠しい】** 今か今かと待ち望むようす。
**まちなか【町中】** 町のにぎやかな所。
**まちなみ【町並み・街―】** 町の家並み。
**まちにまった【待ちに待った】** 前々から待ち望んでいた。「―運動会」
**マチネ**［フランス語 matinée］ 昼間の興行。マチネー。
**まちのぞむ【待ち望む】** 期待して待つ。
**まちば【町場】** 市街地。
**まちはずれ【町外れ】** 市街地から少し遠ざかった所。
**まちばり【待ち針】** 布を止めるためや目印に打つ、頭に小玉のついた針。対縫い針
**まちびと【待ち人】** 来るのが待たれる人。「―来らず」
**まちぶぎょう【町奉行】** 江戸幕府の職名。江戸などで、市中の行政・司法・警察を扱った。
**まちぶせ【待ち伏せ】** 隠れて人が来るのを待つこと。動―る
**まちぼうけ【待ち惚け】** 待たされたあげく来ないこと。「―を食う」
**まちまち**《区々》さまざま。
**まちもうける【待ち設ける】** ①準備して待つ。②期待する。
**まちや【町家・町屋】** 市中の商家。
**まちやくば【町役場】** 町の行政事務を扱う役所。
**まちわびる【待ち侘びる】** なかなか来ないので気をもむ。
**まつ【末】** ①終わり。「世紀―」 ②粉末。「ホウ酸―」
**まつ【松】** ①日本の代表的常緑樹。②かどまつ。③三等級に分けて、｜一番め（三番め）。対竹・梅
**まつ【待つ】** ①来るのを｜望む（迎える）。②《俟つ》期待する。
**まっ【真っ】**「ま」の促音化。「―黒」
**まつい【末位】** 最下位。
**まつえい【末裔】** 子孫。後裔《こうえい》。
**まつかさ【松毬】** 松の果実。まつぼっくり。
**まつかざり【松飾り】** かどまつ。
**まつかぜ【松風】** ①松に吹く風。②茶の湯で、茶がまの煮えたぎる音。
**まっき【末期】** 終わりの時期。
**―医療《いりょう》** ⇨ターミナルケア
**まつぎ【末技】** 重要でない技芸。未熟なわざ。
**マックス**［max］ マキシマム。
**まっくら【真っ暗】** 完全に暗いこと。Ⅱ希望がもてないこと。「お先―」
**―がり** 完全に暗い所。
**―闇《やみ》** 完全な闇。Ⅱ希望がまったくもてないこと。
**まつげ【睫】**《睫毛》まぶたのふちの毛。
**まつご【末期】** 臨終。
**―の水《みず》** 臨終に、口に含ませる水。
**まっこう【抹香】** シキミの葉・皮を粉にした香。
**―臭《くさ》い** いかにも仏教らしい感じだ。
**―鯨《くじら》** 暖流にすむクジラ。腸内から竜涎香《りゅうぜんこう》がとれる。
**まっこう【真っ向】** ①真正面。②額《ひたい》の真ん中。「―乾竹《からたけ》割り」
**マッコリ**［朝鮮語 makkŏlli］ 朝鮮の酒の一。どぶろく。マッカリ。
**まつざ【末座】** しもざ。
**マッサージ**［massage］ 体をこすったりもんだりする｜治療（美容）法。「―師」
**まっさいちゅう【真っ最中】** 物事のまさに盛んな時。
**まっさお【真っ青】** 完全に青いようす。「―な海・顔が―」
**まっさかさま【真っ逆様】** 完全に逆さであるようす。
**まっさかり【真っ盛り】** いちばん盛りの時。
**まっさき【真っ先】** いちばん先。
**まっさつ【抹殺】** ①すり消してなくすこと。②存在をなかったものとすること。

**まっさら**《真っ新》真新しい。

**まっし**【末子】すえの子。ばっし。

**まつじ**【末寺】本山の支配下にある寺。

**まっしぐら**《驀地》いちもくさん。

**まつじつ**【末日】ある期間の最終日。「一月―・―締め」

**まっしゃ**【末社】①本社に付属する神社。②〔俗語〕たいこもち。〔客である「大尽」を「大神」にかけ、それをとりまく「末社」の意〕

**マッシャー**〔masher〕台所用品の一。ゆでた野菜などをつぶす器具。

**マッシュ**〔mash〕料理で、裏ごし。

**―ポテト**〔和製語 mashed potato〕ジャガイモをゆでて裏ごしにした料理。

**マッシュルーム**〔mushroom〕西洋産のキノコ。食用。マシュルーム。シャンピニオン。

**まつじょ**【末女】すえの娘。

**まっしょう**【末梢】〔枝先の意〕

**―神経《しんけい》**　中枢神経から分かれて全身に広がる神経。

**―的《てき》**　取るに足りないようす。

**まっしょう**【抹消】（字などを）消すこと。「登録―」

**まっすぐ**【真っ直ぐ】①まったく曲がっていないようす。②少しもうそのないこと。

**まっせ**【末世】末法の世。まっせい。

**まっせき**【末席】しもざ。対上席

**―を汚《けが》す**　その地位にいることの謙譲表現。

**まっせつ**【末節】重要（本質的）でない部分。「枝葉―」

**まっそん**【末孫】遠い子孫。ばっそん。

**まった**【待った】（勝負事で）相手がしかけるのを待ってもらうこと。そのときに発する語。「―をかける」

**―無《な》し**　「待った」をしないこと。㊀猶予（あと）がないこと。

**まつだい**【末代】①末世。②死後の世。「人は一代、名は―」

**まったく**【全く】①完全に。②実に。

**まつたけ**【松茸】秋、赤松林に生えるキノコ。香気があり美味。「―狩り（ご飯）」

**まっただなか**【真っ只中】《―直中》①まん中。「大海の―」②まっ最中。「大会の―」

**まったん**【末端】はし。末の部分。

**まつち**【真土】良質の土。耕作に適する。

**マッチ**《燐寸》〔match〕火をつける用具の一。

**―ポンプ**〔和製語 match pomp〕〔俗語〕もめごとを起こしておいて、それを収拾する側に―まわる（まわって金品をたかる）―こと（人）。〔マッチで火をつけ消火ポンプで消す意〕

**マッチ**〔match〕①試合。「タイトル―」②調和。

**―プレー**〔match play〕ゴルフで、ホールごとに勝敗を決め、勝ち数を争う競技法。

**―ポイント**〔match point〕テニスや卓球で、試合の勝敗が決まる最後の得点。

**―レース**〔和製語 match race〕一騎打ち。一対一の争い。

**まっちゃ**【抹茶】良質の緑茶を粉末にした茶。ひき茶。

**マッチョ**〔macho〕男っぽさを誇示する―ようす（男）。

**マッチング**〔matching〕①釣り合うこと。②一組ずつ照合すること。

**まってい**【末弟】すえの弟。ばってい。

**マット**〔mat〕①敷物。②靴ぬぐい。③体操やレスリングで、床にしく敷物。

**まっとう**《真っ当》〔俗語〕まとも。〔「全く」の音便〕

**まっとうする**【全うする】なしとげる。

**マットレス**〔mattress〕弾力性のある洋風敷きぶとん。

**まつなん**【末男】すえの息子。ばつなん。

**まつねん**【末年】終わりの年。「明治―」

**まつのうち**【松の内】正月の門松のある期間。〔ふつう、元日から七日まで〕

**まつのは**【松の葉】寸志。〔贈り物の上書きに書く語〕

**まつのみどり**【松の緑】マツの新芽。

**マッハ**〔ドイツ語 Mach〕超音速の速さの単位。マッハ一は音速と同じ。マッハ数。

**まつば**【松葉】マツの葉。

**―蟹《がに》**　①海産のカニの一。食用。②山陰地方で、ズワイガニの別称。

**―菊《ぎく》**　葉が松、花が菊に似た多年草。観賞用。

**―杖《づえ》**　足の不自由な人がわきの下にあてて使う、ふたまたに分かれた松葉の形の杖。

**―牡丹《ぼたん》**　夏、花を開く一年草。観賞用。

**まっぱい**【末輩】〔文章語〕地位・技術が劣る人。〔自分の謙称としても使う〕

**まつばら【松原】** 松の木が多くある原。

**まつび【末尾】** 終わり。最後。

**まっぴつ【末筆】** 〔文章語〕手紙で、最後の方に書く文句。「—ながら」

**まっぴら【真っ平】** まっぴら御免。

**—御免《ごめん》** 絶対にいやだ。

**まっぴるま【真っ昼間】** 昼のひなか。

**マッピング**〔mapping〕 ①地図を作ること。②コンピューターグラフィックスで、物体表面に画像などを−貼り付ける（映し出す）こと。

**マップ**〔map〕 地図。「ドライブ—」

**まつぶん【末文】** ①文章の終わりの文。②手紙の終わりに書く形式文。〔「まずはごあいさつまで」「取り急ぎお礼まで」など〕

**まっぽう【末法】** 〔仏教語〕釈迦《しゃか》の死後、正法《しょうぼう》・像法《ぞうぼう》を経て後の一万年間。仏法の衰える世。

**—思想《しそう》** 現代は末法に当たり国が乱れるという考え方。〔平安末期から鎌倉時代にかけて流行〕

**まつぼっくり**《松毬》 松かさ。

**まつまい【末妹】** すえの妹。

**まつむし【松虫】** 昆虫の一。秋、チンチロリンと鳴く。〔平安時代、スズムシとよばれた〕

**まつやに【松脂】** 松の幹から出る樹脂。工業用。

**まつゆきそう【待雪草】** 早春、白い花を開く多年草。観賞用。スノードロップ。

**まつよいぐさ【待宵草】** 多年草の一。夕方に花が咲く。〔ヨイマチグサは同属の植物〕

**まつよう【末葉】** 〔文章語〕①末期。「明治—」対初葉・中葉 ②末孫。

**まつり【祭り】** ①祭ること。②にぎやかな催し。「港—」

**—上《あ》げる** おだてあげて、上位にむりにすえる。「会長に—」

**まつりごと【政】** 政治。〔祭り事の意〕

**まつりゅう【末流】** ①下流。②子孫。③すえの（−つまらない）流派。◇ばつりゅう。

**まつる** 布の端を折って、裏から目立たないように縫いつける。

**まつる【祭る】**《祀る》 ①儀式をして神霊を慰める。②安置して神としてあがめる。

**まつろ【末路】** 一生の終わり。なれのはて。

**まつわりつく【纏わり付く】** 巻くようにしてくっつく。からみつく。

**まつわる**《纏わる》 ①まわりについて離れない。②つきまとう。③関連する。

**マティーニ**〔イタリア語 martini〕 カクテルの一。ジンが主。マティニ。「ドライ—」

**まてがい【馬刀貝】** 海産の二枚貝の一。貝殻は細長い円筒形。食用。

**マテちゃ【—茶】** 南米の茶。イェルバマテの乾燥茶葉を使う。

**まてどくらせど【待てど暮らせど】** いつまで待っても。「—やって来ない」

**マテリアル**〔material〕 ①材料。②材質。

**まてんろう【摩天楼】** 超高層建築。

**まと【的】** ①射撃の標的。②めあて。目標。③要点。「—が外れる」

**—を射《い》る** 要点をつかむ。〔誤って「的を得る」とも〕

**まど【窓】** 壁や屋根に設けたあな。⊕外に向かって開いた部分。「心の—」

**まどあかり【窓明かり】** 窓からさす光。

**まとい【纏】** 昔、大将のそばに立てた目じるし。江戸時代、町火消しの組の目じるし。

**まどい【団居】**《円居》 ①集まって楽しむこと。団欒《だんらん》。「家族の—」②車座。

**まといつく【纏い付く】** まつわりつく。

**まとう**《纏う》 ①巻き付く。②着る。「衣《ころも》を—・身に—」

**まどう【惑う】** ①心が乱れる。②まごつく。「逃げ—」

**まどお【間遠】** 時間・距離が隔たっている。対間近

**まどか【円か】** ①丸い。②円満。◇〔雅語〕

**まどぎわ【窓際】** 窓のすぐそば。

**—族《ぞく》** 〔俗語〕第一線からはずされた中高年のサラリーマン。

**まどぐち【窓口】** 利用者との応対・事務処理をする所。⊕外部との折衝役。

**まとはずれ【的外れ】** 要点をはずすこと。見当ちがい。

**まどべ【窓辺】** 窓のそば。

**まとまる**《纏まる》 ①集まってひとつになる。②決着がつく。「相談が—」③完成する。「作品が—」

**まとめがい【纏め買い】** 一度にたくさんまとめて買うこと。

**まとめる**《纏める》 まとまるの他動詞形。

**まとも**《真面》 ①まじめ。正常。 ②真正面。

**マドモアゼル**［フランス語 mademoiselle］ お嬢さん。

**マドラー**［muddler］ 飲み物をかきまぜる棒。

**まどり**【間取り】 部屋の配置。

**マトリックス**［matrix］ ①数学で、行列。 ②碁盤の目状の配列。 ◇マトリクス。

**マドレーヌ**［フランス語 madeleine］ 洋菓子の一。

**マドロス**［オランダ語 matroos］ 船乗り。

**―パイプ**［和製語 matroos pipe］ 火皿の大きい、L字形のパイプ。

**まどろっこしい** まだるっこい。

**まどろむ** うとうとする。

**まどわく**【窓枠】 窓のまわりの枠。

**まどわす**【惑わす】 ①心を乱す。「人心を―」 ②あざむきだます。

**まとわりつく**《纏わりつく》 まつわりつく。

**マトン**［mutton］ 羊肉。

**マドンナ**［イタリア語 Madonna］ 聖母マリア(―像)。Ⅱ美しい女性。あこがれの女性。

**まな**【真名】《真字》 漢字。対仮名《かな》。

**マナー**［manner］ 礼儀作法。「テーブル―」

**―モード**［和製語 manner mode］ 携帯電話などで、着信通知設定の一。音を出さないようにするなど。〔公衆の場で他人に迷惑をかけないため〕

**まないた**【俎・俎板】 台所用具の一。

**―に載《の》せる** 話題としてとりあげる。

**―の鯉《こい》** 自分の運命を相手に握られている状態。俎上《そじょう》の魚《うお》。

**まながつお**【真魚鰹】 海魚の一。食用。

**まなこ**【眼】 目。目玉。〔目の子の意〕

**まなざし**【眼差し・目―】 目つき。

**まなじり**【眦】〔文章語〕目じり。

**―を決《けっ》する** 目をかっと見開いて-怒る(決心する)。

**まなつ**【真夏】 夏の盛り。対真冬

**―日《び》** 最高気温が三〇℃以上、三五℃未満の日。対真冬日

**まなづる**【真名鶴・真鶴】 ツルの一。顔面が赤く、全身灰黒色。

**まなでし**【愛弟子】 かわいがっている弟子。

**まなび**【学び】 学ぶこと。

**―舎《や》** 学校(―の建物)。〔雅語〕

**まなぶ**【学ぶ】 ①見習う。 ②勉強する。

**まなむすめ**【愛娘】 かわいがっている娘。

**マニア**［mania］ 熱狂者。マニヤ。「カー―」

**まにあう**【間に合う】 ①時間に遅れない。 ②用が足りる。

**マニアック**［maniac］ 一つのことに異常に熱中するようす。

**まにあわせ**【間に合わせ】 その場しのぎ。

**マニキュア**［manicure］ 手のつめの化粧。対ペディキュア

**マニッシュ**［mannish］ (女性のファッションで)男っぽいようす。

**マニピュレーター**［manipulator］ ①操作する―人(物)。 ②ロボットの腕や手など、遠隔操作の装置。マジックハンド。 ③電子音楽の専門家。

**マニフェスト**［manifest］ 宣言(―書)。(政党の)政権公約。

**まにまに**【間に間に】《随に・随意に》 なりゆきに任せて。「波の―漂う」

**マニュアル**［manual］ 手引き書。マニアル。

**―車《しゃ》** ギアチェンジを手動で行う自動車。対オートマチック車

**マニュファクチュア**［manufacture］ 工場制手工業。マニュファクチャー。

**まにんげん**【真人間】 まともな人。

**まぬがれる**【免れる】 うまくのがれる。まぬかれる。

**マヌカン**［フランス語 mannequin］ マネキン。「ハウス―」

**まぬけ**【間抜け】 やることにぬかりのあること(人)。とんま。〔ののしって言うときにも使う〕

**まね**【真似】 ①まねること。 ②行為。「ばかな―をするな」

**マネー**［money］ お金。

**―ゲーム**［和製語 money game］ 最大限の利益を得るために、資金を投機的に運用すること。

**―サプライ**［money supply］ 市場に流通している通貨の総量。通貨供給量。

**―フロー**［money flow］ 資金循環。

**―ロンダリング**［money laundering］ 犯罪などで得た金の出所や受益者を分からなくすること。資金洗浄。

**マネージメント**［management］経営。管理。

**マネージャー**［manager］①支配人。②団体などの、庶務・渉外担当者。

**まねき【招き】** 招くこと。招待。「—を受ける」

**—猫**《ねこ》 商売繁盛の縁起物。人を招く姿のネコの置物。

**マネキン**［mannequin］①商品の服を着せて店に置く人形。②ファッションモデル。③デパートなどで、服を宣伝・販売する女性。◇マヌカン。

**まねく【招く】** ①手招きする。②招待する。③引き起こす。「事故を—」

**まねごと【真似事】** 形だけそれらしくまねること。［多く自分の行為を謙遜していう］

**マネジメント** ⇩マネージメント

**まねる【真似る】** 他のものに似せる。

**まのあたり【目の当たり】** ①目の前。「—に見る」②直接。「—に風景が広がる」

**まのび【間延び】** 間が長くしまりがないこと。「—した顔」

**まばたき【瞬き】** またたき。動まばたく

**まばゆい【目映い・眩い】** まぶしい。

**まばら**《疎ら》密でないこと。

**まひ【麻痺】** 神経の障害で働きが止まること。Ⅱ活動が鈍ること。「交通—」

**まびきな【間引き菜】** 間引いた菜っぱ。

**まびく【間引く】** 密生した作物を、間をおいて抜く。Ⅱ㋐省く。「運転を—」㋑昔、育てられないため親が生まれたばかりの子を殺す。

**まひる【真昼】** 昼の最中。白昼《はくちゅう》。

**まふ【麻布】** 麻の布。

**マフ**［muff］毛皮製で筒状の防寒用手袋。両側から手を入れる。

**マフィア**［Mafia］アメリカを中心とする秘密犯罪組織。［もと、イタリアのシチリア島の秘密結社］

**マフィン**［muffin］パン菓子の一。

**まぶか【目深】** 帽子などを目が隠れるほど深くかぶるようす。

**まぶしい【眩しい】** 光が強くて目をあけられない。Ⅱ相手の美しさや尊さに圧倒されてまともに見られない。

**まぶす**《塗す》表面全体になすりつける。「きなこを—」

**まぶた【瞼】**「—を閉じる」［目のふたの意］

**—が重**《おも》**くなる** 眠くなる。

**まぶち【目縁】** 目のふち。

**まふゆ【真冬】** 冬の最中。対真夏

**—日**《び》 最高気温が○℃以下の日。対真夏日

**マフラー**［muffler］①防寒用に首に巻くもの。えりまき。②自動車などの消音器。

**まほ【真帆】** いっぱいにはった帆。対片帆

**まほう【魔法】** 魔術。「—使い」

**—瓶**《びん》 保温のための瓶。ポット。

**まほうじん【魔方陣】** 異なった数字を行列状に並べ、縦・横・斜めの和がすべて等しくなるようにしたもの。

**マホガニー**［mahogany］熱帯産の常緑高木の一。材は家具・楽器用。

**マホメットきょう【—教】** イスラム教。

**まぼろし【幻】** ①実在しないのにあるように見えるもの。幻影。②たちまち消えるもの。③入手しにくいもの。「—の酒」

**まほろば【真秀ろば】**〔古語〕すぐれた立派な場所。「大和《やまと》は国の—」

**まま【儘】** ①なりゆきに任せること。②思うとおり。「—にならない」③その状態のとおり。「その—」

**—ならぬ** 思いどおりにならない。

**まま【間々】** 時として。「—あること」

**ママ**［mamma］①お母さん。対パパ ②酒場などの女主人。

**ままおや【継親】** 血のつながらない親。

**ままこ【継子】** 血のつながらない子。

**—扱**《あつか》**い** 仲間はずれにすること。

**ままこ【継粉】** だま。

**ままごと**《飯事》子供の遊びの一。家庭生活のまねごと。ままごとあそび。

**ままちち【継父】** 血のつながらない父。

**ママちゃり**〔俗語〕買い物かごのついた女性用自転車。［ちゃりはちゃりんこの略］

**ママとも【ママ友】**〔俗語〕幼い子供の母親同士という友達づきあい。

**ままはは【継母】** 血のつながらない母。

**ママレード**［marmalade］マーマレード。

**まみ【猯・狸】** ①アナグマ。②タヌキ。

**まみ【目見】**（物を見る）目つき。目もと。「見上げる—」

**マミー**［mammy］ママ①。

**まみえる**《見える》①お目にかかる。②対面する。「敵に—」

**まみず【真水】** ①塩けのない水。対塩水

②景気対策のための公共事業費。

**まみれ**《塗れ》 …にまみれること。「ほこり（血）―」

**まみれる**《塗れる》 ①体（―の一部）にべったりとついて汚れる。②よくない状況に陥る。「借金（汚辱）に―」

**まむかい【真向かい】** ちょうど向かい。

**まむし** 関西で、ウナギ（―丼《どんぶり》）。〔「まぶす」から〕

**まむし【蝮】** 日本にすむ毒ヘビ。黒くまるい斑紋がある。強壮剤にする。

**まめ【豆】** ①ダイズ・アズキなどの総称。②《肉刺》手足にできる水ぶくれ。③小さい。②「―電球」

**まめ**《忠実》 ①労をおしまず行うこと。②健康。「―に暮らす」

**まめがら【豆殻・豆幹】** 豆の実を取った後の茎や枝。

**まめしぼり【豆絞り】** 絞り染めの一。手ぬぐいなどに使う。

**まめたん【豆単】** 小形の（―英）単語集。〔豆単語集から〕

**まめたん【豆炭】** 卵形に固めた燃料。

**まめつ【摩滅・磨滅】** すり減ってなくなること。「タイヤが―する」

**まめつぶ【豆粒】** 豆の粒。⏸ごく小さいこと。

**まめでっぽう【豆鉄砲】** 豆を弾丸にして打つ、おもちゃの鉄砲。「ハトに―」

**まめでんきゅう【豆電球】** 懐中電灯などに使う、小さな電球。

**まめほん【豆本】**（超）小型の本。

**まめまき** ㊀【豆撒き】 節分の夜、豆をまく行事。㊁【豆蒔き】 豆の種を畑にまくこと。

**まめめいげつ【豆名月】** 陰暦九月一三日の夜の月。〔枝豆を供えることから〕

**まもう【摩耗・磨耗】** すり減ること。

**まもなく【間も無く】** やがて。じきに。

**まもの【魔物】** ①悪魔。②ばけもの。

**まもり【守り】** 守ること。

**―刀《がたな》** 護身用の短刀。

**―神《がみ》** 災いから守ってくれる神。

**―に入《はい》る** 守ることに主眼をおく。⏸新しいことに挑戦しない。

**―札《ふだ》** おまもり。お札。

**まもる【守る】** ①《護る》侵されないように防ぐ。㊜攻める ②決まりにしたがう。「約束を―」㊜破る

**まやかし** ①ごまかし。②にせもの。「―物」㊪まやかす

**まやく【麻薬】** 知覚を麻痺《まひ》させる、習慣性のある薬。〔一般の所持・使用は禁止〕

**まゆ【眉】** ①まゆ毛。②まゆずみ。「―を引く」

**―に唾《つば》を―付《つ》ける**（塗《ぬ》る） だまされないよう用心する。まゆつば。

**―に火《ひ》が付《つ》く** 危険が迫る。

**―一《ひと》つ動《うご》かさない** まったく表情を変えない。

**―をひそめる** ①深く心配する。㊜眉を開く ②不快そうな顔をする。

**―を寄《よ》せる** 不快そうな顔をする。

**まゆ【繭】** ①サナギがこもる巣。②特に、カイコの繭。生糸の原料。

**まゆげ【眉毛】** 目の上部に、弓形にはえる毛。まゆ。

**まゆじり【眉尻】** まゆ毛の耳寄りの端。

**まゆずみ【眉墨】**《黛》 まゆをかくための墨。⏸連山が遠くに見えるようす。

**まゆだま【繭玉】** 正月の飾りの一。木の枝に繭形の菓子や縁起物をつるす。

**まゆつばもの【眉唾物】** 真偽の疑わしいもの。まゆつば。

**まゆね【眉根】** まゆ毛の鼻寄りの端。まよね。

**まゆみ** ①【檀】昔、弓の材料にした落葉低木。②【真弓】マユミで作った弓。

**まよい【迷い】** まよう―こと（気持ち）。「―が出る」

**まよう【迷う】** ①行くべき方向がわからなくなる。②どうしていいかわからなくなる。③心を奪われて正常心を失う。「金に―」④成仏《じょうぶつ》できない。

**まよけ【魔除け】** 魔物をさける―こと（護符）。

**まよこ【真横】** ちょうど横。

**まよなか【真夜中】** 最も夜がふけた時。

**マヨネーズ**〔フランス語 mayonnaise〕 サラダ用のソースの一。クリーム状。マヨネーズソース。

**まよわす【迷わす】** 迷うようにする。惑わす。迷わせる。

**まら【魔羅】** 陰茎。〔もと僧の陰語〕

**マラカス**〔スペイン語 maracas〕 ラテン音楽の楽器の一。振って鳴らす。

**マラソン**［marathon］　長距離競走。四二・一九五キロメートルを走る。〔昔、ギリシャの兵士がマラトンからアテネまで走って戦勝を伝えたことから〕Ⅱ長時間（長距離）にわたるもの。

**マラニック**　タイムや順位を気にせず、楽しみながら走るマラソン。〔マラソンとピクニック（和製語 marathon picnic）の合成〕

**マラリア**［ドイツ語 Malaria］　発熱性感染症の一。〔ハマダラカが媒介〕

**まり【毬・鞠】**遊びに使う、たま。

**マリア**［Maria］　キリストの母の名。「聖母—」

**—観音**《かんのん》　隠れキリシタンが崇拝した観音像。

**マリアージュ**［フランス語 mariage］　①結婚。②料理とワインの組み合わせ（—がよいこと）。

**マリーゴールド**［marigold］　キク科の一年草。観賞用。品種が多い。

**マリーナ**［marina］　ヨットやモーターボートなどの小型船舶用の港。

**マリオネット**［フランス語 marionnette］　糸で釣って動かすあやつり人形。

**マリッジ**［marriage］　結婚。

**—ブルー**［marriage blue］　結婚を前にして憂鬱になること。

**—リング**［和製語 marriage ring］　結婚指輪。

**マリネ**［フランス語 mariné］　西洋料理の一。魚や肉の酢づけ。マリネー。マリーネ。

**マリファナ**［marijuana］　大麻。

**まりも⸨毬藻⸩**　緑色で球形の藻。〔阿寒湖のものは特別天然記念物〕

**まりょく【魔力】**　人を迷わす怪しい力。「言葉の—」

**マリン**［marine］　海の。マリーン。

**—スノー**［marine snow］　海中に見られる、雪に似た降下現象。

**マリンバ**［marimba］　木琴に似た楽器。共鳴用の金属管がある。

**まる【丸】**　①【円】球形・円形のもの。②句点。③正答・合格のしるし。「—をつける」④部分に分けない全体。「—ごと・—かじり」⑤城郭の内部。「西の—」⑥完全。「—裸・—暗記」⑦満。「—一年」⑧船・子供・刀などの名につける語。

**まるあげ【丸揚げ】**　丸ごと油で揚げること（揚げたもの）。

**まるあらい【丸洗い】**　和服などを、ほどかずそのまま洗うこと。対解き洗い

**まるあんき【丸暗記】**　全部そのまま暗記すること。

**まるい【丸い・円い】**　①円形（球形）をしている。②角がない。③円満だ。④太っている。

**まるおび【丸帯】**　女帯の一。幅広。礼装用。

**まるがかえ【丸抱え】**　費用を全部出してやること。

**まるがり【丸刈り】**　坊主刈り。

**まるき【丸木】**　切り出したままの木。皮をはいだだけの木。

**マルキシズム**［Marxism］　マルクス主義。マルクシズム。

**マルクスしゅぎ【—主義】**　科学的社会主義。〔マルクスとエンゲルスが唱えた〕

**まるくび【丸首】**　丸くくりぬいた襟。

**マルゲリータ**［イタリア語 margherita］　ピザの一。トマト、バジリコ、モッツァレラチーズがのっている。

**まるごし【丸腰】**　腰に刀を帯びないこと。Ⅱまったく武器を持たないこと。

**まるごと【丸ごと】**　そっくりそのまま。

**まるざい【丸材】**　まるた。

**まるシー【©】**　万国著作権条約に基づいた、著作権保護の記号。

**マルス**［Mars］　①ローマ神話の軍神。②火星。

**まるぞめ【丸染め】**　衣服などをほどかず、そのまま染めること（染めたもの）。

**まるぞん【丸損】**　全部損をしただけで利益の全くないこと。

**まるた【丸太】**　皮をはいだだけの木材。

**マルチ**［multi］　多数の。複合の。

**—商法**《しょうほう》　ネズミ講方式に似た商法。

**—タスク**　コンピューターが複数の作業を同時に実行すること。〔multitaskingから〕

**—農法**《のうほう》　作物のまわりの地面に覆いをする栽培方法。マルチング。

**—メディア**［和製語 multimedia］　映像・音声・文字などが複合した伝達媒体。

**マルチーズ**［Maltese］　犬の品種の一。愛玩用。

**マルチング**［mulching］　マルチ農法。

**まるっこい【丸っこい】**　〔俗語〕丸い（—

ま

感じだ)。
**まるつぶれ【丸潰れ】** すっかりつぶれること。「面目—」
**まるで**《丸で》①ちょうど。「—夢のようだ」②全く。「—わからない」
**まるてんじょう【丸天井・円—】** 半円球の天井。ドーム。Ⅱ大空。
**まるどり【丸取り】** 全部取ること。
**まるなげ【丸投げ】** (請け負った)仕事をそのまま下請けに出すこと。
**まるのみ【丸呑み・丸飲み】** かまないでのむこと。Ⅱ㋐理解しないで覚え込むこと。㋑そっくり受け入れること。「要求を—にする」
**まるはだか【丸裸】** 全裸。Ⅱ無一物。
**まるはば【丸幅】** 織ったままの布の幅。
**まるひ【マル秘・㊙】** 秘密であること(—を表すしるし)。
**まるぼうず【丸坊主】** 坊主頭。Ⅱ山の木(木の葉)がすっかりなくなること。
**まるぼし【丸干し】** 丸ごと‐干すこと(干したもの)。「イワシの—」
**まるまげ【丸髷】** 日本髪の一。〔既婚女性が結った〕
**まるまっこい【丸まっこい】**〔俗語〕まるっこい。
**まるまど【丸窓・円窓】** 丸い形の窓。
**まるまる【丸々】** ①完全に。「—三日間」②(「~と」の形で)よく太っているようす。
**まるまる【丸まる】** 丸くなる。
**まるみ【丸み・円み】** 丸い‐ようす(感じ)。
**まるみえ【丸見え】** すっかり見えること。

**まるむぎ【丸麦】** 加工していない粒状の麦。
**まるめこむ【丸め込む】** 丸めて中に入れる。Ⅱすっかり手なずける。
**まるめる【丸める】** ①丸くする。②頭髪をそる。③丸め込む。
**マルメロ**〔ポルトガル語 marmelo〕 果物の一。果実酒や砂糖漬けにする。
**まるもうけ【丸儲け】** 収入全部がもうけになること。「坊主—」
**まるやき【丸焼き】** 切らずに丸ごと‐焼くこと(焼いたもの)。「豚の—」
**まるやけ【丸焼け】** 全焼。
**まるやね【円屋根】** 半円球形の屋根。
**まれ【稀・希】** めったにないようす。「たぐい—な才能」
**まろうど【客人】**《賓客》 客。まれびと。〔雅語〕
**マロニエ**〔フランス語 marronnier〕 並木にする落葉樹の一。トチノキ科。
**まろやか**《円やか》 ①まるいようす。②くどくなくておいしいようす。
**マロン**〔フランス語 marron〕 ①くり。②くり色。
**—グラッセ**〔フランス語 marrons glacés〕 くりを使った洋菓子。
**まわし【回し】**《廻し》 ①回すこと。②力士が腰にしめるもの。締め込み。
**—入《い》れる** 調味料などを、鍋やフライパンに円を描くように入れる。
**—者《もの》** スパイ。
**—読《よ》み** 何人かで本や資料を順に回して読むこと。
**まわす【回す】**《廻す》 ①輪の形に動かす。「ハンドルを—」②順に送り渡す。「次に—」③差し向ける。「車を—」
**まわた【真綿】** くず繭を煮て引き延ばした綿。〔軽くて保温力がある〕
**—で首《くび》を締《し》める** じわじわと責めて動きをとれなくする。
**—に針《はり》を包《つつ》む** 表面は優しいが、内面は悪意がある。
**まわり【回り】**《廻り》 ①回ること。②**【周り】**周囲。③回る回数を数える語。④大きさの比較に使う語。「ひと—大きい」⑤十二年を一期として数える語。「ひと—若い」
**—合《あ》わせ** めぐりあわせ。
**—くどい** 遠回りでめんどうだ。
**—込《こ》む** 回って入ってくる。
**—灯籠《どうろう》** 中の絵が回転し、外側の枠にはった‐布(紙)にその影絵がうつる仕掛けの灯籠。走馬灯。
**—舞台《ぶたい》** 劇場で舞台中央の床を回転するようにしたもの。また、その舞台。
**—回《まわ》って** めぐりめぐって。
**—道《みち》** 遠回りの‐道(やり方)。
**—持《も》ち** 順番に受け持つこと。
**まわる【回る】**《廻る》 ①輪の形に動く。②順々に‐歩く(渡る)。③行き渡る。④曲がって行く。⑤利を生む。
**まん【万】** 数の名。Ⅱ数の多いこと。「—に一つ」
**まん【満】** 年齢や期間が、ちょうど。「—‐三

ま

歳（二年）」対数え・足かけ

**—を持《じ》す** 準備を十分に整えて待つ。

**マン**［man］（…に従事する）男性。「銀行—」［時に一般的に「人」の意でも使われる］

**まんいち【万一】** ①非常の場合。②もしも。◇［万に一つの意］

**まんいん【満員】** ①定員に達すること。②人がいっぱい入ること。「—電車」

**まんえつ【満悦】** 満足して喜ぶこと。「至極—の体《てい》」

**まんえん【蔓延】** はびこり広がること。［よくないことの場合にいう］

**まんが【漫画】** ①単純な線・色で描かれたこっけいみのある絵。②劇画。

**—チック**［俗語］漫画のようだ。

**まんかい【満開】** 花がすっかり開くこと。⊜活動が全面的で盛んなこと。

**まんがいち【万が一】** まんいち。

**まんがく【満額】** 予定（要求）したとおりの金額。「—回答」

**まんかぶ【満株】** 株の購入申し込みが募集定数に達すること。

**まんかん【満干】**［文章語］満潮と干潮。

**まんがん【万巻】**［文章語］多くの書物。

**まんがん【満願】** 願掛けの日数がおわること。

**マンガン【満貫】**［中国語 mǎnguàn］マージャンで、規定の最高得点（—でのあがり）。

**マンガン**［ドイツ語 Mangan］金属元素の一。合金用。記号Mn

**まんかんしょく【満艦飾】** 軍艦全体を旗や電灯で飾ること。⊜㋐（女性が）着飾ること。㋑洗濯物をずらっと干すこと。

**まんき【満期】** 期限に達すること。

**まんきつ【満喫】** 十分に味わうこと。「自由を—する」

**マングース**［mongoose］イタチに似た獣。ヘビなどを食べる。

**マングローブ**［mangrove］主に熱帯地方の海岸や河口の浅い海中に発達する森林。

**まんげきょう【万華鏡】** 鏡を使った筒状のおもちゃ。カレイドスコープ。

**まんげつ【満月】** 十五夜の月。対新月

**まんげん【万言】**［文章語］多くの言葉。

**まんこ【満庫】** 倉庫・車庫がいっぱいであること。

**まんこう【満腔】** 体全体。全身。「—の（＝心からの）感謝」

**マンゴー**［mango］熱帯産の果物の一。

**マンゴスチン**［mangosteen］熱帯産の果物の一。果物の女王といわれる。

**まんざ【満座】** その場にいる人全部。

**まんさい【満載】** いっぱい載せること。

**まんざい【万歳】** 新年を祝う舞（—をする人）。「三河《みかわ》—」

**まんざい【漫才】** 大衆演芸の一。「—師」

**まんさく【万作】** 庭木の一。早春、黄色の花が咲く。

**まんさく【満作】** 豊作。

**まんざら【満更】**（否定表現の中で）必ずしも。「—捨てたものでもない」

**—でもない** わるくはない。

**まんざん【満山】**［文章語］山全体。

**まんじ【卍】** ①インドに伝わるめでたいしるし。②卍の形のもの。仏教や寺院を表す。

**—巴《どもえ》** 入り乱れること。

**まんしつ【満室】** ホテルやアパートで、部屋が全部ふさがること。

**まんしゃ【満車】** 駐車場で、スペースが全部ふさがること。

**まんじゅう【饅頭】** 和菓子の一。

**まんじゅしゃげ【曼珠沙華】** ヒガンバナの別称。

**まんしょう【満床】** 病院で、ベッドが全部ふさがること。

**まんじょう【満場】** 会場全体（—の人）。「—の喝采を浴びる」

**マンション**［mansion］鉄筋コンクリート造りの高層集合住宅。［大邸宅の意］

**まんじりともしない** 一睡もしない。

**まんしん【満身】** 全身。

**—創痍《そうい》** 全身傷だらけ。⊜徹底的に非難されること。

**まんしん【慢心】** おごり高ぶる—こと（心）。

**まんすい【満水】** 水がいっぱいになること。

**マンスリー**［monthly］月刊（—雑誌）。

**まんせい【慢性】** 長びく性質の病気。対急性 ⊜わるい状態が長びくこと。

**—化《か》** わるい状態が日常化すること。

**まんせき【満席】** 乗り物や劇場の座席が全部ふさがること。

**まんぜん【漫然】** とりとめのないようす。

**まんぞく【満足】** ①満ち足りること。「—感」②十分。完全。「—にできない」

**マンタ**［manta］ 海魚の一。オニイトマキエイ。
**まんたく【満卓】** 店のテーブルが客で全部ふさがること。
**まんだら【曼陀羅・曼荼羅】** 仏の悟りや教えを表す絵。記号や仏像の配置で象徴的に表現する。
**マンダリン**［mandarin］ ①中国原産のミカン。マンダリンオレンジ。 ②リキュールの一。
**まんだん【漫談】** ①とりとめのない話。 ②大衆演芸の一。
**まんちゃく【瞞着】** だますこと。
**まんちゅういん【満中陰】**（関西で）人の死後四十九日め（—の忌《き》明け）。「—志」
**まんちょう【満潮】** 潮がいちばん満ちた状態。みちしお。「—時」対干潮
**マンツーマン**［man-to-man］ 一対一。
**マンデー**［Monday］ 月曜日。〔Mon.と略す〕
**まんてん【満天】** 空いっぱい。「—の星」
**まんてん【満点】** 規定の最高点。Ⅱ申し分のないこと。「サービス—」
**まんてんか【満天下】** 全世界。
**まんと【満都】** 都《みやこ》全体。
**マント**［フランス語 manteau］ 袖のない外套《がいとう》。
**—狒々《ひひ》** 大形のサルの一。オスの毛は銀灰色で、体をマントのようにおおう。
**まんどう【万灯】** ①多数のともしび。まんとう。 ②木枠に紙をはったあんどん。
**—会《え》** 万灯②をともしてする法会《ほうえ》。
**まんどう【満堂】** その建物全体（—の人）。
**マントー【饅頭】**［中国語 mántou］ 中国風の饅頭《まんじゅう》。
**マンドリン**［mandolin］ 弦楽器の一。セルロイドのつめでかき鳴らす。
**マントル**［mantle］ ①ガス灯の炎にかぶせる網状のおおい。 ②地球の、地殻の下の部分。
**マントルピース**［mantelpiece］ 洋室の壁に造り付けた暖炉（—の飾り棚）。
**まんにん【万人】** ばんにん。
**マンネリ** マンネリズムの略。
**マンネリズム**［mannerism］ 型にはまって新鮮みがなくなること。
**まんねん【万年】** ①多くの年。 ②ずっと変わらない。「—候補」
**—床《どこ》** 敷きっぱなしの寝床。
**—筆《ひつ》** 筆記具の一。
**—雪《ゆき》**（山の）一年中消えない雪。
**まんねんれい【満年齢】** 誕生日ごとに一歳ずつ加える年齢の数え方。対数え年
**まんば【慢罵】**〔文章語〕あなどりののしること。
**まんば【漫罵】**〔文章語〕やたらにののしること。
**まんぱい【満杯】** いっぱいにつまること。
**まんばけん【万馬券】** 一〇〇倍以上の配当がついた馬券。〔一〇〇円で買った馬券が一万円以上になることから〕
**マンパワー**［manpower］ 人間の労働力。
**まんぱん【満帆】** 帆が風をいっぱいに受けること。「順風—」
**まんびき【万引き】** 買い物を装って品物を盗む—こと（人）。〔間引きの転〕
**まんぴつ【漫筆】** 思いつくまま書いた随筆。
**まんびょう【万病】** あらゆる病気。「風邪は—のもと」
**まんぴょう【満票】** 投票数の全部。
**まんぴょう【漫評】** 気楽にする批評。
**まんぷく【万福】** ばんぷく。
**まんぷく【満幅】** 全面。「—の信頼をおく」
**まんぷく【満腹】** 腹がいっぱいになること。対空腹
**まんぶん【漫文】** 気楽に書いた文章。
**まんべんなく【満遍無く・万遍—】** すべて公平に。くまなく。
**マンボ**［スペイン語 mambo］ ラテン音楽の一。〔キューバ民謡から発達〕
**まんぽ【漫歩】** あてもなく気の向くままに歩くこと。
**まんぼう【翻車魚】** 海魚の一。大形で動作が鈍い。
**まんぼう【満眸】** 見渡す限り。
**マンホール**［manhole］ 地下の下水道などに出入りするための穴。
**まんぽけい【万歩計】** 何歩あるいたかをはかる器具。歩数計。〔商標〕
**まんまく【幔幕】** 式場などのまわりに張りめぐらす幕。
**まんまる【真ん丸】** 完全に丸いこと。
**まんまん【満々】** 満ちあふれるようす。「自信—」
**まんまん【漫々】** 果てしなく—広い（遠い）

ようす。「―たる大海」
**まんまんいち【万々一】** 万一の強調。
**まんまんなか【真ん真ん中】** 真ん中の強調。
**まんめん【満面】** 顔じゅう。「得意―」
**―朱《しゅ》を注《そそ》ぐ** 顔をまっ赤にする。
**まんもく【満目】**〔文章語〕見渡す限り。
**マンモグラフィー**［mammography］乳ガン検査用エックス線撮影（―装置）。
**マンモス**［mammoth］①氷河時代にいた巨大な象の一種。②巨大な。「―都市」
**まんゆう【漫遊】** 気の向くままあちこちを旅行して回ること。
**まんよ【万余】** 一万あまり。数のきわめて多いこと。「―の観衆」
**まんようがな【万葉仮名】** 漢字の音訓を借りて日本語の音を表した表記法。〔『万葉集』に多く用いられた〕
**まんりき【万力】** 工作物をはさんで固定する工具。バイス。
**まんりょう【万両】** 赤い実をつける常緑低木。観賞用。正月の生け花に使う。
**まんりょう【満了】** 期間がすっかり終わること。「任期―」
**まんるい【満塁】** 野球で、三つの塁に走者がいること。フルベース。
**―弾《だん》** 報道などで、満塁ホームラン。
**まんろく【漫録】**〔文章語〕漫筆。

# み

**み【三】** みっつ。みい。〔数えるときに使う〕

**み【巳】** 十二支の第六。へび。〔昔、時刻で午前一〇時ごろ、方角で南南東〕

**み【身】** ①からだ。②自分。「―に覚えのない」③身分。立場。「親の―」④肉。⑤なかみ。

**―が持《も》たない** 健康が保てなくなる。

**―から出《で》た錆《さび》** 自業自得。

**―に余《あま》る** 自分にはもったいない。「―光栄」

**―に染《し》みる** しみじみと感じる。

**―に着《つ》ける** 着る。持つ。● （知識や技術を）自分のものとする。

**―につまされる** 他人のつらさが、自分の身に比べて思いやられる。

**―になる** ①その人の立場に立つ。②体の血となり肉となる。

**―の振《ふ》り方《かた》** 将来の（―生活の）方針。

**―も蓋《ふた》もない** 露骨で、含蓄がない。

**―も世《よ》もない** わが身も世間体もかまっていられない。〔悲しみや苦しみの大きいようす〕

**―を入《い》れる** 熱心にする。「仕事に―」

**―を起《お》こす** 立身出世する。

**―を固《かた》める** ①結婚して家庭をもつ。②身仕度する。「鎧《よろい》兜《かぶと》に―」

**―を切《き》る** 非常に―さむく（つらく）感じる。

**―を焦《こ》がす** 恋いこがれる。

**―を粉《こ》にする** 非常に苦労する。身を砕く。

**―を捨《す》ててこそ浮《う》かぶ瀬《せ》もあれ** 窮した場合には、命を捨ててかかってはじめて道が開ける。

**―を立《た》てる** ①出世する。②その職業で暮らしを立てる。

**―を挺《てい》する** 体を投げだす。●命がけでする。

**―を乗《の》り出《だ》す** 体を前に出す。●興味を持ち乗り気になる。

**―を引《ひ》く** 引退する。しりぞく。

**―を任《まか》せる** ①よりかかる。②相手の思うままにさせる。「流れに―」●性的な関係を許す。

**み【実】** ①果実。たね。②内容。実質。③汁に入れる肉や野菜。

**―をもって** 自分のからだで。自ら。

**―を結《むす》ぶ** 実がなる。●よい結果が現れる。

**み【箕】** 穀物のちりやからを取り除く農具。

**ミ**［イタリア語 mi］①階名の一。長音階の第三音。②音名の一。

**みあい【見合い】** ①見合うこと。②未知の男女が、結婚相手を探すため人を介して会うこと。

**みあう【見合う】** ①釣り合う。②互いに相手を見る。

**みあかし【御灯】** 神仏に供える灯火。

**みあげる【見上げる】** ①下から上を見る。対見下ろす ②立派だと思う。「見上げた態度」

**みあたる【見当たる】** 見つかる。

**みあわせる【見合わせる】** ①互いに見る。②ようすを見てやめる。「計画の実行を―」③比べてみる。

**ミー** [me]〔俗語〕わたし。

**ミーイズム** [meism] 自己中心主義。

**みいだす【見出だす】** 見つける。

**ミーティング** [meeting] 会合。集会。

**ミート** [meat] 食用肉。主に牛肉や豚肉。

**―ソース** [meat sauce] ひき肉入りソース。

**―ボール** [meat ball] 肉団子。

**―ローフ** [meat loaf] ひき肉料理の一。野菜などをまぜて、型に入れて焼く。

**ミート** [meet] 野球で、打者が球にバットを当てること。「ジャスト―」

**ミイラ**《木乃伊》〔ポルトガル語 mirra〕死体が乾いて固まり、原形に近い形で残ったもの。

**―取《と》りがミイラになる** 人を呼び戻しに行った人が、帰って来なくなる。‖説得しようとした人が相手と同意見になる。

**みいり【実入り】** ①実が熟すこと。②収入。「―がいい」

**みいる【見入る】** ①見つめる。②【魅入る】とりつく。「悪魔に魅入られる」

**ミール** [meal] トウモロコシなどをひいた食品。「オート―」

**みうけ【身受け・身請け】** 芸者などの前借り金を払って、商売をやめさせること。

**みうける【見受ける】** 見かける。見てとる。「時々―顔」

**みうごき【身動き】** 体を動かすこと。‖自由な行動。「借金で―がとれない」

**みうしなう【見失う】** 今まで見えていたもの(―の行方)が、見えなくなる。

**みうち【身内】** ①体じゅう。②親類。また、仲間うち。

**みうり【身売り】** 前借り金とひきかえに約束の期間奉公すること。‖会社の経営権を売りわたすこと。

**みえ【見え】** ①【見栄】人目を気にしてうわべを飾ること。「―を張る」②【見得】歌舞伎で、クライマックスに役者が演ずる様式的な演技・表情。

**―(見得)を切《き》る** 役者が見得をする。‖自信ありげな態度を示す。

**みえがくれ【見え隠れ】** みえたりかくれたりすること。みえかくれ。

**みえざる【見えざる】**〔文章語〕みえない。「―敵」

**みえすく【見え透く】** 本心や結果が明らかにわかる。「見えすいたうそ」

**みえっぱり【見えっ張り】** 見え①を張る―こと(人)。

**みえぼう【見栄坊】** 見え①を張る人。

**みえみえ【見え見え】**〔俗語〕相手のねらいがみえすいていること。

**みえる【見える】** ①目にうつる。②思われる。「よほど寒いと―」③来るの尊敬語。

**―化《か》** 可視化。特に、企業活動で視覚化によってわかりやすくすること。

**みお【澪】**《水脈》①船の通行に適する水路。②航跡。

**みおくる【見送る】** ①去って行くのを目で追う。②出発を送る。対出迎える ③手を出さないでやりすごす。「採用を―」

**みおさめ【見収め・見納め】** 見ることの最後。

**みおつくし【澪標】**〔文章語〕水路標識。

**みおとす【見落とす】** 見ていながら、気付かないで過ぎる。

**みおとり【見劣り】** 他方より劣って見えること。

**みおぼえ【見覚え】** 以前に見た記憶。

**みおも【身重】** 妊娠していること。

**みおろす【見下ろす】** ①上から下を見る。対見上げる ②見さげる。

**みかい【未開】** ①文明が開けていないこと。「―社会」②まだ開拓されていないこと。

**みかいけつ【未解決】** 解決されていないこと。

**みかいはつ【未開発】** 開発されていないこと。

**みかえし【見返し】** ①本の表紙を裏返した部分。②洋裁で、えりぐりなどの裏につける布。

**みかえす【見返す】** ①改めて見る。②人が見たのに対し自分も相手を見る。③見下げられた仕返しに、成功して見せつける。

**みかえり【見返り】** ①ふり返って見ること。②保証・担保として差し出す―こと(もの)。

**みがき【磨き】** 磨くこと。「―をかける」

**―立《た》てる** ①よくよく磨く。②美しく装う。

**みがきにしん【身欠き鰊】** 頭と尾を取って干したニシン。みかきにしん。

**みかぎる【見限る】** 見込みがないとしてあきらめる。

**みかく【味覚】** 五感の一。味の感覚(―を楽しませてくれるもの)。「秋の―」

**みがく【磨く】《研く》** こすってつやを出す。⊜努力して上達する。

**みかくにん【未確認】** 確認されていないこと。「―飛行物体(=UFO)」

**みかけ【見掛け】** うわべ。外見。

**―倒《だお》し** 実質が外観にともなわないこと。

**みかげいし【御影石】** かこうがん。

**みかける【見掛ける】** 目にとめる。「近所で―人」

**みかじめ** 〔俗語〕監督。取り締まり。「―料(=暴力団が飲食店から取る用心棒代)」

**みかた【見方】** 見る方法。⊜考え方。

**みかた【味方】《身方》** ①仲間。[対]敵・敵方 ②加勢。

**みかづき【三日月】** 弓形の月。「―形」

**みがって【身勝手】** わがまま。

**みかど【帝・御門】** 天皇。〔もと、皇居の門の意。/雅語的〕

**みかねる【見兼ねる】** 平気で見ていられない。「見るに見兼ねて」

**みがまえ【身構え】** 攻撃・防御のための―姿勢(準備)。[動]―る

**みがら【身柄】** 当人のからだ。「―を拘束する」

**みがる【身軽】** からだが軽いこと。⊜責任や係累がなく、気楽なこと。

**みかわす【見交わす】** 互いに見る。

**みがわり【身代わり】** 他の人のかわりになる―こと(人)。

**みかん【未刊】** まだ刊行されていないこと。[対]既刊

**みかん【未完】** 未完成。

**みかん【蜜柑】** 果物の一。品種が多い。

**みかんせい【未完成】** まだ完成していないこと。

**みき【幹】** 樹木の茎の部分。⊜物事の重要な部分。◇[対]枝葉

**みき【御酒・神酒】** 神に供える酒。

**みぎ【右】** ①[対]左「―から左(=受け取ったものを、すぐ他に渡すこと)」 ②文書で、前条。③右翼。④「…の―に出る者がない(=…がいちばんすぐれている)」

**―も左《ひだり》も分《わ》からない** 不案内である。

**みぎうで【右腕】** 右の腕。[対]左腕 ⊜最も頼りになる部下。

**みききき【見聞き】** 見たり聞いたりすること。

**みぎきき【右利き】** 左手より右手が使いやすい―こと(人)。[対]左利き

**ミキサー** [mixer] ①砕いてまぜる機械・器具。②放送で、音声・映像の調整技師。

**ミキシング** [mixing] いくつかの音声や映像を合成・調整すること。

**みぎする【右する】** 〔文章語〕右の方へ行く。[対]左する

**みぎて【右手】** ①右の手。②右の方。

**みきり【見切り】** 見切ること。

**―発車《はっしゃ》** 十分な準備が整わないうちに先へ進むこと。

**―品《ひん》** 投げ売り品。

**―をつける** 見込みがないと判断する。

**みぎり【砌】** 〔文章語〕ちょうどそのおり。「幼少の―」

**みきる【見切る】** ①終わりまで見届ける。②見放す。⊜投げ売りする。

**みぎれい【身奇麗】《身綺麗》** 身なりがこざっぱりとしているようす。

**みぎわ【汀】《渚》** 水ぎわ。

**みきわめる【見極める】** ①最後まで見届ける。確認する。②(真偽を)鑑定する。

**みぐし【御髪】** 頭髪の尊敬語。

**みくず【水屑】** 〔文章語〕水中のごみ。

**みくだす【見下す】** 軽蔑する。

**みくだりはん【三行半】《三下り半》** (妻への)離縁状。〔昔、三行半で書いたことから〕

**みくに【御国】** 国の美称。

**みくびる【見縊る】** 軽く見る。

**みぐるしい【見苦しい】** みっともない。

**みぐるみ【身ぐるみ】** 体につけているもの全部。「―はがれる」⊜全財産。

**ミクロ** [フランス語 micro] 微小。微視(―的)。[対]マクロ

**ミクロコスモス** [ドイツ語 Mikrokosmos] 〔哲学用語〕小宇宙。[対]マクロコスモス

**ミクロン** [フランス語 micron] メートル法の長さの単位の一。一ミリメートルの千分の一。

**みけ【三毛】** 白・黒・茶のまじった毛色(ーのネコ)。
**みけいけん【未経験】** まだ経験していないこと。
**みけつ【未決】** まだ決まらないこと。対既決 ⊜被告人の有罪・無罪がまだ決まらないこと。「ー囚」
**みけん【未見】** まだ見ていないこと。
**みけん【眉間】** 眉《まゆ》と眉の間。額の中央。「ーにしわをよせる」
**みこ【巫女】** 神に奉仕する未婚の女性。
**みごうしゃ【見巧者】** 芝居などの見方が上手なーこと(人)。
**みこし【御輿・神輿】** 神霊をのせる輿。神輿《しんよ》。
**ーを上《あ》げる** やっと腰をあげて、物事に取りかかる。対御輿を据える
**みごしらえ【身拵え】** 身仕度。
**みこす【見越す】** ①将来を予見する。②へだてを越して見る。
**みごたえ【見応え】** 見るだけの価値。
**みこと【尊・命】** 古代、ー神(高貴な人)の敬称。「大国主のー」
**みごと【見事】**《美事》すばらしい。⊜完全。「ーに失敗した」〔反語的〕
**みことのり【詔】**《勅》天皇の言葉。
**みこみ【見込み】** ①予想。「ー違い」②望み。可能性。
**みこむ【見込む】** ①予想して考えに入れる。②有望だと思う。③とりつく。「ヘビに見込まれたカエル」
**みごもる【身籠もる】** 妊娠する。
**みごろ【身頃】** 衣服で、そで・えり以外の体の前後をおおう部分。
**みごろ【見頃】** 見るのに適したころ。
**みごろし【見殺し】** 人がー死ぬ(困っている)のを助けず、ほうっておくこと。
**みこん【未婚】** 結婚していないこと。対既婚
**みこん【未墾】** 開墾していないこと。
**ミサ**《弥撒》〔ラテン語 missa〕①カトリック教の聖餐式《せいさんしき》。②ミサ①で歌う賛美歌。ミサ曲。
**みさい【未済】** 手続き・納入・返金などが済まないこと。対既済
**みさい【未載】** 未掲載。「全集ーの作品」
**ミサイル**〔missile〕ロケットエンジンで飛び、目標に誘導される大型爆弾。誘導弾。
**みさお【操】** ①節操。②貞操。
**みさかい【見境】** 見分け。区別。「ーがつかない」〔ふつう、打消しを伴う〕
**みさき【岬】** 海や湖に突き出た陸地の端。
**みさげはてる【見下げ果てる】** 見下げるの強調。
**みさげる【見下げる】** 軽蔑する。
**みさご【鶚】** 海辺や湖沼にすむ大形の鳥。魚をとる。
**みささぎ【陵】** 天皇・皇后の墓。陵墓。山陵。
**みさだめる【見定める】** 見て、はっきり確かめる。類みきわめる
**みざるきかざるいわざる【見猿聞か猿言わ猿】** それぞれ手で目・耳・口をふさいだ三匹のサル。〔見ない・聞かない・言わないの象徴〕
**ミサンガ**〔ポルトガル語 missanga〕願掛けの(ー組みひもの)腕輪。〔切れると願いがかなうという〕
**みさんぷ【未産婦】** 出産経験のない女性。対経産婦
**みじかい【短い】** 時間・長さが少ない。対長い
**みじたく【身支度・身仕度】**(目的にあわせて)身なりを整えること。
**みじまい【身仕舞い】** みじたく。
**みしみし** 板などが続けてきしむ音。
**みじめ【惨め】** 見るに忍びないほど情けないようす。
**みしゅう【未収】** まだ収納・徴収していないこと。「ー金」
**みじゅく【未熟】** ①(実が)まだ成熟していないこと。対完熟 ②まだ一人前でないこと。「ー者《もの》」
**ー児《じ》** 体重二五〇〇グラム以下で生まれた赤ん坊。
**みしゅつ【未出】** まだー提示(掲示)されていないこと。対既出
**みしょう【未生】**〔文章語〕生まれる前のこと。
**みしょう【未詳】** まだ分かっていないこと。「作者ー」
**みしょう【実生】** 種から芽が出て生長ーすること(した植物)。みばえ。
**みしらず【身知らず】** ①みのほどしらず。②体を大事にしないこと。
**みしらぬ【見知らぬ】** 面識のない。

**みしる【見知る】** 見て知っている。面識がある。「お見知りおきください」

**みじろぎ【身じろぎ】** 身動き。「―もしない」動みじろぐ

**ミシン** ①裁縫用の機械。〔sewing machineから〕 ②切り離しできるように紙にあけた点線状の穴。ミシン目。

**みじん【微塵】** 細かいちり。Ⅱ微細なこと。「―に砕ける」

**―切《ぎ》り** 料理の材料の切り方の一。非常に細かく切る。

**―子《こ》** 水中に浮遊する小さな動物。魚のえさ用。

**みす【御簾】** 宮殿や神前で用いる目の細かいすだれ。〔すだれの丁寧語〕

**ミス**〔miss〕失敗。誤り。「ニアー」

**ミス**〔Miss〕①未婚の女性(―の姓名の上につける敬称)。②コンテストなどで代表として選ばれた、未婚の女性。「―日本」

**みず【水】** ①液体の一。「焼け石に―」②液状のもの。

**―が空《あ》く** (競泳などで)大きく差がつく。

**―が合《あ》わない** 新しい環境になじめない。

**―清《よき》ければ魚《おう》棲《す》まず** 清廉潔白すぎると、かえって人に親しまれない。

**―と油《あぶら》** 互いに反発しあうもの。

**―に流《なが》す** 過去のもめごとをなかったことにしてこだわらない。

**―も滴《したた》る** みずみずしく美しいようす。

**―も漏《も》らさぬ** 警戒が厳重なようす。

**―を打《う》ったよう** 人々が静まり返ったようす。

**―を得《え》た魚《おう》** 活躍できる場を与えられ活気づくようす。

**―をさす** じゃまをする。けちをつける。

**―を向《む》ける** 誘いをかける。

**ミズ**〔Ms.〕女性の姓名の上につける敬称。〔未婚・既婚を問わない〕対ミスター

**みずあか【水垢】** 水に溶けていた物が、かたまって浮いたり物に付いたりした、あかのようなもの。「―がたまる」

**みずあげ【水揚げ】** ①陸揚げ。②漁獲高。Ⅱ水商売で、売上高。③切り花が水を吸い上げる(―ようにする)こと。④遊女がはじめて客をとること。

**みずあそび【水遊び】** 水―に入って(を使って)遊ぶこと。

**みずあたり【水中り】** なま水を飲んで腹をこわすこと。

**みずあび【水浴び】** ①水を浴びること。水浴。②水泳。〔古い言い方〕

**みずあめ【水飴】** 液状のあめ。

**みずあらい【水洗い】** 水(―だけ)で洗うこと。

**みすい【未遂】** (よくない事を)しとげなかったこと。「自殺―」対既遂

**みずいらず【水入らず】** 身内の者だけであること。「親子―」

**みずいり【水入り】** 相撲で、勝負が長びいたとき、一時、土俵の下で休ませること。

**みずいろ【水色】** 薄い青色。

**みずうみ【湖】** 陸地の中で水をたたえた所。〔池・沼より大きい〕

**みずえ【瑞枝】** 〔文章語〕みずみずしい若枝。

**みすえる【見据える】** ①じっと見つめる。②見定める。

**みずがい【水貝】** なまのアワビを薄切りにして食べる料理。

**みずかがみ【水鏡】** 水面に姿―が映る(を映す)こと。

**みずかき【水搔き】**《蹼》 水鳥やカエルの指の間にある膜。

**みずがき【瑞垣】** 神社のかきね。玉垣。

**みずかけろん【水掛け論】** 互いに理屈を言い張って、果てしのない議論。

**みずかげん【水加減】** 入れる水量の程度。

**みずかさ【水嵩】** 川や池の水量。

**みずがし【水菓子】** くだもの。〔古風な言い方〕

**みすかす【見透かす】** ①透かして見る。②見通す。見抜く。「手の内を―」

**みずがめ【水瓶】**《水甕》 水を入れるかめ。Ⅱ貯水池。「東京都の―」

**みずから【自ら】** ①自分自身。「―を語る」②自分から。自身で。③昔、(―身分ある女性の)自称の一。

**みずがれ【水枯れ】**《水涸れ》 井戸や田の水が干上がること。「―の井戸」

**みすぎ【身過ぎ】** 生活。「―世過ぎ」

**みずき【水木】** 初夏、白い花の咲く落葉高木。庭木・細工物用。

**みずき【瑞木】** 〔文章語〕みずみずしい若

木。

**みずぎ【水着】** 水泳着。海水着。

**みずききん【水飢饉】**（日照りによる）水不足。

**ミスキャスト**［miscast］①不適当な配役。②釣りで、キャスティングに失敗すること。

**みずきり【水切り】** ①水分を取り去ること。②生け花で、茎や枝を水中で切ること。③水面をとびはねるように小石を投げる遊び。

**みずぎわ【水際】** 水面と陸地の接する所。⊜上陸直前。「━作戦（=上陸してくる敵に対する攻撃）」

**みずく【水漬く】**⇩汗みずく

**━立《だ》つ** 鮮やかで目立つ。

**みずぐき【水茎】** ①ふで。筆跡。②手紙。◇みずくき。〔雅語〕

**━の跡《あと》** 筆跡。

**みずくさ【水草】** 水中にはえる草。

**みずくさい【水臭い】** ①水っぽい。②他人行儀だ。

**みずぐすり【水薬】** 液体の飲み薬。すいやく。

**みずぐるま【水車】** すいしゃ。

**みずけ【水気】** 水分。

**みずげい【水芸】** 水を使ってする奇術。

**みずけむり【水煙】** 煙のように飛び散る水しぶき。「━を上げる」

**みずご【水子】** 流産（堕胎）した胎児。みずこ。

**みずごけ【水苔】** 園芸用のやわらかいコケ。水分をよく含む。

**みずごころ【水心】**⇩魚心あれば水心

**みずごす【見過ごす】** ①見ていながら、そのままにする。②見落とす。

**みずこぼし【水翻し】** 茶道具の一。茶わんをすすいだ水を入れる。こぼし。建水《けんすい》。

**みずごり【水垢離】** こり。「━を取る」

**みずさいばい【水栽培】** 水耕。

**みずさかずき【水杯】** 再会を期しがたいときなどに、水を杯についで飲みかわすこと。

**みずさき【水先】** ①水の流れて行く方向。②船の進路。③水先案内。

**━案内《あんない》** 船の進路の案内をする-こと（人）。

**みずさし【水差し】** 他の容器につぐ水を入れておく容器。

**みずしげん【水資源】** 資源として利用できる水。

**みずしごと【水仕事】** 水を使う仕事。〔炊事や洗濯〕

**みずしぶき【水しぶき】**《水飛沫》細かく飛び散った水。「━をあげる」

**ミスジャッジ**［misjudgement］誤審。

**みずしょうばい【水商売】** 客の人気で成り立つ浮き沈みのはげしい商売。

**ミスショット**［miss shot］球技で、打ちそこない。

**みずしらず【見ず知らず】** 会ったことも聞いたこともないこと。「━の人」

**みずすまし【水澄まし】** 水面をくるくる泳ぎ回る昆虫。まいまいむし。

**みずぜめ【水攻め】** 給水路を断ったり、周囲を水びたしにしたりして（-城を）攻めること。

**みずぜめ【水責め】** 水を使ってする拷問。

**みずた【水田】** すいでん。

**ミスター**［Mister］①男性の姓名の上につける敬称。②ある集団の代表的男性。「━ジャイアンツ」◇〔Mr. とも書く〕

**みずたき【水炊き】** なべ料理の一。みずだき。

**ミスタッチ**［和製語 miss touch］ピアノやキーボードで、キーの押し間違い。

**みずたま【水玉】** 水玉模様。小さな丸い玉を散らした模様。

**みずたまり【水溜まり】** 地上に水がたまった所。

**みずっぽい【水っぽい】** 水気を多く含んで味がうすい。

**ミスティック**［mystic］神秘的。

**ミステーク**［mistake］誤り。まちがい。

**みずでっぽう【水鉄砲】** 水を筒の先の小さい穴から飛ばすおもちゃ。

**ミステリアス**［mysterious］神秘的。

**ミステリー**［mystery］①神秘。ふしぎ。②推理小説。

**みすてる【見捨てる】** 見離す。見限る。

**みずてん【不見転】**〔俗語〕お金しだいでだれにでも身をまかす-こと（芸者）。

**ミスト**［mist］きりさめ。霧。

**━サウナ**［和製語 mist sauna］温水を噴霧する方式のサウナ。通常のサウナよりも低温で多湿。

**みずどけい【水時計】** 水が漏れ出る量で

時を計る装置。漏刻。

**ミストラル**［フランス語 mistral］冬から春、フランスの地中海沿岸に吹く北風。

**みずとり**【水鳥】水辺にすむ鳥。水禽《すいきん》。

**みずに**【水煮】（薄い塩味の）水で煮ること。また、その煮たもの。

**みずのあわ**【水の泡】むだになること。「苦労が―だ」

**みずのえ**【壬】十干の第九。じん。〔「水の兄《え》」の意〕

**みずのと**【癸】十干の最終。き。〔「水の弟《と》」の意〕

**みずのみ**【水飲み】《水呑み》水を飲む―こと（器）。

**―百姓**《びゃくしょう》 貧しい農民。

**みずば**【水場】水を得られる場所。

**みずはけ**【水捌け】水が流れてひく具合。「―がいい」

**みずばしょう**【水芭蕉】湿原に群生する多年草。春、白い大きな苞《ほう》に包まれた淡緑色の花穂を出す。

**みずばしら**【水柱】柱のように吹き上がった水。すいちゅう。

**みずばら**【水腹】①水を飲みすぎたときの腹具合。②水でひもじさをしのいでいること。また、その腹。

**みずばり**【水張り】布・紙を水に浸して板に張り、かわかすこと。

**みずひき**【水引】①進物の包みにかける、紙ひも。②夏、赤い小花を穂状につける野草。ミズヒキグサ。

**みずびたし**【水浸し】水にすっかりつかること。

**みずぶくれ**【水膨れ】（皮膚の下に）水を含んでふくれること。その部分。Ⅱ〔俗語〕水太りの人をからかっていう語。

**みずぶとり**【水太り】体がしまりなく太っていること。

**みずぶろ**【水風呂】水のままの（―ような）風呂。

**ミスプリント**［misprint］誤植。ミスプリ。

**みずべ**【水辺】水のほとり。

**みずほ**【瑞穂】〔文章語〕みずみずしい稲の穂。

**―の国**《くに》 日本の美称。

**みずぼうそう**【水疱瘡】子供に多い感染症の一。水痘《すいとう》。

**みすぼらしい**【見すぼらしい】外見が貧弱だ。

**みずまくら**【水枕】中に水・氷を入れて、頭を冷やすのに使う枕。

**みずまし**【水増し】水を加えて量を増すこと。Ⅱ見かけをふやすこと。

**みすます**【見澄ます】気をつけてよく見る。

**ミスマッチ**［mismatch］不適合。不釣り合い。

**みずまわり**【水回り】家の中で、台所・浴室・トイレなど水を使う部分。

**みすみす**《見す見す》目の前に見ていながら。わかっていながら。

**みずみずしい**【瑞々しい】つやがあって若々しい。

**みずむし**【水虫】手足の指の間などにできる皮膚病の一。

**みずもち**【水餅】水につけて保存しておく餅。

**みずもの**【水物】①水分の多いもの。飲み物や果物。②予測しがたいもの。「勝負は―」

**みずや**【水屋】①食器類を入れる戸棚。②（茶室のすみに設けた）台所。③みたらし①。

**みずやり**【水遣り】植物に水をやること。

**みずようかん**【水羊羹】水気が多く柔らかいようかん。

**ミスリード**［mislead］誤った―方向へ導く（判断をさせる）こと。

**みする**【魅する】ふしぎな力で人をひきつける。魅惑する。

**ミスる**〔俗語〕失敗をする。〔「ミスを動詞化したもの」〕

**みずわり**【水割り】水で―薄めること（薄めたもの）。「ウイスキーの―」Ⅱ水増し。

**みせ**【店】《見世》商店。店舗《てんぽ》。

**―を畳**《たた》**む** 商売をやめる。

**―を張**《は》**る** 店を構えて商売をする。

**みせいねん**【未成年】まだ成年に達しない―こと（人）。対成年・成人

**みせかけ**【見せ掛け】外見。うわべ。

**みせかける**【見せ掛ける】実際とは別のものに見えるようにする。

**みせがね**【見せ金】信用を得るために相手に見せるお金。

**みせがまえ**【店構え】店の―造り（規

模)。

**みせけち【見せ消ち】** 書き誤った字句の訂正法。もとの文字も読めるように消す。

**みせさき【店先】** 店の前。店の、人目につきやすい所。

**みせじまい【店仕舞い】** ①その日の営業を終えること。②廃業すること。◇対店開き

**みせしめ【見せしめ】** 罰して見せて、他の人が同様のことをしないように戒めとすること。

**ミセス【Mrs.】** 既婚女性(-の姓名の上につける敬称)。

**みせつ【未設】** まだ設けていないこと。対既設

**みせつける【見せ付ける】** これ見よがしに見せる。はっきり見せる。

**みせどころ【見せ所】** 特に人に見てもらいたいところ。「腕の—」

**みぜに【身銭】** 自分のお金。

**—を切《き》る** 人(公用)のために自分のお金を使う。

**みせば【見せ場】** 特に人に見せるねうちのある場面。

**みせばん【店番】** 店の番をする-こと(人)。

**みせびらかす【見せびらかす】** 自慢そうに見せる。

**みせびらき【店開き】** ①新しく店を出して商売を始めること。②その日の営業を始めること。◇対店仕舞い

**みせもの【見世物】** ㊀料金を取って見せる興行。㊁面白半分に見られる-もの(こと)。

**みせる【見せる】** ①人が見るようにする。②経験させる。「痛い目を—」③強い意志を表す。「きっと勝って—」

**みぜん【未然】** まだそうならないこと。「—に防ぐ」

**—形《けい》** 活用形の一。助動詞「ない」「(さ)せる」などに接続する。

**みそ【味噌】** ①調味料の一。②工夫を凝らした点。「そこが—だ」

**—も糞《くそ》も一緒《いっしょ》にする** いいものもわるいものも区別しない。

**—を擂《す》る** おせじを言う。

**—を付《つ》ける** 失敗して面目を失う。

**みぞ【溝】** ①水を流す小さい水路。②細長いくぼみ。③感情のへだたり。

**みそあえ【味噌和え】** みそで-あえること(あえた料理)。

**みぞう【未曽有】** 今までに一度もなかったこと。「古今—」

**みぞおち【鳩尾】** 胸の中央のへこんだところ。みずおち。〔急所の一〕

**みそか【晦日】**《三十日》月の最後の日。〔月の第三〇日の意〕類つごもり

**みそぎ【禊】** (川などで身を清めて)罪や汚れをはらうこと。

**みそこし【味噌漉し】** みそをこす用具。

**みそこなう【見損なう】** ①見まちがえる。②見る機会をのがす。③評価を誤る。「君を見損なった」

**みそさざい【鷦鷯】** 谷川などにいる小鳥。こげ茶色で、声が美しい。

**みそじ【三十路】** 〔文章語〕三〇歳(-代)。

**みそしる【味噌汁】** 野菜・豆腐などを入れ、みそで味付けをした汁。

**みそすり【味噌擂り】** ①みそをすること。②へつらう-こと(人)。③みそすり坊主。

**みそっかす【味噌っ滓】** 〔俗語〕仲間に入れてもらえない子供。〔みそをこした、かすの意〕

**みそづけ【味噌漬け】** みそに-漬けること(漬けた食品)。

**みそはぎ【禊萩】** 夏、淡紅紫色の小花をつける多年草。みぞはぎ。千屈菜。

**みそひともじ【三十一文字】** 短歌。

**みそめる【見初める】** ひと目見て恋心をおこす。〔初めて見るの意〕

**みそら【身空】** 身の上。「若い—で」

**みぞれ【霙】** ①雨まじりの雪。②みつをかけたかき氷。

**みだ【弥陀】** 〔仏教語〕阿弥陀《あみだ》の略。

**みたけ【身丈】** ①身長。②和服の、えりの下からすそまでの背筋の長さ。

**みだし【見出し】** ①新聞や雑誌の記事の表題。②本や帳簿の目次や索引。③辞書・事典に項目として掲げたもの。

**みだしなみ【身嗜み】** 身なりや態度をきちんとすること。

**みたす【満たす】**《充たす》①いっぱいにする。②満足させる。

**みだす【乱す】** 乱れるようにする。

**みたつ【未達】** ①まだ達成しないこと。②まだ届かないこと。

**みたて【見立て】** 見立てること。「医師の—」

**みたてる【見立てる】** ①見て、選定する。②診断する。③なぞらえる。「切り株をいすに—」

**みたま【御霊】** 神などの霊の尊敬語。「—をまつる」

**みため【見た目】** 見た感じ。外観。

**みだら【淫ら】**《猥ら》 性的に乱れているようす。

**みたらし【御手洗】** ①神社の参拝者が手や口を洗い清める所。②顔や手を洗うこと。

**みだりがわしい【猥りがわしい】**〔文章語〕ひどくみだらだ。みだりがましい。

**みだりに【妄りに・濫りに】**〔文章語〕むやみやたらに。無分別に。

**みだれ【乱れ】** 乱れること。

**—籠《かご》** 脱いだ衣服を入れるかご。みだればこ。

**みだれる【乱れる】** 秩序がなくなる。乱雑になる。

**みち【道】**《路》 ①道路。通路。②途中。③道のり。④進路。「わが—を行く」⑤道理。道徳。⑥方法。⑦専門。

**—の駅《えき》** (地域の特産品を売る)国道沿いのサービスエリア。

**—を付《つ》ける** ①道路をつくる。②糸口をつくる。

**みち【未知】** まだ知られていないこと。「—の世界」対既知

**みちいと【道糸】** 釣り糸で、さおの先からおもりまでの部分。

**みぢか【身近】** 自分の近く。「—な問題」

**みちがえる【見違える】** 別のものと見まちがえる。「—ように立派になった」

**みちかけ【満ち欠け】**《盈ち虧け》 月が満ちることと欠けること。

**みちくさ【道草】** ①道ばたの草。②「—を食う(=途中でよけいなことをして時間を費やす)」

**みちしお【満ち潮】** 満ちてくる潮。対引き潮

**みちじゅん【道順】** 目的地までの順路。

**みちしるべ【道しるべ】**《道標》 道案内(—の標識)。⊜手引き。

**みちすう【未知数】** 方程式で、値がわかっていない数。対既知数 ⊜将来どうなるかわからないこと。

**みちすがら【道すがら】** 道を行きながら。

**みちすじ【道筋】** 通って行く道。⊜物事のすじみち。

**みちたりる【満ち足りる】** 十分満足する。「満ち足りた生活」

**みちづれ【道連れ】** 連れ立って行くこと(人)。「—になる」

**みちならぬ【道ならぬ】** 道徳にはずれた。「—恋」

**みちなり【道なり】** 道路のそのままの形。「—に行く」

**みちのべ【道の辺】** 道ばた。〔雅語〕

**みちのり【道程】** 道の長さ。

**みちばた【道端】** 道のわき。

**みちひ【満ち干】** 満ち引き。

**みちひき【満ち引き】** 満潮と干潮。みちひ。

**みちびく【導く】** ①道案内をする。②指導する。⊜そうなるようにしむける。「社会を混乱に—」

**みちぶしん【道普請】** 道路工事。

**みちみちる【満ち満ちる】** 満ちるの強調。

**みちゃく【未着】** まだ着かないこと。

**みちゆき【道行き】** ①歌舞伎や浄瑠璃で、相愛の男女の—道中(かけおち)の場面。②旅行中の光景や旅情を述べた韻文体の文章。道行き文。③和服用のコートの一。

**みちる【満ちる】**《充ちる》 ①いっぱいになる。②満月になる。③満潮になる。④満期になる。

**みつ【密】** ①秘密。②すきまのないこと。対粗 ⊜綿密。また、親密。

**みつ【蜜】** ①はちみつ。②糖みつ。

**みつ【褌・三つ】** 相撲で、まわしの横と縦が背後で交わる部分。また、まわし。「前—」

**みつ【満つ】**《充つ》 みちる。

**みつあみ【三つ編み】** 三本のひもを組み合わせる編み方。⊜女性の髪型の一。おさげ。

**みつうん【密雲】**〔文章語〕厚く重なった雲。

**みっか【三日】** ①月の三番目の日。②一日《いちにち》の三倍。「—間」

**—天下《てんか》** 短期間、政権・実権を握るこ

と。
―麻疹《ばしか》 ふうしん。
―坊主《ぼうず》 あきっぽく長つづきしない人（こと）。
―見《み》ぬ間《ま》の桜《さくら》（―かな） 世の中の変化が激しいようす。
**みっかい【密会】**（男女が）こっそり会うこと。「―を重ねる」
**みつぎ【貢ぎ】** 人民や属国が献上する財物。「―物」
**みつぎ【密議】** 秘密の相談。
**みっきょう【密教】** 仏教の教えの一。加持・祈禱《きとう》を重んじる。〔真言宗や天台宗など〕対顕教《けんきょう》
**みつぐ【貢ぐ】** ①献上する。②金品をおくる。
**ミックス［mix］** ①まぜること。まぜたもの。Ⅱ雑種。②ミックスダブルス。
―ダブルス［mixed doubles］ テニスなどで、男女二人の混成チーム。
**みづくろい【身繕い】** 身じたく。
**みつくろう【見繕う】** 品物を選んでととのえる。
**みつけ【見付】** 城の外門で、番兵が見張る所。
**みっけい【密計】** 秘密の計画。類密謀
**みつげつ【蜜月】** ハネムーン。「―旅行」
**みつける【見付ける】** ①発見する。②見慣れる。
**みつご【三つ子】** ①一回の出産で生まれた三人の子。②三歳の子。また、幼児。「―の魂百まで（=幼いころの性格は年をとっても変わらない）」
**みっこう【密行】** ひそかに行くこと。
**みっこう【密航】** 法を犯して（船賃を払わずに）渡航すること。
**みっこく【密告】** こっそり告げ知らせること。
**みっさつ【密殺】** ひそかに（法にそむいて家畜を）殺すこと。
**みっし【密使】** 秘密の使者。
**みっしつ【密室】** ①締めきって外から入れない部屋。②秘密の部屋。
**みっしゅう【密集】** 多くのものがすきまなく集まること。
**みっしゅっこく【密出国】** 法にそむいて、こっそり国を出ること。対密入国
**みっしょ【密書】** 秘密の書類・手紙。
**ミッション［mission］** ①キリスト教で、伝道（―団体）。②ミッションスクール。③使節団。④使命。
―スクール［mission school］ キリスト教団体が建てた学校。
**ミッシングリンク［missing link］** 一連のつながりの中で、欠けている部分。〔失われた環の意。／類人猿と人間との中間に存在したと仮想される動物をこう呼んだことから〕
**みっせい【密生】** すきまなくはえること。
**みっせつ【密接】** ①すきまなくくっつくこと。②関係が非常に深い。
**みっせん【密栓】** かたく栓をすること。また、その栓。
**みっせん【蜜腺】** 花や葉の、蜜を分泌する器官。
**みっそ【密訴】** こっそり訴えること。
**みっそう【密送】** こっそり送ること。
**みっそう【密葬】** 身内の者だけでする葬式。対本葬
**みつぞう【密造】** 酒などを、法を犯してこっそり造ること。
**みつぞろい【三つ揃い】** 三つで一組のもの。Ⅱ洋服の、上着・ベスト・ズボン。
**みつだん【密談】** 秘密の相談。
**みっちゃく【密着】** ①ぴったりくっつくこと。②写真で、ネガのままの大きさに焼き付けること。その印画。
**みっちり** じゅうぶん。たっぷり。
**みっつ【三つ】**（個数・年齢で）三。
**みっつう【密通】** 男女がこっそり関係をもつこと。「不義―」
**みってい【密偵】** スパイ。
**ミット［mitt］** 野球で、捕手と一塁手が使う、親指だけが分かれた革製の手袋。
**みつど【密度】** ①粗密の度合い。「人口―」②単位体積当たりの質量。
**ミッドナイト［midnight］** 真夜中。深夜。
―ブルー［midnight blue］ 黒に近い紺色。
**ミッドフィルダー［midfielder］** サッカーの選手のポジションの一。ハーフバック。
**みつどもえ【三つ巴】** 三つのともえが組み合わさった形。Ⅱ三者が対立しからみあうこと。
**みっともない【見っともない】** 外聞が

わるい。見苦しい。〔「見とうもない」の転〕
**みつにゅうこく**【密入国】対密出国
**みつば**【三つ葉】①三枚の葉。「―葵《あおい》」②香りのよい野菜の一。
**みつばい**【密売】法を犯してこっそり売ること。「麻薬の―」
**みつばち**【蜜蜂】ハチの一。はちみつを採るために飼う。
**みっぷう**【密封】厳重に封をすること。
**みっぺい**【密閉】ぴったり閉じること。「容器を―する」
**みつぼうえき**【密貿易】法を犯してこっそり行う貿易。
**みつまた**【三つ又】《―叉》（先が）三つに分かれているもの。また、川や道が三方向に分かれている所。
**みつまた**【三椏】落葉低木の一。皮の繊維は和紙の原料。〔枝が三本ずつに分かれることから〕
**みつまめ**【蜜豆】寒天・果物・ゆでたエンドウ豆などを盛り合わせ、蜜をかけた食品。
**みつめい**【密命】秘密の使命・命令。「―を帯びる」
**みつめる**【見詰める】じっと見る。
**みつもり**【見積もり】見積もること。
**みつもる**【見積もる】あらかじめ概算する。
**みつやく**【密約】秘密の約束（条約）。「―を交わす」
**みつゆ**【密輸】法を犯して輸出入すること。「―品」
**みつゆしゅつ**【密輸出】法を犯して輸出すること。対密輸入
**みつゆにゅう**【密輸入】対密輸出
**みづらい**【見辛い】①見るにたえない。②見にくい。
**みつりょう**【密猟】法を犯してこっそり鳥獣をとること。
**みつりょう**【密漁】法を犯してこっそり魚介をとること。
**みつりん**【密林】すきまなく生い茂った林。ジャングル。
**みつろう**【蜜蝋】ミツバチの巣から作ったろう。
**みてい**【未定】まだ決まらないこと。対既定
**―稿《こう》** 未完成の原稿。
**ミディ**［midi］ふくらはぎの中ほどぐらいの丈のスカート。
**ミディアム**［medium］①中間。媒介。②ステーキの焼き方の一。レアとウエルダンの中間。
**―レア**［medium rare］ステーキの焼き方で、レアとミディアムの中間。
**みてくれ**【見てくれ】うわべ。外観。「―を気にする」
**みてとる**【見て取る】見て知る。
**みとう**【未到】〔文章語〕まだだれも行きつかないこと。「前人―」
**みとう**【未踏】〔文章語〕まだ足を踏み入れないこと。「人跡―」
**みとう**【味到】〔文章語〕内容をよく味わうこと。
**みどう**【御堂】仏像を安置した堂。おどう。
**みとおし**【見通し】①遠くまでよく見えること。②将来の予測。③⇨おみとおし
**みとおす**【見通す】①遠くまで見渡す。②見抜く。予測する。③終わりまで見る。
**みとがめる**【見咎める】見てあやしいと思い、問いただす。
**みとく**【味得】〔文章語〕十分に味わって会得すること。
**みどく**【味読】よく味わって読むこと。
**みどころ**【見所】《見処》①見る価値のあるところ。②将来性。「―のある人物」
**ミトコンドリア**［mitochondria］動植物の細胞中にある小器官。主に呼吸に関与する。
**みとどける**【見届ける】（最後まで）見て、確かめる。
**みとめ**【認め】①認めること。②認め印。
**―印《いん》** ふだん使う略式の印。対実印
**みとめる**【認める】①見て知る（判断する）。「必要を―」②承認する。許可する。「退院を―」③高く評価する。
**みども**【身共】自分（―たち）。われ（―ら）。〔武士が同輩・目下に対して使った〕
**みとり**【見取り】①見取ること。②《看取り》看病。
**―図《ず》** 形や配置をわかりやすく書いた図面。
**みどり**【緑】《翠》色の名。⦶草木。また、新芽。「町の―」
**―児《ご》** えいじ。〔普通、嬰児と書く〕
**―のおばさん** 児童の登下校時に交通整理をする女性。

—**の黒髪《くろかみ》** 黒くてつやのある（—女性の）髪。

—**の日《ひ》** 国民の祝日の一。五月四日。〔二〇〇七年までは四月二九日〕

—**虫《むし》** 原生動物の一。鞭毛虫《べんもうちゅう》類。ユーグレナ。

**みどりきょうげん【見取り狂言】** 歌舞伎や浄瑠璃で、いくつかの幕・段を集めた上演方式。〔緑狂言とも書く〕㊟通し狂言

**みとる【見取る】** ①見て知る。②見て写し取る。③《看取る》看病する。

**ミドル**［middle］中間。中流。

—**エージ**［middle age］中年。

—**クラス**［middle class］中産階級。中流。

—**ネーム**［middle name］人名が三つの部分からなる場合の中間の名。

—**ホール**［和製語 middle hole］ゴルフで、パー四の中程度の距離のホール。

**みとれる【見蕩れる】** うっとりして見る。「景色に—」

**ミトン**［mitten］親指だけが分かれた手袋。

**みな【皆】** すべて。みんな。

**みなおし【見直し】** みなおすこと。

**みなおす【見直す】** ①もう一度見る。②気づかなかった価値を認める。③再検討する。

**みなかみ【水上】** 川上。

**みなぎる【漲る】** 水が満ちあふれる。Ⅱいっぱいになる。「若さが—」

**みなくち【水口】** 田に引く水の入り口。

**みなげ【身投げ】** 投身（—自殺）。

**みなごろし【皆殺し】** 全員殺すこと。〔鏖とも書いた〕

**みなしご【孤児】** 親のない子供。孤児《こじ》。

**みなす【見做す・看—】** ①仮定する。②判定して、そう扱う。「過失と—」

**みなそこ【水底】** 水の底。〔雅語〕

**みなづき【水無月】** 陰暦で、六月。

**みなと【港】**《湊》 船が安全に停泊するための施設（—のある所）。

—**町《まち》** 港のある町。

**みなのか【三七日】** 死後二一日目（—の法要）。みなぬか。

**みなまたびょう【水俣病】** 公害病の一。有機水銀中毒による疾患。〔はじめ熊本県水俣市で発生〕

**みなみ【南】** 方角の一。〔略記号S〕㊟北

—**回帰線《かいきせん》** 南緯二三度二七分の緯度。太陽がその真上を通る南の限界。㊟北回帰線

—**風《かぜ》** 南から吹く風。㊟北風

—**十字星《じゅうじせい》** 南半球でよく見える、十字形に並ぶ四つの星。サザンクロス。〔十字の長い棒の延長線上に天の南極がある〕

—**半球《はんきゅう》** 地球の赤道以南。㊟北半球

**みなも【水面】** 水の表面。水面《すいめん》。

**みなもと【源】** 川の水の流れ出るもと。Ⅱ物事のおこるもと。

**みならい【見習い】** 見習うこと。Ⅱ業務を実地に練習する—こと（人）。「—工」

**みならう【見習う】**《見倣う》 見て—習い覚える（まねる）。

**みなり【身なり】**《身形》 衣服を着た姿。服装。「—を整える」

**みなれる【見慣れる】**《見馴れる》 何回も見てよく知っている。

**みなわ【水泡】** 水のあわ。〔雅語〕

**ミニ**［mini］①ミニスカートの略。②小型の。小さい。「—コミ」㊮プチ

**ミニアチュール**［フランス語 miniature］細密画。

**ミニカー**［minicar］①小型の自動車。②小型の模型自動車。

**みにくい【醜い】** ①見ていやな感じがする。㊮見苦しい ②容姿がわるい。◇㊟美しい

**みにくい【見難い】**《見悪い》 見るのに苦労する。

**ミニコミ** 少数の人を対象とした情報伝達。〔和製語 mini communicationから〕㊟マスコミ

**ミニスカート**［miniskirt］丈の短い、ひざの出るスカート。

**ミニチュア**［miniature］①小型（—の模型）。②細密画。ミニアチュール。◇ミニアチュア。

—**カー** ミニカー。

**ミニッツステーキ**［minute steak］肉料理の一。短時間で焼く薄いステーキ。

**ミニトマト**［和製語 minitomato］トマトの品種の一。実が小さい。

**ミニバイク**［minibike］小型オートバイ。特に、原付き。

**ミニバン**［minivan］RV車の一。ボンネッ

トがあり、やや車高の高い七～八人乗りのワゴン車。

**ミニマム**［minimum］最小限。対マキシマム

**ミニマル**［minimal］最小限。

**ミニレター**［和製語 mini letter］郵便書簡。

**ミニロト**［mini loto］ナンバーくじの一。三一個の数字の中から五個を選ぶ。

**みぬく【見抜く】** 本当のところを見通す。類見破る

**みね【峰】**《嶺》①山の頂上。Ⅱものの高い部分。②刀の刃の背。

**みねうち【峰打ち】** 刀の峰で打つこと。

**ミネストローネ**［イタリア語 minestrone］イタリア料理の一。実だくさんのスープ。

**ミネラル**［mineral］鉱物性の栄養素。

**—ウオーター**［mineral water］天然水の瓶詰め。また、鉱泉水。

**みの【蓑】** カヤやスゲで作った雨具。

**みの【三幅】**《三布》①並幅の布を三枚縫い合わせた幅。②三幅ぶとんの略。三幅①のふとん。

**みのう【未納】** まだ納めていないこと。

**みのうえ【身の上】** ①境遇。「—相談」②運命。「—を占う」

**みのがす【見逃す】** ①見る機会を逃す。②見ていながら見おとす。③とがめないで許す。「罪を—」

**みのがみ【美濃紙】** 和紙の一。厚くて丈夫。

**みのがめ【蓑亀】** 甲に藻がついて、みのを着たようなカメ。〔長寿の象徴〕

**みのけ【身の毛】** 体毛。

**—がよだつ** 恐ろしさに、毛が逆立つ。

**みのこす【見残す】** 全部を見られずに一部を残す。

**みのしろ【身の代】** 身の代金。

**—金《きん》** 人身売買の代金。また、人質を返す代わりに要求する金。

**みのたけ【身の丈】** 身長。背丈。

**みのほど【身の程】** 分《ぶん》際《ざい》。

**—知《し》らず** 自分の立場をわきまえないこと。

**みのまわり【身の回り】** 身辺の雑事（—で用いる物）。「—の世話」

**みのむし【蓑虫】** ミノガ科のガの幼虫。木の葉や枝で、みのに似た袋の巣を作る。

**みのも【水の面】** みなも。〔雅語〕

**みのり【実り】**《稔り》実ること。「—の秋」Ⅱいい結果。成果。「—多い研究」

**みのり【御法】** 仏法の尊敬語。

**みのる【実る】**《稔る》実がなる。Ⅱ成果があらわれる。「努力が—」

**みば【見場】** 見かけ。外観。「—がわるい」

**みはい【未配】** まだ配給（配当）されないこと。

**みばえ【見栄え・見映え】** 見かけがいいこと。「—がする」

**みはからう【見計らう】** ①見て適当なものを決める。②タイミングの見当をつける。

**みはっぴょう【未発表】** まだ発表されていないこと。

**みはてぬ【見果てぬ】**〔文章語〕見終わらない。

**—夢《ゆめ》** 求めても、永久に実現できないこと。

**みはなす【見離す・見放す】** 相手にしなくなる。類見捨てる・見限る

**みばなれ【身離れ】** 骨ばなれ。

**みはば【身幅】**（和服の）身頃の幅。

**みはらい【未払い】** まだ支払っていないこと。対既払い

**みはらし【見晴らし】** ながめ。眺望。

**みはらす【見晴らす】** 遠く広く見渡す。

**みはり【見張り】** 見張る—こと（人）。

**みはる【見張る】** ①《瞠る》目を大きく開いて見る。②番をする。

**みはるかす【見晴るかす】**《見霽かす》〔文章語〕遠くまで見渡す。

**みびいき【身贔屓】** 自分に関係のある人を特にひいきすること。

**みひつ【未必】**

**—の故意《こい》**〔法律用語〕わるい結果が起こる可能性を知りながら、あえて行為をする心理状態。

**みひとつ【身一つ】** 自分の体だけ。

**みびょう【未病】** 病気とまでは言えない前段階の状態。

**みひらき【見開き】** 本や雑誌で、開いたときに並ぶ左右二ページ（—の印刷面）。

**みひらく【見開く】** 見るために目を大きく開く。

**みふたつになる【身二つになる】**（子供を生む。

**みぶな【壬生菜】** 京野菜の一。漬物用。

**みぶり【身振り】** 感情や意志を表そうとして、体を動かすこと。
**―言語《げんご》** ボディーランゲージ。
**みぶるい【身震い】** 体が震えること。
**みぶん【身分】** 社会的な（法律上の）地位。「―証明書」[類]分際《ぶんざい》
**―制度《せいど》** 人を身分によって分け、序列をつける制度。
**―相応《そうおう》** 身分にふさわしいこと。[対]身分不相応
**みぶんか【未分化】** まだ分化していないこと。
**みぼうじん【未亡人】** 夫に死に別れた女性。〔もと、自称の語。／共に死ぬべきなのにまだ生きている人の意〕
**みほとけ【御仏】** 仏《ほとけ》の尊敬語。
**みほれる【見惚れる】** 見てわれを忘れる。見てうっとりする。
**みほん【見本】**（商品の）一例。サンプル。[類]標本 Ⅱ代表例。手本。
**―市《いち》** 企業が商品見本を展示し、宣伝・紹介しながら取り引きする催し。
**みまい【見舞い】** 見舞う―こと（ための手紙や品物）。「お―」
**みまう【見舞う】** ①病人や被災者を訪ねて慰める。②（よくないものが）やってくる。「災難に見舞われる」
**みまがう【見紛う】** 見誤る。みまごう。
**みまかる【身罷る】**「死ぬ」の丁寧語。
**みまもる【見守る】** じっと（気をつけて）見る。
**みまわす【見回す】** 四方をぐるっと見る。「あたりを―」
**みまわる【見回る】** 見物（警戒・監督）のためにまわって歩く。
**みまん【未満】** その数に達しないこと。〔二〇歳未満は一九歳以下のこと〕
**みみ【耳】** 聴覚器官。特に耳殻《じかく》。Ⅱ㋐聞く（聞こえる）こと。「―がいい」㋑耳殻に似た形のもの。「なべの―」㋒紙やパンのはし。
**―が痛《いた》い** 自分の弱点をついた話で、聞くのがつらい。
**―が遠《とお》い** 聴力が弱い。
**―が早《はや》い** うわさなどをすぐ聞きつける。
**―に入《い》れる** 情報を知らせる。聞かせる。
**―に逆《さか》らう** 聞いて不快になる。
**―にする** 聞く。
**―にたこができる** 何回も同じことを聞かされる。
**―に付《つ》く** ①耳ざわりである。②聞いたことが忘れられない。
**―に残《のこ》る** 音や声が記憶に残る。
**―に入《はい》る** うわさや情報が聞こえる。
**―を疑《うたが》う** 聞いたことが信じられない。
**―を貸《か》す** 聞こうとする。
**―を傾《かたむ》ける** 注意して聞く。
**―を澄《す》ます** 小さい音も注意して聞こうとする。
**―を欹《そばだ》てる** 音や話を、注意して聞こうとする。
**―を揃《そろ》える** 金額などをきっちりそろえる。
**―を塞《ふさ》ぐ** 聞かないようにする。
**みみあか【耳垢】** 耳の穴にたまるあか。耳くそ。
**みみあたらしい【耳新しい】** 初耳だ。
**みみあて【耳当て】** 防寒用などに耳をおおうもの。
**みみうち【耳打ち】** 耳へ口を寄せてささやくこと。耳こすり。
**みみかき【耳搔き】** 耳あかを取る道具。
**みみがくもん【耳学問】** 聞きかじりの知識。
**みみかざり【耳飾り】** 装身具の一。耳たぶにつける。イヤリング。
**みみがね【耳金】** なべやかまの左右に突きでた、とって。
**みみくそ【耳糞】**〔俗語〕耳あか。
**みみざとい【耳聡い】** 聴覚が鋭い。Ⅱ早耳だ。
**みみざわり【耳障り】** ①聞いて不愉快に感じるようす。②〔俗語〕聞いたときの感じ。〔一般に誤りとされる〕
**みみず【蚯蚓】** 土中にすむ細長い動物。釣りのえさにする。
**―脹《ば》れ** ひっかいたあとなどが、赤く細長くはれあがること。また、そのはれ。
**みみずく【木菟】** 頭に耳のような羽毛をもつ、フクロウ科の鳥。ずく。
**みみだつ【耳立つ】** 耳障りなほどに聞こえる。
**みみたぶ【耳朶】** 耳の下部のやわらかいところ。みみたぼ。じだ。
**みみだれ【耳垂れ】** 耳の穴からうみが流れ出る病気。また、そのうみ。

**みみっちい**〔俗語〕しみったれだ。けちくさい。「―ことを言うな」

**みみどしま【耳年増】**〔俗語〕男女間のことをいろいろ聞いて知識ばかり多い人。

**みみなり【耳鳴り】** 耳の中で何か鳴っているように感じること。

**みみなれる【耳慣れる】**《耳馴れる》聞き慣れる。

**みみもと【耳元】**《耳許》耳のそば。

**みみより【耳寄り】** 聞くねうちのあるようす。「―な話」

**みむく【見向く】** 振り向く。

**みめ【見目】**〔文章語〕見た感じ。‖顔だち。「―麗しい」

**みめい【未明】** まだ夜が明けきらないころ。

**みめかたち【見目形】** 顔だちと姿。

**みめよい【見目好い】** 器量がよい。〔古風な言い方〕

**ミモザ**〔mimosa〕①オジギソウ。②ハナアカシアの通称。黄色の小花をつける。

**―サラダ**〔mimosa salad〕ゆで卵の黄身を飾ったサラダ。

**みもしらぬ【見も知らぬ】** まったく知らない。

**みもだえ【身悶え】** 苦しんで身をよじること。動―る

**みもち【身持ち】**（男女関係についての）品行。「―がわるい」

**みもと【身元】**《身許》①素性。「―不明」②一身上に関すること。「―保証人」

**みもの【見物】** 見るねうちがあるもの。

**みもの【実物】** 実を楽しむ植物。対花物・葉物

**ミモレ**〔フランス語 mi-mollet〕ふくらはぎの中ほどの丈のスカート。

**みもん【未聞】** まだ聞いたことがないこと。「前代―」

**みや【宮】** ①神社。②皇族の敬称。③皇居。

**みゃく【脈】** ①血管。②脈拍。「―が速い・―を取る」

**―がある** 脈を打っている。‖見込みがある。◇対脈がない

**みゃくあつ【脈圧】** 最高血圧と最低血圧の差。

**みゃくうつ【脈打つ】** 脈を打つ。‖生き生きと流れる。「伝統が―」

**みゃくどう【脈動】** ①脈打つこと。②地学で、周期的に起こる地面の微動。

**みゃくはく【脈拍】**《脈搏》心臓のはたらきによって起こる動脈の波動（―の回数）。

**みゃくみゃく【脈々】** とぎれずに続いているようす。

**みゃくらく【脈絡】** つながり。筋道。

**みやけ【宮家】** 皇族で宮号をもつ家。

**みやげ【土産】** ①旅先から持ち帰る、土地の産物。②人を訪問するときに持っていく贈り物。

**―話《ばなし》** 旅先で見聞した話。

**みやこ【都】** ①政府・皇居のある所。②都会。対いなか

**―落《お》ち** 都を―去って（逃げて）地方へ行くこと。

**―鳥《どり》** 水鳥の一。くちばしが長く、足が赤い。〔古典の都鳥はユリカモメ〕

**―忘《わす》れ** 庭草の一。春、紫色の花をつける。

**みやごう【宮号】** 宮家の称号。

**みやすい【見易い】** ①見るのに便利だ。対見にくい ②わかりやすい。

**みやだいく【宮大工】** 寺社や宮殿を建てる大工。

**みやづかえ【宮仕え】** 宮中に仕えること。‖〔俗語〕役所や会社に勤めること。

**みやび【雅び】** 優美で上品なこと。「―な装い」類風流

**―やか** 優雅で上品なようす。

**みやぶる【見破る】** 秘密などを見抜く。「本心（正体）を―」

**みやま【深山】** ①山の美称。②奥深い山。

**―嵐《おろし》** 深山から吹きおろす風。

**―霧島《きりしま》** ツツジの一。九州の山地に生え、小型。

**みやまいり【宮参り】** 生まれた子が初めて（七五三の祝いに）氏神にお参りすること。

**みやる【見遣る】** ①遠方を見る。②その方を見る。

**ミュー【μ】**〔ギリシャ語 mu〕ギリシャ語の字母の一。

**ミュージアム**〔museum〕博物館。美術館。

**ミュージカル**〔musical〕音楽と踊りを中心にした映画・演劇。

**ミュージシャン**〔musician〕音楽家。〔ふ

つう、ジャズやポピュラー音楽についていう〕

**ミュージック**〔music〕音楽。

**―ホール**〔music hall〕歌・踊り・エロチックなショーなどを演じる演芸場。

**ミューズ**〔Muses〕ギリシャ神話で、詩・音楽・美術などをつかさどる九人の女神《めがみ》。

**ミュータンスきん【―菌】**虫歯菌の一。

**ミュータント**〔mutant〕変異体。

**ミュート**〔mute〕①弱音器。②音響機器で、消音(―状態)。

**ミュール**〔mule〕サンダルの一。かかとのひもがない。女性用。

**みゆき【行幸】**天皇の外出。〔雅語〕

**みゆき【深雪】**①雪の美称。②深く降り積もった雪。

**みよ【御代・御世】**天皇の治世。

**みよい【見好い】**①見たようすがよい。対見苦しい ②見やすい。対見づらい

**みよう【見様】**見方。

**―見真似《みまね》** 人のすることを見てまねて自然に覚えること。

**みょう【妙】**①とてもすばらしいこと。「造化の―」②奇妙。「―な話」

**みょう【明】**次の。あくる。「―二〇一〇年」

**みょうあさ【明朝】**みょうちょう。

**みょうあん【妙案】**すぐれた案。

**みょうおん【妙音】**〔文章語〕非常に美しい―声(音楽)。

**みょうが【冥加】**①目に見えない、神仏の加護。②幸運。「命―な人」③冥加金。江戸時代、営業を許可された者が幕府や領主に納めた礼金。

**―に余《あま》る(尽《つ》きる)** 身に余るほどありがたい。

**みょうが【茗荷】**ショウガ科の多年草。花・若芽はよいかおりがあり、食用。

**みょうぎ【妙技】**非常にすぐれたわざ。

**みょうけい【妙計】**〔文章語〕非常に巧みなはかりごと。妙策。

**みょうご【明後】**次の次。「―三日」

**―日《にち》** 明日の翌日。

**―年《ねん》** 明年の翌年。

**みょうごう【名号】**仏《ほとけ》や菩薩《ぼさつ》の名前。「六字の―(=南無阿弥陀仏)」

**みょうさく【妙策】**〔文章語〕妙計。

**みょうじ【名字・苗字】**家の名。姓《せい》。対名前

**―帯刀《たいとう》** 江戸時代、特に許された百姓・町人が名字を名のり、刀を差したこと。「―を許す」

**みょうしゅ【妙手】**①すぐれた腕前(―の人)。②囲碁・将棋で、非常にうまい手。

**みょうしゅ【妙趣】**〔文章語〕すぐれた趣。

**みょうしゅん【明春】**〔文章語〕来年の春。類来春

**みょうしょ【妙所】**〔文章語〕すぐれたところ。

**みょうじょう【明星】**金星。〔夜明けに東の空に見えるものを「明けの明星」、夕方西の空に見えるものを「宵の明星」という〕‖その社会でもてはやされる人。

**みょうじん【明神】**神の敬称。「大―」

**みょうせき【名跡】**家名の跡目。

**みょうだい【名代】**目上の人の代理(―人)。〔古風な言い方〕

**みょうちょう【明朝】**〔文章語〕明日の朝。

**みょうてい【妙諦】**〔文章語〕すぐれた真理。みょうたい。

**みょうと【夫婦】**ふうふ。〔めおとの転〕

**みょうにち【明日】**あす。〔改まった言い方〕対昨日《さくじつ》

**みょうねん【明年】**来年。〔改まった言い方〕

**みょうばん【明晩】**あすの晩。

**みょうばん【明礬】**八面体の無色の結晶。硫酸アルミニウムなどの化合物。染色・医薬・工業用。〔ミョウバンとも書く〕

**みょうほう【妙法】**〔仏教語〕すぐれて、ふしぎな教え。特に、法華経《ほけきょう》の美称。

**みょうみ【妙味】**すぐれた味わい。類妙趣

**みょうもく【名目】**めいもく。

**みょうや【明夜】**〔文章語〕あすの夜。明晩。

**みょうやく【妙薬】**ふしぎなほどよく効く薬。

**みょうり【名利】**めいり。

**みょうり【冥利】**①神仏が人知れず与える利益《やく》。②幸福。「教師―に尽きる(=教師としてこれ以上の幸福はない)」

**みょうれい【妙齢】**女性の、若い年ごろ。「―に達する」

**みよし【舳】**《船首》船の先。〔水押《みおし》の転〕対艫《とも》

**みより【身寄り】** 親類。みうち。
**ミラー** [mirror] 鏡。
**―ボール** [mirror ball] 天井からつる、鏡をはった飾り玉。〔光を反射して輝く〕
**―レス** [mirrorless] デジタルカメラで、一眼レフカメラで必要だったミラーがないもの。
**ミラージュ** ［フランス語 mirage］ 蜃気楼《しんきろう》。
**みらい【未来】** ①現在の後にくる時。類将来 対現在・過去 ②〔仏教語〕三世の一。来世。
**―永劫《えいごう》** 未来永久にわたること。
**みらい【味蕾】** 舌の粘膜にあり、味覚をつかさどる小さな器官。
**ミラクル** [miracle] 奇跡。驚異。
**ミリ** ［フランス語 milli］ ①国際単位系で単位につけて千分の一を表す語。記号 m「―グラム」②ミリメートルの略。
**ミリオネア** [millionaire] 百万長者。大富豪。
**ミリオン** [million] 一〇〇万。
**―セラー** [million seller] 一〇〇万以上売れた本や楽曲など。
**ミリグラム** ［フランス語 milligramme］ メートル法の重さの単位の一。一グラムの千分の一。記号 mg
**ミリタリー** [military] 軍隊。軍用。軍人。「―ルック」
**ミリタリズム** [militarism] 軍国主義。
**ミリは【―波】** 波長が一センチメートルから一ミリメートルの電磁波。

**ミリバール** ［フランス語 millibar］「ヘクトパスカル」に同じ。記号 mb
**ミリメートル** ［フランス語 millimètre］ 国際単位系の長さの単位の一。一メートルの千分の一。ミリ。記号 mm
**みりょう【未了】** まだ終わらないこと。「審議―」
**みりょう【魅了】** 人の心をひきつけて夢中にさせること。「聴衆を―する」
**みりょく【魅力】** 人の心をひきつけるふしぎな力。「人間的な―」
**ミリリットル** ［フランス語 millilitre］ メートル法の体積の単位の一。一リットルの千分の一。記号 mL、ml
**みりん【味醂】** 調味料の一。甘みをもつ酒。
**―干《ぼ》し** 小魚を開いて、みりんの入った液につけて干した食品。
**みる【海松】** 緑藻類の海藻。浅い海の岩に生える。食用。
**みる【見る】** ①《視る・観る》目に感じて知る。②調べる。「味を―」③判断（評価）する。「事態を甘く―」④世話する。⑤経験する。「痛い目を―」⑥【診る】診察する。⑦《看る》看病する。⑧（「…てみる」の形で）ためしに…する。「食べて―」⑨（「…てみると（みたら）」の形で）…したところが。「着て―と大きかった」◇〔⑧⑨は仮名書きがふつう〕
**―影《かげ》もない** （以前とすっかりちがって）みすぼらしい。
**―に忍《しの》びない** 気の毒で見ていられない。

**ミル** [mill] 粉碾《ひ》き機。「コーヒー―」
**みるがい【海松貝・水松貝】** 海産の二枚貝の一。食用。みるくい。
**みるからに【見るからに】** ちょっと見ただけでも。「―強そうだ」
**ミルキーウエー** [Milky Way] 銀河。天の川。
**ミルク** [milk] ①牛乳。②練乳。
**―スタンド** ［和製語 milk stand］ 牛乳や軽食を出す店（コーナー）。
**―セーキ** [milk shake] 牛乳に卵・砂糖・氷などをまぜた飲み物。
**ミルフィーユ** ［フランス語 mille-feuille］ 洋菓子の一。ミルフィユ。
**ミレニアム** [millennium] 一〇〇〇年の間。千年紀。Ⅱ西暦二〇〇〇年。「―ベビー」〔本来は、キリストが再臨し至福の時代を実現させるという一〇〇〇年間〕
**みれん【未練】** あきらめきれないこと。
**―がましい** 思い切りがわるい。
**みろく【弥勒】** 〔仏教語〕仏の一。「―菩薩《ぼさつ》」〔釈迦《しゃか》の死後、五六億七千万年後に現れて人々を救うという〕
**みわく【魅惑】** 人の心をひきつけて迷わせること。
**みわけ【見分け】** 見分けること。「―がつく」
**みわける【見分ける】** 見て区別する。
**みわすれる【見忘れる】** ①以前に見たことがあるのに思い出せない。②見るのを忘れる。

**みわたす**【見渡す】広く遠くを見る。

**みんい**【民意】人々の意思。

**みんえい**【民営】民間の経営。対官営・公営・国営

**みんか**【民家】ふつうの人の家。

**みんかん**【民間】①世間。世俗。②公の機関に属さないこと。「—人」

**—伝承**《でんしょう》 昔から民衆の間に伝わってきた風習や伝説。

**—放送**《ほうそう》 民間で設立し、広告料などで経営する放送。商業放送。対公共放送

**—療法**《りょうほう》 昔から民衆の間に伝わってきた治療法。

**みんぎょう**【民業】民間の事業。対官業

**ミンク**［mink］北米原産のイタチに似た小獣。毛皮は高価。「—のコート」

**みんぐ**【民具】昔から、民衆が作り日常生活で用いてきた道具。

**みんげい**【民芸】民衆の生活の中に伝えられてきた工芸(—品)。

**みんけん**【民権】国民が政治に参加する権利。「—運動」

**みんこう**【民航】民間航空の略。

**みんごと**【見ん事】みごとの強調。

**みんじ**【民事】私法にかかわる事柄・事件。「—裁判(訴訟)」対刑事

**—再生法**《さいせいほう》 倒産の(—おそれのある)個人・法人の再建をはかる法律。

**みんしゅ**【民主】国家の主権が国民にあること。「—政治」

**—主義**《しゅぎ》 主権は国民にあるという思想。デモクラシー。‖自由・平等を尊重する思想。

**みんじゅ**【民需】〔文章語〕民間の需要。対官需・軍需

**みんしゅう**【民衆】一般の人々。大衆。「—の知恵・—音楽」

**みんしゅく**【民宿】簡単な宿泊設備をもつ民家。

**みんじょう**【民情】〔文章語〕①国民の実情。「—視察」②民心。

**みんしん**【民心】国民の心。

**みんせい**【民生】国民の生活・生計。

**—委員**《いいん》 市町村内の生活困窮者の世話などを行い、社会福祉の増進をはかる名誉職(—の人)。

**みんせい**【民政】①国民の福利をはかる政治。②文民による政治。対軍政

**みんせん**【民選】国民による選挙。「—議員」対官選

**みんそ**【民訴】民事訴訟の略。

**みんぞく**【民俗】民間に伝わる風俗・習慣。「—学」

**みんぞく**【民族】同一地域に住み、歴史・文化・言語・宗教などを共有する人間の集団。「—学」

**—意識**《いしき》 同一民族に属するという自覚。

**—自決**《じけつ》 各民族が政治体制などを自由な意志で決めて行うこと。「—主義」

**—主義**《しゅぎ》 民族の独立と統一をめざす思想。ナショナリズム。

**みんち**【民地】民有地。対官地

**ミンチ**［mince］ひき肉。メンチ。

**みんちょう**【明朝】フォントの一。明朝体。〔この辞書の語釈部分の書体〕

**ミント**［mint］ハッカ。

**みんど**【民度】国民の文化や生活の程度。

**みんな**【皆】「みな」を強めた言い方。

**みんぱく**【民泊】一般の民家や空き部屋などを宿泊施設として利用すること。

**みんぺい**【民兵】民間で編制する軍隊。

**みんぼう**【民望】世間の人望。衆望。

**みんぽう**【民法】〔法律用語〕①公法に対して、私法一般。②民法典。物権・債権・親族・相続などについて規定した法律。

**みんぽう**【民放】民間放送の略。

**みんぽう**【民報】民間の新聞。〔新聞名に使う〕

**みんみんぜみ**【みんみん蟬】セミの一。ミーンミーンと鳴く。

**みんゆう**【民有】民間の所有。「—地」対国有・官有

**みんよう**【民謡】民衆の間に発達し、伝承されてきた素朴な歌謡。

**みんりょく**【民力】国民の財力・労力。

**みんわ**【民話】民衆の間に伝承されてきた説話。

# む

**む**【無】①ないこと。対有 ②むだ。「—にする」③…がない。「—制限」

**—に帰**《き》**する** むだになる。

**むい**【無為】①人為を加えないこと。②何

もしないこと。対有為《うい》 ③〔仏教語〕生滅・変化《へんげ》しないもの。

**むいか【六日】** ①月の六番目の日。②一日《いちにち》の六倍。「―間」

**―の菖蒲《あやめ》（―十日《とおか》の菊《きく》）** 時機おくれで役に立たないこと。〔五月五日の節句の翌日のアヤメと九月九日の節句の翌日のキクの意〕

**むいしき【無意識】** ①意識がないこと。②意識せずにすること。「―的」

**むいそん【無医村】** 医者が住んでいない村。

**むいちぶつ【無一物】** むいちもつ。

**むいちもつ【無一物】** 何ももっていないこと。むいちぶつ。

**むいちもん【無一文】** 一文なし。

**むいみ【無意味】** 意味・価値のないこと。類無意義

**ムーク** ⇩付MOOC

**ムース**［フランス語 mousse］①洋菓子の一。②泡状の整髪料。◇〔泡の意〕

**ムーディー**［moody］ムードがある。

**ムード**［mood］①雰囲気。②文法で、法。

**―ミュージック**［mood music］甘く柔らかい雰囲気の音楽。

**―メーカー**［和製語 mood maker］雰囲気作りの上手な人。

**ムートン**［フランス語 mouton］ヒツジの毛皮。

**ムービー**［movie］映画。

**ムーブマン**［フランス語 mouvement］ムーブメント。

**ムーブメント**［movement］①動き。運動。②時計の動力装置。〔ムーブマンは芸術に関して使う〕

**ムームー**［ハワイ語 muumuu］ゆったりした女性の服。〔もとハワイの民族衣装〕

**ムールがい【―貝】** ムラサキイガイ。食用。〔西洋料理で使う〕

**ムーン**［moon］月。

**―ストーン**［moonstone］宝石の一。月長石。〔六月の誕生石〕

**―ライト**［moonlight］月の光。

**むえいとう【無影灯】** 照明器具の一。自然光に近く、影を生じない。手術室などで使用。

**むえき【無益】** 益のないこと。類むだ 対有益

**ムエタイ**［タイ語 muay-thai］タイ式キックボクシング。〔タイの国技〕

**むえん【無援】** 助けのないこと。「孤立―」

**むえん【無塩】** 塩分が入っていないこと。「―バター」

**むえん【無煙】** 煙が出ないこと。

**むえん【無縁】** ①関係がない。②〔仏教語〕供養する縁者のいないこと。

**―仏《ぼとけ》** 供養する縁者のいない死者。

**むが【無我】** ①私心のないこと。②我を忘れること。「―の境」

**むかい【向かい】** 正面。「お―（＝道を隔てた向こう側の家）」

**―合《あ》う** 向き合う。

**―合《あ》わせ** 向き合っていること。対背中合わせ 動―る

**―風《かぜ》** 前から吹いてくる風。類逆風 対追い風

**―火《び》** 野火などの燃えてくる火の火勢を弱めるため、こちらからつける火。Ⅱ相手の怒りを抑えるために自分も怒ること。

**むがい【無害】** 害がないこと。「人畜―」対有害

**むがい【無蓋】** 〔文章語〕屋根のないこと。「―貨車」対有蓋

**むかう【向かう】** ①顔（正面）をその方へ回す。②…の方向に進む。③近づく。「春に―」④抵抗する。

**むかうのさと【無何有の郷】** 〔文章語〕自然のままの理想郷。ユートピア。

**むかえ【迎え】** 迎える―こと（人）。

**―撃《う》つ** 攻めてくる敵を待ち受けて戦う。〔邀え撃つとも書く〕

**―酒《ざけ》** 二日酔いを散らすために飲む酒。

**―火《び》** 盂蘭盆《うらぼん》の夜、精霊《しょうりょう》を迎えるために門前でたく火。対送り火

**むかえる【迎える】** ①来るのを（―外に出て）待つ。②招く。受け入れる。③迎合する。④その時期になる。「新年を―」

**むがく【無学】** 学問のないこと。

**むかご《零余子》** ヤマノイモなどの葉のつけ根にできる肉質の芽。珠芽。肉芽。ぬかご。

**むかし【昔】** 遠い過去。「十年ひと―」

**―気質《かたぎ》** 昔風の頑固・律義な性質。

**―取《と》った杵柄《きねづか》** 以前鍛えた腕前。

**―馴染《なじ》み** 以前親しかった―こと（人）。

**―話《ばなし》** ①昔に経験したことの話。②昔々で始まる空想的な物語。

**むかしつ【無過失】** 過失がないこと。

—責任《せきにん》 発生した損害について、無過失でも損害賠償の責任をとらせること。

**むかつく** ①吐きけがする。②腹が立つ。

**むかで【百足】**《蜈蚣》体が細長く足の多い節足動物。

**むがむちゅう【無我夢中】** 熱中し我を忘れること。

**むかん【無冠】** 位のないこと。

—の帝王《ていおう》 ①ジャーナリスト。〔権力に屈しないことから〕②賞などを得ていない実力者。

**むかん【無感】** 人体には感じられないこと。

—地震《じしん》 人体には感じられない地震。対有感地震

**むかんがえ【無考え】** 思慮や分別がないこと。

**むかんかく【無感覚】** ①感覚がまひして感じないこと。②無とんちゃく。

**むかんけい【無関係】** 何の関係もないこと。

**むかんしん【無関心】** 関心・興味がないこと。

**むき【向き】** ①向く方向。②適すること。「—不向き」③人。方面。「御希望の—は」④傾向。

—になる つまらないことにも本気になる。

**むき【無季】** 俳句で、季語がないこと。季語のない俳句。対有季

**むき【無期】** 期限がないこと。対有期

**むき【無機】** 炭素を含まない物質の総称。対有機

**むぎ【麦】** 穀物の一。大麦・小麦など。

**むきあう【向き合う】** 互いに相手の方に向く。

**むぎあき【麦秋】** ばくしゅう。

**むぎうち【麦打ち】** 麦の穂を打って実を落とすこと〔殻竿《からざお》〕。

**むきかがく【無機化学】** 化学の一分野。〔元素と無機化合物を研究対象とする〕対有機化学

**むきかごうぶつ【無機化合物】** 炭素を含まない化合物と構造の簡単な炭素化合物の総称。対有機化合物

**むぎかり【麦刈り】** 麦を刈りとること。

**むきけい【無期刑】** 終身刑。〔無期懲役と無期禁錮《きんこ》〕

**むきげん【無期限】** 期限を定めないこと。

**むぎこ【麦粉】** 麦、特に、小麦の粉。

**むぎこがし【麦焦がし】** 大麦を炒《い》って粉にした食品。はったい。こうせん。

**むきこきゅう【無気呼吸】** 酸素なしで行う呼吸。酵母菌や細菌の行う発酵や生物組織の解糖作用など。

**むきしつ【無機質】** ①五大栄養素の一。ミネラル。②無機的。

**むきず【無傷】**《無疵》 傷のないこと。Ⅱ欠点・負けのないこと。

**むきだす【剝き出す】** 隠さずに出す。

**むぎちゃ【麦茶】** 大麦を炒《い》ってせんじた飲み物。麦湯。

**むきてき【無機的】** 生命や生活能力がないようす。

**むきどう【無軌道】** 軌道のないこと。「—電車」Ⅱ礼節がなく非常識。

**むぎとろ【麦とろ】** とろろ汁をかけた麦飯。

**むきなおる【向き直る】** その方へ体の向きを変える。

**むぎのあき【麦の秋】** 麦秋《ばくしゅう》。

**むぎぶえ【麦笛】** 麦の茎を使う、一種の笛。

**むきぶつ【無機物】** 生活機能をもたない〔炭素を含まない〕物質。〔水・空気・鉱物など〕対有機物

**むぎふみ【麦踏み】** 早春、根を強くするために麦の芽を踏むこと。

**むきみ【剝き身】** 貝殻から出した、貝の肉。

**むきむき【向き向き】** それぞれの‐性質〔好み〕。「人には—がある」

**むきめい【無記名】** 自分の氏名を書かないこと。

—投票《とうひょう》 対記名投票

**むぎめし【麦飯】** 米に麦をまぜた飯。

**むぎゆ【麦湯】** 麦茶。

**むきゅう【無休】** 休まない〔休業しない〕こと。

**むきゅう【無給】** 給料を‐もらわない〔払わない〕こと。対有給

**むきゅう【無窮】** 〔文章語〕果てのないこと。「天壌—」類無限・永遠

**むぎょう【無業】** 職業を持っていないこと。無職。対有業

**むきりょく【無気力】** やる気がないこと。「—な毎日」

**むぎわら【麦藁】** 実を除いた麦の茎。むぎ

む

がら。

**―蜻蛉《とんぼ》** シオカラトンボの雌。

**―帽子《ぼうし》** 麦わらを編んで作った帽子。夏用。麦藁帽。

**むきん【無菌】** 細菌のない―こと(状態)。

**むく《尨》** ①むく毛。②むく犬。

**むく【椋】** ①ムクドリ。②ムクノキ。

**むく【無垢】** ①汚れのないこと。②まじりけがないこと。「金―」③衣服などで布地が全部無地で同色である―こと(もの)。「白―」

**むく【向く】** 顔や正面がその方に面する(―ように動く)。Ⓘ適する。

**むく【剝く】** おおいなどを、はがす。

**むくい【報い】** 何かの結果として返ってくるもの。「―を受ける・悪業の―」

**むくいぬ【尨犬】** むく毛の犬。

**むくいる【報いる】** 受けたことに対してそれ相当のことを返す。

**むくげ【木槿】** 夏・秋に、白や淡紫色の花を咲かせる木。アオイ科。生け垣用。

**むくげ【尨毛】** 動物のふさふさした長い毛。

**むくざい【無垢材】** 原木から切り出したままの木材。

**むくち【無口】** 口数の少ないこと。「―な人」

**むくつけき** むさ苦しい。無骨な。「―男」〔文語形容詞「むくつけし」の連体形〕

**むくどり【椋鳥】** 群れをなし、鳴き声がやかましい鳥。

**むくのき【椋の木】** 初夏、淡緑色の花を開く木。実は食用、材は器具用。

**むくむ《浮腫む》** 体が水気を含んで膨れる。

**むぐら【葎】** やぶをつくるつる草の総称。

**むくれる《剝れる》** おこってふくれる。

**むくろ【軀】《骸》**〔文章語〕①体。死体。②朽ち木の幹。

**むげ【無碍】《無礙》**〔文章語〕障害がないこと。「融通―」

**むけい【無形】** 形のないこと。対有形

**―財産《ざいさん》** 無形の財産。〔著作権・特許権など〕

**―文化《ぶんか》遺産《いさん》** 無形文化遺産保護条約に基づいて登録された芸能・儀式・工芸技術など保護すべき無形のもの。

**―文化財《ぶんかざい》** 文化的に価値が高いと認められた伝統的な芸能や技術。

**むげい【無芸】**〔文章語〕身につけた芸がないこと。対多芸

**―大食《たいしょく》** 大食するばかりで、何の芸もない―こと(人)。

**むけつ【無欠】**〔文章語〕欠けたところがないこと。「完全―」

**むけつ【無血】**〔文章語〕戦闘のないこと。「―革命」

**むげに【無下に】** そっけなく。類むやみに

**―する** 捨ててかえりみない。

**むける【向ける】** 向くの他動詞形。Ⓘ当てる。「急な支出に―」

**むける【剝ける】** おおいなどが、はがれる。「一皮―」

**むげん【無限】** 限りのないこと。対有限

**―軌道《きどう》** キャタピラ。

**―責任《せきにん》** 債務者の全財産で債務を支払うべき責任。対有限責任

**―大《だい》** ①限りなく大きいこと。②数学で、変数の絶対値がどんな整数よりも大きいこと。記号∞

**むげん【夢幻】**〔文章語〕ゆめとまぼろし。「―的」Ⓘはかないこと。

**むこ【婿】《壻・聟》** ①娘の夫。②妻の家の籍に入った男性。〔昔の家制度に基づく言い方〕③(「お～さん」の形で)結婚相手の男性。◇対嫁

**むこ【無辜】**〔文章語〕罪のない―こと(人)。「―の民」

**むごい【惨い】《酷い》** ①残酷だ。②悲惨だ。

**むこいり【婿入り】** 婿②となって妻の家の籍にはいること。

**むこう【向こう】** ①前方。あちら。「―岸《ぎし》」②今後。「―一年」③相手方。「―様《さま》」

**―意気《いき》** 負けん気。向こうっ気。

**―傷《きず》** 体の前面に受けた傷。対後ろ傷

**―正面《じょうめん》** 正面に相対《あいたい》する側(―の席)。〔相撲場では南側〕

**―脛《ずね》** すねの前面。

**―付《づ》け** ①会席料理で、膳《ぜん》の向こう側につける料理。酢の物や刺身。②相撲で、額を相手の胸につける体勢。

**―に回《まわ》す** 相手にして張り合う。

**―鉢巻《はちま》き** 額の上で結んだ鉢巻き。

**―見《み》ず** 深く考えないでがむしゃらに物事をする―こと(人)。

—を張《は》る 対抗する。
**むこう**【無効】効力（効果）のないこと。対有効
**むこくせき**【無国籍】国籍がないこと。Ⅱ特定の国のものではないこと。「—料理」
**むごたらしい**【惨たらしい】《酷たらしい》いかにもむごい。
**むことり**【婿取り】婿②を迎えること。対嫁取り
**むこようし**【婿養子】婿②として迎える養子。
**むこん**【無根】根拠のないこと。「事実—」
**むごん**【無言】ものを言わないこと。
—劇《きげ》 パントマイム。
**むざい**【無罪】罪がないこと。また、刑法上の犯罪が成立しないこと。対有罪
**むさく**【無策】対策・策略がないこと。
**むさくい**【無作為】偶然に任せて行うこと。
—抽出《ちゅうしゅつ》 ランダムサンプリング。
**むさくるしい**【むさ苦しい】さっぱりせずにきたならしい。
**むささび**《鼯鼠》リス科の獣の一。夜、前後の足の間の皮膜を広げて、木の間を飛ぶ。
**むさべつ**【無差別】差別をつけないこと。
—爆撃《ばくげき》 軍事施設以外にも行う爆撃。
**むさぼる**【貪る】ひどく欲張る。
**むさん**【無産】資産のないこと。対有産
—階級《かいきゅう》 プロレタリアート。対有産階級
**むさん**【霧散】〔文章語〕雲散霧消。
**むざん**【無惨・無残】①残酷なこと。②いたいたしいこと。
**むさんしょう**【無酸症】胃酸欠乏症。
**むし**【虫】①人・鳥獣・魚貝以外の動物の総称。昆虫など。「—（＝秋鳴く昆虫）の声・—（＝寄生虫）くだし」②感情、特にかんしゃくをおこすもとになるとされるもの。「—の居所《いどころ》が悪い（＝きげんが悪い）」③体質の弱い子供におこる病気。「—が起こる」④熱中する人。「本の—」⑤バグ。「—取り」⑥人を軽蔑して使う語。「泣き—」
—がいい 自分勝手だ。
—が知《し》らせる （悪い）予感がする。
—が好《す》かない 何となくきらいだ。
—がつく 娘に（—よくない）男が近づく。
—も殺《ころ》さぬ 穏和な性格の形容。「—顔」
**むし**【無死】野球で、ノーアウト。
**むし**【無私】〔文章語〕私心のないこと。「公平—」
**むし**【無視】（存在や価値を）ないものとして扱うこと。
**むじ**【無地】全体が一色で模様のない—こと（もの）。
**むしあつい**【蒸し暑い】湿度が高く暑い。
**むしおくり**【虫送り】作物の害虫を追い払う行事。
**むしかえす**【蒸し返す】蒸しなおす。Ⅱ済んだことを再び問題とする。
**むじかく**【無自覚】（責任や意味を）自覚していないこと。
**むしかご**【虫籠】虫を飼っておくかご。
**むしがし**【蒸し菓子】蒸して作った和菓子。
**むしがれい**【蒸し鰈】蒸したカレイの陰干し。
**むしき**【蒸し器】食物を蒸す道具。
**むしくい**【虫食い】《虫喰い》虫が食うこと。虫が食ったあと。
**むしくだし**【虫下し】駆虫剤。
**むしけら**【虫けら】《虫螻》虫を卑しんで言う語。Ⅱ取るに足りない人。
**むししぐれ**【虫時雨】秋、鳴きしきる虫の声。
**むしず**【虫唾・虫酸】むかつくとき胃から口に出る酸性の液。
—が走《はし》る 口中にむしずが出る。Ⅱひどく不快だ。
**むしずし**【蒸し鮨】《—寿司》五目ずしを蒸した料理。ぬくずし。
**むじつ**【無実】①罪に値する事実がないこと。「—の罪（＝冤罪《えんざい》）」Ⅱ潔白。②⇩有名無実
**むじな**【狢・貉】①タヌキ。②アナグマ。
**むしのいき**【虫の息】今にも絶えそうな息。
**むしのしらせ**【虫の知らせ】（悪い）予感。
**むしば**【虫歯】表面のほうろう質が侵された歯。齲歯《うし》。
**むしばむ**【蝕む】《蝕む》少しずつだめにする。
**むじひ**【無慈悲】思いやりがないこと。「—な仕打ち」

**むしぶろ【蒸し風呂】** 蒸気で体をあたためる風呂。サウナ。
**むしぼし【虫干し】** かびや虫害を防ぐために衣服・書籍を日に干すこと。土用干し。
**むしむし【蒸し蒸し】** 蒸し暑いようす。
**むしめがね【虫眼鏡】** 拡大鏡の一。
**むしもの【蒸し物】** 蒸して作る料理。特に、蒸し菓子。
**むしゃ【武者】** 武士。
**むしやき【蒸し焼き】** 容器に入れ、密閉して焼く料理。
**むじゃき【無邪気】** すなおであどけなくかわいいこと。
**むしゃしゅぎょう【武者修行】** 武術修行のため、諸国を巡ること。Ⅱ他の土地へ行って技術をみがくこと。
**むしゃにんぎょう【武者人形】** 五月の節句に飾る武者の姿の人形。五月人形。
**むしゃぶりつく《武者振り付く》** 夢中で力をこめてしがみつく。
**むしゃぶるい【武者震い】** 勇みたって、体が震えること。
**むしゅう【無臭】** においのないこと。「無色―」
**むじゅう【無住】** 寺に住職がいないこと。
**むしゅうきょう【無宗教】** ①信じる宗教をもたないこと。②宗教の儀式によらないこと。
**むじゅうりょく【無重力】** 重力がないこと。「―状態」
**むしゅく【無宿】** 〔文章語〕住む家のない-こと(人)。
**―者《もの》** 江戸時代、人別《にんべつ》からはずされた人。無宿。
**むしゅみ【無趣味】** ①趣味をもっていないこと。対多趣味 ②趣《おもむき》・味わいのないこと。
**むじゅん【矛盾】** つじつまが合わないこと。筋道が通らないこと。「言葉の―・―だらけ」〔中国の故事から〕
**むしょ【ムショ】** 監獄。刑務所。〔隠語〕
**むしょう【無償】** ①報酬・代償のないこと。②無料。◇対有償
**むしょう【霧消】** ⇩雲散霧消《うんさんむしょう》
**むじょう【無上】** この上もないこと。「―の喜び」
**むじょう【無情】** ①思いやりがない。類薄情 ②〔仏教語〕感情をもたない存在。
**むじょう【無常】** ①〔仏教語〕万物は変転して定まりないこと。対常住 ②人生の変わりやすくはかないこと。
**むしようかん【蒸し羊羹】** ようかんの一。蒸してつくる。
**むじょうけん【無条件】** 条件をつけないこと。
**むしょうに【無性に】** むやみやたらに。「―腹が立つ」
**むしょく【無色】** 色がついていないこと。Ⅱどの立場にも偏らないこと。
**むしょく【無職】** 定まった職業をもたないこと。
**むしよけ【虫除け】** ①害虫を除く-こと(もの)。②毒虫よけに効くというお守り札。
**むしょぞく【無所属】** どの団体・政党にも属していないこと。
**むしりとる【毟り取る】** ①むしって取る。②無理やり取る。「ふとんを―」
**むしる【毟る】** ①つまんで引き抜く。②魚の身などをほぐす。
**むじるし【無印】** ①印がないこと。Ⅱ競輪・競馬で、注目されていない選手・馬。②無商標。ノーブランド。
**むしろ《筵・蓆》** わらや竹で編んだ敷物。
**むしろ《寧ろ》** どちらかといえば。
**むしん【無心】** ①雑念がない。②(金品を)ねだること。③狂歌。対有心《うしん》 ④こっけいな連歌。対有心
**むじん【無人】** 人がいないこと。「―島」
**むじん【無尽】** 尽きないこと。
**―蔵《ぞう》** 非常に豊富なこと。
**むしんけい【無神経】** 感じ方の鈍いこと。
**むしんろん【無神論】** 神の存在を否定する考え方。「―者」対有神論
**むす【蒸す】** ①蒸し暑く感じる。②蒸気で熱する。
**むすう【無数】** 限りなく多いこと。
**むずかしい【難しい】** ①理解(実現)しにくい。②わずらわしい。「―立場」③文句が多い。「食べ物に―人」④機嫌がわるい。「―顔」◇むつかしい。
**むずがゆい【むず痒い】** むずむずとかゆい。
**むずかる** 幼児が、機嫌がわるくなって-泣く(ぐずる)。
**むすこ【息子】** 親にとって男の子供。対娘

**むすばれる【結ばれる】** 結んだ状態になる。⊜男女が肉体関係をもつ。また、結婚する。

**むすび【結び】** ①結ぶこと。②結末。終わり。③「お―（=にぎりめし）」④文法で、係り結びの結び。

**―付《つ》き** つながり。関係。

**―付《つ》く** 結ばれてひとつになる。⊜密接に関連する。「政治と宗教が―」

**―付《つ》ける** 結び付くの他動詞形。

**むすぶ【結ぶ】** ①はなれているものをつなぐ。②関係をつける。「手を―」③ひとつのものをつくる。「庵《いお》を―」④しめくくりとする。「話を―」⑤「口を結ぶ（=固く閉じる）」

**むすぼれる【結ぼれる】** ①結ばれる。②気がふさぐ。

**むすめ【娘】** ①親にとって女の子供。対息子 ②若い女性。

**―心《ごころ》** 娘らしい純情な心。おとめ心。

**―盛《ざか》り** 娘として最も美しい年ごろ。

**―一人《ひとり》に婿《むこ》八人《はちにん》** ひとつのことに対して、希望者の多いこと。

**―婿《むこ》** 娘の夫。女婿《じょせい》。

**ムスリム**［Muslim］モスレム。

**むせい【無声】** ①声を出さないこと。②音声学で、発音に声帯の振動を伴わないこと。対有声

**―映画《えいが》** サイレント。

**―音《おん》** 無声②の音。k・p・t・sなど。対有声音

**むせい【無性】** 雌雄の区別がないこと。

**―生殖《せいしょく》** 雌雄の生殖細胞の結合なしに新個体をつくること。対有性生殖

**むせい【夢精】** 睡眠中に射精すること。

**むぜい【無税】** 税がかからないこと。対有税

**むせいげん【無制限】** 制限―がない（をしない）こと。

**むせいふ【無政府】** 政府がないこと。「―状態（=政治的に無秩序な状態）」

**―主義《しゅぎ》** 政治権力を否定し、完全な自由社会を主張する主義。アナーキズム。

**むせいぶつ【無生物】** 生命がないもの。生きるはたらきがないもの。対生物

**むせいらん【無精卵】** 受精していない卵。対受精卵・有精卵

**むせかえる【噎せ返る】** ①ひどくむせる。②ひどくむせび泣く。

**むせき【無籍】** 籍がないこと。

**むせきついどうぶつ【無脊椎動物】** 脊椎動物以外の動物の総称。

**むせきにん【無責任】** 責任（―感）がないこと。

**むせびなく【噎び泣く】** しゃくりあげて泣く。

**むせぶ《噎ぶ》** ①むせる。②むせび泣く。「風が―（=むせび泣くような風の音がする）」

**むせる《噎せる》** のどが詰まりそうに―なる（なり、せきこむ）。

**むせん【無銭】** お金を―持っていない（払わない）こと。「―旅行（飲食）」

**むせん【無線】** ①電線を架設しないこと。②無線―電信（電話）。◇対有線

**―操縦《そうじゅう》** 電波による遠隔操縦。

**―ラン** 電波や赤外線を使ってコンピューターどうしを通信させる方式。無線LAN。

**むせんまい【無洗米】** 研がずに炊ける米。

**むそう【無双】** ①並ぶものがないこと。②衣服や器具で、表裏・内外が同じ作りのもの。「―羽織」

**―窓《まど》** しめると一枚板、あけると格子に見える作りの窓。

**むそう【夢想】** ①夢にみること。②夢のようなことを思うこと。

**むぞうさ【無造作】** 慎重でないこと。気軽なこと。

**むそじ【六十路】** 〔文章語〕六〇歳（―代）。

**むだ【無駄】**《徒》 役に立たないこと。するかいがないこと。類無益

**むだあし【無駄足】** 行ったのに、目的を達せられないこと。「―を踏む」

**むたい【無体】** 無法。無理。

**むだい【無題】** ①作品に題がないこと。②題詠でない詩歌。

**むだがね【無駄金】** 使った効果のないお金。

**むだぐち【無駄口】** つまらないおしゃべり。「―をたたく」

**むだげ【無駄毛】** （女性美を損なう）腕や足の余分な毛。

**むだづかい【無駄遣い】** 金品を無益に使うこと。類浪費

**むだぼね【無駄骨】** 無益な労力。「—を折る」
**むだめしをくう【無駄飯を食う】** 仕事もせずに暮らす。
**むたん【夢譚】**〔文章語〕ゆめものがたり。
**むだん【無断】** 許可を得ないこと。
**むたんぽ【無担保】** 担保を—提供しない(とらない)こと。
**むち【鞭・笞】** 人やウマを打つ細長い—棒(ひも)。〔ムチとも書く〕
**むち【無知】** ①知識のないこと。②《無智》知恵のないこと。
**むち【無恥】** 恥知らず。「厚顔—」
**むちうちしょう【鞭打ち症】** 追突事故などが原因で首に生じる神経症状。
**むちうつ【鞭打つ】** 鞭で打つ。Ⅱ励ます。
**むちもうまい【無知蒙昧】**〔文章語〕愚かで道理にくらいこと。
**むちゃ【無茶】** ①筋道が通らないこと。でたらめ。②程度がひどいこと。
**むちゃくちゃ【無茶苦茶】** むちゃの強調。
**むちゃくりく【無着陸】** 途中で一度も着陸しないこと。「—飛行」
**むちゃぶり【無茶振り】**〔俗語〕対応の困難なことを無理に—頼む(やらせる)こと。
**むちゅう【夢中】** ①ひどく熱中すること。「—になる」②夢の中。
**むちん【無賃】** 料金—のいらない(を払わない)こと。「—乗車(=ただのり)」
**むつ【鯥】** 深海魚の一。食用。
**むつう【無痛】** 痛みがないこと。「—分娩《ぶんべん》」
**むつかしい【難しい】** むずかしい。
**むつかる** むずかる。
**むつき【睦月】** 陰暦で、一月。
**むつき《襁褓》** ①おむつ。②産着《うぶぎ》。
**むつぎり【六つ切り】** 写真判の大きさの一。二〇・三センチメートル×二五・四センチメートル。
**ムック【mook】** 雑誌と本との中間的な出版物。〔magazine と book の合成語〕
**むつごと【睦言】** (男女が床の中で)仲よく語り合う話。
**むつごろう【鯥五郎】** 海魚の一。有明海《ありあけかい》などにすむ。ハゼ科。食用。
**ムッシュー**〔フランス語 monsieur〕 男性に対する敬称。類ミスター 対マダム
**むっつ【六つ】** (個数・年齢で)六。
**むっつり** 無愛想で無口なようす。
**むつまじい【睦まじい】** 互いを思い合って仲がいい。
**むつまやか【睦まやか】**〔文章語〕むつまじいようす。
**むつみあう【睦み合う】** 互いに仲よくする。〔古風な言い方〕
**むつむ【睦む】** 仲よくする。〔古風な言い方〕
**むていけい【無定型】** 〔詩歌で〕一定の型がないこと。「—短歌(=自由律の短歌)」
**むていけん【無定見】** しっかりした見識がないこと。
**むていこう【無抵抗】** 抵抗しないこと。
**—主義《しゅぎ》** 暴力による抵抗をせずに主張を通そうとする考え方。
**むてかつりゅう【無手勝流】** ①戦わずに勝つ—こと(方法)。〔塚原卜伝《つかはらぼくでん》の故事による〕②〔俗語〕自己流。
**むてき【無敵】** 非常に強くて、かなう相手のないこと。
**むてき【霧笛】** 霧の深いとき、船の安全のために鳴らす汽笛(—の音)。〔海上保安庁によるものは二〇一〇年に廃止〕
**むてっぽう【無鉄砲】** むこうみず。
**むでん【無電】** 無線—電信(電話)。
**むてんか【無添加】** (色素や防腐剤を)食品に加えていないこと。「合成着色料—」
**むとう【無糖】** 糖分が入っていないこと。
**むどう【無道】** 非道。「悪逆—」
**むとうか【無灯火】** あかりをつけないこと。
**むとうは【無党派】** 党派に属していないこと。支持政党をもたないこと。「—層」
**むとうひょう【無投票】** 選挙で、投票—しない(の必要がない)こと。「—当選」
**むどく【無毒】** 毒がないこと。対有毒
**むとどけ【無届け】** 届けを出さないこと。
**むとんじゃく【無頓着】** むとんちゃく。
**むとんちゃく【無頓着】** 他人の思惑をあまり気にしないこと。むとんじゃく。
**むないた【胸板】** ①人の胸部の平たい所。「—が厚い」②鎧《よろい》の胸部。
**むなぎ【棟木】** 屋根の棟に使う木材。
**むなくそ【胸糞】** 「胸」を卑しめて言う語。
**—が悪《わる》い** 不愉快だ。いまいましい。
**むなぐら【胸倉】** 衣服の左右の襟が重なるあたり。「—をつかむ」

**むなぐるしい【胸苦しい】** 胸が押されるように苦しい。

**むなさき【胸先】** 胸のあたり。

**―三寸《さんずん》** 胸三寸。

**むなさわぎ【胸騒ぎ】** わるい予感で胸がどきどきすること。

**むなざんよう【胸算用】** 心の中で見積もること。むねざんよう。

**むなしい【空しい・虚しい】** ①内容がない。②むだだ。はかない。「―努力」③「むなしくなる（=死ぬ）」

**むなだか【胸高】** 帯を締める位置が胸の辺りで高いこと。「―帯」

**むなつきはっちょう【胸突き八丁】** 山頂近くの急傾斜の上り道。⓫正念場。

**むなもと【胸元】** むなさき。

**むに【無二】** ふたつとないこと。唯一。「―の親友」

**ムニエル**［フランス語 meunière］魚に小麦粉をまぶして、バターで焼いた料理。

**むにんか【無認可】**（役所から）認可されていないこと。「―保育所」

**むにんしょだいじん【無任所大臣】** 特定の行政事務を担当しない国務大臣。

**むね【旨】** 趣旨。

**むね【宗】** 主とし大事にする点。

**むね【胸】** 身体の一部。「―（=肺）を病む」⓫心。

**―が熱《あつ》くなる** 感動で胸が一杯になる。

**―が痛《いた》む** ①悲しみや心配で、耐えられない。②良心が痛む。

**―が一杯《いっぱい》になる** 感きわまる。

**―が躍《おど》る** 期待や興奮で、わくわくする。

**―が騒《さわ》ぐ** 胸騒ぎがする。

**―が（―張《は》り）裂《さ》ける** 悲しみ・苦しみを強く感じる。

**―が空《す》く** 痛快な気持ちになる。

**―がつかえる** 食べ物が食道につまる。⓫心配事などで心が苦しくなる。

**―がつぶれる** ①びっくりする。②ひどく心配する。

**―が詰《つ》まる** 胸が一杯になる。

**―が塞《ふさ》がる** 暗い気持ちになる。

**―が焼《や》ける** 胸が焼けるようで苦しく感じられる。

**―に一物《いちもつ》** 心中にたくらみをもつようす。

**―に畳《たた》む** 心に秘めて、言わない。

**―に手《て》を当《あ》てる** 落ち着いて考える。

**―のつかえが下《お》りる** 溜飲《りゅういん》が下がる。

**―を躍《おど》らせる** うれしくてわくわくする。

**―を貸《か》す**（相撲で）上位の者が稽古の相手をしてやる。対胸を借りる

**―を焦《こ》がす** 激しく恋いこがれる。

**―を叩《たた》く** まかせておけという動作。

**―を突《つ》かれる** はっとする。

**―を撫《な》で下《お》ろす** 安心する。

**―を弾《はず》ませる** 期待や喜びで、胸をどきどきさせる。

**―を張《は》る（反《そ》らせる）** 自信に満ちた態度をとる。

**―を膨《ふく》らませる** 喜びや期待で胸を一杯にする。

**むね【棟】** ①屋根の一番高い所。②家屋を数える語。

**むねあき【胸開き・胸明き】** 服の胸の部分が開いていること。その部分。

**むねあげ【棟上げ】** 建築で、棟木《むなぎ》を上げる―こと（儀式）。上棟《じょうとう》。

**むねあて【胸当て】** 胸に当てる―布（よろい）。

**むねがわら【棟瓦】** 屋根の棟をふく瓦。

**むねさんずん【胸三寸】** 胸中。考え。

**―に納《おさ》める** 心に秘め、表に出さない。

**むねやけ【胸焼け】** 胸のあたりに焼けるような感じがすること。

**むねん【無念】** ①くやしい（残念な）こと。「―を晴らす」②何も考えないこと。「―無想」

**むのう【無能】** 才能（能力）がないこと。対有能

**むのうりょく【無能力】** 能力がないこと。

**―者《しゃ》** ①能力がない人。②法律上の行為能力のない者。［未成年者・成年被後見人など］

**むはい【無配】** 無配当。対有配

**むはい【無敗】** 負けたことがないこと。

**むはいとう【無配当】**（株式で）配当がないこと。無配。

**むひ【無比】**［文章語］他に比べるものがないこと。「痛快―」

**むひょう【霧氷】** 霧が木の枝などに付着してできる氷。

**むびょう【無病】** 病気をしないこと。

**—息災《そくさい》** 健康で、無事であること。
**むひょうじょう【無表情】** 表情（—の変化）がないこと。
**むふう【無風】** 風がないこと。⓫影響や波乱のないこと。「—選挙」
**むふんべつ【無分別】** 思慮・分別のないこと。
**むべなるかな**《宜なる哉》〔文章語〕もっともだ。うべなるかな。
**むへん【無辺】**〔文章語〕果てしないこと。「広大—」
**むほう【無法】** 法や道理に外れていること。「—者《もの》（＝乱暴者）」
**むぼう【無帽】** 帽子をかぶらないこと。対着帽
**むぼう【無謀】** 深く考えずに行動すること。「—な計画」
**むぼうび【無防備】** 危険や災害に対する防備のないこと。
**むほん【謀反】**《謀叛》臣下が君主に背いて兵を起こすこと。「—人」
**むま【夢魔】**〔文章語〕夢に現れる悪魔。⓫不安や恐怖を起こす夢。
**むみ【無味】** ①味のないこと。②味わいやおもしろみのないこと。
**むみかんそう【無味乾燥】** 趣やおもしろみのないこと。
**むみょう【無明】**〔仏教語〕煩悩《ぼんのう》にとらわれた無知の状態。
**むめい【無名】** ①無記名。②名が知られてないこと。対有名 ③名がわからないこと。「—戦士」
**—氏《し》** 名のわからない人。失名氏。
**むめい【無銘】**（書画・刀剣に）作者名が入っていないこと。
**むめんきょ【無免許】** 免許をもっていないこと。「—運転」
**むやく【無役】** 行うべき役目（役職）のないこと。
**むやく【無益】** むえき。
**むやみ【無闇】** ①深い考えのないようす。②度を越しているようす。
**—やたら** むやみの強め。
**むゆうびょう【夢遊病】** 睡眠中に起き出し、種々の行動をする病気。行動の記憶はない。
**むよう【無用】** ①役に立たないこと。対有用 ②必要ないこと。③してはいけないこと。「立入—」
**—の長物《ちょうぶつ》** あっても役に立たないもの。
**—の用《よう》** 役に立たないようでいて、実は大いに役に立つこと。
**むよく【無欲】**《無慾》欲のないこと。
**むら【村】** ①地方公共団体の一。そん。②むらざと。
**むら**《斑》 濃淡や厚薄が一様でないこと。⓫一定しないこと。「気分の—」
**むらがる【群がる】**《叢る》 多くのものが一か所に集まる。
**むらき【斑気】** 気が変わりやすい—こと（性質）。むらぎ。むらっけ。
**むらぎえ【斑消え】**（雪などが）不ぞろいに消えること。
**むらくも【群雲】**《叢雲》むらがった雲。
**むらさき【紫】** ①紫色。②根を紫色の染料にする草。〔ムラサキ科〕③しょう油。
**—色《いろ》** 赤と青の間の色。
**—式部《しきぶ》** 落葉低木の一。実が紫色。観賞用。
**—水晶《ずいしょう》** アメシスト。
**—露草《つゆくさ》** 北米原産の観賞用植物。
**むらざと【村里】** いなかの、人家の集まった所。むら。
**むらさめ【村雨】**《叢雨》にわか雨。
**むらしぐれ【村時雨】** 降ってはやみ、やんでは降る秋のしぐれ。
**むらしばい【村芝居】** いなか芝居。
**むらす【蒸らす】** 蒸れるようにする。「ごはんを—」
**むらすずめ【群雀】** むらがっているスズメ。
**むらたけ【群竹】** むらがって生えている夕ケ。
**むらっけ【斑っ気】**〔俗語〕むらき。
**むらはずれ【村外れ】** 村の中心からはずれた所。
**むらはちぶ【村八分】**（村のおきてに背いた人やその家族を）仲間はずれにすること。
**むらびらき【村開き】** 選手村・休暇村などを使い始めること。
**むらやくば【村役場】** 村の行政事務を扱う役所。
**むらやけ【斑焼け】** 一様でなく、むらのある焼け方。
**むり【無理】** ①道理や理由のないこと。②強いてすること。③するのが困難なこと。
**—が通《とお》れば道理《どうり》が引《ひ》っ込《こ》む** 不

当なことが行われれば、正当なことは行われなくなる。

**むりおし【無理押し】** 強引におし進めること。類ごりおし

**むりかい【無理解】** （相手やそのものに対する）理解がないこと。

**むりからぬ【無理からぬ】** もっともな。

**むりさんだん【無理算段】** 無理をして融通をつけること。

**むりし【無利子】** 利子がつかないこと。無利息。

**むりじい【無理強い】** 強制すること。

**むりしんじゅう【無理心中】** 死ぬ気のない相手を殺して自分も自殺すること。

**むりすう【無理数】** 数学で、分数で表せない実数。〔√2・πなど〕対有理数

**むりそく【無利息】** 無利子。

**むりなんだい【無理難題】** 無理な言いがかり。「—をふっかける」

**むりむたい【無理無体】** 無理やり強引に行うこと。

**むりやり【無理遣り】**《—矢理》強いて行うようす。

**むりょ【無慮】**〔文章語〕およそ。だいたい。

**むりょう【無料】** ただ。対有料

**むりょう【無量】** はかれないほど多いこと。

**むりょく【無力】** 体力・能力・勢力・資力のないこと。対有力

**—感《かん》** 無力だというむなしい感じ。

**むりん【無リン・無燐】** リン（—酸塩）を含まないこと。〔多く、合成洗剤にいう〕

**むるい【無類】** 無比。「—のお人好し」

**むれ【群れ】** ①集団。②仲間。

**むれつどう【群れ集う】** （人が）むらがり集まる。

**むれとぶ【群れ飛ぶ】** むらがって飛ぶ。

**むれる【蒸れる】** ①湯気が十分に通る。②熱気・湿気がこもる。

**むれる【群れる】** むらがる。

**むろ【室】** ①外気を断ち、一定の室温を保つ部屋。②いわむろ。

**むろあじ【室鰺】** アジの一。干物にする。

**むろざき【室咲き】** 温室で花を咲かせること。その花。

**むろまちじだい【室町時代】** 時代区分の一。足利《あしかが》氏が京都に幕府を開いた。一三三六年～一五七三年。

**むろん【無論】** もちろん。

## め

**め【目】**《眼》①視覚器官。Ⅱ目の形のもの。「さいころの—」②目つき。③視力。④見ること。⑤鑑識力。「—がくもる」⑥目に見えるようす。「見た—」⑦視線。「—が合う・—をそらす」⑧体験。「つらい—にあう」⑨重さ。「—が足りない」⑩境。「縫い—」⑪縦（横）に並んだもののすきま。「くし（網）の—」⑫順序を表す。「三回—」⑬程度を表す。「大き—」〔ふつう、仮名書き〕

**—が泳《およ》ぐ** 気が動転して（嘘をついて）視線が定まらない。

**—が眩《くら》む** ①めまいがする。②まぶしくて見えなくなる。Ⅱ判断力を失う。「欲に—」

**—が肥《こ》える** よいものを見慣れて、よしあしの判断力が増す。

**—が覚《さ》める** ①眠りからさめる。Ⅱはっとする。「—ような美人」②迷いがとけ、本心にたちかえる。

**—が据《す》わる** （怒りや酔いで）目玉がじっと動かない。

**—が高《たか》い** 鑑識力がすぐれている。

**—が点《てん》になる** ひどく驚いて唖然《あぜん》とする。〔漫画での表現から〕

**—が届《とど》く** 注意が行き届く。

**—がない** ひどく好む。

**—が回《まわ》る** ①目まいがする。②非常に忙しい。

**—から鱗《うろこ》が落《お》ちる** 今までわからなかったことが突然はっきりわかる。目の鱗が取れる。〔『新約聖書』から〕

**—から鼻《はな》に抜《ぬ》ける** 頭の回転が速い。

**—から火《ひ》が出《で》る** 頭や顔をひどく打ったとき、一瞬くらくらするようす。

**—じゃない** 問題にならない。

**—と鼻《はな》の先《さき》（間《あいだ》）** すぐそば。

**—に余《あま》る** あまりにひどくて、見るに堪えない。

**—に一丁字《いっていじ》もない** 読み書きができない。

**—に浮《う》かぶ** 目に見えるように思い出される。

**—に映《うつ》る** （…のように）見える。

ー**に角《かど》を立《た》てる** きつい(厳しい)目で見る。
ー**に染《し》みる** 色彩や印象が鮮やかだ。
ー**にする** 見る。
ー**に立《た》つ** めだつ。
ー**に付《つ》く** ①見える。②めだつ。
ー**に留《と》まる** 見える。⓫気に入られる。「社長のー」
ー**には目《め》を、歯《は》には歯《は》を** やられたのと同様の仕打ちでやり返せ。〔ハムラビ法典から〕
ー**に触《ふ》れる** 自然と(偶然に)見える。
ー**に見《み》えて** はっきりと。「ー変化する」
ー**にも留《と》まらぬ** 非常に速くてはっきり見えない。
ー**に物《もの》言《い》わす** 目で気持ちを伝える。
ー**に物《もの》見《み》せる** ひどい目にあわせて思い知らせる。
ー**の色《いろ》を変《か》える** ①目つきが変わるほど怒る(夢中になる)。②手に入れようとして必死になる。
ー**の上《うえ》の瘤《こぶ》(たん瘤《こぶ》)** 身近で自分より力があり、活動のじゃまになること(もの)。
ー**の黒《くろ》いうち** 存命中。
ー**の覚《さ》めるよう** 非常にすばらしいことの形容。「ーな美人」
ー**の付《つ》け所《どころ》** 注意する点。
ー**の中《なか》に入《い》れても痛《いた》くない** 大変かわいがっている。
ー**の遣《や》り場《ば》に困《こま》る** 気が引けて(相手を気づかって)どこを見ていいかわからない。
ー**は口《くち》ほどに物《もの》を言《い》う** 目つきも言葉同様に気持ちを伝えることができる。
ー**も当《あ》てられない** ひどすぎて(みじめで)見るに堪えない。
ー**もあやに** まばゆいほど美しいようす。
ー**もくれない** 全く関心をもたない。
ー**を疑《うたが》う** 意外で見まちがいかと思う。
ー**を覆《おお》う** ①見ないふりをする。②目をふさぎたくなる。「ー惨状」
ー**を落《お》とす** 下を見る。
ー**をかける** ひいきにして世話をする。
ー**を掠《かす》める** すきをねらう。
ー**を配《くば》る** 注意して方々を見る。
ー**を晦《くら》ます** 人の目をごまかす。
ー**を凝《こ》らす** 注意深く見つめる。
ー**を皿《さら》(ーのよう)にする** 目を大きく見開き、神経を集中する。
ー**を三角《さんかく》にする** こわい目つきをする。
ー**を白黒《しろくろ》させる** ①苦しがって目玉をぐるぐる動かす。②驚いてまごつく。
ー**を注《そそ》ぐ** 注視する。
ー**を付《つ》ける** 注目する。
ー**をつぶる** ①見て見ぬふりをする。②死ぬ。
ー**を吊《つ》り上《あ》げる** こわい目つきをして怒る。
ー**を通《とお》す** ひととおり見る。
ー**を盗《ぬす》む** (悪事を)見つからないようにこっそりする。
ー**を離《はな》す** 注意を怠る。
ー**を光《ひか》らせる** 厳重に監視する。
ー**を引《ひ》く** 人の注意を引く。
ー**を細《ほそ》める** 思わずほほえむ。目を細くする。
ー**を丸《まる》くする** 目を見張る。
ー**を回《まわ》す** ①気絶する。②忙しくてあわてる。
ー**を見張《みは》る** (驚いて)目を大きく開く。
ー**を剝《む》く** 怒りや驚きで目を見開く。

**め【芽】** 植物の、枝・葉・花に成長する部分。
ー**が出《で》る** 幸運が回ってくる。
ー**を摘《つ》む** 発展を妨げる。「悪のー」
ー**を吹《ふ》く** 草木の芽が出る。⓫発展のきざしが見える。

**めあかし【目明かし】** 江戸時代、与力《よりき》・同心の下働きをした者。おかっぴき。
**めあき【目明き】** ①目の見える人。②道理のわかる人。③文字の読める人。◇対めくら
**めあたらしい【目新しい】** 初めて見る感じで、珍しい。
**めあて【目当て】** ①目的。②目標。
**めあわせる【妻合わせる】**《娶せる》〔文章語〕結婚させる。めあわす。
**めい【迷】** おかしな。だめな。「ー答案」
**めい【名】** ①名前。②人数を数える語。③有名な。すぐれた。「ー演技」
**めい【命】** 〔文章語〕①いのち。「ー旦夕に迫る」②運命。③命令。「ーを奉じる」
**めい【明】** ①明るいこと。対暗 ②眼識。「先見のー」③視力。「ーを失う」
**めい【姪】** 兄弟姉妹の娘。対甥《おい》
**めい【盟】** ちかい。同盟。「ーを結ぶ」

**めい【銘】**①器物・金石に刻みつけた文句。〔由来などを示す〕②戒めの言葉。「座右の—」③製作物に入れる作者の名。④銘柄。

**メイ**〔May〕五月。

**めいあん【名案】**よい考え。

**めいあん【明暗】**明るいことと暗いこと。

**—を分《わ》ける** 幸不幸・勝ち負けがはっきり分かれる。明暗を分かつ。

**めいい【名医】**有名な（すぐれた）医者。

**めいうつ【銘打つ】**①名をつけて宣伝する。②品物に銘を刻む。

**めいうん【命運】**運命。「—を賭《か》ける」

**めいえん【名園】**有名な（すぐれた）庭園。

**めいえん【名演】**すぐれた演技（演奏）。

**めいおうせい【冥王星】**太陽系の準惑星の一。かつては第九の惑星とされていた。プルートー。

**めいか【名花】**すぐれた（有名な）花。比美人。

**めいか【名家】**①名望ある家柄。「—の出」②名声ある人。

**めいか【名歌】**すぐれた（有名な）歌。

**めいか【銘菓】**特別な名をもつ、由緒ある菓子。

**めいが【名画】**すぐれた（有名な）絵・映画。

**めいかい【明快】**はっきり筋道が通っているようす。「—な表現」

**めいかい【明解】**はっきりした解釈。

**めいかい【冥界】**あの世。冥土《めいど》。

**めいかく【明確】**明らかで確か。「—な事実」

**めいがら【銘柄】**①取引物件の名称。②商品の商標・名称。

**めいかん【名鑑】**人の名前を集めた本。「写真家—」

**めいき【名器】**すぐれた（有名な）楽器・器物。

**めいき【明記】**はっきり書くこと。

**めいき【銘記】**〔文章語〕心に深く刻みつけて忘れないこと。

**めいぎ【名義】**①表向き（法律上）の名前。「—人」②表向きの理由。名目。

**めいきゅう【迷宮】**中が迷路になった建物。

**—入《い》り** 犯罪事件の解決の見込みが立たなくなること。

**めいきょう【明鏡】**はっきり物が映る鏡。

**—止水《しすい》**〔文章語〕邪念がなく澄んだ心境。〔曇りのない鏡と澄んだ水の意〕

**めいきょく【名曲】**すぐれた（有名な）楽曲。

**めいきょく【名局】**囲碁や将棋の名勝負。

**めいきん【鳴禽】**〔文章語〕よくさえずる小鳥。

**めいぎん【名吟】**〔文章語〕すぐれた（有名な）詩歌・俳句。

**めいく【名句】**すぐれた（有名な）俳句・文句。

**メイク** ⇩メーク

**めいくん【名君・明君】**賢い君主。対暗君

**めいげつ【明月】**①清く澄んだ月。②**【名月】**陰暦八月一五日（九月一三日）の夜の月。

**めいけん【名犬】**利口で立派な犬。

**めいけん【名剣】**すぐれた（有名な）剣。

**めいげん【名言】**的を射た短い言葉。

**めいげん【明言】**はっきり言うこと。

**めいご【姪御】**他人の姪の敬称。対甥御《おいご》

**めいこう【名工】**すぐれた（有名な）職人。

**めいさい【明細】**①詳しい。②明細書の略。

**—書《しょ》** 詳しい内容を記した文書。明細書き。

**めいさい【迷彩】**艦船や建物に周囲と似た種々の色を塗り、敵の目をごまかすこと。「—色」類カムフラージュ

**めいさく【名作】**すぐれた（有名な）作品。

**めいさつ【名刹】**有名な寺。

**めいさつ【明察】**①真相を見抜いた推察。②「相手の推察」の尊敬語。「ご—」

**めいさん【名産】**その土地の有名な産物。

**めいざん【名山】**形のすぐれた（有名な）山。

**めいし【名士】**有名な人。

**めいし【名刺】**氏名・所属・住所などを印刷した小型の紙。

**めいし【名詞】**品詞の一。主として事物の名を表す。花・山など。

**めいし【明視】**はっきり見ること。

**めいじ【明示】**はっきり示すこと。対暗示

**めいじ【明治】**年号の一。大正の前。「—

時代」〔一八六八年～一九一二年〕
―維新《いしん》 江戸幕府から朝廷に政権が移り、さまざまな改革が行われた―こと（時期）。

**めいじつ【名実】** 名称と実質。評判と実際。「―ともに」

**めいしゃ【目医者】**《眼―》眼科医。

**めいしゅ【名手】** 名人。

**めいしゅ【名主・明主】**〔文章語〕名君。

**めいしゅ【盟主】** 同盟の主宰者。

**めいしゅ【銘酒】** 特別な名のある上等の酒。

**めいしょ【名所】** 景色や古跡で有名な所。「―旧跡」

**めいしょう【名匠】** すぐれた（有名な）学者・芸術家。また、名工。

**めいしょう【名相】** すぐれた（有名な）大臣。

**めいしょう【名将】** すぐれた（有名な）武将。

**めいしょう【名称】** 呼び名。類名前

**めいしょう【名唱】** すぐれた歌唱。

**めいしょう【名勝】** 景色のすぐれた土地。

**めいしょう【明証】**〔文章語〕明らかな証拠。

**めいじょう【名状】**〔文章語〕その状態を言い表すこと。「―しがたい」

**めいじょう【銘醸】** 清酒を、特に吟味してつくること。その酒。

**めいしょく【明色】** 明るい色。対暗色

**めいじる【命じる】** ①命令する。②任命する。③命名する。◇命ず。命ずる。

**めいじる【銘じる】** 心に刻みつけて忘れない。銘ず。銘ずる。「肝《きも》に―」

**めいしん【迷信】** 道理にあわない（科学的な根拠のない）俗信。

**めいじん【名人】** ①技芸にすぐれた第一人者。②将棋・囲碁で、タイトルの一。〔最高位〕
―気質《かたぎ》 名人に多い、技芸を大切にして気むずかしい性質。名人肌。
―芸《げい》 凡人にはできないすぐれた―芸（仕事）。

**めいす【瞑す】**〔文章語〕瞑する。

**めいず【命ず】**〔文章語〕命じる。

**めいすい【名水】** ①おいしいとされる自然水。②有名な清水。〔茶の湯に適する〕③有名な川。

**めいすう【名数】** ①数をつけてよばれる名称。〔七福神・三筆など〕②単位名をつけた数。〔一〇センチメートル・三〇日など〕対無名数

**めいすう【命数】** ①天命。「―が尽きる」②数に名をつけること。「―法」

**めいする【瞑する】** ①目を閉じる。②死ぬ。◇瞑す。

**めいずる【命ずる】** 命じる。

**めいずる【銘ずる】** 銘じる。

**めいせい【名声】** よい評判。「―を博す」

**めいせき【名跡】** ①有名な旧跡。②名高い筆跡。③みょうせき。

**めいせき【明晳・明晰】** 明らかではっきりしていること。「頭脳―」

**めいせき【銘石】** 庭石などで、産地や形にもとづく名前のついた石。

**めいせん【銘仙】** 絹織物の一。ふだん着・ふとん地用。

**めいそう【名僧】** すぐれた（有名な）僧。

**めいそう【迷走】** 不規則に動くこと。「―台風」

**めいそう【瞑想】**〔文章語〕目を閉じて、静かに考えること。「―に耽《ふけ》る」
―神経《しんけい》 脳神経の一。内臓に分布する。〔知覚・運動などをつかさどる〕

**めいそうじょうき【明窓浄机】**《―浄几》〔文章語〕明るく清潔な書斎。〔明るい窓と清らかな机の意〕

**めいだい【命題】** 論理学で、判断を―言語〔記号〕で表したもの。

**めいたつ【明達】**〔文章語〕聡明で道理をわきまえている。

**めいだん【明断】**〔文章語〕明快な判断・決断（―をすること）。「―をくだす」

**めいち【明知】**《明智》〔文章語〕すぐれた知恵。

**めいちゃ【銘茶】** 特別な名のある上質の茶。

**めいちゅう【命中】** 目標に当たること。

**めいちゅう【螟虫】** ズイムシ。

**めいちょ【名著】** すぐれた（有名な）著作。

**めいちょう【迷鳥】** 仲間にはぐれて迷いこんで来た渡り鳥。

**めいっぱい【目一杯】** 精一杯。

**めいてい【酩酊】** ひどく酒に酔うこと。

**めいてつ【明哲】**〔文章語〕才知がすぐれ、道理に通じている―こと（人）。

―**保身**《ほしん》 道理に従って物事を処理し、自分の身を安全に保つこと。

**メイト**〔mate〕仲間。「クラス―」

**めいど【明度】** 色の三属性の一。色の明るさの度合い。対色相・彩度

**めいど【冥土・冥途】** あの世。

―**の土産**《みやげ》 死に際に心に浮かぶいい思い出。

**メイド** ⇩メード「―喫茶」

**めいとう【名刀】** すぐれた（有名な）刀。

**めいとう【名湯】** すぐれた効能で有名な温泉。

**めいとう【名答】** よい答え。「ご―」

**めいとう【明答】**〔文章語〕はっきりした返事（―をすること）。類確答

**めいとう【銘刀】** 銘を入れたすぐれた刀。

**めいどう【鳴動】**〔文章語〕音を響かせて動くこと。「大山《たいざん》―して鼠《ねずみ》一匹」

**めいにち【命日】** 故人が死んだ日と同じ日。忌日。

**めいば【名馬】** すぐれた（有名な）馬。

**めいはく【明白】** 疑う余地がないようす。

**めいばく【名瀑】**〔文章語〕立派な（名高い）滝。

**めいばん【名盤】** すぐれた内容のレコード。

**めいび【明媚】**《明美》〔文章語〕景色が美しいこと。「風光―」

**めいひつ【名筆】**〔文章語〕すぐれた（有名な）書画。それを書く人。

**めいひん【名品】** すぐれた（有名な）品。

**めいひん【銘品】** すぐれた品。特に、名の知られた品。

**めいびん【明敏】** 才知が鋭いこと。

**めいふ【冥府】**〔文章語〕冥土《めいど》。

**めいふく【冥福】** 死後の幸福。「―を祈る」

**めいぶつ【名物】** ①有名な（評判の）もの。「―先生」②名産。「―にうまい物なし」③すぐれた茶器。

**めいぶん【名文】** すぐれた文章。対悪文

**めいぶん【名分】** ①身分に応じて守るべき本分。「大義―」②表向きの理由。

**めいぶん【名聞】**〔文章語〕世間の評判。

**めいぶん【明文】** 条文として記載された文章。

**めいぶん【迷文】**〔俗語〕へたな文章。〔名文のもじり〕

―**化**《か》 文書に書き表すこと。

**めいぶん【銘文】** 銘として刻まれた文。

**めいぼ【名簿】** 姓名や住所を書き並べた帳簿。「―に載せる・会員―」

**めいほう【名宝】** 有名な宝。

**めいほう【盟邦】** 同盟国。

**めいぼう【名望】** 名誉と人望（―があること）。「―家」

**めいぼう【明眸】**〔文章語〕はっきりした目もと。

―**皓歯**《こうし》 美人の形容。〔すずしい目と白い歯の意〕

**めいぼく【名木】** ①由緒ある（有名な）木。②すぐれた香木。特に、伽羅《きゃら》。

**めいぼく【銘木】** 床柱・天井用の上等な木材。

**めいみゃく【命脈】** 生命。「―を保つ」

**めいむ【迷夢】**〔文章語〕夢のようにとりとめもない考え。心の迷い。

**めいむ【迷霧】**〔文章語〕方角がわからないほど深い霧。Ⅱ心の迷い。

**めいめい【命名】** 名付け。

**めいめい【銘々】** 各自。

**めいめいはくはく【明々白々】** 明白の強め。

**めいめつ【明滅】** 光などがついたり消えたりすること。

**めいもう【迷妄】** 物事の道理を知らず、まちがった考えをもつこと。

**めいもく【名目】** ①名前。②表向きの理由。◇みょうもく。

―**賃金**《ちんぎん》 貨幣金額で表した賃金。対実質賃金

**めいもく【瞑目】**〔文章語〕①目を閉じること。②死ぬこと。

**めいもん【名門】** 立派な家柄。類名家 Ⅱ伝統のある有名な存在。「―校」

**めいやく【盟約】**〔文章語〕固い約束（―をすること）。「―を結ぶ」

**めいゆう【名優】** すぐれた（有名な）俳優。

**めいゆう【盟友】** 固く誓いあった友。

**めいよ【名誉】** ①すぐれていると認められること（―を誇る気持ち）。対不名誉 ②尊敬のしるしに贈られる称号。「――教授（市民）」

―**棄損**《きそん》**（毀損）** 名誉を傷つけること。「―罪」

―**職**《しょく》 給与を受けずに従事する職。

**めいり【名利】** 名誉と利益。みょうり。「―

に汲々とする」

**めいりゅう【名流】** 有名な人々。類名士

**めいりょう【明瞭】** 明らかなこと。類明白 対不明瞭

**めいる【滅入る】** ふさぎこむ。

**めいれい【命令】** ①(目下の者に対する)言いつけ。②行政機関が定めた決まり。

**―形《け》** 活用形の一。命令の意で言いきる。

**めいろ【目色】** 目つき。「―が変わる」

**めいろ【迷路】** ①迷いやすい道。②通り抜けにくく入り組ませて作った道。

**めいろう【明朗】** ①明るくほがらか。②公正。「―会計」

**めいろん【名論】** すぐれた議論。「―卓説」

**めいわく【迷惑】** 他人のせいでいやな思いをすること。「―をこうむる」

**―メール** 一方的に送りつけられるeメール。

**メイン** [main] 中心。主なもの。メーン。「―テーマ」

**―イベント** [main event] 一連の催しの中で、中心となるもの。特に、競技で呼び物となる最後の試合。メインエベント。

**―スタジアム** [main stadium] 複数の競技場のある施設で、中心となるもの。

**―スタンド** [和製語 main stand] 競技場の正面観客席。

**―ストリート** [main street] 大通り。

**―タイトル** [main title] ①書名などの標題。対サブタイトル ②映画やテレビで、題名を示す字幕。

**―ディッシュ** [main dish] 西洋料理で、正餐《せいさん》の中心となる料理。

**―バンク** [和製語 main bank] 主として取引を行う銀行。

**めうえ【目上】** 地位や年齢が、自分より上(―の人)。対目下

**めうし【雌牛・牝牛】** めすの牛。対雄牛《おうし》

**めうち【目打ち】** ①千枚通し。②穴あけに使う手芸用具。③ウナギなどを裂くとき、動かないように目にきりを打ち込むこと。その道具。④切手など、紙の切り目につける連続した小穴。

**めうつり【目移り】** 他の物を見て心が動くこと。

**メーカー** [maker] 製造業者。対ユーザー

**メーキャップ** [makeup] 俳優・女性の化粧。メーク。メイク。メークアップ。

**―アーティスト** [makeup artist] メーキャップを専門とする人。

**メーキング** [making] ①つくること。②(映画などの)作る過程(―の記録)。

**メーク** [make] メーキャップ。(メイクとも)

**―アップ** [makeup] メーキャップ。

**メークイーン** [May queen] ジャガイモの品種の一。煮くずれしにくい。

**メーザー【MASER】** マイクロ波の増幅・発振装置。電波天文学・宇宙通信・原子時計などに利用。〔microwave amplification by stimulated emission of radiation の略〕

**メーター** [meter] ①自動計測器。②メートル。

**メーデー** [May Day] 五月一日に行われる、労働者の国際的な祭典。

**メーデー** [Mayday] 航空機・船舶の無線電話の国際救難信号。〔フランス語の m'aidez(=私を助けて)から〕

**メード** [made] 製造。「ホーム―」

**―インジャパン** [made in Japan] 日本製。

**メード** [maid] 女のお手伝いさん。メイド。

**メートル**(米)〔フランス語 mètre〕国際単位系の長さの基本単位。記号m

**―グラス** [和製語 mètre glass] 目盛りを刻んだ体積測定用のガラス容器。

**―トン** [和製語 mètre ton] メートル法の重さの単位の一。一〇〇〇キログラム。フランストン。キロトン。〔ロングトン・ショートトンなどと区別して〕

**―法《ほう》** 度量衡法の一。長さはメートル、質量はキログラム、体積はリットルを基本単位とし、十進法を用いる。〔一九六〇年国際単位系に発展〕

**―を上《あ》げる** 〔俗語〕酒を飲んで気炎を上げる。

**メープル** [maple] カエデ。「―シロップ」

**メーリングリスト** [mailing list] 特定のグループに属する人に、一度に同じeメールを送るシステム。ML。

**メール** [mail] ①郵便(―物)。「エア―」②eメール。「―アドレス」

**―アドレス** [mail address] 電子メールの宛先。メルアド。メアド。

**―オーダー** [mail order] 通信販売。

**―ボックス** [mailbox] ①郵便受け。

②eメールを格納しておく中央コンピューター内のファイル。
**―マガジン**［mail magazine］インターネット上の雑誌。メルマガ。
**メーン** ⇩メイン
**めおと【夫婦】** ①ふうふ。②一対のもの。
**―茶碗**《ぢゃわん》 対をなす大小の茶碗。
**メカ** メカニズム・メカニックの略。
**メガ**［mega］ 単位につけて、一〇〇万倍。「―トン」
**めがお【目顔】** 目つき。「―で知らせる」
**めかくし【目隠し】** ①目をおおう―こと(布)。②遊戯の一。目隠しをした鬼が逃げる人をつかまえる。③外から家の中が見えないようにする―こと(囲い)。
**めかけ【妾】** 正妻のほかに愛し養っている女。「―を囲う」類二号 対本妻
**めがける【目掛ける】** 目標にする。
**めかご【目籠】** 物を盛る、目の粗いかご。
**メガサイクル**［megacycle］ メガヘルツ。
**めかじき**《眼梶木》 海魚の一。肉は白身で食用。
**めかしこむ【めかし込む】** おしゃれをする。
**めがしら【目頭】** 目の、鼻側の端。対目じり
**―が熱**《あつ》**くなる** 感動して涙が出る。
**―を押**《お》**さえる** 涙が出るのをおさえる。
**めかす** おしゃれをする。
**めかた【目方】** 重量。「―売り」
**めかど【目角】** 目の端。
**―を立**《た》**てる** 鋭く見つめる。
**メカトロニクス**［和製語 mechatronics］ 機械工学と電子工学を統合した技術・産業・製品。〔メカニクスとエレクトロニクスの合成語〕
**メガトン**［megaton］ 質量の単位の一。一〇〇万トン。〔核爆弾の威力を示す単位にも使う〕
**メカニカル**［mechanical］ メカニック。
**メカニズム**［mechanism］ ①機械装置。メカ。②しくみ。「理解の―」
**メカニック**［mechanic］ ①(自動車などの)整備員。②機械的。メカニカル。
**めがね【眼鏡】** ①レンズを利用して視力の調整などをする器具。〔メガネとも書く〕②《鑑識》めきき。
**―猿**《ざる》 サルの一。小形。目が大きい。
**―違**《ちが》**い** 見込み違い。
**―にかなう** 目上の人に認められる。
**―橋**《ばし》 橋脚がふたつのアーチ形の石橋。
**メガバンク**［megabank］ 合併などで成立した巨大銀行。
**めかぶ【和布蕪】** ワカメの根元の部分。食用。
**メガフロート**［megafloat］ 超大型の浮遊式海洋構築物。
**メガヘルツ**［megahertz］ 周波数の単位の一。一〇〇万ヘルツ。記号MHz〔メガサイクルの新しい呼称〕
**メガホン**［megaphone］ 口にあてて声を大きくするラッパ状の筒。メガフォン。「―をとる(=監督として映画を作る)」
**めがみ【女神】** 女の神。対男神《おがみ》
**メガロポリス**［megalopolis］ 帯状に連なる巨大都市群。
**めきき【目利き】** もののよしあしを見分けること(―の巧みな人)。
**めキャベツ【芽―】** キャベツの品種の一。小形。甘みが多い。
**めくされ【目腐れ】** 眼病で目の縁が―ただれること(ただれた人)。〔人をののしる語としても使う〕
**―金**《がね》 はした金。
**めくじらをたてる【目くじらを立てる】** わずかの欠点をとりたててとがめる。
**めぐすり【目薬】** 眼病治療用の目にさす薬。
**めくそ【目糞・目屎】** めやに。
**―鼻糞**《はなくそ》**を笑**《わら》**う** 似たりよったりの者が、自分の欠点に気づかず、他人をあざわらう。
**めくばせ【目配せ】** 目で合図すること。
**めくばり【目配り】** 方々を注意して見ること。
**めぐまれる【恵まれる】** 幸いに、十分与えられる。「才能に―」
**めぐみ【恵み】** ①施し。②恩恵。
**めぐむ【芽ぐむ】** 芽を出す。
**めぐむ【恵む】** 施し物をする。
**めくら【盲】** ①目が見えない―こと(人)。②文字が読めない人。③道理のわからない人。◇〔差別表現〕
**―千人**《せんにん》**目明**《めあ》**き千人**《せんにん》 世間には道理のわからない人も多いが、わかる人も多い。

**ー蛇《へび》に怖《お》じず** 物事のおそろしさを知らない人は無鉄砲だ。

**めぐらす【巡らす】**《廻らす》①回す。②囲ませる。「堀をー」③働かせる。「知恵をー」◇めぐらせる。

**めくらまし【目眩し】** ①人の目をごまかすこと。②手品。魔術。

**めくり【捲り】** ①めくる-こと(もの)。②寄席《よせ》などで、演者名を書いて示す紙。

**めぐり【巡り】**《廻り》①めぐること。「血のー」②数か所を回ること。「名所ー」③周囲。

**ー合《あ》う** 偶然出会う。

**ー合《あ》わせ** そうなる運命。動ーる

**ー巡《めぐ》って** 途中いろいろあって最後は。

**めくる【捲る】** 上の物をはいで取る。

**めぐる【巡る】**《廻る》①回る。②回り歩く。「名所をー」③取り巻く。Ⅱそのことに関係をもつ。「語源をー論争」

**めくるめく【目眩く】** 目がくらむ。

**めくれる【捲れる】** まくれる。

**めげる** くじける。「雨にもめげず」

**めごち【目鯒】** 海魚の一。食用。

**めこぼし【目溢し】**(わざと)見逃すこと。

**メサイア** [Messiah] メシア。

**めさき【目先】** ①目の前。②当座。③将来の見通し。「ーがきく」

**ーを変《か》える** 趣向を変える。

**めざし【目刺し】** 干物の一。イワシなどを、目に串《くし》などを通して何匹かまとめたもの。

**めざす【目指す・目差す】** 目標とする。

**めざとい【目敏い】** ①見つけるのが早い。②目がさめやすい。

**めざまし【目覚まし】** ①目覚まし時計。②目を覚ます-こと(もの)。

**ー時計《どけい》** 予定時刻にそれを知らせるしかけの時計。

**めざましい【目覚ましい】** 目がさめるほどすばらしい。「ー活躍」

**めざめる【目覚める】** ①目が覚める。②本能が働き始める。「性にー」③自覚する。

**めざる【目笊】** 目の粗いざる。

**めされる【召される】** ①召すの受け身。Ⅱ死ぬ。「神にー」②召すの尊敬語。③するの尊敬語。類なさる

**めざわり【目障り】** ①見るのにじゃまになる-こと(もの)。②見ると不快になる-こと(もの)。

**めし【飯】** ①米をたいた食べ物。②食事。◇類ごはん

**ーの食《く》い上《あ》げ** 生計の道を失い、生活できなくなること。

**めじ【目地】** タイル張りやブロック塀の継ぎ目。「ーを塗る」

**メシア** [Messiah] 救世主。

**めしあがる【召し上がる】**「食べる・飲む」の尊敬語。

**めしあげる【召し上げる】** 没収する。

**メジアン** [median] 統計資料のすべての値を大きさの順に並べたとき、中央にくる数値。中央値。メディアン。

**めしい【盲】**〔文章語〕目が見えない-こと(人)。

**めしかかえる【召し抱える】** 家来にする。

**めした【目下】** 地位や年齢が、自分より下(-の人)。対目上

**めしたき【飯炊き】** 飯をたく-こと(人)。

**めしだす【召し出す】** ①目下の者を呼び出す。②雇って職・給料を授ける。

**めしつかい【召し使い】** 雇われて雑用をする人。

**めしつかう【召し使う】** 雇って身のまわりの雑用をさせる。

**めしつぶ【飯粒】** 飯のつぶ。ごはんつぶ。

**めしつれる【召し連れる】**(目下の者を)呼び出して連れて行く。

**めしどき【飯時】** 食事をする時分。

**めしとる【召し捕る】** 罪人を捕らえる。〔古風な言い方〕

**めしのたね【飯の種】** 生計を立てる手段。

**めしびつ【飯櫃】** 炊いた飯を入れておく木製の容器。おひつ。

**めしべ【雌蕊】** 種子植物の種をつくる、雌性の器官。しずい。対おしべ

**めじまぐろ【めじ鮪】** マグロの幼魚。

**メジャー** [major] ①一流。主流。②音楽で、長音階・長調。◇対マイナー

**ーリーグ** [major league] アメリカのプロ野球で、最上位のリーグ。大リーグ。

**メジャー** [measure] ①(洋裁用の)巻尺。ものさし。②計量。「ースプーン」

**めしょう【目性】** 目の性質。丈夫さや視力など。「ーが悪い」

**めしよせる【召し寄せる】** ①呼びつけて来させる。②取り寄せる。

**めじり【目尻】** 目の、耳側の端。対目がしら

**—を下《さ》げる** 満足して喜ぶ。Ⅱ男が女に見とれる。

**めじるし【目印】** 見てそれとわかるようにつけるしるし。

**めじろ【目白】** 小鳥の一。目のまわりが白い。

**—押《お》し** （人が）こみあって並ぶこと。〔メジロは、木に集まってとまる習性がある〕

**めす【雌】**《牝》動物の女性。〔メスとも書く〕対雄《おす》

**めす【召す】** ①「呼ぶ・招く」の尊敬語。②「身に受け入れる」の尊敬語。「かぜを—」

**メス**［オランダ語 mes］手術・解剖用の小刀。「—を執る（＝執刀する）」

**—を入《い》れる** メスで切開する。Ⅱ根本的解決をはかる。

**メスシリンダー**［ドイツ語 Messzylinder］化学実験用のガラス製液量計の一。

**めずらしい【珍しい】** めったにない。類目新しい

**メセナ**［フランス語 mécénat］企業や国家が芸術・学問を保護し援助する活動。

**めせん【目線】** ①視線。Ⅱものの|見方（とらえ方）。「客の—で見る」〔もと、演劇や写真などの世界の用語〕②（報道などで）顔写真の目の部分に引く太い線。

**メゾソプラノ**［イタリア語 mezzo soprano］ソプラノとアルトの間の声域（|の歌手）。

**メソッド**［method］方法。手順。メソード。

**メゾネット**［maisonette］中高層住宅で、一戸の内部が二階にまたがる構造のもの。

**メゾピアノ**［イタリア語 mezzo piano］音楽の演奏標語の一。「やや弱く」の意。記号 *mp*

**メゾフォルテ**［イタリア語 mezzo forte］音楽の演奏標語の一。「やや強く」の意。記号 *mf*

**メゾン**［フランス語 maison］集合住宅（|の名前につける語）。

**メタ**［meta］超。高次の。「—サイコロジー（＝超心理学）」

**めだか【目高】** 淡水魚の一。〔小さく目が大きい。群れをなして泳ぐ〕

**めだき【雌滝】**《女滝》一対の滝の小さい方。対雄滝

**メタげんご【—言語】** 対象とする言語を分析・記述するのに使う言語。メタランゲージ。

**めだしぼう【目出し帽】** 目の部分だけあいた、頭からすっぽりかぶる帽子。

**メタセコイア**［metasequoia］スギ科の巨木。アケボノスギ。

**めだつ【目立つ】** 人目をひく。

**めだつ【芽立つ】** 芽が出る。

**めたて【目立て】** のこぎりの歯などを鋭くする|こと（道具）。

**メタノール**［ドイツ語 Methanol］メチルアルコール。

**メタファー**［metaphor］隠《いん》喩《ゆ》。

**メタフィジカル**［metaphysical］形而上学的。

**メタフィジックス**［metaphysics］形而上学。

**メタボ** メタボリック症候群の略。「—対策」

**メタボリックしょうこうぐん【—症候群】** 内臓肥満に加えて高血圧・高脂血症などの危険因子が複数重なっている状態。メタボリックシンドローム。メタボ。

**めだま【目玉】** ①目の玉。眼球。Ⅱ目玉の形の物。「—焼き」②しかること。おめだま。「お—を食う」③客寄せに目立たせたもの。「—商品」

**—が飛《と》び・出《で》る** ひどく|驚く（しかられる）。「—ほど高い」

**—の黒《くろ》いうち** 存命中。

**—焼《や》き** 卵料理の一。黄身をくずさず焼く。

**メタモルフォーゼ**［ドイツ語 Metamorphose］変身。変形。

**メタランゲージ**［metalanguage］メタ言語。

**メダリスト**［medalist］メダル受賞者。「金—」

**メタリック**［metallic］金属性。金属的。

**メタル**［metal］金属。

**メダル**［medal］金属の記章。賞や記念のしるしに与える。〔俗にメタルとも〕

**メタン**［ドイツ語 Methan］炭化水素の一。無色・無臭。燃料用。「—ガス」

**—ハイドレート**［methane hydrate］メタンが水に溶け込んだもの。海底や永久凍土に埋蔵される。新しいエネルギー資源とされる。

**メチエ**［フランス語 métier］美術や文学の、技巧・技術。

**めちがい【目違い】**見そこない。

**めぢから【目力】**〔俗語〕目元の力強い感じ。

**めちゃくちゃ**《滅茶苦茶》〔俗語〕①めちゃの強め。②台無し。

**めちゃめちゃ**《滅茶滅茶》〔俗語〕めちゃくちゃ。

**メチルアルコール**［ドイツ語 Methylalkohol］アルコールの一。無色。有毒。メタノール。

**メッカ**［Mecca］ムハンマドの出生地。〔イスラム教の聖地〕Ⅱ㋐あこがれの地。「おしゃれの—、パリ」㋑発祥の地。

**めつき【目付き】**物を見るときの目のようす。「鋭い—」

**めっき【メッキ・鍍金】**《滅金》金属の表面に、金や銀の薄膜を—かぶせること（かぶせたもの）。ときん。Ⅱ表面を飾って中身の悪さを—隠すこと（隠したもの）。「—がはげる」

**めっきゃく【滅却】**〔文章語〕滅びる（滅ぼす）こと。「心頭を—すれば火もまた涼し」

**めっきん【滅菌】**殺菌。

**めつけ【目付】**昔、武士の行動を監視した職。Ⅱ監視役。「お—」

**めっけもの【めっけ物】**掘り出し物。

**めっし【滅私】**私心をなくすこと。「—奉公」

**メッシュ**［mesh］網目織り。「—の靴」

**めっする【滅する】**①滅びる。滅ぼす。②消滅—する（させる）。

**メッセ**［ドイツ語 Messe］（常設の）見本市。

**メッセージ**［message］①伝言。②声明（—文）。

**メッセンジャー**［messenger］①使者。②配達人。③スマートフォンなどで、リアルタイムにメッセージの送受信をするソフト。メッセンジャーアプリ。

**めっそうもない【滅相もない】**とんでもない。

**めった**《滅多》むやみ。無分別。

**—打《う》ち** むやみに打つこと。

**—に**（否定表現の中で）ほとんど。

**—やたら** めったの強め。

**めつぶし【目潰し】**投げつけて相手の目をくらます—こと（もの）。「—の砂」

**めつぼう【滅亡】**滅びること。

**めっぽう【滅法】**①はなはだしく。「—強い」②法外。

**めづまり【目詰まり】**網や布の目にごみや塵《ちり》がつまること。

**めづもり【目積もり】**目分量。

**めて【馬手】**《右手》〔文章語〕みぎて。〔馬の手綱を持つ手の意〕対弓手《ゆんで》

**メディア**［media］①媒体。手段。特に、マスメディア。②記憶媒体。

**—ミックス**［media mix］複数のメディアを組み合わせて行う広告活動。

**—リテラシー**［media literacy］メディアによる情報を批判的に理解し、実際に使いこなす能力。

**メディカル**［medical］医療の。「—ソシアルワーカー（＝医療福祉専門職）」

**めでたい**《目出度い・芽—》①喜ばしい。②お人よしだ。「お—」

**めでる【愛でる】**①かわいがる。②愛好する。「月を—」

**めど【目処・目途】**めあて。「—がつく」

**めど**《針孔》糸を通す針の穴。

**めどおし【目通し】**（書類などを）ひととおり見ること。〔「お～」の形で使う〕

**めどおり【目通り】**〔文章語〕拝謁。

**めとる【娶る】**〔文章語〕妻として迎える。

**メドレー**［medley］①多くの曲をつづりあわせた曲。また、二曲以上の連続演奏。②四人の—走る距離（泳法）が異なるリレー。メドレーリレー。

**メトロ**［フランス語 métro］地下鉄。

**メトロノーム**［ドイツ語 Metronom］音楽で、速度を示すために拍子を測定する器械。

**メトロポリス**［metropolis］①首都。②大都市。

**メトロポリタン**［metropolitan］首都の。大都市の。

**めなみ【女波】**〔文章語〕高低のある波で、低く弱い方の波。対男波《おなみ》

**めなれる【目慣れる】**見なれる。

**メニエールびょう【—病】**耳鳴り・めまい・難聴が繰り返される病気。〔Ménière

は病気の発見者」
**メニュー**［フランス語 menu］献立(―表)。
**メヌエット**［ドイツ語 Menuett］四分の三拍子の優雅な舞曲。
**めぬき【目貫き】**目くぎ(―を覆う金具)。
**めぬり【目塗り】**(防風・防湿のために)戸や板の合わせ目を塗る―こと(もの)。
**めねじ【雌ねじ】**雄ねじを受ける穴の内側に切ったねじ。［雌ネジとも］対雄ねじ
**めのう【瑪瑙】**美しい色のしま模様をもつ宝石。印材用・装飾用。
**めのかたき【目の敵】**ことごとに憎む相手。「―にする」
**めのこざん【目の子算】**目で見て(大まかに)計算すること。目の子勘定《かんじょう》。
**めのした【目の下】**魚の目から尾までの長さ。［魚の大きさを測る基準にする］
**めのたま【目の玉】**めだま。
**めのと【乳母】**［文章語］うば。お守り役。
**めのどく【目の毒】**①見ると心に悪い影響を与えるもの。②見ると欲しくなるもの。
**めのほよう【目の保養】**美しい物などを見て楽しむこと。目の正月。
**めのまえ【目の前】**①眼前。②きわめて近い将来。
**めばえ【芽生え】**芽生えること。芽生えた芽。Ⅱ物事のきざし。「悪の―」
**めばえる【芽生える】**芽が出る。Ⅱ起こり始める。「恋が―」
**めはし【目端】**目先。「―がきく」
**めはな【目鼻】**①目と鼻。②目鼻だち。
**―が付《っ》く** 大体―できあがる(見当がつく)。
**―立《だ》ち** 顔だち。
**めばな【雌花】**雌しべだけある花。対雄花
**めばり【目張り】**①すきまに紙などをはること。②目を目立たせるために目の縁を黒く塗ること。「―を入れる」
**めばる**《眼張》近海魚の一。目・口が大きい。食用。
**めびな【女雛】**女の内裏《だいり》雛《びな》。対おびな
**めぶく【芽吹く】**芽が出始める。
**めふん** サケの背わた(―の塩辛)。
**めぶんりょう【目分量】**目で見当をつけた分量。「―ではかる」
**めべり【目減り】**はじめより目方が減ること。Ⅱ以前より価値が低くなること。
**めぼし【目星】**①見当。②星《ほし》目《め》。
**めぼしい** 目立っている。
**めまい**《眩暈》目がくらむこと。
**めまぐるしい【目まぐるしい】**(動きが激しくて)目が回るようだ。
**めまぜ【目交ぜ】**目くばせ。
**めまつ【雌松】**アカマツ。対雄松
**めみえ【目見え】**⇨おめみえ
**めめしい【女々しい】**(男が)いくじがなく柔弱である。対雄々しい
**メモ**［memo］覚え書き。「―帳」
**めもと【目元】**《目許》目のあたり。
**メモランダム**［memorandum］メモ。
**めもり【目盛り】**計量器の、分量を示すしるし。「―を読む」
**メモリアル**［memorial］記念するもの。「―ホール(=記念館)」
**メモリー**［memory］①記憶。思い出。②コンピューターの記憶装置。
**―カード**［memory card］半導体メモリーを使ったカード状の記録媒体。
**―スティック**［memory stick］カード型のフラッシュメモリーの一。［商標］
**メモワール**［フランス語 mémoire］回想録。
**めやす【目安】**大体の見当。「―が付く」
**めやに【目脂】**目の粘液が固まったもの。
**メラニン**［melanin］動物の皮膚にある黒色素。
**メラノーマ**［melanoma］皮膚にできる悪性腫瘍。
**メラミンじゅし【―樹脂】**合成樹脂の一。耐熱性にすぐれ硬い。化粧板・食器用。
**メランコリー**［melancholy］憂鬱(―症)。
**メランコリック**［melancholic］憂鬱。
**メリーゴーランド**［merry-go-round］遊園地の乗り物の一。回転木馬。
**めりかり**《減甲・乙甲》邦楽で、音調の高低。
**メリケン** アメリカ。外国。［アメリカンの転］
**―粉《こ》** 小麦粉。
**めりこむ【減り込む】**深く入りこむ。
**メリット**［merit］利点。対デメリット
**メリノ**［merino］ヒツジの一。良質の毛がとれる。スペイン原産。
**めりはり【減り張り】**①調子の緩急。「―のきいた文章」②めりかり。
**めりめり** 物が裂けたり砕けたりする―音(ようす)。

め

**メリヤス**《莫大小》〔スペイン語 medias〕伸縮性に富んだ織物。

**メリンス**〔スペイン語 merinos〕薄地の柔らかい毛織物。モスリン。〔メリノヒツジの毛で織ったことから〕

**メルカトルずほう【―図法】** 地図の投影法の一。航海図に利用。

**メルクマール**〔ドイツ語 Merkmal〕目印。指標。特徴。

**メルシー**〔フランス語 merci〕ありがとう。

**メルトダウン**〔meltdown〕原子炉の炉心溶融。

**メルとも【―友】**〔俗語〕eメールや携帯メールでのメール友達。

**メルトン**〔melton〕起毛した厚地の毛織物。

**メルヘン**〔ドイツ語 Märchen〕おとぎ話。類童話

**メルルーサ**〔スペイン語 merluza〕海魚の一。食用。ギンダラ。

**メレンゲ**〔フランス語 meringue〕卵白を泡立てて砂糖を加えたもの。

**メロー**〔mellow〕熟して甘いようす。また、豊潤。

**メロディー**〔melody〕音楽で、曲の中心となる音の流れ。旋律。

**メロドラマ**〔melodrama〕感傷的な通俗劇。

**メロン**〔melon〕果物の一。「マスク―」

**めん【面】** ①顔。②仮面。③表面。④剣道で、顔につける防具(―を打つわざ)。⑤方面。⑥平面。⑦器物・材料のかどを削り落とした所。「―を取る」⑧平たい物を数える語。

**―が割《わ》れる**〔俗語〕①顔から名前や身元がわかる。②顔を知られる。

**―と向《む》かって** 直接相手と向かい合って。

**めん【綿】** ①もめん。「―製品」②《棉》ワタ。「―栽培」

**めん【麺】**《麪》めん類。

**めんえき【免役】** 服役を免除すること。

**めんえき【免疫】** かかった病気に対する抗体ができて、以後はかかりにくくなること。‖慣れて動じなくなること。

**―グロブリン** 抗体の本体となるタンパク質。

**―チェックポイント** 免疫細胞(T細胞)の過剰な活性化や、自己の細胞への攻撃を防ぐための生体のシステム。

**―抑制剤《よくせいざい》** 臓器移植の際などに、免疫作用を抑える薬。

**めんおりもの【綿織物】** 綿糸で織った織物。

**めんか【綿花】**《棉花》ワタの種を包む白色・淡黒褐色の繊維。綿糸の原料。

**めんかい【面会】** 人と会うこと。

**めんかん【免官】** 官職をやめさせること。

**めんきつ【面詰】**〔文章語〕面責《めんせき》。

**めんきょ【免許】** ①官庁が許可すること。「運転―証」②師匠が弟子に奥義を伝えること。

**―皆伝《かいでん》** 師匠が弟子に奥義をすっかり伝えること。

**めんくい【面食い】**〔俗語〕顔の美しい異性を好む―こと(人)。

**めんくらう【面食らう】**〔俗語〕驚きあわてる。

**めんこ【面子】** おもちゃの一。ボール紙を丸や四角に切ったもの。

**めんご【面晤】**〔文章語〕面会。

**めんざい【免罪】** 罪を許すこと。

**―符《ふ》** 昔、カトリック教で信者に発行した免罪の証書。‖代償としての―行為(事柄)。

**めんし【綿糸】** もめん糸。「―紡績」

**めんしき【面識】** 顔を見知っていること。「―がある」

**めんじつゆ【綿実油】** ワタの実からしぼった油。めんみゆ。わたあぶら。

**めんじゅうふくはい【面従腹背】** 表面だけ服従し、内心で反抗していること。

**めんじょ【免除】** 義務を許し除くこと。

**めんじょう【免状】** ①免許状。②卒業証書。

**めんしょく【免職】** 職をやめさせること。

**めんじる【免じる】** ①免除する。②職をやめさせる。③(「…に免じて」の形で)その功や、第三者の面目を立てる。「親に免じて許す」◇免ずる。

**めんしん【免震】** 地震時のゆれを低減すること。「―構造」

**メンス** 月経。〔ドイツ語 Menstruation から〕

**メンズ**〔men's〕男性の。「―ウエア・―リブ(=男性解放運動)」

**めんする【面する】** 向く。向かう。

**めんずる【免ずる】** めんじる。

**めんぜい【免税】** 税を免除すること。

**―点《てん》** 免税の限界の金額。

**めんせき【免責】** 責任を免除すること。

**めんせき【面責】** 〔文章語〕面と向かって欠点や過失を責めること。

**めんせき【面積】** 面の広さ。「庭の―」

**めんせつ【面接】** 面会して調査や試験をすること。

**めんぜん【面前】** 目の前。

**めんそ【免租】** 〔文章語〕免税。「―地」

**めんそ【免訴】** 刑事訴訟で、裁判所が有罪・無罪の判断を示さずに裁判を打ち切る判決。

**めんそう【面相】** 顔つき。

**メンソール** ［menthol］ ハッカに含まれる清涼な香りと味のある成分。メントール。

**メンタイ【明太】** ［朝鮮語 myeong-tae］ スケトウダラ。

**―子《こ》** たらこの唐辛子漬け。

**めんたま【目ん玉】** 〔俗語〕目玉。

**メンタリティー** ［mentality］ 心的状態。

**メンタル** ［mental］ 精神的。心理的。

**―ケア** ［mental care］ 精神面の保護・援助。

**―テスト** ［mental test］ 知能検査。

**―トレーニング** ［mental training］ スポーツで、強い精神力を鍛えること。

**―ヘルス** ［mental health］ 精神衛生。

**めんだん【面談】** 面会して話すこと。「委細―」

**メンチ** ［mince］ ミンチ。

**―カツ** ［和製語 mince cutlet］ ひき肉を平らにのばして揚げた料理。

**―ボール** ［和製語 mince ball］ 肉だんご。ミートボール。

**めんちょう【面疔】** 顔にできるはれもの。悪性。

**メンツ【面子】** ［中国語 miànzi］ ①面目《めんぼく》。「―にこだわる」類体面 ②メンバー。

**めんてい【免停】** 免許停止の略。〔多く、運転免許についていう〕

**めんてい【面体】** 顔かたち。

**メンテナンス** ［maintenance］ 建物や機械の、保守。

**メンデリズム** ［Mendelism］ メンデルが発表した遺伝の法則(―に基づく立場)。

**めんどう【面倒】** ①わずらわしい。②世話。「―をみる(かける)」

**―臭《くさ》い** 非常にめんどうだ。めんどくさい。

**―見《み》がいい** よく人の世話をする。

**めんとおし【面通し】** 〔俗語〕容疑者の顔を関係者に見せて犯人かどうか確かめること。

**メントール** ⇩メンソール

**めんとり【面取り】** 建築や料理で、材料のかどを削り取ること。

**めんどり【雌鳥】** めすの―鳥(ニワトリ)。〔ニワトリの場合は雌鶏と書く〕対おんどり

**めんば【面罵】** 〔文章語〕面と向かってののしること。

**メンバー** ［member］ 団体の構成員。

**―シップ** ［membership］ メンバーであること。また、その地位・資格。

**めんぴ【面皮】** つらの皮。「鉄―」

**―を剥《は》ぐ** 厚かましい人の面目を失わせる。

**めんぶ【面部】** 〔文章語〕顔面。

**めんぷ【綿布】** もめんの布。

**めんぺき【面壁】** 壁に向かって座禅をすること。「―九年」〔達磨《だるま》大師の故事から〕

**めんぼう【面貌】** 〔文章語〕顔かたち。顔つき。

**めんぼう【綿紡】** 綿糸紡績の略。

**めんぼう【綿棒】** 先に脱脂綿を巻きつけた細い棒。

**めんぼう【麺棒】** 調理用具の一。めんを作るときに、こねた粉をのばすのに使う棒。

**めんぼく【面目】** ①世間に対する体面。ありさま。「―を一新する」②体裁。「―が立つ」◇めんもく。

**―次第《しだい》もない** 全く面目ない。

**―ない** 恥ずかしくて合わせる顔がない。

**―を施《ほどこ》す** 名誉を得る。体面を保つ。

**メンマ**《麺麻》［中国語 miànmǎr］ タケノコの塩漬け。中国料理で使う。

**めんみつ【綿密】** 手落ちなく、詳しいこと。類緻密《ちみつ》

**めんめん【面々】** おのおの。「幹部の―」

**めんめん【綿々】** 〔文章語〕絶えまなく続くようす。

**めんもく【面目】** めんぼく。

**―躍如《やくじょ》** その人らしいすぐれた点が生き生きと現れているようす。

**めんよう【面妖】** 〔文章語〕奇怪。「はて、―な」

**めんよう【綿羊】**《緬羊》（羊毛をとる）ヒツジ。

# も

**も【面】** 表面。「池の—・水《み》の—」

**も【喪】** 人の死後、親族が一定期間家にこもって交際を慎むこと。忌。「—に服す」

**も【藻】** 水中に生える植物の総称。

**モアレ**〔フランス語 moiré〕①木目模様のある織物。②印刷で、網目の重なりによって生じる斑紋《はんもん》。◇モワレ。

**モイスチャー**〔moisture〕湿気。水分。

**もう【毛】** 厘《りん》の一〇分の一を表す単位。

**もう【蒙】** 道理がわからないこと。

**—を啓《ひら》く** 啓蒙する。

**もうあ【盲唖】** 目が見えないことと、口がきけないこと。「—学校」

**もうあく【猛悪】**〔文章語〕荒々しくて悪いこと。類獰悪

**もうい【猛威】** 猛烈な勢い。「—をふるう」

**もうえん【猛炎】**〔文章語〕激しく燃えあがる炎。

**もうえん【猛煙】**〔文章語〕激しくでる煙。

**もうか【孟夏】**〔文章語〕①初夏。②陰暦四月。◇〔孟は、はじめの意〕

**もうか【猛火】** 激しく燃える火。

**もうがっこう【盲学校】** 視力障害者の教育を行う学校。

**もうかる【儲かる】** 利益・利得を（—多く）得る。

**もうかん【毛管】** 毛細管。「—現象」

**もうかん【盲管】** 盲腸。〔一端が閉じている管の意〕

**—銃創《じゅうそう》** 弾丸がからだの中に留まっている傷。対貫通銃創

**もうき【濛気】**〔文章語〕もうもうと立ちこめる大気・水気。

**もうきん【猛禽】** 性質が荒く、肉食性の鳥。ワシ・タカなど。

**もうけ【設け】** 準備。「茶菓《かさ》の—がある」

**もうけ【儲け】** 利益。得。

**もうげき【猛撃】**〔文章語〕激しい攻撃。

**もうける【設ける】** ①前もって準備する。②設置する。

**もうける【儲ける】** ①利益を（—多く）得る。得をする。②子供を得る。

**もうけん【猛犬】** どうもうな犬。

**もうげん【妄言】**〔文章語〕ぼうげん。

**—多謝《たしゃ》** 勝手な言葉を許して下さい。〔意見などの後に添える語〕

**もうこ【猛虎】**〔文章語〕性質の荒々しい虎《とら》。

**もうご【妄語】**〔仏教語〕うそをつくこと。

**もうこう【猛攻】** 激しい攻撃。猛撃。

**もうこはん【蒙古斑】** 幼児のしりにある青黒いあざ。〔黄色人種にある〕

**もうこん【毛根】** 毛の、皮膚の中に入っている部分。

**もうさいかん【毛細管】** ①全身の組織内に網目状に分布しているごく細い血管。毛細血管。②ごく細い管。◇毛管。

**もうし【申し】** 丁寧な呼びかけの語。もし。〔古風な言い方。／ふつう仮名で書く〕

**—上《あ》げる** ①言うの謙譲語。②（他の語に添えて）するの謙譲語。「ご遠慮—」動—る

**—合《あ》わせ** 相談して決める約束。動—る

**—出《い》で** 申しでること。

**—入《い》れる**（こちらの意見や希望を）相手に伝える。

**—受《う》ける** 受ける・引き受けるの謙譲語。

**—送《おく》り** ①先方へ伝えること。②引き継ぎ事務などを次へ言い伝えること。動—送る

**—遅《おく》れる** 相手に言うのが遅れる。

**—兼《か》ねる** 言いにくい・言えないの謙譲語。

**—聞《き》かせる** よく言ってきかせる。

**—子《ご》** 神仏に祈って授かったとされる子供。Ⅱ特殊な時代背景のもとに生じたもの。「戦乱の—」

**—越《こ》し** 言ってよこすこと。「お—の件」動—越す

**—込《こ》み** 申し込むこと。

**—込《こ》む** ①契約の意志を伝える。②申し入れる。

**—添《そ》える** 言い添えるの謙譲語。

**—立《た》てる** ①強く言い張る。②上役や公的機関に意見を伝える。

**—付《つ》ける**（上の者が下の者に）命じる。

**—伝《つた》える** 相手の伝言を伝える。〔謙譲語〕

**—出《で》る** 意見や希望を言って出る。

**—述《の》べる** 言う・陳述するの謙譲語。

**―開《ひら》き** 言い訳の謙譲語。「―が立つ」 動―開く

**―分《ぶん》** ①非難すべき点。「―ない」 ②言い分の謙譲語。

**―訳《わけ》** ①言い訳の謙譲語。「―ない(=すまない)」 ②上べだけのこと。「―程度」

**―渡《わた》す** (上の者が下の者に)言い渡す。

**もうしゃ【猛射】** 激しく射撃すること。

**もうじゃ【亡者】** ①〔仏教語〕死んだ人。②特に、成仏《じょうぶつ》できずに迷っている人。何かに異常に執着している人。「金の―」

**もうしゅう【妄執】** 〔仏教語〕迷いの心から生ずる執着。類妄念

**もうしゅう【孟秋】** 〔文章語〕①初秋。②陰暦七月。◇〔孟は、はじめの意〕

**もうしゅう【猛襲】** 〔文章語〕激しい襲撃。

**もうじゅう【盲従】** 判断なしに、言われるままに従うこと。

**もうじゅう【猛獣】** 性質の荒い肉食獣。

**もうしゅん【孟春】** 〔文章語〕①初春。②陰暦正月。◇〔孟は、はじめの意〕

**もうしょ【猛暑】** 激しい暑さ。

**―日《び》** 最高気温が三五℃以上の日。

**もうしょう【猛将】** 〔文章語〕勇猛な武将。

**もうじょう【網状】** 〔文章語〕網目《あみめ》状。「―脈」

**もうしん【妄信・盲信】** むやみに信じこむこと。

**もうしん【盲進】** 〔文章語〕十分に考えないで(目標を定めないで)突き進むこと。

**もうしん【猛進】** 激しい勢いで進むこと。「猪突《ちょとつ》―」

**もうじん【盲人】** 目の見えない人。視覚障害者。

**もうす【申す】** ①言うの謙譲語。②(他の語にそえて)するの謙譲語。「お供―」

**もうすぐ【もう直ぐ】** 今から短時間のうちに。もうじき。

**もうせい【猛省】** 〔文章語〕深く反省すること。「―を促す」

**もうせつ【妄説】** 〔文章語〕でたらめ。

**もうせん【毛氈】** 獣毛を加工した厚手の敷物。

**もうせん【もう先】** 〔俗語〕ずっと以前。

**もうぜん【猛然】** 勢いの激しいようす。

**もうそう【妄想】** ①事実でないことを想像して信じこむこと。②〔仏教語〕邪念。

**もうそうちく【孟宗竹】** タケの一。大形で、幹は器具用。タケノコは食用。孟宗。

**もうだ【猛打】** 野球で、激しい打撃。

**もうだん【妄断】** 〔文章語〕勝手な判断・断定。

**もうちょう【盲腸】** ①大腸と小腸の接続部分。②盲腸炎。

**―炎《えん》** 虫垂炎の俗称。

**もうちょう【猛鳥】** 猛禽《もうきん》。

**もうつい【猛追】** 激しい勢いで追うこと。

**もうでる【詣でる】** 参拝する。

**もうてん【盲点】** 視神経が眼球内に入る部分。視覚がない。盲斑《もうはん》。Ⅱ人の気がつかない点。「―をつく」

**もうとう【毛頭】** (否定表現の中で)少しも。「そんな気は―ない」

**もうとう【孟冬】** 〔文章語〕①初冬。②陰暦一〇月。◇〔孟は、はじめの意〕

**もうどう【妄動・盲動】** よく考えないで、行動すること。「軽挙―」

**もうどうけん【盲導犬】** 視覚障害者の歩行を助けるよう訓練された犬。

**もうどく【猛毒】** 激しい毒。

**もうねん【妄念】** 〔仏教語〕妄執《もうしゅう》。

**もうばく【盲爆】** 無差別に爆撃すること。

**もうはつ【毛髪】** 髪の毛。

**もうひつ【毛筆】** ふで。対硬筆

**もうひとつ【もう一つ】** ①なお一つ。「―ください」 ②いっそう。「―悪い」 ③いまひとつ。「出来は―だ」

**もうひょう【妄評】** 〔文章語〕①でたらめな批評(―をすること)。②「自分のした批評」の謙譲語。

**―多謝《たしゃ》** 見当違いの批評を許してほしい。〔批評の後に付ける語〕

**もうふ【毛布】** 厚地の毛織物。寝具用。

**もうぼさんせん【孟母三遷】** 孟子の母は子の教育環境を考えて、三度も引っ越したという故事。

**もうまい【蒙昧】** 〔文章語〕知識が開けず、道理がわからないこと。「無知―」

**もうまく【網膜】** 眼球の最も内部にある膜。視覚細胞がある。

**もうもう【濛々・朦々】** 霧やほこり・煙のために視界がぼやけるようす。「―たる湯気」

**もうもく【盲目】** 目が見えないこと。Ⅱ理

性を失い、分別を失うこと。〔差別的な比喩表現〕

**もうゆう【猛勇】**〔文章語〕力強く勇ましいこと。

**もうら【網羅】** 残らず取り入れること。〔網は魚をとるあみ、羅は鳥をとるあみ〕

**もうりょう【魍魎】** 山川や木石の精。「魑魅《みち》——」

**もうれつ【猛烈】**（勢いや程度が）非常に激しいようす。

**もうろう【朦朧】** おぼろげなようす。はっきりしないようす。

**もうろく《耄碌》** 老いぼれること。

**もえ【燃え】** 燃えること。燃えぐあい。

**もえあがる【燃え上がる】** 炎が高く勢いよく燃える。Ⅱ感情が高まる。

**もえかす【燃え滓】** 燃えて残ったかす。

**もえがら【燃え殻】** 燃えて後に残った殻。

**もえぎ【萌黄・萌葱】** 黄色がかった緑色。

**もえさかる【燃え盛る】** 盛んに燃える。Ⅱ感情などが高まる。

**もえさし【燃え止し】** 燃え残り。

**もえたつ【萌え立つ】** 盛んに芽ぶく。

**もえたつ【燃え立つ】** 盛んに燃え上がる。「——ような彩り」

**もえつきしょうこうぐん【燃え尽き症候群】** 全力で仕事や勉強に没頭してきた人が、突然すべての意欲を失う現象。バーンアウト症候群。

**もえつきる【燃え尽きる】** 完全に燃えてなくなる。Ⅱだめになる。「才能が——」

**もえつく【燃え付く】** 火が付く（移って燃え始める）。

**もえでる【萌え出る】** 芽が出る。

**もえのこり【燃え残り】** 燃えないで残ったもの。もえさし。動もえのこる

**もえひろがる【燃え広がる】** 燃える部分が次第に広がる。

**もえる【萌える】** 芽を出す。芽ぐむ。

**もえる【燃える】** ①「火が——」②ゆらゆらと光る。「かげろうが——」Ⅱ感情が高まる。

**モーグル**〔mogul〕 フリースタイルスキーの種目の一。雪こぶのある急斜面を滑走しながら途中に空中演技を入れる。

**モーション**〔motion〕①動作。②行動。③野球で、投手の投球動作。

**——をかける**（異性に）働きかける。

**モーター**〔motor〕①発動機。電動機。②自動車。「——ショー」

**——バイク**〔motorbike〕 オートバイ。

**——プール**〔motor pool〕 駐車場。

**——ボート**〔motorboat〕 発動機船。

**モータリゼーション**〔motorization〕 自動車が普及し、必需品となる現象。

**モーテル**〔motel〕①自動車旅行用の車庫付きホテル。②自動車ごと入れるラブホテル。◇モテル。

**モード**〔mode〕①コンピューターで、その状態にあること。「挿入——」Ⅱ〔俗語〕…状態。「お休み——」②流行（—の型）。③音階。④統計で、度数の最も多い値。

**モーニング**〔morning〕①朝。午前。「——コーヒー」②男性用礼服の一。〔モーニングコートの略〕③〔俗語〕モーニングサービス。

**——カップ**〔和製語 morning cup〕 朝食用の大きめのコーヒーカップ。

**——コール**〔morning call〕 ホテルで、朝、指定の時間に電話で起こしてくれるサービス。

**——サービス**〔和製語 morning service〕 喫茶店などで、午前中に特定の品をセットにして値引くこと。

**モーメント**〔moment〕①瞬間。②契機。動機。③要因。④物体を回転させる能力の大きさを表す量。◇モメント。

**モール**〔mall〕 商店街の買い物用の遊歩道。

**モール**〔maul〕 ラグビーで、球を持った選手の周りに選手が集まってもみあう状態。

**モール**〔ポルトガル語 mogol〕①どんすに似た織物。②手芸材料の一。

**モールスふごう【——符号】** 電信符号の一。長符と短符の組み合わせで文字・記号を表す。モールス信号。〔アメリカ人モールスが考案〕

**モカ**〔mocha〕 コーヒーの銘柄の一。アラビア産。

**モガ** 大正末から昭和初年の流行語で、当世風の女。対モボ〔モダンガールの略〕

**もがく《踠く》**①苦しんで手足を動かす。類あがく ②いらだつ。あせる。

**もがり【殯】** 古代日本の葬儀儀礼の一。本葬までのまつり。

**もがりぶえ【虎落笛】** 冬の烈風で竹垣や電線が鳴る、笛のような鋭い音。

**もぎ【模擬】**《摸擬》まねること。
**もぎしけん【模擬試験】** 入学試験などに似せた形式で行う試験。
**もぎてん【模擬店】** 学園祭などで、店に似せて設置した飲食所。
**もぎどう【没義道】** 思いやりがなくむごいこと。類非道〔古風な言い方〕
**もぎとる【捥ぎ取る】** もいで取る。Ⅱむりやり取る。
**もぎり【捥り】**《捥り》 劇場などで、切符の半券を切り取る係。
**もぎる【捥る】**《捥る》ねじり取る。
**もく【木】** ①もくめ。「うずら—」 ②木曜日の略。
**もく【目】** ①小分けの分類。②生物分類上の階級の一。綱と科の間。③予算編成の分類の一。項と節の間。④碁盤の目や碁石を数える語。
**もぐ【捥ぐ】**もぎる。
**もくあみ【木阿弥】**⇩元《もと》の木阿弥
**もくぎょ【木魚】** 読経のときたたく木製の仏具。「—をたたく」
**もくげき【目撃】** 現場に居あわせて実際に見ること。「—者」
**もくげき【黙劇】**パントマイム。無言劇。
**もくこんしき【木婚式】** 結婚後五年目の祝い。
**もぐさ【艾】** ヨモギの葉を干して綿状にしたもの。灸《きゅう》に使う。
**もくざい【木材】** 建築や工作に使う木。
**もくさく【木酢】**《木醋》 木材を乾留する際に出る黒褐色の液体。防腐剤用。木酢液。
**もくさつ【黙殺】** 無視すること。
**もくさん【目算】** ①目分量。②もくろみ。「—がはずれる」
**もくし【黙止】**〔文章語〕黙って放っておくこと。
**もくし【黙示】** ①キリスト教で、神が人の心に真理をさとし示すこと。啓示。②黙って意思を示すこと。◇もくじ。
**もくし【黙思】**〔文章語〕黙って考えること。
**もくし【黙視】** 黙って見ていること。
**もくじ【目次】** ①項目・箇条の順序。②書物の内容やページをその順番に示したもの。
**もくしつ【木質】** ①木の性質。②木の幹の内部の堅い部分。③木材に似た性質。
**もくじゅう【黙従】** 黙って服従すること。
**もくしょう【目睫】**〔文章語〕目前。「—の間《かん》に迫る」〔目とまつげの意〕
**もくしょく【黙食】** 会話を控えて食事すること。〔感染症の感染予防策の一つとして提唱される行動〕
**もくす【目す】**目する。
**もくず【藻屑】** 海藻などの屑。水中のごみ。「海の—となる（=海で死ぬ）」
**—蟹《がに》** 川に生息するカニの一。肉は食用。
**もくする【目する】**〔文章語〕①見る。②見なす。
**もくする【黙する】**〔文章語〕だまる。
**もくせい【木星】** 太陽系の惑星の一。内側から五番目。太陽系中最大。ジュピター。
**もくせい【木犀】** 庭木の一。秋、よい香りの白または黄色の花を開く。
**もくせい【木精】** ①木の精霊。②メチルアルコール。
**もくせい【木製】** 木で作ってあること。
**もくぜん【目前】**（空間的・時間的に）目の前。類眼前
**もくぜん【黙然】** 黙っているようす。もくねん。
**もくそう【黙想】**〔文章語〕黙思。
**もくぞう【木造】** 木製。「—家屋」
**—住宅密集地域《じゅうたくみっしゅうちいき》** 都市部で、木造住宅が密集している地域。木密《もくみつ》。〔災害時に被害が甚大になる〕
**もくぞう【木像】** 木製の像。
**もくそく【目測】** 目で見てはかること。「—を誤る」
**もくだく【黙諾】**〔文章語〕暗黙のうちに承諾していること。類黙認
**もくたん【木炭】** ①燃料用の炭。②デッサンに使うやわらかい炭。「—画」
**もくちょう【木彫】** 木材に彫刻すること（した物）。
**もくてき【目的】** めざす所。めあて。「生きる—・—を達成する」
**—格《かく》** 英文法などで、名詞・代名詞の格の一。
**—語《ご》** 文法で、動作の対象を表す語。客語。
**—税《ぜい》** 特定の経費にあてる目的で徴集する税。「福祉—」

**もくと**【目途】めあて。目標。
**もくとう**【黙禱】無言で祈ること。
**もくどう**【木道】湿地帯などで、板を渡して作った道。
**もくどく**【黙読】声を出さずに読むこと。対音読
**もくにん**【黙認】①暗黙のうちに承認すること。類黙諾 ②知らないふりをして見のがすこと。類黙許
**もくねじ**【木ねじ】ねじくぎ。〔木材用。／木ネジとも〕
**もくねん**【黙然】もくぜん。
**もくば**【木馬】木で作った馬。「回転―」
**もくはん**【木版】木材に彫刻した印刷版。
**もくひ**【黙秘】黙って何も言わないこと。
**―権**《けん》 被告人・被疑者が取り調べに際し、供述を拒否できる権利。
**もくひょう**【目標】①目あて。目的。②射撃などのまと。
**もくぶ**【木部】①植物の維管束の一部。〔水分の通路〕②木製の部分。
**もくへん**【木片】木の切れ端。きぎれ。
**もくほん**【木本】幹をもつ植物。対草本
**もくみつ**【木密】木造住宅密集地域の略。
**もくめ**【木目】材木の断面の年輪などの模様。きめ。
**もくもく**【黙々】黙って行うようす。
**もくやく**【黙約】暗黙のうちの約束。
**もくよう**【木曜】水曜と金曜の間。木曜日。サーズデー。
**もくよく**【沐浴】〔文章語〕髪と体を洗い、身を清めること。「斎戒―」
**もぐら**《土竜》ネズミに似た動物。地中にすみ、農作物を害する。もぐらもち。
**もくり**【木理】〔文章語〕もくめ。
**もぐり**【潜り】潜ること。Ⅱ㋐法に反した（無許可で）商売などをする―こと（人）。㋑仲間のようにふるまっているよそ者。
**―込**《こ》**む** ①もぐって見えなくなる。②潜入する。
**もぐる**【潜る】①水中に入る。②隠れる。Ⅱ世間から隠れて活動する。
**もくれい**【目礼】目つきで会釈《えしゃく》すること。
**もくれい**【黙礼】黙って礼をすること。
**もくれん**【木蓮】庭木の一。春、暗紫色のハスに似た大型の花を開く。
**もくろう**【木蠟】ハゼの実から採ったろう。器具のつや出し用、ろうそくの原料。
**もくろく**【目録】①書物の目次。②贈り物の品書き。③品名を書き並べたもの。「図書―」④師が門弟に伝授した技術の名を書いて与える文書。
**もくろみ**【目論見】計画。企て。
**―書**《しょ》 株式・社債などの売り出しに際し、発行者の事業内容やその有価証券についての説明書。もくろみがき。
**もくろむ**《目論む》たくらむ。計画する。
**もけい**【模型】実物にまねて作ったもの。
**もげる**【捥げる】ちぎれ取れる。
**もこ**【模糊】〔文章語〕はっきりしないようす。「曖昧《あいまい》―」
**もこく**【模刻】原本をまねてそっくりに彫ること。
**もこし**【裳層】仏塔などで、軒下に一段低く取り付けたひさしのような屋根。
**もさ**【猛者】力とわざに優れた人。
**モザイク**〔mosaic〕①ガラスや貝殻の小片を組み合わせて、模様を表す装飾。②映像で、解像度を落とした画像にすること。「―をかける」〔被写体の詳細をかくすため。／モザイク①のように見える〕
**―病**《びょう》 植物の感染症の一。葉に斑点《はんてん》ができる。
**もさく**【模作】《摸作》まねて作ること。その作品。
**もさく**【模索】《摸索》手さぐりで（あれこれ試みながら）さがすこと。「暗中―」
**もし**《若し》仮定していう語。「―空が飛べたら」
**もし**【模試】模擬試験の略。
**もじ**【文字】①字。もんじ。②言葉。文章。
**もしお**【藻塩】《藻汐》海藻に海水を注いで、焼いて溶かし、上澄みを煮詰めて作った塩。
**もしき**【模式】わかりやすく単純にして模型化したもの。「―図」
**もじげんご**【文字言語】書き言葉。
**もじたじゅうほうそう**【文字多重放送】テレビ番組の放送電波のすきまを利用して静止画像の情報を送るサービス。
**もじづかい**【文字遣い】文字のつかい方。特に、かなづかい。
**もじづら**【文字面】字づら。

**もじどおり【文字通り】** 少しの誇張もなく文面どおり。

**もじばけ【文字化け】** コンピューターのコード変換のミスなどで、文字データが変形して読めなくなること。

**もじばん【文字盤】** 時計や計器の、文字や数字を記した盤。

**もしも《若しも》** もしの強調。

**もしゃ【模写】《摸写》** 実物どおりにまねて写すこと。

**もしゅ【喪主】** 葬式を行う当主。

**モジュール**［module］①機械や家具、建築などを構成する一部品（要素）。②建築で、基準となる寸法。

**モジュラージャック**［modular jack］電話回線の接続に使われる差し込み口。

**もしょう【喪章】** 弔意を表す黒い腕章・リボン。「―をつける」

**もじよみ【文字読み】** 漢字の熟語を一字ずつ訓で読むこと。鶏林を「とりのはやし」と読む類。

**もじり《捩り》** ①もじること。もじったもの。パロディー。②男性の和服用外套《がいとう》。

**もじる《捩る》** もとのものと似ているが一違う（こっけいな・風刺的な）ものに替える。

**もす【模す】《摸す》**〔文章語〕もする。

**もす【燃す】** 燃やす。

**モス** モスリンの略。

**もず【百舌・鵙】** 小鳥の一。〔捕らえた餌《え》を枝に突き刺す習性があり、これをモズの「はやにえ」という〕

**モスキート**［mosquito］蚊。

**モスク**［mosque］イスラム教の寺院・礼拝所。

**もずく《海雲・水雲》** 海藻の一。糸状で粘質。食用。

**モスグリーン**［moss green］苔《こけ》のような暗い緑色。〔モスは苔の意〕

**もすそ【裳裾】** 裳の裾。衣服の裾。〔古風な言い方〕

**もする【模する】《摸する》** まねて一作る（かく）。模す。

**モスレム**［Moslem］イスラム教徒。ムスリム。

**もそう【喪装】** 喪服とそれにつける小物。

**もぞう【模造】《摸造》** まねて一造ること（造った物）。「一品」

**―紙《し》** 洋紙の一。印刷用紙・包装紙用。

**モダーン** ⇩モダン

**もだえる【悶える】** ①苦しんでもがく。②ひどく思い悩む。

**もたげる《擡げる》** 持ち上げる。

**もたざる【持たざる】**（権力や財力など）何ももたない。「持てる国と一国」

**もだす【黙す】**〔文章語〕①黙っている。②そのまま放っておく。「君命黙し難し」

**もたせかける【凭せ掛ける】** 寄りかからせる。

**もたせる** 一【持たせる】①持つようにさせる。②持って行かせる。③保たせる。

二《凭せる》寄りかからせる。立てかける。

**もたつく**〔俗語〕もたもたする。

**モダニスト**［modernist］①モダニズム信奉者。②現代風を好む人。

**モダニズム**［modernism］伝統的なものに反対し、現代の最先端を行こうとする立場。近代主義。現代主義。対クラシシズム

**もたらす《齎らす》** ①持って一来る（行く）。②引き起こす。

**もたれかかる【凭れ掛かる】** 寄りかかる。＝すっかり頼る。

**もたれる《凭れる・靠れる》** ①寄りかかる。②食物が胃にたまって不快である。

**モダン**［modern］近代的。現代風。モダーン。「―ジャズ」

**―ダンス**［modern dance］近代舞踊。

**―バレエ**［modern ballet］近代バレエ。対クラシックバレエ

**もち【餅】** 食品の一。

**―は餅《もち》屋《や》** 物事にはそれぞれの専門家がある。

**もち【糯】** 米・あわ・きびなどで、粘りけが強く餅《もち》にできる品種の総称。対うる

**もち【黐】** ①モチノキ。②鳥黐《とりもち》。「―ざお」

**もち【持ち】** ①長く保つこと。「―がよい」②負担。「会費は会社の―」③持《じ》。

**もちあい【持ち合い】** ①互いに力を合わせて持つこと。②力がつりあっていること。③【保合】相場で変動がないこと。動もちあう

**もちあがる【持ち上がる】** ①高く上がる。②事が起こる。③持ち上がりを担当する。

**もちあげる【持ち上げる】** 持って上げる。＝〔俗語〕おだてる。

**もちあじ【持ち味】** ①食物本来の味。

②(芸術作品などの)独特の趣。

**もちあるく【持ち歩く】** 携帯する。

**もちあわせ【持ち合わせ】** そのとき持っている物。特に、所持金。

**もちあわせる【持ち合わせる】** ちょうどそのとき持っている。

**もちいえ【持ち家】** 所有している家。もちや。

**モチーフ**［フランス語 motif］ ①芸術創作の動機となる中心思想。②楽曲を構成する旋律などの最小単位。③編み物などで、全体を作る単位となる小片。

**もちいる【用いる】** ①使う。②採用する。「新人を—」③働かせる。「意を—」

**もちおもり【持ち重り】** 持って(—いるうちに)重く感じること。

**もちかえる【持ち帰る】** ①持って帰る。②出席者が、再検討するために案件を引きとる。

**もちかける【持ち掛ける】** 話をして働きかける。「相談を—」

**もちがし【餅菓子】** もち米やしん粉を使って作った菓子。

**もちかぶ【持ち株】** 所有している株。

**—会社《がいしゃ》** 他会社の株式をもち、その事業を支配する会社。ホールディングカンパニー。

**もちきり【持ち切り】** 持ちきること。特に、話題がひとつのことに集中すること。「そのうわさで—だ」

**もちきる【持ち切る】** 終わりまで同じ(—こと(状態)を続ける。「身が持ちきれない」

**もちぐさ【餅草】** ヨモギの若葉。

**もちぐされ【持ち腐れ】** 持っていても活用しないこと。「宝の—」

**もちくずす【持ち崩す】** ①品行を乱す。「身を—」②財産を使いきる。

**もちこす【持ち越す】** 残して次へ送る。

**もちこたえる【持ち堪える】** 現状を維持する。

**もちごま【持ち駒】** 将棋で、手もとに持っている駒。Ⅱ手中にあっていつでも活用できる(—人(もの)。

**もちこむ【持ち込む】** ①中に運び入れる。②ある状態に運び進める。「決勝に—」③事件や相談をもってくる。

**もちごめ【糯米】** 粘りけの多い米。対うるち

**もちさる【持ち去る】** よそへ持って行く。盗む。「所持金を—」

**もちじかん【持ち時間】** 割り当てられた時間。「対局の—」

**もちだい【餅代】** (正月用の)餅の代金。Ⅱ年末に出る少額の一時金。

**もちだし【持ち出し】** ①持ち出すこと。「—禁止」②費用が自分の負担になること。

**もちだす【持ち出す】** ①持って外へ出す。②とりあげて言い出す。「話を—」③自分で費用を出す。④持ち始める。

**もちつき【餅搗き】** 餅をつくこと。

**もちづき【望月】** 満月。

**もちつもたれつ【持ちつ持たれつ】** 互いに助け合うようす。

**もちて【持ち手】** ①道具や容器の、手で持つ部分。②持つ(—人(役)。

**もちてん【持ち点】** 競技などで始めに各自が持っている点。

**もちなおす【持ち直す】** ①持ち方をかえる。②回復する。「天気が—」

**もちにげ【持ち逃げ】** 他人の金品を持って逃げること。「バッグを—する」

**もちぬし【持ち主】** 所有者。

**もちネタ【持ちネタ】** 〔俗語〕自分が演じることのできる(—得意な)芸や演目。

**もちのき【黐の木】** 庭木の一。材は印材、皮は鳥黐の原料。

**もちば【持ち場】** 受け持ちの場所や部門。「—につく」

**もちはこぶ【持ち運ぶ】** 持ってよそへ運ぶ。

**もちはだ【餅肌】** 餅のように、きめが細かくなめらかな肌。

**もちふだ【持ち札】** トランプなどで、手持ちの札。Ⅱ交渉事などで自分の思いどおりに使えるもの。

**もちぶん【持ち分】** ①所有(分担)している部分。②各共有者がもつ権利の割合。

**モチベーション**［motivation］ 動機付け。

**もちまえ【持ち前】** ①生まれつきの性質。②持ち分①。

**もちまわり【持ち回り】** ①関係者の間を次々と渡していくこと。「—閣議」②関係者が役目を順番に受け持つこと。「司会は—でする」

**もちもの**【持ち物】所持品。所有物。
**もちや**【持ち家・—屋】もちいえ。
**もちゅう**【喪中】喪に服す期間。
**もちよる**【持ち寄る】 各自が持って集まる。
**もちろん**《勿論》言うまでもなく。
**もつ**《物》 料理用の鳥獣の内臓。〔臓物《ぞうもつ》の意〕
**もつ**【持つ】 ①《保つ》その状態が保たれる。②「手に—」③所有する。④心にいだく。「夢を—」⑤身にそなえる。「能力を—」⑥受け持つ。⑦負担する。「費用を—」
**もっか**【目下】ただ今。「—出張中」
**もっか**【黙過】〔文章語〕知らないふりをして見のがすこと。
**もっかん**【木簡】古代、薄く削った木片に文字を書いた札。
**もっかんがっき**【木管楽器】 木製の管楽器。フルート・クラリネットなど。〔現在では金属製のものも多い〕
**もっきょ**【黙許】〔文章語〕黙認。
**もっきん**【木琴】打楽器の一。シロホン。
**もっきん**【木筋】コンクリート建築で、しんに入れる木材。対鉄筋
**もっけい**【黙契】〔文章語〕暗黙のうちに承知しあうこと。
**もっけのさいわい**【もっけの幸い】《勿怪—・物怪—》思いがけない幸運。
**もっこ**《畚》 縄を編んだ網に縄をつけ、土石や肥料を運ぶ道具。〔持ち籠《こ》の音便〕
**もっこう**【木工】木材の工芸。
**もっこう**【黙考】〔文章語〕黙って考えること。「沈思—」
**もっこく**【木斛】 庭木の一。夏、白い小花を開く。
**もっこす** つむじ曲がり。意地っぱり。「肥後—」〔熊本方言〕
**もっそう**【物相】一人分の飯を盛る器。
**—飯《めし》を食《く》う** 牢獄の物相飯を食う。獄につながれる。
**もったい**《勿体》物々しいようす。
**—ない** ①おそれおおい。②惜しい。
**—振《ぶ》る** わざと重々しく振る舞う。
**—らしい** もったいぶったようすだ。
**—をつける** もったいぶる。
**モッツァレラ**〔イタリア語 mozzarella〕南イタリア特産のフレッシュチーズ。軟質で、料理用。
**もって**【持って】
**—生《う》まれた** 生まれつきの。
**—来《こ》い** 最適。類おあつらえむき
**—回《まわ》る** ①持ってあちこち回る。②遠回しだ。「持って回った言い方」
**モットー**〔motto〕座右の銘。標語。
**もっとも**《尤も》 ①道理にかなうようす。「—な意見」②そうはいうものの。
**—らしい** ①いかにももっともである。②まじめくさっている。「—顔」
**もっとも**【最も】いちばん。第一に。
**もつに**【もつ煮】牛・豚・鶏などの内臓を煮込んだ料理。〔モツ煮とも書く〕
**もっぱら**【専ら】 そのことだけにかかわるようす。類ひとえに
**モッブ**〔mob〕①群衆。②暴徒。
**モップ**〔mop〕長い柄のついたぞうきん。
**もつやく**【没薬】 ミルラ（＝カンラン科の木）の樹液を干し固めた薬品。健胃剤用。
**もつれこむ**【縺れ込む】 混乱したまま次の段階にはいる。「延長戦に—」
**もつれる**《縺れる》 ①からみあって解けなくなる。Ⅱ決着がつかなくなる。「話が—」②動きが滑らかでなくなる。「足が—」
**もてあそぶ**【弄ぶ】《玩ぶ》①手に持って遊ぶ。Ⅱ遊ぶように操る。「権力を—」②慰み物にする。
**もてあます**【持て余す】 扱い方・処置に困る。
**もてなし**《持て成し》①ごちそう。歓待。②待遇。「丁重な—」
**もてなす**《持て成す》 ①ごちそうする。②待遇する。
**もてはやす**【持て囃す】 ①盛んにほめる。②（「もてはやされる」の形で）人気がある。
**モデム**【MODEM】 変調復調装置。コンピューター通信で、コンピューターの信号を電話線などで送れる信号に変換し、また、電話線などで送られた信号をコンピューターが読み取れる信号に変換する装置。
**モデラート**〔イタリア語 moderato〕音楽の演奏標語の一。中ぐらいの速さで。
**もてる**【持てる】もつことができる。Ⅱ〔俗語〕人気がある。
**もてる**【持てる】 権力や財力が豊かであ

る。「ー国と持たざる国」
**モテル**［motel］モーテル。
**モデル**［model］①型。模型。②模範。見本。「ーハウス」③絵画・写真などの制作の題材となる人。④文学作品の素材となる人。⑤ファッションモデル。
**ーガン**［model gun］模造されたおもちゃのピストル。
**ーケース**［model case］代表例。典型例。
**ーチェンジ**〔和製語 model change〕製品の様式やデザインを変えること。
**モデレーター**［moderator］（討論会などの）司会者。〔調停者の意〕
**もと【下】**《許》①した。②近く。そば。③支配（監督）下。「教授のー」
**もと【元】**①《旧》以前。昔。②以前の。「ー首相」
**ーの鞘《さや》に収《おさ》まる** 別れた者が再び以前と同じ（ー親しい）関係に戻る。
**ーの木阿弥《もくあみ》** 以前の悪い状態に戻ること。もくあみ。
**もと【元・本】**①物事の起こり。②根本。③【基】よりどころ。◇対末《すえ》④原因。⑤《素》原料。「スープのー」⑥元金。⑦素性《すじょう》。⑧草木の株や長い物を数える語。「ひとーの木」
**ーも子《こ》も無《な》い** 努力がまったく無駄になる。
**ーを糾《ただ》せば** もとはと言えば。
**ーを取《と》る** 元金分だけの利益をあげる。
**もとい【基】**根本。基礎。

**もとうた【本歌】**もとになった歌。
**もとうり【元売り】** 卸売業者に売ること。
**もどかしい** 思うように進まず、じれったい。
**もとかの【元カノ】**〔俗語〕かつて恋人であった女性。〔元の彼女の意〕対今カノ
**もとかれ【元カレ】**〔俗語〕かつて恋人であった男性。〔元の彼氏の意〕対今カレ
**もどき【擬き】** …にー似ている（似せて作る）こと。「芝居（梅）ー」
**もときん【元金】**①貸借したときの金額。がんきん。対利子・利息 ②資本金。
**モトクロス**［motocross］荒れ地や舗装されていない道を走るオートバイレース。
**もとごえ【元肥・基肥】** 移植・種まきの前に施しておく肥料。基肥《きひ》。
**もとごめ【元込め】** 後部から弾丸をこめるーこと（銃）。対先込め
**もとじめ【元締め】**①会計などの締めくくりをする役（ーの人）。②全体をまとめるーこと（人）。
**もどす【戻す】**①もとへ返す。②飲食したものを吐く。
**もとせん【元栓】** ガス管や水道管の、（ーある範囲で）もとにある栓。
**もとだか【元高】** 計算のもとになる金額。元金や原価など。
**もとちょう【元帳】** 簿記の、おおもとになる帳簿。原簿。
**もとづく【基づく】**…をもとにする。
**もとで【元手】** 資本金。Ⅱ利益を得るもとになるもの。

**もとどおり【元通り】**もとの状態。
**もとどり【髻】** 昔の髪型で、髪を束ねた部分。たぶさ。
**もとなり【本生り・本成り】** 実がつるや幹のもとの方になること。その実。対うらなり
**もとね【元値】**仕入れ値段。原価。
**もとばらい【元払い】**荷物の運賃を送り主が支払うこと。対着払い・先払い
**もとむ【求む】**〔文章語〕もとめる。〔下二段活用の動詞。／求人広告などで〕
**もとめ【求め】**要求。注文。「ーに応ずる」
**もとめて【求めて】**好きこのんで。
**もとめる【求める】**①追求する。「名声をー」②要求する。③さがす。「職をー」④買う。
**もともと【元々・本々】** ①損も得もないこと。「だめでーだ」②もとから。
**もとゆい【元結い】**もとどり（ーを結ぶ細いひも）。もっとい。
**もとより**《固より・素より》①もともと。②言うまでもなく。
**もどり【戻り】**①戻ること。②帰り道。
**ー鰹《がつお》** 秋、南下してくるカツオ。〔脂がのっている〕
**ー梅雨《づゆ》** 梅雨明けの後で再び長雨が続くこと。
**もとる【悖る】**道理に背く。
**もどる【戻る】** もとのー場所（状態）にかえる。
**もなか【最中】** 和菓子の一。〔形が最中の月（＝満月）に似ていることから〕

**モニター**［monitor］①監視。観察。②依頼を受け、番組や製品について意見・感想を述べる人。③放送・録音の監視装置。「ーテレビ」④パソコンのディスプレー。

**モニタリング**［monitoring］（継続的な）監視や観測。

**モニュメンタル**［monumental］特筆（記念）すべきようす。

**モニュメント**［monument］①記念碑。②遺跡。③不朽の功績。

**もぬけ【藻抜け】**《蛻》①抜けがら。②人がいなくなったあとの状態。③魂の抜けた体。死骸《しがい》。

**ーの殻《から》**

**もの【物】**①物体。物質。物品。②思考の対象としての事柄。「家というー」③所有物。「私のー」④対象をばくぜんととらえる語。「ーを思う」⑤言葉。「ーを言う」⑥道理。「ーのわかった人」⑦（「～がある」の形で）強い断定を表す。「つらいーがある」⑧（「～だ」「～です」の形で）感嘆・希望の意を表す。「よく考えた（見たい）ーだ」⑨なんとなく。「ー寂しい」⑩その分類に属する。「時代（丼《どんぶり》）ー」⑪その土地の産物。「瀬戸ー」⑫その動作の対象。「買いー」

**ーが分《わ》かる** 道理や人情をわきまえている。

**ーともしない** 気にしない。

**ーにする** ①自分の所有物とする。②目的にかなったものにする。③習得する。

**ーになる** ①ひとかどの物・人になる。②目的にかなったものになる。

**ーは言《い》いよう** 物事は話のしかたでよくも悪くも聞こえる。

**ーは相談《そうだん》** ①難しいことでも、人と相談してみればうまくいくこともある。②相談をもちかけるときに言う語。「ーだが」

**ーは試《ため》し** 物事はやってみなければわからない。

**ーも言《い》いようで角《かど》が立《た》つ** 言い方ひとつで他人の感情を傷つける。

**ーを言《い》う** ①話す。②役立つ。効力を発揮する。

**もの【者】** 人。「働くー」〔多く謙遜《けんそん》・軽視して使われる〕

**ものいい【物言い】**①言い方。②相撲で、行司の判定に対して審判委員が異議をとなえること。「ーがつく」

**ものいう【物言う】**①口をきく。②効力を発揮する。

**ー株主《かぶぬし》** 株主の権利として経営陣とは異なる施策を提案する投資家や投資ファンド。アクティビスト。

**ものいみ【物忌み】** 一定期間、飲食・行為を慎み、心身を清めること。

**ものいり【物入り】** 費用がかかること。「ーが多い」〔物要りとも書く〕

**ものいれ【物入れ】** 物を入れておく－ところ（もの）。

**ものうい【物憂い】**《懶い》①なんとなく気がふさぐ。②だるい。

**ものうり【物売り】** 行商（－人）。

**ものおき【物置】** ふだん使わない物を入れておく－所（小屋）。

**ものおじ【物怖じ】** おそれること。

**ものおしみ【物惜しみ】** 物を手ばなすのをいやがること。

**ものおぼえ【物覚え】**①記憶。「ーがいい」②習い覚えること。「ーが早い」

**ものおもい【物思い】** 心配して－考え込む（思い悩む）こと。

**ものおもわしい【物思わしい】** 物思いにふけっているようすだ。

**ものかき【物書き】** 文筆業の人。

**ものかげ【物陰】** 物に隠れて見えない所。

**ものかげ【物影】** 何かの姿。「ーが動く」

**ものがたい【物堅い】** 律義だ。

**ものがたり【物語】**①語り伝えられた話。②日本の散文文学の一形式。「平家ー」③物語ること。その内容。

**ものがたる【物語る】** あることについて語る。⓫その事実があることを示す。「焼け跡が火事の悲惨さをー」

**ものがなしい【物悲しい】** なんとなく悲しい。

**モノカルチャー**［monoculture］①単一栽培。②特定の一次産品に依存する経済構造。

**ものぐさ【物臭】**《懶》 ぶしょうな－こと（人）。

**モノグラフ**［monograph］ひとつの問題だけを研究した論文。モノグラフィー。

**モノグラム**［monogram］ 姓名の頭文字などを組み合わせて一字のようにした装飾文字。

**モノクル**［monocle］単眼鏡。

**ものぐるい【物狂い】** 狂気。〔古風な言い方〕

**ものぐるおしい【物狂おしい】** 気が狂いそうな気持ちだ。

**モノクロ** ①写真・映画で、白黒画面のもの。対カラー ②単色画。◇〔モノクロームの略〕

**モノクローム**〔monochrome〕モノクロ。

**ものごい【物乞い】** 人に物を恵んでくれと頼む―こと(人)。こじき。

**ものごころ【物心】** 世情や人情がわかる心。「―がつく」

**ものごし【物腰】** ①言葉づかい。②態度。

**ものごと【物事】** いろいろな物と事。

**ものさし【物差し】**《物指し》 長さをはかる道具。さし。Ⅱ基準。「考え方の―が違う」

**ものさびしい【物寂しい】** なんとなく寂しい。ものさみしい。

**ものさわがしい【物騒がしい】** ①なんとなく騒がしい。②ぶっそうだ。

**ものしずか【物静か】** ①態度・言動が、いかにも穏やかなようす。②物音がせず、静かなようす。

**ものしり【物知り】** なんでもよく知っている―こと(人)。類博識

**ものす【物す】**〔文章語〕物する。

**ものずき【物好き】** 変わったことを好む―性質(人)。

**ものすごい【物凄い】** すごいの強調。

**ものする【物する】** 詩や文章を作る。物す。「一句―」

**モノセックス**〔和製語 monosex〕ユニセックス。

**ものだね【物種】** 物事のもとになるもの。「命あっての―」

**ものたりない【物足りない】** なんとなく不満足だ。

**ものづくし【物尽くし】** 同じ種類の物を列記―すること(したもの)。ものはづくし。

**モノトーン**〔monotone〕①単調。②白・黒・グレーの無彩色だけで構成されていること。

**モノドラマ**〔monodrama〕一人芝居。

**ものとり【物取り】** 泥棒。盗人。

**ものなれる【物慣れる】**《物馴れる》その物事に慣れる。慣れてうまくなる。

**ものの【物の】** ①わずか。「―三分とかからない」②じつに。「―みごとに」◇〔ふつう仮名書き〕

**―哀《あわ》れ** しみじみとした情趣。

**―数《かず》** 数えあげる価値のあるもの。「―ではない」

**―怪《け》** たたりをする―死霊《しりょう》(生き霊・妖怪《ようかい》)。

**もののふ【武士】** ぶし。〔古風な言い方〕

**ものび【物日】** 祝日や祭日。もんび。

**ものほし【物干し】** 洗濯物を干す所。

**ものほしげ【物欲しげ】** 何か欲しそうなようす。もの欲しそう。

**モノポリー**〔monopoly〕 独占(―権)。専売(―権)。モノポール。

**モノマニア**〔monomania〕偏執《へんしゅう》狂。

**ものまね【物真似】** 音声や動作をまねる―こと(芸)。

**ものみ【物見】** ①見物。「―遊山《ゆさん》」②見張り。③遠くを見るための櫓《やぐら》。望楼。物見櫓。

**―高《だか》い** 何でも見たがる。

**ものみな【物皆】** すべてのもの。

**ものめずらしい【物珍しい】** いかにも珍しい。

**ものもうす【物申す】** ①ものを言う。②抗議する。

**ものもうで【物詣で】** 参詣《さんけい》。

**ものもち【物持ち】** ①物を長く大切に持っていること。「―がいい」②財産家。

**ものものしい【物々しい】** ①いかめしい。②おおげさだ。

**ものもらい【物貰い】** ①こじき。②まぶたにできるはれもの。麦粒腫《ばくりゅうしゅ》。

**ものやわらか【物柔らか】** 態度がどことなく穏やか。しとやか。

**モノラル**〔monaural〕 立体音ではない、録音・放送。対ステレオ

**モノレール**〔monorail〕 レールが一本の鉄道。〔跨座《こざ》式と懸垂式がある〕

**モノローグ**〔monologue〕 ①演劇で、相手なしでせりふを言うこと。独白。対ダイアローグ ②独演劇。

**ものわかり【物分かり】** 理解。のみこみ。

**ものわかれ【物別れ】** 意見が一致しないまま終わること。

**ものわすれ【物忘れ】** 物事を忘れること。

**ものわらい【物笑い】** ばかにして笑われること。「―の種になる」

**モバイル**［mobile］小型で持ち運べる情報機器（―の利用形態）。「―バンキング」
**もはん【模範】** 手本。
**モビール**［フランス語 mobile］糸や針金で紙や金属片をつりさげ、バランスをとった造形品。
**モヒカンカット**［Mohican cut］髪型の一。頭の中央だけ髪を残して両脇を剃る。モヒカン刈り。
**モビリティー**［mobility］可動性。流動性。
**モブ**［mob］群衆。集団。「―シーン」
**もふく【喪服】** 喪中（葬式）に着る服。
**モヘア**［mohair］アンゴラヤギの毛（―の織物）。〔柔らかく毛足が長い〕
**モボ** 大正末から昭和初年の流行語で、当世風の男。対モガ〔モダンボーイの略〕
**もほう【模倣】**《摸倣》まねること。対創造
**もほん【模本】**《摸本》①模写した本。②手本。
**もまれる【揉まれる】** ①世間の中で苦労する。②人ごみにはさまってあちこち動く。
**もみ**《紅・紅絹》紅色で無地の絹布。
**もみ【籾】** ①稲の実の外皮。もみがら。②もみごめ。
**もみ【樅】** マツ科の常緑高木。クリスマスツリーにする。材は建築・製紙用。
**もみあう【揉み合う】** 入り乱れて争う。
**もみあげ**《揉み上げ》耳に沿ってはえ下がった鬢《びん》の毛。

**もみがら【籾殻】** 稲の実の外皮。もみ。
**もみけす【揉み消す】** もんで火を消す。⊜自分に不利なことを、世間に知れないように手を回して抑え隠す。
**もみこむ【揉み込む】** もんで染みこませる。
**もみごめ【籾米】** もみ殻のついている米。
**もみじ【紅葉】** ①秋に木の葉が赤・黄に変色すること。こうよう。②カエデ。
**―和《あ》え** タラコやイクラを使ったあえもの。まさごあえ。
**―下《お》ろし** トウガラシやすりおろしたニンジンをまぜた大根おろし。
**―狩《が》り** 野山に紅葉を見に行くこと。
**―マーク** 自動車の運転者が七〇歳以上であることを示すステッカー。
**―を散《ち》らす** 赤面する。
**もみすり【籾摺り】** もみ米からもみ殻を取り除いて玄米にすること。
**もみで【揉み手】** 両手をすりあわせること。〔依頼や謝罪などの態度〕
**もみぬか【籾糠】** もみがら。
**もみほぐす【揉みほぐす】** もんで柔らかくする。⊜気持ちを和らげる。
**もみりょうじ【揉み療治】** あんま。マッサージ。
**もむ【揉む】** ①「肩を―」②おしあいへしあいをする。③動揺する。「気を―」④相手をきたえる。「もんでやろう」⑤⇩もまれる
**もめごと【揉め事】** 争い。
**もめる**《揉める》①争いが起こる。②いらだつ。「気が―」

**もめん【木綿】** ①キワタの種からとる毛状の繊維。もめんわた。②木綿①で作った糸（―で織った布）。③木綿豆腐。
**―豆腐《とうふ》** 豆乳を木綿の布を敷いた箱に入れて固めた豆腐。〔表面に木綿の布目ができる〕
**もも【桃】** ①バラ科の果樹。春、白・淡紅色の花を開く。実は食用。②桃色。
**―栗《くり》三年《さんねん》柿《かき》八年《はちねん》** 桃・栗は三年で、柿は八年で芽ばえてから、実を結ぶ。
**もも【腿・股】** 足のひざから上の部分。
**ももいろ【桃色】** ①薄い赤色。②性に関すること。◇類ピンク
**ももじり【桃尻】** 馬に乗るのがへたで、鞍《くら》に尻がしっかりすわらないこと。
**もものせっく【桃の節句】** 三月三日のひな祭り。
**ももひき【股引き】** 足に密着するズボン形の下着。
**ももわれ【桃割れ】** 少女の日本髪の一。
**ももんが**《鼯鼠》リス科の小獣。夜行性。ムササビに似る。ももんがあ。
**ももんじい** イノシシやシカなどの獣（―の肉）。〔古い言い方〕
**もや【靄】** 空中に立ちこめる霧や煙霧。
**もやう【舫う】** 船と船とをつなぎあわせる。船をつなぎとめる。
**もやう【靄う】** もやる。
**もやし**《萌やし》豆や麦の種を発芽させたもの。食用。
**―っ子《こ》** ひょろひょろとして体力のない子。

**もやす【燃やす】** 燃えるようにする。

**もやる【靄る】** もやがかかる。もやう。

**もゆ【燃ゆ】** 〔文章語〕もえる。〔下二段活用の動詞〕

**もよい【催い】** まもなくそうなりそうなこと。「雪―」

**もよう【模様】** ①飾りにする形・絵。②様子。「空―」

**―替《が》え** 物事の方法や室内の様子を変えること。

**もよおし【催し】** 会合。興行。「―物」

**もよおす【催す】** ①気分や状態が起こり始める。「ねむけ（涙）を―」②計画して行う。

**もより【最寄り】** 最も近く。「―の駅」

**もらい【貰い】** ①もらう―こと（もの）。「―物」②祝儀。施し物。

**―子《ご》** 養子。

**―事故《こじ》** 相手方によって引き起こされた事故。

**―泣《な》き** 他人の泣くのにつられて泣くこと。

**―火《び》** 類焼。

**もらう【貰う】** ①「贈り物（嫁）を―」Ⅱ「病気を―」②勝利を得る。「この試合はもらった」③（「…て～」の形で）他からの動作で利益を受ける。「書いて―」

**もらす【漏らす】**《洩らす》①すきまから外に出す。②ひそかに知らせる。③思わず表す。「笑いを―」④抜かす。

**モラトリアム**［moratorium］①法令で一定期間債務の支払いを延期させること。②猶予期間。

**モラリスト**〔フランス語 moraliste〕①道徳家。②人間性や道徳を追求した文筆家。

**モラル**［moral］道徳。倫理。対インモラル

**―ハザード**［moral hazard］道徳的危険。倫理の欠如。

**―ハラスメント**［moral harassment］精神的な嫌がらせ。

**もり【森】**《杜》木の群生する所。

**もり【銛】** 魚などを突き刺す漁具。

**もり【盛り】** ①盛ること。盛った量。「―がいい」②もりそば。

**もりあがる【盛り上がる】** ①盛ったように高くなる。②気勢が高まる。「世論が―」

**もりあげる【盛り上げる】** 盛り上がるの他動詞形。

**もりあわせる【盛り合わせる】** ひとつの器に数種のものを一緒に盛る。

**もりかえす【盛り返す】** 衰えた勢力をもとどおりに盛んにする。

**もりかご【盛り籠】** 果物などを盛る籐《とう》などのかご。

**もりがし【盛り菓子】** 山形に盛って神仏に供える菓子。

**もりきり【盛り切り】** 一杯だけでおかわりのない―こと（もの）。「―の飯」

**もりこむ【盛り込む】** いろいろのものを全体の中に組み入れる。

**もりじお【盛り塩】** 料理屋などで、縁起をかついで門口に―塩を盛ること（盛る塩）。

**もりそば【盛り蕎麦】** せいろに盛ったそば。対かけそば

**もりだくさん【盛り沢山】** 分量や内容の多いこと。

**もりたてる【守り立てる】** ①援助して立派な仕事をさせる。②再興する。

**もりたてる【盛り立てる】** 盛んになるようにする。「事業を―」

**もりつける【盛り付ける】** 料理を器に（―美しく）盛る。

**もりつち【盛り土】** 土を盛って高くすること。盛った土。〔「もりど」とも〕

**もりばな【盛り花】** かごや水盤に多くの花を生けること。その花。

**モリブデン**〔ドイツ語 Molybdän〕金属元素の一。銀白色で堅い。特殊鋼用。記号Mo

**もりやく【守役】** 守り育てる役（―の人）。

**もる【盛る】** ①高く積む。②器いっぱいに入れる。③薬を調合―する（して飲ませる）。「毒を―」④目盛りをつける。

**もる【漏る】**《洩る》漏れる。

**モル**〔ドイツ語 Mol〕物質量を表す基本単位の一。記号mol

**モルグ**［morgue］死体置き場。

**モルタル**［mortar］セメントと砂を水で練ったもの。れんがの接合やタイル張りに使う。

**モルト**［malt］麦芽。また、モルトウイスキー。

**―ウイスキー**［malt whiskey］麦芽から作ったウイスキー。〔原酒用〕

**モルヒネ**〔オランダ語 morphine〕アルカロイドの一。アヘンに含まれる。鎮痛・麻酔用。モヒ。〔連用すると中毒になる〕

**モルモット**〔オランダ語 marmot〕テンジクネズミ。ネズミ科の獣。医学実験用。● 実験材料。◇〔リス科の小獣マーモットと混同しての名称〕

**もれうけたまわる【漏れ承る】** 漏れ聞くの謙譲語。

**もれきく【漏れ聞く】** 人づてに聞く。

**もれなく【漏れ無く】** 残らず。すべて。

**もれる【漏れる】**《洩れる》①すきまからこぼれる。②他に知れる。「秘密が―」③抜ける。外れる。「選に―」

**もろい【脆い】** ①こわれやすい。②弱い。「情に―」

**もろうで【諸腕】** 両うで。

**もろきゅう** キュウリにもろみを添えて食べる料理。

**もろこ【諸子】** コイ科の淡水魚。食用。

**もろこし【唐土】** 昔、日本で、中国の称。

**もろこし**《唐黍・蜀黍》イネ科の一年草。種は食用・飼料用。とうきび。

**もろざし【諸差し】**《双―》 相撲で、相手の両わきに両手をさし入れること。

**モロッコがわ【―革】** ヤギのなめし革。〔上質で、書籍の表紙・手袋・靴に使う〕

**もろて【諸手】**《双手》両手。

**―を上《あ》げて** 全面的に。無条件に。「―賛成する」

**もろとも【諸共】** 一緒。「死なば―」

**もろに**《諸に》〔俗語〕直接に。全面的に。

**もろは【諸刃】**《双刃》両刃。対片刃

**―の剣《つるぎ》** 一方ではよい結果を得るが、他方で危険を招くおそれのあるもの。

**もろはく【諸白】** 精白した米と精白した米《こめ》麴《こうじ》で作った上等の酒。

**もろはだ【諸肌】**《双肌》 上半身全部の肌。「―をぬぐ」対片肌

**もろびと【諸人】** 多くの人。

**モロヘイヤ**〔アラビア語 mulūkhiyya〕 野菜の一。独特のぬめりがある。

**もろみ**《諸味・醪》 まだかすをこしてない酒やしょう油。

**もろもろ**《諸々》多く(すべて)のもの。

**もん【問】** 質問。問題。「第一―」

**もん【文】** ①昔の貨幣の単位の一。一貫の千分の一。●お金。「―なし」②足袋の大きさの単位。

**もん【門】** ①出入り口(―の建築物)。②師の流派。「―に入る」③生物分類上の階級の一。界と綱の間。④大砲を数える語。

**―を叩《たた》く** ①(高名な人に)教えを求める。②入門を希望する。

**もん【紋】** ①紋所。②模様。「唐草―」

**もんえい【門衛】** 門番。「―所」

**もんか【門下】** その先生に教えを受けること(人)。類門人

**―生《せい》** 門人。

**もんがい【門外】** ①門の外。対門内 ②専門外。

**―漢《かん》** ①専門でない人。②直接関係しない人。

**―不出《ふしゅつ》** 貴重で、持ち出し禁止であること。

**もんがまえ【門構え】** ①門を構えること。また、その造り。②漢字の部首の一。開・関などの「門」。

**もんかん【門鑑】** 門の出入りの許可証。

**モンキー**〔monkey〕①動物の、サル。②モンキーレンチ。

**―スパナ**〔和製語 monkey spanner〕モンキーレンチ。

**―レンチ**〔monkey wrench〕はさむものにあわせて、幅を調節できるスパナ。

**もんきりがた【紋切り型】** きまりきった様式。

**もんく【文句】** ①文章の語句。②苦情。「―がある(をつける)」

**もんげん【門限】** 夜、門を閉める時刻。●夜、帰宅しなければならない時刻。

**もんこ【門戸】** ①かどぐち。入り口。「―を閉ざす」②一派。

**―開放《かいほう》** ①出入りを自由にすること。②自国の港や領土を開放し、外国の経済活動を許すこと。

**もんごういか**《紋甲烏賊》 大形で肉厚のイカ。美味。モンゴ。モンゴウ。

**モンゴル**〔Mongol〕①蒙古《もうこ》(―人種)。②モンゴル人民共和国。

**モンゴロイド**〔Mongoloid〕黄色人種。

**もんごん【文言】**〔文章語〕文章中の語句。

**もんさつ【門札】** 表札。

**もんし【門歯】** 前面中央の上下四本ずつの歯。

**もんし【悶死】**〔文章語〕もだえ死ぬこと。

**もんじ【文字】** もじ。

**もんしゅ【門主】** ①門跡《もんぜき》寺の住職。

②一山・一派の長。

**もんじゅ【文殊】** 知恵をつかさどる菩薩《ぼさつ》。釈迦《しゃか》の左側に侍す。

**もんじょ【文書】** ぶんしょ。「古—」

**もんしょう【紋章】** 家や団体を表すマーク。

**もんしろちょう《紋白蝶》** チョウの一。全体に白色ではねに紋がある。〔幼虫はキャベツなどの害虫〕

**もんしん【問診】** 医師が診断の手がかりに、病状などを質問すること。

**もんじん【門人】** 弟子。門下生。

**モンスーン**〔monsoon〕季節風。

**モンスター**〔monster〕（巨大な）化け物。

**—ペアレント**〔和製語 monster parents〕学校などに自己中心的で理不尽な要求を繰り返す親。モンペ。

**もんせき【問責】**〔文章語〕責任を問い責めること。「—決議」

**もんぜき【門跡】** ①皇族や貴族が出家して住職となる寺。また、その住職。「宮—」②本願寺の住職の俗称。

**もんぜつ【悶絶】**〔文章語〕もだえ苦しんで気絶すること。

**もんぜん【門前】**

**—市《いち》を成《な》す** 出入りする人が多い形容。

**—雀羅《じゃくら》を張《は》る** 訪問客もなく、さびしいようす。〔門前で雀《すずめ》を捕らえる網を張れるほどだの意〕

**—の小僧《こぞう》習《なら》わぬ経《きょう》を読《よ》む** 常に見聞きしていると、いつの間にか学び知る。

**—払《ばら》い** ①来訪者に面会しないで帰すこと。「—を食わせる」②江戸時代の追放刑の一。最も軽い。

**—町《まち》** 寺院の門前に発達した町。

**もんぜんよみ【文選読み】** 漢文で、ひとつの字を音読しさらに訓読する読み方。〔片時をヘンジノカタトキと読む類〕

**モンタージュ**〔フランス語 montage〕映画で、撮影したフィルムの編集・組み立ての技法。

**もんだい【問題】** ①答えさせるための問い。②（解決すべき）事柄。③めんどうな事件。「—を起こす」④世間の注目を集めること。「—作」

**—意識《いしき》** ある事柄を、取り上げて解決すべき状態にあると考えること。

**—外《がい》** 取るに足りないこと。

**—児《じ》** ①特別な指導を要すると認められる児童。②周囲と調和せず、もめごとを起こしてばかりいる人。

**もんち【門地】**〔文章語〕家柄。家格。

**もんちゃく【悶着】** もめごと。争い。

**もんちゅう【門柱】** 門の両わきの柱。

**もんつき【紋付き】** 家紋のついた和服。礼装用。「—の羽織」

**もんてい【門弟】** 門人。

**もんと【門徒】**〔仏教語〕①宗門の信徒。寺の檀家《だんか》。②門徒宗の略。浄土真宗。その信徒。

**もんとう【門灯】** 門に取りつけた電灯。

**もんどう【問答】** ①一方が問いかけ、他方が答えること。②議論。「—無用」

**もんどころ【紋所】** 家ごとに定められ、代々伝わるマーク。定紋《じょうもん》。家紋。

**もんどり《翻筋斗》** 宙返り。「—をうつ」

**もんなし【文無し】** ①一文なし。②異常に大きい足袋《たび》。

**もんばつ【門閥】** ①家柄。②家柄のよい家どうしで作った閥。

**もんはぶたえ【紋羽二重】** 紋織りの羽二重。

**もんばん【門番】** 門の番をする人。門衛。

**もんぴ【門扉】**〔文章語〕門のとびら。

**もんぴょう【門標】** 門札。表札。

**もんぶ【文部】**

**—科学省《かがくしょう》** 中央官庁の一。学術・教育・文化・科学技術・宗教に関する行政を行う。

**—省《しょう》** 旧省庁名の一。学術・教育・文化に関する行政を担当。現在は文部科学省に統合。

**もんぷく【紋服】** 紋付き。

**モンブラン**〔Mont blanc〕ケーキの一。〔フランス・イタリア国境の山の名。／「白い山」の意〕

**もんぺ** はかまの形で、足首の部分がくくれている女性用衣服。保温・労働用。

**もんめ【匁】** 尺貫法の重さの単位の一。一貫の千分の一。三・七五グラム。

**もんもう【文盲】** 非識字（—者）。〔読み書きできないことを目が見えないことにたとえる差別性をもつ語〕

**もんもん【悶々】** もだえ苦しむようす。

**もんよう【文様・紋様】** 模様。

# や

**や【八】** やっつ。〔数えるときに使う〕

**や【矢】**《箭》①武具の一。「弓と—」②木や石を割るためのくさび。

**—でも鉄砲《てっぽう》でも持《も》って来《こ》い** 何がきても—こわくない(負けない)ぞ。

**—の催促《さいそく》** 頻繁の催促。

**—も楯《たて》もたまらない** 思いつめてがまんできない。

**や** 一【家】いえ。「この—のあるじ」二【屋・家】①人の性質につける語。「皮肉—」②職業や屋号につける語。「パン—」

**や【野】** 民間。「—に下る(=官職を退く)」

**ヤー**〔ドイツ語 ja〕はい。類イエス・ウイ

**ヤード**〔yard〕ヤードポンド法の長さの単位の一。〔一ヤードは三フィート、約九〇センチメートル〕

**—ポンド法《ほう》** 英米の度量衡法。

**ヤール** 布地の長さの単位。「—幅」〔ヤードの転〕

**やいと**《灸》灸《きゅう》。〔焼処《やきと》の転〕

**やいば【刃】** ①刃物。②焼き刃(=焼き入れをした刃。また、刃の表面の波形の模様)。

**—に掛《か》かる** 刀で殺される。

**やいん【夜陰】**〔文章語〕夜の闇。「—に乗ずる」

**やえ【八重】** 八つに(幾重にも)重なっていること。「—の潮路」

**やえい【夜営】** 夜、陣営に宿泊すること。

**やえい【野営】** ①キャンプ。②野外に陣を敷くこと。類露営

**やえざき【八重咲き】** 花弁が重なりあって咲くこと。

**やえば【八重歯】** 重なって生えた歯。

**やえむぐら【八重葎】** ①生い茂ったむぐら。②雑草の一。夏、黄緑の小花を開く。

**やえん【夜宴】** 夜の宴会。

**やえん【野猿】** 野生のサル。

**やおちょう【八百長】** なれあいの不正な勝負。「—試合」

**やおもて【矢面】** 矢の飛んでくる正面。Ⅱ質問や非難の集中する立場。「—に立つ」

**やおや【八百屋】** 青果商。

**やおよろず【八百万】** 数の非常に多いこと。「—の神々」〔雅語的〕

**やおら** おもむろに。「—立ち上がる」

**やおん【野音】** 野外音楽堂の略。

**やかい【夜会】** 夜のパーティー。

**—服《ふく》** パーティーに着る正装。〔男性は燕尾服《えんびふく》、女性はイブニングドレス〕

**やがい【野外】** 室外。

**—劇《げき》** 野外で自然を背景とする劇。ページェント。

**やがく【夜学】** 夜間学校。夜学校。

**やかず【矢数】** ①(的中した)矢の数。②矢を射る競技の一。

**やがすり【矢絣・矢飛白】** 矢羽根模様のかすり。

**やかた【屋形】** ①【館】立派な屋敷。②屋形舟。Ⅱ身分の高い人の敬称。「お—様」

**—舟《ぶね》** 屋根のついた、遊山《ゆさん》に使う舟。

**やがて**《軈て》①まもなく。②結局。「—滅亡に至った」

**やかましい【喧しい】** ①音が耳ざわりだ。②口うるさい。

**やかましや【喧し屋】** 理屈や小言の多い人。

**やから** 一《族》〔古語〕一族。二【輩】特定の仲間。〔軽侮した言い方〕

**やかん【夜間】** 夜の間。対昼間

**やかん**《薬缶》湯を沸かす道具。「—頭(=はげ頭)」〔薬を煮るのに使ったことから〕

**やき【夜気】**〔文章語〕①夜の空気。②夜の静けさ。「—がせまる」

**やき【焼き】** ①焼くこと。②焼き入れ。

**—が回《まわ》る** 焼き入れで、刃物を焼きすぎてかえって切れない。Ⅱ年老いて鋭さをなくす。

**—を入《い》れる** 金属をきたえる。Ⅱ〔俗語〕気をひきしめさせる。また、私刑を加える。

**やぎ【山羊】**《野羊》家畜の一。雄にあごひげがある。肉・乳・毛・皮を利用。

**やきいも【焼き芋】** 焼いたサツマイモ。

**やきいれ【焼き入れ】** 金属の硬度を高める熱処理。〔熱を加えた後、急に冷やす〕

**やきいろ【焼き色】** 焼いたときの表面の色。

**やきいん【焼き印】** 押しつけてその焼き跡のしるしをつける金属製の印。類烙印《らくいん》

**やきうち【焼き討ち・—打ち】** 火をつけて攻撃すること。

**やきがし【焼き菓子】** 焼いて作る菓子。

**やききる【焼き切る】** ①焼いて切断す

る。②最後まで焼く。

**やきぐし【焼き串】** 調理用の竹・金属の串。

**やきごて【焼き鏝】** ①火のし用のこて。②焼き絵用のこて。

**やきしお【焼き塩】** 蒸し焼きにした塩。

**やきそば【焼き蕎麦】** 中華めんをいためた料理。

**やきたて【焼き立て】** 焼いたばかりの状態。

**やきだまきかん【焼き玉機関】** 内燃機関の一。漁船・小型船に利用。焼き玉焼き玉エンジン。

**やきつく【焼き付く】** 焼けてくっつく。Ⅱ印象が強く残る。「心に—」

**やきつけ【焼き付け】** ①写真で、陽画を作ること。②めっき。③陶磁器で、模様を焼きつけること。

**やきどうふ【焼き豆腐】** 表面に焼き目をつけた豆腐。

**やきとり【焼き鳥】** 鳥肉を焼いた料理。

**やきなおし【焼き直し】** 再び焼くこと。Ⅱ原作に手を加え新しくみせること。[動]やきなおす

**やきにく【焼き肉】** 獣肉をあぶり焼きにした料理。「—定食」

**やきのり【焼き海苔】** のりを干した食品。

**やきば【焼き場】** 火葬場。

**やきはた【焼き畑】** 草木を焼き払った跡地に作物をつくる農法。やきばた。

**やきはらう【焼き払う】** すっかり焼く。

**やぎひげ【山羊鬚】** 長く伸びたあごひげ。

**やきふ【焼き麩】** 火であぶった麩。食用。

**やきぶた【焼き豚】** 豚肉の蒸し焼き。チャーシューやローストポーク。

**やきまし【焼き増し】** 写真の追加注文。

**やきめ【焼き目】** 調理で、材料につけた焼き色。「—をつける」

**やきめし【焼き飯】** ご飯をいためた料理。チャーハン。

**やきもち【焼き餅】** ①焼いた餅。②嫉妬《しっと》。ジェラシー。「—をやく」

**やきもの【焼き物】** ①陶磁器。②焼いた料理。

**やきゅう【野球】** 球技の一。ベースボール。

**—拳《けん》** 遊びの拳の一。野球の動作が入る。〔負けると着衣を脱いでいく〕

**やぎゅう【野牛】** 野生種のウシ。

**やぎょう【夜業】** 夜間の仕事。

**やきょく【夜曲】** セレナーデ。

**やきん【冶金】** 金属の精製や合金をつくる技術。

**やきん【夜勤】** 夜間に働くこと。[対]日勤

**やきん【野禽】** 〔文章語〕野生の鳥。[対]家禽

**やく【厄】** ①災難。「—を払う」②厄年。

**やく【役】** ①仕事。[類]任務 ②演劇などで、配役。③ゲームで、札の特殊な組み合わせ。

**—に立《た》つ** 有用である。

**やく【約】** ①〔文章語〕とりきめ。「開城の—なる」②およそ。「—一メートル」

**やく【訳】** 外国語や古典の翻訳。

**やく【葯】** おしべの一部。〔花粉を作る〕

**やく【薬】** ①〔俗語〕麻薬。〔ふつうヤクと書く〕②くすり。「胃腸—」

**やく【妬く】** ねたましく思う。

**やく【焼く】** ①火で加熱する。「もち（遺体・茶碗）を—」②日光で皮膚を黒くする。③写真でポジをつくる。

**ヤク**〔yak〕チベット高原にすむ、ウシの一。

**やぐ【夜具】** ふとんなどの寝具。

**やくいん【役員】** ①ある役の担当者。②会社・団体の幹部。

**やくえき【薬液】** 液状のくすり。

**やくえん【薬園】** 薬草をつくる畑。

**やくおとし【厄落とし】** やくはらい。

**やくがい【薬害】** くすりによる害。「—エイズ」

**やくがく【薬学】** 薬剤に関する学問。

**やくがら【役柄】** ①職務（—の性質）。②役目のある身分。③演劇で登場人物の役割や性格。

**やくぎ【役儀】** 〔文章語〕役目。〔古い言い方〕

**やくげん【約言】** 〔文章語〕かいつまんで言うこと。

**やくご【訳語】** 翻訳した言葉。

**やくざ** ①役に立たない（いいかげんな）こと。②ばくちうち。ならず者。「—者」

**やくさい【厄災】** 〔文章語〕災厄。わざわい。

**やくさい【訳載】** 〔文章語〕翻訳して掲載すること。

**やくざい【薬剤】** くすり。薬品。

**—師《し》** 医師の処方箋《せん》に従って薬を調合する資格をもつ人。

や

**やくさつ【扼殺】**〔文章語〕首を手でしめて殺すこと。

**やくさつ【薬殺】**（けものを）毒薬で殺すこと。

**やくし【訳詞】**歌の翻訳。また、その歌詞。

**やくし【訳詩】**詩の翻訳。また、その詩。

**やくじ【薬餌】**〔文章語〕くすり（—と食べ物）。

**やくしゃ【役者】**俳優。‖演技のうまい人。

**—に親《した》しむ** 病気がちである。

**—が一枚《いちまい》上《うえ》** かけひきが一段とすぐれている。

**—が揃《そろ》う** 主だった顔ぶれがそろう。

**やくしゃ【訳者】**翻訳した人。

**やくしゅ【薬酒】**薬効のある酒。

**やくしゅ【薬種】**くすりの材料。

**やくしゅつ【訳出】**〔文章語〕翻訳すること。

**やくしょ【役所】**官公庁。

**やくしょ【訳書】**翻訳した書物。

**やくじょ【躍如】**生き生きとしているようす。「面目—」

**やくじょう【約定】**〔文章語〕約束して決めること。「—を結ぶ」

**やくしょく【役職】**（責任ある）職務。「—に就く」〔多く管理職をさす〕

**やくしん【薬疹】**薬の副作用による発疹。

**やくしん【躍進】**めざましい進歩。

**やくす【約す】**約する。

**やくす【訳す】**訳する。

**やくすう【約数】**ある—数（式）を割りきることのできる—数（式）。

**やくする【扼する】**〔文章語〕①しっかりとつかむ。②要所を押さえる。

**やくする【約する】**①要約する。②演算で、約分する。③〔文章語〕約束する。

**やくする【訳する】**①翻訳する。②解釈する。

**やくせき【薬石】**薬品と手当て。

**—効《こう》なく** せっかくの治療もかいなく。

**やくぜん【薬膳】**漢方薬の素材を使った滋養のある中国料理。

**やくそう【役僧】**寺院で事務を執る僧。

**やくそう【薬草】**くすりになる植物。

**やくそく【約束】**①前もってかわすとりきめ。②きまり。類規則 ③定められた運命。

**—手形《てがた》** 一定金額を一定期日までに支払うと約束した手形。

**やくだく【約諾】**〔文章語〕約束して承諾すること。

**やくたたず【役立たず】**役に立たない—こと（人）。

**やくだつ【役立つ】**有用に使える。

**やくだてる【役立てる】**有効に使う。

**やくちゅう【訳注】**《訳註》①翻訳と注釈。②訳者による注釈。

**やくづき【役付き】**責任ある役職につくこと。やくつき。類管理職

**やくづくり【役作り】**俳優が配役にふさわしい扮装・演技の工夫をすること。

**やくて【約手】**約束手形の略。

**やくとう【薬湯】**①薬の入ったふろ。②薬をせんじた湯。せんじ薬。

**やくどう【躍動】**生き生きと活動すること。「生気が—する」

**やくとく【役得】**役目についているために得る利益。

**やくどく【訳読】**翻訳して読むこと。

**やくどく【薬毒】**薬のもつ毒性。

**やくどころ【役所】**与えられた（ふさわしい）役目。〔役どころとも書く〕

**やくどし【厄年】**陰陽《おんよう》道で、災難にあうとされる年齢。‖災難の多い年。

**やくなん【厄難】**〔文章語〕災難。

**やくにん【役人】**公務員。

**やくば【役場】**町村の事務を執る所。

**やくはらい【厄払い】**神仏に祈り災いを除くこと。やくばらい。

**やくび【厄日】**①陰陽《おんよう》道で、災難にあうとして忌み慎む日。②災難が続くいやな日。

**やくびょう【疫病】**感染性の熱病。

**—神《がみ》** 疫病を流行させるという神。‖人からきらわれる者。

**やくひん【薬品】**くすり。「化学—」

**やくぶそく【役不足】**①役目（配役）に不満をもつこと。②役目（配役）が軽すぎて力量を発揮できないこと。〔誤って「力量に対して役目が重すぎること」の意にも〕

**やくぶつ【薬物】**①薬。医薬品。「—アレルギー」②ドラッグ。「—乱用」

**やくぶん【約分】**分数の分母と分子を公約数で割って簡単にすること。

**やくぶん【訳文】**翻訳した文章。

**やくほん【訳本】**翻訳書。

**やくまわり**【役回り】 割り当てられた役目。「損な―」
**やくまん**【役満】 マージャンで、特に点数の高い上がり役。
**やくみ**【薬味】 料理にそえる香辛料。
**やくむき**【役向き】 役目の性質。類役がら
**やくめ**【役目】 与えられたつとめ。
**やくめい**【役名】 役目(演劇などの登場人物)の名前。
**やくめい**【訳名】 翻訳してつけた名前。
**やくよう**【薬用】 薬として用いること。
**やくよけ**【厄除け】 災いを払いよけること。
**やぐら**【櫓】 ①高く組んだ構築物。「火の見―」 ②城壁などに設けた戦闘用の築造物。
**―炬燵**《ごたつ》 台状のやぐらの中に熱源をそなえたこたつ。
**―太鼓**《だいこ》 相撲や芝居で、開場・閉場を知らせる太鼓。
**やくり**【薬理】 薬品による生理的変化。「―作用」
**やぐるま**【矢車】 風車《かざぐるま》の一。鯉のぼりの上につける。
**―菊**《ぎく》 夏から秋、矢車形の花が咲く植物。
**―草**《そう》 ①夏、白い花が咲く植物。葉が矢車のようにつく。②ヤグルマギクの俗称。
**やくれい**【薬礼】〔文章語〕薬代。医者への支払い。
**やくれき**【薬歴】 薬剤の服薬に関する記録。
**やくろう**【薬籠】〔文章語〕くすりばこ。
**―中**《ちゅう》**の物**《もの》 思いのままに使える物。
**やくわり**【役割】 割り当てられた役目。
**やくわん**【扼腕】 ⇩切歯扼腕《せっしやくわん》
**やけ**《自棄》 うまくいかず、投げやりになること。すてばち。「―を起こす」
**―のやんぱち** やけの強調。
**やけあと**【焼け跡】 火事で焼けたあと。
**やけい**【夜景】 夜のけしき。
**やけい**【夜警】 夜間の警備(―をする人)。
**やけいし**【焼け石】 熱く熱せられた石。
**―に水**《みず》 いくらやっても効果がないこと。
**やけいろ**【焼け色】 火・日光で焼けた色。
**やけおちる**【焼け落ちる】 建物が火事で焼けてくずれおちる。
**やけくそ**《自棄糞》〔俗語〕やけの強調。
**やけこげ**【焼け焦げ】 焼けてこげること。その跡。焼けこがし。動―る
**やけざけ**【やけ酒】《自棄酒》 すてばちの気分で飲む酒。
**やけだされる**【焼け出される】 火災で家を焼かれて住居を失う。
**やけっぱち**《自棄っぱち》〔俗語〕やけの強調。
**やけど**【火傷】 熱のため皮膚が焼けただれること。「―を負う」
**やけに** むやみに。類やたらに
**やけの**【焼け野】 野火で焼けた野。
**―が原**《はら》 空襲や災害であたり一面、焼けてしまった所。
**―の雉子**《きぎす》**、夜**《よる》**の鶴**《つる》 子に対する深い愛情のたとえ。
**やけのこる**【焼け残る】 焼けずに残る。
**やけのはら**【焼け野原】 焼け野。焼け野が原。「一面の―」
**やけぶとり**【焼け太り】 火災の後、生活や事業が以前より豊かになること。
**やけぼっくい**【焼け木杭】《―棒杭》〔俗語〕燃えさしの切り株。
**―に火**《ひ》**がつく** とぎれていた関係が再びもどる。〔主に男女の仲に使う〕
**やけやま**【焼け山】 ①草木の焼けた山。②かつて噴火したことがある山。
**やける**【妬ける】 ねたましく感じられる。
**やける**【焼ける】 ①火で―燃える(調理される)。②日光で変色する。③手がかかる。「世話が―」
**やけん**【野犬】 飼い犬でない犬。
**やげん**【薬研】 薬を粉にするための器具。〔舟形で、底がV字形にくぼんでいる〕
**やご** トンボの幼虫。
**やこう**【夜光】 暗い中で光ること。
**―虫**《ちゅう》 原生動物の一。海面に漂い、衝撃をうけて発光する。
**―塗料**《とりょう》 暗い所で光を発する塗料。
**やこう**【夜行】 ①〔文章語〕夜に出歩くこと。「百鬼―」 ②夜行列車。夜間運行する列車。
**やごう**【屋号】 商店や歌舞伎役者の家の呼び名。
**やごう**【家号】 農村で、名字《みょうじ》の代わりの呼び名。
**やごう**【野合】〔文章語〕正式の手続きを

ふまずに夫婦関係になること。

**ヤコブびょう【—病】** クロイツフェルトヤコブ病。〔クロイツフェルトとヤコブは病気の報告者の名前〕

**やさい【野菜】** 副食物にする農作物。

**やさおとこ【優男】** 優形《やさがた》の男。

**やさがし【家捜し・家探し】** ①家の中を残りなくさがすこと。②住宅をさがすこと。

**やさがた【優形】** 体形がスマートで上品なこと。

**やさき【矢先】** ①矢の先。類やじり ②矢が飛んでくる前面。③ちょうどそのとき。〔ふつう仮名書き〕

**やさぐれ** 家出人を言う隠語。

**やさぐれる** 〔俗語〕すねる。投げやりになる。〔「やさぐれ」からの誤った類推でできた語〕

**やさしい【易しい】** 簡単だ。わかりやすい。対むずかしい

**やさしい【優しい】** ①おだやかで思いやりがある。②上品で優美だ。

**やし【野史】** 〔文章語〕民間で編んだ歴史書。外史。対正史

**やし【椰子】** 熱帯地方の樹木。実は大形で堅く、やし油の原料となる。

**やし【香具師】**《野師》祭り・縁日の露店で品物を売る人。てきや。

**やじ【野次】**《弥次》①やじること。また、その言葉。「—を飛ばす」②やじうま。

**やじうま【野次馬】**《弥次馬》人のあとについて無責任に騒ぎたてる人。

**やしき【屋敷】** ①立派な邸宅。②家の敷地。「家—を売る」

**やしなう【養う】** ①成長させる。「家族を—」類養育する ②経済的に支える。③たくわえていく。「気力を—」

**やしま【八洲】** 〔文章語〕日本の別称。

**やしゃ【夜叉】** 鬼神の一。〔毘沙門天《びしゃもんてん》の従者で仏法を守護し北方を守る〕

**やしゃご【玄孫】** ひまごの子。

**やしゆ【椰子油】** ヤシの実からとった脂肪。石けん・グリセリンの原料。

**やしゅ【野手】** 野球で、内野手と外野手。**—選択《せんたく》** 野球で、フィルダーズチョイス。

**やしゅ【野趣】** 素朴な自然のおもむき。「—に富む」

**やしゅう【夜襲】** 夜に乗じて攻撃すること。類夜討ち

**やじゅう【野獣】** 野生のけだもの。

**やしょく【夜色】** 〔文章語〕夜のけしき。

**やしょく【夜食】** 夕食(—後の夜の軽食)。

**やじり【矢尻・鏃】** 矢の、とがった先端。

**やじる【野次る】**《弥次る》他人の言動をひやかしあざける。〔他人の行動を妨げるため〕

**やじるし【矢印】** 矢形のしるし。「↓・⇒」など。

**やしろ【社】** 神を祭ってある場所。

**やじろべえ【弥次郎兵衛】** バランスを保って倒れない人形のおもちゃ。

**やしん【野心】** 身分不相応な大きな望み。「—を抱く」

**やじん【野人】** 〔文章語〕①いなか者。Ⅱ粗野な人。やぼな人。②民間人。

**やす【安】** ①値が安い。「—月給」②安易な。「—請け合い」③値が安いこと。「五円—」対高《だか》

**やす【簎】** 魚を突き刺す漁具。

**やすあがり【安上がり】** 安価でーできる(すむ)こと。対高上がり

**やすい【安い】**《廉い》金額が低い。対高い

**やすい【易い】** ①たやすい。対かたい ②すぐ…する。「もえ—」対にくい ③…するのがたやすい。「読み—」対にくい

**やすうり【安売り】** 安い値段で売ること。Ⅱ軽々しく与えること。「免状の—」

**やすきにつく【易きに就く】** 安易な道を選ぶ。

**やすけ【弥助】** すしの俗称。〔『義経千本桜』のすし屋の名から〕

**やすっぽい【安っぽい】** ①いかにも安い。②下品だ。

**やすで【安手】** 値の安い方(種類)。

**やすで**《馬陸》節足動物の一。〔ムカデに似る。／古名は「おさむし」〕

**やすね【安値】** ①安い値段。②その日の相場の最低の値。◇対高値

**—引《ひ》け** その日の最も安い値段で取引が終わること。

**やすぶしん【安普請】** お金をかけずに家を建てること。また、その家。

**やすまる【休まる】**《安まる》落ち着いた気分になる。

**やすみ【休み】** ①休むこと。②休日。「—をとる」

―休《やす》み 間をおいて。

**やすむ**【休む】①欠席(欠勤)する。②活動・仕事を中止する。③からだを楽にする。④寝る。

**やすめ**【安め】 少し安いと思われること。対高め

**やすめる**【休める】①休息させる。②落ち着かせる。「気を―」

**やすもの**【安物】 値段の安い品物。Ⅱ粗悪品。

**―買《か》いの銭《ぜに》失《うしな》い** 安物は長持ちせず、かえって高くつく。

**やすやす**【安々】 とても平穏なようす。

**やすやす**《易々》 いかにも簡単なようす。「―と勝つ」

**やすらう**【休らう】《安らう》 休む。〔雅語〕

**やすらか**【安らか】 ①平穏無事。②心の乱れがない。「―に眠る」

**やすらぐ**【安らぐ】 おだやかな気持ちになる。

**やすり**《鑢》 のこぎりの目立てや、金属の表面をなめらかにするのに使う工具。

**やすんじる**【安んじる】 ①安心する。②満足する。「現状に―」

**やすんずる**【安んずる】 やすんじる。

**やせい**【野生】 自然に生育していること。「―動物」

**やせい**【野性】 自然のままの性質。「―に返る」Ⅱ粗野な性質。「―的」

**やせうで**【痩せ腕】 やせた腕。Ⅱ力量のないうでまえ。

**やせおとろえる**【痩せ衰える】 やせて体力・気力が弱くなる。

**やせがた**【痩せ型】 やせている体型。

**やせがまん**【痩せ我慢】 むりに我慢して平気そうにみせること。

**やせぎす**【痩せぎす】 がりがりにやせていること。

**やせこける**【痩せこける】 ひどくやせる。「やせこけた人」

**やせさらばえる**【痩せさらばえる】 やせて骨と皮ばかりになる。

**やせち**【痩せ地】 地味《ちみ》がわるい土地。

**やせっぽち**【痩せっぽち】 〔俗語〕やせている人(―を軽蔑して言う語)。

**やせてもかれても**【痩せても枯れても】 たとえどんなに落ちぶれても。

**やせほそる**【痩せ細る】 やせて体が細くなる。

**やせる**【痩せる】《瘠せる》 ①細くなって体重が減る。対太る ②肥沃《ひよく》さがなくなる。

**やせん**【夜戦】 夜間の戦闘。

**やせん**【野戦】 平野での戦闘。〔市街戦や要塞戦に対して〕

**―病院《びょういん》** 戦場の近くに作られる病院。

**やせん**【野選】 野手選択の略。

**やぜん**【夜前】〔文章語〕昨夜。

**やそ**【八十】 八十《はちじゅう》。Ⅱ数の多いこと。

**ヤソ**【耶蘇】 キリストの古い言い方。

**やそう**【野草】 山野に生える自然の草花。

**やそうきょく**【夜想曲】 ノクターン。

**やそじ**【八十路】 〔文章語〕八〇歳(―代)。

**やたい**【屋台】 ①移動式の簡易な店。②祭りで踊るための台。③屋台骨。

**―囃子《ばやし》** 神社の祭礼の屋台で演じるにぎやかな囃子。ばかばやし。

**―骨《ぼね》** ①屋台の骨組み。②家のかまえ。Ⅱ一家を支える資力。

**やたて**【矢立て】 ①矢を入れる道具。②携帯用の筆入れ。

**やだま**【矢玉】 矢と弾丸。「―が尽きる」

**やたら**《矢鱈》 むやみ。

**―めったら** 〔俗語〕やたらの強調。

**やち**【谷地】 低湿地。谷《や》戸《と》。

**やちぐさ** 一【八千草】 多くの草。二【―種】 多くの種類。◇〔雅語的〕

**やちまた**【八衢】 八つに(いくつにも)道が分かれる地点。〔雅語的〕

**やちゅう**【夜中】 よるの間。類よなか

**やちよ**【八千代】 非常に数多くの年代。〔雅語的〕

**やちょ**【野猪】 〔文章語〕イノシシ。

**やちょう**【野鳥】 野生の鳥。

**やちょく**【夜直】 宿直。対日直

**やちん**【家賃】 家の借り賃。

**やつ**【奴】 ①人。物。「そっちの―」〔乱暴な言い方〕②あいつ。〔ののしって(親しみをこめて)言う語〕

**やつ**【八つ】 ①やっつ。②昔の時刻で、今の午前(午後)二時ごろ。→おやつ

**やつあたり**【八つ当たり】 関係のない人に不満や怒りをぶつけること。

**やっか**【薬価】 〔文章語〕薬の値段。

**やっか【薬科】** 薬に関する学科。類薬学部

**やっか【薬禍】** 〔文章語〕薬の副作用による災難。

**やっかい【厄介】** ①めんどうで手がかかる。②世話。「—になる」

**—払《ばら》い** 厄介者を追い払うこと。

**—者《もの》** ①世話のやける人。②いそうろう。

**やつがしら【八つ頭】** サトイモの品種の一。

**やっかむ** ねたむ。そねむ。

**やっかん【約款】** ①契約・条約で定められたひとつひとつの条項。②定型の契約条項。

**やっき【躍起】** あせってむきになること。「—に(と)なる」

**やつぎばや【矢継ぎ早】** 次から次へと続けざまであること。

**やっきょう【薬莢】** 弾丸の一部。〔発射用の火薬をつめる筒状の金属〕

**やっきょく【薬局】** 薬の—調合(販売)をする所。類薬屋

**—方《ほう》** 日本薬局方の略。

**やつくち【八つ口】** 身八つ口。

**ヤッケ** 〔ドイツ語 Jacke〕フードつきの防寒用上着。

**やっこ【奴】** ①ひややっこ。②江戸時代の奴僕《ぬぼく》。

**—さん** あいつ。

**—凧《だこ》** やっこ②の姿を形どった凧。

**—豆腐《どうふ》** ひややっこ。〔やっこ②の紋が白い四角形であることから〕

**やっこう【薬効】** 〔文章語〕薬のききめ。

**やつざき【八つ裂き】** ずたずたに切り裂くこと。

**やっさもっさ** 〔俗語〕大騒ぎ(—のようす)。

**やつす《窶す》** ①みすぼらしく変装する。②身が細るほど思い悩む。③めかす。

**やっつ【八つ】** (個数・年齢で)八。

**やっつけしごと【やっつけ仕事】** まにあわせの仕事。⊜いいかげんな仕事。

**やっつける【遣っ付ける】** 〔俗語〕①思いきって強行する。②相手をうちのめす。

**やつで【八つ手】** 庭木の一。〔葉は手のひら状〕

**やっとこ【鋏】** 板金用の工具の一。

**やつばら【奴原】** やつの複数。〔古風な語〕

**やっぱり** やはりの強調。〔俗に、やっぱしとも言う〕

**ヤッピー** 〔yuppie〕アメリカで、高学歴・高収入の、知的専門職につく都会人。〔young urban professionalsの略〕

**ヤッホー** 〔Yo-ho!〕山で、呼びあう語。

**やつめうなぎ【八つ目鰻】** ウナギに似た動物。目に似た七つのえら穴がある。食用。

**やつら【奴等】** やつの複数。「悪いのは—だ」類連中

**やつれる《窶れる》** ①やせおとろえる。②みすぼらしくなる。

**やと【谷戸】** ⇩谷地《やち》

**やど【宿】** ①旅先で宿泊する所。②すみか。「雀の—」

**やとい【雇い】《傭い》** ①雇うこと。②雇われた人。「臨時—」

**—入《い》れる** 新しく雇う。

**—止《ど》め** 契約期間の終わった従業者の契約を事業主が更新しないこと。

**—人《にん》** 使用人。対雇い主

**—主《ぬし》** 人を雇って使う人。対雇い人

**やとう【夜盗】** 〔文章語〕夜、盗みを働くこと(人)。

**やとう【野党】** 政権を握っていない政党。対与党

**やとう【雇う】《傭う》** 報酬を払って—人(乗り物)を使う。

**やどがえ【宿替え】** 引っ越し。類転居

**やどかり【宿借り】** 節足動物の一。巻き貝の殻をすみかとする。

**やどす【宿す】** 中にとどめる。⊜妊娠する。「子を—」

**やどちょう【宿帳】** 旅館で、宿泊者の名簿。

**やどちん【宿賃】** 旅館の宿泊料。

**やどなし【宿無し】** 住所不定(—の人)。

**やどや【宿屋】** (和風の)旅館。

**やどり【宿り】** 宿る—こと(場所)。

**—木《ぎ》** 他の木に寄生する木。〔寄生木とも書く〕

**やどる【宿る】** ①泊まる。②位置を占める。「露が—」③内部にとどまる。「子が—」〔=妊娠する〕

**やどろく【宿六】** 〔俗語〕夫を軽んじて言う語。

**やな【簗】** 川魚をとる仕掛けの一。

**やなあさって《弥明後日》** やのあさって。

**やながわ【柳川】** 柳川鍋《べな》の略。

**―鍋《べな》** ドジョウとゴボウの卵とじ料理。

**やなぎ【柳】** 植物の一。枝がたれ下がる。街路樹にも使う。

**―腰《ごし》** 女性の細くしなやかな腰つき。〔美人の腰の形容〕

**―樽《だる》** 朱塗りの酒樽。〔祝儀用〕

**―に風《かぜ》** さからわず、巧みに受けながすようす。

**―に雪折《おゆき》れなし** 柔軟なものはかえって強い。

**―刃《ば》** 先のとがった細身の包丁。柳刃包丁。

**やなみ【家並み・屋―】** 家のならび具合。「美しい―が続く」

**やなり【家鳴り】** 家がゆれ、音をたてること。

**やに《脂》** ①樹脂。「松の―」 ②タバコのタール。 ③目やに。

**やにさがる【脂下がる】** いい気になってにやにやする。

**やにっこい《脂っこい》** やにの成分が多い。Ⅱしつこい。くどい。

**やにめ【脂目】** 目やにの―ついた（出やすい）目。

**やにょうしょう【夜尿症】** ある程度の年齢になっても寝小便がやまない状態。

**やにわに《矢庭に》** ただちに。いきなり。

**やぬし【家主】** 貸し家の所有者。類おおや

**やね【屋根】** 家屋の最上部のおおい。

**やねうら【屋根裏】** ①屋根と天井の間の空間。 ②屋根の下の粗末な部屋。「―部屋」

**やのあさって《弥の明後日》** しあさっての翌日。〔地方によっては「しあさって」〕

**やばい** 〔俗語〕①非常に―まずい（危ない）。 ②すばらしい。魅力的だ。「かっこよくて―」

**ヤハウエ** ［Yahweh］エホバ。

**やはず【矢筈】** ①矢の端で、弓につがえるとき、弓の弦《るつ》をかけるところ。 ②模様の一。 ③掛け軸をかけるための棒。

**やばね【矢羽・矢羽根】** 矢につける鳥の羽。

**やはり《矢張り》** ①同様に。 ②思ったとおり。 ③結局。

**やはん【夜半】** 夜中。

**やばん【野蛮】** ①未開。 ②教養がなく粗野なこと。

**やひ【野卑】《野鄙》** 下品で卑しいこと。

**やぶ【藪】** ①雑草・雑木が密生した場所。 ②藪医者の略。

**―から棒《ぼう》** だしぬけ。

**―の中《かな》** 言い分がくいちがっていて真相がわからないこと。

**―をつついて蛇《びへ》を出《だ》す** やぶへび。

**やぶいしゃ【藪医者】** 腕のわるい医者。

**やぶいちくあん【藪井竹庵】** 〔俗語〕藪医者を人名のようにした語。

**やぶいり【藪入り】** 奉公人が正月と盆のころに休暇をもらい実家に帰ること。

**やぶうぐいす【藪鶯】** やぶにいるウグイス。野生のウグイス。

**やぶか【藪蚊】** やぶにすむ蚊の俗称。

**やぶく【破く】** 紙や布を引き裂く。

**やぶこうじ【藪柑子】** 植物の一。赤い実をつける。正月の飾り用。

**やぶさか【吝か】** ①物惜しみするようす。類けち ②（「～でない」の形で）快く…する。「認めるに―でない」

**やぶさめ【流鏑馬】** 昔の騎射の一。〔走る馬の上から鏑矢《らやかぶ》で的を射る〕

**やぶつばき【藪椿】** 野生のツバキ。

**やぶへび【藪蛇】** よけいなことを―して（言って）かえって面倒になること。

**やぶる【破る】** ①引きさく。 ②かき乱す。 ③きまりを守らない。「約束を―」 対守る ④うち負かす。「ライバルを―」

**やぶる【敗る】** 〔文章語〕負ける。〔下二段活用の動詞〕

**やぶれ【破れ】** 破れること。破れた所。

**―かぶれ** 自暴自棄。

**やぶれる【破れる】** ①（紙や布が）裂ける。 ②乱される。「沈黙が―」 ③だめになる。「夢が―」

**やぶれる【敗れる】** 負ける。

**やぶん【夜分】** 夜。〔改まった言い方〕

**やぼ【野暮】** あかぬけていないこと。対粋《きい》

**やほう【野砲】** 野戦用の大砲。

**やぼう【野望】** 大それた希望。類野心

**やぼくさい【野暮臭い】** やぼったい。

**やぼったい【野暮ったい】** やぼな感じがする。

**やぼてん【野暮天】** 〔俗語〕非常にやぼな―こと（人）。

**やぼよう【野暮用】** 〔俗語〕無粋な用。Ⅱ仕事上の用事。◇〔遠回しに言う言い方〕

**やま【山】** ①地形の一。対海 ②高く盛り上げたもの。「—をなす」 ③見せ場。クライマックス。④鉱山。⑤山鉾《やまぼこ》の略。
**—高《たか》きが故《ゆえ》に貴《とうと》からず** 真の価値は外観ではなく実質によって決まる。
**—眠《ねむ》る** 草木も枯れた静かな山のようす。
**—笑《わら》う** 新芽の出るころの、のどかな山のようす。
**—を掛《か》ける** 万一の期待をもって予想をする。
**—を越《こ》す** 最も難しい状態が過ぎる。
**—を張《は》る** 山をかける。
**やまあい【山間】** 山と山との間。
**やまあらし【山嵐】** 山で（山から）吹く強い風。
**やまあらし【山荒らし】**《豪猪》 夜行性のけもの。ネコぐらいの大きさ。
**やまい【病】** 病気。「—に倒れる」 ● 悪いくせ。
**—膏肓《こうこう》に入《い》る** 不治の病にかかる。● 熱中してそこから抜けだせない。
**—垂《だ》れ** 漢字の部首の一。〔病・症などの「疒」〕
**—は気《き》から** 病気は気持ちのもちようでよくもわるくもなる。
**やまいぬ【山犬】** ①かつて日本にいたオオカミ。②野生化した犬。
**やまいも【山芋】**《薯蕷》やまのいも。
**やまうど【山独活】** 野生のウド。
**やまうば【山姥】** 山奥に住むという女の怪物。やまんば。
**やまおとこ【山男】** ①登山の好きな男。②山で仕事をする男。③山奥に住むという男の怪物。
**やまおやじ【山親爺】** 北海道で、クマ。
**やまおり【山折り】** 紙の折り方で、折り目を外側にすること。対谷折り
**やまおろし【山颪】** 山から吹きおろす強い風。「—の風」
**やまが【山家】** 山中にある家。
**—育《そだ》ち** 山家で育ったーこと（人）。● 洗練されていない人。
**やまかい【山峡】** やまあい。
**やまかがし**《赤棟蛇》 ヘビの一。水辺にすむ。有毒。
**やまかけ【山掛け】** とろろ料理の一。
**やまかげ【山陰】** 山のかげで日の当たらない所。
**やまかげ【山影】** 山の姿や形。「水に映る—」
**やまかぜ【山風】** 山から吹く強い風。対谷風
**やまがら【山雀】** 小鳥の一。芸をしこむことができる。
**やまがり【山狩り】** ①山で狩猟をすること。②山中をくまなく捜索すること。
**やまかん【ヤマカン・山勘】**〔俗語〕勘にたよって万一をねらうこと。
**やまき【山気】** やまけ。
**やまぎわ【山際】** ①山の近く。②山の稜線と空の接するあたり。
**やまくじら【山鯨】**〔俗語〕イノシシの肉。
**やまくずれ【山崩れ】** 地震・大雨で山腹の土や岩がくずれること。
**やまぐに【山国】** 山の多い（山に囲まれた）地方。
**やまけ【山気】** 冒険やかけごとを好む気質。やまき。「—を出す」
**やまごえ【山越え】** 山ごし。
**やまごし【山越し】** ①山を越すこと。山越え。②山の向こう側。
**やまことば【山言葉】**《山詞》 きこりや猟師が山で使う言葉。
**やまごぼう【山牛蒡】** ①ゴボウアザミの根。〔みそ漬けにする〕 ②中国原産の植物。
**やまごもり【山籠もり】** 山・山寺にとじこもること。
**やまごや【山小屋】** 登山者の宿泊や休憩のための小屋。
**やまざくら【山桜】** ①山に咲くサクラ。②サクラの一。山地に自生。葉と一緒に花をつける。
**やまさち【山幸】** やまのさち。対海幸
**やまざと【山里】** 山中にある集落。
**やまざる【山猿】** 山にすむサル。● 山国育ちの人をあざけって言う語。
**やまし【山師】** ①山林や鉱山にかかわる職業の人。②投機を好んでする人。③詐欺師。
**やまじ【山路】** 山の中の道。類山道
**やましい**《疚しい・疾しい》 良心に恥じるところがある。
**やますそ【山裾】** 山のふもと。
**やませ【山背】** ①山を越えて吹いてくる風。②夏、三陸地方に吹く冷たい北東風。

冷害の原因となる。

**やまたいこく【邪馬台国】** 三世紀ごろ、日本にあった国の名。女王の卑弥呼《ひみこ》が支配。

**やまたか【山高】** 山高帽子の略。

**—帽子《ぼうし》** 上部が丸く高い帽子。礼装用。

**やまだし【山出し】** 材木や木炭を山から出すこと。⊜都会に出て間もない田舎者。

**やまつなみ【山津波】** 大規模な山崩れ。

**やまづみ【山積み】** ①山のように高く積み上げること。②山積《さんせき》。

**やまて【山手】** 山に近い側。

**やまと【大和】**《倭》①日本の別称。②旧国名の一。〔今の奈良県〕

**—芋《いも》** ナガイモの一。とろろにする。

**—歌《うた》** 和歌。

**—絵《え》** 日本で生まれ、発展した絵。

**—言葉《ことば》** 日本固有の言葉。和語。

**—魂《だましい》** 日本民族に固有の精神。〔国粋主義的な語〕

**—撫子《なでしこ》** ①ナデシコ。〔セキチクを唐《から》ナデシコというのに対して〕②日本女性の美称。

**—煮《に》** 牛肉などを、砂糖・しょう油などで甘辛く煮つけた料理。

**やまどめ【山止め】** 入山の禁止。

**やまどめ【山留め】** 鉱山などで土砂くずれを防ぐこと。

**やまどり【山鳥】** ①山にすむ鳥。②キジ科の鳥の一。〔日本特産〕

**やまとんちゅう【ヤマトンチュー】** 沖縄県人が本土の日本人をさして言う語。〔沖縄方言〕対うちなんちゅう

**やまなす【山成す】** 山のような。

**やまなみ【山並み】** 並んでいる山々。

**やまなり【山形】** 山のような曲線を描くこと。また、その曲線。

**やまなり【山鳴り】** 山が鳴り響くこと。

**やまねこ【山猫】** ①山中にすむ野生のネコ。②ネコに似た野獣。

**やまの【山の】**

**—芋《いも》** イモの一。根はとろろにして食用。〔薯蕷とも書く〕

**—神《かみ》** ①山を守り支配する神。②〔俗語〕女房。

**—幸《さち》** 山野で得られるけもの・鳥や、食用になる草・木の実。やまさち。対海の幸

**—手《て》** (東京で)高台の住宅地域。対下町

**—端《は》** 山のはし。

**やまのひ【山の日】** 国民の祝日の一。八月一一日。

**やまば【山場】** いちばん大事な場面。「—を迎える」類クライマックス

**やまはだ【山肌】**《山膚》山の表面。

**やまばと【山鳩】** 野山にすむハト。〔アオバト・キジバトの俗称〕

**やまびこ【山彦】** 山で声が反響する現象。こだま。

**やまひだ【山襞】** 山肌がひだのようにみえるところ。

**やまびらき【山開き】** その夏はじめて登山を許す—こと(日)。開山。

**やまぶき【山吹】** 植物の一。春、黄色の花を開く。

**やまぶし【山伏】** ①修験者。②野山に野宿して修行する僧。

**やまぶどう【山葡萄】** 山地に自生するブドウ。食用。

**やまふところ【山懐】** 深く山に囲まれた所。

**やまべ** 川魚の一。〔東京でオイカワを、東北・北海道でヤマメをいう〕

**やまべ【山辺】** 山に近いところ。対海辺

**やまぼこ【山鉾】** 山車《だし》の一。山形の飾り台に、ほこ・なぎなたをのせる。

**やまほど【山ほど】**《山程》非常に多く。やま。

**やままゆ【山繭】** 昆虫の一。緑色の繭をつくり、糸は山繭織に使う。天蚕《てんさん》。

**やまめ【山女】** ①淡水魚の一。渓流にすむ釣魚。〔サクラマスの陸封型〕②ヤマベ。

**やまもと【山元】** ①山のふもと。②山(鉱山)の所有者。③山(鉱山)の所在地。

**やまもも【山桃】**《楊梅》樹木の一。果実は赤紫色で食用。

**やまもり【山盛り】** 山のように盛ること。

**やまやき【山焼き】** 春のはじめ、山の枯れ草を焼くこと。〔新芽を出やすくするため〕

**やまやけ【山焼け】** ①山火事。②山での日焼け。

**やまやま【山々】** ①多くの山。②たくさん。③(「…したいのは〜」の形で)ぜひ…したい(—がそうもならない)。

**やまゆり【山百合】** ユリの一。大形の白い花をつける。

**やまわけ【山分け】** 公平に分けること。
**やまんば【山姥】** やまうば。
**やみ【闇】** ①暗いこと。‖㋐思慮分別のないこと。「心の—」 ㋑見通しのつかないこと。「前途は—」 ②正規でない。「—ルート（給与）」
**やみあがり【病み上がり】** 病気がなおったばかりの状態。
**やみいち【闇市】** 正規でない商品を売る市場。〔第二次大戦直後に多く出現〕
**やみいちば【闇市場】** やみいち。
**やみうち【闇討ち】** 暗闇にまぎれて人を襲うこと。‖不意討ち。
**やみがたい【止み難い】** おさえきれない。「—思い」
**やみきんゆう【闇金融】**（無登録で営業し）出資法違反の法外な金利で貸し付ける金融（—業者）。
**やみくも【闇雲】**〔俗語〕むやみやたら。
**やみじ【闇路】** 暗闇の道。‖分別をなくすこと。「恋の—」
**やみしょうぐん【闇将軍】** かげにかくれて権力をふるう人。
**やみじる【闇汁】** 互いに秘密にして持ち寄った食べ物を、暗闇の中で同じなべに入れて食べる遊び。
**やみそうば【闇相場】** 闇取引における相場。
**やみつき【病み付き】** 癖になりやめられなくなること。「—になる」
**やみとりひき【闇取引】** 正規でない取引。

**やみね【闇値】** 闇取引の値段。
**やみほうける【病み耄ける】** 病気でぼけた状態になる。
**やみや【闇屋】** 闇取引を商売とする人。
**やみよ【闇夜】** 月のない暗い夜。
**—に烏《からす》** 区別がつかないこと。
**—の提灯《ちょうちん》** 助けになる（切望している）ものにめぐりあうこと。
**—の鉄砲《てっぽう》** 目標なしに事を行うこと。闇夜のつぶて。
**やむ【止む】**《已む》終わりになる。
**—にやまれぬ** どうしようもない。「—事情」
**—を得《え》ず** しかたなく。
**—を得《え》ない** しかたがない。
**やむ【病む】** ①病気になる。 ②心配する。「気に—」
**ヤムチャ【飲茶】**〔中国語 yǐnchá〕 中国料理で、軽食。
**やむなく【已むなく】** しかたなく。
**やめる【止める】** ①終わりにする。 ②中止する。
**やめる【病める】** 痛む。〔古風な言い方〕
**やめる【辞める】**《罷める》辞任（退職）する。
**やめる【病める】**〔文章語〕病気の。「—魂」
**やもうしょう【夜盲症】** とりめ。
**やもめ** 一【寡婦】 夫を亡くした女。 二【鰥夫】 妻を亡くした男。
**やもり【守宮】** 爬虫類の一。トカゲに似る。夜行性で、壁や天井に吸いつく。

**やや** 方言で、赤ん坊。
**やや【稍】** 少しばかり。
**ややおも【稍重】** 競馬で、馬場の状態の一。〔重馬場《おもばば》ほどは水分が多くない段階〕
**ややこ** 方言で、赤ん坊。
**ややこしい** こみいっている。ややっこしい。
**ややもすれば【動もすれば】** なにか—というと（につけて）。どうかすると。ややもすると。
**やゆ【揶揄】** からかうこと。類嘲弄《ちょうろう》。
**やよい【弥生】** 陰暦で、三月。
**やよいじだい【弥生時代】** 時代区分の一。縄文時代の後。弥生（—式）土器が使われた。
**やらい【矢来】** 竹や木で作った仮の囲い。
**やらい【夜来】**〔文章語〕昨日の晩から。「—の雨」
**やらかす**〔俗語〕する。類しでかす
**やらす【遣らす】** やらせる。
**やらずのあめ【やらずの雨】**《遣らずの—》来客の足止めをするかのように降ってくる雨。
**やらせ【遣らせ】** ドキュメンタリー番組などで、演技をつけて本来でないことをやらせること。
**やらせる【遣らせる】** やるようにさせる。
**やられる【遣られる】** ①負かされる。 ②《殺られる》殺される。
**やり【槍】**《鎗・鑓》①武器の一。 ②槍術《そうじゅつ》。 ③将棋で、香車《きょうしゃ》。 ④陸上競技の槍投げに使う用具。

**—が降《ふ》っても** どんなことが起こっても。

**やりいか**《槍烏賊》 細長く先がとがった形のイカ。

**やりかえす【遣り返す】** ①やりなおす。②しかえしをして、やりこめる。

**やりかた【遣り形】** 建物を建てる前に、柱や壁などの位置、高さの基準線などを示すための仮設。

**やりきれない**《遣り切れない》 ①やりとげることができない。②がまんできない。「暑くて—」

**やりくち【遣り口】** やりかた。

**やりくり【遣り繰り】** 工夫して都合をつけること。「家計の—」

**—算《さん》段《だん》** さまざまなやりくりの工夫。

**やりこなす【遣りこなす】** うまくやってのける。

**やりこめる【遣り込める】** 言い負かす。

**やりすごす【遣り過ごす】** ①後ろから来たものに追い越させる。②その状態で何もしない(—で待つ)。「雷雨(問題)を—」③度をこえてする。「酒を—」

**やりそこなう【遣り損なう】** ①失敗する。②行う機会を失う。

**やりだま【槍玉】**

**—にあげる** 非難・攻撃の対象にする。

**やりて【遣り手】** ①行う人。②腕のたつ人。③やりてばば。

**やりど【遣り戸】** 引き戸。

**やりとげる【遣り遂げる】** 終わりまでやり通す。

**やりとり【遣り取り】** 物や言葉の交換。「手紙の—」

**やりなおす【遣り直す】** 改めて行う。

**やりなげ【槍投げ】** 陸上競技の種目の一。

**やりぬく【遣り抜く】** 最後までやる。

**やりば【遣り場】** もっていくところ。「目の—・—のない怒り」類やりどころ

**やりぶすま【槍衾】** すきまがないほどに大勢が槍を構えているようす。

**やりみず【遣り水】** ①庭園に引き入れた水の流れ。②草木に水を与えること。

**やる【遣る】** ①行かせる。「使いを—」②与える。「えさを—」〔同等以下に使う。／目上には「あげる」〕③行う。「勉強を—・一杯—(=酒をのむ)」④《殺る》殺す。⑤(「…て〜」の形で)他のために…する。「送って—」⑥(「…て〜」の形で)…してみせる。「なぐって—」

**やるかたない【遣る方ない】** 心を慰める方法がない。

**やるき【遣る気】** 積極的に行おうとする意欲。「—を失う・—満々」

**やるせない**《遣る瀬ない》 気ばらしの方法がなくてつらい。

**やれ【破れ】** やぶれること。「—うちわ」

**やろう【野郎】** ①男(—を卑しめて言う語)。②あいつ。ののしって言う語。

**やろうじだい【夜郎自大】**〔文章語〕自分の力量を知らずに仲間うちでいばること。

**やわ【柔】** 弱々しいようす。「—な作り」

**やわ【夜話】**〔文章語〕夜にする話。よばなし。

**やわい【柔い】** ①柔らかい。②弱々しい。

**やわはだ【柔肌】** (女性の)やわらかい肌。

**やわらか【柔らか・軟らか】** ①固くないようす。②おだやかなようす。

**やわらかい【柔らかい・軟らかい】** やわらかである。対固い

**やわらぐ【和らぐ】** おだやかになる。「痛み(日差し)が—」

**やわらげる【和らげる】** ①おだやかにする。ゆるめる。「痛みを—」②わかりやすくする。「表現を—」

**ヤンキー**〔Yankee〕アメリカ人の俗称。

**やんきい【ヤンキー】** 関西で、不良(—っぽい風俗の若者)。

**ヤング**〔young〕若者。若い世代。

**—アダルト**〔young adult〕一〇代後半(—から二〇代前半)の若者。

**—ケアラー**〔young carer〕家族の介護にあたる子供や若者。若年介護者。

**やんごとない**《止ん事無い》 非常に高貴だ。

**やんぬるかな**〔文章語〕もうどうしようもない。おしまいだ。〔「已《や》みぬるかな」の転〕

**やんばるくいな【山原水鶏】** 沖縄本島北部にすむクイナの一。天然記念物。

**やんま**《蜻蜓》 大形のトンボ。〔オニヤンマ・ギンヤンマなどの総称〕

**やんや** ほめそやす声。「—の喝《かっ》采《さい》」

**やんわり** やわらかに。おだやかに。「—断る」

や

# ゆ

**ゆ【湯】** ①水の熱いもの。②ふろ。銭湯。「―を使う(＝ふろに入る)」③温泉。「―の町」

**ゆあか【湯垢】** 浴槽などにつく水あか。〔石灰分などの固まったもの〕

**ゆあがり【湯上がり】** ①ふろから出たばかり。②湯上がりタオルの略。バスタオル。

**ゆあたり【湯中り】** 長時間の入浴で、気分がわるくなること。

**ゆあつ【油圧】** 油を仲介として他の部分に伝える圧力。「―装置」

**ゆあみ【湯浴み】** 入浴。類沐浴《もくよく》

**ゆい【結い】** 農作業などの共同作業(―の仲間)。

**ゆいあげる【結い上げる】** ①髪を結って上にあげる。②結び終える。

**ゆいいつ【唯一】** ただひとつ。「―無二」

**ゆいかい【遺戒】**《遺誡》いかい。

**ゆいがどくそん【唯我独尊】** ひとりよがり。〔釈迦《しゃか》が生まれたときに言ったという、天上天下唯我独尊から〕

**ゆいごん【遺言】** 死後のために言い残す言葉。「―状」〔法律では「いごん」〕

**ゆいしょ【由緒】** ①物事のいわれ。②立派な歴史。「―正しい家柄」

**ゆいしん【唯心】** ①精神だけが真の存在だと考えること。対唯物 ②〔仏教語〕すべては心の作用の結果だとみなすこと。唯識。

**ゆいつ【唯一】** ゆいいつ。

**ゆいのう【結納】** 婚約のしるしに互いに金品をとりかわすこと。「―を交わす」

**ゆいび【唯美】** 美を最高の価値と考えること。耽美《たんび》。

**ゆいぶつ【唯物】** 物質だけが実在すると考えること。対唯心

**―史観《しかん》** 唯物論の立場に立つ(―マルクス主義の)歴史観。史的唯物論。

**―論《ろん》** 〔哲学用語〕物質のみを実在するものとし、精神もそれに規定されると考える立場。対唯心論

**ゆいわた【結い綿】** ①真綿を中央で結び束ねたもの。祝い物用。②日本髪の一。

**ゆう【夕】** 日暮れ。対朝

**ゆう【有】** ①あること。対無 ②所有。「敵の―に帰す」③…をもつ。「―資格者」④その上。「十―五年」

**ゆう【勇】** 〔文章語〕勇気。

**―を鼓《こ》す** 勇気をふるいおこす。

**ゆう【雄】** 強くすぐれている―こと(もの)。

**ゆう【優】** すぐれていること。対劣 ＝成績評価で、最上。「―・良・可」

**ゆう【言う】**《云う》⇩いう

**ゆう【結う】** ①結ぶ。「垣根を―」②髪の形を整える。

**ユー**〔you〕 あなた。君。

**ゆうあい【友愛】** 友情。

**ゆうあかり【夕明かり】** 日暮れの空に残る明るさ。

**ゆうあく【優渥】** 〔文章語〕めぐみ深く手厚いこと。

**ゆうい【有為】** 才能があり世の役に立つこと。

**ゆうい【有意】** ①意味のあること。②意志があること。◇対無意

**―差《さ》** 統計上、偶然とは考えられない差異。

**ゆうい【優位】** 他よりすぐれた―立場(地位)。対劣位

**ゆういぎ【有意義】** 意義(価値)があること。

**ゆういん【誘引】** 誘ってひきつけること。

**ゆういん【誘因】** 物事を引き起こす原因。「…の―となる」

**ゆううつ【憂鬱】** 気持ちが晴れないこと。

**ゆうえい【遊泳】**《游泳》泳ぐこと。類水泳 ＝世渡り。「―術」

**ゆうえき【有益】** 利益のあること。ためになること。対無益

**ゆうえつ【優越】** 他よりまさること。対劣等

**―感《かん》** 自分が他よりすぐれていると感じること。対劣等感

**ゆうえん【幽遠】** 〔文章語〕奥深く遠いこと。

**ゆうえん【幽艶・幽婉】** 〔文章語〕奥深くて美しいこと。

**ゆうえん【悠遠】** 〔文章語〕はるかに遠いこと。

**ゆうえん【遊園】** 遊ぶ施設を備えた所。「児童―」

**―地《ち》** 遊覧や娯楽のための設備がある所。

**ゆうえん【優艶・優婉】** 〔文章語〕しとや

かで美しいこと。

**ゆうおうまいしん【勇往邁進】**〔文章語〕ためらわずに進むこと。

**ゆうか【有価】** 金銭上の価値があること。

**―証券**《しょうけん》 財産権を表示する証券。株券・手形・商品券・債券など。

**ゆうが【優雅】** 上品でみやびやかなこと。「―な音楽」

**ゆうかい【幽界】**〔文章語〕死後の世界。あの世。

**ゆうかい【誘拐】** だまして連れ去ること。「―事件」

**ゆうかい【融解】** ①溶けること。②固体が熱によって液体に変わること。溶融。対凝固

**―点**《てん》 固体が融解しはじめる温度。融点。

**ゆうがい【有害】** 害があること。対無害

**ゆうがい【有蓋】**〔文章語〕おおい（屋根）のあること。「―車」対無蓋

**ゆうがお【夕顔】** ①ウリ科のつる草。実はかんぴょう用。②ヨルガオの別称。

**ゆうかく【遊郭】**《遊廓》 昔、遊女屋が集まっていた地域。くるわ。

**ゆうがく【遊学】** 遠くの土地へ勉強をしに行くこと。類留学

**ゆうかげ【夕影】** ①夕日の光。②夕日にうつる姿。

**ゆうかぜ【夕風】** 夕方に吹く風。対朝風

**ゆうがた【夕方】** 日の暮れるころ。対朝方

**ゆうがとう【誘蛾灯】** 夜、灯火で害虫を誘い寄せて殺す装置。

**ユーカラ**〔アイヌ語 Yukar〕アイヌ民族に伝わる叙事詩。ユカラ。

**ユーカリ**〔eucalyptus〕 オーストラリア原産の常緑高木。材は建築用。葉はコアラの好物。

**ゆうかん【夕刊】** 日刊紙の、夕方刊行される新聞。対朝刊

**ゆうかん【有閑】** 暇のあること。「―マダム（=裕福で暇のある夫人）」

**ゆうかん【有感】** 人体に感じられること。

**―地震**《じしん》 人体に感じられる地震。対無感地震

**ゆうかん【勇敢】** 勇気をもって困難に負けずに行動すること。

**ゆうかん【憂患】**〔文章語〕心配と悩み。類心痛

**ゆうかんち【遊閑地】** 利用されていない土地。

**ゆうき【有季】** 俳句で、季語があること。季語のある俳句。対無季

**ゆうき【有期】** 期限があること。対無期

**ゆうき【有機】** ①生活機能と生活力とをもつ―こと（もの）。②炭素を主成分とすること。◇対無機

**―EL** 有機化合物中に注入した電子によって発光する現象（―を利用した製品）。薄型ディスプレーに使う。〔ELはelectro-luminescenceの略〕

**―化学**《かがく》 化学で、有機化合物を研究する分野。対無機化学

**―化合物**《かごうぶつ》 炭素を成分とする化合物の総称。対無機化合物

**―栽培**《さいばい》 化学肥料・農薬を使わず、有機肥料を用いた栽培。オーガニック。

**―水銀**《すいぎん》 有機化合物に含まれる水銀。〔人体・家畜に有害〕

**―体**《たい》 生活機能をもつ組織体。生物。Ⅱ ひとつの目的のために、各部分が密接に組織されているもの。

**―的**《てき》 多くの部分が互いに密接に関連し合って全体を形づくっているようす。

**―肥料**《ひりょう》 動植物質の肥料。〔化学肥料でないもの〕

**―物**《ぶつ》 ①有機化合物。②特に、生物体を構成する物質。◇対無機物

**ゆうき【勇気】** 何ものをも恐れない強い意気。「―凛々《りんりん》」

**ゆうき【幽鬼】**〔文章語〕①亡霊。②化け物。

**ゆうぎ【友宜・友誼】**〔文章語〕友情。

**ゆうぎ【遊技】** 娯楽として行う遊び。「―場」

**ゆうぎ【遊戯】** ①遊び戯れること。②幼児が音楽にあわせて行う、運動を兼ねた遊び。「―場」

**ゆうきつむぎ【結城紬】** 茨城県結城地方産の丈夫な絹織物。

**ゆうきゃく【誘客】** 客を誘致すること。

**ゆうきゅう【有休】** 有給休暇の略。

**ゆうきゅう【有給】** 給料が支払われること。対無給

**―休暇**《きゅうか》 休んでも給料が減額されない休暇。

**ゆうきゅう【悠久】**〔文章語〕年月の久しいこと。類永久

ゆ

**ゆうきゅう【遊休】** 設備などが使われずに放置されていること。「—施設」

**ゆうきょ【幽居】**〔文章語〕俗世間を避けて静かな所で暮らす—こと（住まい）。

**ゆうぎょ【遊漁】** 遊びとしての釣りや漁。「——船（料）」

**ゆうきょう【幽境】**〔文章語〕人里離れた静かな所。

**ゆうきょう【遊侠】**〔文章語〕おとこだて。

**ゆうきょう【遊興】** 遊び楽しむこと。

**ゆうぎん【遊吟】**〔文章語〕吟行。

**ゆうく【憂苦】**〔文章語〕うれい苦しむこと。

**ゆうぐ【遊具】** ①おもちゃ。②遊園地などの、遊ぶための設備。

**ゆうぐう【優遇】** 手厚くもてなすこと。

**ゆうぐれ【夕暮れ】** 夕方。

**ユーグレナ**〔ラテン語 Euglena〕ミドリムシ。

**ゆうぐん【友軍】** 味方の軍隊。対敵軍

**ゆうぐん【遊軍】** 待機していて、必要に応じて出動する—部隊（人）。

**ゆうげ【夕餉】**〔文章語〕夕食。対朝餉

**ゆうけい【夕景】** 夕方の景色。

**ゆうけい【有形】** 形があること。対無形
**—財産《ざいさん》** 有形の財産。貨幣・土地・家屋など。対無形財産

**ゆうけい【雄勁】**〔文章語〕雄々しく力強いこと。「筆力—」

**ゆうげい【遊芸】** 茶の湯・華道・舞踊などの芸能。「—に通じる」

**ゆうげき【遊撃】** 機に応じて敵を攻撃し、味方を助ける—こと（部隊）。
**—手《しゅ》** 野球で、二塁と三塁の間を守備する選手。ショート。
**—隊《たい》** 遊撃を受けもつ部隊。パルチザン。

**ゆうけむり【夕煙】** 夕方にたなびく煙。Ⅱ夕食のしたくの煙。

**ゆうけん【勇健】**〔文章語〕壮健。

**ゆうけん【郵券】**〔文章語〕郵便切手。

**ゆうげん【有限】** 限界があること。対無限
**—会社《がいしゃ》** 社員全員が出資し有限責任を負う小規模の会社。〔社員は五〇人以下。現在は設立できない〕
**—責任《せきにん》** 債務者が自分の財産から一定額を返済する責任。対無限責任

**ゆうげん【幽玄】** ①奥深く、はかりしれないこと。②中世の文学理念の一。深い余情のあること。

**ゆうけんしゃ【有権者】** 権利（選挙権）をもつ人。

**ゆうこう【友好】** 友人として仲よくすること。

**ゆうこう【有効】** ①効力（効果）のあること。対無効 ②かつての柔道で、判定の一。「技あり」に近い。〔現在は使わない〕
**—需要《じゅよう》** 実際に購買力を伴った需要。対潜在需要

**ゆうごう【融合】** 溶けてひとつになること。

**ゆうこく【夕刻】**〔文章語〕夕方。

**ゆうこく【幽谷】**〔文章語〕奥深い谷間。

**ゆうこく【憂国】**〔文章語〕国家のことを心配すること。「—の士」

**ゆうこん【幽魂】**〔文章語〕死者のたましい。

**ゆうこん【雄渾】**〔文章語〕文章などがのびのびと力強いこと。

**ユーザー**〔user〕使用者。消費者。対メーカー
**—インターフェース**〔user interface〕人とコンピューターの間にあって、コンピューターを扱いやすくするためのソフトウエアやハードウエア。
**—車検《しゃけん》** 業者に依頼しないで使用者自ら点検・整備して車検を受けること。
**—ネーム**〔user name〕利用者名。利用者ID。
**—フレンドリー**〔user friendly〕（コンピューターなどが）初心者にも扱いやすい。

**ゆうざい【有罪】** ①罪があること。②〔法律用語〕裁判によって犯罪の事実が認められること。「—判決」◇対無罪

**ユーザビリティ**〔usability〕（機械やソフトウエアの）使いやすさ。

**ゆうさん【有産】** 資産のあること。「—階級」対無産

**ユーザンス**〔usance〕為替手形の支払い期限（—の延長措置）。

**ゆうさんそうんどう【有酸素運動】** ⇩エアロビクス

**ゆうし【有史】** 文献の形で歴史があること。「—時代」

**ゆうし【有志】** 志・関心のある—こと（人）。

**ゆうし【勇士】** 勇気のある—男（兵士）。

**ゆうし【勇姿】** 勇ましい姿。

**ゆうし【雄志】**〔文章語〕雄大な—志（意気）。

ゆ

**ゆうし【雄姿】** 堂々と立派な姿。
**ゆうし【遊子】** 〔文章語〕旅人。
**ゆうし【融資】** 金融機関が資金を融通すること。また、その資金。
**ゆうじ【有事】** 事件(戦争)が起こること。「一朝━の際・━に備える」
**ゆうしお【夕潮】** 夕方に満ちてくる潮。対朝潮
**ゆうしかいひこう【有視界飛行】** 操縦者の肉眼に頼ってする飛行。対計器飛行
**ユーじがた【U字型】** Uの字の形。
**ゆうしき【有識】** 学問・見識があること。「━者」
**ゆうしてっせん【有刺鉄線】** とげをつけた鉄線。〔侵入防止用に使う〕類鉄条網
**ゆうしゃ【勇者】** 勇気のある人。ゆうじゃ。
**ゆうじゃく【幽寂】** 〔文章語〕奥深く静かなこと。
**ゆうしゅう【有終】** 最後を立派になしとげること。
**━の美《び》を飾《かざ》る** 最後まで立派になしとげる。
**ゆうしゅう【幽囚】** 〔文章語〕捕らえられて、牢屋《ろうや》に入れられること(入れられた人)。
**ゆうしゅう【幽愁】** 〔文章語〕深い物思い。
**ゆうしゅう【憂愁】** 〔文章語〕心配して悲しむこと。「━の色」
**ゆうしゅう【優秀】** 特にすぐれているようす。
**ゆうじゅう【優柔】** 決断力に乏しいこと。
**━不断《ふだん》** ぐずぐずして決心がつかないこと。
**ゆうしゅつ【湧出】** 〔文章語〕温泉などがわきでること。
**ゆうしゅん【優駿】** すぐれた競走馬。
**ゆうじょ【佑助】** 〔文章語〕(神や自然の)助け。
**ゆうじょ【宥恕】** 〔文章語〕広い心で許すこと。
**ゆうじょ【遊女】** 昔、宴席で歌い踊り、また、売春をした女。類女郎・娼婦《しょうふ》
**ゆうしょう【有償】** ①報酬・代償のあること。②有料。◇対無償
**ゆうしょう【勇将】** 強く勇ましい将軍。「━の下《もと》に弱卒なし」
**ゆうしょう【熊掌】** 中国料理の材料の一。クマの手のひら。
**ゆうしょう【優勝】** 競技で、第一位になること。
**━劣敗《れっぱい》** 生存競争で、強者・適者が勝ち残り、弱者・不適者がほろびること。
**ゆうじょう【友情】** 友人としての愛情。
**ゆうじょう【有情】** 〔文章語〕感情(人情)のあること。うじょう。
**ゆうしょく【夕食】** 夕方食べる食事。
**ゆうしょく【有色】** 色がついていること。対無色
**━人種《じんしゅ》** 白色人種以外の人種の総称。
**ゆうしょく【有職】** 職業をもっていること。「━者」〔「ゆうそく」は別語〕対無職
**ゆうしょく【憂色】** 〔文章語〕心配そうな顔つき(ようす)。対喜色
**ゆうしん【雄心】** 〔文章語〕勇みたつ心。
**ゆうじん【友人】** 親しく交際する人。ともだち。
**ゆうじん【有人】** 人がいること。「━飛行」対無人
**ユース**〔use〕…が使うこと。「プロ(ファミリー)━」
**ユース**〔youth〕①青年。②ユースホステルの略。
**━ホステル**〔youth hostel〕青少年旅行者のための、健全で安価な宿泊施設。
**ゆうすい【幽邃】** 〔文章語〕奥深くて静か。「━の地」
**ゆうすい【湧水】** わきみず。
**ゆうずい【雄蕊】** おしべ。対雌蕊《しずい》
**ゆうすいち【遊水池】** 洪水時に流量を調節するために、水を誘導・貯水する池。
**ゆうすう【有数】** 数えられるほど少ない(貴重な)こと。対無数
**ゆうずう【融通】** ①金銭などを互いに貸し借りすること。②臨機応変に物事を処理すること。「━がきく」
**━手形《てがた》** 実際の商取引はしないで、資金の融通のために振り出す手形。対商業手形
**━無碍《げむ》** 考え方や行動によく融通がきくこと。
**ゆうすずみ【夕涼み】** 夏の夕方、縁側や屋外で涼むこと。
**ゆうずつ【夕星】** 〔文章語〕宵の明星《みょうじょう》。

**ユーズド**［used］使い古しの。着古しの。「ーカー（＝中古車）」

**ゆうする【有する】**〔文章語〕持っている。

**ゆうせい【有声】** 音声学で、発音に声帯の振動を伴うこと。対無声

**ー音《おん》** 有声の音声。母音やb・dなど。対無声音

**ゆうせい【有性】** 雌雄の性別があること。対無性

**ー生殖《せいしょく》** 雌雄の生殖細胞が結合して新個体を作ること。対無性生殖

**ゆうせい【幽棲・幽栖】**〔文章語〕世俗をさけて、ひっそり住むこと。その住まい。

**ゆうせい【郵政】** 郵便に関する行政。

**ー省《しょう》** 旧省庁名の一。二〇〇一年、総務省に統合後、二〇〇七年民営化。

**ゆうせい【遊星】** 惑星。

**ゆうせい【優生】** 優良な遺伝的形質を子孫に残すこと。「ー思想」

**ゆうせい【優性】** 顕性の旧称。

**ゆうせい【優勢】** 勢いが他よりもすぐれていること。対劣勢

**ゆうぜい【有税】** 税金がかかること。対無税

**ゆうぜい【遊説】** 政治家が各地を回って意見や政策を説くこと。

**ゆうせいらん【有精卵】** 受精卵。〔商品としての鶏卵について使う語〕対無精卵

**ゆうせつ【融雪】** 雪どけ。また、とけた雪。

**ゆうせん【有線】** 電線を使用すること。対無線

**ーテレビ** 画像・音声を電線を利用して送る方式のテレビ。ケーブルテレビ。CATV。

**ー放送《ほうそう》** 電線を通じて行う放送。〔酒場の音楽放送・村の連絡放送など限られた区域で使われる〕

**ゆうせん【勇戦】**〔文章語〕勇ましく戦うこと。

**ゆうせん【郵船】** 郵便物を運ぶ船。郵便船。

**ゆうせん【優先】** 他よりも先にすること。

**ー権《けん》** 他よりも先に行うことができる権利。

**ゆうぜん【友禅】** 友禅染め。

**ー染《ぞ》め** 絹織物に花鳥や風景の模様を鮮やかに染め出したもの。〔京都の宮崎友禅が創案〕

**ゆうぜん【油然】**〔文章語〕盛んにわきおこるようす。

**ゆうぜん【悠然】** ゆったりと落ち着いているようす。

**ゆうそう【勇壮】** 勇ましく意気盛んなこと。

**ゆうそう【郵送】** 郵便で送ること。

**ゆうそく【有職】** 故実や礼式にくわしいこと（人）。

**ー故実《こじつ》** 朝廷や武家の、古来の官職・法令・習慣などを研究する学問。

**ゆうだ【遊惰】**〔文章語〕怠惰。

**ユーターン【U—】**［U-turn］ U字形に回って逆戻りすること。⊜もとの−所（状態）へ戻ること。

**ゆうたい【勇退】** 後進のため、自ら役職を退くこと。

**ゆうたい【郵袋】** 郵便物の収集・輸送に使う布袋。

**ゆうたい【優待】** 手厚くもてなすこと。「ー券」類優遇

**ゆうたい【優退】** 競技などで、連勝後、規定により引き下がること。

**ゆうだい【雄大】** 大規模で堂々としているようす。類壮大

**ゆうたいるい【有袋類】** 哺乳動物の有袋目の動物の総称。子は生まれた後、雌の腹部にある育児嚢《のう》で育てられる。〔カンガルーなど〕

**ゆうだち【夕立】** 夏の夕方など、急に激しく降る雨。

**ユータナジー**［フランス語 euthanasie］安楽死。

**ゆうだん【有段】** 段位をもつこと。「ー者」

**ゆうだん【勇断】** 思いきって決断すること。また、その決断。

**ゆうち【誘致】** 工場などをその場所へ招き寄せること。

**ゆうちょ【郵貯】** 郵便貯金の略。

**ゆうちょう【悠長】** 落ち着いてのんびりしているようす。

**ゆうづきよ【夕月夜】** ①月の出ている夕方。②夕方に見える月。

**ユーティリティー**［utility］①実用。多用途。②住宅で、家事作業の中心となる部屋。③コンピューターで、運用や作業を支援するための補助的なプログラム。

**ゆうてん【融点】** 融解点。
**ゆうと【雄図】** 〔文章語〕雄大な計画。類壮図
**ゆうと【雄途】** 〔文章語〕勇ましい出発。「―につく」
**ゆうとう【友党】** 政策などに共通点があり友好関係にある政党。
**ゆうとう【遊蕩】** 酒色にふけること。
**ゆうとう【優等】** 成績（程度）がすぐれていること。「―生」対劣等
**ゆうどう【誘導】** ①誘い導くこと。②電気（磁気）が電場（磁場）にある物体に及ぼす作用。感応。
**―尋問**《じんもん》 尋問者の希望する答えに導くようにして行う尋問。
**―体**《たい》 有機化学で、分子構造の一部が変化してできた新しい化合物。
**―弾**《だん》 ミサイル。
**ゆうとく【有徳】** 〔文章語〕徳が備わっていること。うとく。
**ゆうどく【有毒】** 毒があること。「―ガス」対無毒
**ユートピア** 〔utopia〕理想郷。〔トーマス＝モアの作品の題名から〕
**ゆうなぎ【夕凪】** 海岸近くで、夕方しばらく風がやむこと。対朝凪
**ゆうに【優に】** 十分に。「―一〇〇キロはある」
**ユーネック【U―】** 〔U-neck〕U字形のえりぐり。
**ゆうのう【有能】** 才能・能力のある―こと（人）。対無能

**ゆうはい【有配】** 株で、配当があること。対無配
**ゆうばえ【夕映え】** 夕日に照り輝くこと。また、夕焼け。
**ゆうばく【誘爆】** ある爆発が原因となって新しい爆発を起こすこと。
**ゆうはつ【誘発】** 誘い起こすこと。
**ゆうばれ【夕晴れ】** 夕方、空が晴れること。
**ゆうはん【夕飯】** 夕食。対朝飯
**ゆうはん【有半】** 〔文章語〕…とさらにその半分。「一年―（＝一年半）」
**ゆうひ【夕日】** 夕方の太陽。対朝日
**ゆうひ【雄飛】** 意気盛んに活躍すること。「海外に―する」対雌伏
**ゆうび【優美】** 上品で美しいようす。「―な意匠」
**ゆうひつ【右筆・祐筆】** 武家時代の職名の一。文書・記録を担当。
**ゆうひつ【雄筆】** 〔文章語〕雄渾《ゆうこん》な筆づかい。
**ゆうひょう【融氷】** 氷がとけること。「―期」対結氷
**ゆうびん【郵便】** ①手紙やはがきなどを集配・送達する事業。②郵便物。「―配達」
**―為替**《かわせ》 郵便局で取り扱う為替送金の方法。また、その証書。〔二〇〇七年以降はゆうちょ銀行の扱い〕
**―切手**《きって》 郵便物にはり、料金支払い済みを示す証票。切手。
**―局**《きょく》 郵便・貯金・生命保険関係の事務を取り扱う機関。
**―私書箱**《ししょばこ》 郵便局内に設置する個人専用の郵便受け。私書箱。
**―書簡**《しょかん》 内側に文を書き、折りたたんでそのまま郵便として出せる用紙。ミニレター。
**―貯金**《ちょきん》 郵便局で扱うゆうちょ銀行所管の貯金。
**―葉書**《はがき》 郵便として出す厚手の用紙。
**―番号**《ばんごう》 配達郵便局を示す番号。郵便物のあて名の上に書き添える。
**―物**《ぶつ》 郵便で送る、手紙・小包などの総称。
**―振替**《ふりかえ》 郵便局を通して、帳簿上でお金の受け払いを行う制度。振替。〔二〇〇七年以降はゆうちょ銀行の扱い〕
**ユーフォー【UFO】** ⇩付UFO
**ゆうふく【裕福】** 財産や収入が多くて生活が豊かなようす。
**ゆうべ【夕べ】** 〔文章語〕夕方。対あした Ⅱ夜に行う催し物。「詩の―」
**ゆうべ【昨夜】** きのうの夜。
**ゆうへい【幽閉】** 人を閉じ込めること。
**ゆうべん【雄弁】** 弁舌が巧みでよどみなく話すこと。Ⅱはっきりと表すこと。「―に物語る」
**ゆうほ【遊歩】** 散歩。「―道」
**ゆうほう【友邦】** 〔文章語〕互いに親しく交際している国。
**ゆうほう【雄峰】** 〔文章語〕雄大な山。
**ゆうぼう【有望】** 将来に望みがあるようす。「前途―」
**ゆうぼく【遊牧】** 水・牧草を求めて移住

ゆ

しながら牧畜を行うこと。「—民」

**ゆうまぐれ【夕間暮れ】** 夕暮れ。〔雅語〕

**ゆうみん【遊民】**〔文章語〕仕事をもたず、遊び暮らす人。

**ゆうめい【有名】** 世間によく知られること。対無名

**—税**《ぜい》〔俗語〕有名なために受ける苦痛や損害。

**—無実**《むじつ》 名ばかりで実質が伴わないこと。

**ゆうめい【勇名】** 勇敢だという評判。

**ゆうめい【幽明】** あの世とこの世。〔暗いことと明るいことの意〕

**—境**《さかい》**を異**《こと》**にする** 死別する。〔改まった表現〕

**ゆうめい【幽冥】**〔文章語〕①かすかで暗いこと。②あの世。「—界」

**ゆうめし【夕飯】** 夕食。〔ぞんざいな言い方〕

**ユーモア**〔humor〕 気のきいた—しゃれ（こっけい味）。諧謔《かいぎゃく》。

**ゆうもう【勇猛】** 勇ましく強いこと。

**ゆうもや【夕靄】** 夕方にたちこめるもや。

**ユーモラス**〔humorous〕 ユーモアがあるようす。

**ユーモレスク**〔humoresque〕 明るく軽やかな小器楽曲。

**ゆうもん【幽門】** 胃の、十二指腸に連なる部分。

**ゆうもん【憂悶】** 心配しもだえること。

**ゆうやく【勇躍】** 心が勇み立つこと。

**ゆうやく【釉薬】** 陶磁器の、うわぐすり。

**ゆうやけ【夕焼け】** 日没の際、西の空が赤くなる現象。対朝焼け

**ゆうやみ【夕闇】** 夕方の暗さ。

**ゆうゆう【悠々】** ①ゆったり落ち着いているようす。②はるかに遠いようす。

**—自適**《じてき》 俗世間のわずらわしさから離れてゆったりと暮らすこと。

**ゆうよ【猶予】** 期日を延ばすこと。

**ゆうよう【有用】** 役に立つようす。「—な人材」対無用

**ゆうよう【悠揚】**〔文章語〕ゆったりしてあわてないようす。「—迫らず」

**ゆうよく【遊弋】**〔文章語〕艦船があちこち航行すること。

**ゆうらん【遊覧】** 見物して回ること。「—船（バス）」類観光

**ゆうり【有利】** ①利益があるようす。②都合がよいようす。◇対不利

**ゆうり【遊里】** 遊郭。

**ゆうり【遊離】** 他と離れて存在すること。

**ゆうりすう【有理数】** 数学で、整数または分数で表すことができる数。対無理数

**ゆうりょ【憂慮】**〔文章語〕心配。

**ゆうりょう【有料】** 料金が要ること。対無料

**ゆうりょう【優良】** 他よりすぐれていること。「健康—児」

**ゆうりょく【有力】** ①権力（勢力）があるようす。対無力 ②見込みがあるようす。

**ゆうれい【幽霊】** 死者が生前の姿で現れる姿。類おばけ あるように見せかけたもの。「—会社」

**ゆうれい【優麗】**〔文章語〕上品で美しいこと。類優雅

**ゆうれき【遊歴】** あちこち旅行して回ること。「欧州を—する」

**ゆうれつ【優劣】** すぐれていることと劣っていること。「—を争う」

**ユーロ**〔Euro〕 ①EUの共通通貨（—の単位）。②ヨーロッパ。「—資金」

**—マネー**〔Euromoney〕 その通貨の母国以外で取引される資金の総称。ユーロカレンシー。〔ユーロ円やユーロダラーなど〕

**ゆうわ【宥和】**〔文章語〕相手の態度を大目にみて仲よくすること。「—策」

**ゆうわ【融和】** ①うちとけて、仲よくすること。②融合。

**ゆうわく【誘惑】** 心を迷わせて（—悪い状態に）誘い込むこと。

**ゆえ【故】** ①理由。②…のため。「貧しさ—の犯行」

**—あって** 事情があって。

**—なしとしない** 理由がある。

**ゆえき【輸液】** 点滴注射などによって体内に注入する、栄養分などを溶かした液体。

**ゆえつ【愉悦】**〔文章語〕楽しみ喜ぶこと。

**ゆえに【故に】**〔文章語〕したがって。

**ゆえん【所以】**〔文章語〕わけ。理由。

**ゆか【床】** ①家屋で板などをしきつめた所。対天井 ②劇場で、浄瑠璃を語る高座。

**ゆか【油化】** 石油化学（—工業）の略。

**ゆかい【愉快】** 楽しく気持ちのよいこと。

**—犯**《はん》 世間が騒ぐのを楽しむことを目的とする犯罪（—の犯人）。

**ゆかいた【床板】** 床に張ってある板。

**ゆかうえ【床上】** 床より上。対床下

**ゆかうんどう【床運動】** 体操競技の種目の一。〔マットの上で種々の運動を組み合わせて演技する〕

**ゆがく【湯搔く】** 食材を湯に入れて熱を通す。

**ゆかげん【湯加減】** 湯の温度の具合。

**ゆかざい【床材】** 床板用の材木。

**ゆかしい【床しい】** ①上品で心ひかれるようす。②何となくなつかしい。「古式―」

**ゆかした【床下】** 床より下。対床上

**ゆかた【浴衣】** 夏または入浴後に着る、木綿のひとえ。

**―掛《が》け** 浴衣を着た(―くつろいだ)姿。

**ゆかだんぼう【床暖房】** 家屋の床を直接暖める暖房方式。

**ゆがむ【歪む】** ねじれたり曲がったりする。⊜正しくなくなる。「性格が―」

**ゆがめる【歪める】** 歪むようにする。「顔(事実)を―」

**ゆかめんせき【床面積】** 建築物各階の床の面積。

**ゆかり【縁】** ①つながり(関係)があること。「芭蕉《ばしょう》―の地」②シソの葉を乾燥させて粉にした食品。

**ゆかん【湯灌】** 死体を納棺前に湯でふき清めること。

**ゆき【行き】**《往き》いき。対帰り

**ゆき【裄】** 衣服の背中の中心から肩先を通って袖口《そでぐち》まで(―の長さ)。

**ゆき【雪】**「―が降る」⊜白い―もの(色)。「―の肌」

**―を欺《あざむ》く** まっ白だ。

**―を戴《いただ》く** ①山頂に雪が積もる。②頭髪が白くなる。「頭《かしら》に―」

**ゆきあう** ⇩いきあう

**ゆきあかり【雪明かり】** 積雪のため薄明るく見えること。

**ゆきあたる** ⇩いきあたる

**ゆきあらし【雪嵐】** 吹雪。ブリザード。

**ゆきうさぎ【雪兎】** 雪で作るウサギ。ユズリハを耳、ナンテンの赤い実を目にする。

**ゆきおこし【雪起こし】** 雪が降り出す前に鳴る雷。

**ゆきおとこ【雪男】** ヒマラヤ山中に住むという、人間の男に似た毛深い動物。

**ゆきおれ【雪折れ】** 積雪のために、竹や木の枝・幹が折れること。「柳に―なし」

**ゆきおろし【雪下ろし】** ①【雪颪】雪を交えて山から吹き下ろす風。②屋根の雪を落とすこと。

**ゆきおんな【雪女】** 雪の精が化けて現れるという白い衣の女。雪女郎。雪娘。

**ゆきかう** ⇩いきかう

**ゆきかえり** ⇩いきかえり

**ゆきがかり** ⇩いきがかり

**ゆきかき【雪搔き】** 積雪をかきのけること。また、その道具。

**ゆきがこい【雪囲い】** 雪から守るために、庭木や野菜・家屋をむしろや板で囲うこと。また、その囲い。

**ゆきがた【行き方】** ゆくえ。「―知れず」〔古風な言い方〕

**ゆきがっせん【雪合戦】** 雪を丸めて投げつけあう遊び。

**ゆきき** ⇩いきき

**ゆきぐつ【雪沓】** 雪道用の、わらのくつ。

**ゆきぐに【雪国】** 雪がたくさん降る地方。

**ゆきぐも【雪雲】** 雪を降らせる雲。

**ゆきくれる【行き暮れる】** 歩いて行く途中で日が暮れる。

**ゆきげ【雪消】**〔文章語〕雪どけ。

**ゆきげしき【雪景色】** 雪の―降り積もった(降っている)景色。

**ゆきげしょう【雪化粧】** 雪が白く積もって美しく見えること。「―した富士山」

**ゆきけむり【雪煙】** 雪がけむりのように舞い上がったもの。

**ゆきさき** ⇩いきさき

**ゆきじょろう【雪女郎】** ゆきおんな。

**ゆきしろ【雪代】** 雪どけ水。

**ゆきすぎる** ⇩いきすぎる

**ゆきずり【行きずり】** ①道ですれちがうこと。②通りすがり。⊜かりそめ。「―の恋」

**ゆきぞら【雪空】** 雪が降り出しそうな空。

**ゆきたけ【裄丈】** 衣服のゆきの長さ。

**ゆきだるま【雪達磨】** 大小ふたつの雪の球を重ねてだるまの形に作ったもの。

**―式《しき》** 借金などが次から次へと増えていくようす。

**ゆきちがい** ⇩いきちがい

**ゆきつく** ⇩いきつく

**ゆきつけ** ⇩いきつけ

**ゆきづまる** ⇩いきづまる

**ゆきづり【雪釣り】**《雪吊り》雪折れを

防ぐため、庭木の枝を幹から釣っておくこと。

**ゆきどけ【雪解け】**《雪融け》 雪がとける―こと（時期）。Ⅱ対立・緊張がほぐれること。

**ゆきな【雪菜】** コマツナの一。雪の中から掘り出してとる。〔山形県米沢地方名産〕

**ゆきなだれ【雪雪崩】** なだれ。

**ゆきなやむ** ⇩いきなやむ

**ゆきのした【雪の下】** 常緑多年草の一。夏、白色の小花を開く。観賞用。葉は薬用。

**ゆきはだ【雪肌】** ①積雪の表面。②雪のように白い（―女性の）肌。

**ゆきばな【雪花】** 花が散るように降る雪。

**ゆきばれ【雪晴れ】** 雪がやんで空が晴れること。

**ゆきびさし【雪庇】** せっぴ。

**ゆきひら【行平】** とって・ふた・注ぎ口のついた陶製のなべ。〔かゆなどを作る〕

**ゆきぶかい【雪深い】** 雪がたくさん―降る（積もる）ようす。

**ゆきふり【雪降り】** 雪が降ること。

**ゆきま【雪間】** ①雪の晴れ間。②地面などの積雪がところどころ消えた所。

**ゆきまつり【雪祭り】** 北国の冬の祭り。雪像や氷像を飾る。〔札幌市が有名〕

**ゆきみ【雪見】** 雪景色をながめ楽しむこと。

**―酒《ざけ》** 雪見をしながら飲む酒。

**―灯籠《どうろう》** 笠《かさ》が大きく、足の広がった低い石灯籠。

**ゆきむし【雪虫】** 雪が降るころに飛ぶ小さな虫。

**ゆきむすめ【雪娘】** ゆきおんな。

**ゆきむろ【雪室】** 雪を使った冷蔵施設。

**ゆきめ【雪目】**《雪眼》 雪盲《せつもう》。

**ゆきもよい【雪催い】** 今にも雪が降りそうな空模様。

**ゆきもよう【雪模様】** ゆきもよい。

**ゆきやけ【雪焼け】** ①雪に反射する日光で肌が黒くなること。②日本海側で、しもやけ。

**ゆきやなぎ【雪柳】** 庭木の一。春、細い枝に白い小花を房のようにつける。バラ科。

**ゆきやま【雪山】** ①雪の降り積もった山。②除雪した雪を積んで、山のようにしたもの。

**ゆぎょう【遊行】** 〔古語〕僧が修行や教化のために諸国をめぐり歩くこと。

**ゆきよけ【雪除け】** ①除雪。②雪を防ぐ設備。

**ゆきわたる** ⇩いきわたる

**ゆきわりそう【雪割草】** 高山に自生する多年草の一。夏、紅紫色の小花を開く。

**ゆきんこ【雪ん子】** 雪の日に現れるという、子供の姿をした雪の精。

**ゆく【行く】** ⇩いく

**ゆく【逝く】** 死ぬ。〔「行く」と同源。／「死ぬ」の婉曲表現から〕

**ゆくあき【行く秋】** 過ぎ去っていく秋。

**ゆくえ【行方】** ①行くべき―先（方向）。Ⅱ将来。②行った先。「―不明」

**ゆくさき** ⇩いくさき

**ゆくすえ【行く末】** 将来（―の見通し）。いくすえ。「―が案じられる」

**ゆぐち【湯口】** ①温泉が湧《わ》き出る穴。②（ふろで）湯が出てくる口。③溶かした金属を取り出す口。

**ゆくて【行く手】** これから行く先。Ⅱ前途。「―に立ちふさがる難問」

**ゆくとし【行く年】** 過ぎ去っていく年。〔年末にいう〕対来る年

**ゆくはる【行く春】** 過ぎ去っていく春。

**ゆくりなく** 思いがけず。ゆくりなくも。

**ゆげ【湯気】** 湯から立ちのぼる白い煙のようなもの。「―を立てる」

**ゆけつ【輸血】** 患者の静脈に、健康者の血を注入すること。

**ゆけむり【湯煙】** 温泉で、煙のように立ちのぼっている大量の湯気。

**ゆごう【癒合】** 傷が治って傷口がふさがること。

**ゆこく【諭告】** 〔文章語〕さとし告げる―こと（言葉）。

**ゆさい【油彩】** 油絵の具でかくこと。また、油絵。対水彩

**ゆざい【油剤】** 油の―ような（入った）薬。

**ゆさぶる【揺さぶる】** 揺れるように動かす。Ⅱ動揺させる。

**ゆざまし【湯冷まし】** 湯をさましたもの。

**ゆざめ【湯冷め】** 入浴後、体が冷えること。

**ゆさん【遊山】** 野山へ遊びに行くこと。Ⅱ遠くへ遊びに行くこと。「物見―」

**ゆし【油脂】** 油と脂肪の総称。

**ゆし【油紙】** あぶらがみ。

ゆし【諭旨】〔文章語〕わけをさとし聞かせること。「—退学(退職)」

ゆしゅつ【輸出】外国へ商品を売って送ること。対輸入
—超過《ちょうか》 輸出の総額が輸入の総額より多いこと。対輸入超過
—入《にゅう》 輸出と輸入。

ゆしょう【油床】原油の埋蔵地。

ゆじょう【油状】油のような状態。

ゆず【柚・柚子】植物の一。ミカン科。実は香気と酸味があり、香味料として使う。

ゆすぐ≪濯ぐ・漱ぐ≫すすぐ。

ゆずこしょう【柚子胡椒】調味料の一。ユズと唐辛子を主原料とする。〔九州特産。九州の一部では唐辛子をこしょうと呼ぶ〕

ゆすぶる【揺すぶる】ゆさぶる。

ゆずゆ【柚湯・柚子湯】ユズの実を切って湯に入れたふろ。〔冬至の日に行う〕

ゆすらうめ【梅桃】植物の一。バラ科。春に花を開く。実は赤く食用。ゆすら。

ゆすり≪強請≫人をおどかして金品を取ること(人)。

ゆずりうける【譲り受ける】①人からもらって受け取る。②自分に売ってもらう。

ゆずりは【譲り葉】常緑高木の一。葉は正月の飾り物用。

ゆずりわたす【譲り渡す】他人にゆずって与える。

ゆする【揺する】①ゆり動かす。②≪強請る≫人の弱みにつけこんで金品をおどしとる。

ゆずる【譲る】①自分のものを他人に与える。②自分があとになって他の人を優先する。「順番(席・主張)を—」③先へのばす。「他日に—」④売る。「安く—」

ゆせい【油井】地下の石油をくみあげる井戸。

ゆせい【油性】油の(—ような)性質。「—サインペン」

ゆせん【湯煎】容器ごと湯に入れ、間接的に熱すること。

ゆそう【油送】石油を送ること。「—管」

—船《せん》 タンカー。〔油槽船とも書く〕

ゆそう【油層】石油がたまっている地層。

ゆそう【油槽】ガソリン(石油)タンク。

—船《せん》 タンカー。〔油送船とも書く〕

ゆそう【輸送】大量の人や貨物を運ぶこと。「—費」類運送
ゆたか【豊か】≪裕か≫①十分で不足がない。類豊富 ②ゆとりがあっておおらか。「—な心」◇対貧しい
ゆだき【湯炊き】米を、水でなく湯で炊くこと。

ゆだく【油濁】廃油などによる海や川の水のよごれ。「—防止設備」

ゆだねる【委ねる】すっかり任せる。「全権を—」

ゆだま【湯玉】①沸騰した湯の表面にわくあわ。②玉となって飛び散る熱湯。

ユダヤ≪猶太≫〔ラテン語 Judaea〕昔、今のパレスチナにあった国。

—教《きょう》 ユダヤ人の信仰する宗教。エホバを信奉する一神教。

ゆだる【茹る】十分にゆであがる。

ゆだん【油断】気を許して注意を怠ること。「—に乗じる・一瞬の—」

—大敵《たいてき》 油断は何よりもあぶない。

—も隙《すき》もない 少しの油断もできない。

ゆたんぽ【湯湯婆】中に熱い湯を入れて暖をとる道具。〔寝床で使う〕

ゆちゃ【湯茶】湯—と(または)茶。

ゆちゃく【癒着】(離れているべき)粘膜や皮膚がくっつくこと。⊜好ましくない関係で深く結びつくこと。「政財界の—」

ユッカ〔yucca〕植物の一。ユリ科。葉は剣状で夏から秋に白い花が咲く。観賞用。

ゆづかれ【湯疲れ】ふろにつかりすぎて体がだるくなること。

ゆっくり ①急がないようす。②のんびり。「—休む」

ユッケ〔朝鮮語 yuk'oe〕朝鮮料理で、生の牛赤身肉のたたき。

ゆつぼ【湯壺】温泉で、湯をためておく所。

ゆづる【弓弦】弓にかける弦。

ゆであずき【茹で小豆】ゆでて甘味を加えたアズキ。

ゆでがえる【茹で蛙】良くない状況を放置してやり過ごしているうちに取り返しのつかない事態に陥ることのたとえ。

ゆでこぼす≪茹で溢す≫ゆでて、その汁を流し捨てる。

ゆでじる【茹で汁】食材をゆでた後の汁。

ゆでだこ【茹で蛸】ゆでたタコ。⊜〔俗語〕入浴や飲酒のあとでまっ赤になった人。

ゆでたまご【茹で卵】殻ごとゆでた卵。

ゆでる【茹でる】湯に入れて煮る。うでる。

ゆでん【油田】石油を産出する地域。

ゆとう【湯桶】飲む湯を入れる、柄《え》のついた器。

—読《よ》み 熟語で、上の字を訓で、下の字を音で読む読み方。対重箱読み
ゆどうふ【湯豆腐】豆腐料理の一。豆腐を湯でさっと煮て、だしと薬味で食べる。

ゆどおし【湯通し】①織物の防縮、また、糊《のり》を落とすため、湯にくぐらせること。②料理で、材料を熱湯にくぐらせること。

ゆどの【湯殿】ふろ場。〔古風な言い方〕

ゆとり 余裕。「—のある生活」

ユニ〔uni〕単一の。「—セックス」

ユニーク〔unique〕独特。

ユニオン〔union〕①連合。②労働組合。

—ジャック〔Union Jack〕英国の国旗。

—ショップ〔union shop〕雇用制度の一。雇用された人は労働組合への加入を義務づけられ、組合の除名と同時に職場も解雇される。

ユニコード〔Unicode〕コンピューター用の文字コードの一。世界中の文字表現に対応することを目指す。

ユニコーン〔unicorn〕一角獣《いっかくじゅう》。

ユニセックス〔unisex〕（ファッションで）男女の区別がないこと。

ユニゾン〔unison〕①同じ（一オクターブ違う）高さの音。②斉唱。斉奏。

ユニット〔unit〕①全体を構成する単位（部品）。②（音楽などの）グループ。

—家具《かぐ》 自由に組み合わせて使えるようにした家具。

—ケア〔unit care〕特別養護老人ホームなどで、少人数単位でケアを行う形式。

—バス〔和製語 unit bath〕浴槽や洗い場などを一体化して作られた浴室。ホテル・マンション用。

—プライス〔unit price〕単位価格表示。〔「一〇〇グラム当たり〇〇円」のような表示で、値段の比較が容易になる〕

ユニバーサル〔universal〕世界的。普遍的。

—サービス〔universal service〕どこでも均質に受けられるサービス。

—デザイン〔universal design〕（障害者・高齢者などの区別なしに）あらゆる人にとって使いやすいようにデザインすること。UD。

ユニバーシアード〔Universiade〕国際学生スポーツ大会。〔二年ごとに開催〕

ユニバーシティー〔university〕総合大学。対カレッジ
ユニバース〔universe〕全世界。宇宙。

ユニフォーム〔uniform〕①制服。②そろいの運動着。◇ユニホーム。

ゆにゅう【輸入】外国から商品を買い入れること。〔制度や流行をとり入れることにもいう〕対輸出
—超過《ちょうか》 輸入の総額が輸出の総額より多いこと。対輸出超過
ユネスコ〔UNESCO〕国連教育科学文化機関。〔United Nations Educational Scientific and Cultural Organization の略〕

ゆのし【湯熨し】布を蒸気にあてて（湯で湿して）しわをのばすこと。

ゆのはな【湯の花】①鉱泉中の沈殿物。②湯あか。

ゆのみ【湯飲み】《湯呑み》湯茶を飲むためのちゃわん。湯飲み茶碗。

ゆば【湯葉】豆乳《とうにゅう》を煮て、その表面にできる薄い膜を干した食品。

ゆはず【弓筈】弓の両端の、つるをひっかける部分。

ゆばな【湯花】ゆのはな①。

ゆび【指】手足の先の細く分かれた部分。

—をくわえる ほしいのに手を出せないでいる。

ゆびいん【指印】拇印《ぼいん》。

ゆびおり【指折り】①指を一本ずつ折り曲げること。「—数える」②すぐれていること（人）。類屈指
ゆびき【湯引き】料理で、材料を熱湯にくぐらせること。〔「その後すぐに冷やすこと」も含めて指すこともある〕動ゆびく
ユビキタス〔ubiquitous〕どこにでもあるようす。類遍在
ゆびきり【指切り】約束のしるしに互いに小指をからませあうこと。げんまん。

ゆびさき【指先】指の先端部。

ゆびさす【指差す】指でさし示す。Ⅱ非難する。

ゆびずもう【指相撲】二人が、互いに四本の指を組み合わせ、親指で相手の親指

をおさえこむ遊び。
**ゆびにんぎょう**【指人形】指先にはめて動作をさせる人形。ギニョール。
**ゆびぬき**【指貫】裁縫で、指にはめる—皮製（金属製）の輪。〔針の頭を押すのに使う〕
**ゆびぶえ**【指笛】指を口にくわえ、強く吹いて音を出すこと。
**ゆびもじ**【指文字】視覚言語の一。五十音やアルファベットを一文字ずつ手指の形で表現する。
**ゆびわ**【指輪】指にはめる装身具。リング。
**ゆぶね**【湯船】《湯槽》ふろの、湯をためる部分。浴槽。
**ゆぶん**【油分】成分中に含まれる油（—の分量）。
**ゆべし**【柚餅子】ユズを入れた餅《もち》菓子。
**ゆまく**【油膜】水や物の表面にできる油の膜。
**ユマニスム**〔フランス語 humanisme〕ヒューマニズム。
**ユマニテ**〔フランス語 humanité〕人間性。ヒューマニティー。
**ゆみ**【弓】①矢を射る武器。②弓道。③楽器の弦をこする弓形のもの。「バイオリンの—」
**—折《お》れ矢《や》尽《つ》きる** ①戦いに徹底的にまける。②精根尽き果てる。
**—を引《ひ》く** 弓で矢を射る。Ⅱそむく。
**ゆみがた**【弓形】弦を張った弓のような形。
**ゆみず**【湯水】湯と水。
**—のように** おしげもなくどんどん。「—使う」
**ゆみとり**【弓取り】①武士。〔弓を持つ人の意。/雅語的〕②相撲で、取組終了後に弓をとりさばく儀式。弓取り式。
**ゆみなり**【弓形】弦を張った弓のような曲線。また、ゆみがた。
**ゆみはり**【弓張り】①弓を張ること。②弓張月。
**—月《づき》** 弓形の月。弦月《げんげつ》。
**ゆみひく**【弓引く】弓を射る。Ⅱそむく。
**ゆみや**【弓矢】①弓と矢。Ⅱ武器。②戦い。
**—の道《みち》** ①弓道。②武士道。
**ゆむき**【湯剝き】熱湯をくぐらせて食材の皮をむくこと。
**ゆめ**《努》〔文章語〕（否定表現の中で）決して。「—疑うな」
**ゆめ**【夢】①睡眠中に、体験しているかのように感じる現象。「—を見る」Ⅱはかないこと。「—のまた—」②将来の—理想（希望）。Ⅱとりとめのない空想。
**—のまた夢《ゆめ》** 非常にはかないこと。
**ゆめうつつ**【夢現】①夢と現実。②夢か現実かはっきりしない状態。
**ゆめうらない**【夢占い】夢の内容で吉凶を占うこと。ゆめうら。
**ゆめごこち**【夢心地】夢を見ているような（—楽しい）気持ち。夢見心地。
**ゆめじ**【夢路】夢（—を見ること）。
**—をたどる** 夢を見る。
**ゆめにも**【夢にも】（否定表現の中で）少しも。
**ゆめまくら**【夢枕】夢を見ている枕もと。
**—に立《た》つ** 夢に神仏や故人が現れて、物事を告げる。
**ゆめまぼろし**【夢幻】夢と幻。Ⅱ非常にはかないこと。
**ゆめみ**【夢見】夢を見ること。見た夢。「—が悪い」
**ゆめみる**【夢見る】空想する。「大政治家を—」
**—心地《ごこち》** 夢ごこち。
**ゆめものがたり**【夢物語】現実ばなれした話。
**ゆめゆめ**《努々》〔文章語〕（否定表現の中で）決して。「—忘れるな」〔ゆめの強め〕
**ゆもと**【湯元・湯本】温泉がわき出る所。
**ゆや**【湯屋】銭湯。〔古風な言い方〕
**ゆやせ**【湯痩せ】湯につかりすぎてやせること。
**ゆゆしい**【由々しい】容易でない。「—問題」〔悪い場合に使う〕
**ゆらい**【由来】①物事のいわれ。類来歴 ②〔文章語〕もともと。
**ゆらく**【愉楽】〔文章語〕楽しみ。
**ゆらぐ**【揺らぐ】①（しっかりしたものが）揺れ動く。②ぐらつく。
**ゆらす**【揺らす】揺り動かす。
**ゆらめく**【揺らめく】ゆらゆらと揺れ動く。
**ゆり**【百合】植物の一。観賞用。初夏、ラッパ状の花をつける。リリー。
**ユリア**〔urea〕①尿素。②尿素樹脂（—

ゆ

製〕。

**ゆりいす【揺り椅子】** ロッキングチェア。すわると前後に揺れる仕立てのいす。

**ゆりうごかす【揺り動かす】** 揺さぶって動かす。Ⅱ動揺させる。「社会を—」

**ユリウスれき【—暦】** 太陽暦の一。グレゴリオ暦の前身。〔ユリウス＝カエサルが紀元前四六年に制定〕

**ゆりおこす【揺り起こす】** 揺さぶって眠りを覚まさせる。

**ゆりかえし【揺り返し】** ①揺れた反動で、もう一度揺れること。②余震。ゆりもどし。動ゆりかえす

**ゆりかご【揺り籠】** 赤ん坊を入れ、揺り動かして眠らせるかご。揺籃《ようらん》。

**—から墓場《はかば》まで** 生まれてから死ぬまで。

**ゆりかもめ【百合鷗】** 白色の渡り鳥。〔昔、都鳥として和歌によまれた〕

**ゆりね【百合根】** ユリの球根。食用。

**ゆりもどし【揺り戻し】** 揺り返し。

**ゆりょう【湯量】** 温泉で、わき出る湯の量。

**ゆるい【緩い】** ①締まり方が足りない。「—結び目」②急でない。「—カーブ」③きびしくない。「警戒が—」④水分が多い。「—かゆ」

**ゆるがす【揺るがす】** 揺り動かす。「社会を—事件」

**ゆるがせ《忽せ》** おろそか。「—にする」

**ゆるぎ【揺るぎ】** 動揺。不安定。「—ない」

**ゆるキャラ《緩—》** イベントや各種キャンペーンのために作られた、力が抜けるような雰囲気のマスコットキャラクター。〔緩いキャラクターの略。／商標〕

**ゆるぐ【揺るぐ】** 揺れる。動揺する。

**ゆるし【許し】** ①許可。②《赦し》容赦。「—を請う」③芸道で、免許。「奥—」

**ゆるす【許す】** ①願いを聞き入れる。「願いを—」②《赦す》罪や責任を免じる。「法律の—範囲」③認める。「自他ともに—」④緊張をゆるめる。「気を—」⑤自由にする。「事情が許せば」

**ゆるむ【緩む】《弛む》** ①緩くなる。「気（ねじ）が—」②相場が下がる。◇対締まる

**ゆるめる【緩める】《弛める》** 緩くする。「手綱（緊張）を—」対締める

**ゆるやか【緩やか】** ①急でない。②厳しくない。

**ゆれうごく【揺れ動く】** 揺れて定まらない。

**ゆれる【揺れる】** 前後・左右・上下などに動く。Ⅱひとつに定まらない。「判断が—」

**ゆわえつける【結わえ付ける】** ひもなどで結びつける。ゆわいつける。

**ゆわえる【結わえる】** ひもなどで、結ぶ。しばる。

**ゆわかし【湯沸かし】** 湯を沸かすための道具。

**ゆわく【結わく】** ゆわえる。

**ゆんで【弓手】《左手》** 〔文章語〕ひだりて。〔弓を持つ手の意〕対馬手《めて》

# よ

**よ【世】** ①世間。「—にいう」②過去・現在・未来のそれぞれ。「のちの—」③時代。④人の一代。〔③④は代と書くことが多い〕

**—が世《よ》ならば** ①物事が順調にいっていれば。②その人にとって好都合の時代ならば。

**—に・出《で》る** ①世間に知れる。②出世する。

**—も末《えす》** この世もおしまいだ。

**—を去《さ》る** 死ぬ。〔婉曲《えんきょく》な表現〕

**—を忍《しの》ぶ** 世間に知られないようにする。

**—を捨《す》てる** 出家・隠遁《いんとん》する。世をそむく。

**—を儚《はかな》む** 世の中を悲観する。

**—を渡《わた》る** 暮らしていく。

**よ【四】** よっつ。よう。〔数えるときに使う〕

**よ【余】** ①あまり。以上。「十—年」②以外。

**よ【余・予】** 私。〔古めかしい語。／男性が使った〕

**よ【夜】** よる。「—を明かす」対日《ひ》

**—の目《め》も寝《ね》ずに** 一晩中寝ないで。「—働く」

**—も日《ひ》も明《あ》けない** それがなければ一時も過ごせない。

**—を徹《てっ》する** 徹夜する。

**—を日《ひ》に継《つ》ぐ** 夜も昼も休まずに続ける。

**よ【節】** 竹などの、ふしとふしの間。

**よあかし【夜明かし】** 徹夜。

**よあけ【夜明け】** 夜が明けるころ。明け方。対日暮れ Ⅱ新しい時代の始まり。

**よあそび【夜遊び】** 夜、遊び歩くこと。

**よあつ【与圧】** 気圧の低い所で、地上と同じ気圧にすること。「—器（装置）」

**よあらし【夜嵐】** 夜吹く強い風。

**よあるき【夜歩き】** 夜、外を歩き回ること。

**よい【宵】** ①夕ぐれ。②夜。

**よい【良い・好い・善い】** ①すぐれている。②適している。③かまわない。「帰って—」④望ましい。「休めば—」⑤（動詞の連用形に付いて）…しやすい。「住み—」◇いい。対悪い

**よい【酔い】** 酔うこと。酔った状態。「—をさます」

**—が回《まわ》る** 酔っぱらう。

**よいごこち【酔い心地】** 酒に酔ったときの気分。

**よいごし【宵越し】** 一夜を経過すること。「—の金は持たない」

**よいざまし【酔い覚まし】**《—醒まし》酒の酔いをさますこと。「—に散歩する」

**よいざめ【酔い覚め】**《—醒め》酒の酔いがさめること。「—の水」

**よいしれる【酔い痴れる】** ①うっとりする。②酔って正体がなくなる。

**よいち【夜市】** 夜に立つ市。よみせ。

**よいっぱり【宵っ張り】** 夜ふかしする—こと（人）。「—の朝寝坊」

**よいつぶれる【酔い潰れる】** 酒に酔って正体がなくなる。

**よいとまけ** 〔俗語〕地固めをするために、重い槌《つち》を上げ下げする労働（—者）。〔そのときのかけ声から。／ヨイトマケとも書く〕

**よいどれ【酔いどれ】** 酔っぱらい。

**よいね【宵寝】** ①早寝。②宵の間にちょっと寝ること。

**よいのうち【宵の内】** よいのくち。

**よいのくち【宵の口】** 夜になったばかりのころ。宵の内。

**よいのみょうじょう【宵の明星】** 日没後、西の空に輝く金星。対明けの明星

**よいまちぐさ【宵待ち草】** オオマツヨイグサの別称。

**よいまつり【宵祭り】** 本祭りの前夜祭。宵宮。よみや。

**よいみや【宵宮】** 宵祭り。

**よいやみ【宵闇】** ①日没から月が出るまでの暗さ。②夕やみ。

**よいん【余韻】** ①かすかに残る音の響き。「—嫋々《じょうじょう》」②余情。

**よう【用】** ①用事。②働き。役立つこと。「—が足りる」③用途。④用便。⑤…に使う。「子ども—」

**—を足《た》す** ①用事を済ませる。②用便をする。

**—をなさない** 役に立たない。

**よう【洋】** ①「—の東西を問わず（＝東洋も西洋も）」②西洋。「—食器」対和

**よう【要】** ①重要な点。②必要。「—検討」

**よう【庸】** 古代の税制の一。「租・—・調」

**よう【陽】** ①易で、積極的・能動的な方。②外に表われること。「陰に—に」③プラス。「—電気」◇対陰

**よう【癰】** 悪性のはれもの。〔多く首すじ・背などにできる〕

**よう【酔う】** ①酒を飲んで正常でなくなる。②乗り物に揺られたり、人ごみにいたりして気分がわるくなる。③心を奪われてうっとりする。

**ようい【用意】** 準備。「—周到・—万端整える」

**ようい【容易】** たやすい。「—ならぬ事態」対困難

**よういく【養育】** 養い育てること。「—費」

**よういん【要因】** 主要な原因。

**よういん【要員】** 必要な人員。

**ようううん【妖雲】** 〔文章語〕不吉な雲。

**ようえい【揺曳】** 〔文章語〕①ゆらゆらとゆれてなびくこと。②あとまで尾をひくこと。

**ようえき【用益】**

**—物権《ぶっけん》** 他人の土地を一定の目的で使用して収益を得ることのできる権利。〔地上権など〕

**ようえき【葉腋】** 葉のつけねの上側。

**ようえき【溶液】** 物質が均質に溶けた液体。

**ようえん【妖艶・妖婉】** 〔文章語〕あやしいまでになまめかしいようす。

**ようえん【遥遠】** 〔文章語〕はるかで遠いようす。

**ようおん【拗音】** 「や・ゆ・よ」のかなを小さく書き添えて表わす音。「きゃ・ちょ」の類。対直音

**ようか【八日】** ①月の八番目の日。②一日《いちにち》の八倍。「—間」

**ようか【ヨウ化・沃化】** ヨウ素と他の物質とが化合すること。「—銀」

**ようか【妖花】** 怪しげで美しい花。Ⅱ妖艶《ようえん》な美人。

**ようか【養家】** 養子に入った先の家。対実家

**ようが【洋画】** ①西洋画。「—家」対日本画 ②欧米の映画。◇対邦画

**ようが【陽画】** 写真のポジ。対陰画

**ようかい【妖怪】** 化け物。「—変化《へんげ》」

**ようかい【容喙】** 〔文章語〕横から口出しすること。類さしでぐち

**ようかい【溶解】** ①物質が液体に溶けること。②《熔解》金属が熱で溶ける（を熱で溶かす）こと。

**ようがい【要害】** 〔文章語〕①地形が険しく、防備に便利な地。「—の地」②とりで。

**ようがく【洋学】** 西洋の学問。〔特に幕末に伝来したもの〕対和学・漢学

**ようがく【洋楽】** 西洋音楽。対邦楽

**ようがさ【洋傘】** こうもりがさ。

**ようがし【洋菓子】** 西洋菓子。対和菓子

**ようかん【羊羹】** 和菓子の一。あんに寒天などを加えて固める。「練り—」

**ようかん【洋館】** 西洋風の建物。西洋館。

**ようかん【腰間】** 〔文章語〕腰のあたり。「—の秋水（＝曇りのない日本刀）」

**ようがん【容顔】** 〔文章語〕顔だち。

**ようがん【溶岩】** 《熔岩》噴火でマグマが流れ出た（出て固まった）もの。

**—ドーム** 粘性の高い溶岩でできたドーム状の丘。溶岩円頂丘。〔有珠山《うすざん》・昭和新山など〕

**—流《りゅう》** 火山噴火の際、火口から流れ出る溶岩の流れ。また、それの固まったもの。

**ようき【妖気】** 〔文章語〕怪しい雰囲気。

**ようき【容器】** 物を入れる器。いれもの。

**ようき【揚棄】** 〔哲学用語〕止揚。

**ようき【陽気】** ①気候。「—がいい」②明るく元気なようす。対陰気

**ようぎ【容疑】** 罪を犯した疑い。

**—者《しゃ》** 容疑をかけられている人。

**ようきゅう【洋弓】** アーチェリー。

**ようきゅう【要求】** 必要（権利がある）として求めること。

**ようきゅう【楊弓】** 遊戯用の小さい弓。「—場《ば》」〔江戸時代に流行〕

**ようぎょ【幼魚】** 稚魚のやや成長した魚。

**ようぎょ【養魚】** 魚を飼って、育て増やすこと。「—場」

**ようぎょう【窯業】** 窯《かま》で高熱処理し、ガラス・陶磁器・セメントなどを作る工業。

**ようきょく【陽極】** 電池などのプラス極。正極。対陰極

**ようきょく【謡曲】** 能楽の詞章。うたい。

**ようきん【洋琴】** ピアノ。〔古い言い方〕

**ようぎん【洋銀】** ニッケル・銅・亜鉛の合金。洋白。〔銀白色で食器・時計などに使う〕

**ようぐ【用具】** あることをするのに使う道具。「登山—」

**ようぐ【要具】** 必要な道具。

**ようくん【幼君】** 幼い主君・君主。幼主。

**ようけい【養鶏】** 卵用・肉用にニワトリを飼うこと。「—業」

**ようげき** 〔文章語〕一【要撃】待ちぶせて攻撃すること。二【邀撃】迎撃。

**ようけつ【要訣】** 〔文章語〕奥の手。秘訣。

**ようけつ【溶血】** 赤血球がこわれること。「—反応」

**ようけん【用件】** 用事（—の内容）。用向き。「—に入る・—を切り出す」

**ようけん【洋犬】** 西洋種の犬。対和犬

**ようけん【要件】** ①大切な事柄。②必要な条件。

**ようげん【用言】** 文法で、活用をもつ自立語。〔動詞・形容詞など〕対体言

**ようげん【揚言】** 〔文章語〕公然と言いふらすこと。

**ようご【用語】** ①語の使い方。「—法」②特定の分野で使う語。「経済（新聞）—」

**ようご【洋語】** ①西洋の言語。②外来語で、西洋から入ってきたもの。

**ようご【養護】** 守り世話すること。

**—学校《がっこう》** 知的障害者、身体障害者、病弱者に対して教育を行う学校。

**—施設《しせつ》** 保護者のいない児童や虐待されている児童を養護する施設。〔正式には、児童養護施設〕

**ようご【擁護】** 〔文章語〕かばい守ること。

**ようこう【洋行】** 欧米へ旅行・留学すること。「—帰り」類外遊〔古風な言い方〕

**ようこう【要項】** 重要（必要）な事項。それを書いた書類。「募集—」

**ようこう【要港】** 重要な港。
**ようこう【要綱】** 〔文章語〕重要な事柄をまとめたもの。「政策の—」
**ようこう【陽光】** 太陽の光。日光。
**ようこうろ【溶鉱炉】**《熔鉱炉》鉱石を熱で溶かして、銅や鉄をとる炉。高炉《こうろ》。
**ようこく【陽刻】** 文字や絵の部分を高くして彫ること。対陰刻
**ようさい【洋裁】** 洋服の裁縫。対和裁
**ようさい【要塞】** 重要な軍事防備施設（—のある所）。
**ようさい【葉菜】** 茎や葉を食べる野菜。「—類」〔キャベツ・ホウレンソウなど〕
**ようざい【用材】** ①建築などで、材料として使う材木。②ある目的について使う材料。「学習—」
**ようざい【溶剤】** 物質を溶かすための液体。〔アルコール・エーテルなど〕
**ようさん【葉酸】** ビタミン$B_2$複合体の一。欠乏すると貧血などを起こす。
**ようさん【養蚕】** 絹糸を取るためにカイコを飼うこと。「—業」
**ようし【用紙】** 特定のことに使う紙。
**ようし【洋紙】** 西洋紙。対和紙
**ようし【要旨】** 内容の主な筋。「—をつかむ・文章の—」類主旨
**ようし【容姿】** 顔とからだつき。「—端麗」
**ようし【陽子】** 原子核を構成する素粒子の一。プロトン。
**ようし【養子】** 養子縁組によって子となった人。対実子
**—縁組《えんぐみ》** 血縁上親子でない人どうしに、法律上の親子の関係をもたせること。
**ようじ【用字】** ①使う文字。②文字の使い方。「—法」
**ようじ【用事】** するべき仕事。用。
**ようじ【幼児】** 幼い子供。〔法律では、一歳から小学校入学前まで〕
**—語《ご》** 幼児期に使う語。〔犬を「わんわん」と言うなど〕
**ようじ【幼時】** 幼いころ。「—体験」
**ようじ【要事】** 〔文章語〕重要な事柄。
**ようじ【楊枝・楊子】** とがって細く短い棒。歯の間をほじくったり食べ物をさしたりするのに使う。つまようじ。
**ようしき【洋式】** 西洋の様式。対和式
**ようしき【要式】** 〔文章語〕一定の方式が必要であること。「—証券」
**ようしき【様式】** ①やり方のようす。「生活—」②一定の形式。「書類の—」③芸術上の、独特の表現形態。「ゴシック—」
**ようしし【養嗣子】** 旧民法で、家督相続人である養子。
**ようしつ【洋室】** 西洋風の部屋。対和室
**ようしつ【溶質】** 溶液中に溶けこんでいる物質。対溶媒
**ようしゃ【用捨】** ①用いることと用いないこと。類取捨 ②容赦②。
**ようしゃ【容赦】** ①許すこと。②【用捨】手加減すること。「なさけ—なく」
**ようじゃく【幼弱】** 幼くてか弱いこと（人）。
**ようしゅ【幼主】** 〔文章語〕幼君。
**ようしゅ【洋酒】** 西洋の酒。〔ウイスキー・ブランデーなど〕対日本酒
**ようしゅ【洋種】** ①西洋系統。②西洋産の種類。
**ようじゅ【榕樹】** 〔文章語〕ガジュマル。
**ようしゅつ【溶出】** 〔文章語〕成分が液体中に溶け出すこと。
**ようじゅつ【妖術】** 怪しげな術。類魔術
**ようしゅん【陽春】** 〔文章語〕①春。②陰暦正月の別称。
**ようしょ【洋書】** 西洋の書物。対和書・漢籍
**ようしょ【要所】** 大事な箇所（地点）。
**ようじょ【幼女】** 幼い女の子。
**ようじょ【妖女】** 〔文章語〕①妖婦。②魔法使いの女。妖精。
**ようじょ【養女】** 女の養子。
**ようしょう【幼少】** 幼いこと。
**ようしょう【要衝】** 〔文章語〕①重要な地点。「交通の—」②要害の地。「—の地」
**ようじょう【洋上】** 海上。また、海に浮かぶ船の上。
**ようじょう【葉状】** 葉の（—ような）形。
**ようじょう【養生】** ①摂生《せっせい》。②保養。③土木・建築で、コンクリートや柱を保護すること。「—シート」
**ようしょく【洋食】** 西洋料理。対和食
**ようしょく【要職】** 重要な職務。
**ようしょく【容色】** 〔文章語〕（美しい）容姿。
**ようしょく【養殖】** 魚介類を人工的に繁殖させること。「—真珠（マグロ）」
**ようしん【養親】** ①養子に入った先の親。

②育ての親。

**ようじん【用心・要心】** 気をつけること。「火(日ごろ)の―」
**―深《ぶか》い** 十分に用心するようす。
**―棒《ぼう》** 護衛のために雇っておく人。

**ようじん【要人】** 重要な地位にある人。

**ようす【様子】** ①ありさま。状態。「―をみる(うかがう)」 ②事情。「―ありげ」 ③姿。 ④けはい。「明日は晴れる―だ」 ⑤そぶり。

**ようず【要図】** 必要なことだけを書いた図面。

**ようすい【用水】** 灌漑《かんがい》・消火・飲料などに使う水。「防火―」

**ようすい【羊水】** 羊膜中の液。胎児を保護する。「―検査」

**ようすい【揚水】** 水をくみ揚げること。

**ようすうじ【洋数字】** 算用数字。対漢数字

**ようずみ【用済み】** ①用事がすむこと。②役目が終わること。

**ようする【要する】** 必要とする。
**―に** つまり。

**ようする【擁する】**〔文章語〕①抱きかかえる。②有する。③助け守る。「幼君を―」

**ようせい【夭逝】**〔文章語〕若死に。夭折。

**ようせい【幼生】** 動物の子で、親と著しく違う形のもの。〔オタマジャクシなど〕

**ようせい【妖星】** 災害の前兆とされた不吉な星。〔彗星や大きな流星〕

**ようせい【妖精】** 森や花の精霊。フェアリー。〔西洋の物語や伝説に出てくる〕

**ようせい【要請】** ある事柄を願い出ること。

**ようせい【陽性】** ①陽気な性質。ポジティブ。②検査などで、反応が現れること。◇対陰性

**ようせい【養成】** 教え導いて一人前に育てること。

**ようせき【容積】** ①器に入る分量。類容量 ②体積。
**―率《りつ》** 建物の、敷地面積に対する延べ面積の割合。

**ようせつ【夭折】**〔文章語〕若死に。

**ようせつ【要説】** 要点をとり出して説明すること。また、その説明。

**ようせつ【溶接】(熔接)** 金属やガラスを熱で溶かして接合すること。

**ようせん【用船】** ①何かのために使う船。②**【傭船】**船を借りること。借りた船。チャーター。

**ようせん【用箋】** 便箋。「書簡―」

**ようそ【ヨウ素・沃素】** ハロゲン元素の一。医薬用。ヨード。記号I

**ようそ【要素】** 物事の成立に必要な―成分(条件)。

**ようそう【洋装】** ①西洋風の服装。「―店」 ②西洋式の装丁。「―本」◇対和装

**ようそう【様相】** ありさま。状態。

**ようそん【養鱒】** マスの養殖。「―業」

**ようたい【様態】** 様相。

**ようだい【容体・容態】** 病気の具合。ようたい。「―が思わしくない」

**ようたし【用足し】** ①用事を済ませること。②用便。③**【用達】**⇩ごようたし

**ようだてる【用立てる】** ①役にたてる。②(お金などを)貸す。「資金を―」

**ようだん【用談】** 用事についての相談。「―に取りかかる・―中」

**ようだん【要談】**〔文章語〕重要な話し合い。

**ようち【用地】** 使用目的のある土地。「―買収・建築―」

**ようち【幼稚】** ①幼い。②未熟。「技術が―だ」
**―園《えん》** 小学校入学前の幼児の教育機関。

**ようち【要地】**〔文章語〕重要な―土地(地点)。

**ようち【夜討ち】** 夜、不意に敵を襲うこと。「―をかける」類夜襲 対朝駆け
**―朝駆《あさが》け**〔俗語〕新聞記者などが、仕事で夜中や早朝に他家を訪問すること。

**ようちゅう【幼虫】** 昆虫の、幼生。対成虫

**ようちゅうい【要注意】** 注意を要すること。

**ようちょう【幼鳥】** まだ子供の鳥。

**ようちょう【羊腸】**〔文章語〕(山道が)羊の腸のように曲がりくねっていること。「―の小径」

**ようちょう【膺懲】**〔文章語〕討ってこらしめること。

**ようつい【腰椎】** 脊椎の骨のうち腰にあたる部分の五個の骨。

**ようつう【腰痛】** 腰の痛み。

**ようてい【要諦】**〔文章語〕最も重要な点。ようたい。「成功の—」
**ようてん【要点】**重要な箇所。
**ようてん【陽転】**ツベルクリン反応が陽性に変わること。
**ようでんき【陽電気】**正の電気。〔エボナイト棒を毛皮でこすったときに毛皮に起こるのと同質の電気〕対陰電気
**ようでんし【陽電子】**陽電気を帯びた素粒子。対陰電子
**ようと【用途】**使いみち。「—が広い」
**ようど【用土】**園芸用の土。
**ようど【用度】**①費用。②物品の供給。「—係」
**ようとう【羊頭】**ヒツジの頭。
**—狗肉《くにく》**見かけだおし。羊頭を掲げて狗肉を売る。〔中国の故事から。/狗肉はイヌの肉〕
**ようとう【洋刀】**〔文章語〕サーベル。
**ようとう【洋島】**陸から離れて大洋上にある島。対陸島
**ようどう【幼童】**〔文章語〕幼い子供。
**ようどうさくせん【陽動作戦】**目的と違う行動をわざとして、敵の注意をそらす作戦。
**ようとして【杳として】**〔行方などが〕はっきりしないようす。
**ようとん【養豚】**肉や皮を利用するためにブタを飼育すること。「—業」
**ようなし【用無し】**①必要でないこと。「君はもう—だ」②暇なこと。
**ようなし【洋梨】**ナシの品種の一。ひょうたん形。西洋なし。ペア。
**ようにく【羊肉】**ヒツジの肉。マトン。
**ようにん【容認】**〔文章語〕許して認めること。
**ようねん【幼年】**幼い年齢(—の子供)。
**ようはい【遥拝】**〔文章語〕遠い所から拝むこと。
**ようばい【溶媒】**物質を溶かしている液体。対溶質
**ようばな【洋花】**西洋産の花。
**ようひ【要否】**〔文章語〕必要か否か。
**ようび【妖美】**〔文章語〕人を迷わす怪しい美しさ。
**ようび【曜日】**日・月・火・水・木・金・土の一週間の各日。
**ようひし【羊皮紙】**ヒツジの皮で作った、紙のようなもの。〔昔、西洋で使った〕
**ようひつ【用筆】**①使う筆。②筆づかい。
**ようひん【用品】**使う(必要な)品物。「事務(ゴルフ)—」
**ようひん【洋品】**西洋ふうの服装品・装身具。「—店」〔シャツ・靴下・ブローチなど〕
**ようふ【用布】**〔文章語〕衣服の仕立てに必要な布。
**ようふ【妖婦】**〔文章語〕男を惑わすなまめかしい美女。妖女。
**ようふ【養父】**養子に入った先の父。対実父
**ようぶ【腰部】**腰の部分。
**ようふう【洋風】**西洋的な様式。対和風
**ようふく【洋服】**西洋ふうの衣服。対和服
**ようぶつ【陽物】**〔文章語〕陰茎。
**ようふぼ【養父母】**養父と養母。
**ようぶん【養分】**栄養となる成分。
**ようへい【用兵】**兵を使う—こと(方法)。
**ようへい【葉柄】**葉身と茎をつなぐ部分。
**ようへい【傭兵】**給料を払って雇う兵士。
**ようへき【擁壁】**土留めの壁。
**ようへん【窯変】**陶磁器を焼いた結果、予期しない色や模様に変化すること。
**ようべん【用便】**大小便をすること。
**ようぼ【養母】**養子に入った先の母。対実母・生母
**ようほう【用法】**使い方。
**ようほう【陽報】**〔文章語〕明らかにいい報いがあること。「陰徳あれば—あり」
**ようほう【養蜂】**蜂蜜《はちみつ》をとるためにミツバチを飼うこと。「—家」
**ようぼう【要望】**強く求め、望むこと。「—を入れる・—に添う」
**ようぼう【容貌】**顔かたち。「—魁偉《かいい》」
**ようま【妖魔】**〔文章語〕ばけもの。魔物。
**ようま【洋間】**洋室。対日本間
**ようまく【羊膜】**子宮内で胎児を包む膜。
**ようます【養鱒】**⇨ようそん
**ようまん【養鰻】**ウナギの養殖。「—業」
**ようみゃく【葉脈】**葉の、水分・養分を通す脈。葉のすじ。
**ようみょう【幼名】**ようめい。
**ようむ【用務】**仕事。務め。
**ようむ【要務】**〔文章語〕重要な務め。

**ようむき【用向き】** 用件。
**ようめい【用命】** 用を言いつけること。
**ようめい【幼名】** 幼年時の名。ようみょう。
**ようもう【羊毛】** ヒツジの毛。毛糸・毛織物の原料。「—業」
**ようもう【養毛】** 髪の毛を生き生きと保たせること。「—剤」
**ようもく【洋モク】** 〔俗語〕外国タバコ。〔「モク」はタバコの隠語〕
**ようもく【要目】** 〔文章語〕重要な項目。
**ようもの【洋物】** 西洋のもの。
**ようやく【要約】** 要点を短く-まとめること(まとめたもの)。「—筆記」
**ようやく《漸く》** ①やっと。②しだいに。「日も—暮れてゆく」
**ようゆう【溶融】《熔融》** 融解。
**ようよう【洋々】** 〔文章語〕①水が満ちて広大なようす。「—たる大海」②希望に満ちているようす。「前途—」
**ようよう【要用】** 〔文章語〕必要(大事)な用事。
**ようよう【揚々】** 得意なようす。「意気—」
**ようよう《漸う》** ようやく。
**ようらく【瓔珞】** 玉を連ねた、仏像用の飾り。
**ようらん【洋蘭】** 西洋種のラン。〔カトレア・シンビジウムなど〕
**ようらん【要覧】** 要点を見やすくまとめた印刷物。「国政—」
**ようらん【揺籃】** ゆりかご。Ⅱ物事のはじめ。
**—期《き》** 幼年期。Ⅱ物事が発展する始めのころ。◇揺籃時代。
**—の地《ち》** 生まれ育った土地。Ⅱ物事の発祥地。
**ようり【養鯉】** コイの養殖。
**ようりく【揚陸】** 荷揚げ。
**—艦《かん》** ヘリコプターや船で、物資や兵士を直接上陸させる軍艦。
**ようりつ【擁立】** もりたてて、ある位につかせること。「幼君を—する」
**ようりゃく【要略】** 要約。
**ようりゅう【楊柳】** ①ヤナギ。〔楊はカワヤナギ、柳はシダレヤナギ〕②織物で、縦方向に表したしぼ(—のある織物)。
**ようりょう【用量】** 使用する量。
**ようりょう【要領】** ①要点。「—を得ない」②物事をうまく処理する方法。
**ようりょう【容量】** 器物に入れられる分量。類容積
**ようりょく【葉緑】**
**—素《そ》** 葉に含まれる緑色の色素。薬品に利用。クロロフィル。
**ようりょく【揚力】** 航空機など、水平に動く物体を上におし上げるように働く力。
**ようれい【用例】** 使い方の例。実際に使ってある例。
**ようれき【陽暦】** 太陽暦。類新暦 対陰暦
**ようれんきん【溶連菌】** 溶血性連鎖球菌の略。猩紅《しょうこう》熱・敗血症などを起こす。
**ようろ【要路】** 〔文章語〕①重要な交通路。②重要な地位。「—にある」
**ようろ【溶炉】《熔炉》** 金属を溶かす炉。
**ようろう【養老】** ①老人をいたわること。②老後を安楽に過ごすこと。
**—院《いん》** 老人ホームの旧称。
**—年金《ねんきん》** 若いときに積み立て、老後に支給を受ける年金。
**—保険《ほけん》** 生命保険の一。満期の場合も途中で死んだ場合も保険金が支払われる。
**よえん【余炎】** 〔文章語〕①消え残りの炎。②残暑。
**ヨーガ** ⇨ヨガ
**ヨーク** 〔yoke〕洋服で、胸や肩などの上部に切り替えてつけた布。
**ヨークシャー** 〔Yorkshire〕ブタの品種の一。〔英国ヨークシャー州原産〕
**ヨーグルト** 〔yogurt〕牛乳などに乳酸菌を入れて発酵させたクリーム状の食品。
**ヨーデル** 〔ドイツ語 Jodel〕アルプス地方の民謡(—の、裏声をまぜた歌い方)。
**ヨード《沃度》** 〔ドイツ語 Jod〕ヨウ素。
**—チンキ** 〔Jodtinktur〕暗赤色の消毒液。ヨーチン。
**—ホルム** 〔ドイツ語 Jodoform〕黄色で特有の臭気のある結晶。消毒剤用。
**ヨーヨー** 〔Yo-Yo〕玩具の一。〔商標〕
**よか【予価】** 予定の価格。
**よか【予科】** 本科に進むための予備課程。
**よか【余花】** 〔文章語〕初夏まで咲き残っている桜の花。→残花
**よか【余暇】** 一日のうち、自由に使える時間。ひま。
**ヨガ** 〔サンスクリット語 yoga〕インドで行われた

修行法。ヨーガ。〔現代では健康法としても行われる〕

**よかく【予覚】**〔文章語〕予感。

**よかく【余角】** 二角の和が直角になるとき、一方の角を他方の角の余角という。

**よかぜ【夜風】**夜、吹く風。

**よからぬ【良からぬ】** よくない。「―うわさが立つ」

**よかれ【良かれ・善かれ】** よくあってほしい。「―と思って話した」〔文語形容詞「よし」の命令形〕対悪《あ》しかれ

**よかれん【予科練】** 旧海軍飛行予科練習生の略。また、その練習生を訓練する飛行機搭乗員養成制度。

**よかん【予感】**事前に何となく感じる‐こと(感じ)。類虫の知らせ

**よかん【余寒】**〔文章語〕立春の後の寒さ。

**よき【予期】**事前に‐期待(覚悟)すること。「―せぬ出来事・―に反する」

**よぎ【余技】**専門以外で、できる技芸。

**よぎ【夜着】**①かけぶとん。②かいまき。

**よぎしゃ【夜汽車】**夜、運転する列車。

**よぎない【余儀無い】** やむをえない。「―事情」

**よきょう【余興】** 宴席などで楽しさを添える演芸や隠し芸など。

**よきょう【余響】**〔文章語〕音が消えた後に残るひびき。余韻。

**よぎり【夜霧】**夜、立ちこめる霧。

**よぎる**《過ぎる》通りすぎる。

**よきん【預金】** 金融機関に‐お金を預けること(預けてあるお金)。類貯金

**よく【良く・好く】**①十分に。②うまく。「―見かける人だ」「―できた」③たびたび。「―見かける人だ」④感心した気持ちを表す。「―やった」⑤相手の行為を憎む気持ちを表す。「―言えたものだ」⑥《能く》能力を発揮するようす。「漢詩を―解する」

**よく【欲】**《慾》 ほしがる(望む)心。「―が深い」

**―と二人《ふたり》連《づ》れ** 欲にかられて行動すること。

**―に目《め》が眩《くら》む** 欲にまどわされる。

**―の皮《かわ》が突《つ》っ張《ぱ》る** ひどく欲張る。

**―も得《と》もない** ①無欲だ。②損得を考える余裕などない。

**よく【翼】** ①鳥のつばさ。②飛行機のつばさ。

**よくあき【翌秋】** よくしゅう。

**よくあさ【翌朝】**次の日の朝。よくちょう。

**よくあつ【抑圧】** 強くおさえつけること。「自由を―する」

**よくうつしょう【抑鬱症】**うつ病。

**よくか【翌夏】**〔文章語〕次の年の夏。よくなつ。

**よくか【翼下】**つばさの下。‖㋐配下。㋑保護下。◇よっか。

**よくぎょう【翌暁】** 〔文章語〕次の日の明け方。

**よくけ【欲気】**欲心。

**よくげつ【翌月】** 次の月。よくつき。対前月

**よくご【浴後】**〔文章語〕入浴の後。

**よくさん【翼賛】**〔文章語〕協力して助けること。「大政―」

**よくし【抑止】**〔文章語〕抑制。

**よくしつ【浴室】**ふろば。

**よくじつ【翌日】**次の日。

**よくしゅう【翌秋】**〔文章語〕次の年の秋。よくあき。

**よくしゅう【翌週】**次の週。対先週

**よくしゅん【翌春】**〔文章語〕次の年の春。よくはる。

**よくじょう【欲情】**①欲心。②性欲(‐を感じること)。「―にかられる」

**よくじょう【浴場】** ①ふろや。「公衆―」②ふろば。

**よくしん【欲心】**ものを欲しがる心。

**よくする【良くする】**①上手にできる。②都合よくいく。「人生とはよくしたもので」③親切にする。「部下に―上司」〔①②は善くする・能くするとも書く〕

**よくする【浴する】**〔文章語〕①入浴する。②身に受ける。「恩恵に―」

**よくせい【抑制】** おさえてとめること。「―剤」

**よくぞ【良くぞ】**来訪や労を感謝する語。よくもまあ。〔古風な言い方〕

**よくそう【浴槽】**湯ぶね。

**よくち【沃地】**〔文章語〕地味《みち》の肥えた土地。

**よくちょう【翌朝】**よくあさ。

**ヨクト**〔yocto〕国際単位系で、単位につけて一〇マイナス二四分の一を表す。記号y

**よくど【沃土】**〔文章語〕地味《みち》の肥えた土。

**よくとう【翌冬】**〔文章語〕次の年の冬。よくふゆ。
**よくとく【欲得】** 利益を得ようとする—こと(心)。
**—尽《ず》く** 打算。
**よくとし【翌年】** よくねん。
**よくなつ【翌夏】** よくか。
**よくねん【翌年】** 次の年。よくとし。
**よくねん【欲念】**〔文章語〕欲心。
**よくはる【翌春】** よくしゅん。
**よくばる【欲張る】** やたらに物を欲しがる。
**よくばん【翌晩】** 次の日の晩。
**よくぶかい【欲深い】** 貪欲《どんよく》だ。
**よくふゆ【翌冬】** よくとう。
**よくぼう【欲望】** ほしい・したいと思う心。
**よくめ【欲目】** ひいき目。「親の—」
**よくや【沃野】**〔文章語〕地味《ちみ》の肥えた平野。
**よくよう【抑揚】**(音・声・文章の)調子の上げ下げ。「—をつける」
**よくよう【浴用】** 入浴用。「—タオル」
**よくよく【翌々】** 次の次の。「—日《じつ》」
**よくよく【翼々】** ①慎み深いようす。②用心深いようす。「小心—」
**よくりゅう【抑留】** 身柄を拘束すること。
**よくりゅう【翼竜】** 中生代に栄えた爬虫類の一。翼をもつ。
**よくん【余薫】**〔文章語〕あとに残る香り。Ⅱ偉大な先人の恩恵。
**よけい【余計】** ①余るようす。「一個—だ」②不必要。「—者《もの》」③もっと。
**よけい【余慶】**〔文章語〕①祖先の善行の報いとして子孫が受ける幸い。「積善の家に—有り」②おかげ。「—をこうむる」
**よける【避ける・除ける】** ①わきへ—寄る(寄せる)。②防ぐ。さける。「霜を—」
**よけん【予見】**〔文章語〕事前に見通すこと。
**よげん【予言】** ①未来を予測して言う—こと(言葉)。②【預言】神託を受けて言う—こと(言葉)。
**よげん【余弦】** コサイン。
**よこ【横】** ①左右の—方向(長さ)。Ⅱ対等。「—の関係」◇対縦 ②かたわら。「—から口出しする」③側面。④《緯》横糸。対経《たて》
**—に置《お》く** 触れないでおく。
**—になる** ①横たわる。②寝る。
**—の物《もの》を縦《たて》にもしない** 非常に無精だ。
**よご【予後】** ①病気や手術後の経過の見通し。②〔俗語〕病後の経過。
**よこあい【横合い】**《横間》①横の方。②当事者以外の立場。
**よこあな【横穴】** 山腹などに横に掘った穴。対縦穴
**よこいっせん【横一線】** 横に一直線に並ぶこと。Ⅱ差がないこと。
**よこいと【横糸】**《緯糸》織物の横方向の糸。類ぬき糸 対縦糸
**よこう【予行】** 前もって本番どおりに練習すること。「—演習」類リハーサル
**よこう【予稿】** 前もって書いておく原稿。前もって示しておく講演などの概要。
**よこう【余光】**〔文章語〕残光。Ⅱ余徳。
**よこう【余香】**〔文章語〕後に残る香り。
**よこがお【横顔】** 横から見た顔。Ⅱ世間に知られていない一面。◇プロフィール。
**よこがき【横書き】** 文字を横に並べて書くこと。対縦書き
**よこがみ【横紙】** ①すき目を横にした紙。②紙を横にして使うこと。また、その紙。
**—破《やぶ》り** 我《が》を通そうとする—こと(人)。
**よこぎ【横木】** 横にわたした木。バー。
**よこぎる【横切る】** 横に通り抜ける。横断する。
**よこく【予告】** 前もって知らせること。
**—編《へん》** 上映(放映)前に、宣伝用に内容の一部を編集したもの。
**よこぐみ【横組み】** 印刷で、横に読むように活字を組むこと。対縦組み
**よこぐも【横雲】** 横にたなびく雲。
**よこぐるまをおす【横車を押す】** 無理なことを強引にする。〔車を横に押す意〕
**よこざま【横様】** ①横向き。「—に倒れる」②よこしま。
**よこじく【横軸】** グラフで、横の軸。対縦軸
**よこしま【邪】** 心が正しくないこと。「—な考え」
**よこじま【横縞】** 横の方向に走るしま模様。対縦じま
**よこしゃかい【横社会】** 対等の人間関係を重視する社会。対縦社会
**よこす《遣す・寄越す》** ①先方から送っ

てくる。②こちらに渡す。③(「…て〜」の形で)…くる。「言ってー」

**よごす【汚す】** きたなくする。⊜あえ物にする。「ごまでー」

**よこずき【横好き】** うまくはないが、とにかく好きなこと。「下手《へた》のー」

**よこすじ【横筋】** ①横の‐筋(線)。②横道。

**よこすべり【横滑り】** 横にすべること。⊜同格程度の役職に移ること。

**よこずわり【横座り】** 足を横にくずして座る‐こと(座り方)。

**よこたえる【横たえる】** 横に寝かせる。

**よこだおし【横倒し】** 横向きに‐倒れる(倒す)こと。よこたおし。

**よこだき【横抱き】** 体を横にしたまま抱くこと。「子供をーにする」

**よこたわる【横たわる】** 横に長くのびる。⊜行く手をさえぎるように存在する。「幾多の困難がー」

**よこちょう【横町・横丁】** 表通りからわきへ入った町筋。

**よこづけ【横付け】** 乗り物を目的の場所に横向きにつけること。

**よこっちょ【横っちょ】** 〔俗語〕横向き。横の方。

**よこっつら【横っ面】** 〔俗語〕①顔の側面。「ーをはりとばす」②側面。◇よこつら。

**よこづな【横綱】** 相撲で、力士の最高位。⊜同類の中で最もすぐれたもの。

**ーを張《は》る** 横綱になる。

**よこっぱら【横っ腹】** よこはら。

**よこつら【横面】** よこっつら。

**よこて【横手】** 横の方。

**よごと【夜ごと】**《夜毎》毎晩。

**よこどり【横取り】** 他人の物をわきから奪い取ること。

**よこなが【横長】** 横に長いこと。「ーのテレビ」対縦長

**よこながし【横流し】** 物を不正に転売すること。

**よこなぐり【横殴り】** 横の方からたたきつけること。「ーの雨」

**よこなみ【横波】** ①船の進行方向に対して横から打ち寄せる波。②波の進行方向と媒質の振動方向が垂直である波。〔電磁波など〕◇対縦波

**よこならび【横並び】** 横に並ぶこと。⊜差のないこと。「各省庁ーの対応」

**よこね【横根】** ①横に張った根。②《横痃》もものつけねのリンパ腺に生じるはれもの。

**よこばい【横這い】** ①横にはうこと。②相場・物価・売り上げなどの数値が変動せずに続くこと。③ウンカに似た昆虫。イネの害虫。

**よこはいり【横入り】** 〔俗語〕列にわりこむこと。割り込み。

**よこはば【横幅】** 横の幅。

**よこはら【横腹】** わき腹。よこばら。よこっぱら。

**よこぶえ【横笛】** 横に構えて吹く笛。

**よこぶとり【横太り】** 横に広がって見えるような太り方。

**よこぶり【横降り】** 強風のために雨や雪が横から降りつけること。

**よこみ【横見】** ①横から見ること。②わき見。

**よこみち【横道】** わき道。⊜本筋からそれたこと。「話がーにそれる」

**よこむき【横向き】** 横を向くこと。

**よこめ【横目】** ①目だけ横に向けて見る‐こと(目つき)。「ーをつかう」②(「…を〜に」の形で)ちょっと見て無視すること。「けんかをーに通り過ぎる」③木目や紙で、横に通った筋。

**よこもじ【横文字】** 西洋の文字。⊜外国語。

**よこやり【横槍】** 第三者が口をはさむこと。「ーを入れる」

**よこゆれ【横揺れ】** ①船・航空機などの左右動。ローリング。②地震で水平に揺れること。◇対縦揺れ

**よごれやく【汚れ役】** 映画や演劇で、‐きたない身なり(娼婦《しょうふ》ややくざ者など)の役。

**よごれる【汚れる】** きたなくなる。けがれる。

**よこれんぼ【横恋慕】** 妻・夫・恋人のいる人に恋をすること。

**よこわり【横割り】** 横に割ること。⊜組織・業務などで、横のつながりがつくように分割・構成されること。◇対縦割り

**よざい【余罪】** その罪以外に犯した罪。

**よざくら【夜桜】** 夜見るサクラの花。

**よさむ【夜寒】** ①夜の寒さ。 ②晩秋の夜の寒さ。◇よざむ。

**よさん【予算】** ①一会計年度の収入・支出の計画。 ②予定される必要な費用。

**よし【止し】** やめること。「ーにする」

**よし【由】** ①理由。事情。「ーありげ」 ②趣旨。 ③手段。「知るーもない」 ④…とのこと。「お元気のー」

**よし【良し・善し】** よい。「煮てー、焼いてー・ーとする」〔文語のク活用形容詞〕

**よし【葦】**《蘆》 アシ。〔「悪《あ》し」と同音なのを忌んで〕

**ーの髄《ずい》から天井《てんじょう》覗《のぞ》く** 視野が狭い。

**よし【縦し】**〔文章語〕よしんば。

**よじ【余事】** ①ほかのこと。 ②余暇にする仕事。

**よしあし【善し悪し】** ①よいか悪いか。 ②よいか悪いか一概には決められないこと。「親切もーだ」◇よしわるし。

**ヨジウム**〔オランダ語 jodium〕ヨウ素。

**よしきり【葦切】** 小鳥の一。〔鳴き声から行々子《ぎょうぎょうし》とも〕

**よじげん【四次元】** 四つの次元。縦・横・高さの三次元に時間を加えたもの。

**よじじゅくご【四字熟語】** 漢字四字からなる熟語。〔「一挙両得」「一視同仁」など、昔から言いならわされているものを指す〕

**よしず【葦簀】**《葭簀》 アシの茎で編んだすだれ。

**よじつ【余日】**〔文章語〕①残りの日数。 ②暇な日。 ③ほかの日。

**よしない【由無い】**〔文章語〕①理由がない。 ②しかたがない。 ③つまらない。

**よしなしごと【由無し事】**〔文章語〕つまらないこと。「ーを言う」

**よしなに** いいように。「ーはからえ」〔古風な言い方〕

**よしのざくら【吉野桜】** ①奈良県吉野山のサクラ。 ②ソメイヨシノの別称。

**よじのぼる【攀じ登る】** すがりつくようにして登る。

**よしみ【誼】**《好》 ①親しい交際。 ②ゆかり。「昔のーで」

**よしや【縦しや】**〔文章語〕よしんば。

**よしゅう【予習】** 前もって勉強すること。 対復習

**よしゅく【予祝】**〔文章語〕前祝い。

**よじょう【余剰】** 余り。残り。「ー米」

**よじょう【余情】** あとまで心に残る味わい。

**よじょうはん【四畳半】** 畳四枚半(ーの広さの部屋)。

**よじる**《捩る》 ねじる。

**よじれる**《捩れる》 ねじれる。

**よしん【与信】** 信用を与えること。「ー調査」〔credit の訳〕

**よしん【予診】** 診察の前に、あらかじめ病歴や症状などを聞くこと。

**よしん【余震】** 大地震の後、続いて起こる小さな地震。ゆりかえし。

**よじん【余人】**〔文章語〕ほかの人。

**よじん【余燼】**〔文章語〕燃え残りの火。

**よしんば**《縦しんば》 たとえ。「ーだめでも」

**よす**《止す》 やめる。

**よすが【縁】** 手がかり。「昔を知るー」

**よすがら【夜すがら】**《終夜》 夜もすがら。

**よすぎ【世過ぎ】** 世渡り。「身過ぎー」

**よすてびと【世捨て人】** 俗世を離れて、隠遁《いんとん》・出家した人。

**よすみ【四隅】** 四方のすみ。

**よせ【寄せ】** ①一か所に集めること。 ②囲碁・将棋で、終盤戦。 ③ゴルフで、アプローチ。

**よせ【寄席】** 落語や講談など大衆芸能を興行する場所。「ー芸人」

**よせあつめる【寄せ集める】** ちらばっているものを一か所に集める。

**よせい【余生】** 人生の盛りを過ぎた後の残りの部分。「ーを楽しむ」

**よせい【余勢】** なにかの後の余った勢い。

**ーを駆《か》って** 余った勢いに乗って。

**よせうえ【寄せ植え】** 数種(いくつか)の植物をひとつの鉢に植えること。

**よせがき【寄せ書き】** 一枚の紙・布に多くの人が文や絵を書くこと(書いたもの)。

**よせぎ【寄せ木】** 種々の木片を組み合わせて作ること。

**ー細工《ざいく》** 色や木目の異なる木片を組み合わせて模様を表す細工。

**ー造《づく》り** 仏像などで、各部位を別に作り、それを組み合わせて一体にする作り方。また、その像。 対一木《いちぼく》造り

**よせぎれ【寄せ切れ】** 布切れを集めたも

の。
**よせざん【寄せ算】** たし算。対引き算
**よせつ【余接】** コタンジェント。
**よせつける【寄せ付ける】** 〔「寄せ付けない」の形で〕近寄らせない。
**よせて【寄せ手】** 攻め寄せてくる軍勢。
**よせなべ【寄せ鍋】** 鍋料理の一。〔鶏肉・魚介類・野菜を煮ながら食べる〕
**よせむね【寄せ棟】** 四方に傾斜面のある屋根。「—造り」
**よせる【寄せる】** ①近づく。近づける。②一か所に集める。③心を向ける。「関心を—」④数を足す。⑤送り届ける。「原稿を—」⑥かこつける。
**よせん【予選】** 本選〔決選〕の出場者を決める選考。
**よぜん【余喘】** 〔文章語〕今にも絶えそうな息。「—を保つ〔=かろうじて生きている〕」
**よせんかい【予餞会】** 旅行や卒業などの前に行う送別会。
**よそ《余所・他所》** ①ほかの場所。②他人の家。対うち ③直接関係のないこと。対うち
**よそい【装い】** よそおい。
**よそう** ①【装う】よそおう。②飲食物を食器に盛る。「ごはんを—」
**よそう【予想】** 前もって想像すること。「—を立てる」類予測・予見
**—外《がい》** 意外。
**よそおい【装い】** ①服装・外観・設備などを整え、飾ること。②おもむき。風情。
**よそおう【装う】** ①身なりを整える。②見せかける。「平気を—」
**よそく【予測】** 前もって推測すること。「—を誤る」
**よそごと【よそ事】《余所事》** 自分に関係ない事柄。
**よそじ【四十路】** 〔文章語〕四〇歳〔—代〕。
**よそながら《余所ながら》** 陰ながら。それとなく。「—応援する」
**よそみ【よそ見】《余所見》** 関係のない所を見ること。類わき見
**よそめ【よそ目】《余所目》** ①他人から見た目。②よそ見。
**よそもの【よそ者】《余所者》** よその土地から来た人。
**よそゆき《余所行き》** ①外出着。②改まった態度や言葉遣い。◇よそいき。
**よそよそしい《余所余所しい》** 親しみが感じられない。
**よぞら【夜空】** 夜の空。
**よそる** 〔俗語〕よそう②。〔「装う」と「盛る」との合成語〕
**よた【与太】** ①ふざけた言葉。でたらめ。「—を飛ばす」②与太者。③与太郎。
**よたか【夜鷹】** ヨタカ科の鳥。夜行性。
**よたく【余沢】** 〔文章語〕先人が残した恩恵。
**よたく【預託】** 〔文章語〕お金を預けて任せること。「—金〔銀行〕」
**よだつ【与奪】** 〔文章語〕与えることと奪うこと。「生殺—の権」
**よだつ《弥立つ》** 寒さや恐れのため、体の毛が立つ。「身の毛の—話」
**よたばなし【余太話】** 〔俗語〕ばかげた話。
**よたもの【与太者】** 不良。ならずもの。
**よだれ【涎】** 口から流れ出る唾液《だえき》。
**—掛《か》け** 乳幼児が胸にかける、よだれ受けの布。
**—が出《で》る** どうしても欲しいと思う。涎を—垂らす〔流す〕。
**よだん【予断】** 前もって判断すること。
**—を許《ゆる》さない** どうなるか予測できない。
**よだん【余談】** 本筋以外の話。
**よだんかつよう【四段活用】** 文語の動詞の活用の型の一。〔語尾がア・イ・ウ・エの四段に活用する〕
**よち【予知】** 事の起こる前に知ること。「地震の—」
**よち【余地】** ①余った〔空いている〕所。「立錐の—もない」②することができるゆとり。「弁解〔疑問〕の—がない」
**よちょう【予兆】** 事が起きるきざし。
**よちょきん【預貯金】** 預金と貯金。
**よつ【四つ】** ①よっつ。②相撲で、互いに両手を差し合うこと。四つ手。
**—に組《く》む** 相撲で、互いに相手のまわしをつかんだ形になる。Ⅱ相手と全力で堂々と勝負する。
**よつあし【四つ足】** 足が四本ある—こと〔もの〕。Ⅱけもの。
**よっか【四日】** ①月の四番目の日。②一日《いちにち》の四倍。「—間」

よ

**よっか【翼下】** ⇩よくか

**よっかい【欲界】**〔仏教語〕三界の一。欲望に満ちた生き物の住む世界。人間界など。

**よつかど【四つ角】** ふたつの道が十の字に交差している所。十字路。

**よつぎ【世継ぎ】**《世嗣ぎ》 家の跡目を継ぐ-こと(人)。〔古風な語〕

**よっきゃく【浴客】** 風呂や温泉に入りに来る客。よっかく。

**よっきゅう【欲求】** ほしがり求めること。

**—不満《ふまん》** 欲求が満たされず、いらいらすること。フラストレーション。

**よつぎり【四つ切り】** 写真の大きさの一。二五・五センチメートル×三〇・五センチメートル。

**よつずもう【四つ相撲】** 四つに組んでたたかう相撲。

**よっつ【四つ】**(個数・年齢で)四。

**よつつじ【四つ辻】** よつかど。

**よって【因って】**《依って・由って》〔文章語〕そういうわけで。

**—来《き》たる**〔文章語〕由来する。

**—件《くだん》の如《ごと》し**〔文章語〕そういうわけで上記のとおりである。〔昔、書類の末尾に書いた表現〕

**よつで【四つ手】** ①相撲で、四つ。②四つ手網。

**—網《あみ》** 四すみを竹で張った四角い漁網。

**よってたつ【拠って立つ】** よりどころとする。

**ヨット**〔yacht〕小型の帆船。「—レース」

**—ハーバー**〔yacht harbor〕ヨット専用の港。

**よっぱらい【酔っ払い】** 酔っ払っている-人(こと)。「—運転」

**よっぱらう【酔っ払う】** ひどく酒に酔う。

**よっぴて**〔俗語〕夜どおし。よっぴいて。

**よっぽど【余っ程】** よほどの強め。

**よつめ【四つ目】** ①目が四つある-こと(もの)。②四角を四つ組み合わせた模様。

**—垣《がき》** 竹をあらく組んで、すきまを四角にした垣根。

**よづめ【夜爪】** 夜、爪を切ること。〔俗信で、親の死に目にあえないという〕

**よつゆ【夜露】** 夜の間におりる露。

**よづり【夜釣り】** 夜、釣りをすること。

**よつんばい【四つん這い】** ①両手・両足で、はうこと。②両手・両足を地につけた姿勢。

**よてい【予定】** 日程や行動を前もって決めること。また、決めたこと。

**—調和《ちょうわ》** ①宇宙の秩序が整っているのは、神によって調和が保たれているからとする考え。〔哲学者ライプニッツの説〕②みんなの予想通りに事態が動いて決着すること。

**よてき【余滴】**〔文章語〕①筆先に残ったしずく。②雨のあとのしたたり。

**よど【淀】**《澱》よどみ。

**よとう【与党】** 政権を握っている政党。対野党

**よとうむし【夜盗虫】** ヨトウガの幼虫。夜行性。野菜の害虫。

**よどおし【夜通し】** ひと晩じゅう。

**よとぎ【夜伽】** ①寝ずに付き添う-こと(人)。②女が男に従って共寝すること。

**よとく【余得】** 余分の利益。

**よとく【余徳】**〔文章語〕あり余って他に及ぶ恩恵。また、死後にまで残る恩徳。

**よどみ【淀み】**《澱み》①とどこおること。②水が流れずにたまっている所。

**よどむ【淀む】**《澱む》①水や空気が流れずにたまる。②水底に沈んでたまる。⑪物事が順調に進まない。

**よなおし【世直し】** 世の中の悪い状態を改革すること。

**よなか【夜中】** 夜の最中。深夜。

**よなが【夜長】** 夜が長いこと。「秋の—」

**よなき【夜泣き】** 乳児が夜、泣くこと。

**よなき【夜鳴き】**《夜啼き》 鳥などが夜、鳴くこと。

**—蕎麦《そば》** 夜、屋台を引いて売り歩く-そば(うどん・ラーメン)屋。その-そば(うどん・ラーメン)。

**よなべ【夜なべ】** 夜、仕事をすること。

**よなよな【夜な夜な】** 毎晩。

**よなれる【世慣れる】**《世馴れる》①世故《せこ》にたける。②人情・男女の情に通じる。

**よにげ【夜逃げ】** 夜の間にこっそり逃げ出すこと。

**よねつ【余熱】** ①さめきらずに残っている熱気。②残暑。

**よねん【余念】** ほかの考え。他念。

**よの　―がない** 一心になっている。余念ない。
**よの【四幅】**《四布》 並幅の四倍（―の布）。よはば。「―ぶとん」
**よのう【予納】**〔文章語〕前もって納めること。「―金」類前納
**よのぎ【余の儀】** ほかの事柄。「―ではない」〔古風な言い方〕
**よのつね【世の常】**〔文章語〕世間にありがちなこと。世間並み。
**よのなか【世の中】** ①世間。社会。②時代。「動乱の―」
**よのならい【世の習い】**〔文章語〕世間の習慣。世間によくあること。
**よは【余波】** 風がやんだ後も立っている波。「台風の―」Ⅱとばっちり。
**よはい【余輩】**〔文章語〕私たち。われわれ。〔古い言い方〕
**よばい【夜這い】** 夜、男が女のもとへ忍び込んで情事を行うこと。〔語源は呼ばう〕
**よばう【呼ばう】** 呼び続ける。
**よはく【余白】** 紙面の、文字などの書いていない空白部分。
**よばなし【夜話】**《夜咄》夜にする話。
**よばなれる【世離れる】** 世間（―の常識）から離れる。
**よばわり【呼ばわり】** …のようによぶこと。「どろぼう―する」
**よばわる【呼ばわる】** 大声で呼ぶ。
**よばん【夜番】** ①夜の当番。②夜まわり。
**よび【予備】** ①前もって準備しておくこと。「―交渉」②〔法律用語〕犯罪行為の下準備。

**よびいれる【呼び入れる】** 呼んで中に入らせる。
**よびえき【予備役】** 現役を終えた軍人が一定期間服する兵役。平時は家にいて、非常時に召集される。
**よびおこす【呼び起こす】** 寝ている人に声をかけて起こす。Ⅱ刺激して活動を起こさせる。「感動（記憶）を―」
**よびかけ【呼び掛け】** 呼びかけること。
**よびかける【呼び掛ける】** ①声をかけて呼ぶ。②考えを述べ賛同を求める。
**よびかわす【呼び交わす】** 互いに呼び合う。
**よびぐん【予備軍】** 予備の軍隊。Ⅱ将来、そうなると思われる人々。「官僚の―」
**よびこう【予備校】** 受験用の教育をする学校。
**よびごえ【呼び声】** 呼ぶ声。Ⅱ人選などについての評判。「次期会長の―が高い」
**よびこむ【呼び込む】** ①さそいこむ。②呼んで中に入れる。
**よびじお【呼び塩】** 塩からい食品を薄い塩水につけて、塩抜きをすること。
**よびすて【呼び捨て】** 人名に敬称をつけないで呼ぶこと。
**よびだし【呼び出し】** ①呼び出すこと。②相撲で、取組の力士の名を呼び上げる人。
**よびだす【呼び出す】** ①呼んで、そこに来させる。②呼んで出させる。
**よびたてる【呼び立てる】** ①声高に呼ぶ。②呼び寄せる。

**よびちしき【予備知識】** 事前に必要な知識。
**よびつける【呼び付ける】** ①呼んで自分のところに来させる。②呼び慣れる。
**よびとめる【呼び止める】** 声をかけて、立ち止まらせる。
**よびな【呼び名】** ふだん呼ぶのに使う名。
**よびみず【呼び水】** 出なくなったポンプの水を誘い出すために注ぐ水。誘い水。Ⅱ物事を起こすきっかけ。
**よびもどす【呼び戻す】** 呼んで、もとに戻らせる。
**よびもの【呼び物】** 人気を集めているもの。
**よびや【呼び屋】**〔俗語〕外国の音楽家や劇団を招いて興行する興行師。プロモーター。
**よびょう【余病】** ある病気に伴って起きる、別の病気。「―を併発」
**よびよせる【呼び寄せる】** 呼んで、こちらへ来させる。
**よひら【四葩】** アジサイ。〔俳句などで。／花弁が四枚ある意〕
**よびりん【呼び鈴】** 人を呼ぶためのベル。
**よぶ【呼ぶ】** ①声をあげて言う。「助けを―」②来させる。来てもらう。「医者を―」③名づける。④引き起こす。「嵐を―」⑤引き寄せる。「人気を―」⑥招待する。
**よふかし【夜更かし】** 夜、遅くまで起きていること。
**よふけ【夜更け】** 夜が更けた時。深夜。
**よぶこどり【呼ぶ子鳥】** カッコウの別

称。
**よぶね**【夜船】夜、航行する船。よふね。
**よぶん**【余分】①残り。余り。②余計。「―に働く」
**よぶん**【余聞】こぼれ話。類余話
**よほう**【予報】前もって知らせること。事前の知らせ。「天気―」
**よぼう**【予防】前もって防ぐこと。「―注射」
**―接種**《せっしゅ》 病気の予防のために、毒力を弱めた病原体を体内に入れて抵抗力をつけること。
**―線**《せん》 攻撃されないように、前もって施す手段。「―を張る」
**よぼう**【輿望】〔文章語〕世間の人望。「―をになう」
**よほど**【余程】①ずいぶん。かなり。②もうすこしで。「―やめようかと思う」
**よまいごと**【世迷い言】わけのわからない不平やぐち。
**よまつり**【夜祭り】夜、行われる祭り。
**よまわり**【夜回り】夜、警戒のために巡回する―こと(人)。
**よみ**【黄泉】あの世。「―の国(=よみ)」
**よみ**【読み】①読むこと。②漢字の訓。また、読み方。③先を見通すこと。「―が深い」
**よみあげる**【読み上げる】①大声で読む。②読み終える。
**よみあわせ**【読み合わせ】①読み合わせること。②本読み②。
**よみあわせる**【読み合わせる】間違いがないか、複数の人で読み合う。
**よみかえる**【読み替える】①漢字を、別の読み方で読む。②〔法律用語〕条文のある語句を、同じ条件の別の語句におきかえて―読む(読んで適用する)。
**よみがえる**【蘇る・甦る】①生き返る。②再び勢いを盛り返す。
**よみかき**【読み書き】読むことと書くこと。「―そろばん」
**よみかた**【読み方】①文字や語を発音する方法。②文章の内容を理解する方法。
**よみきかせ**【読み聞かせ】子供に本を読んで聞かせること。
**よみきり**【読み切り】一回で完結する講談や小説。「―小説」
**よみきる**【読み切る】①読み終える。②囲碁や将棋で、先を十二分に見通す。
**よみくせ**【読み癖】①その人特有の読み方。②昔から習慣になっている特別な読み方。
**よみくだす**【読み下す】①縦書きの文章を上から下へと読む。②漢文を日本文に直して読む。
**よみごたえ**【読み応え】①読んで充実感のあること。②量が多くて(難解で)、読むのに骨が折れること。
**よみこなす**【読みこなす】読んで十分に理解し自分のものにする。
**よみこむ**【詠み込む】詩歌に一定の語を上手に入れて詠む。
**よみこむ**【読み込む】①熟読する。②コンピューターで、プログラムやデータを内部にとりこむ。
**よみさす**【読みさす】読み―かける(かけてやめる)。
**よみじ**【黄泉路】黄泉《よみ》へ行く道。
**よみする**【嘉する】〔文章語〕ほめる。
**よみせ**【夜店】《夜見世》夜、路上で物を売る店。
**よみち**【夜道】夜の道。「―はあぶない」
**よみちがえる**【読み違える】読み方を間違える。⊜予測が外れる。
**よみて**【詠み手】詩歌の作者。
**よみて**【読み手】①読む人。対書き手 ②カルタで、読み札を読む人。対取り手
**よみで**【読みで】読む分量の多いこと。「―がある本」
**よみとばす**【読み飛ばす】①読むべきところ(不必要な部分)を抜かして読む。②速く読む。
**よみとる**【読み取る】①読んで意味・内容を理解する。②察知する。「表情から気分を―」
**よみながす**【読み流す】①ざっと読む。②すらすら読む。
**よみびと**【詠み人】和歌などの詠み手。
**―知**《し》**らず** 和歌で、作者不明。〔あえて作者名を隠すときにも使う〕
**よみふける**【読み耽る】読むことに没頭する。
**よみふだ**【読み札】カルタで、文句の書いてある方の札。対取り札
**よみもの**【読み物】①気軽に読める本。②読む価値のある文章。③講談の題目。

よ

**よみや【夜宮】**《宵宮》よいみや。

**よむ【詠む】** 詩歌を作る。「和歌を—」

**よむ【読む】** ①文字や文章を見て声を出して言う。②文章を見て意味を理解する。③見通す。見抜く。「手を—」④数える。「枚数を—」

**よめ【嫁】** ①むすこの妻。②むすこの妻として家の籍に入った女性。「—をもらう」〔昔の家制度に基づく言い方〕③結婚相手の女性。「—さがし」◇[対]婿

**よめ【夜目】** 夜、暗い中で見ること。

**よめい【余命】**〔文章語〕残りの命。

**よめいり【嫁入り】** とつぐ—こと(儀式)。

**よめご【嫁御】**〔文章語〕嫁の敬称。

**よめじょ【嫁女】** よめ。〔古風な言い方〕

**よめとり【嫁取り】** 嫁②をもらうこと。[対]婿取り

**よめな【嫁菜】** キク科の多年草。花は淡紫色。若葉は食用。ノギク。

**よめる【読める】** ①読むことができる。②読む値打ちがある。「かなり—作品」

**よも【四方】** 東西南北。前後左右。「—の海」⏸あちらこちら。

**よもぎ【蓬】**《艾》 キク科の多年草。香気があり、若葉は草餅《くさもち》用。葉はもぐさ用。

**よもすがら【夜もすがら】**《終夜》 夜通し。夜すがら。[対]ひねもす

**よもや**（打消しの推量を伴って）まさか。

**よもやま【四方山】** さまざま。「—話」

**よやく【予約】** 前もって約束すること。また、その約束。

**よゆう【余裕】** ①あまり。「まだ席に—がある」②焦らず落ち着いていること。—**綽**《しゃく》**々**《しゃく》 悠然としたようす。

**よよ【代々・世々】** だいだい。

**よよ【夜々】** 毎晩。

**よらばたいじゅのかげ【寄らば大樹の陰】** 頼りにするなら、力のある人の方がよい。

**より** それ以上に。さらに。「—多く」

**より【寄り】** ①集まること。②寄り付き③。③それに近い位置を示す。「右—」

**より【縒り】**《撚り》 よること。よった—もの(程度)。

—**を戻**《もど》**す**（別れた男女の仲を）もとの関係に戻す。

**よりあい【寄り合い】** ①人が一か所に集まること。「—所帯」②集会。

**よりあつまる【寄り集まる】** 多くがひとつの場所に集まる。

**よりいと【縒り糸】**《撚り糸》 より合わせた糸。

**よりかかる【寄り掛かる】** からだをもたせかける。⏸頼みにする。

**よりき【与力】** 江戸時代、奉行《ぶぎょう》などの下で同心を指揮した役人。

**よりきる【寄り切る】** 相撲で、差し手のまま相手を押して土俵の外に出す。⏸〔俗語〕強引に相手を負かす。

**よりごのみ【選り好み】** えりごのみ。

**よりすがる【寄り縋る】** すがりつく。⏸力として頼む。

**よりすぐる【選りすぐる】** えりすぐる。

**よりそう【寄り添う】** そば近くに寄る。

**よりたおし【寄り倒し】** 相撲で、差し手のまま相手を土俵際まで追いつめて倒すわざ。[動]よりたおす

**よりつき【寄り付き】** ①入ってすぐの部屋。②茶の湯で、客が茶席に入る前に待つ所。待合《まちあい》。③取引で、午前・午後の最初の立会《たちあい》(—相場)。より。[対]大引け

**よりつく【寄り付く】** ①そばに近づく。②取引で、最初の立会《たちあい》が成り立つ。

**よりどころ【拠り所】** ①支えとするもの。「心(生活)の—」②根拠。

**よりどり【選り取り】** 自由に選び取ること。

—**見取**《みど》**り** 選り取りの強め。

**よりぬく【選り抜く】** えりぬく。

**よりね【寄り値】** 寄り付き③の値段。

**よりみち【寄り道】** 目的地へ行く途中に立ち寄ること。

**よりめ【寄り目】** 左右の目玉が鼻の方へ寄っている—こと(目)。内斜視。

**よりょく【余力】** 余っている力。

**よりわける【選り分ける】** えりわける。

**よる【夜】** 日没から日の出までの間。[対]昼

—**の帳**《とばり》 夜の闇。「—が下りる(=夜になる)」〔雅語的〕

**よる** [一]【因る】《由る》 ①基づく。「努力に—成功」②応じる。「季節に—差」[二]《拠る・依る》 根拠とする。「資料に—判断」

**よる【寄る】** ①近づく。②一か所に集まる。③かたよる。④立ち寄る。⑤《凭る》もたれる。

—と触《さわ》ると 人が集まるたびに。
**よる【選る】** えらぶ。
**よる【縒る】**《撚る》 ねじりあわせる。「糸を—」
**よるがお【夜顔】** つる草の一。夏の夕方に花を開く。ヒルガオ科。ユウガオ。
**よるがた【夜型】** 活動の時間が主に夜である—こと（人）。
**よるごはん【夜御飯】** 夕食。〔新しい言い方〕
**よるせき【夜席】** 寄席などで、夜に行われる興行。対昼席
**よるひる【夜昼】** ①夜と昼。②夜も昼も。「—なく」
**よるべ【寄る辺】** 頼みとする—所（人）。類縁故・縁者
**よるよなか【夜夜中】** 真夜中。対昼日中
**よれい【予鈴】** 開始を予告するベル。対本鈴
**よれる【縒れる】**《撚れる》 よじれる。
**よろい【鎧】**《甲》 昔、身を守るために着た武具。
—戸《ど》 細長い板を傾斜をもたせて何枚も並べた戸。しころど。
**よろく【余禄】** 予定外の利益。「—がある」類余得
**よろける** 足もとがふらついて倒れそうになる。
**よろこばしい【喜ばしい】**《悦ばしい》 うれしい。
**よろこばす【喜ばす】**《悦ばす》 喜ばせる。
**よろこばせる【喜ばせる】**《悦ばせる》 うれしがらせる。
**よろこび【喜び】**《悦び》 ①喜ぶこと。②《慶び》めでたいこと。
—事《ごと》 よろこばしい出来事。〔結婚・出産など〕類祝い事
**よろこぶ【喜ぶ】**《悦ぶ》 ①うれしく思う。②《慶ぶ》めでたく思う。
**よろず【万】** ①数の単位の一。まん。②数の多いこと。③すべて。
—屋《や》 ①多種類のものを売る店。②広くものを知っている人。
—代（世）《よ》 〔文章語〕永久に続く世。
**よろめく** よろける。Ⅱ〔俗語〕誘惑にのる。
**よろん【世論・輿論】** 世間一般の意見。せろん。「—調査」
**よわ【余話】** 〔文章語〕こぼれ話。エピソード。
**よわ【夜半】** 夜中。
**よわい【齢】** 年齢。「—を重ねる」
**よわい【弱い】** ①力や勢いが少ない。②じょうぶでない。③苦手だ。「数字に—」◇対強い
**よわき【弱き】** 権力や勢力の弱いもの。「—を助け強きをくじく」対強き
**よわき【弱気】** ①気が弱い。「—な発言」②取引で、相場が下がると予想すること。◇対強気
**よわごし【弱腰】** ①消極的な態度。対強腰 ②腰の細い部分。
**よわたり【世渡り】** 世間で暮らしていくこと。処世。
**よわね【弱音】** いくじのない言葉。「—を吐く」
**よわび【弱火】** 火力の弱い火。類とろ火 対強火《つよび》
**よわふくみ【弱含み】** 取引で、相場が下がる傾向にあること。対強含み
**よわまる【弱まる】** だんだん弱くなる。対強まる
**よわみ【弱み】** 他にひけめを感じるところ。弱点。「—につけこむ」対強み
**よわむし【弱虫】** いくじなし。
**よわめる【弱める】** 弱くする。対強める
**よわよわしい【弱々しい】** いかにも弱そうだ。
**よわりめ【弱り目】** 困ったとき。
—に祟《たた》り目《め》 不運に不運が重なること。
**よわる【弱る】** ①弱くなる。衰える。②困る。「弱ったなあ」
**よん【四】** し。「—倍」
**よんく【四駆】** 四輪駆動の略。4WD。
**よんダブリューディー【4WD】** 前輪も後輪も駆動できる構造（—の自動車）。四輪駆動。四駆《よんく》。〔WDはwheel drive〕
**よんどころない**《拠ん所無い》 やむをえない。「—処置」
**よんびょうし【四拍子】** 音楽で、四拍が一単位となる拍子。
**よんりん【四輪】** ①四つの車輪。②四輪車。

よ

# ら

**ら【羅】** 薄い絹織物。

**ラ**〔イタリア語 la〕①階名の一。長音階の第六音。②音名の一。

**ラー**〔Ra〕古代エジプトの主神で、太陽神。

**ラーゲ**〔ドイツ語 Lage〕（性交時の）体位。

**ラーゲリ**〔ロシア語 lager'〕捕虜収容所。

**ラージ**〔large〕大きい。

**—ヒル**〔large hill〕スキーのジャンプ競技で、K点までが一〇五～一二〇メートル。

**ラード**〔lard〕豚の脂肪から採る半固体の油。

**ラーメン**《拉麺》〔中国語 lāmiàn〕中国風めん料理の一。

**ラーユ【—油・辣油】**〔中国語 làyóu〕調味料の一。ごま油に唐辛子の入ったもの。

**ライ**〔rye〕ライ麦。

**らいい【来意】**〔文章語〕訪問したわけ。

**らいう【雷雨】** かみなりを伴って降る雨。

**らいうん【雷雲】** かみなりをもたらす雲。積乱雲。かみなりぐも。

**らいえん【来援】** 来て助けること。

**らいえん【来演】** そこに来て上演や演奏をすること。

**らいおう【来往】** 往来。

**ライオン**〔lion〕ネコ科の肉食動物。獅子《しし》。〔雄はたてがみがある。／百獣の王とされる〕

**らいか【来夏】**〔文章語〕来年の夏。

**らいか【雷火】** ①落雷による火事。②いなびかり。

**らいが【来賀】**〔文章語〕来て祝いを述べること。

**らいが【来駕】**〔文章語〕来訪の尊敬語。

**らいかい【来会】**〔文章語〕集会に来ること。

**ライカばん【—判】** 二四ミリメートル×三六ミリメートルの写真判。〔ライカはドイツ語 Leicaで、商標〕

**らいかん【来患】** 病院に患者が来ること。

**らいかん【来館】** 館とつく施設に来ること。

**らいかん【来観】** 来て見ること。

**らいかん【雷管】** 火薬の点火に使う発火具。爆薬を金属製の管に詰めたもの。

**らいき【来季】** ①スポーツで、次のシーズン。②次の季節。

**らいき【来期】** 次の‐期間（時期）。

**らいきゃく【来客】** 訪ねて来た客。

**らいきょう【来京】** ①都へ来ること。②東京（京都）へ来ること。

**ライク**〔like〕…に似た。…のような。「ビジネス（メンズ）—」

**らいげき【雷撃】** 魚雷で艦船を攻撃すること。

**らいげつ【来月】** 次の月。対先月

**らいこう【来光】** ご来光。

**らいこう【来貢】**〔文章語〕外国から来て貢ぎ物を献上すること。

**らいこう【来航】** 外国から船で来ること。

**らいこう【来寇】** 外国から攻めて来ること。

**らいこう【雷光】** いなびかり。

**らいごう【来迎】** ①〔仏教語〕臨終の際、仏が現れて極楽浄土へ導くこと。「—図」②ブロッケン現象。

**らいさん【礼賛】**《礼讃》①称賛。②〔仏教語〕三宝を礼拝して功徳《くどく》をたたえること。

**らいしゅう【来襲】** 敵が不意に攻めて来ること。類襲来

**らいしゅう【来集】** 集まって来ること。

**らいしゅう【来週】** 次の週。対先週

**らいしゅう【来秋】** 来年の秋。

**らいしゅん【来春】** 来年の春。

**らいしょ【来書】**〔文章語〕来状。

**らいじょう【来状】**〔文章語〕送って来た手紙。

**らいじょう【来場】** その‐場所（会場）に来ること。

**らいしん【来信】**〔文章語〕来状。

**らいしん【来診】** ①医者が患者の家へ来て診察すること。②病院へ患者が診察を受けに来ること。

**らいじん【雷神】** かみなりを起こすとされた神。

**ライス**〔rice〕①米。②ごはん。

**—カレー**〔和製語 rice curry〕カレーライス。

**—シャワー**〔rice shower〕結婚式で、新郎新婦に米をまいて祝福すること。

**—ペーパー**〔rice paper〕①薄紙の一。紙巻きタバコ・造花用。②ベトナム料理

の食材の一。米粉で作った薄い皮。

**らいせ【来世】**〔仏教語〕死後の世界。「ーを信じる」対前世・現世

**ライセンス**［license］①免許・許可証。②（外国）製品の技術やデザインの使用許可。

**らいだ【懶惰】**「らんだ」の慣用読み。

**ライター**［lighter］（タバコ用の）小型の点火器具。「ーをつける・ガスー」

**ライター**［writer］①執筆者。②記者。「ルポー」③作家。「シナリオー」

**ライダー**［rider］馬やオートバイに乗る人。

**らいたく【来宅】**〔文章語〕客が家に来ること。

**ライチー【茘枝】**［中国語 lizhi］レイシ。

**らいちゃく【来着】**〔文章語〕到着。

**らいちょう【来朝】**〔文章語〕来《らい》日《にち》。

**らいちょう【雷鳥】**鳥の一。羽は、夏に茶色、冬に白になる。日本アルプスなどの高山帯に生息。〔特別天然記念物〕

**ライティング**［lighting］照明。

**ライティング**［writing］書くこと。作文。〔ヒヤリング・スピーキング・リーディングに対して〕

**ーデスク**［writing desk］書き物をするための机。

**ービューロー**［writing bureau］天面が蓋を兼ねているライティングデスク。

**らいてん【来店】**店に来ること。

**らいでん【雷電】**〔文章語〕かみなりといなずま。

**ライト**［light］①光。光線。照明。②明るい色。「ーブルー」③軽い。

**ーアップ**［light up］照明をあてて暗い背景から浮かび上がらせること。

**ーノベル**［和製語 light novel］気軽に読める小説。〔若い世代が主な読者層〕

**ーバン**［和製語 light van］小型貨客両用車。

**ーペン**［light pen］コンピューターの入力装置の一。ペン形で、画面に触れることで入力ができる。

**ーレール**［light rail］都市（ー近郊）を走る路面電車（ーのシステム）。〔正式にはライトレールトランジット〕

**ライト**［right］①右。②野球で、右翼（ー手）。③右派。◇対レフト

**らいとう【来冬】**〔文章語〕来年の冬。

**らいとう【来島】**島に訪れて来ること。

**らいどう【雷同】**考えもなく簡単に他人の意見に同調すること。「付和ー」

**ライトモチーフ**［ドイツ語 Leitmotiv］①音楽で、ある人物や感情を象徴する楽句。②芸術作品の中心思想。

**ライナー**［liner］①野球で、一直線に飛ぶ打球。ラインドライブ。②コートの、取りはずせる裏地。③定期便。「スカイー」

**ーノート**［liner notes］CDやレコードのジャケットの解説。

**らいにち【来日】**外国人が日本へ来ること。対離日

**らいにん【来任】**赴任して来ること。

**ライニング**［lining］①裏張り。裏打ち。②裏地。

**らいねん【来年】**今年の次の年。

**ーの事《こと》を言《い》うと鬼《おに》が笑《わら》う** 将来のことは予測できない。

**らいはい【礼拝】**仏をおがむこと。「ー堂」〔キリスト教では「れいはい」〕

**らいはる【来春】**来年の春。らいしゅん。

**ライバル**［rival］競争相手。「恋のー」

**らいひ【来否】**〔文章語〕来るか来ないか。

**らいびょう【癩病】**ハンセン病の旧称。

**らいひん【来賓】**会合などに招かれて来た客。

**ライフ**［life］①生活。「ースタイル」②生命。Ⅱコンピューターゲームで、残りの生命力や燃料。③生涯。

**ーサイエンス**［life science］生命科学。

**ーサイクル**［life cycle］生命（生活）の周期。Ⅱ商品として売れる期間。

**ージャケット**［life jacket］救命胴衣。

**ースタイル**［lifestyle］生活様式。〔生き方そのものの意にも〕

**ーステージ**［life stage］人の一生をいくつかに分けたそれぞれの段階。〔幼児期や青年期など〕

**ーセーバー**［life saver］水難救助員。

**ーセービング**［lifesaving］水難救助活動（ーの方法）。

**ーハック**［lifehack］日常生活や仕事のためのちょっとした知恵。

**ーライン**［lifeline］命綱。生命線。生活に不可欠な電気・ガス・水道など。

**ーワーク**［lifework］一生をかけてする

ら

仕事。

**ライブ**〔live〕観客の前でする演奏（—の実況中継）。「—レコード」

**—カメラ**〔live camera〕リアルタイムの映像をインターネット経由で配信するサービス。

**—ショー**〔live show〕実演。生番組。

**—ハウス**〔和製語 live house〕飲食しながら、音楽の生演奏を聴ける店。

**ライブラリー**〔library〕①図書-館（室）。②蔵書。③叢《そう》書《しょ》。

**ライフルじゅう【—銃】**銃身の内部に、らせん状の溝を入れた小銃。弾が回転する。ライフル。

**らいほう【来訪】**訪ねて来ること。「—者」対往訪

**らいほう【来報】**〔文章語〕知らせが来ること。また、来た知らせ。

**ライム**〔lime〕ミカン科の常緑低木。実は酸味・香気が強い。「—ジュース」

**ライム**〔rhyme〕韻（—をふむこと）。

**ライむぎ【—麦】**穀物の一。実は黒パン・ウイスキーの原料。黒麦。ライ。

**らいめい【雷名】**〔文章語〕①世間に響きわたる名声。②「他人の名声」の尊敬語。

**らいめい【雷鳴】**〔文章語〕雷の鳴り響く音。

**らいゆう【来遊】**〔文章語〕来て遊ぶこと。

**らいらく【磊落】**快活で度量の広いこと。「豪放—」

**ライラック**〔lilac〕春、薄紫色で香りがよい花の咲く木。リラ。ムラサキハシドイ。

**らいりん【来臨】**〔文章語〕「他人の-出席（来訪）」の尊敬語。

**らいれき【来歴】**①由来。②経歴。

**ライン**〔LINE〕SNSの一。無料で通話やメッセージ交換ができる。〔商標〕

**ライン**〔line〕①線。②行。列。③系列。④航路。鉄道線。⑤企業の組織で、製造・販売などの活動を担う部門。対スタッフ

**—アウト**〔line-out〕ラグビーで、タッチラインの外から二列に並んだ選手に向かって球を投げ入れること。ラインナウト。

**—アップ**〔lineup〕野球で、打順。Ⅱ顔ぶれ。陣容。◇ラインナップ。

**—ズマン**〔linesman〕線審。

**—ダンス**〔和製語 line dance〕一列に並んで踊るダンス。

**—ドライブ**〔line drive〕ライナー①。

**ラインストーン**〔rhinestone〕模造ダイヤモンドの一。〔ライン河畔で生産されたことから〕

**ラウ** キセルの火皿と吸い口をつなぐ竹の管。ラオ。〔ラオス産の竹をつかったことから。／羅宇はあて字〕

**ラヴ** ⇩ラブ

**ラウドスピーカー**〔loudspeaker〕拡声器。

**ラウンジ**〔lounge〕ホテルやクラブの社交室・談話室。

**ラウンド**〔round〕①ボクシングなどで、試合の回。「第八—」②ゴルフで、コースを一巡すること。③多国間の交渉。〔東京ラウンドのように開催地名を上につけてよぶ〕

**—テーブル**〔round table〕円卓。

**—ナンバー**〔round number〕端数のつかない数。

**ラオチュー【老酒】**〔中国語 lǎojiǔ〕中国酒の一。紹興酒を長期間醸成したもの。

**ラガー**〔rugger〕ラグビー（—の選手）。

**ラガービール**〔lager beer〕加熱処理してあるビール。

**らかん【羅漢】**完全に悟りを開いた、仏教の修行者。〔阿羅《あら》漢《かん》の略〕

**らがん【裸眼】**めがねなどを使わない-目（視力）。

**らぎょうへんかくかつよう【ラ行変格活用】**文語動詞の活用の型の一。〔「あり・おり・はべり・みまそかり・いますかり」の五語〕

**らく【楽】**①苦しみがなく安らかなこと。対苦 ②たやすいこと。③千秋楽の略。

**—あれば苦《く》あり** 世の中は楽なことばかりが続くわけではない。

**—は苦《く》の種《たね》苦《く》は楽《らく》の種《たね》** 楽と苦は相伴うものであること。

**ラグ**〔lag〕時間的なずれ。タイムラグ。

**ラグ**〔rug〕小さい敷物。

**らくいん【烙印】**焼き印。

**—を押《お》される** ぬぐいようのない汚名を受ける。

**らくいん【落胤】**〔文章語〕昔、身分の高い人がひそかに生ませた子。おとしだね。

**らくいんきょ【楽隠居】**安楽に隠居する-こと（人）。

**ラグーン**〔lagoon〕①潟①。②環礁の内

ら

側の浅い海。

**らくえん【楽園】** 楽しみに満ちた所。パラダイス。「地上の—」

**らくがい【洛外】** ①都の外。 ②京都の郊外。◇対洛中

**らくがき【落書き】** 書くべきでない所に書いたいたずら書き。

**らくがん【落雁】** 干菓子の一。

**らくご【落伍・落後】** 仲間から遅れてついていけなくなること。

**らくご【落語】** 演芸の一。終わりをおちで結ぶ、こっけいな話。落とし話。「—家」

**らくさ【落差】** 水面の高低の差。⊞高低の差。「賃金に—がある」

**らくさつ【落札】** 入札して、目的物を自分のものにする権利を得ること。

**らくじつ【落日】** 入り日。落陽。

**らくしゃ【落車】** 競輪やオートレースで、選手が車から落ちること。

**らくしゅ【落手】** ①〔文章語〕受け取ること。〔手紙などで使う語〕 ②囲碁・将棋で、わるい手をさすこと。

**らくしゅ【落首】** 匿名で時事や人物を風刺した狂歌や狂句。

**ラグジュアリー**〔luxury〕 ぜいたくな。〔—ニット〕

**らくしょ【落書】** ①昔、世間を批判・風刺した匿名文書。 ②らくがき。

**らくしょう【落掌】**〔文章語〕落手《らくしゅ》①。

**らくしょう【楽勝】** 楽に勝つこと。対辛勝

**らくじょう【落城】** 城が攻め落とされること。⊞くどかれて承諾すること。

**らくしょく【落飾】**〔仏教語〕〔身分の高い人が〕剃髪《ていはつ》して仏門に入ること。

**らくせい【落成】** 工事が完成すること。

**らくせき【落石】** 山の上から-落ちる石（石が落ちること）。

**らくせき【落籍】**〔文章語〕①戸籍から抜け落ちていること。 ②芸者を身受けすること。

**らくせん【落選】** ①選考にもれること。対入選 ②選挙に落ちること。対当選

**らくだ《駱駝》** 哺乳動物の一。砂漠の生活に適し、背中にこぶがある。毛は織物用。

**らくだい【落第】** ①不合格。 ②成績がわるく進級できないこと。 ③不適格。◇対及第

**らくたん【落胆】** がっかりすること。

**らくちゃく【落着】** 物事が落ち着くこと。「一件—」

**らくちゅう【洛中】** ①都の中。 ②京都の市街地。◇対洛外

**らくちょう【落丁】** 本のページが一部分抜けていること。

**らくちょう【落潮】** ①引き潮。 ②落ち目。

**らくてん【楽天】** くよくよしないこと。

**—家《か》** 楽天的な人。オプティミスト。

**—的《てき》** くよくよしない。対悲観的

**らくど【楽土】** 楽園。

**ラクトース**〔lactose〕 乳糖。

**らくね【楽寝】** 気楽に寝ること。

**らくのう【酪農】** 乳牛や羊を飼育して、乳製品を作る農業。「—家」

**らくば【落馬】** 馬から落ちること。

**らくはく【落剝】**〔文章語〕はげ落ちること。

**らくはく【落魄】**〔文章語〕落ちぶれること。

**らくはつ【落髪】**〔文章語〕髪をそり落として仏門に入ること。

**らくばん【落盤】《落磐》** 坑内の天井や壁の岩石・土砂が崩れ落ちること。

**らくび【楽日】** 千秋楽の日。興行の最終日。

**ラグビー**〔Rugby〕 球技の一。一チーム一五人。楕円《だえん》形の球を使う。ラ式蹴球。

**らくほく【洛北】** ①都の北。 ②京都市街の北の地域。

**らくめい【落命】**〔文章語〕死ぬこと。

**らくよう【洛陽】**〔中国古代に栄えた都市名〕

**—の紙価《しか》を高《たか》める** 著書がよく売れる。

**らくよう【落葉】** 木の葉が落ちること。落ち葉。

**—樹《じゅ》** 秋に葉が落ちる樹木。対常緑樹

**—松《しょう》** カラマツの別称。

**らくよう【落陽】**〔文章語〕落日。

**らくらい【落雷】** 雷が落ちること。

**らくらく【楽々】** ①気楽なようす。 ②非常にたやすいようす。

**ラグラン**〔raglan〕 洋服のそでの形の一。えりぐりからすぐそでがついている。〔人名から〕

ら

**らくりん【落輪】** 側溝などに自動車の車輪がおちこむこと。
**らくるい【落涙】**〔文章語〕涙を流すこと。
**ラクロス**［lacrosse］球技の一。先にネットのついたスティックを使う。
**ラケット**［racket］テニスや卓球などで、球を打つ用具。
**ラザーニャ**［イタリア語 lasagna］平たく太いイタリアめん。ラザニア。
**ラジアルタイヤ**［radial tire］高速用に開発された自動車タイヤ。
**ラジアン**［radian］角度の単位。円の半径に等しい長さの弧に対する中心角を一とする。弧度。
**ラジウス**［Radius］野外用の石油こんろ。ラジュース。〔商標〕
**ラジウム**［radium］放射性元素の一。銀白色の金属。医療用・工業用。記号Ra
**ラジエーター**［radiator］暖房・冷却用の放熱器。
**ラジオ**［radio］電波による音声の通信(—の受信機)。
**—アイソトープ**［radioisotope］放射性同位元素。
**—ゾンデ**［ドイツ語 Radiosonde］気球などに取り付け、大気の気象状態を観測して通信する装置。
**—ネーム**［和製語 radio name］ラジオ番組に投稿などをするときに使う、本名以外の名。
**—ビーコン**［radio beacon］航空機や船に現在位置を知らせる無線装置。
**ラジカル** ⇩ラディカル
**ラしきしゅうきゅう【ラ式蹴球】** ラグビー。
**ラジコン** 無線操縦。〔radiocontrol の略〕
**らししょくぶつ【裸子植物】** 種子植物で、胚珠《はいしゅ》が子房で包まれていないもの。〔マツ・イチョウなど〕対被子植物
**ラシャ【羅紗】**［ポルトガル語 raxa］毛織物の一。厚地。
**ラジャー**［roger］（無線通信などで）了解。
**ラシャがみ【—紙・羅紗紙】** ラシャに似せた厚紙。壁紙用。
**らしゅつ【裸出】** むきだし。
**らしん【裸身】** はだか。類裸体
**らしんばん【羅針盤】** 盤に磁針を取り付けた方位測定器。羅針儀。コンパス。
**ラスク**［rusk］フランスパンで作った菓子。
**ラスト**［last］最後。最終。
**—オーダー**［last orders］（飲食店などで）閉店前の最後の注文(—の時間)。
**—シーン**［last scene］映画や演劇の、最後の場面。
**—スパート**［last spurt］ゴール間近の力走。Ⅱ最後のがんばり。
**—ナンバー**［last number］（番組の）最後に演奏される曲。
**ラスパイレスしすう【—指数】** 国家公務員の給与を一〇〇としたときの、地方公務員の給与を示す数字。〔Laspeyres は経済学者の名〕
**ラズベリー**［raspberry］キイチゴの一。実は美味。ジャムなどにもする。バラ科。フランボアーズ。
**らせん【螺旋】** ①渦巻き状のもの。スパイラル。「—階段」②ねじ。
**らぞう【裸像】** はだかの人の像。
**らそつ【邏卒】**〔文章語〕①巡査。〔明治初期に使われた〕②見回り兵。
**らたい【裸体】** はだか。「—画」類裸身
**ラタトゥイユ**［フランス語 ratatouille］南フランスの野菜の煮込み料理。
**ラタン**［rattan］籐《とう》。
**らち【埒】** 物事の区切り。〔馬場の周囲に設けた柵の意〕
**—が明《あ》かない** 物事がはかどらない。物事に決まりがつかない。
**—もない** とりとめがない。
**らち【拉致】** むりやり連れて行くこと。
**らち【裸地】** 植物が生えていない土地。
**らちがい【埒外】** 一定の範囲外。対埒内
**らちない【埒内】** 一定の範囲内。対埒外
**らっか【落下】** 落ちること。「—運動」
**—傘《さん》** 航空機などから安全に降下・着地するための道具。かさ状。パラシュート。
**—傘候補《さんこうほ》** その選挙区に支持基盤のない(—国政選挙などの)立候補者。
**らっか【落花】** 散る花。
**—生《せい》** ナンキンマメ。
**—狼藉《ろうぜき》**〔文章語〕ひどく散らかっていること。
**らっか【落果】** 果実が枝から落ちること。また、その果実。
**ラッカー**［lacquer］塗料の一。速乾性。

**らっかん【落款】** 書画に作者が署名・捺印すること。また、その署名や印。

**らっかん【楽観】** 物事に明るい見通しをもつこと。「―主義」対悲観

**ラッキー** 幸運。

**―セブン** ［lucky seventh］ 野球で、七回目の攻撃。〔得点しやすいとされる〕

**らっきゅう【落球】** 球技で、一度受けた球を落とすこと。

**らっきょう《辣韮》** ユリ科の多年草。地下の白い鱗茎《りんけい》を漬物にする。

**ラック** ［rack］ 棚。「オーディオ―」

**ラック** ［ruck］ ラグビーで、両チームが集まって地上にある球をはさんで奪い合うこと。

**らっけい【落慶】** 〔文章語〕社寺などの工事の落成を祝うこと。「―供養(式)」

**ラッコ《猟虎》** ［アイヌ語 rakko］ イタチ科の哺乳動物。カワウソに似る。

**ラッサねつ【―熱】** ウイルス性の急性熱性感染症の一。〔発見地がナイジェリアのラッサ村〕

**ラッシュ** ［rush］ ①殺到すること。②突進すること。③通勤・通学時の混雑。④ラッシュフィルム。

**―アワー** ［rush hour］ 通勤・通学者で交通機関が非常に混雑する時間。

**ラッシュ【LASH】** ⇩付LASH

**ラッセル** 呼吸器の異常のとき、聴診器に聞こえる雑音。ラ音。［ドイツ語 Rassel-geräusch から］

**ラッセル** ［russel］ ①登山で、深雪をかき分け、道を開きながら進むこと。②ラッセル車。

**―車《しゃ》** 除雪車。

**ラッチ** ［latch］ ドアなどのかけがね。

**ラット** ［rat］ やや大形のネズミの総称。クマネズミ・ドブネズミなど。

**ラッパ《喇叭》** ［中国語 lǎba］ 金管楽器の総称。

**―水仙《すいせん》** スイセンの一。花は大形。ヨーロッパ原産。

**―飲《の》み** 瓶に直接口をつけて飲むこと。

**ラッピング** ［wrapping］ 〔贈り物などのしゃれた〕包装。

**ラップ** ［lap］ 競走の一周。競泳の一往復。

**―タイム** ［lap time］ ラップごとの所要時間。途中計時。

**ラップ** ［rap］ ダンスビートにあわせてリズミカルに早口の言葉を乗せていく音楽。

**ラップ** ［wrap］ 食品などを包む膜状のもの。また、それで包むこと。

**ラップトップ** ［laptop］ ひざの上に置ける程度のパソコン。対デスクトップ

**ラッフル** ［ruffle］ 服の、幅の広いひだ飾り。

**らつわん【辣腕】** すご腕。腕きき。

**ラディカル** ［radical］ ①急進的。②根本的。◇ラジカル。

**ラティス** ［lattice］ 〔園芸用の〕仕切り。〔格子の意から〕

**ラディッシュ** ［radish］ はつかだいこん。

**ラテックス** ［latex］ ゴムノキの樹皮からとれる白い液。天然ゴムの原料。

**ラテン《羅甸・拉丁》** ［Latin］

**―アメリカ** ［Latin America］ スペイン語・ポルトガル語・フランス語などのラテン系言語を使い、ラテン文化を基調とする中南米の地域。

**―音楽《おんがく》** 中南米の音楽。ルンバ・サンバなど。

**―語《ご》** 古代ローマ帝国の言語。〔現在はバチカン市国の公用語〕

**―民族《みんぞく》** フランス・イタリア・スペインなど、ラテン語から分化した言語を使用する人々の総称。

**―文字《もじ》** ローマ字。

**らでん【螺鈿】** 真珠色の光を放つ貝殻の薄片をはった装飾。

**ラドン** ［radon］ 希ガス元素の一。ラジウムの崩壊時に生じる気体。放射性。記号Rn

**ラニーニャ** ［スペイン語 La Niña］ 太平洋東部で水温が異常に低下する現象。〔世界各地の異常気象の原因となる。／ラニーニャは少女の意〕

**らぬきことば【ら抜き言葉】** 上一段・下一段・カ変活用動詞の可能形。「見れる」「食べれる」「来れる」など。〔助動詞「られる」がつくのが本来の形〕

**らば【騾馬】** 雄のロバと、雌のウマとの雑種。労役に使う。

**ラバ** ［イタリア語 lava］ 溶岩。ラーバ。

**ラバー** ［rubber］ ゴム(―製品)。「―コート」

**―ソール** ［rubber-soled shoes］ ゴム底(―の靴)。

**ラバトリー** ［lavatory］ 化粧室。便所。

**ラビオリ** ［イタリア語 ravioli］ ギョーザに似た

ら

イタリア料理。

**ラピスラズリ** 〔lapis lazuli〕 瑠璃《るり》の一。青金石。ラズライト。〔一二月の誕生石〕

**ラビット** 〔rabbit〕 ウサギ。

**ラビリンス** 〔labyrinth〕 迷宮。迷路。

**らふ【裸婦】** はだかの女性。「―像」

**ラフ** 〔rough〕 ①粗い。大ざっぱ。②無造作。「―な服装」③ゴルフコースで、雑草の生えている区域。対フェアウエー ④硬式テニスのラケットで、裏側。対スムーズ

**ラブ** 〔love〕 ①恋。愛。「―ストーリー」②テニスなどで、無得点。「―ゲーム」

**ラブコール** 〔love call〕 ①熱心な勧誘の呼びかけ。②恋人への電話。

**ラブシーン** 〔love scene〕 映画や演劇で、恋や情事の場面。

**ラプソディー** 〔rhapsody〕 形式が自由で、はなやかな楽曲。狂詩曲。

**ラフティング** 〔rafting〕 大型のゴムボート(=ラフト)で急流を下るスポーツ。

**ラフプレー** 〔rough play〕 雑(乱暴)なプレー。

**ラブホテル** 〔和製語 love hotel〕 情交を目的とした利用客のためのホテル。

**ラブラブ** 〔和製語 love love〕 〔俗語〕熱愛状態。

**ラフランス** 〔フランス語 La France〕 西洋ナシの一。

**ラブリー** 〔lovely〕 かわいらしい。

**ラブレター** 〔love letter〕 恋文。

**ラベリング** 〔labeling〕 ①ラベルをはること。②レッテルをはること。Ⅱ主観的に評価すること。

**ラベル** 〔label〕 商標などの張り紙。レッテル。

**ラペル** 〔lapel〕 襟の折り返し。

**らへん【ラ変】** ラ行変格活用の略。

**ラベンダー** 〔lavender〕 シソ科の低木。花は紫色で、香水の原料。

**ラボ** ①ラボラトリーの略。②ランゲージラボラトリーの略。

**ラポール** 〔フランス語 rapport〕 互いに親しさや信頼を感じあう状態。

**ラボラトリー** 〔laboratory〕 ①研究所。②実験室。③現像所。「カラー―」◇ラボ。

**ラマーズほう【―法】** 無痛自然分娩法の一。〔Lamazeは医者の名〕

**ラマきょう【―教】** 仏教の一派。チベットで発達。〔ラマは チベット語 blamaで、上人《しょうにん》の意〕

**ラマダン** 〔Ramadan〕 イスラム暦で、九月。また、この月にイスラム教徒が行う断食《だんじき》。

**ラミー** 〔ramie〕 茎の繊維を織物・糸にする低木。イラクサ科。

**ラミネート** 〔laminate〕 合板にすること。薄片をはりあわせること。「―チューブ」

**ラム** 〔rhm〕 放射線源の強さを表す単位。

**ラム** 〔lamb〕 子羊(―の肉・毛)。

**ラム【RAM】** コンピューターで、書き込みと読み出しが随時行える記憶装置。対ROM 〔Random Access Memoryの略〕

**ラム** 〔rum〕 糖蜜《とうみつ》から作る強い蒸留酒。ラム酒。

**ラムウール** 子羊の毛で作った毛糸・織物。〔lamb's woolから〕

**ラムサールじょうやく【―条約】** 水鳥の生息地として重要な湿地の保護を目的とした条約。〔イランのラムサールで採択〕

**ラムダ【λ】** 〔ギリシャ語 lambda〕 ギリシャ文字の第一一字母。

**ラムネ** 清涼飲料の一。〔lemonadeから〕

**ラメ** 〔フランス語 lamé〕 金属箔《はく》の糸。また、金属箔を織りこんだ布や編み地。

**ララバイ** 〔lullaby〕 子守歌。

**ラリー** 〔rally〕 ①テニスや卓球で、球の打ち合い。②自動車の耐久レース。

**らりる** 〔俗語〕酒や薬のせいで、-舌がもつれる(体がふらつく)。〔ラリるとも書く〕

**ラルゴ** 〔イタリア語 largo〕 音楽の演奏標語の一。きわめてゆっくりの意。

**られつ【羅列】** 連ね並べること。連なり並ぶこと。「疑問点を―する」

**ラワン** 〔タガログ語 lauan〕 東南アジア産の常緑高木。器具・家具・建築用。「―材」

**らん【卵】** 雌性の生殖細胞。

**らん【乱】** 世の中が乱れること。「治にいて―を忘れず」対治

**らん【蘭】** 植物の一。観賞用。

**らん【欄】** ①欄干《らんかん》。②新聞や雑誌で、記事を類別した区画。「投書―」

**ラン【LAN】** 同一組織内での情報通信ネットワーク。〔local area networkの略〕

ら

**ラン**【run】①走ること。「ウイニングー」②コンピューターで、プログラムや処理の実行。③連続興行。「ロングー」④野球で、得点。「スリーーホームラン」

**らんうん**【乱雲】①乱れ飛ぶ雲。②乱層雲。

**らんえんけい**【卵円形】たまごがた。

**らんおう**【卵黄】卵の黄身。対卵白

**らんがい**【欄外】印刷部分を囲むわくの外。また、紙面の余白部分。

**らんかく**【卵殻】たまごのから。

**らんかく**【乱獲・濫獲】魚や鳥獣をむやみにとること。

**らんがく**【蘭学】江戸時代、オランダ語を通じて日本に入った西洋の学問。

**らんかつ**【卵割】動物の受精卵の細胞分裂。

**らんかん**【欄干】橋や廊下のてすり。

**らんぎく**【乱菊】花弁を長く乱れさせた菊の模様。

**らんぎょう**【乱行】①乱暴な行い。②みだらな行い。

**らんぎり**【乱切り】料理で、材料の形をそろえずに切る切り方。「ゴボウのー」

**らんきりゅう**【乱気流】局部的におこる不規則な空気の流れ。

**ランキング**【ranking】順位。「世界ー」

**ランク**【rank】順位（ーをつけること）。

**ーアップ**〔和製語 rank up〕順位が上がること。

**ーダウン**〔和製語 rank down〕順位が下がること。

**らんぐい**【乱杭】《乱杙》ふぞろいに打ち込んだくい。

**ー歯**《ば》 歯並びのふぞろいな歯。

**らんくつ**【乱掘・濫掘】むやみに掘ること。「地下資源をーする」

**ランゲージ**【language】言語。

**ーラボラトリー**【language laboratory】語学用の視聴覚訓練室。ラボ。LL。

**らんご**【蘭語】オランダ語。

**らんこう**【乱交】不特定多数の相手と性交すること。「ーパーティー」

**らんこう**【乱行・濫行】道にはずれた行い。

**らんこうげ**【乱高下】相場が激しく不規則に上下すること。

**らんさいぼう**【卵細胞】ひとつの細胞として扱う場合の、卵《らん》。

**らんさく**【乱作・濫作】（内容はおかまいなしに）作品をやたらに多く作ること。

**らんざつ**【乱雑】乱れ、散らかっていること。

**らんし**【卵子】卵《らん》。対精子

**らんし**【乱視】目の屈折異常の一。物がずれて（ゆがんで）見える。

**ランジェリー**〔フランス語 lingerie〕女性用の下着。

**らんしゃ**【乱射】目標を定めず、めちゃくちゃに撃つこと。

**らんじゃ**【蘭麝】〔文章語〕ランの香りと麝香《じゃこう》の香り。‖とてもいい香り。

**ー待**《いた》 中国から伝わったという香木。〔正倉院宝物〕

**らんじゅく**【爛熟】果実が熟しすぎること。‖物事が発達しきっていること。

**らんしょう**【濫觴】〔文章語〕物事の始まり。

**らんしん**【乱心】気が狂うこと。

**らんしん**【乱臣】国を乱す臣下。

**らんすい**【乱酔】泥酔《でいすい》。

**らんすうひょう**【乱数表】無作為に選んだ多くの数字を不規則に並べた表。

**らんせ**【乱世】乱れた世。らんせい。対治世

**らんせい**【卵生】卵で生まれ、孵化《かふ》すること。〔鳥・魚など〕対胎生

**らんせん**【乱戦】①敵味方入り乱れての戦い。②決着がつかず荒れもようの試合。

**らんそう**【卵巣】雌の生殖器官の一。卵子をつくる。

**らんぞう**【乱造・濫造】質を問わず、むやみにつくること。「粗製ー」

**らんそううん**【乱層雲】空一面をおおう暗灰色の雲。雨や雪を降らせる。

**らんそうるい**【藍藻類】下等な藻類の一。藍藻植物。

**らんだ**【乱打】①続けざまに打つこと。②テニスなどで、練習のために球を打ち合うこと。

**らんだ**【懶惰】〔文章語〕怠惰。

**らんたいせい**【卵胎生】母体内で卵が孵化《かふ》し、生まれること。〔マムシ・タニシなど〕

**ランダム**【random】①任意。②統計調

査で、無作為。
―アクセスメモリー〔Random-Access Memory〕ラム（RAM）。
―ウォーク理論《りろん》 株価について、過去のデータからは将来の値動きは予測できないとする理論。千鳥足の理論。〔Random Walk Theory〕
―サンプリング〔random sampling〕統計調査で、調査対象から無作為に標本を取り出す方法。
**ランタン**〔lantern〕角灯。
**ランチ**〔launch〕小型の蒸気船。
**ランチ**〔lunch〕①昼食。②洋風の定食。
**らんちきさわぎ【乱痴気騒ぎ】** どんちゃん騒ぎ。
**ランチャー**〔launcher〕ミサイルやロケットの発射機。ローンチャー。
**らんちゅう【蘭鋳・蘭虫】** 金魚の品種の一。頭部にこぶがある。
**らんちょう【乱丁】** 本のページの順序が乱れていること。また、そのページ。
**らんちょう【乱調】** ①調子を乱すこと。乱れた調子。②相場の変動が激しく定まらないこと。◇乱調子。
**ランチョン**〔luncheon〕格式ばった昼食。
―マット〔和製語 luncheon mat〕各人の食器の下に敷く敷物。
**ランディング**〔landing〕着陸。着地。
**ランデブー**〔フランス語 rendez-vous〕①デート。②宇宙船どうしが、ドッキングのため宇宙空間で出会うこと。
**ランド**〔land〕①陸。土地。②大規模な遊園地。「ディズニー―」
―スケープ〔landscape〕風景。景観。特に、人工の環境も含めた総合的な景観。
―セーリング〔landsailing〕帆の付いた車両で、風を受けて走行する―スポーツ（手段）。ランドヨット。
―マーク〔landmark〕①陸上の目印。②その地域の象徴となるような建物。
**らんとう【乱闘】** 敵味方が入り乱れて戦うこと。
**らんどく【乱読・濫読】** 手当たり次第にいろいろな本を読むこと。
**ランドサット** ⇩付Landsat
**ランドセル** 小学生用の背負いかばん。〔オランダ語 ransel から〕
**ランドナー**〔フランス語 randonneur〕ツーリング（小旅行）用の自転車。
**らんどり【乱取り】** 柔道で、二人が組んで自由にわざをかけあって行う練習。
**ランドリー**〔laundry〕クリーニング屋。
**ランナー**〔runner〕①競走で、走る人。②野球で、走者。
―ズハイ〔runner's high〕ランニングの途中で苦しさが消え、恍惚《こうこつ》となる現象。
**らんにゅう【乱入】** どやどや押し入ること。
**ランニング**〔running〕①走ること。②ランニングシャツ。
―コスト〔running cost〕運営費。運転資金。
―シャツ〔和製語 running shirt〕そでなしでえりぐりの深いシャツ。
―ホーマー〔和製語 running homer〕野球で、打球がころがっている間に打者が生還するホームラン。ランニングホームラン。
**らんばい【乱売】** 投げ売り。
**らんぱく【卵白】** 卵の白身。対卵黄
**ランバダ**〔ポルトガル語 lambada〕ブラジルのダンス（―音楽）の一。
**らんばつ【乱伐・濫伐】** 樹木をむやみに切り倒すこと。
**らんぱつ【乱発・濫発】** むやみに―発布（発行）すること。「紙幣を―する」
**らんはんしゃ【乱反射】** 光が、でこぼこの面で、四方八方に反射すること。
**らんぴ【乱費・濫費】** むだづかい。
**らんぴつ【乱筆】** 〔文章語〕乱雑な字。〔手紙で「自分の字」を謙遜していう〕
**らんぶ【乱舞】** 入り乱れて踊ること。
**ランプ**《洋灯》〔lamp〕①石油を燃料とする、西洋風の照明具。②電灯。「ヘッド―」
**ランプ**〔ramp〕高速道路の出入り口用の坂道。ランプウエー。
**ランプ**〔rump〕牛のしり肉。ラム。ラン。
**らんぶん【乱文】** 〔文章語〕整っていない文章。〔手紙で「自分の文章」を謙遜していう〕
**らんぼう【乱暴】** 荒々しくふるまうこと。
**らんぽう【蘭方】** 江戸時代、オランダから伝わった医術。
**らんま【欄間】** 日本建築で、天井と―かもい（なげし）との間に格子や透かし彫りの板をはった部分。
**らんまん【爛漫】** 〔文章語〕①花が咲き乱

れたようす。「百花ー」 ②明るく現れ出るようす。「天真ー」

**らんみゃく**【乱脈】 秩序がなく筋道の立たないこと。「ーな経理」

**らんよう**【乱用・濫用】 むやみに使うこと。「職権ー」

**らんらん**【爛々】目が鋭く光るようす。

**らんりつ**【乱立・濫立】 ①乱雑に立ち並ぶこと。 ②やたらに多くの人が立候補すること。

**らんりん**【乱倫・濫倫】〔文章語〕①人道にはずれた行い。 ②男女関係が乱れること。

**らんる**【襤褸】〔文章語〕破れた衣服。ぼろ。

# り

**り**【里】 距離の単位の一。約三・九キロメートル。

**り**【利】①利益。「ーにさとい」 ②利息。 ③有利。便利。「地のー」

**り**【理】 ①道理。理屈。「ーにかなう」 ②理学・理科・物理学などの略。

**ーに落《お》ちる** 話が理屈っぽくなる。

**ーの当然《とうぜん》** 理にかなった当然のこと。

**リア**〔rear〕後ろ。後部。リヤ。

**リアエンジン**〔rear engine〕 車体後部に搭載されたエンジン。

**リアクション**〔reaction〕反応。反作用。

**りあげ**【利上げ】 利息・利率を上げること。対利下げ

**リアシート**〔rear seat〕 自動車の後部座席。バックシート。

**リアス**〔スペイン語 rías〕

**ー式《しき》海岸《かいがん》** 屈曲の多い複雑な海岸。〔三陸海岸や志摩半島など〕

**リアリスティック**〔realistic〕 ①写実的。 ②現実的。

**リアリスト**〔realist〕現実主義者。

**リアリズム**〔realism〕 ①現実主義。 ②写実主義。

**リアリティー**〔reality〕現実性。真実味。

**リアル**〔real〕ありのまま。写実的。

**ークローズ**〔real clothes〕おしゃれなデザインだが、日常に使える服。〔ショーで発表される奇抜なデザインに対する〕

**ータイム**〔real time〕 ①コンピューターの即時処理。 ②同時(ー性)。

**リーキ**〔leek〕西洋ニラ。食用。リーク。

**リーク**〔leak〕①漏洩《ろうえい》すること。 ②漏電。

**リーグ**〔league〕連盟。同盟。

**ー戦《せん》** リーグ加盟チームの総当たり戦方式。対トーナメント

**リース**〔lease〕機械や設備の長期賃貸。

**リース**〔wreath〕 壁やドアに飾る花輪。「クリスマスー」

**リーズナブル**〔reasonable〕 ①道理に合った。納得のいく。 ②手ごろ。「ーな値段」

**リーゼント**〔regent〕 男の髪型の一。横をなでつけ、前髪を高くする。リージェント。

**リーダー**〔leader〕 ①指導者。 ②印刷用語で、点線。「…」

**ーシップ**〔leadership〕指導ー権(力)。

**リーダー**〔reader〕 ①外国語の教科書読本。 ②読み取り機。「マイクロー」

**リーチ**《立直》〔中国語 lìzhí〕マージャンで、聴牌《テンパイ》して、以後手を変えないこと(ーの宣言)。

**ーを掛《か》ける** リーチを宣言する。

**リーチ**〔reach〕ボクシングなどで、選手の腕の届く範囲。

**リーディング**〔leading〕 ①主導的な。「ーカンパニー」 ②首位の。「ーヒッター」

**ージョッキー**〔leading jockey〕 競馬で、年間最多勝騎手。

**リーディング**〔reading〕 読むこと。読み方。

**リート**〔ドイツ語 Lied〕ドイツ歌曲。リード。

**リード**〔lead〕 ①導くこと。 ②優勢であること。 ③野球で、盗塁や走塁のために塁を離れること。 ④見出しの次に書かれた要約文。 ⑤犬・馬などの引き綱。

**ーオフマン**〔lead-off man〕野球で、一番打者。Ⅱグループを引っ張っていく人。

**ー線《せん》** 電気機器を接続するための導線。

**ータイム**〔lead time〕 製品のー発注から納入(企画から製品化)までの時間。

**ーボーカル**〔lead vocal〕 グループで歌う時、主旋律を歌う人。

**リード**〔reed〕 簧《した》。

**ーオルガン**〔reed organ〕 普通の、オルガン。

**リーフ**〔leaf〕ルーズリーフ。〔葉の意〕

—パイ［leaf pie］葉の形のパイ。

—レット［leaflet］一枚刷りの宣伝用印刷物。

リーフ［reef］礁。砂洲《さす》。サンゴ礁の隆起部分。

リーベ［ドイツ語 Liebe］①愛。②恋人。

リール［reel］①釣り道具の一。糸を巻き取る。②フイルムやテープを巻き取るわく。③映画フイルムの一巻。

りいん【吏員】官吏。役人。〔古風な言い方〕

リウマチ［ドイツ語 Rheumatismus］リューマチ。

りえき【利益】①もうけ。とく。②ため(得)になること。◇対損失
—社会《しゃかい》 営利会社・労働組合など、利益を目的に結びつく人為的な集団。ゲゼルシャフト。対共同社会
—率《りつ》 資本や売上高に対する利益の比率。

リエゾン［フランス語 liaison］発音されない語末の子音と次の語頭の母音が結合すること。〔特にフランス語でいう〕類連声《れんじょう》
リエット［フランス語 rillettes］肉をペースト状にした保存食。パンにぬって食べる。

りえん【梨園】劇壇。歌舞伎俳優の社会。「—の名門」〔唐の玄宗の故事から〕

りえん【離縁】夫婦・養子の縁を切ること。

—状《じょう》 昔、離縁するとき夫が妻に渡した書状。類去り状・三下り半
りか【李下】スモモの木の下。

—の冠《かんむり》 人に疑われるような行いは慎むべきだの意。〔中国の故事から〕類瓜田《かでん》の履《くつ》
りか【理科】①教科の一。自然科学を学ぶ。②自然科学を研究する学科。対文科
リカー［liquor］蒸留酒。「ホワイト—」

りかい 一【理会】〔文章語〕道理をのみこむこと。二【理解】①内容・意味がわかること。②人の立場や気持ちを思いやること。

りがい【利害】利益と損害。得と損。

—関係《かんけい》 利害が共通するか相反するかの関係。

りかがく【理化学】物理学と化学。理化。

りかく【離角】観測点を中心に二点がつくる角度。

りがく【理学】自然科学。特に物理学。「—博士」〔明治時代は哲学もさした〕

—療法士《りょうほうし》 マッサージや運動などの物理的治療を施す専門技術者。〔略称PT〕

リカバー［recover］取り戻すこと。回復。

リカバリー［recovery］回復。リカバー。

—ショット［recovery shot］ゴルフで、ミスショットを回復するショット。

りかん【罹患】病気にかかること。

りかん【離間】〔文章語〕仲たがいさせること。「—策」

りがん【離岸】船が岸を離れること。

—流《りゅう》 波打ち際で、沖に向かう潮の流れ。

りき【力】①〔俗語〕ちから。「—がある」②それだけの力がある意。「百人—」「文明の—」

りき【利器】①便利な器具。②鋭い刃物。

りきえい【力泳】力いっぱい泳ぐこと。

りきえん【力演】力をこめて演じること。

りきがく【力学】物体の運動と力の関係を研究する学問。

りきかん【力感】力強い感じ。

りきさく【力作】力をこめて作った作品。

りきし【力士】相撲取り。

りきせき【力積】物理学で、力の大きさとそれが作用する時間の積。インパルス。

りきせつ【力説】強く説くこと。

りきせん【力戦】力いっぱい戦うこと。

りきそう【力走】力いっぱい走ること。

りきそう【力漕】力いっぱいこぐこと。

リキッド［liquid］液体。「ヘアー—」

りきてん【力点】①てこで力を加える点。対支点・作用点 ②最も力を入れる所。主眼点。

りきとう【力闘】力戦。

りきみかえる【力み返る】非常に力む。

りきむ【力む】①体に力を入れる。②威張る。気負う。

りきゅう【利休】

—色《いろ》 緑がかった灰色。

—鼠《ねずみ》 緑がかったねずみ色。

—箸《ばし》 中央が太く両端が細い杉の箸。

りきゅう【離宮】皇居・王宮以外の宮殿。

りきゅうあげ【利久揚げ】料理の一。

魚の切り身などにゴマをまぶして揚げる。

**リキュール**〔フランス語 liqueur〕砂糖や色素を加えた香気のある洋酒。

**りきょう【離京】** 東京（京都）を離れること。

**りきょう【離郷】** 故郷を離れること。対帰郷

**りきりょう【力量】** 能力の程度。腕前。

**りく【陸】** 陸地。おか。対海

**—に上《あ》がった河童《かっぱ》** おかに上がった河童。

**—の孤島《ことう》** 陸上でも交通が不便な地。

**りくあげ【陸揚げ】** 荷揚げ。揚陸《ようりく》。

**りくい【陸尉】** 陸上自衛隊の階級の一。陸佐の下、陸曹の上。

**りぐい【利食い】** 株の転売・買い戻しをして差額をもうけること。

**りくうん【陸運】** 貨物や旅客の陸上運送。対海運・水運・空輸

**リクエスト**〔request〕希望。注文。

**りくかい【陸海】** ①陸と海。②陸軍と海軍。

**—空《くう》** ①陸と海と空。②陸軍と海軍と空軍。

**—空軍《くうぐん》** 陸軍と海軍と空軍。

**りくかぜ【陸風】** りくふう。対うみかぜ

**りくぎ【六義】**（中国古代詩や和歌・漢字・書道の）六つの分類体。

**りくぐん【陸軍】** 陸上での戦闘・防備にあたる軍隊。

**りくさ【陸佐】** 陸上自衛隊の階級の一。陸将補の下、陸尉の上。

**りくさん【陸産】** 陸上でとれること。対水産・海産

**りくし【陸士】** 陸上自衛隊の最下位の階級。陸士長の下。

**—長《ちょう》** 陸上自衛隊の階級の一。陸士の上。陸曹の下。

**りくじ【陸自】** 陸上自衛隊の略。

**りくしょ【六書】** ①漢字の成立と用法に関する六種の区別。〔象形《しょうけい》・指事・会意・形声・仮借《かしゃ》・転注〕②六体《ろくたい》。

**りくしょう【陸将】** 陸上自衛隊の階級の一。最高位。

**—補《ほ》** 陸上自衛隊の階級の一。陸将の下、陸佐の上。

**りくじょう【陸上】** ①陸地の上。対海上・水上 ②陸上競技。

**—競技《きょうぎ》** トラックやフィールドで行う運動競技の総称。

**—自衛隊《じえいたい》** 自衛隊の一。陸上における防備・戦闘を担当。

**りくせい【陸生・陸棲】** 陸上にすむこと。〔—動物〕対水生

**りくせん【陸戦】** 陸上での戦闘。

**—隊《たい》** 海軍に属し、陸上での戦闘に当たる部隊。

**りくそう【陸送】** 陸運。

**りくそう【陸曹】** 陸上自衛隊の階級の一。陸尉の下、陸士長の上。

**りくぞく【陸続】**〔文章語〕とぎれずに続くようす。類続々

**りくたい【六体】** ろくたい。

**りくだな【陸棚】** 大陸棚。りくほう。

**りくち【陸地】** 地球の表面で、水におおわれていない所。陸。〔—面積〕

**りくつ【理屈】**（理窟）①もっともな道理。②こじつけた論理。〔—をこねる〕

**りくつづき【陸続き】** 二地点が陸で続いていること。

**りくとう【陸島】** もと大陸の一部であったと考えられる島。〔日本列島など〕対洋島

**りくとう【陸稲】** 畑で栽培する稲。おかぼ。対水稲

**りくなんぷう【陸軟風】** 陸風。対海軟風

**りくばく【陸幕】** 陸上幕僚監部の略。

**りくはんきゅう【陸半球】** 地球で、陸地が最も多く含まれるように区切った半球。対水半球

**りくふう【陸風】** 夜、陸から海へ吹く風。陸軟風。りくかぜ。対海風

**りくふう【陸封】** もともとは海水にすむ魚が、何かの原因で淡水魚となること。〔ヤマメはサクラマスの陸封型〕

**りくほう【陸棚】** 大陸棚。

**リクライニング**〔reclining〕座席の背もたれを後方に倒すこと。

**—シート**〔reclining seat〕リクライニングできる座席。

**リクリエーション** ⇩レクリエーション

**リクルート**〔recruit〕人員の募集。求人。Ⅱ応募する側からの就職運動。

**—ルック**〔和製語 recruit look〕就職活動にふさわしいとされる服装。〔紺のスーツなど〕

り

**りくろ【陸路】** 陸上の道。対海路・空路

**りけい【理系】** 理科系。対文系

**リケッチア**〔rickettsia〕 細菌とウイルスの中間的な微生物。つつが虫病などの病原体。

**りけん【利剣】** ①〔文章語〕切れ味の鋭い剣。②〔仏教語〕煩悩《ぼんのう》を破る仏法の力。「降魔《ごうま》の―」

**りけん【利権】** 政治家・公務員と結託して得る利益の大きな権利。「―屋」

**りげん【俚諺・里諺】**〔文章語〕民間に伝えられることわざ。

**りこ【利己】** 自分の利益だけ考えること。対利他

**りこう【利口】**《悧巧》 ①賢いこと。類利発 ②(子供の)物わかりがよいこと。「お―にしてね」 ③要領がよいこと。

**りこう【履行】** 約束などを実際に行うこと。類実行

**りごう【離合】**〔文章語〕①離れることと集まること。②列車が駅などで行き違うこと。

**―集散《しゅうさん》**〔文章語〕集まったり解散したりすること。

**リコーダー**〔recorder〕 木管楽器の一。縦笛。

**リコール**〔recall〕 ①住民投票によって公務員の免職や議会の解散を請求すること。②生産者が製品の欠陥を公表して、回収・修理すること。

**りこしゅぎ【利己主義】** 自分の利益だけを考え、他人を顧みないこと。類エゴイズム 対利他主義

**りこしん【利己心】** 利己的な心。

**リコピン**〔lycopene〕 赤い色素の一。トマトに含まれる。

**りこん【離婚】** 結婚を解消すること。

**リサーチ**〔research〕 調査。研究。「マーケティング―」

**リザーブ**〔reserve〕 予約。予備。

**りさい【罹災】** 被災。「―者」

**りざい【理財】** 財貨を有効に使うこと。

**リサイクル**〔recycle〕 資源・廃物の再利用。資金の再循環。

**リサイタル**〔recital〕 独奏会。独唱会。

**りさげ【利下げ】** 利息・利率を下げること。対利上げ

**りざや【利鞘】** 取引で、売買の差額利益。類マージン

**りさん【離散】** 散り散りになること。

**りし【利子】** 利息。対元金

**りじ【理事】** 団体や法人を代表し、その事務を執行する機関や役。「―会」

**りじこく【理事国】** 理事となっている国。〔特に国際連合安全保障理事会の理事国〕

**りしゅう【履修】** 所定の学科・課程を学び修めること。「―科目」

**りしゅう【離愁】**〔文章語〕別れの悲しみ。

**りじゅん【利潤】** 企業の総収益から諸経費を除いた純利益。

**りしょう【離床】**〔文章語〕寝床を離れること。

**りしょう【離礁】** 船が、乗り上げた暗礁から離れること。対座礁

**りしょく【利殖】** 利子・利益によって財産をふやすこと。

**りしょく【離職】** 職を離れること。対就職

**りじんしょう【離人症】** 解離性障害の一。自分の経験や行動に実感が伴わない。

**りす【栗鼠】** 森林にすむ小形の動物。

**りすい【利水】** ①水の通りをよくすること。「―工事」②水を利用すること。

**りすい【離水】**〔文章語〕(水上飛行機などが)水面から飛びたつこと。対着水

**りすう【理数】** 理科と数学。「―系」

**リスキー**〔risky〕 危険な。冒険的な。

**リスク**〔risk〕 危険。「営業面の―」

**―キャピタル**〔risk capital〕 企業の、経営危険を負担する資本。〔自己資本や株主資本〕

**―ヘッジ**〔risk hedge〕 金融や投資で、損失を回避する―こと(手段)。

**―マネージメント**〔risk management〕 危機管理。

**リスタート**〔restart〕 再出発。(コンピューターの)再起動。

**リスト**〔list〕 一覧表。目録。

**―アップ**〔和製語 list up〕 選び出して一覧表にすること。

**リスト**〔wrist〕 手首。

**―カット**〔wrist cut〕 自傷行為の一。手首を切ること。リスカ。

**―バンド**〔wrist band〕 手首につけるバンド。

**リストラ** 企業の、景気に対応した事業の

り

立て直し。◍〔俗語〕解雇。〔リストラクチャリング(=再構築)の略〕

**リストランテ**〔イタリア語 ristorante〕(イタリア料理の)レストラン。

**リスナー**〔listener〕聴取者。

**リスニング**〔listening〕①(外国語の)聞き取り(ー練習)。ヒアリング。②音楽などをきくこと。

**ールーム**〔listening room〕①試聴室。②音楽をきくのに適した設計の部屋。

**リスペクト**〔respect〕尊敬。敬意。

**リズミカル**〔rhythmical〕律動的。

**リズム**〔rhythm〕規則的に繰り返される音の強弱や長短。◍規則的に繰り返される動き。

**ーアンドブルース**〔rhythm-and-blues〕黒人音楽の一。ポピュラー音楽化したブルース。〔略してR&B〕

**りする【利する】**①利益を−得る(得させる)。②利用する。

**りせい【理性】**感情に左右されずに考え、判断する能力。[対]感性・感情

**ー的《てき》**理性に従って判断し、行動するようす。[対]感情的

**リセール**〔resale〕再販売。転売。

**りせき【離席】**仕事中席を離れること。

**りせつ【利雪】**雪を資源として利用すること。

**リセット**〔reset〕セットしなおすこと。

**りせん【離船】**乗組員・乗客が船を離れること。

**りそう【理想】**追い求める完全・最高の状態。[対]現実

**ー化《か》**理想の状態とみなすこと。

**ー郷《うきょ》**理想的な世界。[類]ユートピア

**ー主義《しゅぎ》**道徳的・社会的理想の実現を追求する立場。[対]現実主義

**リソース**〔resource〕①資源。財産。②コンピューターで、利用できるハードウエア・ソフトウエアなどの資源。

**リゾート**〔resort〕行楽地。保養地。「ーホテル」

**リゾール**〔ドイツ語 Lysol〕クレゾール石けん液。消毒用。〔商標〕

**りそく【利息】**預金・貸し金などの利子。

**リゾット**〔イタリア語 risotto〕イタリアの米料理。

**りそん【離村】**村民が村を離れること。

**りた【利他】**他人の幸福をまず願うこと。[対]利己

**リターナブル**〔returnable〕瓶などが再使用のために返却・回収できること。[対]ワンウエー

**リターン**〔return〕①帰ること。もどること。②球技で、返球すること。◍収益。「ハイリスクハイー」

**ーキー**〔return key〕コンピューターで改行や決定を行うキー。エンターキー。

**ーマッチ**〔return match〕ボクシングで、タイトルを奪い返すために同じ相手と再び行う試合。

**リタイア**〔retire〕①引退。②(カーレースで)事故や故障による退場。棄権。

**リダイヤル**〔redial〕電話で、直前にかけた番号に再びかけること。また、自動的にそうできる機能。

**りたしゅぎ【利他主義】**利他を第一に考えて行動する主義。[対]利己主義

**りたしん【利他心】**他人の利益を優先させようとする心。

**りだつ【離脱】**離れ抜けること。[類]脱退

**リタッチ**〔retouch〕写真や絵画の修正。

**リタルダンド**〔イタリア語 ritardando〕音楽の演奏標語の一。しだいにゆっくり。

**りち【理知】**《理智》知識・論理に基づいて物事を判断・理解する能力。

**リチウム**〔lithium〕金属元素の一。金属の中で最も軽い。合金材料。記号Li

**ーイオン電池《でんち》**リチウムイオンの移動によって充電や放電を行う電池。〔軽量で電圧が高く長持ちする〕

**りちぎ【律儀・律義】**義理堅いこと。

**ー者《もの》の子沢山《こだくさん》**律儀な人は家庭円満なので、子供も多い。

**りちてき【理知的】**理性と知性に富んでいるようす。

**りちゃくりく【離着陸】**離陸と着陸。

**りつ【律】**①音律。②雅楽の音階の一。[対]呂《より》③律詩。[対]絶句 ④おきて。戒律。⑤法則。「黄金ー」

**りつ【率】**割合。確率。

**りつあん【立案】**①計画を立てること。②草案を作ること。

**りっか【立花・立華】**華道の形式の一。一定の型式に従って花をいける。たてばな。

**りっか【立夏】**二十四気の一。五月五日

ごろ。〔暦の上で夏の始まる日〕

**りつがん【立願】** 神仏に願をかけること。りゅうがん。

**りつき【利付き】** 証券に利子・配当が付くもの。「—債券」

**りっきゃく【立脚】** よりどころとすること。

**—点《てん》** よりどころとなる立場。立脚地。

**りっきょう【陸橋】** 道路・鉄道線路の上にかけた橋。

**りっけん【立件】** 刑事事件として取り上げることを確定すること。

**りっけん【立憲】** 憲法を制定すること。

**—君主国《くんしゅこく》** 立憲君主制の国家。

**—政治《せいじ》** 憲法に基づいて行われる政治。議会を通じて国民が政治に参加する。対専制政治

**りっこうほ【立候補】** 候補者として名乗りでること。

**りっこく【立国】** ①建国。②ある方針によって国を繁栄させること。「工業—」

**りっし【立志】** 〔文章語〕目的を立て、なしとげようと志すこと。

**—伝《でん》** 志を立て、精進して成功した人の伝記。

**りっし【律師】** 〔仏教語〕①戒律に通じた僧。②僧官の第三。僧都《そうず》の下。

**りっし【律詩】** 漢詩の形式の一。八句からなる。〔五言律詩と七言律詩がある〕

**りっしゅう【立秋】** 二十四気の一。八月八日ごろ。〔暦の上で秋の始まる日〕

**りっしゅう【律宗】** 仏教の一派。奈良時代、鑑真《がんじん》が中国から伝えた。

**りっしゅん【立春】** 二十四気の一。二月三日ごろ。〔暦の上で春の始まる日〕

**りっしょう【立証】** 証拠をあげて証明すること。

**りっしょく【立食】** 立って食べること。「—パーティー」

**りっしん【立身】** 〔文章語〕社会的に高い地位につくこと。

**—出世《しゅっせ》** 立身して名をあげること。

**りっすいのよちもない【立錐の余地もない】** 密集してわずかなすき間もない。〔立錐は錐《きり》を立てること〕

**りっする【律する】** 〔文章語〕規律・規則にあてはめて、処理する。

**りつぜん【慄然】** 〔文章語〕恐れてふるえおののくようす。

**りつぞう【立像】** 立ち姿の像。対座像

**リッター** [liter] リットル。

**りったい【立体】** ①対平面 ②立体的に感じられるもの。「—写真」

**—交差《こうさ》** 道路や線路が高さを変えて交差すること。

**—的《てき》** ①立体のように感じられるようす。②物事を多角的にとらえるようす。◇対平面的

**りったいし【立太子】** 公式に皇太子を決めること。「—の礼」

**りっち【立地】** 商工業を行う土地を決定すること。

**—条件《じょうけん》** そこで行う商工業に影響する土地の状態や環境などの条件。

**リッチ** [rich] 金持ち。豊か。

**りっとう【立刀】** 漢字の部首の一。判・刻などの「刂」。

**りっとう【立冬】** 二十四気の一。一一月八日ごろ。〔暦の上で冬の始まる日〕

**りっとう【立党】** 政党・党派をつくること。

**りつどう【律動】** 規則的に繰り返される運動。リズム。

**—的《てき》** リズムがあるようす。リズミカル。

**リットル** 〔フランス語 litre〕 メートル法の体積の単位の一。リッター。記号l、L

**りっぱ【立派】** みごとなようす。

**リップ** [lip] 唇。「—クリーム」

**—サービス** [lip service] 口先だけのよい言葉。

**—スティック** [lipstick] 棒状の口紅。

**りっぷく【立腹】** 腹をたてること。

**りっぽう【立方】** ①三乗。②体積の単位をつくる語。「—メートル」 ③その長さを一辺とする立方体であること。「三メートル—」

**—体《たい》** 正六面体。

**りっぽう【立法】** 法律を制定すること。対司法・行政

**—府《ふ》** 立法を担当する機関。〔日本では国会〕

**りっぽう【律法】** 〔仏教語〕戒律。Ⅱ規則。法律。

**りづめ【理詰め】** 理屈や道理で議論を進めること。

**りつりょう【律令】** 奈良・平安時代の法律。

**りつれい【立礼】** 起立して敬礼をするこ

と。その敬礼。
**りつろん【立論】** 議論の筋道を立てること。
**りてい【里程】** 里数。
**—標《ひょう》** 里程を示す標識。Ⅱ物事の変化の一過程。
**リテール**［retail］①小口取引。②小売り（—店）。
**りてき【利敵】** 敵を有利にすること。「—行為」
**リデュース**［reduce］（ごみを）減らすこと。
**リテラシー**［literacy］①読み書きの能力。②ある分野において対応する能力。「情報—」
**りてん【利点】** 利益のある点。有利な箇所。
**りとう【離党】** 党を離れること。対入党
**りとう【離島】** ①離れ島。②移住などで島を去ること。
**りとく【利得】** 利益。もうけ。
**リトグラフ**［フランス語 lithographe］石版‐画（印刷）。
**リトマス**［litmus］紫色の色素。酸・アルカリ性に反応し、赤・青に変色する。〔リトマスゴケから採る〕
**—試験紙《しけんし》** 酸・アルカリの反応試験に使う紙。
**リトル**［little］小さい。子供の。
**—リーグ**［Little League］少年野球のチームで作ったリーグ。
**りどん【利鈍】**〔文章語〕①鋭いことと鈍いこと。②賢いことと愚かなこと。

**リニアモーターカー**［linear motor car］磁気で浮上して高速で走る列車。リニアカー。マグレブ。
**りにち【離日】** 外国人が、日本を去ること。対来日
**りにゅう【離乳】** 乳児に乳汁以外の食べ物を食べさせ、乳を飲まなくさせること。ちばなれ。「—期」
**リニューアル**［renewal］①再生。更新。「—オープン」②店舗の改装や、経営の一新。
**りにょう【利尿】** 小便の出をよくすること。
**—剤《ざい》** 利尿を促進する薬物。
**りにん【離任】** 任務や任地を離れること。対着任・就任
**りねん【理念】** ①そのものに関する根本的な考え方。「基本—」②〔哲学用語〕理性の判断によって到達する最高の概念。イデア。
**リネン**［linen］①リンネル。②タオル・シーツ・テーブルクロスなどの総称。
**りのう【離農】** 農業をやめること。対帰農
**リノールさん【—酸】** 脂肪酸の一。植物油に含まれる。
**リノベーション**［renovation］①刷新。②建物の修理や改築。
**リノリウム**［linoleum］建築材料の一。床・壁用。
**リハーサル**［rehearsal］（演劇などの）下げいこ。Ⅱ予行演習。◇対本番
**リバーシブル**［reversible］表裏両面が使用できる‐こと（布や衣服）。「—コート」
**リバース**［reverse］逆。反転。「オート—」
**—モーゲージ**［reverse mortgage］持ち家担保年金。持ち家を担保に資金を借り、死後に住宅を処分して返済する。
**リバイバル**［revival］古い映画や演劇の復活‐上映（上演）。再流行。〔復活の意〕
**リバウンド**［rebound］はね返ること。「—ボール」Ⅱ治療（ダイエット）の中断後、元の状態に戻ってしまうこと。
**りはつ【利発】** 賢いこと。
**りはつ【理髪】** 調髪。散髪。「—業」〔主に男性の髪を扱う場合にいう〕
**リバティー**［liberty］自由。解放。
**りはば【利幅】** 利益の幅。「—が大きい」
**リハビリ** リハビリテーションの略。
**リハビリテーション**［rehabilitation］治療を終えた患者や障害者が、社会復帰するための訓練。リハビリ。
**りばらい【利払い】** 利息の支払い。
**りはん【離反】**《離叛》それまで従っていたものが背き離れること。
**りひ【理非】**〔文章語〕道理にかなっていることと、いないこと。類是非
**リピーター**［repeater］繰り返す人。〔同じ地への旅行、同じ劇の観劇など〕
**リピート**［repeat］①繰り返し。②楽譜で、繰り返して演奏することを示す記号。反復記号。
**りひきょくちょく【理非曲直】**〔文章語〕道理にかなっていることと、いないこと。正しいことと正しくないこと。

**リビドー**［ラテン語 libido］精神分析の用語の一。行動の基底となる根本的欲望。リビドー。〔フロイトの説では性的本能に基づく衝動をさす〕

**りびょう【罹病】** 病気にかかること。

**リビング**［living］①くらし。生活。②リビングルーム。

**—ウイル**［living will］尊厳死を希望すると宣言した文書。

**—キッチン**［和製語 living kitchen］台所・食堂・居間を兼用した広い部屋。

**—ルーム**［living room］（洋風の）居間。

**リブ**［rib］①骨つきのあばら肉。②平面に直角に取り付ける補強材。③リブロースの略。◇〔肋骨《ろっこつ》の意〕

**リファイン**［refine］洗練。純化。

**リファレンス**［reference］レファレンス。

**リフィル**［refill］詰め替え・補充用のもの。レフィル。

**リブート**［reboot］（コンピューターなどの）再起動。再始動。

**リフォーム**［reform］作り直し。仕立て直しや改装。

**りふじん【理不尽】** 道理にあわないこと。

**りふだ【利札】** 債券などにつけて利子支払いの証とするふだ。りさつ。

**リフティング**［lifting］①サッカーで、ボールを落とさずに打ち続けること。②皮膚のたるみやしわをとること。

**リフト**［lift］①スキー場などで人を運び上げる、いす式の乗り物。②昇降機。③バレエやフィギュアスケートで、男性が女性の体を高く持ち上げること。

**—アップ**［lift up］（美容で）肌のたるみなどを引き締めること。「—マッサージ」〔持ち上げる意〕

**—バック**［liftback］ハッチバック。

**リフレイン**［refrain］詩や歌曲で同じ句の繰り返し。リフレーン。

**リプレー**［replay］①録音・録画テープなどの再生。②再演。

**リフレーション**［reflation］通貨膨張政策。リフレ。類統制インフレ

**リプレース**［replace］置き換え。取り替え。置き直し。

**リフレクター**［reflector］反射鏡。反射板。レフレクター。

**リフレッシュ**［refresh］元気回復。

**リブロース**［rib roast］牛の肋骨《ろっこつ》上部の背肉。最上等。リブ。

**リプロダクティブヘルス**［reproductive health］性と生殖に関する健康。

**リプロダクティブライツ**［reproductive rights］性と生殖に関する女性の自己決定権。

**リベート**［rebate］①割り戻し。②手数料。

**りべつ【離別】** ①別離。②離婚。

**リベット**［rivet］金属板のつぎ目に打つ鉄製の鋲《びょう》。

**リベラリズム**［liberalism］自由主義。

**リベラル**［liberal］①自由主義的。②社会の規律や権威にとらわれないようす。

**リベロ**［イタリア語 libero］①バレーボールの守備専門の選手。②サッカーで、攻撃にも参加する守備の選手。

**りべん【利便】** 便利。対不便

**リベンジ**［revenge］復讐。報復。仕返し。

**—ポルノ**［revenge porno］復讐目的で元配偶者や元恋人の性的な写真や動画をインターネット上に流出させること。

**りほう【理法】** 従うべき正しい道。道理。

**リポーター**［reporter］レポーター。

**リポート**［report］レポート。

**リボかくさん【—核酸】** 核酸の一。たんぱく質の合成にかかわる。RNA。

**リボばらい【—払い】** リボルビング払い。

**リボルバー**［revolver］ピストルの一。連発式で、弾倉が回転する。

**リボルビングほうしき【—方式】** クレジットカードの決済方法の一。利用件数や金額に関係なく、毎月の返済金額を一定額に設定して支払いを行う。

**リボン**［ribbon］①テープ状の布。飾り用。②プリンターなどの印字用テープ。

**りまわり【利回り】** 元金に対する利息・配当金の比率。

**リミックス**［remix］完成された作品の素材をもとに、編集や加工をほどこして再構築・再構成-すること（した作品）。〔もと音楽用語〕

**リミット**［limit］限界。限度。「タイム—」

**リム**［rim］車輪の外側の部分。

**リムーバー**［remover］不要物を取り去

る―化粧品や薬剤(器具)。「アイメイク―」
**リムジン**［limousine］①運転席と客席の間にガラスの仕切りのある大型乗用車。②空港の旅客専用バス。リムジンバス。
**リメーク**［remake］（映画や楽曲で）新たに作り直すこと。また、そのもの。
**りめん【裏面】** ①裏側。②内幕。◇対表面
**リモート**［remote］遠い。
**―コントロール**［remote control］機械を離れた所で操作すること。遠隔制御。遠隔操作。
**リモコン** リモートコントロールの略。
**リヤ** ⇨リア
**リヤカー**［和製語 rear car］自転車などで引いて荷物を運ぶ二輪車。
**りやく【利益】** ⇨ごりやく
**りゃく【略】** 省くこと。省略。
**りゃくぎ【略儀】** 〔文章語〕略式。「―ながら」
**りゃくげん【略言】** 大要を述べること。
**りゃくご【略語】** 語の一部を省いた言葉。ストライキ→スト、国際連合→国連など。
**りゃくごう【略号】** 省略して表す記号。
**りゃくじ【略字】** 点・画を省いて簡単にした漢字。仂(=働)など。対正字・本字
**りゃくしき【略式】** 正式の手続きを省いた方式。対正式・本式
**―起訴**《きそ》 略式命令の裁判を求める起訴手続き。
**―命令**《めいれい》 非公開で書面審理だけで刑を言いわたす裁判。〔軽微な事件について行う〕
**りゃくしゅ【略取】** ①奪いとること。②むりやり連れ去ること。「―誘拐罪」
**りゃくじゅ【略綬】** 勲章や記章にかわる略式のしるし。類略章
**りゃくじゅつ【略述】** 概略を述べること。対詳述
**りゃくしょう【略称】** 名称を簡略に呼ぶこと。また、その名称。〔例、日本放送協会の略称はＮＨＫ〕
**りゃくしょう【略章】** 略式の記章・勲章。
**りゃくす【略す】** ①省略する。②簡単にする。◇略する。
**りゃくず【略図】** 簡略化した図。
**りゃくする【略する】** 略す。
**りゃくせつ【略説】** 概略を説明すること。類概説 対詳説
**りゃくそう【略装】** 略式の服装。対正装
**りゃくたい【略体】** 略字。
**りゃくだつ【略奪】**《掠奪》 暴力で奪い取ること。
**りゃくでん【略伝】** 簡略な伝記。対詳伝
**りゃくひつ【略筆】** ①要点のみ書くこと。また、その文章。②略字。
**りゃくふく【略服】** 略装。対正服
**りゃくぼう【略帽】** 略式の帽子。対正帽
**りゃくれいふく【略礼服】** 略式の礼装として用いられる服。
**りゃくれき【略歴】** 大まかな経歴。
**りゃっかい【略解】** 簡略な解釈。対詳解
**りゃっき【略記】** 要点だけ記すこと。対詳記
**リャンこ【両個】** ①ふたつ。二個。②〔俗語〕江戸時代、武士をあざけって言った語。〔刀を二本差していたことから。／リャンは中国語 liǎng〕
**りゆう【理由】** ①わけ。②口実。
**りゅう【粒】** つぶを数える語。
**りゅう【竜】** ①中国や日本で、想像上の動物。体は大蛇に似、四本の足をもつ。たつ。②ドラゴン。③竜王②。
**りゅう【瘤】** こぶのようにふくれた血管の一部。「動脈―」
**りゅうあん【硫安】** 硫酸アンモニウム。
**りゅうあんかめい【柳暗花明】** 〔文章語〕春の野の美しい景色。〔柳が茂って暗く、花が咲いて明るい意〕Ⅱ花柳界。「―の巷《ちまた》」
**りゅうい【留意】** 気をつけること。
**りゅういき【流域】** 川の流れに沿った地域。
**りゅういん【溜飲・留飲】** 胃の消化不良で出るすっぱい液。〔漢方でいう〕
**―が下《さ》がる** 不平や不満が解消され、胸がすく。
**りゅううん【隆運】** 〔文章語〕盛運。
**りゅうえい【柳営】** ①将軍の陣営。幕府。②将軍(―家)。◇〔中国の故事から〕
**りゅうおう【竜王】** ①竜神《りゅうじん》。②将棋で、成り飛車。竜。
**りゅうか【琉歌】** 琉球方言で作られた定型詩。〔八・八・八・六音が基本〕
**りゅうか【硫化】** 硫黄と化合すること。

「—銀」

—**水素**《すいそ》 硫黄と水素の化合物。有毒。火山ガスや温泉に含まれる。

**りゅうかい【流会】** 会が中止になること。

**りゅうがく【留学】** 外国に在留して学ぶこと。「—生」

**りゅうかん【流汗】** 〔文章語〕流れ出る汗。「—淋漓《りんり》（=汗がしたたり落ちること）」

**りゅうかん【流感】** 流行性感冒の略。

**りゅうき【隆起】** （土地が）高く盛り上がること。

**りゅうぎ【流儀】** その—人（流派・地方）独特のやり方。

**りゅうきゅう【琉球】** 沖縄県の旧称。

**りゅうきん【琉金】** 金魚の品種の一。観賞用。

**りゅうぐう【竜宮】** 乙姫《おとひめ》（竜神）のすむという想像上の海底の宮殿。竜宮城。

**りゅうけい【流刑】** 島流し。るけい。

**りゅうけつ【流血】** 血を流すこと。「—の惨事」

**りゅうげん【流言】** デマ。

—**飛語**《ひご》 根拠のないうわさ。デマ。

**りゅうこ【竜虎】** 竜《たつ》と虎《とら》。Ⅱ優劣つけがたい二人の英雄。

—**相打**《あいう》**つ** 二人の英雄が互いに争う。

**りゅうこう【流行】** 世間で（—一時的に）広く行われること。はやり。

—**歌**《か》 ある時期盛んに歌われ好まれる歌。Ⅱ歌謡曲。

—**語**《ご》 ある時期盛んに使われる語。

—**性感冒**《せいかんぼう》 風邪の一。ウイルスによって起こる。インフルエンザ。流感。

**りゅうこつ【竜骨】** 船底の中央部を通り、船体を支える材。キール。

**りゅうさ【流砂】** ①水に運ばれる砂。②〔文章語〕砂漠。◇りゅうしゃ。

**りゅうさん【硫酸】** 無機酸の一。無色の粘液体。酸性がきわめて強い。

—**アンモニウム** 化学肥料の一。無色の結晶。硫安。

—**紙**《し》 硫酸で処理した半透明の紙。耐水・耐脂性に富む。薬品などの包装用。

—**銅**《どう》 銅の硫酸塩。青色の結晶。顔料用。

—**バリウム** 水に溶けない白色の結晶。塗料・顔料用。X線造影剤。

**りゅうざん【流産】** 妊娠第二二週未満に胎児が死んで生まれること。Ⅱ計画がだめになること。

**りゅうし【粒子】** 物質を構成している細かい粒。「—が粗い」

—**線**《せん》 放射線の一。一定方向に流れる粒子の流れ。電子線・原子線・中性子線など。

**りゅうしつ【流失】** 流されてなくなること。

**リュージュ**〔フランス語 luge〕 小型の木のそり（—でコースを滑り降りるスピード競技）。

**りゅうしゅつ【留出】**《溜出》 蒸留時に、液体となって出ること。

**りゅうしゅつ【流出】** 流れて外に出ること。「—土」Ⅱ重要なものが—国外（組織外）に出て行くこと。対流入

**りゅうじょ【柳絮】** 〔文章語〕綿毛のあるヤナギの種子（—が散るさま）。

**りゅうしょう【隆昌】** 〔文章語〕隆盛。

**りゅうじょう【粒状】** つぶのような形。

**りゅうしょく【粒食】** 穀物をつぶのまま食べること。対粉食

**りゅうじん【竜神】** 水をつかさどるという竜の神。竜王①。

**リユース**［reuse］ 再使用（—するもの）。類リサイクル

**りゅうず【竜頭】** ①腕時計・懐中時計の、ねじを巻くつまみ。②釣り鐘をつるす、竜の頭の形のつり手。

**りゅうすい【流水】** 流れる水。対静水・止水

**りゅうせい【流星】** 地球の大気に突入した宇宙塵が、燃焼・発光するもの。流れ星。

—**雨**《う》 短時間に多くの流星が見られる現象。地球が流星群に出合うときにおこる。

—**群**《ぐん》 太陽の周囲を公転する惑星間物質の集合体。

**りゅうせい【隆盛】** 勢いの栄えて盛んなこと。隆昌《りゅうしょう》。

**りゅうせつ【流説】** 流言。るせつ。

**りゅうぜつらん【竜舌蘭】** メキシコ原産の常緑多年草。葉は大形でとげがある。アガベ。

**りゅうせんけい【流線型・—形】** 空気（水）中を運動するとき、受ける抵抗の少ない形。

**りゅうぜんこう【竜涎香】** マッコウクジ

ラの腸から採る香料。香りは麝香《じゃこう》に似る。

**りゅうそく【流速】** 水や空気の流れの速度。

**りゅうたい【流体】** 液体と気体の総称。流動体。

**りゅうだん【榴弾】** 着弾したとき、その衝撃で破裂する、破壊力の強い砲弾。

**りゅうち【留置】** 犯罪容疑者を拘置すること。

**―場《じょう》** 警察署で、容疑者を留置する場所。

**りゅうちょう【留鳥】** 同一地域にすみついている鳥。スズメ・カラスなど。対候鳥・漂鳥

**りゅうちょう【流暢】** 言葉がなめらかでよどみのないようす。

**りゅうつう【流通】** ①流れ通ること。「空気の―」 ②世間に広く通用すること。③商品を生産者から消費者へ移動すること。

**りゅうつぼ【立坪】** 土砂などの体積の単位。六尺(=約一・八メートル)立方。たてつぼ。

**りゅうてい【流涕】** 〔文章語〕涙を流して泣くこと。

**リュート** [lute] 昔の弦楽器。マンドリンに似た形。

**りゅうとう【竜灯】** 〔文章語〕①夜、海上に見られる燐光《りんこう》。②神灯。

**りゅうとう【竜頭】**

**―蛇尾《びだ》** 最初は盛んで、終わりは振るわないこと。

**りゅうどう【流動】** 流れ動くこと。

**―資産《しさん》** 現金と、短期で現金化できる製品・原料などの資産。対固定資産

**―資本《しほん》** その価値がすべて生産物になる資本。原料など。対固定資本

**―食《しょく》** 液状の消化しやすい食物。おもゆ・牛乳など。

**―性《せい》** ①流動する性質。②資産と貨幣の交換の難易の度合い。

**―体《たい》** 流体。

**―的《てき》** さまざまの条件により事態が変わるようす。

**―物《ぶつ》** ①流体。対固形物 ②流動食。

**りゅうにゅう【流入】** 流れ込む(入り込む)こと。対流出

**りゅうにん【留任】** やめずにその役職にとどまること。

**りゅうねん【留年】** 学生が、進級・卒業できずにとどまること。

**りゅうのう【竜脳】** ①常緑高木の一。竜脳樹。②リュウノウ①から採った無色透明の結晶。香料・セルロイドの原料。

**りゅうのひげ【竜の鬚】** ジャノヒゲの別称。

**りゅうは【流派】** 流儀の分かれ。

**りゅうび【柳眉】** 〔文章語〕美しい眉《まゆ》。〔美人の眉の形容〕

**―を逆立《さかだ》てる** 美人が眉をつりあげて怒るようす。

**りゅうひょう【流氷】** 寒帯地方の海から流されてきた氷。

**りゅうぶ【琉舞】** 琉球独特の舞踊。

**りゅうぶん【留分】**《溜分》 混合液体を蒸留する際、温度区画ごとに得られる液体。

**りゅうべい【立米】** 立方メートル。

**りゅうほ【留保】** 保留。

**りゅうぼう【流亡】** 〔文章語〕流離。

**りゅうぼく【立木】** 立ち木。

**りゅうぼく【流木】** ①流れ漂う木。②山で伐採し、川を流し下す材木。

**リューマチ** 〔ドイツ語 Rheumatismus〕 関節や筋肉が痛む病気。リョーマチ。ロイマチス。リウマチ。

**―熱《ねつ》** 膠原《こうげん》病の一。高熱・関節痛を伴い、心臓障害を起こす。子供に多い。

**りゅうみん【流民】** 流浪《るろう》の民《たみ》。るみん。

**りゅうめ【竜馬】** ①駿馬《しゅんめ》。りょうめ。②将棋で、成り角。

**りゅうよう【柳腰】** 〔文章語〕やなぎごし。

**りゅうよう【流用】** 予定していた目的以外のことに使うこと。類転用

**りゅうり【流離】** 〔文章語〕故郷を離れてさすらうこと。「新たなり―の憂い」

**りゅうりゅう【流々】** ⇩細工《さいく》は流々仕上《しあ》げをごろうじろ

**りゅうりゅう【隆々】** ①筋肉の盛り上がっているようす。「筋骨―」②勢いの盛んなようす。

**りゅうりゅうしんく【粒々辛苦】** こつこつと努力を続けること。

**りゅうりょう【流量】** 単位時間に流れる

液体・気体や電気の量。

**りゅうれい【立礼】** いすに腰かけて行う茶道の点前。

**りゅうれい【流麗】**（詩や文が）なめらかで美しいようす。「行文《こうぶん》—」

**りゅうろ【流露】** 内面にあるものが、外に現れる（現す）こと。

**リュック** リュックサックの略。リック。

**—サック**〔ドイツ語 Rucksack〕登山・ハイキング用の背負い袋。ザック。リックサック。

**りょ【呂】** 雅楽の音階の一。対律

**りよう【利用】** ①役立つように使うこと。「廃物—」②手段に使うこと。

**りよう【里謡】**《俚謡》民謡。俗謡。

**りよう【理容】** 理髪。「—師」

**りょう【了】**〔文章語〕①終わり。②承知すること。「—とする」

**りょう【両】** ①一対のものの双方。「—の目」②昔の通貨単位の一。③《輛》電車などの連結数を数える語。④二人の。ふたつの。「—首脳」

**りょう【良】** 成績を示す語。「優・—・可」

**りょう【料】** ①材料。「当座の—として」②代金。費用。「受験—」

**りょう【涼】** 涼しさ。「—を求める」

**—を採《と》る** 涼む。

**りょう【猟】** 狩猟。

**りょう【陵】** 天皇や皇后の墓。

**りょう【量】** ①数量。分量。対質 ②限界の量。「—をすごす」③心の広さ。

**りょう【稜】** 多面体の、隣りあう面の交わる直線。

**りょう【漁】** 魚や貝をとること。

**りょう【寮】** ①学生や社員のための共同宿舎。②別荘。〔古風な言い方〕

**りょう【諒】**（「—とする」の形で）もっともだと承知する。

**りょうあん【諒闇】**〔文章語〕天皇が父母の喪に服す期間。

**りょうい【良医】** 名医。

**りょういき【領域】** ①領地の区域。②関係する範囲。「専門—」

**りょういん【両院】** 二院制の議会のふたつの議院。日本では、衆議院と参議院。英米では、上院と下院。

**りょういん【涼陰】**《涼蔭》すずしい木かげ。

**りょうう【涼雨】** 夏、気温を下げてくれる雨。

**りょうえん【良縁】** よい縁組み。

**りょうえん【遼遠】**〔文章語〕はるかに遠いようす。「前途—」

**りょうおもい【両思い】**（片思いでなく）両者が互いに好き合っていること。相思相愛。

**りょうか【良家】** りょうけ。

**りょうか【良貨】** 質のよい貨幣。対悪貨

**りょうが【凌駕】** 他をしのぐこと。

**りょうかい【了解】**《諒解》①理解すること。②事情をくんで承知すること。

**りょうかい【領海】** その国の主権が及ぶ沿海。「—侵犯」対公海

**りょうがえ【両替】**「一万円札を百円玉に—する」

**りょうかく【稜角】**〔文章語〕とがったかど。

**りょうがわ【両側】** 両方の側。対片側

**りょうかん【涼感】** すずしげな感じ。

**りょうかん【猟官】**〔文章語〕官職を得ようと、けんめいに働きかけること。

**りょうかん【量感】** 厚み・重みのある感じ。ボリューム。

**りょうかん【僚艦】** 行動をともにする仲間の軍艦。

**りょうがん【両岸】** 両方の岸。りょうぎし。

**りょうがん【両眼】** 左右両方の目。

**りょうき【涼気】** すずしい空気（気分）。

**りょうき【猟奇】** 奇怪・異常なものを求めあさること。「—趣味」

**—的《てき》** 奇怪で異常なようす。

**りょうき【猟期】** ①その鳥獣がよくとれる時期。②猟が許可されている期間。

**りょうき【僚機】** 行動をともにする仲間の航空機。

**りょうき【漁期】** ①その魚介類がよくとれる時期。②漁が許可されている期間。◇ぎょき。

**りょうぎせい【両義性】** ある概念や言葉に、相反するふたつの意味や解釈が含まれていること。

**りょうきょく【両極】** ①南極と北極。②陽極と陰極。③両極端。

**りょうきょくたん【両極端】** 相反するふたつの極端（—のもの）。

**りょうきん【料金】** 利用・使用に対して

り

支払うお金。
**りょうぐ【猟具】** 猟に使う道具。
**りょうくう【領空】** 領土・領海の上空。
**—侵犯《しんぱん》** 領空に他国の航空機が無許可で入ること。
**りょうけ【両家】** 両方の家（家庭）。
**りょうけ【良家】** 家柄・教養のある豊かな家庭。りょうか。
**りょうけい【量刑】**〔法律用語〕裁判所が、刑罰の程度を決めること。
**りょうけん【了見】**《了簡・料簡》①考え。思案。②こらえること。「—してくれ」〔古風な言い方〕
**—違《ちが》い** 考えが間違っていること。
**りょうけん【猟犬】** 狩猟に使う犬。
**りょうげん【燎原】**〔文章語〕激しい勢いで焼ける野原。
**—の火《ひ》** 勢いが激しく防ぎ止められないこと。
**りょうこ【両虎】**〔文章語〕優劣つけがたい二人の勇者。〔二頭の虎《とら》の意〕
**りょうこ【竜虎】** りゅうこ。「—相打つ」
**りょうこう【良工】** 腕のよい職人。
**りょうこう【良好】** よい状態。
**りょうこう【良港】** 停泊するのによい港。
**りょうごく【領国】** 領有する国。領地。
**りょうさい【良妻】** よい妻。対悪妻
**—賢母《けんぼ》** よき妻であり、かつかしこい母であること（女性）。
**りょうざい【良材】** よい材木（材料）。Ⅱすぐれた人材。
**りょうざい【良剤】** よい薬。

**りょうさく【良策】** 良計。良案。
**りょうさつ【了察】**《諒察》相手の気持ちを思いやること。
**りょうさん【量産】** 大量生産。
**りょうざんぱく【梁山泊】** 野心家・豪傑の集まる所。〔中国の小説『水滸伝』から〕
**りょうし【良師】** すぐれた先生（師匠）。
**りょうし【料紙】** 用紙。
**りょうし** 一【猟師】鳥獣をとることを職業とする人。二【漁師】漁夫。
**りょうし【量子】** 物理量の最小の単位。
**りょうじ【領事】** 外国に駐在して、在留する自国民の保護や貿易の促進にあたる役人。
**—館《かん》** 領事が職務を行う役所。
**りょうじ【療治】** 鍼《はり》や灸《きゅう》でする治療。
**りょうしき【良識】** 健全な見識。
**りょうしつ【良質】** 性質・品質がよいこと。対悪質
**りょうじつ【両日】** 二日（間）。
**りょうしゃ【両者】** 双方。
**りょうしゃ【寮舎】**〔文章語〕寮の建物。
**りょうしゅ【領主】** 領地の主。「—権」
**りょうしゅう【涼秋】**〔文章語〕①涼しい秋。②陰暦で、九月。
**りょうしゅう【領収】** 代金を受け取ること。
**—書《しょ》** 領収したことを記した書面。うけとり。領収証。
**—証《しょう》** 領収書。
**りょうしゅう【領袖】** 集団のかしら。「派閥の—」〔えりとそでは目につきやすいことから〕

**りょうじゅう【猟銃】** 狩猟に使う銃。
**りょうしょ【両所】** ①ふたつの場所。②おふたり。「ご—」
**りょうしょ【良書】** よい本。対悪書
**りょうしょう【了承】**《諒承》了解。
**りょうじょうのくんし【梁上の君子】**〔文章語〕①泥棒。〔中国の故事から〕②ネズミ。
**りょうしょく【糧食】** 食糧。
**りょうじょく【陵辱】**《凌辱》①はずかしめること。②強姦。
**りょうしん【両親】** 父と母。類ふたおや
**りょうしん【良心】** 物事の善悪を判断し、善をなそうとする意識。
**—的《てき》** 誠実なようす。
**りょうすい【量水】** 水量・水位をはかること。「—計」
**りょうすい【領水】** 国の主権の及ぶ水域。
**りょうする【領する】**〔文章語〕①所有する。領地とする。②領収する。③承知する。
**りょうせい【両生・両棲】** 水陸どちらにもすみ得ること。
**—類《るい》** 脊椎動物の一。カエル・イモリなど。
**りょうせい【両性】** ①男女（雌雄）両方の性。②ふたつの異なる性質。
**—生殖《せいしょく》** 有性生殖の一。受精によって新個体を生じる。対単為生殖
**りょうせい【良性】** たちがよいこと。「—

り

腫瘍《しゅよう》」対悪性

**りょうせい**【寮生】寮に住む学生・生徒。

**りょうせいばい**【両成敗】両方とも同様に罰すること。「けんかー」

**りょうせん**【稜線】山の、尾根。

**りょうせん**【僚船】行動をともにする仲間の船。

**りょうぜん**【瞭然】明らか。「一目《いちもく》ー」

**りょうぞく**【良俗】よい風俗・習慣。「公序ー」

**りょうだて**【両建て】①銀行が貸出金の一部を預金させること。両建て預金。②取引で、同一人が売玉《うりぎょく》と買玉《かいぎょく》の両方をたてておくこと。

**りょうだめ**【両為】両方の利益になること。

**りょうたん**【両端】①両方のはし。対一端 ②はじめと終わり。類首尾・本末

**りょうだん**【両断】まっぷたつに断ち切ること。「一刀ー」

**りょうち**【了知】知る(分かる)こと。

**りょうち**【料地】用地。「御ー」

**りょうち**【領地】(一国の) 領有する地域。

**りょうちょう**【猟鳥】猟が許可されている鳥。

**りょうて**【両手】左右両方の手。

**ーに花《はな》** ふたつのよいものを同時に手に入れること。

**りょうてい**【料亭】(高級な日本) 料理屋。

**りょうてい**【量定】はかって決めること。

**りょうてき**【量的】量にかかわるようす。「ー金融緩和」対質的

**りょうてんびん**【両天秤】両天秤をかける。

**ーをかける** ふたまたをかける。

**りょうど**【領土】領地。

**りょうとう**【両刀】①大小二本の刀。②両刀づかい。

**ー遣《づか》い** 二刀流。Ⅱふたつの相反するような事柄をうまく行う人。

**ー論法《ろんぽう》** 相反するふたつの前提のどちらを選んでも同じ結論が出てくる論法。

**りょうとう**【両頭】①双頭。②二人の支配者。「ー政治」

**りょうとう**【遼東】

**ーの豕《いのこ》** ありふれたことをひとりよがりで得意になること。〔中国の故事から〕

**りょうどう**【両道】〔文章語〕ふたつの道(方面)。「文武ー」

**りょうどう**【糧道】軍隊の食糧を送る道。「ーを絶つ」Ⅱ生活の糧《かて》を得る方法。

**りょうどうたい**【良導体】導体。対不良導体

**りょうとく**【両得】①二重の利益。「一挙ー」②両方が得すること。

**りょうどなり**【両隣】左右両方の隣。

**りょうない**【領内】領地の中。

**りょうにん**【両人】二人。「ごー」

**りょうば**【両刃】刃物で、両側に刃がついたもの。類もろは 対片刃

**りょうば**【猟場】猟をする所。

**りょうば**【漁場】ぎょじょう。

**りょうはし**【両端】りょうたん。

**りょうばば**【良馬場】競馬で、水分の少ない状態の馬場。対重《おも》馬場

**りょうはん**【量販】商品を大量に販売すること。

**ー店《てん》** 値引きをして大量に販売する小売店。

**りょうひ**【良否】よしあし。

**りょうひつ**【良弼】〔文章語〕よい補佐役。

**りょうびらき**【両開き】観音開き。

**りょうひん**【良品】品質のよい品物。

**りょうふう**【良風】よい風俗・風習。対悪風

**りょうふう**【涼風】涼しい風。

**りょうぶん**【両分】〔文章語〕二分すること。

**りょうぶん**【領分】①領地。②勢力範囲。

**りょうぼ**【陵墓】みささぎ。

**りょうぼ**【寮母】入寮者の世話をする女性。

**りょうほう**【両方】ふたつの物事。対片方

**りょうほう**【療法】治療の方法。「物理ー」

**りょうまい**【糧米】食糧としての米。

**りょうまつ**【糧秣】軍隊で、兵隊の食糧と馬のまぐさ。

**りょうみ**【涼味】涼しい感じ。涼しさ。

**りょうみん**【良民】まじめで、善良な人

**りょうみん【領民】** 領土内に住む民。

**りょうめ【両目】** 左右の目。両眼。対片目

**ーが開《あ》く** 相撲や野球で、二勝する。

**りょうめ【量目】** 目方。

**りょうめい【両名】**（その）二人。

**りょうめん【両面】** 両方の一面（方面）。対片面

**りょうや【良夜】** 月の明るい夜。特に、中秋の名月の夜。

**りょうや【涼夜】** 涼しい夜。

**りょうやく【良薬】** よくきく薬。

**ーは口《くち》に苦《にが》し** 忠告は聞き入れにくい。

**りょうゆう【両雄】** 二人の英雄。「ー並び立たず」

**りょうゆう【僚友】** 同僚。

**りょうゆう【領有】** 土地などを自分のものとして所有すること。

**りょうよう【両用】** 両方の目的に使えること。類兼用

**りょうよう【両様】** ふたつの様式。二通り。

**りょうよう【療養】** 治療し保養すること。「ー所」

**りょうよく【両翼】** ①左右のつばさ。②左右の両端。

**りょうらん【繚乱・撩乱】** 入り乱れること。また、花が咲き乱れるようす。「百花ー」

**りょうり【料理】** ①食物を調理すること。また、調理した食物。②物事をうまく処理すること。

**ー長《ちょう》** レストランなどで、厨房の責任者。シェフ。

**りょうりつ【両立】** 同時に両方とも成り立つこと。

**りょうりつ【料率】** 料金算出の基準となる率。

**りょうりょう【両々】**〔文章語〕両方。

**ー相俟《あいま》つ** 相補い助けあう。

**りょうりょう【稜々】**〔文章語〕①きびしく、かどばったようす。「気骨ー」②寒気のきびしいようす。

**りょうりょう【寥々】**〔文章語〕①もの寂しいようす。②数の少ないようす。

**りょうりん【両輪】** 車のふたつの車輪。Ⅱふたつそろってはじめて役立つもの。

**りょうる【料る】**〔俗語〕料理する。〔料理の動詞化〕

**りょうろん【両論】** 両方の議論。「賛否ー」

**リヨーマチ** ⇩リューマチ

**りょがい【慮外】** ①意外。②無礼。「ー者《もの》」〔古風な言い方〕

**りょかく【旅客】**（乗り物に乗っている）旅行者。りょきゃく。

**りょかっき【旅客機】** 旅客を運ぶ航空機。

**りょかん【旅館】** 人を宿泊させることを職業とする家。宿屋。

**りょきゃく【旅客】** りょかく。

**りょく【利欲】**《利慾》利益をむさぼる心。

**りょくいん【緑陰】**〔文章語〕青葉の生い茂った木陰。「ーに憩う」

**りょくう【緑雨】**〔文章語〕新緑のころに降る雨。

**りょぐう【旅寓】**〔文章語〕旅宿。

**りょくおうしょく【緑黄色】** みどりがかった黄色。

**ー野菜《やさい》** ニンジン・カボチャ・ホウレンソウなど、濃い色をした野菜。

**りょくか【緑化】** りょっか。

**りょくぎょくせき【緑玉石】** エメラルド。

**りょくしゅ【緑酒】**〔文章語〕上質のうまい酒。〔緑色にすんだ酒の意〕

**りょくじゅ【緑樹】** 青葉の茂った樹木。

**りょくじゅうじ【緑十字】** 緑色の十字のしるし。〔国土緑化運動のシンボルマーク〕

**りょくしょく【緑色】** みどりいろ。

**りょくそう【緑草】** みどりの草。青草。

**りょくそうしょくぶつ【緑藻植物】** 緑色の藻類。緑藻類。〔クロレラ・アオサなど〕

**りょくち【緑地】** 草木の茂った土地。

**ー帯《たい》** グリーンベルト。

**りょくちゃ【緑茶】** 緑色の日本のお茶。〔紅茶に対して〕

**りょくちゅうせき【緑柱石】** エメラルド。

**りょくど【緑土】** ①草木の生い茂った国土。②近海の、緑色をおびた沈澱物。

**りょくとう【緑豆】** 豆の一。もやし・春雨にする。りょくず。

**りょくどう【緑道】** 緑地帯にある、歩行者や自転車のための道路。

**りょくないしょう【緑内障】** 眼病の一。あおそこひ。〔瞳が開いて、緑色をおびることから〕

**りょくひ【緑肥】** 田畑に植えたレンゲソウなどを、そのまますき込んで肥料にするもの。

**りょくふう【緑風】** 青葉を渡る、初夏の風。

**りょくべん【緑便】** 乳児が消化不良のために出す緑色の大便。

**りょくや【緑野】** 〔文章語〕草木が緑に生い茂った野。「一面の―」

**りょけん【旅券】** パスポート。

**りょこう【旅行】** 旅をすること。

**りょしゅう【旅愁】** 旅先で感じる物寂しさ。

**りょしゅう【虜囚】** 〔文章語〕捕虜。

**りょしゅく【旅宿】** 〔文章語〕旅先で泊まること。また、その宿。

**りょじょう【旅情】** 旅でのしみじみとした思い。旅心。

**りょそう【旅装】** 〔文章語〕旅の身じたく。「―を解く」

**りょだん【旅団】** 軍隊で、編制上の単位の一。師団の下、連隊の上。

**りょっか【緑化】** 植樹をして国土の緑を豊かにすること。「―運動」

**りょてい【旅程】** ①旅の道のり。②旅行日程。

**りょひ【旅費】** 旅行に必要な費用。

**りょりょく【膂力】** 〔文章語〕筋肉の力。腕力。

**リラ** 〔フランス語 lilas〕ライラック。

**リライト** 〔rewrite〕もとの原稿や記事に手を入れて書き直すこと。

**リラクゼーション** 〔relaxation〕気晴らし。緊張をほぐすこと。

**リラックス** 〔relax〕くつろぐこと。

**リリー** 〔lily〕ユリ。

**リリース** 〔release〕①(ビデオソフトや楽曲などの)発売。②解除。解放。

**リリーフ** 〔relief〕①野球で、前の投手を引きついで投げること。②⇩レリーフ

**リリカル** 〔lyrical〕叙情(―詩)的。情緒的。「―な旋律」

**りりく【離陸】** 対着陸

**りりしい【凛々しい】** 態度がきりっとしている。

**リリシズム** 〔lyricism〕叙情主義。叙情的な雰囲気。

**りりつ【利率】** 元金に対する利息の割合。

**リリック** 〔lyric〕叙情詩。対エピック

**リリヤン** 〔lily yarn〕手芸材料の一。糸を細く丸ひもに編んだもの。リリアン。

**りるい【離塁】** 野球で、走者が塁を離れること。

**リレー** 〔relay〕①次から次へと渡していくこと。②継走。継泳。〔リレーレースの略〕

**リレーション** 〔relation〕関係。関連。

**りれき【履歴】** ①経歴。「―書」②電子機器で、データの送受信などの記録。「通信―」

**りろ【理路】** 議論や話の筋道。

**りろせいぜん【理路整然】** 道理・筋道がきちんと通っているようす。

**りろん【理論】** 原理や法則によって筋道立てた論。

**―物理学《ぶつりがく》** 物理学の理論的な面を扱う分野。

**りん【輪】** 花や車輪を数える語。

**りん【厘】** 数量・長さ・重さ・貨幣の単位。

**りん【鈴】** ①すず。②ベル。③仏具の一。

**りん【リン・燐】** 非金属元素の一。マッチや殺虫剤用。記号P

**りんう【霖雨】** 〔文章語〕ながあめ。

**りんか【隣家】** となりの家。

**りんか【燐火】** 燐が燃えて出る青い火。鬼火。きつね火。

**りんが【臨画】** 〔文章語〕手本を見て絵を習うこと。また、その絵。対自由画

**りんかい【臨海】** 海のそばにあること。

**―学校《がっこう》** 児童・生徒が、夏休みに海浜で集団生活を営む校外学習。

**―工業地帯《こうぎょうちたい》** 海ぞいに広がる工業地帯。

**りんかい【臨界】** 物質がある状態から他の状態へ移行する境界。「―状態」

**りんかい【鱗介】** 〔文章語〕魚類と貝類。魚介。

**りんかく【輪郭】** 《輪廓》①外形。周囲の線。②顔の目鼻だち。③概要。

**りんがく【林学】** 森林や林業に関する技術・経済を研究する学問。「―博士」

**りんかん【林間】** 林の中。

**―学校《がっこう》** 児童・生徒が、夏休みに山や

り

高原などの自然の中で集団生活を営む校外学習。
**りんかん【輪姦】** 多くの男が、次々に一人の女性を強姦すること。
**りんき【悋気】** やきもち。「―を起こす」
**りんき【臨機】** 時と場合に応じた手段をとること。「―の処置」
**―応変《おうへん》** その時や場合に応じて適切に処置すること。
**りんぎ【稟議】** 会議を開かずに、関係者に案を回して承認を求めること。〔「ひんぎ」の慣用読み〕
**りんぎょう【林業】** 森林を育て、林産物を生産する産業。
**りんぎょう【輪業】** 自転車販売業。
**りんきん【淋菌】**《痳菌》淋病の病原菌。
**リンク**［link］①連結すること。連携。②インターネットで、関連情報を結びつけること。特に、他のウェブページに接続する―こと(部分)。「―を張る」③リンク制。
**リンク**［rink］スケート場。
**リング**［ring］①わ。指輪。②ボクシングなどの試合場。
**―サイド**［ringside］リングに最も近い見物席。
**―ネーム**［ring name］ボクサーやレスラーとして使う本名以外の名。
**りんけい【輪形】** 輪の形。
**りんけい【鱗形】** うろこのような形。
**りんけい【鱗茎】** 地下茎の一。ユリ根・タマネギの類。
**リンケージ**［linkage］連鎖。結合。

**りんげつ【臨月】** 出産予定の月。
**リンゲル**［Ringer］リンゲル液。
**―液《えき》** 生理的食塩水を改良したもの。体液の代用として注射する。〔Ringerは創製者の名〕
**りんけん【臨検】** 現場に出向いて検査すること。
**りんげん【綸言】**〔文章語〕天皇の言葉。
**―汗《あせ》の如《ごと》し** 君主が一度口に出した言葉は、出た汗のように取り消せない。
**りんご**《林檎》果物の一。〔バラ科の落葉高木〕
**りんこう【輪行】** 自転車を分解して列車に持ち込み、旅先でサイクリングをすること。
**りんこう【隣好・隣交】**〔文章語〕隣国(隣家)との交際。
**りんこう【リン光・燐光】** ①黄燐が空気中で放つ青白い光。②ある物質に光をあてると、その光を止めても発光が続く現象。
**りんこう【臨港】** 港のそばにあること。
**りんごく【隣国】** となりの国。
**りんさく【輪作】** 同じ土地に、異なる作物を一定の順序で栽培すること。対連作
**りんさん【林産】** 山林から産出する―こと(もの)。「―物」
**りんさん【リン酸・燐酸】** 燐灰石から作られるリンの化合物。肥料・医薬品用。
**―肥料《ひりょう》** 土壌にリン酸を供給するための肥料。
**りんし【臨死】** 死んだと思われる状態からよみがえること。「―体験」

**りんじ【臨時】** ①不定時。「―休業」②一時的なこと。「―雇い」
**―国会《こっかい》** 通常国会・特別国会以外の、臨時に開かれる国会。
**―政府《せいふ》** 政治変動後に臨時的におかれる政府。
**りんしつ【淋疾】**《痳疾》〔文章語〕淋病。
**りんしつ【隣室】** となりの部屋。
**りんしもく【鱗翅目】** 昆虫の分類の一。チョウやガの類。鱗翅類。
**りんしゃ【臨写】** 手本を見て文字や絵を書き写すこと。
**りんじゅう【臨終】** 死にぎわ。
**りんしょ【臨書】**〔文章語〕手本を見て字を書くこと。類臨写
**りんしょう【輪唱】** 同じ旋律を、一定の間隔を置いて追いかけながら歌う合唱。
**りんしょう【臨床】** 実際に治療・診察にあたること。
**―心理学《しんりがく》** 心理学の一分野。精神的・心理的な問題の治療を目的とする。
**りんじょう【輪状】** 輪のような形。
**りんじょう【臨場】** その場に臨むこと。
**―感《かん》** その場にいるような感じ。
**りんじょう【鱗状】**〔文章語〕うろこのような形。
**りんしょく【吝嗇】**〔文章語〕けち。「―家」
**りんじん【隣人】** となり近所の人。
**リンス**［rinse］洗髪後に髪をすすぐこと。それに使う液。髪の状態をととのえる。

**りんず【綸子】** 絹織物の一。白無垢《しろむく》や羽織裏用。

**りんせい【輪生】** 茎のひとつの節に葉が三枚以上輪状につくこと。→互生・対生

**りんせき【隣席】** となりの席。

**りんせき【臨席】** 出席すること。類臨場

**りんせつ【隣接】** となりあっていること。

**りんせん【林泉】** 〔文章語〕木立や池などがある庭園。

**りんせん【臨戦】** 戦いに臨むこと。「—態勢」

**りんぜん【凜然】** 〔文章語〕①寒さのきびしいようす。②りりしいようす。

**りんち【林地】** （林業の対象となる）森林の土地。

**りんち【臨地】** 現地に行くこと。「—調査」

**リンチ** 〔lynch〕私刑。

**りんてん【輪転】** 輪のように回ること。

**—機《き》** 印刷機の一。印刷速度が速く、大量印刷用。

**りんと【凜と】** ①態度や姿がりりしいようす。②澄んだ、よく通る音の形容。③寒さのきびしいようす。

**りんどう【林道】** 林の中の（-木材運搬用の）道。

**りんどう【竜胆】** リンドウ科の多年草。秋、青紫色の釣り鐘形の花を開く。

**りんどく【輪読】** 一冊の本を数人が順番に読んで研究すること。

**りんね【輪廻】** 〔仏教語〕迷いの世界で生死を繰り返すこと。流転《るてん》。転生。

**リンネル** 〔フランス語 linière〕 亜麻糸で織った薄い織物。リネン。

**リンパ** 《淋巴》〔ドイツ語 Lymphe〕 リンパ液。

**—液《えき》** 体液の一。淡黄色。リンパ。

**—球《きゅう》** 白血球の一。

**—節《せつ》** リンパ管の各所にある粒状のかたまり。

**—腺《せん》** リンパ節の旧称。

**りんばん【輪番】** かわりばん。まわりもち。

**りんびょう【淋病】** 《痳病》性病の一。

**りんぶ【輪舞】** 円舞。

**りんぷん【鱗粉】** チョウやガの羽にあるうろこ状の粉。

**りんぺん【鱗片】** うろこ（-形）の一片。

**りんぽ【隣保】** 〔文章語〕となり近所の人々。

**りんぽう【隣邦】** 〔文章語〕隣国。

**リンボー** 〔limbo〕横に渡した棒の下をくぐりながらするダンス。リンボーダンス。

**りんも【臨模】** 《臨摹》〔文章語〕手本や実物を見て書き写すこと。りんぼ。

**りんもう【鱗毛】** シダなどの葉や茎の表面をおおう小さな毛。

**りんや【林野】** 森林と野原。

**—庁《ちょう》** 農林水産省の外局の一。林業に関する業務を扱う。

**りんらく【淪落】** 〔文章語〕落ちぶれること。

**りんり【倫理】** 人としてふみ行うべき道。

**—学《がく》** 道徳について研究する学問。

**りんり【淋漓】** 〔文章語〕①水や汗がしたたり落ちるようす。②感情や勢いのあふれるようす。「墨痕《ぼっこん》—」

**りんりつ【林立】** 数多く並び立つこと。

**りんりん【凜々】** 〔文章語〕①寒さで身がしまるようす。②勇ましいようす。

## る

**ルアー** 〔lure〕釣りで、擬餌鉤《ぎじばり》。「—フィッシング」

**るい【累】** まきぞえ。「—を及ぼす」

**るい【塁】** ①野球で、ベース。②とりで。

**るい【類】** ①似たものの集まり。②生物の分類を慣用的に表す語。「哺乳—」

**—は友《とも》を呼《よ》ぶ** 似ているものどうしは自然と集まってくる。

**るいえん【類縁】** ①親類。②形や性質が似ていて近い関係にあること。

**るいか【累加】** 次々と-加える（加わる）こと。

**るいか【類火】** 類焼。

**るいがいねん【類概念】** 同類の物事をまとめた上位の概念。〔松・杉・桜に対する木など〕対種概念

**るいぎご【類義語】** 意味が似かよった語。〔「あける」と「ひらく」など〕

**るいく【類句】** ①似かよった語句。②発想や表現が似ている俳句。

**るいけい【累計】** 小計を順に加えて計算した合計。

**るいけい【類型】** ①似たものに共通する点をとりだしてまとめた型。タイプ。②ありき

る

たりのもの。

**―的**《きて》 ありふれていて特色がないようす。

**るいげつ【累月】**〔文章語〕何か月にもわたること。

**るいご【類語】** 類義語。「―辞典」

**るいさん【累算】** 累計。

**るいじ【累次】**〔文章語〕重なり続くこと。「―にわたる戦争」

**るいじ【類似】** 似かようこと。

**るいじつ【累日】**〔文章語〕何日にもわたること。

**るいじゅう【類従・類聚】**〔文章語〕同類のものを集めて整理―すること（した本）。類纂《るいさん》。

**るいしょ【類書】** ①同種類の本。②漢籍で、事項別に分類・編集した本。

**るいしょう【類焼】** よその火事が燃え移って焼けること。もらい火。

**るいじょう【累乗】** 同じ数や式を何度もかけあわせること。

**るいじょう【塁上】** 野球で、ベースの上。

**るいしん【累進】** ①次々と（上の地位に）進むこと。②率が次第に増すこと。

**―課税**《かぜい》 財産や所得が多くなるにつれて、課税の率が上がる税金。

**るいしん【塁審】** 野球で、一・二・三塁のそばにいる審判。

**るいじんえん【類人猿】** 人間に最も近いサル。チンパンジー・ゴリラなど。

**るいすい【類推】** 似ている点をたよりに推しはかること。類比。

**るいする【類する】** 似る。共通する。

**るいせい【累世】**〔文章語〕累代。代々。

**るいせき【累積】** 重なり積もること。重ね積むこと。積累。

**―投票**《とうひょう》 株主総会で複数の取締役を選出する際、持ち株数に応じて議決権を分散してもよいという投票方法。

**るいせん【涙腺】** なみだを分泌する腺。

**るいぞう【累増】**〔文章語〕次第に―増える（増やす）こと。

**るいだ【塁打】** 野球で、全安打を単打の数に直して計算した数。「―数」

**るいだい【累代】**〔文章語〕代々。「―の墓」

**るいねん【累年】**〔文章語〕年を重ねること。

**るいはん【累犯】** 犯罪を重ねて行うこと。「―加重」

**るいひ【類比】** ①比較。②類推。

**ルイベ**〔アイヌ語 ruibe〕 凍らせたサケの、さしみ。

**るいへき【塁壁】**〔文章語〕とりで（―の壁）。

**るいべつ【類別】** 種類別に分けること。類 分類

**るいほん【類本】** 同類の本。類書。

**るいらん【累卵】**〔文章語〕卵を積み重ねること。

**―の危**《あや》**うきにある** 不安定で危険だ。

**るいるい【累々】**〔文章語〕重なり合うようす。「死屍―」

**るいれい【類例】** 似ている例。「―がない」

**ルー**〔フランス語 roux〕 小麦粉をバターでいためたもの。〔スープでのばし、とろみを出す〕

**ルーキー**［rookie］ 新人選手。Ⅱ新人。新入社員。

**ルージュ**〔フランス語 rouge〕 口紅。

**ルーズ**［loose］ だらしがない。しまりがない。

**―ソックス**〔和製語 loose socks〕 足首から上をたるませてはく長い靴下。

**―リーフ**［loose-leaf］ 用紙のとりはずしが自由なノート。

**ルーター**［router］ ネットワーク間を中継する通信機器。

**ルーチン**［routine］ ①日常業務。②コンピューターのプログラムで、特定の処理をする一連の命令群。③シンクロナイズドスイミングで、演技種目。「テクニカル（フリー）―」◇ルーティーン。

**ルーツ**［roots］ ①起源。②祖先。

**ルーデサック**〔オランダ語 roed-zak〕 コンドーム。

**ルート**［root］ 数学で、根、特に平方根。√で表わす。

**ルート**［route］ ①道路。路線。②経路。手づる。「密輸―」「―マップ」

**ルーバー**［louver］ 窓や換気口に取り付けたよろい戸状の格子。通風・日よけ用。

**ルーフ**［roof］ ①屋根。②屋上。「―ガーデン」

**ループ**［loop］ ①輪。弧の形。②糸・ひもなどの輪。③コンピューターのプログラムで、繰り返し実行される命令群。

**―シュート**〔和製語 loop shoot〕 サッカーなどで、ゴールキーパーの頭越しに、山なり

る

に弧をえがくシュート。
**―線**《せん》 急傾斜の所で、登りやすくするためにらせん状に敷いた鉄道線路。
**―タイ**〔和製語 loop tie〕 留め金のついたひも状のネクタイ。
**ルーフィング**〔roofing〕 屋根ふき用の下地材料。
**ルーペ**〔ドイツ語 Lupe〕 拡大鏡。むしめがね。
**ルーム**〔room〕 部屋。
**―サービス**〔room service〕 ホテルで、飲食物を客室に運ぶサービス。
**―シェア**〔room share〕 他人どうしが共同で借りた部屋に住むこと。
**―チャージ**〔room charge〕 ホテルの宿泊料。
**―メイト**〔roommate〕 部屋をいっしょに借りて住む仲間。
**ルーメン**〔lumen〕 光のエネルギーの単位。記号lm
**ルーラー**〔ruler〕 定規。
**ルール**〔rule〕 規則。「―違反」
**ルーレット**〔フランス語 roulette〕 ①賭博《とばく》に使う道具の一。 ②布地に点線のしるしをつける裁縫道具。
**ルクス**〔フランス語 lux〕 照度の単位。ルックス。記号lx
**るけい【流刑】** 流罪《るざい》。りゅうけい。
**るこく【鏤刻】**〔文章語〕①金属などに文字や絵を刻むこと。 ②文章を苦心してととのえること。◇ろうこく。
**るこつ【鏤骨】**〔文章語〕非常に苦心すること。「彫心―」〔骨をきざむ意〕

**るざい【流罪】** 昔の刑罰の一。罪人を遠くの地や島に送った。流刑《るけい》。
**ルサンチマン**〔フランス語 ressentiment〕 恨み。怨恨《えんこん》。〔ニーチェの用語から〕
**るしゃなぶつ【盧遮那仏】**〔仏教語〕毘盧遮那仏《びるしゃなぶつ》の略。すべてを悟り、全宇宙をあまねく照らす仏。
**るじゅつ【縷述】**〔文章語〕しばしば述べること。
**るす【留守】** ①外出中で家にいないこと。 ②留守番。
**―になる** （多く「お～」の形で）なおざりになる。
**―を使**《つか》**う** 家にいるのに、いないふりをする。
**るすい【留守居】** 留守番。
**るすでん【留守電】** 留守番電話の略。
**るすばん【留守番】**〔文章語〕不在の家を守る-こと(人)。
**―電話**《でんわ》 不在中の電話を受け、相手の伝言を録音する機能をもつ電話。
**るせつ【流説】** りゅうせつ。
**るせつ【縷説】**〔文章語〕こまごまと述べること。縷述。「―を要しない」
**るたく【流謫】**〔文章語〕流罪に処せられること。
**ルチン**〔rutin〕 毛細血管の働きをととのえる効能のある物質。止血剤用。
**ルック**〔look〕 …ふうの服装。「ミリタリー―」
**ルックス**〔looks〕 容姿。器量。
**ルックス**〔フランス語 lux〕 ルクス。

**ルッコラ**〔イタリア語 rucola〕 アブラナ科の一年草。葉は食用で、ゴマに似た風味がある。ロケットサラダ。
**るつぼ【坩堝】** 金属を溶かすのに使う容器。⊞㋐大勢の熱狂したようす。「興奮の―」 ㋑さまざまなものが入り乱れるようす。「人種の―」
**るてん【流転】** ①限りなく移り変わること。 ②〔仏教語〕輪廻《りんね》。
**るにん【流人】**〔文章語〕流罪に処せられた人。
**ルネッサンス**〔フランス語 Renaissance〕 一四～一六世紀にかけてヨーロッパで広がった文化の運動。文芸復興。「―文化」 ⊞復興。◇ルネサンス。
**ルバシカ**〔ロシア語 rubashka〕 ロシアの男子用民族衣装。ルパシカ。ルバーシカ。
**ルビ**〔ruby〕 ふりがな(-用の小さな字)。
**ルビー**〔ruby〕 紅色で透明な宝石。紅玉。〔七月の誕生石〕
**―婚式**《こんしき》 結婚して四〇年目の祝い。
**ルビコンがわをわたる【―川を渡る】** 不退転の決意をして物事を始める。〔シーザーの故事から〕
**るふ【流布】** 世の中に-広まる（広める）こと。「世上に―する」
**ルフラン**〔フランス語 refrain〕 リフレイン。
**ルポ** ルポルタージュの略。
**ルポライター**〔和製語 repo-writer〕 現地で取材して記事を書く職業の人。
**ルポルタージュ**〔フランス語 reportage〕 ①現地-報告(報道)。ルポ。 ②記録文学。

**ルミノールはんのう【—反応】** 血痕《けっこん》の鑑識に利用する化学反応。
**るみん【流民】** りゅうみん。
**るり【瑠璃】** ①七宝の一。紺色の宝石。②ガラスの古称。③瑠璃色。
**るりいろ【瑠璃色】** 紫がかった紺色。
**るりちょう【瑠璃鳥】** 小鳥の一。雄の羽は瑠璃色。
**るる【縷々】**〔文章語〕①こまごまと述べるようす。②とぎれずに長く続くようす。
**るろう【流浪】** さすらい歩くこと。
**ルンゲ**〔ドイツ語 Lunge〕〔俗語〕肺結核。〔肺の意〕
**ルンゼ**〔ドイツ語 Runse〕岩壁に縦にできた溝。〔登山用語〕
**ルンバ**〔スペイン語 rumba〕キューバにおこった舞踊(—曲)。四分の二拍子。
**ルンペン**〔ドイツ語 Lumpen〕①浮浪者。②失業者。◇〔ぼろ・古着の意から〕

## れ

**レ**〔イタリア語 re〕①階名の一。長音階の第二音。②音名の一。
**レア**〔rare〕①生(—に近い)。「—チーズケーキ」〔ステーキの焼き方でもいう〕②珍しい。希少な。「—ケース(メタル)」
**レアアース**〔rare earth〕希土類元素の総称。充電式電池や半導体などの機器に使う。
**レアチーズケーキ**〔和製語 rare cheese-cake〕焼かずに冷やし固めたチーズケーキ。
**レアメタル**〔rare metal〕天然の存在量が少ない(品位の高いものが得がたい)金属。〔ニッケル・コバルト・クロムなど〕
**レアリスティック** ⇩リアリスティック
**レアリスム** ⇩リアリズム
**れい【礼】** ①礼儀。「—を失する」②おじぎ。「起立、—」③感謝を表す—こと(もの)。④儀式。「即位の—」
**れい【例】** ①実例。②習慣。いつもどおりのこと。「—の(=あの)話」③見本。「—をあげる」
**れい【零】** ①数学で、ゼロ。②なにもないこと。
**れい【霊】** ①魂。対肉 ②死者の魂。③人知ではかり知れないふしぎな力をもつもの。
**レイ**〔ハワイ語 lei〕首にかける花輪。〔ハワイで歓迎の気持ちを表すために使う〕
**レイアウト**〔layout〕①建物や室内の配置。②印刷面のわりつけ。
**れいあん【冷暗】** 冷たく暗いこと。「—所」
**れいあんしつ【霊安室】** 病院などで、遺体を一時安置する部屋。
**れいい【霊位】**〔文章語〕①死者のたましい。②位牌《いはい》。
**れいい【霊威】**〔文章語〕目に見えないふしぎな威力。
**れいい【霊異】**〔文章語〕人知ではかり知れないふしぎな現象。
**れいいき【霊域】** 神聖な地域。
**れいう【冷雨】** 冷たい雨。
**れいえん【霊園】**《霊苑》広い共同墓地。
**レイオフ**〔layoff〕(不況の時の)従業員の一時的な解雇。
**れいおん【冷温】** ①冷たいことと温かいこと。②低い温度。
**れいか【冷夏】** 気温の低い夏。
**れいか【冷菓】** 凍らせ(冷やし)て作る菓子。アイスクリームなど。
**れいか【零下】** 〇℃以下。氷点下。
**れいか【隷下】**〔文章語〕部下。配下。
**れいかい【例会】** 日を決めて定期的に開く会。
**れいかい【例解】** 例をあげて説明すること。
**れいかい【霊界】** ①精神界。対肉界 ②霊魂の住むという世界。
**れいがい【冷害】** 夏期の異常低温による農作物の被害。
**れいがい【例外】** 原則からはずれている—こと(もの)。
**—なく** すべて。
**れいかく【冷覚】** 冷たさを感じる感覚。対温覚
**れいかん【冷汗】**〔文章語〕冷や汗。
**—三斗《さんと》の思《おも》い** 冷や汗の出るほどの—恐ろしい(恥ずかしい)思い。
**れいかん【冷感】** 冷たい感じ。対温感
**れいかん【霊感】** ①神仏から受けるふしぎな感じ。②ひらめき。インスピレーション。
**れいがん【冷眼】** ひややかでさげすんだ目つき。「—視する」
**れいき【冷気】** 冷たい空気。対熱気

**れいき【励起】** 量子力学で、原子・分子・原子核がエネルギーを受け取り、高エネルギーの状態になること。
**れいき【例規】** 先例とする規則。
**れいき【霊気】** 神秘的(神聖)な雰囲気。
**れいぎ【礼儀】** その社会に定まった交際上の行動や作法。「—正しい」
**れいきゃく【冷却】** 冷える(冷やす)こと。
**—期間《きかん》** 感情的な対立を静め落ち着かせるための一時的休止期間。
**れいきゅう【霊柩】** 遺体を入れるひつぎ。「—車」
**れいきん【礼金】** 謝礼のお金。
**れいく【麗句】** 〔文章語〕美しい言葉。「美辞—」
**れいぐう【礼遇】** 〔文章語〕礼儀をつくして待遇すること。
**れいぐう【冷遇】** 冷たい待遇。対厚遇
**れいけい【令兄】** 〔文章語〕「他人の兄」の敬称。対令弟
**れいけい【令閨】** 〔文章語〕令室。
**れいけつ【冷血】** 人間らしい情をもたないこと。
**—動物《どうぶつ》** ①変温動物。対温血動物 ②冷酷な人。
**れいげつ【例月】** 〔文章語〕毎月。
**れいげん【冷厳】** ①おごそかで落ち着いたようす。②厳しくごまかしのないようす。「—な事実」
**れいげん【例言】** 〔文章語〕①例として言うこと。②書物の凡例《はんれい》の言葉。
**れいげん【霊験】** 《(霊現)》神仏から受けるふしぎなめぐみ。れいけん。「—あらたか」
**れいこう【励行】** きちんと(厳格に)実行するようにはげむこと。
**れいこく【冷酷】** 残酷で薄情なこと。
**れいこく【例刻】** いつもの決まった時間。
**れいこん【霊魂】** たましい。
**れいさい【冷菜】** 冷やして食べる料理。〔主に前菜〕
**れいさい【例祭】** 神社などで、毎年決まった日に行う祭り。
**れいさい【零細】** 非常に-小さい(わずかな)こと。
**—企業《きぎょう》** 非常に小規模な企業。
**れいざん【霊山】** 神聖な山。社寺の霊域である山。
**れいし【令姉】** 〔文章語〕「他人の姉」の敬称。対令妹
**れいし【茘枝】** 果樹の一。その実。ライチー。〔うろこ状の皮の下に果肉がある〕
**れいし【霊芝】** マンネンタケ。
**れいし【麗姿】** 〔文章語〕美しく整った姿。
**れいじ【例示】** 例として示すこと。
**れいじ【零時】** 午前(午後)一二時。
**れいしつ【令室】** 「他人の妻」の敬称。
**れいしつ【麗質】** 〔文章語〕生まれつきのうるわしい素質。「天成の—」
**れいじつ【例日】** いつもの一定の日。
**れいしゃ【礼者】** 〔文章語〕年賀にまわる人。
**れいしゅ【冷酒】** ①燗《かん》をつけてない酒。冷や酒。②冷たくして飲むようにつくった酒。冷用酒。
**れいじゅう【霊獣】** 〔文章語〕神聖視されている獣。麒麟《きりん》など。
**れいじゅう【隷従】** 隷属。
**れいしょ【令書】** 〔文章語〕命令書。「徴税—」
**れいしょ【隷書】** 漢字の字体の一。〔篆書《てんしょ》を簡略にしたもの〕
**れいしょう【冷笑】** 人をさげすんで笑うこと。「—を買う(=冷笑される)」
**れいしょう【例証】** 例をあげて証明すること。また、その例。
**れいじょう【令状】** ①命令の書状。「召集—」②裁判官が出す、強制処分の命令書。「逮捕—」
**れいじょう【令嬢】** 〔文章語〕「他人の娘」の敬称。対令息
**れいじょう【礼状】** お礼の手紙。
**れいじょう【礼譲】** 〔文章語〕礼儀正しくてへりくだること。
**れいじょう【霊場】** 霊地。
**れいしょく【令色】** 〔文章語〕こびへつらった顔つき。「巧言—」
**れいしょく【冷色】** 寒色。対温色
**れいじん【麗人】** 美しい女性。
**れいすい【冷水】** 冷たい水。
**—域《いき》** 周囲より海水の冷たい海域。
**—摩擦《まさつ》** 冷水でぬらした布で皮膚を摩擦する健康法。
**—浴《よく》** 冷水をあびる健康法。
**—を浴《あ》びせる** 気勢をそぐようなことを-言う(する)。
**れいすい【霊水】** 〔文章語〕霊験のある

れ

水。

**れいせい【令婿】**〔文章語〕「他人の婿《むこ》」の敬称。

**れいせい【冷製】** 冷やして食べる料理。「―のスープ」

**れいせい【冷静】** 感情が落ち着いていて、乱れがないこと。「―沈着」

**れいせつ【礼節】**〔文章語〕礼儀と節度。

**れいせん【冷泉】** ①冷たい泉。②二五℃以下の鉱泉。◇対温泉

**れいせん【冷戦】** 武力を用いない対立。冷たい戦争。Ⅱ心理的な対立。◇〔cold war の訳語〕

**れいせん【霊泉】**〔文章語〕ふしぎな効能のある―泉(温泉)。

**れいぜん【冷然】** 冷淡なようす。

**れいぜん【霊前】** 死んだ人の霊の前。

**れいそう【礼奏】** アンコールにこたえてする演奏。

**れいそう【礼装】** 正式の服装。対略装

**れいぞう【冷蔵】** 飲食物などを低温で貯蔵すること。

**―庫《こ》** 冷蔵するための―箱型の装置(部屋)。

**れいそく【令息】**〔文章語〕「他人の息子」の敬称。対令嬢

**れいぞく【隷属】** 支配され従うこと。

**れいそん【令孫】**〔文章語〕「他人の孫」の敬称。

**れいたい【冷帯】** 亜寒帯。

**れいだい【例題】** 例として出す問題。

**れいたいさい【例大祭】** 盛大な例祭。

**れいたん【冷淡】** ひややかで薄情なこと。

**れいだんぼう【冷暖房】** 冷房と暖房。

**れいち【霊地】** 神聖な場所。霊場。

**れいちょう【霊長】** ふしぎな力をもち、すぐれたもの。「万物の―(=人間)」

**―類《るい》** 哺乳動物の中で最も頭脳の発達した動物。人類・猿類。

**れいちょう【霊鳥】**〔文章語〕神聖視されている鳥。鳳凰《ほうおう》など。

**れいてい【令弟】**〔文章語〕「他人の弟」の敬称。対令兄

**れいてき【霊的】** ①霊・精神に関するようす。②神聖なようす。

**れいてつ【冷徹】**〔文章語〕冷静に物事の本質を見抜くこと。

**れいてん【礼典】** 礼法(―を記した書物)。

**れいてん【冷点】** 冷寒を感じる皮膚上の感覚点。寒点。対温点

**れいてん【零点】** ①点数・得点がないこと。②度数をはかる起点。零度。

**れいでん【霊殿】**〔文章語〕霊廟《れいびょう》。おたまや。

**れいど【零度】** 度数をはかる起点。

**れいとう【冷凍】**(食品を)保存のためにこおらせること。

**―庫《こ》** 食品を冷凍して保存するための―箱型の装置(部屋)。

**れいとう【霊湯】** ふしぎな効能のある温泉。

**レイトショー**〔late show〕 映画の、夜遅い時刻の上映。

**れいにく【冷肉】** 西洋の肉料理の一。コールドミート。

**れいにく【霊肉】**〔文章語〕霊魂と肉体。

**れいにゅう【戻入】** もとにもどし入れること。

**れいねん【例年】** いつもの年。

**れいば【冷罵】**〔文章語〕ばかにしてののしること。「―を浴びせる」

**れいはい【礼拝】** キリスト教で、神をおがむこと。→らいはい

**れいはい【零敗】** スポーツで、無得点で負けること。ゼロ敗。

**れいはい【霊牌】**〔文章語〕位牌《いはい》。

**れいばい【冷媒】** 冷房(冷凍)装置で、温度を下げる役目の物質。〔アンモニアなど〕

**れいばい【霊媒】** 死者の霊を自分に乗り移らせ、死者の代わりに口をきく人。みこや口寄せなど。

**れいひつ【麗筆】**〔文章語〕みごとな筆跡。

**れいひょう【冷評】** 冷淡な批評。

**れいびょう【霊廟】**〔文章語〕おたまや。

**レイプ**〔rape〕 強姦《ごうかん》。

**れいふう【冷風】**〔文章語〕冷たい風。

**れいふう【零封】** 野球で、相手を無得点におさえること。

**れいふく【礼服】** 儀式などのときに着る服。対平服

**れいふじん【令夫人】**〔文章語〕令室。

**れいぶん【例文】** ①例として示す文・文章。②契約書などの決まり文句としての条項。

**れいほう【礼法】** 礼儀作法。

**れいほう【礼砲】** 軍隊・軍艦が敬意を表

して撃つ空砲。

**れいほう【霊峰】**〔文章語〕神聖な山。「―富士」

**れいぼう【冷房】** 室内温度を下げる‐こと（装置）。対暖房

**―病《びょう》** 冷房による体の冷えが原因で起こる症状。〔関節の痛み、生理不順など〕

**れいぼく【霊木】**〔文章語〕神が宿る神聖な木。

**れいほん【零本】** 端本《はほん》。

**れいまい【令妹】**〔文章語〕「他人の妹」の敬称。対令姉

**れいみょう【霊妙】** 人力では及ばないほどふしぎですぐれていること。

**れいめい【令名】**〔文章語〕よい評判。「―が高い・―を馳《は》せる」

**れいめい【黎明】**〔文章語〕夜明け。Ⅱ新時代のはじまり。「―期」

**れいめん【冷麺】** ①冷やして食べる中華そば。②朝鮮料理の一。

**れいもつ【礼物】** お礼に贈る品物。進物。

**レイヤー**〔layer〕層。階層。ⅡグラフィックソフトやＣＡＤソフトの仮想シート。

**レイヤード**〔layered〕重ね着。「―ルック」

**れいやく【霊薬】** ふしぎなほどよく効く薬。

**れいよう【冷用】** 冷やして（温めないで）飲むこと。「―酒」

**れいらく【零落】** おちぶれること。

**れいり【怜悧】**〔文章語〕利口。

**れいりょう【冷涼】**〔文章語〕冷ややかで涼しいこと。「―な気候」

**れいりょく【霊力】**〔文章語〕①ふしぎな力。②魂の力。

**れいれいしい【麗々しい】** ぎょうぎょうしく目立つようにしてある。

**れいろう【玲瓏】**〔文章語〕くもりがなく美しいようす。

**れいわ【令和】** 年号の一。平成のあと。〔二〇一九年～〕

**れいわ【例話】** 実例として示す話。

**レイン**〔lane〕⇩レーン

**レイン**〔rain〕雨。

**―コート**〔raincoat〕雨よけのコート。

**レインボー**〔rainbow〕にじ。

**レーキ**〔rake〕草かきなどに使う農具の一。

**レーク**〔lake〕湖。レイク。

**―サイド**〔lakeside〕湖畔。

**レーサー**〔racer〕レースに出る自動車、自転車やヨット。また、その操縦者。

**レーザー**〔laser〕光の発振・増幅装置。それによって出る光線。「―光線」

**―ディスク**〔laserdisc〕レーザー光線によって画像・音声を再生する円盤。ＬＤ。〔もと商標〕

**―ビーム**〔laser beam〕レーザーによる光線の集まりの流れ。

**―プリンター**〔laser printer〕レーザー光線を用いてページ単位に印刷する装置。

**―ポインター**〔laser pointer〕指示棒の代わりに、レーザー光線を使って指示する装置。

**―メス** レーザーを利用した手術用の装置。組織の切開・止血に用いる。〔laserと オランダ語 mesから〕

**レーシック【ＬＡＳＩＫ】** 近視矯正手術。〔laser in-situ keratomileusis の略〕

**レーシング**〔racing〕（自動車）競走の。

**―カー**〔racing car〕競走用自動車。

**レース**〔lace〕糸を‐かがって（編んで）すかし模様を作った布。

**レース**〔race〕競走。

**レーズン**〔raisin〕干しぶどう。

**レーゾンデートル**〔フランス語 raison d'être〕存在理由。レゾンデートル。

**レーダー**〔radar〕電波探知機。

**レーティング**〔rating〕評価。格付け。

**レート**〔rate〕割合。率。「為替―」

**レーベル**〔label〕レコードに貼ってある曲目や演奏者を記した紙。ⅡＣＤや楽曲の‐ブランド名（会社名）。

**レームダック**〔lame duck〕任期切れ間近で、影響力を失った大統領や政治家。〔足のわるいアヒルの意〕

**レーヨン**〔フランス語 rayonne〕人造繊維の一。人絹。

**レール**〔rail〕線路。軌道。

**―を敷《し》く** 線路を敷く。Ⅱ物事がうまく運ぶように下準備をする。

**レーン**〔lane〕①車線。②ボウリングで、ボールをころがすコース。

**レーンジャー**〔ranger〕①特別な訓練を受けた戦闘員。「―部隊」②森林警備隊。◇レンジャー。

**レオタード**〔leotard〕身体に密着する衣服。ダンサーなどの練習着や運動着用。

**レガーズ**〔leg guards〕ホッケーの選手や

野球のキャッチャー・審判がつける、すねの防具。

**レガート**〔イタリア語 legato〕音楽の演奏標語の一。音を続けてなめらかに。対スタッカート

**レガシー**〔legacy〕①遺産。「ーコスト」②時代遅れのもの。

**レガッタ**〔regatta〕ボートレース。「対抗ー」

**れきがく【暦学】**こよみに関する学問。

**れきがん【礫岩】**堆積《たいせき》岩の一。

**れきさつ【轢殺】**〔文章語〕車輪でひき殺すこと。

**れきし【歴史】**過去から現在までの変化の姿。また、その記録。

**ー学《がく》**歴史を研究対象とする学問。

**ー時代《じだい》**記録や文献が残されるようになってからの時代。対先史時代

**ー的《てき》**①歴史に残るようす。「ー瞬間」②歴史に基づくようす。

**ー的《てき》仮名遣《かなづか》い**規準を昔の文献に求めたかなづかい。旧かなづかい。対現代仮名遣い

**れきし【轢死】**車輪にひかれて死ぬこと。

**レキシコン**〔lexicon〕①辞書。②語彙《ごい》

**れきじつ【暦日】**①月日の経過。「山中ーなし(=山中に閑居すると年月の過ぎるのを忘れる)」②こよみ。

**れきすう【暦数】**〔文章語〕①太陽や月の運行に基づいてこよみを作る方法。②めぐりあわせ。③年代。年数。

**れきせい【歴世】**〔文章語〕歴代。

**れきせい【瀝青】**天然の炭化水素化合物の総称。アスファルト・石油など。チャン。

**ー炭《たん》**一般的な石炭。黒炭。

**れきせん【歴戦】**戦争の経験が多いこと。「ーの勇士」

**れきぜん【歴然】**はっきりしているようす。「ーとした差」

**れきだい【歴代】**代々。「ーの王」

**れきだん【轢断】**〔文章語〕電車などが体をひいて切断すること。

**れきちょう【歴朝】**〔文章語〕歴代の朝廷。

**れきにん【歴任】**次々と役職に任命されてきたこと。

**れきねん【暦年】**こよみで定められた一年。

**れきねん【歴年】**〔文章語〕①年月を経ること。②毎年。

**れきねんれい【暦年齢】**こよみによって数えた年齢。生活年齢。対精神年齢

**れきほう【暦法】**天体の運行の法則によって、こよみを作る方法。

**れきほう【歴訪】**方々を次々に訪問すること。「各国をーする」

**れきゆう【歴遊】**各地をめぐり歩くこと。

**レギュラー**〔regular〕①正規。通常。「ーコース」②レギュラーメンバー。

**ーコーヒー**〔和製語 regular coffee〕豆をひいて入れるコーヒー。対インスタントコーヒー

**ーメンバー**〔regular member〕①正選手。②放送番組で、常連の出演者。対ゲスト

**レギュレーション**〔regulation〕規則。規制。

**れきれき【歴々】**①おれきれき。②〔文章語〕明らかなようす。「勝算ー」

**レギンス**〔leggings〕①脚にぴったりつく、ズボンの一種。②すねあて。

**レクイエム**〔ラテン語 requiem〕①死者のためのミサ。②レクイエム①のための楽曲。鎮魂曲。

**レクチャー**〔lecture〕①講義。②解説。

**レグホン**〔leghorn〕ニワトリの品種の一。

**レクリエーション**〔recreation〕余暇に楽しむ娯楽。リクリエーション。レクレーション。

**レゲエ**〔reggae〕ジャマイカで発生したポピュラー音楽。レゲー。

**れこ**〔俗語〕特定の人や物をぼかしていう語。〔「これ」の倒語。/レコとも書く〕

**レコーダー**〔recorder〕①記録係。②記録器。録音機。

**レコーディング**〔recording〕録音(記録)すること。

**レコード**〔record〕①(最高)記録。「ーを破る」②音声や音楽を記録した円盤。

**ーホルダー**〔recordholder〕最高記録保持者。

**レザー**〔leather〕①皮革。②レザークロス。

**ークラフト**〔leather craft〕皮革工芸。

**ークロス**〔leathercloth〕革のように作った布。合成皮革。

れ

**レザー**［razor］西洋かみそり。

**レジ**　金銭登録器。‖商店や飲食店で、支払いを受ける―所（係）。◇〔レジスターの略〕

**レシート**［receipt］（レジスターで印字した）領収証。

**レシーバー**［receiver］①受信機。対トランスミッター ②球技で、サーブを受ける人。対サーバー

**レシーブ**［receive］球技で、球を受けること。対サーブ

**レジーム**［フランス語 régime］政治体制。制度。

**レジェンド**［legend］伝説（―の人）。

**レジオネラきん【―菌】**呼吸器感染症をおこす細菌。〔病気が最初に確認されたのが legionnaire（=在郷軍人会員）の集まり〕

**レジオンドヌール**［フランス語 Légion d'honneur］フランスの最高勲章。〔ナポレオンが制定〕

**レジスター**［register］レジ。

**レジスタンス**［フランス語 résistance］（権力などに対する）抵抗。

**レシタティーブ** ⇩レチタティーボ

**レシチン**［ドイツ語 Lezithin］リン脂質の一。

**レジデンス**［residence］住居。〔多く、高級アパート・マンションの名称につける〕

**レシピ**［recipe］①料理の作り方。②処方箋《しょほうせん》。

**レシピエント**［recipient］臓器移植などで、移植を受ける人。対ドナー

**レジぶくろ【―袋】**スーパーなどで、買い上げ商品を入れるプラスチック製の袋。

**レジメ** ⇩レジュメ

**レジャー**［leisure］余暇（―を利用した遊び）。

**レジューム**［resume］コンピューターで、電源を切った時点の状態を保存しておくこと。〔再開の意〕

**レジュメ**［フランス語 résumé］要約（―を記したプリント）。レジメ。

**レスキュー**［rescue］救助。

**―隊《たい》**　人命救助にあたる消防署の部隊。

**レストハウス**［rest house］休憩所。宿泊所。

**レストラン**［フランス語 restaurant］西洋料理店。

**レストルーム**［rest room］①便所。②休憩室。

**レスポンス**［response］反応。応答。

**レスラー**［wrestler］レスリングの選手。

**レスリング**［wrestling］格闘競技の一。

**レセプション**［reception］①歓迎会。招待会。②（ホテルなどの）受付。フロント。

**レセプター**［receptor］刺激を受容する生物の器官や細胞。受容体。受容器。

**レセプト**［ドイツ語 Rezept］医療機関が公的機関に出す診療報酬の請求明細書。

**レゾンデートル** ⇩レーゾンデートル

**レター**［letter］①手紙。「―ペーパー（=便箋《びんせん》）」②ローマ字の字母。「キャピタル―」

**―ヘッド**［letterhead］便箋の上部の、会社名や住所を印刷した部分。それが印刷されている便箋。

**レタス**［lettuce］西洋野菜の一。

**れたすことば【れ足す言葉】**可能表現で、不要な「れ」を入れた言い方。「行けれる」「読めれる」など。

**レタッチ**［retouch］リタッチ。

**レタリング**［lettering］視覚的効果を考えて、文字をデザインすること。また、その技術。

**レチタティーボ**［イタリア語 recitativo］オペラなどで、状況を語るように歌う部分。レシタティーブ。叙唱。

**れつ【列】**①行列。②仲間。グループ。「大臣の―に入る」

**れつあく【劣悪】**非常に劣っていて悪いようす。対優良

**れつい【劣位】**〔文章語〕他より劣っている地位。対優位

**れっか【劣化】**〔文章語〕品質が低下すること。「音質が―する」

**―ウラン弾《だん》**　天然ウランから濃縮ウランを取り出した後に残る劣化ウランで作った爆弾。

**れっか【列火】**漢字の部首の一。点・烈などの「灬」。

**れっか【烈火】**〔文章語〕激しく燃える火。

**―の如《ごと》く怒《いか》る**　激しく怒る。

**レッカー**［wrecker］故障車などを運ぶ車。レッカー車。

**れっき【列記】**並べて書くこと。

**れっきとした**　立派な。はっきりした。「―

れ

ー家柄〔証拠〕」

**れっきょ【列挙】** ひとつひとつ並べあげること。

**れっきょう【列強】** 多くの強国。

**レッグ**〔leg〕脚。

**ーウォーマー**〔leg warmer〕 ひざから足首までをおおう防寒具。

**れつご【劣後】** 劣り遅れること。

**ー債《さい》** 償還の順序が他より後回しになる条件で発行される債権。

**れっこく【列国】** 多くの国々。

**レッサーパンダ**〔lesser panda〕 アライグマ科の哺乳動物。→パンダ

**れっし【烈士】**〔文章語〕信念を貫く立派な男性。対烈女・烈婦

**れっしおんどけい【列氏温度計】** 水の氷点を〇度、沸点を八〇度とする温度計。

**れつじつ【烈日】**〔文章語〕強く照りつける太陽。Ⅱ激しい勢い。

**れっしゃ【列車】** 車両（ーの連なり）。

**れつじゃく【劣弱】**〔文章語〕劣っていて弱いようす。

**れつじょ【烈女】**〔文章語〕信念を貫く立派な女性。烈婦。対烈士

**れっしょう【裂傷】** 皮膚がさけてできた傷。

**れつじょう【劣情】**〔文章語〕情欲（性欲）を卑しいものとしていう語。「ーをそそる」

**れっしん【烈震】** かつての地震の段階表示の一。激震の下。〔現在は使わない〕

**れっする【列する】**〔文章語〕並ぶ。連なる。

**レッスン**〔lesson〕練習。授業。

**れっせい【劣性】** 潜性の旧称。

**れっせい【劣勢】** 勢力や形勢が劣っていること。対優勢

**れっせき【列席】** 席に連なること。

**レッツゴー**〔Let's go.〕さあ、行こう。

**レッテル**〔オランダ語 letter〕品名や内容を書いて商品にはる紙。また、商標。

**ーを張《は》る** 一方的に評価を定める。

**れつでん【列伝】** 多くの人の伝記を列記したもの。

**ー体《たい》** 列伝の形式による歴史の記述。

**レット**〔let〕 テニス・卓球で、サーブが無効になること。

**レッド**〔red〕赤。

**ーカード**〔和製語 red card〕 サッカーで、極端に悪質な反則を犯す選手に主審が示す、退場を意味する赤いカード。

**ーデータブック**〔Red Data Book〕絶滅の危機にある野生生物についての資料集。

**ーペッパー**〔red pepper〕赤唐辛子。

**ーリスト**〔Red List〕絶滅の危機にある野生動物のリスト。〔レッドデータブックより簡略〕

**れっとう【劣等】** 等級や程度が劣ること。対優等

**ー感《かん》** 自分が他より劣っているという気持ち。対優越感

**れっとう【列島】** 列状に連なっている多くの島。

**れっぱい【劣敗】**〔文章語〕劣っている者が負けること。「優勝ー」

**れっぱく【裂帛】**〔文章語〕絹を引きさくこと。Ⅱ鋭い悲鳴。

**ーの気合《きあ》い** 非常に鋭い気合い。

**れっぷ【烈婦】**〔文章語〕烈女。

**れっぷう【烈風】** 激しい風。

**れつりつ【列立】**〔文章語〕列をなして立つこと。

**れつれつ【烈々】**〔文章語〕勢いが激しく盛んなようす。

**レディー**〔lady〕淑女。女性。対ジェントルマン

**ーファースト** 女性を尊重して優先させること。〔ladies firstから〕

**レディース**〔ladies〕 女性の。「ーファッション（ウエア）」

**レディーメード**〔ready-made〕既製品。対オーダーメード

**れてん【レ点】** 漢文の返り点の一。一字返って読むことを示す。かりがね点。

**レトリック**〔rhetoric〕修辞（ー学）。

**レトルト**〔オランダ語 retort〕①レトルト食品。②化学実験の器具の一。

**ー食品《しょくひん》** 袋詰めにした調理済みの即席食品。

**レトロ**〔フランス語 rétro〕 懐古。復古調。「ー趣味」

**レバー**〔lever〕 機械類を操作するための取っ手。「ーを引く・手動ー」

**レバー**〔liver〕食品としての肝臓。きも。

**レパートリー**［repertory］音楽・演劇などで、出演者がいつでも演奏・上演できる曲目・演目。②その人がいつでも手がけられる(―得意な)分野・範囲。
**レバにらいため**【―韮炒め】料理名の一。レバーとニラを炒める。
**レビュー**［review］評論。「ブックー(=書評)」
**レビュー**［フランス語 revue］歌と踊り中心のショー。
**レファレンス**［reference］①参考。照会。②レファレンスサービス。
**―サービス**［reference service］図書館で、利用者の検索や調査の援助をする仕事。
**―ブック**［reference book］参考図書。〔辞典・年鑑など〕
**レフェリー**［referee］競技の審判員。レフリー。
**―ストップ**［和製語 referee stop］レフェリーの判断で試合を中止させること。
**レフト**［left］①左。②野球で、左翼(―手)。③左派。◇対ライト
**レプラ**［ドイツ語 Lepra］ハンセン病。
**レフリー** ⇩レフェリー
**レプリカ**［replica］複製品。
**レフレックス**［reflex］①反射(―装置)。②レフレックスカメラ。◇レフ。
**―カメラ**［reflex camera］レンズに入った像を、鏡とプリズムを使って見ながら撮影できる機構のカメラ。レフ。
**レベル**［level］水準。
**―アップ**［和製語 level up］レベルーが上がる(を上げる)こと。対レベルダウン
**レポ** レポート。レポーター。
**レポーター**［reporter］①報告者。②現地報告をする記者。◇レポ。リポーター。
**レポート**［report］報告(―書)。リポート。
**レボリューション**［revolution］革命。
**レム**［rem］放射線の被曝《ひばく》量の単位。〔現在はシーベルトを用いる。／roentgen equivalent man の略〕
**レムすいみん**【―睡眠】最も深い睡眠。このとき夢を見る。「ノンー」〔REMは rapid eye movement の略〕
**レモネード**［lemonade］レモンを使った清涼飲料。
**レモン**［lemon］柑橘類の一。酸味が強く、食用・香味料用。
**―グラス**［lemongrass］レモンに似た香りのイネ科の多年草。香辛料にする。
**―スカッシュ**［lemon squash］レモンの果汁にソーダ水を加えた飲み物。
**レリーフ**［relief］浮き彫り。リリーフ。
**れん**【聯】①柱や壁に左右相対して飾る、対句など書いた札。②律詩の対句。③【連】詩などの一区切り。
**れんあい**【恋愛】男女が互いに愛情を感じ恋い慕うこと。類恋
**れんか**【廉価】安い値段。対高価
**れんか**【連火】列火《れっか》。
**れんが**【連歌】複数の人が和歌形式の上の句と下の句を交互に詠み続けて一編とする文芸。
**れんが**【煉瓦】土木・建築材料の一。
**れんかん**【連関】《聯関》関連。
**れんかん**【連環】多くの環を連ねること。
**れんき**【連記】ふたつ以上を並べて書くこと。「―投票」対単記
**れんぎ**【連木】(西日本で)すりこぎ。
**れんきゅう**【連休】①休日が続くこと。また、続く休日。②二日以上続けて休業すること。
**れんぎょう**【連翹】庭木の一。春、黄色の花を開く。モクセイ科。
**れんぎん**【連吟】謡曲で、ある部分を二人以上が声をそろえてうたうこと。
**れんきんじゅつ**【錬金術】卑金属を貴金属にかえようとした技術。「―師」
**れんく**【連句】俳諧《はいかい》の連歌。〔本来の連歌や発句《ほっく》だけの俳句と区別していう語〕
**れんく**【聯句】①複数の人が一～二句ずつ作ったものを一編にまとめた漢詩。②律詩の対句。
**れんげ**【蓮華】①ハスの花。②レンゲソウ。③ちりれんげ。
**―草**《そう》 緑肥にするマメ科の多年草。ゲンゲ。
**れんけい**【連係】《聯繫》つながること。つなぐこと。「―プレー」
**れんけい**【連携】互いに連絡し協力すること。「―して事に当たる」
**れんけつ**【連結】つなぎ合わせること。
**―器**《き》 列車の車両を連結する装置。
**―決算**《けっさん》 親会社の決算に子会社のものも含めること。

れ

**れんけつ【廉潔】**〔文章語〕無欲で、心や行いの正しいこと。清廉潔白。「—の士」

**れんこ【連呼】** 繰り返し呼ぶこと。

**れんご【連語】** ①ふたつ以上の独立語や付属語が結びついてひとつの観念を表すもの。〔「汗の結晶」など〕②複合語。

**れんこう【連行】**（警官が犯人などを）連れて行くこと。

**れんごう【連合】**《聯合》ふたつ以上のものをまとめる（がまとまる）こと。

**れんごく【煉獄】** カトリック教で、天国と地獄の中間にあり、火で罪をきよめられるという所。Ⅱ苦しみを受ける場所。

**れんこん【蓮根】** 野菜の一。ハスの地下茎。

**れんさ【連鎖】** 鎖のように連なること。

**—球菌《きゅうきん》** 菌体が鎖状につながった球菌。連鎖状球菌。レンサ球菌。

**—反応《はんのう》** ある反応が次々と反応を誘発して広がる現象。Ⅱある事件がきっかけとなり、次々と同種の事件が起こること。

**れんざ【連座】**《連坐》 他人の犯罪に関与すること。また、その責任で処罰されること。

**れんさい【連載】** 新聞や雑誌に続き物として載せること。「—小説」

**れんさく【連作】** ①毎年同じ土地に同じ作物を作ること。対輪作 ②一人の作者が同じテーマで次々と書くこと。また、その作品。③数人の作者が一部分ずつ書いて一編にまとめること。また、その小説。

**れんざん【連山】** つらなっている山々。

**れんし【連枝】**〔文章語〕「身分の高い人の兄弟姉妹」の敬称。

**れんし【錬士】** 剣道で、高段者の称号の一。教士の下。

**れんじ【連子・櫺子】** 細い木や竹を等間隔に並べて付けた格子。「—窓」

**レンジ**［range］①火口・天火のついた調理器具。「電子—」②（数値や分野の）範囲。

**—フード**［range hood］ ガスレンジ用の空気抜き。

**れんじつ【連日】** 続けて毎日。「—連夜」

**れんしゃ【連写】** 写真を連続して撮影すること。

**れんしゃ【連射】** 続けて発射すること。

**レンジャー** ⇩レーンジャー

**れんじゃく【連尺】** 二枚の板に縄を付けた、荷物を背負う道具。

**れんしゅ【連取】** スポーツで、続けて得点する（セットを取る）こと。

**れんじゅ【連珠】**《聯珠》 ①たまをつなぐこと。また、つないだたま。②五目並べ。

**れんしゅう【練習】** 繰り返し習うこと。本番の前に試しに行うこと。

**—曲《きょく》** 演奏の練習用に作られた楽曲。エチュード。

**れんじゅう【連中】** ①れんちゅう。②音曲・演芸の一座の人々。「清元—」

**れんしょ【連署】** 同一の文書に二人以上が並べて署名すること。

**れんしょう【連勝】** 続けて勝つこと。対連敗

**—式《しき》** 競馬や競輪で、一着・二着を当てる方式。対単勝式・複勝式

**れんじょう【恋情】**〔文章語〕恋い慕う気持ち。

**れんじょう【連声】** 二語がつながるときの音変化の一。〔「反応」が「はんおう→はんのう」など〕

**レンズ**［lens］ 両面または片面が球面の円板透明体。光線を収束または分散させる。

**—豆《まめ》** 豆の一。凸レンズ型。食用。

**れんせい【練成・錬成】**〔文章語〕（心身を）十分に鍛えて立派に作り上げること。

**れんせつ【連接】**〔文章語〕つながり続くこと。つなげ続けること。

**れんせん【連戦】** 続けて戦うこと。

**れんそう【連奏】**《聯奏》 二人以上で同種の楽器を同時に演奏すること。

**れんそう【連想】**《聯想》 ある物事から関係のある他の物事を思い浮かべること。

**れんそう【斂葬】**〔文章語〕（皇族の葬儀で）埋葬。「—の儀」

**れんぞく【連続】** 続くこと。続けること。

**れんだ【連打】** 続けて打つこと。特に、野球で、続けて安打を出すこと。

**れんたい【連体】** 体言にかかること。「—修飾語」

**—形《けい》** 活用形の一。主に体言に接続する。

**—詞《し》** 品詞の一。もっぱら体言を修飾する。「この・あらゆる」など。

**れんたい【連帯】** 互いに関係をもちあい、共同で責任を負うこと。「—責任」

—感《かん》 仲間意識。

**れんたい【連隊】**《聯隊》 軍隊で、編制上の単位の一。複数の大隊からなる。

**れんだい【蓮台】** 仏像の台座。蓮華座。〔ハスの花の形〕

**レンタカー**〔rent-a-car〕貸し自動車。

**れんだく【連濁】** 二語が結合するとき、下の語頭の清音が濁音となること。「夕」と「月」で「ゆうづき」となる類。

**レンタサイクル**〔和製語 rent-a-cycle〕貸し自転車。

**れんたつ【練達】** 練習して熟達していること。「—の士」

**レンタル**〔rental〕やや短期間の賃貸し。

**れんたん【練炭】**《煉炭》 石炭や木炭の粉末を固めて作った燃料。

**れんだん【連弾】**《聯弾》 二人で同時に一台のピアノや一面の琴などをひくこと。

**れんち【廉恥】**〔文章語〕心が清く、名誉を重んじること。対破廉恥

**レンチ**〔wrench〕スパナ。「モンキー—」

**レンチャン【連荘】**〔中国語 liánzhuāng〕マージャンで同じ親が続くこと。⊜〔俗語〕同じような物事が続くこと。「忘年会の—」

**れんちゅう【連中】** ①仲間。②特定の人々をさす語。「あの—」〔多く同年輩以下の人に使う〕◇れんじゅう。

**れんちょく【廉直】**〔文章語〕潔白で正直なこと。

**れんてつ【錬鉄】** ①よく鍛えた鉄。②不純物を除いた軟鉄。鍛鉄。

**れんとう【連投】** 野球で、一人の投手が二試合以上続けて登板すること。

**れんどう【連動】**《聯動》ある部分を動かすと、それに連結する他の部分もいっしょに動くこと。

**レントゲン**〔ドイツ語 Röntgen〕①レントゲン写真。②放射線の照射線量の単位。記号R◇〔X線の発見者の名から〕

**—写真《しゃしん》** X線を利用して撮影する写真。物体内部の状態の探知に利用。X線写真。

**—線《せん》** X線。

**れんにゅう【練乳】**《煉乳》 牛乳を濃縮したもの。

**れんねん【連年】**〔文章語〕続けて毎年。

**れんぱ【連破】** 続けて相手を負かすこと。

**れんぱ【連覇】** 続けて優勝すること。「—を果たす」

**れんばい【廉売】** 安売り。

**れんぱい【連敗】** 続けて負けること。「—を脱する・五—」対連勝

**れんぱく【連泊】** 同じ旅館やホテルなどに二泊以上続けて泊まること。

**れんぱつ【連発】** 続けて‐発生〔発射・発言〕すること。「—銃」対単発

**れんばん【連番】** 宝くじや指定券などの連続した番号。続き番号。

**れんぱん【連判】** 連署して印を押すこと。れんばん。「—状」

**れんびん【憐憫】**《憐愍》〔文章語〕気の毒に思うこと。「—の情を催す」

**れんぶ【練武】**〔文章語〕武術をきたえること。

**れんぺい【練兵】** 兵士を訓練すること。「—場」

**れんぼ【恋慕】** 異性を恋い慕うこと。「—の情・横—」

**れんぽ【蓮歩】**〔文章語〕〔優雅な〕美人の歩み。金蓮歩。〔中国の故事から〕

**れんぽう【連邦】**《聯邦》 多数の自治権のある国や州が平等な関係で結びつき、全体としてひとつの中央政府をもつ国家。

**れんぽう【連峰】** つらなり続く峰。

**れんま【練磨・錬磨】** 学芸・身心をきたえ向上させること。「百戦—」

**れんめい【連名】** 名前を並べて書くこと。

**れんめい【連盟】**《聯盟》 共通の目的のため、行動を同じくする‐こと〔団体〕。類同盟

**れんめん【連綿】**〔文章語〕長く続いて絶えないようす。

**れんや【連夜】** 続けて毎晩。「連日—」

**れんよう【連用】** ①用言にかかること。「—修飾語」②同じものを続けて使うこと。

**—形《けい》** 活用形の一。他の用言に接続したり、文を中止したりする。

**れんらく【連絡】**《聯絡》 ①知らせること。その知らせ。②つながり‐がつく〔をつける〕こと。そのつながり。「—船」

**れんり【連理】** 一本の木の枝が他の木の枝と連なって、木目がひとつになること。⊜男女が仲むつまじいこと。「—の枝」

**れんりつ【連立】**《聯立》 並び立つこと。

**—内閣《ないかく》** 複数政党からなる内閣。対単独内閣

れ

—方程式《ほうていしき》 複数の未知数を含む方程式を複数組み合わせたもの。

れんれん【恋々】〔文章語〕①恋い慕うようす。②あきらめのわるいようす。

# ろ

ろ【ロ】音名の一。ハ長調のシにあたる。

ろ【炉】①いろり。暖炉。「—を切る(=作る)」②香炉。③金属を加熱する装置。「溶鉱—」

ろ【絽】絹織物の一。夏の和服地。

ろ【艪・櫓】船具の一。「—をこぐ」

ろ【艫】①船首。②船尾。対舳《じく》

ろあく【露悪】自分の悪いところをわざとさらけ出すこと。「—趣味」

ロイドめがね【—眼鏡】太いセルロイド縁の円形の眼鏡。〔アメリカの俳優ロイドがかけたことから〕

ロイマチス⇩リューマチ

ロイヤリティー[royalty] 著作権(特許権)使用料。ローヤルティー。

ロイヤル[royal] 王の。王室の。ローヤル。

—ゼリー[royal jelly] ミツバチの働き蜂の分泌物。強壮剤。

—ボックス[royal box] 劇場・競技場などの貴賓席。

ろう【牢】牢屋。

ろう【労】骨折り。苦労。「—をねぎらう」

—を執《と》る (他人のために)骨を折る。

ろう【廊】屋根のある通路。

ろう【楼】①高殿《たかどの》。②高い建物や料理屋につける語。

ろう【隴】

—を得《え》て蜀《しょく》を望《のぞ》む 欲望の限りないたとえ。望蜀《ぼうしょく》。〔隴・蜀は中国の国名。中国の故事から〕

ろう【蠟】動植物から採る、脂肪に似た物質。とけやすく燃えやすい。「—細工」

ろう【鑞】金属の接合に使う合金の総称。はんだなど。

ろうあ【聾唖】耳と口が不自由な—こと(人)。

ろうえい【朗詠】詩歌を節をつけてうたうこと。「漢詩を—する」

ろうえい【漏洩】秘密など—が漏れる(を漏らす)こと。

ろうえき【労役】役務としての肉体労働。

ろうえん【狼煙】〔文章語〕のろし。狼火。

ろうおう【老翁】〔文章語〕おきな。対老嫗《ろうおう》

ろうおう【老嫗】〔文章語〕おうな。対老翁

ろうおう【老鶯】春が過ぎても鳴くウグイス。

ろうおく【陋屋】〔文章語〕狭くてむさ苦しい家。〔「自分の家」の謙譲語〕

ろうか【老化】①年をとって機能が衰えること。②時間が経過して劣化すること。

ろうか【狼火】〔文章語〕のろし。

ろうか【廊下】建物の中の通路。

ろうかい【老獪】経験を積んで悪賢いこと。

ろうがい【老害】老人たちが実権を握り、若者が十分に活動できない状態。

ろうがい【労咳】肺結核。〔古風な言い方〕

ろうかく【楼閣】高殿《たかどの》。「空中—」

ろうがっこう【聾学校】聾唖者の教育を行う学校。

ろうかん【琅玕】①宝石の一。青色半透明。②竹の美称。

ろうがん【老眼】年をとって近くが見えにくくなった状態。

—鏡《きょう》 老眼の補正をするための、凸レンズの眼鏡。

ろうきゅう【老朽】古くなって(年をとって)役に立たないこと。そういう物や人。

ろうきゅう【籠球】バスケットボール。〔古い言い方〕

ろうきょ【陋居】〔文章語〕陋屋《ろうおく》。

ろうきょ【籠居】〔文章語〕外出せず家にこもっていること。

ろうきょう【老境】老年。「—に入る」

ろうきょく【浪曲】浪花節《なにわぶし》。「—師」

ろうぎん【朗吟】朗詠。

ろうく【老軀】〔文章語〕老体。

ろうく【労苦】骨折り。類苦労

ろうくん【老君】①老人の敬称。②年をとった主君。

ろうけい【老兄】〔文章語〕①「年上の友人」の敬称。②年をとった兄。

ろうけつ【蠟纈】《臈纈》蠟を用いた染色法。ろうけち。

—染《ぞ》め ろうけつ(—による染め物)。

**ろうげつ【臘月】**〔文章語〕陰暦一二月。
**ろうこ【牢乎】** しっかりして動かないようす。「—たる決意」
**ろうこ【牢固】**〔文章語〕堅固。
**ろうご【老後】** 年をとってからのち。
**ろうこう【老公】**〔文章語〕「年をとった、身分の高い人」の敬称。
**ろうこう【老巧】** 老練。
**ろうこう【陋巷】**〔文章語〕狭く汚ない町。
**ろうごく【牢獄】** 牢屋。
**ろうこつ【老骨】** 老体。「—にむちうつ」〔老人が自分を謙遜して言う場合にも使う〕
**ろうさい【労災】** ①労働災害。②労災保険。
**—保険《ほけん》** 労働者災害補償保険の略。労働者の業務上のけがや病気に対する保険。
**ろうさい【老妻】** 年をとった妻。
**ろうさく【労作】** ①苦心して作った作品。類力作 ②労働。
**ろうざん【老残】**〔文章語〕老いて生き長らえること。
**ろうし【老師】** 年をとった—先生（僧）。
**ろうし【牢死】** 獄死。
**ろうし【労使】** 労働者と使用者。「—交渉」
**ろうし【労資】** 労働者と資本家。「—協調」
**ろうし【浪士】** 浪人。
**ろうしゃ【聾者】** 耳が聞こえない人。

**ろうじゃく【老若】** ろうにゃく。
**ろうじゃく【老弱】** ①老人と子供。②年をとって体が弱い。
**ろうしゅう【老醜】** 年をとって醜くなること。
**ろうしゅう【陋習】**〔文章語〕悪い習慣。
**ろうじゅう【老中】** 江戸幕府の役職の一。
**ろうじゅく【老熟】** 老練。類老巧
**ろうしゅつ【漏出】** 漏れ出ること。漏らして出すこと。
**ろうじょ【老女】** 老年の女。
**ろうしょう【老将】**〔文章語〕老年の（老練な）将軍。
**ろうしょう【朗唱】**《朗誦》 声高く読み上げること。類朗読
**ろうじょう【楼上】**〔文章語〕楼閣の上。
**ろうじょう【籠城】** 敵に囲まれて城中にこもること。「—戦」 ‖ある場所にこもって外出しないこと。
**ろうしょうふじょう【老少不定】** 死は年齢に関係なくやってくるということ。
**ろうしょく【朗色】**〔文章語〕朗らかな—顔色（ようす）。
**ろうしん【老身】**〔文章語〕老体。
**ろうしん【老親】**〔文章語〕年をとった親。
**ろうじん【老人】** 年をとった人。年寄り。
**—ホーム** 老人を収容する福祉施設。
**ろうすい【老衰】** 年をとって心身が衰えること。
**ろうすい【漏水】** 水が漏ること。
**ろうする【弄する】** もてあそぶ。

**ろうする【労する】** ①苦労する。「労して効なし」②苦労させる。類煩わす
**ろうする【聾する】** 聞こえなく—する（なる）。「耳を—騒音」
**ろうせい【老生】**〔文章語〕老人が自分のことをいう謙称。
**ろうせい【老成】** ①おとなびること。②老練。類老熟
**ろうせき【蠟石】** ろうのようになめらかでやわらかい岩石。印材・彫刻用。
**ろうぜき【狼藉】** ①とりちらすこと。「杯盤—」②乱暴。「—者」
**ろうせずして【労せずして】** 苦労しないで。「—手に入れる」
**ろうそ【労組】** 労働組合の略。ろうくみ。
**ろうそう【老僧】** 年をとった僧侶。
**ろうそく【蠟燭】** 糸などを芯《しん》にして、ろうを棒状に固めたもの。灯火用。
**—足《あし》** 株価の値動きを表すろうそく形の図。〔四角形に上下に直線が伸びる。／多くローソク足と書く〕
**ろうぞめ【蠟染め】** ろうけつ。
**ろうたい【老体】** ①年寄りのからだ。②老人。「ご—」
**ろうだい【老台】**〔文章語〕年長の男性の敬称。〔男性が使う。／主に手紙文に用いる〕
**ろうだい【楼台】**〔文章語〕高殿《たかどの》。
**ろうたいか【老大家】** その道の長老。
**ろうたける【臈たける】**〔文章語〕①（女性が）美しく気品がある。②経験を積む。

**ろうだん【壟断】** 独占。〔中国の故事から。本来は、高い丘の切り立った所の意〕
**ろうちん【労賃】** 労働の賃金。
**ろうでん【漏電】** 絶縁がわるく、電気が漏れること。
**ろうと【漏斗】** じょうご。
**ろうどう【労働】** 体(頭脳)を使って働くこと。
**ー運動《うんどう》** 労働者が団結し、使用者側に対して行う運動。
**ー基本権《きほんけん》** 労働者の基本的権利。労働権・団結権・団体交渉権・争議権。
**ー協約《きょうやく》** 労使間に結ばれる、労働条件に関する取り決め。類団体協約
**ー組合《くみあい》** 労働者が組織する団体。
**ー権《けん》** 労働をする権利。勤労権。
**ー災害《さいがい》** 労働者が業務中の事故で受けた災害。
**ー時間《じかん》** 休憩時間を除いた実際の労働時間。
**ー者《しゃ》** ①労働に対する賃金で生活する人。対資本家 ②肉体労働者。
**ー省《しょう》** 旧省庁名の一。労働に関する行政を扱った。現在は厚生労働省に統合。
**ー条件《じょうけん》** 労働者と使用者の間で取り決められる雇用条件。
**ー審判制度《しんぱんせいど》** 労使紛争処理の仕組みの一。
**ー争議《そうぎ》** 労使間の争い。
**ー保険《ほけん》** 労災保険と雇用保険をあわせた呼び方。
**ー力《りょく》** ①生産のために費やされる人間の諸能力。②労働のための人手。
**ー力人口《りょくじんこう》** 一五歳以上の就業者と失業者を合計した人口。
**ろうどう【郎等・郎党】** 武家の家来。ろうとう。「家の子ー」類家臣
**ろうどく【朗読】** 音読すること。
**ろうとして【牢として】** 〔文章語〕しっかりとして動かせないようす。
**ろうにゃく【老若】** 老人と若者。「ー男女《なんにょ》」
**ろうに【老尼】** 〔文章語〕年をとった尼。
**ろうにん【浪人】** 禄《ろく》を離れた武士。浪士。⏸⏸㋐失業ー者(すること)。㋑入学試験に失敗して学籍のないー人(こと)。対現役
**ろうにんぎょう【蠟人形】** ろうでできた人形。
**ろうぬけ【牢抜け】** 脱獄。脱牢。〔古風な言い方〕
**ろうねん【老年】** 年をとったーこと(時期)。類老齢 対少年・青年・壮年
**ー学《がく》** 老化現象を総合的に研究する学問。老人学。
**ろうば【老婆】** 年をとった女。対老爺《ろうや》
**ー心《しん》** 必要以上の親切心。
**ろうはい【老廃】** 年をとって(古くなって)役に立たないこと。「ー物」
**ろうはい【老輩】** 〔文章語〕①老人たち。②老人が自分のことをいう謙称。
**ろうばい【臘梅】** 二月ごろ黄色の花を開く落葉低木。唐梅《からうめ》。
**ろうばい【狼狽】** うろたえ騒ぐこと。
**ろうひ【浪費】** むだ使い。「ーー家(癖)」
**ろうふ【老夫】** 年をとった男。対老婦
**ろうふ【老父】** 年をとった父。
**ろうふ【老婦】** 年をとった女。類老女 対老夫
**ろうへい【老兵】** 老年(老練)の兵士。
**ろうへい【陋弊】** 〔文章語〕悪い風習。
**ろうほ【老舗】**(《老鋪》)〔文章語〕しにせ。
**ろうぼ【老母】** 年をとった母。
**ろうほう【朗報】** うれしい知らせ。対悲報
**ろうぼく【老木】** 年を経た木。類古木
**ろうまん【浪漫】**(《浪曼》)ロマン。
**ろうむ【労務】** ①賃金を得るための労働。②労働に関する事務。「ー費」
**ー管理《かんり》** 生産性向上のために企業が労働者に対して行う管理。
**ろうもう【老耄】** 〔文章語〕おいぼれること。また、その人。
**ろうもん【楼門】** 二階造りの門。
**ろうや【老爺】** 年をとった男。対老婆
**ろうや【牢屋】** 囚人をとじこめる所。牢。
**ろうやぶり【牢破り】** 脱獄(ーした囚人)。
**ろうゆう【老友】** 年をとった友人。
**ろうゆう【老雄】** 〔文章語〕老年の英雄。
**ろうゆう【老優】** 年をとった(ー芸のうまい)俳優。
**ろうよう【老幼】** 〔文章語〕老人と子供。
**ろうらい【老来】** 〔文章語〕老いて以来。
**ろうらく【籠絡】** 〔文章語〕人を言いくるめてあやつること。
**ろうりょく【労力】** ①力を尽くすこと。類

骨折り②労働力。

**ろうるい【蠟涙】**ともしたろうそくから流れ落ちた、ろう。

**ろうれい【老齢】**老年。高齢。

**―年金《ねんきん》** 一定の年齢になったときに支給される年金。

**ろうれつ【陋劣】**〔文章語〕卑劣。

**ろうれん【老練】**経験を積み熟達していること。

**ろうろう【浪々】**さすらうこと。「―の(=失業中の)身」

**ろうろう【朗々】** 声が大きく明るいようす。「音吐―」

**ろうろう【朧々】**おぼろにかすむようす。

**ろうろうかいご【老老介護】** 高齢者が高齢者の介護をすること。

**ろえい【露営】** 野外に陣営を張ること。また、その陣営。類野宿

**ロー**[law]法。法律。「―スクール」

**ロー**[low]①低い。「―ヒール」対ハイ ②自動車で、一速。

**ローアングル**[low angle]低い位置から見上げる角度。

**ローカライズ**[localize] 商品やサービスをそれぞれの国の言語や慣習にあわせたものにすること。英語版を日本語版にするなど。

**ローカリズム**[localism] 地方第一主義。

**ローカル**[local]地方的。

**―カラー**[local color] 地方色。郷土色。

**―線《せん》** 幹線でない、地域の鉄道・航路。

**―ニュース**[local news] その地方のニュース。

**―番組《ばんぐみ》** その地方向けの放送番組。

**ローコスト**[low-cost]経費が安いこと。

**ローション**[lotion]液状の化粧品。化粧水など。「スキン(ヘア)―」

**ロージン**[rosin] 松脂《まつやに》を精製したもの。塗料・すべり止め用。ロジン。

**―バッグ**[rosin bag] 野球で、ロージンの粉を入れた小袋。すべり止め用。

**ロース**[roast] 牛・豚の肩や腰の上等な肉。「―ハム」〔ローストに適した肉の意〕

**ローズ**[rose]バラ(―色)。

**―ウッド**[rosewood] ブラジル原産の高木。材木は高級家具用。

**ロースクール**[law school] 法科大学院。

**ロースター**[roaster] ①肉・魚を焼く器具。②蒸し焼き用の若鶏《わかどり》。

**ロースト**[roast]肉を蒸し焼きに―すること(した料理)。「―チキン(ビーフ)」

**ローズマリー**[rosemary] シソ科の常緑低木。香料用。マンネンロウ。

**ローター**[rotor]発電機などの回転部分。

**ロータス**[lotus]①ハス。②ギリシャ神話で、忘却の果実。

**ロータリー**[rotary]交差点中央の、交通整理用の円形地帯。

**―エンジン**[rotary engine] 内燃機関の一。ローターが回転して動力を得る。

**ローティーン**[和製語 low teens] 一〇代前半の年齢(―の人)。対ハイティーン

**ローテーション**[rotation] ①物事を順繰りに交替するやり方。また、その順序。②野球で、投手の起用順序。③六人制バレーボールで、サーブ権を得るごとに選手の守備位置を右回りにずらすこと。

**ローテク** 低レベルの技術。対ハイテク〔low technology の略〕

**ロード**[load]①負荷。荷重。②コンピューターで、プログラムやデータを主記憶装置に転送すること。

**ロード**[road]道路。

**―ゲーム**[road game] プロ野球で、遠征試合。対ホームゲーム

**―ショー**[road show] 映画で、独占封切り興行。

**―プライシング**[和製語 road pricing] 交通渋滞対策として、都市に流入する自動車に特別料金を課すこと。

**―マップ**[road map] ①ドライブ用の道路地図。類ドライブマップ ②作業手順の計画案。行程表。「紛争解決の―」

**―ミラー**[road mirror] 道路の曲がり角にとりつけた凸面鏡。

**―ムービー**[road movie] 映画のジャンルの一。主人公が旅や放浪を続ける。

**―レース**[road race]路上で行う競走。

**―ワーク**[roadwork]路上で行うトレーニング法。

**ロートル《老頭児》**[中国語 lǎotóur] 老人。

**ローネック** 前をくりさげた深い襟ぐり。

〔low-neck lineから〕

**ローヒール**〔和製語 low heel〕かかとの低い（—女性用の）靴。対ハイヒール

**ローブ**〔フランス語 robe〕長くてゆったりした上着。

**—デコルテ**〔フランス語 robe décolletée〕洋装で、女性用の最も正式な礼服。えりぐりが大きく、裾《すそ》が長い。

**ロープ**〔rope〕なわ。綱。

**—ウエー**〔ropeway〕空中に張った鋼索に車体をさげ人や物を運ぶ装置。索道。

**ローファー**〔Loafer〕甲の部分にベルトのついた、スリッポン式の革靴。〔商標〕

**ローファット**〔low-fat〕低脂肪。「—飲料」

**ローブロー**〔low blow〕ボクシングで、ベルトより下を打つこと。〔反則になる〕

**ローマ**《羅馬》〔ポルトガル語 Rome〕①イタリアの首都。②古代、イタリア半島にあった国名。ローマ帝国。「—は一日にしてならず」

**—カトリック**〔Roman Catholic〕キリスト教の一派。カトリック教。

**—教皇**《きょうこう》 ローマカトリック教の首長。ローマ法王。

**—字**《じ》 古代ローマにおこり、欧米で広く使われている表音文字。

**—数字**《すうじ》 古代ローマにおこった数字。I（＝一）・V（＝五）・X（＝一〇）など。

**ローマナイズ**〔Romanize〕ローマ字化。

**ローマン** ⇩ロマン

**ローム**〔loam〕砂と粘土が半々にまざった土。「関東—層」

**ローヤル** ⇩ロイヤル

**ローラー**〔roller〕円筒形で回転するもの。地ならし用・印刷用など。

**—作戦**《さくせん》 ある範囲全体にわたり徹底的に行うこと。

**—スケート**〔roller skate〕小さな車輪のついた靴で地面をすべる遊び。

**ローライズ**〔low-rise〕ズボンなどで、股上が浅いこと。「—ジーンズ」

**ローリエ**〔フランス語 laurier〕香料としての、月桂樹。

**ローリング**〔rolling〕船の横ゆれ。対ピッチング

**ロール**〔role〕役割。役。

**—プレーイング**〔role playing〕場面を設定し、そこに現れる役割を演じ—ること（て問題点や解決法を考える訓練）。

**—プレーイングゲーム**〔role-playing game〕コンピューターゲームの一。プレーヤーが主人公の役割を演じ、目的を達成させる。RPG。

**—モデル**〔role model〕行動や考え方の手本となる人。

**ロール**〔roll〕①巻くこと。巻いたもの。②ローラー。③ローリング。④映画やテレビで、関係者の名簿。「エンド—（＝終わりに流れる名簿）」

**—ケーキ**〔和製語 roll cake〕薄いケーキを巻いたもの。

**—パン** 生地を巻いて焼いたパン。〔rollとポルトガル語 pãoから〕

**ロールシャッハテスト**〔Rorschach test〕左右対称の模様を使う、人格診断の検査法。〔スイスの精神科医の名から〕

**ローレル**〔laurel〕月桂樹。

**ローン**〔lawn〕芝生。「—コート」

**—スキー**〔和製語 lawn ski〕芝生ですべるスキー。

**—テニス**〔lawn tennis〕芝生のコートで行うテニス。

**ローン**〔lawn〕薄い綿織物の一。

**ローン**〔loan〕貸し付け（—金）。「住宅—」

**ろか【濾過】**液体などをこすこと。

**ろかく【鹵獲】**敵の軍用品などを奪い取ること。

**ろかせいびょうげんたい【濾過性病原体】**ウイルス。

**ろかた【路肩】**道路の両はし。ろけん。

**ロカビリー**〔rockabilly〕アメリカに始まったポピュラー音楽。〔一九五〇年代に流行〕

**ロガリズム**〔logarithm〕数学で、対数。

**ろぎん【路銀】**旅費。〔古風な言い方〕

**ろく【六】**数の名。

**ろく【禄】**武士などの給与。

**—を盗**《ぬす》**む** 能力以上の役につき、高給を受ける。

**—を食**《は》**む** 給与をもらって生活する。

**ログ** ロガリズムの略。

**ログ**〔log〕①船の速力などを測定する器具。測程器。②航海（航空）日誌。〔log-bookの略〕③コンピューターで、利用状況や通信の記録。

**ログアウト**［log out］ ホストコンピューターとの接続を切り、使用を終了すること。類サインアウト 対ログイン

**ログイン**［log in］ ホストコンピューターに接続し、使用を開始すること。ログオンとも。類サインイン 対ログアウト

**ろくおん**【録音】音を記録‐すること（したもの）。「―放送」

**ろくが**【録画】画像を記録‐すること（したもの）。

**ろくがつ**【六月】年の六番目の月。水無月《みなづき》。

**ろくさんせい**【六三制】初等教育六年、前期中等教育三年を義務教育とする教育制度。

**ろくじ**【六時】〔仏教語〕一日を六つに分けて、定められている読経すべき六つの時刻。

**ろくじっしんほう**【六十進法】六〇ごとに桁《けた》があがる数の表し方。〔角度や時刻に使う〕

**ろくしゅ**【録取】〔文章語〕記録をとること。

**ろくじゅうのてならい**【六十の手習い】年をとってからする学問。

**ろくしょう**【緑青】銅に生ずる緑色のさび。

**ろくじょう**【鹿茸】〔文章語〕シカの袋角《ふくろづの》（＝生えたばかりのこぶのような角）。強壮剤。

**ろくする**【録する】〔文章語〕書きつけて記録する。

**ろくたい**【六体】漢字の六種の書体。大篆《だいてん》・小篆・八分《はっぷん》・隷書・行書・草書。六書《りくしょ》。

**ろくだいしゅう**【六大州】世界の六つの州。アジア・アフリカ・ヨーロッパ・北アメリカ・南アメリカ・オセアニア。

**ろくたいりく**【六大陸】アジア・アフリカ・ヨーロッパ・北アメリカ・南アメリカ・オセアニアの六つの大陸。

**ろくだか**【禄高】武士の給与の額。

**ろくでなし**《碌で無し》〔俗語〕役に立たない人。〔ののしって言う語〕

**ろくでもない**《碌でも無い》〔俗語〕何の役にも立たない。

**ろくに**《碌に》（否定表現の中で）満足に。「話を―聞いていない」

**ろくぬすびと**【禄盗人】給料を受けていながら働きのない人。〔ののしって言う語〕

**ログハウス**［log house］丸太を組んで造った家。ログキャビン。

**ろくぶんぎ**【六分儀】天体の高度や二点間の角度をはかる器械。航海・測量用。

**ろくぼく**【肋木】体操用具の一。

**ろくまい**【禄米】扶持《ふち》。扶持米。

**ろくまく**【肋膜】①肺を包む膜。胸膜。②肋膜炎。

**―炎**《えん》 肋膜の炎症。胸膜炎。

**ろくめんたい**【六面体】六つの平面に囲まれた立体。

**ろくやね**【陸屋根】平らな屋根。りくやね。

**ろくろ**《轆轤》①物を―引く（上げる）のに使う滑車。②傘の柄の上端で、骨の集まった部分。③物を円形に削る工具。轆轤鉋《がんな》。④円形の陶器を作る回転盤。轆轤台。「―を回す」

**―首**《くび》 首がのびちぢみする化け物。ろくろっくび。

**ろくろく**《碌々》（否定表現の中で）ろくに。「―寝ていない」

**ろくろく**【碌々】〔文章語〕無能で役に立たないようす。

**ロケ** ロケーションの略。

**ロケーション**［location］①映画の野外撮影。ロケ。②立地。「―のいいホテル」

**ロケット**［locket］写真などを入れ、首から下げる装身具。

**ロケット**［rocket］噴射したガスの反動で推進させる装置（―を使った飛行体）。「―弾」

**ロケハン**〔俗語〕ロケーションの適地を探すこと。〔和製語 location hunting から〕

**ろけん**【露見・露顕】秘密や悪事がばれること。

**ろこう**【露光】露出②。

**ロゴ**［logo］ロゴタイプの略。

**ろご**【露語】ロシア語。

**ロココ**〔フランス語 rococo〕装飾様式の一。一八世紀中期フランスで流行。ロココ式。

**ロゴス**〔ギリシャ語 logos〕①言葉。論理。理性。②哲学で、万物を統一する理性。

**ロゴタイプ**［logotype］社名や商品名の文字をひとつのまとまりとしてデザインしたもの。ロゴ。

**ろこつ【露骨】** むきだしに示すこと。
**ロゴマーク**［和製語 logo mark］ロゴタイプや商標を図案化したもの。
**ロコモコ**［loco moco］ハワイ料理の一。ご飯の上にハンバーグと目玉焼きをのせたもの。
**ロコモティブシンドローム**［locomotive syndrome］運動器官の加齢による障害（―のために介護が必要になる可能性が高い状態）。
**ろざ【露座】**《露坐》屋根のない所にすわること。「―の大仏」
**ロザリオ**［ポルトガル語 rosario］キリスト教で、聖母マリアへの祈り（―に用いる数珠）。
**ろし【濾紙】** 液体をこす紙。こし紙。
**ろじ【路地】** ①人家の間の狭い通路。②**【露地】**門内や庭の通路。
**ろじ【露地】** ①覆いのない地面。「―栽培」②茶席の庭。
**ロシアもじ【―文字】** ロシア語などを書き表すのに使う文字。キリール文字。
**ロシアンルーレット**［Russian roulette］一発だけ弾を込めた拳銃の弾倉をでたらめに回して、自分の頭に向けて撃つ賭け。
**ロジカル**［logical］論理的。
**ロジスティック**［logistics］物流（―の管理）。ロジスティックス。〔兵《へい》站《たん》、後方支援の意から〕
**ロジック**［logic］論理（―学）。
**ろじもの【露地物】** 露地①で栽培した花や野菜。

**ろしゅつ【露出】** ①むき出しに―する（なる）こと。‖［俗語］メディアに多く登場すること。②写真撮影で、光線を乾板・フィルムにあてること。露光。「―計」
**ろしょう【路床】** 路盤。
**ろじょう【路上】** ①道の上。②途中。
**ろしん【炉心】** 原子炉で、核分裂連鎖反応の起こっている部分。
**ロジン** ⇩ロージン
**ロス**［loss］損失。むだ。
**ロスタイム**［和製語 loss time］①時間のむだ。②ラグビーなどで、競技が中断した時間。
**ロストル**［オランダ語 rooster］よく燃えるように、火をたく所にはめた鉄の網。類火格子
**ロゼ**［フランス語 rosé］薄赤色のワイン。ロゼワイン。ローゼ。
**ろせいのゆめ【盧生の夢】** 邯《かん》鄲《たん》の夢。
**ロゼッタストーン**［Rosetta stone］古代エジプトの石碑。〔エジプト文字解読のかぎとなった。／ロゼッタは石碑が発見された地名〕
**ろせん【路線】** 交通線。‖方針。
**ろそくたい【路側帯】** 道路わきの白線で区切られた部分。
**ろだい【露台】** ①バルコニー。②露天の舞台。
**ろちょう【ロ調】** 音楽で、ロ音を主音とする音階。
**ろちりめん【絽縮緬】** 絽のように織ったちりめん。

**ロッカー**［locker］錠がかかる戸棚。「コイン―」
**―ルーム**［locker room］更衣室。
**ろっかん【肋間】** 肋骨の間。「―神経痛」
**ロッキングチェア**［rocking chair］揺りいす。
**ロック**［lock］かぎをかけること。
**―アウト**［lockout］労働争議で、資本家側が工場などを閉鎖すること。
**―オン**［lock-on］レーダーによる自動追尾。
**―ダウン**［lockdown］感染症などの外部への感染拡大を防ぐために、感染地域の都市などを封鎖し、人の移動を制限すること。
**ロック**［rock］①岩。②オンザロックの略。③ロックンロールの略。④ロックミュージック。ロックンロールから発展。強烈なビートをもつ。
**―クライミング**［rock-climbing］登山で、岩のぼり（―の技術）。
**ロックンロール**［rock'n'roll］一九五〇年代にアメリカから世界中に流行したポピュラー音楽。
**ろっこつ【肋骨】** 胸部にあって内臓を保護している骨。〔左右一二対〕‖船舶の外形をなす骨組み。
**ろっこんしょうじょう【六根清浄】** 煩悩を断ち切って清浄になること。〔登山・寒参りなどに唱える語。／六根は、眼・耳・鼻・舌・身・意〕
**ロッジ**［lodge］山小屋（―ふうの宿泊所）。

ろ

ロット［lot］生産の単位としての製品の集まり。

ロッド［rod］①棒。②釣りざお。

—アンテナ［rod antenna］棒状で伸び縮みするアンテナ。〔ラジオなどで〕

ろっぷ【六腑】漢方で、大腸・小腸・胆・胃・三焦《さんしょう》・膀胱《ぼうこう》。「五臓—」

ろっぽう【六方・六法】歌舞伎で、役者が花道を通って引っ込む際の独特の歩き方。「—を踏む」

ろっぽう【六法】憲法・刑法・民法・商法・民事訴訟法・刑事訴訟法の総称。「—全書」

ろてい【路程】道のり。類道程
ろてい【露呈】あらわに—なる(する)こと。

ロデオ［rodeo］荒馬を乗りこなす技などを競う、カウボーイの競技会。

ろてん【露天】屋根のない所。野天。

—掘《ぼ》り　石炭や鉱石を地表から直接掘ること。

ろてん【露店】道ばたで商売する店。「—商」

ろてん【露点】露ができはじめる温度。

ロト［ドイツ語 Lotto］ナンバーくじ。

ろとう【路頭】道ばた。

—に迷《まよ》う　収入の道をなくし、日々の暮らしに困る。

ろとう【露頭】①岩石や鉱床が地表に現れた所。②帽子などをかぶっていないこと。

ろどん【魯鈍】愚鈍。

ろは【ロハ】〔俗語〕ただ。無料。〔只《ただ》の字を上下に分割してロハと読んだ〕

ろば【驢馬】ウマに似た小型の家畜。ウサギウマ。

ロハス【LOHAS】ライフスタイルの一つ。環境と健康を志向する。〔life styles of health and sustainability の略〕

ろばた【炉端】いろりのそば。

—焼《や》き　客の目の前で魚や野菜をいろりで焼いて出す—こと(店)。

ろばん【路盤】道路などの地盤。路床。

ロビー［lobby］ホテルなどの、控室兼用の広間。

ロビイスト［lobbyist］特定の利益のために議会工作をする人。ロビースト。

ろびらき【炉開き】茶道で、風炉《ろふ》を使うのをやめて地炉を使い始めること。対炉《ろ》塞《ふさ》ぎ
ロビング［lobbing］テニスなどで、高く球を打ち上げること。ロブ。

ロブ［lob］ロビング。

ろふさぎ【炉塞ぎ】茶道で、地炉を使うのをやめて風炉《ろふ》を使い始めること。対炉開き
ロブスター［lobster］大きなはさみをもつ、大型の食用エビ。

ろぶつ【露仏】雨ざらしの仏像。

ロフト［loft］①屋根裏部屋。倉庫(—ふうの建物)。②ゴルフで、クラブの打球面の傾斜角度。

ろへん【炉辺】炉ばた。「—談話」

ロボ　ロボットの略。

ろぼう【路傍】道ばた。

ロボコン　ロボットコンテストの略。自作のロボットで競う。


ロボット［robot］機械人形。人造人間。Ⅱ他人に操られて動く人。

—スーツ［robot suit］パワードスーツの商標名。

ロマ［Roma］ヨーロッパ各地に散在する少数民族。〔ジプシーとよばれ迫害を受けた。／ロマは人間の意で、自称〕

ロマネスク［フランス語 romanesque］①一〇世紀前後、西欧に流行した美術・建築様式。②小説的。空想的。

ロマン［フランス語 roman］長編小説。Ⅱ変化に富み、憧《あこが》れをかきたてる事柄。

—主義《しゅぎ》　一八～一九世紀に西欧で栄えた思潮。個性と感情を重んじる。対古典主義
ロマンス［romance］①伝奇物語。②恋物語。③叙情的な愛の歌。

—カー［和製語 romance car］ロマンスシートのある車両。

—グレー［和製語 romance gray］中年の男の魅力を感じさせる白髪まじりの頭。また、その男。

—シート［和製語 romance seat］二座席で一組の座席。

ロマンチシズム［romanticism］①ロマン主義。②空想と感傷を好む傾向。

ロマンチスト［romanticist］空想家。夢想家。

ロマンチズム　ロマンチシズムの転。

ロマンチック［romantic］空想的。情緒的。

**ロム【ROM】** コンピューターで、読み取り専用の記憶装置。対RAM Ⅱ SNSなどで、人の書き込みを読むだけの人。〔Read Only Memoryの略〕

**ろめい【露命】** 露のようにはかない命。

**―を繋《つな》ぐ** 細々と生活する。

**ろめん【路面】** 道路の表面。「―電車」

**―店《てん》** 通りに面した店舗。ビル内の店舗に対する言い方。

**ろよう【路用】** 旅費。〔古風な言い方〕

**ロリータコンプレックス**〔和製語 Lolita complex〕 男が性愛の対象として少女に偏執すること。ロリコン。〔『ロリータ』は小説の題名〕

**ロリコン** ロリータコンプレックスの略。

**ろれつ【呂律】** 言葉の調子。

**―が回《まわ》らない** 言葉がはっきり言えない。

**ろん【論】** ①議論。②意見。

**―が立《た》つ** 弁舌に優れている。

**―より証拠《しょうこ》** 議論よりも証拠の方が物事が明らかになる。

**―をまたない** 論ずるまでもない。

**ロン**〔中国語 róng〕 マージャンで、他人の捨てたパイで上がること。

**ろんがい【論外】** 問題外。

**ろんかく【論客】** 好んで議論する人。議論の巧みな人。ろんきゃく。

**ろんぎ【論議】** 議論。

**ろんきゃく【論客】** ろんかく。

**ろんきゅう【論及】** その事柄に話が及ぶこと。

**ろんきゅう【論究】** 道理を論じきわめること。

**ろんきょ【論拠】** 議論のよりどころ。

**ロング**〔long〕 ①ロングヘア・ロングスカートの略。②長い―こと(もの)。◇対ショート

**―シュート**〔和製語 long shoot〕 球技で、ゴールから遠く離れた所からのシュート。

**―ショット**〔long shot〕 ①映画などで、遠くからの撮影。対クローズアップ ②ゴルフで、長打。

**―ステイ**〔和製語 long stay〕 長期滞在。

**―セラー**〔和製語 long seller〕 書籍などが長期間売れ続けること。

**―トン**〔long ton〕 ヤードポンド法の単位の一。〔英国で使う〕

**―パス**〔long pass〕 球技で、遠くからのパス。

**―ヒット**〔long hit〕 野球で、二塁打以上のヒット。長打。

**―ホール**〔和製語 long hole〕 ゴルフで、パー五のホール。対ショートホール

**―ライフミルク**〔和製語 long-life milk〕 常温でも長く保存できる牛乳。LLミルク。

**―ラン**〔long run〕 映画や演劇の、長期興行。

**ろんけつ【論決】** 〔文章語〕議論して決めること。

**ろんご【論語】** 四書の一。

**―読《よ》みの論語《ごろん》知《し》らず** 書物から知識は得ても実行しない―こと(人)。〔あざけって言う〕

**ろんこう【論功】** 功績の大小を論じて定めること。

**―行賞《こうしょう》** 論功し、相応の賞を与えること。

**ろんこう【論考】**《論攷》〔文章語〕論じて考察を―すること(した文章)。

**ろんこく【論告】** 刑事裁判で、検事が被告人の罪を論じる陳述。

**ろんざい【論罪】** 罪を論じて、刑を適用すること。

**ろんし【論旨】** 議論の主旨。

**ろんしゃ【論者】** 議論をしている人。ろんじゃ。

**ろんしゅう【論集】** 論文集。

**ろんじゅつ【論述】** 論じて述べること。

**ろんしょう【論証】** 論じて証明すること。

**ろんじる【論じる】** ①筋道をたてて述べる。②議論する。③問題にする。

**ろんじん【論陣】** 論の組み立て。「―を張る(=堂々と議論を展開する)」

**ろんずる【論ずる】** 論じる。

**ろんせつ【論説】** ①是非を論じ、意見を述べる―こと(文章)。②新聞などの社説。

**―委員《いいん》** 新聞やテレビで、その社の立場を明示する論説を担当する人。

**ろんせん【論戦】** 議論し合うこと。

**ろんそう【論争】** 論戦。

**ろんだい【論題】** 議論の―主題(題目)。

**ろんだん【論断】** 〔文章語〕論じて判断を下すこと。

**ろんだん【論壇】** ①言論界。②演壇。

**ろんちょ【論著】** 学術論文を著述した書

物。

**ろんちょう【論調】** 議論の調子。

**ろんてき【論敵】** 論争の相手。

**ろんてん【論点】** 議論の中心点。

**ロンド**［イタリア語 rond］楽曲の形式の一。回旋曲。

**ろんなん【論難】** 論じて非難・攻撃すること。

**ろんぱ【論破】** 言い負かすこと。

**ロンパース**［rompers］ 上着とズボンがひと続きの幼児服。

**ろんばく【論駁】** 相手の論の誤りを非難・攻撃すること。

**ろんぱん【論判】** ①論じて是非を判定すること。②議論。

**ろんぴょう【論評】** 論じて批評すること。

**ろんぶん【論文】** ①ある事柄について論理的に述べた文章。②研究結果を発表する文章。「卒業―」

**ろんべん【論弁】**〔文章語〕議論して理非を明らかにすること。

**ろんぽう【論法】** 議論のやり方。「三段―」

**ろんぽう【論鋒】**〔文章語〕議論のほこさき(勢い)。

**ろんり【論理】** ①議論の筋道。②思考や事物の間にある法則・形式。

**―学《がく》** 論理②を研究する学問。

**ロンリー**［lonely］ 孤独な様子。さびしい様子。

# わ

**わ【羽】** 鳥やウサギを数える語。

**わ【把】** たばねた物を数える語。

**わ【和】** ①協力。協調。「人の―」②仲直り。③合計。対差 ④【倭】昔中国で、日本を呼んだ語。

**わ【輪】**《環》①円形のもの。②車輪。③たが。

**―を掛《か》ける** 程度をひどくする。

**ワーカホリック**［workaholic］仕事中毒。

**ワーキング**［working］働くこと。

**―グループ**［working group］作業部会。

**―プア**［working poor］仕事についていても、生活保護水準以下の収入しかない人(世帯)。

**―ホリデー**［working holiday］青少年が外国旅行中、一定の範囲内で働くことを認め合う、国と国との協定。

**ワーク**［work］仕事。作業。練習。

**―アウト**［workout］①健康維持や体力向上のための運動。「―メニュー」②アメリカの企業で始まった業務改善プログラム。〔商標〕

**―シート**［work sheet］コンピューターで、表計算ソフトの一画面。

**―シェアリング**［work-sharing］労働の分かち合い。失業者を減らすために一人当たりの労働時間を短縮すること。

**―ショップ**［workshop］①作業場。②研究会。講習会。

**―ステーション**［work station］中央のコンピューターに接続された端末で、単独でも情報処理ができるコンピューター。

**―ブック**［workbook］練習問題集。

**―ライフバランス**［work-life balance］仕事と生活の調和。仕事も生活も充実させる考え方。

**ワーケーション**［workation］旅行や休暇を楽しみながら、旅先などで仕事をすること。〔work＋vacation〕

**ワースト**［worst］最悪。「―テン」対ベスト

**ワード**［word］①単語。②コンピューターで、一度に処理される情報の単位。

**―プロセッサー**［word processor］コンピューターで、文書作成のソフトウエア。ワープロ。

**ワードローブ**［wardrobe］①洋服ダンス。②持ち衣装。

**ワープ**［warp］ＳＦで、目的地に一瞬にして移動する宇宙航行法。

**ワープロ** ワードプロセッサーの略。

**ワーム**［worm］コンピューターウイルスの種類の一。ネットワーク経由で増殖を繰り返す。

**ワールド**［world］世界。

**―カップ**［World Cup］スポーツで、世界選手権大会。

**―ゲームズ**［world games］オリンピック競技種目以外の種目の国際競技大会。四年に一度開催。

**―シリーズ**［World Series］アメリカで、プロ野球選手権試合。

**―ワイド**［worldwide］世界的な。世界中の。

**―ワイドウエブ**［World Wide Web］インターネットを利用し、世界規模で情報の検索・表示・発信が可能なシステム。ウェブ。ＷＷＷ。

**わいきょく【歪曲】** 事実を(―故意に)ゆがめること。

**わいざつ【猥雑】** 下品でごたごたしていること。

**ワイシャツ** 背広の下に着る長そでシャツ。〔white shirtsのなまり。／Ｙシャツとも書く〕

**わいしょう【矮小】**〔文章語〕背が低く小さいようす。＝こぢんまりとして小さいようす。「―化」

**わいせい【矮性】** 生物が大きくならない性質。

**わいせい【矮星】** 半径や光度の小さい恒星。対巨星

**わいせつ【猥褻】** 性欲をそそるようなみだらなこと。「―罪」

**ワイせんしょくたい【Ｙ染色体】** 性染色体の一。人間では男だけがもつ。対Ｘ染色体

**わいだん【猥談】** わいせつな話。

**ワイド**［wide］広い(大きい)こと。

**―ショー**［和製語 wide show］多種類の

内容を盛り込んだテレビ番組の形式。
**ースクリーン**〔wide screen〕大型の映写幕(ーを用いた映画)。〔シネラマやシネマスコープ〕
**ーモニター**〔和製語 wide monitor〕コンピューターで、左右幅の広い外付けディスプレー。
**ーレンズ** 広角レンズ。〔wide-angle lensから〕
**ワイナリー**〔winery〕ワインの醸造所。
**ワイパー**〔wiper〕自動車などの前窓に取り付けて、雨滴などをぬぐう装置。
**ワイフ**〔wife〕妻。
**ワイプ**〔wipe〕①動画・テレビなどで、画面を一方からぬぐうように消して次の画面を現す画面転換。②テレビで、画面の隅に映す小さな別画面。
**ワイファイ**〔Wi-Fi〕業界団体が無線LAN製品の互換性を認定することを示すブランド。〔Wireless Fidelityから。/商標〕
**ワイヤ**〔wire〕①針金。②電線。③楽器の金属弦。◇ワイヤー。ワイア。
**ーロープ**〔wire rope〕針金で作った綱。鋼索。索条。
**ワイヤレス**〔wireless〕①無線(ー通信)。②ワイヤレスマイクの略。
**ーマイク** コードのないマイク。〔wireless microphoneから〕
**ワイルド**〔wild〕野性的。
**ーカード**〔wild card〕①トランプで、鬼となる札。②未知の要因。③コンピューターで、不特定の文字・記号を表す記号。
**ーピッチ**〔wild pitch〕野球で、投手の暴投。
**わいろ【賄賂】** 不正に便宜をはかってもらうために人に贈る金品。袖《そで》の下。
**ワイン**〔wine〕①ブドウの実からつくる酒。ぶどう酒。②酒類。〔ーリスト〕
**ーカラー**〔wine colored〕赤ワインの色。ワインレッド。
**ーセラー**〔wine cellar〕ワインの貯蔵庫。
**ービネガー**〔wine vinegar〕ワインからつくった食酢。
**ーレッド**〔wine red〕⇩ワインカラー
**ワインドアップ**〔windup〕野球で、投手が投球前に腕を頭上にふりかぶる動作。
**わおん【和音】** 音楽で、高さの違うふたつ以上の音が、同時に響いた音。
**わか【若】** ①若君。〔古風な語〕②若いこと。「ー夫婦」類老 ③次の世代。「ー旦那」
**わか【和歌】** 日本古来の定型詩。短歌・長歌・旋頭歌《せどうか》などの総称。狭義には、短歌。
**わが【我が】**《吾が》私の。我々の。
**わかあゆ【若鮎】** 若く生きのいいアユ。
**わかい【若い】** ①生まれてから年を経ていない。Ⅱ㋐若々しい。㋑未熟だ。②年下だ。③数が小さい。「ー番号」
**ー衆**《しゅ》 ①年の若い男。②町内で、祭りなどの世話をする若者。◇わかいし。
**ー燕**《つばめ》 ⇩つばめ
**ー者**《もの》 若い衆。
**わかい【和解】** ①仲直り。②〔法律用語〕訴訟の当事者が互いに譲歩して、争いをやめる契約。
**わかがえる【若返る】** ①若々しい気分になる。②メンバーが若い人に入れかわる。
**わかがき【若書き】** 作家や画家の、まだ若かった時代の作品。
**わかぎ【若木】** 生えてからまだ年のたっていない木。
**わかぎみ【若君】** ①年若い主君。②若様。
**わかくさ【若草】** 芽を出したばかりの草。
**わがくに【我が国】** わたしの国。
**わかげ【若気】** 若者の元気で無分別な気持ち。わかぎ。「ーのあやまち」
**ーの至**《いた》**り** 無分別な行為を反省する語。
**わかごま【若駒】**〔文章語〕若い馬。
**わかさぎ【若鷺・公魚】** 北日本近海や湖でとれる細長い小魚。食用。
**わかざり【輪飾り】** わらを輪形に編み、下に数本のわらをたらした正月の飾り物。
**わかし** ブリの幼魚。〔東京付近でいう〕
**わがし【和菓子】** 日本ふうの菓子。対洋菓子
**わかじに【若死に】** 年が若いうちに死ぬこと。類早死に
**わかしゆ【沸かし湯】** 沸かした風呂の湯。〔特に、温泉に対していう〕
**わかしゅ【若衆】** ①若い男。②江戸時代、元服前の男子。
**わかしらが【若白髪】** 若いうちにはえる

白髪。
**わかす**【沸かす】わくようにする。
**わかす**【湧かす】虫などを発生させる。
**わかず**【分かず】〔文章語〕区別なく。区別せず。わかたず。「昼夜を―」
**わかせる**【沸かせる】わかす。
**わかぞう**【若造】若者や未熟な人をののしって言う語。
**わかたけ**【若竹】その年にはえた竹。
**わかだんな**【若旦那】①「商家の主人の長男」の敬称。対大旦那 ②「大家《たいけ》の息子」の敬称。
**わかち**【分かち】《別ち》①分かつこと。②けじめ。差別。
**―合《あ》う** 分け合う。
**―書《が》き** 語と語〔文節と文節〕の間をあけて書く書き方。
**わかつ**【分かつ】《別つ》①分ける。②区別する。弁別する。「黒白を―」③《頒つ》分配する。
**―難《がた》い** なかなか切れない。
**わかづくり**【若作り】実際の年齢より若く見えるような服装・化粧をすること。
**わかて**【若手】①若い人。②ある集団の中で若い方の人。
**わかどしより**【若年寄】①江戸幕府の職名の一。②若いのに年寄りじみた人。
**わかな**【若菜】春先に生える、食用の野草。〔狭義では、春の七草〕
**わかぬ**【分かぬ】区別がつかない。「文目《あやめ》も―闇《やみ》」
**わがねる**【綰ねる】曲げて輪にする。

**わかば**【若葉】《嫩葉》もえ出たばかりの、木の葉。
**―マーク** 自動車免許取得後一年未満の初心者であることを示すステッカー。初心者マーク。
**わがはい**【我が輩】《吾が輩》男の自称の一。〔古風で尊大な言い方〕
**わかはげ**【若禿げ】若いのにはげていること。
**わかまつ**【若松】①生えて間もない松。②正月の飾りにする小さな松。
**わがまま**【我が儘】自分勝手。
**わがみ**【我が身】①自分の体。②自分の立場。「明日は―」
**わかみず**【若水】元日の早朝に、くむ水。〔古くは立春の日の早朝に、くむ水〕
**わかみどり**【若緑】松などの若葉の緑色。
**わかみや**【若宮】①幼い皇子。②親王の子。③本宮の祭神の子をまつった神社。④新宮《しんぐう》。
**わかむき**【若向き】若い人に似合うこと。
**わかめ**【若布】《和布》海藻の一。コンブ科。汁の実・酢の物などにする。
**わかめ**【若芽】新芽。
**わかもの**【若者】青年。若人。
**わがもの**【我が物】自分のもの。「英語を―とする」
**―顔《がお》** ずうずうしく勝手気ままにふるまうこと。
**わがや**【我が家】自分の家・家庭。
**わかやか**【若やか】若々しいようす。

**わかやぐ**【若やぐ】若々しくなって、はつらつとする。
**わがら**【和柄】日本風の柄。
**わからずや**【分からず屋】《没分暁漢》物事の道理のわからない人。
**わかり**【分かり】分かること。理解。
**わかる**【分かる】《解る》①明白になる。②理解できる。③世情に明るく、人情の機微に通じている。
**わかれ**【分かれ】分かれたもの。
**わかれ**【別れ】①別れること。②いとまごい。「―を告げる」
**―霜《じも》** 八十八夜ごろの、春の最後の霜。忘れ霜。
**わかれる**【分かれる】①ひとつのものがいくつかになる。②違いが生じる。
**わかれる**【別れる】離れ離れになる。Ⅱ㋐離婚する。㋑死別する。
**わかわかしい**【若々しい】いかにも若い感じだ。
**わかん**【和姦】男女の合意の上での性交。対強姦《ごうかん》
**わかん**【和漢】①日本と中国。②和文と漢文。
**―混淆文《こんこうぶん》** 和文体と漢文訓読体とがまじった文体。〔和漢混交文とも書く〕
**―洋《よう》** 日本と中国と西洋。
**わき**【脇】①《腋》腕のつけ根の下。Ⅱ衣服のわきにあたる部分。②そば。③よそ。「話が―にそれる」④【ワキ】能楽で、シテの相手役。対シテ
**―が甘《あま》い** 相撲で、相手に回しをとられ

わ

やすい。Ⅱ守りが弱い。

**わき【和気】**〔文章語〕なごやかな気分。

**わぎ【和議】** 仲直りの相談。

**わきあいあい【和気藹々】** なごやかな気分が満ちているようす。

**わきあがる【沸き上がる】** 煮え立つ。

**わきあがる【湧き上がる】** 激しく生じる。

**わきおこる【沸き起こる】** 激しく起こる。「拍手が—」

**わきおこる【湧き起こる】**（雲や霧が）下からわくように生じる。

**わきが【腋臭】** わきの下から出るいやなにおい。

**わきかえる【沸き返る】** ①ぐらぐら沸く。②怒りなどで感情がたかぶる。③熱狂する。

**わきげ【脇毛・腋毛】** わきの下に生える毛。

**わきざし【脇差し】** ①腰に差す小さな刀。腰刀。②大小両刀のうち、小刀。

**わきじ【脇侍・脇士】** 夾侍《きょうじ》。わきだち。

**わきたけ【脇丈】** ウエストラインからすそまでの寸法。

**わきだち【脇立ち】**〔仏教語〕夾侍《きょうじ》。わきじ。

**わきたつ【沸き立つ】** ①わきかえる。②（雲などが）むくむくと生じる。

**わきづけ【脇付】** 手紙のあて名に書き添えて敬意を表す語。〔侍史《じし》・机下《きか》など〕

**ワギナ**〔ラテン語 vagina〕膣《ちつ》。バギナ。

**わきのした【脇の下】**《腋—》脇①のくぼんだ所。腋窩《えきか》。

**わきばら【脇腹】** ①横腹。②妾腹《しょうふく》。

**わきまえる【弁える】** ①物事の是非などを判別する。「善悪を—」②心得る。「礼儀を—」

**わきみ【脇見】** よそ見。「—運転」

**わきみず【湧き水】** 地中から自然に湧き出す水。湧水《ゆうすい》。

**わきみち【脇道】** 本道から分かれた道。Ⅱ本筋からはずれた方向。「話が—にそれる」

**わきめ【脇目】** ①よそ見。「—もふらず（=一心に）」②よそめ。「—には楽に見える」

**わきめ【脇芽】** 枝の途中からのびる芽。

**わきやく【脇役】**《傍役》 主役を助けて演じる役（—の人）。Ⅱ表立たないで補佐する役目（—の人）。

**わぎゅう【和牛】** 日本在来の牛。

**わぎり【輪切り】** 円筒形や球形の物を、切り口が円になるように—切ること（切ったもの）。

**わきん【和金】** 金魚の品種の一。

**わく【枠】** 輪郭。ふち。「めがねの—」Ⅱ限界。制限。「法律の—」

**わく【沸く】** ①水が十分熱くなる。②熱狂する。③発酵する。

**わく【湧く】** ①水などが地中から自然に出てくる。②気持ちが起こる。「実感が—」③（虫などが）発生する。

**わくがい【枠外】** 枠の外。Ⅱ一定の範囲・制限の外。「予算の—」◇対枠内

**わくぐみ【枠組み】** わくを組むこと。組んだわく。Ⅱ物事の、おおよその組み立て。

**わくじゅん【枠順】** 競馬で、馬が入る枠の順番。〔競輪や競艇でも準じて使う〕

**わくせい【惑星】** 太陽の周囲を公転する天体。類遊星 Ⅱ力量は未知ながら期待される人。「政界の—」

**ワクチン**〔ドイツ語 Vakzin〕病原菌からつくる感染症の予防剤。接種して免疫体をつくる。Ⅱコンピューターウイルスの検出・被害防止のためのプログラム。

**わくでき【惑溺】**〔文章語〕夢中になって判断力を失うこと。

**わくない【枠内】** 枠の中。Ⅱ一定の範囲・制限の内。「定員の—」◇対枠外

**わくばんれんしょう【枠番連勝】** 競馬の馬券の一。一・二番の組み合わせを枠番号で当てる。枠連。

**わくらば【病葉】** 病気の葉。また、夏に赤や黄になった葉。〔雅語的〕

**わくらん【惑乱】**〔文章語〕心が迷い乱れること。心を迷わし乱すこと。

**わくん【和訓】** 訓。

**わけ【分け】** ①分けること。②引き分け。

**わけ【訳】** ①言葉の意味。②理由。事情。「深い—がある」③物事の道理。「—知り顔」④（「〜に（—は）いかない」の形で）できない。「帰る—にいかない」⑤当然…のはずだ。「それでは怒る—だ」⑥てま①。「作るのは—がない」

**わけあい【訳合い】** 理由。事情。意味。

**わけあり【訳有り】** 特別な事情があること。「—セール品」

**わげい【話芸】** 話術で客を楽しませる芸

能。〔落語・講談・漫談など〕

**わけいる**【分け入る】かき分けて入る。

**わけぎ**【分葱】野菜の一。ネギの変種。

**わけしり**【訳知り】①物事の事情に通じている—こと(人)。②通人。

**わけない**【訳ない】容易だ。

**わけへだて**【分け隔て】《別け―》人によって差別すること。

**わけまえ**【分け前】分けてもらえる分。

**わけめ**【分け目】分けた所。「髪の―」◍物事が分かれ定まる境目。「天下―の戦い」

**わける**【分ける】①別々にする。分割する。②分類する。③《頒ける》分配する。④道を開いて進む。⑤筋道を立てる。「事を分けて話す」

**わけん**【和犬】日本在来の犬。対洋犬

**わご**【和語】日本固有の言葉。やまとことば。対漢語・外来語

**わこう**【倭寇】《和寇》鎌倉・室町時代、朝鮮・中国沿岸を荒らした日本の海賊。〔中国・朝鮮での呼び名〕

**わごう**【和合】〔文章語〕仲よくすること。

**わこうど**【若人】青年。若者。

**わこうどうじん**【和光同塵】①〔文章語〕すぐれた知恵や徳を隠して世間に交わること。②〔仏教語〕仏が威光をやわらげ隠して人間界に姿を現すこと。

**わこく**【倭国】《和国》昔、中国で、日本の称。

**わごと**【和事】歌舞伎で、恋愛や情事の場面(―の演技)。「―師」対荒事・実事《じつごと》

**わごん**【和琴】日本古来の琴。小型で六弦。

**ワゴン**〔wagon〕①料理や荷物などを運ぶ、手押し車。②ステーションワゴン。

**―サービス**〔和製語 wagon service〕レストランなどで、ワゴンに酒や料理を載せて、客を接待すること。

**―セール**〔和製語 wagon sale〕ワゴンに載せた商品を安売りすること。

**わこんかんさい**【和魂漢才】日本固有の精神と中国伝来の学問(―を兼ねそなえること)。〔和魂洋才はこれからの類推〕

**わざ** ❶【業】おこない。「人間―」◍仕事。こと。「容易な―ではない」❷【技】技術。◍柔道や相撲で、相手を負かすための一定の型。

**わざあり**【技有り】柔道で、一本に近い技の判定。

**わさい**【和裁】和服の裁縫。対洋裁

**わざし**【業師】①わざの巧みな人。②かけひきのうまい人。

**わさび**【山葵】清流に生える多年草(―の根をすりおろしたもの)。香辛料として使う。

**―が利《き》く** わさびの辛味が強い。◍言動がぴりっとひきしまっている。

**―漬《づ》け** ワサビの葉や根を刻んで酒粕に漬けた食品。

**わざもの**【業物】名工の鍛えた、切れ味の鋭い刀剣。

**わざわい**【災い】《禍》悪い(不幸な)出来事。災難。「―転じて福となす」

**わさん**【和算】中国から伝来し、日本で発達した数学。

**わさん**【和讃】〔仏教語〕日本語で仏を賛美した歌。

**わさんぼん**【和三盆】上質の白砂糖。〔中国製の唐三盆と区別していった〕

**わし**《儂》自称の一。おれ。〔多く、年配の男が使う〕

**わし**【和紙】日本古来の製法による紙。対洋紙

**わし**【鷲】ワシタカ科の大形の猛鳥の総称。

**わじ**【和字】①かな。②国字。◇対漢字

**ワジ**〔wadi〕アフリカ北部などの、水のない浅い谷。かれ谷。かれ川。

**わしき**【和式】日本式。対洋式

**わしつ**【和室】日本ふうの部屋。対洋室

**わしづかみ**《鷲摑み》荒々しくつかむこと。

**わしてどうぜず**【和して同ぜず】人と仲よくはするが、むやみに同調はしない。

**わしばな**【鷲鼻】ワシのくちばしのように、先が下向きにとがった鼻。かぎばな。

**わじみ**【輪染み】(しみ抜きの)液体がついてできた円いしみ。

**わしゃ**【話者】話し手。対聴者

**わじゅつ**【話術】話し方の技術。

**わしょ**【和書】①日本語の書物。対漢籍 ②和とじの書物。◇対洋書

**わじょう**【和尚・和上】律宗・真言宗などで、師僧の敬称。→おしょう

**わしょく**【和食】日本ふうの食事。対洋食

**わしん【和親】**〔文章語〕国と国との親交。「日米—条約」

**わじん【和人】**《倭人》 日本人。〔昔、中国などでの呼び名〕

**わずか【僅か】**①ほんの少し。②（「〜に」の形で）かろうじて。「—に命をつなぐ」

**わずらい 一【煩い】** 悩み。心配。 **二【患い】** 病気。「長—」

**わずらう 一【煩う】** 悩み苦しむ。 **二【患う】** 病気になる。

**わずらわしい【煩わしい】** めんどうでいやだ。

**わずらわす【煩わす】**煩わせる。

**わずらわせる【煩わせる】**①苦しめる。悩ませる。②めんどうをかける。

**わする【和する】**〔文章語〕①仲よくする。②調子をあわせる。③他人の詩歌にこたえて詩歌を作る。

**わすれ【忘れ】**忘れること。

**—形見《がたみ》** ①忘れないように残す記念の品。②遺児。

**—草《ぐさ》** ①ヤブカンゾウ。②タバコの別称。

**—霜《じも》** 別れ霜。

**—な草《ぐさ》** 春から夏に青い小花の咲く多年草。〔勿忘草とも書く〕

**—物《もの》** 物を置き忘れること。その物。

**わすれる【忘れる】** ①記憶から消える。対覚える ②気づかない。「時のたつのを—」③置き忘れる。④うっかりしてすべきことをしない。「宿題を—」

**わせ【早生】** 成熟の早いもの。〔イネの場合は早稲とも書く〕対おくて

**わせい【和声】** ハーモニー。

**わせい【和製】**日本製。類国産

**—英語《えいご》** 日本で、英語の単語をもとにつくった語。ナイターなど。

**ワセリン**［Vaseline］石油から作る白い油脂。化粧品・軟膏《なんこう》・さび止め用。〔商標〕

**わせん【和船】** 日本古来の形式の木造船。

**わせん【和戦】** 〔文章語〕①平和と戦争。「—両様の構え」②和睦《わぼく》。「—条約」

**わそう【和装】**①日本ふうの服装。②日本式の装丁。◇対洋装

**わた【腸】** はらわた。「魚の—を抜く」

**わた【綿】**①《棉》アオイ科の一年草。種にはえる白い毛は、糸・織物の原料。②真綿・もめん綿などの総称。

**—のように疲《つか》れる** くたくたに疲れる。

**わたあぶら【綿油】** ワタの実からとった油。綿実油《めんじつゆ》。

**わたあめ【綿飴】** ふわふわした駄菓子。

**わだい【話題】** 話の題材。

**わだいこ【和太鼓】**日本の太鼓の総称。

**わたいれ【綿入れ】**①ふとんなどに綿を入れること。②表と裏の布地の間に綿を入れた着物。

**わたうち【綿打ち】** 綿を打って、やわらかくする—こと（のに使う道具）。

**わたがし【綿菓子】**わたあめ。

**わだかまり**《蟠り》心の中のしこり。

**わだかまる**《蟠る》①心にしこりが残る。②とぐろを巻く。

**わたくし【私】** ①個人的な事柄。対公《おおやけ》 ②私欲。「—のない人」③（「〜に」の形で）ないしょ。「—に処理する」④自称の一。〔改まった表現〕

**—事《ごと》** ①個人に関した事柄。②秘密の事柄。

**—小説《しょうせつ》** ししょうせつ。

**—する** 公のものを自分のもののようにする。

**—立《りつ》** しりつ。〔市立《しりつ》と区別するための言い方〕

**わたぐも【綿雲】**積雲の俗称。

**わたくり【綿繰り】** ①綿花から種を取り除くこと。②綿繰り車の略。

**わたげ【綿毛】**白く柔らかい毛。

**わたし【私】** 自称の一。〔最も標準的な言い方〕

**わたし【渡し】** ①物を人に渡すこと。②船で、人や物を対岸に渡すこと。また、渡し船・渡し場。

**—銭《せん》** ①渡し船の料金。②有料の橋を渡る料金。

**—場《ば》** 渡し船が出る場所。

**—船《ぶね》** 人や物を川の対岸に運ぶ船。

**—守《もり》** 渡し船の船頭。

**わたす【渡す】**①こちらから向こうへ送る。②かける。「橋を—」③手から手へ移し与える。「給料を—」④（動詞に付いて）ずっと…する。「見—」

**わだち【轍】**車輪の跡。

**わたつみ【海神】**《綿津見》①海の神。②海。◇わだつみ。

**わたぼうし【綿帽子】** 真綿を広げて作っ

たかぶりもの。〔昔は防寒用。今は婚礼で新婦がかぶる〕Ⅱ山や木に積もった雪。

**わたぼこり【綿埃】** ①綿状のほこり。②綿が飛び散ってほこりになったもの。

**わたゆき【綿雪】** 綿をちぎったような大きな雪。

**わたり【渡り】** ①渡ること。②渡し場。③渡来。「南蛮—」④渡り者。「—の職人」⑤話し合い。交渉。「—をつける」

**—合《あ》う** 刀で切り合う。戦う。Ⅱ論戦する。

**—歩《ある》く**（職を求めて）方々を移り歩く。

**—板《いた》** 船から岸に差し渡した板。あゆみいた。

**—蟹《かに》** ガザミ。

**—鳥《どり》** 季節によって、すみかを遠くへ変える鳥。ツバメやカモ。

**—に舟《ふね》** ちょうど都合のよいこと。

**—者《もの》** ①渡り歩いて暮らす人。②よそ者。

**—廊下《ろうか》** 建物と建物をつなぐ廊下。

**わたる【渡る】** ①（そこをこえて）向こうに行く。「海を—」②暮らしていく。「世の中を—」③他人のものになる。「人手に—」④《亘る》ある範囲に及ぶ。「二年間に—」⑤（動詞に付いて）広く及ぶ。「晴れ—」

**—世間《せけん》に鬼《おに》はない** 世の中は無情な人間ばかりではない。

**ワックス**〔wax〕 ろう。特に、つや出しや滑りをよくするために塗るもの。

**ワッシャー**〔washer〕 座金《ざがね》。

**わっしょい** みこしなど、重いものをかつぐときや気勢をあげるときのかけ声。

**ワット**〔watt〕 電力・仕事率の単位。記号W

**—時《じ》** 仕事量・電力量の単位。ワット数と時間の積。記号Wh

**ワットマンし【—紙】** 純白で厚手の高級画用紙。水彩画用。〔イギリスの会社名から〕

**わっぱ【輪っぱ】** ①〔俗語〕輪の形をしたもの。②曲げ物の弁当箱。③〔俗語〕手錠。

**—飯《めし》** 輪っぱ②に入れた弁当。

**わっぷ【割符】** ⇩わりふ

**わっぷ【割賦】** ⇩かっぷ

**ワッフル**〔waffle〕 ①洋菓子の一。②格子状のうねのある布地。

**ワッペン**〔ドイツ語 Wappen〕 ①ブレザーコートの胸や腕などに縫い付ける、紋章風の飾り。②玩具《がんぐ》の一。絵や文字を印刷してはりつけられるようにしたもの。

**わとう【話頭】**〔文章語〕話題。「—を転ずる」

**わどく【和読】** 漢文を日本語の語順に直して読むこと。

**わとじ【和綴じ】** 日本ふうの製本の仕方。対洋とじ

**わな【罠】** 鳥獣をとるための仕掛け。Ⅱ人を陥れる計略。「—に掛かる」

**わなげ【輪投げ】** 離れた所から、立てた棒に輪を投げ入れる遊び。

**わななく**《戦慄く》 体がぶるぶると震える。「恐怖に—」

**わに【鰐】** ①爬虫類の一。熱帯の川にすむ。皮を袋物などに使う。②わにざめ。

**わにあし【鰐足】** 両足先が、斜めに向く歩き方。〔外わに・内わにがある〕

**わにがわ【鰐皮・鰐革】** ワニの皮。

**わにぐち【鰐口】** 仏堂・拝殿の前につるし、参拝者が鳴らす円盤状の鈴。

**ワニス**〔varnish〕 樹脂を溶剤で溶かした透明塗料。ニス。

**わび【侘び】** ①閑居を楽しむこと。②茶の湯や俳諧《はいかい》で、閑寂な趣。

**わび【詫び】** 謝罪。「—を入れる」

**わびいる【詫び入る】** ひたすらわびる。

**わびしい【侘しい】** ①頼りなく心細い。②静かで物寂しい。③貧しくみすぼらしい。「—暮らし」

**わびじょう【詫び状】** おわびの手紙。

**わびすけ【侘助】** ツバキの一種。花は小形。

**わびずまい【侘び住まい】** わびしい暮らし（住まい）。類閑居

**わびちゃ【侘び茶】** 侘びを重んじる茶の湯。

**わびね【侘び寝】** ひとり寂しく寝ること。

**わびる【侘びる】** ①わびしく思う。②（他の動詞に付いて）あぐねる。「待ち—」

**わびる【詫びる】** 謝罪する。

**わふう【和風】** ①日本ふう。対洋風 ②〔文章語〕おだやかな風。

**わふく【和服】** 日本で昔から着られてきた衣服。着物。対洋服

**わぶん【和文】** 日本語の文章。対漢文・欧文

**わへい【和平】** 戦争をやめて平和になること。

**わへい【和柄】** 〔文章語〕話題。

**わほう【話法】** ①話のしかた。②文法で、他人の言葉を引用するときの表現法。「直接(間接)―」

**わぼく【和睦】** 仲直りすること。講和。

**わほん【和本】** 和紙を和とじにした本。対洋本

**わみょう【和名】《倭名》** 日本での(‐古くからの)名称。

**わめい【和名】** ①動植物の学名に対して、日本での名称。②わみょう。

**わめく【喚く】** 大声で‐叫ぶ(騒ぐ)。

**わもの【和物】** 日本(‐ふう)のもの。

**わや** ①だめ。②むちゃ。◇〔関西方言〕

**わやく【和訳】** 外国語を日本語に訳すこと。「英文―」

**わよう【和洋】** 日本と西洋。

**―折衷《せっちゅう》** 和風と洋風とを適当に取り合わせること。

**わよう【和様】** 日本ふう。和風。対唐様《からよう》

**わら【藁】** イネやムギの茎を干したもの。

**―にも縋《すが》る** 頼りにならないものまで頼りにする。

**―をも摑《つか》む** ⇩溺《おぼ》れる者《もの》は藁をも摑む

**わらい【笑い】** ①笑う‐こと(声)。②嘲笑《ちょうしょう》。

**―が止《と》まらない** うれしくてたまらない。

**―種《ぐさ》** 物笑いのたね。

**―こける** ひどく笑う。

**―事《ごと》** 笑ってすませる事柄。「―ではない」

**―上戸《じょうご》** (酒に酔うと)よく笑う癖のある人。対泣き上戸

**―飛《と》ばす** 笑ってまともにとりあわない。

**―話《ばなし》** ①こっけいな短い話。②気楽な(ばかばかしい)話。

**―物《もの》** わらいぐさ。

**わらう【笑う】** ①うれしい(おかしい・楽しい)とき、声を立てたり表情をやわらげたりする。対泣く Ⅱ㋐つぼみが開く。㋑ほころびる。「縫い目が―」②《嗤う》あざ笑う。

**わらく【和楽】** 〔文章語〕なごやかに楽しむこと。

**わらぐつ【藁沓】** わら製の深ぐつ。

**わらさ** ブリの幼魚。〔東京付近でいう〕

**わらじ【草鞋】** わらで編んだはきもの。

**―掛《が》け** わらじを履くこと。わらじばき。

**わらしべ《藁稭》** イネのわらのしん。

**わらづか【藁塚】** イネを刈り取ったあと、田に積み上げたわらの束。

**わらづと【藁苞】** 中に物を入れて、わらで包んだもの。「なっとうの―」

**わらなわ【藁縄】** わらをなった縄。

**わらばい【藁灰】** わらを燃やして作る灰。

**わらばんし【藁半紙】** ざらがみ。

**わらび【蕨】** 山野にはえるシダの一。若芽は食用。根からでんぷんをとる。

**―餅《もち》** ワラビの根のでんぷんで作ったもち。

**ワラビー** [wallaby] カンガルー科の小型の哺乳動物の総称。カンガルーより小さい。

**わらぶき【藁葺き】** 屋根をわらでふくこと。また、その屋根。

**わらぶとん【藁布団】** わらを詰めた敷き布団。

**わらべ【童】** 〔文章語〕子供(‐たち)。

**―歌《うた》** 昔から子供たちの間でうたわれてきた歌。

**わらわ【妾】** 〔古語〕武家の女性の自称。

**わらわ【童】** 〔文章語〕わらべ。

**わり【割り】** ①割ること。②割り当て。「部屋―」③【割】割合。比率。④【割】(「―に」の形で)基準となるものと比べて予想外に。「大きい―に弱い」⑤【割】一〇分の一を表す単位。「二―引き」

**―に合《あ》う** 労力やもとでと結果が引き合う。

**―を食《く》う** 損をする。

**わりあい【割合】** ①全体に対する比率。②(「～に」の形で)予想されるものと比べて。「値段の―にまずい」③案外に。比較的。

**わりあてる【割り当てる】** 部分に分けて、それぞれにあてがう。

**わりいん【割り印】** 二枚の書類の、両方にまたがるように押す印。

**わりがき【割り書き】** 本文中に注などを小さな字で二行に割って書き入れること。

**わりかし《割りかし》** 〔俗語〕わりかた。

**わりかた【割り方】** 比較的。割合に。

**わりかん【割り勘】** 勘定を各自が均等に払うこと。〔割り前勘定の略〕

**わりきる【割り切る】** ①単純・明快に断定する。②割り算で、余りが出ないように割る。

**わりきれる【割り切れる】** ①すっきり納得できる。②割り算で、余りが出ない。

**わりぐり【割り栗】** 土木・建築の基礎工事用の、砕いた石。割り栗石。

**わりご【破り子】**《—籠》 内部に仕切りのある白木の弁当箱(—に入れた食べ物)。

**わりこみ【割り込み】** わりこむこと。

**わりこむ【割り込む】** ①押しわけて(むりに)入り込む。②相場がある値よりも下がる。Ⅱわきから口を出す。「話に—」

**わりざん【割り算】** 除法。対掛け算

**わりした【割り下】** しょう油に出し汁やみりんを加えた汁。なべ料理用。〔割り下地の略〕

**わりだか【割高】** 品質や分量の割に、値段の高いこと。対割安

**わりだす【割り出す】** 算出する。Ⅱある根拠をもとに結論を出す。

**わりちゅう【割り注】** 割り書きの注。

**わりつけ【割り付け】** 印刷で、活字の大きさ・組み方・図版の位置などを指定すること。類レイアウト

**わりと【割と】** 比較的。割合に。

**わりない** 分別や道理をこえているようす。Ⅱ「—(=男女の深い)仲」

**わりに【割に】** わりと。

**わりばし【割り箸】** 使うときに半分に割って使う木や竹のはし。

**わりはん【割り判】** 割り印。

**わりびき【割引】** ①一定金額より何割か安くすること。②手形割引の略。

**わりびく【割り引く】** 割引する。Ⅱ内輪に見積もる。「話を割り引いて聞く」

**わりふ【割り符】** 文字や証印を記した木片・紙片をふたつに割ったもの。わっぷ。〔後日合わせて証拠とする〕

**わりふだ【割り札】** ①割り符。②割引券。

**わりふる【割り振る】** 割り当てる。

**わりまえ【割り前】** ①割り当て額。②分け前。

**わりまし【割り増し】** 一定の額に、その何割かを加えること。その加えた額。

**わりむぎ【割り麦】** ひき割り麦。

**わりもどす【割り戻す】** 受け取った金額の中の一部を返す。

**わりやす【割安】** 品質・分量の割に、値段が安いこと。対割高

**わる【割る】** ①《破る》こわす。砕く。②押し分ける。③割り算をする。④混ぜて薄める。⑤下回る。「大台を—」⑥包み隠さない。「腹を割って話す」

**わるあがき【悪足掻き】** 効果のないことをあれこれ試みること。

**わるい【悪い】** よく(好ましく)ない。「ほかの人に—(=申し訳ない)」対よい・いい

**—虫《むし》が付《つ》く** 娘に好ましくない男友達ができる。

**わるがしこい【悪賢い】** 悪知恵が働くようす。

**わるぎ【悪気】** 悪意。「—がない」

**わるくち【悪口】** 他人を悪く言う—こと(言葉)。わるぐち。

**わるさ【悪さ】** いたずら。「—をする」

**わるずれ【悪摺れ】** 悪賢くなること。

**わるだくみ【悪巧み】** 悪いたくらみ。

**わるだっしゃ【悪達者】** (芸などが)じょうずではあるが品のないこと。悪巧者。

**わるぢえ【悪知恵】** 悪賢い知恵。

**ワルツ**［waltz］ 三拍子の軽快な舞曲(—にあわせて踊るダンス)。円舞曲。

**わるのり【悪乗り】** 〔俗語〕調子にのって、度をこしたふるまいをすること。

**わるびれる【悪びれる】** 気おくれしておどおどする。

**わるふざけ【悪ふざけ】** 度をこしてふざけること。

**わるぶる【悪ぶる】** 悪者らしいふりをする。

**わるめだち【悪目立ち】** 必要以上に目立ってしまうこと。

**わるもの【悪者】** 悪いことをする人。

**わるよい【悪酔い】** 頭痛や吐きけを起こす酒の酔い方。

**われ【我】**《吾》〔文章語〕①自分自身。②自称の一。類私

**—関《かん》せず** 自分には関係ない。我関せず焉《えん》。

**われかえる【割れ返る】** 「—ような(=大きな音の)拍手」

**われがちに【我勝ちに】** 他の人より先んじようと。

**われがね【割れ鐘】**《破れ鐘》 ひびがはいった鐘。Ⅱ「—のような(=濁った大きな)声」

**われさきに【我先に】** 我勝ちに。
**われしらず【我知らず】** 思わず。
**われと【我と】** 自分から進んで。
**われながら【我乍ら】** 自分のことながら。
**われなべ【割れ鍋】**《破れ鍋》 ひびのはいった鍋。
**―に綴《と》じ蓋《ぶた》** だれにでもそれ相応の配偶者がある。
**われぼめ【我褒め】** 自分で自分をほめること。
**われめ【割れ目】**《破れ目》 割れた所。ひび。
**われもこう【吾木香・吾亦紅】** 山野に生える多年草。秋、暗紅色の小花が咲く。
**われもの【割れ物】**《破れ物》 ①割れた物。②割れやすい物。〔ガラス・陶器など〕
**われら【我等】** われわれ。
**われる【割れる】** ①《破れる》ふたつ以上に分かれる。「ガラスが―」②割り算で、割りきれる。③判明する。「犯人が―」④拍手や音が非常に大きい形容。「―ような拍手」
**われわれ【我々】** ①私たち。②自分の謙称。
**わん【湾】** 海が陸地に入りこんだ地形。
**わん【椀・碗】** ①半球形の食器。②わんに盛った飲食物を数える語。◇〔椀は木製、碗は陶磁製〕
**ワン**〔one〕一。ひとつ。
**ワンアウト** ⇩ワンナウト
**ワンウエー**〔one-way〕①一方通行。②使い捨て。対リターナブル
**―チケット**〔one-way ticket〕片道切符。
**ワンオン**〔和製語 one on〕ゴルフで、ティーグラウンドから一打でグリーンにボールがのること。
**ワンカット**〔和製語 one cut〕ひとこま。一場面。
**わんがん【湾岸】** 湾沿いの陸地(岸)。
**わんきょく【湾曲】**《彎曲》 弓形に曲がること。
**ワンぎり【―切り】**〔俗語〕電話の着信音を一度鳴らすだけで切ること。連絡のあったことを伝え(返信を求め)る。
**ワンクッション**〔和製語 one cushion〕衝撃をやわらげるために、中間に置く物事(人)。「―おく」
**ワンゲル** ワンダーフォーゲルの略。
**ワンコイン**〔和製語 one coin〕五〇〇円や一〇〇円の硬貨一枚(で買える価値)。
**わんこう【湾口】** 湾の入り口。
**わんこそば【椀子蕎麦】** わんに盛ったそばを、客が満腹するまで次々わんに投げ入れて食べさせるそば。〔岩手名物〕
**ワンサイドゲーム** 一方が圧倒的に勝つ試合。〔one-sided game から〕
**わんさか**〔俗語〕わんさと。
**わんしょう【腕章】** 腕に巻く目印の布。「―をつける」
**ワンステップ**〔one step〕①一段階。一歩。②四分の二拍子の軽快な音楽に合わせて踊るダンス。また、その曲。
**ワンストップ**〔one stop〕一か所で業種や管轄の異なる複数のサービス利用や手続き、商品購入ができること。
**ワンスモア**〔once more〕もう一度。
**ワンセグ** ワンセグメント放送の略。
**ワンセグメントほうそう【―放送】** 携帯端末に向けて送信される地上デジタルテレビ放送。ワンセグ。〔セグメントは送信単位。/一 segment〕
**ワンセット**〔one set〕ひとそろい。
**ワンダーフォーゲル**〔ドイツ語 Wandervogel〕グループで山野をめぐり歩き、心身をきたえるスポーツ。〔渡り鳥の意〕
**ワンダーランド**〔wonderland〕ふしぎの国。
**ワンタッチ**〔和製語 one touch〕一度触れること。
**わんだね【椀種】** 吸い物の実。
**ワンダフル**〔wonderful〕すばらしい。
**ワンタン**《餛飩・雲呑》〔中国語 húntun〕中国料理の一。小麦粉の皮で豚肉を包んだもの。「―めん」
**ワンダン**〔和製語 one down〕ワンナウト。
**ワンツー**〔one-two〕ワンツーパンチの略。
**―パンチ**〔one-two punch〕ボクシングで、左右に連打すること。
**ワンナウト**〔one out〕野球で、一死。ワンアウト。
**わんとう【湾頭】**〔文章語〕湾のほとり。
**わんにゅう【湾入】**《彎入》〔文章語〕海が弓形に陸地へ入り込むこと。
**ワンバウンド**〔和製語 one bound〕球が一度地面に触れること。

わ

**わんぱく【腕白】** 子供がわがままでいたずらなこと。また、その子供。「―小僧」

**ワンパターン**〔和製語 one pattern〕 型が決まりきっていること。かわりばえのしないこと。

**ワンピース**〔one-piece〕 上着とスカートとがひと続きの服。対ツーピース

**ワンポイント**〔one point〕 ①点数の、一点。②一か所。Ⅱ一か所にだけ模様があること。

**―リリーフ**〔和製語 one point relief〕 野球で、打者一人だけに投球するために交代した投手。

**ワンボックス**〔和製語 one box〕 ⇩ワンボックスカー

**―カー**〔和製語 one box car〕 車体が箱型の自動車。

**ワンマン**〔one-man〕 ①一人(―だけ)。②独裁―者(的)。

**―カー**〔和製語 one-man car〕 運転手が車掌の仕事も兼ねるバスや列車。

**―ショー**〔one-man show〕 一人の出演者を中心に演じられるショー。

**ワンモア**〔one more〕 もうひとつ。

**わんもり【椀盛り】** わんに盛った煮物料理。

**わんりょく【腕力】** 腕の力。Ⅱ暴力。力ずく。「―に訴える」

**ワンルーム**〔one room〕 一部屋。

**―マンション**〔和製語 one room mansion〕 一部屋に台所・バス・トイレの付いたマンション。

**ワンレングス** 女性の髪形の一。同じ長さで水平に切りそろえたもの。ワンレン。〔one-length cut から〕

## を

**をことてん【乎古止点】** 昔、漢文訓読のために、漢字の四すみ・上下につけた符号。〔ヲコト点とも書く〕

## ん

**ん** 明らかな数を伏せて言う語。「―万円」

**んとす** 〔文章語〕(まさに)…しようとする。「今、学窓を巣立た―」

ん

# 付録目次

# 難読語一覧

●読み方の難しい漢字や熟語のうち、主なものをまとめました。
●配列のしかたは、一字めの漢字の画数順としました。なお、草冠(艹)はすべて三画と数えました。
●同じ画数内では、探しやすいよう、次のように並べました。
◎部首が同じ漢字は、その部首ごとにまとめて示しました。
◎同じ部首の漢字が他にない場合や、あってもその部首の漢字であると容易に判断できないと思われるものは、◀以下にまとめました。

## 《一画》

【一】
一入　ひとしお
一寸　ちょっと

## 《二画》

【十】
十二単　じゅうにひとえ
十八番　おはこ
十六夜　いざよい
十姉妹　じゅうしまつ

◀
乃至　ないし
匕首　あいくち

## 《三画》

【土】
土竜　もぐら
土筆　つくし

【子】
子　ね
子規　ほととぎす

【山】
山茶花　さざんか
山椒　さんしょう
山葵　わさび

◀
三十一文字　みそひともじ
三和土　たたき
三昧　ざんまい
上戸　じょうご
与る　あずかる
大蒜　にんにく
女郎花　おみなえし
孑孑　ぼうふら
小鰭　こはだ
川獺　かわうそ
干支　えと

## 《四画》

【木】
木菟　みみずく
木賊　とくさ
木槿　むくげ

【欠】
欠片　かけら
欠伸　あくび

【水(氵)】
水脈　みお
水雲　もずく
水綿　あおみどろ

◀
丑寅　うしとら
不知火　しらぬい
不如帰　ほととぎす
五月蠅い　うるさい
勾玉　まがたま
仄か　ほのか
仄めかす　ほのめかす
仄聞　そくぶん
円ら　つぶら

午　うま
反古（故）　ほご
双六　すごろく
天鵞絨　ビロード
孔雀　くじゃく
手水　ちょうず
曰く　いわく・のたまわく
月代　さかやき
牛車　ぎっしゃ

## 《五画》

【手（扌）】
打擲　ちょうちゃく
払拭　ふっしょく
【生】
生業　なりわい
生蕎麦　きそば
【石】
石榴　ざくろ
石楠（南）花　しゃくなげ

◀
凧　たこ
出来　しゅったい
出納　すいとう
凸凹　でこぼこ
台詞　せりふ
孕む　はらむ
市井　しせい
布袋　ほてい
平仄　ひょうそく
未曾有　みぞう
氷雨　ひさめ
氷柱　つらら
玄孫　やしゃご
玉蜀黍　とうもろこし
甘蔗　かんしょ
甘藷　かんしょ
甲冑　かっちゅう
疋　ひき
白粉　おしろい

## 《六画》

【几】
凩　こがらし
凪　なぎ
【刀（刂）】
刎ねる　はねる
刎頸　ふんけい
【口】
回向　えこう
団扇　うちわ
団栗　どんぐり
団欒　だんらん
【戈】
戌　いぬ
戌亥　いぬい
【气】
気障　きざ
気質　かたぎ
【老】
老舗　しにせ
老獪　ろうかい
【肉（月）】
肌理　きめ
肉刺　まめ
【自】
自惚れ　うぬぼれ
自棄　やけ
【行】
行灯　あんどん
行脚　あんぎゃ

◀
交喙　いすか
伊達　だて
先蹤　せんしょう
向日葵　ひまわり
如月　きさらぎ
屹立　きつりつ
忖度　そんたく
有職（識）　ゆうそく
灰汁　あく
百日紅　さるすべり

百舌　もず
百足　むかで
羊歯　しだ
艮　うしとら
西瓜　すいか

## 《七画》

【人（亻）】
伽藍　がらん
佇む　たたずむ
【彳】
彷彿　ほうふつ
彷徨う　さまよう
【心（忄）】
忌憚　きたん
忸怩　じくじ
【手（扌）】
抗う　あらがう
抓る　つねる
【木】
杞憂　きゆう
杜撰　ずさん
杜鵑　ほととぎす
杣　そま
杏　あんず
李　すもも
【牛】
牡丹　ぼたん
牡蠣　かき
【艸（艹）】
花車　きゃしゃ
芥子　からし・けし
芹　せり
芙蓉　ふよう
◀
兌換　だかん
冶金　やきん
労う　ねぎらう
労る　いたわる
含嗽　うがい
否応　いやおう
呂律　ろれつ
吝か　やぶさか
吝嗇　りんしょく
困憊　こんぱい
孜孜　しし
巫女　みこ
旱魃　かんばつ
言質　げんち
豆汁　ごじる
近衛　このえ

## 《八画》

【刀（刂）】
刮目　かつもく
刺青　いれずみ
刹那　せつな
【口】
呵責　かしゃく
呷る　あおる
呻く　うめく
咀嚼　そしゃく
咄嗟　とっさ
【弓】
弥生　やよい
弥縫　びほう
【心（忄）】
怪我　けが
怪訝　けげん
忿怒　ふんぬ
【手（扌）】
招聘　しょうへい
披露　ひろう
拇印　ぼいん
抛つ　なげうつ
抛擲　ほうてき
拗ねる　すねる
拉致　らち
【木】
松明　たいまつ
柿落とし　こけらおとし
板山葵　いたわさ
枇杷　びわ
林檎　りんご

枡　ます

【水（氵）】

河豚　ふぐ
法度　はっと
法被　はっぴ

【火】

炙る　あぶる
炒める　いためる

【犬（犭）】

狎れる　なれる
狒狒　ひひ

【艸（艹）】

茄子　なす・なすび
苛立つ　いらだつ
苔　こけ
苗代　なわしろ
苺　いちご
苞　つと

【車】

軋む　きしむ
軋轢　あつれき

【長】

長刀　なぎなた
長押　なげし

◀

乖離　かいり
具さに　つぶさに
周章てる　あわてる
凭れる　もたれる
咎　とが
坩堝　るつぼ
垂涎　すいぜん・すいえん
帚　ほうき
放擲　ほうてき
所以　ゆえん
所謂　いわゆる
杳として　ようとして
東風　こち
東雲　しののめ
爬虫類　はちゅうるい
疚しい　やましい

盂蘭盆　うらぼん
邯鄲　かんたん

## 《九画》

【人（亻）】

信天翁　あほうどり
俤　おもかげ
俘虜　ふりょ
俟つ　まつ

【女】

姪　めい
姥桜　うばざくら

【心（忄）】

恪勤　かっきん
恰も　あたかも
恰好　かっこう
恰幅　かっぷく
恍惚　こうこつ
恬淡　てんたん
怨む　うらむ

【手（扌）】

拮抗　きっこう
拱く　こまぬく・こまねく
拵える　こしらえる

【木】

枷　かせ
柩　ひつぎ
枳殻　からたち
柵　しがらみ
柘植　つげ
柘榴　ざくろ
柊　ひいらぎ
柏　かしわ

【水（氵）】

海老　えび
海苔　のり
海神　わだつみ・わたつみ
洒脱　しゃだつ
洒落　しゃれ

【火】

炬燵　こたつ
炯眼　けいがん
【犬(犭)】
狡猾　こうかつ
独楽　こま
狢　むじな
【玉(王)】
珊瑚　さんご
玻璃　はり
玲瓏　れいろう
【田】
界隈　かいわい
毘沙門　びしゃもん
【示(ネ)】
神楽　かぐら
神輿　みこし
【禾】
科白　せりふ
秋刀魚　さんま
【糸】
紆余曲折　うよきょくせつ

糾す　ただす
【艸(艹)】
茶飯事　さはんじ
茹でる　ゆでる
茸　きのこ・たけ
茱萸　ぐみ
茜　あかね
草臥れる　くたびれる
茗荷　みょうが
【衣(衤)】
袂　たもと
衽　おくみ
【首】
首肯く　うなずく
首途　かどで
◀
冑　かぶと
剃刀　かみそり
匍匐　ほふく
単　ひとえ
単衣　ひとえ

南瓜　カボチャ
厖大　ぼうだい
峙つ　そばだつ
昵懇　じっこん
疣　いぼ
砌　みぎり
相応しい　ふさわしい
相俟って　あいまって
眈眈　たんたん
矜持(恃)　きょうじ
籾　もみ
胡乱　うろん
胡坐　あぐら
胡散臭い　うさんくさい
胡頽子　ぐみ
虻　あぶ
閂　かんぬき

## 《十画》

【人(亻)】
俯く　うつむく

倦む　うむ
俯瞰　ふかん
【冖】
冤罪　えんざい
冥利　みょうり
【冫】
凄惨　せいさん
凋む　しぼむ
凋落　ちょうらく
凌辱　りょうじょく
【口】
哮る　たける
啄木鳥　きつつき
【宀】
家鴨　あひる
容喙　ようかい
【彳】
従容　しょうよう
徒然　つれづれ
【心(忄)】
悖る　もとる

悖理　はいり
悋気　りんき
【手（扌）】
挨拶　あいさつ
捗る　はかどる
捏ねる　こねる・つくねる
捏造　ねつぞう
【日】
晒す　さらす
時化　しけ
時鳥　ほととぎす
【木】
桔梗　ききょう
校倉　あぜくら
桎梏　しっこく
栴檀　せんだん
【水（氵）】
浚渫　しゅんせつ
涅槃　ねはん
浜木綿　はまゆう

流石　さすが
流布　るふ
流離う　さすらう
【犬（犭）】
狷介　けんかい
狼狽　ろうばい
狼煙　のろし
【疒】
疾病　しっぺい
疼く　うずく
【目】
眩む　くらむ
眩しい　まぶしい
眩暈　めまい
【石】
砥石　といし
破綻　はたん
【竹（⺮）】
笏　しゃく
笊　ざる
【糸】

納戸　なんど
納屋　なや
【肉（月）】
脆い　もろい
脆弱　ぜいじゃく
【艸（艹）】
華奢　きゃしゃ
莟　つぼみ
莢　さや
茣蓙　ござ
荼毘　だび
荻　おぎ
莨　タバコ
【辵（辶・辶）】
逝去　せいきょ
連子　れんじ
【馬】
馬尾藻　ほんだわら
馬酔木　あしび・あせび
◀
剔出　てきしゅつ

唐黍　もろこし
娑婆　しゃば
師走　しわす
庫裡（裏）　くり
拿捕　だほ
栗鼠　りす
殺陣　たて
般若　はんにゃ
烏帽子　えぼし
烏賊　いか
烙印　らくいん
秣　まぐさ
穿鑿　せんさく
紊乱　びんらん
罠　わな
耄碌　もうろく
耽る　ふける
舫う　もやう
蚋　ぶよ・ぶゆ
託ける　かこつける
豺狼　さいろう

韋駄天　いだてん

## 《十二画》

【人(亻)】
偕老同穴　かいろうどうけつ
健気　けなげ
偸盗　ちゅうとう
【口】
啀み合う　いがみあう
啜る　すする
啖呵　たんか
【土】
埴生　はにゅう
埴輪　はにわ
【巾】
帷子　かたびら
帳　とばり
【心(忄)】
悪戯　いたずら
悉く　ことごとく
【手(扌)】
捥ぎる　もぎる
掬う　すくう
捷径　しょうけい
掏摸　すり
掉尾　とうび
【木】
梧桐　あおぎり
梔子　くちなし
梲　うだつ
梯子　はしご
梃　てこ
梃子　てこ
【犬(犭)】
猊下　げいか
猜疑　さいぎ
猖獗　しょうけつ
【米】
粔籹　おこし
粗忽　そこつ
【糸】
終日　ひねもす
終焉　しゅうえん
絆される　ほだされる
絆創膏　ばんそうこう
【舟】
舳　みよし
舳先　へさき
【艸(艹)】
菅笠　すげがさ
菫　すみれ
菖蒲　しょうぶ・あやめ
菠薐草　ほうれんそう
萍　うきくさ
菩提　ぼだい
【虫】
蚯蚓　みみず
蛆　うじ
【衣(衤)】
袷　あわせ
裃　かみしも
裄　ゆき
【言】
許婚(嫁)　いいなずけ
設える　しつらえる
訥弁　とつべん
【辵(辶・辶)】
逍遥　しょうよう
逞しい　たくましい
【雨】
雪花菜　おから
雫　しずく
◀
乾坤　けんこん
剰え　あまつさえ
曼珠沙華　まんじゅしゃげ
曼荼(陀)羅　まんだら
啓蟄　けいちつ
基督　キリスト
娶る　めとる
強ち　あながち
晦日　みそか

梟　ふくろう
深山　みやま
犁　すき
産土　うぶすな
産湯　うぶゆ
畢竟　ひっきょう
皐月　さつき
笞　むち
羚羊　かもしか
脛　すね・はぎ
衒う　てらう
貶す　けなす
野羊　やぎ
釦　ボタン
雀斑　そばかす
鹿尾菜　ひじき
黄昏　たそがれ
黄泉　よみ

## 《十二画》

【口】
喙　くちばし
喘息　ぜんそく
喩える　たとえる
喇叭　ラッパ
【土】
堙滅　いんめつ
塔頭　たっちゅう
【大】
奢る　おごる
奢侈　しゃし
【手（扌）】
提灯　ちょうちん
揶揄　やゆ
掌る　つかさどる
掣肘　せいちゅう
【木】
椅子　いす
棕櫚　しゅろ
棹　さお
【欠】
欹てる　そばだてる
欺瞞　ぎまん
【水（氵）】
減殺　げんさい
渾名　あだな
湛える　たたえる
【火】
焙烙　ほうろく
焚く　たく
【犬（犭）】
猩紅熱　しょうこうねつ
猥褻　わいせつ
【玉（王）】
琥珀　こはく
琵琶　びわ
琺瑯　ほうろう
【疒】
痣　あざ
痛痒　つうよう
【禾】
稀有　けう
黍　きび
【竹（⺮）】
笄　こうがい
筍　たけのこ
等閑　なおざり
【糸】
絢爛　けんらん
絨緞　じゅうたん
【肉（月）】
腋　わき
腋臭　わきが
腓　こむら
胼胝　たこ
【艸（艹）】
葭簀　よしず
葛　くず
葛籠　つづら
葷酒　くんしゅ
葡萄　ぶどう
葡萄茶　えびちゃ
【虫】
蛞蝓　なめくじ

蛤　はまぐり
蛭　ひる
【辵(辶・辶)】
迸る　ほとばしる
遂行　すいこう
遍く　あまねく
【門】
閏年　うるうどし
悶える　もだえる
◀
傀儡　かいらい・くぐつ
割烹　かっぽう
博打(奕)　ばくち
厨房　ちゅうぼう
就中　なかんずく
嵌める　はめる
御虎子　おまる
惻隠　そくいん
普く　あまねく
棗　なつめ

無花果　いちじく
無聊　ぶりょう
無辜　むこ
犇めく　ひしめく
甦る　よみがえる
硝子　ガラス
竦む　すくむ
粟　あわ
紫陽花　あじさい
詛う　のろう
貂　てん
跋扈　ばっこ
酣　たけなわ
釉薬　うわぐすり
陽炎　かげろう
雁　かり・がん
颪　おろし

## 《十三画》

【刀(刂)】
剽悍　ひょうかん
剽窃　ひょうせつ
剽軽　ひょうきん
【口】
嗚咽　おえつ
嗄れる　かれる
嗜む　たしなむ
嗜好　しこう
【土】
塩梅　あんばい
塒　ねぐら
【女】
媼　おうな
嫋やか　たおやか
嫂　あによめ
【戈】
戦慄　せんりつ
戦慄く　わななく
【手(扌)】
搦め手　からめて
搗く　つく
搗ち栗　かちぐり

【日】
暖簾　のれん
暈かす　ぼかす
【木】
椿事　ちんじ
楮　こうぞ
椰子　やし
楢　なら
楡　にれ
【水(氵)】
滓　かす
溲瓶　しびん
滅金　めっき
【火】
煙草　タバコ
煙管　キセル
煩悩　ぼんのう
【目】
睨む　にらむ
睫　まつげ
睥睨　へいげい

【矢】
矮小　わいしょう
矮鶏　チャボ
【石】
碍子　がいし
硼酸　ほうさん
【竹（⺮）】
筧　かけひ
筮竹　ぜいちく
【羊（⺶）】
羨む　うらやむ
羨望　せんぼう
【肉（月）】
腫れる　はれる
腫瘍　しゅよう
腥　なまぐさ
【艸（艹）】
葦　あし・よし
葦簀　よしず
蓑　みの
蒟蒻　こんにゃく

蒲団　ふとん
蒲公英　たんぽぽ
蒲鉾　かまぼこ
蒙る　こうむる
【虫】
蜆　しじみ
蛸　たこ
蛻　もぬけ
蜉蝣　かげろう
蛹　さなぎ
【衣（衤）】
褄　つま
裸足　はだし
裲襠　うちかけ
【言】
詫びる　わびる
誂える　あつらえる
【足（⻊）】
跪く　ひざまずく
跨線橋　こせんきょう
【辵（⻌・⻍）】

逼る　せまる
逼迫　ひっぱく
【金】
鉞　まさかり
鉋　かんな
鉈　なた
【雨】
雹　ひょう
零落れる　おちぶれる
【馬】
馴染む　なじむ
馳せる　はせる
◀
傾城　けいせい
毀損　きそん
塗れる　まみれる
窟　いわや
微笑む　ほほえむ
数多　あまた
斟酌　しんしゃく
獅子吼　ししく

瑕瑾　かきん
痺れる　しびれる
稠密　ちゅうみつ
稟議　りんぎ
粳　うるち
舅　しゅうと
艀　はしけ
蜀黍　もろこし
蜃気楼　しんきろう
貉　むじな
賄賂　わいろ
躱す　かわす
隘路　あいろ
雉　きじ
雉子　きじ
鳩尾　みぞおち

## 《十四画》

【人（亻）】
僥倖　ぎょうこう
僭越　せんえつ

【厂】
厭う　いとう
厭きる　あきる
【口】
嘖嘖　さくさく
嗾ける　けしかける
嗽　うがい
【心(忄)】
慚愧　ざんき
慟哭　どうこく
慇懃　いんぎん
【木】
概ね　おおむね
榾　ほだ・ほた
【水(氵)】
漁火　いさりび
滾る　たぎる
滾滾　こんこん
漱ぐ　すすぐ・ゆすぐ
漲る　みなぎる
漉く　すく
漉す　こす
漏洩　ろうえい
【竹(⺮)】
箝口令　かんこうれい
算盤　そろばん
箒　ほうき
箍　たが
【米】
粽　ちまき
【糸】
綽名　あだな
綻びる　ほころびる
綯う　なう
綸子　りんず
綸言　りんげん
綰ねる　わがねる
【羽(羽)】
翠　みどり
翡翠　かわせみ・ひすい
【艸(艹)】
蓴菜　じゅんさい
蔕　へた
蔦　つた
蓬　よもぎ
蔓延る　はびこる
蓼　たで
【虫】
蜻蛉　とんぼ
蜻蜓　やんま
蜥蜴　とかげ
蜘蛛　くも
蜩　ひぐらし
【言】
誑かす　たぶらかす
誣いる　しいる
誣告　ぶこく
【辵(辶・⻌)】
遡及　そきゅう
遜る　へりくだる
【金】
銓衡　せんこう
鉾　ほこ
銛　もり
◀
嘗める　なめる
塹壕　ざんごう
塵埃　じんあい
夥しい　おびただしい
嫩葉　わかば
孵る　かえる
孵化　ふか
敲く　たたく
斡旋　あっせん
暢気　のんき
犒う　ねぎらう
蜚語　ひご
蜜柑　みかん
褌　ふんどし
豪猪　やまあらし
辣腕　らつわん
辣韮　らっきょう

鄙猥　ひわい
頗る　すこぶる
颯爽　さっそう
髣髴　ほうふつ
鳶　とび
鳶仙花　ほうせんか

## 《十五画》

【人（亻）】
億劫　おっくう
僻む　ひがむ
儚い　はかない
【口】
噎せる　むせる
噎ぶ　むせぶ
嘲笑う　あざわらう
嘶く　いななく
【心（忄）】
憔悴　しょうすい
憚る　はばかる
慫慂　しょうよう

【手（扌）】
撓う　しなう
撓む　たわむ
撫子　なでしこ
撚る　よる
【支（攵）】
敵愾心　てきがいしん
敷衍　ふえん
【木】
樫　かし
樅　もみ
樒　しきみ
【水（氵）】
潰す　つぶす
澎湃　ほうはい
【疒】
痩せる　やせる
瘤　こぶ
【竹（⺮）】
箴言　しんげん
篆刻　てんこく

範疇　はんちゅう
【糸】
緘口令　かんこうれい
緞子　どんす
緞帳　どんちょう
【艸（艹）】
蕎麦　そば
蕁麻疹　じんましん
蕩ける　とろける
蕪　かぶ・かぶら
蕪菁　かぶら
【虫】
蝟集　いしゅう
蝦　えび
蝦夷　えぞ
蝦蟇　がま
蝦蟹　えびがに
蝸牛　かぎゅう・かたつむり
蝗　いなご
蝮　まむし

蝙蝠　こうもり
蝲蛄　ざりがに
【衣（衤）】
褥　しとね
褪せる　あせる
【言】
諂う　へつらう
諾う　うべなう
論う　あげつらう
【足（⻊）】
踠く　もがく
踝　くるぶし
【酉】
醋酸　さくさん
【金】
鋏　はさみ
銹　さび
鋤　すき
鋒　きっさき
【馬】
駝鳥　だちょう

駘蕩　たいとう
◀凛凛しい　りりしい
劈く　つんざく
幟　のぼり
熨斗　のし
甍　いらか
皺　しわ
罵詈雑言　ばりぞうごん
磊落　らいらく
翩翻　へんぽん
豌豆　えんどう
輪廻　りんね
閲する　けみする
靠れる　もたれる
鞐　こはぜ
頤　おとがい
髯　ひげ
魴鮄　ほうぼう
鴉　からす

## 《十六画》

【口】
噯気　おくび
嚆矢　こうし
噤む　つぐむ
嘯く　うそぶく
【心（忄）】
懈怠　けたい
憐愍　れんびん
【木】
橘　たちばな
橇　そり
【水（氵）】
澪　みお
澪標　みおつくし
【火】
熾る　おこる
熾烈　しれつ
燎原　りょうげん
【目】
瞠る　みはる
瞞着　まんちゃく
【穴】
窺う　うかがう
窶れる　やつれる
【竹（⺮）】
篳篥　ひちりき
篦　へら
【糸】
縊死　いし
縕袍　どてら
縋る　すがる
緻密　ちみつ
【艸（艹）】
薊　あざみ
蕺草　どくだみ
薔薇　ばら・そうび
薙刀　なぎなた
薇　ぜんまい
蕾　つぼみ
【言】
諳んじる　そらんじる
諧謔　かいぎゃく
諢名　あだな
諡　おくりな
【足（⻊）】
踵　かかと・きびす・くびす
蹂躙　じゅうりん
【辵（辶・⻌）】
還俗　げんぞく
邁進　まいしん
【金】
錯綜　さくそう
錫杖　しゃくじょう
【頁】
頷く　うなずく
頰　ほお・ほほ
頭垢　ふけ
【髟】
髷　まげ
髻　もとどり

髭　ひげ
【魚】
鮒　ふな
鮃　ひらめ
鮑　あわび
【鳥】
鴛鴦　えんおう・おしどり
鴨　かも
鴫　しぎ
鴟尾　しび
◀冀う　こいねがう
罹る　かかる
擂り粉木　すりこぎ
殪す　たおす
瓢　ふくべ
盥　たらい
磔　はりつけ
縢る　かがる
臈纈　ろうけつ

蟇蛙　ひきがえる
螟虫　ずいむし
輻輳　ふくそう
閻魔　えんま
隧道　すいどう・ずいどう
霙　みぞれ
駱駝　らくだ
麬　ふすま

## 《十七画》

【手（扌）】
擱く　おく
擱筆　かくひつ
擡げる　もたげる
擡頭　たいとう
擢んでる　ぬきんでる
擘く　つんざく
【木】
檜　ひのき
檜皮　ひわだ

【水（氵）】
濯ぐ　すすぐ・ゆすぐ・そそぐ
濡れ衣　ぬれぎぬ
【火】
燠　おき
燐寸　マッチ
【竹（⺮）】
簀の子　すのこ
簗　やな
【糸】
縹渺　ひょうびょう
縺れる　もつれる
縷縷　るる
【肉（月）】
膾　なます
膾炙　かいしゃ
【艸（艹）】
藁葺き　わらぶき
薺　なずな
薹　とう

【虫】
螽蟖　きりぎりす
蟋蟀　こおろぎ
螺　つぶ
螺鈿　らでん
螻蛄　けら・おけら
【辵（辶・⻌）】
邂逅　かいこう
邀撃　ようげき
【金】
鍬　くわ
鍾馗　しょうき
鍼　はり
鍼灸　しんきゅう
鍛冶　かじ
【食（飠）】
餡　あん
餞別　せんべつ
【魚】
鮟鱇　あんこう
鮫　さめ

鮪　まぐろ
▲
嬲る　なぶる
曖昧　あいまい
朦朧　もうろう
獰猛　どうもう
瓢箪　ひょうたん
矯める　ためる
糠　ぬか
糜爛　びらん
罅　ひび
翳る　かげる
聳える　そびえる
艱難　かんなん
蟄居　ちっきょ
襁褓　むつき・おしめ
謗る　そしる
賺す　すかす
蹈鞴　たたら
蹉跌　さてつ
闌　たけなわ

雖も　いえども
鴾毛　つきげ
鼾　いびき

## 《十八画》

【手（扌）】
擲つ　なげうつ
擽る　くすぐる
【水（氵）】
濫觴　らんしょう
濾す　こす
【火】
燻す　いぶす
燻ぶる　くすぶる・ふすぶる
燻らす　くゆらす
【禾】
穢れる　けがれる
穢土　えど
【竹（⺮）】
簪　かんざし
簞笥　たんす
【肉（月）】
臑　すね
臍　ほぞ・へそ
【虫】
蟠る　わだかまる
蟠踞　ばんきょ
【衣（衤）】
襖　ふすま
襠　まち
【金】
鎬　しのぎ
鎚　つち
鎹　かすがい
【革】
鞦韆　ぶらんこ
鞣す　なめす
【頁】
額ずく　ぬかずく
顎　あご
【馬】
騏驎　きりん
騒擾　そうじょう
【鳥】
鵜　う
鵙　もず
▲
嚔　くしゃみ
斃れる　たおれる
櫂　かい
甕　かめ
瞼　まぶた
繙く　ひもとく
贅沢　ぜいたく
轆轤　ろくろ
醤油　しょうゆ
闖入　ちんにゅう
馥郁　ふくいく
鬩ぐ　せめぐ
鼬　いたち

## 《十九画》

【木】
櫛　くし
櫟　くぬぎ
【艸（艹）】
蘊蓄　うんちく
【虫】
蟻　あり
蟷螂　かまきり・とうろう
蟹　かに
【足（⻊）】
蹶起　けっき
蹲踞　そんきょ
【金】
鏃　やじり
鏝　こて
鏈　くさり
鏤める　ちりばめる
鏨　たがね

【馬】
騙る　かたる
騙す　だます
【魚】
鯣　するめ
鯔　ぼら
鯔背　いなせ
鯖　さば
鯰　なまず
鯡　にしん
鯱　しゃち
【鳥】
鵲　かささぎ
鶉　うずら
鵯　ひよどり
鵺　ぬえ
◀
壜　びん
懶い　ものうい
獺　かわうそ
攀じる　よじる

曠野　こうや
瀟洒　しょうしゃ
禰宜　ねぎ
羆　ひぐま
羹　あつもの
襞　ひだ
譏る　そしる
鞴　ふいご
顛末　てんまつ
饂飩　うどん
麒麟　きりん
麴　こうじ
靡く　なびく

## 《二十画》

【水（氵）】
瀰漫　びまん
爛漫　らんまん
【虫】
蠑螈　いもり
蠕動　ぜんどう

【言】
譫言　うわごと
譬える　たとえる
譬喩　ひゆ
【金】
鐔　つば
鐚一文　びたいちもん
【雨】
霰　あられ
霰弾　さんだん
【魚】
鰓　えら
鰆　さわら
鰈　かれい
鰊　にしん
◀
懺悔　ざんげ
攘夷　じょうい
朧　おぼろ
矍鑠　かくしゃく
糯米　もちごめ

繻子　しゅす
罌粟　けし
臙脂　えんじ
醵金　きょきん
韜晦　とうかい
驀進　ばくしん
魑魅魍魎　ちみもうりょう
鶫　つぐみ
鼯鼠　むささび・ももんが
齟齬　そご

《二十一画》

【口】
囈言　うわごと
囁く　ささやく
囃子　はやし
囀る　さえずる

【木】
欅　けやき
櫺子　れんじ

【糸】
纏う　まとう
纏わる　まつわる
纏綿　てんめん

【虫】
蠟燭　ろうそく
蠟纈　ろうけつ

【足(⻊)】
躊躇　ちゅうちょ
躊躇う　ためらう

【食(飠)】
饐える　すえる
饒舌　じょうぜつ

【魚】
鰮　いわし
鰤　ぶり
鰯　いわし

【鳥】
鶯　うぐいす
鶸　ひわ
鶺鴒　せきれい

▲
囂しい　かまびすしい
殲滅　せんめつ
爛れる　ただれる
瓔珞　ようらく
蠢く　うごめく
蠢動　しゅんどう
譴責　けんせき
贔屓　ひいき
霹靂　へきれき
騾馬　らば
鬘　かつら
麝香　じゃこう
齎す　もたらす

《二十二画》

【貝】
贖う　あがなう
贖罪　しょくざい

【足(⻊)】
躓く　つまずく
躑躅　つつじ

【魚】
鯵　あじ
鱈　たら
鰾膠　にべ

▲
彎曲　わんきょく
灘　なだ
籠もる　こもる
鬻ぐ　ひさぐ
艫　とも
襷　たすき
覿面　てきめん
轡　くつわ
轢く　ひく
驕る　おごる
鬚　ひげ
黐　もち

《二十三画》

【手(扌)】

攪拌　かくはん
攫う　さらう
【金】
鑑みる　かんがみる
鑢　やすり
【魚】
鰹　かつお
鱏　えい
鱒　ます
【鳥】
鷦鷯　みそさざい
鷲　わし
▲蠱惑　こわく
躙る　にじる
靨　えくぼ
髑髏　しゃれこうべ・どくろ
黴　かび
黴る　かびる
黴菌　ばいきん

《二十四画》
【魚】
鱗　うろこ
鰰　はたはた
【鳥】
鷹　たか
鷺　さぎ
【齒】
齷齪　あくせく
齲歯　うし
▲讒言　ざんげん
靄　もや
顰み　ひそみ
顰める　しかめる
顰蹙　ひんしゅく
驟雨　しゅうう
鬢　びん

《二十五画》
【黽】
鼈　すっぽん
鼈甲　べっこう
《二十六画》
【馬】
驥尾　きび
驢馬　ろば
▲鱶　ふか
《二十七画》
纜　ともづな
鑽　たがね
顳顬　こめかみ
鱸　すずき
《二十八画》
【鳥】

鸚哥　いんこ
鸚鵡　おうむ
鸛　こうのとり
《二十九画》
鬱蒼　うっそう

# 季語一覧

●季語のうち、主なものを集め、時候・天文・地理・人事・動物・植物の六つに分類して表にまとめました。なお、新年の部は最後に独立させました。
●季の区分はおおむね旧来のものに従い、原則として立春・立夏・立秋・立冬を、四季それぞれの始まりとしています。

## 《春》

| 時候 | 天文 | 地理 | 人事 |
| --- | --- | --- | --- |
| 二月・旧正月・睦月《むつき》・立春・寒明け・初春《しょしゅん》・早春・冴《さ》え返る・余寒・春めく<br>三月・如月《きさらぎ》・啓蟄《けいちつ》・彼岸《ひがん》・暖か・麗《うら》らか・長閑《のどか》・日永《ひなが》<br>四月・弥生《やよい》・遅日《ちじつ》・花冷え・花便り・晩春・春宵《しゅんしょう》・八十八夜・暮春・行く春・惜春《せきしゅん》 | 春風《はるかぜ》・東風《こち》・春一番・黄砂・黄塵《こうじん》・朧《おぼろ》・朧月《おぼろづき》・朧夜《おぼろよ》・霞《かすみ》・陽炎《かげろう》・花曇り・蜃気楼《しんきろう》・春雨・菜種梅雨・春雪・淡雪・霜害《そうがい》・別れ霜・忘れ霜・春色・春光・春雷 | 苗代《なわしろ》・干潟《ひがた》・春泥・残雪・雪崩・雪間・雪解け・雪消《ゆきげ》・雪しろ・流氷 | [食] 菱餅《ひしもち》・鶯餅《うぐいすもち》・草餅・桜餅・山葵《わさび》漬け・木の芽和《あ》え・田楽・目刺し・白子《しらす》干し・壺《つぼ》焼き・蛤鍋《はまなべ》・雛《ひな》あられ・白酒<br>[農事] 麦踏み・種物・種籾《たねもみ》・種蒔《ま》き・苗床・野焼き・野火・山焼き・接ぎ木・剪定《せんてい》・挿し木・茶摘み・焙炉《ほいろ》<br>[遊戯] 野遊び・摘み草・花見・桜狩り・観桜《かんおう》・夜桜・観梅・梅園・潮干狩り・闘牛・闘鶏・競漕《きょうそう》・ぶらんこ・凧《たこ》・風船・風車《かざぐるま》・シャボン玉<br>[習俗] 受験・卒業・落第・春休み・入学・新入生・春闘・遍路《へんろ》<br>[行事] 初午《はつうま》・針供養《くよう》・桃の節句・雛《ひな》祭り・内裏雛《だいりびな》・春場所・開帳・春分の日・四月馬鹿《ばか》・エープリルフール・灌仏会《かんぶつえ》・花祭り・甘茶《あまちゃ》・復活祭・イースター・メーデー<br>[その他] 朝寝・春眠・春愁 |

## 動物

[鳥] 鶯《うぐいす》・春告げ鳥・初音《はつね》・雉《きじ》・小綬鶏《こじゅけい》・雲雀《ひばり》・頬白《ほおじろ》・燕《つばめ》・古巣
[両生類] おたまじゃくし・蛙《かわず・かえる》
[魚介] 鰊《にしん》・鰆《さわら》・桜鯛《さくらだい》・鱵《さより》・鯥五郎《むつごろう》・白魚《しらうお》・鱒《ます》・公魚《わかさぎ》・若鮎《わかあゆ》・諸子《もろこ》・飯蛸《いいだこ》・栄螺《さざえ》・鮑《あわび》・蛤《はまぐり》・浅蜊《あさり》・馬鹿貝・桜貝・蜆《しじみ》・田螺《たにし》・潮招き・宿借り・磯巾着《いそぎんちゃく》・海胆《うに》
[虫] 蝶《ちょう》・胡蝶《こちょう》・蜂《はち》・蜂の巣・虻《あぶ》・蚕

## 植物

[樹木] 梅・紅梅・梅林・椿《つばき》・桜・彼岸桜・枝垂《しだ》れ桜・八重桜・花・花吹雪・落花・辛夷《こぶし》・連翹《れんぎょう》・沈丁花《じんちょうげ》・海棠《かいどう》・ライラック・馬酔木《あせび・あしび》・躑躅《つつじ》・こでまり・雪柳《ゆきやなぎ》・木蓮《もくれん》・藤《ふじ》・山吹《やまぶき》・柳・青柳《あおやぎ》・まんさく・猫柳・石南花《しゃくなげ》・枸杞《くこ》・桑・木《こ・き》の芽・蘖《ひこばえ》・若緑・松の緑
[草花] 雛菊《ひなぎく》・デージー・金盞花《きんせんか》・忘れな草・アネモネ・フリージア・チューリップ・クロッカス・ヒヤシンス・スイートピー・サイネリア・シネラリア・パンジー・ストック・菫《すみれ》・紫雲英《げんげ》・蓮華草《れんげそう》・蒲公英《たんぽぽ》・土筆《つくし》・クローバ(ー)・はこべ・杉菜《すぎな》・桜草・すかんぽ・虎杖《いたどり》・苧環《おだまき》・水芭蕉《みずばしょう》・金鳳花《きんぽうげ》・母子草・雪割り草・薊《あざみ》・春蘭《しゅんらん》・ミモザ・下萌《も》え・双葉《ふたば》・若草
[菜類] 菜の花・葱坊主《ねぎぼうず》・萵苣《ちしゃ》・分《わ》け葱《ぎ》・菠薐草《ほうれんそう》・芥子菜《からしな》・独活《うど》・アスパラガス・春菊・韮《にら》・山葵《わさび》・慈姑《くわい》・芹《せり》・三つ葉・蕗《ふき》の薹《とう》・蓬《よもぎ》・艾《もぐさ》・餅草《もちぐさ》・嫁菜《よめな》・京菜
[シダ類など] 蕨《わらび》・早蕨《さわらび》・薇《ぜんまい》・松露《しょうろ》
[海藻] 若布《わかめ》・ひじき・海雲《もずく》・海苔《のり》・青海苔

# 《夏》

## 時候

五月・卯月《うづき》・立夏・初夏《しょか・はつなつ》・麦の秋・麦秋《むぎあき・ばくしゅう》
六月・皐月《さつき》・入梅・梅雨寒《つゆざむ》・夏至《げし》
七月・水無月《みなづき》・晩夏・土用・暑さ・盛夏・大暑・極暑《ごくしょ》・酷暑

## 天文

白夜《はくや》・入道雲・雲の峰・雲海・朝曇り・五月闇《さつきやみ》・御来迎《ごらいごう》・御来光・虹《にじ》・梅雨晴れ・五月《さつき》晴れ・梅雨空・朝焼け・夕焼け・日盛り・西日・炎天・旱《ひでり》・旱魃《かんばつ》・南・南風《はえ》・山背《やませ》・青嵐《あおあらし》・薫風《くんぷう》・熱風・涼風・朝凪《あさなぎ》・夕凪・梅雨《つゆ・ばいう》・梅雨入り・梅雨明け・空梅雨《からつゆ》・五月雨《さみだれ》・夕立・雹《ひょう》・氷雨《ひさめ》・雷《かみなり・いかずち》・雷雨・雷神・雷雲・雷鳴・落雷

| 地理 | 人事 | 動物 |
| --- | --- | --- |
| 夏山・雪渓・お花畑・青田・泉・清水・出水・滝・土用波・赤潮 | [衣] 衣更《ころもが》え・袷《あわせ》・単衣《ひとえ》・セル・帷子《かたびら》・浴衣《ゆかた》・上布・甚平《じんべい》・水着・腹当て・晒《さら》し・サングラス・麦藁《むぎわら》帽(子)・パナマ帽<br>[食] 鮨《すし》・冷や麦・冷や奴《やっこ》・梅干し・梅漬け・麦焦がし・葛餅《くずもち》・葛桜《くずざくら》・柏餅《かしわもち》・粽《ちまき》・水羊羹《みずようかん》・白玉・蜜豆《みつまめ》・心太《ところてん》・甘酒・新茶・ラムネ・サイダー・ソーダ水・氷水・氷菓・アイスクリーム・ビール・梅酒<br>[住] 花茣蓙《はなござ》・円座・網戸・日除《よ》け・簾《すだれ》・葭簀《よしず》・露台・籐椅子《とういす》・ハンモック・水盤・箱庭・パラソル・日傘《ひがさ》・ハンカチ(ーフ)・香水・匂《にお》い袋・汗知らず・蝿帳《はえちょう》・蚊帳《かや》・蚊遣り火・蚊取り線香・水中花・氷室《ひむろ》・冷蔵庫・扇・団扇《うちわ》・扇子《せんす》・扇風機・冷房・クーラー・風鈴《ふうりん》・虫干し・土用干し・打ち水・噴水<br>[農事など] 麦藁《むぎわら》・代搔《しろか》き・草取り・田植え・早乙女《さおとめ》・草刈り・草むしり・芝刈り・干し草・雨乞《あまご》い・誘蛾灯《ゆうがとう》・繭・鵜飼《うかい》・鵜匠《うしょう》・海女《あま》・夜釣り・梁《やな》<br>[遊戯] 海水浴・水泳・競泳・遠泳・プール・浮き袋・水遊び・水鉄砲・船遊び・釣り堀・ボート・ヨット・登山・キャンプ・夜店・ナイター・蛍狩り・草笛・麦笛<br>[習俗] 暑中見舞・夏休み・帰省・林間学校<br>[行事] 子供の日・端午《たんご》・幟《のぼり》・鯉幟《こいのぼり》・吹き流し・矢車・武者人形・五月人形・菖蒲《しょうぶ》湯・母の日・夏場所・ダービー・山開き・海開き・川開き・祭り・宵祭り・夜宮《よみや》・山車《だし》・神輿《みこし》・薪能《たきぎのう》<br>[その他] 避暑・夕涼み・暑気払い・行水《ぎょうずい》・裸・肌脱ぎ・はだし・汗・日焼け・洗い髪・昼寝・午睡《ごすい》・寝冷え・暑気中《あたり》・夏負け・夏痩《や》せ・日射病・汗疹《あせも》・水虫 | [獣] 蝙蝠《こうもり》<br>[鳥] 時鳥《ほととぎす》・郭公《かっこう》・閑古鳥・筒鳥《つつどり》・仏法僧《ぶっぽうそう》・雷鳥・よしきり・翡翠《かわせみ》・水鶏《くいな》・瑠璃《るり》(鳥)・駒鳥《こまどり》<br>[爬虫《はちゅう》類など] 蛇《へび》・くちなわ・蝮《まむし》・蜥蜴《とかげ》・守宮《やもり》・井守《いもり》・雨蛙《あまがえる》・河鹿《かじか》・蟇蛙《ひきがえる》・蝦蟇《がま》<br>[魚介] 金魚・目高・鯰《なまず》・やまべ・鮎《あゆ》・岩魚《いわな》・山女《やまめ》・虹鱒《にじます》・黒鯛《くろだい》・鰹《かつお》・初鰹・鯖《さば》・鯵《あじ》・鱚《きす》・飛び魚《うお》・鱏《えい》・穴子《あなご》・鰻《うなぎ》・鱧《はも》・烏賊《いか》・蝦蛄《しゃこ》・蟹《かに》・水母《くらげ》<br>[虫] 毛虫・尺取り(虫)・蛍・兜《かぶと》虫・玉虫・かなぶん・天道《てんとう》虫・船虫・源五郎・水澄まし・あめんぼ(水黽)・空蟬《うつせみ》・蟬《せみ》・蟬時雨《せみしぐれ》・蠅《はえ》・蚊・ぼうふら・孑孑《ぼうふら》・優曇華《うどんげ》・蟻《あり》地獄・油虫・紙魚《しみ》・蚤《のみ》・蟻・羽蟻・螻蛄《けら》・蜘蛛《くも》・むかで・げじげじ・蛞蝓《なめくじ》・蝸牛《かたつむり》・でんでんむし・蚯蚓《みみず》・蛭《ひる》・夜光虫・火取り虫 |

# アルファベットの略語・記号一覧

1　現在，一般にアルファベットで書き表される略語・記号のうち，使用頻度の高いと思われるものをまとめ，ABC 順に示しました.

2　A 型・X 線のように，アルファベットと漢字・仮名がまざった表記の語は，辞書の本文中に示したものもあります.

**A** ①記号で，順序・組分けの１番め.「1年—組」②段階の１番め.「—クラス」③血液型の一. A型. ④紙の大きさの一. A判. ⑤答え.〔answer〕⑥電流の単位アンペアを表す記号. ⑦長さの単位オングストロームを表す記号. ⑧隠語で，キス.

**Å** 長さの単位オングストロームを表す記号.

**a** 面積の単位アールを表す記号.

**@** ⇨アットマーク

**AA** アジア・アフリカ-地方(諸国).〔Asian-African または Afro-Asian の略〕

**AAM** 空対空ミサイル.〔air-to-air missile〕

**A.B.** 米国で，文学士・文科系学士.〔ラテン語 Artium Baccalaureus〕→B.A.

**ABC** 英語のアルファベット(-の最初の３文字). ⊖ものごとの初歩・基本.「運転の—」

**—兵器**《へいき》 原子兵器・生物兵器・化学兵器の総称.〔atomic, biological and chemical weapons〕

**ABM** 弾道弾迎撃ミサイル.〔antiballistic missile〕

**ABS** ①自動車で，ブレーキをかけたとき，車輪がロックして運転操作が効かなくなるのを防ぐ自動制御システム.〔anti-lock brake system〕②資産担保証券.〔asset-backed securities〕

**AC** ①交流電流. 対DC〔alternating current〕②アダルトチルドレン.〔adult children〕

**Ac** アクチニウムの元素記号.〔actinium〕

**ACTH** 副腎皮質刺激ホルモン. アクス.〔adrenocorticotrophic hormone〕

**AD** ①現金自動預金機.〔automatic depositor〕②アシスタントディレクター.〔assistant director〕③アートディレクター.〔art director〕

**A.D.** 西暦の紀元を表す記号.〔A.D.331 または 331A.D. のように書く. ／ラテン語 anno Domini〕対B.C.

**ADEOS** 地球観測プラットフォーム技術衛星. アデオス.〔Advanced Earth Observing Satellite〕

**ADHD** 注意欠陥多動障害. 注意力に欠陥があり，落ち着きなく動き回る.〔attention deficit hyperactivity disorder〕

**ADI** (有害物質の)１日当たり摂取許容量. 農薬などについていう.〔acceptable daily intake〕

**ADL** 介護福祉用語で，人の日常生活動作.〔activity of daily living〕

**ADSL** 電話回線を用いた高速のデータ通信技術の一.〔asymmetric digital subscriber line〕

**AED** 突然，心停止状態に陥った人に使う救命装置. 自動体外式除細動器.〔automated external defibrillator〕

**AF** 空軍.〔Air Force〕

**AFP** フランス通信社.〔フランス語 Agence France-Presse〕

**AFTA** アセアン自由貿易地域. アフタ.〔ASEAN Free Trade Area〕

**Ag** 銀の元素記号.〔ラテン語 argentum〕

**AGM** 空対地ミサイル.〔air-to-ground missile〕

**AGT** 無人軌道交通機関. 空港での無人軌道シャトルバスなど.〔automated guideway

transit〕

**AI** ①アムネスティインターナショナル〔Amnesty International〕 ②人工知能.〔artificial intelligence〕

**AID** 非配偶者間の人工受精.〔artificial insemination by donor〕

**AIDS** ⇨エイズ

**AIIB** アジアインフラ投資銀行. 中国の主導で, 途上国のインフラ整備の費用を貸与する銀行.〔Asian Infrastructure Investment Bank〕

**AIM** 空対空迎撃ミサイル.〔air-launched intercept missile〕

**Al** アルミニウムの元素記号.〔aluminium〕

**ALS** ①自動着陸装置.〔automatic landing system〕 ②筋萎縮性側索硬化症.〔amyotrophic lateral sclerosis〕 ③抗リンパ球血清.〔antilymphocyte serum〕

**ALT** 外国語指導助手. 外国語教育で, 会話の指導などにあたる外国人補助教員.〔assistant language teacher〕

**AM** ①振幅変調. 音声などの信号を電波で伝送する際の変調の方式の一. ラジオの中波放送やテレビ放送に利用. →FM① ② AM①による放送. AM放送. ◇〔amplitude modulation〕

**Am** アメリシウムの元素記号.〔americium〕

**a.m.** 午前を表す記号. A.M.とも.〔9.30a.m.のように書く. ／ラテン語 ante meridiem〕 対p.m.

**AMDA** アジア医師連絡協議会. アムダ.〔Association of Medical Doctors of Asia〕

**AMeDAS** アメダス. 全国に設置した自動気象観測システム.〔Automated Meteorological Data Acquisition System〕

**AMEX** NYSEアメリカンの通称. アメックス.〔American Stock Exchange〕

**ANSI** 米国国家規格協会.〔American National Standards Institute〕

**AP** 連合通信社.「—電」〔Associated Press〕

**APEC** アジア太平洋経済協力会議. エーペック.〔Asia-Pacific Economic Cooperation〕

**APG体系**《たいけい》 被子植物の分類体系の一. 従来の新エングラー体系, クロンキスト体系が形態的な特徴に基づいているのに対し, DNA情報に基づいて系統を反映している. APG分類体系.〔Angiosperm Phylogeny Group system〕

**Apr.** 4月.〔April〕

**APS** 幅24mmのカートリッジ入りフイルムを使用する写真システム.〔Advanced Photo System〕

**APT** ①自動送画装置.〔automatic picture transmission〕 ②工作機械の数値制御用に使われるプログラミング言語.〔automatically programmed tools〕

**A.Q.** 学力指数.〔achievement quotient〕

**AR** 拡張現実. 現実に知覚できる映像にデジタル技術を重ね合わせる技術.〔artificial reality〕

**Ar** アルゴンの元素記号.〔ドイツ語 Argon〕

**AS** アーティスティックスイミング.〔artistic swimming〕

**As** ヒ素の元素記号.〔arsenic〕

**ASA** 米国規格協会. アサ.「—感度」〔ANSIに改称. ／American Standards Association〕

**ASCII** アスキー. データ通信用符号体系の一. アスキーコード.〔American Standard Code for Information Interchange〕

**ASD** ⇨自閉スペクトラム症〔autism spectrum disorder〕

**ASEAN** 東南アジア諸国連合. アセアン.〔Association of Southeast Asian Nations〕

**ASM** 空対地ミサイル.〔air-to-surface missile〕

**ASMR** 音・映像・触感などの特定の刺激に対して生じる心地よい感覚. 焚き火の映像

や咀嚼《そしゃく》音など. 自律感覚絶頂反応.〔autonomous sensory meridian response〕

**AST** ⇨GOT〔aspartate aminotransferase〕

**ASV** 先進安全自動車. 自動運転装置や高度の事故防止機能を備える. ハイテク安全車.〔advanced safety vehicle〕

**AT** 自動車の自動変速装置. オートマチック.「—車」対MT〔automatic transmission〕

**At** アスタチンの元素記号.〔astatine〕

**ATC** ①自動列車制御装置.〔automatic train control〕②航空交通管制.〔air traffic control〕

**ATL** 成人T細胞白血病.〔adult T-cell leukemia〕

**ATM** 現金自動預金支払い機.〔automatic teller machine〕

**ATO** 自動列車運転装置.〔automatic train operation〕

**ATP** ①生物学で, アデノシン3リン酸.〔adenosine triphosphate〕②世界男子プロテニス選手会.〔Association of Tennis Professionals〕

**ATS** 自動列車停止装置.〔automatic train stop〕

**AU** アフリカ連合. アフリカの政治的・経済的統合めざす機関.〔African Union〕

**Au** 金の元素記号.〔ラテン語 aurum〕

**Aug.** 8月.〔August〕

**AV** ①視聴覚に関すること.「—機器」〔audio visual〕②アダルトビデオ.〔和製語 adult video〕

**AVC** 自動音量調整.〔automatic volume control〕

**Ave.** 大通り. アベニュー.〔avenue〕

**B** ①記号で, 順序・組分けの2番め.「1年—組」②段階の2番め.「—クラス」③血液型の一. B型. ④紙の大きさの一. B判. ⑤鉛筆の芯《しん》のかたさを表す記号の一.「2B」〔black〕⑥胸囲を表す記号.〔bust〕⑦地階を表す記号.「B1」〔basement〕⑧ホウ素の元素記号.〔boron〕⑨隠語で, ペッティング.

**B.A.** 英国で, 文学士・文科系学士.〔Bachelor of Arts〕→A.B.

**Ba** バリウムの元素記号.〔ドイツ語 Barium〕

**BASIC** ⇨ベーシック

**BBC** 英国放送協会. 国営放送.〔British Broadcasting Corporation〕

**BBS** ネットワークを介して情報を交換するシステム. 電子掲示板.〔bulletin board system〕

**B.C.** 西暦紀元前を表す記号.〔331B.C.のように書く. /before Christ〕対A.D.

**Bcc** 電子メールで, その受信者に知らせずに, 他の宛先にメールのコピーを送る機能. Bccx.〔blind carbon copy〕

**BCG** 結核予防のためのワクチン.〔フランス語 bacille de Calmette-Guérin〕

**BCR** バーコード読み取り装置.〔bar code reader〕

**Be** ベリリウムの元素記号.〔beryllium〕

**BF** ボーイフレンド.〔boy friend〕

**BGM** バックグラウンドミュージック.〔background music〕

**Bh** ボーリウムの元素記号.〔bohrium〕

**BHC** 強力な殺虫剤の一.〔現在, 使用・製造禁止. /benzene hexachloride〕

**Bi** ビスマスの元素記号.〔bismuth〕

**BIOS** コンピューターで, 基本的な入出力のシステム.〔basic input output systems〕

**BIPM** 国際度量衡局.〔フランス語 Bureau international des poids et mesures〕

**BIS** 国際決済銀行. ビス.〔Bank for International Settlements〕

**Bk** バークリウムの元素記号.〔berkelium〕

**BL** ボーイズラブ.〔boys love〕

**BMI** 肥満度の目安となる指標. 体格指数.〔body mass index〕

**BMX** 自転車で行うモトクロス. また, その自転車. ビメックス.〔bicycle motocross〕

**BOD** 生物化学的酸素要求量. 水質汚染の程度を示す数値. 〔biochemical oxygen demand〕

**BOJ** 日本銀行. 〔Bank of Japan〕

**BOP** 開発途上国の低所得者層を対象とした国際的な事業活動. 〔base of the economic pyramid〕

**bps** 情報伝送速度の単位. ビット毎秒. 〔bits per second〕

**Bq** 放射性物質の量の単位ベクレルを表す記号. 〔becquerel〕

**Br** 臭素の元素記号. 〔ドイツ語 Brom〕

**BRT** バス高速輸送システム. バス専用道路による高速, 高頻度の運行. 〔bus rapid transit〕

**BS** 放送衛星. 〔broad-casting satellite〕

**B/S** 貸借対照表. 〔balance sheet〕

**BSE** 牛海綿状脳症. 〔bovine spongiform encephalopathy〕

**BSL** 細菌やウイルスなどの病原体を危険度によって分類したレベル. WHOにより4段階に分類. 〔biosafety level〕

**BtoB** 企業間Eコマース. 〔business to business〕

**BtoC** 消費者向けEコマース. 〔business to consumer〕

**BW** 生物兵器. 〔biological weapon〕

**BWC** 生物兵器禁止条約. 生物毒素兵器禁止条約. 〔Biological Weapons Convention〕

**BWH** ⇨スリーサイズ〔bust, waist, hip〕

**C** ①記号で, 順序・組分けの3番め. 「1年—組」. ②段階の3番め. 「—クラス」 ③セッ氏を表す記号. 〔Celsius〕 ④電気量の単位クーロンを表す記号. ⑤炭素の元素記号. 〔carbon〕 ⑥C言語の略. ⑦隠語で, 性交.
**—言語《げんご》** プログラミング言語の一.

**©** ⇨まるシー

**CA** キャビンアテンダント. 〔cabin attendant〕

**Ca** カルシウムの元素記号. 〔オランダ語 calcium〕

**CAD** コンピューターを使った, 製品や建築の設計. キャド. 〔computer aided design〕

**CAE** CADで作成したモデルを修正するシステム. 〔computer aided engineering〕

**CAI** コンピューターを利用した, 個別教育システム. 〔computer aided instruction〕

**Cal** 栄養学で, 熱量の単位カロリーを表す記号.

**cal** 熱量の単位カロリーを表す記号.

**C&W** ⇨カントリーアンドウエスタン

**CAP** 子どものための虐待防止プログラム. 〔child assault prevention program〕

**CAPP** 人と動物との触れ合い運動. 病人や高齢者への心理療法にもとり入れられている. 〔Companion Animal Partnership Program〕

**CASE** ①コンピューター支援ソフトウエア開発工学. 〔computer-aided software engineering〕 ②情報通信技術による接続, 自動運転・カーシェアリング・電気自動車という, 自動車の技術革新の領域を表す語. ケース. 〔Connected, Autonomous, Shared, Electric〕

**CAT** ⇨シーティースキャン〔computerized axial tomography〕

**CATV** 有線テレビ. ケーブルテレビ. 〔cable television〕

**CBW** ①生物化学戦. 〔chemical and biological warfare〕 ②生物化学兵器. 〔chemical and biological weapons〕

**CC** カントリークラブ. 〔country club〕

**cc** ①立方センチメートル. 〔cubic centimeter〕 ②電子メールで, その宛先以外にメールのコピーを送る機能. 〔carbon copy〕

**CCCP** もとのソビエト社会主義共和国連邦のロシア語による略称. 〔エスエスエスエルと読む. /ロシア語 Soyuz Sovetskikh Sotsialisticheskikh Respublikのロシア語の表記の略〕

**CCTV** 閉回路テレビ. 屋内有線テレビ. 〔closed-circuit television〕

**CD** ①⇨コンパクトディスク ②キャッシュディスペンサー.「―カード」〔cash dispenser〕③譲渡性預金.〔certificate of deposit〕

**Cd** カドミウムの元素記号.〔cadmium〕

**cd** 光度の単位カンデラを表す記号.

**CD-R** 一度だけ-書き込み(録音)のできるCD.〔何度でもできるのはCD-RW. /compact disk recordable〕

**CD-ROM** CD(=コンパクトディスク)を使った読み取り専用記憶装置. →ロム

**Ce** セリウムの元素記号.〔cerium〕

**CEO** 最高経営責任者.〔chief executive officer〕

**CERN** 欧州合同原子核研究機構. セルン.〔WWWを開発. /フランス語 Conseil Européen pour la Recherche Nucléaire〕

**CF** 広告・宣伝用映画.〔commercial film〕

**Cf** カリホルニウムの元素記号.〔californium〕

**cf.** …を参照.〔cf. 第3章などと使う. /ラテン語 confer〕

**CFO** 最高財務責任者.〔chief financial officer〕

**CF/S** 財務諸表の一. 一定期間の企業の資金の収支を記す. キャッシュフロー計算書. C/Fとも.〔cash flow statement〕

**CG** コンピューターグラフィックス.〔computer graphics〕

**CGS** ⇨シージーエスたんいけい〔centimeter-gram-second unit〕

**CI** 企業イメージを世間に印象づける企業戦略.〔社名変更など. /corporate identity〕

**Ci** 放射能の単位キュリーを表す記号.

**CIA** アメリカ中央情報局.〔Central Intelligence Agency〕

**CIO** 情報統括役員.〔chief information officer〕

**CIQ** 税関, 出入国管理, 検疫. 出入国時に必要な手続きの総称.〔customs, immigration, quarantine〕

**CIS** ①独立国家共同体. シス.〔Commonwealth of Independent States〕②地域情報化システム. 有線テレビによって各家庭に情報を提供する.〔community information system〕

**CITES** 絶滅のおそれのある野生動植物の種の国際取引きに関する条約. ワシントン条約.〔Convention on International Trade in Endangered Species of Wild Fauna and Flora〕

**CK** サッカーで, コーナーキック.〔corner kick〕

**Cl** 塩素の元素記号.〔chlorine〕

**CM** コマーシャル.「――ソング(タレント)」〔commercial message〕

**Cm** キュリウムの元素記号.〔curium〕

**Cn** コペルニシウムの元素記号.〔copernicium〕

**CNY** 中国元. 人民元.〔Chinese yuan〕

**CO** 一酸化炭素.「―中毒」〔carbon monoxide〕

**Co** コバルトの元素記号.〔cobalt〕

**Co.** 会社.〔company〕

**COCOM** ⇨ココム

**COD** ①化学的酸素要求量. 有機物による水の汚濁度を示す指標.〔chemical oxygen demand〕②⇨キャッシュオンデリバリー〔cash on delivery〕

**Co., Ltd.** 有限会社. 株式会社.〔Co. はcompanyの略, Ltd. はlimitedの略〕

**COMECON** ⇨コメコン

**COO** 最高執行責任者.〔chief operating officer〕

**CO-OP** コープ.〔cooperative〕

**COP** 気候変動枠組み条約(=通称, 地球温暖化防止条約)締約国会議.〔Conference of the Parties〕

**Corp.** コーポレーション.〔corporation〕

**COVID-19** 2019年に確認され, 翌年パンデミックを起こした新型コロナウイルス感染症. 世界保健機関(WHO)が命名. コビッ

ドナインティーン.〔coronavirus disease 2019〕

**CP** 約束手形の一. 無担保.〔commercial paper〕

**CPAP** 持続陽圧呼吸療法. 睡眠時無呼吸症候群の治療法の一. CPAP療法. シーパップ.〔Continuous Positive Airway Pressure〕

**CPI** 消費者物価指数.〔consumer price index〕

**CPU** コンピューターの中枢の装置. 中央処理装置.〔central processing unit〕

**CQ** アマチュア無線通信家の呼び出しの信号.〔call to quarters〕

**Cr** クロムの元素記号.〔ドイツ語 Chrom〕

**CRM** マーケティング手法の一. 顧客と良好な関係を築き, 長期的継続的な利益を確保する.〔customer relationship management〕

**CRT** ブラウン管.〔cathode-ray tube〕

**CS** ①通信衛星.「一放送」〔communications satellite〕②コンテナ船.〔containership〕③顧客の満足度. 顧客満足. 顧客のニーズを満たすことで業績の向上をめざす考え方.〔customer satisfaction〕

**Cs** セシウムの元素記号.〔cesium〕

**CSF** ブタの感染症の一.〔classical swine fever〕

**CSR** コンピューターによる航空券などの予約システム.〔Computer Reservation System〕

**CT** ⇨シーティースキャン〔computerized tomography〕

**CTBT** 包括的核実験禁止条約.〔Comprehensive Test Ban Treaty〕

**CTC** 列車集中制御装置. 線区の列車運行を1か所の指令室で集中的に制御する.〔centralized traffic control〕

**CTO** 最高技術責任者.〔chief technical officer〕

**CtoB** (電子商取引で)消費者から企業へ(の働きかけ).〔consumer to business〕

**CTS** ①原油貯蔵基地.〔central transportation system〕②印刷で, 写真植字.〔cold type system〕③コンピューターによる印刷組版システム.〔computerized typesetting system〕

**Cu** 銅の元素記号.〔ラテン語 cuprum〕

**CVR** ボイスレコーダー.〔cockpit voice recorder〕

**CWC** 化学兵器禁止条約.〔Chemical Weapons Convention〕

**D** ①記号で, 順序・組分けの4番め.「1年—組」②段階の4番め.「—クラス」③ジオプトリーを表す記号. ④隠語で, 妊娠.

**DAT** 音声信号をデジタル化して録音・再生するテープレコーダー.〔digital audio tape recorder〕

**DB** ①⇨データバンク〔databank〕②⇨データベース〔data base〕③⇨デザイナーズブランド〔designer's brand〕

**Db** ドブニウムの元素記号.〔dubnium〕

**db** 単位デシベルを表す記号. dBとも.

**DC** ①直流電流. 対AC〔direct current〕②図書の十進分類法.〔decimal classification〕

**D.C.** 演奏標語のダカーポを表す記号.

**DDoS** 分散型サービス拒否攻撃. 複数のサーバーに分散させたコンピューターウイルスによって行われるウェブサーバーなどのサービス拒否攻撃.〔distributed denial of service attack〕

**DDT** 殺虫剤の一.〔dichlorodiphenyltrichloroethane〕

**debit** ⇨デビットカード

**Dec.** 12月.〔December〕

**DEP** ディーゼル車から排出される微粒子. 喘息をおこす.〔diesel exhaust particle〕

**Dept.** 省. 局. 部.〔department〕

**DF** ①ディフェンス.〔defense〕②ディフェンダー.〔defender〕

**DH** 野球で, 指名打者.〔designated hitter〕

**DHA** ドコサヘキサエン酸. 魚に含まれる脂肪酸の一.〔docosahexaenoic acid〕

**dim.** 音楽の標語ディミヌエンドを表す記号.

**DINKS** ⇨ディンクス

**DIY** 日曜大工など, 自分で作ること.〔do-it-yourself〕

**DJ** ディスクジョッキー.〔disc jockey〕

**DK** ダイニングキッチン.「3—」〔住宅の間取り表示に使う. /和製語 dining kitchen〕

**dL** 体積の単位デシリットルを表す記号.〔dl とも〕

**DM** ①ダイレクトメール. ②ダイレクトメッセージ. ツイッターで, 特定の相手だけに送られるメッセージ.〔direct message〕

**DMA** 直接メモリーアクセス方式. CPUを介さずに各装置とメモリーとでデータを転送する方法.〔direct memory access〕

**DNA** デオキシリボ核酸.〔deoxyribonucleic acid〕

**DO** 溶存酸素量. 水の汚れの程度を示す数値. 単位はppm.〔dissolved oxygen〕

**DOHC** 自動車のエンジンで, 2本のカムシャフトがあるもの. 高回転・高出力が得られる.〔double overhead camshaft〕

**doz.** ダース.

**DPE** 写真の現像・焼き付け・引き伸ばし(–をする店).〔和製語 development, printing, enlargement〕

**dpi** 解像度の単位. 1インチ当たりの点の数.〔dot per inch〕

**Dr.** ドクター.〔doctor〕

**DRAM** 記憶保持動作が必要なRAM. ディーラム. →ラム〔dynamic random access memory〕

**Ds** ダームスタチウムの元素記号.〔darmstadtium〕

**DSA** 血管造影法の一. コンピューターを利用する.〔digital subtraction angiography〕

**DT** ⇨デジタルトランスフォーメーション〔digital transformation〕

**DTP** コンピューターを使ってすべての編集作業をすること. デスクトップパブリッシング.〔desktop publishing〕

**DV** ①家庭内暴力. ドメスティックバイオレンス.〔domestic violence〕 ②デジタルビデオ.〔digital video tape recorderから〕

**DVI** コンピューターとディスプレーの接続のための規格の一.〔digital visual interface〕

**DVD** 高画質・大容量の情報記憶ディスク. 映像, 音声, コンピューターデータ用.「—プレーヤー」〔digital versatile disk〕

**DX** ⇨デジタルトランスフォーメーション〔digital transformation〕

**Dy** ジスプロシウムの元素記号.〔dysprosium〕

**dyn** ⇨ダイン

**dz.** ⇨ダース

**E** 東を表す記号.〔east〕

**EANET** 東アジア酸性雨モニタリングネットワーク.〔Acid Deposition Monitoring Network in East Asia〕

**EB** ①金融機関と顧客とを通信回線で結んで行う銀行業務.〔electronic banking〕 ②一定の規格にしたがいデータを整えた電子出版物. 電子ブック.〔electronic book〕

**EBM** 根拠にもとづく医療.〔evidence based medicine〕

**EC** ①欧州共同体. EUの前身となった組織.〔European Community〕 ②電子商取引. Eコマース.〔electronic commerce〕

**ECB** 欧州中央銀行. ユーロ圏の通貨・金融政策を運営する.〔European Central Bank〕

**ECMO** 体外式膜型人工肺. エクモ.〔extracorporeal membrane oxygenation〕

**ED** 医学で, 勃起不全.〔Erectile Dysfunction〕

**EDI** 電子データ交換. コンピューターのネットワークにより, 企業間の商取引文書を交換すること.〔electronic data interchange〕

**EEZ** 排他的経済水域. 沿岸から200海里

内.〔exclusive economic zone〕

**EHF** ミリ波. 電話やレーダーに利用.〔extremely high frequency〕

**EHR** 電子カルテを中心とした医療情報をネットワークを通じて複数の医療機関で共有する仕組み.〔Electronic Health Record〕

**EIA** 環境アセスメント.〔environmental impact assessment〕

**EMS** ①欧州通貨制度. ヨーロッパの通貨統合を目ざして, 1979年発足, 1998年廃止.〔European Monetary System〕②国際エクスプレスメール. 海外へ一定重量以内の郵便物を速く送れる.〔Express Mail Service〕

**EOS** ①コンピューターを用いて受発注業務を行うシステム.〔electronic ordering system〕②地球観測衛星.〔Earth Observing Satellite〕

**EPA** ①経済連携協定.〔Economic Partnership Agreement〕②エイコサペンタエン酸. 魚などに含まれる良質の脂肪酸の一.〔eicosapentaenoic acid〕

**EPOS** 地震活動等総合監視システム. 地震発生時の震源, マグニチュードの決定, 津波予報などを行う.〔earthquake phenomena observation system〕

**EQ** ①情動指数.〔emotional quotient〕②教育指数.〔educational quotient〕

**ER** 救急病棟.〔emergency room〕

**Er** エルビウムの元素記号.〔erbium〕

**Es** アインスタイニウムの元素記号.〔einsteinium〕

**ESC** 自動車の横滑り防止装置.〔electronic stability control〕

**ESM** 欧州安定メカニズム.〔European Stability Mechanism〕

**ESP** 超感覚的知覚.〔extrasensory perception〕

**ESS** 英語会話クラブ.〔English Speaking Society〕

**E.T.** 地球外生物.〔extra-terrestrial〕

**ETC** 高速道路の自動料金収受システム.〔electronic toll collection system〕

**etc.** エトセトラ. …など.〔ラテン語 et cetera〕

**EU** 欧州連合. ヨーロッパの中心となる経済・社会についての決定機関. 1993年発足.〔European Union〕

**Eu** ユウロピウムの元素記号.〔europium〕

**EUR** ユーロ.〔Euro〕

**EV** 電気自動車.〔electric vehicle〕

**eVTOL** 電動垂直離着陸機. イーブイトール.〔electric vertical take-off and landing〕

**ex.** 例.〔example〕

**ext.** 内線番号.〔extension〕

**F** ①カ氏を表す記号.〔Fahrenheit〕②鉛筆の芯《しん》の細さを表す記号.〔fine〕③建物の階を表す記号.「15F」〔floor〕④静電容量の単位ファラドを表す記号. ⑤フリーサイズを表す記号. ⑥米国の戦闘機につく記号.「F16戦闘機」〔fighter〕⑦F値.〔focal ratio〕⑧焦点距離の記号.〔focal length〕⑨女性.〔female〕⑩フッ素の元素記号.〔fluorine〕

**f** F値. レンズの明るさを表す記号.〔focal ratio〕

**F1** フォーミュラカーのうち, 国際自動車連盟の規定で最高の性能のもの. また, その車によるレース. エフワン.〔Formula 1〕

**FA** ①工場の生産システムの自動化・機械化.〔factory automation〕②⇨フリーエージェント〔free agent〕③⇨フライトアテンダント〔flight attendant〕④戦闘攻撃機.〔fighter attacker〕

**FAO** 国連食糧農業機関.〔Food and Agriculture Organization〕

**FAQ** インターネットなどで, 頻度の高い質問とその回答をまとめたファイル.〔frequently asked questions〕

**FB** ①競技で, フルバック.〔fullback〕②フェイスブック.〔Facebook〕

**FBI** アメリカの連邦捜査局.〔Federal Bureau of Investigation〕
**FC** フランチャイズチェーン.〔franchise chain〕
**FCV** 燃料電池を搭載した電気自動車. 燃料電池車.〔fuel cell vehicle〕
**FD** フロッピーディスク.
**Fe** 鉄の元素記号.〔ラテン語 ferrum〕
**Feb.** 2月.〔February〕
**FIFA** 国際サッカー連盟. フィーファ.〔フランス語 Fédération Internationale de Football Association〕
**FIRE** 投資などによって経済的に自立できるだけの資産を形成し, 早期にリタイアすること. ファイア. ファイヤー.〔financial independence, retire early〕
**FK** サッカーで, フリーキック.〔free kick〕
**Fl** フレロビウムの元素記号.〔flerovium〕
**FM** ①周波数変調. 音声などの信号を電波で伝送する際の変調の方式の一. ラジオのFM放送やテレビ放送に利用. →AM① ②FM①による放送. FM放送. ◇〔frequency modulation〕
**Fm** フェルミウムの元素記号.〔fermium〕
**FP** ファイナンシャルプランナー.
**Fr** フランシウムの元素記号.〔francium〕
**FRB** 米国連邦準備銀行.〔日銀に相当する. /Federal Reserve Bank〕
**Fri.** 金曜日.〔Friday〕
**FSB** ①金融安定理事会. 金融システムの安定を担う国際組織.〔Financial Stability Board〕 ②ロシア連邦保安局.〔Federal Security Service〕
**FTA** 自由貿易協定.〔free trade agreement〕
**FTAAP** アジア太平洋自由貿易圏.〔Free Trade Area of Asia-Pacific〕
**FTP** インターネットで, ファイル転送に関する規格.〔file transfer protocol〕
**FW** ①競技で, フォワード. ②電子メールで, 受け取ったメールを他に転送すること. ◇〔forward〕
**FWD** 前輪駆動.〔front-wheel drive〕
**FX** ①航空自衛隊の次期の主力戦闘機.〔fighter X〕 ②外国為替証拠金取引.〔foreign exchange〕
**G** 磁束密度の単位ガウスを表す記号.
**g** 質量の単位グラムを表す記号.
**G1** 日本中央競馬会のレースのうち, ランクが最も上のレースの総称.〔grade one〕
**G7** ①先進7か国財務相・中央銀行総裁会議. ②サミット.〔Group of Seven〕
**G8** G7にロシアが加わったもの.〔Group of Eight〕
**Ga** ガリウムの元素記号.〔gallium〕
**gal** 体積の単位ガロンを表す記号.
**GATT** ガット.〔General Agreement on Tariffs and Trade〕
**GB** ギガバイト. コンピューターの記憶容量の単位の一.〔gigabyte〕
**GBP** 英国ポンド.〔Great Britain pound〕
**Gd** ガドリニウムの元素記号.〔gadolinium〕
**GDP** 国内総生産.〔gross domestic product〕
**Ge** ゲルマニウムの元素記号.〔ドイツ語 Germanium〕
**GF** ガールフレンド.〔girl friend〕
**GHQ** 連合軍総司令部. 第二次世界大戦後に日本に置かれた.〔General Headquarters〕
**GI** ①〔俗語〕アメリカ兵.「―カット」〔government issue (=官給品) の略から〕 ②地理的表示.〔geographical indications〕
**GIS** 地理情報システム. コンピューターで地理的な情報と他の種々の情報を合わせて処理・表示するシステム.〔geographic information system〕
**GK** ①ゴールキーパー.〔goal keeper〕 ②ゴールキック.〔goal kick〕
**GLP** 動物実験実施基準. 医薬品の安全性試験に関する基準.〔good laboratory practice〕

**GM** ①ゼネラルマネージャー.〔general manager〕②誘導ミサイル.〔guided missile〕

**GMO** 遺伝子組み換え作物.〔genetically modified organisms〕

**GMT** グリニッジ標準時.〔Greenwich mean time〕

**GNE** 国民総支出. GNPを需要の面からとらえた語.〔gross national expenditure〕

**GNI** 国民総所得.〔gross national income〕

**GNP** 国民総生産.〔gross national product〕

**GOT** グルタミン酸オキサロ酢酸トランスアミナーゼ. 肝細胞にある酵素の一. 肝細胞がこわれると血液中に現れる. AST.〔glutamic oxaloacetic transaminase〕

**GP** グランプリ.〔grand prix〕

**GPA** 成績平均値.〔grade point average〕

**GPS** 人工衛星を利用した測地システム. 全地球規模で, 現在地を高精度に測定.〔Global Positioning System〕

**GPT** グルタミン酸ピルビン酸トランスアミナーゼ. 肝細胞や筋肉, 赤血球にある酵素の一. これらがこわれると血液中に現れる.〔glutamic pyruvic transaminase〕

**GPU** ソ連にあった国家政治保安部.〔KGBの前身. /ゲーペーウーと読む. /ロシア語 Gosudarstvennoe Politicheskoe Upravlenie〕

**gr** 重量の単位グレーンを表す記号.〔宝石の場合0.05g, ほかは0.0648g. /grain〕

**GS** ①ガソリンスタンド.〔和製語 gasoline stand〕②グループサウンズ.〔group sounds〕

**GSOMIA** 軍事情報包括保護協定. 軍事秘密の漏出防止のための協定. ジーソミア.〔General Security Military Information Agreement〕

**GSP** 産油国政府が決めた石油の政府公式販売価格.〔government selling price〕

**GT** ①グリニッジ標準時.〔Greenwich mean time〕②グランドツーリングカー. 長距離・高速に適したスポーツカー.〔grand touring car〕

**GUI** マウスなどで命令を入力することによって, コンピューターとユーザーが対話するシステム. グーイ.〔graphical user interface〕

**GW** ゴールデンウイーク.〔和製語 golden week〕

**H** ①鉛筆の芯《しん》のかたさを表す記号の一.〔hard〕②ヒップを表す記号.〔hip〕③〔俗語〕(性的に)いやらしいことをしたり言ったりする-こと(人). ④性交. セックス.〔③④は変態のローマ字表記の頭文字から〕⑤水素の元素記号.〔hydrogen〕⑥平成.〔Heisei〕

**h** 時間.〔hour〕

**ha** 面積の単位ヘクタールを表す記号.

**HB** ①鉛筆の芯《しん》のかたさを表す記号の一. 中程度.〔hard and black〕②競技で, ハーフバック.〔halfback〕

**HD** ①ハードディスク.〔hard disk〕②ホールディングス.〔holdings〕

**HDD** ハードディスクドライブ.〔hard disk drive〕

**HDL** 高比重リポたんぱく質. LDL(=悪玉コレステロール)を取り除く働きをする. 善玉コレステロール.〔high-density lipoprotein〕

**HDMI** コンピューターとディスプレーなどの接続のための規格の一.〔商標/high-definition multimedia interface〕

**HDR** デジタルカメラなどで、明暗差なく撮影する機能.〔high dynamic range〕

**HDTV** ⇨ハイビジョン〔high-definition television〕

**He** ヘリウムの元素記号.〔helium〕

**Hf** ハフニウムの元素記号.〔hafnium〕

**HFC** 代替フロンの一.〔hydrofluorocarbon〕

**Hg** 水銀の元素記号.〔ラテン語 hydrargyrum〕

**hi-fi** ハイファイ.

**HIV** ヒト免疫不全ウイルス. エイズをひきおこす.〔human immunodeficiency virus〕

**HLA** ヒト白血病抗原. 臓器移植などのとき, 拒絶反応をおこす. 親子鑑定にも利用.〔human leucocyte antigen〕

**Ho** ホルミウムの元素記号.〔holmium〕

**HP** ①ホームページ.〔homepage〕 ②馬力.〔horsepower〕

**hPa** ヘクトパスカル.

**HR** ヒューマンリレーションズ.〔human relations〕

**Hs** ハッシウムの元素記号.〔hassium〕

**HTLV** ヒトT細胞リンパ球ウイルス. 成人T細胞白血病の病原体のウイルス.〔human T-cell leukemia virus〕

**HTML** コンピューター言語の一.〔Hyper Text Markup Language〕

**http** インターネットなどで情報を送受信するためのプロトコル.〔Hyper Text Transfer Protocol〕

**HV** ⇨ハイブリッドカー〔hybrid vehicle〕

**Hz** 振動数の単位ヘルツを表す記号.

**I** ヨウ素の元素記号.〔iodine〕

**IAEA** 国際原子力機関.〔International Atomic Energy Agency〕

**IAU** 国際天文学連合.〔International Astronomical Union〕

**ib.** 前掲書の. 同じ箇所に. ibid. とも.〔ラテン語 ibidem〕

**ibid.** ib. に同じ.〔ラテン語 ibidem〕

**IBRD** 国際復興開発銀行. 世界銀行.〔International Bank for Reconstruction and Development〕

**IBS** 過敏性腸症候群.〔Irritable Bowel Syndrome〕

**IC** ①集積回路.〔integrated circuit〕 ②インターチェンジ.〔interchange〕

**—カード** 集積回路を組み込んだカード.〔IC card〕

**ICBL** 地雷禁止国際キャンペーン.〔International Campaign to Ban Landmines〕

**ICBM** 大陸間弾道弾.〔intercontinental ballistic missile〕

**ICC** 国際刑事裁判所. ジェノサイドや戦争犯罪など, 国際犯罪を犯した個人を裁く常設裁判所.〔International Criminal Court〕

**ICF** 国際生活機能分類.〔International Classification of Functioning, Disability and Health〕

**ICJ** 国際司法裁判所.〔International Court of Justice〕

**ICPO** 国際刑事警察機構. インターポール.〔International Criminal Police Organization〕

**ICT** コンピューターやインターネットに関連する情報通信技術.〔information and Communication Technology〕

**ICU** 集中治療室.〔intensive care unit〕

**ID** ①インダストリアルデザイン.〔industrial design〕 ②身分証明.「—カード(=身分証明書)」〔identification〕

**IDL** 国際日付変更線. 経度180度.〔international date line〕

**IFR** 航空機の計器飛行方式.〔instrument flight rules〕

**IH** 電磁誘導加熱.「—調理器」〔induction heater〕

**ILO** 国際労働機関. 国連の専門機関の一.〔International Labor Organization〕

**IMF** 国際通貨基金.〔International Monetary Fund〕

**IMO** 国際海事機関. 国連の専門機関の一.〔International Maritime Organization〕

**Inc.** 株式会社.〔米国で使用. /Incorporated〕→ Ltd.

**INF** 中距離核戦力.〔intermediate-range nuclear forces〕

**INP** 物価指数.〔index number of prices〕

**Intelsat** 国際電気通信衛星機構. インテルサット. 通信衛星の打ち上げ・利用を目

的として組織された. また, その通信衛星.〔International Telecommunication Satellite Organization〕

**I/O** 入出力.〔input / output〕

**IOC** ①国際オリンピック委員会.〔International Olympic Committee〕②政府間海洋学委員会.〔Intergovernmental Oceanographic Commission〕

**IOM** 国際移住機関.〔International Organization for Migration〕

**IoT** すべての物がインターネットでつながれ, 相互に情報をやりとりすること. もののインターネットとも呼ばれる.〔Internet of Things〕

**IP** ①インターネットプロトコル. ネットワーク上の個々のコンピューターにアドレスを割り当て, データの伝送経路の確定法を定めている通信規約.「—アドレス」〔internet protocol〕②インターネットプロバイダー. インターネットへの接続サービスを提供する団体.〔internet provider〕

**IPA** ①国際音標文字. 国際音声記号.〔International Phonetic Alphabet〕②イコサペンタエン酸.〔EPAとも. /icosapentaenoic acid〕

**IPC** 国際パラリンピック委員会.〔International Paralympic Committee〕

**IPO** 株式の新規公開.〔initial public offering〕

**IPSJ** 情報処理学会.〔Information Processing Society of Japan〕

**IQ** 知能指数.〔intelligence quotient〕

**IR** ①情報検索.〔information retrieval〕②統合型リゾート. カジノやホテル, ショッピングモールなどを統合した大規模な観光施設.〔Integrated Resort〕③投資家向け広報活動.〔Investor Relations〕

**Ir** イリジウムの元素記号.〔iridium〕

**IRA** アイルランド共和国軍.〔Irish Republican Army〕

**IRBM** 中距離弾道ミサイル.〔intermediate-range ballistic missile〕

**IRC** 国際赤十字社.〔International Red Cross〕

**IRO** 国連国際難民救済機構.〔International Refugee Organization〕

**IS** イスラム過激派組織. イスラム国.〔Islamic State〕

**ISBN** 国際標準図書番号.〔International Standard Book Number〕

**ISDN** 総合デジタル通信網.〔2024年廃止/integrated services digital network〕

**ISO** 国際標準化機構. 工業製品の標準化を目的とする. イソ.〔International Organization for Standardization〕

**ISP** ⇨プロバイダー〔internet service provider〕

**ISS** 国際宇宙ステーション.〔International Space station〕

**IT** ①情報技術. インフォメーションテクノロジー.〔information technology〕②パック旅行.〔inclusive tour〕

**IU** ビタミン・医薬品などの効力を国際的に統一して表す単位.〔international unit〕

**Iucn** 国際自然保護連合.〔International Union for Conservation of Nature and Natural Resources〕

**IWC** 国際捕鯨委員会.〔International Whaling Commission〕

**J** ①仕事およびエネルギーの単位ジュールを表す記号.〔joule〕②間取り図で, 畳《じょう》.〔joh〕

**J1** 日本プロサッカーリーグ(=Jリーグ)を構成するふたつのリーグのうち, 上のクラス. 対J2

**JA** 農業協同組合.〔Japan Agricultural cooperatives〕

**JAF** 日本自動車連盟. ジャフ.〔Japan Automobile Federation〕

**Jan.** 1月.〔January〕

**Japn.** 日本・日本人・日本語の略称.〔Japan・Japanese〕

**JARO** 日本広告審査機構. ジャロ.〔Japan Advertising Review Organization〕

**JAS** ⇨ジャス
**JASRAC** 日本音楽著作権協会. ジャスラック. 〔Japanese Society for Rights of Authors, Composers and Publishers〕
**JASSO** 日本学生支援機構. 〔Japan Student Services Organization〕
**Java** プログラミング言語の一. ジャバ.
**JCT** ジャンクション. 高速道路と他の高速道路の連接点. 〔junction〕
**JETRO** ⇨ジェトロ
**JICA** 国際協力事業団. ジャイカ. 〔Japan International Cooperation Agency〕
**JIS** ⇨ジス
**JISS** 国立スポーツ科学センター. 日本のスポーツの国際競技力の向上を目的とする. 〔Japan Institute of Sports Sciences〕
**JOC** 日本オリンピック委員会. 〔Japan Olympic Committee〕
**JP** 日本の略称. jp. 〔Japan〕
**JPN** 日本の略称. 〔Japan〕
**JPX** 日本取引所グループ. 〔Japan Exchange Group〕
**JPY** 日本円. 〔Japanese yen〕
**JR** 旧国鉄が分割・民営化されてできたグループの名. 〔Japan Railways〕
**Jr.** …2世. ジュニア. 父親と息子が同名のとき, 息子の名のあとにつけて息子であることを示す. 「サミー＝ディビス—」〔junior〕
**JRA** 日本中央競馬会. 〔Japan Racing Association〕
**JST** 日本標準時. 〔Japan Standard Time〕
**JT** 日本たばこ産業株式会社の通称. 〔Japan Tobacco Inc. にJoyful timeの意をかける〕
**Jul.** 7月. 〔July〕
**Jun.** 6月. 〔June〕
**JV** 共同企業体. 合弁会社. 〔joint venture〕
**K** ①キッチン. 〔住宅の間取り表示に使う. ／kitchen〕 ②ケッヘルを表す記号. 「K385」〔ドイツ語 Köchel〕 ③絶対温度を表す記号. 「273K」〔Kelvin〕 ④宝石の重量の単位カラットを表す記号. 「18K」〔karat〕 ⑤カリウムの元素記号. 〔ドイツ語 Kalium〕 ⑥野球で, 三振を表す記号.
**KB** キロバイト. コンピューターの記憶容量の単位の一. 〔kilobyte〕
**KCIA** 韓国中央情報部. 〔1981年, 国家安全企画部（＝ANSP）と改称. 1999年, 国家情報院（＝NIS）に改編. ／Korean Central Intelligence Agency〕
**kg** 質量の単位キログラムを表す記号.
**KGB** もとソ連の国家保安委員会. 〔ロシア語 Komitet Gosudarstvennoi Bezopasnosti〕
**kHz** 周波数の単位キロヘルツを表す記号.
**KK** 株式会社. 〔ローマ字表記Kabushiki Kaishaから〕
**KKK** 米国の, 人種差別を主張する秘密結社. クークラックスクラン・3K団とも. 〔Ku Klux Klan〕
**kL** 体積の単位キロリットルを表す記号. 〔klとも〕
**KO** ノックアウト. 「—勝ち（負け）」〔knockout〕
**Kr** クリプトンの元素記号. 〔krypton〕
**kt** 船舶の速さの単位ノットを表す記号.
**kW** 電力の単位キロワットを表す記号.
**kWh** 電力量の単位キロワット時を表す記号.
**KWIC** 情報検索方式の一. 文脈付き用語索引. クイック. 〔key word in context〕
**L** ①Lサイズを表す記号. 〔large〕 ②リビングルーム. 〔住宅の間取り表示に使う. ／living room〕 ③体積の単位リットルを表す記号. 〔lとも〕
**LA** ロサンゼルス. 〔Los Angeles〕
**La** ランタンの元素記号. 〔ドイツ語 Lanthan〕
**LAN** 企業内や同一構内における情報通信ネットワーク. ラン. 〔local area network〕
**Landsat** 米国の資源探査衛星. ランドサット. 〔Land Satellite〕

**LASA** 超遠距離地震検出装置.〔large aperture seismic array〕
**Laser** レーザー.〔light amplification by stimulated emission of radiation〕
**LASH** ラッシュ船. 貨物船の一. 数十隻のはしけをそのまま載せて輸送する.〔lighter aboard ship〕
**LBG** 液化ブタンガス.〔liquefied butane gas〕
**L/C** 信用状. 銀行が発行する信用証書.〔letter of credit〕
**LCC** 格安航空会社.〔low-cost carrier〕
**LCR** 電話で, 通信費の最も安い回線を自動的に選択する機能.〔least cost routing〕
**LD** ①⇨レーザーディスク ②学習障害.〔learning disability〕
**LDK** リビングダイニングキッチン. 居間兼食堂兼台所.〔住宅の間取り表示に使う. /和製語 living room, dining room, kitchen〕
**LDL** 低比重リポたんぱく質. 悪玉コレステロール. 動脈硬化の原因となる.〔low density lipoprotein〕
**LED** 発光ダイオード.〔light emitting diode〕
**LGBT** レズビアン, ゲイ, バイセクシャル, トランスジェンダーの人々の総称.〔lesbian, gay, bisexual, transgender〕
**LGBTQ** LGBTにクエスチョニング(性的指向や性自認が未確定の人)を加えた称.〔lesbian, gay, bisexual, transgender, questioning〕
**Li** リチウムの元素記号.〔lithium〕
**Linux** OSの一. リナックス. ライナックス. リヌクス.〔商標〕
**LK** リビングキッチン.〔住宅の間取り表示に使う. /和製語 living kitchen〕
**LL** ①ランゲージラボラトリー.〔language laboratory〕 ②長期保存.「—牛乳」〔和製語 long life〕
**LMG** 液化メタンガス.〔liquefied methane gas〕
**LNG** 液化天然ガス.〔liquefied natural gas〕
**LPG** LPガス.〔liquefied petroleum gas〕
**Lr** ローレンシウムの元素記号.〔lawrencium〕
**LRT** 次世代型の路面電車(-のシステム). 低床車両, 高速化など利便性が高い.〔light-rail transit〕
**LSD** 幻覚剤の一. ライ麦のカビからつくられる.〔lysergic acid diethylamide〕
**LSI** 大規模集積回路.〔large-scale integration〕
**LST** ①戦車を陸地に運ぶ艦艇.〔landing ship for tank〕 ②地方標準時.〔local standard time〕
**Ltd.** 株式会社. 有限会社.〔会社名のあとにつける. /limited〕
**Lu** ルテチウムの元素記号.〔lutetium〕
**LV** ライトバリュー.
**Lv** リバモリウムの元素記号.〔livermorium〕
**lx** 照度の単位ルクスを表す記号.
**M** ①男性.〔male〕 ②Mサイズを表す記号.〔medium〕 ③メガを表す記号.〔mega〕 ④速さの単位マッハを表す記号.〔ドイツ語 Mach〕 ⑤地震の強さの単位マグニチュードを表す記号.〔magnitude〕 ⑥明治.〔Meiji〕
**m** ①ミリを表す記号.〔フランス語 milli〕 ②長さの単位メートルを表す記号.〔フランス語 mètre〕
**MA** 精神年齢.〔mental age〕
**M&A** 企業の合併・買収.〔merger and acquisitions〕
**Mar.** 3月.〔March〕
**MASER** ⇨メーザー
**max.** マキシマム.〔maximum〕
**MB** メガバイト. コンピューターの記憶容量の単位の一.〔megabyte〕
**MBI** 融資する金融機関が経営陣を送り込む企業再建手法.〔management buy-in〕
**MBO** 企業の子会社の経営責任者などが,

親会社から株式を買い取って経営権を取得すること.〔management buy-out〕

**MC** ①広告など,企業のコミュニケーション活動.〔marketing communication〕②司会者.〔master of ceremonies〕

**Mc** モスコビウムの元素記号.〔moscovium〕

**MCI** 軽度認知障害.認知症の最も軽い段階.〔Mild Cognitive Impairment〕

**Md** メンデレビウムの元素記号.〔mendelevium〕

**MDMA** 合成麻薬の一.〔methylenedioxymethamphetamine〕

**MF** ①中波.〔medium frequency〕②ミッドフィルダー.サッカーのハーフバック.〔midfielder〕

**Mg** マグネシウムの元素記号.〔magnesium〕

**mg** 質量の単位ミリグラムを表す記号.

**MHL** スマートフォンやタブレット型端末とモニターやテレビなどの接続のための規格の一.〔商標/mobile high-definition link〕

**MHz** 周波数の単位メガヘルツを表す記号.

**MIDI** 電子楽器を制御するデジタル信号の規格.ミディ.〔musical instrument digital interface〕

**min.** ①ミニマム.〔minimum〕②分.〔minute〕

**MIRV** 個別誘導複数目標弾頭.マーブ.ミルブ.〔multiple independently targetable reentry vehicle〕

**Miss** ミス.

**MKS** ⇨エムケーエスたんいけい〔meter-kilogram-second unit〕

**ML** ⇨メーリングリスト

**mL** 体積の単位ミリリットルを表す記号.〔mlとも〕

**mm** 長さの単位ミリメートルを表す記号.

**MMC** 市場金利連動型預金.〔money market certificate〕

**MN** ⇨エムエヌしき

**Mn** マンガンの元素記号.〔ドイツ語 Mangan〕

**MNC** 多国籍企業.〔multinational corporation〕

**MO** コンピューターで,レーザー光を利用して情報を読み書きする記録方式.また,その媒体.〔magneto-optical memoryから〕

**Mo** モリブデンの元素記号.〔ドイツ語 Molybdän〕

**MODEM** モデム.〔modulator-demodulator〕

**mol** ⇨モル

**Mon.** 月曜日.〔Monday〕

**MOOC** インターネットを通じて誰でも無料で受講できる大規模な講義.ムーク.〔massive open online course〕

**MP** (アメリカ軍)憲兵.〔military police〕

**MPD** 放射線の最大許容線量.〔maximum permissible dose〕

**Mr.** ミスター.

**MRBM** 準中距離弾道ミサイル.〔medium range ballistic missile〕

**MRI** 人体の断層を撮影する検査法.磁気共鳴映像法.〔magnetic resonance imaging〕

**Mrs.** ミセス.

**MRSA** メチシリン耐性黄色ブドウ球菌.マーサ.院内感染の原因となる.〔methicillin-resistant staphylococcus aureus〕

**MRV** 複数再突入弾頭.〔multiple re-entry vehicle〕

**Ms.** ミズ.

**MS-DOS** OSの一.〔米国のマイクロソフト社が開発./商標〕

**MSF** 国境なき医師団.医療援助を行う国際的ボランティア団体.〔フランス語 Médecins sans Frontières〕

**MT** ①磁気テープ.〔magnetic tape〕②(自動車の)手動式変速機.対AT〔manual transmission〕

**Mt** マイトネリウムの元素記号.〔meitnerium〕

**Mt.** …山.「―Fuji(=富士山)」〔Mount〕

**MTB** ⇨マウンテンバイク

**MVP** プロ野球などで，最優秀選手.〔most valuable player〕
**MW** 中波.〔medium wave〕
**N** ①力の単位ニュートンを表す記号.〔newton〕 ②北を表す記号.〔north〕 ③窒素の元素記号.〔nitrogen〕
***n*** 数学で，任意の自然数を表す記号.
**Na** ナトリウムの元素記号.〔ドイツ語 Natrium〕
**n/a** 取引なし.〔no account〕
**NASA** 米国航空宇宙局. ナサ.〔National Aeronautics and Space Administration〕
**NASDAQ** ナスダック.〔National Association of Securities Dealers Automated Quotations〕
**NATO** ⇨ナトー
**NB** 全国で販売されている製造業者の商品ブランド. 対PB〔national brand〕
**N.B.** よく注意せよ.〔ラテン語 nota bene〕
**Nb** ニオブの元素記号.〔ドイツ語 Niob〕
**n/c** 変更事項なし.〔no change〕
**NCNA** 新華社通信. 中国の国営通信社.〔New China News Agency〕
**Nd** ネオジムの元素記号.〔ドイツ語 Neodym〕
**NDC** 日本図書十進分類法.〔Nippon Decimal Classification〕
**NDT** 非破壊検査. 製品をこわさずX線などで検査する.〔non-destructive testing〕
**Ne** ネオンの元素記号.〔neon〕
**NF** ノンフィクション.〔nonfiction〕
**NFT** 非代替性トークン. ブロックチェーン上で発行され、対象となる資産の所有権を証明するデジタルデータ.〔non-fungible token〕
**NG** 失敗. やりなおし.〔映画撮影などでいう語から. / no good〕
**NGO** 非政府組織. 民間の国際組織.〔nongovernmental organization〕
**Nh** ニホニウムの元素記号.〔nihonium〕
**NHK** 日本放送協会.〔Nippon Hoso Kyokai〕
**Ni** ニッケルの元素記号.〔nickel〕
**NIE** 教育に新聞を. 新聞を教材とする学習活動.〔Newspaper in Education〕
**NIES** ⇨ニーズ
**NIH** アメリカ国立衛生研究所.〔National Institute of Health〕
**nm** 距離の単位，海里を表す記号.〔nautical mile〕
**NIS** ⇨KCIA〔National Intelligence Service〕
**NISA** 少額投資非課税制度. ニーサ.〔Nippon individual savings account〕
**NNP** 国民純生産. GNPから設備などの減耗分を差し引いたもの.〔net national product〕
**No** ノーベリウムの元素記号.〔nobelium〕
**No.** ナンバー.〔ラテン語 numero〕
**Nov.** 11月.〔November〕
**NOx** 窒素酸化物. ノックス.〔nitrogen oxides x〕
**Np** ネプツニウムの元素記号.〔neptunium〕
**NPO** 民間非営利団体.〔non-profit organization〕
**NPT** 核不拡散条約. 1970年発効.〔Nuclear Non-proliferation Treaty〕
**NTT** 日本電信電話株式会社.〔Nippon Telegraph and Telephone Corporation〕
**NY** ニューヨーク.〔New York〕
**NYSE** ニューヨーク証券取引所. ナイス.〔New York Stock Exchange〕
**O** ①血液型の一. O型. ②酸素の元素記号.〔oxygen〕
**OA** 事務処理の自動化. オフィスオートメーション.〔office automation〕
**—機器《きき》** OAに用いる機器. コンピューター・ファクシミリなど.
**OAPEC** アラブ石油輸出国機構. オアペック.〔Organization of Arab Petroleum Exporting Countries〕
**OAS** 米州機構.〔Organization of American States〕

**OAU** アフリカ統一機構. AUの前身.〔Organization of African Unity〕
**OB** ①男性の卒業生・先輩.〔old boy〕対 OG ②(ゴルフで)プレーできない区域.〔out of boundsから〕
**OCA** アジアオリンピック評議会.〔Olympic Council of Asia〕
**OCR** 光学的文字読み取り装置.〔optical character reader〕
**Oct.** 10月.〔October〕
**ODA** 政府開発援助.〔official devel-opment assistance〕
**OECD** 経済協力開発機構.〔Organization for Economic Cooperation and Development〕
**OEM** 相手先の商標をつけて, 製品を供給すること. 委託生産の一種.〔original equipment manufacturing〕
**OG** 女性の卒業生・先輩.〔和製語 old girl〕対OB
**Og** オガネソンの元素記号.〔oganesson〕
**OHC** 書画カメラ.〔overhead camera〕
**OHP** オーバーヘッドプロジェクター. 教育機器の一.〔overhead projector〕
**O.K.** オーケー.
**OL** ①女性事務員.〔和製語 office lady〕②オリエンテーリング.〔ドイツ語 Orientierungslaufから〕③オーバーラップ.〔overlap〕
**op.** 音楽作品の作品番号を表す記号.〔ラテン語 opus〕
**OPEC** 石油輸出国機構. オペック.〔Organization of Petroleum Exporting Countries〕
**OR** オペレーションズリサーチ.〔operations research〕
**ORBIS** 速度違反自動取り締まり装置. オービス.
**OS** コンピューターの運転を管理する制御システム.〔operating system〕
**Os** オスミウムの元素記号.〔osmium〕
**OSCE** 欧州安全保障協力機構.〔Organization for Security and Co-operation in Europe〕
**OSINT** ⇨オープンソースインテリジェンス〔open source intelligence〕
**OT** 作業療法士.〔occupational therapist〕
**OTC** 処方箋なしに薬局で販売される薬. 市販薬. 大衆薬.〔over-the-counter drug〕
**OTEC** 海洋温度差発電. 海面と深海との海水の温度差を利用する発電.〔ocean thermal energy conversion〕
**OTM** オンライン預金支払い機.〔on-line teller machine〕
**ox** ⇨オキシダント〔oxidant〕
**oz** 重さの単位オンスを表す記号.
**P** ①駐車場・駐車可を表す記号.〔parking〕②リンの元素記号.〔phosphorus〕③フォントのポイントを表す記号.〔point〕④野球で, 投手.「―ゴロ」〔pitcher〕
**p.** ページを表す記号.〔p.45などと使う. / page〕
**PA** 高速道路のパーキングエリア.〔parking area〕
**Pa** ①圧力の単位パスカルを表す記号.〔フランス語 pascal〕②プロトアクチニウムの元素記号.〔protactinium〕
**PASCAL** パスカル. プログラミング言語の一.〔フランス語 Programme appliqué à la sélection et à la compilation automatiques de la littérature〕
**pat.** 特許. 特許権(-所有).〔patent, patented〕
**PB** ①⇨プライベートビーチ〔private beach〕②⇨プライベートブランド 対NB〔private brand〕
**Pb** 鉛の元素記号.〔ラテン語 plumbum〕
**PBR** 株価純資産倍率. その会社の株価を1株当たりの純資産で割ったもの.〔企業の株価水準の指標. / price book value ratio〕
**PC** ①パーソナルコンピューター.〔personal computer〕②政治的に妥当な政策や表現. 政治的妥当性. ポリティカルコレクトネ

ス.〔political correctness〕③初期治療.〔primary care〕

**PCB** ポリ塩化ビフェニール.〔環境汚染物質として生産中止になっている. /polychlorinated biphenyl〕

**Pd** パラジウムの元素記号.〔palladium〕

**PDA** 携帯情報端末. パソコンに似た機能をもつ小さな電子機器.〔personal digital assistants〕

**PDF** 電子文書のためのファイルフォーマット形式の一. 異種のパソコン間で文書交換しても, オリジナルイメージをかなり正確に表示できる.〔portable document format〕

**PDP** プラズマディスプレーパネル. 壁掛けテレビなどに使われる.〔plasma display panel〕

**PDS** 無料で利用できるパソコンのソフトウエア.〔public domain software〕

**PER** 株価収益率. 株価を, 1株当たりの利益で割った値.〔price-earnings ratio〕

**PET** ①ポリエチレンテレフタレート樹脂.「—ボトル」→ペットボトル〔polyethylene terephthalate resin〕②⇨ペット〔positron emission tomography〕

**PFI** 民間資本を利用して, 公共施設整備や公共サービスの提供を民間にゆだねる手法.〔private finance initiative〕

**PG** プロパンガス.〔propane gas〕

**pH** ⇨ペーハー

**PHS** 簡易型携帯電話.〔personal handyphone system〕

**PHEV** ⇨プラグインハイブリッドカー〔Plug-in Hybrid Electric Vehicle〕

**PHV** ⇨プラグインハイブリッドカー〔Plug-in Hybrid Vehicle〕

**PIH** 妊娠高血圧症候群. 旧称, 妊娠中毒症.〔pregnancy induced hypertension〕

**PISA** 学習到達度調査. 世界各国の15歳の子供を対象としたOECDが実施する試験.〔Programme for International Student Assessment〕

**PK** ペナルティーキック.〔penalty kick〕

**—戦**《せん》 サッカーで, 同点で時間終了した際, PKの要領で行うシュート合戦.

**PKF** 国連の平和維持軍.〔Peace-Keeping Forces〕

**PKO** 国連の平和維持活動.〔Peace-Keeping Operations〕

**PL** ①製造物責任. 欠陥商品に対してメーカーが負う責任.「—法」〔product liability〕②製造物責任保険.〔product liability insurance〕

**P/L** 損益計算書.〔profit and loss statement〕

**PLO** パレスチナ解放機構.〔Palestine Liberation Organization〕

**Pm** プロメチウムの元素記号.〔promethium〕

**p.m.** 午後を表す記号. P.M.とも.〔9.30p.m. のように書く. /ラテン語 post meridiem〕対a.m.

**PM2.5** 微小粒子状物質. 直径2.5マイクロメートル以下. 排気ガスなどに含まれ, 大気汚染の原因物質. 呼吸器系や循環器系の疾患を起こす.〔particulate matter〕

**Po** ポロニウムの元素記号.〔polonium〕

**POB** 郵便局私書箱.〔post-office box〕

**POP** 購買時点. 店頭販促. ポップ. PPとも.「—広告」〔point of purchase〕

**POPs** 残留性有機汚染物質. ダイオキシンやPCBなど.〔persistent organic pollutants〕

**POS** コンピューターと正札読み取り装置を利用して, 在庫管理・発注処理などを行うシステム. ポス.〔point of sales〕

**pp.** ページ数の分量を表す記号.〔pp.15～34などと使う. /pages〕

**ppb** 物質の量を表す単位の一. 十億分率. ppmの1/1000.〔parts per billion〕

**pphm** 物質の量を表す単位の一. 一億分率. ppmの1/100.〔parts per hundred million〕

**ppm** 物質の量を表す単位の一. 百万分率.

| 植物 |
| --- |
| [樹木] 薔薇《ばら・そうび》・牡丹《ぼたん》・紫陽花《あじさい》・百日紅《さるすべり・ひゃくじつこう》・エニシダ(金雀枝)・夾竹桃《きょうちくとう》・葉桜・卯《う》の花・花水木・浜茄子《はまなす》・青桐《あおぎり》・若竹・若葉・青葉・新緑・万緑・緑陰・病葉《わくらば》<br>[果実] 苺《いちご》・木苺・蛇苺・夏蜜柑《なつみかん》・桜桃《おうとう》・さくらんぼ(桜桃)・梅桃《ゆすらうめ》・李《すもも》・杏《あんず》・巴旦杏《はたんきょう》・枇杷《びわ》・メロン・バナナ・パイナップル<br>[草花] 杜若《かきつばた》・菖蒲《しょうぶ》・グラジオラス・あやめ(菖蒲)・アイリス・一八《いちはつ》・芍薬《しゃくやく》・サボテン(仙人掌)・ダリア・向日葵《ひまわり》・葵《あおい》・雛罌粟《ひなげし》・虞美人草《ぐびじんそう》・除虫菊・石竹《せきちく》・カーネーション・睡蓮《すいれん》・蓮《はす・はちす》・蓮華《れんげ》・百合《ゆり》・ユッカ・含羞草《おじぎそう》・松葉牡丹《ぼたん》・ガーベラ・サルビア・アマリリス・ジギタリス・凌霄花《のうぜんかずら》・紫・夕顔・帚草《ほうきぐさ》・麻・鈴蘭《すずらん》・昼顔・酢漿草《かたばみ》・月見草・真菰《まこも》・蒲《がま》・浜木綿《はまゆう》・どくだみ・雪の下・蓴菜《じゅんさい》・草いきれ・夏草<br>[菜類] 豌豆《えんどう》・空豆・筍《たけのこ》・蕗《ふき》・瓜《うり》・胡瓜《きゅうり》・白瓜・茄子《なす・なすび》・トマト・玉葱《たまねぎ》・辣韮《らっきょう》・蓼《たで》・紫蘇《しそ》・菜種・麦・早苗《さなえ》<br>[菌類] 木耳《きくらげ》・黴《かび》<br>[海藻] 布海苔《ふのり》・昆布《こんぶ》・荒布《あらめ》 |

## 《秋》

| 時候 | 天文 | 地理 |
| --- | --- | --- |
| 八月・文月《ふみづき・ふづき》・立秋・初秋《しょしゅう・はつあき》・新秋・残暑・秋めく・新涼・秋涼・爽《さわ》やか<br>九月・葉月・仲秋・十五夜・十三夜<br>十月・長月・白露《はくろ》・夜長・晩秋・秋冷・夜寒・冷ややか・暮秋・行く秋 | 秋晴れ・秋日和《びより》・菊日和・霧・露・秋雨・霧雨・秋風・野分《のわき》・台風・稲妻・稲光・露霜《つゆじも》・月・夕月夜・月夜・良夜・宵闇《よいやみ》・明月・満月・望月《もちづき》・芋名月・豆名月・栗名月・十六夜《いざよい》・新月・二日月・三日月・弓張り月・星月夜・天の川・牽牛《けんぎゅう》・織女・織り姫・銀漢・銀河・流星・流れ星 | 花野・不知火《しらぬい》・秋水 |

## 人事

【食】夜食・新米・干し柿《がき》・枝豆・衣被《きぬかつぎ》・濁り酒・どぶろく

【住】灯籠《とうろう》・走馬灯・岐阜提灯《ぎふぢょうちん》・砧《きぬた》

【農事】案山子《かかし》・鳴子《なるこ》・稲刈り・はさ(稲架)・籾《もみ》・籾摺《もみす》り・豊年・出来秋・霞網《かすみあみ》・囮《おとり》

【遊戯】月見・観月・相撲・花火・虫籠《むしかご》・紅葉狩り・茸狩《たけがり》り・菊人形

【習俗】中元・夜学・夜業・夜なべ

【行事】七夕・星祭り・彦星《ひこぼし》・盆・盂蘭盆《うらぼん》・新盆《にいぼん》・盆踊り・墓参り・墓参・展墓・施餓鬼《せがき》・迎《むか》え火・霊《たま》迎え・霊祭り・送り火・霊送り・灯籠流し・二百十日《にひゃくとおか》・二百二十日《はつか》・放生会《ほうじょうえ》・秋分の日・重陽《ちょうよう》・運動会・恵比寿《えびす》講

【その他】秋思

## 動物

【獣】猪《いのしし・しし》・鹿《しか》

【鳥】雁《かり・がん・かりがね》・渡り鳥・小鳥・椋鳥《むくどり》・鵙《もず》・啄木鳥《きつつき》・懸巣《かけす》・鶸《ひわ》・鵯《ひよどり》・鶫《つぐみ》・鶉《うずら》・鶺鴒《せきれい》・鵲《かささぎ》・鴫《しぎ》・目白・山雀《やまがら》

【魚】落ち鮎《あゆ》・下り鮎・鰍《かじか》・鱸《すずき》・沙魚《はぜ》・鰯《いわし》・太刀魚《たちうお》・秋刀魚《さんま》・鮭《さけ》

【虫】蜻蛉《とんぼ》・やんま・蜉蝣《かげろう》・蜩《ひぐらし》・かなかな・つくつくぼうし・虫・虫時雨《むししぐれ》・蟋蟀《こおろぎ》・螽蟖《きりぎりす》・松虫・鈴虫・鉦叩《かねたたき》・浮塵子《うんか》・ばった・蝗《いなご》・蟷螂《かまきり・とうろう》・蓑虫《みのむし》

## 植物

【樹木】紅葉・楓《かえで》・木犀《もくせい》・金木犀・木槿《むくげ》・芙蓉《ふよう》・梅擬《うめもどき》・七竈《ななかまど》・蔦《つた》・茘枝《れいし》

【果実】柿《かき》・熟柿《じゅくし》・林檎《りんご》・梨《なし》・桃・石榴《ざくろ》・葡萄《ぶどう》・栗《くり》・無花果《いちじく》・木《こ》の実・団栗《どんぐり》・銀杏《ぎんなん》・橘《たちばな》・茱萸《ぐみ》・通草《あけび》・棗《なつめ》・胡桃《くるみ》・蜜柑《みかん》・柚子《ゆず》・金柑《きんかん》・橙《だいだい》・梔子《くちなし》・烏瓜《からすうり》

【草花】芭蕉《ばしょう》・カンナ・蘭《らん》・朝顔・鶏頭《けいとう》・コスモス・秋桜・秋海棠《しゅうかいどう》・鬼灯《ほおずき》・鳳仙花《ほうせんか》・菊・残菊・紫苑《しおん》・秋草・秋の七草・萩《はぎ》・薄《すすき》・尾花・花薄・荻《おぎ》・葛《くず》・女郎花《おみなえし》・藤袴《ふじばかま》・萱《かや》・刈萱《かるかや》・蘆《あし》・葭《よし》・撫子《なでしこ》・野菊・いのこずち(牛膝)・曼珠沙華《まんじゅしゃげ》・彼岸花・桔梗《ききょう》・吾亦紅《われもこう》・竜胆《りんどう》・露草

【菜類】西瓜《すいか》・カボチャ(南瓜)・唐茄子《とうなす》・冬瓜《とうがん》・糸瓜《へちま》・瓢箪《ひょうたん》・瓠《ひさご》・牛蒡《ごぼう》・じゃがいも・馬鈴薯《ばれいしょ》・薩摩《さつま》芋・甘藷《かんしょ》・芋・里芋・芋茎《ずいき》・自然薯《じねんじょ》・長薯《ながいも》・零余子《むかご》・間引き菜・唐辛子《とうがらし》・生姜《しょうが》・稲・陸稲《おかぼ》・早稲《わせ》・中稲《なかて》・晩稲《おくて》・稲穂・落ち穂・稗《ひえ》・玉蜀黍《とうもろこし》・唐黍《とうきび》・黍・粟《あわ》・大豆・隠元・鉈豆《なたまめ》・小豆《あずき》・落花生・南京豆・胡麻《ごま》・綿《わた》・蕎麦《そば》

【菌類】茸《きのこ》・松茸《まつたけ》・椎茸《しいたけ》・しめじ・初茸

## 《冬》

| 時候 | 天文 | 地理 | 人事 |
| --- | --- | --- | --- |
| 十一月・神無月《かんなづき》・立冬・初冬《しょとう・はつふゆ》<br>十二月・霜月《しもつき》・師走《しわす・しはす》・極月《ごくげつ》・冬至・年の暮れ・歳末・年内・節季・行く年・大晦日《おおみそか》・除夜・年越し<br>一月・寒の入り・小寒・大寒・短日・霜夜・底冷え・厳寒・酷寒・極寒《ごっかん》・三寒四温・節分 | 冬日・小春日和・寒空・寒天・寒月・木枯らし・北風・空《から》っ風・北・寒風・隙間風《すきまかぜ》・虎落笛《もがりぶえ》・時雨《しぐれ》・村時雨・霰《あられ》・霙《みぞれ》・霜・初霜・霜解け・霧氷・樹氷・雪・雪空・初雪・細雪《ささめゆき》・粉雪・小雪・牡丹《ぼたん》雪・綿雪・深雪《みゆき》・雪晴れ・雪明かり・雪煙《ゆきけむり》・風花《かざはな》・吹雪・根雪・雪女・雪起こし | 冬山・枯れ野・霜柱・氷・初氷・氷柱《つらら》・凍る・狐火《きつねび》 | [衣] 蒲団《ふとん》・羽布団・毛布・ちゃんちゃんこ・褞袍《どてら》・綿入れ・袖《そで》無し・外套《がいとう》・オーバー・コート・毛皮・セーター・カーディガン・重ね着・厚着・頭巾《ずきん》・頬《ほお》被《かぶ》り・ショール・襟巻き・マフラー・マスク・手袋・懐手・足袋《たび》・雪沓《ゆきぐつ》・藁沓《わらぐつ》・樏《かんじき》<br>[食] 湯豆腐・凍《し》み豆腐・凍り豆腐・高野豆腐・煮凝《にこご》り・おでん・寄せ鍋《なべ》・鉄ちり・山鯨《やまくじら》・風呂《ふろ》吹き・葛湯《くずゆ》・浅漬け・蕎麦《そば》掻《が》き・鍋焼き饂飩《うどん》・熱燗《あつかん》・鰭《ひれ》酒・玉子酒・粕汁《かすじる》・巻繊《けんちん》汁・闇汁《やみじる》・餅《もち》・切り干し・塩鮭《しおざけ》・新巻き・酸茎《すぐき》・雑炊《ぞうすい》・焼き芋・千歳飴《ちとせあめ》・年越し蕎麦《そば》<br>[住] 冬籠《ごも》り・目《め》貼《ば》り・屏風《びょうぶ》・障子・霜除《よ》け・雪囲い・雪除け・雪吊《づ》り・フレーム・温床・雪掻《か》き・雪下ろし・ラッセル車・暖房・暖炉・ストーブ・スチーム・ペチカ・炭・炭団《たどん》・練炭・炭火・埋《うず》み火・炭焼き・炬燵《こたつ》・囲炉裏《いろり》・炉・火鉢・手焙《あぶ》り・行火《あんか》・懐炉・湯たんぽ(湯婆)・焚《た》き火・榾《ほだ》・火事・夜回り・夜番・橇《そり》<br>[農事など] 寒肥《かんごえ》・狩り・鷹《たか》狩り・網代《あじろ》<br>[遊戯] 雪見・竹馬・雪達磨《ゆきだるま》・雪合戦・寒稽古《かんげいこ》・スキー・スケート・ラグビー<br>[習俗] ボーナス・御用納め・年忘れ・忘年会・冬休み・柚子《ゆず》湯・歳暮《せいぼ》・煤《すす》払い・畳替え・餅搗《つ》き<br>[行事] 酉《とり》の市・熊手《くまで》・一の酉・二の酉・三の酉・七五三・顔見世・神楽《かぐら》・年の市・聖夜・クリスマス・降誕祭・聖誕祭・除夜の鐘・寒参り・雪祭り・豆撒《ま》き<br>[その他] 避寒・湯ざめ・風邪《かぜ》・咳《せき》・嚔《くしゃみ》・かじかむ・皸《あかぎれ》・胼《ひび》・霜焼け・凍死《とうし》・雪焼け・日向《ひなた》ぼっこ |

| 動物 | 植物 |
|---|---|
| [獣] 熊《くま》・狐《きつね》・狸《たぬき》・貉《むじな》・兎《うさぎ》・狼《おおかみ》・猟犬<br>[鳥] 鷹《たか》・鷲《わし》・隼《はやぶさ》・木菟《みみずく》・梟《ふくろう》・かいつぶり・水鳥・千鳥・鴨《かも》・都鳥・白鳥・鴛鴦《おしどり》・鷦鷯《みそさざい》・鶴《つる》・丹頂《たんちょう》鶴・真鶴《まなづる》・笹《ささ》鳴き<br>[魚介] 鯨・鮪《まぐろ》・鱈《たら》・鰤《ぶり》・鮟鱇《あんこう》・氷魚《ひお》・河豚《ふぐ》・海鼠《なまこ》・たらば蟹《がに》・ずわい蟹・牡蠣《かき》・鱩《はたはた》 | [樹木] 臘梅《ろうばい》・寒梅・狂い咲き・山茶花《さざんか》・藪柑子《やぶこうじ》・柊《ひいらぎ》の花・室《むろ》咲き・侘《わ》び助・千両・万両・木の葉・枯れ葉・冬木立・枯れ木・冬枯れ・霜枯れ・雪折れ<br>[草花] 水仙・ポインセチア・葉牡丹《はぼたん》・冬草・枯れ草・枯れ尾花<br>[菜類] 冬菜・白菜・葱《ねぎ》・大根《だいこん》・人参《にんじん》・蕪《かぶら》・《かぶ》 |

## 《新年》

| 時候 | 天文 | 人事 | 植物 |
|---|---|---|---|
| 正月・初春・元旦《がんたん》・元日・元朝・年頭・今年・去年《こぞ》・旧年・小《こ》正月・三が日・松の内 | 初日《はつひ》・初日の出・初空 | [衣] 春着<br>[食] 七草粥《ななくさがゆ》・数の子・田作り・田作《ごまめ》・屠蘇《とそ》・雑煮・鏡餅《かがみもち》<br>[住] 門松・松飾り・飾り・輪飾り・注連《しめ》飾り・蓬莱《ほうらい》・繭玉《まゆだま》<br>[遊戯] 歌留多《かるた》・双六《すごろく》・羽子板・羽根・独楽《こま》・手鞠《てまり》<br>[習俗] 初詣《もう》で・破魔矢《はまや》・破魔弓・年賀・年始・福引・万歳《まんざい》・猿回し・獅子舞《ししまい》・お年玉・賀状・書き初《ぞ》め・若水・初湯・買い初め・初荷・初釜《はつがま》・初夢・宝船・寝正月・御用始め・鏡開き・藪《やぶ》入り<br>[行事] 参賀・左義長・どんど焼き・出初《でぞ》め式・初場所・成人の日 | ゆずりは・福寿草《ふくじゅそう》・春の七草・薺《なずな》・しだ・裏白・ほんだわら |

bus〕

**USO** 未知の水泳物体．〔ネス湖のネッシーなど．／unknown swimming object〕

**USSR** もとのソビエト社会主義共和国連邦．〔Union of Soviet Socialist Republics〕

**USV** 無人水上艇．〔unmanned surface vehicle〕

**UTC** 協定世界時．国際原子時と世界時との差を調整したもの．〔Coordinated Universal Time〕

**UUV** 無人潜水艇．〔unmanned underwater vehicle〕

**UV** 紫外線．「—カット」〔ultraviolet〕

**V** ①電圧の単位ボルトを表す記号． ②ローマ数字で，5． ③勝利．「—サイン」〔victory〕 ④バナジウムの元素記号．〔vanadium〕

**v.** vs.に同じ．

**VAN** 付加価値通信網．さまざまな情報通信サービスを付加した通信網．バン．〔value-added network〕

**VDT** コンピューターの画面表示装置とキーボードの入力装置．〔visual display terminal〕

**VHD** ビデオディスクの再生方式の一．〔商標．／Video High-density Disc〕

**VHF** 超短波．〔一般のテレビ放送など用．／very high frequency〕

**VHS** 家庭用VTRの方式の一．〔商標．／Video Home System〕

**VIP** 最重要人物．ビップ．〔very important person〕

**VO** ブランデーの階級の一．〔貯蔵年数10～12年．／very old〕

**vol.** 書物の巻数を表す記号．〔vol.6などと使う．／volume〕

**VR** バーチャルリアリティー．コンピューターで，あたかもそこにいるような体験をさせること．また，その技術．仮想現実感．〔virtual reality〕

**vs.** …対…．v. とも．「東京—大阪」〔ラテン語 versus〕

**VSO** ブランデーの階級の一．〔貯蔵年数12～20年．／very superior old〕

**VSOP** ブランデーの階級で，特上級．〔貯蔵年数20～30年．／very superior old pale〕

**VTOL** 垂直離着陸機．ブイトール．ビトール．〔vertical takeoff and landing〕

**VTR** ビデオテープレコーダー．

**W** ①女性．〔woman〕 ②西を表す記号．〔west〕 ③世界．「—杯」〔world〕 ④週．「G—(=ゴールデンウイーク)」〔week〕 ⑤ダブルを表す記号．「—幅」 ⑥ウエストを表す記号．〔waist〕 ⑦仕事率および電力の単位ワットを表す記号．〔watt〕 ⑧タングステンの元素記号．〔ドイツ語 Wolfram〕

**WAN** 広域ネットワーク．〔wide area network〕

**WASP** アングロサクソン系白人の新教徒．ワスプ．〔米国社会の主流．／White, Anglo-Saxon, Protestant〕

**WBC** ①野球の国際大会．〔World Baseball Classic〕 ②世界ボクシング評議会．〔World Boxing Council〕

**WC** 水洗便所．〔water closet〕

**Wed.** 水曜日．〔Wednesday〕

**Wh** 電力量の単位ワット時を表す記号．〔watt-hour〕

**WHO** 世界保健機関．〔World Health Organization〕

**Wi-FI** ⇨ワイファイ〔Wireless Fidelity〕

**WMO** 世界気象機関．〔World Meteorological Organization〕

**WPI** 卸売物価指数．〔wholesale price index〕

**WTA** 世界女子テニス協会．〔Women's Tennis Association〕

**WTO** ①ワルシャワ条約機構．〔1991年解体．／Warsaw Treaty Organization〕 ②世界貿易機関．ガットを発展させたもの．〔World Trade Organization〕

**WWF** 世界自然保護基金.〔World Wide Fund for Nature〕
**WWW** ①インターネット上で情報を公開, 利用するためのシステム. ウェブ.〔world wide web〕 ②世界気象観測計画.〔World Weather Watch〕
**X** ⇨エックス
***x*** ⇨エックス
**Xe** キセノンの元素記号.〔xenon〕
**XL** 衣服で, 特大サイズ.〔extra large〕
**XML** コンピューター言語の一. 異なるシステム間でのデータ処理が可能.〔extensible markup language〕
**XO** ブランデーの階級で, 最高級品.〔貯蔵年数50年以上. ／extra old〕
**Y** イットリウムの元素記号.〔yttrium〕
**¥** 円を表す記号.〔yenから〕
***y*** 数学で, 未知数を表す記号.
**Yb** イッテルビウムの元素記号.〔ytterbium〕
**YH** ユースホステル.〔youth hostel〕
**YMCA** キリスト教青年会.〔Young Men's Christian Association〕
**YWCA** キリスト教女子青年会.〔Young Women's Christian Association〕
**ZEV** ゼロエミッション車. 大気汚染物質や温室効果ガスを排出しない.〔zero emission vehicle〕
**ZIP** 米国の郵便集配区域改善計画. 郵便番号制度. ジップ.〔Zone Improvement Plan〕
**Zn** 亜鉛の元素記号.〔zinc〕
**Zr** ジルコニウムの元素記号.〔zirconium〕

**TG** トランスジェンダー.
**Th** トリウムの元素記号.〔ドイツ語 Thorium〕
**Thurs.** 木曜日.〔Thursday〕
**Ti** チタンの元素記号.〔ドイツ語 Titan〕
**TKO** テクニカルノックアウト.
**Tl** タリウムの元素記号.〔thallium〕
**TM** トレードマーク.
**Tm** ツリウムの元素記号.〔thulium〕
**TNT** トリニトロトルエン. 爆薬の一.「―火薬」〔trinitrotoluene〕
**TOB** 株式公開買い付け.「敵対的―」〔takeover bid〕
**TOC** 水に含まれている有機物中の炭素の量. 水質汚濁の指標. 全有機性炭素量.〔total organic carbon〕
**TOD** 総酸素要求量. 水の汚れの程度を示す数値.〔total oxygen demand〕
**TOEFL** 英語圏で勉学する外国人のための英語学力テストの一. トーフル.〔商標/Test of English as a Foreign Language〕
**TOEIC** 国際コミュニケーション英語能力テスト. トーイック.〔商標/Test of English for International Communication〕
**TOPIX** トピックス. 東証株価指数.〔Tokyo Stock Price Index〕
**TP** 総たんぱく. 血清中のたんぱく質濃度を示す値.〔total protein〕
**TPO** 時・所・場合.〔time, place and occasion〕
**TPP** 環太平洋パートナーシップ. 参加国相互の関税全廃を目的とする.〔Trans-Pacific Partnership〕
**TQC** 全社的品質管理.〔total quality control〕
**TS** トランスセクシュアル.
**Ts** テネシンの元素記号.〔tennessine〕
**Tues.** 火曜日.〔Tuesday〕
**TV** テレビ.〔television〕
**U** ウランの元素記号.〔ドイツ語 Uran〕
**UA** 尿酸.〔uric acid〕
**UBE** 一方的に大量に送りつけられるメール. →スパムメール〔unsolicited bulk e-mail〕
**UCE** 一方的に送りつけられる宣伝のメール. →スパムメール〔unsolicited commercial e-mail〕
**UCLA** カリフォルニア大学ロサンゼルス校.〔University of California at Los Angels〕
**UD** ⇨ユニバーサルデザイン〔universal design〕
**UDC** 国際十進分類法. 国際的に使われている図書分類法.〔Universal Decimal Classification〕
**UFO** 正体不明の未確認飛行物体. ユーフォー.〔unidentified flying object〕
**UHF** 極超短波.〔近距離放送用のテレビ電波など用. /ultra high frequency〕
**UK** イギリス連合王国.〔United Kingdom of Great Britain and Northern Ireland〕
**UN** 国際連合.〔United Nations〕
**UNCTAD** 国連貿易開発会議. アンクタッド.〔United Nations Conference on Trade and Development〕
**UNESCO** ⇨ユネスコ
**UNF** 国際連合軍. 国連軍.〔United Nations Forces〕
**UNHCR** 国連難民高等弁務官事務所.〔Office of the United Nations High Commissioner for Refugees〕
**UNICEF** ⇨ユニセフ
**UNIX** OSの一. ユニックス.〔アメリカのベル研究所が開発. /商標〕
**UPI** 米国の通信社.〔United Press International〕
**URL** インターネットにある情報に割り当てられた住所.〔uniform resource locator〕
**US** アメリカの.「―-アーミー(ドル)」〔United States〕
**USA** アメリカ合衆国.〔United States of America〕
**USB** パソコンと周辺機器を接続するインターフェースの方式の一.〔universal serial

**sonar** ⇨ソナー
**SOS** 無線による遭難信号. ⊖救助を求めるサイン.
**SP** ①要人警護にあたる警官.〔security police〕②販売促進.〔sales promotion〕
**SPF**（化粧品の）日焼け防止指数. 波長の短い紫外線を防ぐ効果を示す.〔sun protection factor〕
**SPI** 採用試験などで行われる総合適性検査.〔synthetic personality inventory〕
**Sr** ストロンチウムの元素記号.〔ラテン語 strontium〕
**SRAM** 短距離攻撃ミサイル. スラム.〔short-range attack missile〕
**SRBM** 短距離弾道弾.〔short-range ballistic missile〕
**SS** ガソリンスタンド. サービスステーション.〔service station〕
**SSD** コンピューターの外部記憶装置の一. 半導体メモリーを用いる.〔solid state drive/disk〕
**SSL** インターネットで, 安全にデータを転送する際のプロトコル.〔secure sockets layer〕
**SSM** 地対地ミサイル.〔surface-to-surface missile〕
**SST** 超音速旅客機.〔supersonic transport〕
**ST** ⇨エスティーマーク
**St.** セント.〔Saint〕
**START** 戦略兵器削減交渉.〔Strategic Arms Reduction Talks〕
**STD** 性行為感染症.〔sexually transmitted disease〕
**STOL** 短距離離着陸機. エストール. ストール.〔short takeoff and landing〕
**Sun.** 日曜日.〔Sunday〕
**SUV** スポーツタイプの多目的車.〔sport utility vehicle〕
**Sv** 放射線の被曝《ひばく》量の単位シーベルトを表す記号.〔sievert〕
**SW** ①短波.〔short wave〕②サッカーで, スイーパー.〔sweeper〕③シルバーウィーク.〔和製語 silver week〕
**SWAT**（米国の）特別機動隊. 警察特殊作戦部隊. スワット.〔Special Weapons Attack Team〕
**T** ①テスラを表す記号.〔tesla〕②テラを表す記号.〔tera〕③絶対温度を表す記号.〔absolute temperature〕④大正.〔Taisho〕
**t** ①重さの単位トンを表す記号.〔ton〕②温度を表す記号. Tとも書く.〔temperature〕③時間を表す記号.〔time〕
**TA** ①テクノロジーアセスメント. 新しい技術革新によってもたらされる社会的影響を事前に評価すること.〔technology assessment〕②トランザクショナルアナリシス. 交流分析. 精神分析療法の一.〔transactional analysis〕③ターミナルアダプター.〔terminal adapter〕
**Ta** タンタルの元素記号.〔ドイツ語 Tantal〕
**TAC** 漁獲許容量. また, 年間の漁獲可能な上限を決定する漁業管理方式.〔total allowable catch〕
**TB** ①ラグビーで, スリークオーターバック.〔three-quarter backs〕②テーベー. 肺結核.〔ドイツ語 Tuberkulose〕③テラバイト.〔terabyte〕
**Tb** テルビウムの元素記号.〔terbium〕
**TC** トラベラーズチェック. T/C.〔traveler's check〕
**Tc** テクネチウムの元素記号.〔technetium〕
**TCAS** 航空機空中衝突回避警告システム.〔Traffic Alert and Collision Avoidance System〕
**TCP/IP** インターネットで用いられるプロトコル.〔transmission control protocol/internet protocol〕
**Te** テルルの元素記号.〔ドイツ語 Tellur〕
**TEL.** ⇨テル
**tel.** ⇨テル
**TeX** コンピューターによる組み版ソフトウエア. テフ.

playing game〕
**R.S.V.P.** 「ご返事をください」の意を表す.〔招待状などの端に書く. /フランス語 Répondez s'il vous plaît〕
**Ru** ルテニウムの元素記号.〔ruthenium〕
**RV** レジャー用自動車.「—車」〔recreational vehicle〕
**S** ①南を表す記号.〔south〕 ②Sサイズを表す記号.〔small〕 ③硫黄の元素記号.〔sulfur〕 ④昭和.〔Showa〕
**SA** ①高速道路のサービスエリア.〔service area〕 ②救世軍.〔Salvation Army〕
**S.A.** 株式会社.〔フランス語 société anonyme, イタリア語 società anonima, スペイン語 sociedad anónima〕
**SAL** 船便扱いで空路運送される郵便物. サル.「—郵便」〔surface air lifted mail〕
**SAM** 地対空ミサイル. サム.〔surface-to-air missile〕
**SARS** ⇨サーズ
**SAS** 睡眠時無呼吸症候群.〔sleep apnea syndrome〕
**SAT** 警視庁などの特殊急襲部隊.〔Special Assault Team〕
**Sat.** 土曜日.〔Saturday〕
**Sb** アンチモンの元素記号.〔ラテン語 stibium〕
**Sc** スカンジウムの元素記号.〔scandium〕
**SCSI** 小型コンピューターと周辺機器の接続のための規格. スカジー.〔small computer system interface〕
**SDI** 戦略防衛構想.〔スターウォーズともいう. /Strategic Defense Initiative〕
**SE** ①システムを設計する技術者.〔system engineer〕 ②システム工学.〔system engineering〕 ③販売担当技術者.〔sales engineer〕 ④映画などで, 音響効果.〔sound effect〕
**Se** セレンの元素記号.〔ドイツ語 Selen〕
**sec.** 秒.〔second〕
**Sept.** 9月.〔September〕
**SF** ①科学の知識を応用して, 空想的世界を描いた小説. サイエンスフィクション. 空想科学小説.〔science fiction〕 ②宇宙を舞台とした映画や小説.〔space fantasy〕
**SFX** 映画やテレビで, 特殊撮影技術.〔special effectsから〕
**Sg** シーボーギウムの元素記号.〔seaborgium〕
**SGML** 標準汎用マークアップ言語. コンピューターで, 文書データを記述するための国際規格.〔Standard Generalized Markup Language〕
**SH** ラグビーで, スクラムハーフ.〔scrum half〕
**SHF** 超高周波. 衛星放送などに利用.〔superhigh frequency〕
**SI** 国際単位系. SI単位.〔フランス語 Systèm internationale d'unités〕
**Si** ケイ素の元素記号.〔silicon〕
**SIDS** 乳幼児突然死症候群.〔sudden infant death syndrome〕
**SL** 蒸気機関車.〔steam locomotive〕
**SLBM** 潜水艦発射弾道ミサイル.〔submarine-launched ballistic missile〕
**SLCM** 潜水艦発射巡航ミサイル.〔submarine-launched cruise missile〕
**SLE** 全身性エリテマトーデス. 膠原《こうげん》病の一.〔systemic lupus erythematosus〕
**SM** サドマゾヒズム.〔sadomasochism〕
**Sm** サマリウムの元素記号.〔samarium〕
**SMA** 形状記憶合金.〔shape memory alloy〕
**SMON** ⇨スモンびょう
**Sn** 錫《すず》の元素記号.〔ラテン語 stannum〕
**SNA** 国連国民所得標準方式.〔System of National Accounts of the United Nations〕
**SNS** コミュニティー型のウェブサイト.〔social networking service〕
**SO** ラグビーで, スタンドオフ.〔stand off〕
**Soc.** 協会. 団体.〔society〕
**SOHO** ソーホー.

〔parts per million〕

**PPP** 環境汚染者が，汚染防止のための費用を負担すべきだという原則．〔polluter pays principle〕

**PPV** （ケーブルテレビで）見た分だけ課金する方式．〔pay per view〕

**PR** ①宣伝．広報．〔public relations〕②ラグビーで，プロップ．〔prop〕

**Pr** プラセオジムの元素記号．〔ドイツ語 Praseodym〕

**Prof.** 教授．〔professor〕

**PS** 自動車の馬力．〔ドイツ語 Pferdestärke〕

**P.S.** 手紙で，追伸．〔ラテン語 postscriptum〕

**PSD** 心身症．〔psycho-somatic disease〕

**PT** 理学療法士．〔physical therapist〕

**Pt** 白金の元素記号．〔platinum〕

**PTA** 父母と教師の会．〔Parent-Teacher Association〕

**PTBT** 部分的核実験禁止条約．地下以外の核爆発実験を禁止．〔Partial Test Ban Treaty〕

**P.T.O.** 「裏面をご覧ください」の意を表す記号．〔p.t.o.とも書く．／please turn over〕

**PTSD** 心的外傷後ストレス障害．〔post-traumatic stress disorders〕

**Pu** プルトニウムの元素記号．〔plutonium〕

**Q** ①キュー②．②印刷で，級数を表す記号．③質問．クエスチョン．〔question〕

**Q&A** キューアンドエー．〔question and answer〕

**QB** アメリカンフットボールで，クオーターバック．〔quarterback〕

**QC** 品質管理．〔quality control〕

**QOL** ⇨クオリティーオブライフ

**QR** ⇨キューアールコード〔quick response〕

**R** ①レントゲン②を表す記号．②屋上を表す記号．〔roof〕③令和．〔Reiwa〕

**®** 登録商標を表す記号．〔registered trademarkから〕

**Ra** ラジウムの元素記号．〔radium〕

**RAM** ⇨ラム

**Rb** ルビジウムの元素記号．〔rubidium〕

**R&B** ⇨リズムアンドブルース

**RCEP** 地域的な包括的経済連携．ASEAN加盟国と日本・中国・韓国・オーストラリア・ニュージーランドの15か国による経済連携．〔Regional Comprehensive Economic Partnership〕

**R&D** 研究開発．新製品の開発と応用の研究．〔research and development〕

**RE** 電子メールで，受け取ったメールに返信すること．〔return〕

**Re** レニウムの元素記号．〔rhenium〕

**REIT** 不動産投資信託．リート．〔real estate investment trust〕

**REM** 急速眼球運動．レム．「—睡眠」〔睡眠中，夢を見ているときに起こる．／rapid eye movement〕

**rem** 放射線の被曝量の単位の一．レム．

**Rf** ラザホージウムの元素記号．〔rutherfordium〕

**Rg** レントゲニウムの元素記号．〔roentgenium〕

**Rh** ①⇨アールエイチいんし〔rhesus monkey（＝アカゲザル）の略．／Rh因子がアカゲザルの血液中に発見されたことから〕②ロジウムの元素記号．〔rhodium〕

**RIMPAC** 米海軍が主催する環太平洋合同演習．リムパック．〔Rim of the Pacific Exercise〕

**Rn** ラドンの元素記号．〔radon〕

**RNA** リボ核酸．〔ribonucleic acid〕

**ROA** 総資産利益率．純利益を総資本（総資産）で割ったもの．〔企業の収益性の指標．／return on assets〕

**ROE** 自己資本利益率．純利益を自己資本で割ったもの．〔企業の収益性の指標．／return on equity〕

**ROM** ⇨ロム

**RPG** ロールプレーイングゲーム．プレーヤーが登場人物になりきってストーリーが展開するコンピューターゲーム．〔RPGは商標．／role-